古文字詁林編纂委員會編纂

古文字詁林

修訂本

第十册

上海教育出版社

第一版出版工作人員

責任編輯　夏　軍
封面設計　郭偉星
版式設計　侯雪康　俞　弘
特約審校　俞　良
資　　料　劉　君
校　　對　王　瑩　劉順菊　蔡鑫龍
出版統籌　王爲松　談德生
出版指導　陳　和
印刷監製　周鎔鋼
總 監 製　包南麟

修訂本出版工作人員

責任編輯　徐川山　毛　浩
封面設計　陸　弦
責任校對　馬　蕾　魯　妤　陳　萍　何懿璐
　　　　　丁志洋　方文琳　任换迎　宋海云
印刷監製　葉　剛
技術支持　楊鉷應

封面題簽　王元化

上海市古籍整理出版規劃重點項目

古文字詁林學術顧問

以姓氏筆劃爲序

朱德熙　李學勤　胡厚宣　馬承源

張政烺　裘錫圭　戴家祥　顧廷龍

古文字詁林編纂委員會

主編　李圃

副主編　汪壽明

編委　以姓氏筆劃爲序，有*號者爲常務編委

*王元鹿　王文耀　*王世偉　王鐵　史舒薇　吳平

吳振武　*李圃　李露蕾　何崝　*汪壽明　徐時儀

*徐莉莉　*傅傑　華學誠　董琨　*詹鄞鑫　*臧克和

*劉志基　*鄭明

資料工作人員

張春華

張友榮

袁根娣

凌玉泰

目録

第十册檢字表

部首表

部首	楷定	頁碼
糸	素	一
絲	絲	四
率	率	八
虫	虫	一一
䖵	䖵	七九
蟲	蟲	九二
風	風	九八
它	它	一一六
龜	龜	一二八
黽	黽	一三三
卵	卵	一五四
二	二	一五七
土	土	一八一
垚	垚	三〇五
堇	堇	三〇九
里	里	三一九
田	田	三二一
畕	畕	三八八
黄	黄	三九三
男	男	四〇七
力	力	四一二
劦	劦	四三九
金	金	四五五
幵	幵	六一三
勺	勺	六一三
几	几	六一七
且	且	六二一
斤	斤	六三九
斗	斗	六六〇
矛	矛	六九一
車	車	六九五
𠂤	𠂤	七五四

字頭	楷書	頁碼
𨸏	阜	七七〇
𨺅	𨺅	八四七
厽	厽	八四九
四	四	八五一
宁	宁	八五六
叕	叕	八六一
亞	亞	八六四
五	五	八七五
六	六	八八一
七	七	八八五
九	九	八九二
禸	内	八九八
嘼	嘼	九一九
甲	甲	九二九
乙	乙	九三九
丙	丙	九五七
个	丁	九六四
戊	戊	九七六
己	己	九九二
巴	巴	一〇〇九
庚	庚	一〇一三
辛	辛	一〇一八
辡	辡	一〇四八
壬	壬	一〇四八
癸	癸	一〇五五
子	子	一〇六五
了	了	一〇九六
孨	孨	一〇九八
𠫓	𠫓	一一〇一
丑	丑	一一〇七
寅	寅	一一一三
卯	卯	一一一六
辰	辰	一一二一
巳	巳	一一二八
午	午	一一三七
未	未	一一四三
申	申	一一四五
酉	酉	一一五二
酋	酋	一一九五
戌	戌	一二〇五
亥	亥	一二一一

部首檢字表

蛓 二二
[illegible] 二二
蚳 二三
蠆 二三
蝤 二四
蠤 二五
蝎 二五
強 二五
蚚 二六
蜀 二六
蠲 三二
[illegible] 三三
蠖 三三
蝝 三三
螻 三三

蛄 三三
蠪 三四
蛾 三四
螘 三五
蚳 三五
蠿 三六
[illegible] 三六
[illegible] 三六
[illegible] 三六
蠰 三七
蜋 三七
蛸 三八
蛢 三八
蟜 三八
蟥 三八

[illegible] 三九
蛅 三九
蜆 三九
[illegible] 四〇
[illegible] 四〇
蠵 四一
蠃 四一
[illegible] 四一
蛺 四一
蜨 四一
蚩 四二
螌 四二
蝥 四三
蟠 四三
蛜 四三

蜙 四三
蝑 四四
蟅 四四
蝗 四五
蜩 四五
蟬 四六
蜺 四六
螇 四七
蚗 四七
[illegible] 四七
[illegible] 四八
蜻 四八
蛉 四八
蠓 四八
[illegible] 四九

蜹 蜹 四九
蟰 蟰 四九
蛸 蛸 四九
蛶 蛶 五〇
蜡 蜡 五〇
螵 螵 五〇
蚑 蚑 五〇
蠉 蠉 五〇
蚩 蚩 五一
螸 螸 五一
蝙 蝙 五一
蛻 蛻 五一
螫 螫 五二
蠚 蠚 五二
蝁 蝁 五二

蛘 蛘 五三
蝕 蝕 五三
蛟 蛟 五四
螭 螭 五四
虯 虯 五五
蜦 蜦 五八
螊 螊 五八
蜃 蜃 五八
蛤 蛤 五九
螷 螷 六〇
蝸 蝸 六〇
蚌 蚌 六一
蠇 蠇 六一
蝓 蝓 六一
蜎 蜎 六一

蟺 蟺 六二
蚴 蚴 六三
蟉 蟉 六三
蟄 蟄 六四
蚨 蚨 六四
蜪 蜪 六四
蝦 蝦 六五
蟆 蟆 六五
蠵 蠵 六五
螹 螹 六五
蠏 蠏 六五
蛫 蛫 六六
蜮 蜮 六六
[illegible] [illegible] 六六
蝄 蝄 六七

蛃 蛃 六七
蝯 蝯 六七
蠗 蠗 六七
蜼 蜼 六七
蚼 蚼 六八
蛩 蛩 六八
蟨 蟨 六八
蝙 蝙 六八
蝠 蝠 六八
蠻 蠻 六九
閩 閩 七〇
虹 虹 七〇
螮 螮 七七
蝀 蝀 七七
蠥 蠥 七七

字	頁碼
壁	二二六
[illegible]	二二六
堨	二二七
埒	二二七
堪	二二七
堀	二二八
堂	二二八
垛	二三三
坫	二三三
[illegible]	二三五
垷	二三五
墐	二三五
墍	二三六
堊	二三六
墀	二三六
墼	二三七
垒	二三八
埽	二三八
在	二三九
坐	二三三
坻	二三四
填	二三五
坦	二三五
坒	二三五
堤	二三六
壞	二三六
封	二三七
壐	二四五
墨	二四七
垸	二四八
型	二四八
埻	二五〇
塒	二五〇
城	二五〇
墉	二五四
墣	二五七
坎	二五七
埶	二五八
坻	二五八
[illegible]	二五九
垎	二五九
垐	二五九
增	二六〇
埤	二六一
坿	二六一
塞	二六一
圣	二六三
垍	二七一
埱	二七一
埵	二七一
埐	二七二
堅	二七二
壔	二七二
培	二七二
埩	二七三
墇	二七三
[illegible]	二七三
垠	二七三
墠	二七四
垑	二七四

鑠 鑠 四九〇
鍊 鍊 四九〇
釘 釘 四九一
錮 錮 四九一
鑲 鑲 四九一
鎔 鎔 四九一
鋏 鋏 四九二
鍛 鍛 四九二
鋌 鋌 四九二
鐃 鐃 四九三
鏡 鏡 四九三
鉹 鉹 四九三
鈃 鈃 四九四
鍾 鍾 四九六
鑑 鑑 五〇一

鐈 鐈 五〇三
鐆 鐆 五〇五
鋞 鋞 五〇五
鑴 鑴 五〇六
鑊 鑊 五〇六
鍑 鍑 五〇八
鍪 鍪 五〇八
錪 錪 五〇八
銼 銼 五〇八
鑹 鑹 五〇九
鉶 鉶 五〇九
鎬 鎬 五〇九
鏕 鏕 五一一
銚 銚 五一一
⿰金⿱卯豆 ⿰金⿱卯豆 五一四

鐎 鐎 五一九
鋗 鋗 五二〇
鏏 鏏 五二〇
鍵 鍵 五二〇
鉉 鉉 五二〇
鋊 鋊 五二一
鎣 鎣 五二三
鑯 鑯 五二三
錠 錠 五二三
鐙 鐙 五二三
鏶 鏶 五二三
鍱 鍱 五二三
鏟 鏟 五二四
鑪 鑪 五二四
鏇 鏇 五二六

鐪 鐪 五二六
鑢 鑢 五二六
釦 釦 五二七
錯 錯 五二七
⿰金卿 ⿰金卿 五二八
錡 錡 五二八
鍤 鍤 五二八
錄 銶 五三一
鍼 鍼 五三一
鈹 鈹 五三一
鎩 鎩 五三二
鈕 鈕 五三二
銎 銎 五三三
鈭 鈭 五三三
錍 錍 五三三

鏨 五三三
鐫 五三四
鑿 五三四
銛 五三九
鈂 五三九
鍦 五三九
鐅 五四〇
錢 五四〇
钁 五四二
鈐 五四二
鐈 五四二
鏺 五四二
鉵 五四三
鉏 五四三
䥯 五四四

鎌 五四四
鍥 五四五
鉊 五四五
銍 五四六
鎮 五四七
鉆 五四九
銸 五四九
鉗 五五〇
釱 五五〇
鋸 五五一
鐕 五五二
錐 五五二
鑱 五五三
鋭 五五三
鏝 五五四

鑽 五五四
鑢 五五四
銓 五五五
銖 五五五
鋝 五五六
鍰 五六〇
錙 五六三
錘 五六三
鈞 五六三
鈀 五六五
鐲 五六六
鈴 五六六
鉦 五六七
鐃 五六八
鐸 五六八

鑮 五七〇
鏞 五七〇
鐘 五七〇
鈁 五七三
鎛 五七三
鍠 五七六
鎗 五七七
鏓 五七七
錚 五七八
鏜 五七八
鑋 五七八
鐔 五七八
鏌 五八一
釾 五八一
鏢 五八一

【車部】

字頭	篆文	楷書	頁碼
車	車	車	六九五
軒	軒	軒	七〇二
輜	輜	輜	七〇三
軿	軿	輧	七〇六
轀	轀	轀	七〇七
輬	輬	輬	七〇七
軺	軺	軺	七〇七
輕	輕	輕	七〇七
輶	輶	輶	七〇八
輣	輣	輣	七〇八
軘	軘	軘	七〇八
䡴	䡴	䡴	七〇八
轈	轈	轈	七〇九
輿	輿	輿	七〇九
輯	輯	輯	七一〇
䡬	䡬	䡬	七一一
軓	軓	軓	七一一
軾	軾	軾	七一二
輅	輅	輅	七一二
較	較	較	七一三
⿰車反	⿰車反	⿰車反	七一三
轛	轛	轛	七一四
輢	輢	輢	七一四
輒	輒	輒	七一四
⿰車巛	⿰車巛	⿰車巛	七一四
轖	轖	轖	七一五
軨	軨	軨	七一五
輑	輑	輑	七一五
軫	軫	軫	七一六
轐	轐	轐	七一六
𨐈	𨐈	𨐈	七一七
軸	軸	軸	七一八
輹	輹	輹	七一八
軔	軔	軔	七一九
輮	輮	輮	七二〇
⿱尚車	⿱尚車	⿱尚車	七二〇
轂	轂	轂	七二一
輥	輥	輥	七二一
軝	軝	軝	七二一
軹	軹	軹	七二三
軎	軎	軎	七二三
輻	輻	輻	七二四
轑	轑	轑	七二四
軑	軑	軑	七二四
輨	輨	輨	七二五
轅	轅	轅	七二五
輈	輈	輈	七二五
⿱日⿱車車	⿱日⿱車車	⿱日⿱車車	七二六
軏	軏	軏	七二六
軶	軶	軶	七二七
⿰車軍	⿰車軍	⿰車軍	七二八
軥	軥	軥	七二八
轙	轙	轙	七二八
軜	軜	軜	七二九
⿲彳車亍	⿲彳車亍	⿲彳車亍	七三〇
⿱䜌車	⿱䜌車	⿱䜌車	七三〇
載	載	載	七三〇
軍	軍	軍	七三四
軷	軷	軷	七三六

範 七三七
轙 七三七
轄 七三八
轉 七三八
輸 七三九
輖 七三九
輩 七三九
軋 七四〇
報 七四〇
轢 七四〇
軌 七四〇
䡮 七四一
軼 七四一
䡩 七四一
⿱埶車 七四一

軭 七四二
輟 七四二
軫 七四三
轚 七四三
⿱𥫗⿱目車 七四三
軻 七四四
⿱殸車 七四四
軵 七四四
輪 七四四
輇 七四六
輗 七四六
軝 七四六
轃 七四六
轒 七四六
⿰車宛 七四七

⿱艹⿵冂車 七四七
⿱𦍌車 七四八
輦 七四八
輓 七五〇
軖 七五〇
轘 七五一
斬 七五一
輭 七五一
輔 七五二
轟 七五三
轏 七五三
轔 七五四
轍 七五四

【𠂤部】

𠂤 七五四
⿱屮𠂤 七六〇
官 七六一

【𨸏部】

𨸏 七七〇
陵 七七三
⿰阝縣 七七七
防 七七七
陰 七七七
陽 七八四
陸 七九二
阿 七九四
陂 七九五
阪 七九五
陬 七九六
隅 七九六

字	頁
險	七九七
限	七九八
阻	七九八
陮	七九九
隗	七九九
阬	七九九
陎	八〇〇
陗	八〇〇
陵	八〇〇
隥	八〇〇
陃	八〇一
陝	八〇一
陟	八〇二
陷	八〇五
隰	八〇七

字	頁
[illegible]	八〇八
隤	八〇八
隊	八〇八
降	八一〇
隕	八一三
陧	八一三
阤	八一四
隓	八一四
[illegible]	八一五
陊	八一五
阬	八一六
[illegible]	八一六
防	八一七
隄	八一七
阯	八一八

字	頁
陘	八一八
附	八一九
阺	八一九
阢	八二〇
隒	八二〇
陀	八二〇
隔	八二〇
障	八二一
隱	八二一
隩	八二三
隈	八二三
[illegible]	八二三
[illegible]	八二四
隴	八二四
[illegible]	八二五

字	頁
陜	八二五
[illegible]	八二六
[illegible]	八二六
陭	八二六
隃	八二六
阮	八二七
[illegible]	八二八
陚	八二八
[illegible]	八二八
[illegible]	八二八
[illegible]	八二八
陼	八二九
陳	八二九
陶	八三四
陧	八三七

筆劃檢字表

矛　矛　六九一
防　䧃　七七七
阝丁　阝亍　八二八
四　四　八五一
中　宁　八五六
甲　甲　九二九
丙　丙　九五七
戊　戊　九七六
巳　巴　一〇〇九
孕　孕　一〇八三
卯　丣　一一一六
已　㠯　一一三三
未　未　一一四三
申　申　一一四五

【六劃】

虫　虫　一二
亘　亘　一六八
地　地　一九二
圪　圪　二二三
杜　在　二二九
圮　圮　二七五
圭　圭　二九三
圯　圯　三〇〇
劣　劣　四二九
劦　劦　四三九
幵　幵　六一三
自　自　七五四
阤　阤　八一四
阢　阢　八二〇

阠　阠　八四七
阡　阡　八四七
厽　厽　八四九
成　成　九八三
字　字　一〇八五
存　存　一〇九三
臾　臾　一一五一
戌　戌　一二〇五
亥　亥　一二二一

【七劃】

蚼　虬　五五
卵　卵　一五四
均　均　二〇二
坄　坄　二一〇
坐　坐　二二三

坻　坻　二二四
坒　坒　二二五
坎　坎　二五七
坋　坋　二八四
坏　坏　二八五
坊　坊　三〇五
里　里　三一九
町　町　三五八
甸　甸　三七〇
男　男　四〇七
助　助　四二〇
劭　劭　四二四
劫　劫　四三七
劬　劬　四三九
斉　斧　六四二

字	頁
車	六九五
阪	七九五
阭	七九九
阬	八一六
防	八一七
阯	八一八
阮	八二七
阦	八四八
禹	九一四
庚	一〇一三
辛	一〇一八
季	一〇八八
季	一〇九三
丣	一一一六
辰	一一二一
酉	一一二三
亥	一三二一

【八劃】

字	頁
虵	一七
蚩	五一
虯	五五
虹	七〇
虴	七八
風	九八
亟	一六一
竺	一七四
坤	一九六
坶	一九九
坡	二〇〇
坪	二〇一
坴	二〇六
坺	二〇九
坫	二一三
㘵	二一八
坦	二三五
坎	二五七
坻	二五八
坿	二六一
坷	二八二
坼	二八二
坱	二八三
坥	二八七
垂	三〇〇
坳	三〇四
里	三一九
町	三五八
毗	三八三
劼	四二一
劾	四三三
券	四三三
劾	四三八
協	四四九
金	四五五
凭	六一八
斧	六四二
斨	六四五
所	六五〇
所	六六〇
矜	六九四
[illegible]	六九四

字	今字	頁
軏	軏	七四〇
官	官	七六一
𠂤	阜	七七〇
阿	阿	七九四
陂	陂	七九五
阻	阻	七九八
附	附	八一九
阺	阺	八一九
陀	陀	八二〇
阽	阽	八三八
阼	阼	八三九
陆	陆	八四三
叕	叕	八六一
亞	亞	八六四
成	成	九八三

字	今字	頁
庚	庚	一〇三二
季	季	一〇八八
孟	孟	一〇八九
孤	孤	一〇九二
育	育	一一〇二
⿰月丑	⿰月丑	一一一〇
申	申	一一四五
臾	臾	一一五〇

【九劃】

字	今字	頁
虺	虺	一七
蚖	蚖	一八
蚳	蚳	二三
蚚	蚚	二六
⿰虫尹	⿰虫尹	四三
⿰虫丏	⿰虫丏	四七
蚩	蚩	五一
蚨	蚨	六四
虹	虹	七〇
虴	虴	七八
虻	蝱	八七
風	風	九八
亟	亟	一六一
恒	恒	一六四
垓	垓	一九七
垣	垣	二二二
垛	垛	二二三
⿱穴坴	坴	二二八
封	封	二三七
型	型	二四八
城	城	二五〇
垎	垎	二五九
垐	垐	二五九
垍	垍	二七一
堅	堅	二七二
埩	埩	二七三
垠	垠	二七三
垑	垑	二七四
垝	垝	二七四
亜	圔	二七五
垢	垢	二八五
⿰土巫	垤	二八七
垗	垗	二八九
埏	埏	三〇三
垚	垚	三〇五
畍	界	三七二

晥 三七三
勁 四二三
勉 四二四
劥 四三三
勇 四三六
勃 四三七
劾 四三八
恊 四四八
俎 六二八
斫 六四五
斪 六四六
料 六七五
矜 六九四
租 六九四
軍 七三四

軌 七四〇
省 七六〇
限 七九八
陋 八〇一
降 八一〇
陊 八一五
⿰阝衣 八二五
陔 八四〇
垒 八五〇
禹 九一四
巹 一〇〇三
癸 一〇五五
孨 一〇九八
臾 一一五〇
曳 一一五一

酊 一一九四
酋 一一九五

【十劃】

素 一
絆 七
蚦 一四
蛁 一六
蚖 一八
蚔 二三
強 二五
蚚 二六
蛄 三三
蚳 三五
蛅 三九
蚩 四二

蚈 四三
蚑 四七
蛃 四七
蚑 五〇
蚌 六一
蚨 六四
蚼 六八
⿰虫出 七九
蚤 八二
蚍 九四
垓 一九七
坡 二〇〇
峚 二〇六
埒 二一七
垷 二三五

堊 坐 二二三
封 封 二三七
垸 垸 二四八
垐 垐 二五九
埐 埐 二七二
垠 垠 二七三
埂 埂 二七九
埃 埃 二八四
[illegible] 二八四
埍 埍 二八八
埏 埏 三〇三
畔 畔 三七二
畛 畛 三七三
留 留 三八三
畜 畜 三八五

畕 畕 三八八
勑 勑 四二二
務 務 四二三
勍 勍 四二三
勉 勉 四二四
釘 釺 四九一
斷 斷 六五四
料 料 六六九
料 料 六七五
軒 軒 七〇二
軓 軓 七一一
[illegible] 七一四
軔 軔 七一九
軎 軎 七二三
軑 軑 七二四

阞 阞 七七七
陗 陗 八〇〇
陖 陖 八〇〇
陜 陜 八〇一
陟 陟 八〇二
陘 陘 八一八
陝 陝 八二五
[illegible] 八二八
除 除 八三八
陛 陛 八三九
院 院 八四五
陙 陙 八四六
离 离 九〇四
癸 癸 一〇五五
挽 挽 一〇八四

育 育 一一〇二
[illegible] 一一一〇
羞 羞 一一一〇
辱 辱 一一二七
酒 酒 一一五五
酎 酎 一一六三
配 配 一一六六
酖 酖 一一六八
酌 酌 一一六九
莤 莤 一一七八
酏 酏 一一八五
[illegible] 酊 一一九四

【十一劃】

率 率 八
蛁 蛁 一六

字	楷書	頁
蜓	蜓	一八
蛭	蛭	二〇
蛣	蛣	二一
蚰	蚰	二一
[illegible]	[illegible]	二二
強	強	二五
蜀	蜀	二六
蛄	蛄	三二
蚳	蚳	三五
蛅	蛅	三九
蛉	蛉	四八
[illegible]	[illegible]	五二
蛟	蛟	五四
[illegible]	[illegible]	五九
[illegible]	[illegible]	六六

字	楷書	頁
蛧	蛧	六七
蚼	蚼	六八
坤	坤	一九六
堣	堣	一九八
埴	埴	二〇五
基	基	二一〇
堵	堵	二一四
堀	堀	二一八
堂	堂	二一八
堊	堊	二二六
埽	埽	二二八
埻	埻	二五〇
城	城	二五〇
埤	埤	二六一
埱	埱	二七一

字	楷書	頁
埵	埵	二七一
堅	堅	二七二
培	培	二七二
埩	埩	二七三
垝	垝	二七四
[illegible]	[illegible]	二八四
堋	堋	二八八
場	場	三〇三
堇	堇	三〇九
野	野	三一七
畦	畦	三七二
畔	畔	三七二
畤	畤	三七七
略	略	三七七
黃	黃	三九三

字	楷書	頁
勖	勖	四二四
動	動	四二七
勘	勘	四三九
釿	釿	四九一
鉏	鉏	五二七
鈂	鈂	五五〇
鈒	鈒	五八一
釬	釬	五九五
釭	釭	五九六
釳	釳	五九六
釣	釣	六〇一
釧	釧	六一二
釵	釵	六一二
斛	斛	六六五
斜	斜	六七四

軘 軘 七〇八
較 較 七一三
𨋕 𨋕 七一三
軓 軓 七一四
軝 軝 七二一
軏 軏 七二六
軜 軜 七二九
報 報 七四〇
軠 軠 七五〇
斬 斬 七五一
陵 陵 七七二
陰 陰 七七七
陸 陸 七九二
陬 陬 七九六
陮 陮 七九九

陷 陷 八〇五
阤 阤 八一四
阢 阢 八二〇
胄 胄 八二三
𨼆 𨼆 八二六
陭 陭 八二六
陚 陚 八二八
阠 阠 八二八
陼 陼 八二九
陳 陳 八二九
陶 陶 八三四
陘 陘 八三七
陪 陪 八四一
陴 陴 八四二
陲 陲 八四四

陯 陯 八四五
𨹔 𨹔 八四六
阣 阣 八四七
阡 阡 八四七
隉 隉 八四七
𨺏 𨺏 八九八
禼 离 九〇四
卨 卨 九一七
乾 乾 九四七
昪 昪 一〇〇四
挽 挽 一〇〇四
羞 羞 一一一〇
寅 寅 一一一三
牾 牾 一一四二
酥 酥 一一六六

酌 酌 一一七一
酖 酖 一一七三
酢 酢 一一八四

【十二劃】

絲 絲 四
蛹 蛹 一六
蛸 蛸 一六
蜓 蜓 一八
蛭 蛭 二〇
蛣 蛣 二二
蛵 蛵 二二
蛓 蛓 二三
晝 晝 二三
蛾 蛾 二四
蛢 蛢 三八

字	楷定	頁
蜆	蜆	三九
蛺	蛺	四一
蜊	蜊	四八
蛉	蛉	四八
蜉	蜉	五〇
蜕	蜕	五一
蛘	蛘	五三
蛟	蛟	五四
蜃	蜃	五八
螒	螒	五九
蜰	蜰	六六
蛢	蛢	六六
蜩	蜩	六七
蝨	蝨	六八
蝥	蝥	七八

字	楷定	頁
蚰	蚰	七九
颶	颶	一一五
堣	堣	一九八
埻	埻	二〇六
堛	堛	二〇八
墢	墢	二〇八
基	基	二一〇
塌	塌	二一七
堪	堪	二一七
堀	堀	二一八
墍	墍	二三六
堤	堤	二三六
堋	堋	二七三
堊	堊	二七五
埂	埂	二七九

字	楷定	頁
坼	坼	二八二
塹	塹	二八四
堨	堨	二八八
場	場	二九二
垂	垂	三〇〇
塔	塔	三〇五
堯	堯	三〇六
疇	疇	三五八
畬	畬	三六二
畮	畮	三六五
畯	畯	三八〇
甥	甥	四一二
舅	舅	四二三
勝	勝	四二五
勑	勑	四二七

字	楷定	頁
勞	勞	四二九
券	券	四三三
勢	勢	四三五
飭	飭	四三八
募	募	四三八
協	協	四四八
釗	釗	四六九
鈃	鈃	四九四
鈕	鈕	五三三
鈂	鈂	五三九
鈐	鈐	五四二
鉚	鉚	五四九
鈎	鈎	五六三
鈀	鈀	五六五
鈁	鈁	五七三

字頭	楷定	頁
釾	釾	五八一
鈒	鈒	五八一
銃	鋧	五八二
鈇	鈇	六〇〇
鈔	鈔	六〇五
鈌	鈘	六〇六
鉅	鉅	六〇九
鈋	鈋	六一〇
鈍	鈍	六一一
鉥	鉥	六一一
鈲	鈲	六一三
釿	釿	六四七
斯	斯	六五一
斮	斮	六五二
觧	斛	六六五

字頭	楷定	頁
斝	斝	六六五
斞	斞	六七〇
斛	斛	六八六
豤	稂	六九三
軺	軺	七〇七
軡	軨	七一五
軫	軫	七一六
軸	軸	七一八
軹	軹	七二三
軛	軶	七二七
軥	軥	七二八
軷	軷	七三六
𨋏	𨋏	七四〇
軼	軼	七四一
軻	軻	七四四

字頭	楷定	頁
軵	軵	七四四
軝	軝	七四六
陽	陽	七八四
阪	阪	七九五
隅	隅	七九六
隗	隗	七九九
隊	隊	八〇八
隉	隉	八一三
阬	阬	八一六
防	防	八一七
隄	隄	八一七
阯	阯	八一八
隈	隈	八二三
隃	隃	八二六
阮	阮	八二七

字頭	楷定	頁
隕	隕	八二八
隝	隝	八二八
階	階	八三九
阼	阼	八三九
𨽍	𨽍	八四一
陝	陝	八四一
隍	隍	八四三
絫	絫	八五〇
禽	禽	九〇〇
萬	萬	九〇六
乾	乾	九四七
巺	巺	一〇〇四
配	配	一〇一一
辜	辜	一〇二三
孳	孳	一〇九二

【十三劃】

塏 塏 二八〇
毀 毀 二八〇
墟 墟 二八二
堠 埃 二八四
塋 塋 二八九
墓 墓 二八九
塗 塗 三〇二
塡 塡 三〇三
⿰土香 塘 三〇四
野 野 三一七
⿰日柔 ⿰日柔 三六四
⿰日奇 ⿰日奇 三六四
晦 晦 三六五
晼 晼 三七二
⿰日叕 ⿰日叕 三七三

時 時 三七七
當 當 三七八
畱 留 三八三
畺 畺 三九〇
舅 舅 四一一
⿱弓男 ⿱弓男 四二三
勠 勠 四二六
⿰豸力 ⿰豸力 四二七
勦 勦 四三三
勤 勤 四三三
勳 勳 四三七
飭 飭 四三八
勢 勢 四三九
鉛 鉛 四六五
鉉 鉉 五二〇

錄 錄 五三一
鈹 鈹 五三一
鉵 鉵 五四三
鉏 鉏 五四三
鉊 鉊 五四五
鉆 鉆 五四九
鉗 鉗 五五〇
鈀 鈀 五六五
鈴 鈴 五六六
鉦 鉦 五六七
鉈 鉈 五八四
鉞 鉞 五九九
鈜 鉣 六〇〇
鈘 鈌 六〇六
鉅 鉅 六〇九

鉥 鉥 六一一
鈿 鈿 六一二
斯 斯 六五一
新 新 六五四
斞 斞 六七〇
魁 魁 六七一
斟 斟 六七四
稓 稓 六九三
輧 輧 七〇六
軾 軾 七一二
輅 輅 七一二
輈 輈 七二五
衛 衛 七三〇
輦 輦 七三〇
載 載 七三〇

軼 軼 七四一
軭 軭 七四二
軫 軫 七四三
軨 軨 七四六
輂 輂 七四七
輦 輦 七四八
阿 阿 七九四
阻 阻 七九八
隊 隊 八〇〇
隕 隕 八一三
隓 隓 八一四
附 附 八一九
阺 阺 八一九
隒 隒 八二〇
院 院 八二〇

隔 隔 八二〇
阽 阽 八三八
隙 隙 八四〇
阹 阹 八四三
隝 隝 八四五
隘 隘 八四八
辭 辭 八六〇
馗 馗 八九八
亂 亂 九四七
祀 祀 一〇二一
皐 皐 一〇三一
㝅 㝅 一〇八六
孳 孳 一〇九二
孴 孴 一一〇〇
寅 寅 一一一三

𥨍 𥨍 一一五九
莤 莤 一一七八
酨 酨 一一八四
𨠵 𨠵 一一九四
酪 酪 一一九四
酪 酪 一一九四
尊 尊 一一九七

【十四劃】

蜥 蜥 一八
蝘 蝘 一八
蝚 蝚 二〇
蜭 蜭 二一
蠆 蠆 二三
蝤 蝤 二四
蝎 蝎 二五

蝝 蝝 三三
蝁 蝁 三六
蛸 蛸 三八
螫 螫 三九
蜰 蜰 四〇
蜨 蜨 四一
蝥 蝥 四二
蜙 蜙 四三
蜩 蜩 四五
蜺 蜺 四六
蜻 蜻 四八
蜡 蜡 五〇
螇 螇 五〇
蜑 蜑 五三
蜦 蜦 五八

字頭	楷定	頁碼
蝸	蝸	六〇
蜎	蜎	六二
⿰虫幽	⿰虫幽	六三
⿰虫匊	⿰虫匊	六四
蝦	蝦	六五
蜮	蜮	六六
蜽	蜽	六七
蝯	蝯	六七
蜼	蜼	六七
⿱巫虫	⿱巫虫	六八
蝠	蝠	六八
閩	閩	七〇
蝀	蝀	七七
蜢	蜢	七八
⿱叉䖵	蚤	八二
⿱夆䖵	⿱夆䖵	八三
蟊	蟊	八四
蜚	⿱非䖵	九四
⿸風朮	⿸風彔	二一一
颯	颯	二一四
⿸風刃	颲	二一五
颭	颭	二一六
黽	黽	二二三
𠄨	恒	二六四
垟	垟	二〇五
墐	墐	二三五
⿰土既	⿰土既	二三六
墉	墉	二五四
⿱埶土	⿱埶土	二五八
墇	墇	二七三
塹	塹	二七九
⿰土虖	⿰土虖	二八二
⿸广坙	⿸广坙	二八三
塿	塿	二八三
堅	堅	二八四
[illegible]	塡	三〇三
境	境	三〇三
塾	塾	三〇三
墜	墜	三〇五
墓	堇	三〇九
晪	晪	三五八
⿰日桼	⿰日桼	三六四
⿰日差	⿰日差	三六四
暘	暘	三八八
勱	勱	四二三
勵	勵	四二三
動	動	四二七
勴	勴	四三一
勘	勘	四三三
銀	銀	四六四
銅	銅	四六九
銑	銑	四七八
鋌	鋌	四九二
鉹	鉹	四九三
鈃	鈃	四九四
鉶	鉶	五〇九
銚	銚	五一一
鋈	鋈	五三三
鈭	鈭	五三三
銛	銛	五三九

字頭	楷定	頁碼
⿰金危	⿰金危	五三九
⿰金虫	⿰金虫	五四三
銼	銍	五四六
銓	銓	五五五
銖	銖	五五五
錚	錚	五七八
鋋	鋋	五八一
銜	銜	六〇〇
鉻	鉻	六〇六
銭	銻	六一〇
銘	銘	六一二
⿰𧾷斤	⿰𧾷斤	六四七
⿰亘斤	⿰亘斤	六五四
斡	斡	六七〇
⿺鬼圭	魁	六七一

字頭	楷定	頁碼
斠	斠	六七四
⿰并斗	斜	六八五
稂	稂	六九三
⿰禾者	稭	六九三
輕	輕	七〇七
輯	輯	七一〇
軱	軱	七一四
軨	軨	七一五
輑	輑	七一五
載	載	七三〇
輓	輓	七五〇
輔	輔	七五二
陬	陬	七九六
⿰阝區	⿰阝區	八〇八
降	降	八一〇

字頭	楷定	頁碼
⿰阝頁	⿰阝頁	八一五
陊	陊	八一五
障	障	八二一
⿰阝衣	⿰阝衣	八二五
際	際	八四〇
⿰缶卩	⿰缶卩	八六〇
綴	綴	八六四
⿱亞日	⿱亞日	八七四
⿱登巳	⿱登巳	一〇〇三
⿰辛井	⿰辛井	一〇四八
𣪊	𣪊	一〇八六
疑	疑	一〇九四
⿰束申	⿰束申	一一五〇
酴	酴	一一五九
⿰酉肙	⿰酉肙	一一六〇

字頭	楷定	頁碼
酷	酷	一一六五
酺	酺	一一七五
醒	醒	一一七七
酸	酸	一一八四
⿹𢦏酉	⿹𢦏酉	一一八四
⿰酉乎	⿰酉乎	一一九二

【十五劃】

字頭	楷定	頁碼
⿱𠦒糸	素	一
螋	螋	一四
⿰虫冊	蚺	一四
螝	螝	一六
蝘	蝘	一八
蝚	蝚	二〇
蝤	蝤	二四
蝎	蝎	二五

字	楷	頁
蜫	蜫	三三
蝝	蝝	三三
螘	螘	三五
蜸	蜸	三六
蝒	蝒	三六
蜋	蜋	三七
蛢	蛢	三八
蠪	蠪	三九
蜀	蜀	四〇
蝍	蝍	四〇
蜨	蜨	四一
螌	螌	四二
蝥	蝥	四三
蝑	蝑	四四
蝗	蝗	四五
螇	螇	四七
蜻	蜻	四八
蝏	蝏	四九
蜹	蜹	四九
蛸	蛸	四九
蟥	蟥	五〇
蜦	蜦	五八
蝓	蝓	六一
蚴	蚴	六三
蝦	蝦	六五
蝯	蝯	六七
蝙	蝙	六八
蝠	蝠	六八
蝨	蝨	八三
蟁	蟁	八七
蟁	蟁	八七
蟲	蟲	九二
颲	颲	一一六
壞	壞	一九七
墣	墣	二〇六
堵	堵	二一四
墤	墤	二一六
墬	墬	二二五
墀	墀	二三六
墨	墨	二四七
塒	塒	二五〇
墉	墉	二五四
壏	壏	二五七
增	增	二六〇
埵	埵	二七一
墇	墇	二七三
墠	墠	二七四
壇	壇	二八五
瘞	瘞	二八八
墳	墳	二九〇
塗	塗	三〇二
境	境	三〇三
塔	塔	三〇五
畿	畿	三七一
畹	畹	三七二
畯	畯	三八〇
勥	勥	四二三
勠	勠	四二六
勷	勷	四三一
勰	勰	四四九

字頭	楷書	頁碼
鋇	銀	四六四
鋈	鋈	四六五
鋚	鋚	四七五
銑	銑	四七八
銷	銷	四九〇
鋏	鋏	四九二
鋞	鋞	五〇五
銼	鋰	五〇八
鋗	鍋	五二〇
鋊	鋊	五二一
鍛	鈹	五三一
鉶	鉶	五四九
銳	銳	五五三
鋝	鋝	五五六
鉈	鈴	五六六
鋋	鋋	五八一
銧	銃	五八二
鏨	鏨	五九六
鋃	鎚	六〇二
鋂	鏄	六〇二
鋪	鋪	六〇三
銛	銛	六〇五
銻	銭	六一〇
鋖	鋖	六一一
新	新	六五四
斡	斡	六七〇
斣	斣	六八五
矠	矠	六九三
輜	輜	七〇三
輬	輬	七〇七
輣	輣	七〇八
輢	輢	七一四
輮	輮	七二〇
輥	輥	七二二
輨	輨	七二五
暈	暈	七二六
範	範	七三七
輖	輖	七三九
輩	輩	七三九
輚	輚	七四一
輟	輟	七四二
輪	輪	七四四
輗	輗	七四六
輐	輐	七四七
輂	輂	七四七
輦	輦	七四八
輓	輓	七五〇
軴	軴	七五〇
陂	陂	七九五
限	限	七九八
阬	阬	七九九
隥	隥	八〇〇
陋	陋	八〇一
陜	陜	八〇一
陟	陟	八〇二
隫	隫	八〇八
陘	陘	八一八
隩	隩	八二三
陜	陜	八二五
[illegible]	[illegible]	八二六

字	頁
陪	八二八
除	八三八
陛	八三九
陔	八四〇
院	八四五
陙	八四六
陴	八四七
𤳳	九一九
辤	一〇三九
疑	一〇九四
醇	一一六一
醬	一一六三
醆	一一六九
醋	一一七二
醅	一一七五
醉	一一七六
醬	一一八六
醬	一一九一
醇	一一九二

【十六劃】

字	頁
秦	二
蝮	一四
縢	一四
蝓	一五
蜙	一五
雖	一七
螟	一九
蟜	三三
螝	三三
螻	三三
螘	三五
蟥	三八
蚼	四〇
螌	四二
蟠	四三
蝟	四四
蟅	四四
螇	四七
蜾	四九
蛸	四九
蝙	五一
螫	五三
蝕	五三
螭	五四
蠊	五八
䗪	六〇
蝓	六一
螟	六五
蟖	六五
蝙	六八
蟷	七七
蟋	七八
螳	七九
蟲	八七
螽	九一
飆	一一一
颲	一一五
颲	一一六
龜	一二八
鰕	一五六

字頭	楷定	頁碼
壞	墺	一九七
墩	墩	二〇四
壁	壁	二一六
墼	墼	二一七
壇	壇	二九一
堀	堀	三〇二
[illegible]	[illegible]	三〇四
壒	壒	三〇五
[illegible]	[illegible]	三六二
點	點	四〇六
勳	勳	四一八
膀	勝	四二五
勯	勯	四三三
勦	勦	四三三
勤	勤	四三三
勢	勢	四三五
辦	辦	四三九
鋈	鋈	四六五
錫	錫	四六五
鋻	鋻	四七八
録	錄	四七九
錮	錮	四九一
錪	錪	五〇八
鍵	鍵	五二〇
錠	錠	五二三
錯	錯	五二七
錡	錡	五二八
鎛	錍	五三三
鉇	鉇	五三九
錢	錢	五四〇
鋸	鋸	五五一
錐	錐	五五二
錙	錙	五六三
錘	錘	五六三
錚	錚	五七八
錟	錟	五八七
錞	錞	五八九
鋞	鋞	五九五
鋂	鋂	六〇二
錔	錔	六〇五
錉	錉	六〇九
鍒	鍒	六一一
錭	錭	六一一
錗	錗	六一一
斮	斮	六五二
稭	稭	六九三
輜	輜	七〇三
轀	轀	七〇七
輶	輶	七〇八
輯	輯	七一〇
輹	輹	七一八
輮	輮	七二〇
輻	輻	七二四
暈	暈	七二六
輝	輝	七二八
輸	輸	七三九
輭	輭	七五一
陰	陰	七七七
隅	隅	七九六
險	險	七九七

字	楷	頁
颺	颺	一一五
颼	颼	一一六
龜	龜	一二八
黿	黿	一四〇
墣	墣	二〇六
艂	滕	二〇八
壁	壁	二一六
墐	墐	二三五
墼	墼	二三七
壞	壞	二三六
壐	壐	二四五
墨	墨	二四七
墊	墊	二五八
𡒄	𡒄	二五九
壔	壔	二七二

字	楷	頁
壙	壙	二八〇
壓	壓	二八一
𩞁	𩞁	二八八
堀	堀	三〇二
覲	覲	三一七
瞵	瞵	三八三
曈	曈	三八七
蒴	蒴	四〇六
䪥	䪥	四〇六
勶	勶	四二五
勳	勳	四二九
勰	勰	四四九
鍇	鍇	四七五
錄	錄	四七九
銷	銷	四九〇

字	楷	頁
鍊	鍊	四九〇
鍛	鍛	四九二
鍾	鍾	四九六
鍑	鍑	五〇八
鍪	鍪	五〇八
鍋	鍋	五二〇
鍱	鍱	五二三
鍤	鍤	五二八
鍼	鍼	五三一
鋈	鋈	五三三
鍥	鍥	五四五
鍰	鍰	五六〇
錙	錙	五六三
鍠	鍠	五七六
鏃	鏃	五九四

字	楷	頁
鍜	鍜	五九六
鍡	鍡	六〇三
鏂	鏂	六〇三
鍣	鍣	六〇五
鍒	鍒	六一一
䣝	䣝	六三九
斢	斢	六七五
斣	斣	六八五
軿	軿	七〇六
轀	轀	七〇七
輿	輿	七〇九
輹	輹	七一八
輦	輦	七二〇
轂	轂	七二一
轅	轅	七二五

龕	蠅	鼂	墽	壘	塾	壏	鼈	瞜	歎	募	勢	鏈	鎔	鍑
一四〇	一四四	一五二	二一六	二七四	三〇三	三〇五	三三三	三六二	四〇五	四三八	四三九	四七二	四九一	五〇八

鐄	鎬	鏗	鎣	鐪	錣	鎌	鎮	鎛	鍠	鎗	鏌	鏠	鎧	鏨
五〇八	五〇九	五一四	五二二	五二六	五三三	五四四	五四七	五七三	五七六	五七七	五八一	五八九	五九五	五九六

鎚	鎎	鐳	鎕	鎖	䖒	斷	轢	輿	轗	轂	轅	輦	轉	輸
六〇二	六〇三	六〇七	六一〇	六一二	六三九	六五二	七〇九	七〇九	七一一	七二一	七二五	七三〇	七三八	七三九

𨍏	轚	輦	陵	陸	隗	陖	隕	隓	隫	隔	隙	隍	隖	陯
七四一	七四四	七四八	七七二	七九二	七九九	八〇〇	八一三	八一四	八一六	八二〇	八四〇	八四三	八四五	八四五

字頭	楷定	頁碼
醪	醪	二六一
⿱知酉	⿱知酉	二六三
醧	醧	二七四
醫	醫	二七七
醨	醨	二八三
醬	醬	二八六
醶	醶	二九二
醳	醳	二九二
醐	醐	二九四

【十九劃】

字頭	楷定	頁碼
𦅈	𦅈	三
膰	膰	一四
螼	螼	一四
⿱齊虫	⿱齊虫	二五
蠖	蠖	三三
蟷	蟷	三六
蠕	蠕	四一
蠃	蠃	四一
蠓	蠓	四八
蟰	蟰	四九
蠉	蠉	五〇
蟺	蟺	六二
蟄	蟄	六四
蠏	蠏	六五
蟪	蟪	七八
䖸	䖸	八二
⿸厤䖵	⿸厤䖵	八四
蠡	蠡	九〇
⿱求䖵	⿱求䖵	九一
蝨	蝨	九二
颸	颸	二一六
鼃	鼃	二四〇
鼅	鼅	二四四
蠅	蠅	二四四
鼀	鼀	二四五
鼂	鼂	二五二
壚	壚	二〇四
埻	埻	二五〇
⿰土㬎	⿰土㬎	二五九
壞	壞	二八一
墓	墓	二八九
墳	墳	二九〇
墜	墜	三〇五
釐	釐	三三三
疇	疇	三五八
⿰田差	⿰田差	三六四
疄	疄	三八三
⿰黃有	⿰黃有	四〇六
勳	勳	四一八
勸	勸	四二五
[illegible]	[illegible]	四二五
鏤	鏤	四七七
鏡	鏡	四九三
鐈	鐈	五〇三
鐻	鐻	五〇五
鋞	鋞	五〇八
鐙	鐙	五一四
鐫	鐫	五二〇
鍊	鍊	五二三
鏠	鏠	五二四

鏇 鏇 五二六
鎩 鎩 五三三
鏨 鏨 五三三
鎜 鎜 五四〇
鏅 鏅 五四二
鏝 鏝 五五四
鐲 鐲 五六六
鏞 鏞 五七〇
鏓 鏓 五七七
鏜 鏜 五七八
鏢 鏢 五八一
鏦 鏦 五八六
鏐 鏐 五九二
鏑 鏑 五九四
鐊 鐊 五九九

鏊 鏊 六〇二
鏸 鏸 六〇三
鐉 鐉 六〇五
鏃 鏃 六〇六
鏉 鏉 六〇六
斷 斷 六五二
䡴 䡴 七〇八
轐 轐 七一六
轑 轑 七二四
轉 轉 七三八
轃 轃 七四六
轒 轒 七四六
轏 轏 七五三
轔 轔 七五四
轍 轍 七五四

隔 隔 八〇八
隕 隕 八一五
隈 隈 八二三
隃 隃 八二六
陳 陳 八二九
際 際 八四〇
獸 獸 九三三
辭 辭 一〇四一
孼 孼 一〇九一
醰 醰 一一六六
醮 醮 一一七〇
醬 醬 一一七一
醋 醋 一一七三
醵 醵 一一七四
醽 醽 一一九二

【二十劃】

綏 綏 三
齍 齍 二五
蠕 蠕 四一
蠓 蠓 四八
蠗 蠗 六七
蠛 蠛 七八
蠡 蠡 八六
蠱 蠱 九四
飆 飆 一一三
飄 飄 一一四
飂 飂 一一四
鼅 鼅 一三一
鼃 鼃 一四〇
鼀 鼀 一四五

䡴 七〇八
轑 七二四
轢 七四〇
[illegible] 七四三
隥 八〇〇
[illegible] 八二四
[illegible] 八二六
辭 一〇四一
孿 一〇八七

【二十三劃】

蠸 一九
蠋 三三
蠪 三四
蠰 三七
蠃 四一
蠵 六五
[illegible] 八五
蠡 八五
蠹 九二
蜚 九四
蠱 九四
飂 一一五
雞 一四三
鼇 一五四
鐐 四六五
鏐 四七八
鑠 四九〇
鑣 五一一
鉚 五二八
[illegible] 五四四
鑢 五五四
鏠 五八九
[illegible] 六〇〇
斷 六四六
孿 六八五
[illegible] 七一四
轎 七一五
輦 七四一
轒 七四六
轘 七五一
隱 八二一
辯 一〇四八
醇 一一六一
[illegible] 一一九四

【二十四劃】

蠸 一九
蠵 六五
蠶 八一
[illegible] 八五
[illegible] 八六
蠹 八八
[illegible] 九一
[illegible] 九一
鼈 一三九
雞 一四三
鐨 四七八
鑄 四七九
鐃 四九三
[illegible] 五〇五

鑪 鑪 五二四
鑮 鑮 五七〇
鐘 鐘 五七〇
鏌 鏌 五八一
錞 錞 五八九
鏊 鏊 六〇二
隰 隰 八〇七
隫 隫 八〇八
嚮 嚮 九一六
孿 孿 一〇八七
釀 釀 一二五九
醴 醴 一二六〇
韉 韉 一二六四
醻 醻 一二七二
醼 醼 一二七六
醶 醶 一二八三

【二十五劃】

嚳 嚳 一五
蠻 蠻 六九
屬 屬 八四
蠽 蠽 八四
蠻 蠻 八四
蠹 蠹 八五
蠭 蜂 八六
蠹 蠹 九一
蠿 蚍 九四
蠶 蠶 九四
鼈 鼈 一三九
鼉 鼉 一四一
鼅 鼅 一四四

壞 壞 二〇三
勸 勸 四二一
鑲 鑲 四九一
鐵 鐵 五二三
鑪 鑪 五二四
鑱 鑱 五五三
鑢 鑢 五五四
鐊 鍚 五九九
鑣 鑣 六〇〇
斸 斸 六四六
攣 攣 六八五
輣 輣 七〇八
隴 隴 八二四
韉 韉 一二六四

【二十六劃】

辭 辭 二
韓 韓 三
蟫 蟫 二
蠰 蠰 三七
蠻 蠻 六九
蠿 蠿 八四
蠹 蠹 八六
蠹 蠹 八八
飄 飄 一一四
櫳 櫳 一三一
鼉 鼉 一四一
鑴 鑴 五〇六
鑱 鑱 五五三
鏢 鏢 五八一

素 素

素 从廾 師克盨 素戉 輔師𣪕簋 截市素黃 【金文編】

151 245 【包山楚簡文字編】

素霸 董素私印 【漢印文字徵】

素下殘石 【石刻篆文編】

素 【汗簡】

汗簡 道德經 崔希裕纂古 【古文四聲韻】

◉許　慎　素白緻繒也。从糸𠂹。取其澤也。凡素之屬皆从素。桑故切。【説文解字卷十三】

◉馬叙倫　鈕樹玉曰。六書故引唐本緻作致。説文無緻。翟云升曰。六書故引作𠂹省聲。是。九經字樣引無緻字。倫按白緻繒也蓋字林文。本訓挩矣。從糸。𠂹省聲。然差為𠂹之轉注字。見差字下。則從𠂹得聲亦可也。六書故引作𠂹省聲亦通。𠂹音曉紐。故素音入心紐。心曉同為次清摩擦音也。古讀𠂹如敷。敷紐亦次清摩擦音。脣齒與舌尖前尤近。今挩聲字。校者乃加取其澤也。素蓋今所謂絲之本字。音同心紐。絲色白。故借以為素綵之素。下文紨縞為轉注字。緩綫亦轉注字而𩌏𩌏或作綽緩。可證素即今所謂絲。故從糸者亦得從素也。文選寡婦賦注引字林。素。昔也。字見急就篇。【説文解字六書疏證卷二十五】

◉唐健垣　甲篇六行　繫之以素

第四字嚴先生云:「商釋亂,誤認。汗簡有策字作素,形略近,疑為『策』字。」我疑心此乃素字。素字説文作素,此省𠂹形存下半。甲骨文土字作土,而後世作土,變空框為實畫,準此例,則此字下半之市或即𠂹之變。又説文裕或作帢,从糸从巾可通,縱謂此乃从巾亦可,不必云糸省也。繫素或同後世端午節在小童衣上繫色絲,用以避災邪。

補:素字,饒師新釋亦讀作素。【楚繒書文字拾遺　中國文字第三十册】

◉曾憲通　素 夔之𠮷素降　乙六・二二　此字或疑為策,或釋作帞,而以釋素者為多。選堂先生謂《荆楚歲時記》及《玉燭寶典》均

載有以絲繫臂壓勝之俗。帛文所言或與此有關。【長沙楚帛書文字編乙編】

𦃃 𦃃

◉許　慎　𦃃素屬。从素。収聲。居玉切。【説文解字卷十三】

◉馬叙倫　素屬字林文。此字蓋出字林。【説文解字六書疏證卷二十五】

◉戴家祥　𦃃輔師嫠𣪘　𦃃黄　素字篆書作𦃃，金文作為偏旁作𦃃𦃃𦃃等形，此字从𦃃當為素之異體，又从廾，即秦字，説文十三篇「𦃃，素屬。从素収聲」。【金文大字典下】

𦁳 𦁳

◉許　慎　𦁳白𦁳。縞也。从素。勺聲。以灼切。【説文解字卷十三】

◉高田忠周　𦁳　此篆積古齋款識金石萃編以至古籀補皆釋作襄。唯劉云襄不从冊。當據篆形釋之。字書無褕。後人疏也。古字遺失者多矣。此説稍近。因謂方言四。衸纏謂之襌。注今呼為涼衣也。錢氏箋疏。玉篇。衸。襌也。又云。約纏謂之襌也。約即衸之譌。葢衸褕同字。説文衸字。經傳作褕可證。要从勺者為古文。而从侖者為籀文。亦無疑矣。但衸褕並説文所無。衸當𦁳字異文。説文𦁳白𦁳。縞也。从素勺聲。廣雅釋詁。𦁳。練也。練當用為襌衣涼衣。方言。襌衣。古謂之深衣。王制。有虞氏。深衣而養老。注。有虞氏質。深衣而已。正義。深衣白布衣。注又云。般尚白。而縞衣裳。此𦁳可以作深衣。可以作襌衣。可以偁衸纏之證。然衸即𦁳。元白布之名。而以𦁳為衣。亦當偁𦁳。𦁳纏者。纏𦁳以為衣之意。玉篇當云。𦁳纏謂之襌。古文素糸通用。繛緩亦作綽緩可證。又糸衣通用。説文緹或从衣作衹可證。衸纏即本義之轉。已用為衣義。故字亦變从衣。固為當然。故知此篆為衸為𦁳。【古籀篇卷六十九】

◉馬叙倫　𦁳縞聲同宵類轉注字。白𦁳二字玉篇引無。字見急就篇顔師古本。皇象作龠。則此字或出字林。傳寫急就者以字林字易之。【説文解字六書疏證卷二十五】

䌛 䌛

◉許　慎　䌛素屬。从素。率聲。所律切。【説文解字卷十三】

◉馬叙倫　承培元曰。素屬疑當作索屬。字亦作繂。繂。索之大者。倫按廣雅釋器。䌛。素也。素屬者。字林文。此字蓋出字林。承説亦通。玉篇。紼也。索也。如此訓。則𦃃䌛皆素之轉注字。䌛音審紐。素音心紐。𦃃從収得聲。古讀収當如竦。故説解曰。竦手也。竦音亦心紐。心審同為次清摩擦音也。【説文解字六書疏證卷二十五】

䋬 蔡姑簋 瘐鐘 善夫山鼎 【金文編】

2920 0496 【古璽文編】

綽衡里附城 【漢印文字徵】

綽見古論語 【汗簡】

◉許　慎　䋬緩也。从素。卓聲。昌約切。䋬或省。【說文解字卷十三】

◉劉心源　綽綰。寬裕也。【尨姑彝　奇觚室吉金文述卷五】

◉吳大澂　古綽字。小篆作。或作。姑敦用蘄匄眉壽綽綰。。即許書二字。【說文古籀補卷十三】

◉高田忠周　說文緩也。从素卓聲。或从糸作。詩淇奧。寬兮綽兮。葢寬緩綰音義皆近。故金文緩字作。實以綰為緩也。【說文古籀篇六十九】

◉强運開　蔡姑敢。用蘄匄釁壽綽綰永命。小篆从素。此从。即素之變體。吳書橅乍从糸。微誤。【說文古籀三補卷十三】

◉馬叙倫　桂馥曰。汗簡。䋬見古論語。按論語孟公綽。釋文。本又作䋬。倫按䋬為綫之音同穿紐轉注字。

倫按從糸耳。下文緩同。說解當作䋬或從糸。緩下亦同。【說文解字六書疏證卷二十五】

◉戴家祥　金文綽字作諸形，从即小篆字。為素之譌體。說文「䋬，緩也。从素卓聲。或从糸作綽」。郭沫若曰：「綽綰」乃金文恒語，或作綰綽。容庚云「即說文之䋬緩，爾雅之綽綽爰爰，詩之寬兮綽兮」。案書無逸亦云「寬綽厥心」。兩周金文辭大系考釋第一七七葉。蔡姑𣪘。【金文大字典下】

3·1141 獨字 【古陶文字徵】

76 189 【包山楚簡文字編】

緩　說文綏鬆或省　為四三　【睡虎地秦簡文字編】

孫緩之印　皃緩　胡緩　趙緩　王緩　韓緩　杜緩　【漢印文字徵】

緩出石經　【汗簡】

石經　【古文四聲韻】

◉許　慎　䋿也。从素。爰聲。胡玩切。鬆或省。【說文解字卷十三】

◉馬叙倫　鬆為緩之聲同元類轉注字。亦紓之轉注字。紓聲。緩從爰得聲。爰從于得聲。于聲亦魚類也。翟云升曰。或省未合。當作或從糸。倫按字見急就篇。疑本作鬆。傳寫易之。猶䋿字急就作𦂳也。【說文解字六書疏證卷二十五】

◉湯餘惠　《湖南省博物館藏古璽印集》5・15著録一鈕白文玉印：

印文二字，原釋「陽□」，次字缺釋。今按古文爰、寽形近而有別，寽字寫作（㫚鼎）、（「梁正幣百當寽」布）；爰字寫作（虢季子白盤）、（《包山竹簡》76號簡緩字所从）、（鄂君啟節），省形作（《古璽彙編》3769）、（同上2403緩字所从）。省略了筆劃的「爰」，右面的短劃仍然保留，而寽字祇有中間一斜劃，這應該是區別戰國文字中「爰」和「寽」的一個明顯標誌。印文从糸、爰聲，當釋為「緩」。【古璽文字七釋　第二屆國際中國文字學研討會論文集】

絲

後二・八・七　方國名　上絲　通別二・五・三　曰多尹其□二侯上絲侯眔𡧊侯其□　後二・八・八　上絲侯　燕五一

簠天三八　【甲骨文編】

徵1・38　後下8・7　【續甲骨文編】

絲商尊　弍絲廿寽　丝字重見　辛伯鼎　曶鼎　守宮盤　【金文編】

絲法一一　四例　封八二　二例　日甲一一九背　【睡虎地秦簡文字編】

2662　【古璽文編】

封絲私印　李絲　曹絲　【漢印文字徵】

絲　【汗簡】

汗簡　【古文四聲韻】

◉許　慎　絲蠶所吐也。从二糸。凡絲之屬皆从絲。息兹切。【說文解字卷十三】

◉羅振玉　丝　古金文用為訓此之茲，與卜辭同。【增訂殷虛書契考釋中】

◉羅振玉　絲象束絲形。兩端則束餘之緒也。【增訂殷虛書契考釋卷中】

◉林義光　說文云。絲蠶所吐也。从二糸。按古作絲曶鼎。同。說文云。丝微也。从二幺。按古作丝太保彝。以為絲字。曶鼎曶用絲金作朕文考究伯𪔂牛鼎。太保彝用丝彝對命。絲丝皆借為茲。蓋本同字。即絲之省。訓微之丝。經傳未見。說文云。兹黑也。从二玄。按玄古作幺。則玆古作丝。即絲之或體。不訓黑。曶鼎曶用玆金。玆作絲。【文源卷六】

◉高田忠周　說文。絲蠶所吐也。从二糸。又糸下曰。細絲也。象束絲之形。依之。似云糸細於絲。然絲為蠶所吐。無微。於此。實絲為細於糸也。要字初製糸字。而後為絲。益多而愈微之意也。初有虫而後有蚰有蟲。又初有屮而後有艸有茻。皆為同例。殊𣏟為葩之總名也。朩為分枲莖皮也。甚與絲糸為近例也。又按玄字古文作幺。从糸省。省為指事。金文多省作幺。與糸古文作幺相同。故玄部玆字。亦或省作丝。遂與絲省文無異。而古字多借絲省之丝為玆字。於是乎玆兹兩字之別不明矣。宜哉後人論議紛然。殆無斷定。今依此證之。訓此義丝字與訓黑義丝字。形可通而音義不通也。書禹貢。厥貢漆絲。周禮大宰嬪婦化治絲枲皆字本義也。【古籀篇六十九】

◉商承祚　絲　說文分糸絲為二部。然緐之古文作緐。籀文作緐。絅金文作絅。皆从絲。則糸絲本一字。體有緐簡也。都象束絲之形。金文曶鼎作絲。【甲骨文字研究下編】

轡

◉馬叙倫　篆當作或。甲文𢇁字作。又有。羅振玉釋𦃃。倫謂此從一或從二或從三。皆地之初文也。聲。即本書之㙛字。甲文又有散盤之皆本書之溼可證也。或從三糸。故甲文𢇁作。且乙卣作。甲文又作。蓋皆象絞絲。不以多寡異也。蠶所吐也蓋字林文。本訓捝矣。字見急就篇。曶鼎作。【説文解字六書疏證卷二十五】

◉李孝定　説文：「絲。蠶所吐也。从二糸。」契文同，象絲二束之形。辭云「□□□争貞令上絲眔禾医☐」後下・八・六「☐争☐上絲☐医☐㚇」後下・八・七。上絲與禾医對文，上冠以令字，似為職官之偁。它辭云「甲子卜出貞絲雨非禍」簠徵・天象・三八。絲段為兹，此可證之為一字也。金文作曶鼎。【甲骨文字集釋卷十三】

◉李孝定　此與絲並象絲二束形，當為同字，絲兹音近，故得通假，吳式芬氏以之幽音近得通説之，相去一間矣。至丝字亦得讀幽、訓微，音屬後起，義則細絲之義所引申也。劉心源氏以金文玄衣字作衡之，謂此當為兹，讀作玄，不音子絲反之孜，古刻多用為兹，亦用為幽，乃隨文義讀之云云，説似是而甚含混，此字明明是絲之異體，自得讀為子絲反之兹；至後世又用為幽者（如説文），則由絲之細微一誼所引申，幽字从丝从火會意，火取其明，古人或即以丝為幽，此乃文字未定型前之混亂現象，蓋未能悉以六書之常理衡之矣。高田氏謂此實之省，不从二幺，非絲字云云，説不可从。【金文詁林讀後記卷十三】

◉朱歧祥　，从二束糸，隸作絲。《説文》：「蠶所吐也。」卜辭用為附庸族名，習稱「上絲」，見於第一、二期甲文，與西南的周族同辭。字有更易偏旁从尹作，由辭例得證。

〈通113〉　戊子卜，㱿貞：王曰：余其曰：多尹其令二侯：上眔侯其☐周？

〈續5・22・3〉　☐酉☐令☐上☐侯二☐寇☐周？【甲骨學論叢】

◉戴家祥　金文絲字用法同糸，其單位名稱束或孚。【金文大字典下】

甲447　2124　乙6111　六清34　外292　續存550　摭續164　粹1125　1426　新161

568　4379　【續甲骨文編】

轡 公貿鼎 【金文编】

3·760 獨字 3·761 同上 【古陶文字徵】

2508 2507 2509 2504 2503 2506 2505 【古璽文编】

石碣鑾車 六轡馶□ 二徐作轡段省作䜌此从叀與軎同 【石刻篆文编】

◉許　慎 馬轡也。从絲。从軎。與連同意。詩曰。六轡如絲。兵媚切。【說文解字卷十三】

◉劉心源 轡盉 轡字在亞中。當是人名。石鼓文六轡字篆作。此較省耳。又攷說文籀文子作。解云。囟有髮。臂脛在几上。召伯虎敢甲子之子作。即子孫父癸盤乙卯尊鄦原鐘之變省者。宗周鐘南國𠬝。阮釋要。未合。即籀文子。又从為茲。古文𠚑𢆶為茲。器刻妻見。鐘文實孳字。𠬝孳。人名。余謂亦可讀孳。請質博疋。昨檢說文子部孳下籀文作。知阮釋果誤。【轡盉 奇觚室吉金文述卷六】

◉林義光 古作公貿彝。从車省。轉注。象轡形。【文源卷一】

◉馬叙倫 鈕樹玉曰。一切經音義九引字書。轡。馬縻也。从絲。軎聲。非。段玉裁曰。廣韻六至云。轡。說文作轡。此陸法言孫愐所見本如是也。王筠曰。當依石鼓文作。蓋從叀。故曰與連同意。連為叀之譌也。翟云升曰。軎聲是。倫按從絲軎聲。或從絲叀聲。軎叀轡聲皆脂類也。此靶之音同封紐轉注字。玄應引字書或字林之譌。或古通偁字林為字書也。馬轡也當作轡馬縻也。轡為隸書複舉字。傳寫挩譌。字見急就篇。【說文解字六書疏證卷二十五】

◉戴家祥 衛鼎 帛轡乘 林潔明曰：說文「轡，馬轡也，从絲从軎。與連同意。」按金文字作不从口。說文各本篆字作轡。段注據廣韻改作䜌，解作人絲車。與金文合。段注是也。金文詁林第十三卷第七三五八葉。按衛鼎轡从丝从軎，如說文所訓。銘文「帛轡乘」，帛假為白，即儀禮聘禮「物四乘」，全句謂四副白色的繮轡。【金文大字典下】

◉許　慎 織絹。从糸貫杼也。从絲省。卝聲。古還切。臣鉉等曰。卝。古磺字。【說文解字卷十三】

◉商承祚 卷五第十一葉 同上 說文解字。𢇁。織以絲毌杼。卝。古文卵字。此从一或从三。正象杼形。許君作卝謂是卵字者。誤也。【殷虛文字類編卷十三】

率　𢆯

◉馬叙倫　嚴可均曰。當作織絹以絲貫杼也。段玉裁曰。當作織以絲毌杼也。丱古文卵字。王筠曰。从當依玉篇作以。廣韻。以絲貫杼為𢇁。𢆶是古文絲。省字後人妄增。翟云升曰。六書故引以絲貫杼也。倫按絹蓋織之衍而又譌者也。以絲貫杼也非許文。字實從𢆶。以無𢆶部而同絲部。以部首為絲。乃曰絲省。丱古文磺字。以雙聲諧也。玉篇絲部曰。𢇁。古還反。説文籀文繘字也。又𢇁古環反。説文。織絹以絲貫杼也。䜌。説文亦古文繘字。疑其𢇁下注與䜌下注互譌。【説文解字六書疏證卷二十五】

甲三〇八　甲三七七七　乙四五三八　鄴初下・二九・六　寧滬三・一五四　明藏七九　明藏一九七　明藏四四二　鐵一六〇・三　前一・一一・五　前二・四三・二　前二・四三・三　前二・四三・四　前六・三三・七　林二・五・一〇　戩四四・一　存七三八　存一一三一　師友一・七九　京津一〇三四　粹一二三　燕二一六　京都八四八【甲骨文編】

甲308　甲2282　佚986　甲3593　乙478　749　1512　3317　6719　7509　7797　7955　珠984　續5・28・9　六中115　録515　續存738　1544　1607　摭續41　135　粹23　724【續甲骨文編】

率　孳乳為達　盂鼎　毛公𢈪鼎【金文編】

4116　與毛公鼎率字形近　4104　4121　4124　4125　4112　4123　4109　4108　4117　4118　4111　4102　4110　4101【古璽文編】

率□之印　豫章南昌連率　漢保塞烏桓率衆長　魏率善氏佰長【漢印文字徵】

率 禪國山碑 率按典繇 【石刻篆文編】

率 率 率 率出義雲章 【汗簡】

古尚書 立義雲章 汗簡 衛 衛 衛 立籀韻 【古文四聲韻】

◉許 慎 捕鳥畢也。象絲罔。上下其竿柄也。凡率之屬皆从率。所律切。【說文解字卷十三】

◉薛尚功 衛父辛鼎

衛 子孫 父辛

衛與率同。蓋作器者之名也。率與子孫同作父辛祭享之器耳。【歷代鐘鼎彝器款識法帖卷二】

◉吳大澂 率褱不庭方。即率。説文別出衛字。从行从率。訓將衛也。褱。古懷字。不从心。詩梁山。榦不庭方。毛傳云。庭。直也。國語。以待不庭不虞之患。注亦訓直。常武。徐方來庭。傳。來王庭也。【毛公鼎釋文】

◉劉心源 毛公鼎 率从止。即達省。左桓二年傳。藻率。疏。綷積其邊。故稱率。玉藻。帶率。注。率。綷也。疏。綷是縫緝之名。此率又从四口。象縫緝形。【奇觚室吉金文述卷二】

◉王國維 衒褱不廷方。亾不閈于文武耿光。衒古或作盂鼎。或作師寰敦。尚書作率。詞也。詩大雅。榦不庭方。書立政。以覲文王之耿光。【毛公鼎銘考釋 王國維遺書第六册】

◉孫詒讓 「多」十六之二。「癸□□貝□不其囙同」百廿六之三。「置□才□逐」百六十之三。「」當即「率」字。《説文·率部》:「率,捕鳥畢也,象絲网,上下其竿柄也。」此省其上下竿柄,字例亦通。金文盂鼎率字作,與此正同。師寰敢達字作,偏旁亦如是作。【契文舉例下】

◉羅振玉 段君曰。象絲网謂。案盂鼎率作。師寰敢達从。均與卜辭同。但象絲网形。卜辭或从。象絲网之緒餘。【增訂殷虛書契考釋】

◉于省吾 前二・四三・二。翌甲□。自甲率。六・三三・六。率牛。佚存九八六。□未卜。𠦪自甲大乙大丁大甲大庚大戊中丁且乙且辛且丁十示。率羊。又□自□甲大乙大丁大甲大戊大庚中丁且乙且辛且丁。率。十示。以上所舉諸率字作[字形]或[字形]。或言率牛率羊。或但言率。率者膟之省。說文。膟。血祭肉也。从肉帥聲。或从率作膟。按帥率古聲同字通。禮記郊特牲。蕭合黍稷注。蕭。薌蒿也。染以脂。合黍稷燒之。又取膟膋燔燎注。膟膋。腸間脂也。與蕭合燒之。亦有黍稷也。祭義。取膟膋乃退注。膟膋。血與腸閒脂也。詩信南山。取其血膋箋。膋。脂膏也。血以告殺。膋以升臭。合之黍稷。實之於蕭。合馨香也。生民。取蕭祭脂箋。取蕭草與祭牲之脂。爇之於行神之位。按說文段注及徐箋均謂膟膋為一物。是也。然則契文言率。謂血脂之祭。其言率牛率羊者。率作動字用。謂取牛或羊之血脂以祭也。【釋率 雙劍誃殷契駢枝續編】

◉馬叙倫 徐灝曰。傳注未有訓率為畢者。許說殆非也。戴侗云。率。大索也。上下兩端象所用絞索者。中象率旁象麻枲之餘。又為率帶之率。別作繂䋶。灝按。戴說是也。玉藻曰。凡帶有率無箴功。鄭注。率字作繂。是率之本義為索。因之有率帶之名。率䋶古今字。以麻枲為之。故從索。以帛為之謂之䋶。則從素又省為繂也。章炳麟曰。䋶字訓素屬。釋水有䋶。孫炎以為大索。疑同字。商承祚曰。盂鼎作[字形]。與卜辭同。意八一為後人所加。倫按毛公鼎衛字作[字形]。魏石經古文作[字形]。證以盂鼎[字形]字。蓋[字形]為[字形]變省。從行。[字形]聲。故音入審紐也。則[字形][字形]為衛之異文。率字蓋本作[字形]。[字形]即糸也。傳寫譌為率耳。率索音近。故古或借率為索。玉藻之率則借為帥。猶達師作帥師也。率為律之轉注字。率音審紐二等。律從聿得聲。聿音喻紐四等。審與喻四同為次清摩擦音也。玉篇引倉頡。計。數也。計。率也。則借率為數。【說文解字六書疏證卷二十五】

◉郭沫若 䢦字一器作[字形]，即領率之率之本字。【小臣謎殷銘考釋 器銘考釋 金文叢考】

◉戴家祥 卜辭作[字形]，盂鼎作[字形]，毛公鼎作[字形]，詛楚文「率諸侯之兵」率作[字形]，从行从[字形]。知[字形]亦从行。許云「系，細絲也。古文作[字形]。」卜辭絲作[字形]，[字形]象束絲形，作[字形]者，上下兩端則束絲之緒也。詛楚文从[字形]，與从[字形]同。庚壺䢦作[字形]，从辵、系，知其字本是从行，从絲省聲。唐韻率讀所律切，審母脂部。絲讀新茲切，心母脂部。不但韻同，而且聲近。許謂「上下象竿柄」，殊誤。金文率从[字形]从糸，用作從複詞。【金文大字典上】

燕六三一　乙八七一八　坊間四・二一七　鐵四六・二　鐵一七八・三　後二・八・一八　戩二・一〇　前一・一六・六　與巷通用　亡巷　前二・二四・八　自甲它至于毓亡巷　拾一三・九　乙一一二三　京都二二四九　【甲骨文編】

乙1123　8718　【續甲骨文編】

虫　虫𣪘鼎　甲虫爵　魚顛匕　【金文編】

虫　日甲三四背　六例　日甲三九背　三例　日甲六二背　【睡虎地秦簡文字編】

1099　4089　【古璽文編】

張虫　粱虫章　虫忘　【漢印文字徵】

虫許鬼切　【汗簡】

◉許　慎　虫一名蝮。博三寸。首大如擘指。象其卧形。物之微細。或行。或毛。或蠃。或介。或鱗。以虫為象。凡虫之屬皆从虫。許偉切。【説文解字卷十三】

◉孫詒讓　説文它部「它，虫也。从虫而長，象冤曲垂尾形。」或作蛇从虫。又虫部「虫，一名蝮。」象其臥形。蚰部「蟲，蟲之總名也。从二虫。」龜甲文有字，或作，此卜人名，亦偁旻，今所見凡卅餘事，絕無與相掍者，足證其塙為二字。又有字、字，上从横目，下从，當即从蚰，疑當為蝨之省。説文蚰部「蝨，或作蝨，从虫衆聲。」此省衆為目，變虫為蚰，於字例不迕。从二，明其分即為虫字。與彼小異，則疑當為它字，舊釋為虺，誤。古文它與虫形義竝相近也。蓋它本从虫而小異，原始象形字止作，後變易增益而成它。金文「匜」字多省作取膚匜、穌甫人匜，作周窆匜，或作魯大司徒匜，蓋即此字。説文匸部匜从也，與它古音相近，故金文从之，或徑省作它矣。上从，與虫古文略同，唯下半形較緐複耳。虫，原始象形字蓋作，變易作作，如説文「蠭」字、「蠡」字古文皆从，虫部古文「蝉」字从，兩形不同而皆可通，後定作虫，則整齊之以求茂密。「它」古文作[illegible]，尾較宛曲，故變易作[illegible]，亦較虫為緐。魯大司徒匜作[illegible]，則與小篆正同，諸文雖散異，大意咸不甚相遠也。【名原上卷】

◉丁佛言 [illegible]甲虫爵。古虫字。象形。説文蚰部从蚰之字。古文皆作[illegible]。[illegible]蓋[illegible]之譌也。【説文古籀補補卷十三】

◉高田忠周 説文。[illegible]。一名蝮。博三寸。首大如擘指。象其卧形。物之微細。或行或飛或毛或蠃或介或鱗。以虫為象。蓋許氏此説謂作字有假借之法也。若夫虫字。本義與字形明是與它同類。即它之形原也。小篆作[illegible]。古文作[illegible]。亦小變。有作[illegible]者。説文古文蠭作[illegible]是也。【古籀篇九十七】

◉林義光 石鼓作[illegible]。蜀字偏旁。【文源卷一】

◉馬叙倫 段玉裁曰。或行下當依爾雅釋文補或飛二字。沈濤曰。釋魚釋文引擘下無指字。史記田單傳正義同。張氏又申之云。擘。大指也。其為古本無指字可知。王鳴盛曰。虫蝮之名。專博不同。其音亦異。虫下説解當有脱譌。翟云升曰。爾雅釋蟲釋文引無卧字。王筠曰。兩朱本篆皆作[illegible]。朱文藻謂部中虫篆今本俱作[illegible]。陳立曰。説文虫部一百五十三字。以虫為部首。而蚰下云。蟲之總名也。從二虫。蟲下云。有足謂之蟲。無足謂之豸。从三虫。如許説虫為蝮之異名。即今之虺字。所謂博三寸首大如擘指者。似未可取以統鱗介毛羽倮之全。疑造字之時。止一虫字。即蟲之本字。象形。二虫為蚰。三虫為蟲。蚰蟲即昆蟲。皆取衆義。故夏小正。昆。小蟲。傳曰。昆者。衆也。人三為衆。虫三為蟲。則蟲亦猶衆可知。後人以蟲為虫。轉以虫為虺蛇之虺。如求本古文裘。後人以裘為裘服之字。遂假求為求取之字矣。此蓋大篆已然。然則今部首之虫字。疑即蚰蟲之省體。故説文以蟲諧聲之字。多省作虫。如融痋赨蝕是。而强字籀文作[illegible]。蚳字籀文作䖣。蝘之或作[illegible]。蠆之或作[illegible]。徐灝曰。虫。一名蝮。蝮。虫也。同部互訓。自誤以虺為蝮虫之正名。反不知虫為何物矣。虫本小蛇之名。引申而為百蟲之偏傍。龔橙曰。古文當為[illegible]。饒炯曰。虫它語聲相轉。詩委蛇連語。足證委即虫音。蛇即它音。昧者不察。删去虫下正解。而但存一曰異義。不知蝮自是一種蛇名。非虫之本義。羅振玉曰。許言蝮狀本爾雅釋魚。疑有誤字。郭注謂今蝮蛇細頸大頭。正虫字所象也。倫按王陳饒三説是也。本書大例亦無徑以一名某為説解者。爾雅釋魚。蝮。虺。據釋文則陸本虺字作虫。蓋虫虺同音。故爾雅一本以虫為虺。而本書虫篆捝本訓。今所存者字林文。爾雅釋蟲釋文引字林。虫。一名蝮。博三寸。首大如擘。此指象以下亦字林文。但陸引不及耳。虫音曉紐。蚰音見紐。同為舌根音。蚰音如昆。昆普為轉注字。普音並紐。故蟲音轉入澄紐。並澄同為濁破裂音也。衆從昆得聲。見衆字下。而衆蟲聲皆侵類。是於音亦可證虫蚰蟲之為一字。此猶中艸茻之為一字也。蚰蟲皆虫之茂文。非虫為蚰蟲之省。蓋虫為象形之文。象形之文。止須象一物之形。不必取其多數而後成也。急就篇水虫即水蟲。亦虫蟲一字之證。象形之文必有所象之物。甲文虫字作[字形][字形]。蓋本作[字形]。變省為[字形]耳。王筠以爾雅虺狀。郭注作蛇狀。為蛇虺一物之證。倫謂虺借為虫。猶蝮虺作蝮虫也。蛇為它之俗體。徐鉉謂今俗作食遮切。音在牀紐三等。虫音轉為直弓切。在澄紐。澄與牀三同為舌面前音。古讀皆歸於定。它古音託何切。在透紐。透定同為舌尖前破裂音。此於音亦可證也。它下曰。象冤曲垂尾形。亦正與[字形]文相合。至此言博三寸首大如擘者。本爾雅釋魚文。倫疑其形蓋如[字形]字。然則豈虺之初文作[字形]邪。國語吳語。為虺弗摧。為蛇將柰何。與通鑒高道穆說爾朱榮曰。此所謂養虺成蛇者合。則虺自是小蛇之名。下文。虺。以注鳴。詩曰。胡為虺蜥。詩以虺蜥竝言。亦可證虺之為物無博三寸之大矣。且若虺博三寸。與吳語及高道穆之言亦皆不合。然則此蓋蝮之形也。爾雅釋魚疏引舍人曰。蝮。一名虺。江淮以南曰蝮。江淮以北曰虺。然則蝮虺非一物。江淮以北謂蝮為虺耳。蓋蝮音敷紐。虺音曉紐。同為次清摩擦音也。蝮廣三寸。首大如擘。別是一物。故象其形為[字形]。今二篆互譌。虫借為一切動物之名。故今虫部所屬字不止蛇之屬也。說解本作某也象形。今均捝矣。所存者或字林文。或校者加於字林者也。字見急就篇。【說文解字六書疏證卷二十五】

◉繆文遠　周甲有「虫白(伯)」(H十一：二二)之文。有同志以為即崇伯，並指為崇侯虎。虫和崇聲音雖可相通，但假虫為崇，並無文獻足徵。《春秋成公五年》云：「同盟於蟲牢」。蟲為虫字的緟繁，此蟲牢或即虫伯的故國所在。沈欽韓云：「《續志》封丘有桐牢亭，曰古蟲牢。《寰宇記》：桐牢亭在開封府封丘縣北二里。《一統志》：今俗謂之桐渦。」(《春秋左氏傳地名補注》卷六)【周原甲骨所見諸方國考略　四川大學學報叢刊第十輯(古文字研究論文集)】

◉朱歧祥　[字形]——[字形]

[字形]，象虫臥而曲尾，隸作虫。《說文》：「一名蝮，博三寸，首大如擘指。」今即虺字。或釋作它，《說文》：「虫也。从虫而長，象冤曲垂尾形。」亦通。卜辭借為外族名，與羌同辭，並淪為殷祭祀用人牲。字或省作[字形]，其族女有為殷王寵幸而孕子。

〈南明468〉丙寅卜貞：叀呼以羌眔[字形]于[字形]示，用？

〈卜631〉丁亥卭貞：☐[字形]育☐？【甲骨學論叢】

蝮

◉許　慎　[seal]虫也。从虫。复聲。芳目切。【說文解字卷十三】

◉馬叙倫　鈕樹玉曰。韻會篆作[seal]。段玉裁曰。虫蝮二篆說解蓋有疑焉。許它下解云。虫也。從虫而長。象冤曲巫尾形。虫篆下說云。象其卧形。然則虫乃不巫尾之它。它乃巫尾之虫。二篆實一字也。乃解虫為蝮。援爾雅博三寸頭大如擘以實之。依爾雅之形。則頭廣一寸身廣三寸。必四足之它乃有此形。而許所云象其卧象其冤曲巫尾者必無足之尾。而非四足之它也。然則以蝮訓虫。似非許意矣。況爾雅蝮虫在釋魚。陸云。今作虺。尋其形皃。非無足之蛇。諸書皆云至毒。則字林所謂蝝聽之類。故景純亦云。今俗細頸大頭之蝮它。非爾雅之蝮蛇。許書以雖虺蜥蝘蜓蚖六篆同四足者類記。蓋許意虫為無足它。虺為四足蛇。各不相涉。爾雅古本作蝮虫。乃是借虫為虺。博三寸首大如擘者乃虺之形。非虫之形。翟云升曰。漢書田儋傳注引作虺也。倫按段謂虺虫不同。是也。謂虺為四足蛇。其形博三寸首大如擘。則不然。博三寸首大如擘者。蝮之形。非虺之形。已見虫下。四足蛇者。今田邊水際皆有之。倫亦數見。其形身似鼉而窄。大者長不過尺。鼻有二刺。被人逐則刺出。虺若為四足蛇。吴語不得謂為虺弗摧為蛇將柰何。高道穆不得謂養虺成蛇矣。蓋段未悟爾雅蝮虺者。江淮謂蝮音如虺。借虺為蝮。虺虫同音。亦得借虫為蝮。其實虺蝮不同物。虫虺亦有大小之殊。猶駒狗之非即馬犬矣。玄應一切經音義引三倉解詁。蝮蛇身色如綬文。文間有髻鬛。鼻上有針。大者長七八尺。有牙。最毒。玄應又引字林。蝮蛸。蟬皮也。

【說文解字六書疏證卷二十五】

螣

◉許　慎　[seal]神蛇也。从虫。朕聲。徒登切。【說文解字卷十三】

◉馬叙倫　神蛇也字林文。見爾雅釋蟲釋文引。此字蓋出字林。【說文解字六書疏證卷二十五】

蚺

◉許　慎　[seal]大蛇。可食。从虫。冄聲。人占切。【說文解字卷十三】

◉馬叙倫　大蛇可食字林文。見玄應一切經音義十八引。此字蓋出字林。【說文解字六書疏證卷二十五】

螼

◉許　慎　[seal]螾也。从虫。堇聲。弃忍切。【說文解字卷十三】

螾

螾弋忍切演說文 【汗簡】

演說文 【古文四聲韻】

◉許　慎　側行者。从虫。寅聲。余忍切。螾或从引。【說文解字卷十三】

◉馬叙倫　嚴可均曰。韻會十一軫引篆作蟥。說解作黃聲。段玉裁曰。考工記。卻行。仄行。鄭注。卻行。螾衍屬。仄行。蟹屬。今觀丘蚓實卻行非側行。倫按側字譌。或此字林文。字或出字林。螾非今之丘蚓。上文。蟺。螾也。蟺上為螣蚺。皆蛇屬。蟺螾亦其類。吕氏春秋。黄帝之時。天先見大螾大螻。段謂螻是地螻。非螻蛄。則螾安得為丘蚓邪。丘蚓是蟺。詳蟺字下。自郭璞注爾雅誤以蟺蚓為蛩蟺。而段承其誤。蟺螾聲同真類轉注字。

倫按螾蚓聲同真類轉注字。【說文解字六書疏證卷二十五】

螉

◉許　慎　蟲在牛馬皮者。从虫。翁聲。烏紅切。【說文解字卷十三】

◉馬叙倫　段玉裁曰。蟲上當補螉蜙二字。朱駿聲曰。蘇俗謂之牛蝱。倫按蝱蓋螉蜙之合音。螉蜙聲同東類連語。爾雅釋蟲釋文云。蜙。本一作螉。字林云。虫在牛馬皮者。然則此字出字林。【說文解字六書疏證卷二十五】

蜙

◉許　慎　螉蜙也。从虫。從聲。子紅切。【說文解字卷十三】

◉馬叙倫　爾雅釋蟲釋文引字林。蜙。螉蜙。似蟒。則螉蜙二字並出字林也。【說文解字六書疏證卷二十五】

蠁

◉許　慎　知聲蟲也。从虫。鄉聲。許兩切。司馬相如蠁从向。【說文解字卷十三】

◉馬叙倫　知聲蟲也蓋字林文。許當止訓蟲也。

王筠曰。芎下蘺下皆云司馬相如說。此當補說字。倫按蠁蚼聲同陽類轉注字。【說文解字六書疏證卷二十五】

蛁

◉許　慎　蛁蟲也。从虫。召聲。都僚切。【説文解字卷十三】

⿱𣦼虫

◉許　慎　⿱𣦼虫蟲也。从虫。𣦼聲。祖外切。【説文解字卷十三】

蛹

◉許　慎　蛹繭蟲也。从虫。甬聲。余隴切。【説文解字卷十三】

◉馬叙倫　繭字校者加之。或字林文也。【説文解字六書疏證卷二十五】

螝

◉許　慎　螝蛹也。从虫。鬼聲。讀若潰。胡罪切。【説文解字卷十三】

◉馬叙倫　王筠曰。蛹也釋蟲文。郭注。蠶蛹。孫炎曰。螝即是雄。蛹即是雌。筠按吾鄉諺語。凡草木蟲之有繭自裹者皆謂之蛹。無繭者皆謂之螝。劉秀生曰。鬼貴聲皆見紐。故螝從鬼聲得讀若潰。葉德輝曰。鬼貴古音同部。國策中山策。飲食餔餽。注。吴謂饋食為饋。祭鬼亦為餽。古文通用。讀與饋同。倫按爾雅釋蟲釋文引字林。螝音潰。則讀若潰出字林。此字亦出字林。顔氏家訓勉學。爾雅諸書。蠶蛹名螝。不引説文。【説文解字六書疏證卷二十五】

蛕

蛕　从蚰从友　曾仲大父蛕簋　从蚰从又　魚顛匕【金文編】

◉許　慎　蛕腹中長蟲也。从虫。有聲。户恢切。【説文解字卷十三】

◉馬叙倫　玄應一切經音義引蒼頡訓詁。蛕。腹中蟲也。此吕忱據訓詁又加長字。許當止訓蟲也。【説文解字六書疏證卷二十五】

◉戴家祥　曾中大父⿱友蚰段　⿱友蚰與蛕為形聲符號更换字，⿱友蚰即蛕之别體，虫蚰同義，有友同聲。⿱友蚰與蛕為形聲符號更换字。説文十三篇「蛕，腹中長蟲也。」玉篇第四百一蛕與蛔蚘同。集韻「蚩蚘古諸侯號，通作尤。」書·吕刑「蚩尤惟始作亂」，傳曰：「九黎之君，號曰蚩尤」。曾中大父⿱友蚰段蚘亦作名號。【金文大字典下】

◉許　慎　蟯腹中短蟲也。从虫。堯聲。如招切。【説文解字卷十三】

雖

雖　秦公簋【金文編】

雖　效二一　十四例　秦一一八　二例【睡虎地秦簡文字編】

並古孝經　並王庶子碑　王存乂切韻【古文四聲韻】

◉許　慎　雖似蜥蜴而大。从虫。唯聲。息遺切。【説文解字卷十三】

◉馬叙倫　嚴可均曰。説文無蜴字。當作易。韻會五微引而大下有有文二字。錢坫曰。方言。守宫。齊謂之螔蜍。注。似析易。即此也。翟云升曰。韻會引似字上有蟲名二字。是也。倫按蟲名似蜥蜴而大有文皆字林文。本訓捝矣。秦公敢作雖。【説文解字六書疏證卷二十五】

◉戴家祥　古文雖猶唯也,訓見詞詮。杜甫山寺「雖有古殿存,世尊亦塵埃。」雖一作唯。秦公𣪘「余雖小子」,雖當讀作唯。新鄭虎符雖猶若,用作假設連詞。【金文大字典下】

虺

◉許　慎　虺虺以注鳴。詩曰。胡為虺蜥。从虫。兀聲。臣鉉等曰。兀非聲。未詳。許偉切。【説文解字卷十三】

◉馬叙倫　吴穎芳曰。注嘴語之轉。不以喉胡。專以注鳴也。榮蚖。蛇醫之屬。故詩與蜥蜴並偁。案軏字有從元之軏。頗疑古時元兀通用。故虺即蚖字。兀聲即是元聲。段玉裁曰。鳴下當補者字。注者。咮之假借。桂馥曰。玉篇。虺。户虺。户當作石。本草所謂石蜴也。王筠曰。陸機以虺蜴與蠑蚖為一物。但水陸異名耳。疑虺虺即是一字。兩注皆云以注鳴。元即從兀聲。詩虺蜥又連文。衆經音義十八云。蚖。諸經亦作虺。徐灝曰。虺本小蛇之名。吴語韋昭注。虺小蛇大。是也。詩所云胡為虺蜥。蓋謂小蛇與蜥蜴。許因虺蜴連文。誤合為一。其釋以注鳴者。則由榮蚖而誤。榮蚖者。蜥蜴之類。下文云。榮蚖。蛇醫。以注鳴者。是也。蓋蚖與虺字形左右互易以致誤耳。南山經。羽山多蝮蟲。郭注。蚖也。蚖正虺之譌也。丁福保曰。慧琳音義四十二引作石虺以注鳴者。倫按以吴語可證有虺字而虺非蚖也。徐謂以注鳴由榮蚖而誤。或然。然注字鄭玄釋為咮。咮為噣之轉注字。咮即口也。下文蚖下以注鳴者。考工記。以胷鳴者。鄭注。榮蚖屬。則此以注鳴。彼以胷鳴。不為同矣。倫疑此篆下挩本訓。虺上當依慧琳引補石字。石虺及以注鳴者皆字林文。莊子逸文。螝二首。韓非虫有螝者。一身兩口。争食相齧。遂相殺也。顏之推謂見古今字譜謂螝亦古之虺字。【說文解字六書疏證卷二十五】

蜥

◉許　慎　蜥易也。从虫。析聲。先擊切。【說文解字卷十三】

◉馬叙倫　桂馥曰。御覽九百四十引作蜥易守宮也。倫按九篇。易。蜥易。然詩正月。胡為虺蜴。釋文。蜴。一作蜥。此上文虺下引詩作虺蜥。即一本也。然則蜥易轉注字。蜥音心紐。易音喻紐四等。同為次清摩擦音也。蓋此本訓蟲也。蜥易守宮也者。吕忱或校者據爾雅加之。或此字出字林。【說文解字六書疏證卷二十五】

蝘

◉許　慎　在壁曰蝘蜓。在艸曰蜥易。从虫。匽聲。於殄切。蝘或从䖵。【說文解字卷十三】

◉馬叙倫　沈濤曰。一切經音義廿引守宮在壁曰蝘蜓。在艸曰蜥蜴。倫按守宮者。蝘蜓之別名。漢書東方朔傳。臣以為龍又無角。謂之為蛇又有足。跂跂脈脈善緣壁。是非守宮即蜥蜴。朔不云是非蝘蜓而曰守宮者。明守宮即蝘蜓也。此字疑出字林。【說文解字六書疏證卷二十五】

蜓

◉許　慎　蝘蜓也。从虫。廷聲。一曰螾蜓。徒典切。【說文解字卷十三】

◉馬叙倫　朱駿聲曰。蝘蜓俗謂之壁虎。倫按蝘從匽得聲。匽從妟得聲。妟從日得聲。日音古在泥紐。蜓從廷得聲。廷從𡈼得聲。𡈼從人得聲。人音古亦在泥紐。故蝘蜓為連緜詞。然亦疑如蜥易之為轉注字也。一曰螾蜓者。校語。一曰猶一名也。此字蓋出字林。【說文解字六書疏證卷二十五】

蚖

9·82　王蚖【古陶文字徵】

◉許　慎　榮蚖。蛇醫。以注鳴者。从虫。元聲。愚袁切。【說文解字卷十三】

◉馬叙倫　段玉裁曰。蛇醫。榮蚖之異名也。桂馥曰。考工記。以胷鳴者。注。榮原屬。疏云。此記本不同。馬融以為胃鳴。

干寶本以為骨鳴。王筠曰。此吾鄉所謂馬蛇也。大於蜥蜴。因謂之馬。猶言馬薊牛藻矣。朱駿聲曰。蘇俗謂之四脚蛇。形似壁虎而大。倫按爾雅釋魚釋文云。螈。字林作蚖。五丸反。蠑蚖。蛇醫也。則此榮蚖蛇醫以注鳴者皆字林文也。或此字出字林。榮蚖亦蚖之俗名。【說文解字六書疏證卷二十五】

蠸

◉許　慎　蠸蟲也。一曰大螫也。讀若蜀都布名。从虫。雚聲。巨員切。【說文解字卷十三】

◉馬叙倫　鈕樹玉曰。布名下疑脱字。嚴可均曰。都當作郡。女部。嬽。讀若蜀郡布名。明此亦郡。段玉裁曰。糸部。縳。蜀細布也。桂馥曰。楊雄蜀都賦。筒中黃潤。一端數金。此言讀若潤也。劉秀生曰。讀若蜀都布名者。詳四篇雚十二篇嬽下矣。倫按蠸蓋蚖之聲同元類轉注字。故許但訓蟲也。一曰大螫也者。校語。言蚖行大毒者也。故一名大螫。【說文解字六書疏證卷二十五】

螟

◉許　慎　螟蟲食穀葉者。吏冥冥犯法即生螟。从虫。从冥。冥亦聲。莫經切。【說文解字卷十三】

◉馬叙倫　鈕樹玉曰。釋蟲釋文引同。廣韻但引蟲食穀葉者。藝文類聚引作蟲食穀心。玉篇注。食苗心蟲。據釋蟲。食苗心。螟。食葉。蟘。食節。賊。食根。蟊。毛詩傳大田亦云。食心。螟。則類聚當不誤。沈濤曰。詩大田釋文引吏犯法則生螟。無冥冥二字。開元占經引穀葉作穀心。與爾雅合。倫按吏冥冥句校語。故廣韻不引也。彼據本尚明其為注文也。然許止訓蟲也。今捝也字。食穀葉者。蓋吕忱或校者據爾雅加食穀心螟食葉蟘食節賊食根蟊。傳寫删譌如此耳。從虫。冥聲。校者加吏冥冥云云。後校者因改為從冥冥亦聲。蟘下同。【說文解字六書疏證卷二十五】

蟘

蟘 弍徒得切竝出朱育集字【汗簡】

◉許　慎　蟘蟲食苗葉者。吏乞貣則生蟘。从虫。从貣。貣亦聲。詩曰。去其螟蟘。臣鉉等曰。今俗作弍。非是。徒得切。【說文解字卷十三】

◉馬叙倫　鈕樹玉曰。詩大田釋文引作蟘。五經文字亦作蟘。沈濤曰。爾雅釋蟲釋文引苗作屮。傳寫之譌。倫按本訓蟲也。食苗以下十字字林文或校語。從貣貣亦聲當作貣聲。【說文解字六書疏證卷二十五】

蟣

◉許　慎　蝨子也。一曰齊謂蛭曰蟣。从虫。幾聲。居豨切。【説文解字卷十三】

◉馬叙倫　桂馥曰。集韻類篇竝引作蝨之子。字林。蟣。齊人名蛭也。倫按蝨子為蟣。今杭縣語亦然。然莊子至樂言。種有幾。幾即蟣之省文。蓋蟣為蝨子之通偁邪。然此上下文皆言蟲。而此言蝨子。或為蟲子。皆不合。蟣或為蛭之聲同脂類轉注字。故淮南説林漢書嚴安傳皆以蟣蝨並言。一曰齊謂蛭曰蟣。字林列異訓。或蝨子以下十字並字林文。本訓捝矣。或此字出字林。【説文解字六書疏證卷二十五】

蛭

◉許　慎　蟣也。从虫。至聲。之日切。【説文解字卷十三】

◉馬叙倫　王筠曰。蛭蟣釋魚文。注今江東呼水中蛭蟲入人肉者為蟣。釋文案説文。今俗呼為馬蜞。亦名馬蟚。即楚王食寒葅所得而吞之。能去結積也。筠案今案以下不似許文。倫按校語也。蟣也亦或吕忱據爾雅釋魚加之。許本訓蟲也。史記司馬相如傳索隱引字林。蛭蜩。二獸名。【説文解字六書疏證卷二十五】

◉蕭　璋　蛭，蟣也。从虫，至聲。(之日切)按説文蟣字注曰：「齊謂蛭曰蟣。」又蝚字注曰：「蛭蝚，至掌也。」錢大昕以為蛭蝚、至掌即爾雅釋魚之蛭蟣。(見潛研堂文集説文答問。)又郭注爾雅蛭蟣曰：「今江東呼水中蛭蟲入人肉者為蟣。」又論衡商蟲篇曰：「下地之澤，其蟲曰蛭，蛭食人足。」按蛭入人肉，是以名蛭。蛭之言挃也。蛭食人足，故又名至掌。至掌者，挃人足掌之謂，非雙聲為名也。(錢大昕主至掌為雙聲立名。見十駕齋養新録。)【釋至　國立浙江大學文學院集刊第三集】

蝚

◉許　慎　蛭蝚。至掌也。从虫。柔聲。耳由切。【説文解字卷十三】

◉馬叙倫　桂馥曰。至掌也者釋蟲文。李燾本無此二字。王筠曰。大徐一本無此二字。是也。爾雅釋蟲。蛭蝚。至掌。郭注。未詳。釋魚。蛭蟣。郭注。今江東呼水中蛭入人肉者為蟣。案蛭蓋一名蝚一名蟣也。以其為蟲。故入釋蟲。又以其居水。故入釋魚。爾雅衆手所成。故倉庚一物而釋鳥四處分見也。至掌云者。乃是説解。蛭蟣即今之水蛭。大者名馬蟥。人入水則黏著人身以嚼人血。以手撕之。則彌堅牢。惟以掌急擊之。則應手拳曲而墮落矣。倫按至掌俗名也。許當止訓蟲也。今捝。或此字出字林也。【説文解字六書疏證卷二十五】

蛣 蛣

◉許　慎　蛣蛣蚍。蝎也。从虫。吉聲。去吉切。【說文解字卷十三】

◉馬叙倫　王筠曰。許言詰詘蝎也。而蝎字不連記於此。殊不可解。辵部。遏。讀如桑蟲之蝎。是許以蝎爲桑蟲正名也。下文蠐螬蝎則類記。玉篇次弟亦同說文。惟作蛣蚍爲異。蝎下云。桑中蠹蟲也。螬下云。蝤蠀。蝎。木中蟲也。蠀下云。蠀螬蟲。其别桑中木中而通曰蝎者。桑白蟲入藥。而今凡木中蟲通呼爲蝎。蠀螬連類而及者。其形同也。毛際盛曰。蝎。蛣蚍之合聲也。周雲青曰。唐寫本唐韻七物引作蛣蚍。蝎蟲也。倫按蛣蚍聲同脂類連語。此二字或出字林。【說文解字六書疏證卷二十五】

蚍 蚍

◉許　慎　蚍蛣蚍也。从虫。出聲。區勿切。【說文解字卷十三】

◉湯餘惠　蚍21　蟲、蚍(蝠)《說文》：「蚍，蛣蚍也。」蚍，異體作蝠，《說文》「蝨」或體作「蝨」，又「蚤」或體作「蚤」，當和「蟲」之作「蚍」類同。【包山楚簡讀後記　考古與文物一九九三年二期】

蟫 蟫

◉許　慎　蟫白魚也。从虫。覃聲。余箴切。【說文解字卷十三】

蛵 蛵

◉許　慎　蛵丁蛵。負勞也。從虫。巠聲。户經切。【說文解字卷十三】

◉馬叙倫　桂馥曰。丁蛵二字疑後人所加。玉篇。蛵。負勞。無丁蛵二字。徐鍇韻譜同。倫按爾雅釋蟲。虰蛵。負勞。本書無虰字。赤部經或作赬。則丁蛵以聲同耕類爲連語。負勞則其俗名也。此字或出字林。【說文解字六書疏證卷二十五】

蜭 蜭

◉許　慎　蜭毛蠹也。从虫。臽聲。乎感切。【說文解字卷十三】

◉馬叙倫　毛蠹也爾雅釋蟲文。吕忱據加也。許當止訓蟲也。或此字出字林。【說文解字六書疏證卷二十五】

蟜

張子蟜　蟜㵒之印　蟜遂　蟜房印　蟜客　蟜馥私印【漢印文字徵】

●許　慎　蟜蟲也。从虫。喬聲。居夭切。【說文解字卷十三】

●馬叙倫　王念孫曰。說文蛅蟜蛓⿱圭虫蚔蠆六字連文。則蟜為毒蟲明矣。蕭該漢書朱博傳音義引呂靖韻集。蟜。毒蟲也。玉篇同。王筠曰。鄭公孫蠆。字子蟜。倫按字林多同韻集。此上文蛅毛蠹也下文蛓毛蟲也蓋皆字林之訓。或字皆出字林。然則此蟲上捝毒字。此字亦或出字林。【說文解字六書疏證卷二十五】

蛓

●許　慎　蛓毛蟲也。从虫。𢦏聲。千志切。【說文解字卷十三】

●馬叙倫　嚴可均曰。釋蟲釋文御覽九百五十一引有讀若笥三字。劉秀生曰。𢦏從才聲。在精紐。笥從司聲在心紐。精心皆齒音。故蛓從𢦏聲得讀若笥。詩鄭風子衿。子寧不嗣音。釋文。嗣。韓詩作詒。書皋陶謨。載采采。史記夏本紀作始事事。𢦏聲如台。司聲亦如台。是其證。倫按才司聲亦同之類。毛蟲也蓋字林文。或此字出字林。蛓者。朱駿聲謂蘇俗謂之刺毛。則即杭縣所謂毛刺子。其毛能螫人也。爾雅釋蟲郭注謂蛅即蛓。則蛅蛓為轉注字。然未詳其聲通之由。【說文解字六書疏證卷二十五】

⿱圭虫

二〇〇：六六　二例　宗盟類參盟人名【侯馬盟書字表】

81　82【包山楚簡文字編】

●許　慎　⿱圭虫蠆也。从虫。圭聲。烏蝸切。【說文解字卷十三】

●馬叙倫　嚴可均曰。當作蠆也。倫按字或出字林。⿱圭虫聲支類。蠆聲脂類。蓋支脂近轉轉注字。【說文解字六書疏證卷二十五】

●李裕民　六、《侯馬盟書》宗盟類二之二〇〇：六六。

《侯馬盟書·字表》釋⿱圭䖵。按：即⿱圭虫之繁文。古代虫、䖵通作，如⿱匽䖵、⿱强䖵、⿱氐䖵、⿱我䖵通作。《魚鼎匕》蚩作⿱㞢䖵，《邾公釛鐘》蟰作⿰䖵肅，《說文》蝱字漢印作⿱亡虫(《漢印文字徵》十三·八)。《說文》：「⿱圭虫，蠆也。从虫，圭聲。」此係參盟人名。【侯馬盟書疑難

字考 古文字研究第五輯】

◉劉彬徽等 (132)蠤，𧑒字。【包山楚簡】

蚳丈尸切見説文【汗簡】

説文【古文四聲韻】

◉許 慎 𧑒也。从虫。氏聲。巨支切。【説文解字卷十三】

◉馬叙倫 蚳音羣紐。古讀歸見。𧑒音影紐。見影同為清破裂音。轉注字也。【説文解字六書疏證卷二十五】

萬 鼎文 卣文 爵文 戈文 父己卣 父己爵 父丁觶 父己鉦【金文編】

九二：二〇 宗盟類參盟人名【侯馬盟書字表】

185【包山楚簡文字編】

◉許 慎 毒蟲也。象形。丑芥切。蠆或从䖵。【説文解字卷十三】

◉薛尚功 蠆鼎

蠆

按此鼎銘蠆。象形篆也。博古録云。蠆雖微物而善毒人。亦君子所以思患而豫防之。故其銘之於鼎也宜焉。又石公弼云。按春秋左氏傳曰。公孫蠆。鄭子蟜名也。或者遂言子蟜所作。詎知非古人欲為厚味之戒猶饕餮之象歟。【歷代鐘鼎彝器款識法帖卷二】

◉高田忠周 爵文 舊釋作蠆。蠆即許氏萬字也。説文。毒蟲也。象形。或作。从䖵。字在于虫部。而不云从虫。唯云象形。此自存古意也。今以此文證之。字實象形。而變虫形為之。與它同意。即是虫之系耳。若夫許氏所謂萬字蠆字。

皆為蠆異文。蠆即蠇字。叚借以為□字。詳見蠇下。説文以小篆建部耳。故有此誤。今正。以□為建首。凡□之屬皆从之。許氏無此部。故萬為□屬而入于□部。誤殊甚矣。今亦改收于本部云。詩都人士。卷髮如蠆。箋。螫蟲也。左僖二十二年傳。逢蠆有毒。字皆从虫从萬。明是蠇字。叚借為萈者也。李翊夫人碑作蠆。【古籀篇九十八】

◉容　庚　□　説文。蠆。毒蟲也。象形。萬。蟲也。从厹。象形。古音相同。厲从厂。蠆省聲。或不省作厲。音同形通。可證蠆萬初乃一字。甲骨文□。金文作□。後漸變為□。為□。遂若从厹而析為二字。【萬父己鐃　善齋彝器圖録】

◉馬叙倫　鈕樹玉曰。繫傳韻會作□。按丟部邁山部巁厂部厲竝從蠆。玉篇亦作蠆。注當云。從虫。萬聲。今篆及注疑後人改。王筠曰。鈕説是。此篆譌之後。校者遷就其詞也。嚴可均曰。當曰。從虫。象形。桂馥曰。一切經音義六引字林。蠆。行毒蟲也。章炳麟曰。萬蠆一字。蠆音轉入寒。倫按章説是也。蠆本作□頌鼎□靜敦□□甲文。象形。當自為部。以聲轉為無販切。古書用為千萬字。乃別作蠆。以欲別於蠇字。乃省作蠆。如此篆則非形非聲矣。蠆為萬之後起字。當作從虫萬聲。毒蟲也當作行毒蟲也。此字林文。或字出字林也。萬聲入元類。歌元對轉。則與蚔為轉注字。蚔聲歌類也。

□　王筠曰。左僖二十二年傳釋文。蠆。字林作蠆。則似説文本無此字。或以字林增。蠆是隸體。倫按玄應一切經音義引字林。關西謂蝎為蠆。蠆即蠆也。然關西句當在正文毒蟲也下。【説文解字六書疏證卷二十五】

◉李裕民　十一、□　《侯馬盟書》宗盟類四之九二：二〇。

《侯馬盟書・字表》釋蠆。按：即蠆字。古虫、䖵通作，詳前舉𡗗條。《説文》：「蠆，毒虫也。象形。□，蠆或从䖵。」這裏説蠆是毒虫的象形不太確切。萬，金文作□，係蠆(即蠍)的象形，其後萬假作蠆萬之萬，便加形符虫。變為蠆代替萬字，加䖵者又為形聲字蠆的繁體。盟書此字為參盟人名。【侯馬盟書疑難字考　古文字研究第五輯】

◉湯餘惠　□185　蠆、蠆　字上從萬，梁十九年鼎「萬年丕承」字作□，古吉語印「宜又千萬」、「又千百萬」寫法亦略同。此與侯馬盟書人名□同字，《説文》作蠆，「毒蟲也。」《廣雅・釋蟲》：「蠆，蠍也。」190簡此字又釋為「蠆」，亦誤。【包山楚簡讀後記　考古與文物二期】

□蝤

◉許　慎　□蝤蠀也。从虫。酋聲。字秋切。【説文解字卷十三】

◉馬叙倫　蝤蠀非一物。此當本訓蟲也。蝤蠀也蓋字林文。【説文解字六書疏證卷二十五】

蠐

2731　3792　1842　0536　3109　2615　文獻嬰齊，金文作嬰次，據此知螆即蠐。【古璽文編】

◉許　慎　蠐蠤也。从虫。齊聲。徂兮切。【説文解字卷十三】

◉馬叙倫　蝤下言蝤蠐。而此言蠐蠤。蝤蠐與蠐螬非一物。而蝤蠐蠐螬音並從紐。未審蠐字本義當何屬。以齊才音同從紐。而蝤蠐為毒蟲。則蠐或蠤之轉注字。蠐螬則以雙聲為連語耳。説解本作蟲也。吕忱或校者加蠐螬也。今挩本訓。字見急就篇皇象本。顏師古本作齊。一作臍。則蠐蓋齎之譌字。此字出字林邪。【説文解字六書疏證卷二十五】

蝎

蝎乎葛切立朱育集字【汗簡】

朱育集字【古文四聲韻】

◉許　慎　蝤蠐也。从虫。曷聲。胡葛切。【説文解字卷十三】

◉馬叙倫　爾雅釋蟲。蝤蠐。蝎。此本訓蟲也。吕忱以雅文加之。轉失本訓。或字出字林也。【説文解字六書疏證卷二十五】

強

强　秦一二七　三例　法七五　三例　日乙一九五　雜八　三例【睡虎地秦簡文字編】

漗强丞印　强弩司馬　强新成印　李强　黄武强印　蘇强之印　綦毋强　程强　强少翁　張强　董强　李强　鄧强　將强之印　楊强　傅强【漢印文字徵】

强出王庶子碑【汗簡】

◉許　慎　蚚也。从虫。弘聲。徐鍇曰。弘與强聲不相近。秦刻石文从口。疑从籀文省。巨良切。籀文强从䖵从彊。【説文解字卷十三】

◉馬叙倫　玄應一切經音義引倉頡。强。健也。亦見急就篇顏師古本。

𧕎 倫按弘音見紐。彊音羣紐。故强轉注為𧕎。古讀羣歸見也。從䖵從彊校者加之。【説文解字六書疏證卷二十五】

◉劉彬徽等 (51)𢏚，裘錫圭先生釋作强字。【包山楚簡】

蚚

◉許慎 蚚强也。从虫。斤聲。巨衣切。【説文解字卷十三】

◉馬叙倫 强蚚音同羣紐轉注字。爾雅釋文引字林。蚚。巨希反。集韻引蟲也。此字或出字林。【説文解字六書疏證卷二十五】

蜀

甲三三四〇反 从蚰 地名　鐵五·三　京津一二九五　金七二三　明五七一 或不从虫　明二三三〇

存一三五一　續一·五二·一　鐵二一七·四　後二·二七·七　後二·三〇·一〇　林二·三〇·六

乙九九　乙一〇一〇　乙六四二二　乙九〇三九　乙九〇四四　乙四八五六　燕六二八

【甲骨文編】

甲3340　乙1010　2618　4518　6092　7436　9044　佚123　藏5·3　續1·52·1

京4·17·3　龜卜125　粹1175　【續甲骨文編】

蜀　班簋　【金文編】

3·242　蒦圆匋里人蜀　季木1:53　【古陶文字徵】

蜀　封四七　【睡虎地秦簡文字編】

蜀郡都尉章　蜀郡太守章　李蜀之印　【漢印文字徵】

石碣遊車　獨字重文　【石刻篆文編】

蜀林罕集綴王庶子碑以為獨字　【汗簡】

◉許　慎　葵中蠶也。从虫。上目象蜀頭形。中象其身蜎蜎。詩曰。蜎蜎者蜀。市玉切。　【說文解字卷十三】

◉孫詒讓　「庚申卜貝帝□」二百十七之四,「庚申」云云,或自為一事,似不相屬。「」疑是「罒」字。《說文・虫部》:「蜀,葵中蠶也。从虫,上目象蜀頭形,中象其身蜎蜎。」此省虫,于字例得通。　【栔文舉例下卷】

◉商承祚

說文。蜀。「葵中蠶也。从虫。上目象蜀頭形。中象其身蜎蜎。」其說與此字之形正相合。篆文之。已具虫形。後又增虫。形誼皆複。其从二虫者。當是緐體。　【甲骨文字研究下編】

◉陳獨秀　詩曰:蜎蜎者蜀。爾雅釋文引說文作桑中蠶。詩豳風:蜎蜎者蠋,烝在桑野;傳曰:蠋,桑蟲也。淮南說林訓云:蠶之與蜀,狀相類而愛憎異;韓非内儲云:蠶似蜀。今名多脚虫之馬蠲或作馬蚿字亦从蜀,司馬彪注莊子庚桑楚篇云:藿蠋,豆藿中大青虫也。今吴語豆及他植物中似蠶之虫曰豆蜀。讀如獨,古無舌上聲,蜀本讀如獨。然則蜀為形體蜎蜎轉動時首尾相接如環者之通稱,葵蠶、桑蠶、馬蠲、豆蜀皆是。孑孓即肙,亦可稱蜀;說文云:肙,小蟲也;後加虫作蜎,孑孓後亦作蛣蟩,肙字从肉者,謂其軟而無骨也,从〇者,謂其轉動時首尾相接如環也。孑孓頭大尾小,故篆文以象之。甲文蜀字有二形,一有二虫作者即蜀字,一無虫作者即肙也,即所謂蜎蜎之形。孑孓多生止水中,故濁字从蜀;行時摇掉其尾與首相接成環形,故屬、觸、鐲均从蜀。詩:蜎蜎者蠋;鄭箋云:蠋,蜎蜎然特行,故狷字从肙,獨字从蜀,揚子雲方言:一,蜀也,南楚謂之獨,郭注曰:蜀,猶獨也。孑亦有獨特之義,詩曰:孑孑干旄,又曰:庶有孑遺,是也。蜀地之名,亦起于蠶,揚雄蜀王本紀云:蜀之先王者,蠶叢、折灌、魚鳧、開明,從開明以上至蠶叢,凡四千歲;蓋其族之先以蠶虫為圖騰也。　【小學識字教本上篇】

◉强運開　潘云。恐是犢字。蓋蜀有獨音。楊升庵釋作屬。非是。張德容云。爾雅。獨者。蜀。是。蜀本訓獨也。説文。羊為羣。犬為獨也。運開按。蜀亦當是獸名。山海經。杻陽之山有獸焉。其狀如馬而白首。其文如虎而赤尾。其名曰鹿蜀。佩之宜子孫。又按。爾雅。獨者。蜀。疏。蟲之孤獨者名蜀。是以山之孤獨亦名曰蜀也。蜀有獨義。是蜀或為獨之媘字。鼓文持媘作寺。何媘作可。即其例也。埤雅。獨。猨類也。似猨而大。食猨。今俗謂之獨猨。據此則蜀固亦為獸名矣。　【甲鼓　石鼓釋文】

◉孫海波　□甲三三四〇反，从蚰，地名。□明五七一，或下从虫。【甲骨文編】

◉馬叙倫　鈕樹玉曰。廣韻引蠶作虫。釋蟲釋文引。蠋。桑中蟲也。説文無蠋。玉篇注。桑蟲也。王筠曰。目字衍。上即謂目也。翟云升曰。釋蟲釋文説文下當有作蜀二字。釋山疏引作蟲名。類篇引無蜎蜎詩曰四字。龔橙曰。古文當為□。後加虫。孫詒讓曰。契文有□即蜀字。葉玉森曰。孫説是也。路史國名紀謂蜀矦國乃帝嚳之裔。卜辭之□亦國名。□上象葵蠶之目。下象身之蜎蜎。從虫乃後起字。倫按蜀蠶疑是一物。蜀為□之後起字。□則從□眔省聲。眔音定紐。故蜀音轉入禪紐。古讀禪歸定也。□者。甲文中作□者之變省。□。葉玉森釋蠶。可從也。蠶音從紐。定從同為舌尖前濁音。倫謂古讀從蓋歸定。水經注廿四。地理志千乘有延鄉縣。世人謂故城為從城。延從字相似。讀隨字改。所未詳也。倫謂延有誕音。故誕從延得聲。音入定紐。延音喻紐四等。古讀歸定。從音古讀歸定。則聲自通。延可作從矣。澮水亦作漸水。見水經注三十七。亦其例證也。本是象形蠶字。後以變省與它虫等字之象形文相似。乃注眔聲為□。聲變又諧朁聲為蠶。然亦或為□之省變。説解蓋本作蟲也。從虫。象形。吕忱增蟲名桑蟲也。校者又增葵中蠶也上象蜀頭形中象其身蜎蜎。傳寫復删如今文。如今篆當從虫罒聲。字見急就篇。甲文作□□。石鼓作□。【説文解字六書疏證卷二十五】

◉陳夢家　罒　王郭缶于罒，上九・七，粹一一七五

王□人……正罒　下二七・七。

至罒，我又事　前八・三・八

至罒，亾禍　乙一八一一

才罒　庫一〇九六

此字孫詒讓以為是蜀字而省虫(舉例下九)。我們以為此字从目、从□，□即旬字。金文筍伯盨和伯筍父鼎(盨、甗)的筍字从竹、从目，从□，其音符即卜辭的罒字。卜辭先公高祖中的㫬，或从□(拾二・九，庫一六四四，摭續二)，或从罒(下三六・三)，可證□、罒是一。説文「旬，目搖也」，義與瞚同；説文「螾，側行蟲也」，今之蚯蚓，□象其形，加目為罒。卜辭之罒是後世的筍國，史籍作荀。【殷墟卜辭綜述】

◉屈萬里　國語楚語上：「而使太宰啓强請於魯矦，懼之以蜀之役。」韋注：「蜀，魯地。」成公二年左傳記陽橋之役，謂楚師侵衛，遂伐魯，師于蜀，則是蜀乃魯國近衛之邑。【殷虚文字甲編考釋】

◉李孝定　孫氏釋為蜀是也，字為全體象形，上目象蜀頭，古文多以目代首者，許解不誤。□篆變作□象身之蜎蜎，從虫者乃後

起，於形已複。[illegible]當别是一字，陳氏釋旬非是。字不從勹，且此從目乃象頭形，非眼目字，與旬義無涉。又作眴，乃形聲字，與此象形者有别也。【甲骨文字集釋卷十三】

◉繆文遠　周甲有「伐蜀」(H十一：六八)之語。蜀為《書·牧誓》所見隨周武王伐紂的八國之一。蜀之所在《偽孔傳》和《括地志》都以為是巴蜀之蜀，孔穎達《正義》也說：「蜀是蜀部，顯然可知。」但蜀郡與岐周相去遼遠，故前人對此頗有疑義。據孫星衍《尚書今古文注疏》的解釋是：「蜀地東接於巴，南接於越，北與秦分，西奄岷嶓。」蜀既與秦地壤地相接，武王伐紂時它能出兵參加，當然並非難事。孫氏的理解，明顯地是把漢中算在蜀國境內。對此，顧頡剛先生又補充了新的證據。他說：「蜀之北境本達漢中，故《蜀王本紀》有「東獵褒谷，卒見秦惠王」之事。《御覽》三十七·四百七十八等卷引，《史林雜識》三十一頁。

《詩·魯頌·閟宮》云：「后稷之孫，實維大王，居岐之陽，實始翦商。」又《史記·周本紀》也說：「蓋王瑞自太王興。」為什麼「王瑞自太王興」？吾師徐中舒對此有精當的解釋，他說：「蓋周之王業實自太王遷岐始。岐在渭水河谷，土地豐沃，宜於稼穡，南接褒斜，可通江、漢、巴、蜀，周人驟得此而國勢始盛，因此肇立翦滅殷商之基礎。」(《殷周之際史蹟之檢討》，載《史語所集刊》七本二分)周甲有「伐蜀」的記事，可見周文王確是繼承太王遺緒，經營江、漢，使蜀國附屬於周，武王伐紂的大軍有蜀前來參加，決非倖致，徐中舒早年的推測，今已得到地下遺物的證明。

蜀的歸屬和奪取中原關係極大。周人的先「伐蜀」，後克商，這與戰國時秦人的先滅蜀而後規取東方六國，先後同符，似出一轍。司馬錯在建議伐蜀時，對秦惠王說：「今王之地小民貧，故臣願從事於易。」(《戰國策秦策二》)文王時，周還是新造之邦，羽毛未豐，自然也要選擇抵抗力較弱的地方來進行擴張。秦惠王滅蜀後，「蜀既屬，秦益强，富厚輕諸侯。」(同上)周人「伐蜀」，使之歸附，這與周武王甲子之日一戰滅商，難道沒有因果關係嗎？

後人習見李白《蜀道難》之說，總認為是「蜀道之難難於上青天」，其實這乃是詩人誇張之語。秦、蜀之間古來原有徑路可通，並非「爾來四萬八千歲，不與秦塞通人煙」。《華陽國志·蜀志》云：「開明……號曰叢帝，叢帝生盧帝。盧帝攻秦，至雍。」可知秦蜀之間本有行軍之道，初不待五丁之鑿而始通。周甲所云「伐蜀」，其用兵實際上並不如後人想象的那樣困難。【周原甲骨所見諸方國考略　四川大學學報叢刊(古文字研究論文集)十期】

◉温少峰　袁庭棟　殷人已經飼蠶，這是毫無疑問的，因為早在新石器時代遺址的考古發掘中，就在浙江吴興錢山漾發現了絲織絹片和絲繩(見浙江省文管會《吴興錢山漾遺址第一、二次發掘報告》，載《考古學報》一九六〇年二期)。在殷代遺址發掘中，在安陽大司空村和山東益都蘇埠屯出土了形態逼真的玉蠶(見北大历史系考古教研室《商周考古》第一七五頁)。在殷代銅器上多次發現相當進步的絲織物殘痕(詳見胡厚宣《殷代的蠶桑和絲織》,載《文物》一九七二年十一期)。此外,在殷代青銅器的花紋中有蠶紋,其特點是「蠶體屈曲,頭圓,兩眼突出」(杜迺松《中國古代青銅器小辭典·蠶紋》)。但是,甲文中有無蠶字,卻至今還在爭論之中。

甲文中有[字形]字,學術界前輩如葉玉森、郭沫若、聞一多、商承祚、陳邦懷、胡厚宣等均釋為「蠶」。但是,這樣重要而應當是常用的字,在金文以及其他各種古文字材料中卻完全消失,從無一見,何況其形體也並不很象蠶,故而一些學者如孫海波、張政烺、島邦男等認為不是「蠶」字,而是「虫」或「它」即「蛇」的繁體象形字。夏鼐同志則以後一種說法為「比較審慎」(《考古學和科技史》第九十九頁)。這個問題還可以留待有了新的卜辭材料之後繼續加以研究。

我們認為,甲文中有蠶,這就是甲文中的「蜀」字。蜀字作「[字形]」,上象蠶身分節之形(蠶身分節如四,蒴豆結莢成熟之時亦作此形,故又稱為蠶豆),其下之「[字形]」,正象蠶吐之絲。字有作[字形]者,更象吐絲以自縛之形。孫詒讓最早指出此即蜀字(《契文舉例》),其說是。《說文》:「蜀,葵中蠶也」,段注:「葵,《爾雅》釋文引作桑。《詩》曰:『蜎蜎者蠋,烝在桑野』,似作桑為長。」蜀在桑中,最初當是野蠶,其後馴化,即為家蠶。歜字從蜀得聲,而《廣韻》、《集韻》並有「徂感切,蠶上聲」之音注,可知古讀「蜀」有「蠶」音,是蜀即蠶之又一證。在卜辭中,蜀字大多用為國族名和地名,如:「貞:蜀受年?」(《合》二四八)「……七囚(咎),才(在)蜀」(《庫》一〇九六)等。其用為蜀之本義即蠶義者,有下述各辭:

(80) ……壱(跎)蜀?(《乙》七一九四)

此辭卜問:是否有鬼神作祟而致禍于蜀?蜀即蠶,當是王室之蠶有病,故有此卜。

(81) 庚申卜,母庚示,蜀?不用。(《南》明六一三)

此辭卜問:是否在「母庚示」(即母庚神主所在的廟)為蠶而祭祀求祐?所以要在先妣示前致祭,這當與古俗有關。紡織之事自發明以來,即主要由婦女承擔,「男耕女織」的分工起源是相當早的。古代文獻中關於蠶的最早記載是《夏小正》:三月,「妾子始蠶」,就已將養蠶與婦女聯繫在一起。殷周時期,帝王后妃要主持蠶桑之事(這一習俗一直流傳到明清,雖然僅剩下純形式的禮儀)。《周禮·天官·內宰》:「中春,詔后帥外內命婦,始蠶于北郊,以為祭服。」《禮記·月令》:季春之月,「具曲植籧筐,后妃齊戒,親東鄉躬桑,禁婦女毋觀,省婦使以勸蠶事。」既然后妃躬親蠶事,則祈求蠶事順利的祭祀在先妣示前舉行也就是很自然之事。這種祭祀習俗傳到漢代就演變為「今蠶神曰菀窳婦人、寓氏公主,凡二神」(《後漢書·禮儀志上》劉昭注引《漢舊儀》)。到了北周時,就成為以太牢祭先蠶西陵氏了(見《隋書·禮儀志二》)。黃帝之妃,正是整個華夏民族的先妣。【殷虚卜辭研究——科學技術篇】

◉裘錫圭 「𤔲、𠂤間組」卜問……「𦎫缶于㕥」：

庚寅貞：𦎫缶于㕥，𢦏又旅。才□□月。 懷1640

賓組也卜問……「𦎫缶于旬」：

丁卯卜殼貞：王𦎫缶于旬。二月。 後上9·7（粹1175、續1·52·6、明2330等同文）

庚辰卜殼貞：王𦎫缶于〔旬〕。 續5·35·4（天68）

「㕥」和「旬」顯然指同一地點。【論「𤔲組卜辭」的時代 古文字研究第六輯】

◉陳全方 H11:68卜辭云：「伐蜀」。H11:97云「克蜀」。《書·牧誓》和《史記·周本紀》中均提到蜀是跟隨周武王東進滅商的八個諸侯國之一。《括地志》云：「益州及巴、利等州皆古蜀國。然而蜀郡之地域除上所說在四川外，同時當亦包括陝西的漢中，《讀史方輿紀要》卷五十六云：漢中府，「春秋時為蜀地，戰國初屬秦，後為楚地。楚喪，又屬于秦，秦置漢中郡」。孫星衍《尚書注疏》解釋道：「蜀地東接于巴，南接于越，北與秦分，西奄岷嶓。」顧頡剛先生也說：「蜀之北境本達漢中」。（《史林雜識》31頁）這片卜辭的時代當在周文王時期，可見文王先伐蜀，然後努力經營江、漢，擴充勢力，與後來秦人滅蜀東取六國的戰略相同，這也是武王滅商時能聯合蜀軍共同舉兵的原因所在。可見周文王時期，西周的軍事力量已很强大，周人已打通了關中與巴蜀的通道，秦嶺已不是不可逾越的怪物，充分體現了周人那種不畏艱險、勇敢作戰的犧牲精神。【周原甲骨所見國名補釋 古文字論集（一）《考古與文物》叢刊第二號）】

◉姚孝遂 肖 丁 「罥」當即「罗」之繁體，即「蜀」字之初形。卜辭或為地名，或為人名，此用為地名。【小屯南地甲骨考釋】

◉朱歧祥 (57) —

，象蟲形，隸作蜀。《説文》：「葵中蠶也。」卜辭用為殷武丁時的西南部族，與畫、缶等地相連接，其地盛產農作。武丁後，蜀歸併為殷邊地。晚期卜辭字增 作，由辭例互較得知。

〈前8·14·3〉 癸酉卜，貞：至，亡禍？

〈寧1·473〉 ☐貞：唯亡禍在？二月。【甲骨學論叢】

◉戴家祥 班毀 作四方亟秉緐蜀巢 説文十三篇「蜀，葵中蠶也。从虫，上目象蜀頭形。中象其身蜎蜎，詩曰：「蜎蜎者蜀」。蜀字甲骨文作，字形與説文所釋相同。金文添加虫旁作蜀，乃形符重複字。淮南子説林訓「蠶與蜀狀相類而愛憎異也」。金

蠲 [篆]

文蜀作方國名。【金文大字典下】

[篆] 蠲禁 [篆] 蠲奴 【漢印文字徵】

[篆] 蠲 【汗簡】

◉許　慎　[篆]馬蠲也。从虫目。益聲。了。象形。明堂月令曰。腐艸為蠲。古玄切。【說文解字卷十三】

◉林義光　从蜀益聲。蠲古音如益。詩。吉蠲為饎。周禮蜡氏注作吉圭惟饎。圭益古亦同音。【文源卷十一】

◉馬叙倫　鈕樹玉曰。廣韻引作馬蠲蟲。韻會引作從虫益聲。[篆]象形。王筠曰。當作從蜀益聲。因不立蜀部。故其詞如此。明堂月令曰。腐艸為蠲者。戴記作為螢。逸周書時訓解亦然。淮南時則訓曰。腐艸化為蚈。高注。蚈。馬蚿也。一曰。螢火。蚈音谿。蚃螢蚈蚿說文皆無。蚈。字書音牽。與蠲音近。焦廷琥曰。蚿即蠲也。博物志。馬蚿。一名百足。莊子秋水。蚿謂蛇曰。吾以衆足行而不及子之無足。可證蠲非螢。王廷鼎曰。此疑為蜎之異文。周正權曰。蠲。馬蠲。即爾雅釋蟲之蛝馬蠲。莊子秋水之蚿。呂覽季夏紀腐艸化為蚈。淮南兵略若蚈之足之蚈。許注淮南所謂蚈馬蠸者也。西漢以前未見有用蠲字者。許亦僅云蚈馬蠸而已。今許書有蠲而無蚈蚿。而詩天保。吉蠲為饎。毛傳。蠲。潔也。釋文。蠲。古玄反。舊音圭。絜也。韓詩作吉圭為饎。周禮蜡氏。令州里除不蠲。鄭注。蠲讀為吉圭惟饎之圭。圭。潔也。左襄九年傳。明神不蠲。杜注。蠲。潔也。國語晉語。於是乎國人不蠲。韋注。蠲。潔也。小爾雅廣詁。蠲。潔也。則蠲之本義當為潔也。孟子。西子蒙不潔。則人皆掩鼻而過之。史記。李斯小時見廁中鼠食不潔。古以不潔為鹵之代名詞。則蠲之所以得有潔義者。蓋字本作頿。甲文有[甲文]。孫詒讓羅振玉釋頮。實即頿字。頿譌為蠲耳。頿頮竝為沬之重文。或當入頁部。倫按益聲支類。螢聲耕類。支耕對轉。故得借蠲為螢。蠲音見紐。蚈。漢時音如谿。見谿同為舌根破裂音。故亦得借為蚈。蠲蚿則音同見紐。自得相借矣。蠲得讀若圭。亦以音同見紐也。本書無潔。而字從絜得聲。絜音亦在見紐。故得以蠲為潔。蠲字以六書衡之。必為形聲。從蜀。益聲。然馬蠲即是大蠲。字從蜀。則蠲亦蜀矣。大蜀為蠲。亦無徵也。疑字本作蝕。從虫。益聲。說解馬蠲本作馬蚿或馬蠸。因次蜀下。而蜀下有重文作[篆]。傳寫因譌并為蠲。後人據此以改經記字作蠲耳。馬蠲之蠲。本隸書複舉字之作蝕者。因篆改注。又譌捝也。周說亦通。然不妨自有頿蠲兩字。潔義由頿引申。古書傳寫譌頿為蠲，因讀蠲字之音。此字或出字林。如今篆當立蜀部而屬之。【說文解字六書疏證卷二十五】

螕

◉許　慎　螕齧牛蟲也。从虫。毘聲。邊兮切。【說文解字卷十三】

◉馬叙倫　太平御覽九百五十一引字林。螕。牛蟲也。蓋捝齧字。此字或出字林。【說文解字六書疏證卷二十五】

蠖

◉許　慎　蠖尺蠖。屈申蟲。从虫。蒦聲。烏郭切。【說文解字卷十三】

◉馬叙倫　鈕樹玉曰。韻會引申作伸。一切經音義九及卅五引竝作屈伸蟲也。玉篇亦無尺蠖字。沈濤曰。御覽九百四十八引作屈信。竝注云。信音申。是古本不作申。一切經音義九及廿四引皆無尺蠖二字。倫按爾雅釋蟲釋文引字林。蠖。於郭反。此字蓋出字林。【說文解字六書疏證卷二十五】

蝝

◉許　慎　蝝復陶也。劉歆說。蝝。蚍蜉子。董仲舒說。蝗子也。从虫。彖聲。與專切。【說文解字卷十三】

◉馬叙倫　席世昌曰。五行志引劉歆說。蝝。螕蠹之有翼者。食穀為災。異眚也。彼云有翼而此言子。同引歆說而不同。必有一譌。五行志又引董仲舒說劉向說。蝝。螟始生也。亦與許引異。王筠曰。許先舉爾雅之名。又引劉董兩說。不決之詞也。倫按復陶也者。爾雅釋蟲文。段玉裁謂復陶未知於今何物。倫疑復陶即螕蜉之異名。左宣十五年經釋文引字林。尹絹反。劉歆云。蚍蜉子也。董仲舒云。蝗子。然則此字林中字。益知凡許書中引某說者。皆出呂忱加也。蝝蓋蛾之歌元對轉轉注字。【說文解字六書疏證卷二十五】

螻

◉許　慎　螻螻蛄也。从虫。婁聲。一曰。螜天螻。洛侯切。【說文解字卷十三】

◉馬叙倫　嚴可均曰。說文無螜字。釋蟲。螜。天螻。夏小正。螜則鳴。說文亦無螜字。倫按螜當依爾雅作螜。螜螻聲竝侯類。故螜或名天螻也。此字或出字林。【說文解字六書疏證卷二十五】

蛄

◉許　慎　蛄螻蛄也。从虫。古聲。古乎切。【說文解字卷十三】

◉馬叙倫　蛄從古得聲。古從口得聲。見古字下。口婁聲同侯類。故螻蛄為連語也。【說文解字六書疏證卷二十五】

蠪

蠪 日甲五〇背 通龍 幼—處之 日甲五一背 【睡虎地秦簡文字編】

2730 【古璽文編】

蠪莫如印 董蠪 張蠪 張蠪 臣蠪 趙蠪 桐蠪 爽蠪 趙蠪 臣蠪

張蠪 【漢印文字徵】

蠪力公切出古爾雅 【汗簡】

◉許　慎　丁螘也。从虫。龍聲。盧紅切。【説文解字卷十三】

◉馬叙倫　王紹蘭曰。丁為朾省。丁螘。赤螘也。翟云升曰。韻會引丁作虰。倫按爾雅釋蟲。蠪。朾螘。許本訓蟲也。呂忱或校者據雅文加丁螘也。或此字出字林也。【説文解字六書疏證卷二十五】

蛾

蛾出李尚隱字略 【汗簡】

李商隱字略 古禮記本音俄亦作蟻 【古文四聲韻】

◉許　慎　羅也。从虫。我聲。臣鉉等案。爾雅。蛾羅。蠶蛾也。蚰部已有䖸。或作蛾。此重出。五何切。【説文解字卷十三】

◉馬叙倫　徐鉉曰。爾雅。蛾羅。蠶蛾也。蚰部已有䖸。或作蛾。此重出。鈕樹玉曰。釋蟲。蛾羅。釋文。蛾。本又作蛾。説文同。然則訓羅者非重出。嚴可均曰。釋蟲釋文引蟻羅也。舊本原未重出。據上下文蠪螘蚳以類相次。則蟻即螘屬。不當訓羅。蓋校者以爾雅改耳。嚴章福曰。下即螘篆。則此當作螘也。廣雅。蛾。螘也。沈濤曰。徐説是也。釋蟲釋文。蛾。本又作蛾。説文同。蓋指蚰部之蛾也。又云。螘。本亦作蛾。俗作蟻。音同。説文。蟻。羅也。蟻。或作義。蛾。蠶化飛蛾也。竝非螘字。是古本虫部無蛾。然釋文傳寫亦有誤。當作説文螘羅也蟻或從義。蓋古本羅為螘之正訓。蚍蜉為螘之一訓。蟻為螘之重文。二徐所見本蟻字俗作蛾。遂妄分為二字。以羅與蚍蜉分屬二字之下。誤矣。段玉裁曰。許意此蛾是螘。蚰部之䖸是蠶䖸。二字有別。郭注爾雅蛾羅為蠶䖸。非許意也。王筠曰。段説是也。爾雅釋文。螘。本亦作蛾。俗作蟻字。

螘 𧈧

蚳 𧈫

案說文。蟻。譌字。羅也。此句足徵羅即螘之別名。蟻或作義。此謂蟻字或省作義書之。蛾蠶化飛蛾也。竝非螘字。附言此者。乃辨正之詞。謂蚰部之蝨非虫部之蛾即螘也。特傳寫釋文者譌為蛾耳。夫許以蠪蛾螘蚳為次。則蛾為古螘字無疑。然疑說文本無螘字。後人增也。彼見爾雅蛾羅郭以為蠶蛾。遂謂說文挩螘字。又見蠪蚳二字下皆曰螘。遂漫增之。據爾雅文。爾雅螘本作蛾。正與說文符合。倫按爾雅釋文。螘。本亦作蛾。此謂爾雅螘字本亦作蛾也。又曰。俗作蟻字。音同。謂一本蛾字俗字作蟻也。又曰。說文。蟻。羅也。此蟻字當作蛾。傳寫之譌。非本書有蟻字矣。不然。則上文不言俗作蟻字矣。又曰。蟻或作義。謂俗作蟻字者又省作義也。又曰。蛾。蠶化飛蛾也。竝非螘字。此二蛾字皆當作蝨。亦傳寫之譌。謂說文羅也之蛾與蠶化飛蛾之蝨皆非螘字。明螘蛾非一字。蛾蝨亦非一字也。倫謂蛾羅也者。以聲同歌類為訓。或呂忱據雅文增之。本訓蟲也。今挩。雅以羅也訓蛾者。羅是俗名也。莊子至樂下為蟻螻食。蟻螻即蛾羅。螻羅雙聲。可證也。然則蛾自即今所謂蟻。蟻者。蛾之後作字耳。蛾螘音同疑紐轉注字。蠪音來紐。古讀歸泥。泥疑同為邊音。亦轉注字。蠪或即蟻螻之螻蛾羅之羅本字。【說文解字六書疏證卷二十五】

◉許　慎　𧈧蚍蜉也。从虫。豈聲。魚綺切。【說文解字卷十三】

◉馬叙倫　爾雅釋蟲。蚍蜉。大螘。本書。蠶蜉。大螘也。然則此不當徑訓蚍蜉。或此字林文。本訓挩矣。或此字出字林。【說文解字六書疏證卷二十五】

𧈧螘竝出古爾雅【汗簡】

◉許　慎　𧈫螘子也。从虫。氏聲。周禮有蚳醢。讀若祁。直尼切。𧕴籀文蚳从䖵。𧔪古文蚳从辰土。【說文解字卷十三】

◉馬叙倫　劉秀生曰。氏聲示聲竝在灰部。故蚳從氏聲得讀若祁。爾雅釋地。燕有昭餘祁。釋文。祁。本作底。見部。視。從目。示聲。古文從目氏聲作眡。竝其證。倫按蚳從氏得聲。氏從氏得聲。氏聲歌類。則蚳亦蛾蝝之轉注字。蚳音澄紐。蝝音喻紐四等。古讀喻四與澄皆歸於定。亦轉注字。國語魯語。蟲含蚳蝝。蝝下曰。劉歆說。蝝。蚍蜉子也。此訓螘子。螘下曰。蚍蜉也。或蚳蝝為蛾子之名。其聲即衍於蛾。此字或出字林。

〓　鈕樹玉曰。繫傳作〓。玉篇廣韻竝無。倫按從蚰二字校者加之。

〓　鈕樹玉曰。玉篇廣韻竝無。周禮醢人有蜃蚳醢。然非蚳之重文。疑後人增。宋保曰。氐在脂部。辰在諄部。脂諄古通。葉德輝曰。蚳讀若祁。氐祁古音同部。古文從辰聲。辰祁同部。詩吉日。其祁孔有。箋云。祁當為麎。是祁古音辰。倫按朱筠本作〓。從古文辰。此字可疑。或從虫垬聲。垬為坻之轉注字。然本書無垬字。古書亦無垬字。或篆本作〓。今譌。從辰土校者加之。【說文解字六書疏證卷二十五】

◉商承祚　〓　說文：「蚳。螘子也。从虫。氐聲……。讀若祁。〓。古文蚳。从辰土。」案〓當作〓。【說文中之古文考】

蠜　蠜

◉許　慎　蠜自蠜也。从虫。樊聲。附袁切。【說文解字卷十三】

䘁　䘁

◉許　慎　䘁悉䘁也。从虫。帥聲。臣鉉等曰。今俗作蟀。非是。所律切。【說文解字卷十三】

蝒　蝒

◉許　慎　蝒馬蜩也。从虫。面聲。武延切。【說文解字卷十三】

◉馬敘倫　鈕樹玉曰。此字疑後人本釋蟲增。蓋釋蟲作蝒。說文作蚵。桂馥曰。玉篇蝒與蚵同。本書蚵次於蜩蟬諸字下。以類相從。而蝒獨廁於此。疑後人亂之。蝒當為蚵之正文。倫按爾雅釋文引字林。蝒。亡千反。此字蓋出字林。亦或本是蚵之正文。傳寫跳譌。【說文解字六書疏證卷二十五】

蟷　蟷

◉許　慎　蟷蟷蠰。不過也。从虫。當聲。都郎切。【說文解字卷十三】

◉馬敘倫　沈濤曰。御覽九百四十六引。螳蜋。不過也。一名蟷蠰。一名蚚父。此有譌。蓋本作蟷蠰不過也。一名蟷蜋。一名蚚父。蠰。蟷蠰也。蠰。或作蜋。今本誤蟷為螳。又以一名蚚在蜋字之下。失許書之例。倫按本訓蟲也。蟷蠰不過也者蓋字林文。御覽引一名蟷蜋一名蚚父者校語。蚚當依釋蟲釋文引作斫。【說文解字六書疏證卷二十五】

蠰 蠰乃當切 【汗簡】

蠰 朱育集字 【古文四聲韻】

◉許 慎 蠰蟷蠰也。从虫。襄聲。汝羊切。【説文解字卷十三】

◉黄錫全 蠰蠰乃當切 穌甫人匜襄作䙴，鄂君啟車節作𡨦，《説文》古文作𡨦，三體石經古文作𡨦。此形右旁當是古襄字譌變，並非另「加宀」。【汗簡注釋卷六】

◉許 慎 蜋堂蜋也。从虫。良聲。一名蚚父。魯當切。【説文解字卷十三】

◉馬叙倫 鈕樹玉曰。釋蟲釋文引蚚作斫。當不誤。倫按沈濤據御覽引以蜋為蠰之重文。倫謂爾雅釋蟲。不過。蟷蠰。其子蜱蛸。郭注。蟷蠰。螗蜋別名。阮元校勘記曰。單疏本螗蜋作螳蜋。釋文云。螳音唐。本亦作螗。是蟷蠰不過呂忱用雅文。釋蟲又曰。莫貈。蟷蜋。蛑。郭注。螗蜋。有斧蟲。江東呼石蜋。孫叔然以方言説此義亦不了。疏曰。方言云。螳蜋謂之髦。或謂之虰。或謂之蝆。孫取此以虰上屬為説。案説文以虰蛵負勞為一。則方言之説。既失其指。孫引為説。是亦不了也。阮記曰。釋文唐石經單疏本蟷作螳。據雅則蟷蠰是不過。螳蜋是莫貈。莫貈即蛑。本書蛑為蟊之古文也。以音而言。莫貈為蛑。蛑為正名。莫貈乃緩言之。方言作髦作蝆。皆為邊音通借。亦蛑為正。獨螳蜋為聲同陽類連語。似為不倫。而雅及方言皆以為與蛑是一物。蓋螳蜋者。以螳為蜋之連語。而蜋音來紐。古讀歸泥。泥亦邊音。則蜋為蛑之轉注字。然古文經傳以蛑為蟊賊字。在雅及方言。蛑蓋自為一物。然則蟷蠰螳蜋為異物。蟷蠰者。郭璞所謂有斧蟲。今通以螳蜋名之。由蟷蠰螳蜋竝是聲同陽類連語也。自莊子淮南竝以螳蜋為有斧蟲。淮南作螳蜋。蜋音蓋與蠰同。或蠰之異文。而郭注釋蟲徑以蟷蠰為螗蜋別名。自此兩物混而為一。而雅異出之旨與方言之文亦竝不可解矣。方言或謂之虰者。虰與螳蜋皆舌尖前音也。猶丁當之連語矣。一名蚚父者。當作釋文作斫父。此蟷蠰之俗名。當在蠰下。此校者所加。此校者蓋後於郭璞。亦誤以螳蜋為蟷蠰矣。然亦或此字林文。郭依呂忱為説也。御覽則合二文引之。【説文解字六書疏證卷二十五】

蛸

◉許　慎　蟲蛸。堂蜋子。从虫。肖聲。相邀切。【説文解字卷十三】

◉馬叙倫　據爾雅釋蟲。不過。蟷蠰。其子蜱蛸。則此堂蜋當作蟷蠰。藝文類聚引鄭志。王瓚問曰。爾雅云。莫貈蝗蜋同類物也。今沛魯以南謂之蝗蜋。三河之域謂之蟷蠰。燕趙之際謂之食肬。齊濟以東謂之馬敫。然名其子同曰螵蛸。則蟲蛸即螵蛸。又為蝗蜋子。倫疑蟷蠰蝗蜋誤為一物。故以蟷蠰子為莫貈子耳。鄭注禮記月令仲夏之月蝗蜋生曰。蝗蜋。螵蛸母也。月令之蝗蜋乃蟷蠰。即斫父。非莫貈。則螵蛸仍是蟷蠰子也。此字或出字林。【説文解字六書疏證卷二十五】

蛢

◉許　慎　蟜蟥。以翼鳴者。从虫。并聲。薄經切。【説文解字卷十三】

◉馬叙倫　爾雅釋蟲。蛂蟥。蛢。本書無蛂。蛂從犮得聲。犮音並紐。讀脣齒音入奉紐。與蟥音匣紐者。同為次濁摩擦音。故蛂蟥為連語。蟜蛂聲同脂類。方音聲轉。故此作蟜蟥。蛢音竝紐。與犮雙聲。故蛢緩言為蛂蟥也。本訓蟲也。蟜蟥以翼鳴或字林文。或字出字林也。【説文解字六書疏證卷二十五】

蟜

◉許　慎　蟜蟥也。从虫。矞聲。余律切。【説文解字卷十三】

蟥

◉許　慎　蟜蟥也。从虫。黄聲。乎光切。【説文解字卷十三】

◉高田忠周　邾公釛鐘　从蚰从亯。字形顯然。但字書無蠆螂等字。此疑蟥異文。集韻。亯或作曠。又擴擲為同字。擴即説文彉字。又曠暐為同字。知古文黄亯兩聲通用。但今不肊斷。姑依篆形。存于此云。【古籀篇九十八】

◉馬叙倫　使蛢字為許書所有。則蟜蟥二字必出字林矣。蓋蟜蟥爾雅作蛂蟥。蛂蟥為蛢之緩言。蓋俗名。俗名類有音無字。初有犮黄或矞黄。後增虫旁耳。許書以教學童。勢不能雅俗竝收。假令畢録。豈九千餘文所能盡。況許本倉頡及訓纂為書。二篇之文尚不及九千。則其必不複舉可知。且倉頡訓纂即雅名亦未必盡録。況俗名邪。吕忱失此恉。故今本書多雅俗並列。【説文解字六書疏證卷二十五】

䗐

◉許　慎　蛅䗐。强芊也。从虫。施聲。式支切。【説文解字卷十三】

◉馬叙倫　鈕樹玉曰。繫傳及集韻引芊作芊。五音韻譜亦作芊。釋蟲。蛅䗐。强蛘。釋文。蛘。郭音芊。亡婢反。説文作羊。字林作蛘。弋丈反。據音亡婢反。則本是芊字。當云説文作芊。嚴可均曰。據釋文則六朝舊本是羊字。許讀爾雅與郭異也。段玉裁曰。方言。姑䗐謂之强羊。字亦正作羊。翟云升曰。六書故引作蛅䗐彊羊也。王筠曰。蛘下云。搔蛘也。而陸氏以為出字林。豈今本説文蛘字為後人以字林羼入乎。玉篇不收蛘。其蛘下云。弋掌切。蛘搔也。又音羊。段氏以為强羊當音陽。説固有徵。然漢晉相去。時代為近。郭音亡婢反。而爾雅本亦有作芊者。蓋許郭所見。同為不誤之本也。鮑刻説文作蛘。則後人加之偏傍。此玉篇所以不收。亦即爾雅所由譌為蛘也。蛘別自成字。陸謂説文作羊。蓋見誤本。段氏從之者。蓋以强羊疊韻。意揣其當然也。倫按强羊者。蛅䗐之俗名。俗名每以雙聲疊韻連緜為詞。例證多矣。强羊疊韻。字當作羊為正。今作芊者。自為芊譌。作芊者。後人以爾雅郭注改之。然郭言建平人呼為蛘子。音芊姓。乃謂建平人呼蛅䗐為蛘子。不謂强羊字作芊或作蛘也。芊為羊鳴。羊之為名。本象其聲。則羊芊音轉。似强羊亦可作强芊也。但此必作强羊者。可於蛅䗐之音明之。蛅聲魚類。强聲陽類。魚陽對轉也。䗐音審紐。而從施得聲。施從也得聲。也音喻紐四等。羊音亦喻四也。是知以魚陽對轉。故由蛅而變為强。以音同喻四。故由䗐而變為羊。然為螻蛄。此言蛅䗐者。其實是䗐蟲。而俗呼强羊。音變耳。爾雅釋蟲釋文引字林。弋支反。字或出字林。【説文解字六書疏證卷二十五】

蛅

◉許　慎　蛅斯。墨也。从虫。占聲。職廉切。【説文解字卷十三】

◉馬叙倫　阮元本爾雅釋蟲作蟔蛅蟴。郭注。今青州人呼蛓為蛅蟴。然則蟔是正名。蛅斯是俗名邪。本書無蟴蟔。墨從黑得聲。詳墨字下。故此作墨。蛅音審紐三等。斯音心紐。同為次清摩擦音。故蛅斯為連語。黑音曉紐。亦次清摩擦音。故蟔俗名為蛅斯也。蛅斯墨也蓋字林文。彼據爾雅本然也。然此字疑出字林。【説文解字六書疏證卷二十五】

蜆

◉許　慎　縊女也。从虫。見聲。胡典切。【説文解字卷十三】

◉馬叙倫　沈濤曰。六書故云。説文蜀本曰蜆為蝶。是也。唐本曰。即繭字。蜀本乃李陽冰廣説文語。鄭樵爾雅注亦引説文云蜆為蝶也。正用蜀本。本書糸部繭重文作絸。從糸從見。據此唐本當從虫從見。所云即繭字者。謂繭之重文耳。爾雅釋蟲釋文。蜆。下顯反。字林。下研反。下研即繭字之音。吕氏蓋本説文。然汗簡引説文繭作絸。與今本同。或古本有二重文。一從糸一從虫也。嚴可均曰。釋蟲疏引作蛻為蝶是也。六書故引蜀本同。說文無蝶。當作蜨。六書故又引唐本曰。即繭字。此二本疑皆陽冰改也。桂馥曰。御覽引異苑。縊女。蟲也。一名蜆。長寸許。頭赤。身黑。恒吐絲自縣。朱駿聲曰。即今蘇俗所謂蓑衣蟲。吐絲自裹。有時而縣。非真死。蜆之言經也。經蜆雙聲。故曰蜆。周禮。磬于甸人。磬亦經也。詩。俔天之叔。傳。俔。磬也。經磬蜆一音之轉。假借為絸。六書故引唐本即繭字。倫按蜀本及雅疏引者皆校語。唐本亦繭字者。繭之重文作絸。與絸形近。或彼據本絸譌為絸也。蜆縊女如朱氏說。縊女俗名。而語原則出於縊也。此字蓋出字林。若許訓止作蟲也。【說文解字六書疏證卷二十五】

蜰

◉許　慎　盧蜰也。从虫。肥聲。符非切。【說文解字卷十三】

◉馬叙倫　爾雅釋蟲。蜚。蠦蜰。郭注。蜰即負盤。臭蟲。本書。蜚。臭蟲。負蠜也。上文。蠜。自蠜也。釋蟲作阜螽。蠜。又曰。草螽。負蠜。尋春秋書有蜚。必非今之臭蟲。自是雅所謂草螽也。則蜚下臭蟲。校者據雅注加之。蜚負蠜者。負蠜為蜚之緩言。此當從本書為長。本書蠜下則當如雅作阜螽。草螽負蠜與阜螽非二物。乃雅文非一人所為。故譌重之。蠜蜚音同奉紐。實轉注字。阜螽猶蠜螽。阜即蜚蠜之同脣音借字。螽則言其為蝗蟲也。負蠜則以雙聲為連緜詞。蜚蜰音同奉紐。故雅言蜚蠦蜰。猶此言蜰盧蜰也。郭不達音借。遂誤以為蜰即負盤。臭蟲。而校者轉據以臭蟲之說入之蜚下。於是蜚蜰二物遂混矣。然許止當訓蟲也。或此字出字林。【說文解字六書疏證卷二十五】

蝍

◉許　慎　渠蝍。一曰天社。从虫。却聲。其虐切。【說文解字卷十三】

◉馬叙倫　嚴可均曰。渠蝍當作蝍蜋。釋蟲。蛣蜣。蜣蜋。御覽九百四十六引說文。蜣蜋。一曰天柱。又引廣雅。天柱。蜣蜋也。云。一作天社。是天社即蜣蜋。說文無蜣字。玉篇蝍即蜣。故知當作蝍蜋。下文別有蟲蜋蟲蜋也。一曰。蜉蝣。與釋蟲之蜉蝣渠略相當。校者誤依下文改此為渠蝍。不知蝍蜋蟲蜋實非一物。故御覽所引碻是古本也。沈濤曰。御覽作蜣蜋者。以通用字易古字也。柱社形近而譌。翟云升曰。集韻引。渠。蝍蜋。一曰天社。倫按渠蝍疊韻連語。蜣蜋亦疊韻連語。蜣蜋為蝍之轉注字。魚陽對轉也。然許訓止作蟲也。此蓋字林文。一曰天社者。校者據廣雅加也。一曰猶一名。社音亦魚類。蓋俗名也。此字或出字林。【說文解字六書疏證卷二十五】

蝸

◉許　慎　蝸蠃。蒲盧。細要土蠭也。天地之性。細要純雄。無子。詩曰。螟蠕有子。蝸蠃負之。从虫。咼聲。古火切。

蜾　蝸或从果。【說文解字卷十三】

◉馬叙倫　蝸蠃聲同歌類連語。蒲盧俗名也。許當止訓蟲也。今挩。蝸蠃以下廿九字蓋皆字林文。

蜾　宋保曰。果聲。咼果古同聲通用。故蝸蠃一作蜾蠃矣。倫按蝸蜾音同見紐聲同歌類轉注字。【說文解字六書疏證卷二十五】

蠃

◉許　慎　蠃　蜾蠃也。从虫。羸聲。一曰虒蝓。郎果切。【說文解字卷十三】

◉馬叙倫　王筠曰。朱筠一作从。非。倫按蜾為蝸之重文。吕忱所加。則此蜾蠃也非許文矣。疑本作蟲也。今挩。一曰虒蝓者。一曰猶一名。爾雅釋魚。蚹蠃。螔蝓。郭注。即蝸牛也。螔蝓同為次清摩擦音連語。本書無螔。虒音心紐。蝓音喻紐四等也。此今杭縣所謂延游螺也。蓋校者加此語。【說文解字六書疏證卷二十五】

蠕

◉許　慎　蠕　螟蠕。桑蟲也。从虫。霝聲。郎丁切。【說文解字卷十三】

◉馬叙倫　螟蠕以同為邊音連語。螟音明紐。蠕音來紐。古讀歸泥也。桑蟲也者。爾雅釋蟲文。此蓋吕忱據雅文加之。許當止訓蟲也。或此字出字林。【說文解字六書疏證卷二十五】

蛺

◉許　慎　蛺　蛺蜨也。从虫。夾聲。兼叶切。【說文解字卷十三】

◉馬叙倫　王筠曰。此名於經子無徵。倫按蛺蜨聲同談類連語。蜨字今作蝶。【說文解字六書疏證卷二十五】

蜨

◉許　慎　蜨　蛺蜨也。从虫。疌聲。臣鉉等曰。今俗作蜨。非是。徒叶切。【說文解字卷十三】

蚩

◉許　慎　蚩蟲也。从虫。㞢聲。赤之切。【説文解字卷十三】

◉馬叙倫　翟云升曰。文選詠懷詩注引作笑也。古詩注引作嗤笑也。別義。見一切經音義引蒼頡。倫按蚩次盤上。盤訓毒蟲。之才聲同之類。疑蚩為䖵之轉注字。本書無嗤字。選注所引皆蚘字義。蓋一曰以下文。校者加之。【説文解字六書疏證卷二十五】

◉周策縱　説文十三上虫部：「蚩，蟲也。从虫，㞢聲。」虫與它（蛇）古為一字。羅振玉增訂殷虛書契考釋已言之，證以契文，頗無疑義。説文訓它為虫，即蛇字，而引「無它」一詞，若比照卜辭，則許所云「無它」之它實為㞢。今許又訓蚩為蟲，虫蟲渾言無別，許書及典籍無㞢字，則卜辭之㞢，殆已于小篆變省為它，或作⿱屮虫、蚩、蚩。説文虫部復出⿱屮虫字，云：「⿱屮虫，蟲曳行也。从虫，屮聲。讀若騁。」按屮非艸木初生字，實為止，許書于古文屮、止二字多有混淆，英文拙作詩字古義考（文林，一九六八年威斯康辛大學出版，頁一九五至一九九）中已加申論。段玉裁于⿱屮虫下注曰：「屮讀若徹，屮聲而讀騁者，以雙聲為用也。……今讀丑善切。」段所謂今讀，實據廣韻，蚩在上聲獮部（與𤾕同部），釋作「伸行」。而集韻上聲紙部又出蚩字，云：「蚩，丑里切，音耻。蟲伸行。或書作蚩。」又廣韻之部：「蚩，蟲名，亦輕侮字。从㞢，赤之切。」而集韻則曰：「蚩，敕豸切，音弛。蟲伸行。」按止、之（㞢）古多不別。則⿱屮虫、蚩、蚩，就形聲義而言，皆極類似，殆皆與甲骨文之㞢為一字，初義當為蛇行可以傷足。【説「尤」與蚩尤　中國文字第四十八册】

◉徐中舒　合集六〇〇七　合集三五四〇四　從止從虫，象蛇嚙足趾之形，引申之故有災禍之義。或增從彳，表行道時遇蛇也。《説文》篆文譌為從之。《説文》：「蚩，虫也。从虫、之聲。」【甲骨文字典卷十三】

◉戴家祥　王子⿱㞢蚰匜　王子造⿱㞢蚰□匜　⿱㞢蚰，从䖵㞢聲，从虫與从䖵同，⿱㞢蚰即蚩字之繁。説文十三篇：「蚩，蟲也。从虫之聲。」【金文大字典下】

螌

◉許　慎　螌螌蝥。毒蟲也。从虫。般聲。布還切。【説文解字卷十三】

◉馬叙倫　錢坫曰。吴普本草以為斑貓字。倫按螌音封紐。蝥音明紐。同為雙脣音連語也。疑螌蝥即斑貓。本訓蟲也。毒蟲也者。毒字本蚩下説解中字。傳寫譌入。【説文解字六書疏證卷二十五】

蝥

蝥見説文【汗簡】

説文　籀韻【古文四聲韻】

◉許　慎　盤蝥也。从虫。敄聲。臣鉉等曰。今俗作蟊。非是。蟊即蠿蟊。蜘蛛之别名也。莫交切。【説文解字卷十三】

蟠

古爾雅　趙琬璋古字略【古文四聲韻】

◉許　慎　鼠婦也。从虫。番聲。附袁切。【説文解字卷十三】

◉馬叙倫　王筠曰。御覽九百四十九引作蟠蟅。鼠婦也。似非。鼠部。鼶。或曰。鼠婦。是其證。釋蟲。蟠。鼠負。注。瓮器底蟲。倫按蟠是鼠婦。蟅是負蠜。玉篇誤以鼠婦負蠜同為蟅訓。御覽引蓋誤涉蟅篆而衍。鼠婦也者。蓋吕忱據雅文加之。本訓挩矣。【説文解字六書疏證卷二十五】

蚒

◉許　慎　蛜威。委黍。委黍。鼠婦也。从虫。伊省聲。於脂切。【説文解字卷十三】

◉馬叙倫　鈕樹玉曰。蛜當作蚒。嚴可均曰。伊省聲當作尹聲。沈濤曰。御覽九百四十九引不重委黍二字。又鼠婦作鼠負。段玉裁曰。詩豳風傳。伊威。委黍也。釋蟲同。按釋蟲以蟠鼠婦與伊威委黍為二條。不言一物。蚒威即今之地鼈。與鼠婦異物。本艸經曰。鼠婦。一名蛜威。以其略相似。倫按據御覽引不重委黍二字。則鼠婦二字或傳寫涉上文蟠字説解而譌衍。或校者據本艸加之。蚒威音同影紐連語。委黍俗名也。委蚒音同影紐。委從女得聲。黍從雨得聲。女雨聲同魚類也。此字蓋出字林。【説文解字六書疏證卷二十五】

蜙

蜙先恭切【汗簡】

朱育集字【古文四聲韻】

◉許　慎　蜙蝑。以股鳴者。从虫。松聲。息恭切。蜙或省。臣鉉等曰。今俗作古紅切。以為蜈蚣蟲名。【説文解字卷十三】

◉馬叙倫　嚴章福曰。詩螽斯釋文引揚雄許慎皆云舂黍。疑所見説文作蜙蝑舂黍。翟云升曰。韻會引鳴作名。倫按蜙蝑音同心紐連語。釋文引有舂黍二字者。蓋本作蜙蝑舂黍以股鳴者。傳寫捝之。然此字林文。陸言許慎者。或字林而題為説文者也。釋文又云。蚣。字林作蜙。明蜙是字林字也。亦或揚雄許慎説者。見二人經説。非是本書。故不言説文。吕忱則據以增此訓。舂黍者。蜙蝑之別名。蜙舂聲同東類。蝑黍聲同魚類也。詩七月。斯螽動股。斯螽為蜙之緩言。蜙即蜙蝑。朱駿聲謂疑蕪俗所謂紡績娘也。杭縣亦偁紡績娘。餘詳蚣下。

[illegible]　任大椿曰。玄應引字林。蚣。蜈蚣。蝍蛆也。甚能制蛇。大者長丈餘。赤足者良。黄足者不堪用。案説文蚣乃蜙之重文。徐鉉等謂俗作古紅切。以為蜈蚣蟲名。考字林已以蚣為蜈蚣。則蚣作古紅切。由來久矣。玉篇亦以蜙為以股鳴者。蚣為蜈蚣。王筠曰。周南螽斯釋文。蚣。字林作蜙。先凶反。許慎思弓反。然則説文但作蚣。其蜙字則後人以字林增入也。邵瑛曰。詩螽斯毛傳。螽斯。蚣蝑也。七月毛傳。斯螽。蚣蝑也。周禮考工記梓人鄭注。股鳴。蚣蝑。動股屬。陸氏釋文本竝同。又云。字林作蜙。不知字林實原本説文也。倫按據玄應及陸引。則蚣蜙二字並見字林。但蚣不為蜙之重文。故詩作蚣。陸謂字林作蜙。言蜙蝑字字林作蜙不作蚣也。證以玄應所引。則蚣字亦出字林。但訓蜈蚣云云。傳寫譌脱説解。校者謬以為蜙之省文。迻綴蜙下為或體耳。【説文解字六書疏證卷二十五】

◉黄錫全　[illegible]蜙先恭切　《説文》松字或體作[illegible]，信陽楚簡作[illegible]，木部録《古尚書》作[illegible]，此松形類同，參見前。鄭珍認為「从古松『更篆』」。【汗簡注釋卷六】

蝑 [illegible]

◉許　慎　[illegible]蜙蝑也。从虫。胥聲。相居切。【説文解字卷十三】

◉馬叙倫　鈕樹玉曰。釋蟲釋文云。蝑。字林。先吕反。揚雄許慎皆云舂黍。朱駿聲曰。蜙蝑之轉音為舂黍。又為舂箕。按其聲戞戞。今蕪俗謂之札兒。與草蟲俗名叫哥哥者微別。倫按杭俗亦有札札兒之名。然蟲名即似其音。札札兒之音即札札然也。與蝑音或舂黍之音不近。蜙蝑也蓋字林文。許當止訓蟲也。亦或此字出字林。【説文解字六書疏證卷二十五】

蟅 [illegible]

◉許　慎　[illegible]蟲也。从虫。庶聲。之夜切。【説文解字卷十三】

◉馬叙倫　段玉裁曰。蟲當作螽。方言。蟒宋魏之間謂之蚮。南楚之外謂之蟅蟒。或謂之螣。郭注。即蝗也。蟅音近詐。蟒音莫更反。亦呼吒蜢。按即今北人所謂蛨蚱。江南謂之蝗蟲。故列於蜙蝑與蝗之間。桂馥曰。玉篇。蟅。鼠婦。負蠜也。

廣韻。蟅。蟅蝑。蟲名。廣雅。負蠜。蟅也。馥案本書以蟠為鼠婦。蜚為負蠜。故此蟅但訓蟲也。本草。䗪蟲。一名地鼈。一名土鼈。生河東川澤及沙中人家牆壁下土中濕處。陶隱居云。形扁扁如鼈。故名土鼈。而有甲衣能飛。小有臭氣。今人家亦有之。注云。此物好生鼠壤土中及屋壁下。狀似鼠婦。而大者寸餘。形小似鼈。無甲但有鱗也。朱駿聲曰。廣雅釋蟲。飛蟅。飛蠊也。即上文之蛪蜆蜰。爾雅之蜚蠦蜰。說文之蠹。春秋之蜚也。廣雅又云。蟅蟒。蚮也。即螽也。蝗也。按飛蟅與蟅蟒同類小別。蜚性本不食穀。食穀為災。蝗性則食苗者。本草之䗪。則今所謂螇底蟲。種類各別。陸心源曰。秋官赤犮氏注。貍蟲。䗪肌蛷之屬。本草。一名地鼈。別録。一名土鼈。蓋即南人所謂灰鼈蟲也。北人所謂過蚤蟲也。其形圓扁如鼈。大者徑寸餘。背文橫而色竊黑。好穴牆根灰土中。廣雅。䗪。負蟠。則與鼠婦合為一物。夫鼠婦形長。䗪形圓。雖同穴牆壁下。而判然二物。玉篇。䗪。鼠婦負蠜。又沿廣雅而誤矣。倫按動物之名。或以其形似而名同。或以其聲似而名混。非如今之動物學昆蟲學以類聚科別。不易明其異同。此字次蜙蝑與蝗之間。自是廣雅所謂飛蟅。蟅音與螽同屬照紐三等。或即螽之轉注字。又蟅聲魚類。蝗聲陽類。魚陽對轉。亦或蝗之轉注字。如各為一物。則以其相似而同科。故衍其聲。即語原同也。蟲也之訓。則不當改。【說文解字六書疏證卷二十五】

蝗 蝗

蝗 禪國山碑　蝗旱鬲并【石刻篆文編】

◉許　慎　蝗螽也。从虫。皇聲。乎光切。【說文解字卷十三】

◉馬叙倫　沈濤曰。開元占經一百廿引。尚有旱氣動陽象至六字。倫按此校語或字林文。禮記月令釋文引字林音黃。字見急就篇。許當止訓蟲也。螽也蓋字林文。【說文解字六書疏證卷二十五】

蜩 蜩

粹1536【續甲骨文編】

◉許　慎　蜩蟬也。从虫。周聲。詩曰。五月鳴蜩。徒聊切。蜩蜩或从舟。【說文解字卷十三】

◉馬叙倫　方言。蟬。楚謂之蜩。宋衛之間謂之螗蜩。陳鄭之間謂之蜋蜩。秦晉之間謂之蟬。蟬音禪紐。古讀歸定。蜩音定紐。是轉注字也。

蜩　宋保曰。舟聲。周舟同部聲相近。倫按蜩蛸音同照紐三等聲同幽類轉注字。周禮考工記。作舟以行水。注。故書

舟作周。是其例證。【說文解字六書疏證卷二十五】

◉金祥恆　[glyph]　釋蜩。【續甲骨文編十三卷】

蟬 [seal]

蟬　和丞蟬印【漢印文字徵】

◉許　慎　[seal]　以旁鳴者。从虫。單聲。市連切。【說文解字卷十三】

◉馬叙倫　沈濤曰。初學記卅引作膀鳴也。奪以字而膀字是。倫按詩蕩釋文引字林。蟬。螗蛄。蓋許本訓蟲也。吕忱增螗蛄以膀鳴者。字見急就篇。【說文解字六書疏證卷二十五】

◉郭沫若　第一五三六片

「庚　己巳……

叀癸用蟬。叀甲用蟬」。

二蟬字作[glyph],與蟬形酷肖。白色陶紋有作[glyph]者,亦正相似。蟬假為禪,祭也。有此字出,足證葉玉森以龜字為蟬形文實謬。【殷契粹編考釋】

◉姚孝遂　[glyph]　郭沫若以為字象蟬形是對的,但謂假作「禪」則非是。合集三四四一〇辭云:「叀甲用[glyph]。」、「叀癸用[glyph]」,當為祭品。【甲骨文字詁林第二册】

蜺 [seal]

◉許　慎　[seal]　寒蜩也。从虫。兒聲。五雞切。【說文解字卷十三】

◉郭沫若　[glyph]　是蜺字,象雌雄二虹而兩端有首。爾雅釋天「螮蝀謂之雩。螮蝀,虹也。蜺為挈貳。」郭璞云「挈貳見尸子。」郝懿行云「文選西都賦注引尸子曰:虹,霓為析翳。」蓋古人以單出者為虹,雙出者為蜺也。卜辭已有蚰字,此自是蜺。說文「虹,螮蝀也,狀似虫。依段注本。从虫工聲,明堂月令曰虹始見。」又云「霓,屈虹,青赤或白色,霧氣也,从雨兒聲。」釋名云「虹,攻也,純陽攻陰氣也。又曰蝃蝀。其見每於日在西而見於東,啜飲東方之水氣也。見於西方曰升,朝日始升而出見也,又曰美人。陰陽不和,婚姻錯亂,淫風流行,男美於女,女美於男,恆相奔隨之時,則此氣盛,故以其盛時名之也」。又云「霓,齧也,其體斷絶,見於非時,此災氣也,傷害於物,如有所食齧也。」凡虹蜺螮蝀字均从虫,乃視虹為有生之物。螮或作蝃,劉熙以「啜水」解之,郝懿行雖譏其鑿，然吾蜀鄉人至今猶有虹有首飲水之説，蜀人説虹與釋文所引陳國武「古巷反」相同。劉熙所言蓋漢時之民語也。今卜辭言「昃亦有出蜺自北，㱃于𢀛。」蜺既象有雙首之虫形，文復明言㱃，是則啜水之説蓋自殷代以來矣。「自北」者當是偏在東北，非正北也。秋冬日軌南移，晚虹則偏在東北。𢀛在此當為水名，殆即是黄河。

又諦案此辭，乃於八日前之癸丑卜，其兆有祟，至八日後之庚戌而言其應者，則「各云」與「出蜺」，殷人均視為祟矣。左側三行乃庚申後四日之癸亥所卜，兆言有祟，於五日後之丁卯而紀其應。【卜辭通纂】

螇

◉許　慎　螇鹿。蛁蟟也。从虫。奚聲。胡雞切【説文解字卷十三】

◉馬叙倫　段玉裁曰。説文無蟟。此淺人增虫旁耳。朱駿聲曰。爾雅。蜓蚞。螇螰。注。即蝭蟧。小正作蝭蠑。廣雅作螮蟧。方言十一。蛥蚗。齊謂之螇螰。楚謂之蟪蛄。今蘓俗曰知了。即蝭蟧之轉音也。倫按上文。蛁。蟲也。字次蠁蛹之間。蓋其類也。而本書復無蟟字。則蛁蟟竝是借音。俗以蛁蟟名螇鹿耳。蛁蟟為聲同宵類連語。轉音為知了。蝭蟧螮蟧亦音轉。蝭從是得聲。是音禪紐。螇音匣紐。禪匣同為次濁摩擦音。然則螇鹿亦蝭蟧之轉音。而蝭亦蟬之音轉。此字蓋出字林。【説文解字六書疏證卷二十五】

蚗

◉許　慎　蚒蚗。蛁蟟也。从虫。夬聲。於悦切【説文解字卷十三】

◉馬叙倫　鈕樹玉曰。廣韻引蚒作𧊅。蓋譌。倫按蚒蚗即螇蚗。蚒聲真類。螇聲脂類。脂真對轉也。螇蚗則聲同脂類為連語。此字蓋亦出字林。【説文解字六書疏證卷二十五】

𧊅

◉許　慎　蚒蚗。蟬屬。讀若周天子赧。从虫。丏聲。武延切【説文解字卷十三】

◉馬叙倫　段玉裁曰。蚒蚗。與篆文不屬。當依廣韻引作𧊅蚗。王筠曰。讀若句當在丏聲下。蚗有蚒蚗𧊅蚗兩名而兩物。猶蜻有蜻蛚蜻蛉也。故其列字如此。劉秀生曰。丏聲先部。赧從𠬝聲在寒部。先寒旁轉。故𧊅從丏聲得讀若赧。倫按玉篇引爾雅。蝒。馬蜩。以𧊅為重文。爾雅釋蟲有蝒無𧊅。則本書有𧊅無蝒。故桂馥謂上文蝒為後人增入。倫謂此訓蟬屬。即爾雅所謂馬蜩耳。蚒蚗二字或涉上文蚗字説解誤入。𧊅轉注為蝒。丏面音同心紐。史記項羽本紀。馬童面之。借面為丏。其例證也。然面聲則轉入元類。故𧊅得讀若赧。本書。𡧍。從宀。丏聲。音在明紐。赧音日紐。古讀歸泥。明泥同為邊音。

故蚼亦得讀赧。此字出字林。故訓蟬屬。【說文解字六書疏證卷二十五】

蛚

◉許　慎　蜻蛚也。从虫。列聲。良薛切。【說文解字卷十三】

蜻

◉許　慎　蜻蛚也。从虫。青聲。子盈切。【說文解字卷十三】

◉馬叙倫　方言十。蜻蛚。楚謂之蟋蟀。蔡邕月令章句。蟋蟀。蟲名。俗謂之蜻蛚。此上文。蛩。悉蛩也。然則蜻蛚為蛩之俗名。蛩古音蓋如悉。故俗亦呼為悉蛩。悉音心紐。蜻音精紐。同為舌尖前音也。音轉入審紐二等。蜻從青得聲。青從生得聲。生亦審紐二等也。蛚音來紐。蛩字亦作蟀。蟀從率得聲。率音亦審二。故音轉為力出切。則入來紐。故蜻蛚為連語。蜻蛚二字蓋竝出字林。【說文解字六書疏證卷二十五】

蛉

◉許　慎　蜻蛉也。从虫。令聲。一名桑根。郎丁切。【說文解字卷十三】

◉馬叙倫　桂馥曰。一曰桑根者。李燾本無此文。集韻引作桑根。爾雅釋文引字林。蜻蛉。一名桑根。六書故引同。王筠曰。根字譌。蜻蛉語轉為桑根。皆疊韻字。倫按御覽九百五十引亦作桑根。然王說長。桑根為蛉之俗名。蛉根音同來紐。桑根聲同陽類也。蜻本蜻蛚蟲。蜻桑同為舌尖前音。故桑根音轉為蜻蛉。一名桑根者。校語。此字或出字林。【說文解字六書疏證卷二十五】

蠓

◉許　慎　蠛蠓也。从虫。蒙聲。莫孔切。【說文解字卷十三】

◉馬叙倫　嚴可均曰。說文無蠛字。當作蔑。淮南修務訓。手若蔑蒙。倫按蔑蠓者。朱駿聲謂雙聲連語。是也。然此蓋字林文。或字出字林。呂忱據爾雅釋蟲訓蠛蠓耳。【說文解字六書疏證卷二十五】

蟟

◉許　慎　蟟螶蟟也。一曰蜉游。朝生莫死者。从虫。𡴎聲。离灼切。【說文解字卷十三】

◉馬叙倫　鈕樹玉曰。繫傳作蜉蝣。説文無蝣。嚴可均曰。藝文類聚九十七御覽九百四十五引作一名蜉蝣。沈濤曰。類聚引作𧒆蟲也。𧒆即蟟字。然不云螶蟟。朝生莫死者作蓋朝生莫死。又引。蜉蝣。秦晉之間謂之渠略。倫按類聚引作蟲也是本訓也。螶蟟以下十二字及類聚引者。皆字林文或校語也。螶蟟者。朱駿聲謂疊韻連語。【說文解字六書疏證卷二十五】

蜹

蜹【汗簡】

裴光遠集綴【古文四聲韻】

◉許　慎　蜹秦晉謂之蜹。楚謂之蚊。从虫。芮聲。而銳切。【說文解字卷十三】

◉馬叙倫　嚴可均曰。後漢書崔駰傳注文選枚叔重上書注一切經音義三御覽九百四十五引皆無晉字。段玉裁曰。蚊當作蟁。桂馥曰。一切經音義引作秦人謂之蜹。楚人謂之蚊。倫按華嚴經音義引字林。蜹。小蚊也。通鑑周威烈王紀音注引字林。秦人謂蚊為蜹。然則此字出字林。説解尚有挩也。蜹音日紐。古讀歸泥。蟁音微紐。同為邊音。是轉注字也。【說文解字六書疏證卷二十五】

蠨

◉許　慎　蠨蠨蛸。長股者。从虫。肅聲。穌彫切。【說文解字卷十三】

◉馬叙倫　詩七月。蠨蛸在户。傳。蠨蛸。長踦也。爾雅釋蟲同。郭注。小鼅鼄長腳者。俗呼為喜子。據此則長踦為蠨之俗名。蠨蛸為聲同幽類連語。許當止訓蟲也。今挩。存者蓋字林文。【說文解字六書疏證卷二十五】

𧍗

◉許　慎　𧍗蟲也。从虫。省聲。息正切。【說文解字卷十三】

◉馬叙倫　鈕樹玉曰。玉篇廣韻竝無。倫按𧍗為蠨之音同心紐轉注字。或𧍗為蠨之重文。蟲也者。蠨下之訓。傳寫譌捝。【說文解字六書疏證卷二十五】

螪

◉許　慎　螪商何也。从虫。啇聲。力輟切。【說文解字卷十三】

◉馬叙倫　段玉裁曰。釋蟲作螪。釋文。螪。失羊反。字林之亦反。字林近古。之亦反則字本作螪。而許書當作啇何。倫按莊子達生。東北方之下者。倍阿鮭蠪處之。倫謂倍阿即此商何。而字當依莊作倍。啇杏形近。字譌為啇。又譌為商也。古音負聲通。負何古多連詞。倍阿猶負何矣。音何者。螪之俗名。此字蓋出字林。【說文解字六書疏證卷二十五】

蜡

◉許　慎　蜡蠅胆也。周禮。蜡氏掌除骴。从虫。昔聲。鉏駕切。【說文解字卷十三】

◉馬叙倫　鈕樹玉曰。玉篇。蟲名。又與䄍同。蓋本闕。為後人補。翟云升曰。類篇引作蠅蜡也。倫按蓋本作蜡蟲名蠅蛆也。此字或出字林。【說文解字六書疏證卷二十五】

蝡

◉許　慎　蝡動也。从虫。耎聲。而沇切。【說文解字卷十三】

◉馬叙倫　似當作蟲皃。玄應一切經音義引字林。蝡。蟲動也。然則此捝蟲字。乃字林文。本訓捝矣。史記匈奴傳索隱引三倉。蠕蠕。動貌。音軟。則蠕蓋傳寫易之。【說文解字六書疏證卷二十五】

蚑

◉許　慎　蚑行也。从虫。支聲。巨支切。【說文解字卷十三】

◉馬叙倫　沈濤曰。文選洞簫賦注琴賦注七發注七命注皆引作凡生類之行皆曰蚑。是古本行也下有此八字。洞簫賦注行也作徐行也。蓋傳寫之譌。鈕樹玉曰。韻會引作蟲行皃。徐灝曰。選注所引蓋李注。非許文也。倫按或是本書校語。然行也蓋本作蟲行也。此或字林文。或字出字林也。【說文解字六書疏證卷二十五】

蠉

◉許　慎　蠉蟲行也。从虫。瞏聲。香沇切。【說文解字卷十三】

◉馬叙倫　鈕樹玉曰。玉篇無。廣韻有而無義。疑此字後人因釋蟲增也。當為蜎之別體。倫按蠉蝡轉注字。蝡從耎得聲。耎聲當在元類。蠉聲元類也。蚑蠉為同舌根音轉注字。【說文解字六書疏證卷二十五】

蚩

蚩 秦一〇四　秦八六【睡虎地秦簡文字編】

◉許　慎　蟲曳行也。从虫。屮聲。讀若騁。丑善切。【説文解字卷十三】

◉林義光　説文云。蟲曳行也。从虫。屮聲。讀若騁。按屮非聲。从屮。前進之象。與先从㞢同意。【文源卷七】

◉馬叙倫　段玉裁曰。曳當為申。桂馥曰。類篇引作蟲名。曳行也。讀若騁者。本書。䩶。讀若騁蜃。劉秀生曰。屮讀若徹。古在透紐。騁從甹聲。古亦在透紐。故蚩從屮聲得讀若騁。夏敬觀曰。以䩶讀若騁蜃證之。當脱蜃字。蓋讀若蜃也。倫按曳字蓋校者注以釋蚩字之音。而譌乙於下者也。曳屮聲同脂類。可證也。此字或出字林。餘見䩶下。【説文解字六書疏證卷二十五】

螸

◉許　慎　螽醜螸。垂腴也。从虫。欲聲。余足切。【説文解字卷十三】

◉馬叙倫　鈕樹玉曰。爾雅釋蟲作蠭醜螸。釋文。蠭。李孫郭竝闕讀。而謝孚逢反。施作螽。案上有螽醜奮。依謝為得。螸。羊朱反。引説文云。垂腴。據此則施與説文合。王筠曰。腴。腹下肥也。螽與蠭皆然。孝經援神契。蜂蠆垂芒腴。注。垂在後。故言垂芒腴。案蠆有芒耳。此非許意。倫按爾雅釋蟲。螽醜奮。蠭醜螸。此立言本雅而蠭作螽。尋雅言。翥醜鏬。螽醜奮。强醜捋。蠭醜螸。蠅醜扇。捋蓋本書之蛶。而雅複記之。扇則本書之蝙也。翥據廣韻九御引作蠧。本書無蠧。鏬及奮不知其正字。若雅無譌字與複記。則自當依雅作蠭醜螸。然疑螸蝙二字自有本訓。今捝。存者吕忱據雅文所加也。蝙下同。亦疑此二字出字林。【説文解字六書疏證卷二十五】

蝙

◉許　慎　蠅醜蝙。搖翼也。从虫。扇聲。式戰切。【説文解字卷十三】

蜕

◉許　慎　蛇蟬所解皮也。从虫。捝省。輸芮切。【説文解字卷十三】

◉馬叙倫　嚴可均曰。當作兑聲。沈濤曰。後漢書陽球傳注一切經音義十二及十九及廿引皆作蟬蛇。後漢書竇融傳注張衡傳注又作蟬蜕。蜕為蛇譌。然可見蛇字本在上。倫按此捝本訓。玄應一切經音義引字林。蜕。蟬皮也。則此字林文。或此字

出字林。【說文解字六書疏證卷二十五】

蠚

◉許　慎　蠚螫也。从虫。若省聲。呼各切。【說文解字卷十三】

◉馬叙倫　鈕樹玉曰。玉篇作蠚。丑略切。又呼各切。段玉裁曰。蠚螫蓋本一字。若聲赦聲同部也。或讀呼各切。山東行此音。或讀式亦切。關西行此音。見玄應書。王筠曰。字林作蠚。蟲行毒也。倫按蓋蠚為重文也。字或出字林。若為許文。當以聲訓。【說文解字六書疏證卷二十五】

螫

◉許　慎　螫蟲行毒也。从虫。赦聲。施隻切。【說文解字卷十三】

古老子　蓋古文【古文四聲韻】

◉馬叙倫　鈕樹玉曰。毛本蟲作虫。宋本及繫傳無虫字。桂馥曰。一切經音義三。螫。式亦反。字林。蟲行毒也。關西行此音。又音呼各反。山東行此音。倫按螫音審紐。蠚音曉紐。同為次清摩擦音。轉注字也。據玄應言。知轉注字塙因方音之異而造矣。此字或出字林。若為許文。當以聲訓。【說文解字六書疏證卷二十五】

蝁

◉許　慎　蝁趺也。从虫。亞聲。烏各切。【說文解字卷十三】

◉馬叙倫　鈕樹玉曰。宋本及繫傳集韻韻會引竝作趺也。唯五音韻譜作虴屬。倫按王筠校鍇本作虴屬。爾雅釋魚。趺。蝁。郭注。蝮屬。大眼。最有毒。今淮南人呼蝁子。倫謂趺字與魚虫無涉。自是借字。抑或趺為鈇之譌也。此字蓋出字林。【說文解字六書疏證卷二十五】

蛘

◉許　慎　蛘搔蛘也。从虫。羊聲。余兩切。【說文解字卷十三】

◉馬叙倫　桂馥據爾雅釋蟲。蛄𧑒。强蛘。釋文引說文作羊。字林作蛘。搔蛘也。謂此乃字林之訓。倫謂此字出字林。陸引說文者。字林附於說文而題為說文者也。【說文解字六書疏證卷二十五】

蝕 [glyph]

[glyph] 蝕【汗簡】

◉許　慎　[glyph]敗創也。从虫人食。食亦聲。乘力切。【説文解字卷十三】

◉郭沫若　卜辭有[glyph]字。每與月夕字連文。而介在連接二干支間。意含凶咎。羅氏疑皿。見商氏待問篇卷六弟十葉。殆以字類器物之形。然以原辭校之。俱無疑皿之理。今就其辭之較完整者。繹釋如次。一。「曰出[glyph]。三日乙酉。月[glyph]。丙戌允出來入[glyph]」。鐵一八五・一。此與月字連文。而介在乙酉與丙戌二日之間。又卜辭常例屢曰。「王固曰。出[glyph]。其出來嬉。若干日。某干某支。允有來嬉」。下必繫以疆理之事。此亦其一例而稍變。⊘此辭上言「有祟」。下言疆理之事「允有來入[glyph]」商承祚釋齒。按。乃地名。而中夾以「三日乙酉月[glyph]」一語。則月[glyph]一事上必與有祟同條。下必與人禍共貫。其為凶咎之意顯而易見。二。「七月己巳。月[glyph]缺。出妣辛大品竝火。缺。〔出〕絫。其來出嬉。不吉。」後・下・九・一。此亦月[glyph]連文。辭雖殘闕過甚。然為不吉之意。已着於辭間。三。「甲辰大[glyph]風。之[glyph][glyph]。乙巳[glyph]□五人五月在□」。菁三。此以「之[glyph][glyph]」連文。[glyph]當是夕。古月夕字每混用。然大抵以有點者為月。無點者為夕。「之夕[glyph]」。此夕[glyph]。此夕[glyph]者。甲辰之夕[glyph]。故此亦介在甲辰與乙巳二日之間。[glyph]與大風二字連文。則必係天變無疑。⊘上言天變。下言人禍。中夾以「之夕[glyph]」三字。則事亦必含凶咎。由上三例。余以為[glyph]字之義已可確知事為災眚。屬於月而見于夕。則非蝕字而何耶。且釋為蝕字於字形亦有說。骨文凡从[glyph]之字。如既作[glyph]。即作[glyph]。鄉作[glyph]。皆象人就食形。[glyph]即所食之物。象豆中盛物豐滿無缺也。食字亦有作[glyph]形者。乃加蓋於食物之象。金骨文从食从皀之字每多不別。如毁。字古本从皀。然骨文有作[glyph]者。後・下・七・十一。从食。金文多至不可勝舉。鄉字亦然。如大鼎「王[glyph][glyph]醴」。效卣「納[glyph]于王」。皆从食。知[glyph]為食物之象形。[glyph]而缺其上為[glyph]。則當為蝕矣。故[glyph]即蝕之初文。从皀省。會意。作食者乃叚借蝕。則後起从人虫形。已複而又複。四。「□丑月[glyph]。壬寅王亦[glyph][glyph][glyph]。」菁六。[glyph]當讀為終。此辭有二讀。終下[glyph]字如讀月。則終字當上屬為句。即「辛丑月蝕。壬寅王亦終。月□」。如讀夕。則當為「王亦終夕。□」。然可惜者。[glyph]字不識。⊘統觀上舉九例辭意。雖多不明。然均於釋蝕無礙。但有可異者一事。則日蝕連文未見。而月蝕字面特多。此所以者。疑殷人不甚㠯日蝕為災異之故。蓋崇拜太陽乃後起之事。古人視日為妖。羿射十日之傳說即其證明。【釋蝕　甲骨文字研究上册】

◉郭沫若　[glyph]字余釋為蝕，字每與月字連文，本例言「之夕[glyph]」亦屬於夜中之事。又每介於二日間，前日之夜有此事，次日必有凶事以應之，知必含凶咎意。所言者決為月蝕事無疑。又由字形而言，乃象豆中盛食有缺之形，亦蝕意也。【卜辭通纂】

蛟 [glyph]

◉劉彬徽等　𧖪,蝕,字亦作蝕。《史記·天官書》:「日月薄蝕」,集解:「虧毀為蝕」。【包山楚簡】

◉許　慎　[glyph]龍之屬也。池魚滿三千六百。蛟來為之長。能率魚飛。置笱水中即蛟去。从虫。交聲。古肴切。【說文解字卷十三】

◉馬叙倫　沈濤曰。漢書武帝紀注藝文類聚九十六御覽九百卅引作龍屬也。又類聚御覽引無池字。能率魚飛作率魚而飛去。嚴章福曰。韻會三肴引作龍屬。無之也二字。下有無角曰蛟四字。飛上有而字。倫按許當止訓蟲也。或字出字林。【說文解字六書疏證卷二十五】

◉朱歧祥　846.[glyph]　象龍蛇類,有足而無角。或即蛟字。郭璞《山海經》傳:「似蛇,四腳,細頭,能吞人。」卜辭用本義。有作為祭牲。

《掇2·203》☐獲狼十,兕☐豚一,[glyph]一,象☐雉十一。

《鄴3·38·7》癸酉卜,祒母己,叀[glyph]。【殷墟甲骨文字通釋稿】

螭 [glyph]

[glyph]　螭出王存乂切韻【汗簡】

[glyph]　王存乂切韻【古文四聲韻】

◉許　慎　[glyph]若龍而黃。北方謂之地螻。从虫。离聲。或云。無角曰螭。丑知切。【說文解字卷十三】

◉馬叙倫　鈕樹玉曰。荀子賦篇注引若作如。地作蛇。韻會引作若龍無角而黃。北方謂之土螻。段玉裁曰。或云六字疑後人所增。倫按許本訓蟲也。今捝。所存蓋字林文及校語耳。玄應一切經音義引三倉。魑作螭。勑知反。宋祁漢書揚雄傳校本引字林。螭若龍而黃。北方謂之地螻。倫按螭音轉如離。與螻音同來紐。螻龍亦雙聲。地螻土螻謂地龍土龍。【說文解字六書疏證卷二十五】

◉黃錫全　[glyph]螭出王存乂切韻　三體石經《多方》多字古文作[glyph],《說文》古文作[glyph]。此形蓋作[glyph],从古文多。夏韻支韻録作[glyph]。⿱多它蓋螭字別體。《說文》「螭,若龍而黃,或云無角曰螭」。銅器上的蟠螭文皆象小蛇,故此字从它,它本古蛇字。鄭珍認為⿱多它「非古有,《篇韻》諸書皆不見,惟《集韻》載⿱多它同螭,蓋本存乂書,亦不以作古文」。【汗簡注釋卷六】

◉許　慎　龍子有角者。从虫。丩聲。渠幽切。【説文解字卷十三】

◉馬叙倫　鈕樹玉曰。韻會引有作無。李注文選甘泉賦及謝靈運詩注引竝作龍無角者。當不誤。王注離騷云。有角曰龍。無角曰虯。顔注漢書揚雄傳云。虯即龍之無角者。則虯本無角而亦非龍子。篇韻皆作無角龍。沈濤曰。甘泉賦注引。虯。龍之無角者。無當為有。上文無角曰螭。則虯為有角矣。漢書相如傳張揖注亦云。虯有角。謝靈運登池上樓詩注正引作虬龍有角者。段玉裁曰。當依韻會引有作無。然韻會尚誤多子字。當依李善甘泉賦注引作龍無角者。他家所引李注無字作有者皆誤也。王逸注離騷。高誘注淮南。張揖上林賦注後漢書馮衍傳注及篇韻皆曰無角。惟廣雅云。有角曰龍。即虯字。無角曰䖃。即螭字。倫按古書傳寫多譌。廣雅既曰有角曰龍。不得注上林賦又作無角也。李注甘泉賦引作無角。而注謝詩作有角。容所據一本未譌一本已譌也。段謂龍即虯字。蓋虯為龍之轉注字。龍字金甲文作[glyph]。此象形字。則於字形可見其有角也。又諸説皆不言龍子。則子為之之譌字也。子既為譌。則有角為塙矣。然倫謂許本訓蟲也。今挩。但存字林文或校語耳。又疑此字出字林。【説文解字六書疏證卷二十五】

◉馬叙倫　亞龍爵

倫按舊釋[glyph]為兕觥形。[glyph]為舟形。孫詒讓疑[glyph]字。皆非也。[glyph]即廣雅有角曰龍之龍。為説文虯之初文。此人名也。[glyph]與[glyph]一字。蓋虯亦以造牀為業者也。【讀金器刻詞卷上】

◉夏　渌　容庚師曾以所藏《殷代貞卜人物通考》賜贈。饒宗頤先生在書中説：「卜辭疾病之吉語每曰『龍』。《詩・酌》：『我龍受之。』傳曰：『龍，和也。』《玉篇》：『龍，寵也，和也。』卜辭每言『疾龍』(《簠文》四三)，即謂疾和。説見《卜辭義證》。」(一三八頁)

[glyph]字，羅振玉釋龍，郭老及前輩甲骨學者多從之。

唐蘭《天壤閣甲骨文存考釋》：「貞：有旬？」(《天壤》四一)讀[glyph]為旬，釋為憂也。

張秉權《丙編》考釋中「亦疑龍」，謂「古音與凶同部，假為凶，是問疾病吉凶之詞」。

陳邦懷先生釋蜎，假為捐。

[glyph]字有單筆的，也有雙鈎的作[glyph]、[glyph]、[glyph]等形。《甲骨文编》將雙鈎的列入龍字之前三行；將單筆另外置於附録之中，認

為是尚未認識的字。其實都是虯字。

《說文》、《廣雅》並以「虯，龍子有角者」。王逸、高誘注《天問》及《淮南·覽冥訓》並云：「有角為龍，龍無角曰虯。」今就甲骨文證之，「龍子無角曰虯」為是。

（一）卜辭假虯為瘳的文例：

貞：侑病瘳？（《乙》六四一二）

病瘳？（《明藏》二六六）

貞：王疾異，其病不瘳？（《乙》六八一九正）

貞：王患瘳？王患不其瘳？（《合乙》二六四）

病齒貞瘳？（《丙》一二）⊘

《說文》：「瘳，疾病瘉也。」《詩·鄭風》：「云何不瘳？」注：瘳，愈也。蟉，《廣韻》音虯，義同。虯讀瘳表示病愈是可能的。

《周禮·大卜》：「以邦事作龜之八命：一曰征，二曰象，三曰與，四曰謀，五曰果，六曰至，七曰雨，八曰瘳。」瘳既為周人「作龜八命」之一，殷人卜辭中早已有之，以後沿續至周，也是合乎情理的。

（二）「虯甲」連文的卜辭文例：

钔子朱于虯甲？（《前》六·一九·六）

钔婦□于虯甲？（《續》五·二五·五）

于虯甲钔？既⿱冊曰虯甲？（《乙》三二五二）

㞢于虯甲？（《師友》一·三）⊘

《佚》九〇七虯甲有單筆和雙鈎兩體，證明它是一字繁簡異體，猶如它（蛇）字有雙鈎和單線的兩類寫法。其它許多字（龍、豕、虎、象等）也都有類似寫法，意義不變。

「虯甲」連文有「龍甲」、「蜎甲」、「旬甲」等讀法，陳夢家《殷虛卜辭綜述》則隸定作「巴甲」，大概都難找到對應的先公、先王名稱。今以「龍子無角」之「虯」讀之，擬釋「虯甲」，即卜辭「七甲」中之丂甲（《史記·殷本紀》作沃甲）。郭老讀丂甲為苟甲，是祖乙的兒子，祖辛的兄弟。寫本「[illegible]二匚至扎甲十示？」「王固曰：南庚蚩。大示祖乙、祖辛、丂甲蚩。」（《丙》一六二）虯甲即扎甲，亦即丂甲，三匚算起，恰是十示。

□，卜辭中尚有作方國名稱和人名姓氏的。

丙寅卜寺：乎虯夷侯專𢦏权？（《乙》二〇〇〇）

虯聖田？（《京都》二三六三）

叀虯。（《拾》一・五）

貞：般亡不若？不𡴂羌？

貞：虯亡不若？不𡴂羌？（《丙》一三二）

卜：虯唯若？（《戩》五・一五）

以上虯似為人名。【學習古文字散記　古文字研究第四輯】

◉朱歧祥　845. □　□　象龍而歧角，或即虯字。殷人名，主司祭奠。字見一期至三期卜辭。

《海2・9》己巳▢貞：□不即乍，其亦𠦪自報甲，其告于祊。十一月。【殷墟甲骨文字通釋稿】

◉夏　淥　甲骨文「龍」作□，有角，龍身曲向後方，□，龍子無角，虯身蟠曲向前。前人不識□字，往往以「龍」字讀之，今以甲骨語言驗之。

王賓□甲？（粹272）

㲋子□于□甲？（前6・19・6）

虯甲亦作抖甲（丙162），郭沫若讀羌甲為苟甲，認為即《殷本紀》的「沃甲」，為祖乙之子，祖辛的兄弟。讀「龍甲」即無所屬。

「虯」在疾病卜辭中同音通假為「瘳」，若讀「龍」假為「凶」，與內容多不符。

其克□（瘳）王病？（乙4051）

貞：王疾異，其病不□（瘳）？（乙6819）

告，□（瘳）于父丁一牛？（粹365）

《周禮・大卜》：「以邦事作龜之八命，一曰征、二曰象、三曰與、四曰謀、五曰果、六曰至、七曰雨、八曰瘳。」【甲骨語言與甲骨文考釋　甲骨語言研究會論文集】

蜦 □

◉許　慎　□蛇屬。黑色。潛于神淵。能興風雨。从虫。侖聲。讀若戾艸。力屯切。□蜦或从戾。【説文解字卷十三】

◉馬叙倫　鈕樹玉曰。韻會引屬作類。淵作泉。雨下有者字。李注文選江賦引作蛇屬也潛於神泉之中能興雲致雨。嚴可均曰。文選江賦注韻會十一真引風皆作雲。戾艸當作莀艸。劉秀生曰。侖戾雙聲。故蜦或作蜧而亦讀若莀也。倫按此字蓋出字林。讀若莀者。亦脂真對轉也。

□　倫按侖戾音同來紐。聲亦脂真對轉。故蜦轉注為蜧。【説文解字六書疏證卷二十五】

蠊 □

◉許　慎　□海蟲也。長寸而白。可食。从虫。兼聲。讀若嗛。力鹽切。【説文解字卷十三】

◉馬叙倫　晉書音義引字林。蠊。蝛。海蟲。長寸可食。則此字出字林。朱駿聲謂蠊今之蟶。是也。【説文解字六書疏證卷二十五】

蜃 □

◉許　慎　□雉入海化為蜃。从虫。辰聲。時忍切。【説文解字卷十三】

◉馬叙倫　鈕樹玉曰。廣韻引作雉入水所化。韻會引作大蛤雉入海化。嚴章福曰。海。當依夏小正作淮。月令。雉入大水為蜃。注。大水。淮也。丁福保曰。慧琳音義八十五引作雉入淮所化為蜃。倫按許當止訓蟲也。大蛤雉入海化為蜃者。字林文。見爾雅釋魚釋文引。本訓捝矣。或字出字林。【説文解字六書疏證卷二十五】

◉朱歧祥　457.□　即蜃字，屬蛤類之大者。象形。古人用蜃殼助耕。《淮南子·氾論篇》：「古者剡耜而耕，摩蜃而耨。」金文農字作□，亦可為辰字本義一佐證。卜辭多借用作地支，隸作辰。《説文》：「震也，三月陽氣動，雷電振，民農時也，物皆生。」字又借為晨，早昧爽也。經傳皆作晨。

《前7·30·1》庚辰卜，大貞：雨不正□，不獲年。

或借為振，救也，起也。

《粹1207》己亥貞：我多臣不□。

「多臣不辰」，即多臣不來救援之意。【殷墟甲骨文字通釋稿】

⿱合虫　⿱合虫

◉許　慎　⿱合虫蜃屬。有三。皆生於海。千歲化為⿱合虫。秦謂之牡厲。又云。百歲燕所化。魁⿱合虫。一名復累。老服翼所化。从虫。合聲。古沓切。【説文解字卷十三】

◉馬叙倫　鈕樹玉曰。釋魚釋文及藝文類聚引。無蜃屬二字。蓋挩。嚴可均曰。釋魚釋文引蛤有三。皆生於海。蛤厲。千歲雀所化。秦人謂之牡厲。海蛤者。百歲燕所化也。魁蛤。一名復累。老服翼所化。藝文類聚九十七引作蛤蠣。千歲鳥所化也。海蛤。百歲燕所化也。桂馥曰。類聚引云。有三種。皆生於海。⿱合虫蠣。千歲雀所化也。海⿱合虫。百歲燕所化也。魁⿱合虫。一名復累。老服翼所化。本草圖經。按説文曰。千歲鷰化為海⿱合虫。魁蛤即是服翼所化。故一名伏老。字林。⿱合虫。燕雀所化也。秦曰牡蠣。王筠曰。伏老與此復累老三字相當。誤斷其句也。釋魚。魁陸。注。本草云。魁狀如海蛤。圓而厚。外有理縱横。即今之蚶也。陶隱居云。是老蝙蝠所化。復累。山海經作僕纍。又作蝶螺。秦謂之牡厲。可疑。今作牡蠣。蓋非下文蠇字。秦即有之。亦由販得。無緣别命以名也。牡蠣附石而生。謂之蠔山。孔孔有肉。海人挑取之。旋於海滋瀹之。不得歸家而後瀹也。其味極美。秦安得有此。下文之蠇。蓋吾鄉所謂走蠣。負殼而行。不似牡蠣之族處而定居。販至吾鄉。固生活也。朱駿聲曰。魁蛤即爾雅之魁陸。亦曰蚶子。俗名瓦楞子。字林。月望則蚌蛤實。月晦則蚌蛤虚也。倫按字林每言屬。則此説解皆字林文。尋今止名白而近圓者曰蛤。而牡厲則橢圓。即此下文之蠇訓蚌屬者也。魁蛤如雅注則今之蚶。實各為類。説解蓋本作蜃屬。蛤有三種。皆生於海。千歲雀化為⿱合虫。百歲燕化為蠇。秦謂之牡厲。魁⿱合虫。一名復累。老服翼所化也。今有譌挩。其有又云二字者。蓋本引書傳。今亦挩去也。此字或出字林。【説文解字六書疏證卷二十五】

◉郭沫若　「◎市」亦見剌鼎、曶鼎、免毁、南季鼎、揚毁，諸器均著其色為赤，而揚毁文作𠂤市，从市必為市制之一無疑。舊釋為「環市」，以◎之字形有如連環也。然彝銘自有環字作睘，且「環市」之制古所未聞。余謂◎當是韐之初文，象形，叚為韐，其作𠂤市者，則韐之初文也。説文「韐，士無市，有韐，制如榼，闕四角。爵弁服，其色韎。賤，不得與裳同，从市合聲。韐，韐或从韋。」詩小雅瞻彼洛矣「韎韐有奭，以作六師」，毛傳云「韎韐者，茅蒐染韋，一入曰韎，韐以代韠也。」鄭箋云「韎者，茅蒐染也。茅蒐，韎聲也。韐祭服之韠，合韋為之。」茅蒐所以染絳者，與◎市多言赤，色正相應。許説韐非市而賤之，然字既从市，自當為市屬之一，且徵之小雅，足知其制亦不賤。疑是戎裝之韠，所以起軍事者。【豆閉毁　兩周金文辭大系考釋】

◉郭沫若　豆閉毁「錫汝戠衣、◎市、䜌旂，用倂乃祖考事。」

利鼎「錫汝赤◎市，䜌旂，用事。」

曶鼎「錫汝赤◎□，□，用事。」

免毁「錫汝赤◎市,用事。」

南季鼎「王錫赤◎市,玄衣黹屯,䜌旂。」

揚毁「錫汝赤[illegible]市,䜌旂,訊訟。」

右諸器中之一奇文,舊釋環,蓋以其象連環也。然金文自有環字,且此字乃市之標識,而揚毁文更从市作,必與市字連文。「環市」古亦無是例。余曩釋介,以為象貝介兩葉相連之形。又誤釋克鼎及師嫠毁之「叔市」為「敊市」,讀為介,遂據以為例。今案此釋亦非是。字固象貝介二葉相連之形,蓋乃蛤之初文,叚為帢。説文「帢,士無市,有帢,制如榼,闕四角。案當成八角形。爵弁服,其色韎。賤不得與裳同,从市,合聲。韐,帢或从韋。」許説帢非市,然帢既从市,則帢仍市之一種矣。小雅瞻彼洛矣「韎韐有奭,以作六師」,則韎韐亦不賤,許説非也。毛傳云「韎韐者,茅蒐染韋,一入曰韎,韐以代韠也。」鄭箋云「韎者,茅蒐染也。茅蒐,韎聲也。韐祭服之韠,合韋為之。」茅蒐以染絳色者,器銘◎市多言赤,色亦相應。【釋◎ 金文餘釋之餘 金文叢考】

蠯 [seal]

◉許　慎　[seal]階也。脩為蠯。圜為蠇。从虫庳。臣鉉等曰。今俗作䱝。或作䗪。非是。蒲猛切。【説文解字卷十三】

◉馬叙倫　鈕樹玉曰。繫傳及韻會引階作陛。是也。釋魚作蜌蠯。説文無蜌。嚴可均曰。六書故引脩作修。翟云升曰。六書故引陛作蜌。蠇作蟜。倫按爾雅釋魚。蠯。蜌。蜌即蠯也。字林。蜌。小蛤也。則此陛字蓋蜌之譌。亦或此字出字林。釋魚釋文引字林作螷。吕所據雅文蜌作陛也。庳下捝聲字。【説文解字六書疏證卷二十五】

蝸 [seal]

◉許　慎　[seal]蝸蠃也。从虫。咼聲。古華切。【説文解字卷十三】

◉馬叙倫　鈕樹玉曰。繫傳蠃作蠃非。沈濤曰。御覽九百四十七引。蝸。一曰蜆蝓。此奪。一切經音義廿三引作螺也。螺即蠃之俗。古本不重蝸字。承培元曰。韻會引無蝸字。倫按段玉裁謂蝸為隸書複舉字。是也。蠃也以聲訓。古或借蠃為蝸也。蝸者。今謂之螺。莊子釋文引三倉。蝸。小牛螺也。俗名黄犢。御覽引者校語。今所謂蝸牛者。似蜆蝓。但蜆蝓無殼耳。字失次。【説文解字六書疏證卷二十五】

蚌 𧊔

◉許　慎　𧊔蜃屬。从虫。丰聲。步項切。【説文解字卷十三】

◉馬叙倫　沈濤曰。文選雪賦注引作蜃也。譌。倫按北堂書鈔一百四十六引蒼頡解詁。蜯醬。本書無蜯。蜯即蚌之異文。傳寫蒼頡者易之。蒼頡作蚌也。然蜯醬或為解詁文。則郭璞用今字釋之。蜃屬。字林文。字林每言屬也。本訓捝矣。【説文解字六書疏證卷二十五】

蠇 𧒽

◉許　慎　𧒽蚌屬。似螊微大。出海中。今民食之。从虫。萬聲。讀若賴。力制切。【説文解字卷十三】

◉郭沫若　第一五〇三片

𧴪字舊釋珍，不確。余疑是蠇，从貝象形，貝亦聲。説文「蠇，蚌屬，似螊微大，出海中，今民食之。从虫，萬聲，讀若賴。」又蜃字下注云「脩者為蜃，圓者為蠇。」此字形既有圓意，而貝聲與萬聲同部，故疑其為古今字也。然字在此乃人名。【殷契粹編考釋】

◉馬叙倫　沈濤曰。一切經音義廿三引無似螊微大及今字。倫按字或出字林。讀若賴者。劉秀生曰。萬聲之糲音在來紐。蠇從萬聲亦然。賴從剌得聲亦在來紐。故蠇從萬聲得讀若賴。厂部。厲。從厂。蠆省聲。葉德輝曰。古賴厲音同。左昭四年傳。遂城賴。公羊賴作厲。是其證。倫謂萬音微紐。轉來為厲音。古讀來歸泥。泥微同為邊音也。賴音來紐。聲在脂類。萬蠆一字。蠆聲亦在脂類。故蠇得讀若賴。【説文解字六書疏證卷二十五】

蝓 𧕫

◉許　慎　𧕫虒蝓也。从虫。俞聲。羊朱切。【説文解字卷十三】

◉馬叙倫　段玉裁曰。虒蝓讀移臾。今生牆壁間溼處。無殼。有二角。無足。延行地上。俗呼延游。倫按今杭縣亦名延游。虒蝓之轉音也。本書延虒竝從厂得聲。游蝓音同喻紐四等也。虒音心紐。心與喻四同為次清摩擦音。故虒蝓為連語。此字或出字林。【説文解字六書疏證卷二十五】

蜎 𧍯

◉許　慎　𧍯蜎也。从虫。肙聲。狂沇切。【説文解字卷十三】

◉馬叙倫　嚴可均曰。集韻引作肙也。肉部。肙。小蟲也。此作蜎也。譌。韻會引作井中蟲也。鈕樹玉曰。蜎也蓋連篆讀。玉篇。蜀也。段玉裁曰。肙蜎蓋古今字。釋蟲。蜎。蠉。蠉本訓蟲行。叚作肙耳。桂馥曰。蜎當為蠉。字林。蜎。蟲貌也。

釋魚。蜎。蠉。郭注。井中小蛣蟩赤蟲。馥案蛣蟩本名肙。作虫旁者謂蟲動。非蟲名。蜎蠉聲相近。戰國策范環。史記甘茂傳作范蜎。漢書藝文志蜎子。即楚人環淵。王筠曰。蜎當作肙。此以母釋子之法。肙也下當補井中蟲。以釋其義。王廷鼎曰。説解有脱字。當曰蟲名。倫按爾雅釋魚釋文引字林。蜎。一全反。又一耎反。蟲貌也。一曰。蟲也。玄應一切經音義引字林。蟲貌也動也。倫謂説解本作蜎肙井中蟲也一曰蟲貌也動也。或作蜎肙蟲貌也動也。一曰。井中蟲也。蜎為隸書複舉字。肙為校者注以釋其音者也。或肙為蜎之譌挩虫旁也。井中蟲即肙。則蜎為肙之後起字。段説是也。蟲貌則為蠉之轉注字。桂説亦可從。字蓋出字林。【説文解字六書疏證卷二十五】

蟺

◉許　慎　□蟺　夗蟺也。从虫。亶聲。常演切。【説文解字卷十三】

◉馬叙倫　朱駿聲曰。夗蟺疊韻連語。本字疑即鱓之或體。倫按今杭縣或偁蝦為夗蟺。然此實今杭縣所謂曲善之善本字。玄應一切經音義十三。曲蟺即蚯蚓。亦名蜜蟺。丘曲音同溪紐。蚓音喻紐四等。蟺音禪紐。古讀皆歸於定。是蟺為蚯蚓之蚓本字也。字或出字林。【説文解字六書疏證卷二十五】

◉劉　釗　甲骨文有下列數辭：

(1A)　弜巳鰆戍受人亡𢦔。

(1B)　王其鰆戍受人叀□土人又𢦔。

(1C)　叀秅人又𢦔。

(1D)　王其乎鰆戍受人叀□土人眔秅人又𢦔。《合集》二六八九八（《鄴》三·四六·六、三·四六·七）

(2A)　……鰆……受人……□土人又𢦔。

(2B)　王其乎鰆戍受人……□土人眔秅人又𢦔。大吉。《屯南》八八〇+一〇一

(1)、(2)兩辭中皆有一個寫作「□」的字。這個字《甲骨文編》、《甲骨文字集釋》、《殷墟卜辭綜類》在摹寫時都漏掉了下部的一彎筆，因而與「㐭」字混列。其實這個字从㐭从虫，應隸作⿱㐭虫，釋作蟺。裘錫圭先生和《小屯南地甲骨》分別將(1)之「□」和(2)之「□」隸定作「⿱㐭虫」，這是對的。甲骨文虫字作「□」。⿱㐭虫作「□」是將「㐭」字的部分筆劃公用，即虫字借㐭字的部分筆劃而成。甲骨文「□」字（《合集》一〇二二九反）又作□（《合集》六八六一）也是利用借筆的方法，將「目」與「虫」寫在一起。金文有字作「□」（利簋），所从的「□」旁即「⿱㐭虫」字，雖然没有用借筆的方法，但將「虫」字連寫在「㐭」字的左下部，結構與甲骨文「□」字全同。金

文亶字作「□」（亶姜鼎），郭沫若謂乃「蟺」字古文，這是正確的。甲骨文「□」與金文「□」為一字，都應隸作亶，釋為蟺。蟺字結構最早就應該為从虫从亩，後來又增加一個「旦」聲。後世从亶作的字，殷周古文字皆从亶即蟺作，如金文旜字作「□」（番生簋），檀字作「□」（利簋，丫疑為木之省），憻字作「□」（憻季遽父尊），壇字作「□」（《汗簡》下之二），《說文》䱇字籀文作「□」等皆其證。金文有蟺伯簋、蟺姜鼎、憻季遽父尊，利簋有檀公，這些「蟺」、「憻」、「檀」與甲骨文的「蟺土人」很可能都是指一個部族。

甲骨文蟺字還見於下揭一辭：

(3) 危方奠于台□其祝于…… 《合集》二七九九九（《京》四二五四）

因甲骨文「□」字有時用為地名，上揭(3)的「蟺」字疑讀為「壇」。古代壇為祭祀場所。《說文》：「壇，祭場也，从土亶聲。」(3)辭之大意為危方在台地的壇上行奠禮。

甲骨文又有从木从亶的一個字：

(4) 叀□彔先畢。《合集》二九四〇八（《粹》一二七六）

「□」字《甲骨文編》誤摹作「□」，《甲骨文字集釋》釋作「楦」（二〇二八頁），《殷墟卜辭綜類》摹作「□」（二六九頁），按字从木从亶，應隸作「檀」，釋作「檀」。檀字見於《說文》木部，於卜辭用為地名。疑即指西周的「單（又稱檀）」，地在陽樊之南。【釋甲骨文耤、義、蟺、𤘶諸字　吉林大學社會科學學報一九九〇年第二期】

蚴

◉許慎　□蚴蟉也。从虫。幽聲。於糾切。【說文解字卷十三】

蟉

◉許慎　□蚴蟉也。从虫。翏聲。力幽切。【說文解字卷十三】

◉馬叙倫　朱駿聲曰。蚴蟉疊韻連語。此字疑與虯同。倫按下文。蟄。臧也。謂蟲臧也。則此蓋謂蟲之盤曲。文選魯靈光殿賦。騰蛇蟉虯而遶榱。蟉虯即蚴蟉也。此當訓蟲皃。或此二字出字林也。【說文解字六書疏證卷二十五】

蟄

5·384 瓦書「四年周天子使卿大夫……」共一百十八字【古陶文字徵】

蟄 日甲一四二背【睡虎地秦簡文字編】

◉許 慎 藏也。从虫。執聲。直立切。【說文解字卷十三】

◉馬敘倫 沈濤曰。一切經音義十三及十九引蟄臧也。虫至冬即蟄。隱不出也。獸有淺毛亦蟄。熊羆等是也。虫至以下廿字當是庾注語。其十七及十八亦引獸之淺毛若熊羆之屬亦皆蟄也。十九獸有淺毛作獸之淺毛。倫按臧上蓋挩蟲字。然非本訓。或此字出字林。【說文解字六書疏證卷二十五】

◉郭子直 「卜蟄」 蟄字左从埶作。按蟄字上半所从之埶，即種藝之本字，甲文及殷金文左上均从屮或木，如《乙》九〇九一、父辛毁、《前》四·二三·五，西周晚期始於木下增土，如克鼎右从犬，盠方彝，毛公鼎右下增女，本銘作埶正與秦刻石之石鼓·吴人全合。《說文》作，云「从丮坴，丮持種之。」三下丮部據段本。則从小篆立說。左旁改从坴，不見所持之屮、木，種藝之義已不完備。本銘左从木、土，猶存古文造字之精義。《說文》「从虫執聲。」十三上虫部，已改聲符為執，取與「直立切」之蟄聲近之「之入切」執以為聲旁。【戰國秦封宗邑瓦書銘文新釋 古文字研究第十四輯】

蚨

◉許 慎 青蚨。水蟲。可還錢。从虫。夫聲。房無切。【說文解字卷十三】

◉馬敘倫 以字次求之。此字或出字林。青蚨還錢見淮南萬畢術。蚨字亦見廣雅。【說文解字六書疏證卷二十五】

蝌

◉許 慎 蝌鼀。詹諸。以脰鳴者。从虫。匊聲。居六切。【說文解字卷十三】

◉馬敘倫 匊宂聲同幽類。故蝌鼀連語。蝌鼀詹諸者。蓋本爾雅釋蟲。彼言鼀䵶。本書無鼀。黽部䵶為鼀之重文。乃轉注字。鼀䵶亦得連語。鼀鼀形近而譌。段玉裁謂鼀䵶即蝌鼀。一聲之轉。其實蝌鼀為疊韻連語耳。蝌蓋因鼀而製之字。合為轉注。此字蓋出字林。【說文解字六書疏證卷二十五】

蝦

◉許　慎　蝦蟆也。从虫。叚聲。乎加切。【説文解字卷十三】

蟆

◉許　慎　蝦蟆也。从虫。莫聲。莫遐切。【説文解字卷十三】

◉馬叙倫　朱駿聲曰。蝦蟆疊韻連語。倫按急就篇有蝦蟇。【説文解字六書疏證卷二十五】

蠵

◉許　慎　大龜也。以胃鳴者。从虫。巂聲。户圭切。司馬相如説。蠵从夐。【説文解字卷十三】

◉馬叙倫　段玉裁曰。考工記鄭本作胷鳴。賈馬作胃。許從賈説。故作胃。王筠曰。孫鮑二本以譌从。戚學標曰。郭璞説此。龜胷而鳴者也。胷即胃譌。爾雅釋文舊本引字林。大龜。似謂鳴。新本引作大龜似猬。竝展轉謬誤。徐灝曰。胃疑胷譌。胃未聞能鳴。倫按胷鳴。脰鳴。注鳴。皆自其鳴時外觀而見其鼓氣所由然。因為之詞。若胃則不可見也。胃自是胷之譌字。蕭該漢書音義引字林。蠵。龜也。以胃鳴。則此字出字林。字似當從巂得聲。蓋龜之轉注字。同舌根音。又之支聲近通轉也。疑論語居蔡之蔡即蠵。聲同脂類。漢書揚雄傳。抾靈蠵。應劭曰。蠵。大龜也。雄曰毒冒。雌曰觜蠵。爾雅釋魚郭注。涪陵郡出大龜甲可卜。緣中文似瑇瑁。俗呼為靈龜。即今觜蠵龜。一名靈蠵。然則龜屬。其聲衍於龜。

段玉裁曰。夐聲。夐在十四部合韻。宋保曰。猶瓊之重文作瓗矣。倫按蠵轉注為⿰虫夐。猶瓊轉注為瓗矣。【説文解字六書疏證卷二十五】

螹

◉許　慎　螹離也。从虫。漸省聲。慈染切。【説文解字卷十三】

◉馬叙倫　段玉裁曰。當作斬聲。倫按此字蓋出字林。【説文解字六書疏證卷二十五】

蠏

◉許　慎　有二敖。八足。旁行。非蛇鮮之穴無所庇。从虫。解聲。胡買切。蠏或从魚。【説文解字卷十三】

◉馬叙倫　鈕樹玉曰。繫傳五音韻譜及集韻引竝作鮮。類篇引作鱓。大戴記勸學篇。蟹。二螯八足。非蚍䱇之穴而無所寄託者。用心躁也。荀子勸學䱇作蟺。則鮮為鱓譌。鱓蟺聲近通用。嚴可均曰。一切經音義十六引作水蟲也。八足二敖旁行也，此脱首句。孫星衍曰。荀子楊倞注引作六足二聱也。足當為跪。倫按急就篇作蠏。蓋傳寫者以字林字易之。許止訓蟲也。

呂忱增水蟲也及有二敖以下十五字。然疑所庇下尚有捝文。【說文解字六書疏證卷二十五】

蛫

◉許　慎　蟹也。从虫。危聲。過委切。【說文解字卷十三】

◉馬叙倫　桂馥曰。本草圖經。蟹六足者名蛫。倫按蛫蟹同舌根音又聲同支類。是轉注字也。如圖經說。則為蟹屬。而音衍於蟹。此字蓋出字林。【說文解字六書疏證卷二十五】

蜮

蜮于力切。【汗簡】

義雲章【古文四聲韻】

◉許　慎　短狐也。似鼈三足。以气䠶害人。从虫。或聲。于逼切。蜮又从國。臣鉉等曰。今俗作古獲切。以為蝦蟆之別名。【說文解字卷十三】

◉馬叙倫　沈濤曰。廣韻廿五德引三足上有有字。倫按短狐以下十一字校語。短狐者。短名也。字或出字林。

倫按本書無言又從之例。此篆蓋校者加之。【說文解字六書疏證卷二十五】

◉郭沫若　魚鼎匕　此字王國維云。从䖵从又。疑即許書蛕字。案許云。蛕。腹中長蟲也。即今人所稱之蛔蟲。此蟲為害並不劇烈。與銘文用意不類。余謂當是蜮之異文。古或又聲相近。字每通用。(參看王引之經傳釋詞。)从虫或聲與从䖵又聲無別。【魚鼎匕　韻讀補遺　兩周金文辭大系圖録考釋】

𧊜

◉許　慎　似蜥易。長一丈。水潛。吞人即浮。出日南。从虫。屰聲。吾各切。【說文解字卷十三】

◉馬叙倫　段玉裁曰。俗作鰐鱷。倫按似蜥易以下至日南校語。本訓捝矣。亦疑字出字林也。【說文解字六書疏證卷二十五】

蝄

◉許　慎　蝄蛃。山川之精物也。淮南王説。蝄蛃狀如三歲小兒。赤黑色。赤目。長耳。美髮。从虫。网聲。國語曰。木石之怪夔蝄蛃。文兩切。【説文解字卷十三】

◉馬叙倫　嚴可均曰。韻會廿二養引作淮南子説。沈濤曰。文選東京賦注引。罔象。木石之怪。西京賦注引。蝄蛃。水神。與今本不同。惠棟曰。淮南王説見萬畢術。淮南外編也。王筠曰。衆經音義引美髮下有赤爪二字。倫按國語魯語。木石之怪夔蝄蛃。韋注。山精。好斆人聲而迷惑人也。然則此非如賈逵説有夔之形而無實體者矣。此以蝄蛃次蝯上。蝯者。禺屬。則蝄蛃亦其類。今説解曰。山川之精物也。則并魯語木石之怪夔蝄蛃。水之怪龍罔象而為一訓。疑蝄蛃二字竝出字林。蝄蛃聲同陽類連語。【説文解字六書疏證卷二十五】

蛃

◉許　慎　蝄蛃也。从虫。丙聲。臣鉉等曰。今俗别作魍魎。非是。良獎切。【説文解字卷十三】

蝯

◉許　慎　善援。禺屬。从虫。爰聲。臣鉉等曰。今俗别作猨。非是。雨元切。【説文解字卷十三】

◉馬叙倫　沈濤曰。御覽九百十引。猨。善援。萬屬也。注萬。扶費切。猨即蝯之别。萬即禸部之萬。是古本不作禺屬矣。然蝯與萬不同類。當是傳寫之譌。倫按善援據爾雅釋蟲為訓也。此字蓋出字林。故言禺屬。【説文解字六書疏證卷二十五】

蠗

◉許　慎　禺屬。从虫。翟聲。直角切。【説文解字卷十三】

◉馬叙倫　錢坫曰。此與蝯為類。即爾雅貜父善顧之貜字耳。故云禺屬。倫按字林每言屬。則此字出字林也。史記司馬相如傳索隱引字林。蠗。音翟。【説文解字六書疏證卷二十五】

蜼

◉許　慎　如母猴。卬鼻。長尾。从虫。隹聲。余季切。【説文解字卷十三】

◉薛尚功　周作父乙尊彝　是器款識旁刻。故形其尾長。而末有歧。正蜼也。【歷代鐘鼎彝器款識法帖】

◉馬叙倫　桂馥曰。集韻引字林。蜼。獸名。如猴。卬鼻。長尾。倫按爾雅釋獸。蜼。卬鼻而長尾。郭注。零陵南康人呼餘。

建平人呼相贈遺之遺。字林。蜼。餘繡反。江東名也。又音餘季反。建平名也。此字蓋出字林。【說文解字六書疏證卷二十五】

蚼

◉許　慎　北方有蚼犬。食人。从虫。句聲。古厚切。【說文解字卷十三】

◉馬叙倫　山海經海内北經。蚼犬。如犬。青。食人。從首始。郭注。蚼音陶。或作蚼。音鉤。此字蓋出字林。【說文解字六書疏證卷二十五】

蛩

◉許　慎　蛩蛩。獸也。一曰秦謂蟬蛻曰蛩。从虫。巩聲。渠容切。【說文解字卷十三】

◉馬叙倫　山海經海外北經。有素獸焉。狀如馬。名曰蛩蛩。此字蓋出字林。【說文解字六書疏證卷二十五】

蟨

◉許　慎　鼠也。一曰西方有獸。前足短。與蛩蛩巨虛比。其名謂之蟨。从虫。厥聲。居月切。【說文解字卷十三】

◉馬叙倫　段玉裁曰。鼠也者。蓋用呂氏春秋蟨鼠前兔後之説。王筠曰。釋地。西方有比肩獸焉。與邛邛岠虛比。為邛邛岠虛齧甘草。即有難。邛邛岠虛負而走。其名謂之蟨。注。呂氏春秋曰。北方有獸。其名為蟨。鼠前而兔後。趨則頓。走則顛。然則邛邛岠虛亦宜鼠後而兔前。前足高。不得食甘草。故須蟨食之。今雁門廣武縣夏屋山中有獸。形如兔而大。相負共行。土俗名為蟨鼠。徐灝曰。邛邛岠虛實二獸。因其相附而行。恒竝偁之。岠虛即蟨之緩言。倫按此字蓋出字林。【說文解字六書疏證卷二十五】

蝙

◉許　慎　蝙蝠也。从虫。扁聲。布玄切。【說文解字卷十三】

蝠

乙3468　4834【續甲骨文編】

◉許　慎　蝙蝠。服翼也。从虫。畐聲。方六切。【說文解字卷十三】

◉馬叙倫　鄧廷楨曰。蝙蝠雙聲。倫按服翼聲同之類連語。蝠之緩言也。此吕忱以爾雅釋鳥文加之。或此字出字林也。廣韻引服作伏。【説文解字六書疏證卷二十五】

◉葉玉森　[glyph]本字見後編卷下第二十五葉。象飛鳥。翼上有鉤爪。蓋古文象形蝠字。諸家録作[glyph][glyph]等形竝誤。子蝠爵之蝠。作[glyph]。作[glyph]。作[glyph]。作[glyph]。竝象翼上有鉤爪形。前人均釋孫。西清古鑑所録觚盉各器始釋福。蓋謂叚蝠為福。猶叚羊為祥。羅雪堂殷文存直釋為蝠。是也。先哲造字。體物尤具匠心。於蝠之鉤爪可見。【學衡第三十一期】

[glyph] 蠻　不从虫　虢季子白盤　䜌字重見【金文編】

[glyph] 填蠻軍司馬　[glyph] 蠻夷里長【漢印文字徵】

[glyph] 禪國山碑　幽荒百蠻【石刻篆文編】

◉許　慎　[glyph]南蠻。蛇穜。从虫。䜌聲。莫還切。【説文解字卷十三】

◉吴大澂　[glyph]古蠻字不从虫。虢季子白盤。用政蠻方。䜌字重文。[glyph]晉公盦。[glyph]鬼方戈。【説文古籀補】

◉馬叙倫　蠻閩蓋同為邊音轉注字。其訓南蠻蛇種東南越蛇種者。蓋或以蛇為其族徽或以其地産蛇而名。猶羌貉之牧羊産貉名矣。若然。則蠻閩皆蚺之轉注字。蠻音明紐。閩音微紐。蚺音日紐。古讀歸泥。明微與泥同為邊音也。字見急就篇。【説文解字六書疏證卷二十五】

◉蔡運章　1975年，山西長治市博物館徵集到長子縣景義村出土的一件銅鼎，器内有銘文六行，四十四字，重二字。其銘為：

佳(唯)三月初吉，蟎(蠻)來
遘于妊(任)氏。妊(任)氏令蟎(蠻)事
保氒(厥)家，因付氒(厥)且(祖)
僕二家。蟎(蠻)拜稽首，
曰：「休朕皇君弗醒(忘)氒(厥)寶臣。」對昜(揚)，乍(作)寶障。

「蟎」字作[glyph]形，《金文編》所無。從其構形看，上部从㒼，下部从虫，當是从虫㒼聲的形聲字，疑即蠻字。「蟎」在此處為作

器人名。【甲骨金文與古史研究】

◉許　慎　閩東南越蛇種。从虫。門聲。武巾切。【說文解字卷十三】

◉馬叙倫　沈濤曰。史記東越傳索隱引無南字。通典一百八十六引亦無南字。倫按史記田完世家。田稺生湣孟莊。索隱引世本閩孟克。禮記月令注引夏小正。丹鳥羞白鳥。傳曰。白鳥也者。謂閩蚋也。閩蚋即蟁蚋。然則閩或為蟁之音同微紐轉注字。言蛇種者。借為蠻字。字或出字林。【說文解字六書疏證卷二十五】

虹

前七·四三·二　于省吾釋虹　出出虹自北歙于河　前七·七·一　菁四·一　亦有出虹自北歙于河　簠雜一〇九　珠四五二【甲骨文編】

徵11·109　古27　菁4·1　前7·7·1　卜428【續甲骨文編】

王存乂切韻【古文四聲韻】

◉許　慎　虹螮蝀也。狀似蟲。从虫。工聲。明堂月令曰。虹始見。户工切。[籀文]籀文虹。从申。申。電也。【說文解字卷十三】

◉郭沫若　第四二一片後下·一·一二·

「癸巳卜，㱿貞，雨[籀文]蚺。十月，在□。」

雨下一文羅振玉釋電，葉玉森釋雹。案乃虹字，說文「[籀文]籀文虹，从申。申，電也。」此字正从申。於申旁附以小圓或細點者示虹之周遭有雨滴。申乃紳之初文，象形，象帶之連蜷而兩端有鉤，許謂「申，電也」者，非也。虹之从申者即以其似帶形，又名螮蝀者，亦謂如帶之虹也。【卜辭通纂】

◉楊樹達　余昨既為釋蝀篇，明蝀之受義於東矣，復欲求虹字之源，不可得也。繼而思之，凡从工聲之字，皆有横而長之義，虹之受名蓋以其形横而長也。說文六篇上木部云：「杠，牀前横木也，从木，工聲。」孟子離婁下篇云：「十一月徒杠成，十二月輿梁成」，徒杠謂横木可徒步渡涉之橋也。說文十二篇上手部云：「扛，横木對舉也，从手，工聲。」漢書外戚傳云：「壁帶往往為黄金釭。」注云：「釭，壁中之横帶也。」按牀前横木謂之杠，横木可渡之橋亦謂之杠，横關對舉謂之扛，壁中横帶謂之釭，螮蝀謂之虹，物形同，故字之音義同矣。

張平子西京賦云：「亙雄虹之長梁」，文人比喻之辭，似不足證造字之義。然孟子以梁與杠為對文，辭賦家以梁擬虹，固可令人旁推杠虹同聲之故也。

説文四篇上鳥部云：「鴻，鴻鵠也，从鳥，江聲。」按儀禮鄉射禮記云：「以鴻脰韜上，二尋。」鄭注云：「鴻，鳥之長脰者也。」據此知鴻之受名以其長脰也。由此推之，江从工聲，殆亦以其横而長，如吾人今日之稱長江歟。

虹又曰螮蝀，余初謂螮之从帶無義也，既明虹字受聲之説，乃悟螮之从帶以其形似帶也。壁中横帶謂之釭，虹形似帶，故謂之螮，又謂之虹矣。劉向九歎云：「佩蒼龍之蚴虯兮，帶隱虹之逶迤。」以帶擬虹，亦可證造字之義也。由此言之，螮為本字，作蝃者，同音假字也。劉熙釋名釋蝃蝀，以啜飲釋蝃，失之牽附矣。

虹字或从申作𧈧，許君謂申電也，按申古文本象電形，然𧈧之从申與電殆無涉。愚疑大帶謂之紳，𧈧之从申，猶螮之从帶也。特螮字會意兼聲，𧈧為純會意，小不同耳。【積微居小學述林卷一】

◉馬叙倫　螮蝀為虹之緩言耳。然虹者日氣所成。與虫何涉。而字乃從虫。倫謂籀文虹作[glyph]。從電之初文。虫聲。玄應一切經音義廿一。天弓亦言帝弓。即天虹。俗云絳。裴松之三國志注。虹。音降。虫蟲一字。蟲夅聲同侵類。可證也。[glyph]蓋[glyph]之譌。又疑虹為蝁之異文。螮蝀字為[glyph]。古書借虹為[glyph]耳。亞䖵鐃亞䖵父乙觶之[glyph][glyph]。從日。虹聲。乃[glyph]之異文。轉注字也。爾雅釋天釋文引字林。虹。工弄反。集韻引字林。螮蝀也。蓋此字出字林。

[glyph]　倫按申電也校者加之。【説文解字六書疏證卷二十五】

◉于省吾　卜辭[glyph]字凡三見。前七・七・一。其□㞢設[glyph]于西。前七・四三・二。昃。亦㞢設。㞢出[glyph]自北歠于河。菁四。王固曰。㞢祟。八日庚戌。㞢各云自東面母。昃。亦有出[glyph]自北歠于河。[glyph]字華學涑釋虵。見華埃文字比較表。葉玉森謂象橋梁形。疑橋之初文。見前編集釋七・六。郭沫若云。[glyph]是蜺字。象雌雄二虹。而兩端有首。蓋古人以單出者為虹。雙出者為蜺也。卜辭已有𧈧字。此自是蜺。見通纂攷釋四二六片。按華葉郭三家之説均近是。顧闡述未詳。仞識未確。尚難置信。至郭釋[glyph]為𧈧。以當説文虹之籀文。尤有未審。[glyph]係虹之象形。為虹之初文。玆擇録載籍之有關於虹之誼説。及可以證成[glyph]為虹之初文者。條述於左。

一。虹蜺之別。按爾雅釋天。螮蝀謂之雩。螮蝀。虹也。蜺為挈貳。郭注。蜺。雌虹也。見離騷。挈貳其別名。見尸子。音義。虹雙出色鮮盛者為雄。雄曰虹。闇者為雌。雌曰霓。按楚辭遠遊。建雄虹之采旄兮。九章悲回風。處雌蜺之標顛。說文。虹。螮蝀也。狀似蟲。从虫工聲。明堂月令曰。虹始見。蚺。籀文虹从申。申。電也。又霓屈虹。青赤或白色。陰氣也。从雨兒聲。釋名釋天。虹。攻也。純陽攻陰氣也。孟子梁惠王。若大旱之望雲霓也。注。霓。虹也。雨則虹見。按霓同蜺。分言之。雄者曰虹。雌者曰霓。通言之。則霓亦稱虹也。

二。虹霓之神話。按周書時訓。小雪之日。虹藏不見。虹不藏。婦不專一。釋名釋天。美人。陰陽不和。婚姻錯亂。淫風流行。男美於女。女美於男。互相奔隨之時。則此氣盛。故以其盛時名之也。又。霓。齧也。其體斷絶。見於非時。此災氣也。傷害於物。如有所食齧也。太平御覽十四天部。引易通卦驗曰。虹不時見。女謁亂公。又引春秋演孔圖曰。霓者。斗之亂精也。斗失度則投霓見。按是可證虹霓之藏現有時。古人以藏現失時為不祥。卜辭以虹出為有𡚁。其說由來尚矣。又釋名釋天。蝃蝀。其見每於日在西而見於東。啜飲東方之水氣也。漢書燕王旦傳。是時天雨。虹下屬宮中。飲井水。水泉竭。太平御覽十四天部引黃帝占軍訣曰。攻城有虹從南方入飲城中者。從虹攻之。勝。初學記天部引異苑曰。晉陵薛願。義熙初。有虹飲其釜。須臾。翕響便竭。按卜辭言亦有出虹自北歙于河。歙古飲字。虹而言歙。與載籍可相證發矣。

三。虹與杠梁形之相似。按爾雅釋宮。隄謂之梁。石杠謂之徛。孟子離婁。歲十一月。徒杠成。說文。杠。牀前横木也。廣雅釋器。樹𣏓。杠也。王氏疏證云。杠者。横亙之名。石橋謂之杠。義與牀杠相近也。按文選西京賦。亙雄虹之長梁。杠梁中部隆起。有似於虹。古从工之字。多有空或高大之義。如說文。空。竅也。缸。㼚也。仜。大腹也。㕵。鳥肥大㕵㕵也。詩節南山。四牡項領。傳。項。大也。廣雅釋水。江。貢也。釋言。貢。獻也。釋詁。扛。舉也。釋名釋車。釭。空也。後漢書應劭傳注。功謂有大勳也。然則後起之虹字。不但从工聲。且含有高空之意義。葉玉森疑[古文字形]為橋之初文。誤矣。虹形似橋。不得謂為橋字也。

四。虹與古玉璜形之相似。按御覽十四天部引搜神記曰。孔子修春秋。制孝經。既成。孔子齊戒。向北斗星而拜。告備於天。乃有赤氣如虹。自上而下。化為玉璜。按此文所記。雖事屬演義。而虹之似璜。比喻至恰。說文。璜。半璧也。按半璧正象虹形。吴大澂古玉圖攷及黄濬古玉圖録初集所載近世出土之商周玉璜。兩端多琱成龍蛇首或獸首形。尤與傳記所稱虹有兩首之說相符。

五。虹字與虺字形音之關涉。按說文。䖑。蛹也。从虫鬼聲。讀若潰。段注。顏氏家訓曰。莊子䖑二首。䖑即古虺字。見古今字詁。按頌齋吉金續録有孫叔𠂆簠。作蟠虺文。身曲而兩端有首。韓非子說林下。蟲有䖑者。一身兩口。山海經海外東經。𧈪𧈪在其北。各有兩首。郝懿行云。虹有兩首。能飲澗水。山行者或見之。按說文螝讀若潰。猶餽之通饋矣。詩抑。實虹小子傳。虹。潰也。詩召旻。蟊賊內訌。傳。訌。潰也。說文。訌。讃也。是虺與从鬼从貴从工之字為一聲之轉。虺既有兩首。與古文虹之作□形符。又與虹字為雙聲。是二字在形音上關係至切。然古文字象蟲蛇形者。身多屈曲。而□字中部隆起。本象虹形。虺以其有兩首似虹。或虺之名由□而起。非□為虺之本字也。

六。□為虹之象形初文。遞演而以形聲字之蝱虹代之。按□字似杠梁形。似古玉璜形。似虺之有兩首形。既如上文所述。是□為虹之初文。灼然明矣。卜辭□字三見。並武丁時刻辭。雖未見諸晚期。然自安陽出土之商代晚期彝器證之。已有蝱虹字。依契文證之。安陽出土彝器均商代晚期物。亞中蝱鐃作□。父乙觶虹在亞中作□。剌卣亞中旐字所从之虹作□。亞姒□觚旐字所从之蝱作□。是晚期彝器虹从日从虫工聲。或不从日。人皆知虹之虫形工聲為形聲字。或未注意虫形之含音工聲之有形義也。說文。虫一名蝮。許偉切。段注。爾雅釋魚。蝮虫。今本虫作虺。按虺虹雙聲。工字橫列。有似古文虹形。工字又含高空之義。商代晚期以形聲字之蝱或虹代□。驟視之。形已判別。然虹字从虫形。虫字又有虹聲。工聲有虹形。又有高空之義。是□與虹之關係仍極密切。此非謂工字之起原於虹形也。借工以標聲。兼借工以示形也。凡初期之形聲字。其形音義之相互關係。往往重複密疊。非各不相涉也。王國維釋昱。謂𡉚為一形二聲之字。或又省日作翊。則去形而但存其二聲。吾則謂形聲字有形兼聲聲兼形義者。如虹字是矣。

七。說文虹籀文作⿰虫申之由來。按卜辭□字亦作□□□等形。郭沫若釋⿰虫申。以之當虹。遂不得不釋□為蜺。實則□乃古文雷字。雷𩆀雷字作□。古文从○从ㅂ从田一也。徐灝說文注箋。謂籀文从申蓋取舒長之意。按說文⿰虫申字从申作□。或兩首蛇形之誤。又疑為工形之誤。余所藏攻敔王光戈。攻字从工作□。形易相混。說文籀文均係晚周文字。凡晚周文字。奇詭異常。不可盡以為典要以衡商代古文也。

綜之。卜辭以有⿱⺈希與出虹連文。是以虹之出為有煞。又視虹為有機之物而能飲。均可與載籍相發明。否則孰不謂其說之造自緯學家乎。虹之形與杠梁與玉璜與虺絕相類。均可以證成□字必為虹之象形初文。商代晚期則以形聲字之蝱或虹代之。後此則虹行而蝱廢。而世人尤不知其本作□矣。【雙劍誃殷契駢枝】

◉陳夢家　卜辭所謂虹字三見，作□，郭沫若釋蜺，「象雌雄二虹而兩端有首」(卜通四二六)，于省吾釋虹[駢枝(一)：一五——一九]。說文「虹，螮蝀也」，「霓，屈虹」，衛詩作蝃蝀。爾雅釋天「螮蝀，虹也」，郭注云「蜺，雌虹也」。楚辭遠遊和西京賦有雄虹，悲回風有雌蜺。卜辭虹字象兩頭蛇龍之形。漢書燕王旦傳「虹下屬宮中，飲井水」；山海經海外東經「𧈪𧈪在其北，各有兩首」，郝懿行疏云「虹有兩首，能飲澗水，山行者或見之」。窮怪録曰「後魏明帝正光二年夏六月，首陽山中有晚虹下飲於溪泉」。卜辭虹飲於河，正與此種神話相符合。虹蜺為陰陽二性。所以淮南子説山篇説「天二氣則成虹」，遂為男女淫亂的象徵，詩蝃蝀傳云「夫婦過禮則虹氣盛」。

詩蝃蝀第一章「蝃蝀在東」，第二章「朝隮於西」，蝃蝀與隮的分別在於朝夕東西。蝃蝀為午後之虹，日在西而虹見於東（蝀字從東源此），釋名釋天云「蝃蝀，其見每於日在西而見於東」，蔡邕月令章句云「虹（指蝃蝀）率於日西而見於東方」。卜辭虹凡三見，兩次出虹於昃時，見於北方，與後世蝃蝀的含義相當。一次「㞢設虹於西」，而它辭云「乙巳夕㞢設于西」（乙六六六五反），可證㞢虹於西仍是下午。【殷虚卜辭綜述】

◉張與仁　篆文為□，龍蛇形，以虹象龍蛇也。嚴章福説文校議云：「虹似蛇，故字从虫。」工為申為龍，象龍蛇形也。許氏説文云：「□，籀文虹从申。」□即申，申即龍神，甚是。惟云「申，電也」，則迂曲不明。電亦申也，即龍神也。虹之从申與電之从申，皆以神龍。段注「電者，陰陽激燿也，虹似之」，是不明申電之誼。閃電火花四射，其象與虹之環帶不同，形不同且失申龍神密性，非其誼也。【己巳文字與彝器畫紋考釋　中國文字第十九册】

◉嚴一萍　虹霓亦為天象之一。太平御覽八七八引黄帝占曰：

攻城有虹，欲敗之應。

春秋潛潭巴曰：

虹出，后妃陰脅王者。五色迭至，照於宮殿，有兵革之事。（續漢書五行志五引）

演孔圖曰：

天子外苦兵，威内奪，臣無忠，則天投。（同上引）蜺者，斗之精也。失度投蜺見態，主惑於毀譽。（同上注據邕集引）

晉書天文志曰：

凡白虹者，百殃之本，衆亂所基。霧者，衆邪之氣，陰來冒陽。

凡白虹霧，姦臣謀君，擅權立威。晝霧夜明，臣志得。

凡夜霧白虹見，臣有憂。虹頭尾至地，流血之象。

此為後世所記虹霓之占驗，卜辭記虹霓，但知影響於年歲之豐歉！卜辭曰：

庚寅卜吿貞：虹隹年？

庚寅卜𡆥貞：虹不隹年？　　圖四九　　合集一三四四三正

其他有無占驗，則不可知也。卜辭曰：

王固曰：「㞢希」，八月庚戌㞢（㱿㞢）各雲自東宜母。昃亦（㞢㱿），㞢出霓自北，飲于河。　（在十二月）　　圖五〇　　菁四　　傳古二

戊囗又王固（曰□不吉其）隹丁吉其囗　未允囗允㞢㱿，明，㞢各雲（自東宜母）昃亦㞢㱿，㞢出霓自北（飲）于河　在十二月　　圖五一　林一・十・十二　前七・四三・二　加林一・一二・二合

以上兩版為同文，當是同時事。可以彼此互足，尚有兩辭曰：

囗庚吉其囗㞢㱿霓于西。　　圖五二　前七・七・一

以上為武丁時。

九日辛亥日酒，大雨自東少，霓西。　　圖五三　乙八五〇三

以上為文武丁時。

爾雅釋天：「螮蝀，虹也」。詩作蝃蝀。劉熙釋名曰：「蝃蝀，其見每於日在西而見於東，啜飲東方之水氣也。見於西方曰升，朝日始升而出見也。」（案四部叢刊明翻宋本啜飲作掇飲。）卜辭「飲于河」，是殷人已知霓能飲水矣。古微書引春秋元命苞曰：「陰陽交為虹霓。」淮南說山曰：「天二氣則成虹。」據卜辭則知雲或雨，均自東面來，霓則見於北或西。丁龍驤先生釋霓曰：

昃，下午也。下午日在偏西之南，光射安陽北偏東之洹水，而生霓。查安陽在北緯三十六度許。冬十二月（今十月）陽曆為十一月，日出在上午六時許，日落在下午五時，故所謂昃當在午至申，一時至四時之間，日之位置在南方偏西不遠。霓之成因可能由於日光高度不大（昃或在十六度左右，日中二十五度），水面反射所成。「飲于河」之河，當是洹水所入之大河也。（武丁卜辭雜釋之二）【殷商天文志　中國文字一九八〇年九月新二期】

◉楊潛齋　《說文・虫部》：「虹，螮蝀也，狀似蟲，从虫，工聲。」卜辭有字。如云：「王固曰：㞢希，八日，庚戌，㞢各云自東。母昃，亦㞢出自北，飲于河。」（《菁華》頁四）又云：「旬昃亦㞢設，㞢出自于河。」（《前編》卷七頁四十三）又云：「㞢設于西。」（《前編》卷七頁七）據此上下文，余釋為虹。然其形何以如是作？其義又何所指？余謂象兩龍交尾形。請析言之。

知其象龍者，卜辭龍字或作（《藏龜》頁一百六十三）。許君云虹狀似蟲者，卜辭龍字或作（《藏龜》頁一百七十六）。與虫形近，因而變易从虫也。

知其象兩龍者，《山海經・海外東經》：「𧈢𧈢在其北，各有兩首。」郭璞《傳》云：「虹，螮蝀也。」郝懿行《箋疏》云：「虹，《漢書》作𧈢。虹有兩首，能飲澗水，山行者或見之。亦能降人家庭院，蔡邕《災異對》所謂『天投虹』者也。云不見尾足，明其有兩首。」今據卜辭[虹]字，則象兩龍，故有兩首，郝氏以不見尾足為釋，未見其可通者。

知其象兩龍交尾者，《詩・鄘風・螮蝀》：「螮蝀在東，莫之敢指。女子有行，遠父母兄弟。」毛《傳》云：「螮蝀，虹也，夫婦過禮則虹氣盛，君子見戒而懼諱之，莫之敢指。」今據卜辭[虹]字，蓋先民視為兩龍交尾，古文字則象其形。此正可與《詩》義互證。《山海經》所云，猶能得其仿佛，至漢人說經已失其朔誼矣。

友人戴君蕃豫謂余：「漢武梁祠畫像，虹作兩龍交尾形。」若爾，余說益信而有徵。【釋「虹」、「冒母」　華中師範學院學報一九八三年第一期】

◉温少峰　袁庭棟　甲文有[虹]字，于省吾先生釋虹，認為「係虹之象形，乃虹之初文」（《甲骨文字釋林・釋虹》）。其說是。卜辭云：

(248)　……九日辛亥，日彭，大雨自東，……虹西……　（《乙》八五〇三）

此辭不全，只存驗辭。先記「大雨自東」，後記「虹西」。《孟子・梁惠王》：「若大旱之望雲霓也」，趙注：「霓，虹也。雨則虹見。」與此辭所記一致。

(249)　……庚吉，其……㞢（有）設，虹于西……（《前》七・七・一）

所謂「有設」，于省吾先生謂指「自然界的設施兆象言之。當時人們認為，自然界的兆象，……是上帝有意為之，故以設施為言」（《甲骨文字釋林・釋設》）。其說可從。虹是日光反照所成，日在東則虹在西。上引二辭均云「虹西」，則是上午之虹，日在東方時所成。後人將上午之虹又稱為隮，下午之虹又稱螮蝀。《詩・鄘風・螮蝀》首章曰「螮蝀在東」，次章曰「朝隮于西」，正是分別出虹之朝夕、東西而言的。

(250)　王占曰：㞢（有）希（祟）？八日庚戌，㞢（有）各云自東冒母，昃亦㞢（有）出虹自北飲于河。（《菁》四）

(251)　……允㞢（有）設，明有各云自東⊠⊠，昃亦㞢（有）設，㞢（有）出虹自北〔飲〕于河。才（在）十二月。（《叕》三五）

以上二辭之虹，郭沫若、董作賓、于省吾、陳夢家諸先生均釋為霓虹之義，李亞農先生提出異議，認為「人們要在十二月裏看見虹，未免太難了。……《禮記・月令》：『孟冬之月，……虹藏不見』，《逸周書・時訓》：『小雪之日，虹藏不見』，……總之，想在十二月內看見虹，是不可能的。因此，我們認為[虹]是橋而不是蜺」（《殷代社會生活》，載《欣然齋史論集》五三〇頁）。這種看法是很值得認真考慮的。卜辭中「出[虹]自北飲于河，在十二月」的記載，有兩種可能的解釋：1.此辭之「十二月」，由於失閏或歲首與夏曆不同，并不是「虹藏不見」的夏曆的十二月。所以，仍應釋虹。2.此辭之[glyph]，應如葉玉森所釋：「象橋梁形，疑橋之初文」（《殷虛書契前編集釋》）。由于虹與杠梁之形相似，《文選·西京賦》即有「亙雄虹之長梁」之語，故亦可用以稱虹。我們認為，以第一種解釋的可能性更大，因為此二辭均先記「雲」，後才記「虹」，二者均為記録氣象之辭。當然，第二種解釋也有可能，但較第一種的可能性為小。【殷墟卜辭研究——科學技術篇】

螮

◉許　慎　螮蝀。虹也。从虫。帶聲。都計切。【説文解字卷十三】

◉馬叙倫　螮蝀音同端紐連語。為虹之緩言。本無專字。故詩鄘風作蝃東。蝃音知紐。螮音端紐。古讀知歸端也。且虹非蟲類。而螮蝀乃亦從虫。明此複作字也。螮蝀二字蓋竝出字林。【説文解字六書疏證卷二十五】

蝀

◉許　慎　螮蝀也。从虫。東聲。多貢切。【説文解字卷十三】

◉楊樹達　説文十三篇上虫部云：「蝀，螮蝀也，从虫，東聲。」爾雅釋天云：「螮蝀，虹也。」螮蝀毛詩作蝃蝀。鄘風蝃蝀篇云：「蝃蝀在東。」毛傳云：「蝃蝀，虹也。」按詩人以朝隮於西與蝃蝀在東為對文，而隮亦謂虹，知古義虹為通稱。細分之，則見於東方者謂之螮蝀，見於西方者謂之隮也。蔡邕月令章句云「虹見輒與日相互，率以日西見於東方」，此蝀字从東聲之故也。釋名釋天云：「虹，陽氣之動也；又曰蝃蝀，其見每於日在西而見於東，啜飲東方之水氣也；見於西方曰升，詩隮字毛傳訓升。朝日始升而出見也。」按劉成國分别虹之稱名，以見於東方者為蝃蝀，見於西方者為升，剖析甚明，即本詩義為説也。特蝀即以見於東方為義，劉謂啜飲東方之水氣，不免誤會耳。劉意以啜釋蝃，非是，説見後釋虹篇。【釋蝀　積微居小學述林卷一】

蠥

◉許　慎　衣服歌謡艸木之怪謂之袄。禽獸蟲蝗之怪謂之蠥。从虫。辥聲。魚列切。【説文解字卷十三】

◉馬叙倫　沈濤曰。一切經音義三引有蠥災也三字。倫按蓋本訓捝矣。字亦疑出字林也。漢書五行志。凡草木物之怪謂之妖。妖猶夭胎。言尚微。蟲豸之類謂之孽。孽則牙櫱矣。此乃言涉衣服歌謡。歌謡安得與衣服草木為類。或尚有捝譌也。【説文解字六書疏證卷二十五】

蜑

◉徐鉉 南方夷也。从虫。延聲。徒旱切。【説文解字卷十三新附】

蟪

◉徐鉉 蟪蛄。蟬也。从虫。惠聲。日械切。【説文解字卷十三新附】

◉郭沫若 蠆即蟪字，讀為惠。【召伯毁 兩周金文辭大系考釋】

蠛

蠛【汗簡】

義雲章 孫彊集【古文四聲韻】

◉徐鉉 蠛蠓。細蟲也。从虫。蔑聲。亡結切。【説文解字卷十三新附】

◉黄錫全 蠛 夏韻屑韻録作，杜从古録作、。此形原當作，从古虫，蔑省。類似蔑字或作(庚嬴卣)、(段毁)，省變作(孚尊)、(次卣)、(封毁)等。古璽、等(璽文4・3)，从肉从蔑省，應釋臟。【汗簡注釋卷五】

虴

◉徐鉉 虴蜢。艸上蟲也。从虫。乇聲。陟格切。【説文解字卷十三新附】

蜢

◉徐鉉 虴蜢也。从虫。孟聲。莫杏切。【説文解字卷十三新附】

蟋

◉徐鉉 蟋蟀也。从虫。悉聲。息七切。【説文解字卷十三新附】

◉徐 鉉 蝗蝗蜋也。从虫。堂聲。徒郎切。【説文解字卷十三新附】

[字形] 前四·五二·四 [字形] 前四·五五·二 [字形] 後一·九·一二 [字形] 林一·七·一六 [字形] 甲一二〇九 [字形] 乙一七八一 [字形] 京津六二三 [字形] 珠一二〇六 [字形] 粹七一 人名 㚖于蚰 [字形] 乙三三一四 地名 【甲骨文編】

[字形] 乙3214 [字形] 4683 [字形] 4733 [字形] 珠1206 [字形] 粹71 [字形] 新623 【續甲骨文編】

[字形] 蚰 魚顛匕 【金文編】

[字形] 蚰 秦二 【睡虎地秦簡文字編】

[字形] 蚰古門切 【汗簡】

◉許 慎 [篆]蟲之緫名也。从二虫。凡蚰之屬皆从蚰。讀若昆。古魂切。【説文解字卷十三】

◉陳邦懷 [字形] 古虫與蚰字有繁簡。誼故可通。説文虫部云。虫一名蝮。博三寸。首大如臂指。象其臥形。段注。爾雅釋魚云。蝮。虫。今本虫作虺。又虺下云。虺。吕注鳴者。段注。今爾雅以為虫蝮字。因審卜辭之蚰與虫相假。正湯左相仲虺也。史記殷本紀云。中蠝作誥。集解引孔安國云。仲虺。湯左相奚仲之後。索隱云。尚書作虺。此云㚖于蚰。猶後編之彭于伊尹也。【殷契説存】

◉馬叙倫 姚文田曰。小徐此部全闕。沈濤曰。漢書成帝紀注引。二虫為蚰。讀與昆同。蟲之緫名。蓋檃栝引之。桂馥曰。凡從蚰者皆小蟲。夏小正。蚰。小蟲也。蚰。魂也。魂魂然小蟲動也。徐灝曰。戴侗謂虫與蚰皆蟲之省。良然。融之籀文作䗅。省而為融。又如蝨螽蠡蠹之類。從蚰而又從虫。即其明證。凡從虫之字皆因其合於偏傍而省之。其從蚰者則附於下體而省之。非有他義。倫按蚰蟲皆虫之茂文。非蟲省為蚰與虫也。蓋[字形]為象形之文。一[字形]即象其形也。蟲之緫名也蓋字林文。許當訓昆也或蟲也。魚匕作[字形]。甲文作[字形][字形]。朱文藻鍇本篆作[篆]。【説文解字六書疏證卷二十六】

◉屈萬里 [字形]，羅振玉釋蚰(殷釋中三二葉)，諸家從之。蚰於卜辭為神祇之名；亦為地名。……疑蚰為靈聖之地，殷人祀之，故為地名，亦為神祇之稱也。卜辭「舞蚰」(見甲編二三四五)猶「舞河」(乙編三八九九)、「舞岳」(乙編三四四九)之比，謂舞於蚰也。舞為求雨之儀式。【殷虚文字甲編考釋】

◉高鴻縉　說文[illegible]。一名蝮。博三寸。首大如擘。象其卧形。物之微細。或行。或飛。或毛。或蠃。或介。或鱗。以虫為象。許偉切。

說文。[illegible]。蟲之總名也。从二虫。讀若昆。古魂切。

說文。[illegible]。有足謂之蟲。無足謂之豸。从三虫。直弓切。

按三字實一字。羅振玉釋甲文[illegible]曰。象博首宛身之狀。是也。[illegible]殆其複體。[illegible]或其籀文。許書分為三字。今以所从之偏旁觀之。知其意無別。字音亦當為一音之分化。【中國字例二篇】

◉饒宗頤　庚戌卜，㱿貞：蚰壱我。五月。庚戌卜，㱿貞：蚰不我壱？(屯乙四六八三)

按「蚰，」說文云：「蟲之總名，讀若昆。」戰國器蚰匕銘，言蚰為水蟲。殷人祀蚰，所以侑雨，知為水神，故與水旱有關。如云：「貞：召(招)河，宋于蚰，㞢雨。」(屯乙五二七二)祭蚰每用宋，他辭若前編四·五二·四，又四·五五·二、四·五五·三，後編上九·一一，又二三·十五，林一·七·十六，屯乙四七三三皆是，不具舉。【殷代貞卜人物通考卷三】

◉饒宗頤　[illegible]　疑[illegible]與蚰亦為一字，益土旁如禹亦作[illegible]也(路史後記十三注)。他辭言：「……蚰叶我事」(屯乙一七八一)，是其一例。【殷代貞卜人物通考卷十二】

◉饒宗頤　蚰字卜辭習見，有二義：一為神名，如：

貞召(招)河宋于蚰㞢(侑)雨……貞乎舞于蚰(屯乙五二七二)

庚戌卜㱿貞蚰壱我　庚戌卜㱿貞蚰不壱我(屯乙四六八三)

取又父㞢于蚰叶我事(屯乙一七八一)

一為地名，如：

丁未卜王其逐在蚰狩隻(獲)允隻在一月(屯乙三二一四)

說文「蚰，蟲之總名，讀若昆。」戰國器蚰匕銘言蚰乃水蟲，殷人祀之，所以侑雨，以其為水神，與水旱有關也。【巴黎所見甲骨録】

◉劉淵臨　甲骨文[illegible]字是兩條蛇的形狀，恰好侯家莊一〇〇一號大墓中亦出土了一件蛇形器，根據其五六頁上的描述：

蠶

一、一頭二身蛇形器頭尾長約1.365公尺，頭端較尾端厚約0.03公尺，平面。大致葫蘆形，頭「饕餮形」，左身彎曲成正S紋，右身反S紋，兩相交疊在二S紋之中腰處，右身在上。二身皆飾同樣的同心棱紋，刻線精細。上面全部塗朱紅色。二身上面皆微凸，并非平面。發現時頭右部右身之尾已被毀，二身上尚有小傷痕數處。……

這是儀仗器物中的一種，可惜的是這一層埋藏情形已被盜坑破壞了……這蛇形器很可能就是蚰。蚰為當時祭祀的對象之一。……芮（逸夫）先生認為侯家莊一〇〇一號大墓的蛇形器，即是流傳於後世的東漢武梁祠及唐高昌國絹上的伏羲、女媧畫像，他的這種說法，我非常贊成……蚰是殷代的神祇，而這神祇在後代的神話中稱之為伏羲、女媧。伏羲、女媧是晚於殷代的名稱，也許在殷代的伏羲、女媧就稱為？【甲骨文中的「蚰」字與後世神話中的伏羲女媧　歷史語言研究所集刊四十一本四分】

甲806　續存1714　書1·10·D　1·10·D　新3220　藏185·3　卜773　【續甲骨文編】

蠶　日甲九四　【睡虎地秦簡文字編】

蠶台長印　蠶台丞印　【漢印文字徵】

◉許　慎　任絲也。从蚰。朁聲。昨含切。【説文解字卷十三】

◉商承祚　說文蠶：「吐絲蟲也。从蚰朁聲。」此正象蠶形，當為蠶之初字。其文曰。「缺宰五宰，蠶示三宰，八月。」（前編卷六第二十八頁）葉玉森先生謂「蠶示乃祀蠶神，禮用三牢」，其言可信也。説文以為形聲字，非是。【甲骨文字研究（下編）】

◉徐協貞　。葉氏釋蠶。以圖文視之。尚確。亦方名。漢書地理志。蜀郡有蠶陵。錢註。在今茂州西北。後漢書。通典並云。故城在翼水縣西。其為蠶方之領域可知。揚雄蜀王本紀。蜀之先君有蠶叢氏。今成都府治西南有蠶叢祠。應為蠶方某酋長。留其名者。後傳為神話。謂之青衣神。意即蠶神也。為蠶方。从人字。為蠶方。从女字。其辭如下。

①丁巳卜。賓貞。子弘定。豢弗。藏一八五。

②示二。八月　後編上二八。

③貞。前編四卷四六。

④。類纂存疑八。

⑤示六矛。前編六卷五一。

應為⿰亻蠶。應為⿰女蠶。字書均無存者。②⑤係矛示辭。③④疑為一片。。矛示多用方。係合文。他辭有。與此文正同。【殷契通釋】

◉馬叙倫　嚴可均曰。衆本及諸引並同此。毛本刓改作吐絲蟲。與廣韻同。按絲下曰。蠶所吐也。荀子蠶賦。食桑而吐絲。是廣韻有所本。然以為許語。則未嘗引見也。蠶任以同聲為義。丁福保曰。慧琳音義十四引姙絲蟲也。倫按玉篇作吐絲者。蓋許訓任也或蟲也。吕忱加吐絲者也。甲文有。唐蘭釋蛇。葉玉森釋蠶。【説文解字六書疏證卷二十六】

䖸

蛾□私印【漢印文字徵】

◉許　慎　䖸羅也。蠶化飛蟲。从䖵。我聲。五何切。或从虫。【説文解字卷十三】

◉馬叙倫　王筠曰。當依廣韻引作蠶化飛蛾也。倫按蠶化飛蛾也蓋字林文。然飛蛾非獨蠶所化也。或此字出字林。

鈕樹玉曰。虫部有蛾。不應重出。疑後人增。玉篇。䖸。注云。亦作蛾。【説文解字六書疏證卷二十六】

𧖴

蚤　説文所無　日乙一三五　二例　通早　—莫　封二八　日甲一二九【睡虎地秦簡文字編】

◉許　慎　齧人跳蟲。从䖵。叉聲。叉。古爪字。子皓切。蚤或从虫。【説文解字卷十三】

◉馬叙倫　鈕樹玉曰。莊子秋水釋文引作跳蟲齧人者也。韻會引叉作又。譌。嚴可均曰。叉古爪字。校語。叉與爪通。非即爪。李杲曰。爪下無古文。又部有叉字。亦不言為爪之古文。然書契有字。倫按本訓蟲也。跳蟲齧人者也蓋字林文。【説文解字六書疏證卷二十六】

◉裘錫圭　殷墟甲骨文中有一個寫作、等形的字，一般都釋為「㐌」(《甲骨文編》468頁)。今按，羅振玉認為「它」與「虫」在甲骨文中本為一字，其説不可信，已詳拙文《釋虫》(香港中文大學國際中國古文字學研討會編《古文字學論集》初編218—219頁)。上舉之字從「虫」，不應釋作「㐌」。

漢代人多把「蚤」字寫作上從「又」下從「虫」。顧藹吉《隸辨》收了兩個「蚤」字(見樊安碑、逢盛碑)，都是這樣寫的，顧氏按語認為這是「省叉為又」。但是在時代可以早到秦漢之際的馬王堆帛書裏，「蚤」字屢見，都寫作從「又」或從「父」，沒有一例是寫作從「叉」的(《秦漢魏晉篆隸字形表》954—955頁。《漢印文字徵》13·8下所收的「蚤」字也應釋「蚤」)。馬王堆帛書《戰國縱横家書》中的「蚤」字作(同上955頁)，字形跟上引甲骨文一脈相承。所以我們認為上引甲骨文應該釋為「蚤」。

這樣看來，「蚤」字本來大概是從「又」從「虫」的一個會意字，可能就是「搔」的初文，字形象徵用手搔抓身上有虫或為虫所咬之處。從「父」的是它的訛體。從「叉」的「蚤」當是改會意為形聲的後起字。不過此字已見《說文》，出現的時代也不會很晚。

在已發現的殷墟甲骨文裏，「蚤」字出現的次數不多。《類纂》共收四例，都見於殘辭，文義不明(見687頁)。從《合》4890「……勿令……比蚤」一辭來看，似用為人名。

戰國璽印文中有字(見《古璽彙編》3334號)，《古璽彙編》和《古璽文編》(274頁)都把這個字隸定為「浘」。竊疑此字當釋為「溞」。《爾雅·釋訓》：「溞溞，淅也。」字亦作「溲」。【殷墟甲骨文字考釋　湖北大學學報一九九〇年第一期】

蝨　螽

◉許　慎　蝨齧人蟲。从蚰。卂聲。所櫛切。【說文解字卷十三】

◉馬叙倫　桂馥曰。一切經音義十七。山東及會稽人皆音色。倫按齧人蟲蓋字林文。【說文解字六書疏證卷二十六】

螽出石經　螽竝出演說文【汗簡】

石經　崔希裕纂古【古文四聲韻】

◉許　慎　螽蝗也。从蚰。夂聲。夂。古文終字。職戎切。螽或从虫。眾聲。【說文解字卷十三】

◉孫詒讓　此三字，下皆從蚰。與它同版，互斠可見它非即虫字。上从者，即横目。說文蚰部螽，从虫冬聲，或作蠡，从虫眾聲。[罒䖵]疑即蠡之異文。【栔文舉例上】

◉王國維　此鐘舊藏吳縣潘氏。後歸端忠敏。今藏烏程張氏。其銘曰。陸螽之孫邾公鈺睪其吉金自作禾鐘。螽字自來無釋。余謂此字从蚰𩫖聲。𩫖。古墉字。以聲類求之。當是螽字。陸螽。即陸終也。大戴禮帝繫篇。陸終娶於鬼方氏。鬼方氏之妹。謂之女隤氏。產六子。其五曰安。是為曹姓。曹姓者。邾氏也。史記楚世家語同其說。蓋出於世本。此邾器而云陸螽之孫。其為陸終無疑也。

殷虛卜辭有融字。从鬲𩫖聲。余因此器螽作⿰鬲𩫖。因釋為融字。古韻東冬二部之分合。久無定論。今冬部之螽融乃并以東部之𩫖為聲。可為古韻學家添一有力之證據也。【邾公鐘跋　觀堂集林】

◉馬叙倫　嚴可均曰。𠔇古文終校語。翟云升曰。韻會引作冬聲。案𠔇聲是。倫按集韻引蒼頡。螽。蜂。蟲名。螽為⿱𠔇䖵之今字。傳寫者易之也。然疑本訓蟲也。蝗也者蓋字林文。

螽　倫按𠔇衆聲同侵類。故螽轉注為⿰虫衆。春秋桓五年。螽。公羊作⿰虫衆。儀禮士相見禮。衆皆若是。注。今文衆為終。竝其例證。玄應一切經音義引古文官書。螽。古文蠢。同止戎反。【説文解字六書疏證卷二十六】

⿸尸⿱㠭䖵

◉許　慎　⿸尸⿱㠭䖵蟲也。从䖵。展省聲。知衍切。【説文解字卷十三】

蠽

◉許　慎　蠽小蟬蜩也。从䖵。截聲。子列切。【説文解字卷十三】

◉馬叙倫　王筠曰。小蟬句。倫按此字蓋出字林。【説文解字六書疏證卷二十六】

蠿

◉許　慎　蠿蠿蟊。作罔蛛蟊也。从䖵。𢇍聲。𢇍。古絶字。側八切。【説文解字卷十三】

◉馬叙倫　錢坫曰。爾雅釋蟲。次蟗。鼅鼄。蠿蟊即次蟗異文。嚴可均曰。𢇍古絶字校語。倫按字蓋出字林。【説文解字六書疏證卷二十六】

蟊

◉許　慎　蟊蠿蟊也。从䖵。矛聲。莫交切。【説文解字卷十三】

◉馬叙倫　嚴可均曰。釋蟲釋文引作𢇍蟊作網蛛蟊也。以此亦為蟊或字。審觀此語。蓋陸據本蟊在蟲部。與重出之蝥相當。而䖵部唯蠿之説解中作蟊。不出蟊篆。故云以此亦為蟊或字。沈濤曰。釋蟲釋文。蝥。説文作蟊。云。蠿蟊。作網蛛蟊也。以此亦為蟊或字。又云。蟊。本亦作蛑。説文作蟊。蛑。古蟊字。云。吏抵冒取民則生蟊也。是古本尚有蟊或一解。又蛑為蟊之重文。今本蟲部別出蟊字。從蟲。以⿱矛虫為或字。蛑為古文。據陸所見本。則從䖵不從蟲。與蠿蟊之蟊為一字。嚴章福曰。陸蓋引蠿下説解。以此七字當非許語。蓋謂蝥非蛛蟊正字。乃蟊或字之或體耳。陸所據本未嘗或異。倫按爾雅釋蟲。

次蠀。鼅鼄。鼅鼄。朱蝥。阮元謂蠀當作蠀。與說文蚍蠀同字。次蠀在說文則作蠿蟊。古音相同也。次古音如黍。倫謂阮謂蠀為蠀譌。是也。此形聲字。而本書及字書固無蟗字也。唯雅以鼅鼄釋次蠀。以朱蝥釋鼅鼄。蓋朱蝥為矦幽聲近連語。朱蝥即鼄也。鼅鼄又以音同知紐連語。鼅次聲同脂類。朱鼄矦幽近轉。故又以鼅鼄釋次蠀。本書。鼅鼄。蟊也。而此則訓蠿蟊。蠿知聲同脂類。知從矢得聲。矢聲脂類也。然則作罔蟲謂之鼄。以音同知紐連語為鼅鼄。聲轉轉注為蠿蟊。而朱蟊則一名也。陸引蝥說文作蟊。蠿蟊作網蟲也。誠如嚴章福說。乃蠿下說解。陸據本未嘗或異。陸又謂以此亦為蟊蚮字。此非許語。亦如嚴說。然乃謂亦以此為蟊蚮之蟊。沈謂古本尚有蟊蚮一解可從。其又曰。蟊。本亦作蛑。此蟊字謂食草根蟲之蟊。不謂所引說文蠿蟊之蟊。蓋釋文例不為所引之書更徵異本。且下復曰。說文作蟊。明此蟊字謂食草根蟲也。倫謂蟊字當作蟊。故本亦作蛑。而雅文傳寫作蟊。而陸則謂蝥蚮字說文作蟊。蛑則古蟊字也。故又引本書吏抵冒取民則生蟊也。即蟊下說解也。惟說文作蟊及古蟊字之二蟊字本皆作蟊。傳寫省去一虫。遂與蟊亂。而蟲部蟊下固無或體蝥字。轉於陸引可證。本部自有蟊字。蟲部亦有蟊字。亦可於陸引明之。然倫疑蠿蟊二字並出字林。【說文解字六書疏證卷二十六】

⿱寍䖵 ⿱寍䖵

◉許慎 ⿱寍䖵蟲也。从䖵。寍聲。奴丁切。【說文解字卷十三】

◉馬叙倫 段玉裁曰。廣韻。⿱寍䖵。螻蛄。朱駿聲曰。即莊子所謂青寧。廣韻以為螻蛄。未知所本。豈與方言蠑蛉聲近與。倫按以音求之。或為螶蠹之轉注字。【說文解字六書疏證卷二十六】

蠤 蠤

◉許慎 蠤蠀蠤也。从䖵。曹聲。財牢切。【說文解字卷十三】

◉馬叙倫 疑字出字林。故訓蠀蠤也。【說文解字六書疏證卷二十六】

⿱㚔䖵 ⿱㚔䖵

◉許慎 ⿱㚔䖵螻蛄也。从䖵。㚔聲。胡葛切。【說文解字卷十三】

◉馬叙倫 王筠曰。方言。南楚謂螻蛄為蛞螻。蛞蓋即⿱㚔䖵。倫按字或出字林也。【說文解字六書疏證卷二十六】

⿱卑䖵

◉許　慎　⿱卑䖵蛸也。从䖵。卑聲。匹標切。⿱卑䖵或从虫。【說文解字卷十三】

◉馬叙倫　鈕樹玉曰。繫傳⿱卑䖵作蟲。譌。倫按⿱卑䖵或作螵。見玄應一切經音義四。螵從票得聲。票標一字。標音非紐。⿱卑䖵音封紐。讀脣齒音入非紐。蛸音心紐。非心同為次清摩擦音。故⿱卑䖵蛸為連語。⿱卑䖵蛸也蓋字林文。許訓當作蟲也。

倫按玄應一切經音義引三蒼。蜱。布迷反。草名也。蜱蓋即⿱卑虫字。三倉借為萆字。然三倉字蓋作⿱卑䖵。傳寫者以⿱卑虫字易之。又傳寫作蜱也。【說文解字六書疏證卷二十六】

蠭

◉許　慎　蠭飛蟲螫人者。从䖵。逢聲。敷容切。古文省。【說文解字卷十三】

◉馬叙倫　鈕樹玉曰。廣韻引及玉篇作螫人飛蟲也。釋蟲釋文引字林。飛蟲螫人者。翟云升曰。一切經音義十二引無飛蟲二字。丁福保曰。五音集韻引作螫人飛蟲也。倫按本訓蟲也。呂忱加飛蟲螫人者也。廣韻引倉頡。蜂。蟲名。蜂為蠭之今字。此傳寫改易之證也。

鈕樹玉曰。繫傳作。沈濤曰。汗簡引演說文⿱夆䖵字作螽。⿱夆䖵乃⿱夆䖵字傳寫之譌。據郭引疑許書無此重文。二徐以庾氏書竄入耳。倫按爾雅釋蟲釋文引字林。⿱夆䖵。飛蟲螫人者。甲文蚰字作。故誤為。省字當作蠭。【說文解字六書疏證卷二十六】

◉商承祚　甲骨文金文蚰作。魚匕蚘从。與此同。【說文中之古文考　金陵大學學報一九四〇年一、二期】

蠠

◉許　慎　蠭甘飴也。一曰螟子。从䖵。鼏聲。彌必切。蠠或从宓。【說文解字卷十三】

◉馬叙倫　鈕樹玉曰。繫傳脱子字。韻會引作一曰螟子。譌。王筠曰。朱文藻本繫傳作。兩朱本無子字。倫按蠭甘飴蓋謂蠭之含飴者也。此今所謂蜜蜂。則是蟲名。疑本作蠭也甘飴者也。甘飴者也或字林文。一曰螟子者。王筠謂即今所謂蜜蟲。久陰則生於林葉。小如蟣蝨。其色白黑青緑不一。吸禾之精。見日則化。倫疑螟子或為螟字之譌。借蠠為螟也。爾雅釋詁釋文引說文曰。蠠古蜜字。朱文藻本繫傳篆作。豈許書篆文作⿱冖䖵。古文作蠠。或文作蜜邪。

鈕樹玉曰。宓下當有虫字。倫按宓聲。宓音微紐。蠠音明紐。古讀微歸明。故蠠轉注為蜜。儀禮士冠禮。設扃鼏。注。古文鼏為密。是其例證。【說文解字六書疏證卷二十六】

◉許慎 𧒽𧒽蟟也。从䖵。巨聲。强魚切。【說文解字卷十三】

◉馬叙倫 此字或出字林。【說文解字六書疏證卷二十六】

蟁 說文俗蟁从虫从文 亞蚊鼎【金文編】

3·143 蒦陽南里人蟁 3·144 □陽□里□蟁【古陶文字徵】

蚊出史書【汗簡】

竝貝丘長碑又古史記【古文四聲韻】

◉許慎 蟁齧人飛蟲。从䖵。民聲。無分切。𧍟蟁或从昏。以昏時出也。蚊俗蟁从虫从文。【說文解字卷十三】

◉吳大澂 古匋。蒦陽南里人蟁。【說文古籀補】

◉馬叙倫 沈濤曰。爾雅釋鳥釋文云。說文蟁正字。蚊俗字。或作蜫。是古本蟁之或字作蜫。不從昏也。倫按本訓蟲也。呂忱加齧人飛蟲。爾雅釋鳥釋文引字林。蜫。亡巾反。則字林有重文作蜫。或字林本作𧍟。傳寫省為蜫。古鉩作。

𧍟 王筠曰。朱文藻本鮑本皆作𧍟。倫按篆當作蟁。說解作從昏以昏時出也。是說解中昏字已復從民。而篆猶沿唐諱未復也。以昏時出也校語。

蚊 宋保曰。民文同部聲相近。倫按民文聲同真類。故俗作從文聲轉注為蚊。然此俗謂某時習用此字。其字仍合六書。與不正為歪小大為尖者異。蚊字見莊子天運篇。後漢書崔駰傳注。楚謂之蚊。則作蚊者楚語也。【說文解字六書疏證卷二十六】

◉顧廷龍 。疑即蟁之異。【古匋文𠪚録卷十三】

蝱喜私印【漢印文字徵】

◉許慎 蝱齧人飛蟲。从䖵。亡聲。武庚切。【說文解字卷十三】

◉馬叙倫　蝱為蟁之轉注字。猶民之轉注為氓也。此字蓋出字林。【說文解字六書疏證卷二十六】

◉張　標　《武威漢代醫簡》11簡「虻一分」，考釋謂：「虻即蝱字，用作莔，為貝母之别稱。」虻假為莔，文獻有徵，其例甚多。然考此簡醫方，主治血瘀。貝母，據《神農本草經》「主傷寒煩熱，淋瀝，邪氣，疝瘕，喉痹，乳難，金創，風痙」，與血瘀了不相關。

考此虻，殆指木虻或蜚虻。《神農本草經》言木虻主「瘀血，血閉」；蜚虻「主逐瘀血，破下血積」，「通利血脈及九竅」。如此，則藥物與症狀才相對。

又，醫簡50、51亦為疏血之方，其所用藥物内有虻頭，釋者以為指木虻、蜚虻，是很對的。其實，木虻和蜚虻在《神農本草經》裏都没有虻頭、虻這樣的名稱。虻頭和虻很可能是它們的俗稱、統稱之名。【古文字劄記　考古與文物一九八八年第二期】

蠹

蠹　效四二　【睡虎地秦簡文字編】

蠹　【汗簡】

◉許　慎　蠹木中蟲。从䖵。橐聲。當故切。蠹或从木。象蟲在木中形。譚長說。【說文解字卷十三】

◉馬叙倫　沈濤曰。一切經音義八引。木中蟲也。如白魚等食人物穿壞者也。翟云升曰。文選齊故安陸王碑文注引無中字。倫按玄應一切經音義引字林。蠹。木中虫也。穿食人器物者也。則此是字林文。或字出字林也。

蠹　沈濤曰。汗簡引演説文蠹字作蠹。説文從䖵之字古文皆从䖵。蠭蠡諸字可證。此字二徐本作或體。故不從䖵。庚氏從䖵。蓋用古文體也。玉篇云。蠧。古文蠹。則今本作或體者誤。倫按蠹或從木者。從䖵。木聲。蠹從橐得聲。橐為束之轉注字。木束聲同矦類。則蠧為蠹之轉注字。亦或為蠹之省文也。此篆蓋木如汗簡引作蠹。為古文。出演説文。庚儼默即就説文而增演其字。上文蠭之古文作𧖫。汗簡亦引演説文。而玄應音義引字林有蠭字。則又所據為説文字林和合之本。故玄應引字林也。抑或庚氏自為演説文别行。而後人以加於本書。今有不見於本書者。校者知而去之。【説文解字六書疏證卷二十六】

◉蕭　璋　蠹，木中蟲。从䖵橐聲。（當故切。）蠧，蠹或从木。象蟲在木中形。（譚長説）。按周禮秋官翦氏：「掌除蠹物」，鄭玄注：「蠹物穿食人器物者，蟲魚亦是也。」説苑辯物篇：「師曠曰：『木自生蠹，而還自刻也。』」二説與説文合參，當知蠹之義訓與穿刺

相近，而章氏以為榜之孳乳，義重朽裂（文始五乇字下），未足當也。【釋至　國立浙江大學文學院集刊第三集】

◉丁　山　後下三三・七　象蟲口之利於戈戟者。象木體中空形。有利口之蟲。攻木使空。當是螙之本字。説文作。云。「木中蟲。从䖵。槖聲。螙或从木。象蟲在木中形。譚長説。」正象樹木中空形。正是槖之本字。槖之衍變應如下表。

——　——（以上商）——毛公鼎——石鼓文（以上周）——（秦漢）

槖之俗寫作柝。為木柝之本字。許書訓為囊槖之本誼。失矣。【甲骨文所見氏族及制度】

◉李孝定　後下三三・七　説文。「蠹。木中蟲。从䖵。槖聲。蠹或从木。象蟲在木中形。譚長説」。契文正下象蟲形。上从槖聲。與篆文同。許書或體从木。又契文从槖所譌變。丁氏釋此為蠹。可从。惟丁氏謂槖之木誼即為木中空。則有可商。槖當以訓囊為本誼。許説不誤。至蠹字从之。純以為聲符。於義無涉。卜辭云。「癸亥卜。其彭蠹于河。」後・下・三三・七。「叀蠹。叀歲」。粹・三四・二。「□亥卜。其允蠹母〼。」佚・六二五。義並未詳。【甲骨文字集釋卷十三】

◉常　弘　認識了槖以後，就好分析了。槖字的各種不同形體是此字的構成部分，其主體是一個多足的動物，可以寫作黽。槖和黽組成一個字，前者應為聲符，後者是形符。黽字又與蟲字相通，説文黽部的鼅、鼄、鼁等又寫作虫部的蜘、蛛、蛙等。故這個字應隸定為鼉或蠹。説文䖵部認為蠹是「木中蟲，从䖵，槖聲。」又説「或从木，象蟲在木中形，譚長説。」從甲骨文的蠹字證之，其上槖為聲符，與木中蟲無涉，許君之説可能是將蠹的轉義誤認為原始意義。

蠹字始見於廩辛康丁卜辭，但武丁時有字，前面往往有或，即竹字，竹字古音為端紐或定紐，與束字聲紐和韻部相同，而且二者字義也能相同。晚期卜辭確有「束」（續三・三二・四）連言的刻辭，或在玉器上直接寫作（鄴三下二七），所以早期的竹字，有一部分後來被束（槖）代替是有可能的。

殷商後期將「竹、黽」二字合成一個鼉字。這在卜辭和文獻中留下了演變的痕跡。有「竹黽」的卜辭凡三見：

貞：其用竹黽羌，叀彭用。　續存下二六六

〼竹黽羌眔用。　外二〇（南師二・一五六）

〼竹〔黽〕羌。　七P三四

⊘羌是活動在殷之西方或西北方的游牧部族的通稱。

⊘山海經中山次六經云：「又西五十里曰槖山……槖水出焉，而北流注于河。」此槖山、槖水就是水經注和金史地理志裏的陝縣橐山和橐水。中山次六經又説橐水「中多脩辟之魚（懿行按：詹諸在水者名黽）。」山海經中的這個傳説應該是很古老的了，以橐命名山和水的歷史當然更久遠。陝縣地處黃河之濱，又在殷商的西方，其地理位置是符合卜辭裏「竹黽羌」（蠹羌）所在的地理方位的。【釋橐和蠹 甲骨文與殷商史】

蠡

蠡國吾相 【漢印文字徵】

蠡出説文 【汗簡】

説文 【古文四聲韻】

◉許　慎　蟲齧木中也。从䖵。彖聲。盧啟切。古文。【説文解字卷十三】

◉馬叙倫　段玉裁曰。蠡非蟲名。乃謂蝕之食木曰蠡也。當從彖聲。彖讀若弛。非通貫切之彖也。嚴可均曰。當從豕聲。斗部。斡。斗柄也。徐鍇云。蠡。所以抒也。則小徐本作蠡也。與豕下云蠡從彘者合。胡秉虔曰。一切經音義二及三引尚書。東匯澤為彭蠡。蠡即蠡也。木部。欚。江中大船名。一切經音義四引作欚。方言。劙。解也。一切經音義廿引作劙。則欚劙二字唐初本説文方言尚作欚劙。今本皆後人妄改。可證蠡當從豕得聲。倫按蠡為蟲齧木中則是動詞。不當次於蠹蝨之間。倫謂蟲齧木中者。此蠹下説解中語。蠹下説解本作蟲也。齧木虫也。如白魚等食物穿木者也。傳寫齧木虫譌為齧木中而入之蠡下耳。蠡者。通俗文所謂瓠瓢曰蠡及漢書東方朔傳以蠡測海之蠡。為蝸之轉注字。蝸聲歌類。蠡從通貫切之彖得聲。則在元類。歌元對轉也。彖之音通貫切在透紐。實與讀若弛之彖為一字。弛音審紐。古讀歸透也。彖為豕之異文。豕音亦審紐也。豕聲脂類。故蠡聲亦入脂類。故蠡亦可作蠡也。蠡蝸即今所謂螺師。特其類非一。大者出海中。其殼可以盛物。古未為器皿時。即以蠡盛水漿。居山原者則以角。故凵為皿之異文。音轉為去魚切。而初文豐字作豊。其聲即得於凵。而音與豐。由初以蠡為器。及造凵字即用其音。凵皿一字。而皿音微紐。豐蠡音同來紐。古讀來歸泥。微泥同為邊音也。字見急就篇。

鈕樹玉曰。繫傳作。玉篇廣韻並無。疑後人增。嚴可均曰。汗簡引作。王筠曰。玉篇不收者。以楷作之。仍是蠡也。倫按古文下當有蠡字。【説文解字六書疏證卷二十六】

⿱求䖵 蠹 ⿱雋䖵 蠢

◉商承祚 ⿱求䖵當从古文求。段氏疑从豕。無據。汗簡引作⿱求䖵。虫亦寫譌。蚰作䖵。則甲骨⿱求䖵形之寫析。【說文中之古文考 金陵大學學報一九四〇年第一、二期】

◉許 慎 ⿱求䖵多足蟲也。从蚰。求聲。巨鳩切。蛷⿱求䖵或从虫。【說文解字卷十三】

◉馬叙倫 朱駿聲曰。揚州名蓑衣。北方名錢龍。倫按即杭縣所謂錢串兒也。多足蟲也蓋字林文。【說文解字六書疏證卷二十六】

◉許 慎 蠹蚍蠹也。从蚰。橐聲。縛牟切。蜉蠹或从虫。从孚。【說文解字卷十三】

◉馬叙倫 鈕樹玉曰。韻會引同。繫傳作虹蠹也。譌。倫按蚍蠹音同奉紐連語。此非本訓。

蜉 宋保曰。孚聲。蠹孚同部聲相近。倫按蠹以同脣齒音及聲同幽類轉注為蜉。【說文解字六書疏證卷二十六】

◉許 慎 ⿱雋䖵蟲食也。从蚰。雋聲。子兖切。【說文解字卷十三】

◉馬叙倫 桂馥曰。集韻作蟲食創也。馥謂食當為蝕。本書。蝕。敗創也。王筠曰。疑此挩創字。錢坫曰。此蟲翦食字。倫按蟲食創也非本訓。或字出字林也。【說文解字六書疏證卷二十六】

𢧢 蠢【汗簡】

𢧢古尚書 𢧢 𢧢 崔希裕纂古 𢧢 說文 蠢 陰符經【古文四聲韻】

◉許 慎 蠢蟲動也。从蚰。春聲。尺尹切。𢧢古文蠢从𢦏。周書曰。我有𢧢于西。【說文解字卷十三】

◉馬叙倫 爾雅釋詁。蠢。動也。疑此字出字林。若許本訓。當作蟲皃。

𢧢 閻若璩曰。說文所引書重在字。多約成其文。如重文𢧢字。則約大誥有大艱于西土西土人亦不靜越茲蠢為我有𢧢于西。非真有是句。他可類推。鈕樹玉曰。繫傳作𢧢。段玉裁曰。𢧢為壁中古文真本。倫按此蓋偽古文尚書真本中字。非壁中古文真本也。𢧢或為春之異文。或為𢦏之異文。蓋𢦏從才得聲。旾從屯得聲。才屯一字也。疑蠶之別體或从𢧢。從

蝕。𢦔聲。謂為𢧵耳。左傳。今王室實蠢蠢焉。本書惷下引作惷惷。魏石經作𢧵。【説文解字六書疏證卷二十六】

◉商承祚 𢦔 廣雅𢧵訓出。【説文中之古文考 金陵大學學報一九四〇年第一、二期】

◉黄錫全 𢦔蠢 《説文》蠢字古文作𢦔，从𢦔，並引《周書》曰「我有𢧵于西」。内本作𢧵，薛本《大誥》作𢧵。春字古變作𡧍(璽彙2415)𡧍(石經)𢦔(楚帛書)等形。夏韻准韻録《古尚書》作𢧵，𡧍形同石經。曾侯乙墓竹簡有𢦔字，形與此類同，應釋𢧵。【汗簡注釋卷五】

蟲

191【包山楚簡文字編】

蟲 法一七九 二例　日甲七四背【睡虎地秦簡文字編】

品式石經咎繇謨 日月星辰山龍華蟲作會【石刻篆文編】

蟲直中切【汗簡】

汗簡　王存乂切韻【古文四聲韻】

◉許慎 蟲有足謂之蟲。無足謂之豸。从三虫。凡蟲之屬皆从蟲。直弓切。【説文解字卷十三】

◉王襄 古蟲字。【簠室殷契類纂正編第十三】

◉馬叙倫 姚文田曰。小徐此部全脱。許梿曰。韻會引有象形二字。王筠曰。虫蚰蟲同物即同字。如古文以屮為艸之比。不獨融䖟一字。可證虫蚰一字也。徐灝曰。凡從豸之字。類皆有足之物。而無足者乃從虫。字形亦豸有足而蟲無足。疑爾雅互易之。譌也。倫按此捝本訓。但存校語。唐寫本切韻引有足蟲無謂之二字。字見急就篇顔師古本。皇象本作虫。【説文解字六書疏證卷二十六】

蟊

◉許慎 蟊蟲食艸根者。从蟲。象其形。吏抵冒取民財則生。徐鍇曰。唯此一字象蟲形。不从矛。書者多誤。莫浮切。蟊或从敄。臣鉉等按。虫部已有莫交切作盤蝥蟲。此重出。古文蟊从虫从牟。【説文解字卷十三】

◉馬叙倫 鈕樹玉曰。廣韻引同。藝文類聚引作蟲食苗根者也。苗字當不譌。玉篇作蟊。蓋從蟲矛聲。古文矛作𢦼。此或從古文省。後人改作𠦝為象形。蟲字本象形。無須更象形也。嚴可均曰。象其形韻會十一尤引作𠦝象形。𠦝即矛字。衣部籀文𧜀糸部古文𦅾皆如此作。嚴章福曰。韻會引亦有誤。余謂當作從蟲從𠦝。𠦝古文矛。象形。沈濤曰。類聚引生下有蟊字。桂馥曰。象其形當作矛聲。本從古文矛。傳寫譌謬。後人不識。遂改為象其形。翟云升曰。詩桑柔釋文。蝥。説文作蟊。爾雅釋蟲釋文。蝥。説文作蟊。云。吏抵冒取民財則生蟊也。蟊蝥二字皆譌。倫按母乙鬲矛字作𠦝。傳寫譌為𠦝。象其形當如桂説。然疑此字出字林。沈濤疑此即蚰部之蝥。

蝥 徐鉉曰。虫部已有。此重出。鈕樹玉曰。釋蟲釋文云。蝥。説文以此亦為蝥蟊字。蓋陸氏互引。或後人因之增入。王筠曰。廣韻曰。蝥。説文本又作蝥。夫云本又作。則是説文兩本不同。今本則為校者湊合也。倫按從敄上當有從虫二字。

蛑 王筠曰。蝥蛑兩字皆兩見於虫蟲二部。虫部之蛑。係汲古後補。然玉篇引説文以蛑為蝥之古文。不以為蟊之古文。然則蟲部蝥蛑兩字竝當刪也。據釋蟲蠿蝥食根蟲兩處釋文。知唐本説文蟲部有蝥蛑。倫按玉篇虫部蝥下曰。莫交切。盤蝥也。此本書虫部蝥字音義也。又莫侯切。食禾根者。此本書本部此字音義也。則顧以蝥蟊二字音義并為蝥字。其蟲部蟊下曰。與蟊蝥同。蚰部蝥下曰。蠿蝥也。蠿蝥為蝥。與本書同。而曰蟊與蟊蝥同。蟊字本書所無。蓋即蝥字。豈顧據本作蟊不作蝥邪。不然。為傳寫省譌邪。若屬傳寫之譌。則是一方以蟊混於蝥。一方以蟊混於蝥也。其蛑下引説文曰。古文蝥。則不知為盤蝥之蝥古文。抑食根蟲之蟊之古文。然倫謂其蟲部之蟊蓋後增。顧原書實并蟊於蝥。而蛑實蟊之古文。毛本虫部蝥下刓補蛑字。則説文原本蝥下自無重文也。漢書景帝紀。侵牟萬民。牟即蛑省。左成十三年傳。率我蝥賊。蝥借為蟊。詩大田。及其蟊賊。釋文。蟊。本又作蛑。詩借蟊為蟊。而本或作蛑。漢張壽碑。蛑賊不起。此亦可為蟊之別體作蛑之證。爾雅釋蟲釋文引字林。蛑音亡牛反。牟矛雙聲兼疊韻。故蟊轉注為蛑。莊子讓王。湯又因務光而謀。荀子成相作牟光。是其例證。【説文解字六書疏證卷二十六】

◉商承祚 蛑 漢張壽碑。「蛑賊不起」，用古文。【説文中之古文考 金陵大學學報一九四〇年第一、二期】

蠶 蠶 䖝 蠹 蠹

𧖀 蠶部兮切又步結切出孫强集字【汗簡】

◉許 慎 蠶蚍蜉。大螘也。从䖵。𣬈聲。房脂切。𧕍蠶或从虫。比聲。【説文解字卷十三】

◉馬叙倫 蠶蜉音同奉紐為連語。蚍蜉大螘也蓋字林文。吕忱依爾雅釋蟲加之。【説文解字六書疏證卷二十六】

◉許 慎 䖝蟁也。从䖵。冂聲。武巾切。【説文解字卷十三】

◉馬叙倫 閩之異文。亦蟁之轉注字也。【説文解字六書疏證卷二十六】

蠹 祭許蜚卿 蠹 大利周蜚卿【漢印文字徵】

◉許 慎 蠹臭蟲。負蠜也。从䖵。非聲。房未切。蜚蠹或从虫。【説文解字卷十三】

◉馬叙倫 臭蟲為蜚字義。校者誤加。或此字出字林也。【説文解字六書疏證卷二十六】

蠱 佚七二三 乙一九二六 鐵一二一·三 拾一三·一〇 前六·四二·六 燕五 京都四五四A【甲骨文編】

甲26 乙1281 1926 1965 2857 3424 4502 4615 4662 4821 5042 5088 6215 6659 7310 佚723 新1962【續甲骨文編】

一〇五：一 詛咒類殘篇蠱【侯馬盟書字表】

蠱餘【漢印文字徵】

◉許 慎 蠱腹中蟲也。春秋傳曰。皿蟲為蠱。晦淫之所生也。梟桀死之鬼亦為蠱。从䖵。从皿。皿。物之用也。公户切。【説文解字卷十三】

◉林義光　腹中蠱由飲食而生。皿。盛飲食者也。从皿中蟲。【文源卷八】

◉王國維　[甲骨文]从「皿蚰」，與「皿蟲」同意，即蛊字。【觀堂書札　中國歷史文獻研究集刊第一集】

◉商承祚　[甲骨文]書契卷六第四十二葉　[甲骨文]鐵雲藏龜第十二葉

說文解字。蠱。腹中蟲也。从蟲从皿。此媘从二蚰。文曰。貞。不隹蠱。其亦不它之意與。【殷虛文字考　國學叢刊第二卷第四期】

◉馬叙倫　段玉裁曰。中讀如中傷之中。梟桀當為梟磔。史記封禪書索隱引樂彥云。左傳。皿蟲為蠱。梟磔死之鬼亦為蠱。桂馥曰。一切經音義二引腹中蟲也。謂蟲行毒也。莊有可曰。陶始於唐。故稱陶唐。夏商始以木為皿。木能生蠹。故皿蟲為蠱。徐灝曰。左昭元年傳。四蟲為蠱。杜注。器受蟲害者為蠱。此乃蠱之本義。故字從蟲皿。易褋卦傳。蠱則飭也。正謂當飭治之也。若聚蟲於器造毒以害人者。乃取其事與字形相合因謂之蠱耳。倫按據左昭元年傳文。醫和取器之傷敗。以諭晉侯之體已若器之傷敗。故曰。疾不可為。故杜預注器受蟲害者為蠱。然皿蟲為蠱。以會器受蟲害之意。終不能明。且左氏所載如止戈為武之類。以證字之結搆則可。若其言義。每皆依傍為辭。或且近於郢書而燕說。不為典要。易卦蠱象巽下艮上。巽為長女為風。艮為少男為山。少男而説長女。故醫和曰。在周易。女惑男風落山謂之蠱。然蠱字之形無山下有風之象。則蠱是音借之字。荀爽王肅皆訓事也。釋文。蠱。一音故。周禮占人。以八卦占筮之八故。鄭注。八故謂八事。尚書大傳。乃命五史以書五帝之蠱事。王引之謂蠱事猶故事也。然亦未知其本字為何。唯以醫和之言。可證腹中蟲為蠱。彼時猶無其事。周禮庶氏。掌除毒蠱。注。毒蠱。蟲物而病害人者。翦氏。凡庶蠱之事。注。蠱。蠹之類。則毒蠱即行毒之蟲及蠹之類。亦非如顧野王輿地志所引江南數郡有畜蠱者主人行之以殺人者也。且漢書戾太子傳。載巫蠱。乃以桐人為厭具。亦非以蟲殺人。則蠱乃惑之借字。而蠱字不為此造明矣。今以六書范則斷之。蠱非會意之文。即形聲之字。而皿蟲會意。自盛蟲於皿或皿為蟲傷以外。亦無可會之意。畜蠱之事。漢前無徵。皿為蟲傷。亦止限於木質者。於義亦終不明。是必為形聲之字矣。如為形聲。將從蟲皿聲邪。抑從皿蟲聲邪。若從蟲皿聲。是乃蜚閩之轉注字。以醫和所謂穀之飛亦為蠱者證之。蓋蜚之轉注字。穀不能飛。蜚食之而散耳。若從皿蟲聲。蓋匜之轉注字。蟲蚰一字。甲文蠱字正作[甲骨文]。或作[甲骨文]。從蚰。蚰蠱音同見紐。而書大傳故事作蠱事。亦可證也。今訓腹中蠱者。蓋非許文。玄應一切經音義引字林。蠱音古護反。則此字蓋出字林。【說文解字六書疏證卷二十六】

◉楊樹達　初義當謂蟲食皿。蟲為能名，皿為所名。【文字形義學】

◉張秉權　，或作，商承祚釋蠱，曰：「貞不隹蠱，其亦不它之意與」(類編十三卷三頁)。李孝定从其說，曰：「契文从蚰與从蟲同意，文曰：不隹蠱，當與隹囚(禍)隹壱同意」。說文十三下蟲部：「蠱，腹中蟲也。春秋傳曰：皿蟲為蠱，晦淫之所生也。梟磔死之鬼亦為蠱。从蟲从皿。皿，物之用也」。按說文蟲部及蚰部之字，或體往往從虫。而虫部之字，或體也有從蚰的。可見从蟲从蚰或从虫，在意義上，實在是沒有什麼分別的。而虫與它在甲骨文中原是一字，後世分化為二，把盤曲而卧的蛇稱為虫，把曳尾而行的蛇稱為它。前者古音在段氏第十五部，後者在第十七部，而蠱則在第五部。我認為甲骨文中的「蠱」字當從「它」字得聲，而它與禍均在段氏第十七部，所以蠱、禍、它三字可以通假。卜辭言「不隹蠱」，正是「不隹壱」或「不隹囚」的意思。李氏謂「不隹蠱當與隹囚(禍)、隹壱同意」，則意義適得其反，恐怕是偶然的筆誤，那句話，似乎應該說「隹蠱當與隹囚、隹壱同意」，或「不隹蠱當與不隹囚不隹壱同意」，才能符合卜辭的意義。

，或作，象虫在皿中，商承祚釋蠱。見殷虛文字類編第十三。說文十三下，蟲部：「蠱，腹中蟲也。春秋傳曰：皿蟲為蠱，晦淫之所生也。梟桀死之鬼亦為蠱，从蟲从皿。皿，物之用也。」【殷虛文字丙編考釋】

◉白玉峥　：商承祚氏釋蠱(類編十三・三)。夫子曰：「蠱者，實有四類：一曰毒蠱，二曰疾蠱，三曰鬼蠱，四曰蠱災。」卜辭之蠱，當難兼有四者。然則卜辭之蠱為淫厲之鬼歟，抑為熱毒惡氣之蠱災歟？考卜辭有曰：「庚申卜争貞：旨其伐㞢(有)蠱。旨弗其伐㞢(有)蠱」(屯乙四五〇二)，「癸巳卜㱿貞：旨戈㞢(有)蠱」(屯乙四六一五)，曰伐曰戈，而後有蠱，則蠱為淫厲之鬼可信也。卜辭又曰：「庚戌卜罕於四方其五犬」(明氏藏片)，其用五犬以罕四方，猶磔狗以禦四門之蠱，則蠱為熱毒惡氣，亦可信也。山海經每言：「食之不蠱」，郭注曰：「令人不逢妖邪之氣」。以妖邪釋淫厲之鬼可通也；以妖邪釋熱毒惡氣之鬼亦可通也。卜辭之蠱，殆即此義也(徵醫二八)。【契文舉例校讀　中國文字五十二册】

◉鍾柏生　(19) 貞：王田隹蠱？

貞：王田不隹蠱？　(丙四一五)

(20) 甲子卜。㱿貞：疾役不祉？

貞：疾役其祉？

㞢疾齒，隹蠱虐()？

不隹蠱？　(乙七三一〇)

例(20)之「役」，李孝定師釋為「疫」；……「不隹蠱」張秉權師云：「與不隹囚，不隹壱同意。」注：引文見丙編下輯(一)頁四九一。除此之外，蠱在卜辭中尚有另外二種意義：(1)己未卜，㱿貞：王夢蠱，隹囚？己未卜，㱿貞：王夢蠱，不隹？（丙一二四）(2)癸丑卜，㱿貞：旨戋㞢蠱圖？旨弗戋㞢蠱羅？（丙八三）例(1)中的「蠱」，說文引春秋傳云：「梟磔死之鬼亦為蠱。」例(2)中的蠱為族民或方國名。【說「異」兼釋與「異」並見諸詞　歷史語言研究所集刊第五十六本第三分】

◉姚孝遂　周禮庶氏：「掌除毒蠱。」注：「毒蠱，蟲物而病害人者。」顧野王輿地志：「江南數郡，有畜蠱者，主人行之以殺人。行食飲中，人不覺也。其家絕滅者，則飛游妄走，中之則斃。」古代科學尚未發達，蠱腹之疾，皆以為蠱毒。巫覡則藉以惑人，謂聚蟲於皿，能造蠱毒。契文蠱字从蚰，从「皿」，或从「它（虫）」，實由來已古。王筠句讀云：「苗人行蠱者，聚諸毒蟲於一器中，互相噉食，所餘一蟲即蠱矣」，猶為古代蠱之遺風。

乙五三九三辭云：

「乙未卜，㱿貞，王疾蠱……囗？

乙未卜，㱿貞，王疾蠱隹……？」

此與丙四一五之「王囗隹蠱？王囗不隹蠱」，「蠱」均用其本義，謂蠱毒之疾。「疾蠱」當即患蛔蟲之疾。說文作「蛕」，謂「腹中長蟲也」。又有「蟯」，謂「腹中短蟲也」。得蛕蟯之疾則曰「蠱」。左傳昭元年：晉侯求醫於秦，秦伯使醫和視之，曰：「疾不可為也。是謂近女，生疾如蠱，非鬼非食，惑以喪志。」「生」今本作「室」，據王引之經義述聞訂正。腹有蠱疾者皆面黃肌瘦，近女者亦如之，故謂生疾如蠱。

「囗」即禍患之義，如「蠱」亦解為禍，其義已複。卜辭「蠱」有用如「壱」者，如：

「貞，隹媚蠱？

不隹媚蠱？」　乙三四二四

「㞢疾齒，隹蠱？」　乙七三一〇

「蠱」引申之為災禍之義，不必為「壱」之假借。卜辭屢見「㞢蠱」，皆此之類。【甲骨文字詁林第三冊】

◉溫少峰　袁庭棟　甲文之蠱字作[glyph]，字从蚰在皿中會意。《說文》訓：「蠱，腹中蟲也」。皿為食器，其中有蟲，人食之而入腹，就成為蠱，即腹中之蟲，故段注謂：「自外而入故曰中。」古人心目中之「蠱病」包括各種寄生蟲病，故血吸蟲病至今民間仍稱為「脹蠱病」。《周禮·秋官·庶氏》：「掌除毒蠱」，鄭玄注：「毒蠱，蟲物而病害人者。」又《秋官·翦氏》：「凡庶蠱之事」，鄭玄注：「蠱，蠹之類。」由是可知周人對寄生蟲入人體而致病已有較明確的概念，而卜辭中以蠱為病名，則知殷人亦已有此種概念了。華石斧在《文字系》中對「蠱」字更有新解：「蠱，毒病微蟲之公名也；血蟲象意(古血、皿同字)，蟲入血而成毒也。」果如華說，則殷人已有寄生蟲進入人之血液而致病的認識，則今日仍稱血吸蟲病為「蠱」，也就是源遠流長了。

(151) 貞：隹媚蠱？
不隹媚蠱？ (《乙》三四二四)

(152) 㞢(有)疒齒，隹蠱，虎[匕(妣)]？
不隹蠱？ (《乙》七三一〇)

(153) 貞：王冎(骨)隹蠱？
貞：王冎(骨)不隹蠱？ (《合》二八六)

(154) 貞：隹蠱？
不隹蠱？ (《卜》五)

以上均為有關「蠱」即寄生蟲病之卜問。值得注意的是，雖然殷人仍視蠱疾為鬼神所致(如「虎妣」)，但從(152)、(153)辭可知，殷已知齒病和骨病亦可能為蠱即外界進入人體的寄生蟲所致。這種萌芽時期的病理學概念，是相當可貴的。【殷墟卜辭研究——科學技術篇】

◉戴家祥 [古文字]師𩛥鼎 白亦克款由先且𧖴 「由」亦訓為行。「𧖴」為蠱之異體字，周易序卦：「蠱者，事也」。「款由先且祖𧖴蠱」亦猶左傳襄公十四年「纂乃祖考」，禮記祭統引孔悝鼎銘「纂乃祖服」、「若纂乃考服」，詩閟宮「纘禹之緒」，禮記中庸「武王纘大王、王季、文王之緒」。至於國語周語的「纂修其緒」，修亦訓為行，與銘文本句的「由」字相當，故與本句尤為相合。【金文大字典上】

[古文字] 風

[古文字] 餘七·一一 卜辭用凡為風重見凡下 [古文字] 拾七·九 卜辭用鳳為風重見鳳下 [古文字] 甲三九一八 卜辭用䬅為風重見䬅下 【甲骨文編】

[古文字] 鳳之重文 【續甲骨文編】

[古文字] 風 日甲七九 [古文字] 效四二 三例 [古文字] 日乙一〇七 三例 [古文字] 日甲五八背 三例 [古文字] 秦二 【睡虎地秦簡文字編】

☐妟水☐ — 雨(乙1 — 31) — 雨暑褘(乙7 — 24) 【長沙子彈庫帛書文字編】

蘭臺令史殘碑 【石刻篆文編】

風出碧落文 風 風出王庶子碑 風出碧落文 風出周禮 【汗簡】

並道德經 碧落文 王庶子碑 碧落文 古周禮 雲臺碑 汗簡

並王存乂切韻 【古文四聲韻】

●許 慎 八風也。東方曰明庶風。東南曰清明風。南方曰景風。西南曰涼風。西方曰閶闔風。西北曰不周風。北方曰廣莫風。東北曰融風。風動蟲生。故蟲八日而化。从虫。凡聲。凡風之屬皆从風。方戎切。古文風。【說文解字卷十三】

●林義光 从虫於風義不切。象形。非虫字。猶白象兒頭田象木果之例。象穴。彔小篆作。亦穴形。象風出穴形。宋玉風賦云。空穴來風。與雲雷同意。凡聲。【文源卷二】

●葉玉森 契文埽為風字。疑象大鳥之冠。省變作。等形。並象鳥有長尾。象尾末有圓斑。如孔雀然。或古代鳳尾亦有此斑。鳥尾長則奮翼一飛。風象自見。故古風字从長尾鳥。从疑舟帆形。凡或帆之古文。長尾鳥與帆並可占風。故先哲制風字。叚二物以象意。省左省右。仍並為風。予釋為風。說見殷契鉤沈。从。大鳥舉則塵揚。殆以狀飛塵歟。【說契 學衡第三十一期】

●葉玉森 九 其遘小風。右行。

十 多。

。余釋風。說詳殷契鉤沈。

十一 若。

風若。言風順也。

十二 上缺。日允雨。乙巳。右行。

十三

甲　甲子卜。王㐱𡆥。左行。

乙　上缺王步。大□□。左行。

藏龜第二百六十葉。□□二字在一版上。余曾疑凮非風字。說見𢦏契枝譚。今桉。本辭曰。大□□。與殷虛書契後編卷下第二十三葉之大□□第三十六葉之大□□及書契菁華之大□□辭例並同。則凮𡉈為風字更無可疑。□□□□。余釋雷。象天地之斧鉞。說詳殷契鉤沈。【鐵雲藏龜拾遺考釋】

◉余永梁　□書契後編下十五葉　案此字从女凡聲。王先生謂當是「任宿顓臾須句風姓也」之風字。案殷書古文風鳳一字。鳳从凡聲。故凡風通用。集韻帆䬐同字。杋颿同字。杋楓同字。皆其例也。【殷虛文字續考　清華學校研究院國學論叢第一卷第四期】

◉葉玉森　□。孫詒讓氏釋同。契文舉例。森桉。予曩疑甲骨文字卷一第三十葉之□為風雨合文。其左之□即卜辭□風省。又卜辭云。「貞。不其征□。」藏龜第百二十葉之二。與「貞。不其征雨。」又第九十八葉之二。辭例同。則□為風字似可無疑。殷契鉤沈。【殷墟書契前編集釋卷一】

◉葉玉森　□。商承祚氏釋埶。類編。王襄氏釋風。類纂。森桉。徵文天象第十一版之□合文同版上仍有一□字从□。王氏釋風雨。可信。華學涑氏謂米象風向八方之狀。□即□所由譌。今隸夙之从凡亦一證。說文。風。篆文从□。即十之譌。十為米省。古文从□。即古日字。金文作□。與米形近。故譌从日也。第十三第五十九葉。予桉。卜辭𡆥一作米。兩手舉𡆥則觀火之向。即知風之向。故古風字从丮从𡆥。殷契鉤沈。□乃米省。與□□或非一字。【殷墟書契前編集釋卷六】

◉馬叙倫　姚文田曰。小徐此部全脱。鈕樹玉曰。韻會引融作條。蓋本博雅改。又引從虫凡聲在八風也下。段玉裁曰。風動蟲生故蟲八日而化十字當依韻會在凡聲下。林義光曰。從虫於風義不切。□當作□。非虫字。□象風穴。□象風出穴形。與云□同意。王襄曰。卜辭有□□。華學涑云。此為風之本字。米象指風向八方之形。□即凡之所由譌。今隸夙之從凡亦一證。篆文從□即十之譌。十為米之省。古文從□。即古日字。金文作□。與米近。故譌從日也。按殷契多借鳳為風。鳳之從□作者義皆為風。□。古凡字。亦象四正四隅。指八方風向之形。與米誼同。葉玉森曰。華說稍迂曲。卜辭𡆥一作米。兩手舉𡆥。則觀火之向即知風之向。故古風字從丮從𡆥。倫按林說從虫於義不切。是也。謂□象穴。□象風出穴形。尋風本不出於穴。而風亦不可為象。其說自鑿。王所據甲文。若所撫寫不失原形。明是偽物。觀其丮旁與其他文所從之丮旁栔法不符也。即其非偽。而王以其辭不冓□與他辭其冓大□者合。故以為亦風字。倫謂卜辭雖屬殷遺。然亦非一時所栔。用字有異。自為可能。然□是形聲之字。於理無疑。若丮米為風。必其物如古所謂相風如今以紙所為名為風車者而後可。不能泛謂米象指風向八方之形也。若米為相風。則此字必須作於已有相風之後。崔豹古今注言。司風烏夏禹所作。沈約宋書輿物志曰。案周禮辯載法物。莫不詳究。然無相風罼旇頭之屬。此非古制明矣。愚謂戰國並争。師旅數出。縣烏之設。務察風祲。疑是秦制矣。然則崔説得諸傳聞。務託於古。即始夏后。形製似烏。淮南鴻烈解曰。故終身隸於人。譬若綄之候風也。注。綄。候風扇。世所謂五兩。然則米非其類。且古即有是物。則米為象形之文。即可借以為風字。猶以沙之初文為大小之小。棲之初文為東西之西。何煩復加丮旁。而反顯其義有疑點乎。是則葉謂其迂曲然矣。葉以米為尞之異文。然則此即伯尞尊之□。亦即本書之㷰字。實燎之初文。於卜辭之義。似不可通。王所據卜辭為丁丑卜亢貞賓不冓□燕亩亯。又有乙丑卜亢貞王賓不冓□者。而葉謂王所據之同版上徵文天象弟十一版仍有一□字從木。倫觀所撫字形亦屬偽栔。使其物非偽。則□為從雨□聲之字。或即本書之霸字。雨部。霸。一曰早霜也。霸蓋埶之譌邪。要之□絶非風字耳。唐寫本切韻殘卷一東風下曰。按説文從凡虫聲。是陸詞等所見本書作從凡虫聲。傳寫誤乙。風自從凡虫聲。凡為帆之初文。詳凡字下。而風為凡之轉注字。凡音奉紐。風音非紐。同為脣齒摩擦音也。虫音曉紐。非曉同為次清摩擦音。故風得以虫為聲。蟲虫一字。蟲凡聲同侵類。亦可明虫得為風取聲也。南宮鼎有□字。葉玉森謂即卜辭其冓大□之□。是也。從□從鳳鳥之象形文得聲。而□正從蟲也。甲文以為風雲字。甲文亦有以鳳鳥之本字象形者為風雲字。竝見鳳字下。亦可證也。然則因帆以使風。故借以為風雲字。甲文有但作□者。即借凡為風雲字也。八風以下五十八字竝校者所加也。八風者。由俗相傳有四方四隅之風也。禮記樂記。八風從律。八風之詞。相傳易知。經記固多有其證矣。不得據易緯而為釋也。本訓捝矣。字見急就篇。

□　鈕樹玉曰。繫傳作□。玉篇作凬。隸釋載漢楊震碑陰有凬。王筠曰。朱筠本作□。凡字略可識。丿即不可解。從日亦不可解。饒炯曰。中亦虫形。但身首異處不連。而人遂昧其解。【說文解字六書疏證卷二十六】

◉徐協貞　□或作□。古風字。□後世仞為鳳。羅氏云。風古借鳳為之。語似倒置。此為方名。竹書紀年帝相三年。征風及黃夷。帝泄二十一年。命畎夷白夷元夷風夷。此風方之留其史影者。後漢書列傳。東夷九種。有風夷。其為風方之後裔無疑。世紀云。黃帝之臣有風后。殆虛構也。越絶書有風胡子説劍。分用石用玉用銅用鐵各時期。與今之考古家言完全相同。是為風方後最卓絶者。【殷契通釋】

◉商承祚　[glyph]甲骨文叚鳳為風。鳳飛。百鳥相隨以萬數。而風生也。周禮大宗伯有飌師。即甲骨[glyph]字傳寫譌誤。玉篇有凬飌凬古文三體。風為飆之古文或作。下出風或作颫可證。又颰。古文[glyph]。亦甲骨鳳之譌者。【説文中之古文考　金陵大學學報一九四〇年第一、二期】

◉謝信一　鳳字甲骨文作[glyph](藏一〇六・二),假借為風字。羅振玉曰:「王國維曰:『卜辭屢云「其遘大鳳」,即其遘大風。周禮大宗伯風師作飌師,从雚,而卜辭作鳳,二字甚相似。』予案此説是也。考卜辭諸鳳字,誼均為風,古金文不見風字,周禮之飌乃卜辭中鳳字之傳譌,蓋譌[glyph]為[glyph],譌凡為風耳。據此知古音假鳳為風矣。」(見羅振玉增訂殷虛書契考釋中三十二頁)

鳳字假借為風字,純為音近假借,並非字義引申。風在廣韻上平聲東第一,方戎切,韻鏡列於東韻幫母三等。鳳在廣韻去聲送第一,馮貢切,韻鏡列於送韻並母三等。在廣韻時代,風鳳疊韻,而且聲母同為脣音。以古音言之,風、鳳應同在段玉裁十七部諧聲表中第九部,江有誥廿一部諧聲表中冬部,王念孫古韻譜中東部。故依清人古韻之法,風鳳同部,鳳自可音借為風。

高本漢中日漢字形聲論(Grammata Serica, 1940)亦以風鳳同置於上古音廿六部之十四部。高氏一九五四年發表中國中古上古音摘要(Compendium of phonetics IN Ancient And Archaic Chinese, BMFEA No:26, 1954),對於舊説,修正不多。此文亦以風鳳同置於上古音卅五部表中之十四部。風、鳳之上古音讀,依高氏理論,唯聲母稍微有差別:

鳳　※　bʼi̯ŭm / bʼi̯ung / feng

風　※　pi̯ŭm / pi̯ung / feng

(※表上古音,次為中古音,末為國語。)

可見鳳之借為風,無涉於義,純為音借,亦即所謂許氏説文解字序「本無其字」之假借。或以為鳳之翼大,其飛生風,故借鳳為風,以風、鳳為以義相借,未必然也。

風約略而言,第一期卜辭的鳳字大多不加偏旁,僅作[glyph](藏一〇六・二)、[glyph](藏四一・四)、[glyph](前四・四三・一)。自第二期以後,始大量出現加[glyph]為偏旁之[glyph](後上十四・八)、[glyph](前二・三十・六)。

此偏旁[glyph],即小篆凡之初文。甲骨文般字作[glyph](藏五・四),从[glyph]从[glyph];般庚作[glyph],其合文作[glyph]。⊘

郭氏曰:「此般庚作[glyph],[glyph]乃凡字,槃之初文也,象形。前片作[glyph],即後來之般字,字當作肞,譌變而為从舟从殳。而杯槃字乃益之以木作槃,或益之以皿作盤,金文伯侯文盤字作[glyph],則从金,均繁文也。」(見郭氏卜辭通纂考釋廿九葉。)李孝定先生曰:「契文从凡从攴,郭氏説肞、般、凡、槃、盤、鎜諸文衍變之跡是也。凡與舟異物,而二者文古僅毫釐之別,凡作[glyph],舟作[glyph],

後世从凡从舟之字每多相混，更進而凡亦或作舟矣。(見甲骨文字集釋第八・二七七一葉。)

說文：「鳳从鳥凡聲，□古文鳳，象形。」許君之意，以為小篆鳳乃从凡得聲。以契文□比於小篆鳳，知此凡應為聲符，而□於六書為形聲。前已述及契文鳳多假借為風，故此聲符凡所欲標示之音應為風字之音而非鳳字之音。換言之，即殷人欲以凡字之音標示風字之音。

然而風在廣韻上平聲東第一，方戎切，韻鏡列於東韻幫母三等，而凡在廣韻下平聲凡二十九，符芝切，韻鏡列於凡韻並母三等。是此風、凡兩字既非雙聲，又非疊韻。高本漢中古音風作pi̯ung而凡作bi̯wăm，主要元音以下差異很顯明，不可視為聲音相近。⊘

前面我們已經肯定甲骨文□借為風是音借，此處又認定□从凡得聲。如此一來豈非等於認定□兼有兩聲符。一個字，它的意義為風，它的讀音為風pi̯ŭm，用了一個讀作鳳bi̯ŭm的符號來標音，尚嫌不够，又在旁邊加了一個讀作凡bi̯wăm的符號來標音。這豈不是令人迷惑的嗎？

一種可能的解釋是：當鳳的聲音甚近於風時，鳳的圖象被借用來標示風的聲音，因風無所取象；但由於語音演變的結果，大約在殷墟卜辭第二期以後，鳳字的音與風字的音有了更大的差異，而這時凡字的音恰巧較鳳更接近於風，比鳳字更能代替風的聲音，因而為了明白起見，第二期以後的卜辭便在原來就代表風的鳳字旁邊加上一個偏旁凡，作為聲符，所以無形中，□中的□失去了標音的功效而轉變成一個意符。這種解釋是毫不牽强的。可惜的是，高氏的上古音並不支持這種說法，凡bi̯wăm並不比鳳bi̯ŭm更接近風pi̯ŭm。固然高氏的上古音是假想中的周秦故音，不足以處處繩律時代較它為早的契文語音。但如捨棄了周秦古音，欲求甲骨文語音，便更為困難了。這是在處理甲骨文的聲韻問題時，高本漢上古音理論應被看重的理由。

如果上述的解釋不能令人滿足，難道我們要認定□用為風不是純音借，而是像時用為期、考用為老的同義假借嗎？不幸的是，這也行不通。如果要用一個同義類的字來表示抽象的風，凡(帆)豈不是更容易寫、更合需要的字嗎？為什麼要偏愛□呢？

看來我們暫時還無法說出一個令人滿意的解釋。但不管怎樣，□中的凡是聲符，而□為形聲字是没錯的。一個字只能有一個字音(一字兩讀應視為兩字)，既然認定□中的凡是聲符，那麼剩下的□，當然不能為聲符，只好視為意符了。【甲骨文中之鳳、颰、颮説　中國文字第十七册】

◉向　夏　中國文字第十七期刊出謝信一君「甲骨文中之鳳颰颮說」一文，謝君於鳳从凡聲一點，一再懷疑，其結論為「暫時還無法說出一個令人滿意的解釋」。謹撰是文，以釋謝君之疑。

據許書風鳳二字俱从凡得聲，唯風鳳凡三字於切韻時代，由於語音演變，風鳳分隸一東與一送，凡則入下平二十九凡。段氏六書音韻表古諧聲說曰：「一聲可諧萬字，萬字而必同部，同聲必同部。」除極少之例外（如其聲在之部，从其得聲之斯字屬支部；求聲在幽部，以求得聲之裘字屬之部之類），其說可從。凡風鳳三字在詩經時代，即為符合段氏同聲必同部說之三字。

古韻分部，自顧炎武以來，皆以詩經用韻為準，不為唐韻所羈，故韻部內每有屬於他部韻目之散字，茲以風字為例（風字在詩經中不入韻，風鳳二字僅清濁與聲調之殊，某部收有風字即等於收有鳳字）。

1. 顧炎武古音表第十部內（相當於江有誥之侵、談、葉、緝四部），二十二侵韻目下，收入東韻風楓二字。顧氏唐韻正卷一東韻風字下，列舉例證至多，考定風楓二字古音為「方愔反」，以風楓二字歸入二十二侵。（按愔屬侵韻，改方戎切為方愔反，即不承認風楓二字為東韻字。）

2. 江永古韻標準第十二部內（相當於江有誥之侵緝兩部），別收一東風字。

3. 段玉裁古十七部諧聲表第七部內（大致與江永之第十二部相當），收有凡聲、風聲。又詩經韻分十七部表第七部古本音內收有風字，段氏注曰：「凡聲在此部，詩綠衣、晨風、何人斯、蒸民、桑柔六見，今入東。」

4. 孔廣森詩聲類卷五侵類收有風字，从凡聲之字皆歸侵類。

5. 王念孫古韻譜侵第三（相當於段氏第七部，唯無入聲），亦收有風字。

6. 江有誥諧聲表侵部收有凡聲，附注曰：「止録得聲之初者。」則風字亦在侵部。

7. 夏炘詩古韻表二十二部集說，侵部字表內有風字。

8. 董同龢古韻表侵部收有从凡聲之芃風二字，偏旁凡字亦在此部。（中國語音史）

以上八家，侵部皆收入从凡聲之風字（顧氏侵談不分，然就改風字為方愔反一點觀之，倘顧氏侵談分立，風字當歸侵部），純以詩經用韻為斷，三百年來，已成定論。唯瑞典漢學家高本漢，獨持異議。其所著「中國中古上古音概要」(Bulletin No. 26, 1954)，以凡汎二字歸第十二（談）部，風鳳等字歸第十四（侵）部，故高氏構擬凡字之主要元音與風字不同（凡風鳳三字之全字擬音，可參看氏著 Granmata Serica Recensa 抽印本頁一六六）。

凡字非詩經入韻字，唯从凡聲之汎，孔廣森定為入韻字，據柏舟「汎彼柏舟，髧彼兩髦」，指為句首隔韻。又據菁菁者莪「汎汎揚舟，載沈載浮」，指為句中隔韻。汎字，孔氏收入侵類。王念孫古韻譜侵第三止收入柏舟句首隔韻之汎髧。段玉裁、江有誥皆以汎字為不入韻字。姑不論汎字之入韻與否，談部所有詩經入韻字尚未見有从凡聲之字者，故可斷言所有从凡聲之字皆為侵部字。高氏第十二部之凡汎，當改入高氏之第十四部。

自孔廣森創東冬分部說後，嚴可均撰「說文聲類」，採孔氏東冬分立說，復將冬部併入侵部。（章太炎晚年亦從嚴說主張以冬併侵，見章氏著「音論」一文，收在光華大學「中國語文學研究」內。）王了一漢語史稿上册一九五八年修訂本，先秦古韻二十九部表亦以冬部併入侵部，侵部收有東韻三等之風鳳凡三字，凡韻收有凡、汎二字（王氏以凡汎為不規則的變化）。

倘從併冬於侵之說，則凡風鳳三字為同部字。从凡聲之字，可不必作個別之散字收入侵部矣。茲録王了一述冬部併入侵部之理由如後：

我們認為冬侵合一是對的。冬部的字是那樣的少，而詩經裏冬侵合韻達五次之多。（原註：秦風小戎叶中驂，豳風七月叶衝陰，大雅公劉叶飲宗，蕩叶諶終，雲漢叶蟲宮宗臨躬。）直到西漢，冬侵仍有同用的。（原註：淮南子覽冥訓叶音降，司馬相如上林賦叶蔘風音宮窮。）可見冬部字到公元前一世紀仍收-m尾。-m尾合口呼的變為-ŋ尾，是由於異化作用。-m尾是容許有合口呼的（例如越南語的buôm「帆」），但是，由於韻頭-u-和韻尾-m都需要圓脣的作用（o和ǐw同樣要圓脣），所以-m容易變為-ŋ尾（或-n尾）。這樣，冬和侵就分家了。（漢語史稿上册頁九十九）

據王氏所構擬之音值，上古侵部內一部分字，即以後變入中古東韻三等者，其演變方式如後：

ǐwəm → ǐwəŋ → ǐuŋ

按董同龢亦從師說，曰：「風從凡聲，詩韻六見，都與侵部字押韻。所以我們很有理由假定他的上古韻母是*-jwəm。至於*-m後來變-ŋ，則是異化於-w-的結果，主要元音也消失了。」（中國語音史頁一六六）

以詩經時代之韻部上推卜辭時代之語音，本難憑信。所幸鳳字於卜辭中為形聲字（加凡聲聲符之鳳字），其音值如何，雖無從作科學之假定，然凡鳳二字在卜辭時代，其為同音字（可能聲調有別），則無疑也。茲録王氏所擬凡鳳二字之中古上古音值如後：

凡（符咸切　奉凡平合三）　*bʻǐwəm / bʻǐwŋ

鳳（馮貢切　奉送去合三）　*bʻǐwəm / bʻǐwɐm　【鳳從凡聲說　中國文字第二十一册】

◉嚴一萍　31風　李棪先生釋風，可從。說文風之古文作，則此下之自可釋虫。【楚繒書新考　中國文字第二十六册】

◉温少峰　袁庭棟　甲文之鳳字作，或加凡作聲符為，借為風字。此當與古人關于鳳鳥飛翔、鼓翅成風的認識有關。《莊子・逍遥游》中的「鵬」，也即是鳳，它能「怒而飛，摶扶搖而上者九萬里」，正是鳳飛成風的意思。《韓詩外傳》載天老對黃帝之言，謂鳳「延頸奮翼，五彩備明，舉動八風，氣應時雨」，都可以與甲文中借鳳為風相互證。

大氣運動則成風，殷人對風的觀察和認識有如下述：

1. 風向

(262) ……辛未，大采各云自北，雷祉(延)。大鳳(風)自西，刜云……　(《合》七八)

(263) ……大采日各云自北，雷隹……雨，不祉(延)鳳(風)……大鳳(風)自北……　(《合》七八)〇

以上數辭均為風向之記録。值得注意的是，現在所見的卜辭中，凡記大風方向之辭，只見「自西」、「自北」，又以「自北」為多，没有「自東」、「自南」的記録。由此可見殷代安陽地區的大風主要是北風。

殷人不僅觀察風向，而且東、南、西、北四方之風各有專名。

(266) 東方曰析，鳳(風)曰劦。

南方曰夾，鳳(風)曰𠘱。

西方曰[illegible]，鳳(風)曰彝。

〔北方曰宛，鳳(風)曰[illegible]。〕(《掇二》一五八)

另《合》二六一亦載有四方之名與四方風名，東、北兩方與上辭相同，西、南兩方則方名與風名互倒，可能是有一辭誤刻。此之四方名即四方神名，四方風名即四方風神名。其後，《爾雅》、《吕氏春秋》、《淮南子》、《史記》等均有各方風名，雖與卜辭所載不同(如《爾雅・釋天》謂：「南風謂之凱風，東風謂之谷風，北風謂之涼風，西風謂之泰風」)，但亦可知風之有名，是源遠流長了。

2. 風力與風況

在卜辭中可以看出，殷人已根據風力的大小與風況的不同而加以區別，給以不同的稱謂。主要的有：

① 大風。卜辭中與今所稱「大風」相同：

(267) 辛未卜，王貞：今辛未大鳳(風)，不隹囚(咎)？　(《前》八・一四・一)

② 大掫風。甲文有𠬪，象上下兩手執耳形。于省吾先生謂：當即掫之古文，掫應讀為驟。《老子》二十三章：「驟雨不終日」，河上公注：「驟雨，暴雨也。」玄應《一切經音義・九》引《國語》賈注：「驟，疾也。」大掫風亦即大驟風，猶今言大暴風矣(見《甲骨文字釋林・釋大取雚》)。于説是。其例如：

(270) ……甲辰，大掫(驟)鳳(風)，之月(夕)𡆥……(《菁》三)

③ 颬。甲文有風的專名作𩗪，隸定為颬。陳夢家先生據《廣雅・釋詁》：「俇，狂也」，謂「兄」「王」古音同，「颬」字當是「大狂風」(《殷虛卜辭綜述》二四一頁)。屈翼鵬謂字當是《玉篇》訓「暴風也」之「颵」，或「飆」(見《甲骨文字集釋》引)。二説相近，皆可从。卜辭云：

(274) 癸亥卜，狄貞：又(有)大颬？

癸亥卜，狄貞：今日亡大颬？(《甲》三九一八)

④ 小風。與「大風」、「掫風」、「颬風」等相對者為「小風」，即風力微小之風：

(275) 其遘小鳳(風)？ (《拾》七・九)

(276) ……印……小鳳(風)……征(延)侌(陰)。 (《乙》一九四)

卜辭中關于「小風」之記載甚少，我們所見者僅此二例。

陳夢家先生謂：「凡此大風、小風、大驟風、大狂風，乃是風力的區分」(《殷虛卜辭綜述》二四一頁)。由此可見，卜辭時代，已有按風力劃分風級的初步概念了。

3. 風與囚和寧風

殷人對大風致禍或農業生産不需風時遇風而造成損失等災禍，已有深切認識，這表現在卜辭關于卜問風「佳囚」、「佳辪」的記録之中。除上引(267)辭之外，其他如：

(277) ……鳳(風)不佳囚(咎)？ (《鐵》一八八・一)⊘

(280) 貞：丝(兹)鳳(風)佳辪？(《前》六・四・一)

《説文》訓「辪，辠也。」即罪過義，引出禍害義。「兹風惟辪」，即：這場風會造成災禍嗎？

由於暴風致禍，故殷人又有「寧風」之祭，即祭于神以求風之止息。《説文》：「寧，定息也，……讀若亭」，即後世「停」之本字。「寧風」，即停風，止風也。《左傳・昭公元年》：「雪霜風雨之不時，于是乎禜之。」《爾雅・釋天》：「祭風曰磔。」郭注：「今俗，當大道中磔狗，云以止風，此其象。」如此皆殷人「寧風」之祭傳于後世者。卜辭云：

(281) 癸卯卜，賓貞：寧鳳(風)？(《卜》五五八)

(282) 弜(弗)寧鳳(風)？(《粹》四五六)

以上二辭乃卜問：舉行寧風之祭，還是不舉行寧風之祭？

(283) 丙辰卜：于土(社)寧鳳(風)？(《掇一》三四九)

(284) 癸未，其寧鳳(風)于方？又(有)雨？(《人》一九九四)

(285) 其寧鳳(風)伊〔奭〕？

……寧鳳(風)伊奭，一小牢？(《粹》八二八)

(286) 甲戌貞：其寧鳳(風)？三羊、三犬、三豕？(《續》一・一五・三)

以上諸辭，其寧風之祭或于社神，或于四方之神，或于伊奭(當即伊尹之異稱，從卜辭中可知伊尹配祀先王，一直受到祭祀)。祭祀之時，或以一小牢，或以三羊、三犬、三豕為犧牲。《詩・小雅・甫田》：「以我齊明，與我犧羊，以社以方。」毛傳：「社，后土也；方，迎四方氣于郊也。」此之「社」、「方」，正與卜辭之「土」、「方」相類，為土地神與四方之神。前引《爾雅・釋天》郭注之「當大道磔狗，云以止風」，和《淮南畢萬術》：「黑犬皮毛燒灰，揚之止天風」。均為以犬為犧牲用以寧風之遺俗。

(287) 癸酉卜，巫寧鳳(風)？(《後》下四二・四)

(288) 戊子卜，寧鳳(風)？北巫，犬？(《南》明四五)

(289) 辛酉卜，寧鳳(風)？巫，九豕？(《庫》九九二)

由以上三辭觀之，寧風之祭，是要由「巫」來舉行的。

4. 風與帝

殷人對風雖有詳細觀察與記録的一面，但也有迷信的一面，這與對其他天象變化的認識一樣，認為有風無風是由上帝的旨意決定的。卜辭云：

(290) 貞：羽(翌)癸卯，帝其令鳳(風)？(《合》一九五)

(291) 羽(翌)癸卯，帝不令鳳(風)？夕霍(霧)。(《乙》二四五二)

此二辭十分明白，殷人認為有風或無風均係上帝所「令」，亦即上帝所賜予。這較之後世「大塊噫氣，其名為風」(《莊子・齊物論》)的認識，當然是相當原始而迷信的認識。

(292) 于帝史(使)鳳(風)，二犬？(《遺》九三五)

此辭稱風為「帝使」，即上帝所遣之風神，也就是《周禮・春官・大宗伯》：「以槱燎祀司中司命，飌師雨師」的「飌師」(飌，即古文風字)。而「以槱燎」之祀，亦與卜辭以「二犬」為犧牲的祭祀相類。

(293) 貞：帝鳳(風)？ (《鐵》二五七·二)

(294) 辛未卜：帝鳳(風)？不用。雨。 (《佚》二二七)

(295) ☐寅卜：帝鳳(風)，九犬？ (《人》三〇三二)

以上三辭之「帝」，并非上帝之義，而應讀禘祭之「禘」，卜問是否用禘祭祭風也。其犧牲皆用犬，與後世磔犬祭風之記載相同。

5. 風之預卜

卜辭中有大量預卜風之有無的記録，如：

(296) 王徃(往)田，湄日不冓(遘)大鳳(風)？ (《甲》六一五)

「湄日」即「昧爽」之時，此辭乃預卜當日之清晨有無大風會影響殷王之田獵。

(297) 己亥卜，貞：今日不鳳(風)？(《後》上三一·一三)

(298) 乙卯卜：羽(翌)日丁巳其大鳳(風)？(《乙》一八六)

(299) 癸酉卜：乙亥不鳳(風)？

乙亥其鳳(風)？(《合》六五)

(300) 貞：今日不月(夕)鳳(風)？

☐☐卜，永貞：今日其月(夕)鳳(風)？(《乙》七一二六)

以上數辭，為卜問當日、次日、第三日及夜晚是否有風之辭。和卜問其他氣象變化一樣，這種卜問之中事實上包含有一定的預測的內容。經過長期的觀察、記録、總結，殷人對起風與否的規律，應當有一些初步的認識，方能以預卜的形式預測數日之後是否起風。【殷墟卜辭研究——科學技術篇】

◉姚孝遂 [甲骨文字形] 靃从雨从雈，當為「風」字之異構。辭為：

「貞雨：其靃」 乙八三七五合集一二八一七正

「貞雨不靃」 乙五六九七合集一二八一七正 【甲骨文字詁林第二册】

◉曾憲通 [字形] 風雨是於 甲一·三一 [字形] 風雨瞀禕 甲七·二四 風字从虫凡聲，凡聲之凡作[字形]，與帛書乙篇之戌相同。旁出一筆不見他書，與害字旁出一筆構形相類，殆楚文字之特殊寫法。《說文》古文風作□，其聲符□亦旁出一筆，或與楚系文字有關。

【長沙楚帛書文字編】

◉黃錫全 □風出碧落文 今存碑文作□、□二形。後風部録《周禮》風作□。甲骨文借鳳為風，本象形字作□、□、□、□，增从凡聲作□、□、□，變作□（南宮中鼎）。此形所从之□乃鳳尾花繪□、□、□等形譌，形似京。鄭珍誤以為下應从㐬。碑文此形甚古，來源有據，絶非杜撰。由此可見，文字在歷代沿襲使用的過程中，雖有種種譌變，但其某些特徵一直還殘留着。

【汗簡注釋卷二】

◉黃錫全 □風出碧落文 夏韻東韻録作□，今存碑文作□，此寫誤。鄭珍認為是「用蔡邕書夏承碑風字隸體」。夏承碑作□，孔耽神祠碑作□，唐吏部常選張顔墓誌作□，並與此形類同。以上諸風形當由□形譌變，說見前京部□。【汗簡注釋卷六】

◉曾憲通 「風」字何以从虫？其古文何以从日？這個問題，自許慎以來似乎還没有人說得清楚。儘管有人懷疑過《說文》「風動蟲生，故蟲八日而化」的解釋，想從先秦文字中找到反證；可是長沙楚帛書中卻偏偏出了個从虫凡聲的「□」字，可見《說文》所收的篆文確有所本，問題在于對風字的形體結構作何解釋。

近讀黃錫全同志所著《汗簡注釋》，很受啟迪，深信要揭開楚帛書□字及其古文之謎，實有賴于對甲骨文、金文資料的細致分析。黃錫全同志指出：「甲骨文假鳳為風，《說文》風字古文作□，當由□、□等形省變。」綜觀先秦風字的資料，其形體演變的軌迹略如下表：

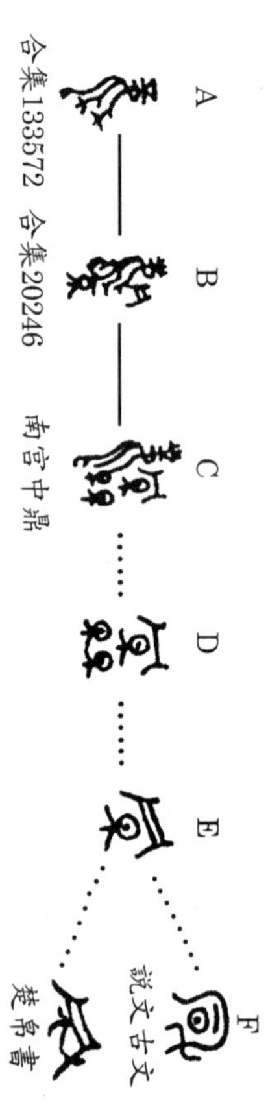

表中甲骨文例A以鳳為風，例B是在A的基礎上加「凡」為聲符。例C為金文，已將鳳尾紋飾與鳳體分離，且移置聲符「凡」之下，形成左右式并列結構，其右旁之□，則為風字之濫觴。例D是C的簡省，由偏旁獨立成字，例E是D的進一步簡化，即由聲符和單個鳳尾紋飾所組成。此形體為風字的分化提供了條件。D、E二形雖然尚無出土資料的實證，然而卻合乎字形發展的一般規

律，應是可信的。漢夏承碑風字作，孟孝琚碑作，皆是形的變體，并可作為字存在的旁證。例F和G則分别是E的分化和省變，即在聲符「凡」之下，《説文》古文取鳳尾紋飾之上部「」而成字；楚帛書取尾飾之下部「」而成字。兩相對照，若合符節。由此可見，風字自甲骨文時代至今皆假鳳為之，不過後代分别以其尾飾之局部代替鳳體，故不易為人所覺察。尾飾之，猶孔雀尾端之錢斑，是鳳鳥别于其它鳥類的主要特徵，故以之代表鳳之整體。其本與虫、日無關，許慎以其字形與虫、日相類，遂以「風動蟲生，故蟲八日而化」强為之解，是不足為據的。【楚文字釋叢　中山大學學報一九九六年第三期】

飆

◉許　慎　北風謂之飆。从風。涼省聲。吕張切。【説文解字卷十三】

◉馬叙倫　段玉裁曰。涼省聲當作京聲。王筠曰。北風謂之飆。爾雅釋天。文也。釋文作涼。而日本或作古飆字。是陸以飆為古字也。此篆蓋後人增。【説文解字六書疏證卷二十六】

◉朱歧祥　从風兄聲，隸作⿺風兄。兄、京同屬古音陽部，即《説文》飆字：「北風謂之飆。」《爾雅》：「北風謂之涼風。」卜辭用本義，稱「大⿺風兄」，謂巨大的北風。

《甲3918》癸亥卜，狄貞，今日亡大。【殷虚甲骨文字通釋稿】

颷

◉許　慎　小風也。从風。朮聲。翾聿切。【説文解字卷十三】

◉馬叙倫　嚴可均曰。韻會六月引作颵。風也。一曰。小風謂之颵。蓋即颮字。所據本異也。玉篇颮在部末俗字中。倫按據韻會引蓋有一正一重。傳寫捝一文耳。觀説解僅作小風也。非唐人删存如此。亦傳寫之捝也。玉篇此字在部末俗字中。蓋宋人所加。然則梁時本書無此文邪。【説文解字六書疏證卷二十六】

◉謝信一　初看、與字形無别，而驗以甲骨辭例，亦未發其意義與有何差别。故諸家拓録多以類字與同附於鳳字下。金祥恒先生於釋鳳（載於中國文字三期）一文中首先注意到類字應與類字明白分開。此兩類字所从的偏旁、，看來確有些相像，易令人誤以為為之省體。但新四七四六一片有一字，所从之絶不同於，亦不可能為之缺體；而與、又自相似，因而斷定、、自為一類，而不同於。戉字契文作，與此正相似，又成字契文作，从（戊），从口（丁）；與亦相似。諸家皆以為契文戊字乃象兵器之形。郭氏曰：「戊象斧鉞之形，蓋即戚之古文。」許書：『戚，戉也，从戉尗聲。』段注云：『大雅曰：「干戈戚揚。」傳云：「戚，斧也，揚鉞也。」依毛傳，戚小於戉，揚乃得戉名。

左傳：「戚戉秬鬯，文公受之。」戚戉亦分二物，許則渾言之耳。』案戚小於戉之説是也，古音戉戚同在幽部，故知戊即是戚。十二支之戌則戉也，金文、骨文作[glyph]，較之戊形，實有大小之别。」（見甲研下册釋干支九葉。）郭氏之意，以為戊即是斧，即是戚；戌即是鉞，即是戉。戌與戊形狀相同，唯戊之形體大於戌、戉。首先提出戌與戉同為一物的説法的是羅振玉。羅氏云：「卜辭中戌字象戉形，與戉殆是一字，古金文戌字亦多作[glyph]，仍未失戉形，説文解字作戌，云从戊含一，於是與戉乃離為二矣。」（見增考中四葉。）郭氏承其説，以為：「古十二辰第十一位之『戌字象戉形，與戉殆是一字。』羅氏之説確無可易。」商承祚亦云：「戌戉古為一字。」（見佚考三葉。）

[glyph]、[glyph]、[glyph]所从的[glyph]、[glyph]、[glyph]，不論為戊、為戌、或為戉，均是象兵器之形。但[glyph]、[glyph]、[glyph]在甲骨文中的意義與兵無涉，而與風有關，例如粹八二八：「無雨，其寧[glyph]」，因而斷定此象兵器之形的符號，不可能為表義的符號，而是表聲的符號。此等[glyph]、[glyph]、[glyph]既為形聲字，則應从戊、从戌或从戉得聲。然而上古音戊、戌、戉與風差異甚大，斷不能以戊、戌、戉之標示風之音。單憑甲骨文辭例實難判别這一類字與風字意義上有何差異，不過縱然它們的意義與風有部分相同之處，但既認定它們與風的聲音毫不相似，便得認為它們與風並不是同一個字。換言之，它們代表與風不相同的意念。如果我們能在小篆裡找到它們的痕跡，也就是説，如果我們能指出小篆中那些字是由它們演變而來的，那麽我們豈非有充分證據説明它們在甲骨文中究為何字嗎？

廣韻入聲月第十：颵，小風，許月切；集韻入聲月第十：颵，許月切，颵颵，風也；一曰小風謂之颵。廣雅釋詁四：颵，風也。韻鏡颵、戉同在月韻，颵列於曉母三等，而戉列於喻母三等；至其古音，諸家古韻分部，皆以戉、颵同屬一部。高本漢音標：

戉　※　gi̯wăt / ji̯wɑt / yüe

颵　　　xi̯wăt / xi̯wɑt / yüe

戉、颵兩字只有聲母不同，而聲母又同為喉音，所以兩字字音甚近，颵从戉得聲是毫無疑問的。將甲骨文[glyph]、[glyph]與小篆戉、颵互相比較以後，我們的結論是：[glyph]从[glyph]得聲，為颵之初文。颵之義，集韻以為風，又以為小風，廣韻以為小風。以為風，渾言之；以為小風，分别言之也。故[glyph]在契文應釋為小風之颵。

依此看法，珠六六九「[glyph][glyph]」的文義是：「會不會有小風？」有無小風也得事先占卜嗎？這是令現代人費解的。但甲骨文的[glyph]確應作小風解。何以見得？前面我們已經説過，甲骨文的戊、戌、戉實際上是大同小異的兵器的圖形，所以甲骨文一個从

飆 □

戌得聲的字，變到了小篆，可能訛誤為三個字，一個从戊，一個从戌，一個从戉。現在如果我們能在小篆裡找到一個从風从戊的字，或者一個从風从戌的字，而它的意義又是「小風」，那不就是證明⿰風戌在甲骨文中其義為「小風」嗎？廣韻入聲術第六：⿰風戌，許聿切，小風皃。集韻入聲質第五：⿰風戌，休必切，風也。廣雅釋詁四：⿰風戌，風也。故⿰風戌亦可作小風解。十二干支之戌，廣韻入於入聲術第六，集韻亦入於入聲術第六。廣韻質、術兩韻之分別在開合，集韻亦然。如依廣韻，以⿰風戌為合口，則按高本漢理論，⿰風戌、戌之上古音應為：

⿰風戌　＊　xiwət / xiuĕt/sü

戌　　　siwət / siuĕt / sü

⿰風戌、戌音近，⿰風戌从戌得聲，無可懷疑。顯然這個⿰風戌就是⿰風术的變體；倒過來說，⿰風术就是⿰風戌的變體。⿰風戌與⿰風术既然同表達「小風」的意念，由同一個甲骨文字形演變而來，為何讀音不同，宛然是兩個個別的字呢？我們的解釋是：把□所从的聲符認作戌，便讀作⿰風戌，認作戉，便讀若⿰風戌。⿰風戌不見於說文，但說文：⿰風术，小風也，从風术聲。玉篇：⿰風术，小風皃。集韻入聲質第五：⿰風术，小風，雪律切。則與戌同音。這個⿰風术字，與⿰風戌其實是同一個字，只是因為用了不同的聲符，沿用日久，讀音與⿰風戌有了小差異。差異的產生乃由於形聲偏旁往往不能完完全全地標示出一個字的語音，只是標出相近的語音而已。假設⿰風戌與⿰風术是同時被造的兩個形聲字，開始用的時候語音與字形的關係是密切的，即戌术明白地標示語音。但當這兩個字變成罕用字以後，由於語音變化大，人們不容易由戌术來判別⿰風戌、⿰風术的語音，於是須賴經師來解釋。由於師傳不同，解釋也不同，所以⿰風戌、⿰風术便分化成兩個讀音，變成兩個字了。

由是可知契文□，即是小篆⿰風戊、⿰風戌、⿰風术三字的初文。至於□字的字音，則讀同⿰風戊、⿰風戌或⿰風术皆無不可。【甲骨文中之鳳、⿰風戌、⿰風术說　中國文字第十七冊】

◉許　慎　□扶搖風也。从風。猋聲。甫遙切。□飆或从包。【說文解字卷十三】

◉馬叙倫　沈濤曰。初學記一引作疾風也。是古本不作扶搖風。許不必與爾雅同也。段玉裁曰。釋天釋文云。字林作颮。必遙反。不言說文。王筠曰。初學記引殆其本文。又引爾雅曰扶搖謂之飆以證。今本則删節之文耳。倫按嚴章福疑初學記引為颮下說解。倫謂雅言扶搖謂之猋。猋是飆省。莊子逍遥遊。摶扶搖而上。古注。羊角。羊角謂風似羊角。蓋即回風。此下文。飄。回風也。飄飆為同脣齒次清摩擦音轉注字。則飆當訓回風。今訓扶搖風者。扶搖即飆之緩言。此字蓋出字林。

字林每列異訓。

□ 沈濤曰。後漢書班固傳注文選西都賦注皆引颮古颷字。則非或體乃古文也。倫按猋包音同封紐聲同幽類。故飆轉注為颮。【說文解字六書疏證卷二十六】

飄

□ 飄出義雲章【汗簡】

□ 義雲章【古文四聲韻】

◉許　慎　□回風也。从風。票聲。撫招切。【說文解字卷十三】

◉黃錫全　□飄出義雲章　貉子卣鹿作□，三體石經《無逸》麃字作□，古陶鹿作□□(香録10·1)，此形上部類同，當是飄省。⿰麃風从麃聲，飄从票聲，麃从票省聲，麃票同屬脣音宵部，此假⿰麃風為飄。《玉篇》「⿰麃風，匹召切，飄⿰麃風」。【汗簡注釋卷六】

颯

□ 呂颯私印　□ 王颯私印　□ 郭颯印信【漢印文字徵】

◉許　慎　□翔風也。从風。立聲。穌合切。【說文解字卷十三】

◉馬叙倫　鈕樹玉曰。韻會引同。繫傳翔作朔。誤。翟云升曰。文選風賦注引作風聲。是也。倫按上下文皆無風聲之訓。選注所引蓋一曰之文。本書。翔。回飛也。疑翔風即回風。颯音心紐。心敷與非同為脣齒次清摩擦音。是飆飄之轉注字也。【說文解字六書疏證卷二十六】

飂

◉許　慎　□高風也。从風。翏聲。力求切。【說文解字卷十三】

◉馬叙倫　回風自下而上。故司馬彪注莊子曰。上行風謂之扶搖。然則飂為飆飄之聲同幽類轉注字也。【說文解字六書疏證卷二十六】

䬍

䬍 崔希裕纂古【古文四聲韻】

◉許　慎　䬍疾風也。从風。从忽。忽亦聲。呼骨切。【說文解字卷十三】

◉馬叙倫　嚴章福曰。從風。忽聲。倫按䬍從忽得聲。忽從勿得聲。勿音微紐。𩗗從日得聲。日音古在泥紐。微泥同為邊音。是轉注字也。【說文解字六書疏證卷二十六】

颹

◉許　慎　颹大風也。从風。胃聲。王勿切。【說文解字卷十三】

◉馬叙倫　颹䬍聲同脂類。蓋轉注字。【說文解字六書疏證卷二十六】

𩗗

◉許　慎　𩗗大風也。从風。日聲。于筆切。【說文解字卷十三】

◉馬叙倫　吴穎芳曰。䬍𩗗颹語之轉。倫按𩗗颹音同喻紐三等。聲同脂類。轉注字也。【說文解字六書疏證卷二十六】

颺

王颺【漢印文字徵】

◉許　慎　颺風所飛揚也。从風。昜聲。與章切。【說文解字卷十三】

◉馬叙倫　疑本訓揚也。風所飛揚也校語。急就篇簸揚字玉海作颺。【說文解字六書疏證卷二十六】

◉郭沫若　𣄴當是颺之古字，楚王酓章鐘「徒自西𣄴」，又「寘之西𣄴」，即西陽。𣄴言飛揚，亦高舉之義也。故「中鶾戲𣄴」決當讀為「縱翰虛揚」。此四字形容鐘之外貌，其次之「元鳴孔皇」則形容鐘之聲也。後案：或讀中為終，虛為且，言既高且揚，可從。【釋中鶾戲𣄴　金文餘釋　金文叢考】

◉林潔明　王孫鐘　𣄴字說文所無。字从㫃昜聲。當即旗幟飄颺之本字。【金文詁林第九册】

颲

◉許　慎　颲風雨暴疾也。从風。利聲。讀若栗。力質切。【說文解字卷十三】

◉馬叙倫　吴穎芳曰。颲之語轉。桂馥曰。暴當為瀑。本書。瀑。疾雨也。倫按字止從風而訓風雨暴疾。必非許文。當作暴風也。為䬍之聲同脂類轉注字。讀若栗者。劉秀生曰。利栗聲皆來紐。故颲從利聲得讀若栗。詩七月。二之日栗烈。釋文。

栗烈並如字。說文作颲颲。是其證。【說文解字六書疏證卷二十六】

颲

◉許　慎　颲烈風也。从風。列聲。讀若列。良薛切。【說文解字卷十三】

◉馬叙倫　颲颲音同來紐聲同脂類轉注字。亦得為連語。錢坫據廣韻以颲為風烈字而無颲。疑此字為後人所加。【說文解字六書疏證卷二十六】

颸

◉徐　鉉　颸涼風也。从風。思聲。息茲切。【說文解字卷十三新附】

颼

◉徐　鉉　颼颾也。从風。叜聲。所鳩切。【說文解字卷十三新附】

颭

◉徐　鉉　颭風吹浪動也。从風。占聲。隻冉切。【說文解字卷十三新附】

它

甲一六五四　卜辭它从止　乙一二三六　乙一三五三　乙六八四九　朱書　鐵六·三　鐵六六·一

鐵一〇三·一　鐵二六二·二　前一·四七·三　前三·一一·二　前七·九·四　燕六〇九　佚五一四

佚八六六　京津一一五一　京津一一六二　鄴初下·四〇·四　無想二二六　明藏四九二　乙八八

九六　甲一八一　甲三五九　甲三九八　存下六一〇　後一·二三·五　後一·二一·一〇

後一·二〇·一二　後二·三八·六　林一·二一·五　林一·二一·七　戩五·五　燕二七三　佚一一

存一八〇一 寧滬一・四八〇 無想二二八 明藏四九五 粹六一 粹一七一 粹二〇一 粹
二二九 金二〇一 粹一一 前二・九・七 佚五一四 人名 甲一〇九八 鄴三下・四三・九
乙三三三二 乙四五六九 乙六三九九 乙八三六〇 京津四七八二 存下五六 掇一・三三七反
珠四背 前二・二八・一 或从彳 後一・二〇・七 通别二・一A 甲三六五九 乙八八一六

【甲骨文編】

甲111 181 359 398 545 562 1503 1654 2437 3150 3659
3660 乙1912 2274 6299 6385 6404 6419 6697 6724 6727
6740 6849 6948 7128 7130 7143 7183 7231 7495 7797 7893
8068 8711 8816 8896 珠270 271 272 520 522 622 1375
卜161 佚11 198 866 續1・27・8 1・34・1 1・38・5 1・42・6 2・1・3
4・16・5 5・5・4 5・21・3 6・17・2 掇463 徵3・76 3・177 3・182 3・
224 8・86 8・97 10・29 10・121 京1・24・4 2・28・1 3・12・5 凡3・3
19・2 録94 272 277 304 376 天31 摭108 113 六中137 六雙1
續存990 書1・9・A 摭續196 粹11 61 171 224 229 792 1166 【續
甲骨文編】

它　與也為一字形狀相似誤析為二後人別構音讀然从也之池䖢馳阤杝施六字仍讀它音而沱字今經典皆作池可證徐鉉曰沱沼之沱今別作池非是蓋不知也即它也說文也女陰也望文生訓形意俱乖昔人蓋嘗疑之　芇伯簋　異自它邦　沈子它簋　師遽方彝　文且它公　取它人鼎　句它盤　詩君子偕老委委佗佗傳佗佗者德平易也爾雅釋訓委委佗佗美也釋文亦作褘褘它它太平御覽引作委委蛇蛇　齊侯敦　它=熙=　齊侯盤　夆弔匜　伯康簋　它=受兹永命　孶乳為匜　取膚匜　伯正父匜　伯吉父匜　甫人匜　弔男父匜　弔高父匜　召樂父匜　呂仲匜　匽伯匜　眞伯匜　眞甫人匜　弔𠩺父匜　黃仲匜　鄭義伯匜　番伯酓匜　薛侯匜　齊侯匜　周窐匜　司馬南弔匜　由宮昏匜　子仲匜　鄭伯匜　封孫宅盤　長湯匜　王婦匜　公父宅匜　樊夫人龍嬴匜　番仲𢍜匜　皛弔匜　白者君匜　【金文編】

3·379　關里它　鄒滕2　【古陶文字徵】

164　【包山楚簡文字編】

它　法二五　二十九例　雜四二　十五例　雜三八　秦一七四　十七例　法二〇四　效五二　說文　它或从虫　日甲七四背　【睡虎地秦簡文字編】

戰它里　董它人　祭它私印　□它私印　張它私印　陳它私印　張它人　蕢它　【漢印文字徵】

它託何切　【汗簡】

汗簡 同上 【古文四聲韻】

◉許　慎　虫也。从虫而長。象宛曲垂尾形。上古艸居。患它。故相問無它乎。凡它之屬皆从它。託何切。它或从虫。臣鉉等曰。今俗作食遮切。【説文解字卷十三】

◉劉心源　它=即詩委委佗佗。毛傳。佗佗者。德平易也。爾雅釋訓。佗佗。美也。釋文作它它。此作。古刻匜字如此。象匜有柄有流形。叵知古文它也同字。小篆始分為二。隸書它也相掍。未為譌也。【奇觚室吉金文述卷三】

◉孫詒讓　古文它與虫形義竝相近也。蓋它本从虫而小異。原始象形字止作。後變易增益而成。金文匜字多省作取盧匜。穌甫人匜。作周窒匜。或作魯大司徒匜。蓋即此字。説文匸部。匜。从也。與它古音相近。故金文从之。或徑省作它矣。上从。與虫古文略同。唯下半形較緐複耳。虫原始象形字蓋作。變易作。作。如説文蠡字螽字。古文皆从。蟲部古文蚌字从。兩形不同。而皆可通。後定作。則整齊之以求茂密。它古文作。尾較宛曲。故變易作。亦較虫為緐。魯大司徒匜作。則與小篆正同。諸文雖敓異。大意咸不甚相遠也。【名原上】

◉林義光　古作静敦池字偏旁。作褱鼎鼄字偏旁。【文源卷一】

◉羅振玉　説文解字。它。虫也。上古艸居。患它。故相問無它乎。或从虫作蛇。卜辭中从止即足也下它。或增从彳。其文皆曰亡它。或曰不它。殆即它字。上古相問以無它。故卜辭中凡貞祭於先祖尚用不它亾它之遺言。殆相沿以為無事故之通稱矣。卜辭中亦單稱它。則當是有故不可以祭矣。又案它與虫殆為一字。後人誤析為二。又并二字而為蛇。尤重複無理。許君於虫部外别立它部。不免沿其誤矣。【增訂殷虚書契考釋卷中】

◉商承祚　象它行于野,而人踐之,故曰它也。【甲骨文字研究(下編)】

◉孫海波　前七・九・四　後上・二二・五　沈子它毁　師伯匜　黄仲匜　番仲艾匜　白者君匜　説文云:「虫也,从虫而長,象宛曲垂尾形。上古艸居患它,故相問無它乎?它或从虫。」按古文它也蛇一字,甲骨作即它字,它虫形近,故从止,以别于虫。金文作,即後也字之所從出。古从也之字多从它,如匜金文作,池金文作,可證它也一字。它或文之蛇,即今世正書之蛇字。【甲骨金文研究　中國大學講義(内刊)】

◉吴其昌　卜辭中有「巷,亡巷」對舉者,如云「貞南庚,巷。貞南庚。不巷。」前・一・一三・八。又有以「巷」「不巷」對舉者,如云:「隹大庚,巷。大庚,不巷。」後・一・二二・五。「亡巷」「不巷」之外,又有作「弗巷」者,如云:「貞父庚,弗巷。」續・一・三九・六。「巷」下或綴以「王」字,如云:「貞巷王。貞不巷。」前・七・一〇・一。或綴以「我」字,如本片之「巷我。不巷我。」及與本片之「貞寅尹，壱我。貞寅尹，不壱。」前・一・五二・一。「貞父甲，不我壱。」林・一・二・八。「不我壱」亦得有易作「亡壱我」者。前・四・一五・四。考以上各辭，「亡壱」之語，無一不施之于祭後，知其意與「亡尤」「亡巛」者等矣。卜辭且有一片其上下節文「亡尤」與「亡壱」相遣間通用者。後・一・二・一〇。尤足為「亡壱」即等「亡尤」之證也。故羅振玉氏即以說文之「無它」釋卜辭之「亡壱」。為得其實矣。⊘葉玉森氏又引申羅說而足之曰「羅釋可信。惟繫『止』于『它』首，究為何誼，疑古人足觸它首，則驚呼『有它』！故繫『止』于『它』首以示戒。」集釋・一・六四。其昌按：「壱」「它」一字，不成問題。卜辭中同一片內，「又壱」與「亡它」遣出通行，即其明白堅證。所成為問題者，「亡壱」宜與「亡尤」「亡巛」「亡囚」「亡猒」為類，淺顯易明。但此數詞絕無例外作「又尤」「又巛」「又囚」「又猒」者，亦絕無例外。省作「尤」「巛」「猒」者。亦絕無例外。「尤」與「亡尤」，「巛」與「亡巛」，「猒」與「亡猒」，對舉者。此則「亡壱」之例，與之絕異。卜辭中祭文後着「它」者，多不勝舉。吾人不能不深切明曉者也。【殷虛書契解詁】

◉葉玉森　壱　疑古人足觸它首則驚呼有它。故繫止于它首以示戒。且因它之形不僅象它。故着此特徵也。其从彳者。即佗字所由孳生歟。【殷墟書契前編集釋卷一】

◉高田忠周　銘以它為匜。省文叚借。又同聲通用也。說文。它虫也。从虫而長。象冤曲垂尾形。上古艸居。患它。故相問無它乎。或从虫作蛇。此篆即說文它字。彼是少異耳。因謂說文它也兩字分別非。也即它之變文。漢注水匜作匜。从它。不从也。此它也同字之證也。蓋它字一變作乜。此為異文。乜又一變作也。其訓女会者。此謂象形叚借乎。蓋不然。抑傅會肊說耳。要古有它無也。【古籀篇九】

◉馬叙倫　吴穎芳曰。从疑似之誤。寃曲同宛曲。姚文田曰。小徐此部全脫。鈕樹玉曰。寃當作冤。廣韻引作冤。更譌。繫傳無垂字。蓋脫。翟云升曰。九經字樣引作蝮也。韻會引作毒蟲虺屬。象形。王筠曰。朱筠本篆作它。虫也者。言小時名虫大則名蛇也。此虫亦借為虺。非復一名蝮之虫矣。吴語。為虺弗摧。為蛇將若何。韋注。虺小蛇大也。案虺即此虫。蛇即此它。饒炯曰。它而訓虫。殆以重文為說解。容庚曰。它也一字。形狀相似。誤析為二。後人別構音讀。然從也之池䖧馳阤杝施六字仍讀它音。而沱字經典皆作池。可證。許說也為女陰。望文生訓。形意俱乖。昔人蓋嘗疑之。羅振玉曰。卜辭它字從止。或增彳。其文作壱壱徃。其詞皆曰。亡壱。或曰。不壱。殆即它字。上古相問以無它。故卜辭中凡貞祭于先祖。尚用不它無它之遺言。殆相沿以為無事故之通稱矣。它與虫殆為一字。後人誤析為二。又竝二字而為蛇。尤重複無理。倫按卜辭中之不壱無壱皆謂無禍。壱蓋從止它聲。為過之轉注字。或即本書之迆字。而借為禍。聲皆歌類也。非即它字。取它人鼎有□字。齊侯敨作□。師伯匜作□。黃仲匜作□。苗仲艾匜作□。白者君匜作□。此明為博三寸首大如擘之蝮形。而誤以為匜字。蝮音轉如虺。虺從兀得聲。元兀一字。歌元對轉。故□虫二字聲遂相亂。詩斯干國語吳語韓非皆以虺蛇相對為文或連語。廣韻有蜲蛇。即莊子之委蛇。本書逶之或體作蝺。玉篇。蝺。形似蛇。朱駿聲謂即莊子之委字。倫謂莊子之委蛇即虺蛇。委聲歌類。與兀歌元對轉。故莊子借委字。俗更作蝺字。為聲亦歌類也。此亦□虫聲通之證。取虘匜作□。長湯匜作□。鄭伯匜作□。子仲匜作□。則與女陰之也虺蛇之虫形亦相亂。而聲亦可通。且金文極富聲借之例。故亦或匜字或借用博三寸首大如擘之□。或借用女陰之也。而虫□也三字實各異形異義。本書。䖳。讀若馳。詩新臺。得此伊施。即本書之䵶鼊。爾雅釋魚釋文謂字書或作規頊。甲文□□二字所從之□□即虫字。亦可證三字形音相亂。且益可證長虫字即虫。而□乃博三寸首大如擘之本字。此說解當作虫也或蝮也象形。今曰從虫而長象寃曲垂尾形。以篆形觀之亦不然。況其實虫蝮異形邪。據字様及韻會引。蓋本訓虫也。吕忱加蝮也毒蟲虺屬。今本說解為後人所改矣。上古以下十二字校語。藝文類聚引風俗通言。相問無恙無疾。太平御覽引風俗通。上古之時。草居野宿恙噬蟲也。善食人心。凡相勞問曰。無恙乎。則漢末尚無患它之說。

□ 倫按此後起字。從虫。它聲。玄應一切經音義引字林。蛇蠆皆行毒蟲也。今二字皆為重文。此亦重文為所加之塙證。字林於正文下當有行毒蟲也一訓。韻會引作毒蟲。蓋挩二字。【說文解字六書疏證卷二十六】

◉徐中舒　金文又有言它它巸巸者（其字或有從水作沱沱洍洍者）。

用旂眉壽萬年無疆。它它巸巸。男女無朞。——齊侯盤匜𣪘章

眉壽萬年。永保其身。它它巸巸。受福無朞。——𢍰公壺

其眉壽萬年。永保其身。它它巸巸。壽老無朞。——夆叔匜

其眉壽萬年。永保其身。沱沱巸巸。男女無朞。——慶叔匜

它它受茲永命無疆屯右。——伯康𣪘

𠔏其洍洍萬年無疆。——𠔏𣪘

此它它巸巸皆形容無期無疆之辭。它它詩君子偕老委委佗佗作佗佗。巧言蛇蛇碩言又作蛇蛇（吕氏春秋重己引作虵虵）。陳奐毛詩傳疏云。羔羊之委蛇。即偕老之委委佗佗。單言委。重言委委。單言蛇。重言蛇蛇。毛傳。委委。行可委曲蹤迹也。佗佗。德平易也。委蛇。行可從迹也。蛇蛇。淺意也。綜而釋之。當以行可從迹為允。淺意之解。望文為說。最不足訓。委

蛇古為連語。韓詩作逶迤。揚雄甘泉賦蹶不周之逶蛇。又作逶蛇。山海經海内經有神人首蛇身長如轅……名曰延維。延維即委蛇之倒語。莊子達生篇委蛇其大如轂。其長如轅。委蛇長如轅。知即海内經之延維。又莊子田子方篇遺蛇其步。漢書東方朔傳遺蛇其跡。後漢書竇憲傳仁厚委隨。衡方碑禕隋在公。並即委蛇之異文。綜上諸語。凡脩長委曲皆可曰委蛇。引申則為不絶為無窮之意。戰國策趙策二昔者先君與代交地。城境封之。名曰無窮之門。所以昭後而期遠也。今重甲循兵不可以踰險。仁義道德不可以來朝……王遂胡服。率騎入胡。出於遺遺之門。踰九限之固。絶五俓之險。至榆中辟地千里。此遺遺之門。即無窮之門也。詩角弓莫肯下遺。鄭箋。遺讀曰隨。是遺隋相通之證。遺遺即隋隋即它它也。巸巸(洍洍)經傳皆作熙。左氏襄二十九年傳云。廣哉熙熙乎。周書大子晉篇萬物熙熙。老子衆人熙熙。荀子儒效篇熙熙兮其衆人之臧也。凡此熙熙皆有廣大衆多之意。【金文嘏辭釋例　歷史語言研究所集刊第六本一分】

◉周谷城　它與也為一字。其形為□。甲骨文作□。金文作□作□作□作□作□等等形式。這個字既沒有他字的意義。也沒有蛇字的意義。更沒有㐌字的意義。僅僅祇有糯米湯糰那個糰字的意義。不過讀成陰聲而已。糰即團字即叀字。古文作□。小孩稱豆子曰粒粒。意即小小的它它。蚊子咬了一口皮膚突起來。曰咬起了一個它。額頭碰了一下。皮膚突起來。曰碰起了一個它。叀的古文□字。上面係屮初出現之狀。下面是種子。就是兩個它它。其聲音也還是它。例如斷字係從幺得聲。但與它同聲。又如𢇍字。係從幺得聲。亦與它同聲。不僅同聲而已。且均含有它字的基本意義。果子結在樹枝上。是一個一個的它。用刀去割。便叫做斷。是斷義緣它義而生。粘土上面用足踏去。成一個一個的洞。亦即凹下的它。便叫做𢇍。是𢇍含有它義。幺之為它它。從幼字上看更易看得清楚。幼字從幺。說文云。幺。小也。象子初生之形。說文的原義是很對的。意即象種子初生之形。但歷來讀說文的人誤以子為兒子。因此始終不得其解。蓋以兒子並不像幺也。若把子作種子解。則暢通了。種子是樹上結的果子。是小它它。幼字甲骨文作□。古文字學者謂是从幺力。我則以為係从樹枝及樹枝上新結的果子。新結的果子當然是幼小的。借此形容晚生的兒子亦很好講。故把幼字裏的幺認為果子。認為種子。認為它它。其義暢通。⊘

也即它字。說文云女陰也。女陰之說。今日古文字學者不以為然。認是望文生訓。形意俱乖。在我們看來。把也解成女陰。或許不錯。也即它。其形為□。其意為種子。為核心。大家熟識的桃仁杏仁棗仁等。正是如此。兩頭尖。中間大。外有殼。內有核。且幼苗亦出自種子。女陰之形與它字相似。且嬰兒亦出自女陰。由此看來。把女陰來解也字。實在形意俱順。不能謂為形意俱乖。【釋它也他蛇㐌　古史零證】

◉張與仁　殷文亦蛇也。象形。故追从从止。與逐字从豕从止。足在豕後為逐與足在𠂤後為追。同為會意字也。遣字殷文後下三・十。乃以兩手捧蛇遣去之象。歸字从𠂤从作前四六・八。者鞭也。牧字从牛从作。鞭蛇使歸也。之為蛇。詳見後。假為師字。金文作上部突出變師。𠂤之形與義泯矣……𠂤形紋。此形彝器中最多。如獻侯鼎中央博物院藏與賔父辛卣之同。惟在雙線之中有複線作單線厶紋。單線紋如父乙獻。此形紋舊以為雲紋或回紋者。誤矣。觀乎同形父乙鼎之單線形紋。兩端不内曲或作形。無雲無回之可言。有謂為饕餮紋及蟬紋者。亦皮象之談。未能真識。康鼎作或形。與數字四酷肖。四之來源或在此乎。婦鼎作複寬雙線形。父辛尊上二器中研院藏作形。上端有鑲嵌眼珠。可謂龍蛇紋而非雲紋回紋之證。父丙角父丁魚觚父辛觚中央博物院藏通身作紋及形紋。載中華文物集成66、66、69頁。皆注曰。饕餮紋。按饕餮惡獸也。左傳天下之民。以比三兇。謂之饕餮。注吞財為饕。貪食為餮。此紋與饕餮無關係處。又神異經載西南方有人焉。身多毛。頭上戴豕。貪如狼惡。好自稽財。而不食人穀。强者奪老弱。畏羣而擊單。名曰饕餮。此種傳説。今日證明。并非實在。謂之饕餮紋殊無義意。當以𠂤形紋為是。【巳己文字與彝器畫紋考釋　中國文字十九册】

◉李孝定　佚九八七　从彳从它。說文所無。辭云「丁未卜在貞王其入犬邑商亡徔」。當即它之繁文。从彳从止从它。會意。言行道踐它也。【甲骨文字集釋第二】

◉李孝定　郭沫若曰。「㞢或作徔。蓋即迱字」。見萃考四葉下。

金祖同曰。「辭云『㞢庚』殆謂諸庚祭先公先王之名庚者」。見遺珠四十二葉。

按說文「它。虫也。从虫而長。象宛曲垂尾形。上古艸居患它。故相問無它乎。它或从虫」。契文它字增之止形者。蓋行道踐它輒為所嚙。故製字象之。以别于他蟲也。或增彳象道路形。羅氏説此字甚是。容庚謂「它與也為一字。形狀相似。誤析為二」見金文編十三卷七葉下。說非。它即虫。象蛇形。「也」字許君訓解不誤。金文它作𦅫伯簋齊侯簋黄仲匜子仲匜異甫人匜。亦象蛇形。今所見眼鏡蛇遇敵即上竪鼓喉如眼鏡。正作此狀。或叚為匜。同音通叚也。「它」本有「移」音。不足以證「它」「也」為同字也。【甲骨文字集釋第十三】

◉李孝定　金文「匜」字从「它」不从「也」，此文之義為「匜」，乃假「它」為之，不應定為「也」字。「它」即蛇字，象蛇怒卓立，首下兩側凸出，今眼鏡蛇即如此，非如林義光氏所云「象獸尻着尾形」也。「也」字篆作，象女陰形；甲骨文有，即之異體，乃「育」字，其下从，即「也」字篆形所自昉，許君之説不誤也。【金文詁林讀後記卷十二】

◉馬王堆漢墓帛書整理小組　它，讀為弛。古代從它聲的字與從也聲的字多相混。《爾雅・釋詁》「弛，易也」，是改易的意思，蛇政《燕策》蘇秦章作迭盛，蘇代章作改政。一説，蛇是改字之誤。【馬王堆漢墓帛書】

◉張政烺　一九六五年四月，我寫過一篇《釋甲骨文俄、隸、蘊三字》，登在《中國語文》一九六五年第四期，⊘我在前文説了幾點：

1. 它是象形字，本義是一種短蛇。

2. 葉玉森等人把它字釋成蠶是錯誤的。

3. 商代人有絲織品，可以從鄭州、安陽、洛陽等地的考古發現中見到實物的痕迹，講歷史並不需要借重這個字作證明。

4. 《蠶業史話》印出幾個甲骨文它字，誤以為蠶，應當改正。

正是這第四點所提到的一片甲骨文，在一九七八年第一期《地理知識》上的《中國的蠶桑》一文中又出現了(見第五頁)。同年該刊第五期的第十四頁又發表了《談談甲骨文中有蠶桑的真偽資料》一篇，對這片卜甲的真偽問題進行討論。這片卜甲在一九四六年夏初，琉璃廠古董商人曾送到我寓處看過，質地瑩潤，雕刻精美，我個人的印像好像是不偽。最近，聽説商承祚同志將帶着這片卜甲到長春吉林大學古文字學討論會上辯論，我急忙清理這篇文稿就是響應討論會的這一節目。但是我的意見，這片上沒有蠶字，扯不上絲綢問題，象一隻手拿着棍子打蛇，只是蛇身用雙鈎畫法寫成，乍看不習慣罷了。其用單筆道寫的見《甲骨文編・附録上》(字號是3673及5027)，皆是甲骨文中極常見的攺字(見《甲骨文編》139頁，字號是420)。

把雙鈎畫法的它字釋為蠶，始于葉玉森，其所作《研契枝譚》謂「即蠶之初文」，並謂「蠶示，乃祀蠶神」。《甲骨文編》收十一字入附録(見八七六頁，字號是5023)，今觀其字形絶不象蠶，頭大頸細，頭與身有明顯的區分，身上似有鱗紋，而尾巴是彎曲着，皆與蠶形不同。這個字現存字數不算少，唯多係殘辭，文義不明，今分别疏通證明如下：

庚午貞：令靁以才它交得。

甲戌貞：令靁以才它交得。(甲806)

這是武乙時期的卜辭，它在這裏是地名，是假借義，不見本義。

□□□，□省于它。(後下11・9)

□子卜，□省于它。(寧3・79)

這是武丁時期的卜辭，這裏省是動詞，卜辭中常見，它也是地名，不能把「省于它」説成視察養蠶事業。

☐大〔示〕十宰，五宰，它示三宰。八月。(後上28・6)

辛酉卜，賓，〔貞：翌甲〕子𫹉，𠦪年〔于大示〕十牛，它〔示□牛，□〕至⧄。（前6·66·3）

庚申卜：𫹉，自上甲一牛至示癸一牛，自大乙九示一牢，柁示一牛。（京都2979）

這三條都是武丁時期的卜辭。前兩條屬于賓組卜辭，後一條屬于自組卜辭。年代相接，性質相同，所以抄在這裏一併討論。頭一條裏大示、[illegible]、它示是三種示的類名。「大示十宰」是大示共十人，每人一宰，故十宰。「[illegible]五宰」是[illegible]示共五人，每人一宰，故五宰。「它示三宰」是它示共三人，每人一宰，故三宰。第二條是貞「𠦪年」之辭，缺字太多，只供參考，不作論證。後一條「自上甲一牛至示癸一牛」是上甲、報乙、報丙、報丁、示壬、示癸六人，每人各得一牛。接着「自大乙九示一牢」當是大乙、大丁、大甲、大庚、大戊、中丁、且乙、且辛、且丁九人皆每人各得一牢。「柁示一牛」當是柁示每人各得一牛，柁示的數目未列出，用牛的總數也未列出。⊘

現在可以講它示了。它的本義是蛇，象形。字有兩種寫法：一種用雙鈎法寫的它示，如上邊引過的幾條，甲骨學家釋為𠁁示。一種用單筆道寫的它示，被過去的甲骨學家釋為九示，舉例于下：

辛酉卜，賓，貞：勿于它示𠦪。

貞：勿乎伐𢀛方，弗其受㞢又。（續3·1·1）

辛酉卜，爭，貞：乎伐𢀛方，受㞢又。

貞：勿𠦪于它示。（林1·11·5）

這兩條卜辭是同日所卜，内容相同，它示二字明白無疑，決不能釋為九示。單筆道的它示和雙筆道的它示應當相同，亦即上引卜辭「柁示一牛」（京都2979）的柁示。柁字从木，它聲（《甲骨文編》九六七頁，字號5874），即説文杝字。《説文》：「杝，落也，从木，也聲，讀又若阤。」段玉裁注：「《小雅》：『析薪杝矣』，傳曰：『析薪者必隨其理』，謂隨木理之迆衺而析之也，假杝為迆也。」卜辭的柁示和它示正是迆義，皆指直系先王（大示）以外的先王，即過去甲骨學家所稱「旁系先王」。這種旁系先王數目很多，從外丙到廩辛有十幾位，是否單設宗廟，祭時是否合祭，有選擇地祭時祭哪些不祭哪些，就很難考查了。那不是我們討論的目的，這裏就不論了。

問題講到這裏似乎已可結束，有些零碎材料附帶作些解釋，這未免畫蛇添足了。

丙寅〔貞：〕𢦏來告，以〔羌〕用于⧄。

貞：〔𢦏〕來告，羌其用自上甲。

丙寅貞：叀亻以羌眔它于𢀛示用。（南明468）

這是武乙時卜辭。戉和亻是人名。羌是羌人，常為殷之俘虜。「以羌……用」是説用羌人作祭品。眔猶及，言祭之所及。它是它示，即旁系先王。于猶與，𢀛示與它示並提，皆為祭祀的對象。𢀛《甲骨文編》入臼部（字號323），無説。按殷人稱示很不簡單，一般都指商王的祖先，這片卜骨言「用自上甲」，又言「于𢀛示用」，當指一事。「用自上甲」言祭以上甲為首的一系列的大示，非指上甲一人。《殷虚卜辭綜述》（460頁）曾講「元示」，所引卜辭有：

辛巳卜，大，貞：㞢自上甲元示三牛，二示二牛。（前3·22·6）

貞：元示五牛，二示三牛。（哲庵85）

説「元示當指上甲」。這些材料很重要，可惜其解釋卻似是而非。元示和二示對言，猶大示和它示對言，前者指直系先王，後者指旁系先王。前一條「㞢自上甲元示」是説祭從上甲以下的大示，也就是我們在前面説過的上甲加九示。這裏的「二示」指旁系先王，也就是我們考證的它示。第二條相同，「元示五牛，二示三牛」就是大示五牛，它示三牛。這點講明白了再回頭看，𢀛示和元示相當，因此我疑心𢀛當讀元。《説文》：「黿，大鼈也。從黽，元聲。」𢀛象兩手捉個大鼈之形，也許就是黿之異體字。𢀛字象大鼈，和它字並列，增加了這條卜辭中的動物形象氣氛，使靈神之説非常迷人，戳穿了有好處。⊘

二、它示即二示

前文曾引前3·22·6及哲庵85兩片，説明元示與二示並稱，猶大示和它示並稱，前者指直系先王，後者指旁系先王。按卜辭亦稱示壬、示癸為「二示」（見《綜述》460—461頁），應當注意區別。其與元示並稱之二示，如：

壬寅卜：桒其伐歸，叀北[illegible]用。廿示一牛，二示羊，氐四戈彘。（粹221、222）

癸卯卜，貞：酒桒。乙巳自上甲廿示一牛，二示羊。四戈彘，四方豕。

（一·九）有一骨，其中有辭與此大同小異。其辭云：

《殷契粹編·考釋》説：「廿示者，自上甲以下至武乙，父子相承共二十世。此辭蓋文丁時所卜。知自上甲起算者，《戩壽堂》壬寅癸卯日辰相聯，蓋亦同時所卜」。根據這兩條卜辭，知道「自上甲廿示」是從上甲到武乙全部的商代直系先王，數目恰合，不多不少，那麽「二示」絶對不會是示壬、示癸，只可能是旁系先王了。前者相當于「自上甲元示」，而後者即它示，以下兩條卜辭可以為證：

貞元示五牛，它示三牛。（《文物》一九七二年十一期，圖版叁七）

這條卜辭非常重要，以前不為人注意，直到近年才被學者發現並登載出來。這和前引的

貞元示五牛，二示三牛。（哲庵85）

內容相同，僅一字之異，而這一字之異卻是功不可没的。它正好把問題串聯起來，説明二示即是它示。【釋它示——論卜辭中没有蠶神　古文字研究第一期】

◉趙　誠　它。甲骨文寫作□，象長虫之形。或寫作□、□，為線條化的寫法。本為象形字。卜辭用作代詞，則為借音字：

辛酉卜，㱿貞，勿于它示𠦪。（續三·一·二）——它示指旁系先王。商代的先王分直系、旁系兩類，而以直系為主，旁系當是直系以外其它的先王，所以稱為它示。「它」就是用來指代旁系者。𠦪，祈求之義。

它字甲骨文或寫作□，从木它聲：

庚申卜，酌，自囗一牛至示癸一牛，自大乙九示一牢，柂示一牛。（人二九七九）——酌，祭名。大乙九示指大乙、大丁、大甲、大庚、大戊、中丁、祖乙、祖辛、祖丁等九位直系先王。柂示指直系以外其它的旁系先王。

□字也有人釋作𣏟，是把□看成是木和㫃合寫在一起。【甲骨文虛詞探索　古文字研究第十五輯】

◉柯昌濟　隹羔它禾（戩二一九）

庚午卜隹河□禾（粹一）

二文互證，知□為它之異文，惟字象蛇形，或即古蛇字，蛇它歌部旁轉，它禾之義當謂降災於禾稼之義。【殷墟卜辭綜類例證考釋　古文字研究十六輯】

◉郝本性　38.□72號為它字，□30號、□32號為佗字，戰國印文未見它字，卻常見佗、沱、紽。所从與此同。楚屈叔沱戈（《三代》19·55）的沱也可證。【新鄭出土戰國銅兵器部分銘文考釋　古文字研究第十九輯】

◉于省吾　陳夢家殷虛卜辭綜述（四六二頁）已釋「□示」為「它示」。張政烺同志有它示——論卜辭中没有蠶神（古文字研究第一輯）一文，也認為卜辭的元示即大示，它示即二示。按元示與它示對文成義，陳、張之説確不可易。但是，自葉玉森釋它為蠶，學者多靡然從之，而不知其非。【釋𡿺　上海博物館集刊總第二期】

◉黄錫全　□它　夏韻歌韻「它」下録□（汗簡）、□（同上）二形，今本《汗簡》有□（作部首）無□。此形當是古它字譌誤，形似「心」。【汗簡注釋補遺】

◉姚孝遂　説文：「它，虫也。从虫而長，象宛曲垂尾形。上古艸居，患它，故相問無它乎。凡它之屬皆从它。蛇，它或从虫。」説

文又有「虫」字，實乃「它」字之孳生。段玉裁「蝮」字注云：「虫乃下垂尾之它，它乃垂尾之虫，二篆實一字也」。王筠釋例云：「若虫專是蝮，則部中字豈蝮類乎？……若蚰是二蝮，蟲是三蝮，何由為昆蟲之總名乎？小蟲好叢聚，故三之。用為偏旁則重纍，故一之。虫部字所从者，乃省三為一之虫也。」

契文「它」即象蛇之形。「它」與「虫」雖同源，但說文「虫」字已別為一義。或行或飛，或毛或蠃，或介或鱗，不必為蛇。卜辭「它」或假作「𢀛」，但不得謂與「𢀛」同字。「它」為獨體象形，「𢀛」為會意，說詳「𢀛」字條。綜類二四三以「它」之作□形者混入□(巳)字，非是。□象蛇體之宛曲，且蛇首橢圓，與□迥殊。

「它」與「也」亦本同字，容庚之說是對的。王筠釋例、孔廣居說文疑疑、徐灝段注箋皆據彝器銘文以為「也」即「匜」，其說本於戴侗六書故、周伯琦六書正譌，但不知「匜」即假借「它」字為之。【甲骨文字詁林第二冊】

◉戴家祥　林義光曰：□象獸尻後著尾形。楊樹達認為：也是施的本字，施與尾通，如漢書鄧訓傳「首施兩端」，王念孫謂「首施」即「首尾」。古人名與字都相因，春秋魯公子尾字施父。作為動詞，施為御女，尾為交尾義，亦通。故說文訓也為「女陰」乃引申義也。參見積微居小學述林釋攱。金文也皆用作器名匜。說文十二篇「匜，似羹魁柄中有道，可以注水，从匚也聲。」高鴻縉曰：春秋傳曰「奉匜沃盥」，字原象匜注水之形。水之流注，二與三無別。以其為皿也，故加皿旁；以其金銅製也，故加金旁，亦或金皿並加之。東周之時也，始借也為語助詞。小篆以也已借為助詞，乃加匚作匜，於是歧為二字。中國字例二篇。□的本義或訓「尻後著尾形」，或訓「象匜注水之形」，孰是孰非待考。

□叔上匜　𥁕即它字，加皿旁，表示類屬。【金文大字典下】

龜

甲九八四　甲二六九七　乙五二六九　佚五三四　佚九五九　餘一七·二　乙六六七〇　出來自南氏龜　福二　前四·五四·五　前四·五四·六　前四·五四·七　前四·五五·一　前六·五〇·八　前六·五一·二　前八·八·三　京津二二二〇　京津四七八〇　粹一四九四　粹一四九五　明藏一五六　輔仁一　續六·二一·八　庫六二四　簠雜四二　京津二二二八　金七一一　金七一七

存下五七 掇二・四〇九 師友二・一一八 前四・五六・二 前七・五・二 後一・一九・二 燕一九

二 乙二九〇八 龜父 見合文一二 【甲骨文編】

龜 象形 龜父丙鼎 龜父丁爵 【金文編】

1・105 魚魚龜 1・106 同上 古文四聲引王存乂切韻龜作 【古陶文字徵】

龜洛長印 【漢印文字徵】

龜 【汗簡】

汗簡 並王存乂切韻 【古文四聲韻】

◉許 慎 舊也。外骨內肉者也。从它。龜頭與它頭同。天地之性。廣肩無雄。龜鼈之類以它為雄。象足甲尾之形。凡龜之屬皆从龜。居追切。古文龜。【說文解字卷十三】

◉王 襄 古龜字。象龜側視之形。【簠室殷契類纂正編卷十三】

◉林義光 古作叔龜器丙。象形。【文源卷一】

◉羅振玉 說文解字。龜古文作。卜辭諸龜字皆象昂首被甲短尾之形。或僅見其前足者。後足隱甲中也。其增水者殆亦龜字。【增訂殷虛書契考釋卷中】

◉馬叙倫 姚文田曰。小徐此部全脱。嚴可均曰。集韻六脂引肩作育。按當作要。俗作膂。曰譌也。蠵下云。天地之性。細要純雄。明此為廣要無雄。列子天瑞。純雌。其名大要。純雄。其名穉蜂。張堪引司馬彪云。穉蜂細要者。大要。龜鼈之類也。王筠曰。繫傳甲作申。當申字句。龜舊也者。古龜音蓋。舊音休。疊韻字也。龜兹⊘。中國譯其名。直曰邱慈可矣。何必用龜兹而讀為邱慈乎。故知為本音也。西京賦以龜與鮋牛秋為韻。是後漢猶讀龜為邱。六朝始變耳。黿下云。龜聲。讀若三合繩糾。是龜音蓋之證。徐灝曰。古文象正視形。象側視形。篆文從。偶似於它。非取它為義也。羅振玉曰。卜辭作。象昂首被甲短尾之形。或僅見其前足者。後足隱甲中也。倫按龜為純象形字。舊也以聲訓。今浙江紹興江蘇吴縣皆呼龜如居處之居。音在見紐。舊音亦見紐也。音轉入溪紐如丘。故龜兹讀若邱慈矣。許訓當止作舊也。解字止作象形。今説解蓋為校者或吕忱所增改矣。爾雅釋文引字林。龜。古追反。字見急就篇。龜父丙鼎作。叔龜敦作。

莊述祖曰。逸周書嘗麥解。宰乃承王中。升自客階。又云。作筴執筴從中。又云。宰坐尊中。三中字竝當作。王中謂王龜。王筠曰。朱筠本作。倫按爾雅釋魚釋文引字林。龜。古追反。字又作。知此吕忱加也。【説文解字六書疏證卷二十六】

●商承祚 象昂首被甲之形。或拳其尾。或申一足。从水者象泳于水中也。説文古文作。【甲骨文字研究下編】

●楊樹達 王筠曰：「龜从它者，龜皆蛇種。」吴承仕曰：「古文為正視形，篆文為側視形，頭尾足甲具。」樹達按：龜舊聲訓。二字古韻皆在咍部，是音近也。舊之言久，龜最壽，是有舊義也。【文字形義學】

●商承祚 甲骨文作。金文龜父丙鼎作。叔龜毁作。繪龜之狀或側或正。無不象其被甲短尾。玉篇作。敦煌尚書西伯戡黎作。則由形譌變。逸周書嘗麥解。「宰乃承王中」。又「執筴從中」。及「宰坐尊中」。以義考之。三中字皆寫失。而王中之王。又玉之誤也。【説文中之古文考】

●饒宗頤 「戊午卜，㱿貞：我狩灉。毕(禽)。之日狩，允毕……」(屯乙二九〇八)按灉，地名，即龜。左桓十二年：「會宋公于龜。」杜注：「龜，宋地。」【殷代貞卜人物通考卷三】

●李孝定 契文多象側視形。與篆文同。亦有象正視形者。與許書古文近。辭云「用龜一月」前·四·五四·六。「丙午卜其用龜」前·四·五四·七。「䝱龜」福·二。均其本誼。其从水作者。辭云「己卯卜争貞今條秋令田从戠至于灉獲羌」前·七·二·四。「賁灉賁于灉也□二牛」新□·三八一。均為地名。非龜字。金文作龜父丙鼎。【甲骨文字集釋卷十三】

●徐中舒 前五·一·五 字形近龜，疑為龜之省體。【甲骨文字典卷十三】

●朱歧祥 933. 象龜形，尾下垂。或隸作龜字。甲文中用為邊地名，處殷西。始見於第一期卜辭。

《前7·25·1》☐再册☐章。王从受㞢又。

《陳120》癸卯卜貞：呼☐呼往西，至于。

969. 象龜之側形，隸作龜。卜辭用作祭祀地名。始見第一期卜辭。

䶰 䶱

《金717》☒賁于〔字形〕：十牛俎☒。

《合293》壬子卜，賓，勿賁于〔字形〕。

970・〔字形〕隸作龜。示龜側形。象形。卜辭用本義，言大龜與宰並祭。

《佚887》宰㞢(又)大〔字形〕于祖乙，其告☒。【殷墟甲骨文字通釋稿】

●朱歧祥　字又用為族稱，見於第一期卜辭。龜有側形省足作〔字形〕，由辭例得證。

〈前4・54・7〉丙午卜☒其用〔字形〕？

〈佚887〉☒宰㞢大〔字形〕于祖乙，其告☒？【甲骨學論叢】

●姚孝遂　卜辭「龜」字皆用其本義。其从水作〔字形〕者，乃地名，與龜字有別。【甲骨文字詁林第二冊】

〔字形〕䶰火冬切開元文字【汗簡】

〔字形〕開元文【古文四聲韻】

●許　慎　䶰龜名。从龜。夂聲。夂。古文終字。徒冬切。【說文解字卷十三】

●馬叙倫　鈕樹玉曰。繫傳作〔字形〕。倫按王筠謂龜名當作龜也。是也。龜古音如舊。聲在幽類。〔字形〕聲侵類。幽侵對轉。故龜轉注為䶰。廣韻引字書。䶰。龜名。字林每言名。此字蓋出字林。【說文解字六書疏證卷二十六】

●黃錫全　〔字形〕䶰火冬切開元文字　《說文》正篆作〔字形〕，〔字形〕乃終字古文，此从古文冬。鄭珍認為「更篆。『火』乃『大』之誤」。冬終二字古同，此从古冬蓋䶰字異體。【汗簡注釋卷六】

●許　慎　〔字形〕龜甲邊也。从龜。冄聲。天子巨〔字形〕。尺有二寸。諸侯尺。大夫八寸。士六寸。汝閻切。【說文解字卷十三】

黽

甲一一六一 人名 黽死　甲二二四一 不黽 卜辭習見之成語　甲二九五四　乙二六五　乙九五〇　鐵二三·二　鐵四一·二　鐵二一七·一　前六·二四·三　前七·六·一　林一·二·一八　林二·一七·一六　林二·一七·一八　林二·一七·二二　佚三七九　佚七二四　福二四　燕一五六　燕一六〇　京津八八九　粹四二一 【甲骨文編】

前4·56·2 【續甲骨文編】

黽 籀文作 師同鼎 王羞于黽　鄂君啟車節 毋載金革黽箭 【金文編】

1·70 獨字 【古陶文字徵】

黽初宮印 【漢印文字徵】

黽莫耿切 【汗簡】

汗簡 【古文四聲韻】

◉許　慎　鼃黽也。从它。象形。黽頭與它頭同。臣鉉等曰。象其腹也。凡黽之屬皆从黽。莫杏切。籀文黽。【說文解字卷十三】

◉吳大澂　从宀。从黽。古黽字。說文。黽。籀文作。古字。从此黿。疑即竈字。說文。竈。炊竈也。或作竈。竈亦通造。周禮春官。太祝掌六祈。二曰造。注。造故書作竈。杜子春讀為造次之造。大鐘以享祖考。小者或祈祝所用與。【愙齋集古録第一册】

◉孫詒讓　說文黽部「黽，鼃黽也。从它，象形。黽頭與它頭同」。籀文作。金文偏旁从黽之字如「鼄」字魯伯愈鬲作，鼄大宰簠作，「竈」字部鐘作，其黽作諸形，皆與籀文黽略同。蓋足形四出，於形最葡，原始象形龜黽字皆當如是作。籀文黽亦本於古，但散變為整齊耳。小篆龜黽二字竝止兩足，則後定所省，於原形不能密合也。【名原】

◉林義光　古作□邵鐘竈字偏旁作□邾伯鬲鼄字偏旁。从它。有足。或作□魯伯愈父盤鼄字偏旁。不从它。【文源卷一】

◉王國維　□　説文解字黽部。黽。鼃黽也。从它。象形。黽頭與它頭同。□籀文黽。案此字殆譌。魯伯愈父鬲。鼄字作□。从□。邵鐘竈假為簉字作□。从□。皆象黽前後四足。籀文黽字前足譌而為□。後足譌而為□。皆失其形。蓋傳寫之誤矣。【史籀篇疏證　王國維遺書第六册】

◉王國維　□　此疑黽字。【觀堂書札　中國歷史文獻研究集刊第一集】

◉馬叙倫　姚文田曰。小徐此部全脱。徐灝曰。黽無尾則非從它也。立文偶相似耳。饒炯曰。鼃黽。非凡鼃皆稱黽也。段玉裁辯之最悉。馮振心曰。黽純象形。黽部之字最褋。惟鼃鼀鼁為同類。其他若鼈黿為一類。鼅鼄為一類。鼂為一類。大抵皆腹大之類。故以相從。蠅則直是形聲。應隸虫部。倫按此篆譌也。甲文有□。王國維釋黽。是純象形字也。邾太宰簠邾字作□。此籀文作□。即□之變譌。此又省其前兩足而後兩足復譌耳。説解蓋本作虫也。象形。鼃黽也蓋字林文。從它及黽頭與它頭同校語。

□吳穎芳曰。籀文增□象其足。【説文解字六書疏證卷二十六】

◉商承祚　□金文作□(邵鐘鼉字偏旁)。説文籀文作□。乃寫譌。【甲骨文字研究下編】

◉郭沫若　卜辭於兆璺之旁每繫以「不□□」二字，例均横書，與紀卜辭不屬。……孫詒讓釋為「不紹黽」，紹讀為詔(見契文舉例)。胡光煒釋為「不鼅鼄」，讀為「不踟蹰」(見甲骨文例)。董作賓初釋為「不冐鼅」(發掘報告一六二)，後又改從胡説，謂「□當為絲，絲鼄即作絲之鼄」，仍讀為「不踟蹰」(斷代例)。陳邦福疑□為啎之異，謂「不啎鼄者云不啎殊」(見商氏福考七葉所引)。商承祚謂「以陳説為當」。今案□字固不得釋為黽，然亦不得釋為鼄。形雖與鼅鼄略肖，竝無朱之音符。如竟可釋為鼄，則又何見其不可釋為鼅耶？字無音符而象形。其實即鼅鼄字所從之黽字耳。□字或作□，下部乃尖鋭之三角形，竝非从口。(諸家釋紹，釋知，釋啎，均誤以為口字而云然。)上部不从午，亦不从糸。……按此當是某種手工工具之象形文，三角形乃器身，上端乃其柄。卜辭有從此作之字作□(通纂二二九、前・四・七・六)，若□(佚三二)，正象兩手執此器操作之形，其為工具字，毫無可疑。字象器形，而與黽字為聯語，以文字通例推之，如非雙聲，必為疊韻。即此□字如不讀明紐，必韻此陽部。準此形與聲以求之，余謂□必係鏝之初文。爾雅釋宫「鏝謂之杇」，説文「鏝，鐵杇也。从金曼聲。槾，鏝或从木。」今人所謂泥匙也，塗工之作具。蓋刃以金而柄以木，故或从金或从木。然鏝槾均形聲字，例當後起者也。□説為鏝，於形既適，而鏝黽復為雙聲，鏝黽者覭髳也。爾雅釋詁訓覭髳為茀離，説文引作弗離，郭璞云「茀離即彌離，彌離猶蒙蘢。」是則「不鏝黽」猶言不迷芒、不朦朧、不紛亂，言兆璺之鮮明也。（今人言「密麻」，亦是同音之轉語。）「不□黽」或又省作「不□」（通纂第九片，林・二・一七背面末二片）。是則單言不漫而已，亦謂不模糊、不漫漶。【鑁黽解　古代銘刻彙考　殷契餘論】

◉馬叙倫　子爵□□　倫按舊釋□為飛爵形。以爵為雀也。然此絶無鳥形。以天黿之□例之。此亦象水蟲之形。□乃□之壞爛耳。説文黽之籀文作□。頗與此近。疑此即黽字。借為孫也。【讀金器刻詞卷上】

◉唐　蘭　第四片甲

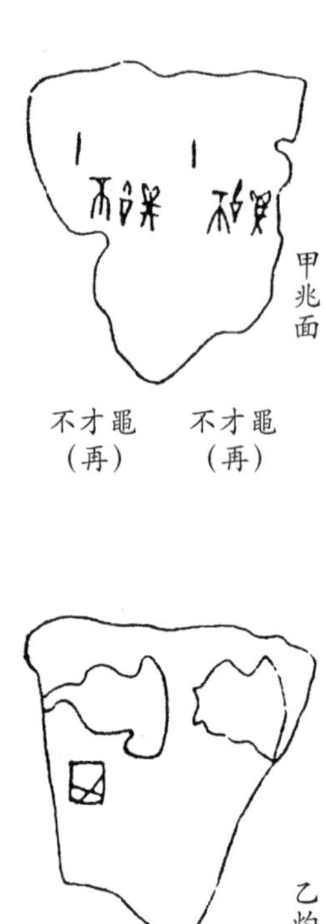

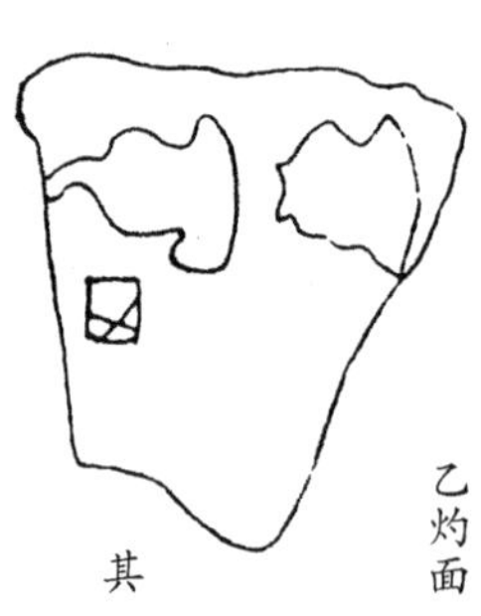

不□□三字習見，均在兆璺之側，與二告、小告等同。孫詒讓釋不絽龜，讀絽為詔。舉例下五十。胡光煒釋不鼅鼄，讀為不踟蹰。文例。董作賓初釋不罣龜，報告一・六二。後改不絲鼄，從胡讀。斷代研究。陳邦福釋不啎鼄，讀不啎殊。辨疑十一。張鳳釋不吾龜。孳乳研究。許敬參釋不絜龜。存真考釋九九片。郭沫若釋不鑁黽。鑁黽者覭髳也，猶言不迷芒、不蒙朧、不紛亂，言兆璺之鮮明也。或又省作不□，是則單言不漫而已，亦謂不模糊，不漫漶。殷契餘論鑁黽解。

余按□字舊釋龜固不類，鼄字見金文，自是形聲字，與此亦迥殊。郭氏釋黽，以泉屋清賞著録之一盤，中有黽圖者相比較，極精確。前編八四・三有一例云不□□，以黽為之，乃其鐵證。□字或作□，釋為絽鼅罣絲啎吾絜鑁，均與字形不合。卜辭尚有□字，前四・七・六，六・三三・四，七・三二・四，鐵三二等。象兩手執□之形。又有□字，鐵二三二・三，林一・二六・十及十一，一・二七・十，粹一四二四、一四二五等。以卜辭午字作□者或作□證之，□□當是一字。郭氏謂此□形當是某種手工工具之象形文，三角形乃器身，上端乃其柄，殊為卓見。惜彼離字形而求諸聲音，遂誤釋為鑁字耳。余謂□□二體，當以□為正體，□為變例，□即才字也。卜辭才字有作□者，如前編四・三一・七片，七・三三・一片等。當是原形。蓋與午杵為同類，而鋭首，即臿也。説文：「臿，舂去麥皮也，從臼、干，所以臿之。」按干非臿之之具，當從才，午所以舂，才所以臿，臿去麥皮，故必鋭首也。卜辭有[glyph]字。殷契卜辭七二七片。蓋由[glyph]所演變者。又有[glyph]字，前編六・五九・一片。或作[glyph]，前編五・三二・二片。象[glyph]在器中之形，即臿字矣。然則才本杵類之象形，臿之本字，其後由[glyph]變為[glyph]，為[glyph]，而所象之形晦，說文訓為艸木之初，而其義更晦。才為所以臿之具，名詞也。臿象以才臿於器中，動詞也。才之本義既湮，後人遂用臿為名詞，才臿固一聲之轉也。緇或作紂，卜辭巛從才聲，甾才聲近。史記河渠書：「頹林竹兮楗石菑」，漢志注：「菑亦臿耳」。由杵類之臿引申之為匕屬之臿，有司徹：「執桃匕枋以挹湆」，注云：「桃謂之歃」是也。又為田器之臿，釋器：「斛謂之疀」，方言五「臿，燕之東北，朝鮮洌水之間謂之斛」是也。田器與匕，蓋俱象[glyph]之形，故得承臿之名，及田器之義盛行，而杵屬之臿亦晦，其幸而存者，唯動詞之舂去麥皮耳。然[glyph]之為形，末或歧出而為[glyph]，故小篆變為從干。又變而如卜辭之[glyph]，則又似屰字，說文有𦥔字，云：「齊謂舂為𦥔，讀若膊」。實即臿字而異其讀耳。說文臿從干，王筠疑之謂：「干是何物而可以臿乎？」獨段玉裁謂：「干猶杵也」。最為有見。今謂當從才，才正杵屬之器也。

於卜兆旁作不才黽三字，其義必與璺坼有關。然則讀為詔鼅、咢鼅、踟蹰、梧殊等之不能通，無待言矣。郭氏釋為不鍠黽，因解為兆璺之鮮明，其失在先以[glyph]黽為聯語之非雙聲即疊韻者，遂附會[glyph]形為鍠，而牽合之於覭茅弗離耳。紀于卜兆旁者，如大吉、弘吉、小告、二告之類，不才黽之義，當與相近，鮮明與不模糊，非其義也。余謂才當讀為再，才再聲本相近。小戎「載寢載興」，文選引作再。卜辭[glyph]字象兩手持才，當讀才聲，考其用法，蓋有三者。如云：「羽甲寅𢦏用于夫甲」，前四・七・六。「羽乙亥𢦏㞢侑于且，窜㞢一□」，前七・三二・四。「𢦏桒于大甲」，佚三二。「𢦏㞢匚于……」，契六五三。並用于祭名之前。祭名于此為動詞。又如：「[glyph]卯卜，乎，𢦏貞，勹旬亡囚」，「□未卜，丙𢦏貞，……」，林一・二六・十。「[glyph]亥卜，完𢦏貞，勹□□」，林一・二六・十一。則用於卜人之後，貞字之前。又如：「[glyph]子卜，𢦏，貞，勹亡囚，□□□𢦏，貞，勹亡囚」，粹一四二五。則在卜貞之間。除第三例當為卜人之名外，郭沫若氏謂第二例為二人共卜，粹編考釋一八八。然此例中卜人有乎、丙及完，何均與𢦏同卜，而他人則無一同卜之例，是其說未洽也。蓋前二例中之𢦏字，均當讀為再。𢦏用者，再用也。𢦏㞢者，再㞢也。𢦏桒、𢦏㞢匚者，再桒再㞢匚也。而𢦏貞者，再貞也。𢦏當讀再，則才亦當讀為再無疑。黽或作蠅，當讀為璺，或為墨，皆謂坼裂也。黽蠅墨璺，並聲相近。周禮卜師云：「揚火以作龜致其墨」。占人云：「史占墨，卜人占坼」。注云：「墨兆廣也，坼兆璺也」。賈疏云：「據兆之正舋處為兆廣，就正墨旁有奇舋罅者為兆舋也」。又玉藻云：「史定墨」，注云：「視兆坼也」。然則墨即是璺，璺義同坼，對文則大畫為墨，旁裂為坼，散文即通，故鄭於占人以璺釋坼，於玉藻又以坼釋墨也。此云不才黽者，猶不再墨，當為史占墨之辭。他辭或但云不才，如林二・十七・二四及二五片。當讀不再，則以正在墨旁，故省去黽字。【天壤閣甲骨文存考釋】

◉商承祚 □卷四第五十六葉 祚案。王徵君釋黽。説文解字。黽。鼃黽也。从它。象形。籀文作□。與此畧近。即今之蛙也。【殷虚文字類編第十三】

◉于省吾 卜辭記兆璺之術語有不□□三字，孫詒讓釋為不紹龜；胡光煒釋為不鼅鼄，叚為不踟躕；董作賓初釋為不罥龜，後又釋為不絲鼄，從胡説讀為不踟躕；陳邦福釋為不啎鼄，讀為不啎殊；郭沫若釋為不鍚黽；唐蘭釋為不才黽，讀為不再墨。按衆説紛紜，莫衷一是。□字上从午，下从▽，▽形冒於杵之末端，或係金屬所製，如矢之有鏃，取其衝物鋭利也，郭沫若謂三角形乃器身，上端乃其柄，是也。然以□或作□，謂上部不从午，非也。从□者，乃□之省文。如後下三一·十八有□字，中从午作□，金文天君鼎午字作□，是其證。容庚所藏明義士殷虚卜辭墨本第六册有不□□三字，□逕省作□，至為顯明。卜辭習見□字，亦作□，象兩手持有尖端之杵形。午即古文杵之本字，象杵形，□字異於午者，下端但多一鋭形之鏃耳。其字之从午，與其必為杵類之一種，無可疑也。陳邦福讀□為啎，是也。説文：「午，啎也。」「啎，逆也。」淮南子天文：「午者，忤也。」史記刺客傳：「人不敢忤視。」索隱：「忤者，逆也。」午啎忤並音近字通。□字亦作□□形，郭沫若釋為黽，是也。黽應讀作冥：二字雙聲。説文：「鼆，冥也。从冥，黽聲。」左定四年傳「直轅冥阸」，墨子非攻中作「冥隘」，史記春申君列傳作「黽隘」，蘇秦列傳作「鄳阨」，淮南子墜形作「澠阨」，是黽冥字通之證。然則「不午黽」即「不啎冥」也。言兆璺之不舛啎，不冥闇也。卜辭亦省作不午，則謂不舛啎也。鄴中片羽初集下四一·三：「帝□貞不午。」雖非兆辭，但不午亦舛啎之義也。【釋不午黽 雙劍誃殷契駢枝】

◉楊樹達 原書辭四八下説云：他辭又言：「弜疾，庚申喪黽」，黽讀為生命之命。樹達按：胡君於上節引他辭云：「大目不喪明？」「其喪明？」按黽古音與明同，二字同唐部。喪黽即喪明也。黽與命今音雖近，古音相遠，黽不得讀為命也。【喪黽 積微居甲文説】

◉吴其昌 最終還是唐蘭氏的考釋正確。這個象形字是「黽」，本意為「蛙」，在這個三字詞中的意思是諧音字「璺」的轉義「裂紋」，或「造成裂紋」，而不是「蛛」，意思也不是其諧音字「朱」的轉義「紅」。唐氏考釋此三字為「不才黽」，即「不再璺」，完全正確。

當然，唐氏也有疏漏之處。在他無保留地接受鄭玄關於《禮記》中「墨」字的注，認為「墨」既指裂紋的主幹，又指其支脈，從而無故地將「黽」等同于「墨」時，就忽視了裂紋主幹與支脈的差别，同時也使他所確定的對第二個字的出色的讀法(「再」)也失去了意義(這或許也是使金氏懷疑「黽」、「墨」等同的原因，不過金氏的論證並不可信)。甲骨上那條很直的裂紋主幹，是和背面橄欖形鑿孔形成的那條逐漸變窄的長而深的溝底相一致的。甲骨祇需灼過一次，這條主幹就能出現，但必須繼續再灼幾次，才能出現幾條從主幹出發的支脈。這種情況，至今在甲骨上還能看出來。大英博物館的收藏品中就有着灼過第二次甚至第三次的例證。第一七三一片上有三條灼過第二次的裂紋支脈；第一七三九片上有兩條灼過第二次的裂紋支脈和一條灼過第三次的裂紋支脈。另一方面，在任何甲骨上都還未發現過，也不可能發現有兩條或更多的裂紋主幹，因為，即使在以後再灼的時候還能再裂一次，兩次的裂紋也必然合併在一起，看不出來，也不可能像鄭玄所説的那樣由記録者去「兆」。如按唐氏之説，「黽」、「墨」在古漢字中同義，「黽」字也可指裂紋主幹，那麼「不再裂」這個詞就會没有意義。但如「黽」祇指裂紋的支脈，這個詞就大有意義了。所以，鄭玄對《禮記》的含糊的解釋是不應遵循的，而他對《周禮》的註則很清楚，至今尚有意義。【卜辭旁注考　羅音室學術論著第一卷】

◉于省吾　[illegible]鄂君啓節　毋載金革黽箭　黽應讀作篃，以聲求之，黽與篃同屬明紐。以韻求之，黽字的古讀屢有轉變，以「黽勉」謰語也作忞慔、暋勉、閔勉證之，則入諄部，篃屬脂部，脂與諄陰陽對轉，典籍中的篃字也作䉋或篾，廣雅釋草：「箭，䉋，䈬也」。説文：「篾，竹也」，段注謂篾篃古今字。晉戴凱之竹譜注謂篃「生非一處，江南山谷所饒也，故是箭竹類」。山海經中山經謂「求山多䉋」。西山經謂英山「其陽多箭䉋」，郭注：「今漢中郡出䉋竹，厚里而長節」，郭文謂管子地員篇「五位之土……皆宜竹箭求黽」。尹注訓「求黽」為竹類，説者多以為非，又謂「求黽或黽究系何物，苦難確定」。按管子的「求黽」當即中山經「求山多䉋」的「求䉋」，蓋當時的求山以多䉋著稱，則移植於他處，因而名之為「求䉋」或「求黽」，也即胡麻、邛竹之比。竹譜謂篃竹「江南山谷所饒」，則楚境實多産之。西山經和廣雅均以「箭䉋」為言，可為節文「篃箭」連稱之證。節文言「毋載金革篃箭」，這都是軍用物資，故在禁運之例。【考古一九六三年第八期】

◉李孝定　説文：「黽，鼃黽也。从它象形。黽頭與它頭同。[illegible]籀文黽。」契文象蛙之大腹四足形，與籀文近。孫海波文編十三卷三葉下收此作龜，按龜之與黽契文形近。此就龜之作正視形者言。其别在尾之有無，篆文黽亦有尾，乃形譌，非當有也。【甲骨文字集釋第十三】

◉胡澱咸　「[illegible]」學者釋「黽」是對的。但若謂就是《説文》之「黽」字則不正確。《説文》云：「黽，鼃黽也。」這個字字形很明顯，實不象蛙或蝦蟆。這個字是象個昆蟲。聞一多説「黽」就是《説文》的「鼆」字。聞一多全集二《釋不[illegible]其》。這是正確的。文公十五年《左傳》：「一人門于句鼆。」《釋文》云：「鼆，冥也，从冥黽聲。」我們以為這個字初只是「黽」字，後加「冥」表聲。《説文》之説實是錯的。不過，聞一多也謂「黽」為鼃黽，這又不正確了。考「冥」古讀音與「密」相同。《周禮・冥氏》鄭司農云：「冥讀為冥氏春秋之冥。」鄭玄云：「讀為冥方之冥。」段玉裁云：「冥氏春秋之冥氏就是《漢書・儒林傳》傳顔氏春秋的泰山冥都。」「冥方」就是莽方之「方冪」。《周禮漢讀考》。《釋文》云：「冥，如字，又莫歷反。」又云：「音覓。」「冥都」宋祁云：「劉昌宗云莫歷反。」據此，「冥」與「密」聲音實相同。「冥」與「密」聲音相同，則「黽」與「密」也當聲音相同。按「黽」與「密」古可以通用。《詩·谷風》：「黽勉同心」。《韓詩》作「密勿同心。」《詩·十月之交》：「黽勉从事」，《漢書·劉向傳》引作「密没从事」。「黽勉」《爾雅·釋詁》又作「蠠没」。郭璞云：「蠠没猶黽勉也。」《釋文》云：「蠠，彌畢反，又忘忍反。本或作𧖅。《説文》云『𧖅，古密字』。按《説文》云：𧖅，蠭甘飴也。密，𧖅或从宓。」據此「黽」當就是「蠠」，也就是「𧖅」和「蜜」。從字形看，「[illegible]」正酷似蜜蜂的形狀。這必就是「蜜」的本字無疑。「[illegible]」原是象形字，作「黽」乃是後世訛誤。作「蠠」、「𧖅」、「蜜」都是後世造的形聲字。

卜辭「黽」字學者認為假用為「冥」。這是正確的。「黽」即是「鼆」字。「鼆」和「冥」音義都相同，「黽」義也必為冥。「黽」與「冥」古也可以通用。《史記·楚世家》：「王出寶弓，碆新繳，涉鄳塞。」徐廣云：「或以為冥，今江夏一作黽。」《史記·春申君列傳》：「秦踰黽隘之塞而攻楚」，正作「黽」。此字最初必是用「黽」，後世加「冥」表聲作「鼆」。其用為地名，後世又加「邑」表義作「鄳」。「冥」則是後世假用的。《説文》：「鼆，冥也。」「冥，幽也。」卜辭「黽」義蓋為幽暗不明，即不清晰。「不契黽」這一刻辭有三個特點：一，可以省作「不契」；二，都是横刻在兆璺的旁邊；三，凡是有這一刻辭的都没有卜辭。這一刻辭我以為應讀為「不契，黽」。這是説這一兆璺不清楚，不用它，所以不契。其或省去「黽」字，只作「不契」，意思還是一樣。因為這一卜兆未用，所以没有卜辭。【釋不契黽　淮北煤炭師範學院學報一九八〇年第二期】

●陳全方　「黽」，疑是黽塞，即河南信陽平靖關。春秋時叫冥阨。漢作鄳阨，黽，音萌。《史記·魏世家》：「魏信陵君見説安釐王曰：『秦又不敢伐楚，道涉山谷，行冥阨之塞，所行甚遠，所攻甚難。』」《正義》曰：「中州有平靖關，蓋即古鄳阨之塞。《淮南子·墬形訓》：『天下九塞，楚有黽阨。』按，中州，今河南信陽縣，乃漢之鄳縣地，故有鄳阨之稱。」《國策·楚策》：「填黽塞之内而投己乎黽塞之外。」【陝西岐山鳳雛村西周甲骨文概論　古文字研究論文集(四川大學)】

●許學仁　[illegible]鄂君啓車節5·4　諸家考釋皆作黽，而説義多不可解。殷、羅二氏借「黽」為萌。殷羅二氏云：「黽，借為萌。全革萌箭，是製造武器的原料，禁止運往東方，恐其資敵。」(見文參一九五八年四期·頁一〇)；郭某以「黽究係何物，苦難確定」，疑為弓幹之材料。或以「黽箭」連讀，謂以黽竹所作之箭。獨海城于思泊氏讀為「篃」字，最為允當，其説可從。錢大昕云：「凡輕脣之音，古讀皆為重脣」，知微紐之字，古音皆讀明紐。如詩谷風「黽勉同心」，韓詩作「密勿」，謰語亦作忞慔、文莫、暋勉、閔勉，蠠没。故篃字典籍或作「篃」、「薇」，然古讀皆如「黽」。

廣雅釋草：「箭、篃，𥷖也。」説文(五上)：「[illegible]，竹也。」段注：「按薇篃古今字也。如禮經古文眉作微，爾雅湄作溦之比。西山經：『英山其陽多箭多𥳍』，今本作『䉋』。郭云：『今漢中郡出，今本山海經郭注「出」下有「䉋竹」二字。厚裏而長節，根深，筍冬生。』戴凱之云：『生非一處，江南山谷所饒也，故是箭竹類。晉・戴凱之竹譜引山經䉋作篃。』」又山海經中山經：「求山多䉋」，管子地員篇：「五位之土，在岡在陵，在墳在衍，在丘在山，皆宜竹箭求黽。」竹箭求黽對舉，尹知章注云：「『求黽』，亦竹類。」不誤。尹注説者多以為非，見管子集斠九二四——九二五頁。謂求黽二字均誤。郭氏據節文駁諸家，謂黽字不誤。今復徵山海經中山經「求山多䉋」，知求黽均是矣。簡文：「金革黽箭」，黽箭即求黽箭竹，皆主為矢。管子名「求黽」，明其所自，簡文單稱「黽」者，明其用途。

故知簡文「黽」字即説文之「𥳍」，山海經之「䉋」，戴凱之竹譜之「𥳍」，乃箭竹一類，用作弓矢之材料也。【楚文字考釋　中國文字新七期】

◉朱歧祥　1710.[甲骨文]象鼃黽之正形，有角，隸作黽。今人有所謂蟾蜍、田鷄、蝦蟆之别，三者同類，均可謂之鼃。卜辭用為殷人祭祀對象，唯未悉是否屬於自然神一類。

《摭續201》甲寅卜，叀翌日祀[甲骨文]。

《存1・257》☐祀祖乙。

比較文例，祀字下所承接的多屬名詞，為受祀的對象。

《佚860》癸卯王卜貞：其祀多先祖，余受有佑。王占曰：弘吉。【殷墟甲骨文字通釋稿】

◉姚孝遂　[甲骨文]　王國維釋黽是對的。周禮蟈氏「掌去鼃黽」，鄭衆注：「蟈，蝦蟇也……」。鼃黽，「蝦蟇屬」。鼃今作蛙。契文即象蛙形。徐灝段注箋云：「黽無尾，則非从它也。蓋立文偶相似耳」。「黽」後足曲，無尾；與「龜」形有别。甲骨文编誤混。卜辭皆殘，用義不詳。【甲骨文字詁林第二册】

[篆文]　鼈　秦五　【睡虎地秦簡文字編】

◉許　慎　鼈　甲蟲也。从黽。敝聲。并列切。【説文解字卷十三】

◉馬叙倫　嚴可均曰。藝文類聚九十六引作介蟲也。倫按鼈有甲。當從龜為得其類。或相承之譌。蓋本有象形之文。變為篆文。失其形似。轉寫便與黽同。因加敝聲。鼀字亦然。甲蟲也蓋字林文。或鼈字出字林也。【説文解字六書疏證卷二十六】

黿

◉許　慎　黿大鼈也。从黽。元聲。愚袁切。【説文解字卷十三】

◉馬叙倫　丁福保曰。慧琳音義四十一引作大鼈也。大者如車輪。小者如盤。有神力。能制水族。魅人而食之。倫按字當從龜。大鼈也蓋字林文。玄應一切經音義引三倉。黿。似鼈而大也。又引作大鼈也。【説文解字六書疏證卷二十六】

◉馬叙倫　天黿角　倫按舊釋子孫。然孫從繩得聲。繩從黽得聲。謂為黽而釋為孫。尚可通。若則非子也。郭沫若以為天黿。乃族徽。或謂即軒轅氏。説皆近理。然攈古録金文一之二有辛彝。與此相類。倫謂是大字。大豖大黿皆古氏族。大天二字形本相似。聲亦脂真對轉。故大邑商亦或作天邑商矣。真元聲類相近。故大黿又轉為軒轅。作此器者蓋軒轅之族。故書其族徽於器。更有於大黿下書父己父乙父癸等者。則具其名也。【讀金器刻詞卷上】

鼃

◉許　慎　鼃蝦蟇也。从黽。圭聲。烏媧切。【説文解字卷十三】

◉馬叙倫　嚴章福曰。韻會引作蝦蟇屬。廣韻同。漢書武帝紀。元鼎五年。鼃蝦蟇鬭。據此則鼃非即蝦蟇。倫按今杭縣謂鼃與蝦蟇亦別。鼃青緑色。蝦蟇淺黑色。鼃小而蝦蟇大。晉書音義引字林。鼃似蝦蟇。烏娃反。然則許本訓虫也。吕忱加蝦蟇屬似蝦蟇。吕忱每言屬也。今本為後人所删耳。字見急就篇。【説文解字六書疏證卷二十六】

鼀

◉許　慎　鼀圥鼀。詹諸也。其鳴詹諸。其皮鼀鼀。其行圥圥。从黽。从圥。圥亦聲。七宿切。䵶鼀或从酋。【説文解字卷十三】

◉馬叙倫　鈕樹玉曰。圥字疑衍。鼀鼀詹諸。蓋連上讀。釋魚作鼁䵶蟾諸。鼁當為鼀之譌。䵶即鼀之重文。釋文音鼁為起據反。是誤認為去聲之字矣。其皮鼀鼀之皮當作行。下句其行圥圥後人加。嚴可均曰。當作鼀䵸詹諸也。從黽。圥聲。桂馥曰。戴震云。詩新臺傳。戚施不能仰者。未詳戚施所由名。説文引詩作得此䵶䵸。䵶。七宿反。䵸。式支反。又名鼀䵶。鼀。力竹切。説文誤并鼀䵶為一字。䵶讀七宿切。毛際盛曰。其行圥圥當作其行䵸䵸。王宗涑曰。陳聘矦説。圥圥當作去去。與其鳴詹諸韻。徐灝曰。説解為後人所亂。當作鼀䵸詹諸也。即後篆所謂䵶䵸也。詹諸非鳴聲。圥即鼀之省。亦不待言其行圥圥。此二句乃妄增。許原文但作其皮鼀鼀。䵸篆下則云其行䵸䵸耳。此釋所以名鼀䵸之義也。又謂之詹諸者。蹢躅之聲轉也。爾雅亦云。鼀䵸詹諸。今本作鼁䵶。誤。倫按詹諸音同照紐三等。為連緜詞。䵸音審紐三等。同為舌面前音。蓋䵸之緩言。即為別名也。詩作戚施者。戚從尗得聲。尗施音同審三。亦䵸之緩言。猶詹諸矣。戚與䵶音七宿切者音同清紐。則戚施即䵴𪓰。故𪓰下引詩作䵴𪓰也。圥戚聲同幽類。故鼀𪓰亦得作戚施也。鼀從圥得聲。圥音來紐。古讀歸泥。𪓰從爾得聲。爾音日紐。古讀亦歸於泥。此鼀𪓰亦所以為連語也。酋圥聲同幽類。故鼀或從酋得聲轉注為䵴。詹諸戚施自象其鳴聲。動物有聲者。率以其自鳴為名也。此字蓋出字林。其鳴以下十二字校者所加。圥圥蓋𪓰𪓰之誤。從黽。圥聲。從圥圥亦聲者亦校者改之。

䵴 宋保曰。酋聲。酋圥同部聲相近。【說文解字六書疏證卷二十六】

𪓰

◉許慎 𪓰 䵴𪓰。詹諸也。詩曰。得此䵴𪓰。言其行𪓰𪓰。从黽。爾聲。式支切。【說文解字卷十三】

◉馬叙倫 陳瑑曰。今詩作得此戚施。太平御覽引韓詩作戚施。是許所見毛詩本作䵴𪓰。倫按此字蓋出字林。言其六字或校者所加。【說文解字六書疏證卷二十六】

鼉

後二・三七・一三 續五・二七・五 【甲骨文編】

續5・27・5 徵12・62 徵8・104 【續甲骨文編】

鼉 邵鐘 玉鐈鼉鼓 【金文編】

◉許慎 鼉水蟲。似蜥易。長大。从黽。單聲。徒何切。【說文解字卷十三】

◉商承祚 後編下第三十三葉 說文解字。鼉。水蟲。似蜥易。長丈所。皮可為鼓。从黽單聲。單。古金文作 。與此形近。邵鐘作 。與此畧同。【殷虛文字考 國學叢刊一九二五年第二卷】

◉高田忠周 說文。鼉水蟲。似蜥易長大。从黽單聲。今目驗。亦奚腹者。字从黽為至當。詩靈臺。鼉鼓逢逢。正與銘義相合。字亦作䵊。周書王會。會稽以䵊。注。其皮可以冠鼓。或以鱓為之。夏小正傳。剝鱓以為鼓是也。【古籀篇九十八】

◉商承祚 說文鼉。「水蟲。似蜥易。長丈所。皮可為鼓。从黽。單聲。」此从 。象肉角。許云从單者。乃傳寫之失也。金文邵鐘作 。則知許誤所自出矣。【甲骨文字研究下編】

◉馬叙倫 鈕樹玉曰。廣韻引作水蟲也似蜥蜴而長大。嚴可均謂御覽九百三十二引作長丈所。即長丈許。此作長大誤。恐未確。段玉裁曰。魚部鱓下皮可為鼓四字當移此。由古多用鱓為鼉。而淺人注之也。詩。鼉鼓逢逢。史記。樹靈鼉之鼓。丁福保曰。慧琳音義廿四引作水蟲也。似蜥蜴皮可以冒鼓。葉玉森曰。黿鼉非水中小蟲。疑古文或亦從龜。倫按詩靈臺。鼉鼓逢逢。陸璣疏曰。似蜥蜴。長丈餘。甲如鎧甲。今藥鼉魚甲是也。其皮堅厚可以冒鼓。山海經中山經。江水多鼉。郭注。鼉似蜥蜴。大者長二丈。有鱗彩。皮可以冒鼓。陳藏器。鼉長一丈者。能吐氣成霧致雨。力至猛。能攻陷江岸。性嗜睡。恆閉目。形如龍。大長者自嚙其尾。極難死。聲甚可畏。元和郡縣志。緜谷縣穿山。有山空。鼉伏於空處。皮可為甲。刀箭不能入。唐書鄧景山傳。有鼉集城門。鄧班曰。鼉。介物也。其有兵乎。檢諸說。則鼉即今所謂穿山甲也。倫嘗見於北平西郊之萬生園。然其甲即鱗。堅厚。刀箭不能入。若其皮可冒鼓者。豈其腹下者邪。或鱗下者邪。玄應一切經音義引三倉解詁。鼉。似蛟而大。此與鱓一字。非黽類。亦非龜類。蓋其原始字為象形。變為篆文似魚。亦似黽。故今一從魚作鱓。一從黽作鼉。以其為水族而鱗。則字從魚為較安。或本從魚。金文魚字作[glyph]。故譌為黽。水蟲為介蟲之譌。以御覽及慧琳引并此互勘。蓋猶有捝文。然疑此字出字林。三倉本作鱓。傳寫易之。邵鐘作[glyph]。甲文作[glyph]。【說文解字六書疏證卷二十六】

◉祁慶富　鼉是常見於古籍記載的一種動物。《說文》：「水蟲，似蜥易，長大，從黽單聲。」據此可知，鼉即鰐魚。在我國古代鰐形目動物只有鼉與蛟兩種。蛟為灣鰐(Crocodilus porosus)，俗稱「馬絆蛇」；鼉為揚子鰐(Alligatar sinensis)，俗稱「豬婆龍」。鼉字在甲骨文中寫作：[glyph]（《後》二・三七・一三）、[glyph]（《續》五・二七・五）。孫海波《甲骨文編》第515頁。甲骨文鼉字，與鰐魚形象相去甚遠。康殷同志看到這一點，指出：「象鰐魚形，非初文。概因卜人對它比較生疏，所以不能逼肖。」《文字源流淺說》第362頁，榮寶齋1979年11月第一版。實際上，甲骨文此字正是鼉之初文，問題在於鼉字不是「鰐魚」，而是「鰐魚皮」的象形，極似四足展開，沿腹部至尾剖剥展開的鰐魚皮。周本雄：《山東兗州王因新石器時代遺址中的揚子鰐遺骸》圖一，4，《考古學報》1982年2期。

早在商周以前，我們的古人就發現鰐魚皮是冒鼓的好材料。以鰐魚皮冒的鼓，稱為「鼉鼓」。現已發現的商周時期的一面銅鼓，鼓面模擬鰐魚皮，維妙維肖。見臺北地球出版社有限公司1978年發行：《世界文明史》第一冊第95頁照片：仿鰐魚皮面製的周代銅壺。在考古材料中，早已有「鼉鼓」實物發現，但未被人們注意。梁思永先生編纂的《侯家莊》第1217號大墓的報告第四章《墓內殘存的殉埋》稱：「這一組的遺物遺跡是一面石磬，一個雙面皮鼓和懸掛他們用的木架子……」。皮鼓因埋藏時向西的一面蟒皮被弄破裂。……鼓桶中腰直徑約0.68米，兩端張皮面口徑約0.60米，長0.68米。」《侯家莊（河南安陽侯家莊殷代墓地）》第六本，1217號大墓，第25頁，臺北1968年版。

⿰奚黽 [glyph]

發掘者將此鼓定為「木身蟒皮鼓」。但《報告》的輯補者高去尋先生認為可能是鱷皮鼓，他補充説：「兩頭所張的皮面，一面已破裂，一面保存完整成為有方格紋的灰色圓形土面，使我們可以推斷它是蟒蛇皮（或鱷魚皮）的遺跡。皮面上畫有硃紅色的『寬螺旋紋』，螺旋之尖並粘有『小麻龜片飾』。」《侯家莊（河南安陽侯家莊殷代墓地）》第六本，1217號大墓，第27頁。

高先生疑此鼓或為鱷魚皮鼓，是有道理的。只要把報告中插圖十的「小麻龜片」和近年大汶口發掘的「鱷魚鱗片」見《大汶口——新石器時代墓葬發掘報告》圖版99—3鱷魚鱗片，文物出版社1974年12月第1版對照一下，自然會得出二者是同物的結論。侯家莊1217號大墓的本身皮鼓即是「鼉鼓」，這是考古發掘中發現的第一個鼉鼓實物。

在秦漢以前，鼉鼓在社會生活中佔有相當重要的地位。鼓是人們祭祀中的神聖之物，鼉（鱷魚皮）自然也就蒙上一層神靈的光圈，故有「靈鼉之鼓」的説法。殷周時代，北方氣候變冷，已不適宜鱷魚生存。參見竺可楨：《中國近五千年來氣候變遷的初步研究》，《竺可楨文集》第495頁。但長江流域仍是鱷魚的產地，吳越的會稽之地以鱷魚皮為貢品。北方的卜人比較難於見到鱷魚，但他們卻可經常見到從南方貢來的鱷魚皮，因而模擬出象鱷魚皮形的[glyph]字。鼉字初文本義為「鱷魚皮」，鱷魚皮鼓稱為「鼉鼓」。【釋鼉 古文字論集】

◉朱歧祥 [glyph]从黽田聲，隸作黽。或即《説文》鼉字：「水蟲，似蜥易，長丈所，皮可為鼓。」卜辭為田狩地名，與[glyph]同辭。[glyph]即前字繁體，位殷西。

《寧1·384》王其田在[glyph]。

《遺575》貞：呼弋人[glyph]、[glyph]。【殷墟甲骨文字通釋稿】

◉徐中舒 [glyph]合集六一六三 [glyph]後下三三·一一 從[glyph]單從黽，[glyph]為聲符，與《説文》鼉字篆文構形略同。金文作[glyph]邵鐘，田當是黽頭[glyph]所譌。《説文》：「鼉，水蟲，似蜥易長大。从黽，單聲。」【甲骨文字典卷十三】

◉許慎 [glyph]水蟲也。薉貉之民食之。从黽。奚聲。胡雞切。【説文解字卷十三】

◉馬叙倫 今杭縣所謂田雞者當作此字。字蓋出字林。【説文解字六書疏證卷二十六】

䵶

◉許　慎　䵶鼅屬。頭有兩角。出遼東。从黽。句聲。其俱切。【説文解字卷十三】

◉馬叙倫　段玉裁曰。篇韻皆作䵶。按吴都賦有䵶鼊。劉注。龜屬也。如瑇瑁。此與單名䵶者各物。倫按此字出字林。故訓鼅屬。頭有兩角出遼東。亦明是字林文也。【説文解字六書疏證卷二十六】

蠅

蠅出古爾雅【汗簡】

古爾雅【古文四聲韻】

◉許　慎　蠅營營青蠅。蟲之大腹者。从黽。从虫。余陵切。【説文解字卷十三】

◉馬叙倫　王筠曰。營營青蠅蓋後人所增。先引經而後為之訓。説文無此例。且言部營下引作營營青蠅。苗夔曰。黽亦聲。于鬯曰。蟲之大腹者五字。似當在下文鼅字訓蟊也之下。説文本字之下即稱經。如十部卙詞之卙矣。鳥部鶴鶴鳴九皋聲聞于天之類。其下皆不復箸訓解。唯小徐車部。輔。春秋傳曰。輔車相依。下又箸人頰車也。段注祁校王句讀皆謂後人所增。則此營營青蠅下。亦不當復箸訓解。故知此五字為當在鼅字下。而錯入於此。若不然。則依王句讀説以營營青蠅一句為後人所增。而許實以蠅為鼃之黽。不以為青蠅也。其增虫旁亦猶蛇字矣。倫按于説蟲之大腹者為鼅之説解中語可從。此説解有捝譌。蠅自為青蠅字。從虫。黽聲。黽聲真類。繩從黽得聲。而今作蠅省聲。孫從繩省聲。見孫字下。而孫聲入真類。孫音心紐。蠅音喻紐四等。心與喻四同為次清摩擦音。皆其證也。當入虫部。又疑蠅本有象形之文。篆文變譌。乃類於黽。後乃加虫以別之。當入虫部。此字或出字林。慧琳一切經音義引。蟲之大腹者。生朋轉化為蠅。【説文解字六書疏證卷二十六】

◉楊樹達　黽大腹，蠅大腹有似乎黽，故字从虫从黽。段玉裁云「虫猶蟲也，謂腹大如黽之蟲」，是也。虫為本名，黽為喻名。

【文字形義學】

鼅

◉許　慎　鼅鼅鼄。蟊也。从黽。智省聲。陟离切。蜘或从虫。【説文解字卷十三】

◉馬叙倫　鈕樹玉曰。李注文選張季鷹詩注引作鼅鼄鼄蝥也。莊有可曰。鼅鼄之從黽。以大腹假借也。鼄即詩之蠨蛸。後人別出蜘蛛之名。而反以蠨蛸為長蹄。嚴章福曰。蟊上疑捝蛛字。蠿下云。作罔蛛蟊也。蛛即鼄。方言。鼅鼄。鼄蝥也。自關而西秦晉之閒謂之鼄蝥。自關而東趙魏之郊謂之鼅鼄。倫按鼅鼄之或體作蜘蛛。是也。鼅鼄非黽類。不得從黽。黽是專名。虫是通名。從黽者可從虫。而鼅鼄不得從黽也。鼄字見金文。而鼅字不見。倫謂蓋本有象形之文作[glyph]。變為篆文。如杞伯敢鼄字作[glyph][glyph][glyph]。所從之[glyph][glyph][glyph]。具體而微。若邾太宰簠鼄字作[glyph]。所從之[glyph]竟與黽同矣。於是增朱聲以別之。鼅鼄則以雙聲連緜為詞。固不必復有鼅字也。猶鼈訓皐鼈。不必有臯字。蜋訓堂蜋。不必有螳字。蟺訓夗蟺。不必有蜿字。而蛩訓悉蛩。今有蟋字則後起矣。鼅鼄二字疑出字林。

[glyph] 倫按或字上當有鼅字。【說文解字六書疏證卷二十六】

[glyph] 鼄 國名曹姓子爵出自顓頊武王封其裔孫曹挾于邾戰國時楚滅之左傳穀梁作邾公羊檀弓作邾婁邾悼公名華 邾公華鐘 [glyph] 邾公牼鐘 邾宣公名牼 [glyph] 邾伯鬲 [glyph] 邾大宰匜 [glyph] 邾來□鬲 [glyph] 邾弔鐘 [glyph] [glyph] 魯伯愈父鬲 [glyph] [glyph] 杞伯壺 [glyph] [glyph] [glyph] 杞伯簋 [glyph] [glyph] 杞伯鼎 [glyph] 邾討鼎 [glyph] 邾友父鬲 【金文編】

[glyph] 3·958 獨字 【古陶文字徵】

◉許　慎　鼄鼅鼄也。从黽。朱聲。陟輸切。[glyph]鼄或从虫。【說文解字卷十三】

◉吳榮光　[glyph]　邾字為蝌斗文。秦之其實。乃鼅鼄之形。此文一見於邾公華鐘。再見於伯愈父為邾姬年媵鬲。三見娃豆。四見此器。可見邾之本字為鼄。猶漢世以朐忍蟲名名縣。以蜻蛉名縣。北魏以蠮螉名塞。無足怪矣。【邾太宰簠　筠清館金文卷三】

◉吳　雲　[glyph]　何子貞太史云。[glyph]古文秦字。畏龔威忌事。見史記秦本紀。應定為秦字……攷說文。鼄。鼅鼄也。从黽朱聲。或从虫。顓頊之後封邾。後為楚滅。子孫去邑為朱。朱即邾也。[glyph]古文朱。[glyph]籀文黽。倉聖作書。依類象形。[glyph]字正象鼄形。似以釋邾為安。今子貞太史釋為秦字。又引秦本紀弗忌威壘為證。尤有依據。並録之以俟參攷。【邾公牼鐘　兩罍軒彝器圖録卷三】

◉孫詒讓　[glyph]字程氏通藝録釋為周。云。說文周込用口。古文作[glyph]。今口下伸筆作[glyph]。是與古文同矣。鐘鼎字源收[glyph]字。込[glyph]。今中作[glyph]。是與[glyph]同矣。又收商鐘用字二文[glyph][glyph]。中畫皆込[glyph]。左右皆屈而下句。今三畫竝込[glyph]。是與商鐘用字同矣。説文。庸。用也。字辿□。今下辿□。即□也。蓋辿庸猶辿用也。阮釋辿之。云。莊述祖釋為邾。按其字形不若釋周為長。今案程説迂曲殊甚。莊釋為邾者。蓋㠯此為鼄字。鼄邾聲類同。上辿朱者。即古文朱字。本書師酉敔。朱黄。朱字作朱。正如此。下辿□者。即黽之象形。莊氏説文古籀疏證目㠯□為黽。蓋即據此鼄字偏旁。㠯字形攷之。其説郅塙。吴録邾大宰簠邾作□。吴釋文云。邾字為科斗文。拳之。其實乃鼅鼄之形。○案吴氏此論即本莊氏。實則此□字所辿之形。即説文鼄字。籀文□之變其形。當㠯邾大宰簠作□者為正。此鐘作□。下周公望鐘作□。吴録媾豆作□。魯伯愈父鬲作□。皆㪔有省變。故程阮諸家皆誤釋耳。阮謂其不若程説之長偵矣。【周公華鐘　古籀拾遺卷中】

◉吴大澂　□　即説文鼄字。古邾字。象鼅鼄之形。舊釋周。非是。【愙齋集古録第一册】

◉劉心源　□　鼄字象鼅鼄形。古文用為邾。如邾公䡽鐘邾公望鐘近人皆釋周。非邾太宰簠皆如此作。吴荷屋云。邾之本字為鼄。猶漢㠯朐忍蜻蛉名縣。北魏㠯蠮螉名塞也。【杞伯鼎　奇觚室吉金文述卷一】

◉方濬益　□　積古齋依程易疇徵君考工創物小記釋邾為周。按此文即説文黽部之鼄。解曰。鼅鼄也。从黽朱聲。今攷彝器銘邾字皆作鼅鼄之象形。無从黽者。筠清館金文録釋邾太宰簠所説為確。程釋之譌謬。可無煩再辯矣。【邾公華鐘　綴遺齋彝器款識考釋卷二】

◉王國維　説文解字黽部：黽，鼃黽也。从它象形。黽頭與它頭同，□籀文黽。按此字殆譌。魯伯愈父鬲鼄字作□，从□。邵鐘黽字作□，从□，皆象黽前後四足。籀文黽字前足譌而為□，後足譌而為臼，皆失其形，蓋傳寫之誤矣。【史籀篇疏證】

◉胡光煒　卜辭記「不□□。」常與「上吉」「弘吉」之屬相對列。余釋不鼅鼄。叚為不踟躕。【甲骨文例下】

◉馬叙倫　□討鼎　□　倫謂舊釋是。□為鼄之初文。説文鼄在黽部。黽是水族。鼄為結网之蟲。字安得從黽耶。檢説文黽部字多譌羼。如鼀鼈之為介族字當從龜。鼂之當從魚。今皆從黽者。自古亂之。蓋由此類古自各有其象形之字。及變為篆文。遂相譌亂。不可諦正。後人乃增某聲以別之。若此□字亦非從□朱聲也。金文杞伯敨作□。又作□。杞伯壺作□。所從之□。蓋為其象形之文。而傳寫與黽之作□者相亂。故加朱為聲。朱即説文之朱。説文訓朱為赤心木者乃株字義。而根株字乃朱字也。金文作朱者。由象形文本作□或作□也。知者。韓非解老。樹木有曼根。有直根。直根者。書之所謂柢也。曼根者。木之所以持生也。朱聲矦類。曼聲幽類。幽矦聲近。韓非所謂曼根即朱也。且木之赤心者。非獨今所謂紅木也。故徐鍇有朱為赤心木總名之説。然木亦有黄心者。何不為之製字。識一於木謂之赤心木。六書謂之指事。然物名固鮮以指事之法冓造之。且金文作朱。是識之者二矣。故知説文朱株之訓當互易耳。此□蓋邾之族徽。古所謂國。

直一族之人占有若干土地。封而守之。其國名多即其族徽也。山海經所載諸國名皆以是觀之矣。然其始止作[甲骨字形]耳。【讀金器刻詞卷下】

◉黄沛榮　甲骨文常見的「不𢆶黽」一辭，在這裏，我收集了四六七片甲骨(共出現五五〇次)，再加以整理。內容方面，談不上有什麼新見解，我只是想要在我們現有的材料裏，對這個意義不明的兆語作一番檢討。

一、不𢆶黽的異體

「不𢆶黽」三字以「不」、「𢆶」、「黽」為正體，他們的異體不多，現列在下面：

不、[甲骨字形]

𢆶：[甲骨字形] [甲骨字形] [甲骨字形] [甲骨字形] [甲骨字形] [甲骨字形]

[甲骨字形] [甲骨字形] [甲骨字形] [甲骨字形] [甲骨字形] [甲骨字形] [甲骨字形] [甲骨字形] [甲骨字形] [甲骨字形]

這些字體的不同，是與時代先後無關的，因為我們常發現這些異體同在一版上出現。例如：

不𢆶黽　[甲骨字形]　續三・二七・一

不𢆶黽　[甲骨字形]　[甲骨字形]　珠五五四

既然是同版，他們的不同就跟時代沒有關連了。此外在同一貞人的卜辭中，也有異體的出現，以貞人㱿為例：

不𢆶黽　(前七・六・一)

[甲骨字形]　(前七・八・一)

[甲骨字形]　(珠七八・七)

[甲骨字形]　(續三・一・三)

[甲骨字形]　(乙六六八五)

[甲骨字形]　(乙七一九〇)

可見這些異體純粹是因為書法上的不同，而與時代及貞人的習慣是無關的。

二、不𢆶黽是武丁時的習語

在我輯録的四六七片甲骨卜辭中，有貞人名字的共七十六片，貞人則只有八位，他們是：𡧊(十六次)、㱿(十六次)、爭(二十次)、亘(十六次)、永(七次)、韋(四次)、𡆥(五次)、吕(三次)，都是武丁時代的貞人，由此我們可以推測，「不𢆶黽」是武丁時習用的兆語。也許有人會以為這七十六片在四百多片中，僅佔六分之一，以六分之一來決定六分之五，實有以偏蓋全之嫌，殊不知有不玄冥三字的卜辭，大部分都是斷片，一片之中，往往就僅此三字，這種情形在四百多片裏佔了一半以上。假如除此不算，其他的甲骨，我們都可以利用貞人、稱謂、字體、人物等方法來定其為第一期的卜辭，而最重要的，就是絕無反證，所以我們是有理由說不玄冥是武丁時代的習語的。更由於這兆語出現在「㱿」、「爭」、「穷」、「亘」這四位武丁早期貞人的卜辭中次數最多，所以我們又可以假定它是武丁早期習用的兆語了。

三、不玄冥與二告

「不玄冥」三字常與二告、小告同版。二告和小告有兩種說法：第一種是釋告為吉，二告就是上吉；他們的理由是因為甲文中有「弘吉」、「大吉」而無「小吉」，所以把小告釋為小吉，二告也就是上吉了。第二種是釋告為告，因為甲骨文中不但有二告，而且有三告、四告，要是釋告為吉，則三告、四告便不好解釋了，況且「弘吉」、「大吉」所用的吉字作「吉」，與告字絕不混用，故不可釋告為吉。

我們現在很難判斷這兩派說法孰是孰非，但是我們卻可以从不玄冥這兆語得到一些啟示。因為，第一：「不玄冥」雖然常與「二告」、「小告」同版。卻絕不與「弘吉」、「大吉」同版；第二：「不玄冥」更常與二告連文，而且這種連文是有一定法則的，它們的次序必然是告二冥玄不或是不玄冥二告，視卜辭的左行或右行而定，但無論是左行或右行，它們的次序仍是一定的。（注：雖然說它們的次序是一定的，但也不是沒有例外的。不玄冥與二告連文的甲骨共有三十八片，其中就有兩片例外。它們是存一·三〇五及京二八六三。）這是一個很有趣的問題。因為從各方面看來，「不玄冥」實有不祥的含意，假定它們是凶辭的話，二告就不得釋為上吉了，因為「吉」與「凶」是無法配合的。唯一可以解釋的辦法是：（一）「不玄冥」非凶語或（二）「二告」非上吉。

四、「不玄冥」與兆序的關係。

「不玄冥」的出現是與兆序無關的，從一卜至八卜都可以有「不玄冥」出現。這裏順便要提到一個問題，就是兆序與兆語契刻的先後問題。在四百多片甲骨里，其中有三片可以說明這問題，現摹録於下：

戩四〇·一三　　七集p·四　　庫一六五一

先刻兆序再刻兆語這意見，雖然早經張秉權先生提出，但沒有舉出具體的證據，這三片甲骨正好作為一個補充。我們雖然不知道刻字的貞人為何要把這三字拆成兩半而不把它們的位置全部移過一些，但是先刻兆序再刻兆語這種現象卻是我們可以斷言的。

五、歷來學者對於「□□□」的考釋

諸家對於□□□的解釋都不大相同，因為篇幅的關係，這裏只能將各家考釋的大意敘述。

1. 孫詒讓：「以形義求之，□从糸从口，疑即紹字之省；□疑即龜之古文……不紹龜猶云不命龜也。」（契文舉例下）

2. 陳邦福：「□或从午作□，本字為舌，疑又叚作啎；□當釋鼄。不舌鼄者或不啎殊之音叚，猶云不乖殊也。」（殷契辨疑）

3. 胡光煒：「卜辭記□□□常與上吉、弘吉之屬相對列，余釋不鼅鼄，叚為不踟蹰。」（甲骨文例）

4. 許敬參：不契龜。（殷虛文字存真考釋）

5. 張鳳：不吾龜。（見孳乳研究引）

6. 董彥堂：「疑即不冐龜，不冐龜與用龜之義適相反，蓋用龜則冐而取之，不冐龜即不用龜也。」（殷代龜卜之推測）

又：「我曾誤釋□為冐，又從孫詒讓釋□為龜，近細審卜辭，乃覺胡氏之説為是。」（甲骨文斷代研究例）

7. 唐蘭：「余謂□、□二體，當以□為正體，□為變體，□即才字也。……才讀為再……黽或作𪓑，當讀為舋，或為璺；皆謂坼裂也。」（天壤閣甲骨文存考釋）

8. 郭沫若：「□字……即黽字，……□必係鏝之初文。……不鏝黽猶言不迷芒、不朦朧、不紛亂，言兆璺之鮮明也。」（古代銘刻彙考）

9. 于省吾：「陳邦福讀□為啎是也。……□字亦作□□形，郭沫若釋為黽是也，黽應讀作冥。……然則不午黽即不啎冥也，言兆璺之不舛啎、不冥闇也。」（殷契駢枝）

10. 李亞農：「□當釋為許字……□字實為蛛之原始形，□□□即不許朱也……亦即不許乎之意也。」（殷契摭佚續編考釋）

11. 饒宗頤：「卜兆術語之不夅黽、不夅[黽攴]，應讀不再命。卜之已吉，不再命龜也。」（卜辭義證之一）

上述諸家，孫詒讓、許敬參、張鳳等釋□為龜，這是很明顯的錯誤，因為這三字並非只出現在龜甲上。郭沫若釋為不鏝黽，于省吾釋為不啎冥，並以為是指兆璺的不迷芒、不冥闇而説的，可是我們要知道，□□□是兆語，無論説它是指兆璺的鮮明或不闇，在意義上都是講不通的。李亞農釋為不許朱，即不許諸、不許乎的意思，更覺牽强。胡光煒釋為不鼅鼄，假為不踟蹰，董彥堂先生從之。董先生又説：

按𢆶當為絲，絲鼄，即作絲之鼄；鼅鼄結網時，欲前不前，正可借以喻人之踟躕，也同以獸之猶豫喻人之遲疑一樣。卜辭中，凡一事兩三卜時，必有極簡之語句，不踟躕即是一例。……因為一卜再卜而未決，所以三卜時即決定了，説不踟躕。

照董先生的説法，不𢆶黽就是下決心定吉凶時所用的兆語。不過既然已經決定，就不應再有所卜問了。可是我們看：

1. 乙編二六八三號，左第三卜與右第四卜的兆語都是不𢆶黽，但仍有第四、五、六、七卜。
2. 乙編六八八一號，左第三卜與右第四卜的兆語都是不𢆶黽，但仍有第四、五、六、七卜。
3. 丙編二六七號，右第二卜的兆語為不𢆶黽，但仍有三、四、五、六卜，而第七卜的兆語又是不𢆶黽，但仍有第八卜。

上述三個例子，都是在不𢆶黽之後再卜，可知它決不是下決心定吉凶的意思了。而且根據這些例子，唐蘭氏「不再墨」、饒宗頤先生「不再命」的説法，也自然是不能成立的了。

總之，兆語「不𢆶黽」至今還没有很好的説法；其正確的解釋，有待學者們的研究和探討。【甲文「不𢆶黽」一辭的檢討 中國文字第八卷第三十二册】

◉王讚源 鼄公牼：即春秋襄公十七年的邾宣公牼，牼其名。邾悼公華之父。⊘

鼄，春秋經及左、穀二傳作邾。彝器作鼄的有：鼄公牼鐘，鼄公華鐘（三代一卷六二葉），鼄君求鐘（三代一卷八葉），鼄尗止白鐘（三代一卷十九葉），鼄狺鼎（三代三卷廿三葉），鼄白御戎鼎（三代三卷卅七葉），鼄▨白鼎（共二器，三代三卷五二葉五三葉），鼄大宰簠（三代十卷廿四葉），鼄白鬲（三代五卷卅四葉），鼄昏父鬲（三代五卷卅六葉），鼄來隹鬲（三代五卷廿九葉），鼄鬻父壺（綴遺十三卷廿一葉），魯白愈父盤（貞松十卷廿五葉），魯白愈父簠（綴遺八卷十四葉），魯白愈父鬲（共五器同文，三代五卷卅一葉至卅三葉），魯白愈父匜（綴遺十四卷十五葉。以上三魯器並有鼄姬之名），杞白每亡𣪘（共五器同文，三代七卷四一至四四葉。每讀如痗），杞白每亡鼎（共二器，三代三卷三四葉），杞白每亡盨（三代十八卷十八葉。案盨乃從皿召聲，即説文皿部之盄。以上三杞白器並有鼄嫌之名。）作邾的有：邾公釛鐘（三代一卷十九葉），邾大嗣馬戈（三代廿卷十九葉）。

鼄是國名的初文，邾乃後造的本字。理由有三：第一，依字體看，作鼄的乃春秋或春秋以前的作器，作邾的是戰國時器。第二，通考甲骨卜辭及西周彝器，凡方名的初文都不從邑，因方國與姓氏之名，多導源於夏世，尚書呂刑説：「禹平水土，主名山川。」左傳哀公七年説：「禹合諸侯于塗山，執玉帛者萬國。」尚書禹貢説：「錫土姓。」當時榛莽初闢，文字簡少，主名山川與姓氏，皆假借它字為名。以卜辭為證，凡方名之字，不加緐文的，皆有其本義，可見古方名之字，多是他字的假借。邾國的邾，是借用鼅鼄的鼄為國名，（說文：「鼄，鼅鼄也。」）正合於古方名皆用假借字的通例。這是依文字的結構來證明，可見鼄是初文。第三，春秋之世，大國才設卿，即國語魯語說的：「自伯、子、男有大夫無卿」。鼄公牼鐘說：「鑄辝龢鐘二鍺，以宴大夫，以喜諸士」。鼄公華鐘說：「鑄其龢鐘，以樂大夫，以宴士諸子。」鼄是齊、魯之間的小國，只有大夫而無卿職，所以說：「以宴大夫」，又說：「以樂大夫」，並無卿名，正合乎春秋禮制。到了戰國，王綱陵夷，僭禮失紀，習以為常，如齊、韓、魏、趙、燕，春秋時或稱侯或公，一到戰國，便相率稱王。而小邦僭為上國禮制，只是小事，邾公釓鐘說：「以樂我嘉賓，及我正卿」，邾是小國，也設有卿職，正合於僭禮失紀的戰國風尚。所以說鼄公牼鐘、鼄公華鐘是春秋器，邾公釓鐘是戰國作器。鼄是國名的初文，邾是戰國以來的俗字，非春秋以前的本名（見魯實先先生「假借遡原」四五至六五頁）。

邾國介於齊、魯之間，地在今山東鄒縣，史記無邾世家，其世系只見於春秋經傳。茲據春秋表列其世系如左：

邾子克——魯莊公十六年卒。

邾子瑣——魯莊公廿八年卒。

邾文公蘧蒢——魯文公十三年卒。（在位五二年，元年當西元前六六五年）

邾定公貜且——魯成公十七年卒。（在位四十年，元年當西元前六一三年）

邾宣公牼——魯襄公十七年卒。（在位十八年）

邾悼公華——魯昭公元年卒。（在位十五年，元年當西元前五五五年）

邾莊公穿——魯定公三年卒。（在位卅四年，元年當西元前五四〇年）

邾隱公益——卒年不詳。——（魯哀公八年為吳所廢，哀公十年出奔，哀公廿二年越人送歸，太子革奔越）

邾桓公革——卒年不詳。（魯哀公八年即位，哀公廿二年奔越，在位十五年）

邾考公——禮記檀弓下鄭玄注：「考公，隱公益之曾孫，考或為定。」

漢書地理志說：「魯國騶故邾國曹姓，廿九世為楚所滅。」依水經江水注，邾於戰國時為楚宣王所滅。傳廿九世為楚宣王所滅，則其創國當在周初。但穀梁傳隱公元年說：「邾之上古微，未爵命於周也。」據此說，則邾國建於何時，更不可知，所以史記無邾世家。潛夫論志氏姓說：「邾顏子之支別為小邾。」又春秋僖公七年說：「小邾子來朝。」可見春秋時，邾已析為二支，何時分為小邾，無可考定，唯大小邾同預諸侯盟會。以上所列世表，是屬大邾。

根據春秋經傳，邾國之君通稱為子，卒後則稱公，如春秋昭公元年說：「邾子華卒，秋葬邾悼公」便是。其所以稱子的理由，是因邾國行東夷禮制，因此貶稱之。左傳昭公廿三年說：「叔孫曰：邾又夷也。」這是邾行夷制的記載。依春秋體例，凡禮俗近於蠻夷的，皆貶稱曰子，如楚王貶稱楚子，吳王貶稱吳子。鼄公牼鐘、鼄公華鐘皆稱公，是國內的自稱，於春秋則貶曰子，子並非爵位。【周金文釋例】

◉李孝定　鼄字从黽，朱聲。甲骨文作[glyph]，象形，中「〓」畫，象蛛網之緯絲也。邾討鼎鼄字作[glyph]，仍為整體象形，與甲骨文同，漸變則為「朱」聲矣。【金文詁林讀後記卷十三】

◉趙　誠　[glyph]，鼄。象蜘蛛停在網上的形狀。金文增加朱字作為聲符。小篆變為從黽，可能是訛變。卜辭習見「[glyph]」似為當時成語，和弘吉、大吉相近，但具體意義不詳。【甲骨文簡明詞典】

◉龐懷清　鼄走：鼄字見邾公華鐘、邾太宰鐘、邾有父鬲、朱討鼎等器銘，當即蛛之初文。蜘蛛善走，能張網以捕小蟲。衛護尊者出行的警蹕人員，必是捷足勇士，故得稱作蛛走。疑蛛走亦或可稱為虎賁。【跋太保玉戈　考古與文物一九八六年第一期】

鼂 鼂

[glyph] 鼂　為二〇　通朝　不安其—【睡虎地秦簡文字編】

[glyph] 傅鼂　[glyph] 離鼂　[glyph] 趙鼂　[glyph] 莊鼂　[glyph] 孔鼂　[glyph] 鼂午　[glyph] 鼂中意【漢印文字徵】

[glyph] 古尚書　[glyph]　[glyph] 並籀韻【古文四聲韻】

◉許　慎　鼂匽鼂也。讀若朝。楊雄說。匽鼂。蟲名。杜林以為朝旦。非是。从黽。从旦。臣鉉等曰。今俗作晁。直遙切。[glyph] 篆文从皀。【說文解字卷十三】

◉林義光　說文云。鼂匽鼂也。讀若朝。从黽从旦。按黽旦非義。旦疑早省。早古作[glyph] 趠鼎趠字偏旁。與旦形近。从黽。早省聲。鼂早雙聲旁轉。【文源卷十一】

◉馬叙倫　鈕樹玉曰。繫傳脱杜林以為朝五字。王紹蘭曰。毛詩汝墳。調飢。傳云。調。朝也。朝調疊韻。鼂蜩亦疊韻。則鼂即蜩也。詩蕩。如蜩如螗。孔疏引舍人曰。皆蟬也。方語不同。三輔以西為蜩。梁宋以東謂蜩為蝘。蜩為二字據邢氏爾雅疏補。又引陸機疏云。螗。一名蝘虭。夏小正。五月。唐蜩鳴。唐蜩者。匽也。然則蝘即匽之借字。虭乃蜩之異文。單呼曰匽。亦曰蜩。合呼則曰匽蜩。猶單呼曰鼂。合呼則曰匽鼂。明匽鼂即匽蜩也。蜩在虫部。鼂在黽部。猶鼄在黽部。蝦蟇則在虫部矣。王筠曰。讀若朝句不在旦下者。本字之形不甚可解也。非是二字後人加之。以利曹季三字説解推之。此當云。揚雄説。匽鼂。蟲名。從黽。杜林以為朝旦。從旦。今既云非是矣。下文又云從旦。文義之不相貫注如此。豈許所為乎。從旦者。朝從倝。倝從旦。從旦即是從朝也。唯蟲名而從旦。殊不可解。竊恐緣皀黽字而變之。不顧其不安也。朱駿聲曰。或曰。從旦。□聲。□古作□。形譌為黽。朝之或體也。林義光曰。疑從早省聲。陳衍曰。當從朝省聲。非從旦。倫按此字在部末可疑。而説解尤為可疑。鼂從黽而訓匽鼂。與鼃訓皀鼃一例。明是虫名。而又揚雄説匽鼂蟲名。一可疑。讀若在匽鼂也下。二可疑。引杜林説而以為非是。本書引某説無駁之者。獨耿下及此兩引杜林説皆非之。三可疑。蟲名而曰從旦。四可疑。重文作鼂。曰。篆文從皀。玉篇以為古文。而字從皀。非聲非義。亦可疑。疑此字出字林。説解又有捝譌如王筠説也。匽鼂之義王紹蘭説有據。諸家引臨海水土異物志。鼂似鼂鼉。一名匽鼂。此書晚出。餘無可證。故不從也。旦單音同端紐。聲同元類。古書壇墠通借。而壇從亶得聲。亶從旦得聲。是蟬之轉注字固可從旦得聲作鼂也。旦之轉注字為倝。又為朝。則鼂古讀如朝。其得聲於旦尤明。林謂早省聲。陳謂朝省聲。理皆可立。而字仍為轉注。則無煩別説矣。鼂從旦得聲而音轉讀若朝。朝皀聲同幽類。故或從皀得聲作鼂。轉注字也。惟蟬非黽類。而字乃從黽為不合。倫疑此亦如鼄之本不從黽。本有其象形之文。傳寫與黽形相掍。而遂譌為從黽矣。丙申角有□。唐蘭釋蟬。唐引董作賓卜辭中所見的殷曆引白陶片中作□。可證也。既誤為黽。乃加旦聲以別之。杜林以為朝旦字者。古或借鼂為朝。楚詞九章曰。甲之鼂吾以行。左傳王子朝漢書五行志作王子鼂。史記鼂錯漢書作朝錯。即其證也。此字疑出字林。古鉨郭□。强運開釋鼂。

□ 段玉裁曰。篆文當依玉篇作古文。篆當作□。從皀。皀見日部。讀若窕。皀聲也。倫按鼂俗作晁。蓋緣以鼂為朝旦字。故作此以代之。然可證鼂從皀得聲也。篆文者。蓋出石經。【説文解字六書疏證卷二十六】

◉商承祚 □ 篆文乃古文之誤。玉篇引古文作鼂。二者必有一失。段亦以為古文改从□。謂从皀聲。【説文中之古文考】

◉楊樹達 説文十三篇下黽部云：「鼂，匽鼂也，讀若朝。揚雄説：匽鼂，蟲名。杜林以為朝旦，非是。从黽，从旦。」按鼂讀若朝者，左傳王子朝，漢書五行志作王子鼂。史記鼂錯，漢書作朝錯。漢書嚴助傳云：「鼂不及夕」，亦假鼂為朝：此皆許君説所本也。字从黽从旦而讀若朝者，説文七篇上倝部云：「朝，旦也。」古人字音不如今日之確定，旦朝同義，旦字即有朝音也。【釋鼂 積微居小學述林卷三】

◉徐中舒 □，篆文鼂匽鼂字。《金文編》838頁著録了象蝙蝠形的六個象形字，其子黽爵之字尤與此形為近。《説文》：「鼂，匽

鼂 鼂 卵 卵

鼂也，讀若朝。揚雄説『鼂，蟲名』，杜林以為朝旦，非是。」許氏所引揚雄説，出自《蒼頡訓纂篇》，實為秦漢時人之舊説。杜林以鼂為朝旦之旦，乃假借之義，許言本義，故以杜林為非。此言上帝司鼂，則又假鼂為朝廷之朝。【西周牆盤銘文箋釋 考古學報一九七八年第二期】

◉文物局古文獻研究室 阜陽地區博物館阜陽漢簡整理組 [glyph]偃鼂，《説文》作匽鼂。《説文》鼂字，「揚雄説，匽鼂，蟲名。杜林以為朝旦，非是。」許慎以為字「从黽从旦」，據此簡則當从黽从日。漢印亦有从日者。【阜陽漢簡《蒼頡篇》 文物一九八三年第二期】

◉徐 鉉 鼂海大鼂也。从黽。敖聲。五牢切。【説文解字卷十三新附】

[glyph] 265 【包山楚簡文字編】

[glyph] 卵 日甲七四 [glyph] 日乙一八五 【睡虎地秦簡文字編】

[glyph] 卵力管切 【汗簡】

[glyph] 汗簡 【古文四聲韻】

◉許 慎 卵凡物無乳者卵生。象形。凡卵之屬皆从卵。盧管切。【説文解字卷十三】

◉林義光 卵卝皆不類卵形。古作[glyph]陳猷釜關字偏旁。當為毌之或體。象貫形。孵子謂之卵。乃借為丸字。卵丸紐音近。亦同音。呂覽有鳳之[glyph]本味。注。[glyph]古卵字。[glyph]實即丸。説文作[glyph]。他書相承用借字。此獨用本字耳。【文源卷三】

◉馬叙倫 姚文田曰。小徐此部全脱。王鳴盛曰。自系部至此部。大小徐本無一字異。此必小徐本亡後後人用大徐本補之。嚴可均曰。五經文字九經字樣皆引説文卝古卵字。則唐本卵後有卝古文卵。汗簡亦以[glyph]為部首。二徐移為磺之重文。非也。龔橙曰。卵當為[glyph]。徐灝曰。蓋本作卵。象形。卵殼外渾圓而內缺。故造字象其缺。倫按段玉裁亦據九經字樣。卝。卵。上説文。下隸變。五經文字。卝。字林不見。以證本書卵字本作卝。今作卵者五季以後據字林改説文者所為。倫謂字樣卝丱二字。蓋傳寫譌倒。卝為隸變。丱是篆文。隸皆省篆。丱緐於卝。可知其非。且若篆止作卝。隸何依而轉作丱邪。五經文字謂字林不見卝字。足證字林不收此隸變之卝。字林固皆作篆而不取隸法也。ⅲ為象孰卵剖而為二之形。篆當作◎◎或作⊙⊙。說解蓋挩本訓。國語魯語韋注。未孚曰卵。凡物無乳者卵生古無此說。此字疑出字林。【說文解字六書疏證卷二十六】

◉商承祚　卝　說文。卵。凡物無乳者卵生。象形。卝。古文卵。案各本無此字。段氏依五經字樣補入。是也。汗簡引作卝。可見唐本有此字。後人見周禮卝人。刪此益彼。而不明其為引申與叚借耳。【說文中之古文考　金陵大學學報一九四〇年卷十第一、二期】

◉商承祚　卵,作卝,象形。小篆作𩇨乃其形變,《說文》徐箋:「卵之言欒欒然也,蓋本作丱,象形。卵殼外渾圓而內缺,故造字象其缺,中有點,卵黃也;二之者,卵生不一也。」卵形橢圓而小,簡云卵缶、卵盞亦即其小而橢圓。楚故都紀南城鳳凰山西漢墓出土簡牘之卵字皆作卝。【江陵望山二號楚墓竹簡遺策考釋　戰國楚竹簡彙編】

◉金祥恆　卝卵,說文:「𩇨,凡物無乳者卵生,象形。」段注本補卝古文卵云:「各本無,今依五經文字九經字樣補,五經文字曰卝,古患反,見詩風,字林不見,又古猛反,見周禮。說文以為古卵字。九經字樣曰,說文卝隸變作卵,是唐本說文有此無疑。但張引說文古文卵,刪去文字,未安。張之意當云,𩇨卵上說文下隸變,乃上字誤舉其重文之古文,非是。然正可以證唐時說文之有卝,汗簡以卝為古文卵字,與卝為古文風、卵為古文龜皆據本書,郭氏所見說文尚完好也。案段語是也。竹簡卵與古文同。出土器物中有竹笥內盛有雞卵殼四十餘。【長沙漢簡零釋　中國文字一九七二年第四十六册】

◉商志䊮　卝,應釋作卵,楚簡作卝,《湖北江陵三座楚墓出土大批重要文物》,《文物》1966年第5期。漢簡中,馬王堆一號墓竹簡作「卝」,《長沙馬王堆一號漢墓》,文物出版社,1973年版。江陵鳳凰山8號、168號、169號等墓皆作「卝」、「卝」,《湖北江陵鳳凰山西漢墓發掘簡報》,《文物》1974年第6期。馬王堆3號墓帛書作「卝」,《五十二病方》,《馬王堆帛書》(四),文物出版社,1987年版。在宋代的郭忠恕《汗簡》卷下作「卝」,夏竦《古文四聲韻》作「卝」。然今本《說文解字》卷九卻云:「磺,銅鐵樸石也。从石黃聲,讀若穬。卝,古文磺,《周禮》有卝人。」同書卷十三又有卵字。在唐代的張參《五經文字·丱部》言:卝,「《說文》以為古卵字。」唐玄度《九經字樣·雜辨部》亦云:卝,卵字。注云:「上《說文》,下隸變。」由此可知唐本《說文》還將卝釋作卵,段玉裁《說文解字注》據上述而更正「卝」為古礦字之誤。商承祚先生《說文中之古文考》嘗曰:卝乃古卵字,「後人見《周禮》卝人,刪此益彼,而不明其引申與假借耳」,言之甚明。

諸儒皆云卝為古患反，讀貫聲。陳奐《釋毛詩音》卷一言：卝「貫音宦」，並引《禮記·內則》鄭注：「卵，或作攔」，段玉裁《說文解字注》亦言卝「古音如關，亦如蜫」，都是正確的。《詩·齊風·甫田》：「總角卝兮」，《穀梁傳》昭十九年作「羈貫成童」，是卝貫通假。在湖北雲夢睡虎地出土的秦簡中有「麛⿱䜌卵㱿」。《睡虎地秦墓竹簡》第26頁，文物出版社，1978年版。⿱䜌卵即卵，从䜌聲字。

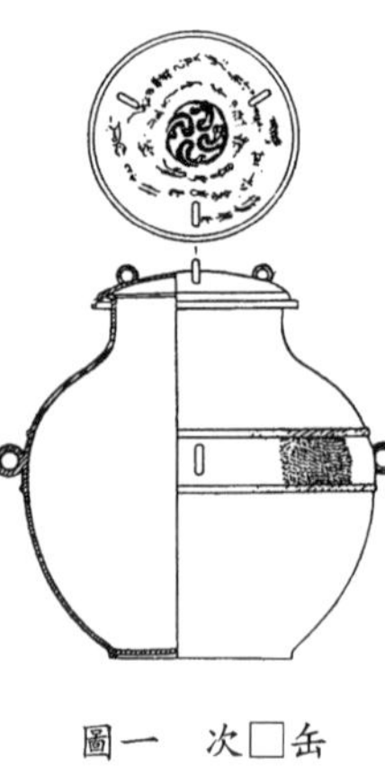

圖一　次□缶

卵為象形字，段玉裁注：「卵未生而腹大。」朱駿聲亦云：「蟲之大腹者似之，故黽从此。」《說文通訓定聲》第742頁，中華書局影印本，1984年版。可引申為器之鼓腹，此器口徑16.4，底徑16.6，而腹徑則為31.8釐米，腹部甚鼓，故稱卝缶。此外，江陵望山2號墓竹簡之遣策第23簡有「卵缶」、「卵盞」。商承祚先生曰：「此簡云『卵缶』、『卵盞』，亦取其小而橢圓之意。楚故都紀南城鳳凰山西漢墓出土簡牘亦屢見卵字作卝，或云『小卵檢』，實物為朱繪雲紋小橢圓奩。」《戰國楚簡研究》(三)，待刊。時人曾以為竹簡或竹筐木牌中，書「卵笥」、「卵筥」，在其內有鷄蛋之外殼遺物，而深信之；然對「卵檢」內不見蛋殼，卻迷惑不解。金立《江陵鳳凰山八號漢墓竹簡考釋》。今知此卵字可釋作大腹、鼓腹之物。【次□缶銘文考釋及相關問題　文物一九八九年第十二期】

◉黃錫全　卝卵力管切　鄭珍云：「今《說文》移此古文卵以作石部磺之古文，詳見《說文逸字》。郭氏所見當是未改本。」段玉裁曰：「《說文》卵字本作卝，不作卵。《五經文字》曰『卝，古患反，見《詩·風》，《說文》以為古卵字』。《九經字樣》曰『卝卵，上《說文》，下隸變』。是《說文》卵字作卝，唐時不誤，確然可證。」望山楚簡卵缶、卵盞之卵作卝，鳳凰山漢墓卵亦作卝，《五十二病方》作卝，並與此同。【汗簡注釋卷六】

毈

◉許　慎　毈卵不孚也。从卵。段聲。徒玩切。【說文解字卷十三】

◉馬叙倫　張文虎曰。今俗以蛋字當之。呼如彈。凡卵統謂之蛋。其孚而不育者謂之哺退蛋。實即毈。倫按卵不孚也蓋有捝字。此字疑出字林。毈為卵之聲同元類轉注字。【說文解字六書疏證卷二十六】

甲五四〇　粹四一六　𢓊于二祖歲　鐵七三・四　後一・二七・四　菁三・一　後一・一〇・一六　二示
見合文一　甲一一　二母壬　見合文一四　乙七〇九　二月　見合文一七　後二・四三・九　二千　見合文一七　乙
四〇七　二人　見合文一八　乙二六三九　二羌　見合文一八　粹三八〇　二鄭　見合文一八　佚七八　二伐　見合文一九
甲四〇七　二牛　見合文一九　甲三〇四六　二羊　見合文一九　乙三〇九四　二豕　見合文二〇　乙二六三九　二犬
見合文二〇　甲五六九　二牢　見合文二〇　乙四五四四　二牡　見合文二一　乙六一一七　二吉　見合文二二　明
七五七　二鬯　見合文二二　乙七六四五　二朋　見合文二二　燕六三八　二𠂤　見合文二三　甲一三三　二告　見合文二六
前二・五・一　又二　見合文二七　卜辭又別有祐祐　明藏六三五　二父　見合文二　【甲骨文編】

乙8642　珠217　628　佚350　428　621　882　佚884　戩1・9　佚989　990
續1・40・5　續5・5・6　徵4・10　徵3・115　8・43　11・59　凡4・3　古2・6　2・9
【續甲骨文編】

二　我鼎　盂鼎　沈子它簋　矢方彝　周㝬鼎　吳方彝　舀鼎　豆閉簋　免簋
縣改簋　同簋　大簋　克盨　師兌簋　番生簋　散盤　洹子孟姜壺　秦公簋　鄀公鼎
東周左師壺　从戈　匽君鉼　【金文編】

2・26　獨字　5・502　十二　4・1　廿二年正月左匋君　4・5　廿二年八月　【古陶文字徵】

〔三六〕　〔三六〕　〔二〕　〔四〕　〔六七〕　〔一八〕　〔六七〕　〔六七〕　〔六七〕

〔七二〕〔六七〕〔四〕【先秦貨幣文編】

布方　安邑二釿　晉芮　布方　安邑二釿　晉高　布空大　二口　豫伊　布尖　平宮背　晉高　刀弧背　左二

冀靈　布尖　大陰背　晉高　刀弧背　冀滄　圜　重一兩十二銖　展肆貳8　【古幣文編】

一：四　一百九十二例　宗盟類不守二宮者　三：四　四十一例　一：三〇　十六例　【侯馬盟書字表】

117　【包山楚簡文字編】

二　法二　二百四十一例　日乙四五　二例　日甲一四五背　編二　十一例　編九　二例　【睡虎地秦簡文字編】

二曰　甲四・一六　二月　乙三・二六　十又二　乙七・一　【長沙楚帛書文字編】

執法直二十二　【漢印文字徵】

天璽紀功碑　解者十二字　羣臣上醻題字　石經僖公　二月　上谷府卿墳壇題字　袁敞殘碑　元初二年

博塞　禪國山碑　【石刻篆文編】

二　二　二　二音竝闕竝見華岳碑　【汗簡】

貝丘長碑　又說文　天台經幢　汗簡　竝崔希裕纂古　籀韻　【古文四聲韻】

◉許　慎　二地之數也。从偶。凡二之屬皆从二。而至切。弍古文。【說文解字卷十三】

◉孫詒讓　紀數字古多趣簡易，故說文十部廿字解云：「古文省多。」然亦有改簡為緐者，如亖之為四，八之為，蓋因飾偽萌生，為此以資防檢，而古文又有弌弍弎，字竝从弋，說文一、二、三部。則彌緐矣。又或假借壹、貳、曑為之，金文召伯虎敨云：

「公宕其𡕒，女則宕其貳，公宕其貳，女則宕其一。」貳字作[glyph]，偏旁弍，从戌从二。又斧文云：「邵大𠦝[glyph]車之斧。」以文義校之，[glyph]當即貳字，舊釋為貳，未塙。則又从戈从貝，而省二，咸與說文不同。又曶鼎云：「母毋卑俾[glyph]于所質。」以敔文互證，[glyph]當即弍字，舊釋為越，非是。从「戌」亦與彼敔貳字同。又緐安君瓶有弍字作[glyph]，則亦从戈。諸文皆不从弋，未寀其義。據敔文則周時已有用貳𡕒紀數者，經典中借用者尤多，斯皆後世簿籍紀數用大字之濫觴，亦一變例也。【名原】

◉郭沫若　第一三二六片「庚午卜王，在𨸏山卜。一　庚午卜王，在十二月。二　庚午卜王，在十二月。三　庚午卜王，在十二月。四　庚午卜王。五　庚午卜王，在十二月。六　庚午卜王，在十二月。七　庚午卜王。八」

此一事共八卜，只紀卜者為王，未紀所卜何事。然有可注意者為紀卜數字之一至八。此中五六七八諸字橫刻，則是一二三三諸字實作丨〢〣〤，與羅馬數字等無殊矣。【殷契粹編考釋】

◉高田忠周　說文。二地之數也。从耦一。古文作弍。說苑辨物。二者侌昜之數也。易繫辭。因二以濟民行。虞注謂乾與坤也。後世或借貳為之。易上文。一本作因貳。又周語百姓攜貳注。二心也。論語。不貳過。皆是也。但二亦叚借為貳。禮記坊記。唯卜之日偁二君。疏。副貳也。【古籀篇一】

◉林義光　說文云。二从耦一。按古作二號季子白盤。【文源卷八】

◉林義光　說文云。弍古文二。按古作[glyph]高密戈𠈇字偏旁。本从戈不从弋。弍者離為二也。从戈二。或作[glyph]曶鼎。作[glyph]。據古録召伯虎敦貳作[glyph]。變从戌。邵太叔貳車之斧貳作[glyph]。復省[glyph]為戈。【文源卷十】

◉商承祚　二　說文二。「地之數也。从耦一。弍古文二。」金文作二（散盤吴尊）。與甲骨文同。緐䆉君鉼作[glyph]。从戈。與說文古文之意近。【甲骨文字研究卷上】

◉商承祚　弍　與式弎同例。金文緐䆉君鉼作[glyph]。从戈。與从弋同。【說文中之古文攷　金陵大學學報一九四〇年卷十第一、二期】

◉馬叙倫　鈕樹玉曰。韻會引同鍇本。宋本五音韻譜及集韻類篇引並同此。嚴可均曰。凡下云。二。偶也。則不當有一字。段玉裁曰。當有一字。偶當作耦。耦一者。兩其一也。饒炯曰。二訓地數。對天為名。與一相耦。倫按鍇本有一字。王筠亦謂不當有一字。不悟許書凡說解皆就本字分析而言其從某。不可分析者。象形之文也。今若但言從耦。二字之中豈有耦字。段說自長。然許文恐亦不作從耦一也。二為地數。本於易繫辭傳天一地二之說。而二為數名。與地無涉。疑本訓地也。吕忱加地之數也或數名地之數也。數名之二。實與一三三亖同象屈指形。以本部屬字觀之。此二字實為地之初文。亦初文或作一者之異文。作一者。見於旦字至字或字所從。作二者。見於齊字所從。下文亟字從二。而漢瓦極字作[glyph]。從一。明一字而或為一或為二。所由然者。天地皆有象。而大。不可為形。故但以一象之。觀天之四際下垂。則或為[glyph]以象之。(見兩字所從及金文[glyph]字所從。若地則如今畫山水者畫地。或作一。或作二。或作[glyph]。或作三。不必定也。甲文有[glyph]。其[glyph]即氏字。本書氏字從一而此從三。然非數名之三。亦地之初文也。地之語原疑出於止。猶天之語原即顛也。止音照紐。古讀歸端。地音定紐。同為舌尖前破裂音。今音在日紐。古讀歸泥。舌尖前邊音。定泥二紐相通之證最繇。則地為二之轉注字。孟鼎作二。甲文作二。

[glyph] 倫按此二之轉注字。見弌下矣。亦地之轉注字。地從也得聲。弍從弋得聲。也弋音同喻紐四等也。召白虎敢貳字作[glyph]。其弍從戊得聲。戊音明紐。二音古在泥紐。明泥同為邊音。則亦二之轉注字。古文下當依鍇本有二字。李杲曰。石經古文作二。知弌弍弎皆後人妄增。緐匽君鉼作[glyph]。【說文解字六書疏證卷二十六】

◉黃錫全　[glyph]二　內,觀本二作弍,豐本作戜,敦本貳作弍,《說文》二字古文作弍,此形同。繁安君鉼二作[glyph],中山王壺作[glyph]。古文字中弋戈偏旁有時互作,而且每每由弋譌从戈,説見前一部弌。【汗簡注釋卷六】

◉戴家祥　[glyph]緐安君𨱇　說文一二三古文作弌弍弎,加旁从弋。金文緐安君瓶二作[glyph]。从戈不从弋,未審其義,錢大昕云「作字必先簡而後繁,有一二三,然後有从弋之弌弍弎,而叔重注古文弌弍弎之下,以是知許所言古文者,古文之別字,非弌古于一字也。」汗簡跋。

[glyph]邵大叔斧　邵大叔以新金為貳車之斧十　孫詒讓釋斧文貣車為貳車是也。貳車即副車,見周官夏官司戈盾道僕馭夫及禮記少儀鄭玄注。說文「貳,副益也。从貝弍聲,弍,古文二。」徐灝云：周禮大司寇曰：「大史內史司會及六官,皆受其貳而藏之。」灝按貳之者。所以廣儲藏備匱乏。左氏哀公六年傳曰：「器二不匱」是也。因之公卿亦以貳稱。昭三十二年傳史墨曰：「物生有兩,有三,有五,有陪貳」,「王有公,諸侯有卿,皆有貳也」。貳有增益義,故曰副益,不必分言之也。又有差分義,故引申為疑貳之詞。說文段注箋。　按商周社會商品經濟相當發達,物物交換已不適應時代要求,商品交換的中間媒介物貝殼已具有貨幣職能,既可作「廣儲藏備匱乏」之手段,又可以作為價格尺度在市場起槓杆作用。孟子滕文公上「則市價不貳」,趙岐注「市無二價」。明乎此,則知後世簿籍紀數以貳為二,改簡為繁。亦昭示貝殼貨幣在人們頭腦中的重要位置而已。【金文大字典上】

掇335 徵11·130 【續甲骨文編】

亟 方言愛也秦晉之間凡相敬愛謂之亟 毛公𢉦鼎 命女亟一方 伯沙其盨 萬年唯亟 王子午鼎 民之所亟 曾大保盆 不从攴 𤖘盤 亙獄逗慕 【金文編】

6·22 亟ㄓ羌 班簋亟作与此同 【古陶文字徵】

一五六：二一 一百三十七例 宗盟委質內室類 明亟覗之 一五六：一 二十一例 九六：四 九例 一九八：五 二〇〇：二三 六例 一：二六 [illegible] 二〇〇：四〇 八例 㥛 一五二：三 三例 二〇〇：一 一：七〇 二例 一九四：五 [illegible] 六七：二〇 二例 [illegible] 九二：四 二例 八五：七 四例 一：八二 一：六 二〇〇：一七 九二：二三 六例 [illegible] 同宗盟類參盟人名恤[illegible] 三：一 二十例 [illegible] 八八：二 三例 一五六：二 六例 一五二：一 一五六：三 一五六：四 七七：七 一五六：八 一九八：三 一九八：二 一七九：二 七五：六 七七：九 [illegible] 七七：四 【侯馬盟書字表】

亟 秦一六 七例 法一〇二 日乙二四二 三例 【睡虎地秦簡文字編】

石碣吳人 吳人憼亟 【石刻篆文編】

◉許 慎 亟敏疾也。从人。从口。从又。从二。二。天地也。徐鍇曰。承天之時。因地之利。口謀之。手執之。時不可失。疾也。紀力切。又去吏切。【說文解字卷十三】

◉林義光 以二為天地。義已廣漠。亟。急也。廣雅釋詁一。象人在隘中被追驚呼。二象隘。从ㄋ持人。與及字同意。从口。驚呼之象。古作毛鼎。作盂鼎遫字偏旁。从攴與从又同意。【文源卷六】

◉馬叙倫 鈕樹玉曰。韻會引一同此。一同繫傳。錢坫曰。漢瓦當極字作。應即亟字。王煦曰。石鼓文。吳人憼亟。

鄭樵以為即亟字。其字從二敂聲。敂亟一聲之轉耳。許注必係後人改竄。倫按毛公鼎。命女亟一方。晉姜鼎。作惠為亟。字並與石鼓同。漢瓦作敬。從一。敬聲。盂鼎亟字從彳從亟。亟亦亟字。從一。敂聲。然其本義未詳。敏疾也者。蓋敏也疾也二訓。疾也者。極字或急字之義。敏也者。敏為侮傷之侮本字。敏疾字借為勉或務。此訓敏或劫字。勮字之義也。石鼓以懋亟連文者。方言亟。愛也。秦晉之間。凡相敬愛謂之亟。蓋借為悉。悉從旡得聲。敬旡同為舌根音也。或即極字之省。今心部極下捝本訓耳。鼎文亟字亦悉義也。亟之本義。當於土部中以音求其轉注字而得之。或此為四極之極本字。石鼓文作亟。【說文解字六書疏證卷二十六】

◉楊樹達　字从人，从又，从口。又謂手。謂人兼用手口也。人為能名，又與口為所名。二謂天地，上一謂天，下一謂地，皆指事。以字以人又口會意之義為重，故列於此。【文字形義學】

◉高鴻縉　亟乃亟端之亟。从口。在天地之間(二為天地之意象)。惟口能上亟於天。下亟於地也。及聲(及古文及字)。後以亟與急同音(同以及為聲)。乃通叚亟以代急(古訓亟有敏疾之意者以此)。後人又通叚棟極之極以代亟。久之而亟之本意廢。今人只稱極端。而不稱亟端矣。【中國字例五篇】

◉朱芳圃　亟毛公鼎　亟伯汾其盨　亟曾大保盆　林義光說非也。字从敂，从二，會意。敂即敬之省形，漢張氏騶氏兩竟銘並云：「傳告後世，樂無亟兮。」亟，一作敬，一作亟，是其證也。亟與苟音義並同。爾雅釋詁：「亟，速也。」釋文：「亟，字又作苟，同。居力反。」玉篇二部：「亟，居力切。急也，疾也。」苟部：「苟，居力切。急也，自急敕也。亦作亟。」蓋牧人指揮羊群，行動必須敏疾，方能促使就範。亟从敬作，義固相同。从二，示循環往來也。【殷周文字釋叢卷中】

◉陳夢家　「乍四方亟」猶毛公鼎的「命女亟一方」。君奭「作汝民極」。商頌殷武「商邑翼翼。四方之極」。韓詩齊詩作「京邑翼翼。四方是則」。故鄭箋訓極為則效。【班殷　西周銅器斷代　金文論文選】

◉孫稚雛　班簋銘文中有「作四方□」一句，方下一字(亟)，形頗奇特。劉心源《古文審》說：「疑亟字，用為極。」(卷五，一頁)後人多從之。郭沫若同志在《大系考釋》(二十頁)中釋此字作望，《「班簋」的再發現》(《文物》一九七二年九期)進一步申述說，亟「字結構，實象人立在兩個夾板之中被拷問之形，當是殛之初字」，「後出之字有極，為棟梁，為至高無上，為正中，為準則，是從極字所引申，本來與亟無涉。」他認為，此字「象人立而向上，從上，上亦聲，乃望字的異體」。「『作四方望』言為天下之表率，《左傳》昭十二年『吾子，楚國之望也』即此望字義。如為『作四方極』，王者以這樣至高無上的贊詞稱許其臣下，那麼作為王者的地位擺在何處呢？」

按：從字形看，甲骨文望字一般的寫法，象人立，上着一誇大了的眼睛（臣），翹首相望（參看《甲骨文編》卷八，十頁；《續甲骨文編》卷八，十一頁所收各例）。西周早期的金文，如成王時代的保卣銘文，望字的寫法和甲骨文同，後來才增加月旁，可見「臣」（眼睛）對於望字的構造甚為重要，它是這個字的主體，如果没有它，望的意義也就失去了。所以，方下一字不應是「望」的異體，而是亟字，牆盤銘文中有「亟」，形與本銘略同，僅左旁多二「口」，可證。

再從金文文例來看，「作四方極」也是講得通的，王可以稱許其臣下為「極」，例如：

毛公鼎：「命女亟一方」。（《三代》卷四，四六頁）

晉姜鼎：「作疐為亟，萬年無疆」。（《嘯堂集古録》上，八頁）

伯梁其盨：「駿臣天子，萬年唯亟」。（《商周金文録遺》一八〇頁）

這些亟字都用作極，它和《詩經·商頌·殷武》「商邑翼翼，四方之極」、《尚書·君奭》「作汝民極」的極字意義相同。可見王對臣下可以稱「極」（毛公鼎）；作器者也可以自稱「為極」（晉姜鼎）；伯梁其盨銘更明確地證實了一方面「臣天子」，同時可以「萬年唯極」。

綜上所述，方下一字仍以讀「極」為是，釋望不管是從字形來分析，從文例來比較，都是不合適的。【金文釋讀中一些問題的探討 中山大學學報一九七九年第三期】

◉李孝定 甲骨文亟字唐蘭、于省吾諸氏釋亟，于氏謂人在二間，象上極于頂，下極于踵，其説可从。金文亟字之形增繁，殊難索解，林義光、高鴻縉、朱芳圃諸氏説金文字形，並涉穿鑿，似不足採；郭沫若釋亟為望，以為字从「上」聲，按古文望必从「目」，今字不从目，何以見意？郭氏肊説，不可信也。【金文詁林讀後記卷十三】

◉于省吾 甲骨文有亟字（天八〇），唐蘭同志云：「疑亟字所从出。」按甲骨文亟與亟互作（簠雜一三〇，藏四五·三），文皆殘缺。亟即亟之初文，無須致疑。説文：「亟，敏疾也。从人从口从又从二。二，天地也。」按班毁「作四方亟」之亟作亟，較甲骨文上部多一横畫，如正之作𤴓亦作丏，辛之作𨐌亦作𨐋，是其證。毛公鼎亟字作亟，已由亟形孳乳為㮕，此與周代金文敬字，由苟（羌）形孳乳為敬，其例正相同。説文亟字作亟，从又與攴古每無別。亟，古極字，亟又為亟之初文。亟字中从人，而上下有二横畫，上極于頂，下極于踵，而極之本義昭然可覩矣。【甲骨文字釋林卷上】

◉曾憲通 亟 莫四亟 甲六·一九 此字中間磨損，當是亟字之殘，讀為極，「莫四極」與「莫三天」對文。【長沙楚帛書文字編】

恒　䀎

鐵一九九·三　王國維釋恒說文古文作𠀁乃月字傳寫之譌　後一·九·一〇　後二七·七　粹七八A　明二三六　九　福二七　京都七一五　乙一八七六反　或从弓詩小雅如月之恒毛傳恒弦也弦本弓上物故字从弓　前七·一一·二　金四四九　王𢓊　粹七七【甲骨文編】

卜311　312　313　粹78　外103【續甲骨文編】

恒　說文𠀁古文恒从月詩曰如月之恒　𦉢鼎　恒簋　不从心　亙鼎【金文編】

129　137反　218【包山楚簡文字編】

恒　法五二　二十例　秦八四　為一二　日乙一三四　十三例【睡虎地秦簡文字編】

2675【古璽文編】

恒宮之印　恒參【漢印文字徵】

恒見說文　恒　上同竝說文【汗簡】

說文　竝同上【古文四聲韻】

◉許　慎　䀎常也。从心。从舟。在二之閒上下。必以舟施恒也。胡登切。𠀁古文恒从月。詩曰。如月之恒。【說文解字卷十三】

◉劉心源　𢓊伯㝵鼎　恆。舊釋作𩏂。今定為恆。說文。恆从心从𠀚。古文作𠀁。云从月。引詩如月之恆。知古恆字从月不从舟。其从夕者。亦古月字通用。說詳令鼎。小篆改从舟。又改𠀁為𠀚。蓋依稀篆形為之。非古也。恆。國名。路史國名紀。康叔孫封楚。有恆思公姓。考衞康叔支孫食采于恆。因氏。此云恆矦。即其地。案楚非荆楚。乃衞地。詩曰。作于楚宮。是已。又案禹貢恆衞既從。知恆國衞國皆因水名之。【古文審卷一】

◉劉心源　𢛳　恆字心旁从亘。可訂小篆从舟之謬。【曶鼎　奇觚室吉金文述卷二】

◉王國維　王恆　卜辭人名。於王亥外。又有王亘。其文曰貞之于王亘鐵雲藏龜第一百九十九葉及書契後編卷上第九葉。又曰貞之于王亘後編卷下第七葉。又作王𠄨。曰貞王𠄨口下闕。前編卷七第十一葉。案亘即恆字。說文解字二部。恆。常也。从心。从舟在二之間上下。心以舟施恆也。𠄨古文恆。从月。詩曰。如月之恆。案許君既云古文恆从月。復引詩以釋从月之意。而今本古文乃作𠄨。从二从古文外。蓋傳寫之譌字。當作亘。又說文木部。𣓌。竟也。从木。恆聲。亙古文𣓌。案古从月之字。後或變而从舟。殷虛卜辭。朝莫之朝作𦩍後編卷下第三葉。从日月在茻間。與莫字从日在茻間同意。而篆文作𣉵。不从月而从舟。以此例之。亙本當作亘。曶鼎有𢛳字。从心从亘。與篆文之恆从亙者同。即恆之初字。可知亙亘二字。卜辭亘字从二从𠄌。卜辭月字或作D或作(。其為亙亘二字或恆字之省無疑。其作𠄨者。詩小雅。如月之恆。毛傳。恆。弦也。弦本弓上物。故字又从弓。然則亘𠄨二字確為恆字。【殷卜辭中所見先公先王考　觀堂集林】

◉林義光　說文云。𢛳常也。从心舟在二之間。上下一心似舟旋恆也。按从心亙聲。古作𢛳曶鼎。【文源卷十一】

◉高田忠周　曶鼎。曰𢛳。又曰𢗔。積古。按銘有此兩字。疑並為地名。阮元云。二字並為𢗔萃編。引錢釋亦同。又引畢沅云。𢗔从月从心。恆省文。各家皆非。抑古文心止通用。然如此𢛳明从二从月。而下𢗔即不从二。此非同字顯然矣。今𢗔入月部。定為朗字。此唯𢗔字省文也。說文。𢛳常也。从心从舟。在二之間。上下一心。似舟旋恆也。古文作𠄨。朱駿聲云。按字从心亙聲。長也。古文與閒中同。古文月外字絕相似。未詳。疑恆𠄨當分為各篆。𠄨月之上弦也。从月亙省聲。易序卦傳。恆者。久也。繫辭下傳。恆。德之固也。詩小明無恆安處。爾雅釋詁。恆。常也。此說為是。依金文。亙𠄨兩字。詳各字下。一从舟。為窮竟徑度義。一从月。為月之上弦。亦無疑矣。此恆从心从亙聲。為安心有常義。而外實亙字也。亙為月之上弦。而字从二。未見其義。此亙即亘字。爾雅釋詁。矩。法也。常也。矩即亘字。夫月之弦。恆常不違。如法度也。亙字从亘會意可識。作亙者。二即亘之省文。但亙亦有常也義。亙恆音義並近。故古文或借亙為恆也。此日即𢛳之省。【古籀篇四十三】

◉馬叙倫　鈕樹玉曰。繫傳必字作一心。是。陳詩源曰。古文恆從月。則恆字原以月取義。詩天保。如月之恆。傳。恆。弦。箋。月上弦而就盛。則上弦未必非本義也。席世昌曰。鄭意以恒常之恒與月恆之恆為二字。桂馥曰。施當為旋。翟云升曰。集韻引施恆也作施當也。朱駿聲曰。從心。亙聲。長也。與𠄨異字。𠄨為月之上弦也。從月。亙省聲。張文虎曰。從心。舟聲。舟字見木部𣓌下曰。古文。商承祚曰。卜辭有𠄨亘。王國維釋恆。倫按朱張謂恆從心亙聲。說固可通。然倫謂此古文作𠄢。恆為𠄢之譌字。𠄢亦𠄢之譌字。𠄢從𠄢。𠄢聲。𠄢從月從二。猶亘從日從一。二為一之異文。二二皆地之初文也。𠄢蓋覇之初文。𠄢後為恆。恆後為朢。故恆從𠄢。亦或𠄢為恆之初文。後以形疑於亘。增𠄢聲為恆。𠄢即弦字。見弦字下。此月弦之弦本字。故毛傳訓弦也。𠄢變為𠄢。因譌為𠄢。或變作𠄢。因譌為㮓矣。餘見外下。今說解非許文。常也以聲訓。恆音匣紐。常音禪紐。同為次濁摩擦音。故古率借恆為常。上下一心以舟施。施如桂說。以當為似。此字疑出字林。古鉩作𠄢。

𠄢　嚴可均曰。汗簡引作𠄢。從月。與說解合。此從夕。亦月也。李杲曰。古鉩作𠄢。正同。倫按從月以下校者加也。【說文解字六書疏證卷二十六】

◉商承祚　𠄢　甲骨文作𠄢𠄢。金文曶鼎作𠄢。皆从月。既云古文从月。又引詩釋之。則原本作𠄢。从外為傳譌。古鉢作𠄢。是从外之誤始自晚周矣。木部㮓。古文作𠄢。乃借𠄢為㮓。从𠄢為𠄢之誤。【說文中之古文攷　金陵大學學報一九四〇年第一、二期】

◉嚴一萍　𠄢恒　與說文古文作𠄢，古璽作𠄢同。汗簡作𠄢。郭云見說文。鄭珍汗簡箋正曰：「今說文古作𠄢从夕，而注云从月。郭所見是从月，知𠄢即𠄢省。古月作外，似外字。」案甲骨文月夕互用。早期月作𠄢，夕作𠄢；晚期月作𠄢，夕作𠄢。外即甲骨之外字。【楚繒書新考　中國文字第二十六冊】

◉高　明　「三恆發，四興兒，以□天尚」；「三恆」當讀作「三垣」，古人將天體中的恆星、二十八宿和其它星座，分為上、中、下三垣，即太微垣、紫微垣、天市垣。《史記·天官書》：「衡，太微，三光之庭。」《正義》云：「太微宮垣十星，在翼、軫地。」紫微垣也叫紫宮垣，《晉書·天文志》：「北極五星、鈎陳六星皆在紫宮中，紫宮垣十五星，其西蕃七，東蕃八。」天市垣也稱天旗，《史記·天官書》：「房心東北曲十二星曰旗，旗中四星曰天市，中六星曰市樓。」【楚繒書研究　古文字研究一九八五年第十二期】

◉黃錫全　𠄢恒見說文　今本《說文》恆字正篆作㮓，古文作𠄢，注云「从月」。此从月，是郭見本與今本有別。楚帛書恆作𠄢，古璽作𠄢（續編150頁），天星觀楚簡作𠄢、𠄢，與今本古文同。从外。甲骨文恆作𠄢（後上9·10）、𠄢（鐵199·3）、𠄢（前7·11·2），金文作𠄢（姞亙母鮮）、𠄢（亙鮮），从心作𠄢（恆毁蓋）、𠄢（曶鼎），字本从月。《說文》㮓字古文作𠄢，𠄢乃月形譌。王國維認為：「卜辭其作𠄢者，《詩·小雅》『如月之恆』，《毛傳》『恆，弦也』。弦本弓上物，故字又从弓。」（先公先王考）至于為甚麼作𠄢，則歷來困惑不解。按，作𠄢、𠄢者。本為會意字，从二从月，月在天地之間常行。後來變作𠄢，从外。外即閒字，如中山王壺「簡」字作𠄢。這種變化類似「閒」字本作𠄢（𠄢鐘）、𠄢（中山王墓兆域圖），變作𠄢（曾姬無卹壺）、𠄢（璽彙3215）、𠄢（說文古文）。古璽恒作𤘯(璽彙2675),類似夜字作□(師酉簋)、□(效卣)、□(中山王鼎),又作□(璽彙2946)、□(璽彙2947)、㥛作□(璽彙2663)、□(璽彙2674)等。歺从外,仍應是會意。【汗簡注釋卷三】

◉劉樂賢 《包山楚簡》第129、130號四次出現如下地名:

□□

簡文提到該地設有少司馬、左司馬等官,很像是楚國的一個縣。

第163號又載有:

□□公之州里公䖒

「公」字前的地名顯然和上引地名是同一地方。該地的官員稱公,下屬官員有州里公,同樣説明它應為縣級行政單位。這個地名,一般釋為恒思,但也存在不同意見。例如,陳偉先生在《包山楚簡初探》中釋作亟思,讀為期思。見《包山楚簡初探·附録二釋文》。徐少華先生在一篇考釋包山楚簡地名的文章中,將163號簡的地名引作「郈(期)思」。徐少華:《包山楚簡釋地十則》,《文物》1996年12期。案:徐文似將地名釋作𨛫思,讀為期思。然恒、期古音並不相近,讀𨛫思為期思恐不可從。

陳、徐二先生不取恒思之釋,估計是出於下面兩個原因。其一,129、130號的恒字和楚簡別的恒字字形略有差異;其二,傳世文獻中沒有叫恒思的楚國地名。考慮到古代恒、亟二字形近,他們主張把以前釋作恒的字改釋為亟字。又因古書中有楚縣期思,故讀亟思為期思。

我們的意見是,這個地名仍應釋為恒思。第129、130號的恒字,的確和楚簡恒字的通常寫法稍有差異。但是,第163號簡𨛫所從的恒和第197號簡「恒貞吉」的恒寫法一致。大家知道,包山楚簡的地名和人名用字,常有加邑旁和不加邑旁兩種形式並存。例如,103號簡的「襄陵」,在115號作「⿰襄阝陵」;107號簡的「羕陵」,在117號作「⿰羕阝陵」。參看林素清:《探討包山楚簡在文字學上的幾個課題》,《中央研究院歷史語言研究所集刊》第六十六本第四分。恒思、𨛫思正屬此例。既然163號的地名是𨛫思,則129、130號的地名也應釋為恒思。古文字中恒、亟二字雖然形近,但恒字左從夕右從卜,而亟字左從口右從攴,其區別還是比較明顯的。129、130號簡的字,左從ヨ右從匕,顯然和恒字接近(左部的ヨ可能是夕的訛變,右部的匕可能是卜的訛變),而與亟字相去甚遠。當然,由於資料不足,我們尚不知道楚國簡帛文字中亟字到底寫作什麼樣子(子彈庫楚帛書甲篇被釋為亟的字,字形已殘),不敢説這個字一定不能釋作亟字(楚簡中有些字的字形十分接近,如天字和而字,如果沒有上下文例,有時無法區分)。我們想强調的是,根據字形和包山楚簡本身的異文,將上述地名釋為恒思是可靠的。

古書中雖然没有恒思為楚國地名的明確記載，但仍有蛛絲馬跡可尋。《通志・氏族畧》：「恒氏，《風俗通》：楚大夫恒思公之後，見《世本》。」這裡的「楚大夫恒思公」，恐不好解為楚大夫姓恒名思公，頗疑是指楚國恒思縣的縣公。上引包山楚簡163號的「恒思公」，和《世本》所載的「楚大夫恒思公」可以互相參證，説明楚國似曾設置過恒思縣。

此外，《戰國策》中也有一個叫恒思的地名。《戰國策・秦策》：「應侯謂昭王曰：『亦聞恒思有神叢與？恒思有悍少年，請與叢博，曰：吾勝叢，叢借我神三日；不勝叢，叢困我。』」此恒思所在，歷來講不清楚。今案：應侯是魏人，魏和楚接界，應侯提到的恒思，有可能是楚國的北部地名。也就是説，楚簡、《世本》、《戰國策》的恒思，有可能是同一地名。當然，這只是推測，是否正確，尚有待於進一步研究。【楚文字雜識(七則)　第三屆國際中國古文字學研討會論文集】

亘 回

甲九〇三　水名　亘　水泉　甲三一一八　貞人名　甲三三三九　乙六三一〇反　乙六七二二　朱書　鐵二二〇・一　鐵二四七・一　鐵二五〇・一　前三・三三・三　前四・一三・一　前五・五・二　前七・一・一　林二・九・二　戩三五・四　佚三二九　福九　燕一七七　京津二八　京津六四七　明藏一七六　寧滬二・四八　粹一九三　亘方　粹四二【甲骨文編】

甲126　3339　乙1079　2455　4684　6111　6310　6549　6698　6733　6753　6881　7124　7163　7385　7672　7741　7814　8640　珠152　195　443　574　620　790　810　936　1039　1428　卜360　530　佚378　993　997　999　續1・23・2　1・37・2　1・47・2　3・3・1　3・46・2　續5・3・3　徵2・35　續5・5・4　徵3・9　3・194　3・221　4・40　4・75　4・87　5・24　8・41　8・111　10・2　10・26　10・29　11・82　11・116　京2・31・2　3・23・1　凡

14·2 天22 70 106 誠172 384 412 摭59 六中153 155 六清26 外295 六清75 外366 續存638 1402 粹107 193 757 885 粹1165 1553

【續甲骨文編】

亘 曾侯乙鐘 亘鐘 【金文編】

◉許慎 亘求亘也。从二。从回。回。古文回。象亘回形。上下。所求物也。徐鍇曰。回風回轉。所以宣陰陽也。須緣切。

【説文解字卷十三】

◉孫詒讓 有云「亘貞」者，皆作「」，六之四。或作「」，八之三。或作「」，二百之四。或作「」，二百五十八之三。或作「」。百四十五之三。此文最多，當讀為「亘貞」。《説文·二部》云：「亘，求亘也，从二，从回。回，古文回，象亘回之形。上下所求物也。」此「」、「」即亘形之省。「」、「」又省一，即「回」古文也。金文从亘字如宣字作虢季子白盤，趄字作陳矦因資敨，虢季子白盤，洹字作齊矦壺，並从。史趄卣趄作，則省作半形，與此形尤近也。【契文舉例卷上】

◉林義光 亘訓輾轉求物。説無他證。古作洹字器洹字偏旁。作封仲敦趄字偏旁。當為垣之古文。象垣牆繚繞之形。亦作虢季子伯盤宣字及趄字偏旁。【文源卷一】

◉劉朝陽 至於亘字，我以為是代表一個由小繼續變大的月亮，讓他繼續變大，最後自然變成全圓，故有圓大光明的意義。今案从亘的字，如王國維曾經引證的宣字就有明、畫等解釋。又爾雅釋器：

璧大六寸謂之宣

據説文，璧，瑞玉圜器也，玉篇亦云，瑞玉圜以象天也，實則宣為圓而大的玉器，正取象於圓而大的月亮。次如：

烜 玉篇「火盛貌」，廣韻「光明也」。

査 説文「奢，査也，一曰大也，或曰大口貌」。

又如从宣的字，如：

瑄 説文「璧六寸也」，通作宣。

暄 説文「大目也」。玉篇「大目眥也」。

喧　玉篇「大語也」。

諠　韻會「與喧同」。

都可歸在這類。從這些意義引申而有宣著、威武、寬嫺等意義：

亘　說文「求宣也，揚布也」。

咺　詩衛風「赫兮咺兮」，傳「咺，威儀容止宣著也」。

宣　韓傳引詩作「赫兮宣兮」。

喧　禮中庸引詩作「赫兮喧兮」。

桓　武貌。詩魯頌「桓桓于征」。

愃　說文「寬嫺心腹貌」。

萱　韻會「忘憂草」。

正和从旬的字含有殘缺淒涼等意義恰為相反。又月圓時全個月亮都顯露出來，故又有顯露的意義：

宣　禮月令「季秋會天地之藏，無有宣出」。註，「物皆收斂，無有宣露出散也」。

揎　六書故「鉤袂出臂也」。

刯　集韻「剖也」。

⿰亘見　集韻「見也」。

⿰目亘　集韻「目起貌」。

依照上面的說法，亘字又有繼續不止的意義，現在从亘或从宣的字如：

洹　博雅「洹洹，流也」。

咺　揚子方言「咺，痛也，凡哀泣而不止曰咺。燕之外鄙朝鮮洌水之間，小兒泣而不止曰咺」。

喧　漢武帝悼李夫人賦「悲愁於邑，喧不可止兮」。注「師古曰，朝鮮之間，謂小兒泣不止名為喧」。

都有這種意義。案後世字書通常都把亘、亙和亙分作三字，據說亘从日、亙从舟而亙則从月（參看康熙字典二部）。依據我的意思，亘字本就从月，並非从日。但全圓的月亮其形象原與太陽相彷彿，所以甲骨文上日字亦或寫作□形（殷虛書契前編卷三第十六葉，殷虛文字類編所錄），後世誤月為日，大概就是這個緣故。亙的从舟見於說文，據說其意乃象「舟竟兩岸」。但說文恆字古文作死，註說從月。此後六書統說、說文長箋、精蘊、正譌等書，从月从舟，辨駁更改或省或并，迄無定論。王國維根據卜辭中王恆的恆字寫法，斷定恆字原來从月，後譌為舟，正如朝字原來从月而篆文却譌為从舟，寫作𠦝形，並引詩小雅如月之恆，毛傳恆弦也，來證明此說。我以為卜辭中的王亙（鐵雲藏龜第一百九十九頁及書契後編卷上第九葉，後編卷下第七葉）和王亙（前編卷七第十一葉）之為王恆以及恆字之為从月，都是對的。但說小雅如月之恆的恆字就是卜辭上這兩個字，却是未必。卜辭上這兩個恆字大概真該當作弦講，小雅那個恆字，却不該作弦講，而是上文所說明的那個亘字，這理由我已在殷曆質疑裏面說過一次了。今查从舟的亙字，依據集韻、韻會、正韻等書，都釋作「極也，通也，徧也」，从亙的字亦都含有繼續不止的意義，正和上文所說明的亘字相合，似可斷定他們實是同一個字，没有再行分家的必要。【再論殷曆　燕京學報第十三期】

◉葉玉森　亘　孫詒讓氏曰。說文二部。亘。求亘也。从二从回。古文回象亘回之形。上下所求物也。此亘亘即亘形之省。亘又省一。即回古文也。⊘契文舉例。羅振玉氏釋亘亘為㠯。增訂考釋。森按。卜辭宣作宣。洹作洹洹。孫氏釋亘較塙。【殷虛書契前編集釋卷一】

◉明義士　亘　說文解字十三下四七九二部四字「亘求回也。从二从回，回古文回，象亘回之形。上下所求物也」。按亘正象亘回之形。在卜辭為龜卜事類之專門名詞。【柏根氏舊藏甲骨文字考釋】

◉馬叙倫　嚴可均曰。回古文回校語。王筠曰。垣之籀文作𩫷。此作亘。省回之半耳。亘。求回也。展轉回環。上下求之。故象其兩面旋轉而作亘。魏石經桓之古文作桓。右半仍是亘字。移二於中。而回之兩向者變為一向耳。鐘鼎文有亘亘亘亘諸形。林義光曰。亘當為垣之古文。古作亘洹子器洹字偏傍。亘封仲敦趄字偏傍。象垣牆繚繞之形。亦作亘亘。虢季子白盤趄字偏傍。倫按林謂亘即垣字。是也。謂亘象垣牆繚繞之形。非也。亘從二猶從土也。回聲。回下曰回古文者。古文經傳中借回為回。回實㞷之異文。見回字㞷字下。㞷聲真類。真元聲近。故亘從回得聲而入元類。宣為亘之後起字。聲亦入元類也。虢季子白盤宣字所從之亘作亘。甲文亘字作亘亘。皆從初文地字之作一者。若本書垣之籀文偏傍作亘者。其亘與㞷殆緐簡之殊耳。求亘也不可通。蓋本作亘求也。亘乃隸書複舉字也。求也蓋夐字義。章炳麟謂亘變易為夐。然實異字異義。音通借耳。字蓋出字林。【說文解字六書疏證卷二十六】

◉楊樹達　說文十三篇下二部云：「亘，求亘也；从二，从回。回，古文回，象亘回之形。上下，所求物也。」按許君說形義皆不明，段注改求亘為求回，亦無理致。今考其字从回，本象回水之形，回水形圜，而字作方形者，譌變失之耳。說文回訓轉，乃後起之引申義。實則當訓回水，即今語之漩渦也。知者，三篇下又部云：「叜，入水有所取也，从又在回下。回，古文回，回，淵水也。」

按囘即亘字所从之囘，許君於囘下説引申義，而其本義則於此説之，此讀許書者所當知也。荀子臣道篇曰：「水深則囘。」楊注云：「囘，旋流也。」此古書用字合於本義者也。水部云：「淵，囘水也，从水，象形。𠂇又，岸也，中象水貌。」或作㴇。按㴇為初文，淵乃後起之加形旁字。囘為淵水，淵訓囘水，二字互相訓。孔子弟子顔淵字囘，取義於此也。囘字義明，而亘字乃可説。余謂：亘者，淀之初文也。水部云：「淀，囘泉也，从水，旋省聲。」似沿切。今字皆作漩。亘从囘，為古文囘，字象囘水，是形義與淀為囘泉者合也。二字之音皆在寒部心母，又相近也。其从二，許君説為所求物者，余謂猶㴇之左右象岸者也。特彼位於左右，此位於上下，不同耳。㴇訓囘水，亘為囘泉，㴇以兩岸夾水，亘以兩岸夾囘水，二字不惟義近，其形亦相似也。亘孳乳為桓，馬融以旋釋易屯卦之盤桓，鄭康成以旋曲而上釋禹貢西傾因桓之桓，桓通訓為旋，又亘淀為一字之旁證也。余恆謂形事意之字多變為形聲，此又其一字矣。

木部𣝗訓竟，字或作亙，从舟，在二之閒，此二亦謂兩岸。亘之从二，猶亙之从二也。二但是二横畫，非一二之二，許説从二，隸之二部，非是。【積微居小學述林卷二】

◉吳其昌　「□貞」者，□亦武丁時史官也。其字象迴環之形。卜辭：「𧺆」作□菁九·一二，殷虚洹水之「洹」作□前·六·六○·三、□林·二·二三·七，則此字今隸自當作「亘」也。董作賓説：「武丁時貞人九位：□、㱿、亘、方、□、□、□、□、箙。」其説是也。證之明顯可見者，如或與「□貞」同片前·四·一三·一等，或與「方貞」同片前·六·二·一等，或與「㱿貞」同片前·七·九·二等，或於「亘貞」之卜辭中乃有「屮于羊甲」前·七·四○·二或「酒于羊甲」續·一·二三·三之文，或於「亘貞」之卜辭中乃有「伐□方」鐵·二·五○·一之文，皆足明證「亘」之碻為武丁時人也。【殷虚書契解詁】

◉容　庚　殷虚文字類編□釋㠯。□釋亘。然□□實乃一字。卜辭自有㠯字作□。類編以□為公私之本字。不知私字古作□。璽文可證。金文公字所从所謂自環為私也。【殷虚卜辭考釋】

◉丁　山　例外刻辭中，常見□氏：

自□乞亘。院·3·0·1755。骨裏。

甲午，□氏，十夕，屮一夕。方。善齋藏片。○粹編·1504。

「自古乞亘」，亘亦武丁時代貞人也。其字，篆作□鐵·250·1、□前·七·1·1、□前·四·13·1，亦有省為□鐵·6·4、□前·六·55·7、□林·二·9·2者，自□形審之，當是回字初形，許書所謂「象回轉」也。此形，施于銅器花紋，今猶謂之回紋。孳乳為□，許書云：「求回也。从二，从回，象□回之形，上下所求物也。」上下何求？□回何謂？按，上甲，甲骨文作□，一作亘，亘上之一，實古文上字。詩大雅雲漢：「倬彼雲漢，昭回于天。」山謂，亘之从上，象徵天之昭回也，宜即回字或體。兩周以來，亘又孳乳為趄趄，或桓桓，于是威武之訓盛傳，而天運昭回之誼漸廢，今以甲骨文演變之迹尋之，知回亘皆取象于轉旋，不必强别為二名。亘氏事跡，除貞卜外，見于卜辭者尚有：

癸丑卜，隹亘受□，九月。粹編・885。

戈，𢍰，亘，𢦏。前・7・12・1。

□申卜，㱿貞，亘、戎、隹、我、雈，其終于止。續・5・3・3。

貞，令雀𦎫亘。徵文・人名・40。

亘，疑即韓魏之首垣矣。紀年「惠成王十三年，鄭釐侯使許息來致地：平邱、户牖、首垣諸邑。」戰國韓策：「進齊宋之兵，至首垣，遠薄梁郭。」首垣，宜近大梁，水經濟水注謂即漢陳留長垣，是已。元和郡縣志：「長垣故城，一名倉垣城。在今汴州開封縣北二十里，陳留太守所理。」此長垣城，約當沙水入汳之會；而固陵則在渦水之陰。逆渦水而西，直抵沙水；逆沙水而北，直抵汳水；亞古氏欲自固陵北朝王都，長垣正其必經之路。骨裏所謂「自古乞亘」，適足證古、亘二氏均在殷虛東南。【殷商氏族方國志】

◉張秉權　亘是常見的貞人之一，他常常代表國王去貞問國家大事，本編中有「亘亡禍」的卜辭，可見時王對他的關切，其寵信程度可想而知。卜辭中又有亘方之名（例見本編考釋第六頁），貞人亘大概是亘方的首領服務於王朝者。從這一版上的卜辭看來，雖親信如亘者，也有叛逸的時候。於此，我們也可以窺見殷商時代君臣之間的關係之脆弱的一斑了。【殷虛文字丙編考釋】

◉張既翕　亘　圖一　銘文拓片　在鬲的口沿的内壁有一字銘文（圖一），石（志廉）同志釋為「戉」，謂即「歲」字。我們知道，甲骨文戉字作戉，歲字作歲、歲、歲（見《甲骨文編》），這與銘文字形相去很遠。

我認為這是亘字。甲骨文亘字作亘，亦作亘（《粹》165）、亘（《新》4410，洹字偏旁），周代銘文作回（《考古》1963年12期680頁，白喜毁洹字从之）、亘（虢季子白盤）、亘（洹子孟姜壺洹字从之，見《金文編》）、亘（垣釿之垣从之），亦作亘（史趞毁之趞从之，見《金文編》），可見亘、亘、亘、亘、回、亘、亘實為一字。一般釋之為亘字。《説文》：「亘，求亘也。从二从囘，囘，古文回，象亘回形，上下求物也」，又「回，轉也，从口，中象回轉形」，把亘回認作二字。稽之于甲骨金文，則亘回本為一字。許叔重説回字是回轉形，段注「亘回雙聲，猶回轉也」，這是對的。亘回亘象水流迴環之形，與「商戉鬲」之亘字字形一致。由此可見，亘字并非「戉」或「歲」字，而是亘或回字。

目前所能見到的我國最早的二里岡時期的銘文，除亘字以外，還有亞字（吉林大學藏爵）等三五個字，這對探討古文字及銘文的發生發展，無疑是重要的材料。【商戊鬲商榷　考古一九六四年第九期】

◉李孝定　說文「亘。求亘也。从二从回。回。古文回。象亘回形。上下所求物也。」契文作諸形。並是亘字。孫氏之說是也。古文衍變。凡文字上若下為橫畫者。往往於其上若下增短橫畫。唐蘭說。丁氏謂上之一乃上字。乃象天之昭回。說殊迂曲。古人制亘字豈為雲漢作注脚乎。然丁氏謂亘回一字。則殊具卓見。二者形音義並極相近。後始孳乳為二耳。金文从亘之字多作。乃由形所繁變。取其茂美。非由省作。又省作也。卜辭亘為貞人名。【甲骨文字集釋第十三】

◉徐中舒　乙二二〇四　合集六九四九　丙六八　合集六九四五　象水中漩渦回轉盤旋之形；或於上增短畫作，同。唐蘭謂古文衍變，凡文字上若下為橫畫，有往往於其上若下增短橫畫。孫詒讓釋亘，《契文舉例》。可從。亘字篆文作，與、略同。又《說文》回字古文作，與、略同。且《說文·口部》：「回，轉也。」義與、形合，故回亘初為一字。《說文》：「亘，求亘也。从二从回。回，古文回。象亘回形，上下所求物也。」【甲骨文字典卷十三】

竺

竺　一：七　宗盟類參盟人姓氏【侯馬盟書】

竺朝　竺安【漢印文字徵】

竺楊大夫碑　竺出義雲切韻【汗簡】

楊大夫碑　義雲章【古文四聲韻】

◉許　慎　竺厚也。从二。竹聲。冬毒切。【說文解字卷十三】

◉林義光　說文云。竺厚也。从二竹聲。按二象厚形。見仁羊石毒各條。【文源卷三】

◉馬叙倫　竺厚也爾雅釋詁文。實惇字義。惇竺音同端紐。故古借竺為惇。竺之本義亡矣。或厚也非本訓。字見急就篇。【說文解字六書疏證卷二十六】

甲一三四　甲四四四　乙二四九四　乙二五七五　乙二八〇六　京津一〇二九　明藏一九二

河五四九　河五七九　凡用為風　風若　前七・二八・四　後二・三五・二　林二・一一・一〇　前六・九・六　鐵八四・四　鐵一七七・三

拾七・一一　前一・三六・六　前四・四六・一　前六・五四・五

燕一四七　寧滬一・一六六　鄴三下・四八・三　粹九六〇　地名　在凡　粹一〇一七　人名　存五三二

掇一・二七六　續五・三〇・一　佚九二九【甲骨文編】

凡　說文从二从ㄋㄋ古文及說解與篆體不合殆有譌奪　天亡簋　王凡三方　戜簋　曶鼎　鬲比盨　散盤

多友鼎【金文編】

布空大　豫伊　補　刀弧背　右凡　典一一二二【古幣文編】

137　204【包山楚簡文字編】

凡　秦一三七　四例　日甲一三六　三十二例　效三〇　十八例【睡虎地秦簡文字編】

巴納德釋凡　—　戠𢠸匿(甲5—11)【長沙子彈庫帛書文字編】

凡音之印【漢印文字徵】

凡出王庶子碑【汗簡】

王庶子碑【古文四聲韻】

◉許　慎　最括也。从二。二。偶也。从ㄋ。ㄋ。古文及。浮芝切。【說文解字卷十三】

◉羅振玉　說文解字:「槃,承槃也。从木,般聲。古文作鎜,籀文作盤。」古金文作般,此作，象形,旁有耳,以便手持。或省耳。古者槃與舟相類，故般庚之般从凡，或徑作凡，殆與凡字同。後世从舟與从凡同意也。又以古金文例之，般庚之般，亦般盂字矣。【增訂殷虚書契考釋中】

◉王　襄　凡古槃字。與般通。【簠室殷契類纂正編】

◉林義光　乃為及字未可據。古作凡散氏器。象周圍最括之形。【文源卷三】

◉高田忠周　説文。凡最括也。从二。二偶也。从乃。乃古文及。段氏作冣括而言也。云冣者積也。括者絜也。絜者束也。冣括者總聚而絜束之也。意内言外曰詞。其意冣括其言凡也。春秋緐露號凡而略。名目而詳。目者偏辨其事也。凡者獨舉其大也。周禮鄭注。言冣目者。謂其總數也云云。又云。及。逮也。从及者取括束之意。古文當作凡。凡即篆文。乃即及。二即二。其説之大要如此。按段氏解義至當。而論形殊為失當也。凡字實从二。一生二。二生三。益多也。括之以八。八者指事。非字也。小篆變形。右筆屈曲。以取結冓之巧。漢人誤為从及者。小篆亦元當作凡也。同字从此以會意。風字从此以形聲。此篆形為正文也。【古籀篇一】

◉郭沫若　第一〇四四片　「勿凡。勿凡。勿凡。」(右行)

凡乃古盤字，象形。此當讀為盤遊之盤。【殷契粹編考釋】

◉郭沫若　「王凡三方」者，凡叚為風，諷也，告也。【天亡簋　兩周金文辭大系攷釋】

◉馬叙倫　鈕樹玉曰。玉篇韻會引同。繫傳作最括而言也。非是。繫傳偶下有其字。時刻本其在偶上。嚴可均曰。鼎彝銘凡作凡。佩作凡。故云從二。篆文變為凡。取其茂美。乃古文及校語。凡字恐非從及。林罕以為從乃。亦未審也。倫按同從凡得聲。石鼓文金文竝作同。其凡字作凡。與散盤凡十有五夫凡字同。凡卣作凡。路史後紀引何承天纂文。伏羲後有風氏佩氏凡氏。凡亦廿日之異文。楊桓以為凡者。船上幔也。象受風之形。蓋謂即帆字。是也。此帆之本字或初文。最括也者。最字義。見冣字下。蓋非本訓。二偶也以下皆校語。凡當自為部首。許不知凡為帆之本字或初文。而入之二部。説解亦與篆形不相顧矣。或今説解盡非許文也。玄應一切經音義引三倉。凡。數之總名也。【説文解字六書疏證卷二十六】

◉吳其昌　「凡庚」者，即「般庚」也。在栔文中亦變狀繁孳，作凡鐵・八五・四、凡後・二・七・一〇、凡鐵・一七七・三、凡前・五・二七・五、凡前・八・一一・四……諸形。羅振玉曰：「説文解字：槃，承槃也。从木，般聲。古文作鎜，籀文作盤，古金文作般，卜辭或作凡，象形；旁有耳，以便手持。或省耳。古者槃與舟相類，其昌按：古者根本無舟，但有凡(即槃)耳。故般庚之般从凡，或徑作凡，殆與凡字同。後世从『舟』與从凡同意。又以古金文例之，般庚之般，亦般盂字矣。」按：羅説是也。「般庚」之名，唐以前本皆作「般」，絶無作「盤」者，此觀于漢石經、漢書古今人表及陸氏經典釋文所校引之古寫本，莫不如是，即可概見。更溯其夙，則「凡」「般」一字，亦甚著顯。

以原始之形而言之：則凡正為槃形，義已具足，初不煩更事增攴為般。嗣又益以攴者，攴乃調味、扱羹、拭器之具，此亦不過如盉之增攴作𥁕、段之增攴作殷耳。以原始之聲而言之：衡以古無輕脣音之律，則「凡」「般」「班」「盤」……實為同紐同均，全無別異之聲。以原始之義而言之。散槃銘云「凡散有司十夫」、「凡十又五夫」。曶鼎銘云「凡用即曶田七田，人五夫」。是總計之詞為「凡」也。蓋一盤並陳，斯引申之誼，得為總計之詞也。降及後世，「凡」誼為最括計數之總名：説文：「凡，最括也。」一切經音義廿二引三蒼：「凡，數之總名也。」直至今日或言「凡」，或言「一般」，或言「一班」，義猶無別，此正人類語言表情所循之自然通則矣。以文字由簡趨緐逐漸增附之慣習言之，字本作凡，後增攴而成般，更增皿而成盤，此亦極自然之事耳，故此殷帝之名，亦由「凡庚」「般庚」而轉作「盤庚」矣。【殷虛書契解詁　武漢大學文史哲季刊一九三五年卷四第四號】

◉周名煇　王凡凡三方祊。

吳大澂云，陳簠齋（介祺）釋凡作或。古域字。名煇案，凡古文凡字也。陳吳説誤，詳見後疏。

郭沫若云，王凡三方。頗費解。疑方者，祀也。詩以社以方。又來方禋祀。蓋祀於四方曰方。因而祀之亦稱方邪。下文有三衣王祀二語，遥相叫應，則三方者，殆即三祀矣。名煇案。方即祊字古文也。説文示部云，鬃，門内祭先祖，所以彷徨。从示彭聲。祊，鬃或从方聲。殷虛卜辭字作匚。即匚字。説文云，匚，受物之器，象形。讀若方。可互證焉。（匚為祭名，唐蘭氏有詳説，朱氏甲骨學商史編徵引極備，世多有其書，不備録。）凡字附數目字之上。以表數之總。祊為歲祭。此為三年所作器。故言王凡三祊也。【大豐簋銘考釋　學原一九四九年卷二第四期】

◉饒宗頤　「庚子卜，争貞：王凡，其冓（遘）之日，凡，冓雨，五月。」（前編五・二七・五）按凡為盤字，此用作動詞。應讀如五子之歌「盤遊無度」之盤。孔傳「盤樂游逸」，盤本或作槃。【殷代貞卜人物通考卷十七】

◉張秉權　凡丘，地名，春秋隱七年見凡伯。隱六年左傳杜注：「汲郡共縣東南凡城」，續漢書郡國志共縣：「有汎亭，周凡伯國」，路史國名紀五：「衛之共城西南二十二（里），故凡城也」。清水注：「故城在今輝縣西南二十里」，所稱共縣、輝縣就是現在的河南輝縣，離安陽小屯不遠。【殷虛文字丙編考釋】

◉聞一多　王凡三方。　孫詒讓釋凡為同，固自可通，惟無以解於「三方」之文。郭釋風，讀為諷，並謂三方斥東南北，周人在西，故僅言三方。然宗周之器言四方者多矣，又將何辭以解？竊謂麥尊紀王在辟雍乘舟為大豐，此亦言大豐，則凡疑當讀為汎，傳王在辟雍中汎舟也。汎舟而言三方者何？漢以來學者咸謂天子曰辟雍，諸侯曰泮宮，此蓋漢初禮家，規放故事，以辟雍見於大雅，泮宮見於魯頌，遂以二者分屬於天子諸侯。實則魯本用天子禮，而他國復不聞有泮宮者，是辟雍泮宮，名異而實同，或因方音殊絶，遂致周魯異名耳。辟泮雙聲，義復相通，廣雅釋詁四「辟，半也」，泮水箋「泮之言半也」。其為一語之轉，甚明。卜辭雍作[字形]，宮作[字形]，並從[字形]，金文皆變作[字形]。是雍與宮亦本一語，宮聲變而為雍，猶之籀文容從公聲也。知辟雍即泮宮，而泮水箋曰「泮之言半也，半水者，蓋東西門以南通水，北無也」，則是辟雍之水亦半圓形之水。水形半圓，故但得三方，方猶詩「彼汾一方」、「在水一方」之方。如鄭説，即東西南三方。㲃文曰「王汎三方」，猶言王遍游辟雍之水矣。【大豐㲃考釋　聞一多全集二】

◉于省吾　甲骨文凡字習見，用法頗有不同。現在只就于方國言凡者舉例于下，然後加以説明。

一、□□□卜，穷貞，衆告曰，方由今萅(春)凡，受㞢又(前七・二八・四)。

二、乙酉卜，爭貞，衆告曰，方由今萅凡，受㞢又(京津一二二一)。

三、壬戌卜，方其凡(藏二三七・一)。

以上三條的凡字均應讀作侵犯之犯。典籍中从凡與从巳之字往往通用。例如：詩文王有聲鄭箋的「豐水亦汎濫為害」，釋文「氾字亦作汎」；禮記王制的「氾與衆共之」，釋文「氾本又作汎」；周禮大馭的「祭軓」，杜子春注「軓當為軋」，是其證。古文字中的犯字始見于詛楚文的「倍盟犯詛」。前引第一、二兩條的方由今春凡，是説某方從今春起要來侵犯。下句的受㞢又即受有佑，是説受到神靈的保祐，不會有什麼患害。第三條的方其凡，是説某方該來侵犯。總之，不僅讀凡為犯，在文字的音義上無有不符；同時也説明了早期古文字以凡為犯，犯乃後起字。【甲骨文字釋林卷下】

◉張桂光　考甲骨文，盤([字形])、凡([字形])、舟([字形])是有區別的。[字形](豎放的盤，增[字形]表明可作樂器敲打而已)，一邊短而直(盤底)，一邊長而彎(盤面)，是圈足淺腹盤的形象；[字形](繁體作[字形]，前七・四二前字所从)、[字形](前六・三五・五前字所从)，兩邊等長而作異向微彎，是高腳深腹盤的形象；[字形]，兩邊等長而作同向彎曲，是舟的形象。三者實際上是形近而有別，在甲骨文中已是大體分用而偶有訛混，西周以後發生誤認、訛變等現象就不奇怪了。從[字形]變作[字形](史頌盤)、[字形]變作[字形](追簋)看，[字形]、[字形]、[字形]二者都有誤為舟的可能，但從器制的功用看，作承盤的當然以圈足淺腹的凡更合適了。……[字形]與[字形]類屬相同，可以按大類合而為一，而實際上凡字亦早為「最括也」的借義所專，它的原義也早同化到「盤」字中去了，但它們的關係是[字形]∨盤，「凡」自可稱為「盤」，「盤」卻是不

可稱為「凡」的。【古文字的形體訛變　古文字研究第十五輯】

◉孫稚雛　王ㅂ　王下一字，徐同柏、陳介祺、方濬益釋為「域」，吳式芬、孫詒讓釋作「同」。吳闓生曰：「同，會同也，同字去口，與周作凡同例。」(《吉金文録》)劉心源釋「凡」，郭沫若曰：「凡叚為風，諷也，告也。三方，東南北也，周人在西，故此僅言三方。」(《大系考釋》)聞一多評孫、郭二氏之説曰：「孫詒讓釋凡為同，故自可通，惟無以解於『三方』之文。郭釋風，讀為諷，並謂三方斥東南北，周人在西，故僅言三方。然宗周之器言四方者多矣，又將何辭以解？竊謂麥尊紀王在辟雍乘舟為大豐，此亦言大豐，則凡疑讀為汎，傳王在辟雍中汎舟也。」汎舟為什麼要説「三方」呢？聞氏為了解釋「三方」之文，於是先考證了「辟雍即泮宮」，引《詩·泮水》鄭箋：「泮之言半也，半水者，蓋東西門以南通水，北無也」來説明「辟雍之水亦半圓形之水。水形半圓，故但得三方，如鄭説，即東西南三方。殷文曰：『王汎三方』猶言王遍遊辟雍之水矣。」(《大豐殷考釋》)只要稍微仔細地考查一下聞氏的説法，就會發覺：(一)辟雍見於《大雅》，泮宮出於《魯頌》，魯用天子之禮，故二者在音義上可能會有些聯繫，可是天子與諸侯在禮制上必然會有一定的等級差別，故「辟雍」不應等於「泮宮」。《史記·封禪書·索隱》「按：服虔云，『天子水帀，為辟雍。諸侯水不帀，至半，為泮宮。』《禮統》又云『半有水，半有宮』是也。」又《集解》引張晏曰：「制度半於天子之辟雍。」(二)傳、注於辟雍與泮宮也有不同的説法。《詩·靈臺》毛傳：「水旋丘如璧曰辟雍。」《泮水》鄭箋：「辟雍者，築土雝水之外，圓如璧。」聞氏僅選用於己説有利的鄭玄對「泮水」的説法，而對「辟雍」的傳、箋卻避而不言，是亦「無以解於三方之文」而强為之解也。故岑仲勉雖依聞説讀「凡」為「汎」，卻另解「方」為「泭也，泭即桴，即簰……凡三方即汎了三張簰。」翻譯此句為「乘着三個筏子前去。」(《天亡殷全釋》)

于省吾説：「以卜辭『凡于且丁』(北大藏契)和『于父乙凡』(後上七·五)證之，則『凡』當為祭名。而卜辭和金文習見『四方』之祭，不言『三方』，銘文『三』字下又適有一畫的空隙，是否四字之泐，疑未能決，存以待考。」(《關於「天亡簋」銘文的幾點論證》)稚雛按：徐同柏亦曾以為「三方即四方」，謂「古文三、亖(四)字皆積劃，此或有脱筆。」(《從古堂》)李平心也以「凡為祭名」惟讀「三方」為「三祊」，以為即卜辭中常見的「三匚」。翻譯此句為「天子首先獻祭於大王、王季、文王的廟。」(《周伐商唐新證——「大豐殷銘」中周伐商唐的確證》)孫常叙綜合前人之説，力辯「ㅂ」不同於「Ħ」(凡)。他説，「ㅂ」和「同」同音(同从口ㅂ聲)，「王ㅂ三方」就是王同三方，從吳闓生説「同」用作會同之同(《天亡殷問字疑年》)。

稚雛按：從字形看，「ㅂ」釋作凡是正確的，「ㅂ」(凡)就是般、盤的古文，甲骨文般庚之般作「ㅂ」(《前編》一·一六·一)，或作「[凡]」(《前編》一·一五·八)，金文同字從凡從口，會意，省口則無意可會，且不為「同」字。古音凡(幫母侵部)、同(定母東部)通假的可能性也很小，所以字仍以釋凡為是，「凡」當為一種祭名。【天亡簋銘文彙釋　古文字研究一九八〇年第三輯】

◉李孝定　凡作[古文字]，即槃之象形，周禮司尊彝言諸彝之下「皆有舟」，鄭注：「如今時承槃」，以承槃解舟，其說是也，舟古作[古文字]，與[古文字]字形近，蓋古文作「皆有[古文字]」，因誤為「舟」耳。受字甲骨文作[古文字]，有誤作[古文字]者，許君解「受」字亦云「舟」省聲，其來有自矣。【金文詁林讀後記卷十三】

◉高　明　「凡戠悳匿」；「[古文字]」字過去多釋戌，不確，帛書風字寫作「[古文字]」，故知此字乃凡字之古體。　【楚繒書研究　古文字研究一九八五年第十二期】

◉温少峰　袁庭棟　從[古文字]字可知殷人持篙以撑船，從[古文字]、[古文字]字可知殷人執楫以劃船並以楫代舵掌握船之方向，故知殷人已楫篙並用。從文獻材料可知古人行船是楫早于篙。《易・系辭》：「刳木為舟，剡木為楫。」《詩・衛風・竹竿》：「檜楫松舟」，毛傳：「楫，所以櫂舟也。」那麼，殷人於楫篙之外，是否已經掛帆航行呢？甲文中「凡」字作[古文字]、[古文字]，馬叙倫先生謂：「楊桓以為凡者，船上幔也，象受風之形。蓋謂即帆字，是也」（《說文解字六書疏證》）。應當説，「凡」字並非就是船帆的象形字，但甲文之「凡」是象「帆」狀事物的共同特徵，如「盤」、「帆」之類，故説甲文中「凡」字有「帆」義，是不錯的。在卜辭中又確有以「凡」為「帆」者，故可知殷人行船已經用帆。卜辭云：

(56) 戊戌卜：方其凡？（《鐵》二三七・一）

此辭之「方」，《説文》訓「併船也」，即後世之「舫」字，《詩・邶風・谷風》之「方之舟之」之「方」正是此義。《爾雅・釋言》：「舫，舟也」注：「并兩船」。此辭卜問是否在舫上掛帆以航。「凡」正當讀為「帆」。

(57) 貞：追凡？

貞：凡追（《遺》五六六）

(58) 癸酉卜，中貞：叀（惟）埶凡，㞢（有）尤？（《庫》一二四八）

此數辭之「凡」亦當讀「帆」。(57)辭卜問是否掛帆以追。(58)辭之「埶」，《説文》訓「種也」，即後世之「藝」字，有「樹立」之義。「尤」訓「過也」（《詩・小雅・四月》箋）、「怨也」（《廣韻》）。此辭乃卜問：如果將帆樹立高掛，會不會出問題呢？　【殷墟卜辭研究——科學技術篇】

◉徐中舒　[古文字]金六七三　[古文字]庫一二四八　象高圈足槃形，上象其槃，下象其圈足。[古文字]般字從之。因其字形與舟相似，故般所從之凡漸譌從舟。為槃之初文，後世別作槃字，而以凡為最括之詞。《説文》：「凡，最括也。从二，二，偶也；从ㄋ，ㄋ，古文及。」按《説文》説形不確。　【甲骨文字典卷十三】

粹一七 象築土成阜社之初文 侑伐于土羌一 粹一八 侑賁于土羌且小宰 粹二〇 亳土即亳社 粹二一 甲九四八 甲二二四一 土方 甲二七七三 甲二九〇二 雀亡囚南土 乙一七三二 乙一九四一 鐵二二六・一 鐵二三六・四 拾一・一 前五・二三・二 前五・一〇・二 前六・三〇・一 前六・六一・五 前七・三六・一 後二・三八・三 菁二・一 林一・二七・二 林二・二二・一 佚二二 福二五 京津五三〇 南土受年 金六一一 乍大邑于唐土 粹九〇七 卜辭後期土作⊥與金文同 東土受年吉 南土受年吉 西土受年吉 北土受年吉 【甲骨文編】

甲249 527 948 1640 2241 2773 2902 3346 3422 3655 乙466 1074 1731 1941 2687 2844 3287 3409 3925 4293 4423 4733 5242 5325 7009 7779 7882 珠284 364 473 799 834 835 839 1054 1188 1198 福25 佚21 30 40 60 884 928 續1・1・3 1・1・4 1・35・8 2・5・2 2・23・4 3・8・9 3・9・1 3・9・5 3・10・1 3・11・1 3・20・2 4・31・1 6・13・7 6・16・7 掇549 徵2・59 2・61 3・4 3・5 9・35 9・36 10・3 10・10 12・69 京3・13・4 4・13・1 古2・6 2・9 録633 天60 61 誠375 東方1324 六中87 六清29 外314 六清45 外293 續存221 590 591 594 1223 外50 98 摭續3 43 91 粹17

18　23　56　249　904　907　1098　1101　1102　1103　1104

1106　1107　新530　685　1255　3950　4265　4359【續甲骨文編】

土　盂鼎　召卣　大保簋　𠂆觥　睽土父鬲　亳鼎　遹盂　𢧐鐘　召伯簋二　哀

成弔鼎　吳王孫無土鼎　公子土斧壺　土匀錍　从木同銘社字作𣏟　盜壺　于彼新土　茲乳為辻即徒　司土司簋

盠司土卣　盠司土尊　康侯簋　朐簋　南宮乎鐘　盠方彝　盠方尊　十三年瘋壺　此鼎

免簋二　邑壺　散盤【金文編】

1·22　入土爻田　3·520　鹹陽土　3·584　豆里曰土　3·585　豆里土　3·498　王卒左敀鹹陽櫨里土

4·141　獨字　4·102　匋攻土【古陶文字徵】

〔五〇〕　〔七〕　〔二〕　〔七〕　〔四〕　〔七四〕　〔三二〕　〔一六〕　〔七〕　〔一九〕

〔三七〕　〔七二〕　〔一九〕【先秦貨幣文編】

刀大　齊厺化背　土　魯掖　布空大　豫伊　布方　土匀　晉洪　仝上　布方　土匀　晉祁　刀大　齊厺化背　土　魯長　布方　土匀　晉原　仝上　土倒書匀正書　仝上　晉高　刀弧背　右土　冀靈　布空大　晉矦　刀弧背　左土　冀靈　布方　土匀　晉祁　仝上　布空大　豫伊　刀大　齊厺化背　土　魯掖　布方　土匀　晉洪　布方　匀土　晉高　刀大　齊厺化背　典九六〇　齊造邦𡉚厺化之𡉚皆从𡆧𡆧諸形，鉩文从土之字如坤坡塊坣等多从𡆧，可知幣文𡉚安金文𡉚城之字，所从𡆧旁實為土字。【古幣文編】

233【包山楚簡文字編】

土 秦五六 二十四例 日甲 五八背 三例 日甲一五〇背 二例 日乙四〇 日甲八六背 四例 【睡虎地秦簡文字編】

雨—（甲3—8）、—夂亡鄙（甲7—11）、—事勿從（甲12—33）【長沙子彈庫帛書文字編】

2837 1664 1666 1662 1931 【古璽文編】

莊青土 土應 土買 【漢印文字徵】

祀三公山碑 卜擇吉土 石經僖公 盟于踐土 【石刻篆文編】

土【汗簡】

汗簡【古文四聲韻】

◉許 慎 土地之吐生物者也。二象地之下地之中。物出形也。凡土之屬皆从土。它魯切。【說文解字卷十三】

◉馬 昂

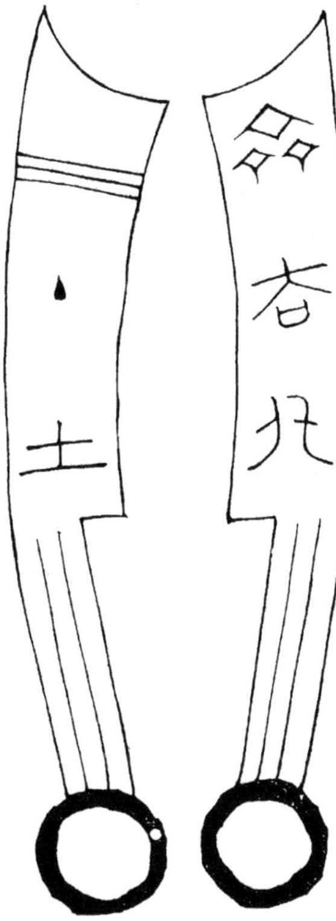

又背文一字曰土。

按説文曰。土。地之吐生萬物者也。此識曰土。蓋與作中者同意。【貨布文字考卷一】

◉羅振玉　□　古金文土作□。此作□者。契刻不能作粗筆。故為匡廓也。【增訂殷虚書契考釋卷中】

◉王國維　殷虚卜辭有□字。其文曰。貞𡩰于□三小牢卯一牛。書契前編卷一第二十四葉。又重見卷七第二十五葉。又曰。貞求年于□九牛。鐵雲藏龜第二百十六葉。又曰。貞□𡩰于□。同上第二百二十八葉。又曰。貞于□求。前編卷五第一葉。□即土字。盂鼎受民受疆土之土作□。卜辭用刀契。不能作肥筆。故空其中作□。猶□之作□、●之作□矣。土疑即相土。史記殷本紀。契卒。子昭明立。昭明卒。子相土立。相土之字。詩商頌春秋左氏傳世本帝繫篇皆作土。而周禮校人注引世本作篇相土作乘馬。作士。楊倞荀子注引世本此條作土。而荀子解蔽篇曰乘杜作乘馬。吕覽勿躬篇曰乘雅作駕。注。雅一作持。持杜聲相近。則土是士非。楊倞注荀子曰。以其作乘馬。故謂之乘杜。是乘本非名。相土或單名土。又假用杜也。然則卜辭之□當即相土。曩以卜辭有□□前編卷四第十七葉。字即邦社。假土為社。疑諸土字皆社之假借字。今觀卜辭中殷之先公。有季。有王亥。有王恆。又自上甲至於主癸。無一不見於卜辭。則此土亦當為相土而非社矣。【殷卜辭中所見先公先王考　觀堂集林】

◉商承祚　□□□　一為地。0土塊。象由地上掘一土塊之形。點則塵埃形也。金文盂鼎作□。召尊作□。與甲骨文同。寡兒鼎作□。為小篆所本。【甲骨文字研究下編】

◉林義光　古作□盂鼎。作□楊敦徒字偏旁。一象地。□象物吐生形。土生物者也。【文源卷二】

◉高田忠周　説文。土。地之吐生萬物者也。二象地之下地之中。丨物出形也。段氏云。下當為上。地之上。謂平土面也。土二横當齊長。士字則上十下一。上横直之長相等。而下横可隨意。今俗以下長為土字。下短為士字。絶無理。按許説已非。況段注不足為據也。今依此等諸篆。下横是平地象。□即象地所吐物體也。其唯作丨者亦同意。要□亦艸木形。故變作十。象有枝也。一變作□者。此亦象地載耳。易象傳。百穀艸木麗于土。書禹貢。厥土五色。周禮大司徒。辨十有二土之名物。皆本義也。【古籀篇十】

◉王　襄　土，盂鼎作□，散盤作□，契文作□、□即□之匡廓，許説：「物出形也」(依段氏本)，疑象土塊形，一為地，加□□□諸形，象塵土之飛揚，土之後起繁文。小篆之二，許説象地之上，地之中，意土之上横畫乃由□之中點所衍成。許氏地之上之説，未合于□□諸字形。末一字之□，疑是古文社，卜辭云：「北土受年吉，西土受年吉，南土受年吉，東

土受年吉。」北西南東土，殆即北西南東社，或讀如字，春秋昭公九年左氏傳亦有西土東土南土北土之文。【古文流變臆說】

◉高鴻縉 ◊ 此字驗之甲文◊◊◊殆象土塊形。一則地之通象也。土本為地初文。不以一表之者。嫌於一二之一也。不以◊表之者。徒土塊不足以賅地也。土塊作◊者。羅振玉曰。契刻不能作粗筆。故為匡郭也。是也。隸篆又由粗筆變橫直矣。知土為地之初文者。甲文無地字。凡祭地皆曰祭土。金文無地字。凡稱地皆以土。古經言高天厚地則謂皇天后土。秦小篆始加也為聲符作地。故許氏釋地曰从土。也聲。然則土地。古今字也。秦漢以後始分化為二。土為泥土。地為天地。孰知於古不然。惟◊為土塊之形。一為地之通象。故◊為指事字。名詞。【中國字例三篇】

◉孫海波 ◊藏二三六·四 ◊前四·十七·三 ◊六·六一·五 ◊盂鼎 ◊召尊 說文云：「地之吐生萬物者也，二象地之下，地之中，物出形也」。按甲骨金文作◊者，象土突起于地上，或从八八者，示揚塵之形。【甲骨金文研究】

◉徐協貞 ◊古土字。即經史所謂相土也。竹書帝相十五年。商侯相土作乘馬。按相土乘馬。當代或有此傳說。至曰商侯竹書實誤。同年曰。遂遷于商丘。前仲康七年。相出于商丘。商丘未封于相土。烏得稱商侯。世本相土為黃帝臣。作駕馬。又曰相土居商丘。此或本之左傳。左傳襄九年。陶唐氏之火正閼伯居商丘。相土因之。凡此皆屬虛構。按契以下王亥以上之祖。悉不見於卜辭。何獨有相土。而祭有燔有𡧊有沈有丰年。以祭辭比校。亦殷代荒古傳說之祖也。曰契孫曰昭明子。亦後人擬議之辭。卜辭有土方。或單稱土。與人名最易混。宜注意。【殷契通釋卷六】

◉葉玉森 ◊ 孫詒讓氏釋社。契文舉例。王國維氏曰。卜辭所紀祭事。大都內祭也。其可確知為外祭者有祭社二事。其一曰「貞𡧊于◊三小宰卯二牛沈十牛」。其二曰「貞勿求季于[glyph]◊」。桉◊即◊。今隸土字。卜辭叚為社字。詩大雅乃立冢土。傳云。冢土。小社也。商頌宅殷土茫茫。史記三代世表引作殷社茫茫。公羊僖二十一年傳。諸侯祭土何。注。土謂社也。是古固以土為社矣。[glyph]◊即邦社。說文解字邦古文作[glyph]。其字从㞢。不合六書之恉。乃為[glyph]之譌。[glyph]从田丰聲。與邦之从邑丰聲。籀文𡉚之从土丰聲同。古封邦一字。說見史籀篇疏證。邦社即祭法之國社。漢人諱邦改為國社。古當稱邦社也。周禮大宗伯以血祭之社稷五祀。而商人用𡧊用卯用沈。書召誥乃社于新邑牛一羊一豕一。禮器郊特牲亦云天子社稷太牢。而商則𡧊三小宰即少牢卯二牛沈十牛。其用牲不同如此。然則商周禮制之差異。不獨內祭然矣。殷禮徵文。又云土疑即相土。史記殷本紀契卒子昭明立。昭明卒子相土立。相土二字。詩商頌春秋左氏傳世本帝繫篇皆作土。而荀子解蔽篇曰。乘杜作乘馬。呂覽勿躬篇曰。乘雅作駕。注。雅一作持。持杜聲相近。則土是士。非楊倞注荀子曰以其作乘馬故謂之乘杜。是乘非名相土。或單名土。又叚用杜也。然則卜辭之土。當即相土。先公先王考。傅斯年氏曰。王君認相土之土為最勝之義。惟謂為非社則誤。土即社。社即土。於經典中甚明。寫本後紀跋。森桉。卜辭言𡆥于邦土者。一言𡆥于土或勿𡆥于土者數見。又卜辭云「辛□御水于土牢」。藏龜第十四葉。御水之禮惟于土行之。則土或仍邦社也。【殷虛書契前編集釋卷一】

◉陳獨秀　土　甲骨文之Ω，古金器文之⊥，徐鍇本說文且之古文△，皆象土塊，亦象男陰，此一字象二物形之例；地、土吐生萬物，人亦生殖子孫，故牡字从土。樹埶、勢力字古只作埶，埶从土謂樹埶，割陰曰去勢，則以土象徵男陰矣，故从埶之褻訓私服，便器曰褻器，引伸為穢褻、猥褻字。【小學識字教本】

◉孫海波　貞𡆥于土三小牢卯一牛沈十牛　前一·二四·三

貞于土𡆥　五·一·六

貞𣎴年于土九牛　藏二一六·一

貞勿𡆥于土　二三八·一

癸亥卜侑土𡆥羊一小牢囟　戩一·一

其𡆥下土　一·二

貞勿𣎴年于邦土　前四·十七·三

其侑𡆥亳土有雨　佚九二八

今日勿𡆥于土　殷二三二

王先生曰：「Ω即土字，⊘」原王氏之意，其先以邦土即邦社，繼因卜辭有季、王亥、王亙之名，而又以土配相土。傅斯年先生新獲卜辭後跋，深疑王氏之說，而以「相土之土，亦為邦社之社。邦社相土，實即一事。周官校人：『秋祭馬社。』鄭注曰『馬社始乘馬者，世本曰：相土作乘馬。』馬社雖不可謂即是社，然既曰社，而鄭君復以相土之故事引入，或者可見相土與社有如何之關係。且有一事至可注意者，即殷人祭其先世，自上甲至于多后為一系，而以上諸世與之絕不同」。今按傅說是也。相土作乘馬，本屬傳說。荀子作乘杜，呂覽作乘雅，注：「雅一作持」，持杜土聲雖近，不必即是一人。且卜辭諸土字，無一相土連文者，則土不必即相土。土與邦土亳土意同。如以土配相土，邦土亳土之辭無以解。況卜辭稱先公自高祖亥以降，自為一系，余于上文已明之，是相土不必即殷之先公，然則以社釋土于義為長矣。

說文：「社，地主也。」禮運：「命降于社，謂之殽也。」注云：「社，土地之主也。」藝文類聚引孝經緯云：「社，土地之主也，土地闊不可盡祭，故封土為社以報功也。」周官大司徒，設其社稷之壝，而樹之田主，各以其野之所宜木，遂以名其社與其野，故社之古文从木。許君云：「周禮二十五家為社，各樹其土所宜之木。」以形義言之，社與古文封相近，故廣雅釋言：「社，封也。」又淮南繆稱訓：「其社用土。」注：「封土為社。」

封，卜辭作丰，金文康侯封鼎作丰，象土上樹植之形。周禮地官：「序官封人」。注：「聚土曰封。」禮記樂記：「封比干之墓。」注：「積土曰封。」周官大司徒：「制其封彊而溝封之。」注：「溝穿地為阻固也。封，起土界也。」大上之世，民食水草而無殄域，畫地相處，起土以為界，丰其初文。再變作𡊅，散盤从𠬞，象意。刻媘作𡉚（召伯𣪕），形聲。說文訓豐之丰，其形則封之初體，其字則王之誤字。凡許書从丰得聲之字，當云从封聲。封古與邦同，王先生史籀篇疏證云：「古封邦一字。說文邦之古文作𡆤，所从之田，與封字从㞢从土，均不合六書之指，㞢皆丰之譌。殷虛卜辭云：『貞𡆥求年于𡆤𡆥』。（殷虛書契卷四第十七葉。）𡆤字从丰从田，即邦字，邦土即邦社，（古社土字，詩冢土即冢社。）亦即祭法之國社。漢人諱邦，乃云國社矣。籀文𡉚字从土，丰聲，與㽟之从田、邦之从邑同意，本係一字。」按此說是也。邦與封皆象封土為界之形。疆竟之内，曰邦曰封；國郭所在，曰國曰邑，邦之為言封也。書序云「邦康叔，邦諸侯」，論語「在邦域之中」，皆用以為封字。水土百穀，土神主之；封土以祀，故土曰社神。

古者社祠甚多，祭法：「諸封為百姓立社曰國社，自立為社曰侯社，大夫以下，成羣立社曰置社。」又獨斷：「天子之宗社曰泰社，天子所為羣立社也。天子之社曰王社，一曰帝社。」周禮及左傳賈注并言二十五家為社。尚書大傳有五方社云：「大社惟松，東社為栢，南社為梓，西社為粟，北社為槐。」蓋先民都鄙之中，皆立社以主祭。卜辭言邦社，猶後世之國社。云亳社，即亳邑之社。亳為殷都，故有社祠，言亳社所以別于國社。云社者，泛指諸社而言，非其先公相土也。【讀王靜安先生古史新證書後　考古社刊一九三五年第二期】

◉郭沫若　「己巳王卜貞[今]歲商受[年]。王𠕋，曰吉。東土受年。南土受年，吉。西土受年，吉。北土受年，吉。」

以上五片均有卜于四望受年之事，其曰東土南土之土，蓋假為社，其曰西方北方之方，蓋假為祊，均是動詞，詩甫田所謂「以社以方」也。

亳土自為亳社。凡卜辭所祀之土，王國維均說為相土，以此例之，殊未見其然。【殷契粹編考釋】

◉馬叙倫　鈕樹玉曰。五音韻譜及玉篇集韻類篇引與此同。韻會引土下有土字。下作上。嚴可均曰。韻會引吐生下有萬字。中下有丨字。沈濤曰。五行大義引許慎曰。土者。土生者也。其字二以象地之下與地之中。以一直畫象物初出地也。倫按二上依大例當補從字。説解蓋本作吐也從二象形。吕忱或校者不知土所從之二為地之初文。乃改如今文。然金文土字盂鼎作[古文]。散盤作[古文]。召尊作[古文]。陳窒鍵陲字偏傍作[古文]。甲文作[古文][古文]。從初文地字而象形。其作[古文]者。復有細土也。省之即以[古文]或[古文]為土。甲文[古文]字從[古文]在凵中而土掩之。是其證也。則[古文]而變為[古文]。由[古文]而變為[古文]或[古文]。又變則為土矣。此實堆之初文。土音透紐。堆音端紐。同為舌尖前破裂音。聲轉耳。指事。餘詳坏字培字下。本部屬字多從地得義者。借土為地。地音定紐。亦舌尖前破裂音也。蓋由初文地字作二。形與數名之二相掍。因借土為二矣。文選班固史述□注引郭璞三蒼解詁。西土謂長安也。是倉頡有西土之文。字亦見急就篇。寡兒鼎作[古文]。【説文解字六書疏證卷二十六】

◉饒宗頤　甲寅卜，㱿貞：宷于土，㞢。㞢䍏，㞢一人。㞢，叀犬㞢羊。㞢一人[古文]。（屯乙五三二五，又見殷綴三〇四）。

按屯乙五二七二，「土」與「兕」并祀，再及上甲，是土當為地祇，即社也。墨子明鬼下引古曰：「周代祝社方。」詩雲漢：「方社不莫。」舊以為殷先公相土，非是。宷于社，㞢犬羊㞢一人者，兼用一人以侑祭。[古文]即齊，讀為齍。詩甫田：「以我齊明，以社以方。」傳：「器實曰齊，謂黍稷也。」則兼具粢盛，于此可見祭社祀典之隆矣。方帝，謂禘于四方。【殷代貞卜人物通考卷三】

◉金祥恆　殷契粹編第三六六片有[古文]，郭氏考釋隸定為[古文]，且云：「[古文]當是沙之異體。」甲骨文未發現沙字，金文袁盤、無叀鼎、休盤雖有沙字，其形作[古文]，从水少，與説文合。説解「水散石也」。今甲骨文[古文]，从土从小，[古文]乃甲骨文土字，其形作[古文]或作[古文]、[古文]，蓋象土塊之形。一，地也。春秋僖公二十三年左氏傳：「晉公子重耳出亡過衛，衛文公不禮焉，出於五鹿，乞食於野人，野人與之塊」，疏云：「塊，墣也。」土或於[古文]旁加小點作[古文]、[古文]者，孫海波甲骨文編云：「象揚塵之形。」而[古文]之小點移於一下，猶甲骨文之鳳[古文]或作[古文]，將冠狀之小點移至身旁。雖屬訛誤，有違於理，然在文字演變中，若此訛誤，屢見不尠，故郭氏釋為沙恐非。其原片卜辭：

方出从（從）北土，弗𢦏？北土……

□□貞：又來告，因囮从（從）北土，其衰，告囝圓乙、父丁？

郭氏考釋[古文]釋為沙，因而「北土」誤釋為「北沙」。云：「北[古文]殆即流沙也。」現既釋為土，「北[古文]」即「北土」，「北土」為甲骨文恆語。如小屯乙編三九二五片：

甲午卜，宁貞：北土受年？

甲午卜，宁貞：北土不其受年？

殷契粹九〇七：

己巳王卜貞：（今）歲商受囧？王固曰吉。

東土受年？

南土受年，吉？

西土受年，吉？

北土受年，吉？

郭氏考釋云：「以上五片，均有卜于四望受年之事，其曰東土南土之土，蓋假為社，其曰西方北方之方，蓋假為祊。均是動詞，詩甫田所謂『以社以方』也。」陳氏殷虛卜辭綜述第九章政治區域第二節四土四方云：「四土與四方的意義本來是有差別的，四土指東西南北四個方面的土地，四方指東西南北四個方向。」又云：「與四方或四方相對待的大邑或商，可以設想為處於四方或四土之中的商之都邑。大邑或商實指一個範圍的土地，即都是所在的土地，故與之相對的四方或四土亦實指一個範圍更為廣大的土地區域。」郭氏釋恐非，陳氏謂四土即四方，是也。尚書牧誓「逖矣西土之人」，大誥：「有大艱于西土，西土人亦不靜」，康誥：「我西土惟時怙冒」，「肆汝小子封，在茲東土」。洛誥：「大相東土」。詩大雅崧高：「我圖爾居，莫如南土。」春秋左氏傳昭公四年：「冀之北土，馬之所生」。其語猶見於古籍，由來久矣。【釋　中國文字一九六五年第十七册】

◉徐中舒　伍仕謙　，土之緐文。《汗簡》社作。前文中山王譽大鼎社稷之社亦作。【中山三器釋文及宮室圖説明　中國史研究一九七九年第四期】

◉王慎行　《説文·土部》云：「土，地之吐生萬物者也。二象地之上、地之中，丨，物出形也」（依段注本）。許慎以小篆形體為鮮，實非土字的造字本意。土字，甲骨文作（粹20）、（甲2773）、（前5·10·2）、（粹18）、（前7·36·1）諸形；西周金文早期作（《大盂鼎》）、中期作（《曶壺》）、晚期作（《散盤》）等形。舊説或以為「地」之初文，馬叙倫：《讀金器刻詞》頁一二九《司土敦》；高鴻縉：《中國字例》第三篇頁四七—四八。非是。孫海波謂：「象築土成阜，社之初文。」孫海波：《甲骨文編》卷一三·七頁五一八，中華書局一九六五年九月版。孫氏釋「土」為「社」之初文，甚確，但惜無説解。茲以卜辭和典籍交相互驗，可證成孫説。殷墟卜辭中「尞于土」的祀典恆見，「土」均應假為「社」，這是殷人祭社的記載。《詩·商頌·玄鳥》之「宅殷土茫茫」，《史記·三代世表》作「宅殷社茫茫」；又《大雅·緜》「乃立冢土」，《毛傳》云：「冢土，大社也。」《禮記·檀弓上》「君舉而哭于后土」，《鄭注》云：「后土，社也。」《周禮·春官·大祝》「先告后土」，《鄭注》云：「后土，社神也。」《公羊傳·僖公三十年》「天子祭天，諸侯祭土」，何休《解詁》云：「土謂社也。」此乃卜辭與典籍中「土」、「社」二字相通之明證。「土」既為「社」之初文，則「社」之初誼自當依《説文》訓釋「社，地主也」為是。社稱「地主」，亦稱「田主」。從上述土字的構形和社字的訓義，可以窺見殷周時代的社祭當與原始的土地崇拜有密切之聯繫。【殷周社祭考　中國史研究一九八八年第三期】

◉彭裕商　(一)「土」、「河」、「岳」均當是自然神祇。

土，卜辭作□及□(鐵二三六・四)、□(前七・三六)等形，象祭祀土地的神主，即後來的社。古時封土立石以為祭祀土地的神主，所謂「立社」：

《地官・封人》疏引《禹貢》孔註：王者封五色土為社，建諸侯則各割其方土與之，使立社。

《公羊傳》哀公四年註：封土為社。

《淮南子・繆稱》：其社用土。

《説文通訓定聲》社字下云：其主則用石。

據此，故知卜辭□字當為神主之形。古時社用血祭：

《春秋》僖十九年：邾婁人執鄫子，用之。《公羊傳》云「惡乎用之，用之社也。其用之社奈何？蓋叩其鼻以血社也。」

《穀梁傳》：用之者，叩其鼻以衈社也。

《周禮・大宗伯》以血祭祭社稷五祀五嶽。

《周禮・小子》：掌珥于社稷。注：珥讀為衈。《周禮　士師》疏：衈取用血之意。

故卜辭作□□諸形者，則象以血釁社之形，∴即象血滴。于此益可見□當為祭祀土地的神主之象而并非一般的所謂土塊。而前人有謂□上小點為塵粒者(如孫海波《甲骨文編》)，據此，知其不確。社為土神，也代表土地，故古文獻中社土相通：

《詩・長發》宅殷土茫茫。《史記・三代世表》引作「殷社茫茫」。

《公羊傳・僖公三十一年》　諸侯祭土。註：土謂社也。

《禮記・郊特牲》社祭土而主陰氣也。

《漢書・郊祀志》　社者，土也。

《論衡・順鼓》：社，土也。

故古人以祀土地之神主為土地之象徵，因以為土字。【卜辭中的「土」、「河」、「岳」　古文字研究論文集一九八二年第十輯】

◉徐中舒 □後下三七五 □合集九七三八 象土塊在地面之形。◇為土塊，一，地也。本應填實作□，因契刻不便肥筆，故為匡廓作□，後漸簡為□、□。金文作□盂鼎、□㝬鐘。後肥筆漸譌為豎劃上著一圓點，如古陶文作□，楚帛書作□。至小篆小圓點又譌為短劃。《説文》：「土，地之吐生物者也。二象地之下、地之中，物出形也。」按《説文》據已譌之形為説，不確。【甲骨文字典卷十三】

◉戴家祥 説文「土，地之吐生物者也。二象地之上，地之中，丨，物出形也」。西周早期金文大盂鼎銘「受民受彊土」，土作□，司土嗣簋銘土作□，卜辭作□，馬叙倫説□象地上有堆，實堆之初文。讀金器刻辭一九二葉。孫海波説「□為社之初文，象築土成阜」。甲骨文編卷十三引金璋氏所藏甲骨六一一最有説服力。卜辭「□求年于□□」，静安先生謂即祭法之國社，漢人諱邦改為國社，古當稱邦社也。殷禮徵文外祭。然而字形作从田丰聲，似當釋封，説文籀文封作𡉚，从土丰聲。爾雅釋言「土，田也」。从土與从田義同，公羊傳哀公四年「社者，封也。」何劭公羊解詁「封土為社，封土者，社也」。卜辭「乍大邑于唐□」，乍當讀作，唐土即湯社。孟子云「湯崩，大丁未立，外丙二年，仲壬四年，大甲顛覆湯之典刑，伊尹放之于桐。」萬章上。卜辭有「唐，大丁，大甲……」鐵雲藏龜二一四。湯作唐。史記秦本紀寧公二年「遣兵伐蕩社」，集解引徐廣曰：「蕩，音湯」。卜辭「東□受年吉，南□受年吉，西□受年吉，北□受年吉」。案劉攽續漢書祭祀志注引馬融説「大社之外又有五社，東社八里，西社九里，南社七里，北社六里，是為近郊四社」。白虎通社稷篇引尚書逸篇説略同。春官肆師「社之日，涖卜來歲之稼」，吕氏春秋仲春紀「命人社」。高誘注「社祭后土，所以為民祈穀也」。是卜辭所云東□、南□、西□、北□，不就是為民祈穀的社祭嗎？

現在既然肯定了土即社之初文，自當依據説文一篇解為地主。地主亦名田主，也就是社主。這是因為人類社會從狩獵經濟發展到農牧經濟，初步意識到土地對于人們的生存命運有着不可思議的主宰力量，從而産生了一種幼稚可笑的敬畏心理，一系列的祈求活動接連而來，這在宗教史上叫做自然神崇拜。丘灣遺址發現殷社的古跡，以不規則的自然石塊豎立在土中作為社主，與□□兩字的形象非常逼近。淮南子説「有虞氏社用土，夏后氏社用松，殷人社用石，周人社用栗」。齊俗訓。松栗木質易朽，至今未曾發現。石主已有實物作證，如果淮南的話確實可靠，把社主追溯至五帝時代，那就進一步證實孫海波説卜辭□象築土成阜可以成一家之言了。同時也可以説明社主的構造雖然經過若干年代的變化發展，儘管因為時間地點的不同，在質地上不得不因地制宜，卻仍然保持了一定的固有格局。不然，卜辭金文就不會寫成同樣的字形了。上海博物館集刊第三期社杜土古本一字考。

金文司土即司徒，三代設官，皆質言之。司土掌土地人民。周末文字日趨於緐縟，土字加辵為徒，大雅緜「乃召司徒」，鄭箋「司徒掌徒役之事」。不云土地，非殷周設官之本意也。【金文大字典上】

地

地　說文墬籀文地从㒸　盗壺　敬命新地　【金文編】

一九四：二　一百一十二例　宗盟委質類晉邦之地　一五六：二二　十三例　一九五：一　六十八例　三：一　一：四〇　三五：六　七五：四　一五六：一八　九一：五　一五六：三　【侯馬盟書字表】

149　【包山楚簡文字編】

地　封六五　七例　日甲一三一背　七例　日乙一〇六　【睡虎地秦簡文字編】

2163　3549　2737　1793　2498　2862　【古璽文編】

北地牧師騎丞　地匽　地世之印　莀地行印　【漢印文字徵】

禪國山碑　郊天祭地　【石刻篆文編】

地碧落文　地　地　【汗簡】

古孝經　古老子　古尚書　碧落文　華嶽碑　竝崔希裕纂古　【古文四聲韻】

◉許　慎　地元气初分。輕清陽為天。重濁陰為地。萬物所陳列也。从土。也聲。徒四切。墬籀文地从㒸。【說文解字卷十三】

◉鄧爾雅　童年讀說文解字，久疑地字不當造形聲字之「地」及「墬」；而「埊」尤不類古文，或後人偽託；必更有古於「地」「墬」二文者，以天地並稱，天既作天，象人戴天，則地亦宜作太，象人履地矣。苦無他證，遂姑置之。昨見友人商君(承祚)近作立字質疑(中山大學語言歷史學研究所週刊一二五至一二八期合刊)，謂立應即古地字，所見畧同。頃再四思惟、玩索之，取說文从立之字一一比較，先將諧立聲者，如笠粒等字提開，次將有豎立之義者如竵竢等字亦提開，所餘為翊昱宆㞡竑靖竫竭端竲位竝十二字，疑皆從古文地之立者也。說文有偏旁而遺漏本字者，如由，如希，皆是。則當時地字之下，忘注古文作[字形]，事實上似不足異耳。

翊，飛也，疑取離地上升之義。昱，明也，日出地上，與旦字相似。但旦為日初出，尚未離地，故从一。此則日已離地，高於人矣。

居本作宆，又作㞡、尻。疑宆謂宀在地上，㞡人坐地上，尻人坐几上。據此，宮室之居當作宆；居處之居當作尻，箕踞、盤踞當作㞡。至从古之居，則由立訛變為古耳。

竑，廣也，量度也，疑亦从古地字之立。天下至廣者莫如地之幅幀，厷古肱字，以肘量度之也。如丈，如尺，如尋，皆取義於手。

靖，平治也，和也，安也，與静通；又與小人曰竫人之竫通。疑與竑字取義相近，平静莫如地也。竫則與翊近似，小人短小，去地不遠耳。

竭，盡也，疑與竑並稱，亦兼量度義。竑，廣也，謂地之東西無極；竭，盡也，謂地之南北有極。

端本作耑，萌也，是其朔誼，一象地，山象艸初生，而象其根。端亦兼量度義，倍丈謂之端，故加从立，即从地也。至正直諸義，後來引申，可勿論。

竲，北地高樓無屋者。按即古增字。又即古層字。如增城即層城是也。疑謂高樓層層如平地也。

位，古作[字形]，[字形][字形]本是一字，人所處之地也。大已象人，後加從人旁，誤矣。

竝，比也，象兩人相比。[字形][字形]兩字皆从地，此則無可疑者矣。

古璽中有「孫坤」二字璽，坤从立，不从土，吳大澂說文古籀補著録此字，云古坤字从立，而不言其理由。竊謂坤，地也，字从古文地之立，可無疑義。竊又疑乾从倝从乙，倝，日光也；乙，气也，日光所及，气下降也。坤从[字形]从申，立，古地字；申，古電字，電力所及，气上升也。

以上諸證，以宆、㞡、位、竝、昱較近；竑、竭、端次之；而坤字尤確切不疑。

此外可疑者，為辛[字形][字形]，於義皆辠也，意義既同，音亦相轉。（粤語則否。）疑[字形]辛本為一字。舊說从古文上之二，从干。金文辛作[字形]。竊疑此當是从地古文[字形]之倒文。辠有倒懸之義，上加小畫者，即古文上之二，倒懸之誼更顯明矣。倒文不止一字，如充，如市，如□，如□，皆是也。

復次，奇字，疑亦从古文立，从可省，中間一畫上下兩用，猶齋之从齊从示，省兩畫之例。古文四聲韻引古老子奇作竒，惜旁證止此耳。古老子書雖僞託，不足信，然實是集當時所見古篆而成，或有所本，至傳寫訛誤，在所不免，古篆所無之字，取偏旁併合，容或有之，不盡憑空杜撰也？【地古文作□說　嶺南學報一九三一年卷二第二期】

●馬叙倫　沈濤曰。大唐類範一百五十七引。元氣初生。重濁為地。萬物所陳也。一百四十九引。物氣分。清陽為天。御覽卅六及開元占經引。元氣初分。重濁為地。萬物所陳列。此皆徵引删節耳。高田忠周曰。漢以前無也字。古唯作它。地當從土它聲。古文池字作沱。可證也。古曰天曰土。而不曰天地。虞夏書。帝曰。咨。禹。汝平水土。禹貢亦皆曰土。卜辭有土而無地。至周始有天地名。倫按地為二之後起字。亦氏之轉注字。氏地同為舌尖前破裂音。又氏從氏得聲。氏也聲同歌類。也聲未必誤。說解疑本如天類也之例。作陳也從土也聲。故有萬物所陳列也之說。蓋元氣以下為吕忱所加。猶一下之惟初太極云云耳。陳音澄紐。古讀澄歸定。地音定紐。是以雙聲字為訓也。字見急就篇。古鉩作□。

墬　鈕樹玉曰。繫傳作籀文地從𨸏土彖聲。則彖當是彖。孔廣居曰。從土。隊聲。隊音徒玩切。同母諧也。沈濤曰。文選北征賦注引。墜。古文地字也。是古本不作籀文。迮鶴壽曰。漢郊祀志稱周官天墬之祀。淮南有墬形訓。汗簡載古文尚書墬字如此。今說文俗本作墬。從彖則非聲矣。宋保曰。墬聲。隊在元部。也在歌部。兩部相關合也。章炳麟曰。歌寒對轉。故籀文從隊。寒旁轉諄為坤。倫按以選注及汗簡證之。此籀文當作古文。漢書班固傳顔師古注亦止言墬地字。地墬為歌元對轉轉注字。從土。隊聲。隊從彖得聲。彖為九篇讀若弛之彖。亦即通貫切之彖也。古鉩作□。【說文解字六書疏證卷二十六】

●郭沫若　金文中天若皇天等字樣多見，均視為至上神，與天為配之地若后土等字樣，則絕未有見。卯毀「錫于□一田」，丁佛言說文古籀補補卷十三收為地字，說文籀文作墬。注云「古文□作□亦作□，此為隊，當是古地字，省土」。其卷十四又收為隊，云「借為地字」。案丁說實至延謬，竟混彖彖豕三字為一而不知辨别也。□殆从𨸏豕聲之字，字書所無，原是地名，亦無義可說。墬則从彖，小徐本云彖聲，段玉裁改為彖聲。案地从也聲，古音當在歌部。彖聲在元部，歌元陰陽對轉，則墬自可从彖聲，無須改作彖也。要之墬隊隊隊，均各為一字，烏可混耶？又不𡢁毀「女目我車宕伐𢀛允于高□」，丁氏亦收為地。案此字王國維釋陵，云「高陵，地名，在秦為昭王母弟公子悝封邑，在漢為左馮翊屬縣，其地西接涇陽」。詳見「觀堂古金文考釋」「不𡢁敦攷」。其說至確，絕非地字也。【金文所無考　金文叢考】

◉嚴一萍 [glyph] 墜从阜从土也聲，此地字。李棪齋先生亦定為地字。說文：地，从土也聲。當是墜之省。此處天與地配，意義至為重要。「金文所無考」認為金文無地字，說：「地字當是後起之字。地與天為配，視萬彙之父與母然者，當是後起之事。尚書金縢與呂刑二篇有地字。案此二篇同屬可疑，即有地字之出現，已足知其非實録矣。」今以繒書之有天地，推測金文之所無當是尚未發見，而不是沒有。正不必以金文之未見，而疑及金縢及呂刑也。商氏釋「隥」，誤。【楚繒書新考 中國文字一九六七年第二十六册】

◉唐健垣 [glyph] 商氏讀第二字為隥，誤。嚴先生及李師饒師並釋地。「金文所無考」云：「地字當是後起之字，地與天為配，視萬物之父與母然者，當是後起之事。尚書金縢與呂刑二篇有地字。案此二篇同屬可疑，即有地字之出現，已足知其非實録矣。」嚴先生舉繒書以駁之，極是。

考周代古物有地字者，除繒書外，尚有二例。玉刀柲有「天八[glyph]在上，地八[glyph]在下」之句（[glyph]字于省吾吉金文選讀作春，金師祥恒認為是「本」字變形。）其地字作[glyph]，近年在侯馬出土晉石刻載書數十片，「晉邦之地」，地字作[glyph]，與玉刀柲文同。另片載書作[glyph]，形亦近。可證周代自有地字。金縢呂刑有地字，不必以為偽作。且尚書盤庚篇雖非盤庚時所作，亦商周文獻也。而盤庚內亦有地字，以卜辭所見商代有先、後、上、下、多、少、新、舊、河、岳等對文例之，有天地相對之意念，何足為奇！特甲骨文未發現地字耳。【楚繒書文字拾遺 中國文字一九六八年第三十期】

◉商承祚 第二簡 遡禱於宮陀，䵼各一羖☐

宮陀，第四〇簡作「宮陘宔」，陘與楚帛書作[glyph]同，乃地字之別構。宮陀可讀作宮地。宮陘，公宔，亦見第三六及七五簡，故可稱宮陘宔，為悊固先君家廟。【江陵望山一號楚墓竹簡疾病雜事札記考釋 戰國楚竹簡彙編】

◉李 零 [glyph] 地字的寫法值得注意，與《說文》地字的古文墬有別，從阤從土，應即後世地字所本。地字，過去我們在西周金文或更早的殷代文字材料中沒有發現過，見于春秋戰國時期的文字材料，例子也很有限（如《行氣銘》）。這些年來，新的材料有所增加，如《侯馬盟書》中地字出現很多，平山三器中也有地字出現。但這些地字的寫法都是採用《說文》地字古文的寫法，無與後世地字相同者。因此，這個地字是很重要的綫索。藉此，我們可以明白為什麼近年出土的秦漢簡帛書籍往往都把地字寫成上也下土，其實這樣的寫法正是保留了它從墬字省形的痕跡。另外，由帛書地字，我們對地字的古音讀法也有新的了解。《說文》地字，古文從隊，隊所從得聲的彖，《說文》說是「讀若弛」，最近出土的獣毁銘文有「墜于四方」一語，張政烺師考為《書·洛誥》「勤施于四方」的「施于四方」。弛、地等字本來都是從歌部的也字得聲，但在先秦兩漢韻文中卻往往是與支部字叶韻，段玉裁因謂地字乃是介于今所謂「支」「歌」二部之間。但帛書地字從土從陁聲，卻說明地字在楚字中仍然是保留了歌部字的讀音，這與《楚辭・天問》以歌、地二字叶韻是一致的。【長沙子彈庫戰國楚帛書研究】

◉湖北省文物考古研究所　北京大學中文系　「埅」即「地」之異體，从「阜」，與「地」字異體「墬」、「墜」同。「地」本从「它」聲，从「也」乃形譌。【一號墓竹簡考釋　望山楚簡】

◉張亞初　「墬」字，在戰國的玉刀珌銘（行氣玉佩銘）中與「天」字相對為文。《侯馬盟書》有「晉邦之墬」，中山王壺有「敬命新墬」，此三「墬」字都作「地」字用。《說文》等字書都說此為地字的籀文，這是正確的。《爾雅釋地》義疏引《物理論》云：「地，底也，著也，陰體下著。」「墬于四方」，就是底著于四方，與金文中常見的「匍（溥、普）有四方」一詞意思相近。其詞例與《尚書・盤庚》「朕及篤敬恭承民命，用永地于新邑」相類似。這與《詩北山》「溥天之下，莫非王土，率土之濱，莫非王臣」，可以互為補充。【周厲王所作祭器㝬簋考　古文字研究一九八〇年第五輯】

坤

2076　1792　1263　2574【古璽文編】

開母廟石闕　比性乾坤　禪國山碑　廣報坤德【石刻篆文編】

坤碧落文【汗簡】

華嶽碑　碧落文　古文　王存乂切韻　堃崔希裕纂古【古文四聲韻】

◉許　慎　坤地也。易之卦也。从土从申。土位在申。苦昆切。【說文解字卷十三】

◉馬叙倫　鈕樹玉曰。玉篇引申上無從字。王筠曰。從土。申聲。許曲為之解曰。土位在申。非也。然坤自是卦名。非地之別名也。朱駿聲曰。從土。申聲。實即籀文墬字。從自從土同。倫按坤為氐之轉注字。氐聲脂類。坤聲真類。脂真對轉也。此訓地也者。地之重文作墬。聲在元類。真元近轉。故地坤亦得轉注。或曰。國語晉語。坤。土也。坤音溪紐。土音透紐。同為次清破裂音。坤為土之轉注字。倫謂土地同為舌尖前破裂音。亦魚歌近轉。自得通假。故古書或言皇天后土。或言天地。地之初文或作一。或作二。或作三。或可更緐之作≋。家語執轡王肅注。川。古坤字。玉篇川部巛下曰。古文坤字。蓋川由三而直之。巛由≋而變也。則或說可從。坤為≋之轉注字。易之卦也土位在申皆校語。乾下不言易卦可證也。然

此字疑出字林。古鉢作□。【說文解字六書疏證卷二十六】

◉黄錫全　□坤碧落文　古璽坤字作□、□等(璽文13.6)，疑此為□形譌省。古璽土旁每从□，如坡作□，均作□，坨作□等(璽文卷13)。又，《說文》貴字正篆作□，「从貝，臾聲。臾，古文蕢」。也許此為□形譌誤，誤人為□。坤屬溪母文部，貴屬見母物部，二字音近假借。【汗簡注釋卷六】

□垓【汗簡】

□孫彊集【古文四聲韻】

◉許　慎　□兼垓八極地也。國語曰。天子居九垓之田。从土。亥聲。古哀切。【說文解字卷十三】

◉馬叙倫　承培元曰。國語鄭語。王者居九畡之田。楚語。天子之田九畡。此引疑肊記之譌。倫按垓蓋坤之同舌根破裂音轉注字。坤音溪紐。垓音見紐也。兼垓八極四字校語。引經亦校者加之。劉昭後漢書郡國志注引三倉。垓。堤名。在沛郡。【說文解字六書疏證卷二十六】

◉黄錫全　□垓　鄭珍云：「从古亥『更篆』，當作□。」按，《說文》亥字古文鉉本作□、鍇本作□，乃由□(王孫鐘)、□(鄂君啟舟節)等形譌變，參見亥部。【汗簡古文注釋卷六】

□墺竝见尚書說文以坤為古墺字【汗簡】

□古老子【古文四聲韻】

◉許　慎　□四方土可居也。从土。奧聲。於六切。□古文墺。【說文解字卷十三】

◉馬叙倫　鈕樹玉曰。文選西都賦注引作四方之土可定居也。倫按墺為堣之轉注字。墺聲當在幽類。堣聲矦類。幽矦近轉。堣當訓四垂。廣韻止訓四隩四方土。此言四方土可居。蓋附會書禹貢四隩既宅之文為義。非本訓也。墺亦為垂之歌元對轉轉注字。墺從奥得聲。奥從□得聲。□從釆得聲。釆聲元類。垂聲歌類也。此字疑出字林。

□　鈕樹玉曰。繫傳作□。嚴可均曰。從古文□。【說文解字六書疏證卷二十六】

◉商承祚 〼 玉篇垙埏并古文。汗簡〼注云。「㙯見尚書。說文以坤為古㙯字」。今書無有此篆。豈傳寫挩佚邪。右旁當从〼。【說文中之古文攷 金陵大學學報一九四〇年卷十第二期】

◉黃錫全 〼 㙯並見尚書說文以坤為古㙯字 《說文》㙯字古文作〼，薛本作〼。鄭珍云：「此《說文》句不可解。黃香《九宮賦》有『㟪㞼』字，章樵注『㟪㞼猶言閫奥，垞古㙯字』，當即此文。」按，奥當即〼字譌誤，說見于部奥。此形原當作〼，隸變誤作垞。《禹貢》「四㙯既宅」，段玉裁云：「今作『隩』者，衛包改也。」【汗簡注釋卷六】

〼 堣

〼 堣 从𩫖與說文籀文垣堵諸字同 史頌簋 百姓帥堣盩于成周 〼 史頌鼎 【金文編】

◉許　慎 〼 堣夷。在冀州陽谷。立春日。日值之而出。从土。禺聲。尚書曰。宅堣夷。噳俱切。【說文解字卷十三】

◉郭沫若 〼即堣字，猶城之作〼、垣之作〼、坏之作〼。【史頌㲉 兩周金文辭大系圖録攷釋】

◉馬叙倫 鈕樹玉曰。韻會引不重日字。嚴可均曰。此及圛下亜下偁尚書。乃說文舊本也。段玉裁曰。陽當作暘。日部引虞書曰暘谷。山部嵎下一曰。嵎銕。暘谷也。嵎銕暘三字皆與此異。倫按彼銕作鐵。嵎當作禺。蓋堣夷暘谷者。孔氏古文如此。禺銕暘谷者。今文尚書如是。今堯典作宅嵎曰暘谷。依古文而堣譌嵎。恐衛包所改耳。玉篇唐韻皆作禺。可證。堯典音義曰。尚書考靈曜及史記作禺銕。正義曰。夏侯等書古文宅堣夷堣作嵎者譌。為宅嵎鐵。嵎鐵即禺銕之異字。凡緯書皆用今文。故知許土部所引為古文。山部為今文。席世昌曰。尚書釋文史記及考靈曜作禺銕。尚書疏曰。夏侯等書作嵎夷。馬為禺夷。鄭為嵎銕。按山部暘下引亦作銕。堣作禺者省文。作嵎者傳寫譌也。山部嵎山。在吴楚之閒汪芒之國。不當在東方。韋昭國語注。嵎山在今吴郡永安縣。據此則當從說文作堣為真古文。馬鄭本亦誤。章炳麟曰。堯典嵎夷。說文引作堣夷。今文作禺夷。惟五帝本紀作郁夷。此為安國所得壁中真本。堣夷嵎夷。乃後漢諸儒之治古文者以今文改之耳。倫按漢書儒林傳孔氏有古文尚書。孔安國以今文讀之。司馬遷從孔安國問故。遷書載堯典禹貢洪範微子金縢諸篇多古文說。今史記五帝本紀曰。分命羲仲居郁夷。曰暘谷。集解曰。駰案尚書作嵎夷。孔安國曰。東表之地稱嵎夷。則司馬遷所據孔氏古文作郁夷也。崔駰所據今偽孔書也。可知非衛包所改。然夏本紀。海岱維青州。嵎夷既略。則作嵎夷。與今偽孔本同。而書堯典釋文引馬融曰。嵎。海嵎也。夷。萊夷也。嵎夷亦與偽孔本同。馬鄭並治古文。而鄭作嵎銕。嵎字與馬及偽孔同。銕則從夷得聲。為鐵之異文。正義謂夏侯等作嵎鑯者同。鑯者。段玉裁謂鐵之譌字。是也。書堯典釋文謂史記作禺銕。然今史記五帝

坶

紀集解索隱正義皆不言有作禺銕之本。蓋莫可復證矣。倫謂堯典之宅嵎夷。當依史記作郁夷。席世昌謂馬以海嵎萊夷解嵎夷者。以羲仲治東方故也。不知寅賓出日。自當就當時國都之東方。堯都冀州。遼東西值冀州之東。則春分朝日自當在此。似不必舍其國都之東西而別就千里外正東之青州也。馬不過因禹貢嵎夷既略下有萊夷之文。而强實之耳。觀下文宅東郊宅朔方竝未兼兩地可見。倫謂席説是也。馬以夏侯等書作嵎夷。同於禹貢青州之嵎夷。故如此説耳。書正義謂夏侯等書古文宅嵎夷為宅嵎鐵但明夏侯等書夷鐵字不同。段謂嵎夷本作堣夷作嵎者誤。肊説。段玉裁謂許明云堣夷在冀州。山部首嵎山在遼西。一曰。嵎鐵。崵谷也。一曰猶一名。遼西正在冀州。然則堯典之堣夷非禹貢青州之嵎夷。倫謂山部崵下一曰嵎鐵崵谷也是校語。然其説自有本。段引以證堯典禹貢嵎夷之非一。固是。然未察史記所本堯典古文自作郁夷。不作嵎夷。且審堯典文。四宅實皆國都近地也。由此相證。是尚書竟無作堣夷者。引經本出校者。改經以就説解。而不知本非地名。自部。隅。陬也。陬。隅也。論語。舉一隅不以三隅反。隅謂邊也。自部。隩。水隈崖也。隈水曲隩也。曲亦謂邊隅。蓋隅隩之為轉注字。猶堣墺之為轉注字。倫疑堣隅墺隩實一字。堣墺二字蓋出字林。【説文解字六書疏證卷二十六】

◉許　慎　坶朝歌南七十里地。周書。武王與紂戰于坶野。从土。母聲。莫六切。【説文解字卷十三】

◉馬叙倫　鈕樹玉曰。韻會引同繫傳。唯地下無也字。沈濤曰。書牧誓釋文引。坶。地名。在朝歌南七十里。蓋古本如是。今本與許書訓解之例不合。倫按此上下文皆非地名。堣字訓堣夷亦非本義。見堣字下。然則此説解即如書釋文引。亦捝本義。書釋文引字林音母。此字出字林耳。書正義引皇甫謐曰。牧野在朝歌南七十里。不知出何書也。可證許書本無此語。釋文引有之者。蓋一本校者據謐説加也。餘詳里下。【説文解字六書疏證卷二十六】

◉代　夫　《書・牧誓》説：武王伐紂，「王朝至于商郊牧野。」

牧野相當今日何地？歷來没有一個明確的解釋。它大致的方位在紂都之近郊。《書・牧誓》孔傳：「牧野，紂近郊三十里地名牧」；《通典・州郡》：「郊野之地，即紂都近郊三十里即此也。」

商末，朝歌有商王離宮别館，紂兵敗焚身于此，後人多以朝歌為紂都之地。故「紂之近郊」，又稱朝歌之南。《説文》「坶，朝歌南七十里地。《周書》武王與紂戰于坶野」，坶即牧；《後漢志・郡國》：「朝歌，紂所都居，南有牧野」，劉昭注：「去縣十七里」；《水經・清水注》：「(清水)東南歷坶野。自朝歌以南，南暨清水，土地平衍，據皋跨澤，悉坶野矣。《郡國志》曰，朝歌縣南有牧野。《竹書紀年》曰，周武王率西夷諸侯伐殷，敗之于坶野。《詩》所謂『坶野洋洋，檀車煌煌』者也」；《詩・大雅・大明》：

「矢于牧野」，朱熹集傳：「牧野在朝歌南七十里」。

朝歌，在淇縣之南。故又稱牧野在淇縣之南。《一統志》說：牧野「在淇縣南」；《通鑒地理今釋》說：牧野在「紂之南郊，在今河南淇縣南」。

上述諸書，指出了牧野的大致方位，但都沒有指出它的具體地望。《水經注》「悉坶野矣」一語，給人以這樣的啟示：所謂牧野，是商都郊區。它是一個泛稱的方位，不是一個特稱的地名。《禮記·大傳》說：「牧之野，武王之大事也。既事而退，柴于上帝，祈于社，設奠于牧室」；《墨子·明鬼》：「與殷人戰乎牧之野」。曰「牧之野」，可見牧、野不是一事。

何謂牧、野？《爾雅·釋地》說：「邑外謂之郊，郊外謂之牧，牧外謂之野。」故「商郊牧野」應讀作「商郊、牧、野」，指商邑外的四周，自郊至牧而野，由近及遠的一定範圍內。

以上意見也並非個人創見。宋人夏僎在其《尚書詳解》中已經這樣說了：

「《爾雅》『邑外謂之郊，郊外謂之牧，牧外謂之野。』揚子《方言》：『牧，飼也。』注謂放飼牛馬。又《周禮》『牧師掌牧地』。《春秋傳》『牧隰皋』。《鄭風》『叔適野』，《鄭箋》『郊外曰野』。則牧野乃凡郊外之統名。」

這結論是正確的。可惜作者又為他說所動搖：

「而陸德明《音義》引《說文》作坶野，云：『地名，在朝歌南七十里』，又似專屬商郊地名。」

但他又不忍放棄自己的意見，于是在兩種認識之中作了調和：

「然亦是因畜牧取義。翫《大傳》『牧之野』文義可見。考《竹書》及《逸周書》亦皆作坶而石經諸本皆作牧，篆文牧類土旁母，牧、坶同一字也。」

從以上引文看，宋夏僎是沒有見過《清水注》的。他如看到「自朝歌以南，南暨清水，土地平衍，據皋跨澤，悉坶野矣」一語時，就會更堅信自己「牧野乃凡郊外之統名」的觀點，決不作「又似專屬商郊地名」之類的妥協。【「商郊牧野」辨　史學月刊一九八一年第五期】

坶 坺

坺　中山王嚳兆域圖　【金文編】

2161　3256　0522　【古璽文編】

◉許　慎　坡阪也。从土。皮聲。滂禾切。【説文解字卷十三】

◉馬叙倫　坡陂一字。或此字出字林。王筠曰。汪本繫傳誤從𠂤。【説文解字六書疏證卷二十六】

坪　假為平　平安君鼎　攻敔臧孫鐘　曾侯乙鐘　【金文編】

4・136　六十年在□坪　【古陶文字徵】

〔二〇〕〔五三〕〔三六〕〔二三〕〔九〕〔三七〕〔四七〕〔四二〕〔二〇〕

〔四〕〔三五〕〔三六〕〔三六〕〔一六〕〔四二〕〔二五〕〔二五〕〔三七〕〔三九〕

〔七四〕〔七四〕【先秦貨幣文編】

布方小　坪陰　遼凌　布方小　坪　遼凌　仝上　布方小　坪　遼凌　布方小　坪陰　展圖版貳拾3

仝上　坪　展圖版貳拾1　布方小　坪　典補一二一七　布方小　坪　典三四六　布方小　坪陰　亞四・一四

布方小　坪陰　仝上　布方小　坪　反書亞四・一五　布方　坪　仝上　仝上　圜　圭坪　典上編二五五頁　【古幣文編】

138　184　200　206　【包山楚簡文字編】

嚴一萍釋平　九州不—（乙5—6）【長沙子彈庫帛書文字編】

2534　平字重見　【古璽文編】

◉許　慎　坪地平也。从土。从平。平亦聲。皮命切。【説文解字卷十三】

◉馬叙倫　嚴可均曰。當依小徐本作平聲。墨下城下仿此。倫按廣雅。坪。平也。廣韻。坪。地名。然則地平也本作平也地

名。平也以聲訓。地名蓋字林文。字林每言名也。或此字出字林。本作地名。從土。平聲。一曰平也。【説文解字六書疏證卷二十六】

◉高　明　「九州丕坪」；䢅字商承祚釋塝，李學勤釋重，均不確。此字曾見於《坪夜君鼎》、《秦公鐘》、《曾侯乙石磬》等，乃坪字之古體，在此當讀作平，均也。《易經·乾卦》：「雲行雨施，天下平也。」孔穎達疏云：「言天下普得其利，均平不偏陂。」繒書「九州丕平」乃謂將天下均為九州。古所謂九州，記載各不相同，《禹貢》謂為：冀、兖、青、徐、揚、荆、豫、梁、雍。《爾雅》謂為：冀、幽、兖、營、徐、楊、荆、豫、雍。《周禮·夏官·職方氏》謂為：楊、荆、豫、青、兖、雍、幽、冀、并。【楚繒書研究　古文字研究一九八五年第十二期】

◉戴家祥　説文十三篇「坪，地平也。从土从平，平亦聲」。按許慎所釋至確。「坪」多見于地名，泛指山區和丘陵區局部的平地或平原。我國西北黄土地區的黄土階地，或平臺，多是良好的農耕場所，亦稱為「坪」。曾侯乙鐘「坪皇」、「濁坪皇」，即戰國時代楚、曾地區流行的樂律名稱。「坪皇」相當于傳統的「蕤賓」律，凡加「濁」字均低一律，相當于傳統的「仲吕」律，臧孫鐘則用作人名。【金文大字典上】

均

均　蔡侯𧊒鐘　【金文編】

均　秦一一四　五例　【睡虎地秦簡文字編】

1129　2470　0783　1021　1796　1794　2449　2604　4084　2359　0784

1964　2171　2071　3140　2873　0782　3019　3018　【古璽文編】

千乘均監　遼東均長　赫均信印　杜均私印　【漢印文字徵】

古老子　王存乂切韻　【古文四聲韻】

◉許　慎　均平偏也。从土。从勻。勻亦聲。居勻切。【説文解字卷十三】

◉馬叙倫　鈕樹玉曰。韻會引作從土勻聲。王筠曰。玉篇。均。平也。偏也。廣韻但曰平也。案平乃均平之義。詩節南山。

秉國之均。傳曰。均。平。是也。倫按平偏也當作平也偏也。一訓後人加之。從勻勻亦聲當作勻聲。均從勻得聲。勻音喻紐四等。古讀歸定。是與地為轉注字。平也偏也義皆生於地也。坪音古在並紐。並定同為濁破裂音。蓋亦轉注字。爾雅釋訓釋文引字林。均。均田也。字見急就篇。古鉨作[glyph]。旬聲。【說文解字六書疏證卷二十六】

◉于省吾 古化有[glyph]字。亦作[glyph]等形。舊釋王毛。或釋土毛。或釋杜陽。並不可據。按此字从土从勻。即古均字。契文旬每作[glyph]。旬勻古同字。金文勻毀勻作[glyph]。王孫鐘旬作[glyph]。古鉨勻作[glyph]。是其證也。【釋均 雙劍誃古文雜釋】

◉睡虎地秦墓竹簡整理小組 均，讀為徇，古書或寫作徇、狥，《尚書·泰誓中》傳：「徇，循也。」【睡虎地秦墓竹簡】

◉戴家祥 [glyph]蔡侯鐘 字从土勻聲，說文十三篇「均，平偏也。」周禮地官大司徒「以土均之法鈞齊天下之政。」詩小雅「大夫不均。」均皆訓平。鐘銘「均子夫〓大夫，建我邦國」，義同周禮。句法「均子夫〓」，乃小雅「大夫不均」之倒。鐘銘「定均庶邦，休有成慶」，均字與詩小雅「六轡既均」之均義同訓作調。【金文大字典上】

壤

[glyph] 布方 壤陰 晉高 按戴垣布[glyph]字所从與此字同 [glyph]全上 [glyph]布方 壤陰 晉浮 [glyph]全上 晉高 [glyph]布方 壤陰 亞四·一八 [glyph]全上 [glyph]全上 典三三五 【古幣文編】

[glyph] 壤 封七七 三例 [glyph] 封七八 【睡虎地秦簡文字編】

[glyph] 華嶽碑 【古文四聲韻】

◉許慎 [glyph]柔土也。从土。襄聲。如兩切。【說文解字卷十三】

◉馬叙倫 沈濤曰。御覽卅七引作軟土也。倫按篆當依鍇篆作[glyph]。柔土也蓋字林文。許當以聲訓。御覽引作軟土也校者或傳寫者誤易也。許書亦無軟字。字見急就篇。【說文解字六書疏證卷二十六】

◉黃錫全 [glyph]壤 此即壤字，「壤」寫誤。从土，从《說文》襄字古文[glyph]、石經古文[glyph]。夏韻養韻注「壤」不誤，然録作[glyph]，脱土。【汗簡注釋卷六】

塙 塙　　墽 墽　　壚 壚

□3·406 塙閭不敢 □3·407 塙閭宿安 □3·409 塙閭豆里人匋者曰酉 □3·412 塙閭里善 □3·413 塙閭賸 □3·414 塙閭隻 □3·418 塙闖棏里曰淖 □3·420 塙闖棏里曰臧 □3·422 塙闖棏里曰胃 【古陶文字徵】

□32 □37 【包山楚簡文字編】

□3469 【古璽文編】

◉許　慎　塙堅不可拔也。从土。高聲。苦角切。【説文解字卷十三】

◉馬叙倫　塙蓋堅土。此字蓋出字林。古鉩作塙□。【説文解字六書疏證卷二十六】

◉許　慎　墽磽也。从土。敫聲。口交切。【説文解字卷十三】

◉馬叙倫　吴穎芳曰。塙之語轉。倫按磽音亦口交切。磽為堅石。則墽為堅土。語原一也。墽為塙之雙聲兼疊韻轉注字。【説文解字六書疏證卷二十六】

□3·238 蒦圆匋里人壚 □3·239 同上 【古陶文字徵】

◉許　慎　壚剛土也。从土。盧聲。洛乎切。【説文解字卷十三】

◉馬叙倫　沈濤曰。書禹貢釋文正義皆引作黑剛土也。以垟赤剛土例之。當有黑字。韻會引亦有黑字。倫按黑剛土也蓋字林文。或此字出字林。【説文解字六書疏證卷二十六】

◉湯餘惠　關於古文盧字的演變源流，于思泊師在《甲骨文字釋林·釋□、□》一文中指出：

甲骨文□、□並見。周代金文盧字或从□，或變作从甶、从田。《説文》盧字變作从甾，又籀文盧作□，變作从□。

戰國文字中的「盧」相當于田(即小篆甾)的部分變體極多，這裏僅就其中的一類提出討論。

我們知道，西周中、晚期金文盧字多从卣作，寫作□、□等形，晚周盧氏幣、邵鐘銘从□，古璽或从□(3418)，大概就是前形之變。值得注意的是□即「西」之一體，大概是由於戰國人對盧字構形原理已經不甚了然(戰國文字不見从卣的盧可證)，所以繼此而衍化出許多从□、□形「西」的虘和从虘的字。這些字以往大多没有識出，有的識錯了，例如：

□（《璽》3328）

左旁从虘，字下加〓為飾筆（詳後），寫法與山東博山香峪村出土的莒邦殘刀幣文此旁略同。幣文□字裘錫圭先生釋「莒」，謂「从竹、虘聲。」至確。璽文从土、虘聲，應即「壚」之古文。段注本《説文》云：「壚，黑剛土也。」該是本義。

□（《季木》53·1）

□（《鐵雲》87·1）

□（《陶文編》附録45頁）

以上三例陶文，左旁「阜」下加「土」為繁構，字殆从阜、虘聲。古文从阜與从土每通用，《説文》「垝」之或體作「陒」，又「地」之古文作「墬」，均其遺例。「𨼮」有可能是「壚」的異文。【略論戰國文字形體研究中的幾個問題　古文字研究一九八六年第十五期】

◉陳漢平　古璽文□（3328）字舊未釋，此字从土从盧省，當釋壚。《説文》：「壚，剛土也。」【古文字釋叢　考古與文物一九八六年第四期】

◉許　慎　垶，赤剛土也。从土。觲省聲。息營切。【説文解字卷十三】

◉馬叙倫　徐鍇曰。垶字注云。從土。騂省聲。而無騂字。亦脱誤。今説文垶字云。觲省。承培元曰。依鍇説。鍇本當作騂省聲。今鍇本亦作觲省聲。或依鉉改也。倫按從土。𦍌聲。今本書無𦍌字耳。見觲字下。赤剛土也蓋字林文。或此字出字林也。【説文解字六書疏證卷二十六】

□古老子　**戠　⿰土戠**　竝籀韻【古文四聲韻】

◉許　慎　埴，黏土也。从土。直聲。常職切。【説文解字卷十三】

◉馬叙倫　釋名。土黄細密曰埴。埴。膩也。黏昵如脂之膩也。埴為墐之轉注字。埴音襌紐。古讀歸定。墐音羣紐。同為濁破裂音也。黏土也者。玄應一切經音義引字林。埴。土也。黏土曰埴。則此字蓋出字林。説解為唐人所删矣。【説文解字六書疏證卷二十六】

◉黄錫全 植 内藤、巖本、薛本埴作戠。此形原當作，與（趩段）、（璽彙2147）等形類似。鄭珍云：「《禹貢》『赤埴』，釋文『埴，鄭作哉』。《太平御覽》三十七卷載晉謝沈《古文尚書注》『徐州土赤哉墳』，是《書》古文借哉為埴也。《晉書·成公綏天池賦》『海岱赤埴』，乃加土旁，蓋魏晉閒俗別，僞《書》以當古文。」《正字通》以戠為埴之籀文。「植」應作「埴」。【汗簡注釋卷五】

坴

◉許　慎　坴土塊坴坴也。从土。圥聲。讀若逐。一曰坴梁。力竹切。【説文解字卷十三】

◉馬叙倫　劉秀生曰。圥逐聲竝沃部。故坴從圥聲得讀若逐。黽部。鼀。從黽。圥聲。或從酋聲作䵷。木部。梄。從木。酋聲。讀若糗。鼻部。齅。從鼻。臭聲。讀若畜生之畜。詩小雅。我行其野。言采其蓫。釋文。蓫。本又作蓄。是其證。倫按土塊坴坴也非本義。亦非本訓。坴為陸之初文。鍇本作讀若速。苗夔謂速當為逵譌。一曰坴梁者。鍇本下有地字。倫謂地下尚捝字。史記秦始皇本紀。發諸嘗逋亡人贅壻賈人略取陸梁地。為桂林象郡南海。以適遣戍。然此校語。【説文解字六書疏證卷二十六】

䡣

◉許　慎　䡣土也。洛陽有大䡣里。从土。軍聲。戶昆切。【説文解字卷十三】

◉馬叙倫　段玉裁曰。土蓋甴之譌。集韻甴字亦作䡣。類篇。䡣。墣也。漢王子侯表土軍侯郢客。師古曰。土軍。西河之縣。説者以為洛陽土軍里。非也。按土軍乃大䡣之誤。桂馥曰。五音集韻引作墣也。集韻。大䡣。里名。在洛陽。吕静説。倫按䡣聲真類。甴墣聲同脂類。脂真對轉轉注字也。洛陽有大䡣里蓋吕忱所加。故字亦作洛不作雒也。或此字出字林。【説文解字六書疏證卷二十六】

墣

◉許　慎　塊也。从土。菐聲。匹角切。圤墣或从卜。【説文解字卷十三】

◉馬叙倫　塊為甴之重文。段玉裁改為甴也。是。甴之轉注字為墣。墣音滂紐。甴音溪紐。同為次清破裂音。亦聲同脂類也。墣璞樸之語原蓋同。

圤　宋保曰。卜聲。卜菐同部通用。倫按墣之轉注為圤者。墣音滂紐。圤從卜得聲。卜音封紐。同為雙脣音。墣聲轉入侯類。卜聲亦侯類也。【説文解字六書疏證卷二十六】

□ 1695 【古璽文編】

□ 袍凷澤　□ 袍凷忠印　□ 申凷之印　□ 段凷印信　□ 臣凷　【漢印文字徵】

◉許　慎　凷墣也。从土。一屈象形。苦對切。塊凷或从鬼。【說文解字卷十三】

◉林義光　古作□彔尊彝。作□取彝。作□邳凷彝。作□辛器。取彝戍于凷𠂤。𠂤即堆之古文。凷𠂤疊韻語。土高之貌。經傳或用壞隤。左傳成公十六年公出于壞隤。或用魁堆。楚辭天問魁堆焉處。或用畏隹。莊子。山林之畏隹。實皆凷𠂤之異文。凷字凵象土塊。□□□皆象其上草根之形。【文源卷二】

◉馬叙倫　鈕樹玉曰。一切經音義七及十一竝引作堅土也。韻會引同繫傳。倫按從土。從飯器之凵得聲。故音入溪紐也。今說解作一屈象形。鍇本作從土凵凵屈象形。蓋凵下捝聲字。校者不悟凵聲之理。說為凵屈象形。鉉本則又有捝譌耳。玄應一切經音義引三倉。凷。土塊也。

塊　鈕樹玉曰。儀禮喪服傳及莊子齊物論釋文竝引作塊俗凷字。沈濤曰。爾雅釋言釋文亦引作塊俗凷字。則今本作或體者譌。宋保曰。鬼聲。倫按鬼音見紐。凵音溪紐。同為舌根破裂音。故凷或作塊。轉注字也。玄應一切經音義引古文官書。塊凷同苦對反。則此字蓋呂忱據官書加之。【說文解字六書疏證卷二十六】

◉于省吾　契文□字習見，亦省稱□，□字作□□形。……按孫釋昌，葉釋苦，其誤自不待辨。林釋凷讀為鬼是也。而誤以□與□吉古土等字牽混為一，故研契者多未之信。唐謂□象工在凵中，當為从凵工聲是也。而以為邛之本名亦誤。說文：凷，墣也，从土，一屈象形也。塊俗凷，從土鬼。按許氏釋凷之義不可據，契文金文無凷形，亦無从凷之字，□上从工，後譌變為土，亦猶吉字初文上从□□，後譌變為士也。□下从凵，變為凵，猶□之作□，□之作□，其从凵從凵一也。唐蘭謂□从工為□之例，工即工字是也，然□字从工，無一作□者，其所以致倒之由，唐氏猶未之知。工作□，本為某種工具，用時向下作□，如□字象以物捶□之意，不用時向上作工，存於凵中，必係當時安置之法然也，□字為凷之初文，从土乃形之譌，□从凵工聲。工鬼雙聲，並見母字，說文以塊為凷之重文，塊从鬼聲，契文以凷為鬼方之鬼，並以聲近字通，□方之□，至金文始以䰠魃為之，然猶與鬼神之鬼有別，經傳則通作鬼矣。……以契文觀之，□方為武丁時西方惟一之強敵。易既濟九三：「高宗伐鬼方，三年克之。」未濟九四：「震用伐鬼方，三年有賞于大國。」其艱可知。……要之，□字以形言之，象置工於凵上。從凵工聲。小篆譌為凷。以音言之。工鬼雙聲。以契文□方之方位及為患之劇考之。亦非□方無以當鬼方。林唐

二氏之説，各有是非，爰截取之，以通其郵。【雙劍誃殷契駢枝三編】

◉楊樹達　塊从鬼聲，甶鬼古音皆在微部。【文字形義學】

堛　堛

畐　畐　竝崔希裕纂古　嶷　巢　張揖集【古文四聲韻】

◉許　慎　堛甶也。从土。畐聲。芳逼切。【説文解字卷十三】

◉馬叙倫　堛音敷紐。古讀歸滂。則是墣之轉注字也。堛字見爾雅釋言。郭璞曰。外傳曰。枕王以堛。檢吴語。涓人疇枕王以墣。是其證也。字蓋出字林。【説文解字六書疏證卷二十六】

堫　堫

◉許　慎　堫穜也。一曰内其中也。从土。㚇聲。子紅切。【説文解字卷十三】

◉馬叙倫　鈕樹玉曰。玉篇集韻引並作種也。韻會引作埋也。桂馥曰。韻會引徐鍇本作蓷也。又引一曰不耕而種。倫按唐寫本切韻殘卷一東引作種也一曰内其中。段玉裁謂内其中即種之引申義。倫謂蓋不耕而種之義也。説解捝本訓。一曰不耕而種内其中皆校者所加。尚有捝字耳。廣韻。稯。種也。則此稯字義。堫之本義亡矣。此字蓋出字林。【説文解字六書疏證卷二十六】

塍　塍

塍假借為賸　邾伯作塍鬲　寶侯匜　嚣伯盤　伯侯父盤　陳伯元匜　王中媯匜　曹公塍孟姬悆母盤　陳侯鼎【金文編】

◉許　慎　塍稻中畦也。从土。朕聲。食陵切。【説文解字卷十三】

◉劉心源　陳矦鼎　塍从工。乃土之壞文。蓋叚塍為媵。伯元匜云。塍匜是也。凡言媵者。皆嫁器。説文作㑞。云。送也。吕不韋曰。有姺氏吕伊尹㑞女。古刻亦作賸。説文。賸。物相增加也。一曰送也。副也。古刻亦用朕。蓋省文也。【陳矦鼎　奇觚室吉金文述卷一】

◉高田忠周　伯矦父盤　白矦父塍叔媯嫛母盤　阮云塍即賸之異文。按阮説粗矣。此明塍字。説文。塍稻中畦也。从土朕聲

坺 坺

是也。古文或用為賸又為佚。佚即媵字正文。然文義似可為塍叚借。即姓也。朱駿聲云。字亦作塍作埰。蒼頡篇。塍。畔也。廣雅。塍。隄也。周禮稻人疏。塍者。田中作介畫。畜水以養禾也。江浙曰田緪。【古籀篇十】

◉馬叙倫　鈕樹玉曰。玉篇引作稻田畦也。韻會引作稻中畦埒也。嚴可均曰。釋丘釋文及疏後漢書班固傳注文選西都賦注南都賦注一切經音義九及十五引皆作田。沈濤曰。爾雅釋丘釋文引。塍。稻田畦隄埒畔。韻會引尚有埒字。後漢書班固傳注引。塍。田畦也。文選西都賦注引。塍。稻田之畦。皆節文。王筠曰。當依爾雅釋文韻會引作稻田中畦埒也。蓋畦乃種稻之處。其隄乃謂之塍。非畦謂之塍也。倫按王説是也。然止言田埒或畦埒可矣。何必言稻田中畦埒。且中明是譌字。倫疑本訓捝失。所存校語耳。下文。埒。卑垣也。畦埒今謂田城矣。玄應一切經音義引倉頡。塍。畔也。【説文解字六書疏證卷二十六】

◉戴家祥　塍千氏叔子盤　説文「塍，稻田畦也。从土，朕聲」。玉篇十三「塍，古文塍」。更旁从田。集韻下平十六蒸塍、塍、塍、堘、埰同字。玉篇塍讀「時升切」，禪母蒸部，唐韻「食陵切」，牀母蒸部。金文叚為賸字。賸讀「以證切」喻母蒸部，韻同聲異。

【金文大字典下】

◉許　愼　坺治也。一曰臿土謂之坺。詩曰。武王載坺。一曰塵皃。从土。犮聲。蒲撥切。【説文解字卷十三】

◉馬叙倫　鈕樹玉曰。韻會曰作云。沈濤曰。一切經音義十九云。土墢。又作坺。説文以一鍤土謂之坺。是古本不作一曰臿土謂之坺。今衍曰字。嚴章福曰。一切經音義廿廣韻十三末引臿上無曰字。引詩當誤。長發。玄王桓撥。傳。撥。治也。又武王載旆。傳。旆。旗也。承培元曰。徐鍇云。今詩作伐。按今詩作旆。荀子議兵及王應麟詩考引韓詩外傳並作發。不聞有作伐者。當作今詩作旆。周禮作伐字。蓋坺即俗之垡字。周禮。一耦之伐。伐為發土。即坺字也。倫按考工記。一耦之伐廣尺深尺謂之畎。鄭注。其壟中曰畎。畎上曰伐。然則伐是名詞。非動詞也。故鄭注謂畎上曰伐也。伐自即此坺字之借。耕。廣五寸謂為伐。伐者。一臿所起之土。朱駿聲謂今蘊俗有所謂草皮泥者。築壙用以起冢。以臿取之。一臿謂一甶。形如土墼。惟不剛堅耳。是也。然則坺亦墣塥之同雙脣破裂音轉注字。治也者。撥字般字之義。一曰臿土謂之坺者臿上捝一字。或如玄應引。此校者記異本。或呂忱列異訓也。一曰塵皃者。坋字義。此字蓋出字林。【説文解字六書疏證卷二十六】

坄 坄

[glyph] 2570【古璽文編】

◉許　慎　坄陶竈窻也。从土。役省聲。營隻切。【説文解字卷十三】

◉馬叙倫　段玉裁曰。陶當作匋。倫按當作匋窗也。此字蓋出字林。【説文解字六書疏證卷二十六】

基 萁

[glyph] 其之重文【續甲骨文編】

[glyph]基　假借為期　子璋鐘　釁壽無基　[glyph] 子璋鐘又省作其【金文編】

[glyph] 鐵雲150·3　獨字　[glyph] 瑣萃　4·26　同上【古陶文字徵】

[glyph] 168【包山楚簡文字編】

[glyph] 弓基印信【漢印文字徵】

[glyph] [glyph] 石經君奭　厥基永孚于休　亓基同聲通叚【石刻篆文編】

[glyph] 基【汗簡】

[glyph] 汗簡【古文四聲韻】

◉許　慎　萁牆始也。从土。其聲。居之切。【説文解字卷十三】

◉薛尚功　[glyph]月魚基鼎　基者。無所經見。惟説文以為薦物之丌。蓋象形也。【歷代鐘鼎彝器款識法帖】

◉徐同柏　[glyph]基　叚借為期　子璋鐘　釁壽無基　基讀如字。無基猶無疆。基疆聲近義同。或曰王子申盞盂眉壽無朞與詩南山有臺合。謂基朞古通。當讀若朞。亦通。【周子璋鐘　從古堂款識學卷六】

◉郭沫若　[glyph],方國名,[glyph]字羅釋為糞。案,當是基之異,從土其聲,㠱方疑即箕子所封邑之箕。【卜辭通纂】

◉馬叙倫　嚴可均曰。釋詁疏引作牆始築也。翟云升曰。集韻引作牆也一曰始也。倫按本訓始也。基始聲同之類。語原同也。

吕忱加牆始築也。子璋鐘作𡊁。【説文解字六書疏證卷二十六】

◉顧廷龍　𡊁。基鐵。【古匋文孴録卷十三】

◉商承祚　坈，即基，通禥、祺。《説文》：「祺，吉也。从示，其聲。禥，籀文从基。」《詩·大雅·行葦》：「壽考維祺，以介景福。」毛傳：「祺，吉也。」《漢書·禮樂志》郊祀歌有「羣生啿啿，惟春之祺。」注引如淳曰：「祺，福也。」禥，即行，祭祀名。《吕氏春秋·仲冬》：仲冬之月，「其祀行，祭先腎。」【江陵望山一號楚墓竹簡疾病雜事札記考釋　戰國楚竹簡彙編】

◉丁　山　𠁁(基)

……在𠁁。佚存·689.甲裏。

……在𠁁。善齋藏片。

𠁁氏，曾見于卜辭云：

貞，勿乎室𠁁。庫方·550。

𦎫𠁁，王从，受㞢又。前·7·25·3. 續·3·5·5。

𠁁，上从京省，下象箕形，疑即基之本字。説文土部：「基，牆始也。从土，其聲。」周頌絲衣：「自堂徂基。」毛傳則謂：「門塾之基。」爾雅釋宮則謂塾為門側之堂。是自堂徂基者，謂自堂室至于門堂也。禮記郊特牲：「臺門旅樹而反坫，大夫之僭禮也。」又禮器：「家不臺門。」孔穎達疏：「兩邊築土為基，基上起屋曰臺門。諸侯有保捍之重，故為臺門，而大夫不得為也。」基上起屋為門，殆「期門」所以昉歟？漢書百官公卿表序：「期門，掌執兵送從，武帝建元三年置，平帝更名虎賁郎。」期門，當即「雉門」，定公二年左傳所謂「雉門及兩觀災」，是也。以字形言：𠁁正象起屋臺上之形，箕形亦象其音。史記孔子世家孔子五世孫「箕，字子京」，箕當讀為「自堂徂基」，基上起屋為京，𠁁字象之。

卜辭所見「室基」，室讀若郢，語在周室篇。周郢，即郢周，地在渭水流域，辭以郢基聯文，基氏宜在河南殷虚之西南。水經潁水注：「潁水，逕陽城故城南。縣南對箕山，山上有許由冢，堯所封也。故太史公曰，余登箕山，其上有許由冢云。」箕山在今河南登封縣東南；許由其即基氏先祖乎？【殷商氏族方國志　甲骨文所見氏族及其制度】

◉黄錫全　𡊁基　古寫本基多作𡊁，夏韻之韻録《汗簡》作𡊁，此少一畫。子璋鐘基作𡊁，古陶省變作𡊁(陶13·88)，馬王堆漢墓帛書《老子》甲本作𡊁。【汗簡注釋卷六】

◉徐中舒　𡊁合集六五七二　從土在甶箕上，當是基之原字。古文字偏旁變動不居，土旁在上與在下無别。疑會以箕盛土之意。

垣 垣

《說文》:「基,牆始也。从土,其聲。」應與初義近。【甲骨文字典卷十三】

垣 中山王嚳兆域圖 【金文編】

〔七〕 〔四二〕 〔三二〕 〔三八〕 〔三一〕 〔七九〕 〔三九〕 〔二八〕 〔三〇〕
〔三八〕 〔一三〕 〔一三〕 〔二三〕 〔四〕 〔一二〕 〔三七〕 〔七〕 〔一八〕 〔七四〕
〔二五〕 〔四〇〕 〔五〇〕 〔三六〕 〔六〕 〔二〇〕 〔九〕 〔五五〕 〔二〇〕
〔二〇〕 〔三六〕 〔四〇〕 〔四〕 〔七〕 〔二五〕 〔二〕 〔四〕 〔三七〕 〔二五〕
〔二八〕 〔七九〕 【先秦貨幣文編】

布方 藪垣 晉高 全上 布方 藪垣 晉芮 布方 藪垣 晉高 全上 晉芮 全上 晉高 布方 藪垣 晉高 圜 晉厗 布方 藪垣 晉浮 布方 藪垣 晉浮 全上 全上 圜 晉厗 布方 藪垣 京朝 全上 晉左 布方 藪垣 晉交 布方 垣釿 歷博 布方 藪垣 典三三六 全上 典三三七 布方 垣襄 反書 典三三八 布方 藪垣 史第八奩8 圜 展圖版肆壹3 圜 亞六・二二 圜 亞六・二二 全上 反書 圜 桼垣一釿 桼字从來錫圭說 亞六・二七 全上 圜 桼垣一釿 典二五一頁 全上 全上 布方 垣釿 倒書 典一二一 圜 桼垣一釿 亞六・二七 【古幣文編】

垣 為一五 三十一例 封七九 六例 日甲一三八背 八例 【睡虎地秦簡文字編】

新垣福印 垣赤 垣安定印 垣羊舌 垣騰之印信 【漢印文字徵】

圪

石經僖公　說文籀文作與此近似石經段為咺咺字重文　【石刻篆文編】

垣　【汗簡】

義雲章　王存乂切韻　說文　【古文四聲韻】

◉許　慎　垣牆也。从土。亘聲。雨元切。籀文垣从𩫖。【說文解字卷十三】

◉王國維　籀文垣从𩫖。𩫖古文墉。見說文土部。𩫖部則以為城𩫖字。蓋古文與篆文之異。古文自為墉字。召伯虎敦附墉作僕。齊國佐甗西墉作西𩫖。可證也。凡籀文从𩫖之字皆垣墉之屬。又其一證。【史籀篇疏證　王國維遺書第六冊】

◉馬叙倫　釋名。垣。援也。人所依阻以為援衛也。倫謂許蓋以聲訓。牆也或字林文。字見急就篇。

鍇篆作　鈕樹玉曰。宋本五音韻譜作。王筠曰。小徐韻譜作。本部從𩫖者三字。蓋從墉之古文。若五篇部首之𩫖。則城郭字也。王國維曰。𩫖古文墉。𩫖部則以為城郭字。蓋古文與篆文之異。古文自為墉字。召伯虎敦附庸作僕。齊國佐甗西墉作西𩫖。可證也。凡籀文從𩫖之字皆垣墉之屬。又其一證。倫按詳古文墉下。【說文解字六書疏證卷二十六】

◉張秉權　豈恐怕是垣曲之垣（參閱本編圖版壹貳零・一二八考釋PP.一九二——一九三）。【殷虛文字丙編考釋】

◉許　慎　圪牆高也。詩曰。崇墉圪圪。从土。气聲。魚迄切。【說文解字卷十三】

◉馬叙倫　鈕樹玉曰。玉篇引同。一切經音義十三引作高大皃。非。倫按詩皇矣。崇墉言言。崇墉仡仡。傳。言言。高大也。仡仡猶言言也。然彼皆形容詞。言言仡仡蓋嶷嶷嶭嶭之音同疑紐假借字。此上下文皆為垣牆之義為名詞。此獨為形容詞。可疑。本部所屬字。亦幾無一其本身即為形容詞者。然則此蓋本訓牆也。校者見引詩而詩傳訓高大。因加高大皃。故玄應止引高大皃。壁聲支類。圪聲脂類。圪蓋壁之支脂通轉轉注字。亦壘之轉注字。圪音疑紐。壘音來紐。古讀歸泥。泥疑同為邊音。圪壘又聲同脂類也。亦墩之轉注字。墩音古亦在泥紐也。亦垣之轉注字。垣得聲於古文𡉏。聲在真類。脂真對轉也。【說文解字六書疏證卷二十六】

堵

堵　从𩫖凡縣鐘磬半為堵全為肆　郘鐘　其竈四堵　从金　邾公牼鐘　【金文編】

堵　雜四〇　六例　通曙　一—失言四馬弗能追也　為三〇　【睡虎地秦簡文字編】

為禹為萬吕司—（乙2—31）【長沙子彈庫帛書文字編】

0124　【古璽文編】

堵陽左尉　堵輔之印　【漢印文字徵】

四時嘉至磬　【石刻篆文編】

說文　崔希裕纂古　【古文四聲韻】

◉許　慎　堵垣也。五版為一堵。从土。者聲。當古切。𩫨籀文从𩫖。【說文解字卷十三】

◉阮　元　鍺　鍺。堵之異文。懸鐘磬半為堵。【周公望鐘　積古齋鐘鼎彝器款識卷三】

◉吳大澂　鍺即堵。說文堵籀文从𩫖。周禮小胥。凡縣鍾磬半為堵。全為肆。注。鍾磬者編縣之二八十六枚。而在一簴謂之堵。左氏襄十一年傳注。縣鐘十六為一肆。大澂竊疑晉侯賜魏絳以鼓鐘二肆。未必有三十二鐘之多。若以十六枚為一堵。則二肆為六十四鐘。尤為可疑。所謂全與半或指十二律而言。大鐘具全律者謂之肆。小鐘得半律者謂之堵。郘子所鑄十二鐘。大者八。小者四。故云八肆四堵。若執十六鐘為一肆之說。八肆為一百二十八鐘。四堵為三十二鐘。安用如此之廣樂哉。【愙齋集古録第一册】

◉潘祖蔭　鍺　張孝達說……堵从𩫖者。版築之屬多從城郭得義。故籀文堵垣城闕皆从𩫖。並見說文。【郘鐘　攀古樓彝器款識一册】

◉劉心源　鍺　堵从𩫖。古文堵字見說文。周禮小胥凡縣鍾磬半為堵。全為肆。【郘𩫖鐘　奇觚室吉金文述卷九】

◉高田忠周　說文。堵垣也。五版為一堵。从土者聲。籀文作𩫨从𩫖。此說亦誤。古文土𩫖通用恆例。堵即陼字異文。而訓垣義字。以𩫨為本字也。𩫖即廓也。从之意自完足。卜辭埤字亦作𩫽。知凡从𩫖者。固為古文。籀文從而不改耳。【古

籀篇十】

◉林義光 説文云。□古文旅。按旅古無作□者。當即堵之古文。垣也。古作□者妸尊彝者字偏旁。象版築之形。□象構版。∴象土也。者字以此為聲。□又作□毋宇器。象土在木中。又作□散氏器楮字偏旁。从土。象形。【文源卷一】

◉馬叙倫 鈕樹玉曰。韻會引玉篇注並無一字。倫按五版為堵與垣也非一義。蓋校者加之。傳寫捝一曰耳。堵為周之轉注字。見周字下。亦亘之轉注字。亘從𦉪得聲。𦉪音影紐。堵音端紐。同為清破裂音也。古鉨作□。

□ 倫按當依𩫖下作籀文堵從𩫖。從𩫖二字校者加之。【説文解字六書疏證卷二十六】

◉李孝定 高田忠周氏謂鐘磬之稱堵若肆，當以鍺、銉為正字，恐未必然，蓋鐘若磬各若干枚各在一虡懸之，如牆之一堵，故以堵稱之；肆者，列也，陳也，自當以此為正字，至字又从金者，以鐘為金器，故製字从之，古文類此者甚多也。編鐘、編磬之數，舊注皆以為十六枚，顧鐵符氏據田野考古所見，其多寡蓋無定數也。【金文詁林讀後記卷十三】

◉裘錫圭 鐘銘「堵」字左旁為「墉」之古文，郘鐘「堵」字亦如此(《金文編》八八四頁)，與《説文》「堵」字籀文相合。右半用作聲旁之字，其上部與「者」字上部相同，下部似从「土」。此字在西周前期的麥鼎「用饗多諸友」句中假借為「諸」(參看《金文詁林附録》二三八○頁)，散氏盤「楮」字(或釋「杜」)也以之為聲旁(同上一七九四—一七九五頁)，孫詒讓認為即「『堵』之省」(同上二三八○頁)，可備一説。

此鐘言「用為和鐘九堵」，邾公牼鐘言「鑄辝(台)和鐘二鍺(堵)」(《金文總集》七○八四—七○八七)，郘鐘言「大鐘八隶(肆)，其竈(篕)四堵」(同上七一三六—七一四九)。三者都是春秋器，都將「堵」用作成組的鐘、磬的單位(一般認為郘鐘的「其篕」指與鐘相配的磬而言)。郭沫若《兩周金文辭大系·邾公牼鐘考釋》説：「鍺者《周禮·小胥》『凡縣鍾磬，半為堵，全為肆』，鄭注『鍾磬者編縣之，二八十六枚而在一虡謂之堵。鍾一堵，磬一堵，謂之肆』。《左傳》襄十一年『歌鐘二肆及其鎛、磬』，杜注『縣鐘十六為一肆』。鄭説與《左傳》及杜異。鄭意謂鐘磬同在一虡，各八則為堵，故曰『二八十六枚』，鐘十六枚在一虡，磬十六枚在一虡，共二堵三十二枚始謂之肆。《左傳》及杜説則言鐘而不及磬，充杜意則鐘十六枚為肆，磬十六枚亦為肆。半之則鐘八枚為堵，磬八枚亦為堵。」《考釋》據金文中有關記載，認為「杜説較鄭説近是」。子犯編鐘八枚一組，而銘言「用為和鐘九堵」，可證鐘八枚為一堵之説的確是可信的。【也談子犯編鐘 故宫文物月刊一九九五年第五期】

◉戴家祥 經籍堵字金文作䵍，从土與从𩫖通，如牆盤垗作□，史頌鼎堣作□，競卣坏作□，散氏盤城作□等；或作鍺，銘曰「龢鐘二鍺」，从金乃是由上文鐘字的金旁類化來的。郭沫若曰編鐘共十三枚，駢列為一架，同出竹簡第二部分第十八簡摹本標號為218有鐘少小大十又三的明文，可見殉葬之鐘十三枚，不缺不少……周禮小胥「凡樂縣一堵，磬一堵謂之律」，此僅十三枚，不足一堵之數，或云第十二與第十三之間尚缺一枚，然亦不足一堵，恐鄭玄之説未必即是通例。文史三零五葉。信陽墓的年代與國别。

【金文大字典下】

壁 壁

218【包山楚簡文字編】

壁 日乙二五九　日甲一五六背【睡虎地秦簡文字編】

壁鄉　大師軍壘壁前私門丞【漢印文字徵】

壁出義雲章【汗簡】

義雲章【古文四聲韻】

◉許慎　壁垣也。从土。辟聲。比激切。【説文解字卷十三】

◉馬叙倫　壁音封紐。堵音端紐。同為清破裂音轉注字也。字見急就篇。【説文解字六書疏證卷二十六】

◉黄錫全　壁出義雲切韻　《説文》「辥，治也。从辟，从井。《周書》曰『我之不辥』」。今本《金縢》作「弗辟」。釋文云「辟，馬、鄭音避，謂避居東都」。是辟、辥、避音近可通。此又假辥為壁。壁之作辥，猶如銀雀山漢墓竹簡《孫子兵法》以辟為譬，雲夢秦簡以僻為避，馬王堆漢墓帛書《老子》乙本以卑為譬。此形从石經古文，原應作，後辟部録《義雲章》作，可以互證。

【汗簡注釋卷二】

㙩 㙩

◉許慎　㙩周垣也。从土。尞聲。力沼切。【説文解字卷十三】

◉馬叙倫　周垣也當作周也垣也。垣也蓋校者加之。廣雅釋室。㙩。垣也。或謂西都賦繚以周牆。周牆猶周垣也。倫謂通謂周為周圍。即由周為垣義之引申也。國語吴語。周軍飭壘。韋注。周。繞也。本書繚繞為轉注。則繞也即繚也。周之訓繞。猶㙩之訓周矣。繚㙩同語原也。周可訓繞。則繚以周牆。不為周以周牆乎。蓋周牆謂垣牆耳。且詞賦家用字固不能拘以常例。即周牆不謂垣牆。亦不為典要也。至段玉裁謂周當作匔。則未悟此周字之本為垣義也。或謂㙩者。今所謂圍牆。故此訓周垣。倫謂宮室未有以一面之牆者。故宮之初文為吕。即口之茂文。口象圍牆之形也。寮㙩一字。史記孔子弟子傳。公伯寮字子周。古人名字相應。則㙩之為周。其義古人無不明也。此以周訓㙩必有所本。校者以本書周入口部。訓為密也。於義不近。故增垣也以釋之。㙩為寮之後起字。字蓋出字林。【説文解字六書疏證卷二十六】

3003　3454　汗簡碣作。所从偏旁與此形近。【古璽文編】

◉許　慎　堨壁間隙也。从土。曷聲。讀若謁。魚列切。【説文解字卷十三】

◉馬叙倫　鈕樹玉曰。繫傳隙作隟。倫按上下文皆垣壁義。此訓壁間隙。恐非本義。亦或本訓壁也。校者加間隙也者。蓋古或借堨為際。聲同脂類也。壁也者。曷气聲同脂類。堨圪為轉注字也。此字或出字林。【説文解字六書疏證卷二十六】

◉許　慎　埒卑垣也。从土。寽聲。力輟切。【説文解字卷十三】

◉馬叙倫　嚴可均曰。韻會九屑引作庳垣也。鈕樹玉曰。韻會引卑作痺。非。倫按卑垣也非本義。或非本訓。埒為㙩之音同來紐轉注字。高卑後人別之。字見急就篇顔師古本。皇象本作畤。【説文解字六書疏證卷二十六】

堪　日甲七二　四例【睡虎地秦簡文字編】

孫堪私印　弗堪之印　伍堪私印　乘堪【漢印文字徵】

◉許　慎　堪地突也。从土。甚聲。口含切。【説文解字卷十三】

◉馬叙倫　承培元曰。突疑當作穾。王筠曰。此及下文堀皆訓以突。堀即今之窟字。窟者。孔穴也。然則兩突字皆當訓以穿。左襄廿五年傳。宵突陳城。注。突。穿也。倫按承説是也。堪穾聲同侵類。轉注字也。堪穾謂地室。地穾也當作穾也地室也。傳寫捝譌。此字或出字林。【説文解字六書疏證卷二十六】

堀 [篆]

◉許　慎　[篆]突也。詩曰。蜉蝣堀閲。从土。屈省聲。苦骨切。【説文解字卷十三】

◉馬叙倫　鈕樹玉曰。韻會作從土屈聲在詩曰上。嚴可均曰。堀篆當作[篆]。堀乃隸體。部末有𡓹。兔堀也。即此字重出。説文無蝣字。屈省聲當作屈聲。王筠曰。當作屈省聲。此避下文兔𡓹之𡓹而云然。承培元曰。突疑當為突。倫按堀為堪之音同溪紐轉注字。嚴及段玉裁皆謂堀𡓹一字。是也。堀窋一字。此字蓋出字林。【説文解字六書疏證卷二十六】

堂 [篆]

[字形]堂　説文[字形]古文堂　中山王兆域圖　[字形]説文籀文堂作[字形]小異孳乳為鄗　𢦏方鼎　在堂𠂤　[字形]𢦏簋　【金文編】

[字形]3·381　闗里𡉈　古文四聲韻引古尚書作[字形]從尚省聲金文賞或作賞是從尚從向通作之例此陶文从土向省聲即堂字籀韻𡉈字與此合　[字形]3·384　闗里𡉈　[字形]3·391　同上　[字形]3·393　同上　[字形]3·592　豆里𡉈　[字形]3·594　豆里𡉈　[字形]3·1333　獨字　[字形]3·529　䤇𠫑𡉈　[字形]3·593　豆里𡉈　[字形]3·600　豆里𡉈　[字形]3·602　同上　[字形]3·385　闗里𡉈　[字形]3·669　南里𡉈　[字形]3·598　豆里𡉈　[字形]3·596　同上　【古陶文字徵】

[字形]堂　封七六　三例　[字形]封七九　【睡虎地秦簡文字編】

[字形]5421　[字形]5422　[字形]3999　【古璽文編】

[字形]堂邑左尉　[字形]高堂滿之　【漢印文字徵】

[字形]祀三公山碑　起堂立壇　【石刻篆文編】

[字形]堂　【汗簡】

[字形]古孝經　[字形]古老子　[字形]古尚書　[字形]籀韻　【古文四聲韻】

●許　慎　堂殿也。从土。尚聲。徒郎切。坣古文堂。臺籀文堂。从高省。【說文解字卷十三】

●王國維　臺　說文解字土部。堂。殿也。从土。尚聲。臺。籀文堂。从高省。小徐本作从尚京省聲。案高京同意。【史籀篇疏證　王國維遺書第六册】

●馬敘倫　殿也以聲訓。故周末以來以殿為堂。堂為廣之轉注字。聲同陽類也。字見急就篇。

坣　段玉裁曰。蓋從尚省。

臺　鈕樹玉曰。繫傳作臺。籀文堂從尚京省聲。邑部亦作臺。沈濤曰。玉篇坣臺竝古文。王筠曰。說文無臺字。倫按以六書大例言之。此從堂京省聲。為堂之聲同陽類轉注字。【說文解字六書疏證卷二十六】

●于省吾　古化有坣十斤。坣字作□。舊釋當。按釋當義則是矣。形則未符。說文堂之古文作坣。化文坣字下从土作□。與立字相混。乃晚周之變體。古鉨坤字作□。坡字作□。左从土。均變為立。可資互證。然則坣十斤者。借坣為當。本非當字也。【釋坣　雙劍誃古文雜釋】

●唐　蘭　堂原作臺,上半从亩,下半从坐即堂字。《說文》堂字籀文作臺,堂坣通。堂師,地未詳。【伯㦰三器銘文的譯文和考釋　唐蘭先生金文論集】

●許學仁　□車節5·15　□車節6·8　□,即堂。从土,尚聲。堂字下从土作□,與古貨文「坣十斤」之坣作□同。坣為說文「堂」之古文,借為當。而節文堂亦借為當。節文云:「屯十台以堂當一車=」又「屯廿=檐台以堂當一車=」,謂「皆以十匹馱獸或二十名挑夫抵一輛車子之載物量」。

至於从土作□,與立字相混,乃戰國文字之變體。□戰國印徐茂□戰國兆域圖中山王□戰國東亞五布貨,先秦古鉨坤字作□□,坡字作□□(羅福頤「古璽文字徵」十三·三。),土均譌變為立,可資互證。且古璽文字徵所録「均事」鉨有二:一作□十鐘山房印舉,一作□凝清室所藏周秦鉨印(同上),从土从立互見,益確知□即土也。【楚文字考釋　中國文字一九八三年第七期】

●陳漢平　古鉨文字有□、□、□、□諸體,俱為人名,舊不識,收于羅福頤先生所編《古璽文字徵》附録,今考釋于下:

按此四體从□(亦可視為从□或从□),从□、□、□或从□。在戰國文字中高字作□。古鉨文字中多用為姓氏,有高癰、高康、高臯等鉨可證。故此四字可認為从高省,从□、□、□或从□。可隸定為髙、髙、髙、髙諸體。

古鉨文字中與前二體字形相關密切的文字有□、□、□諸體,在古鉨中用為人名或姓氏。而戰國文字尚字作□、□、□等諸體,故此三字可視為从尚从上,隸定為尚。

從文字訓詁來看,尚者上也。⊘

尚字既然通上,那麼,在尚字中增添一個聲符兼意符的上字就不奇怪。只要在尚字中添加一個上字,就可得到尚字或尚字。山西侯馬出土載書人名有尚(堂)字,河北平山出土中山王銅方壺銘文有尚(堂)字,其文曰:「……則堂逆于天,下不順于人也。」堂字與下字對文,字義用為「上下」之上,顯而易見,以是知堂、尚二字乃「尚者上也。」之本字。此尚、尚、尚諸體只是尚與上字之書寫位置略有不同而已。

《説文》:「堂,殿也,从土尚聲。坣,古文堂。𩫖,籀文堂,从高省。」據此可知堂字可以寫作从高省尚聲。𢦏鼎銘「在堂自。」堂字作𩫖,从高省尚聲,尚即堂省。所以,古鉨中从高省堂聲或尚聲的尚、尚、尚諸字應釋為堂。其中第二體所从冋之書寫位置與中山王銅方壺銘文尚字下部相同,第三體所从冋之書寫方法與𢦏鼎銘文𩫖字下部相同。

古鉨司馬高,字从高省从立。古鉨文中與此相關的字有尚尚尚諸體,从尚省从立,可隸定為𡊕。字在鉨文中由地名上𡊕連文,知此字當讀為「上黨」之黨。此字亦有用為人名者,如古鉨旗黨。所以,高(高)字可視為从高省黨聲。而黨字又从尚聲,故此字仿从高省尚聲,亦應釋為堂字。

以上可知,堂字在所見古鉨中可寫作高、高、高、高四體,俱用為人名。【釋古璽文「堂」字 考古與文物一九八二年第二期】

◉葛英會 圖三·1—6所揭諸陶文,顧廷龍《古陶文舂録》、金祥恆《陶文編》皆入于土部,隸作𡊕,無釋。此陶文書寫很不規範,然其基本筆劃从宀从土。

《説文》土部堂:「殿也,从土尚聲。」其下又出圖三·8所揭之形,解云:「古文堂如此。」段氏注以為「蓋从尚省」。《古文四聲韻》録《古尚書》、《古孝經》堂字(四三·9、10)、中山王嚳兆域圖堂字(圖三·7)、《玉篇》土部隸定堂字(圖三·11)皆與《説文》古文同,皆从土尚省聲,在古典籍與古字書中,从尚聲之字亦多从尚省聲。

另外,古文字資料中,从尚聲之字與从向聲之字往往通作。餉,《説文》作圖三·13所揭之形,从食向聲;《古文四聲韻》録《古尚書》餉作圖三·14所揭之形,从食尚聲。這是借尚為向的例子。齊陶文有人名「陳向」,唐蘭先生認為是戰國齊之陳常。常从巾尚聲(或从衣尚聲),此徑以向為之。又,𦣻鼎賞(或用作償)作圖三·15之形,从貝尚省聲。而喪㠯鉼賞作圖三·16之形,从貝向聲。此借向為尚之例。再如圖三·17所揭姬鼎嘗字,从旨尚省聲。而圖三·18所揭陶文,卻是从旨向省聲。

因此，我們可以仿上引向、尚通作之例，試將圖三·1—6所揭陶文視作从向省聲之字，并以其與圖三·7—11所揭之从土尚省聲之字同，皆為古文堂字。《古文四聲韻》引《籀韻》堂字作圖三·12所揭之形，亦从土向省聲之字。其構形與此陶文同，是將此陶文釋作堂的佳證。【古陶文研習札記　考古學研究(一)】

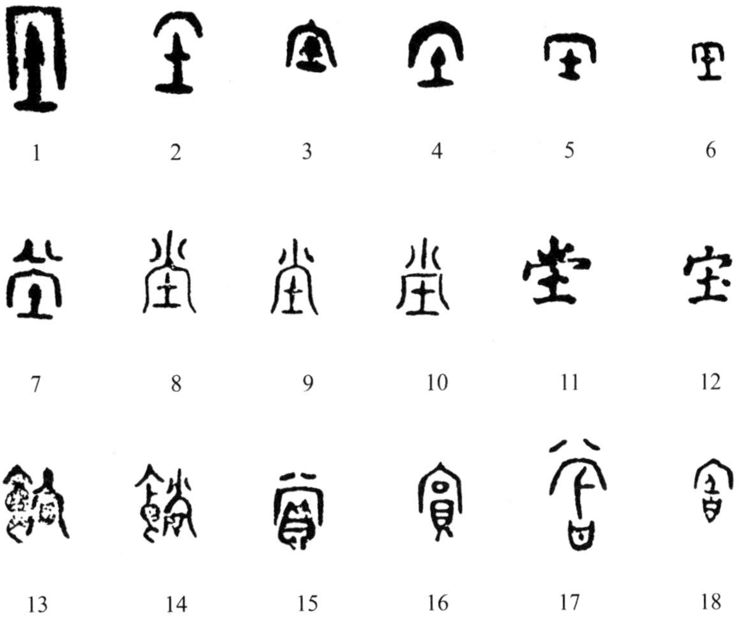

1　2　3　4　5　6

7　8　9　10　11　12

13　14　15　16　17　18

圖　三

1、3、4.《雲水山人陶文萃》6.16、11.27、11.39　2.溥心畬《古陶拓本》78　5.《鐵雲藏陶》50.36.《季木藏陶》77.8　7.中山王譽兆域圖　8.《説文》土部　9、14.《古文四聲韻》引《古尚書》　10.《古文四聲韻》引《古孝經》　11.《玉篇》土部　12.《古文四聲韻》引《籀韻》　13.《説文》食部　15.肙鼎　16.喪叏賞鉼　17.姬鼎　18.《古陶文舂録》5.2

◉陳偉武　《文字徵》第147頁「灶」字下：「[glyph]《金泥》下，命匋正灶察乍頌塤。《説文》所無。《五音集韻》：『灶，俗竈字。』」今按，此當改釋堂。《文字徵》第59頁釋《陶彙》3.381 [glyph] 為堂字，謂「《古文四聲韻》引古《尚書》作[glyph]，从尚省聲，金文賞或作賞，是从尚从向通作之例。此陶文从土向省聲，即堂字。《籀韻》宔字與此合。」中山王兆域圖堂字作[glyph]，陳邦懷先生云：「《説文・土部》堂，古文作[glyph]。……周金文亦有从尚省聲之字，……可證宔字確為尚省聲。」論聲韻，謂[glyph]為从土向省聲，从向从尚通作更允貼；論形體，則[glyph]與《説文》堂字古文及《古文四聲韻》所引古《尚書》「堂」字更切合，故可斷釋灶非是，當與[glyph]同為堂字異體。

【古陶文字徵訂補　中山大學學報一九九五年第一期】

垛

◉許　慎　[glyph]堂塾也。从土。朵聲。丁果切。【説文解字卷十三】

◉馬叙倫　錢大昕曰。塾當作埻。段玉裁曰。考工記。門堂三之二。鄭曰。門堂。門側之堂。釋宮。門側之堂謂之塾。孫炎郭璞皆曰。夾門堂也。堂無塾。門堂乃有塾。此堂上當補門字。桂馥曰。釋宮。垝謂之坫。郭注。在堂隅。坫。墆也。釋文。墆或作端。丁果反。馥謂端即垛之別體。通俗文。積土曰垛。王筠曰。塾之名垛。他無所見。字林。塾。門側堂也。倫按垛次坫上。垛坫音同端紐。蓋轉注字。此訓堂塾也者。疑堂下本次以塾字。訓門側堂也。傳寫失塾篆。而塾下隸書複舉之塾字及門側堂也之堂字則譌入垛下。又誤乙之。垛下本訓轉捝失矣。塾當從土。孰聲。古塾制言者不能詳明。爾雅釋宮。門側之堂謂之塾。孫炎曰。夾門堂也。書顧命。先路在左塾之前。次路在右塾之前。正義。塾前陳車。必以轅向堂。故知左右塾前皆北面也。左塾者。謂門內之西。右塾者。門內之東。倫以清代官署之制。蓋沿自古。其制大堂之前為頭門。門南向者三。其式如下。。門內北向者有覆而無蔽。與所謂大堂者同。則所謂門側之堂。即指此圖門內之兩側。且其門內之深校門外為三之二亦與考工記合。然則書正義謂塾前陳車必以轅向堂。故知左右塾前皆北向者。堂謂今所謂大堂也。爾雅所謂門側之堂謂之塾孫炎謂之夾門堂者。皆指此明矣。書大傳言。上老平明坐於右塾。庶老坐於左塾。而觀餘子之出。出必經門故也。塾音牀紐。古讀歸定。堂音定紐。則語原同。或為轉注字也。【説文解字六書疏證卷二十六】

坫

◉許　慎　坫屏也。从土。占聲。都念切。【説文解字卷十三】

◉馬叙倫　沈濤曰。釋宮釋文云。坫。丁念反。説文云。屏牆。是古本尚有牆字。段玉裁曰。坫之別有四。見陳氏禮書。此堂隅之坫。爾雅所謂垝謂之坫。郭注在堂隅者也。堂隅之坫以土為之。高可屏蔽。故許云屏也。俗作店。朱駿聲曰。此涉禮記旅樹反坫論語塞門反坫而誤解為屏也。坫有五。本訓當為堂隅也。鄒漢勛曰。坫之制。築土為之。形如凵字。橫者修而二縱短。版覆其上。可以亢物。故明堂位言崇坫康圭也。康同亢。反坫則二縱外向。尊依於坫。而坫之兩縱出於尊之南。故明堂位言反坫出尊也。人臣之尊。依於堂之内壁。故無反坫也。堂角有坫者。築之於堂之南廉。而二縱内向也。北堂之廉亦有坫。士因之置閣以庋飲食之物。内則云。士於坫一。是已。許以屏釋之者。以屏之與坫。皆墉之卑者。故以相訓也。于鬯曰。以屏訓坫。則坫非禮經所謂坫矣。禮所謂坫。或在兩楹之間。或在堂隅。皆所以庋物者。無屏蔽之義。蓋借坫以名之。非坫之本義也。坫之本義。實為牆壁之名。故曰屏也。自部。阽。壁危也。從自從土之字。固多同義。坫阽實一字。阽訓壁危者。即牆壁之引申義。爾雅釋宮。垝謂之坫。案下文。垝。毀垣也。則彼坫字正即壁危之阽。垝下又出陒字。云。或從自。是垝陒同字。則坫阽亦同字愈明矣。倫按陳祥道曰。坫之別有四。記曰。反坫出尊。論語曰。邦君為兩君之好有反坫。此反爵之坫也。記曰。崇坫康圭。此奠玉之坫也。記又曰。士於坫一。此庋食之坫也。士冠禮。爵弁皮弁緇布冠各一匴。執以待於西坫南。大射。將射。工遷於下。東坫之東南。士喪禮。牀第夷衾。饌於西坫南。既夕禮。設棜東堂下。南順。齊于坫。此堂隅之坫也。倫謂士冠禮以下所謂坫。即廉。知者。淮南俶真。設於無垓坫之宇。高注。垓坫。垠堮也。堂四面有垠堮。徐灝謂蓋指四面石闌而言。倫謂石闌即楯。以石為之者耳。楯立於廉而非即廉。廉歫地而起。宇築於廉内。故以垓坫連文。垓即地也。室之四周為廉。廉為室基之四邊。今觀清故宮之太和保和殿猶然。蓋遺制也。古蓋於廉上築如卑垣。以代今所謂石闌。此制今北方寺觀中猶多可見。故高誘以垠堮為釋也。垠堮設於廉上。堂四面有廉。故坫亦言四隅矣。反爵之坫者。皇侃論語義疏。坫者。築土為之。形如土堆。在於兩楹之間。飲酒行獻酬之禮。更酌。酌畢。則各反其酒爵於坫上。故謂此堆為反坫。倫謂皇說自有所依。豈皇時猶見此制而為說邪。明堂位。山節。藻棁。復廟。重檐。刮楹。達鄉。反坫。出尊。崇坫。康圭。疏屏。天子之廟飾。鄭注。反坫。反爵之坫也。不言以土為之。倫謂明堂位言天子之廟飾。其節棁廟檐楹鄉屏皆屬於室者。其山藻復重刮達疏皆屬於飾者。何以忽入以尊圭。尊是祭器。圭亦祭時所用祼圭邪。則未祭皆臧之也。如謂此乃因庋尊之坫而及之。則當在疏屏之下。且如皇疏所說。於兩楹之間。突有土堆之坫。亦必不然。倫謂明堂位之反坫實與論語之反坫為二事。鄭以論語之反坫說明堂位之反坫。是掍二事為一事也。詳明堂位文。兩坫字必非同義。崇坫康圭者。康借為閬。或為㝩省。圭為閨省。康圭謂高門。則崇坫與康圭相連者也。坫或借為堵。音同端紐。或為坫字本義。此說解曰。屏牆也。蓋屏也牆也二訓。屏屛一字。見屏字下。阽坫一字。而阽訓壁危。亦壁也危也二訓。爾雅。垝謂之坫。是垝坫為轉注字也。此下文。垝。毀垣也。亦毀也垣也二訓。阽下危也之訓。因垝坫轉注而借坫為危。因有此訓。垝下之毀也亦假借為毀或陧之義也。垣壁是垝坫本義。則崇坫謂高其垣牆矣。反坫與論語之反坫異事。而鄭玄誤以反爵之坫釋之。蓋誤於以出尊之尊為酒尊故也。金文每言薦彝。或作隮彝。尊彝謂宗器。借尊為宗也。前人皆如字讀之。於詞義不可通。而於隮字又不能說。隮之從自甚明。則義必生於自。而尊為其聲。故得通於尊也。本書無隮。倫疑為障之轉注字。尊音精紐。障音照紐。同為清破裂摩擦音也。古婦人偁夫之父曰尊。亦曰章。是其例證。障墇一字。詳墇字下。下文。墇。擁也。蓋即爾雅釋宮容謂之防之防本字。出尊蓋謂絀其墇也。則與崇坫亦為類矣。反坫之反宜讀為飜。坫借為廉。飜廉謂廉復反起。廉者。今杭縣謂之階沿。反廉所以備傾跌。傳言。堂高廉遠。遠謂距地之高也。今清故宮之殿階即然。傳又言。千金之子。坐不垂堂。即謂不坐於廉。以易傾跌也。故於廉之盡邊處復上起如卑垣者。所以備之。後世尚文。易以欄楯。富者則以玉石矣。今謂之闌干者。闌廉音同來紐。漢書文帝紀孟康注。阽音屋檐之檐。檐從詹得聲。詹從厃得聲。見詹字下。垝坫轉注。而垝亦從厃得聲。蓋在上為檐。在下為廉。檐廉聲同談類。語原同也。此坫可借為廉之證。坫聲侵類。侵談亦得轉也。周書作雒。乃立五宮。咸有四隅反坫。此反坫當與明堂位同。亦可證不與論語之反坫為一事矣。反坫之屬於廟飾無疑。而每二字為一事。於詞例亦合矣。若論語之反坫。據儀禮大射儀注。豐。承尊之器。疏。此豐若在宗廟或兩君燕亦謂之坫。倫謂賈説是也。此坫亦即儀禮士冠禮有禁鄉射禮斯禁之禁。鄭注。禁。承尊之器。切地無足者也。惟鄭注禮記禮器又謂禁如今方案。隋長。局高三寸。倫見端方所得寶雞出土之古禁拓本。其中置尊罍之屬。其形長方。切地無足。以金屬為之。見豐字下。禁坫聲同侵類。故或作禁或作坫。而皆為豔之借字。坫豔侵談近轉。古讀坫如檐。則音同喻紐四等也。禮又作豐者。豐音敷紐。豔音喻四。同為次清摩擦音。豔為豐之轉注字也。然則以土為之者。因坫從土而附會之。而不知坫非本字也。唯邦君為兩君之好有反坫。則是卿大夫所不得有。故管仲有反坫為僭侈。至士於坫一者。尋禮記内則。天子之閣左達五。右達五。公矦伯於房中五。大夫於閣三。士於坫一。鄭注謂達夾室。正義引崔靈恩云。宮室之制。中央為正室。正室之左右為房。房外有序。序外有夾室。崔所言官室之制。今之清故宮即然。北方大室亦每如此。天子庋物之閣。達於夾室者五。公矦伯達於房亦五。大夫達於閣三。此閣字不與天子之閣閣字同義。天子之閣者。今北方偁為格子。如南方所謂書架。此閣乃閤之譌。本書。門旁户也。士於坫一。此坫亦為檐或廉之借字。謂士之閣達於檐或廉。止一而已。鄭注於大夫於閣士於坫之閣坫皆無説。而於二閣字不加別。蓋經字猶作閤未譌也。如此坫字而釋為土坫。則於經之詞例既不相符。義亦不可通也。然則釋宮釋文引此訓屏牆也者。坫字之本義也。然屏牆也當作屏也牆也。屏或為廉譌。屏庰一字。庰廉形最近也。此字蓋出字林。【説文解字六書疏證卷二十六】

⿱浝土

◉許　慎　⿱浝土涂也。从土。浝聲。臣鉉等案。水部已有。此重出。力踵切。【説文解字卷十三】

◉馬叙倫　徐鉉曰。水部已有。此重出。鈕樹玉曰。土部應有。水部乃後人增。繫傳作塗也。并於此部涂字多作塗。説文無塗。段玉裁曰。涂塗泥埿皆古今字。水部涂下遺涂泥一解。木部。杅。所以涂也。金部。錯。金涂也。詩。雨雪載涂。毛傳。涂。凍釋也。小正。凍塗。傳。凍下而澤上多也。詩角弓傳。涂。泥也。通俗文。泥塗謂之⿱浝土湏。泥塗必兼水土。字當從水土。尨聲。王筠曰。此涂也謂泥涂之涂也。垷墐二篆下放此。皆靜字。塈墀二篆下涂字。則搽材塗塈之塗。皆動字。墐下涂字則動靜兼之。倫按水名之字。固率有其本義。涂蓋溜之轉注字。即今杭縣謂泥曰爛汙泥之汙本字。涂從余得聲。余從舍得聲。舍音審三。與溜為同舌面音。古書多借澤為溜。澤從睪得聲。睪余音同喻紐四等。亦可證也。溜者。土得水沮也。重在水故從水。涂塈之義乃借為堊也。詳堊字下。⿱浝土字已見水部。以其次求之。其訓涂也乃為涂既之義。則字從土浝聲。彼部為重出矣。⿱浝土必從土浝聲者。塗以土為重。如從水土則掍於溜。溜且不從水土。而⿱浝土重在以土塗。何必從水。如段説則六書無兼生之理。從水土尨聲。是為會意兼聲。而實無此例。昔人雖多舉證。皆屬誤解也。校者增⿱浝土於水部。而忘水部自有浝字可以為聲也。亦由不辨⿱浝土之為涂。非涂泥而為涂塈耳。經記不見此字。字亦或出字林。【説文解字六書疏證卷二十六】

垷

◉許　慎　垷涂也。从土。見聲。胡典切。【説文解字卷十三】

◉馬叙倫　此字亦不見經記。似為墐之轉注字。皆舌根音也。尚書堯典。肆覲。史記五帝紀覲作見。是其例證。又見聲元類。而漢嘆等字從堇得聲者聲亦元類也。玉篇引蒼頡。垷。大阪。在曁西山。【説文解字六書疏證卷二十六】

墐

◉許　慎　墐涂也。从土。堇聲。渠吝切。【説文解字卷十三】

◉馬叙倫　王筠朱駿聲皆以為堇墐一字。檢下文。堇。黏土也。艱。土難治也。土難治實即黏土之引申義。艱實堇之轉注字。禮記内則。塗之以謹塗。鄭注。謹當為墐。墐塗。涂有穰艸者。今南北之俗。涂壁先以麻或稻葉和泥塗之。復加石灰。蓋亦取其黏箸。唯土自有性極黏者。倫親於杭縣鄉中譣得之。鄭不言謹當為堇。而曰當為墐。蓋鄭以堇為黏土而墐為涂。未知堇墐一字。而塗塈為墐。字當作㨷。手部。㨷。拭也。拭即㕞也。塗塈正用鐵刷刷之。其轉注字為拒。聲同真類。【説文解字六書疏證卷二十六】

塈

安臺左塈【漢印文字徵】

古尚書　籀韻【古文四聲韻】

◉許　慎　塈仰涂也。从土。既聲。其冀切。【説文解字卷十三】

◉馬叙倫　塈止是涂。今訓仰涂者。蓋以書梓材言。惟其涂塈茨。茨在上。故以為仰涂。或仰涂也校者之詞。塈音羣紐。古讀歸見。堊音影紐。見影同為清破裂音。故堊轉注為塈。字見急就篇顔師古本。皇象本作暨。疑暨是故書。此字或出字林。【説文解字六書疏證卷二十六】

堊

◉許　慎　堊白涂也。从土。亞聲。烏各切。【説文解字卷十三】

◉馬叙倫　沈濤曰。玉篇引有一曰白土也。今奪。倫按堊即涂塈之涂本字。余亞聲同魚類也。莊子達生。郢人堊其鼻端。謂涂其鼻耑。穀梁廿三年傳。天子諸侯黝堊。謂以黑色涂之。韓非十過。四壁堊墀。説林。宮有堊。亦止謂涂。然則堊之義止是涂。而非白涂之專名。白字疑校者加之。或涉校語一曰白土也而譌羨。白土也者。一切經音義引倉頡同。蓋校者據加也。字見急就篇。【説文解字六書疏證卷二十六】

◉何金松　从亞之字還有「堊」。《説文》:「堊,白涂也。」即用白色材料塗抹牆壁,是動詞。母系氏族時代堊牆的材料是用草筋泥,抹平後再烤乾,使房屋耐用、防潮。後來用蜃灰(大蛤殼之粉末)。《周禮·考工記·匠人》:「白盛。」鄭玄注:「蜃灰也。盛之言成也,以蜃灰堊牆,所以飾成宮室。」不論帶白色的黏性泥土、蜃灰還是石灰,用水調和後都成了白色泥漿,故从土;被塗抹的是牆壁和房屋的其他部分,故从亞。這也是一證。【釋亞　中國語文一九八三年第二期】

墀

◉許　慎　墀涂地也。从土。犀聲。禮。天子赤墀。直泥切。【説文解字卷十三】

◉馬叙倫　沈濤曰。華嚴經音義引。墀謂以丹塗地。即天子丹墀也。蓋慧苑隱括其詞引之。御覽八百十五引禮下有記曰二字。譌羨。天子赤墀見禮緯含文嘉也。廣韻六咍引天子下有有字。恐亦誤衍。丁福保曰。五音集韻引涂作塗。天子下有有字。倫按涂地也當如慧苑所引作墀謂以丹涂地也。此字林文。墀為塈之轉注字。塈音羣紐。墀音澄紐。同為濁破裂音。聲亦同脂類也。此字或出字林。【説文解字六書疏證卷二十六】

◉許　慎　墼瓴適也。一曰未燒也。从土。毄聲。古歷切。【説文解字卷十三】

◉馬叙倫　鈕樹玉曰。玉篇引作未燒者。韻會引作未燒塼也。説文無塼。王筠曰。瓴適今謂之塼。隸辨載永初官墼。此乃已燒者也。後漢書酷吏傳。常築墼以自給。則未燒者也。倫按瓦部。甓。瓴適也。甓從辟得聲。辟音封紐。墼音見紐。封見同為清破裂音。故甓轉注為墼。一曰未燒也不可通。自當如韻會引作未燒塼也。此校者所加。故有塼字。然倫疑塼當作塼。即甓之轉注異文。隸書專字每作專。遂誤為塼。而音亦從之譌矣。瓴適也非本訓。字見急就篇。【説文解字六書疏證卷二十六】

◉傅振倫　墼是造磚的坯。《隸辨》載擊字有擊、擊、毄、䡊等異體，所以後世出土的古磚以及出土文物上的墼字，寫法也有種種的不同，漢永初官墼，以墼作墼。甘肅城塞出土竹木簡牘，墼的字體也有多種。僅就《流沙墜簡·屯戍叢殘·戍役類》而論，或作墼(14簡)，或作墼(15簡)，或作墼(16簡)，或作墼(16—19四簡)，或作墼、作墼(17簡)，或作墼(20簡)，或作墼，作堅(21簡)。

《説文解字》説：「墼，瓴適也；一曰未燒也。」按《爾雅·釋宮》云「瓴甋謂之甓」，《詩·唐風》唐有甓，《傳》云「甓，瓴甋也」，《説文》又説「瓴，甓也」。可見甓、瓴、甋、墼是名異而實同的。顔師古注《急就篇》説「墼者，抑泥土為之，令其堅激」，也説明了墼是未燒的磚坯(見《漢書·崔駰傳》)。華北現在還稱未燒的磚曰坯，而已經燒過的墼纔名曰磚(又見《集韻》)。

《隸續》載漢永初墼文曰：「永初七年(113年)作官墼」。還説：「數十年來，眉州人掘武陽故城村或得之。范致能在蜀得其二，分其一相贈。二墼唯『七』及『官』字文有反背不同，重十有八斤。」《藝術叢編》第十七期有《古石抱守録》，其中所載這類永初官墼拓本，長28.4釐米，闊6.3釐米。漢官墼的形制，由此可見。

西漢定制，農民都要戍邊三天。他們一面防禦敵人，一面兼任勞役，從事生産、築城、造亭塢，作墼也是勞役之一。近世我國西北出土漢晉簡牘，多有幾人候、幾人為養、幾人作墼、幾人負墼等等記載。據其文字，每人每月所造墼數，多則150個(如《流沙墜簡·屯戍叢殘·戍役類》16至18三簡)，少則65個(15簡文：壬戌，四人作墼二百六十，率人六十五；14簡文：丁未，六人作墼四百二十，率人七十，初作)。因技巧熟練的程度不同，所以效果懸殊如此。

1930年，西北科學考查團在額濟納河畔大灣地方曾發見木簡一枚，文曰「墼廣八寸，厚六寸，長尺八寸，一枚用土八斗，水二斗二升(下缺)」。以馬衡先生所定劉歆銅斛尺計算，此墼長41.58釐米，闊18.48釐米，厚13.86釐米，是小于永初官墼，所需水土共一石二升。由此簡文可知漢墼一般制作，這是可貴的直接史料。【説墼　文史一九八一年第十一輯】

坴

◉許　慎　坴埽除也。从土。弁聲。讀若糞。方問切。【説文解字卷十三】

◉馬叙倫　鈕樹玉曰。玉篇引作除埽也。沈濤曰。玉篇引是。一切經音義十六引。糞。除埽棄也。糞即坴字之借。棄字涉下文埽字解而衍。可見古本不作埽除。玉篇又云。墥。古文。似古本尚有重文。承培元曰。鍇本棄字蓋是複出坴之譌文耳。王筠曰。一切經音義引作糞除也。坴與苹部糞同。云讀若糞。即以明其同也。倫按此糞之轉注字耳。糞從米得聲。見糞字下。米弁聲同元類。音亦同並紐也。詩伐木。於粲洒埽。箋。粲然已洒欖矣。釋文。欖。又作拚。是其例證。坴以所糞除者故從土。説解以玄應引鍇本校之。知糞棄除也乃校者據糞篆及説解注之而誤入者也。或如沈承之説。本義止當訓埽也。坴埽為同次清摩擦音轉注字。坴音非紐。埽音心紐也。埽除下蓋挩也字。此呂忱列異訓。字或出字林也。讀若糞者後人加之。或曰。玄應引有糞字者。校者注以為坴字音也。傳寫譌乙於下。復校者因加此文。王筠據鍇本棄作弃。【説文解字六書疏證卷二十六】

◉孫海波　劉氏藏契有一辭文云：

辛卯□

壬申□

己巳王

剛□□

字从土从廾，字書所無，竊疑即許書之坴字。説文：「坴，埽除也，从土弁聲。讀若糞。」字又作拚，禮記少儀：「席前曰拚」，許注云：「拚，除穢也。」管子弟子職「既拚盥漱」，謂埽席前也，拚字以拊手為本義，坴為埽除，从卄非義(卄皃之古文，無拊手之義)，許説有誤。今卜辭此字，从人兩手棄土，正象埽除之形，殆坴之初字歟。【卜辭文字小記續　考古學社一九三六年第五期】

埽

◉許　慎　埽棄也。从土。从帚。穌老切。【説文解字卷十三】

◉羅振玉　象人持帚埽除之形。當為埽之本字。説文作埽。从帚土。殆為後起字。變象形為會意矣。【增訂殷虚書契考釋卷中】

◉唐　蘭　乃𠬶字。羅釋彗。非。孫海波以與帰字混。釋侵字。亦未是。卜辭从又从帚。只當是𠬶字耳。説文無𠬶字。於蔓𡨦𥙐㮘駸綅埐等字並謂為从侵省聲。而侵下云。「漸進也。从人又持帚。若埽之進也」。今據卜辭有𠬶字。則侵字正從

在

㚇聲。其餘從㚇作之字亦非從侵省矣。凡从㚇之字。得變从侵。如蔓為蔓。㝯為寑。是非侵省。乃𡬈及歸字當為一字之異構。卜辭从帚从㚇每通也。此字羅釋彗。誤。蓋帚與㚇之繁文。卜辭㚇作𡬈作。其帚旁小點蓋象塵土。帚以去塵土也。其後从土。説文。埽。棄也。從土从帚。又「埐。地也。從土侵省聲。」埽埐亦一字。【殷墟文字記】

◉馬叙倫　鈕樹玉曰。繫傳作從土帚聲。然下有臣鍇曰。會意。蓋後人疑聲不近并去聲字。嚴可均曰。韻會十九晧引作帚聲。羅振玉曰。卜辭作。象人持帚埽除之形。埽為後起字。倫按甲文之非埽字。埽為帚之後起字。從土。帚聲。餘見侵下。此字或出字林。【説文解字六書疏證卷二十六】

◉徐中舒　前五·三二·一　乙八三一九　從又持帚，會掃除之意。從又之字後世多變從手，故此字當為掃之原字。《説文》有埽無掃，埽乃後起之會意字。唐蘭分、為二字，謂是㚇字，而㚇字《説文》失收，侵、蔓、𡚁、㝯、駸、綅、埐等字從之，象手執帚，而則手在對方，非執也；釋為掃，且謂掃與㚇異者，以手持帚為㚇，但象掃之而已，而帰字則掃塵土於手中，實兼象坌除之義。《殷虚文字記·釋㚇帰》。按唐説可參，但甲骨文偏旁左右每變動不居，且唐説亦以、二字字義僅有微小差別，故皆釋埽不加區別。《説文》：「埽，棄也。从土从帚。」【甲骨文字典卷十三】

甲二一四　卜辭用才為在重見才下【甲骨文編】

才之重文【續甲骨文編】

在　不从土　盂鼎　王在宗周　才字重見　盂鼎　在珷王嗣玟作邦又云在雩御事　作册𩲃卣　敔尊　林　氏壺【金文編】

4·136　六十年在□坪【古陶文字徵】

8　13【包山楚簡文字編】

在 秦九三 六十九例 日甲六九背 三例 【睡虎地秦簡文字編】

4570 杕氏壺在作㞢，與璽文同。0305 3837 4569 4566 4565 4568 1856

2383 2378 2385 2381 2384 【古璽文編】

馬在之印 杜在 在弱公 張在戊 【漢印文字徵】

禪國山碑 不在瑞命之篇者 天璽紀功碑 在諸石上 石經君奭 在大甲 甲骨文金文在皆作才此同 盄毀銘

笵母 才重 祀三公山碑 神過在領西 【石刻篆文編】

古孝經 古老子 籀韻 【古文四聲韻】

◉許慎 𡉚存也。从土。才聲。昨代切。【說文解字卷十三】

◉羅振玉 說文解字。在。存也。从土。才聲。古金文作才。與此同。【增訂殷虛書契考釋卷中】

◉高田忠周 說文。在存也。从土才聲。又才下曰。艸木之初也。从丨上貫一。將生枝葉也。一。地也。又鐘鼎古文。才字作才才才。蓋此丨為讀若進之丨。然丨屮同意也。又以一為地。地者土也。即知才是古文在字。卜辭金文多皆以才為在。可證矣。已从一為地。又从土。此為重複。夫艸木初生焉。形始可見。可見則存在者也。所謂見在義也。故易乾曰。見龍在田。謂龍出見也。但字从丨與中同意。此元義主于艸初出可見。轉以謂萬物之初又謂初出可見。又以為存在義。書堯典。朕在位七十載。詩關雎。在河之洲。此等義金文皆多作才而間或作在。蓋从土在字。盛周時專行。籀文增緐之類耳。又凡見在者。可伺察也。故爾雅釋詁。在。察也。虞書在璿璣玉衡。禮記文王世子。必在視寒暖之節。注。察也。皆是也。【古籀篇十】

◉吳其昌 「在」者，卜辭、金文並作才才才才諸形，甚者作才大盂鼎，最初本義畫地交午，作十字形，其名為「物」，以表位次，而人履其上也。故其形作「十」，而其義為「在」矣。且金文「在」多作十，於「十」形中心，微着小點，明「在」者乃在此也，于六書之例為指事矣。何以證之？儀禮鄉射禮云「及物，揖。左足履物，合足而俟。」又云「自右物之後，立於物間。」大射禮亦多類似之文。此「物」果何物耶？按大射禮曰：「工人士與梓人升，……兩楹之閒疏數容弓，若丹，若墨，度尺而午。……卒畫，司宮埽所畫『物』。……」鄭玄注曰：「一縱一橫曰午，謂畫『物』也。」賈疏云：「午，十字。」是此「物」乃丹墨所塗之「十」形，有人而履於此「十」形之上，斯在矣；故即以此「十」形為「在」字矣。【殷虛書契解詁　武大文史季刊一九三四年卷三第四號】

◉馬叙倫　在存一字也。今二篆皆誤。蓋存從𠫓。才聲。𠫓為育之初文。從到子。金文盂鼎作□。□即𠫓字。父丁盉□字作□。虛者而實之。猶金文子字亦每作□也。是其例證。後以到子不便於書。則改為子。而存在遂為二字矣。今南北之俗。婦人產子。親友皆往恤問。良以婦人產子為生命危險之事。故恤問之。母子無恙。則為存在。故存訓恤問。而有存在之義也。才屯一字。今在讀才聲而存讀屯聲。於是不徒形異音亦異矣。此字當入𠫓聲。而以存為重文。鍇本此與坔同意五字校語。疑本作此與畱同意。乃坐下校語。畱譌為坔。又誤入此下。故坔下轉無是語。而袪妄篇有此與在同意五字。在當作畱。傳寫者因在下有此與坐同意故改畱為在耳。【說文解字六書疏證卷二十六】

◉唐鈺明　上古典籍「昔在」一語常見，如：

昔在殷王中宗，嚴恭寅畏天命。（尚書・無逸）

昔在中葉，有震有業。（詩經・商頌・長發）

昔在晉先君悼公九年，我寡君于是即位。（左傳・襄公二十一年）

其中的「在」字，舊詁通常闕而不釋，偶或有釋，則釋為無義的助詞。如《中文大辭典》：「〔昔在〕往昔也。在，助詞，無義」。照這種解釋，「在」應屬後綴性的結構助詞，然而它卻又經常前置為「在昔」如：

我聞在昔成湯既受命，時則有若伊尹，格于皇天。（尚書・君奭）

在昔鯀陻洪水。（尚書・洪範）

我聞在昔有國誓王之不綏于卹。（逸周書・皇門解）

這樣一來，「在」字豈不是又變成「前綴」了？

這個問題，停留在典籍上不易解決，把目光轉到古文字資料時，情況就比較清楚了：「在」原來是「昔」的同義詞。「在」字从土才聲，甲骨文全部和金文大部都寫作「才」，可見「才」是「在」的初文。《說文》：「才，草木之初也」。表「初始」義的「才」字在金文中有確證：

王若曰：牧，昔先王既令女作司士，今余唯……令女司百寮。（牧簋）

王若曰：克，昔余既令女出内朕令，今余唯𤔲𩫖乃令。（大克鼎）

王若曰：師𩔈，才先王既令女作司土……今余唯肇𤔲乃令。（師𩔈簋）

象前二例「昔」與「今」對舉的方式，册命銘文常見，已近乎套語。第三例「才」亦與「今」對舉，可見「才」與「昔」相當。金文中更有「才」、「昔」連文的用例：

王若曰：師嫠，才昔先王小學（教）女，女敏可使……今余唯𤔲𩫖乃令。（師嫠簋）

王誥宗小子于京室曰：昔才爾考公氏，克逨文王。（何尊）

金文「才昔」、「昔才」通用，與典籍「在昔」、「昔在」如出一轍。正由于「才（在）」與「昔」屬于同義並列，所以它們的字序可以對換而含義不變，猶如「既往」可作「往既」一樣。

在金文中，由「才」孳乳的「在」和「𩛥」也可表「初始」義：

王若曰：盂，丕顯文王受天有大命。在武王嗣文作邦，闢厥匿，匍有四方。（大盂鼎）

王若曰：虎，𩛥先王既命乃祖考事……今余唯帥型先王令。（師虎簋）

榮白呼令卯曰：「𩛥乃先祖考死司榮公室，……今余唯令女死司𦮃宫、𦮃人。（卯簋）

「𩛥」在典籍中又作「載」。《説文》：「𩛥，設飪也。从丮从食，才聲。讀若載。」《康熙字典》：「載，古文作𩛥」。《詩經·大雅·皇矣》「載錫之光」，鄭箋：「載，始也」。「載」又與「哉」通。《孟子·萬章上》引《書》「朕載自亳」，偽《尚書·伊訓》作「朕哉自亳」。《爾雅·釋詁》：「初、哉，始也」。典籍常見的「哉生魄」，意思就是「始生魄」。

綜上所述，「才」以及以「才」為語根的在、𩛥、載、哉等字，均有「初始」之義，它們可稱之為同源字。【據甲金文資料考索上古詞義二則 語言研究一九八八年第二期】

㘸 坐

[古文字形] 3·987 獨字 【古陶文字徵】

[古文字形] 坐 秦八〇 十例 [古文字形] 效二〇 二十六例 [古文字形] 法一四六 五例 【睡虎地秦簡文字編】

[古文字形] 君坐受禄 【漢印文字徵】

坐 坐【汗簡】

坐古孝經 坐古老子 坐說文【古文四聲韻】

◉許　慎　㘸止也。从土。从畱省。土所止也。此與留同意。徂卧切。𡋾古文坐。【說文解字卷十三】

◉林義光　經傳皆作坐。象二人對坐土上形。作㘸者。丣古作𠁥。蓋𠃊變作𠃊。形近𠁥。遂譌从丣耳。【文源卷六】

◉余永梁　𡉌(後編卷下十六葉)　案此殆是坐字。从二人,从土,與說文古文作𡋾略同。【殷虛文字考　國學論叢一九二七年卷一第一號】

◉馬叙倫　沈濤曰。李陽冰以為從卯。則唐時說文作㘸。王筠曰。據韻會引所止也此與畱同意上有徐曰。知此是小徐語。但今去妄篇作此與在同意。小異耳。朱駿聲曰。或曰。從丌在土上。從二人相對。龔橙曰。𢀛見器名。林義光曰。古文作坐。象二人對坐土上形。作㘸者。丣古作𠁥。蓋𠃊變作𠃊。形近而誤耳。倫按甲文有𡉌。余永梁釋坐。釋卿者非。又有𡉌字。蓋亦坐字。此即𡉌之變也。從二人相對坐於土上。而中有土几。今北方鄉郵中茶室每有土几土榥也。其作𡉌者。校為先造之字。然坐不必二人相對而後見義。蓋初文坐字本畫一人坐形。如御字所從之卩。金甲文皆作厶。當即坐之初文。御者固坐也。唯其形與跽之初文作𠃜者相似。乃作𡉌字。變為𡋾字。增為𡉌字耳。然倫疑坐從土得聲。坐音從紐。古讀歸定。土音透紐。透定同為舌尖前破裂音。坐從土得聲而入定紐。猶杜從土得聲而音亦在定紐矣。此篆為𡉌之小異者。字當自為部。

𡋾　朱駿聲曰。從土。從二人對坐。倫按玄應一切經音義引倉頡。坐。辠也。字亦見急就篇。倫謂倉頡急就故書蓋皆作㘸。傳寫者以字林字易之耳。【說文解字六書疏證卷二十六】

◉劉　桓　甲骨文有𡉌(後下二·一六·八),舊無確釋。案該字象二人相對立于土(即「社」)之左右,應是坐字。說文十三篇下土部:「㘸,止也,從畱省,從土。土,所止也,此與畱同意。𡋾,古文坐。」段玉裁注:「今古文行而小篆廢矣。止必非一人,故從二人,左傳:鍼莊子為坐。凡坐獄訟,必兩造也。」坐字,郭忠恕汗簡作𡋾,兩人形稍譌,尚不失為說文古文字形之佐證。由甲骨文看,坐字古文𡋾必來源甚早,篆文㘸顯係訛形,應用不廣。

坐字自甲骨文至說文古文,皆象二人相對立于土(社)之左右,原因何在?原來古代立國必有社,社是土地的象徵。周禮·地官·小司徒:「凡建邦國,立其社稷,正其畿疆之封。」故夏商周三代各立邦社。考工記·匠人:「左祖右社」,地官·小宗伯：「右社稷，左宗廟」，可見社與宗廟並重。周禮屢次提及行軍時須以廟主、社主并從，而于軍中所設的社主則稱之「軍社」（見小宗伯）。書・甘誓云：「用命賞于祖，弗用命戮于社」，孫星衍云：「墨子・明鬼篇引此文說云，賞于祖何也，言分命之均也。僇于社者何也，言聽獄之事也。又云：賞于祖者何也，告分之均也。僇于社者何也，告聽之中也。祖者廟主，社者社主。」（尚書今古文注疏卷四）據此，「僇（戮）于社」即殺人于軍社之前，跟「聽獄之事」是相聯繫的，蓋古代最初聽獄訟、施刑罰皆于社前，此俗演化而為「僇于社」。周禮・大祝：「及軍歸獻于社」，大司馬：「若師有功……愷樂獻于社」，也由此變來。考聽訟于社之事，周禮中尚可見其遺迹。如地官・媒氏：「凡男女之陰訟，聽于勝國之社」，鄭玄注：「陰訟，爭中冓之事以觸法者。勝國，亡國也。亡國之社，奄其上而棧其下，使無所通，就之以聽陰訟之情，明不當宣露其罪。」社為聽訟之所，誠非虛語。

正因為坐象兩人相對而立于社之左右，此兩人即獄訟之兩造（參書・呂刑及周禮・大司寇等），故古以打官司為「坐」。左傳・昭公二十三年：「晉人使與邾大夫坐」，杜預注：「坐訟曲直」。又有「坐地」、「坐獄」和「坐獄訟」的說法，晏子春秋稱晏子在莊公的酒筵上「北面坐地。公曰：夫子從席，曷為坐地？晏子對曰：嬰聞訟夫坐地。今嬰將與君訟，敢毋坐地乎？……」，「坐地」略存坐之古義。左傳襄公十年：「王叔之宰與伯輿之大夫瑕禽坐獄于王庭，士匄聽之。」周禮・小司寇：「凡命夫命婦，不躬坐獄訟」，鄭注：「為治獄吏褻尊者也。躬，身也。不身坐者，必使其屬若子弟也。喪服傳曰，命夫者，其男子之為大夫者。命婦者，其婦人之為大夫之妻者。」在此坐字顯然為動詞，猶今語之「打官司」、「出庭」之義。引申為「犯罪」之義，一切經音義引倉頡篇：「坐，辠也。」晏子春秋：「王曰，何坐？曰：坐盜。」史記・商君列傳：「今民為什伍，而相牧司連坐。」漢書・刑法志：「盡除收律、相坐法」，皆屬此義。這樣，說文訓坐為「止」便非本義了。然此坐字本義，雖頗見于古書，卻从未見到酣暢、準確的解釋，若非得見卜辭，也就無法論定。

卜辭有關資料皆殘文，僅舉一例：

辛卯卜，王，貞：□坐……。

似乎是說獄訟之事的，但已難知其詳。【甲骨文考釋　學習與探索一九八七年六月】

坘　坘

◉許　慎　坘箸也。从土。氐聲。諸氏切。【說文解字卷十三】

◉馬叙倫　鈕樹玉曰。廣韻引作著也。韻會引作著止也。嚴可均曰。韻會引作箸止也。此脫止字。水部。泜。箸止也。嚴章福曰。如韻會引。與泜不別。疑大徐是。王筠曰。坘泜義同。玉篇不收坘。其埞字下云。滯也。與說文同。段玉裁謂坘埞音義皆同。是也。倫按箸止也當作箸也止也。今捝一訓。箸也者。蓋字林文。止也以聲訓。泜為滯之轉注字。見泜字下。坻為堤之轉注字。坻音照紐三等。古讀歸端。堤音端紐也。水滯為泜。而使水止者為坻。語原故同也。玄應一切經音義引三倉。坻音低。【說文解字六書疏證卷二十六】

塡 塡

塡 塡蠻軍司馬 【漢印文字徵】

◉許　慎　塡塞也。从土。眞聲。陟鄰切。今待季切。【說文解字卷十三】

◉馬叙倫　堤音端紐。塡音知紐。同為清破裂音轉注字。塞也者寘字義。本書。寘。塞也。玉篇塡下引賈逵云。塞又作寘。塡寘義近而皆從真得聲。語原然也。此字或出字林。【說文解字六書疏證卷二十六】

坦 坦

坦 132 【包山楚簡文字編】

◉許　慎　坦安也。从土。旦聲。他但切。【說文解字卷十三】

◉馬叙倫　安也非本義。或非本訓。坦從旦得聲。旦音端紐。則坦亦堤塡坻之轉注字也。堤所以止水使不氾濫而人得安居。故引申有安義耳。釋文引倉頡。坦。著也。【說文解字六書疏證卷二十六】

坒 坒

坒 从𩫏陳夢家釋　王作臣坒簋　坒卣　从友　坒角　【金文編】

陛竝出華岳碑　【汗簡】

◉許　慎　坒地相次比也。衛大夫貞子名坒。从土。比聲。毗至切。【說文解字卷十三】

◉高田忠周　王作臣坒簋　吴榮光釋廟。吴式芬釋郭。又云。郭。徐問渠釋高。徐籀莊以為古文圻字。古城垣字並从𩫏。按籀莊說稍近而未矣。不如吴大澂疑而未定。然此篆从𩫏从比。甚顯然者。當坒字古文。土𩫏通用。如籀莊所云。夫城墉者垣也。垣者牆也。榦字解曰。築牆耑木也。築牆乃先樹楨榦之木。橫板于兩邊。榦内以繩束榦。實土築之。一板竣則層絫而上。五版為堵。是為比次之義。故字亦與墉垣或作𩫖𩫨同。从𩫏作𩫉也。然亦為本義之轉。因轉義為字形。非最古正文可知矣。又古土自通用。故圮亦作阰。離騷朝搴阰之木蘭兮。注。山也。此蓋為假借義。又古土自並从。隊作墜隋作墮之類甚多。即知坒與陛亦元同字無疑。説文。𨸏升高階也。从𨸏坒聲。階陛為級。即土之相比次者也。為坒字本義一轉耳。要陛字書詩未見。僅見國策。其初唯當以坒為之。【古籀篇十】

◉馬叙倫　鈕樹玉曰。玉篇注比作坒。嚴可均曰。集韻類篇引作次坒。廣韻同。北宮貞子名喜。褚聲子名比。疑此貞子當作聲子。桂馥曰。五音集韻通志引亦並作次坒。吴都賦李善注引許注淮南云。坒。相連也。倫按從比而即訓地次比。是望文生義也。況下明曰比聲乎。蓋本作坒比也地相次比也。坒為隸書複舉字。比也以聲訓。地相次比也吕忱或校者以釋比也之訓者也。傳寫成鉉鍇兩本文矣。坒得聲於比。語原然也。衛大夫七字校語。此字或出字林。坒為陛之初文。餘詳陛下。【説文解字六書疏證卷二十六】

堤

堤 秦二三　通題　度之當— 【睡虎地秦簡文字編】

左河堤謁者印 【漢印文字徵】

◉許　慎　堤滯也。从土。是聲。丁礼切。【説文解字卷十三】

◉馬叙倫　水止為滯。堤所以止水。故即以滯訓堤。或非本訓。【説文解字六書疏證卷二十六】

壎

2·3　令乍爵壎　2·4　令嗣樂乍太室壎　2·5　圀乍爵壎　眘録13·3　圀乍壎卩九成 【古陶文字徵】

壎 【汗簡】

◉許　慎　壎樂器也。以土為之。六孔。从土。熏聲。況袁切。【説文解字卷十三】

◉馬叙倫　鈕樹玉曰。韻會引作以土作六孔。沈濤曰。御覽五百八十一引。壎為樂器。亦作塤也。壎為聲濁而喧喧然。今雅樂部用也。蓋古文有重文作塤。其壎為聲以下乃庾注。王筠曰。以簫龢瑟三字説解推之。此當云土樂也。即曰下有以土為之。則亦當曰樂也。筑箏説可證。此及敔字皆云樂器。不合許例。倫按此字蓋出字林。古壎作𨸏。熏聲真類。員聲脂類。脂真對轉。轉注字也。【説文解字六書疏證卷二十六】

封

◉顧廷龍 塤。説文所無。集韻同壎。説文。壎。樂器也。以土為之。六孔。潘令乍韶塤。潘豹乍韶塤。潘豹乍塤卩九成。潘令嗣樂乍太室塤。【古匋文孴録】

◉黄錫全 坛塤 鄭珍云：「塤篪字本作壎，俗别從員。《玉篇》壎古文一作坃，與此未知孰誤。亦是别體。」按古陶塤作、（孴録13・3），即《説文》之壎，如同中山王鼎。《説文》古文動作勛。員云偏旁可通作，如《説文》妘字籀文作䢵、䡝字或體作蒷。坛當是塤字或體。【汗簡注釋卷六】

甲2902 乙8688 佚426 518 粹192【續甲骨文編】

封 不从寸从土邦字从此釋名釋州國邦封也 康侯丰鼎 丰字重見 説文籀文𡊋从丰 封孫宅盤 召伯簋 伊簋 王呼命尹封册命伊 从田 中山王譽鼎 闢啟封疆 中山王譽壺 創闢封疆【金文編】

5・384 瓦書「四年周天子使卿大夫……」共一百十八字 5・384 同上 5・384 同上 秦355 八封【古陶文字徵】

〔六〕〔一二〕〔二三〕〔一〕【先秦貨幣文編】

刀大節墨之厺化 背闢封 魯益 布空大 按康侯封鼎作丯 豫伊 刀大節墨之厺化 背闢封 典九八一 仝上 典九八二

刀大節墨之厺化 背闢封 典九八三 仝上 展圖版貳陸 刀大節墨之厺化 背闢封 亞六・一五 仝上【古幣文編】

封 秦一七一 十六例 秦二九 效二八 九例【睡虎地秦簡文字編】

2496 2569 0839【古璽文編】

封 三封左尉　封 開封亭侯　封 封□之印　封 第八封完　封 呂封私印　封 馮封私印　封 封斫胡印　封 封最私印

封 雍元君印願君自發封完言信　封 封完請發　封 封多牛　【漢印文字徵】

𡊨 封　𡉢 封說文音户光切　【汗簡】

𡊨 古尚書　𡊨　𡉢 竝說文又汗簡　𡊨　𡊨 竝崔希裕纂古　【古文四聲韻】

◉許　慎　𡉚爵諸侯之土也。从之。从土。从寸。守其制度也。公侯百里。伯七十里。子男五十里。徐鍇曰。各之其土也。會意。府容切。𡉢古文封省。𡊨籀文从丰。【說文解字卷十三】

◉劉心源　𡊨封。相承釋表。案表从毛衣作𧘝。不从丰。即廾。隸作廾廾。且此銘有从丰者。亦有从丰者。𡊨于戰道。則非毛也。吕古刻邦字證之。盂鼎邦从丰。宗周鐘邦从丰。西亯鱠邦从丰。知此銘丰上从丰。即丰也。小篆封从𡉢。吕之土會意。从又。召伯虎敢勿敢封。从又从丰从一。一者。土也。古文蓋从又持土。又者。手也。丰聲。小篆改从寸。多一筆。取其配匀。如射對二字古刻皆从又。小篆皆从寸。从𡉢。說文封古文作𡉢。竟與艸木妄生之㞢無別。詳康矦鼎。余謂封古文當作𡉢。从丰从土與𡉢同。不从㞢土也。凡从又之字與廾同意。如對字。古刻皆从又。而害敢對揚王休从廾。僕字古刻小篆皆从廾。而静敢泊厥僕从反又。是廾又可互用也。𡊨為封何疑乎。說文奉作𡕟。解云从手从廾丰聲。从手从廾。於義為贅。明是从手𡊨聲。封奉一聲之轉。𡊨為古文封。許誤解也。得此銘𡊨字可吕糾之。汗簡中部奉作𡕟。廾部奉作𡕟。正與此合。曰誣於許說。不能辨正耳。周禮大司徒制其畿疆而溝封之。注。封。起土界也。即此銘所用義。一封二封三封者。識封土之數也。細翫銘意。言一封二封三封者。有數可稽舊存之界也。言封于某地者。界亂再封之也。【矢人盤奇觚室吉金文述卷八】

◉丁佛言　封召伯虎敢。許氏說爵諸侯之土也。从之从土从寸。守其制度也。此从又。寸之省也。徐鍇曰。各之其土也。【古籀補補卷十三】

◉王國維　𡊨　說文解字土部。封。爵諸侯之土也。从㞢从土从寸。寸其制度也。𡊨籀文从丰。案古封邦一字。說文邦之古文作𡵨。从㞢从田。與封字从㞢从土均不合六書之指。㞢皆丰之譌。殷虛卜辭云。貞𡆥求年于𡵨。殷虛書契卷四弟十七葉。𡵨字从丰从田。即邦字。邦土即邦社。古社土同字。詩冢土即冢社。亦即祭法之國社。漢人諱邦乃云國社矣。籀文𡊨字从

土丰聲。與𡴀之从田邦之从邑同意。本係一字。毛公鼎邦作□。从土又从邑。【史籀篇疏證　王國維遺書第六册】

◉王國維　一𡴀以陟二𡴀至于邊柳

𡴀舊釋為表。於六書無説。實乃奉之古文。亦即封字也。説文封从㞢从土从寸。而籒文作𡉚。从土丰聲。説文邦之古文𡴀。从㞢从田。而卜辭作□。从田丰聲。竊意篆文封字所从之㞢亦丰之譌。从寸與从又同意。此从丰从廾。意亦同也。封者封土為界。周禮地官有封人。【毛公鼎銘考釋　王國維遺書第六册】

◉商承祚　□後編上第二葉　□第十八葉

説文解字封从㞢土从寸。籒文作𡉚。古文作𡉊。康侯封鼎作□。與此同。【殷虛文字考　國學叢刊一九二五年卷二第四期】

◉强運開　□□均散氏盤文。吴書从阮釋為表。按表字从衣从毛。殊不類。當是古封字。召伯虎敢乍□。康侯鼎乍□。蓋封本从丰得聲。此篆从□即丰。變寸為□。與从寸同意。伯晨鼎對字乍□。亦其例也。【説文古籒三補】

◉林義光　説文云。□爵諸侯之土也。从之土。从寸。寸。守其制度也。按寸非制度之意。寸即又字。古作□召伯虎敦。本義當為聚土。⊥。土之省。从又持土。丰聲。周禮封人注。聚土曰封。【文源卷六】

◉馬叙倫　鈕樹玉曰。韻會引無守其制度也句。王筠曰。之土衍文。玄應引字林。但云。爵諸侯也。吴善述曰。當以封建為本義。倫按周禮大司徒注。封。起土界也。封人注。聚土曰封。封邦對一字。説解疑盡非許文。字見急就篇。餘見邦下對下。召伯敢作□。

𡉊　劉心源曰。古文當作□。從□。從⊥。⊥古文土字。李杲曰。此古文往字。書契作□。康侯封鼎作□。邦字之所從也。召伯敢作□。則小篆從之。從土者譌變之體。而後人又省小篆而以為封之古文。不知與往之古文合也。倫按召伯虎敢作□。□亦從□從⊥。甲文省作□。康侯鼎作□。皆從□從□。□為土之異文。甲文作□。散盤作□。或從丮。或從□。皆省土而亦從□。此籒文作𡉚。從土從□。□□皆木省。邦音轉為封。後人以為從丰得聲。其實邦為後起字。

𡉚　倫按當作籒文封。古鉨作□。【説文解字六書疏證卷二十六】

◉商承祚　𡉊　甲骨文作□。金文康侯封鼎同。此即豐之本字。象艸木妄生土上。召伯虎𣪕作□。从又。象封樹。散盤作□。从廾。廾又義一也。鉩文作□。重一土。與説文之籒文𡉚同。玉篇𡉚𡉊皆古文封。【説文中之古文考　金陵大學學

報一九四〇年卷十第二期】

◉馬承源　魯少司寇封孫宅盤⊘鑄銘五行二十五字。

釋文：

魯少𤔲(司)寇封孫宅作(作)其子孟姬嬰賸(媵)盤它(匜)。其眉壽萬年，永寶用之。

封字从丰从土，不从又，金文中新見字，《説文》「籒文封從土」，正與此相同。魯有臧孫氏、公孫氏、叔孫氏、仲孫氏和季孫氏等，經典中未見有以封孫為氏的。封孫氏可能是由其先人所任的職官而來，《周禮》地官有封人，其職為「掌設王之社壝為畿封而樹之」，故有「封人氏」。因此，如司馬氏、司寇氏、司空氏、司徒氏均以職官為氏一樣，封孫氏亦當是司封樹的職官中衍化出來的。

此盤是媵器，封孫宅女曰孟姬，則封孫氏是姬姓。【記上海博物館新收集的青銅器　文物一九六四年第七期】

◉李孝定　封之本義為封疆，為聚土，左傳：「古者王者伐不敬，取其鯨鯢而封之，以為大戮」。誅其不敬，聚土為冢，樹之標識，以示顯戮也。字與對字結構全同，故「對」亦有「顯」誼，金文「對揚」即其例。封疆即所以顯別畛域者也。【金文詁林讀後記卷十三】

◉李學勤　牘文關于封、埒的記載十分重要，所述形制過去很少瞭解。

封埒的制度，與《周禮·封人》的記載有沿襲關係。《封人》云：

「掌設王之社壝，為畿封而樹之。凡封國，設其社稷之壝，封其四疆，造都邑之封域者亦如之。」

周人的大塊農田，也進行封樹，楊寬先生已舉例説明。

《封人》鄭注云：「壝，謂壇及堳埒也。畿上有封，若今時界矣。」孫詒讓《正義》解釋説：「封，起土界也。崔氏《古今注》云：封疆畫界者，封土為臺，以表識疆境也。畫界者，于二封之間又為壝埒，以畫分界域也。」由牘文知道，封是高四尺的土臺，聯接兩封的埒高一尺，底基厚二尺，這是封埒的具體形態。

阡陌起着地界的作用，所以封埒雖然不等于阡陌，卻與阡陌有密切的聯繫。商鞅變法以後，實行軍功益田，又允許耕田的買賣，造成富者田連阡陌的現象，在同一田主的土地內部，可能只有阡陌而不設封埒。

雲夢秦簡《法律答問》有這樣一條：

「『盜徙封，贖耐。』何如為『封』？『封』即田阡陌。頃畔『封』也，且非是？而盜徙之，贖耐，何重也？是，不重。」

「盜徙封，贖耐」，是秦律本文，意思是私自將封移動位置，偷占田地，應處以贖耐的刑罰。「何如為封」以下，是對律意的説明。簡文把「封」解釋成阡陌，並且舉出「頃畔」即百畝之田的田界，認為就是律文所指的「封」，如有人私加移動，當援律判處贖耐。《法律答問》成書年代在秦昭王以後，只提阡陌而不講封埒，可能《為田律》那種封埒當時已很少修造了。【青川郝家坪木牘研究　《文物》一九八二年第十期】

◉尚志儒　對于古代的「封」以及如何作「封」，歷來説法不一。楊樹達先生認為矢人盤的「封」即「封樹」。楊樹達：《積微居金文説》卷一《散氏盤跋》。劉心源則以為是「封土」。《周禮・地官・封人》説：「封人，掌詔王之社壝，為畿封而樹之。凡封國，設其社稷之壝，封其四疆。造都邑之封域者亦如之。」鄭玄注曰：「畿上有封，若今時界矣。」看來，所謂作「封」確是要「封而樹之」的。

西周金文，田間作「封」往往連有樹木，矢人盤銘中劃定疆界，即作「封」的地名都連有樹木名稱，如柳、桂、柝等。格伯簋銘文「卅田」的作「封」地名也是連着樹木名稱的，如杜、桑等。這些都是「封樹」活動在金文中的反映。青川秦國木牘記載：「封高四尺，大稱其高。捋（埒）高尺，下厚二尺。以秋八月，修封捋（埒），正彊（疆）畔，及登千（阡）百（陌）之大草。」四川省博物館等：《青川縣出土秦更修田律木牘——四川青川縣戰國墓發掘簡報》，《文物》1982年第1期。此「封」，楊寬先生以為「是作為疆界標志的封土堆，高度、長度和寬度都是四尺。就是崔豹《古今注》所説『封土為臺，以表識疆界也』；《急就篇》顔師古注『封，謂聚土以為田之分界也』。『捋』是『封』與『封』之間接連的矮牆，矮牆的地基厚二尺，矮牆本身高一尺，用作田地的分界。就是崔豹《古今注》所説『畫界者，于二封之間又為壝埒以畫分界域也。』」楊寬：《釋青川秦牘的田畝制度》，《文物》1982年第7期。木牘所記正指封土堆。但查閲《周禮》及鄭玄注文，古代所謂的「封」，應包括兩個實體。鄭玄注《周禮・地官・序官》封人曰：「聚土曰封，為壝埒及小封疆也。」《大司徒》載：「而辨其邦國都鄙之數，制其畿疆而溝封之。」注曰：「千里曰畿。疆猶界也。……溝，穿地為阻固也。封，起土界也。」《大司徒》又載：「制其畿，方千里而樹之。」注云：「樹，樹木，溝上所以表，助阻固也。」由上述記載及鄭玄所注看，這兩個實體當即文中之「封土」和「封樹」。曲英傑同志説：「『封』與『溝』是相互依賴的。起土作封必須穿溝，穿溝的同時也就是起土作封（包括兩封之間的堳埒）。」曲英傑《散盤圖説》，《西周史研究》，《人文雜志》叢刊第二輯，1984年8月出版。可見，古代田界作「封」的程序應是先在確定了作「封」的地段上挖溝起土，同時築「封」與「堳埒」，成為「封土」，此即作「封」的第一步。「封土」作好後，再在其上栽種樹木，此即「封樹」，為第二步。所以，古代田界的「封」，應由封土和樹木兩個實體組成。只有「封土」、「封樹」兩個程序完成，作「封」的過程方告結束。此即典籍所謂「封而樹之」之本意。「封土」上所以要栽上樹木，為「助阻固也」，即增加「封土」的牢固，不致被雨水長期沖刷而消失。而穿溝則便于雨水流泄，達到洗土排水的作用。瓦書記載秦政府這次封宗邑活動，由司御不更顱前去作「封」，而由大田官署的佐吏、豪童、史初等卜筮後在「封」上栽種樹木，說明秦國的田界之「封」與《周禮》記載及鄭玄所注相同，也包括封土堆和樹木兩個實體。【秦封宗邑瓦書的幾個問題　文博一九八六年第六期】

◉湯餘惠　戰國官私璽印中有以下幾個存疑的字：

a [glyph](0329)　[glyph](3295)

b [glyph](0192)　[glyph](3319)　[glyph](4091)

例a丁佛言釋「邦」而無説《補補》6·9)；《古璽文編》均作為不識的字列入附録。按戰國文字「邦」多寫作[glyph]（《璽》1810）、[glyph]（《先秦貨幣文編》88頁1·2），从邑、圭聲，圭即封字古文，《説文》古文封作[glyph]，籀文作[glyph]。圭字从土、丰聲，邦字从圭聲與邦字从丰聲同。以上a、b各例，「圭」之上部左傾應是一種變體，它和「告」、「甫」二字的訛變頗相一致，試比較：

[glyph]（中山圓壺）——[glyph]（《季木》7·12賠字所从）——[glyph]（《藝林月刊》9期15頁陶文敨字所从）

[glyph]（《舂録》3·4）——[glyph]（《古大》143）——[glyph]（《璽》0158）

[glyph]（《璽》1810邦字所从）——[glyph]（《考古》1977年第一期圖三4「長邦」戈邦字所从）——[glyph]

[glyph]（中山王鉞邦字所从）[glyph]

可見這種寫法是有來源的。

此外，在辭例方面也有線索可循。前引4091一例出自一方條形印，此印人名兩刻：一作「后閥（闢）[glyph]」，一作「后閥[glyph]」，末尾一字毫無瓜葛的可能性不大。甲骨文邦字初文作[glyph]，《説文》古文邦作[glyph]，當即此形訛誤；璽文[glyph]增土旁，《古璽文編》釋「邦」可信。古文封、邦二字皆从丰聲，古讀相同，因而常常互用，古書「封域」又作「邦域」，「邦畿」又作「封圻」。在借字成風的時代，人名兩刻，封、邦錯互為用，是不足為怪的。

古璽[glyph]字釋「封」，在典籍中也可以得到印證。

上引0192印文云：

甫易都圭（封）人

封人一職見于《周禮·地官》和《左傳》。據記載：

封人掌設王之社壝，為畿封而樹之。凡封國設其社稷之壝，封其四疆。造都邑之封域者亦如之。

——《周禮·地官》

令尹蔿艾獵城沂，使封人慮事，以授司徒。

——《左傳·宣公十一年》

可見封人一職不僅職掌社壇管理和邊界封疆事宜，而且有時還要參與城邑的營建。【略論戰國文字形體研究中的幾個問題　古文字研究一九八六年第十五期】

◉王慎行　卜辭中亦有祈年於封土的記載：「貞，勿桒年于𡉚土。」（前4·17·3）王國維初釋卜辭之「𡉚土」為「邦社」，假土為社。後見卜辭中有「燎于土」的祀典，遂又否定了自己假土為社的舊説，以為土字有其獨立地位，即《史記·殷本紀》所謂的殷之先公昭和之子相土。今案王氏假土為社的舊説是正確的，後以「土」為「相土」，則無當也。王國維曾謂：「古封、邦一字」，甚是；然將上揭卜辭之「𡉚」字釋為「邦」，似欠妥貼。筆者以為實應讀為「封」，以字形分析，𡉚字从田、丰聲；而《説文·土部》「封」之籀文作「𡉘」，从土、丰聲，聲符相同。又古文字形旁从土與从田因義近每通用無別：例如「型」字，春秋時有从田作㽬（《郳大宰匜》），戰國時有从土作型（《信陽竹簡》），亦有从田作㽬（《望山竹簡》）者；「留」字，《説文》篆體从土作𡏟，金文《留鐘》則从田作留；後世字書中亦不乏其例，町圢（《集韻·平青》）、畂坸（《集韻·上小》）、疅壃（《集韻·平陽》）等均為異體字，此皆為土、田二形旁古相通用之證。又《爾雅·釋言》：「土，田也」，此乃土、田互訓、字義相因之證。準此，𡉚當釋為「封」字。由此可見，「封土為社」以象徵社神的宗教觀念，最晚在殷商時代就已經產生和形成了。典籍中諸如《管子·輕重篇》、何休《公羊傳解詁》、《白虎通義·社稷》以及高誘《淮南子注》等均有「封土為社」的相同記載，可與卜辭相互參證。【殷周社祭考　中國史研究一九八八年第三期】

◉徐中舒　𡉘乙三五三四　𡉘京四四九九　從又從𡉘、𡉘，與𡉘封形近，從又與從収每可通，當是封之異文。【甲骨文字典卷三】

◉丁　驌　封，爵諸侯之土也。从之、土、从寸。寸者，守其制度也。古文封㞷，封省。無寸旁。字同「往」字。草木妄生也。往字亦从之土。惟往字之「之」乃其本義。封字所从之「之」乃引申借義，諸侯之土之「之」字，指詞也。籀文𡉘从㞷聲，古文音往，籀文音豐。

契封字如古文形，實則从丰、土。其丰部乃重屮。其下之「●」狀土為契文土𠀆字之縮形。故𡉘、丰，狀種子在地中發芽之形。故説文丰，草豐盛之貌，从生者：上下達也。正是契文封字。而封下所謂从「之」者，似誤「封」為「㞷」也。契文丰字當釋為「封」，乃封邑也。以文字言，音義皆合。釋「邦」字當在晚殷早周始有。五期時稱二、三、四邦方，實武丁時代之異族部落邦國也。武丁時乍封邑，如唐邑、首邑、西邑、骨邑等，皆近畿之經營，聚落也。其外遠者皆謂之為「方」。契文不見邦字。其

□、□等文，又有別義，如□在契文有殺伐之義。續一・四七・二辭云：「甲申卜亙貞𦎫咼。不于壴。血八人，□五人」斷非封、邦等字也。【東薇堂讀契記(二)　中國文字一九九〇年第十二期】

◉沈建華　我們推測册封典儀，也勢必應該屬於分封制中的一個重要環節，可惜卜辭並不多見，僅見第一期的無名組有一條「封于燹」，例如：

(1)　□侯今□(封)于□(燹)　合20074

對「□」這個字，姚孝遂主編《類纂》釋為「今生月于燹」，將「□」誤釋為生月合文。而裘錫圭先生在他的《釋「木月」「林月」》一文中引《甲骨文編》認為釋「春」字，曰：「芚之或體，可信」。在如何釋「□」這個字之前，首先我覺得應在句讀上理順，這對釋「□」字極為關鍵，這條卜辭由於上下文殘缺，又不規範，故特附複印在本文後頁。我們知道《奇觚室吉金文述》13・3上將「開封」的封字作「□」形，《古璽彙編》第2496、0839號「軒封」作「□」形，「長封」作「□」形，甲文「□」字即「封」之省形，从土从丰，與金文相同，當即封字，釋為「□侯今封于燹」上下文義貫聯暢通，若按裘錫圭先生釋為：

「☒□侯今□于☒衛(?)，亡囚，从東衛(?)☒」　合2094

「今□于☒」，但是于「☒」下面明明有「燹」字，相比之下姚先生將「于燹」釋讀連在一起，較有道理。【商代册封制度初探　第二屆國際中國文字學研討會論文集】

◉李仲操　「余大封乃享」。封字，罍銘作□，盉銘作□，應釋為封。《說文》謂：「封，爵諸侯之土也。从之从土从寸。」《周禮・春官・大宗伯》載：「王大封，則先告后土。」註謂：「封，是土地之事。」此銘下文下正是封土地之事，與「大封」正相對應。「乃享」指太保之享用。《何尊》「敃(徹)命敬享哉」的享，與此享義正同。「余大封乃享」是成王封給太保土地，讓太保享用的。成王之大封太保，是由于太保能以明審之心，奉事、輔佐周王滅商、平叛，為建立和鞏固西周王朝建立了功勛。【燕侯克罍盉銘文簡釋　考古與文物一九九七年第一期】

◉戴家祥　□召伯虎簋　說文訓爵諸侯之土，顯為後起之義。郭沫若曰：周官地官「封人，掌詔王之社壝，為畿封而樹之，凡封國設其社稷之壝，封其四疆，造都邑之封域者亦如之。」是則古之畿封實以樹為之也。此習於今猶存，然其事之起迺遠在太古。太古之民多利用自然林木以為族與族間之畛域。封之初字即丰，周金有「康侯丰作寶鼎」，即武王弟康叔封，亦即許書說「艸盛豐」之丰，與古文封省之𡉚，如毛公鼎二邦字作□，即丰𡉚一之證。即以林木為界之象形，𡉚乃形聲字，从土丰聲，从土即起土界之意矣。以林木為界之事，於散氏盤銘猶可徵考。甲骨文字研究上册釋封。按封本作丰𡉚，初義是植樹封疆，加又或寸旁作

璽 鉨

封，動詞之義更加明顯。中山王嚳鼎「闢啟封疆」，封用作本義，封字作[glyph]，改从土為从田。土田義近，古文畺字作疆，就是添加土旁來表示田義的。故封字亦可从田，屬形旁更換之例。

[glyph]伊毁　玐乃封之別體。封原从寸，篆文作[glyph]。象手形，加一乃指示手腕寸口搏脈處。金文封从[glyph]不从寸。封字象人手在界土上植樹形。玐，右旁改从丮，象人伸出雙手持物形，與[glyph]又[glyph]寸只有整體跟局部的區別，本質上無別。故玐為封形符交換重文。

[glyph]中山王嚳方壺　古文从土从田通，𠭰从田，乃封之異體。【金文大字典上】

[glyph]3・646　左[glyph]湒鉨　此从金亦古璽字　[glyph]4・130　湯都司徒鉨　[glyph]文字4:5　[glyph]4・131　左[glyph]都[glyph]司馬之鉨　[glyph]9・46　陽征之鉨　[glyph]文存6:15　武陽司徒之鉨　[glyph]文存6:13　坓□之鉨　[glyph]文存6・4　武平都蒦圆夻匋里孨泃人鉨　[glyph]4・151　竤都市鉨　古璽文有此字羅福頤釋鉨　[glyph]3・703　平都[glyph]左安☐男鉨　[glyph]3・235　蒦圆匋里人坏　璽字別體　[glyph]3・645　左敼湒坏　[glyph]文存6・10【古陶文字徵】

[glyph]璽　日甲二五背　二例　通繭　不一則絜　日乙一九五　通爾　敢告一豹竒　日甲一三背　[glyph]法一四六　[glyph]日乙一九五　二例

[glyph]為三三　二例【睡虎地秦簡文字編】

[glyph]3693　[glyph]4574　[glyph]0348　[glyph]3715　[glyph]0236　[glyph]0342　[glyph]3924　[glyph]0247　[glyph]0331　[glyph]0346　[glyph]3616

[glyph]0184　[glyph]0203　[glyph]0211　[glyph]0208　[glyph]0146　[glyph]0197　[glyph]0132　[glyph]0065　[glyph]0183　[glyph]0277　[glyph]1562

[glyph]0002　[glyph]0033　[glyph]0650　[glyph]3722　[glyph]0657　[glyph]0227　[glyph]0330　[glyph]0260　[glyph]3233　[glyph]0351　[glyph]0328

[glyph]0095　[glyph]4623　[glyph]4581　[glyph]1149　[glyph]0154　[glyph]0347　[glyph]3681　[glyph]0271　[glyph]0252　[glyph]1954　[glyph]0270

1185　0153　5258　1906　3734　0159　3922　3441　5257　5256　2562

0264　0214　0166　0229　0165　3703　2112　0228　0343　0315　0206

0145　0160　0139　0163　0179　0135　0263　0205　0210　0181　0131

0143　0279　0162　0267　0141　0142　0137　0140　0230　0130　0128

0288　0358　3927　0222　3340　4604　4605　4708　4709　0199　0341

4834　5250　5251　4610　4606　4612　4607　4252　4690　5253　4251

4253　0169　4751　4576　4756　5446　5231　5229　5228　5226　5239

5241　5243　5238　5244　0365　0363　0126　0364　0367　0292　0297

0158　0064　【古璽文編】

淮陽王璽　蕕川王璽　尚符璽之印　【漢印文字徵】

天璽紀功碑　天璽元年　說文籀文璽从玉此同　禪國山碑　遂受上天玉璽　【石刻篆文編】

說文　【古文四聲韻】

◉許　慎　璽王者印也。所以主土。从土。爾聲。斯氏切。璽籀文从玉。【說文解字卷十三】

◉馬叙倫　鈕樹玉曰。玉篇引作王者之印也。以五土。左襄廿九年傳釋文引作王者印也以五土。嚴章福曰。影宋書鈔百卅一引作王者之印也。沈濤曰。唐律疏義引作璽者印也。奪一王字。左襄廿九年傳正義御覽六百八十二引皆有王字。所以主土。御覽引作以守土。桂馥曰。衛宏曰。秦以前民皆以金玉為印。惟其所好。自秦以來惟天子之印獨偁璽。又以玉。羣臣莫敢用也。邵瑛曰。古者諸侯大夫印並稱璽。秦以來惟天子得稱之。又獨以玉。羣臣莫敢用。見蔡邕獨斷。倫按印非即璽。以

墨　墨

印訓璽者。為用璽必印之耳。王者之印也所以守土。蓋字林文。古璽作[glyph]。從尒。或作[glyph]。從金。從尒。

[glyph]　倫按當作籀文璽。【說文解字六書疏證卷二十六】

◉銀雀山漢墓竹簡整理小組　璽，疑當讀為「獮」。《爾雅·釋天》：「秋獵為獮。」《國語·齊語》：「秋以獮治兵。」璽囿，疑即君主行獵的園林。一說「璽」讀為「邇」，邇囿即國都近處之囿。【銀雀山漢墓竹簡壹】

[glyph] 3·690　☐墨茩里即☐[glyph]心　[glyph] 3·691　節墨之𠙸坤工　【古陶文字徵】

[glyph]〔二〇〕 [glyph]〔一九〕 [glyph]〔三九〕 [glyph]〔五〇〕 [glyph]〔三九〕 [glyph]〔三七〕 [glyph]〔三七〕 [glyph]〔四九〕 [glyph]〔四〕 [glyph]〔一一三〕 [glyph]〔四〕 [glyph]〔三九〕 [glyph]〔四九〕 [glyph]〔五〇〕 [glyph]〔二〕 [glyph]〔二五〕 [glyph]〔三七〕 [glyph]〔四二〕 [glyph]〔一九〕 [glyph]〔五〇〕 [glyph]〔一四〕 [glyph]〔一九〕 [glyph]〔四二〕 [glyph]〔三七〕 [glyph]〔一九〕 [glyph]〔一九〕 [glyph]〔三五〕 [glyph]〔一九〕 [glyph]〔一九〕 [glyph]〔一九〕 [glyph]〔三二〕【先秦貨幣文編】

[glyph] 7　[glyph] 12　[glyph] 192【包山楚簡文字編】

[glyph] 墨　日甲一五五背　通晦　—日【睡虎地秦簡文字編】

[glyph] 四曰咮—榑(乙4—29)　孜敷之青木赤木黃木白木—木之精(乙5—32)　又重文夢〓—(乙1—23)【長沙子彈庫帛書文字編】

[glyph] 5477【古璽文編】

[glyph] 即墨太守　[glyph] 即墨丞印　[glyph] 即墨長印　[glyph] 即墨丞印【漢印文字徵】

[glyph] 張庭珪劍銘【古文四聲韻】

◉許　慎　墨書墨也。从土。从黑。黑亦聲。莫北切。【說文解字卷十三】

◉馬叙倫　鈕樹玉曰。韻會引作從土黑聲。倫按從土黑聲也。黑古音如黷。見墨字下。音在來紐。古讀歸泥。以同為邊音轉明紐為墨。墨從黑得聲者。以色黑也。徐鍇本作從土黑。繫傳曰。會意。然則鍇本本如韻會所引作從土黑聲。鍇以為會意。後人因删聲字。此本作從土從黑黑亦聲。蓋鉉以鍇説改也。倫檢水經注。冰井臺。井深十五丈。藏冰及石墨焉。石墨可書。又然之難盡。又謂之石炭。然則石墨即石炭。石炭即今所謂煤。以其質似土。故字從土。從造書墨。遂以名耳。書墨也非本義亦非本訓。或字出字林。節墨刀作[glyph]。古鉨作[glyph]。【説文解字六書疏證卷二十六】

◉顧廷龍　[glyph]墨周節墨之亓之璽。【古匋文孴録卷十三】

◉陳夢家　卜辭又有[glyph]字，見甲骨文録附録十七頁，象卜骨上有黑點，疑是點或墨。辭云：「[glyph]犬」者黑犬也，又云「[glyph]雨疾」謂點雨急也。周禮卜師「揚火以作龜，致其墨」，注「揚猶熾也，致其墨者孰灼之明其兆」，又占人「凡卜筮，君占體，大夫占色，史占墨，卜人占坼」，卜辭此字象致墨于卜骨之形，故疑是墨字也。【釋冎　考古學社社刊第五期】

◉陶北溟　唯王正月初吉丁亥邵黛。⊘黛。古墨字。从庫省。从黑會意。此為龜兆之墨。故从庫。庫。開也。開龜兆也。黛。邵侯名。【邵鐘　舊雲盦金文釋略　古學叢刊一九三九年】

埦 [glyph]

◉許　慎　[glyph]以桼和灰而髹也。从土。完聲。一曰補埦。胡玩切。【説文解字卷十三】

◉馬叙倫　鈕樹玉曰。繫傳作以骨和桼凡而髹也。翟云升曰。六書故引作補完。倫按疑本作丸也以骨和灰桼而為丸也。以骨九字蓋字林文。丸也以聲訓。莊子達生。五六月累丸二而不墜。列子釋文引司馬云。纍埦謂累丸於竿頭也。然則莊子司馬彪本丸作埦。郭象本借丸為埦也。埦為●之後起字。●為彈之初文。彈埦聲同元類。轉注字也。玄應一切經音義引通俗文。燒骨以桼曰埦。蒼頡訓詁。埦。以桼和之。今中國人言埦。江南言髓。一曰補埦者。當依鍇本作補垣。蓋校語。【説文解字六書疏證卷二十六】

型 [glyph]

[glyph]型　中山王譽鼎　考尾隹型　[glyph]假借作刑　盗壺　大去型罰　[glyph]或从井从土　中山王譽鼎　天其又型于氒邦【金文編】

[glyph]4·137　獨字　六書統型古文型　[glyph]文存6·13　型[glyph]之鉢　[glyph]古陶25【古陶文字徵】

𡉚

讀為刑 ——首事(丙11:2—8)【長沙子彈庫帛書文字編】

◉許　慎　𡉚鑄器之法也。从土。刑聲。户經切。【説文解字卷十三】

◉郭沫若　□　㽬者。型之異。从田與从土同意。【邾大宰簠　兩周金文辭大系圖録考釋】

◉馬叙倫　鑄器之法也非本訓。或字出字林。𡉚音匣紐。笵音奉紐。同為摩擦次濁音。語原同也。古鉩有□。丁佛言釋型。【説文解字六書疏證卷二十六】

◉郭沫若　編鐘中最大的一枚有銘文十二字，其餘十二枚均無銘。這十二字的鐘銘試釋如下：

「隹(惟)㽬篙屈桼晉人，救戎于楚竟(境)。」

㽬字是型的異文，竹簡第一部分第一簡和第二簡(摹本標號101、102)都有「型」字。篙，方言：「所以注斛，陳魏宋楚之間謂之篙」(竹簡中凡从竹之字均與鐘銘同)。「㽬篙」當是人名。【信陽墓的年代與國别　文物一九五八年第一期】

◉徐中舒　伍仕謙　𡉚，同型。《詩·大雅·思齊》：「型于寡妻，至于兄弟，以御于家邦」。傳：「型，法也。御，治也。」此處用《詩經》成語。【中山三器釋文及宫室圖説明　中國史研究一九七九年第四期】

◉戴家祥　□　𡢁蚉壺　大壺型罰　「型罰」之型讀作刑。爾雅釋詁「刑，常也，法也」。中山王譽鼎「考尾度惟型」之型亦讀作刑，表示考校功過有一定的法度。詳見釋刑。

□邾大宰簠字吴榮光釋畊筠清館金文卷三第六頁，方濬益綴遺齋彝器考釋卷八第二十三頁、日本高田忠周古籀篇八十三册第三十八頁從之，郭沫若謂「型之異，从田與从土同意」，兩周金文辭大系考釋第一九三頁。按郭説是也。古字以土表義者，亦或更旁从田；以田表義者，亦或更旁从土。説文十二篇戈部「或，邦也。从口，从戈以守一。一，地也。域或又从土。」玉篇十三「㽣，古文域。」更旁从田。説文十三篇土部「垓，兼垓八極地也。國語曰天子居九垓之田，从土，亥聲。」今國語鄭語「九垓」作九畡，楚語天子之田九畡，垓亦作畡。更旁从田。又「塍，稻中畦也。从土，朕聲。」玉篇十三「䲶，古文塍」，更旁从田。又「封，爵諸侯之土也。从㞢，从土，从寸，守其制度也。𡊄籀文」。从土，丰聲。卜辭「邦社」作□□殷墟書契前編卷四第十七頁，玉篇十三「□，古文邦」，更旁从田。説文田部「町，田踐處曰町，从田，丁聲。」「疃，禽獸所踐處也。詩曰町疃鹿場，从田，童聲。」陸德明毛詩東山釋文町「字又作圢」，疃「字又作墥」，更旁从土。是㽬為型之表義更旁字，殆無疑義。説文「型，鑄器之法也。从土刑聲」。唐韻「户經切」匣母耕部。型从刑聲，故型亦通刑。荀子彊國篇「刑范正」，楊倞注「刑與形同」。刑范，鑄劍規模之器也。凡鑄式，以土曰型，木曰模，金曰範。簠銘「邾太宰欉子㽬鑄其𩰫簠」，㽬鑄，即説文型，鑄器之法也，言欉子以土型鑄造其食用器，義極明顯，若如吴荷屋

釋畊，則於下文鑄字不成辭矣。【金文大字典上】

◉戴家祥 師同鼎　䢅鬼其井師同從　䢅从步从刀井聲，疑是刑之別構。刑乃型之初文，刑从刀為从模子型上用刀剔除其多餘部分。此字增步，即表示刑之多餘部分。【金文大字典中】

⿰土𦎧

◉許　慎　⿰土𦎧射臬也。从土。𦎧聲。讀若準。之允切。【說文解字卷十三】

◉馬叙倫　翟云升曰。一切經音義十九引作射埻也。倫按⿰土𦎧為臬之脂真對轉轉注字。臬聲脂類。⿰土𦎧聲真類也。以木為則從木為臬。以土為則從土為⿰土𦎧。⿰土𦎧從𦎧得聲。𦎧音禪紐。準音照紐三等。同為舌面前音。故⿰土𦎧得讀若準。周禮司裘注。又方制以為𦎧。釋文。𦎧。本亦作準。是其例證。射臬也非本訓。或此字出字林。餘詳塒下。【說文解字六書疏證卷二十六】

◉邵友誠　功令第卌五候長士吏隊長皆試射射去埻埻[illegible]☐　《後漢書》卷十四《四王三侯列傳・齊武王縯傳》：「使長安中官署及天下鄉亭皆畫伯升像于塾，旦起射之。」李賢注：「蕭該音義亦作塾，引《字林》：『塾，門側堂也。』《東觀記》、《續漢書》并作埻。《說文》云：『射臬也』。《廣雅》：『埻，的也』。埻音之允反。」【居延漢簡劄記　考古一九六二年第一期】

塒

◉許　慎　塒雞棲垣為塒。从土。時聲。市之切。【說文解字卷十三】

◉馬叙倫　爾雅釋宮。雞棲於弋為榤。鑿垣而棲為塒。鑿垣而棲為塒者。詩君子于役毛傳同。然雞棲於弋為榤者。榤即弋之轉注字。雞棲謂雞所止也。塒者。堆土鑿空而內之。非鑿宮室之牆垣也。知者。⿰土𦎧之為射的。亦堆土為之。似牆垣而已。故後漢書劉縯傳。畫伯升象於塾。旦起射之。塾為⿰土𦎧之借字也。⿰土𦎧從𦎧得聲。𦎧塒音同禪紐。𠂤⿰土𦎧音入照紐。古讀照歸端。本書。𠂤。小阜也。音在端紐。徐鉉曰。俗作堆。然𠂤自實一字。為坂之初文。非今所謂堆也。倫疑⿰土𦎧即今所謂堆。為土之同舌尖前破裂音轉注字。以之為射的。故訓射臬。抑或以脂真對轉借⿰土𦎧為臬。塒本⿰土𦎧之轉注字。以之棲雞則訓雞棲於垣為塒。猶榤即弋。非專以棲雞者也。然雞棲於垣為塒。非本訓。或字出字林也。【說文解字六書疏證卷二十六】

城

城　說文籀文從𩫖　班簋　城虢遣生簋　元年師兌簋　居簋　散盤　厲羌鐘　長城　郘鐘尹鉦　自作征城　鄂君啟車節　方城　中山王嚳鼎　剌城嚳十　【金文編】

3·514 鹹圖櫨里宔 說文籀文城從𩫖 3·526 鹹圖☐ 3·532 鹹圖惥 3·520 鹹圖土 3·531 鹹圖痦

3·534 鹹圖衆 3·535 同上 3·536 鹹圖衆 3·537 同上 3·539 同上 3·542 鹹圖囿

3·522 鹹圖賞 3·529 鹹圖宔 3·546 鹹圖㝵 3·512 鹹圖櫨里淳豆 3·518 鹹圖里豆 3·499 王卒左敀鹹圖櫨里土 3·501 王卒左敀鹹圖櫨里宔 3·503 王卒左敀鹹圖櫨里定 3·504 王卒左敀鹹圖櫨里×

5·180 新城章 5·183 新城邦 秦1209 ☐城☐虘 秦1216 新城如步 6·21 陽城 6·24 陽城

6·25 陽城冢 6·26 陽城倉器 9·50 城☐ 【古陶文字徵】

〔四六〕 〔三六〕 〔五八〕 〔二〇〕 〔三六〕 〔二二〕 〔三七〕 〔三六〕 〔三六〕

〔二五〕 〔二八〕 〔三六〕 〔二〕 〔三五〕 〔三六〕 〔三六〕 〔三六〕 〔三六〕

〔二〕 〔二〕 〔二二〕 〔一九〕 〔三六〕 〔二〕 〔四六〕 〔二〕 〔三六〕 〔三六〕

〔三六〕 〔七八〕 〔二〕 〔五二〕 〔七九〕 〔二〕 〔二二〕 〔三八〕 〔二〇〕

〔七八〕 〔二五〕 〔二二〕 〔二五〕 〔三八〕 〔一九〕 〔三六〕 〔三七〕 〔二〇〕 〔五八〕 〔五三〕 〔五三〕 〔三六〕 〔二八〕 〔二二〕 〔二〇〕 〔三六〕 〔四〇〕 〔五八〕

〔二〕 〔三九〕 〔三六〕 〔三六〕 〔五〇〕 〔三六〕 〔二〇〕 〔三六〕 〔二二〕

〔三六〕 〔九〕 〔三五〕 〔一九〕 〔一九〕 〔一九〕 〔二〇〕 〔二二〕 〔三九〕 〔六七〕

〔六七〕 【先秦貨幣文編】

布尖 辛城 晉定 仝上 晉高 布尖 新城 典四五七 布尖 堊城 典三〇八 仝上 典三一〇 布尖 新城 反書 亞三・三四 【古幣文編】

一五六：二〇 七例 宗盟類參盟人名 委質類被誅討人名 邵城 一五六：二三 一五六：一九 十六例 隥 【侯馬盟書字表】

261 【包山楚簡文字編】

城 雜五 五十八例 秦一二二 十四例 【睡虎地秦簡文字編】

0115 與屬羌鐘城字同。 4043 4038 4041 3191 1310 0150 4047 0124

0078 3064 0359 0207 0278 【古璽文編】

彭城丞印 昭城門候印 尊寵里附城 斬城 城平令印 【漢印文字徵】

少室石闕 城陽縣 泰室石闕額 張遷碑額 王君神道闕 袁安碑 遷東平任城令 詛楚文 且復略吾邊城 【石刻篆文編】

城 【汗簡】

王庶子碑 說文 崔希裕纂古 【古文四聲韻】

◉許 慎 城以盛民也。从土。从成。成亦聲。氏征切。籀文城从𩫖。 【說文解字卷十三】

◉阮 元 元年師兑簋 城字从𩫖。合於籀文。 【散氏盤 積古齋鐘鼎彝器款識卷八】

◉劉心源 城从𩫖。籀文城。字見說文。言城虢時作此敔。㠯事表年也。 【遭生敦 奇觚室吉金文述卷三】

◉丁佛言 [glyph]城虢敨。案籀文城从𩫖。城垣也。象形。許氏謂从享恐有訛誤。【説文古籀補補卷十三】

◉王國維 𩫨 説文解字土部。城以盛民也。从土从成。成亦聲。𩫨籀文城从𩫖。案城虢仲敦作[glyph]。虢遣生敦作[glyph]。散氏盤作[glyph]。均與籀文略同。【史籀篇疏證 王國維遺書第六册】

◉高田忠周 説文。[glyph]。所以盛民也。从土从成。成亦聲。籀文从𩫖从成作𩫨。古文即下形上聲也。又成訓就也。公羊莊八年傳。成者何盛也。城字从成猶从盛也。又公羊定十二年傳百雉而城。注。天子周城。諸侯軒城。隱元年左傳注。三堵曰雉。説文。堵訓垣也。五版為一堵。又垣訓牆也。而垣籀文作𩫹。堵籀文亦作𩫩。堵垣城三字並或从𩫖也。又墉字訓城垣也。其籀文亦作𩫏。蓋會意之恉皆同也。𩫖訓度也。民所度居也。經傳借郭為𩫖。俗亦作廓。然則城𩫖兩字義同。故城堵垣墉諸字皆或从𩫖耳。城字必出最初。【古籀篇十】

◉顧廷龍 [glyph]城。説文籀文作𩫨。此从[glyph]从[glyph]。當即籀文城字。城圖當係地名。吳大澂説。潘。城圖冢。【古匋文孴録卷十三】

◉馬叙倫 鈕樹玉曰。韻會作從土成。沈濤曰。詩皇矣正義引作所以盛民也。倫按許本訓盛也。所以盛民也蓋字林文。從土。成聲。今作從土從成成亦聲者。鍇本作從土成成亦聲。吕忱或校者以盛亦從成。而妄加成亦聲三字以為會意耳。垣音喻紐三等。城音禪紐。同為次濁摩擦音。轉注字也。餘見甯下。古鉨作[glyph][glyph]。城陽左戈作[glyph]。

𩫨 鈕樹玉曰。繫傳作[glyph]。倫按散盤作[glyph]。從戊。成為戊之轉注字也。居簠作[glyph]。此與之同。從𩫖。從古文成得聲。從𩫖二字校者加之。【説文解字六書疏證卷二十六】

◉商承祚 成，即城。與《汗簡》卷六作成同。又作咸。驫羌鐘「入[辰長]咸」，即城省作咸，戰國前城又作[glyph]。【信陽長臺關一號楚墓竹簡第一組文章考釋 戰國楚竹簡彙編】

◉李孝定 高田忠周氏謂：「城堵垣墉諸字皆或从𩫖，城字必出最初。」按𩫖字象城郭之重，兩亭相對，為城之最早象形字，其初讀墉，後始有郭之一讀，𩫖一名城者，蓋語言衍變之結果，「城」字从土、成聲，為純形聲字，例必後起。【金文詁林讀後記卷十三】

◉劉彬徽等 𩫨，《説文》籀文城字作𩫨，與簡文形似，𩫨即城字。《左傳·昭公二十三年》：「囊瓦為令尹，城郢。」杜注：「楚用子囊遺言，已築郢城矣。今畏吳，復增修以自固。」又，《左傳·莊公二十八年》：「邑曰築，都曰城。」城，修建都城。【包山楚簡】

墉

□石經君奭　說文墉古文作□　【石刻篆文編】

◉許　慎　墉城垣也。从土。庸聲。余封切。𩫏古文墉。　【說文解字卷十三】

◉王國維　𩫏古文墉字。此字殷虛卜辭作□。此鼎作□。齊國差甔作□。召伯虎敦作□。拍尊蓋作□。小篆之𩫏字□字皆由此變。說文𩫏部。𩫏。度也。民所度居也。从回。象城郭之重兩亭相對也。或但从口。又土部。𩫏。古文墉。又亯部。𩫖。用也。从亯。从自古鼻字。自知臭香。段注以香為亯之譌是也。所食讀若庸。同是。許君謂𩫏字有二音二誼。篆文為郭古文為墉。又分𩫏𩫖為二字。其實本是一字。□為□之譌變。猶□為□之譌變。其迹甚明。而由說文𩫖字之讀。又可知𩫏本古文墉字。小篆以為城郭字失之矣。以是言之。召伯虎敦之僕□土田。即詩魯頌之土田附庸。左氏傳之土田陪敦也。古僕附陪三字同音。附作僕作陪者。聲之通。𩫏作敦者。字之誤也。國差甔之西𩫏寶甔。即西墉寶甔也。然則𩫏本墉字。此假為庸。魏三字石經庸作𩫖。敦煌本未改字。尚書釋文云。登庸古作𩫖。　【毛公鼎考釋　王國維遺書第六册】

◉葉玉森　□　孫詒讓氏曰。疑當為庸字。說文土部。墉。古文作𩫏。此文从□。上下相反對。即𩫏形。从□者。金文毛公鼎庸作□。虢季子白盤作□。此即从𩫏从□。與彼畧同。殷周間有兩庸國。一為邶鄘之鄘。漢書地理志作庸。為殷畿內地。一為書牧誓庸蜀之庸。為西南夷國。左傳文十六年杜預注。謂在晉為上庸縣。此庸侯不知屬何地也。契文舉例上卌六。王國維氏从孫說。疑與鼎文之□盤文之□及召伯虎敦之□為一字。即邶鄘之鄘。商器中屢見北子。即邶子。卜辭又有鄘侯。則邶鄘固殷之舊國矣。殷虛文字考釋廿七葉。丁山氏曰。許君言庸从用从庚。與□形絕遠。□从□从□。與□形尤不倫。前人釋□為庸非也。王君謂□□一字亦非也。□卜辭作□卷六第六十葉。下从□。蓋簾簏之類。疑是器物之名。□象其柄。所謂大版為業之象。樂縣亦象器縣也。其為何字不敢肊斷。然□象帷幕交覆中施皇邸之形。周禮天官。幕人掌帷幄帟綬之事。凡朝覲會同軍旅田役祭祀共其帷幕幄帟綬。鄭玄注。王出宮則有是事。在旁曰帷。在上曰幕。幕或在地展陳于上。皆以布為之。四合象宮室曰幄。王所居之帷也。又掌次。掌王次之法。以待張事。王大旅上帝則張氈。案設皇邸鄭衆注。皇羽覆上邸後版也。鄭玄注。張氈。案以氈為牀於幄中。後版屏風歟。□中之□正象後版屏風之形。其外之□正象帷幕在地施展於上之形。當即冡之初字。許君說冡。覆也。从冖豕。冡字無誼可說。亥。古文作□。卜辭一作□□。與□相去幾何。竊疑冡本作□。或省其下為□。後世一誤為□。再誤為□。於是後版屏風之意失矣。冡㡌古今字。冡孳乳為蒙。方言小爾雅廣詁俱云。蒙。覆也。冡侯故都。疑即汳水南之大蒙城。釋□。森桉。丁氏謂□□非一字。

至墉。考卜辭从□之字或變从田。無作□形者。依契文構造法。□或象曰。□春从之。或象口。□苦从之。或象坎窞。□出从之。□或為□之變。□風从之。其象帷幕者。則用□□羅振玉氏釋冪。王襄氏釋幎从之。丁氏謂□象帷幕。予仍不能無疑。【殷虛書契前編集釋卷四】

◉郭沫若　第六五二片　此片原拓折而為二，今綴合之。章，説文以為墉之古文，又以為郭之古文。金文毛公鼎以為昏庸字，召伯虎毁以為附庸字，則以墉字説為得其實。庸字在此似示時限，疑假為肜若融，用為明晨或晨刻之意，故古者以昏庸連文也。

下第七一五片有「章兮曦至昏不雨」之辭，其明證。

第一五七九片

「丁卯貞乎堋白伯」。

堋字原作□，从土从用省，蓋亦古墉字。【殷契粹編考釋】

◉馬叙倫　桂馥曰。城垣也者當作城也垣也。廣韻。墉。城也。垣也。倫按垣也校者加之。或此字出字林也。墉為庸之後起字。墉音喻紐四等。古讀歸定。城音禪紐。古亦歸定。是轉注字也。

□　鈕樹玉曰。繫傳作□。亯蓋從亯省。亯自為部。不應重出。嚴可均曰。玉篇亯部集韻三鍾韻會二冬皆作鏞。按五下已有亯字。以為城郭之郭。此必□之爛文。段玉裁曰。亯蓋古讀如庸。秦以後讀如郭。龔士珍曰。陳柬之云。此是作鏞而佚其半。不必如段説也。沈濤曰。觀上文垣堵城三字籀文皆從亯。可見此必脱去庸旁耳。玉篇亯部。鏞。古文墉。是也。又云亦作亯。是因説文而譌也。李杲曰。國差鑰作□。與此近。召伯敨。僕□土田。孫詒讓謂即魯頌土田附庸。極墉。倫按墉之初文作用。亦作□。郭之本字作□。所異者一從口一從回耳。金文堵字作□。城字作□。又有□字。獨鏞字未見。庸字已為後出。墉更晚作。鏞亦本無其字。而堵垣城三字之所從者皆□字。為用之異文。即墉之初文。而亯亯又實一字。以時間或空間之故。而異其音讀耳。玉篇作鏞者。蓋後人見亯字與五篇之部首亯字相同。以為挩譌而增庸旁。其又云亦作亯者。後人增之。集韻韻會作鏞。皆依玉篇耳。餘見玉篇亯下。【説文解字六書疏證卷二十六】

◉商承祚　□　庸墉古今字。亦即五部訓「民所度居也」之篆文。亯在篆為郭。在古為墉。嚴氏見上文垣堵城之籀文作䵶䵵䵷。遂謂此乃鏞字之爛體。非也。桂氏亦主其説。并舉玉篇亯部墉之古文作鏞為證。攷玉篇録有䵶䵵䵷䵸四籀文。于鏞獨曰古文。必無是理。若非古為籀譌。則蒙䵶等四文而寫誤。金文毛公鼎。「余非庸又昏。」作□。可知庸之古文本作亯。不當疑而改之也。集韻三鍾韻會二冬之鏞。則沿玉篇之舊耳。【説文中之古文考　金陵大學學報一九四〇年卷十第一、二期】

◉温少峰　袁庭棟　甲文有[glyph]字，象城垣之上有四面城樓之形，或省作[glyph]，則象城垣之上有兩面城樓之形。小篆寫作[glyph]。《說文》訓為「度也，民所度居也。从回，象城𩫏之重，兩亭相對也。」徐鉉注音為「古博切」，與「郭」同。《說文》之「郭」字為「从邑𩫏聲」。《說文》又有「墉，城垣也，从土庸聲。𩫏，古文墉。」段注：「古文墉者，蓋古讀如庸，秦以後讀為郭。」所以，甲文之[glyph]字既是「墉」之初文，也是「郭」之初文。其義為「城垣」、「城郭」，而郭在文獻中之本義為「外城」，即「城外謂之郭」（《管子・度地》）。可知墉、郭古均作[glyph]。卜辭中有「乍[glyph]」之載，即「作墉」，也就是「作郭」。如：

(115) 辛卯卜，㱿貞：基方乍(作)墉，其⿱彑巾(祟)？

辛卯卜，㱿貞：勿禼基方缶乍(作)墉，子⿱爾冏([glyph](捷))？

辛卯卜，㱿貞：基方乍(作)墉，不⿱彑巾(祟)？弗⿱云口(隕)？三月。

辛卯卜，㱿貞：基方缶乍(作)墉，不⿱彑巾(祟)，弗⿱云口(隕)？（《合》一二一一）

此辭之「基方」乃方國之名，「缶」可能是人名，也可能為基方之地名。子⿱爾冏為殷王室貴族，領兵攻伐基方之大將。「⿱云口」从「云」聲，古與「員」音同（《左傳・宣公四年》「若敖娶于䢵」注：「䢵，本作鄖」，可證），此借為「隕」。「隕」，《說文》訓「从高下也」，《爾雅・釋詁》訓「落也」，《淮南子・覽冥訓》「景公臺隕」注：「壞也」，此之「隕」即謂倒坍之意。此辭反復卜問基方修築城垣有無禍祟，會不會倒坍。可見殷代修建城垣十分小心，若不够質量，則會有倒坍之事發生。

(116) 甲申卜：我墉于西，多氏(氐)人？

甲申卜：我墉于西？七月。（《綴》一三六）

此辭之「墉」用為動詞，謂修築城垣之事。「我墉于西」，謂殷王將于西面修城。「多氐人」者，「氐」訓「致送」，謂多派送修城之人工也。【殷墟卜辭研究——科學技術篇】

◉徐中舒　[glyph]前四・一一・一　[glyph]掇一・三九四　象古代穴居有臺階旁出，臺階上並有覆蓋之形。口為穴居之室，其旁之[glyph]、[glyph]為臺階。古代營穴居於黃河中下游平原，穴旁有臺階以供出入，為免雨水下注，其上必有覆蓋。《說文》作[glyph]，以為城𩫏之𩫏字篆文，復以為垣墉之墉字古文。按𩫏、墉初本一字，蓋穴居之旁有垣墉以避外水之侵入，垣墉遂為穴居之外廓，其後墉與𩫏讀音分化，遂別作形聲字墉以切合讀音。《說文》乃分為二字。《說文》：「墉，城垣也。从土，庸聲。[glyph]古文墉。」【甲骨文字典卷十三】

壥 壥

坎 坎

◉許　慎　壥城上女垣也。从土。葉聲。徒叶切。【説文解字卷十三】

◉馬叙倫　沈濤曰。初學記廿四引。堞。女牆也。堞即壥之别字。段玉裁曰。女之言小也。倫按女讀為孺。故為小義。女音娘紐。孺音日紐。古讀日歸泥。泥娘同為舌尖前邊音也。壥音定紐。墉音喻紐四等。古讀喻四歸定。直轉注字。此字蓋出字林。【説文解字六書疏證卷二十六】

◉許　慎　坎陷也。从土。欠聲。苦感切。【説文解字卷十三】

◉裘錫圭　甲骨文埋牲字作⿶凵牛、⿶凵犬等形。羅振玉釋此字為薶(埋)，《甲骨文編》從之。釋此字為埋，從卜辭文義看是合理的，但是在文字學上缺乏根據。

此字所从之凵是「坎」的初文。《説文・凵部》：「凵，張口也，象形」，其讀音與「坎」至近。楊樹達認為「凵象坎陷之形，乃坎之初文」，顯然比《説文》的解釋合理。古漢語名動相因，坎字除名詞用法外還有動詞用法，掘地為坎或是掘地而埋物其中都可以叫「坎」。《左傳・僖公二十五年》：「宵坎血加書，偽與子儀，子邊盟者」，杜注：「掘地為坎以埋盟之餘血，加盟書其上。」《周禮・秋官・司盟》鄭玄注：「盟者書其辭於策，殺牲取血，坎其牲，加書於上而埋之。」《左傳》襄公二十六年、昭公六年都有「坎用牲」之語(襄二十六年原文作「欿用牲」，欿、坎音近通用)。甲骨文⿶凵牛、⿶凵犬等字从凵(坎)，象埋牲於坎之形，應即「坎血」、「坎其牲」之「坎」的專字。最初⿶凵牛大概就可以代表「坎牛」兩個詞，⿶凵犬大概就可以代表「坎犬」兩個詞，隨着一字一音節原則的嚴格化，它們就成為坎字用作動詞的異體字了。

甲骨文田獵卜辭裏常見一種叫做⿶凵麋的田獵方法，這個字有時也寫作⿶凵鹿或⿶凵比。羅振玉釋⿶凵麋為阱，《甲骨文編》則把⿶凵麋、⿶凵鹿、⿶凵比都當作薶字的異體(二二頁)。從有關卜辭可以清楚地看出來，⿶凵牛、⿶凵犬指埋牲於坎以祭鬼神，⿶凵麋、⿶凵鹿、⿶凵比則指用陷阱捕獸，《文編》把它們看作一個字是不妥當的。⿶凵麋等字的構造與象人落入陷阱的「臽」字同意。胡厚宣先生認為此字「象挖地為阬坎，以陷麋鹿之狀」，應讀為「陷」，這比羅氏釋阱的説法合理。「臽」、「坎」意義相近，字音也極其接近，「臽」應該就是从「坎」分化出來的一個詞。《殷虚書契》四・四・二：「壬子卜殻鼎(貞)：⿶凵牛罕(擒)⿶凵麋(麋)。丙子⿶凵麋，允罕二百㞢(又)九。」《卜辭通纂》收此片為第二十三片，《考釋》認為⿶凵麋「當是穽麋二字之合文，知者以下言允畢二百又九，不復言麋也」。此説極為有理，不過「穽麋」應改釋為「陷麋」。卜辭裏後面不跟獸名的⿶凵麋、⿶凵鹿、⿶凵比諸字，大概多數應該分别讀為「陷麋」、「陷鹿」、「陷⿶凵比(麋)」。卜辭裏個别⿶凵犬字後面不跟犧牲名，可能也應該讀為「坎犬」。

《殷契遺珠》三四：「丙申卜王鼎(貞)：弓(勿)𦎫𡆥于門。辛丑用。十二月。」《發凡》說：「古有祀門之祭……𡆥讀若蘿，用女俘也。」于省吾先生改釋此字為「𡆥」。從文義看，此字當與𠂻、囟等字為一類，應為動詞「坎」的異體，在上引卜辭裏也可能應讀為「坎女」或「坎奴」(女、奴古音極近)。【甲骨文字考釋 古文字研究一九八〇年第四輯】

墊 𡍲

◉許 慎 𡍲下也。春秋傳曰。墊隘。从土。執聲。都念切。【說文解字卷十三】

◉馬叙倫 鈕樹玉曰。韻會從土執聲在春秋上。桂馥曰。下也蒼頡篇同。倫按下也非本義。或非本訓。墊次坎下。坎為陷之轉注字。上文坎訓陷也。尚書皋陶謨。下民昬墊。鄭玄注。墊。陷也。莊子外物。廁足而墊之。致黃泉。墊亦謂陷也。然則墊為坎陷之轉注字。墊聲談類。坎陷聲同侵類。侵談近轉也。春秋傳曰墊隘鍇本在執聲下。蓋呂忱或校者加之。餘見𡑰下。【說文解字六書疏證卷二十六】

坻 𡋯

𡋯 古爾雅【古文四聲韻】

◉許 慎 𡋯小渚也。詩曰。宛在水中坻。从土。氐聲。直尼切。𣲖坻或从水从夂。𣿅坻或从水从耆。【說文解字卷十三】

◉馬叙倫 鈕樹玉曰。韻會從土氐聲在詩曰上。倫按爾雅釋水曰。小渚曰沚。小沚曰坻。釋文。坻。或作墀。又作泜。本書泜為水名。然水名之字往往有其本義。泜坻蓋一字。坻為沚之轉注字。沚音照紐三等。坻音澄紐。皆舌面音也。亦州之古文作巛者之轉注字。巛音亦照三也。小渚也非本訓。或此字出字林。餘見沚下。

𣲖 鈕樹玉曰。玉篇廣韻並無。倫按段玉裁謂夂聲。當為五篇讀若黹之夂。與坻同為舌面前破裂音。坻固得從夂得聲轉注為汥。然倫疑汥直是沚字耳。坻即𡉏也。以在水中則從水。

𣿅 鈕樹玉曰。玉篇廣韻並無。段玉裁曰。耆聲。宋保曰。氐夂耆竝同部聲相近。倫按渚亦坻之同濁破裂音及聲同脂類轉注字。【說文解字六書疏證卷二十六】

㙇

◉許　慎　㙇下入也。从土。㬎聲。敕立切。【説文解字卷十三】

◉馬叙倫　段玉裁曰。此與下溼曰隰義略同。桂馥曰。玉篇。㙇。墊也。廣雅作隰。下也。倫按下入也蓋有捝文。如玉篇訓。蓋為墊之聲同談類轉注字。或古借㙇為墊。如廣雅訓。蓋為隰之異文。此字蓋出字林。【説文解字六書疏證卷二十六】

垎

◉許　慎　垎水乾也。一曰堅也。从土。各聲。胡格切。【説文解字卷十三】

◉馬叙倫　鈕樹玉曰。韻會從土各聲在一曰上。錢坫曰。玉篇作土乾也。即涸字也。一曰堅也者。又塙同也。倫按水乾也者。涸字義。涸讀若狐貈之貈。狐貈字今作貉。可證也。此當依篇韻作土乾也。一曰堅也即土乾之引申義。齊民要術。凡下田停水處燥則堅垎。溼則汙泥。禮記樂記鄭注。格讀如凍洛之洛。本書無洛。詳其義即垎字也。老子。不欲珞珞若石。本書亦無珞字。亦當作洛。皆可證其非異義也。水乾為涸。土乾為垎。同為舌根音又聲同魚類。語原然也。此字蓋出字林。【説文解字六書疏證卷二十六】

垐

◉許　慎　垐以土增大道上。从土。次聲。疾資切。堲古文垐从土即。虞書曰。龍。朕堲讒説殄行。堲。疾惡也。【説文解字卷十三】

◉趙烈文　垐[illegible]歐㚡橉㚡　首一字潘作即。陶滋本作垐云。古垐字。烈按。潘説譌也。阮橅本上半已泐。下半存[illegible]。與陶説垐字近。其上半作次與否。宋本已不可見。不足盡信。今直據補垐字。説文以土增大道上。从土次聲。此大垐即作大道解。古時蓋有此訓。【石鼓文纂釋】

◉馬叙倫　沈濤曰。玉篇引作以土增大道也。今本上字誤。倫按言以土增道可矣。何必有大字上字。垐在增上疑本訓增也。以土增道也。大字涉土字而譌衍。上為也之譌。垐音從紐。增音精紐。同為舌尖前破裂摩擦音。轉注字。此字或出字林。

堲　段玉裁曰。古次即同在十五部。而次古讀如漆。故即聲復收為次聲。而唐書假堲為疾。倫按即聲。堲為垐之轉注字。次音清紐。即音精紐。同為舌尖前破裂摩擦音也。莊子庚桑楚。簡髮而櫛。陸德明本櫛作楖。王引之謂當作㮔。書康誥。勿庸以次封汝。荀子致仕引作即。其例證也。禮記檀弓。夏后氏堲周。注。火孰曰堲。蓋借為墼。此字或出字林。【説文解字六書疏證卷二十六】

◉商承祚　堲　禮檀弓。「夏后氏堲周。」鄭注。火熟曰堲。引弟子職。右手持堲。玉篇。「堲。在力切。疾也。……又音唧。

火熟曰卿。檀弓曰。『夏后氏堲周』。又古文垐字。」【說文中之古文考 金陵大學學報一九四〇年卷十第一、二期】

增

續3·24·6 徵10·110 【續甲骨文編】

增 不从土 輔師嫠簋 今余增乃命 曾字重見 【金文編】

增 雜四一 五例 秦二四 三例 【睡虎地秦簡文字編】

妾增何 增寬 密年增 臣增 增奮 增地長印 【漢印文字徵】

增 【汗簡】

裴光遠集綴 【古文四聲韻】

◉許慎 增益也。从土。曾聲。作滕切。【說文解字卷十三】

◉方濬益 贈鼎 贈疑增之異文。說文。增。益也。按古通作曾。孟子。曾益其所不能。又爾雅釋親。王父之考為曾祖王父。郭注。曾。猶重也。釋名。曾祖從下推上。祖位轉增益也。此文从二臣。亦增益之意。故疑為增之異文。【贈鼎 綴遺齋彝器款識考釋卷四】

◉吳大澂 古增字。从畕。从曾。畕即目之異文。與古字同意。小篆作𠂤。增鼎。【說文古籀補】

◉劉心源 贈鼎 贈。人名。从絫臣。當是絫𠂤。乃阜之異文。古文形近者每依稀為之。小子師敨之師作。可互證。而得从絫𠂤者。增高之象。與土同意。當是古文增字。【贈鼎 奇觚室吉金文述卷一】

◉馬叙倫 吳大澂曰。增鼎增字作。與小子師敨之師作同意。小篆作𠂤。倫按皆𠂤之譌別字。增即層絫之層本字。故從土。土為堆之初文也。亦可從𠂤。故金文從𠂤。益也或非本訓。【說文解字六書疏證卷二十六】

◉柯昌濟 卜詞有字。案即古增字。增鼎增字作。可證。从畕皆古文。訓滋多之誼。如金文所見[illegible]小子敦[illegible]曾㝔伯鼎等字。[illegible]即古孳字。[illegible]即古毗字。皆有滋多之誼也。至增字所从曾作。疑古曾字。疑本訓罾。故象罾網之形也。【殷虛書契補釋】

◉柯昌濟　增字从畾从曾聲。即今增字。金文所見从畾之字除此字外。尚有𦉜字。見小子𦉜鼎。鼺字見曾㝑伯鼎。大檕从畾之字類含有多誼。故知此為增字也。【增鼎　韡華閣集古録跋尾】

◉黄錫全　增　鄭珍云：「移篆。增、譄音義同，曾从隸作，非。」曾字古作（曾子仲宣鼎）、（曾伯霥匿）、（曾子匿）、（曾侯乙鐘）等，此曾形類同，《説文》正篆變作。【汗簡注釋卷一】

埤

埤　雜四一【睡虎地秦簡文字編】

◉許　慎　增也。从土。卑聲。符支切。【説文解字卷十三】

◉馬叙倫　埤陴一字。陴為城上女牆。引申有增益之義。增也非本義也。埤為葡之轉注字。埤音奉紐。古讀歸並。葡音竝紐也。玉篇引倉頡。埤垸。城上小垣。玄應一切經音義引倉頡。埤。卑下也。【説文解字六書疏證卷二十六】

◉銀雀山漢墓竹簡整理小組　埤，疑當讀為卑下之「卑」。《尉繚子·兵教下》：「凡將輕，壘卑，衆動，可攻也；將重，壘高，衆懼，可圍也。」此句之意似謂故意構築低壘，示不懼，以增强士卒的鬭志。一説「埤」當訓為「厚」，（《爾雅·釋詁》：「埤，厚也。」）埤壘即加厚壁壘之意。【銀雀山漢墓竹簡（壹）】

◉許　慎　益也。从土。付聲。符遇切。【説文解字卷十三】

◉馬叙倫　此附庸字也。吕氏春秋孟冬紀。坿城郭。禮記月令作坏。競卣之從。為用之異文。用為墉之初文。然則坿為轉注字。付不音同非紐也。是其證。坿亦埤之轉注字。音同奉紐也。益也非本義。或此字出字林。古鉩作。【説文解字六書疏證卷二十六】

塞　雜四一　三例【睡虎地秦簡文字編】

漢保塞近羣邑長　漢保塞烏桓率衆長【漢印文字徵】

塞古月令　塞　上同【汗簡】

王存乂切韻　同上　竝古老子　古月令　王存乂切韻　崔希裕纂古　說文　【古文四聲韻】

◉許　慎　塞隔也。从土。从𡨄。先代切。【說文解字卷十三】

◉劉心源　首一字攈古作。即說文塞字。乃窒塞之塞。今𡨄廢而專用塞。且變𡨄為共。故難識也。此从玨。非範壞即是繁文誤筆。器銘此類甚多。古人未嘗無破體也。阮釋寶。吳釋寒。皆非。【𡨄簠　奇觚室吉金文述卷十七】

◉郭沫若　　偁字余釋為城塞之塞，从土偁聲，偁塞之烝對轉。【卜辭通纂】

◉馬叙倫　鈕樹玉曰。韻會作從土𡨄聲。桂馥曰。從𡨄者當為𡨄聲。江沅曰。許有塞有𡨄。塞訓隔也。𡨄訓窒也。上為邊塞。下為窒塞。塞字從土而𡨄聲。淺人乃改窒下𡨄下填下皆云塞也。則不可通。倫按今作塞。塞從𡨄得聲。語原然也。塞是名詞。𡨄是動詞。字見急就篇。【說文解字六書疏證卷二十六】

◉郭沫若　𡫸盨「王曰𡫸，敬明乃心，用辟我一人。……𡫸拜䭫首，對揚天子不顯魯休，用作寶盨。叔邦父叔姞萬年，子子孫孫永寶用。」

此銘上言𡫸，下言叔邦父，一名一字也。𡫸字舊釋寅，案非寅字。兩罍軒卷七第十九葉所箸録之「𡫸鬲」（周金文存卷二亦箸録之）「壬寅」字如是作者，即仿此所偽刻。卜辭屢見偁字，如新獲卜辭寫本第二百六十片「其乍作偁于　允乍」，余謂乃丘團之異，說文「古文丠」，此字从口，與从土同意也。當从口未聲，與圍之从口韋聲者同。偁字在此，以文義推之，當是城塞之意，蓋即塞之古文，从土偁聲也。偁塞乃之烝對轉。𡫸从爯作，爯之緐文也。釋𡫸為塞，與字之邦父正相應。【叔邦父𡫸　彝銘名字解詁　金文叢考】

◉于省吾　甲骨文稱：「□岗卜，才斬田龍棒洮𡨄其☒。」（粹九四五）此段辭又難通。但其中𡨄字作，為舊所不識，甲骨文編謂「說文所無」。按近年湖北枝江出土的𡨄公孫詒父匜，𡨄字作。為初文，說文：「𡨄，窒也，从玨从収窒宀中，玨猶齊也。」段注：「穴部曰，窒，塞也。此與土部塞音同義異，與心部𡫸音同義近。塞，隔也，隔，塞也，與𡨄窒訓別。𡫸，實也，實，富也，與𡨄窒訓近。凡填塞字皆當作𡨄。自塞行而𡨄𡫸皆廢矣。」按說文之𡨄，來源于周代金文。𡨄又孳乳為塞與𡫸或賽，由于用各有當，遂至分化。但文字學家皆知从𡨄之字隸變作𡨄，今驗之于甲骨文，才知道𡨄之初文本作𡨄。【釋𡨄　甲骨文字釋林】

粹一二二一　郭沫若説坙字从収从土當即圣字　己巳王𠬤坙田　粹一二二二　粹一二二三　粹一五四四　京都二

三六三【甲骨文編】

佚141　京4·9·2　書1·10·D　粹1221　1544【續甲骨文編】

156【包山楚簡文字編】

◉許　慎　圣汝潁之閒謂致力於地曰圣。从土。从又。讀若兔窟。苦骨切。【説文解字卷十三】

◉余永梁　（書契卷四十葉）（同上卷二三十七葉）（後編卷下二十三葉）

説文：「圣，汝潁之間，謂致力於地者曰圣。从又土。」此與篆文略同，从兩手致力於地，會意。篆文省从又。从臼與从収同，卜辭从臼之字，或作収也。【殷虚文字考　國學論叢一九二七年卷一第一號】

◉郭沫若　坙字从収从土，當即圣字。説文云「汝潁之閒謂致力於地曰圣，从又土。讀若兔鹿窟。」从又與从収同意。【殷契粹編考釋】

◉高田忠周　禽𢀛盤　从土从夊字形明晳。此圣字也。元釋作坙。从形也。説文圣。汝潁之閒。謂致力於地曰圣。从土从又。讀若兔窟之窟。蓋夊為足步義。致力於地。字从夊土。會意之恉顯矣。唯古文又止皆作ㄡ。而形近者往往通用。然坙或作圣。為變文異勢。小篆从異文耳。【古籀篇十】

◉馬叙倫　鈕樹玉曰。窟當作堀。説文無窟。段玉裁曰。窟當作堀。翟云升曰。類篇引地作土。徐灝曰。鍇本衍鹿字。戴侗引無之。劉盼遂曰。謂以手有事於土也。今河南息縣謂以手刺土入穴出物曰圣。音如寇之上聲。儀禮鄉飲酒。左何瑟。後首。挎越。鄭注。挎。持也。越。瑟下孔也。釋文。挎。口侯反。敖繼公云。挎。以指鉤之也。疑挎為圣之後起字。倫按此字唯怪字從之得聲。而義不見經典。稱汝潁之間。王筠謂許述其鄉語。然豈汝潁閒因其鄉語而造邪。即然。字蓋從又土聲。鍇本作從又土。捝聲字耳。土音透紐。故圣音入溪紐。同為次清破裂音也。字當入又部。義蓋為致力也。讀若兔窟。窟堀皆從出得聲。疑圣為掘之轉注字。同為舌根破裂音也。本書掘搰轉注。廣韻苦骨切内有劯字。力作也。劯蓋亦圣之轉注字。【説文解字六書疏證卷二十六】

◉饒宗頤　乙丑〔卜〕，穷〔貞〕：令□坙〔田于〕……（林一·二八·五）

按坙即圣。説文云：「汝潁之間，謂致力于地曰圣。」从又與从収同。右辭𢀛與泳并受命治田。周語上：「古者太史順時覛土」，「太史告稷」，「王曰：史帥陽官以命我司事。」知太史之官亦參與坙田之事。【殷代貞卜人物通考卷五】

◉于省吾　甲骨文圣字作[glyph][glyph][glyph][glyph][glyph]或[glyph][glyph][glyph][glyph]等形。其从[glyph]者多屬第一期。从[glyph]與从[glyph]或[glyph]同，从[glyph]與从[glyph]也同。[glyph]字象手形，其倒正單雙均無別。余永梁釋𡉚為圣，並引《説文》「汝潁之間謂致力于地者曰圣」為證（《殷虛文字考》）。楊樹達謂圣「是掘字的初文」，以為「甲文的𡉚田便是掘礦」（耐六）。丁山釋𡉚為坴，以為糞田之糞（《甲骨文所見氏族及其制度》三八）。陳夢家謂「𡉚象壅土之形，疑即糞字」（綜五三八）。徐中舒釋𡉚為貴，以貴為隤（《四川大學學報》一九五五年第二期《試論周代田制及其社會性質》）。胡厚宣從徐中舒説，又謂「貴亦讀作潰」，「貴田者，蓋猶言耨田」（《歷史研究》一九五七年第七期《説貴田》）。郭沫若院長釋𡉚為圣，并謂「𡉚田當即築場圃之事」（粹考一五八）。按以上諸家之説，只有釋圣是對的，但也解決不了問題，其余均係臆測，無須一一加以辯駁。

《説文》謂「圣，汝潁之間謂致力于地曰圣，从又土，讀若兔窟」。按許説必有所本，但也不免籠統，究竟致力于地是指着哪種具體事説的？令人無從索解。清代毛際盛的《説文新附通誼》，在墾字條引宗涑（按即王宗涑，字倬甫，嘉定人，精于小學）説，謂「墾（墾）正字當作圣」，今録其説于下：

宗涑謹案《新附考》（按指鈕樹玉《説文新附考》），「《説文》攴部敳訓有所治也，讀若豤，然則古通作豤，而豤又敳之通叚矣」。宗涑謂墾正字當作圣，《説文》圣，汝潁之間謂致力于地曰圣，从土从又，讀若兔窟，與《玉篇》墾訓耕用力誼合。《廣韻》圣訓同《説文》，與兀、軏字並入没部，音苦骨切。考《説文》元从兀聲，軏是或字，正文從元聲作軏。是元、魂、痕三部古音與没部相轉，故圣又有豤音。

王氏這一段考證，通圣墾兩字之郵，實屬創見，今再分別加以闡述：一，就構形來説，則圣即𡉚，又孳乳為[glyph]，至為明確。二，就音讀來説，《説文》謂圣讀若窟，窟之通墾，猶鬼之通昆，魁之通捆，衣之通殷（詳楊樹達《古音對轉疏證》）。然則圣之讀墾，由于二字雙聲（並溪紐一等字），脂、諄對轉。三，就義訓來説，《國語·周語》的「墾田若蓺」，韋解謂「發田曰墾」；《列子·湯問》的「扣石墾壤」，《釋文》謂「墾，起土也」；《方言》十二的「墾，力也」，郭注謂「耕墾用力」。以上訓墾為發田、為起土，均就開墾土地言之。發田、起土必須用力，故《方言》訓墾為力。這和《説文》「汝潁之間謂致力于地曰圣」之義相符。總之，就圣、𡉚、[glyph]的形音義三方面論證的結果，則圣、𡉚與[glyph]為會意字，乃墾字的初文，墾為後起的通假字，墾為常用的俗體字，這是没有疑問的。《説文》訓豤為豕齧，不以為墾字。又《説文》訓敳為治，讀若豤。清代《説文》學家多謂敳即墾的本字。段玉裁《説文》豤字注，又「疑艱即今墾字」。按以㚸或艱為墾，典籍無徵，均不可信。

甲骨文圣田二字相連（見下文所引第八條）。圣字原作⿰又土，从土从又，从土帶有三點（甲骨文土和从土的字帶有數點者屢見），象土粒形。這個字關係很重要，即《説文》圣字之所本，舊不識，《甲骨文編》入于附録。沒有和圣字擺在一起。

甲骨文⿱臼土字中从用，《説文》謂用从卜中，殊誤。用乃甬字的初文，今作桶。⿱臼土字上从臼下从土，因為墾田時需要剷高填低，故用桶以移土，詳拙著《釋用》。至于田、田、田等形，乃田字的異文，楊樹達誤釋為囧，讀作墴（耐八）。

今將有關墾田的甲骨文，擇要分別録之于下：

甲，圣田和行圣

一、戊辰卜，賓貞，令永⿱臼土田于甾（前二·三七·六）。

二、□令永⿱臼土田于甾（前四·十·三）。

三、令卑⿱臼土田（南北·明二〇〇）。

四、癸卯□卜賓貞，□令阜⿱臼土田于京（栔四一七）。

五、戊觉卜，賓貞，令犬征族⿱臼土田于虎口（京都二八一）。

六、行⿱臼土五百，四旬七日，至丁卯从。在六月（乙一五）。

七、圣敦（乙三二一一）。

八、辛□□王⿴圣田□⿰林卜（甲三七七）。

以上第一期

九、貞，王令多⿰丷羊圣田（粹一二二二）。

十、甲觉貞，于下尸、刖圣田（粹一二二三）。

十一、癸亥貞，于哭圣□田；癸亥貞，王令多尹圣田于西，受禾；癸亥貞，多尹弜作，受禾；乙丑貞，王令圣田于京；于耳龍圣田（京都二三六三）。

以上第四期

乙，⿱臼土田

十二、甲觉卜，㱿貞，令擘⿱臼土田于□□，甾王事；己酉卜，争貞，収衆人，乎從擘，甾王事。五月（前七·三·二）。

十三、癸□□卜□貞，令擊𡆥田于先侯。十二月（前六·十四·六）。

十四、今日𡆥田□于先侯。十二月（明六二〇）。

十五、癸子卜，賓貞，令衆人□入絴方𡆥田；貞，弓令衆人。六月（甲三五一〇）。

以上第一期

十六、弜𡆥，弗受又年（後下四一·一五）。

以上第四期

上列十六條需要分别加以説明：

一、第四條和第十一條的京，是商代領域内的地名。第十條的下尸（夷）、刖（刖為下夷的地名），第十三、十四兩條的先侯，第十五條的絴方，都是已歸降于商朝的其他方國。這是商王派人向别族擴張墾田的一種表現。

二、第五條的犬征是甲骨文屢見的人名。這一條是説，令犬征率領他的族人墾田于某方。第一、二兩條的永，第三、四兩條的㚔和𨸏，第十二、十三兩條的擊，都是甲骨文常見的統治階級人物，自然也都是商王的爪牙。以第十二條的収衆人和第十五條的令衆人證之，則永、㚔、𨸏、衆等人并不從事勞動，而是迫使擊人在遠方或異域從事墾殖勞役的率領者和監督者。甲骨文稱「气令擊田于先侯」（前二·二八·二），田字作動詞用。這是气令擊率領衆人在先侯從事耕種已經開墾的土地。在此附帶説明一下：戰國時代的陶文有「𡆥監」（《古陶文舂録》十三·三）二字，這當是墾殖的監工者——把頭一類所用的陶器。

三、第十一條以王令多尹𡆥田于西和多尹弜（讀弗）作對貞，下句的作字係指墾田為言。由此以推，甲骨文第一期的「令尹作大田」和「弓令尹作大田」（《殷虚文字綴合編》一三六）對貞，很顯明，兩個作字也是就墾田而言。

四，第六條的行𡆥五百、四旬七日，即五百四十七日。因此可知，在某地實行墾殖的時間約有一年半之久。如果依照舊説，以𡆥田為糞田或耕耨，姑不論不合乎文字的構形，而且，這都不過是農作的短期勞動，為什麼約達一年半之久呢？這無論如何是講不通的。

五、甲骨文牧牛之牧作牧，牧羊之牧作敉，後世則牧行而敉廢。第七條的𡆥敉即墾牧，墾田和放牧有連帶關係。開墾土地時，草木叢生，宜于放牧，故以墾牧為言。

六、第九條的王令多羌𡆥田，是一項極其重要的史料。甲骨文早期多用羌為人牲以祭，有時也令多羌從事狩獵。而此條是正式用多羌為從事農墾的奴隸，這就關係到商代社會制度的轉變問題。

在上述之外，第五期甲骨文也于獵獸言𡉚，例如：

一、丁卯卜，在去貞，𠂤告曰，兕來羞，叀（惠，語詞）今日𡉚，亡災，𡕼（擒）（前二·一一·一）。

二、戊午卜，在潢貞，王其𡉚大兕，叀𩢍眔騽，亡災，𡕼（《殷虛文字綴合編》二三八）。

以上兩條的𡉚字應讀作窞，圣和𡉚之讀若窞已詳前文。凡《説文》的某字讀若某，兩個字往往通借。窞作動詞用，即用窞穴以陷獸。第一條的兕來羞，胡厚宣謂羞為地名。按《爾雅·釋詁》謂「羞，進也」，羞訓進典籍習見。兕來羞，是説兕來向前進，故下句以惠今日窞陷和無災、擒獲為言。第二條的王其𡉚大兕，惠𩢍眔騽，亡災，𡕼，是説用𩢍和騽兩種馬駕車，以驅逐窞陷大兕，可以順利無災而擒獲之。

綜括上述，墾字的古文作圣，戰國時人還認識這個字，此後便沈晦了二千多年之久。由于這個字得到了解決，則甲骨文的圣田、𡉚田或𡉚田即墾田，𡉚𢼄即墾牧，是可以肯定的。墾殖對于我國古代農業的發展關係很重要，據典籍所載，墾田始見于《國語·周語》，今驗之于甲骨文，則商代武丁時期已經有了農田墾殖。商代的統治階級為了擴大生產，集中財富，在農業方面，除去大令衆人𤰈田和藉田外，又派遣他的爪牙率領衆人到遠方異域，經年累月地從事艱苦的勞役，對勞動人民進行壓迫和剥削。這是反映殷代社會歷史的一個重要史實。【從甲骨文看商代的農田墾殖　考古一九六六年第四期】

◉楊樹達　圣謂手治土，土為所名。【文字形義學】

◉丁　驌　𡉚或𡉚

一期：

「戊辰卜㱿貞：令𢓊𡉚田于𡆥？」（前二·三七·六）

「戊子卜㱿貞：令犬征族𡉚田于虎？」（人二八一）

「癸卯□㱿貞：令𡉚田于京？」（卜四一七、南明三〇〇似同，殘）

四期：

「癸亥貞：于𡉚𡉚？

癸亥貞：王令多尹𡉚田于西受禾？

乙丑貞：王令𡉚田于京？

于𡉚𡉚田？」（人二三六三）（最後一辭見粹一五四四）

「甲子貞：于下[illegible][illegible][illegible]田？

(甲)子貞：于……方[illegible]？」(粹一二二三、前七·三·二)

上雖似為兩文，實是一字。當隸圣，即圣。「致力于地」之謂地。因期別不同而異。字亦簡為[illegible](甲三七七)，田字亦異。說文圣，讀若窋，即窟。后稷之後不窋，穴居不務農，故若是稱。故圣，耕掘之義也。【東薇堂讀契記(三)　中國文字一九九一年新十五期】

◉裘錫圭　賓組卜辭提到的農業生產方面的工作裏有「呈田」，如：

戊辰卜賓貞：令辰呈田于蓋。前二三·七·六

癸卯(卜)賓貞：(令)阜呈田于京。燕四一七

貞：勿令阜呈田。　合九四七五

戊子卜賓貞：令伏征族呈田于□。人文二八一又有「皇田」。

甲子卜古：令曼呈田于□，由王事。前七·三·二

癸□貞：□令曼𦥑(田)于米侯。十二月。前六·一四·六

□今日(令曼)𦥑田于米侯。十二月。合三三〇七

癸巳卜賓貞：令衆人□入□羊方□量田。

貞：勿令衆人。甲三五一〇

歷組卜辭裏則有「𡉚田」，如：

癸亥貞：于哭𡉚(田)。

癸亥貞：王令多尹𡉚田于西，受禾。

癸亥貞：多尹弜(勿)作，受禾。

乙丑貞：王令𡉚田于京。

于……𡉚田。　人文二三六三

甲子貞：于下尸刖𡉚田。

(甲)子貞：于□方𡉚田。　粹一二二三

己巳：王□剛𡉚田□　粹一二二一
甲戌貞：王令剛𡉚田于罚。屯南四九九
□王令□𡉚田(于)……。粹一五四四
□卯貞。王令……𡉚田于京。佚二五〇
□〔多〕尹𡉚田于京□。屯南一〇二
□□貞，王令多□□羊𡉚田。粹一二二二

又有「圣田」：

辛□貞：王令□圣田于□侯。合三三二七八
辛〔□貞〕：王〔令□〕圣田〔于〕……。甲三七七

一般都認為上引各類卜辭裏的「田」上一字，是同一個字的異體，當可信。下文在没有必要區分字形時，統一用「𡉚」來代替它們。

在三四期卜辭裏，也能看到跟農業有關的「𡉚」字：

弜𡉚弗受有年。後下四一·一五
弜𡉚，弗受有〔年〕。京津四四九五

有一條三四期卜辭說「⿱屮亾田」：

王弜令受𤔲(?)吏……田于童。屯南六五〇

「⿱屮亾」顯然是「𡉚」的省體。

對卜辭裏的「𡉚」字有很多種解釋(參見于省吾甲骨文字釋林釋圣和上引張文)。我們認為就釋字而言，最值得注意的是饒宗頤先生的說法，他說卜辭「或卜𡉚田……亦曰𡉚田……按𡉚字，从臼从用从土，疑讀為壅。說文『秄，壅禾也。』左傳昭公元年傳杜注『壅苗為蔉』。此言𡉚田，即壅田也」(殷商貞卜人物通考二五八頁)。他以壅禾說卜辭𡉚田，不可信；但是讀「𡉚」、「𡉚」為「壅」，則是很有道理的。「𡉚」字所从的「用」決不可能是純粹的表意偏旁。有人說「用」象鏟形，這是毫無根據的。于省吾先生說「用」是「桶」的初文，似可信。但是他解釋「𡉚」字的字形時說：「墾田時需要鏟高填低，故用桶以移土」(甲骨文字釋林二二六頁)，就不够合理了。因為以人力移土，決不會使用笨重的木桶。「𡉚」字所从的「用」，性質跟甲骨文𦋹字所从的之相類，多少有點象徵兩手

所持之器的味道，但主要是當作聲旁用的（關于甲骨文「䏍」字，參看拙文甲骨文中的幾種樂器名稱——釋庸、豊、鞀，中華文史論叢六九頁，七七頁注⑧）。「㽙」加「用」聲而作「㽙」，跟「藉」的表意初文加「昔」聲而作「𦔳」（金文編二三一頁）同例。上引屯南六五〇「㽙」字省作「𡉚」，成為从「土」「用」聲之字，跟「𦔳」字省作「藉」同例。此字既然从「用」聲，當然就以釋作「壅」為宜了。

張政烺先生把「𡉚」字釋作「裒」，我們沒有採用。但是他對「裒田」內容的解釋很有啟發性，有一部分可以移作對「壅田」的解釋。張先生說：「卜辭裒田究竟包含一些什麼內容是一個大問題。從上面引用的一些材料看，下命令是在夏至、冬至，必是為了攻木殺草，以此開端，接着便是以水火變化，然後再轉到平整土地，裒田這個詞應當是從這後一步來的。裒田就是造新田。整地的工作很不簡單，首先是刨地，扒高墊低，使之平坦，然後再打壟。」（張文一〇一頁）「壅田」是否一定包括攻殺草木，我們不敢肯定。至于平整土地和打壟等工作，無疑是「壅田」的主要內容。

古代稱在植物根部培土為壅，說文：「耔，雍禾本」，段注：「雍俗作壅」。文選卷五十二魏曹元首（同）六代論「壅之以黑墳」，則指給樹根培土。又「雍」、「壅」、「擁」古並通，「壅」或「擁」可訓為「聚」。漢書楊雄傳上「擁神休」顏注：「擁，聚也……壅讀曰擁。」結合甲骨「壅」字表意初文「𡉚」、「𡋯」的字形來看，「壅」的本義當為「聚土」。「壅」或「壅」又可訓為填塞（淮南子主術）：「業貫萬世而不壅」，注：「壅，塞也。」漢書天文志：「土……與水合為雍沮」，顏注引晉灼曰：「一曰：壅，填也。」訓為障蔽，廣雅釋詁一：「壅，障也。」詩小雅無將大車「維塵雍兮」，鄭箋：「雍猶蔽也」。這些都可以看作由「聚土」引申出來的意義。所以把壅田釋為去高填窪、平整土地和修渠田壟等工作，從「壅」字的形義來看是合理的。

周禮所記的雍氏這個官，跟壅田大概也是有關的。周禮秋官：「雍氏掌溝瀆澮池之禁，凡害于國稼者，春令為阱擭溝瀆之利于民者，秋令塞阱杜擭」，鄭注：「害于國稼，渭水潦及禽獸也」。又秋官序官「雍氏」下鄭注：「雍，謂堤防止水者也。」築堤防防止水潦侵入田地，以及修溝瀆排除田地的水潦，大概也是包括在商代的「壅田」工作的範圍裏的。前面說過，殷人很重視隰田。對于低下潮濕的隰田來說，防水和排水工程是十分重要的。

上引歷組卜辭壅田之「壅」或作其它形，可能就象填土於低窪之處或修築堤防、田壟之形。

從壅田的內容來看，這項工作既可以是為開生荒或耕撂荒地而進行的（當然要在柞、芟等工作之後）。

在比較原始的農業生產中，開荒或耕撂荒地時，一般對土地不會費大力整理，大概多數採用不作疆畎的「縵田」的形式（參看張文一〇四頁）。從殷人很注重壅田工作來看，當時開荒和耕撂荒地的方法應該已經有了很大進步，種縵田的情況大概已經不會很多了。【甲骨文中所見的商代農業　全國商史學術討論會論文集】

垍 垍

[seal] 0188 [seal] 0186 [seal] 0187 [seal] 0189 【古璽文編】

◉許　慎　垍堅土也。从土。自聲。讀若臮。其冀切。【說文解字卷十三】

◉馬叙倫　鈕樹玉曰。韻會讀若臮在從土上。倫按堅土也當作堅也。下文。埵。堅土也。錢坫謂堅當為堅。是也。字形相近而譌。若為堅土。王筠以為字在此不次矣。垍讀若臮。臮為聚之轉注字。見臮字下。則此垍堅亦轉注字。故垍得讀若臮。古鉩作[seal]。【說文解字六書疏證卷二十六】

埱 埱

[seal] 埱　法二八 [seal] 封七六 【睡虎地秦簡文字編】

◉許　慎　埱气出土也。一曰始也。从土。叔聲。昌六切。【說文解字卷十三】

◉馬叙倫　鈕樹玉曰。玉篇引气作氣。集韻引作气出於土也。倫按此義無徵。疑蔋之引申義。艸部。蔋。艸旱盡也。詩曰。蔋蔋山川。今詩雲漢作滌滌。毛傳。旱气也。此非本訓。亦或文有捝譌。疑埱為壔之聲同幽類轉注字。本書。璹讀若淑。爾雅釋器。璋大八寸謂之琡。即璹也。是其例證。埱聲幽類。堅聲矦類。幽矦近轉。亦轉注字也。【說文解字六書疏證卷二十六】

埵 埵

◉許　慎　埵堅土也。从土。垂聲。讀若朵。丁果切。【說文解字卷十三】

◉馬叙倫　桂馥曰。一切經音義八引字林。埵。聚土也。錢坫曰。堅應為堅。通俗文。積土曰垛。纂文。吴俗以積土為垛。垛。堅也。倫按玄應一切經音義一引作堅土。然錢說是。堅土也當作堅也。金文耳字每似臣字。隸楷亦相近。故致譌耳。埵為璹之音同端紐轉注字。讀若朵者。劉秀生曰。葉德輝云。易頤。觀我朵頤。釋文。朵。京作揣。卮部。⿸卮耑從卮。耑聲。讀若捶擊之捶。埵讀若朵。古音同也。按垂聲定紐歌部。朵聲端紐歌部。端定皆舌音。故埵從垂聲得讀若朵。竹部。箠。擊馬也。築。箠也。轉注字。竝其證。【說文解字六書疏證卷二十六】

埐

◉許　慎　埐地也。从土。𠬶聲。子林切。【説文解字卷十三】

◉馬叙倫　鈕樹玉曰。繫傳作從土侵省聲。是。説文無𠬶。段玉裁曰。地也未詳。承培元曰。地也上集韻有埐字。倫按地也本作埾也。捝譌耳。埐為埾⿰土𠷎之舌尖前破裂摩擦音又幽侵對轉轉注字。侵帚實一字。帚聲亦幽類。【説文解字六書疏證卷二十六】

埾

◉許　慎　埾土積也。从土。从聚省。才句切。【説文解字卷十三】

◉馬叙倫　嚴可均曰。韻會七遇引作聚省聲。當作取聲。倫按聚亦從取得聲。語原然也。嚴説是。土積也非本訓。或此字出字林。古鉩作[illegible]。【説文解字六書疏證卷二十六】

⿰土𠷎

◉許　慎　⿰土𠷎保也。高土也。从土。𠷎聲。讀若毒。都皓切。【説文解字卷十三】

◉馬叙倫　鈕樹玉曰。玉篇引作堡也。説文無堡。繫傳𠷎作壽。非。王筠曰。玉篇引作堡也。乃以時行字易之也。葉德輝曰。𠷎毒聲轉同部。周禮地官鄉師之職。及葬。執纛。注。雜記。匠人執翿以御柩。鄭司農云。翿。羽葆幢也。爾雅曰。纛。翳也。知壽毒古音同。劉秀生曰。𠷎當從口𠃬聲。𠃬毒聲同定紐。故⿰土𠷎從𠷎聲得讀若毒。玉部。璹。從玉。𠷎聲。讀若淑。艸部。⿱艹⿰氵毒。從艸。從水。毒聲。讀若督。衣部。⿰衤毒。從衣。毒聲。讀若督。是其證。倫按保也以聲訓。然本書有㝉。即堡之古字。禮記月令。四鄙入保。莊子盜跖。小國入保。均以保為之。高土也者。⿰土𠷎之引申義。此校語。【説文解字六書疏證卷二十六】

培

◉許　慎　培培敦。土田山川也。从土。咅聲。薄回切。【説文解字卷十三】

◉馬叙倫　鈕樹玉曰。韻會無也字。段玉裁曰。左定四年傳。祝鮀曰。分魯土田倍敦。釋文。倍。本亦作陪。許所見作培為是矣。左氏但言土田而魯頌閟宮曰。錫之山川土田附庸。大雅江漢曰。錫山川土田。毛傳曰。諸侯有大功德。賜之名山土田附庸。按杜注左傳。倍。增也。敦。厚也。封建所加厚曰培敦。當以此斷句。朱駿聲曰。培當為衺土也。晉語。若見壘培。注。壘墣曰培。淮南齊俗。鑿培而遁之。注。培。屋後牆也。吕覽辨土。高培則拔。注。培田側也。倫按培陪一字。陪訓重土。即培字義。此蓋捝本訓。僅存字林文或校語。而又有捝也。倫謂晉語淮南之培。皆葡或埤或坿之借也。吕覽之培是此字義。培本訓敀也。敀借為墇。從章得聲。音在禪紐。古讀歸定。培音並紐。並定同為濁破裂音也。蓋墇之轉注字。墇訓射臬。其實即堆。堆為地上積土。故培訓重土。左傳及詩與山川土田並言者。當作坿庸。坿庸謂城郭耳。後世以不及五十里之諸侯為坿庸。非本義也。左傳作培敦者。或本作培亳。傳寫譌為培章耳。如杜注義不可通。垐聲矦類。從音得聲之賠剖棓部涪瓿聲皆矦類。則培古音當如附。古因借培為附。是與垐為轉注字。【說文解字六書疏證卷二十六】

埩

◉許　慎　埩治也。从土。爭聲。疾郢切。【說文解字卷十三】

◉馬叙倫　埩從土而訓治也似非本訓。義亦無徵。疑治為培譌。埩垐音同從紐。蓋轉注字。【說文解字六書疏證卷二十六】

墇

◉許　慎　墇擁也。从土。章聲。之亮切。【說文解字卷十三】

◉馬叙倫　段玉裁曰。擁疑當作邕。廣韻。墇。壅也。壅。邕之俗。此與障音同義小異。倫按與障一字。【說文解字六書疏證卷二十六】

⿰土則

◉許　慎　⿰土則遏遮也。从土。則聲。初力切。【說文解字卷十三】

◉馬叙倫　鈕樹玉曰。繫傳遏作過。譌。錢坫曰。史記。川塞垘。徐廣曰。土邕曰垘。即此字。倫按遏遮也當作遏也遮也。一訓校者加之。此今以土邕水曰閘之本字。墇之轉注字也。⿰土則從則得聲。則音精紐。墇音照紐三等。同為清破裂摩擦音也。墇⿰土則二字蓋竝出字林。【說文解字六書疏證卷二十六】

垠

圻 竝王存乂切韻【古文四聲韻】

◉許　慎　垠地垠也。一曰岸也。从土。艮聲。語斤切。圻垠或从斤。【說文解字卷十三】

◉馬叙倫　沈濤曰。文選七發注一切經音義七引。圻。地圻咢也。八引。垠。地垠岸也。古本作地垠咢也。今奪咢字。玄應書八引涉一解而誤耳。史記賈誼傳索隱引。垠。圻也。圻為垠之重文。此必有誤。後漢書班固傳注引。垠。界也。疑古本又有一曰界也四字。倫按合有咢字。咢借為岸。一本咢字作岸。校者注之。傳寫譌入一曰下。轉捝界字矣。一曰界也者。

墠　垑　壘　垝

垠界同為舌根音。垠聲真類。界聲脂類。脂真對轉。轉注字也。蓋本訓界也。地垠岸也校語或字林文。或字出字林也。

圻　宋保曰。斤聲。斤艮同部聲相近。倫按垠以同舌根音及聲同真類轉注為圻。【説文解字六書疏證卷二十六】

◉許　慎　墠野土也。从土。單聲。常衍切。【説文解字卷十三】

◉馬叙倫　段玉裁曰。野土者。於野治地除草。鄭風。東門之壇。壇即墠字。傳曰。除地町。町者。町町平意。左傳。楚公子圍逆女於鄭。鄭人請墠聽命。楚人曰。若野賜之。是委君貺於草莽也。可見墠必野也。王筠曰。段引左傳以證野字固是。然野土相連不成詞也。似有挩譌。朱駿聲曰。墠即本襌之襌本字。倫按朱説是也。樹之為封。平之為墠。説解有挩譌。【説文解字六書疏證卷二十六】

◉許　慎　垑恃也。从土。多聲。尺氏切。【説文解字卷十三】

◉馬叙倫　從土不得有恃義。爾雅釋言。恀。恃也。然則恃也者恀字義。古或借垑為恀也。本書無恀。垑蓋墠之轉注字。墠音禪紐。垑音穿紐三等。同為舌面前音。猶疼癉之轉注矣。王筠依徐鍇韻譜本作恃土地也。廣韻同。然不可通。蓋本作恃也。土地也。土地也亦尚有挩譌。然是本義。恃也則吕忱列異訓。垑或亦峙之轉注字。峙音照紐三等。垑音穿紐三等。同為舌面前音也。【説文解字六書疏證卷二十六】

中壘右尉　中壘左執姦　大師軍壘壁前私門丞　壘永之印　【漢印文字徵】

◉許　慎　壘軍壁也。从土。畾聲。力委切。【説文解字卷十三】

◉馬叙倫　壘為畾之後起字。急就篇墼絫字顔師古本作壘。然倫疑壘字傳寫者易之。此字蓋出字林也。【説文解字六書疏證卷二十六】

◉許　慎　垝毁垣也。从土。危聲。詩曰。乘彼垝垣。過委切。陒垝或从𨸏。【説文解字卷十三】

◉馬叙倫　毁垣也當作毁也垣也。毁也見詩氓傳及爾雅釋詁。借垝為毁。同舌根音也。垣也是本義。管子霸形。水深滅垝。

直足没城。非謂毀敗之垣也。漢書杜篤傳。業因勢而抵阤。亦謂城垣耳。倫謂阤聲支類。壘聲脂類。支脂近轉轉注字也。【説文解字六書疏證卷二十六】

圮 圮

◉許　慎　圮毀也。虞書曰。方命圮族。从土。己聲。符鄙切。𨸹圮或从手从非。配省聲。【説文解字卷十三】

◉馬叙倫　鈕樹玉曰。韻會從土己聲在虞書上。桂馥曰。列子黄帝篇注引字林。圮。毀也。朱士端曰。圮之或體作𨸹。鉉本作配省聲。鍇本作非聲。楊慎六書索隱曰。非。古文非。與飛同。圮或體𨸹既從非聲。則圮必從古文⺄作飛聲。方與或體𨸹從非聲正叶。據此知肥妃配等字。皆從古文飛聲作⺄。尤塙證矣。倫按朱説是也。⺄聲。鍇本音方鄙切。正在非紐。非聲脂類。蓋亦壘之轉注字。毀也者。借為毀。毀音曉紐。非曉同為次清摩擦音也。此字出字林。

𨸹　王筠曰。鍇本作或從手配省非聲。謂配省及非皆聲也。倫按從手䣚聲。䣚為配之異文。此與圮異字。倫疑為摩之異文。【説文解字六書疏證卷二十六】

圛 圛

甲2256　3005　乙743　1277　2023　2143　2249　3387　5269　5323　5953　6515　6732　6830　7794　7795　8060　8430　8462　珠3·95　595　980　佚25　續5·19·12　佚46　續1·45·4　佚61　123　佚126　續1·44·4　佚180　續2·23·9　佚181　卜434　録807　續3·37·2　徵10·42　續4·6·1　徵1·90　續5·1·1　續5·8·1　徵11·91　續5·19·13　徵2·4　2·27　12·80　京1·32·2　1·32·4　1·36·2　3·13·3　古2·9　六清91　外2　288　摭續3　新1418　【續甲骨文編】

垔　从壬　垔戈　【金文編】

垔於仁切　【汗簡】

□古史記　□説文　【古文四聲韻】

◉許　慎　□塞也。尚書曰。鯀垔洪水。从土。西聲。於真切。□古文垔。【説文解字卷十三】

◉丁佛言　□戈文。疑是垔字。説文古作□。从土之字古文恒从□。【説文古籀補補附録】

◉馬叙倫　鈕樹玉曰。韻會從土西聲在尚書上。桂馥曰。本書不稱尚書。當是商書。後人以孔傳為周書。改商為尚。本書殬下引洪範作商書。倫按垔蓋塞之轉注字。垔從西得聲。西塞音同心紐。聲同脂類也。此字蓋出字林。古匋有□。丁佛言釋垔。倫謂從収。垔聲。蓋竇之轉注字。

□　鈕樹玉曰。繫傳古文上有□篆。注云。垔或从□。沈濤曰。汗簡作□。是今本微譌。高田忠周曰。垔戈垔字作□。古土□通用。故垩或作垩。疑古文本作□。倫按高田説是也。下文毀古文作□。正其例也。然此類乃古之譌體。【説文解字六書疏證卷二十六】

◉商承祚　□　汗簡引作□。古文四聲韻作□。【説文中之古文攷　金陵大學學報一九四〇年卷十第一、二期】

◉金祥恒　甲骨文□字，孫詒讓契文舉例釋為豐。⊘

葉玉森釋為垔云：

予疑即垔，乃禋之古文。禋之言煙，虞書「禋于六宗」，大傳作「煙于六宗」，□正象煙氣上升形。月垔乃殷代祭禮之一。

羅振玉釋為匜。⊘

郭沫若釋為蝕。⊘

唐蘭釋為良。⊘

于省吾釋為鋥。⊘

學者對於□字之辨形析義，説解至詳，見知見仁，亦各不同。茲據甲骨卜辭辭例，有關其字形與字義可商榷之處，分述於後：

有關於字形者，甲骨文之□與□□，字形相似，並非一字。如簠室殷契徵文征伐第九，第三十九片：

爭貞：今春王伐□方，受□。

⊘無一字作□者。顯然與垔字有別，□相當於後世何字，雖王襄簠室殷契徵文考釋釋為册(征伐頁五)，然甲金文册屢見不尠，無一作□者，其非不待辨也。郭沫若疑為井云：「□字不識，或説即井方。」(通纂考釋征伐第五五六片)郭氏疑即井，於字無徵，亦不可信。蓋其字之結構不詳，又不見於後世字書，不如闕如。至於甲文[glyph]，亦非垔字。如殷虛書契續編卷五，第二十頁第五片：

帚[glyph]丅十☐ [glyph]

又見於戩壽堂所藏殷虛文字四五頁第二片，其[glyph]字較續編為清晰，字作[glyph]，不作[glyph]。且卜辭有帚[glyph](良)之辭。如龜甲獸骨文字上册第十八頁第十片：

帚[glyph]丅☐[glyph]㞢口）

殷契佚存第一〇〇〇片：

帚[glyph]丅☐[glyph]

皆係骨臼刻辭。小屯乙編第二五一〇片：

壬辰卜，㱿貞：帚[glyph]☐㞢子？

貞：帚[glyph]☐其子？

其良作[glyph]，與前略異，然形甚近似，唯曲筆改成直筆而已。然與[glyph]迥異。卜辭垔作[glyph]，如小屯乙編第五二六九片：

己巳卜，穷貞：龜㝵攸，王固曰：㝵。庚午夕[glyph]，辛未允㝵。

其垔作[glyph]，乃因拓片模糊，下少一畫，非原來如是。

鐵雲藏龜第二一七頁第三片：

丙戌王☐夕[glyph]

殷虛文字外編第二片：

丙辰卜，穷貞：乙卯垔，丙辰王瘳自西

其[glyph]亦然。故以[glyph][glyph]為[glyph]之異體者，皆非。唯殷虛書契後編卷下第四十一頁第一片：

[glyph]，己未宧龟㚇，㞢自[glyph]

其[glyph]疑是[glyph]之缺刻。

[glyph]之本誼，唐蘭所謂「象熟食之香氣」；[glyph]象豆形，[glyph]象香氣上騰。說文篆文垔作[glyph]，从土西聲。古文作[glyph]。案垔不从西，說文古文西作[glyph]，籀文作[glyph]，不作[glyph]。沈濤說文古本考，雖據汗簡垔作[glyph]，今本篆體微誤云。然以其構造，[glyph]或[glyph]者豆

形也，篆籀之㇉或𠂉者气也。說文鬲，古文亦作䰜，从䰞之字如鬻、鬺、鬻、鬻等字，所从之弜，許氏訓「象孰飪五味气上出也」，亜之从㇉亦象气之上出，唯省而為㇉，甲文作ㄑ，猶存其古意。故加火為「火气也」。加示為「絜祀也」。加𠂤為陻，說文校議議云「即書鯀陻字」。或作堙，乃俗字。亜於卜辭本為祭言之義。如：

七日己未亜，庚申月㞢食。　庫一

丙辰卜，㱿貞：乙卯亜，丙辰王夢自（西）□？王固曰：吉，勿隹囚。　外編二

⊘亜為祭名，猶左傳隱公十一年「況能禋祀于許乎」，杜注「禋，絜祀也」。

或言夕亜者如：

己未夕亜，庚申月㞢（食）　金五九四

癸卯卜，争貞：旬亡囚，甲辰大驟風，之夕亜，乙巳𡴘五人五月在□　菁三

□亜乙巳夢𡴘　叕三

⊘夕亜猶卜辭酒祭言莫酒夕酒，歲祭言莫歲夕歲（詳中國文字第十一册釋𦮃）也。至於于省吾釋為盟，卜辭如：

貞：𡴘于丁，亜，三𤘘牛，𠕋卅𤘘牛　九月　續一·四五·四、佚四六

甲子卜，争貞：𡴘年于丁，亜，十𤘘牛？𠕋百𤘘牛？　續一·四四·四、佚三六

翌甲辰，酒，𠨍，亜，十牡　佚一八〇

凡亞牛、亞羊、亞㲋，為釋𣂔牛𣂔羊𣂔㲋。𣂔，斫也。謂用牲而言，當與言卯相若。其實形非為盟，義非為𣂔。亞為祭名，羊、牛、㲋為牲名。猶卜辭尞牛、尞羊、尞豕、歲牛、歲羊。尞、歲為祭名，非用牲名。丙編一八二：

貞：乎𢑚亞于父乙宰，𠕋三宰㞢𠬝？

或將「𢑚亞」釋為「𢑚良」，為人名。良與亜之不同，前已辨之。即就此卜辭言，若釋𢑚亞為人名，則「乎𢑚亞于父乙宰」，不知作何解？如釋為亜，為祭名，則亜祀于父乙，用一公一母之羊，則字从意順。又丙編一六七：

貞：用小宰于亞？

貞：勿用小宰于亞？

亜為祭名，于為前置詞，「用小宰于亞」猶「亜祀用小宰」也。或據卜辭「丁酉雨，之夕亜，丁酉允雨少」（續四·六·一），于省吾釋亜為盟，當讀為覴，引申為天氣陰蔽之義。郭氏據「癸未卜，争貞：旬亡囚，王固曰㞢希，三日乙酉夕亜，丙戌允㞢來入齒」（庫一

五九五)，其反面「七日己未□，庚申月㞢食」，釋□為蝕，郭氏誤夕為月，故誤釋垔為蝕。于氏釋「夕垔」為「夕盟(覭)」，因辭中有「雨」與「雨少」之故，然卜辭舉行各種祭祀，時有卜問雨不雨等，故此卜辭並非「丁酉這天下雨，到了晚上天氣陰霾，所以雨小了」。乃是丁酉這天晚上要舉行禋祀，結果丁酉這天下雨，但是「雨很小」。

總之，甲文□或□為垔，於卜辭為祭名。尚書虞夏書「禋于六宗」，洛誥「王賓殺，禋咸格，王入太室祼」，又「禋于文王武王」之禋，王國維洛誥解云：「禋，禋祀也。周禮大宗伯以禋祀祀昊天上帝，以實柴祀日月星辰，以槱燎祀司中、司命、風師、雨師，三者互言，皆實牲於柴而燎之，使煙徹於上，禋之言煙也。殷人祀人鬼亦用此禮。」然以字形言之，乃熟飪以亯，非實牲於柴而燎之原始禋祀。左傳隱公十一年「況能禋祀許乎」，桓公六年「親其九族，以致禋祀」，杜注「絜齊以享曰禋」，許氏說文「禋，絜祀也」，泛言之，以潔粢酒醴之祭亦曰禋。【釋□ 中國文字一九六七年第二十四册】

◉施勇雲 □字，从□、从□，□為林，□為壬或土，此作土。如：

1. 垔，「垔戈」銘文的垔字作□形，从□、从□，□為西，□為壬，是為垔字，顯而易見，「垔戈」的垔字所从土旁，乃由垔字所从壬旁演化而來，垔即垔。《綴遺齋彝器攷釋》卷三十：「垔从土，疑即壬而變者」。【江寧陶吴出土銅戈銘文試釋 考古論文選一九八〇年第一期】

□ 部塹【漢印文字徵】

◉許　慎　塹阬也。一曰大也。从土。斬聲。七豔切。【說文解字卷十三】

◉馬叙倫　鈕樹玉曰。韻會引從土四字在一曰上。倫謂塹為阬之轉注字。阬聲陽類。塹從斬得聲。斬從車得聲。詳斬字下。車聲魚類。魚陽對轉也。一曰大也者。爾雅釋詁。阬。虛也。實乃閌字義。塹阬轉注。故古亦或借塹為閌。此校語。【說文解字六書疏證卷二十六】

◉許　慎　□秦謂阬為埂。从土。更聲。讀若井汲綆。古杏切。【說文解字卷十三】

◉馬叙倫　桂馥曰。蒼頡篇。埂。小坑也。倫按廣雅釋水。埂。坑也。蓋此捝阬也二字。僅存字林文或校語耳。埂為阬之聲同陽類轉注字。【說文解字六書疏證卷二十六】

壙 壙

魏壙 壙長孺 【漢印文字徵】

◉許 慎 壙塹穴也。一曰大也。从土。廣聲。苦謗切。【説文解字卷十三】

◉馬叙倫 塹穴也當作塹也穴也。壙為塹阬之轉注字。一曰大也者。廣之引申義。此字蓋出字林。【説文解字六書疏證卷二十六】

塏 塏

◉許 慎 塏高燥也。从土。豈聲。苦亥切。【説文解字卷十三】

◉馬叙倫 高燥也當作高地也燥也。廣韻。塏。爽塏。高地。左昭三年傳。請更諸爽塏者。杜注。塏。燥。此字蓋出字林。【説文解字六書疏證卷二十六】

毀 毀

毀 从壬 鄂君啟車節 【金文編】

毀 説文毀古文毀从壬 秦四三 八例 通毇 九斗為—米八斗 秦四一 日甲六一 二例 日乙四六 三例 日甲一三八背 二例 【睡虎地秦簡文字編】

毀 【汗簡】

古孝經 汗簡 義雲章 王庶子碑 崔希裕纂古 【古文四聲韻】

◉許 慎 毀缺也。从土。毇省聲。許委切。毀古文毀从壬。【説文解字卷十三】

◉郭沫若 疑是毀字，要當含惡意，與祟咎等同。【卜辭通纂】

◉馬叙倫 桂馥曰。孝經。不敢毀傷。釋文云。蒼頡篇。毀。破也。倫按缺也者。器破也。毀蓋謂土破裂也。然非本訓。倫又疑本有𣪘字。從殳。臼聲。毀毇皆從之得聲。其義為毀壞。毀從𣪘得聲者。語原然也。

朱駿聲曰。從壬。俗字。倫按從壬校者加之。【説文解字六書疏證卷二十六】

◉嚴一萍 毀 説文：「毀，缺也。」古文作毀。又手部有擊字，訓：「傷擊也」。第三行第一段言：「陰不可川」，此處言：「陽

不可毁」，有相對之義。【楚繒書新考 中國文字一九六七年第二十六册】

◉許 慎 壓壞也。一曰塞補。从土。厭聲。烏狎切。【説文解字卷十三】

◉馬叙倫 鈕樹玉曰。韻會作一曰塞補也。嚴可均曰。文選王命論注引作塞也。沈濤曰。一切經音義六引作壞也鎮也。今奪鎮也二字。桂馥曰。本書。鎮。博壓也。蒼頡解詁。壓。鎮也。朱駿聲曰。蒼頡篇。壓。笮也。一曰塞補。假借為壐。倫按壓次毁壞之間。毁音曉紐。古讀歸影。壓音影紐。蓋轉注字。故訓壞也。一曰塞補者。當作一曰塞也一曰補也。玄應引鎮也者。鎮當作填。借壓為填。填音知紐。知影同為清破裂音。補也亦填字之引申義。今人言填補是也。塞也者朱説是。

【説文解字六書疏證卷二十六】

壞

壞 雜四〇 十二例 日甲一四三背 秦一一七 二例 日乙一一二 【睡虎地秦簡文字編】

𣀔竝説文 壞 【汗簡】

説文 【古文四聲韻】

◉許 慎 壞敗也。从土。褱聲。下怪切。古文壞省。籀文壞。臣鉉等按。攴部有𣀔字。此重出。【説文解字卷十三】

◉馬叙倫 毁壞同舌根摩擦音聲亦同脂類轉注字。爾雅釋詁釋文引字林。壞。自敗也。倫謂自敗也者。謂土自毁也。然則毁𣀔為被攴而敗矣。

宋保曰。眔聲。猶褱從眔聲矣。倫按省字校者加之。

徐鉉曰。攴部有𣀔字。此重出。鈕樹玉曰。宋本毛初印本五音韻譜攴部並無𣀔字。蓋後人本繫傳增。土部𣀔為籀文壞。釋詁釋文引同。則土部應有。大徐疑土部重出。是大徐原本攴部有𣀔。然攴部者疑唐人因字林增。尚書序及釋詁釋文並引字林。𣀔。毁也。王筠曰。書序釋文。壞。字林作𣀔。毁也。釋詁釋文引説文。壞。敗也。籀文作𣀔。字林。壞。自敗也。𣀔。毁也。諸家據此謂本篆當删。非也。諸家不知重文在兩部之例耳。釋文不誤。但籀文作𣀔句下失注在攴部耳。倫按陸引説文者。題為説文者也。引字林者。題為字林者也。上文壞下敗也者。許訓。自敗也者。吕忱之訓。籀文作𣀔者。

吕忱據籀篇以𣀔為壞而增之。蓋忱以為𣀔為被敗。壞為自敗。詞性動静不同也。𣀔自當入攴部為敗之聲同脂類轉注字。但籀篇雖有𣀔字。蒼頡已以壞易𣀔。則許自不復録𣀔字。故倫以為攴部本無𣀔字。今有者吕忱所加。忱加𣀔於攴部。蓋本聲類。倫頗疑字林為忱草創未定之書。故今本許書體例不純。即由與字林混合也。【説文解字六書疏證卷二十六】

◉戴家祥　[篆]𣀔父乙尊　𣀔罠事　𣀔。从攴褱聲。説文，十三篇壞，籀文作[篆]。徐鉉按「攴部有𣀔，此重出」。查今本説文中華書局據陳昌治刻本影印攴部無𣀔字，或許慎原有，或舊本繁衍，而𣀔為壞之别體無疑。𣀔父乙尊「𣀔罠事」，𣀔作人名，無義可説。

【金文大字典中】

坷 [篆]

◉許　慎　[篆]坎坷也。梁國寧陵有坷亭。从土。可聲。康我切。【説文解字卷十三】

◉馬叙倫　鈕樹玉曰。地理郡國二志無坷亭。桂馥曰。坷通作柯。蔡邕於柯亭見好竹。取作笛材。是也。倫按坎坷音同溪紐。然則坷為坎之轉注字邪。不當次於此矣。玉篇訓不平。則九篇砢字義。或砢之異文邪。若然。則坎坷以連緜為詞耳。或曰。坷次壞㙤之閒。蓋壞㙤之同舌根音轉注字。字蓋出字林也。【説文解字六書疏證卷二十六】

[篆] 99【包山楚簡文字編】

㙤 [篆]

◉許　慎　[篆]坼也。从土。虖聲。呼訝切。[篆]㙤或从自。【説文解字卷十三】

◉郭沫若　[篆]字則説文㙤字重文之⿰阝虖，从[篆]乃繇文。猶隮之作[篆]。隥之作[篆]也。【中齋二　兩周金文辭大系圖録考釋】

◉銀雀山漢墓竹簡整理小組　如決積【□□□】邪之㙤刑也　十一家本作「若決積水於千仞之谿者，形也」。《説文》：「㙤，坼也。从土，虖聲。⿰阝虖，㙤或從阜。」簡文之「㙤」指山間深谷，與「谿」義近。【銀雀山漢墓竹簡〔壹〕】

◉戴家祥　説文十三篇「㙤，坼也。从土虖聲。[篆]，㙤或从自」。按金文从自、从土無别。⿰阝虖昊生鐘㙤當同字。玉篇云：「⿰阝虖，裂也。」金文用作人名，無義可説。【金文大字典下】

⿰土㡿 [篆]

◉許　慎　[篆]裂也。詩曰。不⿰土㡿不副。从土。㡿聲。丑格切。【説文解字卷十三】

◉馬叙倫　朱駿聲曰。土裂。倫按土裂謂土自破裂也。玄應一切經音義引字林。坼。恥格反。裂也。亦分也。此字出字林。

坱　塺　塿

㙤從㡿得聲。㡿從屰得聲。屰聲魚類。壉從虖得聲。虖從虍得聲。虍聲亦魚類。轉注字。【說文解字六書疏證卷二十六】

◉于豪亮　漢簡中常見「听呼」二字，如第12簡「……稾矢十二干㖔呼未能會，……寅矢三十干㖔呼未能會」。按㖔呼是漢晉人常用語，意為「坼裂」。听即坼字、拆字，呼即罅字，壉字，古籍中常寫作「坼罅」或「拆罅」。《說文》：「坼，裂也」，又「听，坼也」，「罅，裂也」，是知听呼二字同意。在更早的時期，卻不用「坼罅」而用「坼副」、「坼疈」，《詩經·大雅·生民》：「不坼不副」，《說文》引作「不坼不疈」，《正義》「坼、副，皆裂也。」至於呼與罅通，在經典異文裏也可以找出來。例如《說文》：「評，謼也，」又《詩經·蕩》釋文：「呼，崔本作謼。」【《居延漢簡甲編》補釋　考古一九六一年第八期】

◉許　慎　塵埃也。从土。央聲。於亮切。【說文解字卷十三】

◉馬叙倫　塵埃也當作塵也埃也。坱為埃之音同影紐轉注字。【說文解字六書疏證卷二十六】

◉許　慎　塺塵也。从土。麻聲。亡果切。【說文解字卷十三】

◉馬叙倫　塺為塿之轉注字。塺音微紐。塿音來紐。古讀歸泥。微泥皆鼻音次濁音也。與坋坒為同脣齒音轉注字。坋坒音皆奉紐也。錢坫謂莊子野馬字當作此。【說文解字六書疏證卷二十六】

◉許　慎　塺土也。从土。婁聲。洛矦切。【說文解字卷十三】

◉馬叙倫　王筠曰。塺土二字文法不類。且亦不詞。廣雅。塿。土也。與𡍮㙂埴壚等字類聚。其釋詁塵也一條內無塿字。王念孫改塺土為歷土。亦不詞。朱駿聲曰。謂疏土。與壚略同。廣雅釋地。塿。土也。方言十三。冢。自關而東謂之邱。小者謂之塿。錢坫曰。淮南子。堁。塵。塺也。楚人謂之堁即塿字。倫按塺土也當作塺也土也。塺也者。錢說是也。塿為塵之轉注字。塵從鹿得聲。見塵字下。塿鹿音同來紐也。土也者。呂忱據廣雅列異訓。蓋借為壚。字或出字林。【說文解字六書疏證卷二十六】

坋 坋

◉許　慎　坋塵也。从土。分聲。一曰大防也。房吻切。【說文解字卷十三】

◉馬叙倫　鈕樹玉曰。玉篇引大防上有坋字。釋丘作墳大防。王筠曰。玄應引作坌。玉篇坌下云。塵也。此下即出坋字。謂與禹貢黑墳之墳同。雖又全引說文。當是宋人所增。倫按坋坒音同奉紐轉注字。古讀奉歸竝。竝澄皆濁破裂音。塵音澄紐。是坒坋皆塵之轉注字。一曰大防者。墳字義。字或出字林。【說文解字六書疏證卷二十六】

◉顧廷龍　坋坋。周丘齊坋裏衆。【古匋文孴録卷十三】

坒 坒

◉許　慎　坒塵也。从土。非聲。房未切。【說文解字卷十三】

埃 埃

◉許　慎　埃塵也。从土。矣聲。烏開切。【說文解字卷十三】

◉馬叙倫　埃從矣得聲。矣為知之轉注字。知從矢得聲。見知字矣字下。矢音審紐。非音非紐。同為次清摩擦音。聲亦同脂類。古讀非歸封。封影同為清破裂音。然則坒坋與埃並轉注字。埃音影紐。坋從分得聲。分從八得聲。八音封紐也。玄應一切經音義引倉頡。埃謂風揚塵也。【說文解字六書疏證卷二十六】

𡏳 𡏳

◉許　慎　𡏳塵埃也。从土。殹聲。烏雞切。【說文解字卷十三】

◉馬叙倫　塵埃也當作塵也埃也。廣雅。𡏳。塵也。𡏳為坱埃壒之音同影紐轉注字。【說文解字六書疏證卷二十六】

垽 垽

◉許　慎　垽澱也。从土。沂聲。魚僅切。【說文解字卷十三】

◉馬叙倫　段玉裁曰。水部。澱。滓垽也。是二篆為轉注。二字義同。音亦同部。徐灝曰。今俗謂器中水有滓痕漬於其邊者曰垽。堂有沂鄂謂之殿。故垽亦訓為澱也。倫按垽澱聲同真類。轉注字也。浮於上者水。故澱從水。沈於下者土。故垽從土。垽滓亦聲同真類轉注字。【說文解字六書疏證卷二十六】

□3·16　王孫陲棱右敀均亳釜　說文有垢無均玉篇均同垢　□3·17　□右敀均亳釜　□季木　308　右司工均【古陶文字徵】

□垢【汗簡】

□古老子　□義雲章【古文四聲韻】

◉許　慎　垢濁也。从土。后聲。古厚切。【說文解字卷十三】

◉馬叙倫　濁為水名。然水名率有本義。濁垢聲同矦類。蓋轉注字。【說文解字六書疏證卷二十六】

◉許　慎　壇天陰塵也。詩曰。壇壇其陰。从土。壹聲。於計切。【說文解字卷十三】

◉馬叙倫　鈕樹玉曰。玉篇引塵下有起字。不引詩。今詩終風作曀曀其陰。說文曀下引詩終風且曀。一篇之中。不應有異。疑此引詩為後人增。嚴可均曰。御覽十五引作天陰沈也。沈當為霃。今此作塵。涉上文多塵字而譌耳。沈濤曰。玉篇作天陰塵起也。是淺人以天陰塵為不詞而妄增起字。見古本不作塵也。塵沈音近而譌。倫按天陰塵也當作天陰也塵也。天陰也曀字義。吕忱列異訓也。此字蓋出字林。【說文解字六書疏證卷二十六】

□坏　从章　競卣　在坏　□㝬侯鼎　□秦公簋　在帝之坏【金文編】

◉許　慎　坏丘再成者也。一曰瓦未燒。从土。不聲。芳桮切。【說文解字卷十三】

◉高田忠周　□㝬侯鼎　此字土下有范爨。非筆畫。劉氏誤認為□形。云。地名。按師遽敦。丕顯之顯作□。㬎省。知□即□之下體。疑□為純字。粗屚殊甚。說文坏丘再成者也。从土不聲。一曰瓦未燒。朱駿聲云。水經河水注引說文字作坯。按亦作岯作伾。書禹貢。至於大伾。以伾為之。又別義。史記張釋之馮唐傳。盜長陵一坏土。索隱。塼未燒之名。許之後義。但銘義為地名。劉說真矣。【古籀篇十】

◉郭沫若　⿰亯不即坏字，王國維謂即大伾。參照麥尊。【競卣　兩周金文辭大系圖録考釋】

◉郭沫若　□，王國維謂與競卣之⿰亯不為一字，且為一地，疑即大伾。案大伾乃山名，有二，一在河南汜水縣，一在河南濬縣，二器均言南征事，一言往，一言還，而均經過此坏，則當說以汜水之大伾為是。【噩侯鼎　兩周金文辭大系圖録考釋】

◉吳其昌 [illegible] 䣄地不可知。惟鄂侯馭方鼎云。王南征。伐[illegible]。隹還自征。在矸。又秦公𣪘云。在帝之矸。其字從土。從丕。與此䣄字蓋即一字。因此字從𩫏。從丕。而古金文中從𩫏之字與從土之字皆互可通用。如城堵埤三字。在銅器中作䎽散盤、虢遣生𣪘、居簠。作䞣邵鐘。作䡴史頌𣪘。皆可為證。知矸䣄之為一字。則可從鄂侯馭方鼎而知其地為南征之路。更以上彔伯㦰𣪘及彔㦰卣證之。上器記正月二日。彔㦰率成周之師。拜命啟行。至正月十三日。不過行十二日耳。宜其去成周尚未遠也。是亦可知䣄地在離成周即洛陽東南行約十二日之程。今以準望及聲類求之。其地蓋即今之成皋也。禹貢。導河。東過洛汭。至於大伾。史記作邳。釋文作岯。說文作坯。正義引鄭君注曰。然則大岯在河內修武、武德之界。濟沇之水。與滎播水出入自此。又水經注河水篇曰。又東過成皋縣北。酈注。河水又東。逕成皋大伾山下……成皋縣之故城在伾上。孫星衍曰。成皋故城。今在河南汜水縣西一里大伾山上。按成皋故城。正當此卣之䣄矣。張揖廣雅亦云。伾。成皋縣山也。小顏漢書注。大伾山在成皋。皆其證也。惟漢書臣瓚音義。以為今修武、武德無此山。孫星衍駁之云。云當修武、武德之界者。修武、武德在北岸。而山在南岸。而臣瓚亦求山于北岸。宜不能得。按孫說是也。今成皋適為由洛至徐必經之道。相去亦正當十一二日之程。而稍在洛之東南。則大坯山成皋故城之為䣄之故墟也。無可疑矣。【𧦝卣 金文厤朔疏證卷五】

◉馬叙倫 鈕樹玉曰。玉篇引同。又作坯。引爾雅曰。山一成坯。水經注。河水又東逕成皋大伾山下。爾雅。山一成謂之伾。許慎吕忱等竝以為丘一成也。孔安國以為再成曰伾。然不云作伾。恐所引未必確。嚴可均曰。水經河水注引作丘一成也。御覽卅八亦引作一成。釋山。一成坏。自部。陶。丘再成也。明坏非再成。其致誤者。由禹貢。至于大伾。孔傳作再成也。席世昌曰。爾雅及書鄭注並云山一成。此作丘譌。王筠曰。爾雅釋丘。丘一成為𣪘丘。則是丘非坏。釋山。一成丘。則是坏非丘。丘山以土石分。許以字從土。故改山為丘。朱駿聲曰。丘再成者。陪字義。此當以瓦未燒為本義。倫按據水經注。則此字出字林。說解丘再成者也亦非許文之證也。然丘當為土。形近而誤。土再成也者。自部曰。陶再成丘也。陶為垚之轉注字。垚於字形。即土再成也。垚與古文嶽作岳者實一字。陶從匋得聲。本書匋下言。史篇讀與缶同。缶音非紐。坏音敷紐。同為脣齒次清摩擦音也。然則土再成者。垚字陶字之義。豈坏為垚之轉注字。從堯得聲之曉音在曉紐。非曉同為次清摩擦音。古讀垚音蓋如曉。爾雅釋山一成坏者。凡土上有土隆起通謂之山。山音審紐。審亦次清摩擦音也。蓋初無一成再成之別。後世異其名。而音猶自山衍之。然倫謂坏為丕之異文。蓋地之轉注字。今所謂地皮之皮本字。古音坏或如皮。音在竝紐。地音定紐。竝定同為濁破裂音也。一部。丕。大也。大也者。地之引申義耳。或曰。此培之轉注字。培陪一字。陪下曰。重土也。即土一成義。一曰瓦未燒者。瑴字義。馭方鼎作[illegible]。【說文解字六書疏證卷二十六】

垤　坥

◉王　輝　在帝之坏　坏字原作[古文字形]，容庚釋坏，郭沫若釋⿸疒不，競卣「在坏」字作[古文字形]，从𦎫之字與从土之字每通用。坏字从不聲，柯昌濟讀為側字，説「在帝之坏」即「在帝之側」；楊樹達讀為覆，説「在帝之⿸疒不」猶言「在天之覆」。柯、楊二氏之説僅據音推測，無根據。我們以為此字从不从疒，不亦聲。疒下為厂，厂即山厓，不與丕通，義為大，故⿸疒不本義實即大山。吴其昌指出競卣之⿰𦎫不、鄂侯鼎之⿸疒不均河南成皋之大伾山，甚是。《爾雅·釋山》：「山……一成坏。」坏即伾，《國語·周語》作「丕」，韋昭注作「邳」，《書·禹貢》：「至于大坏」，《釋文》作「岯」，郝懿行《爾雅義疏》云：「惟作坏為正，余皆假借。」「在帝之坏」大約就是「在帝之山」、「在帝之丘」的意思。古人每以為神居於高山大丘，《山海經·海内西經》：「昆侖之虚，百神之所在。」《山海經·中次三經》：「青要之山，實維帝之密都。」《搜神記》：「崑崙之墟，地首也，是惟帝之下都。」銘言秦之先公在上帝所居之高山大丘，也即在帝之庭、在帝之旁的意思。【秦銅器銘文編年集釋】

◉許　慎　垤螘封也。詩曰。鸛鳴于垤。从土。至聲。徒結切。【説文解字卷十三】

◉馬叙倫　鈕樹玉曰。藿下引詩作雚。是也。説文有鸛。義别。倫按螘封疑非本義。孟子。泰山之於丘垤。荀子脩身。不蹶於山而蹶於垤。韓非姦劫。猶螘垤之比大陵也。雖昔人皆釋螘封。然孟子以丘垤連文以比泰山。則垤豈蟻冢邪。孟森謂吉林黑龍江有曠無人煙之處。每見丘冢纍纍成列。一望無際。頗訝其地求生人而不得。焉有如許死人。問之土人。乃知螞蟻墩。即所謂蟻封者也。倫謂由孟説知螘封非竟謂蟻所居之封穴也。乃形似之詞。螘者。小之也。垤音定紐。疑培之同濁破裂音轉注字。此字出字林。【説文解字六書疏證卷二十六】

◉許　慎　坥益州部謂螾場曰坥。从土。且聲。七余切。【説文解字卷十三】

◉馬叙倫　鈕樹玉曰。玉篇引無州字。段玉裁曰。郡國志自漢中至犍為屬國郡國十二。益州刺史部也。方言六。坥。場也。梁宋閒螾場謂之坥。與許不合。疑方言宋當作益。倫謂此字蓋出字林。捝本訓矣。或字出字林也。坥場轉注。坥從且得聲。且為廚之初文。廚場音同澄紐也。【説文解字六書疏證卷二十六】

埍

◉許　慎　埍徒隸所居也。一曰女牢。一曰亭部。从土。肙聲。古泫切。【說文解字卷十三】

◉馬叙倫　錢坫曰。此圜土字也。王筠曰。一曰女牢者。今京師有此語。但不專謂女耳。劉秀生曰。小徐有讀若夐。肙聲影紐寒部。夐聲曉紐寒部。影曉皆喉音也。故埍從肙聲得讀若夐。心部。懁。從心。睘聲。讀若絹。漢書五行志謂官門銅鍰。注。鍰讀與環同。左襄廿七年傳。陳孔奐。公羊傳作陳瑗。収部。奐。從収。夐省聲。是其證。倫按未詳。此字蓋出字林。【說文解字六書疏證卷二十六】

𡒄

◉許　慎　𡒄因突出也。从土。𣦼聲。胡八切。【說文解字卷十三】

◉馬叙倫　戚學標曰。廣韻引因作目。譌。錢坫曰。今吳人有此語。讀同突。此盜賊奔突字。倫按從土不得有因突出義。疑出字譌或衍。因突或當為囟突。此字蓋出字林。【說文解字六書疏證卷二十六】

瘞

瘞 5·239　左瘞　古文四聲韻瘞字別體作瘞【古陶文字徵】

瘞 孫彊集　瘞 瘞 竝崔希裕纂古【古文四聲韻】

◉許　慎　瘞幽薶也。从土。㾜聲。於罽切。【說文解字卷十三】

堋

堋 堋　南彊鉦【金文編】

◉許　慎　堋喪葬下土也。从土。朋聲。春秋傳曰。朝而堋。禮謂之封。周官謂之窆。虞書曰。堋淫于家。方鄧切。【說文解字卷十三】

◉馬叙倫　鈕樹玉曰。舊本繫傳無亦如是三字。桂馥曰。小徐葬下有不字。疑當作才。王筠曰。小徐不字蓋下之訛羨。倫按此字蓋出字林。堋音非紐。墳音奉紐。實同脣齒摩擦音轉注字。【說文解字六書疏證卷二十六】

垗　塋　墓

◉許　慎　垗畔也。為四時界。祭其中。周禮曰。垗五帝於四郊。从土。兆聲。治小切。【說文解字卷十三】

◉馬叙倫　鈕樹玉曰。繫傳時作時。譌。垗作跳亦譌。韻會引作兆。蓋因鍇説改。倫按垗音澄紐。古讀歸定。塋音喻紐四等。古亦歸定。轉注字也。此字蓋出字林。【說文解字六書疏證卷二十六】

◉戴家祥　⿱肁章史牆盤　用⿱肁章髮周邦　⿱肁章从章，肇省聲，説文所無。以聲類求之，殆即垗之别構，形符聲符兩易字也。三體石經垣作⿰韋亘，散氏盤城作⿰虘韋，邵鐘堵作⿰者韋，是从土可以从章。大雅生民「后稷肇祀」，禮記表記肇作兆，漢書禮樂志「佻正佳吉弘以昌」，顔師古集註引如淳曰佻，讀曰肇。是兆肇聲同字通。説文十三篇土部「垗，畔也。為田疇界，祭其中。周禮曰：垗五帝於四郊。从土，兆聲」。今本周禮春官小宗伯垗作兆。漢書郊祀志「兆五帝於南郊」，顔師古曰「兆，謂壇之營域也」。牆盤銘文通釋。

【金文大字典下】

◉許　慎　塋墓也。从土。熒省聲。余傾切。【說文解字卷十三】

◉馬叙倫　沈濤曰。文選齊敬皇后哀册注玉篇引皆作墓地也。蓋下捝也字。倫按蓋本作墓也葬地也。葬地也見廣雅釋丘。此或字林文。塋墓轉注字。塋從熒得聲。熒為燎之初文。燎音來紐。【說文解字六書疏證卷二十六】

王君神道闕　孔君墓碣領　【石刻篆文編】

墓孔子題季子墓文　【汗簡】

季札墓銘　【古文四聲韻】

◉許　慎　墓丘也。从土。莫聲。莫故切。【說文解字卷十三】

◉馬叙倫　沈濤曰。御覽五百五十七引。墓。兆域也。蓋古本如是。方言。凡葬而無墳謂之墓。禮記亦言。古者墓而不墳。是壟可訓丘。墓不可訓。周禮墓大夫。帥其屬而巡墓厲。注。墓厲。謂塋限遮列之處。所謂兆域是也。孫星衍曰。爾雅釋文引作兆域也。翟云升曰。繫傳營省聲非。營亦熒省聲。倫按方言。冢。大者謂之丘。春秋説題辭。丘者。墓也。六韜及漢書楊惲報孫會宗書皆以丘墓連文。然則丘也非譌。蓋平地上土隆起為丘。墓形亦然。古者墓而不墳。非竟不隆起也。特不高大耳。且尋墓之為名。蓋一由於葬字從茻得聲。墓所以藏死者。即葬地也。故謂之墓。語原然也。一由於墓之形如幕。故亦謂之墓。蓋葬之語原即幕也。兆域也蓋字林文。字見急就篇。【說文解字六書疏證卷二十六】

◉黄錫全 墓孔子題季子墓文 今存翻刻碑文摹本作，夏韻同，應是慕字，假為墓，𤕤盤慕作，陳侯因資錞作，漢精白鏡作。金虞寅墓誌墓作（文物1982·1），與此形類同。【汗簡注釋卷一】

墳 墳

上谷府卿墳壇題字 【石刻篆文編】

◉許　慎　墳墓也。从土。賁聲。符分切。【說文解字卷十三】

◉馬叙倫　朱駿聲曰。墳本訓大防也。爾雅釋丘。墳。大防。釋地。墳莫大于阿墳。詩汝墳。遵彼汝墳。傳。墳。大防。王筠曰。此渾言之。檀弓。墓而不墳。注。土之高者曰墳。倫按朱王二說是也。古者墓而不墳。墓之言幕也。明墓止以幕死者。不高大似防也。今謂墓為墳者。蓋指其高大者而言。或以墳音奉紐。古讀歸竝。墓音明紐。竝明同為雙脣。通借耳。墳為防之音同奉紐轉注字。字見急就篇。【說文解字六書疏證卷二十六】

壟 壟

古爾雅 【古文四聲韻】

◉許　慎　壟丘壠也。从土。龍聲。力踵切。【說文解字卷十三】

◉馬叙倫　鈕樹玉曰。韻會作丘壟也。文選懷舊賦御覽五百五十七引作丘也。沈濤曰。蓋古本無壟字。丘為土之高者。壠亦土之高處。故以丘釋壠。淺人習聞丘壠連稱。妄增壠字。桂馥曰。徐鍇韻譜亦無壠字。倫按壠為隸書複舉字之譌乙者也。小爾雅廣名。壟。塋也。方言。冢。或謂之壠。倫謂壠隴一字。孟子。登龍斷而市利。趙注。堁斷而高者也。王筠據本書買下引作壟斷。謂今本作龍是殘字。因知壟亦厓岸之通稱。倫謂隴為大阪。阪為𠂤之轉注字。𠂤厂一字。厈為厂之轉注字。亦可證壠為隴之異文也。冢謂之壟者。借壟為冢。冢聲矦類。壟聲東類。東矦對轉也。塋也者。借壟為墓。墓音明紐。壟音來紐。古讀歸泥。明泥同為邊音也。【說文解字六書疏證卷二十六】

壇 新越餘壇君 【漢印文字徵】

上谷府卿墳壇題字 祀三公山碑 起堂立壇 【石刻篆文編】

壇 【汗簡】

並雲臺碑 【古文四聲韻】

◉許　慎　壇祭場也。从土。亶聲。徒干切。【說文解字卷十三】

◉馬叙倫　翟云升曰。當作祭壇也。除地曰場。倫按鍇本作祭壇場也者。壇乃隸書複舉字之誤乙者也。或本作祭壇也。場也。蓋二義。唐人并之。場也者。墠字義。書金縢。為三壇同墠。傳。墠。除地也。禮記祭法。王立七廟二祧一壇一墠。注。除地曰墠。玉篇引國語。壇之所除地曰場。漢書郊祀志。犧牲壇場。注。平地為場。周禮場人注。場。築地為墠。壇音定紐。墠音禪紐。古讀歸定。壇墠又聲同元類。故或借壇為墠。漢書武帝紀。修天文襢。注。襢古禪字。武梁碑。前設礑坦。礑坦即壇墠。借坦為墠。壇從亶得聲。亶亦從旦得聲也。是壇可借為墠之證。然壇亦得借為場。場音澄紐也。則場也即場字義。此字或出字林。故訓祭壇也。【說文解字六書疏證卷二十六】

◉金榮華　許慎說文對漢文「壇」字及其相關各字的說明如下：

壇：祭壇場也。從土，亶聲。

亶：多穀也。從㐭，旦聲。

㐭：穀所振入也。宗廟粢盛，蒼黃㐭而取之，故謂之㐭。從入從回，象屋形，中有户牖。

依據這些說明，「壇」和「亶」衹是聲音上都從「旦」得聲的關係，和「亶」字得義的「㐭」無關。但是，從馬雅族祭壇遺蹟和馬雅文「壇」字相對照的引發，漢文「壇」字的最早形式似乎應該是「㐭」字。而且，由於「回」這部分也可寫成「田」，對「㐭」字而言，「亩」字似乎應該是正寫。說明如下：

「亩」的「亠」原作「人」，象屋宇之形；「田」象高台正面有階通達壇頂之形。字象高台之上有屋，正是築土以為祭神場所之義。

「亩」為象形字，後來加「旦」作聲符作「亶」而成形聲字。其後字形變異，或寫「亩」為「㐭」，本義模糊，遂又加「土」作意符而成「壇」。今日所知甲骨文中無「壇」字,也無「亶」字,但有「面」(亩)字,作[glyph],也是象在高台建屋中有通道之形。

據李孝定《甲骨文字集釋》,甲骨文中的「亩」字還有其他兩種形式。一是[glyph]或[glyph],一是[glyph],似乎都是上一式的簡化。

「面」字寫成「亩」後,就難以解釋了。許慎的解説是「從入從回,象屋形中有户牖」。可是,就字形看,實在很難看出那是一座有户有牖的房屋之形。也許可將它看作一座房屋的側面,那麼也衹見牖而未見户。其次,就字義説,許慎的解釋是「穀所振入也」,但是一座有户有牖的房子不一定就是儲穀之所,字形上也没有表示其間的必然關係,當然也看不出它和穀物有什麼關聯。

「亩」字的意義既不清楚,「亶」字之「從亩、旦聲」釋為「多穀」,也就看不出其就形立義之處了。

若認知「亩」原作「面」,是「壇」的本字,則「面」為祭神之所,而農業民族每届收成,必有謝神之祭,祭物則首獻稻米,猶今日台灣各少數民族之豐年祭,時在小米收成後,獻祭之物為新收成之小米,那麼把從「亩」的「亶」字解釋為「多穀也」就有其緣故了。

這個推測也可以「稟」字來助説。説文:「稟,賜穀也。從㐭禾。」段玉裁注:「凡賜穀曰稟,受賜亦曰稟,引申之,凡上所賦、下所受皆曰稟。」現在的問題是如果「亩」字是「象屋形中有户牖」,那麼再加一個「禾」字,最多可以説明這是一個貯穀之所,何來賜穀之義呢?若是賜穀,又是誰賜誰呢?

如果認知「亩」即「壇」,則神壇獻禾,是祭神謝神之舉,是人民謝神之賜以稻米也。那麼,解作「賜穀也」,再引申為「上所賦、下所受皆曰稟」就庶幾無礙了。【説壇 第三届中國文字學國際學術研討會論文集】

場 場

[glyph] 六中33 [glyph] 書1·10·D [glyph] 粹1222 [glyph] 1223 [glyph] 1544 [glyph] 1545 【續甲骨文編】

[glyph] 122 [glyph] 122 【包山楚簡文字編】

[glyph] 0099 [glyph] 2565 [glyph] 2566 【古璽文編】

[glyph] 場 【汗簡】

圭 圭

𡎸 義雲章 【古文四聲韻】

●許　慎　塲祭神道也。一曰田不耕。一曰治穀田也。从土。昜聲。直良切。【説文解字卷十三】

●馬叙倫　鈕樹玉曰。韻會引作山田不雜者。恐非。玉篇引同此。治穀田也玉篇引作治穀處。當不誤。沈濤曰。今人猶以治穀處為場。陸繼輅曰。田不耕繫傳作山田不耕者。與田部暘不生義相近。高田忠周曰。古登文有圖字。周禮場人注。季秋除圃中為之。載師。以場圃任園地。一曰治穀田當作圖。倫按祭神道也者。墠字義。一曰田不耕一曰治穀田也或治穀處也。皆校者據異本記之。二一曰實同義。此場之本義也。平治之土不以耕種者為場。今謂之莊。農家樹穀於田。治穀於場。場為野土之平治者也。金文之圖其異文。以古書多言場圃。故以囗易土。其實場率無囗也。【説文解字六書疏證卷二十六】

●郭沫若　田字，以下數片參比之，或作田，或作田，而多用於坚字下。由字形而言，蓋田圃之象。卜辭田字多見，均作田，圃則作[glyph]若[glyph]，此當別為一字。余意當是場之初文，説文注場為「山田不耕者」，又謂為「治穀田」。別有畕字，注曰「比田也」，舊音居良切。實則畕場蓋古今字，而畕則田之形變耳。詩豳風七月「九月築場圃」，此言「坚田」當即築場圃之事矣。【殷契粹編考釋】

●黄錫全　堨(場)飤生自乍(作)寶匜，用易(錫)𥁕(眉)壽用亯。

堨字作[glyph]，即場字。左重疊義符作二土，右旁上方从八，與篆字作[glyph](甲骨文)、[glyph](楚公逆鎛，詳《武漢大學學報》1991年4期)類同。陽場二字均从昜聲，相互借用。【湖北出土商周文字輯證】

●黄錫全　𡎸場　寡長鼎長作[glyph]，厲羌鐘作[glyph]，中山王壺作[glyph]，古璽作[glyph]，[glyph](璽文9·9)，此蓋其變形，假為場。《集韻》場字或作塲、暘，从土變从土，類似古璽坡字作[glyph]，均字或作[glyph]，堨字或作[glyph]等(璽文13·6)。【汗簡注釋卷六】

圭 圭 師遽方彝　圭 召伯簋二　圭 毛公層鼎　圭 多友鼎 【金文編】

圭 詛楚文　祠之吕圭玉羲牲 【石刻篆文編】

●許　慎　圭瑞玉也。上圜下方。公執桓圭。九寸。矦執信圭。伯執躬圭。皆七寸。子執穀璧。男執蒲璧。皆五寸。以封諸矦。从重土。楚爵有執圭。古畦切。珪古文圭从玉。【説文解字卷十三】

●高田忠周　圭師遽方彝　銘借章為璋。説文。圭。瑞玉也。上圜下方。以封諸矦。从重土。會意也。又古文作珪从玉。亦會意。然珪為後出異文也。朱氏駿聲云。莊子馬蹄。孰為珪璋。李注。鋭上方下曰珪。周禮大宗伯。以青圭禮東方。注。圭。鋭象春物初生。按古圭制。廣三寸厚半寸。皆抒上。惟天子大圭。又為終葵首。上下皆方。長三尺。鎮圭則抒上而圜。長尺二寸。亦曰珍圭。曰玠圭。其穀圭琬圭炎圭及諸矦之命圭瑑圭。則上無不殺者。惟圓鋭之制。不可得而詳矣。又左傳哀十四年。司馬牛致其邑與珪焉。注。守邑符信。又楚爵有執圭。轉義。禮記王制。賜圭瓚。注。鬯爵也。祭統。執圭瓚。注。裸器也。按。以圭為柄。又周禮大司徒。以土圭之法。注。所以致四時日月之景也。假借為佳。善也。按周禮蜡氏注。吉圭惟饎。詩作蠲。廣雅。圭。潔也。又為畦。禮記王制。圭田無征。田五十畝曰圭也。此説至詳。銘云[王面]圭。[王面]字字書不收。然當璊字異文。詳見璊下。璊者。玉赤色者。璊圭文義亦順。或云面宛古音同部。[王面]與琬通。琬與圭二物。環與璋二物。相對言也。亦通矣。【古籀篇十】

◉高鴻縉　士即筮。士原象竹籌縱横之形。詳見象形篇。筮始於周初。商則用龜卜。卜曰兆。士(筮)曰圭。圭从重士(筮)。後始加卜旁作卦。名詞。説文圭。瑞玉也。上圜下方實珪字意。非圭字意也。周始用竹籌筮。有筮而後有卦。故士字不見於商代卜辭。而周始有易。左傳凡言遇某卦之某卦。其上必曰筮。而不曰卜。筮原用竹籌。故筮字从竹巫會意。後世始用蓍艸為之。卦不用龜卜。字不應从卜。而加卜者。明是後人所為。俞曲園兒笘録曰。圭者。卦之古文也。圭之為卦。猶兆之為烑也。……其从卜者。後人所加耳。今知圭為卦之初文。並知从二士。不从二土。説文誤列土部。【中國字例四篇】

◉林義光　重土非瑞玉之義。古土作[古文]。圭作[古文]遽尊彝。無作[古文]者。明非重土。圭。畫也。圭畫古同音。周語夢神規其臂以黑。注。規。畫也。以規為之。圭象縱横界畫形。卦從圭得聲。亦謂所畫之物也。【文源卷三】

◉馬叙倫　俞樾曰。圭從重土無義。且圭璧皆以玉。周禮所謂以玉作六器也。璧琮璋琥璜字皆從玉。則圭璧字亦宜作珪。為形聲字。蓋圭者。卦之古文。圭之為卦。猶兆之為烑矣。古人之筮。必畫地以識爻。儀禮士冠禮。卦者在左。注。卦者。有司主畫地識爻者也。少牢饋食禮。卦以木。注。每一爻畫地以識之。六爻備。書于板。然則古字作圭者。其下之一象地也。其上之十。一縱一横。象畫之形也。土上又作土者。象畫内卦又畫外卦也。經傳借圭為珪。圭之本義為借義所挩。乃從卜作卦以别之。章炳麟曰。圭者。準初文。珪者。後出古文。圭蓋起於土圭。地官大司徒。以土圭測土深。正日景以求地中。凡建邦國。以土圭土其地而制。其或重重測之。故從重土。林義光曰。重土非瑞玉之義。圭者。畫也。周語。夢神規其臂以黑。以規為之。圭象縱横界畫形。馮振心曰。圭當為土之突起者。以其略高於平地。故從重土。倫按俞先生謂圭為卦之古文。猶言初文。是也。然謂圭字象形。非也。古之卜以卦。四十年前。倫於杭州。猶見杭州有所謂打卦者。以一瓠判而為二。擲地以相陰陽。凡三擲而斷吉凶。後在漳州鄉廟中。見二土製之物。長五六寸。廣寸餘。亦有陰陽之形。以備占者。即所謂坏珓也。此皆古之遺風餘俗。且畫地識爻。先必有所以卜之具。然後有爻可見。而古卜法略可見於史記龜策傳。今得殷墟灼龜之遺物。其文俯仰之迹儼然而在。然此乃以龜代卦為卜具後事也。卦者。最古之卜具。今苗蠻中猶用坏珓以卜。蓋卦為以二塊。有陰陽之別。擲之觀其所向。判其陰陽。以定吉凶。故既以六書造字。欲名其物。乃以二土為圭。為會意字。亦或此字本畫坏珓之形。坏珓即二塊。畫寫不便。變為二土。故金文土字作土 丄 土。而圭字獨作圭。俞先生所據饋食禮卦以木者。釋名所謂卦者挂也。此自是書爻之板。名之卦。餘見卜字卦字下。瑞玉也者。古文經傳作珪者之義。疑非本訓。蓋自從重土。毛公鼎作圭。師遽尊作圭。

珪　倫按此圭璧之圭本字。從玉。圭聲。從玉二字校者加之。【說文解字六書疏證卷二十六】

◉鮑　鼎　圭為五瑞之一，天子所以封諸侯，諸侯以之朝覲于天子，覲聘於鄰國，以為瑞信。有命圭之稱，為保身之用，其為國之重器，非尋常服用所可頡頏也。然圭既為玉，其字乃从重土，殊令人不知其意義之所在。从玉之珪，許君雖仞為古文，第以毛公鼎、師遽尊作圭證之，實晚周之古文也。而八卦之卦字，从圭得聲。凡形聲之字，大抵先有聲而後有形，聞聲即知其誼。圭為卦之初文，卦乃圭之後起字，金文尚無卦字，其即圭字可知。不然，八卦之傳甚古，周易具在，金文中不應無之。俞樾以「圭之為卦，猶兆之為兆卜」，所見極精。然謂「圭非从土，其下之一，象地，其上之十，一縱一橫，象畫之形」，尚非不刊之論也。

伏羲畫八卦，載於易繫辭及尚書大傳等書。圭之始於何時，故籍不詳。繹其从重土之誼，其初制必以土而非玉，當導源於土圭。土圭之用，具載周官大司徒、土方氏。其質以玉，見于典瑞。其高度見于考工記。賈公彥云：「周公攝政四年，欲求土中，而營王城，故以土圭測度」，似謂起于周公。周髀算經稱「土圭為先王之制」，則非周公所作，明矣。

余謂土圭之剏，蓋以土為之，即測日之表所自昉。手創之人，乃為伏羲。當是時，人民睢睢盱盱，不知東西南北，伏羲蓋其中之優秀者，乃摶土以成土圭。以其絫土為之，故从重土。土圭既能測知日景之邪正長短，因而藉以別四方之所向，有正必有隅，倍四為八，其形制必圜首而八面，每面加以錯畫，以為方向之標識，故卦挂皆有畫誼，實一字也。其初文皆為圭，所謂畫者，即就圭上而畫八方之錯畫，錯畫有斷續之不同，所以為八方之別異。然則圭本土製，而卦即圭上之錯畫，圭卦元為一事，亦為一字，此應劭所以解為「自然之形，陰陽之始」也。迨八卦專為演筮之用，於是增卜而為卦，遂成右形左聲之字，致與圭判然為二耳。試觀各書所載，則伏羲畫卦及八卦之與八方，均有相維之誼。說卦傳分八卦以配八方。乾坤鑿度稱：「庖犧畫四象，立四隅四正。」畫四象，即畫分四方。四正即東西南北，四隅即報德之維，背陽之維，常羊之維，蹏通之維，合之則八方也。演孔圖及壺子稱：「伏羲作象八極。」春秋内事及尸子稱：「伏羲始畫八卦，建分八節。」八極猶言八方。八節，亦因八方而生者也。拾遺記釋太昊之誼，為「明睿照於八區」，尤為伏羲分別八方之顯證。而八卦之與八風，更有相維之誼。考異郵合八風於八卦，尤晰。故王嘉一則云：「伏羲聽八風，乃畫八卦。」再則云：「伏羲調和八風，以畫八卦。」夫八風因方而立名，必先定方，而後能辨為何方之風，則伏羲因定方而畫卦，益為明白之確證。易繫辭謂：「易有太極，是生兩儀，兩儀生四象，四象生八卦。」太極指天而言，兩儀指日月而言，日月東升西落，憑其景而知四方之位，繫辭所謂：「縣象著明莫大乎日月」者，是也。由四方而析為八方，故曰四象生八卦。虞翻注：「四象為四時」，乾鑿度亦同，與繫辭「變通莫大乎四時」互相吻合，四時固因方而生者也。繫辭又謂：「象也者，像也。」許君釋仿，曰：「相似也。」釋像，曰：「象也。」方為仿之初文，象為像之初文，章懷太子訓放為象。放之初文亦為方也，方象同部之字，聲訓俱邇，則四象蓋猶四方矣。揚雄以七九八六當之，孔穎達以金木水火當之，不亦誣哉。而路史載「伏羲命鳥明莫八方」，殆伏羲辨方畫卦之良助乎。八之朔誼為別。八卦名稱之所由起，非紀數也。卦之初文為圭，本為測景之器。八之初誼為別，明其辨方之用。八卦者，猶別圭也，別土圭八方之位也。其所以成為數名者，即由此而引伸，四正四隅，合之非八而何，於是即叚為紀數之名。許君於其他九數字，皆以天地陰陽之數相訓，獨八不主此立説，蓋知其初誼，元非紀數。八直別之本字，別為分解之誼，而非分別之誼，八在至部，別在泰部，古音亦劃然為二，以借八為數字之故，於是始借別為分別之誼耳。禮含文嘉解伏為別（見後），斯亦相承之故訓，別者，即別此八方之位者也。是故土圭之立，重在測景別方，而八卦之文，即此別方之錯畫。不綦明歟！

伏羲之世，草昧未闢，無所謂國邑，亦無所謂天子諸侯公卿大夫之差等。然人之生也，不能無羣，則必聚而為部落，强且智者，遂為其部落之酋長。遁甲開山圖稱太昊治仇夷山，則仇夷山實伏羲部落之所在。伏羲既竭其智力，作為土圭，以分別日月星辰，四方上下，初民了無知識，見伏羲具此異能，以為無上神聖，不可思議，於是奉之為一部之酋長。伏羲即恃此以為震懾其部落之工具，復假神道設教，謂此八文，寓有天地山澤風雷水火之象。不第近者敬畏，浸假而各部落之酋長亦聞風讋服，相率而來臣，即柳宗元所謂「又有大者衆羣之長，就而聽命」者也。天下之部落至夥，未必盡為臣服，其奉伏羲之教命者，伏羲即予以土製之圭，以寵賚之，且為往來之信物標識，昭示區別。質言之，伏羲之威權，等於耶酥教教皇之類。土圭為來往之符牌，等於耶穌教十字架之類。有何神祕之可言乎？春秋文耀鉤有作易名官之語，論衡有卦治天下之文，皆此故也。不然，作易與名官有何相涉？而卦乃陰陽卜筮之用，又安足憑以治天下哉？含文嘉謂：「伏羲始別八卦，以變化天下，天下法則，咸伏貢獻。」此伏羲以土圭降服諸酋之大證也。諸酋既奉伏羲所錫之土圭，以為伏羲之臣屬，欲至伏羲之所而述職者，則必持之，以為憑驗，否則伏羲必視為非我族類，拒而不納，沿習既久，成為瑞信之物，此即後世天子封諸侯錫以命圭之所始，亦即諸侯執所受圭以朝天子之由來。聖人制禮，不求變俗，此其一端。禮家論禮，既曰「皆從其初」，又曰「皆從其朔」，圭之為用，蓋亦從其初從其朔之類耳。其所以由土而為玉者，亦自有其禮遞之跡。伏羲之世，正當石器時代，土製之圭，乃其初制，埏埴需時，且費人力，部落所歸既衆，土圭漸覺有供不應求之勢，遂以石代之，石為生成之物，不勞人工，僅磨礱雕刻，尚屬簡易，惟既目為神物，事之維謹，必擇潔白之石以為之，故圭有潔白之誼。其時銅器未興，當必以鋭石畫之而成卦耳。後世踵事增華，復易石而為玉。又日趨苟簡，易八面而為兩面，易厚而觚者，為博而平，易有卦之土石，而為無卦之王，致成今之圭形，且劃分命圭與土圭為二事，此與孔子所歎「觚不觚觚哉觚哉」，同一名是實非之遷變，遂成數典忘祖之故事矣！

至圭字得聲之由來，亟應加以縝密之孯討。周時雖入支部，而其元音當以麻韻之洼蛙窪哇、馬韻之䵷蘳觟為準，而佳、窐、娃、鼃、詿、卦、挂、絓，雖入佳、卦兩韻，今音則與麻禡音讀頗協。佳，今讀見耶反。窐、鼃，讀旺加反。娃，讀吾牙反。詿、卦、挂、徍，讀關下反，則仍元音之未變者也。故與歌、魚、麻三部之字相近，有以聲訓者，有與之通叚者，有與之相韻者，故集韻以下諸韻書多有收入麻、馬、禡韻者，職此故也。而卦之訓畫，畫雖在支部，亦與歌通。

魚歌之元音，皆讀同麻。最古之元音為阿，讀恩耶反。自梵文以及東西各國字母，無不以阿字冠首。阿為一切語音之本，世界年代較古之語音，及文化未啓、言語未進步民族之語音，其中阿音必多。小兒墮地，呱呱而哭，呱讀歸嘉反。及呀呀學語之初，祇能呼爺讀牙媽而已，此則出於天籟之自然。哇象歐吐之聲，蛙象蛙鳴之聲，亦為天籟。言語之音有變，而天籟終古不變，其為原始之音，固不待言。蛙哇等字，既从圭得聲，則圭之元音，亦當為光耶反。伏羲作圭，正為初民之時，故即以近阿之聲呼之。圭為有隅之物，而阿亦含隅誼。四圭殆猶四阿乎？觀鄭氏以四涯解四阿，涯乃圭之累增字，則圭之發聲確由阿字而來。圭在見母，屬牙音。阿在影母，屬喉音。喉牙最近，古雙聲不分，韓道昭謂「牙為淺喉，喉為深喉」，此其所以能相蛻化。公聲為翁，瓜聲為窊，此見母蛻而為影母也。羊聲為姜，異聲為冀，此影母蛻而為見母也。即聲誼以求，實異流而同源也。其後轉成骨攜反而入支部，乃三百篇時之音，非太古即如是。前儒謂「古無麻音」，予亦初為所囿，近乃知其不然，然則祇就圭之元音而論，已足信其為原始民族所作之物，益足以張吾說矣。

許君釋封字，為从㞢，从土，从寸。或據召伯虎敦作[illegible]，謂从丰从又从土，又者手也，丰者聲也，以駁之。然以封古文㞢證之，古璽皆作[illegible]，則許君从㞢之釋，非無本也。璽之古文从土，籀文从玉，古璽中多有作坴鉩坏者。余謂封璽二字所从之土，皆圭之省。封在冬部，天問與沈為韻，蓋與風之讀音相同。丰在東部，似稍有辨。封與圭為雙聲之轉，古無輕脣音，封風皆讀赫中切，今山西福建及上海浦東猶有此音，實古之遺也。是故封在曉母，屬喉音，其互轉與圭阿同例。阿之與封，又同屬喉音，古雙聲凡同位者即為同紐，不分清濁發送，尋其紐韻之迹，固可一以貫之矣。之有往誼，契文之恆作㞢，羅振玉謂：「从止从一，人所之也，乃之往之初誼。」則封之會意，即手持所錫之圭，而往就國也，蓋實意兼聲之字，說文解字中固多有以雙聲而得聲者矣。倘為从土，則土地何能持之以手，豈不與「手援天下」同一不情乎。

璽之从爾从圭者，亦意兼聲之字，猶言此為爾之圭也。然則璽之與圭，猶子之於母，古官璽多方，罕有長及圜者，蓋即依圭形而縮製，璽中有覆斗紐，上圜而下方者，固宛然一圭形也。人事日趨簡易，圭雖長不及尺，第已嫌其笨重不便，故蛻而為璽，一握之中，輕而易攜，此後世所由廢圭用璽之故歟？而程瑶田謂「璽之从土，乃封之省」，不知封尚為圭之省，況其蛻化之璽乎。封邦古為一字，詩玄鳥「邦畿千里」，文選西京賦注引作封。論語：「且在邦域之中矣」、「而謀動干戈打邦内」，鄭本作封。說文解字：「或，邦也。」古寫本華嚴經音義引作封也。蓋古祇作封，以虚字而作實字，後人以為國邑之故，而易从寸為从邑耳。邦字雖从丰，毛公鼎、封敦、陳侯午錞、齊建邦刀及古璽文不从丰而从[glyph]，或从[glyph]，與封字同。若繩以封字之古聲，殆亦曉母，而非幫母，其形殆亦圭省，而非从土乎？說者乃謂「古土作[glyph]，圭無作[glyph]者，明非重土，圭象縱横界畫形，卦从圭得聲，亦謂所畫之物也。」其說未嘗不言之成理，持之有故。第寞兒鼎土作土，子璋鐘之基字、齊侯壺之堇字、𨟻白盤之塍字均从土而不从[glyph]，史頌敦里或作[glyph]，或作[glyph]，古文多變形，圓注與短畫，本無一定，不可以从[glyph]者即非土，而謂圭字之所从非重土也。

土圭之制，不第測日，兼以測月，既見於典瑞，而大司徒鄭注亦曾言之。故繫辭稱「伏羲仰觀象於天」，春秋内事稱其「定天地之位，分陰陽之數，推列三光，建分八節」，此皆屬於天象，天皇之稱，肇因於此。又以其有聽風別方之功也，遂流為風姓之傳說。易通卦驗稱「伏羲方牙精作易」，乾坤鑿度坤靈圖稱「蒼牙通靈」，鄭注皆謂伏羲。牙為人之齒牙，引伸有鋭利之誼，古玉佩之衝牙，亦取其鋭而觸璜以作聲者也。木色青，故曰蒼。蒼牙即畫圭成卦之木楔，有似於後世之刀筆，圭以土成，非堅剛之質，鋭木固可畫矣。蒼方古音同在陽部，以同部而通叚耳。伏羲蓋始明用木之法，畫卦既用木，且以木為兵，在石兵之前。度其伏制犧牲，概用梃擊。易稱伏羲制綱罟，其時猶未明蠶絲之法，度亦剖竹木之絲，或析麻以為之。然則伏羲成其畫卦及漁獵之功者，皆由於用木也。故有蒼精、蒼帝、木皇、春皇之號。後世乃以五行附會，毋乃不經之論，而遠於事實。不然，伏羲所治，悉在西土，曷嘗位居東方哉？伏羲生當燧人之後，已明用火之法，土圭之作，有恃乎黏土而煨之，故埏埴之發明，實自伏羲而始。俄國科斯洛夫探險隊在外蒙古掘得之舊石器中，即雜有灰色及絳色之陶器。仰韶村沙鍋屯西陰村等地所掘得之新石器，更有紅白彩色之陶器。則陶器之原始，大約在新舊石器之交，余以為我國陶器始於伏羲，而土圭即為製陶之發軔。武梁祠畫像稱「伏羲始造工業」，不為無據。奧人麥猶伯博士Dr. Paul Mayersbery斷謂「世界工業之文明，起源於中國」，至稱「中國為石器及陶器之母邦」，"The mother conutry of stoneware & porulaion"，可為篤論矣。繼伏羲之位者，為女媧氏，更提倡而光大之，以利器用。好事者乃造為「鍊石補天」、「摶土為人」之神話。其實曰鍊曰摶，不皆埏埴之法乎？漢書律歷志注：以「六十四黍為一圭」，孫子算經以「六粟為一圭」，同以為量名，而黍粟之多寡，互為參異，解者縱多曲説，亦莫得而折衷之。余以為圭非量名，乃度名，起源於土圭。六十四黍者，土圭全體之高度也。六粟者，土圭一面之横度也。合八面而計之，則為四十八粟也。度量權衡之制，咸起於黍，有縱横之别。每縱黍當一分，周人以八寸為尺者，縱黍八，横黍十也。後世以十寸為尺者，縱黍十，横黍十二也。古尺短，當以八寸為正，其謂夏以十寸，殷以九寸或十二寸者，皆妄也。

伏羲之制土圭，以定四方之制，數起於四，倍四為八，故八分為一寸。以六十四黍為其高度，乃八八之數也。以四十八粟為其圍度，乃六八之數也。六十四黍，得六寸四分，準以考工記所載侯伯信圭躬圭之制七寸，頗為相合。至云鎮圭尺有二寸，桓圭九寸，當為周代文家所增，以為尊卑之别異，觀於路冕之差等，皆周人尚文之所制，而前代未之聞也。洨長訓「撮為四圭」，又釋為「兩指撮」。余謂四圭蓋四方之土圭，即典瑞有邸之四圭，亦即玉人尺有二寸之四圭。四圭所以祭天旅上帝，為最尊之祭，凡祭愈尊，而所用之器物愈為古樸，即禮運從其初從其朔之謂。郊血，大饗腥，三獻爓，一獻孰，純依太古飲血茹毛之餘習，以血腥為尊，以熟食為卑也。祭天之圭，用四方之圭，而不用通常之圭，以其為禮之最尊，故亦用最古之圭以祭之，方圭之用，僅存於此，真所謂告朔之餼羊者也。而祭地旅四望，則用兩面之圭，取降於四面之圭，四面之圭，即伏羲土圭之遺制，兩面之圭，則近於當時通行之圭也。鄭氏未見原始之圭，莫知其確，故引兩説以存疑，其實以四圭有邸，邸有四角之後説，為合於古制，邸有四角，則四方之形明矣。許君之意，即以撮為土圭之圍度，懼人之不易曉也，又加「三指撮也」一語以申解之，此許書説解屢見之例，如粵、丘、鏄、軍等字是也。淺人不知，妄加一曰二字，使人疑於别一誼，又誤三為二，更出後人竄改，非許書之舊，慧琳所引可證也。

且即以从圭之字參之，街為四通道，桂為四齒叉，與閨為特立之户，上圜下方，同為聲兼誼之字。足明古圭之形，非今之圭形。而許君所言之四圭，非其數有四，不言八圭，而言四圭者，舉四正以該四隅也。古人每有省方字而不言者，如四方之國，而曰四國；四方之門，而曰四門；四方之物，而曰四物；則四方之圭，獨不可以言四圭乎？三指撮言圭之圍度，古人固有以人之身體為度者，公羊之膚寸，投壺之五扶，孟子之拱把，皆其類也，然則撮者其猶膚扶拱把乎。自醫家刀圭之説興，遂目圭撮為量制，而非度制，愈求而愈不得其真，據應劭云：「圭自然之形，陰陽之始，四圭為撮，三指撮之也。」果為量藥之刀圭，則亦尋常一用器耳，有何陰陽自然之可言？其所指必為此有卦之土圭無疑。應氏亦作三指，與慧琳所引悉符，足證二徐兩指之誤，蓋以四十八粟當五寸言之，兩指之間，固有不敷分布者矣。考工記載土圭為尺有五寸者，則以測景之物，愈高而景愈顯，故由六寸四分而增之為十五寸，乃自然之趨勢也。是故圭之名生於土圭，土圭由測景而起，因測景而別方，故有此乾坤坎離震艮巽兑八者不同之錯畫，當時寓有愚民之功用，後世復認為精微之玄象，伏羲作土圭時，豈自料其動力如此之久且大哉。

或曰，大宗伯以黄琮禮地，注以琮為八方，子謂圭之初為八方，毋乃誤訒琮為圭乎？曰：此子未讀説文解字之故也。説文解字明謂琮似車釭，則必中空而如筩，故白虎通有圓中牙外之釋。再以實物徵之，據吴大澂所考，琮之形狀，確如許班所云，且其所謂八方者，乃為器面之刻文，而非器形。與土圭之圜首中實而八方者自别。其不可牽混，固不待余之曉曉矣。【釋圭 説文月刊二卷十一期】

◉李孝定 圭字許君云「从重土」，重土非瑞玉之象，此説恐未的。高鴻縉氏謂圭為卦之古文，用為圭璋字乃假借；林義光氏訓圭為畫，借為圭璋字，義並較勝。惟圭之訓畫，亦難於字形求之，高氏之説似較長。【金文詁林讀後記卷十三】

圮

圮 壢【汗簡】

◉許慎 圮東楚謂橋為圮，从土。巳聲。與之切。【説文解字卷十三】

◉馬叙倫 鈕樹玉曰。初學記七引作楚人謂橋為圮。倫按疑有本訓。橋亦非圮之本義也。許書大例。凡重或反部首為字者。皆在部末。今圭從重土。而圭下復有圮垂堀三字。王筠據鍇本圮垂二篆竝在圭前。以證堀字是後加。然垂何以不次塿堣之下。圮何以不次堂坫或壙埂之下。校為相類。豈今本經到亂邪。抑鍇本不足據。而圮垂堀三字並出字林邪。然垂字見急就篇也。【説文解字六書疏證卷二十六】

埀

埀 9·45 蘆衆鄙 陧垂鉢【古陶文字徵】

〔三六〕 〔五六〕【先秦貨幣文編】

0164 0209 【古璽文編】

天璽紀功碑　敷垂億載　【石刻篆文編】

垂　垂见石經　【汗簡】

竝汗簡　石經　竝王存乂切韻　【古文四聲韻】

◉許　慎　坙遠邊也。从土。𠂹聲。是為切。【説文解字卷十三】

◉郭沫若　陲與㚇同例，可知亦用牲之法，殆叚為垂，爾雅釋天所謂「庪縣」也，彼言，以「祭山」，此則以祭大甲，殷人禮制本無定例。【殷契粹編考釋】

◉葉玉森　□　孫詒讓氏釋共。謂即詩皇矣侵阮徂共之共。契文舉例。森桉□之異體作□□□。說文坙。遠邊也。从土𠂹聲。疑卜辭為坙之古文。象枝葉四坙。下从土。與篆文同。或省土仍坙象。卜辭屢言「坙侯」。藏龜第二百五十一葉之一，又卷五第三十九葉之六。或曰「坙伯」。殷虛卜辭第二千二百九十九版。坙乃國名。許君解為遠邊。乃坙之引申誼也。【殷虛書契前編集釋卷一】

◉馬叙倫　遠邊也當作遠也邊也。遠也引申義。校者加之。或吕忱列異文。字見急就篇。顔師古本作鍾。豈作鍾者為急就故書邪。【説文解字六書疏證卷二十六】

◉柯昌濟　□字余疑為垂字。亦無確證。□字似為無字省文。但在此無解。是證為□字省文。【殷墟卜辭綜類例證考釋古文字研究十六輯】

◉羅　琨　叚是女奴，由此可進而推論與之一起殺祭的垂是指殺成年的奴隸。過去較通行的説法認為垂是邊陲之人或垂地俘虜，并舉出卜辭中有垂侯（前五・三九・六）、垂地（珠六〇九）為證。但是，第一，卜辭中數見殺祭方伯的記録，卻没有以侯某為牲，將後者臣民為牲也很少見，而合集收録武丁時祭獻垂的卜辭就有五十條左右。第二，從文字看，二者寫法不同，作侯名或地名者甲骨文均作□（前五・三九・五），被殺祭者則作□（乙七一〇），葉玉森釋後者為垂是正確的，垂，説文釋「从土𠂹聲」。而甲骨文垂字與土侯名寫法的主要區别，正是有演化成「从土」的部分，然而甲骨文這個字本義并没有土的意思，西周陶文曾見□字，和乙一一〇〇的垂字結構相同，卻是作生動的兒童形象，它啟示我們垂字很可能是由兒童的象形演化而來，表示未成年者，這個古義在説文還可以找到痕迹，如釋从垂聲的騷字為「馬小貌」，𡍮字為「小口罌也」，𥝢為「草木華葉象形」，也隱含生長義。垂解為邊陲，應是後起的引申義。至于作族名或地名的垂，早已有人指出它「象人臂生毛之形，與𥝢非一字」。【商代人祭及相關問題 甲骨探史録】

◉郭若愚 魏在戰國晚期亦鑄行圜錢，今見「垂垣一釿」、「垣」、「共屯赤金」、「共」、「襄陰」數種。這些圜錢的鑄行年代，大約和趙鑄行「藺」、「離石」圜錢同時。

「垂垣」舊釋「長垣」，裘錫圭同志釋「漆垣」。謂「泰垣當即見于《漢書地理志》的上郡屬縣漆垣。漢代的上郡之地在戰國時代本來分屬魏、趙，後來逐漸為秦所佔。」(見《戰國貨幣考》)我認為此字應釋為「垂」。「垂垣一釿」圜錢有兩種文字，一種向右旋讀「垣」作[glyph]；又有一種向左旋讀而「垣」作[glyph]。我們稱後者為「垣」字傳形，這種傳形圜錢已發現多枚，不是偶然現象，這是説明「垂」應作[glyph]，和[glyph]字一致。《説文》：「𥝢，草木華葉垂。象形。」又：「[glyph]，草木華也，从垂亏聲。」按「華」，石鼓作[glyph]，朱公華鐘作[glyph]，克鼎作[glyph]，命簋作[glyph]，華季𥂴作[glyph]。其所从之垂與圜錢之[glyph]相似。再从「垂」之差字，《王孫誥鐘》作[glyph]，與此更為相近。垂，春秋衛邑，戰國屬魏。《春秋隱公八年》：「宋公衛侯遇于垂。」傳作犬丘。《杜注》：「犬丘，垂也」，即今山東曹縣北句陽店。【談談先秦錢幣的幾個問題 中國錢幣一九九一年第二期】

堀 [glyph]

◉許慎 [glyph]兔堀也。从土。屈聲。苦骨切。【説文解字卷十三】

◉馬叙倫 鈕樹玉曰。玉篇廣韻並無。按前訓突之堀。本當作堀。此訓兔窟。疑後人增。【説文解字六書疏證卷二十六】

塗 [glyph]

[glyph] 漢匈奴姑塗□臺耆【漢印文字徵】

[glyph] 並古尚書 [glyph] [glyph] 並籀韻【古文四聲韻】

◉徐鉉 [glyph]泥也。从土。涂聲。同都切。【説文解字卷十三新附】

塓 □

◉徐　鉉　塓塗也。从土。冥聲。莫狄切。【説文解字卷十三新附】

埏 □

◉徐　鉉　埏八方之地也。从土。延聲。以然切。【説文解字卷十三新附】

□古老子【古文四聲韻】

場 □

◉徐　鉉　場疆也。从土。易聲。羊益切。【説文解字卷十三新附】

境 □

◉徐　鉉　境疆也。从土。竟聲。經典通用竟。居領切。【説文解字卷十三新附】

◉阮　元　□□竟。經典境字。此从止。从竟省。與説文从音从人之字義別。止。址也。基址所竟是境界也。【散氏盤　積古齋鐘鼎彝器款識卷八】

◉吳大澂　□竟。窮也。目力所窮。从見从□。立表以為界謂之境。猶關之有□也。□。古上字。从土後人所加。散氏盤。【古籀補十】

塾 □

◉徐　鉉　塾門側堂也。从土。孰聲。殊六切。【説文解字卷十三新附】

◉劉心源　□𢊁鼎　上一字从广从□。考子尊□。饕餮方彝□。父丁卣□。圖卣□。竝與此同。案□即亯。□□□為變體。□則填實書之。□□□即□。隸作丮。今作丸者。从丸从亯為孰。説文作□。从𦎫。𦎫亯通用。古文較省。詳齊矦敦。伯致敦作□可證。□即丮之繁文。叔弓鎛夙執埶三字皆从□。此銘广下从孰。广。屋形。當是塾之古文。與虢季子白盤廟字同意。説文未收。新附塾下云。門側堂也。白虎通所吕必有塾者何。欲吕飾門。冟取其名。明臣下當見於君。必先孰孰即熟字思其事也。鄭珍新附考云。塾俗字。古止作孰。或謂東觀漢紀後漢書作墪。為塾之本字。墪之省字。心源案。如鄭説。則塾不過為墪墪之繁文。未是。俗字集韻有闔闔。皆塾字也。【𢊁鼎　奇觚室吉金文述卷一】

墾 墾　塘 塘　坳 坳

◉徐　鉉　墾耕也。从土。豤聲。康很切。【説文解字卷十三新附】

◉徐　鉉　塘隄也。从土。唐聲。徒郎切。【説文解字卷十三新附】

◉徐　鉉　坳地不平也。从土。幼聲。於交切。【説文解字卷十三新附】

◉劉信芳　四、釋「∪菖」、「皓菖」、「鋯菖」、「鉸菖」

包簡二七一：「四馬之∪菖。」牘：「四馬皓菖。」望山簡記有「鋯菖」。

簡文「∪」讀如「窅」，俗作「凹」，亦即《莊子・逍遥遊》「坳堂」之「坳」，與甲骨文字「坎」作「凵」有別。「窅」、「皓」、「鋯」古音同在幽部、喉音。該墓出土馬銜多套有馬鑣，其形狀正如「∪」。字又作「皓」、「鋯」者，除了音讀上的聯繫外，蓋「告」从牛从口，从告之「梏」為囚系罪犯的器械，而「∪菖」、「梏菖」為勒束馬的器械，知「梏」、「鋯」之音義與「∪」相通。惟許書不收讀如「窅」之「凹」，故其訓釋只能輾轉得之。或釋「∪」為「臼」（舊），若是孤立的辭例，尚可備一説；惟同類器物又被記為「皓菖」、「鋯菖」，則釋「∪」為舊就值得重新考慮了。

經與實物對照，簡文「∪菖」、「皓菖」謂出土馬銜，「菖」應讀如「銜」，「菖」字从首，从臽省。故字可隸定作「⿰臽首」，應是《玉篇》頁部「頷」之異構，「頷」之讀如「銜」，有如从「臽」之「啗」古讀如「含」，《説文》：「啗，……讀與含同。」《廣韻》「含，《説文》『銜也』。」（同鍇本）知簡文「皓菖」即「皓銜」（李家浩先生《包山楚簡研究（五篇）》已釋「菖」為「銜」，惟説解不同，姑存拙説以備參考）。

包山簡二七二：「白金鉸菖」。「金鉸」二字原簡合文作「[合文]」（參《包山楚簡》圖版一七四），或隸定作「錫」，讀作「金錫」，誤。「錫菖（銜）」亦不成辭。鉸、皓、∪古讀音近，出土之馬銜中部皆由兩環相絞，此所以有「鉸菖」之名。惟「皓菖」、「∪菖」、「鉸菖」之異，究竟是出于通假，抑或是本于物有專名。尚有待更多的辭例才能明确。【楚簡文字考釋五則　于省吾教授百年誕辰紀念文集】

壒 壒　墜 隧　墖 墖　坊 坊　垚 垚

◉徐　鉉　壒塵也。从土。蓋聲。於蓋切。【説文解字卷十三新附】

墜 説文新附　㝬簋　墜于四方【金文編】

石經君奭　乃其隧命　今本作墜古文叚遂為之【石刻篆文編】

天台經幢　南嶽碑【古文四聲韻】

◉徐　鉉　隧陊也。从土。隊聲。古通用硶。直類切。【説文解字卷十三新附】

◉顧廷龍　墜。説文新附。侈也。玉刀柲有此字。周左宫𣏌墜。【古匋文孴録】

◉戴家祥　㝬𣪕　墜于四方　説文十三篇「墜，陊也。从土隊聲。」按爾雅釋詁「墜，落也」，論語「未墜於地」。墜即落也。徐氏訓「陊」。廣韻「陊，下坂貌。又落也」，與墜義相同。金文墜字皆用本義。【金文大字典下】

◉徐　鉉　墖西域浮屠也。从土。荅聲。土盍切。【説文解字卷十三新附】

孴録13·4【古陶文字徵】

坊禁之印　劉坊私印　徐坊【漢印文字徵】

◉徐　鉉　坊邑里之名。从土。方聲。古通用堃。府良切。【説文解字卷十三新附】

三代上6·30　獨字【古陶文字徵】

[glyph]堯

垚　垚五聊切【汗簡】

◉許　慎　垚土高也。从三土。凡垚之屬皆从垚。吾聊切。【説文解字卷十三】

◉馬叙倫　鈕樹玉曰。韻會引作土高皃。倫按土高也土之高也土高皃皆非本訓。許蓋作高也。以聲訓。此岳之異文。亦陶嶽之初文也。義當為土再成。甲文土字作[glyph]。丘字作[glyph]。此從土在丘上會意。然倫謂原始文本作[glyph]也。會意之文。所謂合體象形。[glyph]於六書則曰指事耳。如小篆則為會意。垚岳音同疑紐。陶垚則聲同幽類。堯從垚得聲。堯稱陶唐氏者。陶唐音同定紐。連緜為詞。陶唐氏即陶氏。陶氏即堯氏也。當入丘部。【説文解字六書疏證卷二十六】

[glyph] 後二・三二・一六　从土从兀與堯字古文畧同【甲骨文編】

[glyph] 後下32・16【續甲骨文編】

[glyph] 0262　與説文古文堯同【古璽文編】

[glyph] 刀堯之印　[glyph] 石堯　[glyph] 蔽堯私印【漢印文字徵】

[glyph] 堯【汗簡】

[glyph] 汗簡又説文　[glyph] 崔希裕纂古　[glyph] 汗簡【古文四聲韻】

◉許　慎　[glyph]高也。从垚在兀上。高遠也。吾聊切。[glyph]古文堯。【説文解字卷十三】

◉林義光　兀非高遠之意。見兀字條。[glyph]古丙字。擁蔽也。見丙字條。凡仰視有所擁蔽。惟特高之物。堯然而出其上。三土象高物。【文源卷六】

◉丁佛言　[glyph]古鉥。堯相賣。許氏説。堯。高也。从垚在兀上。高遠也。古文作[glyph]。【説文古籀補補第十三】

◉商承祚　[glyph]　説文堯「高也。从垚在兀上。高遠也。[glyph]古文堯。」以古文字緐簡任意之例言之。重體从二从三相同。此字从二土一人。與説文之古文从二土二人。小篆之从三土一人(兀為人之誤)于誼無別。人在土丘之下。故有高意。廣韻堯。「至高

之皃。」白虎通。「堯猶嶢。嶢。至高之皃。」作嶢者。後起字也。【甲骨文字研究下編】

◉孫海波　□後・下・三二・十六　說文。「堯。高也。从垚在兀上。古文作□」，此从㞢从兀。與古文同。【甲骨文編卷十三】

◉馬叙倫　此顤之初文。從兀。垚聲。當入兀部。高遠也校語。從垚在兀上蓋亦非本文。字見急就篇。

□　李杲曰。古鉩堯相賣正作□。倫按此字可疑。將謂從从從㐺邪。將謂從刅㐺省聲邪。【說文解字六書疏證卷二十六】

◉商承祚　□　甲骨文作□。从二土一人。與三土一人二土二人意同。【說文中之古文考　金陵大學學報十卷一、二期】

◉朱芳圃　□前・二・四・三　□前六・五・三　□前七・五・四　□後下一五・五　□戩一〇・四　□屯甲二三三五　按上揭奇字，王襄釋為允，殷契類纂四八。葉玉森從之。殷契鉤沈三。唐蘭釋為先，謂「象豎髮形，義為髮盛。」古文字學導論上四〇又四一。按諸家之説非也。字象人頭上有神光三出，義為光輝普照之神人，當為堯之初文。說文垚部：「堯，高也。从垚在兀上，高遠也。□，古文堯。」考篆文堯上所从之垚，實焱之形誤。古文土與火常混不分，如散氏盤之土字作⊥，召伯虎毀堇字偏旁所从之火亦作⊥；子璋鐘基字偏旁所从之土作土，齊侯壺堇字偏旁所从之火亦作土，是其證也。兀與元為一字，下从人，上从一為古文，从二為篆文，皆上字也。從音言之，古讀疑紐雙聲，元術對轉。義當訓首，儀禮士冠禮：「加元服」，鄭注：「元，首也」；左傳僖公三十三年：「狄人歸其元」，杜注：「元，首也」。許君訓元為始，訓兀為高而上平，一隸一部，一隸儿部，疏矣。字从焱从兀，與甲文之□，結構雖有繁簡，形義實無二致。□之為堯，確無可疑。互詳拙著宗彝圖銘考釋。【殷周文字釋叢卷上】

◉李孝定　□後二・三二・一六　說文「堯。高也。从垚在兀上。高遠也。□古文堯。」此从二土从卩。孫氏釋堯。可从。【甲骨文字集釋第十三】

◉楊樹達　垚从三土，謂多土也。兀為高而上平，謂高而上平之處也。高而上平之處，復以多土加之。故為高矣。【文字形義學】

◉丁　山　□後・下・32・16。□，舊釋堯，為與堯之古文□形體相近也。纍土為垚，垚者，高也。□从儿，垚聲，當即僥之本字。荀子富國：「是猶烏獲之與焦僥搏也。」又，正論：「以焦僥而戴泰山。」楊倞注：「焦僥，短人，長三尺者。」此說出于國語魯語：「仲尼曰：『防風氏……其骨節專車，此為大矣。』……客曰：『人長之極幾何？』仲尼曰：『僬僥氏，長三尺，短之至也；長者不過十之，數之極也。』」是，僥為短人之極，與高長之誼相反。山海經海外南經：「周饒國在三首國東，其為人短小，冠帶。一曰焦僥國。」淮南墬形：「西南方曰焦僥。」此焦僥族，宜即後漢書安帝紀所謂：「永初元年，永昌徼外，焦僥種族貢獻内屬。」短人之國，譯以長人之僥，是亦古人雅謔已。

吕氏春秋尊師：「黄帝師大撓。」又，勿躬：「大橈作甲子。」世本亦云。大橈，殆古太史，即武丁時代堯氏之先祖。堯山，堯水，所在以為地名。武丁時代，其政權似未達于汾澮，頗疑甲尾所稱堯氏，地或在滱水流域。水經滱水注：「應劭地理風俗記，唐縣西四十里。又言堯山在南。闞駰十三州志曰，中山治盧奴，唐縣故城在國北七十五里。駰所説北則非也。史記曰，帝堯始封于唐。望都縣在南。考古知今，驗途推邑，望都宜為唐城，城北去堯山五里，與七十五里之説相符。然則，俗謂之都山，即是堯山，在唐東北望都界。山南有堯廟，即是堯所登之山者也。」山謂，堯山，殆因商之堯氏居此得名，不必為帝堯故都矣！【甲骨文所見氏族及其制度】

◉曾憲通　〼四□堯羊　乙九·七　此字或釋為元，或釋為失，李學勤首釋作先，讀作堯。選堂先生從之，謂〼即堯之古文。《説文》：「堯，高也。〼，古文堯。」《汗簡》引作〼，與古文同。帛文作〼乃上从土，下从儿，即古文〼之省半。堯羊讀為饒祥，言祥異滋多。【長沙楚帛書文字編】

◉劉　釗　《金文編·附録下》六〇五號字作：〼才盉，〼才壺，〼才盤。舊不識。按字應分析成从〼从〼兩部分，〼即土字，金文土字作「〼」「〼」「〼」（《金文編》八八一頁）可證；〼即人字，與金文下列字所从之人形寫法相同：〼競作父乙卣，〼嬴氏鼎，〼且辛簋，〼沇子它簋，〼休盤。人形寫得很直，是因為筆劃上下連接的緣故。故〼字可隸定作夫。

甲骨文堯字作：

〼《合集》九三七九　《類纂》〇三七八

从二土从卩，《説文》堯字古文作「〼」，从二「〼」乃「〼」字複體。「〼」从土从人，應即堯字初文。从三土作「〼」、「〼」（漢簡）是漢代産生的繁體。戰國文字中堯及从堯之字作：〼楚帛書，〼古璽，〼古璽，〼陶文，〼古璽，〼楚簡，〼楚簡，〼楚幣，分别為堯、譊、獟、憢、隢、鐃、蕘、橈，所从堯字皆从土从人作，與上列金文〼字構形相同，故金文〼字也應釋為「堯」。

【《金文編》附録存疑字考釋（十篇）　人文雜志一九九五年第二期】

京津二三〇〇　粹五五一　其用莫牛　燕二九　後二・一八・一　後二・二四・二　甲三九一三

鐵一七・一　或不从火　鐵一五九・三　前四・四六・一　京津五一七　存一六九　存一七〇　拾一四

燕七五八　乙七一二四　帝不其莫我　乙六六九八　燕八七四　河六二八　甲三〇八四　佚七四一

佚七六四　【甲骨文編】

乙1215　3803　5516　7124　佚741　續6・27・2　徵11・101　徵11・123　新517

六中37　續存168　169　【續甲骨文編】

堇　从黄省下从火或土　堇伯鼎　堇𩣡鼎　堇𩣡簋　畬卣　啟卣　莫鼎　駒父盨　衛盉　矩伯庶人取堇章于裘衛　善夫山鼎　反入堇章　頌壺　頌鼎　頌簋　召伯簋二　𦥑乳為覲　女雙鼎　女雙觀于王　𦥑乳為勤　㝬鐘　王肇遹省文武勤疆土　帥鼎　毛公𢉩鼎　勤大命　洹子孟姜壺　齊陳曼簠　肇勤經德　【金文編】

3・1203　獨字　5・456　同上　【古陶文字徵】

堇　日甲七二　二例　【睡虎地秦簡文字編】

堇　堇　堇出說文　【汗簡】

演說文　說文　汗簡　演說文　說文　【古文四聲韻】

◉許　慎　𦰩黏土也。从土。从黄省。凡堇之屬皆从堇。巨斤切。皆古文堇。【說文解字卷十三】

◉吴大澂　古堇字。从黄从火。古文火字。舊釋作堇山。非是。堇𩣡鼎。或从八。亦火之省文。毛公鼎。或从

人。人與山同。頌鼎。覲字重文。【說文古籀補第十三】

◉劉心源 [字形]堇。舊釋作堇山二字。古籀補云。从黃从火。[字形]。古文火字。心源案。說文堇从黃省。从土。黃字之炗已从火。此从黃省又从火。古文之𡏳也。頌鼎入[字形]寵从人。亦火字。毛公鼎女弗吕乃辟臽于艱之艱作[字形]。所从之堇正从火。吴說是也。【堇臨鼎 古文審卷二】

◉劉心源 堇伯。人名。堇或讀鄞。說文。鄞。會稽縣。是也。【堇伯鼎 奇觚室吉金文述卷一】

◉劉心源 堇。勤省。商。適省。或釋堇商為勤庸。非。說文堇从黃省。此从黃不省。非熏字也。商篆甚明。更非庸字。【陳侯因資敨 奇觚室吉金文述卷四】

◉方濬益 [字形] 說文。堇。黏土也。从土从黃省。此从[字形]。為火之古文。彝器文从火偏旁多作[字形]或省作[字形]。火曰炎上。又或作[字形]。積古齋款識以為山者。誤也。【堇伯鼎 綴遺齋彝器款識考釋卷三】

◉孫詒讓 「乙卯卜亘貝今日立□于𩫏月酒子[字形]之于父乙」百九十六之一，「[字形]」上敚有闕筆。又云：「曰帝[字形]我」百五十九之三，亦同。此竝即「𡎸」字。《說文·𡎸部》：「𡎸，黏土也，从黃省，从土」。此下又省土。金文女雙鼎堇作[字形]，頌鼎作[字形]，借為覲。竝與此同。「子[字形]」當亦人名字。【栔文舉例上】

◉林義光 古作[字形]洹子器，从土黃。變作[字形]頌敦，作[字形]堇伯尊彝，作[字形]毛公鼎囏字偏旁。【文源卷十】

◉羅振玉 [字形] 說文解字。堇。黏土也。从土。从黃省。古文作[字形][字形]。堇臨鼎作[字形]。下从火。毛公鼎作[字形]。頌鼎作[字形]。吴中丞云。从八人皆火之省。毛公鼎囏字亦从[字形]。許云从土。誤也。頌鼎[字形]為覲見字。卜辭誼同。【增訂殷虛書契考釋卷中】

◉陳邦直 英當為堇字省文。毛公鼎堇作[字形]。單蓋國名。子爵。堇生疑單子之名。【羼英生鐙 明器五 夢坡室獲古叢編】

◉孫海波 說文：「堇，黏土也，从土从黃省。」卜辭堇字作[字形][字形][字形]諸形，字从黃从火，知說文訓从土者乃从火之譌。堇字本義訓謹慎，訓少，从黃火會意則未詳，許君訓「黏土」固非初意，董作賓氏訓「象人衣冠整齊，兩手交叉恭謹之狀」則尤非。

卜辭堇字之義，訓本誼者少，其假為「覲」「囏」二義，則皆同聲孳生之義。今录卜辭諸文于後。

甲、訓覲者

後下·十八·一：

丁亥[字形]丁亩[字形]亦下缺

殷絜二九版：

□大貞來丁亥[字形]下缺

乙、訓囏者　藏十七・一：

堇

是版雖只存堇字，然尋其上下辭例，云「□酉卜不雨二月」，知此堇係囏對舉。

藏一五九・三：

□曰帝，□堇我□

此辭文義雖殘，然與下一辭「庚戌卜貞帝其降堇」辭例相同，可以斷為堇囏字。

前三・二四・四：

庚戌卜貞帝其降堇

前四・四六・一：

乙酉卜王貞余亏朕考[字形]延我堇貞允隹余受馬方又

此辭堇字雖作[字形]其文義與囏相同。

前六・八四：

貞□堇□，夫□

惟此辭殘缺過甚，不可斷為何義。

甲一・二五・十三：

□丑卜貞□不雨帝□隹□堇。

由甲二辭文義尋之，覲當假為覲見字，其云「丁亥堇」「貞來丁亥堇」者，言丁亥之日覲見也。由乙六辭文義尋之，則堇當訓艱，何以知之，由甲骨刻辭知之。河南博物館所藏甲骨文字弟九十八版文云：

癸卯卜[字形]貞今日來囏

癸卯卜[字形]貞今日來雨

按說文：「艱，土難治也」，引申之凡難理皆曰艱，卜辭屢見來囏，此辭來囏與來雨並舉，是艱與雨有相對之意。夫雨而後方能稼穡，無雨則土難治矣。以旱訓艱，甚洽卜辭之旨，於許君之訓亦合。卜辭無雨曰囏，亦省作來堇(見劉晦之所藏卜辭)，知堇即囏之省。上辭所云降堇者，與來堇之意甚合，則即降囏也。

許書訓「艱為土難治，从堇艮聲」，此何以云堇為囏之省，曰：囏之本字訓土難治，其聲亦當受堇之聲，依古文从聲受義之例推之，理當如是。且卜辭囏字从喜不从艮，苟堇非聲母，則囏字無由得聲，按古韻堇囏同隸于諄部，是堇囏固同聲之字，則囏之从堇聲，理無可疑。至後起囏字始有从艮作者，許君不明囏从堇聲之故，誤以从艮為聲母，慎矣。

以古文形聲之例證之，則囏之可从堇得聲其事甚明。堇囏為同聲孳生之字，則堇自可假為囏字，是知卜辭來堇降堇者，即來囏降囏也。

董氏釋堇云：「孫氏所收五字中，其一冠上有纓，或當別為一字，其三辭殘缺不可屬讀，可以讀而解其義者，僅二辭耳。……庚戌一辭，最明顯，曰『帝其降饉』，即天降饑饉之義」云云，則又以饑饉解堇字，而不知卜辭自有囏字也。余讀董氏之文，因有未明之處，兹再論之。【卜辭文字小記續　考古社刊第五期】

◉郭沫若　第三七一片前三・二四・四　庚戌卜。貞帝其降堇。

堇字當讀為饉。小雅雨無正「降喪饑饉，斬伐四國」。羅振玉釋為艱，非是。【卜辭通纂】

◉葉玉森　　羅振玉氏謂為囏省書契考釋。森桉。辭曰帝其降艱。殆言上帝其降殃也。或帝讀為禘。則降艱者乃殷祖也。【殷虛書契前編集釋卷三】

◉强運開　女嫛𢼸。女嫛堇于王。叚堇為覲。宗周鐘。堇疆土。叚借為勤字。【說文古籀三補第十三】

◉董作賓　殷虛文字類編第十三，葉六，收堇字二。甲骨文編第十三，葉六，增收英字五，共七字，按英、堇非一字也。英為覲見字，余別有考(載入侯家莊出土之甲骨文字一文中)，兹僅說英。

英甲骨文作，最初當為謹慎謹字，象人衣冠整齊，兩手交叉恭謹之狀。謹小慎微，故引申有小少之義，今之堇字，尚存古義。如：

堇　少也。　史記貨殖傳集解引應劭說。

孳乳為：

僅　少也。　漢書董仲舒傳集註。

又才能也。說文。

尠　少也。　一切經音義一。

廑　與僅同。　漢書賈誼傳註。

勵　少也。　禮記射儀釋文。

甲骨文中，萬則似為饑饉之饉字，與作覲見覲字解之萬迥異。饑饉之饉，含有穀少之義。説文稱「蔬不孰曰饉」，乃漢人之説，後起之義。吾人當以穀梁傳之解為準。穀梁襄公廿四年傳解説經文「大饑」曰：

「五穀不升為『大饑』。一穀不升謂之『嗛』，二穀不升謂之『饑』，三穀不升謂之『饉』，四穀不升謂之『康』，五穀不升謂之『大侵』。」

康之義不可解，大侵（祲）即大災，而嗛（歉）、饑（幾）、饉（堇）皆含少義，三種穀皆不收成，已占五穀之大半，則所收之穀甚僅，故謂之饉。其實在古義中，多饑饉並稱，以示荒年。饑與饉，固一音之轉變也。

孫氏所收之五字中，其一冠上有纓，或當別為一字，其三辭殘缺不可屬讀，可以讀而解其義者僅二辭耳。

前四・四六・一

藏十七・一

藏一五九・三

前六・八・四

前三・二四・四

甲一・二五・十三

後二辭云：

庚戌卜，貞：帝其降堇（饉）？　前三・二四・四

□丑卜，貞：□不雨，帝□隹□堇（饉）。甲一・二五・十三

庚戌一辭最明顯，曰「帝其降饉」，即天降饑饉之義。甲文中帝字多指天帝而言。□丑一辭言不雨，堇上當缺一降字，言天不雨，即帝將降饉也。天帝降災，使下民饑饉，為商周時一種普通信念。詩經中有最好的例證，如：

天降喪亂，饑饉薦臻　大雅雲漢。

浩浩昊天，不駿其德，降喪饑饉，斬伐四國。小雅雨無正。

周人言「天降」「饑饉」，即商人所謂「帝降饉」也。【説莫　考古社刊第四期】

◉唐　蘭　[字形]簠雜一二三片　□寅卜，我不莫　[字形]後下一五片……仔央王……

右莫字。或作央者，舊不識，今以鼖字偏旁證之，知亦莫字，猶黃之作夷也。莫字羅振玉以為鼖字，殊誤。卜辭鼖與壴鼓嬉通用，泛指百艱，與此截然不同。孫詒讓釋堇，引説文：「墓，黏土也。從黃省，從土。」云：「此下又省土」。舉例上二九。王襄以莫墓為一字，謂「堇或省火」亦俱小舛。莫為墓或堇所從，非先有墓或堇而又省之也。

説文：「墓，黏土也。從土，從黃省。」今按墓當從土莫聲，即墐字也。據説文則莫即黃字，古文從黃作[字形]，可證。金文毛公厝鼎墓作[字形]，又囍字偏旁作[字形]，不嬰毀蓋囍字偏旁作[字形]；召白虎毀堇作[字形]，齊厌壺堇作[字形]，陳曼簠堇作[字形]，多與許説合。然稽之卜辭，則殊不然。莫字作[字形][字形][字形]等形，與黃之作[字形][字形][字形]等形者迴殊，非一字也。蓋[字形]形有時變為[字形]形，見上鼖字偏旁。後人見其形與黃近；聲亦不殊，遂誤認為一字，而莫黃之辯淆矣。郭沫若初以卜辭莫為黃字，見金文餘釋釋黃，亦誤。後於卜辭通纂考釋改釋堇。

莫非黃字，其本義未詳。要之，字象人形，則可斷言也。卜辭有[字形]字，又有[字形]字，或作[字形]，[字形]之為[字形]，正與[字形]為[字形]同，然則莫象人形無疑。

卜辭云：「帝其降莫」，又云：「貞……不雨，帝……隹……莫……」，郭沫若云：「當讀為饉」，引詩雨無正：「降喪饑饉，斬伐四國」為證。通纂考釋七六。今按郭説未盡是。降喪為周人習語。多士：「弗弔旻天，大降喪於殷」。君奭：「弗弔天，降喪於殷」。多方：「天降時喪」。師訇毀：「哀才！今日天□畏降喪」。詩人之意，以指「周宗既滅」之事，與饑饉為兩事也。卜辭莫字，當讀如暵，周禮舞師：「教皇舞，帥而舞旱暵之事」。女巫「旱暵則舞雩」。稻人：「旱暵供其雩斂」。均以旱暵並言，暵亦旱也。蓋久不雨，則恐天降以旱暵，故卜貞之也。然從莫得聲之字，義多相近，暵乾也，熯乾貌，饉歲不熟，殣饑死，事實相承。讀莫為饉，未嘗不可通，惟施之卜辭，終嫌其迂遠耳。

卜辭又云：「我莫」、「我不莫」者，用為動詞，其讀未詳。其曰：「莫牛」者，與下「蔂牛」當同。【釋莫蔂　殷虛文字記】

◉郭沫若　第五五一片

「其用蔂牛。」

堇亦是色，殆叚為縉，赤色也。堇牛即是騂牛矣。【殷契粹編考釋】

◉馬叙倫　鈕樹玉曰。韻會引作革省從土。非。饒炯曰。土之黏者其色必黃。故從黃土會意。古者塗事用堇。蓋取性黏。而塗能肯箸不釋。經典多以墐塗連言者。又因物名事。用堇為塗而亦曰堇。然則土部墐即堇之別義轉注字矣。羅振玉曰。䢅鼎作[glyph]。下從火。毛公鼎作[glyph]。頌敵作[glyph]。吴大澂謂皆從火之省。毛公鼎艱字作[glyph]。許云從土。誤也。頌鼎[glyph]為覲見字。卜辭作[glyph]。誼同。倫按金文齊矦壺作[glyph]。齊陳曼簠作[glyph]。召伯虎敵作[glyph]。帥鼎作[glyph]。餘所見皆從火。倫謂本有二字。一從火。堇聲。為熯之初文。今本書無之。蓋金文火字亦或作[glyph]。故宗周鐘。王肇遹省文武勤疆土。勤字作[glyph]。從火。而幾與召伯敵之[glyph]不別也。一從土。即此篆是也。為黄之後起字。黄下訓地之色也非本義。黄之本義為黏土。倫親驗黏土色正黄。玄土不黏。次於黄土者。其黏亦次之。黄本黏土。以其色黄。假借為黄色之名。黄為假借之義所專。故增土為堇。後復增為墐。此今杭縣謂柔而黏箸不易解者為斉之斉本字。

[glyph] 倫按此從土從黄不省也。

[glyph] 嚴可均曰。此蓋出説文續添。結體佹異。鳥部。䳒。古文作[glyph]。[glyph]即墓之譌。朱駿聲曰。當作墓。倫按買敵黄字作[glyph]。疑[glyph]之爛泐者。此其譌也。鳥部䳒之古文作[glyph]。而鍇本作[glyph]。其譌明矣。且本書大例不應兩篆并以一注説之。則此字自是後增。【説文解字六書疏證卷二十六】

◉商承祚 [glyph][glyph] 甲骨文作[glyph][glyph]。金文作[glyph][glyph]頌鼎。堇伯鼎。皆从火。洹子孟姜壺作[glyph]。齊陳曼簠作[glyph]。與弟一文大部相同。弟二字。段氏「依難字古所用形聲更正」作[glyph]。是也。【説文中之古文考】

◉楊樹達 前編三卷廿四葉之四云：「庚戌，卜，貞，帝其降堇？」葉玉森云：[glyph]為卜辭[glyph]艱省。曰帝其降艱，殆言上帝其降殃也。集釋三之廿七。郭沫若云：堇字當讀為饉。小雅雨無正：「降喪饑饉，斬伐四國。」通纂三之七六下。樹達按：二説並通。

粹編五五一片云：「其用[glyph]。牛？」郭沫若云：堇亦是色，殆假為縉，赤色也，堇牛即是騂牛矣。考釋八十。樹達按：字作[glyph]，从黄，从火，郭釋為堇，然字實作黄字用也。【堇[glyph] 卜辭求義】

◉饒宗頤 丁巳〔卜〕，方貞：我其□𦰩。（京津五一七）

丙戌卜，方貞：商其……。貞：商𦰩。（屯乙三三三一）

按𦰩，卜辭習見為「帝其降𦰩」（如前編三·二四·四），或言「帝其𦰩我」（如庫方一八一一），名詞動詞兼用。其字或从火作[glyph]（後編下二四·二），契文籀亦作𦰩（屯甲二一二五），从此，[glyph]即[glyph]之省形。宜從唐蘭讀為暵，即今旱字。説文：「熯，乾皃。」暵熯音義并同。廣韻熯同焊。旱暵為邦之大烖，故降𦰩之義引申則為降災。「商𦰩」者，謂商有旱災也。【殷代貞卜人物通考卷五】

◉姚孝遂 「𦰩」讀作「艱」，為災咎之義。卜辭每見「降𦰩」，均指「帝」所降之災禍。又用為動詞，如「帝其𦰩」，或「帝不我𦰩」。

「□」或作「□」。「□」既可讀作「艱」，亦可讀作「黑」。二者當屬同源分化字。其區別在於：「黑」但作「□」，無作「□」者，不容混淆。刻辭類纂讀合集二四九、二二〇六七、二二四二五諸「□」字為「黑」，誤，當讀作「艱」，應予訂正。【甲骨文字詁林第一冊】

◉徐中舒　□一期　乙七一二四　□二期　後下一八·一　□二期　存二·一五五　□象兩臂交縛之人形，為獻祭之人牲，□象焚□以祭之形。皆為熯之原字，蓋甲骨文偏旁每可增省。□本從□火，可隸定為𡏳，後□漸譌為土，如金文初作□召伯簋，後漸譌為□𢦏鐘、□齊侯壺，小篆作□，故𡏳堇初為一字，而古從𡏳之字《說文》篆文悉變從堇。又從𡏳得聲之字或入真韻，且𡏳隸作堇，如謹、瑾、墐、饉、僅、勤等字；或入元韻，𡏳隸作莫，如暵、嘆、歎、難、漢等字。真元相近，故音得相轉。《說文》：「堇，黏土也。从土从黃省。□□皆古文堇。」按甲骨文黃字作□、□等形，與□形迥異。金文從□、□，形雖近黃，實□之形譌，故《說文》謂堇從黃省不確。【甲骨文字典卷十三】

◉唐　蘭　「堇章」，當是朝覲用的璋，覲本是動詞，此轉為形容詞。頌鼎等說：「冊佩以出，反入堇璋」，與《左傳·僖公二十八年》所說：「受策以出，出入三覲」文義相近，可證。如果解為用瑾玉來做的璋，《左傳》的話就講不通。五年召伯虎簋說：「琱生則堇圭」。堇也是動詞。【陝西省岐山縣董家村新出西周重要銅器銘辭的譯文和註釋　唐蘭先生金文論集】

◉戴家祥　齊侯壺銘□□兩字當釋堇寠，說文十三篇「堇，黏土也，从土从黃省」。在六書為會意。同聲通假，義亦訓少。博雅「堇，少也」。字亦通「僅」，漢書地理志「豫章出黃金，然堇堇物之所有」。顏師古集注「堇，讀曰僅」。僅為堇之加旁字。更旁作廑，則為「少劣之居也」說文九篇，一切經音義一古文懃廑二形。說文七篇「寠，無禮居也」。邶風北門「終寠且貧」，毛傳「寠者，無禮也。貧者，困於財」。是堇寠即「野人」之家也。壺銘「其人民都邑堇寠，無用從爾大樂」，意謂田氏子易服作樂，人民都邑、貧寠小户，無須從汝大樂，義頗明顯。徐同柏釋堇寠為「覲廟」從古堂款識學卷十第二十三頁，吴大澂讀「堇宴無用」句說文古籀補七篇第六頁，孫籀公讀為「其人民都邑謹宴無舞，用從縱爾大樂」古籀餘論卷三第四十四頁，皆非是。

吴大澂曰：□堇伯鼎字从黃从火，當釋堇，即朝覲之覲，與頌鼎「反入堇章」之□同。□為火之省文。毛公鼎□字亦从火省。舊釋作堇山二字，非也。愙齋集古録三册十二葉臤𦊆鼎蓋。按吴大澂釋堇可从。說文十三篇「堇，黏土也。从土黃省」。疑黏土亦非本義。堇金文下明从火省。馬叙倫謂熯之初文，其説雖辯，卻證據欠缺，有待再考。金文有用作覲見之覲，如嫢鼎「女嫢覲于王」；或用作人名，如堇臨父乙彝等；或用作玉名，如衛盉「矩伯庶人取堇章于裘衛」。【金文大字典上】

甲二一二五 河四二五 河五一九 鄴初下・三九・三 前三・一六・二 前五・四〇・六 前五・四〇・七 前五・四一・一 前五・四一・二 後一・三〇・三 後一・三〇・四 戩二〇・一一 戩二六・一二 粹一二九五 佚七八九 【甲骨文編】

甲2125 乙4508 6698 7793 7832 佚764 789 續6・8・9 6・8・10 録98 425 573 628 772 鄴39・3 粹1295 新1185 3443 【續甲骨文編】

艱 从喜與籀文同 毛公厝鼎 女弗以乃辟臽于艱又云家湛于艱 不㝬簋 女休弗以我車臽于艱 不㝬簋二 【金文編】

祀三公山碑 處幽道艱 【石刻篆文編】

艱見石經 艱出演説文 艱出王庶子碑 【汗簡】

説文 石經 【古文四聲韻】

◉許　慎　艱土難治也。从堇。艮聲。古閑切。囏籀文艱从喜。【説文解字卷十三】

◉吴大澂　烏虖。趩余小子。家湛于囏。説文。趩。走顧皃。讀若劬。此趩字當讀如恐懼之懼。囏。古艱字。書大誥有大艱于西土。西土人越不靖。此成王閔武庚三監之叛而兢兢恐懼也。【毛公鼎釋文】

◉羅振玉　說文解字。艱。土難治也。从堇。艮聲。籀文从喜作囏。此从喜省。或又省喜。又古金文囏字从𦰩𦰩。从黄从火。此又省火。或借用墓。【增訂殷虚書契考釋中】

◉馬叙倫　鈕樹玉曰。韻會引無土字。蓋捝。倫按土難治者。黄之引申義。黏土箸於耕鉏。不易鬆解。故曰。土難治。艱實堇之轉注字。艮黄皆舌根音。堇艮聲同真類。段玉裁曰。此古墾字。然是引申義。土難治非本訓。或此字出字林。

囏　沈濤曰。汗簡引演説文艱字作囏。倫按當作囏。[illegible]為堇之古文。故庾氏書如此作。宗保曰。喜聲。艱古音在諄文欣魂痕部內。喜在止海部內。如存從才聲。㧊讀若銀。來聲。是其例也。倫按艮音溪紐。喜音曉紐。同為舌根音。故艱轉注為囏。周禮遺人。以恤民之艱阨。故書艱作墐。此艱得為堇轉注字之例證。甲文作[glyph][glyph]。從喜二字校者加之。【說文解字六書疏證卷二十六】

◉王國維 囏 說文解字堇部。艱。土難治也。从堇艮聲。囏。籀文艱从喜。案殷虛卜辭艱作[glyph]。作[glyph]。與籀文略同。

【史籀篇疏證 王國維遺書第六册】

◉林義光 从堇喜。即勤饎之聲借。諸彝器勤皆作堇。喜亦古饎字。飲食勤乃得之。故堇喜為囏。古作[glyph]毛公鼎。作[glyph]不𡢁敦。

【文源卷十】

◉高田忠周 囏即囏也。說文。艱。土難治也。从堇艮聲。籀文作囏从喜。與此篆合。書益稷。暨稷播奏庶。艱食鮮食。馬本作根。釋名。艱。根也。如物根也。葢音釋耳。轉為爾雅。艱。難也。易大有。艱則無咎。書大誥。遺大投艱于朕身。詩㒵鷺。無有後艱。周禮遺人。以恤民之囏阨之類也。【古籀篇十】

◉楊樹達 戩壽堂殷虛文字廿六葉十二片乙辭云：「戊寅卜，貞，今日亡來囏?」囏字作[glyph]，與說文艱字或體作囏為一字，知甲文他片作來⿰女豈者亦碻為來艱也。【來⿰女豈 卜辭瑣記】

◉陳夢家 「𦰩」有兩種用法：一為動詞「降」後的賓詞，是名詞；一介於主詞「帝」與代詞「我」之間，是動詞。羅振玉釋為艱（考釋中六五）；郭沫若則以為是饉，唐蘭殷虛文字記讀堇為暵，即今旱字。我們以為艱、暵、熯、饉、難、瘽、歎等字都是「𦰩」字引申出來的，粹五五二「其用大熯牛」即旱牛才是熯字，降𦰩的對象是「我」，或「西土」。不雨是所降之𦰩之一。【殷墟卜辭綜述】

◉饒宗頤 「來⿰女豈」舊讀「來囏」，甚韙。國有難作曰「艱」。大誥：「有大艱于西土」，君奭：「亦大惟艱」是也。周人言「艱」，乃襲殷語。【殷代貞卜人物通考第四卷】

◉唐 蘭 [glyph]

右⿰𦰩壴即囏字。羅振玉說：「說文解字：『艱土難治也，從堇艮聲。籀文從喜作囏』。此從喜省。或又省喜。又古金文⿰𦰩壴字從[glyph]、[glyph]，從黃從火。此又省火，或借用⿰𦰩壴」。考釋六五葉。按羅說多舛。羅以𦰩⿰𦰩壴為一字，故云或又省喜，其實卜辭𦰩字自與⿰𦰩壴殊也。詳後釋𦰩。又云此從喜省，葢謂囏省為⿰𦰩壴，不知凡云省者，必先有其形而後省之也。商世作⿰𦰩壴，周以後作⿰𦰩壴或⿰𦰩壴，此乃後世增繁，非先有⿰𦰩壴⿰𦰩壴之形而後省之也。學者拘泥於說文，不合於說文者，動歸之淆變，亦昧於文字發生之史矣。

卜辭⿰𦰩壴字，用為艱難之義。大誥「寧王遺我大寶龜，紹天明即命，曰：『有大艱於西土』」，與卜辭正合。易大有：「艱，則無咎」，是艱與咎有殊也。卜辭多借壴卽嬉等字為囏，囏字從菓，菓者暵也，難也，饉也，壴其聲也。囏從壴聲之説詳上。周時囏字變為囏，毛公㾓鼎不㪔毁均然。後人以喜聲不諧，故改從艮聲從艱，而囏字遂無人知其從壴聲，且亦不通行矣。艱字不知始於何時，以金文猶作囏字言之，殆當在宗周以後矣。【殷虚文字説】

◉徐中舒 [glyph]一期 林一・二一・一二 [glyph]一期 合集五八四 [glyph]二期 合集二四一七七 [glyph]二期 鐵一一五三 從[glyph]菓從[glyph]壴，[glyph]或增繁作[glyph]，故金文作[glyph]不㪔簋、[glyph]毛公鼎，是為《説文》艱字籀文所本。[glyph]或又作[glyph]人[glyph]女[glyph]卩，蓋[glyph]與[glyph][glyph][glyph]皆為人形，故可通作。《説文》：「艱，土難治也。从堇，艮聲。[glyph]籀文艱从喜。」【甲骨文字典卷十三】

◉朱歧祥 1418.[glyph] 从壴卩，隸作卽，亦即嬉字，艱難也；从卩从女通用。由卜辭中文例「來艱」兼用嬉卽二字可互證。

《鐵182・3》癸丑卜，出貞：旬㞢希，其自西㞢來[glyph]。

《鐵115・3》貞：其自南㞢[glyph]。【殷墟甲骨文字通釋稿】

◉黄錫全 [glyph]艱出王庶子碑 鄭珍認為「夏無，蓋墓之不完者」。按夏韻寒韻「難」下有此形，乃由[glyph](堇鼎)[glyph](駒父盨)等形譌變，碑文蓋假堇為「艱難」字。【汗簡注釋卷六】

里

[glyph] 里 矢方彝 [glyph] 矢尊 [glyph] 龖簋 [glyph] 召卣 [glyph] 史頌簋 [glyph] 大簋 [glyph] 右里啟鎣 [glyph] 中山王譻鼎

[glyph] 盗壺 [glyph] 孳乳為裏 伯晨鼎 虎簋叀衮裏 【金文編】

[glyph] 3・322 繇衟戚里王工 [glyph] 3・615 丘齊辛里之[glyph] [glyph] 3・77 繇衟杏匋里耳 [glyph] 3・311 蒦圆昜里[glyph] [glyph] 3・592 豆里宝

[glyph] 3・314 昜里人[glyph] [glyph] 3・624 丘齊平里王閒 [glyph] 3・285 中蒦圆里匋[glyph] [glyph] 3・661 北里× [glyph] 3・664 北里×

[glyph] 3・666 同上 [glyph] 3・219 蒦圆匋里人慶 [glyph] 3・112 繇衟東匋里人 [glyph] 3・420 塙閭椇里曰臧 [glyph] 3・95 繇衟杏匋里眞

[glyph] 3・635 丘齊匋里[glyph] [glyph] 3・627 丘齊匋里中 [glyph] 3・207 蒦圆匋里人乘 [glyph] 3・412 塙閭里譱 [glyph] 3・632 丘齊匋里王

[glyph] 3・369 楚章衟關里衆 [glyph] 3・360 楚章衟[glyph]里[glyph] [glyph] 3・370 楚章衟關里旦 [glyph] 3・410 塙閭豆里人匋者曰[glyph] [glyph]

3·329 繇衜上𣏟里郃吉 3·672 左里敀 3·734 廣里 5·94 咸蒲里奇 5·120 咸芮里喜 5·365 闌陵居貲便里不更牙 6·87 里𠀋 6·155 獨字【古陶文字徵】

63 141【包山楚簡文字編】

里 封六 十六例 语一四 三例 法一九八 五例 封八四 十例【睡虎地秦簡文字編】

0181 0178 0066 0182 3232【古璽文編】

正行里附城 里歆私印 彭里【漢印文字徵】

栝臺里石社碑額 石碣乍邍 為世里 東里漢安禺石【石刻篆文編】

里【汗簡】

汗簡 古老子【古文四聲韻】

◉許　慎　里居也。从田。从土。凡里之屬皆从里。良止切。【說文解字卷十三】

◉吴大澂　里史頌敦。里君百生。當讀作理羣百姓。【說文古籀補第十三】

◉强運開　說文。凥也。从田从土。一曰士聲也。鄭風無踰我里。傳曰。里。居也。二十五家為里。穀梁傳曰。古者三百步為里。此言為世里。亦以道里計也。大敢作里。史頌敢作里。與鼓文同。【石鼓釋文】

◉馬叙倫　鈕樹玉曰。繫傳從土下有一曰土聲也五字。則土當是士大夫之士。倫按一曰士聲也校語。里當從土。田聲。田音定紐。里亦來紐。古讀來歸泥。定泥皆舌尖前音。故田聲而轉入來紐。居也者。本詩將仲子十月交毛傳文。然非本義。或非本訓。倫謂里為野之初文。本書邑外謂之郊。郊外謂之野。郊邑之外。其地皆為耕田。而田者居之。所居之地無圜圚。即野也。故引申訓居也。其後則以二十五家為里。而引申則為里閭之名。又引申為廣三百步長三百步為里矣。知里即野者。野字從里。一證也。汗簡引古文野作𡐨。從矛不從予。與漢書地理志畫壄分州顏注壄古野字者合。王筠謂隸書譌予為矛。

汗簡又因隸造篆。矛聲不諧。且有篆文下予聲可徵也。羅振玉曰。玉篇林部有埜。土部有壄。竝注。古文野。蓋埜為顧原文。壄則宋時重修所增。倫謂壄字已見楚辭九歌。漢書則鼂錯傳司馬相如傳亦見之。司馬相如用壄字。或其凡將篇中有之。則壄字非必隸譌也。且爾雅釋地。邑外謂之郊。郊外謂之牧。牧外謂之野。古書皆言郊外曰野。無郊外曰牧一義。書之牧野。本書作坶。書正義引皇甫謐曰。朝歌南七十里。本書。郊。距國百里為郊。周禮肆師注。遠郊百里。近郊五十里。鄭注。聘禮。周制。天子畿内千里。遠郊百里。以孟子周人百畝殷人七十畝之説推之。則殷郊亦或止七十里。即不然。則坶已在近郊之外。故謂之野。然倫以為書之坶野。實謂朝歌之野。坶即野也。野字後人注以解坶字而誤入經文。遂為坶野。又以同音之牧易之為牧野。猶曲禮之禮為後人注以釋曲字。而亦譌入經文為曲禮矣。然則爾雅郊外謂之牧。即郊外謂之野。牧為坶之借字。雅重以牧外謂之野一句。蓋不明牧字為坶之借字。坶為野之轉注異文者所加。雅文固非出於一手也。或乃本作郊外謂之野。乃讀者校異文。譌入於經。後人以郊外謂之牧。不得又謂之野。謬改郊為牧耳。雅文本詩魯頌毛傳。而傳亦無郊外謂之牧也。錢坫謂雅文此句後人所增。是也。坶音明紐。矛音亦明紐。里音來紐。古讀歸泥。同為邊音。母里又聲同之類。故里又轉注為坶。然則野自從里矛聲。為里之轉注字。而古文經傳中野字從土楙聲。矛聲幽類。故野聲轉入魚類。幽魚聲近。猶貐聲當入魚類牡聲當入幽類也。矛予隸書形近。矛之初文作[glyph]。與予之篆文作[glyph]者形亦易掍。故矛譌予矣。丁佛言據鉨文作[glyph]。謂本從邑。予蓋邑作[glyph]者之譌。倫謂司寇矛有[glyph]字。吴大澂謂從邑。是也。此皆六國時文。謬增邑旁。若予果為[glyph]譌。則野即里。然本書別有郹字。從邑為地名。則矛鉨之文自是郹字。野聲由里而轉。故易繫詞。冶容誨淫。釋文。虞姚王肅冶作野。冶從台得聲。台里聲同之類也。台從㠯得聲　本書枱之或體作梩。明野為里之轉注字。則知里即野之初文。而居也之非本義亦明矣。或居也非本訓。字見急就篇。史頌敢作[glyph]。大敢作[glyph]。【説文解字六書疏證卷二十六】

◉夏　渌　[glyph]、[glyph]、[glyph](金)；[glyph]、[glyph](金)　金文，字从立，在宀或广、厂下，舊釋「居」或「廙」，但金文皆另有其字。關於它的音義，不難從文例和結構中推知，作「应」的一體，《説文》：「石聲也，从厂立聲。」可以推斷是「立」聲的字，從義符和文例上下文，可以推知意為「居廬」、「别墅」一類含義。但為什麽經過許多著名金文家考釋，没有找到理想的答案呢？原來它也是被另外一個同音字兼并後，自身趨於消亡，在字書中不見踪迹的字。它的本義代表里居、邑居、鄰里、里閭的「里」，以後被本義「鄉居」、「野居」从田从土的「里」兼并了。將「野居」和「邑居」(城里和鄉下)不同的含意合并在一起了。

為了減少刻字，金文原字，我們都以「里」字代之，召鼎：「王在衢里。」元年師使簋：「王在杜里，格于大室。」農卣：「王在富里。」(富字本从酉从系从肉，阜聲)蔡簋：「王在雍里，旦，王格廟，即位。」不指方鼎：「王在上侯里。」長魏盉：「王在下減里。」中齋：「藝王里在夔隮員山。」中觶：「王錫中馬自隔里三。」中甗：「王令中先省南國貫行，藝里在曾。」末三器是周王南征途中修建的行宮別墅，設有大室和養馬場，規模不小。

邑里的「里」，被鄉里的「里」兼并取代的旁證是揚簋：「揚作司工官司量田甸，衆司空(里)，衆司芻，衆司寇，衆司士(原誤作工)事。」文獻作「司里」，為管理莊園館舍的專官。《國語·周語》：「司里授館。」《爾雅·釋言》：「里，邑也。」李注：「邑之居也。」《前漢·食貨志》：「在野曰廬，在邑曰里。」都反映了田地為主的鄉里的「里」兼并了屋舍為主的邑「空」，終于不分邑居、野居都叫「里」。【論古文字的兼并與消亡　武漢大學學報社科版一九九一年第二期】

◉詹鄞鑫　「里」作為路程單位，來源于表示土地面積單位的「里」；面積單位的「里」又來源于鄉里的「里」。

「里」字的造字結構是从田从土，其本義據《説文》所釋為「居也」，即氏族所居之地。《詩·鄭風·將仲子》：「無逾我里」，毛傳：「里，居也。二十五家為里。」今按，「二十五家為里」的説法本于《周禮》。《周禮·地官·遂人》：「掌邦之野，……五家為鄰，五鄰為里，四里為酇，五酇為鄙，五鄙為縣，五縣為遂。」若然，則一里居民為二十五户。不過，這種機械的規定只是《周禮》構擬的烏托邦模式而已。實際上，鄰、里、酇、鄙、縣、遂的户口數只能按居民的自然分布來決定，大體上與今之鄉、自然村、村、鄉、縣等行政區相當，不可能有死板固定的户數。《公羊傳·宣十五年》「什一行而頌聲作矣」，何休注：「一里八十户。」《禮記·雜記下》「則里尹主之」，鄭注引《王度記》和《管子·度地》皆云：「百户為里。」八十户和百户之説大約是較大的自然村的反映。

「里」為自然村，引申指土地面積。《韓詩外傳》四：「廣三百步長三百步為一里。」在較早的文獻如《詩經》中，「里」除了表示里居外，大抵表示土地面積，《詩·周頌·噫嘻》述周初農民開發土地的場景云：「駿發爾私，終三十里。」「三十里」即指土地面積而言。鄭玄箋：「竟三十里者，一部一吏主之，于是民大事耕其私田，萬耦同時舉也。……計此萬户之地，方三十三里少半里也。……言三十里者，舉其成數。」孔穎達疏：「一夫百畝方百步，積萬夫方之，是廣長各百夫，以百百乘，是萬也。既廣長皆百夫，夫有百步，三夫為一里，則百夫為三十三里又少半里也。……此萬人受田，計之乃三十三里少半里。」這段計算不僅證明「終三十里」之「里」是土地面積單位，而且説明每「里」面積為長三百步寬三百步。一「里」的范圍大體上與一個自然村的規模相當。

《釋名·釋州國》云：

五鄰為里，居方一里之中也。

劉熙認為，五鄰之所以叫「里」，是由于二十五家居住的地方大約佔地一平方里。「里」表示長度單位産生較遲，可知劉熙把因果關係倒置了。但這條材料卻證明較早的「里」(二十五户)的範圍大約為一平方里。

「里」作為面積單位，表示長三百步寬三百步的土地範圍。那麽，人步行經過一「里」(土地或自然村)，就等于行三百步的距離，所以「里」又引申為行程的長度單位。《穀梁傳·宣十五年》：「古者三百步為里」，又《孔子家語·王言》：「周制三百步為里。」顯然，「三百步為里」的説法是由「廣三百步長三百步為一里」的制度轉化來的。要之，表示路程的「里」來源于表示自然村的「里」。這也可以算是一種較特殊的「遠取諸物」吧。【近取諸身 遠取諸物——長度單位探源 華東師范大學學報一九九四年第六期】

◉戴家祥 斯維至曰：案周禮不見「里君」之名。尚書酒誥「越百姓里居」，逸周書商誓「百官里居」，王國維謂「里居之居為君字之譌」，其説確不可易。余按百生姓亦即百官。堯典「平章百姓」，偽孔傳「百姓，百官也。」是百姓訓百官與文獻古義亦合。令彝云「眔里君眔百工。」史頌毁云「友里君百生。」亦一稱百工一稱百生。酒誥商誓兩書與此正合。中國文化研究彙刊七卷五頁兩周金文所見職官考。按説文十三篇「里，人所居也。从田从土。」許慎所釋可从。我國先民自農業發達、田地耕植，始放棄游牧狩猎生活定居下來，故从田从土會意。高鴻縉謂里「為田野之初文」，其説雖巧，卻無實據，況里野古音不通，似難成立。金文的用法有作官名如令彝「里君」，作居處如大毁等，作長度量詞如中山王𪒠鼎，還有用作人名的如平陽戈等。【金文大字典上】

釐 班簋 師酉簋 善夫克鼎 師兑簋 無𧻚簋 彔伯簋 㝐鼎 曶壺 𩰫鐘 康鼎 秦公簋 秦公鎛 省攴 屐簋 芮伯壺 釐鼎 从子 𤖴盤 緐𣪕多𥎦 弔向簋 降余多福緐𥎦 古文四聲韻引古尚書作𨤿 陳肪簋 𨤿弔和子 【金文編】

5·327 釐寧 5·328 咸釐☐☐ 【古陶文字徵】

開母廟石闕 格釐我后以萬祺 【石刻篆文編】

釐力之切出郭顯卿字指 釐出尚書 【汗簡】

釐 郭昭卿字指 □ 古尚書 【古文四聲韻】

◉許　慎　釐家福也。从里。𠩺聲。里之切。【説文解字卷十三】

◉潘祖蔭　張孝達説。厎疑即𠩺。蓋釐之省。古釐來賚同聲通借。此當讀來生。來生猶歸生也。詩貽我來牟。魯詩作釐牟。左傳晏氂。國語作晏萊。詩釐爾圭瓚。釐爾女士。皆賚之借字。未嫁曰女。未娶曰士。故易以女妻士夫對文。賚爾士女猶言賜汝子女。女士到文就韻。亦如羊牛稷黍瑟琴之比。鄭偶不炤。故解稍曲。又桉。厎生之厎與釐孷皆一字通借。方言。陳楚之閒凡人嘼乳而雙産謂之釐孳。廣雅。釐孳健孿也。玉篇。孷孖雙生也。然則此厎生殆以孿生得名。若寤生之類耶。【魯内小臣𤼈　攀古樓彝器款識一册】

◉林義光　説文云。釐家福也。从里𠩺聲。按家福不得从里。釐訓為福。家福之義亦未聞。里𠩺皆聲也。古作□克彝。【文源卷十二】

◉丁佛言　□大克鼎。錫釐無疆。釐或从貝。許氏説家福也。□陳眆敢。古尚書釐作□。【説文古籀補補第十二】

◉葉玉森　其征□　羅振玉氏曰説文解字。𢻱。反引也。从又𠩺聲。卜辭作□。从□。師𢻱敦作□。與卜辭略同。所从之□均不从未。又或省□增訂書契考釋。商承祚氏曰。从□乃來之省。許書从未。殆來之誤也。類編。森桉□之異體作□□□□□等形。或从木。或从來省。或从黍省。許書从未。似由□形省變。疑釐字辭言延釐。【殷虚書契前編集釋卷二】

◉馬叙倫　桂馥曰。通志引作蒙福也。王筠曰。釐祇是福。言家者。為其從里也。通志引作蒙福也。蓋不知而改之。王玉樹曰。釐當音許其切。宋錢沈伯之妻瀛國夫人。正肅公之孫也。紹興初。隨其姑長公主入謝欽聖。向后於禁中。先有戚里婦數人在焉。俱從后步過受釐殿。同行者皆仰視。讀釐為離。夫人笑於旁曰。受禧也。蓋取宣室受釐之義耳。后喜顧主曰。好人家男女終是別。據此知讀禧為正。倫按家福不可通。或為蒙或為承之譌。或為後人所加。或此字林之訓。福也者。禧字義。左傳之僖公。史記作釐公。此釐喜聲通之證。釐為里之音同來紐轉注字。釐從𠩺得聲。𠩺從來得聲。里來音同來紐聲同之類也。玉篇引倉頡。釐。賜也。亦祭餘肉也。師酉敢作□。叡鐘作□。秦公敢作□。【説文解字六書疏證卷二十六】

◉張　哲　釐甲骨文中作□甲二六一三作□後下二二八,象以手持杖打麥,意在表示收穫,收穫為儲糧之始,在古人的意識上,有食即有福,故説文釋釐:家福也。此字一旁象麥,一旁象手持杖打麥,麥脱穗離殼為粒,釐聲或由此來。殷代釐字字形變化頗大,甲骨文中最習見最明顯的有兩個系統。其一如□甲一六三七□佚一四一□戩五·十三□續一·二三·七一類的字,當是金文中之𢻫師嫠簋蓋、小篆之𢻮、今之𠩺字。另一如𢾃甲二六一三𢾃甲二六一八𢾃後下二一八𢾃甲一七七三一類的字。其中前二字作以手執物打麥狀，意尚明顯，後二字象一手執麥根，一手持杖打麥，執麥根之手與持杖打麥之手同在左方。依殷代文字慣例，同為左手，兩隻左手顯然不是一人之手，非二人合作不可。不過殷代文字中，有使用同一方向兩手操作之例，僅不普遍，絶大多數是一手在左，一手在右。今遍閱卜辭中諸釐字，竟無一字左右兩手區分明顯者，於是乃懷疑持麥根之手非手，或為麥根之訛。金文中有𤔲向父敦，取抱子收穫之意為釐。𤔲大克鼎，加貝亦為釐；有𤔲小克鼎，加聲符里亦為釐，意皆幸福富裕也。另𢻫師嫠敦當是小篆𢻮字之所本。又有𨤏陳肪敦，尚書𨤏字即此字。禮記經解云：「𨤏、氂通釐字。」其他自金文演變而來的𢽈、𢽆、𨤏皆釐字。六書統：「𨤏，从里从邑，田邑皆所封賜，故𨤏謂之福。」

釐字的字音，説文里部：「釐，里之切。」玉篇：「釐，力之切。」同為支韻，平聲，古音支韻音離，力移切，平聲。詩大雅：「釐爾女士」，註音離。真韻音利，里儀切，讀去聲。曹植皇太子頌「鍾天之釐」，釐讀如利。又音禧，意與禧同。蒼頡篇、玉篇皆云釐字亦音禧，注説文者多從之。又音來，漢書劉向傳：「詒我釐麰」，王先謙補注：「毛詩作『貽我來牟』。説文於來下引作『詒我來麰』，詒貽通假字，釐來異文而聲義同。」今讀離(ㄌㄧˊ)，力怡切，支韻，平聲，國音標準彙編注音ㄌㄧ陽平聲；亦讀禧，有希切ㄒㄧ，支韻，平聲，如年釐有讀年禧者是。

釐字的字義，説文：「釐，家福也，从里𠩺聲。」段注：「家福者，家居獲祐也。易曰：『積善之家，必有餘慶。』漢孝文帝紀：『詔曰，今吾聞祠官祝釐，皆歸福於朕躬。』如淳曰：『釐，福也。』賈誼傳：『受釐宣室是也。』如説最合。應劭注：『釐為祭餘肉』，失之。師古直謂釐為禧之假借字。禧與釐雖同在古音第一部，然義各有當，釐字从里，里者家居也，故許釋為家福。與許訓禮吉不同。春秋三經僖公，史記作釐公，假借字耳。有假釐為氂者，經解云『差若毫氂』，或作釐是也。有假釐為賚者，大雅：『釐爾女士』，傳曰『釐，予也』。『釐爾圭瓚』，傳曰：『釐，賜也。』有假釐為理者，堯典『允釐百工』是也。」

總核段注：釐字實有下列意義：一、家福，家慶，家居獲祐都有富貴壽考，福自天申的意念。通禧字，禧與福音異而意同。二、釐為祭餘肉；餘，訖也，祭訖之肉曰胙，孟子所謂燔肉國祭訖，賜臣下家祭訖，賜子孫臣下受胙則飲酒食胙，子孫受胙亦飲酒食胙，謂為飲福受胙，意指天地祖宗，賜福臣下子孫，故通賜字，賜福且為成語。三、差若毫氂通釐字，如兩的千分之一稱釐，尺的千分之一也稱釐。四、允釐百工，傳云：「釐，治也」。詩周頌「王釐爾成」，箋「釐，理也」。可知釐意即治理。愚意亦未始不可申述為敬大臣，體群臣，重其位，厚其禄，君臣團結庶績咸熙。此外劉向傳：「詒我釐麰」，詩作貽我來牟，釐通來。詩小雅巷伯傳：「鄰之釐婦」，釋文「釐，寡婦也」。依字作嫠。後漢書西羌傳：「兄亡則納釐嫂」注：「寡婦曰釐」。釐通嫠。爾雅釋草：「釐蔓華」，郝懿行義疏：「釐，説文作萊，云蔓華也。來與釐古同聲。」釐通萊。餘如釐定釐金，又有規定之意，但仍未脱毫氂治理的初義。【釋來麥釐　中國文字一九六二年三月七期】

◉杜迺松　兄釐：《説文》：「兄，長也」。「長」無疑可轉訓為大，二者為同義互用的轉注字。《説文》：「釐，家福也。从里𠩺聲。」《漢書・文帝紀》：「祠官祝釐」，如淳曰：「釐，福也。」克鼎銘有「錫釐無疆」句，明顯地説明「釐」作「福」解。【邲其三卣銘文考及相關問題的研究　故宮博物院七十年代論文選】

◉唐　蘭　[六五]犛通釐。叔向簋：「降余多福繁犛」，與此同義。【略論西周微史家族窖藏銅器群的重要意義——陝西扶風新出牆盤銘文解釋　唐蘭先生金文論集】

◉戴家祥　説文里部「釐，家福也。从里𠩺聲。」段玉裁注「家福者，家居獲祐也。」蓋以許訓「里居也」，故特意伸其从里之義。家祥按：釐之本義為理，理里同字。莊子則陽篇「靈公奪而里」，陸德明釋文「里本作理」，注音加旁則寫作釐，聲義不變。書序「帝釐下土方」，馬融注：「釐，理也」。周頌臣工「王釐爾成」，鄭玄云「釐，理」。國語周語「釐改制量」，韋昭注「釐，理也」。家福之訓乃假借字，非从里之本義。段注可商。

師兑𣪘云：「用作朕皇考釐公𩰫𣪘」，釐為國邑名。宋時出土之齊侯鎛鐘有釐都、釐邑、釐僕之文，孫詒讓讀釐為萊，故萊國。左襄六年傳「齊侯滅萊」，又哀五年傳「齊寘群公子於萊」是也。字亦作郲，襄十四年傳「齊人以郲寄衛侯。」萊郲並从來聲。古籀拾遺卷上第十頁。按天官獸人「及弊田令禽注于虞中」，鄭衆云：「虞中謂虞人釐所田之野。」陸德明釋文釐本亦作萊。地官山虞、澤虞、夏官大司馬並云：「萊，所田之野。」釐萊音近字通。古書或本有借萊為釐者，故鄭衆依用之。釐王、釐公、釐叔、釐季蓋即禹貢之萊夷，史記齊世家「太公東就國，萊夷來，伐與之爭營丘」。左傳襄公十四年「以郲糧歸」。定公十年「夾谷之會，萊人欲以兵劫魯侯」。國語齊語：「萊莒徐夷吴越。」韋昭注：「萊，今東萊。」水經淄水注「齊靈公滅萊。萊民播流此谷，邑落荒蕪，故曰萊蕪。禹貢所謂萊夷也。」孫説至確。

⿱𠩺又 師嫠𣪘　字从又𠩺聲，疑即釐之假字。説文十三篇「釐，家福也。从里𠩺聲。」金文釐字訓福，如「以受屯魯多釐」、「魯多釐眉壽無疆」。或為賜福之義，如「釐僕三百又五十家。」或作人名，説文三篇「⿱𠩺又，引也。从又，𠩺聲。」金文不作此義，用法與釐基本相同。毓祖丁卣「歸福我多高从山錫⿱𠩺又」。⿱𠩺又者即釐，福也。師⿱𠩺又𣪘⿱𠩺又為人名。

⿱宀釐字从宀从來从里。來里聲同。古文四聲韻七之引古文尚書釐作⿱宀釐，與此形近。説文「釐，家福也。」周頌桓「克定厥家」，孔疏「家者，承世之辭。」⿱宀釐之从宀，殆即「家福」之確詁歟。

趩鼎 字从𣏟𠩺聲，銘文「𠩺伯」，叔爽父尊作「釐伯」，來里聲韻皆同，為聲符更換字。芮伯啟壺 釐字从敕省，从厘，來厘皆聲。古文四聲韻七之引郭紹卿字指釐作𠩺，與此正同。釐里不但同部，而且同母，故釐亦訓理。書序「帝釐下土方」，馬融云：「釐，理也」。周頌臣工「王釐爾成」，鄭箋「釐，理也」。理取里聲，故理亦同里。小雅信南山「我疆我理」，毛傳「分地里也」。莊子則陽篇「靈公奪而理之」，釋文「里本作理」。是𠩺之从厘，注音加旁字也。【金文大字典下】

前四·三三·五 不从予埜之初文 後二·三·一 鄴三下·三八·四 乙三六〇 【甲骨文編】

乙360 鄴三38·4 前4·33·5 【續甲骨文編】

野 从林从土說文古文作𡐨與說解从里省从林不合乃傳寫之譌集韻古作埜 克鼎 㑁勺 䣄忎鼎 【金文編】

5·156 咸野 秦335 咸陽野 銀雀山漢簡野作𡐨與此相近似 【古陶文字徵】

野 說文𡐨古文野从里省从林 日甲一四四 三例 日乙一七八 四例 為二八 二例 編四五 法一〇一

日甲三二 【睡虎地秦簡文字編】

0252 3992 與䣄肯鼎㑁盤勺野字同 【古璽文編】

新野左尉 橫野大將軍莫府卒史張林印 張野私印 謝野私印 東野剛印 荆野 陳野 東野迥印 藥野 東郭野 東野忠廣 【漢印文字徵】

禪國山碑 彌被原野 【石刻篆文編】

野 野立尚書 【汗簡】

埜古尚書　**壄**同上【古文四聲韻】

◉許　慎　野郊外也。从里。予聲。羊者切。壄古文野。从里省。从林。【説文解字卷十三】

◉潘祖蔭　楙鄭楙叔賓父壺　張孝達説弟二字灼然是楙字無疑。其字兩旁从兩木。中作矛𠃧。桉矛字本作𢦏形。此上象其鋒。鄭注尚書所謂三鋒矛。下象其英。楙。地名。楙叔以地為氏者也。楙即左傳之樊。漢書之壄王。後漢以後之野王也。左隱十一年。王與鄭人温原絺樊隰郕欑茅云云。杜注。樊一名陽樊。野王縣西南有陽城。是樊為鄭地。又在野王境内之證也。漢書地理志河内郡楙王注。莽曰平壄。補後漢郡國志即書作野王。後承用不改。是野王本作壄王之證也。漢書壄王。其字从林从矛。莽改之平壄亦同。並不从予。是壄王當讀楙。不當讀野之證也。蓋此地名本是楙字。或著土作壄。經師展轉傳寫。或誤離為兩字。書作楙王。後又譌為壄王。隸書野或作壄。因壄壄相近。遂混為一。又別造从予之壄。而从矛之壄廢。而名楙之地之本名没矣。淺人必疑班書之壄謂矛是予之誤也。許氏説文謂壄古文野。从里省从林。此説殊顛倒。蓋小篆有从古文省變之理。無古文預知後世書作野而就其里字省去其田之説。此明是唐人妄增臆説。知非許君言也。楙即左傳之樊。楙乃木瓜之正名。爾雅。古人名地多以物産草木。如荆楊名州。蓟杞名國之比。其地恰在野王。本字必當作楙。方得致誤之由。當是經師别本小有省變。如欝字漢碑省作欝也。世人習見楙字。因以樊讀之。亦如禮記史記之鄂紂時鄂侯即左傳漢書注之邘也。本作楙。或作壄。其書為樊。得其旁而誤其中。書為壄王者。似其下而失其上。然左傳固自有野王。宣十七年晉人執晏弱於野王。杜注謂即河内之野王。按其地既與温原相近。下文執蔡朝於原執南郭偃於温。則杜注不誤。左氏本文當仍作壄。經生習聞當時郡縣名偁。因以野王讀之耳。春秋既已名野王。何以又名樊。顯是一地誤兩。若左氏元作野王。何緣莽改名。班撰志時尚存壄字乎。此又可以史證經者也。至楙叔賓父。其人生出本末則不能知矣。【攀古樓彝器款識卷二】

◉吳大澂　𨛭古野字。从邑。司寇矛。埜古壄字。或省予。克鼎。【説文古籀補第十三】

◉高田忠周　埜克鼎　劉氏〔心源〕釋笙。非。此埜即壄省文。吳大澂云。古壄字或省予。是。書牧誓。王朝至於商郊牧野。又爾雅釋地。牧外謂之野。又魯有大野藪名。銘意蓋是也。説文。野郊外也。从里予聲。古文作壄。从林从土。蓋亦予聲。或疑从土从楙。楙者茂木叢林也。如此篆从土从林。所謂野外曰林之會意也。集韻。野古作埜。史記司馬相如傳。膏液潤埜艸而不辭。皆與此合。許氏从壁中古文。【説文古籀篇二十一】

◉羅振玉　埜　説文解字野从里予聲。古文作壄。从里省从林。則許書之古文亦當作埜。不从予聲。許於古文下並不言予聲也。今增予者。殆後人傳寫之失。許書字本不誤而為後人寫失者多矣。玉篇埜林部壄土部並注古文野。殆埜為顧氏原文。所

見許書尚不誤。壄則宋重脩時所增也。【增訂殷虛書契考釋卷中】

◉丁佛言　野古鉨野重。野或从邑。或曰本从邑。小篆从予。予蓋邑之譌。【說文古籀補補第十三】

◉馬叙倫　字見急就篇。郊外也非本訓。餘見里下。

壄　鈕樹玉曰。韻會引作壄。玉篇收土部作壄。廣韻野引說文。其古文亦作壄。則韻會當不譌。漢隸字源有壄。注引校官碑。又引漢書五行志定為古野字。然隸體不足據。嚴章福曰。疑此重文作壄。解云。古文野從里省從林。朱駿聲曰。從林。從土。矛聲。王筠曰。篆說似皆譌。汗簡引作壄。從土。從楙。漢書地理志。畫壄分州。顔注。壄。古野字。與汗簡同。然矛聲不諧。且有篆文下予聲可證。蓋隸書譌予為矛。汗簡又因而造篆。小徐無從里省三字。殆以篆文從里。故此謂之省耳。即從土亦可。從林者。殆以野外謂之林邪。羅振玉曰。據說文則古文當作埜。不從予聲。今增予者。殆後人傳寫之失。卜辭作埜。即從土從林。玉篇林部有埜。土部有壄。竝注古文野。殆埜為顧氏原文。所見許書尚不誤。壄則宋重修時所增也。李杲曰。書契作埜。克鼎作埜。竝從林土。倫按宅敔懋字作懋。似從心壄省聲。然倫謂古自有埜壄二字。埜。從土。林聲。壄。從土。楙聲。皆里之轉注字。林里音同來紐。楙為林之轉注字。則自亦得從楙得聲作壄也。據此益可證野從矛得聲而不從予矣。此從土楙聲。說解本止作古文野。從里省從林。校者加之。鍇本作從林。自挩從里省三字。若羅說篆本作埜。亦不得省此三字而但曰從林也。古鉩作埜。【說文解字六書疏證卷二十六】

◉商承祚　壄　甲骨文作埜。羅師云。「說文古文作壄。从里省。从林。則許書之古文亦當作埜。不从予聲。許于古文下并不言予聲也。今增予者。殆後人傳寫之失。許書字本不誤而為後人寫失者多矣。玉篇埜林部壄土部並注古文野。殆埜為顧氏原文。所見許書尚不誤。壄則宋重修時所增也。」金文克鼎作埜。亦从土林。敦煌尚書説命上作埜。甘誓作壄。又从予之省譌。漢書地理志「畫野分州」。與注竝作壄。由予誤矛。汗簡引説文作壄。同失之。【説文中之古文考】

◉張政烺　杢好盗壺　于皮新杢　杢，从木从土。𩰫鼎「社稷」之社字从之。說文古文社同。社非可獵之地，銘文是茅蒐狃獵，于皮（彼）新杢。疑是野字之異體。說文「野，郊外也」。古文从埜，集韻从埜為野之古文。埜見克鼎、楚王酓忎鼎，簡化為杢，猶𩰫壺𩰫簡化為虐，𩰫簡化為𠭯。野是郊外百里之地。世本「中山武公居顧今河北省定縣桓公徙靈壽今河北省平山縣」。靈壽是中山國之新都，其郊外則是新野。【中山國胤嗣好盗壺釋文　古文字研究第一輯】

◉葛英會　七　釋野

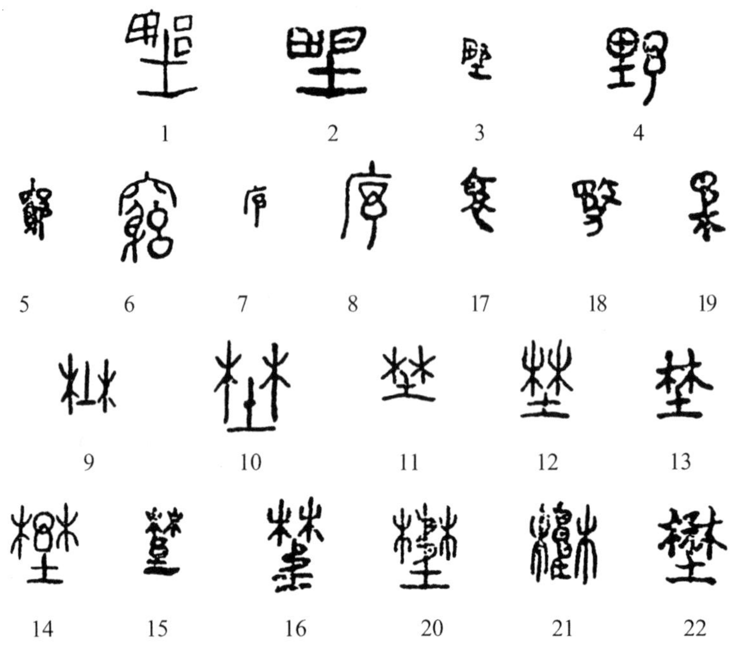

圖七

1、2.《秦代陶文》335、337　3、5、7.《銀雀山漢墓竹簡》孫子兵法　4、14.《説文》里部　6.《説文》穴部　8.《説文》广部　9.《殷墟書契》前編4.33.1　10.克鼎　11.畲忎鼎　12、21.《古文四聲韻》引《古尚書》　13.《集韻》　15、17—19.《睡虎地秦墓竹簡》為吏之道　16.《睡虎地秦墓竹簡》編年紀　20.《汗簡》土部　22.《玉篇》里部

《秦代陶文》中編陶文拓片335、337為圖七·1、2所揭之字，原釋野，是。該字大概是从田、土，吕聲。《説文》里部野(正篆如圖七·4)：「郊外也，从里，予聲。」所从里旁，殆由陶文野字所从田與土合書而成，表聲予字乃是吕字的僞誤。銀雀山漢墓竹簡野字(圖七·3)所从田、土仍分書，結體與陶文同。唯聲旁吕字形體小有異變，其與簡書序字(圖七·7)所从予旁形體混同，不可區分。《説文》野與序正篆(圖七·8)皆从予當由此而起。但是，我們仍有理由認為野字所从為吕字的隸變。《説文》竆字正篆如圖七·6所揭，从穴躳聲，躳字所从為吕。銀雀山漢墓竹簡竆字如圖七·5所揭，其吕字部分亦與野字所从全同。可知，野字聲旁由吕而予的變化，乃是隸變訛誤所致。

又,《説文》里部野字下出圖七·14所揭之字,解云:「古文野,从里省,从林。」容庚先生謂其形體與説解不合(見《金文編》野字條)。野字甲骨文作圖七·9所揭之形,金文作圖七·10、11所揭之形,《古文四聲韻》録《古尚書》作圖七·12所揭之形,《集韻》隸定(圖七·13)尚保留其原始寫法,从土林會意,義為林莽所被之地。此體野字與《説文》古文説解相合。而《説文》古文當是以从土林之會意野字為義符,增予為聲符,孳乳為形聲字。而所从聲旁予字,也是由吕字訛變所致。雲夢睡虎地秦墓竹簡野字(圖七·15、16),構形與説文古文基本相同。圖七·15所揭野字所从顯然是吕字。與《説文》古文野所从予字相近而有别,與睡虎地秦墓簡書豖字(圖七·17)、務字(圖七·18)、柔字(圖七·19)所从矛字亦相近而有别。圖七·16所出簡書野字所从聲旁更近似矛字,説明野字聲旁在秦代已出現變異。總之,睡虎地秦墓簡書野字所从聲旁似予而非予,似矛而非矛。這種似是而非的寫法正是後世傳寫訛誤的根由。《説文》古文野从予為聲當種因于此,《汗簡》、《古文四聲韻》、《玉篇》所出从矛為聲的野字(圖七·20、21、22)亦當導源于此。【古陶文研習札記　北京大學考古系考古學研究(一)】

◉施勇雲　埜字,是埜字,古文作壄。鄭樵《通志·會意》:「埜古作壄」,埜字从壬演變為从土,埜即埜,埜或壄是野的古字。【江寧陶吴出土銅戈銘文試釋　考古論文選一期】

◉銀雀山漢墓竹簡整理小組　昔衛士東埜之駕也　「埜」即「野」字。漢代多寫作「墅」,從「田」從「土」、「予」聲,簡文無「田」旁。【銀雀山漢墓竹簡[壹]】

◉黄錫全　壄野　克鼎野作埜。酓忎鼎作埜。《説文》野字古文作壄,从予,此誤从矛。古寫本野多作埜。敦本有作壄者,當是壄譌。薛本經文作壄、埜,《序》有作壄者。《漢書·地理志》野字又作壄,誤與此同。郭見本作壄,以隸作古。【汗簡注釋卷六】

◉戴家祥　野十二年矛　邦司寇野弟　説文十三篇「野,郊外也。从里予聲。」按此篆里字分田、土二形。右旁从予明確。釋野無誤。十二年矛「野弟」為人名。

埜楚王酓志鼎　埜字从林从土,為野之别體,唐韻予讀「余吕切」喻母魚部。土讀「他魯切」透母魚部。在諧聲字中,舌音透母每與喉音喻母混諧。易羊益切喻母之與剔他歷切透母、夷以脂切喻母之與洟他禮他計二切透母、俞羊朱切喻母之與偷託侯切透母是其例證。秋官縣士「凡野有大事,則戮其犯命者」。鄭玄云:「野,距王城百里以外及縣郊」,故野字从里表義。禮記月令「季春之月,命野虞毋伐桑柘」。鄭注「野虞主田及山林之官。」故表義更旁,字或从林。埜字應為从林从土,土亦聲,為會意兼形聲字。聲符變换可以作棶,从林,予聲,土予聲同。加旁从土,則寫作壄,聲符重複字也。野亦作墅,與壄同例,集韻上聲三十五馬野、

田

壄、埜、壄同字，說文十三篇「野，郊外也。从里，予聲。壄，古文野，从里省，从林。」許君不知土聲同予，竟从表義求之，何其疏也。左傳昭公十八年「使野司寇各保其徵」。杜注「野司寇，縣士也」。孔穎達正義云：「周禮司寇屬官有縣士，掌野，知野司寇是縣士也。」器銘或為人名。唐韻野讀「羊者切」，喻母魚部。【金文大字典中】

粹一二二二 粹一二二三 粹一二二四 粹一五四四 粹一五四五B 拾六・一 拾六・七

鐵八五・一 前二・一二・三 前四・五・六 前六・一一・一 後一・一四・二 後一・二一・五 菁一・一 鄴三下・四四・六 甲六七三 甲一〇五二 乙六〇三 乙一一五五 令尹作大田 中大三三

【甲骨文編】

甲102 191 194 243 318 351 507 508 532 615 653 1163 1180 1218 1288 3001 3941 乙4057 4471 5356 5584 6183 6389 6396 7135 7288 7491 7746 7781 8425 8859 珠115 117 119 120 121 404 405 407 408 409 412 669 672 673 674 914 915 1127 1129 1130 1131 1132 佚68 72 73 95 113 131 149 197 205 213 232 234 244 245 249 271 277 288 292 323 426 434 436 442 444 522 547 800 827 987 988 990 續1・4・4 3・15・4 3・16・1 3・16・3

3·16·4 3·16·7 3·16·10 3·17·3 3·17·4 3·18·1 3·24·2 3·25·1
3·27·3 3·28·1 4·16·12 4·20·9 續5·14·5 徵4·82 掇385 446 460 徵
1·7 10·70 10·77 10·88 10·90 10·92 10·95 10·97 10·100
10·102 10·103 10·114 10·115 10·116 10·120 京2·8·1 2·8·2 2·8·4
2·9·2 2·31·1 3·18·2 4·11·3 4·25·3 凡19·3 19·4 古2·6
2·9 録358 527 555 706 録725 726 録727 734 738 鄴40·1 天76
77 摭66 67 77 79 80 龜卜9 東方1302 書1·5·C 續存177 723
1434 1969 外54 55 書1·12·E 粹776 927 929 930 933 960
961 962 968 970 974 989 997 999 新4421 4518 【續甲骨文編】
田 告田罍 告田觶 田告作母辛鼎 田斝 王尊 作且乙簋 卲卣二 傳卣 農
卣 守鼎 伯田父簋 令鼎 次卣 卯簋 揚簋 舀鼎 格伯簋 克鼎 克盨
鬲比盨 鬲攸比鼎 五祀衛鼎 散盤 不𡢁簋 田農鼎 田農甗 田農簋 孳乳為甸
盂鼎 侯甸 矢方彝 侯甸男 【金文編】
1·58 獨字 1·22 土田 3·951 獨字 秦1228 藍田 5·415 獨字 5·416 同上 【古陶
文字徵】

〔三七〕〔一九〕〔一〕〔三九〕【先秦貨幣文編】

刀直白背　冀靈　刀弧背　典一〇六三　刀大齊夻化背田化　典九〇一 　布空大　亞二・一〇三頁　刀直白人背

亞五・六七頁【古幣文編】

151 　154【包山楚簡文字編】

田　語四　三十七例 　效五二　七例 　日乙九一【睡虎地秦簡文字編】

0231 　0307【古璽文編】

成紀閒田宰 　田恭　田破石子 　田豐【漢印文字徵】

石碣田車　田車孔安  　石經無逸　于逸于遊于田【石刻篆文編】

田【汗簡】

汗簡 　古老子 　同上  　古尚書 　崔希裕纂古【古文四聲韻】

◉許　慎　田陳也。樹穀曰田。象四口。十。阡陌之制也。凡田之屬皆从田。待秊切。【說文解字卷十三】

◉孫詒讓　「□卜出貝𠨐立于田十月」十九之三。「戊卜㱿貝田□五牛」九之四。「亩服乎田于□」、五十九之二。「壬戌卜貝立嵩□田正」六十六之四。「貝之于田」二百十五之二。「□卯卜鼠乎斤田」二百三十四之三同版又有「攴田」二字。此「田」蓋並謂田神，「斤田」即祈于田神也。《周禮・龠章》：「國祈年于田祖，龡豳雅，擊土鼓，以樂田畯。」《詩・大雅・甫田》亦云：「以御田祖。」《毛傳》云：「田祖，先嗇也。」《周禮・大司徒》鄭注云：「田主，田神后土田正之所依也。詩人謂之田祖。」此文云「田正」可證鄭義。【契文舉例上卷】

◉孫海波　田，象田圃之形。孳乳為畋，獵也。書無逸：「不敢盤于遊田。」又孳乳為佃，治田也。又官名，禹貢：「五百里甸服」，傳：「為天子服治田也。」周官有「甸人」，甸佃古一字，左傳哀十七年：「良夫乘衷甸兩牡」，說文引作佃。魏三字石經「侯甸」，古

文作佃，甸字从勹乃从人之譌。盂鼎：「惟殷邊侯田，雩殷正百辟。」假田為佃。【甲骨金文研究　中國大學講義】

◉郭沫若　「多田于多白」，余釋為「多甸與多伯」。夨彝有「諸侯侯田男」之語，田亦是甸。唯古人言甸，與侯伯同意耳。【殷契粹編考釋】

◉强運開　[字形]　説文。田。陳也。樹穀曰田。運開按。田與畋佃通。易恆卦。田無禽。疏。田者。田獵也。詩鄭風。叔于田。傳。田。取禽也。詩車攻。田車既好。孔疏云。田獵之車。此言田車孔安。文義正相同也。【石鼓釋文】

◉馬叙倫　沈濤曰。一切經音義十三引。樹稻穀曰田。稻字譌衍。田中不必皆樹稻也。齊民要術一引作象形。從口。從十。阡陌之制也。今本象四囗十。義不可通。翟云升曰。六書故引十阡陌之制作中十象阡陌。嚴可均曰。説文無阡陌。王筠曰。韻會引作陳也。樹穀曰田。象形。口此字蓋後增從十。阡陌之制也。然田字内外皆象阡陌也。朱士端曰。江氏尚書亼注音疏引象四口下多一口字。葉玉森曰。卜辭有[字形]。諸家釋癸。按辭有[字形]酉卜[字形]罕風。[字形][字形]在一辭中。知[字形]非癸字。他辭有□卯貞□[字形]于宮。□來無巛。卜辭屢見貞王田宮往來無災之辭。則[字形]似田之省變。倫按説解本作陳也象形。陳也以聲訓。田之為字。可以圖而象之。觀形而知為田。故但以陳也訓之。田亦不僅樹穀。許書又無阡陌二字。知今本有字林文羼入也。玄應一切經音義引倉頡。曰。種禾稼也。字亦見急就篇。【説文解字六書疏證卷二十六】

◉蔣禮鴻　有樹穀之田字。有獵禽之田字。形同而非一字也。鄭風叔于田傳曰。田。取禽也。説文有以田為田獵字者。唐本木部殘卷校篆下曰。木田也。莫友芝以為當作交木田也。即為欄校以取禽獸。詳子彝孫跋。其所為箋異。又説文畢下曰。田网也。从華。象畢形微也。或曰。由聲。由网即獵网。字蓋從田華聲。田者象网之形。云從華。非也。或曰由聲。則後人竄以野言也。率下曰。捕鳥畢也。國語齊語。田狩畢弋。韋注。畢。掩雉兔之网也。是畢所以捕鳥獸。鄭玄注月令。网小而柄長謂之畢。是田與畢一類而小異。田無柄。畢有柄耳。説文畢下云微。恐有脱誤。或即謂网之小歟。知田象网者。奮下曰。從奞在田上。奞。鳥張毛羽自奮奞也。夫鳥之奮凡。何取在土田之上乎。蓋奮者將飛張羽之稱。陷网之禽得出网外。奮羽而作。故從奞在田上。田即网也。田所以取鳥獸。因之凡取鳥獸皆曰田矣。白虎通曰。四時之田總名為田何。為田除害也。此以聲為訓。并田獵土田為一。違其朔矣。【讀字肊記　説文月刊第三卷十二期】

◉高鴻縉　田字甲文。金文。篆文。隸書。楷書。五體

田　[字形]　[字形]　田　田

本意説文以為樹穀之地。象阡陌縱横之形。名詞。待年切。

叚借

引伸的。

(1) 一夫之田百畝。名詞。如周禮考工記匠人。田首倍之。鄭注。田。一夫之所佃。百畝。

(2) 一井田。九百畝。名詞。如國語魯語。季康子欲以田賦。注。一井也。

非引伸的。

(1) 獵也。動詞。如殷虚書契前編二・三八・四。戊戌卜。貞王田于㐭。往來無災。又前二・三六・四。辛酉卜。貞。王田雍。往來無災。又孟子梁惠王。今王田獵于此。又田車。獵車也。一曰轅車。一曰輕車。一曰木路。如詩吉日。田車既好。石鼓文。田車孔安。

通叚

(1) 代敶。說文。田。陳也。按陳訓敶。(敶。敹敶也。从攴。陳聲。)又周時敶蔡之敶作敶。戰陳之陳作陳。而田之異文作㙈。(从土。陳聲。)秦漢以後改作陳蔡。戰陣。而田之異文㙈字廢。史記田敬仲完世家。敬仲之如齊。以陳字為田氏。按此陳。周時作敶。此田。周時作㙈。以敶字為㙈氏者。因其音而變其字也。金文載敬仲之後在齊為田氏者均作㙈。賈誼書陳單。漢傳周字。即㙈單。田單也。

(2) 代甸。甸。鄉里田區之名。名詞。如不嬰簋錫女……田十田。下田字是。王静安曰。田。即經之甸字。

(3) 代甸。甸。子男小國之稱。名詞。如令彝。眔諸侯。侯。田。男。盂鼎。侯。田。按侯田。即書酒誥侯甸字。

(4) 代佃。佃。農吏也。名詞。如散盤。矢人有司眉䢅田。(下四・人名)又散人小子眉䢅田。(下三・人名)按此二田字皆訓農吏。又禮記月令。命田舍東郊。注。謂田畯。主農之官也。

(5) 代畋。畋。治田也。動詞。如詩齊風甫田。無田甫田。上田字是。又孟子萬章。舜往于田。又蒼頡篇。田。穜禾稼也。

(6) 代畋。畋。治也。動詞。如禮記禮運。人情以為田。注。人所捊治也。【散盤集釋】

◉胡厚宣 田田田者,郭沫若先生釋作「場之初文」,說「此言坚田,當即築場圃之事。」又以為即是「說文的畕字」,意思是「比田也」。戴裔煊先生由郭說引申,釋為井田的井。楊樹達先生則釋為壙,以「圣田」即是「掘壙」。吴恩裕先生從其說,謂「甲骨文中有掘壙的記載」。我舊作卜辭中所見之殷代農業釋作田。

今案田田田字，在武丁時成語中，分明都作「田」字；又武乙文丁時卜辭「多田亞」之田，也作田，則其必為田字，當毫無可疑。

「埸」「畕」之說，楊樹達先生曾疑之，甲骨文自有井字，皆作井，亦絕無作田田田者。所以知其決不能為「掘礦」「開礦」的礦字者，武乙文丁時有一牛胛骨卜辭說：

二一、癸亥，貞于哭裒□。

二二、癸亥，貞王令多尹裒田于西，受禾。

二三、癸亥，貞多尹弜□，受禾。

二四、癸亥，貞其𠦪禾自上甲。

二五、乙丑，貞王令裒田于京。

二六、于壠裒田。

二七、戊辰，貞𠦪禾自上甲其㱃。（京大研究所藏骨）

通版卜辭，殘存七節，皆貞裒田𠦪禾之辭。先裒田而後𠦪禾；裒田之後，繼而有受禾之貞。倘非土田耕稼之事，還能是什麼呢？【說貴田　歷史研究一九五七年第七期】

◉高鴻縉　說文。田。敶也。樹穀曰田。囗。十。阡陌之制也。待年切。按樹穀之田。即田畝之田。象地有阡陌之形。名詞。敶（列）也為其音訓。春秋時有陳字。亦田字也。从土。陳聲。敶敬仲以為氏。故其後為田氏。亦稱陳氏者。通叚其音也。陳為戰陣之陣之初字。古者田音與陳音同。故得通叚。田。商周亦借為田獵之田。動詞。【中國字例二篇】

◉林　澐　「田」這一稱謂在甲骨文第一——三期未見，第四期卜辭有「以多田、亞、任」（粹一五四五），是和亞、任這兩種身份性稱謂相並舉的。第五期卜辭中「田」這一稱謂較多見。如：

余其比多田于多伯征盂方白𡆥　（甲二四一六）

……比多田于多伯征盂……　（甲二三九五）

……比多田……盂方伯……　（後上二〇・九）

余其比侯田甾戋四邦方　（續三・一三・一）

余其比……田甾盂方……　（前二・三八・二，河六〇二）

因為在武乙以前的卜辭中迄今未見「田」這一稱謂，推想「田」是一個較晚發生的稱號。【甲骨文中的商代方國聯盟 古文字研究第六輯】

◉王明閣 卜辭中有許多「田」字，⊘凡此五種，從卜辭的內容來看，均指田獵。⊘問題在於為什麼叫作「田獵」？這要先從「田」字談起。對「田」歷來有兩種解釋。《説文》云：「樹穀曰田，象四口，十，阡陌之制也。」再從田的讀音來看，《釋名・釋地》：「土，吐也，吐生萬物也。已耕者曰田。田，填也，五稼填滿其中也。」而田又叫作填，從音韻求之可證：田，題姸切，音鈿；先韻；填，亭年切，音田，先韻，二字疊韻，故相通。還有另一種解釋，《易・師六五》：「田有禽（擒）」和《易・恆九四》：「田無禽」以及《易・系辭下》：「以佃以漁」，虞注：「以罟取獸曰田」，因之，田亦作獵字解。《逸周書・文傳》：「畋漁以時」的畋也作獵解；《詩・叔于田》，《傳》：「田，取禽也」。但在卜辭中只有田、獸（狩）等字，並無獵字，更無田獵連文，只有「田射」（「叀斿田射」（《粹》1019））字樣。而田獵連文，最早見於《左傳・襄公三十一年》：「譬如田獵，射御貫則能獲禽。」《禮記》一書中有「田獵罝罘」（《月令》）、「乃教於田獵」（同上）、「山林藪澤有能取蔬食田獵禽獸者」（同上）等記載。孟子在與梁惠王的對話中，説：「今王田獵於此」等共四次提到「田獵」。在《尚書・無逸篇》中雖有「文王不敢盤于游田」的記載，但還没有田、獵連文，直至南宋朱熹作傳時寫道：「文王不敢游於田獵」。

至於田獵場所與土地所有權的關繫，早在東漢班固撰寫的《白虎通義》中就説「春謂之田何？春歲之本，舉名而言之也。四時之田，總名為田何？為田除害也。」《説苑・修文》：「其謂之田何？……去禽獸害稼穡者。」這就一語道破了田獵是在田中打獵，為田除害的真諦。從前者記載來看，似在荒田，而後者又象是正在耕種的農田裏，但在農田狩獵容易傷害禾稼，還是在荒田的可能性更大。《逸周書・小明武》記載的更為明確：「荒田逐獸，田獵之所。」「田」又作「牧」（見《爾雅・釋地》：「郊外謂之牧」。）《釋文》：「李本牧作田字」。殷王田獵也采用焚田而狩的方法，這在卜辭中有明確記載：

「王其焚兇廼麓，王于東立，虎出，𢦏。」（《摭續》121）

這是記載在山腳下焚林驅虎的事。那末，在平原地區焚田驅獸，當然也會存在。卜辭云：

「叀來乙巳入……焚……」（《粹》1248）「敝莽亡𢦏」（同上1559）。

以上二辭均未説明是在山地，還是在平原，我們在《殷虛文字乙編》中則見到這樣一條卜辭：

「其焚罕？癸卯允焚，隻兕七十一，豕十五，毘廿五。」（第2507片）

從這三種動物來看，兕是一種野生的大青牛（孟世凱著《殷虛甲骨文簡述》從此説）；豕是豬，而毘則為獐，不象虎等猛獸深居山林之中，此多為在平原荒田所活動的動物。

此種荒田，在卜辭中仍有記載：

「九月辛卯，允㞢來鼓自北，𡆥敏妾告曰：『土方牧我田十人』。」（《菁》6）

「……土方显于我東啚，𢦏二邑。𢀛方亦牧我西啚田。」（《菁》2）

土方與𢀛方是與殷的屬國——沚東、西為鄰的兩個强大方國，曾多次侵入其地。「牧」，《説文大字典》云：「牧，入聲，音目，畜養也；《説文》：『養牛人也。從攴，從牛。』《詩》：『牧人乃夢。』」因而能够牧放的土地，當是荒田，或未開墾，或已撂荒，宜於恢復地力，以備耕種，是井田的休耕部分（詳見拙文：《對卜辭中『王其田』的幾點看法》，載《北方論叢》1979年第五期）。陳夢家先生説：「以沚為例，東鄙有邑（數在二邑以上），西鄙有田。邑與田是有别的：邑是聚族而居之處，田是耕田。《公羊傳・桓元》：『田多邑少稱田，邑多田少稱邑。』」（《殷虚卜辭綜述》第322頁）又説：「在東者為東鄙，在西者為西鄙，而各有其田。」（同上，第323頁）清代學者程瑶田氏在《通藝録・𤰝澮二》中説：「《周書》曰：『若稽田即勤菑，帷其陳脩為厥疆畎。』按《爾雅》田一歲曰菑，《方言》云反草曰菑。然則敷菑者，以耜發田為初耕，反草之事，既耕去其草矣。」陳先生和程氏的論述，皆佐證了對在休耕田上狩獵的看法。【從卜辭中「田」的記載看殷代土地王權所有制　北方論叢一九八一年四期】

◉李孝定　蔣禮鴻氏謂樹穀之田與獲禽之田，形同而非一字，獲禽之田象田網，以奮从田證之，殊有新意；惟田既象網，則狩獵何以不逕稱網，而必讀與樹穀之田同音，頗堪玩味，蓋狩獵皆於田野為之，且獵者必盛陳兵仗，凡此皆與田之音義相涉，故逕謂之田耳。【金文詁林讀後記卷十三】

◉裘錫圭　在西周時代，「田（甸）」是諸侯的一種（《矢令彝》銘「眔諸侯：侯、田、男」）。研究甲骨文和上古史的學者，一般把商代的「田（甸）」也看作一種諸侯。有的學者甚至認為「侯田」是一個不能分拆的名詞，多田即多侯。例如陳夢家在《綜述》裏説：

卜辭的「侯田」似是一個名詞，不能拆為侯與田。因為卜辭有「某侯」「某白」而從無「某田」，有「多田」「多白」而從無「多侯」，所以「侯田」應是一詞……所謂侯田乃指多田，而多田實即多侯，即周代的諸侯。（328頁）

日本學者島邦男基本上同意陳説。他認為「『多田』就是『多侯甸』，也就是『多侯』」（《鄴》1・38・3）」。温天河等譯《殷虚卜辭研究》421頁。

陳氏的説法其實是不能成立的。多田與多侯並不是一回事。甚至商代的「田」是否已經具有諸侯的性質，也還是一個需要討論的問題。

陳氏主張多田即多侯，主要有兩點理由：一，卜辭有「多田」而無「多侯」。二，卜辭有「某侯」而無「某田」。對第一點，島邦男實際上已經提出了反證。只不過他並未因此懷疑陳説，反而加以贊同，頗令人不解。島氏舉出的《鄴》1·38·3的「多侯」，「多」字殘去上半，有的學者釋為「丁侯」。《屯南》3396有「⊠多侯歸」一辭，「多」字完整無損。所以卜辭有「多侯」這一點是無可懷疑的。

陳氏以卜辭有「某侯」而無「某田」來證明「侯」、「田」無別，也有問題。卜辭裏雖然尚未發現「某田」的稱呼（這種稱呼完全有可能存在，商代銅器銘文中有「夆田」，詳後），卻屢見「才（在）某（地名）田」的稱呼：

(6) 才攸田武其來告。　《乙》7746（參看《乙》2997、2998）

(7) 乙未卜貞：才澫田黄又（右）赤馬其𩣡。　《通》732（《綴》237）

(8) 叀（義近「惟」）才龐田豐示，王弗每〔瀗〕。

(9) 叀才潢田□示，王弗每瀗。

(10) 叀才澫田亞示，王弗每瀗。　《屯南》2409

(11) □子卜：才𣪘田龍（?）[illegible]寑其□。　《粹》945

(12) 丁丑卜：才義田來𨍭羌□，王其乂於□□、大乙、且（祖）乙，又（有）正。　《屯南》2179

(13) 丁酉中彔卜才兮貞：才㹄田□其㠯又（右）人䧅，亡𢀛（災）。　《甲》2562

上引諸辭中，(6)是賓組卜辭，屬於董氏分期法的第一期；(7)是何組卜辭，屬第三期；(8)—(12)是三、四期卜辭；(13)是黄組卜辭。

卜辭稱呼那些被商王派駐在商都以外某地的職官的時候，常常在職名前加上「在某（地名）」的定語。例如管理田獵等事務的、相當於周代「迹人」的「犬官」，看楊樹達《釋犬》，《積微居甲文説》18頁。就常常被稱為「在某犬」，下面擇舉數例：

(14)戊辰卜：才凄犬中告麋，王其射，亡𢦔，𠬝（擒）。　《粹》935（參看《屯南》625）

(15) 辛亥卜：翌日壬王其比才成犬𡆥，弗每，亡𢦔，𠬝。　《摭續》1

(16) 才盂犬山（此處似脱一「告」字）犺才㔾麓，王其比，亡⊠　《外》434

(17) 乙未卜：才盂犬告又（有）鹿（?）⊠　《甲》692

吏和工偶爾也有用這種方法來稱呼的：

(18) 貞：我才·𠂤吏不以娃(艱)。 《合》6042正

(19) 貞：才北史㞢(有)隻(獲)羌。

(20) 貞：才北史亡其隻羌。 《乙》6400

(21) 貞：令才北工収人。 《粹》1217

(22) 貞：弜(勿)令才北工収人。 《續》5・26

「史」「吏」「事」本由一字分化。(18)的「吏」和(19)(20)的「史」當是同一詞的異寫，也許應該讀為「使」。看《綜述》520頁。

上引(6)至(13)各辭提到的「田」，顯然也是被商王派駐在某地的一種人。(6)至(11)各辭「田」後一字是人名，例如「在攸田武」的意思就是攸地的「田」名武者。「在某(地名)田某(人名)」這種稱呼的格式，跟「在潧犬中」、「在成犬𢀛」完全相同。(12)的「在義田」不帶人名，跟(17)的「在盂犬」、(18)的「在·𠂤吏」等同例。第(13)辭「田」後一殘字既有可能是人名，也有可能是動詞(疑是「焚」字異體)。

美國哈佛大學福格藝術博物館所藏的一件商代晚期玉戈刻有如下銘文：

(23) 曰饗王[古文字]，才林田俞𡚬。 據李學勤《論美澳收藏的幾件商周文物》所附摹本，見《文物》1979年12期74頁。

「在林田」就是駐在林這個地方的「田」，「俞𡚬」當是他的氏和名(詳下文)。

在卜辭裏，「在某犬某」也可以稱為「某犬某」，如上引(15)的「在成犬𢀛」也稱「成犬𢀛」(《屯南》2329)，(16)的「在盂犬山」也稱「盂犬山」(《林》2・28・14)。對「田」的稱呼在地名前不加「在」字之例，見於銅器銘文。帝辛時代的《二祀邲其卣》銘記「王令邲其兄(貺)𧀠(鼇)於夆田□」(《商周金文録遺》274)。「夆田□」就是夆地的「田」，「田」下一字不可識，應該是他的名字。

「在某(地名)田某(人名)」有時還可以省稱為「某(地名)某(人名)」。有一條賓組卜辭說「乎(呼)從攸武」(《乙》3429)，攸武跟上引賓組卜辭的「在攸田武」應該是一個人。《三代吉金文存》(以下簡稱《代》)5・24著録下引鬲銘：

(24) 林𡚬乍(作)父辛寶尊彝。 亞俞(「俞」字原在「亞」中)。

從字體看，當屬商代晚期。據銘文末尾所記的「亞俞」，器主林𡚬當出自俞氏。胡平生同志告訴我，他認為這位器主跟上引(23)的「在林田俞𡚬」是一個人。這應該是正確的。

商代後期銅器銘文中屢見用作人名或族氏的「田告」，如：

(25) 田告乍母辛尊。 方鼎，《代》3・3

(26) 田告。　　𩰫，《代》11・40

(27) 田告，父丁。　　簋，《代》6・21

(28) 田告，父乙。　　卣，《代》13・1

(29) 己亥，王易(錫)𧶠貝，用乍且乙尊。田告，亞。　　鼎，《代》3・29

「田告」大概也是商王朝的一個「田」。商代往往以族氏為人名，「告」可能是族氏而不是私名，商代後期銅器銘文中還屢見「告田」，如：

(30) 告田。　　觶，《代》14・38

(31) 告田，父丁。　　觶，《代》14・51

(32) 鳥(？)，父乙，女(或「母」)，告田。(或當讀為：「鳥女，父乙，告田。」此為器銘，蓋銘為：「亞𠬝，父乙。」)　　卣，《代》13・14

(33) 乍且乙䳑侯弔(叔)尊彝。告田。　　簋，《代》6・44

有一件觥，器銘作「田告」，蓋銘作「告田」。《金匱論古綜合刊》第一期103頁。參看《殷周青銅器通論》52頁。可知「田告」與「告田」同義。「告田」似當讀為「告，田」，蓋以族氏與職名或爵名並列，並非指告地之「田」。

有一條第一期卜辭說：

(34) 癸卯卜：其令田□(正)逆，𢦏。　　《佚》234

不知道這條卜辭裏的「田」是不是也應該當「侯田」之「田」講。參看丁山《甲骨文所見氏族及其制度》50頁。上引這條卜辭的行款比較亂，也有人釋作「其令吅田逆𢦏」。《代》6・41著録下引簋銘：「田乍父己寶尊彝。吅。」字跡頗拙劣。從字體看，其時代似不能早於商代晚期。疑此銘「田」字為人名，與上引一期卜辭的「田吅」無關。

總之，從甲骨卜辭和銅器銘文看，商王臣屬中有不少稱為「田」的人，他們跟侯顯然是兩種人。「侯田乃指多田，而多田應即多侯」的說法是錯誤的。有一條歷組卜辭說：

(35) 丁丑貞：王令□(闔)歸侯𠂤田。　　《屯南》2273

如果「田」就指侯田之田的話，這條卜辭便是「侯田」，不能解釋為「多田」或「多侯」，而應解釋為侯與田的最直接的證據。

下面我們來討論商代的「田」的性質。

《矢令彝》銘所說的「諸侯：侯、田、男」的「田(甸)」，作為一種稱號來看，跟商代的「田(甸)」無疑是有一脈相承的關繫的。但是這並不說明商代和西周的「田(甸)」的性質必然完全相同。

在經籍舊注中，把「侯、甸、男、衛」等名稱的原來意義解釋得最為簡明的，當推晉代孔晁的《逸周書》注。孔氏在《職方》篇講「九服」的一段文字後面注釋說：

侯，為王斥候也。服言服王事也。甸，田也，治田入穀也。男，任也，任王事。……衛，為王捍衛也。

以「治田」解釋「甸服」之「甸」，是漢以來經師的共同見解，各家之說不具引。卜辭經常稱「田」為「在某田」。這種人應該是被商王派駐在商都以外某地從事農墾的職官，就象「在某犬」是被商王派駐在商都以外某地管理田獵事務的職官一樣。卜辭對侯總是稱「某侯」而不稱「在某侯」。如果田是諸侯的話，卜辭就不會經常稱他們為「在某田」，而應該把他們都稱為「某田」了。

田除了從事農墾給商王提供穀物以外，有時也提供一些別的東西。上引(7)提到的「在湡田黄右赤馬」，大概就是「在湡田黄」所進貢的一匹馬。與賓組卜辭同時的記龜甲來源的背甲刻辭裏有如下一條：

(36) 武入□。《京津》200

這位進貢龜甲的武也許就是「在攸田武」。

有些田的駐地在侯、伯封域之內。例如「在攸田武」的駐地，就應該在屢見於卜辭的攸侯的封地內。賓組卜辭裏有「攸侯唐」(《林》2・3・18)，「侯唐」又見《庫》200，「攸侯」又見《金》597、《合》5760正、9511。歷組卜辭裏有「攸侯𠙵」(《掇》二132)，黄組卜辭裏有「攸侯喜」(《明後》2729、《綴》附66)。「侯喜」又見《通》592、《明》154。可見，在甲骨文時代(即商代後期)，攸侯從早期到晚期一直存在。晚期的侯喜應該就是早期的侯唐、侯𠙵的後人。有些卜辭還提到了攸侯封地之鄙的一些地名：

(37) 戊戌貞：又(右)敦(牧)於爿，攸侯𠙵啚(鄙)。

(38) 中敦於義，攸侯𠙵啚。《掇》二132

(39) 癸卯卜黄貞：王旬亡(無)畎。才正月，王來正(征)人方，才攸侯喜啚𣎆。《明後》2729

上引(12)「在義田」的駐地，應該就是(38)提到的位於攸侯封地之鄙的義。

第一期卜辭有「林白(伯)」(《合》19423)。《鄴》三下46・15有從「林」從「白」的地名字，也見《甲》653，或釋作「林白」，恐非。上引(23)「在林田」的「林」，跟「林白」的「林」應指一地。賓組卜辭有「斲侯」(《佚》952、《合》7915)，商代銅器有「斲侯」戈(《鄴》初上45)。上引(11)「在斬田」的「斬」，跟「斲侯」的「斲」也可能是指一個地方。不過我們還不清楚，當「在林田」、「在斬田」存在的時候，林地、斲地是否仍然封有侯、伯。

上引(8)「在龐田」的駐地，是一個相當重要的農業區。賓組卜辭曾卜問過「黍於龐(龐)」的事(《續》5・34・5、《合》9538)，還曾卜問過龐是否「受年」(《佚》578)。有的學者認為「龐」就是賓組的甲橋、背甲、骨臼等刻辭中常見的婦龐的封地，不知確否。商王派「田」駐在侯、伯的封域之內，大概是為了就近取得侯、伯的武力的保護。從這一點看，「田」也不象是諸侯。但是另一方面，我們也應該看到，在當時的條件下，「田」這種職官的確比較容易發展成為諸侯。從卜辭看，商王的臣僚往往是族團的君長(我們用「族團」這個詞來指稱以大家族、宗族為核心的團體)。他們通常是率領着自己的族衆為商王服務的。我們可以用賓組和歷組卜辭中屢見的一個人物——犬征來説明這一點。關於命犬征從事農業、田獵、征伐等工作的卜辭很常見，例如：

(40) 丙戌卜貞：令犬征田於京。《燕》53

(41) □寅卜：令犬征田京。《存》上1852

(42) 癸巳卜貞：犬征㞢(有)罕(擒)。《續》3・41・4

(43) 庚戌犬征允伐方。《明後》2537

這些工作，顯然不是犬征一個人所能完成的。有一條卜辭説：

(44) 戊子卜㝐貞：令犬征族墾田於虢。《人文》281

由此可知，犬征實際上是帶領着整族的人為商王服役的，只不過有關的卜辭通常没有説出「族」字而已(以上大體用張政烺先生説)。看張政烺《卜辭裒田及其相關諸問題》，《考古學報》1973年1期109—110頁。商代的「田」無疑也是率領着自己的族人以及其他從屬於他的人，去為商王從事農墾工作的。

在商代，方國林立，而且國與國之間並無防守嚴密的邊界。因此，在商都以外的地方進行農墾工作，往往是相當危險的。上引(7)和(10)提到的「在湾田」的駐地，就是商人的勁敵羌人的勢力所能到達之地。有一條三、四期卜辭説「于湾帝，乎(呼)御羌方于之，𢦏」(《安明》2113＋《人文》2142，《安明》綴合)，可證。多田除了依靠近處侯、伯的保護以外，本身也必然配備有武裝。上引(12)説到「在義田來𨌲羌」。「𨌲」義近「執」。「在義田」給商王送來的「𨌲羌」，應該就是用自己的武力俘獲的。

在商代後期，生產力有很大提高，「田」完全有可能長期固定在一個地方進行農墾。由於當時存在世官制(即一種職務長期由一個族的人——一般是族長——先後繼任，在很多場合下實質上就是讓一個族世世代代固定地擔負某種勞役)，一個族的幾代人相繼在同一個地方擔任「田」的職務的情況，也很可能出現。在這類情況下，擁有族衆和武裝的「田」，顯然是相當容易發展成為諸侯那樣的人的。從西周時代把「田(甸)」當作一種諸侯封號這一點來看，在商代晚期「田」應該已經大量發展成為諸侯，並且商王有可能已經在主動建立稱為「田」的諸侯了。上引(1)(2)(3)等晚期卜辭說明，「田」已經成為商王征伐方國時所依靠的極為重要的力量，其地位與侯、伯相當。這應該是當時的「田」大部分已經具有諸侯的性質的反映。【甲骨卜辭中所見的「田」「牧」「衛」等職官的研究　文史第十九輯】

◉温少峰　袁庭棟　殷人對田土已有很有條理的規劃，這可以從卜辭中有關「田」字的記載進行分析。在卜辭中，「田」字有以下各種形式：

(51) 才(在)酒，盂田，受禾？　(《人》一九三二)

(52) 癸亥貞：王令多尹圣田于西，受禾？

乙丑貞：王令圣田于京？　(《人》二三六三)

(53) 甲子貞：于下尸刖田？　(《粹》一二二三)

(54) 才(在)田。　(《拾》六・一)

胡厚宣先生謂：「卜辭之田字，其中之十，則明明象阡陌之形，與今之稻田無異。田字又有以下諸形：田、田、田、田，其象阡陌之形益顯」(《卜辭中所見之殷代農業》，載《甲骨學商史論叢》二集)。張政烺先生謂：「卜辭四期田字寫法：田、田、田、田，四種形狀，反映了武乙時期疆畎的現實狀況。殷代的田，就是這個樣子，有疆、埒、畎、畝。」(《卜辭裒田及其相關諸問題》，載《考古學報》一九七三年一期。)從卜辭中田字的各種形體，可明顯看出田土區劃後的面貌，其具體內容，文獻中亦有所論述。《說文》：「田，陳也。樹穀曰田，象形。囗，十，千百之制也。」段注：「謂囗與十合之，所以象阡陌之一縱一橫也。各本作阡陌，阜部無此二字，今正。《周禮・遂人》曰：『凡治野，夫間有遂，遂上有徑；十夫有溝，溝上有畛，百夫有洫，洫上有涂；千夫有澮，澮上有道；萬夫有川，川上有路，以達於畿。』百夫之涂謂之百，千夫之道謂之千，言千百以包徑、畛、路也。南畝則畎縱遂橫，溝縱洫橫，澮縱川橫，遂徑畛涂道路縱橫同之。東畝則畎橫遂縱，溝橫洫縱，澮橫川縱，徑畛涂道路之橫縱同之。故十與囗皆象其縱橫也。阡陌則俗字也。」當然，《周禮》的這類記載有一定的整齊化的成份，但確可反映古代田土規劃的一些基本特徵，即田中有大小不等的遂、溝、洫、澮、川之類的溝洫，挖溝洫起出的土就修成徑、畛、涂、道、路之類的各種道路。田間縱橫交錯的道路總的叫阡陌，而各種水溝總的也叫汧洦。《說文》：「汧，水也」，「洦，淺水也」。馬叙倫先生謂：「汧洦連文，猶阡陌也」(《說文解字六書疏證》)。從卜辭中田字的種種字形來看，殷人在平原地區的田土肯定有這類阡陌和汧洦縱橫的規劃整治，而這種對田土的規劃整治，說明殷代的農耕已經到達了比較先進的水平，決非過去所想像的那樣粗放和原始。

田土當然不可能都是方正的，不方正之田古代稱為町、畸或畦。《説文》：「町，田踐處曰町」；「畸，殘田也」；「畦，殘田也」。甲文中有□、□字，就是這種不方正的「畸田」。卜辭云：

(55) 貞：□？（《人》二六八）

(56) 量？叀（惟）犬卬（御）于天（大）庚？允□。（《拾》五一三）

上列之(55)辭乃卜問是否作畸田之事。而(56)辭則是對□形田地實行測量之辭，在量地時還要對大庚舉行祭祀。由此辭可見殷人不僅規劃整治了阡陌縱横的方正的耕地系統，也測量了其他一些田地。西周金文揚簋有銘曰：「王若曰：揚乍（作）嗣工，官嗣量田甸」。「量田甸」即量度田甸，可與卜辭中「量……允□」之辭互證。【殷虛卜辭研究——科學技術篇】

◉裘錫圭　在大量土地尚未開闢，為野獸棲身的林莽幾乎隨處可見的上古時代，田獵與農業有很密切的關係。中國農史（初稿）説：

用火驅逐野獸，是古代狩獵活動中常常採用的方法，用火驅逐野獸的結果，必然會把長滿了野草雜樹的獵場燒成空地。這種空地，在適當條件下就會被人們利用來墾為耕田。耕田的「田」和田獵的「田」完全同字，這決不是偶然的，正反映着田獵為農耕做了準備工作。

這段話很正確。

在殷墟甲骨上可以看到一些關於「焚」某地之事的卜辭。過去有些人以此證明商代農業使用燒田耕作法。但是這類卜辭往往卜問焚某地是否能擒獲野獸，有的還附有記載獲獸情況的驗辭（如合一〇四〇八正）。因此又有人認為殷人的「焚」純粹是一種獵獸的方法，與農業無關。張政烺先生在《卜辭裒田及其相關諸問題》一文裏，把這兩種意見統一了起來。他先引用了唐代吕温的道州觀野火詩，指出從吕詩可以得知兩事：「(1)野火中可以獵兕虎，其他小獸自然更不用提了，(2)野火使農田開闢，得到增産。」又引用了大戴禮記四代所記孔子的一段話，説明古人都知道「最好的獵場通過焚燒便可成為最好的農田」（考古學報一九七三年一期一〇六頁。以下引用時簡稱張文）。接着，張先生對甲骨卜辭作了具體考察，指出卜辭中的「田」既可以當耕種或所耕種的田地講，也可以當打獵或打獵之地講，而且「從第三期以後，把打獵幾乎完全改稱『田』」。此外從卜辭還可看出，田獵區往往就是重要的農業區，例如卜辭中常常提到的盂這個地方就是這樣的。所以他認為商代的農田有很多是由獵場改成的，「耕田和打獵本來是兩回事，在焚山燒澤這一點上統一了，許多獵區終於不免變成農田」（同上一〇六—一〇七頁）。這些意見是很精闢的。

很可能在卜辭所提到的田獵活動裏，有一些活動的真正目的就在於為開墾農田作準備，擒獲野獸只是附帶的收穫。

古代野獸多，農田往往受它們蹂躪，田獵還有為農田除獸害的作用。古書裏屢次談到這一點：

説苑修文：「其謂之畋何？聖人舉事必反(返)本。五穀者以奉宗廟養萬民也，去禽獸害稼穡者，故以田言之。」

白虎通田獵：「古者諸侯所以田獵何？為田除害，上以共宗廟，下以簡集士衆也……四時之田總名為田何？為田除害也。」(今本中此文已佚，據左傳隱公五年正義太平御覽八三二轉引)

公羊傳桓公四年何休注：「已有三牲，必田狩者，孝子之意以為己之所養不如天地自然之牲逸豫肥美。禽獸多則傷五穀。因習兵事，又不空設，故因以捕禽獸。所以共承宗廟，示不忘武備，又因以為田除害。」

左傳隱公五年「故春蒐，夏苗，秋獮，冬狩」句杜預注：「苗，為苗除害也。」

此外，月令也説孟夏之月要「驅獸毋害五穀」。又據周禮秋官雍氏，古代為了防止禽獸害稼，每年春天都要設置捕獸的阱獲(參看鄭玄注)。這些措施雖然跟大規模的田獵不同，但是也反映了防止獸害對古代農業的重要性。

在民族學資料裏也可以看到為保證農作物而進行田獵的例子。如我國解放前的佤樂人，「在秋收前後和農閑季節，為了防止成羣的野豬、猴子侵害莊稼，往往舉行集體圍獵」(佤樂人解放前的社會歷史初探，民族團結一九六三年十、十一期)。

在商代，「為田除害」無疑也是促使殷人進行頻繁的田獵活動的一個因素。【甲骨文中所見的商代農業　全國商史學術討論會論文集】

◉蔡全法　三十三，「田」、「馬」字陶瓮：

一件，泥質灰陶，戰國時器。1984年12月，西城T20井8出土。「田、馬」陰文，均横向，前者刻於瓮肩部，字體草率粗大，後者鈐印田字內，字體工整精細(圖四：1)。「田」甲骨文亦有與此近同的，作「田」。《説文·田部》：「田，陳也。……十，阡陌之制也。」王國維釋《不嬰敦蓋銘》田字云：「即經之甸字。《周禮》小司徒：四井為邑，四邑為邱，四邱為甸。……《詩》：信彼南山，維禹甸之。甸六十四井，出車十乘，為邑四十」。(《觀堂古今文考釋》)王説田、邑有同性質不同面積之義，考釋極為正確。「馬」從厂從馬，為姓氏。從字形和印痕觀察，馬字是在器胚未乾時捺印的，此應是陶工姓氏之印，而田字則是陶器燒成後或使用中刻寫的，它有可能是陶器的擁有者的自銘。疑為掌管田土和生產的官名，即「田畯」的簡稱。

看來，田除了有土地之義外，還有鄉村基層組織和職官之義。

【近年來「鄭韓故城」出土陶文簡釋　中原文物一九八六年第一期】

◉李學勤　「更修《為田律》」：秦簡《語書》：「故騰為是而修法律令、田令及為間私方而下之。」與牘文此句對照，知道「修」是動詞，「為田律」是律名。「為」義為作、治，「為田」的意思是制田。《為田律》是關於農田規劃的法律，與雲夢簡《田律》有所區別。由牘文還可知，秦武王以前已有《為田律》，此時不過進行改訂。

「田廣一步，袤八則，為畛」：「為」和上述「為田」的「為」以及下文「為橋」、「輒為之」的「為」一樣，訓為作、治，而和「百畝為頃」的「為」意義不同。　【青州郝家坪木牘研究　李學勤集】

◉陳煒湛　卜辭田多用為畋(詩・書・易皆有此用法)，與獸(狩)同義。獸作[字形]、[字形]，從犬從[字形]([字形])即單(或省為干)。[字形][字形]為田獵之工具，犬為助獵之牲畜，字之本義當即持[字形]驅犬出獵。李孝定曰：「單干古為一字，並盾之象形。田狩者以單自蔽，以犬自隨，故字從單從犬會意。亦猶戰字從單從戈會意也。」早期卜辭多用獸，中晚期卜辭多稱田。又有省字，亦田獵之義。爾雅釋天謂：「春獵為蒐，夏獵為苗，秋獵為獮，冬獵為狩。」是以獵為總名，而四時之獵各有專名。關於這春蒐夏苗秋獮冬狩之說，經典多有異文，僅周禮大司馬及左傳隱公五年與爾雅合(詳郝懿行爾雅義疏)。驗以卜辭，一年十二月皆有田獵事，並無專稱，而通稱為田、獸、省。郭沫若讀省為獮(見粹九六六片考釋)，然「省」亦通用於全年而不限於秋。即以武丁卜辭而論，占田獵事而辭末紀月者不乏其例，如：

勿乎省田。二月。(合集一〇五四五)

往省牛。三月。(合集一一一七〇、一一一七一)

令旃田于□(合集一〇九六四)(同版有「今一月」)

其令雀田于□？(合集一〇五六七)(同版另一辭記「十一月」)

翌癸卯獸。（合集一〇六一三）（同版有「生五月」）

王獸。七月。（合集一〇五八四）

獸。七月。（金六〇五）

翌丁卯獸敝彔，禽。八月。（合集一〇九七〇）

王自往從獸？九月。（合集一〇六一一）

獸。九月。（合集一〇六二八）

庚戌卜，今日獸，不其禽艮？十一月。（乙一四三）

可見「省」可在二、三月，「獸」則五月、七月、八月、九月、十一月皆有之。在第五期的田獵卜辭中，一概稱田，其標明月份者如：

田叀，在正月。（合集三七七五八）

田梌，在二月。（金四九二）

田梌，在三月。（合集三七六二七）

田朩，在四月。（合集三七四七三）

田于麥彔，在五月。（佚五一八）

田，往來亡災，在七月。（契五一）

田宮，在八月。（合集三七六〇六）

田書，在九月。（續三·一六·一〇）

田玟，在十月。（前二·三五·一）

田書，在十月又二。（合集三七七一二）

可見一年到頭，均稱「田」，無有異名。

在中期卜辭中，亦有田獸並見一版者，如遺珠六七四云：「其獸，亡災？弜射斿鹿？王其田斿？不冓大雨？」屯南二七一云：「于壬王迺田，𢦏？辛，王叀田省，亡𢦏？其獸，亡𢦏？」同書二二六九云：「王叀田省，亡𢦏？其獸，亡𢦏？吉。」又有田獸連言者，如屯南二二六云：「王其田獸，亡𢦏？」同書二一一四云：「☑戊王其田獸，亡𢦏？」皆中期卜辭。此「田獸」並言，殆後世所謂畋獵也。【甲骨文同義詞研究　古文字學論集初編】

◉徐中舒　田合集一　田合集三三二〇九　象田獵戰陳之形。古代貴族有囿以為田獵之所，囿有溝封以為疆界，亦即隄防，其形方，因謂之防。甲骨文田字從囗從十 井 丰等，囗象其防，十 井 丰等表示防內劃分之狩獵區域。故封疆之起在田獵之世。圍場之防，就田獵言，本以限禽獸之足，就封建言，則為封疆之界，故此古代之封疆，必為方形。而殷代行井田制，其井田之形亦必為方形。此井田乃農耕之田，已非田獵之所。後世不知農田阡陌之形初本田獵戰陣之制，故《説文》云：「田，陳也。樹穀曰田。象四囗十，阡陌之制也。」不確。【甲骨文字典卷十三】

◉陳煒湛　二、往于田説

甲骨文卜「往田」之辭各期屢見，「田」義為田獵，動詞，已為學者所公認。除「往田」之外，各期卜辭又屢見「往于田」一語，例如：

壬戌卜，争貞：王往于田，若？　《續》三・三五・二

戊辰卜，貞：王往于田，三月。

庚午卜，争貞：自今至于己卯雨？　《合》一〇五一六

貞：王往出于田，不潛？

貞：王勿往出于田？　《合》一〇五三九

之日王往于田从東，允獲豕三，十月。　《合》一〇九〇七

☒之日王往于田，从融京，允獲麑二，雉十。十月。　《合》一〇九二一

（以上武丁卜辭）

乙酉卜，出貞：王往于田☒　《文録》七三二

戊寅卜，行貞：王其往于田，亡巛？在十二月。　《合》二四四九二

（以上祖庚、祖甲卜辭）

丙子卜，□貞：王其往于田，亡巛？在十二月。

丁丑卜，犬貞：王其往于田，亡巛？　《綴》一七二

王弜往于田，其每？　《京都》二〇四九

辛罘壬王从往于田，其每？

王叀乙往于田，丙迺𠬝，亡𢦏？

乙王從往于田，其每？　《寧滬》一・三六七

（以上為廩辛、康丁卜辭）

庚子卜貞：不往于田？　《續》三・一六・九

（此為帝乙、帝辛卜辭）

唯第四期武乙、文丁卜辭尚未見「往于田」之辭。上引各例，除武丁時有二例記獲獸，可證其與商王田獵活動有關甚或即為田獵活動外，餘均無從證明其與田獵事有何關係，亦無從證明此類「田」亦為田（畋）獵。《甲骨文合集》將此類卜辭編入「社會生產」的漁獵畜牧部分，與「王往田」卜辭排列在一起，可見編者是將「往于田」當作田獵卜辭看待的。松丸道雄《關於殷墟卜辭中的田獵地》一文亦將它們列為田獵卜辭加以討論。島邦男《殷墟卜辭綜類》則將卜「往于田」之辭編入「往田」辭目之下，僅將《續》三・一六・九之「往于田」編入「往于」條下。按諸家之所以如此，顯然是由於視「往于田」為「往田」，將二者等量齊觀所致。其實，卜辭「往于田」之田與「往田」之田，字形雖同，但性質迥異，區別至為清楚，不得混為一談。下面試稍加辨析。

考卜辭「往」字用法，大別有三。一為與反義詞「來」結合為反義複合詞「往來」，往指前去，來指返回，「往來亡𡆥」是田獵卜辭中極常見的辭例。二為與表示行為動作的動詞結合為連動式詞組，表示外出做某事，如往省、往伐、往追、往雚（觀）、往獸（狩）、往阱（陷）等等。「往田」即屬此類，義為外出（前往）畋獵，田為動詞。其三為與于字結構結合為述補式詞組，稱「往于某」，介詞「于」所帶賓語多為地名或廟號名（這類詞組于字有時也可省去，而變為述賓式詞組）。「往于田」即屬此類。「田」是介詞「于」的賓語，乃名詞，當為地名，與往田之田，音同而義異。前二類均為常見之辭，學術界無異詞，例可從略。第三類例亦至多，為便與「往于田」之辭比較，玆略舉數例于下：

乙亥卜，爭貞：王往于𦎫？　《乙》七七六七

乙卯卜，㱿貞：今日王往于𦎫？　《粹》一〇四三

〔比較：貞：今日勿往𦎫？　《粹》一〇四八〕

貞：王往于甘？　《後》上一二・五

□辰卜，賓貞：王今日往于𩲡？　《甲》三四三〇

貞：今日往于上甲？　《南北・誠》一七

〔比較：勿往上甲？ 《乙》四五七八〕

貞：翌丁卯乎往于河？ 《乙》七六二二

上甲為廟號名，河指大河（黄河），䡴、甘、越均為地名。「往于」之後均不接動詞。

說「往于田」之田為地名，還可從下列二辭得到證明：

壬子卜，出貞：今☐九？在田。 《外》二七三

己酉卜，貞：王步于田，亡巛？ 《後》上三〇·七

黄然偉《殷王田獵考》也已注意到「在田」一語。在田，與在宮、在向、在慶、在雇、在攸……等同例，「田」確為地名。在田，是說這條卜辭是在田這個地方卜的，早期卜辭常見此例。又依卜辭通例，「步于」之後所接亦均為地名或廟號名，「步于田」之田決非上甲（田）之誤，其為地名，當亦無可疑。

上述諸「田」，既非畋獵，又非農田，確是一個地名。此「田」與商王田獵事也有一定的關係，武丁卜辭中即有「往于田」而有獲之例（例見前引），但又並非王常至的田獵地。其地望今無可考。 【有關甲骨文田獵卜辭的文字考訂與辨析 古文字研究第十二輯】

◉彭明瀚　關於田字的本義，一般都認為是田獵，許慎《說文解字·田部》對田的訓釋「陳也，樹穀曰田」是田字的引申義。筆者為了弄清這一問題，考查了目前已見於著録的甲骨文材料，經仔細對比研究，得出了與許慎相同的見解。

甲骨文中的田作「田」形，僅第四期卜辭中用為農田意義的田作「田、田、田」等形體，田字在甲骨文中的用法，歸納起來，大致有「田十受年」、「圣田」余永梁《殷墟文字考》、《國學論叢》一卷一號，1926年。于省吾《甲骨文字釋林·釋圣》中華書局1983年版。「王往于田」、「王（其）田（某）」、「祭名十田」、「多田」、「于田」等格式，分別用來表示農田、田獵、田祭等意義。

1. 卜辭農田說⊘
2. 卜辭田獵說⊘
3. 卜辭田祭說⊘
4. 田字本義為農田說

學術界一般公認田字本義為田獵。

我們提出田字本義為農田說，主要有如下三個方面的理由。

1) 從卜辭材料看，田字本義為農田。

卜辭中的田作田、田、田、田等形體，後三種形體僅見於第四期，其用法也是表示田疇，而同期中田獵意義上的田無一例外地作田形。江西樟樹吴城遺址中出土了一件屬於商代早期的陶鉢，底部刻有「□□□□」四字（《江西清江吴城商代遺址發掘簡報》，《文物》1957年7期）。「田」與「社」同現，當有田疇義。關於中國文字產生的時代，目前還難以界定，定在夏商之際可能比較公允。如此説來，吴城陶文田是我們所能見到的田字最古的形體和用法，是田字的本義。第四期卜辭中農田意義上的田作古體田、田、田等形體，是一種復古現象（這是本期卜辭的一大特點），而田獵意義上的田作田形，是因為田獵義是後起的義項，無古體可復。其實，殷人對田的認識，也有一個發展過程，在武丁時期，田主要是用於田疇義，至祖庚、祖甲時，由於人們認識的深化，認識到田獵與農業生產活動有很密切的關係，於是把田獵也稱為田，這也説明田獵義是由田疇義引申出來的，田疇才是田字的本義。

2) 從文字構形學來看，從田之字多與農業生產有關，與田獵毫無關係，知田字本義為田疇。

卜辭中從田之字有□、□、□、□等二十餘個，多為國族名、人名，其中□為農作物名。彭邦炯《商代農業新探》，《農業考古》1989年1期。《説文解字·田部》共收二十八字，其中有二十六字與田疇有關，按文字偏旁表義的理論，田之本義為田疇。

3) 從古文獻材料來看，田字本義為田疇。

現存比較可靠、成書較早的先秦文獻要算《尚書》，其中田字出現十七次，用為田疇義的就有十五條，佔90%；《盤庚》被公認為商代遺文，田字二現，均用為田疇義。《周易》、《左傳》等文獻中的田多用為表田獵，這是祖庚、祖甲時開始形成的以田表田獵文法在後世的沿用，因而不能用這些文獻中田字的訓詁來論證田字的本義為田獵。

無論是從文字構形學、訓詁學，還是從卜辭材料來看，田字的本義為田疇，那麼，田疇義與田獵義之間的關係如何呢？我們認為田獵為引申義。

田疇之所以可以引申出田獵義，首先，它與古代的耕作方式有關。

原始農業一般稱為耒耜農業，這種農業有二大特點：其一為火耕，即在秋收後放火燒掉草蕪，用草木灰作肥料，進行耕作；其二為休耕，由於農作技術低下，耕地耕種一段時間之後要拋荒，休息幾年，以便地力恢復。

休耕是原始農業中比較普遍的耕作方式。恩格斯指出：「凡是實行三田制的地方——而事實上幾乎到處實行的——村落中全部可耕之地總是分成三個相等的部分，每一部分與其它兩部分總是輪流的，第一年播種冬天的種子；第二年播種夏天的種子；第三年休息，只犁不耕。……凡屬輪種休耕的那部分田地，又都回到了大家手裏，暫時作為區公社公有，可以拿來作為一般放牧之用。那其它兩部分田地，先後用滿兩年之後，收成一過，也同樣輪作公用的牧場，直到下年播種的時候為止。」恩格斯《馬爾記》。我國先民也曾經歷過這種耕作方式。《周禮·縣師》：「辨其夫家、人民、田萊之數」，注云：「萊，休不耕者。」《左傳·僖公二十八年》云：「聽輿人之誦曰：『原田每每，舍其舊而新是謀』」，杜注云：「原田即《説文》之趄田，原、趄古音同部，聲亦相近，得通用，今謂之休耕地。」《周禮·遂人》云：「以土均平政，辨其野之土，上地、中地、下地，以頒田里。」由此可見，周代實行三田制，商代處於耒耜農業階段，也應實行過休耕制。當時，地廣人稀，有很好的條件推行這一耕作方式。關於商代的休耕制，卜辭中也有所反映，同一期卜辭中，同一地方，既可以為獵場，又可以為農田：

(29) 壬午卜，王其逐在萬，鹿，獲？允獲五。《合集》10950

(30) ☐寅卜，萬受年。《合集》9812

(31) 己巳卜，王獲在[illegible]兕，允獲。《合集》10950

(32) 己卯貞，呼田于[illegible]，受年。一月。《合集》9556

(33) 辛亥卜，狄貞，王田盂，往來亡災。《合集》9488

(34) 在洒，盂田受禾。《合集》28231

休耕這種耕作方式，我國境内的少數民族中還可見到。雲南西北部貢山縣獨龍河谷的獨龍族實行火耕，種植一年，拋荒六、七年，然後再砍種。參見《獨龍族簡史簡志合編》1963年版。雲南西南部的佤族有一種刀耕火種地。耕種方法是把山坡上的樹叢砍倒燒光，不犁不挖，即行點種，種一年後，丢荒七、八年至十年不等。參見《佤族簡史簡志合編》1963年版。古馬雅人的米爾帕要休耕十年左右，一直要等到休耕地裏的樹木長大……再砍倒燒荒種地……孔令平《瑪雅文明的農業》《農業考古》1983年2期。美國亞利桑州西部的印第安人開出的耕地，只用一至五年，然後休耕數年(多達二十年)，這樣，使森林重新覆蓋起來，土地重新變肥沃。刀耕火種式的粗放農業要求休耕地應是在耕地的五、六倍。〔美〕S·南達《文化人類學》，劉燕鳴、韓養民編譯，陝西人民教育出版社1987年版。從上引中外民族誌材料可以看出，休耕與火種並行，田地休耕多年後，草木叢生，又成了野獸出没之地，是理想的獵場。數年後，農夫們「舍其舊而新是謀」，放火燒掉這些雜草，又重新耕種，這樣，休耕制便把農田與田獵、獵場結合起來了，農田義引申出獵場也好理解。

其次，與先民田獵的性質有關。古代的田獵活動與農業生産關係極為密切：

「驅獸，毋害五穀。」《呂氏春秋·孟夏記》。
「王者諸侯，所以田獵者何？為田除害，上以供宗廟，下以簡士衆。」《白虎通義·田獵》。今本此文已佚，據《左傳》隱公五年正義，《太平御覽》832引文。
「已有三牲，必田狩者，孝子之意以為己之所養，不如天地自然之牲逸豫肥美。禽獸多則傷五穀。因習兵事，又不空設，故因以捕禽獸。所以供承宗廟，示不忘武備，又因以為田除害。」（《公羊傳·桓公四年》何休注）。
基諸族有五種田獵形式，均與農業生產有關係。⊘

既然狩獵與農業生產活動有如此密切的關係，狩獵是農業生產的一個重要部分，狩獵自然可以稱為田。

綜上所述，甲骨文中的田有田疇、獵場、狩獵、田神、田祭等含義，我們以文字構形學為基礎，以卜辭材料為依據，結合訓詁學、中外民族誌材料對它們之間的相互關係進行了認真分析，發現田疇是田字的本義。我們認為甲骨文是我國現存最早、自成系統的文字，是小篆的重要來源，相對說來，更多地保留了先民造字的本意，對甲骨文進行文字構形學和語義研究，是我們在探求文字本義時不能忽視的一種方法。【田字本義新釋　考古與文物一九九五年第一期】

◉戴家祥　[illegible] 㚸蚉壺　茅蒐⿰犭田獵　⿰犭田，从犬田聲，即田獵之田，因田獵多用犬，故田亦从犬。又「獵」字也从犬，田受類化，亦加犬旁。古代四時田獵各有專名。春秋公羊桓公四年傳「春曰苗，秋曰蒐，冬曰狩」。穀梁傳「春曰田，夏曰苗，秋曰蒐，冬曰狩」。各書記載不盡一致。【金文大字典中】

◉楊陞南　（一）用作農田的田

吴其昌在《甲骨金文中所見之殷代農稼情況》文中說：「商代的田，不是種稻用的，而是打獵用的。田形是表示這一方區的地面有野獸，可以供給田獵，不是劃方來種五穀的」。這種說法欠妥。卜辭中有圃字，作[illegible]形，就是在方區中種植禾稼的象形，證明方區的劃分，確與農耕有關。且卜辭中有言「田」與「受年」或「受禾」相關聯的內容，⊘「田」，顯然是用來種五穀的而不是劃方區以打獵的。

（二）用作田獵的田

從對殷墟甲骨文中有關「田」字的內容進行分析得知，凡言「田」而有獲禽獸的卜辭中，「田」字都是動詞，而凡作為動詞用的「田」都是用作田獵的田。由此我們就較易把田獵的田與其他用法的田區別開來。⊘

有些詞中的「田」字的詞性不易分，如「王田」、「王往田」、「王往于田」這樣一組詞，其中的「田」字是動詞還是名詞，就不易分辨，乍看它們都應是名詞，因卜辭中「于」字後一詞，有作名詞的用法，如「田于盂」、「往于南」、「尞于河」等中的盂、南、河都是名詞，「于」字在這類句中作介詞用。但「于」字在卜辭中除作介詞外，還可作連詞和助詞，作連詞的如「多田于多伯」(甲2416)中的「于」作「與」字講，即「多田與多伯」之意。「王往于田」辭中的「于」字應作助詞用，當「為」字講，《詩・豳風・七月》「三之日于耜」，夏緯瑛云：「『于』字古時常與『為』字通用……『于耜』就是製做或修理來耜」。「王往于田」應釋為商王去行獵，故有卜辭記其獲獸：

(17) 〼之日王往于田，从東，允獲豕三。十月。　龜2・22・11

辭中的「田」是動詞，言商王去行田獵，從東方開始而打到三只野豬。

(三)泛指一般地域

卜辭中的「田」字，有既不是指農耕的田也不是行獵的田，而是泛指一般的地域，如：

(18) 沚戠告曰：土方征于我東鄙，𢦏二邑，舌方亦㑴我西鄙田。　菁2

(19) 長友角告曰：舌方又㑴我示褱田七十人五。　菁2

(20) 幼妻笶告曰：土方㑴我田十人。　菁6

㑴，唐蘭釋為㑴，即侵，《穀梁・隱五年傳》：「苞人民，毆牛馬曰侵」。上引諸辭是舌方、土方侵邊，守將向商王室報告敵情。外敵來侵邊，當不是專門侵犯農耕田，所以(18)至(20)辭中的「田」不是指農耕的田，而是指邊境地區的領土。

在古文獻中，這種用法比較常見，《楚辭・大招》「田邑千畛」，注云「田，野也」。《禮記・王制》：「公侯田方百里」，是指公侯的封域有方百里之地，非僅指農田。春秋時，晉滅祁氏、羊舌氏兩大族後，「分祁氏之田以為七縣，分羊舌氏之田以為三縣」，晉國在新設的十縣中，由國君派縣大夫去治理。能在其上設「縣」這樣的行政單位的「田」，當然不是指農田，而是指把非耕地也包含在內的一定地域，這與上引卜辭中的「西鄙田」、「示褱田」、「我田」的「田」字用義相同。

(四)商代的爵稱

卜辭中田與伯對稱，侯與田連言，如：

(21) 余其從多田于(與)多伯征盂方伯炎。　井甲2416

(22) 余其隮告侯田册𡉏方、羌方、轡方，余其从侯田甾伐四邦方。　井合集36528

(23) 以多田亞任。　粹1545

甲骨文中侯、伯、任都是爵稱，與其對稱、連言的「田」也應是一種爵稱。胡厚宣先生云：「男與田意義相同，疑當為一字之演變，武乙文丁時作男，帝乙帝辛時男亦作田，其實一也。」《禮記・王制》「天子之制爵祿，公侯伯子男凡五等」，男是五等爵之一，《尚書・酒誥》中言商時諸侯是「侯甸男衛邦伯」，男爵稱已見於商代。卜辭中的「田」即文獻中的「男」是爵稱之一種。

（五）作為地名。

卜辭「在」字下，除表示月份的時間數詞如「在五月」、「在二月」等外，一般是指地名。島邦男整理卜辭地名時，指出作為地名有三種標準：(1)「在×」；(2)「田于×」；(3)「×受年」。「田」字在「在」字之後，已發現三例：

(24) 壬子卜，出，貞今☒尤。在田。　井外273

(25) 獲鹿，其在田。　南明729

(26) 在田。　拾6・1

《拾》即《鐵雲藏龜拾遺》的簡稱。葉玉森考釋此片云：田，「地名」，可從。

（六）作為祭祀的神名

下面的卜辭是對「田」神舉行的祭祀：

(27) 癸☒酒田☒　續存下755

(28) ☒帝于帚田☒　京969

(29) 其尞于宫田，又雨。　井續3・16・4

(30) 唯𠄎靁盂田，又雨。　井掇一・385

靁作☒形，當即雩字，求雨之祭，《禮記・月令》「仲夏之日，大雩帝，用盛樂」，鄭注：「雩，吁嗟求雨之祭也」，(30)辭正是求雨。上舉他辭中之酒、帝、尞皆是卜辭中的常見祭名，(27)辭的「酒田」即用酒獻祭田神，(28)是帝（即禘）祭于帚之田神，(29)辭是尞祭于宫地的田神。

田神即古文獻中的「田祖」。《詩・大田》「田祖有神，秉畀炎火」，《詩・甫田》「琴瑟擊鼓，以御田祖，以祈甘雨」，毛傳云：「田祖，先嗇也」。孔疏云：「先嗇，若神農者」。《周禮・籥章》：「凡國，祈年於田祖，吹豳雅，擊土鼓，以樂田畯」。鄭注：「田祖，始耕者也。謂神農」，孫詒讓《周禮正義》：「田之祭田祖，猶樂官之祭樂祖也。大司樂云：凡有道有德者使教焉，死者以為樂祖，祭於瞽宗。是教樂者可祭為樂祖，則教田者亦可祭為田祖，不必始耕田之帝王矣。」所謂「田祖」即是「田神」，祭祀「田祖」

以祈求風調雨順而獲得好收成。上引(27)至(30)辭中的「田」是作為祭祀對象的「田神」，由此知在商代已有對田祖、田神的祭祀。【殷契卜辭「田」字說　徐中舒先生九十壽辰紀念文集】

町

◉許　慎　町田踐處曰町。从田。丁聲。他頂切。【說文解字卷十三】

◉馬叙倫　桂馥曰。襄二十五年左傳。町。原防。正義引作田殘處曰町。案杜注。隄防閒地不得方正如井田。別為小頃町。馥謂不方正即殘也。一切經音義八。蒼頡篇。町。田區也。急就篇。頃町界畝畦埒封。王筠曰。左襄廿五年傳正義。急就篇云。頃町。界畝。是町亦頃類。衆經音義引蒼頡篇。町。田區也。案田畔必有畦埒。為人所踐。特以其不方正。不能名曰徑術。故別名之曰町。左傳正義引作田殘處。譌也。倫按田踐處也即田區。杜預謂隄防閒地不得方正如井田別為小頃町。蓋就經為說。非町之本義。町即今杭縣農家謂田中有界土可行者曰田城也。本書城從成得聲。成從丁得聲。則語原然也。田踐處曰町非本訓。字見急就篇。【說文解字六書疏證卷二十六】

㽘

◉許　慎　㽘城下田也。一曰。㽘。卻也。从田。耎聲。而緣切。【說文解字卷十三】

◉馬叙倫　鈕樹玉曰。韻會引無㽘字。段玉裁曰。卻也當作卻地。倫按玉篇。㽘。城外隍内地也。一曰卻地即隙地。即城下田之引申義。校者所加。然城下田亦非本訓。或字出字林也。【說文解字六書疏證卷二十六】

𤰔

甲二二二四　與疇字或體同　甲二六一八　甲二六四七　乙三二九〇　河五一六　河五一七　河五一八　續六・二二・五　鄴三下・三七・一　寧滬三・二九　明藏二〇〇　前一・八・五　前四・二二・一　前四・一九・五　前七・三八・二　林一・八・七　佚八八七　京都一一二三　京都三一七三

【甲骨文編】

粹1570　新3493　甲2124　2647　2670　乙3290　佚887　續6・21・5　録516　517

【續甲骨文編】

[glyph] 疇 秦三八 【睡虎地秦簡文字編】

[glyph] 開母廟石闕 芬茲楙于圃疇 【石刻篆文編】

[glyph] 疇 [glyph] 疇 [glyph] 疇 【汗簡】

[glyph] 說文 [glyph] 古尚書 [glyph] [glyph] [glyph] 並籀韻 [glyph] [glyph] [glyph] [glyph] [glyph] 並崔希裕纂古 【古文四聲韻】

◉許　慎　⿰田𠃬耕治之田也。从田。象耕屈之形。直由切。𠃬⿰田𠃬或省。【說文解字卷十三】

◉孫詒讓　說文白部云。⿱白𠃬詞也。從白。𠃬聲。𠃬與疇同。虞書帝曰⿱白𠃬咨。段若膺謂當作誰詞。其說近是。而口部又有𠷎字。云誰也。從口𠃬又聲。𠃬古文疇。又田部云。⿰田𠃬耕治之田也。𠃬。[glyph]或省。今隸變為疇。其見於經典釋文者。字作𠷎。蓋⿱白𠃬𠷎二字之省變。今經典通作疇。故爾雅釋詁云。疇。孰誰也。【釋疇　孫仲容先生遺著　國粹學報乙酉第七號原第五十六期】

◉羅振玉　[glyph]　說文解字：⿰田𠃬，从田，象耕屈之形。或省作𠃬。此與許書或體同，知許書之或體中每有古文矣。【增訂殷虛書契考釋中】

◉林義光　說文云。⿰田𠃬耕治之田也。从田。𠃬象耕田溝詰詘也。𠃬疇或省。按古作[glyph]遲盨壽字偏旁。或作[glyph]豆閉敦壽字偏旁。【文源卷一】

◉王　襄　[glyph]　古疇字，省田。【簠室殷契類纂正編第十三】

◉孫海波　[glyph]　田疇也，象田溝詰屈之形。卜辭以為祭名，前一・八・五「己酉卜□王賓□[glyph]亡尤」。【甲骨金文研究】

◉孫海波　[glyph]甲二一三四，與疇字或體同。【甲骨文編】

◉郭沫若　第一五七〇片

「□□卜行貞今夕亡𡆥在正月，在畺。」(右行)

畺當即疇字，在此乃地名。【殷契粹編考釋】

◉馬叙倫　鈕樹玉曰。繫傳作㽬。象耕屈之形也。作𠃬。象耕溝田詰屈也。韻會引作𠷎。象耕田溝詰屈也。沈濤曰。止觀輔行傳宏淡弟四之三引。疇。田界也。蓋古本一曰以下之奪文。汗簡引作𠷎。蓋古本篆體如此。翟云升曰。繫傳詰屈也下又有陳收也三字。後人所加。徐灝曰。𠃬象兩田相竝。屈曲耕治之形。杜預曰。竝畔為𤰈。即其本義。故為界埒之偁。引申為𤰈類𤰈匹等。于鬯曰。當依小徐作𠷎象耕田溝詰屈也。𠷎象溝形。𤰈之本義當為井田。孟子盡心。易其田疇。趙注。疇。一井也。玄應法炬陀羅尼經音義引賈逵曰。一井為疇。井田有溝。故於文田旁溝為𤰈。或體作𠷎。是但指溝為𤰈。其象形即不備。故必從田而後義顯。倫按𡨦兒鼎有𠃬字。容庚釋𤰈。甲文有𠃬。羅振玉釋𠷎。然則此重文作𠃬者。非或省也。乃𠷎之初文。本作𠃬𠃬。從二田。口為田之異文。番君鬲𠃬字可證也。從乚。乚即本書十一篇部首之乚。會意。耕治之田也非本訓。亦非本義。輔行傳引作田界也。亦非本訓。㽬實田中之溝澮。其音與溝同在矦類。蓋語原同也。田以溝澮為界。故曰田界。孟子言易其田疇。猶秦廢井田而為千百耳。可知𤰈為田界。田有千百溝澮。則可耕種。故亦訓耕治之田也。㽬畺實一字。畺音見紐。然畺之或體作疆。從土。彊聲。彊。從弓。畺聲。而彊音在羣紐。𤰈音澄紐。羣澄同為濁破裂音。此於音可證也。畺字從三其界。甲文有𠃬字。羅振玉釋疆。盂鼎作𠃬。番君鬲作𠃬。曼龏父簋作𠃬。甲文從畕。金文從畺。畕畺固一字也。吳大澂謂𠃬象田間水道。倫謂𠃬𠃬亦象水道。田字已象千百相隔。不須於田外復為三或二以指其為界。證之事實。田之町即其界。固別無所謂界者也。水道有曲直。故或為乚形。或為三或二形。或為𠃬形。則兼曲直者也。特如甲文𠃬字所從之𠃬。金文散盤𠃬字所從之𠃬。有似於弓矢之弓。然甲文之𠃬。從𠂈。涇聲。其水旁作𠃬。亦似弓矢之弓。可證實非弓矢之弓。弓𠃬形易相掍。復有從弓畺聲之彊。故後人率誤以為從弓矢之弓耳。此又於形可證也。畺下曰。界也。此或訓田界。則又於義可證也。杜預曰。竝畔為疇。正與畕字之形密合。則𤰈畺自是一字。𤰈為後起。畕是初文。此當作從田𠷎聲。翟引鍇本有陳收也三字。乃音切而誤反為也耳。玄應一切經音義引倉頡。疇。耕地也。倉頡當作𤰈。傳寫者以今字易之。

𠃬　倫按汗簡引作𠷎。鈕樹玉曰。繫傳作𠷎。玉篇廣韻竝無。口部𠷎字注云。𠷎。古文疇。則此當云古文省。【説文解字六書疏證卷二十六】

◉楊樹達　造字先有𠃬，後加田旁為𤰈，與术秫例同。許君云：「𠃬或省」，易滋誤解。【文字形義學】

◉饒宗頤　丁未卜，㱿貞：𠃬受年。貞：𠃬不其受年？三月。（屯乙七〇〇九）同版亦云「貞：西土受年。貞：西土不其受年？𠃬（蔔）受年。不其受。㛸受年。㛸不其受年？」⊘按𠃬即疇。周語中：「昔摯疇之國也，由太任。」韋注：「摯、疇二國，任姓，奚仲、仲虺之後。」書序：「中虺作誥。」史記「虺」作䖿，荀子堯問作「中蘬」。左定元年傳：「仲虺居薛，以為湯左相。」卜辭𠃬亦作䖿，䖿疑其異構。【殷代貞卜人物通考卷三】

◉屈萬里 𠃬 羅振玉釋𤰷。即疇字。於此為祭名。或假為祝禱之祝也。【殷墟文字甲編考釋】

◉李孝定 說文：「𤰷，耕治之田也。从田，象耕屈之形。𠃬，疇或省」。契文與許書或體近，羅說可从。字在卜辭或為祭名或為地名。【甲骨文字集釋第十三】

◉温少峰 袁庭棟 甲文中又有疇字作𠃬、𠃬，即小篆𤰷之初文。《說文》：「疇，耕治之田也，從田𠃬，象耕田溝詰曲也。」段注：「依《韻會》本訂。耕田溝，謂甽也。不必正直，故云詰詘。」馬叙倫先生謂：「甲文之𠃬、𠃬，從二田，口為田之異文。從巜、巜即本書十一篇之巜。」「疇實田中之溝澮，其音與溝同在侯類，蓋語源同也。田以溝澮為界，故曰田界」（《說文解字六書疏證》）。卜辭云：

(134) ……疇，弗其受㞢(有)年？

……疇耤才(在)名，受㞢(有)年？（《乙》三二九〇）

此辭中「名」為地名。此辭一事對貞，卜問在「名」地作疇，是否會得到豐年。此為殷人田中已有溝澮系統之又一證。【殷墟卜辭研究——科學技術篇】

◉姚孝遂 契文𠃬與說文𤰷之或體同。王筠釋例謂「𠃬篆下云𤰷或省，非也。當云古文𠃬字象形，小篆加田以表之耳」。嚴章福說文校議議謂「𠃬為古文，𤰷以為聲」，其說並是。

卜辭用為祭名，亦用為人名，如：

「𠃬耤在名受㞢年？

𠃬弗其受㞢年？」 乙三二九〇

又或用為地名，如：

「于雷㚇？

于𠃬㚇？」 存一·一八三一

「𠃬」與「雷」形體區分甚嚴，不得混同。【甲骨文字詁林第二冊】

◉朱歧祥 476.𠃬即𤰷字。《說文》或體作𠃬：「耕治之田也。从田𠃬，象耕田溝詰詘也。」段注：「稃其田而治之，其田曰疇。」

疁 𤲞

今作疇。卜辭用為耕地意。

《乙3290》□𢎘弗其受㞢年。

□𢎘耤在名，受㞢年。

耤，耕也。「疇耤」，即「耤疇」之倒文。名，殷地名。

《南明200》貞：□𢎘𢎘□㞢墾□亡禍。三日□。

《遺840》□卜貞：□告𢎘于河。

意謂為耕地向自然神河求佑。字又增水旁作𢎘；或屬地名。

《前2·28·4》□田于𢎘，□。

字復借為禱。《説文》：「告事求福也。」《廣雅·釋天》：「祭也。」卜辭有言「禱日」，即請福於鬼神之日。

《續6·21·5》己丑卜，出貞，𢎘日其乂十祊：牢。乂，即艾，報也。

1073. 𢎘从二田，𢎘示田間溝界。隸作疇，篆文作𢎘。《説文》：「耕治之田也。从田𢎘。象耕田溝詰詘也。」或體省作𢎘。卜辭用本義。

《南明395》壬午卜，行貞：夕亡禍。在正月。在岳𢎘卜。【殷墟甲骨文字通釋稿】

◉黄錫全 𢎘疇 今本《説文》疇字正篆作𢎘，或體作𢎘。鄭珍認為𢎘字「不得為或體，郭所見尚是古文」。甲骨文有字作𢎘、𢎘，諸家均釋為疇。𢎘乃𢎘形省作，𢎘當是𢎘形譌誤。【汗簡古文注釋卷二】

◉許 慎 疁燒穜也。漢律曰。疁田茠艸。从田。翏聲。力求切。【説文解字卷十三】

◉馬叙倫 鈕樹玉曰。韻會穜作種。錢坫曰。寫本繫傳作燒田也。沈濤曰。晉書音義引作燒也。倫按燒田也長。此字疑出字林。【説文解字六書疏證卷二十六】

◉許 慎 𤲞三歲治田也。易曰。不菑畬田。从田。余聲。以諸切。【説文解字卷十三】

◉馬叙倫 嚴可均曰。无妄釋文畬引馬融云。田三歲也。又引説文云。二歲治田也。是六朝舊本作二歲。今本為校者據釋地及詩采芑保介傳改耳。坊記注。田一歲曰菑。二歲曰畬。三歲曰新地。則許與鄭合也。惠棟曰。不菑畬田之田當為凶。禮記所引有凶字。為王弼所改。倫按蓋本作治田也二歲田也。二歲田蓋字林文。今為校者或唐人習字科者所改併矣。引易校者所加。故有凶字。易以不菑畬為句。凶自為句。引經證字何用及凶字乎。易无妄釋文引字林。畬。弋恕反。此字或出字林。【說文解字六書疏證卷二十六】

◉温少峰　袁庭棟　卜辭中，有一種穀物之名為□，其辭云：

(39) 貞：我受□年？……□。（合四〇九）

此辭之□乃是地名（乙七八一一有「才（在）□」之辭可證），此辭乃卜問在該地是否「受□年」？以此與卜辭中「受黍年」、「受粟年」、「受秫年」等辭例相比較，可知□與黍、粟、秫一樣，是一種穀類作物之稱。類似卜辭還有：

(40) ……弗其受□年？

……受□年？　（合一三八）

(41) ……弗受□年？　（乙六四〇）

關於□字，陳夢家先生曾認為：「字從田從□，疑是說文：『□，稷也。』或體作粢」（殷墟卜辭綜述第五二八頁）。此說不可信。因為甲文中齊字作□、□，與□字所從之□迥然二字。我們認為，□字應是余字之異體。金文中艅（即俞）字在豆閉簋中作□，在小臣俞器中作□，在黄韋俞父盤中作□，在俞伯尊中作□。林義光在文始中認為是「從舟，余省聲」，這是正確的。甲文中之□字，漢語古文字字形表和古文字類編均釋「匬」，殷虚卜辭綜類釋「齍」其實應釋為⿷匚余。甲文之□、□，古文字類編釋「榆」，其實應如甲骨文字釋林釋稌。故甲文之□字應是從余從田，當隸定為畬。畬在說文中訓「三歲治田」，不是作物之稱。在辭中，「受□年」之□，當讀為「稌」。「受□年」者，「受稌年」也。

詩周頌豐年：「豐年多黍多稌」，毛傳：「稌，稻也。」說文：「稌，稻也。從禾余聲。周禮曰：牛宜稌。」可知稌就是稻。卜辭「受□年」就是「受稻年」。這是我國古代關於種稻的最早的文字記載。今天種稻多在南方，古代北方也種稻，今天的冀、魯、豫三省，特别是黄淮平原，古代種稻還頗為興盛（參見高敏：我國古代北方種稻改碱經驗的探討，載中國社會經濟史論叢第二輯）。在考古材料中，從河南澠池的仰韶文化遺址開始，一直到洛陽的漢墓中，多次發現過稻穀的遺跡（參見佟屏亞等農作物史話）。

下面進一步討論，「稌」稻是什麽稻呢？說文訓「稌」為「稻」，而廣韻卻訓為「稬稻也」。廣韻此訓是有問題的。說文：「稬，沛國謂稻曰稬。」段注：「許曰沛國評稬，而郭璞注曰：今沛國呼稌。然則稌稬本一語，而稍分輕重耳。」齊思和先生據此認為：「稬，本是稻的别名，以後則專指黏稻了」（毛詩穀名考，見中國史探研。）游修齡先生認為：殷人所種之稻「當屬稉稻。因為稉稻屬北方型，耐寒。秈稻屬南方型，適於南方栽培，現在也還如此。漢楊泉物理論：「稻者，乃稉之總名」可證。至於稉稬之分，始於漢代，爾雅釋文引字林云：「穤，黏稻也」(殷代的農作物栽培，載浙江農學院學報二卷二期)。我們認為他們的意見可從。殷代之稻還無嚴格的稉、稬之分，在北方所種者，應是稉稻，是今天北方所種稉稻的祖先。【殷墟卜辭研究——科學技術篇】

◉朱歧祥　[glyph]　从田上置一矛干類械具，或示田疇界限。隸作畬，《說文》：「二歲治田也。从田，余聲。易曰：不菑畬田。」即耕熟地，與開荒的「菑」對文。段注，「初耕反艸，一歲為然，二歲則用力漸舒疾。畬之言舒也。」《爾雅·釋地》：「田，一歲曰菑，二歲曰新田，三歲曰畬。」卜辭或用為本義，或用作地名。

《合138》☐弗其受[glyph]年。

《合409》貞：我受[glyph]年☐。【殷墟甲骨文字通釋稿】

⿰田柔

◉許　慎　⿰田柔和田也。从田。柔聲。耳由切。【說文解字卷十三】

◉馬叙倫　嚴可均曰。韻會十一尤引作一曰鄭地名。倫按鉉本是。鍇本蓋校者所改。⿰田柔從田柔聲。語原然也。鍇本有鄭有⿰田柔地名也。顯然校語。此字或出字林。【說文解字六書疏證卷二十六】

畸

[glyph] 畸　為一一【睡虎地秦簡文字編】

[glyph] 畸沮　[glyph] 石畸　[glyph] 樂畸　[glyph] 張畸　[glyph] 王畸　[glyph] 秦畸【漢印文字徵】

◉許　慎　畸殘田也。从田。奇聲。居宜切。【說文解字卷十三】

◉馬叙倫　段玉裁曰。殘當作殘。倫按畸嗟二字疑出字林。殘田謂不方正者。從奇得聲。語原然也。【說文解字六書疏證卷二十六】

⿰田差

[glyph] 嗟才佗切出孫强集字【汗簡】

[glyph] 孫彊集【古文四聲韻】

◉許　慎　殘田也。詩曰。天方薦㽨。从田。差聲。昨何切。【説文解字卷十三】

◉馬叙倫　鈕樹玉曰。集韻引作殘薉田也。韻會引作殘歲田也。繫傳薦㽨下有㽨没也三字。嚴可均曰。節南山傳云。㽨。病。箋云。疫病。殁係疫之譌。倫按㽨為畸之聲同歌類轉注字。殘田也當作畸也。鍇本㽨没也者。嚴説是。詩節南作瘥。借瘥為疫也。疫從殳得聲。殳音禪紐。古讀歸定。瘥音穿紐。古讀歸透。透定同為舌尖前破裂音也。或瘥音古讀如㽨。㽨音從紐。古讀亦歸定也。此校語。【説文解字六書疏證卷二十六】

◉黄錫全　㽨才他切出孫强集字　夏韻歌韻録作，亦誤，釋為「㽨」是。本書「差」形多誤同君字古文。《隸續》載石經差字古作，參見口部。此形原蓋作。【汗簡古文注釋卷六】

畮

晦　賢簋　　師寰簋　兮甲盤　【金文編】

晦　説文畞或从田十久　秦三八　三例【睡虎地秦簡文字編】

畝　畝尚書　畝並出義雲章【汗簡】

◉許　慎　六尺為步。步百為畮。从田。每聲。莫厚切。畮或从田十久。臣鉉等曰。十。四方也。久聲。【説文解字卷十三】

◉吴式芬　　許印林説晦是甿字。周禮作甿。古作萌。或以田為義。或以民為義。亾則其聲也。萌又依聲假借之文。此从田从民乃會意字。【師寰敦　攈古録金文卷三之二】

◉劉心源　晦臣。主田晦之臣。猶左傳云疆吏。墨子云境士也。【古文審八卷】

◉林義光　畝　彌以切　説文云。晦或从十久。按十久非義。古每或作諸婦器借每為母。上類十而下類久。此隸書以形近省變也。不當制篆。【文源卷十一】

◉高田忠周　　此字形明顯者也。説文。六尺為步。步百為晦。从田每聲。或作。从田从十久聲也。劉心源云。晦臣。主田晦之臣。猶左傳言疆吏墨子云境士也。此説為是。許印林説。晦是甿字。周禮作甿。古作萌。或以田為義。或以民為義。亾其聲也。萌又依聲叚借之文。此从田从民乃會意字。此説失穿。且明是每字。與民古文作自别。劉説為長矣。今定為晦字云。【古籀篇二十一】

◉馬叙倫　嚴可均曰。韻會引步百為畮下有秦孝公制二百四十步為畮。倫按六尺為步步百為畮司馬法文。倫謂當有本訓而今失之。六尺為步以下十七字依鍇本蓋字林文。國語周語。或在畎畝。注。下曰畎。高曰畝。畝。壟也。爾雅釋丘。如畝畝丘。當歸禾序。異畝同穎。傳。畝。壟也。倫以為畎為田中之水道。知畝即今作陌者之次初文。十之後起轉注字也。畝音明紐。本書無陌字。其字當從𦣞百聲。周禮肆師法。貊讀為十百之百。釋文。貊。鄭音陌。是古音貊陌同。今讀貊陌並入明紐。亦可證也。蓋田一畝而為陌。故即以畮為步百之名。而步百為畮。非本義也。兮甲盤作。

徐鍇曰。十其制。久聲。段玉裁曰。十者。阡陌之制。久聲也。每久古音皆在一部。王筠曰。一畝之田。竝無阡陌。何以從十。蓋鐘鼎文十作十。横短而直長。廣一步長百步為畝。亦横短而直長。是以從十。林義光曰。從十久非義。古每或作。上類十而下類久。此隸書以形近省變也。倫按王謂一畝之田無阡陌。十乃横短直長之象。不悟無論井田阡陌。決無一定為廣一步長百步者。今田凡一家所有者。利其收穫之多。往往並數畝為一區。去其阡陌。不然。一畝亦有陌也。倫謂此字自如林説。史記魯世家異母同穎。母即畮之借字。則畮字或作畮亦可也。蓋篆本作。譌為畝也。畝字見急就篇。疑急就故書作畮。傳寫者易之。【説文解字六書疏證卷二十六】

◉郭沫若　畮當讀為賄，一切經音義四「賄古文畮同」正從每聲，儀禮聘禮記「賄在聘于賄」，注云「古文賄皆作悔」，知賄與悔通，則知畮與賄通矣。布帛曰賄，故此負畮連文。「負畮人」者，猶言賦貢之臣也。【兮甲盤　兩周金文辭大系攷釋】

◉楊樹達　畮者，説文以為田畮字。或作畝，與此文義不合。以義求之，蓋當讀為貿。説文六篇下貝部云：「貿，易財也。从貝，卯聲。」畮古音在咍部，貿在幽部，二部音最近，今音畝貿相同。觀此器銘，二部字音相混，其來久矣。【兮甲盤跋　積微居金文説】

◉容　庚　吳闓生曰。與以田百畮。上畮字動詞。乃古人用字恆例。猶言宅爾宅。田爾田也。吉金文録四・三十一。案不騍簋田十田。乙亥簋玉十玉。亦其證。【賢簋　善齋彝器圖録】

◉平　心　畮重文作畝，自來皆訓百步為畮，或讀為畎畮、壠畮。惟除此二義外，畮（畝）尚有財賄貢獻之義。可惜漢代經師不解此旨。《詩・韓奕》：「實墉實壑，實畝實藉。」鄭箋：「藉，税也。」韓侯之先祖微弱，所受之國多滅絶。今復舊職，興滅國，繼絶世。故築治是城，濬脩是壑，井牧是田畝，收斂是賦税，使如故常。」訓藉為收斂賦税，自是不錯，訓畝為井牧田畝，則很不妥。攷諸詩義，墉與壑相偶，則藉與畝亦必對文。畝正相當於兮甲盤銘與師寰𣪘銘之畮，當照郭沫若先生説讀為賄，此處用作動詞。實畝（畮）實藉，即是收斂財賄，徵取租税。

只有讀晦為賄，兮甲、師寰二器銘文才豁然可通。《爾雅》《毛詩故訓傳》《說文》並訓賄為財，故《左傳》《國語》《周禮》皆以財賄、貨賄連言。《周禮・大宰》：「以九賦斂財賄」，鄭注：「財，泉穀也。」《禮記・坊記》：「先財而後禮」，注：「財，幣帛也」，郝懿行謂財實泉、帛、穀、粟之通名。《玉篇》訓賄為贈送財，《聘禮》注亦謂予人財為賄。《左傳》屢以贈賄連文，《穆天子傳》：「賄用周室之璧」，賄即是賜。《賢𣪘銘》：「晦賢百畝糧。」晦讀賄，與兮甲、師寰二器之晦相同；惟前者訓賜，故賄兼財貨、賜贈二義，引伸為貢物。《國語・魯語》：「使各以其方賄來貢」，《晉語》：「遠人以其方賄歸之」，韋注：「各以居之方所出貨賄為貢也」，貨物為賄，則貢獻亦得稱賄。貢與贈賜其義相因，孔子弟子端木賜字子貢(贛)，可為明證。賄與貢為同義辭無疑。《說文》：「貢，獻功也。」《廣雅・釋詁》：「貢，稅也。」訓財貨與贈賜之賄，亦當有獻功、納稅二義。彝銘貞(賦)晦(賄)連言，《大雅》畝(晦)藉對文，並可證晦(畝、賄)義與貢稅相通。所以兮甲盤銘所謂「淮尸(夷)舊我貞晦人」，師寰𣪘銘所謂「淮尸(夷)繇我貞晦臣」，與《國語・吳語》諸稽郢所謂「越國固貢獻之邑也」，語義頗相近。

《書・禹貢》：「萊夷作牧，厥篚檿絲。」僞《孔傳》：「萊夷，地名，可以放牧。」王引之云：「萊夷作牧，言萊夷水退，始放牧也。」今按作牧與放牧義別。《禹貢》言萊夷、嵎夷、和夷、西戎，皆指「四裔」言。萊夷非地名，實乃族名，所居在今山東膠東，其地非游牧之區，萊人亦非游牧之族。訓牧為放牧，與下云「厥篚檿絲」文義亦不相屬。古牧與坶通，《詩》、《書》牧野古文作坶野，《水經注》作坶野，可以為證。《禹貢》之牧當讀晦(賄、賄)，作訓為，故《史記・夏本紀》改作牧為為牧，為訓施，與貢義相通；「萊夷作牧」與召伯𣪘銘「公賣用獄諫為白(賦)」文例相同，意即萊人獻賦，所貢者為檿絲。【卜辭金文中所見社會經濟史實考釋　中華文史論叢第一輯一九六二年八月】

◉周法高　郭沫若謂𣪘晦為賄。楊樹達謂𣪘晦為貿。皆非是。當从吳闓生、容庚之說。上晦字動詞。所謂「名謂式」。參拙著中國古代語法造句編六五頁。謂以百畝之糧與之也。【金文詁林卷十三】

◉何琳儀　《說文》：「晦，六尺為步，步百為晦；從田每聲。畝，晦或從田、十、久。」晦，西周金文作：□賢簋、□兮甲盤。這與小篆形體吻合。而「晦」的或體「畝」作□形。徐鉉曰：「十，四方也，久聲。」關於「畝」从「久」聲，諸家無異詞；而「畝」從「十」，則衆說紛紜。除上引徐鉉說之外，尚有徐鍇《系傳》「十其制」，段玉裁《注》「十者，阡陌之制」，孔廣居《疑疑》「十象從橫形」，林義光《文源》「古每或作□，上類十，而下類久，此隸書以形近省變也」等說法。青川木牘「畝」字的發現，不僅為研究先秦田畝制度提供了珍貴的史料，而且也為解決「畝」字的構形找到一把鑰匙。

牘文「畝」原篆作「□」形。離析其偏旁，從田、從久、從又，至為明晰。「又」偏旁在牘文中也作下列各形：□(「史」偏旁)、𫠧(「封」偏旁)、𫠧(「時」偏旁)。這些字所從「又」的末筆均作彎曲狀，而「畝」所從「又」的末筆垂直而不彎曲。這是因為後者夾在「田」和「久」之間，不便彎曲的緣故。

「久」是「畝」的聲符，因為二者疊韻，均屬之部。我認為，「又」也是「畝」的聲符：又，於求切，喻紐三等，古讀匣紐，之部；畝，莫厚切，明紐，之部。匣、明二紐例可通轉，這是舌根音〔x〕和脣音〔m〕相諧的原因。然則「又」、「畝」雙聲疊韻，故畝從「又」得聲，於音理尤為契合。「畝」有兩個聲符，這也並不奇怪。戰國文字中類似的「雙重聲符」屢見不鮮，例如：「定」作[字形](《璽文》附録45)，「正」、「丁」皆為聲符；「墜」作[字形](《璽文》14·6)，「豙」、「也」皆為聲符；「臧」作[字形](《璽文》5·6)，「爿」、「皿」皆為聲符；「絞」作[字形](長陵盉)，「爻」、「刀」皆為聲符；「臍」作[字形](石鼓文)，「齊」、「妻」皆為聲符；「俉」作[字形](詛楚文)，「吾」、「午」皆為聲符，均其證。

總之，晦，「從田每聲」，是西周文字；畝，「從田久聲，又亦聲」，是戰國秦系文字。【秦文字辨析舉例　人文雜志第四期】

◎黄錫全　[字形]畝　鄭珍認為「此入女部，自是从女，右乃[字形]之誤。从女从母，《內則》『使姆衣服而對』。姆字，《說文》『女師也』。姆畝聲同，蓋借姆作畝。夏不載，則以難識置之」。按夏韻軫韻録《古孝經》[字形]、王庶子碑[字形]，並釋為敏，鄭珍失檢。盂鼎敏作[字形]，彧𣪘作[字形]，師嫠𣪘作[字形]，《說文》正篆作[字形]，此形所从之[字形]蓋[字形]或[字形]譌。母、每可互作，如甲骨文「母己」也作「每己」(見《甲骨文編》1·10)，侮字《說文》古文作[字形]，馬王堆漢墓帛書《老子》甲、乙本母並作侮等。【汗簡注釋卷五】

◎黄錫全　[字形]畝並出義雲章　夏韻軫韻録作[字形]，列入敏，鄭珍失檢。按此乃晦字脱一畫，本應作[字形]，與[字形](師寰𣪘)、[字形](兮甲盤)等形類同。晦(畝)敏同屬明母之部，夏蓋以音同釋之。【汗簡注釋卷六】

◎李家浩　《璽彙》六一頁著録的〇三四九號印，有陽文四字，鈢印出來的文字是反文。為了便於識讀，我們把它翻摹成正文，跟原鈢印的反文一併揭示於下：

[字形] A　[字形] B

A是原印鈢印的反文，B是翻摹的正文。根據B，應當釋為「千畂左軍」，其文字排列順序，跟《璽彙》〇〇七二號印「[虘又](且)居司寇」相同。《璽彙》按照A的字序和字形，釋為「右軍□千」，顯然是有問題的。

「畂」的字形比較特別，對其釋讀需要作一些說明。「畂」字原文跟下面璽印文字「右」的結構相同：

[字形]　《璽文》二八·〇〇六三

所以將其釋寫作「畂」。此字應當分析為从「田」、「又」聲，疑是「晦」字的異體。「晦」見於西周金文，即《說文》「畝」的正篆，从

「田」从「每」聲。「又」、「每」古音相近。上古音「又」、「每」的韻母都屬之部。「又」的聲母屬喻母三等，「每」的聲母屬明母，古代喻母三等和明母都跟曉母的關係密切。《説文》説「有」从「又」聲，所以古文字多以「又」為「有」。从「有」得聲的「賄」屬曉母，其異體作「⿰貝每」，从「每」聲。此是「又」、「每」音近可以通用的例子。古代形聲字的異體，往往是通過改換聲旁造成的，「賄」或作「⿰貝每」即其例。所以我們懷疑璽印文字「畂」即「畮」字的異體，它們的關係跟「賄」與「⿰貝每」的關係是同類情況。

我們説「畂」是「畮」字的異體，還可以從《説文》「畮」的重文「畝」得到進一步證明，「畝」字原文作「畞」，隸變作「畝」。《説文》對「畝」的字形結構所表示的意思已不甚清楚，只説「从田，从十、久」，未作其他的説明。後人對「畝」字所从的「久」，一致認為是聲旁；而對其所从的「十」，却有分歧，例如徐鉉等認為是「四方也」，段玉裁認為是「阡陌之制」。其實這些説法都不可信，因為《説文》「畝」字所从「十」的字形本身就有問題。按青川木牘和雲夢竹簡「畝」字作如下二形：

《文物》一九八二年一期一一頁圖二〇

《睡虎地秦墓竹簡》圖版一八・三八

由此可見，《説文》「畝」字所从「十」是「[illegible]」的變體或訛誤。何琳儀同志對青川木牘「畝」字字形作過很好地分析。何氏説牘文「畝」字「从『田』从『久』从『又』至為明晰」。牘文中「史」等字「所从『又』的末筆均作彎曲狀，而『畝』字所从『又』的末筆垂直。這是因為後者夾在『田』和『久』之間，不便彎曲的緣故」。何氏又説「『久』是『畝』的音符，……其實『又』也是『畝』的音符」。我們把璽文「畂」釋為「畮」字的異體，正好支持了這説法。上古音「又」、「久」都是之部字，二字聲母亦近，都是喉音。「畝」當是在「畂」字上又加注聲旁「久」而成。

以上是從「畂」字的字形來説的。從文義來看，「千畂」是地名。古書記載的地名以「千」字開頭的有「千畝」。這也可以證明我們把璽文「畂」釋為「畝」是合理的。

千畝的地理位置有不同説法，現在把有關資料抄寫在這裡：

一、《左傳》桓公二年「初，晉穆侯之夫人姜氏以條之役生大子，命曰仇；其弟以千畝之戰生，命曰成師」。杜預注：「西河界休縣南有地名千畝。」

二、《史記・周本紀》「宣王……三十九年，戰于千畝，王師敗績于姜氏之戎」。張守節《正義》引《括地志》云：「千畝原在晉州岳陽縣北九十里也。」司馬貞《索隱》：「〔千畝〕，地名也，在西河介休縣。」

三、《續漢書・郡國志》太原郡「界休」下司馬彪自注：「有界山，有緜上聚，有千畝聚。」

據上引文字，千畝的地理位置有「河西界休縣南」和「晉州岳陽縣北九十里」兩種説法。第一種説法有晉司馬彪《續漢書》、杜預《春秋左傳集解》和唐司馬貞《史記索隱》，第二種説法有唐李泰《括地志》。不僅第一種説法比第二種説法的人數要多，而且時代也要早，所以後人多主張千畝在界休縣南的説法。

除了千畝的地理位置有兩種不同説法外，還有人認為古代有兩個千畝：一為周地，一為晉地。這種説法的根據是，《國語·周語上》和《史記·周本紀》記千畝之戰在周宣王三十九年，《史記》的《晉世家》和《十二諸侯年表》記千畝之戰在晉穆公七年，即周宣王二十六年。時間不同，故認為千畝之戰有二，千畝之地有二。其實這種説法是靠不住的，時間不同是《史記》把晉的紀年弄錯了。關於這個問題，請看蒙文通先生《周秦少數民族研究》和裘錫圭先生《關於晉侯銅器銘文的幾個問題》，這裡就不説了。

根據以上所説，千畝只有一個，在今山西界休縣南，其地在戰國時期屬魏。若此，「千畝左軍」是戰國時期魏國的印。【戰國官印考釋兩篇　于省吾教授百年誕辰紀念文集】

甸

甸　不从勹　盂鼎　田字重見　甸與佃為一字　克鐘　佃字重見【金文編】

186【包山楚簡文字編】

甸　法一九〇　二例【睡虎地秦簡文字編】

石經君奭　屏侯甸　古文用佃今文用甸【石刻篆文編】

◉許　慎　天子五百里地。从田。包省。堂練切。【説文解字卷十三】

◉劉心源　甸即佃。説文。佃。中也。从人田聲。春秋傳曰。乘中佃。一轅車。攷左哀十七年傳。良夫乘衷甸。兩牡。注。一轅。卿車。即許所引者。衷甸即中佃。亦作中畋。東京賦中畋四牡。注。中佃謂馬調良可用獵者。此云甸輂。蓋獵車也。【克鐘　奇觚室吉金文述卷九】

◉林義光　説文从勹之字。古作从人。如匋畲父盤作。甸當與佃同字。古作克鐘。从人田。田亦聲。【文源卷十】

◉高田忠周　亻者人也。依甸字作。甸亦當如此作。而佃甸均皆从人田。元同字無疑。【古籀篇二十一】

畿

◉强運開 盂鼎。惟殷邊侯甸。叚田為甸。揚敢。田甸。古甸佃為一字。克鐘。錫克甸車馬乘。【説文古籀三補第十三】

◉馬叙倫 鈕樹玉曰。韻會省下有聲字。當是從田從包省田亦聲。倫按。原作當是從包田省。田省聲當有譌。今為正之。莊有可曰。從人。田聲。嚴可均曰。包甸聲之轉。嚴章福曰。當從田。從勹。田亦聲。否則包省下脱田亦聲。夏敬觀曰。從包省。田聲。强運開曰。古佃甸為一字。説文。佃。中也。從人。田聲。春秋傳曰。乘中佃。中佃。一轅車也。左哀十七年傳。渾良夫乘衷甸。兩牡。杜曰。衷甸。一轅。卿車。許所據作中佃。又按魏石經侯甸作佃。皆佃甸古通之證。倫按包為胞之初文。包田不能會意。勹為包裹之包本字。勹田亦不能會意。包聲亦遠。倫謂從田勹省聲。説解包字譌耳。勹音喻紐四等。故甸音在定紐。古讀喻四歸定也。禹貢。五百里甸服。觀其言百里賦納總。二百里納銍。三百里納秸。今書誤衍服字。四百里粟。五百里米。明甸服為田事之地。周禮職方。甸服。注。甸。田也。治田入穀也。然則甸或田之轉注字。田勹古音皆在定紐。聲則同真類也。此字疑出字林。【説文解字六書疏證卷二十六】

◉戴家祥 克鐘 易克甸車 强運開曰：古佃、甸為一字。説文「佃，中也。从人田聲」。春秋傳曰「乘中佃，中佃，一轅車也」。左哀十七年傳「渾良夫乘衷甸兩牡」，杜曰：「衷甸，一轅，卿車。」許所據作中佃。又按魏三字石經「侯甸」，古文作佃，皆佃、甸古通之證。説文古籀三補卷八第四葉。按甸、佃并無本質區別。從字形看，隸定為甸更妥貼。金文用作車名；如克鐘「易克甸車」。或用作量詞：如揚殷「官嗣量田甸」。或假作田：如柞鐘「嗣五邑甸人事」。【金文大字典上】

◉許　慎 天子千里地。以遠近言之。則言畿也。从田。幾省聲。巨衣切。【説文解字卷十三】

◉馬叙倫 鈕樹玉曰。韻會引作天子千里也。以遠近言之則曰畿。莊有可曰。俗圻字。王筠曰。即是天子五百里内田。彼據一面言之。謂之五百里。此據四至言之。謂之千里。彼主治田而言故曰甸。此主封疆之界而言。故曰畿也。商頌。邦畿千里。傳曰。畿。疆也。倫按畿音羣紐。古讀歸見。疆音見紐。然則轉注字耳。今捝本訓。或此字出字林。【説文解字六書疏證卷二十六】

畦 畦

畦觀【漢印文字徵】

◉許　慎　畦田五十畝曰畦。从田。圭聲。户圭切。【説文解字卷十三】

◉馬叙倫　鈕樹玉曰。玉篇引畝作晦。繫傳作田五十晦。蓋脱。一切經音義十五引作田五十畝為畦。沈濤曰。玉篇引無田字。奪。翟云升曰。莊子天地釋文引五十上無田字。孟子滕文公疏引作菜畦也。倫按此楊惲所謂田彼南山種一頃豆之頃本字。猶跬或作頃也。但古以五十畝為一頃耳。今言積若干畝為一丘或一區。皆畦音之轉。同舌根音也。然田五十畝曰畦者。非本訓。玄應一切經音義引倉頡。田五十畝曰畦。畦。埒也。字亦見急就篇。【説文解字六書疏證卷二十六】

畹 畹

◉許　慎　畹田三十畝也。从田。宛聲。於阮切。【説文解字卷十三】

◉馬叙倫　田三十畝也非本訓。或此字出字林也。玉篇。王逸曰。田十二畝為畹。秦孝公二百三十步為畝。三十步為畹。【説文解字六書疏證卷二十六】

畔 畔

151【包山楚簡文字編】

段郎畔　吴畔【漢印文字徵】

◉許　慎　畔田界也。从田。半聲。薄半切。【説文解字卷十三】

◉馬叙倫　畔為田之邊垂。故其音亦與臱自同語原也。字見急就篇。【説文解字六書疏證卷二十六】

畍 畍

界　法一八六【睡虎地秦簡文字編】

諸界邑丞　界勝之印　界鄉【漢印文字徵】

祀三公山碑　國界大豐【石刻篆文編】

𤰶 𤰶

◉許　慎　畍境也。从田。介聲。古拜切。【説文解字卷十三】

◉丁佛言　畍古鉨。梁界。案。界。竟也。竟。止也。界有限止之意。故从止。【説文古籀補補第十三】

◉馬叙倫　疆之音同見紐轉注字。本書無境。當作竟。下同。竟也以聲訓。字見急就篇。【説文解字六書疏證卷二十六】

◉許　慎　𤰶境也。一曰陌也。趙魏謂陌為𤰶。从田。亢聲。古郎切。【説文解字卷十三】

◉馬叙倫　𤰶亦疆之音同見紐聲同陽類轉注字。亦界之音同見紐轉注字。一曰陌也者。非別義。陌即田界也。趙魏謂陌為𤰶。陌聲魚類。𤰶聲陽類。魚陽對轉也。今杭縣謂陌亦曰田埂。埂為坑之轉注字。蓋字當為哽矣。本書無境字。亦無陌字。則此字出字林矣。【説文解字六書疏證卷二十六】

畷 畷

◉許　慎　畷兩陌閒道也。廣六尺。从田。叕聲。陟劣切。【説文解字卷十三】

◉馬叙倫　段玉裁曰。陌當作百。王筠曰。顔注急就篇。畷。兩陌閒暨道也。郊特牲。饗農及郵表畷。注。郵表畷。謂田畯所以督約百姓於井閒之處也。倫按急就篇顔師古本。疆畔畷伯。伯即陌也。是漢時無陌字也。鄭玄注肆師曰。貊讀為十百之百。釋文以為鄭音陌。蓋古十百字音如陌。故六朝有短陌錢之偁。陸知鄭讀若陌者蓋以此。且高誘注淮南地形亦曰。常山人謂伯為亢。即上文𤰶下所謂一曰陌也。趙魏謂陌為𤰶也。然則鄭高之時亦無陌字。許行輩在鄭高前。是彼時定無陌字。而此作陌。必非許文。廣六尺者。亦呂忱説或校語也。【説文解字六書疏證卷二十六】

畛 畛

◉許　慎　畛井田閒陌也。从田。㐱聲。之忍切。【説文解字卷十三】

◉馬叙倫　桂馥曰。畷畛皆道也。釋言。障。畛也。釋文。畛。田間道。詩載芟。徂隰徂畛。箋。畛謂舊田有徑路者。周禮遂人。十夫有溝。溝上有畛。注。溝。廣深各四尺。畛容大車。定四年左傳。封畛土略。杜注。畛。塗所經也。莊子齊物論。為是而有畛也。注。畛謂封域畛陌也。倫按畛音照紐三等。畷音知紐。同為舌面前音。是轉注字。此曰井田閒陌也。若專屬於古代井田之制者。或謂此即鄭所謂舊田有徑路者。然鄭自就詩義為説。説經與説字不同。畛如諸書所釋。止有兩義。其一謂道。其一為界。小爾雅廣詁。畛。界也。杜注左傳謂畛塗所經也。則畛非即道。而道在畛上耳。是亦以畛為畍。莊子畛字亦謂封界。禮記郵表畷者。郵即垂也。垂謂邊也。以垂表畷。則畷亦田界之義。故鄭注曰。田畯所以督約百姓於井田之處也。然則畷畛為轉注字益明。而此言井田間陌。謂井與田之間之陌。故廣六尺容一軌矣。畷畛古讀皆歸於端紐。其音蓋受於畖畛。同為清破裂音也。以此益明是界域矣。而塗所經。故亦為道也。然井田間陌也非本訓。或此字出字林。【說文解字六書疏證卷二十六】

◉楊 寬 青川秦牘記載：

「二年(秦武王二年)十一月己酉朔朔日，王命丞相戊(即甘茂)、內史匽：□□更脩為田律：田廣一步、袤八則為畛。畝二畛，一百(陌)道。百畝為頃，一千(阡)道，道廣三步。封高四尺，大稱其高。捋(埒)高尺，下厚二尺。以秋八月，脩封捋(埒)，正彊(疆)畔，及登千(阡)百(陌)之大草。」

這裏的「畛」，是指一畝田兩端的小道，所以說「畝二畛」。所謂「田廣一步，袤八則為畛」，是說「畛」寬一步，長八步。古時「畝」築成長條的高畦，用來種植成行列的農作物；「畝」邊有長條的小溝叫「甽」，便於雨水流泄，達到洗土排水的作用。因此隨着河流東向和南向的差別，田畝的行列也有東向和南向的不同。行列東向的畝稱為「東畝」，行列南向的畝稱為「南畝」。律文說：「畝二畛，一陌道。」「畛」是一畝田兩端的小道，「陌道」是一畝田旁邊的道路，也就是畝與畝之間的道路，該與「畛」垂直相交，使畝成為一塊長方形的田。如果是「東畝」，畝的行列向東，「畛」就南北向，「陌道」就東西向。如果是「南畝」，畝的行列向南，「畛」就東西向，「陌道」就南北向。「畛」的長度就是「畝」的寬度，「陌道」的長度就是「畝」的長度。既然規定「畛」的長度八步，「畝」的寬度就是八步。當時以二百四十步為畝，畝的寬度既是八步，畝的長度該是三十步，「陌道」的長度也是三十步。《氾勝之書》的區田法，規定「以畝為率，令一畝之地，長十八丈，廣四丈八尺」(《齊民要術》卷一引)。古時六尺為步，廣四丈八尺正合八步，長十八丈正合三十步。說明西漢關中地區的田畝，還是沿用秦制。律文只說「畛」的寬度、長度，而沒有說明「陌道」的寬度、長度。陌道的寬度該與「畛」相同，長度可以推算而得，因此律文從略了。【釋青川秦牘的田畝制度 文物一九八二年第七期】

◉張金光 先說「畛」。牘文言：「田廣一步，袤八則為畛。」這是青川秦牘最費解的一句話。就已發表的文章來看，諸家皆把「畛」釋為「小道」，並且認為這種小道是做為「地界」或「隔畝」用。持此說者又多認為畛道一步寬，八步長。按，釋「畛」為道，並不符合木牘所言制度。試問，畝與畝間若皆以一步(即六尺，約合今1.386米)寬之道相隔不是太浪費土地嗎？又照同時期文獻所載知其時田間耕作布置規劃，兩畝側間並無任何阻隔，田間之所以分劃成畝是與耕作為畎壟的技術要求有關。至於畛為地界之說則更不可從。「地界」乃是標志地主人對於土地關係權限的法律概念，並不是指的一般畦田埂。就青川牘文來看，其中只有「封埒」才具有封疆地界的法定意義。又按，照雲夢秦簡看來，秦最小單位地界為「頃畔」，根本未言畝畔、畛畔，此必須注意，不能隨意使用「地界」概念，否則與秦制不符。建立在釋畛為「界道」的錯誤基礎上，當然對「畝二畛」的解釋也欠確當。有的同志認為「畝二畛」是指每畝兩頭各有一畛，寬一步長八步作為畝的兩邊，畝的另兩邊則為陌道。按，此說有下列矛盾：(1)如果把「二畛」理解為畝的兩頭，那末為什麼又把「一陌道」釋作另兩頭而不解作另一頭呢？(2)若把「田廣一步袤八則為畛」理解為畛路一步寬、八步長，如此則與「田」的概念相矛盾。

青川牘文所言「畛」非道路，乃為畛域，是具有固定規格形狀的田面區劃名稱，由律文言「田廣袤」可證。銀雀山漢簡言晉六卿「制田」有以八十步為婉、百六十步為畛者。此「婉」、「畛」皆為田域甚明。秦牘「畛」寫法同銀雀山漢簡，亦當為畛域之畛。只是二者有積步大小等級上的差異而已。銀雀山漢簡二婉為一畛，青川牘則二畛為一畝。漢簡之畛恰當青川秦牘之「畝」。要之，戰國時在田間布置規劃上通行着把一畝分作二區的耕作制度。

或問：一畛廣一步袤八步，畝二畛，其畝之積步豈非太少了嗎？看來不論把畛釋為「道」或「域」，這一句都是極難通過的障礙。諸家多以「畸零」說圓通之。如說：「即使一塊田僅是廣一步，只要是袤八步，也要築畛。」或說：「這一句是包括畸零的農田而言，耕田只要有寬一步、長八步的面積，……就應造名為畛的小道。」按，此等說法皆不可通。(1)律文明言「田廣一步袤八則為畛」，絕無「只要」、「即使」等類意。此說犯了「增字解經」的大忌。(2)誠然任何整齊的田畝規劃都會遇到種種特殊畸零情況，但做為立法則絕不能只言特殊而不講一般。(3)即使是處理畸零面積的話，那末「廣一步袤八」這種具體規定長寬度的說法，則嫌太不周密，亦缺乏科學性。(4)再說秦其時各家所佔土地尚多連成片，並未細分到只有八步之畸零碎段。若律定積八步則為畛路，實感離現實太遠。綜上所述觀之，「畸零」說亦難成立。

這句話很可能有脫文，「八」下當脫二「十」字。當時各類律文轉抄脫誤，乃為習見之事。故《商君書・定分》云：「法令皆置一副」，以備核查，且每年頒下一次。證諸秦簡《尉雜》云：「歲讎闢律於御史」，此說益信。《尉雜》等所云還是指較高級政府機構至中央核對律文。至於鄉間小吏或民間轉抄律文則又無此認真。青川牘文抄者之身份並不高，當係具體管理「為田開阡陌封疆」等事務的鄉政府小吏。此牘並非經過多次複核校對過的原件，亦非政府行下公布的文告。就木牘正反兩面文字合觀之，正面律文當為某鄉裏小吏書以做為自己某些政事活動的根據之類的東西，乃隨手所記，其脫誤則更屬可能。

果若「八」下脫二「十」字，那末一畝之積則可得百六十平方步。此亦合戰國制度。說者多以秦於商鞅變法後行二百四十方步畝作為定論。其實，戰國畝制大小不一，單晉六卿即有百六十步、二百步、二百四十步者三種。故知秦亦非必以二百四十步為畝。不過通行着一畝二畛制，且擴大畝積，倒是戰國時一致的傾向。這兩點都是其時田間規劃的新動向。文獻未聞，可以補闕。至於畝之積步擴大多少，則無定準。今存《商君書》及秦所有文獻，絕不見秦行二百四十步為畝的跡象。《商君書》中卻仍言小畝。秦簡《倉律》規定每畝用種麥一斗。秦一斗約合今二升。照通常比重言，一升約重二市斤，可見其時種麥一畝約用種四斤。解放前北方農民播種小麥，在墒情最好、整地質量最高，温度最適宜的情況下，畝約用八九斤，出苗尚稀疏。《倉律》所言若為二百四十步之畝，其積當今畝三分之二尚强，其畝用種四斤則嫌太少。又今日之整地質量更非秦人所能比，那末秦畝用麥四斤則更嫌少了。若以畝制不同解釋之則暗合。以百六十步為畝或百步為畝則近是。【論青川秦牘中的「為田」制度　文史哲一九八五年第六期】

◉銀雀山漢墓竹簡整理小組　畛是田間疆界。《説文》：「畛，井田間陌也。」《周禮·地官·遂人》：「凡治野，夫間有遂，遂上有徑；十夫有溝，溝上有畛。」以一畛為界的一塊田也稱為畛，如《楚辭·大招》「田邑千畛」，《戰國策·楚策一》「食田六百畛」。古代制田本以百步為畝，百畝之田是百步見方的一塊地。後來加大畝制，田塊的縱横二邊，一邊百步不動，另一邊加大步數。如秦制二百四十步為畝，百畝之田就是一邊百步一邊二百四十步的一塊(至少在理論上如此)。簡文謂百六十步為畛，此畛當是百畝與百畝之間的田界，與《周禮》十夫之間的畛不同，《説文》所謂「井田間陌」可能即指此(程瑶田《阡陌考》謂田界當百畝之間者稱陌，當千畝之間者稱阡)。百六十步為畛，一畛百畝之田當是一邊百六十步一邊百步的一塊，也就是每畝為一百六十步。畹八十步，當畛之半，為每畝百六十步之田五十畝。《玉篇》謂秦孝公三十步為畹，三十步為二百四十步的八分之一。百畝的八分之一，為十二畝半，王逸十二畝為畹之説與此相合。【銀雀山漢墓竹簡(壹)】

◉李學勤　關於「畛」，古書有這樣一些解釋：

《小爾雅·廣詁》：「界也」

《楚辭·大招》王逸注：「田上道也。」

《詩·載芟》疏：「謂地畔之徑路也。」「畛」是農田間的地界，上面可以通行。因此，凡起地界作用的田間小道，都稱為「畛」。

《周禮》所説的「畛」，則專指十夫之田間的道路，有其特定的寬度。《説文》解釋「畛」字為「井田間陌也」，即指《周禮》的「畛」。這是狹義的「畛」，不能移用來説明秦律。

《楚辭·大招》：「田邑千畛」，《戰國策》也提到楚葉公子高食田六百畛。清代學者孔廣森指出，這可能是把井田制的「畛」

的意義引申了，把十夫之地千畝稱作「畛」。這和木牘律文中的「畛」意義也不相合。

細讀牘文《為田律》所説的「畛」是起分界作用的小道，但也有其特殊的意義。

前面已經分析過：「田廣一步，袤八則為畛」的「為」字，是造、作的意思。有沒有可能「畛」本身是寬一步呢？我們覺得是沒有可能的，因為這與秦法的精神不合。商鞅變法，本諸法家「盡地力」的傳統思想，充分利用耕地，促進農業發展。如果每畝農田的兩端都開設寬一步（六尺，約合今1.38米）的「畛」，另兩側又有更寬的「陌道」，在百畝之田中勢必佔去很大一部分面積。這樣規模的交通網，不僅不必要，而且實際上是不可能實現的。【青川郝家坪木牘研究　李學勤集】

畤

好畤丞印【漢印文字徵】

◉許　慎　畤　天地五帝所基址祭地。从田。寺聲。右扶風有五畤。好畤鄜畤皆黄帝時祭。或曰秦文公立也。周市切。【説文解字卷十三】

◉趙烈文　毆奠時奠來趩〓。時。孫薛均作孫。章云鄭亦作孫。施云碑本磨滅。彷彿是時字。潘作時。都穆本作特。陶滋作時。云。土高處也。張燕昌石鼓釋存云。按天一閣本孫字為近。烈按阮橅本雖泐。然時字頗合自藏明本時字。筆畫亦尚可尋。今從之。【石鼓文纂釋】

◉馬叙倫　鈕樹玉曰。韻會址作止地下有也字。下祭字作築。立下無也字。廣韻引作天地五帝所基止祭也。莊有可曰。此字秦人所造。王筠曰。天地五帝所基止祭地也語頗詰詘。似經删併。其意若曰。畤者。祭天五帝之地也。畤者。止也。其制壇而不屋。但有基止。故謂之畤。朱駿聲曰。此字秦所製。秦之祭畤。即古郊祭也。襄公始作西畤。倫按説解蓋本作止也。以聲訓。校者或吕忱以史言五畤皆祭天地五帝之基地。故加祭天地五帝之基地也。右扶風有五畤。好畤云云。今為後人并誤。又有挩矣。畤音照紐三等。古讀歸端。壇音端紐。畤為壇之轉注字。秦以其方音而製也。【説文解字六書疏證卷二十六】

略

略倉印【漢印文字徵】

詛楚文 且復略我邉城 【石刻篆文編】

◉許　慎　經略土地也。从田。各聲。离約切。【說文解字卷十三】

◉馬叙倫　鈕樹玉曰。韻會無也字。桂馥曰。書禹貢。嵎夷既略。胡渭曰。略字必有精義。按左傳曰。天子經略。諸侯正封。古之制也。封略之內。何非君土。又曰。封畛土略。又曰。侵敗王略。皆訓界。經略猶言經界也。莊廿一年傳。王與之武公之略。注。略。界也。僖十五年傳。東盡虢略。注。東盡郭界也。王筠曰。略字有動静之別。左隱五年傳。吾將略地焉。僖十五年傳。謀鄙。且東略也。宣十一年。略基址。十五年晉侯治兵於稷。以略狄土。皆動字也。王與之武公之略。東盡虢略。天子經略。侵敗王略。皆借動字為静字也。章炳麟曰。H。變易為畕畺。又變易為甿。亦為略。從田。各聲。故與畕雙聲。倫按本書邉字從㝵得聲。㝵字本書不録。而散盤有之。蓋從略彖聲。見邉字下。為平原之原本字。古平原幣原字作。則略蓋為㝵之初文。尋略從各得聲。各為來往之來本字。見各字下。故略音入來紐。古讀來歸泥。原音疑紐。泥疑同為邊音。故备轉注為邉。音入疑紐。彖音通貫切。在透紐。透泥同為舌尖前音。左僖廿八年傳。原田每每。詩車鄰疏。可食者曰原。公羊昭元年傳。上平曰原。此原田所以連文。而略所以從田也。高平曰原。則為西北之大原言耳。左傳言。封畛土略。封畛謂區別而限之。土略連文。則猶原田連文矣。然則經略土地非略字本義。經略即孟子之經畛。借略為畛。為畺。略從各得聲。各音轉入見紐。與畕界皆雙聲也。散盤㝵字作。或謂⊕⊕即畕字。則略自從畕。即略字亦或本作备。譌為略也。故義為界。倫謂陳公子甗史敖敦單伯鬲雍原父鼎及石鼓文邉字並從备。魯邉父敦魯邉鐘皆從略。古鉩亦多從备。則乃繁簡之殊。散盤多作一田。猶小子師敢之師作。實從二自也。本書疆從土而籒文即從二土。然不可以為從圭也。經略土地也非本訓。或此字出字林。【說文解字六書疏證卷二十六】

當

當　从立　鄂君啟車節　屯十以當一車　　攻敔王光劍　以戠戢人　【金文編】

5·1　咸亭當柳恚器　5·2　咸亭當柳昌器　秦1076　當若　【古陶文字徵】

〔八二〕　〔五二〕　〔二三〕　〔三六〕　〔五二〕　〔二〕　〔五〇〕　〔二〕　〔五二〕

〔三六〕　〔五〇〕　〔四〕　〔五〇〕　〔二三〕　〔四九〕　〔一九〕　〔三六〕　〔六八〕　〔五二〕

古幣文借尚為當 〔七〕〔二三〕〔二三〕〔二〕〔五〇〕〔二三〕〔二五〕〔五二〕

〔五四〕【先秦貨幣文編】

布異 䖵芀當忻 皖宿 按古鉩為堂即堂字省體古幣文作為當字 仝上 布異 䖵芀當忻 鄂天 仝上 皖宿 布異 䖵芀當忻 典二四九 仝上 典二五〇 仝上 史第十三圖3 布異 䖵芀當忻 亞四・五六 仝上 亞四・五七 布異 小冊芀背當忻 亞四・五八 布異 小冊芀背當忻 亞四・五九 【古幣文編】

198 【包山楚簡文字編】

當 法三 一百七十三例 秦一七四 二例 【睡虎地秦簡文字編】

無當司馬 郭當時 戴當 畢當 【漢印文字徵】

古孝經 古老子 【古文四聲韻】

◉許 慎 當田相值也。从田。尚聲。都郎切。【說文解字卷十三】

◉吳大澂 古當字。梁正當金幣。尚字重文。亦梁幣文。梁充釿幣當寽。梁正當金幣當寽。【說文古籀補第十三】

◉馬叙倫 田相值者。即畕下所謂比田也。然則當為畕之後起轉注字。當音端紐。畕音見紐。同為清破裂音。畕當聲又同陽類也。然比田與田相值皆謂其界相連。則畕之引申義。故當亦為畂畍之同清破裂音之轉注字。田相值也非本訓。字見急就篇。【說文解字六書疏證卷二十六】

◉劉 雨 《文物》1982年第5期刊載了安徽南陵縣出土的吳王光劍,釋其銘為:「攻敔王光自作用劍以戰戉人」。按:其中「戰」、「戉」二字釋文與字形不符。劍銘「𢧀」應隸定為「戠」。⊘「戠」字金文首見,似應讀為「當」。「戈」旁乃附加成分。《廣韻》「當,敵也」。是知當者,抵敵之謂也。【關於安徽南陵吳

王光劍銘釋文　文物一九八二年第八期】

◉睡虎地秦墓竹簡整理小組　〔七〕當，《吕氏春秋・義賞》注：「正也。」

〔二〕當，通倘，如果。【睡虎地秦墓竹簡】

◉劉彬徽等　(299)當，簡文作㕣。【包山楚簡】

畯

前四・二八・五　畯甲骨金文皆从允作畂　前四・二八・六　後二・四・七　京津五八一　京津五八二

通別二・五・一　庫一〇二八　【甲骨文編】

珠458　續1・15・1　京4・5・2　新582　新581　【續甲骨文編】

畯　从允通駿爾雅釋詁駿長也又通俊書文侯之命俊在厥服文與秦公簋畯在位同　盂鼎　畯正氒民　師艅簋　牆盤　達殷畂民

頌鼎　畂臣天子　頌簋　頌壺　此鼎　此簋　追簋

克鼎　克盨　㝬鐘　伯沙其盨　伯沙其盨二　沙其鼎　畂臣天　秦公簋　畯在位　伯

椃虘簋　秦公鎛　娶畯黔在位　【金文編】

◉許　慎　畯農夫也。从田。夋聲。子峻切。【説文解字卷十三】

◉吴大澂　古畯字从田从允。與俊通。盂鼎。畯正乃民。【説文古籀補第十三】

◉孫詒讓　凡金刻之言畯者。並當讀為駿。爾雅釋詁。駿。長也。盄咊鐘。畯惠在位。言長順在位也。惠訓順。見毛詩桑柔傳。刺公敦。畯在位。見本書。言長在位也。宗周鐘。畯保三國。言長保三國也。見阮款識釋。云畯同駿。得之。又云。大也。則非。頌鼎追敦。畯臣天子。並見阮款識。言長臣於天子也。此鼎言用德畯保其子孫。畯保二字連讀。與宗周鐘同。……畯亦通作俊。書文侯之命。即我御事罔或耆壽。俊在厥服。俊在厥服文與刺公敦畯在位同。言即我御事之人無有耆壽而長在其位者也。偽孔傳訓為無有耆宿壽考俊德在其服位。失其義矣。【晉姜鼎　古籀拾遺卷上】

◉羅振玉　[glyph]　説文解字。畯。田官也。从田夋聲。古金文皆从允。盂鼎頌敦及追敦並同。與卜辭合。【增訂殷虛書契考釋卷中】

◉馬叙倫　羅振玉曰。盂鼎作[glyph]。頌敢作[glyph]。卜辭作[glyph][glyph]。皆從允。倫按農夫也爾雅釋言文。孫炎注。農夫。田官也。郭璞注。今之嗇夫。然釋言文多非本義。字從田亦不見農夫之義。詩噫嘻。率是農夫。箋。率是主田之吏。周官籥章。以樂田畯。鄭注。鄭司農云。古之先教田者。禮記月令。命田舍東郊。鄭注。田謂田畯。主農之官也。郊特牲。大饗農。鄭注。農。田畯也。夏小正。農率均田。農亦謂田畯。尋農畯聲同真類。蓋本轉注字。司農者而謂之農。或曰畯。猶后稷而謂之稷矣。農夫也非本義。字或出字林。【説文解字六書疏證卷二十六】

◉裘錫圭　「畯民」也見於《尚書》。《多士》：「……成湯革夏，俊民甸四方」。「俊」、「畯」同聲，「俊民」即「畯民」。大盂鼎説武王「畯正厥民」，跟「畯民」也是一個意思。「畯」似當讀為「悛」。《國語・楚語》：「有過必悛」，韋昭注：「悛，改也」。「畯民」、「畯正厥民」就是使民改正向善，跟《尚書・康誥》「作新民」的意思相近。【史牆盤銘解釋　文物一九七八年第三期】

◉陳世輝　「達殷㽙民」(第三行)，「達殷」即撻殷，指武王伐紂。撻殷與㽙民連着説，㽙要讀作訊。㽙是古畯字。䖒𣪘銘文説：「唆訟罰」。唆就是典籍中的訊字。唆、畯同从夋聲，因此畯字可讀作訊。訊是拘執、整治的意思。《周禮・秋官・小司寇》：「一曰訊羣臣，二曰訊羣吏，三曰訊萬民。」畯民就是這裏所説的訊萬民。在典籍中也借俊為訊。《書・多士》説：「乃命爾先祖成湯，革夏俊民，甸四方。」俊民，也就是訊民。「革夏俊民」與「撻殷畯民」的句法一樣，都是説改朝换代，統治其人民。「畯民」金文中又作「畯正氒民」(大盂鼎)，「畯正」二字都是整治的意思。【牆盤銘文解説　考古一九八〇年第五期】

◉于豪亮　「達殷㽙民」中的㽙字就是畯字。秦公簋的「㽙疐在天」，秦公鐘作「畯疐在位」，此㽙字為畯字之證。《書・多士》：「乃命爾祖革夏，俊民甸四方。」《洪範》：「俊民用章，家用平康。……俊民用微，家用不寧。」此處之「俊民」，《史記・宋微子世家》作「畯民」，《文選・陸韓卿・答内兄希叔詩》李善注引《書》亦作「畯民」。由此知本銘文的「㽙民」就是《多士》、《洪範》中的「俊民」。「俊民」是才智之士、優秀人物的意思。《洪範》和《宋世家》記載微子向武王建議要重視畯民，武王接受了這項建議。在本銘文中，「達殷㽙民」之「達」，乃是《孟子・盡心上》：「達則兼善天下」之「達」，意思是任以顯要官職。下文叙述牆的烈祖本是微的史官，在武王將要伐殷的時候去見武王，武王賜以封地，這正是「達殷㽙民」。銘文之所以着重指出「達殷㽙民」這一點，正是為了重點突出下文叙述的牆的烈祖受封之事。【牆盤銘文考釋　古文字研究第七輯】

◉連劭名　這裡主要解釋一下「畯民」的含義。「達殷畯民」《尚書・多士》「革夏俊民」《大盂鼎》「畯正華民」。畯、俊，并應讀為悛，但不能從韋昭、杜預等人的說法，訓「悛」為「改」。《說文・心部》「悛，止也。」《爾雅・釋言二》「安、定曰止。」《戰國策・秦策》云：「而安其兵」，高誘注：「安，止也。」是「安」古義同「止」。「定」古訓為「安」。《說文・宀部》「定，安也」。

因此，「畯民」也就是「安定人民」的意思。【史牆盤銘文研究　古文字研究第八輯】

◉朱歧祥　1070. 从田从允聲，隸作畂。即《說文》畯字：「農夫也。」段注：「教田之官。」始見第一期卜辭。習見辭例有：「征畂」、「孽畂」、「亞畂」。字當用為名詞；或外族族稱。

《後下8・1》丙寅卜，賓貞：子灦𠶷四方。十月。

𠶷即辥，災害也。卜辭言子灦求四方鬼神災禍於畂族。

《遺458》癸亥卜，賓貞，囚戈人㞢征。【殷墟甲骨文字通釋稿】

◉戴家祥　說文五篇夊部「夋，行夋夋也。一曰倨也。从夊，允聲」。允、夋古音同部，故畯得寫為畂。畯、峻、駿、浚俱从夋聲，凡聲同者，字亦通也。小雅甫田「田畯至喜」，釋文「畯，本作俊」。史記宋微子世家「畯民用章」，今本尚書洪範作「俊民」。堯典「克明俊德」，禮記大學作「峻德」。大雅崧高「駿極于天」，禮記孔子閒居及中庸作「峻極」。商頌長發「為下國駿厖」，鄭玄箋「駿之言俊也」。周頌噫嘻「駿發爾私」，陸德明所見本作「浚發爾私」，釋文云「浚，本亦作駿」。尚書皋陶謨「夙夜浚明有家」，馬融注「浚，大也」。字亦通儁，集韻二十二稕「俊、儁同字」。聲符更旁字也。說文八篇人部「俊，才千人也」。舉凡形象特出者，均名之曰俊，馬之名駿，山之名峻，水之名浚，人才之特出者曰俊或儁。皆一語繁衍字也，形雖多變，音義一也。

禮記少儀「臣則左之」，鄭玄注「臣，謂囚俘」。洪範「俊民用章」，周書多士「俊民甸四方」，鄭注並云「民，無知之稱」。牆盤作「畯民」，亦猶頌鼎、追𣪘之作「畯臣」。牆盤首云「武王遹征四方」，繼言「撻殷畯民」，殆如左傳宣公十五年伯宗所云：「夫恃才與衆，亡之道也。商紂由之，故滅。」

孫詒讓曰：凡金刻之言畯者，並當讀為駿。爾雅釋詁「駿，長也」。盄咊鐘「畯惠在位」，言長順在位也。惠訓順，見毛詩桑柔傳。刺公𣪘「畯在位」，言長在位也。宗周鐘「畯保三國」，言長保三國也。頌鼎、追𣪘「畯臣天子」，言長臣天子也。此鼎言「用德畯保其子孫」，畯保二字連讀，與宗周鐘同。古籀拾遺卷上第二十一葉。按孫釋盄和鐘「畯疐在位」為畯惠，「畯臣天子」為長臣天子，「畯在位」為長在位，頗有可商。「畯疐在位」為畯傑在位，「畯在位」為俊傑在位之省略語，「畯臣天子」猶言賢臣天子。考左傳宣公十五年伯宗之言曰「恃其儁才而不以茂德，茲益罪也。」鼎銘作者晉姜寄望「萬年無疆」之亶用於其子孫之茂德儁才，而把茂德置於儁才之前，故云「用德畯保其子孫」。

嶨大克鼎　賜汝井家㽙田于嶨　嶨，疑畯之繁。金文有畯字。此增山旁，用作地名，故增之，無義可說。【金文大字典中】

甿

◉許慎　甿田民也。从田。亡聲。武庚切。【説文解字卷十三】

◉馬叙倫　桂馥曰。李注文選吴都賦引作田人也。案唐諱民改人。倫按從田而訓田民。疑非本義。亦非本訓。史記三王世家索隱引蒼頡。邊人曰甿。然則甿與氓同字邪。抑蒼頡借甿為氓邪。然可證甿之本義不必為田民也。農音泥紐。甿從亡得聲。亡音微紐。同為邊音。豈亦農之轉注字邪。【説文解字六書疏證卷二十六】

疄

◉許慎　疄轢田也。从田。粦聲。良刃切。【説文解字卷十三】

◉馬叙倫　足部。蹸。轢也。然則轢田為疄。語原同也。此字蓋出字林。【説文解字六書疏證卷二十六】

畱

留　从卯　留鐘　趞鼎　【金文編】

秦392　☐留　3·1379　獨字　5·419　獨字　留字别體从土　【古陶文字徵】

〔三九〕　〔五〇〕　〔四二〕　〔二五〕　〔三六〕　〔四二〕　〔三六〕　〔一〕　〔五三〕　〔七四〕　〔五二〕　〔三二〕　〔六六〕　〔六八〕　〔一〕　〔四〕　〔三六〕　〔三五〕　〔一〕　〔三五〕　〔二八〕　〔一九〕　〔五〇〕　〔二二〕　〔一九〕　〔六八〕【先秦貨幣文編】

布空大　豫伊　布方　屯留　晉祁　仝上　布方　屯留　晉高　仝上　晉祁　仝上　布方　屯留　晉高　仝上　晉祁　仝上　布方　屯留　晉祁　仝上　仝上　布方　屯留　晉祁　布方　屯留　晉高　布方　屯留　晉祁　布方　屯留　晉高　布方　屯留　晉祁　仝上　布方　屯留　晉高　布空大　亞

二・九五 [glyph]仝上 [glyph]布空大 典七五九 [glyph]布空大 亞二九五 [glyph]仝上 典七六一 [glyph]布方 屯留 典五五 [glyph]布方 屯留 典五六 [glyph]仝上 典五七 [glyph]仝上 典五八 [glyph]布方 屯留 典五九 [glyph]仝上 展圖版拾玖10 [glyph]仝上 亞四・三五 [glyph]布方 屯留 亞四・三五 [glyph]仝上 【古幣文編】

[glyph]169 【包山楚簡文字編】

[glyph]留 从卯 秦一四七 三例 [glyph]為三九 【睡虎地秦簡文字編】

[glyph]5360 唐蘭釋留 【古璽文編】

[glyph]屯留丞印 [glyph]屯留 [glyph]孫留 [glyph]留勝之印 [glyph]留安丘印 [glyph]留長印 【漢印文字徵】

◉許慎　畱止也。从田。丣聲。力求切。【説文解字卷十三】

◉吳大澂　[glyph]古陶殘器。陳向立事歲留之。疑即瘤之省文。留瘤本一字也。古玉鉢[glyph][glyph]當即[glyph]之省。【説文古籀補第十三】

◉劉心源　[glyph]　留从[glyph]即丣。古屯留布文作[glyph][glyph]。馬十二方肩方足布。亦从丣。惟説文从丣耳。阮云。公羊傳古者鄭國處于留。周人有留子嗟留子國。心源案。元和姓纂十八尤。留。衛大夫留封人之後。【留君簠一　奇觚室吉金文述卷十七】

◉馬叙倫　桂馥曰。徐鍇本作土也。于鬯曰。此篆疑當上從坙省。坙則有畱義矣。下從由。不從田。蓋由聲也。坙不從畱省。朱駿聲謂從丌在土上。從二人相對。許誤以為從畱省。則自不得以畱為從坙省矣。又以畱字為從田。田聲不可諧。乃云從田丣聲。然田何以有畱義乎。手部擂或作抽。玉篇示部。袖。古文福。可證從由不從田矣。倫按留鐘作[glyph]。屯留幣作[glyph]。[glyph]。丣卯同字。唯古鉩有[glyph]字。丁佛言釋畱。倫謂[glyph]或[glyph]之譌體。或疄之別字。疄從粦得聲。粦從舛得聲。則疄自可徑從舛聲作[glyph]也。如金文則竝從田丣聲。然自不見有畱止之義。倫謂畱為疄之音同來紐轉注字。止也者。休字義。莊子秋水。鵋鵂夜撮蚤。釋文引崔譔曰。鵂鶹與委梟同。鵂鶹連文。可為例證。字見急就篇。【説文解字六書疏證卷二十六】

粹1551【續甲骨文編】

畜 秦公簋 秦公鎛 欒書缶 【金文編】

畜 秦七七 二十八例 法一〇八 秦八四 【睡虎地秦簡文字編】

……妟 — 生分☐☐(丙3:2 — 2) 【長沙子彈庫帛書文字編】

榆畜府 掌畜丞印 臣畜 畜客 【漢印文字徵】

竝古老子 籀韻 張揖集 【古文四聲韻】

◉許 慎 𤲒田畜也。淮南子曰。玄田為畜。丑六切。𤲒魯郊禮畜从田从茲。茲。益也。【說文解字卷十三】

◉孫海波 寧滬一·五二一。疑畜字。王馬在茲宰母戊，王受祐。【甲骨文編】

◉郭沫若 第一五五一片

「畜馬才在𢆶茲寓廐。」

說文「畜，田畜也，淮南王曰玄田為畜。」此作乃从幺从囿，明是養畜義，蓋謂繫牛馬於囿也。字變而為畜，淮南說非其朔。【殷契粹編考釋】

◉馬叙倫 段玉裁曰。田畜。謂力田之蓄積也。貨殖傳。富人争奢侈。而任氏獨折節為儉。力田畜。田畜人争取賤賈。任氏獨取貴。善。非田畜所出。弗衣食。艸部。蓄。積也。畜蓄義略同。從田從茲省。非從玄也。艸部。茲。艸木多益也。翟云升曰。爾雅釋畜釋文引作畜。獸也。別義。俞樾曰。段謂茲省非玄也。是也。樾謂畜蓄一字。古文止作𤲒。從田。從茲。會意。小篆省作畜。而後人誤認為從玄。乃有玄田為畜之說。因有從艸畜聲之蓄。許君不能是正耳。田畜者。田中所積也。倫按茲從艸。𢆶聲。𢆶即絲字。絲音心紐。故茲音轉入精紐。皆舌尖前音也。畜字秦公敢作。古鉩有𤲒字。是從𢆶非從玄之證。然玄幺𢆶絲實一字。則無嫌矣。畜從𢆶得聲。非從茲會意。茲是形聲字。亦不能會意也。絲音心紐。然溼字從之得聲。音入審紐三等。審三與徹同為舌面前音。故畜音入徹紐。說解當作田積也。從田。玄聲。今言田畜也者。王筠謂漢之恒言。然疑此字林文。本說挩矣。釋文引獸也者。爾雅釋畜疏曰。案字林畜作嘼。說文云。獸也。蓋校者所加。古借畜為犝也。淮南王曰玄田為畜亦或字林文。字見急就篇。

𤲸 鈕樹玉曰。玉篇引作魯郊禮從兹。兹。益也。段玉裁曰。古文從兹乃合於田畜之解。小篆乃省其半。而淮南王乃認為玄字矣。倫按說解言從兹。又有校者加兹益也以釋之。則篆作𤲸為譌矣。從田二字當在畜字說解田畜也下。蓋畜字說解田畜也下本有從田玄三字。乃引淮南說以證之。又疑魯郊禮畜從兹兹益也本畜下引淮南王曰畜為畜下之文。吕忱或校者所加。後之校者據之以增此篆。而遂為說解。【說文解字六書疏證卷二十六】

◉劉 釗 〔十六〕釋「畜」

《文編》附録九六第12欄有字作「[glyph]」，按字从玄从田，應釋作畜。金文畜字作「[glyph]」、「[glyph]」，古璽逌字作「[glyph]」或「[glyph]」，所从之「[glyph]」皆與古璽「[glyph]」字同。畜字見於《說文》田部。【璽印文字釋叢（一） 考古與文物一九九〇年第二期】

◉曾憲通 [glyph] 妻[glyph]生分 丙三·三 李零以為畜字，畜生讀作畜牲。【長沙楚帛書文字編】

◉戴家祥 說文十三篇「畜，田畜也。淮南子曰：玄田為畜。」按畜字从玄从田。玄字古文作[glyph]，象繩索形。牽字从玄，是玄為繩索之證。老子「繩繩兮不可名」，繩即玄，玄為繩索，與田組合，其義不類。觀金文畜字作[glyph]，玄與田連接密切，象繩索繫田之形。因此懷疑田不是田地之田，而是某種容器之形。從聲義上探求，田當即凵。畜凵聲韻相近，說文五篇「凵盧，飯器，以柳為之」。凵為柳條編織製品，故可寫作[glyph]，中間筆劃[glyph]象柳條形，如盧字作[glyph]，所从之[glyph]即凵之繁體。畜字乃繩索綑紮凵盧之形，初義當是儲備、積蓄、容納。禮記月令「中秋之月，乃命有司趣民收斂務畜菜」，注曰「始為御冬之備」。左傳襄公二十六年「天子誰畜之」，注曰：「畜猶容也」。畜字有把東西放在容器裏束縛起來的意思，因此，後人將羈縛、豢養在家中的動物稱作畜。周禮天官獸醫疏云「在野曰獸，在家曰畜」。金文畜有兩種用法。一為聚集之義，如秦公𣪕等，二為玄的借字，如書[glyph]盤的「畜孫」即玄孫，玄的引申義為「幽遠」，爾雅釋親「曾孫之子為玄孫」，郭注「玄者，言親屬微昧也」。【金文大字典上】

◉戴家祥 [glyph] 劍珌 行氣実則[glyph] [glyph]字从辵从[glyph]，字書所無。宋代出土之盄龢鐘云：「咸畜百辟胤士」，薛尚功歷代鐘鼎款識法帖卷第六。秦公𣪕作「咸[glyph]胤士」。畜作[glyph]，與此右半正同。[glyph]下兩短畫，當為重文。莊子·徐無鬼篇引「許由曰：堯畜畜然仁，吾恐其為天下笑」，釋文引李注「畜畜，行仁之貌」。逌，殆畜之表義加旁字。唐韻畜讀「丑六切」，徹母幽部。【金文大字典下】

◉許　慎　疃禽獸所踐處也。詩曰。町疃鹿場。从田。童聲。土短切。【説文解字卷十三】

◉强運開　䵝石鼓。吴愙齋从許瀚説釋作鑽。孫詒讓釋緟。俱未塙。運開按。當从舊釋為古疃字。説文。疃。禽獸所踐處也。詩曰。町疃鹿場。从田。童聲。段注云。毛傳曰。町疃。鹿跡也。楚辭九思。鹿蹊兮躖=。躖與疃蓋一字。疃亦作暖。竊謂緟䵝形音俱近。䵝蓋从𤔔得聲。故有土短切之音。薛尚功趙古則楊升庵均釋為疃。當必有據。石鼓文雖殘闕。然上文存有鹿篆。下言䵝=。是䵝=即躖=。亦即指鹿迹而言。蓋可無疑。䵝毛公鼎。今余唯䵝先王命。命女亟一方。蓋謂踐先王之命以命女也。䵝善夫克鼎。䵝季右善夫克入門。䵝季。人名也。又昔余既令女出内朕令。今余隹䵝京乃令。即踐用前令之意。䵝余䵝敨。説文所無。疑即䵝之省文。【説文古籀三補第十三】

◉强運開　䵝　薛尚功趙古則楊升庵均釋作疃。説文。疃。禽獸所踐處也。詩曰。町疃鹿場。从田童聲。段注云。豳風東山毛傳曰。町疃。鹿跡也。謂鹿跡所在也。楚辭九思。鹿蹊兮躖躖。躖與疃蓋一字。疃。亦作暖。郡國志廣陵郡東陽劉昭云。縣多麋。引博物志。十百成羣。掘食艸根。其處成泥。名曰麋暖。民人隨此暖種稻。不耕而穫。其收百倍。今後漢書譌為畯。埤雅引此又譌作暖。然因埤雅可以校正也。運開竊疑緟䵝形近。或即䵝字之誤。且斷爰𤔔音亦相近。攷龍敨邾敨師㦰敨等銘。余惟䵝京乃令。薛氏均釋䵝為疃。蓋以䵝為古疃字也。字彙亦云。與疃同。並引石鼓原文。原隰既坦疆里䵝=。惜鼓文今衹存䵝=二字。上六字已全泐。但與坦叶韻。則讀䵝為疃。固近理也。又按。毛公鼎䵝䵝大命及余唯䵝先王命。吴愙齋从許瀚説均釋作鑽。引陳矦因資敨練字作證。疑古鑽字从練得聲。或古文鑽練本為一字。竊謂不塙。又按劉心源古文審邾敨釋文云。緟。从𤔔乃嗣省。即嗣字。與糸同意。从𤰈即畽字。重。原从東聲也。合之為緟。説文。緟為重疊字。自叚重字為之而緟廢。並以京為京字。引檀弓九京皆是九原。又引莊子天道注。原。陳也。云緟京乃令即緟原乃令。猶言緟陳乃令。其意甚是。而説則太迂曲。竊謂䵝舊釋疃。必當有所據。段謂躖疃蓋一字。實本説文足部躖踐處與疃同義。又謂疃亦作暖。躖亦作斷。是躖斷疃暖䵝實為一字。䵝=。即躖=。䵝為鹿跡所在處。有踐跡之意。金文中凡言䵝京乃令京即庸訓為用。即踐用前言之意也。【石鼓釋文】

◉馬叙倫　鈕樹玉曰。韻會引無也字。繫傳作禽獸所踐地處。蓋傳寫譌。倫按説解有校語誤入。或此字林文。或字出字林也。疃為町之音同透紐轉注字。【説文解字六書疏證卷二十六】

暘 [日寽]

[古文字形] 暘 秦一 【睡虎地秦簡文字編】

[古文字形] 韋暘印信 【漢印文字徵】

◉許 慎 暘不生也。从田。昜聲。臣鉉等曰。借為通暘之暘。俗别作暢。非是。丑亮切。【説文解字卷十三】

◉馬叙倫 桂馥曰。不當為才。俞樾曰。暘為場之或體。從土從田一也。列子天瑞。易無形埒。釋文淮南作形埒。説文有埒無[日寽]。[日寽]即埒之或體也。詩東山。町疃鹿場。釋文。町。本作圢。説文有町無圢。圢即町之或體。竝其證。土部。場。一曰。田不耕。一曰。治穀田也。疑古書場字或從田作暘。因有不耕及治穀田之説。今分場暘為二義。而曰。暘不生也。或非許書之舊。倫按俞説是也。疑暘本場之重文。不生即不耕之爛譌。又脱田字。本有挩譌。校者補於此部末耳。餘見場下。【説文解字六書疏證卷二十六】

畕 畕

[古文字形] 庫四九二 【甲骨文編】

[古文字形] 畕 與畺為一字 㴱伯鼎 萬年無畕 [古文字形] [古文字形] 鄀子宿車鼎 【金文編】

[古文字形] 陶文編 13·91 獨字 【古陶文字徵】

[古文字形] 畕己長切 【汗簡】

◉許 慎 畕比田也。从二田。凡畕之屬皆从畕。居良切。【説文解字卷十三】

◉羅振玉 畕説文解字。畕。比田也。畺。界也。从畕。三。其界畫也。或从彊土作疆。案此从弓从畕。吴中丞曰。「儀禮鄉射禮『侯道五十弓』疏云。『六尺為步。弓之古制六尺。與步相應。』此古者以弓紀步之證。古金文亦均从弓。知許書从彊土之或作非也。」又此从畕。象二田相比。界畫之義已明。知畕與畺為一字矣。【殷墟書契考釋卷中】

◉郭沫若 [古文字形]以下數片參比之。或作[古文字形]。或作[古文字形]。而多用於坙字下。由字形而言。蓋田圃之象。卜辭田字多見。均作田。圃則作[古文字形]若[古文字形]。此當别為一字。余意當是場之初文。説文注場為「山田不耕者」。又謂為「治穀田」。别有畕字注曰「比田也」。舊音居良切。實則畕場蓋古今字。而畕則[古文字形]之形變耳。詩豳風七月「九月築場圃」。此言「坙[古文字形]」。當即築場圃之事

矣。【殷契粹編考釋】

◉馬叙倫　鈕樹玉曰。繫傳從畕下有闕字。舊校云。闕疑闕。段玉裁曰。小徐有闕字。大徐無。非也。此謂其音讀闕也。大徐居良切。小徐玉篇同。以畺之音皮傅之而已。王筠曰。疑畕是古文。畺疆皆其絫增字。顏注急就篇。疆。比田之界也。章炳麟曰。畕畺同字。羅振玉曰。畕象二田相比。界畫之義已明。知畕畺為一字矣。丁山曰。經傳及金石古文皆不見畕字。比田也者。亦望文生義。倫按段玉裁謂畕當讀如𠽽列之𠽽。田與田相乘。所謂陳陳相因也。朱駿聲謂從二田田亦聲。倫謂如段說則是田之茂文。田古音如陳也。然以當訓田相值。知此是其初文。從二田會意。字蓋出字林。【說文解字六書疏證卷二十六】

◉崔志遠　畕字在金文中為初見。當即畕字。讀若疆。說文解字云。畕。比田也。又云。畺。界也。从田。三。其介畫也。畕此銘畕。字中間之▽形。當為丈量田畝之矩。周髀算經云。圜出于方。方出于矩。又云。合矩以為方。畺字畫三橫。畕字从▽。象丈田之器。其意義是相同的。這種丈田用的矩。在漢武梁祠畫象中亦有所見。即伏羲手持之器。【天津市新收集的商周青銅器商畕父己觶　文物一九六四年九期】

◉李孝定　說文「畕。比田也。从二田」。契文正象比田之形。按象形之字有象單數者。有象多數之形者。前者習見不煩。具舉若∴星之古文田諸文。則並象其多數。蓋若象一田則「口」形已足。而字嫌於囗圍。故另作「田」形。阡陌縱橫實為比田之象。而其義則為一田。行之既久。「田」之一形為「一田」之義所專。至比田之義。乃不得不繁之作田畕𤳳諸形以示之。或會意而作畕。或指事而作畺。其始實一字也。郭初釋場。按場。許訓「治穀田」。即農家暴穀簸揚之所。吾湘謂之禾場。其平如砥。不得有阡陌縱橫之形。釋畕是也。卜辭「圣畕」之辭與「圣田」並見。其義蓋本相同。然其字實已孳乳為二。董先生謂為田字之異似有可商也。楊氏釋囧非是。囧字契文作囧。與此迥異。不能執卜辭明或作明。遂謂田𤳳皆為囧字也。蓋明所从之田為偏旁。與月字並見。故不嫌與田形混。若田畕𤳳皆獨體之文。何緣證其為囧字乎。金文作畕梁伯友鼎銘之「萬年無畕」。與疆(畺)為一字。與他器作畺作彊者辭例相同。【甲骨文字集釋第十三】

◉溫少峰　袁庭棟　卜辭中還有關於「畕」的記載：

(57)……于畕。(《庫》四九二)

《說文》：「畕，比田也，从二田。」段注：「比，密也。比田者，兩田密近也。」此字即「畺」字初文(梁伯友鼎銘有「萬年無畕」，可證畕與畺一致)。《說文》：「畺，界也，从田，三其界畫也。」由此辭可知，殷人規劃土地時在各田區之間已是界畫明確了。【殷墟

畺

卜辭研究——科學技術篇】

◉戴家祥　畕深伯鼎　其萬年無畺　畕傒子鼎　子孫永寶萬年無畺　説文「畕，比田也。从二田。闕。」段氏曰：「比，密也。比田者，兩田密近也。闕者謂其音讀闕也」。按：兩田密切必然孳生出疆界之義，傒子鼎畕字作畾，中間一横正代表着疆界。疆表示田地的盡頭，故又引申出止境之義。金文恆言「眉壽無畕」，無畕即没有止境之義。畕字金文或作畾、畺、疆、彊，皆畕之後起繁體字。【金文大字典上】

彊之重文　【續甲骨文編】

畺　毛伯簋　从弓　盂鼎　受民受疆土　師遽方彝　辛鼎　不嬰簋　散盤　五祀衛鼎　不嬰簋二　邾公華鐘　湯弔盤　喪史賓鈃　盗壺　師臾鐘　陳公子甗　牆盤　伊簋　永盂　頌簋　史頌鼎　史頌簋　弔上匜　兮甲盤　蔡姞簋　㝬鐘　虢季子白盤　封仲簋　弔朕匜　姬鼎　虢文公鼎　穌公簋　曾伯霥匜　弔家父匡　伯公父匡　曾伯陭壺　戈弔鼎　陳侯匜　陳子＝匜　㠱伯盨　孫弔師父壺　命瓜君壺　秦公鎛　厚氏圃　齊侯敦　中山王譽鼎　伯康簋　克鼎　善夫克鼎　仲辛父簋　井人妄鐘　𤔲兑簋　沙其鼎　子仲匜　仲師父鼎　𪱸鐘　弔單鼎　鄀公鼎　般仲束盤　曼龏父盨　士父鐘　隋子鬲　沙其簋　鄀公簋　洹子孟姜壺　齊侯匜　邕子甗　番君鬲　公孫誥父匜　或从彊土　秦公簋　吳王光鑑　蔡侯䵼盤　庚兒鼎　中山王譽壺　以請郾疆从土　創闢封疆又亡疆不从土　郘𪓐尹鉦　王孫壽甗　王子啟疆尊　或从彊阜　南疆鉦　郙伯祀鼎　無疆二字合文　【金文編】

彊 2204 【古璽文編】

畺 皐畺私印 【漢印文字徵】

疆 疆竝見石經 【汗簡】

畕 汗簡 畺 演説文 彊 王存乂切韻 【古文四聲韻】

◉許 慎 畺界也。从畕。三其界畫也。居良切。疆畺或从彊土。【説文解字卷十三】

◉吴大澂 彊古疆字。从畕从弓。一者。田界也。儀禮鄉射禮。矦道五十弓。疏云。六尺為步。弓之古制。六尺與步相應。此古者以弓紀步之證。後世量地之弓。周人有用之者。一曰象田閒之水道也。小篆从土。盂鼎。受民受彊土。【説文古籀補第十三】

◉羅振玉 彊後編下第二葉 説文解字。畕。比田也。畺。界也。从畕。三其界畫也。或从彊土作疆。案此从弓从畕。吴中丞曰。儀禮鄉射禮矦道五十弓。疏云。六尺為步弓之古制。六尺與步相應。此古者以弓紀步之證。古金文亦均从弓。知許書从彊土之或作非也。又此从畕。象二田相比。界畫之誼已明。知畕與畺為一字矣。【增訂殷虚書契考釋中】

◉丁 山 畕之屬有畺字。許云界也。從畕。三其界畫也。畺一作疆。從土。彊聲。山按。詩楚茨萬壽無疆。漢白石神君碑引疆作畺。書召誥無疆惟休。古文書疆亦作畺。證以周禮載師以大都之田任畺地。肆師與祝矦禳于畺。國語周語畺有寓望。及漢書王子矦表以諸矦王畺土過制。疆並作畺。隸續載正始石經殘字亦以畺為疆。頗疑畺字出壁中古文。彊為商周閒通用之字。疆為周末新字。蓋其時彊已借為强弱字。乃别從土作疆。以為疆界專字。其實畺彊疆一名。惟彊為疆界疆埸之正字耳。萬壽無疆。眉壽無疆。金文作彊者十八九。其在卜辭亦但作彊。後編下第二葉。皆從弓從畕。吴大澂所謂古者以弓紀步也。儀禮鄉射禮矦道五十弓疏云。六尺為步。弓之古制六尺與步相應。周人量地以弓。故彊從弓矣。其又從土作疆者。惟見于秦公敦王子啟疆尊。此少數也。三人卜則從二人之言。知當以彊為正字。繁演為彊盂鼎彊散氏盤彊師遽尊彊封仲敦。彊右有三畫者。為後起字。省弓為畺。畺之形又起于彊形之後。畺非古于彊也。至于畕若不見于壁中古文。則必許君因畺為首。猶屾之因嵞為字。比田也者。望文生誼也。經傳及金石古文皆不見畕字。是可徵也。若以彊從畕而强謂之字也。則曰畕古文彊可已。【説文闕義箋】

◉强運開　□古鉢。□□。丁佛言云。𢧢或从心。力部勥字勇字古文皆从心。其説是也。【説文古籀三補第十三】

◉馬叙倫　莊有可曰。畺為畕之後增字。沈濤曰。汗簡下之二云。畺疆出演説文。畺為許書正字。古本不應無之。蓋郭氏書傳寫衍一畺字。倫按如汗簡説。則畕為許書本有。而畺出字林。疆出演説文。蓋畺疆並是畕之重文耳。故竝音居良切也。急就篇作疆。顔師古注。比田之界也。亦可證。急就故書作畕。傳寫者易之。金文疆字偏傍或作□散盤。或作畾陳公子甗。或作畾辛鼎。或作畺宗周鐘。或作疊善克夫鼎。蓋一為□之變省。孟鼎□字可證也。田相比則溝澮多。故不定為一或二或三或直或曲也。傳寫譌移畺為正文。説解亦割裂為二。於是比田之訓。亦若望文生義矣。此言三其界畫也。校者擅增。依大例當作古文畕。或籀文畕。或畕或從三。

□　鈕樹玉曰。繫傳土下有弓聲二字。嚴章福曰。弓聲當作彊聲。席世昌曰。漢書王子矦表。畺土過制。師古曰。畺亦壃字也。按彊從弓畺聲。而疆又從土彊。此亦後人續加之字。又易。行地無疆。釋文亦作壃。則字當作壃。吴大澂曰。孟鼎。受民受□土。字從畕。從弓。一者。田界也。儀禮鄉射禮。矦道五十弓。疏云。六尺為步。弓之古制六尺。與步相應。此古者以弓紀步之證。後世量地之弓。周人有用之者。或曰。象田間之水道也。倫按今所見金文中疆字。唯秦公敢作□。王子啟疆尊作□。余吊鐘□字從自。與從土同意。餘率不從土。其弓字偏傍約有五類。或作□不嬰敢。□散盤。□辛鼎。□師遽尊。或作□封仲敢。□陳公子甗。□宗周鐘。或作□曾伯簠。□邾公華鐘。□叔單鼎。□湯叔尊。或作□番君鬲。□曼龏父簋。或作□齊矦壺。□齊矦敢。而頌敦一作□。一作□。甲文有□□。以此互校。知弓非弓矢之弓。實象水道。然則畕畺疆非弓部之彊皆異文。後以彊疑於從弓畺聲之彊。乃增土或自為疆。省之為壃。以後起字例言之。當為從土彊聲。玄應一切經音義引古文官書。畺畺二形今作疆。然則畺字為古文。漢書多用古文。故作畺。吕忱據官書加畺為畕之重文。疆字出庾儼默增矣。汗簡以為並出演説文者。郭所見説文有無此二字者。而演説文有之。故言然耳。【説文解字六書疏證卷二十六】

◉高鴻縉　□　彊為强弱之强之本字。疆為疆界字。茲以彊代疆者。同音通叚也。金文多如此。【頌器考釋】

◉高鴻縉　界字初文作田作□。本象田之疆界之形。⊘界字初文由田變為畕。又變為畺。又變為□。又變為□。自象形會意以至形聲。形意無不相銜。至於音讀。疆與界迄今猶屬雙聲。而本意不別也。其為一字無疑。粹編1224片有惟某命田字様。即其命某田。田用為動詞。則亦猶後世勘界或疆理之説矣。【中國字例二篇】

◉温少峰　袁庭棟　甲文中又有□(《後》下・二・一七)，即金文中常見之「彊」字，也即「疆」字之初文。吴大澂謂：「古彊字，从畕从弓，一者田界也。《儀禮·鄉射禮》：『侯道五十弓』，疏云：『六尺為步，弓之古制六尺，與步相應。』此古者以弓紀步之證。後世量地之弓，周人有用之」（《說文古籀補》）。由甲文之彊字觀之，可知以弓量地不僅周代已有之，殷代亦早已有之。再以(56)辭丈量畸田的記載互證，就可知于省吾先生關於「當時田畝已經有了區劃與丈量」（《商代的穀類作物》，載《東北人民大學人文科學學報》第一期）的結論是完全正確的。【殷墟卜辭研究——科學技術篇】

◉徐中舒 [glyph]後下二·一七 從畕從弓，為彊之原字。古代黃河下游廣大平原之間皆為方形田囿，故畕正象其形。從弓者，其疆域之大小即以田獵所用之弓度之。《說文》：「畺，界也。从畕，三其界畫也。疆，畺或从彊。」按三乃羨畫而非界畫，田囿四圍已自有界，不須更作界畫也。《說文》以彊為弓有力，而以畺疆為疆界之疆。【甲骨文字典卷十三】

◉戴家祥 毛伯簋「其萬年無畺」，王孫壽甗作「其眉壽無疆」，畺通疆。說文十三篇「畺，界也，从畕，三其界畫也。疆，畺或从彊土。」按：畺為疆界之初文。後為聲符加形旁弓作彊，為强弱之强之初文。說文十二篇「彊，弓有力也。从弓畺聲。」周頌載芟「侯彊侯以」，毛傳「彊，彊力也」。因彊从畺聲，故金文常假為畺。如齊侯敦「萬年無彊」等。後人為了明確表示疆界之義，又在彊上加土旁作疆，戰國時器和經傳中的「萬壽無疆」都从土。疆是畺的後起字。

說文十三篇「畕，比田也，从二田」。田之相比，疆界之意生，故又有畺字，說文訓為「界也，从畕，三其界畫也」。疆界表示範圍，需要丈量。儀禮鄉射禮「侯道五十弓」，疏云「六尺為步，弓之古制六尺，與步相應」，古人以弓為丈量工具，故畺字或加弓旁作彊，金文畺彊用法全同，是其證也。後人借彊為「弓有力」之義，為保留本義，彊加土旁作疆，說文畺或作疆，古籍疆作畺者不乏其例。金文疆或又作⿰阝疆，再加𨸏旁。說文十三篇垝或从𨸏作陒，十四篇阯或从土作址，从𨸏从土可以更換。又十四篇陸或作墉，防或作埅，从𨸏之字可加土旁。土𨸏兩旁關係如此之近，知⿰阝疆乃疆字的形符重複字。金文畺彊疆⿰阝疆皆用作疆界之義，字形上只是古今繁簡不同而已。

[glyph]鉦鐵 余冉鐘⿰阝疆字从𨸏，彊聲。从𨸏與从土同，說文十三篇垝，或从𨸏作陒。埻，或从𨸏作⿰阝享。十四篇𨸏部阯或从土作址。故⿰阝疆即疆之或體字。疆即畺界之畺。【金文大字典上】

黃

[glyph] 甲一六四七 黃呂 [glyph] 乙四五三四 黃奭 [glyph] 乙四五四九 黃帝 [glyph] 乙四六二九反 黃父 [glyph] 鐵一〇·三 [glyph] 前一·五一·六 [glyph] 前一·五二·二 黃尹 [glyph] 粹五四七 叀黃犬王受祐 [glyph] 前七·三二·三 [glyph] 林一·五·一三 [glyph] 林一·九·

五 林二・二五・一六 京津六三〇 京津六三六 京津六三七 珠四 明藏五七 掇二・六〇

粹一九八 甲三三五五 貞人名 戩九・九 黃尹 見合文一二 【甲骨文編】

甲1647 乙99 1881 2791 4549 5・225 7122 7171 7248 珠689

續1・47・2 1・47・3 1・47・6 1・47・7 1・48・1 續1・53・1 徵8・18 續2・18・8

2・19・1 2・23・6 4・20・11 5・9・2 6・19・12 6・21・1 徵2・18 4・16 4・17

4・18 4・32 4・47 8・36 京1・16・1 1・17・2 1・33・2 誠356 451

天36 六中48 續存533 外147 新1616 4199 【續甲骨文編】

黃 召尊 刺鼎 用作黃公隮䵼彝 伯公父匡 亦玄亦黃 㠯尊 壽考黃耇 師㝨父鼎 師奎父鼎 曾伯霥匠 𤔲盤 伯家父簋 用錫害釁壽黃耇 買簋 曾伯文簋 曾仲大父𧊒簋 國名嬴姓為楚所滅 黃仲匜 黃韋俞父盤 弔姬匠 弔單鼎 𦱤簋 㠯黃賓𦱤璋一 趙孟壺 黃池地名吳與晉會黃池乃周敬王三十八年事 哀成弔鼎 黃鑊 陳侯因資錞 高且黃啻 曾侯乙鐘 黃鐘 𡥈乳為璜 縣改簋 玉璜

今經典作衡禮玉藻一命緼韍幽衡注衡佩玉之横也唐蘭謂非佩玉乃可染色之皮革或絲麻製成的服飾 毛公㕡鼎 朱市蔥黃 衛簋 載市朱黃

趩簋 同黃 免卣 同黃 伊簋 幽黃 舀壺 幽黃 袁盤 朱黃 師酉簋 朱黃 師嫠簋 金黃 元年師兑簋 五黃 輔師嫠簋 此簋 柳鼎 頌簋 番生簋 師克盨

善夫山鼎 師艅簋 ☆黃簋 柞鐘 元年師旋簋 趞鼎 休盤 趞曹鼎 載

市同黃 从市 師𣪕鼎 赤市朱𪏰 【金文編】

6·14 獨字 【古陶文字徵】

布空大 □□□□黃釿 晉矦 按趙孟庎壺銘文黃字作與此字同 【古幣文編】

21 170 【包山楚簡文字編】

黃 日乙一八四 九例 秦三四 二例 日乙一五六 二例 【睡虎地秦簡文字編】

出自—泉(甲7—9)、三曰羽—難(乙4—24)、孜斁之青木赤木—木白木墨木之精(乙5—28) 【長沙子彈庫帛書文字編】

1254 陳矦因資殷黃字下亦从火 1251 1257 1256 1250 1258 1249 1252 1259

1260 0728 0750 此與禺邗王壺黃字合 1255 【古璽文編】

外黃令印 黃丞 黃陽之印 黃竟私印 趙黃 黃[illegible]郚 黃昌 中黃壽印 【漢印文字徵】

譙敏碑領 延光殘碑 禪國山碑 黃旗紫蓋 石碣汧殹 黃帛其鱮 【石刻篆文編】

黃 黃出裴光遠集綴 【汗簡】

華嶽碑 汗簡 裴光遠集綴 【古文四聲韻】

◉許 慎 黃地之色也。从田。从炗。炗亦聲。炗。古文光。凡黃之屬皆从黃。乎光切。古文黃。【説文解字卷十三】

◉吴大澂 古黃字。𤼈中簠。其玄其黃。古文以為橫字。亦通衡。毛公鼎。橫字重文。【説文古籀補第十三】

◉劉心源 黃。橫省。經傳作衡。亦作珩。禮玉藻。一命緼韍幽衡。再命赤韍幽衡。三命赤韍葱衡。注。衡。佩玉之衡也。詩有瑲葱珩。疏引此衡皆作珩。楚語白珩注。珩。佩玉之橫者。案。幽衡黑。葱衡青。三命兩色。而楚語云白珩。器銘中多言朱黃。此必四命至九命所用者。可補禮經之闕。【頌鼎 奇觚室吉金文述卷二】

◉林義光　炗為古文光無所考。古作黃弭仲匜。作黃番生敦廣字偏旁。炎大象禾穀可收形。與𤇾形近。囗束之。秋禾之色黃也。變作黃曾伯簠匜。作黃陳侯因資敦。作黃趙曹鼎。【文源卷六】

◉高田忠周　説文。黃地之色也。从田。炗聲。炗。古文光。灻古文黃。又灮下曰。明也。从火在人上。古文从炎从炗作𤇾。又古文从廿火作炗。蓋𤇾當作𤐫。火大形近易誤矣。又按。黃為地色。故黏土之堇从黃土為形義。而地色亦光采之理。故黃从光。黃字形聲而會意也。又光元从廿大火。故黃字篆文如此。作炗者。人為大省。作𡗜者。即省火也。【古籀篇十四】

◉馬叙倫　鈕樹玉曰。韻會引作土之色。嚴可均曰。炗古文光校語。翁方綱曰。河朔訪古記云。吕忱字林許慎説文皆言林慮黃水發源神囷之山谷。東泝至谷口。潛入於地下。東北十里復出柳渚。又言一條無之蓋是字林之文矣。倫此可證一本字林與説文和合。故唐人每言説文字林或字林説文也一本字林獨行。故昔人獨引字林。又據此可證本書説解中於本義本訓之外復有異説者。皆字林文。黃為墓之初文。以借為黃色之偁而為部首。字從田者。借田為土。同為舌尖前破裂音也。地之色也非本訓。許當以同聲之字為訓。字見急就篇。甲文作黃。趙曹鼎同。曾伯簠作黃。寰盤作黃。叔單鼎作黃。師艅敦作黃。叔家父敦作黃。買敦作黃。陳侯因資敦作黃。【説文解字六書疏證卷二十六】

◉郭沫若　彝銘中錫命服之例，多以巿黃對言。

言「赤巿朱黃」者最多，頌鼎三，頌殷五，器蓋各有銘，合之得十；頌壺二，師酉殷三，器蓋各有銘，合之得六；師艅殷蓋、休盤、寰盤、寰鼎伯姬鼎，共二十又五例。

言「赤巿幽黃」者，㽙壺與伊殷器二例。單言「幽黃」者一例，康鼎之「錫汝幽黃鋚勒」，是也。

言「赤巿悤黃」者，番生殷蓋與毛公鼎二例。

言「叔巿金黃」者，師嫠殷二，器蓋各有銘，合之得四。一器作「令黃」，令字殆形近而譌。

言「戴巿冋黃」者，趙曹鼎、師𡘋父鼎、趩尊、免觶，凡四例。

言「赤巿冋䨼黃」者。鄸殷二，器蓋各有銘，合之得四。

以上凡四十又二例，均一律用黃字，無一例外。

其於典籍，巿則作芾若韍，黃則作珩若衡。

小雅采芑：「朱芾斯皇，有瑲葱珩。」

禮記玉藻:「一命緼韍幽衡,再命赤韍幽衡,三命赤韍蔥衡。」

曹風候人:「彼其之子三百赤芾」,傳云「芾,韠也,一命緼芾黝珩,再命赤芾黝珩,三命赤芾蔥珩,大夫以上赤芾乘軒。」

準上可知黄、珩、衡為一物。

珩,説文云「佩上玉也」。鄭玄禮注謂「衡,佩玉之衡也」。説金文者多以黄為假字,而釋為佩上之横。如吳大澂説文古籀補收師奎父鼎與毛公鼎文於木部,云「古横字通作黄,今經典横字多作衡」。容庚金文編亦然,謂「横不从木」。今案此説殊有未安。蓋古人錫佩,何以僅錫其佩上之横而不及其全?又金文黄字凡卌數例,均一律用黄,珩字未見,衡則番生毁與毛公鼎之「趞衡」經典作「錯衡」與「悤黄」同出,衡黄並不相紊。然則安知黄非本字,而珩實後起,衡乃假字耶?

攷古佩玉之制,詩女曰雞鳴「雜佩以贈之」,毛傳云「雜佩者珩璜琚瑀衡牙之類」。⊘

黄小篆作,説文云「地之色也,从田炗聲。炗,古文光」。金文黄字至多,雖與小篆形近,然不類从田,亦不類炗聲。其字之特異者今舉數例如下:

買毁　伯家父毁　𦵯毁　黄君毁　趞曹鼎　師𩛥毁　黄毁　休盤

黄君毁黄字,前人多不識,然以伯家父毁及趞曹鼎黄字例之,其為黄字無疑。又該銘有「眉壽黄耇」語,彼黄字上泐,僅餘下體作,亦係三垂。

此外从黄之字如堇,从堇之字如囏,金文亦習見,其所从黄字,大抵與趞曹鼎文形近,今亦舉數例如下:

堇伯鼎　堇臤𩰫鼎　女夔毁　宗周鐘　頌鼎　頌壺　頌毁　毛公鼎　召伯虎毁　師鼎

囏則不嫛毁之「弗以我車臽于囏」,作,又召伯虎毁之「帛束璜」作,所从黄字均與此為類。

卜辭亦有堇囏二字。

堇　殷虚書契後編下卷第十八葉。　同上第廿四葉。

囏　殷虚書契前編卷五第四十葉。　同上。　同第四十一葉。　同上。　後編上卷第三十葉。　同上。

又有前編卷三第廿四葉、同卷四第四十六葉二字,以字例推之,當為黄,羅振玉仍釋為囏。

凡此等殷周古文之黄字,及从黄之字所从之形,與許慎所説實大有逕庭,蓋其字並不从田,且亦無炗聲之痕跡也。細審其結構,當為象形之文,無形聲可説。更參以金文,凡言錫佩者無慮四五十例而均用黄字,毫無例外。然則黄字實古玉佩之象形也,明甚。由字形瞻之,中有環狀之物當係佩之體,即雙珩之所合成。禮經解「行步則有環佩之聲」,玉藻「孔子去魯,佩象環五寸」，蓋以象牙之珩為環，其徑五寸。列女傳貞順篇「鳴玉環佩」，曹大家注云：「玉環佩，佩玉有環」。此皆佩玉有環之證。上有佩衿以繫於帶，爾雅所謂「佩衿謂之褑」者也。方言、廣韻褑均作裎。下則正垂三道，中央所縣之衡牙為磬形，故有若垂四者；省其左右之雙璜，故復垂二矣。是故黄即佩玉，自殷代以來所舊有。後假為黄白字，卒至假借義行而本義廢，乃造珩若璜以代之，或更假用衡字。後世佩玉之制廢，珩璜字義各限於佩玉之一體。又以衡為横之本字，故説為「佩玉之横」，其失彌遠矣。

再徵之傳世古玉。吴大澂古玉圖攷載「璜」四器，形如半璧，以為乃周禮六瑞之大璜。又載「珩」四器，形相似而畧小，「佩璜」四器，器更小而呈扇形。羅振玉云「其載璜四，其弟二器一端有穿一，他端有穿二，弟四器則兩端各一穿，其物乃合二而成之聯環，此蓋其半也。古有聯環，或合二合三合四以成之，以組繫兩瑞之穿以聯屬之。前人每見其一片，致誤以為璜。予藏其完具者三，故確知為聯環之半。又其所載蔥珩佩璜，亦合二合三之聯環，非珩與佩璜也」。見有竹齋古玉圖譜序。聯環之説至確。美國勞佛氏巴爾氏所集中國古玉考説亦有二例，其弟十圖版之弟二圖為三片所合成之聯環，弟十一圖版之弟二圖為四片所合成之聯環。凡此種聯環斷片奕載堂古玉圖録又誤為「佩玉衡牙」，均當辨正者也。【釋黄　金文餘釋　金文叢考】

◉郭沫若　□□　羅振玉釋為寅父，王國維云「卜辭寅字皆从矢，而人名之□尹皆从大，疑非寅字也。□確是尹字」。戩釋廿一。今案王釋尹至確。□亦確非寅字。金文黄字有作□師艅毁若□趙曹鼎者，乃古佩玉之象形。説詳金文叢考釋黄。此□字亦即黄字。字乃假為衡。黄尹即阿衡、伊尹也。此與大甲同卜，亦為伊尹之證。【卜辭通纂】

◉于省吾　古鉩有長黄。黄作□。舊不識。古璽文字徵入於附録。按黄字弭仲簠作□。陳侯因資錞作□。邗王壺作□。番生毁。廣字从黄作□。均其證也。【釋黄　雙劍誃古文雜釋】

◉周谷城　黄字是田字與古文光字合成的。古文光苂上面大概是可以燃燒之物。或可以盛燃燒之物的東西。下面是火。與田字結合。便成□字。金文裡的黄字幾乎都是這個形。用火把東西燃燒起來。一方面獲得照耀。曰光。所謂光明是也。另一方面被燒的東西燒完了也曰光。所謂燒光是也。黄字所从之田就是有横直界畫的土地。農耕開始的時候。地裡有叢林野草之類。用火把它燒去。如益烈山澤而焚之的辦法一樣。所剩下的是一片光土。這大概就叫做黄。説文云。□地之色也。从田从苂。苂亦聲。苂古文光。凡黄之屬皆从黄。所謂黄地之色也云云。大概就是叢林野草燒光之後土地的情況。這情狀是横舖的一個平面。由此看來。光黄横是一家。清潘奕雋説文解字通正云。春秋左氏傳。陳侯之弟黄。公羊穀梁作光。書光被。漢書作横被。光與黄通。故光與横亦通。豈獨通而已。就黄與横言。簡直是一個字。其意義就是横舖。就是廣大。就是無邊無際。【古代對天地的認識　古史零證】

◉饒宗頤　□之字形，有□（前編二・六・六）□（林一・五・一三，又二・二五・一六）□（燕大四四五）之異；惟細按之，實為一字。知者，卜辭云：「卯□汫」（屯乙五二二五），同版亦作「卯□」，又或作「卯□牛」（續編一・五三・一），他辭云：「㞢□牛，亩幽牛。」（屯乙七一二二）以幽與□對言，則□乃黃字也。（陳夢家舉燕大及林泰輔所見者，釋□為寅，謂據字形繫於祖甲時，與黃分為二人，見考古學報第六冊，說不可從。）【殷墟貞卜人物通考卷九】

◉于省吾　說文：「寅，髕也，正月陽氣動，去黃泉，欲上出，陰尚彊，象宀不達，髕寅于下也。」按許氏據形譌的小篆妄為之解，而自來說文學家仍拘泥許說，加以緣飾。近代文字學家多援引金文為說，均無是處，無須列引。甲骨文早期干支的寅字均作□，即古矢字。後來一變為□□□□，再變為□□。金文早期作□□□□，晚期作□□□。總之，寅字的初文，係借用弓矢的矢字，所謂造字假借，這和借雈（鳳）為風，借匚為報同例。古音矢與寅雙聲，矢屬審紐三等，寅屬喻紐四等，并讀為舌頭。本諸上述，則寅字的造字由來，假借弓矢之矢以為寅。後來因為矢與寅用各有當，故于矢字的中部加一方框，作為指事字的標志，以別于矢，而仍因矢字以為聲。當然，寅字後來譌化滋甚，與矢字大有出入，已脫離了指事字的範疇。【釋古文字中附劃因聲指事字的一例　甲骨文字釋林】

◉譚其驤　黃，當即《戰國策・秦策》、《史記・秦本紀》、《史記楚世家》中的黃棘，秦昭王、楚懷王曾會盟於此。漢置棘陽縣，故城在今河南南陽市南（新野縣東北七十里）。漢後棘陽城北仍有黃淳聚，迤南新野縣東北有黃郵聚，見《續漢書・郡國志》、《水經・淯水注》。直到北朝西魏時，還曾將置在棘陽的漢廣郡改名黃岡，見《隋書・地理志》。據《淯水注》，棘陽城瀕黃水東岸，黃淳、黃郵二聚也都是黃水所流經的聚落。黃水即今溧河，首受白河（淯水）於南陽市東北，南流至新野縣南還注白河。

自芑陽「庚黃」，航道係自漢水折入今白河，又自白河折入今溧河。厝、芑陽皆在漢水西南岸，白河口在漢水北岸，故自芑陽北來，先得「逾漢」，即自漢水南岸渡至北岸，才能折入白河、溧河達於黃。【鄂君啓節銘文釋地　中華文史論叢總第二輯】

◉裘錫圭　卜辭裡還常見一個寫作□□□等形的字，用法與□字全同，甲骨學者多數認為跟□是一個字。《京人》三〇八一號殘卜甲有如下三辭：

甲辰卜：□□。

丁未卜：雨。

□□丁未。

見于第一辭的□，第三辭作□，可證這兩個字確是一字的異體。《甲骨文編》把它們分為兩個不同的字（四一一頁「㚔」，四一六頁

「烄」),是不妥當的。

從羅振玉以來,幾乎所有的甲骨學者都把[glyph]字釋作「烄」。《説文·火部》:「烄,交木然也。從火,交聲。」字義與卜辭[glyph]字并不切合。陳夢家《殷虚卜辭綜述》雖釋此字為「烄」,但同時指出《説文》「烄」字與卜辭[glyph]字「是否一字,尚不可必」(六二〇頁)。他的懷疑是有道理的。

我們認為此字所從的[glyph]并非「交」字,而是「黄」字的異體。《乙》三四四九(《丙》一五七):

鼎(貞):丙戌[glyph]妁,㞢(有)从雨。

[glyph]字所從的[glyph]寫作[glyph],與某些「黄」字的寫法幾乎毫無區别。一期卜辭曾提到一種叫「黄尹丁人」的人:

鼎(貞):于乙亥入[glyph](「黄尹」合文)丁人。　《續存》下二二九(《合集》三〇九九)

此處「丁」字可能應釋作「方」或「祊」,寫作「丁」是權宜的辦法。有的卜辭在提到這種人的時候,把「黄」字寫作[glyph]:

丙戌卜争鼎(貞):取[glyph](黄尹)丁人嬉。　《龜》一·二一·一二(《合集》三〇九七)

丙午卜争鼎:[glyph](黄尹)丁人嫀不[glyph],才(在)丁家,㞢(有)子。　《虚》三八七(《合集》三〇九六)

𡆥入[glyph](黄尹)丁人。　《合集》三〇九八

這是[glyph]為「黄」字異體的確證。可見上引《乙》三四四九片把[glyph]字所從的[glyph]寫作[glyph],決不是偶然的。

以上幾條提到「黄尹丁人」的卜辭,《甲骨文合集》把它們都附在關於「子效」的卜辭之後,大概是把「黄尹」合文看作「效」字了。《合集》三〇九九的[glyph]顯然是「黄」字而不是「交」字,各辭中「尹」字所從的「又」都加於竪劃的上端,也與「攴」旁顯然有别,可見它們與「效」字毫無關係。「黄尹丁人」也簡稱為「黄丁人」:

癸卯卜鼎(貞):今日令𠂤取黄丁人。七月。　《前》七·三·二

在歷組卜辭裡,「黄尹」改稱「伊尹」,所以「黄丁人」也改稱為「伊丁人」:

𡆥日其取伊丁人。

□□鼎(貞):于乙亥〔取〕伊丁人。　《南·明》四九七(《明後》二四四二)

□□卜鼎:今日其取伊丁〔人〕。　《寧》一·二三五

上引《合集》三〇九九的一期卜辭説「于乙亥入黄尹丁人」,《明後》二四四二的歷組卜辭説「于乙亥〔取〕伊丁人」,占卜的顯然是同一件事。李學勤同志在《論婦好墓的年代及有關問題》裡,曾以「歷組卜辭有些與武丁時的賓組或祖庚時的出組卜辭所卜事

項相同」，作為歷組卜辭屬於武丁晚年到祖庚時期的證據之一（《文物》一九七七年一一期三六至三七頁）。上面談到的這個例子可以給他作補充。歷組卜辭的「伊丁人」，也可以證明「尹丁人」必須釋為「黄尹丁人」，而不能釋為「交尹丁人」或「效丁人」。

饒宗頤《殷代貞卜人物通考》認為《京人》四四三的人名是「纖」的省寫（一一五頁），當可信。此外，宰豐骨的與五期卜辭地名「黹」應為一字。五期卜辭地名、（《前》二・三二・三，二・三二・四）與同期地名「潢」（《文編》四三七頁）似乎也是一個字。這些都是為「黄」字異體的旁證。甲骨文裡過去被認作「交」的字（《文編》四二三頁），可能多數是「黄」字。被釋作「䘳」的（《文編》三五六頁）、釋作「醫」的（《文編》五〇〇頁），也都可能是從「黄」的。

甲骨文「黄」字有作的（《文編》五二三頁），可知「黄」字字形的演變過程當為：

郭老曾認為「黄」字像佩玉。既知「黄」本作，這個說法當然就不能成立了。唐蘭先生認為「黄字古文，像人仰面向天（引者按：指『黄』字繁體上部的而言），腹部膨大，是《禮禮・檀弓下》『吾欲暴尪而奚若』的『尪』字的本字」（《毛公鼎「朱韍、蔥衡、玉環、玉瑹」新解》，《光明日報》一九六一年五月九日）。這是很精辟的見解。「黄」、「尪」音近。《吕氏春秋・明理》高誘注：「尪，短仰者也。」同書《盡數》注：「尪，突胸卬（仰）向疾也。」尪人突胸凸肚，身子顯得特別粗短，字表示的正是這種殘廢人的形象。《前》六・二一・五有字，當是「熯」的異體。當是「尪」的象形字的另一種寫法，特別强調尪者「突胸」的特徵。胸前的像細縛他的繩索，跟甲骨文裡有些「羌」字上所加的繩索形同意。「熯」或作，是由簡化而成的。

「熯」字像「尪」在「火」上，應該是專用于「焚巫尪」的「焚」字異體，就像「[?]」是專用于「聂（登）[?]」的「聂」字異體，「宰」是專用于「小牢」的「牢」字異體一樣。卜辭「熯」字有作（《安明》一八三〇）、（《安明》一八三一，《文編》四一一頁）等形的。所從的就是「焚」的省寫。《南・明》七〇一（《明後》二六〇六）著録的一片卜骨有下列各辭：

丙申卜：來丁□又（有）［雨］。

辛亥卜：。

庚戌卜：。

庚戌卜：□壬子□。

壬子卜：□

從文例看，壬子一辭的□與庚戌、辛亥二辭的□應該是一個字。【說卜辭的焚巫尪與作土龍　甲骨文與殷商史第一輯】

◉齊文心　黃國首領稱王，並且經常接受殷王的命令。如卜辭：

（一）「貞令王隹黃？」（簠人十八、簠人三十二、簠人三十三、簠人九十六）

甲骨文「黃」字作□、□。隹即「唯」字，在此辭中做副詞，有「獨」、「僅」之意。也就是「貞令王獨黃？」意即「貞令王黃？」在這條卜辭中，王黃是作為及物動詞「令」的賓語。此辭的內容是：問命令王黃（去做某事）是否順利？

（二）「貞勿令王隹黃？」（考膠十八）

與卜辭（一）內容相同，只是從反面貞問。

（三）「貞勿令王？」（簠人十八、簠人三十二、簠人三十三、簠人九十六）

此辭與卜辭（一）同版，直接貞問「勿令王？」王為受命者，可知此王與卜辭（一）內的「王」身份相同，仍指王黃而言。

（四）「貞叀王令隹黃？」（金五三四、金六五六）

這條卜辭中「叀」用作次動詞，引導受式先置，將像卜辭（一）中所舉的「令王」的句式改作「叀王令」，以突出受詞「王」。將此卜辭還原成普通句式，仍為「貞令王隹黃？」與卜辭（一）相同。

……「王黃」亦稱「黃王」，如卜辭：

（五）「貞……黃王……不……？」（懷特十二）【商殷時期古黃國初探　古文字研究十二輯】

◉趙誠　□，寅。此字本應釋黃。為了和另一個卜官□加以區別，所以釋為寅。從甲骨文字的發展來看，矢、寅、黃三字同源。皆由矢（□）衍化而來，所以在甲骨文早期容易混同，到了晚期才區別顯然，矢作□、寅作□、黃作□。寅、黃从□發展而來，然不詳其構形。【甲骨文簡明字典】

◉羅伯健　西周青銅器銘文中常有賞賜市黃者，⊘

市即韍、韠，也就是蔽膝，今言之圍裙。

黃說有二：1.黃乃古玉佩之象形，其形制為：上有雙珩，下有雙璜、衝牙，間雜以蠙珠琚瑀。朱、幽、冋、蔥、金、五素均為玉色。郭沫若：《釋黃》、《釋亢黃》，見《金文叢考》；《師克盨銘考釋》，《文物》1962年6期。郭寶均：《古玉新詮》從之，然以為上有蔥珩為正例。2.黃乃市之橫帶。朱、幽、蔥、金決非玉色，乃染色，冋為苘麻，即白麻，黃可染，其質當為皮革絲麻，言五黃者知黃可多至五個。唐蘭：《毛公鼎「朱韍、蔥衡、玉環、玉瑹」新解》，《光明日報》1961年5月9日。日人林巳奈夫從之，然其以為金當讀為錦，輔師𠭯𣪘「載市冋黃」當釋為《説文》之緣，素之一種，《説文》：「素，白致繒也」。《西周時代玉人像の衣服と頭飾》，載《史林》55卷第2號，1972。

唐蘭先生不囿于漢人舊説，力辨黃之非玉，乃為市屬，頗具卓識，師𩛥鼎銘黃字作横，从市从黃，可證唐説之不謬，册命賞賜金文中市黃常與玄衣黹屯同列，屯為衣屬，亦可證黃乃市屬。或詰之曰若黃為市屬，何以有單賜黃者，豈非所謂皮之不存，毛將焉附？此確是一個問題，但古之市制尚未徹底弄清，市黃能否分開尚不得而知。金文中賞賜玄衣黹屯亦常連言，屯為衣屬，然亦間有單賜屯者，如南季鼎便是。且古人常有舉部分而言全部之文法，單言黃者或為這類文法。黃乃市之一部分，然黃讀為横，為市上横帶之説尚有可商。

黃字，趞𣪘作亢，盠方尊、盠方彝（二件，蓋器共四）均作亢，何𣪘作亢。唐蘭釋亢，唐蘭：《作册令尊及作册令彝銘考釋》，《國學季刊》四卷一期。可從，郭沫若云亢黃通假（案，亢，見母陽部；黃，匣母陽部。兩字疊韻，聲母同為喉音），此説是，從師𩛥鼎字作横可知，此乃從市黃聲。筆者以為市黃之黃應讀為亢。

亢，《説文》：「人頸也。頏，亢或從頁。」《漢書·揚雄傳》：「是故鄒衍以頡亢而取世資」，《文選》作「頡頏」。頏又作胻，《詩·邶風·燕燕》：「燕燕于飛，頡之頏之。」《漢書·揚雄傳》：「魚頡而鳥胻。」《文選·甘泉賦》李善注：「頡胻，猶頡頏也。」可知亢（頏）、胻音同通用。

《説文》：「脛，胻也。」《史記·龜策列傳》：「壯士斬其胻。」《索隱》：「胻，音衡，腳脛也。」金文亢之本義為胻，腳脛也。其字乃指事字，亢下一横正指出字義之所在。或云亢象人立高處形，高鴻縉：《中國字例》。郭沫若：《釋亢黃》。或云象兩腿戴桎梏之形，馬叙倫：《讀金器刻詞》。康殷：《文字源流淺説》從之，且引申發展其説。均非。

亢（又作吭、航）、項、胻、莖、頸，其音相同或相近，故語源義是相同的。頸亢，雙聲耕陽旁轉；頸項，見匣旁紐，耕東旁轉；頸莖，見匣旁紐，疊韻；頸莖，雙聲疊韻；脛胻匣母雙聲，耕陽旁轉。見王力《同源字典》「耕部見母」條。王力先生把這些字作為一組同源字排在一起，引證甚詳。《説文》：「莖，枝柱。」此從中華書局1963年版影印白文大徐本。段注本作「艸木干也。」「頸，頭莖也。」「亢，人頸也。」「脛，胻也。」《釋名·釋形體》：「脛，莖也。直而長似物莖也。」《廣雅·釋親》：「頏、頸，項也。」它們的意義都是支柱，形狀均為直而長似物莖。

然而，金文亢其作為本義之胻已湮滅，凡言市黃（亢）均用其引申義——頸。【説市黃　考古與文物一九九〇年第一期】

◉梁東漢　「黃」的本義是黃病：《爾雅·釋詁》：「痡、瘏、虺、頹、玄、黃，病也。」郭璞注：「虺、頹、玄、黃，皆人病之通名。」而説者便謂之馬病，失其義也。」郝懿行《爾雅義疏》從郭說，也認為玄、黃是人病。玄，後世區別字作「痃」。《廣韻》先韻「痃」下及《龍龕手鑒》疒部「痃」下皆云：「癖病。」癖病就是「宿食不消」，即喫了長時間不消化。《廣韻》昔韻「癖」下云：「腹病。」《增韻》說是「腹積聚」。黃，後世區別字作「癀」，《廣韻》唐韻「癀」下云：「病也。」《集韻》曰：「疸病也。」《龍龕手鑒》：「癀，音黃，癀病也。」「疸」下云：「今音旦，癀病也。」可見癀病即黃病，黃疸也是黃病，簡稱「黃」。

黃病一名最早見于《說文》，「疸」下云：「黃病也。」後來又見于李石《續博物志》卷五：「北人未有茶，多黃病。後飲，多腰病偏死。」又見于《漢書》顏注：「癉，黃病也。」《廣韻》旱韻「疸」字讀多旱切，又音旦，義為「黃病」。黃病又名黃疾，《續博物志》卷九：「夜藏飲食於器中，覆之不密。鼠欲盜食，不可至，環器而走，涙滴器中。食之得黃疾，通身如蠟。」傳統中醫學謂黃病的病源在胃腸、脾、肝。《史記·扁鵲倉公列傳》：「所以知奴病者，脾氣周乘五藏，傷部而交，故傷脾之色也，望之殺然黃。」《素問》：「其色黃。」注：「黃，脾色也。」這是脾臟有病，臉色發黃。《扁鵲倉公列傳》又云：「病者胃氣黃。」這是胃有病。「蟯瘕為病，腹大，上膚黃粗，循之戚戚然。」這是肚子裏長了蟯蟲，肚子鼓鼓的。《素問》：「目黃、溺黃赤安卧者黃疸，目黃者黃疸。」這是肝有病，眼珠子和臉上發黃。黃疸有時寫成黃癉。《素問》：「民病黃癉，而為胕腫。」亦簡稱癉，《漢書》顏注：「癉，黃病也。」但是，癉不全等于黃疸，癉是總名，黃疸是分名。古醫書說：「疸有五，黃胖、黃疸、酒疸、谷疸、女勞疸。」黃胖，即「黃膀」，指臉上浮腫而蠟黃，許多種病發展到比較嚴重時都有這種症候。女勞疸即勞病。《說文》「癉」下云：「勞病也」可見黃或黃病不光是指黃疸，凡臉色蠟黃的都是得了「黃」病。

除了黃疸及上述脾胃之疾外，長期消化不良和心腹脹痛（王充《論衡》裏叫做「心腹之積」）、「舌苔黃黑，脈息沈」（程國彭《寒熱虛實表裏陰陽辨》）也會導致臉色發黃，肚子鼓脹。《素問》：「民病飧泄、食減、體重、煩寃、腸鳴、腹支滿。」又云：「邪客于足少陰之絡，令人卒心痛、暴脹、胸脅支滿。」腹支滿、暴脹、臉色蠟黃反映在語言文字上就是新詞「黃」（黃病）的產生以及在正面人形上加個「腹支滿」的寫實圖形⊕的「黃」字的出現。後來又造異體「黋」，《集韻》庚韻「黋」下云：「黋，膨黋，大腹。」

許慎解釋「黃」字，說是「从田从光，光亦聲」，這顯然是錯誤的，郭沫若指出過：「不類從田，亦不類光聲。」郭說可信。但是，他認為⊕是「環狀之物」，「黃」是「古玉佩之象形」，晚出的區別字作「璜」，作「珩」，這就近于穿鑿了。「黃」字是由正面人形和鼓脹的肚子兩部分組成的，本義是黃病之「黃」，引申為黃色。《易·坤》：「龍戰于野，其血玄黃。」又為馬病，《詩·周南·卷耳》：「陟彼高岡，我馬玄黃。」假借為「璜」，又為專名。【說「章」「黃」「畢」「暑」　汕頭大學學報一九九〇年第三期】

◉姚孝遂　甲骨文「矢」字作「[字形]」或「[字形]」，上象其鏑，非從「入」。卜辭「矢」與「寅」初本同形，乃借「矢」為「寅」。其後復於「矢」形加「ㄧ」作「[古文字]」，進一步變化作「[古文字]」或「[古文字]」，這一形體是「寅」和「黄」的通用形體，乃借「寅」為「黄」。其後又增「一」作「[古文字]」，以為「黄」之專用形體。從上述「矢」、「寅」、「黄」三字的孳乳分化過程中，可以明顯地看到「ㄧ」所起的重要作用。

《説文》根據譌變的「黄」字小篆形體，以為是「从田、从炗，炗亦聲。炗，古文光。」支解割裂「黄」之形體，曲意以求，無一是處。【説「ㄧ」 第二届國際中國文字學研討會論文集】

◉戴家祥 [古文字]師𩛥鼎 朱⿰巿黄 ⿰巿黄乃黄之異體，「朱黄」為金文中常見的賞賜物，指一種朱紅色的佩玉絲帶。師𩛥𣪘、寰盤、膳夫山鼎中均有「朱黄」，⿰巿黄字加市旁以表其義。【金文大字典下】

⿰黄夾 [篆文]

◉許　慎　⿰黄夾赤黄也。一曰輕易入⿰黄夾姁也。从黄。夾聲。許兼切。【説文解字卷十三】

◉馬叙倫　鈕樹玉曰。玉篇廣韻也作色。類篇引及玉篇注入皆作人。宋本作入。譌。段玉裁曰。易當作傷。後漢書曹大家女誡。視聽陜輸。陜輸蓋即⿰黄夾姁也。桂馥曰。篆當作[篆文]。夾聲當作夾聲。朱駿聲曰。廣韻引埤蒼作⿰黄羙。按當從黄羙聲。羙夾形近而譌。倫按赤黄下捝色字。然非本訓。亦疑此下五字並出字林。夾夾一字。聲亦同談類。不煩改也。埤蒼之⿰黄羙。為⿰黄夾之轉注字。干羊一字。羊聲侵類。侵談近轉也。是非譌矣。一曰八字校語。⿰黄夾為赤黄色。今謂之陜色。無輕傷之義。段謂即陜輸。然陜輸亦借字。桂馥謂陜輸即字書之佔伍。佔聲亦侵類。然疑當時有其語而無其字。故借⿰黄夾姁或陜輸為之。佔伍則後人依音造字。本書姑下校者亦曰輕薄善走也。餘見姑下。【説文解字六書疏證卷二十六】

⿰黄耑 [篆文]

◉許　慎　⿰黄耑黄黑色也。从黄。耑聲。他耑切。【説文解字卷十三】

◉馬叙倫　段玉裁曰。黄黑疑當作黑黄。【説文解字六書疏證卷二十六】

[古文字] ⿰黄耑可丸切出李尚隱字略【汗簡】

[古文字] 李商隱字略【古文四聲韻】

◉黄錫全　[古文字]⿰黄耑。可丸切。出李尚隱字略。鄭珍云：「左當作[古文字]，編中每省如此。『可』宜是『町』之誤。」【汗簡注釋卷六】

䵒　黇　黊

◉許　慎　䵒青黃色也。从黃。有聲。呼辠切。【說文解字卷十三】

◉許　慎　黇白黃色也。从黃。占聲。他兼切。【說文解字卷十三】

◉許　慎　黊鮮明黃也。从黃。圭聲。户圭切。【說文解字卷十三】

◉林義光　說文云。黊鮮明黃也。从黃圭聲。按諸書皆以黈為之。从圭實不可據。古作□叔家父匡。圭當為𡉚之誤字。黊變為黈。猶徃為往也。叔家父匡。孫子是黈。文義與詩先祖是皇楚茨繼序其皇之烈文同。本義當為美。繼序其皇之。傳云。皇。美也。黃𡉚皆聲也。漢書東方朔傳。黈纊充耳。注。以黈纊為黃色緜。曲說不可從。朱氏駿聲訂纊為紞之誤字。纊或作紞。與紞形近。然紞以繫瑱。非以塞耳。黊纊疊韻字。當即瑱之異名。爾雅。桄。充也。左傳宋司徒皇父字充石。文十一。黊纊與皇桄同音。亦並有充義。大戴禮⿰黃充絖塞耳。子張問入官。字作⿰黃充。从充黃聲。瑱或謂之充耳。詩褎如充耳。充耳琇瑩。充耳以素乎而。因謂之黊纊矣。長笛賦。若然六器者。猶以二皇聖哲黈益。黈益亦擴充增益之義也。【文源卷十二】

◉馬叙倫　嚴可均曰。據上文例。黃下疑脱色字。戚學標曰。本書無黈字。玉篇。黈。黃色。穀梁傳。天子諸侯之楹黝堊。大夫蒼。士黈。東方朔傳。黈纊充耳。注。以黃綿為圜。皆謂黃色。然則黈即黊省。林義光曰。諸書皆以黈為之。從圭不可據。叔家父匡作□。圭當為𡉚之譌。黊變為黈。猶徃為往也。叔家父匡。孫子是□。文義與詩楚茨先祖是皇烈文繼序其皇之同。本義當為美。黃𡉚皆聲也。倫按林謂圭為𡉚之譌。是也。謂本義為美。黃𡉚皆聲。非也。黃𡉚皆聲。誰為主義者乎。黃𡉚俱無美義。叔家父匡借黊為皇。皇為日光。亦猶光耳。詩之皇義皆為光大也。黊。從黃。𡉚聲。為黃之同舌根音亦聲同陽類轉注字。續漢書輿服志注引字林。黈。黃色也。黃緜為之。則此字出字林。鮮明黃也本作黃色也黃緜為之鮮明也。今譌并耳。【說文解字六書疏證卷二十六】

鐵一三二・二 前八・七・一 林二・二二・一二 京津二一二二 存下四六六 【甲骨文編】

摭續129 新2・122 藏132・2 【續甲骨文編】

男 矢方彝 弔男父匜 趞小子簋 師寰簋 翏生盨 百男百女千孫 齊侯敦 男女無期 𠑩侯匜

𠑩侯作弔姬寺男媵匜 無男鼎 【金文編】

3・703 平都左安□男鉢 【古陶文字徵】

男 秦五九 五例 法八〇 二十二例 日乙一〇八 十四例 封一七 【睡虎地秦簡文字編】

廣次男典祠長 歷口男典書丞 康武男家丞 郭男弟 李據男丞私印 【漢印文字徵】

泰山刻石 男女體順 石經僖公 許男氏 【石刻篆文編】

男 男出王庶子碑 【汗簡】

汗簡 古孝經 王庶子碑 雲臺碑 【古文四聲韻】

◉許　慎　男丈夫也。从田。从力。言男用力於田也。凡男之屬皆从男。那含切。【説文解字卷十三】

◉商承祚　卷八第七葉　藏龜第百三十二葉　龜甲獸骨卷二第二十二葉

力在田上與在田下之意同。古金文加字多如此作。【殷虚文字類編第十三】

◉高田忠周　説文。男丈夫者也。从田从力。言男用力於田也。蓋男子用力於田。專任耕耘也。故與任通用。書禹貢。二百里男邦。傳。任也。史記作任。【古籀篇四十二】

◉徐中舒　男从力田，力字即象耒形。惟省去下端歧出形。力耒古同來母。於聲亦通。【耒耜考　歷史語言研究所集刊第2本1分】

◉商承祚　金文叔男父匜作。𠑩侯匜作。力在田上乃其初體。後求體勢而田在力上矣。説文男「丈夫也。

从田力。言男子力于田也」。【甲骨文字研究下編】

◉孫海波　[glyph]前八・七・一　[glyph]叔男父匜　[glyph]師寰段　[glyph]實侯簋　説文云：「丈夫也，从田从力，言男用力于田也。」按此象力田之意，丈夫之事也。【甲骨金文研究】

◉董作賓　男字在卜辭凡三見：

一作[glyph]，文殘：「貞男不其☐」。（鐵一三二・二）

一作[glyph]，文曰：「庚辰卜貞男[glyph]亡戾。」（前八・七・一）

一作[glyph]，文殘：「☐☐卜貞☐雀男☐受☐」。（龜二・二二・一二）

三辭之男字，皆可作男爵解，曰「男」，猶侯之簡稱為「侯」，「伯」之簡稱為「白」。曰「男[glyph]」，猶侯稱「侯某」，白（伯）稱「白某」，皆可講通。第三辭尤有關係，稱「雀男」，亦猶侯稱「某侯」，白稱「某白」。更就雀男證之。

此辭刻于龜腹甲之左尾尖上，「男」字上屬決不至為另外一辭，故此「雀男」二字連文，明明表示雀國之為男爵。男為附庸，必附屬于諸侯，在卜辭中，可以考見雀男之所附庸者為[glyph]侯。辭有：

（甲）辰卜：[glyph]（侯）[glyph]雀。

甲辰卜：雀[glyph][glyph]侯。

甲辰卜：侯嬪雀。（佚六〇四）

又一辭，與此為同版，且為同日卜，見次葉附圖，文曰：

甲辰卜：雀受侯（[glyph]侯省文）又。（戩四七七）

是雀國與[glyph]侯頻有往來，既通婚姻，且受保護了。在另一辭中，因[glyph]侯有罪，王乃命雀就近伐之。可知雀國之境，必與[glyph]接壤，其文曰：

壬☐卜：令（命）雀伐[glyph]侯。（新二八五）

雀地與[glyph]比隣，雀為男，[glyph]為侯，又受其護佑，自然非是他的附庸不可了。【五等爵在殷商　歷史語言研究所集刊六本三期】

◉馬叙倫　鈕樹玉曰。繫傳作力田。玉篇韻會引作從田力。韻會無言男二字。章敦彝曰。從力。田聲。白虎通。男者。任也。通訓。徐中舒曰。男從力田。力字即象耒形。力耒古同來母。於聲亦通。倫按章説是也。師袁敦余用作後男巤隣。男巤即田獵。是其證。書禹貢。二百里男邦。傳。男。任也。史記夏本紀作任。左昭十三年傳。鄭伯。男也。賈逵注。男當為南。南任音同日紐。古讀歸泥。田音定紐。泥定同等舌尖前音。故男音亦入泥紐也。男之本義為能任重。故從力。而古書多訓任。蓋勝之轉注字也。勝從朕得聲。朕音澄紐。古讀歸定也。下文。勝。任也。借為男子之偁。此本訓亦當曰任也。今捝矣。丈夫也者。蓋字林文。古偁丈夫即謂男子。其實丈夫即男人。丈亦借為男女之男。丈音定紐也。人大夫則一字。鈕所據鍇本作從力田。蓋捝聲字。言男七字校語。字見急就篇。甲文作。叔男父匜作。𡨦侯簠作。從爪。從力。實從友也。【說文解字六書疏證卷二十六】

◉朱歧祥　1071・　从力田，隸作男。《說文》：「丈夫也。从田力。言男子力於田也。」卜辭用為動詞：用力於田，示耕種意。

《林2・22・12》☐卜貞：☐雀☐受☐。

《前8・7・1》庚辰卜貞，☐亡畎。【殷墟甲骨文字通釋稿】

◉李孝定　說文「男。丈夫也。从田从力。言男用力於田也。」契文同。徐謂力象耒形。說亦可从。辭云「貞男不其」藏一三二・二。「貞男亡禍」前・八・七・一。「☐貞☐雀男☐受☐」甲・二・二二・十二。疑爵名。金文作矢簋弔男父匜趞小子簋𡨦侯簠。末一文下所从象手執耒形。【甲骨文字集釋第十三】

◉于省吾　今本說文：「男，丈夫也，从田力，言男子用力于田也。」唐元度九經字樣：「㽖、男，上說文，下隸變。」桂馥說文義證：「今篆作男，後人因甥舅二字改之。」王筠說文句讀：「蓋甥舅二字，本以竝書不便，迻田于力上。」按漢印的男字多作㽖，漢代驅男虎符的男也作㽖。這是說文男字本應作㽖的確證。雖然古文字的偏旁變動不居，但也不是絕對的。周代金文的男字皆作。春秋僖十六年許男之男，魏三體石經古文也作㽖。甲骨文的男字作、、等形，都是右力左田。總之，本文對于男字的解釋，只是辨明它的偏旁部位左右與上下之別，似乎是個小節。但是，男字的造字起源，涉及到古代勞動人民的從事農田耕作，關係重要。男字本應作右力左田的㽖，而不應作上田下力的男。㽖字从力田，係會意字，是說致力于農田耕作。如果改㽖為男，从田力，那就失去了造字的本義。【甲骨文字釋林中卷】

◉黃錫全　男出王庶子碑　鄭珍云：「仿子古文加巛，而移田于側，謬。」按，𡨦侯匿男字作，疑此形乃其譌變。【汗簡注釋卷六】

◉徐中舒　前八・七・一　鐵一三二　京二一二二　從田田從力，與《說文》男字篆文略同，惟甲骨文之田力為左右相並，而篆文乃上田下力也。象原始耒形，從田從力會以耒於田中從事農耕之意。農耕乃男子之事，故以為男子之稱。《說文》：

「男，丈夫也。从田从力，言男用力於田也。」【甲骨文字典卷十三】

◉夏 渌 〈5〉[古文字形]（甲）；[古文字形]（甲）㚢；男。

附圖〈5〉甲骨文，从女从力，代表母親生下掌力（犁）的小子，是性别男女的「男」初文，也寫作从子从力、从妾从力的異體，也直接以「力」來代表它。這個字郭沫若釋「㚢」，說是生男孩為「嘉」，生女孩為「不嘉」的意思。實際上甲骨文另有「嘉」字，古代社會的上層統治者已經有重男輕女的思想，但還不至于達到了生女為「不嘉」的程度，反映在卜辭中的事實是，婦女參加祭祀和統兵打仗，社會地位遠比封建社會為高，男女都稱「子」，奴隸主不愁衣食，生兒子好，生姑娘也不錯，可以通過姻戚拉關係，鞏固自己的勢力。《翏生盨》：「其百男百女千孫。」《齊侯匜》：「男女無期（計）。」反映了貴族們多生子女的正常心願。

郭老通過卜辭，知道「娩男」的内涵，但他不釋「男」而釋「㚢」，是因為甲骨文另有「从田从力」的「男」字。《說文》：「男，丈夫也。从田从力，言男用力于田也。」仔細研究一下，卜辭「男」字文例盡為爵稱「公、侯、伯、子、男」的「男」，因田功而獲爵位是「男」的本義，全部六七例中無一例與生育的娩男、娩女有關的。原來娩男的「男」从女从力，分工是很明顯的。到周代金文中爵稱的「男」就兼并了甲骨文中从女从力性别的「男」字。

「娩男」和「娩女」存在大量詞例，為了減少刻字，把从女从力的原字，換成爵稱的男字：「羊娩女？」（乙929）、「娩，唯女。」（乙2333）、「貞：婦叶娩，不其（男）？王固曰：女。」（天壤87）、「子目娩不男，女？」（合231）、「貞：婦好娩男？之女專？」（乙6273）、「不男唯女。」（遺625）、「甲申好娩男？王固曰：其唯丁娩男，其唯庚娩弘吉。三旬又一日甲寅娩，不男唯女。甲申卜（寇）貞：婦好娩，不其男？三旬又一日甲寅娩，允不男唯女。」（乙7731正）「王固曰：其唯丁娩男，其唯庚弘吉。其唯壬寅不吉。」（乙7732反）「壬寅卜寇貞：婦好娩不其男？王固曰：茲女不男，其男不吉于乇，若茲迺凶。」（乙4729）從大量卜辭可以看出吉凶與時辰關係密切，而與性别没有顯著關係，所謂「生辰八字」的觀念至今猶存民間，與卜辭反映的基本一致。【論古文字的兼并與消亡 武漢大學學報一九九一年第二期】

◉戴家祥 說文「男，丈夫者也。从田从力。」按金文作[古文字形]，[古文字形]當為耒之側形，詳見釋耒。男从田从耒，表示耕種之義。古代男耕女織，故男字用作丈夫之義。金文男或作人名用，如叔男父匜等，或作爵位名稱，如令彝。【金文大字典上】

◉許　慎　舅母之兄弟為舅。妻之父為外舅。从男。臼聲。其久切。【說文解字卷十三】

◉馬叙倫　此及甥下皆據爾雅釋親文為訓。豈許文本然也。疑本皆以同聲之字為訓。今捝。存者呂忱據雅文加之者耳。不然。或此二字皆出字林。倫謂偁謂之詞率皆假借。父母兄弟猶然。而況舅甥乎。且謂我舅者吾謂之甥。然謂我舅者兼男女。而甥獨從男為不備矣。倫疑此皆俗以男為男女之男因造此字。不然。則舅甥皆男之轉注字。而借為偁謂之詞。舅音羣紐。是與男所從得聲之田同為濁破裂音也。甥音審紐二等。勝音審紐三等。古讀歸透。勝從朕得聲。朕音澄紐。古讀歸定。透定同為舌尖前破裂音也。【說文解字六書疏證卷二十六】

◉蔡哲茂　(20)庚辰貞：王于丁亥令□?

叀父囗乙示以?

辛巳貞：以伊示?

弜以伊示?　合集32848

由於卜辭的「伊尹」可省稱作「伊」,伊示指的當然也就是伊尹的神主,比較一下

伊尹鼂示 ⟶ 伊鼂示 ⟶ 鼂示
　　　　　　　　↓
　　　　　　　伊示

由(7)條卜辭,可知「取伊祊人」與祭祀「伊鼂示」有關,(9)條卜辭祭祀大乙、且乙、小乙三位先王,又順便祭祀「伊尹鼂示」,伊尹經常是賓於大乙,也就是配享於成湯(詳(7)伊尹從祀於成湯、上甲段),可知「伊尹鼂示」「伊鼂示」並非表示伊尹和鼂示二者,而只代表一個意思,也就是説「伊鼂示」、「鼂示」、「伊示」都可以是「伊尹鼂示」的省稱,鼂示指的就是伊尹,那麼「伊鼂示」也就不是如張氏所説的指「尹五示」或「伊九示」了,鼂是無法讀成黿的。龜的音讀可讀成舊,至今臺語龜和舅音同,僅聲調不同,那麼鼂字很可能就可讀成「舅」,是表示親屬稱謂,即表達伊尹和殷王室之間的關係,換言之「鼂示」是「伊尹」的補語,根據先秦文獻推測,伊尹之族曾和商湯通婚,伊尹大概是成湯之舅,猶如周武王娶姜太公之女,故《左傳》中姜太公被周人稱為「伯舅太公」或「舅氏」一樣(詳下),所以殷王室祭祀伊尹時稱他為「伊尹鼂示」、「伊鼂示」或「鼂示」。

由以上的分析,可知鼂字所從的□很難解釋作鼈,臼字固然是兩手,但要把鼂讀成黿,是没有證據的,鼂字又可寫作龜。《説文》龜字下説:「舊也,外骨内肉者也,从它,龜頭與它頭同,天地之性,廣肩無雄,龜鼈之類,以它為雄,□象足甲尾之形。

[glyph]古文龜。」段注「此以疊韻為訓，門聞户護之例，龜古音姬，亦音鳩，舊古音臼，亦音忌，舊本鴟舊字，假借為故舊，即久字也。」由説文所舉龜字二形可知，不管是側視或正面俯視都可為龜字，和卜辭現象相同。䵹字大概最早作龜字，(6)(8)的「伊[glyph]示」的[glyph]字，音讀應讀如字，後來大概為了和作為一般龜的意義的字有所區別，所以再加上[glyph](臼、舅)作為聲符而變成「[glyph]」或「[glyph]」，猶如卜辭的䵹是以凶作為聲符，如[glyph]不是作為聲符之用，䵹也有可能加上[glyph]僅是龜的繁形，同時又有別意的作用，䵹之可寫作[glyph]或[glyph]，猶如卜辭[glyph]又可寫作[glyph]，[glyph]又可寫作[glyph]。

前舉(2)至(9)條卜辭有「伊尹䵹示」、「伊䵹示」、「䵹示」，此外尚有「伊示」此一稱謂，見於：

(19) 庚辰貞：以伊示？

辛巳貞：[glyph]以大示？

弜以伊示？　合集32847

【殷卜辭「伊尹䵹示」考——兼論它示　歷史語言研究所集刊第五十八本第四分】

甥

[glyph] 甥出孫強集字　【汗簡】

[glyph] 孫彊集　【古文四聲韻】

◉許　慎　甥謂我舅者。吾謂之甥也。从男。生聲。所更切。【説文解字卷十三】

◉馬叙倫　鈕樹玉曰。韻會無也字。倫按據爾雅釋親。母之兄弟為舅。妻之父亦為舅。則舅之名。非獨以偁母之兄弟。白虎通三綱六紀。尊如父而非父者。舅也。謂姊妹之子為甥。而壻亦謂之甥。是甥亦通謂後生之詞。蓋古俗偁謂簡單。其始凡父以外之同於父而異姓者謂之舅。舅猶舊也。凡子以外之同於子而異姓者謂之甥。甥猶新也。凡幼而卑者謂之後生。今俗猶然。後世乃漸析而異之。其名以緐耳。【説文解字六書疏證卷二十六】

◉黄錫全　[glyph]甥出孫强集字　鄭珍云：「从上男形，據此知王庶子碑在孫強已前。今《玉篇》無，宋人削去。」【汗簡注釋卷六】

力

[glyph] 甲二一一　[glyph] 乙四五三　[glyph] 乙五四〇四　[glyph] 乙八六九八　[glyph] 乙八七一二　[glyph] 乙八八九三　[glyph] 乙八八九八　[glyph] 京津一九〇三　[glyph] 存一四五九　[glyph] 庫二〇三　[glyph] 中大一一　【甲骨文編】

力 厲羌鐘 中山王譽鼎 【金文編】

1·100 力冢 【古陶文字徵】

力 為一九 二例 日乙二四二 【睡虎地秦簡文字編】

0909 1736 【古璽文編】

力敢私印 靳力 力倚相 力敏私印 力昭之印 力防私印 力中兄 樛力之印 【漢印文字徵】

詛楚文 寔繆力同心 【石刻篆文編】

古老子 雲臺碑 【古文四聲韻】

●許　慎 筋也。象人筋之形。治功曰力。能圉大災。凡力之屬皆从力。林直切。【説文解字卷十三】

●林義光 古作毛公鼎勒字偏旁。象奮臂形。或作邾公釛鐘嘉字偏旁。从爪。轉注。【文源卷四】

●徐中舒 力象耒形。金文中從力之字。有時即從耒。如男勒。

叔男父匜 遣小子敦 師寰敦 齊侯敦 寰侯敦 頌鼎 吴尊 彔伯敦 師酉敦 䡅侯鼎

或從力或從秉力即耒之異體。加字作

加爵 虢季子白盤

仍從力。而從加之嘉則從耒。

齊鞄氏鐘 陳侯作嘉姬敦 邾公釛鐘 王孫鐘 沇兒鐘 王子申盞盂

又如静字從生從井從耒。象秉耒耕井田中而禾黍孳生之形。當為耕之本字。耕静古同音字。

静敦 免盤 毛公鼎 公伐郘鼎 國差罎 秦公敦

觀静敦免盤二文。静之為耕確然無疑。耕所從之耒。與男勒嘉偏旁形同。即耒力互通之明證。(静偏旁争從耒得形。從青得音。

文字孳乳。此例最奇。但亦不僅此字。如郤字分化為予。予即從邑得形。從余得音。）【耒耜考　歷史語言研究所集刊二本一分】

◉馬叙倫　龔橙曰。治功曰力非本義。倫按力為筋之初文。借為气力之力。見筋下矣。此以气力之義而為部首。然齊侯鎛力字作□。齊侯鐘作□。似從□即手。而象筋脈僨張之形。為指事。或全體象形。此說解中人筋之三字及治功以下八字皆校者所加。以筋訓力。則象形自象筋形。何煩復加人筋之三字也。治功曰力與上文不相蒙。蓋校者以所屬之字皆以气力為義。故據周禮司勳文加之。復以國語能禦大災者釋之也。字見急就篇。【說文解字六書疏證卷二十六】

◉楊樹達　說文十三篇下力部云：「力，筋也。象人筋之形。」四篇下肉部別有肋字，云：「脅骨也。从肉，力聲。」樹達竊謂力象人脅骨橫列之形，蓋即肋之初文。三之者，手之列多不過三之意。加肉為肋，猶云之為雲，𦣞之為頤，乃力之後起字矣。⊘

經傳恆以旅力連言：書秦誓曰：「番番良士，旅力既愆。」詩小雅北山曰：「旅力方剛，經營四方。」國語周語曰：「四軍之帥，旅力方剛。」是也。旅力二者皆骨骼之名。說文七篇下呂部云：「呂，脊骨也。象形。」或作膂。經傳之旅乃膂之省。力則脅骨也。人身幹骨為脊，由脊分張前曲為肋，二體相屬，故古人以旅力連言。脊肋强者多力，淮南子齊俗篇云：「强脊者使之負土。」許注云：「脊强者任負重」，是其說也。旅力引申為氣力之力，方言廣雅膂亦訓力，是也。古人謂骿脅者多力，知脅骨與氣力有關矣。毛公偽孔韋昭釋旅為衆，文義不協，違誤甚明。戴震王念孫疏證楊張之書，釋經傳之旅為力，文義協矣，猶非旅力之初義也。【釋力劦　增訂積微居小學金石論叢卷第一】

◉李孝定　力象耒形，男字从此可證，徐中舒氏之說是也。用為筋力字乃假借。【金文詁林讀後記卷十三】

◉孫　森　除這種双齒木耒以外，在民族學資料中還有一種單齒木耒。它呈「□」形，由尖頭木棒改造而成，木棒下端捆一横木，便于脚踏，用以刺地松土。西藏地區門巴族使用的青岡杈，是用一根長約一七〇釐米的青岡木棒和一根長約十五釐米的横木製成。此外，其他民族也有使用類似工具的。如雲南貢山縣的獨龍族，解放前曾使用竹子或樹枝的尖端作為挖掘和點種的工具，後來又發展成使用鶴咀形木鋤。居住在雲南哀牢山大森林中的苦聰人，其所使用的工具，有不少是比較原始的木質工具。如：木點杆、木鋤、木鍬等。這類工具是殘留下來的早期農業生産工具的原始形態。

世界上其他一些處于原始階段的民族，也有使用尖頭木棒從事農業生産的。例如，南美查科地區的印第安人就用木棒挖洞下種。生活在大洋洲的玻里尼西亞人和密克羅西亞人，用削尖的木棒作為農業生産的主要工具；美拉尼西亞人用尖棒翻土耕地。古代的日本，在新石器時代末期曾使用石斧或木棒刨土栽種，從事原始的種植。這樣的事例在世界歷史上并不少，説明使用尖頭木棒進行生産，這在早期農業中是個比較普遍的現象。

甲骨文有「力」字，字形作：

（乙八八九三）

（庫二〇三）

（乙四五三）

从「力」之字有「男」字，作：

（京津二一二二）

（前八・七・一）

（林二・二二・一二）

「劦」字作：

（京都一三四A）

（前五・二二・四）

（前一・七・六）

這幾個字，都與農田耕作有關。徐中舒早年的耒耜考一文指出，此力字為農具的象形字，這個説法，得到學術界的普遍承認。看來，甲骨文之「力」字，可能取形于古代單齒木耒。依此判斷，中國古代最遲不晚于商代，單齒木耒已用于農業生產了。

【夏商史稿】

◉裘錫圭　甲骨文中所見的主要的發土工具是力和耒。

甲骨文「力」字作（《甲骨文編》524頁），商代肄簋銘「協」字所从的「力」作（《金文編》704頁）。晚近治農業史的同志，多認為力是由原始農業中挖掘植物或點種用的尖頭木棒發展而成的一種發土工具，字形裏的短畫象踏脚的横木，這應該是可信的。《説文》解釋「男」字字形説：「从田从力，言男用力于田也。」甲骨文「男」字較早的寫法作：

人文800，《甲骨文編》958頁

周代金文「男」字或在「力」上加「手」形而作：

金文編702頁

可知「男」字本象用力這種農具耕田。《説文》的解釋不完全正確。

晚近治農業史的同志，又多認為耜由力形農具發展而成。力形農具改窄尖為寬刃，就成為木耜了。這也應該是可信的。商代實際使用的力，無疑已經發展到了木耜的階段。後來，耜加上了金屬的刃套，逐漸演變成為戰國、秦漢時代最常用的發土工具——臿（關于耜跟臿的關係，參看于豪亮《漢代的生産工具——臿》，《考古》1959年8期）。

從語音上看，「力」跟「耜」的關係也十分密切。「耜」字在《説文》裏作「梠」，并有異體作「梩」。文中此字：

梠，臿也。从木，㠯（即「以」字左旁）聲。一曰徙土……，齊人語也。梩，或从里。

《方言·五》：「臿……齊東謂之梩」，跟《説文》訓「梠」為「臿」，并以「梠」、「梩」為一字相合。「梩」从「里」聲。「里」跟「耜」古音都屬之部，《考工記·匠人》：「凡溝防，必一日先深之以為式。里為式，然後可以傅衆力」，鄭玄注：「里讀為已，聲之誤也」。「㠯」，《釋文》在「已」字下注「音以」。「里」讀為「已」，跟从㠯聲的「梠」或从「里」聲而作「梩」，是同類的現象。「里」跟「力」的聲母相同。「里」字古韻屬之部，而「力」字屬職部，即之部入聲。這兩個字還都是開口三等字。它們的古音無疑極其相近。「力」跟「梠」（梩）肯定是由一語分化出來的。

一般認為㠯字象耜，就是「耜」的初文，這是不正確的。李亞農早在《鐵雲藏龜零拾考釋》裏就已指出甲骨文「以」字形，㠯是它的省體（3頁）。後來，金祥恆在《釋㠯》一文裏提出了同樣的看法，論證更為詳明（《中國文字》第八期）。最近，王貴民同志在《「㠯」非耜形新探》裏也談到了這個問題，并明確指出「㠯」決非「耜」的象形字（《中原文物》1983年3期）。這些意見都是正確的。

耒是一種下部分叉的發土工具。⊘

耒跟力的性質相近，因此有時作為表意符號可以通用。例如甲骨文裏的「⿱耒犬」字，偶而也有寫作从「力」的（于省吾《甲骨文字釋林》253—255頁）。這并不足以證明「耒」、「力」是一個字。「耒」、「力」二字聲母雖然相同，古韻却不同部（「耒」屬微部）。从「耒」跟「力」在語音上的關係來看，不如「耜」字跟「力」的關係密切（「力」、「耒」古音的差别，王靜如《論中國古代耕犁和田畝的發展》一文已經指出，見《農業考古》1983年1期58頁）。從形制上看，力、耜、臿為一系，由木棒式原始農具發展而來；耒則應由用樹杈做的原始農具發展而來。徐中舒先生在《耒耜考》裏説：「耒與耜為兩種不同的農具。耒下歧頭，耜下一刃，耒為仿效樹枝式的農具，耜為仿效木棒式的農具。」（32頁）這是很精辟的見解，可惜晚近治農業史的同志往往不加注意。徐先生又認為「力象耒形」（14頁），「㠯」為耜之象形字」（31頁），則是有問題的。治農業史的同志往往混「力」於耒，把力形農具稱為單齒耒，認為雙齒耒和耜都是由它發展來的，這恐怕是受了徐先生後一種意見的影響。【甲骨文所見的商代農業　殷都學刊一九八五年第二期增刊】

◉温少峰　袁庭棟　和世界上大多民族一樣，我們祖先最原始的耕地之器是尖頭的木棒，民族學中稱為「點種棒」，其形為「丨」。

《說文》訓「丨，上下通也」的「丨」，正是象棍棒之形。馬叙倫先生曾據王廷鼎説「丨，為今棍棒字」，認為「王説是，象形，故有古本切之音。此音必有由來也。中、於二字皆从丨，即丨為棍棒字初文之證」(《説文解字六書疏證》)。故士字甲文作⊥，象以丨刺土之形，《説文》訓士為「事也」，《釋名》訓事為「傳也」。「傳」，又作「剸」，即刺入、插入之義。後來，為了加强刺土的力量，就在點種棒下部加一横木，便于足踏，其形為┿。其後，為了便於掘土，減少掘土時向下壓木柄的俯身角度，又將直尖末改為斜尖，其形為「𠂇」，亦即甲文中的「力」字。再後，為了增加掘土的效率，又將單一尖端改進為歧頭尖端，其形為「𠂇」，即「耒」字；或將「𠂇」的下端加寬，其形為𠂇，發展為後來的耜、臿和犂。無論以耒或耜掘地發土，主要是用脚力。《淮南子·主術訓》「一人跖耒而耕」，《鹽鐵論·取下》「不知蹠耒躬耕之勤也」。可證至漢代仍然如此。

在卜辭中，「𠂇」即「力」，也就是發土之耒，有直接用為耕地之義者，如：

(70) 弜(勿)乎(呼)般从𡈼力？

乎(呼)般从𡈼力？(《乙》四五一七)

此辭中，「般」為人名，𡈼為地名。此為一事對貞，卜問是否召呼般在𡈼地種作。「力」字作為名詞是耕地之耒，作為動詞是以耒耕地，即「力田」之力。

(71) ……不亦再力？(《廈》一八)

《説文》：「再，并舉也」。「再力」當即「舉耒而耕」。《詩·豳風·七月》：「三之日于耜，四之日舉趾。」毛傳：「四之日，周之四月也，民無不舉足而耕矣。」其事與卜辭之「不亦再力」可以互證。

(72) 癸巳貞：其力？——弜(弗)力？(《粹》三六九)

(73) 貞：弜(勿)于𡈼力？(《庫》二〇三)

以上皆為卜問是否以「𠂇」耕地之辭。【殷墟卜辭研究——科學技術篇】

◉戴家祥　徐中舒認為：力象耒形。⊘按耒指古耕具。耒為正視之形，力為側視之形。力、耒同紐音通古本一字，後因耕耘費勁而引申出力量之義，耒力遂分别表示兩種意思。【金文大字典上】

勳

勳 說文勛古文勳从員 中山王嚳壺 不忘其有勳 【金文編】

光祿勳印章 史勳 成勳 蔡勳 史勳 華勳 張勳私印 燕勳 程勳 史勳之印 傳勳私印 蘇勳 室孫勳 劉勛 【漢印文字徵】

勳見尚書 【汗簡】

古尚書 【古文四聲韻】

◉許 慎 勳能成王功也。从力。熏聲。許云切。勛古文勳从員。【說文解字卷十三】

◉馬叙倫 力之轉注字為筋。筋音見紐。與功勳同為舌根音。疑本是轉注字。後世乃分別之曰能成王功曰勳。以勞定國曰功。其實古者以王表國。王國無分。勳功豈有別邪。或此捝本訓。但存校語耳。字見急就篇。

勛 倫按勛從員得聲。員從口得聲。口聲脂類。勳聲真類。脂真對轉轉注字也。從員校者加之。【說文解字六書疏證卷二十六】

◉黄錫全 勛勳見尚書 敦釋作勛，薛本同，神、武、豐、内本作勛。中山王壺「天子不忘其有勳」之勳作勛，此類同，《說文》古文變作勛。夏韻文韻録作勳，是。郭見本蓋作勛，以隸作古。鄭珍認為古从員，「此改依部首」。【汗簡注釋卷三】

功

工 功 不从力 中山王嚳壺 休又成功 工字重見 【金文編】

張子功印 張子功 駱子功 路功子 王功子 姚少功子 段干功子 功延私印 任子功 任子功 成功豫印 【漢印文字徵】

郎邪刻石 不稱成功盛德 天璽紀功碑 開母廟石闕 表碣銘功 □禹□功 延光殘碑 石經無逸 即康功田功 古文不从力 【石刻篆文編】

功 [glyph] 道德經 [glyph] 同上 [glyph] 王存乂切韻 【古文四聲韻】

◉許　慎　功以勞定國也。从力。从工。工亦聲。古紅切。　【説文解字卷十三】

◉劉心源　[glyph]或釋紅。或釋空。皆不合篆形。心源案。敏从攴。而叔弓鎛作[glyph]。从力。女肇敏于戎攻。毛伯彝敏文王王姒之。敏亦从力作[glyph]。知[glyph]為古文力字。井侯尊。告無[glyph]。亦力字。可目互參。是[glyph]為功矣。世本晉譜。曲沃少正襄生司功大伯。氏姓篇。晉大夫司功景子士匄弟佗因官為氏。是司功為晉官。當即司勳之職。【無叀鼎　奇觚室吉金文述卷二】

◉丁佛言　[glyph]古鉢。梁[glyph]都司馬滄軍龍功之鉢。姚華謂功字易横豎。【説文古籀補補第十三】

◉聞　宥　[glyph]　此字類纂類編皆釋幼。宥按許書幺解本未安，林藥園所謂「與子初生形不類」是也(見文源卷三第三頁)。卜文亦未見幺字(類纂雖收兩文，均未能碻，類編不收，較為矜慎)，此仍从午，孳乳為糸，从力从糸，蓋即功字。集韻：「功或作紡」，紡雖未見他書，然以力治糸為紡，其義實較从力从工為長；按之經典，亦碻然有徵。其專言麻事者：如喪服凡衰之鍛治之功麤沽者，謂之大功布；細其縷者，謂之小功；其字皆當作紡。其兼言蠶事者：如周禮九嬪典婦功，注曰：「主婦人絲枲功官之長」，其字亦當作紡。蓋古人立名，從其朔誼，皆極審諦；若本從象人有規榘之工，則於義不相密合。且工字卜文未見，許解又極迂曲，其朔誼實不可知；即以象人有規榘為説，而以力治規榘，亦與以勞定國之義未合。蓋許君此解，進退相違；而集韻存古之功為大。然非卜辭有此文，則亦無以證成其説矣。

至此文之不當釋幼，不第幺字無徵已也；又徵之其辭而可知。類纂著録中，此文凡兩見：一曰「告貝(貞)幼魚」，一曰「告貝(貞)紡[glyph](漁)」，文並相同。「貝紡漁」者，言卜婦紡及獻人之事也；兩者在周並為天官之屬，故殷時貞卜亦連及之。獻與虞同音(古皆讀ŋa)，獻人與澤虞又聯事通職，故獻人又稱水虞(見國語魯語)，而功虞亦連稱，史記貨殖傳「若至力農畜工虞商賈」是也；雖其字又變易作工，其義亦有遂改，然其為成語則灼然甚明；而周禮之因於殷者，於此亦彰彰可見。若言幼漁，則辭誼不可通矣。【殷虚文字孳乳研究　東方雜志二十五卷三號】

◉馬叙倫　鈕樹玉曰。廣韻韻會引作以勞定國曰功。嚴可均曰。小徐韻會引直作工聲。倫按從力工聲。説解捝本訓。但存校語耳。字見急就篇。【説文解字六書疏證卷二十六】

◉胡平生　綜上所列各種類型的文書，言及功勞者，「勞」或有三歲八月有餘、九月有餘乃至十月有餘者，然則皆不逾四歲，就是因為一滿四歲即已遞進為一「功」。過去，我們曾感到奇怪，為什麼居延簡中所見戍邊者的年資都不是很長。現在知道「一功」是積「四歲」之勞而得，除開由于「秋射賜勞」和「北邊挈令」規定「候長候史日迹及將軍吏勞二日當三日」等原因，增加了若干時日外，按照我們發現的功勞數值關係來推算，戍邊士吏在邊境駐守的時間有在五六年以上的，這就比較符合實際情況。【居延漢簡中的「功」與「勞」 文物一九九五年第四期】

助 𠡦

助 為九【睡虎地秦簡文字編】

助軍司馬 器助【漢印文字徵】

●許　慎　𠡦左也。从力。且聲。牀倨切。【說文解字卷十三】

●吴大澂　𠭥古助字。从且从𠂇。許氏說。助。左也。小篆从力。郘公簠。皇𠭥。借為且考之且。𠭥師虎敦。𠭥考。亦叚借字。【說文古籀補第十三】

●劉心源　𠭥助或釋㝵。非。說文助从且。此从貝。乃且之變而涉于貝者。此類頗多。从𠂇即力。蓋於助字為合。【大豐簋　奇觚室吉金文述卷四】

●林義光　古作𠭥郘公諴匿。作𠭥師虎敦。从𠂇且聲。𠂇者左省。【文源卷十一】

●郭沫若　𠭥字从又且聲，蓋助之異文，叚借為祖。【師虎𣪘　兩周金文辭大系考釋】

●馬叙倫　左也以聲訓。鍇本作佐也。本書無佐字。助為勴之聲同魚類轉注字。字見急就篇。【說文解字六書疏證卷二十六】

●朱德熙　助酒　沮酒

三號墓遣策所記酒名有「助酒」。由此可知本墓110號簡應釋為「助酒二資」。由於簡文「助」字左旁寫得不規整，我們過去誤釋為「肋」，並誤讀作「⿱敄米」，「考釋」採用了我們的誤說。

遣策記酒的部分提到白酒、温酒、助酒、米酒等四種酒(108—112號簡)，記漆器的部分提到沮酒、米酒、白酒、温酒等四種酒(168—178號簡)。兩相對照，可知「助酒」和「沮酒」是同一種酒。「考釋」認為168號簡的「沮酒」是「温酒」之誤(143頁)，這是不正確的。

「助酒」和「沮酒」大概應該讀為「醝酒」。《廣雅・釋器》：「醝，酒也。」《周禮・天官・酒正》「盎齊」鄭注「盎猶翁也。成而翁翁然蔥白色，如今酇白矣」，《釋文》：「酇白，即今之白醝酒也，宜作醝。作酇，假借也。」《漢書・地理志》沛郡酇縣下集注：「應劭曰：音嵯。師古曰：此縣本為鄌，應音是也。中古以來借鄼字為之耳。」據此，此「鄼」字本作「鄌」，字从「䖒」聲，與「差」聲相近，故《酒正》釋文讀為「醝」。《說文・鹵部》：「䕩，鹹也。从鹵，差省聲。河内謂之䕩，沛人言若䖒。」這也是「䖒」聲、「差」聲相近的例證。「䖒」、「沮」、「助」皆从「且」聲。「鄌」可讀作「醝」，「沮」和「助」當然也可以讀作「醝」。【馬王堆一號漢墓遺策考釋補正　朱德熙古文字論集】

勴

◉許　慎　勴助也。从力。从非。慮聲。良倨切。【說文解字卷十三】

◉馬叙倫　鈕樹玉曰。韻會作從力非。倫按爾雅釋詁。助。勴也。不從非。且慮聲同魚類。則勴為助之轉注字。本書無會意兼聲之字。亦無二字為聲之字。且非亦不得比類合誼。非音非紐。慮從虍得聲。虍音曉紐。非曉同為次清摩擦音。疑勴有重文作㔙。傳寫誤并之也。勴勴蓋一字異文。此字疑出字林。【說文解字六書疏證卷二十六】

勑

素下殘石【石刻篆文編】

敕 古文　汗簡　雲臺碑【古文四聲韻】

◉許　慎　勑勞也。从力。來聲。洛代切。【說文解字卷十三】

◉馬叙倫　嚴可均曰。韻會十一隊引作勞勑也。倫按爾雅釋詁。勞。來。勤也。勞勑音同來紐。蓋轉注字。然字失次。爾雅釋詁釋文引說文字林。來旁作力。是勞勑之勑。然則此字出字林。【說文解字六書疏證卷二十六】

劼

◉許　慎　劼慎也。从力。吉聲。周書曰。汝劼毖殷獻臣。巨乙切。【說文解字卷十三】

◉馬叙倫　鈕樹玉曰。繫傳吉聲下有或曰非力刀也六字。蓋後人襍入。臣下有讀若覃三字。覃聲不近。疑革之譌。桂馥曰。徐鍇本有讀若畢三字。承培元曰。覃當作葦。王筠曰。覃不知何字之譌。倫按桂引鍇本作畢似得之。畢吉聲同脂類。慎也非本義。或此字出字林。劼蓋㔟之音同羣紐轉注字。亦𠢕之轉注字。𠢕音見紐。見羣同為舌根破裂音。古讀羣歸見也。【說文解字六書疏證卷二十六】

務

務 不从力 中山王譽壺 務在得賢【金文編】

務 秦一三六 二例 為二九 二例【睡虎地秦簡文字編】

務武男印章 高務【漢印文字徵】

王惟恭黄庭經【古文四聲韻】

◉許 慎 趣也。从力。敄聲。亡遇切。【説文解字卷十三】

◉馬叙倫 沈濤曰。一切經音義六引作趣疾也。倫按趣也疾也二訓也。趣也以聲訓。疾也校者加之。亦趣義也。務為勉之音同微紐轉注字。亦勖之轉注字。勖音明紐。明微同為邊音。古讀微歸明也。【説文解字六書疏證卷二十六】

勥

勥巨丈切見説文【汗簡】

説文【古文四聲韻】

◉許 慎 迫也。从力。强聲。巨良切。古文从彊。【説文解字卷十三】

◉丁佛言 古鉥。王⿱彊心生鉥。勥或从心。力部勢字勇字古文皆从心。【説文古籀補補第十三】

◉馬叙倫 迫也非本義。字或出字林。

鈕樹玉曰。繫傳彊作疆。非。段玉裁曰。以虫部𧖬籀文强訂之。古當作籀。宋保曰。彊聲。猶强重文作𧖬矣。倫按⿱彊力為勥之同舌根破裂音轉注字。古文下捝勥字。從彊校者加之。【説文解字六書疏證卷二十六】

◉商承祚 虫部强。籀文作𧖬。从彊。段氏于彊下注云。「據此。則强者古文。秦刻石文用强。是用古文為小篆也。然以强為彊。是六書之叚借也。」然金文無强。凡「無彊」字作彊彊彊。是六國後始有强字。彊强通叚。𧖬云籀文。此云古文。以金文證之。則彊為古文。非籀文矣。【説文中之古文考】

◉黄錫全 勥巨丈切見説文 夏韻漾韻録作，今本古文作，此與馮本並少一畫。古璽勥作（璽彙2671）、（璽彙0525，參見古研3・163）。强彊同音假借，《説文》强字籀文作，與此類同。段玉裁于彊下注云：「據此則『强』者古文，秦刻石文用强，是

用古文為小篆也。然以强為彊是六書之假借也。」【汗簡古文注釋卷六】

勱

◉許慎 勉力也。周書曰。用勱相我邦家。讀若萬。从力。萬聲。莫話切。【説文解字卷十三】

◉吳大澂 古勱字从乂。勱季方鼎。【説文古籀補第十三】

◉馬叙倫 書皋陶謨。皋陶邁進德。邁借為勱也。立政。用勱相我邦家。釋文音邁。是古音勱邁同也。此讀若萬。今江蘇吳縣上海謂萬音如慢。而金文或借邁為萬。則古音萬聲亦如邁矣。勉力也力字譌衍。此字蓋出字林。季方鼎作。吳大澂謂从乂。倫謂乂仍是力字。【説文解字六書疏證卷二十六】

⿰厥力

◉許慎 勥也。从力。厥聲。瞿月切。【説文解字卷十三】

◉馬叙倫 鈕樹玉曰。繫傳作。沈濤曰。玉篇廣韻皆引作强力也。乃勥字誤分為二耳。錢坫曰。此屈强字。倫按今杭縣謂不服從而抗命者曰掘像。即⿰厥力勥也。⿰厥力勥同舌根破裂音轉注字。【説文解字六書疏證卷二十六】

勍

◉許慎 彊也。春秋傳曰。勍敵之人。从力。京聲。渠京切。【説文解字卷十三】

◉馬叙倫 錢坫曰。此與倞字同。倫按彊為勥之省。鍇本作强。亦勥之省。疑此皆傳寫省之耳。後同。勍為勥之音同羣紐聲同陽類轉注字。此字或出字林。【説文解字六書疏證卷二十六】

42 193 【包山楚簡文字編】

0843 【古璽文編】

路勁 郭勁 【漢印文字徵】

勁

◉許慎 彊也。从力。巠聲。吉正切。【説文解字卷十三】

◉丁佛言 古匋勁或弓。許氏説。勁。彊也。【説文古籀補補第十三】

◉馬叙倫 鈕樹玉曰。韻會作强也。倫按勁為勥之音同見紐轉注字。亦勥勍之同舌根破裂音轉注字。玄應一切經音義引字林。勁。强也。字從力巠聲。是此字出字林也。【説文解字六書疏證卷二十六】

勉

勉 日甲一一一背 二例 雜四一 日甲一五九背 【睡虎地秦簡文字編】

勉矦印信 馮勉 榱勉君印 張勉 【漢印文字徵】

◉許 慎 勉彊也。从力。免聲。亡辨切。【説文解字卷十三】

◉馬叙倫 鈕樹玉曰。篆當作□。免聲當作兔聲。沈濤曰。一切經音義五引。勉。强也。謂力所不及而强行事也。謂力以下十字當是庾注。倫按玄應一切經音義引古文官書。勉勱同靡辨反。字見急就篇。【説文解字六書疏證卷二十六】

劭

劭竝見義雲章 【汗簡】

並義雲章 朱育集字 【古文四聲韻】

◉許 慎 劭勉也。从力。召聲。讀若舜樂韶。寔照切。【説文解字卷十三】

◉馬叙倫 讀若句後人加之。字見急就篇。【説文解字六書疏證卷二十六】

◉黄錫全 □劭並見義雲章 夏韻笑韻録作□□，此與馮本力形並寫脱一畫。劭字从卩，與酓忎盤紹作□，古陶作□(香録13·1)，三體石經古文作□類同。【汗簡注釋卷六】

勖

◉許 慎 勖勉也。周書曰。勖哉夫子。从力。冒聲。許玉切。【説文解字卷十三】

◉馬叙倫 沈濤曰。一切經音義五引作勉强也。今奪强字。鈕樹玉曰。韻會從力冒聲在周書上。倫按玄應引勉强也者。蓋勉也强也二訓。勖從冒得聲。冒音明紐。則勖亦勉務之轉注字。冒務又聲同幽類也。劭聲宵類。古讀歸幽。則劭勖亦轉注字。此字蓋出字林。【説文解字六書疏證卷二十六】

勸

勸竝裴光遠集綴 【汗簡】

◉許　慎　勸勉也。从力。雚聲。去願切。【說文解字卷十三】

◉馬叙倫　勸為勱之聲同元類轉注字。【說文解字六書疏證卷二十六】

◉黄錫全　勸並裴光遠集　三體石經《多方》勸字古文作，此形類同，力移下作。【汗簡注釋卷二】

勝

6·12　董昌勝　6·12　董昌勝　【古陶文字徵】

勝　語六　三例　秦一二五　三例　日乙八一　八例　日甲八七背　七例　【睡虎地秦簡文字編】

周勝　孫勝邊印　丁勝私印　蘇步勝　田勝汯印　求周勝印　張勝　李勝印　楊勝　采勝　駱勝之　防勝　崔勝　房勝　王勝　秋勝之印　曾勝之印　郝勝之印　王勝客印　庶勝　張勝　左勝之　石勝客　留勝之印　李勝之印　甯勝之印　監勝之印　李勝之　趙勝　李勝　【漢印文字徵】

古老子　陰符經　南嶽碑　崔希裕纂古　古老子　【古文四聲韻】

◉許　慎　任也。从力。朕聲。識蒸切。【說文解字卷十三】

◉馬叙倫　任也以聲訓。凡力部屬字為加力於某物之義。蓋語原與任同矣。字見急就篇。【說文解字六書疏證卷二十六】

勶

勶　封七四　五例　通徹　—內中　封七四　秦一〇　日甲二七　九例　為四三　【睡虎地秦簡文字編】

3983　【古璽文編】

勠

郭㣙 趙㣙 任㣙 張㣙【漢印文字徵】

◉許慎 㣙發也。从力。从徹。徹亦聲。臣鉉等曰。今俗作撤。非是。丑列切。【說文解字卷十三】

◉馬叙倫 㣙勝轉注字。㣙音徹紐。勝音審紐三等。古讀皆歸於透。發也蓋⿰鬲攴字或徹字義。非本訓。或字出字林也。諸家以㣙為有司徹之徹。而徐灝以為徹之後出字。非也。從力。徹聲。【說文解字六書疏證卷二十六】

◉周清海 契文⿰鬲又字多見，羅振玉釋徹，云：「象手象鬲之形，蓋食畢而徹去之。許書之徹从攴，殆从又之譌矣。卒食之徹乃本義，訓通者借義也。」增考中頁七一。集釋、增甲骨文編从之；葉玉森釋為又鬲合文前釋二·二十；唐蘭隸作⿰鬲丑壞釋頁五六，無說。

說文攴部：「徹，通也。从彳从攴从育。徹，古文徹。」段注：「蓋合三字會意。攴之而養育之而行之，則無不通也。」段說迂曲難信。「从彳从攴从育」，無以見通義。戴侗云：「⿰鬲攴疑自為字。从攴从鬲，屏去釜鬲，徹饌之義也。徹从彳⿰鬲攴聲，鬲譌為育耳。徹从彳，本言道路之通徹，故凡通徹者皆曰徹。」徐箋引詁林一三二四。按：戴說是也。徹字當以通為本義，从⿰鬲攴得聲。徹則徹之譌也。契文⿰鬲又，許書所無，當隸定作⿰鬲丑若⿰鬲攴，依字之形音義求之，當為㣙之本字。說文：「㣙發也，从力从徹，徹亦聲。」俗作撤。論語鄉黨：「不撤薑食」，注：「去也」，皇疏：「除也」，用的是本義。許訓「發也」，當為引申義。小篆變會意為形聲，聲符徹又譌作徹。戴侗未見古文，而疑⿰鬲攴自為字，卓識驚人。金文有⿰鬲攴字作[illegible]驫羌鐘，容庚云：「說文所無」，今以契文例之，當亦⿰鬲攴字，㣙之初文也。

卜辭用為方國之名：

「乙卯，王卜，在堆貞：今日步于⿰鬲攴，亡……」前二·九·六

「之日，王往于田，从⿰鬲攴京，允隻麑二雉十七。十月。」佚九九

「⿰鬲攴示」連言，以卜辭大示小示又稱大宗小宗例之，疑為⿰鬲攴之宗廟。或以「且丁宗」衡之，疑為人名：

「戊辰卜……王三氏……人狩……若？于⿰鬲攴示……」文四七四

「……亘[illegible]⿰鬲攴示不左？十三月。」續二·九·九【讀契小記 中國文字第四十册】

詛楚文 寔繆力同心 用作勠前漢孝成趙皇后傳即自繆死亦叚繆為勠【石刻篆文编】

◉許慎 勠并力也。从力。翏聲。力竹切。【說文解字卷十三】

勠 𠢐

◉劉心源　勠古鑑弟一鼎作𠢐。弟二鼎作𠢐。弟三鼎作𠢐。此作𠢐。當是勠。勠父。人名。【勠父鼎　奇觚室吉金文述卷一】

◉馬叙倫　嚴章福曰。後漢書劉虞傳注引作勠力并力也。文選注引賈逵國語解詁同。倫按古言勠力。今言努力也。勠為勖之聲同幽類轉注字。亦力借為气力之力之同語原字。或曰。勠為劦之轉注字。并力也非本訓。或此字出字林。【説文解字六書疏證卷二十六】

◉許　慎　𠢐繇緩也。从力。象聲。余兩切。【説文解字卷十三】

◉馬叙倫　鈕樹玉曰。繇當作繇。繫傳讀若演下疑脱漾字。王筠曰。演似瀁之譌。桂馥曰。鍇本有讀若庚三字。段玉裁曰。繇即今之傜字。言傜役緩也。倫按此字蓋出字林。疑此為今言延宕之宕本字。謂用力不勤也。鍇本讀若演。桂據本作地庚。於形校近。而庚勠聲同陽類也。【説文解字六書疏證卷二十六】

動 𣃘

珠706　佚3【續甲骨文編】

動　不从力　毛公厝鼎　童字重見【金文編】

讀為動　天旁—（乙5—20）【長沙子彈庫帛書文字編】

李動印　文動【漢印文字徵】

動出裴光遠集綴　動　上同　動　動見尚書【汗簡】

古老子　並同上　並古尚書　並同上　崔希裕纂古　並籀韻　裴光遠集綴　陰符經【古文四聲韻】

◉許　慎　𣃘作也。从力。重聲。徒總切。𨔝古文動从辵。【説文解字卷十三】

◉吴大澂 古動字。毛公鼎。粤四方㞙毋動。動武鐘。【説文古籀補第十三】

◉丁佛言 古鉢。□動鉢。古文動从辵。古鉢。闕動之鉢。【説文古籀補補第十三】

◉馬叙倫 作也非本義。亦非本訓。字似當從又。

鈕樹玉曰。繫傳作。王鳴盛曰。焦氏易林云。舉運失常。李杲曰。古鉢作。與此略近。倫按運蓋訓作也之本字。作當為乍。乍下曰。起也。古文經傳以為動字。從辵校者加之。【説文解字六書疏證卷二十六】

◉商承祚 从辵者。乍行乍止。不静之皃。重字石經古文作。此不應同小篆。當據正。金文毛公鼎「𨚕母動。」作。童重古通。且省辵。【説文中之古文考】

◉嚴一萍 動 説文動之古文作。案沇兒鐘之鐘作，其童字之形與繒書最近，商氏釋𨗨，讀為動，是也。【楚繒書新考】

◉李孝定 動字與童字同，蓋假借字。【金文詁林讀後記卷十三】

◉黄錫全 動 鄭珍云：「薛本多作𨔝，即《説文》古文𨔝。下辵部録之。《盤庚》作歱，則借跟歱字。郭此形又『更篆』，从《義雲章》童，見下土部。古童重雖得相通，殊傅會矣。」小本作堹，敦煌、九、巖、武等本作歱。毛公鼎「金歱金豙」之歱作，从童。三體石經重字古文作（實為童字）。此童形類同。古童重二形可互作，如鐘作（克鼎）、（沇兒鐘）、（信陽楚簡），也作（邾公牼鐘）、（𠫑羌鐘）。楚帛書動作、望山楚簡作，《説文》古文則作。郭見本當作歱或𣦵，以隸作古，从石經重（童）。

動 薛本動多作𨔝，不从童。天星觀楚簡動作，楚帛書作，此類同。郭見本當作𨗨，仿石經重（童）字古文作古。夏韻董韻録此文作，相互比較，此形原當作。

動尚書 前止部𣦵、辵部𨗨，並注是《尚書》動。豐本動又作湩、𡑎、湩。郭見本動又作僮，仿石經童（重）字以隸作古。《説文》「𨒥，相迹也」。《玉篇》「𨒥，亦作踵，又古文動字」。童、重音同字通，詳前止部𣦵。馬王堆漢墓帛書《老子》乙本「動」作「童」，《經法》「動」又作「僮」。【汗簡注釋卷一】

動出裴光遠集綴 古童重通作，如望山、天星觀楚簡之𨗨，《説文》古文作𨔝，金文鐘字又作鍾。三體石經僖公重字古文作，此「重」形類同，僮多兩點。秦漢篆隸動字多作勭（篆隸13·36）。參見辵部𨗨。【汗簡注釋卷三】

◉曾憲通 遠天旁𨗨 甲五·二〇 𨗨借為動。《説文》動，古文作，从辵重聲，與帛文从童得聲同。乙篇「母童羣民」，童亦讀動。童𨗨同音，从辵者表動作之進行，與動義亦切合。江陵楚簡「不可以𨗨思」，與帛書同。【長沙楚帛書文字編】

勯

◉許　慎　勯推也。从力。畾聲。盧對切【説文解字卷十三】

◉馬叙倫　翟云升曰。畾聲是。不必靁省也。倫按今杭縣謂置物於地推之而行曰勯。此字蓋出字林。字似當從又。【説文解字六書疏證卷二十六】

劣

劣【汗簡】

義雲章【古文四聲韻】

◉許　慎　劣弱也。从力少。力輟切。【説文解字卷十三】

◉馬叙倫　小部。少。讀若輟。則此字從力少聲。少𡕝一字也。弱也非本訓。或此字出字林。【説文解字六書疏證卷二十六】

◉黄錫全　劣　鄭珍云：「《玉篇》㝝與劣同。六朝俗增。」按㝝蓋寽字別體，猶如侯馬盟書委質類被誅討人名「㹱寽」之寽，作　，又作　、　、　、　等。此假㝝為劣。【汗簡注釋卷四】

勞

勞　説文古文作　此从炏从衣　𬨎鎛　勞于齊邦又齊侯鎛堇勞其政事形與此同　中山王嚳鼎　以憂勞邦家【金文編】

勞　為一二　六例　秦一四六　雜一五　秦一三〇　二例【睡虎地秦簡文字編】

勞温私印　勞安私印【漢印文字徵】

勞出王存乂切韻　勞見舊説文【汗簡】

王存乂切韻　説文　籀韻【古文四聲韻】

◉許　慎　勞劇也。从力。熒省。熒火燒冂。用力者勞。魯刀切。　古文勞从悉。【説文解字卷十三】

◉潘祖蔭　𬨎鎛　胡石查説成字下疑是勞字。古勞字从縈省。取經營之意。見朱氏説文通訓定聲。衣系義相近。薛款識齊

鎛。受褮朕行。堇褮其政事。皆勞字。舊釋恪。誤。【攈古樓彝器款識二册】

◉吳大澂　勞勤大命。疑古勞字。彔伯戎敦。自乃祖考有于周邦。與此同。【毛公鼎釋文】

◉王國維　勞蔑大命。勞。鼎文作。象兩手奉爵形，單伯鐘。勞蔑大命。彔伯敦蓋。有勞於周邦。字皆如此作。古之有勞者。奉爵以勞之。故从兩手奉爵。齊子仲姜鎛。[?]叔有成勞于齊邦。齊侯鎛鐘。堇勞其政事。字又作。則與小篆勞字為近矣。蔑古以為勤字。【毛公鼎銘考釋　王國維遺書第六册】

◉林義光　齊侯鎛。[?]叔有成褮於齊邦。薛氏款識齊侯鎛鐘。堇勤褮其政事。依文義褮當釋為勞。本作師寰敦。為燎之古文。象兩手持衣向火中。省作齊侯鎛。勤勞之勞為褮之借義。篆變作勞。僚屬之僚古作僚彝辛。从㫃褮省聲。變作僚司徒敦。作伯僚尊彝。【文源卷六】

◉郭沫若　字亦見毛公鼎與單伯鐘。二器均言「堇大命」。舊釋勞，無說。孫詒讓釋揩，謂从収古文昏省聲。王國維仍釋勞，謂「象兩手奉爵形。古之有勞者奉爵以勞之，故从兩手奉爵」毛公鼎銘考釋。案以釋勞為是，蓋从兩手奉爵，爵亦聲也。僅言兩手奉爵，可以為飲，可以為獻。不必便是勞；唯以爵為聲始能定其音讀。古昏字當作夒。象人首為酒所亂而手足無所措之形。此單从爵。不得釋為揩字。【彔㦰段　兩周金文辭大系圖録攷釋】

◉馬叙倫　鈕樹玉曰。劇當作勮。韻會引冂下有者也二字。徐灝曰。熒火燒冂四字非許語也。燚部曰。熒。屋下鐙燭之光。則非燒冂明矣。林義光曰。齊侯鎛。[?]叔有成褮於齊邦。薛氏款識齊侯鎛鐘。堇褮其政事。依文義褮當釋為勞。本如師寰敦作。為燎之古文。象兩手持衣向火中。省如齊侯鎛作。勤勞之勞為褮之借義。篆變作勞。僚屬之僚古作僚彝。從㫃。褮省聲。變作僚司徒敦。作伯僚尊彝。倫按林所引僚司徒敦伯僚尊彝之二字。實皆燎之初文。見㷡字下矣。僚彝之。蓋從衣寮省聲。與齊侯鎛之一字。即本書之褮字。師寰敢之。蓋從艸。褮聲。即本書之蓛字。褮。從衣。熒省聲。熒即之變譌。見熒字下。熒音匣紐。勳音曉紐。同為舌根摩擦音。故得借褮為勳。熒即燎字。本音當在來紐。勳從熏得聲。熏從黑得聲。黑從囪得聲。見熏字黑字下。囪音亦來紐也。是又褮勳可通之故也。勳本是用力之義。則堇褮其政事。即勤勳其政事。與毛公鼎之大命毀敦之有于我家文義詞例皆同。然如林釋為勞。亦通。勞從力。省聲。故膂從之得聲。但諸文非即勞字耳。勞勠音同來紐轉注字。古讀來歸泥。泥微同為邊音。務音微紐。是勞務亦轉注字。勞勠務勖聲並幽類。亦相轉注也。

鈕樹玉曰。玉篇作勞。碧落碑作。嚴可均曰。汗簡引作。云。見舊說文。按勞當作勞。從熒不省。舊說文者。李陽冰未刊定以前本也。沈濤曰。玉篇作勞。則亦非從悉。然玉篇傳寫亦譌。古本當如汗簡也。王筠曰。若果作勞。則當云古文勞從熒不省。凡言如此者。皆謂其形不可解說也。李杲曰。此疑後人據碧落碑增。倫按凡鍇本重文下有言如此者。塙皆可疑。蓋鉉本從悉。後人加之。古文經傳中勞字蓋作𢡟。或作褮。譌為𢡟耳。【說文解字六書疏證卷二十六】

◉商承祚　𢡟　段氏依玉篇改作勞。汗簡引說文作勞。嚴氏謂當作勞。从熒不省也。【說文中之古文攷】

◉張政烺　𢘍　中山王𰯲鼎　以憂𢘍邦家　爾雅釋詁「勤，憂也。勞，勤也」。說文「勞，劇也。从力熒省。𢡟，古文勞从悉」。𢘍當是𢡟之省。【中山王𰯲壺及鼎銘考釋　古文字研究第一輯】

◉張守中　𢘍　古文勞。大鼎。以憂一邦家。【中山王𰯲器文字編】

◉于豪亮　𢘍即勞字，《漢簡·心部》作𢡟，亦勞之或體。【中山王𰯲鼎銘　中山三器銘文考釋　于豪亮學術文存】

◉黃錫全　勞　勞見舊說文　𪏗鎛、齊侯鎛勞作勞，中山王鼎作𢘍，孟孝琚碑作𢘍（篆隸13·37），今本《說文》正篆作勞，古文作𢡟。鄭珍認為今本古文「从悉無義，此形當原作勞，篆从熒省，古文不省，舊《說文》是也。郭以此為舊本，知所見時本誤从悉，與二徐同。」按𢡟𢡟並當古文勞，上舉古勞字从心可證，今本脱此。段玉裁據《玉篇》及此書改今本古文𢡟為勞，非是。【汗簡注釋卷六】

◉劉彬徽等　(47)袋，勞字。簡文作𢘍，《說文》古文勞作𢡟，金文作𢘍（𪏗鎛），與簡文形似。【包山楚簡】

勮右尉印　勮丞　勮里鄉印　勮賈　勮聖之印　【漢印文字徵】

◉許　慎　勮務也。从力。豦聲。其據切。【說文解字卷十三】

◉馬叙倫　沈濤曰。文選北征賦注王粲詠史詩注陸機苦寒行注皆引。劇。甚也。劇即勮之別體。蓋古本作甚也一曰務也。倫按甚也蓋校者加之。或吕忱列異訓。劇則譌體耳。勮為勍勇之音同羣紐轉注字。此字或出字林。【說文解字六書疏證卷二十六】

勀 勀

[seal] 剋出郭顯卿字指　[seal] 剋出顏黃門說文　【汗簡】

[seal] 顏黃門說　[seal] 郭昭卿字指　【古文四聲韻】

◉許　慎　勀尤極也。从力。克聲。苦得切。【説文解字卷十三】

◉馬叙倫　當依鍇本作尤勮也。然尤也勮也二訓也。尤也蓋校者加之。或吕忱列異訓。勀音溪紐。勮劈音同見紐。蓋為同舌根破裂音轉注字。此字或出字林。【説文解字六書疏證卷二十六】

◉朱歧祥　331.[glyph] 从殳克聲，隸作殸。即勀字；今作剋、作尅。卜辭為殷地名。

《南明492》丙辰貞：唯岳壱在[glyph]。

岳，自然神。壱，有降災意。【殷墟甲骨文字通釋稿】

◉黄錫全　[glyph] 剋出郭顯卿字指　鄭珍云：「篆勀字也。左當作[glyph]。剋俗勀字。」按克字古本作[glyph]（沈子它毁）、[glyph]（善夫克鼎）、[glyph]（秦公鎛）、[glyph]（公克錞）等，此克形類同。參見克部剋。【汗簡注釋卷六】

勩 勩

◉許　慎　勩勞也。詩云。莫知我勩。从力。貰聲。余制切。【説文解字卷十三】

◉馬叙倫　此字蓋出字林。疑勝之轉注字。勩音喻紐四等。勝音審紐三等。同為次清摩擦音也。亦勳之轉注字。勳音曉紐。亦次清摩擦音也。【説文解字六書疏證卷二十六】

勦 勦

◉許　慎　勦勞也。春秋傳曰。安用勦民。从力。巢聲。子小切。又楚交切。【説文解字卷十三】

◉馬叙倫　鈕樹玉曰。韻會從力巢聲在春秋上。倫按巢燎聲同宵類。是勦勞為轉注字也。字或出字林。【説文解字六書疏證卷二十六】

◉劉　釗　《漢徵補》十三·六第7欄有字作「[glyph]」，《漢徵補》隸作「勦」，以不識字列力部後。按巢字金文作「[glyph]」，帛書《老子》乙本作「[glyph]」，與「[glyph]」所从之「[glyph]」形同。「[glyph]」應釋作「勦」，勦字見于《正字通》。【璽印文字釋叢（一）　考古與文物一九九〇年第二期】

𢁉 券

◉許　慎　𢁉勞也。从力。卷省聲。臣鉉等曰。今俗作倦。義同。渠卷切。【說文解字卷十三】

◉强運開　𢁉毛公鼎。𢁉堇大命。吴愙齋以為古勞字。竊謂其義則是。其字則未塙詳。宷字形當為古𢍏字。說文廾部。𢍏。摶飯也。从廾釆聲。釆。古文辨字。讀若書卷。古同音俱可通叚。逕釋𢁉為𢍏。於義無當。此蓋叚借為券。倦也。按古昏婚字乍𢁉。其首與𢁉同。彔伯戎𣪘昏字乍𢁉。其首與釆相近。可為𢍏𢁉一字之證。說文。券。勞也。从力卷省聲。段氏則乍从力𢍏聲。注云輈人終日馳騁左不楗書。楗或作券。鄭云券今倦字也。據此則漢時已倦行券廢矣。是知券倦為古今字。尚書倦于勤。即券勤二字相連之確證。金文勤每省作堇。是券亦可省作𢍏矣。𢁉單伯鐘。券堇大命。𢁉彔伯戎𣪘。有券于周邦。謂有勞勤于周邦也。【說文古籀三補第十三】

◉馬叙倫　徐鉉曰。今俗作倦。鈕樹玉曰。人部有倦。不得云俗。嚴可均曰。小徐作𢍏聲。此云卷省。蓋忘有𢍏字耳。段玉裁曰。考工記注。券今倦字也。據此則漢時已倦行券廢矣。倫按勞也者通訓耳。此倦之異文。字或出字林也。倫謂券為勸之聲同元類轉注字。勞倦字當為疲。歌元對轉。借券為疲。【說文解字六書疏證卷二十六】

◉黄錫全　𢁉倦出尚書　鄭珍云：「勞傍正字，上从釆，薛本同，改作『火』非，加人俗。」按楚簡券作𢁉、𢁉（望山M2），秦咸陽陶文作𢁉，《説文》正篆變作𢁉，𢁉、𢁉並當由𢁉、𢁉等形譌變。漢印劵即作𢁉、𢁉（漢印徵13·5），銀雀山漢墓竹簡《孫子兵法》作𢁉，《孫臏兵法》劵作𢁉。《大禹謨》一見倦字。郭見本蓋作𢁉，以隸作古。【汗簡注釋卷六】

勤 勤

𢁉勤　不从力　𢁉鐘　堇字重見　𢁉中山王𧊒鼎　身勤社稷行四方　𢁉通觀　中山王𧊒壺　堂勤於天子之廟　【金文編】

勤石勤印信　勤尹勤印信　【漢印文字徵】

勤開母廟石闕　寔勤斯民　𢁉勤石經多士　其有聽念于先王勤家　借慬為勤　【石刻篆文編】

𢁉勤並見史書　【汗簡】

◉許　慎　勤勞也。从力。堇聲。巨巾切。【説文解字卷十三】

◉强運開　𢁉毛公鼎。券勤大命。叚堇為勤。不从力。𢁉單伯鐘。券勤大命。𢁉宗周鐘。勤疆土。亦不从力。【説文古籀三補第十三】

◉馬叙倫　勤為勴券之音同羣紐轉注字。【説文解字六書疏證卷二十六】

◉張守中　[古文字]大鼎。身—社稷。[古文字]讀為覲。方壺外之則𤉉使堂—於天子之廟。【中山王礜器文字編】

◉黄錫全　[古文字]勤並見史書《漢書·文帝紀》「廑事從事」,晉灼曰「廑,古勤字」。《楊雄傳》「其廑至矣」,師古曰「廑,古勤字」。郭取廑字,以隸作古。【汗簡注釋卷四】

◉劉彬徽等　(236)戳,疑讀作勤。勤客,負責勤務之人。【包山楚簡】

◉戴家祥　説文十三篇「勤,勞也。从力堇聲」。中山王礜鼎「身勤社稷」,勤用作本意。中山王礜方壺「勤」假作「覲」。説文「覲,諸侯秋朝曰覲,勤勞王事也」。【金文大字典上】

加

[古文字]加　加爵　[古文字]蔡公子加戈　[古文字]𡥀乳為嘉　虢季子白盤　王孔加子白義【金文編】

[古文字]49　[古文字]122　[古文字]189　[古文字]190【包山楚簡文字編】

[古文字]1260　[古文字]1259　[古文字]1680【古璽文編】

[古文字]張加信印　[古文字]朱加之印　[古文字]弓加之印　[古文字]家加壽　[古文字]張加　[古文字]臧加翠　[古文字]張加　[古文字]成加【漢印文字徵】

[古文字]詛楚文　吕臨加我【石刻篆文編】

[古文字]古孝經　[古文字]古老子【古文四聲韻】

◉許　慎　[古文字]語相增加也。从力。从口。古牙切。【説文解字卷十三】

◉吳大澂　[古文字]古加字通嘉。虢季子白盤。王孔加子白義。【説文古籀補第十三】

◉劉心源　[古文字]加。嘉省。然直讀加亦可。吕覽離俗注。加。上也。是其義。【虢季子白盤　奇觚室吉金文述卷八】

◉方濬益　[古文字]加。即嘉。又通作柯。風俗通云。國語。周單子會晉厲公於加陵。引爾雅曰。陵。莫大於加陵。淮南人間訓云。晉厲公合諸侯於嘉陵。今周語云。柯陵之會即春秋成公十七年盟于柯陵之事。是加嘉古通用字。加柯古同聲字也。【虢季子白盤　綴遺齋彝器款識考釋卷七】

勢

◉林義光　說文云。[glyph]語相增加也。从力口。按[glyph]象手争持形。古作[glyph]虢季子白盤。作[glyph]陳侯敦嘉字偏旁。【文源卷六】

◉高田忠周　說文「加，語相增加也。从力从口」。蓋力言也，與競字稍似矣。朱駿聲云：左襄十三年傳「君子偁其功，以加小人」，論語「我不欲人之加諸我也」，馬注「陵也」。轉義：爾雅「加重也」。儀禮鄉飲禮「則辭加席」，注「上席也」。鄉射禮「乃復求矢加于福」，注「增故曰加」。魯語「今無故而加典」，注「益也」，元言語言之重增，轉為事物之總稱也。【古籀篇四十二】

◉丁佛言　[glyph]古鉢。[glyph]加武。加字反文。[glyph]古鉢。[glyph]加[glyph]。【說文古籀補補第十三】

◉馬叙倫　鈕樹玉曰。韻會作從力口。朱駿聲曰。從口非誼。疑從力。可省聲。許謂語相增加。恐屬附會。倫按口聲。可亦從口得聲也。見可字下。加蓋劫之音同見紐轉注字。以力加人。故引申為增加之義。語相增加也非本訓。【說文解字六書疏證卷二十六】

◉聞一多　王降亡⿰貝力爵⿰彳象櫜。⊘⿰貝力讀為加，加爵恆語。【大豐𣪘考釋　聞一多全集卷十】

◉陳秉新　[glyph]　釋樹、釋枊均與字形不合，陳夢家只隸定為⿰壴力而未釋其字，所說地望，亦屬推測。字从壴从力，字書不見，頗疑為加字初文。加是一個會意字，其本義當是陵加，加于其上。甲文妿，義取以力加于女，各家讀為嘉，可从，後世作妿，演化為形聲字。⿰壴力，義取以力加于壴（鼓）。大豐簋「⿰貝力爵」之⿰貝力，亦當釋加，从力从貝，義取以力加于貝，舊釋賀，差近。又侯馬盟書宗盟類「而不盡从嘉之明」嘉字或作[glyph]（四九：一），从力从壴，不从加。卣文嫐，是妿的繁體。从女⿰壴力聲。凡此皆可證明⿰壴力是加或嘉的初文，嘉的嘉美義後起。甲文⿰壴力疑當讀為嚻，見疑旁紐，歌宵音近，嚻當是仲丁的都邑，一說在今河南滎縣東北敖山，一說在今鄭州市。【殷虛征人方卜辭地名彙釋　文物研究第五輯】

◉楊樹達　口為領名，力為屬名。【文字形義學】

[glyph]　勢　為五　通傲　——悍袞暴　【睡虎地秦簡文字編】

[glyph]史勢　[glyph]司馬勢　[glyph]便勢私印　[glyph]張勢私印　[glyph]貴勢印信　【漢印文字徵】

◉許　慎　[glyph]健也。从力。敖聲。讀若豪。五牢切。【說文解字卷十三】

◉馬叙倫　段玉裁曰。此豪傑字。劉秀生曰。敖聲高聲竝在豪部。故勢從敖聲得讀若豪。勢即豪傑本字。漢書食貨志。不得豪奪吾民。師古曰。豪謂輕侮也。字本作勢。蓋通用耳。書旅獒序。西旅獻獒。鄭注。獒讀曰豪。竝其證。倫按健也非本

勇

訓。或字出字林。【説文解字六書疏證卷二十六】

勇　不从力　庚壺　甬字重見　説文勇或从戈用　攻敔王光劍　以戢戚人　【金文編】

仁勇里附城　徐勇　勇禹　紀勇之印　勇安私印　閔勇　霍勇　【漢印文字徵】

勇　勇出馬日磾集羣書古文　【汗簡】

古老子　同上　馬日磾集又羣書古文　並籀韻　【古文四聲韻】

◉許　慎　气也。从力。甬聲。余隴切。勇或从戈用。古文勇从心。【説文解字卷十三】

◉商承祚　書契卷七第五葉　卷八第五葉　説文解字。勇。气也。从力甬聲。或从戈用作。古文从心作。金文伯勇簠作。與説文之或作同。此从又與力同。マ為後人所加。【殷虚文字考　國學叢刊第二卷第四期】

◉馬叙倫　鈕樹玉曰。繫傳作。倫按顧本通論如此作。繫傳同鉉。王筠曰。玄應音義五引云。勇亦悍也。按心部。悍。勇也。玄應顛倒引之。手部。捲。氣勢也。引國語有捲勇。倫按疑許本以同聲之字為訓。釋名。勇。踊也。倫謂動勇蓋轉注字。勇音喻紐四等。古讀歸定。動音定紐。聲亦同東類也。此訓气也當作□气也。捝一字耳。此蓋字林文。韻會二腫引有一曰健也。疑上文埶下説解中訓誤衍於此。字見急就篇。

朱駿聲曰。從戈。用聲。倫按白勇父簠作。與此同。然從戈則為兵器。或殺戮義。或戈為力譌。或古之別體。或與勇異字。玄應一切經音義引古文官書。甬勈二形今作勇。同踊踵反。甬蓋戚或恿之殘文。

倫按從心。甬聲。從心校者加之。【説文解字六書疏證卷二十六】

◉商承祚　金文鄭勇句父鼎作。與説文或作同。殆好義為恿。故从心。恃气為勇。故从力。至勇而無禮。亂之階也。于是乎用干戈而為戚矣。【説文中之古文攷】

◉黄錫全　勇　《説文》勇字古文作，《集篆古文韻海》勇作，夏韻腫韻録《古老子》勇作，此蓋形寫譌。薛本作恿，雲夢秦簡勇作恿，與此同。金文作（攻敔王光劍），與《説文》或體同，參見後戈部。【汗簡注釋卷四】

◉黄錫全　勇出馬日磾集羣書古文　安徽南陵發現的吴王光劍勇作（文物1982.5），與《説文》勇字或體同。此从甬，用、甬古

勃　勡　劫

通，如曾姬無卹壺「用作宗彝尊壺」之用即作甬。《玉篇》「戫，古勇字」。《一切經音義十二》「勇，古文戫」。鄭珍認為是「本日僤，《説文》等書，疑今本《説文》或誤」。按戫、戫均當古文勇。【汗簡注釋卷五】

◉湯餘惠　戫71　戫·勇　《説文》：「勇，气也。从力，甬聲。戫，或从戈用。恿，古文勇从心。」攻敔王光劍「以當勇人」，字作「戫」。簡文戫字从戈甬聲，為勇字別體。【包山楚簡讀後記　考古與文物一九九三年第二期】

勃小府　苦成勃　張勃之印【漢印文字徵】

古論語【古文四聲韻】

◉許　慎　勃排也。从力。孛聲。蒲没切。【説文解字卷十三】

◉馬叙倫　段玉裁曰。今俗語謂以力旋轉曰勃。鄧廷楨曰。勃排雙聲。倫按字或出字林。【説文解字六書疏證卷二十六】

◉許　慎　勡劫也。从力。𤐫聲。匹眇切。【説文解字卷十三】

◉馬叙倫　嚴可均曰。文選張孟陽七哀詩注引作劫人也。王筠曰。字林。勡。劫人也。倫按勡音滂紐。劫從去得聲。去音溪紐。滂溪同為次清破裂音。是轉注字也。勡聲宵類。劫聲談類。宵談對轉。亦可證也。字或出字林。【説文解字六書疏證卷二十六】

◉許　慎　劫人欲去。以力脅止曰劫。或曰以力止去曰劫。居怯切。【説文解字卷十三】

◉馬叙倫　鈕樹玉曰。廣韻引欲去作欲劫。譌。韻會引作一曰以力去曰劫。從力去。六書故曰。怯劫皆以去為聲。沈濤曰。史記高紀索隱引。以力脅之云劫也。蓋古本作劫。以力脅之也。或曰。以力止去曰劫。禮記儒行注。劫。脅也。知當作脅之。不當作脅止也。許偁或曰一曰皆與正解不同。若今本則無別矣。王筠曰。本訓及或曰止是一義。兩本詞有詳略。校者掇拾之也。觀其少從力去聲之文。亦可知殘闕多矣。段玉裁依韻會補從力去三字。實去聲也。倫按説解本作脅也從力去聲。呂忱加人欲去以力脅止之曰劫。傳寫但存呂文。一本又有捝耳。莊子有胠篋篇。即劫篋也。明劫從去得聲也。莊子釋文曰。胠。史記作擠。擠當是搚之異文。借為劫也。知此當訓脅矣。字見急就篇。【説文解字六書疏證卷二十六】

飭

飭 說文所無　雜二八【睡虎地秦簡文字編】

琦飭左丞【漢印文字徵】

◉許　慎　𩜓致堅也。从人。从力。食聲。讀若敕。恥力切。【說文解字卷十三】

◉馬叙倫　鈕樹玉曰。韻會作從人力。桂馥曰。當作從力。飤聲。葉德輝曰。古飭敕通用。吕覽孟春紀。田事既飭。高注。飭讀若敕。又季夏紀。音律。修法飭行。注。飭讀如敕。尹桐陽曰。敕飭疊韻。倫按致堅也當作致也堅也。廣雅釋詁。飭。致也堅也。致謂致力。故引申有堅義。或曰。致也當作扨也。飭扨敕三字相轉注。以手則從手作扨。以力則從力作飭。以有所擊刺。則從攴作敕。扨敕音同知紐。飭音徹紐。皆舌面前破裂音也。讀若敕者。敕當作敕。本書雖敕敕竝有。然敕為敕譌。已見敕下。敕音穿紐。古讀歸透。古讀徹亦歸透也。字見急就篇。然顔師古本作飾。依義合是飾字。疑飭為飾之譌體。古或借飾為扨敕或借為敕耳。此字出字林也。【說文解字六書疏證卷二十六】

劾

劾 效五五　三例　語七【睡虎地秦簡文字編】

◉許　慎　𠟖法有辠也。从力。亥聲。胡槩切。【說文解字卷十三】

◉馬叙倫　吴穎芳曰。法下疑脱劾字。倫按急就篇。誅罰詐偽劾罪人。周禮鄉士。辨其獄訟。異其死刑之罪而要之。注。要之為其罪法之要辭。如今劾矣。左昭十四年傳。乃施邢侯。服虔曰。施猶劾也。書吕刑正義漢世問罪謂之鞫。斷獄謂之劾。然則劾法有辠乃漢制。猶清代官文書中之核矣。然字當作該或訡或計或譄。劾則借耳。劾之本義亡矣。字見急就篇。【說文解字六書疏證卷二十六】

募

募 雜三五【睡虎地秦簡文字編】

陷陳募人　募五百將【漢印文字徵】

◉許　慎　𦹍廣求也。从力。莫聲。莫故切。【說文解字卷十三】

劬 勢 勘 辦 劦

◉馬叙倫 桂馥曰。一切經音義九引同此。後漢書光武紀注引作廣求之也。宋祁校漢書揚雄傳。引字林。募。廣求也。倫按荀子議兵。招延募選。似用求義。然從力無求義。玄應一切經音義引倉頡。募。問求也。疑求乃慕之引申義。募為務勉之轉注字。募音明紐。務勉音同微紐。古讀歸明也。【説文解字六書疏證卷二十六】

◉徐鉉 劬勞也。从力。句聲。其俱切。【説文解字卷十三新附】

◉徐鉉 勢盛力權也。从力。埶聲。經典通用埶。舒制切。【説文解字卷十三新附】

籀韻【古文四聲韻】

◉徐鉉 勘校也。从力。甚聲。苦紺切。【説文解字卷十三新附】

◉柯昌濟 戉疑為勘字,尚書有西伯勘(戡)黎篇目。【殷墟卜辭綜類例證考釋 古文字研究十六輯】

◉徐鉉 辦致力也。从力。辡聲。蒲莧切。【説文解字卷十三新附】

鐵六二・一 前六・六一・七 後一・一九・六 後二・三六・四 粹一一六〇 甲三九五 甲一三〇七 鄴三下・四一・四 京津四〇四六 京津四二一七 粹四二三 拾三・一〇或从口 前一・七・六 前四・二・四 前四・三一・一 前五・二二・四 後一・三・一〇 甲三四三 甲二六九二

粹二〇三　京津五四九二　佚五六六　佚八八七　續二·二八·五　王大令衆人曰劦田其受年　林一·

二二·九　掇二·一五八　通別二·一一·二　粹八六六　珠四〇三　京都一三四A　【甲骨文編】

甲355　359　363　523　755　794　1307　1321　1835　2084　2692

2769　2880　乙4548　珠245　246　369　370　403　珠645　佚133　珠656

佚168　217　251　253　541　566　887　續1·9·10　1·16·2　1·18·5

1·25·4　1·31·8　1·32·1　1·33·3　2·22·1　續2·28·5　徵5·5　續5·28·5　6·

25·10　徵3·39　3·49　3·67　3·108　3·117　3·187　3·196　録325　396

六清66　外200　續存236　1485　外66　書1·8·A　摭續9　54　粹94　109

146　152　201　203　209　224　244　267　279　290　298　304

316　391　392　422　431　438　866　1160　新520　4013　4013

4217　5019　5081　5492　5551　【續甲骨文編】

劦　劦日祭名甲骨文屢見或从口　肄簋　隹王六祀劦日　【金文編】

3·837　劦祭　【古陶文字徵】

0460　【古璽文編】

劦　【汗簡】

◉許　慎　劦同力也。从三力。山海經曰。惟號之山。其風若劦。凡劦之屬皆从劦。胡頰切。【說文解字卷十三】

◉柯昌濟　卜詞曰「癸未卜衍貞王旬亡悔在正□月甲申祭祖甲劦兔甲」。劦字亦卜詞常見字。作劦或作劦。案从三力當即說文劦字。說文曰。劦。同力也。从三力。引山海經曰「惟號之山其風若劦」。山海經三代書足徵古誼。此字从口。則古文也。戊辰彝曰「隹王廿祀劦日遘于戈妣武乙奭」。所云協日者。卜詞云祭祖甲協兔甲。劦字與卜詞同。愚謂劦有衆誼。祭祖甲及兔甲。故謂之劦。然則殷時凡祭及數人者謂之劦日也。猶之肜日翌日矣。劦日疑即古之祫禮。案說文祫大祭先祖親疏遠近也。兔甲之名不見經傳。非殷之君王。殆即殷之近族。祀祖甲因及之。又卜詞曰「大令衆人曰劦田其受年十一月」。義謂協田于田則受年也。此王令衆民務農之語。【殷虛書契補釋】

◉葉玉森　卜辭屢見劦日。金文亦數見。按劦似从劦,从日。說文無之。惟劦部有協字。古文作叶叶,卜辭亦作劦,从三十,从曰,疑即叶叶所由譌變。篆从劦為劦,又誤加一十字於左。協之本字固當作𣌭。說文「協,衆之同和也」。方言「協,合也」。又說文「祫,大合祭先祖親疏遠近也」。詩雝箋「祫,合也」。是協祫古文聲誼竝通。殷祭之𣌭,當即周之祫祭。【殷契鉤沈】

◉高田忠周　劦 劦「在十月唯王廿祀劦日」　此書高宗肜日之肜本字也。爾雅釋天。繹又祭也。周曰繹。商曰肜。夏曰復胙。郭注。祭之明日。尋繹復祭。郝氏義疏云。肜者。融之叚音也。書云高宗肜日。絲衣箋云。商謂之肜。釋文肜作融是也。釋詁。融。長也。方言。融與繹俱訓長。是融繹義同。詩正義引孫炎曰。肜者。亦相尋不絶之意。公羊注。肜者。肜肜不絶。是皆以肜為融。故左氏隱元年傳。其樂也融融。文選思玄賦作肜肜。李善注。融與肜古字通也。又諸家以說文無肜篆。謂肜為彤誤字。云肜融通用。又雷浚云。高宗肜日。江氏尚書集注音疏作融日。其言曰融。偽孔本作月旁箸彡。說文所無。絲衣箋商謂之融。則字當作融。浚按。肜作融可也。謂月旁著彡。則誤矣。玉篇舟部。彤。余弓切。爾雅云。祭也。又丑林切。舟行也。說文彤。船行也。从舟彡聲。丑林切。則肜即彤之隸變。凡舟旁字隸變例作月。非骨肉之月字。五經文字肜音融。亦在舟部。葢雷為長。後字書收于肉部。妄甚矣。然祭名字實非彤。又非融。元自別字。當作肜字。經傳所書不誤也。今見此篆从巛。龜甲文作巛。並皆省略。本形當作巛。即蟲字也。下从D即夕字。亦用為月。金文恆見。然則此篆隸釋當為𦜝。蟲或作巛。又省作巛。偶與彡字相類。因譌為肜形耳。然則此𦜝音義如何。按字从月。固當為明義。爾雅釋邱。融。明也。左昭五年傳。明而未融。注。朗也。服注高也是也。从月蟲聲。與融从蟲省聲同。故經傳往往借融為之也。其訓為尋繹義者。當係叚借義。古音蟲聲與尋繹轉通耳。或云訓長。訓續。即假借為通。或為羕。亦通矣。【古籀篇二十四】

◉徐中舒　此字从三力。或从口。从劦聲。當讀為茘。茘屬來母。金文亦从口作　己酉方彝　丁子卣　戊辰彝。此為殷代祭名。其義當與協同。蓋即大合祭之祫。協有合力之意。古本與合相通。如詩江漢「祫此四國」。禮記孔子閒居引作「協此四國」。詩正月「洽比其鄰」。左襄廿九年傳引作「協比其鄰」。書堯典「協和萬邦」「協時月正日」。史記五帝本紀引作「合和萬國」「合時月正日」。皆其明證。【耒耜考　歷史語言研究所集刊第二本一分】

◉郭沫若　上似从劦。下从ㄩ。與出之作㞢者同。蓋盛物之器。或説从口。或説从曰。均非也。【朱芳圃甲骨學文字編補遺引】

◉吴闓生　劦日祭名。甲骨文有太戊奭妣壬劦日。太甲奭妣辛劦日之文。其字有　　　　之不同。亦有作母字者。其義則猶配也。其祀妣壬則于壬日。祀妣辛則于辛日。此祀妣戊則于戊日。日與號協。斯其所以為劦日與。劦日之文。商器屢見。前人不知其義。多釋為世昌。殊誤。【肄彝　吉金文録卷二】

◉吴其昌　「劦日」者，亦殷代祭名之一也。其名亦得省作「劦」；此正猶「肜日」之得省作「肜」，「翌日」之得省作「翌」矣。其字从巛从ㄩ，巛為三具耒耜之形，蓋　　皆象耒耜之初形。其後乃衍為「力」字也。⊘更有一顯著之證，卜辭有云：「……大命衆人曰　田，其受年，十一月。」(續二・二八・五)此　字，正象三耒並陳之狀，故云「　田其受年」。季即禾也。三耒並陳于田，而「命衆人」共作業焉，斯得「其受季」矣。是故劦字原始之初義為三耒並陳之象形矣。其後又轉演而為祭名者，殆比為肆陳耒耜而舉行之祭典歟？又比字固大率从巛从ㄩ，然偶亦間有三耒省作二耒而作从　从ㄩ者，……亦間有更省而作一耒，作从　从ㄩ者，⊘是故以廣義言之，「劦」亦偶得為大合祭之義，⊘然普通習見者⊘「劦」祭或「劦日」祭，恆為既祭後代先王，因而上祭前代先王之專名，⊘然則在同時合祭兩代以上先王之時，「劦」祭蓋為最尊之祭名矣。【殷虚書契解詁】

◉馬叙倫　鈕樹玉曰。玉篇注同。下有急也二字。一切經音義三引作同力也亦急也。段玉裁曰。劦本音戾。力制切。故茘珕皆從之得聲。倫按如從三力會意。當是并力之意。急也未詳。此及山海以下十二字皆校語。然同力也亦非本訓。且力為筋之初文。三力為劦。用其假借。亦仍是气力之義。疑是茂文也。後人望文生義。以為同力耳。【説文解字六書疏證卷二十六】

◉董作賓　劦祭之劦。卜辭中以為協合。字在祭祀專名中亦當為協合之義。蓋此種劦祭在最後舉行。或同時聯合他種祀典一並舉行之也。【殷曆譜上編卷三】

◉李亞農　癸巳卜，祖甲　　叀……(粹・三三一)

劦字多數是用為合祭之義，但有時亦用為説文所謂同力的意思。如：

……王大令（命）衆人劦田，其受年，十一月。（徵・歲時・五）

劦田猶言合力耕田也。劦田的辭例亦至多，茲不具引。

劦字的異體

⿱巛日和巛字，舊釋劦，一般認為祭名。金文中亦有此字。如：

庚午卜，貞：王宊祖乙夾妣唐⿱劦日日亡尤。（後・上・三・一）

隹王廿祀⿱劦日日，遘於妣戊，武乙奭。（戊辰彝）

甲骨文編在劦字項下只收了⿱巛日和巛兩種字體。其實劦字的異體還有二三種，如：

祖丁⿱力口在弜（斯），王受㞢。（通・別一・何四）

妣庚⿱力口，牢又二牛，王受又。（通・別一・何六）

⿱力口于之。

祖丁⿱力口在弜（斯）。（存・二一七）

在⿱力口字之外，又還有力字，這並不是力量的力，仍是劦的簡體。如：

盧彡力自上甲。（粹・一〇九）

弜（斯）力。乙巳貞：其力。（粹・三六八）

又有異體作⿰示⿱力口，此則應釋為祫。説文云：「大合祭先祖親疏遠近也。」

貞：⿰示⿱力口祖乙，叀魚至又正。（粹・二三三）

其若□⿰示⿱力口祖乙，又正。（粹・二三四）【殷契雜釋　中國考古學報第五册】

◉楊樹達　説文十三篇下劦部云：「劦，同力也。从三力。」胡頰切。按四篇下肉部云：「脅，兩膀也。从肉，劦聲。」虛業切。余謂劦即脅之初文，劦从三力，義與力（即肋字）近，此猶二糸為絲，糸與絲義同，二户為門，門與户義近，二屮為艸，三屮為卉，四屮為茻，艸卉茻與屮義近也。加肉旁為脅，許君遂認劦脅為二文，非也。劦為初文，兩膀其初義，今初義之兩膀為後起加形旁之脅字所佔，許君只以同力之泛訓訓劦矣。【積微居小學述林卷五】

◉楊樹達　寧滬集三二〇片云：「叀甲午乂？」樹達按：⿱劦日日之祭字本作⿱劦日，省作⿱力口，此又省止作乂。【卜辭求義】

◉陳夢家　卜辭祭名之𠩺，早期作劦、𠩺，中期作旮。前者是「協」字所從，後者從「力」。因此𠩺田可有兩種解釋：一是尚書多方「力畋爾田」的「力畋」，一是協耕。呂氏春秋長利篇「協而耰」，周禮里宰「合耦而耡」，論語微子「長沮桀溺耦而耕」，詩噫嘻「亦服爾耕，十千維耦」，載芟「千耦其耘」，凡此皆後世所記耦耕之事。【殷虛卜辭綜述】

◉李孝定　説文「劦。同力也。从三力。山海經曰『惟號之山其風若劦』」。又「協。衆之同和也。从劦从十。叶古文協。从曰十。叶或从口」。二者古當為一字。叶叶其後起形聲字也。契文象三耒並耕。或並置凵笶中引申得有同力同和之義。卜辭以為祭名。説者謂當於周之祫祭是也。或為風名。與許君所引山海經説同。金文作𠩺戊辰彝。銘云「隹王六祀𠩺日」。與卜辭同。【甲骨文字集釋第十三】

◉金祥恆　𠩺劦，説文「劦，同力也，从三力」。簡文叚為脅。説文「脅，兩膀也，从肉劦聲」。周禮天官醢人「豚拍魚醢」，注「鄭大夫杜子春皆以拍為膊，謂脅也。或曰豚拍，肩也。今河間名豚脅聲如鍛鎛」。孫詒讓正義「凡成牲體，解左右脅，各分為三，前曰代脅，次曰長脅，後曰短脅。豚未成牲，則唯解左右脅為二。禮所謂兩胉是也」。案禮「兩胉」即説文「兩膀」也。儀禮少牢禮「短脅一，代脅一，皆二骨以並」。有司禮「短脅一，正脅一，代脅一」。特牲饋食禮「長脅二骨，短脅」。胡培翬正義引禮經釋例「凡牲，脊兩旁之肋謂之脅，又謂之胉，又謂之幹」。故豚拍即豕胉也。謂豕脊之兩旁之肋骨肉也。【長沙漢簡零釋(四)　中國文字第五十二册】

◉白玉峥　字於甲文之構形，約有四類：

1. 𠩺：或其反書，除第四期外，其餘各期大率皆如此作。
2. 𠩺：或其反書，見於第二、三、四各期。
3. 劦或其反書，見於第四期。第五期時間有作𠩺(佚五四五)者。
4. 𠩺：見於第三、四兩期。

綜上觀之，𠩺字之構形，以第一期時最為單純，第二期以後漸趨繁複，而以第三、四兩期為最；至第五期又漸為一致。其在辭中之為用，大率多為祭名，間亦有用為動詞者。至𠩺日一辭，始見於第四期，終于第五期。第四期時以劦為劦日之專字，第五期時，除𠩺日之祭外，別無𠩺祭之辭。【契文舉例校讀　中國文字第五十二册】

◉方述鑫　上面的「劦」象耒形。下面的「凵」或「凵」象大地形。𠩺的本義是衆耒在大地上耕耘。【甲骨文口形偏旁釋例　古文字研究論文集】

◉張政烺　「⿱劦口田」是一種祭祀，最早這樣講的是王襄，他說「⿱劦口，祭名。田，即田祖」(簠室殷契徵文考釋第五編第一頁)。詩小雅甫田：

我田既臧，農夫之慶。琴瑟擊鼓，以御田祖，以祈甘雨，以介我稷黍，以穀我士女。

毛氏傳：

田祖，先嗇也。

鄭玄箋：

臧，善也。我田事已善，則慶賜農夫，謂大蜡之時勞農以休息之也，年不順成則八蜡不通。御，迎；介，助；穀，養也。設樂以迎祭先嗇，謂郊後始耕也，以求甘雨，佑助我禾稼，我當以養士女也。

周代祭先嗇之禮以禮記郊特牲及鄭玄注為最詳，引如下：

天子大蜡八(所祭有八神也)。伊耆氏始為蜡(伊耆氏，古天子號也)。蜡也者，索也(謂求索也)，歲十二月，合聚萬物而索饗之也(歲十二月，周之正數，謂建亥之月也。饗者，祭其神也，萬物有功加於民者，神使為之也，祭之以報焉。造者，配之也)。蜡之祭也，主先嗇而祭司嗇也(先嗇若神農者；司嗇，后稷是也)。祭百種以報嗇也。饗農及郵表畷。禽獸，仁之至、義之盡也(農，田畯也。郵表畷，謂田畯所以督約百姓於井間之處也，詩云：為下國畷郵。禽獸，服不氏所教擾猛獸也)。古之君子，使之必報之，迎貓，為其食田鼠也；迎虎，為其食田豕也；迎而祭之也。祭坊與水庸，事也(水庸，溝也)。曰：土反其宅，水歸其壑，昆虫毋作，草木歸其澤(此蜡祝辭也)。……

這裏的祭祀對像很複雜，以先嗇為主……這種祭禮，周以後延續了三千年。其起源卻不清楚，大約是長期農業生產中逐漸形成的。殷代⿱劦口田未必完全是這樣，而⿱劦口田所祭者卻肯定已經包含在蜡祭之中。……

……禮記雜記下(鄭玄注)：

子曰：百日之蜡，一日之澤，非爾所知也。(蜡之祭，主先嗇也。大飲烝，勞農以休息之。言民皆勤稼穡，有百日之勞，喻久也。今一日使之飲酒燕樂，是君之恩澤。非汝所知，言其義大。)……

這是春秋末期魯國的事。「百日之蜡，一日之澤」兩句中的「蜡」字讀「腊」音。讀為「腊」義為乾肉，這幾句是說農民忍受長期乾癟才換得一會兒的温潤(參考俞樾群經平議卷二十一)，就算是國君之恩澤，所以說是「義大」。殷王舉行的⿱劦口田也是如此，是一種祭儀，是欺騙勞動人民的手段，不是生產勞動。……

通過以上一些考證，企圖說明殷人的⿱劦口田相當于周人的蜡祭，都是索鬼神而祭之。蜡祭有正常的，每年十二月(即殷曆十一月)在國中舉行；有非常的，由於災荒隨時隨地舉行。昚田也如此，十一月昚田是歲終報功之祭，而為了災荒則擇時擇地舉行。

【殷契昚田解　甲骨文與殷商史第一輯】

◉李孝定　昚字高田忠周氏釋「醻」，殊誤；謂當讀為「高宗肜日」之形，亦非，甲骨文有形字作「彡」，與此迥異。【金文詁林讀後記卷十三】

◉溫少峰　袁庭棟　甲文又有[glyph]，或作[glyph]，或加手作[glyph]。此字所从之[glyph]，乃在耕具之「[glyph]」的上部加一手執之橫木，較之「[glyph]」更易於手足並用以發土，當即耒字。其或體之[glyph]、[glyph]當即二耒並耕之意，正是古人「耦耕」習俗的反映，當即「劦」之異文。《說文》「劦，同力也。」就是幾把耒同時合力發土之意。耦耕之習，古代文獻多有記載，如《詩·周頌·噫嘻》：「亦服爾耕，十千維耦。」《詩·周頌·載芟》：「千耦其耘，徂隰徂畛。」從卜辭觀之，殷人耕地也是耦耕。卜辭云：

(78) 丙辰卜，王貞：弜(勿)令劦？　(《南》坊三·四九)

(79) 己亥卜：王劦……　(《摭續》三〇八)

此二辭之「劦」，正指耦耕之事。「王劦」者，王令众劦力耕田也。此與上引《詩經》之「亦服爾耕，十千維耦」之載一致。

(80) ☑亥卜，王：白次曰：……劦徝，其受㞢(有)又(祐)？　(《佚》九六六)

此辭之「白次」乃人名，可能為「次」地之「伯」。白次向殷王報告之辭已殘。「徝」，當讀為「植」。「劦植」者，謂耦耕之後種植作物之事。故卜問是否「受有祐」。

「耦耕」如何進行？多年來學者們意見不一，解釋頗多(參何茲全《談耦耕》，載《中華文史論叢》第五輯；汪寧生《耦耕新解》，載《文物》一九七七年四期)。從古文獻材料和保存在少數民族地區的耕作習慣來分析，以二人各踏一耒耜並肩合翻一塊土的解釋最為合理。如西藏的門巴族的耕作方法就是兩個男子各執一耒，並肩共同翻耕一塊土，即二耒合作「夾掘一穴」(見《農業史話》第七頁)。這種耦耕翻土的方式，與《考工記·匠人》：「為溝洫，耜廣五寸，二耜為耦，一耦之伐，廣尺深尺」的記載密合，也與甲文之「[glyph]」、「[glyph]」字形密合。推知殷代的耦耕當是如此。

卜辭又有「昚田」之文：

(81) 王大令衆人曰：昚田，其受年？十一月。(《續》二·二八·五)

(82) ……曰：昚[田]，其受年？(《粹》八六六)

「昚」即劦之異文。「昚田」即合耦耕田。《周禮·地官·里宰》：「合耦而鋤」，《呂氏春秋·長利》：「協而耰」，當即卜辭之

「⿱劦口田」。卜辭中，「⿱劦口田」的工作是由「衆人」進行而又由王「大令」，可見當時是由殷王室直接役使「衆人」進行農業生產的。(81)辭系月在十一月，與《呂氏春秋·季冬紀》之「季冬之月，……命司農計耦耕事，修耒耜，具田器」的記載可以印證。【殷墟卜辭研究——科學技術篇】

◉戴家祥　⿱劦口字屢見於殷虛卜辭，據上虞羅氏所見，已有二十八條（《增訂本殷虛書契考釋》卷下，第五頁），其在金文見諸宋人款識之書者有己酉方彝、兄癸卣諸器。由形聲審之，⿱劦口當釋劦。

《說文·十三篇》：「劦，同力也。從三力。」同力謂衆力以為力，在六書為會意。許隸劦部有恊、勰、協三字，恊云：「同心之和」，加旁從心；勰為「同思之和」，加旁從思；協為「衆之同和也」，加旁從十，皆會意兼諧聲字。

古字以心表義者，每有更旁從口，《集韻·入聲·三十帖》慊嗛同字，《荀子·大略篇》「惟惟而亡者，誹也」。楊倞《注》：「惟讀為唯」。《說文·三篇》「哲，知也。從口折聲。悊，哲或從心」。協之與⿱劦口，其例亦猶是也。

心與思義本相承，孟子曰：「心之官在思。」（《告子·下》）。《玉篇·八十八》「⿰口思，古文⿱思心」。是其證。

《洪範·九疇》「四曰協用五紀」，《漢書·五行志》作「叶用五紀」，《集注》引應劭曰：「叶，合也。合成五行為之條紀也。」師古曰：「叶，讀曰叶，和也」。《春官·大史》「與羣執事讀《禮書》而協事」，鄭玄注「故書協作叶，杜子春云：叶，協也。書亦或為叶，或為汁」。《爾雅·釋天》「太歲在未曰協洽」，《史記·歷書》作「汁洽」，《天官書》作「叶洽」。《方言》·卷三：「斟，協，汁也。北燕，朝鮮，洌水之間曰斟，自關而東曰協，關西曰汁」。協亦通「洽」，《小雅·正月》「洽比其鄰」。《左傳》僖公二十二年引作「協比其鄰」。《大雅·江漢》：「洽此四國」，《禮記·孔子閒居》引作「協此四國」。

《唐韻》汁讀「之入切」照母緝部，韻同聲異。劦讀「胡頰切」，匣母緝部，洽讀「侯閤切」，不但同部而且同母。洽從合聲，故合亦通洽。《周頌·載芟》「以洽百禮」，《鄭箋》「洽，合也」。協洽同聲，故協亦通合。《堯典》「協和萬邦」，「協時月正日」，《史記·五帝本紀》協都作合。《偽孔傳》「協，合也」。《秋官·鄉士》「協日刑殺」，鄭司農云：「協，合也」。以是知卜辭金文之「⿱劦口日」即祫日。

《禮記·王制》：「天子犆礿，祫禘，祫嘗」，《鄭注》：「祫，合也。天子諸侯之喪畢，合先君之主於祖廟而祭之謂之祫」。祫為合之表義加旁字。《春秋經》文公二年：「八月，躋僖公。」《公羊傳》云：「大事者何？大祫也。大祫者何？合祭也。」何休注：「祫，猶合也。」《穀梁傳》云：「祫祭者，毀廟之主陳于大祖，未毀廟之主皆升，合祭於大祖」，范寧注：「祫祭者，皆合祭諸廟——已毀未毀者之主於大廟中，以昭穆為次序。」《爾雅·釋天》：「春祭曰祠，夏祭曰礿，秋祭曰嘗，冬祭曰烝。」崔靈恩《三禮義宗》

云：「周祫以秋者，萬物新成，可以奉薦宗廟，故合先祖之神而祭之，故祫宜在秋也。」按商周王家宗廟之祭，祠、礿、嘗、烝時祭之外，別有二大盛祭(衣祀)，即所謂禘祫。五年一禘，三年一祫，禘祭在夏，祫祭在秋。五年再祭，禘以孟夏，三年一祫，祫以孟冬。卜辭二十八處貞「劦日」之辭，有「□□卜□貞王賓(大甲)奭(妣辛)劦亡尤，在八月」，有「□□卜癸丑，王□□亡尤，在八月，王乩□□吉，甲子劦(祖甲)」。金文己酉方彝銘云：「在九月，隹王十祀，劦日。」兄癸卣銘云：「在九月，隹王九祀，劦日。」(薛尚功《歷代鐘鼎彝器款識法帖》卷二及卷三，又見《嘯堂集古録·卷下》。)肄父乙彝銘云：「在十月，隹王六祀劦日。」卜辭卜劦日在八月，與文公「大事于大廟躋僖公」之事合，金文紀劦日，「在九月」或「在十月」，未越孟冬之限。以是而知劦、洽、合、祫四字，不但聲同、韻同，而且義同，其為一語之轉，蓋昭昭然。

楊樹達釋力(《增訂本積微居小學金石論叢·卷一》第二十九頁)，日本高田忠周釋融，讀為肜(《古籀篇》二十四册·第十九至二十頁)。惟徐中舒謂「劦」「當即大合祭之祫，協有合力之意」(中央研究院《歷史語言研究所集刊》第二本一分册《耒耜考》)，較有見地，惜語焉不詳。其餘衆說，皆悖離形聲，謬於故實，不足信也。【卜辭金文「劦日」考 香港「大公報」一九八九年三月十七日】

恊 協

王協印信 趙協 【漢印文字徵】

◉許 慎 恊同心之和。从劦。从心。胡頰切。【説文解字卷十三】

◉馬叙倫 鈕樹玉曰。玉篇廣韻並和。竊疑協當為勰之別體。蓋後人增。釋詁。勰。燮。和也。釋文。勰。本又作恊。一切經音義廿一協注。又作勰叶二形。玉篇引同心之和在勰下。又此及下數文皆劦之重文。不應加音切。嚴可均曰。五經文字中云。協。和也。心部亦有協字。與此同訓和。如顔此說。則唐本協篆在心部。孔廣居曰。總注云。文一。重五。是恊勰協叶叶五字皆劦之重文也。徐氏之例。凡重文不加音切。今恊勰協下皆注胡頰切。疑譌。錢塘曰。劦部文三。勰恊當入思心十三部。許誤以聲為形也。翟云升曰。當入心部。李枝青曰。恊勰協不過古籀并文耳。今分為同心之和同思之和衆之同和太鑿。倫按如五經文字說。則恊本在心部。從心。劦聲。而訓古也。其音胡頰切。則猶脅亦從劦得聲。而音虚業切矣。於六書不謬。然字出字林也。豈校者以同心劦力之意謬移於此。而改訓為同心之和耶。【説文解字六書疏證卷二十六】

◉黃錫全 協亦音摘 甲骨文聑字作(續3·13·3)，《說文》正篆變作，「安也，从二耳」。協字古屬匣母葉部，聑屬端母葉部，二字音近，此假聑為協。鄭珍云：「馬融《長笛賦》『瓠巴聑柱』用之。李注本引《說文音義》，意唐以前蓋有解『聑柱』為『安瑟

勰 協

柱」以協和音律者，因認作協字，而《篇韻》諸書無之，獨義雲《切韻》信之耳。「音摘」別一義。《集韻》陟革切，豎耳貌，是，未詳所出。【汗簡注釋卷五】

◉徐中舒 [glyph]續三・二七・一 [glyph]佚一五 從丨從𠙵，丨即甲骨文十字，故字形結構與《說文》協字或體同。卜辭中習見「[glyph][glyph]」之語，當釋為「協王事」。《周禮・大史》：「讀禮書而協事」，與卜辭合。《說文》：「協，衆之同和也。从劦从十。叶古文協从曰十。叶或从口。」【甲骨文字典卷十三】

勰

◉許慎 勰同思之和。从劦。从思。胡頰切。【說文解字卷十三】

◉馬叙倫 鈕樹玉曰。玉篇引作同心之和也。韻會作從思劦。朱士端曰。玉篇誤。彼脫去協字。竟將同心之和誤入勰字注。翟云升曰。當入思部。倫按爾雅釋詁。勰。和也。疑此本協之異體。校者據爾雅加之。爾雅止訓和。而以坿於劦部。改為同思之和。【說文解字六書疏證卷二十六】

協

[glyph] 山協印信【漢印文字徵】

[glyph] 禪國山碑 旃蒙協洽之歲【石刻篆文編】

[glyph] 協亦音摘 [glyph] 協說文王存乂切韻以為古口字 [glyph] 上同出孫强集字 [glyph] 叶見說文【汗簡】

[glyph] 說文 [glyph] 義雲章 [glyph] 汗簡【古文四聲韻】

◉許慎 協衆之同和也。从劦。从十。臣鉉等曰。十。衆也。胡頰切。叶古文協从曰十。叶或从口。【說文解字卷十四】

◉葉玉森 十貞[glyph]彡父。左行。

[glyph]余釋旹。即協。許書所出古文叶叶。竝由[glyph]省變。其義近祫。說詳殷契鈎沈。【鐵雲藏龜拾遺考釋】

◉葉玉森 [glyph]日 森桉[glyph]之異體作[glyph][glyph][glyph][glyph][glyph][glyph]等形。金文亦數見其字。从劦从日。說文無之。惟劦部有協字。古文作叶叶。卜辭亦作[glyph]。从三十从日。疑即叶叶所由省變。篆从[glyph]為劦。又誤繫一十字於左。協之本字作劦或旹。說文。協。衆之同和也。方言。協。合也。又說文。祫。大合祭先親疎遠也。詩雝箋。祫。合也。是協祫古文聲誼竝通。

殷祭之𩁹當即周之祫祭。惟卜辭祫祭有三種。如云「貞翼甲□𩁹自上甲▨衣亡𡿧」。後下第三十四葉。依辭例自上甲下有至于某某四字。則𩁹為大合祭也。如云「甲午索七甲𩁹羊甲」同卷第四十二葉。則索祭七甲之日合祭羊甲也。如云「己卯卜卜貞王賓祖丁夾妣己𩁹亡尤」又第三十四葉。是祇祭某祖配祭某妣也。若本辭之𩁹日。則為祭名。如翼日肜日例。殷契鈎沈。近見柯昌濟氏殷虛書契補釋。亦釋劦。疑即古之祫禮。與余說合轍。【殷墟書契前編集釋 一卷】

◉商承祚 旪叶 叶。大徐汁簡以為古文。小徐以為或體。叶。小徐五經文字玉篇廣韻韻會以為古文。大徐以為或體。段氏从小徐。云「字見周禮大史協事注曰。『故書。協作叶。杜子春云。叶。協也。書亦或為協。或為汁』。大行人。『協辭命』。注。『故書作汁辭命。鄭司農云。汁。當為叶書或為叶。』案十口所同。亦同衆之意。」白虎通引書「協時月。」大傳引書「不協于極。」皆作叶，各書以叶訓協。不聞以叶訓協。則叶為古文明矣。叶不為或作則是誤寫也。【說文中之古文攷】

◉馬叙倫 鈕樹玉曰。韻會作從劦。十聲。倫按協字當依鍇本作從劦十聲。劦十聲同談類。十音禪紐。故協音入匣紐。禪匣同為次濁摩擦音也。方言。斟。協。汁也。自關而東曰協。關西曰汁。爾雅釋天之協洽。史記天官書作汁洽。竝其例證。協蓋力之轉注字。說解當曰劦也。今為校者所改耳。字蓋出字林。

旪 鈕樹玉曰。玉篇廣韻竝無。嚴可均曰。小徐以為或體。汗簡以為古文。席世昌曰。漢書五行志引洪範曰。旪用五紀。應劭曰。旪。合也。師古曰。旪讀曰叶。和也。此真古文也。倫按旪字見班馬字類補遺。漢書多用古文。然字從曰。十聲。故今書傳皆用叶字。叶。從口。十聲。從曰或從口。竝與劦異字。周禮大行人。協辭命。注。故書協作叶。是借協為叶。叶與協蓋同音。叶和音皆匣紐。疑和之轉注字。當入曰部。此字呂忱所加。忱以古文尚書協作旪。故曰。此古文協。然鍇本此篆在叶下。說解曰古文協從口十。倫疑叶字本在口部。而旪為重文。說解曰。古文叶。校者加從曰十三字。後人既迻協勰為劦之重文。又迻叶旪為協之重文。傳寫五字皆為劦之重文。而協勰竝增音切矣。

叶 鈕樹玉曰。玉篇收口部。注云。合也。古文協。倫按玉篇有叶無旪。豈協下止一重文作旪。旪字後人據班馬字類增邪。抑玉篇本作旪。傳寫者少見旪字。因誤改邪。當入口部。【說文解字六書疏證卷二十六】

◉楊樹達 卜辭通纂五三八片云：「貞令多子族从犬眔亩蒦，甴王事？」其他辭屢見甴王事之語，甴字从十从口，或釋為古而讀為𥂕，或釋為叶。余謂釋叶者是也。周禮春官大史云：「大祭祀，與執事卜日，戒及宿之日，與羣執事讀禮書而協事。」又云：「大同朝覲，以書協禮事」，協事，協禮事，與甲文句例同。協叶字同，說文劦部協或作叶，是也。【甴王事 卜辭瑣記】

◉楊樹達 龜甲二卷十一葉之十七云：「行弗其甴王事？」樹達按：甴字从十从口，或釋為古，或釋為叶，古叶二字並从口从十，説皆可通。以義求之，釋叶者是也。知者，周禮太史云：「與羣執事讀禮書而協事。」説文十三篇下劦部協或作叶，則卜辭之叶王事，與周禮之協事正是同一事也。太史注云：協，合也。【由叶 卜辭求義】

◉饒宗頤　乙巳卜，㱿貞：……㱿貞：王大令衆人曰：［㞢田！其］受［年。十一月。］（前編七・三十・二，參續編二・二八・五補文）

按粹八六六殘文「曰：㞢（田！）其受年」語略同（見同文例三三）。詩周頌臣工：「明昭上帝，迄用康年。命我衆人，庤乃錢鎛，奄觀銍艾。」所云「命我衆人」可與卜辭「大令衆人」互證。吕氏春秋長利：「協而耰。」即詩載芟所云「千耦其耘」，謂多數人協耕也。周語記藉田事云「王使司徒，咸戒公卿百吏庶民」，又言「稷則徧戒百姓，紀農協功」，則㞢田為紀農協功，藉田之禮也，即所以示戒。【殷代貞卜人物通考卷三】

◉饒宗頤　叶字作□，與「叶王事」之「叶」形同。陳夢家釋由，未確。叶向被目為文武丁時人，然前編六・一九・五云：「卜叶：𡆥，子汏于父乙。」父乙即武丁稱其父小乙。殷綴一四一云：「卜内貞：叶若。貞：叶不若。」内為武丁卜人，則叶當與同時。又燕大一四一：「叶入，令竝葡。」同版亦見卜人㞢，俱為辛巳日所卜，㞢、葡、竝皆當武丁之世。叶又見于㱿之卜辭：「……卜㱿……叶弗其……」（拾掇一・五三一，續存上一二六九重。）則叶之年代，當移于武丁為是。【殷代貞卜人物通考卷十一】

◉于省吾　甲骨文𣡶字作□、□、□或□、□、□、□、□等形。郭沫若同志釋襲（殷周青銅器銘文研究一一〇），徐中舒同志釋丽（耒耜考），唐蘭同志謂「當是猒及肰之本字」（天考八一）。按以上各説均不可據。甲骨文以𣡶字為地名。今擇録數條于下，然後分別加以解釋。

一、癸未卜，争貞，王才兹𣡶成獸（狩）（天八一）。

二、□覍卜，□□貞，王其步自□于𣡶，亡巛（後上一三・三）。

三、戊覍卜，貞，王其田𣡶，亡𢦏（粹九七三）。

四、王叀𣡶田，湄日，亡𢦏，𢀛（擒）（續三・二五・一）。

五、庚辰貞，日又戠，其告于父丁，用牛九，才𣡶（粹五五）。

六、弜田𣡶，其每（粹九二七）。

七、才𣡶卜（京都二一六五）。

一，耒字的演化為力和𣡶字从㭋的孳乳為劦

説文：「耒，手耕曲木也，从木推丰。」舊解以為从丰即説文訓為艸蔡之丰，殊誤。甲骨文的耤（藉）字作□，其从耒作□或

□形，上象耒之柄，下象歧頭之耜。耒耜之間的横木有兩種用處，一便于用足以踏之，一為利于平均發土的深度。商代金文的耒字作□或□、□，金文編誤入于附録。説文耒字作□，其上部的三邪劃，即又字作□形的譌變。說文力作□，並謂：「力，筋也，象人筋之形。」按許氏據已譌的小篆為説，乖謬之至。自來説文學家多曲加附會，無一可通。實則古文力作□，係由耒字演化而來。孫常叙同志謂商器爵文的□□□（録遺四六五），鼎文作□□□（録遺五一），是「□□在銘文中的同義換用」（耒耜的起源及其發展）。按孫説甚是。耒字作□也作□，是力為耒字所演化的確證。

説文謂「劦，同力也，从三力」；「協，衆之同和也，从劦从十」；「恊，同心之和，从劦从心」。説文義證和説文通訓定聲均謂協恊為「劦亦聲」，這是對的。甲骨文劦也作□，劦和□為初文，協與恊為後起的分別文。

吴其昌謂：□「从□為三具耒耜之形，蓋□□皆象耒耜之初形，其後乃衍為力字也」（解詁七續五〇四）。又謂：「□字象手扶雙耒之形。」（同上）按吴説至確。曶鼎奴隸之名有□字，也象雙耒形。此外，最引人注意的是，前文所引第七條的才□卜，□字作□，上部已由三耒變為三力形，下部又由二犬省為一犬。這不僅看出古文偏旁之單複無别，而且也證明了甲骨文力和从力从劦之字都是由耒形演化而來，是毫無疑問的。

二、𤟹字从㹜的意義

甲骨文𤟹字上部多从二耒，偶有从三耒或一耒者；下部多从二犬，偶有从一犬者。其从耒从犬的意義為舊所不解。其實，𤟹字之从耒从犬，和古文器字之从口从犬同義。因此，對器字先要加以説明。説文：「器，皿也，象器之口，犬所以守之。」王筠説文釋例：「……即其從犬，亦不可解，古義失傳，許君亦望文為説而已。」朱駿聲説文通訓定聲謂許氏「此説費解」。又謂：「字或作器，从工頗有意理。」按朱説以隸變从工為據，未免荒唐。徐灝説文段注箋：「局从口，咢从吅，龠从品，皆各象其器物而非口齒之口。器从㗊象衆器，其例正同也。器不必犬守，義稍可疑。」按徐氏謂㗊象衆器是對的，但所舉三例均與事實不符。甲骨文从口之字象器皿形者常見，例如：□字作□，□字作□，古字作□（上从申象盾形），魯字作□，這四個字象置貝、弓、盾、魚于器皿之中。周代金文的器字多从四口，偶有从三口（穆公鼎）或二口（仲盤）者。説文誤謂器字从口「象器之口」，但謂「犬所以守之」是對的。上古時代地曠人稀，農民耕于荒野，飯于壠畝，故用犬以資警衛，并守護器物。商人的武裝放牧，也具有自衛之義（詳釋牧），可資參證。器字所从的四口，係抽象的器皿，𤟹字所从的二耒，係具體器物。吾鄉的農耕，犬也往往隨從，卧于阡頭陌角。這雖然已失去了守器的用意，但也是古代相傳的遺風。總之，推考出器字之所以从犬，才能够理解𤟹字从犬的由來。

三、商周金文中𤟹字的演變和義訓

商器父丁隱：「王由攸田𤞤，作父丁隱。沉(濅)。」𤞤字作[illegible]，下从三犬，金文編誤分秝猋為兩個字。攸和𤞤均為地名。這是說，王由攸往畋于𤞤。

東周器者瀘鐘的「𦔎于我霝龠」，𦔎字右上从刀，刀也是農具。叔弓鎛的「龢𦔎而九事」，𦔎字下从一犬从言。言音二字金文同用。其本義是因為鐘為音樂之器。晚周秦公鐘的「𦔎龢萬民」，𦔎字與者瀘鐘形同。宋代有關金文典籍，均直接釋𦔎或𦔎為協，而從無解說。今專就以上三個鐘銘的詞義來看，釋為「協于我霝龠」、「龢協而九事」、「協龢萬民」，當然是很恰當的。龢古和字。這與爾雅釋詁的「協，和也」，國語周語的「和協輯睦」，書堯典的「協和萬邦」，可以互證。但是，舊説脱離文字的構形而以為合乎音義，所謂知其當然而不知其所以然。

綜括上述，由于解釋𤞤字的構形，因而闡明了从耒从力演化的源流和周代金文中器字从犬从口的由來。因此才認識𤞤字之本義為犬以守耒，兩者乃是有機的聯繫。甲骨文和商代金文均以𤞤或𤞤為地名，則無義可說。而東周以來的金文以𦔎或𦔎為龢協之協，可見𦔎𦔎與協乃古今字。以説文為例，則甲骨文𤞤字應解作：「𤞤，協也，从二耒二犬，犬以守耒，秝亦聲。𤞤，𤞤或从劦从一犬。」是𤞤字屬于會意兼形聲。【釋𤞤　甲骨文字釋林卷中】

◉伍仕謙　(八)盄和鐘銘「其名曰[illegible]邦」，[illegible]，薛尚功隸定為𢀛，郭沫若釋𢀛，義均不可通。按此字應釋「叶」，説文「叶，古文協」，金文彔𢦏卣「……以成周師戍于[illegible]自(次)」，遇甗「師雝父戍在[illegible]自(次)」，皆此字之異文。故叶邦，即協邦，即「協和萬邦」之省文。【秦公鐘考釋　四川大學學報一九八〇年第二期】

◉裘錫圭　A，協田　一期卜辭曾提到「協田」：

[□□卜]殻貞：王大令衆人曰[協田，其]受[年。十一月]。　前7・30・2(缺字據續2・28・5、合1等補)

叀辛亥協田。十二月。　零拾89

有一片三四期卜骨上有「叀㱿田協」之語：

弜己巳，叀㱿田協，受有年。　人文2062

□𤰈舊田，不受有[年]。

可知協田之「協」是動詞，「田」是「協」的賓語。胡厚宣先生在《卜辭中所見之殷代農業》裏解釋一期卜辭的協田説：「協者……余謂即《説文》之『劦』字，蓋卜辭文字从口與否每相通。《説文》：『劦，同力也。』字从三ㄨ，正示合力之義。田者用為動詞，義為耕田。協田者言合力以田。」胡先生釋「協」為「劦」可從，以「田」為動詞則非。「力」本象發土工具，疑「劦」之本義為協力發土耕田，所以可以把「田」當作賓語。上引兩條協田卜辭，一卜于十一月，一卜于十二月。協田可能是在冬天大規模翻耕土地，為明年的春播作準備。⊘

王襄《簠室殷契徵文考釋》以協田之「協」為祭名，認為協田指祭祀田祖，張政烺先生從之（見上引文）。這樣解釋不能說沒有道理。不過目前還沒有可以說明協田是祭祀活動的確鑿證據，所以我們暫時仍從舊說，把協田解釋為耕作。希望今後能發現關于協田的新資料，徹底解決這個問題。【甲骨文所見的商代農業　殷都學刊一九八五年二月增刊】

◉李學勤　候風而確定季節，在古代生活中曾有重要作用。《國語·周語上》記周宣王時虢文公追述古制，籍田之前五日，「瞽告有協風至」，韋注：「瞽，樂太師，知風聲者也。協，和也。風氣和，時候至也，立春日融風也。」協風，就是四風中的東風。

候風還有更古老的起源。《國語·鄭語》講到「虞幕能聽協風，以成樂物生者也」，注言：「虞幕，虞後虞思也。」虞思見《左傳》哀元年，是夏少康時人。候風逐漸發展成為一種占術，稱為風角。最近有英國學者對漢代的風角進行了研究。魯惟一(Michael Loewe)：《占候及其在漢代思想中的地位》(英文)，意大利威尼斯「中國古代文明」學術討論會論文。

據《史記·天官書》，漢初魏鮮有占候八風之术，他的著作見《開元占經》引，書名《正月朔旦八風占》。王先謙：《漢書補注》二十六。魏鮮的方法是以臘明日、正月旦的風向預卜年歲收成，如風從南方來，主有大旱；從西南來，主有小旱，等等，詳見《天官書》。這種數术，和其他占候一樣，可能有其久遠的歷史。

武丁時的卜辭《前》7·30·2、《續》2·28·5等片同文，其辭為：

「□□卜㱿貞，王大令衆人曰：劦，田其受年，十一月。」

曾有論文以此辭之「劦」與協風相聯繫，蔡哲茂：《殷禮叢考》，臺大中國文學研究所論文。但未作出正確解説。按此辭卜于十一月，而殷曆十一月即建亥之月，正是臘所在的月份。張政烺：《殷契劦田解》，《甲骨文與殷商史》。《周禮·羅氏》注云：「（鄭）玄謂，臘，建亥之月」，可以為證。孫詒讓：《周禮正義》卷五十八。前面提到的《合》261卜向四方風奉年，時在一月，也是武丁時卜辭。十一月和一月，剛好和《天官書》所説在臘和正月旦占風相合，這恐怕不是偶然的。

《前》7·30·2等片記商王大令于衆人，時有協風，年歲將有好的收成，類似的例子還有《京都》2062，也有「協，受有年」之語，時代則較晚。凡此都説明，商代認為在一定時間有協風，是歲收的預兆。虞幕之類人物能聽協風，可能就包括這種數术，而魏鮮的八風占則是其繼續和發展。這個看法，相信將來會有更多的材料來證明。【商代的四風與四時　中州學刊一九八五年第五期】

◉徐中舒 一期乙五九四一 從口從，自字形觀之，疑為協之異文，似可視為丨之肥筆，但卜辭中用法與有別。

【甲骨文字典卷二】

◉朱歧祥 327. 从口。于省吾《甲骨文字釋林》釋由，似誤。似舌狀，唯釋舌字亦不可解。今以文字重畫與單畫丨可通，如克作又作，故仍隸定為叶字是，與、字同；協助也。卜辭屢貞問齒疾或腳患是否能得神助而無恙。

328. 从三力，从口。隸作劦。讀如協，合力也；齊同也。卜辭用為五種固定祭祀之一。劦祭在祭、壹之後舉行，示大合祭。又稱「劦日」祭。字又省作、作；或增示作。

1697. 即劦字省文，讀如協。卜辭用為諸常祀典快要完畢之一合祭。由下列諸文例見、通用，乃同文異構。

(1)《陳50》叀先酌。

《掇2・98》貞：王于酌于上甲入。

(2)《乙5405》戊午卜貞：婦石。十月。

《前1・41・1》貞：母。在十月。

(3)《乙8698》☐奠☐婦☐十[豕匕]☐女。

《續1・16・2》丁酉卜，即貞：后祖乙牝。四月。

【殷墟甲骨文字通釋稿】

◉戴家祥 王古伎卣的，前人釋作秝猋二字，今據癲鐘作、秦公鎛作、者減鐘作校之，結體嚴密，當為一字。字後人均釋協。字从二耒三犬，方向一致，戮力同耕之形，者減鐘又从人，象扶耒之形。説文十三篇「協，衆之同和也。从劦从十」，會意。此銘造字之義與説文同，而為象形。秦公鐘「龢萬民」，秦公鎛「朕或(國)」，辭例與書堯典「協和萬邦」、禮記孔子閒居「協此四國」完全相同。者減鐘「于我霝」，霝為樂器，即協龢之義。金文恒言「龢鐘」，此作「鐘」，龢義近。本指一事。癲鐘「敢乍文人大寶龢鐘」龢並稱，是其證也。當為協之古文。【金文大字典下】

金 利簋　叔卣　[illegible]鼎　臣卿簋　宅簋　害鼎　麥盉　麥鼎　段金䵼尊　遹甗

彔簋　椃伯簋　陵子盤　曶鼎　師同鼎　吳方彝　師兑簋　弔専父

盨　翏生盨　番生簋　昜鼎　同卣　舍父鼎　彔伯簋　師獸鼎　毛公䆌鼎　幾

父壺　過伯簋　孚尊　矢尊　矢方彝　㝅敖簋　曾大保盆　守簋　史頌簋　曾伯霥匿

虢金氏孫盤　郤王鼎　郤王義楚盤　者旨𦉜盤　曾伯陭壺　趙孟壺　欒子嚴𤔲匿　邾公孫班鎛

許子匿　王孫鐘　郤王義楚耑　陳肪簋　沇兒鐘　師獿簋　叔市金黃　師獿簋　又誤作令　師

寰簋　弔朕匿　邕子甗　中子化盤　邾公華鐘　欒書缶　邵大弔斧　攻吳王監　蔡侯𥂝殘鐘

陳侯午錞　姑□句鑃　陳侯因資錞　中山王譽壺　鄂君啟舟節　禽肯匿　王子午鼎　𨥕𨚕劍

伯公父匿　伯公父勺作金爵　曾仲大父蝨簋　禽簋　仲盤　競簋

匜【金文編】

3·834　金壽　集拓9:2　獨字【古陶文字徵】

〔四〕〔二四〕〔六〕〔六七〕〔六七〕〔六七〕〔三三〕〔六七〕〔一九〕

〔一九〕〔二三〕〔五九〕〔二五〕〔三三〕〔二二〕〔七九〕〔二六〕〔一九〕〔二

三〕〔二二〕〔五三〕〔二〕〔八二〕〔七七〕〔六七〕〔六七〕〔六〕〔六〕

〔四〕〔七七〕【先秦貨幣文編】

刀弧背　冀滄　仝上　仝上　布空大　玄金　晉矦　鉼𨚕(西)金　皖壽　仝上　望山竹簡鉈字从金形與此

同　刀大齊厺化背　—金　魯掖　布方　平全陰字省體通于陰　晉盂　布方　梁正尚全當寽　鄂天　按用作百字中山王譽器百

字有全、金、金諸形，古鉨中百字亦有全、金、金諸形。

圜　共屯赤金　展圖版肆壹6　全上　典上編二四一頁　全上　圜

共屯赤金　典上編二四一頁　刀大齊厺化背　—全　亞六・一二　全上　典九五五　布方　梁正尚全當寽　典二一八

布方小　梁夅尚二全當寽　典二一二　布方　梁正尚全當寽　典二一九　布方小　梁夅尚二全當寽　典二二二　布方　梁夸釿

全當寽　典二二三　全上　典二二四　布異　全涅　典二四三　全上　典二四四　全上　典二四五　布異　夕全

涅　典一九七　布異　盧氏　全涅　亞四・五五　布異　全涅　亞四・五五　全上　布異　全涅　亞四・五五

全上　【古幣文編】

106　116　146　150　266　【包山楚簡文字編】

金　日甲九〇背　日乙八一　四例　日乙一九〇　八例　秦八九　二十一例　【睡虎地秦簡文字編】

4479　4491　4490　4488　4481　0363　0223　0224　4813　4740　5410

4810　與禽𣪘金字同。　4806　4700　4742　4910　4743　4745　【古璽文編】

金鄉國丞　金國辛千夷槐佰右小長　金府　金湯私印　呂金私印　金綆相如　干金　金可置

金賞　金翁伯　格金私印　【漢印文字徵】

泰山刻石　皇帝曰金石刻　金石刻因明白矣　禪國山碑　執金吾脩　石經金縢　以啟金縢之書　【石刻篆文編】

金　【汗簡】

古老子　汗簡　竝籀韻　說文　竝崔希裕纂古　【古文四

聲韻】

◉許　慎　金五色金也。黄為之長。久薶不生衣。百鍊不輕。从革不違。西方之行。生於土。从土。左右注象金在土中形。今聲。凡金之屬皆从金。居音切。金古文金。【説文解字卷十四】

◉林義光　古作金曾伯霥匿。作金吴尊彝。作金己伯尊彝。象金在地中形。今省聲。【文源卷二】

◉葉玉森　田　田　毌　井　偏檢契文。金字未見。師寰敢金作金。王孫鐘鐘之偏旁作金。似即契文田之譌變。田或象古代盛金粒之器。有界格。奚度青曰。疑象礦穴。∴∴。象所得之金粒。厥後變田為金。譌‖為∧。仍注∴∴於界格中。造字精意已失其半。前編卷四第三十二葉「癸未令旅族鑿井山缺丫山」。卷五第七葉「貞令缺族衆缺鑿缺。所缺為田山缺」。卷六第五十一葉「缺令,多子缺犬侯缺毌缺王缺」。羅氏待問録王氏類纂竝誤録毌為井。予疑井當作毌。内有四點。未拓清耳。卷七第三十七葉「缺貞令㫃旃从庸侯鑿田缺」。後編卷下第三十七葉「貞亩㫃令从鑿田」。類纂正編卷十三引「乙卯卜貞令多子族从犬侯鑿田山王事五月」。據上各辭。知鑿金於山。乃國之大政。觀辭云。令旅族。令某族衆。令旃人名从庸侯。令多子族从犬侯。如近世朝制。命某為鑛務督辦。某為會辦者然。殷雖未特設專官。而視鑿金為要政。固可推定。卜辭有用為國名者。殆其國多産金歟。諸家釋魯釋周釋鹵。竝待商榷。【説契　學衡一九二四年七月第三十一期】

◉勞　榦　(2)釋金錫

説文金部,金字下釋云:「金,五色金也,黄為之長。久薶不生衣按此衣字衍文,當作「久薶不生」,無衣字。生或作鉎,言生鏽也。此處皆每句四字,並以生、輕、行三字為韻,當出自緯書,後人不解生字有鏽義,輒增衣字,非原義也。百鍊不輕,從革不韋,西方之行。生於土,从土。左右注象金在土中形,今聲。」段玉裁注云:「象形而不諧聲。」金部錫字下釋云:「錫,銀鉛之間也,从金易聲。」今按古者金多指銅,不必專指黄金,銅錫二原料皆鑄器鑄兵之所常用,古人當在所習見,然此二字又牽涉假借文字,故本義亦多所紛擾,今具論之。

就金字而言,其成字頗有可以論列者,即此字是否象形,此字是否从土,此字是否从今得聲。就象形一事而言,金字下部誠屬象形,無可疑者,惟金下部左右注之點若象土中之金,當作圓點,何故曳長?王筠釋例首致疑辭曰:「既云注,則當作。。不當曳長之。生成之物多作圓形」,其言是也。今參酌金文,則金字旁之點,亦咸作長形,無作圓形者,則謂為生成在土中之形,則有可商矣。就以土一事而言,則金文中金字之下部多作王字形加點,並非土字,則从土之事,仍有可疑。再就从今得聲一事而言,段玉裁以為非是,而羅振玉西狹頌跋,則以為:「説文金……古文作金,段氏玉裁注,金象形而不諧聲。案金乃傳繕之誤,當據嶧山碑改作金。漢李翕西狹頌，今字作亼，與嶧山碑金字所從正合。知亼即今字，古文亦從今聲。段氏云古文象形而不諧聲，疏矣。漢人分隸多從譌變，然亦有可考見六書本原者，此類是也。」今按嶧山碑係屬秦篆，僅屬一例，仍未可以論定古文。若就金文而言，則金字之點變化甚多，難以執一端而論，其顯著者，計有：

金金金金金金金金據容氏金文編，在此不再注明原器。以從簡明。

其上部與今字之關係在疑似之間，金字與今字誠然古音相同，但就形而言尚需進一步解釋也。

甲骨中尚未發見金字，但今字作亼或亼或亼，與金文中之今字作亼，作亼作亼作亼者仍相承有序。甲骨據孫海波甲骨文編及金祥恆續甲骨文編，金文據說文古籀補及金文編。但除上部與金字符合以外，其下為一點或一短畫，與說文所稱「从亼从ㄱ，ㄱ，古文及」者不侔。若謂借亼為之，則今字與亼字聲韻無關，而其下一點亦難解釋。亼字金文甲骨中無單用者，僅見於合字之上部，余永梁殷虛文字考云「合象器蓋相合之形，許君云，『亼三合也，从人一，象三合之形』乃望文生訓之肊說」，其說是也。故金字與今字上部非從亼，乃別有所从者（按食字上部之亼亦是蓋形。故此字賦形，從來無滿意之解答。但今字與金字有互相關涉之可能，則不應有何疑問。

依照「昔」、「翌」等字之類別而言，皆屬於假借一類。蓋涉及時日之字，無從象形，亦無從指事也。故就今金二字而言，則今字必為假借，而金字則可能為本義。若金字為本義，則今字與金字宜有同為一字之可能，但一為繁體一為簡體耳。如其今與金兩字同出一源，則其同點在字之上部亼形或亼形部分，對於此一部分，必需有較為合理之解釋。

金屬雖有形體，但其形體並不固定，隨器而異。惟其製成器物以前，當採鑛，鎔金，笵器之時當可略為形繪。尤其以鎔金、笵器之時，更為具體；而其中最具代表性者則坩鍋及鑄銅鎔液也。坩鍋在殷虛有發現，當地人稱之為「將軍盔」。此種尖底之坩鍋與天工開物所記及現代銅匠及銀匠所用形式相同。若將此種坩鍋翻倒，則其形式極與亼之形相近。如其中有銅鎔液，則可以一點為代表，或以流下之形ㄟ為代表。故「今」字非常可能為一種指事字，指出銅液從坩鍋傾出之形狀。

再從冶鑄設備而言，殷代已知用精密方法鑄笵，其鑄造技術與天工開物所記非常相似。即從笵頂端傾入銅鎔液，流入笵內，因而成器。就小型者而言，漢以後錢笵，今仍有存者，此種錢笵即是將銅液傾入錢笵，經過引道，達到各種錢型，因而形成錢幣。今以古文「金」字比較，則金字上部宜為坩鍋形狀，而下部則為器物笵中通道，此種冶鑄方法，固與大型銅器鑄造之原則相符，但與錢笵等小型器物之鑄造比較，則更為相合。在以上比較結果之昭示下，金字上部為一坩鍋，其下部為一器笵，其旁長點則表示流注銅液，甚為顯明。故金字與今字雖繁簡不同，而其所代表者為鑄銅之事，則無多大出入也。【古文字試釋　歷史語言研究所集刊第四十卷】

◉馬叙倫　嚴可均曰。初學記廿七御覽八百九事類賦注引鍊作陶。御覽事類賦韻會十二侵引从革作從革。沈濤曰。初學記引作黄金為長。五行大義引。金者。禁也。陰氣始起。萬物禁止也。土生於金。從土。左右注象金在土中之形也。是古本西方之行下當有金者以下十三字。翟云升曰。初學記引無衣字。王筠曰。玉篇引作從革不違。是也。既云注。則當作∶。不當曳長之。龔橙曰。古文當為□。後加今聲。倫按古文作□。金文禽敢作□。仲盤作□。師嫠敢作□。曶鼎作□。毛公鼎作□。守敢作□。曾伯簠作□。屖敖敢作□。史頌敢作□。居簠作□。郘公華鐘作□。邕子甗作□。郤王鐘作□。與古文同。然無一從今作者。李陽冰是古文而非篆文。倫謂金實□之譌體。疑傳寫致譌。非倉頡本然。甲文中尚未見金字。亦無從金之字。蓋猶未知采金冶金之術。所謂石器時代者與。惜無以取證也。以諸金文觀之。直是從二土。象金散藏於土中。甲文土字作□。即師寰敢□字陳侯因資敢□字所從之△。實之則為▲。即同卣□舍父鼎□公違敢□所從之▲。金文又為⊥散盤。□盂鼎。□變為□為□。復變為土耳。此從△又從土。蓋△為出地隆起之象。即今所謂土堆。而其下則象地層。左右二注或三注或四注皆象金在地層中也。於六書為指事。金本是五金之大名。而以黄金於五金中為最貴。故古言金。率謂黄金。而凡青赤白墨之金。字皆從金。黄金轉無特製之字矣。然則黄金為諸金之先見者與。説解蓋作禁也。從土。象形。今存者皆字林文。五行大義引金者十三字。蓋白虎文。或校者引白虎通以注許書也。文選長笛賦注引金有五色黄為長。蓋節文。字見急就篇。

□　徐鍇曰。蓋古篆如此。王筠曰。説文韻譜五音韻譜並作□。非。鐘鼎文多同此。李杲曰。王孫鐘作□。中子化盤作□。皆與此近。【説文解字六書疏證卷二十七】

◉王讚源　説文釋金為从土今聲，是形聲字。説文以是時釋今。可見金从今聲，不兼會意。形聲字聲符必兼意，其不兼意的，必另有本字。效父彝：「休王錫效父□三，用乍氒寶隩彝。」（三代六卷四十六葉）「□三」，是説黄金三鎰或三斤。仲高卣：「王易仲高□，用乍彝。」（三代十三卷卅葉）是説王賜仲高以金，用作彝器。□就是金的本字。成周王鈴的鈴作□（三代十八卷十一葉），所从的□與效父彝、仲高卣的□皆象沙金之形。黄金有産於礦石，有産於河沙，墨子耕柱篇説：「昔者夏后開使蜚廉采金於山川。」關尹子六匕篇説：「破礦得金，淘沙得金。」便兼指黄金的兩種産地。産於河沙的，多是碎粒，大的像瓜子，世稱瓜子金，薄的像麩片，世稱麩皮金，唐李賀詩就説：「赤金瓜子兼雜麩」（昌谷詩外集）。含於礦石的金，並無定形，不能肖形造字，因此造字時不得不取碎粒的沙金象形。以文字孳乳始於象形而言，則金的初文僅象沙金之形作□，已見於西周彝銘。後來始增土為形符，復益今以為音讀，故篆文以□分注土的左右而作□。金的初文作□，如罔的本字作网，从亡聲而作罔，是网的後起俗字，从今聲而作金，也是的後起俗字。河川産金，古籍有很多記載，例如：

① 管子地數篇：「金起於汝漢之右洿（瀕）」。

② 管子揆度篇：「黄金起於汝漢水之右衢」。

③ 韓非子内儲説上篇：「荆南麗水之中生金」。

④ 御覽五八引尸子：「清水有黄金」。

⑤ 山海經西山經：「凄水其中多黄金」。

⑥ 戰國策楚策三：「黄金珠璣出於楚」。

⑦ 山海經南山經：「闟水南流，注于虖勺，其中多黄金」，郭注：「今永昌郡水出金，如穅在沙中。」又論衡驗符篇説：「永昌郡有金焉，纖靡大如黍粟，在沙中，民采得日重五銖之金，一色正黄。」

⑧ 山海經中山經：「漳水東南流，注于睢，其中多金。」【臤尊　周金文釋例】

●李孝定　説文説金字形聲不誤，金从今聲，今古作、、、諸形，不論正反，高田忠周氏正文反文之説，稍失之鑿。許君謂金為五色金，黄為之長，然則古籍言黄金，即今之金也，其單言「金」者，舊注皆以為「銅一斤」，如項羽本紀：「聞漢購我頭萬金」是也。勞榦氏謂今、金同字，今為溶金之坩鍋，金則為溶金鑄器之象，溶金鑄器固得稱金，今則僅為坩鍋，何以亦得金名，似稍有未安也。蔣禮鴻氏謂金象矢形，衡之金文諸金字，實無一相類，其説雖辨，實未安也。【金文詁林讀後記卷十四】

●温少峰　袁庭棟　我國先秦時稱銅為「金」，可是甲骨出土幾十年來，卻長期未發現金字。直到近年來在編輯《甲骨文合集》時，胡厚宣先生才在山東省博物館所藏的一片卜骨中發現了作為偏旁使用的金字：

(20) 辛卯卜，在☐貞：……王其步，叀（惟）鎷？　（《史拓》七〇〇一）

王宇信同志謂：此辭在「在」與「貞」之間有意空缺一字，待填地名。「鎷」字是顔色如銅的馬的專名，既用銅表示馬的顔色，則説明銅的冶鑄已有較長的歷史，使用已較為廣泛。「步」字當為祭名，借作酺。全辭大意是：辛卯這一天卜，在某地問：殷王要舉行祭酺，用這匹銅色的馬做祭牲麽？（見《建國以來甲骨文研究》第一五四——一五六頁）我們認為此辭之「步」不必破字讀為「酺」。《説文》：「步，行也。」此辭當是卜問：殷王出行，是否乘駕這匹銅色的馬？

胡厚宣先生發現了作為偏旁的「金」字，這是為甲骨學研究作出的又一貢獻。那麽，甲文中還有無作為單字的「金」字呢？夏渌同志認為：金文中金字有代表性的形體作：、、、、，其下部或从王，或从火焰形，而王之本義為旺，即火焰旺盛，表示旺盛之火所以煉金者。上部均作△，象鋭首之金屬製品（如鏃矛頭、犂尖等）。所以，金字之本義是表示以火熔[glyph]（即吕，金屬塊料）鑄器。由此分析，可知甲文中的[glyph]、[glyph]、[glyph]等字實有音義為「金」之可能（見《學習古文字瑣記・釋金》）。我們認為夏説很有創見。金文之「金」字確是表示以火熔吕以成銅器之意，故而金字有「金屬」即「銅」義，如金文中常見之「吉金」、「赤金」「錫金」、「金車」等；又有「熔吕所成之尖鋭兵器」義，如《孟子・離婁》：「抽矢叩輪，去其金」，趙歧注：「叩輪去鏃」；《韓詩外傳》卷六第二十四章：「昔者楚熊渠子夜行，見寢石，以為伏虎，彎弓而射之，没金飲羽」，皆以「金」為「矢鏃」義。由是可證夏説分析「金」字之正確。「金」字从火（或王）从[glyph]从△，表示以火熔吕鑄成尖鋭兵器，與冶字金文作[glyph]、[glyph]、[glyph]，表示以火（或以坩鍋）熔吕鑄成刀，其造字之旨相同（關于冶字的考釋，見王人聰《關于壽縣楚器銘文中佀字的解釋》，載《考古》一九七二年六期）。所以，甲文中的[glyph]、[glyph]、[glyph]字應從夏渌同志之説，可釋為「金」。

卜辭云：

(21) 壬子卜，大貞：㞢（有）[glyph]（金）？ （《後》下二九・二）

(22) 于……㳄……[glyph]（金）…… （《前》六・六六・八）

以上二辭，(22)辭殘缺過甚，無法知其辭意。(21)辭乃卜問是否有金之辭。這片祖庚、祖甲時期的卜辭，是已知的最早的「金」字作為單字的文字記録。【殷墟卜辭研究——科學技术篇】

◉陳公柔　我國古代南方多産金錫。《周禮・考工記》「吴粤之金錫，此材之美者也。」西周初年以來，周人經營南土、東土，伐荆蠻、克淮夷，用政治、軍事手段敉平江漢平原以及淮水流域諸多方邦。其戰争目的之一，亦在于獲取夾江兩岸盛産的金錫資源。《詩・魯頌・泮水》「憬彼淮夷，來獻其琛，元龜象齒，大賂南金」。此為歌頌魯僖公能修泮宫的事。詩中説「桓桓于征，狄彼東南。」因為「淮夷攸服」，才能「大賂南金」。

傳世《員卣》（《集成》10・5387）乃西周早期銅器。銘云：「員从史旗伐會，員先入邑。員俘金，用乍旅彝。」此銘中的史旗亦見于《寧鼎》（《集成》5・2740；5・2741）銘云：「唯王伐東夷，溓公命寧眔史旗曰……。」1972年陜西眉縣所出的《旗鼎》（《集成》2704），亦當為同人之器。時代為周初，多以為乃成王時器。

西周早期金文中所記俘金之事甚多。諸如《過伯簋》（《集成》7・3907）銘云：「過伯从王伐反荆，孚金。」稍後的《緐鼎》（《集成》4・2457）銘云：「緐侯隻巢，孚厥金。」郭沫若考證《班簋》中云：「秉、繁、蜀、巢為四國表示四方。」并以為「巢即南巢，在今安徽南部」。當亦為淮夷之屬。《師寰簋》（《集成》8・4313；8・4314）銘文記師寰在「折首執訊」之後，記「毆孚士女羊牛，孚吉金」。又如

《翏生盨》，傳世凡三件，同銘（《集成》9・4459；9・4460；9・4461）。盨銘云：「王征南淮夷，……俘戎器，俘金，乍旅盨」。此為西周晚期之器，而銘稱伐南淮夷，俘金。可知終西周以至春秋初年，在現在的漢水平原以及夾長江中下游兩岸地帶為古代盛産銅錫之地。《屖敖毁蓋》（《集成》8・4212）銘云：「戎獻金于子牙父百車」，論者或以為此戎為淮夷。若此説可信，則百車之銅决非少數，且必須來自産銅或鄰近于産銅之地。銘中的屖敖，亦見于《茁伯歸夆毁》（《集成》8・4331）及《九年裘衛鼎》（集成》5・2831），如為同一個人，則子牙父不可能為鮑叔牙。⊘

綜上所述的南金、俘金，所俘者當然不會是礦砂而應為各種冶煉成形的銅餅等等。這樣，纔好拿來「用作寶隮彝」。「南金」之稱，乃當時在其北與西北的周人及其屏藩對大江南北銅錫資源的認識與提法。⊘

大江南北盛産銅錫，已如上述。而運輸銅錫當循一定的主要幹道。此幹道，包括水運與陸行。古代甚重行軍路線中的主要幹道。所以對于道路的打通，為其軍事、經濟上以及商旅往來的大事。逮至後世，如遼代之「鷹路」，名為獲取海東青，實際上為行軍的重要路線。金文中《𥁰盨》（《集成》9・4469）「受奪叡行道，厥非正命」。《大系》考141云「叡讀為『自堂徂基，自羊徂牛』之徂，猶以及也。行道，即商旅經由之路。《曾伯霥簠》言『金道錫行，具既俾方』是其義。」《曾伯霥簠》中所記「金道錫行」的「金道」即為當時的主要幹道之一。

最早指出此簠銘中「金道」為運輸銅錫之道者為吴闓生。他在《吉金文録》四中説：「金道，産金之地。行，亦道也。此言産金錫之區皆已入版圖，歸我方域，故擇其吉金也。」《大系》進一步指出：「具為俱，卑為使役，方為常意。此為再開南金貢輸之道，曾伯霥因紀功而作器。」「金道錫行」指銅錫入貢或交易的道路。《爾雅・釋宫》「行，道也」；《詩・大東》「行彼周行」；又《詩・卷耳》「置彼周行」。凡此諸行字，皆指大道而言。【曾伯霥簠銘中的「金道錫行」及相關問題　中國考古學論叢】

◉夏　淥　土中埋金表意。金文「金」和篆文「金」。⊘金文初為土中埋金的象形表意字，至篆文發展為形聲字。

甲骨文有沒有「金」字呢？商墓已有黄金箔出土，青銅器不計其數，怎麼會沒有「金」字呢？這個謎長期不能揭曉，是由于我們受《説文》傳統的「形義來源單一説」和「从土埋金」舊説的束縛，見了「从火煉金」的另一形義來源的「金」字，就「視而不識，察而不見」了。

火上熔煉金屬，鑄造器具表意。金文另一形義來源的「金」字，下為「王」即熔煉金屬的旺火，旁為金屬餅塊，餅狀的金屬原料，它是餅金的象形字，也是「冰」和「餅」的初文，以後分化為三個形聲字——冰、鉼、餅。上部三角形，為鑄造鍛冶的箭鏃、矛頭、犁尖之類的尖狀器。如果説从土的「金」是從開礦、淘金的采掘的角度造的字，从火的「金」，就是從冶煉、鑄造

銀

的鍛工的角度造的字。有了「造字形義來源不限于一個」的觀念,據金文有「从火煉金」的另一形義來源,我們才可能發現从火从今的甲骨文「金」字。這也就是我們所以要探索「形義來源非一説」的現實意義。卜辭文例是:「壬子卜大貞:侑金……?」(後2·29·2)「……十金……?」(明藏773)【造字形義來源非一説　武漢大學學報一九八七年第二期】

◉湯餘惠　253　簡文金字每如是作,特點是將通常寫成∷形的四點變為ヾ形,此種結體方式似僅見于楚文字。認識到這一點對考釋未識之字,考察有關器物的國別,均具相當參考價值。《古璽彙編》附録83頁有:

3268

字,舊或釋鉚,未確。字从金省下面一横畫,字上从卯,亦即丱(卯、丱一字分化),非从卯。簡文卯作 265,可證。字應釋鉚,《集韻》以為鑛字古文;今作礦。又附録84頁有:

3289

是一個前所不識的字,現在看來應是楚文字「金」的變體,字畫離析,跟前文所考鑄字所从的金旁作大體一致。另外,《古璽彙編》正編還有:

3237

原釋為鈛(戈),今考包山簡代字作 61,知右旁乃从弋,應即釴字。《爾雅·釋器》:「鼎絶大謂之鼐,圜弇上謂之鼒,附耳外謂之釴。」【包山楚簡讀後記　考古與文物一九九三年第二期】

◉戴家祥　今字甲骨文作A或或,金文作或或等。金字从今,下从土,綴合成或,與金文所作、、、等形正相符合,效父𣪘金作,僅作土中之金形。金文恒言擇其吉金以作某器,可知當時金字並非專指黃金,乃五金之總名。【金文大字典下】

史銀印信　王銀私印　史銀　【漢印文字徵】

◉許　慎　銀白金也。从金。艮聲。語巾切。【説文解字卷十四】

◉馬叙倫　疑許本訓金也。校者加白金也。唐人删本訓。鐐鋈鉛銅鐵下皆同。知者。書禹貢言。唯金三品。傳曰。金銀銅也。是古謂銀銅錫鐵皆曰金也。且此與艸木山水魚鳥諸部例無不同也。字見急就篇。【説文解字六書疏證卷二十七】

鐐 房鐐私印 【漢印文字徵】

鐐 庚儷集 【古文四聲韻】

◉許　慎　鐐白金也。从金。尞聲。洛蕭切。【説文解字卷十四】

◉馬叙倫　爾雅釋器。白金謂之銀。其美者謂之鐐。釋文引字林。鐐。美金也。今有白金。豈即鐐邪。然倫謂鐐蓋銀之轉注字。鐐音來紐。古讀歸泥。銀音疑紐。泥疑皆鼻音次濁音也。心部。憖。從來得聲。讀若銀。是其例證也。美者謂之鐐。蓋鍊之純者耳。後世因別之。或曰。廣韻。鐐。紫磨金也。蓋銀類。故語原為銀。倫謂如廣韻訓。疑今之紫銅。爾雅銀字譌。【説文解字六書疏證卷二十七】

鋈 鋈 法一一〇　四例　鋈 封四六　鋈 封四七　二例 【睡虎地秦簡文字編】

◉許　慎　鋈白金也。从金。䒛省聲。烏酷切。【説文解字卷十四】

◉馬叙倫　鈕樹玉曰。繫傳作沃聲。説文無沃字。徐灝曰。廣雅釋器。白銅謂之鋈。倫按字或出字林。白金也吕忱依詩小戎毛傳加之。【説文解字六書疏證卷二十七】

◉睡虎地秦墓竹簡整理小組　〔二〕鋈(音沃),讀為夭,《廣雅·釋詁一》:「折也。」鋈足,意為刖足。一説,鋈足應為在足部施加刑械,與釱足、錔足類似。【睡虎地秦墓竹簡】

◉許　慎　鉛青金也。从金。㕣聲。與專切。【説文解字卷十四】

◉馬叙倫　沈濤曰。後漢書隗囂傳注引。鉛。青金也。似錫而色青。今奪此一句。倫按字見急就篇。本訓捝矣。【説文解字六書疏證卷二十七】

錫 甲三三六四　卜辭用易為錫重見易下 【甲骨文編】

錫　不从金　毛公𢉅鼎　易字重見　从金从賜　曾伯霥𠤷　【金文編】

石經文公　來錫公命　【石刻篆文編】

錫出無錫縣銘　【汗簡】

汗簡　竝崔希裕纂古　【古文四聲韻】

●許　慎　錫銀鉛之閒也。从金。易聲。先擊切。【説文解字卷十四】

●阮　元　曾伯霥簠　賜與金皆二字合文。⊘。邑盪金道賜金者。以國邑之盪金為道路之賜金也。【曾伯霥簠　積古齋鐘鼎彝器款識卷七】

●吳大澂　古錫字。盂鼎。【説文古籀補第十四】

●劉心源　。它器多作。乃易字。用為錫。或曰用為賜。【㪤父鼎　奇觚室吉金文述卷一】

●劉心源　錫作賜。説文。睗。目疾視也。从目易聲。施隻切。此銘用為賜。錫賜音義相通。古刻㠯易為之。讀錫。亦可讀賜。虢季子白盤。王乘馬。曾伯霥簠。天之福。竝賜字。曾伯霥簠。金道行。又从金合錫字為之。與本銘誠从糸一例。禹貢。九江納錫。大龜錫土姓。史記夏本紀竝作賜。易。王三錫命。釋文。鄭本作賜。書序。平王錫晉矦命。釋文。馬本作賜。此錫賜通用之證。毛公鼎。夙夜敬念。王畏不。則讀為易也。【都公諴簠　奇觚室吉金文述卷五】

●商承祚　卷一第四十九葉　卷七第十一葉　後編上第二十一葉　龜甲獸骨卷一第二十八葉　古金文錫字與此同。【殷虛文字類編第十四】

●高田忠周　曾伯霥𠤷　舊釋為賜金合文。妄矣。此銘義明為金名。形即以金目易三文結冓。此亦錫字。从金睗聲也。是目字。非貝形也。【古籀篇十一】

●强運開　師酉敢。錫女赤市。不从金。易字重文。曾伯𠤷。錫行。具从金从賜。【説文古籀三補第十四】

●徐中舒　金文錫皆作易。亦作賜。唯曾伯霥簠從金作鍚。齊庚壺從貝作賜。詩有錫無賜。故金文易皆釋為錫。金文之言錫者。如

䜌作朕皇考𩰬彝尊鼎。用亯孝于朕皇考。用錫康勵魯休。屯右眉壽。永命霝冬。其萬年無疆——敳䜌鼎

用作朕文考釐叔寶毁。用錫壽(?)壽萬年。永寶用于宗室——鄧鬧毁

屓叔多父作朕皇考季氏寶支(盤)用錫屯彔。受害福。及孝婦嫼氏百子千孫——屓叔多父盤

用作宗室寶尊。唯用錫福。——善鼎

仲師父作季妓姒寶尊鼎。其用亯用孝于皇祖帝考。用錫眉壽無疆——仲師父鼎

□叔買自作尊毁。其用追孝于朕皇祖啻考。用錫黄耇眉壽——叔買毁

邿遣作寶毁。用追孝于其父母。用錫永壽——邿遣毁

上鄀公敄人作用毁。用亯孝于氒皇祖。于氒皇考。用錫眉壽萬年無疆——上鄀公敄人毁

鄀公平侯曰乍尊錳。用追孝于氒皇祖晨公。于氒皇考屖趞公。用錫眉壽萬年無疆——鄀公盂

此或言為祖先作器。或言追孝于祖先。文句結構與前舉旂匃諸例全同。蓋言旂匃者。旂匃於祖先。言錫者。祖先所錫。所言雖兩面。所指則一事。【金文嘏辭釋例 歷史語言研究所集刊第六本】

◉吳闓生 　宖字象窗牖形。當為光寵之意。金文皆作錫字。用宅彝寏宖作册宅葡盂卣兮公室盂鬯束皆與錫字同。揚大保宖猶省卣云省揚君賞也。【公東鼎 吉金文録卷一】

◉吳闓生 　宖字屢見。令敦令敢揚皇王宖大鼎揚皇天尹大保。宖義當與休同。又寏彝寏宖作册宅葡盂卣兮公室盂鬯束則與錫同。考趞叔彝趞叔休于小臣貝三朋。效尊王休貝廿朋。是休亦錫義。又省卣省揚君賓。揚賞與揚休正同。是兩義可互通也。【明公彝 吉金文録卷二】

◉馬叙倫 　鈕樹玉曰。繫傳銀作鋃。譌。倫按銀鉛之間也不獨非許文。恐亦非吕忱之訓。疑本作金也。吕忱增青金也。漢書司馬相如傳。錫碧金銀。注。錫。青金也。此錫為青金之證。校者以鉛亦訓青金。故鉛下增佀錫而色青。此增銀鉛之間也。唐人删存此句耳。字見急就篇。曾伯簠作　。從金。睗聲。【説文解字六書疏證卷二十七】

◉勞　榦 　據説文金部:「錫,銀鉛之間也,从金。易聲。」甲骨無錫字,金文則毛公鼎之錫不从金,曾伯簠則从金从賜(金文後期,賜字从目从易)。毛公鼎已至中周,曾伯簠更在春秋時期,則从金之錫字,當在東西周之間始有,更早但作易不作錫。則「易」似宜為「錫」之本字也。若「錫」之本字為「易」,假作「賜」義,則詩書中作賜與義之「錫」,如「錫之山川」、「錫土姓」等,本皆作「易」。「易」既為「錫」之本字,則詩書中隸定作「錫」而不作「賜」,惟史記夏本紀改「錫土姓」為「賜土姓」,但「錫禹玄圭」仍作「錫」字未改。則亦流傳有自,決非出於輕率也。

說文易部：「易，蜥易，蝘蜓，守宮也。象形。祕書說：『日月為易，象陰陽也。』一曰『从勿』。」是許君亦未能決定。許君以為易當象蜥蜴，但別引賈祕書說（祕書指賈逵，據丁福保考）及或說。賈說及或說皆謬誕不足辯，許君之說則亦師承有自。今按金文中凡宗周早期彝器，如盂鼎、頌鼎、克鼎等，易（即錫或賜）皆作□，與甲骨相近，而宗周中晚期如毛公鼎、不嬰敦以及春秋時之郜遣敦則變作□，有類於蜥蜴，與小篆接近。許君蜥蜴之說，亦必根據前人舊說，或可溯至春秋，非許君所能肊斷。第非造字之本誼耳。

甲骨易字作□或□，與金文前期者略相近似，更為單簡。惟自來釋甲骨者亦異說紛如，迄無定論。李孝定甲骨文字集釋易字後案語云：

按說文：「易，蜥易，蝘蜓，守宮也。象形。祕書說：『日月為易，象陰陽也。』一曰：『从勿』。」許君並舉三說，正見其無所適从。契文金文均不象蜥易之形，亦與日月若勿字絕遠。郭氏謂為益（今溢字）之簡體，以所舉□字之形及音言之，其說或是。然易益二字之義又相去懸遠，了不相涉。且契文金文益字多見，除郭氏所舉□字一文之外，餘均从□，未見與□（契文）□（金文）形近者。此字之初形朔誼，蓋已蒙昧難求矣。

今按孝定先生不信郭氏，其言甚是。郭氏所舉益、易二字，在韻部上雖同屬「支」部，（據切韻及唐韻殘本，溢字夷質切，質韻，在脂部；但益字伊昔切，昔韻，在支部。）但在聲紐上則益字屬於影母，而易字則古音當屬定母。故二字在音理言之，亦未可相通。至就形言之，則益字之器為平放者，而易字之器則為斜傾；益字之水點為自下向上溢出，易字之水點則為自上向下向旁傾倒。則易字不象水自器滿溢而出，當不難指定。惟其形所象何物，迄難判斷。今試比較「今」「易」兩字之形製及組成，或可為之進一解也。

古代鑄器必銅與錫為劑，然後可為青銅。所有各種器物，不論商或周，不論其為祭器、兵器或容器，亦無一不為銅與錫合金之青銅。是則造字之時，金與錫（即今與易）同時造定，形製相類，本為不必致疑之事。今字為坩鍋，倒傾銅液，已見前述，易字為一平淺之釜，斜傾錫液，亦自可以比較得之。蓋銅之鎔點較高，在攝氏1083度，非坩鍋不能鎔解，而錫則鎔點甚低，僅攝氏232度，凡任何釜器，皆可應用。此所以易字作□形，而與今字作□造字之原則相同，而其形則異之故也。【古文字試釋 歷史語言研究所集刊四十本】

◉李孝定 錫字从金賜聲，賜即今之賜字，所从「目」，實「貝」之譌；古以「易」為賞錫之「錫」，後始有从「貝」之「賜」，至金名之錫，遂以「賜」為聲以示別耳。【金文詁林讀後記卷十四】

◉黃錫全 □錫出無錫縣銘 曾侯霥□錫作□□，三體石經《文公》古文作□，《說文》正篆作錫。此形同石經，金在易下，與鑄字或作[glyph](鄲孝子鼎)、鑄字或作[glyph](鐵鑄戈)、鈞字作[glyph](幾父壺)、[glyph](《說文》古文)類似。【汗簡注釋卷四】

◉戴家祥 [glyph]曾伯霥簠 金衡鍚行 此銘「金衡鍚行」,衡與行相對,意義相近,鍚與金相對,意義當亦相近,為金屬名。字从金昜聲,疑即鍚字。說文十四篇「鍚,銀鉛之間也」。【金文大字典下】

◉許慎 釗鍚也。从金。引聲。羊晉切。【說文解字卷十四】

◉馬叙倫 爾雅釋器。鍚謂之釗。引易音同喻紐四等。是轉注字也。此字或出字林。【說文解字六書疏證卷二十七】

[glyph] 銅 酓忎鼎 [glyph] 酓忎盤 【金文編】

[glyph] 銅 秦八六 【睡虎地秦簡文字編】

[glyph] □銅 [glyph] 少府銅丞 【漢印文字徵】

◉許慎 銅赤金也。从金。同聲。徒紅切。【說文解字卷十四】

◉孫詒讓 [glyph]字前器作[glyph]作[glyph]。皆是銅之省。舊釋為釿前器為釓。並非是。吳榮光釋前器作釘。亦未完。【齊侯壺 古籀餘論卷三】

◉郭沫若 「羞銅」者即書顧命「上宗奉同瑁」之同。白虎通爵篇引作銅。鄭玄解同為酒杯,書傳襲之,以同為爵名。吳志虞翻傳注引翻別傳,大反鄭說,謂同乃冃字之譌。又云「馬融訓注亦以為『同者大同天下』,今經益金,就作銅字,詁訓言『天子副璽』」。今此器為壺而銘之以銅,用知古者壺有銅名,省之則為同。酒器之鍾,盛算之中,均是一音之轉變。顧命之同,實當是壺,蓋即盛算之中,有簡冊盛于其內。鄭玄訓為酒杯,雖失尚不甚遠。若馬融虞翻及「副璽」之或說,均是肊必之見。【洹子壺 兩周金文辭大系圖録攷釋】

◉强運開 [glyph]齊侯壺用鑄爾羞[glyph]。吳雲釋乍䵼。形既不似。說殊迂曲。按拓本實為銅之反文。【說文古籀三補第十四】

◉馬叙倫 唐寫本切韻殘卷一東引作青鐵也。字見急就篇。銅從同得聲。同從凡得聲。凡聲侵類。鋈聲宵類。古讀宵歸幽。幽侵對轉。是銅鋈實轉注字。齊侯壺。用鑄爾羞[glyph]。强運開釋。【說文解字六書疏證卷二十七】

◉周法高　白川静謂。同用於裸鬯。與壺字用法異。金文通釋二一七。洹子孟姜壺。白鶴美術館誌第三八輯三九八頁。法高案。郭説非也。羞銅。乃進獻之銅器也。【金文詁林卷十四】

◉李孝定　2835器銘：「用鑄爾羞銅」。衡之文義，「銅」字似非器名，周法高氏之説較優。【金文詁林讀後記第十四卷】

◉張世超　《説文》：「銅，赤金也。」所謂「赤金」，指的是金屬元素Cu，亦即今語銅鐵之銅。然此為晚出之義。博學如段玉裁、朱駿聲尚且依《説文》之義為訓，可見其古義湮没已久。

睡虎地秦簡的出土，使我們在這一問題上有了新的認識。秦簡《金布律》：「縣、都官以七月糞公器不可繕者，有久(記)識者靡蚩之，其金及鐵器入以為銅。」最後一句當是「其金器及鐵器入以為銅」之省。意即將廢舊銅、鐵器交公，作為金屬料。可見，後代所稱之金屬「銅」，先秦時稱為「金」，而「銅」之古義則為「合金」或金屬之總稱。

「銅」的這一意義當為其本義，這從其語源上可以找到證據。「同」本有合、和、聚等義：

《國語・周語》「財用不乏，民用和同」。

《儀禮・少牢饋食禮》：「同祭於豆祭」鄭注：「同，合也」。

《詩・小雅・吉日》：「獸之所同」鄭箋：「同，聚也」。

《説文》：「同，合會也。」

在金屬方面説，則熔不同金屬為一體，或統稱各種金屬為「銅」。《漢書・律曆志上》：「凡律度量衡用銅者，名自名也。所以同天下，齊風俗也」。這是因音訓取語源，為制度作説解者。

「銅」的本義，在西漢時已經失傳，如：

《史記・平準書》：「黄金以溢為名，為上幣，銅錢識曰半兩，重如其文，為下幣。」

又《吴王濞列傳》：「吴有豫章郡銅山，濞則招致天下亡命者，盜鑄錢。」

《淮南子・本經》：「逮至衰世，鐫山石，鍥金玉，擿蚌蜃，消銅鐵而萬物不滋。」

又「鼓橐吹埵，以銷銅鐵。」

又《齊俗》篇：「銅不可以為弩，鐵不可以為舟，木不可以為釜。」

又《説山》篇：「慈石能引鐵，及其於銅則不行也。」

「銅」已皆專指一種金屬。

上古時代，金屬通稱「金」，因為銅的用途廣，在諸金屬中較為習見，故「金」又常常指銅這種金屬。春秋時，人們已經能從礦石中提煉出鐵來。參郭沫若《希望有更多的古代鐵器出土》，收于《奴隸制時代》。初期煉出的鐵，質地不純，人們只用它來製作一些粗笨的工具。雖然當時已經有了「鐵」這個名稱，但在只有兩種主要金屬的情況下，用「美金」、「惡金」也就足以區別它們了。《國語·齊語》：「美金以鑄劍戟，試諸狗馬；惡金以鑄鉏、夷、斤、斸，試諸壤土。」正是春秋時代金屬情況的寫照。到了戰國時代，冶鑄業有了長足的發展，提煉出品質更高的銅鐵，被廣泛地應用到生產、生活、戰爭等各個領域。除銅、鐵之外，人們已能提煉出其他的多種金屬。各種金屬的區別命名，就成為當時語言中必須解決的一個問題。從出土青銅器銘文的記載來看，當時還有「鏐」、「鏞」、「鋁」等名稱。它們所指的確切金屬元素是什麼，還有待于研究，但其所反映的人們對于金屬認識的深化，則是顯而易見的。人們發現了多種金屬，同時也認識到單純金屬與合金的差別。因此，除了要給每一種金屬以適當的命名外，還應有一個能表達將不同金屬混合在一起的行為及稱呼其混合體的詞。于是人們選用了有和同、會合、聚合意義的「同」來充當這一角色。作動詞用時，意義相當于今語之「熔合」；作名詞用時，意義相當于今語之「合金」。詞義一經引申，則各種金屬之總稱亦稱「同」，後來書面上增加義符「金」，就成了「銅」。

我們現在稱為「銅」的這種金屬，古人很少單獨使用，常常是與一定比例的錫熔鑄為合金，以增加其硬度。這是一種以銅為主要成份的古代最常見的合金。因此，本義為「合金」的「銅」又發展為專指銅鐵之銅，統稱各種金屬的意義也隨之消失了——這是發生在西漢初年的事。

古文字的研究證明，「銅」字在戰國時始出現。根據上文論述，我們可以對戰國銅器銘文中的「銅」有一個新的認識。解放前安徽壽縣出土的《楚王酓忎鼎》銘云：「楚王酓忎戰隻(獲)兵銅」，是說在戰爭中獲得報廢兵器的金屬料。戰國已是銅鐵并用的時代，這獲得的「兵銅」自然包括銅和鐵。回收廢金屬料比從礦石中提煉要省工得多，古代冶煉技術落後，因此很注意廢金屬的回收，上引秦簡文可證。「戰獲兵銅」是戰後回收廢金屬的表現，鑄鼎紀念，可見金屬料在當時很貴重。至于楚王的鼎，是從這批金屬料中選擇材料鑄成的，即所謂「擇其吉金」者，并不影響「銅」字的含義。郭沫若《大系·考釋》云：「戰獲兵銅而毀銷之以為祭器，足見銷兵鑄器之事不始于秦人。蓋周末已是銅鐵交替時代，鐵兵方興，銅兵已失其優勢，故有此現象也。」以後代銅鐵之銅讀銘文，故有此論。戰勝獲兵器金屬料，擇其佳者鑄器紀念乃是古代習尚，《左傳·襄公十九年》有記載，并非銅鐵交替之表現。【釋「銅」　古籍整理研究學刊一九八九年第二期】

鏈　鏈

◉許　慎　鏈銅屬。从金。連聲。力延切。【說文解字卷十四】

◉馬叙倫　此字出字林。故訓銅屬也。顏師古漢書食貨志注引許慎曰。鏈。銅屬也。然漢書字止作連。孟康以為錫之別名。李奇謂鉛錫璞。廣雅釋器。鉛鑛謂之鏈。倫疑鉛錫璞字當作鋌。【說文解字六書疏證卷二十七】

鐵　鐵

鐵　雜二三　五例　秦八六【睡虎地秦簡文字編】

鐵官　齊鐵官印　貘鐵公【漢印文字徵】

鐵出說文【汗簡】

說文　並唐韻【古文四聲韻】

◉許　慎　鐵黑金也。从金。𢧜聲。天結切。銕鐵或省。銕古文鐵从夷。【說文解字卷十四】

◉馬叙倫　羅振玉曰。伊闕佛龕碑鐵字作鐵。干祿字書。鐵。鐵。上通。下正。鐵從𢧜得聲。𢧜從呈得聲。𢧜古讀如秩。然與呈聲頗不諧。疑戥𢧜鐵𢧵等字皆從至聲。詩胡迭而微。釋文引韓詩作𢧜。正從至聲。是其證也。漢書地理志。車轔四𢧜小戎之篇。四𢧜之𢧜即鐵之省。亦可為證。倫按說文無𢧜。漢書之𢧜。蓋𢧜之轉注異文。至音照紐三等。呈音澄紐。同為舌面前音。秩音亦澄紐。故𢧜得讀若秩也。字見急就篇。

鐵　倫按戥聲也。古鉩作鐵。

銕　段玉裁曰。夷蓋弟之譌也。朱駿聲曰。弟聲也。二篆相似。故往往互譌。鐵弟雙聲。桂馥曰。汗簡引作銕。字林。銕。鐵名。倫按弟夷一字。尚書堯典嵎夷。史記作禺銕。是從夷不譌也。此字蓋吕忱據尚書古文加之。司馬遷從孔安國問尚書故。史記作禺銕。從古文也。吕忱蓋及見尚書古文者。故本書古文出尚書者。往往與偽孔異。字林曰鐵名。則此字本非鐵之重文。蓋重文下例不復出訓也。豈校者并之邪。【說文解字六書疏證卷二十七】

◉史樹青　第三簡

銕笄一十二笄，皆又絵縺。

鐵箕十二箕□于絟縲

此簡鐵字的寫法在古文字中是第一次發見，□即鐵字的初文，説文鐵字的古文从金从夷，現在我們寫鐵字有時還寫作銕。為什麼説□就是夷字呢？説文夷字作夷，解釋為「東方人也，从大从弓」。其實□字就像一人背弓形，或説像一人被繩纏繞形，上部都是頭上的裝飾，這些裝飾我們從其他古文字中可以找到。例如商代金文中有□字，即人字，周代金文中有□字，即妻字，這些字的頭上裝飾與□字頭上裝飾完全相同，所以説□就是夷字。段玉裁説文解字注説：「鐵字古文从夷，蓋弟之訛」。齊思和先生説：「鐵字古文从夷，與少數民族有關」。見歷史教學一九五三年第七期，齊思和：少數民族對於中國文化的偉大貢獻。其實古文夷弟二字，音形相近，是可以通用的。我國對鐵的應用，是始於西周時期。見文史哲一九五五年第二期，楊寬：試論中國古代冶鐵技術的發明和發展。在春秋戰國時代的文獻如墨子、管子、韓非子等書中，我們可以看到很多的鐵器名字，當時已有了「陶鐵徒」的名稱，見薛尚功歷代鐘鼎彝器款識卷七，齊侯鎛鐘（即叔夷鐘），其銘文中有「陶鐵徒」三字，舊釋「造國徒」不可信。荀子議兵篇説：楚國「宛鉅鐵鉇，慘如蠭蠆」，一九五三年在北京舉辦的楚文物展覽中，陳列有鐵足銅鼎，見楚文物展覽圖録第六十八圖。這説明楚國對鐵的使用，不但用於工具和兵器，而且與青銅器佔了同等的地位，也用到禮器上來了。鐵箕就是鐵製的供器，鐵箕一十二箕，古人記數文法慣例如此，如小盂鼎銘文：「隻馘四千八百十二馘，孚人萬三千八十一人……孚牛□百□□牛，羊卅八羊」，不嬰𣪘銘文：「田十田」，都是這樣的記數方法，也是古代漢語語法「量詞」的最初形式。箕最初應是以竹編製，所以从竹共聲，一十右下方有兩個小點，是兩字「合文」的符號，這也是古人書法的慣例。見歷史研究第一期，朱德熙：壽縣出土銅器銘文研究，剛币攷。而每片竹簡上都有數字，更是這類竹簡的通例。絟字是錦字的初文，説文以之為衿字的古文，是不對的。縲字應作環繞解。此簡應該解釋為：「鐵箕一十二個，都是用錦帶繞起來。」【長沙仰天湖出土楚簡研究】

◉范義田　鐵字的古文為「銕」，從夷，見説文；説文釋「夷」為「從大從弓，東方之人」，而東夷就是殷族。國語齊語：「惡金以鑄鉏、夷、斤、斸，試諸壤土。」用鐵鑄成的農具，也有「夷」的名稱。銕字從夷，銕的耕具名夷，與東夷的用鐵是有一定關係的。

【西周的社會性質——封建社會　文史哲一九五六年第九期】

◉闞勛吾　西周班𣪘銘：「士馭、𢦏人」。

上述「𢦏」字，也有人認為可能是鐵字的初文或省文。「𢦏人」即冶鐵工人。郭沫若：《「班𣪘」的再發現》。《文物》1972年第九期。

班段有人認為是成王時器，有人認為是康王或穆王時器。總之，都在西周。又《詩經・秦風・駟驖》：「駟驖孔阜」。解詩者認為「四馬皆黑色如鐵」，故名「駟驖」。《秦風・駟驖》是西、東周之間秦襄公時的詩，因此有人據此文獻記載和上述銘文，認為中國鐵的發明應在西周。

又有人根據《詩經・公劉》和參照《尚書・費誓》以及《逸周書・克殷》的有關記載來説明商代就已經使用和冶煉鐵器了。《詩經・公劉》：「篤公劉，于豳斯館，涉渭為亂，取厲取鍛」，厲或作礪，鍛或作碫。歷來注疏家對厲、鍛的解釋雖有不同，但在與冶鐵有關這一點上基本上是一致的。參看《尚書・費誓》所説：「備乃弓矢，鍛乃戈矛，礪乃鋒刃，無敢不善。」《説文》：「鍛，小冶也。」《廣雅・釋詁》：「鍛，椎也。」可見「取厲取鍛」很可能如鄭玄所説是指「取鍛礪斧斤之石」，因為青銅器是無需鍛打的。段注《説文》：「小冶謂小作鑪」，「冶之則必椎之，故曰鍛鐵。」又《尚書・説命上》：「若金，用汝作礪。」孔安國説：「鐵須礪以成利器。」

《逸周書・克殷》記載：「先入（指武王入紂王宮室），適王所，乃克射之，三發而後下車，而擊之以輕呂（寶劍名），斬之以黃鉞，折縣諸大白（旗名）。乃適二女之所，既縊。王又射之三發，乃右擊之以輕呂，斬之以玄鉞，縣諸小白。」晉孔晁注釋玄鉞為黑斧。見《河北藁城縣臺西村商代遺址1973年的重要發現》。《文物》1974年第八期。文中括弧内字是引者的補充和注釋。

以上是主張中國何時開始用鐵的幾説的主要文獻和銘文根據（戰國的無需列舉），至商而止。至于夏代用鐵是否也有文獻根據呢？在中國，這就牽涉到這個「鐵」字的出現問題了。中國最初用鐵，由于没有先造成這個「鐵」字，因此不一定就叫「鐵」，而是叫别的什麼名稱；甚或只是一個象形字。甲骨文中有一個「■」字，見《甲骨文編》第549頁。有人把它釋為「丁」。我認為這不是「丁」字而是最初的鐵字保存下來的象形字。至于把它寫成「鐵」字，那是很晚的事。《説文》「古文鐵从夷」，即「銕」形。到小篆才定形為「鐵」，楷書寫成「鐵」，簡化成「铁」。《説文》：「鐵，黑金也。」可見古時候不僅對「鐵」字的形體隨着時代的不同而有差異，就是其名稱也因為其形狀為黑色而稱為黑金。把鐵稱為黑金，不獨中國古代為然，就是古代雅利安人的古文獻中《阿闥婆吠陀》也常常提到「黑金屬(Syāma ayas)——鐵」。

《史記・周本紀》集解引「《司馬法》曰：『夏執玄鉞。』宋均曰：『玄鉞用鐵，不磨礪。』」前面提到晉孔晁注釋「玄鉞」為「黑斧」，因玄有黑義，即黑色的鐵製兵器。《中華古今注》《中華古今注》：舊本題後唐馬縞撰，新舊五代史有《馬縞傳》説：「金斧，黃鉞也；鐵斧，玄鉞也。三代（夏、商、周）通用之以斷斬。」《中華古今注》的説法是對的，夏、商、周三代都有用銅和鐵來作兵器之事。

鍇 鍇

5488 【古璽文編】

鍇 孫鍇 任鍇 【漢印文字徵】

◉許　慎　鍇九江謂鐵曰鍇。从金。皆聲。苦駭切。【説文解字卷十四】

◉馬叙倫　鈕樹玉曰。李注文選南都賦及韻會引曰作為。倫按鍇音溪紐。銕音透紐。同為次清破裂音。轉注字也。史記高祖功臣侯表索隱引三倉。九江人名鐵曰鍇。古鉨作。此字蓋捝本訓。存字林文或校語耳。【説文解字六書疏證卷二十七】

鋚 鋚

鋚　不从金　毛公䢅鼎　攸字重見　彔伯簋　多友鼎　鐈鋚百鈞　曾伯陭壺　吉金鐈鋚　康鼎　鋚革　【金文編】

石碣田車　鋚勒馮＝　【石刻篆文編】

◉許　慎　鋚鐵也。一曰。轡首銅。从金。攸聲。以周切。【説文解字卷十四】

◉趙烈文　田車孔安鋚勒馮。鋚。郭云大幺反。轡首銅也。廣韻音條。絧頭銅飾。烈按。條音是。鋚勒即鞗革。【石鼓文纂釋】

◉强運開　鋚趙古則音條。運開按。説文鋚。鐵也。一曰轡首銅也。从金攸聲。段注云。小雅。鞗革沖沖。毛傳曰。鞗。轡也。革轡首也。按鞗。轡也。當作轡首飾也。轉寫奪去二字耳。下文云沖沖垂飾皃。正承轡首飾而言。許釋鋚為轡首銅。鋚即鞗字。詩本作攸。轉寫誤作鞗。攸革皆古文。叚借字也。古金石文字作攸勒。或作鋚勒。轡首銅者。以銅飾轡首也。革部勒下云。馬頭絡銜也。即毛傳所謂轡首也。又按頌敦攸勒作。彔伯戎敦作。此二字見於金文者甚多。不勝枚舉。可證詩作鞗革。非獨字誤。即音亦誤也。【石鼓釋文】

◉强運開　毛公鼎。攸勒。不从金。曾伯陭壺。迺用鐈鋚。自乍醴壺。【説文古籀三補第十四】

◉馬叙倫　鐵之轉注字作銕。從夷得聲。夷鋚音同喻紐四等。則銕鋚為轉注字。故訓鐵也。然曾伯陭壺。迺用鐈。自乍醴壺。尋古尊壺。率用銅製。銘言鐈鋚。此下文。鐈。似鼎而長足。廣雅釋器。鐈。釜也。則銘蓋借鐈為鍪。鍪正是銅。然則此訓鐵也疑誤。或古借鋚為鐵。而鋚實鋈之轉注字。鋚聲幽類。鋈聲宵類。古讀歸幽也。一曰轡首銅者。詩蓼蕭。鞗革沖沖。毛傳。鞗。轡也。革。轡首也。段玉裁以為轡也當作轡首飾也。然則以鋚飾轡首。故謂之鞗。經傳作鞗是本字。金文率作攸是省借。彔伯敨重文作鋚。石鼓文作鋚。是借字。一曰轡首銅校語。然足明鋚是銅非鐵矣。此字或出字林。

【說文解字六書疏證卷二十七】

◉朱芳圃　彔伯𣪘　曾伯陭壺　康鼎　說文金部：「鋚，鐵也。一曰，轡首銅。从金，攸聲。」按凡从攸受聲之字，多含黑色之義。如說文黑部：「儵，青黑繒發白色也。从黑，攸聲。」虎部：「虪，黑虎也。从虎，儵聲。」水部：「滫，久泔也。从水，脩聲。」凡物久泔則晁蔑，其色黴黑。穴部：「窱，杳窱也。从穴，條聲。」廣雅釋詁：「窈窱，深也。」凡屋幽深必黑暗。是其證也。說文金部：「鐵，黑金也。从金，𢧵聲。」鐵訓黑金，義與从攸得聲諸字相會。又古音鋚與鐵讀定紐雙聲，例相通轉。是鋚之為鐵，信有徵矣。

曾伯陭壺銘云：「唯曾伯陭廼用吉金鐈、鋚，用自作醴壺。」考傳世銅器，據近代化驗，皆不含鐵。是壺銘之鋚，與許君說解不相適應。余謂壺銘之鋚，鉛之異名也。說文金部：「鉛，青金也。从金，㕣聲。」玉篇金部：「鉛，黑錫也。」蓋鉛色在青黑之間，先民辨色，原不精嚴，因物命名，初無定約。鉛與鐵色澤雖有淺深之殊，大抵相差不遠，故兩者皆可以鋚名之。

許君云「一曰轡首銅」，乃別一義，謂以銅飾轡首謂之鋚也。爾雅釋器：「轡首謂之革。」郭注：「轡靶。」（靶下原有勒字，據郝校刪。）蓋轡以革為之，因名革，一作勒。為人手所把，故謂之靶。漢書王褒傳：「王良執靶」，是其例也。轡有革有銅，惟以革為主，銅為飾耳。彝銘作鋚勒，或鋚革，如彔伯𢦚𣪘銘：「余錫女……馬四匹鋚勒。」康鼎銘：「錫女幽黄鋚革。」一作攸勒，如毛公𢊺鼎銘：「錫女……馬四匹攸勒。」頌鼎銘：「錫女緣旂攸勒。」經傳作鞗革，如詩大雅韓奕：「鞗革金厄。」周頌載見：「鞗革有鶬。」按攸為假借。彝銘作鋚，从金，言其質也。經傳作鞗，从革，言其用也。【殷周文字釋叢卷下】

◉岑仲勉　例九鐈鋚。于云鐈鋚皆金名，釋為兩種。余據下舉四項理由，仍認為二字名。(1)十四例中，除例十一單稱鏞文體特異外，鈇鐈、玄鏐、鏞鋁等皆二字名，即省稱單名，亦用黄赤元鏷字足之，鐈鋚當不出斯例。(2)鐈既證為銅，如認鋚別一種，在上古金屬發達史中，殊難覓出相當之物。(3)周金鋚字雖常獨用，要可以鏞鋁單稱鏞或鋁解之，且觀鋚字獨用諸例（見下文），尤非銅莫屬。(4)鋚，說文，以周切（玉篇音田聊切），於切韻為ieu。假如某地方音轉cyprus如古法文coevre或法文cuivre，因v含半u音，斯cuiv(r)e之讀法，便與kiauieu（鐈鋚）甚近。此壺單用純銅鑄成，十四例中之特例也。

鋚勒，見彔伯𢦚𣪘及盟盨（石鼓文丙同）。鋚革見康鼎。作攸勒不從金者，有毛公鼎、頌鼎、無惠鼎、伯晨𣪘、㝬壺、吴彝、伊𣪘、

鏤

師酉𣪘、師嫠𣪘、師兑𣪘、害𣪘、袁盤諸器。詩蓼蕭「鞗革忡忡」，采芑「鉤膺鞗革」，韓奕「鞗革金厄」，載見「鞗革有鶬」，字又從革。按説文：「鋚，鐵也，一曰轡首銅也。從金攸聲。」段注云：「毛傳曰：鞗，轡也。革，轡首也。按鞗轡也當作鞗轡，首飾也。轉寫奪去二字耳。……」古金石文字作攸勒或作鋚勒，轡首銅者以銅飾轡首也。革部勒下云「馬頭絡御也」，即毛傳所謂轡首也。……大雅韓奕……鋚以飾勒，金以飾軛。四事文意一例。鞗勒謂以銅飾轡之近馬頭處。按前文已言鋚本銅之古稱，因轡首飾銅，鋚遂借為轡首銅之專名，故金文與毛詩均不稱金勒。寖假而鋚字去金作攸，寖假而攸字加革作鞗，此皆語義之嬗變。漢儒已不明鋚實何物，載見鄭箋「鞗革，轡首也」，實承毛誤。段玉裁謂傳寫奪字，不過曲為毛護耳。説文以鋚為鐵，益復增謬。如果溯其初義，應正云「鋚，鐈鋚，銅也」。【周鑄青銅器所用金屬之種類及名稱　兩周文史論叢】

◉戴家祥　阮元曰：錢宮詹大昕云，古器銘多用鋚勒字，惟石鼓及寅簋文正作鋚勒，伯姬鼎則作攸勒，宰辟父敢又作攸革，薛尚功、王俅諸家並釋攸為鋚。此文亦但作攸，蓋古文之鋚勒，即詩所云「鞗革」也。詩鞗革凡四見，鄭氏箋，或云「轡」，或云「轡首」，或云「轡首垂」，毛公則訓鞗為「轡」，革為「轡首」。説文無鞗字而有鋚字，訓「轡首銅」，明乎鋚即鞗也。詩「鞗革有鶬」，鄭以鶬為「金飾」。古文鞗从金，與許叔重訓「轡首銅」合。孔氏疏謂以鞗皮為轡首之革，似未達古制矣。積古齋鐘鼎彝器款識卷四第三十葉，無叀鼎。考人類社會隨時代之纍積而前進，生活用具必然由單一材料而趨向複合化。例如枱由原始「剡木」發展而為金木組合，木柄金首，故其字可以从木作枱，又可以更旁作鈶，鞗之為鋚，其例亦猶是也。【金文大字典下】

◉許　慎　鏤剛鐵。可以刻鏤。从金。婁聲。夏書曰。梁州貢鏤。一曰。鏤。釜也。盧候切。【説文解字卷十四】

◉馬叙倫　鈕樹玉曰。韻會貢鏤下有金也二字。桂馥曰。一曰鏤釜也者。方言五。鍑。江淮陳楚之間謂之錡。或謂之鏤。王筠曰。朱文藻本繫傳釜作金。倫按本書無鋼。鏤即鋼也。鋼從岡得聲。岡從网得聲。网音微紐。鏤音來紐。古讀歸泥。微泥同為邊音。故今字作鋼也。此字蓋出字林。故訓剛鐵。可以刻鏤者。由古借鏤為録。而附會為此説耳。一曰鏤釜也者。校者據方言加之。借鏤為甗或鑐或鍪也。此字或出字林。【説文解字六書疏證卷二十七】

◉陳漢平　古璽文有字作（《彙編》3687），舊不識。此字从金婁聲，字當釋鏤。《説文》：「鏤，剛鐵可以刻鏤。从金婁聲。《夏書》曰：梁州貢鏤，一曰鏤，釜也。」【古文字釋叢　出土文獻研究】

鐨

◉許　慎　鐨鐵屬。从金。賁聲。讀若熏。火運切。【說文解字卷十四】

◉馬叙倫　鈕樹玉曰。廣韻二十文引作鐵類。翟云升曰。鐵屬是。劉秀生曰。小徐作讀若訓。賁聲熏聲並在痕部。故鐨從賁聲得讀若熏。爾雅釋水。汝為濆。水部涓下引爾雅曰。汝為涓。力部。勳。從力。熏聲。古文從員聲作勛。涓從肙聲。肙員竝從口聲。是其證。倫按此字出字林。故訓鐵屬。賁從卉得聲。卉熏音同曉紐。訓音亦曉紐。卉聲脂類。熏川聲竝真類。脂真對轉。故鐨得讀若熏。亦得讀若訓。然讀若訓者。蓋後人以玉篇有又音訓改也。【說文解字六書疏證卷二十七】

銑

◉許　慎　銑金之澤者。一曰。小鑿。一曰。鐘兩角謂之銑。从金。先聲。穌典切。【說文解字卷十四】

◉馬叙倫　鈕樹玉曰。韻會引作一曰鐘下兩角其間謂之銑。從金先聲在一曰小鑿上。桂馥曰。一曰小鑿者。通俗文。鑿鋭曰銑。一曰鐘口兩角謂之銑者。考工記。鳧氏為鐘銑。欒謂之銑。注。銑。鐘兩角也。倫按金之澤者鋈字義。亦非許訓。蓋字出字林也。銑疑當訓鐘兩角也。今譣古鐘下兩角皆為鋭形。則語原同鑯也。鑿鋭曰銑。疑即鋭字義。或鑽字義。或鐫字義。古借銑為之。銑鋭為脂真對轉。銑鑽則皆從先得聲。銑鐫則同為舌尖前音也。餘詳鋈下。【說文解字六書疏證卷二十七】

鋻

◉許　慎　鋻剛也。从金。臤聲。古甸切。【說文解字卷十四】

◉馬叙倫　段玉裁曰。剛當作㓻。刀部。㓻。刀劍刃也。刃下曰。刀鋻也。文選王褒聖主得賢臣頌注引三蒼解詁。鋻。淬刀作鋻也。倫按刀鋻猶今言鋼口。鋻刃聲同真類。蓋轉注字。以刀言作刃。以金為刀作鋻。剛也非本義本訓。【說文解字六書疏證卷二十七】

鏫

◉許　慎　鏫金屬。一曰。剥也。从金。黎聲。郎兮切。【說文解字卷十四】

◉馬叙倫　桂馥曰。一曰剥也者。本書。剺。剥也。史記。自鏫面皮。朱駿聲曰。假借為剺。倫按此字出字林。故訓金屬。【說文解字六書疏證卷二十七】

錄 録聚采執姦 【漢印文字徵】

◉許　慎　錄金色也。从金。彔聲。力玉切。【説文解字卷十四】

◉馬叙倫　翟云升曰。史記平原君傳索隱引作録録隨從之貌。別義。潘奕雋曰。平原君傳。公等録録。王卲曰。録借字耳。又説文云。録録。隨从之皃也。今説文女部作娽。俞樾曰。金色者。許以緑字説之。録當為彔之或體。彔部。彔。刻木彔彔也。刻木必用刀。故或從金。倫按金色之義無徵。荀子性惡。文王之録。注。録與緑同。二劍以色為名。此楊倞謬説耳。録蓋劍名。如湛盧之類。録者。刻鏤之鏤本字。彔下言刻木彔彔即此字義。彔乃淥之初文也。録鏤音同來紐。故古多借鏤為録。而録之本義誤入彔下矣。此訓金色蓋字林文。色字亦或譌也。索隱引者娽下説也。字見急就篇。【説文解字六書疏證卷二十七】

金五二一　鑄作盥與金文同　【甲骨文編】

鑄　大保鼎　王鑄觶　作册大鼎　芮公鼎　芮公壺　筍伯盨　湯弔盤　仲殷父簋　子䀠盆　上半部分在首行末而下半部之皿在二行首　楚嬴匜　楚子匠　曾子遵彝匠　無子匠　公父宅匜　邾公華鐘　邻王鼎　國差𦉜　欒書缶　簷平鐘　盅子臣匠　庚午簋　周乎卣　守簋　曐肇家鬲　郳始鬲　仲鑠盨　榮伯鬲　命瓜君壺　哀成弔鼎　宜戈　師同鼎　徵兒鐘　虢弔盨　取膚盤　取膚匜　奢虎匠　旅虎匠　弔皮父簋　楚公鐘　曾子斿鼎　鄦孝子鼎　十一年㡒鼎　居簋　余卑盤　末匠　番匊生壺　王人甗　伯孝𡉚盨　鄂君啟舟節　鄂君啟車節　鑄客鼎　酓肯鼎　客鑄盥鼎　鑄客鼎　鑄客匠　酓忎鼎　酓肯盤

中山王讐壺　斁郾吉金鑄為彝壺　大梁鼎　上官鼎　國名呂氏春秋封黄帝之後於鑄史記作祝　鑄弔匜　鑄子鼎　鑄子匜　鑄公匜　【金文編】

文存2:87　司成左匋□用己鑄食　【古陶文字徵】

〔二二〕〔二二〕〔七八〕〔五〇〕〔四四〕〔七〕〔五四〕〔三八〕〔二〕〔四五四〕〔二〇〕〔四七〕〔三二〕〔四二〕〔二二〕〔三六〕〔四七〕〔三六〕〔四二〕〔五〇〕〔四七〕〔三六〕〔四七〕〔三六〕〔二〇〕〔一九〕〔一九〕〔二八〕〔一九〕【先秦貨幣文編】

一六:五　宗盟類參盟人名　【侯馬盟書字表】

18　【包山楚簡文字編】

鑄　日甲一三背　通禱　—之曰皋敢告璽貉竒　封一九　二例　【睡虎地秦簡文字編】

鑄應　鑄異私印　齊鑄長　鑄循　鑄未青　【漢印文字徵】

鑄碧落文　【汗簡】

碧落文　【古文四聲韻】

●許　慎　銷金也。从金。壽聲。之戍切。【説文解字卷十四】

●吴大澂　古鑄字。象手鑄器形。下象鑪火。中ㄷ為金。以火銷金曰鑄。無子妝簠。【説文古籀補第十四】

●劉心源　為鑄。則亦鑄也。邾公望鐘鑄辝龢鐘。邾公牼鐘用鑄厥龢鐘。無子妝簠用鑄其簠。西亭鎗鑄西亭寶鐈。居彝余鑄此匋。竝从皿从鬲省从火。知古文鑄目鬲火皿象鑪橐鎔化之形也。據郘始鬲云鑄其羞。則鬲當从臼鬲。説文作𩰫。收入爨部。云从爨省。蓋不得其原也。安知爨非从𩰫省乎。□即□□□。□古文火字。𨱴伯鼎𨱴字然虎𣪘然字並从□。□與鍾氏鼎文同。从鬲即𩰫之省臼者。从□亦古文火字。麥彝光厥政事之光作□从□。是皆鑄字矣。𠭯思楚公鐘□自鑄木鐸鐘。孖商匜□鑄匜。从𩰫皿金𠷎。形聲皆備。旅虎簠□鑄其寶𠀤。則省皿从火。艾伯鬲□鑄鬲于彝。則省𠷎。守𣪘□用作鑄宏仲寶𣪘。則省金。儔兒鐘□吕鑄龢鐘。則省𩰫省皿省火。小篆曰之作鑄者也。【太保鼎　奇觚室吉金文述卷一】

◉林義光　古作□大保鑄器。作□鄭䙴遽父鼎。作□邾公華鐘。作□伯孝封盨。象鎔金在皿中有蓋覆之之形。从火者。鎔金之光色如火也。或作□洹子器。从金。或作□叔皮父敦。作□鑄公匿。从金轉注𠷎聲。省作□熊凶匿。作□余𡿺盤。作□聊膚匜。作□寅𪕅。作□師遽鼎。作□儀兒鐘。【文源卷六】

◉王國維　簠云。鑄公作孟妊車母媵簠。孟妊蓋鑄公之女。故為之作媵器。然則鑄。妊姓之國也。樂記。武王克殷。封黃帝之後於祝。鄭注云。祝或為鑄。吕氏春秋慎大覽亦云封皇帝之後於鑄。古鑄祝同字。晉語。黃帝之子二十五宗。其得姓者十四人。為十二姓。任居其一。鑄為任姓。其為黃帝後之祝。信矣。古祝音又與州同。春秋左氏及公羊傳之州吁。穀梁傳作祝吁。說文解字。𠠵。从吅。从州聲。讀若祝。是鑄公即祝公。亦即州公矣。春秋桓五年。州公如曹。左氏傳作淳于公。蓋州故都淳于。後淳于入於杞。州乃西遷。左氏傳襄二十三年。臧宣叔取于鑄。杜注。鑄國。今濟北蛇邱縣。續漢書郡國志。濟北國蛇邱縣有鑄鄉城。蓋其後遷之地。此器出於齊東。或猶是都淳于時所鑄歟。淳于在今山東青州府安邱縣境。光緒初青州出鑄子叔黑頤所作鼎簠諸器。是亦鑄州為一之證矣。【鑄公簠跋　觀堂集林】

◉高田忠周　說文。鑄消金也。从金壽聲。壽从𠷎聲。𠷎从𠷎聲。字固當作𨫼也。今審此篆形。从金。从□。从□。从皿。𠷎聲。而參齊矦鎛鐘及鑄子黑姬鼎以下諸文。猶當从火而省之也。其从□从□从火。與爨同意。亦或从爨省。鑄竈象意。从皿。亦當釁義。孟子。釁鍾。注。新鑄鐘。殺牲以血塗其釁。是也。又或作盪。為釁省而會意亦未可知矣。要鑄字。會意形聲。如此為最古正文。後省作𨫼。或變作鑄。無疑矣。夫如此。鑄字本義重矣。轉為凡鑄作義。齊語。美金以鑄劒戟。注。冶也。叚借託名幖識字。吕覽慎大。封黃帝後於鑄。注。國名。左襄二十三年傳。臧宣叔娶于鑄。皆是也。下文多見鑄子器。蓋亦同之。國邑名以為姓氏。

□大保鼎　心源按。一之二釋鼎文□為鑄。則□□亦鑄也。⊘按。此篆釋鑄是。然劉云从𩰫。非。此篆□即□之省。□者羊之省略。而三牲也。合羊皿為血字義。孟子有牛羊何擇焉語。牛羊並得用為釁鑄也。若鬲𩰫與鑄作。意義毫無關矣。劉亦未深攷也。但依此篆。居道彝文下形作□。與此篆同。而省皿者。亦與羔羊字从羊照者不相涉矣。古人書字。有偶與他某字類者。直作某字形。遂以為一體者。如魚下變灬為火字。鼎省文作□變作貝。為□即貝字。亦其一例也。至漢人隸書。亦往往有此例。此篆□合為鬲字。亦不為異矣。【古籀篇十二】

◉孫海波　□銷金也。从皿盛火以銷金。𦥑以覆之。从□。象融金之詰屈也。□亦聲。叔皮父段。【甲骨金文研究　中國大學講義】

◉陳　槃　兩周金文辭大系攷釋亦曰。鑄國在古。蓋屢有遷移。春秋桓五年城祝丘。殆本鑄之故地為魯所略者。地在山東臨沂縣東南。同年冬。州公如曹。左傳作淳于公如曹。度其國危。遂不復。王國維謂州公亦即鑄公。云古祝音又與州同。春秋左氏及公羊傳之州吁。穀梁傳作祝吁。説文喌从吅从州聲。讀若祝。蓋鑄受魯人逼迫。北遷于淳于。淳于在今山東安丘縣境。然鑄公簠出于齊東縣。此鑄子叵諸器出于桓台縣。二縣接壤。同在安丘之西北。蓋淳于為杞所畧。而鑄又遷避也。最後則遷于長清肥城境地。春秋襄十九年諸侯盟于祝柯。左傳作督揚。杜注督揚即祝柯。公羊作祝阿。漢為縣。屬平原郡。地在今長清縣東北。又左傳襄二十三年臧宣叔取于鑄。杜注鑄國。今濟北蛇丘縣。……今山東肥城縣南尚有鑄鄉也。蓋鑄終受齊人之壓迫而滅國於此。增訂再版本冊三・葉二〇一。

今案祝即州説。字音固可通。然別有州國。桓五年。州公如曹。度其國危。遂不復。左傳。後地入于杞。為杞都。而鑄則襄二十三年。其祀未絶。詳前。此其一。州。炎帝後姜姓。參上肆拾州始封。而祝鑄。黃帝後任姓。詳下姓。此其二。王氏謂。州居淳于。在今安丘縣。而青州出鑄子叔黑頤諸器。是亦鑄州為一之證。此並不然。青州。即今益都縣。與東南之安丘。相去百五十里。何可以併為一地。此其三。以此論之。祝自為祝。州自為州。非一事矣。【春秋大事表列國爵姓及存滅譔異五冊】

◉馬叙倫　鑄與銷金義佀不同。顏師古急就篇注。凡金鐵銷冶而成者謂之鑄。周禮考工記㮚氏。凡鑄金之狀。金與錫黑濁之氣竭。黃白次之。黃白之氣竭。青白次之。青白之氣竭。青氣次之。然後可鑄也。是銷金既錬之後以成器也。此銷金下有捝文。上文録下訓金色也。金色二字或此説解中文也。字見急就篇。余義鐘作□。王人甗作□。從皿□聲。金文多作□鑄子鼎。□叔皮父敵。□余畏盤。□取膚盤。□守敵。□艾伯鬲。□奢虎簠。□□□簠。蓋從甗省。□聲。為炊或煮之轉注字。者鑄音同照紐三等。炊音穿紐三等。同為舌面前破裂摩擦音也。金文借為鑄。非即鑄字也。亦或□為從皿甗聲。乃鑄之轉注字。□從□□聲。為□之轉注字。虢叔簠作□。從金。□聲。本書無□字。本書從攴之字金甲文或從又。如敘作叙是也。則□或即□字。或為本書之□。實即搗之異文。【説文解字六書疏證卷二十七】

◉馬叙倫　㚒簋　𩰫從鬻省。𢁉聲。為鑄之異文。其實鬻乃持鬲於火上。故甲文作。其轉注字作炊。從火。從吹之初文作者得聲。明以火為炊也。鑄亦以火而不須鬲。蓋此類亦當時之俗體也。【讀金器刻詞卷中】

◉于省吾　古化有㿿邑。亦省稱㿿。字作等形。舊釋鄧。或釋豐。或釋盧。並誤。按㿿即鑄之古文。晚周金文鑄客鼎作。楚王鼎作。楚王酓忎鼎作。是其證。㿿經傳通作鑄。金文有鑄子鼎鑄子簠鑄公簠。呂氏春秋慎大。命封黄帝之後於鑄。史記周本紀鑄作祝。左襄二十三年傳。初臧宣叔娶于鑄。注。鑄國。濟北蛇丘縣所治。【釋㿿雙劍誃古文雜釋】

◉饒宗頤　……酉卜，事貞：令𢦏𦉪人……（摭續一八三）

𦉪或从火，象在鬲下鼓鑄形。桐盂作「」，與此形同。殷文存下有觶，其銘辭云：「王𦉪王十祀觶。」知𦉪即鑄字。【殷代貞卜人物通考卷十一】

◉李孝定　前・六・六一・四。左側破損。足之當作。　按説文「鑄。銷金也。从金壽聲」。金文鑄字多見。均為會意。字如大保鼎。芮公鼎。芮公壺。筍伯盨。楚子簠。或又增壽為聲符作周乎卣。鄦始鬲。守簋。或又增金為形符。增金者則省火。蓋字从火者示所銷之金液也。作瓜君壺。鄭孝子鼎。或則並此形聲二符而增之作取虘盤。取虘匜。鑄子簠。鑄子鼎。省之則為篆文形聲字之鑄矣。上从兩手持到皿。大保鼎上从鬲乃形譌。非从鬲也。到皿者中貯銷金之液。兩手持而傾之笵中也。下从皿則笵也。中从火象所銷之金。或从小亦象金液。金文恒言「某某人名自鑄某器」。則𦉪為鑄字。可知契文作原辭破損。以意足之如此。上亦象兩手持到皿。與金文同。下从土。土笵也。當是鑄字。辭云「甲□□□貞其鑄河王賓示弦隹王八月」。王國維氏釋𦉪。可商。【甲骨文字集釋第十四】

◉燕　耘　在帝乙帝辛時代的王室卜辭，有這樣一條：「王其鑄黄呂，奠血，叀今日乙未利？」（見金璋所藏甲骨卜辭第五一一版）辭中「鑄」字寫法，和金文鑄字寫法一致，但因是摹本，為甲骨文編所未收録。

「黄呂」一詞，又見于小屯殷虚文字甲編第一六四七版，那是廩辛康丁時代的王室卜辭，全辭稍殘：「丁亥卜，大圓……其黄(呂)，……作凡(盤)利叀……」。

春秋初年有個曾伯霥簠，銘文中説：「余擇其吉金黄鏞，余用自作旅簠。」金文中的黄鏞，就是甲骨文中提到的「黄呂」。因為古代从虘聲的字和从呂聲之字讀音相通。説文指出，膚字古代又寫作臚，而左傳定四年「鑪金初官于子期氏」，據經典釋文所説，鑪字一本作鑢。玉篇中把鋁、鑢當作一字。郭璞注方言時説「鋁音慮」。文獻記載中春秋時代的莒國，金文中寫作篖或鄘。

這些都是很好的證明。曾伯霥簠銘提到用黃鏞鑄簠，而上舉兩條卜辭中，一條説「鑄黃吕」，另一條則是用黃吕作盤，是完全一致的。由曾伯霥簠是銅器，可知黃吕是銅料。黃吕的黃，是指顔色。金文中提到的鑄器原料還有「赤鏞」(邾公華鐘)、「非(緋)吕」(玄鏐戈)、「鋳(賁，黃白色)吕」(玄鏐劍)等多種。可見吕或鏞有不同的色澤，而且顯然不是指當時主要的銅礦石——藍緑色的孔雀石。有很大可能象唐蘭所推測的那樣，是由礦石冶煉而成的銅料塊。⊘

「鑄黃吕」既可肯定是指鑄銅，可以進一步解釋何為「奠血」。説文解釋奠字意義是「置而祭也」。孟子梁惠王上記載：「王坐于堂上，有牽牛而過堂下者。王見之，曰：牛何之？對曰：將以衅鐘。」趙歧注：「新鑄鐘，殺牲以血塗其衅郄，因以祭之，曰衅」。可見古代有用牲血祭新造銅器的習俗。甲骨文中「奠血」的記載，與此是一致的。安陽苗圃商代鑄銅遺址中，解放後發掘過一個埋牛坑，坑中別無它物。可能和以牲血祭新造銅器有關。

甲骨卜辭中反映，當時鑄銅器要卜擇吉利的日子，這和銅器銘文中常提到在某一「吉日」作器，可以互相印證。可以推想古代人們由于對鑄銅這一相當複雜的技術，最初因不易掌握而產生某種神秘觀念，所以形成了在鑄銅時的一些迷信習俗。【商代卜辭中的冶鑄史料　考古一九七三年第五期】

◉徐中舒　伍仕謙　⿰金⿱又十　此字从金，从又持十，十當為汁之省。⿰金寸為金汁，以手持金汁，即鑄之異文。【中山三器釋文及宮室圖説明　中國史研究一九七九年第四期】

◉朱德熙　裘錫圭　(一)方壺銘開頭(1至2行)説：唯十四年，中山王嚳擇郾(燕)吉金，⿰金寸為彝壺。

「⿰金寸」字又見于下引戰國銅器：

廿七年鼎之一：⿰汈阝廿又七年大⿰汈阝司寇□亡(無)智⿰金寸，為量⿸广肴(容)四分。(《三代》3·43)

廿七年鼎之二：⿰汈阝廿又七年大⿰汈阝司寇肖(趙)亡(無)智⿰金寸，為量⿸广肴(容)⿱八斗(半)齋。下官。(上海博物館藏)

十三年鼎：十三年⿰汈阝陰(陰)命(令)逄，上官冢子疾、冶勳⿰金寸，⿸广肴(容)⿱八斗(料)。(《三代》3·40)

卅五年鼎：卅五年安命(令)周⿰忄廾，眂(視)事犽，冶期⿰金寸，⿸广肴(容)⿱八斗(半)齋。下官。(故宮博物院藏)

此字从「金」从「寸」，孫詒讓《古籀餘論》卷二釋「釜」，與字形不合。據文義，這個字用為動詞，當是「鑄」字的異體。不少从「寸」的字古音在幽部，與从「壽」得聲的字相通，例如《説文》「䜭」字下云「周書以為討」，《詩·小弁》「惄焉如擣」，「擣」韓詩作「疛」，所以「鑄」字可以寫作「⿰金寸」。這種寫法大概只在魏、韓、中山一帶流行。【平山中山王墓銅器銘文的初步研究　文物一九七九年第一期】

◉王讚源　4.𨫼句鑃：鑄作句鑃。

𨫼隸定作鑄，字於金文又作𨫼、鑪、盨、鑍、鑑、鑑、鑊、燭、鑄、醫、鑄、盄、鋁、𤍽等形。從第一至第四字為會意字。𨫼，从興（𦥯的古文）从皿，義指炊𦥯金屬以作器皿。鑍，从興省从金从皿。鑍，从興省从金，二字義與上字相同。盨，从鬲从火从皿，義謂用鬲銷金以作器皿。自五至十一，並从𠾃聲或𠮷聲。十二、十三字則為形聲字。𤍽，从興羔聲。羨字古音屬曾表夭攝，𠾃字屬幽攝，旁轉相通，故可从𠾃聲，也可从羔聲。

8. 𨫼辝龢鐘二鍺：鑄造這些和鐘共有十六件。

𨫼即鑄字，⊘辝，兹也。（辝、兹古音同屬曾表噫攝，段表一部。）「鑄辝龢鐘」，句法與鼄公華鐘「鑄其龢鐘」相同。鍺，經傳作堵，是計算鐘磬的單位。周禮小胥：「凡縣鐘、磬，半為堵，金為肆。」鄭注：「鐘磬者編縣之，二八十六枚而在一簴，謂之堵。鐘一堵，磬一堵，謂之肆。」【周金文釋例】

◉張亞初　燕耘同志曾指出，《甲》一六四七和《金璋》五一一是兩條關于冶鑄青銅器方面的材料（《考古》一九七三年第五期二九九頁《商代卜辭中的冶鑄史料》）。這是正確的。商代青銅器出土和傳世品數以千計，但是我們已經發現的關于鑄造銅器的文字資料卻是鳳毛麟角。那麼，在甲骨文中是否就再也没有這方面的記載了呢？不是的。

在《甲骨文編》附録中，五六三九和五六四〇號字作□、□。這兩個字的基本結構相同，後者省「又」，當為繁簡字。二字共存于一版，進行對貞，說明它們確為一字（參《綴合》二六二）。

為了認識這個字，我們先要從焚字說起。焚字作□，从林从火，或作□（《乙》四七），从林从又持火把，有的也省作□（《京津》四四九四）。從焚字的繁簡字例可知：□即□即□（火）。

所以，□、□二字上面是从倒置的器皿，下面是从火，可簡化為□。這與西周金文中鑄字的基本構形是完全一致的。西周金文鑄字上面从倒置皿，皿旁有的有兩手，有的則没有手，作□、□（前者見《大系》一六五宜桐盂，後者見《冠斝》上四二内公鬲）。完整的鑄字作□、□、□、□（參《金文編》七〇七頁）。下面有的从皿，有的不从皿。有的从金作意符，有的从□（田疇之疇的本字）作聲符。最複雜的寫法是，上从倒置皿，旁有兩手，下面从火、从金、从疇、从皿。

我們知道，一切事物都處在變化發展之中，文字也不例外。對于處在不斷地運動、變化、發展中的文字，當然只有用變化、發展的觀點，才能認識和掌握它。追源溯始，我們知道，□、□乃是鑄字初文。此字最初是上从倒置皿，下从火。到商末，在第五期卜辭中作□，上面增加了雙手，下面增加了皿（中間之火《金璋》誤摹為止）。到西周，進一步加金作意符，加疇作聲符。單純的會意字發展成形聲兼會意字。

[glyph]字从火，意為用火加熱熔鑄銅錫，从倒置皿，意為把熔化的銅錫溶液傾注入範。下面从皿，代表鑄範或者鑄成的銅器。从金从疇，則是為了識别此字而添加的意符和聲符。今天的鑄字就簡化成意符和聲符的組合。由此可見，鑄字的構形及其遞嬗之迹是十分清楚的。

鑄字在早期甲骨文中作動詞用。「□亥卜，㱿貞，鑄，今六月。鑄，今六月」（《綴合》二六二），即貞卜今年六月份鑄不鑄造、能不能鑄造銅器。由這條材料可知，武丁時期的青銅鑄造是時斷時續的。如果占卜結果認為六月份鑄造不吉利，那麽就可能整整一個月不能開爐。這與殷墟前期銅器出土較少的實際情況是相吻合的。

鑄造銅器不僅要占卜，而且也占筮。《鄴》二上四七頁所載鑄銅陶範上的由數字組成的八卦符號就是明證。既占卦，又占筮，卜筮并用。手段不同，目的是一個，即為了選擇一個由鬼神指定的鑄造銅器最吉利的日子。【甲骨金文零釋 古文字研究第六輯】

◉李孝定 鑄字初作㽚，其結構與𩰫字相同，會意，从臼象兩手；从冉，象覆皿，溶金之器也；非从鬲，从火，象所溶金；从皿象範；及後增金，又其後增壽為聲，其字形衍變之迹，亦與𩰫——𩰫——湏——沫相同。高田忠周氏謂𦍌者羊之省，牛羊並得用為釁鑄，此説甚誤，高田氏所據大保鼎鑄字从[glyph]，乃作銘者誤書，其下[glyph]乃象鬲之款足，非羊字，牛羊可以釁器，未聞用於鑄事也。【金文詁林讀後記卷十四】

◉方述鑫 [glyph] [glyph]正是冶鑄銅器的陶範，[glyph]則是金屬熔液注入陶範時通過的孔道。[glyph]應是一個指事字，表示人類造成的事物之形。周代金文增加了[glyph]、[glyph]、金、皿等形，則是表示用兩手持熔化青銅的鉗鍋，往鑄銅器的陶範裏傾注銅液，鑄作合金的器皿，是一個會意字，在人為之事上加了人類的動作。説文：「鑄，銷金也，从金壽聲。」[glyph]正是銷金冶鑄銅器的形象，應當是鑄的本字，从金是以後加的形符。【甲骨文口形偏旁釋例 古文字研究論文集（四川大學學報叢刊第十輯）】

◉于豪亮 「用肇（肈）𢼄周邦」。𢼄字从又持鬲在火上，乃鑄字之省文。鑄讀為祝，《禮記·樂記》：「武王克殷反商，未及下車而封帝堯之後于祝。」注「祝或為鑄。」《淮南子·俶真訓》：「冶工之鑄器。」高注：「鑄讀如唾祝之祝。」凡此皆鑄讀為祝之證。《史記·楚世家》：「命曰祝融」。集解引虞翻云：「祝，大也。」故「用肇（肈）𢼄周邦」言在成王時而周邦始大。【牆盤銘文考釋 古文字研究第七輯】

◉孫常叙 麥尊「[glyph]」字，吴闓生釋「洎」，郭沫若認為它的字形與《説文》「朧」字之作「盥」者相似，說它「可讀為《民勞》『戎雖小子』

之戎，鄭玄云『戎猶汝也』。」而劉心源則釋為「鑄」。他是根據邾公華鐘□和邸伯鬲□立說的。

常叙按：劉氏釋「鑄」是對的，不過由于時代的局限，他所舉的字例與麥尊□字的字形特點不能相應，因此沒有被各家承認。許多人認為這字的字形與「鑄」字無關，不得不從其他方面考慮。可是無論釋「洎」釋「膿」，在字形上也都同樣地迂曲難通。

右圖，我們列舉了三個鑄字。它們字形上部所从之□，有時倒寫作□。鬲的三足向上，而人的手臂在下。庚午簋鑄字上部□形和麥尊□字皿上所從之□很相近。□的緐筆為□，則□的緐筆為□。以此推之，可知麥尊□所从之□，乃是庚午簋□的或體。可知麥尊□是庚午簋鑄字省去□聲，是作冊大鼎、王鑄觶鑄字之省火者。□是□字因鑄掩而缺筆。

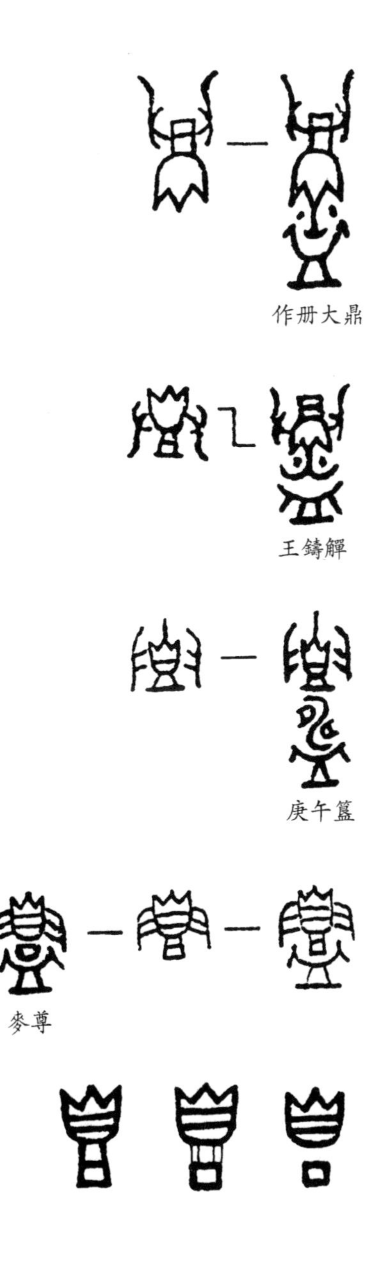

知□是鑄字，則知麥尊句讀不應該把它斷在「孫=子=」句首，而是要它和「年」和「唯天子休于麥辟侯之年」斷在一起讀作「唯天子休于麥辟侯之年鑄。」□和年是不可分開的。【麥尊銘文句讀試解　松遼學刊一九八三年一、二期】

◉于豪亮　鉥从金壽省聲，即鑄字的省文，這同疛字是㾒字的省文一樣。《詩·小弁》：「惄焉如擣」，《釋文》：「擣，本或作㾒，韓詩作疛。」毛傳：「疛，心疾也。」《玉篇·疒部》：「疛，心疾也，㾒同。」疛字既是㾒字，則鉥應是鑄字。【中山王嚳壺銘　中山三器銘文考釋　于豪亮學術文存】

◉徐寶貴　五、釋□、□二字

此二字亦見于姓名私璽：

𠷎莫,《古璽彙編》一三八頁。釋文作「黃□」。

𠷎莫,《古璽彙編》一三八頁。釋文作「黃□」。

此二字該書釋文亦以□代之,以為不識之字。案此二字均是鑄字,此鑄字需要在戰國楚器銘文中進行證實。現將有關楚器銘文中的鑄字録之如下,以資參證:

鑄客鼎:𠷎客為集緒為之。（《三代》三・一三）

𠷎客為集脰為之。（《三代》三・一三）

𠷎客為太句(后)脰官為之。（《三代》三・二〇）

酓肯鼎:□(楚)王酓肯乍(作)𠷎鉈鼎,以共(供)戢祟。（《三代》三・二五）

鑄布作𠷎(《陽高》一・五四)

以上所舉鑄字均與古璽文𠷎、𠷎字相同,其作𠷎者和鑄客鼎第二例𠷎是完全相同的,雙手𦥑中間之人皆省作𠃌。鑄字本是會意字。古璽文與上舉楚器銘上的鑄字是省變的形體,和初文形體相差太遠,已看不出其所會之意。其與初文的省變過程是這樣的,周早期金文作𩰫(作册大鼎)、𩰫(大保鼎),象以火銷金,金液下滴之狀。古者銷金作器曰鑄。以後又省作𩰫(芮公鼎),將所从皿省作𠃊形。又省火加注𢎘(古疇字)聲作𩰫(守𣪕)。又加金火二形符作𩰫(鑄公匿)。結構叠床架屋,筆畫較為繁複,後來漸省作𩰫(中子平鐘)。戰國時期楚器文字更是盡力省減筆畫,如鄂君啟節省作𩰫,原所从之形符𠃊、金及聲符𢎘全省去了,只剩下𦥑、火、皿。楚器𠷎、𠷎及此二古璽文𠷎、𠷎所从之人𠃌又是火字之省。其省變之迹是宛然可見的。有戰國時之楚器銘文的鑄字作證明,此二古璽文無疑就是鑄字。《左傳・昭公八年》:「齊公子鑄,字子工」,齊公子名鑄,這是古人以鑄為名的例證。說此二古璽文以鑄為名是講得通的。此二古璽文的釋文當作「黃鑄」。【戰國古璽文考釋五則　松遼學刊一九八八年二期】

◉黃錫全　𨭫鑄碧落文　今存碑文作𨭫。此形金旁改從部首,壽形同三體石經。【汗簡注釋卷六】

◉郝本性　134號、135號、148號三器均在銘文後邊有一釿字,在其前有一字或作譕,或作槩,此二字均習見於銘辭中,釿乃鑄字,近出中山王壺銘文有此字,顯然是鑄字,該銘是「釿(鑄)為彝壺」(《文物》1979年1期,19頁圖二一),此釿字又寫作釰,如河南省博物館收藏一件「平陽高馬□里釰」戈(《三代》19・44),此戈的釰,顯然也是鑄字,古文字的寸字與又字字形相近,有時混同,如鄭虢仲簋,器蓋對銘,器銘有「又」字,蓋銘則作「寸」;戰國古璽「宜有千金」的有作「又」,而古璽「宜有千萬」的有作「𠬝」;至于在該字斜筆上加點飾，也是戰國時習見的寫法。 鑄字古文，本來是以雙手持鬲作澆鑄形，鄆孝子鼎的鑄字作[illegible]，而虢叔盨的鑄字作[illegible]，此字本為从金𩰫聲，又為壽的一部分，可能到戰國時此字已簡化，僅保留从金，从又，而「又」寫成「寸」，則成鉽字，實際上鉽即鑄字。 除上述兵器銘與所舉的一例外，還有以下諸例：

1. 十八年鄗(雍)囩左庫㒼釦。(《奇觚室吉金文述》10・26)
2. 廿九年高都命(令)陳□工師□㒼。(《商周金文録遺》596，劍銘)
3. 卅年虒琀(令)癰(雍)氏史䚈冶巡鉽，脣(容)四分。(《商周金文録遺》522，器蓋對銘)
4. 鄹(梁)廿又(有)七年大鄹(梁)司寇肖(趙)亡智鉽，為量脣(容)𠦄(料)齋，下官。(《文物》1972年6期23頁，圖六鼎銘)
5. 鄹(梁)廿又(有)七年大鄹(梁)司寇肖(趙)亡智鉽，為量脣(容)四分。(《三代》3・43鼎銘)
6. 十三年梁陰(陰)命(令)率上官冢子疾冶無鉽，脣(容)𠦄(料)。(《三代》3・40鼎銘)
7. 卅五年安命(令)周□□□□冶期鉽，脣(容)𠦄(料)齋，□庫。(據摹本)

以上諸例的鉽，前人或釋釜，或釋鍗，或釋鉼，均係誤釋。 在冶某與器名之間，一般銘文為「造」字，而此諸例為鉽，可證該字必為動詞，且為鑄字。

鉽前一字，像一人兩臂飾物，為舞字，隸定為無字，此字在戰國璽文作[illegible]、[illegible]、[illegible]、[illegible]，可讀為巫，巫馬為複姓，此字與乘字不同，乘字突出兩腿，無字強調兩臂。 兵器銘的無、㒼、㒼、㒼，都為無字的異體字或假借字。 無字《説文》云：「或説規模字。」錢大昕云：「古讀無如模」(説詳《十駕齋養新録》卷五，《古無輕脣音》)，《漢書・韋玄成傳》：「其規模可見」，模即作橅。《論衡・物勢篇》：「今夫陶冶者，初埏埴作器，必模範其形。」模是鑄造銅器的母型，範是由模加工製成的，模與範一般為陶質，故古代鑄造常稱「陶鑄」(《墨子・耕柱》)、「範金」(《禮記・禮運》)。「無(模)鉽(鑄)」與「陶鑄」或「範金」涵義相近，謂製模鑄造。 【新鄭出土戰國銅兵器部分銘文考釋 古文字研究第十九輯】

◉戴家祥 吳大澂曰：[illegible]古鑄字。 象手鑄器形，下象鑪火，中為金，以火銷金曰鑄。説文古籀補八十二葉。 按吳大澂所釋至確。 金文結構繁多，最常見者為[illegible]，从臼、从鬲省、从火、从皿。 亦有加聲符[illegible]為[illegible]，加金旁以示鑄件質料為鑒、鑒、[illegible]、[illegible]、[illegible]等，參見上列諸條鑄子鼎、鑄叔簠等。 據静安先生考證，鑄公即州公，左傳作淳于公。 鑄地在今濟北蛇丘縣。 鑄用作姓。 他器多用作動詞，為原義。

[illegible]毛公鼎 𠦪𤔲金簠 按此字徐同柏釋𩰫，於字形不類。 孫詒讓隸定為𤔲，釋作考工記匠人中白盛之盛，亦非。 𠊿肯鼎鑄

字作□,字的上半部分和□形近,从皿表示所鑄的器物,□字从戊,玉篇二六五戊又作鉞,為金屬製作的大斧,當然也是鑄造的器物,故疑□即□的更旁字,即今鑄字。□字和下文「金簠」連讀。與酓肯簠的「□金簠」詞例亦完全相同。此又是一證。【金文大字典中】

◉李朝遠　秦公鼎一鼎二的「鑄」字作「□」,為金文中罕見。鑄,《說文》:「□,銷金也。从金,壽聲」,壽从□聲,□从□聲。金文中的鑄字,最完整的字形作□,从□从鬲从金从火从皿,□聲,像手持鬲形蓋以火銷金於鑪橐形。但金文往往有省簡,或省皿作□;或省火省□作□;或省金省火作□;或省□省鬲省火作□;或省金省□作□。像秦公鼎單純省金的鑄字尚未見到完整的第二例,僅仲鑠盨銘中有類似的字體,作□。【上海博物館新獲秦公器研究　上海博物館集刊第七期】

銷　鑠　鍊

銷

□ 銷　秦一五【睡虎地秦簡文字編】

◉許　慎　□鑠金也。从金。肖聲。相邀切。【說文解字卷十四】

◉馬叙倫　銷鑠聲同宵類轉注字也。銷下鑠金也此下銷金也疑皆非本訓。【說文解字六書疏證卷二十七】

◉許　慎　□銷金也。从金。樂聲。書藥切。【說文解字卷十四】

□ 籀韻【古文四聲韻】

◉許　慎　□冶金也。从金。柬聲。郎甸切。【說文解字卷十四】

◉馬叙倫　鈕樹玉曰。繫傳五音韻譜及集韻一切經音義十八竝作治金也。玉篇注亦作治金。則治字當不誤。段玉裁曰。治當作冶。湅。治絲也。練。治繒也。沈濤曰。文選江文通擬古詩注引作化金。然七命注引仍作冶金。王筠曰。煉鍊同字。倫按治金即銷金。鍊非銷金。字當作治。【說文解字六書疏證卷二十七】

釘 釘 鋼 鋼 鑲 鑲 鎔 鎔

釘 崔釘私印 【漢印文字徵】

◉許　慎　釘鍊餅黃金。从金。丁聲。當經切。【説文解字卷十四】

◉馬叙倫　鈕樹玉曰。韻會黃金下有也字。錢大昕曰。餅即并字。孟子。王餽兼金。兼金者。并金也。説文釘字訓當作鍊并。俗誤加金旁。樹玉謂餅亦作餅。釋器。餅金謂之鈑。初學記引餅作餅。王筠曰。説文無餅。當作餅。倫按鍊餅黃金不可通。蓋釘為鍊黃金為餅之名。即爾雅所謂鈑。疑本訓并也鍊黃金為并也。傳寫挩譌耳。鍊黃金為并也蓋字林文。或校語。或此字出字林。倫謂釘即今言金一錠之錠本字。【説文解字六書疏證卷二十七】

◉許　慎　鋼鑄塞也。从金。固聲。古慕切。【説文解字卷十四】

◉馬叙倫　段玉裁曰。塞當作窒。倫按鑄塞也非本訓。鋼之語原蓋與固同。故即從固得聲也。字見急就篇。【説文解字六書疏證卷二十七】

鑲 滕鑲 【漢印文字徵】

◉許　慎　鑲作型中腸也。从金。襄聲。汝羊切。【説文解字卷十四】

◉馬叙倫　鈕樹玉曰。型當作型。腸當作腸。鄧廷楨曰。鑲腸疊韻。倫按篆當作鑲。説解本以聲訓。作型中腸也蓋字林文。字見急就篇。【説文解字六書疏證卷二十七】

◉許　慎　鎔冶器法也。从金。容聲。余封切。【説文解字卷十四】

◉馬叙倫　鈕樹玉曰。五音韻譜及集韻一切經音義廿引冶作治。譌。食貨志。冶鎔炊炭。應劭曰。鎔。形容也。作錢模也。玉篇注。鎔。鑄也。席世昌曰。應氏之説鑿。亦不識頌容之別耳。倫按鎔音喻紐四等。銷音心紐。鑠音審紐。同為次清摩擦音。轉注字也。史記平準書正義引韻集。冶器法謂之鎔。韻集本於聲類。字林亦多本聲類。然則冶器法也者字林之訓。冶器法謂將已成之金器銷之復為金也。應劭釋為作錢模。顏師古漢書董仲舒傳猶金之在鎔唯冶者之所鑄注。鎔謂鑄器之範也。似非鎔字本義。潛夫論德化。鑠金之在鑪也。從篤變化。唯冶所為。方圓厚薄。隨鎔制爾。佀可以鑄範釋之。蓋古或借鎔為型。型音匣紐。鎔從容得聲。容從公得聲。公音見紐。同為舌根音也。文選奪禮啓注引倉頡有鎔字。亦見急就篇。

【説文解字六書疏證卷二十七】

鋏

◉許　慎　鋏可以持冶器鑄鎔者。从金。夾聲。讀若漁人莢魚之莢。一曰。若挾持。古叶切。【説文解字卷十四】

◉馬叙倫　鈕樹玉曰。五音韻譜冶作治。韻會者下有也字。嚴可均曰。莢魚未見。承培元曰。疑當作業魚之業。王莽傳以漁采為業。朱駿聲曰。蘸俗炊爨之火夾。其類也。倫按鍇本作可以持冶器鑄鎔者也。明非許文。本書説解中言可以者。類是字林文。疑此字出字林。冶器即鎔。鎔亦不須持之。蓋尤有捝譌矣。倫目論鍛所用持金之器。與杭縣炊時用以持火之火鉗相侶。下文。鉗。以鐵有所劫束也。鉗蓋如今以鐵條束物。與鋏義異。杭縣謂鋏為火鉗。聲同談類假借耳。【説文解字六書疏證卷二十七】

鍛

◉許　慎　鍛小冶也。从金。段聲。丁貫切。【説文解字卷十四】

◉馬叙倫　鈕樹玉曰。類篇引冶作治。譌。倫按鍛非冶也。類篇引作治。亦不能達意。故鈕以為譌。本書。段。椎物也。今論鍛實以金入火焠而椎之。是鍛取段聲。語原然也。蓋小冶非本訓。後漢書班彪傳注文選長笛賦注引倉頡。鍛。椎也。字見急就篇。【説文解字六書疏證卷二十七】

鋌

◉許　慎　鋌銅鐵樸也。从金。廷聲。徒鼎切。【説文解字卷十四】

◉馬叙倫　王筠曰。朱文藻曰。朴。今説文作模。當是模訛為樸。樸寫為朴。筠案大徐本正作樸。未詳朱氏何據。玉篇引亦作樸。桂馥曰。一切經音義十一。鋌。銅鐵之樸。未成器用者也。淮南脩務。苗山之鋌。羊頭之銷。許注。鋌。銅鐵樸也。倫按樸從菐得聲。菐音竝紐。鋌音定紐。同為濁破裂音。是語原同也。然許注淮南不得不加銅鐵二字。此説解止當作樸也。或作金樸也。言銅鐵則不該。疑此字出字林。呂用許淮南注為訓也。【説文解字六書疏證卷二十七】

⿰金曉 鏡 鉹

◉許慎　⿰金曉，鐵文也。从金。曉聲。呼鳥切。【說文解字卷十四】

◉馬叙倫　錢坫曰。淮南子文⿰金曉即此字。倫按字蓋出字林。【說文解字六書疏證卷二十七】

◉許慎　鏡，景也。从金。竟聲。居慶切。【說文解字卷十四】

◉馬叙倫　鄧廷楨曰。鏡景疊韻。倫按字見急就篇。【說文解字六書疏證卷二十七】

◉許慎　鉹，曲鉹也。从金。多聲。一曰。鬵鼎。讀若擠。一曰。詩云。侈兮哆兮。尺氏切。【說文解字卷十四】

◉馬叙倫　鈕樹玉曰。繫傳挩從金多聲四字。玉篇引鼎下有也字。嚴可均曰。一曰鬵鼎也衍鼎字。釋器。鬵。鉹也。王筠曰。崔靈恩引作曲也。疑曲鉹當是名目。本部自鏡以下皆器名。蓋其名曲鉹。一名曰鬵。而又釋之以鼎也。一曰若詩曰侈兮之侈同。謂又讀若侈也。然則直云一曰若侈足矣。何須引詩。如大徐本作一曰詩云侈兮哆兮。則侈哆兩字無所的指。倫按說解二徐本各有挩譌。蓋本訓曲鏡也。崔引作曲也者。所據本挩鏡字耳。此作曲鉹也者。鉹是隸書複舉字譌乙於下。亦挩鏡字也。西京襍誌。高祖初入咸陽宮。有方鏡。表裏有明。人直來。照之。影則倒見。以手捫心而來。則見腸胃。尋鏡中影到見。惟曲鏡為然。世丈陳漢第先生為倫言。往得漢鏡。微内陷。照人。可見其内衣之花文。此鏡歸周肇祥矣。然則皆所謂鉹邪。從多得聲有曲義者。多奇聲同歌類。奇為尢之轉注字。尢為曲脛也。本書移訓禾相旖移也。旖移即旖施。可證也。然則鉹為曲鏡而從多得聲。語原然也。曲鏡今言凹鏡。一曰鬵鼎也者。玄應一切經音義引聲類。鉹。昌紙切。鬵也。此呂忱據聲類加之。孫炎謂涼州人謂甑為鉹。本書錡下曰。江淮之間謂釜曰錡。錡鉹聲皆歌類。然則謂甑為鉹。猶謂釜曰錡也。本書。甑。甗也。甗聲元類。鉹聲歌類。歌元對轉。然則方音謂甗為甑。又謂甗為鉹。鉹則借字耳。甑鬵一字。本書。鬵。鬵屬。此校者以爾雅釋器文加之。此字疑出字林。讀若擠者。劉秀生曰。擠從啻聲。啻從帝聲。帝多聲同端紐。故鉹從多聲得讀若擠。女部。姼。從女。多聲。或從氏聲作⿰女氏。糸部。緹。從糸。是聲。或從衣氏聲作衹。口部。啻。從口。帝聲。讀若鞮。多聲如氏。氏聲如是。是聲如啻。是其證。【說文解字六書疏證卷二十七】

鈃　鈃

□　鈃　器名从金从比通鉼　喪史賓鉼　□　□□君鉼　□从皿　蔡侯□鉼　【金文編】

◉許　慎　鈃似鍾而頸長。从金。幵聲。户經切。【說文解字卷十四】

◉阮　元　□即說文鈃字。說文解鈃字云。似鍾而頸長。此字正在鍾字之上。鍾字解云。酒器也。然則鈃為酒器。似鍾而頸長。而此器頸長。足見許氏無虚語也。戴氏六書故云。鈃。經天切。似壺而大。莊子曰。求鈃鍾也以束縛。自陸氏釋文誤音刑。後世遂混于鉼鼎之鉼。其實一从幵。一从井。形聲判然異矣。【史賓鈃　積古齋鐘鼎彝器款識卷五】

◉吴式芬　□　鉼舊釋鈃。今審是从并而缺二畫。蓋即鉼。變缶从金耳。非後世金鉼字也。【喪史鉼　攈古録金文卷二之三】

◉高田忠周　喪史賓□。⊘積古齋款識載云。器為自所藏。按□即說文鈃字。⊘又攈古録載此銘。引說云。鉼舊釋鈃。今審是从并而缺二畫。蓋即鉼變缶从金耳。非後世金鉼字也。愚亦初謂右旁作□。殆是斤字。此為釿字。然阮氏以器證字。其說遂不可易。但字奈不从幵。而吴氏有此考。□。即反从。从為幷省無疑。朱氏駿聲云。說文鈃。似鍾而頸長者。从金幵聲。按幷省聲也。叚借為鉶。禮記禮運。鈃羹。釋文盛和羹器。形如小鼎。井幷古音同部。故鈃鉶通用也。然則。吴氏考字形。殊有發明。而未得其義。要鉼字或省作鈃亦或作鈚。而其義後世轉傳叚借。方言。鍑。北燕朝鮮洌水之間或謂之錪。或謂之鉼。【古籀篇十一】

◉馬叙倫　鈕樹玉曰。五音韻譜玉篇類篇引鍾皆作鐘。五經文字云。鈃。樂器。似鐘而頸長。廣韻訓酒器。王紹蘭云。鈃當為酒器之鍾。非樂器之鐘。鈃在鍾上。與鐘相隔甚遠。莊子徐無鬼。其求鈃鍾也以束縛。釋文引字林。鈃。似小鍾而長頸。又云。似壺而大。言似壺。明是酒器之鍾矣。倫按急就篇。銅鍾鼎鋞鋗鉇銚。顔師古曰。鋞。字或作鈃。此鈃為酒器之證。今杭縣所謂酒鍾。其形為□。即古尊之遺制。尊為鍾之借字。漢書廣川惠王越傳。背尊章嫖以忽。注。今關中俗呼舅曰鍾。是其例證。尊則與奠為一字也。見奠字下。鈃似鍾而長頸。蓋即今杭縣所謂高脚酒鍾。其形為□。似鍾而頸長字林文。許訓捝矣。【說文解字六書疏證卷二十七】

◉陳夢家　蔡器有扁形之壺。自名為鎰。从皿。从金。从聲。同形之器有二。

甲、孟城　自名為行鈚。商周801、故宮17、三代18・14・2

乙、喪史賓　自名為鈚。用征用行。商周800、三代18・14・1

丙、弘 自名為旅[⿰并鬲]。博古圖10・37

都是長形壺。無圈足。頂肩之間一對小圈均與蔡器同。蔡器身扁。口近長方形。與丙器近。它們都是春秋器。都是行器。

以上三器。我們在中國銅器概述中曾以為是甇。廣雅釋器以為它是瓶之一種。説文缾。䍪也。方言五缶……其小者謂之瓶。是甇為小缶。方言五……甖也。……其小者……周魏之間謂之甂。……江湘之間謂之甇……字亦見玉篇。仕江切。少牢饋食禮。司宮尊兩甒于房户之間……甒有玄酒。……加二勺于二尊。覆之南柄。注云。二尊。兩甒也。士喪禮。東方之饌兩瓦甒。其實醴酒。是甒盛酒。勺以挹之。甇與它是方音之不同。其實是一。儀禮盛酒之甒。可能是瓦缶。而蔡器的鎾亦可能是汲瓶。即士喪禮的新盆。槃。瓶。廢敦重鬲之瓶。【壽縣蔡侯墓銅器 金文論文選第一輯】

◉史樹青 壽縣出土銅器中,有一器形狀扁圓,長方口,兩環耳,器面腹頸之間有銘:「蔡侯𪔂之鎾」,其中鎾字或省作[⿰金从],均不見古代字書,按應即缾字。説文作鈃,謂「似鍾而頸長」,又「缾,䍪也,瓶或从瓦」。其實缾、鉼係一字,以銅製則从金,以陶製則从缶,此銘鉼字从金从皿从二人,二人可釋為从,又可釋為并,篆文作并像二人相并形,也可寫作併,[⿰金从]字應是从并得聲,當即鉼字,釋[⿰金从]似較不妥。博古圖著録一件「弘鉼」,銘為:「欒大司徒子免之子弘作旅[⿰并鬲],其眉壽子子孫孫永寶用」,自銘為鉼,寫作[⿰并鬲],器形與此相同,則此器不應名[⿰金从],當名為鉼。【對「五省出土文物展覽」中幾件銅器的看法 文物一九五六年第八期】

◉陳松長 「鉼[⿰金⿱井心]」見簡252,簡文如下:

「□之金器:二鉼[⿰金⿱井心],二金□」

考釋曰:「鉼,讀作缾,《方言五》:『缶其小者謂之瓶』。[⿰金⿱井心],讀作罌。《漢書・韓信傳》:『以小罌缶渡軍』,顏師古曰:『罌缶謂瓶之大腹小口者也』。二瓶罌可能是指東室的一對小口短頸壺。」

按:這段考釋,均從語音上求解,雖可備一説,但其通假,于書無證,則難免臆斷之嫌。竊以為這兩字完全可以就其字形求解。

《集韻》:「鉼,卑正切,音摒。北燕謂釜曰鉼。」

[⿰金⿱井心]當即鉼字的繁文,戰國文字中,「心」作為增繁無義偏旁,多有所見(詳見何琳儀《戰國文字通論》)。而井與幵,在古文字形體中,亦多相通。例如戰國文字中,邢、郱同字,而篆文中,荆刑通用。因此,鉼也許就是鈃字。《説文》:「鈃,似鍾而頸長。」由是可知,[⿰金⿱井心]即有腹而長頸的酒器。如果它確是指墓内東室中的小口短頸壺,那似乎意味着《説文》所記,與戰國時物已有了一些差別。

我們説鍣即銒字，還有一個通假現象可為旁證。《説文通訓定聲》：「銒，似鐘而頸長者，從金，幵聲。按，并省聲。或曰酒器。《莊子・徐無鬼》其求銒鐘也以束縛。《釋文》：似壺而大。假借為鉶，《禮記・禮運》：銒羹。《釋文》：盛和羹器，形如小鼎……。」我們知道：銒、鉶古音都是青部字，例可通假，由是可證我們所説的鍣即鉼字，也就是銒字的看法當大致不誣。

因此，「鉼鍣」也就是「鉼銒」，即飲食用的二件器具，其中鉼是飲煮用的工具，而鍣則是飲酒用的器具，或者説是盛羹用的器皿亦可。【《包山楚簡》遺策釋文訂補　第二屆國際中國文字學研討會論文集】

鍾

鍾　與鐘為一字　邾公牼鐘　鐘字重見【金文編】

鍾廣印　令鍾私印【漢印文字徵】

介鍾右八磬【石刻篆文編】

鍾【汗簡】

裴光遠集綴【古文四聲韻】

◉許　慎　鍾酒器也。从金。重聲。職容切。【説文解字卷十四】

◉高田忠周　説文。鍾酒器也。从金。重聲。段氏注。古貯酒大器。自鍾而注於尊而勺於觶。其器大腹小頸。似今之大酒罋。此攷甚佳。今見齊矦鍾。實如此也。轉義。孔叢子。儒服。堯舜千鍾。孔子百觚。又別義。左昭三年傳。釜十則鍾。注。六斛四斗。是也。叚借為鐘。禮記明堂位。垂之和鐘。廣雅釋器。鍾。鈴也。周禮鼓人注。鐲。鉦也。形如小鍾。皆是也。如鐘鼎古文。皆以鍾為鐘。未見用本義者。而卻以同以銅為鍾義。鍾本義遂隱矣。左桓十一年。公會宋公於夫鍾。公羊作童。亦鍾鐘可通之證也。【古籀篇十一】

◉馬叙倫　沈濤曰。後漢書班固傳注引。鍾。器也。蓋傳寫奪一酒字。文選東都賦注引有酒字。倫按集韻引字林。鍾。酒器也。一曰。樂器。然則許止訓器也。或以同聲之字為訓。酒器也呂忱説。以明其器為盛酒具也。樂器也者鐘字義。字見急就篇。餘見鐘下。邾公牼鐘作。楚公鐘作。兮仲編鐘作。古鉩作。安陽出土有絃紋尊。惜口足皆殘。大致

為□形。周斯禁中尊作□。【說文解字六書疏證卷二十七】

◉楊樹達　□　鍾　《說文》鐘字或體从甬作□，此同。依《說文》應注鐘。金文鐘鍾通作，即从童也从重。《說文》分為二字。金文「金甬」字習見，作□(毛公鼎)、□(彔伯毁)等。楊樹達認為「甬者，鐘之象形初文也，上象鐘懸，下象鐘體，中二橫畫象鐘帶。《說文》解其字為『从马用聲』，訓其義為『艸木華甬甬然』者，非也。……此字第一步發展為銿……第二步發展為鐘。」【積微居金文說】

◉張　頷　「鍾」字從金「重」聲，「重」字古音讀平聲。以「重」字為音，屬「穿」母之字有「喠」、「揰」、「衝」等，故韓鍾「鍾」字的發音部分「重」字和韓穿「穿」字為同聲母，兩者為雙聲關係。再從字義方面看，它們之間的關係同樣是非常密切的。古「鍾」字和「鐘」字可以通假。兩周青銅器銘文裏的「鐘」字大多書作「鍾」字，此已為人所熟知。《說文》「鐘」亦作「銿」，故「鍾」、「鐘」二字的發音部分「重」、「童」二字和「銿」、「通」二字發音部分「甬」字在音義上皆有密切關係。《釋名》：「鐘，空也」，《漢書溝洫志》注：「空，猶穿也」，《說文》：「穿，通也」，《漢書·張騫傳》注：「空，通也」。所以我們可知「鍾」、「鐘」、「銿」、「通」、「穿」諸字在聲義方面均有密切的聯繫，明如下表：

鐘(鍾)，空也 —— 空猶穿也 —— 穿，通也
└ 空 ———————————— 通也

【韓鍾鑶鐱考釋　古文字研究五輯】

◉吳振武　齊陶文中數見下揭用璽印鈐成的印戳陶文：

主□　合證，陶軒(陰文，圖4)，《合證》收録一件，《陶軒》收録三件。

文末的□字，丁佛言《說文古籀補補》(1925年)首先釋為「料」(14·2下)。其後，顧廷龍《古匋文孴録》(14·1上)、金祥恆《匋文編》(92頁下，1964年)、徐中舒(主編)《漢語古文字字形表》(536頁，1980年)，《字形表》引此字的出處誤為「𠛔料盆蓋」等書皆從丁說。裘錫圭先生在《戰國文字中的「市」》(1980年)一文中亦疑當釋「料」，《考古學報》1980年3期290頁。他說：

齊陶數見「主(主?)□」印文(見簠瓦、合證等書)，格式與齊量器印文「主豆」、「主區」等全同，似乎□也是量器之名，疑當釋「料」。《說文》：「料，量也。」用以料物之器即名料，與用以量物之器即名量同例。

按裘先生根據同類陶文判斷□是量器之名是非常正確的，但舊說釋為「料」卻是令人懷疑的。從字形上看，這個字確實很

象「料」字，但是在古文字中，我們找不到「斗」作的例子。先秦古文字中的「斗」作、形（金928頁），「升」作、形（金929頁），都跟字所從的旁有明顯的差別。丁佛言《補補》14・2下「魁」字條收録的一個古璽文從，這方古璽我們現在看不到。從吴大澂《説文古籀補》（1895年）14・4下「魁」字條收録的古璽文從看，丁書可能摹寫有誤。戰國𠟭料盆蓋銘文中有字（金928頁），从「米」从「升」，舊釋為「料」。但它跟字也不同。可見字不大可能是从「斗」或从「升」的「料」字。另外，「料」作為量名在文獻上也得不到直接的證明。黄濬《尊古齋所見吉金圖初集》（1936年）3・28收録的衛量銘曰：「衛𠂤鑄匀（？）料。」（亦見三代18・27上）似乎這件量器自名為「料」。但這則銘文的确切意思還有待進一步研究。所以裘先生亦用「疑」字為説。

根據裘先生是量器之名的判斷和近年來學者們對戰國文字資料中「冢」字的研究，參《侯馬盟書》；《中山王𰯼器文字編》；李學勤《從新出青銅器看長江下游文化的发展》，《文物》1980年8期；李家浩《戰國時代的「冢」字》，《語言學論叢》7輯，商務印書館，1981年；吴振武《〈古璽彙編〉釋文訂補及分類修訂》，《古文字學論集》初編，香港中文大學中國文化研究所吴多泰中國語文研究中心，1983年。我認為這個字也許應該分析為从「米」从「冢」省聲，是齊量豆區釜鍾之「鍾」的異體。

我們先來看看戰國文字資料中「冢」（或从土）字的幾种寫法：

Ⅰ式

侯馬盟書（侯324頁）

温縣盟書（文物1983・3・83—86頁）

好蚉壺（中52頁）

梁陰令鼎（三代3・40下）

齊陶文（季56上）

古璽（璽彙4047）

Ⅱ式

侯馬盟書（侯324頁）

中山銅器（中52頁）

中山銅器（中52頁）

筡鼎（集成4・2306）

金村銅器（墓考圖版186・6a）

金村銅器（墓考圖版186・6c）

三晉陶文（季17上）

Ⅲ式

金村銅器（墓考圖版186・6d）

金村銅器（度量衡附録8）

金村銅器（墓考圖版186・6b）

齊璽（璽彙5678）　原璽全文作「啚母塚」，「啚母」是姓氏，即典籍中所見的「胡母」氏。《後漢書・孝獻帝紀》「胡母班」注：「《風俗通》云：『胡母，姓，本陳胡公之後也。公子完奔齊，遂有齊國，齊宣王母弟別封母鄉，遠本胡公，近取母邑，故曰胡母氏也。』」此璽從風格上看，也可以定為齊璽。

《説文》説「冢」字从「勹」「豕」聲，可知上舉「冢」字Ⅰ式是比較標准的寫法。這裏需要説明的是：從戰國時標准的「豕」旁多作看，標准的「豕」旁應該作。但在戰國文字中，這兩個偏旁往往是混用不別的。這种情況在下面的討論中我們還會遇到。比較Ⅰ式和Ⅱ式，可知Ⅱ式是用借筆的方法構成的，即把「勹」旁和「豕」旁重疊在一起，以「勹」旁兼充「豕」旁上端的一部分。這一點李家浩先生曾經指出過。見前注李家浩文113頁。Ⅲ式的情況比較特殊，拿它和Ⅱ式比較，似乎還有那麼一點借筆的意味；假如完全不考慮借筆，那麼可以肯定地説，它所从的或就是「豕」或「豕」旁的簡寫。事實上在Ⅱ式中，「豕」（豕）旁已出現頭體脱離的迹象，這正是導致簡省的條件。不過就這些「冢」字來説，大概借筆和簡省兩种情況兼而有之。所以「冢」字本身不能幫助我們進一步判斷「豕」旁是否可以省作，還需要其他證據。

三晉官璽中有下揭一璽：

武夫=（大夫）　璽彙0103

字丁佛言《補補》釋為「陵」（14・3下），顯然不可信。葉其峰先生在《戰國官璽的國別及有關問題》（1981年）一文中改釋為「隊」，并指出此「武隊」即《史記》中的韓武遂。《故宮博物院院刊》1981年3期90頁。其説甚是。此字「豕」旁所从的「豕」作，顯然是將頭部省去了。

齊私璽中有下揭一璽：

郴□ 璽彙1588

□字羅福頤先生主編的《古璽文編》(1981年)列于附録(525頁4欄)，我們過去曾釋為「𧥛」。見前注吴振武文499頁。跟三晉私璽「容□(𧥛)」(璽彙1447)比較，可知□字下所从的兩個□旁也是「豖」(豕)之省。⊘

把上述例證綜合起來看，「豖」旁簡省為□或□是完全可能的。這種簡省方法實質上跟「馬」字省作□(璽文245頁)、「象」字省作□(爲所从，金176頁)、「鳥」字省作□(鴡所从，璽彙2523)裘錫圭先生曾指出，□是由□(鳴所从，金264頁)省去頭部後形成的，參其著《戰國貨幣考(十二篇)》，《北京大學學報》哲學社會科學版1978年2期73頁是一樣的，也就是林澐先生在《古文字研究簡論》中所指出的「截除性簡化」。《古文字研究簡論》75—78頁，吉林大學出版社，1986年。

「冢」字本从「豖」得聲，而在戰國銘刻資料中，「冢」(或塚)字往往借為「重」。如平山戰國中山王墓銅器上多刻有「冢(重)×(數字)石×(數字)刀之冢(重)」的話(中79頁)。典籍中也有「冢」、「重」音通的例子。看朱駿聲《説文通訓定聲》「冢」字下。所以齊量豆區釜鍾之「鍾」寫作「⿰米豖」是有可能的。而且作為量名，用「米」作義符也是合乎情理的。

裘錫圭先生《戰國文字中的「市」》一文還曾引過王獻唐《海岳樓集印》收録的下揭一方齊璽：

辛宮□⿰土市(市)□ 同前注。裘先生同時指出可參考《季》30上「辛宮□⿰土市□」殘陶文。

從璽文内容上看，把□字釋為「⿰米豖」(鍾)也是合適的。

「⿰米豖」字在齊陶文中也用作人名：

王卒□ 文物1988·2·84頁圖四：2

三晉私璽中有：

坒種 璽彙2578

長種 金薤留珍·府

疑齊國的「⿰米豖」字即相當于三晉的「種」字。

齊陶文中還有下揭一件印戳陶文：

⿰土市(市)□ 季23下(陰文，圖7)

□字舊亦不識(《孴録》列于附編38上，《匋文編》列于附録47下)。我們認為這個字从「金」「豖」聲，無疑也是「鍾」字異體。【説説齊國陶文中的「鍾」和「溢」 考古與文物一九九一年第一期】

鑑 不从金說文大盆也 攻吴王鑑 監字重見 吴王光鑑 智君子鑑 【金文編】

263 277 【包山楚簡文字編】

鑒 【汗簡】

◉許 慎 鑑大盆也。一曰監諸。可以取明水於月。从金。監聲。革懺切。【說文解字卷十四】

◉高田忠周 說文。鑑大盆也。从金監聲。段氏云。盆者。盎也。凌人。春始治鑑。注云鑑如甀。大口以盛冰。置食物於中。以禦温氣。春而始治之。按鄭云如甀。醢人作醢云。塗置甀中。則鑑如今之甕。許云大盆。則與鄭說不符。疑許說為是。且字从金。必以金為之。又說文一曰鑑諸。可以取明水於月。段氏云。鑑諸當作鑑方諸也。轉寫奪字耳。周禮司烜氏。以鑒取明水於月。注。鑒。鏡屬。取水者。世謂之方諸。鄭云鏡屬。又注考工記云。鑒亦鏡也。詩云。我心匪鑒。毛傳曰。鑒所以察形。蓋鏡主於照形。鑑主於取明水。本系二物。而鏡亦可名鑒。是以經典多用鑑字。少用鏡字者。鑑亦叚監為之。是以毛詩宜鑒於殷。大學作儀監。鄭箋詩云。以殷王賢愚為鏡。注大學云。監視殷時之事。各依文為說而已。尚書監字多有同鑒者。朱氏駿聲云。大盆也者莊子則陽。同濫而浴。釋文。浴器也。以濫為之。說文濫下一曰濡上及下也。亦是也。又方諸云云者。叚借為鏡。竟監一聲之轉。朱說稍近。然愚謂鑑鏡器同名異。三代曰鑑。秦漢曰鏡。蓋鑑元取明水之器。而鑑有明水。人臥而臨之。其形容自見水中。此當所以鑑鏡之起矣。後世專用為取影之器。其形亦當有異。猶鐙字元為豆柎。後借用為主火之鐙。形亦自異也。又其器或變為大盆。又變為浴器。古今字義之變徙。多此類矣。又按。卜辭有字。見皿部。或是浴監本字。从人浴水。監省聲。莊子借濫。亦取从水邪 【古籀篇十一】

◉强運開 攻吴監。自乍御監。不从金。監字重文。【說文古籀三補第十四】

◉馬叙倫 鈕樹玉曰。韻會從金監聲在一曰上。嚴章福曰。諸上挩方字。周禮司烜氏。注。鑒。鏡屬。取水者。世謂之方諸。淮南書。方諸見月。則津而為水。高注。方諸謂陰燧。大蛤也。于鬯曰。高誘淮南天文訓注。方諸。陰燧。大蛤也。熟摩令熱。月盛時以向月下。則水生。疑方諸是兩物。王充論衡順鼓曰。月中之獸。兔蟾蜍也。其類在地。螺與蚄也。月毀於天。螺蚄臽缺。蚄即方諸之方。方之作蚄。猶諸或作蠩矣。字彙補謂蚄為蚌。甚是。方即蚌。諸即蛤。大戴禮易本命。蚌蛤龜珠。與月盈虧。吕氏春秋精通。月也者。羣陰之本。月望則蚌蛤實。羣陰盈。月晦則蚌蛤虛。羣陰虧。蚌蛤與方諸其實同也。然則高氏以大蛤釋方諸。是僅釋諸字。未釋方字。鑑謂之方諸者。疑取方諸之精和金錫以為鑑。故得此名耳。詩孔正義引洪範五行傳曰。失握方諸之鏡。處深澤之下。而上引太清。其云方諸之鏡。則是以方諸所鑄之鑑矣。不然。但以金錫鑄鑑而可得水。恐無其理。慧苑華嚴經音義引許叔重曰。方諸。五石之精。作圓器。似栝。仰月則得水也。此許淮南注。正説方諸之義。蓋五石之精亦可取水。故亦冒方諸之名。倫按王筠謂鑑鏡雙聲。一字。周秦以前書無言鏡者。此語蓋自秦漢起矣。世傳漢鏡其銘多假竟為鏡。倫謂古無鏡字。借鑑或監為之。而鑑自為大盆。莊子則陽。衛靈公有妻三人。同濫而浴。借濫為鑑。墨子節葬。几梃壺濫。吕氏春秋節喪。鍾鼎壺濫。亦皆借濫為鑑。鑑字僅見左傳莊二十一年。王以后之鞶鑑予之。周禮司烜氏。以鑒取明水於月。皆借為鏡。大盆也蓋字林訓。或此字出字林也。一曰監諸者。當依鍇本作鑑諸。謂鑑為方諸也。方諸如許淮南注為五石之精作圓器似栝。倫疑五或為玉之譌字。玉石之精。蓋即今所謂水晶亦稱水精者也。似栝則非栝也。淮南齊俗訓。窺面於槃水則圓。於栝則橢。則栝是橢形。本書栝次槃上。訓匳也。匳訓櫝匳。櫝即匳也。金器有匳字者。其形斂口而橢圜。似篚而篚方。古鏡背四周隆起如埴。然則方諸之形略可知矣。禮記內則之濫。鄭注。以諸和水也。紀莒之閒謂諸為濫。則此方諸猶方濫。即方鑑矣。蓋古或已明以水晶向月取水。而其制如匳而圓。然此或為校者所加。【説文解字六書疏證卷二十七】

◉李孝定　鑑字許訓大盆不誤，鑑為浴器，莊子：「同濫而浴」，釋文：「浴器也」，字作濫，與鑑同，从金，言其質；从水，言其用也。以鑑取水，俯而視之，其影自見，「殷鑑」即取此義，鑑字从「卧」，卧者，俯視之形也。後世顧影之器曰鏡，與鑑異名，而聲猶相近。【金文詁林讀後記卷十四】

◉彭適凡　《説文解字》：「鑑，大盆也。」《玉篇》相同，而字从瓦。《廣韻》鑑部則謂「大瓮似盆」。《周禮·凌人》注：「春始治鑑。凡外内饔之膳羞，鑑焉。凡酒漿之酒醴，亦如之。祭祀共冰鑑。」鄭注云：「鑑如甀，大口，以盛冰，置食物于中以禦温氣。」《淮南子·氾論訓》「抱甀而汲。」《方言》第五：「甀，罃也，……河汾之間，其大者謂之甀。」《莊子·則陽篇》又云：「靈公有妻三人，同鑑而浴。」《釋文》云：「鑑，浴器也。」這説明鑑是用以盛水盛冰作為儲器或沐浴之器的；當盛冰作儲器時，用途略如今天的冰箱。郭沫若指出：「古人亦以鑑正容，在未以銅為鑑之前，乃鑑之以水。……揆其制當以監盛淨水而為之。……古金文中之鑑字，……象人立于皿旁凝目而鑑于皿。皿即鑑也。」郭沫若《殷周青銅器銘文研究》第116頁。

根據文獻對盥盤和鑑的特徵和用途的敘述，可以看出盥盤與鑑都是承水器，雖然基本形制相同，但大小有別，具體用途不同，因而名稱也有區分：大而相對深者是鑑；小而相對淺者是盥盤。

文獻記載上的這种區分,同自銘為「鑑」和「盥盤」的出土實物大體是吻合的。自銘為「鑑」的諸如吴王夫差鑑(「御鑑」)、智君子鑑、吴王光鑑、輝縣「弄鑑」等,體形都比較大。在古代收録的銅器中有一件自銘為「晉邦䀇」,从圖像看,造型和吴王夫差鑑竟無二致,因原器久佚,大小不知,郭沫若推定「䀇即是鑑,䀇鑑之别,蓋方言之不同耳。」郭沫若:《殷周青銅器銘文研究》第116頁。既然是鑑的别名,推測形體也是較大的。

結合古文獻和實物資料,我們可以這樣認為,在一般情況下,凡大口廣圓腹,不論平底或矮圈足,也不論有雙耳或四耳,只要基本形制和吴王夫差鑑相近的,都可定名為鑑,諸如早年河南汲縣出土的戰鬬紋銅鑑容庚等:《殷周青銅器通論》圖版壹肆貳,274、竊曲紋獸流鑑同上,圖版壹肆零,271以及新鄭出土的甲類洗《新鄭古器圖録》圖第五十二等都是。基本形制雖然和鑑相近,但體型偏小的,應參照靖安出土的這件器物自銘,稱為盥盤,而不稱鑑,諸如江西臨江、廣東羅定以及湖南韶山灌區出土的都是。⊘

由于我國幅員遼闊,同一種器物,名稱可能不完全統一。如河南省博物館藏有一件䢅伯盤,器形似盤,卻自銘為鑑。《談銅器定名中的一些問題》,《故宫博物院院刊》1979年第1期。又如過去浙江出土過一件自銘為自馰盂的,从造型看近似靖安出土的義楚盥盤,腹下半已有點内收,并有吴越器物上常見的鋮刺狀蟠螭紋,但它卻自銘為盂。據杜迺松同志函告,該器原存故宫博物院,現已移交浙江省博物館珍藏。【談江西靖安徐器的名稱問題 文物一九八三年第六期】

◉黄錫全 鑒 《説文》監字古文作。此同。監即古鑑字。亦即鑒。如攻吴王鑑「自作御鑑」之「鑑」作,史臨𣪕「其于之(茲)朝夕監」之「監」(鑒)作。【汗簡注釋卷一】

◉劉彬徽等 (565)鑑,盥洗器,出土物中不見。【包山楚簡】

鐈 不从金 㑹志鼎 喬鼎 喬字重見 伯公父匠 佳鐈佳盧 多友鼎 鐈鋚百鈞 曾伯陭壺 吉金鐈鋚 鄧子午鼎 飤鐈 【金文編】

◉許 慎 鐈似鼎而長足。从金。喬聲。巨嬌切。【説文解字卷十四】

◉馬叙倫 桂馥曰。廣雅。鐈。𩰫也。朱駿聲曰。廣雅釋器。鐈。釜也。疑與鎬同字。倫按廣雅釋器。鐈。鬲。𩰫。釜也。然鬲部。𩰫。釜屬。又鬵。三足釜也。有柄喙。徐鍇謂見有古銅器如此。觜為鳥喙。桂馥亦謂見一器有上林字。倫以音證知鬵是鬲之轉注字。古之鬲即後世所謂三足釜也。故鬵訓三足釜。然釜無柄喙。蓋釜之字由畐而變。於畐形可以知之也。

故倫謂有柄喙者鬷下説解中校者之詞。鬷為釜屬。得有柄喙。以今俗言。煮飯烹牲皆無以有柄喙之器者。唯烹茶煎藥温酒者。其器率有柄喙。然則徐所見蓋是鬷而非鬵。鬷從㚇得聲。㚇從兇得聲。兇音曉紐。此下文。銚。温器也。音在喻紐四等。曉與喻四皆次清摩擦音。豈鬷之轉注字為銚邪。今北方温水漿用銚子。其器有蓋有柄喙而無足。或形因時而異耳。下文鐈鐎亦並訓温器。鎬銚鐎古聲並在幽類。是語原同也。鐈聲古亦在幽類。則朱謂鎬鐈一字可從。然此言似鼎而長足。則與鬷異。與今之銚又不同。長或無字之譌邪。此挩本訓。所存者字林文。字見急就篇。然省其詞義。當是銷字。疑急就本是銷字。傳寫者以鄉音易字。或筆譌也。此字或出字林。曾伯陭壺作□。【説文解字六書疏證卷二十七】

◉郭沫若　「𩰫鼎」當即説文金部「佀鼎而長足」之鐈。𩰫字當即鐈字之異文也。【壽縣所出楚器之年代　金文續考】

◉朱芳圃　説文金部：「鐈，似鼎而長足。从金，喬聲。」桉此字在金文中僅曾伯陭壺銘一見，蓋金屬之名，義與許異。余謂鐈，錫之異名也。考鐈从喬聲，喬與高音同用通，如山海經海内經之柏高，楚辭遠遊及惜誓作王喬；漢書儒林傳之歐陽高，説文内部离下作歐陽喬，是其證也。凡从高得聲之字，多含青白二色之義，如詩鄭風出其東門：「縞衣綦巾。」毛傳：「縞衣，白色男服也。」孟子滕文公：「皜皜乎不可尚已。」趙注：「皜皜，甚白也。」爾雅釋草：「蒿，菣。」郭注：「今人呼青蒿。」説文羽部：「翯，鳥白肥澤皃。从羽，高聲。」肉部：「膏，肥也。从肉，高聲。」桉脂肪色澤青白，故得膏名。皆其例證。説文金部：「錫，銀鉛之間也。从金，易聲。」桉銀為白金，鉛為青金，錫在銀鉛之間，其色青白，恰與从高得聲諸字義相會合。是鐈為金屬之名，非錫不足以當之矣。【曾伯陭壺　殷周文字釋叢卷下】

◉岑仲勉　據Pliny氏説，羅馬之銅，多取給於Cyprus島，因名曰cescyprium，漸省為cyprium，訛為cyprum。其後古法文作coevre，法文cuivre，德文kupfer，英文copper。按Cyprus，希臘文作Kupros，如略去r及收聲s，則kupo便得與kiaupiu(鐈鈇)通轉。我國二字名上下意義無別者，輒得互易位置(如整齊，齊整；朋友，友朋)，故應云鐈鈇者得云鈇鐈。依是考定，吾人可想西亞方面銅之來源，自古即取給於Cyprus島，因以地名為物名，事不自羅馬始。【周鑄青銅器所用金屬之種類及名稱　兩周文史論叢】

◉商承祚　鐈，邵鐘□，楚王酓肯鼎作□，曾伯陭壺作□、□，簡中鐈字所从之喬作□，為其省。《説文》：「鐈，似鼎而長足。」喬有高、長義。【長沙仰天湖二五號楚墓竹簡遣策考釋　戰國楚竹簡彙編】

◉伍仕謙　隹鐈隹盧　鐈字作□，按《曾伯陭壺》「迺用吉金□鋚。」此二字相同。又《曾伯簠》「余擇其吉金黄□」。《説文》「鑪，籀文作膚」，知盧膚同字。黄鏞即黄鑪，此處省金作盧。鐈、盧應為兩種金屬之名。周代以金鑄器，見於金文者，最早為《弭

鐩 鐩　　鋞 鋞

仲簠》(《薛氏鐘鼎彝器款識》)銘文云「弭仲作寶簠，睪廾之金：鈇、鋪、鉼、鑟，其□其玄其黃，用盛朮、稻、糕、粱，用鄉大正……。」此器應為西周恭王時器。近年陝西藍田縣出土《師𩛥簋》《師宷簋》二器(見《文物》一九六二年二期)。師𩛥即弭白，師宷即弭叔。此二器同銘出現的人物，有榮白、內史尹氏、井叔。賞賜物有玄衣、黹屯、鈔市、金鑕、赤舃、攸勒等，從這些條件，可以證明此二器為共王時器。伯、仲、叔、季為西周弟兄順序的稱謂。弭伯為老大，依次弭仲行二，弭叔行三，故定為共王時器，比較可信。周東遷以後，很多銅器也記載鑄器之金屬名稱。如《齊侯鐘》「錫乃吉金，鈇鐈玄鏐錛鋁，乃用乍鑄其寶鐘」。《齊鎛》「擇吉金：鈇鐈錛鋁」。《邾公牼鐘》「擇氒吉金，玄鏐，膚呂」。《邾公華鐘》「擇氒吉金，玄鏐赤鏞」。此處的隹鐈隹盧，鐈，也就是曾伯陭壺、齊侯鐘、齊鎛之鐈。盧，也就是弭仲簠之鏞，邾公牼鐘之膚，邾公華鐘之鏞。亦玄亦黃，狀此二種金屬之色也。與《弭仲簠》之「其玄其黃」同。按《說文》「玄，幽遠也，黑而有赤色者為玄。」「黃，地之色也」。邾公華鐘「玄鏐赤鏞」。《說文》「鏐，黃金之美者」。鐈既為玄色，當亦金之美者。故下文云「其金孔吉」。孔，《說文》云：「嘉美之也」。此處孔作子。王孫鐘「元鳴孔皇」孔字亦作子。

【白公父簠銘文考釋　古文字研究論文集】

◉戴家祥　說文十四篇「鐈，似鼎而長足，从金，喬聲。」喬與高音同，經籍每通用，如山海經海內經之柏高，楚辭遠遊及惜誓作王喬；漢書儒林傳之歐陽高，說文內部离下作歐陽喬。高與長義近，故鐈訓作「似鼎而長足」，是喬聲亦兼意也。鄧子鼎作𨮁，从皿表示物類，為鐈的加旁字。鐈為長足之鼎，其義亦即酓忎鼎「𡨄盥喬(喬)貞(鼎)之蓋」句中喬鼎二字的含義。【金文大字典下】

◉唐　蘭　「𩰫」即「鐈」，《說文》所謂「似鼎而長足」者也。【壽縣所出銅器考略　唐蘭先生金文論集】

◉馬叙倫　段玉裁曰。此字非次。疑後人因上說方諸而增之。倫按周禮秋官禮記內則淮南天文說林覽冥論衡亂龍抱樸子皆作燧。是此字晚出。蓋字林文。或出新字林也。【說文解字六書疏證卷二十七】

◉許　慎　鐩，陽鐩也。从金。㒸聲。徐醉切。【說文解字卷十四】

◉許　慎　鋞，温器也。圜直上。从金。巠聲。户經切。【說文解字卷十四】

◉馬叙倫　鈕樹玉曰。廣韻引圜下有而字。倫按急就篇。銅鍾鼎鋞鋗鉇銚。顏注。鋞。温器。圜而直上。字又作鈃。然則而字自有。依急就鋞在鼎下鋗上。自是鋞為本字。鈃為借字。則此上文鈃字或出字林也。此蓋本訓器也。或以同聲之字為訓。今捝。存者字林文耳。本部言温器者四。皆不詳其形。則圜而直上必為字林文可知。其實温器也亦字林文。唐人刪本訓耳。

鋞頸語原同也。鋞鎬音同匣紐。或轉注字。或語原然也。【説文解字六書疏證卷二十七】

鑴

◉許　慎　鑴甍也。从金。巂聲。户圭切。【説文解字卷十四】

◉馬叙倫　桂馥曰。玉篇。鑴。大鑊也。廣雅。鑴。鼎也。朱駿聲曰。字林。鑴。大鐘也。倫按瓦部。甍。大盆也。此下文鑊。鑴也。周禮膳夫亨人。掌共鼎鑊。注。所以煮肉及魚腊之器。淮南説山。嘗一臠肉知一鑊之味。高注。有足曰鼎。無足曰鑊。漢書刑法志。大辟有鑿顛抽脅鑊亨之刑。顔注。鼎大而無足曰鑊。是鑊即今之鍋。紹興上海謂鍋為鑊。然則鑊非鑴也。抑或鑴字涉此説解中隷書複舉字而譌衍。轉捝所訓之字。而鑊自為鍋。鑴自為甍也。鑴音匣紐。甍從尚得聲。尚音禪紐。禪匣同為次濁摩擦音。轉注字也。【説文解字六書疏證卷二十七】

◉劉昭瑞　動物形尊銘文自名的，近年在寶鷄茹家莊2號強伯墓中發現一例。該墓所出一羊尊，蓋銘為「強伯匄井姬用盂鑵」。寶鷄茹家莊西周墓發掘隊《陝西省寶鷄市茹家莊西周墓發掘簡報》，《文物》1976年第4期。器身飾變體鳳紋，背上虎紐蓋，為西周中期偏早器。羊尊銘文中的「盂鑵」當為該器自名，該字从金，雈聲。《説文》中作為器物名之字而从巂的有鑴，《説文》云「甍也」，又「甍，大盆也」。尊銘中的鑵字應即鑴字。洛陽玻璃廠所出哀成叔鼎銘為「作鑄飤器黄鑊」。洛陽博物館《洛陽哀成叔墓清理簡報》，《文物》1981年第7期。黄鑊即黄鑊，《説文》鑊下訓鑴，鑴亦當兼鑊義。《周禮·大宗伯》「省牲鑊」，鄭注「烹飪器也」。強伯墓所出羊尊高20、長34釐米，「盂」、「鑴」連稱，是該器兼有容食及烹飪的作用。那麽，相同類型的大型動物形尊，過去都將其歸入酒器類中，或許有重新加以甄别的必要。【爵、尊、卣、鍪的定名和用途雜議　文物一九九一年第三期】

鑊

乙二七六二　卜辭鑊从鼎从獲得聲　乙二八一八　乙八一六五　寧滬三·六三　珠二九三　前六·四五·七　前六·四五·八　後二·一四·一〇　後二·三一·一一　粹一二二四【甲骨文編】

乙2762　2818【續甲骨文編】

鑊　哀成弔鼎　黄鑊　強伯匄井姬尊　盂鑊【金文編】

鑊 鑊【汗簡】

鑊 裴光遠集綴【古文四聲韻】

◉許　慎　鑊鑴也。从金。蒦聲。胡郭切。【説文解字卷十四】

◉商承祚　卷六第四十五葉　第三十一葉　祚案。此字从鬲隻即蒦字聲。殆即許書之鑊字。从金為後起之字。【殷虚文字類編】

◉羅振玉　說文解字。鑊。鑴也。从金蒦聲。段君注。少牢饋食禮有羊鑊。有豕鑊。所以煑也。此从鬲隻聲。殆即許書之鑊。或加⺌。象水形。所以煑也。隻即獲字。或省隻作隹。【增訂殷虚書契考釋中】

◉葉玉森　商承祚氏曰。此字从鬲聲。殆即許書之鑊字。从金為後起之字。類編。森桉。此字異體作等形。从鬲疑獲省聲。商氏釋鑊可信。惟謂鬲聲則非。【殷虚書契前編集釋卷六】

◉馬叙倫　鈕樹玉曰。韻會引作鑴也。非。倫按鑴字疑涉上文鑴下隸書複舉字而譌衍。轉挩所訓之字。甲文有。商承祚釋鑊。謂從鬲隻聲。隻即蒦字。倫謂從鬵濩聲。然則鑊是煑器。為釜之聲同魚類轉注字。【説文解字六書疏證卷二十七】

◉楊樹達　羅氏釋鑊。是也。从鬲者。烹煑之器也。篆文變而从金。則泛而不切矣。【積微居甲文説】

◉李孝定　説文「鑊。鑴也。从金蒦聲。」契文獲作隻。獲亦从蒦聲。是隻蒦聲同也。羅氏釋此為鑊。可从。辭云「貞鑊其有疾」乙二七六二。人名。它辭僅餘殘文。【甲骨文字集釋第十四】

◉姚孝遂　字當隸作「[隹/鬲]」,當是「鑊」之繁體,卜辭以為人名。【甲骨文字詁林第二册】

◉黄錫全　鑊　甲骨文作(乙2762)、(後下14·13),金文作(商引鼎),从金作(哀成弔鼎)、(㺇伯匋井姬尊)。鑊字省,與獲字作(畬忎鼎)、(中山王鼎,假為與),省變作(三體石經《微子》古文)類似。【汗簡注釋卷六】

◉蔡運章　「」,《金文編》所無。其左旁从金,右旁所从之「」,當讀如蒦(詳後)。故此字當是从金蒦聲的鑊字。鑊,《周禮·天官·亨人》:「掌共鼎鑊」,鄭氏注:「鑊,所以煮肉及魚腊之器。」《漢書·刑法志》有「鑊亨有刑」,師古曰:「鼎大而無足曰鑊。」故「黄鑊」猶如《史記·周本紀》的「黄鉞」、《周禮·春官·司尊彝》的「黄彝」,就是用銅鑄作的大鼎的意思。【哀成叔鼎銘考釋　甲骨金文與古史研究】

鍑 鍑

鍑 王鍑 【漢印文字徵】

[seal form] 崔希裕纂古 【古文四聲韻】

◉許 慎 鍑釜大口者。从金。复聲。方副切。【説文解字卷十四】

◉馬叙倫 鈕樹玉曰。篆當作鍑。沈濤曰。御覽七百五十七一切經音義二皆引。鍑。如釜而大口。音義十八引。鍑。如釜而口大。廣韻一屋而字有。仍奪如字。桂馥曰。三倉。鍑。小釜也。朱駿聲曰。方言五。釜或謂之鍑。注。釜屬。廣雅釋器。鬴也。倫按鍑為畐之後起字。畐象大口之釜形。不得鍑又為如釜而大口者。説解蓋本作器也或鬴也。如釜而大口者。蓋字林文。釜字出字林。尤可證也。字見急就篇。【説文解字六書疏證卷二十七】

鍪 鍪

◉許 慎 鍪鍑屬。从金。敄聲。莫浮切。【説文解字卷十四】

◉馬叙倫 錢坫曰。禮記内則。敦牟卮匜。牟當作此字。翟云升曰。六書故引作鬲屬。倫按字見急就篇。顏師古注。似釜而反脣。如其説蓋與[字形]字同形。[字形]字本象器形作[字形]。[字形]形譌為由。聲亦轉入幽類。則鍪蓋[字形]之轉注字。亦缶之聲同幽類轉注字也。金文釜字從父下缶。實亦缶之轉注字也。本書釜為鬴之重文。鍑鬴亦轉注字。故此訓鍑屬。然鍑屬字林文。本訓捝矣。【説文解字六書疏證卷二十七】

錪 錪

◉許 慎 錪朝鮮謂釜曰錪。从金。典聲。他典切。【説文解字卷十四】

◉馬叙倫 桂馥曰。方言。鍑。北燕朝鮮洌水之間或謂之錪。廣雅。錪。鬴也。倫按此字蓋出字林。【説文解字六書疏證卷二十七】

銼 銼

◉許 慎 銼鍑也。从金。坐聲。昨禾切。【説文解字卷十四】

◉馬叙倫 嚴可均曰。御覽七百五十七引作銼鑹鍑也。玉篇同。一切經音義十六引聲類。銼鑹。小釜也。亦以銼鑹連文。沈濤曰。許書之例。以篆文連注讀。下文。鑹。銼鑹也。書中如此例者甚多。淺人不知而妄删之矣。朱駿聲曰。廣雅釋器。鎢錥謂之銼鑹。銼鑹疊韻連語。烏育雙聲連語。翟云升曰。六書故引作鬲也。倫按銼鑹蓋斛之緩言。【説文解字六書疏證

鑹 鑹

◉許　慎　鑹銼鑹也。从金。贏聲。魯戈切。【説文解字卷十四】

◉馬叙倫　錪銼鑹三字皆鬲斛之轉注字也。見敲字下矣。銼鑹二字蓋呂忱據聲類加之。【説文解字六書疏證卷二十七】

鉶 鉶

◉許　慎　鉶器也。从金。刑聲。户經切。【説文解字卷十四】

◉馬叙倫　桂馥曰。五經文字。鉶。祭器。舊三禮圖。鉶鼎。受一升。兩耳。三足。高三寸。有蓋。士以鐵為之。大夫已上以銅為之。諸侯飾以白金。天子飾以黄金。聘禮。六鉶繼之。注。鉶。羹器也。公食大夫禮。宰夫設鉶四于豆西。注。鉶。菜和羹之器。【説文解字六書疏證卷二十七】

鎬 鎬

◉許　慎　鎬温器也。从金。高聲。武王所都。在長安西上林苑中。字亦如此。乎老切。【説文解字卷十四】

鎬　大質鎬　鎬　大子鎬【金文編】

◉吴大澂　葊。古器多葊京。舊釋旁京。大澂竊疑古鎬京。字必非从金从高之字。許氏説鎬。温器也。武王所都在長安西上林苑中字亦如此。豐多豐草。鎬多林木。故从茻从方。它邑不得偁京。其為鎬京無疑。王莽命甄豐改定。古文从茻之字今不多見。或皆莽時所改。静敦。【説文古籀補附録】

◉吴大澂　葊京舊釋旁京。經典無旁京字。大澂疑為鎬京之鎬。本从茻。後人因避莽字改从鎬。鎬為器名。非鎬京之鎬。否則他邑不得云京。葊京為彝器中屢見之文。故疑為鎬京也。【公姞敦　愙齋集古録八册】

◉吴大澂　葊　鎬京之鎬不當从金。今从艸艸象林木茂盛之意。正與豐京之豐同義也。【静敦　愙齋集古録十一册】

◉馬叙倫　嚴可均曰。文選西都賦注引鎬在上林苑中。席世昌曰。或疑武王以下三句後人所增。非也。古人名地亦有假借。許君求其義而不得。故並引之。云字亦如此。明無義訓也。倫按都下合依鍇本有鎬字。然武王以下實校語。此字若為許書原有。疑此文出許氏字指也。温器也仍疑為字林訓。【説文解字六書疏證卷二十七】

◉陳夢家　金文鎬京之鎬作葊。字不能分析其音義所从來。所以決定它是鎬字者。詩書稱豐豐邑而鎬稱京。文王有聲曰鎬京辟雍。而辟雍即大池。西周金文的大池皆在鎬京。詳前第一器釋文中。該器作于武王之時。則武王都鎬之説不誤。而武王時的鎬京已有了辟雍大池。詩靈臺序以為文王之事。文王都豐以後乃作辟雍。是可能的。【西周銅器斷代　金文論文選第一輯】

◉容　庚　葊字吴大澂説文古籀補收入附録(十一),説:「竊疑古鎬京字必非从金从高之字。許氏説『鎬,温器也,从金高聲。武王所都,在長安西上林苑中,字亦如此』。豐多豐草,鎬多林木,故从茻从旁。他邑不得稱京,其為鎬京無疑。」鄭業斆獨笑齋金石文考(一:二)釋葊,于吴説復有補充。我于新版金文編收入鎬字下。去年夏天在上海博物館得見循方鼎,有「自蒿」之文,蒿作蒿。據我的猜測,葊與蒿當是一個字。所見金文作葊的多而作蒿的少,故對于郭老釋豐,段同志釋方,我尚未能同意。小臣宅簋「同公在豐」,豐字與此不同。方即朔方,不是王所常在之地。【弭叔簋及訇簋考釋的商榷　文物一九六〇年八、九期】

◉李孝定　彝銘多言「葊京」,徵之典籍,當於武王都鎬之鎬,而於字之形、音無徵也。或釋「豐」,或釋「亳」,於音皆相近,又與史實不符;朱芳圃氏欲通其郵,展轉互證,謂葊、鎬相通,予不明音理,於朱氏之説,不敢贊一辭,然終不能無疑,竊謂當守不知蓋闕之義,未敢人云亦云也。【金文詁林讀後記卷十四】

◉戴家祥　鎬集脰鑑　集脰大子之鎬　説文十四篇「鎬,温器也,从金,高聲。」此器為鑑而銘曰鎬,不知何故,待考。

静安先生曰:宗周彝器言「王在葊京」者五井鼎、静彝、静敦、史懋壺、遹敢。言「王在葊」者一召伯虎敦。其字从茻从㫄,㫄字雖不可識,然與旁鼎之㫄、旁尊之㫄皆極相似,當是从茻㫄聲之字。「葊京」蓋即詩小雅「往城于方」及「侵鎬及方」之方。……静敢上言「王在葊京」,下言「射于大池」,遹敦上言「王在葊京」,下言「呼漁于大池」,則葊京左右必有大池。而河東諸澤,有董澤,有鹽池,有張陽池,鹽池既不可漁,則所謂大池者,董澤與張陽池必居其一。而張陽池東西兩陂,東陂東西二十五里,南北八里;西陂東西二十里,南北五里,去蒲坂一十五里,較董澤之東西四里,南北三里者為大。若以此池當静敦、遹敦之「大池」,則所謂「葊京」者非蒲坂莫屬矣。漢書地理志「河東郡蒲坂故曰蒲,秦更名」。葊蒲聲相近,又葊在陽部。蒲在魚部,為陰陽對轉之字。又古方旁同字,則小雅之方當即彝器之葊京,秦漢之蒲坂矣。彝器凡言「王在葊京」者,多穆王時器,而召伯虎敦作於宣王六年,亦云「王在葊」,與穆王遷戎、宣王料民之事亦可相印證也。周都豐鎬而葊亦稱京,與唐都長安而建蒲州為中都者,先後一揆。王静安先生生道書卷十二。諸家對葊亦有考釋,可作參考。郭沫若曰:葊字从茻㫄聲,㫄當从亼方聲,當即旁之古字,葊則蒡之緐文也。……蒡豐古同紐,而音亦相近,且彝銘中所見之「葊京」與宗周比隣,是則「葊京」即豐京矣。兩周金文辭大系考釋三十二葉臣辰盉。朱芳圃曰:自來治金文者於葊京訖無定釋,惟吴大澂、羅振玉皆謂葊京即鎬京,極具卓識。吴大澂曰:「豐多豐草,鎬多林木，故从茻从旁。它邑不得稱京，其為鎬京無疑。」說文古籀補附録二。羅振玉曰：「蒡京疑即鎬京，竹書紀年周紀沈約注『周德既隆，草木茂盛，蒿堪為宮室，因名蒿室，既有天下，遂都于鎬』。蒡字从茻，象草木茂盛，殆即鎬京初字歟。」遼居乙稿二七。余受二說啟示，悟蒡即薄之初文，展轉互證，蒡鎬相通之故，豁然大明。殷周文字釋叢一三五葉蒡。【金文大字典下】

鏖 鏖

◉許　慎　鏖温器也。一曰金器。从金。麀聲。於刀切。【說文解字卷十四】

◉馬叙倫　桂馥曰。廣雅。鏖。鬴也。王筠曰。按讀若奥則鏖即鏊也。鏊面圓而平。三足。高二寸許。廣韻。鏊。五到切。餅鏊。倫按此字蓋出字林。玉篇止引作温器也。一曰金器疑本是鏖器。鏖字爛捝為金耳。金器不可通也。一本止作鏖器。鏖為隸書複舉字。器下蓋本有也字。亦捝矣。此校者記之也。讀若奥者。劉秀生曰。鹿部。麀。或從鹿幽聲作麢。幽奥聲同影紐。故鏖從麀聲得讀若奥。魚部。⿰魚幼。從魚。幼聲。讀若幽。廣雅釋魚。⿰魚幼。鰒也。鰒蓋⿰魚幼之或體。是其證。倫謂麀本即牝字。麢為麢之譌字。古麀聲蓋如妣。故轉注從幽聲作麢。妣音封紐。故音轉入影紐。同為清破裂音也。鏖聲幽類。鎬銚聲同宵類。古讀宵歸幽。是三字為轉注也。【說文解字六書疏證卷二十七】

銚 銚

銚 汗簡　【古文四聲韻】

◉許　慎　銚温器也。一曰田器。从金。兆聲。以招切。【說文解字卷十四】

◉吴式芬　盈杞伯盈　許印林說。器似盆而銘作盈。不見于說文。蓋州林本裕益長萃篆有之。以為即盄字。集韻四宵出盄盈二字。注云。說文。器也。或作盈。是萃篆所本。疑說文本有此字。而今逸之也。說文訓盄為器。不詳器之形制。薛款識有秦盄龢鐘。亦莫曉其義。今此銘作盈。則器為盈無疑矣。說文。銷。小盆也。廣雅。銷謂之銚。說文。銚。温器也。此器制似盆而銘作盈。其銚之異文乎。古者制字。召兆多互用。說文鞀或作鞉。又或作鼗。籀文又作磬。其明證矣。說文。銚。一曰田器。又錢。銚也。古田器。詩臣工。庤乃錢鎛。奄觀銍艾。毛傳錢訓銚。正義云。世本云垂作銚。宋仲子注云。銚。刈也。然則銚刈物之器也。瀚案此銚乃假借字。其正字當作鉊。說文。鉊。大鎌也。又引張徹說。鎌謂之鉊。說文。鉊。鎌也。廣韻。鉊淮南呼鎌。方言。刈鉤。江淮陳楚之間謂之鉊。此鉊正刈物之器。上古字少。假銚為鉊。毛公傳詩已然。故許氏于銚下引一曰田器以明假借之義。于錢下即本毛詩傳為說。于鉊下乃特著鎌訓。使讀者參互會通。知其孰為假借。孰為本義。此又召兆相通之一證也。據此鉊為大鎌。亦借作銚。銚為温器。又別作盄。銚从金。謂制田用銅也。盄从皿。謂飲食之用器也。亦猶槃之古文从金。籀文从皿矣。【杞伯盄　攈古録金文卷二之二】

◉方濬益　[glyph]杞伯盄　印林此説至當至確。史記白起王翦傳。方投石超距。索隱超距猶跳躍也。是以超跳相訓。又詩大東佻佻公子。楚辭注作苕苕公子。亦召兆相通之證。廣雅釋器。銚。盂也。又鐈鬲鬷鋗謂之銚。方言盌謂之盂。或謂之銚鋭。此器似盆。與盂鋗等器同類。盄之為銚。復何疑乎。【杞伯敏父盄　綴遺齋彝器款識考釋卷二十八】

◉陳　直　[glyph]鑃字。説文古籀補云。鐸之大者。似鐘而口向上。軍中所用之器。執而鳴之。所以止鼓。當即古鐃字。許氏説鐃。小鉦也。是器甚大。則非小鉦矣。予案。廣韻云。鑃。徒弔切。同銚。説文云。銚。温器也。一曰田器。許氏無兵器之説。吕氏春秋簡選篇云。鋤櫌白梃可以勝人之長銚利兵。高誘注。長銚。長矛也。銚讀如葦苕之苕。是銚為兵器之一證。傳世之勾鑃著名者有其旡姑馮郘王三器。諸城王氏又藏有入字勾鑃。大如鐸而中空。可以内柄。勾鑃為長矛之屬。殆無疑義。然姑馮勾鑃文云。以樂賓客。及我父兄。其旡勾鑃文云。擇其吉金。目享目孝。似非戰争之器。而為宴饗之器也。姑馮出常熟。其旡出武康。郘王出江西。皆古吴越之地。或吴越人不以勾鑃為兵器。而目為宴饗之器。夫不曰鑃而曰勾鑃。則命名之初固專屬之長矛矣。吴越人或別一訓乎。又案。杞伯盄許印林説云。集韻四宵有盄字。盄當為銚之異文。説文。鞀或作鞉。盄从皿。謂飲食用器也。予疑銚盄鑃古均為一字。田器温器作銚盄而兵器作鑃也。又案。山海北山經云。陽山有獸焉。其狀如牛而赤尾。其頸腎。其狀如勾翟。郭注云。勾翟。斗也。音劬。晉人所見勾翟似斗。指倒而言之。勾翟即勾鑃之省文。稱道莫先於此。郝懿行補注於勾翟。未詳。蓋乾嘉時出土甚鮮也。【金文拾遺】

◉馬叙倫　鈕樹玉曰。韻會從金四字在一曰上。桂馥曰。玄應一切經音義十四引。温器也。余招反。似鬲。上有鐶。山東行此音。又徒弔反。今江南有銅銚。形似鎗而無腳。上加踞龍為襻也。廣雅。鐈鬲鬷鋗謂之銚。案字林。鐎似銚。無緣。是銚有緣。嚴可均曰。説文無鐶。字當作環。倫按玄應謂銚似鬲上有鐶。論安陽出土之鬲。其形為[glyph]。與倫所得萬泉出土之土鬲同。銚異於鬲者。上有鐶耳。戰國策。矛戟折。鐶鉉絶。鐶鉉連文。鉉為所以舉鼎之具。詳鉉字下。則鐶自即今所謂環。然環為璧瑗之轉注字。鐶其本字。倉頡訓纂不録鐶字。本書亦無。然鬲上不得安鐶。倫謂似鬲上有鐶者。鐶借為鉉。鬲上有鉉。即父乙鼎之[glyph]卣文之[glyph]象形鼎之[glyph]。皆古銚之象形文。前人率釋為鼎耳。玄應又謂今江南有銅銚。形似鎗而無腳。上加踞龍為襻。本部鎗訓鐘聲。通俗文。鬴有足曰鐺。蓋鎗即鐺之本字。鐘聲非本義。亦或俗名鬴有足曰鎗或鐺。皆借字也。鬴為釜之初文。釜即今之鍋也。今通用炒菜之鍋。正似鎗而無腳。口上有兩襻。但不為踞龍之飾。杭縣謂之小調鍋。蓋即銚矣。桂據字林言鐎似銚無緣。以證銚有緣。緣者今謂之邊。諭之今器。煮飯之鍋。形如古缶。有緣而無襻。蓋有緣自不能復安襻也。且緣與襻皆所以便持。若無襻與緣又何以持而警夜邪。豈銚有緣如今所見古鼎銚口有薄緣。而非如古缶之反口。故有緣而仍得安鉉。鐎則并無此緣邪。若然。則玄應所謂之銅銚乃鐎也。温器也者。吕忱據聲類加之。本訓挩矣。一曰田器者。或借銚為錢也。此校語。【説文解字六書疏證卷二十七】

◉蕭　璋　銚，温器也。一曰田器。从金兆聲。(以招切。)斛，解旁斛。从斗厎聲。一曰突也。一曰利也。爾雅曰：「斛謂之䤪」。古田器也。(土雕切。)㙐。耕以臿浚出下壚土也。一曰耕休田也。从𠂤从土召聲。(之少切。)按銚斛同為䤪鍤屬之田器。説文。錢。銚也。一曰貨也。(四字大徐本無。小徐本有。)嚴可均謂古布如鏟。象田器之形。是貨也。(説文校議錢字下。)可知銚為枲鏟之屬。(章氏説亦相近。見小學答問。)又同有穿突利削之義。(莊子外物篇。「銚鎒於是乎始修。」釋文云。「銚。削也。能有所穿削也。」廣雅釋詁。「斛。穿也。」王疏云。「説文。『斛。突也』。突與穿同義。」)當為一字。銚又有長矛之訓者。(吕氏春秋簡選篇。「可以勝人之長銚利兵。」注。「銚。長矛也。」)當由穿刺之義而來也。又㙐之訓解為插地起土。與銚斛聲義相近。(召兆音同。多相轉移。如説文鞀从召聲。其或體之鞉鼗并从兆聲，而籀文又从召聲作磬也。)又銚斛㙐聲義與肇相近。肇之言猶趙也。詩良耜「其鎛斯趙」。毛傳。趙。刺也。【釋至　國立浙江大學文學院集刊第三集】

◉殷滌非　「[illegible]」字也从金，旁作三個「[illegible]」形。[illegible]在甲骨文中，前人釋為龜，郭沫若同志釋為黽，對銘文[illegible]字，他説「字从金从三黽，疑黽亦聲」。這是很正確的，但他又説「讀如純，與丁、征音俱相近」，這就難以令人信服了。按兆與黽相通，聞一多先生已有論述，从黽亦即从兆，似不應「讀如純」。我意，此字應釋為兆，此字从金从三兆，疑兆亦聲，即从金兆聲，可寫作「銚」。《説文》：「銚，温器也」，「一曰田器」，這一解釋與鐸不相類屬。《廣韻》：銚，吐彫切，屬透母，《説文》鞀字下重文有作「鞉」者，亦兆聲，徒刀切，屬定母。上古透定母讀舌頭音，銚、鞉二字都在小部，古音相近，殆銚可假為鞉。《釋名》：「鞉，導也，所以導樂作也。」鐸，大鈴也；磬，樂石也。疑器銘「銚鐸」即「鞉鐸」。《詩・周頌》：「鞉磬柷圉」，聞一多先生説：「以鞉磬與柷圉對舉，柷圉為一物，鞉磬亦一物矣。」又説：「鼉字又變作鼗，而呼立于鼉上之鼓曰鼗鼓，字一作鞉若鞀。其置磬縣者，字則作磬，《褒石磬》曰：『自作遣磬』即磬磬，磬曰磬磬，猶鼓曰鼗鼓。」這一説法是很正確的。磬可以名磬磬(聞一多先生以磬為鞉磬專用字)，鼓可以名鼗鼓，鐸、磬、鼓都是樂器，鐸也當然可以名「銚鐸」了。鐸為金器，鞉亦別作「銚」字以為專用，因此，這件銅器自銘為「銚鐸」，更無可疑了。【釋銚鐸　考古一九七五年第五期】

鋀 𨮷

◉許　慎　鋀酒器也。从金。𧯛象器形。大口切。𧯛鋀或省金。【説文解字卷十四】

◉馬叙倫　王筠曰。鋀之或體𧯛。玉篇見注中。不特出。案𧯛象形。必古文。其形似壺之下半。壺有蓋有頸有腹。𧯛則無蓋也。考工記。一獻而三酬。則一豆矣。又云。飲一豆酒。鄭注皆云。豆當為斗。聲之誤。筠意豆當為𧯛。形之誤也。詩。酌以大斗。則聲借也。朱駿聲曰。古文象形。非或體也。小篆加金旁。吴善述曰。本作𧯛。象酒器之形。章炳麟曰。鋀對轉東為鍾。倫按端方所得寶雞出土之斯禁中有𧯛即𧯛也。然則篆本象形作𧯛。傳寫為𧯛。豆𧯛篆形及聲竝近。故或譌為豆。𧯛斗聲近。故詩借斗為之。𧯛視鍾為大。故詩言大斗。朱駿聲以為有柄長三尺者。非也。鋀為後起字。此字蓋出字林。如此篆當言從金𧯛聲。

𧯛　倫按圅皇父敢𧯛字伯角父盉𧯛字所從之𧯛𧯛蓋即𧯛也。餘見盉下。【説文解字六書疏證卷二十七】

◉于省吾　卜辭𧯛字習見。孫詒讓疑當為豊之省。舉例下二二。葉玉森疑即亜。乃禋之古文。鉤沈乙。郭沫若謂𧯛即飽之初字。甲研釋飽。唐蘭云。𧯛即良字。古文字之例。恒缺底畫。如𧯛或作𧯛。故𧯛每作𧯛。由𧯛小變即為𧯛矣。殷虛文字記四二。按四家所釋。既背於形。又乖於義。不煩覼縷辨正也。

𧯛字亦作𧯛𧯛𧯛𧯛𧯛𧯛𧯛𧯛𧯛𧯛𧯛等形。綜覈諸文。似㱿之从𧯛。似豆之作豆。而其不同之徵。則上端有頸有口。似壺之作壺。而其不同之徵。則上端無蓋。當即小篆𧯛字。説文。鋀。酒器也。从金𧯛。象器形。𧯛或省金。大口切。王筠説文釋例云。案𧯛象形。必古文。其形似壺之下半。壺有蓋有頸有腹。𧯛則無蓋也。考工記。一獻而三酬。則一豆矣。又云。飲一豆酒。鄭注皆云。豆當為斗。聲之誤。筠意豆當為𧯛。形之誤也。猶壹篆從壺從吉。而隸變從豆也。又云。玉篇鬭俗作鬪。集韻十九侯。匢偃同。䀘瞘同。剅㓱同。郖鄹同。五十候。譳嫗詎姮同。陾陠同。此皆𧯛變為豆之證也。而四十五厚。鋀鋀𧯛同。尤其確證矣。章炳麟文始云。𧯛者最初古文。與壺字下體相佀。豈壺尊邪。對轉東。當為鍾。酒器也。按𧯛字王以為似壺之下半。章以為似壺之下體。王以𧯛形後世譌為豆。章以𧯛音對轉東當為鍾。均具不刊之卓識。

金文壺字。師望壺作壺。史僕壺作壺。芮公壺作壺。頌壺作壺。曶壺作壺。从亼象其蓋。从大亦象其蓋。如壺字即象凵盧加蓋之形。説文。壺。昆吾圜器也。象形。从大象其蓋也。又盇。覆也。从血大。徐鉉曰。大象蓋覆之形。是其證。以上所列金文諸壺字。如去其蓋則作𧯛𧯛。稍變則為𧯛。其為契文𧯛或𧯛之所孳演。灼然明矣。東周左師壺。壺字作壺。去其蓋則作𧯛。與簠室徵文文字八十作𧯛形者相近。殷栔卜辭八五曰。有壺字作壺。左右繫繩下垂。去其蓋與繩則作[glyph]。前五・五・五有壺字作[glyph]。去其蓋則作[glyph]。番匊生壺壺字作[glyph]。去其蓋則作[glyph]。其即說文[glyph]字審矣。其底與圈足中間稍彎之橫畫或斷與否一也。如金文豆字作[glyph]。而輔伯鼎豐字从豆作[glyph]。其兩豎畫上出與否一也。如㪅卣㪅字从豆作[glyph]。均其證也。至[glyph]形變為[glyph]。其豎畫或斷或聯一也。如栔文酉字作[glyph]亦作[glyph]。金文公字作[glyph]亦作[glyph]。障字作[glyph]亦作[glyph]。此例習見。不煩備舉。要之。𧯷字由[glyph]而[glyph]而[glyph]而[glyph]而[glyph]。其無底畫者。如[glyph]。即其例。𧯷字說文以為酒器。是也。今以出土之彝器形制考之。當即罍壺之無蓋者。漢代謂之鍾。其方者謂之鈁。鍾鈁皆無蓋。其名雖異。其形制固略同也。

卜辭𧯷字用法有三。一。續五・二十・五。帚𧯷示十□。𧯷為婦名。二。藏六七・二。𧯷羊。甲二・十二・四。𧯷㲋。續一・三九・三。𧯷廾三。一・四四・四。𧯷十勿牛。二・二三・九。𧯷十廾。佚八八九。𧯷三牛。𧯷均應讀為斲。俗作斵亦作㔸。呂氏春秋貴公。大匠不斵。大庖不豆。俞樾謂豆者剅之叚字。廣雅釋詁。剅。裂也。按集韻十九侯。剅㔸同。是剅者㔸之譌。而不斵與不剅並言。則歧化為二字矣。說文。斲。斫也。从斤𧯷聲。楚辭九歌。斲冰兮積雪。注。斲。斫也。然則用牲而言𧯷。當與言卯相若矣。三。前七・十四・四。夕𧯷。續四・六・一。□丁酉雨。之夕𧯷。丁酉允雨。少。前七・三三・一。辛亥𧯷。簠室地望四。甲午𧯷。藏一八五・一。㞢砈。三日乙酉。夕𧯷。丙戌。允㞢來。入齒。𧯷字當讀為䁢。說文。䁢。目蔽垢也。从見𧯷聲。讀若兜。引伸為天氣陰蔽之義。玄應一切經音義十三引三蒼郭璞注。䁢。目䁢病也。楚辭九歎遠逝。舉霓旌之墆翳兮。注。墆翳。蔽隱貌。是䁢訓目蔽垢引伸為陰蔽。猶翳訓目翳病引伸為蔽隱也。然則卜辭上言夕言日而下言𧯷者。謂天氣之陰蔽也。其言之夕𧯷丁酉允雨少者。謂前一日丙申之夕天氣陰蔽。丁酉允雨。但少耳。非不雨也。其言㞢砈而又言夕𧯷又言允㞢來者。蓋覘夕時天氣之陰蔽惡劣。而以為有煞也。

綜之。栔文[glyph]字。即說文鐙之或體作𧯷之初文。象罍壺一類無蓋之器。漢代謂之鍾鈁。栔文用牲而言𧯷者。應讀為斲。謂斲斫也。其言夕𧯷之夕𧯷某日𧯷者。應讀為䁢。謂天氣之陰蔽也。【釋𧯷　雙劍誃殷栔駢枝續編】

◉陳夢家　武丁卜辭中[glyph]字，諸家所釋均未確切。其辭云：「甲辰大驟風，之夕[glyph]。」菁・五、續・五・三二・一、佚・三八六。「七日己巳夕[glyph]，㞢新大晶並火。」下・九・一。「丁酉雨，之夕[glyph]。丁酉允雨，少。」續・四・六・一。「七日己未[glyph]，庚申月㞢食。」庫・一五九五、金・五九四。「夕[glyph]」一定指晚上的氣候，因武丁卜辭[glyph]字只有兩個用法：一為用牲之法。一為夕[glyph]。晚上的氣候通常以見星為測，所以雨止於夜謂之姓，今作晴。⊘「夕[glyph]」之義不外乎指夜間有星無雲或無星有雲。【殷墟卜辭綜述】

◉張秉權　[glyph]，相當於後代的什麼字，我們還不知道。不過它在卜辭中的用法，大概可分二種，一是用在牛、羊等犧牲之前，如：

貞：𠦪于丁，⿱丷⿱口丄三黎牛，𠕋卅黎牛？九月。（續一・四五・四；佚四六）

甲子卜，争貞：𠦪年于丁。⿱丷⿱口丄十黎牛？𠕋百黎牛？（續一・四四・四；佚一二六）

羽甲辰，酒卯，⿱丷⿱口丄十𦍩？（佚一八〇）

在那裏，⿱丷⿱口丄字是當着動詞之用，如用牲之法的「卯」「沈」「𡧊」等字一樣。另一種用法是介於二個日子之間，似乎是當作連接詞用的，因此，德效騫氏(Homer H・Dubs)認為很可能是「夜半」或「繼續至」的意思。德氏的解釋，固屬望文生義，但這個字之作為連接詞如「及」「和」「與」等之用，也不是絕無可能的，如果在「⿱丷⿱口丄」字之後斷句，則認為那是第一天(或晚上)的事情，與第二天無涉。但是它之常常處於二個干支日名之間，確是一樁值得注意的事實，至於此字的真實意義，還有待學者們的考證。

⿱丷⿱口丄字的用法，我在本編第一版中，曾經加以討論過，雖則它的真實意義，迄仍未明，不過由于辭例的增多，我們可以从它本身的辭例中去加以比較推測，譬如「⿱丷⿱口丄」字當作用牲之法的。其所用之牲，也只限於牛、羊、豕等：

壬辰卜，㱿貞，乎子宩卯㞢母于父乙，⿱丷⿱口丄宰，𠕋𠬝，三舞，五宰？

貞：乎子宩卯㞢母于父乙⿱丷⿱口丄小宰，𠕋𠬝，三舞，五宰？（丙編一八二）

貞：卯(子)漁⊠父乙⿱丷⿱口丄羊？（京津二〇八八）

貞：卯子宩于兄丁⿱丷⿱口丄羊，𠕋小宰今日酒？（粹二八八）

乙卯卜，㱿貞：卯帚好于父乙⿱丷⿱口丄羊㞢豕𠕋十宰？（乙編三三八三）

羽甲辰酒卯⿱丷⿱口丄十𦍩？（佚一八〇）

丁丑卜，穷貞：子雝其卯王于□每二妣己⿱丷⿱口丄𦍩三，用羌十？（佚一八一）

貞：卯于父乙⿱丷⿱口丄三牛，𠕋卅伐卅宰？（佚八九八）

甲子卜，争貞：𠦪年于丁，⿱丷⿱口丄十黎十，𠕋百黎牛？（佚一二六）

來庚寅⿱丷⿱口丄一牛，妣庚𠕋十𠬝十宰十青？（乙編二〇二三、七五四四：丙編待刊）

⊠畫于丁，羌，⿱丷⿱口丄二牛？（平津・雙・三四）

丁⊠卯⊠于母⊠⿱丷⿱口丄犾⊠？（歠二・一二・四）

□(巳)卜，争貞：子划⊠于母⊠⿱丷⿱口丄犾小宰㞢𠬝女？（乙編一六七〇、一九五七、二二四九：丙編待刊）

從上面的一些例子裏，我們可以看到。凡是▢宰、𡈼、牛等的▢字都作▢形，而獨▢𡈼的▢，卻是二例都作▢形，究竟▢與▢二形之間有多大的分別？憑現在的資料，似乎還没有到達下結論的時候。在下列的幾條例子中，▢似乎是一個名詞，而且有另一種的意義：

貞：用二小宰于▢？

貞：勿用二小宰于▢？（丙編一六七）

另外又有一個中方的中字：

□□〔卜〕，争貞：今春王伐中方受〔㞢〕〔又〕？（簠・征伐三七）

字形與▢很近，不知是否為一字，因為材料不够，也不敢遽下判斷。同樣地▢也有作名詞的辭例。譬如：

貞：乎帚▢于父乙宰，𠕁三宰㞢艮？（丙編一八三）

貞：令多▢出田？（京津一四一八）

帚▢示十□。（續五・二〇・五）

除了上舉的幾種用法之外，便是我們所要討論的另一種用法，即▢字介於二個相連的干支日名之間者，這種用法，又分二類，一類是▢字之前，加一夕字，如甲子夕▢乙丑等，另一類則不加夕字，如甲子▢乙丑等，後者辭例較少，例如：

七日己未▢庚申月㞢食。（庫八八）

丙辰卜，㱿貞：乙卯▢丙辰王夢自(西)☒？王固曰：吉，勿隹囚。（外編二）

貞：甲(寅)▢乙卯王㞢夢不(隹)〔囚〕？（外編二八八）

貞：甲(寅)▢乙(卯)王㞢〔夢〕〔不〕〔隹〕〔囚〕？（六録・清暉・九一）

乙酉暈，旬癸(巳)▢甲午(雨)。（乙編五三二三）

☒(固)☒(巳)▢乙酉☒子▢☒。（甄四六八）

☒巳▢☒（戩二・一二a・三）

☒▢辛亥王夢我(大)(䜌)。

☒辛亥▢壬子王亦夢尹▢㞢☒（前七・三三・一）

戊午卜，小臣不其㚤？癸酉▢甲戌毋㚤。（丙編九〇）

壬寅卜，㱿貞：帚好娩㚤？壬辰[字形]癸巳娩，隹女（乙編二〇二三、七五四四，丙編待刊）

前者例子較多，如：

己未夕[字形]庚申月㞢（食）。（金五九四）

癸卯卜，争貞：旬亡囚？甲辰大驟風，之夕[字形]乙巳𡴘□五人五月在□。（菁三）

戊辰卜，㱿貞：帚好娩㚤？丙子夕[字形]丁丑娩，㚤。

戊辰卜，㱿貞：帚好㚤，不其㚤？五月。（乙編七四三、一七二四；丙編待刊）

己巳卜，㝑貞：龜敗祝？王固曰：敗，庚午夕[字形]辛未允敗。（乙編五二六九）

癸未卜，争貞：旬亡囚？王固曰：㞢希！三日乙酉夕[字形]丙戌允㞢來入齒。十三月。（庫八八；鐵一八五·一）

癸丑卜，争貞：自今至于丁巳，我𢦏胄？王固曰：丁巳我毋其𢦏，于來甲子𢦏。旬㞢一日癸亥，車弗𢦏，之夕[字形]甲子允𢦏。（丙編一）

⊘其實，[字形]字的前面有夕字和没有夕字的意義似乎並無分別，庫八八版所記的庚申月名是：「七日己未[字形]庚申月有食」，而金五九四版所記的是：「己未夕[字形]庚申月有食」，同一月食而有二種不同的記載。可見[字形]字之前的那個「夕」字是可以省掉的。⊘

此外，郭氏甲骨文字研究釋[字形]為蝕，釋夕為月，將夕[字形]認為月蝕，把[字形]字之上不系夕字者，當作日蝕，而以為日食之食是蝕的假借字。唐蘭氏把[字形]字和「良」字混而為一，認為都是良字，有「熟之」之義（見殷虛文字記四十三頁）。金璋氏(Mr.L.C.Hopkins)釋褓，德效騫氏的態度比較審慎，他主張寧可闕疑，但他認為這個字也可能含有「夜半」或「延長」的意義。以上諸家的説法，除了郭氏、唐氏之説顯屬謬誤而外，其餘各家也都不能把介於二個干支日名中間的那個[字形]字解釋得令人滿意。所以這個字的解説，迄今還是懸案。【殷虛文字丙編考釋】

◉李孝定　説文。「[字形]。酒器也。从金。[字形]象器形。[字形][字形]或省金。」契文[字形][字形]字孫氏釋豊。而契文自有豊字。與此迥異。葉氏釋㽝。按金文从㽝之字作[字形]。與比亦殊。于氏已證其非。郭氏釋蝕實乃鄰於想像。且卜辭日月食字自作食。庫·一五九五辭[字形]食並見。可證郭説之非。唐氏釋良。前於五卷良字條下已辨其誤。惟于氏釋[字形]於字形辭義兩俱洽適。其説可从。

【甲骨文字集釋第十四】

◉楊樹達　[字形][字形]或省金。

按：制字先有象器形之⿱卯亚，後有加金旁之⿰金⿱卯亚，與朮秫𠙵𣊫例同。許君列字次第與造字次第相反，故訓説未融，易生誤解。【文字形義學】

◉趙　誠　[甲骨文]、⿱卯亚，象罍壺之無蓋者，本為象形字。甲骨文用作職官之名，似為借音字。【甲骨文簡明詞典】

◉朱歧祥　1419.[甲骨文]字釋衆説紛紜，孫詒讓釋豊，葉玉森釋亞，郭沫若釋蝕，唐蘭釋良，于省吾釋⿱卯亚，詳李孝定《集釋》卷十四⿰金⿱卯亚字條。今从于説為長，隸作⿱卯亚。《説文》：「⿰金⿱卯亚，酒器也，从金，⿱卯亚象器形。⿱卯亚，⿰金⿱卯亚或省金。」卜辭用法有四：一為婦名。

《續5・20・5》婦[甲骨文]示十☐。

一讀為斲，《説文》：「斫也。」《廣雅・釋詁》：「裂也。」為祭祀用牲之法，與卯字相約。習稱：「[甲骨文]牛」、「[甲骨文]豕」「[甲骨文]羊」。

《佚126》丁子卜，争貞：桒年于祊：[甲骨文]十䵼牛，𠕋百䵼牛。

《佚889》貞：钔于父乙：[甲骨文]二牛，𠕋卅☐伐卅。

一讀為覞，《説文》：「目蔽垢也，讀若兜。」引申為天氣陰蔽之意，卜辭習稱「夕⿱卯亚」，見於晚上風雨過後。

《菁3》癸卯卜，争貞：旬亡禍。甲辰大驟風。止(此)夕[甲骨文]。

《續4・6・1》☐雨。止夕[甲骨文]。丁酉允雨。

復用為名詞，乃祭地名。

《合248》貞：用二小宰于[甲骨文]。【殷墟甲骨文字通釋稿】

◉許　慎　鐎鐎斗也。从金。焦聲。即消切。【説文解字卷十四】

◉馬叙倫　徐鍇曰。史記注。刁斗云。以銅作鐎器。受二升。晝炊飯。夜擊持行也。段玉裁曰。鐎斗即刁斗。孟康曰。以銅作鐎器。受一斗。晝炊飯。夜擊持行。名曰刁斗。荀悦曰。刁斗。小鈴。如宫中傳夜鈴也。蘇林曰。形如銷。以銅作之。無緣。受一斗。故云刁斗。鐎即鈴也。廣韻。温器。三足而有柄。桂馥曰。一切經音義引聲類。鐎。温器也。有柄。引字林。鐎。容一斗。似銚無緣也。博古圖。盉。不梁而把曰鐎斗。漢有熊足鐎斗龍首鐎斗。韻集。鐎。温器也。三足有柄。方言。無升謂之刁斗。注。謂小鈴也。倫按字見急就篇。説解本作器也。吕忱加刁斗温器也容一斗三足而有柄似銚無緣也。今作鐎斗者。鐎乃隸書複舉字。斗上挩刁字。餘文蓋為唐人習明字科者所删矣。知字林文如此者。字林韻集皆本聲類也。字林又每本埤倉。埤倉亦曰。鐎。温器。有柄斗。似銚無緣。今北方有有柄之三足鍋。正似玄應所謂江南之銅銚。有柄足

而無欙耳。【說文解字六書疏證卷二十七】

鋗

●許慎　鋗小盆也。从金。肙聲。火玄切。【說文解字卷十四】

●馬叙倫　桂馥曰。顔注急就篇。鋗亦温器也。廣雅。鋗謂之銚。馥案鋗有緣。朱駿聲曰。急就篇。銅鍾鼎鋞鋗鉇銚。博古圖有漢梁山鋗。容二斗。重十斤。元康元年造。按釜之有鐶者。倫按鋗字出三倉。見玄應一切經音義引。小盆也蓋字林訓。本訓挩矣。【說文解字六書疏證卷二十七】

鏏

●許慎　鏏鼎也。从金。彗聲。讀若彗。于歲切。【說文解字卷十四】

●馬叙倫　鈕樹玉曰。玉篇。銅器。三足有耳也。廣韻。大鼎。高注淮南説林云。鏏。小鼎。又曰。鼎無耳為鏏。倫按淮南作鬹。此字蓋出字林。【說文解字六書疏證卷二十七】

鍵

●許慎　鍵鉉也。一曰車轄。从金。建聲。渠偃切。【說文解字卷十四】

●馬叙倫　桂馥曰。爾雅釋文引字林。鍵。鋭也。未詳。一曰車轄者。本書。轄。鍵也。舝。車軸端鍵也。字林。鍵。一曰轄也。急就篇。釭鐗鍵鉆冶錮鐈。顔注。鍵。以鐵有所豎關。若門牡之屬也。徐灝曰。鍵者。門關之牡也。蓋以木横持門户而納鍵於孔中。車軸耑鍵與此相類。故亦謂之鍵矣。鉉者。鼎扃。古傳注未有以鼎扃為鍵者。此似有誤。王筠曰。鉉也字林同。倫按鍵鉉同舌根音。鍵從建得聲。建從聿得聲。聿聲脂類。鉉聲真類。脂真對轉。是鍵得為鉉之轉注字也。然亦得為轄之轉注字。轄音亦匣紐而聲同脂類也。疑本訓轄也。鉉字涉下文鉉字説解中隸書複舉字而譌入此下。轉挩轄字。校者據一本注之。傳寫又譌一曰轄也為一曰車轄。【說文解字六書疏證卷二十七】

鉉

●許慎　鉉舉鼎也。易謂之鉉。禮謂之鼏。从金。玄聲。胡犬切。【說文解字卷十四】

●馬叙倫　鈕樹玉曰。韻會與繫傳同。惠棟曰。禮謂之鼏四字疑後人增。王玉樹曰。當作所以舉鼎也。説文言器械多云所以。如楊倞引。鞙所以引軸者也。今本但云引軸也可證。朱駿聲曰。易鼎。黄耳金鉉。馬注。扛鼎而舉之也。虞注。貫鼎兩耳。徐灝曰。玉篇。鉉。鼎耳也。其義為優。此云舉鼎疑誤。易鼎六五。鼎黄耳金鉉。金鉉即黄耳也。上九。鼎玉鉉。亦謂鼎

鋊 □

耳。若是鼎扃。豈有以玉為之者乎。倫按劉昌宗音易鉉字為關。今杭縣謂舊式衣箱之兩銅耳及舊式棹屜上之便抽者皆如環之去聲。蓋即鐶字音。鐶即鉉之轉注異文也。匡謬正俗。鉉者。鼎之耳。易稱金鉉玉鉉是也。然則鉉是鼎之耳。所以舉鼎之具。檢金文鼎字虢文公鼎作□。函皇父敢作□。𢦏叔鼎作□。芮公公鼎作□。其為無鉉之形甚明。鼎鬲一字。今見古匋鬲皆作□。可證也。鄭𤕌父鼎作□。頌鼎作□。郘王鼎作□。毛公鼎作□。盂鼎作□。失獸鼎作□。公伐郘鼎作□。師奎父鼎作□。皆□之小變。而非有鉉。論之匋鬲。率為反口形。故無鉉而可持。若今所見古鼎。率如□形。口小有緣。而非可持。無鉉將不易移動。故後之制作。或增鉉於口。如象形鼎之作□甲文之作□者。皆有鉉之形也。趞亥鼎之□。邾討鼎之□。蓋鉉在兩旁者。惟鉉在口者。與玄應一切經音義十四引本書銚字。而說其形似鬲上有鐶者將無不同。此則非目論其器不能判其所以異矣。然則鉉為鼎耳無疑。說解蓋本作鼎耳所以舉鼎者也。今所以及鼎耳二字誤入下文鋊字說解中。所字又譌為可矣。鍇本作舉鼎具也。具字為鼎之譌文。此字蓋出字林。易謂八字。校語。餘見鼏下。【說文解字六書疏證卷二十七】

◉戴家祥　□句鐸　余擇氒吉金鉉鏐鏞鋁　此銘「鉉鏐鏞鋁」，他器或作「玄鏐赤鋁」等。鉉即玄，玄與赤鏞相對，當表示某種色彩。說文四篇「玄，黑而有赤色者」，義與銘文相同，鉉字从金是由下文鏐鏞鋁等字的偏旁類化來的。【金文大字典上】

◉許　慎　□可以句鼎耳及鑪炭。从金。谷聲。一曰銅屑。讀若浴。余足切。【說文解字卷十四】

◉馬叙倫　鈕樹玉曰。集韻類篇引句作鉤。韻會引亦作鉤而無耳字。繫傳浴作洛。譌。玉篇余玉余鍾二切。銅屑也。按鋊鎔二字疑古通。容繫傳作谷聲。漢書食貨志。摩錢取鋊。史記平準書作摩錢裏取鋊。注。呂静曰。冶器之法謂之鋊。廣韻鋊止收入聲訓炭鉤。又銅屑也。王筠曰。可當作所。句音鉤。小徐韻譜。鋊。鼎耳。句。廣韻。鋊。炭鉤也。倫按可以句鼎耳及鑪炭不可通。其為有譌甚明。倫謂可當如王說作所。所以及鼎耳四字皆上文鉉字說解中詞傳寫譌入此下。亦或所以鉤鑪炭為鉉下鋊上別有一字之說解。傳寫失其篆。而傳寫者又誤并其說解於鋊字下。轉挩鋊字本訓。校者據一本補一曰銅屑四字。此字蓋出字林。【說文解字六書疏證卷二十七】

◉劉彬徽等　(601)鈢，讀如鋊。《說文》：「可以勾鼎耳及爐炭」。出土物中有銅鼎鈎一對。【包山楚簡】

鎣

[bronze form] 鎣　不从金　𢐗伯盤　作盤鎣　榮字重見　[bronze form] 伯百父鎣　[bronze form] 呂鼎　赤金鎣【金文編】

◉許　慎　鎣器也。从金。熒省聲。讀若銑。烏定切。【説文解字卷十四】

◉馬叙倫　沈濤曰。華嚴經音義。按説文字統。鎣。又作鎣。訓與瑩同。然別有音余傾切。訓為光飾之義。據此。則古本説文鎣不訓器。玉部。鎣。玉色也。疑此當訓金色。慧苑云。別有音余傾切。訓為光飾之義。爾雅釋器注。鷿鷈膏中鎣刀。正光飾之義。今本訓器譌。段玉裁曰。謂摩鋥之器也。以金為之。桂馥曰。集韻。鎣。冶器也。以金為之。廣韻。鎣。飾也。承培元曰。器也疑當作洒器也。故讀若銑。銑猶洒也。錢坫曰。廣雅。鎣。磨也。文選注引作瑩。則省金為玉也。王筠曰。廣韻。鎣。飾也。釋器。弓。以金者謂之銑。郭注。以金飾弓之兩頭也。劉秀生曰。熒聲青部。銑聲痕部。青痕旁轉。故鎣從熒省聲得讀若銑。尹桐陽曰。銑鎣雙聲。倫按銑下曰。金之澤者。蓋鎣字義。爾雅釋器。絶澤謂之銑。郭注。銑即美金。言最有光澤也。義與瑩同。而瑩鎣皆從熒得聲。則語原同也。以鎣讀若銑。故爾雅借銑為鎣。此以器訓鎣者。蓋即銑下一曰鐘兩角謂之銑也。由鎣從熒得聲。熒為燎之初文作[seal form]者之譌。見熒字下。燎音來紐。銑從先得聲。先從人得聲。人音日紐。古讀來日並歸於泥。故鎣讀若銑。而二字可通。義遂相亂矣。【説文解字六書疏證卷二十七】

鑯

◉許　慎　鑯鐵器也。一曰鑴也。从金。韱聲。臣鉉等曰。今俗作尖。非是。子廉切。【説文解字卷十四】

◉馬叙倫　鈕樹玉曰。繫傳及玉篇廣韻引鑴作鐫。是也。倫按鐵器也非本訓。或字出字林也。然鑯所製器多矣。但言鑯器。果何器邪。一曰鑴也者校語。蓋據一本作鑴也而記之也。鑴也即鐫字義。下文。鐫。讀若瀸。可證也。或曰。鑯即銑下一曰小鑿。亦即鐫下破木鐫也。鐫則鋟刻字。鐫讀若瀸。而公羊定八年傳。睋而鋟其版。釋文。鋟。或作鑯。此鋟鐫聲通之證。或曰。鑴為鐫之轉注字。音同精紐也。【説文解字六書疏證卷二十七】

錠

◉許　慎　錠鐙也。从金。定聲。丁定切。【説文解字卷十四】

◉馬叙倫　沈濤曰。藝文類聚八十引。錠謂之鐙。鄧廷楨曰。錠鐙雙聲。倫按類聚引者校語。字見急就篇。【説文解字六書疏證卷二十七】

鐙 鐙

◉許　慎　鐙錠也。从金。登聲。臣鉉等曰。錠中置燭。故謂之鐙。今俗别作燈。非是。都滕切。【説文解字卷十四】

◉陳邦直

𦫵當為鐙字。古文上从𠂆。即癶字之省。中从工。即釭之省。釭即鐙。見説文。下从又。祭統曰。夫人薦豆授之執鐙。古者从又之字多從女。此鐙字从又。喻夫人所執也。【周單英生鐙　明器五　夢坡室獲古叢編】

◉馬叙倫　徐鍇曰。爾雅。瓦𧯷謂之鐙。注。即膏鐙也。鍇以為此楚辭所謂蘭膏明燭華鐙錯。段玉裁曰。膏鐙之形如豆。即今之鐙盞是也。邵瑛曰。顔師古急就篇注。鐙所以盛膏。夜然燎者也。其形若杅。而中施釭。有柎者曰錠。無柎者曰鐙。是鐙即今燈之正字。倫按鐙錠音同端紐轉注字。主字所從之𫝀即鐙之初文。葉昌熾謂鐙制蓋肇於戰國。字見急就篇。【説文解字六書疏證卷二十七】

鏶 鏶

◉許　慎　鏶鍱也。从金。集聲。秦入切。䤧鏶或从咠。【説文解字卷十四】

◉馬叙倫　鈕樹玉曰。玉篇音集。桂馥曰。廣雅。鏶謂之鍱。朱駿聲曰。凡金銀銅鐵錫椎薄成葉者謂之鏶。

䤧　鈕樹玉曰。玉篇。阻立切。鐵鍱也。不作重文。廣韻無。倫按鏶音從紐。䤧從咠得聲。咠音清紐。同為舌尖前破裂摩擦音。故鏶轉注為䤧。【説文解字六書疏證卷二十七】

鍱 鍱

◉許　慎　鍱鏶也。从金。枼聲。齊謂之鍱。與涉切。【説文解字卷十四】

◉馬叙倫　沈濤曰。一切經音義九引齊謂鏶為鍱。倫按咠枼聲竝談類。故䤧又轉注為鍱。齊謂之鍱校語。然鏶䤧鍱三字疑並出字林。【説文解字六書疏證卷二十七】

鏟 鏟

◉許 慎 鏟鍱也。一曰平鐵。从金。産聲。初限切。【説文解字卷十四】

◉馬叙倫 鈕樹玉曰。玉篇。平木器。桂馥曰。一切經音義六。鏟。今作剗。聲類。剗。平也。方刃施柄者也。蒼頡篇。削平也。馥案饕文。養苗之道。鉏不如耨。耨不如剗。剗柄長三尺。刀廣二寸。以剗地除草。後漢書杜篤傳。鐇钁株林。注引埤蒼云。鐇。鏟也。謂以鏟钁去林木之株櫱也。錢坫曰。廣雅。鍓謂之鏟。倫按咠音清紐。鏟音穿紐。同為次清破裂摩擦音也。鍱音喻紐四等。鏟從産得聲。産音審紐。同次清摩擦音也。是鍓鍱鏟所以為轉注字。然鍱如朱駿聲説以為金銀銅鐵錫之椎薄成葉者。則不得為治田之器。或借鏟為剗邪。然鏶鍱鏟三字次於錠鐙鑪鏇之間。侣當為器名。段玉裁以金銅鐵之椎薄成葉者為鍱字本義。蓋本於玄應音義鍱薄金也及徐鍇今言鐵葉之説。或古借鍱為金葉字。不然。則鍱也之訓。傳寫涉上文鍱字説解而譌衍。一曰平鐵者。鏟字本訓。但文有奪譌。玉篇訓平木器。蓋即本本書。然為字林文。吕忱據埤蒼説耳。然此作平鐵者。鍛家言平鐵曰剗。蓋校者加之。文選蕪城賦海賦注並引倉頡。鏟。削平也。倫謂鏟借為剗。本書刀部諸文為動詞者多。而本部則多名詞。依此字次。當為名詞。而削平之訓。當為動詞。故知之也。【説文解字六書疏證卷二十七】

鑪 鑪

甲886 1626 2194 3652 乙3420 珠298 徵10·166 佚937 續327·5 凡19·3 鄴三419 續存1947 粹109 144 1481 新4769【續甲骨文編】

鑪 不从金 伯公父匠 隹鐈隹盧 盧字重見 曾伯霥匠 吉金黃鏞 从膚 邾公華鐘 玄鏐赤鏞 邵鐘 玄鏐鏞鋁 簷平鐘 玄鏐鏞鏞 从專 徽兒鐘 吉金鏄鋁【金文編】

〔二一〕 〔三六〕 〔七八〕 〔二〇〕 〔二一〕 〔四五〕 〔三六〕 〔三五〕 〔二一〕 〔五〇〕 〔二一〕 〔三七〕 〔二五〕 〔四五〕 〔三六〕 〔三六〕 〔三六〕 〔三七〕 〔二一〕 〔二一〕 〔七九〕 〔七八〕 〔三七〕 〔三六〕 〔二一〕 〔三六〕 〔三七〕

□〔一九〕　□〔一九〕　□〔三六〕　□〔三六〕　□〔三六〕　□〔三六〕　□〔二二〕　□〔三六〕　□〔二二〕

□〔三七〕　□〔七四〕　□〔二二〕　□〔三六〕　□〔二二〕　□〔三六〕　□〔五〇〕　□〔三六〕　□〔二二〕

□〔三六〕【先秦貨幣文編】

□刀折背　外虛　按鑪字省體　冀靈　□仝上　□刀折背　外虛　冀靈　□仝上　晉右　□仝上　冀靈　□刀折背　外虛一　冀靈　□刀折背　外虛　典一一二五　□仝上　典一一二六　□仝上　典一一二七　□刀折背　外虛　亞五・五五

□仝上　□仝上　□刀折背　外虛　亞五・五五　□仝上　亞五・五四　□仝上　□刀折背　外虛　亞五・五四　□仝上　□仝上　外虛乙【古幣文編】

◉許　慎　鑪方鑪也。从金。盧聲。臣鉉等曰。今俗別作爐。非是。洛乎切。【說文解字卷十四】

◉劉心源　弟五行末一字稍蝕。據阮書作□。吴書作□。竝釋為錯。案。邾公牼鐘元鏐赤□。居彝君舍余三□皆此字。不能定其偏旁。他如豆中簠罍之金鏷鋁鏷□。邵鐘元鏐□鋁。則明明从膚。當釋鏞。即鑪也。說文鑪籀文作□。知盧膚同字。此黄鏞當是金名。或竟是鑪。說文。鑪。方鑪也。㠯鑪鑄簠者。所謂罍吉金也。邾公牼鐘之鏐鏞邵鐘之鏞鋁居彝之鏞斧叔弓鎛之鈇鏻鎬鋁皆謂取佗器㠯鑄此一器。左傳魯取鄆鐘㠯為盤。季武子㠯齊兵作林鐘竝可證。【曾伯霥簠　奇觚室吉金文述卷五】

◉容　庚　□邾公華鐘　玄鏐赤鏞　邾公牼鐘「擇厥吉金，玄鏐膚吕」，邾公華鐘「擇厥吉金，玄鏐赤鏞」，曾伯簠「余擇其吉金黄鏞」。説文鑪籀文作膚，則鏞即鑪也。爾雅釋器「黄金謂之璗，其美者謂之鏐」。玄鏐赤鑪為對文，則鑪亦當為金之美者。【邵黛鐘　善齋彝器圖録】

◉郭沫若　周恭王時趞曹鼎「王射于射盧盧」。字作□。與此作□者相同。故知此亦盧字。案此乃鑪之初文。下象鑪形。上从虍聲也。【殷契粹編考釋】

◉馬叙倫　方鑪也非本訓。或字出字林也。蒼頡篇。炭鑪所以行火銷鐵也。【説文解字六書疏證卷二十七】

◉曹錦炎　爐字金文作膚或鏞，此銘作胃，省去虍旁，甚罕見。「小炙爐」，似指小型的熏爐，疑作香熏之用。【紹興坡塘出土徐

器銘文及其相關問題　文物一九八四年第一期】

◉劉　雨　2—028：「……茖炭盬」。

此簡所載之物，可能就是《信陽圖録》圖五四之「銅爐」，爐中尚有木炭，可證「炭」就是「炭」字（此从中山大學楚簡小組之説）。⊘「盬」字，字書所無，不能確釋。其下部形旁从「皿」，與「盧」所从相同。參照王子嬰次盧銘文，其義當為「鑪」、「爐」一類的東西。【信陽楚簡釋文與考釋　信陽楚墓】

◉湯餘惠　（《璽》3561）　此字《補補》10·3釋「煙」。諦審字形，殆从火，虘聲，當釋為「爐」。字見《玉篇》。【略論戰國文字形體研究中的幾個問題　古文字研究第十五期】

◉戴家祥　金文鑪又作別義，邵鐘「玄鏐鑪鋁」，句鑃「鉉鏐鏞鋁」，鑪與玄相對，當為鋁字的形容詞，表示一種色彩。从聲訓上考察，以膚為聲的字多含黑意，如説文十篇「黸，齊謂黑為黸，从黑盧聲」，集韻「壚，黑土」等。由此知鏞从膚聲，本意當為黑色金屬。在「玄鏐鏞鋁」句中，它只表示黑的含義。【金文大字典下】

鏇

◉許　慎　鏇，圜鑪也。从金。旋聲。辭戀切。【説文解字卷十四】

◉馬叙倫　鄧廷楨曰。鏇圜疊韻。倫按鑪從盧得聲。盧從虘得聲。虘從虍得聲。虍音曉紐。鏇從旋得聲。旋從㫃得聲。㫃音影紐。古讀曉歸影。則鑪鏇為轉注字。方圜後世別之。圜鑪也非本訓。或鏇字出字林也。玄應一切經音義十四十五引作圓鑪也。【説文解字六書疏證卷二十七】

𨭆

◉許　慎　𨭆，器也。从金。虒聲。杜兮切。【説文解字卷十四】

◉馬叙倫　集韻。𨭆。釜屬也。【説文解字六書疏證卷二十七】

鐪

◉許　慎　鐪，煎膠器也。从金。虜聲。郎古切。【説文解字卷十四】

◉馬叙倫　鈕樹玉曰。玉篇。釜屬。桂馥曰。廣雅。鐪。鬴也。倫按鐪鬴聲同魚類。蓋轉注字。或為釜屬。則語同原也。上文𨭆亦為釜屬。𨭆從虒得聲。尋從虒得聲之褫榹鷉謕音皆心紐。褫音則入來紐。鐪音亦來紐。而鐪從虜得聲。虜從虍得聲。虍從虍得聲。虍音曉紐。心曉同為次清摩擦音。則𨭆鐪蓋亦轉注字。然此二字疑皆出字林。【説文解字六書疏證卷二

釦 釦

十七】

◉許　慎　釦金飾器口。从金。从口。口亦聲。苦厚切。【説文解字卷十四】

◉馬叙倫　嚴章福曰。當作從金口聲。鏨下鈴下錸下仿此。沈濤曰。文選西都賦注引無口字。桂馥曰。漢舊儀。宗廟三年一大祫。高祖黄金釦器。大官尚食。用黄金釦器。中官私官尚食。用白銀釦器。鹽鐵論散不足篇。今富者銀口黄耳。金罍玉鍾。東觀漢記。桓帝立黄老祠。涫金釦器。後漢書鄧皇后紀。其蜀漢釦器九帶佩刀並不復調。注。釦音口。以金銀緣器也。王筠曰。西都賦。玄墀釦切。章懷注引前漢書切皆銅沓冒。黄金塗。文選此賦作砌。注。釦砌。以玉飾砌也。説文。釦。金飾器。則今本多口字。飾不必在口。砌固無口可言。今飾器者固緣其口。亦緣其底也。口字殆後人以字從口而加之也。倫按今見宋甆器有銅緣其口足。廣東以椰木為杯棬。以銀緣其口。或以銀全冒其盛處而反緣於器外。蓋即所謂白銀釦器與。是知合無口字也。金飾器非本訓。或此字出字林。【説文解字六書疏證卷二十七】

錯 錯

5·208 宫錯　秦959 同上　秦979 同上【古陶文字徵】

錯 日甲七五背【睡虎地秦簡文字編】

郭錯之印　司馬錯印　陳錯　公孫錯　大史錯　南錯之　肥錯私印【漢印文字徵】

古老子　古文【古文四聲韻】

◉許　慎　錯金涂也。从金。昔聲。倉各切。【説文解字卷十四】

◉馬叙倫　桂馥曰。漢書食貨志。錯刀。以黄金錯其文。王筠曰。金錯刀今有存者。或挩所錯之金。則一刀二字成雙鉤文。此今之鋄金也。倫按鏞以上鋤以下皆為器名。獨釦錯二字為動詞。失次。亦疑金飾器者非謂以金飾器為釦。乃器以金飾者為釦也。此言金涂。朱駿聲以為今所謂鍍。倫疑古無鍍字。借錯為之。而錯鑢蓋一字。今工所用以平金木之器。杭縣謂之錯刀。是也。今或借銼為之。【説文解字六書疏證卷二十七】

◉張政烺　隹唯十四年，中山王嚳

𰯼，从𢑑，昔聲。𢑑旁，金文中常見，如釁鑄等字皆从之，象兩手持一坩鍋傾覆之形。昔，𰯼鼎「昔者」四見，知確是昔字。𰯼不見於字書，疑是錯之異體。【中山王𰯼壺及鼎銘考釋　古文字研究第一期】

䥏 䥏

䥏 魚於切裴光遠集綴【汗簡】

◉許　慎　䥏鉏䥏也。从金。御聲。魚舉切。鋙䥏或从吾。【說文解字卷十四】

◉馬叙倫　王筠曰。上下文皆器名。鉏䥏雖疊韻。似不當為形容之詞。疑是鋸之別名。丵下業下言鋸齒又言鉏鋙矣。倫按疑字出字林。

鋙　倫按御吾聲同魚類。故䥏轉注為鋙。【說文解字六書疏證卷二十七】

錡 錡

錡 錡隆私印　錡 錡海之印　錡 錡纏私印　錡 錡奉　錡 錡奉之印　錡 錡士之印　錡 錡賢私印　錡 錡滿之印【漢印文字徵】

◉許　慎　錡鉏䥏也。从金。奇聲。江淮之閒謂釜曰錡。魚綺切。【說文解字卷十四】

◉馬叙倫　鈕樹玉曰。韻會引無曰字。王筠曰。詩豳風。又缺我錡。傳。鑿屬曰錡。韓詩。木屬曰錡。案器之有鉏鋙惟鋸。惟錡鋸不相類列。不識錡為鋸之古名與否。然古必有鋸。不然。方策之方。豈能解為薄版乎。疑錡為鋸之古名也。朱駿聲曰。此器疑如今疏楞銼刀。倫按王謂錡是今解木為薄版之鋸。是也。此訓鉏䥏者。鉏䥏蓋巨之緩言。巨為錡之初文。巨奇音同羣紐。故巨轉注為錡。江淮之閒謂釜曰錡者。此敲字義。校語也。字見急就篇。然顏師古本作倚。疑急就故書作倚。傳寫者改之。此字蓋出字林。急就多據字林易字也。【說文解字六書疏證卷二十七】

鍤 鍤

◉許　慎　鍤郭衣鍼也。从金。臿聲。楚洽切。【說文解字卷十四】

◉馬叙倫　朱駿聲曰。今製衣裘用之。蘇俗謂之弼針。翟云升曰。類篇引郭作綴。倫按王筠校鍇本衣作夜。鍤聲談類。鍼聲侵類。侵談近轉。鍤音穿紐二等。鍼音照紐三等。古讀照歸端。穿歸透。端透同為舌尖前破裂音。蓋轉注字。此字蓋出字

林。【説文解字六書疏證卷二十七】

◉裘錫圭　居延漢簡常常提到一種工具，其字左旁从「木」或「金」，右旁作以下諸形：

（《甲》344）　（《居》5562）　（《居》5929）　（《甲》2125）

過去多釋作「鍿」、「椔」或「梢」。這種工具在居延簡裏多次被提到，顯然是漢代人所極為常用的。但是舊文獻裏所見的漢代常用工具的名稱，没有一種能跟「鍿」、「椔」或「梢」對得上。可見過去對這個字的釋讀是有問題的。由于七十年代西漢文字新資料的發現，這個字的問題現在已經得到了解決。

江陵鳳凰山八號漢墓所出遣册中有如下一簡：

大奴師將田操臿　（《文物》1976年6期圖版捌·20）

金立同志《江陵鳳凰山八號漢墓竹簡試釋》把「操」下一字隸定為「梢」，謂即「𣐿」字（《文物》1976年6期71頁）。這個字的右旁當是「臿」的變體，釋作「𣐿」是正確的。鳳凰山167號墓所出遣册有用法與此字相似的「鍤」字：

大奴一人持鍤　（《文物》1976年10期圖版肆·15。「鍤」字曾參考原物照片）

「臿」旁寫法比較接近于原形。从舊文獻看，臿是漢代最常用的起土工具。《漢書·王莽傳》作「鍤」，與鳳凰山167號墓遣册同。上引簡文「𣐿」字可以看作當起土工具講的「鍤」的異體字，跟字書中的「𣐿」只是偶然同形（《説文》「鍤，郭衣鍼也」，跟當起土工具講的「鍤」也是同形的關係）。

馬王堆帛書《戰國縱横家書》第五章有「負籠操臿」句（《馬王堆漢墓帛書》第三輯）。「操」下一字，帛書整理小組先釋作「首」（《文物》1975年4期16頁），後來改釋為「臿」（《戰國縱横家書》16頁）。跟《王莽傳》的「負籠荷鍤」對照起來看，把這個字釋作「臿」，顯然是可信的（參看上引金文）。這個「臿」也是訛變之體。

根據鳳凰山遣册的「𣐿」字和馬王堆帛書的「臿」字，完全可以肯定居延簡裏過去被釋作「鍿」的字是「鍤」字，被釋作「椔」和「梢」的字都是「𣐿」字。它們都是當起土工具講的「臿」的專用字。居延簡裏有些「鍤」字的「臿」旁，的確寫得跟齒字没有區别。這是漢代人寫别字的一個例子。《急就篇》皇象章草本「臿」作，跟居延簡的「臿」旁也很相似。

下面是居延簡中有「𣐿」（鍤）字的簡文：

(1) 受二月余𣐿金百六十一（515·44、《甲》2239）

(2) 受正月余𣐿金七☒（522·20、《居》5929）

(3) 入鍤一（512・14，《甲》2125）

(4) 第二別田令史□德車一兩　斧二　斤二　（中略）　㮑六　（下略）〔47・5，《甲》345。「斧二」以下為小字〕

(5)（上略）㮑十二不輸（？）〔47・4，《甲》344。此為與(4)同格式之簡的殘片〕

(6) 戍卒梁國睢陽第四車父宜（？）南里馬廣（？）〼　鍤二　鋸二　〼　承銋（缶？）二破　釜一完　〔303・1＋303・6，《甲》1581＋1580。與(4)同格式〕

(7) 〼　斧二　喢六　〔303・16，《居》200。與(4)同格式之簡的殘片〕

(8) 〼本不受㮑〼　（227・61，《居》5562）

(9) 〼　㮑五一留　鋸二　（下略）　〔312・17，《居》4476、4477。可能為與(4)同格式之簡的殘片〕

(10) 〼付（？）什器　（中略）具㮑（？）六枚　鉤十枚　斤二枚　斧二枚　〼　（85・4，《居》3360。除「付什器」外皆為小字）

(11) 〼（中略）　斤二枚　斧二枚　〼　鍤一枚　（下略）　（85・23，《居》3358。與上簡同格式）

(1)至(3)似皆鍤金出入簿的散片。鍤金即鐵臿頭。樓蘭出土的魏晉簡也提到「臿金」（《流》器物類60）。(10)、(11)是什器簿。(8)的性質不明。其餘各簡似乎都是記車上所配備或裝運的器物。

(1)至(7)七簡都出于大灣，這是很可注意的。大灣出了大量與屯田有關的簿籍，應是西漢時代張掖郡的一個重要屯田地區。上引(1)所記鍤金的數字頗大。此外，大灣還出了下引兩條記鐵工具數量的簡：

今余斧金卅八枚　（498・1，《甲》1895）

今余鏨二百五　其百五十破傷不可用　五十五完　（498・9，《甲》1899）

這些簡所記的大量鐵工具，無疑跟屯田有關。

《睡虎地秦墓竹簡》「封診式」部分的「賊死爰書」有如下一句：

某頭左角刃痏一所，北（背）二所，皆从（縱）頭北（背），袤各四寸，相耎，廣各一寸，皆臽中類斧，腦角出（頔）皆血出……（265頁）

據注文，「腦」字簡文作「𠙴」（266頁注⑧）。从居延簡「臿」旁的寫法來看，似乎還是釋作「臿」，屬上句讀為妥。【漢簡零拾　文史第十二輯】

鉥

鉥　法八六　二例　【睡虎地秦簡文字編】

◉許　慎　鉥綦鍼也。从金。术聲。食聿切。【説文解字卷十四】

◉馬叙倫　鈕樹玉曰。繫傳鍼作緘。誤。玉篇。長針也。桂馥曰。廣雅。鍃。鍼也。廣韻。鍃。連鍼也。鍃鍼即綦鍼。管子輕重。一女必有一刀一錐一箴一鉥。然後成為女。注。鉥。長鍼也。通作秫。趙策。鯷冠秫縫。注。秫。綦鍼也。倫按綦鍼也當作綦也鍼也。綦為鉥之俗名。鉥音牀紐三等。古讀歸定。綦音羣紐。定羣同為濁破裂音也。廣雅言。鍃。鍼也。鍃猶綦也。此字蓋出字林。鉥鍼同面前音轉注字。【説文解字六書疏證卷二十七】

鍼

鍼針　鍼針【汗簡】

鍼裴光遠集綴　鍼碧落文【古文四聲韻】

◉許　慎　鍼所以縫也。从金。咸聲。臣鉉等曰。今俗作針。非是。職深切。【説文解字卷十四】

◉馬叙倫　鈕樹玉曰。玉篇廣韻引同。一切經音義十八引作所以縫衣裳者也。沈濤曰。音義引作所以用縫衣者也。御覽八百卅引。綴衣也。蓋一曰以下文。王筠曰。蕭該漢書音義引字林。鍼。所以縫也。則今本乃以字林刪改。本作所以縫衣裳者也。倫按御覽引綴衣下捝鍼字。此竹部箴下説解。蓋校者所增。玄應一切經音義引古今字詁。鍼又針箴二形。今作鍼。同支淫反。此字蓋出字林。【説文解字六書疏證卷二十七】

鈹

鈹　法八五　【睡虎地秦簡文字編】

◉許　慎　鈹大鍼也。一曰劒如刀裝者。从金。皮聲。敷羈切。【説文解字卷十四】

◉馬叙倫　鈕樹玉曰。繫傳如作而譌。韻會及玉篇作如。韻會從金四字在一曰上。沈濤曰。史記高祖功臣侯年表索隱引。鈹者。刀劒裝也。左昭廿七年傳正義引。鈹。劒也。皆非。文選吴都賦劉注。鈹。兩刃小刀也。桂馥曰。急就篇。鈒戟鈹鎔劒鐔鍭。顔注。鈹。大刀也。刃端可以披決故名。翟云升曰。左昭廿七年疏引一曰劒如刀裝者作劒也。倫按唐寫本切韻五支引作大針。刃如刀。倫謂大鍼疑當作鍼也大刀也。此字見於靈樞經者為鍼名。而左襄十七年傳。賊六人。以鈹殺諸盧門。

鎩 鎩

定八年傳。虞人以鈹盾夾之。哀十一年傳。王賜之甲劍鈹。國語吳語。被甲帶劍。挺鈹搢鐸。史記高祖功臣表有長鈹都尉。則皆兵器。倫謂兵器者字當作鎩。今鎩字惟賈誼過秦論用之。其曰非銛於句戟長鎩。正與功臣表言長鈹同。西京賦。植鎩縣盾。用戒不虞。鎩可植。明其有柄而長矣。漢書陳勝傳顔注。鎩。鈹也。倫以劉淵林言鈹兩刃。顔師古言鈹大刀刃端可以披決。此下文。鎩。鈹有鐔者。合而觀之。知鈹即今戲劇中關羽所用之大刀。其形為　故曰兩刃。故曰有鐔。故曰長鎩。故曰大刀。以刀之象形文作　。可證刀無鐔也。以周上士劍觀之。知劍有鐔也。鎩為刀有鐔者。故曰刀而劍裝者。索隱引作刀劒裝也。蓋刀而劒裝者也節文。今本譌為劒如刀裝者。鈹音敷紐。鎩音審紐。同為次清摩擦音。故古多借鈹為鎩。字見急就篇。【説文解字六書疏證卷二十七】

◉睡虎地秦墓竹簡整理小組　鈹(音披)，古書或説是兩刃刀，《説文》：「劍如刀裝者。」《漢書・高惠高后文功臣表》注：「長鈹，長刃兵也，為刀而劍形，《史記》作長鈹，鈹亦刀耳。」或説是大矛，《方言》：「錟謂之鈹。」注：「今江東呼大矛為鈹。」實際是指同一種器物，即長柄的劍形兵器。室，鞘。在考古工作中曾發現戰國時期有鞘的戈戟類兵器。【睡虎地秦墓竹簡】

鎩山列切李尚隱集字【汗簡】

李商隱字略【古文四聲韻】

◉許　慎　鎩鈹有鐸也。从金。殺聲。所拜切。【説文解字卷十四】

◉馬叙倫　鈕樹玉曰。宋本鐔作鐸。譌。沈濤曰。文選西京賦注引。尚有一曰鎩似兩刃刀七字。倫按鈹有鐔也當作鈹也刀有鐔者。然皆非本訓。餘見鈹下矣。西京賦注引一曰七字亦校語。玄應一切經音義引字林。鎩。山瘵反。張翼也。字見急就篇。【説文解字六書疏證卷二十七】

鈕 鈕

鈕【汗簡】

◉許　慎　鈕印鼻也。从金。丑聲。女久切。　古文鈕。从玉。【説文解字卷十四】

◉馬叙倫　此字蓋出字林。

銎　鈭　錍　鏨

玐　倫按從玉二字後人加之。【說文解字六書疏證卷二十七】

◉商承祚　玐　汗簡引作𤣩。玉部。玉之古文作𤣩。璽之偏旁作𤣩。此不从𤣩則从𤣩。不當从篆文。段氏曰。「壐之籀文从玉。古文印鈕字从玉。葢初作印時。惟以玉為之也。」【說文中之古文考】

銎

◉許　慎　銎斤斧穿也。从金。巩聲。曲恭切。【說文解字卷十四】

◉馬叙倫　嚴可均曰。詩七月釋文引作斧空也。按下文但言斧。不言斤。疑無斤字是。沈濤曰。玉篇亦無斤字。桂馥曰。玉篇。銎。斤斧空也。廣韻。斤斧柄孔。王筠曰。空其中以受柄者皆謂之銎。倫按王說是也。此字疑出字林。【說文解字六書疏證卷二十七】

鈭

◉許　慎　鈭鈭錍。斧也。从金。此聲。即移切。【說文解字卷十四】

◉馬叙倫　王筠曰。玉篇引作錍鈭斧也。二字疊韻。蓋言其短。方言。鴜䴌。短也。廣雅。㼘㼀。短也。【說文解字六書疏證卷二十七】

錍

◉許　慎　錍鈭錍也。从金。卑聲。府移切。【說文解字卷十四】

錍　錍　土匀錍【金文編】

◉馬叙倫　鈕樹玉曰。玉篇引作錍鈭斧也。錢坫曰。考工記注。齊人謂斧柯柄為椑。即此字。倫按錍或為斧斤柄之名而非斧也。上文鈭錍斧也斧下蓋有挩字。鈭錍二字。疑出字林。【說文解字六書疏證卷二十七】

鏨

◉許　慎　鏨小鑿也。从金。从斬。斬亦聲。藏濫切。【說文解字卷十四】

◉馬叙倫　桂馥曰。通俗文。石鑿曰鏨。廣雅。鐫謂之鏨。錢坫曰。今人云鏨銅也。倫按小鑿也疑字林文。或字出字林也。從金。斬聲。【說文解字六書疏證卷二十七】

鐫 鐫

◉許　慎　鐫穿木鐫也。从金。雋聲。一曰琢石也。讀若瀸。子全切。【説文解字卷十四】

◉馬叙倫　段玉裁曰。一曰琢石此本引申之義。凡似此者皆淺人所增也。丁福保曰。慧琳音義六十三及八十四希麟續音義六及十皆引作琢金石也。倫按廣雅釋器。鐫謂之鏨。上文鏨訓小鑿。鐫鏨音同精紐。轉注字也。穿木鐫也疑本作鐫穿木也。鐫為隸書複舉字。穿木蓋俗名。故鑿下亦曰穿木也。然皆非本訓。或皆字林之文也。又疑穿木為鏨字義。古或借鐫為鏨。琢金石為鐫字本義也。讀若瀸者。鐫從雋得聲。雋音從紐。瀸音精紐。同為舌尖前破裂摩擦音也。廣川書跋引字林。鐫。大鐘。【説文解字六書疏證卷二十七】

◉郭沫若　第一五三四片

「甲寅、矦……」

⊘如「……矦三貞，冎三」。續六・一四・一。如「乙丑，矦三……」。續六・廿七・三。凡將齋藏。如「……貞，冎一」。林一・七・三。余意，此等當是治作龜骨之紀録。矦殆鐫之初文，後人以鑽為之。从矢从口，示以刃器穿孔也。冎字作動詞用，即今俗所作剮。「矦若干，冎若干」者，前者蓋就龜言，後者蓋就骨言，即謂鑽若干龜、鑿若干骨也。就龜骨本身考之，均先施鑽鑿而後供焦爇，而骨多用鑿，龜必鑿而後施鑽，蓋龜堅于骨也。故古人言作龜，每僅言鑽龜，莊子・外物篇「刳龜，七十二鑽而無遺策」，荀子・王制篇「鑽龜陳卦」。此于「矦若干」之下又有繫以貞字者，蓋殷人于龜甲亦稱貞也。有于「矦若干，冎若干」之下繫以「自□」，蓋志龜骨之所自來。【殷契粹編考釋】

鑿 鑿

一五六：二五　委質類被誅討人名兟鑿　一五六：二二　一五六：二三　三：二〇　二例　一五六：二〇　二例　一七九：一八　一七九：一三　八八：一三　三：二一　一五六：二七　一五六：二一　一九四：一一　一八五：二　二例　一五六：一九　一七九：一四【侯馬盟書字表】

鑿　日甲四　二例　通鑿　糲米一石為—米九斗　秦四一　日乙一七　二例　封七六　日甲一〇三　【睡虎地秦簡文字編】

□ 古老子【古文四聲韻】

◉許　慎　鑿穿木也。从金。糳省聲。在各切。【説文解字卷十四】

◉馬叙倫　段玉裁曰。穿木上當補所以二字。王筠曰。以鐫下作穿木鐫也例推之。當作穿木鑿也。急就篇。鈐鏞鉤銍斧鑿鉏。顔注。鑿所以穿木也。亦通。倫按穿木俗名耳。塹鑿音同從紐轉注字。鐫鑿同為舌尖前破裂摩擦音轉注字。莊子釋文引三倉有鑿字。餘見糳下。【説文解字六書疏證卷二十七】

◉白玉峥　□：續編列為待考字附二頁五，校編附下二十、集釋四七四六皆從之。察其構形，蓋即今字鑿之初文。小篆作鑿形，雖為後起之形聲字，然猶存其初形。説文：「鑿，所以穿木也；从金，糳省聲」。正字通：「斵同鑿」。龍龕手鑑作斵。而斵，當即从殳凿聲之字。凿，當即契文□之形譌；契文□，則象人持工具以鑿之形，後世譌誤為殳。其後起字从金、从木或从米等，乃緣所鑿之工具之質及被鑿之物而有所變易，與字之初形毫無關聯。然則，契文乃从□□聲之形聲字也。就其形尋其義，當如漢書刑法志：「其次用鑽鑿」。注：「韋昭曰：鑿，黥刑也」。以此證之，則殷世已有黥刑之事矣。【殷虚第十五次發掘所得甲骨校釋　中國文字新十三期】

◉湯餘惠　(42)古璽人名有：

□丁(2241)

第一個字的左偏旁與侯馬盟書鑿字所从大體相同，盟書鑿字寫作：

□(156:2)　□(156:23)

□(3:20)　□(185:2)

等形，所从金、攴兩旁時从時省，唯獨□旁或繁或簡，卻無一省略，可見是很關鍵的部分。疑此旁乃古鑿字的變體，从字的構形看，像以塹鑿打鑿孔眼之形。盟書从攴，似取義于鑿臿；从金者或着眼于工具的質料。《説文》小篆訛「□」為「凿」，又變「攴」為「殳」，謂鑿字「从金、糳省聲。」殊不可據。然則上揭璽文當釋為「鄿」。右从邑，殆為地名用字，後轉化為姓氏。

循着晚周鑿字的線索，可以推知甲骨文「叀□令周？」(《掇二》82，見圖版叁一)次字大概就是鑿字的初文，審視其形，塹鑿施于槽孔之上，碎屑伴隨鑿擊而濺落。倘此解不誤，反過來又可以證明晚周及小篆此字所从之「臼」，實即甲骨文鑿字下方未竣孔槽形的嬗變。這一條卜辭裏的「鑿」似為人名，大意是卜問是否讓鑿這個人去對周方國發布命令的。【略論戰國文字形體研究中的幾個問題　古文字研究第十五期】

◉劉 釗 甲骨文中有一個寫作从辛从殳的字，辛字寫成長三角形，是辛字構形的最早形態。孫詒讓釋為「報」，又懷疑「為設之省」，王襄「疑古酌字」，又疑為「鼜」字，郭沫若「疑是毀字」，于省吾先生從孫詒讓説釋為「設」，認為字所从之辛乃言字初文，後變為从言，與競字、𤕦字本从辛，後變為从言的演變相同。从構形上看，釋報、釋酌、釋毀都是據其用法而作的猜度之辭，在形體上毫無根據。釋「設」似乎較為接近事實，但是典籍設字訓為施陳，按之辭例皆不切合，這説明釋「設」也有問題。侯馬盟書文字材料發表後，先後有兩位學者論證這個字是「鼜」字。從這個字與侯馬盟書鼜字在構形上的聯繫來看，釋此字為鼜無疑是正確的。這也證實了王襄早年對此字所作推測的可靠。鼜字在卜辭中除用作祭名和一些不清楚的用法外，還有一種常見的用法，其辭例如下：

1. ……卯有……兔(从象或从兔从八)，庚申，亦有鼜，有鳴雉……疾(从疾从又)幸(从幸从口)羌戎…… 《合集》522反
2. 辛未，有鼜新星。 《合集》6063反
3. 戊……有，王占……唯丁，吉，其……未，允……有鼜，明有格云自東……昃亦有鼜，有出虹，自北飲于河。在十二月。
《合集》13442正
4. ……庚，吉，其……有鼜虹于西…… 《合集》13444
5. 丙申卜，㱿貞，來乙巳酒下乙，王占曰：酒，唯有求(咎)，其有鼜。乙巳酒。明雨，伐。既雨，咸伐。亦雨，施卯鳥星。
《合集》11497正
6. 王占曰：其有鼜，其唯丙，不……其唯壬，亦不…… 《合集》6354反
7. ……占曰其有鼜，其唯庚，吉；其唯…… 《合集》3473
8. ……日庚其有鼜，吉，受祐；其唯壬，不吉。 《合集》6087反
9. 王占曰：其唯戊有鼜，不吉。 《合集》6484反
10. 王占曰：丁丑其有鼜，不吉；其唯甲有鼜，吉；有唯辛有鼜，亦不吉。 《合集》6485反
11. ……其唯丙……鼜，不吉；其唯丁…… 《合集》15862反
12. 戊午卜，㱿貞，今者王征土方。王占曰：甲申其有鼜，吉；其唯甲戌有鼜于東；……唯壬戌有鼜，不…… 《合集》6441
13. 五日甲子允酒，有鼜于東。 《合集》10302正甲
14. 乙巳，夕有鼜于西。 《合集》11497反

15. 丁巳卜，賓貞，鑿唯憂。 《合集》17270

16. ……寅卜，古貞，鑿不唯憂。 鑿唯憂。 《合集》17271正

17. 丙戌卜，賓貞，告日有鑿于上甲三牛。 《合集》13329

18. ……巳卜，爭……鑿告于上甲……六牛……翌戊……卯…… 《合集》7359

19. 庚辰卜，賓貞，告鑿于河。 《合集》14533

二、論音

上揭辭例中的「鑿」字，我們認為應該借為「兆」。古音鑿在从紐藥部，兆在定紐宵部，韻乃陰入對轉。从定二紐似乎有隔，但古音舌音與齒音常有通轉關係。古音韻學界有的學者認為古精、清、从、心乃从端、透、定變來。朱安節先生曾有未刊稿《古音無精清从心四紐説》，論證上古音精歸端，清、心歸透，从歸定。裴學海撰有《古聲紐船禪為一，从邪非二考》，主張上古从邪不分。而邪紐與定紐的關係便極為密切。錢玄同有《古無邪紐證》一文，論證古邪紐歸定紐，已得到學術界的承認。从古文字材料來看，以形聲字為例，如遲从犀聲，遲在定紐，犀在心紐；曹从東聲，曹在从紐，東在端紐；晉从至聲，晉在精紐，至在章紐；參从㐱聲，參在心紐，㐱在定紐；竈从蛛聲，竈在精紐，蛛在端紐；李从子聲，李在來紐，子在精紐；造从舟聲，造在从紐，舟在章紐；姒从以聲，姒在邪紐，以在喻紐。以同源分化字為例，如小少乃一字分化，小在心紐，少在書紐；人千乃一字之分化，人在日紐，千在精紐。以追加聲旁的字為例，如叔加小為聲，叔在書紐，小在心紐；聽加壬為聲，聽在透紐，壬在生紐；釐加子為聲，釐在來紐，子在精紐；始加司為聲，始在書紐，司在心紐等等，都是舌音與齒音相通的例證。从字書又音的材料看，如婕、惔、烰、慱、蹨、餹、糴、穜、純等字都有从定兩讀，説明从紐與定紐也存在通轉關係。李學勤先生曾指出西周龜甲的方鑿就是《周禮・卜師》所説的「方兆」，這也是「鑿」「兆」可通的一個旁證。

三、釋義

關于前面説形部分所引辭例中「鑿」字的用法，郭沫若認為「要當含惡意與祟、咎等同」，于省吾先生認為「指自然界的設施兆象言之」。從上引卜辭6—12看，鑿可言「吉」，又可「受祐」，16从正反兩方面卜問「鑿」是否帶來憂患，可見「鑿」絕非專指「惡意」而言。于省吾先生雖然釋字不確，且即使此字所釋不誤，而典籍設字訓為施陳，也與兆象意無關，但他指出此字為「兆象」意這一點，卻不能不説是確詁。我們前邊指出卜辭中的「鑿」字應該讀為「兆」，按之辭例，密合無間，絶無滯礙，這也證實了于省吾先生在辭意上的推測。《説文》：「兆，灼龜坼也，从卜兆，象形。」从古文字的實際情況看，《説文》對兆字形體的解釋大有問題。

古文字卜字象卜兆形，兆字卻決不象「龜坼」形，而應是一個借形分化字。兆字不見於甲骨文，西周金文姚字所從之兆與古文字涉字同形，兆字極可能是由涉字分化出的一個字。兆字在甲骨文時代可能還未出現，所以語言中「兆象」之「兆」是用音近的「鑿」字來記録的。兆字本義是指燒灼龜骨後龜骨正面所呈現的裂紋，古人即據此判斷吉凶，後引申為指一切事物發生前的「預兆、徵兆」。上引卜辭中的「鑿」字就應讀作「預兆」「徵兆」之「兆」。辭1謂庚申日出現徵兆，即有「鳴雉」。這個徵兆預示着某種災禍，可能就是指下面所言的「羌戎」。「鳴雉」代表徵兆，預示凶災，典籍多有記載，如人們熟知的《尚書・高宗肜日》曰：「越有雊雉，祖己曰：惟先格王，正厥事。」《尚書大傳》謂「武丁祭成湯，有雉飛鼎耳而雊，問諸祖己，曰：雉者，野鳥也，不當陞鼎，陞鼎者，欲為用也，遠方將有來朝者乎。」從卜辭可見以鳴雉為預示凶災的傳説由來已久。辭3、4所記乃一事，3謂出現徵兆，天氣晴朗時有雲來自東如何，傍晚也有徵兆，即出現虹霓，在北邊河中飲水。古以虹霓出預示不祥，《釋名・釋天》「霓，齧也，其體斷絶，見于非時，此災氣也，傷害于物，如有所食齧也」。《淮南子・泰族訓》：「故國危亡而天文變，世惑亂而虹霓見。」《淮南子・天文訓》：「虹霓彗星者，天之忌也。」古人認為虹霓能主風雨，且可飲水于河。《夢溪筆談》謂「世傳虹能入澗溪飲水，信然。」《鑒戒録》載侯弘實「嘗寐于簷下，天將大雨，有虹自河飲水，俄貫于弘實口。」所記皆與卜辭相同。辭5大意為丙申日占卜下一個乙巳日酒祭下乙，王占卜得到的結論是有徵兆預示如舉行酒祭會出現凶咎。乙巳日進行酒祭，晴天下起了雨，于是進行伐祭，雨停了，犧牲也已伐完，又下起了雨，就對鳥星進施祭和卯祭。辭6—12乃卜問出現的徵兆吉祥與否。辭13、14言徵兆出現的方向，辭15、16從正反兩方面卜問徵兆能否帶來憂患。辭17—19是卜問是否將徵兆向祖先或神祇進行禀告。17的「日有鑿」是指太陽出現某種徵兆。【談甲骨文「鑿」字的一種用法　史學集刊一九九二年第一期】

◉劉　釗　九、釋鑿

《金文編・附録下》一六四號字作：

□　□赤尊

舊不識。按字从□从殳，□乃辛字。金文商字作「□」（□卣），新字作「□」（朢簋），辟字作「□」（㾓簋），如果省去「□」形下部出頭的一筆，就與□所从之□相同。金文龔字作「□」（龔鼎），競字作「□」，所从之辛字正作「□」。故「□」字可隸定作「殺」。

甲骨文鑿字作：

□《合集》一三五五九　□《合集》一七二七〇　□《合集》二〇一正　□《懷特》一五六一

字从辛从殳。戰國文字鑿字作：

□古璽彙所從 □ □ □ □侯馬盟書

皆已加臼為聲符，或加金為義符。上揭金文□字从辛从殳，與甲骨文鑿字構形相同，也應釋為「鑿」。□赤尊應改稱「鑿赤尊」。【《金文編》附録存疑字考釋（十篇） 人文雜志一九九五年二期】

銛 銛

◉許慎 銛鍤屬。从金。舌聲。讀若棪。桑欽讀若鎌。息廉切。【説文解字卷十四】

◉馬叙倫 鈕樹玉曰。廣韻韻會引鍤作臿。是也。舌聲韻會引作甜省聲。繫傳鎌作鎌。是也。説文無鎌。嚴可均曰。桑欽治古文尚書。見漢書儒林傳。許引四事。地理志引六事。師古又引漁澤障一事。皆禹貢説。今此讀若鎌。在禹貢為納銍。銍穫禾短鎌也。蓋桑欽作納銛矣。嚴章福曰。讀若鎌者。謂桑欽亦以鎌為銛。非欽作納銛也。段玉裁曰。舌聲當作西聲。倫按舌聲是也。甛亦從舌得聲。見甛字下。甜與棪鎌聲皆談類。故銛得讀若棪又讀若鎌也。史記秦始皇本紀。非錟於句戟長鎩也。注。錟一作銛。舌從干得聲。見舌字下。火部。炗。從火。干聲。見部。䙺。從見。炗聲。讀若鎌。竝其證。此字蓋出字林。故訓鍤屬。又引桑欽讀也。【説文解字六書疏證卷二十七】

◉銀雀山漢墓竹簡整理小組 《説文》：「銛，鍤屬。」但後第三篇八三七號簡所記鐵銛，有長至十六尺大半尺者，當非鍤屬工具。《説文》謂「銛」讀若「棪」，簡文「銛」字似當讀為「錟」。《説文》：「錟，長矛也。」【銀雀山漢墓竹簡〔壹〕】

鈂 鈂

◉許慎 鈂臿屬。从金。冘聲。直深切。【説文解字卷十四】

◉馬叙倫 桂馥曰。一切經音義七引蒼頡篇。鈂。臿屬也。徐灝曰。今關吏所執長鍼以探驗物者謂之探銅。即此字也。蓋由直禁切聲轉為探。直深切者聲之輕重耳。倫按關吏所執以探驗物者。如今北方通鑪火之鐵條。似非臿屬也。銛鈂皆訓臿屬。銛聲談類。鈂聲侵類。侵談近轉。轉注字也。然臿屬也字林文。本訓挩矣。【説文解字六書疏證卷二十七】

銫 銫

◉許慎 銫臿屬。从金。危聲。一曰瑩鐵也。讀若跛行。過委切。【説文解字卷十四】

◉馬叙倫 鈕樹玉曰。韻會引作臿金也并無一字及讀若句。桂馥曰。鍤本作臿金也。臿金猶耒頭。金字或作鍏。方言。臿。或謂之鍏。朱文藻曰。此字過委切。則小徐作毀行為近之。劉秀生曰。跛當為跂。字之譌也。跂行即蚑行。危支聲同齊部。

故鮠從危聲得讀若跂。爾雅釋宮。垝謂之坫。釋文。垝。本又作庋。同。史記梁孝王世家索隱。跂閣。字林又音詭也。竝其證。倫按鍇本作臿金也蓋傳寫涉下文鐅字說解而譌。鮠從危得聲。危從厃得聲。見危字下。詹亦從厃得聲。而聲入談類。銛聲談類。則鮠蓋銛之轉注字。一曰瑩鐵也者校語。然未詳也。此字或出字林。【說文解字六書疏證卷二十七】

鐅

◉許　慎　鐅河内謂臿頭金也。从金。敝聲。芳滅切。【說文解字卷十四】

◉馬叙倫　桂馥曰。廣雅。鏵。鋘。鐅也。郭注方言五。江東又呼鐅刃為鐅。倫按鐅亦臿屬。河内謂臿頭金者。不兼柄言。猶江東呼鐅刃為鐅。此字蓋出字林。【說文解字六書疏證卷二十七】

錢

265【包山楚簡文字編】

錢　秦六四　七十三例　法二六　二例【睡虎地秦簡文字編】

5505【古璽文編】

技巧錢丞　錢府【漢印文字徵】

祀三公山碑　穀斗三錢【石刻篆文編】

◉許　慎　錢銚也。古田器。从金。戔聲。詩曰。庤乃錢鎛。即淺切。又昨先切。【說文解字卷十四】

◉馬叙倫　鈕樹玉曰。韻會古下有者字。鎛下有一曰貨也。王筠曰。玉篇。銚。温器也。錢。田器也。顧不以錢銚為一物也。蓋說文本然。後人以毛傳增入錢下。因增一曰田器於銚下。周頌臣工傳。錢。銚也。正義。世本云。垂作銚。宋衷注。銚。刈也。然則銚刈物之器也。徐灝曰。假借為貨泉字。後人因增一曰貨也。倫按銚也者以假借字釋本字也。銚音喻紐四等。古讀歸定。錢音從紐。古亦歸定也。古者田器下有捝文。此校者所注。鍇本一曰貨也亦校語。錢銛皆舌尖前音。蓋轉注字。字見急就篇。【說文解字六書疏證卷二十七】

◉李　暐　《臣工》毛傳：「錢，銚也」。《說文》亦肯定錢即是銚，但同時又說是「古田器」。說「古」，顯然在作者許慎所處的東漢，人們口頭所説的「錢」已經不是農具了。講起農具，《管子》書中，如在《小匡》、《海王》、《輕重乙、己》等篇都只提及銚、鎛、銍、刈（乂）等而没提到錢；《國語·齊語》亦只提及刈、鎛等而没提到錢。可能銚即是錢，有如毛萇、許慎所見是不錯的。但《管子》、《國語》并非没有錢字，前者見于《國蓄》、《山權》、《地數》、《輕重甲、乙、戊》諸篇，後者見于《周語下》篇，又都只是作為錢幣而被提到的。所以《周語下》對于景王之鑄大錢即注：「錢者，金幣之名，……大錢者大于舊，其賈重也」。是否如《説文》段注，由于錢已被用作貨幣之名，原先命名為錢的農具便改稱為銚；或者銚還不過是田器錢的别名，而田器錢這一錢字的發音在起變化，變而為「鏟」？「錢」「鏟」音近，實屬可能。

按出土銅鑄錢幣，今尚保存不少，有一種叫做空首布的，作□形，宛然今天常見鏟的縮小，可直稱之為鏟幣。錢幣、鏟幣，實為一物。《金石索》説：「鏟幣，其下單層，其上夾層，有口向上，可以正柄」。按此種錢幣，考其銅質與篆文，都得斷定為春秋以前的遺物。其中如篆文作「周」字的，又可以斷定為上述《周語下》注所指小型的「舊」錢，亦即景王以前（春秋末期以前）早已流通的小錢。從其空首之可以「正柄」一點看來，也就可以斷定錢幣是有把古代田器錢的形狀如實地模仿了的。因此《臣工》篇裏的錢，其形狀怎樣？無疑的，當可斷定即象今天的鏟。1952年，安陽殷墓、洛陽殷墓都出土有一把銅農具，作鏟形的，不待説也就是錢。

錢、鏟音近，又别名銚，實即一物。

《管子·海王》講到耕者必有一耒一耜一銚時，傳：「大鋤謂之銚」，這樣，混銚（錢）為鋤，實誤。因為銚（錢）柄直而鋤柄横，應有區别。

《莊子·外物》：「銚鎒于是乎始修」，疏：「銚，耜之類也」。在柄直可用以插地起土一點上看，銚也罷，鎛也罷，都可以説是和耜屬于同一類型的。但仍有其彼此不同之處在，即在于無齒與有齒一點上（耜有齒，説見上文《耒耜考》）。【周代農業生産工具名物考　學術研究一九六三年第二期】

《金文續編》11·5上美陽高泉宫鼎蓋

同上陽泉熏爐

《居延漢簡甲編》91，原誤釋為「宗」

◉朱德熙　「考釋」223號簡釋文作「瓦錝二皆畫」。從此簡照片看，第二字應為从金从「泉」之字。漢人書「泉」字作：

與簡文所从相似。《説文·糸部》「綫」字古文作「線」。簡文此字疑是「錢」之異體，在此用作器皿之名。从「戔」之字多有淺小一類意思。古代杯亦名盞(見《方言》五)，大概就是由於器身較淺而得名的。本墓出彩繪豆形器兩件(報告圖版二四一、二四二)，上部作淺碗形，疑即簡文所謂錄。二器有彩繪，與簡文「皆畫」之語相合。「考釋」以此簡所記為陶鍾。陶鍾器表「有錫箔」(147頁)，按遣策文例應稱「錫垛」而不應稱「畫」。【馬王堆一號墓遣策考釋補正　文史第十輯】

钁 钁

◉許　慎　钁大鉏也。从金。矍聲。居縛切。【説文解字卷十四】

◉馬叙倫　钁鉏聲同魚類。蓋轉注字。或同語原也。爾雅釋器釋文引字林。大鋤也。此字蓋出字林。【説文解字六書疏證卷二十七】

鈐 鈐

◉許　慎　鈐鈐鏅。大犂也。一曰類梠。从金。今聲。巨淹切。【説文解字卷十四】

◉馬叙倫　鈕樹玉曰。犂當作犁。説文無犂。繫傳韻會梠作耜。俗。翟云升曰。爾雅序疏引作鏁也。别義。桂馥曰。一曰類相者。當作梠類。王筠曰。一曰類梠。此亦校異文。犂梠一物也。玉篇。鈐。耕類。蓋梠類之譌。倫按雅疏引者軡字義。軡為鈐鍵本字也。此或校語。一曰梠類亦校語。字見急就篇。大犁也字林文。與钁訓大鉏同例也。本訓挩矣。【説文解字六書疏證卷二十七】

鏅 鏅

◉許　慎　鏅鈐鏅也。从金。隋聲。徒果切。【説文解字卷十四】

◉馬叙倫　鈐音羣紐。鏅音定紐。同為濁破裂音連緜詞。玄應一切經音義引三倉。鏅。悉干反。鏅犂也。字見急就篇。【説文解字六書疏證卷二十七】

錣 錣

◉許　慎　錣兩刃。木柄。可以刈艸。从金。發聲。讀若撥。普活切。【説文解字卷十四】

◉馬叙倫　鈕樹玉曰。韻會木上有有字。玉篇。鎌也。兩刃。有木柄。可以刈草也。蓋本説文。桂馥曰。一切經音義十二亦作有木柄。廣雅。錣。鎌也。倫按鈕説是也。此挩鎌也二字。字或出字林也。【説文解字六書疏證卷二十七】

●許　慎　鉵相屬。从金。蟲省聲。讀若同。徒冬切。【說文解字卷十四】

●馬叙倫　沈濤曰。史記高祖本紀從杜南入蝕中。索隱云。王劭桉說文作⿰金蚤。器名也。地形似器。故名之。今本說文無⿰金蚤字。蓋鉵字之譌。王劭以字當作鉵而蝕為偽也。相為農器。故曰器名。桂馥曰。廣雅。鉛⿰金隋謂之⿰金蟲。從蟲不省。王筠曰。相。小徐作耜。說文無耜。劉秀生曰。蟲聲同聲古並定紐。故鉵從蟲省聲得讀若同。詩雲漢。蘊隆蟲蟲。釋文引韓詩作鬱隆烔烔。是其證。倫按本作器名也相屬。此字林文。蓋字出字林也。虫蟲一字。蟲聲侵類。同從凡得聲。凡聲亦侵類也。【說文解字六書疏證卷二十七】

●蕭　璋　鉵，相屬。从金蟲省聲。讀若同。(徒冬切。)⿰金隋，鈐⿰金隋也。从金隋聲。(徒果切。)桉相有刺插義。(見第四篇下相字。)說文：「鈐，鈐⿰金隋，大犂也。一曰類相。」是鉵與⿰金隋皆相屬也。廣雅釋器曰：「鉛⿰金隋謂之⿰金蟲。」王氏以為鈐鉵與鉛⿰金蟲同。(見原條疏證。)又按⿰金隋與鉵當為轉語。其例若隨與從語轉互訓而成連文也。(說文：「從，隨行也。」「隨，从也。」(从從古今字。)「繇，隨從也。」唐韻隨為旬為切。依錢氏之說，古聲應屬定紐。(見前錞字。)唐韻從為慈用切。古聲雖屬齒音從母，但以常樅之作商容，(文子曰：「老子師常樅子。」常樅即商容。本章氏說，見文始六朱字。)古亦有定紐之音。【釋至　國立浙江大學文學院集刊第三集】

鉏 鉏詩私印　□ 鉏壽【漢印文字徵】

□ 說文【古文四聲韻】

●許　慎　鉏立薅所用也。从金。且聲。士魚切。【說文解字卷十四】

●葉玉森　□ 予曩釋頗。謂象人形。一足。又手持一物象足。蓋用以代足者。疑即象形頗字。公羊襄三十年楚子使薳頗來聘。釋文作跛。古固有以頗為名者。殷契鉤沈。復思此字既作側視形。僅見一足。似不能斷定為頗。手攜之□立下箸于地。或象農器之鉏。卜辭耤字象兩手持耒。此則象一手攜鉏。二字似同時所制。故構造法相同。疑即古文鉏字。許君訓立薅所用者。其人殆名鉏也。如他辭又云「貞乎□苦方」「乎□」蒙本卷同葉。曰「乎鉏苦方」「乎鉏蒙」。即命誅鉏苦方與蒙方也。【殷虛書契前編集釋第一卷】

●馬叙倫　桂馥曰。所當為斫。後人加用字。御覽七百六十四引作薅斫也。廣韻引作立薅斫也。沈濤曰。說文。欘。斫也。齊謂之鎡錤。顏注急就篇。鉏。去草之器。一名茲基。鉏欘義同。則斫字是也。王筠曰。古名槈。漢名為鉏。故經典所用鉏皆地名人名。未有以薅訓者。蓋鉏鋙為其本義也。倫按鉏字出蒼頡篇。是玄應一切經音義十九引。亦見急就篇。立薅斫也。非本訓。鉏音牀紐。錢音從紐。同為濁破裂摩擦音。蓋轉注字。【説文解字六書疏證卷二十七】

◉郭沫若　鉲字原作𨥁，从金乇聲。卜辭及金文亳宅字从此。可證。以聲類求之，當是鉏之古字。【邾公鉲鐘　兩周金文辭大系圖録考釋】

◉戴家祥　[glyph]𢦏方鼎　字舊無釋，容庚金文編置諸附録，金文詁林隸定為𠜾附録三一八七葉。按卜辭金文字頭从「虍」者頗多，字多作[glyph]、作[glyph]、作[glyph]或作[glyph]，未見有作且形者。器銘[glyph]字右半象農業生産工具形，以形聲審之，似即「鉏」之別體。説文十四篇「鉏，立薅所用也。从金，且聲。」字亦作耝，集韻去聲九御耝則同字，云：「耕而起土謂之耝。」則耝皆鉏之表義更旁字也。説文耒部無耝字，而有从耒助聲之耡字，云「商人七十而耡。《孟子·滕文公上》作『殷人七十而助』，鄭玄《考工記·匠人》注引《孟子》作『七十而莇』。耡，耤，税也」。耡耤原為耕作方式，以耕作方式課之於民，歷史學家所謂勞役地租是也。唐韻鉏讀「士魚切」牀母魚部，耡讀「牀倨切」，不但同部而且同母。集韻耝則皆讀「七慮切」清母魚部，韻同聲異，而耡耝鉏則實一字之多變也。

在古代文獻中耝字有作地名解者，路史國名紀「耝，羿邑，澶之衛南縣東十五里，有故耝城」。字亦同鉏，左傳襄公四年「后羿自鉏遷于窮石」，杜預注「鉏，后羿本國名」。亦有作人名氏解者，左傳宣公二年晉靈公使鉏麑賊殺趙盾是也。【金文大字典上】

䥯

◉許　慎　䥯相屬。从金。罷聲。讀若嫓。彼為切。【説文解字卷十四】

◉馬叙倫　桂馥曰。廣雅。䥯。相也。埤蒼。耠為䥯。六書故。䥯卧兩耒。著齒其下。人立其上而牛輓之。以摩田也。錢坫曰。高誘淮南注。臿有刃。三輔謂之鍋。即此字。倫按䥯鏺同為雙脣破裂音。蓋轉注字。或語原同也。相屬字林訓。或此字出字林也。【説文解字六書疏證卷二十七】

鎌

◉許　慎　鎌鍥也。从金。兼聲。力鹽切。【説文解字卷十四】

◉許　慎　鍥鎌也。从金。契聲。苦結切。【說文解字卷十四】

◉馬叙倫　嚴可均曰。六書故引蜀本作刎鎌也。又曰。小鎌。南方用以乂穀。按當是陽冰改。沈濤曰。說文無刎。當為乂字之誤。據此則今本奪小鎌云云。鉊為大鎌。則鍥為小鎌矣。倫按方言五。刈鉤。江淮陳楚之間謂之鉊。或謂之鐹。自關而西或謂之鉤。或謂之鎌。或謂之鍥。本書。刉。鎌。鎌從兼得聲。兼音見紐。鍥音溪紐。同為舌根破裂音轉注字。銍鍥聲同脂類轉注字。【說文解字六書疏證卷二十七】

開母廟石闕【石刻篆文編】

◉許　慎　鉊大鐵也。从金。召聲。鎌謂之鉊。張徹說。止搖切。【說文解字卷十四】

◉馬叙倫　鈕樹玉曰。韻會謂字上有或字。張徹說者。錢大昕謂漢人不當以武帝諱為名。疑是張敞。樹玉謂繫傳徹作胤。則本非徹字而韻會引作徹。桂馥曰。方言。刈鉤。江淮陳楚之間謂之鉊。馥案既訓大鎌。又云。鎌謂之鉊。兩訓義複。非本書例。王筠曰。孫鮑二本作大鐵也。案下文以鎌謂之鉊屬之張徹說。則此自當有異。但大鐵不詞。不知係何字之訛耳。釋名。銍。穫禾鐵也。則銍亦謂之鐵。今鉊銍二篆相次。或鉊為銍之別名乎。然銍仍是鎌也。方言十三。錐謂之鍣。則鎌或錐之譌。大鐵則大鎌之譌。但許屢用方言。而錐鎌二義皆出方言。不應又屬之張徹。可疑。意說文兩本義同而詞異。校者掇拾之邪。倫按鉊為銍之轉注字。鉊音照紐三等。銍音知紐。同為舌面前音。大鎌也非本訓。蓋本作銍也大鎌也。銍鐵形音並近。傳寫致譌耳。此字或出字林。張徹者不必是漢人。蓋凡引某人說者皆出呂忱或校者也。【說文解字六書疏證卷二十七】

◉蕭　璋　鉊，大鎌也。从金召聲。鎌謂之鉊。張徹說。（止搖切。）（宋大徐小字本鎌誤作鐵，汲古閣及小徐本不誤。）桉鉊訓鎌鍥。（說文「鎌，鍥也」。「鍥，鎌也」。）本有契刻之義。（鍥之言契也。）而方言以錐為鍣。（方言：「錐謂之鍣」。）穿刺之義更明。說文無鍣。鍣即鉊也。廣雅以錐訓鍣。（古本作鉊，方言：「錐謂之鍣。」郭注云：「廣雅作鉊。」）以鎌訓鉊。蓋一本方言。一本說文耳。【釋至　國立浙江大學文學院集刊第三集】

銍 銍

276 【包山楚簡文字編】

銍邑之印　銍将粟印　【漢印文字徵】

汗簡　【古文四聲韻】

◉許　慎　銍穫禾短鎌也。从金。至聲。陟栗切。【説文解字卷十四】

◉馬叙倫　鈕樹玉曰。廣韻引鎌作鐮。非。沈濤曰。史記夏本紀索隱引作穫禾短鐮之物也。之物二字傳寫譌衍。詩臣工釋文引同今本可證。倫按蓋本作短鐮也穫禾之物也。然皆非本訓。字見急就篇。【説文解字六書疏證卷二十七】

◉李　曄　《説文》:「銍,穫禾短鐮也」。但《管子·輕重乙》:「一農之事,必有一耜一銚一鐮一鎒一椎一銍,然後成為農」。一句之内而鐮、銍并見,可見銍不是鐮,鐮不是銍,無疑。

《國語·齊語》和《管子·小匡》都有講到鉏而没有講到銍。又《管子·輕重乙》都有講到銍而没有講到鉏。銍、鉏不并講,很值得注意。即是説,很可能銍就是鉏,鉏就是銍。銍从至,支義切,音摯;鉏从且,子余切,音疽。銍、鉏音近。銍和鉏單在字音上看,似乎也有密切的關係。《齊語》大概是戰國前期的著作,而《小匡》説是漢初人所作,《輕重》則為西漢中葉的著作;這裏是否有同一的田器在春秋以前主要稱「銍」,春秋以後主要稱「鉏」呢?可能是銍為舊稱,鉏為新名。

西周田器之見于《詩經》的,有耜、錢、鎛、銍、艾(《良耜》、《臣土》、《大田》和《載芟》)。五者之中,耜、錢、鎛三者是用手持向外力推的工具,後一種艾,則將如下面所述,是手持向内力引的工具,至若銍呢?可能就和鉏一樣,用手持着高擎頭上,便即急速劈下以便入土翻土的工具。究竟如何,倒很值得研究。《説文》謂「至」象鳥飛从高下至地。《博雅》:「桎,刺也」。从高下至地,可以説是刺。設想起來:桎即銍的前身;从木曰桎,从金曰銍。桎是石器時代最初從耜的柄直改為柄横的改良農具,當即鉏的前身。石器時代,怎樣改柄直為柄横呢?無疑的,只能利用天然的木材。截取巨榦之帶有横出直枝的木材,截取下後即把巨榦切磋成桎,直枝作柄,如此,桎便製成。《禹貢》:「二百里納銍」,恐為原文「二百里納桎」之誤。因為在夏末商初青銅器出現以前,是只可能有木製的桎出現,不可能有金屬製的銍存在。但當時代已經進展到了青銅器的時代,當然情況又會不同,就可以有金屬製的銍出現。《臣工》篇裏的銍,無疑地就標志着這一進展,或者是這一進展的結果。

《禹貢》「二百里納銍」傳:「銍、刈,謂禾穗也」。疏:「禾穗用銍以刈,故以銍表禾穗也」。若果如此,則「二百里納銍」上下文内的「納緫」、「納秸」又作何解？按鄭注，「緫」指刈禾，「秸」指去穎；刈、去，均需用銍，為什麼又不把「納緫」、「納秸」均稱為「納銍」？由此可見上述傳、疏的解釋都是不能自圓其説的，我們不取。

若謂「二百納銍」（應改正為「二百里納桎」）所納就是短鐮，那也不見得合理。因為根據近年出土的情況判斷，商殷以前的鐮，都是蚌製或石製的，看來製造并不十分困難，用不着規定為自甸服外二百里内所必貢賦的東西。相反的，如果納的不是鐮，而是横柄的改良農具，那麽，從截取天然巨榦起，到製造成桎止，所用工具又只能有石斧、石鑿、砥石和火，其困難當必數倍于製造蚌鐮和石鐮。由于過于困難，所以就有必要被規定自甸服外二百里内所必貢賦的田具。

顯然，横柄在古代很難做，問題是在于所用製器工具如斧鑿等是石製的。桎本身在構造上需要解決的困難到底簡單。可是發展到了能用青銅來製造時，所製成的不是桎而是銍，那麽，安柄技術反很複雜起來。因為首先要在銍身上鑄銎，顯然要高度的技術，決不是一般的人民所能解決的問題，一定要交到《臣工》篇中所描寫的作坊裏由《齊語》中所描寫的專業工奴們去解決和製造了。惟其如此，所以這一製造就值得周天子親臨作坊順便檢查檢查了。

在使用上要从高空劈下以便入土翻土的一點上看，當可以説：銍即是鉏，鉏是銍的别名。由鉏再發展則為曲柄的耨。銍見《臣工》，耨就見于《齊語》和《左傳》。前者在西周初期，是青銅器正在向前發展的途中；而後者在春秋初期，是鐵器開始用以鑄造田器的階段，前前後後發展線索是可以越看越清楚的。【周代農業生産工具名物考　學術研究一九六三年第二期】

鎮

孫鎮私印　鎮南軍假司馬　【漢印文字徵】

鎮出王庶子碑　鎮出史書　鎮别从㐱聲　【汗簡】

王庶子碑　古史記　【古文四聲韻】

●許　慎　鎮博壓也。从金。眞聲。陟刃切。【説文解字卷十四】

●馬叙倫　鈕樹玉曰。一切經音義十及十一及十二及廿四引並無博字。玉篇。安也。重也。壓也。廣韻。壓也。沈濤曰。博壓義不可曉。或解為博局之壓。亦於書傳無見。嚴可均曰。韻會十一真引作傅壓也。十二震引作博壓也。當考。王筠曰。博壓也者。謂其鎮壓者廣博也。倫按博壓也或壓也皆非本訓本義。鎮蓋銍之音同知紐轉注字。字出蒼頡篇。見玄應一切經

音義引。【説文解字六書疏證卷二十七】

◉王　輝　盩盩文武，鋘静不廷　戰國、秦漢人姓炅、名炅者習見。《古璽彙編》一九七八為「郾炅」私璽；秦陶文有「宫昳」（《秦代陶文》拓片號九一九，另該書拓片九三二、九三三、九三五、九三七、九三八、九四八、九四九等原亦隸作炅，但字作昳，似與炅有别）；漢有「徐炅」私印（《漢印文字徵》十・十）；漢又有「炅靈」、「炅言」、「炅宫」等私印（同上）。鋘字从金炅聲，同銘亦見秦盄和鑄鐘：「盩盩文武，鋘静不廷。醰（柔）燮百邦，于秦執事。」又秦公大墓石磬殘銘有：「[不]廷鋘静，上帝是□。」《説文》：「炅，見也，从火日。」段玉裁註：「按此篆義不可知。《集韻》作光也，義近之。从日火，亦不可曉，蓋後人羼入，如西部有覀之比。《廣韻》十二霽曰，後漢太尉陳球碑有城陽炅横，漢末被誅，有四子，一姓炅，一姓香，一姓桂，一姓炔，四字皆九畫。《集韻》桂氏譜曰，桂貞為秦博士，始皇坑儒，改姓香，其孫改為炅，第四子改為炔，是則有臆製炅為姓者，耻其不古，羼入許書，非無證也。」段氏説炅姓為後人臆製，字乃後人羼入許書，實在出於他自己的猜測，並不符合古文字的實際。但他承認「此篆義不可知……从日火，亦不可曉」，卻説明後人對此字的造字本義及造字緣由已不甚了了。王筠《説文句讀》對此字加以「闕疑」，是比較審慎的。《廣韻》：「炅，光也。」段玉裁説《廣韻》之訓「近似之」，未加肯定。桂馥《説文義證》因此説《説文》「見」字當為「光」字之譌，也未必有據。炅字的出現應該很早。山東莒縣凌陽河大汶口陶尊上有五個刻畫符號，其中三個作[glyph]、兩個作[glyph]，唐蘭先生釋為「炅」，王樹明釋前一字為「炅」，後一字為「炟」，于省吾先生則二字俱釋為「旦」。陶文僅有單字，没有語言環境，其確切含義不盡可知，但揆諸字形，則以唐説為近是。漢代帛書、竹簡有炅字，多用如熱字。馬王堆帛書《老子・德經》甲本：「趮勝寒，靚勝炅」，乙本已殘，今傳世通行本作「燥勝寒，静勝熱。」又帛書甲本《道經》：「或炅或吹」，乙本炅作熱，通行本則此處有佚文。影本注謂：「(此字)从火日聲，當即熱之異體字，不讀古迥切或古惠切（見《廣韻》）。」其説是。炅用作熱，又見《居延漢簡乙編》五二・一二簡：「當遠里公乘王同即日病頭恿（痛）寒炅。」同類例子見於傳世文獻，《素問・卡刺節論》：「刺而多之；盡炅病已。」唐王冰注：「炅，熱也。」熱字出現較晚，今所見最早的例子是馬王堆帛書《足臂十一脈灸經》及漢印中，是一個後起的形聲字。炅字則是會意兼形聲字，从日下有火會意，日亦聲。漢以後多用熱字，少用炅字，今本《素問》中炅字僅是個别孑遺，餘皆用熱，後世學者不知其本義，良有以也。鋘既為熱，引伸之，有光明義，有爆曬義，《説文》有炟字，大概是炅之譌字。東漢章帝名炟，《玉篇》：「炟，爆也。」宋太宗原名趙匡義，即位之後改為炅，字光義，名字取義相關，可見其時認為炅為光明義。至於炅後代讀古迥切、古惠切，無法解釋。熱字則上古音月部日紐。鋘字前人均讀為鎮，但多無説。推測其理由大概是因《廣韻》鋘古迥切，古字上古音見紐，迥則屬耕部，而真上古音真部照紐，真耕通轉。我們雖然否定了炅的古迥切一音，卻仍然以為鋘與鎮用法相同，炅鎮照日旁紐，真月旁對轉。鋘也可能為鎮之異構。鎮不見於秦以前文字，到漢代才出現，漢佳銅鏡銘：「湅治鎮錫清且明。」又善銅鏡銘：「雜以鎮錫清且明。」唯此鎮乃銀之借字，同類文句又作：「和以銀錫清且明。」《漢印文字徵》十四卷收「孫鎮私印」、「鎮南軍假司馬」印，才用作本字。《說文》：「鎮，博壓也。」段注：「博當作簿；壓當作厭，笮也。謂局戲以此鎮壓，如今賭錢者之有椿也。未知許意然否？引伸之為重也、安也、壓也。」鎮靜意為安靜，用如動詞，《晉書・高崧傳》為會稽王與桓溫書：「皆由吾闇弱，德信不著，不能鎮靜群庶，保固維城。」「不廷」一詞又見《左傳・隱公元年》：「以王命討不庭。」杜注：「下之事上皆成禮於庭中。」又《左傳・成公十三年》：「謀其不協而討不庭。」杜注：「討背叛不來王庭者。」「不庭」一詞又見金文，毛公鼎：「衛(率)褱(懷)不廷方。」可見「不廷」為上古常用語，指遠方夷狄與王朝關係疏遠者或背叛而不臣服者。所謂「藎藎文武，鎮靜不廷者」，就是說國家文臣武將，能成文治武功，使遠方夷狄賓服，這自然是強盛的像徵。盄和鎛鐘：「鎮靜不廷」後緊接「柔燮百邦」，意思應該相近。古時王朝祭祀，每有四夷來助祭之事。《詩・周頌・有瞽》：「有瞽有瞽，在周之庭。設業設虡，崇牙樹羽。應田懸鼓，鞉磬柷圉。既備乃奏，簫管備舉。喤喤厥聲，肅雍和鳴，先祖是聽。我客戾至，永觀厥成。」所謂客，即指遠方諸侯來助祭者。秦公毀在「鎮靜不廷」後提到「虔敬朕祀」，秦景公大墓殘磬銘提到「上帝」，可見其內容均同祭祀有關。【秦銅器銘文編年集釋】

◉許　慎　鉆，鐵銸也。从金。占聲。一曰膏車鐵鉆。敕淹切。【說文解字卷十四】

◉馬叙倫　鈕樹玉曰。玉篇注同。廣韻引銸作鍤。誤。沈濤曰。後漢書章帝紀注引鉆銸也。乃傳寫奪一鐵字。桂馥曰。一切經音義十三引作鐵鑷也。王筠曰。玄應引尚有謂鑷取物也。蓋庾注語。徐灝曰。一切經音義十一引通俗文。鍛具曰鉆。灝謂鉆與鉗同類異物。鉗蓋冶器所用鐵夾。鉆即今用鑷子。倫按如玄應引疑本作鐵也鑷也。鉆聲侵類。鐵鑷聲同談類。侵談近轉。蓋古或借鉆為鐵。鑷者。玉篇以為銸之重文。則原本銸下蓋有重文作鑷。故此字說解中銸字或作鑷也。鐵也蓋字林文。傳寫訛為鐵字。校者因刪一也字。後漢書陳寵傳注及玄應一切經音義引倉頡。鉆。持也。字見急就篇。一曰膏車鐵鉆校語。未詳。【說文解字六書疏證卷二十七】

◉許　慎　銸，鉆也。从金。耴聲。陟葉切。【說文解字卷十四】

◉馬叙倫　鈕樹玉曰。玉篇重文作鑷。廣韻有鑷無鉆。倫按鉆音徹紐。銸音知紐。同為舌面前破裂音。故鉆轉注為銸。【說文解字六書疏證卷二十七】

鉗 鉗

李鉗齊印 【漢印文字徵】

◉許　慎　鉗以鐵有所劫束也。从金。甘聲。巨淹切。【説文解字卷十四】

◉馬叙倫　翟云升曰。一切經音義十二引作束鐵在頭者也。頭當作頸。六書故引作以鐵為劫束器也。倫按皆非本訓也。後漢書光武紀注引倉頡。鉗釱也。音奇炎反。字見急就篇。【説文解字六書疏證卷二十七】

釱 釱

釱　鄽王喜劍　【金文編】

273　【包山楚簡文字編】

◉許　慎　釱鐵鉗也。从金。大聲。特計切。【説文解字卷十四】

◉高田忠周　説文。釱。鐵鉗也。从金。大聲。太平御覽引作脛鉗也。似是。三蒼。腳鉗也。管子幼官。刑則交寒害釱。知亦古字也。【古籀篇十一】

◉馬叙倫　桂馥曰。御覽引作脛鉗也。倫按史記平準書索隱引三倉。釱。踏腳鉗也。字林。釱。大計反。字見急就篇。鐵字蓋傳寫涉上文鉗字説解而譌衍。釱音定紐。鉗音羣紐。同為濁破裂音轉注字。在頸為鉗。在脛為釱。後世分別其名。御覽所引蓋字林文。【説文解字六書疏證卷二十七】

◉郭沫若　庆亦庆字。夫大字古每無別，此「庆訊人」亦猶蔡毀之「庆止從獄」，庆讀為釱，腳鉗也。釱訊人猶言拘訊人。【𡏳盨　兩周金文辭大系圖録攷釋】

◉于豪亮　「邵(昭)友(達)皇工(功)」，友象人釱足之形，當系釱字之初文，在此以音近讀為達(同為祭部字)，《廣雅·釋詁一》：「皇，美也」。工讀為功。故「邵(昭)友(達)皇工(功)」意思是表彰先王的豐功偉績。【中山三器銘文考釋　于豪亮學術文存】

◉劉信芳　「釱」、「鈦」本一字之異，並讀如「軑」，《方言》卷九：「輨、軑，鍊鏅也。」錢繹箋疏：「按《衆經音義》引《方言》：輨、軑，鍊鏅也，關之東西曰輨，亦曰轄，謂軸頭鐵也。錯，鍵也。又卷七引《方言》云：輨亦轄也，轄，軸頭鐵也。與今本異。」同卷《方言》又云：「輪，韓楚之間謂之軑。」則是以「軑」代指車輪。《離騷》：「屯余車其千乘兮，齊玉軑而並馳。」王逸章句：「軑，錮也。一云車轄也。」出土實物有「雙箍雲紋害」一對(標本二：三一九·一)，紅銅質，即簡文所謂「炎金」；通體飾錯銀帶紋和二方連續勾連雲紋，即簡文所謂「白金之銍，紻組之鑐。」

「銍」字从金从至，《説文》解為短鐮，與簡文無涉。《廣雅·釋器》：「銍謂之刉。」王念孫疏證：「《太平御覽》引《纂文》云：『江湘以銍為刉』……攻與刉義同。」古代攻、錯常連言，而錯特指器物錯金銀之工藝。「白金之銍」，應指在軑上錯有白銀。所謂「紻組之鑐」，簡文稱金屬器皿之紋飾為「鑐」，稱絲織品之紋飾為「繻」或「霝光」，蓋其紋飾為雲氣，為龍鳳，取其可通神靈而美善之義，字或从金，或從絲，因其質地不同而書寫有別。

包簡二七三：「白金之釱。」二七六：「白金之釱，赤金之銍，紻組之鑐之釱。」牘：「白金大，赤金之釺，紻組鑐之大。」所記與上引簡二七二類似。「釺」讀如「錯」，釺、錯為互文，知楚人謂「攻」為「銍」，謂「錯」為「釺」，釺、錯音近，皆古魚部字，然不必以通假視之。【楚簡文字考釋五則　于省吾教授百年誕辰紀念文集】

◉劉彬徽等　釱，簡文多寫作釱。【包山楚簡】

◉戴家祥　師𩛥𣪘　金釱　字从金从太，古文太與大通。説文十四篇「釱。鐵鉗也，从金，大聲。」鐵鉗作為賞賜物没有先例，金文賞賜物多車馬器，疑釱即軑之假字。説文十四篇「軑，車輨也。」漢書揚雄傳「陳衆車于東阬兮，肆玉釱而下馳」。玉軑與金軑例同。【金文大字典下】

鋸　鋸

鋸　郾王職戈　【金文編】

◉許　慎　鋸槍唐也。从金。居聲。居御切。【説文解字卷十四】

◉方濬益　郾王職戈　廣韻引古史考曰。孟莊子作鋸。名戈為鋸。殆以戈之磬折倨句為義歟。【毆王戈　綴遺齋彝器款識考釋卷三十】

◉高田忠周　説文。鋸。槍唐也。从金。居聲。是也。下即借据為之。据字解曰。拮据。戟挶也。拮据。槍唐。意自相似。故通用。[牜支]疑戟字異文。與作撠同意。【古籀篇十一】

◉馬叙倫　段玉裁曰。槍唐蓋漢人語。桂馥曰。列女傳。臧孫母曰。錯者所以治鋸。鋸者所以治木也。倫按槍唐蓋鋸之俗名。羅振玉貞松堂集古遺文載郾王詈鋸郾王戠鋸。其形不全。羅以為殘戟。鋸戟雙聲。豈轉注字邪。或自異器。與戟近而非戟。俗名槍唐。槍唐之合言為戕。而戕為今之所謂槍械字。鋸聲魚類。魚陽對轉。故郾之方言為鋸邪。或借鋸為戕邪。槍唐也

蓋字林文。或此字出字林也。【説文解字六書疏證卷二十七】

◉于省吾　説文。鋸。槍唐也。管子小匡篇。惡金以鑄斤斧鉏夷鋸欘。注。鋸欘。钁類也。説文。钁。大鉏也。六韜。钁鍤斧鋸杵臼。其攻城器也。淮南齊俗訓。今之修干戚而笑钁臿。注。钁。斫屬。此可證鉏非專指田器。亦兵器之名也。又可證鋸非專指治木者。廣雅匽謂之雄戟。方言三刃枝南楚宛郢謂之匽戟。注。今戟中有小孑刺者。所謂雄戟也。按。匽舊釋為鶠及偃。非是。匽即郾。即燕。蓋匽戟之胡中多孑刺。故南楚宛郢以雄戟謂之匽國之戟。匽郾漢時已作燕。方言相沿猶存。匽之本字耳。司馬長卿上林賦。建干將之雄戟。張揖注。雄戟。胡中有鮔者。蓋謂胡連援中間刃有起伏如鳥之距也。然則萃鋸者五戎之副車所用之雄戟也。【郾王職戟　雙劍誃吉金圖録】

鐕 鐕

◉許　慎　鐕可以綴著物者。从金。朁聲。則參切。【説文解字卷十四】

◉馬叙倫　鈕樹玉曰。韻會引作綴著物者。玉篇。無蓋釘。段玉裁曰。喪大記。君裏棺用朱緑。用襍金鐕。大夫裏棺用牛骨鐕。注。鐕所以琢箸裏。按今謂釘者皆是。非獨棺釘也。徐灝曰。玉篇。鐕。無蓋釘。蓋謂無鋪首之釘也。倫按此今所謂釘子本字也。可以綴著物者非本訓。或字出字林也。【説文解字六書疏證卷二十七】

錐 錐

錐　錐　法八六　二例【睡虎地秦簡文字編】

錐　錐【汗簡】

◉許　慎　錐鋭也。从金。隹聲。職追切。【説文解字卷十四】

◉馬叙倫　下文鑱亦訓鋭。鋭則訓芒。鋭訓芒者。今言鋒芒鋭利。然鋭利字乃剡也。則錐鋭蓋轉注字。聲同脂類也。字見急就篇。【説文解字六書疏證卷二十七】

◉蕭　璋　鋭本訓為矛屬。今本説文以其聲母之形體與允相近而誤作鈗。段氏曾為訂正。説至精當。以矛屬而又訓作芒者。蓋王氏所謂凡戈戟矛。皆以其刃得名之意。至有鋭利之義者。又銛錟之例耳。錐之與鋭。章氏以錐為鋭之旁轉變易。實則二字為一語之轉。本難分其先後。其例則若帥之或體作帨也。（帥，韻會引作𠂤聲，嚴可均説文校議從之。帨，小徐本从兑聲。）【釋至　國立浙江大學文學院集刊第三集】

鑱

◉黄錫全 錐 即古虫字，如石經蠶字古文作，古璽虫作（璽彙1099），盗作（同上3109）等。鄭珍指出，此乃蜼字，錐為雖誤，是正確的。夏韻脂韻録雖字三文均同此，是假蜼為雖。秦公𣪘雖作，从虫，唯聲。《説文》「蜼，如母猴卬鼻長尾」。「雖，似蜥蜴而大」。《詩·正月》「胡為虺蜴」，陸疏「虺蜴，一名號蜼，或謂之蛇醫」。「號蜼」之蜼正假為雖。此與上文夏韻注王庶子碑。【汗簡注釋卷二】

◉許 慎 鑱鋭也。从金。毚聲。士銜切。【説文解字卷十四】

◉馬叙倫 桂馥曰。一切經音義四引同。又云。今江南猶言鑱刺也。又云。鑱以錐刺物者也。又云。鑱謂有刃斵鑿者也。典論。劉表子弟設大鍼於坐端。客飲酒寢地。輒以鑱刺驗其醒醉。徐灝曰。廣雅。鑱謂之鈹。本篇。鈹。大鍼也。倫按鑱音牀紐三等。錐音照紐三等。同為舌面前音。轉注字。或似錐者。則語原同也。【説文解字六書疏證卷二十七】

鋭

天台經幢【古文四聲韻】

◉許 慎 鋭芒也。从金。兑聲。以芮切。籒文鋭从厂剡。【説文解字卷十四】

◉王國維 説文解字金部。鋭。芒也。从金。兑聲。[厂剡]。籒文鋭。从厂剡。又艸部蒯下云。[厂剡]。古文鋭字。是此字。古籒同。【史籒篇疏證 王國維遺書第六册】

◉林義光 説文云。籒文鋭。从厂剡。按从剡厂聲。厂寒韻鋭泰韻雙聲對轉。剡本訓鋭。音轉如厂。故加厂聲也。【文源卷十一】

◉馬叙倫 芒也非本訓。玉篇矛也者。蓋本書顧命一人冕執鋭孔傳。然朱駿聲謂顧命之鋭。鈗之譌也。

鈕樹玉曰。玉篇收厂部。有音無義。元本玉篇訓地名。博雅訓傷。林義光曰。從剡。厂聲。厂寒韻鋭泰韻雙聲對轉。剡本訓鋭。音轉如厂。故加厂聲也。倫按[厂剡]蓋從厂剡聲。與鋭異字。鋭利字當作剡。剡音喻紐四等。故古以鋭為剡。以[厂剡]為鋭。糸部之𦆀訓西胡毳布。實即今所謂毯。字從罽得聲。罽亦從[厂剡]得聲也。今本書無[厂剡]字正篆。而其義亡矣。從厂剡校者加之。【説文解字六書疏證卷二十七】

◉蕭 璋 鋭，見本篇前錐字條。鋋，小矛也。从金延聲。鉈，短矛也。从金它聲。[金彖]，小矛也。从金彖聲。按玄應一切經音義卷十一、卷十七并引張揖字詁：「古文錄穳二形今作穳。」(説文無穳穳。)又方言：「矛，吴越江淮南楚五湖之間謂之鍦。(鍦，説文無，即鉈字。又作釶。廣雅釋器：「釶，矛也。」)或謂之鋋。又廣雅釋器：「穳謂之鋋」。鋭亦本訓矛屬。(見本篇前椎椎條。)是諸字皆為同義，許君排列之次又相近，當互為轉語無疑。蓋歌戈曷末寒桓古音互為陽陰入，可相對轉。而鋭之與錄，如禮之税衣即為褖衣及緣衣。【釋至　國立浙江大學文學院集刊第三集】

鏝

◉許　慎　鏝鐵杇也。从金。曼聲。母官切。槾鏝或从木。臣鉉等案。木部已有。此重出。【説文解字卷十四】

◉馬叙倫　王筠曰。杇下不云木杇。此鐵字後人增。倫按此字蓋出字林。

槾　徐鉉曰。木部已有。此重出。嚴可均曰。釋宮釋文。鏝。本或作槾。則木部重出。鈕樹玉曰。鍉鼓二字譌。倫按鍉鼓二字乃補刊者。自是譌字。但未審何以譌也。杇以鐵而柄則木。故杇槾從木而鏝從金。【説文解字六書疏證卷二十七】

鑽

甲759　808　3080　3698　乙973　1715　珠15　269　佚519　646　續627·3　京4·11·4　凡20·4　續存2219　摭續3　粹232　1524【續甲骨文編】

◉許　慎　鑽所以穿也。从金。贊聲。借官切。【説文解字卷十四】

◉馬叙倫　朱駿聲曰。方言九。鑽謂之鍴。魯語。其次用鑽笮。【説文解字六書疏證卷二十七】

鑢

鋁　香録14·1　鋁命女華　説文所無玉篇鋁同鑢【古陶文字徵】

◉許　慎　鑢錯銅鐵也。从金。慮聲。良據切。【説文解字卷十四】

◉馬叙倫　上下文皆器名。此不得為動詞也。蓋本作錯銅鐵器也。傳寫捝器字耳。然非本訓。倫謂鑢為錯之聲同魚類轉注字。又錯從昔得聲。昔心紐音也。鑢得聲於慮。慮得聲於虘。虘得聲於虍。虍音曉紐。心曉同為次清摩擦音。亦得轉注也。凡錐鑿鑽錯等字。皆以名詞為動詞。故經傳亦多用為動詞。邵公鐘作□。邾公華鐘作□。曾伯簠作□。皆從膚。字或出字

林。【説文解字六書疏證卷二十七】

銓 銓

◉許　慎　銓衡也。从金。全聲。此緣切。【説文解字卷十四】

◉馬叙倫　段玉裁曰。衡當為稱。禾部。稱。銓也。倫按銓即權衡之權本字。然許當止訓器也。衡也蓋字林文。玄應一切經音義文選文賦注引倉頡。銓。稱也。字亦見急就篇。【説文解字六書疏證卷二十七】

銖 銖

◉許　慎　銖權十分黍之重也。从金。朱聲。市朱切。【説文解字卷十四】

◉馬叙倫　鈕樹玉曰。禮記儒行釋文引。權分十黍之重。漢書曆律志云。一龠容一千二百黍。重十二銖。則百黍之重當一銖。十黍當一分。銖當十分。故云十分黍之重。玉篇。銖訓十二分也。據淮南天文訓。十二粟而當一分。十二分而當一銖。與玉篇合。嚴可均曰。絫下曰。十黍之重也。明此當作十絫。儒行疏引算法。十黍為絫。十絫為銖。應劭注律曆志同。説苑。十粟重一圭。十圭重一銖。十圭即十絫。今此作十分黍。以黍而又十分之。僅得千分銖之一矣。必譌。儒行釋文引權分十黍之重。楊倞注荀子。十黍之重為銖。皆誤。段玉裁曰。當作權十絫黍之重也。厽部。絫。十黍之重也。漢律曆志。一龠容千二百黍。重十二銖。許説與志合。若禾部稱下言十二粟為一分。十二分為一銖。則用淮南天文訓。與律曆志別為一説。粟者。禾實也。以今禾黍驗之。粟輕於黍遠甚。程氏瑤田説。桂馥曰。當作權十二分黍之重也。本書稱下云。其以為重。十二粟為一分。十二分為一銖。玉篇。銖。十二分也。王筠曰。桂説是。不可以鋝下説繩之。蓋云權十二分黍之重者。謂以重十二分之黍。施之於權。則為一銖也。許以律數十二。故十二粟為分。十二分為銖。由此而進之。十二銖為一龠。兩之為兩。皆以十二起算。故與律曆志不同。程瑤田云。漢唐食貨志竝以銖為百黍之重。今閱説苑云。十六黍為一豆。六豆為一銖。則銖為九十六黍。筠案此亦異於許説。是知古言銖者。初非一説而已。倫按許曾為郡功曹。又為太尉南閤祭酒。則必明習故事。其言權衡之數必合於律。今本書説權稱之數有不相應者。由本非許文。吕忱或校者各據所見知加之耳。漢書律曆志言。一龠容千二百黍。重十二銖。是一銖為百黍也。吴承洛校得王莽律權銖重百黍。又謂後漢實承莽制。則此數不譌。淮南言十二粟為一分。十二分為一銖。蓋漢初或漢以前之權數也。然以此可明如漢志則十黍為一分矣。是此言權十分黍之重。正與漢志合。不必改分為絫也。然此未必是許文。銖錙本轉注字。銖從朱得聲。朱甾音同照紐也。銖音轉入禪紐。則與錘轉注。錘從垂得聲。垂音禪紐也。錘聲歌類。歌元對轉。則錘亦銓之轉注字。然則本止一字。轉注為數字。後乃分別以為權器輕重之名。猶為名詞也。又以為所權輕重之稱。如今説解是也。然許止當訓器也。下文。鋝。據鄭玄引止作鍰也。則十銖二十五分銖之十三也為後人所加。而此及錙錘鈞下如此類者皆然明矣。古鉩作𨨏。【説文解字六書疏證卷二十七】

鋝 鋝

鋝 不从金 毛公厝鼎 寽字重見 【金文編】

鋝力輟切 【汗簡】

義雲章 【古文四聲韻】

◉許　慎　鋝十銖二十五分之十三也。从金。寽聲。周禮曰。重三鋝。北方以二十兩爲鋝。力輟切。【説文解字卷十四】

◉阮　元　百爰之爰即鍰字。鍰者。鋝也。古者以二十兩為三鋝。故攷工記。戈重三鋝。鄭注引説文解字云。鋝。鍰也。今東萊或以太半兩為鈞。十鈞為鍰。鍰重六兩太半兩。案書呂刑。其罰百鍰。偽孔傳云。六兩曰鍰。陸氏釋文馬融云。賈逵説。俗儒以鋝重六兩。周官劍重九鋝。俗儒良是。鄭不用六兩之義。故以許書及東萊云云為證。許氏之學出于逵。故不取俗説。馬融則直用之矣。小爾雅曰。二十四銖曰兩。兩有半曰捷。倍捷曰舉。倍舉曰鋝。鋝謂之鍰。亦承俗説之誤。史記周本紀鋝作率是借字。又平準書有白選。漢書蕭望之傳有金選。亦即鋝字。尚書大傳云。死罪罰二千饌。亦與選字同。蓋饌選率即鋝。而鋝與鍰同義也。【召鼎　積古齋鐘鼎彝器款識卷四】

◉馬叙倫　鈕樹玉曰。集韻類篇韻會引同。宋本及廣韻書呂刑釋文引銖上並有一字。六書故云。蜀本作十一銖二十五分之十三也。宋本此方以二十兩也鋝蓋譌捝。呂刑釋文引賈逵。俗儒以鋝重六兩。周官劍重九鋝。俗儒近是。嚴可均曰。當作十一銖二十五分銖之十三。一字不可少。北方以二十兩為鋝。當作為三鋝。六書故引作為一鋝。一必三之譌。周禮考工記注。鄭司農云。鋝。量名。讀如刷。玄謂許叔重説文解字云。鋝。鍰也。今東萊稱或以大半兩為鈞。十鈞為環。環重六兩大半兩。鋝鍰似同矣。則三鋝為一斤四兩。據鄭此説。是二十兩為之鋝也。職金疏引歐陽夏侯説。六兩為鋝。舉大數。戴震曰。鍰鋝篆體易譌。説者合為一。恐未然也。鍰讀如丸。十一銖二十五分銖之十三也。考工記作垸。假借字也。鋝讀如刷。六兩大半兩。二十五鍰而成十二兩。三鋝而成二十兩。呂刑之鍰當為鋝。故史記作率。漢書作選。大傳作饌。弓人膠三鋝者。當為鍰。一弓之膠。三十四銖二十五分銖之十四。賈逵説俗儒以鋝重六兩。此俗儒相傳不能覈實。脱去大半兩言之。説文云。北方以二十兩為鋝。正合三鋝。蓋脱去三字。沈濤曰。鄭玄所引説文。實為最古之本。許以鍰釋鋝。以鋝釋鍰。正合本書互訓之例。今本鋝下脱鍰也二字。書呂刑釋文云。鍰。六兩也。鄭及爾雅同。説文云。六鋝也。鋝。十一銖二十五分銖之十三也。如鄭所引説文。則鍰不得訓六鋝。陸引六字非傳寫誤衍。即六為亦字之譌。六書故引蜀本説文曰。鍰。六鋝也。六字亦當為亦字之譌。北方以二十兩為鋝。據鄭説則許亦謂鋝重六兩。而戴氏欲以鋝鍰互易其篆。非也。桂馥曰。小爾雅廣衡。二十四銖曰兩。兩有半曰捷。倍捷曰舉。倍舉曰鋝。鋝謂之鍰。二鍰四兩謂之斤。馥案此即賈逵所謂俗儒以鋝重六兩也。王筠曰。鄭所引鋝鍰也。即是下文鍰鋝也。以經言鋝。故倒引之。此引用之活法。非本文挩鍰也二字。北方以二十兩為鋝者。此解周禮之三鋝。自當有三字。考工記明言乃戈戟之頭也。若二十兩為一鋝。則戈頭重六十兩矣。豈人所能用乎。許以北方區別之。恐是引漢時俗語。尚有以鋝為權名者耳。朱駿聲曰。小爾雅以六兩為鍰。鄭玄謂東萊以六兩大半兩為鍰。呂刑馬注。鍰。六鋝也。鋝重十一銖二十五分銖之十三也。賈逵説俗儒以鋝重六兩。諸説乖異。當從戴。迮鶴壽曰。鍰與鋝必有輕重之分。戴欲改考工記之膠三鋝為鍰。呂刑之其罰百鍰為鋝。似矣。但説文之例。二義並存者。先正次別。若以二十兩為三鋝。則一鋝重六兩大半兩。一弓之膠必無用二十兩之理。則知一鋝之重斷為十一銖二十五分銖之十三。而非六兩大半兩。明矣。呂刑。大辟疑赦。其罰千鍰。若以十一銖二十五分銖之十三為一鍰。則百鍰之重不過三斤。千鍰之重不過三十斤。安有三十斤之銅而可以贖死罪者乎。則知一鍰之重斷為六兩大半兩。而非十一銖二十五分銖之十三。又明矣。然則許存二義。前為鋝字正義。後為鋝字別義。而實為鍰字正義。故即繼之曰。鍰。鋝也。蓋即指二十兩為三鋝之鋝也。高翔麟曰。考工記冶氏戈戟皆重三鋝。劍重九鋝。如戈戟止重三十一銖為已輕矣。如以二十兩為鋝。劍重九鋝。為十有一斤四兩為已重矣。皆不然也。鍰鋝皆六兩。其實一字。徐灝曰。戴説是也。蓋徒知一弓之膠。不得多至二十兩。不知許所引三鋝。非專指一弓之膠。而考工記言之鋝者。其一為冶氏之戈戟。蓋即以二十兩為三鋝者。此一數也。其一為弓人之膠三鋝。即十一銖二十五分銖之十三者。此又一若也。許以十一銖二十五分銖之十三為本義。而北方以二十兩為三鋝乃別義。其引周禮則兼包二數。竊謂鍰鋝本各自為數。鍰為六兩大半兩。鋝為十一銖二十五分銖之十三。呂刑之鍰。史記作率。實定率之義。古或謂百鍰為百率。因與鋝同聲。遂以鋝為率。而當鍰之數。於是鋝亦為六兩大半兩。而二十兩為三鋝矣。古尚書説誤以鋝之本數為鍰。故稱百鍰三斤。以漢五銖錢計之。僅得錢三百二十。似為過少。當從賈鄭諸儒所言也。十一銖二十五分銖之十三為一鋝。其若奇零。非立名之法。疑當為十二銖。漢律曆志曰。權衡本起於黃鐘之重。一龠容千二百黍。兩之為兩。鋝即半兩之十二銖也。蓋百鋝凡三斤二兩。一鋝實十二銖。或舉其成數三斤。故百分之而成十一銖有奇耳。夫六銖為錙。倍之則十二銖為鋝。半兩。故有小半兩為錘。大半兩為鈞之目。鄭注考工記。十鈞為環。環重六兩大半兩。又恰符鍰之重。然則鍰即環也。而鋝為十二銖明矣。孫詒讓曰。鋝下無鍰也之文。蓋捝也。書呂刑疏引馬云。鋝。量名。當與呂刑鍰同。俗儒云。鋝六兩為一川。不知所出耳。是鄭許説並本馬季長也。川選音亦相近。故史記平準作白選。鄭謂東萊以十鈞為環。環重六兩大半兩。戴震改環為鍰。阮元云。釋文不出環字。三鋝下云。或音環。賈疏兩引此注。先作環。後作鍰。職金疏案及呂刑孔疏引此注亦作鍰。賈疏云。鍰鋝輕重無明文。故王肅之徒皆以六兩為鍰。是以鄭引許氏及東萊稱為證也。案鍰鋝義同。其數則有三説。鄭以為六兩大半兩。三之則二十兩。賈引王肅則以六兩。三之為十八兩。小爾雅同。即王所本。呂刑偽孔傳及馬融賈逵述俗儒亦同。路史後紀引尚書大傳史記索隱引馬融釋饌賈職金疏引五經異義尚書夏侯説釋率亦同。許則以為十一銖二十五分銖之十三。職金疏引異義古尚書説及呂刑釋文引馬融説是也。戴震孔廣森則以鍰鋝二篆當互易。亦通。羅振玉曰。卜辭有[illegible]。殆即鍰字。古者貨貝。至周而有泉。故從金從貝一也。又篆從寸之字古文皆作又。知鍰鋝一字。後世誤析為二。勵乃驥曰。吳大澂校古幣之輕重曰。古權名之見於泉幣者曰兩曰銖曰爰曰釿。爰即鍰之古文。鋝與鍰一字。説文。鍰。鋝也。據吳考郢爰金幣重當湘平一兩九錢。合庫一兩八錢三。吳以此幣為十爰之金餅。驥以為一鋝之金餅。知者。據劉復依新莽嘉量校得一兩為一四・一六六六六公分。又新權衡一兩之重。依新莽貨幣校得為一三・六七四六公分。二數均平。得新莽之一兩重為一三・九二〇六公分。合清庫平三錢而弱。此言北方以二十兩為三鋝。古之二十兩。合庫平六十錢而弱。即六兩也。以郢幣考之。當為五兩四錢九。考工記戈戟重三鋝。當為六兩而弱。或五兩四錢九。則可知一鋝之數。為一兩八錢三。而郢幣為一鋝之金餅明矣。而鋝之為數於古正六兩大半兩亦明矣。故北方以二十兩為三鋝。舉大數也。倫按陳漢第先生所藏吳大澂所得鹿邑戈。實戟也。權之正當天平五兩九錢。即古之三鋝。此所謂北方以二十兩為三鋝也。然則以實物證之。當如此北方説及鄭玄王肅小爾雅及賈逵所謂俗儒説。即今文尚書説。雖小有出入。而大校固甚明。其所以有出入者。今之古器皆經入土。或蝕則輕。增繡則重。且其物常用者。則入土前已失其本重也。此言十一銖二十五分銖之十三者非許文。雖許亦治古文。然以鄭玄引但云鍰也。不舉其數。而周禮職金疏言鋝鍰輕重無明文。故王肅之徒皆以六兩為鍰。無明文者。正謂許書無明文。不然。古尚書説豈非已有明文邪。由此言之。十一銖二十五分銖之十三及北方以二十兩為三鋝者。為呂忱或先後校者所加。正用古尚書説及周禮冶氏鄭注説也。使許本有是文。鄭何不引。而轉據東萊俗義邪。使字林有此文。賈疏亦當舉及。或賈後校者所加。鄭亦治尚書古文而此獨不從古尚書説者。古尚書説乃就以百鍰為三斤而百分之。謂一鍰尚得十一銖二十五分銖之十三。而非權量之正名。若為權數。則如徐説。

不當有奇數。其在本部銖錙鈞錘皆無奇數。七篇。兩。二十四銖也。亦無奇數。漢書律曆志及小爾雅載權名亦無有及奇數者。可證也。其以三斤當百鍰。不知所本。或謂賈疏引古尚書說。百鍰。鍰者。率也。一率十一銖二十五分銖之十三也。可鍰為三斤。是綜百鍰之數得三斤也。倫謂鋝為十一銖二十五分銖之十三自古尚書說以外無他概見。書呂刑疏引本書。又云。馬同。史記平準書索隱引馬融釋饌六兩。則馬亦復主六兩之說。呂刑釋文又引馬融云。賈逵說。俗儒以鋝重六兩。周官劍重九鋝。俗儒近是。此馬融主六兩為鋝之證。故鄭玄從之。而王肅亦從此説。蓋以墨辟之贖僅三斤為甚輕。古三斤合今權不及一斤。古刑視後世重。史記平準書索隱引尚書大傳。夏后氏死罪罰二千。周罰千鍰減其半。可證。漢死罪罰金三斤。據鄭玄說則略當周之千鍰。而復不可通於周禮也。㫚鼎。賣兹五夫用百鋝。若以十一銖二十五分銖之十三為鋝。其輕不至如此。然則十一銖二十五分銖之十三為鋝。前無所見。後無所承。必以三斤百分而得之。特古尚書説以百鍰為三斤。不審何據。承培元欲於本書鍰下其罰百鍰下補以古以卅斤為百鋝。更與十一銖二十五分銖之十三之數不合。倫以為周之百鍰。鍰即郢爰之爰。亦即甲文之□本書之瑗與環。而皆後世之所謂錢。鍰為六兩。既有郢爰及鹿邑戟可證。百鍰為六百兩。計銅當得三十七斤而餘。大辟之贖千鍰。當得三百七十餘斤。此鄭玄所以謂今贖死罪金三斤為價相依附。古者居山者以石質為貨。故瑗從玉。居水者以貝為貨。故□從貝。後世以金易玉貝。則字從金。其易玉以金也。蓋必準乎當時通行標準瑗一瑗之重或其值。故郢爰之重為今庫平一兩八錢三。約古六兩。而梁充釿亡當爰者。其重當郢爰之半。吴大澂校得郢爰合湘平一兩九錢六分。梁充釿尚爰合湘平八錢六分。雖不足郢爰之半數。然古器有蝕損。校其大致。可知本合也。然則鍰實貨幣之名。而非權數之名。而鋝與鍰實一字。金文散盤有□。王伐許矦敔有□。㫚鼎有□。毛公鼎有□。梁充釿五亡尚□。尚寽即當鋝。亦即當鍰。甲文作□。增貝。竟無鋝字。小爾雅廣衡。鋝謂之鍰。書呂刑正義引馬融考工記注云。鋝當與呂刑鍰同。然則周禮作鋝。尚書作鍰。而鍰鋝實一字明矣。蓋周禮鋝字為鍰之譌。鍰作□。譌為□也。書呂刑。其罰百鍰。史記周本紀鍰作率。徐廣曰。率即鍰也。索隱曰。舊本率作選。尋漢書儒林傳謂司馬遷漢孔安國問故。遷書載堯典禹貢洪範微子金縢諸篇。多古文說。呂刑不在所謂中。五經異義曰。夏矦歐陽說云。墨罰疑赦。其罰百率。則作率者夏矦歐陽書。所謂今文者也。又曰。古尚書說百鍰。則古文自作鍰字。索隱謂舊本率亦作選。漢書蕭望之傳。張敞曰。甫刑之罰。小過赦。薄罪罰。有金選之品。應劭曰。選音刷。金銖兩名。顏師古曰。字本作鋝。鋝即鍰也。尋張敞治左氏春秋。則古文也。其治尚書宜亦古文。豈古文本作選。選鍰聲皆元類。選即鍰之借字。選率則同次清摩擦音。選音心紐。率音審紐。故夏矦歐陽作率。如以方言之異讀之耳。率鋝聲同脂類。故鍰聲遂轉為寽。復以寽□形近。遂譌為鋝字。左僖十五年傳。吾於是乎作爰田。服虔孔晁皆訓爰為

鍰 鍰

易。孚為交易之易本字。爰為孚之轉注字。見孚字爰字下。則或本書之寽即𠬪之異文。本無寽字。亦可證也。周禮以下亦校語。【説文解字六書疏證卷二十七】

◉饒宗頤　𠬪　寽，字書所無，當即鋝，古與鍰通。説文：「鋝，鍰也。」書呂刑：「其罰百鍰，閱實其罪。」史記周本紀鍰作「率」。索隱舊本率亦作「選」，或作「饌」(書大傳)。此皆今文尚書之異寫。此辭言寽，或指罰鍰事。【殷代貞卜人物通考卷六】

◉黄錫全　鑀 鋝力輟切　夏韻薛韻録作鋝是，右形與𨒅(盂鼎)、𨒅(多友鼎)、𨒅(□郘鐸)、𨒅(三體石經)等形類同，从足與从止義同。《集韻》鋝「古从率」作𨒅，可以互證。《書·呂刑》「其罰百鍰、其罰千鍰」之鍰，《史記·周本紀》作率。《説文》「鍰，鋝也」。此形出自《義雲章》，來源應有根據。鄭珍認為「鍰、率、選皆音相近，史特借率為鍰。鍰之重同鋝，非率鋝是一字。此文以率易鋝旁寽，依石經古文𨒅書之」。【汗簡注釋卷六】

𠬪 前四·二八·七　羅振玉釋鍰云古者以貝為幣故字从貝至秦廢貝行錢則謂之鍰殆不知本有鍰字　𠬪 前八·三·四　【甲骨文編】

𠬪 前4·28·7　【續甲骨文編】

鍰〔七七〕【先秦貨幣文編】

◉許　慎　鍰鋝也。从金。爰聲。罰書曰。列百鍰。户關切。【説文解字卷十四】

◉馬　昂

右面文七字。曰。梁充斤金金當鍰。

按梁充斤金四字見前。其曰金當鍰者以此二十四枚當金一鍰也。故無亙十二字前貨曰亙是合二金得十二銖。合十二銖之十二為鍰。故有大半兩之稱。此不以二十四文之者。蓋復言金字明之也。上文曰斤金。是斷直六銖。復言金者。明謂以六銖之數計之。應合二十四金為鍰。即以此二十四枚當鍰也。說文。鍰。鋝也。鋝。十銖二十五分之十三也。北方以二十兩為鋝。考工記戈重三鋝。試以分銖之法計之。三鋝得重十五銖六黍為過輕。周官劊重九鋝。以二十兩計之。得重百八十兩為過重矣。據云鍰鋝並通。試以孔傳六兩之數計之。戈三鋝得十八兩。劊九鋝重五十四兩也。今據范銅之文。可證孔氏之說是而許氏之說非也。鍰鋝同義。蓋古文 字似寽。其實一字而誤分為二矣。此貨形制鑄作行用所直與安邑斤一金同。合前種之制。乃仿照安邑斤一斤二之法。復注明輕重當鍰所直。故文特加詳爾。【貨布文字考卷二】

◉羅振玉 今卜辭有𧶠字。殆即从金之鍰。鍰為重量之名誼。亦為罰金。古者貨貝而寶龜。至周而有錢。至秦廢貝行泉。故从貝从金一也。又篆文从 之字古文皆作 。知鍰鋝本一字。後世誤析為二矣。【增訂殷虛書契考釋卷中】

◉商承祚 卷八第三葉 卷四第二十八葉 羅師釋鍰。說文解字。鍰。鋝也。从金。爰聲。此从貝从爰。古者以貝為幣。至秦廢貝行錢謂之鍰。殆不知本有𧶠字也。【殷虛文字類編第十四】

◉馬叙倫 鈕樹玉曰。宋本作罰書曰列百鍰。誤。段玉裁曰。宋本葉本皆作書曰列百鍰。趙本五音韻譜集韻類篇皆作虞書曰。罰百鍰。嚴可均曰。鍰鋝一事而二名。故鄭注冶氏弓人皆云。鋝。鍰也。六書故引蜀本李陽冰廣說文作六鋝也。吕刑釋文亦引作六鋝也。蓋開寶重修。依李陽冰改。與古今尚書說法不合。必誤。錢坫曰。釋文引作六鋝也。六脱字。商承祚曰。卜辭有 。羅振玉釋鍰。從貝。古者以貝為幣。秦廢貝行錢謂之鍰。倫按吕刑釋文引作六鋝也者。蓋本作鋝也六兩大半兩也。傳寫捝譌耳。或曰。六字傳寫涉下文錙字說解而譌衍。鍰瑗一字。鍰鋝亦一字。蓋瑗鋝出倉頡。鍰出訓纂。或鍰出倉頡。鋝出訓纂。故許並載不能去也。罰蓋周之譌。列則罰之譌也。此校者所加。【說文解字六書疏證卷二十七】

◉白冠西 爰是鍰之省文。古代重量名稱。說文。鍰。鋝也。六兩為鍰。鄭玄以六兩大半兩為鍰(考工記鄭注)。寽即鋝之省文。也是重量名稱。有的說六兩為一鋝。與鍰同。徐灝說文解字注箋以十二銖為一鋝。一鋝等于半兩。楊寬戰國史(52頁)講魏國布幣時。以14.5公分為一鋝(合4.58市兩)。說到楚國金幣郢爰時。以十二銖為一鋝。一鋝等于半兩(同書55頁)。前後對照。并不一致。是楚魏兩國權衡制度不同。還是另有解釋。自秦漢以至近代經注家對鍰鋝的解釋很多。但以鍰鋝為重量名稱。意見是相同的。其分歧之點在于重量的差别。

鍰、鋝有多少重量。那家説的對。我們可用實物結合文獻來研究。問題是不難解决的。考工記冶氏。戈廣二寸。内倍之。胡三之。援四之……重三鋝。又桃氏。桃氏為劍……身長五其莖長。重九鋝。謂之上制。上士服之。身長三其莖長。重五鋝。謂之上例。下士服之。先以半兩為一鋝來計算。三鋝得一兩五錢。九鋝得四兩五錢。覺得過輕。再以六兩為一鋝來計算。三鋝得十八兩。九鋝得五十四兩。于戈劍重量尚能相稱。據新出土完整無鏽合乎考工記尺度規格的銅戈。合乎中制下制的銅劍來稱量。戈有九兩多的。也有十兩的不等。劍有十五兩多。二十一兩多不等(市秤)。這樣計算。一鋝當合市秤三兩一錢多。丁福保古泉實用談古以二十四銖為一兩。即今庫秤四錢四分一釐六毫(即合市秤五錢二分强)。與上面一鋝重三兩一錢多相同。由此可知。古兩小。今兩大。尚書以六兩為鍰是對的。徐顥以十二銖為一鋝。是不符合實際的。

从鍰、鋝的字意上講。是可以互通的。釋鍰釋鋝于意無害。其實鍰與鋝的形體上仍有顯著的區分。不能相混。清戴震説。鍰、鋝篆體易譌。説者合而為一。恐未然也(考工記冶氏補注)。郭沫若金文叢考上説。鍰、鋝本系兩字。漢儒誤而為一。按爰字本形。小篆作□。金文作□。寽字本形。小篆作□。金文作□。判然兩字。【郢爰考釋　考古通訊一九五七第一期】

◉夏　渌　□、□、□、□(金)、□、□(甲)、□(篆)、□(篆)。最簡的形體从貝从□,或加彳旁和止旁,表示流通或用于街市之意。□字也見于金文,《作册睘卣》:「□一珏一」,為玉器名,下从玉,代表玉圭,上象「耑」、「帚」等古文字的上部,代表植物初生委婉之形,字當讀「琬」。琬琰,琰圭上端渾園,琰圭上端尖鋭有鋒芒。以聲類求之,上揭金文當釋「鍰」,甲骨文从貝从爰,用為「换」。古幣有「陳爰」、「郢爰」,「爰」有「换」「易」的含義,貨幣用作交易的中介物,故有「换」的意思。

聯繫銘文讀「鍰」,今作「款」,無不通順。《召鼎》:「用款着買兹五夫,用百寽。」《説文》:「鍰,鋝也。」其實「鋝」是重量單位,後轉變為金屬貨幣單位,習見于古幣文。《趞鼎》:「訊小大右鄰(佞),取款五鋝。」《揚簋》:「訊訟,取款五鋝。」《番生簋》:「命汝鳩治公族卿史、大史僚,取款廿鋝。」命臣下擔任某一官職,取款若干鋝,尚見于《毛公鼎》等多件銅器。《尚書・吕刑》:「其罰百鍰。」當為「其罰百鋝」或「其罰鍰百鋝」的傳抄之誤。

這個金文从孫詒讓釋貝開始,有釋賦、釋債、釋往、釋遺、釋貺、釋黄、釋歸等十餘種理解,郭沫若釋貨,丁山、陳夢家釋徵,最為接近,《士昏禮》有「納徵」之語,意為財禮,但「貨款」、「罰款」未見稱「貨徵」「罰徵」的。倒是《説文》弄不清的「徵」字的形義來源,可以據金文加以訂正,字从攴从古文鍰,表示强行收款之意。

羅振玉認出了甲骨文的「暖」字,為什麽不擴大到金文的「鍰」字呢?一是因為《説文》和《吕刑》等古籍中,有把「鍰」與「鋝」

等同和混淆的失誤。其次，甲骨文、金文从貝的「鍰」字，以後改成了金旁，更到後來，它又被「款」字取代兼并了，自身趨于消亡。「款」字，《説文》：「意有所欲也。从欠𥨋省。或从柰。」《博雅》：「款，誠也，愛也。」本義是人張口向社樹、社神吐露心曲，表示誠心誠意，至今誠心待客，猶稱「款待」，作為借款、罰款、款項的「款」，實際是兼并了「鍰」字的結果，許多難識的古文字與自身的被兼并趨于消亡有關。【論古文字的兼并與消亡　武漢大學學報一九九一年第二期】

錙 錙

◉許　慎　錙六銖也。从金。甾聲。側持切。【説文解字卷十四】

◉馬叙倫　錙銖錘鈞皆權量器名。秦有鈞權可證。六銖也非本訓。【説文解字六書疏證卷二十七】

錘 錘

錘　秦一三〇【睡虎地秦簡文字編】

◉許　慎　錘八銖也。从金。垂聲。直垂切。【説文解字卷十四】

◉馬叙倫　王筠曰。高注淮南説山訓曰。六銖曰錙。八銖曰錘。又注詮言訓曰。六兩曰錙。倍錙曰錘。鄭注儒行曰。八兩為錙。風俗通義曰。銖六則錘。二錘則錙。二錙則兩。倫按據此知銖錙錘本是轉注字。後世用為權器輕重者之名耳。字見急就篇顏師古本。然皇象本止作垂。疑錙錘二字或並出字林也。【説文解字六書疏證卷二十七】

鈞 鈞

鈞　不从金　[illegible]鼎　匀字重見　从金从勹　守簋　金十鈞　幾父壺　金十鈞　陵子盤　金一鈞　𡰥敖簋　金十鈞　从旬　子禾子釜　㠱成侯鍾　重十鈞十八鎰　十鈞二字合文【金文編】

鈞　效六【睡虎地秦簡文字編】

吕鈞【漢印文字徵】

鈞出孫强集字　鈞出王庶子碑　鈞出尚書【汗簡】

鈞 [glyph] 古尚書 [glyph] [glyph] 竝孫彊集　【古文四聲韻】

◉許　慎　鈞三十斤也。从金。勻聲。居勻切。[glyph]古文鈞从旬。【說文解字卷十四】

◉吳大澂　[glyph]。許氏說古文鈞从旬。陳子禾子釜。贖以千[glyph]。此六國時字。非古文也。【說文古籀補】

◉劉心源　[glyph] 鈞从[glyph]。說文鈞古文作[glyph]。即此。【子禾子釜　奇觚室吉金文述卷六】

◉高田忠周　說文。銞。三十斤也。从金。勻聲。小爾雅廣衡。斤十謂之衡。衡有半謂之秤。秤二謂之鈞。周禮大司寇。入鈞金。孟子。吾力足以舉百鈞。皆本義也。【古籀篇十二】

◉郭沫若　銞即鈞字,說文「鈞,三十斤也。从金,勻聲。銞,古文鈞,从旬」。案乃从旬聲也。古旬字或作訇。从日勻聲。王孫鐘「余敷旬于國」旬作[glyph]。又古鉨均字亦多作均。如「[glyph]」凝「[glyph]」虹是也。鈞之為量有異說。攷工記冶氏注「今東萊稱或以大半兩為鈞,十鈞為環。環重六兩大半兩」。戴震云環當為鍰。吳大澂說「鈞上一字似千字」,謂「中刑贖以千鈞,以三十斤計之,罰至三萬斤,於理不合。鄭說十鈞為鍰,千鈞適當百鍰。共六百六十六兩十六銖,與東萊稱適相合」。今案吴說至㢟率。銞上一字諦宷原銘。絕不類千字,又銘文言鈞之例至多不過十。

　　[glyph]鐘「宮令宰僕錫[glyph]金十鈞」。嘯下八二。

　　守毁「王使小臣守使于夷,夷賓儐馬兩、金十匀」。存三・四四。

　　俱敖毁「錫盘俱敖金十匀」。存・三卷四十一。

　　陵子盤「陵子[glyph]錫夌姒金一匀」。存四卷十七葉。

數少則足證其量重。

　　又周官大司寇「以兩劑禁民獄,入鈞金」,鄭注亦云「三十斤曰鈞」。孫詒讓周禮正義言此甚詳晐,今揭其說如次:「云『三十斤曰鈞』者,㮚氏注義同。說文金部云『鈞,三十斤也』。小爾雅廣衡云『斤十謂之衡,衡有半謂之秤,秤二謂之鈞』。淮南子天文訓云『三十日為一月,故三十斤為一鈞』。漢書律厤志云『鈞者,均也。陽施其氣,陰化其物,皆得成就平均也。三十斤為鈞者,一月之象也』。竝鄭所本。吕刑五罰最輕者墨罰百鍰,依冶氏注,鍰為六兩大半兩,則百鍰為金四十一斤十兩大半兩。此治獄入鈞金未入五刑,故視墨罰尚減四分之一也。冶氏注又引東萊『或以太半兩為鈞』,則漢時俗語。非此經之義。又管子小匡篇云管子制:『小罪入以金鈞,分宥薄罰入以半鈞』,尹注亦用鄭義。國語齊語作『小罰讁以金分』,韋注云『小罪不入於五刑者,以金贖,有分兩之差』。淮南子氾論訓云『有輕罪者贖以金分』,高注亦云『以金分,出金贖罪,輕重有分兩之差也』。案據小匡文則齊罰金有一鈞半鈞之差，故亦謂之金分。」

據此可知齊罰小罪為金僅有一鈞半鈞，鈞如只大半兩，為罰未免太輕。而在本銘乃關吏舞弊之輕薄小罪，「贖以千鈞」，為罰又未免太重。故三十斤為鈞者於理非不合，不合者乃吴釋千字耳。諦案殆是半字。作[glyph]而斜偏左，然亦未敢遽必。【丘關釜　器銘考釋　金文叢考】

◉郭沫若　[glyph]　鍧即鈞字，説文「鈞，三十斤也。（案此斤字即古泉文習見之釿字。）銞，古文鈞从旬」。即是此字。周官大司寇「以兩劑禁民獄，入鈞金」，鄭注亦云「三十斤曰鈞」。管子小匡篇稱管子制「重罪入以兵甲犀脅二戟，輕罪入蘭盾鞈革二戟，小罪入以金鈞，分宥薄罪入以半鈞」。是齊制用金分贖罪時，有一鈞半鈞之差，本銘言「贖以□半鈞」者蓋罰輕薄小罪也。【子禾子釜　兩周金文辭大系圖録攷釋】

◉商承祚　[glyph]　匀旬同聲通叚。金文鈞守𣪘作[glyph]。从勹。即旬字。見甲骨文。子禾子釜作[glyph]。則與此同。【説文中之古文攷】

◉馬叙倫　權重之器。獨斤無本字。疑鈞本是斤兩之斤本字。以同見紐音而借斤為鈞。乃遂以鈞專三十斤之名矣。鈞守敨作[glyph]。

[glyph]　鈕樹玉曰。繫傳作[glyph]。李杲曰。子禾子釜作[glyph]。與此相似。倫按從旬二字校者加之。【説文解字六書疏證卷二十七】

鈀　鈀

◉許　慎　鈀兵車也。一曰鐵也。司馬法。晨夜内鈀車。从金。巴聲。伯加切。【説文解字卷十四】

◉馬叙倫　鈕樹玉曰。韻會法下有曰字。一曰四字在内鈀車下。桂馥曰。鐵當為鐵。廣雅。鈀。錍。鏑也。方言。凡箭。其廣長而薄鐮者謂之錍。或謂之鈀。段玉裁曰。今司馬法無此文。錢坫曰。今司馬法作巴。倫按從金巴聲不見兵車之義。鈀與輂聲近。輂下曰。若軍發車百兩為輂。疑兵車之訓附會輂字為之。一曰鐵也或鐵也亦未詳。此字蓋出字林。【説文解字六書疏證卷二十七】

鐲 [古文字形]

◉許　慎　[古文字形]鉦也。从金。蜀聲。軍法。司馬執鐲。直角切。【説文解字卷十四】

◉馬叙倫　鈕樹玉曰。宋本作卑法司馬執兩蓋譌脱。繫傳無兩字。周禮大司馬。辨鼓鐸鐲鐃之用。兩司馬執鐸。公司馬執鐲。沈濤曰。詩采芑正義引。鐲。鉦也。鐃也。倫按翟云升據本司馬上有公字。翟謂有公字是。不知何據。毛扆本作司馬執兩鐲。【説文解字六書疏證卷二十七】

鈴 [古文字形]

[古文字形]鈴　不从金　成周鈴　令字重見　[古文字形]班簋　[古文字形]師寰簋　[古文字形]番生簋　[古文字形]楚王領鈴鐘　[古文字形]从命　毛公𢉩鼎　[古文字形]邾公求鐘【金文編】

◉許　慎　[古文字形]令丁也。从金。从令。令亦聲。郎丁切。【説文解字卷十四】

◉劉心源　[古文字形]唐典彝　鈴舊釋作命。此字从[古文字形]。即金省。毛伯彝命賜[古文字形]金勒。與此同。是鈴字也。尋此文義。鈴尊當是地名。或是兩地。如左傳顛軨。國語聆隧之類。皆可㠯鈴為之尊。【古文審卷五】

◉劉心源　[古文字形]毛公鼎　鈴字从命。古文令命通用也。【毛公鼎　奇觚室吉金文述卷二】

◉高田忠周　説文。[古文字形]令丁也。从金令聲。蓋依器之鳴聲得名也。令丁疊韻。依許當作鈴丁。而注猶作令丁。此以古字釋今字也。作鈴或出周人。⊘

毛公鼎。朱旂二鈴。⊘按此篆與下文並皆从命。命令二字。古音同部通用也。銘意即本義之轉。別一器也。詩載見。和鈴央央。傳曰。在旂上是也。【古籀篇十二】

◉馬叙倫　鈕樹玉曰。繫傳作鈴釘也。恐非。沈濤曰。御覽三百三十八引。鈴丁也。無令字。丁下疑奪甯字。國語注曰。丁甯。鉦也。倫按丁甯也亦非本訓。從金。令聲。番生敢作[古文字形]。師寰敢作[古文字形]。毛公鼎作[古文字形]。【説文解字六書疏證卷二十七】

◉容　庚　鈴之類別有二。一綴于旂上者。詩載見和鈴央央。左氏桓二年傳錫鸞和鈴。毛公鼎朱旂二鈴是也。一為樂器。周禮春官巾車。大祭祀鳴鈴以應鷄人是也。【王成周鈴　頌齋吉金圖録】

◉郭沫若　虢叔鐘：「用作皇考惠叔大[古文字形]龢鐘」；叔氏鐘：「作朕皇考叔氏寶[古文字形]鐘」；虘編鐘：「用作朕文考釐伯龢[古文字形]鐘」；兮仲鐘：「兮仲作大[古文字形]鐘」，一作[古文字形]，一又作[古文字形]，又一編鐘作[古文字形]；克鐘：「用作朕皇祖孝伯寶[古文字形]鐘」；楚公鐘：「楚公豪自作寶大□鐘」，或作□，或作□，又或作□。(此等器銘具見周金文存卷一。)細觀此等字形，或從林或從㐭或從今，林、㐭、今古音同部，當是音符，則字讀當在侵部。

國語周語，周景王「二十三年，王將鑄無射而為之大林」，單穆公諫之，謂「鑄大鐘以鮮其繼」。下文又云：「王不聽，卒鑄大鐘。」則所謂「大林」即是大鐘。余謂此即□□□等字之假借也，當即後起之鈴字。前者乃形聲字，後者則會意字，與殸鼓字同意。鈴字後起，義亦轉變矣。

又古金文㐭字均從此作，如農卣之□，魯伯㐭鼎之□，召伯虎𣪘之□，陳猷及子禾子釜之□，是也。字當以此為聲，小篆之㐭，許書以為「从人从回，象屋形，中有户牖」者，乃沿譌字以為說也。

金文又有假為它字用者。大𣪘謂王以奔睽之里錫大，命豖告於奔睽，奔睽受王命，曰「天子，余弗敢□」，蓋文作□，蓋假為婪也。鄀斉字作□，即從此假借之義。又免𣪘文曰：「王受(授)作册尹者(書)，俾册令免曰令女正周師，𤔲□」；免簠文曰：「王在□，令免作𤔲土(司徒)，𤔲鄭還□眔(及)吴(虞)眔牧。」□與虞牧對文，而司□屬於司徒之職，則是林衡之類也。是又假□為林。同𣪘：「王命同左右吴大父，𤔲昜林吴牧」，與此同例。又員作父甲鼎：「唯征(正)月既望癸酉，王獸于昏□，王令員執犬，休善(膳)。用作父甲□彝」，「昏□」當是眂林。【雜説林鐘、句鑃、鉦、鐸　殷周青銅器銘文研究卷一】

◉唐　蘭　《説文》：「鈴，令丁也。」令丁亦鈴之合音，猶鉦之為征城矣。古器有楚王領鈴鐘、鼄君鐘鈴。稱鈴鐘者，蓋鐘為共名，而鈴為專名也。車飾之鸞鈴，如牛馬鐸而小。漢以下器，其大者鐸，其小者皆鈴也。【古樂器小記　唐蘭先生金文論集】

□

鉦　南疆鉦　鑄此鉦釦　【金文編】

◉許　慎　鉦鐃也。似鈴。柄中。上下通。从金。正聲。諸盈切。【説文解字卷十四】

◉高田忠周　説文。鉦鐃也。似鈴。柄中上下通。从金正聲。詩采芑。鉦人伐鼓。釋文。鐲也。本字本義也。【古籀篇十二】

◉馬叙倫　沈濤曰。詩采芑釋文引鐃也。又云。鐲也。御覽五百八十四引。鐃也。鈴柄中上下通鉦也。乃傳寫有譌。詩采芑正義一切經音義四引同今本可證。倫按似鈴七字校語。詩釋文引鐲也者亦校語。上文。鐲。鉦也。鉦音照紐三等。鐲音澄紐。同為舌面前音。或轉注字也。【説文解字六書疏證卷二十七】

鐃 鐃

[glyph] 270 【包山楚簡文字編】

◉許　慎　鐃小鉦也。軍法。卒長執鐃。从金。堯聲。女交切。【說文解字卷十四】

◉馬叙倫　沈濤曰。御覽五百八十四引。鐃。小鐃也。軍法。卒長執鐃。漢有鼓吹曲有鐃歌。鐃小鐃乃鐃小鉦之譌。執鐃亦當為執鐃。漢下衍有字。蓋古本有漢鼓吹曲有鐃歌七字。鈕樹玉曰。卒長執鐃亦見周禮。倫按此字疑出字林。不然。則挩本訓。軍法六字漢鼓吹七字皆後校者之詞。【說文解字六書疏證卷二十七】

◉劉彬徽等　鐃，簡文作[glyph]，《汗簡》堯字作[glyph]，與簡文形近。《說文》：「鐃，小鉦也」。出土有銅鉦一件。【包山楚簡】

鐸 鐸

[glyph] 鐸　□外卒鐸　[glyph] 中山王譽鼎　奮桴晨鐸　[glyph] 與睪斁擇為一字　耑𠮶君鼎　鐸其吉金　[glyph] [glyph] [glyph] 曾侯乙鐘　無鐸史籀作無射　【金文編】

[glyph] 鐸　日甲三三背　【睡虎地秦簡文字編】

[glyph] 鐸廣漢　【漢印文字徵】

◉許　慎　鐸大鈴也。軍法。五人為伍。五伍為兩。兩司馬執鐸。从金。睪聲。徒洛切。【說文解字卷十四】

◉高田忠周　說文。鐸大鈴也。軍法。五人為伍。五伍為兩。兩司馬執鐸。从金睪聲。古字省文。唯當以睪為之。朱駿聲云。按金口金舌為金鐸。所以奮武事。周禮大司馬。摝鐸。鼓人。以金鐸通鼓。是也。金口木舌為木鐸。所以振文教。周禮小宰。徇以木鐸。是也。轉義。論語。天將以夫子為木鐸。是也。【古籀篇十二】

◉馬叙倫　許當止訓器也。今挩。大鈴以下十八字蓋皆字林文及校語。或此字出字林也。沈濤據國語注以為鈴當訓丁甯。丁甯鉦也。玉篇。鈴。鐸也。鈴音來紐。古讀歸泥。鐸從睪得聲。本書睪從㚔。㚔讀如籋。籋音亦在泥紐。鐃音娘紐。泥娘同為邊音。是語原一也。鐸音定紐。鐲音澄紐。同為濁破裂音。鐃鐸聲皆幽類。鐲聲矦類。幽矦近轉。是此諸器。語原唯一耳。[glyph]鐸作[glyph]。【說文解字六書疏證卷二十七】

◉唐　蘭　《說文》：「鐸，大鈴也。」《書》：「遒人以木鐸徇于路。」《周禮·鼓人》：「以金鐸通鼓」。蓋初為木製，如椌柷之類，後乃易以金，昔人謂木鐸為金口木舌，乃附會之詞耳。凡傳世古器，宋人以鉦為鐸，清人則以鐃為鐸，均誤也。唯《周金文存》著録□兒鐸，明著其器為寶鐸，惜只拓自舞以下，未能詳其形制也。

自漢以下，鐸之用甚廣。有施於牛馬者，著録甚多，晉荀勗以趙郡賈人牛鐸定樂，即此類。有施於屋檐者，《古鑑》所著録檐鐸是也。其制大率與鐘同，唯較小，且鐘上為甬，而鐸爲環狀之紐耳。【古樂器小記　唐蘭先生金文論集】

◉殷滌非　銘文中有「作無者俞寶[古文字]盧」句。「寶」下的兩個字都从金，就是「尚不能斷定」的兩個字。我曾寫信呈郭老説，這句銘文的最後一字，大概可以借為「鐸」，承覆信示勉外，并在釋文中説：「有人定為盧，謂乃槖之異，假為鐸……此説亦可通」。我疑該銅器是「銚鐸」，不是「鉦」；這兩個字也應該釋為「銚鐸」。

鉦和鐸，古代都用以「振旅」，這是相同的地方。《説文》：「鉦，鐃也，似鈴。柄中，上下通」。段氏謂其柄「半在上，半在下，稍稍寬其孔，為之抵拒，執柄搖之，使與體相擊而為聲」。《説文》：「鐸，大鈴也。軍法：五人為伍，伍伍為兩，兩司馬執鐸」；《淮南汜論》：「告寡人以事者振鐸」，《周禮・大司馬》「摝鐸鼓人」，摝鐸即振鐸。蓋鐸之形制，口向上，有柄。這是鉦與鐸相似而又有所區別的地方。「無者俞」這個銅樂器，形似鈴，但稍大，銘文倒鑄則應倒置，即口向上，柄在其下。柄不「上下通」，柄下端横穿一孔，備以系鎚，用時仰持擊之。可見，這件銅樂器大概是以手執柄仰持鎚擊的鐸，并不是執柄搖之的鉦。

再就銘刻文字分析：「盧」字與「槖」字篆文形體相近，而與鉦字篆文則全不相涉，我疑應从金槖省聲，讀若槖。《説文》雖未收，或乃槖之異文。槖即柝，行夜擊柝，有新令奮鐸，其用意相同，都在于警衆。字既从金，又銘鑄于這個鈴形倒置的銅器上，疑假為鐸。槖、鐸這兩個字，上古都讀舌頭音，均入豫部，音近通假，是很自然的。亦可明確此器是鐸而不是鉦。【釋銚鐸　考古一九七五年第五期】

◉戴家祥　[古文字]嵩君鐸　作無者俞寶〻[古文字]盧　説文八篇屋，籀文作[古文字]，古文作[古文字]。从[古文字]。此銘从声，即屋之古文省形，為聲符。古屋字隸影紐，睪及从睪之圛繹斁譯懌驛嶧等字隸喻紐，喻影皆屬喉音，可通。屋聲當讀作睪，从金睪聲即鐸字，器形亦為鐸，是其證。

[古文字]郳公鈓鐘　吴大澂曰：[古文字]从金从乇，當即釗字。愙齋集古録一册郳公釗鐘。郭沫若曰：从金乇聲，卜辭及金文亳宅字从此，可證。以聲類求之，當是鉏之古字。兩周金文辭大系考釋。按。郭釋形正確。釋鉏之古字，非也。鈓字説文所無，疑即鐸字。乇睪韻同聲近，鈓即鐸的聲符更換字。説文「鐸，大鈴也，軍法：五人為伍，五伍為兩，兩司馬執鐸，从金鐸聲」。周禮「大司馬摝鐸」。古人以金鐸奮武事，故中山侯恁鉞銘曰「乍兹軍鈓」。【金文大字典下】

鑮

鑮　儀禮大射儀其南鑮釋文鑮本作鎛周禮鎛師鄭注鎛似鐘而大　[illegible]鎛　鎛字重見　【金文編】

◉許　慎　鑮大鐘。湻于之屬。所以應鐘磬也。堵以二。金樂則鼓鑮應之。从金。薄聲。匹各切。【説文解字卷十四】

◉潘祖蔭　齊鎛　吴清卿説……鎛即鑮。説文訓為大鐘。周禮鎛師。鄭注。鎛似鐘而大。爾雅。大鐘謂之鏞。郭注。鏞亦名鑮。音博。大澂桉。古文增減不同。楚公專鐘作□。此作□。與書笙鏞商頌庸鼓為一字。郭説是也。【齊子中姜鎛　攀古樓彝器款識二册】

◉馬叙倫　鈕樹玉曰。繫傳磬作聲。蓋譌。鑮作鎛。亦非。沈濤曰。六書故引蜀本説文曰。堵以二鑮。奏大樂則鼓鑮應之。則知今本譌奪。致不可通。段玉裁曰。大鐘下當有也字。鄭注周禮禮經皆云。鎛似鐘而大。則非鐘也。王筠曰。二當從集韻引作一。堵以一者。左右兩堵。各以一鑮領之也。徐灝曰。古錞于上大下小。為橢圓形。唯下垂處如推頭。正圓。倫按推疑碓之譌。周禮鼓人注。圜如碓頭。大上小下。吾粵順德梁氏廷枏。嘗得漢錞于。置之學海堂。灝經目驗也。容庚曰。鑮與鎛一字。儀禮大射儀。其南鑮。釋文。鑮。本作鎛。周禮鎛師。鄭注。似鐘而大。金文皆作鎛。倫按此字或出字林。爾雅釋文引字林。鑮。匹各反。【説文解字六書疏證卷二十七】

鏞

◉許　慎　鏞大鐘謂之鏞。从金。庸聲。余封切。【説文解字卷十四】

◉馬叙倫　大鐘謂之鏞爾雅釋器文。鏞鐘聲同東類。其聲自鐘而演。語原然也。鏞鑮蓋轉注字。故郭璞注爾雅合鏞鑮為一。鏞音喻紐四等。鑮鎛一字。鎛從尃得聲。尃音敷紐。敷與喻四同為次清摩擦音也。詩言庸則不及鎛。禮言鎛則不及鏞。亦可為鏞鎛一物之證。此字或出字林。【説文解字六書疏證卷二十七】

鐘

鐘　與鍾為一字　王孫鐘　沇兒鐘　子璋鐘　蔡侯䜌鐘　曾侯乙鐘　黄鐘　獸鐘　南宮乎鐘　𢆶鐘名曰無斁　井人妄鐘　柞鐘　師嫠簋　㝬鐘　中義鐘　士父鐘　克鼎　鐘伯鼎　秦公鎛　多友鼎　湯鐘一牏　攻敔臧孫鐘　兮仲鐘　又从重

虘鐘　楚王領鐘　邾公華鐘　邾公牼鐘　邾公釛鐘　邾君求鐘　郘鐘　厲羌鐘　厲氏鐘

益公鐘　楚公鐘　洹子孟姜壺　簷平鐘　郾其游鐘　己侯鐘　昆疕王鐘

走鐘　虢弔鐘　魯遼鐘　弔專父盨　【金文編】

170　262　【包山楚簡文字編】

鐘　秦一二五　【睡虎地秦簡文字編】

鐘官火丞　鐘壽丞印　鐘長之印信　鐘喜　鐘離公孫　鐘壽王　鐘櫝　鐘兄　鐘譚

鐘龍未猜　鐘晏私印　【漢印文字徵】

◉許慎　鐘樂鐘也。秋分之音。物穜成。从金。童聲。古者垂作鐘。職茸切。銿鐘或从甬。【説文解字卷十四】

◉劉心源　鐘或釋鏞。㠯此字右旁童中明有㞢。乃㞢字。古刻庸字从㞢从用不从用。見毛公鼎虢季子白盤召伯敔有庸有成作𢉖此銘蓋从鐘从庸。合二字會意也。【郘啓䈪鐘　奇觚室吉金文存卷九】

◉高田忠周　説文。鐘樂鐘也。秋分之音。物穜成。从金童聲。古者垂作鐘。或作銿。从甬聲。三代金文多叚鍾為之。例見鍾下。又古經文亦叚鍾。禮記明堂位。垂之和鍾。周禮鍾師。考工記。梟氏為重。皆是也。但左昭二十一年傳。鐘音之器也。周語。細鈞有鐘無鎛。大鈞有鎛無鐘。皆作本字。【古籀篇十二】

◉馬叙倫　嚴章福曰。影宋書鈔卷百八引成下有也字。沈濤曰。爾雅釋樂釋文引作樂器也。翟云升曰。釋樂疏引作鐘器也。徐灝曰。許以鍾為酒器。鐘為樂器。判然如二。但此二字古相通用。故戴侗合而一之。考杜預注左傳司馬彪注莊子顔師古注漢書李賢注後漢書皆云。六斛四斗為鍾。非惟盛酒之器不必如此之大。即樂鐘亦古所未聞。余嘗謂左傳晏子言。齊舊四量。豆區釜鍾。與嘉量之率不同。此亦其一證也。小爾雅。一手之盛謂之溢。兩手謂之掬。掬四謂之豆。豆四謂之區。區四謂之斧。斧二有半謂之藪。藪二有半謂之缶。缶二謂之鍾。依此差之。晏子所謂四升為豆者。僅止四掬。異夫嘉量之升。則斛之所容。亦不同於石法。可知。至小爾雅所謂缶二謂之鍾。即晏子之釜十則鍾也。而高誘注淮南要略。則以十斛為鍾。

是鍾之為數。亦無定準。至公羊宣六年傳何注云。畚。草器名。今市所量穀者是也。齊人謂之鍾。則形制並殊。竊謂酒鍾之名。既昉乎樂鐘。而嘉量之度。亦出乎律呂。然則鍾與鐘實本一字。因後世用之各有所專。遂歧而二之耳。丁福保曰。簾當作穜。倫按莊子田子方。鍾斛不敢入于四境。釋文引李頤云。六斛四斗曰鍾。司馬本作鍾㪷。云。鍾讀曰鍾。㪷讀曰臾。鍾字字書並無。亦不合六書。倫謂鍾斛當作㪷斛。鍾者。蓋讀者注一畚字之作畚而省譌畚者以為音。傳寫并譌成鍾耳。司馬本作鍾㪷者。則又㪷字譌成鍾字。後校者注一㪷字。傳寫譌入正文。轉挩斛字也。司馬讀鍾為鍾。讀㪷為臾。不知㪷即鍾也。莊子㪷斛連文。皆為量名。而本書斗部有㪷斛而無鍾。蓋鍾為㪷之借字也。內經鬼臾區。漢書藝文志作鬼容郘。漢書廣川惠王越傳注。今關中俗婦呼舅曰鍾。釋名。俗或謂舅曰章。又曰伀。爾雅釋親。夫之兄為兄公。釋文。本作伀。音鐘。本書頌之籀文作額。此鍾得借為㪷之例證也。漢書食貨志。必有萬鍾之臧。孟康曰。六斛四斗為鍾。故李頤注莊子亦謂六斛四斗為鍾。然量數之名。字當作㪷。鍾為酒尊之尊本字。鐘則樂器之名。鍾鐘實非一字。金文樂鐘字亦往往作鍾。禮記檀弓。與其鄰童汪錡往。注。重當為童。則聲相通假耳。秋分以下七字及古者五字皆校語。爾雅釋器釋文引字林。樂器也。急就篇皆倉頡中正字。而急就鍾鼎字作鍾。鍾磬字亦作鍾。顏師古本作鐘。蓋傳寫者易之。則倉頡蓋無鐘字。本書鐘字或出字林。

銿　鈕樹玉曰。玉篇廣韻銿為鏞之重文。又注云。說文與鐘同。宋保曰。甬聲童聲同部相近。倫按金文鐘字有從[字形]作[字形]從[字形]作[字形]虢叔鐘從[字形]作[字形]昆疕王鐘者。獨無銿字。銿蓋鏞之異文。呂忱據有借為鐘者。增為鐘之重文。抑或本是鏞之重文。傳寫誤為鐘之重文邪。【說文解字六書疏證卷二十七】

◉許敬參　說文解字十四篇。金部。鐘曰。樂鐘也。秋分之音。物穜成。从金童聲。古者垂作鐘。按垂者。狀鐘之下大上小。垂垂然。縣鐘形也。銿曰鐘或从甬。鎛曰。大鐘淳于之屬。所以應鐘磬也。堵以二金樂。則鼓鎛應之。从金薄聲。鏞曰。大鐘謂之鏞。从金庸聲。按鐘銿鎛鎛鏞為一字。鐘形聲後起，銿鎛鏞鎛為象形兼聲字。甲骨文[字形]各家無定釋，當即鐘本字。　象鐘兩銑鼓鉦舞筍虡形。从[字形]象手持物擊之。與磬之作[字形]。鼓之作[字形]義同。金文作[字形]。或釋甬。與鐘有別。按亦即鐘之本字。下微侈。象兩銑。中二橫象鼓鉦篆帶。上直象甬。旁半圓。象旋幹。頂象衡。公伐郘鐘銘[字形]字。王觀堂釋甬。按亦象形之鐘。假為用字。其與甲骨文[字形]異者。不從[字形]耳。為銿鎛鏞諸字所自出。其主在形。或累增。或通轉。金文別出[字形][字形]。似專主聲。故从東。童聲。此為鐘鍾所自出。已非其朔。當為別體。金文字體。已多求密茂。故从金从東重。及加以[字形][字形]王□者通行。而甬反罕見。說文解字三篇。用部曰。可施行也。从卜從中。卜中而用。已為漢人解說。疑非初誼。況ㅂ尤非中形。甫曰。男子美稱也。庸曰。用也。从用从庚。庚更事也。易曰。先庚三日而庸之。从兩手舉庚。已明示鐘大。單手不勝。故鏞从庸。訓曰大鐘也。周禮小宗伯。典庸器。而設筍虡。陳庸器。按均為鐘之象形。與甬作[glyph]者同。惟無旋幹耳。又廣雅釋詁三。敲擊也。从甬从攴。當與㱿从聲从攴。鼓从壴从支意同。均為本字。浹長未收。可補其闕。他如鈴訓丁令。鍠鎗訓鐘聲。鏜訓鐘鼓之聲。則又擬聲作解。其形益晦矣。【編鐘編磬說　河南博物館館刊第九集】

◉楊樹達　甬象鐘形，即鐘之初文。甬加金旁為鏞，許誤分甬與鏞鐘為二，非也。【文字形義學】

鈁 [glyph]

◉許　慎　鈁方鐘也。从金。方聲。府良切。【說文解字卷十四】

◉馬叙倫　鈕樹玉曰。玉篇。鐘也。廣韻。鑊屬。朱駿聲曰。鐘當為鍾。酒器之方者。廣雅釋器。鑺謂之鈁。似車上物。未詳。廣韻。鑊屬。則方鍾似為豆區釜鍾之鍾。倫按方鐘也非本訓。或方字乃校者注以釋鈁字之音者也。鐘也者未詳。金器有[glyph]陳騂鈁。前人釋鈁或釋壺。則非鐘鼓之鍾也。朱說近是。【說文解字六書疏證卷二十七】

◉金祥恆　第三簡

[glyph]　枋，非說文所謂「枋木也」之枋。乃說文「鈁，方鐘也」之鈁。鐘，朱駿聲案：「鐘當為鍾，酒器之方者」（說文通訓定聲）。其說是也。鍾為盛酒之器，盛酒之器，圓曰鍾，方曰鈁。竹簡遺册作橦、枋。蓋以木為之。⊘廣雅釋器「鑺謂之鈁」，博雅「鑺謂之鈁」。商周彝器通考酒器有方彝，容庚云：「考之于禮，器無以方彝名者。」今考竹簡遺册之枋，即方彝之方，亦即說文之鈁。

【長沙漢簡零釋　中國文字第五十一册】

鎛 [glyph]

[glyph] 鎛　通鑮　鑰鎛　[glyph] 邾公孫班鎛　[glyph] 鑞鎛戈　【金文編】

◉許　慎　[glyph]鎛鱗也。鐘上横木上金華也。一曰田器。从金。尃聲。詩曰。庤乃錢鎛。補各切。【說文解字卷十四】

◉薛尚功　[glyph]　用作鑄其寶鎛者。字說以謂厚。以厚物為大薄。以薄物為小鎛。從薄訓小故也。國語曰。細鈞有鐘無鎛。尚大故也。大鈞有鎛無鐘。尚細故也。以此推之。則鎛鐘比特鐘為小。比編鐘為大。今此鐘銘曰鎛。攷其形制。乃大於特鐘。蓋春秋之時禮樂征伐自諸侯出。而等夷制度無復先王之法而妄有誇大耳。以周官制器則首言鐘師。而以鎛師為之次。是其小大自異。而此制器之時蓋齊之中世。其實周鐘也。【齊侯鎛鐘　歷代鐘鼎彝器款識法帖卷七】

◉劉心源 □ 鎛从□。象甬鉦隧銑之形。从攴擊鐘也。又从肉。樂記云寬裕肉好順成和動之音作。鄭注。肉。肥也。疏謂厚重者也。此从肉。葢吕音言之。【楚公鐘一 奇觚室吉金文述卷九】

◉方濬益 □ 楚公鐘鎛字从攴。説文部首攴。小擊也。此銘鎛之偏旁从□。與攴同意。皆象擊鐘之形。【克編鐘 綴遺齋彝器款識考釋卷二】

◉方濬益 阮文達公以專之上體為尋幰形。當是甫之古文。下从攴取搏擊之意。濬益按。文達説是也。以魯公伐郐鐘周輔字作□證之。知虢叔兮仲諸鐘之林龢鎛等字其所从皆古文甫。葢象鐘之全體形。十為甬及衡。□之四周象舞。自兩欒至兩銑二直畫之中象其鉦。二横畫則象其左右篆帶也。據此知古章甫之制與鐘鎛同形。甫與鎛正一聲之轉也。【楚公鐘 綴遺齋彝器款識考釋卷一】

◉吳大澂 □ 鎛小篆作鑮。許氏説大鐘湻于之屬。所以應鐘磬也。堵以二。金樂則鼓鑮應之。儀禮大射儀其南鑮釋文。鑮本作鎛。齊侯鎛。【説文古籀補】

◉高田忠周 劉氏古文審説。鎛在説文。為鐘上雩。一曰田器。別有鑮。為大鐘錞于之屬。古文止用鎛。知小篆始分也。五經文字云。鑮見禮經。鎛田器。亦就小篆為説耳。此攷為是。説文。鎛鎛鱗也。鐘上横木上金雩也。从金專聲。朱氏駿聲云。謂栒上刻為龍。以黄金涂之者。考工記。鱗屬以為筍是也。別義。説文。一曰田器。朱氏又云。詩臣工。庤乃錢鎛。傳耨也。齊語。挾其槍刈耨鎛。廣雅釋器。鉏也。愚謂。且專古音同部。田器者。謂鎛字叚借為鉏也。朱氏又云。鎛叚借為鑮。周禮鎛師注。如鍾而大。周語。細鈞有鐘無鎛。是也。又鑮大鐘。淳于之屬。所以應鐘磬也。堵以二。金樂則鼓鑮應之。从金薄聲。然許氏鎛鑮劃然分別。而非古義也。今依諸鎛銘及經傳文。大鐘義。以鎛為正字。劉説為是。許氏鎛下所言。當薄字轉義。實為迫字叚借。白虎通禮樂篇。君臣有節度則萬物昌。無節度則萬物亡。亡與昌正相迫。故謂之鎛。此亦以迫義説鎛鐘。專白古音尤近。然愚所謂鎛迫通用者。鎛鱗相次密迫之義也。然又一説云鐘上横木上金雩。名曰鎛鱗者。此為薄字叚借。説文。薄。華葉布。从艸傳聲。讀若傅。是也。金雩分薄。迫密鱗次。故名曰薄鱗。薄字經傳以敷為之。亦通。果然。鎛鑮元同字無疑矣。葢初借薄為鎛。又泥正文。加金作鑮。古今文字之變易。往往見此例也。或謂鑮為鎛鱗正字。古元唯作薄。薄迫通用恒見。後加金作鑮。以為專字。存參。又按。此銘鈇鎬鑇鋁字。他器以鎛為鈇。亦音近通用耳。故鋁亦以吕為之。要並金屬名。叚借託名幖識者。無涉本義矣。⊘

齊子中姜鎛。作齊子中姜寶鎛。□古。吳大澂説云。鎛即鑮。説文。鑮訓為大鐘。周禮鎛師。鄭注。鎛似鐘而大。爾雅。大鐘謂之鏞。郭注。鏞亦名鑮。音博。按古文增減不同。云云。按吳氏亦未得攷也。故古籀補亦收此等篆于鑮下。今正。葢溥為旁薄之薄。大義也。尃為分布之布。亦有大義。尃敷同。故鎛從尃。【古籀篇十二】

◉馬叙倫　鈕樹玉曰。玉篇。田器也。又鎛解獸似人。縣鐘橫木也。解與鱗形近。然云獸則非鱗矣。桂馥曰。類篇。䥬。獸名。似人有翼。淮南俶真訓作鎛鮮。朱駿聲曰。謂栒上刻為龍。以黃金塗之。考工記。鱗屬以為筍。是也。倫按徐鍇謂鐘筍上飾。今儀制令所謂博山也。隋書音樂志。近代加金博山於簴上。博山即鎛鮮。鮮山同為次清摩擦音。然則淮南俶真之華藻鎛鮮所以狀飾。而鐘簴之飾。亦有為此狀者。聲轉為博山。然非鎛之本義。疑説解本作器也。校者加鎛鮮鐘上橫木上金華也。傳寫如今文。玉篇所據本又譌為解。或玉篇傳寫之誤。乃以為獸矣。鎛鑮一字。一曰田器者。以聲同魚類借為鉏。實借為耨。故詩周頌毛傳。鎛。耨也。廣雅釋器。鎛。鉏也。然此亦校語。【説文解字六書疏證卷二十七】

◉李　曄　鎛。《詩經・臣工》毛傳：「鎛，鎒也」。集疏：《釋名》：「鎛，鋤類也」。《齊語》韋注：「鎛，鉏也」。這樣，鎛是鎒？抑或是鋤（鉏）或鋤類？《莊子・外物》：「銚耨于是乎始修」。疏：「鎒，鋤也」。釋文：「鎒，乃豆反，似鋤，田具也」。鎒（耨）與鋤（鉏）是類似的田具，然而鎛果真是鋤或似鋤的田具嗎？

《國語・齊語》既説「挾其槍刈耨鎛」，又説「惡金以鑄鉏夷斤欘」，一句之中鎛、耨並見，可見鎛決非耨；一文之中，鎛、鉏同出，難道可以説鎛即是鉏（鋤）嗎？

王禎《農書・鋤治》章説：「古之鎛，今之鋤歟」？看來，王禎亦不敢斷言鎛即是鋤或鋤類。

鎛絶非耨，亦不是鋤，然則鎛是什麼？

樂器中亦有所謂「鎛」的。農具鎛，可能與樂器有關係。同是取名為「鎛」，必是樂器取名在先，田器取名在後，相反是不會有的。因為在奴隸社會中，樂器必被重視，田器必被賤視，斷無被重視的樂器取名于被賤視的田器的道理。相反，就不然了。《國語・周語》：「細鈞有鐘無鎛」，韋注：「鎛，小鐘」。鎛也罷，鐘也罷，都形似卷筒，所以取狀一鎛之半或者若干分之一造作田器，便即以「鎛」為名而形成為形狀瓦仰的田器鎛了。今日北方南方都有所謂「鍬」的，其基本的形狀就是瓦仰，所以我説：今日的鍬當即古代的鎛。記得我還年少的時候，曾經見過有一種鐵鍬，鍬身很長，卷度亦大，近似竹筒的半片（一鎛即一鐘的半片），用以掘造將要用以樹立圓柱的小井，盡可掘得很深而周圍的土並不崩塌。這種的小井，若不用此鐵鍬而改用其他工具，如鋤（鉏）、鏟（錢）之類，恐怕就不那麼容易掘成功。

鎛（鍬）和錢（鏟）一樣，柄都是直的，所以論起作用來，兩者之間並沒有嚴格的不可逾越的區分，不過錢（鏟）板平而特別有利

鍠　鍠

于鐘土除草，鎛(鍬)瓦仰而特別有利于插地起土。可以説，鎛和錢一樣是跟最古的耜相接近，可以看作耜的變形和發展的。《考工記》裏，耜是用以開溝的，鎛亦何嘗不可用以開溝？《吕氏春秋・任地》：「其博八寸，所以成甽也」。這裏，「其博八寸」恐非吕氏原文，一、字誤；二、句錯。愽，或作博，均誤，應改正為鎛。其鎛八寸，亦涉下句「其耨六寸」而錯改，所以全句仍應改正為「八寸之鎛所以成甽也」。這句，必須與前句「六尺之耟所以成畝也」合看。即凡耕田先用六尺之耟，耙出一畝一畝地面，然後在畝與畝間又開出一條條的甽來以利排灌。據《考工記》説，甽要廣尺深尺，是用一對五寸的耜去開的。這裏為什麼要改用一具八寸的鎛呢？以一鎛代二耜，不特開甽的人工盡可節省一半左右，而且在開甽後每畝所剩的可耕地面(壟)亦將可以比較寬廣一些。開甽後所剩可耕地面，《吕氏春秋》特稱之為「晦」；《辯土》：「晦欲廣以平，甽欲小以深」。以一鎛代二耜，即以八寸代一尺，如此開出的甽當然就可以从一尺縮小為八寸，至少甽的底寬就是八寸。甽的兩側不能壁立，會崩成陂，侵蝕可耕地面，所以《辯土》又説：「其為晦也……陂則埒」，陂指甽的兩側崩定後的陂，埒即可耕地面——「晦」因陂而自縮小之謂。《集韻》「劣通作㤟」。埒與㤟當通，即埒與劣當通。因此，「陂則埒」，實意味着開甽後所剩可耕地面將因甽側成陂而縮小。縮小程度的大小取決于所開甽底的大小。所開甽底的大小，取決于所用工具的大小，是一對五寸的耜抑或是一具八寸的鎛。改用一具八寸的鎛，是比較有利于每畝可耕地面「晦」的維持的，换言之，也就是比較有利于達成上述「晦欲廣以平」的目的的。

從使用一對五寸的耜改用一具八寸的鎛，亦無疑的，正標志着春秋戰國的時期，我國農業生産工具又有了改進，同時對于可耕地面的維持與控制也已有了進一步的認識和進一步的措施了。

雖説鎛是來自古耜而比古耜進步，可是直至近代，除了鎛身延長及其卷度加大，使更有利于深入取土，有如前述特種的鐵鍬外，就再没有什麼改進和發展了。最大的原因當即在于柄直這一點上。但柄直改為柄横而別開一個發展的途徑的就是《禹貢》裏的銍(銍當桎之誤，説見下)，亦即鉏、鎒一類的前身。

鍬即是鎛：鎛來自耜，但與耜已有別。《玉篇》謂鍬為臿，不知臿有齒而鍬無齒，同是用以插地起土而仍各有其不同之處。

【周代農業生産工具名物考　學術研究一九六三年第二期】

◉許　慎　鍠　鐘聲也。从金。皇聲。詩曰。鐘鼓鍠鍠。乎光切。【説文解字卷十四】

◉馬叙倫　當作金聲也。【説文解字六書疏證卷二十七】

鎗 不从金 猒鐘 倉字重見 【金文編】

◉許　慎　鎗　鐘聲也。从金。倉聲。楚庚切。【説文解字卷十四】

◉高田忠周　吴大澂云。古鎗字不从金。許氏説。鎗。鐘聲也。鏓。鎗鏓也。倉悤即鎗鏓省文也。此説為是。【古籀篇十二】

◉馬叙倫　玄應一切經音義引三倉。鎗鎗。金聲也。玉篇。鎗。金聲也。【説文解字六書疏證卷二十七】

◉戴家祥　猒鐘　鎗=鏓=　此銘「鎗=鏓=」，猒鐘作「倉=悤=」，鎗鏓即倉悤。説文「鎗，鐘聲也」。「鏓，鎗鏓也」。因鐘鳴為金屬之音，故从金。【金文大字典下】

鏓 不从金 猒鐘 悤字重見 【金文編】

◉許　慎　鏓　鎗鏓也。一曰。大鑿。平木者。从金。悤聲。倉紅切。【説文解字卷十四】

◉高田忠周　猒鐘　古籀補。吴云古鏓字不从金。此作。與毛公鼎字同。乃蔥之象形字也。蔥衡从艸。鎗鏓从金。皆後人所加。按吴釋悤非。然為蔥。確論也。此古象形後為形聲之一例也。若悤字从心从囱聲。與菜之毫無涉。蓋與心古文作相近。故吴氏誤乎。要得以悤兼蔥。而不得以蔥兼悤也。但悤蔥同聲。通用無妨。而此銘即以蔥為鏓也。説文。鏓鎗鏓也。从金悤聲。鏓蔥皆同聲。故通用耳。若夫蔥衡以繱為正。鏓別義。説文。一曰大鑿平木者正字。未詳。【古籀篇十二】

◉馬叙倫　鈕樹玉曰。李注文選長笛賦引作大鑿中木也。桂馥曰。御覽七百六十三引通俗文。石鑿曰鏨。鑿充曰銃。小鑿曰鐫。柄曰檍。受檍曰鏓。馥案此文有挩誤。王筠曰。集韻引云。一曰。大鑿。一曰。平木剷。説文無剷字。倫按鎗鍠聲同陽類轉注字。鏓鎗同為次清破裂摩擦音轉注字。鎗鏓也當作鎗也。鏓蓋隸書複舉字之誤乙於下者也。一曰大鑿者。借鏓為鑿。鑿音從紐。鏓音清紐。同為舌尖前破裂摩擦音也。一曰平木者。借鏓為鏟。鏟音穿紐二等。同為次清破裂摩擦音也。然皆校語。【説文解字六書疏證卷二十七】

錚

◉許　慎　錚金聲也。从金。爭聲。側莖切。【説文解字卷十四】

◉馬叙倫　錚音照紐二等。鎗音穿紐二等。同為舌尖後破裂摩擦音轉注字也。字見急就篇顔師古本。【説文解字六書疏證卷二十七】

鏜

◉許　慎　鏜鏜鼓之聲。从金。堂聲。詩曰。擊鼓其鏜。土郎切。【説文解字卷十四】

◉馬叙倫　鈕樹玉曰。廣韻引作鼓鏜聲也。當不誤。玉篇注。鼓聲也。惠棟曰。鼓部作鼞。此字後人所加。席世昌曰。鼓部引詩作鼞。此作鏜者為毛説也。説文中此類甚多。所以存異文。惠氏謂此字所增。非也。朱駿聲曰。鼓部鼞下引三家詩此引毛詩也。倫按本訓金聲也。鎗鏜聲同陽類轉注字。鼞鏜二字疑並出字林。或一字出字林。然何字出字林。未能定也。【説文解字六書疏證卷二十七】

鑋

◉許　慎　鑋金聲也。从金。輕聲。讀若春秋傳曰躄而乘它車。苦定切。【説文解字卷十四】

◉馬叙倫　鈕樹玉曰。説文無躄。左昭廿六年傳作鑋。王筠曰。今左傳作鑋者借字。吴玉搢曰。左昭廿六年傳釋文。按説文。躄。一足行也。鑋。金聲也。引傳謂鑋讀若躄。非謂鑋即躄也。左傳因形聲相近。誤足為金。九經字樣六書故皆誤合鑋躄為一。桂馥曰。傳本作躄。故杜訓一足行。邵瑛曰。本書失收躄字。玉篇。躄。一足行皃。陳瑑曰。説文無躄。疑此經亦讀若不破字。許原作鑋。校者以為讀若必異文。故改為躄。承培元曰。鑋即今鏗字。躄即踦之俗字。踦躄雙聲。踦。一足行也。倫按鑋疑當讀若硜。此讀若下捝硜字。引春秋傳乃證字。躄則校者所據本已捝硜字。故改之。如陳説也。或鑋字出字林。左昭廿六年傳釋文引字林。鑋。邱貞反。躄字亦出字林。故陸德明引之而今本書無躄字也。鑋音溪紐。鏜音透紐。同為次清破裂音。是轉注字也。【説文解字六書疏證卷二十七】

鐔

鐔　許鐔私印【漢印文字徵】

◉許　慎　鐔劒鼻也。从金。覃聲。徐鍇曰。劒鼻。人握處之下也。徐林切。【説文解字卷十四】

◉馬叙倫　段玉裁曰。莊子説劒凡五事。曰。鋒。鍔。脊。鐔。夾。鋒者其耑。許書之鏠字。左傳所謂劒末也。鍔者。其刃。

許之劉字。脊者。其身中隆處。記因之有兩從臘廣之偁也。鐔者。其鼻。玉部所謂設璏處也。夾者。其柄。記所謂莖。許刀部所謂釗也。即鼻劒鼻瓜鼻。皆謂鼻者。鼻猶初也。始生子謂鼻子。桂馥曰。釋名。劒。其旁鼻曰鐔。鐔。尋也。帶所貫尋也。莊子説劒。周宋為鐔。釋文。徐云。謂劒鐶也。司馬云。劒珥也。楚詞九歌。撫長劒兮玉珥。王注。珥。謂劒鐔也。趙策。吴干之劒無鉤竿鐔蒙須之便。操其刃而刺。則未入而手斷。鮑注。鐔。珥鼻也。徐鍇曰。劒鼻。人握處之下也。馥案鐔有兩訓。廣韻屬侵部者訓劒鼻。屬覃部者訓劒口。莊子釋文引三倉。鐔。劒口也。初學記廿二引呂静韻集。劒口謂之鐔。急就篇。鈒戟鈹鎔劒鐔鍭。顔注。鐔。劒喉也。考工記桃氏為劒。以其臘廣為之莖。圍。鄭司農云。莖謂劒夾。人所握。鐔以上也。此皆言鐔為劒口。與鍇説人握處之下同。鍇不應連鼻言之。朱駿聲曰。廣雅釋器。劒珥謂之鐔。聲類。鐔。劒口也。漢書匈奴傳注。鐔。劒口旁横出者也。程瑶田云。鐔者。劒首也。以其有孔曰口。視其旁如耳然曰珥。面之曰鼻。對末言之曰首。謂戴于莖也。首及莖並與劒同物。鑠金而成。自首山末一體。禮記曲禮。進劒者左首。少儀。澤劒首。莊子則陽。吹劒首者。映而已矣。皆所謂鐔也。程并述在揚州得一古劒。劒首形如覆盂。宛然而中空。以為證。按劒末曰鋒。刃曰鍔。其身中隆處曰脊。亦謂之兩從臘廣。其柄曰夾。柄耑曰鐔。亦謂之釗。又謂之鼻者。以其在上。取始初之義。非面之之謂也。徐灝曰。釋名。劒旁鼻曰鐔。顔注漢書匈奴傳。鐔。劒口旁横出者也。衛。劒鼻也。衛字本作𡙇。其音同耳。灝按鐔即考工記所謂臘也。前承釗身。後接於莖。鐔之言覃也。覃。延也。言其横出劒外也。臘之言接也。風俗通曰。臘者。接也。言其與劒身相接合也。亦謂之衛。衛者。衛也。所以衛劒身也。當兩脊之中者曰鼻。居刃之兩旁曰珥。珥猶耳也。阮氏集古所圖古劒臘如梔子花蒂。作四出長鬣形。於臘之名義猶顯。蓋謂其如毛髮鬣鬣然也。近無所傳古劒。其臘多横出如梭。乃其簡制。小顔以為劒口旁横出者此也。古劒自首及末皆一體鑄成。唯臘相附接合。亦有以玉為之者。即玉部所云。璏。劒鼻玉也。此皆得之目驗者。許云。鐔。劒鼻也。璏。釗鼻玉也。參以劉熙顔籀之説。實足互相證明。段程諸家皆以鐔為劒首。似未碻也。倫按玉部。璏。劍鼻玉也。乃字林訓。然則此亦然也。鐔字見急就篇。疑許以聲訓。吕忱乃以劒鼻明之。然顔師古以鐔為劒口旁横出者也。衛為劒鼻。衛即𡙇。本書作璏。則鐔璏非一。然吕在顔前。劒鼻之訓。必有所受。吕以璏為劒鼻玉。則是劒鼻上之飾。而非即劒鼻。倫以為凡謂之口鼻者必以其形似也。段以印鼻瓜鼻為證。譣以漢印之鼻多作⌒形。與甲文鼻字作Ꮕ者相近。而相傳所謂劒格者。其形為⌓。然此蓋即璏也。知者。璏衛同音。衛之義取乎衛手。趙策。吴干之劒。無鉤竿鐔蒙須之便。操其刃而刺。則未入而手斷。明鐔以外即刃也。則鐔在劒刃之終點。⊘柄之圍即鐔之廣。今猶可譣也。顔師古以鐔為劒刃之本入把者也。徐鍇以為劒鼻人握處之下也皆明白可據。徐謂人握處之下者。劒垂之則握處在上也。三蒼韻集謂之劒口。顏師古謂之劒喉。以此外即刃。蓋劒身如舌。鐔如口或喉。故諭鐔為口或喉也。考工記謂之臘者。鐔從覃得聲。覃從鹵得聲。見覃字下。鹵臘音同來紐也。鐔之語原似為含。含覃聲同侵類。【説文解字六書疏證卷二十七】

◉高至喜　鐔是指劍柄下端與劍身(劍口)相連處的飾件。這一名稱分歧很大,主要的有鐔、格、璏、琫四説,還有稱劍鼻、珥、環、劍口的。到目前為止,玉劍鐔最早的是江蘇六合程橋二號春秋末年吴墓中出土的,戰國玉劍鐔出土不多,僅四川成都、巴縣和河南輝縣出有很少幾件。湖南地區春秋晚期至戰國楚墓中出土銅、鐵劍數以百計,卻無一件有玉鐔,到漢代才有較多的玉、石鐔出土。

在文獻中關于鐔的記載較多。《漢書·匈奴傳》:「賜以冠帶衣裳,黄金璽盭綬,玉具劍,佩刀……」,孟康注曰:「標首、鐔衛,盡用玉為之也。」顏師古注:「鐔,劍口旁橫出者也。」《説文解字》:「鐔,劍鼻也。从金覃聲。」徐鍇注曰:「劍鼻,人握處之下也。」顏師古注《急就篇》時説:「鐔,劍刃之本入把者也。」根據這些文獻記載,可把劍口之上、人握處之下的扁長形(俯視作菱形)物名之曰鐔。周南泉稱作劍鼻「是根據它的形態和部位在當時人們中的一種俗稱,是劍身整體形象化的比喻。……形有脊如鼻而名」,這是對的。又《説文解字》:「璏,劍鼻玉也。」由此可知,此物用金屬製成叫鐔,用玉制成叫璏,俗稱劍鼻。有的學者根據孟康所注玉具劍為「標首鐔衛」,以為此即指玉具劍上的全套劍飾四種,標指劍珌,首即劍首,鐔指劍口之上、人握處之下的飾件,衛即璏,指劍珥。我意此句應斷句為「標、首、鐔衛」為宜,即應从許慎《説文解字》之説,視「鐔璏」為一物。許慎是東漢前期人,玉具劍在當時還相當流行,他釋「鐔」為「劍鼻」,釋「璏」為「劍鼻玉」是可信的。孟康是東漢末至三國時人,他對玉具劍也應熟悉,如把「鐔衛」視為二物,則與許説矛盾,恐亦不合孟康原意。

現在考古學界很多同志將鐔稱為「格」,容庚在《鳥書考》中亦有「劍格」之名,均不知何所本?劍格之名在文獻中找不到根據,我認為這一名稱可以放棄不用,還是沿用漢代所定的名稱為好。段玉載注《説文解字》時説:「鐔,《考工記》、《曲禮》、《少儀》所謂劍首也」,并引程瑶田《通藝録》説,劍鼻「謂之珥,又謂之環,一謂之劍口,有孔曰口,視其旁如耳然曰珥,面之曰鼻,對末言之曰首」。他們可能因為没有見過古代劍飾實物,故把鐔(劍鼻)、珥、首混為一物,實不足取。1981年版《辭源》(三)把「劍柄與劍身相接兩旁的突出部分」(即鐔)解釋為「珥」,也不恰當。那志良先生把劍首名琫,後又把劍鐔稱之為琫,均不可從。【談談劍飾名稱問題　考古與文物一九八七年五期】

◉許　慎　鏌鏌釾也。从金。莫聲。慕各切。【説文解字卷十四】

◉馬叙倫　鈕樹玉曰。韻會引作鏌鋣大戟也。李注文選羽獵賦及後漢書杜篤傳注引皆有大戟二字。段玉裁曰。應劭顏師古司馬貞皆主劍説。非。史記趙良司馬相如皆云。干將之雄戟。張揖曰。吳王劍師干將所造者也。然則古説皆謂戟也。倫按荀子彊國。剖刑而莫邪已。吕氏春秋用民。莫邪不為勇者與。淮南脩務。而不期於墨陽莫邪。注皆謂劍名。莊子大宗師釋文。鏌鋣。劍名。廣雅釋器。鏌鋣。劍也。獨司馬相如言干將之雄戟。然與干將雄劍者合。是相如説本於趙良。疑劍戟音同見紐。戟為譌字。或聲借。或良據傳聞也。而鏌鋣遂有大戟之説矣。此説解本作鏌鋣也大戟也。傳寫捝也字。或唐人删之。大戟也或吕忱列異訓。或校者加之。鏌鋣聲同魚類連緜詞。此二字蓋並出字林。【説文解字六書疏證卷二十七】

◉許　慎　釾鏌釾也。从金。牙聲。以遮切。【説文解字卷十四】

◉許　慎　鏢刀削末銅也。从金。票聲。撫招切。【説文解字卷十四】

◉馬叙倫　刀削末銅也。明非本訓。此字或出字林。【説文解字六書疏證卷二十七】

鈒斯合切出郭知玄字略【汗簡】

◉許　慎　鈒鋋也。从金。及聲。穌合切。【説文解字卷十四】

◉馬叙倫　字見急就篇顏師古本。皇家本作軗。【説文解字六書疏證卷二十七】

◉許　慎　鋋小矛也。从金。延聲。市連切。【説文解字卷十四】

◉阮　元　姬趍母鬲　鋋字从金。从延。古走旁辵旁每通用。【姬鋋母鬲　積古齋鐘鼎彝器款識卷七】

◉馬叙倫　沈濤曰。文選西京賦注引作小戈也乃傳寫之譌。方言。矛。吳揚江淮南楚五湖之間。或謂之鋋。倫按鋋從延得聲。延音喻紐四等。鈒音心紐。同為次清摩擦音。鈒鋋蓋轉注字。小矛也者。蓋字林訓。吕忱據埤蒼加之。字見急就篇。【説

文解字六書疏證卷二十七】

鈗

◉許　慎　鈗侍臣所執兵也。从金。允聲。周書曰。一人冕執鈗。讀若允。余準切。【説文解字卷十四】

◉馬叙倫　鈕樹玉曰。鍇本作執鋭。玉篇廣韻並無。疑鈗為鋭之挩字。上文鋭字疑後人增。今書顧命作一人冕執鋭。釋文。鋭。以稅反。正義引鄭康成云。鋭。矛屬。並非鈗字。玉篇次序。鋭適當鈗字。注。矛也。與鄭注微異。蓋本説文。段玉裁曰。書顧命作執鋭。偽孔傳云。矛屬。音義。以稅反。不言説文作鈗讀若允。可疑一也。玉篇無鈗有鋭。云。徒會切。矛也。次第正與説文同。唯易鈗為鋭耳。可疑二也。漢書長楊賦。兗鋋瘢耆。張佖引説文同今本。謂兗當作鈗。是今本説文至南唐張佖乃見之。與小徐本同。可疑三也。廣韻亦無鈗有鋭。杜外切。矛也。是可知陸法言切韻。孫愐唐韻皆無鈗矣。可疑四也。集韻十四泰。鋭。徒外切。矛屬。禮部韻略韻會皆同。以至毛居正六經正誤云。鋭。矛屬。許氏説文音兑。廣韻徒外切。今音以稅切。非也。當從説文廣韻音。岳珂九經三傳沿革例。顧命。執鋭。説文以為兵器。注中釋為矛屬。是則南宋時許書古本尚有釋鋭為兵器讀若兑者。非純用大小徐本也。可疑五也。竊謂顧命本作鋭。説文亦本有鋭無鈗。當易鈗為鋭。訓曰矛屬。從金。兑聲。周書曰。一人冕執鋭。一曰。芒也。次出𠛱篆。訓曰籒文鋭。王鳴盛曰。説文所引係真古文。鄭必與之同。偽孔妄改為鋭。唐人不識字。并所引鄭注亦作鋭。非也。揚雄傳。兗鋋。張佖以為合作鈗。鈗鋋相次。則張説是也。桂馥曰。岳珂九經三傳沿革例。顧命。一人冕執鋭。鋭實鈗字也。按説文以為兵。今注中釋為矛屬。而陸德明又音以稅反。且諸本皆作鋭。獨越中注疏於正文作鈗爾。甕牖閒評。書顧命。一人冕執鋭。蘇東坡書解云。鋭當作鈗。是也。鋭本非兵器。書既誤作鋭字。而注書者妄云矛屬。竟云以稅反。其誤又甚焉。漢書揚雄傳。兗鋋瘢耆。金族淫夷者數十萬人。宋本傳末附吕佖曰。按字書無兗字。今俗以為兗州字。兗州本作沇。此兗鋋合作鋭鋋。漢書相承疑誤書為兗字。柳榮忠曰。段之言誠然。然究難言諸家所據説文本是。而二徐本非也。篇韻訓鋭為矛屬。據偽孔耳。未嘗言説文有是訓也。岳珂所云説文以為兵器者。本約略之詞。至云注中以為矛屬。則所指書傳言之。是許書鋭下本無兵器之訓。不得云尚書本作鋭。古本説文引周書本在鋭下也。廣雅釋詁。鋭。利也。釋器。鋭。盂也。經傳凡言鋭者。皆精鋭堅利之義。無作兵器字用者。是尚書本作鋭。篆文鈗鋭相似。因譌為鋭。二徐本是也。當據以正諸家之誤。陳瑑曰。古無以鋭為兵器者。書正義引鄭康成説。鋭。矛屬。案説文鈗上為鋋。訓小矛。鈗下為鉈。訓短矛。以類相次。則鈗亦矛屬可知矣。鄭蓋與許同。字作鈗。疏家承偽孔之誤。并改鄭本之鈗為鋭。是誣鄭也。隸古定本亦作鈗。錢坫曰。淮南子楯讀為允。漢書中有中盾。

即後世之中允。此鈗即盾耳。丁晏曰。書作鋭者。王肅改也。鄧廷楨曰。揚雄賦以究鋌聯屬。本書以鈗次鋌。蓋本之。不可謂本書無鈗篆。徐灝曰。玉篇鋭字次弟。正與説文鈗字次弟同。此明是後人據今本顧命改之。廣韻雖無鈗字。而集韻類篇皆有之。是明其相承有自。今本廣韻或為後人所刪。亦未可知。沿革例所謂説文以為兵器者。正指鈗下侍臣所執兵也。又云。注中釋為矛屬。此指書傳鋭矛屬而言也。段乃謂南宋時尚有説文古本釋鋭為兵器者。何其蔽邪。倫按此字可疑。先在説解。侍臣所執兵也此語殊不可通。由置此辭者。意謂侍臣即書顧命之執鈗者耳。所執兵即鈗耳。然説字當獨立為辭。況顧命侍臣非一。所執之兵亦非一。若然。究為何種兵器邪。顧命所列兵器凡七。曰惠。曰戈。曰劉。曰鉞。曰戣。曰瞿。曰鋭。惟戈與戣見本書。鉞亦見本書。但非其義。兵器之鉞本書作戉也。正義曰。七種之兵。惟戈經傳多言之。考工記有其形制。其餘皆無明文。傳惟言。惠。三隅矛。鋭亦矛也。戣瞿皆戟屬。不知何所據也。劉鉞屬者。以劉與鉞相對。故言屬以似之而別。又不知何以為異。鄭玄曰。惠狀蓋斜刃。宜芟刈。戈即今之句子戟。劉蓋今鑱斧。鉞大斧。戣瞿蓋今三鋒矛。鋭。矛屬。倫謂鄭及偽孔所言。亦未必盡皆親見其器。孔以惠為三隅矛。與鄭謂戣為三鋒矛者。無以別也。鄭以惠為斜刃宜芟刈。然傳臣所執。必非芟刈之器。集韻十三祭。鈗。俞芮切。侍臣所執兵。或作鏸。然則鏸即惠。惠即鈗。而顧命明言執惠。又言執鈗。是異物也。本書無鑺。而徐鉉新附有之。訓兵器。蓋出字林。故玉篇有鑺訓軍器。鈕樹玉以為即顧命之瞿。鄭珍謂字亦作戳。廣韻。戟屬。古謂四出矛為戳。則瞿為鑺或戳之省。劉者。本書無之。而廣雅器以為刀。未知所本。然於顧命得通。若然。則鋭為兵器。然為何種兵器。鄭與偽孔皆止言矛屬。若本書字作鈗。而次在鋌鉈之間。亦當為矛。錢謂是盾。非矣。錢説雖有據。然盾所以禦人而不能攻人。故金文中執盾者每亦執戈。見戰字下。清代軍器有藤牌。即古之盾。而執盾者亦兼執刀。顧命所陳凡惠戈等皆可以攻者。則不得一人獨執盾也。以是推求。疑鈗為鋌之轉注字。鈗音喻紐四等。鋌從延得聲。延音亦喻四也。揚雄賦以究鋌連文。究為沇之異文。蓋水或在允上。因譌為究。鈗沇皆從允得聲。故揚借沇字為之。今書作鋭者。鋭鈗形近。又鋭從兑得聲。兑從㕣得聲。㕣音亦喻四也。故得借鋭為鈗。篇韻及書釋文皆不及鈗字。蓋所據本顧命已皆作鋭。岳珂謂越中注疏本於正文作鈗者。校者據本書改之。但言正文可知也。此引作鈗者。此字蓋出字林。為吕忱所加。吕忱治偽古文。但所見本為真偽本。故字作鈗也。據毛居正岳珂所見本書此字作鋭。蓋一本為校者以此所引經文作鈗而六朝以來經文皆已作鋭。疑其譌而改之。二徐所據則未改本也。惟説解蓋本作矛屬或矛也。傳寫捝失。校者以今書作鋭。傳訓矛也。此字既作鈗。疑不敢定。乃為是籠統之詞耳。【説文解字六書疏證卷二十七】

◉陸懋德　七曰鋭。余按鄭注云，「鋭，矛屬。」説文引書作鈗，並云「侍臣所執兵」。鄭、許二氏皆因未見真器，故所言甚為含渾。

銳字不似兵器，當從說文作鈗為是。余謂此鈗字亦是後人所改，而古文又當作允也。然所謂允者，究竟是何種器械，至今尚在疑問之中，故此器在篇中最為難解。近時黄河流域地下發現之古器物多矣。然求其所謂允者，自古迄今，不可得見，故此器遂成為千古不易解決之問題。考漢書叙傳卷上有所謂「中盾」者，顔注云：「盾，讀曰允。」蕭氏漢書音義亦云「盾音允」。余按在集韻内，允盾二字之音讀俱作庾準切。此見允盾二字古音相同，故二字古可通用。宋人吴仁傑始根據此説，謂篇内之鈗為盾，並為之解曰「盾，干耳。方子釗(康王)之入，以二干戈逆之。既入之後，不應去干不用。今七兵有戈而無干，則鈗之為干，不待言而明。」(見吴氏兩漢刊誤補遺卷八)允盾既可通用，已見上文。又按説文云「干，盾也。」周禮司兵鄭注云「盾，干櫓之屬。」然則干盾本是一物。干字已見周書牧誓篇，其為周初人之武器可知。然則吴氏以允為盾，又以盾為干，其説可從。蓋當康王即位行禮之時，另有武士執盾，立于後門之側階，所以防止他人之無故進入，故不言夾側階，而言「立于側階」也。古之盾，内用木，外蒙皮革，已見左傳。盾既是用木與革造成，故其物易于腐朽，後世不能再由地下發現矣。上古之盾，既不可見，故宋人三禮圖所繪之盾形皆不合古制。考古器中如執戈盾形祖丁尊，其人形是左手執戈，右手執盾，而其盾形作⊡(見羅氏貞松堂集古遺文卷七第三葉)，此當是古盾形式，與後世作上寬下狹，如鈍三角形者不同。前已言盾即干，而干字正象盾内之木架形，及蒙以皮革，則外形當如⊡也。如後第七圖。

第七圖　鈗

【書經顧命篇侍臣所執兵器考　燕京學報一九五〇年第三十八期】

鉈

鉈　史頌匜　匜字重見　【金文編】

◉許　慎　鉈短矛也。从金。它聲。食遮切。【説文解字卷十四】

◉馬叙倫　短矛也非本訓。或此字出字林也。鋋音禪紐。鉈音牀紐三等。古讀皆歸於定。鈗音喻紐四等。古讀亦歸於定。蓋

轉注字。【說文解字六書疏證卷二十七】

◉唐　蘭　鉇，《說文》誤作鉈，「短矛也。」《荀子·議兵》作鉇。凡从它从也之字，小篆多混。蓋六國詩書「也」字作乄，與「它」形相近故也。

多數學者之意見，以為此鼎有流如匜，故特稱為「鉇鼎」，余以為不然。此鼎之有流，特其一徵，而非稱「鉇鼎」之主因，且其所以有流，或正以稱為「鉇鼎」之故，而後作鼎使有流也。

按周世鼎銘，每有稱鼎為「也」者，羅振玉氏跋衵白業鼎曰：

此鼎也而謂之「□湓」，湓上一字雖不可辨，而湓字則明白無疑。褱鼎「褱自乍飤碑鼑」，「碑鼑」二字，諸家無釋。曩歲嘗與亡友劉鐵雲觀察言當即是「石它」。鐵雲稱善。嗣又見大師鐘白侵鼎文曰：「大師鐘白侵自乍石沱。」此鼎亦稱「自乍寶□湓。」蓋石即碩，它、沱、湓同一字，其義雖不可知，然知鼎故有「石它」之稱矣。（《貞松堂集古遺文》三卷十四葉。）

羅氏沿《說文》之誤，故以「也」為「它」，然由此可知鼎或稱「也」。其作「𪔂」、「池」、「湓」等字，與此銘之作「鉇」，並同聲通借耳。

然褱鼎為吳平齋潘鄭盦舊藏，鐘白侵鼎今在劉善齋處，並未聞其有流也，則鼎之稱「也」，不繫於有流可知。

余謂鼎之稱「也」者，蓋當以聲音求之。「也」之字，本象匜形，其所以作也聲者，有窪下之義。从也聲之字，如池亦然。《說文》謂「也」為「女陰」，亦由此義所孳乳，猶今粵人稱為「海」也。然則鼎之稱「也」，乃以窪下深中之故，而不繫乎有流也。「也」之聲與「于」相近，《說文》云：「小池為汙，」故匜或稱盂。盛伯羲舊藏，今歸美國博物館，齊侯四器之一，銘曰：「盥盂，」而器是匜形，是其證也。（羅福頤校補《金文著録表》誤入鼎類蓋未見器形也）盂从于聲，有洿下之義。故《說文》：「盂，飲器也。」《既夕禮》：「兩敦兩杅，」注謂：「杅盛湯漿，」盂即杅也。《玉藻》云：「出杅，履蒯席，」注：「浴器也，」是尤器之大者。然無論其為飲器或浴器，要是盛水之器，與匜相類。且器必窪下深中乃適于盛水也。

鼎可稱「也」，「匜」可稱「盂」，故金文多有稱鼎為「于」者。王子吳鼎銘云「飤𪔁」（薛氏款識十卷）。近上虞羅氏藏㝬厌之孫𨟭鼎銘作「𪔆」（集古遺文二卷三十八葉），鄀公平厌鼎銘云：「隮鋙」（周金文存二卷二十九葉）。作「𪔁」、「𪔆」及「鋙」，並同聲通借也。其曰「盂鼎」者，宋君夫人鼎銘曰：「餗釪鼎」（薛氏款識九卷），𤻮鼎銘曰：「盂鼎（同十卷）。大鼎銘曰「盂鼎」。「盂」、「釪」亦同聲通借也。

然則此器之稱「鉇鼎」，猶它器之曰「盂鼎」。正猶「匜」之為「盂」，「𪔂」之為「𪔁」或「𪔆」也。昔人於此，多未解其義。余謂鼎之稱「也」或「于」者，以其窪下深中。惟其深中，故可以盛水，然則殆即《既夕禮》之「杅」矣。「杅」盛湯漿，此器之有流，其以此

鏦 鏦

歟？【壽縣所出銅器考略　唐蘭先生金文論集】

◉戴家祥　釶史頌匜　史頌作鉈　字从金从也，六國時書也作乜，與它形近，故小篆也、它多混。說文鉈作鉈訓「短矛也」。金文鉈器形同匜，當是匜字異體。鉈字从金表示器物的材質，匜字从匚表示器物的形狀，从金或从匚乃形符更換之例。楚王酓肯鼎「楚王酓肯作鑄鉈鼎」，鉈為鼎的形容詞。古文从也與从于關係很密切，如說文云「小池為汙」，盛伯義舊藏齊侯四器之一銘曰盥盂，而器是匜形。因為从于聲的字多有洿下之義，所以鉈作為鼎的形容詞定語，當亦指鼎器窪下深中之義。【金文大字典中】

◉許　慎　鏦矛也。从金。從聲。七恭切。臣鉉等曰。今音楚江切。鎵鏦或从彖。【說文解字卷十四】

◉馬叙倫　徐鉉曰。今音楚江切。桂馥曰。淮南兵略訓。修殺短鏦。華嚴經音義引許慎注。鏦。小矛也。倫按方言九。矛。吳越江淮南楚五湖之間謂之鍦。或謂之鋋。或謂之鏦。鏦從從得聲。從音從紐。古讀歸定。則鏦鍦為轉注字。鉈音牀紐三等。從牀同為濁破裂摩擦音。古讀牀亦歸定。則鏦鉈亦轉注字。鈒音心紐。心從同為舌尖前音。則鈒鏦亦轉注字。心與喻紐四等同為次清摩擦音。則鈒鍦亦轉注字。史記南越傳索隱引字林。鏦。七凶反。蓋此字出字林。

鎵　段玉裁曰。彖非聲也。未詳。玄應曰。字詁云。古文鎵穳二形。今作穳。同麤亂切。字林云。穳。小矛也。按鎵與鏦當是各字而同義。從金。彖聲。今說文轉寫有誤。倫按王筠朱駿聲亦以為二字。聲隔當各為字。倫謂鎵蓋鉈之轉注字。鎵聲元類。鉈聲歌類。歌元對轉也。蓋傳寫譌入鏦下。【說文解字六書疏證卷二十七】

◉王人聰　1983年11月，湖北江陵馬山磚瓦廠5號墓出土1件青銅兵器，因其形制與矛相同，故一般稱之為矛。器中脊兩側近基部有錯金銘文兩行8字：「吳王夫差自乍用鏦。」⊘

由于這件兵器具有重要的歷史價值和藝術價值，所以自出土後，便受到學術界的高度重視，已有一些學者發表了研究文章。所討論的焦點主要集中在銘文最末一字的釋讀上。歸納起來有以下幾種意見：1.釋該字為鉾，為猎之異構。2.亦釋該字為鉾，鉾聲轉為鏦，為鏦之異構。3.釋為鑣字。4.釋為鍬，認為於、與兩字音近，該字當讀為䂸，或認為鍬即鋘字。

第1～3種意見，已有學者指出不論釋其偏旁為乍或亡，都與古文中的乍和亡的構形不同，兩者絕非一字，并在字形上都失去依據。第4種意見是將此字與楚帛書和天星觀楚簡的於字相比較而推定的。由于此字右邊偏旁與帛書、楚簡的於字構形頗為近似，所以得到一些學者的認同。可是，若將兩者仔細分析比較，仍可發現其間的相異之處。帛書、楚簡的於字，是由金文烏字訛變的形體，諦審其字形，右邊筆劃結構中的橫筆均作向右平伸，全字的結體作橫勢；而矛銘此字右旁上部一橫的筆勢卻與

錟

其不同，是作向下傾垂，字的結體作縱勢。由于存在這些差別，再考慮到吴國文字中還未見有於字作這種形體的例證，因此我們認為兩者并非一字，矛銘此字亦不得釋為錟。將此字的結構再作分析，我們認為其右旁上部應是从字，為篆文从字的反寫。將其與《金文編》所收麥盉反寫的从字偏旁作比較，可以看出兩者的結構是一致的，矛銘的从字只是將右側人字的豎筆與左側人字的斜筆相連而已。矛銘此字右旁的下部，則應是止字的訛變。在金文中，止字由于書寫簡率的原因，訛變的形體較多（見下圖）

（征盨）　（匽伯匜）　（居簋）　（善簋）　（伯者父簋）

其中居簋和伯者父簋的止字與矛銘右旁下部所从比較接近。因此我們認為矛銘右旁下部所从應當也是由于書寫簡率所形成的止字的另一種訛變形體。根據以上的分析，此字實為从金从⿱从止，應釋為⿰金⿱从止字。⿰金⿱从止即鏦，古文字从辵之字亦可省作从止，如過伯簋過字作過，而過伯爵則省作⿱咼止即是其例。鏦，《説文》云：「矛也，从金，從聲。」《廣雅·釋器》：「鏦，矛也。」《方言》：「矛，吴揚江淮南楚五湖之間謂之鍦，或謂之鋋，或謂之鏦。」據此可知鏦即矛，是吴國及江南一帶地區的方言。矛為什麼可以叫做鏦？錢繹《方言箋疏》解釋説：「以矛有所刺，亦謂之鏦。」這個解釋是很正确的。矛向前沖刺的動作，古時稱為撞刺，亦稱為鏦，如《漢書·南粤傳》：「太后怒，欲鏦（吕）嘉以矛。」師古曰：「鏦，謂撞刺也。」《吴王濞傳》：「使人鏦殺吴王。」師古曰：「鏦，謂以矛戟撞之。」由此可知，矛之稱為鏦，是根據這種兵器使用方法而命名的，鏦字在這裏由動詞轉化為名詞。我們認為江陵馬山出土的這件兵器，可以根據其銘文的自名，定名為吴王夫差鏦。這裏再談一下鏦是否為小矛。高誘注《淮南子·兵略訓》説：「鏦，小矛也。」《華嚴經音義》卷十五引許慎注也云：「鏦，小矛也。」今按，據《説文》本文，鏦只訓矛，而未説是小矛。《廣雅》、《方言》也只訓為矛，亦未言是小矛。馬山出土的這件兵器，全長29.5釐米，比一般所見的矛較長，顯然非小矛，據此可知鏦為小矛之説，是不足為據的。【江陵出土吴王夫差矛銘新釋　文物一九九一年十二期】

◉許　慎　錟長矛也。从金。炎聲。讀若老耼。徒甘切。【説文解字卷十四】

◉馬叙倫　劉秀生曰。葉德輝曰。錟耼古音同部。禮記褍記。其輤有裧。鄭注。裧謂鼈甲邊緣。本書無裧。字當作䶓。龜甲邊也。從龜冄聲。字均可通。按炎冄聲並添部。故錟從炎聲得讀若耼。老子。恬澹為上。釋文。澹。本作惔。疒部。𤵸。從疒。冄聲。又讀若檐。亦其證。倫按長矛也非本訓。或此字出字林。故讀若老耼。錟音定紐。亦鈂之轉注字也。【説文解字六書疏證卷二十七】

◉蕭璋　錟，長矛也。从金炎聲。讀若老聃。(徒甘切。)銛，鍤屬，从金舌聲。讀若棪。桑欽讀若鐮。(息廉切。)剡，鋭利也。从刀炎聲。(以冉切。)按錟銛古多訓為鋭利者，與剡同義。而王氏主錟與銛通，(竝見廣雅疏證釋詁：「銛，利也。」)又以剡之聲義通錟。(廣雅疏證釋器：「錟，矛也。」)實則銛錟剡并字異而義同，聲亦相近。錟剡之與銛，正若銛之讀若棪。銛錟皆為實物而用作鋭利者，亦猶剡之訓鋭利(説文)而又訓為鋒。(晉語：「大喪大亂之剡也，不可犯也。」韋注：「剡，鋒也。」)鏃之訓矢鏑，而又訓為利也。(説文：「族，矢鋒也。」「族，利也」。經傳族皆作鏃。説文：「砮，石可以為矢鏃。」又「鍭，矢金鏃翦羽謂之鍭。」釋名釋兵曰：「齊人謂鏑為鏃。」)【釋至　國立浙江大學文學院集刊第三集】

◉朱德熙　𣲖　信陽227號簡云：

……一錟杝，一□，一□□一緣刀……

杝就是《説文》「匕，所以用比取飯，一名柶」的匕。⊘

錟字通作銛。《史記·始皇本紀》引《過秦論》「非錟於句戟長鎩也」，《陳涉世家》及《文選》錟作銛。《戰國策·燕策二》「强弩在前，銛戈在後」，《史記·蘇秦傳》銛作錟。

《儀禮·有司徹》：「二手執桃(或作挑，見校勘記)匕枋，以挹湆注于疏匕。」鄭注：「桃(或作挑，下同)謂之歃，讀如或舂或抗之抗。字或作桃者，秦人語也。此二匕者，皆有淺斗，狀如飯橾。桃長枋，可以抒物於器中者。」簡文錟杝當即經文所謂桃(挑)匕，錟(銛)與桃(挑)義訓相因，古籍例證甚多，今略為之疏釋如下：

《説文》金部「銛，臿屬，从金舌聲。」段注云：「臿者，舂去麥皮也，假借為鍫臿，即上文田器之銚也。其屬亦曰銛，俗作杴(引者案：今作鍁、楸)，廣韻曰，古作㮁，或作炊，皆即銛字。」錟和銛又有鋒利的意義。《史記·蘇秦傳》「强弩在前，錟戈在後」，《正義》引劉伯莊曰「錟，利也」，又《漢書·賈誼傳》「莫邪為鈍兮鉛刀為銛」，晉灼曰：「世俗以利為銛徹」。此外，銛又可以訓為取。《方言三》：「銛，取也。」郭注：「謂挑取物，音忝。」《孟子·盡心下》：「士未可以言而言，是以言餂之也。」趙岐注：「餂，取也。」餂與銛字異義同。總起來說，銛、錟作為名詞，訓為鍫臿；作為形容詞，是鋒利的意思；作為動詞，則是挑取的意思。這三類意義之間顯然是有聯繫的，所以段玉裁據《説文》以「臿屬」為銛之本義，而以利為引伸義(見《説文解字注》銛下)。焦循《孟子正義》於「是以言餂之也」下說：「惟其利，故能挑收，其義亦相貫矣。」

桃(挑)的義訓和錟(銛)正相對應。《説文》斗部斛下云：「斛旁有斛(段改庣)也。从斗庣聲。一曰突也。一曰斛利也。《爾雅》曰，斛謂之䤝，古田器也。」段注：「斛者，金部銚之假借字。」《爾雅·釋器》：「斛謂之䤝」下郭璞注云：「皆古鍬、鍤字」。《考工記》：「桃氏為劍臘廣二寸有半」，孫詒讓《正義》云：「桃名義未詳，疑即斛之假字。《説文》斗部云：斛，一曰利也。《爾雅》曰斛謂之疀。《有司徹》桃匕注云桃謂之歃，即用雅訓而以桃為斛，是其證也。刀劍鋒鋭利，有似匕臿，故以名工。」據此，桃、斛可以訓為臿，又可以訓為利，而與桃、斛同从兆聲的挑有挑動、挑取等義。總之，銚（銛）和桃（挑、斛）義訓相因，上文所舉銚（銛）的三項意義，桃（挑、斛）也都具備。因此我們可以肯定簡文的銚朼就是《儀禮》的桃匕。【信陽楚簡考釋　考古學報一九七三年第一期】

鋒

虎步挫鋒司馬　前鋒司馬　張鋒印信　【漢印文字徵】

◉許　慎　鋒兵耑也。从金。逢聲。敷容切。【説文解字卷十四】

◉馬叙倫　徐灝曰。釋名。刀。其末曰鋒。言若蠭刺之毒利也。灝謂蠭之命名。以其刺入如鋒耳。丁福保曰。慧琳音義四及八十一及八十九並引説文作兵刃耑也。倫按兵刃耑也似非本訓。【説文解字六書疏證卷二十七】

錞

錞　不从金器名經典作敦　十年陳侯午錞　臺字重見　陳侯午錞　陳侯因資錞　公克錞　从亶　【金文編】

◉許　慎　錞矛戟柲下銅鐏也。从金。臺聲。詩曰。厹矛沃錞。徒對切。【説文解字卷十四】

◉吳大澂　錞許氏説。錞。矛戟柲下銅鐏也。陳侯因資敦用作孝武趄公祭器錞。錞當即敦之異文。其制以三環為小足。二環為耳。與古敦亦小異矣。【説文古籀補】

◉劉心源　錞即敦。㠯所鑄言之。故从金。説文敦錞分用。【陳侯因資敦　奇觚室吉金文述卷四】

◉馬叙倫　段玉裁曰。方言。鐏謂之釬。注。或名為鐓。音頓。玄應書廿一引説文作鐓。而謂梵經作錞。乃樂器錞于字。然則東晉唐初説文作鐓可知。玉篇廣韻皆鐓為正字。錞注同上。曲禮。進矛戟者前其鐓。釋文云。又作錞。鈕樹玉曰。詩小戎釋文引説文云。矛戟下銅鐏。與今説文合。則玄應説未可信。桂馥曰。一切經音義二十引無鐏字。廣雅。鐓。鐏也。曲禮注。平底曰鐓。王筠曰。銅字絶句。倫按廣川書跋引字林。鐓。平底也。則本書自有鐓字。但出字林。倫謂字林鐓正錞重。故篇韻皆鐓正錞重也。説解蓋本作矛戟柲下銅鐏平底者也。或作鐏也矛戟柲下銅平底者也。皆字林文。正重二字蓋皆出字林也。陳侯因資敦作錞。陳侯午敦作錞。【説文解字六書疏證卷二十七】

◉孫海波　鐔　說文云：「矛戟柲下銅鐏也，从金𦎧聲。」金文假為𣪘字，器名。陳侯午鐔。【甲骨金文研究】

◉蕭　璋　鐔，矛戟柲下銅鐏也。从金𦎧聲。詩曰：「厹矛沃錞」。（徒對切。）（戟大徐本作戰。誤。玆從小徐本。）鐏，柲下銅也。从金尊聲。（徂寸切。）鐓，下垂也。一曰千斤椎。从金敦聲。（都回切。）段氏曰：「曲禮曰：『進戈者前其鐏，後其刃；進戟者前其鐓』。注云：『後刃，敬也。三兵鐏鐓雖在下，猶為首也。鋭底曰鐏，取其鐏地；平底曰鐓，取其鐓地。』按鐏地可入地，鐓地箸地而已。知古鐓讀如敦也。鄭析言之，許渾言不析者，葢鋭鈍皆可為，非必戈鋭而矛戟鈍也。曲禮或互文耳。」（鐏字注。）按古之戈矛全物今不得見，其柲下之銅是否分別鋭鈍，實難稽辨。然以戈字之古文形體攷之，皆未有作鈍底者。【釋至　國立浙江大學文學院集刊第三集】

◉馬薇廎　𦎧从亯羊聲，為嘗祭之嘗字。嘗祭者，新穀登場，先獻祖先嘗之也，在周為秋祭。引申之為嘗祭之器，鐔从金，以其為銅製也。鐔之形制，吴大澂曰「以三環為小足，二環為耳，與古敦亦小異矣。」其所謂古敦，即為𣪘，吴曰「𣪘經典通作敦」，薛尚功亦釋𣪘為敦。陳侯午鐔與陳侯因資鐔二器，金文家或列入𣪘類，或列入敦類，不知𣪘與敦為同一物也。然𣪘與敦，不但字形不同，音義亦異。敦為嘗器，在象形、形聲，假借均說不通，且金文亦無敦字，究何從而來？愚意後人以鐔說文作鐓，而隸𢽳又作敦，展轉相尋，遂釋𦎧為敦。鐓字說文因其字從𢽳聲，音純，入十三部，廣韻音隊，音近簋，入十五部，集韻以其字从敦聲，音敦，入十四部，各說紛紜，莫衷一是。鐓又作錞，但無一音讀有从享聲（十部）者，可知後人改𦎧為享之誤也。𦎧之原來音讀為何，不得而知，但考齊侯匜銘文，膳𦎧與下句無疆為韻，後二句無期與用之為韻，陳侯午鐔以鐔、嘗、邦、忘為韻，陳侯因資鐔以鐔、嘗、邦，尚為韻，可證𦎧亦可讀為嘗，然後人早已不識此字矣，既釋為敦，只得變敦之讀音為隊，以期近於實際。因隊在十五部，與十六部之簋可以通假，而與敦又為一音之轉。儀禮士昏禮「黍稷四敦皆蓋」，禮明堂位「有虞氏之兩敦」註「敦音對（在隊韻）黍稷器」，敦之用與𣪘相同。由是言之，敦既由鐔而來，則𦎧、鐔才為真正之敦，而其餘皆為𣪘也。說文解字注「𦎧孰也，从亯羊，讀若純，一曰鬻也」非是。「𢽳怒也，詆也，一曰誰何也，从攴𦎧聲。都昆切十三部。」訓怒，其為敦之本義乎？又「鐓矛戟柲下銅鐏也，从金𢽳聲，詩曰厹矛沃鐓」，與金文鐔字無關，三字皆與金文不合。

「齊侯作飤𦎧，其萬年永寶用。」齊侯敦（齋齋八・八）

「……作皇妣孝大妃祭器鑄鐔，以烝以嘗。」陳侯午𣪘（三代八六九）

「用作孝武桓公祭器鐔，以烝以嘗」陳侯因資𣪘（兩周二一九）【從彝銘所見彝器之名稱　中國文字第四十二册】

◉曾憲通　𢧐　包山楚簡在遣策簡牘中屢見二「𢧐」字，有關簡文摘録如下：

鐏 𨮁

五習，戟。（簡269）

臼戟。（簡272）

九習，二戟，皆戠。（簡273）

五習，戟。（牘1）

本組所記，皆屬遣策簡中「甬車」上所載的兵器，其中簡269與牘1所記文字基本相同。「臼」疑讀為舊，他處還有「臼䏶」、「臼䏶」等。戟與習每相連為文，可見二者關係之密切。習讀如厹。戟字从戈負聲，按上節負即焞的音讀，當讀為錞或鐏。《詩·秦風·小戎》：「厹矛鋈錞」，傳：「厹，三隅矛也；錞，鐏也。」秦詩「厹」、「錞」連言，猶簡文之「習」、「戟」連文，二者正可互證；且由此反證戟在此當讀為錞。包山二號楚墓出有雙葉下延成倒鈎狀的矛，包山楚簡整理小組以為可能就是厹矛。但以戟為鍛即錐狀之矛則非是。《説文·金部》：「錞，矛戟錞下銅鐏也。」又云：「鐏，錞下銅也。」桂馥曰：「『柲下銅』也者，戈柲下銅也。矛戟下曰錞，戈下曰鐏」。此以矛戟與戈，區別其下銅為錞與鐏。但矛戟下也有稱鐏之例，《釋名·釋兵》：「矛下頭曰鐏，鐏入地也。」上揭包山簡文：「九習、二戟，皆戠。」楚帛書邊文「以利戠伐」，戠用作侵。按戠在此當讀為鋟，鋭末曰鋟，字也作鑯。簡文的意思是：九矛二戟皆鋭末。與《釋名》所言相符。《禮記·曲禮》：「進戈者前其鐏，後其刃；進矛者前其鐓。」鄭注：「鐏鐓雖在下，猶其首。鋭底曰鐏，取其鐏地；平底曰鐓，取其鐓地。」鐓即錞之繁構。要之，鐏、錞二字同源，泛指長兵柲下之銅飾物，其制有鋭底平底之分，渾言之則鐏錞不別，彼此可以互注；析言之則略有差異，當視其實際情況加以判定。【楚文字釋叢　中山大學學報一九九六年第三期】

◉許　慎　𨮁柲下銅也。从金。尊聲。徂寸切。【説文解字卷十四】

◉馬叙倫　鈕樹玉曰。玉篇廣韻柲作秘。非。説文無秘。桂馥曰柲下銅也者。當作戈柲下銅也。集韻。鐏。戈柲下銅。曲禮。進戈者前其鐏。後其刃。注。鋭底曰鐏。倫按錞鐏轉注字也。錞音定紐。鐏音從紐。古讀歸定也。聲亦同真類。後人分為鋭底平底耳。此字或出字林。【説文解字六書疏證卷二十七】

鏐 鏐

鏐 不从金 玄鏐戈 翏字重見 邾公華鐘 邾公牼鐘 邵鐘 吉日壬午劍 簷平鐘 玄鏐鋪鏞【金文編】

◉許　慎　鏐弩眉也。一曰黄金之美者。从金。翏聲。力幽切。【説文解字卷十四】

◉高田忠周　説文。鏐。弩眉也。从金翏聲。一曰黄金之美者。爾雅。黄金謂之璗。其美者謂之鏐。注。即紫摩金。書禹貢鄭本。厥貢鏐鐵銀鏤砮磬是也。又玉部球或作璆。禹貢。球琳琅玕。鄭注。美玉也。蓋璆鏐色相似。可知耳。【古籀篇十二】

◉郭沫若　鏐者。爾雅釋器黄金謂之璗。其美者謂之鏐。説文云。璗。金之美者。與玉同色。又云。鏐。黄金之美者。禹貢。梁州貢璆鐵銀鏤。史記夏本紀集解引鄭玄云。黄金之美者謂之鏐。【邾公牼鐘　兩周金文辭大系圖録考釋】

◉馬叙倫　鈕樹玉曰。韻會引無黄字。非。釋器。黄金謂之璗。其美者謂之鏐。倫按弩眉也非本訓。或此字出字林也。一曰七字校語。邾公華鐘作鏐。邵鐘作鏐。【説文解字六書疏證卷二十七】

◉陶北溟　作為余鐘玄鏐錯鋁。鏐。黄金之美者。錯金塗也。鋁小篆作鑢。音慮。錯銅鐵也。按錯鋁皆金之美者。【舊雲盦金文釋略　古學叢刊藝篇】

◉陳仁濤　爾雅釋器。黄金謂之璗。其美者謂之鏐。書禹貢。璆鐵銀鏤。史記夏紀集解引鄭註云。黄金之美者謂之鏐。説文同。禹貢釋文引韋昭云紫磨金。水經温水註。華俗謂上金為紫磨金。【邾公華鐘　金匱論古初集】

◉岑仲勉　爾雅釋器。黄金謂之璗。其美者謂之鏐。郭注。鏐即紫磨金。説文。鏐。弩眉也。從金翏聲。一曰黄金之美者。古籀疏證三疑鏐既曰玄。似非黄金。郭沫若氏以為所謂黄金者實是銅。但銅亦本呈玄色。余則進一步謂漢儒對於鏐與鋈無異。實已不識為何物也。

復次。禹貢梁州。厥貢璆鐵銀鏤砮磬。孔傳。璆。玉名。釋文。韋昭。郭璞云紫磨金。史記二集解引鄭玄。黄金之美者謂之鏐。按偏旁金玉相近。由鐵銀鏤三者皆為金屬觀之。禹貢或原作鏐而誤璆耳。

今考鉛。前條頓語作loudhom。古條頓語之首音作lau。鏐有憐蕭切一音(切韻lieu)。正可與條頓語之lou或lau相通轉。又據pliny説羅馬人不能確別鉛錫。稱前者曰plumbum nigrum(黑鉛)。後者曰plumbum album(白鉛)。現時英文猶存black lead'white lead(黑鉛。白鉛)二語。可見古今中外。觀念相同。玄鏐之為鉛。從原料音聲顏色三方面合觀之。當無疑義。

◉杜迺松　一九七五年山東莒南大店出土的莒叔之仲子平鐘銘有「玄鏐銄鏞」，清代同治時期出土於山西榮河縣的郘鐘銘有：「……作為餘鐘，玄鏐鏞鋁，大鐘八肆，……。」故宮博物院收藏的少虡劍銘：「吉日壬午，作為元用，玄鏐鏄呂(鋁)……」朱公華鐘銘：「邾公華擇氒吉金，玄鏐赤鏞，用鑄氒龢鐘。」邾公牼鐘：「邾公牼擇氒吉金，玄鏐膚呂，自作龢鐘。」

銘中的「玄鏐銄鏞」、「玄鏐鏞鋁」、「玄鏐鏄鋁」、「玄鏐赤鏞」之「玄鏐」，與其後面的辭均屬並列，從幾件器銘內容字句的前後關係，它們應屬金屬名稱，兩件邾公鐘表現得最為清楚不過了，均提到用「玄鏐赤鏞」或「玄鏐鏞呂」作「龢鐘」。我們先解釋「玄鏐」，「玄」字在此作定語形容詞，《說文·玄部》「玄，黑而有赤色者為玄像。」「鏐」，《爾雅》：「黃金謂之盪，其美者謂之鏐。」郭璞注曰：「鏐即紫磨金。」古人對「鏐」的解釋，似都與「玄」字不能聯繫起來，因此金文中的「鏐」字應作重新考慮。按青銅器成份一般是為銅、鉛、錫合金，「玄鏐」應指鉛而言。鉛，《說文·金部》「鉛，青金也。」青除泛指青色物外，另有黑色義，《書·禹貢》：「厥土青黎。」孔穎達疏引王肅曰：「青，黑色。」「青金」即黑色的金屬。「玄」為黑色，與青指黑色正相同。應注意的是，我們今天在研究古人對某些事物下的結論性語句時，不要過於拘泥。古人既將鉛稱作「青金」，「玄鏐」也可作為鉛之美者。這樣「玄鏐」二字也就冰釋了。因此我們可以這樣推測，大凡許多精美的質量高的金屬，均可稱鏐，「鏐」並非單指「黃金」美者而言，因而也可補古文獻之不足。

從上舉有「玄鏐」銘文的幾例材料看，「玄鏐」一詞後面常有「赤鏞」，曾伯霥簠銘還有「餘擇其吉金黃鏞」，這些辭例中，「玄」與「赤」、「玄」與「黃」為對文，均指顏色。「鏐」既為金屬鉛，「鏞」也應是某種金屬名稱。前代與現代學者對「鏞」有幾種解釋，認為是「錯」字，認為是方鑪之「鑪」，認為是金屬名，等等。其中認為是金屬名的，正和我們的分析相同。有學者指出：「吉金黃鏞，則鏞為黃赤色之金屬，殆普通紅黃色之銅也。」如此「赤鏞」也應是紅銅。

那麼「鏞鋁」、「鏄呂」、「銄鏞」又作何解釋呢？一些學者認為「鏞」通「鑢」，鑢為錯義。「鏞鋁」的「鋁」通「呂」，即有學者所講的作銅料解，那麼「玄鏐鏞鋁」就可以解釋成鉛和銅料。「鏄呂」之「鏄」，與「鏞」通「鑢」的「鑢」聲音相近，古音分別為jǔ、lǜ，均屬魚部，「鏄呂」其義亦應與「鏞呂」相同。莒叔之仲子平鐘：「……鑄其游鐘，玄鏐銄鏞，乃為之音。」「鏞」為金屬銅，前已明之。「銄鏞」似應為比「鏞」更豐富、更好的金屬原料。

【金文「容」字和「玄鏐鏞鋁」考釋　于省吾教授百年誕辰紀念文集】

鍭 鍭

◉許　慎　鍭矢金鍭翦羽謂之鍭。从金。矦聲。乎鉤切。【説文解字卷十四】

◉馬叙倫　矢下當補也字。方言九。箭。自關而東謂之矢。江淮之間謂之鍭。關西曰箭。矢謂之鍭者。古或讀矢如誓。故論語夫子矢之。即誓之也。誓音禪紐。鍭音匣紐。同為次濁摩擦音也。金鍭翦羽謂之鍭者。爾雅釋器文。校者加之。或此字出字林。急就篇。鞁鍛鈹鎔劍鐔鍭。顏師古本作鍭。蓋傳寫涉鐔字而譌。【説文解字六書疏證卷二十七】

鏑 鏑

□ 鏑 □ 鏑【汗簡】

□ □ 竝義雲章【古文四聲韻】

◉許　慎　鏑矢鏠也。从金。啻聲。都歷切。【説文解字卷十四】

◉馬叙倫　矢鏠也非本訓。釋名。矢。又謂之鏑。鏑從啻得聲。啻音審三。古或讀矢如誓。誓音禪紐。禪與審三同為舌面前音。是轉注字也。金器文有作□者矢彝。實象鏑形。今作□者。并栝羽而圖之。猶戈之并柲鐏而為形也。【説文解字六書疏證卷二十七】

◉楊樹達　説文十四篇上金部云：「鏑，矢鏠也，从金，啻聲。」古書明此字之語源者：釋名釋兵云：「鏑，敵也，言可以禦敵也。」按凡兵器皆可以禦敵，豈惟鏑乎！成國之説失之皮傅，不足據信明矣。近人徐灝撰説文段注箋云：「鏑之言適也，去此適彼也。」按徐氏以鏑同聲類之適為訓，然去此適彼，矢之全體皆然，何獨限於矢鋒！亦非其義也。余謂鏑从啻聲，啻从帝聲，而帝則从朿得聲，鏑即受義於朿也。説文七篇上朿部云：「朿，木芒也，象形。」矢鋒鋭利，足以傷害人，與木芒同，故取以為義。朿啻今音雖殊，古音不異，鏑之从啻，猶之从朿矣。説文云：「芒，艸耑也，孳乳為鋩字，説文無之。⊘鋒鏑義近，故古人往往連言。史記秦楚之際月表云：「銷鋒鏑，鉏豪傑」，是也。鋒受義於昆蟲，鏑受義於艸木，皆天然之物也。二字義近，故其受名之故亦相近矣。【釋鏑　積微居小學述林卷一】

◉楊樹達　□　甲文有[矢帝]字，舊無釋，余疑為鏑字。説文云：「鏑，矢鏠也，从金，啻聲。」啻字从帝聲。甲文从帝，與篆文从啻同。字義為矢鏠，故甲文字从矢，篆文變為从金，又泛而不切矣。【釋鏑　積微居甲文説卷上】

◉蕭　璋　章氏以丁丁詩傳用為椓杙伐木之聲，鏑為矢鏠形，亦象丁，以定鏑為丁之對轉變易。按，矢鏠與丁形比附及變易之説雖難徵信，然對轉之論差足可存。蓋鏑與丁聲義相近，故古有以鏑釘連語狀椎鳴者，是其證也。（後漢書杜篤傳云：「椎鳴鏑釘鹿

螽。)【釋至　國立浙江大學文學院集刊第三集】

◉陳漢平　甲骨文有字作[illegible]、[illegible]、[illegible]，舊不識。甲骨文編將前一字收入正編帝字下，後二字收入附録。按此三字為同字異體，字从矢帝聲；當自帝聲字中求之。而古代漢字帝聲字中與矢有關者僅一鏑字，卜辭中又有此字與矢字連文者，故此字當釋為鏑。説文：「鏑，矢鋒也。从金啻聲。」「鋒，兵耑也。」釋名釋兵：「矢又謂之鏑。」文選射雉賦：「馥焉中鏑。」徐注：「鏑，矢鏃也。」史記匈奴傳：「作為鳴鏑。」集解引漢書音義：「鏑，箭也。」唐六典十六注引通俗文：「鐵鏃曰鏑。」鏑字又作鍉，文選過秦論引鄧展：「鍉是杆頭鐵也。」是鏑字狹義言之為矢鏃之鋒端，廣義言之則為矢鏃箭頭。卜辭曰：

[illegible]矢　京津二五六六

……[illegible]虫于……　後編下三〇六

弗[illegible]王　乙編七八四二

前一辭即「鏑矢」二字，後二辭未知何義。【古文字釋叢　考古與文物一九八五年一期】

鎧 鎧

◉許　慎　鎧甲也。从金。豈聲。苦亥切。【説文解字卷十四】

◉馬叙倫　鎧為甲之轉注字。同為舌根破裂音也。餘詳甲下。字見急就篇。【説文解字六書疏證卷二十七】

釬 釬

[illegible] 李釬　【漢印文字徵】

◉許　慎　釬臂鎧也。从金。干聲。矦旰切。【説文解字卷十四】

◉馬叙倫　臂鎧也蓋字林文。釬鎧為舌根音轉注字。後乃分別之。廣雅。釬。鎧也。【説文解字六書疏證卷二十七】

錏 錏

◉許　慎　錏錏鍜。頸鎧也。从金。亞聲。烏牙切。【説文解字卷十四】

◉馬叙倫　沈濤曰。一切經音義十二引。錏鍜。頸飾也。飾乃鎧譌。然可見古本不重錏字。倫按錏鍜聲同魚類連緜詞。此二字或出字林。【説文解字六書疏證卷二十七】

鍜 鍜

◉許慎　鍜錏鍜也。从金。叚聲。乎加切。【説文解字卷十四】

◉馬叙倫　鍜鎧釬同為舌根音。亦轉注字也。【説文解字六書疏證卷二十七】

鐗 鐗

◉許慎　鐗車軸鐵也。从金。閒聲。古莧切。【説文解字卷十四】

◉馬叙倫　沈濤曰。一切經音義十九引作車鐵也。乃傳寫奪軸字。倫按車軸鐵也必非許文。字見急就篇。【説文解字六書疏證卷二十七】

釭 釭

◉許慎　釭車轂中鐵也。从金。工聲。古雙切。【説文解字卷十四】

◉馬叙倫　鈕樹玉曰。一切經音義四引作車轂頭鐵也。七引作車轂口鐵也。十一及十九引皆作轂口鐵也。口字當不譌。翟云升曰。後漢書班彪傳注文選西都賦注皆引作轂鐵也。倫按車轂中鐵也蓋字林文。言轂不須言車。或車字涉上鐗字説解而衍。字見急就篇。【説文解字六書疏證卷二十七】

鏊 鏊

◉許慎　鏊車樘結也。一曰銅生五色也。从金。折聲。讀若誓。時制切。【説文解字卷十四】

◉馬叙倫　鈕樹玉曰。繫傳作𨪕。朱駿聲曰。字從金。結字疑衍文。錢坫曰。匡謬正俗湯誓作湯斴。即此之譌。倫按車樘結也非本訓。字或出字林也。一曰銅生五色也者。未詳。【説文解字六書疏證卷二十七】

釳 釳

◉許慎　釳乘輿馬頭上防釳。插以翟尾鐵翮。象角。所以防網羅釳去之。从金。气聲。許訖切。【説文解字卷十四】

◉馬叙倫　鈕樹玉曰。韻會引網作罔。玉篇注。鐵孔也。廣韻注。乘輿馬上插翟尾者曰方釳。釳。鐵也。廣三寸。段玉裁曰。司馬彪輿服志。乘輿金根安車立車皆方釳。插翟尾。劉注引顔延之紉誥。釳。乘輿馬頭上防釳。角所以防網羅。以翟尾鐵翮象之也。蔡邕獨斷曰。方釳。鐵也。廣數寸。在馬騣後。有三孔。插翟尾其中。西京賦薛注。方釳。謂轅旁以五寸鐵鏤錫。中央低兩頭高如山形。而貫中以翟尾。結著之轅兩邊。恐馬相突也。桂馥曰。釳去當為氣去。本書。氣。斷也。倫按此挩本訓。或字出字林。【説文解字六書疏證卷二十七】

鑾 不从金 頌鼎 䜌字重見 从鋞 尹小弔作鑾鼎 【金文編】

石碣鑾車 □□鑾車 【石刻篆文編】

◉許 慎 鑾人君乘車。四馬鑣。八鑾鈴。象鸞鳥聲。和則敬也。从金。从鸞省。洛官切。【説文解字卷十四】

◉張燕昌 □□鑾。昌按。説文从金从鸞省。洛官切。章云經史或作鸞。左傳錫鸞和鈴。詩八鸞瑲瑲是也。【石鼓文釋存】

◉强運開 鑾 此篆上闕二字。潘迪云。經史多作鸞。張德容云。説文。人君乘車。四馬鑣。八鑾鈴。象鸞鳥之聲。聲和則敬也。从金鸞省。當是古籀本字。如此。後人乃竟借鸞字為之耳。【石鼓釋文】

◉馬叙倫 鈕樹玉曰。繫傳則作即。鸞省上無從字。韻會作從金鸞省聲。承培元曰。鑣上當有四字。每鑣二鑾也。王筠曰。鸞省聲者。緣鈴象鸞鳥之聲也。否則云䜌聲矣。大徐作從鸞省。便漏其聲。此形聲兼會意字也。朱駿聲曰。䜌聲。倫按廣雅釋器。鑾。鈴也。鸞為鈴之音同來紐轉注字。王筠謂説解之首當增鈴也二字是也。賈誼書。登車則馬行而鸞鳴。鸞為鑾之借字。鑾鳴即鈴鳴也。今捝本訓。或此字出字林。字林每為附會之説。故以為從鸞省。石鼓作鑾。【説文解字六書疏證卷二十七】

◉黄然偉 西周之册命賞賜中多有鑾旂之賜，銘文多「䜌旂」並稱，或有單稱「旂」或「䜌」者。䜌，經傳从金作鑾，鑾即鈴。古之旂有鈴，故爾雅釋天曰：「有鈴曰旂。」旂之繫鈴，其作用見於説文：「旗有衆鈴，以令衆也。」毛公鼎有「朱旂二鈴」之辭，二鈴即二柄，以鈴為單位，足見旂與鈴之關係。金文之單稱「䜌」者，猶獨舉「旂」為「䜌旂」之省也。除大盂鼎一器外，賜旂者皆為西周中、晚兩期之册賜銘文。有䜌旂等物之賜者，䜌旂之名多列於諸器物之後。至於䜌旂之用，則可於部分銘文之記述中見之。如善鼎記王賜善曰：「易乃且旂，用事。」又大盂鼎記王賜盂曰：「易乃且南公旂，用還(狩)。」故旂以用事，以狩。周王册命其臣屬多賜以旂，以為行事施政之標誌，故曰「用事」。王所賜之旂，其中有受册命者之祖旂，如大盂鼎、善鼎等是。【殷周青銅器賞賜銘文研究】

◉裘錫圭 戰國印文裡有「𢇁」字：

閏 王譜5·6下

這個字很象「絲」字，不過它那道連結兩個「糸」的横劃是一般的「絲」字所没有的。明代印譜把這個字釋作「絲」。《補補》把這個字釋作「系」，並解釋説：「許氏説『系，繫也』……此上（即象連繫之形」。單就「𢇁」字本身看，釋「絲」或釋「系」似乎都不是没有道理的。但是如果結合古印裡的從「⿰糸系」諸字作全盤考慮，就可以看出「⿰糸系」既不是「絲」字也不是「系」字。

在古印從「⿰糸系」諸字裡，比較常見的是從「車」的「⿱⿰糸系車」字：

和　古徵13・2下

尊集一5・6

（牙？）　尊集二4・28

亡（無）忌　只齋

賓釋

上引諸例所從的「⿰糸系」字都省作「玆」形。古文字常常省「系」為「幺」，戰國文字裡這種現象尤其常見。例如：古印「孫」字多作，「繯」字或作，「綽」字或作，《説文》古文「糸」字作，「繭」字作（絸），「綫」字作（線）。上海博物館藏的長陵盉上的六國刻銘部分裡「⿱⿰糸系車」字兩見，一從，一從。可證「玆」確是「⿰糸系」的省文。

《古徵》和强運開的《三補》都把「⿱⿰糸系車」字釋作「轡」，黃賓虹的《賓釋》則把它釋作「⿱䜌車」。我們認為黃氏是正確的。

古印裡有一個跟「⿱⿰糸系車」字很相似的字：

外　伏選1・10下

洀　同上

這個字所從的「⿱艹⿰糸系」顯然是「䜌」的省文，東周時代的欒季陶罍刻銘有字，吴大澂、方濬益都釋作「欒」。這個字的省略方法跟「⿰糸系」字相似，彼此可以互證。上引印文的兩個「⿱艹⿰糸系」字都用作姓氏。漢印裡也有用作姓氏的「⿱䜌車」字：

⿱䜌車冣衆　漢徵14・8上

這也是「⿱艹⿰糸系」當釋「⿱䜌車」的一個證據。

「⿱䜌車」字不見于《説文》。《賓釋》認為「鑾、⿱䜌車一字」，其説可從。《説文・金部》：「鑾，人君乘車，四馬鑣，八鑾鈴，象鸞鳥聲和則敬也。从金，鸞省。」鑾是附着于車馬上的金屬物品，所以其字既可從「金」，也可從「車」。

「⿱艹⿰糸系」字在古印裡用作姓氏，上引的幾個「⿱⿰糸系車」字，絶大多數也都用作姓氏。它們的字形和用法都這樣相似，應該是一字的異體。「⿱艹⿰糸系」既然確是「⿱䜌車」字，黃氏釋「⿱⿰糸系車」為「⿱䜌車」就應該是正確的。如果把古印裡其它幾個從「⿰糸系」之字一起考察一下，釋「⿱⿰糸系車」為「⿱䜌車」的正確性就完全可以肯定下來。

古印裡有從「肉」從「絲」的一個字：

王[glyph] 古徵附5上，補補4・6下

鄧[glyph] 尊集一3・38

又有從「心」從「絲」的一個字：

王[glyph] 古徵附54下，三補3・3上 【戰國璽印文字考釋三篇 古文字研究第十輯】

鉞 [glyph]

◉許 慎 [glyph]車鑾聲也。从金。戉聲。詩曰。鑾聲鉞鉞。臣鉉等曰。今俗作鐬。以鉞作斧戉之戉。非是。呼會切。【説文解字卷十四】

◉馬叙倫 徐鍇曰。戉即古之斧戉字。今皆用此鉞。鈕樹玉曰。今詩庭燎泮水作鸞聲噦噦。王煦曰。鉞當為戉之重文。江沅曰。當從金戌聲。今詩作噦噦。歲亦從戌得聲。段玉裁曰。集韻十四泰。鉞鐬噦三同呼外切。説文。車鑾聲也。引詩鑾聲鉞鉞。則字正作鉞。桂馥曰。鉞噦聲相近。本書。眓。讀若詩曰。施罛濊濊。倫按戉戌一字詳戌字下。鉞自如王説。為戉之後起字。玄應一切經音義引古文官書鉞戉同。禹發反。可證。後漢書注文選西京賦注引蒼頡。鉞。斧也。倫謂倉頡本作戉。傳寫者以通用字易之。御覽三百四十一引字林。鉞。王斧也。此字當出字林。今挩王斧也。車鑾聲也非本義。疑車鑾聲也。本作鑾車聲也。乃鑾下説解。鑾為隸書複舉字。車聲為鑾字本訓也。【説文解字六書疏證卷二十七】

◉唐 蘭 [glyph] [冫戉]字从冫戉聲。凡从金的字，古文字常从冫，所以[冫戉]就是鉞字。歲从戉聲（《説文》从戌聲是錯的），甲骨文常用戉或[冫戉]代表歲字，金文也用戉字代表越國的越。此處也應讀作越，越、奪音近。《孟子・萬章》：「殺越人于貨」，就是説殺人和搶人財物。【西周時代最早的一件銅器利簋銘文解釋 唐蘭先生金文論集】

鐊 [glyph]

[glyph] 鐊 説文馬頭飾也徐鉉等曰今經典作鍚師毁簋作[glyph] 五年師旋簋 儕女十五鍚 昜字重見 【金文編】

[glyph] 鍚丞之印 [glyph] 張鍚 【漢印文字徵】

◉許 慎 鐊馬頭飾也。从金。陽聲。詩曰。鉤膺鏤鐊。一曰鍱車輪鐵。臣鉉等曰。今經典作鍚。與章切。【説文解字卷十四】

◉馬叙倫　此字蓋出字林。一曰鏁車輪鐵。未詳。此或校語。【説文解字六書疏證卷二十七】

銜

◉許　慎　銜馬勒口中。从金。从行。銜。行馬者也。户監切【説文解字卷十四】

◉林義光　段氏玉裁云。凡馬提控其銜以制行止。故从行金。【文源卷十】

◉馬叙倫　鈕樹玉曰。韻會引作從金行。丁福保曰。慧琳音義十一引作馬口中勒也。倫按慧琳引是。然此非本訓。從金。行聲。鍇本作從金行。蓋挩聲字。銜行馬者也校語。或本作銜馬口中勒行馬者也。銜為隸書複舉字。馬口以下字林文。或此字出字林。【説文解字六書疏證卷二十七】

鑣

◉許　慎　鑣馬銜也。从金。麃聲。補嬌切。䮽鑣或从角。【説文解字卷十四】

◉馬叙倫　沈濤曰。文選劉越石答盧諶詩注引。鑣。馬勒傍鐵也。王筠曰。上文。銜。馬勒口中也。革部。勒。馬頭絡銜也。然則勒以革為之。所以繫鑣。鑣與銜皆以金為之。鑣在口旁。銜在口中。三物一體。故通其名。而所在不可不别也。選注是。倫按釋名。銜。在口中之言也。鑣。苞也。在旁苞斂其口也。銜鑣異物。此蓋本以聲同之字為訓。吕忱加馬銜也勒旁鐵也。傳寫有挩譌耳。字見急就篇。

䮽　倫按以角為之故從角。【説文解字六書疏證卷二十七】

鉣

◉許　慎　鉣組帶鐵也。从金。劫省聲。讀若劫。居怯切。【説文解字卷十四】

◉馬叙倫　嚴可均曰。既云劫省聲。何煩讀若劫。舊當從金去聲。校者輒改耳。段玉裁曰。組上疑當有馬字。王筠曰。衣部。褢。以組帶馬也。蓋即今之肚帶。鉣則肚帶有舌之環也。今謂之鐖子。倫按此字或出字林。【説文解字六書疏證卷二十七】

鈇

◉許　慎　鈇莝斫刀也。从金。夫聲。甫無切。【説文解字卷十四】

◉劉心源　夫舊釋為大。不知此用為鈇也。説文。鈇。莝斫刀也。王制賜鈇鉞然後殺。又案。鈇亦斧字。禮説中庸釋文。鈇又音斧。後漢書獻帝紀注引蒼頡云。鈇。斧也。然則幽夫即黑斧。古今注。金斧。黄鉞也。鐵斧。元鉞也。三代通

用之。可㠯解此幽夫矣。【伯晨鼎　古文審卷一】

◉馬叙倫　鈕樹玉曰。後漢書獻帝紀注引作㘸刃也。馮魴傳注引作剉刃也。沈濤曰。一切經音義一引。鈇。㘸斫也。謂坐刀也。五引。鈇。㘸斫也。是古本無刀字。謂坐刀也乃注説文者釋㘸字之義。斫字雖訓為擊。而斧字斫字斵字皆訓斫。斤字解云。斫木也。而玄應書引亦作斫也。是斫實斤斧之屬。如後漢書注引。則古本或有作㘸刃者。傳寫誤刃為刀。二本合并為一耳。段玉裁曰。當作斫㘸刀也見漢書尹翁歸傳注。倫按後漢書注引蒼頡。鈇。斧也。字亦見急就篇。此斧之異文。鈇斧同為脣齒摩擦音。又聲同魚類。故斧鈇為轉注字。後漢書李固傳注引字林。鈇。鑕椹也。【説文解字六書疏證卷二十七】

◉戴家祥　郾王喜劍　郾王喜𠧞菜卒鈇　按倉頡篇謂鈇即「斧也」，禮記王制「諸侯賜弓矢然後征，賜鈇鉞然後殺」，列子説符篇「人有亡鈇者」，均作斧用。金文或統稱兵器。【金文大字典下】

265【包山楚簡文字編】

釣竝出義雲章　【汗簡】

義雲章　孫彊集　汗簡　【古文四聲韻】

◉許　慎　鉤魚也。从金。勺聲。多嘯切。【説文解字卷十四】

◉馬叙倫　釣者。鉤魚器也。然古止作鉤。傳寫為釣。而聲亦轉為多嘯切。此字必非許書原有。此訓鉤魚。則為動詞。上下文皆名詞。即鉤魚亦不當從金。而釣魚者固鉤也。益明古但以鉤為鉤魚。【説文解字六書疏證卷二十七】

◉郭沫若　兩㠯字是動詞，原文作，乃釣句之象形文，當即釣之古字。廣雅釋器「釣，鉤也。」莊子外物篇「任公子為大鉤巨緇」，釋文云「鉤本亦作釣」。東方朔七諫「以直鍼而為釣」，即謂以直針而為鉤。釣者，取也，交易也。【兩从盨　兩周金文辭大系圖録攷釋】

◉于豪亮　魡字象釣魚之形，當為釣之本字，在此處應讀為卓，古从勺得聲之字多與卓字或从卓得聲之字相通假。《儀禮·喪服》：「匹馬卓上」，注：「卓猶的也」。《書·立政》：「灼見三有俊心」，《説文·火部》引作「焯見」。既然的字可以讀為卓，灼字

可以讀為焯，則釣字可以讀為卓，卓的意思是超羣。【牆盤銘文考釋　于豪亮學術文存】

◉黄錫全　[glyph]釣並出義雲章　《玉篇》「魡，亦作釣」。《莊子·刻意篇》「魡魚閒處」，釋文云「魡，本亦作釣，同」。【汗簡注釋卷五】

𨭆 𨭆

◉許　慎　𨭆羊箠耑有鐵。从金。埶聲。讀若至。脂利切。【説文解字卷十四】

◉馬叙倫　鈕樹玉曰。廣韻作𨭆。引同繫傳。繫傳當不誤。玉篇亦作𨭆。廣韻上聲至入聲緝竝作𨭆。入聲辥作𨭆。則譌也。桂馥曰。鐵當為鑯。廣雅。鑯。鋭也。本書。笍。羊車騶箠也。箸箴其耑。長半分。錢坫曰。鐵當作鍼。徐灝曰。羊下奪車字。此篆繫傳作𨭆。以音求之。埶聲古在齊部。與内聲錣聲同部。執聲則在侵部。𨭆笍音義同。而字又作錣。則似從埶為長。玉篇但云田器。廣韻曰。所以理苗殺草。與許異義。劉秀生曰。埶聲之字如讀摯音則古在端紐。至聲古亦在照紐。故𨭆從埶得聲得讀若至。糸部。絬。論語曰。絬衣長。從衣。舌聲。今論語作褻衣。本部。銛。從金。舌聲。桑欽讀若鎌。嚴可均謂欽治古文尚書。此讀若鎌。在禹貢為納絰。蓋桑欽作納銍矣。埶聲如舌。至聲亦如舌。是其證。倫按𨭆為笍之轉注字。以竹則從竹。以金則從金。内音泥紐。埶音疑紐。泥疑同為邊音。内埶又聲同脂類。然則字當從埶也。廣韻引廣雅。𨭆。羊箠也。而不引本書。此字蓋出字林。【説文解字六書疏證卷二十七】

鋃 鋃

◉許　慎　鋃鋃鐺。瑣也。从金。良聲。魯當切。【説文解字卷十四】

◉馬叙倫　朱駿聲曰。鎖曰鋃鐺。疊韻連語。倫按鋃鐺二字蓋出字林。【説文解字六書疏證卷二十七】

鐺 鐺

[glyph] 郭鐺【漢印文字徵】

◉許　慎　鐺鋃鐺也。从金。當聲。都郎切。【説文解字卷十四】

鋂 鋂

◉許　慎　鋂大瑣也。一環貫二者。从金。每聲。詩曰。盧重鋂。莫桮切。【説文解字卷十四】

◉馬叙倫　嚴可均曰。當作大環也。此云大瑣蓋涉上鋃鐺瑣而改。詩之盧令疏引作環也。一環貫二。按毛詩三章皆言鐶。玉篇廣韻。鋂。大鐶。無言瑣者也。鐶即俗環字。倫按此字蓋出字林。【説文解字六書疏證卷二十七】

鍡

◉許　慎　鍡鍡鑸。不平也。从金。畏聲。烏賄切。【説文解字卷十四】

◉馬叙倫　鍡鑸聲同脂類連緜詞。然鍡鑸從金。必為物名。猶鋃鐺之為銕條也。朱駿聲説。今失其義。不平也者。此磊字或崣字之義。亦疑鍡鑸二字出字林。【説文解字六書疏證卷二十七】

鑸

◉許　慎　鑸鍡鑸也。从金。壘聲。洛猥切。【説文解字卷十四】

鎎

◉許　慎　鎎怒戰也。从金。氣聲。春秋傳曰。諸矦敵王所鎎。許既切。【説文解字卷十四】

◉馬叙倫　怒戰也附會春秋傳文為之。蓋本訓挩矣。鎎次鋂下鋪上。亦必為物名也。疑鈙之異文。此字或出字林。詩彤弓釋文。愾。説文作鎎。火既反。云。怒戰也。火既反當是字林之音。則怒戰也亦字林文。蓋字林附於説文而題為説文耳。【説文解字六書疏證卷二十七】

鋪

鋪　師同鼎　吉日壬午劍【金文編】

◉許　慎　鋪箸門鋪首也。从金。甫聲。普胡切。【説文解字卷十四】

◉薛尚功

尊鋪永寶用

以愚考之。簠作鋪者。鋪非器用之名。簠之字小篆作簠。籀文作[glyph]。蓋小篆从甫。而籀文从金。今鋪字从金从甫。則為簠字無疑也。【劉公簠　歷代鐘鼎彝器款識法帖卷十五】

◉馬叙倫　沈濤曰。文選舞賦注引鋪作抪。御覽百八十八引。門扇環謂之鋪首。今奪。王筠曰。羣書皆言鋪首。無抪首。倫按鋪借為尃。然箸門鋪首也非本訓。御覽引者校語。【説文解字六書疏證卷二十七】

◉高　亨　古代銅器有名鋪者，其形似豆，上體為圓盤形，無蓋，有校，有鐙。其銘稱鋪，考古圖卷三杜嬬鋪銘曰，鈹舊釋劉，非公作杜嬬隮鋪，博古圖卷十八所箸劉公鋪即此器；西清續鑑甲編卷十三亦箸此器。西清古鑑卷二十九旅鋪銘曰，降叔作德人旅甫借甫為鋪，是也。或稱豆，博古圖卷十八單疑生豆銘曰，單芺舊釋疑非，按从口从矢當為知字生作羞舊釋養，非，按从又持羊，當為羞字豆，是也。因其銘稱，定其器名，則鋪即豆矣。世之儒者，率如此説。然豆之上體如圓盂而深，鋪之上體如圓盤而淺，其異一也。豆皆有蓋，鋪皆無蓋，其異二也，豆鋪相同者，唯校與鐙耳，是此二器大異小同，以形制斷之，非一器也。

余疑鋪即籩也。説文，籩，竹豆也。从竹邊聲。爾雅釋器，木豆謂之豆，竹豆謂之籩。籩豆二者當以形異其名，非以質殊其號，一切器，罔不然，古世以木為豆，以竹為籩，蓋嘗有之，但其名決不因此而別。古人作器，或以木，或以竹，或以瓦，或以金，不定厥質，唯視厥宜，籩豆為常用禮器，古書亦時時並舉，而出土銅器豆甚多而籩獨無，寧非怪事。今乃知鋪即籩耳，請證明之。

⊘有兹三證，鋪之為籩，似無可疑。其銘辭稱鋪而古書稱籩者，籩鋪一聲之轉，猶水邊之轉為水浦，榑櫨之轉為欂聯耳。單疑生鋪銘之稱豆者，相似之物，無妨予以同名，爾雅云竹豆謂之籩，亦此理也。又鋪當訓銅籩也。从金甫聲。而説文云，鋪，箸門鋪首也，恐失其初義。如盉當訓酒器也，从皿，禾聲。而説文云，盉，調味也，恐亦失其初義。二字例正同也。【説鋪　古史論集】

◉李孝定　鋪下收鋪、匿二文，吉日壬午劍銘云：「玄鏐鋪吕」，厚氏匿銘云：「魯大司徒厚氏元乍善匿」，字形、語法均不同，鋪疑與鏞同，邵鐘銘云：「玄鏐鏞鋁」，與劍銘同，一作鏞，一作鋪，可證。匿則為簠字，似不當收為同字。【金文詁林讀後記卷十四】

◉陳世輝　鋪（釜）　鋪即釜。《説文》：「鬴，鍑屬。从鬲甫聲。釜，鬴或从金父聲。」鋪即鬴的異體字，鋪、鬴同从甫聲，鋪、釜同从金作。鋪同鬴，猶如盤匜的匜字，金文作鉇，或作𥁕。這是在古漢字中產生異體字的原因之一。以器的類屬説，是从鬲、从皿；以器的質地説，是金所製造，所以也可从金。釜是一種炊飪器，經傳中常見。《詩·采蘋》：「于以湘之？維錡及釜。」《匪風》：「誰能亨（烹）魚？溉之釜鬵。」《方言》：「鍑，江淮陳楚之間謂之錡。」又「釜自關而西謂之釜，或謂之鍑。」釜當是自古以來人民群衆所慣用的炊器。在考古發掘中，多見新石器時代的陶釜，而絶少商周的銅釜。這是一個很值得探討的問題，但是，這不屬本文的研究範圍。我只是查閲出，銅釜是有的。1975年北京延慶西撥子村出土的一批青銅器中，有一件使用過的銅釜。據報導説：「出土物有明鮮的地方性色彩，是一批研究北方青銅文化的珍貴資料」，「窖藏銅器的時代，大體屬西周晚期或春秋早期。」既有相當西周晚期的少數民族的銅釜出土過，那麽，説銘文的鋪字為釜，就是有實物做佐證的。銘文所記的釜應當是戎人的「行軍鍋」。有一點還須要加以説明：鋪字讀簠也是可以的，這是一種豆屬器物，《博古圖》卷十八有劉公鋪（釋劉字不確），器形是豆屬，而自稱為鋪。鋪字从金甫聲，即《説文》中的簠。這和近年陝西出土的微瘐簠器形相同，而微瘐簠的簠字作⿱竹甫，从竹甫聲。鋪、⿱竹甫是相通的。然而，因為師同鼎所記是戰爭中的掠奪品，而且多到「五十」，所以本文不釋簠，而定為釜。【師同鼎銘文考釋　史學集刊一九八四年第一期】

◎戴家祥　説文十四篇「鋪，箸門鋪首也，从金甫聲。」金文用作俘獲之物，與鼎、劍等器並列，當非「箸門鋪首」，別有用義。説文三篇「鬴，鍑屬，从鬲甫聲，釜鬴或从金父聲。」鬴與釜，从鬲从金乃器物與材質偏旁的更換，金文鬲或作⿱鬲金，从金為鬲之材質，是其證也。甫从父聲，鋪字从金甫聲，當是鬴釜的異體字。鋪訓釜與鼎連列，文从字順，可以確定無疑。【金文大字典下】

鐉

◎許　慎　鐉所以鉤門户樞也。一曰治門户器也。从金。巽聲。此緣切。【説文解字卷十四】

◎馬叙倫　一曰似非別義。此校語也。此字蓋出字林。【説文解字六書疏證卷二十七】

鈔

263【包山楚簡文字編】

◎許　慎　鈔叉取也。从金。少聲。臣鉉等曰。今俗別作抄。楚交切。【説文解字卷十四】

◎馬叙倫　翟云升曰。六書故引作叉取火中物也。倫按鈔從金不得叉取之義。叉取也當作叉也取也。取也乃撮字義。亦𢽎字義。撮𢽎皆爪之後起字也。叉也乃鈔字本義。叉猶桂下之册叉。叉為鈔之俗名。亦借字也。字或出字林。【説文解字六書疏證卷二十七】

錔

◎許　慎　錔以金有所冒也。从金。沓聲。他荅切。【説文解字卷十四】

◎馬叙倫　沈濤曰。一切經音義十四引作以金銀有所冒覆也。倫按如音義引直是校者詞耳。本訓捝矣。此字或出字林。【説文解字六書疏證卷二十七】

銽

◎許　慎　銽斷也。从金。昏聲。古活切。【説文解字卷十四】

◎馬叙倫　此字或出字林。【説文解字六書疏證卷二十七】

鉻

鉻郎各切竝義雲切韻【汗簡】

義雲章【古文四聲韻】

◉許　慎　鉻鬄也。从金。各聲。盧各切。【說文解字卷十四】

◉馬叙倫　桂馥曰。廣韻引作鬄也。倫按此字蓋出字林。鉻為炮烙之器。杭縣謂之鉻鐵。鬄也者字當作剺。【說文解字六書疏證卷二十七】

鐘

◉許　慎　鐘伐擊也。从金。亶聲。旨善切。【說文解字卷十四】

◉馬叙倫　伐擊也蓋伐也擊也二義。【說文解字六書疏證卷二十七】

鏃

◉許　慎　鏃利也。从金。族聲。作木切。【說文解字卷十四】

◉馬叙倫　鈕樹玉曰。玉篇。箭鏃也。一切經音義二引字林。鏃。箭鏑也。釋名。鏃。族也。莊子天下釋文引三倉。鏃。矢鏑也。倫按利也者。非本義。或亦非本訓。史記廣川王世家引字林。可木反。【說文解字六書疏證卷二十七】

鈌

◉許　慎　鈌刺也。从金。夬聲。於決切。【說文解字卷十四】

◉馬叙倫　鈕樹玉曰。宋本及繫傳玉篇注作刺也。蓋譌。倫按刺也疑非本義。蔡邕黄鉞銘。馬不帶鈌。是器名也。左閔二年傳。佩之金玦。然則玦或以金為之。【說文解字六書疏證卷二十七】

鏉

◉許　慎　鏉利也。从金。欶聲。所右切。【說文解字卷十四】

◉馬叙倫　段玉裁曰。玉篇廣韻云。鏉。鐵生鏉也。亦作銹。錢坫曰。爾雅。鏤。鋑也。即此字。王筠曰。廣韻鏉下曰。鏽利。鏽下曰。鏉鏽。徐灝曰。今粵俗亦謂鐵鏽為銹。讀如性。倫按以上四字蓋皆出字林。【說文解字六書疏證卷二十七】

劉慶忌 祝劉 劉竟 劉歐 劉禁 劉義之印 劉讓之印 劉晏 劉安世印 劉

□之印 劉長孫 劉氏千万 劉寄 劉崇私印 劉誼之印 劉安私印 劉林私印 劉安世

劉瓊 劉見之印 劉不害 劉據印信 劉苞印信 劉昌印信 劉壽私印 【漢印文字徵】

劉君墓表 【石刻篆文編】

雲臺碑 崔希裕纂古 【古文四聲韻】

◉許慎 鐂殺也。徐鍇曰。說文無劉字。偏旁有之。此字又史傳所不見。疑此即劉字也。从金。从丣。刀字屈曲。傳寫誤作田爾。力求切。

【說文解字卷十四】

◉薛尚功 劉公簠 劉字从卯金刀。而說文止有鐂字。从卯金田。此以又易田乃近刀意。而許慎解金字今聲也。下从土木。注兩旁象金生於土中。此去其聲。單取生金意。其省文如此。【劉公簠 歷代鐘鼎彝器款識法帖卷十五】

◉馬叙倫 徐鍇曰。說文無劉字。偏傍有之。此字又史傳所不見。疑此即劉字。从金。从卯。刀字屈曲。傳寫誤作田耳。鈕樹玉曰。韻會引殺也下有從金畱聲。玉篇鐂注。古劉字。惠棟曰。畱以邑氏。公羊說也。又見王風毛傳。則畱即劉又何疑。卯金刀之說。見於讖緯。光武篤信之。諸儒不敢言其非。故說文無一言及之。姚文田曰。顧命注。劉。鉞屬。則劉為器名。鐂自訓殺。說文自挩劉字。吳穎芳曰。劉從丣得聲。卯金刀者。緯書拆字之說。非六書本恉。光武即位告天祝文引讖記曰。丣金修德為天子。許若列劉字。正說從丣。則違朝廷。如詭說從丣。則丣又無義。且劉義為殺。於漢時國姓自當忌諱。故劉字不列正文。而於藰瀏二字箸之。嚴可均曰。刀部必挩劉篆。竹部藰水部瀏皆從劉聲。且國姓必非近字。顧命一人冕執劉。鄭云蓋今鑱斧。孔云。戉屬。小徐疑義篇云。從刀。鐂省聲。此但言字義。不言形聲。非許例也。小徐及韻會引有從金畱聲。蓋小徐肊補。此字古書罕見。王煦曰。劉為漢姓。叔重不宜忘之。豈莽忌克。命甄豐等改定古文時私剗滅之。以致尉律不傳。而叔重仍之。未及補邪。玉篇以鐂為古劉字。未見所據。朱士端曰。薛氏疑識載劉公簠劉字作。薛釋云。劉字從卯金刀。而許慎止有鐂字。從卯金田。此以又易田。乃近刀意。而許慎解金字。今聲也。下從土。左右注。象金生於土中。此取其聲。士端謂薛以鐂即劉字。誠然。但言卯金刀。亦非。鐂字本從丣不從卯。此銘上體分析形似卯字。不知古鼎文分合緐省不拘一格。如留君簠作□。與此銘作□正同。又留君簠作□。變畫在下。若叔獨作□。石鼓文栁作□。乃變古文作□者而省其上。惠周惕詩説據董逌云。畱不從丣。漢人見卯金刀。緯書之言附會也。士端尋古鐘鼎文。酉字皆作□。本即卣字。竝無從□之字。推求其故。凡作□者皆丣之省變也。段玉裁不考鐂即劉。而據小徐説改鐂為鎦。士端謂古鐘鼎文田字或作□。銘文作又者。與□中之又形相近。乃古篆省文。古田□二字不分。□字左旁從攴。或從攴省作□。其實皆為□之省變。又從攴之字亦或從刀。如攴部敹之重文作劕。校者不審。又為□之省變。而疑為刀之或體。遂相沿而改從刀旁。段改為鎦。幾不成字矣。淮南原道。劉覽偏照。注。讀如畱連之畱。據此。淮南書必本作鐂。校者少見鐂習見劉而改也。注云。讀如畱。實鐂劉為一字。鄭珍曰。徐鍇謂本書脱屚劉字。又謂鐂字不見史傳。疑即劉字。刀字屈曲。傳寫誤作田。攷玉篇金部鐂古文劉字。竊謂此必顧氏舊文。然則許書之舊。必劉為正文。鐂為古文。訓解許亦不用殺為正義。失以不祥加於國姓。玉篇。劉。鉞也。殺也。宜亦本説文。鄭知同曰。鉉本鐂下止訓殺也而無從金畱聲。顯是殘脱之迹。宋秦熺鐘鼎欵識載晉銅尺文。劉歆已作鐂。倫按宋保王玉樹許槤亦並以為鐂劉一字。朱筠則謂本挩去劉字。乃書闕有間。傳寫之過。若以鐂為劉。是别指一字以當之。謬矣。倫以朱説是也。急就篇有劉若芳。急就皆倉頡中正字。而許書本於倉頡。則本書不得無劉字。自是傳寫偶挩。晉尺鐂字。或後人見説文有鐂無劉。偽造者也。徐灝已有此疑。殺也者爾雅釋詁文。彼作劉。經典訓殺之字亦並作劉。按之字義。自合作劉。字從刀鐂省聲也。此蓋吕忱所見爾雅字作鐂。故加此訓。鐂為顧命一人冕執劉之劉本字。鐂為兵器。故字從金。字疑出字林。【説文解字六書疏證卷二十七】

◉陸懋德　三曰劉。余按古兵器中之劉，不見于其他古書，故此器最為難解。鄭注云，「劉，蓋今鑱斧。」鄭氏謂劉為斧類，其説本是不誤，惜乎鄭氏未能言明其形狀，以致所謂鑱斧者，後人遂無從得其認識。究竟劉為何形，自古至今，久已成為問題矣。余考劉之為物，前此之考古家著作皆未見收録。只有劉氏奇觚室吉金文述卷十著録數器，名之曰劉，是為前人所無。及余細考其圖，而後又知劉氏所謂劉者，實皆是古人之鑿，而非古人之劉也。余按説文無劉字，而有鎦字，解曰，「鎦，殺也。」爾雅釋詁有劉字，而無鎦字，解曰，「劉，殺也。」劉鎦二字，皆從卯從金，並同訓作殺，當是一字無疑。周書君奭篇曰，「咸劉厥敵。」又武成篇曰，「咸劉商王受。」(見漢書律歷志)然則劉字含有殺意，古人本有此訓，則其為古之兵器，又無可疑。王静安謂甲骨文之「卯字即劉之假借」(見王氏戩壽堂甲骨文字考釋上册第五葉)，此解甚新，而惜其為説不詳。余謂卯字不是劉字之假借，而是劉字之初文，且劉字又反是卯字之後起字也。考漢書王莽傳稱「卯，劉姓所以為字也。」此即謂劉之為字，本之于卯。此説未為前人注意，而可為余説之明證，余考甲骨文内所見之卯字頗多，而作殺字用者不少。例如所謂「伐十人，卯六牢。」(見羅氏殷虚書契前編卷一第一八葉)又如㚒三犬三羊，卯五牛。」(見郭氏殷契粹編第四七片)凡此卯字，皆當與殺字同義，其事甚為明顯。此即與前言劉之訓殺，正相符同。又考凡古人干支字之原形，固多取象于器物。例如寅字之古文象矢，戊字之古文象戉，是也。甲骨文之卯字作卯(見上文所引)，鐘鼎文之卯字亦作卯(如旂鼎及紳簋等銘)，凡此卯字，皆象圓形斧對立之形(見下文)，然則謂古文卯字即象二斧對立之形，亦無不可。卯既是斧類，故可訓為殺也。地下發現之古斧類，本有月牙形與月圓形二種。月牙形者既謂之戉(見下文)，則月圓形者當即是卯。昔桂未谷在山東曾得古銅圓形斧頭，其圖載在馮氏金索卷二。余前在西安，亦曾得古銅圓形斧頭，與桂氏所見正同。由以上諸說，可知顧命篇之劉，即是甲骨文之卯，而卯即是月圓形之斧也。桂氏所見之圓形斧頭，與余所藏者完全相似。

第三圖 劉

【書經顧命篇侍臣所執兵器考 燕京學報三十八期】

◉許 慎 錉業也。賈人占錉。从金。昏聲。武巾切。【說文解字卷十四】

◉馬叙倫 段玉裁謂此字後人增入。倫謂蓋字林文也。篆當從昬。唐人避諱改也。【說文解字六書疏證卷二十七】

鉅鹿大守章  鉅平□□  袁鉅私印  孫鉅 疾鉅志  鉅平狐古  魏鉅適印 【漢印文字徵】

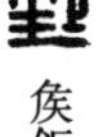

霍公神道闕 陽識 【石刻篆文編】

◉許 慎 鉅大剛也。从金。巨聲。其呂切。【說文解字卷十四】

◉馬叙倫 沈濤曰。一切經音義三。說文巨大作鉅。字從金。十。說文巨大巨從金作鉅。六及廿二。說文巨大也作鉅。是古本無剛字。許以巨為規矩字。而巨大字從金作鉅。不得訓為大剛。王筠曰。史記禮書。宛之鉅鐵施鑽如蠭蠆。徐廣曰。大剛曰鉅。筠案元應曰。字林。巨。大也。說文巨大作鉅也。元應以此有大字。故以為正。其實兩字皆假借也。倫按大剛也當作大也剛也。大也者。借巨為大。巨音羣紐。大音定紐。同為濁破裂音也。剛也者。嚴可均據韻會六語引作鋼。古無鋼字。以剛為之。吳善述據上文鏤剛鐵謂鉅則鏤也。大剛即今所謂鋼。煉鐵為之。倫謂吳謂鉅即鏤。是也。鏤從婁得聲。婁從貴得聲。貴音見紐。鉅音羣紐。古讀羣歸見也。蓋轉注字。或曰。此巨之後起字。借為鏤。故有剛訓。字蓋出字林。【說文解字六書疏證卷二十七】

鎕

◉許　慎　鎕銻。火齊。从金。唐聲。徒郎切。【說文解字卷十四】

◉馬叙倫　朱駿聲曰。鎕銻雙聲連語。即玫瑰也。倫按此二字蓋出字林。【說文解字六書疏證卷二十七】

銻

◉許　慎　鎕銻也。从金。弟聲。杜兮切。【說文解字卷十四】

鈋

◉許　慎　吪圜也。从金。化聲。五禾切。【說文解字卷十四】

◉高田忠周　古刀布文。貨字借化借匕。其匕字有作作作者。又化字作作作。然此篆為鈋字。無容疑者。說文鈋。吪圜也。从金化聲。蓋鈚古文而鈋籀文耳。又有郳公雩鐘。此鈋疑雩字叚借。【古籀篇十二】

◉馬叙倫　鈕樹玉曰。類篇引吪作鈋。嚴可均曰。疑吪鈋皆衍文。一切經音義引鉅大也。以大訓鉅。猶以圜訓鈋。許例如此。廣韻。鈋。刓也。去角也。亦同此意。徐灝曰。今工匠治器。凡稜角刓而圜之謂之摩圜。即鈋圜也。倫按未詳。鍇本吪作鈋。疑鈋乃隸書複舉字。此作吪。亦或校者注以釋鈋字之音者也。鈋蓋貨之異文。圜也者。謂此圜法之圜也。又尋口部。囮。譯也。疑此圜字本作圝。傳寫之譌。蓋以囮訓釋此也。此字出字林。故如此。【說文解字六書疏證卷二十七】

鐜

◉許　慎　下垂也。一曰千斤椎。从金。敦聲。都回切。【說文解字卷十四】

◉馬叙倫　鈕樹玉曰。繫傳作鐓。錢坫曰。此即鎚字。段玉裁曰。若今衆舉以築地者也。秦始皇造鐓。重不可勝。刻作力士像以祭之。鐓乃可移動。桂馥曰。此即錘字。倫按鐓訓下垂也不可通。千金椎亦不似說解原文。廣川書跋引字林。鐓。平底也。則下垂乃平底之譌。段玉裁朱駿聲皆以為錞鐜一字。【說文解字六書疏證卷二十七】

鍒 鍒

◉許　慎　鍒鐵之耎也。从金。从柔。柔亦聲。耳由切。【説文解字卷十四】

◉馬叙倫　當依鍇本作從金柔聲。凡耎曰柔。語原然也。鐵之柔也非本義。字或出字林。【説文解字六書疏證卷二十七】

錭 錭

◉許　慎　錭鈍也。从金。周聲。徒刀切。【説文解字卷十四】

鈍 鈍

◉許　慎　鈍錭也。从金。屯聲。徒困切。【説文解字卷十四】

◉馬叙倫　屯音知紐。周音照紐三等。故得轉注。同為舌面前音也。【説文解字六書疏證卷二十七】

鈍 2334【古璽文編】

⿰金朿 ⿰金朿

◉許　慎　⿰金朿利也。从金。朿聲。讀若齊。徂奚切。【説文解字卷十四】

◉馬叙倫　段玉裁曰。易。喪其資斧。子夏傳及衆家並作齊。應劭云。齊。利也。然則⿰金朿為正字。齊為假借。劉秀生曰。朿聲齊聲並在灰部。故⿰金朿從朿聲得讀若齊。走部。趀。從走。朿聲。讀若資。韭部。韲。從韭。次朿皆聲。或從齊聲作齏。食部。餈。從食。次聲。或從齊聲作𩟄。是其證。倫按此利害之利本字。【説文解字六書疏證卷二十七】

錗 錗

◉許　慎　錗側意。从金。委聲。女恚切。【説文解字卷十四】

◉馬叙倫　鈕樹玉曰。類篇引繫傳作側意也。張本玉篇有音無義。原本訓器名。廣韻闕。錢坫曰。此字疑後人加。朱駿聲曰。疑即檛之或體。此訓側意者。以檛為咼也。倫按本書部末字往往為後人所加。此訓側意不可通。證以欠部歒字歠字。則此亦非本訓。蓋字出字林而又捝其訓也。【説文解字六書疏證卷二十七】

鑺 鑺

◉徐　鉉　鑺兵器也。从金。瞿聲。其俱切。【説文解字卷十四新附】

銘 鎖 鈿 釧 釵 鈲

銘 說文新附 𪕦羌鐘 ［古字］中山王𰯌鼎 詐鼎于銘 【金文編】

［古字］三代上2·7 銘為〼 【古陶文字徵】

［古字］尹宙碑領 ［古字］韓仁銘領 ［古字］天璽紀功碑 ［古字］景君銘領 ［古字］開母廟石闕 表碣鉊功 誤銘為鉊 【石刻篆文編】

◉徐　鉉　銘記也。从金。名聲。莫經切。【說文解字卷十四新附】

◉徐　鉉　鎖鐵鎖。門鍵也。从金。肖聲。穌果切。【說文解字卷十四新附】

◉徐　鉉　鈿金華也。从金。田聲。徒季切。【說文解字卷十四新附】

◉徐　鉉　釧臂環也。从金。川聲。尺絹切。【說文解字卷十四新附】

［古字］陳釵之印 【漢印文字徵】

◉徐　鉉　釵笄屬。从金。叉聲。本只作叉。此字後人所加。楚加切。【說文解字卷十四新附】

◉徐　鉉　鈲裂也。从金爪。普擊切。【說文解字卷十四新附】

◉黄錫全　甲骨文有字作［古字］，《甲骨文編》列入附録上一〇九。甲骨文中玉字作［古字］也作［古字］，如㺢作［古字］也作［古字］，玬字作［古字］也作［古字］等。因此，上列之字左形从玉。［古字］為反永，即𠂢。如𧙗作［古字］或［古字］，永作［古字］或［古字］等。［古字］應該隸定作𤤽。

字書中未見𤤽字。古文字中金、玉因義近每可互作，如古璽鉩字作［古字］，从金，《說文》籀文作［古字］，从玉；《說文》鈕字古文作玐。𤤃當是鋠字。字書鋠又譌誤作釽。梅膺祚《字彙》鋠同釽。《汗簡》録《義雲章》劈作[glyph]，為[glyph]譌，即鋠字。《玉篇》鋠，「普的、普賜二切。裁名也」。《漢書・藝文志》：「鉤鋠析亂而已。」注：「鋠，破也。」《方言二》「梁益之間裁木為器曰鋠」。《說文新附》作釽，「裂也。从金、爪。普擊切」。《一切經音義》卷十四：「劈，古文𠂢、鋠。」是鋠古有劈析、破木之義。

《甲》3913

壬戌卜，狄貞，亞旒其陟遷入。

壬戌卜，狄貞，𤤃入。

「遷入」與「𤤃入」對貞。思泊師指出，「遷入」是指乘遷（驛）傳以入。那麼，「𤤃入」解釋為劈析道路而入，文義似可通。【釋𤤃　甲骨文字釋叢　考古與文物一九九二年第六期】

幵　幵工千切【汗簡】

●許慎　幵平也。象二干對構上平也。凡幵之屬皆从幵。徐鍇曰。幵但象物平。無音義也。古賢切。【說文解字卷十四】

●馬叙倫　徐鍇曰。幵但象物平也。無音義。鈕樹玉曰。廣韻引作平也兩干對舉。倫按形不可虛象。幵象何物邪。說幵字者多不剴切。唯高田忠周以為或為枅之初文。倫謂是也。平也非本義。疑許書本無此部。呂忱所增。餘見枅下。【說文解字六書疏證卷二十七】

●黄錫全　幵幵工千切　甲骨文有[glyph]字，唐蘭先生釋為蘢，認為[glyph]即是幵之初文（《殷墟文字記》）。此形同《說文》正篆。【汗簡注釋卷六】

甲199　215　408　630　690　738　750　827　903　1902　1960

2003　2102　2546　2667　2752　2941　3070　乙2004　6253　6694　6768

7741　8816　8857　8859　8970　9071　9082　珠630　631　1059　卜195

佚78　131　194　210　261　387　392　401　407　415　568　602

875　887　913　945　續1·3·4　1·6·2　1·23·7　1·42·2　2·3·9

2·25·2　3·48·2　4·27·2　掇172　413　456　徵3·87　3·137　3·170

3·171　8·27　凡14·4　録269　287　439　451　511　誠228　鄴32·4

六中15　續存258　1504　1516　1786　2354　外59　摭續81　84　粹58　84

99　106　136　154　155　183　188　235　535　1160【續甲骨文編】

刀尖　亞五·二五　中山王嚳鼎銘文汋字右旁同此　仝上　仝上　反書　仝上　亞五·二四　仝上　典一一七四

【古幣文編】

蓮勺鹵鹹督印　【漢印文字徵】

勺【汗簡】

汗簡【古文四聲韻】

◉許　慎　挹取也。象形。中有實。與包同意。凡勺之屬皆从勺。之若切。【說文解字卷十四】

◉林義光　古作毛公鼎甚字偏旁。為勺之反文。見甚字條。象勺中實。或作甚尊彝甚字偏旁。中省。又亞形中有作者。為人形。亦象勺。【文源卷一】

◉王國維　字未詳。疑古勺字。象勺形。其實也。晉敢云。隹四月初吉丁卯。王蔑曆錫牛三。晉既拜稽首。于厥文祖考。彼字與此字正同。彼為夏祭。當假借為礿祭之礿。此云。鬯二一卣二。則當為挹鬯之勺。卣所以盛鬯。勺所以挹之。故二者相將。【戩壽堂所藏甲骨文字考釋】

◉吳其昌　先師王國維之説，至是不易。但有須補充審訂者，「礿」祭之期，周時為夏祭；此一可以金文習毀證之；二，在經典中則如《爾雅·釋天》云：「夏祭曰礿」，《春秋》桓公八年《公羊傳》云：「夏曰礿」，《春秋繁露·深察名號篇》同。《説文》：「礿，夏祭也。」又《小雅·天保》，魯詩説「夏祭曰礿」。又《周禮·大司馬》「獻禽以享礿」鄭注：「礿，宗廟之夏祭也。」又《禮記·明堂位》：「夏礿」……等證之。又其字，秦漢以後人書之，嘗與「禴」字溷淆不分。（其實在甲骨、金文中「礿」「禴」分別甚明，絶不相蒙。）故《天保》之詩，本作「礿祠烝嘗」，《王制》鄭注所引甚明，而今毛《詩》則作「禴祠烝嘗」矣。又桓八年《公羊傳》之「礿」，《釋文》：「本又作禴。」而《易萃》六二：「乃利用禴。」虞翻注：「禴，夏祭也。」桓公八年《穀梁傳》亦云：「夏祭曰禴。」此亦周代「礿」祭在夏季之旁證。而在殷代則不然。《前編》有獸骨卜辭兩端，其一闕下段（一·二〇·七），其一闕上段（四·四四·五），合而足之，其文云：「……王其又（侑）[字形]于武乙[字形]，□之，王受右（祐）。在正月。」是於正月舉行礿祭也。故《禮記·王制》又有「春曰礿」，《祭統》又有「春祭曰礿」之異義。考王弼《萃》六二注：「禴，殷春祭名也。」《釋文》同。又《既濟》九五《正義》：「禴，殷春祭之名。」而《王制》「天子犆礿」鄭注則云：「周改夏祭曰礿」。綜觀所述，乃「礿」在殷時本為春祭，至周而改為夏祭；與卜辭及習毀委曲悉合，其説必端有所受，而非構自胷臆矣。又《易·既濟》九五：「東鄰殺牛，不如西鄰禴祭，實受其福。」其意，目禴祭為至薄儉之祭甚明。今「礿」本義為勺，一勺之獻，故非豐裕。……【殷虚書契解詁】

◉陳邦福　卜辭[字形]王國維釋勺。至確。邦福案。勺旁作八象美汁。丿象殘肉。考禮記明堂位云。殷以疏勺。鄭注。疏通刻其頭。卜辭勺首中空作[字形]。正為禮經疏勺之象。【殷契瑣言】

◉馬叙倫　鈕樹玉曰。韻會作[字形]。廣韻注同。一切經音義四引作枓也。蓋誤以勺為杓。玉篇。飲器也。段玉裁曰。當作枓也所以挹取也。王筠曰。木部枓下云。勺也。杓下云。枓柄也。是勺即杓也。既云象形。器用乃有形。且禮龍勺蒲勺疏勺一勺土之多皆器也。蓋勺與匕分大小而形則同。説解當如段説。所以挹取也乃庾注。吳善述曰。本作[字形]。倫按勺本象形作[字形]今所見古禁器中有勺。即如此形。説解當作器也。挹取上捝所以二字。此蓋字林文。中有實與包同意校語。水經注廿二引字林。勺水出陽城山。【説文解字六書疏證卷二十七】

◉饒宗頤　勺字，大抵作[字形]，董氏釋勺，殷器有[字形]鼎（鄴中三上·一三）。又父己甗有云：「我[字形]縶二女。」（小校經閣金文三·九八下）字从示，蓋即礿也。（積微居金文説釋為神，丁山讀[字形]為叉，謂象指甲狀，方國志頁一三二，説均可商，卜辭自有叉字。（通纂六一二））左傳定四年，殷民六族有長勺氏、尾勺氏。路史國名紀：「商氏後有長勺」，即宋之汋陵城，在寧陵東南。他辭言勺致貢者，如：「庚戌……勺入」（後編下二四·一〇）「勺入……」（屯甲四四九）是。

乙亥卜,勺貞:[glyph]……(拾掇一·二八四)

按此條勺字作[glyph],島邦男貞人補正誤為[glyph],另列為一人,非是。【殷代貞卜人物通考卷十】

◉金祥恒　[glyph]勺,説文「[glyph],枓也,所以挹取也,象形,中有實,與包同意」。考工記「梓人為酒器,勺一升」。注「尊斗也」,儀禮士冠禮「實勺觶角柶」,注「勺,尊升」。段注引改「升」為「斗」云:「尊斗所以斞酒也,今皆譌尊升,不可通矣」。又云「元應書卷四補木部枓下云,勺也。此云勺,枓也。是為轉注」。蓋酒盛於尊,必以勺挹取,而後注於爵中,今所見[glyph]卣、守宮作父辛觥器中皆藏有勺,考工記玉人注杜子春所云「酒尊中勺也」(商周彝器通考四五六頁)。儀禮少牢禮「勺爵觚觶實于篚」,勺為酌酒之器。禮記明堂位「夏后氏以龍勺,殷以疏勺,周以蒲勺」。疏「龍勺者為龍頭」,言其柄形也。簡文「脛勺」者,直而長也。與簡同時出土之勺有二,一長柄疏勺,一短柄。「脛勺」即其長柄疏勺也,其形制如圖五。

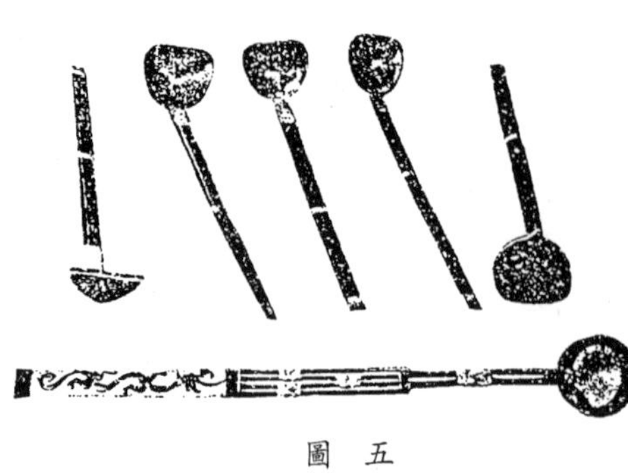

圖五

【長沙漢簡零釋(三)　中國文字五十一册】

◉商承祚　勺作[glyph],亦見望山二號墓遣策。《長沙發掘報告》未提及此墓有勺。在長□,亦見第一四及一八兩簡,[glyph]即長,古璽長字均作[glyph]。【長沙五里牌四〇六號楚墓竹簡遣策考釋　戰國楚竹簡彙編】

◉陳全方　「[glyph]」疑似勺字,若然,則蓋假借為礿字。【陝西岐山鳳雛村西周甲骨文概論】

与

◉劉彬徽等　(593)釣，勺字。少釣即小勺。【包山楚簡】

◉徐中舒　一期　前四·四二·五　字形近，惟短劃作。，疑為之異體。殆亦象勺中之實。【甲骨文字典卷十四】

◉許　慎　賜予也。一勺為与。此与與同。余呂切。【説文解字卷十四】

◉林義光　一勺無賜予之義。石鼓作鱮字偏旁。象兩手授受形。【文源卷六】

◉馬叙倫　嚴可均曰。此与與同當作此與與同。嚴章福曰。小徐作此即與同。祛妄篇作與予皆同。段玉裁作此與予同意。按祛妄篇似當言與与予皆同意。承培元曰。此與予同意。倫按賜予也當作賜也予也。然高田忠周謂一勺何以得予義。此非古字。金文凡與字皆从舁從。即聲也。許謂与聲。与形近譌耳。倫謂其説是也。此蓋漢時俗寫與字。或此字出字林也。【説文解字六書疏證卷二十七】

◉湯餘惠　与字的古文構形也是一個謎。《説文》勺部：与，賜予也。一勺為与。段注云：下从勺。一者，推而予之。顯然是臆解。其實「与」很可能是「牙」之省，這可以从「與」字得到旁證。古代器物銘文與字習見，均从牙，不从与；《説文》謂「从舁，从与」並不可據。與字从牙，鯩鎛作，中山王鼎作，其形不省；侯馬盟書或作(198:10)，省去下面一筆，中山王墓玉片作(西庫：482)，略去上下兩橫劃，和上舉古璽同。小篆从与，應是盟書一體的稍變。由此可見，所謂「一勺為与」的「与」不過是「牙」的省形分化字。从字音看，牙字在《詩·小雅·祈父》首章與父、恤、居等字為韻，古音屬魚部，和「與」之古音極近，與字从牙當是聲符。

与字形體的剖析，可以看出省略乃是導致人們對某些文字構形原理發生誤解的原因之一。【略論戰國文字形體研究中的幾個問題　古文字研究第十七輯】

几

260【包山楚簡文字編】

几【汗簡】

汗簡　竝王存乂切韻　汗簡【古文四聲韻】

◉許　慎　几踞几也。象形。周禮五几。玉几。雕几。彤几。髹几。素几。凡几之屬皆从几。居履切。【說文解字卷十四】

◉馬叙倫　吴穎芳曰。一垂以象几。形變則為几也。鈕樹玉曰。繫傳韻會雕作彫。倫按與几一字。踞几也非本訓。周禮以下校語。字或出字林。【說文解字六書疏證卷二十七】

凭

凭古文【古文四聲韻】

◉許　慎　凭依几也。从几。从任。周書。凭玉几。讀若馮。臣鉉等曰。人之依馮。几所勝載。故从任。皮冰切。【說文解字卷十四】

◉馬叙倫　桂馥曰。依几也尚書釋文引同。又云。字林同。劉秀生曰。從几。任聲。任聲覃部。馮聲登部。登覃旁轉。故凭從任聲得讀若馮。周書凭玉几。今顧命凭作憑。左僖五年傳。神所馮依。馮依字即凭之借也。是其證。尹桐陽曰。馮任雙聲。倫按凭之語原即任也。字或出字林。【說文解字六書疏證卷二十七】

◉劉彬徽等　(556)僼，讀如凴。僼几即凴几。【包山楚簡】

凥

凥3　凥7　凥10　凥238　凥250【包山楚簡文字編】

凥《說文》居處之居作凥　林巳奈夫(1964)釋居　—于嚴☐(乙1—11)【長沙子彈庫帛書文字編】

◉許　慎　凥處也。从尸。得几而止。孝經曰。仲尼凥。凥謂閒居如此。九魚切。【說文解字卷十四】

◉林義光　説文云。凥處也。从尸几。尸得几而止也。按尸即人字。从人在几上。【文源卷六】

◉馬叙倫　吴穎芳曰。引孝經文錯誤。應曰仲尼凥如此凥謂閒居。鈕樹玉曰。韻會止下有也字。繫傳閒作閑。韻會引作謂閑凥如此。曹憲博雅音二引作几聲。翟云升曰。當入尸部。徐灝曰。凥謂六字淺人所加。倫按曹憲引作几聲。是也。古坐不以几。則從人在几上不可也。若謂人依於几。則何殊於凭邪。為居之音同見紐轉注字。古書以聲同魚類借為處。當入尸部。餘見居下。字或出字林。【說文解字六書疏證卷二十七】

◉饒宗頤　貞：伲往來亡囚。(巴黎五，佚存五七一重)

伲舊釋迡，遲之異字，說文又作迡。盤庚：「遲任有言」，鄭玄云：遲任古之賢史，日本唐寫本作迡任，伲即遲姓之遲。然除京津明義士作倔外，其餘字并从尻。説文几部：「尻，處也。从尸、几。」契文有彳旁，似釋為尻之古文更合。【殷代貞卜人物通考卷十二】

乙1857 1978 2287 4606 4701 6267 6393 7150 7204 7207 7243 7288 7528 7764 7793 7846 8400 珠282 【續甲骨文編】

処 説文或从虍聲作處 𧇾盤 癲鐘 井人妄鐘 臣諫簋 𦉼鼎 省几 㝬鐘 南國艮孳敢𠣾處我土 魚顛匕 蚉壺 鄂君啟車節 王処於莪郢之遊宮 或釋尻居而節内另有居字作𡰥 鄂君啟舟節 【金文編】

5·132 處捍咸安 5·187 頻陽工處 秦1269 同上 秦351 咸處 銀雀山漢簡處作𧆨與此同 【古陶文字徵】

〔五二〕 〔九〕 【先秦貨幣文編】

処 説文処或从虍聲作處 法一二五 六例 日甲四一背 三例 日甲五〇背 【睡虎地秦簡文字編】

1726 0414 3145 【古璽文編】

陳處私印 處君翼 處信 處長絫 女定處印 戎處私印 處羊舌 闞安處印 處德 【漢印文字徵】

石碣汧殹 鯾鯉處之 祀三公山碑 霝幽道艱 鄭季宣碑陰領 【石刻篆文編】

処古孝經居処二字亦異説文 【汗簡】

処古孝經　処雲臺碑　処古老子　処同上【古文四聲韻】

●許　慎　処止也。得几而止。从几。从夂。昌與切。處処或从虍聲。【説文解字卷十四】

●孫詒讓　[illegible]字不可識。以形求之。似从内从止。疑遹之省文。【契文舉例下】

●羅振玉　[illegible]説文解字。処。止也。从夂。夂得几而止也。此从止在几前。與許正合。或增宀。象几在宀内。或从内。與几同。【增訂殷虛書契考釋卷中】

●丁佛言　[illegible]邾人鐘[illegible]。愚釋𧆨處即止處之義。徐籀莊釋蘄壽。非。處从虍。許氏無説。左傳。民有寢廟。獸有茂草。各有攸處。或其有取分别歸處之義與。【説文古籀補補卷十四】

●高田忠周　説文。処止也。得几而止。从几夂。蓋夂從後致也。即安尻得處之謂也。元是人事。轉為禽魚棲息之義。説文或从虍聲作處。正與此合。張氏金石聚云。處。籀文処。觀趄𧻚等字籀文作𧽙𧾊。是其證也。此説真然矣。又按廣雅釋詁。處。尻也。詩殷其靁。莫敢啓處。傳。居也。居即尻叚借字。此字之本義也。因謂古尻処當同字。卜辭金文夂字作[illegible]。此文作[illegible]即同。而[illegible]往往通用。然則[illegible]同字無疑矣。後人分别。又或从虍聲。以取茂美。處行而処廢耳。【古籀篇十六】

●林義光　居也。象足跡在几下。古作[illegible]曶鼎。从或體。【文源卷六】

●强運開　[illegible]説文。処。止也。从夂几。夂得几而止也。處或从虍聲。張德容云。按此正是籀文。觀趄𧻚等字籀文作𧽙𧾊。是其證也。運開按。井人鐘作[illegible]。曶鼎作[illegible]。魚匕作[illegible]。俱與鼓文近似。足證古處字亦从虍也。【石鼓釋文】

●馬叙倫　鈕樹玉曰。韻會作止也從夂得几而止。馮振心曰。[illegible]當作[illegible]。象趾向後。謂由外入也。就几而坐。是為処也。倫按以字形論直與尻居一字耳。聲亦同魚類。古書亦率居處互訓。似為居之異文。然從[illegible]即退之初文。則訓止是矣。几聲。得几而止校語。亦或尻字説解中語傳寫譌入也。當入[illegible]部。字或出字林。

處　倫按処之轉注字。処聲魚類。虍聲亦魚類。故從虍聲轉注作處也。聲字或校者所加。井人鐘作[illegible]。曶鼎作[illegible]。魚匕作[illegible]。石鼓作[illegible]。【説文解字六書疏證卷二十七】

●唐　蘭　𠭰處　處字舊摹多譌，前人因誤釋為虐，𠭰虐我土，於詞不順。今按故宫藏器作[illegible]，則即[illegible]字，應釋為處，謂陷我土而處之也。【周王㝬鐘考　唐蘭先生金文論集】

●商承祚　2.「処於□□」(1‘11—14)：

□，即見過照片的仍從蔡本誤為隸體的「位」，此字實同鄂君啟節之「処」。據出土戰國楚漆器承肘几，其支柱足多作□形狀，字仿此，更為形象化。【戰國楚帛書述略】

◉李裕民　二、□《侯馬盟書》宗盟類二之二：八七。

字當釋處，《魚鼎匕》作□、《石鼓文》作□、《盗壺》作□（《文物》一九七九年一期十二頁圖十四），與此字基本相同。尤其是《盗壺》，將本來聯貫的筆道攔腰截斷，中間分裂出□形來，與盟書割裂筆道分出□形的手法極為相似。這種割裂筆道的寫法，盟書中並不罕見，如欠（歍字偏旁）作□也寫作□，兟字作□也寫作□（九二：一六）。至於□當為□或□的形變，《祀三公碑》處字的□形更形變為□（《石刻篆文編》十四・四）。【侯馬盟書疑難字考　古文字研究第五輯】

◉李孝定　処篆下所收猷鐘一文作□，無旁从「几」形，其下所从「□」形，乃金文習見之「□」，即倒「止」形，於此篆乃示虎爪，即許書虐篆下所謂「虎足反爪人也」，此篆當从郭沫若氏說釋「虐」，銘云：「南國□□敢臽虐我土」，如讀為「臽處我土」，則不辭矣。【金文詁林讀後記卷十四】

◉杜迺松　「□」，可隸定為「□」，《說文解字》所無，金文僅此一例，學者們未釋。「□」字的上半部為「処」字，《說文解字・几部》：「処，止也，得几而止。」金文「処」字多在其上加「虍」，作「處」，「虍」聲。由會意變成形聲，仍為止処之意。毓祖丁卣的「処」字下從「山」，象形「山」，「山」字與其它結體組成文字時，可有依止之意，如：《說文・山部》：「㠀，海中有山可依止曰㠀。」「□」字以「処」為聲，以「山」為形。「□」與「処」、「處」有相似之處，疑「□」為「処」、「處」之或體。【談毓祖丁卣等三件商代長銘銅器　文物一九八四年第十期】

◉戴家祥　□ 好盗壺　不能寍□　□，从女處聲。字書不載，當為處之繁飾。戰國文字多增筆，此亦一例，金文用法同處。【金文大字典下】

□ 甲二四九　卜辭用且為祖　□ 甲四一四　□ 甲一八〇六　□ 甲二三五一　□ 甲二九〇三　朱書　□ 乙一三一九　□ 乙一三八五反　□ 乙一四四四　□ 鐵五四・一　□ 拾三・一一　□ 前一・三六・六　□ 前三・二三・四　□ 前五・一・四　□ 前七・三〇・三　□ 後一・二一・一三　□ 後二・三八・六　□ 林一・一四・七　□ 戩一・四　□ 戩二・七

戩四・一 燕八 佚一八六 佚五四五 佚九四五 福三七背 明藏六八 明藏八二

粹二 甲五四 祖甲 見合文七 甲六四三 祖乙 見合文七 前一・二二・八 祖丙 見合文七 甲四九〇 祖丁

見合文七 前一・二三・二 祖戊 見合文八 甲四九五 祖己 見合文八 乙五三二七 祖庚 見合文八 甲九二二

祖辛 見合文八 乙五三二七 祖壬 見合文九 前一・二三・七 祖卯 見合文九 鄴三下・三七・二 祖亥 見合文九

【甲骨文編】

甲3 125 246 249 414 2903 2917 3045 乙6690 8462 珠659

卜163 460 福4 佚115 154 186 214 558 645 667 860

873 875 883 887 897 909 911 917 945 續1・10・4 1・10・8

1・12・8 1・13・1 1・14・1 1・15・1 1・15・4 1・15・5 1・16・3 1・16・5

1・17・1 1・17・5 1・17・8 1・18・6 1・19 1・19・3 1・19・4 1・19・5

1・19・6 1・20・2 1・21・7 1・22・2 1・22・3 1・28・5 1・40・4 1・49・6

3・7・4 掇407 417 455 461 462 550 徵3・26 3・40 3・56

3・58 3・59 3・60 3・61 3・63 3・64 3・69 3・71 3・72 3・76

3・77 3・79 3・80 京1・23・1 龜卜23 粹456 新4378 【續甲骨文編】

且 孳乳為祖 己且乙尊 受且丁尊 且癸父丁簋 且乙卣 且己父辛卣 乃孫作且己鼎

亞耳尊　觶尊　亞且乙父己卣　子且己卣　父且丁罍　且戊鼎　且己角　己且觚　且乙
卣　且甲爵　且己爵　且壬爵　且辛爵　且戊觚　鬙鼎　戈且丁觚　山且丁爵　弓衛且
己爵　且壬尊　門且丁簋　作册大鼎　盂鼎　曆鼎　趩簋　善鼎　豆閉簋　伯
晨鼎　師觙鼎　牆盤　曶鼎　曶壺　無㠱簋　克鼎　仲辛父簋　鬲攸比鼎　散
盤　不嬰簋　禹鼎　師嫠簋　杜伯盨　秦公簋　秦公鎛　鄀公鼎　邾公華鐘
𪓐兒鐘　邵鐘　陳侯因資錞　買簋　朐簋　王孫鐘　王子午鼎　邾公孫班鎛　从六　師虎簋
从广　白觶　鄀公匜　伯家父簋　从又　孳乳為沮喪也　匽卣　弗敢沮　牆盤　牆弗敢沮　振林按盤銘高祖亞
祖作且【金文編】

且　法四　二十六例　語八　二例【睡虎地秦簡文字編】

且慮丞印　故且蘭徒丞　上官無且【漢印文字徵】

詛楚文　且復略我邊城【石刻篆文編】

且王庶子碑　且　且出王庶子碑【汗簡】

汗簡　古老子　並同上　王存乂切韻　古尚書　崔希裕纂古【古文四聲韻】

◉許　慎　且薦也。从几。足有二横。一。其下地也。凡且之屬皆从且。子余切。又千也切。【説文解字卷十四】

◉吴大澂　當釋祖。从屮。助之異文也。以助為祖。亦古文假借字。【師虎敢　愙齋積古録十一册】

◉吴大澂　古助字。从且从屮。許氏説。助。左也。小篆从力。鄀公簠皇且考。借為且考之且。師虎敦且考。亦假借字。【説文古籀補】

◉吴式芬 許印林説……祖作□。檢萃篆凡且旁字作虘旁者多下加□。今所傳陳逆敦祖作□。虢季氏敦組作□。皆與此□合。【虎敦 攈古録金文卷三】

◉方濬益 □疑亭之湝文。説文。亭。民所安定也。亭有樓从高省。丁聲。此文正从高省。□亦樓之象形。故疑為亭之湝文。【小臣犧尊 綴遺齋彝器款識考釋卷十八】

◉孫詒讓 □舊釋為宜。文義難通。疑當為且之異文。新出且子鼎有□字。貉子卣有□字。吴大澂並釋為且。說文古籀補。此當與彼同。前宜女彝。當作且女彝。宜女乍乙隮彝。宜作□。似亦當為且字。舊釋未塙。（攈古）二之一。又王乏人甗。當作王且尸方甗。王□□方無敄咸。□字亦與此同。以文義推之。疑當為且即徂之借字。□疑尸字。讀為夷。謂王徂夷方。詳前鮽尊。無敄則從王也。（攈古）二之二。此且則當為祖之叚字。王降廷即承王鄉大祖言之。亦與上文祀大室降大廷義正同。【大豐敢 古籀餘論卷三】

◉劉心源 祖作□。叚助為之。吕伯敢□考。師虎敢□考。郘公諴簠皇□。皆如此。陳逆敢祖字从示从助。詳娩子敢。可互證。【友敢 奇觚室吉金文述卷四】

◉林義光 且 按即俎之古文。古作□趩尊彝。作□無㠱敦。變作□克鼎彝。又作□作册般尊彝巳。从二肉在俎上。肉不當在足閒。則二横者俎上之横。非足閒之横也。【文源卷一】

◉强運開 □祖癸角。運開按。此祖字之最古者。蓋象木主形。从示乃後起字。……□師虎敢。更乃祖考啻官。叚助為祖。【説文古籀三補卷一】

◉高田忠周 且字古有二。三代之末已混而不分別。今細審一作□。古文祖字。一作□。古文俎字。□祖古今字。且俎亦古今字也。説文祖字解曰。始廟也。从示且聲。始廟也者。實□字之義也。□从一。一者。地也。□以象廟。最古屋字之形當如此耳。今存埃及國圭形碑。正與此字形合。可證。愚因謂文字之根元。必當歸于一途而已矣。又説文。且字解曰。薦也。从几。足有二横。一。其下地也。古文作□。此俎字之義也。所謂尊俎之俎是也。而俎下又曰。禮俎也。从半肉在且上。薦也。禮俎也。意義實不異也。要中古。籀篆起而古文漸壞焉。漢儒不識。合兩字為一字。以此解附彼字。遂至不可見意矣。□且混合。猶與□□為一□□為一。其誤相同。蓋初□且相混不分。因一加示為祖字。一加仌為俎字。所謂孳乳益多之理。亦古字概象形者後變為形聲又一例也。今分□且為兩字。但□且古音相通。兩字叚借通用不妨矣。【古籀篇一】

◉高田忠周 且 説文。担挹也。从手且聲。古文从手字往往从又。然此篆担字古文無疑。而取亦元叡字。説文。叡。叉取也。叉取與挹取。元一義之轉耳。方言。担。取也。南楚之間。凡取物溝泥中謂之担。正與叉取義合。亦與挹取義通。又説文。担讀若樝梨之樝。亦担叡同字可證矣。担之或作叡。猶退遽罝。罝同字也。銘意借為祖。【古籀篇五十五】

◉鮑　鼎　且子鼎 且 古籀補入附録。云。疑且之異文。讀若徂。詩皇矣。侵阮徂共。疏引魯詩説。阮徂共皆為國名。【寰齋集古録校勘記】

◉孫海波　且薦也，从几，足有二横，象形。神主之主，因且之形為之，故孳乳為祖始，父之父以上皆得偁焉。【甲骨金文研究】

◉明義士　且又作且，象墳冢之形，一，地平，且中之一畫或二畫，象墳冢側部直立之木欄以繩索縛束之形。墳冢為子孫追荐之所，故訓薦；為先人之陰宅，故訓始廟。後增示，示蓋象冢前祭台之形。且祖固一字也。郭沫若之釋祖妣。見甲骨文字研究。民國二十年出版。Bernhard Karlgren 之Some Fecundity Symbols in Ancient China (Bulletin of the Museum of Far Eastern Antiquities No. 2. Stockholm 1930) 譯文見本刊第二期中國古代的幾個生殖力象徵。因甲骨文金文之且且且土⊥牡所从等形，遂謂為生殖器牡器之象形；見卜辭祭祀祖妣之頻，因之謂商代有生殖器崇拜之習俗。然且且⊥，字既不同，形亦各異，而含義尤不相謀，何得驟謂為生殖器之象形？商人有生殖器崇拜俗耶？商人之宗教思想，在上有一位帝，主宰一切，如雨，如風，如年，如降艱，如降囚，如戰事授佑，如作邑，諾與弗諾等，皆為帝之所命。人有求於帝時，則祭其祖先，以為祖先與帝同在天邑，而祖先與祭者，又有血統關係。祭為生死凡有血統係者，靈的一種團契，故求年求雨告戰事於祖先也。【柏根氏舊藏甲骨文字考釋】

◉馬叙倫　吳穎芳曰。足疑中字之譌。且本俎字。王鳴盛曰。且即古俎字。倫按王筠謂且字全體象形。倫謂此即庋物之格子。禮記所謂天子之閣五之閣本字也。今北方名為格子南方偁為廚。且俎古音實同。俎音照紐。廚從尌得聲。尌從壴得聲。壴音知紐。古讀知照皆歸於端也。亦即周禮牛人凡祭祀共其牛牲之互之互本字。鄭玄牛人注。互。縣肉格也。金文且字作且貉子卣。正象置肉於格也。蓋本作象形之且。後以疑於帳之初文作且者。因增肉以定之。今説解非許文。鍇本有重文作且。説解曰。古文以為且。又以為几字。韻會引説文作且。玉篇作且。注。古文。倫謂且即魚匕處字中所從之几。蓋本是几下重文。故几部末記曰重二。【説文解字六書疏證卷二十七】

◉唐　蘭　史記項羽本紀：「如今人為刀俎，我為魚肉」，俎即切肉之薦，今尚斷木為之矣。以版為之者為椹版。由日用之器變為禮器，遂由切肉之俎而變為載肉之俎，其形遂漸變而近於几。然俎字所象，必為最初之俎，只是斷木為之，而非几形也。

故卜辭俎或作□，直象肉在俎上，為平面之象，非側視也。然則且字本當作□，象俎形，其作□或□者，蓋象房俎，於俎上施橫格也。王國維觀堂集林，王說俎謂□或□具見兩房兩肉之形，駁鄭氏房謂足柎之說甚是。然其謂「梡者完也，椇者具也，皆全烝之俎」則非是。□只象肉形，非載全體。士昏禮：「匕俎從設，北面，載執而俟」，乃一人執匕，一人執俎。士喪禮則舉鼎右人以右手執匕，舉鼎左人以左手執俎。禮經之俎，大都可執，必不能甚巨也。然則俎之用為禮器，仍是切肉之薦，本不甚巨。若載全體或半體，自是大俎或大房，非俎之本制如是也。

且既俎之本字，則何以用為祖妣之義耶？余謂此當求之於聲音假借，而不當於形意求之。蓋且即今俗之爹、奢及爺字，猶父之即爸字也。以形義言之，且父皆各有其本義，茲第借其聲耳。

且之得變為爹奢等字者，且字古當讀舌頭音，與多晷近。切肉之薦，今北方呼為椹版，椹讀若耽。其大者斷木為之，北人謂之墩子，浙人謂之墩頭，皆且音之轉也。

且俎一字，卜辭金文俎作□□等形，然後世則誤析□為俎宐二字。古鉨「□民和衆」及「□士和衆」，漢印「□春禁丞」「□春左園」等宜字，顯即俎字。説文：「□所安也。从宀之下，一之上，多省聲。□古文宜。□亦古文宜。」此蓋□字行用其既多，聲義俱析為二，其為肉俎義者，後人改其形為俎，而為宐適義者，又小誤為從∩從一；遂若截然為二事字耳。容庚金文編桝俎宐一字之説，以字形考之，絶無可疑。然容又引王國維曰：「俎宜不能合為一字，以聲絶不同也。」而未有案斷之辭，乃疑未能決也。余按王氏以韻部相隔，遂謂聲絶不同，非也。且□古音本屬舌頭，與「多」相近，其後變而為齒頭正齒之音；獨用為宐適義者，仍保存其舌頭音，後人遂誤以為從「多」聲矣。讀為「多」而又轉入疑紐，是後世宐字之音所從出也。然則即以聲音言，俎宐為一字，亦可無疑也。

俎宐二字之當合，且古當讀舌頭音，更可以疊字證之。説文：「疊，楊雄説以為古理官決罪，三日，得其宐乃行之。從晶，從宐。亡新以為疊從三日太盛，改為三田。」按疊從晶宐會意，其説難通。金文有嬻字，其偏旁或從□，或從□，見穌南人匜及嬻妊車軎。可為且俎與宐為一字之確證。凡從晶之字，如曐、曑、晨、曟之屬，皆與星義有關，晶，古星字也。然則疊當是從晶且聲，且讀如「多」，與疊聲相近也。

知且古讀如「多」，則「祖」之為語，至今猶活也。祖猶今爹爹，妣猶今婆婆，父猶今爸爸，母猶今媽媽，祖妣父母四字之字音雖變，其所嘗代表之語固尚在也。後世稱謂頗亂，故或稱父為爹，然周以前分之頗清也。蓋以且為祖妣字，本叚借其語聲，及且字之音既變，與實際語言不合，後人遂別造從父多聲之爹字以代之。南史梁蕭憺傳：「人歌曰：『始興王，人之爹。赴人急如水火。何時復來哺乳我。』荆土方言謂父為爹，故云。」廣韻卅三哿：「爹，北方人呼父，徒可切。」與多聲相近。其聲之轉，則為陟邪切，廣韻九麻「爹，羌人呼父也。」廣雅釋親：「妻之父謂之父姼，妻之母謂之母姼，姼猶爹。」

「且」於後世，蓋通稱於父母。淮南子説山訓注：「江淮閒謂母為社，社讀雒家謂公為阿社之社。」説文：「蜀人謂母為姐，淮南謂之社。」廣韻卅五馬：「姐，羌人呼母，茲野切。」社既為公母兩方之稱，「且」亦宜然。在男為祖，在女為姐，故爹為羌人呼父，姐為羌人呼母，明爹即祖之後起字也。

因字音之變，後世又造一從父者聲之奢字，廣雅釋親：「爹、奢，父也。」廣韻九麻：「奢，吴人呼父」，正奢切。或又變為爺，玉篇：「爺，以遮切，俗為父爺字。」今北方呼祖為爺爺，尚其遺語也。

然則且與俎本同字，其本義為切肉之俎，其本音畧如多。古者叚且之聲以為祖妣之祖，猶今言爹爹也。且既專用為語助，變為「七也」「子余」等讀，祖妣之義，孳乳為從示且聲之祖，俎豆之義，變𠀠為肉形在旁之俎，而𠀠字之借為宜適義者，被誤認為從宀一多聲，字形雖誤，聲固不誤也。宜又轉為魚羈切，疊從宜得聲，可證其本讀如多也。祖字後變為子古切，與語音不協，流俗遂造从父多聲之爹字。後世祖父之稱既混，多有呼父為爹者，遂無知爹即祖之後起字矣。爹之語音又變，後人又別造奢或爺字以應之。

且之本義與其所由借為祖妣義者，如此。生殖象徵説，雖為學者所樂道，實無當於事實也。【釋且𠀠沮䚡䣝𠭊劃　殷虛文字二記】

◉陳仁濤　而卜辭之全部。金文之大部。皆為象形。且非直接象生殖器之形。而為間接象業已神主化之生殖器之形。亦即象此一石刻之形。實至明顯。此何以故。以此一石刻乃當年殷商民族父系始祖神明之象徵故。以此一石刻乃殷商氏族整體制度乃祖先一元宗教最高之神主故。以取此一崇高而莊嚴之石刻為祖字之象形。任何氏族成員均皆易知易識而可毫無凝滯故。然此猶僅就祖字所以取象此石之原因而言。至於何以知其所取象者必為此石。以及對此石如何取象。請再為申言之。

一。此石下端原植座中。出土時其座已失。或係木質。因年久朽敗故。而卜辭十三祖字中。有十字均連座象形。其中九字以一象座。一字以凵（且）象座。一字且連座几象形（且）。金文十五（祖）字中。有十一字連座象形。其中九字以一象座。一字以二（且）象座。一字亦連座几象形（且）。

二。就此石圖案分析。除下端饕餮紋外。此等繁瑣花紋。不能在一字上表現。故造字時無法採取。中刻有横繩紋二道。二道横繩紋中復刻斜繩紋四道。合成中部之四個三角形。從正面視之。其特徵連座正如下圖。

根據此圖。可知其構成部分凡四。一曰周線即⌒。二曰繩紋即□或□。三曰三角即▲。四曰座即□。而卜辭諸祖字之繁省變化實未嘗踰越其範圍。【男性生殖器石刻 金匱論古初集】

◉高鴻縉 □字本意為祖廟。只象祖廟之形。□上象廟宇。左右兩牆。中二横為楣限。下則地基也。廟為祖宗之鬼所居。故與人居之□無不同。字只分詳略之異而已。商周皆借為祖宗之祖。謂廟中所供之鬼也。至戰國時或於□加示為意符作祖。而經典中祖亦借為始。故許曰。祖。始廟也。包本借二意而說之也。王筠句讀以始字為句。廟也為句。甚是。至於說解薦也。段補為所以薦也。乃所以釋鼎俎之俎。鼎俎之俎。為叚借字。木器也。乃置肉其上。而切之之具。與此別。至所切之肉。向稱俎醢之俎。俎醢之俎。从肉省且聲。甲文作□或□者。从二肉不省也。俎以俎醢為本意。以鼎俎房俎為借意。【中國字例二篇】

◉曾憲通 □乃取虘遟□子之子 甲二一一 □虘司顕 丙六・一 □曰虘 丙六・二

《爾雅・釋天》「六月為且」，帛文虘即《爾雅》且，為六月月名。組帶之組，楚簡每作繿或縷，所从之虘與帛書同。帛文「乃取虘遟□子之子」云云，當讀為「乃娶且某某子之子曰女皇」，且為指示代詞。此句殆指「女皇」之所從出，惜「虘」下二字殘泐，不知其詳。【長沙楚帛書文字編】

俎 俎

鐵一六・三 古俎宜一字 摭續二 甲六七八 甲九〇三 乙六八七九 乙九〇二八 乙九〇九八 明藏四三四 鐵九六・一 鐵一五四・一 前五・三七・二 前六・二一・三 前七・一七・四 前七・二〇・三 前七・三一・三 前七・三七・二 後一・二〇・一 後一・二二・七 後一・二四・四 後一・二七・一〇 菁三・一 戩四六・四 粹一八 粹六八 佚一九二 燕一〇 乙一二七七 【甲骨文編】

甲373 529 678 903 1691 3361 3660 乙1277 佚146 407 續1・

1·5 徵3·4 續1·37·1 續1·52·2 徵4·30 續2·23·4 續2·24·6 徵8·95 續2·28·6 徵5·23 續4·4·5 徵1·91 續4·26·2 續6·17·2 徵8·97 掇550 徵8·8 8·10 8·86 8·94 8·96 12·47 古2·8 鄴46·18 續存1815 1933 摭續2 101 外70 108 139 189 粹18 33 68 232 413 409 531 新3428 3813 3967 3974 4047 京4·33·2 甲2158 乙30 41 102 110 8519 珠1023 1024 録593 六中12 【續甲骨文編】

俎

俎 三年瘐壺 羞俎 㷼俎 【金文編】

俎 法二七 【睡虎地秦簡文字編】

盄毁銘范母 入畢凰 【石刻篆文編】

◉許　慎　俎，禮俎也。从半肉在且上。側呂切。【說文解字卷十四】

◉孫詒讓　又別有緐縟文，如云：「□丑卜戔□立三□曰鼠□庚寅易日」，十六之三。「貝鼠丁卯其□」，六十六之二。「戔□鼠乙卯其易□乙卯」，六十九之一。「□□□翟□」，百十之一。「己亥卜戔貝鼠庚寅其□」，百五十四之一。此皆「且」之異文，几中從一校，而上下別為∧形，疑即「俎」字。《說文》：「俎，禮俎也，從半肉在且上」。此似即從半肉箸横間。金文且子鼎作，貉子卣作，與此字略同。又聃敢「王鄉大」，讀為王饗大祖，又王且甗「王尸方」讀為王徂夷方，舊並釋為「宜」，誤。詳《古籀餘論》。亦皆借「且」為「祖」、「徂」兩字。此文多說獵事，疑亦當讀為「徂」。故凡「祖甲」、「祖乙」之等，皆不如是作也。【栔文舉例】

◉孫詒讓　古文作。金文例借且為祖，其字恒見，皆與小篆同，閒有省為者，且乙卣，且辛庚父鼎。於形亦不相遠。龜甲文且字亦恒見，其作，兩横箸中相迫近於跗，校形義尤切。又有作作者，則與金文說文並同。唯金文別有且字文較𣪘縟，如且子鼎作[字形]，且女彝作[字形]，貉子卣作[字形]，以上三字並从[字形]。皆無文義可說，唯聃敢云：「□亥，王又有大豐疑豊王冂同三方，王祀于大室，降大廷，又宥王衣殷祀丮王不顯考文王，吏喜帝文王德才在上，不顯。王乍省不𧻚，王乍唐不克，三衣王祀。丁丑，王鄉饗大[字形]，王降廷𡴂疑讀為登薦，復□，隹唯聃又悳妥䜌王休，丮尊□。」此器為周武王時作，文義奧衍，舊釋多闕誤，今以意攷正，詳古籀餘論。此銘以王饗大且，與上王祀于大室，文義正相對，則亦當讀為「大祖」矣。又無敄鬳云：「王[字形]尸夷方，無敄咸。」此[字形]亦且字，而其義則當為徂之叚借，謂王往夷方，而無敄從之，其事咸葡也。舊釋為王宜人鬳，大謬。秦子戈云：「用遠[字形]」从古文[字形]。亦謂遠行所用也。此諸文皆塙為且字，而文𣪘縟不可解，竊疑其為俎之異文也。說文且部「俎，禮俎也。从半肉在且上。」凡金文从夕夕者，蓋重絫肉字，或省从夕夕，亦即篆文半肉之濫觴，唯箸於且字之閒，則似象几上庋肉之形。說文古文[字形]云：「又以為几字」。小篆省為[字形]，而移箸且旁，其从兩肉在且中之字，後人遂不復識矣。近人釋金文者，不知其為从肉从且之字，因其形與[字形]相近，率讀為宜字。說文宀部「宜，所安也。从宀之下，一之上，多省聲。」古文作𡧱宻，不省。殊誤。

龜甲文亦有此字，如云「□寅，卜戋貝貞。立下上□曰，𪓐獵。庚寅，且徂易日」，且作[字形]。又云：「貝，𪓐。丁卯其且」，且作[字形]。又云：「□戋□𪓐。乙卯，其且易□」，且作[字形]。此文屢見，義亦皆與徂通。而且祖甲且丁字則皆作[字形]，無作此形者，與金文例略同。其从[字形]正是[字形]形，與小篆尤相邇，亦古文之省也。

金文从且之字，如「𠭥」「組」諸文，偏旁皆作[字形]，唯穌甫人匜有嫭字作[字形]，又見嫭妊壺作[字形]，則仍从且，亦[字形]與且同字之證也。舊皆釋為嫭，其字為說文所無。而說文晶部云：「曡，楊雄說以為古理官決罪，三日得其宜，乃行之。从晶宜。亡新以从三日大盛，改為三田。」今諦宷金文嫭字，偏旁實从「且」不从「宜」，竊疑曡正字當作疊，乃从且从㬪省，梁上官鼎㬪省作[字形]，可證。蓋取㬪重薦俎，會意。說文多部云：「重夕為多，重日為曡」，是其義也。子雲似已不識此字，故誤以為从宜「決罪，三日得宜」之說，亦絕無理據，恐未必塙也。【名原】

◉王國維　傳世古器。樂器如鐘磬。煮器如鼎鬲甗䰝。醢器如豆。黍稷器如敦與簠簋。酒器如尊壺卣罍勺爵觚觶角斝盉。洗器如盤匜。兵器如戈戟矛劍。世皆有之。惟俎用木為之。歲久腐朽。是以形制無傳焉。案說文。俎。禮俎也。从半肉在且上。詩魯頌。籩豆大房。毛傳云。大房。半體之俎也。鄭箋則云。大房。玉飾俎也。其制。足間有橫。下有跗。似乎堂後有房。少牢饋食禮。腸三胃三。長皆及俎拒。鄭注。拒讀為介距之距。俎距。脛中當橫節也。明堂位。俎。有虞氏以梡。夏后氏以嶡。殷以椇。周以房俎。鄭注。梡。斷木為四足而已。嶡之言蹷也。謂中足為橫距之象。周禮謂之距。椇之言枳椇也。謂曲橈之也。房。謂足下跗也。上下兩間。有似於堂房。總鄭君詩禮三注。則俎之為物下有四足。足間有木以相距。

所謂横說文。横。闌木也也。横或中足。或在足脛。其足當横以下謂之距同柎。說文。柎。闌足也。亦謂之房。與毛語大異。然有不可通者。周語。禘郊之事則有全烝。王公立飫則有房烝。親戚饗宴則有餚烝。韋注。全烝。全其牲體而升之。房。大俎也。謂半解其體升之房也。餚烝。升體解節折之俎也。則房烝者對全烝言之。蓋升半體之俎。當有兩房。半體各置其一。合兩房而牲體全。故謂之房俎。毛公云大房半體之俎。許君云俎从半肉在且上。意正如此。既有兩房。則中必有以隔之者。案公食大夫禮。腸胃膚皆横諸俎垂之。既垂於俎外。則鄭注俎足之説是也。由文字上證之。則俎字篆文作俎。象半肉在且旁。而殷虛卜文及貉子卣則作㚔作㚔。具見兩房兩肉之形。而其中之横畫。即所以隔之之物也。由是言之。則有虞氏之梡。梡者。完也。殷以椇。椇者。具也。皆全烝之俎。周用半體之俎。以其似宮室之有左右房。故謂之房俎。若足跗則不具房形。鄭君堂房之説殊為迂遠矣。

方言廣雅皆云。俎。几也。此蓋古訓。説文。俎从半肉在且上。又。且。薦也。从几。足有二横。一。其下地也。且古文以為且。又以為几字。此十一字出小徐本大徐無。則篆字俎从且。且从几。古文又且几同字。蓋古時俎几形制畧同。故以一字象之。此説有徵乎。曰。有。許書。篆文几字與古文且字皆作從正面視形。然金文作爿片或爿片二形。皆作從側面視形。案殷禮器銘屢有𡿩語。其異文或作𡿩父癸爵。或作𡿩齊婦鬲。殷虛書契卷七第二葉亦有此字。自宋以來均釋為析子孫三字。余謂此乃一字。象大人抱子置諸几間之形。子者尸也。曲禮曰。君子抱孫不抱子。此言孫可以為王父尸。子不可為父尸。曾子問。孔子曰。祭成。喪者必有尸。尸必以孫。孫幼則使人抱之。是古之為尸者。其年恒幼。故作大人抱子之形。其上或兩旁之非。則周禮所謂左右玉几也。周禮司几筵。凡大朝覲大饗射。凡封國命諸侯。王位設黼依。左右玉几。祀先王昨席亦如之。不言祭祀席。然下言諸侯祭祀席。右彫几昨席。左彤几。則天子祭祀席左右玉几可知。冢宰職。享先王贊玉几玉爵。注。玉几所以依神。天子左右玉几。書顧命。牖間西序東序西夾神席皆有几。則左右几者。天子尸之几也。其但作爿者。諸侯以下尸右几也。几在尸左右。故以爿片二形象之。依几之尸。象正面左右之几。不得不象側面矣。此爿片二形象几之證也。其又象俎者何。曰古鬻字象匕肉於鼎之形。古者鼎中之肉皆載於俎。又匕載之時。匕在鼎左。俎在鼎右。今鬻字之左从匕。則其右之爿象俎明矣。俎作爿形者。象其西縮有司徹也。據禮經。俎或西肆。或西縮。而獨象其西縮者。从文字結構之便也。此又古以爿并象俎之證也。爿字變縱為横。則為丌字。説文。丌。下基也。薦物之丌。象形。讀若箕同。其所以與爿片異形者。薦物之時加諸其上而已。作丌形而義已見。又文字之結構亦當如是。其與爿片固非有二字有二義也。説文所載古文且字。亦丌字丌亦古文。金文中其典等均从之之變。自丌行而爿片廢。遂以片為片字。爿為爿字。義別而音亦大變。遂忘其朔矣。由是言之。則俎几二物。始象以爿。繼象以且。其同形可知。但俎或加闌而界為二。几乃無之。餘則無不同也。秦漢之俎與几全同。故直名几為俎。史記項羽本紀。為高俎。置太公其上。如淳曰。高俎。几之上。又名切肉之器為俎。項羽本紀。如今人方為刀俎。我為魚肉。今傳世漢畫象所圖切肉之器。正作𠘧形。漢之俎几形制如此。則三代俎几之形蓋可知矣。要之。古文㘡字與篆文且字。象自上觀下之形。爿爿乃自其側觀之。𠘧與几自其正面觀之。合此三形。俎制畧具矣。【説俎　觀堂集林】

◉周慶雲　王宜人。舊釋作王宊人。攷説文宀部。宊。所安也。从宀之下。一之上。多省聲。古文宜宜與宜字全不類。余謂宜疑俎之古文。説文且部。俎。禮俎也。从半肉在且上。段注仌為半肉。如酉谷有半水字。此字从且从夕夕。夕者。肉也。且。説文云。所㠯薦也。从几。足有二横。一。其下地也。宜象肉在俎上。中二横象二格形。小篆省作仌。古文不省。形聲兼備。望而可識。較小篆更為明顯也。【商王宜人甗　夢坡室獲古叢編】

◉羅振玉　宜宜宜宜宜宜宜宜　説文解字。俎。禮俎也。从半肉在且上。半肉謂仌也。然在且旁。不在且上。卜辭作宜。則正象置肉於且上之形。古金文亦有俎字作宜貉子卣。宜宜女彝。前人皆釋為宜。誤矣。【增訂殷虛書契考釋卷上】

◉葉玉森　宜孫詒讓釋俎。是也。本辭俎字在于字下。疑亦叚作祖字。他辭有叚沮作祖者。如鐵雲藏龜拾遺第一葉之「宜丁」即祖丁。是。【殷虛書契前編集釋卷一】

◉容　庚　宜象置肉于且上之形。疑與俎為一字。儀禮鄉飲酒禮「賓辭以俎」。注「俎者。肴之貴者」。詩「女曰雞鳴。與子宜之」。傳「宜。肴也」。又爾雅釋言李注。「宜。飲酒之肴也」。俎宜同訓肴。可證。又廣雅釋器。「俎。几也」。一切經音義引字書。「俎。肉几也」。置肉于几有安之義。故引申而為訓安之宜。古璽「宜民和衆」作宜。漢封泥「宜春左園」作宜。尚存俎形之意。與許氏説異。【金文編七卷】

◉商承祚　容庚説是也。説文宜之古文作宜宜，第二體即宜之寫析者。王國維先生謂「俎宜不能合為一字，以聲絶不同也。」(同上)。案此當于形體繩其誤，不得以聲類求之。古文本一字，為後世寫譌而別為二字甚多，幸古誼尚存，乃得證誤，俎宜其一例也。又且宜亦是一字，一無肉，一置肉也。从刀之宜又作且，此其明證。【甲骨文字研究下編】

◉馬叙倫　左隱五年傳。鳥獸之肉不登於俎。則君不射。注。俎。祭宗廟器。切肉之薦亦曰俎。史記項羽紀。人為刀俎。我為魚肉。説者以俎為椹板。今不見古俎。清代大祀置全牲之器曰俎。其形為冖。與此字形全不相符。此篆以仌象半肉。

然昔篆亦以㕣象半肉。今證其非是。見昔字下。此以金甲文證之。明是夕夕省為𠂊𠂊。𠂊𠂊譌為𠆢𠆢。而又以書寫之便。置之且外。且圂直是一字。從且從二肉。象皮肉於且之形。然且為器名。且實象之。而圂乃會意。義亦非器名矣。蓋且之後起字。欲以別於帳之初文而然。違於六書之條者也。俎豆字者。俎即所謂切肉之薦。方言五。俎。几也。西南蜀漢之郊曰杫。杫即廣雅釋器之櫍。椹也。櫍。史率作質。史記項羽紀。身伏鈇質。張丞相傳。解衣伏質。質止與俎音同照紐。爾雅釋宮。椹謂之榩。注。椹。斫木櫍也。本書無杫櫍椹榩諸文。惟榩櫍聲同真類。虔音羣紐。甚音禪紐。古讀歸定。定羣同為濁破裂音。可以證知古謂之俎。隨時隨地聲轉為杫為櫍為椹為榩。然則古借俎為櫍。上文且訓薦也即櫍字義。於是益明且俎是一字。祭宗廟器者。論語衛靈公。俎豆之事。倫謂古以鼎亯。即以鼎食。祭亦宜然。鼎以為亯煮。食則置肉於俎即櫍離之。傳於豆而後食。故豆訓食肉器。然則祭器之俎亦椹櫍也。非別有俎如今大祀置牲所用者也。若禮之三俎五俎七俎九俎者。蓋借俎為亶。又非椹矣。容以且宜為一字。不悟宜從且得聲也。詩以宜為肴者。借宜為菹也。如今篆當為從肉且聲。甲文之[匕且]。蓋祖妣之合文。或俎之異文。此字疑出字林。【説文解字六書疏證卷二十七】

◉唐　蘭　姜對夨令的隩俎，所賞的就是燕享時的贈賄。俎和宜是一字，作[宜]，像把肉放在俎裡的形狀。後來把肉形從且字裡分出來，就成為俎字，而[宜]字則把外邊且字的框，析成上從宀而下為一，中間的橫畫也脱開了，寫成宜，或只有一個肉形而成宜，在語音上，俎古音在魚部，宜古音在歌部，是相近的，但俎為照母，宜為魚母，則相去較遠。因之，儘管從字形上説，俎宜一字十分明顯，但拘囿於一隅的學者是不敢説俎宜是一字的。其實[宜]字古音應如多，後來語音變化，一則由歌部轉入魚部。並由舌音轉入齒音而為俎；另一方面，則韻不變，而由舌音端母轉入喉音疑母。正如歖本五來切而今讀如待的陰平聲，歹本五葛切而今讀如逮，是端疑兩母得相轉之例。《説文》宜從多聲，不能説没有道理的。這裡所説隩俎的俎應讀如祖。《詩·烝民》：「仲山甫出祖。」鄭玄箋：「將行，犯軷之祭也。」又《韓奕》：「韓侯出祖。」箋：「將去而犯軷也。」《儀禮·聘禮記》：「出祖釋軷祭酒脯，乃飲酒於其側。」《禮記·檀弓》：「曾子弔於負夏，主人既祖，填池，推柩而反之。」注：「祖為移柩車去載處，為行始也。」後來受到子游批評，「曾子聞之曰：多矣乎予出祖者。」所説「出祖」，都是奴隸主貴族們出行時不論生前或身後的一種儀節。從祭祀的方面説，《詩·生民》「取羝以軷」，毛萇傳：「軷，道祭也。」《周禮·大馭》「犯軷」，鄭玄注引《詩》家説曰：「將出，祖道犯軷之祭也。」《初學記》五引晉稽含《祖道賦》説：「《説文》析請道神謂之祖。有事於道者吉凶皆名。君子行役，則列之於中路，喪者將遷，則稱名於階庭。」所謂「道神」，據《風俗通·祀典篇》説是共工氏之子脩。所謂「祖道犯軷之祭」，是把土堆成山的形狀，用草束代替神，祭後，在土堆上放着伏下的狗或羊，用車輪來輾過，以祓除不祥，把這段迷信儀式搞完後，就接着飲酒餞行。所以《韓奕》就接着説：「顯父餞之，清酒百壺。」菜肴有魚鱉和筍蒲，而贈賄有乘馬和跑車。這種祖道的祭，又稱為祭行。《禮記・月令》在冬季説：「其祀行。」鄭玄注説：「祀行之禮，北面設主於軷上，乃制腎及脾為俎，奠於主南。」此銘説：「隮俎於王姜」，故宫博物院藏商紂四年的𠨘其卣説：「隮文武帝乙俎」，所説隮(尊)俎的隮(尊)字，和奠的意義相通。尊字本作𡔲，像兩隻手捧酒尊的形狀，而奠字本作酉，像把酒尊放置在地上或座上，後來變作𡗞，是在座下有墊着的東西。正如典的古文字有從兩隻手捧册的，作[glyph]，有的是下面有座的作典，尊和奠本是一個來源，音也相近，所以字形雖有區别，在字義上一個是尊卑的尊，一個是奠置奠祭的奠。但有些場所，意義是可以相通的。《左傳・昭公十五年》「尊以魯壺」的尊，就是奠的意義，是説放置在那裡的有魯國的壺。這裡説隮俎，就是奠俎。金文常説寶隮(尊)彝，青銅彝器有很多種，旅彝、宗彝是指宗廟裡的器，而尊彝、䵼彝是指祭器，尊讀如「於以奠之，宗室牖下」的奠，是《説文》所謂「置祭也」，放置在那裡的祭器。而䵼讀如「祼將於京」的將，是烹煮用的祭器。過去有人把尊彝釋為奠彝，從文字形體上是錯了，因而受到過多的批評。其實从銘文語義的角度來講，是並没有錯的。出祖的另一個方面是飲酒餞行，《詩經》的「仲山甫出祖」和「韓侯出祖」，主要是指這一個方面。《左傳・昭公七年》，楚國召魯昭公，「公將往，夢襄公祖。」梓慎説「襄公之適楚也，夢周公祖而行。」這是説昭公夢見襄公為他祖道，襄公夢見周公為他祖道。可證此銘的「隮俎於王姜」是王姜為作册夨令祖道。那末，作册夨令是將有事出行的。前文説王於伐楚，伯在炎，伯就是伯懋父，可見夨令的出行是到伯懋父那裡去的。王姜代昭王祖道，飲酒之後，加以賞賜。下面説「公尹伯丁父兄(貺)於戍，戍冀，𤔲气(餼)」，冀在山西河津一帶，和宗周是隔河相望。那末，王姜為作册夨令祖道是在宗周，而作册夨令出去是渡過了黄河，經過伯丁父所戍的地方，而伯丁父是在冀的地方貺他的。《爾雅》説「宜於社」，也就是祖道。【論周昭王時代的青銅器銘刻　唐蘭先生金文論集】

◉陳夢家　卜辭之宜作[glyph]，亦即俎字。金文編以為俎、宜一字，是對的。宜字在卜辭中有兩種用法。1.祭名。「貞我一月彡二月宜」前・一・三十・二，「其宜于妣辛一牛」後・上・十九・十五。2.用牲。「尞于河十牛宜十牛」後・上・二四・四，「甲辰宜大牢尞小宰」甲編・二四六，都是動詞。後世祭社曰宜。王制：「天子將出，類乎上帝，宜乎社，造乎禰。」周禮大祝：「大師宜于社，造于祖，設軍社，類上帝。」「大會同，造于廟，宜于社。」爾雅釋天：「起大事，動大衆，必先有事乎社而後出謂之宜。」卜辭之宜有可注意的四事。1.常常「宜于某京」。2.宜之祭常用羌。3.乙・六八七九「王ナ三羌于宜不ナ若」，宜似是宗廟。4.除宜于某京的記事辭外，其它卜辭中以宜為祭名或用牲之法的，先公多于先王先妣。【殷墟卜辭綜述】

◉高鴻縉　字初形从二肉。且聲。形聲穿合。原意為俎醢之俎。細切肉饌也。儀禮鄉飲酒禮。賓辭以俎。鄭注。俎。肴之貴者。是也。名詞。至禮俎云者。乃鼎俎樽俎之俎。為切肉其上之具。俗名椹板者也。亦即廣雅釋器。俎。几也。一切經音義引字書。俎。肉几也。亦名詞。从半肉者。形變而説歧也。是故肴俎與禮俎樽俎意異。當以肴俎為本意。以禮俎樽俎為借意。甲文用為祭名。金文多用其本意。【中國字例五篇】

◉金祥恆　王國維先生之考釋，至為翔實。茲以甲骨金文之[glyph]、[glyph]二字之結構言之，亦俎也。非如容希白之隸定从刀从宜也。

甲骨卜辭：

因[glyph]（俎）用百？前六・三七・六

王曰[glyph]（俎）大乙禦（槱）[glyph]（于）白彔，肩宰丰。乙八六八八

其俎从匕从且作[glyph]，象加匕於且上，為薦俎；或作[glyph]者，載俎也。如

貞：[glyph]（俎）羌百？　續存三四七

父丁[glyph]（俎）？　續存一八一五

其[glyph]（俎）且乙？　新四〇四七

其俎从匕从俎，象加匕於俎上，正面視之之形。儀禮特牲「贊者錯俎加匕」，注「贊者執俎及匕，從鼎入者，其錯俎，東縮，加匕，東柄」。不論饗宴升俎，或祭祀升俎，載俎皆以匕扱取鼎中之肉，故金文之史頌簋、史頌鼎、克鼎、善夫克鼎等之將作[glyph]，象以匕扱取肉於鼎，載之於俎之形。容希白金文編於員鼎[glyph]字下注「从刀」，蓋非刀，匕也。今以安徽壽縣蔡侯墓出土之蔡侯鼎，尚有一匕置於鼎中。

唐立庵云：

前者是一個大鼎，後者有七個，依次略小，侈口淺腹，鼎內都有一個匕，是用於升牲的鼎，鄭玄注士冠禮説：「煮於鑊曰亨，在鼎曰升，在俎曰載」，所以有從鼎升聲的專名。

是其證。【釋俎　中國文字四十一册】

◉尤仁德　陝西扶風莊白一號西周青銅器窖藏出土二年㾓壺銘云：「錫[glyph][glyph]」、「錫[glyph][glyph]」……[glyph]字從俎從刀，當是俎字異體。此與从且从刀的甲骨文作[glyph]、[glyph]（佚八九一、前六・三七・六）二字實同。俎是以刀割牲之用器，故增刀旁為義符。史記項羽本紀：「如今人方為刀俎，我為魚肉。」生動地説明了刀與俎的關係。【古文字研究雜記四則　考古與文物一九八四年第一期】

◉于豪亮　作者認為金文中自有俎字。一九七八年第三期《文物》刊載的《陝西扶風莊白一號西周青銅器窖藏發掘簡報》中有一件「三年㾜壺」，其銘文是：

「隹(惟)三年九月丁巳，王才(在)奠(鄭)，鄉醴。乎(呼)號叔召㾜，易(錫)𦍒俎。己丑，王才(在)句陵，鄉逆酉(酒)。乎(呼)師壽召㾜，易(錫)彘俎。敢拜稽首敢對揚天子休；用乍(作)皇且(祖)文考尊壺，㾜其萬年永寶。」

銘文中的俎字，就是俎字。

為了便於理解銘文中的俎字，有必要讀通本銘文，因此必須對某些詞句作一些解釋。

鄉讀為饗，饗醴見於古籍，這是頗為隆重的一件事。⊘

在這裡必須説明的是，無論是「鄉(饗)醴」還是「鄉(饗)逆(昔)酉(酒)」，除酒以外一定還有豐盛的菜肴。⊘

這就是為什麼「王鄉(饗)醴」和「鄉(饗)逆(昔)酉(酒)」之後要把「𦍒俎」和「彘俎」賞賜給㾜的緣故。因為有豐盛的菜肴，就把其中的「𦍒俎」和「彘俎」賞賜給㾜。這當然是特殊的恩寵，所以㾜特地製造一件壺，作為紀念。

彘就是豕。《方言・八》：「豬，北燕朝鮮之間謂之豭，關東西或謂之彘，或謂之豕。」《說文・彑部》：「彘，豕也。後蹄廢謂之豕。」因為彘是豕，所以彘俎就是豕俎。豕俎在《儀禮》和《禮記》中常見。《儀禮・公食大夫禮》云：

「士設俎於豆南西上，牛、羊、豕、魚在西，臘、腸、胃亞之，膚以為特。」

又云：

「上大夫八豆、八簋、六鉶、九俎、魚臘皆二俎。」疏：「上文下大夫七俎，牛、羊、豕、魚、臘、腸、胃與膚。此云九俎，明加鮮魚、鮮臘。」

《禮記・玉藻》云：

「又朝服以食，特牲三俎，祭肺」。注：「食必朝服，所以敬養身也。三俎：豕、魚、臘。」

又云：

「朔月少牢，五俎四簋。」注：「五俎，加羊與腸胃也。」

由於《儀禮》和《禮記》多見豕俎，可以證明豕俎就是彘俎，從而也就證明了俎就是俎字。

𦍒俎的𦍒字為字書所無，此字从化得聲，當以音近讀為鵝，因為化字與鵝字同為歌部字，兩者可以通假。在古代，不僅牲類和魚類的肉可以登於俎，就是鳥類的肉也是要登於俎的。《左傳・隱公五年》：「鳥獸之肉不登於俎，皮革齒牙骨角毛羽不登於器，則公不射」。注：「俎，祭宗廟器，切肉之薦亦曰俎。」既然鳥類的肉可以登於俎，那麼，把㲋俎讀為鵝俎，也還是妥當的。

在古代，設俎是非常隆重的。《儀禮・鄉飲酒禮》：

「請坐於賓，賓辭以俎，反命於主人，主人曰：請徹俎。賓許。」注：「俎者，肴之貴者也。辭之者，不敢以燕坐褻貴肴。」

正因為俎是貴肴，所以王兩次以俎賜瘐，瘐認識到這是殊榮，作器以為紀念。

從本銘文看，釋俎為俎，是正確的。

一九七六年六期《文物》刊載《陝西扶風出土西周伯𢦏諸器》，其中一件𢦏鼎，銘文如下：

「隹（惟）九月既望乙丑，在𩁹𠂤，王刞姜事（使）內史友員易（錫）𢦏玄衣朱褻（襮）衾（襟），𢦏拜𩒨（稽）首，對揚王刞姜休，……。」

刞字，原報告的作者吳鎮烽、雒忠如、羅西章三先生未釋，云「字不識」。同期發表唐蘭先生《伯𢦏三器銘文的釋文和考釋》釋此字為𠭯，並云：音呼。按：唐說非是，金文中从虍之字甚多，絕對沒有書作俎的。此字从俎从刀，應即刀俎之俎字。在本銘文中刞是王姜的字，字當讀為珇。《方言・十三》：「珇，美也。」《廣雅・釋詁一》：「珇，祖，好也。」又「珇，美也」。《說文・衣部》：「袓，事好也。」字亦書作駔，《晏子春秋・諫篇》：「今君之服駔華。」又書作組，《法言・吾子篇》：「霧縠之組麗。」這裡的駔和組也都是美好之意。王刞姜的刞因為是字，所以應該讀為珇。【說俎字　于豪亮學術文存】

◉王人聰　于豪亮根據古代舉行饗禮時，除了酒之外，還備有豐盛的菜肴，又根據《儀禮》、《禮記》屢有豕俎的記載，認為瘐壺銘文中㲋即豕，「㲋俎」也就是「豕俎」，從而推證壺銘的俎即是俎字。

現在我們可以從另一篇新發現的銘文，證成此說。香港徐氏藝術館藏有一件春秋時期的鄭太子之孫壺，此器未經著錄。

⊘現將壺銘釋録如下：

隹正五月初
吉壬申余鄭
大子之孫□
兵䍐余吉金
自乍宗彝其
用享用孝于

我皇俎文考
不數春秋歲
祟余嚴□丝
禋盟穆= 趣= 至
于子= 孫= 參捧
韻首于皇考
剌俎卑邁某
無諆亟于後
民永寶教之

壺銘第七行第三字及倒數第三行第二字，其字形結構與三年瘐壺的俎字相同，可知即係一字。由壺銘的上下文義，亦可知此字當讀為「祖」，壺銘云「我皇俎文考」，即係「我皇祖文考」；「剌俎」即係「剌祖」。於此又可知俎字在此假借為「祖」。再聯繫瘐壺「彘俎」之詞義，即可證知俎及此壺之俎，當即與「祖」音同的「俎」字。

俎為俎字，由上舉瘐壺及鄭太子之孫壺兩篇銘文的文義可以推知，今由其字形考察，亦可知此字實為俎之象形。伍士謙云：「按《殷周青銅器通論》圖版四殷饕餮蟬紋俎，象兩足之几，俎面為矩形，側視之正為ㅓ或ㅠ形。俎字之仌，當即俎之ㅏㅏ之譌變，此象形字也。一九五九年武威出土漢簡《儀禮》特牲(豆俎)之俎字作俎，其譌變之痕迹可見」。伍氏的意見是很正確的。金文俎字，左旁象俎足，右旁則象俎面，全字構形為一側視之俎形。俎字在字形演變的過程中，將左旁表示俎足的ㅏㅏ與右旁表示俎面的且分開來寫，即譌變為小篆的俎或漢簡的俎。由此可知小篆俎字左旁的仌，是金文俎字表示俎足的ㅏㅏ之譌變，而不是如孫詒讓及唐蘭先生所說的是金文𠨍字中肉形的移寫。

金文俎字除作俎外，亦作俎(彧方鼎)或𠭯(傳卣)。1985年版《金文編》收此二字，隸定作𠛱，並云「《說文》所無」。今按，此二字亦當係俎字，為俎之繁體。由上文所述，金文俎字本象俎形，俎之功用，原為切肉之薦，唐蘭先生說：「蓋俎之起也，本用以切肉，《史記·項羽本紀》：『如今人為刀俎，我為魚肉』，俎即切肉之薦，今尚斷木為之矣。以版為之者為椹版」。唐先生所說甚是，《左傳隱公五年》：「鳥獸之肉不登于俎」，杜注：「切肉之薦亦曰俎」，所說亦同。彧方鼎與傳卣之俎與𠭯，其字構形，从俎，从刀，表示刀俎之意，正說明俎為切肉之器。俎與俎之關係，當如金文之壴與𡔷，壴為鼓之象形，𡔷則象手執桴擊鼓之

䶒

意。但二字同為鼓字，[illegible]為鼓字之繁體。【釋西周金文的「俎」字　第二屆國際中國文字學研討會論文集】

◉戴家祥　其初形當為[illegible]，象肉在且上的正視形，此字[illegible]，象且的側視形。俎字直接脱胎于[illegible]形。左旁突出兩筆為「且」架的支脚，金文別體又另作𠟃，俎旁加刀，更表明俎之用途。且、[illegible]、俎、𠟃諸字為繁簡例重文，音義均同。【金文大字典中】

◉許　慎　䶒　且往也。从且。虘聲。昨誤切。【説文解字卷十四】

◉馬叙倫　鈕樹玉曰。繫傳且作旦。誤。王筠曰。此字之義則部首且字千也一切之義。其聲則又部首且字子余一切之音轉。而説云且往。又與鄭風且往觀乎同例。然則且部所屬俎䶒二字。皆且之分別文也。玉篇作䶓。蓋從虘省聲。廣韻作𪗾。從虘聲。朱駿聲曰。凡語詞有正文者甚少。此後出字也。徐灝曰。且無往義。疑從徂者。倫按且往也者。且字蓋隸書複舉字之爛挩者也。或為校者注釋其音者也。或本作且也往也。䶒為且之同舌尖前破裂摩擦音及聲同魚類轉注字。亦或處之譌字。往也乃追字義。蓋讀且為聲者所加也。此字當出字林。【説文解字六書疏證卷二十七】

斤

坊間四·二〇四　存下四六三　前八·七·一【甲骨文編】

乙8022　前8·7·1【續甲骨文編】

斤　天君鼎　仕斤戈【金文編】

6·82　廌斤【古陶文字徵】

〔一九〕　〔三六〕【先秦貨幣文編】

布空大　亞二·一一二頁【古幣文編】

斤　秦九一　三例　封八二　效六【睡虎地秦簡文字編】

計斤丞印【漢印文字徵】

斤【汗簡】

汗簡 王存乂切韻【古文四聲韻】

◉許 慎 斫木也。象形。凡斤之屬皆从斤。舉欣切。【說文解字卷十四】

◉馬 昂 魏地貨布文字

右貨面文五字。曰安邑斤一金。倒范。

按城郭之聚曰邑。安邑魏地。即斤字。象大小二曲刀形。為裁斷之器也。裁斷出於明察。詩曰。斤斤其明。爾雅釋斤斤。明明察也。此曰斤是斷其所直。曰一明其所斷之數。全即金之省。曰金謂金貨安邑斤一金者。斷此范銅所直。當貨六銖金之一。自安邑所鑄也。【貨布文字考卷二】

◉葉玉森 □亥卜御大乙牢。

孫詒讓氏釋為斤。說文斤部。斤。斫木斧也。象形。金文天君鼎斤作。與此畧同。此當為祈之叚借字。栔文舉例下廿八。森按。予曩疑即許書之气象雲气自天側下垂。/\或表示方向。如殷虛卜辭第千七百二十二版。「□未卜□其啓」一辭似占雲气驗雨姓也。然以讀他辭仍多未洽。【殷墟書契前編集釋卷一】

◉馬叙倫 鈕樹玉曰。韻會作斫木斧也。沈濤曰。一切經音義一引無木字。莊有可曰。斤訓斫木非也。斤止是斫木之器。王筠曰。本作斫也。或據下文斫擊也謂是動詞。乃以意增木字。又覺其不通。乃增斧字。然斧下固云。斫也。斤之為器。今無此名。或即錛也。其器以鐵為刃。闊三寸許。長四寸許。納展其中。展也者屬於刃之木之名也。展之中央鑿孔而納柄焉。其刃橫。不似斧刃縮。玄木皮木節用之。朱駿聲曰。齊語。惡金以鑄鉏夷斤欘。注。斤形似鉏而小。賈注。钁也。饒炯曰。斧斤器異。斧刃縱向。伐木者用之。其形與刀同。斤刃橫向。斫木者用之。其形與鉏同。章炳麟曰。今浙東所用斫柴者是其遺制。背厚刃薄。作五面形。其字本當作。小變作。小篆乃變作。唐蘭曰。斤字金文作等形。甲骨文則作靳字偏傍、斯字偏傍、斫字偏旁。兵字偏傍。其原始形大概作。倫按釋名釋用器。斤。謹也。板廣不可得削。又有節。則用此斫之。所以詳謹平滅斧蹟也。倫按金文斤字率作。檢以齊侯壺折字偏傍作。鬲攸比鼎誓字偏傍作。則其器也。/其柲也。甲文作。則其器。/其柲也。金文有。證以節鉞卣之圖語。蓋即考工記梓人之徽幟。明是以[glyph]對木。而甲文之[glyph]即金文之[glyph]。[glyph]即今劈柴之器。此器正利於去木節。刀斧之所不勝。遇斤而耆然解矣。倫目論今斫石與木之器。正作[glyph]形。金甲文此字。已失圖畫性。若此篆則並不象形矣。斫木蓋俗名。斫木也蓋字林文。許當止訓器也。或斧也。斧音非紐。古讀歸封。斤音見紐。封見同為清破裂音。蓋轉注字。或語原也。鍇本作斫木斧也。則或本作斧也所以斫木者也。字見急就篇。天君鼎作[glyph]。𠬝斤戈作[glyph]。【說文解字六書疏證卷二十七】

◉楊樹達　斤為斫木之器，許但云斫木，與乂下但云芟艸病同。吳承仕曰：「金文作[glyph]，於形為近。」【文字形義學】

◉高鴻縉　說文。[glyph]斫木斧也。象形。舉欣切。(斫。之若切)。

王筠曰。斤之刃橫。斧之刃縱。其用與鋤钁相似。不與刀鋸相似。故云斫也。玄應引賈逵國語注。斤。钁也。

饒炯曰。孟子云。斧斤以時入山林。又云。斧斤以伐之。皆連語。恒言。其實斧斤異器。斧刃縱向。伐木者用之。其形與刀同。斤刃橫向。斫木者用之。其形與鋤同。

按王饒說斤形極是。甲文取折字新字偏旁。依近人攷定。象其柄及折頸與刃之所向之形。金文則柄與器俱為雙線。且與甲文同是刃上柄下。形狀較然。篆隸以降形變不可說。今鮮能知斤字象何形矣。古以斤恒用金為之。故字亦作釿。後世斤借為斤兩十六兩為斤之斤。本意幾為借意所奪。金文及說文均有[glyph]字。解為二斤也。語斤切。應是斤之複體。非另字。質字从之得聲。【中國字例二篇】

◉于省吾　甲骨文斤(前八·七·一，南北坊四·二〇四)和偏旁中从斤之字，作[glyph]、[glyph]、[glyph]或[glyph]、[glyph]等形。商承祚同志謂「[glyph]象矰繳之形」(佚考二一一)。按商說非是。矰繳是用絲繩結于矢側之環以發射。近年出土晚周錮金或銀的狩獵紋彝器，其有矰繳者，在發射後作宛轉下降之形，但從無作折角之[glyph]形者。再說，矰繳和斤字的音義也不相涉。唐蘭同志謂：「我們可以推出，斤字在甲骨裡作[glyph]或作[glyph]，前編八卷七葉一片的[glyph]字，也可以釋做斤。」(導論下三〇)按唐說是對的，但[glyph]字為什麼釋斤，斤象什麼形？自來均不得其解。說文斤字作[glyph]，並謂：「斤，斫木斧也，象形。」段注：「橫者象斧頭，直者象柄，其下象所斫木。」按許說已誤，段氏又據形譌的小篆臆為之解。王筠說文釋例：「斤之為器，今無此名，即鐼字也，字又作錛。然則篆文當作[glyph]，橫者其首也，向左而下迤者其刃也，植者其柄也。」按王氏謂斤即鐼錛，程瑤田已先有此說，但改變斤字的構形以為之解，與段說都是臆測無據。其實，金文有錛(見弓鎛)無鐼。斤錛疊韻，故通用。甲骨文斤字作[glyph]，乃斧斤之斤的象形，但已有譌變，猶非斤之初文。甲骨文折字作[glyph]者屢見，象木形被斤所砍斷。但折字初文本作[glyph](京都三〇四三，辭已殘缺。又商器父丙卣有[glyph]字，右旁之斤作[glyph]，已由尖刃變為窄刃。此字乃析字的初文，金文編誤釋為枚。折與析之別，在于木形之中斷與否)，舊所不識。實則，此字右从[glyph]，象手持斤之柄，這才是斤字的初文。甲骨文新字有的作（乙四六〇三，三見），左从，乃形的譌變。此外，甲骨文斤和从斤之字多作，則又是形的省化。甲骨文斤字的初形既然作，它的納柲（柄）與戈鉞（斧）相同。至于周代金文的錛形上端有銎，其納柲與鋤形相仿。于是程瑶田考工創物小記，遂謂「斧横斫，斤直斫」。它和商代斤形之刃或尖或窄相近，但納柲不同。周代金文的斤和从斤之字，仍沿襲契文而有所譌變。

基于上述，則甲骨文斤字初文本應作，象手持斤形，再變為，三變為，四變則省為。至于商周金文仍繼續有所變化。商代末期𣪘尊的新字从斤作，周初器臣卿鼎的新字从斤作。這是從甲骨文的或形向周代金文的斤字作或的過渡期所表現的遞嬗迹象，最後説文才變作。由此看來，本文已經尋出古文斤字的發生發展和變化的原委。

【釋斤　甲骨文字釋林下卷】

◉林清源　245　仕斤戈（邱集8257）

246　仕斤戈（邱集8259、嚴集7407）

第二字作「斤」，方濬益釋為「乍」（綴遺30·6），劉心源（奇觚10·17·1）、鄒安（周金6·33·1）從之。此銘吴式芬釋為「斤」（攈古一之二·84），羅振玉（三代卷20「目録」）、容庚（金文編）從之。彝銘「乍」字確有倒書之例，如伯畏卣書作「、」形，番伯酓匜書作「」形，然戈銘此字不得隸為「乍」，因「斤」字倒書則成「」形，金文「乍」字未見此體，此銘當隸定為「斤」，如𨻰簋「新」字偏旁作「」形，即與之全同。【兩周青銅句兵銘文彙考】

◉戴家祥　天君鼎「天君賞𠦪征人斤貝」，仕斤戈「仕斤造戈」，斤皆作人名。天君鼎「矢酉在斤」，斤為地名。【金文大字典中】

斧

簠文六七　【甲骨文編】

徵12·67　【續甲骨文編】

斧　邵大弔斧　　居簋　　公子土斧壺　【金文編】

斧　封五七　【睡虎地秦簡文字編】

推斧司馬 【漢印文字徵】

斧 【汗簡】

義雲章 古文 【古文四聲韻】

◉許慎 斫也。从斤。父聲。方矩切。 【説文解字卷十四】

◉薛尚功 斧爵

右銘一字作斧形。 【歷代鐘鼎彝器款識法帖卷四】

◉潘祖蔭 斧者。車上所載備用之物。周官鄉師與其輂輦。注引司馬法曰。夏后氏謂輦曰余車。殷曰胡奴車。周曰輜輦。輦一斧一斤一鑿一梩一鋤。周輦加一版二築。此據鄭注引。今孫氏影宋本司馬法無此數語。是車行載斧之證。所以待脩治椎擊之用也。大興孫氏藏一器。與此同。斧字下有弋字。弋者。説文橜也。斧以人物以銅為弋。所以藉斧也。 【邵大叔斧 攀古樓彝器款識】

◉劉心源 子禾子釜 斧舊釋作斤。云。从又者。斤之異文。不知斤上為父。非又字也。當依古籀補釋作斧。此叚為釜。論語集解引馬注。六斗四升曰釜。周禮疑義舉要云。鄭世子據管子輕重篇。謂五區為釜。乃八斗也。 【古文審八卷】

◉郭沫若 。余意乃斧之奇文。象形。斧柷。父兄。 【諸尹鉦 兩周金文辭大系圖録考釋】

◉郭沫若 貸當是資斧之斧之本字。古多假布為之。泉布、刀布之等是也。舊説資斧之斧為斧斤字。不免望文生訓矣。 【公貿貸 名字解詁 金文叢考】

◉吴其昌 者，字亦偶或作。為斧形，無復可疑；則或蓋乃像以一手或雙手握斧之形，此實其最初之本義也。有斧在握，乃可刑宰屠割，故引申而為動詞，則義又為持斧宰犧。卜辭中「馬」續・五・四・五，又佚・七七「牛」前・三・三○・四，又林・二・八二，又鐵・一七八・三諸文，其左證也。宰犧，斯可以致祭，故苟再為之引申，則其義又為祭典之一種。⊘若更旁轉而疏別其支義，則引手以攬斧，又可會意為「取」。今篆文以下「取」字皆从「耳」从「又」；按「耳」附着于脰顋，匪可隨意摘取之物也，知「取」字所从之「耳」，必為某字之形近而譌矣。今按：字簡速寫之，則成形，正與从「耳」从「又」之「取」之作形無異。 【殷虚書契解詁】

◉馬叙倫 段玉裁曰。當作所以斫也。桂馥曰。釋名。斧。甫也。甫。始也。凡將制器始用斧伐木。已乃制之也。辪玥異物志。江東呼斧斤為錯。馥謂錯斫一聲之轉。倫按斫也疑非本訓。詩。既破我斧。傳。隋銎曰斧。諭今劈木之斤作□形者為隋銎。而斫木之器名斧者作□形者為方銎。江東呼斧斤為錯。則斧斤為一物。而古所謂斧即□矣。乃今作□形者呼為斧。蓋後世之偁與。斫也疑非本訓。字見急就篇。邵大叔斧□。居敢作□。【說文解字六書疏證卷二十七】

◉于省吾　第一期甲骨文有□字，第三期作□，郭沫若同志釋𡉚（粹考一〇〇〇），陳邦懷同志釋成（徵存下一一），甲骨文編以為「从土从耳，說文所無」。以上三說並誤。按□字象横列的斧形，即斧字的初文。商代金文縱形斧字作□、□者屢見，和出土的實物相符。商代金文的獨體象形字所保存的原始形，有的比甲骨文還早，余另有說。至于□字，上从□象斧形，下从□即午字。甲骨文午作□，土作□，二字有别。又甲骨文耳字象耳形作□或□，金文作□，這和□、□二字之作横長形者截然不同。□即□的孳乳字，也即从□午聲的形聲字。午斧疊韻。

甲骨文稱：「庚午卜，重□再，乎帝庠食，受又（祐）。」（乙五二九六）陳邦懷同志誤以□為人名（徵存下二六）。再即稱字的古文，典籍每訓稱為舉。書牧誓言「稱爾戈」，甲骨文每言「王其再□」以祭，可以互證。甲骨文以乎為呼（說文作評），呼與叫同義。爾雅釋言的「祈，叫也」，郭注：「祈祭者，叫呼而請事。」孫炎注：「祈，為民求福，叫告之詞也。」周禮大祝的「掌六祈以同鬼神示」，鄭注：「祈，嗥（叫）也，謂有災變，號呼告神以求福。」又說文訓籲為呼。書召誥「以哀籲天」，立政「乃有室大競籲，俊尊上帝」。因此可知，呼號于神以求助，周因于殷禮，由來已久。庠食之庠乃降字的異構，廣雅釋詁作𨻰。乎帝降食，是呼籲上帝降臨受享，以祈福祐。

甲骨文稱：「其𢦒，戈一□九。」（粹一〇〇〇）說文：「𢦒，擊踝也，从丮戈，讀若踝。」麥尊的「錫諸𢦒、臣二百家」，諸𢦒當指王的一些武衛言之。甲骨文的其𢦒，指的是祭祀時的儀仗隊，故以戈一斧九為言。

總之，□字象横列的斧形，與商器縱列的象形斧字可互證。□形後來孳乳為□，則成為从斧午聲的形聲字。無論从構形、音讀或卜辭文義上來說，無有不符。甲骨文後期从斤父聲的斧字只一見，西周後期金文的斧字數見，均為从斤父聲，後世一直沿用，而初文遂廢。【甲骨文字釋林下卷】

◉戴家祥　郭沫若認為：父金文作□，乃斧之初字。石器時代男子持石斧□即石斧之象形以事操作，故孳乳為父母之父。甲骨文中所見之殷代社會。父庚爵父庚作□庚，是古文石斧與父親兩字相通之證。斧字，加斤旁，表示石斧之類屬，以區別父親之父。

【金文大字典中】

斨

斨 子璋鐘 【金文編】

168 190 【包山楚簡文字編】

◉許 慎 方銎斧也。从斤。爿聲。詩曰。又缺我斨。七羊切。【説文解字卷十四】

◉馬叙倫 惠棟曰。銎一作鉞。桂馥曰。方銎也者。别於橢銎也。詩七月。取彼斧斨。傳云。斨。方銎也。錢坫曰。詩破斧釋文引作方鉞斧也。傳。方銎。吴大澂曰。且辛父庚鼎有爿字。正象方銎斧之形。當即古文斨字。形變為爿。龔橙曰。爿見器名。後加斤。倫按文考鼎有[illegible]字。蓋即戕字。其戈旁作[illegible]。與且辛父庚鼎同。然則爿是象形文。釋文引作方鉞斧也。蓋本作鉞也方銎斧也。傳寫譌奪耳。鉞也者蓋戕字義。戕本兵器。舊制兵器中有[illegible]形者。蓋即戕也。以形近於牀之初文。於是增戈以别之。斨者。其初文與爿形近。故今戕斨二字皆從爿。其實初固各象其器為文。變為篆文乃相似耳。轉譌又俱作爿矣。斨即今木工所用之[illegible]。以皆用於破木。故語原同。斨音清紐。斧音非紐。皆次清音。斧聲魚類。斨聲陽類。魚陽對轉也。子璋鐘作[illegible]。【説文解字六書疏證卷二十七】

斫

前5·21·3 【續甲骨文編】

斫 語一二 【睡虎地秦簡文字編】

封斫胡印 斫須子卿 【漢印文字徵】

◉許 慎 擊也。从斤。石聲。之若切。【説文解字卷十四】

◉馬叙倫 王筠曰。上下文説解中斫字皆静字。及其説斫字也。乃以為動字。蓋刀自成為刀。不為矛戟之通名。斫亦自成為斫。而又為斧斤之通名。刀之用有切割諸名。斫之用則仍名為斫。故其序字也在斧斨之下斪斸之上。不在後文動字中。即足見其為器名矣。倫按斫為斧之聲同魚類轉注字。今俗謂以斧斫物曰斫。猶門無門焉之例矣。擊也非本訓。字見急就篇。甲文有[illegible]字。倫疑即斫字。今俗譌為砍。聲亦從欠得。則形義皆譌矣。【説文解字六書疏證卷二十七】

斪

187【包山楚簡文字編】

◉許 慎 斪斫也。从斤。句聲。其俱切。【説文解字卷十四】

◉馬叙倫 爾雅釋器。斪斸謂之定。句屬聲同矦類。是轉注字也。平安鼎作 。古鉩作 。【説文解字六書疏證卷二十七】

斸

斸知足切竝義雲切韻【汗簡】

義雲章【古文四聲韻】

◉許 慎 斸斫也。从斤。屬聲。陟玉切。【説文解字卷十四】

◉馬叙倫 沈濤曰。齊民要術一引。斫也。齊謂之鎡基。一曰。斤柄。性自曲者也。爾雅釋器釋文。斸。説文云。齊謂之鎡基。一曰。斤柄自曲。此皆木部欘字之訓。欘斸同物。疑古本無欘篆。二徐妄添此篆。又將斤部解語移置於彼耳。王筠曰。斪斸皆訓斫。釋器。斪斸謂之定。注。鋤屬。疏引廣雅。定謂之槈。釋器又云。斫謂之櫡。注。钁也。案吾鄉鋤方而钁長。皆所以發土。鉏入地淺。薅艸用之。钁入地深。種菜用之。斫本是器名。故木部櫡下云。斫謂之櫡。石部。䃴。斫也。皆即今本爾雅斫謂之鐯。皆作器名解也。然斪斸當是一物。玉篇廣韻皆以斪為鋤以斸為钁。未知何故。金部钁亦云。大鋤也。斸與欘同字。山海經。縣斸之山。注音如斤斸之斸。國語。惡金以為鉏夷斤欘。倫按櫡䃴斸皆一器。方言轉注為字。櫡欘字從木者蓋晚出。䃴斫亦一物。䃴為石器時代用物。故從石。今發地所得古石器有 形者甚多。蓋即其器。斪斸皆斫之轉注字。斫音照三。與斸音知紐。同為舌面前音。由斸以聲同矦類又轉注為斪。疑斪斸櫡欘字皆出字林。爾雅。斪斸謂之定。廣雅。定謂之槈。則皆以為田器。或古亦此為田器或借斸為槈。【説文解字六書疏證卷二十七】

◉黄錫全 斸知足切並義雲切韻 夏韻燭韻録作 。从古蜀，説見虫部蜀。屬形同尸部屬，參見前。《説文》「斸，斫也。从斤，屬聲」。不知鄭珍據何本注文作劚。馮本「韻」作「韻」。【汗簡注釋卷六】

斲

斲 說文斲或从晝从丮 富奠劍 富奠之斲鐱 【金文編】

斲 法六六 二例 同斸 —殺 法六六 斲 日乙一九九 三例 斲 日乙八五 三例 【睡虎地秦簡文字編】

斲 古老子 【古文四聲韻】

◉許 慎 斲斫也。从斤㗊。臣鉉等曰。㗊。器也。斤以斲之。竹角切。斲斲或从畫从丮。【說文解字卷十四】

◉馬叙倫 鈕樹玉曰。繫傳下有聲字。是也。大徐疑聲不近妄刪去之。吴穎芳曰。斲斫亦語之轉。倫按斲為斸之音同知紐聲同矦類轉注字。亦斫之轉注字。斫音照紐三等。與知同為舌面前音也。此字或出字林。

斲 鈕樹玉曰。玉篇重文作劃。蓋從畫聲也。一切經音義一引作劃。當即劃譌。二引又作𦘦。疑亦後人改。倫按此斲之異文。從丮。畫聲。古或借𦘦為斲。玄應一切經音義引古文官書。钁𦘦同。竹角反。【説文解字六書疏證卷二十七】

◉銀雀山漢墓竹簡整理小組 〔二八〕適唯衆可毋斲也 十一家本作「敵雖衆,可使無鬬」。「唯」、「雖」古通。「斲」即「鬬」字聲旁「斲」之異體。【銀雀山漢墓竹簡(壹)】

釿

釿 〔五二〕 釿〔一〕 釿〔五二〕 釿〔二三〕 釿〔八〕 釿〔三五〕 釿〔二三〕 釿〔二一〕 釿〔八〕 釿

〔二五〕 釿〔二三〕 釿〔一九〕 釿〔四〕 釿〔六二〕 釿〔七九〕 釿〔一八〕 釿〔二四〕 釿〔二一〕 釿〔六八〕

釿〔一〕 釿〔八〕 釿〔二五〕 釿〔一九〕 釿〔四二〕 釿〔五二〕 釿〔七〕 釿〔四〕 釿〔一九〕 釿〔五二〕

釿〔二三〕 釿〔一九〕 釿〔四〕 釿〔二〕 釿〔三〕 釿〔五二〕 釿〔二八〕 釿〔十〕 釿〔三五〕 釿〔四六〕

釿〔二〕 釿〔一九〕 釿〔二〇〕 釿〔二〇〕 釿〔五三〕 釿〔二八〕 釿〔四〇〕 釿〔二〇〕 釿〔四六〕 釿

〔三六〕 釿〔六八〕 釿〔一九〕 釿〔二〇〕 釿〔一二〕 釿〔三七〕 釿〔一二〕 釿〔七八〕 釿〔七三〕 釿

〔七八〕 釿〔三六〕 釿〔二〕 釿〔二四〕 釿〔七八〕 釿〔五二〕 釿〔二三〕 釿〔四〕 釿〔七八〕 釿〔五三〕

〔二二〕〔二二〕〔六八〕〔五六〕〔三六〕〔二二〕〔四〕〔三二〕〔一九〕

〔四〇〕〔五三〕〔四七〕〔二〕〔四〕〔二〕〔一三〕〔一九〕〔二二〕〔六八〕

〔一三〕〔四〇〕〔三六〕〔六〕〔二二〕〔七八〕〔五〇〕〔一八〕〔一八〕

〔六八〕〔六八〕〔一三〕〔五二〕〔八二〕〔五四〕〔二二〕〔六五〕〔一二〕〔一二〕

〔三〇〕〔三六〕〔三六〕〔四七〕【先秦貨幣文編】

布方 一釿 晉萬 布方 安邑一釿 晉芮 仝上 布尖 北兹釿 晉原 仝上 晉高 仝上 晉原

布方 安邑二釿 鄂天 仝上 晉芮 布方 安邑一釿 鄂天 布方 安邑二釿 晉芮 仝上 晉平 布方 陰晉一釿 晉運 布方 安邑一釿 晉芮 布空大 釿 反書 豫洛 仝上 布空大 鄃釿 豫洛 布空大 公釿 反書 豫伊 仝上 布空大 釿鄃 典七二七 仝上 典七二九 仝上 典七二八 布方 音伞釿 典一九八 布方 音昜一釿 典一九九 布方 音昜二釿 典二〇二 布方 晉昜一釿 典二〇〇 布方 共伞釿 典一五五 布方小 陰晉伞釿 典二七〇 布方 一釿 典一六〇 仝上 典一六一 仝上 典一六三 布方 陰晉一釿 典二七一 仝上 典二七三 仝上 典二七二 布方小 庣伞釿 典二八九 布方 庣釿 典二八七

布方 庣一釿 反書 典二八三 布方 庣釿 典二八八 布方 庣一釿 反書 典二八四 布方 二釿 典二七九 布方 梁釿五十二當寽 展圖版拾柒4 布方小 安邑伞 展圖版拾陸6 布方小 盧氏伞釿 展圖版拾捌3 布方小 伞釿 展圖版拾柒3 布方 安邑釿 典一〇三 布方小 安邑伞釿 典一〇二 布方 一釿 典一一三 布方

大　音易二釿　展圖版拾陸1　[glyph] 布方　文安㐱釿　典補一二〇二　[glyph] 布方　垣釿　典補一二一一　[glyph] 布方　𠙵釿　反書　典一二二

一【古幣文編】

[glyph] 八五：一三　宗盟類參盟人名一釿　[glyph] 九二：二三　【侯馬盟書字表】

[glyph] 2963　[glyph] 1136　【古璽文編】

◉許慎　釿劑斷也。从斤金。宜引切。【說文解字卷十四】

◉劉心源　釿或釋欽。非。[glyph]即[glyph]省。釿蓋古文斤兩字。古貨幣有一釿二釿之文。此銘蓋云七釿也。【七釿罍　奇觚室吉金文述卷六】

◉劉心源　釿反形从[glyph]。皆即小篆[glyph]字。碻不可易。虞布作[glyph]。安邑布作[glyph]。明明从斤。鮑子年李竹朋竝析作金化。失之。說文斤部。釿。劑斷也。段注。从斤金聲。讀若吟。謂㠯斤斧之屬斷制金鐵物也。通訓。从斤金會意。斤亦聲。心源㠯為古布多言一釿二釿半釿或單一釿字。不言數。如安邑釿是。或云充釿見後梁布尚釿見後枎布。皆今斤兩字義。史記平準書。於是為秦錢重難用。更令民鑄錢一黃金一斤。索隱。秦㠯一鎰為一金。漢㠯一斤為一金。由是㠯思。古布釿字即斤矣。【鏟形布　奇觚室吉金文述卷十二】

◉林義光　小徐以為宜引切。然說文入斤部。恐非斤聲。其音未詳。古作[glyph]。安邑二釿幣。以為量名。吳氏大澂云。攷工記矢刃重三垸。垸疑釿之譌。【文源卷八】

◉馬叙倫　沈濤曰。一切經音義十四及十六引作劑也。篇韻皆云劑也。小徐亦無斷字。蓋古本無斷字。嚴可均曰。小徐作從金從斤聲。段玉裁曰。從斤。金聲。倫按段說是也。此斤之後起字。亦音同見紐轉注字也。劑斷也者當作劑也斷也。然皆非本義。或亦非本訓也。玄應一切經音義引三倉。釿。㓵也。㓵與劑斷義近。然疑倉頡或訓纂字本作圻。鄂也者謂圻堮也。傳寫譌為釿。釿字或出字林也。平安君鼎作[glyph]。安邑二釿幣作[glyph]。古鉩作[glyph]。【說文解字六書疏證卷二十七】

◉鄭家相　(6)[glyph]此貝文舊釋「十斤」，但這樣小的貝化，既沒有十斤的重量，也不能當十斤來行使。應釋為「釿」，常見釿字布。此貝文金旁作十，乃是省筆，沛布面文的釿字，與此貝文相同，彼此可以互證，是楚文字的異制。此貝也在河南固始縣出土，形制與金字行字等貝相同，流傳也很少。【古代的貝化　文物一九五九年第三期】

所

所 不昜戈 魚顛匕 庚壺 □所鼎 中山王嚳壺 王子午鼎 司料盆蓋 【金文編】

3·279 杏蔓圖壽所馬 【古陶文字徵】

一五六：一九 四十例 委質類 自質于君所 所敢俞出入于趙尼之所 戱綐繹之皇君之所 詛咒類 韓子所不□奉 俞出入于中行寅及桝□之所 一五六：二七 五例 三：一九 八例 一八：五 一五六：二二 五例 【侯馬盟書字表】

257 259 【包山楚簡文字編】

所 秦五七 十四例 秦一一九 二例 為二四 五例 日乙一二一 七十五例 法一四六 六例 【睡虎地秦簡文字編】

隹邦—☐宎之行(甲5—21) 【長沙子彈庫帛書文字編】

3586 庚壺所字作𠩺與璽文合。【古璽文編】

所安 所章印 所直 中所識 所威 所春 所中孫 所閎私印 所況之印 【漢印文字徵】

石碣乍邍 為所斿𩡫 蘭臺令史殘碑 石經僖公 公朝於王所 無逸 非天所若 與上句所今本皆作攸 【石刻篆文編】

所出裴光遠集字 所出華岳碑 所亦王庶子碑 所出華岳碑 【汗簡】

古孝經亦華嶽碑 古孝經 古老子 同上 裴光遠集綴 王庶子碑 【古文四聲韻】

◉許　慎　所伐木聲也。从斤。户聲。詩曰。伐木所所。疏舉切。【説文解字卷十四】

◉强運開　説文。所。伐木聲。詩曰。伐木所所。張德容云。此蓋古文叚借字。運開按。伐木聲乃所字之本義。叚借為處所所以字。又按。不昜戈作。魚匕作。均與鼓文同。【石鼓釋文】

◉馬叙倫　段玉裁曰。小雅伐木首章。伐木丁丁。傳曰。丁丁。伐木聲。次章。伐木許許。傳曰。許許。柹兒。此作所所者。聲相似。不用柹兒之説而用伐木聲之説者。蓋參用三家詩。今按丁丁者斧斤聲。所所則鋸聲也。倫按所音審紐。斯音心紐。户其又同為舌根音。轉注字也。斯下曰。析也。此訓伐木聲非許文。玄應一切經音義引三倉。所。處也。字見急就篇。宋公佐戈作。石鼓作。【説文解字六書疏證卷二十七】

◉嚴一萍　　商釋「晨」，不確。汗簡所字作，略近。【楚繒書新考　中國文字第二十六册】

◉黄錫全　所出裴光遠集字　侯馬盟書作，漢隸或作、、、、等(篆隸14·12)，漢印或作(漢印徵14·5)，户上一筆與斤上一筆合書。此形類似，因取對稱，篆書如此，並非「臆造」。【汗簡注釋卷一】

◉黄錫全　所亦王庶子　夏韻語韻録《古孝經》所作，録王庶子碑作。石鼓文所作，三體石經古文作。此从且，蓋所字别體。《集韻》所，古作戹。鄭珍認為「此改斤為且，則有聲無形矣，俗人詭更正文，往往如是」。所作戹，疑與椵、飼等字同例，為兩半皆聲之字。【汗簡注釋卷六】

◉戴家祥　户字象單門之形，引申為居處。户字的讀音與伐木聲同，故被借來狀聲，並加斫木工具斤作為偏旁，寫作所。但後人所字仍用作户的意義，表示居處，如魚鼎匕「母處其所」。或用作虚詞，如中山王嚳方壺「因載所美」等。【金文大字典中】

斯　㝬兒鐘　通斯　説文所無　禹鼎　斯馭二百徒千　猶史記蘇秦傳言厮徒十萬也　【金文編】

陳斯己　【漢印文字徵】

泰山刻石　丞相臣斯　開母廟石闕　寔勤斯民　【石刻篆文編】

斯　斯　斯　【汗簡】

竝道德經　義雲章　王存乂切韻　古尚書　王存乂切韻　古爾雅　【古文四聲韻】

斮　斷

◉許　慎　斯析也。从斤。其聲。詩曰。斧以斯之。息移切。【説文解字卷十四】

◉林義光　其非聲。其。箕也。見其字條。析竹為之。从斤治箕。古作斯儆兒鐘。【文源卷六】

◉馬叙倫　斯析音同心紐轉注字。引詩校者加之。余義編鐘作斯。【説文解字六書疏證卷二十七】

◉張　標　斯　見《武威漢代醫簡》木牘86甲，整理者謂：「斯，《説文》無此字，或即斯字」。謹按，前説殆誤，後説甚是。《説文》：「斯，析也，从斤，其聲」。疑斯之非斯，其主要原因在於字左聲旁其作其。其實，其之作其，漢隸屢見，如同書醫簡75其作其，武威出土《儀禮》簡甲本士相見之禮作其(6)、其(10)，均與此形相近。又《儀禮》簡乙本服傳基字作基(8)，聲旁其亦與此形相近，故知斯為斯字。【古文字札記　考古與文物一九八八年第二期】

◉戴家祥　説文十四篇「斯，析也。从斤其聲。詩曰：斧以斯之」。説文六篇「析，破木也，一曰折也。从木从斤」。斯的本義是破木。禹鼎「戎車百乘，斯御二百」。斯讀作其。【金文大字典中】

◉許　慎　斮斬也。从斤。昔聲。側略切。【説文解字卷十四】

◉馬叙倫　王筠曰。斬也字林同。倫按吴穎芳謂斮之語轉。是斮之音同精紐聲同魚類轉注字。爾雅釋器釋文引字林。斮。斬也。此字出字林。【説文解字六書疏證卷二十七】

乙771　1411　録780　新1569　乙2603　7012　續5·5·2　徵4·72　新4901　【續甲骨文編】

斷　説文古文作𠃧从𠂤　量侯簋　斷勿喪　【金文編】

斷　法一二二　九例　日甲六二背　【睡虎地秦簡文字編】

斷竝説文　斷　斷竝見尚書　斷　【汗簡】

古尚書　同上　石經　説文　籀韻　【古文四聲韻】

●許　慎　𣃔截也。从斤。从㡭。㡭。古文絕。徒玩切。㫁。古文斷从㠯。㠯。古文叀字。周書曰。詔詔猗。無他技。㫁亦古文。【說文解字卷十四】

●葉玉森　□□□□　契文有□字。地名。或作□□□。予疑从□□□竝象絲緊糾形。譌變作□。从□即刀。取截斷意。絲既緊糾。非斷不克。當即古文斷字。【說契　學衡第三十一期】

●馬叙倫　鈕樹玉曰。韻會引截作戳。從斤下無從字。絕下有字字。嚴可均曰。㡭古文絕校語。倫按此㡭之後起字。絕下曰。㡭古文絕。絕音從紐。古讀歸定。水經注廿四。地理志千乘有延鄉縣。世人謂故城為從城。延音喻紐四等。古讀亦歸於定。此其例證也。章炳麟謂絕聲泰部。對轉寒為斷。如今篆為從斤㡭聲。截也非本訓。字見急就篇。

㫁　鈕樹玉曰。繫傳作□。古文叀作□。嚴可均曰。㠯古文叀字校語。王筠曰。說云從㠯。不言從召。召非義非聲。恐係斤字之譌。倫按玄應一切經音義引古文官書𠟭詔二形同。都緩反。斷截也。此及下𠟭篆。皆呂忱依官書加也。

㫁　鈕樹玉曰。繫傳作□。宋保曰。㠯聲。倫按斷叀聲同元類。故斷轉注為𠟭。【說文解字六書疏證卷二十七】

●商承祚　㫁㫁　此即剸之本字而借為斷。由首部𩠐或作剸知之。𩠐有斷絕義。故亦訓絕。敦煌尚書盤庚中作□。同第一文。日本唐寫本尚書呂刑作詔。又詔之誤。【說文中之古文考　金陵大學學報卷十第一、二期】

●郭沫若　量侯𣪘云「量侯□作寶隮𣪘。子=孫=萬年永寶□勿喪。」周金文存卷三第七五葉。□字容庚金文編卷三第廿三葉與𣪘字同收在𣪕字之下。容已識𣪘為簋。然以二字為一。則無疑。余曩亦同以為𣪘字，然於文義不可通。今案二字有別，□實斷字也。說文斤部斷之重文云「㫁古文斷，周書曰詔詔猗無它技。」即此字之稍訛變者。日本所存未改字本盤庚篇「它周知天之□斷命。」又「乃□棄汝」，均古字之遺蛻也。【釋詔　金文餘釋】

●銀雀山漢墓竹簡整理小組　㡭，漢代常用作「繼」字，但馬王堆帛書醫方中「續斷」之「斷」字如此作，故此處釋作「斷」。【銀雀山漢墓竹簡(壹)】

●李學勤　城守諸篇屢見「斷」字，《號令》一篇尤多，如：「守有所不悦謁者、執盾、中涓及婦人侍前者，守曰斷之、衝之若縛之，不如令及後縛者皆斷，必時素誡之。」

孫詒讓《墨子閒詁》認為「斷」就是斬，他在《迎敵祠》篇下説：「《説文·斤部》云：『斷，截也。』《車部》云：『斬，截也。』又《首部》云：『𩠐，截也。』三字同訓。此『斷』蓋即『𩠐』字，亦即斬也。《商子·賞刑》篇云：『晉文公斷顛頡之脊以徇』。」但《號令》載：昏鼓，鼓十，諸門亭皆閉之，行者斷。必系問行故，乃行其罪。

岑仲勉指出「可見尚須經過審訊，然後定罪，『斷』不定是斬，即此可知」。他還指出，从《墨子》各篇觀之，「斷」字包含多種處罰方法。岑氏的意見是有道理的，我們看《號令》篇末說：城下五十步一廁，廁與上同圂。諸有罪過而可無斷者，令杼(抒)廁利之。

假如「斷」就是斬，則罪不及斬者便罰令清廁，其間沒有其他等級的刑罰，顯然不合情理。秦簡也出現「斷」字，如《法律答問》有「誣人盜直(值)廿，未斷，有(又)有它盜，直(值)百」，「葆子獄未斷而誣告人」，還有以下一條：廷行事有罪當署(遷)，已斷已令，未行而死若亡，其所包當詣署(遷)所。

這裏的「已斷已令」即《漢書・刑法志》的「已論命」，意為已經判決。由此知道「斷」的本義同於「論」，意思是論罪。至于所論何罪，則應視所犯情節判定。【秦簡與《墨子》城守各篇】

◉劉彬徽等　剸，從叀從刀，叀聲，讀如斷。《禮記・樂記》：「臨事而屢斷」，注：「猶決也」。

節，剸與《說文》斷字古文相似，讀作段。《釋名・釋言語》：「斷，段也」。【包山楚簡】

◉湖北省文物考古研究所　北京大學中文系　〔一四一〕「剸」即《說文》「斷」字古文(《汗簡》作)，亦即「斷」的或禮「剸」。王命傳「傳」字作「𨓚」(《三代》一八・三四)，即以此為聲(長沙楚帛書亦有「𨓚」字)。【二號墓竹簡考釋　望山楚簡】

𣃔

◉許　慎　𣃔柯擊也。从斤。良聲。來可切。【說文解字卷十四】

◉馬叙倫　鈕樹玉曰。玉篇注。擊也。廣韻。相擊也。亦斫也。段玉裁曰。來可切此音恐誤。王筠曰。集韻類篇听下云。听听。掣也。掣似擊之誤。或說文本云听柯擊也。今捝一字。朱駿聲曰。來可切蓋來向切之譌。徐灝曰。柯疑相之譌。倫按此字蓋出字林。【說文解字六書疏證卷二十七】

新

甲二一一三　後二・三・一二　後二・九・一　戩二五・一〇　前五・四・四　餘一三・二　前一・三〇・五　前七・一四・一　林二・七・七　京津四二三〇　京津四二三一　佚二一一　佚五八〇　燕二二六　乙四六〇三　或从又　京都二〇九八　【甲骨文編】

甲2113 2630 乙4603 4603 7359 佚120 續6·19·4 藏100·2 佚580 832
續1·40·5 2·16·4 京1·37·1 4·27·4 録287 371 372 續存1083 1498
摭續275 粹232 524 910 911 912 新2438 4007 4008 4231
4262 4358 4486 4903 掇396 【續甲骨文編】

新 新聟簋 觳尊 王束新邑鼎 衛宋亹尊 在新京 臣卿鼎 臣卿簋 師遽簋 趞曹鼎二
頌鼎 頌簋 頌壺 師湯父鼎 仲義父鼎 塱簋 邵大弔斧 中山
王譽壺 蚉壺 復公子簋 師酉簋 散盤 新都戈 新弨戟 曾侯乙鐘新鐘 【金文編】

5·78 咸新安盼 5·183 新城邦 5·182 新城義☐ 5·180 新城章 秦1208 新城義渠 秦1210
同上 秦1211 新城邦 秦1216 新城如☐ 考古1963:9 新淦市久 瘦雲5·1 陸新 【古陶文字徵】

〔五七〕〔三六〕〔二二〕〔三六〕〔三六〕〔九〕〔二五〕〔三〕〔二五〕
〔五二〕〔三六〕〔一九〕【先秦貨幣文編】

布尖 新城 反書 晉原 布尖 新城 反書 典四五七 仝上 亞三·三四 【古幣文編】

一五六：一九 二十二例 委質類 新君弟子孫 一九四：一一 三例 三：二一 二例 一五六：二二 二十二例
一七九：一二 三：二一 一七九：一三 一五六：二六 二例 【侯馬盟書字表】

5 16 146 154 186 202 【包山楚簡文字編】

新 新 效二一　二十三例 新 編七　三例 新 日甲一一五背【睡虎地秦簡文字編】

新 3160 與散盤復公子𣪘新字合 0143 0281【古璽文編】

新 新鄭邑長 新 新陽長印 新 新都令印 新 新越餘壇君 新 新西河左佰長 新 强新成印 新 新成左祭酒 新 沐新

充根 新 新成日利 新 新成歆印 新 新孫光印 新 新成甲【漢印文字徵】

新 開母廟石闕　胙日新而累熹 新 新 詛楚文　述取𢘛邊城新郢及郗長敄【石刻篆文編】

新 新出義雲章【汗簡】

新 古老子 新 同上 新 義雲章 新 裴光遠集綴 新 王存乂切韻【古文四聲韻】

◉許　慎　新取木也。从斤。亲聲。息鄰切。【説文解字卷十四】

◉孫詒讓　「甲辰卜𣏟其」一百之一，下又有「其□」二字。「𣏟」當即「新」字。金文師酉𣪘新作新，頌鼎作新，與此相似。【栔文舉例卷下】

◉高田忠周　説文。新取木也。从斤。亲聲。亲。古榛字。榛栗蓋亦細木薪柴者也。然則新从斤亲。形聲兼會意。此為古薪字也。故訓取木也。其義甚皙。月令。收秩薪柴。注。大者可析謂之薪。義正合焉。【古籀篇二十六】

◉郭沫若　第一四五片

「寴大乙，又有彳，王受又佑。庚午……」

寴殆新之緐文。讀為薪。詩樸樕「薪之槱之」，薪大乙猶言槱大乙也。【殷契粹編考釋】

◉吴其昌　新即新也。在同一方域之中，就此築于新地之宗廟而言之，則謂之「新宗」。就此宗廟之寢内而言之，則謂之「新寣」。所以知寣即為宗廟之寢内者，在周金文中稱康王之廟於望𣪘、休盤、康鼎、𣪘𣪘、伊𣪘、𤔲攸從鼎……諸器，皆云：「王在周康宫」；而師遽方尊獨云：「王在周康寣」。且其「寣」字，从宀从帚，與本片（指前一・三〇・五十、前二・二五・六）字體結構正同；於是故得碻知「寣」即宗廟之寢所矣。此字在殷代金文中小臣𡠻卣（愙・一八・二）之「在寣」字，亦與本片字體同；而在羣籍經傳，則皆已作「寢」或「㝲」；惟中平二年之朱龜碑「寑而作頌」，其字尚與甲骨金文，同其體構，足證東漢末人猶得見古遺文耳。周代廟寢之制，本甚簡率；鄭玄注禮記月令曰：「凡廟前曰廟，後曰寢」（「寢廟必備」注）。又注周禮隸僕曰：「前曰廟，後曰寢」（「掌五寢之事」注）。高誘注淮南時則（「薦鮪于寢廟」注）其文並同。當時實相，本不過爾。有屋于斯，遥指全體而呼之，則為宮為廟；入而别之，則前可陳設朝奠者，就呼以殿，後可偃息人鬼者，就呼以寢；誠為如淳所謂：「前曰殿，後以半曰寢」耳（漢書外戚傳下如淳注）。其制度形成之時代，厘據師遽方尊及佚周書皇門「余獨服在寢」之語，知西周已有。然觀以本片卜辭，則更逆溯洄而上，知殷代已有「□寑」。又：

後・二・三・一二・

「□寑」之名，且增緟見於别辭（如上圖，見後二・三・一二），他辭又有「其命多尹乍王小寑」之文（戩・二五・一三，即續・六・一七・二），小臣𢆶卣又有「王……在寑」之文，則其制早盛行于殷世矣。【殷虛書契解詁】

◉馬叙倫　段玉裁孔廣居竝謂從斤木。亲聲。王筠吴善述徐灝王廷鼎並謂新薪一字。倫謂取木也蓋蒦也破木也。或取木為㭊之譌析為二字也。木部。㭊。木薪也。㭊也即薪字義。新實斯之音同心紐轉注字。徐灝謂新義為斫木見白新。即新舊字。倫謂新舊之本字為生朽也。字見急就篇。甲文作□。金文頌鼎作□。仲義父鼎作□□。望敨作□□。散盤作□。師酉敨作□。【説文解字六書疏證卷二十七】

◉唐　蘭　前・一・三十・五「新寑」七・十四・一，「㞢□新旅」後・下・三・十二，「新寑」九・一，「㞢新大品」，舊並不識。甲骨文編把□當做「妣辛」合文，大誤。按「新」字説文没有，當即「新」字。【古文字學導論】

◉商承祚　新，作□，與曾侯乙編鐘、新都戈、新弨戈等器銘之新同。新父，亦見第八七簡。古人以為先王先君死後可成神，故有事即祭祀禱告，等同於神祇。【江陵望山一號楚墓竹簡疾病雜事札記考釋　戰國楚竹簡彙編】

◉嚴一萍　又有「新星」之記載，當與「新大星」同。

貞：其新星？　合集一一四八八

辛未㞢酘新星？ 前七・十四・一

⊘然卜辭之言「新星」，恐不僅為哈雷氏彗星。其稱「日大星」猶言白日見大星。稱「大星出南」，則南方見有大星。稱「終夕□，亦大星」，是終夜見有大星也。凡此所稱「新星」與「大星」，當有新指，必不泛稱「天上之星大出」或「新見星之出」也。

【殷商天文志 中國文字第二期】

◉屈萬里 𡩜，疑與新字同。𡩜宗，即新廟也。其言「𡩜大乙」（粹編一四五及一六一）者，𡩜作動詞用，蓋新修大乙之廟也。 【殷虛文字甲編考釋】

◉李孝定 从宀从新。說文所無。許書宀部。「寴。至也。」見部。「親。至也。」音義並同。廣韻云。「寴。古文親也。」以此例之。𡩜新當為同字。郭屈之說是也。辭云「𡩜大乙。」郭讀為薪大乙。可从。屈解為新修大乙之廟。須增字其義乃完。似有未安也。楊氏謂𡩜為祖丁之名。𡩜宗即祖丁之廟。考卜辭言「某某宗」者多見。均偁廟號。未見直斥其名者。惟亦稱「唐宗」。似為例外。唐即湯。史記殷本紀集解引張晏曰。「禹湯皆字也。二王去唐虞之文。從高陽之質。故夏殷之王皆以名為號。謚法曰。除虐去殘曰湯。」索隱曰「湯名履。書曰『予小子履』是也。又稱天乙者。譙周云。『夏殷之禮。生稱王。死稱廟主。皆以帝名配之。』天亦帝也。殷人尊湯故曰天乙。」據此。則湯若唐。亦非大乙之名。惟究為生稱之字。抑為謚號。則未可確知。故卜辭稱唐宗亦非直斥其名。楊氏謂𡩜宗為且丁之廟。其說似仍有可商也。卜辭稱「大乙宗」多於「唐宗」。「且丁宗」亦數見。【甲骨文字集釋第七】

◉李孝定 說文。「新。取木也。从斤亲聲。」實當云。「从斤从木。辛聲。」卜辭「新𡨦」「新宗」「新大星」「新豊」字均如此作。唐氏釋新確不可易。或又从「又」作𣪠。當為新之異文。辭云「乙酉卜御𣪠于妣辛日□豕。乙酉卜御𣪠于父戊日豕」乙・四六〇三。新下當有省文。【甲骨文字集釋第十四】

◉商承祚 □ 戈銘六字，我釋為「新弨自𢦚弗戈」，字體屬于鳥篆范疇。「新弨」為人名。《說文》从「亲」旁的字，有親、寴、櫬、瀙、新、薪等。甲骨文新字从「辛」，金文的親、寴、新，从「辛」又或从「亲」。《新都戈》（長沙出土。于省吾：《商周金文録遺》一〇二頁）的新字作□，此字與之正同，其所从之𦍒，亦即是亲，只在結構上將「辛」、「木」的位置互相對調，此外音義并無不同。弨字从弓，召聲，召字的ㅂ，與下一字「自」的頂部都增多一筆，就不象口與自字了。尤其是ㅂ的底足與「自」字的寫法完全一樣，與新字的斤旁改為□，都極容易令人產生疑惑或錯覺，如果不仔細考慮，是不敢確定其為何字的偏旁的？ 【《新弨戈》釋文 文物一九六二年第十一期】

◉李殿魁

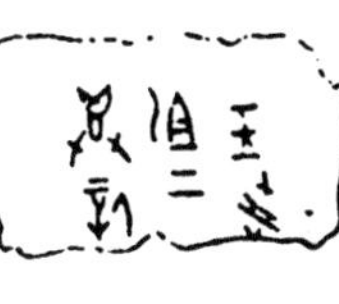
佚410

文録287

[glyph]字，商氏考釋寫作「[glyph]」，金先生續甲骨文編第十四卷四頁，新字下引佚存八三二此字作「[glyph]」，島邦男綜類作「[glyph]」。各家均疑為「妣辛」合文，然搜求卜辭，祖乙與妣辛同辭者極為少見，僅殷契佚存四一〇片，商氏考釋為：「⿱巳口妣辛□，祖乙二，王受祐」。實則此片殘缺，不成辭句，「[glyph]」商釋妣辛，恐未能安。另一片為甲骨文録二八七片，或釋為：「祖乙[glyph]，妣辛⿱巳口」。此「妣辛⿱巳口」恐為新⿱巳口之誤釋，蓋妣辛為大甲配，不可能與祖乙同祭也。【冬飲廬藏甲骨文字考釋　中國文字第三十期】

◉王　輝　卜辭新字作[glyph]或[glyph]。多用為新舊之新，但亦可用為祭名。如京四二六三：「新、祝、用。」卜辭又有⿱宀新字，多用為祭名。南南一·一四二：「⿱宀新宗，王受又。」南明六六六：「王其又妣庚⿱宀新宗……」粹一四五：「⿱宀新大乙，又礿，王受又」。又卜辭[glyph]也用為祭名。乙四六〇三：「乙酉卜，邻[glyph]于妣辛……乙酉卜，邻[glyph]于父戊……」按[glyph][glyph][glyph]應當是一個字。[glyph][glyph]隸定作新，《説文》：「新，取木也，從斤亲聲。」段玉裁注：「當作從斤木，辛聲，非從亲聲也。」段氏的見解十分精到，新甲文或體作[glyph]，確是從斤砍木以會意，以辛為聲符。新的本義是取木，後來引伸為新舊之新，粹一八三：「丙戌卜，叀新豊用」，此殆假為新舊之新，于是另造從艸之薪以代表本字。《説文》：「薪，蕘也，又柴也。」《周禮·甸師》鄭注：「木大曰薪……」凡此都説明新即是薪，也就是柴，所以新祭也是柴祭的一種。⿱宀新象行新祭于宀居中。《説文》無⿱宀新字，⿱宀新乃新之異體。郭老在《殷契粹編》一四五片的考釋中説：「⿱宀新殆新之繁文，讀為新。《詩·樸棫》『薪之楢之』，⿱宀新大乙猶言楢大乙也。」郭老的看法是正確的。【殷人火祭説　四川大學學報叢刊(古文字研究論文集)第十輯】

所 [illegible]

◉戴家祥　說文十四篇「新，取木也。从斤亲聲。」段注「當作从斤、木，辛聲，非从亲聲也。」按段改至確。从木从斤即析字，說文六篇「析，破木也。一曰折也。」木被破後謂之新薪的本字，新是析的引申義，為了與析有所區別，特加聲符辛，析辛為陰陽對轉。古文加聲符表示引申義的例子很多，如甲骨文鳳字加凡聲，金文其字加六聲等，皆為其證。新字後被借為新舊之新，為了保留本義，又加艸旁作薪。【金文大字典中】

◉莊淑慧　019𣂺＝新

1. 簡文詞例

50號簡：「𣂺安車：鄱輪，紫檢(錦)之安。」

57號簡：「𣂺官敓(令)敂馭公左□。」

142號簡：「外𣂺官之駟(駟馬)。大旆。」

2. 考釋

簡文「新」字書作「𣂺」，此種寫法尚見於同墓所出土之鐘、磬銘文及楚國新弨戈「郙之𣂺」與「湖北江陵望山M2」竹簡。就其類型而言，「𣂺」字與「舂」(009)字相同，均屬於偏旁「上下互作」之異體字。【曾侯乙墓出土竹簡考　臺灣師範大學國文研究所集刊四十號】

◉許　慎　所二斤也。从二斤。語斤切。【說文解字卷十四】

◉馬叙倫　鈕樹玉曰。繫傳無音切。據繫傳質從所聲。則所不應音語斤切。王筠曰。疊二成文而說解即以字形為之義者。例皆云闕。大徐增從二斤。不知而作也。倫按此二余為叅二山為屾之例也。斤之茂文。【說文解字六書疏證卷二十七】

甲2　550　1537　乙8514　珠75　續1·18·4　1·40·5　徵3·125　續存1520

1816　摭續10　158　粹323　330　331　337　344　356　360　541

新4043　4089　4196　4242　5030　5032　5052　5069【續甲骨文編】

斗 秦公簋 䰣朕鼎 土勻錍【金文編】

5·230 左廄容八斗 5·194 麗邑五斗崔 5·370 隱成吕氏缶容十斗 5·368 隱成吕氏缶容十斗 5·153 咸斗 3·1029 獨字【古陶文字徵】

布空大 反書 歷博 布空大 典五八一 布空大 反書 典五八三 仝上 典五八四 仝上 亞二·一一七【古幣文編】

斗 秦七四 二十例 日甲一 四例 效四七 二十例【睡虎地秦簡文字編】

1069 與眉脒鼎斗字形近。【古璽文編】

董斗【漢印文字徵】

祀三公山碑 穀ㄐ三錢【石刻篆文編】

斗【汗簡】

汗簡【古文四聲韻】

◉許 慎 十升也。象形。有柄。凡斗之屬皆从斗。當口切。【説文解字卷十四】

◉林義光 象形稍不類。漢平陽甗作。永初鋗作。皆象斗形。【文源卷一】

◉馬叙倫 王筠曰。斗象形未詳。有柄當依廣韻引在象形上。林義光曰。漢平陽甗作。永初鋗作。皆象形也。倫按斗是器名。説解本作器也。十升也及有柄二字蓋吕忱所加。或校語也。斗字䰣朕鼎作。秦公敵作。古鉩作。蓋到書之。此其譌也。其實之形本作。象斗而有柄。今之尉斗即古斗形也。古斗有柄。故北斗星以為名。後世斗無柄。故吕忱或校者加有柄二字。斛斞與斗聲皆矦類。蓋語原然也。字見急就篇。【説文解字六書疏證卷二十七】

◉高淞荃　說文。斗十升也。象形。有柄。解者以為上象斗形。下其柄也。又升十合也。从斗象形。解者以為乀象耳形。此兩形皆不類。而段氏以為斗有柄者蓋象北斗。更不可曉矣。竊謂斗當以斗陗為本義。升當以上升為本義。假以為量名。非本象器形而假以為斗陗上升之義也。蓋斗陗之形無可取象。則取繩梯以象之。此指事之一例也。故斗从彡从乀。合之即象梯形。乀曲而不直。以象繩也。升則从斗而又加乀。與乀相交而成形。象上升之狀也。斗有聚積之義。故裒斁之音皆近斗升。有漸進之義。故登烝之音皆近升。既由其義而得名。即假其文而為字。不得以實形必先於虛意而附會以成之也。然則斗遂無象形之文乎。曰有。酒器之斝乃斗之象形。古文也。古斛左耳為升。右耳為合。左右有耳以象升合。正肖其形。自斗行而斝癈。乃僅存於金部鍸字之或體。而經書酒器之名亦反借斗為之。於是斝之形不見而斗之義不見。解字者曲為之說。形本不類。愈說愈岐。漢時已有人持十為斗之謬。魏晉分隸。遂有从升之斗字矣。

按左傳齊四量豆區釜鍾。豆字亦當作斝。即斗字也。特以四升為斗。視常制加小耳。既非通行定制。故陳氏亦得以意加之。豆自為食肉之器。不能以作量名。【說文別釋　古學叢刊第三期】

◉章鴻釗　「歲」之為歲星，前已略述之，而「斗」又作何解？余謂「斗」古「斗」字，此當指星，其字上象斗魁，下象斗柄，已明示其形矣。說文解字云：「斗，十升也，象形，有柄。」段氏注云：「有柄者蓋象北斗。」然南斗亦有柄，而柄亦名杓，此疑指南斗。甘石星經「南斗六星」下引「巫咸云：禾星，春夏木，秋冬水，一名天斧，二名天闕，三名天機」，開元占經於天籥下引「巫咸云：八星，在南斗南杓第三星西」，是殷人固早知南斗矣。董氏釋「斗」為「勺」，似亦可作「南杓」解，但祀杓不祀魁，意尚未安。又說文序云：「人持十為斗」；卜辭「斗」上象「人」字，下从「丨」，正契文「十」字也，有時微曲其筆者，蓋取象斗宿之柄故然，然則其為斗宿之「斗」又何疑。契文南斗與北斗有別，詳殷人祀北斗考。斗宿曷為與歲並祀？爾雅釋天云：「星紀，斗牽牛也」，注云：「斗牽牛者，日月五星之所終始，故謂之星紀」，漢書律曆志亦曰：「五星起其初，日月起其中」，是日月五星周行於天，皆於斗宿為起訖；抑或殷時尚未知五星之全，而歲星早知之，又為紀年之所繫，其因祀斗而並及歲者，殆以此歟。

如上所述，同祀斗歲之月，一在一月，一在七月，一在十三月，意者其兼有祈年之意乎？蓋一月農事方始，月令曰：「是月也，天子乃以元日祈穀于上帝，乃擇元辰，……躬耕帝藉；……王命布農事，命田舍東郊，……以教道民，必躬親之」，正一月之事也；七月又屆收穫之期，月令曰：「是月也，農乃登穀，天子嘗新，先薦寢廟」，正七月之事也；然則為明時重農，而於此二月並祀斗宿與歲星也亦宜。古時閏月置於年終，謂之十三月，則十三月猶之正月也，故閏年乃於十三月並祀之。其餘月或亦非無並祀者，但尚未詳。惟祀歲不必兼及斗，如前舉「賓歲」「[illegible]歲」諸辭可證；祀斗亦不必兼及歲，如曰「王賓武斗伐亡尤」簠室徵文三，一三七，亦可證。

又考之逸周書作雒篇云：「乃設郊兆于南郊，以(祀)上帝，配(以)后稷，日月星辰先王皆與食」，王念孫讀書雜志卷二謂「日月星辰」四字，本作「農星」二字，藝文類聚禮部、太平御覽禮儀部及玉海引此，並作「農星先王皆與食」，然則作「農星」是也。周世猶以農星與后稷及先王並祀，則殷禮亦必猶是。即以前舉各辭證之，即凡值當祭某先王之日，亦得並祭斗歲或他星，如(一)(二)(三)(四)諸辭皆其例；如非專值某先王祭日，或因星祭而並及多后，如(五)辭是；惟(六)辭專祀斗歲，不及多后。由是殷禮愈明，而周因殷禮，亦悉如孔子之所言矣。【殷人祀北斗考　中國古曆析疑】

◉高鴻縉　斗原非量名。乃挹注之器。有長柄。似杓而深。並如北斗七星之形。金文[glyph]象其傾注。故口向下也。小篆以下字形距象形遠矣。其後以其器為木製。故加木旁作枓。至於升斗之斗。乃後世叚借之義。非其朔也。【中國字例二篇】

◉李孝定　篆作[glyph]於形已不肖。契文金文則正象斗有柄之形。古升斗均如此。於文無以為別。但以點之有無別之。無點者為斗字。作[glyph]契文。作[glyph]金文。斆朕鼎作[glyph]金文。秦公簋。有點者為升字。作[glyph]契文。作[glyph]金文。友簋。[glyph]金文。秦公簋。【甲骨文字集釋第十四】

◉金祥恆　說文「[glyph]，十升也，象形，有柄」，段注：「上象斗形，下象其柄也。許說俗字人持十為斗。魏晉以後作升，似升非升，似斤非斤，所謂人持十也。」案說文之篆字有訛。簡文隸書乃存其真。如丘關之釜：「關鋘節于禀⿰米升之⿰米升作[glyph]，半斗為料，半升為⿰米升，蓋古有半升半斗之名為⿰米升料。秦公毁刻文「□一斗七升大半升蓋」(金文餘釋)之斗作[glyph]，升作[glyph]。大良造鞅方量「十八年齊[glyph]卿夫＝(大夫)眾來聘，冬十二月乙酉大良造鞅爰積十六尊五分尊□為[glyph](升)。」新莽之方量「建量[glyph](斗)方六寸，深四寸五分，積百六十二寸，容十[glyph](升)」。元朔三年之龍淵宮鼎「龍淵宮銅鼎容一[glyph](斗)五[glyph](升)，並重十斤」。其斗作[glyph]，其升作[glyph]，其分別在乎一點，有點為升，無點為斗。漢隸如居延漢簡第二一三：「以食傸馬積千二百三匹，匹一斗二升」其斗作[glyph]，升作[glyph]，由[glyph][glyph]而來，說文篆文之升作[glyph]，如斗同為形譌。【長沙漢簡零釋　中國文字第四十六期】

◉李孝定　斗字許訓十升，證以字形自不誤，又有斘字，郭沫若氏說字之音義，可从；段玉裁注說文料字，引漢書「士卒食半菽」云：「孟康曰：『半，五斗器名也』，王劭曰：『言半，量器名，容半升也』。今按半即料也，廣韻料注五升，然則孟康語升誤斗，王劭語斗誤升，當改正」。定按孟康以半為料，王劭以半為⿰米升，其語固不誤；然究之實情，則王劭所云乃合，蓋「士卒食半菽」者，言軍食之匱乏，古之量雖小，而日食五升，雖有兼人之量，且不能容，矧在軍食匱乏之時乎？半即⿰米升字，容半升，正以見其匱乏耳。

【金文詁林讀後記卷十四】

◉温少峰　袁庭楝　斗字甲文作[glyph]。《説文》：「斗，十升也，象形，有柄。」其説與甲文之「斗」字形密合。星空中北斗七星，其形如斗([glyph])，古人以「斗」稱之。殷周時期，北斗七星距天極較如今為近，在中原地區，它處于恒現圈之内。一年四季的初昏、黎明均能見到。它的斗柄圍繞北天極的周日旋轉(地球自轉的反映)，可以指示夜間的時刻。而整個北斗七星圍繞北天極的周年旋轉(地球公轉的反映)，則可以指示季節的變化。所以，在古代觀天制曆的工作中，對北斗的觀測佔有極重要的地位。《史記·天官書》：「斗為帝車，運于中央，臨制四鄉。分陰陽，建四時，均五行，移節度，定諸紀，皆系于斗。」《夏小正》：「正月，……鞠則見，初昏參中，斗柄懸在下。」「六月，初昏，斗柄正在上。」「七月，……斗柄懸在下則旦」。《鶡冠子·環流》：「斗柄東指，天下皆春；斗柄南指，天下皆夏；斗柄西指，天下皆秋；斗柄北指，天下皆冬。」這些都是古人利用北斗旋轉的方位以定季節的記録。由于北斗的這種特殊作用，古人必然加以神化，予以崇拜，從而有祭拜北斗之禮俗。後世道教以「斗姆」為大神，正是由此古俗而來。至今農村中有經驗者夜間行路仍以北斗之方位以指方向，定時刻，并有關于青蛙、鱔魚夜間「朝北斗」之故事，亦當是古代長期祭拜北斗之反映。

卜辭中有大量「北斗」之辭，今擇述如下：

(106) 己亥卜：夕，庚比斗，征雨？

庚子〔卜〕：夕，辛比斗？

己酉卜：夕，翌庚比〔斗〕？

〔庚〕戌卜：夕，羽(翌)辛〔比〕斗？　(《合》三六二)

(107) 庚午卜：夕，辛未比斗？　(《乙》一七四)

(108) 丙辰卜：夕，丁比斗？　(《乙》一一七)

(109) 癸亥，夕，甲比斗？　(《乙》一三四)

「比」字在甲文中常與「从」字相混，當視其語言環境而定。在上述各辭中，應釋為「比」，讀作「祉」，祭名。《説文》：「祉，以豚祠司命，从示，比聲。《漢律》曰：祠祉司命。」比字在甲文中作[glyph][glyph]，象二人拜伏之形，本含祭禱于神之意(見康殷《文字源流淺説》)。上列卜辭中之「比斗」，就是「祉斗」，即對「斗」進行「祉祭」。「斗」而成為祭祀對象，當然不是酌酒挹水之工具，而是具有神聖意義之「斗」，即天空之「北斗」。从上引《説文》釋義可知漢代「祠祭司命」之神曰「祉」，而卜辭中則知殷人對北斗實行祉祭，可見其中有着某些聯繫。無怪乎後世神話中有「南斗主生」、「北斗主死」之説，原來早在卜辭中就有「祉斗」之祭，就包含了把北斗看作「司命」大神之初意。後世稱「司命二星二虛北」（《宋史·天文志》），雖然已不同于殷代以北斗為「司命」，但仍然保留了「北方天區之星」是「司命」的這一古老的遺迹。

將上列諸例的「比斗」解釋為「祉祭北斗」，還可由下列各辭比較而證之。

(110) 貞：比日？（《七》P一〇二）

(111) 比岳，雨？（《庫》一〇七）

(112) 己未卜，貞：王乎（呼）：比河？（《南》無一〇九）

(113) 戊寅卜，王貞：比□？（《甲》二五九）

在上列諸辭中，殷人對「日」、「岳」、「河」諸神和先公「□」都實行「祉祭」，那麽，作為「祉祭」對象的「斗」其地位應與「日」、「岳」、「河」諸神大致相當。釋「斗」為「北斗」之神，是比較合適的。

從關于「祉祭北斗」的卜辭材料的分析中可以看出，殷人皆于「卜夕」之辭中貞問次日是否舉行「祉祭」，很可能，他們正是在繁星密布之夜，仰望北斗，高懸天極，遂興祭拜之誠而卜問其事。而由這種經常而虔誠的觀察之中，總結出「斗轉星移」的規律，進而「分陰陽，建四時」（《史記·天官書》），豈不是很自然的麽？【殷墟卜辭研究——科學技術篇】

□ 斛　从升　十一年𠷎鼎　容一斛　【金文編】

●許　慎　斛十斗也。从斗。角聲。胡谷切。【説文解字卷十四】

●馬叙倫　吴穎芳曰。斛亦象角之形。丁福保曰。慧琳音義七十八引作量器也。倫按斛字疑出字林。量器也及玉斗也皆字林文。不然。當止作器也。【説文解字六書疏證卷二十七】

□ 後二·七·九　□ 後二·七·一〇　□ 掇二·四三六　□ 前五·五·三　或从□象手持之之形羅振玉説古散字作□與□字形頗相似故後人誤認斝為散韓詩説諸飲器有散無斝今傳世古飲器有斝無散大于角者惟斝而已故諸經中散字疑皆斝字之譌　□ 乙四八三五反　□

乙七九二五 [字形] 存下六〇 [字形] 甲三二〇四 【甲骨文編】

[字形] 前5·5·3 [字形] 後下7·9 [字形] 7·10 【續甲骨文編】

[字形] 斝 象二柱三足一耳王國維說 簋文 【金文編】

◉許慎 斝玉爵也。夏曰琖。殷曰斝。周曰爵。从吅。从斗。冂象形。與爵同意。或說。斝受六升。古雅切。【說文解字卷十四】

◉羅振玉 [字形][字形][字形] 說文解字。斝从吅。从斗。冂象形。與爵同意。案。斝从吅不見與爵同之狀。从冂亦不能象斝形。今卜辭斝字从[字形]。上象柱。下象足。似爵而腹加碩。甚得斝狀。知許書从門作者乃由[字形]而譌。卜辭从[字形]。象手持之。許書所从之斗。殆又由此轉譌者也。又古彝文金文家稱雙矢彝有[字形]字。與此正同。但省[字形]耳。其形亦象二柱三足一耳而無流與尾。與傳世古斝形狀脗合。可為卜辭[字形]字之證。又古散字作[字形]。與[字形]字形頗相似。故後人誤認斝為散。韓詩說諸飲器有散無斝。今傳世古飲器有斝無散。大於角者惟斝而已。故諸經中散字疑皆斝字之譌。予嘗以此說質之吾友王君國維。王君然之。并謂寶雞所出銅禁備列諸飲器。有爵一觚一觶二角一斝一。與少牢饋食禮之實二爵二觚四觶一角一散。數雖不同。而器則相若。則散斝信為一物。又詩邶風碩人。赫如渥赭。公言錫爵。傳。言祭有畀煇胞翟閽者。惠下之道。見惠不過一散。疏。言散謂之爵。爵總名也。予謂此爵字。本當作斝。斝與赭為韻也。傳云見惠不過一散。則經本當作錫斝。轉譌為散。後人因散字不得其韻。又改為爵。其實散本斝字。斝赭同部。不煩改爵也。其說至精確。著之以為吾說左證。【增訂殷虛書契考釋卷中】

◉林義光 从吅非義。冂亦非形。从斗。⿱吅各省聲。【文源卷十一】

◉王襄 契文斝字象兩柱三足巨腹之形，無流無尾，與傳世之斝同。或从[字形]，象手持鋬之形。近世各家著彝器圖譜，所載飲器有爵、觚、觶、角、斝。端陶齋藏寶鷄所出古禁，備列諸飲器有散有斝。許書：「斝，玉爵也」，亦以斝為飲器，知許說有本。按爵、觶、角、斝容酒之量，皆較近古之羽觴、今時之杯盞為鉅，讀禮記樂記「壹獻之禮，賓主百拜，終日飲酒而不得醉焉，此先王之所以備酒禍也。」讀之文，可以知其有節。【古文流變臆說】

◉王襄 [字形]古斝字，象形。【簠室殷契類纂正編第十四】

◉王國維 參事(羅振玉)說是也。洹陽端忠敏方所藏古斯禁上備列諸酒器。其飲器中有爵一觚一觶二角一斝一。與特牲饋食禮之實二爵二觚四觶一角一散。數雖不同。而器則相若。其證一也。禮言飲器之大者。皆散角或斝角連文。禮器。禮有以小為貴者。宗廟之祭。尊者獻以爵。卑者獻以散。尊者舉觶。卑者舉角。明堂位加以璧散璧角。而郊特牲則云舉斝角詔妥尸。皆與角連文。言散則不言斝。言斝則不言散。明二者同物。其證二也。斝為爵之大者。故名曰斝。斝者。假也。大也。古人不獨以為飲器。又以為灌尊。周禮司尊彝。秋嘗冬烝。裸用斝彝黃彝。余見日本住友男爵家所藏一斝。其器至大。殆與壺尊之大者所受同。蓋即古之灌尊。則斝彝者。其器即以斝為之。鄭君彝黃禾稼之説決不然矣。明堂位。灌尊。夏后氏以雞夷。殷以斝。周以黃目。左氏昭十七年傳。若我用瓘斝玉瓚。案瓘當作灌。灌斝即灌尊。斝所以盛鬯。瓚所用以灌也。是古之灌尊亦以斝為之。而周禮鬯人職則云。凡疈事用散。散既為飲器。又為灌尊。明係斝字之訛。其證三也。詩邶風。赫如渥赭。公言錫爵。毛傳云。祭有畀煇胞翟閽者。惠下之道。見惠不過一散。經言爵而傳言散。雖以禮詁詩為毛傳通例。然疑經文爵字本作斝。轉訛為散。後人因散字不得其韻。故改為爵。實則散乃斝之譌字。赭斝為韻。不與上文籥翟為韻。其證四也。禮有散爵。乃雜爵之意。燕禮與大射儀。公與諸臣異尊。公尊謂之膳尊。諸臣之尊謂之散。酌於公尊謂之酌膳。酌於諸臣之尊謂之酌散。公爵謂之膳爵。諸臣之爵謂之散爵。是散者對膳言之。祭統以散爵獻士。亦對獻卿之玉爵獻大夫之瑤爵言之。散爵。猶言雜爵也。是散本非器名。其證五也。比而書之。知小學上之所得。有證之古制而悉合者。蓋如斯也。【説斝　觀堂集林卷三】

◉聞　宥

伯筍父簋　見周金文存卷三

舊釋為筍，或亦隸定為筍，此望文皮傅之解也。此字在彝器中凡四見，除此文而外，周金文存卷二尚有筍父甗，字作□；集古遺文卷三尚有伯筍父鼎，字作□；卷六尚有筍伯大父簋，蓋字作□，器字作□；皆从目不从日。古文目日雖或得互通，然信如説文所説，始有旬，更有筍，產生殊晚，分化當已久矣。然此猶得曰尚存古意，不足為不當讀筍之據。其重要者，則為上形之□，除鼎文稍漫蝕而外，其他皆與下形密接，與通常从竹作者不同，而與古器之兩柱形逼肖。故依形推斷，則此當為斝之象形。金文中未見斝字，古人習用此物，不當無此字，此理之至淺而易明者也。其柱旁之丨，疑象耳形，惟其下無足，似與傳世斝制未合。然斝本為灌尊，故傳世古斝多有款足若鬲者，蓋所以蓄水溫鬯也。其上之柱，則當如Sirén所説，用以架枝以備舉者，故柱端特突出。其後習用為飲器，則足削而成爵狀。足愈削則愈長，而愈古者則愈短，此驗之近時出土陶鬲而可信者也。記明堂位：「夏后氏以琖，殷以斝，周以爵。」說文：「夏曰琖，殷曰斝，周曰爵。」雖其時代劃分，未必如是審諦，而斝爵之間，當有先後之次第。其初為灌尊，有瓚以挹鬯，故無流；其後為飲器，則加流以為咽飲之便，而別成為爵，而兩柱遂亦退化而為飾品。其無流者亦漸減損，且亦仍蒙斝名焉。由一事演而為二事，此固古物學上之通例也。由是審釋，可知此文所象，實為初期之斝。士虞禮「廢爵」，鄭云「無足」，向來未得其解，由今言之，正即此初期之斝也。以其足穎而至短，故不復為之細出其形，魯信角有□字，孫詒讓釋爵。若去其下形之足，則其製作適與此□同式。而第以其上之目飾及兩柱為之，此又正古造文字者之善於表達特徵也。此字不當釋筍，又證之銘文而可知。古無筍氏，若讀為斝，則依王國維「諸經中散字皆斝之譌」之說，散宜生之散，或即此字矣。以與本題無涉，且所論已過多，故不及。【上代象形文字中目文之究研 燕京學報一九三二年第十一期】

◉葉玉森 羅振玉氏釋斝可信。惟卜辭之斝似非禮器之名。如後編下第七葉「貞□」為殘文。又第十版「王貞韋□亡□。」與同版「王貞韋茅」辭例同。韋即違。有離畔之意。曰「韋茅」。曰「韋斝」。猶他辭曰「舜苦」藏龜第百三葉。則苦與茅及斝竝國名。本辭曰「□□斝黍」。則□為動詞。斝黍即斝國之黍也。猶言「昆黍」卷四第三十葉。【殷虛書契前編集釋卷五】

◉馬叙倫 鈕樹玉曰。繫傳作從斗冂象形吅也爵同意。說文無琖醆二字。沈濤曰。御覽七百六十引作受十六升。段玉裁曰。當作從斗門象形。承培元曰。古飲器量器未聞有受六升者。以聲求之。斝當即飲器之角。許於角不言飲器。疑古角字本作斝也。然角則當云受四升。豈傳寫之譌與。羅振玉曰。斝從吅不見與爵同之狀。從冂亦不能象斝形。卜辭斝字作□。從□。上象柱。下象足。從爵而腹加碩。甚得斝狀。知許書從門作者。乃由□而譌。卜辭從□象手持之。許書所從之斗。殆由此轉譌者也。⊘則散斝信為一物。倫按清故宮及寶雞所出古禁中有器。其形□即斝。然則斝當由□而譌。□則由象形之器變為篆文而譌。甲文之□其省。金文之□。亦象形之器變為篆文而略省者也。禮經之散自當作□。從攴□聲。而借為斝。不與斝為一字。此純象形字。當自為部。此字蓋出字林。六為四误。此校語。【說文解字六書疏證卷二十七】

◉李孝定 許引或說乃說字从斗之意。羅氏釋契文上出諸形為斝。王氏復引經義證之。二說互為發明。蓋不可易。惟羅氏謂篆文从斗乃□之譌。則似有可商。从斗蓋纍增之偏旁。斝為酒器。斗為量器。物類相近。故又增斗以為偏旁。此亦文字孳乳衍變之通例也。斗古作□。與□形雖略近。實不易相混也。【甲骨文字集釋第十四】

◉于省吾 甲骨文□字作□，甲骨文編入于附録，續甲骨文編附録于品部後。□即說文斝字所从的𠁁。說文：「斝，玉爵也。夏曰醆，殷曰斝，周曰爵。从斗，𠁁象形，吅與爵同意。或說，斝受六升。」按許氏醆斝爵之說既不足據，而解釋字形也是任意割裂。

料

斝字應从斗吅聲，吅字的初文本作𠱫，猶說文从𡿺的字習見，據金文則均應作□或□，隸定作燮。𠱫字又孳乳作□，商代金文屢見。又燮子簋的燮字，盉文作𤏶，也是从口與否無別之證。

甲骨文稱：「丁亥卜，古貞，声𠱫于滴（漳）〇声不𠱫于滴」（乙七三三六），「王固曰，弓𠱫」（乙七三三七）。声字作□，象鹿首戴角形。甲骨文以声為地名。斝字本从吅聲，已詳前文。周禮量人鄭注：「斝讀如嘏尸之嘏」。甲骨文𠱫字應讀為汩没之汩，廣韻十一没：「汩，古忽切，汩没。」𠱫汩雙聲，故通用。甲骨文的「声汩于漳」和「声不汩于漳」，是貞問声地是否為漳水所陷没言之。春秋僖十四年的「秋八月辛卯，沙鹿崩」，公羊傳：「沙鹿者何？河上之邑也。此邑也，其言崩何？襲邑也。」徐疏：「襲者嘿陷入于地中，言崩者，以在河上也。」這和甲骨文的声是否汩没于漳可以互證。

總之，𠱫即斝字所从的吅。斝為从斗𠱫聲的形聲字，可以糾正説文之誤。甲骨文的声𠱫于漳與否，讀𠱫為汩，在音義上是符恰的。此外，西周金文从𠱫的字，如□、□、□、□等，舊説糾結莫辨。現在雖然不能得到解決，但其上部均係从𠱫，可以為將來作進一步研究提供有利條件。【釋𠱫　甲骨文字釋林下卷】

□ 料　从升　司料盆蓋　【金文編】

□ 3·725　王料　【古陶文字徵】

□ 料　秦一九四　□ 效一一　二例　【睡虎地秦簡文字編】

□ 石經　【古文四聲韻】

◉許　慎　□量也。从斗。米在其中。讀若遼。洛蕭切。【説文解字卷十四】

◉馬叙倫　鈕樹玉曰。韻會作從米在斗中。倫按從斗米聲。罙從米得聲。或作宷。敹從宷得聲。音亦洛蕭切。可證也。傳寫捝聲字。或校者以為米聲不近而去之。而增在其中三字。此量度之量字。亦良之音同來紐轉注字。量也當作良也。以初文釋轉注字也。量則借字耳。文選赭白馬賦注引字林。料量也。則量也乃字林訓。或此字出字林。古鈢作□。古匋作□。

【説文解字六書疏證卷二十七】

◉楊樹達　字从斗从米而訓為量，謂以斗量米也。斗為具名，米為賓名。　【文字形義學】

斞

◉戴家祥　說文十四篇：「料，量也。从斗，米在其中，讀若遼。」按許慎所釋可从。史記孔子世家「嘗為季氏吏料量平」，即用初義。廣韻「度也」，玉篇「數也，理也」，為引伸義。【金文大字典中】

斞　从肉　斞斗小量【金文編】

◉許　慎　斞量也。从斗。臾聲。周禮曰。求三斞。以主切。【說文解字卷十四】

◉馬叙倫　鈕樹玉曰。韻會引求作漆。則當是桼之譌字。今考工記作漆三斞。玉篇云。今作庾。倫按此為量名。即六斗四升曰鍾也。此字或出字林。餘見鍾字下。【說文解字六書疏證卷二十七】

◉劉信芳　「腴」字見簡一四九：「敓腴仿之新昜一邑。」字讀如「斞」，《說文》：「斞，量也。」「敓腴仿」即賦稅量入征稅官，「仿」即簡七四之職官名「仿敏」之省，其職守與周官之職方氏相類，鄭玄注《周禮·夏官》「職方氏」云：「職，主也，主四方之職貢者也。」【包山楚簡近似文字辨析　考古與文物一九九六年第二期】

斡

斡長兄　斡宜王【漢印文字徵】

◉許　慎　斡蠡柄也。从斗。倝聲。楊雄杜林說。皆以為軺車輪斡。烏括切。【說文解字卷十四】

◉馬叙倫　桂馥曰。蠡柄也者。斡通作幹。考工記梟氏為鍾。鍾縣謂之旋。旋蟲謂之幹。王筠曰。軺集韻引作輕。此義於從斗太遠。故列為別義。徐灝曰。戴侗曰。斡。旋斗也。引之則凡旋運者皆曰斡。灝按方言。蠡。或謂之瓢。郭注。瓠。勺也。蓋勺長柄。蠡瓢似之。因有蠡柄之稱。斡形相類。故亦謂之蠡柄也。軺車輪斡者。疑指韋轄言。倫按字從斗。當是量器之名。或從勺而譌為斗。亦當為器名。此訓蠡柄。蠡之本義不得與柄連屬為文。或蠡柄也本作蠡也柄也。柄上當有捝字。蠡也者。即方言蠡或謂之瓢之蠡。揚雄杜林說者。或倉頡訓纂中說。軺車輪斡者。字當作轄。轄音匣紐。斡聲類字林皆音管。管音見紐。同為舌根音也。然亦疑此字出字林。【說文解字六書疏證卷二十七】

◉唐　蘭　曰衡，曰旋，曰榦，皆屬於甬，並通用之名。旋與榦，通謂之鐘懸所以懸者也。榦即斡字。《說文》：「斡，蠡柄也。」昔人不得其解，以蠡為瓢，乃云「瓢柄為蠡，未聞其義。」不知蠡當訓蟲，《說文》：「蠡，蟲齧木中也」，則斡乃柄之飾以蟲齧木之形耳。今按古鐘旋之柄，多飾以蛇類或牛首之形，其他有柄之古器物，如匜之屬，柄上亦率為象形。古器象形，蟲蛇鳥獸，變異殊多；

則此類皆即《説文》所謂蠡柄之斡。故記曰：「旋蟲謂之榦」，旋蟲指旋上蟲形之柄也。

程氏於旋榦，其始為圖説曰：

孟子謂之「追蠡」，言追出於甬上者乃蠡也。蠡與螺通，文子所謂：「聖人法蠡蚌而閉户」是也。螺小者謂之旋蝸，郭璞《江賦》所謂：「鸚螺蜁蝸」是也。曰旋，曰蠡，其義不殊，蓋為金枘於甬上，以貫於懸之者之鑿中，形如螺然，如此則宛轉流動，不為聲病，此古鐘所以側懸也。旋轉不已，日久則刓敝滋甚，故孟子以城門之軌譬之。旋蟲謂之斡，余謂斡當為斡，蓋所以制旋者，旋貫於懸之者之鑿中，其端必有物以制之。按《説文》「斡」，揚雄、杜林説皆以為軺車輪斡，斡或作䡅。《説文》：「䡅，車軸端鍵也。」……《天問》：「斡維焉繫」，戴東原注云：「斡所以制旋轉者」，鐘之旋蟲，蓋亦是物歟。

其後作《章句圖説》，乃又以為：「鐘懸於甬，變動不居謂之旋。甬止必有物如蟲，以管攝乎旋謂之斡。」作設旋疑義記，兩存其説而不能定。王引之《經義述聞》卷九解：「鐘懸謂之旋，旋蟲謂之斡」，則曰：

「鐘懸謂之旋」者，懸鐘之環也。環形旋轉，故謂之旋。……「旋蟲謂之斡」者，銜旋之紐，鑄為獸形，居甬與旋之間而司管轄，故謂之斡。斡之為言猶管也。余嘗見劉尚書家所藏周紀侯鐘，甬之中央近下者附半環焉，為牛首形，而以正圜之環貫之。始悟正圜之環，所以懸鐘，即所謂「鐘懸謂之旋」也。半環為牛首形者，乃鐘之紐，所謂「旋蟲謂之斡」也。而旋之所居，正當甬之中央近下者，則下文所謂「三分其甬長，二在上，一在下，以設其旋」也。斡為銜旋而設，言設其旋，則斡之所在可知矣。斡所以銜旋而非所以懸；斡為蟲形而旋則否，不得以旋為斡也。程氏《通藝録》以旋蟲為旋螺；遍考古鐘紐無作螺形者。《孟子·盡心篇》：「以追蠡。」趙注訓追為鐘紐，蠡為欲絶之貌，亦未嘗以蠡為螺，殆失之矣。

近羅叔蘊先生《古器物識小録》，馬叔平先生《中國金石學概要》，則均據内公鐘鉤以為附於鐘甬之紐為旋，懸於筍簴之鉤為斡，鉤作獸形，故謂之旋蟲。二説略同，唯馬先生更據爵文有□字，謂即象斡之形。【古樂器小記　唐蘭先生金文論集】

魁

□ 勵魁矦相　□ 甄魁　□ 矦魁之印　□ 桓魁　□ 高魁壘　【漢印文字徵】

◉許　慎　□羹斗也。从斗。鬼聲。苦回切。【説文解字卷十四】

◉馬叙倫　段玉裁曰。斗當作枓。枓。勺也。魁為抒羹之勺也。倫按羹斗也或非本義。或斗為勺誤。篆亦當從勺作也。古鉨作□。【説文解字六書疏證卷二十七】

◉王振鐸　通過以上歷史文獻的考察，對魁的認識有了一個比較具體的概念：漢代的魁是一種形似水匜、寬腹平底、有柄的盛羹器，在民間使用的是用木料制造，在上層人物中使用則多用銅或漆制造，或有龍柄的裝飾。由于它雖然形似斗勺，而體形過大的緣故，在民間語言中，常被引申作為形容大型為首事務的詞彙。魁不應是一個抽象的名辭，而是一件具體盛羹的飲食用具。

根據以上文獻中的認識，進而結合遺物，首先了解過去古器物學家們對此有關的鑒別情況。僅據古銅器著録來看，尚未發現有魁的定名。參考福開森編《歷代著録吉金目》。以斗、勺定名為例，自北宋以來也是没有一定的標準。由于諸家未能跳出《博古圖録》的舊説，未從近代民族學、工藝學的廣闊領域中去觀察事物，未考慮古銅器造型上的屬性來源，不理解廟堂上的金玉斗、勺與民間木戽、匏瓢的關係，我在十五年前曾對以上問題進行考證，見王振鐸《司南、指南針與羅經盤》(上)、《中國考古學報》第三册，前中央研究院歷史語言研究所，1948年。對斗勺加以區別，由於十餘年來考古發掘中魁的出現，進而又增加了斗、勺在識別上的困難。

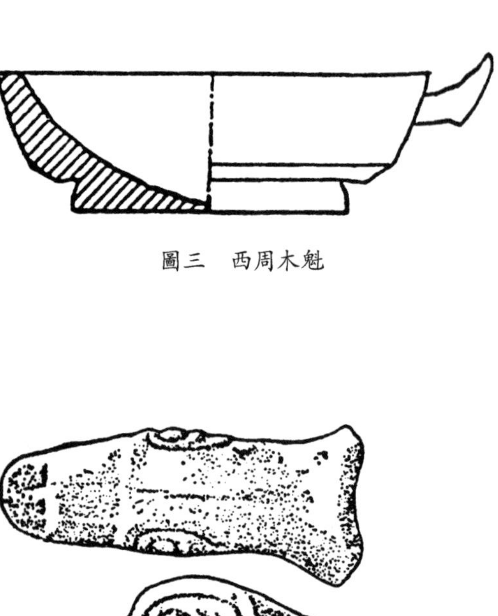

圖三　西周木魁

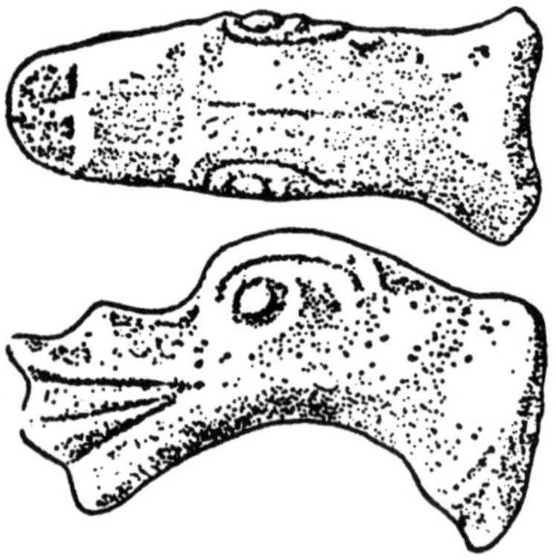

圖四　戰國龍首形匋器柄

為了要在古遺物中找出符合文獻中魁的實物，主要依靠的不是傳世文物，而是各地出土大量的考古資料，根據近十五年來發表的全國考古報告中的有關資料，从中選出十五種標本做為依據進行討論，為了便於檢閱仍摘録成表。⊘

从發掘報告中所定年代來説：魁的實物遺存，上起西周下到六朝，是與文獻中的出現時代相雁行，特別是早期遺物中的這種木魁(附表二編號1,圖三)出自稀見的西周木構建築的遺址中,由于它出土的地層關係確鑿可信,說明魁的使用年限可以早到西周。使我懷疑的是東周戰國數百年中何以在考古發掘中未見有魁的出現,我嘗為此請教《輝縣發掘報告》執筆人之一蘇秉琦同志,他是參加了這次田野發掘工作的人。我向他談到了魁的形制特點,據他可靠的解釋說:「發掘戰國固圍區二號墓的盜土中,出有龍首形匋器的柄(圖四),器身已破壞未見,僅留有陶柄,根據斷面曲度看。應附一個盆狀體。而在趙固區第一號墓中,亦出有虎頭形的陶把,見中國科學院考古研究所《輝縣發掘報告》95頁圖一一一16定名為殘器獸頭。圖版捌伍,2原定名殘器耳。可能也與圖二中的柄有共同的用途。」我認為這種龍頭器物的殘柄,很可能就是魁柄。關於魁的流行使用的下限問題,至少在東晉時還可以見到實物和圖像,如南京西善橋東晉墓磚畫中還保存了使用魁的形像,魁中有鴨形小勺、外有杯觴。見《新中國的考古收獲》圖版玖玖。說明器物用途在發展,這些林下「群賢」也就作為酒器用了。

从各器容量大小來說:特別突出的是體形較通常做為挹注器的斗勺大的多,最大的口徑是35.8釐米(附表二編號12),相當今日用的大面盆,最小的是12釐米(附表二編號11),一般多在18釐米左右(附表二編號2、6、10、13—15),與《樂浪彩篋冢》報告中的漆魁相近,很像現在做湯用的有把沙鍋。說明魁的容量體形特點是一種接近容器的大型器物,而不是挹注用的斗勺。

圖五　東漢邢渠哺父圖(摹本)

從報告中對它的形制工藝的描述來説：木質魁的體身是用獨木雕成，後安裝木柄。陶制的體部外形大多數與當時的盂椀接近，個别的為橢圓或方形，應是保存了木制的特徵。柄的裝飾多為龍首狀，應就是《易洞林》中龍銅魁的名稱來源。尤應注意的是在附表二編號7、8、10報告中記載了魁中附有小勺各一把，説明魁不是挹注器，而是盛物的器皿，是與南京晉墓磚畫中的使用情況一致的。雖然它的形式接近斗勺，由于在實用上和工藝制造上的來源與斗勺不是一個系統，从器身的特有形制看應是從出於皿器，據我推斷，椀和魁是一種類型的器物，有如前文所説樽和卮一樣的大小不同；魁是盛羹、椀是飲羹而已。關於椀在戰國、漢代出土很多，形體似魁而小，或附耳柄。報告中的定名多是正確的，本文不必贅述，僅在附注中舉例以便參考。見《洛陽燒溝漢墓》圖六四，8碗。《山東文登縣的漢木槨墓和漆器》，《考古學報》1957年1期，圖版壹，3漆碗。《南京棲霞山及其附近漢墓清理簡報》，《考古》1957年1期，帶把銅碗。總之，通過以上的分析觀察，説明圖版貳和附表二中的這些出土實物應就是許慎所説的羹魁。

在東漢武梁祠畫像石中刻畫了邢渠哺父的故事(圖五)，自徐家珍《關於「匕和鼎、鬲的關係」》，《文物參考資料》1957年5期轉載。圖中繪一老人端坐，邢渠在其父前持魁舉箸，後一婦人手奉一器可能是椀。【論漢代飲食器中的卮和魁　文物一九六四年第十期】

斠

◉許　慎　斠平斗斛也。从斗。冓聲。古岳切。【説文解字卷十四】

◉馬叙倫　鈕樹玉曰。韻會及一切經音義十四引同。倫按從斗蓋是量器之名。鍇本作平斗斛量也。蓋本作量也。平斗斛者也。然許當訓器也。蓋字林文如此。或此字出字林。貞松堂集古遺文十三有永平三年大司農平合。其形為[illegible]。或即斠邪。倫疑字不從斗。本有象形文。形與斗之象形文相近耳。【説文解字六書疏證卷二十七】

斟

◉許　慎　斟勺也。从斗。甚聲。職深切。【説文解字卷十四】

◉馬叙倫　斟勺音同照紐三等。是轉注字也。則當從勺。斗蓋勺譌。【説文解字六書疏證卷二十七】

斜

◉許　慎　斜杼也。从斗。余聲。讀若荼。似嗟切。【説文解字卷十四】

◉馬叙倫　嚴可均曰。廣韻九麻引作抒也。此作杼。誤。抒。挹也。故下文云。斞。挹也。翟云升曰。集韻六書故竝引作抒也。倫按杼也以聲訓。此今杭縣謂調羹者曰瓢之本字。瓢音奉紐。斜音邪紐。同為次濁摩擦音也。字當從勺或從匕。誤為

斗耳。【說文解字六書疏證卷二十七】

◉許　慎　⿰臾斗挹也。从斗。臾聲。舉朱切。【說文解字卷十四】

◉馬叙倫　翟云升曰。集韻引作才也。倫按挹也非本義。或非本訓。蓋亦量器之名。集韻引作才也。蓋挹字捝邑而又譌也。此字疑出字林。【說文解字六書疏證卷二十七】

◉許　慎　㪵量物分半也。从斗。从半。半亦聲。博幔切。【說文解字卷十四】

◉高田忠周　⿰半升子禾子釜　劉(心源)釋斛非。此明料字。說文。㪵量物分半也。从斗从半。半亦聲。蓋古唯作半。半料古今字也。【古籀篇二十七】

料　从斗从半省　眚脒鼎　眚脒一斗料　料　斛料小量　料　上官鼎　料　大梁鼎　⿰半升　从升　子禾子釜　【金文編】

◉丁　山　⿰八升，从升，从八，即子禾子釜⿰半升字初文。⿰半升至說文則譌从斗，云：「㪵，量物分半也。从斗半，半亦聲。」史記項羽紀：「士卒食半菽。」王劭注云：「半，量器名，容半升也」。山謂，半所从牛，即升字傳寫之誤，从八，分也；凡甲骨文所見⿰八升字，當即半之本字。即袁盤休盤所見必字，亦當釋半。僖公二十八年左傳「晉車七百乘韅靷鞅靽」，杜注「在腹曰鞅」，是其本誼，舊釋為必，不碻。卜辭云：「其登新鬯二半，一卣于☐」戩壽二五·一〇。此半正作「容半升」的「量器名」解，依子禾子釜銘作⿰半升。由于必字嗣譌為必，乃有必字。由是知道，魯頌的閟宮，當為頖宮，即是泮水了。【商周史料考證】

◉郭沫若　第三首字作⿰半升，左从半，右从升，與料字同例。半斗為料，半升為⿰半升，是古半升量有專字，亦有專器矣。此字之讀，於秦公段刻款可揭其覆。

蓋之刻款言「一斗七升大半升」，器言「一斗七升⿱八奉」，則⿱八奉字即大半升之意可知。舊釋為「八奉」二字，案原款分明緊接為一字，非二字也。余謂⿱八奉即⿰半升字，从八奉聲。梁鼎每見「脣容參分」「脣四分」語，其器均小，蓋即假分為⿱八奉若⿰半升也。故古人料字讀半，⿰半升字讀奉，字例既同，聲亦相近。史記項羽本紀索隱引王劭曰「言半，量器名，容半升也。」蓋誤料為⿰半升矣。【丘關之釜考釋　器銘考釋　金文叢考】

◉郭沫若　⿰半升　⿰半升字从半升，與說文料字讀半同例。蓋半斗為料，半升為⿰半升，是古人半升量有專字，亦有專器矣。此字當讀如奉，秦公段于正銘之外，器蓋各有刻欵，蓋文云「一斗七升大半升」。蓋器文云「西元器一斗七升奉段」。奉當即牉之形聲字，从八奉聲也。梁器示量多見尗與分字，尗亦即料，分亦即牉矣。【子禾子釜　兩周金文辭大系圖録考釋】

◉馬叙倫　桂馥曰。從斗。半聲。錢坫曰。此五斗器為半字。孫詒讓曰。段玉裁云。漢書士卒食半菽。孟康曰。半。五斗器名也。王邵曰。言半量器名。容半升也。按半即判也。廣韻。料。五升。然則孟康語升誤斗。王劭語斗誤升。當改正。集韻云。一曰升五十謂之料。當有誤。今案料蓋為半量升斗斛大小通稱。王云半升。廣韻云五升即半斗。孟云五斗即半斛也。集韻五十升與孟説五斗同。三義咸不誤。段獨斥孟王説。殊未宷矣。倫按此字蓋出字林。【説文解字六書疏證卷二十七】

◉楊樹達　牉字从半从升。説文無其字。然十四篇上斗部有料字。云。料。量物分半也。从斗从半。半亦聲。博慢切。余謂斗字古文作。升字古文作。二文差異。僅一畫之微。銘文牉字右旁雖顯係从升。以事理考之。實當依説文从斗。作料也。知者。説文訓料為量物分半。不明記其容量。然漢書項籍傳云。士卒食半菽。孟康注云。半。五斗器銘也。王劭曰。言半。量器名。容半升也。孟王二説不同。一言五斗。一言半升。數量相差甚遠。段氏説文注云。半即料也。廣韻料注。五升。然則孟康語升誤斗。王劭語斗誤升。當改正。今按段説至審。此不惟可訂漢書注之誤文。亦可訂許君料字之誤訓。蓋量物分半之説。義太泛設故也。以今日量器言之。半升已為甚小。況古量小於今量。則半升之量。尤為小不可言。陳介祺區鋘考記見窸齋廿肆之陸雖未記鋘之大小。然並未言其至小。則非半升之器可推測得之也。

余二月間成前跋後。因欲證明余説之當否。急欲知陳介祺所藏諸器之所在。以書詢中國科學院考古學研究所夏君作銘。得復書。知諸器今在華東文化部。因以緘達老友徐森玉先生。請其以諸器容量見示。日前得復書。承以三器拓本見惠。並告請沈羹梅君用米細量諸器。得其重量。而余以沈先生所示上海重量與容量之比差換算為容量。得數如下。

左關鋘容米上海市秤三斤四兩。共五十二兩。上海市秤以二十五兩為一升。實合上海量二升零八撮。

陳猷釜與上口平。容三十二斤十一兩。共為五百二十三兩。實合二斗零九合二撮。其與頸上外口下線齊平。則為三十一斤十三兩。共為五百兩。實合二斗零三合六撮。由頸至口為五合六撮。

子禾子釜與上口平。容三十三斤六兩。共為五百三十四兩。實合二斗一升三合。其與頸上外口下線齊平。則為三十二斤八兩。共為五百二十兩。實合二斗零八合。恰與十鋘相合。由頸至口為五合六撮。

按一鋘容量為二升零八撮。此足證明余前跋釿當作料之推測為可信。蓋鬬鋘節于斛釿。而古量小於今量。今上海量之二升零八撮。古人以為五升。自有可能。而以為半升則決無可能也。【子禾子釜再跋　積微居金文說】

◉朱德熙　裘錫圭　戰國銅器文字中有「𣁬」字，見於下列各器：

1. 十三年梁陰命(令)率上官□子疾□乘釜容(《三代》3・40十三年鼎)
2. 中官容(又2・53三斗鼎)
3. □□三鎮(錫)(又2・54三斗鼎)
4. 寽成厌中貸(府)重□十八益(又18・19寽成厌鍾)
5. 豐胅一斗(又2・54豐胅鼎)
6. ……再四兩(《聚英》第十八圖銀製小像銘)
7. 公芻石(《三代》18・33公芻權)
8. 奠(鄭)東蒼(倉)(齋)(《綴》28・10)
9. 黃容(齋)(《三代》3・12齋鼎)

此字又見於貨幣文字。例如：

10. 晉陽(《匯》元5・8)
11. 閔(又8・7)
12. 郊(《續匯》補遺上7)

𣁬字所從之斗形體不一，大別之有以下四類：

a. (6)　(1)
b. (10)　(12)　(9)
c. (5)　(11)
d. (2)　(8)　(4)　(3)　(7)

《說文解字》斗字作，字形已有譌變，在漢代銅器銘文中寫作：

戰國銅器文字寫法大致相同：

[字形]陶陵鼎　[字形]泰官鼎　[字形]祝阿侯鍾

[字形]眉脒鼎(《三代》2·54)　[字形]斛半小量(又18·27)

但同時另有一種變體寫作[字形]，例如：

十一年軍嗇夫□□□□□□所為空二[字形](《三代》3·43十一年鼎)

肖(趙)軌器　[字形](容)一[字形](《徵》附録52)

十一年鼎的「空」字應讀為「容」，「空」「容」聲近假借。古複姓「空桐」，戰國印鉨一般寫作「空侗」，例如：

[字形]《徵》7·5　[字形]同上

[字形]同上

有時也寫作「容侗」：

可見「空」「容」可以通假。十一年鼎「空二斗」應讀為「容二斗」。

上引𣁬字四體中，a類([字形])和b類([字形])的關係正相當於[字形]和[字形]的關係，其演變情形可以設想如下：

[字形](6) → [字形] → [字形](10) → [字形](12) → [字形](9)

c類比a類少一横畫，是簡化的結果。d類的形體跟a、c兩類差别不大，但具體的演變途徑一時尚難於説明。

𣁬當釋作料。《説文》斗部「料，量物分半也。从斗半，半亦聲。」郭沫若先生説：「十三年鼎銘末一字作[字形]，从斗从八，當即《説文》料字，古文獻中假半為之。《漢書·項籍傳》『卒食半粟』(案『卒』上脱『士』字)，注引孟康曰『半，五升器名也』。《史記·項籍本紀》(案『籍』是『羽』字之誤)半作芋，《集解》引徐廣曰『芋一作半，五升器也』。又《索隱》引王劭曰『言半，量器名，空半升也』。今案王劭所言半乃𣁬字之誤，其字别作奔，蓋讀奉聲。」《説文》料字《段注》云：「《廣韻》料注五升，然則孟康語升誤斗(編按：上引郭文引孟康語時已改斗為升)，王劭語斗誤升。」今案料應訓半斗，如段玉裁所説。子禾子釜有𣁬字，王劭所云或即指此。郭沫若先生謂𣁬别作奔，未確，詳本文第三節。

料字在銅器銘文中，有時是量名，如前引1—4各器；有時應讀如「半」，如5—9各器。貨幣文字(10—12)中亦當讀「半」，不過下面省去了單位名稱斤、寽、兩之類。

這裡我們不能不提到平安鼎(《三代》4·20)銘文的讀法。鼎銘揭之如次：

郭沫若先生釋文云「卅二年平安邦斪客膚(容)界(四分)齋五益六釿及釿界釿平」。☐字郭釋「及」,云「『五鎰六釿』者言器之重,『釿四分釿』者言蓋之重。」(編按:前人將平安鼎銘末字摹作「坪」,不確。據1978年發現的廿八年平安鼎,末字當作☐,是「之☐」合文,當讀為「之重」。)

根據郭沫若先生的說法,器和蓋的重量竟相差至十二倍之多(《孟子·公孫丑》「餽七十鎰而受」,趙注「鎰,二十兩」),似無此理。今案☐是斗字,相當於上面的d類,只是寫得更草率一點罷了。銘文最後一句應讀為「五鎰六釿半釿四分釿平」。「半釿」是二分之一釿,「四分釿」是四分之一釿,翻譯成現代語就是五鎰六斤又四分之三斤。記數時在分數之下重複度量衡單位的習慣在漢代還保留着。例如:

一斗一升半升(《漢金文録》1·22安陵鼎蓋)

八升半升(又1·48宣曲鼎)

二斗一升半升(又1·97陽周倉鼎)

二升半升(又1·99頻鼎蓋)

高四寸半寸(又3·311築陽家小立錠)【戰國記容銅器刻辭考釋四篇 朱德熙古文字論集】

◉張光裕 布幣的鑄文常見「☐」字,它們多出現在弧襠方足布和尖足布的面文,背文鑄此字的則獨見於平襠「郊」字方足布。自來泉幣學家們都同意它就是貨幣單位的名稱,舊譜讀作「八化」或讀作「分」,後來大多數的人都把它認作「半」字,最主要的證據

是因為在鑄此字的同類布幣中，還有鑄「一釿」和「二釿」的。⊘

「𠔉」字顯然易見的是从「八」从「斗」，而「斗」又即是「斗」的初文，說文云：

斗，十升也，象形，有柄。凡斗之屬皆从斗。

在早期的空首布面文便有斗、斗的出現，它和「𠔉」字的偏旁正是相同。布幣上「𠔉」字的寫法很多，大致有𠔉、𠔉、𠔉、𠔉、𠔉、𠔉等多種，它們所从的偏旁只是斗(斗)字形構上的變化，而在小篆卻譌作「斗」形了。許慎所譏的俗字「人持十為斗」的漢隸，則更是字形詭變所致。

⊘銘文的斗字，其字形結構和契文可說完全相同，但都已被用作量器的單位名詞了。不過在它專用為升斗字以前，一定仍有一段演變的過渡時期，因為一種制度的形成，不會是突然產生的，只是材料的缺乏，使我們無法作進一步的推究。現在由布幣「𠔉」字的說明，或者可以彌補一些斗字演變過程中的部份空白。因為貨幣既然是交易的媒介，它和稱量單位之間的關係必定相當密切。況且鑄有𠔉字的泉幣也和眉脒鼎、秦公𣪘的年代相銜接，所以「𠔉」字在先秦泉幣上出現便別具意義了。現在讓我們來討論「𠔉」字的構成問題。

由釿布重量的比較，顯示着「𠔉」具有「半」義。而所从偏旁「八」字可能就是它取義的關鍵。說文云：

八，別也；象分別相背之形，凡八之屬皆从八。

王筠說文釋例云：

八下云：象分別相背之形。案指事而云象形者，避不成詞也。事必有意，意中有形，此象人意中之形，非象人目中之形也。凡非物而說解云象形者皆然。

王氏的見解很對，「八」正象人意中之形，具有「分」的意義。說文分下云：

別也，从八刀，刀以分物也。

「八」與「分」是同義字，而它們的差別，从字的形義上來說，只是分物時用刀與否而已。然則「𠔉」字从八从斗，就含有分斗的意義。「斗」既然可以分，它顯然已自當曰挹酒器的本義，蛻變為量物的用途了。其實，使物成半也可以言「八」，而且「八」「半」只是一聲之轉，曾其聲意，「𠔉」是含有半斗之義，所以在錢文上便被引申為「半」了。但我們卻不能因此便把它隸定為「半」字，因為「半」字从八从牛，小篆作「半」，說文云：

物中分也，从八牛，牛為大，可以分也。

「牛」和「斗」的字形完全不同，而且「半」字的出現也很晚。考諸先秦的古文字，除了秦公𣪘、邵宮盉、扁壺、秦「半兩」、「半睘」圜錢和少數幾方古璽有「半」字外，便只有丘關釜从半的「□」（㪵）字合文，此外再找不到更早的半字了。秦公𣪘的時代雖然不能確定，但器蓋旁邊的刻款則大概是器成之後所加刻，它和邵宮盉和扁壺的刻銘都極似是戰國末年人的筆法。而據目前所知，秦「半兩」圜錢以前的布幣上都未曾出現過「半」字。這種現象實在不能不使人懷疑方足布和尖足布上的「□」就是「半」字的前身；但是在字形上「半」字似乎不會是來自「□」字的譌變，而「□」字含有「半」義，只是「□」和「半」所从偏旁「八」字相同的緣故，它們在基本上還是有分別的。因為廣義的「半」字是由「八」「牛」的會意所引申，凡物中分皆可稱為「半」；而从「八」从「斗」的「□」字，卻只是一個稱量的專字。由於含有「半」義的「八」已為後起廣義的「半」字所專，因此今天我們要把「□」字寫成「料」，大家才會認清它本身的原義。「料」也和「半」同音「博幔切」，這固然是彼此皆「八」的緣故，但由此也可看出它們兩者之間關係的密切了。說文云：

料，量物分半也；从斗半，半亦聲。

段玉裁注云：

量之而分其半，故字从斗半，漢書士卒食半菽，孟康曰：半，五斗器名也。王劭曰：言半，量器名，容半升也。今按半即料也。廣韻料注：五升。然則孟康語升誤斗，王劭語斗誤升，當改正。集韻云：一曰升五十謂之料，當有誤。人日食五升菽，略同周官之人月二鬴也。字从半斗，即以五升釋之，許意不尒。

可見「料」是一個量物而分其半的稱量專用字，只是由於「半」「料」音義相近，它們容易相混，於是泉幣上的「料」字也因此而引申為廣義的「半」字了。不過半兩錢以前的先秦泉幣都沒有任何一個「半」字出來代替「料」字，卻是一個耐人尋味的問題。布幣以「料」為「半」，是否顯示當日人們的交易曾以半斗量物的價值單位作為標準，所以表現在布幣上的半字，便仍然沿用「料」而不用「半」。而春秋期空首布上的「□」（斗）字，是否也是早期轉變為稱量單位的遺留呢？可惜空首布上都是單字，沒有上下文可資研討，所以暫時只能存疑罷了。【先秦泉幣文字辨疑　中國文字第三十五期】

◉張　頷　漢「尚方半」——橢量

這是一件漢代的量器。⊘上刻銘文一行九字，為漢代初期的文字，帶有小篆意味。其辭為：「常方半，重五斤，內官造」九字。

「半」乃「料」字的省體，「半」是這件器物的容量。《說文》「料，量物分半也，从斗从半，半亦聲。」段注中引用《漢書》「士卒食半菽」的注解説：「孟康曰：半五斗器也」，「王邵曰：言半量器名，容半升也」，并説「今按半即料也，《廣韻》料五升」。段玉裁認為《廣韻》所説「料為五升」的説法是正確的，而孟康説為「五斗」、王説為「料升」的説法都是錯誤的。我們从這段文字裏得到一個結論，就是「半」即是「料」字的省體字；「半」和「料」是指五升器而言；同時「半」的原名字為「料」，它的意思是容量半斗(五升)，所以「料」字左旁从「半」右旁从斗，發「半」字的音，是會意兼形聲之字。

這個「半」的容量經胡振祺同志用自來水實測為1000毫升。此數據恰為漢代前期量器半斗的容量，與段玉裁《説文》注解的結論一致。據《西漢度量衡略説》(一九七五年十二期《文物》天石文，以下簡稱《略説》)一文中稱：「西漢前期的量器，可舉一九七二年銅山小龜山崖墓中出土七件銘刻重量，其中四件兼刻容量的銅器。經實測，每升合今213.4、200.8、200毫升，而同墓所出銅量的容量恰好為200毫升。在容量的問題上當以銅量為準。」又説：「一九六一年西安三橋高窑村出土的銘刻重量，容量的上林銅器群……十七件銅器容量單位其測算平均數為漢一升合今200.4毫升。小數後四舍五入，即合今200毫升。」而現在所發現的「半」的容量為1000毫升。「半」為五升(半斗)，每升恰好也是200毫升。證明《説文》段注中的辯解是正確的。從而表明這件銅器是漢代量器中的一件容量準確標準器物——「五升器」。【檢選古文物秦漢二器考釋　山西大學學報一九七九年第一期】

◉朱德熙　裘錫圭　⿱八斗字當釋為料。關于「⿱八斗」字字形的分析，看《戰國記容銅器刻辭考釋四篇》，北大中文系《語言學論叢》第二輯。《説文・斗部》：「料，量物分半也。从斗、半，半亦聲。」子禾子釜又有从升从半的⿰半升字。銘文説：「左關釜節于廩釜，關鉚節于廩⿰半升。」郭沫若先生以為⿰半升是半升之專字。據實測，子禾子釜容20460毫升，左關鉚容2070毫升，正好相差十倍。本文所用各器容量實測數字皆由國家計量總局度量衡史研究組的同志提供，謹志謝忱。如果⿰半升指半升，則一釜僅容五升。這不但與《左傳・昭公三年》所説「齊舊四量，豆、區、釜、鍾，四升為豆，各自其四，以登于釜，釜十則鍾；陳氏三量，皆登一焉，鍾乃大矣」的進位大相懸殊，陳氏之量「登一」，五區為釜，則鉚相當于半區。似「廩⿰半升」因相當于半區而得名。而且一升之值大到4000毫升，也是不可能的事。由此可知，⿰半升字絕非半升之謂，料字也不是半斗的專字。我們認為，⿰半升和料是一個字的兩種寫法。許慎把這個字解釋為「量物分半」是很對的。斗和升都是量器，所以「量物分半」的料字既可以用斗作意符，也可以用升作意符。「斗」、「升」二字在古文字偏旁裏實際上本來就是混而難分的，參看《關于侯馬盟書的幾點補釋》，《文物》1972年8期38頁。

戰國時代的⿱八斗一般用作半字。上引(1)「公芻⿱八斗石」，(2)「四兩⿱八斗」，以及貨幣文字的⿱八斗字，都是明顯的例子。(3)的⿱八斗也應讀為半，「五益六釿半釿四分釿」就是五鎰六釿又四分之三釿。

上引(4)(5)(6)(7)各器的齍，顯然是一種容量單位。齍字前邊的⿱八斗亦當讀為半。

齋作為量名不見于載籍。歷史博物館所藏弗官鼎銘云：

(16) 十年弗官容齋

據實測，此鼎容7090毫升，一齋之值當與此數相近。上引(4)(5)二鼎都説「容⿱八斗齋」，實測(4)容3570毫升，(5)容3550毫升，折合一齋之值分別為7140及7100毫升，與弗官鼎一齋之值相近。

下列三器之實測容量分別為2480、2350及1400毫升：

(17) 上樂床(廚)，庴(容)叁(三分)。 《三代》2・53鼎。

(18) 上官，庴(容)叁(三分)。宜諍(信)□，庴(容)叁(三分)。 同上2・53鼎

(19) 梁廿又七年，大梁司寇(肖)亡(無)智封(鑄)，為量庴(容)四分。 同上3・43鼎

據銘文及實測容量，可知三分、四分指的是三分之一齋和四分之一齋。此三器據實測容量折合一齋之值分別為7440、7050及5600毫升。除(19)之數值偏低外，其它二器一齋之值與上引(4)(5)(16)三器相近。上引(8)鼎銘云「容⿱八斗」，實測容量為3560毫升，可知⿱八斗實指半齋。上引(10)號鍾銘自稱「⿱八斗鍾」。此鍾未經實測，但一般的鍾沒有小到容半斗的，「⿱八斗」也應指半齋。上引諸器多數可以肯定為三晉器。大概由于齋是三晉或三晉某些地區當時最常用的容量單位，所以齋的分數半齋、三分齋、四分齋得以分別簡稱為半、三分、四分。這和秦漢時代最常用的容量單位是斗，所以可把半斗、三分之一斗、四分之一斗簡稱為半、參、四的情況是平行的。不過在戰國晚期我們已經看到了用⿱八斗指半斗的例子。上引(11)(12)二器銘文的「三⿱八斗」似應解釋為三個半斗。如果這種解釋不誤，則這種⿱八斗乃是半斗的專用量名，其事必當發生在以斗為最常用的容量單位的背景下，此與稱半齋為半的習慣當有時代或地域上的不同。

上文已經提到，秦漢時代常常稱半斗為半，三分之一斗為參，四分之一斗為四。《漢書・項籍傳》：「今歲饑民貧，卒食半菽。」顔注引孟康曰：「半，五升器名也。」《史記・項羽本紀》集解引徐廣，與孟説同。索隱引王劭謂「半容半升」，段玉裁《説文》注以為「升」是「斗」字之誤，大概是對的。《漢書・李陵傳》：「令軍士人持二升糒，一半冰。」顔注引如淳曰：「半讀曰片，或曰五升曰半。」疑當以五升之説為是。《墨子・雜守》：「斗食，『斗食』今本作『升食』，據《墨子閒詁》本改。丘光明同志認為此二字當為『⿱八斗食』或『半食』的訛文，可能是正確的。食五升。參食，食參(三)升小半。四食，食二升半。」以上是典籍中見到的以半斗為半，三分之一斗為參，四分之一斗為四的例子。

半、參、四的名稱亦見于雲夢出土秦律，唯「四」寫作「駟」。例如：

(20) 城旦之垣及它事而勞與垣等者，旦半，夕參。　《睡虎地秦墓竹簡》51頁

(21) 居官府公食者，男子參，女子駟(四)。　同上84頁

雲夢秦簡所録魏奔命律稱三分之一斗的飯為「參飯」(同上294頁)。馬王堆三號漢墓所出《五十二病方》稱三分之一斗為「一參」(《文物》1975年9期40頁167行，47頁408行)。

江陵鳳凰山八號西漢墓所出遣册104號簡云：

(22) 一半飲梔(卮)一　《文物》1976年6期72頁

一半即一個半斗。《居延漢簡》262·34號簡文云：

(23) 大薺(?)種一斗，卅五。……戎介(芥)種一半，直(值)十五。　(釋文為5536號)

「一半」之義當與鳳凰山遣册「一半飲卮」及前引《漢書·李陵傳》「一半冰」之「一半」相同。東漢買地券講到對「旁人」的酬勞常説「沽酒各半」或「沽各半」，「半」也是指半斗。最近太原發現西漢初年量器，銘文自稱「尚方半」，實測容量1000毫升左右，正合半斗(《人民日報》1979年9月10日)。

前面説過，稱半斗為半起于戰國。魏奔命律為安釐王二十五年所發布，雲夢秦律條文基本上是秦統一前制定的，《墨子·雜守》雖然并非墨子所作，但仍可能是先秦作品。所以稱三分之一斗為參，四分之一斗為四，也是起于戰國的。《吕氏春秋·權勛》：「豎陽谷操黍酒而進之。」高注：「酒器受三升曰黍。」據《太平御覽》卷四十四所引，正文及注文「黍」字皆「參」字之誤(參看王念孫《讀書雜志》)。這也是戰國時代稱三分之一斗為參之例。高注以參為三升，微誤。

《急就篇》：「蠡斗參升半巵觛」，半巵當即鳳凰山遣册所謂「一半飲卮」。顔注以半與巵為兩物，謂「半者受五升之半，謂二升五合也」，這是錯誤的。《急就篇》所説的參就是容三分之一斗的容器。也可能「參升」當連讀，是容三分之一斗的量器的專名。西漢平都楕量銘文云「容三升少半升」(《文物》1977年3期59頁)，三升少半升即三分之一斗，此器正是參。傳世秦量亦有參，如上海博物館所藏一兩詔量，據實測，容654毫升，與平都楕量之實測容量至近，即其一例。【戰國時代的「料」和秦漢時代的「半」　文史第八輯】

◉羅　昊　下官，賡(容)斗(料)

斗即料字，是半斗的專用字。馬承源與郭老均有論述。《説文解字》斗部：「料，量物分半也，从斗从半，半亦聲。」料在古文獻中亦寫作「半」字，《漢書·陳勝項籍列傳》：「今歲饑民貧，率食半菽」，孟康注：「半，五升器名也」。今實測武功平安君鼎容

積為3569.75毫升，這與魏大梁鼎銘刻斗(料)實測容積3570毫升十分接近，不是偶然的。這種斗容量7140毫升，是戰國時期流行在魏、衛等國的一種量制。它比以商鞅方升測得秦斗容量2010毫升大3.55倍。上海平安君鼎和泌陽平安君鼎均稱「四分齋」，即容量為四分之一斗，武功平安君鼎稱「容半斗」理應是前者的二倍，但據稱上海平安君鼎實測容量1400毫升，半斗則為2800毫升，較武功平安君鼎少770毫升，若測量無誤，則「四分齋」的解釋應須另行探討。【武功縣出土平安君鼎　考古與文物一九八一第二期】

⿰旁斗

◉許　慎　⿰旁斗量溢也。从斗。旁聲。普郎切。【說文解字卷十四】

◉馬叙倫　今杭縣曰拍拍滿。即此字。然本部諸文實皆器名。疑此為料之同雙脣破裂音轉注字。量溢也當作量也溢也。溢也或鬻字義。或滿字義。此字疑出字林。【說文解字六書疏證卷二十七】

⿱䜌斗

⿱䜌斗　⿱䜌斗九院切出孫强集字　【汗簡】

⿱䜌斗　孫彊集　【古文四聲韻】

◉許　慎　⿱䜌斗杼滿也。从斗。䜌聲。俱願切。【說文解字卷十四】

◉馬叙倫　鈕樹玉曰。廣韻引作抒滿也。一切經音義四引作抒漏也。漏當不誤。⿱䜌斗訓漏流。博雅⿱䜌斗訓抒。段玉裁云。今賣酒家汲酒於甕中之器名曰酒端。傾入於扁兜。而注於酒瓶。是其器也。桂馥曰。依通俗文說。汲取曰⿱䜌斗。則即今之舀子。一名酒旋。是也。依許說則似今酒⿱酉留。錢坫曰。通俗文。汲取曰⿱䜌斗。今人汲取曰⿱䜌斗水。又有量米器曰⿱䜌斗子。亦是。倫按依通俗文說。則是今汲酒於甕中之器作勺者也。然則字蓋從勺。此字當出字林。抒滿或⿱䜌斗之俗名也。【說文解字六書疏證卷二十七】

斣

◉許　慎　斣相易物俱等為斣。从斗。蜀聲。昌六切。【說文解字卷十四】

◉馬叙倫　鈕樹玉曰。玉篇。丁豆切。物等也。廣韻斢也又相易物俱等。繫傳無此字。後人以鉉本補之。錢坫曰。今人易物等平云對者即此字。倫按此蓋今杭縣所謂等子也。等從寺得聲。寺音邪紐。斣從蜀得聲。蜀音禪紐。邪禪同為次濁摩擦音

𣂔

也。等子似稱而載物以銅器。似斗。繫連於衡也。此字蓋出字林。【說文解字六書疏證卷二十七】

◉許　慎　𣂔斛旁有𣂔。从斗。庣聲。一曰突也。一曰利也。尔疋曰。𣂔謂之疀。古田器也。臣鉉等曰。說文無庣字。疑厂象形。兆聲。今俗別作鍫。非是。土雕切。【說文解字卷十四】

◉勵乃驥　說文斗部：「𣂔，斛旁有𣂔，从斗庣聲，一曰突也，一曰利也，爾雅曰，𣂔謂之疀，古田器也。」許書僅有从斗庣聲之𣂔篆而無庣篆，新嘉量量銘有庣旁九氂五豪云云，漢書律曆志載旁有庣焉，此外無多見。

𣂔有作𣂔，故庣亦有作庣。⊘

鄭珍徐灝兩氏以庣為𣂔之古文，解說近理，頗惜其語之不詳也。（徐氏以斛旁有𣂔，謂其內兩旁有凹，如銚臿起土者然，並以新嘉量為長方形，疑庣旁九氂五豪，奪寫「三寸」二字（說文段注箋）乃因未覩實物，而鑄此大錯也。）

羅振玉秦金石刻辭載大良造鞅方量其銘辭如下：

側銘甲：十八年齊遣卿夫=衆來聘，冬十二月乙酉大良造鞅，爰積十六尊五分尊壹為升。

側銘乙：重泉量。

側銘丙：臨。

底銘：二十六年皇帝盡并兼天下諸侯，黔首大安，立號為皇帝，乃詔丞相狀綰，灋度量，則不壹歉疑者，皆明壹之。

據此則商鞅於秦孝公十八年，造重泉量，量形長方，一升之容積，係十六尊五分尊壹。馬叔平先生以劉歆銅斛尺度其拓本，得十六方寸又五分寸之一，以內深一寸乘之，當得十六立方寸又五分寸之一，並謂此銘「尊」字，蓋假為「寸」，其說甚是。商鞅重泉量與新嘉量升之容積萬六千二百立方分（即16.2立方寸）恰相同也。史稱蕭何入關，先收圖籍，故漢高誅暴，未改舊章。蓋秦併六國，仍以重泉量頒行天下，哀平以前之漢量，同秦量也。迨王莽居攝，銳意復古。而劉歆又因內方尺而圜其外，不足當時通行量器之十斗，故創庣旁以補足之。班氏作志，多本歆辭。晉書律曆志：「東漢蔡邕記建武以後言律呂者，杜夔定樂，仍依當時尺度，晉武受命遵而不革」。是新莽雖亡，銅斛之制，迄晉初猶未改也。作斛之巧，全在庣旁，後以庣屬量器，乃加斗為𣂔，說文無庣篆，疑奪「庣，古文庣省」五字，蓋庣之加斗為𣂔，从斗庣聲，庣，古文庣省，與兆之加卜為兆，从卜兆象形，兆，古文兆省，其例一也。

庣為𣂔之古文。【釋庣　北平故宮博物院年刊一九三六年】

◉馬叙倫　徐鉉曰。說文無⿸厂兆字。疑厂象形。兆聲。鈕樹玉曰。說文無⿸厂兆字。漢書律曆志有庣。注曰。鄭氏曰。庣音條桑之條。師古曰。庣。不滿之處也。據此則古有庣字。說文失收。或傳寫捝去也。玉篇⿸厂⿰兆斗作⿸广⿰兆斗。他幺切。亦音鍫。爾雅方言並作⿸广⿰兆斗。則說文當從庣。段玉裁曰。庣即窕之異體。古田器者。字當作銚。爾雅借⿸广⿰兆斗為之。桂馥曰。突當為宎。本書。宎。穿也。廣雅。宎。穿也。錢坫曰。漢書其法用銅方尺。而旁有庣焉。即此字。徐灝曰。一曰利即銚之義。銚。田器也。一曰突疑宎之譌。舊說斛旁九氂五豪。蓋寫奪三寸二字。古斛積一千六百二十寸。開立方得每邊一尺二寸七分二氂強。今斛深闊各一尺。其長須一尺六寸一分九氂強。乃合。故於兩傍各⿸广⿰兆斗三寸九氂五毫。以符其數也。勵乃驥曰。大徐以⿸厂兆為厂象形兆聲。李楨以為從广。為祧之或體。按當作庣。從广。作厂非也。許於⿸厂⿰兆斗注曰。斛旁有⿸广⿰兆斗。乃引漢志旁有庣語以注⿸广⿰兆斗。與注御引子虛賦徼御受詘語同一例也。其實斛旁之物為升合龠。竝無物曰庣也。集韻。祧。通作庣。而祧為大徐新附字。經典多言廟祧。蓋庣為祧之古文。本為遷主所藏之廟。神其事則為禫。猶之封地除土為墠。神其事則為禪。燔柴升煙為煙為柴。神其事則為禋為祡矣。楚詞遠遊。朝四靈於九濱。借朝為召。春秋緐露。諸侯朝者。召而問之也。以召訓朝。召。宵部也。羽獵賦。天子乃以陽晁。注。晁朝古同字。晁。兆聲。亦宵部。則朝聲之廟與兆聲之庣。古或相通也。廟從广者。說文广下云。因广為屋。象對刺高屋之形。則庣自不得從厂矣。庣為廟之轉注字。說文無庣。疑奪庣古文⿸广⿰兆斗省五字。倫按段謂庣為窕之異文。勵謂庣為廟之轉注字皆可從。⿸广⿰兆斗自從斗庣聲。惟斛旁有⿸广⿰兆斗非本義。漢書字亦作庣。庣字本之新嘉量。借庣為旁有庣焉之名。而庣非⿸广⿰兆斗之初文。旁有庣者。謂斛之為數。其法用銅方尺而圜其外。旁有庣焉。注引鄭氏曰。庣。過也。蓋謂過於方尺也。亦即謂方尺之外圜周之内為庣。旁有庣焉之有字當讀為為。有為音同喻紐三等。古書多通用。勵乃驥作釋庣所為圖作⊠。其中之口為方尺。圜周以内四邊之◯即庣也。其形非方非圜。謂之庣者。蓋相傳之音如此。其形亦頗與田器之銚相似。故田器亦謂之銚。田器之銚。本書作錢。見上文錢字下。然此為算術上之名詞。猶句欘宣之亦為割圜之數名矣。旁有庣焉。謂◯形兩邊之線。然則與量器無涉。字不必從斗。故漢志不作⿸广⿰兆斗而作庣也。⿸广⿰兆斗者。儀禮有司徹所謂挑匕之挑。從勺。⿸厂兆聲。猶斟之亦當從勺甚聲。今皆從斗者。勺之譌也。⿸广⿰兆斗蓋即斟之轉注字。或語原同也。斟音照紐三等。從甚得聲。甚音禪紐。⿸广⿰兆斗從庣得聲。庣從兆得聲。兆音澄紐。皆舌面前音。古讀禪澄並歸於定也。此字蓋出字林。吕忱不知其為挑匕之挑本字。故但依漢志為說。以合字形從斗耳。其實本部屬字中如斟⿸广⿰兆斗皆從勺。不從斗。以兩器之篆形相似。謂原始象形文。故掍而一之。一曰突也者。突當為宎。此窕字義。一曰利也者。田器之銚引申義。此皆校語。爾雅以下。亦先後校者加之。字當入勺部。

【說文解字六書疏證卷二十七】

甲五五〇 甲一三七〇 甲一三七三 甲一九〇二 乙七七二三 鄴三下・五〇・一四 前一・二〇・七 前二・一六・二 前四・二〇・六 後二・七・一 林一・一一・四 戩二五・一〇 粹三二三 粹三三〇 粹三三一 粹三三七 京津五〇三〇 京津五〇三二 京津五〇五二 京都一八一二

【甲骨文編】

升 友簋 秦公簋 孳乳為斛 連迂鼎 連迂之行升 【金文編】

5・403 五升 5・195 麗邑二升 5・196 麗邑九升 秦1478 麗邑五升 3・704 辛匋𠱕升里☒ 【古陶文字徵】

265 【包山楚簡文字編】

升 秦一〇〇 秦一八二 二例 效四 五例 效五 五例 日甲四五背 二例 【睡虎地秦簡文字編】

升睦子家丞 孫升 樊升之印 王升印信 【漢印文字徵】

升 【汗簡】

竝雲臺碑 【古文四聲韻】

◉許　慎　升十龠也。从斗。亦象形。識蒸切。【説文解字卷十四】

◉柯昌濟　升字作。卜詞。于示壬卯三牛。于示壬尞三少牢。當與此升字為一字。字體較此為古耳。案古升字象升形。中象酒也。漢金文斗字作。升斗同形之物。漢器之斗字亦可為此升字之證者。【友敨　韓華閣集古録跋尾】

◉林義光　古作友敦。漢臨菑鼎作。皆象形。升斗所象形同。因加一畫為別耳。【文源卷一】

◉柯昌濟　卜詞曰。癸亥貞其有升于示壬卯三牛。又癸亥貞其又升于示壬尞三少牢。升字所見甚多。案此字與金文友敦升字頗近。其文曰。隹三月初吉丁卯。王蔑友歷錫牛三。友既拜稽首。升于厥文祖考云云。其文大略紀王錫友牛。友以牛薦其祖考。升升當即一字。疑即古升字。升字古象以物升酒形。其中之點即象酒形。故漢銅器斗字往往作升。與説文作升異。案升斗同形。斗既作升。則升字可證矣。友敦升于祖考。與卜詞升于示壬誼正同。可以互證。【殷虛書契補釋】

◉陳邦福　升當釋升。蓋古之升祭也。儀禮覲禮云。「祭天燔柴。祭山川丘陵。升祭川沈。」證之卜辭。殷時柴沈諸祭均兼施祖考。是升祭于古禮制亦正相合。又卜辭。「乙巳卜貞王其田□亡𢦏」。□本地名。然从升即升。爾雅釋詁云。「登陞也」。小爾雅廣言云。「登升也。」益信□从升得誼。確為升字之旁證。至小篆升。漢谷口銅甬作升。好疇鼎作升。形誼畢肖。繁簡有別爾。【殷契辨疑】

◉葉玉森　卜辭別有勺字。祭名。予曩釋升。說詳殷契鈎沈。柯陳二氏則釋升為升。他辭云。「乙丑卜貞王其又升于文武帝祊勺其曰羊其五人正王受又」徵文帝系第百四十三版影本模黏。無从細校。姑録王氏釋文。此版尚有一辭亦升勺竝見。升勺二字在一辭內。疑非一字。非予誤釋勺。即二氏誤釋升也。【殷虛書契前編集釋卷二】

◉馬叙倫　鈕樹玉曰。繫傳作十籥也。韻會引作籥也。竝非。律曆志。量者。籥合升斗斛也。合籥為合。十合為升。據此。則升下當作十合也。博雅曰。龠二曰合。合十曰升。林義光曰。友敦升字作升。漢臨菑鼎作升。升斗形同。因加一畫為別耳。倫按秦公敢亦作升。大良造鞅方量作升。似從斗而加一為識。然斗大升小。於斗中箸一為升。以指事。似不可通。蓋非甘刃之可比也。或本亦象形作□。變為篆文作升耳。説解本作象形。校者加亦字。又疑許本自為部首。吕忱改入斗部而加從斗及亦三字。字見急就篇。【説文解字六書疏證卷二十七】

◉楊樹達　卜辭云：「其福新，鬯二，勺一，卣二。」戩壽弍伍葉拾版、續編壹卷肆拾葉伍版。王静安云：「勺疑古勺字，乆象勺形，丶，其實也。習敦云：『隹四月初吉丁卯，王蔑習曆，錫牛三，習既拜稽首，升于厥文祖考。』彼升字與此勺字正同。彼為夏祭，當假借為礿祭之礿，此云鬯二勺一卣二，則當為挹鬯之勺。卣所以盛鬯，勺所以挹之，故二者相將。」戩釋肆肆下。樹達按：王君此説殊為誤釋。金文未見勺字，然豹字从勺，古鉢文作豹，見吳大澂説文古籀補玖卷伍葉。所从勺字與篆文同，與勺字形絶遠，知此字決非勺字也。葉玉森釋此字云：「漢臨菑鼎升作升，與篆文升字異。卜辭之升前編肆卷貳拾葉陸版與鼎文同，異體作升勺，八象溢米散落形。」見甲骨學文字編補遺廿叁葉。樹達按：葉説甚審。今考秦公毁升字作升，則此為升字無疑。金文習毁之升，亦是升字，王氏同誤釋也。卜辭云升二者，升當假為豋。説文五篇上豆部云：「豋，禮器也，从収持肉在豆上，讀若鐙同。」蓋升與豋古韻同在登部，聲亦相近，故可通作。豋為禮器，故殷人祭祀以之與鬯卣並列矣。

卜辭云：「癸丑卜，王貞，翌甲寅，王其宐父Δ，升。」後編下卷柒葉壹版。又云：「甲辰卜，貞，武且乙升，其牢？丙午卜，貞，文武丁升祊，其牢？甲寅卜，貞，武且乙升，其牢？」前編壹卷壹捌葉壹版。又云：「癸酉卜，貞，翌日乙亥，王其又斤有祈于武乙，升，正，王受右？」前編壹卷貳拾葉柒版。又云：「貞且甲升，若？我受又？」前編貳卷壹陸葉貳版。按以上諸云升者，皆當讀為烝祭之烝，升與烝亦音近字也。吳其昌於諸辭誤从王氏之説讀為礿，故特正之。【釋□ 積微居甲文説】

◉高鴻縉 □友毁 升于氒文祖考 此升起之升字，倚斗畫其已挹取有物而升上傾注之形，由文□斗生意，故託以寄升起之意，動詞。後世借為十合之名，非本意也。凡度量衡單位之名皆借字。至後起曰昪之昪、陟陞之陞，皆與升通用。【中國字例二篇】

◉屈萬里 □，此疑□之繁文，即升字。【殷虛文字甲編考釋】

◉于省吾 甲骨文𥙷字作□、□、□、□等形。葉玉森釋礿(集釋一·四一)，不可據。𥙷字从□或□，即古升字。周代金文升字，友毁作□，秦公毁作□；周代金文斗字，𩁹朕鼎作□，秦公毁作□。但升斗二字在古文偏旁中往往互作無别，例如子禾子釜料字从斗作□，司料盆料字从斗作□，此乃𥙷字从□與从□無别之證。𥙷字應隸定作𥙷。𥙷从示𢍚聲，𢍚从収升聲。𥙷字从示，為祭時進獻品物之𥙷，此與甲骨文聂亦作𥙷、鬯亦作禷同例。甲骨文稱：「王宐羌甲，𥙷，亡尤。」(燕二六三)「王宐小辛，𥙷，亡尤。」(前一·一六·七)此例常見。至于甲骨文言「王宐𥙷」者習見，不備引。儀禮士冠禮：「若殺則特豚載合升。」鄭注：「煑於鑊曰亨，在鼎曰升，在俎曰載。」按此乃分别言之，通言之，則進獻品物以祭，均可謂之升。典籍多訓升為進為獻。要之，殷禮以𥙷為進獻品物之祭，與周制可互證。周代以升代𥙷，升行而𥙷廢矣。【釋𥙷 甲骨文字釋林卷上】

◉吳振武 劉家崖III式鼎鼎耳外鑄有銘文二行五字，原報導釋為「連迂之行□」。銘文第二字釋「迂」是錯誤的，應釋為「迁」。⊘銘文最後一字原報導未識，細審銘文，此字作□，應釋為「升」。春秋時期的銅鼎自名為「升」者又見于安徽壽縣蔡侯墓出土的銅器銘文中，其中七件銅鼎謂：「蔡侯申之□鼾」)《壽縣蔡侯墓出土遺物》圖版肆及圖版叁壹·2)。關于此字唐蘭先生有過考證(《五省出土重要文物展覽圖録·序》)，我們認為唐先生的看法是正確的。本鼎既然自名為「行升」，那就應該是用于外出祭祀時升牲的鼎。

【湖北隨縣劉家崖、尚店東周青銅器銘文補釋 考古一九八二年第六期】

◉劉彬徽等　升，簡文作𣂔。《儀禮・士冠禮》：「載合升」，注：「煮於鑊曰亨，在鼎曰升」。升鑐即升鼾，用作盛牲體的大鼎。東室有一件無蓋矮足圜底大鼎，似為升鼾。【包山楚簡】

矛　𢦔簋　孚戎兵𢀖矛戈弓　越王州句矛【金文編】

矛　法八五【睡虎地秦簡文字編】

矛　矛出說文【汗簡】

汗簡

說文【古文四聲韻】

◉許　慎　矛酋矛也。建於兵車。長二丈。象形。凡矛之屬皆从矛。莫浮切。𢦔古文矛。从戈。【說文解字卷十四】

◉孫詒讓　說文矛部「矛，酋矛也。」象形。古文作𢦔，从戈。以形案之，與刺兵不相似。金文矛字未見，其見於偏旁者，如「敄」字，毛公鼎「鹵敄務之叚借鰥寡」作𢼸，王且尸方甗「無敄」作𢼸，鄀公敄人敨敄作𢼸，所从矛字皆作𢆉，唯鄀敨省一筆，餘並同。又「遹」字宗周鐘「王肇遹省文武，堇勤彊土」，作𨖍，說文辵部遹，从辵矞聲。矞部矞从矛，冏聲。此省冏。矛形作𢆉，上耑與鼎、甗敨文亦同，下从木則與諸文小異。鄭楙尗賓父壺楙作𣓫，亦省矛為𢆉，與此略同。又盂鼎「雩我其遹省先王，受民受彊土」。遹，作𨖍，舊釋為邁，誤。則又省矛為𢆉，似僅存其耑，下从冂，則冏省口也。以諸文參互攷之，矛本形當作𢆉，上象刺兵之鋒，中象英飾，詩魯頌「二矛重英。」下象人手持之，或省其英飾之半以益下，而成木，則似象其把，蓋變體也。說文古文从𢆉，變為糾曲三折形，小篆又變其上耑為矛，則成句兵而非刺兵，其英作乀，亦遠失其本形。惟下作𠂆，猶與古文故書約略相類，此李斯輩之謬也。

矛為刺兵，其耑蓋本為个形，與矢古文作𠂇上耑略同。故史楙壺楙作𣓫，穴卣作𣓫，矛並省作个，鄭楙尗壺楙从𢆉，亦同。後變為𢆉，以就緐縟耳。如古文仌，小篆作仌。古文乚，小篆作𠃊。皆其比例。凡刺兵前為直刃，猶艸木之芒朿，金文从朿字，如召伯虎敨諫字作𧩁，疑即周禮「司刺」刺之借字，與說文言部諫字異。別器作𧩁，師寰敨速字作𨒺𨒺二形，是古文朿上耑象直刺，有𣎵、𣎵、𣎵諸形。毛公鼎、尸方甗敄字偏旁矛从𢆉，與朿形相近。盂鼎遹字矛省作𢆉，與𢆉形亦相近，皆可互證。又司寇矛云：「十二年邦上軍矛。」此疑亦矛字之省變，上从干亦即朿之省，下从十則木之變也。

金文又有譎字，彔伯𢦏作□，師寰𢦏作□□，左並變从夤，右从矞。其矛形咸不甚明析，似有省闕，與周鐘、盂鼎遹字絕異。又有緻宻君瓶緻字作□，偏旁矛作□，則與小篆略近，蓋晚周文字，故古意不復存，亦古文流變之一譣也。【名原卷上】

◉林義光　古作□作冊般尊彝已一孜字偏旁。作□鄭楙叔壺楙字偏旁。作□克彝遹字偏旁。【文源卷一】

◉董作賓　新出土《三體石經》《春秋》殘石有古文夏字作□从疋从日，疑即矛之譌變，試比較之。□（甲骨文夏字）从□（矛），是（《石經》古文夏字）从□（疋），□與□二形相差極少，易於訛誤。因形訛為疋，音亦變从疋聲（後世夏雅同音）。而蟬形夏字又久假不歸，故昰字亦漸廢棄【卜辭中所見之殷曆　安陽發掘報告第三期】

◉徐協貞　□古矛字。經傳多以茅為之。□古示字。茅示為殷祭法之一。其用各方人為牲。與他祭同。史稱湯旱七年身嬰白茅。以身為牲。禱於桑林之野。此等紀事雖云不實。而殷之茅示可以想見。周人亦有茅祭。齊桓公責楚貢包茅不入。王祭不共。以為楚罪。霸者且藉為口實。其必為周祭重要之品。注云。縮酒也。其說與殷之茅示不同。可斷言也。書禹貢包匭菁茅。詩曰白茅包之。又證以身嬰白茅之說。其茅示必以茅包某方之人以為犧牲而致祭也。惟此茅示。其為熟牲乎。近於燔瘞。其為生牲乎。近於肆殺。而茅示方式亦無圖文可索。難測究竟。葉氏云。殷代祭神有用矛之典。矛即戈矛之矛。或兼用斧。殆驅除不祥之意。此說難自信。又引奚度青曰仍當釋茅。周禮甸師祭祀共蕭茅云云。似於茅示已知大概。而用茅包人以致祭。則尚未之知。余雖知之而其儀式終莫由明。於是歎考古之難也。【殷契通釋卷五】

◉馬叙倫　徐鍇曰。□。矛也。□其上所注旄屬。翟云升曰。一切經音義引二作一。⊘倫按母乙鬲矛字作□。象形。蓋象矛之刀旋轉形。太平御覽兵部引諸葛亮集。敕作部皆作五折剛鎧十折矛以給之。又引趙書。謡曰。騄驄鐵鏤鞍。丈八蛇矛左右盤。徐灝謂蓋矛刀曲折。故謂之蛇矛。金文敄字所從作□形。與□實無不同。所從觀之異耳。宗周鐘遹字所從之矛作□者。實當作□。□其柲與鐓也。此作□。實□之譌。然貞松堂集古遺文十二載亞形中奉尊形矛其形如左。

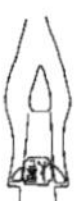

而郾五戎人矛則作□。其為有柧棱形。則顯然可見。前代兵器中之矛。其刃有為□形者。有為螺旋形者。蓋皆有本也。酋矛也者。見考工記。然記有酋矛夷矛。酋矛常有四尺。夷矛三尋。鄭注。酋夷長短。酋之言遒也。酋近夷長矣。倫疑酋當為ㄐ。ㄐ矛即□。夷讀為□。□者平義。□矛即郾矛。或酋夷皆發聲之詞。因方言而異。後乃為長短之別。詩小

戎。厹矛鋈錞。本書厹之重文作蹂。厹蹂雖非一字。而音固通矣。厹矛即酋矛也。考工記注引鄭司農曰。酋。發聲。直謂矛。然則許本訓酋也。校者加矛字。或許訓器也。酋矛以下十字乃字林文。字見急就篇。

桂馥曰。汗簡引作。本書穚從矛。古文作。古銅印茅字作。從戈者。字林云。矛有二横。曰穳鉾。是矛亦横出刃者故從戈。王筠曰。玉篇作戟。在戈部。而本部又有古文鉾。案矛象形必古文也。鉾從金當在後。我則矛戈兼從。不定為何物矣。倫按蓋俗字。又者沪鐘戊字作。疑此即其字。以音相近。或借為矛。而傳寫成。玄應一切經音義引古文官書。戟鉾二形同莫候反。則此字蓋出官書。【説文解字六書疏證卷二十七】

◉商承祚　矛與戈皆有柲。故从戈。【説文中之古文考　金陵大學學報一九四〇年第一、第二期】

◉戴家祥　𢦏毀　矛　鄭楙叔壺楙字作，从矛形，與此字完全相同。，上象鋒鏑，矛骹有環紐，可繫紅纓。矛為古代主要的刺兵器。【金文大字典中】

◉許　慎　矛屬。从矛。良聲。魯當切。【説文解字卷十四】

◉馬叙倫　稂為矛之轉注字。矛音明紐。稂音來紐。古讀歸泥。明泥同為鼻音次濁音也。與矜為音同來紐轉注字。矛屬者字林文。吕以為矛屬者。蓋矛之形不盡一。猶戈戟之小異。遂以其異者為屬耳。【説文解字六書疏證卷二十七】

◉許　慎　矛屬。从矛。害聲。苦蓋切。【説文解字卷十四】

◉許　慎　矛屬。从矛。昔聲。讀若笮。士革切。【説文解字卷十四】

◉馬叙倫　朱駿聲曰。字亦作槊。劉秀生曰。讀若笮者。詳三篇譜下。倫按矠從昔得聲。昔音心紐。犗從害得聲。害與舍一字。見害字下。舍音審紐。心審同為次清摩擦音。昔舍聲同魚類。蓋轉注字。【説文解字六書疏證卷二十七】

矜

詛楚文 張矜意怒 子為矛誤 【石刻篆文編】

矜出石經 【汗簡】

古老子 同上 石經 【古文四聲韻】

◉許 慎 矜矛柄也。从矛。今聲。居陵切。又巨巾切。【説文解字卷十四】

◉吴大澂 迺敄鰥寡 字从矛从攴。疑矜之古文。説文。矜。矛柄也。𥍯。刺也。𥍯與敄相似。𥍯字不見於經典。當即矜之重文。或云。敄。務省。以鰥寡為先務也。【毛公鼎釋文】

◉吴大澂 疑古矜字。从攴从。當即矛字古文。許氏説矜。矛柄也。又云。𥍯。刺也。𥍯字不見於經典。或本从攴。誤釋作丑。疑𥍯字即矜之古文。毛公鼎迺鰥寡。【説文古籀補附録】

◉馬叙倫 矜當從令得聲。許瀚辨之最詳切。翟云升亦據漢石經論語及校官碑魏受禪碑證其當從令。史記匈奴傳索隱引古今字詁。矜矛。穜也。字亦作矜。古書矜恤字或從心令聲作怜。則矜自以從令得聲為合。然慧苑華嚴經音義引説文字統。矜。怜也。皆從矛令。若從今者矛柄也。玉篇二字皆從矛令。無從矛今者也。沈濤據以謂説文蓋有矜矜二字。而疑矜憐字何以從矛。倫謂慧苑引本書及字統作矜。蓋未譌之本。其云若從今者矛柄也。則即此本也。抑朱士端引古本華嚴音義怜字作矜。則由而譌。矜字後人不識。因改為矜。而與矜亂。故古書矜恤字皆從令作矣。然矜實為矛之轉注字。矜從令得聲。令音來紐。古讀歸泥。明泥同為邊音也。亦𥍯之轉注字。𥍯音娘紐。娘亦邊音也。矛柄也者。籚字義。【説文解字六書疏證卷二十七】

◉黄錫全 矜出石經 諫敃今作，侯馬盟書作，三體石經古文作，此今形同。詛楚文「張矜焙怒」之矜作，誤矛為子，从今聲。【汗簡注釋卷六】

𥍯

◉許 慎 刺也。从矛。丑聲。女久切。【説文解字卷十四】

◉馬叙倫 鈕樹玉曰。宋本作刺也。譌。桂馥曰。廣雅同。考工記廬人。凡為酋矛。參分其晉圍。去一以為刺圍。鄭司農云。刺謂矛刃胷也。徐灝曰。未詳。今粵語謂執仗刺人曰𥍯。正用女六切。倫按刺也疑本作刺兵也。傳寫挩兵字。然以音求之。

亦矛之轉注字。羾音娘紐。矛音明紐。同為邊音也。䡄字以下五文蓋皆出字林。【說文解字六書疏證卷二十七】

拾一二・一六 前七・五・三 菁三・一 乙七七九五 乙三二四 簠游一二三

明藏六四一 鐵六二・一 前五・六・五 甲一〇〇三 乙八〇八一 鐵九一・四 鐵一一四・一

珠二九〇 坊間三・七一 存七四三 存下三七九 存下九一五 摭續三三〇 明一三四三

明一九〇六 佚九八〇 京津二八二一 【甲骨文編】

乙324 7795 珠290 佚980 續3・40・2 續3・40・2 古2・8 2・8 六中217 續

存743 摭續330 新1002 2701 2821 【續甲骨文編】

車 象形 方彝文 買車卣 買車觚 車𠙵罍 作車簋 父己車鼎 車父己簋 弔車

觚 羊冎車觚 㠯父簋 車鼎 車且丁爵 作尊車簋 父丁觶 父丁豆 車父辛尊 盂

鼎 九年衛鼎 宅簋 吳方彝 伯晨鼎 師兌簋 兮甲盤 不𡢁簋 多友鼎

毛公厝鼎 番生簋 師同鼎 伯車父盨 克鐘 𧊒伯簋 彔伯簋

𩞁車父壺 楙車父簋 楙車父壺 同卣 應公簋 郳子宿車盤 郳子宿車匜 鑄公匜 邵大弔

斧 子禾子釜 𩰫壺 鄂君啟車節 鄂君啟車節 一車二字合文 王國維曰古者戈建于車上故畫車形乃并畫所建之戈說文車之籀文作𨏥即从此字形出 車卣 【金文編】

1・49 獨字 陶文編14・92 陶文編14・92 秦470 獨字 【古陶文字徵】

267【包山楚簡文字編】

車　秦七三　三十一例　秦七四　五例【睡虎地秦簡文字編】

0222　0368　0293　0553　0863　1596　2149　0125　0678　0311　5270

5525【古璽文編】

輕車令印　車成　公車賞　車成【漢印文字徵】

石碣遊車鑾車　遊車既工　眚車𣪠衍【石刻篆文編】

車王存乂切韻　車【汗簡】

王存乂切韻　汗簡亦作東　崔希裕纂古　道德經　竝王存乂切韻【古文四聲韻】

◉許　慎　車輿輪之緫名。夏后時奚仲所造。象形。凡車之屬皆从車。尺遮切。𨏥籀文車。【說文解字卷十四】

◉薛尚功　車爵

右銘一字曰車。先王之時。凡誥戒於酒。無所不致其嚴。爵銘車者。以示其有覆車之戒爾。【歷代鐘鼎彝器款識法帖卷三】

◉王　筠　車之籀文𨏥。積古齋吴彝作。證知今本乃傳寫之訛。左兩田。輪也。兩一。舝也。貫乎輪與舝之丨。軸也。中一之連于右者。輈也。右之丨。軶也。軶下似人字者。兩馬也。吾有此器拓本。其輈不斷。積古齋斷之。亦誤。【說文釋例】

◉方濬益　說文車之籀文作𨏥。今彝器文皆作。知許書此字與輈之籀文並以形似而譌。或傳寫致誤。乃段氏注謂从戈者。車之兵莫先於戈。重車象兵車。聯綴重車則重戈矣。按此籀文乃象車之全體形。段氏以輪輻為重車。尤誤。【克鐘　綴遺齋彝器款識考釋卷一】

◉方濬益　車从口作。為軎字所本。王箓友大令說文釋例曰。車之中直即軸也。于軸之耑作口。象軎正圓之形

也。且兼輨形象之矣。説與此文正合。【揚鼎　綴遺齋彝器款識考釋卷四】

◉方濬益　□　戈在車上為兵車之象形。銘勳之意也。按古文立戈形其内之末皆有飾。如旌旂之游。瞿則無之。此文之援微仰向。上如雞鳴。則仍立戈形也。説詳前卷祖辛鼎銘釋。又彝器銘凡旅字作肇。為建旂車上之形。此為立戈車上。自是載之象形字。説文。載。乘也。从車𢦏聲。此篆文也。以匽矦載戈銘證之。古文載正从戈。廣雅釋詁亦曰。載。乘也。又國語周語登年以載注。及管子形勢篇虎豹得幽而威可載也注。皆曰。載。行也。乘車載戈。行軍之象也。【父丁卣　綴遺齋彝器款識考釋卷十一】

◉吴大澂　□　古車字。象輪轂轅軶之形。或从戔。非。□。象轅耑上曲鉤衡形。詩小戎傳梁輈。輈上句衡也。父乙尊。【説文古籀補】

◉劉心源　□从○。象車箱。网田象网輪。十十象軸轄。蓋車形之備者。車叔人名。或曰此即𨊛字。説文𨊛。車軸耑也。从車象形。轊。𨊛或从彗。蕪城賦車挂𨊛人駕肩是也。此用為惠。則惠叔也。【玥鼎　奇觚室吉金文述卷一】

◉孫詒讓　説文車部。車籀文作𨏖。從二車二戈。於形聲皆無所取。且與轏車字掍。而二徐以來。未有知其誤者。近珍蓺莊氏母山王氏始據金文車字作□以正之。其説塙矣。今攷金文車。本象駟馬車之全形。其義至精。不徒可正説文之譌。且可攷正古駟馬車制。今略釋之。蓋金文車字。如吴彝毛公鼎不嬰敢並作□。薛尚功鐘鼎款識亦有此字而傳橅失其本形。故並據今所見金文拓本論之。諦審其形。左兩□象兩輪。旁兩畫象轂耑之鍵而軸貫之。其中畫特長。夾于兩輪與軸午交者。輈也。輈曲為梁形。前出而連於衡。故右為□形。長畫與輈午交者。衡也。兩旁短畫下岐如半月者。軛與軶也。蓋衡縛於輈。軛縛於衡。而軶又縛於軛。故詩秦風小戎云。五楘梁輈。毛傳云。五。五束也。楘。歷録也。梁輈。輈上句衡也。一輈五束。束有歷録。説文。楘。車歷録束交也。段依韻會改交為文。亦通。又革部云。鞻。車衡三束也。曲轅鞻縛。直轅䡅縛。蓋五束即鞻縛之制。束有五者。衡與輈相交處為一束。兩軛與衡相交處為二束。軶與軛相箸處又為二束。因輈與衡衡與軛軶皆異材。而任力甚劇。必以革交互束縛之乃可以為固。是五束者縛於衡者三。而縛於軶者各一。故説文詁鞻為車衡三束。專據縛於衡之束言之。三束實即晐於五束之中也。依考工記輈人説。輈與衡之周徑皆甚小。不過四寸。其設軛軶。若穿其中以相貫。則失其力。故不穿其木。而以革交午縛之以為固。論語。大車無輗。小車無軏。説文。軏。轅耑持衡者。論語鄭注云。輗穿轅端著之。軏因轅端箸之。武后臣軌注引。鄭以因對穿為文。明其不穿而惟縛之以相連。其文意較然甚明。而五楘之用。主以固衡軶。亦可知矣。又攷此字見於金文拓本。又有於兩□間為一田。略帶方形。以象輈持軫形者。如盂鼎作□是也。

又旅車卣器作□。蓋作□則又象輈踵及後軫形。□為旅字之半。舊釋此為旅車二字。今審似即一字。從㫃從車。旅之別體也。又父乙尊作□。吳大澂說文古籀補。則又象梁輈上出。於形尤析。又父甲車彝車作□。則中為方形。以象軫軏。而兩軸耑又為重輨衡。兩耑則曲而上出。或衡木實有如是制者。又象兩轡同繫於軾。即說文所謂軜驂馬內轡繫軾前者是也。又中叔尊作□。亦象此形。此三器形致繁縟。而所象亦尤備。以此諸文證小車梁輈五縛。皆在衡軶。尤為顯較。而鄭仲師注輈人乃云。駟車之轅。率尺許一縛。近儒多舉詩之五楘以申證其義。若然。則五縛皆著於軓前輈間。特綴此以為文飾。而與衡軶絕不相涉。則與轐縛之制不合。且軓前十尺之輈。揉一木以為之。勻滑夷漫。絕無圻堮。本不藉五束以為文飾。即假使革束止為文飾。亦何必限以五而絕不可增減邪。余前著周禮正義。於先鄭說未及分別。茲因籀文車字象形。悟衡軶之制。而五楘之說始昭然若揭。故詳說之。以補禮疏之闕焉。

頃見湯陰羑里出土古龜甲文。亦有車字作□。與金文同。唯中畫上下分歧。不相聯毌。則栔刻偶錯異耳。龜甲文多象形。又有且甲大戊諸偁號。近人定為商時物。則較金文尤古。蓋在史籀之前。竊疑黃帝時車制已詳葡。象其形而制字。倉沮初文本已如是作。而籀篇因之。作車者轉繫後來省變。許書古文出於掇拾。吉金龜甲尚未出土。故未能得其根氐也。又以龜甲文與父甲車彝證之。知此字本為上輈下輪。象車平列之形。金文從衡傳易多為左輪右輈者。亦其變體爾。【籀文車字說 國粹學報第五年原第五十八期】

◉羅振玉 說文解字車籀文作𨏥。毛公鼎作□。象側視形。篆文車字亦然。許書从戔。乃由□而譌。卜辭諸車字皆象從前後視形。或有箱。或有轅。或僅作兩輪。亦得知為車矣。【增訂殷墟書契考釋卷中】

◉王國維 𨏥 殷虛卜辭車或作□。金文或作□毛公鼎。□或□象轅軶之形。籀文變為二戈。乃轉寫之譌。【史籀篇疏證 王國維遺書第六冊】

◉丁佛言 古車字作□。右之□初象攬轡形。後變而易橫為豎。□似二戈。又似二干。即說文籀文車是也。其義或有取於載干戈。吳愙齋謂戔為□誤。恐未必是。說文車下即次軒字。其形似籀文𨏥省。而軒與車通。則□與□又為𨏥之變矣。【說文古籀補補卷十四】

◉高田忠周 □亦車字本形耳。其中直一筆。以象其輈。其下橫一筆。以象其軸。又上作□。為衡。兩旁作从為軶。中直之下作□為輿。輿兩旁作□為兩輪。元當作⊗之省也。又軸之兩耑作□。以象軎與舝。車之全形。完矣具矣。唯如此者。書寫不堪煩也。故省作□如上文。下亦此省文。而或為豎形作□。省作□。亦與□變作車正同一例證也。【古籀篇七十五】

◉郭沫若　車當是動詞。蓋讀為舉。古者車與轝𦥯每通用。而轝與舉同从與聲也。【子禾子釜　兩周金文辭大系圖録考釋】

◉强運開　[glyph]　張德容云。此古文車字，以為小篆者非也。説文夏后時奚仲所造。象形。凡説文象形之字。皆古籀。非小篆。觀許書所稱篆文無一象形之字。可見凡云古者某作某即是古文有此字。並非小篆。亦許書之通例。籀文有與古文同者。有因古文而增緐重者。此字籀文有作𢧐者。特其一體。蓋象兵車連綴之形。故許書特著之。小篆則但从古文耳。説文中凡小篆从古者。則重出籀文。小篆从籀文者。則重出古文。小篆與古籀俱不同者。則重出篆文。其因古籀而不改者。則不注重文。明其與古籀同也。許自敍所謂今敍篆文。合以古籀是也。李斯奏同文字。造作小篆。亦僅罷其不與秦文合者。非盡改古籀也。運開按。張氏此説甚精。車篆見於金文者甚多。足證車本古文無疑。又按。説文籀文車作𨏥。从戔。段氏解為从戈者。車所建之兵莫先於戈也。从重車者。象兵車連綴也。重車則重戈矣。此説蓋誤。今攷毛公鼎車字作[glyph]。盂鼎作[glyph]。立戈父卣作[glyph]。父乙尊作[glyph]。吴愙齋云。象輪轂轅軛之形。或作从戔。非。其上曲者。象轅耑上曲鉤衡形。詩小戎傳。梁輈。輈上曲鉤衡也。其説甚精而塙。余因説文籀文車誤作重戈。特坿正於此。【石鼓釋文】

◉馬叙倫　徐鍇曰。山海經番禺生奚仲。奚仲生吉光。吉光是始以木為車。鈕樹玉曰。繫傳時作氏。桂馥曰。一切經音義六引造作作。五經文字同。徐灝曰。太平御覽車部引釋名曰。黄帝造車。故號軒轅氏。左定元年傳曰。薛之皇祖奚仲居薛。以為夏車正。許言奚仲造車。然奚仲為夏掌車服大夫。非其創始也。倫按玳鼎作[glyph]。中〇者象車箱。[glyph][glyph]象輪軸及鍵矣。此則以[glyph]象箱。一象輪。丨象軸也。仲𢍰父甗作[glyph]。同卣作[glyph]。郘大叔斧作[glyph]。石鼓作[glyph]。輿輪之總名及夏后七字皆字林文。本訓挩矣。釋名。古者車聲如居。言所以居人也。今曰車。車。舍也。行者所處若屋舍也。韋昭辨釋名曰。古惟尺遮切。自漢以來始有車音。然則許亦以聲訓。字見急就篇。

𨏥　孫詒讓曰。此於形聲皆無所取。且與䡞車字掍而為一。近莊述祖王筠始據金文作[glyph]以正之。其説碻矣。蓋兩[glyph]象兩輪。旁兩畫象轂端之鍵。而軸貫之。其中畫特長。夾於兩輪與軸交午者。輈也。輈曲為梁形。前出而連於衡。故右為[glyph]形。長畫與輈交午者。衡也。兩旁短畫下岐如半月者。軏與軛也。王國維曰。古者戈建於車上。故車卣車字作[glyph]。畫車形乃并畫所建之戈。説文車之籀文作𨏥。即從此出。倫按孫説是也。車卣文實戰字。非車字也。【説文解字六書疏證卷二十七】

◉高鴻縉　許書籀文从二戈。乃周文之鈔譌。今攷甲金文車字異體頗多。無一从戔作者。【中國字例二篇】

◉陳　直　一七六六條　將軍河南郡第一

將軍在兩漢典制中,从無在某郡中比第一、第二之例,當依勞氏原釋作「將車」為妥。在武帝末期公孫賀調各郡國之車到邊郡服役,見漢書劉屈氂傳武帝詔文。居延簡記載車馬類極多,此為河南郡車父考績得第一之簡文。將車,猶扶車也,屢見于史記補田仁傳、漢書朱買臣傳。居延漢簡釋文四七六頁有「為魏少卿將車」之紀載。【《居延漢簡甲編》釋文校正　考古一九六〇年第四期】

◉金祥恆　許氏釋車謂「輿輪之總名也」。⊘段注「故倉頡之制字但象其一輿兩輪一軸」。王筠説文句讀云:「篆之中央,其輿也,兩一其輪也,|則屬乎輪之軸也」。蓋以篆文字形釋之耳,然以車字之嬗變觀之,車乃□之簡省,中田者輪也,十十兩端之一者,車輨也。車之主要部分為輿、輈、軸與輪,而以輪為最。輪之發明,方有車之出現。⊘車輪發明甚早,則可斷言。或遠在黄帝之前。⊘

今車之制既明,則知説文籀文車作□从二車二戈,於形聲皆無所取矣。⊘余疑建戈於車上者,兵車也。金文中有建㫃於車上者如咎作父癸簋作□,伯乍斉簋作□,周禮春官巾車:「巾車掌公車之政令,辨其用與其旗物,……王之五路,一曰玉路,錫樊纓十有再就,建大常十有二斿,以祀。金文家釋為肇,而□从旅从車,或謂从旅省。但旅象聚衆于㫃下,不得省人也,故非肇字。金文中亦有建旌於車輿者。如寶彝卣蓋之車作□,上建□,戰國時車馬獵紋鑑之花紋車上所建之□同為旌旗。⊘由上可知,游車建旌,玉路建大常,兵車建戈。⊘

孫仲容説是也。博古圖録車癸卣作□可佐證二戈乃車軛之譌訛也。

我國最古的車字,要算商周金文録遺第一二六車父己毁之□,象輿⊞輪□輈|衡□軛□及衡端飾物□。

車父己毁

殷商甲骨文中之車字如第一期武丁二十九年一月十三癸巳卜辭：「癸巳卜，㱿貞：『旬亡囚』。王固曰：『乃茲亦㞢希，若偁』。甲午，王往逐冢，小臣叶車馬。硪馭王車，子央亦墜」（精一，詳考見董師彥堂殷曆譜武丁日譜）之「車馬」之車作，僅象輈輪而無輿車，平時不用，將輿卸而藏之，故不繪其輿。其輈輪中斷而不連者謅誤也。如武丁廿九年八月十七卜辭：「癸亥卜，㱿貞：『旬亡囚』。王固（曰：『㞢希五日）丁卯，王獸敝，祝車馬□（祝）险在車。𦍒馬亦□。（𦍒亦㞢倦）（續四・三三・一）之「車馬」之車作而「在車」之車作可證其訛也。鐵雲藏龜一一四・一前五・六・五「車馬」作，與武丁廿九年八月十七卜辭：「五日丁卯王獸敝祝車馬」異版同文，而車卻有異。「硪馭王車」之車作。象輪輿而無輈：輈在輪輿之前，於車後視之，不見輈也，故不繪。又第一期卜辭新二七〇一、藏九一・四作，僅繪其輪。第二期祖甲卜辭「甲辰卜，車允敗貝余」之車作（乙三二四），第三期廩辛、康丁卜辭「叀有車用」（南北明六四一）之車作，第四期武乙、文丁時卜辭「車馬」之車作（續存七四三），亦有異體者作（摭續三三〇）、（新一〇〇二）。⊘

兩周金文中之車字，沿襲甲骨文，如商周金文録遺五〇五車方彝作，不繪其輿。一九八車父辛尊作，三二一羊車觚（鄴三上三八）作，三三〇弔車觚作，三代吉金文存十六・一小校經閣六・三六且丁爵作，有輈有輿有輪。小校經閣五・九三登車父丁觶作，商周金文録遺有一〇有一壘作，疑亦車字，，輿也；，輈衡也。

金文中除以上以車為族徽外，有作人名者，如三代吉金文存二・三一玨鼎「己亥玨見事彭車叔賞玨馬，用作父庚障彝」，其車字作，為兩輪一輿。三代吉金文存二〇五一・四邵大弔斧「邵大叔目新金為貣車之斧」之車作車。

三代吉金文存十・十七鑄公簠「鑄公乍孟玫車母朕簠，其萬年眉壽，子子孫孫永保用」之車作，其餘皆作車馬之車，如康王時器大盂鼎「易女鬯一卣冂（冕）衣市舄車馬」之車作，孝王時器之克鐘「易克甸（田）車馬乘」作，厲王時器之番生毀「易朱市悤黄……王琭、車、電軫」之車作，宣王時器之毛公鼎「易女……金車」作，獻伯簋「金車」之車作，省變其輪為一。同卣「隹十有一月天王易同金車，弓矢」之車作車，與小篆無異。

戰國時之車字，癸卣作，與説文籀文、汗簡王存乂切韻古文作均為之訛。秦靈公時之石鼓文「遀車既工」之車作，已與小篆同矣。

小篆車由周末之車字簡省而來，其形體為一輪。【釋車　中國文字第四期】

◉商承祚　戟，即車。《説文》車之籀文作，古有乘車與兵車，金文車卣之車字作，兵車也。此作戟，為其省。𡍮戟即韄車。

軒

輊與輷通，二字韻同聲近，古屬陽部，見王力《詩經韻讀》。《集韻》卷三唐韻：「輷，兵車也。或从堂，亦省」，亦作轄。又云「輴，轄輴，兵車。」《廣韻》卷二唐韻：「轄，轄輴，輷軩。」《説文》：「軘，兵車也。」《左傳·宣公十二年》：晉人「使軘車逆之」，杜注：「軘車，兵車名。」【江陵望山二號楚墓竹簡遣策考釋　戰國楚竹簡彙編】

◉王　輝　西安市公安局破獲文物走私案，繳有一觿，以骨為之，長13釐米，上端直徑2×2.8釐米，下端尖鋭。觿上部兩面有陰刻文字，如下：正面　背面

正面首字當為人名，第二字乃易（錫）字。

背面一字疑為車字。字上像衡、軛，中像軥，下像輿，而輿兩旁輪已省去。車字早期作（孟鼎），後多省作，省去衡、軛、軥，輪亦省作二綫。《説文》：「觿，佩角，鋭耑可以解結，从角，巂聲。《詩》曰『童子佩觿』。」《玉篇》：「觿，形如錐，以象骨為之，以解結也。」觿背刻「車」字，乃表示其用途乃解車上繩索之結。車上繩索甚多，有靷、有轡、有韁、有鞓、有脅驅，皆有結。古代實物，如秦陵出土銅車馬，可以為證。此觿為車上專用，特刻銘以區別。從銘文字體看，器當在西周中晚期。【周秦器銘考釋　考古與文物一九九一年第六期】

0308　2496【古璽文編】

石軒閭印【漢印文字徵】

◉許　慎　軒曲輈藩車。从車。干聲。虚言切。【説文解字卷十四】

◉馬叙倫　鈕樹玉曰。韻會作曲輈轓車也。説文無轓。沈濤曰。史記留矦世家索隱引作曲周屏車也。一切經音義引作曲周轓車也。倫按左定九年傳正義引作軒曲輈也。謂軒有蕃蔽也。本部屬字凡車名説解疑本但作車也。與艸木山水諸部一例。吕忱或校者分别説之。而今本轉捝本訓。或唐人删之。亦或字出字林也。王筠據漢書景帝紀顔注。據許慎李登説。轓。車之蔽也。謂説文本有轓篆。倫謂蓋吕忱據聲類加之。乃字林文。故不見今本也。【説文解字六書疏證卷二十七】

◉趙化成

圖九　軒車（山東安丘縣王封畫像石）

圖九：曲輈，傘蓋，車輿兩側豎兩塊屏板。圖示為山東安丘縣王封畫像石（《山東》圖540中車）。又如山東肥城縣欒鎮畫像石（同上書，圖473）五輛車均是。此車在漢畫像石中也多以正側面出現，與輜、軿車明顯不同之處，即傘蓋與屏板間隔稍寬，且可見到承托傘蓋的車釭。

《文物》1982年第5期刊載的《山東嘉祥宋山出土的畫像石》一文中，其第17石上層右側樹下一車形制與本文圖九同，釋為「軒車」。林巳奈夫所著《漢代的文物》亦釋此種車為「軒車」。此釋軒車當是。

《說文·車部》：「軒，曲輈藩車也。」段注：「謂曲輈而有藩蔽之車也。」【漢畫所見漢代車名考辨　文物一九八九年第三期】

輜

道德經【古文四聲韻】

◉許　慎　輜軿車前。衣車後也。从車。甾聲。側持切。【說文解字卷十四】

◉馬叙倫　嚴可均曰。左傳定九年疏引輜軿。衣車也。前後有蔽。釋文引作衣車也。宣十二年疏引作輜。一名軿。前後蔽也。皆有刪節。今作軿車前衣車後。轉寫到誤。宋書禮志引字林。軿。車有衣蔽。無後轅。其有後轅者謂之輜。後轅即釋名之邸。沈濤曰。古本當作輜軿衣車也。前後有蔽。車前為軿。車後為輜。桂馥曰。范應元老子注引字林。載衣物車前後皆蔽。若今庫車。倫按本作車也。吕忱加軿車有衣蔽無後轅者謂之輜也。軿車以下十四字見續漢書輿服志注引。但無前字。今有捝譌。字見急就篇。【說文解字六書疏證卷二十七】

◉趙化成

圖三　輜車（山東福山縣東留公畫像石）

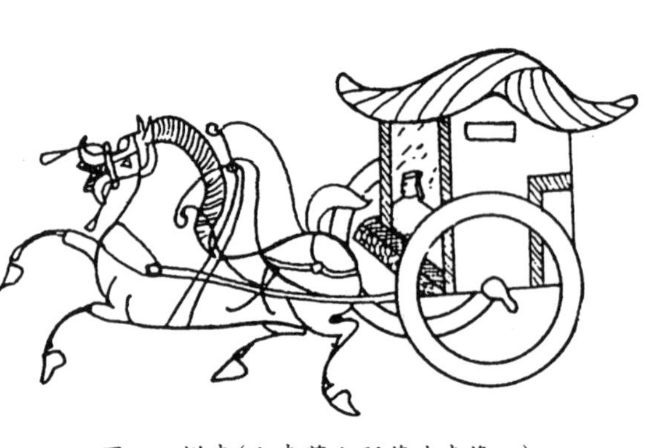

圖四　軿車（山東蒼山縣蘭陵畫像石）

今以文獻記載證之，前車當釋為輜車，後車為軿車。

《說文·車部》釋「輜」云：「輜軿，衣車也。軿，車前衣也；車後為輜。」又釋「軿」云：「輜軿也。」《說文》將輜、軿互解，輜軿聯稱，這并不是説輜、軿為同一種車。古文獻中又常見輜、軿單稱（詳後引文），便是明證。如段注：「輜、軿俗多聯舉，故備析言、渾言之解。」輜、軿聯稱與互解，似正好説明這兩種車子形制、功用相近。漢畫中，與它車相比，前述兩種車子確較相似。《說文》所謂衣車，段注：「謂有衣蔽之車，非《釋名》所云所以載衣服之車也。」又《說文·車部》釋「轉」下段注：「四圍為衣，上為蓋，皆以蔽輿也。故廁于輿下。」輜、軿為衣車，除《說文》外，它書亦有載。《倉頡篇》曰：「軿，衣車也。」張衡《東京賦》：「終日不離其輜重。」李善注引張揖曰：「輜重，有衣車也。」《漢書・淮南王傳》：「乃遣長載以輜車。」顏注曰：「輜，衣車也。」輜車、軿車同為衣車，有衣蔽，但兩者是有區别的。《説文》：「軿，車前衣也；車後為輜。」段注：「前有衣為軿車，後有衣為輜車。」這裏的「軿，車前衣也」是省略的説法，意思是軿車前後及兩側皆有衣蔽。如《釋名》言：「軿車，四面屏蔽，婦人所乘……」《説文》在「軿，車前衣也」之後，緊接着説「車後為輜」，自然是輜車只有後蔽，而無前蔽（車側屏蔽不言而喻，故亦省去）。《説文》這段話，若從字面看，似不大好理解，但結合漢畫分析，又是清楚的。

圖六　軿車（内蒙古和林格爾漢墓壁畫從繁陽遷度居庸關出行圖下層中車）

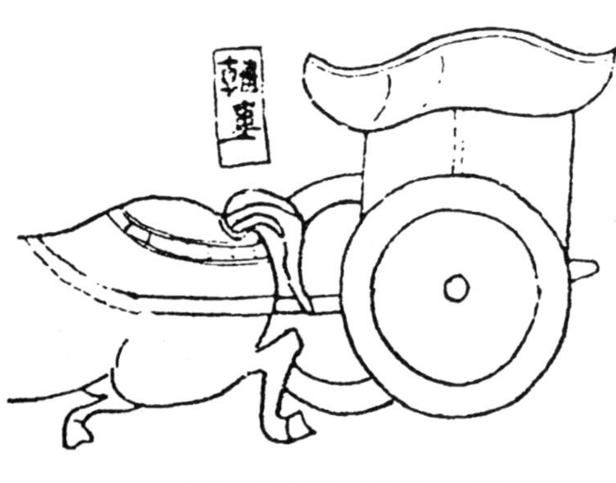

圖七　輜車（山東嘉祥縣畫像石，《全集》初編197圖，車中虛線為筆者所加）

漢畫中，軿車、輜車又有題榜可證。和林格爾漢墓壁畫從繁陽遷度居庸關出行圖下層中車（《和林格爾漢墓壁畫》圖33、圖版第83頁下）車旁題榜：「夫人軿車從騎」（圖六）。此車漫漶不清，但可看出車側屏蔽超出車輪中軸線前伸。該車乘坐人物顯露，似無前蔽，與前面所説的軿車特徵不全合。這大概是為了表現車中主人，前屏蔽略去不畫。另《全集》一書收録的山東嘉祥縣（具體地點不詳）一塊畫像石（初編第197圖），其中層畫面一車車旁有隸書二字，《全集》釋為「輜重」，不確，應為「輜車」。車字最下一横筆為劃痕，若是重字，中上部應有二横筆，細審只一筆，且可看出中竪筆出頭，此字釋車字無疑。另輜字右半亦泐。該車為前側視。單駕馬，曲輈，幔蓋。因拓本模糊，車側屏蔽是否超出車輪中軸線前伸以及車前有無屏蔽均看不清楚，但從前側視的角度推算，

輧

車側應為後半屏蔽(圖七)。

上述有題榜的兩車例,儘管細部不够清楚,但其大的輪廓仍是很明白的,即與前舉車例基本一致。由此可證,輜、輧車為衣車無疑,《說文》所記是可信的。【漢畫所見漢代車名考辨 文物一九八九年第三期】

◉許　慎　輧輜車也。从車。并聲。薄丁切。【說文解字卷十四】

◉馬叙倫　嚴可均曰。後漢書袁紹傳注引作衣車也。蓋彙本如此。小徐作輜車也。韻會引作輕車也。重曰輜。輕曰輧。倫按許訓車也。吕忱加衣車也。重曰輜。輕曰輧。今有挩譌。輜下輧字蓋此下隸書之複舉字。此說解中輜字則輜下隸書之複舉者。傳寫互譌。輜音照紐二等。輧從并得聲。并從井得聲。見并字下。井音精紐。同為清破裂摩擦音。蓋轉注字。後乃分別之。鍇本輶字疑譌。後漢書梁冀傳王符傳注文選日出東隅行注皆引倉頡。輧。衣車也。【說文解字六書疏證卷二十七】

◉商承祚　輧,即輧,或省作輧,《說文》:「輧,輜車也。」《玉篇》卷十八:「輧,輜車也,衣車也。」《字林》:「輧車有衣蔽,無後轅。」【信陽長臺關一號楚墓竹簡第二組遺策考釋　戰國楚竹簡彙編】

◉李學勤　一、朱絲欄殘片。

(1) 現存原件的1片,是所有殘片中最大的,上面有3條欄線,4行文字,以原件、照片與摹本對勘,試釋為:

□□

□左□輏相星光

□□丁不雨二□

□□

⊘第4字从「丙」聲,應即「輧」字,古韻陽、耕旁轉。【試論長沙子彈庫楚帛書殘片　文物一九九二年第十一期】

◉饒宗頤　輏　以下「輏」字从車,丙聲。江陵楚簡,丙丁、丙辰作[glyph]、[glyph],楚繒書丙子作[glyph],均在丙下增以口旁,楚國文字之例習見。⊘輛,字書所無,疑讀為輧。《周禮·車僕》:「苹車之萃」,鄭玄曰:「苹猶屏也。」杜子春云:「苹車當為輧車。」《後漢書·梁冀傳》李賢注引《倉頡篇》:「輧,衣車也。」《說文》車部:「輧,輜輧也。」《集韻》、《類篇》:「輧,輕車。」【長沙子彈庫殘帛文字小記　文物一九九二年第十一期】

輼 輼

輬 輬

軺 軺

輕 輕

◉許　慎　輼卧車也。从車。𥁕聲。烏魂切。【説文解字卷十四】

輬充【漢印文字徵】

◉許　慎　輬卧車也。从車。京聲。吕張切。【説文解字卷十四】

◉馬叙倫　漢書霍光傳。載光柩以輼輬車。孟康曰。如衣車。有窗牖。閉之則温。開之則涼。故名之。錢坫謂輼下當云。輼輬。卧車也。非二字各名。然杜延年奏載霍光柩以輬車。駕大廐白虎駟。以輼車駕大廐白鹿駟為倅。是輼輬各為一車。蓋輼車有窗。而輬車無蔽。猶今之馬車汽車各有便於冬夏者。字疑出字林。【説文解字六書疏證卷二十七】

◉許　慎　軺小車也。从車。召聲。以招切。【説文解字卷十四】

◉馬叙倫　沈濤曰。御覽七百七十三引同今本一引作軺車小車也。倫按小車也字林文。許當止訓車也。御覽一引軺車小車也者。軺為隸書複舉字。車下捝也字。字見急就篇。【説文解字六書疏證卷二十七】

輕　語一一　三例　輕　法九三　二例【睡虎地秦簡文字編】

輕車令印　輕車良印【漢印文字徵】

輕【汗簡】

古老子亦雲臺碑　竝崔希裕纂古　古老子【古文四聲韻】

◉許　慎　輕輕車也。从車。巠聲。去盈切。【説文解字卷十四】

◉馬叙倫　玉篇止作車也。則此輕字乃隸書複舉者也。倫謂輕亦小車。輕從巠得聲。巠音見紐。軺從召得聲。召從刀得聲。刀音端紐。端見同為清破裂音。蓋轉注字。字見急就篇。【説文解字六書疏證卷二十七】

輶 𨏥

◉許　慎　𨏥輕車也。从車。酋聲。詩曰。輶車鑾鑣。以周切。【説文解字卷十四】

◉馬叙倫　輶軺音同喻紐四等。酋聲幽類。召聲宵類。古讀宵歸幽。是輶軺為轉注字也。説解當作車也或輕也。詩駟驖傳。輶。輕也。烝民箋亦曰。輶。輕也。輕車也蓋字林文。【説文解字六書疏證卷二十七】

輣 𨏤

◉許　慎　𨏤兵車也。从車。朋聲。薄庚切。【説文解字卷十四】

◉馬叙倫　沈濤曰。後漢書光武紀注引。輣。樓車也。文選注亦云。輣。樓車。則今本作兵者誤。漢書叙傳注引鄧展曰。輣。兵車名。後漢書傳注引。輣。兵車也。蓋樓車用於軍陳。故或以兵車釋之。而許解字之本義自當作樓。御覽七百七十六引同今本。倫按王筠謂輣即詩皇矣與爾臨衝之臨。此字蓋出字林。字林有異訓也。【説文解字六書疏證卷二十七】

軘 𨊾

◉許　慎　𨊾兵車也。从車。屯聲。徒魂切。【説文解字卷十四】

◉馬叙倫　軘音定紐。輣音並紐。同為濁破裂音。是轉注字也。此字或出字林。【説文解字六書疏證卷二十七】

幢 𨏵

◉許　慎　𨏵陷𨻶車也。从車。童聲。尺容切。【説文解字卷十四】

◉馬叙倫　幢從童得聲。童音亦定紐。是軘幢為轉注字。此字蓋出字林。【説文解字六書疏證卷二十七】

◉蕭　璋　毛詩以衝為幢（大雅皇矣：「與爾臨衝。」毛詩：「衝，衝車也。」釋文云：「説文作幢」。）傳文釋作衝車，孔疏以為從傍衝突之稱。蓋幢之為言撞也，所以撞陷敵𨻶也。【釋至　國立浙江大學文學院集刊第三集】

◉楊樹達　經傳多假衝字為幢。詩大雅皇矣篇云：「與爾臨衝」，定公八年左氏傳云：「主人焚衝」，皆其例也。按幢之為言撞也。後漢書光武紀云：「衝輣撞城」，輣下云：兵車也。是幢有撞之用也。撞字亦或假衝字為之。國策齊策云：「使輕車鋭騎衝雍門」，所謂輕車，幢車之類也。淮南子説山篇云：「折衝萬里。」高誘注云：「衝，兵車也，所以衝突敵城也。」氾論篇云：「隆衝以攻。」注云：「衝，所以臨敵城衝突壞之。」又覽冥篇云：「大衝車。」注云：「衝車，大鐵著其轅端，馬被甲，車被兵，所以衝干敵城也。」按文云折衝，云隆衝，云衝車，皆謂幢也；注云衝突衝干者，皆謂撞也。説文十二篇上手部云：「撞，𢪛擣也」；齊策注云：「衝，突也」；廣雅釋詁四云：「衝，揬也」。幢車有撞擣、撞突之用，故謂之幢矣。⊘

大抵物之受名，不以其德，則以其業，而業又有施受之殊。幢者，主撞之器也；鐘者，見撞之器也。其用雖殊，受名於撞則

一也。【釋轈 積微居小學述林卷一】

轈

◉許　慎　轈兵高車。加巢以望敵也。从車。巢聲。春秋傳曰。楚子登轈車。鉏交切。【説文解字卷十四】

◉馬叙倫　鈕樹玉曰。左成十六年傳釋文引作兵車高如巢以望敵也。字林同。玉篇注。兵車。高若巢以望敵也。沈濤曰。左成十六年正義引同今本。而釋文引與今本異。如加形近。左傳杜注曰。巢車。車上為櫓。蓋即所謂高車加巢。不得謂車高如巢。釋文蓋傳寫之誤。據此疑今本及正義引亦有誤也。段玉裁曰。九經字樣引登作乘。王筠曰。當依字林。倫按釋文引本書而曰字林同者。乃所引本書即字林附於本書而題為説文者也。所引字林則別行之本也。説解蓋本作高也。兵車加巢以望敵也。衛公兵法。以八輪車。上樹高竿。竿上安轆轤以繩挽板屋上竿首。以窺城中。亦謂之巢車。轈之語原即巢。亦與高同語原。此字或出字林。【説文解字六書疏證卷二十七】

輿

前五・六・六　佚九四九　掇二・六二　【甲骨文編】

佚945　續3・12・6　新2818　【續甲骨文編】

秦下表59　【古陶文字徵】

輿　雜二七　六例　日乙九〇　【睡虎地秦簡文字編】

北輿丞印　乘輿馬府　輿喟　【漢印文字徵】

詛楚文　轄輪棧輿　【石刻篆文編】

古老子　【古文四聲韻】

◉許　慎　車輿也。从車。舁聲。以諸切。【説文解字卷十四】

◉羅振玉　説文解字。輿。車輿也。从車。舁聲。案。考工記輿人為車。此象衆手造車之形。軾較軫軹轛皆輿事而獨象

輪者。車之所以載者在輪。且可象。它皆不可象。轝輪。則造車之事可概見矣。【增訂殷虛書契考釋卷中】

◉馬叙倫　鈕樹玉曰。韻會引作車底也。非。沈濤曰。一切經音義二及六引尚有一曰車無輪曰輿也。倫按輿者即車箱。所以載人及物者也。儀禮士喪禮鄭注。其車之轝狀如牀。轝即輿也。史記張耳陳餘傳索隱引郭璞蒼頡解詁。篖轝。舉土器。似蒼頡有轝字。今本書無。然玄應一切經音義引蒼頡。轝。舉也。對舉曰轝也。對舉曰轝。直是舁字。則倉頡本字作舁也。郭書之轝。即輿之異文。俗亦如此作耳。車輿也蓋本作輿車□也。輿為隸書複舉字。車□也蓋字林文。今捝一字。許當以聲訓。今亦捝矣。玄應引者。亦或字林文或校語。韻會引者。徐鍇語。字見急就篇。【説文解字六書疏證卷二十七】

◉李孝定　[illegible]　契文从𠀠从舁不从車，蓋𠀠既象車輿之形。輿車人之所居，若从車，則並輿輪而象之，不得獨謂之輿矣。契文象衆手舉輿之形，其初疑當與興舁同意，篆文从車者形之譌變也。字在卜辭似為人名，辭云「☐貞令𡍬乘眔輿☐」可證。續・三・一二・六。【甲骨文字集釋第十四】

◉曾憲通　酈會𢍰石被裳之祭：罷禱於邵王戠牛，饋之；罷禱於文坪栾(夜)君、郚公子春、司馬子音、蔡公子豢各戠豭，酉飤；夫人戠猪，酉飤。(簡203)

陳乙𢍰盤吉之祭：亯祭，篙之高𡍬下𡍬各一全豣。(簡241)

觀綳𢍰盤吉之祱：𧻚禱社一膚，厌土、司命各一牂；𧻚禱大水一膚，二天子各一牂，僎山一羖。(簡243)

以上三𢍰字乃輿字之省。《廣雅・釋詁》：「輿，舉也」，《釋名・釋車》同。《説文》：「舉，對舉也。」鍇本一曰輿也，可見輿、舉同字。徐邈讀舉為居御切，稱引也(見《集韻・上聲御韻》)。簡文三𢍰字正稱引之義。上文例(1)為邵氏始祖邵王及邵𠣾直系近親舉行罷禱，原見於簡200，為貞人石被裳所禱祝，此處由酈會所稱引，故稱曰「𢍰」云云。例(2)、(3)均見於簡237，原是盤吉為自然神舉行的𧻚禱與亯祭，此處分別為陳乙(亯祭)和觀綳(𧻚禱)所稱引，故亦稱為「𢍰」。【包山卜筮簡考釋(七篇)　第二屆國際中國文字學研討會論文集】

輯 5・384　瓦書「四年周天子使卿大夫……」共一百十八字【古陶文字徵】

◉許　慎　輯車和輯也。从車。咠聲。秦入切。【説文解字卷十四】

◉馬叙倫　沈濤曰。列子湯問釋文引作車輿也。蓋古本如是。段先生曰。自轒以上皆車名。自輿至軜皆車上事。不得閒以車和之訓。太玄。高山大川。不輯航。不克也。此輯謂輿。山必輿川必航而後可過。是古義見於太玄也。徐灝曰。太玄云輯航可過。謂濟川。非謂登山。故范望注云。川波之險須輯航而濟之。周雲青曰。唐寫本玉篇引作車藉輯也。藉與席通。車藉即周禮巾車所謂棼蔽。毛詩載驅所謂簟笰朱鞹也。車藉輯言車藉齊輯也。倫按車音穿紐。輯從咠得聲。咠音清紐。同為次清破裂摩擦音。是輯為車之轉注字。説解如玉篇引蓋本作車藉也和也。輯字為隸書複舉字之誤乙於下者也。如釋文引則尚有輿也一訓。此字蓋出字林。【説文解字六書疏證卷二十七】

轋

◉許　慎　轋衣車蓋也。从車。曼聲。莫半切。【説文解字卷十四】

◉馬叙倫　朱駿聲曰。實即幔也。此字疑後出。倫按此蓋字林中字。【説文解字六書疏證卷二十七】

◉孫　機　二號車的服馬和驂馬均在額前的絡頭上裝金質當盧，當盧背面的墊片上有刻文，自右驂至左驂，分別為「轋一」、「道二」、「道三」、「轋四」。按轋字古音屬元部明母，與輓字同部同紐，雙聲疊韻，故轋當是輓之假字。《説文·車部》：「輓，引車也。」經傳又多假道為導，《説文·寸部》：「導，引也。」所以秦車可以稱驂為轋，稱服為道。【始皇陵二號銅車馬對車制研究的新啟示　文物一九八三年第七期】

◉王　輝　孫機説甚是。轋从車曼聲，从曼得聲之字多與从免得聲之字相通。《睡虎地秦墓竹簡·法律答問》：「毋敢履錦履，……律所謂者，以絲雜織履，履有文，乃為『錦履』。以錦縵履不為，然而行事比焉。」整理小組以為縵讀為鞔。《吕氏春秋·召類》注：「鞔，履也，作履之工(腔)也。」《説文》段注：「履腔，如今人言鞋幫。」「縵履」即「鞔履」，即製作鞋幫。【秦器銘文叢考(續)　考古與文物一九八九年第五期】

軓

◉許　慎　軓車軾前也。从車。凡聲。周禮曰。立當前軓。音範。【説文解字卷十四】

◉馬叙倫　鈕樹玉曰。玉篇音范。立當前疾見大行人職。注。鄭司農云。前疾謂駟馬車轅前胡下垂柱地者。釋文疾字無音。詩小雅疏及論語疏並作前侯。嚴可均曰。疾為侯之譌字。所見本異也。席世昌曰。少儀祭左右軓范乃飲。鄭云。軓與范聲同。謂軾前也。音義與許合。倫按軓音奉紐。侯音匣紐。同為次濁摩擦音。故侯可借為軓。疾為譌字矣。此字蓋出字林。【説文解字六書疏證卷二十七】

◉楊英傑　軓：軾前左、前、右三面成「冂」形的車箱沿木稱為軓。《考工記》：「軓前十尺而策半之。」鄭玄注云：「軓，法也，謂輿下三面之材，軓、式之所尌，持車正也」。即是説軓為車底框左、前、右三材。後人從之者甚多。考鄭説不確。《周禮·夏官司馬·大馭》：「及祭，酌僕，僕左執轡，右祭兩軹(應為軓)，祭軓乃飲。」注云：「故書軓為範。」杜子春云：「軓當為軋，軋謂車軾前也。」鄭司農云：「軓謂式前也。書或作軋。」《説文》亦云：「軓，車軾前也。」杜子春、鄭司農、許慎之説雖粗泛，但大體上是正確的。察軾前只有車箱的左、前、右沿木，故軓當是指車箱前三分之一的左、前、右三面沿木而言。軓或作軋，古本書原作範。範者圍也，是由範圍輿前而名。又軾前為御者所居，其執綏駕車，左、前、右三面車箱的欄沿直接保護着他的安全，而輿下三面材(即前文所説的左軨、前軨、右軨)與御者(僕)關係并不直接。顯然，御者所祭軓是前者而非後者。此更可作為軓為軾前左、前、右三面車箱沿欄之證。【先秦戰車形制考述　遼寧師範大學學報一九八四年第二期】

軾　𨋢

◉許　慎　𨋢車前也。从車。式聲。賞職切。【説文解字卷十四】

◉馬叙倫　丁福保曰。慧琳音義六十三引作車前木也。此挩木字。倫按疑非本訓。字見急就篇。【説文解字六書疏證卷二十七】

◉劉彬徽等　(610)軾，楚簡中從弋與從戈每每不分，如貸寫作貣。軾當為軾，讀如軾。《説文》：「車前也。」即車箱前的橫木，較寬，可憑靠。【包山楚簡】

輅　𨌄

輅　伯弔子戟【金文編】

2491　2493　2494　2495　2492【古璽文編】

◉許　慎　𨌄車軨前橫木也。从車。各聲。臣鉉等曰。各非聲。當从路省。洛故切。【説文解字卷十四】

◉馬叙倫　段玉裁曰。漢書婁敬傳。脱輓輅。蘇林曰。輅音凍洛之洛。一木横遮車前。二人挽之。三人推之。劉昭注輿服志曰。韻集云。輈前横木曰輅。按輈當依許作軨。輓輅之車。用人不用牛馬。疑有輘無輈也。桂馥曰。既夕禮。賓奉幣當前輅致命。注。輅。轅縛。所以屬靷。疏。謂以木縛於轅上以屬靷而輓之。淮南兵略高注。輅。輓輦横木也。徐灝曰。軨字疑衍。軨者。車轖間横木。輅不得言軨前。倫按此字蓋出字林。【説文解字六書疏證卷二十七】

較

較　不从車　伯晨鼎　爻字重見　吴方彝　番生簋　毛公厝鼎　師兑簋　師克盨　从攴　彔伯簋

【金文編】

◉許　慎　較車騎上曲銅也。从車。爻聲。古岳切。【説文解字卷十四】

◉劉心源　較俗作較。詩淇奥釋文。較車兩旁上出軾者。古今注。重較。重耳也。在車轝上重起如兩角然。【彔伯㦺敢　奇觚室吉金文述卷四】

◉王國維　較。詩與考工記皆作較。説文作較。鄭云。車輢上出軾者是也。䋣為覆軾。此較亦當為覆較之物。續漢書輿服志。上乘輿。金薄繆龍為輿倚較。文虎伏軾。又公列侯安車。倚鹿較。伏熊軾。又云。乘輿倚龍伏虎。皇太子諸侯王倚虎伏鹿。公列侯倚鹿伏熊。所謂軾較均指覆軾覆較之物。此云䋣較。亦謂軾與較皆以飾之。師兑敦金車華較不云䋣。其證也。否則較為車之兩輢。既言車。不當别言之矣。【毛公鼎銘考釋　觀堂集林】

◉郭沫若　彔伯簋　較乃車較上之覆被。續漢書輿服志。上乘輿。金薄繆龍為輿倚較。文虎伏軾。又公列侯安車。倚鹿較。伏熊軾。均謂較上有繢飾之物以為覆。桒幬較即此意。【彔伯㦺毁　兩周金文辭大系圖録考釋】

◉孫海波　考工記：「車人以其廣之半為之式崇，以其隧之半為較崇。」按車藩兩旁上出軾者，重起如牛角，許叔重謂車輢上曲銅鉤也。从車爻聲。字亦作較，詩「猗重較兮」。毛公鼎。【甲骨金文研究　中國大學講義(内刊)】

◉馬叙倫　鈕樹玉曰。廣韻會引騎作輢。李注文選西京賦引作車輢上曲鉤。又七啓注引作車上曲鉤。初學記十二引作車輢上曲銅鉤。則鉤字當不譌。倫按玉篇引騎作倚。此非本訓。或字出字林。【説文解字六書疏證卷二十七】

軓

◉許　慎　軓車耳反出也。从車。从反。反亦聲。府遠切。【説文解字卷十四】

◉馬叙倫　鈕樹玉曰。玉篇。車耳也。廣韻。車耳曰軓。席世昌曰。漢書景帝紀注引應劭曰。轓。車耳反出。所以為之蔽屏翳塵泥也。如淳曰。轓音反。小車兩屏也。顔師古曰。據許慎李登説。轓。車之蔽也。左氏傳以藩載欒盈。即是有障蔽之車也。言車耳反出非矣。轓音甫元反。軓音方遠反。按顔駁應説誤矣。而所引許説當屬説文所有。且觀其轓軓分音。則轓字亦不應無。疑説文有所捝失也。倫按當依鍇本作反聲。車耳反出也者。吕忱或校者據應劭説加之。然反出下當有捝文。依應説則轓為有蔽以翳塵泥之車。非專指車耳反出為其名也。如無應説所以為之蔽屏翳塵泥也將不可通。此字蓋出字林。

轛 轛 輢 輢 輒 輒 䡅 䡅

轛或為重文。【說文解字六書疏證卷二十七】

◉許 慎 轛車橫軨也。从車。對聲。周禮曰。參分軹圍。去一以為轛圍。追萃切。【說文解字卷十四】

輢 彌勒篆銘【古文四聲韻】

◉許 慎 輢車旁也。从車。奇聲。於綺切。【說文解字卷十四】

◉馬叙倫 桂馥曰。鄭注考工記。戈殳戟矛皆插車輢。趙策。臣恐秦折王之輢也。朱駿聲曰。車之兩傍。人可倚之處也。倫按輢之語原出於奇也。【說文解字六書疏證卷二十七】

◉黄錫全 輢倚出彌勒像記 古璽奇字也作□、□（璽文5·3），此形偏旁奇同。輢倚並从奇聲，音義相近，此假輢為倚。鄭珍云：「輢者，車箱兩旁人所依倚，本有倚義。」【汗簡注釋卷六】

輒 輒 秦一〇 十七例 輒 法五三【睡虎地秦簡文字編】

輒 馬輒之印 輒 臣輒 輒 矦輒【漢印文字徵】

◉許 慎 輒車兩輢也。从車。耴聲。陟葉切。【說文解字卷十四】

◉馬叙倫 鈕樹玉曰。廣韻引作車相倚也。非。倫按輒蓋輢之轉注字。輒音知紐。輢音影紐。同為清破裂音也。車兩輢也疑本作輢也車兩旁也。車兩傍也蓋字林文。字見急就篇。【說文解字六書疏證卷二十七】

䡅 泰山刻石 寴䡅遠黎 史記作巡 巡字重文【石刻篆文編】

◉許 慎 䡅車約䡅也。从車。川聲。周禮曰。孤乘夏䡅。一曰下棺車曰䡅。敕倫切。【說文解字卷十四】

◉馬叙倫 段玉裁曰。一曰下棺車者。禮經有輴車。篇韻皆謂䡅輴同字。翟云升曰。小學紺珠引泥行乘䡅。倫按本書無輴。

故校者記此義。車約軓也者。軓字蓋隸書複舉字之譌乙於下者也。此字或出字林。【説文解字六書疏證卷二十七】

轖 轖

◉許　慎　轖車籍交錯也。从車。嗇聲。所力切。【説文解字卷十四】

◉馬叙倫　沈濤曰。文選七發注顔師古急就篇注引交錯作交革。段先生曰。革字是。攷工記。棧車欲弇。注。為其無革鞔不堅易折壞也。飾車欲侈。注。飾車。革鞔輿也。大夫以上革鞔輿。巾車職。士棧車。注。棧車不革鞔而漆之。凡革鞔謂之轖。故急就篇。革轖髹漆油黑蒼。籍當作箱。朱駿聲曰。籍當作牆。王宗涑曰。轖即詩簟笰朱鞹之笰。説文無笰。爾雅釋器。輿革。前謂之鞎。後謂之笰。竹。前謂之禦。後謂之蔽。析言之也。其實車兩旁亦皆有轖。車之有轖。猶宮之有牆。故字並從嗇。倫按王説是也。轖牆語原一也。急就篇皇象本作嗇。顔師古本作轖。轖蓋轖之譌。廣韻引字林。車藉交革。則此字出字林。顔師古本急就篇作轖者。傳寫者以字林作轖而增車旁。藉字或從段説。【説文解字六書疏證卷二十七】

軨 軨

軨 軨定　軨 軨林私印　軨 軨建　【漢印文字徵】

◉許　慎　軨車轖閒横木。从車。令聲。郎丁切。轠軨或从霝。司馬相如説。【説文解字卷十四】

◉馬叙倫　吳穎芳曰。轖乃牆之譌。或是輢字。即轓之別呼也。沈濤曰。後漢書張衡傳趙壹傳注引轖作輜。譌。御覽七百七十二引作車軨前横木。更譌。倫按字見急就篇顔師古本。皇象本作笭。倫疑急就故書作笭。傳寫者以字林字易之。此字蓋出字林也。

轠　嚴可均曰。小徐本與艸部䒿薻口部嗙鳥部鶵鶮禾部稟豖部豦虫部蛃螋語同。周雲青曰。唐寫本玉篇引作司馬相如説軨字如此。倫按令霝音同來紐。故軨轉注為轠。【説文解字六書疏證卷二十七】

輑 輑

◉許　慎　輑軺車前横木也。从車。君聲。讀若羣。又讀若褌。牛尹切。【説文解字卷十四】

◉馬叙倫　嚴章福曰。舊本蓋衍軺字。形近譌為軺。田吳炤曰。小徐讀若羣在從車上。顛到非是。一曰二字玉篇原本引同。説文舊本如此。劉秀生曰。君聲軍聲並在見紐痕部。故輑從君聲得讀若羣又得讀若褌。禮記玉藻。有葷桃茢。注。葷或作君。内則。一薰一蕕。釋文。薰。本作葷又作君。竝其證。倫按唐寫本玉篇引作軺車從横也讀若君。一曰名若褌。軺為輑

軫 軫

譌。軺為隸書複舉字。車前橫木也蓋字林文。【說文解字六書疏證卷二十七】

軫 番生簋 車電軫桒縟較【金文編】

軫 日甲六背 日乙九五 三例【睡虎地秦簡文字編】

南嶽碑【古文四聲韻】

◉許　慎　軫車後橫木也。从車。㐱聲。之忍切。【說文解字卷十四】

◉馬叙倫　王筠曰。鄭注考工記兩見。顔注急就篇同。詩小戎俴收。傳。收。軫也。疏以為前後兩端之橫木。戴侗曰。軫。輿下四面木匡。合成輿者也。考工記曰。軫之方也以象地也。又曰。六尺有六寸之輪。軹崇三尺有三寸也。加軫與轐焉。四尺也。又曰。輪人為蓋弓。四尺謂之庇軫。按軫乃四面木。獨以為輿後橫木者非也。使軫獨為輿後橫木。則不得言方以象地。且軫之兩旁木加於軸。故曰加軫與轐。為四尺。若輿後橫木。安能加軸轐之上乎。且庇軫庇輿庇軹皆指左右兩旁而言。非指輿後而言。況記言五分其軫間。以其一為之軸圍。若獨為輿後橫木。則不得言間矣。徐灝曰。戴説精碻。許鄭以為輿後橫木。乃誤會左氏之文。昭廿一年傳。張匄抽殳而下。子成射之。折股。匄扶服而擊之。折軫。此但指輿後一面而渾言之。倫按此蓋字林文。字見急就篇。【說文解字六書疏證卷二十七】

轐 轐

◉許　慎　轐車伏兔也。从車。菐聲。周禮曰。加軫與轐焉。博木切。【說文解字卷十四】

◉馬叙倫　徐灝曰。轐即伏兔之合音。倫按此以俗名釋雅也。然蓋字林文。轐與輹音義同。易小畜九三。輿説輹。正義引鄭注。輹謂輿下縛木。與軸相連。鉤心之木也。子夏傳。輹。車屐也。鉤心。從輿心下鉤軸也。蓋轐在輿底軫下。為半規形。與軸相銜。狀似伏兔。又與屐類。故因名焉。亦謂之鉤心。戴震謂轐輹實一字。今易作輻者。傳寫之譌。是也。此訓或出字林。【說文解字六書疏證卷二十七】

𨐂　不从車　彔伯簋　婚字重見　毛公㬊鼎　師兑簋　番生簋　師克盨　【金文編】

◉許　慎　𨐂車伏兔下革也。从車。𢜩聲。𢜩。古昏字。讀若閔。眉殞切。【說文解字卷十四】

◉吳大澂　靷。引軸也。籀文靷作𩋁。又車部𨐂車伏兔下革也。从車𢜩聲。𢜩。古昏字。讀若閔。大澂按。廣雅訓陰靷為伏兔。知𨐂即靷之古文。與靷下籀文𩋁相似。从革从車一字也。此作。从車从昏。古昏字。與說文𨐂字正同。

【毛公鼎　愙齋集古録四册】

◉高田忠周　孫詒讓云。說文。𨐂。車伏兔下革也。从車𢜩聲。𢜩古文昏字。讀若閔。此銘作。从籀文車。𢜩从女與上文婚作同。寅簋亦有此字。攷古圖誤摹為二文。薛款識誤釋為輦爵二字。其義遂不可解。非此鼎幾不知金文有𨐂字。按孫攷為是。然以車下形謂為婚字。其見未純。今審此篆。作。正婚字。从女从爵省。爵蓋醻省。亦與醮同。婚之作為會意。而又从。即耳字。說文譌為形。此實聞字古文。从耳婚聲。說文。䎽。古文聞。即是也。然𨐂字元从車䎽聲也。許氏云。𢜩。古文昏字。未通矣。【古籀篇七十五】

◉張之綱　孫詒讓氏釋文後跋云。說文女部載籀文婚字作𢜩。車部𨐂字从之以為聲。近代脩學之儒罕究鄦書無膡義。而於此字未有能言其形義者。今此鼎有𢜩字。二𨐂字一雖偏旁不盡可辨。而下从女與篆文同則固塙然無可疑者。許書𢜩字乃涉㚈䙳二字而誤。故巾部𢅳字則直改从䙳。與聲類不合矣。又注云。此依段氏校正。又革部靷籀文作𩋁。叚謂从𠬪从吅。今案疑亦从婚。古文傳寫譌失。遂成𠬪形。引聲昏聲亦相近也。孫氏論今本說文𢜩字涉㚈䙳二字而誤。精塙。為自來箋釋家所未及。惟云籀文𢜩字籀應改作古。【毛公鼎斠釋】

◉馬叙倫　鈕樹玉曰。繫傳閔作𢘽。說文無𢘽。古昏字作古文昏字非。女部。𢜩。籀文婚。嚴可均曰。𢜩古昏字校語。葉德輝曰。日部。昏。從日。民聲。民文古同音。本書。暋下引周書𢾈不畏死。孟子作閔。蟁之俗字作蚊。左僖廿三年傳。齊侯伐宋。圍緡。穀梁作圍閔。劉秀生曰。女部。𢜩。籀文婚。婚聲文聲並在痕部。故𨐂從𢜩聲得讀若閔。史記范雎傳。閔然不敏。鄒誕生本閔作惛。是其證。倫按車伏兔下革字當從革。即革部靷之重文作𩋁者也。此其異文。蓋出字林。餘見靷字文𨐂字下。【說文解字六書疏證卷二十七】

◉李孝定　𨐂字許君訓車伏兔下革，靷字許訓所以引軸，伏兔即轐，伏軸上，伏兔下革，與靷當為一事，吳大澂氏之說可从；然謂靷、𨐂竟為一字，則覺可商，靷字籀文作𩋁，从𠬪，其中似从「吅」，與𨐂字所从「𢜩」，形音均不相涉也。【金文詁林讀後記卷

軸　輹

十四】

◉許　慎　軸持輪也。从車。由聲。【説文解字卷十四】

◉馬叙倫　段玉裁曰。當作所以持輪者也。倫按許蓋以同聲之字訓也。今捝。存者蓋字林文。字見急就篇。【説文解字六書疏證卷二十七】

輹

輹 古老子【古文四聲韻】

◉許　慎　輹車軸縛也。从車。复聲。易曰。輿脱輹。芳六切。【説文解字卷十四】

◉馬叙倫　鈕樹玉曰。韻會作輿説輹。嚴可均曰。韻會引作車下縛也。按易小畜釋文云。車旁作复。車下縛也。則韻會得之。段玉裁曰。劉熙合輹於伏兔之轐。非也。依許則伏兔名轐。車軸之縛名輹。迥然二物。轐之言僕也。毛傳。僕。附也。為伏兔之形。附於軸上。以輅固之。輈齧於兩伏兔間。名曰當兔。王筠曰。廣韻。車伏兔。釋名亦以為伏兔。段不從者。蓋由許説縛字生疑也。案伏兔有轐輹兩名。蓋其制之異。輕車曰轐。考工記。加軫與轐。是也。大車曰輹。易。壯於大車之輹。是也。又小畜大畜皆言輿説輹。謂其自脱。轐則待人脱之。不能自脱矣。且輪之與輇。轒之與暈。軏之與軏。輈之與轅。軫之與軝。皆一物而別其名。由大車小車之異。其形不同耳。何獨伏兔無異名乎。請以今制明之。乘車皆用轐。鍥軸為渠。兩木箸於車底。而向下夾持其渠。兩木之爪出軸下。可以革縛之。䡙下云。車伏兔下革也。是也。任載之車亦有然者。皆輪自轉。軸不與之俱轉也。而又有軸與輪合為一體相隨俱轉者。則其輪先異。所云無輻曰輇者是也。其伏兔以一木為之。圓其中以含軸。如縛之者然。故許説輹曰車軸縛也。乃比象之詞。非真以革縛之也。故脂車者用轐則膏其釭。用鍑則膏此鍑也。或遇大石阬坎。往往自脱。不如轐有革縛之固也。倫按戴震以轐輹為一。段玉裁以為二。王筠以為一而以大小車制之不同。其形不一。故其名亦異。倫謂戴説實長。車之為用。以伏兔上負輿而下含軸。易言輿説輹。明無伏兔則輿輪分而無其用矣。則輹即轐之轉注字。輹音非紐。古讀歸封。轐音封紐。是古同音也。若有縛無縛。或因車而異。要皆不能無伏兔。至車下縛者。蓋縛字義。縛音亦封紐。故古或相通借。此字或出字林。【説文解字六書疏證卷二十七】

軔出字略 【汗簡】

李商隱字略 【古文四聲韻】

◉許　慎　軔礙車也。从車。刃聲。而振切。【説文解字卷十四】

◉馬叙倫　鈕樹玉曰。詩小旻正義引作礙車木也。玉篇注。礙車輪木。桂馥曰。礙車也者。字林同。段玉裁曰。字林如戰反。倫按集韻引字林。軔。礙車木。然則合有木字。以為止輪用之。故從車。此字或出字林。【説文解字六書疏證卷二十七】

◉白玉峥　「不其侣□」①一四〇・一

①所引一四〇・一版，乃龜腹甲左甲橋下半之殘餘；為第一期武丁時之遺物。除著録於鐵雲藏龜外，又著録於戰後京津新獲甲骨録一〇〇二。茲將原辭今譯如左：

軔不其挈十朋？左行

：籀廎先生疑為夾之異文本段。羅振玉氏考釋及待問篇均失録。孫海波氏文編入于附録二二，列為不識之字。李孝定先生集釋列為待考之字四六〇三。金祥恆先生釋車，並定為武乙、文武丁時之書法。詳中國文字第四期。日人島邦氏之綜類，列為之字四六五頁。峥按：釋車，頗有可商：竊疑為軔字之初文。説文解字：「軔，礙車也；从車刃聲」。此字蓋从，象車之左右二輪，亦即今字車之所由出；从、象支車之木；形與天干第九字略同。準於六書，當即會意，而非形聲。軔乃其後起之形聲字。玉篇：「軔，礙車輪也；或作杒」。楚辭集注：「軔，搘車木也；將行則發之」。離騷集傳：「軔，止車木也」。箋：「王曰：軔，搘輪木也；洪曰：軔，止車之木，將行則發之」。長楊賦李善注引王逸楚辭注曰：「軔，支輪木也」。字正象以木支車之形。其或有謂「止」者，「搘」者，乃通叚之故也。蓋車停之際，必以三支點成鼎立之勢，始可穩定車身，而兩輪與軔洽成鼎足，故説文謂之「礙」。然究其實，則皆一也。再就車字之構形言，知古代之車，為兩輪一轅，而朱駿聲氏謂「大車兩轅」説契非是。蓋兩轅之車，實乃秦漢以後之改進也。前修之考釋車制者，於軔之位置、制作及與車之關係等，率皆隻字不論，失之粗疏。然就近世北方所行之兩轅車審之，知軔之位置，當在兩輪之前，轅之後端。而字之構造，雖無車轅之描述，然所从之形則當於兩輪之間，支或止輪之義至顯。再徵諸甲金文字，所有車字之構形，均與此異；適可反證釋車之欠當。惜隻字孤文，難予比勘；然釋為軔字，其用為支車，殆無疑也。字於本辭疑為人名。【契文舉例校讀[一七]　中國文字第五十二册】

◉黄錫全　軔出字略　《説文》軔字正篆作。此車形横書，刃在車左。車形横書竪書不别，如轟文作，卬父毁作，盂鼎作𨌥，師兑毁作𨌥，省作車(乙324)、[glyph](甲1003)、車(子禾子釜)等。刃形在左，類似初字或作[glyph](王孫壽甗)，割字或作[glyph](員伯匜)等。【汗簡注釋卷二】

輮

輮 籀韻【古文四聲韻】

◉許　慎　輮車軔也。从車。柔聲。人九切。【説文解字卷十四】

◉馬叙倫　吴穎芳曰。軔之語轉。鈕樹玉曰。韻會去聲引同。上聲引作車輞也。説文無輞。繫傳作車輌也。更非。蓋皆軔之譌。錢坫曰。釋名。輞。關西曰輮。然則此軔字譌也。徐灝曰。考工記。牙也者。以為固抱也。鄭司農云。牙謂輪輮也。世間或謂之罔。書或作輮。釋名。輞。罔也。罔羅周輪之外也。關西曰輮。言曲揉也。倫按玉篇引即車輞也。蓋校語。王筠據爾雅釋木釋文引字林。輞。轑也。謂字林始有輞字。是也。倫謂考工記之牙書或作輮者。輮音日紐。古讀歸泥。牙音疑紐。泥疑同為邊音也。故借牙為輮。鄭言世間或謂之罔。罔音微紐。亦邊音也。又與牙為魚陽對轉。亦通假也。後人因作輞字。為輮之轉注。然足以證知鄭時無輞字。然倫謂牙輮罔者。皆𨏥之借字。此下文。𨏥。車輮規也。𨏥音羣紐，羣疑皆舌根音。故考工作牙。此訓當作軔也。誤衍車字。或為輮字之爛捝。輮為隸書複舉字也。輮為軔之音同日紐轉注字。字見急就篇顔師古本。皇象本作柔。蓋急就故書自作柔。此字不出倉頡矣。或訓纂文乎。或出字林也。【説文解字六書疏證卷二十七】

𨏥

◉許　慎　𨏥車輮規也。一曰一輪車。从車。熒省聲。讀若煢。渠營切。【説文解字卷十四】

◉馬叙倫　鈕樹玉曰。玉篇注。輪車也。廣韻。車輮規。一曰。輪車也。蓋本説文。則一字乃後人增。倫按𨏥即周禮考工記牙也者以為固抱也之牙。徐鍇説輮字。謂車輪外罔木。一曰牙。一曰渠。蓋考工記牙字本或作輮。故昔人率以輮為牙。其實牙輮並借字。𨏥其本字也。知者。考工記車人。渠三柯者三。鄭司農曰。渠謂車輮。所謂牙。尋鄭以輪人之牙為輪輮。其實車為輿輪總名。車兼輪言。於字形可見。輪不兼車。止是車上之一物。輪外有罔木所以固抱。車無所謂罔木也。是知牙渠字異。其實一物。牙音疑紐。渠音羣紐。皆舌根音。又聲同魚類。故或偁牙。或名渠也。𨏥渠音同羣紐。可知牙渠皆借為𨏥。爾雅釋木釋文引字林。輞。轑也。轑音同渠。則即𨏥之轉注字。其字從豦得聲。豦音亦在羣紐。本書醵或從巨作酟。酟渠並從巨得聲。皆可證也。輪外网木。全是〇形。故字從熒得聲。猶營亦從熒得聲。軍為營壘之營本字。從匀得聲。本書趍從走匀聲。而讀若縈。則其語原同也。亦可證輂是考工記輪人之牙之本字。此訓車輮規也。一曰輪車。玉篇止訓輪車。輪車不可通。倫謂此非別義。校者注異本耳。其實說解本作輮也輪囗也。校者以規易囗。傳寫譌如今文。一本又譌為輪車矣。今南方言固桶固盆者謂之柯。即此。【說文解字六書疏證卷二十七】

轂

轂 日甲七三背　通穀　為人不——【睡虎地秦簡文字編】

轂【汗簡】

◉許　慎　轂輻所湊也。从車。㱿聲。古禄切。【說文解字卷十四】

◉馬叙倫　許蓋以聲訓。輻所湊也蓋字林文。字見急就篇。【說文解字六書疏證卷二十七】

◉許　慎　輥轂齊等皃。从車。昆聲。周禮曰。望其轂欲其輥。古本切。【說文解字卷十四】

◉馬叙倫　鈕樹玉曰。韻會引及玉篇注轂上有車字。倫按轂齊等皃似非本訓。字或出字林。【說文解字六書疏證卷二十七】

軝　弔𧽊父卣　軝侯【金文編】

◉許　慎　軝長轂之軝也。以朱約之。从車。氏聲。詩曰。約軝錯衡。渠支切。軝軝或从革。【說文解字卷十四】

◉馬叙倫　鈕樹玉曰。廣韻引無也字。沈濤曰。詩采芑正義引作長轂也。倫按長轂之軝也似非本訓。或字出字林也。

軝　桂馥曰。考工記。幬必負幹。鄭注。幬負幹者。革轂相應。無贏不足。戴震釋車曰。以革幬轂謂之軝。倫按以革故從革。【說文解字六書疏證卷二十七】

◉孫　機　二號車之轂飾以弦紋和鋸齒紋，當即《周禮・巾車》「孤乘夏篆」、《考工記・輪人》「陳篆必正」之篆。先、後鄭都把篆解釋為轂約，轂約又稱軝約，《說文・車部》：「軝，長轂之軝，以朱約之。」《廣雅・釋詁》：「約，縛，束也。」此字或从革作軧，即《輪人》中提到的幬革，用它束於轂周，即《詩・采芑》孔疏所說：「以皮纏束車轂以為飾，而上加以朱漆。」其實轂本用木材制作，纏革塗漆是加固之需，并非單純為了裝飾，但這樣形成的瑑紋，卻被稱為篆而沿襲了下來。【始皇陵二號銅車馬對車制研究的新啟示　文物一九八三年第七期】

◉王立新　白於藍　金文有關車馬服飾賞賜之記載中常見一字，作如下諸形：

(1)[字形]彔伯𢦏毁　(2)[字形]番生毁　(3)a[字形]b[字形]師克盨　(4)[字形]師兑毁　(5)[字形]毛公厝鼎　(6)[字形]曼盨　(7)[字形]牧毁　(8)[字形]吴方彝　(9)a[字形]b[字形]十三年痶壺　(10)[字形]痶盨

此字在金文中的具體用例如下（以下將此字暫隸定為「靳」、「斳」、「𨐩」、「衮」）

(1)　余易女𩱦鬯一卣、金車、𠦪𢦏較、𠦪㠯、朱虢斳、虎冟案（朱）裏、金甬、畫聞（輯）、金軛、畫轉、馬四匹、攸（鋚）勒。（彔伯𢦏毁）

(2)　易朱市悤黄鞞鞣、玉睘、玉瑹（琮金）車、電軫、𠦪縟較、朱𩍐㠯斳、虎冟熏裏、逪（錯）衡、右軛、畫轉、畫輯、金童、金豙、金簟弼、魚葡、朱旂旜、金莽、二鈴。（番生毁）

(3)　易𩱦鬯一卣、赤市五黄、赤舃□□，駒車、𠦪較、朱虢㠯斳、虎冟熏裏、畫轉、畫輯、金甬、朱旂、馬四匹、攸（鋚）勒。（師克盨）

(4)　易女𩱦鬯一卣、金車、𠦪較、朱虢㠯斳、虎冟熏裏、右軛、畫轉、畫輯、金甬、馬四匹、攸（鋚）勒（三年師兑毁）

(5)　易女𩱦鬯一卣、鄭圭𤔲寶、朱市悤黄、玉環、玉瑹、金車、𠦪縟較、朱[字形]㠯斳、虎冟熏裏、右軛、畫轉、畫輯、金甬、逪（錯）衡、金嶂、金豙、剌䰲、金簟弼、魚葡、馬四匹、攸（鋚）勒、金[字形]、金雁、朱旂、二鈴。（毛公厝鼎）

(6)　易女𩱦鬯一卣、乃父市、赤舃、駒車、𠦪絞、朱虢㠯斳、虎冟熏裏、畫轉、畫輯、金甬、馬四匹、攸（鋚）勒。（曼盨）

(7)　易女𩱦鬯一卣、金車、𠦪較、畫轉、朱虢㠯斳、虎冟熏裏、旂、余、□四匹。（牧簋）

(8)　易𩱦鬯一卣、玄衮衣、赤舃、金車、𠦪㠯、朱虢𨐩、虎冟熏裏、𠦪較、畫轉、金甬、馬四匹，攸（鋚）勒。（吴方彝）

(9)　易痶畫衮、牙僰、赤舃。（十三年痶壺）

(10)　易[字形]衮、虢敓、攸（鋚）勒。（痶盨）

⊘從此字已知音讀和辭例所示該物性質特徵來看，我們認為它應該記録的是《説文》所言之軝。⊘再從讀音看，軝為群母支部字，祁為群母脂部字，兩字雙聲，韻可旁轉，故軝與讀如祁的[字形]可相通假。軝既為轂外纏束之物，故从束，軝猶如轂外裝裹之衣，故又从衣；至于加斤旁，則如上述，可能是追加的聲符。

⊘几字可能是一個象形符號，其下部的几，表示轂一頭的側視輪廓綫，上部的几則表示裹束在轂上的軝的總體形狀。所以甲骨文中已見到的几字，并不見得是張亞初先生所説的𣎆字的省體，𣎆字反有可能是本形加几的複體字了。

應當説明的是，河北元氏縣所出西周邢國銅器弔趞父卣中有銘「軝侯」者，其中「軝」字从車从氏作「」，此字應即《説文》軝字所本，當為後起的形聲字，斬字春秋以後不見，大概即與此字的興起有關。【釋軝　于省吾教授百年誕辰紀念文集】

軹

軹令之印【漢印文字徵】

◉許　慎　軹車輪小穿也。从車。只聲。諸氏切。【説文解字卷十四】

◉馬叙倫　鈕樹玉曰。詩匏有苦葉正義引無車字。玉篇引輪作軸。當不誤。段玉裁曰。輪當作轂。倫按車輪小穿也非本訓。字見急就篇。【説文解字六書疏證卷二十七】

軎

軎之重文【續甲骨文編】

軎　强運開云象雙輪貫軸之形　揚鼎　軎弔【金文編】

秦1042　獨字　秦1043　同上【古陶文字徵】

◉許　慎　軎車軸耑也。从車。象形。杜林説。徐鍇曰。指事。于濊切。轊軎或从彗。【説文解字卷十四】

◉林義光　説文云。軎車軸耑端也。从車。象形。按象車軸及端形。【文源卷二】

◉强運開　。玥鼎。玥見使于彭車叔賞玥馬。吴愙齋云。車當即軎之緐文。説文。軎。車軸耑也。从車象形。杜林説。徐鍇曰指事。運開按此篆正象雙輪貫軸之形。吴釋為軎之緐文。是也。容庚釋乍車蓋。誤。【説文古籀三補卷十四】

◉馬叙倫　徐鍇曰。指事。鈕樹玉曰。韻會引脱耑字。象形作象軎之形。詩匏有苦葉正義引耑作端。嚴可均曰。杜林説下當有轂沓也。御覽七百七十八引作杜林説轂轄也。轄即俗沓字。王筠曰。轄當作錔。轂錔也詞亦未備。錔冒於軎。非軎謂之錔。且下文自有輨也。軎者以鐵圍於軸之耑也。倫按從車。口聲。故或從車彗聲作轊。彗音邪鈕。口音喻紐三等。同為次濁摩擦音。故轉注也。説解蓋挩本訓。車軸耑也或字林文。象形亦呂忱或校者改之。杜林説亦呂引也。【説文解字六書疏

證卷二十七】

◉楊樹達　段玉裁曰：「○象轂端之孔。」樹達按：車為本形，○為特形。車字中直畫象車軸，字當橫看，前已言之。此字亦當橫看，作軎形，乃得之。車軸兩端皆當有軎，此省去一端也。【文字形義學】

輻　輻

◉許　慎　輻輪轑也。从車。畐聲。方六切。【説文解字卷十四】

◉馬叙倫　下文。轑。蓋弓也。一曰。輻也。則此但訓轑也可矣。何必作輪轑也。蓋本作輪囗也。轑也。傳寫挩譌。范應元老子注引周易音訓引作車轑也。然皆非本訓。字見急就篇。【説文解字六書疏證卷二十七】

轑　轑

◉許　慎　轑蓋弓也。一曰輻也。从車。尞聲。盧皓切。【説文解字卷十四】

◉馬叙倫　鈕樹玉曰。韻會引蓋上有車字。朱駿聲曰。此字後出。蓋弓之訓。實為橑檐之轉注。倫按朱所謂轉注實謂假借。章敦彝曰。釋名。橑。蓋義也。今匠人蓋草屋。用鐵鉤鉤椽檩上曰轑鉤。如弓。乃本訓。一曰輻也乃釋車轑也。倫按蓋弓以形似名也。屋橑與車輻皆似此形。故轑亦謂之蓋弓。此字從車。自為車輻本字。朱以為後出。是也。考工記止名蓋弓。一曰輻也非別義。校者據一本作輻也者注之。或校者自注以釋蓋弓為輻也。轑為輻之轉注字。輻聲之類。然從畐得聲之复腹椱複鰒蝮鍑輹諸文聲皆當在幽類。橑聲宵類。古讀歸幽也。字見急就篇顏師古本。皇象本作橑。是急就故書作橑。傳寫者以字林字易之。此字出字林也。【説文解字六書疏證卷二十七】

軑　軑

軑

軑矦之印【漢印文字徵】

◉許　慎　軑車輨也。从車。大聲。特計切。【説文解字卷十四】

◉馬叙倫　鈕樹玉曰。廣韻引作車轄也。詩節南山正義。引亦作車轄。玉篇注。轄也。嚴可均曰。此作輨。蓋涉下文輨篆而改。段玉裁曰。篇韻作轄。輨之譌也。徐灝曰。方言。輨。軑。鍊鏅也。關之東西曰輨。南楚曰軑。趙魏之間曰鍊鏅。離騷。齊玉軑而竝馳。王逸注。軑。錮也。軑通作釱。廣雅。鍊鏅。釱。錧也。按踏腳鉗謂之釱。故轂耑踏亦謂之軑。皆鉗制義也。倫按阮元謂離騷之玉軑。其形外方内圜。今猶有存者。俗稱釭頭。此下文。錧。轂耑踏也。正所謂釭頭。是軑即

輨 輨　轅 轅　輈 輈

輨。輨從官得聲。官從𠂤得聲。𠂤大聲同脂類。蓋轉注字。然字疑出字林。【說文解字六書疏證卷二十七】

◉許　慎　輨轂耑沓也。从車。官聲。古滿切。【說文解字卷十四】

◉馬叙倫　鈕樹玉曰。繫傳作轂耑錔也。錔字是。嚴可均曰。一宋本耑作端。沈濤曰。御覽七百七十六引。輨。軨轂端錔也。鈴字誤衍。錔亦沓之譌。倫按字見急就篇顏師古本。皇象作錧。本書無錧字。【說文解字六書疏證卷二十七】

轅 秦一二五　法一七九【睡虎地秦簡文字編】

轅隆之印　轅猛【漢印文字徵】

◉許　慎　轅輈也。从車。袁聲。雨元切。【說文解字卷十四】

◉馬叙倫　字見急就篇。【說文解字六書疏證卷二十七】

輈竹牛切【汗簡】

孫彊集　崔希裕纂古　說文【古文四聲韻】

◉許　慎　輈轅也。从車。舟聲。張流切。𨏴籀文輈。【說文解字卷十四】

◉馬叙倫　王筠曰。鄭注考工記。輈。車轅也。廣雅。轅謂之輈。皆以用之同而通其名也。然轅直而輈曲。轅兩而輈一。轅施之大車以駕牛。輈施之小車以駕馬。固不同也。且軫軝轐輹輪輇輗軏許皆不合之。獨於轅輈轉注。亦不可解。倫按此類初止以用同而名同。而不計所駕之異。後世或分別之。輈音知紐。轅從袁得聲。袁從叀得聲。叀音照紐三等。同為舌面前音。古讀知照皆歸於端。故輈轅為轉注字。【說文解字六書疏證卷二十七】

◉楊英傑　輈：戰車輿前駕馬的拱形獨木曰「輈」。《釋名·釋車》云：「輈，句也」。句者曲也，因其拱曲向下勾之故名。輈分三部分：輿下部分，因其居輿底正中，貫前後以承重，故曰「任正」；輈尾交于後軫部分曰「踵」；輿前伸出駕馬部分曰「頸」。漢世以後的古今學者，多以輈、轅互釋。如《考工記》鄭玄注：「輈，車轅也」；《說文》：「輈，轅也」，「轅，輈也」。郭沫若《金文叢考》

亦釋輈曰轅。對先秦的車制來説，以輈轅互釋是不正確的。轅與輈不同。《考工記》：「輈人為輈」，「車人為轅」。輈、轅分文記述，各屬不同工匠制造。《考工記・輈人》：「大車平地既節軒摯之任。及其登阤，不伏其轅，必縊其牛。此無故，惟轅直且無撓也。」又《考工記・車人》：「凡為轅，三其輪崇」。賈公彥疏云：「大車，二轅一牛，在轅内」。綜上，知輈與轅不同有四：輈一根，轅二根；輈形彎曲，轅形平直；輈兩側駕馬，轅中間架牛；輈為兵車、乘車、田車的構件，轅為大車（輜重車）構件。故輈、轅不得混淆。【先秦戰車形制考述　遼寧師範大學學報一九八四年第二期】

輂

□ 輂延壽　□ 輂革印【漢印文字徵】

◉許　慎　輂直轅車轒也。从車。具聲。居玉切。【説文解字卷十四】

◉馬叙倫　鈕樹玉曰。廣韻引轒下有縛字。韻會引作直轅車也。按轓注。曲轅轒縛。則縛字當有。玉篇注。直轅轒縛。嚴可均曰。當作直轅車縛。廣韻引衍一轒字。王筠曰。革部。轓。或作轒。云。車衡之束也。曲轅轒縛。直轅輂縛。於彼已明。故於此云直轅車之轒謂之輂。乃交互以明之。非有脱文。倫按轓下曲轅八字乃校語。抑轅有曲直而所縛不殊。古書或借簐為轒耳。輂簐形近。因譌為輂。此當從韻會引無轒字。輂即史記夏本紀山行乘檋河渠書山行即橋漢書溝洫志山行則梮之本字。徐廣訓直轅車。是也。轒當依鍇本作轒。直轅車轒也當作直轅車也轒也。直轅車是本義。轒也者。乃校者誤以輂為簐而加之。此字蓋出字林。【説文解字六書疏證卷二十七】

軏

◉許　慎　軏車轅耑持衡者。从車。元聲。魚厥切。【説文解字卷十四】

◉馬叙倫　錢坫曰。此論語小車無軏字。桂馥曰。元聲者。本書。髡或從元。倫按論語包咸注。軏者。轅耑上曲鉤衡。輗者轅端横木以縛軛。戴震非之。以為轅耑持鬲。其關鍵名輗。輈端持衡。其關鍵名軏。朱駿聲以為鉤衡與輈本不相連。別有關鍵以鉤持之。所謂軏也。倫檢莊子馬蹄。加之以衡扼。齊之以月題。月題即軏輗。衡扼軏輗對言。而皆在馬首。故下文有介倪闉扼之語。然究何者為軏。何者為衡。今殊不能以實物為諭。蓋唯西北尚行古車制。而倫所見乘車載車率有轅軛而無衡。軏亦不易别也。今所見古車石刻亦不易諦別。則所藉以明車古制者。唯周禮考工記及金甲文耳。金文車字之校詳者。如盂鼎之□車鼎之□車且丁爵之□車卣之□中叔尊之□父乙尊之□車卣戰字所從之□。孫詒讓據毛公鼎作□而説之曰。車原作車今依其說改象兩輪。旁兩畫象轂耑之鍵。而軸貫之。其中畫特長。夾於兩輪與軸交午者。輈也。輈曲為梁形。前出而連於衡。故右為廾形。長畫與輈交午者衡也。兩旁短畫下岐如半月者。軏與軶也。蓋衡縛於輈。軏縛於衡。而軶又縛於軏。故詩小戎云。五楘梁輈。毛傳。五。五束也。楘。歷録也。梁輈。輈上句衡也。一輈五束。束有歷録。束有五者。衡與輈相交處為一束。兩軏與衡相交處為二束。軶與軏相箸處又為二束。因輈與衡衡與軏軶皆異材而任力甚劇。必以革交互縛之。乃可以為固。孫說詳明矣。然如孫說則軏是丨𠆢上之丨。軶是丨𠆢下之𠆢。與此車轅耑持衡者不合。父乙尊之車。其轅耑上曲而持衡。轅耑上曲與包說合。然包言鉤衡者。詩小戎毛傳。梁輈。輈上句衡也。然則輈耑上曲為梁形。故曰梁輈。以此持衡謂之句衡。句衡謂拘衡也。是孫說尚有微誤。顏師古急就篇注曰。衡者。橫也。橫木在馬頭上者。然則輈耑不上曲不能持衡。軏即指上曲者而言。正韓非外儲引墨子所謂用咫尺之木不費一朝之事而引三十石之任者也。車轅耑持衡者似校語。【說文解字六書疏證卷二十七】

戹 軶 不从車　彔伯簋　戹字重見　【金文編】

軶 義雲章　軶 裴光遠集綴　【古文四聲韻】

◉許　慎　軶轅前也。从車。戹聲。於革切。【說文解字卷十四】

◉高田忠周　吳大澂云。右戹。彔伯戎敦作金戹。即詩梁山之鞗革金厄。毛傳。厄。烏蠋也。說文。軶。轅前也。厄與軶同。按吳說可從。但其釋字錯雜非是。說文厄作厄。科厄木節也。从卩厂聲。戹作戹。隘也。从戶乙聲。厄戹判然兩字也。今人以厄為隘也。困也者借厄為戹。古音厄戹轉通也。吳氏於古籀補為厄字。非。今審篆形。是必軶古文。象形字也。左襄十四年傳。射兩鉤而還。服注鉤車軶兩邊叉牛頸者。又車制圖解。衡與車廣等。長六尺六寸。平橫輈耑直木也。車人曰。鬲長六尺亦直木也。若壓馬牛頸處。則別有曲木。縛於衡鬲之下。以下扼馬牛之頸。其名為軶。由是觀之。此字形象。即其具之形象也。要凡字始象形。後變為形聲者。往往有之。如此字亦其一例證耳。又按。車字作車。其一即衡。其𠆢即戹也。【古籀篇七十五】

◉郭沫若　戹即軛。在衡上。所以叉馬頸者。【彔伯㦰段　兩周金文辭大系圖録考釋】

◉馬叙倫　鈕樹玉曰。一切經音義廿三引作車前也。王筠曰。玄應音義引有轅耑壓牛馬領者也。蓋庾注。徐灝曰。轅前下疑有奪字。倫按軶之初文作[glyph]。象形。一為横。丨為軏。○為轙。八為軥。并衡軏轙軥而名軶。故并衡軏轙軥而作[glyph]也。説解有挩文。急就篇顔師古本作枙。蓋軶之譌。皇象本作戹。戹即[glyph]字。疑急就故書作戹。傳寫者以通用字易之。此字出字林也。【説文解字六書疏證卷二十七】

輝 [glyph]

◉許　慎　[glyph]軶軥也。从車。軍聲。乎昆切。【説文解字卷十四】

◉馬叙倫　桂馥曰。本書。楎。犂上曲木犂轅。輝亦曲木也。倫按下文。軥。軶下曲者。左襄十四年傳。射兩軥而還。服虔曰。軥。車軶也。兩軶叉馬頭者。杜預曰。軥。車軶卷者。小爾雅廣器。軶下者謂之烏啄。釋名。烏啄。向下叉馬頸似烏開口向下啄物時也。以此證知軥為[glyph]之下作八者。亦以此證知軶乃并衡軏轙軥而為名也。甲文車字作[glyph]者[glyph]為兩輪及軸與軥。八即戹也。此訓軶軥謂軶上之軥也。然倫以楎為犂上曲犂轅證之。輝或為軏之脂真對轉轉注字。輝聲真類。軏聲脂類也。軥字或譌。字蓋出字林。【説文解字六書疏證卷二十七】

軥 [glyph]

◉許　慎　[glyph]軶下曲者。从車。句聲。古候切。【説文解字卷十四】

◉馬叙倫　鈕樹玉曰。韻會者作也。沈濤曰。左襄十四年傳正義引作車軶下曲者。倫按軥所以拘馬頸。形如鉤。故名軥。軶下曲者。蓋字林文。或字出字林也。【説文解字六書疏證卷二十七】

◉商承祚　軥，軶下曲也。所以服馬之頸者。【江陵望山二號楚墓竹簡遺策考釋　戰國楚竹簡彙編】

轙 [glyph]

◉許　慎　[glyph]車衡載轡者。从車。義聲。魚綺切。[glyph]轙或从金从獻。【説文解字卷十四】

◉馬叙倫　爾雅釋器。載轡謂之轙。郭注。車軶上環。轡所貫也。車軶載轡者蓋字林文。字見急就篇。

[glyph]　鈕樹玉曰。繫傳作轙或從車獻。鍇按爾雅。鑣謂之钀。載轡謂之轙。然則钀與轙異。疑此説文本誤脱。樹玉謂鄭司農注周禮司尊彝。獻讀為犧。又云。獻讀為儀。是古音義獻當相近。釋器二句相連。古當是一字。郭注。钀音魚謁反。轙音儀。由是後人竝分為二字。段玉裁曰。從金者。環以金為之。桂馥曰。钀當為轙之或體。後人亂之。王筠曰。玉篇钀在金部。云。魚傑切。鑣也。廣韻集韻韻會皆分收钀轙二字。然則自是金部字。挩誤在此。倫按爾雅釋器。鑣謂之钀。載轡謂之轙。實是一事。爾雅衆手所成。故各載其説。猶牧野一地而雅言郊外謂之牧。牧外謂之野也。見里字下。知轙钀實是

一事者。金部。鑣。馬銜也。然馬銜是銜字義。馬口中勒也。鑣者銜旁鐵也。轡實系於鑣。是鑣亦載轡者也。故有鑣謂之钀之説。轙聲歌類。钀聲元類。歌元對轉。故轙轉注為钀。書大誥。民獻有十夫。困學紀聞引大傳獻作儀。其例證也。雅書先記者作鑣謂之钀。後記者以鑣雖亦載轡。然鑣止是勒旁鐵。其載轡者乃在軛上。故復記之曰。載轡謂之轙。唐寫本切韻殘卷五支引同此。餘見轙下。【説文解字六書疏證卷二十七】

◉許　慎　軜驂馬内轡繫軾前者。从車。内聲。詩曰。洪以觼軜。奴答切。【説文解字卷十四】

◉馬叙倫　鈕樹玉曰。繫傳軾作軝。譌。韻會洪作鋈。倫按急就篇顔師古本有軜字。皇象本作納。蓋急就故書作納。傳寫以字林字易之。此字出字林也。【説文解字六書疏證卷二十七】

◉孫　機　《説文・車部》：「軜，驂馬内轡繫軾前者。」段注：「軜之言内，謂内轡也。其所入軾前之環曰觼，《角部》曰：『觼，環之有舌者』是也。」始皇陵二號兵馬俑坑所出戰車車前横木上均釘有兩個供系轡用的觼環，《秦始皇陵東側第二號兵馬俑坑鑽探試掘簡報》，《文物》1978年第5期。但二號車轡復原的初步結果表明，不是驂馬的内轡而是服馬的内轡繫在前輿之掕軓的觼爪上。因為驂馬在轉彎時是帶頭的，它的内轡應由御者直接掌握，而不應繫結在車上某處；而服馬在轉彎時只要跟着驂馬迴旋即可，所以它的内轡倒有可能繫在觼上。但服馬的内轡雖繫于觼，卻并不意味着它只是徒具形式的備而不用之物，所以它似乎仍應當像戰國銅器刻紋中所見到的車子那樣，在軜前左右交叉一次。孫機：《從胸式系駕法到鞍套式系駕法》，《考古》1980年第5期。因為只有這樣，才能將四馬之左、右轡分别集中在御者的一側，在需要的時候，通過調轡使服馬和驂馬一致行動。何況二號車在衡轅交接處左右各有一銀環，這兩個環在山東膠縣西庵西周車、山東省昌濰地區文物管理組：《膠縣西庵遺址調查試掘簡報》，《文物》1977年第4期。甘肅平涼廟莊一、二號秦車、甘肅省博物館魏懷珩：《甘肅平涼廟莊的兩座戰國墓》，《考古與文物》1982年第5期。河南洛陽中州路戰國車、洛陽博物館：《洛陽中州路戰國車馬坑》，《考古》1977年第3期。湖北江陵酒店楚車湖北省博物館發掘資料上均曾發現，似乎服馬之内轡相交叉以後曾自此二環中穿過。但二號車復原時將此二環予以閑置，没有繩索穿過其中。關於這一點，似仍有進一步探索之必要。【始皇陵二號銅車馬對車制研究的新啟示　文物一九八三年第七期】

衡

◉許　慎　車搖也。从車。从行。一曰衍省聲。古絢切。【説文解字卷十四】

◉馬叙倫　段玉裁曰。車搖當是譌字。以篆之次弟詳之。衡亦當為車上一物而今失傳。王筠曰。一曰衍省聲者。此據異文也。故小徐止從車衍省聲。倫按衡蓋衡軶之衡本字。從車。行聲。車搖蓋俗名。非本名。或字出字林也。【説文解字六書疏證卷二十七】

⿱丞車

◉許　慎　軺車後登也。从車。丞聲。讀若易抍馬之抍。署陵切。【説文解字卷十四】

◉馬叙倫　鈕樹玉曰。繫傳丞作承。抍作拯。段玉裁曰。廣韻十六蒸四十二拯皆曰。⿱丞車出字林。恐是呂氏後增之字。桂馥曰。似乘石。本書。登。上車也。徐廣車服儀制。尚書令軺車。黑車。後户。倫按⿱丞車讀若抍。抍聲蒸類。疑此為載之之蒸對轉轉注字。載聲之類也。軺車後登則是謂軺車異於他車者從後登矣。將謂軺車後户從後而登曰⿱丞車。是為特製字。無此理也。將如桂説是乘石之類。則軺車後登之訓亦不可通。豈軺車多前登而尚書令軺車獨後户。此車為名⿱丞車邪。此字蓋出字林。讀若抍者。劉秀生曰。升丞聲竝登部。故⿱丞車從丞聲得讀若抍。易明夷六二。用拯馬壯吉。釋文。拯。子夏作抍。是其證。【説文解字六書疏證卷二十七】

載

前2·10·1【續甲骨文編】

載　鄂君啟舟節　毋載馬牛羊　鄂君啟車節　毋載金革黽箭　中山王嚳壺　因載所美　郭沫若云从車才聲與从車𢦏聲同意　郾侯簋　載乃燕成公名　郾侯載矛　假借為𩱜　夜君鼎　夜君□之載鼎　匋君鼎　自作載𪔂【金文編】

273【包山楚簡文字編】

載　秦一二五　三例　封六八【睡虎地秦簡文字編】

載丞之印　載國大行【漢印文字徵】

□天爾紀功碑　敷番億載□開母廟石闕　永歷載而保之□石碣吳人　古文尚書載皆作□【石刻篆文編】

□古老子　□華嶽碑　□雲臺碑　□碧落文　□崔希裕纂古　□碧落文　□華嶽碑　□古老子　□雲臺碑

【古文四聲韻】

◉許　慎　載乘也。从車。𢦏聲。作代切。【說文解字卷十四】

◉郭沫若　筠清館及攈古録有郾侯𨍭𣪘。筠作「周彝」。郾字誤摹未識。攈作「郾侯彝」。⊘有「郾侯𨍭庫作左軍𨍭矛」，⊘𨍭與軍同見于一器，二字迥然不同；容庚金文編卷十四第七葉竟同收為軍字。

今案釋軍釋庫均非也；當以釋載為是。以字之結構而言，乃从車才聲之字，與載之从車𢦏聲同意。𢦏从戈才聲。知字之當从車才聲者，此可以在存二字例之。

在字从土才聲。金文□氏壺作□，古鉨「在昌」作□，又「在□傳」作□，漢鉨「馬在之印」作□，「杜在」作□，「在弱公」作□。存字从子才聲，从大徐本，小徐本作在省聲，「韻會」引作在省。案當云在省聲，以雙聲為聲也。其見于漢鉨者有「存□右尉」作□，又「王冬存」作□。

凡此等字例，及才字之形，均與𨍭同，故𨍭為載之異，無疑也。

郾即北燕，此由郾王職唐蘭說即燕昭王、郾王喜即燕王喜諸戈已得其確徵。郾侯𨍭者，燕成侯也。史記燕世家有成公當周定考二王之際，在戰國初年。索隱云「紀年成侯名載」。今得識𨍭為載，是成侯之名有古器可徵矣。【釋𨍭　金文餘釋之餘　金文叢考】

◉馬叙倫　鈕樹玉曰。韻會𢦏聲下有易曰大車以載六字。倫按蓋校者所加。故删之矣。載鼎作□。【說文解字六書疏證卷二十七】

◉楊樹達　甲骨文有□字，省形作□，繁文作□或□，葉玉森釋為春。⊘

然則□□究當為何字乎？今欲明此字，當先取甲文中他字與此字之形相關涉者究之。甲文才字作□，巛害之巛作□，𢦏傷之𢦏作□，□□皆□之孳生字也。然甲文𢦏字不止□之一形，有作(一)□者，又有作(二)□者。說文𢦏本作𢦏，字从才聲，由此推知甲文之□□亦當从□□得聲。試問第二形所从之□，非即吾人所討論□字省形之□乎？第一形所从之□，非即□字之所从乎？如余上來所說之字形無誤也，則□□之字音殆非如「才」不可矣。

葉氏謂此字上多冠以「今」字，依卜辭「今月」「今日」辭例，今下一字當紀時，其説是矣。然則此字正確之釋，必一，義為紀時，可與「今」字連文者。

二，音讀如「才」者。

必具備此兩條件，而後此字正確之釋乃可期。余據此搜求，則「載」字最為近之。爾雅釋天云：

夏曰歲，殷曰祀，周曰年，唐虞曰載。

則「載」為紀時之字也。「今載」猶云「今年」或「今歲」，字可與「今」字連文，又無論矣。説文十四篇車部記載字从車𢦏聲，又十二篇下戈部記𢦏字从戈才聲，則字與音讀如「才」之條件相合也。一年十二月中之任何一月皆可稱今年，則卜辭四月五月十一月十二月之貞辭與「今載」之文又毫無滯礙也。

殷契卜辭廿九片丙云：

☐出貞來𢦏王其𠂤丁？

又七〇六云：

戊午，☐來𢦏☐甲。

此文稱來載之例也。

或問曰：此字之繁文為𢦏，卜辭常見「子𢦏」之文，如殷虚書契前編卷六四三葉四版云：

貞子𢦏不死？後綴下廿九葉七版同文。

龜甲獸骨文字卷一八葉十七版云：

貞今乙丑乎子𢦏△牧？

又同卷十四葉六版云：

貞乎子𢦏𠬪于△？

續編卷一　三十葉四版云：

貞來乙丑勿乎子𢦏出于父乙？

子𢦏果為何人乎？按胡厚宣釋𢦏篇三葉引一辭云：原注：七₩四五。

△酉卜，賓貞，子𢦏不死？

按賓為武丁時貞人，知子⿱才甾當為武丁之子。續編例辭稱父乙者，武丁稱其父小乙也。此皆「子⿱才甾」當為武丁子之證也。考太平御覽卷八十三引竹書紀年云：

帝祖甲載居殷。

知殷王祖甲之名為載，而祖甲實為武丁之子，是卜辭所謂子⿱才甾者正是祖甲也。此又字當釋載之確證也，知載為祖甲，則如鐵雲藏龜一八一葉二版云：

△丑卜，于載酒鼓。

前編卷六五六葉三版云：

于載酒。

鐵雲藏龜拾遺十二葉十版云：

△弜△燀△于載△羊十。

前人皆不明其辭為何義者，今可知其為後人祀祖甲之貞矣。武丁時卜辭稱子載，此自祖甲生時之稱，若祀祖甲之辭，乃祖甲死後所貞，而直稱其名曰載者，殷人無諱名之制也。左傳桓公六年曰：周人以諱事神，名終，將諱之。傳云周人以諱事神，知殷人不諱也。考之卜辭，名終不諱，固有明徵矣。

或問曰：今載連文，義固適矣，亦於經傳有徵乎？曰：經傳中雖無今載之文，固有今載之實也。左傳宣公十二年記楚令尹孫叔敖之言曰：昔歲入陳，今茲入鄭，（二語同篇再見，又其一為晉隨會語。）考楚入陳在宣公十一年，昔歲即去年也。此以今茲與昔歲為對文也。又僖公十六年曰：今茲魯多大喪，明年齊有亂，君將得諸侯而不終。孟子滕文公下篇曰：什一，去關市之征，今茲未能，請輕之，以待來年然後已。此以今茲與明年或來年為對文也。茲與載古音同，左傳孟子皆假茲為載。故曰：經傳中無今載之文，有今載之實也。【釋⿱才甾　耐林廎甲文說】

◉馬薇廎　甾與甾象瓦器之甾。𩛥從甾食，從丮，甾中有食，捧而享之，即祭之意也。⿱才𩛥為𩛥省，二字均為古之載字，與⿱才飤同。𩛥亦可說是從飤甾聲，與⿱才飤同字。因為甾今音雖屬於支韻，而古音則屬於之韻，在一部。⿱才飤，從飤才聲，才古音屬於咍韻，亦在一部，故甾與才二音相通也。其理由之(ï韻)是咍(aï韻)之變韻，換言之，即之的ï韻，是由咍aï的第二個母音分出來的，故為同韻，亦在同部。載之訓義為祀，詩閟宮「秋而載嘗」，國語晉語「及河子犯授公子載璧」，注「載，祀也」。案載璧謂祭祀所用之璧也。

【釋載　彝銘中所加於器上的形容字　中國文字第四十三冊】

◉李孝定　郭沫若氏從吴榮光、吴式芬二氏之説釋「奞」為載，楊樹達氏則釋「䡴」，二吴説似較優，郭氏舉銘文在、存二字為證，可從。楊氏謂䡴从左聲，左當作「」，不作「ナ」也。【金文詁林讀後記卷十四】

◉劉彬徽等　(621)軷，載字之異體。【包山楚簡】

◉戴家祥　洹子孟姜壺　齊侯命大子乘遽孟句宗伯　郭沫若曰：「孟句宗白」，才乃鼒之異，讀為語辭之載。兩周金文辭大系考釋第二一三葉。按郭釋可備一説，或可直釋為載之別體。才𢦏為同聲源字。説文火部烖之或體作扻。車皿均可載物，形符交換後字義不變，故孟為載的形聲符號互換例。【金文大字典中】

◉戴家祥　中山王嚳方壺　因載所美　説文十四篇「載，乘也。从車𢦏聲。」按許慎所釋可从。虞書「予乘四載」，易睽「載鬼一車」，詩緜蠻「命彼後車，謂之載之」，皆用載之本意。鄂君啓節「毋載金革黽箭」、「女載馬牛羊以出內闈」，亦謂乘車載物義。中山王嚳方壺載字从車才聲，乃載之省體。「因載所美」，載為記載義。【金文大字典下】

軍

軍　庚壺　郾右軍矛　郾侯載矛　[illegible]中山侯鉞　作茲軍釬　从車从勹　中山王嚳鼎　斁逄鄾軍之衆　【金文編】

4·133　左軍　【古陶文字徵】

43　93　131　【包山楚簡文字編】

軍　雜八　十五例　雜一二　秦四五　五例　【睡虎地秦簡文字編】

0368　郾右軍矛軍字作與璽文合　2515　0126　0210　0349　0047　0095　【古璽文編】

裨將軍印　軍曲候丞印　定胡軍司馬　大師軍壘壁前私門丞　李罷軍　偏將軍理軍　【漢印文字徵】

馮緄碑領　上尊號領陽識　蘇君神道闕　郛休碑領　【石刻篆文編】

軍出義雲章　軍出王庶子碑　軍　【汗簡】

古老子　王庶子碑　華嶽碑　王存乂切韻　義雲章　【古文四聲韻】

◉許　慎　軍圜圍也。四千人為軍。从車。从包省。軍。兵車也。舉云切。【說文解字卷十四】

◉林義光　古作軍左軍戈。从車在宀下。【文源卷六】

◉高田忠周　說文。軍圜圍也。四千人為軍。从車从包省。軍。兵車也。此从勹會意。非从包省者也。又字林。四千人為軍。二千五百人為師。包車為軍。帀𠂤為師。【古籀篇七十五】

◉馬叙倫　鈕樹玉曰。韻會作從包省從車。桂馥曰。四千人為軍與周官漢法皆不合。司馬法。萬二千五百人為軍。周禮夏官叙官。凡制軍。萬有二千五百人為軍。地官小司徒。五人為伍。五伍為兩。四兩為卒。五卒為旅。五旅為師。五師為軍。漢舊儀。千乘之國。馬四千匹。步卒三萬六千人為三軍。大國也。次國二軍。小國一軍。段玉裁曰。王鳴盛說。此句必誤。按玄應引字林四千人為軍。是呂忱之誤。許書當作萬有二千五百人為軍。王紹蘭曰。人為乘之譌。乘古作椉。爛挩為人也。軍從車自當以乘為說。左昭五年傳。薳啟彊曰。因其十家九縣。長轂九百。其餘四十縣遺守四千。注。縣百乘。計遺守國者。尚有四千乘。昭十三年傳。吾將以諸侯來討。治兵於邾南。甲車四千乘。皆是以車計乘。以乘計軍。適合四千之數。莊有可曰。周制萬二千五百人為軍。軍五百乘。故軍從車。孔廣居曰。勹即人之變。軍從車從人。人亦聲。苗夔曰。從包省非。當作從車。勻省亦聲。王筠曰。軍之所以從包車者。古者車戰故從車。以左傳以藩為軍推之。知軍亦今之所謂營盤。必有營壘匌乎其外故從勹。倫按王筠謂軍為今之所謂營盤。苗謂從車勻省聲皆是也。但不從勻得義。僅取其聲。苗謂勻省亦聲。以為勻兼義與聲則非也。營為宮之轉注字。見營字下。今謂軍營者借營為軍耳。本書。趜。讀若煢。旬亦從勻得聲。詩正月。哀此惸獨。孟子梁惠王作煢獨。是營軍通假之例證。亦軍從勻得聲之證。抑亦由於語原同也。蓋戰時即以車為營衛也。圜圍也者當讀為營衛。本書嬛下引春秋傳曰。嬛嬛在疚。今左哀傳作煢煢余在疚。此熒聲瞏聲相通之證。熒音匣紐。瞏音羣紐。同為舌根音也。衛圍皆從韋得聲。史記五帝紀。以師兵為營衛。正義。環繞軍兵為營以自衛。可相證也。然非本訓。四千人為軍者。當如王紹蘭說。然此是字林文。玄應一切經音義引字林。軍。四千人為軍五百人為旅也。勹車為軍字意也。又引。軍。圍也。四千人為軍。二千五百人為師。字從勹。音補交反。包車為軍。帀𠂤為師。皆字意也。今為唐人删并之矣。然據此則圜圍也或本作圍也。圜字乃校者注以釋軍字之音者也。軍兵車也。或校語。本訓亡矣。或曰。圜下脱也字。圍下即許訓。字見急就篇。【說文解字六書疏證卷二十七】

◉饒宗頤　……卜，㱿貞：我戠軍。（庫方一七五〇）

軷 軷

按此方國名。字从「网」从「[glyph]」，可隸定作「罘」。篇韻：「罘，古軍字。」軍讀為鄆。説文：「鄆，河内沁水鄉。魯有鄆地。」公羊作「運」。故沁水城在河南濟源縣東北。左傳成四年、十六年、昭二十九年之鄆，皆在魯西。殷之軍地，所在待考。【殷代貞卜人物通考卷四】

◉朱芳圃　説文車部。軍。圜圍也。四千人為軍。从包省。从車。車，兵車也。林義光曰。按古作[glyph]左軍戈。从車在勹下。文源六四七。按林説非也。字从車。从勹。會意。古者車戰。止則以車自圍。周禮地官鄉師。大軍旅會同。正治其徒役與其輂輦。鄭注。輂駕馬。輦人輓行。所以載任器也。止以為蕃營。蕃與藩通。左傳昭公十三年。乃藩為軍。杜注。藩。籬也。國語晉語。以藩為軍。攀輦即利而舍。韋注。藩。籬落也。謂止舍時則以輂輦環列為藩籬營壘。又左傳宣公十二年。晉之餘師不能軍。杜注。不能成營屯。漢書霍去病傳。於是青令武剛車自環為營。顏注。環。繞也。凡此皆古者車戰止則以車自圍之證。史實與字形恰相應合。【殷周文字釋叢卷中】

◉林清源　138左軍戈(邱集8456、嚴集7574)　本戈初載於劍吉下20，編者于省吾云：「出於河北真定」。⊘銘云：「左軍之钕僕，大夫玆之卒，公孫吐脽之[glyph]，[glyph]棆吐瘟之钕戈」。「軍」字中山王譽鼎作「[glyph]」，从車，勻聲。本銘作「[glyph]」，从勻省聲，庚壺作「[glyph]」，勻聲已不可識，此蓋説文：「从包省，从車」所自昉。周禮地官小司徒：「五旅為師，五師為軍。」注：「軍，萬二千五百人。」「左軍」、「右軍」為燕國軍制單位，亦見於郾侯奪矛(邱集8533)，銘云：「郾侯奪乍左軍」，及郾右軍矛(邱集8520)，銘云：「郾右軍」。此二矛「軍」字與本銘形體全同，蓋燕銘之特徵如是。【兩周青銅句兵銘文彙考】

◉戴家祥　朱芳圃釋軍為會意字，从勹即包省，為圍義，恐非。軍應是形聲字，从車，勹為勻省，軍當由勻得聲，軍文部見母，勻真部喻母，文真韻通，古音深淺喉不分，軍勻古音相通。故軍當為从車从勻省聲。【金文大字典下】

[glyph]　陶文編　14·93　金祥恆釋【古陶文字徵】

◉許　慎　軷出將有事於道。必先告其神。立壇四通。樹茅以依神為軷。既祭軷。轢於牲而行。為範軷。詩曰。取羝以軷。从車。犮聲。蒲撥切。【説文解字卷十四】

◉馬叙倫　鈕樹玉曰。詩生民釋文引作出必告道神為壇而祭為軷。字林同。蓋略。段玉裁曰。周禮大馭。犯軷。注。行山曰軷。犯之者。封土為山象。以菩芻棘柏為神主。既祭之。以車轢之而去。喻無險難也。詩云。取羝以軷。詩家説。將出。

祖道。犯軷之祭也。聘禮曰。乃舍軷。禮家説亦謂道祭。承培元曰。出將二字錢氏影宋鈔本作出行。段玉裁疑為山行之譌。倫按示部。禓。道上祭。承培元以為此非祖道之祭。乃祭羡門隧道。喪禮也。然示部。禡。師行所止。恐有慢其神。下而祀之曰禡。是禡亦行道之祭。而禡音明紐。與軷音竝紐皆雙脣音。倫謂此説解實禡字義。禡聲變則為祖。故祖有祈請道神之説。今禡下謂師行所止者。此附會既禡既禱而為説耳。實一字一義。而治詩禮者各為之説。即治詩禮者亦説不同。於是訛傳而愈岐。今以禡祖軷三字音聲通轉之理及此三字竝有祭道神之義證之。知其字止作禡。祖軷皆為假借也。且祭道神而字從車。謂由既祭轢牲而行。所以從車。説徒本於禮注耳。然則此字蓋出字林。釋文引本書而曰字林同者。所引本書即字林附於本書而題為説文者也。所引字林。則題為字林。或字林別行者也。各釋文所引實詞簡不能具義。蓋是節引。此則又經傳寫譌羡。故上文不言祭而下曰既祭。字義止為造道神而祭為軷。下乃云既祭轢牲而行為犯軷。皆可證也。今説解中譌衍為軷二字及祭下軷字於字鍇本譌衍犯軷二字。蓋由禮注作犯軷也。軷為範之轉注字。範音奉紐。古讀歸並也。【説文解字六書疏證卷二十七】

3·859 獨字　3·860 同上　説文範从竹此从艸【古陶文字徵】

122【包山楚簡文字編】

説文【古文四聲韻】

◉許　慎　範範軷也。从車。笵省聲。讀與犯同。音犯。【説文解字卷十四】

◉馬叙倫　王範曰。一本大徐本與作若。嚴章福曰。音犯大徐語。倫按範軷也者。範為隸書複舉字也。周禮夏官大馭。及犯軷。犯軷以雙聲連文。犯本借字。或禮文本是及犯。軷字乃古注傳寫誤入。猶曲禮矣。範蓋作車之笵也。音犯亦出孫愐。知者。兩唐寫殘本皆反切與直音兼有也。【説文解字六書疏證卷二十七】

◉許　慎　䡾載高皃。从車。㯻省聲。五葛切。【説文解字卷十四】

◉馬叙倫　嚴可均曰。韻會七葛引作獻聲。錢坫曰。呂氏春秋宋王築孽臺。注。孽當作㯻。詩庶姜䡾䡾。高長皃。倫按呂覽及詩之字皆當作嶷。轙為載高。以字次求之。非本義。或載也高皃二訓。高皃即嶷字義。載下或尚有挩字。從車獻聲。疑本是轙之重文。故鍇本轙之重文钀下作轙或從車獻。蓋鍇原本未誤也。鉉本作钀者。校者以雅文改之。後之校者掇拾轙字載之於此。鍇本今亦作钀者。則校者據誤本鉉本改之。并增轙字矣。【說文解字六書疏證卷二十七】

轄

◉許　慎　轄車聲也。从車。害聲。一曰。轄。鍵也。胡八切。【說文解字卷十四】

◉馬叙倫　王筠曰。此篆後人加也。舛部。舝。車軸耑鍵也。左昭廿五年傳。昭子賦車轄。則轄即舝之重文。而知此為後增者。以車聲之說也。小雅車舝傳。閒關設舝也語不了。朱熹詩傳云。閒關設舝聲也。蓋宋本毛傳原有聲字。此人以之說轄。而又遁辭於車聲。舝之聲非車之聲。又設舝聲以釋閒關。非以釋舝也。翟云升曰。孟子題詞疏引作鎋車鍵也。朱駿聲曰。轄當為舝之或體。詩閒關。車之舝兮。閒關乃轄與轂相擊之聲。舝非車聲。許因詩誤解也。徐灝曰。車轄貫軸耑孔以關轂。不得有聲。蓋車行脂轂。以利轉。轂與軸相切作聲。疑說文本云鍵也。後人以車聲易之。遂以鍵為別義也。倫按舝非車軸耑鍵。說見舝下。徐說可從。則車聲也非本訓。一曰轄鍵也者。蓋校者據一本注之也。轄為隸書複舉字。鍵也其本義本訓也。釋名。轄。害也。車之禁害也。亦以轄為車軸耑鍵。字見急就篇顏師古本。皇象作鎋。本書無鎋。【說文解字六書疏證卷二十七】

轉

轉　轉盤【金文編】

轉　為三【睡虎地秦簡文字編】

轉慶之印【漢印文字徵】

轉【汗簡】

◉許　慎　轉運也。从車。專聲。知戀切。【說文解字卷十四】

◉高田忠周　說文。轉運也。从車專聲。鍇本還也。實亦同意。史記平準書。漕轉山東粟。索隱。車運曰轉。此字之本義也。【古籀篇七十五】

◉馬叙倫　鈕樹玉曰。繫傳作還也。譌。王筠曰。小徐作還。音旋。轉音知紐。輖音照紐三等。同為舌面前音。轉注字也。【說文解字六書疏證卷二十七】

◉黃錫全　□轉　轉盤作□，中山王壺謭作□。□即專省，類似惠字本作□（衛盉）、□（王孫鐘），省變作□（黔鎛）、□（王孫弄鐘）、□（三體石經）等。夏韻線韻録《碧落文》囀作□，今存碑文無，當即此文。鄭珍改作□，非也。【汗簡注釋卷六】

輸

輸　秦八六　四例　　秦二〇一　四例　【睡虎地秦簡文字編】

輸符唯印　【漢印文字徵】

詛楚文　變亂輸盟　【石刻篆文編】

◉許　慎　輸委輸也。从車。俞聲。式朱切。【說文解字卷十四】

◉馬叙倫　漢三輔有委輸官。則委輸也者以漢時習語為訓。委輸即轉輸。委聲歌類。轉聲元類。歌元對轉。借委為轉。轉音知紐。輸音審三。同為舌面前音。是轉注字也。委輸也或非本訓。字見急就篇。【說文解字六書疏證卷二十七】

輖

◉許　慎　輖重也。从車。周聲。職流切。【說文解字卷十四】

◉馬叙倫　儀禮既夕釋文引字林。輖。重也。一曰輊也。段玉裁謂重也者言車重也。倫以輖字次於輸下輩上求之。輖蓋輸之轉注字。輖音照紐三等。輸音審紐三等。同為舌面前音也。重也者。輊字義。輊音知紐。亦舌面音。古讀知照皆歸於端也。此字或出字林。【說文解字六書疏證卷二十七】

輩

◉許　慎　輩若軍發車。百兩為一輩。从車。非聲。補妹切。【說文解字卷十四】

◉馬叙倫　桂馥曰。集韻類篇引及李燾本復古編輩上均有一字。沈乾一曰。唐寫本玉篇引作軍發車百乘為一輩。倫按此今謂一排之排本字亦一班之班本字。然說解非許本文。玉篇及玄應一切經音義引倉頡。輩比也。【說文解字六書疏證卷二十七】

軋 軋

軋少孺　軋舍之　軋腫之印　軋並私印【漢印文字徵】

◉許　慎　軋輾也。从車。乙聲。烏轄切。【說文解字卷十四】

◉馬叙倫　鈕樹玉曰。釋名。乙。軋也。自抽軋而出也。則當從甲乙之乙。桂馥曰。乙聲者。乙鳥之乙。倫按軋字出三倉。見史記匈奴傳正義引。輾也當作輾也。【說文解字六書疏證卷二十七】

輾 輾

◉許　慎　輾轢也。从車。𡰥聲。尼展切。【說文解字卷十四】

◉馬叙倫　嚴可均曰。一宋本作輾。說解作𡰥聲。一本篆與說解皆從𡰥。按𡰥即𡰥。尸部所云或從又者也。倫按玄應一切經音義引倉頡。輾。車行處也。輾為輾之今字。出字林。見詩關雎釋文引。蓋倉頡本作輾。傳寫者以字林字易之也。輾為軋之轉注字。輾音娘紐。女音亦娘紐。而從女得聲之委褒音皆影紐。軋音亦影紐也。是其例證。又如桂說從燕之異文。燕輾聲皆元類。亦得轉注。【說文解字六書疏證卷二十七】

轢 轢

◉許　慎　轢車所踐也。从車。樂聲。郎擊切。【說文解字卷十四】

◉馬叙倫　王玉樹曰。一宋本音郎擊切。倫按轢音來紐。古讀歸泥。輾音娘紐。泥娘皆邊音。轉注字也。玉篇引倉頡。轢。輾也。車所踐也蓋字林文。【說文解字六書疏證卷二十七】

軌 軌

軌　篕文【金文編】

崔希裕纂古【古文四聲韻】

◉許　慎　軌車徹也。从車。九聲。居洧切。【說文解字卷十四】

◉馬叙倫　鈕樹玉曰。韻會引作車轍也。説文無轍。倫按玉篇引亦作轍。蓋字林文。許當以聲訓。【說文解字六書疏證卷二十七】

䡩 䡩

◉許　慎　䡩車迹也。从車。從省聲。臣鉉等曰。今俗別作蹤。非是。即容切。【說文解字卷十四】

◉馬叙倫　王筠曰。古尚無蹤字。豈得有䡩字。況從省聲破壞字體如縱字。蓋後增也。【說文解字六書疏證卷二十七】

軼 軼

◉許　慎　軼車相出也。从車。失聲。夷質切。【說文解字卷十四】

◉馬叙倫　軼車從後出前也。見文選班固西都賦注引三倉。玉篇引作倉頡。玉篇止偁倉頡也。此非本訓。【說文解字六書疏證卷二十七】

䡟 䡟

◉許　慎　䡟車䡟鋐也。从車。眞聲。讀若論語鏗尒舍瑟而作。又讀若掔。苦閑切。【說文解字卷十四】

◉馬叙倫　鈕樹玉曰。說文無鋐。蓋鈏之譌。然鈏訓錫。於義無取。疑當是轃車引聲也。蓋連上讀。傳寫誤到。又加金旁耳。張本玉篇音之忍切。無義。元本訓車皃。廣韻訓車聲。一切經音義引作堅也。嚴可均曰。玄應引堅也。疑此有脫誤。說文無鋐鏗二字。錢坫曰。繫傳作車轃釧聲也。倫按玉篇引作車鎮鋐聲。一曰。堅也。疑本作車聲也。一曰鋻也。鋻字傳寫作鍜。又譌為鉚為鋐為鈏。集韻引作鉚。毛本作鈏。鎮當依鍇本作轃。乃隸書複舉字也。或轃本在一曰下。作一曰轃鋻也。玄應引作堅也。蓋一本鋻作堅也。又讀若掔是原文。鍇本又字作一曰。一曰二字蓋一曰鋻也之捝譌於下者。讀若鏗又讀若掔者。劉秀生曰。鏗當從金堅聲。堅掔竝從臤聲。臤從臣聲。真臣聲並先部。故轃從真聲得讀若鏗。又得讀若掔。言部。譲。從言。真聲。讀若振。禮記内則。祇見孺子。注。祇或作振。土部坻從土氏聲。或從水耆聲作渚。言部。諳。從言。臣聲。讀若指。耆指並從旨聲。是其證。【說文解字六書疏證卷二十七】

輊 輊

◉許　慎　輊抵也。从車。埶聲。陟利切。【說文解字卷十四】

◉馬叙倫　鈕樹玉曰。韻會引作輊。抵也。從車。執聲。玉篇作輩。前頓曰輩。後頓曰軒。有重文輕。廣韻亦作輩。車前重也。嚴可均曰。此云抵也。疑有脫譌。桂馥曰。徐鍇韻譜作低也。錢坫曰。此詩如輕如軒之輕字也。淮南子。道者。置之前而不輩。錯之後而不軒。倫按抵也以聲訓。或此非本訓。玉篇引作低也。此義自謂車前重也。【說文解字六書疏證卷二十七】

軭 軭

◉許　慎　軭車戾也。从車。匡聲。巨王切。【説文解字卷十四】

◉馬叙倫　車戾也非本訓。或字出字林也。【説文解字六書疏證卷二十七】

輟 輟

輟古老子【古文四聲韻】

◉許　慎　輟車小缺復合者。从車。叕聲。臣鉉等按。网部輟與罬同。此重出。陟劣切。【説文解字卷十四】

◉馬叙倫　徐鉉曰。网部輟與罬同。此重出。鈕樹玉曰。車部應有。网部疑後人增。韻會者下有也字。倫按疑挩本訓。僅存校語。古書多訓為止義。下文。軫。礙也。從多得聲。多音端紐。輟音知紐。古讀知歸端。蓋轉注字。【説文解字六書疏證卷二十七】

◉鍾建仁　辛明高　「輟」即「罬」，是「捕鳥覆車」。《説文》：「网」部：「罬，捕鳥覆車也。从网，叕聲。輟，罬或从車。」由于「輟」又重出于「車」部正篆，所以引起誤解。《爾雅・釋器》：「繴謂之罿，罿，罬也；罬謂之罦，罦，覆車也。」新《辭源》：「罦，捕鳥獸网，鳥觸動之即自行覆蓋，又叫覆車网。」《史記・甘茂傳》：「禽困覆車」，裴駰集解：「譬禽獸得困急，猶能抵觸傾覆人車」，大誤。「禽困覆車」即「鳥獸困在覆車网之中」，喻當時韓國的處境。「覆車」起名之由，蓋因其能覆蓋，而形狀象車子。由于是一種网，故字从网作「罬」，又由于象車子，故字又从車作「輟」。段注《説文》與朱駿聲《説文通訓定聲》都説「輟」借為「罬」，似誤。二者實一本所出之別體。

《説文》卷十四：「叕，綴聯也，象形。」「叕」本義正是「車小缺復合者」，「車」就是捕鳥的覆車，「小缺復合」是「開着小口又能合上」，這和网部的「罬」正起着互相説明的作用。「叕」小篆作「叕」，《汗簡》「古文作叕」，頗象「車小缺」之形，編織物開着口，故線條不連起來，而作相背狀，和一般的网寫作「网」成鮮明對照。據此，《説文》云「叕，象形」可得解釋。「叕」既是「車小缺復合」本字，何以其形只「缺」不「合」？這是由于象形字的局限造成的。象形字只能抓住事物本體上可以並現的特徵來加以描繪，它不可能既象「小缺」，又象「復合」，因「復合」之形難象，且不易體現，所以選擇了「小缺」的形象。【説「輟」　學術研究一九八七年第一期】

◉許慎 軫礙也。从車。多聲。康禮切。【說文解字卷十四】

◉許慎 轚車轄相擊也。从車。从毄。毄亦聲。周禮曰。舟輿擊互者。古歷切。【說文解字卷十四】

◉馬叙倫 從車毄聲。然豈為車轄相擊而特作此字邪。車轄相擊也非本訓。或字出字林也。【說文解字六書疏證卷二十七】

⿱竹輂 義雲章【古文四聲韻】

◉許慎 ⿱竹輂治車軸也。从車。算聲。所眷切。【說文解字卷十四】

◉馬叙倫 王筠曰。今俗語猶然。亦謂之鏇。車工使軸轉於刃上不規而自圓也。倫按治車軸也非本訓。或此字出字林。【說文解字六書疏證卷二十七】

◉朱德熙 裘錫圭 遣策裏有「⿱竹輂」字：

熏大⿱竹輂一，素鞔，赤掾(緣)下 (281)

熏小⿱竹輂一，素鞔，續掾(緣)下 (282)

我們最初認為這就是《說文·車部》从「車」「算」聲的「⿱竹輂」字，在簡文中的意義當與「匴」、「篹」等字相近，已為「考釋」所採用。後來發現把這個字分析為从「竹」「輂」聲，似乎更好些。

《說文·車部》：「輂，直轅車轙也。从車，具聲。」漢印也有「輂」字(《漢印文字徵》14·7上)。可見這個字在漢代是比較常用的。所以把「⿱竹輂」字分析為从「輂」聲是合理的。「輂」與「篝」都是見母字，「篝」屬侯部，「⿱竹輂」屬侯部入聲，音近可通，「⿱竹輂」應該讀作「篝」。雲夢秦簡中的日書有「暴屋」之語，似應讀為「構屋」，可以與此互證。《說文·竹部》：「篝，笿也，可熏衣……宋楚謂竹篝牆以(段玉裁謂「以」為衍文)居也。」《方言》五「篝，陳楚宋魏之間謂之牆居」，郭璞注：「篝，今熏籠也。」「考釋」已經指出「熏大⿱竹輂」、「熏小⿱竹輂」指墓中出土的一大一小兩個熏罩(151頁)，把「⿱竹輂」讀作「篝」是很合理的。

竹熏罩「周圍敷以細絹」(報告119頁)，即簡文所謂「素鞔」；「底緣用絹包邊」(同上)，即簡文所謂「緣下」。【馬王堆一號漢墓遣策考釋補正 文史第十輯一九八〇年十月】

軻　轚　軵　輪

軻

宿軻之印【漢印文字徵】

◉許　慎　軻接軸車也。从車。可聲。康我切。【説文解字卷十四】

◉馬叙倫　沈濤曰。接軸車義不可通。一切經音義引作接軸也。韻會作車接軸。桂馥曰。徐鍇韻譜。軻。接軸。倫按軸斷不可復用。接軸似亦難通。軻聲歌類。篳聲元類。是歌元對轉轉注字也。字見急就篇。【説文解字六書疏證卷二十七】

轚

◉許　慎　轚車堅也。从車。殸聲。口莖切。【説文解字卷十四】

◉馬叙倫　以字次求之。車堅非本義。或此字出字林。【説文解字六書疏證卷二十七】

軵

軵霸【漢印文字徵】

◉許　慎　軵反推車令有所付也。从車。从付。讀若胥。而隴切。【説文解字卷十四】

◉馬叙倫　鈕樹玉曰。元本玉篇引同。張本引令作今。譌。胥字繫傳同。則當從付聲。今音而隴切。淮南氾論訓高注。軵。擠也。讀近茸。急言之。嚴可均曰。胥字衆本同。毛刓改作茸。依小徐也。按軵取付聲。付胥聲相近。段玉裁曰。廣韻。軵。推車也。而隴切。或作搑。按手部。搑。推擣也。漢書司馬遷傳。而僕又茸之蠶室。師古曰。茸。人勇反。推也。是茸搑軵三字通用。集韻云。軵。或作輯。必有據。高注淮南氾論讀近茸。而注説林讀軵濟之軵。注。覽冥讀揖拊之拊。是高時固有兩讀矣。陳詩庭曰。高注吕覽審時胕動蚼蛆而多疾之胕讀為痛。痛茸聲又相近。徐灝曰。此字當從付聲。高注淮南兩讀為拊。則茸實胥之譌字。蓋壻字別作壻。又作埍。故胥譌茸。古音胥與付相近。倫按似徐説長。付音非紐。胥音心紐。非心同為次清摩擦音。又魚矦聲近也。吕覽之胕讀為痛者。痛聲東類。東矦對轉也。本訓付也。反推車令有所付也蓋校者所釋。或字林文也。玉篇引無反字。又引淮南注曰。軵。推也。或此字出字林。【説文解字六書疏證卷二十七】

輪

輪　秦八九　二例【睡虎地秦簡文字編】

◉許　慎　輪有輻曰輪。無輻曰輇。从車。侖聲。力屯切。【説文解字卷十四】

◉馬叙倫　桂馥曰。鄭注既夕記襍記兩引並同本書。沈濤曰。儀禮既夕疏引有輪無輻曰輇。然鄭注明引許叔重說。有輻曰輪。無輻曰輇。賈氏引以釋注。豈轉有異文邪。禮記襍記。載以輲車。注。輲讀為輇。引説文。有輻曰輪。無輻曰輇。許書無輲字。故鄭引以證輲之當為輇。乃正義又引許叔重説。有輻曰輪。無輻曰輲。顯係傳寫之譌。段玉裁曰。鄭注周禮蜃車云。禮記或作摶。或作輇。注士喪禮云。載柩車。周禮謂之蜃車。襍記謂之團。或作輇。或作摶。聲讀皆相同耳。未聞其正。注襍記大夫載以輲車。云。輲讀為輇。或作摶。注喪大記士葬用國車。云。輇。字或作團。是以又誤為國。輇車。柩車也。又士喪禮注云。其車之轝狀如牀。中央有轅。前後出。謂前後輅。轝上有四周。下則前後有軸。以輇為輪。按鄭於禮經襍記兩引説文解字曰。有輻曰輪。無輻曰輇。而以輲蜃團摶皆即輇字。但許不言喪車無輻也。俞先生曰。輇者。輪之名。輲者。車之名。不宜溷而一之。注喪大記改輴為輇。亦誤。倫按莊子達生。死得於腞楯之上。洪頤煊謂腞即周禮巾車孤乘夏篆之篆。説文引作𨊻。一曰下棺車。楯即禮記檀弓天子龍輴之輴。皆謂殯車。王念孫謂腞讀為輇。即禮記襍記載以輲車之輲。鄭讀曰輇也。倫謂此上文。𨊻。車約也。則不可言窠。夏𨊻者。即本書欙下引虞書曰澤行乘𨊻之𨊻。然澤行窠𨊻偽孔尚書呂氏春秋情勢淮南脩務竝作乘輴。史記夏本記作乘橇。漢書溝洫志作毳。尸子作蕝。蕝音精紐。毳音清紐。同為舌尖前破裂摩擦音。𨊻從川得聲。川音穿紐三等。清穿同為次清破裂摩擦音。楯輴並從盾得聲。盾音牀紐三等。穿牀三等同為舌面前破裂摩擦音。是輴毳蕝者皆借為𨊻。本書無輴字。路史引淮南齊俗許注。泥行宜楯。泥行即澤行。楯字則與莊同。許以淮南楯是借字。故注如此。非楯字本義然也。腞字亦不見本書。篆字亦無車義。倫謂腞篆皆即禮記襍記載以輲車之輲。篆腞皆從彖得聲。彖音而讀通貫切。音在透紐。輲從耑得聲。音在端紐。皆舌尖前破裂音也。經傳作摶團輇者。聲皆元類也。本書歂讀若車輇。則作輇者實輲之借。輲字本書亦無。而墨子經説下曰。兩輪高兩輪為輲。車梯也。檢墨説則輲為車名。其輪為四。而兩輪高於兩輪。孫詒讓謂前高後低。雖不定其然否。然兩輪高於兩輪。即兩輪低於兩輪矣。此下文。輇。藩車下庳輪也。蓋即輲字義。藩車謂有屏藩者。其制與鄭士喪禮注合。而庳輪之説則與墨合。疑義當為藩車有庳輪者也。於此益明本書自無輲字。蓋許書本倉頡訓纂二篇。彼書不箸其字。故不得而録。古書或借輇為輲。故此輇下即著輲義。而輇義為輪之無輻者。故此下曰有輻曰輪無輻曰輇。惟鄭説輇為喪車。喪車是本書𨊻字。又鄭説車制似輇字説解而不引輇字説解反引此文。以本書大例言。此説解亦不似許文。倫疑許書表進時。許弟子孟生李閏饒熹等蓋以所聞有所增益。故今書乃有賈侍中説七事。許書既經表進自即行世。故鄭玄應劭皆引用之。而孟李等所增益者。蓋已譌為一矣。及唐人删并。遂失本訓。字見急就篇。【説文解字六書疏證卷二十七】

輇 輇

◉許　慎　輇蕃車下庳輪也。一曰無輻也。从車。全聲。讀若饌。市緣切。【説文解字卷十四】

◉馬叙倫　劉秀生曰。全聲巽聲古並在從紐寒部。故輇從全聲得讀若饌。論語先進。異夫三子者之撰。釋文。鄭作僎。讀曰詮。饌即食部籑之或體。黑部。纂。從黑。算聲。讀若以芥為齏。名曰芥荃也。是其證。倫按玉篇引庳作卑。輇為輪之無輻者。蕃車下庳輪也乃輲字義。見輪字下。此非本訓。一曰無輻也者。校者據一本作無輻曰輇。今但言無輻。於義不了。蓋有捝矣。此字或出字林。【説文解字六書疏證卷二十七】

輗 輗

輗　輗出孫强集字【汗簡】

◉許　慎　輗大車轅耑持衡者。从車。兒聲。五雞切。輗輗或从宐。棿輗或从木。【説文解字卷十四】

◉馬叙倫　周雲青曰。唐寫本玉篇引作大車轅耑以持衡者也。倫按輗軏一物。而又同為邊音。直是轉注字。今以論語言大車無輗小車無軏分為二義。字亦遠隔。説解亦非本訓。論語為政釋文引字林。輗。五支反。此字蓋出字林。

輗　宋保曰。兒宜聲相近。倫按輗從兒得聲。兒音日紐。古讀歸泥。宜音疑紐。泥疑同為邊音。故輗或從宜得聲轉注為輗。軏從元得聲。元兀一字。音皆疑紐。益可明軏輗輗之為一字一義矣。

棿　倫按以木為輗故從木。玉篇引聲類輗或為棿字。則吕忱據聲類加此字。【説文解字六書疏證卷二十七】

軝 軝

◉許　慎　軝大車後也。从車。氐聲。丁禮切。【説文解字卷十四】

◉馬叙倫　大車後也疑有捝字。或此字林文。字亦出字林也。【説文解字六書疏證卷二十七】

轃 轃

◉許　慎　轃大車簀也。从車。秦聲。讀若臻。側詵切。【説文解字卷十四】

◉馬叙倫　大車簀也蓋非本訓。字或出字林也。【説文解字六書疏證卷二十七】

轒 轒

◉許　慎　轒淮陽名車穹隆轒。从車。賁聲。符分切。【説文解字卷十四】

◉馬叙倫　沈濤曰。御覽七百七十六引淮南名車穹。蓋傳寫捝二字。桂馥曰。集韻引轒上有為字。倫按玄應一切經音義引字

林。有轒字。則此字出字林也。【説文解字六書疏證卷二十七】

◉許　慎　輓大車後壓也。从車。宛聲。於云切。【説文解字卷十四】

◉馬叙倫　嚴可均曰。御覽七百七十六引作大車後掩也。倫按此非本訓。或字出字林也。【説文解字六書疏證卷二十七】

◉許　慎　輂大車駕馬也。从車。共聲。居玉切。【説文解字卷十四】

◉馬叙倫　鈕樹玉曰。韻會引作大駕車馬也。誤。段玉裁曰。馬下當補者字。倫按此字或出字林。【説文解字六書疏證卷二十七】

◉趙化成　釋此車為「輣車」，大約是以形命名，不確。或即「棚車」，亦非是。依《説文》，輣車為戰車之屬，與此車不合。《沂南》釋為大車，基本可從。但釋「輂車」當更確切。

⊘所謂輂車，《説文・車部》釋「輂」曰：「大車駕馬者也。」《周禮・地官司徒》：「與其輂輦。」鄭注：「輂，駕馬；輦，人挽行。所以載任器也。」孔疏：「輂，駕馬，所以載輜重。」又《史記・淮南衡山列傳》：「以輂車四十乘反谷口。」裴駰《集解》引徐廣曰：「大車駕馬曰輂。」今從漢畫觀之，輂車與大車不僅僅是駕馬或駕牛的不同，其車輿形態也有差別。輂車有卷棚(即傘)；大車一般無。

圖八　輂車(山東沂南漢畫像石墓中室北壁上橫額東段右車)

輂車的主要功用是載物，所以在漢畫像石和壁畫中常排在車馬出行圖後。輂車除載物外，也可載人。武威雷臺漢墓三輛輂車均為夫人所有，可能是夫人乘坐之車，但也可能用來載物。《四川漢代畫像磚與漢代社會》一書中所舉兩輜車應為輂車，有人物乘車形象。【漢畫所見漢代車名考釋 文物一九八九年第三期】

⿱差車

●許　慎　⿱差車連車也。一曰卻車抵堂為⿱差車。从車。差省聲。讀若遟。士皆切。【說文解字卷十四】

●馬叙倫　鈕樹玉曰。廣韻引無為⿱差車二字。嚴可均曰。卻車抵堂為⿱差車。語不他見。今北方謂之摩車。⿱差車摩聲相近。疑即此。劉秀生曰。⿱差車從差得聲。差聲清紐遟即屖籀文。遟從屖得聲。屖音心紐。清心皆齒音。故⿱差車從差聲得讀若遟。倫按⿱差車為輦之轉注字。⿱差車聲歌類。輦聲元類。歌元對轉。故訓連車。然非許文。一曰卻車抵堂為⿱差車者。嚴說是也。然叚借為之耳。此蓋校者所加。【說文解字六書疏證卷二十七】

●湯餘惠　⿰車晉。　鎛銘「辪于淄」及中山王圓壺銘「逸先王」，晉與垂同聲通用，而晋即晉之繁。以聲類求之，字當釋⿱差車。《說文》：「⿱差車，連車也。一曰卻車抵堂為⿱差車。从車，差省聲。讀若遟。」簡文云：「藍蔿之⿰車晉絹」，似當作連車解。【包山楚簡讀後記　考古與文物一九九三年第二期】

●戴家祥　蔡侯尊　肇⿰車差天子　⿰車差即⿱差車字。古文字上下、左右結構均可變動。說文十四篇「⿱差車，連車也」，又「卻車抵堂為⿱差車」。張衡東京賦「皇輿夙駕⿱差車于東階」，注：「⿱差車又言卻也。謂卻于東階，天子未乘之時也」等。⿰車差字差聲，差又以左為聲，蔡侯鐘「⿰車差右楚王」，⿰車差當讀作左，輔佐之義。【金文大字典下】

輦

輦　輦卣　輦作妣癸卣【金文編】

碧落文　崔希裕纂古【古文四聲韻】

●許　慎　輦輓車也。从車。从㚘在車前引之。力展切。【說文解字卷十四】

●吳大澂　輦卣　疑古輦字。許氏說。輦。輓車也。从車从㚘。在車前引之。此亦象二人輓車形。卣文。【說文古籀補附録】

●劉心源　輦舊釋作車。㠯籀文車作也。細審此从。非重戈。乃二大字橫書之。佗器多作。二大即二夫。古夫大通用。亦同形叚借也。【吏尊　古文審卷三】

◉劉心源　蓋[glyph]乃二大字。橫書之。二大即二夫。古文夫大通用。莊子田子方釋文。司馬云。夫夫。大夫也。一曰夫夫。古讀為大夫。今考繹山泰山琅邪刻石。大夫字皆篆作[glyph]=。此夫大通用之碻證。說文大象人形。夫从大一。夫大通用者。同形叚借。是則[glyph]即輦也。器刻凡言旅輦即是旅槤。猶尊曰旅尊。敨曰旅敨。皆謂祭器。說文。槤。瑚槤也。瑚亦借字。本字仍是簠。詳郘公諴簠。後人曰瑚从玉。而槤亦改為从玉从連之字。古文止用輦。別雅胡輦瑚槤也。引韓勑碑修造禮樂胡輦器用。又引隸釋云。胡輦者瑚璉也。【董伯鼎　奇觚室吉金文述卷一】

◉馬叙倫　鈕樹玉曰。繫傳作[glyph]。是也。韻會引引之下有也字。一切經音義六引作在車前人引之也。恐非。嚴可均曰。扶聲。倫按嚴說是也。從扶得聲。故聲入元類。輓車也當作輓也。輦輓轉注字。輦音來紐。古讀歸泥。輓音微紐。微泥同為邊音也。輦從扶得聲。扶音並紐。微為脣齒音。古讀歸明。並明同為雙脣音也。倫又疑輓也者即輓字義。古或借輦為輓也。輦或為扶之轉注字。從扶。車聲。車單一字。聲轉為單。故得為輦之聲。扶單聲皆元類也。此字或出字林。【說文解字六書疏證卷二十七】

◉嚴一萍　甲骨金文之車皆象車形。其上之[glyph]乃轅軶之形，與「輦」字所从之二夫頗相似。據早期商器之「輦」，則所从之二夫當作[glyph]與[glyph]。疑今小篆之輦，實承籀文之車，故所从之二夫，不類籀文輦之作二人形也。【釋扶　中國文字第五册】

◉劉軍社　衆所周知，我國古代將人為動力的車謂之輦。《說文》：「輦，挽車也。从車，从夫，在車前引之也。」《周禮·鄉師》云：「大軍旅會，正治其徒役，與其輂輦。」鄭注引《司馬法》曰：「夏后氏謂輦曰余車，殷曰胡奴車，周曰輜車。輦，一斧、一斤、一鑿、一梩、一鋤，周輦加二版二築。」又曰：夏后氏二十人而輦，殷十八人而輦，周十五人而輦。」《釋名·釋車》亦云：「胡奴車，東胡以罪没入官為奴者引之。」

從文獻記載可知，夏代即有輦，殷周只是易名而已。不過夏代是否真有輦，因文獻與考古資料缺少，尚難以斷定，殷周時代有輦，甲骨文、金文及文獻證據還是相當充足的。

商代卜辭中，常見步字。據于省吾先生的研究，步除徒步之義外，尚有步輦與輓輦、乘輦之義。如：「壬戌卜，㱿貞，气令我事步伐吕方，受国囟。」「甲午，王卜貞，[glyph]余酉，余步从候喜正(征)人方」。卜辭中所言之「人方」、「吕方」，均在殷的邊地，當時的奴隸主是不能徒步遠征的。卜辭「□叀商方步，立于大乙，𢦏羌方」，其意是説「步輦于商方，臨泣于大乙之廟，致祭請求𢦏伐羌方」。一句話，上言步，下言征伐，這裏的步就是步輦。卜辭「□庚寅，□令□入戈□人□步□」，大意即是「令進納戈人使之步輓輦車」。卜辭「己亥卜，穷貞，翌庚子，步戈人，不[glyph]，十三月」中的「步戈人」，就是叫戈人步行輓輦。戈是殷的方國，令戈人步行輓輦，正好與「殷為胡奴車，用東胡以罪為奴者引之」的記載相互補正。我們認為，于先生的論證是精當的，殷代當有奴隸輓輦、奴隸主貴族乘輦的事實，即殷代有輦是没有多大問題的。只是有待實物資料的證明或對已經發現的殷車進一步認識罷了。⊘

上面我們對邊家莊一號車子的結構與名稱問題作了一些初步的討論，下面擬就輦與車的區別談談自己的看法。前引黄云：「後世稱輦曰步輦，謂人荷而行，不駕馬。」毛云：「人間舉輦亦三古有之，在朝名輦，在野名轎。」于云：古代車與輦的本體并没有不同的地方，其區别就在于「駕馬曰車，駕人曰輦」。我們則以為車、輦的區別并非如此簡單，還需認真分析。

在商代金文中，輦字出現兩處，⊘似二人在衡下舉手乘軛以輓車。《左傳・襄公十年》：「輦重如役」。疏云：「對舉曰輦」。從此記載及金文象形字似可看出輓者是舉手乘軛的，也許黄、毛、于三家受此影響，以為駕人曰輦。但我們知道，先秦時期的獨輈馬車的輪徑平均才約1.33米，即便靠輈的彎曲上翹，要想舉手承軛恐亦難辦，更何況人無舉手之力，故我們以為，用人輓車并非二人舉手承軛以輓車，進而可以説，輦與車的區别，不能一概謂之曰「駕馬為車，駕人為輦」。無論從車的形制，還是從輓車者的角度，更不會有駕人之舉，因為連人舉手承軛都難辦到，更何況駕于衡軛之下，也就無所謂人荷而行。我們認為，輦與車的區別，既在于車用畜為動力，輦用人為動力，又由車子本身的特點決定。僅從牽引力角度來區分的話，難免混淆輦、車之真正區别。一個獨輈馬車在特殊情況下，也可以用人作動力，顯然不可能將此馬車稱之為輦。【説輦　考古與文物一九九二年第四期】

輓 成輓之印　【漢印文字徵】

◉許　慎　輓引之也。从車。免聲。無遠切。【説文解字卷十四】

◉馬叙倫　鈕樹玉曰。韻會一切經音義十四及廿五引並作引車也。免當是兔。嚴可均曰。御覽七百七十二引作引車也。倫按篆當作輓。從兔。引之也或引車也不似許文。【説文解字六書疏證卷二十七】

◉許　慎　軖紡車也。一曰一輪車。从車。㞷聲。讀若狂。巨王切。【説文解字卷十四】

◉馬叙倫　紡車一輪。是一輪車非別義。此五字校者所加。此字或出字林。【説文解字六書疏證卷二十七】

轘 轘

◉許　慎　轘車裂人也。从車。睘聲。春秋傳曰。轘諸栗門。臣鉉等曰。睘。渠營切。非聲。當从還省。胡慣切。【説文解字卷十四】

◉馬叙倫　翟云升曰。韻會引作環省聲。按環亦睘聲。倫按車裂人也非本訓。或此字出字林。【説文解字六書疏證卷二十七】

斬 斬

斬 秦一五五　五例　通塹　興徒以━垣離散及補繕之　秦一一七　斬 雜七　四例　斬 日甲一〇九【睡虎地秦簡文字編】

斬 3818【古璽文編】

斬 斬城　斬 斬延年印【漢印文字徵】

◉許　慎　斬截也。从車。从斤。斬法車裂也。側減切。【説文解字卷十四】

◉林義光　車裂不謂之斬。斬伐木也。攷工記輪人。斬三材。从斤从車。謂斬木為車。【文源卷六】

◉柯昌濟　斬 斬。舊釋獻。案字从賁。从斤。或斬字異文。【師寰敨　韡華閣集古録】

◉馬叙倫　鈕樹玉曰。韻會作從車斤。翟云升曰。當入斤部。倫按古書無言斬法車裂者。釋名。斫頭曰斬。此訓截也。明非車裂。況用車裂。何必從斤。莊有可以為曲説。是也。斬蓋從斤車聲。車單一字。故聲入元類。艸部。蘄。從艸。斲聲。斲即斬也。許誤入車部而校者欲明之義。乃注斬法車裂也。斬斫音同照紐。聲同魚類。斬即今斫頭之斫本字。字見急就篇。【説文解字六書疏證卷二十七】

輭 輭

崔希裕纂古 輭 輭 竝同上 輭 籀韻 輭 輭 説文【古文四聲韻】

◉許　慎　輭喪車也。从車。而聲。如之切。【説文解字卷十四】

◉馬叙倫　字失次。蓋出字林。凡字失次者。疑一本題字林。故先校者去之。一本題説文。故後校者復補之。【説文解字六書疏證卷二十七】

輔

輔　輔伯鼎　師嫠簋　輔師嫠簋　郭沫若曰輔當讀為鎛輔師即周禮春官之鎛師　中山王嚳壺　輔相𠂤身【金文編】

八八：一　宗盟類參盟人姓氏【侯馬盟書字表】

2194　汗簡輔字，或从木、甫，與璽文合。【古璽文編】

王輔　尹輔私印　楊輔　高輔之印　史輔之印　張輔之印【漢印文字徵】

輔　輔王庶子碑　輔竝出義雲章【汗簡】

古老子　古尚書　王庶子碑【古文四聲韻】

◉許　慎　輔人頰車也。从車。甫聲。扶雨切。【説文解字卷十四】

◉高田忠周　説文：「輔，人頰車也。从車甫聲」。朱氏駿聲云：「按當作大夾車也」。説文棐篆訓輔，蓋箸車兩旁，以防助者，可系可解之木。其制未詳。周禮太宰司農注：「輔為民之平也，知輔防車傾側者。」詩「無棄爾輔」。左僖五傳「諺所謂輔車相依」，注「頰車失之，此攷為是」，又云「叚借為酺」。説文「人頰車也」，是也。此攷亦碻矣。説文「酺，頰也。从面甫聲。」此為頰訓正字尤顯，古文作□，象形也。然車兩旁有輔，其狀與頰酺相似，故借輔為之，字後作酺。輔、酺古今字耳。【古籀篇七十五】

◉馬叙倫　説文疑曰。詩。無棄爾輔。是輔字實從車取義。牙車義從後起。鈕樹玉曰。韻會引頰作骨。嚴可均曰。輔從車當有本義。鍇本人頰車也上蓋捝一曰二字。許意輔車相依即詩無棄爾輔之輔。輔者。大車傍木。考工記不言作輔。蓋非車人所為。段玉裁曰。輔蓋如今人縛杖於輻以防輔車也。輔即詩無棄爾輔之輔。翟云升曰。類篇六書故引作頰車也。御覽引作頰也。韻會引作人頰骨也。王筠曰。小徐有春秋傳曰輔車相依。此僖五年文。當在輔聲下。許説捝佚之後。後人迻此也。輔者。今人以小車載大石者。兩輻之間加一木。拄其轂與牙。而繩縛於輻以為固。蓋其遺也。人頰車也者。後人據杜注增。不知面部自有酺字也。俞樾曰。古言車制甚詳。而輔之制未聞。詩正月。其車既載。乃棄乃輔。正義亦不能定其物。按革部。轉。車下索也。疑輔為轉之或體。輔為車下索。是可解脱之物。故曰棄也。詩又曰。無棄爾輔。員於爾輻。員即旋也。

言旋繞於輻也。則輔為車下索無疑。倫按俞先生說於詩之員字似得其義。然車下索為轉字義。轉亦車上不可少之物。不可棄者也。詩言棄必為可棄之物。然雖可棄而實有輔於車。疑即今北方駕牲之車。每至休息時。以木長與其轅歫地之高度略等者拄其轅。使牲負得輕。解牲時亦用以拄轅。使車不前頓。輪或損壞。用以拄輿。使車不側覆。其用甚大。所以為輔佐之義。故取聲於甫。其語原出於倗。然實非車上之物。故考工記不及也。輔古蓋縛於車伏免間。詩之輻當為轐。若輻在轂輦之間。輪須轉動。不得繫以他物。事理顯明也。人頰車也明非本訓。說解本如鍇本。其但著春秋傳曰無棄爾輔者。此乃酙下詞之酙矣之例。蓋本訓捝。後校者不明其義。故引經以為訓。人頰車也上當如嚴說有一曰二字。此校者所加。字見急就篇。輔伯鼎作[seal]。師嫠敢作[seal][seal][seal]。【說文解字六書疏證卷二十七】

◉李孝定　說文輔下引春秋云：「輔車相依」，下又云：「人頰車也」，蓋車之有輔，猶人之有頰耳，小雅正月：「其車既載，乃棄爾輔」，其物蓋以木板縛車兩側，以防物之墮落者，可以卸去，故言乃棄爾輔，今之貨車猶然，或謂輔以防車之欹側，殆不然矣。

【金文詁林讀後記卷十四】

◉許　慎　轟[seal]羣車聲也。从三車。呼宏切。【說文解字卷十四】

◉馬叙倫　鈕樹玉曰。文選王元長曲水詩序注引作轟轟羣聲也。蓋捝。一切經音義十二引作轟轟羣車聲也。則注中當有一轟字連上讀也。周雲青曰。唐寫本玉篇慧琳一切經音義十七及三十七及五十二及七十四希麟續音義九皆引同此。惟文選王元常曲水詩序注引作轟轟羣聲也。考慧琳音義十七引蒼頡。轟轟。聲也。疑李引非許書也。倫按從三車會意。止明車之多。不得車聲之義。此篆可疑。文選魏都賦注引蒼頡。輷輷。衆車聲也。玉篇引作輷輷聲也。聲類亦轟字也。然則轟為輷之重文。吕忱據聲類加之。傳寫轉捝輷篆。遂以重為正矣。今蒼頡作轟字者。傳寫以字林字易之耳。輷當為⿰車真之聲同真類轉注字。轟則俗字也。【說文解字六書疏證卷二十七】

◉徐　鉉　轏[seal]車名。从車。孱聲。士限切。【說文解字卷十四新附】

轔 轍 𠂤

◉徐 鉉 轔車聲。从車。粦聲。力珍切。【説文解字卷十四新附】

古老子 義雲章 【古文四聲韻】

◉徐 鉉 轍車迹也。从車。徹省聲。本通用徹。後人所加。直列切。【説文解字卷十四新附】

甲二五二 𠂤用為師 甲四五〇 甲一四四六 甲一九二九 甲二五三六 乙一八三四 鐵四五・一

鐵一〇〇・四 鐵一六八・三 鐵二〇七・二 前二・二・五 前二・一三・三 前四・三一・五

前六・五一・七 前七・六・四 後二・一八・八 後二・二五・五 後二・三四・七 後二・三七・一

林一・二八・三 佚八九 佚三九五 佚五八六 福二 燕六三〇 粹一九一 乙四〇七 貞

人名 【甲骨文編】

11・72 京2・6・4 3・31・3 4・16・1 4・31・4 凡8・3 録180 182 190

275 338 472 496 559 561 661 666 675 681 682 683

689 690 692 694 697 699 700 710 716 717 718 735

鄴33・8 龜卜85 東方107 六中78 六清55 續存226 525 1122 外37 84

摭續23 124 147 231 粹191 192 597 1132 1152 1201 1202

1203 1208 1212 1213 1253 新1384 2129 2530 3326 5352

5358 甲243 252 450 1929 2530 2877 2935 3045 3304 3530 乙

46 104 811 1527 1834 4549 4692 5804 6433 6666 8510

8519 8712 8859 8898 珠192 280 392 612 948 1024 1935 福

2 ㄴ478 500 558 581 佚108 193 318 395 402 424 441

502 503 586 615 續1・29・3 1・38・5 3・14・6 3・28・7 3・29・5

3・37・3 4・5・2 4・36・1 4・36・2 5・1・4 5・4・3 5・24・7 6・10・3

掇397 437 441 徵4・54 4・64 4・65 4・66 4・67 9・50 9・51

9・52 【續甲骨文編】

自 召尊 甾鼎 自鼎 小臣單觶 萮簋 同自簋 仲自父鼎 遇甗 孚尊 彔

卣 㦸鼎 靜簋 競卣 孳乳為師 小臣謰簋 伯懋父以殷八師征東夷 盂鼎 班簋 盠方尊

晉壺 克鐘 善夫克鼎 禹鼎 柳鼎 吏良父簋 徝公壺 東周左師壺 公朱右師鼎

盠方尊 八自二字合文 【金文編】

〔一九〕 〔六七〕 〔六七〕 〔一九〕 【先秦貨幣文編】

布空大 典六八六 布空大 反書 典六八七 布空大 亞二・九七 【古幣文編】

𠂤 3998 孳乳為師，見克鐘。【古璽文編】

𠂤 丁回切【汗簡】

◉許 慎 𠂤小𠂤也。象形。凡𠂤之屬皆从𠂤。臣鉉等曰。今俗作堆。都回切。【説文解字卷十四】

◉徐同柏 𠂤。古堆字。【周𠂤卣 從古堂款識學卷十一】

◉孫詒讓 説文𠂤部。𠂤。大陸也。山無石者。象形。古文作𠂤。又𠂤部。𠂤。小𠂤也。象形。攷釋名云。土山曰𠂤。則𠂤亦山也。𠂤𠂤葢象土山陂陀袤側之形。與山丘字從横相變。甲文石鼓文从𠂤字偏旁竝與小篆略同。金文散氏盤陟降字竝从𠂤。則正以山形直書之。父乙角陸字从𠂤。則猶山之為山也。以是推之。𠂤古文亦當作𠂤。亞形立旂彝有𠂤字。當即𠂤之正字。舊釋為𠂤。誤。甲文多作𠂤。尚不相遠。金文盂鼎𠂤字作𠂤。則與小篆略同。乃其變體。要以山丘𠂤𠂤四文互校。可得其通例也。【名原上】

◉徐中舒 𠂤舊皆釋為師，未確。官名之師、師氏及人名上冠以師字者，皆作師。彔卣「白雝父以成周師氏戍在叶(葉)𠂤」；同一器而師𠂤各别。考銅器地名下多綴以𠂤字，如此器之𦊙𠂤及彔卣之叶𠂤、晉公𥂴之京𠂤，此類甚多。甲骨文亦有𠂤字，其辭如次：

今月𠂤不𡱝——殷虛書契前編卷第十二及十三葉

今月𠂤𡱝——同上

此𠂤字究作何解，不能臆説，但由其文例言之，則與銅器之𠂤絶然不同。甲骨文又有𠂤朿字，其詞皆云在某𠂤朿，銅器之乙亥鼎來獸敦亦與此同。疑𠂤即𠂤朿之省文。周禮「宫伯授八次八舍之職事」，注「衛王宫者必居四角四中，於徼候便也；鄭司農云庶子衛王宫，在内為次，在外為舍；玄謂或其宿衛所在，舍其休沐之處。」八𠂤疑即八次。從𠂤之字與次古音同在脂部，師當從𠂤得音，𠂤朿亦從𠂤朿兩音，故𠂤得釋為次。八𠂤為王宫宿衛之軍，故有殷八𠂤成周八𠂤之别。薛尚功鐘鼎法帖穆公鼎云「命迺六𠂤殷(此從容希白釋)八𠂤」及「揚六𠂤殷八𠂤」，西清古鑑敦云「王命東宫□以六𠂤之年」，是古又有六𠂤。六𠂤八𠂤為宿衛軍所在之地，故凡軍旅所在之地皆可稱𠂤。易師六四「師左次」；公羊傳莊三年「公次於郎」，注「次者，兵舍止之名」；此當即𦊙𠂤、叶𠂤諸稱所由起，而凡銅器中稱𠂤之地名，均得以是釋之。【𠫑敦考釋 歷史語言研究所集刊第三册二分册】

◉葉玉森 𠂤 陳邦懷氏曰此即許書𠂤之初字。从一者地也。與卜辭土字从一同意。父丁盉有𠂤字。亦為古文𠂤。殷契拾遺十一葉。森按[glyph]之異體作[glyph]。他辭云。「乎多[glyph]尹[glyph]于教。」卷五第八葉之一。教。地名。董氏寫本亦有「戊戌卜雀人𢽹于敎」第三百二十二版一辭。敎乃教省。又「于青[glyph]」。「于潩[glyph]」。「于北奠[glyph]」。竝見後下第二十四葉之一。青潩北奠竝地名。奠即古文鄭。陳氏釋[glyph]為古文𠂤師。考卜辭有𠂤𠂤連文者。如「己卯卜□貞𠂤□[glyph][glyph]□[glyph]右不完𠂤□[glyph]□封」卷五第七葉之一。似𠂤非𠂤矣。辭誼殆近于[glyph]餗。疑餗之初文从一象地。如陳氏說。从二其繁文。𠂤師止于某地曰𠂤。殷代復孳乳餗字。與𠂤竝用。後世乃以次代之。𠂤與餗竝廢矣。【殷虛書契前編集釋卷二】

◉孫海波　𠂤之本意為小阜。古者都邑必賓附丘陵。都邑為王者之居。軍旅所守。故𠂤有師意。更引申而有衆意。古言某邑或言某師。以此也。【甲骨文録】

◉馬叙倫　翟云升曰。御覽引作𠂤小阜也。案堆今字。鈕樹玉曰。廣韻引作小阜也。葉玉森曰。卜辭降字作[glyph]。𠂤即𠂤省。倫按𠂤𠂤一字。象形之文。筆畫多寡無關也。本書[illegible]字從𠂤。金甲文皆從𠂤。是其證。小𠂤也者。附會字形而為訓。若今所謂堆者。初文為土。轉注字作培。或作壿。𠂤蓋假借為之。古書追敦相通借。其例證也。餘見培下。盂鼎作[glyph]。𠂤鼎作[glyph]。【説文解字六書疏證卷二十七】

◉劉　節　在左傳定公四年傳裏也有説到：「分魯公以大路、大旂、夏后氏之璜、封父之繁弱。殷民六族：條氏、徐氏、蕭氏、索氏、長勺氏、尾勺氏。使帥其宗氏，輯其分族。」又説：「分康叔以大路，少帛、綪茷、旃旌、大呂。殷民七族：陶氏、施氏、繁氏、錡氏、樊氏、饑氏、終葵氏」。這不是很明白的説到殷人確有氏族組織嗎？可是同史記上所説的名目不一樣，這裏當然還有其他問題。若照左傳上的説法，「氏族」也稱「宗氏」，或許還有「分族」，這同「胞族」之下又有「氏族」的制度卻是很相近。這些氏族在金文裏並不稱「氏族」或「宗族」，卻名之為「師」。例如伯懋父𣪘「以殷八師征東夷」，曶壺「作冢嗣土於成周八師」。成周本是殷地，成周八師，可能就是殷八師。這裏面的實在情形，大概就是逸周書作雒解裏所説的「俘殷獻民遷於九畢」，所以書序上也説「成周既成，遷殷頑民」。此外宋朝人所得到的成鼎上也有説到「王命逎揚六師殷八師」。可見古器物銘上所説到的師，與古書上所説到的氏有相同之點。本來師字，金文作[glyph]。例如盂鼎「故喪師」，静𣪘「[glyph]師成周」，其字都作[glyph]。就是小篆的𠂤字，今俗作堆。【中國古代宗族移殖史論】

◉楊樹達　粹編五九七片云：「丁酉，貞，王乍三𠂤，右中左。」樹達按：𠂤讀為師，三師猶經傳恆言三軍也。詩小雅瞻彼洛矣云：「以作六師。」作三師語例同。【𠂤　卜辭求義】

◉楊樹達　前編二卷五葉之三云：「庚寅，王卜，在孶貞，余其𠂤在兹上𩚬，今秋其𦎧，其乎渢示于商，正，余受右？王卟曰：吉。」

樹達按：皀為𠂤之繁文，當讀為師，皀在丝上魯，謂屯師于此上魯也。【皀　卜辭求義】

◉周萼生　𠂤。説文。𠂤。小𨸏也。象形。（都回切。𠂤之字俗作堆。堆行而𠂤廢矣。）」丮小臣單觶在成𠂤。旅鼎公在盩𠂤。遇獻師雝父戍在古𠂤。彔䧵卣淮夷敢伐内國。汝其與成周師氏戍于𠦪𠂤。克鼎禴正八𠂤之年。小臣謎段和白懋父段白懋父以殷八𠂤征東夷。各𠂤字的意義。似為行政區劃和部隊編制。今之部隊字。為古之墜落字。古之部隊字。不識是𠂤字否。【郿縣周代銅器銘文初釋　文物參考資料一九五七年第八期】

◉金祥恆　五六一片　𠂤本小𨸏，何以有師旅之意，蓋上古之世，都邑必賓附丘陵以築。章太炎嘗撰古者天子居山説，以為太上之君，王相宅度邑，必於山麓，此説雖近新奇，然證以古代地名之名丘者州名陵者甚多，知所説殆不盡虛。都邑所在，又即軍旅所在，友人童丕繩為余言，西歐中古之世，城邑多築於高原，名之曰堡，封君及軍衛居焉，所以周封城而禦外侮也。上古中原有洪水之患，民非高土不可以居，是以都城所在，必宅於高原，是或亦一因也。𠂤本小𨸏與丘陵同，古代帝王宅丘陵以配天，居師衛以鎮衆，王者之居，軍旅所守，古軍旅以可曰𠂤，於是𠂤字遂含有師旅之義，凡從𠂤得聲受意之字，遂亦引申其衆意。【甲骨文録】

◉饒宗頤　□卯卜，𡧊貞：犬征，其㞢（侑）豼。……卜𡧊貞：王皀于㽕（曾）。……𡧊貞：犬征，亡豼。（續編二・二四・四）

按「皀」即「𠂤」繁形。有益一或二者，猶册之作𠕋也。皀讀為師，謂師次其地。犬或指犬人。㽕即曾，從于省吾釋。簠室游六八：「王皀于㽕，迺乎……。」與此同地。春秋僖十四年：「鄫子來朝」，杜注：「今琅邪鄫縣」。詩溱洧，水經注引作「潧洧」。潧水出鄭縣西北，殷之曾地，或即此。【殷代貞卜人物通考卷三】

◉商承祚　隹，即《説文》之𠂤，「小𨸏也，象形。」段注：𠂤，「俗作堆」。今得楚簡，知堆字由來已久，堆之本義為小土堆，引申之則有累疊、堆積義。【江陵望山二號楚墓竹簡遣策考釋　戰國楚竹簡彙編】

◉陳連慶　《説文》師字从帀从𠂤，嚴可均以為𠂤亦聲，馬叙倫以為从帀𠂤聲，嚴、馬的説法是對的。師𠂤相通，仍然是舌上歸舌頭的問題。周祖謨先生著《審母古讀考》，用力甚勤，惜乎僅局限於書本材料，而未能上溯金文、甲骨，故其所論尚有未諦。文中以為古代審母三等與審母二等（即山紐）區别甚嚴，但對中世審三、審二何以「不甚分辨」，卻没有進行探討。我以為从師字从𠂤聲打開缺口，倒是研究山紐古讀的起點。又金文多以帀字為師。如《師寰段》：「今余肇令女率齊𠂤。」《國差𨪑》：「攻（工）巿（師）俉鑍（鑄）西章（郭）寶𨪑四秉。」帀、巿均當釋為師。前人多以帀為師之省文，我也不敢深信。京𠂤在這裏是地名。【《晉姜鼎》銘新釋　古文字研究第十三期】

◉裘錫圭　由於舊説都有問題，我們姑且提出一個新的假設供大家參考。根據甲骨文中[illegible]、[illegible]為一字的現象，既可以把它們都釋為「阜」，也可以把它們都釋為訓「小阜」的「𠂤」。我們傾向於把它們釋為「𠂤」。「𠂤」是「堆」的古字，在古代有可能用來指稱人工堆築的堂基一類建築。堆是高出於地面的。從「隹」聲的字往往含有高出的意思。《説文》：「㠑，高也。」「崔，大高也。」「陮，陮隗，高也。」「頧，出頟也。」都是例子。臀部古稱「脽」。《漢書·武帝紀》元鼎四年「十一月甲子，立后土祠於汾陰脽上」，顔師古注：「脽者，以其形高起如人尻脽，故以名云。」臀部所以名脽，大概就是由於它比背部和腿部突出。「脽」、「臀」古聲母相近。「脽」屬微部，「臀」屬文部，二部陰陽對轉。這兩個詞無疑有同源關係。《釋名·釋形體》：「臀，殿也，高厚有殿遻也。」以「殿」為「臀」的聲訓字。古代稱高大的堂為殿。《初學記》卷二十四居處部引《蒼頡篇》：「殿，大堂也。」古所謂堂本指後世所謂堂基而言。「𠂤」(堆)與「殿」也應是同源詞。「𠂤」(堆)之轉為「殿」，猶「脽」之轉為「臀」。所以上引卜辭裏的「𠂤」很可能是指殿堂而言的。《左傳·莊公二十一年》「鄭伯享王於闕西辟」，《正義》：「闕西辟者，辟是旁側之語也。」卜辭「𠂤辟」之「辟」當與此「辟」字同義。「𠂤西」則應指殿堂之西。《菁》1的「宁(庭)𠂤」大概指大庭的殿堂(關於大庭，詳下文)。「𠂤辟」「𠂤西」的「𠂤」也有可能是指「庭𠂤」而言的。

第二期卜辭裏的地名有「翼山」(《殷契粹編》1326、《甲骨文録》712、808)，又有「翼[illegible]」(《甲骨文録》709)，後者疑亦當釋為「翼𠂤(堆)」。不過這個「𠂤」大概不是指殿堂的，其義似當與上引《漢書》「汾陰脽上」之「脽」相近。

商代晚期銅器四祀邲其卣的銘文提到「召大宁(庭)」(《商周金文録遺》275)。于省吾先生認為見於卜辭的「召宁」即其省稱(《甲骨文字釋林》85頁)，當可信。卜辭中提到的「宁」大概多數屬於大庭一類。《尚書·盤庚》説盤庚「命衆悉至於庭」，「庭」大概也指大庭。

商代的大庭當與宗廟、宮室建築中附屬於主體建築物的庭不同，與王國維《明堂廟寢通考》設想的居於四宮之中充當所謂太室的「廣廷」也決非一事。60年代至70年代，考古研究所在河南偃師二里頭發掘了一座屬於商代早期(也有人認為屬於夏代)的大型建築遺址。整個基址「是一座大型的夯土臺基，整體略呈正方形……東西長約108、南北寬約100米。……臺基中部偏北的地方有一塊高起部分，呈長方形，東西約36、南北約25米，是殿堂的基座。臺基的北、西、南三面有牆基，在牆基内側有一周柱子洞，在南北兩牆基的外側還各有一排柱子洞。整體呈廊廡形式的建築。臺基南面中部有一塊東西長約34、南北寬約2米的延出部分……上面有宮殿大門的門柱痕跡」。商代的大庭有可能就是這類建築。上述基址中部偏北的殿堂基座，可能就是所謂「庭𠂤」。基址南面的大門遺址很寬闊，原來可能有塾，即所謂「庭門塾」。有的古建學者為這一基址所作的復原設想圖，門的兩側

𡴀

就畫有東塾、西塾。卜辭或言「啟庭西户祝於妣辛」(《合》27555，同文卜辭見《合》30294)，「庭西户」似當指這類建築的西牆上的門。上引《合》28086末一辭的「南門」和《懷》1391第一辭的「門」，大概都跟《合》30284、30285的「庭門」一樣，是指大廷南面的正門而言的。「庭西户」則為邊門。「户」字象單扇門，可能邊門是單扇的。以上所説大庭之制，是很不成熟的設想，究竟有多少合理的成分，有待今後的考古發現和對卜辭的進一步研究來檢驗。【釋殷墟卜辭中與建築有關的兩個詞「門塾」與「𠂤」　出土文獻研究續集】

◉戴家祥　𩰫从盨　其邑兢⿱林𠂤才三邑　⿱林𠂤字从林，从𠂤，説文所無。以形聲審之，殆𠂤之加旁字。説文十四篇「𠂤，小𠂤也。象形。」鼎臣云：「今俗作堆」。戴侗六書故謂「側為𠂤，側為𠂤，𠂤，小山𠂤也，故其文眂𠂤為殺，别作堆」。按與山形秦泰山刻石山作相近，作書者故為竪立，以示區别耳。𠂤本象形，表義加旁，則為形聲。一切經音義卷六「𠂤，高土也」，故𠂤亦作垍。益州記「青衣神號為雲垍，班固以為離垍」。字亦作塠，魏志武帝紀「依塠為屯」，塠从追聲，亦或簡寫作追。枚乘七發「踰岸出追」，李善注追亦堆字。形聲變換，則寫作崔，説文九篇「崔，高也，从屵，隹聲」。唐韻隹讀「職追切」，照母脂部，崔讀「都回切」，與𠂤聲同，同部諧聲字也。表義更旁，字亦作陮。説文十四篇「陮隗，高也，从自，隹聲」。唐韻「都罪切」，端母支部，支脂韻近，同聲通假。字亦通碓，史記河渠書「鑿離碓」，漢書溝洫志碓作𡾒，从山，隼聲。隼讀「思允切」，心母文部。爾雅釋丘「一成為敦丘」，郭璞注「江東呼地高堆為敦」。孫炎云：「形如覆敦」。唐韻敦讀「都昆切」，韻在文部。敦丘即頓丘，衛風氓篇「送子涉淇，至于頓丘」，毛傳「丘一成為頓丘」。釋文頓音「都寸反」，端母文部。然豳風東山「敦彼獨宿」，釋文敦讀「都回反」，音𠂤，脂文陰陽對轉。集韻上平十五灰垍塠皆讀「都回切」，同聲通假。字亦通魁，國語周語「高山而蕩蕩為魁」，韋昭注「小阜曰魁」。唐韻魁讀「苦回切」，溪母脂部。由是而知𠂤之字形多變，韻部不出脂文之間，𠂤字作⿱林𠂤亦猶大鹿之為大麓也。水經注濁漳水篇：衡水又北經鉅鹿縣故城東。應劭曰：鹿者，林之大者也。太平御覽五十三引隋圖經曰：大陸大鹿廣阿即一澤而異名，尚書云納于大麓是也。【金文大字典下】

◉許　慎　𡴀危高也。从𠂤。屮聲。讀若臬。魚列切。【説文解字卷十四】

◉林義光　屮非聲。象高出之貌。古作毛公鼎。作宗婦彝。並辥字偏旁。【文源卷七】

◉馬叙倫　鈕樹玉曰。繫傳臬作槷。蓋槸之别體。王紹蘭曰。屵字下曰。讀若櫱岸之櫱。櫱岸即𡴀岸之誤。然則𡴀為岸之危高也。劉秀生曰。屮聲在屑部。臬從木自聲在曷部。曷屑旁轉。故𡴀從屮聲得讀若臬。𨸏部。陧。危高也。賈侍中説。陧。

法度也。班固説。不安也。謚自部陽陸陮阢陖陷隊隕陛皆以高訓。是隉當訓危高也。即㠯之後起字。賈説蓋借隉為臬。臬。射的也。書康誥多方竝訓臬為法。班固説則借隉為𡴫。出部。𡴫。𡴫𡴫。不安也。從出。臬聲。是其證。倫按㠯𠂤一字異文。𠂤讀若䧺。䧺聲脂類。此讀若臬。聲亦脂類也。鍇本作槷者。槷之譌。聲亦脂類也。餘見𠂤下。此字出字林耳。【説文解字六書疏證卷二十七】

乙四八三二　乙五三三一　前四・二七・七　後二・四・六　後二・二四・一〇　菁一〇・二　京津四八四五　珠二六　存下四八四　金三九三　【甲骨文編】

乙5321　珠26　新4845　【續甲骨文編】

官　傳卣　競卣　趞簋　師奎父鼎　揚簋　師虎簋　無叀鼎　師酉簋　師嫠簋　卯簋　頌鼎　睘尊　上官登　中山王嚳兆域圖　鑄客鼎　【金文編】

5・382　井上官井　6・17　中官　【古陶文字徵】

〔四四〕　〔四七〕　〔七九〕　〔四四〕　〔二〇〕　〔二〕　〔二〇〕　〔二〇〕　〔六八〕　【先秦貨幣文編】

布空小　官斿　豫洛　仝上　布空小　官斿　典六九九　布空小　官斿　亞二・一二一　布空小　官斿　展圖版拾伍4　布空大　斿官　官字在左　反書　展圖版拾伍2　布空小　官斿　歷博　【古幣文編】

5　18　【包山楚簡文字編】

官　效二　一百六十五例　通館　—舍　秦一〇一　法九五　十四例　雜一　八例　日甲一四六背　【睡虎地秦簡文

字編】

0136　0139　0140　0137　0138　0135　0144　0143　0142　3969　3164

4267　4628　1139　4627　4630　4625　4268　4629　4631　4354　4350

4347　4345　4348　4355　4357　4265　4266　【古璽文編】

齊鐵官印　右牧官印　中和官丞　榦官泉丞　東平飤官長印　上官運印　上官翁孫　史官

上官未央　【漢印文字徵】

少室石闕　開母廟石闕　五官掾陰林　【石刻篆文編】

【汗簡】

古老子　王庶子碑　王存乂切韻　【古文四聲韻】

◉許　慎　[古文]吏事君也。从宀。从𠂤。𠂤猶衆也。此與師同意。古丸切。【說文解字卷十四】

◉羅振玉　[古文][古文]　說文解字。官。从宀从𠂤。𠂤猶衆也。此與師同。其言至明晰。古師字作𠂤。而許君於部首之𠂤。乃云小𠂤。得之於此而失之於彼。何也。【增訂殷虚書契考釋卷上】

◉楊樹達　說文十四篇下𠂤部云：「官，吏事君也。从宀，从𠂤，𠂤猶衆也。此與師同意。」鄉先輩何子貞先生東洲艸堂文鈔卷八跋漢潘乾校官碑云：「校官者，學舍也。官字从宀，凡从宀之字皆以屋室為義，官字下从𠂤，蓋象周廬列舍之形，謂臣吏所居，後乃引申為官職之稱。周禮官府都鄙並稱，是其本義也。叔重於宀部宣字云：『天子宣室』，宏字云：『屋深』，宰字云：『辠人在屋下執事者』，守字云：『守官也，从宀，府寺之事，从寸，法度也。』蓋惟恐人昧其本義，獨於官字入𠂤部，云：吏事君也，未免自淆其例。」樹達按先生精通小學，故立義堅卓，足糾許君之失如此。今請為申證之。按：周禮秋官士師云：「士師掌國之五禁之法：一曰宮禁，二曰官禁，三曰國禁，四曰野禁，五曰軍禁。」以官與宮國野軍為對文。故鄭注云：「官，官府，」是也。此官指地非指人之證一也。禮記曲禮下篇云：「在官言官，在庫言庫，在朝言朝。」以官與庫朝為對文。故鄭注云：「官謂版圖文書之處」，是也。此官指地非指人之證二也。又玉藻云：「凡君召，在官不俟屨，在外不俟車。」以官與外為對文。故鄭注云：「官謂朝廷治事處」，是也。此官指地非指人之證三也。降及漢世，凡云校官或云學官者，無不指學舍而言。先生釋校官為學舍，至為精確。漢書吾丘壽王傳云：「陛下興學官。」文翁傳云：「修起學官。」韓延壽傳云：「修治學官。」後漢書李通傳云：「修宫室，起學官。」任延傳云：「造立校官。」潘乾校官碑云：「構修學官。」皆謂興起學校，建造黌舍也。漢書何武傳記武行部必先即學官見諸生，後漢書魯丕傳記趙王商避疾，欲移住學官，鄭玄傳記玄常詣學官，郭太傳記太勸庾乘遊學官，黄昌傳記昌居近學官，高誘注吕氏春秋孟春紀之入學為入學官。夫云即，云住，云詣，云遊，云居近，云入，明學官指地不指人也。漢書禮樂志云：「春秋鄉射，作於學官。」藝文志云：「施孟梁丘京氏列於學官。」劉歆傳云：「諸子傳説猶廣立於學官。」後漢書和熹鄧后紀云：「引納羣子，置之學官。」夫言作於學官，列於學官，立於學官，置之學官，亦指地不指人也。故魯丕傳記丕奏曰：「學官，傳五帝之道，修先王禮樂教化之處」，此漢人釋官為處之明證也。下及顔師古注賈誼傳云：「官謂官舍」，注韓延壽傳云：「學官謂庠序之舍」，注文翁傳云：「學官，學之官舍」，又注何武傳及李賢注魯丕傳，皆云：「學官謂學舍」，亦皆以地為釋，不失古義。至兩漢書各傳學官字恆誤作學宫，或緣官宫形近，或淺人習見學宫，不識官字古義而妄改，劉攽王念孫周壽昌等已校正之矣。【釋官　增訂積微居小學金石論叢卷第一】

◉馬叙倫　戴侗曰。[illegible]聲。[illegible]古環字。秦權文官正作[illegible]。翟云升曰。當入宀部。俞樾曰。官為館之古文。曲禮。在官言官。注。謂版圖文書之處。玉藻。官不俟屨。注。官謂朝廷治事處也。此官即館之證。倫按俞先生説是。從宀。𠂤聲。𠂤音端紐。故官音轉入見紐。端見皆清破裂音也。戴説亦可從。然頌鼎作[illegible]。師虎敦作[illegible]。戒鬲作[illegible]。甲文作[illegible][illegible]。皆從𠂤。當入宀部。从𠂤蓋校者不得其音而改之。又增𠂤與以下九字。字見急就篇。【説文解字六書疏證卷二十七】

◉陳夢家　官假作館。説文。館。客舍也。廣雅釋宫。館舍也。古有侯館公館之設。周禮遺人。五十里有市。市有侯館。魯語上。宿于重館。注云。館。侯館也。禮記雜記。諸侯行而死于館。注云。館。主國所致舍。雜記。大夫次于公館以終喪。注云。公館。公宫之舍也。禮記曾子問。公館復。注云。公館若今縣官舍也。漢書車千秋傳注云。館。官舍也。此器之官當指宗周館諸侯的公館。覲禮天子賜舍。曰。伯父。女順命于王所。賜伯父舍。【襃尊　金文論文選】

◉谷霽光 《說文解字》把官、追、歸等字，都作為从𠂤、阜的一類字，其實都應從呂。這在甲骨文、金文中可以找到明顯的形象或痕跡，尤以「官」字的原始形象和演變源流最為清楚。茲先釋「官」，然後畧述追、歸的本意，並說明「呂」字與「以」字混淆的由來。

官 《說文解字》卷一四下：「官——□，吏事君也，從宀從𠂤，𠂤猶衆也，此與師字同意（古丸切）。」「官」與「師」都從同一偏旁，這是對的。但「官」「師」二字並不是從「𠂤」而係從「呂」。官，甲骨文作「□」、「□」、「□」；金文作「□」、「□」、「□」。戰國時字形有較大變化，原為作「□」形者，卻已多改作「□」、「□」、「□」等形，當其寫作「□」形時，頗與「師」字相近，當其寫作「□」形時，則為「□」（「□」左上角不封口），乃與「師」字了不相涉。就甲骨文、金文的寫法相互見意，釋為從呂，才會十分準確。

《集韻》平聲二十六《桓》：「官」古作「□」。「□」為「宀」之變體，而「□」乃「□」的訛形，古文字中類多有之，要以意會，不可拘泥。今之「官」字，不從「𠂤」而從「㠯」，「㠯」即「𠂤」之省文。《說文解字》「𠂤」之省文作「㠯」，「以」之異文則作「㠯」，前者左上角封口，後者左上角開口，這一微小的差別，正足以說明「官」字從「㠯」與「似」字從「㠯」，在字形上的源流不同。《說文解字》㠯與㠯，左上角封口與不封口，一般也不混淆，值得重視。細緻的辨出這微小的差異，既是很重要的，也是頗饒興味的。今按文物出版社影印《睡虎地秦墓竹簡》中《秦律十八種》，官字作□，□左上角是封口的，官字從㠯而不從𠂤，此亦可作例證。

官師連詞，有如《書·胤征》：「官師相規」。「官」、「師」均從「呂」，表明二者的職責有其相似之處。「脊」有「條理區處」之義，「官」之處理政事，亦形從「呂」，自亦理之固然。

官、師二字均從「呂」，今音則二字各別，原因為何，下面仍當論及。【有關軍事的若干古文字釋例（一） 江西大學學報一九八八年第三期】

◉劉釗 〔三四〕釋「長官」

《古璽彙編》5463、5464號璽璽文作下揭形：

□

字形怪異。其實這是經過變形裝飾過的「長官」二字。古璽「長官」璽作下列諸形：

□ □ □

從中不難看出「□」形的由來。【璽印文字釋叢（一） 考古與文物一九九〇年第二期】

◉劉彬徽等 (42)官，借作倌。【包山楚簡】

◉何金松 官。《說文》：「官，吏事君也。從宀，從𠂤。𠂤猶衆也。」許說非古。《論語·子張》：「夫子之牆數仞，不得其門而入，不見宗廟之美，百官之富。」《管子・入國》：「不耐自生者，上收而養之疾官而衣食之。」俞樾曰：「疾官乃有疾者所居之館舍。」官是古館字，已成定論。其最初用途是什麽？為何從宀從𠂤會意？人類的婚姻制度，由雜交到羣婚到個體婚，經歷了漫長的過程。在母系氏族公社早期，出現了拜訪婚，「即由原來在野外的比較短暫的接觸變為男人們到婚盟氏族的住地對女人們進行較為經常的拜訪」。為了「適應這種拜訪婚的需要，大約不久就在婦女兒童住處的近旁出現了專門為接待男朋友的單獨的成年女子的住所。」（蔡俊生：《人類社會的形成和原始社會形態》第五章第五節，中國社會科學出版社，1988年9月第1版）嚴汝嫻、宋兆麟《永寧納西族的母系制》描述了尚處於母系社會階段的雲南省永寧納西族的婚姻制度：「阿肖生活剛剛開始的時候，一般男子都是秘密走訪女子，盡力避人耳目。因而男子來訪時都事先與女子約定時間、地點，或者利用一定的暗號，由女子引進客房。經過一段時間相處後，阿肖雙方愿意維持下去，女方老人又不反感，男子就帶上行李，公開搬到女方居住下來。但是白天照例回到自己的衣杜生產生活，晚上公開去女方走訪。」「衣杜」即院落。「客房」是建在院落裏的一系列單間，專為未婚女青年設置的接待男阿肖夜宿的房舍。「女子成年後就單獨住在這裏，而她的男阿肖則過着夜宿晨歸的拜訪式性生活。顯然，這種『客房』正是從前有過的單獨的女人住所的變形，只不過現在分為單間，同時還用來住宿和發生性交關係而已。」這種為適應拜訪婚而專設的「客房」，是母系氏族社會的普遍現象，用文字記録下來就是「官」。鮮明地反映了是成年未婚女子住的房舍，從而可以證明𠂤的本義是成年未婚女子。

甲骨文𠂤，從𠂤從一，或下為兩畫作𠂤。據卜辭文意，義為「暫住」、「客居」。如：

1. 王𠂤于曾。（《合》六五三六）
2. 㱿貞王勿于鼓𠂤。（《合》七三五五）
3. 𠂤般以人于北奠𠂤。（《合》三二二七八）

在先秦古籍中作「次」。《尚書・泰誓中》：「惟戊午，王次於河朔。」《左傳・僖公四年》：「師退，次於召陵。」用為名詞則為旅館或其它臨時住舍。《周易・旅》：「旅即次，懷其資，得童僕。」王弼注：「次者，可以安行旅之地也。」《左傳・襄公二十六年》：「簡兵蒐乘，秣馬蓐食，師陳焚次，明日將戰。」杜預注：「次，舍也。焚舍，示必死。」

甲骨文又有「宋」、「𠂤帀」，義為臨時住宿。如「貞，王其歸，宋於□女。」（《合》一五三二正）「癸丑王卜，貞旬亡尢。在齊𠂤帀。」（《卜辭通纂》引《後》上・一五・一二）郭沫若曰：「齊當在臨淄附近。」

現在可以找出官、𠂤、𠂤帀、宋、次在意義上的聯繫。專供成年未婚女青年單獨使用的房舍叫做「官」，名詞。在官中住宿進行兩性交往活動便是「𠂤」，動詞。用𠂔作聲符成為形聲字就是「師」，省寫為「𠂔」。《説文》：「𠂔，止也。」保存了「止宿」這一古義。𠂤、師二字也可以證明𠂤的本義是成年未婚女子。《説文》：「次，不前不精也。」所謂「不前」，即不再繼續前進，暫時住下來，動詞。據《説文》所載古文，「次」的本義應是茅屋。茅屋不是久居之宅，是供臨時住宿之用的簡陋房舍。林耀華《原始社會史》第三章第二節「母系氏族的對偶婚和對偶家庭」曰：「海南島黎族地區曾經存在『放寮』的習俗，每個村子都有一個至幾個『寮房』（黎語稱「布隆閨」），供少年女子住宿。凡屬不同血緣集團的未婚男子都可以到那裏去找女伴。」鄭傳寅、張健《中國民俗辭典》「寮房」條曰：「戀愛社交活動場所，舊時流行於海南黎族地。黎語稱作『布隆閨』。父母為未婚子女或已婚而尚未落夫家定居之女在村邊建立茅房，讓其獨居。男子居住的稱『兄弟寮房』，女子居住的稱『姊妹寮房』。不同血緣的男青年可以自由到『姊妹寮房』玩耍求愛。是原始母系制向父系制過渡的一種婚姻遺留。」茅房表現於文字就是「次」，用為動詞為臨時住宿。甲骨文用𠂤、師表示臨時住宿，與「次」義同。𠂤、師、次三字都有臨時住宿義，語源相同。

𠂤的本義是成年未婚女子，從字音考察，與「姝」相同。𠂤，都回切，音堆。姝從朱得聲，古音與「朱」同。𠂤屬端母微部，姝屬端母侯部，二字古音極近或相同。《詩・齊風・東方之日》：「東方之日兮！彼姝者子，在我室兮。在我室兮，履我即兮。東方之月兮！彼姝者子，在我闥兮。在我闥兮，履我發兮。」這是一首愛情詩。「姝者子」指美麗的青年女子，「姝」是形容詞。《文選・宋玉〈登徒子好色賦〉》：「此郊之姝，華色含光。」這個「姝」是名詞，指美麗的青春紅顏女子。商代甚至更早時期用象形字「𠂤」，到周代便造出了形聲字「姝」，二字義同。

象形字的創造，「近取諸身，遠取諸物」，或對造字對象進行整體摹畫，或只作局部勾勒，突出其特徵以表意。甲骨文𠂤字，本義為成年未婚女子。字形必與本義相應，因此可以看出像大姑娘最富於外部特徵的兩乳隆起之形，是個獨體象形字。古文字中以婦女乳房為造字對象所表示的概念不是單一的。「乃」字甲骨文作𠄎（《合》一〇四〇五正），特指乳房，故勾出一乳之形表示。「𠂤」字的甲骨文取發育成熟豐滿之兩乳形勾勒而成，表示成年未婚女子即今所謂大姑娘這一特定概念。二者十分明確，毫不含混。【釋𠂤 中南民族學院學報一九九三年第三期】

◉于省吾 甲骨文官字習見，多作地名用。第一期甲骨文有「貞，帝官」和「帝不官」（乙四八三二，左右對貞），此例罕見。陳夢家謂：「官疑假作悺，説文和廣雅釋詁訓憂。」（綜述五七一）按依陳説訓為帝憂、帝不憂，殊不可通。其實，帝官和帝不官雖然措詞簡單，未能指出具體的事物，但它為商王向上帝乞求佑助之詞，是没有疑問的。我認為，官字應讀作寬，官與寬同屬淺喉，又係疊韻。金文晉姜鼎的𩞁綰，孟姜簋作綽綰，史伯碩父鼎作綰綽，書無逸作寬綽，詩淇奥分言之作「寬兮綽兮」。這就是从官之字和寬字通用的明徵。詩淇奧傳訓寬為容，爾雅釋言訓寬為緩，寬容與寬緩詞義相仿。甲骨文無寬字，以官為寬。帝寬、帝不寬，係占卜上帝對商王能否寬待優容之義。

甲骨文帝官和帝不官之辭，在後世典籍中已經有了演變。禮記緇衣引書太甲：「天作孼，可違也；自作孼，不可以逭。」孟子公孫丑引作：「天作孼，猶可違；自作孼，不可活。」甲骨文災孼之孼作皀。其稱：「帝其作我皀」（乙五三四二），是指上帝作孼于我言之；其稱：「叀王又（有）作辥」（粹四八七），是指王自作孼言之。說文訓逭為逃，重文作爟。段注：「从兆者，从逃省也；从雚者，雚聲也。」按兆即古逃字，詳釋兆。禮記緇衣鄭注訓逭為逃，孟子逭字作活。逭與活音義并相因。

基于上述，書太甲的「天作孼，可違也；自作孼，不可以逭」，其語根詞源，是從甲骨文的「帝官」、「帝不官」以及「帝其作我皀」、「叀王有作辥」等辭例演化而來。這不僅可以解釋甲骨文帝官、帝不官二句的本義，同時也足以說明，用甲骨文、金文和尚書中的商書、周書交驗互證，是直接解決若干自來認為詰曲聱牙的史料的重要途徑。【甲骨文字釋林中卷】

◉朱德熙　下面討論前引銅器銘文中「官」字的意義。我們先從私官說起。

上文已提到，私官的名稱數見於漢代遺物。我們注意到的有：

(10)「私官丞印」封泥兩片

(11)「中私官丞」封泥一片

(12)「長信私官」殘陶一片

(13)「黃室私官右丞」印一紐

(14)太初二年造「中私官銅鍾」

「私官」之稱亦見於典籍。《漢書·張湯傳》附《張放傳》：

放取皇后弟平恩侯許嘉女。上為放供張，賜甲第，充以乘輿服飾。號為天子取婦，皇后嫁女。大官、私官並供其第。

服虔注：「私官，皇后之官也。」今按，大官即少府所屬「掌御飲食」的太官，私官應是皇后食官。衛宏《漢舊儀》中亦有與太官對稱的私官：

太官尚食用黃金釦器，中官私官尚食用白銀釦器，如祠廟器云。

同書記宗廟三年大祫祭之禮，說高祖坐前設「黃金釦器」，高后坐前設「白銀釦器」，與上條所記對照，尤可證明私官是皇后食官。《漢書·百官公卿表》詹事條下記皇后官屬有「食官」，《漢舊儀》的「中官私官」（這裡的「中官」大概是泛指宮中的官屬）以及上引封泥和銅鍾銘文中的「中私官」，應與之相當。《後漢書・百官志》所記中宮官有：中宮僕、中宮謁者令、中宮尚書、中宮私府令等等，獨無中宮食官令，似有脱誤。

上引「長信私官」殘陶，從字體看是漢初的東西。《百官公卿表》：「長信詹事掌皇太后宮」。可知長信私官是皇太后的食官。上引(13)「黄室私官右丞」是王莽官印。王莽篡漢，廢孺子嬰為定安公，改皇太后（即王莽之女平帝皇后）號為定安公太后。始建國二年又改號為「黄皇室主」。「黄室私官」是黄皇室主的食官，如果從平帝后在漢代的地位來説，就是太后食官；如果從平帝后跟王莽的關係來説，則是公主食官。

應劭《漢官儀》記長公主官屬有私府、食官等職。私府之稱與皇后屬官相同。其食官大概也跟皇后的食官一樣，可以稱為私官。

總之，漢代所謂私官可以是皇后的食官，也可以是太后或公主的食官。戰國時代私官的性質不會和漢代有多大出入。上引(7)「中私官」大概是王后的食官。(1)「左私官」性質難以肯定，但總不外乎國君的妻、母、兒女等人的食官。

從《百官公卿表》看，秦漢時代掌飲食的有司大都以「官」為名。除了前面提到的太官、食官之外，少府屬官還有湯官、導官。師古注：「湯官主餅餌，導官主擇米」。此外漢代銅器銘文裡還有酒官。在「太官」和「私官」這兩個名稱裡，「官」實際上已專指食官。戰國時代就有「私官」的名稱，壽縣楚器也有「大句（后）脰（廚）官」的職名。可見當時已有稱食官為官的習尚。這樣看來，上引(2)—(6)諸器銘文裡的「左自（官）」和「右自（官）」也應該是食官。(5)(6)二器並以「公朱」冠於「左官」「右官」之上。「公朱」應讀為「公廚」，這是左官、右官為食官的明證。

戰國時代的銅器、陶器銘文裡還有「中官」、「上官」、「下官」等名稱，例如：

(15) 中官（《考古學報》1956年2期20頁，陶罐）

(16) 梁上官𦚢（容）叅（參分）（《三代》2・53，鼎）

(17) 卅三年□又上官□憙□受坪安君者也上官（《三代》4・20，鼎）

(18) [illegible]下官（《三代》19・2，鍾）

(19) 十年弗官𦚢（容）齋第一（尊古齋藏拓本）

這裡的「官」大概也都指食官。(15)的中官顯然不是宮中之官的泛稱，可能與上引(7)的「中私官」相當。西漢前期的王國銅器中有王后中官鼎，銘曰：「王后中官二斗五升少半升」，可以與此參證。

上引有「官」字諸器，形制不外乎壺、鼎、盉、罐、鍾幾類，都是可以應用於飲食的器具，這也是諸器之「官」當指食官的一個旁證。

最後，我們還想提一下《濱虹草堂藏古璽印》著録的一紐戰國官印：

(21)

文曰：「北宮皮𠂤」。𠂤亦應讀為官。《周禮・天官・内宰》：「憲禁令于王之北宮」，鄭注：「北宮，后之六宮，謂之北宮者，繫于王言之。」北宮皮官當是掌六宮皮革之事的職官。

追記：《文物》1973年4期《銅山小龜山西漢崖洞墓》一文發表了墓中所出的一件圓筒形銅器，上有如下銘文：

元園 重一斤一兩十二朱

楚私官重一斤一兩十八朱第二

今北平園

此器先後置於三地。楚私官當即楚國王后之食官。元園當為楚元王陵園。北平園無考。《漢書・楚元王傳》記元王「太子辟非先卒」，可能北平園即其陵園。因此器言及私官，故附誌於此。【戰國銅器銘文中的食官 朱德熙古文字論集】

◉袁庭棟 「官」字清代學者很難解釋，但已經確知「官」是「館」的本字(見前)。我認為，「官」字從「宀」從「𠂤」，即屋下置有符令之處，正是所謂「治事處也」，如果用从「宀」諸字如宗、宦、宰、家、宮等加以比較，「官」字本義是「館」即「治事處也」，這是很明白的。今日戲曲舞臺上陳設州、縣公堂時，在桌上都放有一筒刻着缺口的簽板，捉人或行刑時就取出交付差役作為信令，正是古之遺風。金文中，竟卣「白遲父皇竞格于官」的「官」正是「館」義。官吏之「官」乃是「館舍」的轉義，轉義行而本義廢，這在古文字中習見。【釋「𠂤」並兼論古代的契刻記事 徐中舒先生九十壽辰紀念文集】

◉陳偉武 14.官《文字徵》第76頁「宮」字下引《陶彙》5・189，釋為「麗山飤宮」。今按，《陶彙》5・188和5・189分別是《秦代陶文》1468號和1467號陶文，它們同辭：「麗山飤官，右。」驗《秦代陶文》1467拓片較清晰。官字作□，知《陶彙》釋5・189為「官」不謬，《文字徵》非是。又，《文字徵》第272頁「麗」字下引5・190「左，麗山飤宮」即《秦代陶文》1470片陶文，「宮」字亦當作「官」。【古陶文字徵訂補 中山大學學報一九九五年第一期】

𨸏

甲二三二七　甲三三七二　甲三九三六　乙五三八四　箐三・一　簠雜七一　簠雜七二　佚六七

河七〇九　庫一一〇八　庫一三〇六　庫一九一七【甲骨文編】

佚67　徵11・71　古2・8　録709【續甲骨文編】

〔三六〕　〔三六〕　〔四〕【先秦貨幣文編】

布空大　典六八六　仝上　典六八七【古幣文編】

阜陵邑印　兒阜　歸阜　閭丘阜印【漢印文字徵】

𨸏出尚書　𨸏浮否切【汗簡】

古尚書又說文【古文四聲韻】

◉許　慎　𨸏大陸。山無石者。象形。凡𨸏之屬皆从𨸏。房九切。古文。【說文解字卷十四】

◉薛尚功　商盉　阜父丁盉

阜父丁

同前

上一字曰阜。如詩所謂如山如阜。取其高大富盛之意。【歷代鐘鼎彝器款識法帖卷五】

◉葉玉森　說文。𨸏。大陸也。山無石者。象形。釋名土山曰𨸏。孫籀高謂篆文𨸏𨸏竝象坡陁衺側之形。與縱橫相變。森按契文𨸏作。其諸字之偏旁。作。从丨象土山高陗。从竝象阪級。故階陵陟降諸字从之。許書訓小𨸏之𠂤即𨸏省。契文之𠂤。乃古文師。孫氏山丘縱橫

相變之說。未足徵信。側工為𠂤。側山為𨸏。古本有此說。周伯琦氏說文字原亦載之。為孫氏所本。【說契 學衡第三十一期】

◉方濬益 𨸏小臣單觶 成𨸏當即成周。爾雅釋地。大陸曰阜。李巡注。土地獨高大名阜。是阜與京同義。疑雒邑本有成阜名。因後建東都。遂稱為成周。以克鐘晉公盦之京𨸏。克鼎之八𨸏。旅鼎之盩𨸏證之。可見。【小臣單觶 綴遺齋彝器款識考釋卷二十四】

◉商承祚 𨸏 甲骨文金文𨸏之偏旁作𨸏𠂤。象拾級。【說文中之古文考】

◉馬叙倫 戴侗曰。𨸏。山之岡隴。坡陀下陁者也。惠棟曰。今作阜。鈕樹玉曰。韻會者作也。玉篇。大陸也。山無石也。是二義。王筠曰。𨸏蓋如畫坡陀者然。層層相重纍也。𠂤阜是土而非石。沈濤曰。初學記五御覽三十八引。土山曰阜。蓋古本亦有如是作者。或所引為釋名。傳寫之譌。段玉裁曰。大陸下當補也字。孫詒讓曰。釋名。土山曰阜。則阜亦山也。蓋象土山陂陀衺側之形。倫按𨸏為厂𠂤之異文。氏即阜字岸户阪陂陀之初文。蓋平而盤曲漸高者。故初文作𨸏。象之。而訓大陸也。山無石者下捝也字。此作者。鍇本作也。傳寫者各删其一字也。然大陸山無石者也疑字林文。本訓捝矣。玄應一切經音義引倉頡。𨸏。山庳而大也。

𨸏 鈕樹玉曰。玉篇廣韻竝無。汗簡注云。出尚書。王筠曰。汪本繫傳篆與此同。朱筠本作𨸏。非。𨸏上半與𡴀同。然非從品。象山中巖穴形耳。𨸏則與小篆同。但小篆變單為複耳。陸陳之古文皆從𨸏。省品矣。山部㠑之古文則從𨸏。亦重之。李杲曰。碣之古文從𨸏。古鉨師字作𨸏。金文有從𨸏者。知𨸏即許書𨸏之古文。葉玉森曰。卜辭𨸏字偏旁作𨸏𨸏𨸏𨸏𨸏𨸏𨸏諸形。倫按象形文本作𨸏。篆文政齊之作𨸏𨸏𨸏。均𨸏之變。然此當為從磊厂聲。本書陸陳之古文皆從𨸏。而㠑之古文又從𨸏。無從𨸏者。汗簡以為出尚書。豈此出漢魏石經邪。然此字自有。金文嚴字從此。但作𨸏耳。本書嚴之古文亦從𨸏也。【說文解字六書疏證卷二十八】

◉徐中舒 穴居又稱陵阜者，陵亦从阜。說文於阜下云：「大陸也」；甲骨金文作𨸏𠂤，摹些象形文畫獨木梯作𨸏，正與阜字形近。偏旁从阜的字，如階、除、陛、隥、陔、阼，都有階級之義；如陟、降、陞、隮、陵、阤、隕、墜、墮、陊、隤、隤，都有上升下降或顛隕之義；如阽、陲、陵、陼、隴、阪、陘、險、陷、阱、隹、隗、阢、隍、阬、陀，都有高峻阽危或不安之義。綜此諸義言之，階梯正是阜字本義。

說文又有𨺅部，从兩阜，則正象殷墟竇窖腳窩兩相比對之形。小屯的文化層說竇窖有腳窩上下後加附注云：

按圓的為竇(橢亦為竇)，方的為窖。小屯的竇窖，較深的往往有腳窩。體積較小的則腳窩在兩對側，伸開兩臂及兩腿，恰巧合適可以自由上下，不論竇窖皆然。體積較大的窖，腳窩在一角的兩旁，面對角上下也很方便。體積較大的竇，則腳窩並行的兩行在一壁上，但兩相錯綜，徒手上下也可，若在地面垂下一繩用以引手，則更為便利而安全。

竇窖鑿孔直上，如非梯以出入，即須有此兩相比對的腳窩以便上下。說文此部共收三字：一為隘之重文，隘為狹隘，正與竇窖腳窩所在僅容兩臂兩腿上下之義相合；又一為燧重文，燧為塞上烽燧，其地即邊境阸塞處；又一字从夬，段注謂兩阜空闕處，又與穿穴之義相應。又竇窖的腳窩形或在一角的兩旁，或在一壁兩行，故從阜的字，如隅、陬都有牆角之義；如障、隖、陴、陝，都有牆壁之義。

古代黃河流域既遍營穴居，故阜有大陸之義；因而大陸之陸，大地之墜，丘陵之陵，陶復陶穴之陶，並从阜，而从阜之阱，也得从穴作穽，从阜之隫、陒、陋、隩、隄、防、隥、陂諸字，也得从土作墳、垝、亜、墺、堤、坊、墱、坡諸形，从阜之𨻐、陖、𨻳、陮、隗諸字，也得从山作崩、峻、嶇、崔、嵬諸形。从阜之字與从土从山互用，則古代穴居的普遍，亦可概見。【黃河流域穴居遺俗考　中國文化研究彙刊九卷】

◉許進雄　B1391　第三期後

王于▢門▢

于𠂤辟尋？

𠂤可能為𨸏之異構，乃階梯之象形。辟可能借為壁。乃於階壁處舉行尋祭。……【懷特氏等藏甲骨文集】

陵　陵

[甲骨文] 前六・二〇・一　卜辭陵从大象人梯而升高一足在地一足循級而登之形　陵之初文　[甲骨文] 前六・五五・五　[甲骨文] 前七・九・四　[甲骨文] 前六・三〇・六　[甲骨文] 粹二五七　[甲骨文] 甲三二六四　[甲骨文] 存一一九四　[甲骨文] 京都三三四A【甲骨文編】

[甲骨文] 乙5405　[甲骨文] 古2・8　[甲骨文] 粹257【續甲骨文編】

[金文] 陵　陵方罍　[金文] 三年瘐壺　王在句陵　[金文] 散盤　[金文] 陵尊　[金文] 陵弔鼎　[金文] 陳猷釜【金文編】

[古陶文] 3・21　平陵陳㝵立事歲𦉜公　[古陶文] 3・22　平陵陳㝵不𢍏王釜　[古陶文] 3・43　陳□陵▢丘▢　[古陶文] 3・39　陳𠯑立事歲平陵廩釜　[古陶文]

3·41 閭門外陳𦣞平陵緒廩豆信⬚倉 3·652 陵坤木鋻 5·365 闌陵居貲便里不更牙【古陶文字徵】

119 166【包山楚簡文字編】

陵 為一五 二例【睡虎地秦簡文字編】

蔡季襄釋陵 山—亓變(甲2—20)、不見—⊠(甲12—11)、山—不斌(乙3—6)、㠯涉山—瀧汨凼瀵(乙3—27)、山—備䏁(乙5—8)

【長沙子彈庫帛書文字編】

0156 陳猷釜陵作，與璽文合。 1128 2330【古璽文編】

霸陵園丞 武陵尉印 安陵令印 睢陵馬丞印 睢陵家丞 阜陵邑印 樂陵 東平陵丞

蘭陵左尉 原陵友印 陵賞 徐於陵 馮奉陵 左陵山【漢印文字徵】

尚君殘碑領 孔彪碑領 少室石闕 開母廟石闕 丞零陵泉 陵薛政【石刻篆文編】

陵出說文 陵【汗簡】

演說文 王庶子碑 竝籀韻【古文四聲韻】

◉許 慎 陵大𨸏也。从𨸏。夌聲。力膺切。【說文解字卷十四】

◉孫詒讓 「貝仌乎氏」，百九十九之三。同版下又有一字。「貝乎㠯氏于」，二百四十九之一。此二字當即「陵」字。《說文·𨸏部》：「陵，大𨸏也，从𨸏，夌聲。」此从、从，皆夌之省。金文散氏盤陵作，陳猷釜作，此與彼字形省變亦相近。【契文舉例下卷】

◉高田忠周 陳猷釜 即省也。說文陵。大𨸏也。从𨸏夌聲。此說非是。陵實从夂从陸也。陸下云。高平地。从𨸏坴。坴亦聲。此亦實非。抑坴。最古文陸字。古土𨸏兩部通用。故字作坴作陕。說文。陸籀文作𨻸。而𡍐為籀文𡍐字。又金文作隢。並皆从𨸏不从土者也。其後从𨸏又从土作陸。猶防作墮隊作墜。此例殊多。知坴阹陸皆同字也。夫如此。陵从夊从阹。而夌古文亦作□。从夊又从坴。其或體固當有从陸作陵者。而夌陵同字明矣。夌下曰越也。字从夊。義固為走行。越也者。字本義也。又作陵云。大𨸏也。為所夌越之名。此為字轉義也。若不然乎。夌陵轉注字。造字者之意。陵為原義。而字先作夌為母。陵从之。此建類一首同意相受之理也。但愚意以前説為主唱耳。【古籀篇十五】

◉王國維 陖隥古文陵字。説文。夌。越也。从夊兴。又。陵。大𨸏也。从𨸏夌聲。案陵者。夌也。廣雅釋詁。陵。乘也。意同。其字殷虛卜文作□殷虛書契卷六第五十五葉。或作□同卷七第九葉。或作□同卷六第二十葉。羅參事以為象人梯而升高。一足在地一足已升之形。而□□諸形即梯形與古文𨸏字之形相似。故金文或變而从𨸏。如散氏盤作□。从𨸏。陳猷釜戰國時物作□。則又从𨸏从土。此从𨸏从二人。各在土上相絫者。亦升高之意。一人在上土。一人在下土。亦猶□字之一足在上一足在下矣。古者陵夌本一字。大𨸏之須陵越者謂之陵。猶高地之須踰越者謂之隃矣。【不𡢁敦蓋銘考釋 王國維遺書第六册】

◉羅振玉 □□□ 説文解字。陵。大𨸏也。从𨸏。夌聲。案陵訓棸廣雅釋詁四訓上漢書司馬相如傳集注訓升文選西京賦薛注。故此字象人梯而升高。一足在地。一足已階而升。【增訂殷虛書契考釋卷中】

◉余永梁 □書契卷六三葉 □同上卷七十八葉 □書契菁華 王先生曰。「此或陵字。第二三字疑亦陵字。」【殷虛文字續考 國學論叢一卷四號】

◉葉玉森 □此字異體作□□等形。羅振玉釋陵可信。卜辭似為國名。他辭云「陵寇」同卷第三十葉。「貞陵寇不□」又第五十五葉。可證。【殷墟書契前編集釋卷六】

◉馬叙倫 沈濤曰。汗簡引説文作□。蓋古本有此重文。羅振玉曰。陵。廣雅釋詁訓棸。漢書司馬相如傳注訓上。文選西京賦薛注訓升。卜辭作□□□□。象人梯而升高。一足在地。一足已階而升。王國維曰。□□乃梯形。與古文𨸏字之形相似。故金文或變而從𨸏。散盤作□。陳猷釜作□。則又從𨸏從土。不𡢁敢。宕伐厰允于高陵。作□。從𨸏。從二人各在土上。相纍者亦升高之義。一人在上土。一人在下土。亦猶□字之一足在上一足在下矣。倫按不𡢁敢□字。孫詒讓以為陘之異文。汗簡所引。蓋□或□傳寫之譌。察金甲文。似甲文之□。從𨸏。□聲。□為夌之初文。或夌是譌字。五篇。夌。越也。越以支脂聲近借為歷。義亦得通。夌歷音同來紐轉注字。本書。歷。過也。過者。跨之轉注字。今言跨者。不循軌也。儀禮公食大夫禮。賓栗階升。注。栗。不拾級。連步趨主國君之命。不拾級而下曰辵。辵當作歷。見辵字下。辵栗竝借為歷。史記孔子世家。孔子趨而進。歷階而登。歷階即栗階。可證也。故□一足在上一足在下。在下者脛直。而距其在上者校遠。所以明其為跨越也。在下之足猶在平地。而在上之足則在上土。一為地之初文。故象登陟之形。於六書為指事也。然則□蓋□之後起字。古初止以□表跨越耳。轉注則從止厤聲作歷。或本從□或□。傳寫與□無別。從□屮聲作夌。而□則從□省□聲。又變省耳。□則為陸之異文。故訓大自。然大自也非本訓。然則訓乘訓上訓升者。皆夌字義。抑甲文有□。即陟字。陟為步之異文。陟訓登也。陟登同為清破裂音。而登夌則聲同之類。則陟即登陵之登本字。而□之冓造實與陟同。豈陟之異文邪。玄應一切經音義及文選白馬篇注引倉頡。陵。侵也。【說文解字六書疏證卷二十八】

◉高鴻縉　□　□或□，無論反正繁簡，俱是獨木梯之象形文。釋為高地者，乃借意也。今凡从阜之字，猶可分為階梯與高地兩類，可資證明。本字陵之初文，確象人登梯，羅振玉說是也。倚□畫人登升之形，由物形□生意，故託以寄登升、陵越，動詞。周人用為名詞，謂所登越之高地也。如詩「如岡如陵」，是故爾雅與說文均以大阜釋之。周時字形譌變，右半雖不類人之登升，尚可畧得形似。而二三兩文，王靜安以為益土者，蓋亦登高自卑之意，土者，地也。至秦而右半變為□，說文出夌字，解曰：「越也。从夊□。□，高大也。一曰夌，徲也。力膺切。」但□字為地蕈。今从夊从□，則形聲與會意均不可解。蓋越也，即陵字之意，其形即陵字右半之變。本不為字，說文誤出另字而曲解之耳。故說文夌字當删。凡夌聲之字。當改為陵省聲。【中國字例二篇】

◉商承祚　陵字作□凡五見，其結構不變。山陵，殆泛指大山。于省吾釋鄂君啟節的「襄□」為「襄陲」，謂秦以前天子家無名陵。有之，自漢始，并舉帛書陵字為證，意謂亦當讀陲。襄陵讀襄陲可以通，但陲字在古今詞義多用為「邊陲」，宋國襄地不與其他的國家相鄰近，可否名其地為「陲」？因古代常因山陵川澤的地形名其都邑；如召陵、鄢陵、商丘、孟津、雲夢、黃池，等等，例不勝舉。疑襄陵之名不始于葬宋襄公時已有，後人只知襄公葬此，漢人以漢制而附會之。因此，我個人認為宋襄公葬地是一回事，以襄陵命名又另一回事，似不能因其巧合而混為一談。帛書四見「山□」之辭，如一概讀之為「山陲」，于述義似乎不符，且子史亦只有「山陵」術語，未見「山陲」連詞，還是後人都把「山陲」一概誤寫為「山陵」，值得考慮。陵與陲兩字的結構，于金文確有區分，則此二字在楚人使用上是否通假？怎樣處理？仍有待于進一步研究。【戰國楚帛書述略　文物一九六四年第九期】

◉嚴一萍　□　此陵字繒書凡五見。其形體不變，與陳猶釜□古璽□相近。與鄂君啟節之「襄陵」字完全相同。商氏亦釋陵，曰：「山陵殆泛指大山，于省吾釋鄂君啟節的襄□為襄陲，謂秦以前天子家無名陵。有之，自漢始，并舉帛書為證，意亦謂當讀陲。」案于說誤。左僖卅二年傳：「崤有二陵焉，其南陵，夏后皋之墓也。」史記夏本紀：「孔甲崩，子帝皋立。」是天子稱陵，左傳有之矣。説文：「陵，大阜也。」爾雅釋地：「陵，大阜也。」潛夫論慎微篇：「凡山陵之高，非削而成，崛起也，必步增而稍上也。」不必泥於後世稱帝王冢為山陵而謂此□非陵字也。【楚繒書新考　中國文字第二十六册】

◉李　零　山陵其□，指山陵崩墮，陵作□，是楚文字特殊的寫法，蔡季襄首先猜測此字應讀為陵，現已為許多出土文字所證實。【長沙子彈庫戰國楚帛書研究】

◉何琳儀　鄂君啟節「襄□」（《考古》一九六三·八·圖版捌）。

「□」，自來有釋「陵」、釋「陲」之辯論。從偏旁分析入手，似乎釋「陲」比較合理。然而「□」所从「□」旁，除見于从「垂」的「□」（華）、「□」（差）等字之外，也見于「□」（啚）、「□」（繁）、「□」（孛）等字偏旁。然則「□」旁的可能性又增加了三個。遇到這種特殊的情況，辭例往往起決定作用。此字見于楚文字材料將近二十例，讀「陵」都很妥貼。如「襄陵」即《漢書·地理志》陳留郡之襄陵（顔師古注），「江夌」（《璽彙》〇一〇一）即今湖北江陵。「東陵」（《録遺》七〇）即《漢書·地理志》盧江郡之東陵（顔師古注）。「墉陵」（《璽彙》〇二八三）即「高陸」，在今湖北鐘祥。王莽復古，地名「陵」者多改為「陸」。上述之地名均屬楚地，與文獻記載吻合。至于長沙帛書「山陵」更是典籍恒語。因此「□」只能釋「陵」，而不能釋「陲」。然而奇怪的是，北方諸國「陵」作「□」（陳純釜）、「□」（《貨幣》二三一）、「□」（長陵盉）等形，均與楚文字有別。但二者是否毫無關係呢？

檢曾姬無卹壺銘「漾陵」之「陵」作「□」形，與習見楚文字「□」相互比較顯然多了一撇筆。拋開「阜」和「土」不論，就剩下北系文字「□」和南系文字「□」這兩個偏旁。前者「□」是「人」形，下列晚周文字異體可資佐證：

光　□詛楚文　□吳王光鑑

見　□長沙帛書　□鄂君啟節

夏　□長沙帛書　□鄂君啟節

既　□《侯馬》三一九　□長沙帛書

後者「□」顯然也是「人」形。凡此説明「夌」字下从「人」。另外，「□」或作「□」，「人」形消失，與「□」或作「□」適可互證。

下面再分析「□」和「□」的關係。試比較「壴」和「夌」的異體：

壴　□王孫誥鐘「鼓」　□王子申盞盂「嘉」　□小篆

夌　□陳純釜「陵」　□曾姬無卹壺「陵」　□小篆

其中「□」、「□」、「□」的平行對應關係十分整齊。這使我們有理由相信：「□」演變為「□」，「□」演變為「□」。「□」演變為「陞」，再演變為「陞」。曾姬無卹壺的形體是這一演變的中間環節。

「陞」是楚文字「陵」，楚文字自有「陲」。《湖南》一・圖版拾叁・七戈銘「長陞」，應釋「長郵」，即長沙之郵驛。秦文字「郵」作「郵」（《雲夢》八・八）形，與楚文字形體最近。【戰國文字通論】

●劉彬徽等　(290)　菮，簡文作䔖，右旁所從之⺀當為仌，《陳逆簋》冰字寫作仌。菮，讀作陵。【包山楚簡】

●戴家祥　陵陳純釜　丝厷陵亭　陵即陵之繁構。金文用作地名，往往加土旁。如陽之作𨼪、陳之作𨻰等等。蓋强調該字的特定用法。【金文大字典下】

●許　慎　䧙大𨸏也。从𨸏。鯀聲。胡本切。【説文解字卷十四】

●馬叙倫　䧙字不見經記。然音在匣紐。𨸏音奉紐。同為次濁摩擦音。則亦𨸏之轉注字也。字或出字林。【説文解字六書疏證卷二十八】

●許　慎　阞地理也。从𨸏。力聲。盧則切。【説文解字卷十四】

●馬叙倫　鈕樹玉曰。繫傳作阞。倫按本書。朸。木之理也。泐。水石之理也。此訓地理。是其語原同也。然疑本義非是。亦皆非本訓。此字次陵䧙之下。疑為陵之音同來紐轉注字。字或出字林。【説文解字六書疏證卷二十八】

陰　異伯盨　屭羌鐘　上官鼎　从水从侌敔簋作陰　永盂　錫矢師永氒田淊易洛疆【金文編】

5・362　□陰居貲北游公士滕　9・32　襄陰市　文物1982：3　此从阜金聲【古陶文字徵】

〔一八〕〔二〇〕〔一九〕〔五八〕〔二二〕〔三六〕〔二三〕〔一九〕〔九〕

〔七〕〔三三〕〔二〕〔二三〕〔一九〕〔三五〕〔一九〕〔一八〕〔二五〕〔三六〕

〔五五〕〔二〇〕〔三六〕〔三三〕〔二〕〔二〇〕〔二〕〔三六〕〔四〕

〔三四〕 〔二〇〕 〔三九〕 〔五八〕 〔五〇〕 〔三六〕 〔二三〕 〔三六〕 〔一九〕
〔二〇〕 〔五三〕 〔二五〕 〔四七〕 〔二八〕 〔七〕 〔二〕 〔四七〕 〔二〇〕 〔二〕
〔五二〕 〔二〇〕 〔三六〕 〔三六〕 〔二八〕 〔二六〕 〔四七〕 〔二五〕 〔三七〕
〔五〇〕 〔三九〕 〔二六〕 〔三九〕 〔五二〕 〔二三〕 〔三六〕 〔四〕 〔七〕
〔三六〕 〔三六〕 〔一九〕 〔二〕 〔四〕 〔二〕 〔三六〕 〔二三〕 〔一六〕 〔一九〕
〔四二〕 〔二五〕 〔一九〕 〔四七〕 〔四〕 〔二〕 〔二〇〕 〔二〕 〔一八〕 〔五三〕 〔三七〕 〔四〕 〔二〕 〔五二〕 〔二〕 〔二〕 〔八〕 〔二六〕 〔四〕 〔八〕
〔八〕 〔二三〕 〔七八〕 〔八〕 〔三〕 〔四二〕 〔八〕 〔八〕 〔二二〕 〔三二〕

【先秦貨幣文編】

布方 陰晉一釿 晉運
布方小 陰晉厽釿 典二七〇
布方 陰晉一釿 典二七一
仝上 典二七二
布方
陰晉一釿 典二七三
布方小 陰晉 典補一二一四
布方小 陰晉厽釿 亞四・五二
布方 陰晉一釿 亞四・五二

【古幣文編】

162 【包山楚簡文字編】

陰 日甲六 十三例
日乙六 五例
日甲四二
封一八 【睡虎地秦簡文字編】

4072 屬羌鐘陰字與此同。
4070
3378
0073
0067
3133
2332
0077
0215

0013 0011 0187 2320 2319 2321 2322 2323 3134 【古璽文編】

汾陰令印 濕陰丞印 汾陰馬丞印 陰據私印 陰茲之印 陰贏 陰棨 陰芒 陰將夕

陰係 陰博 【漢印文字徵】

袁安碑 遷東海陰平長 少室石闕 五官掾陰林 開母廟石闕 陰陽穆清 張遷碑額 石碣鑾車 邋溼陰陽

【石刻篆文編】

陰出裴光遠集綴 陰 【汗簡】

古老子 說文 裴光遠集綴 崔希裕纂古 同上 竝義雲章 【古文四聲韻】

◉許 慎 陰，闇也。水之南山之北也。从𨸏。侌聲。於今切。【說文解字卷十四】

◉劉心源 阮元云。⿸广金即庈。引左隱二年費庈父為證。案金今通。金从今聲。古泉布陰作陰。【⿸广金父鼎 奇觚室吉金文述卷十六】

◉馬叙倫 鈕樹玉曰。廣韻引同。玉篇。默也。影也。水南山北也。周雲青曰。唐寫本玉篇引說文。闇也。水之气也。南山之北曰陰。倫按闇也以聲訓。水之以下七字或字林文。或校書人詞也。陽下不言山南水北可知也。或有之而未譌入正文。校者删之矣。石鼓作陰。古幣率作陰。從𨸏。金聲。是知侌陰蔭語原同也。陰蔭不必從侌會意。字見急就篇。【說文解字六書疏證卷二十八】

◉嚴一萍 第三行 第一段 第一節

1. 陰 濟陰圜幣作陰，右軍戈作陰，古璽作陰諸形，尤與繒書相近。此字各家或釋「金」，商氏釋「倉」，皆誤。繒書四邊文字之第四行第一段與此為陰陽對舉。入暮則天黑，即陰。故曰：「暮得」。三字之含義如此，必非神名可知。其與爾雅釋天七月之「相」亦不同，郝氏義疏曰：「相者，導也。三陰勢已成，遂導引而上也。」繒書則直截了當以「陰」當七月矣。【楚繒書新考 中國文字第二十六冊】

◉于省吾　第一期甲骨文雂字習見，作□或□，舊不識，甲骨文編謂「从隹从今，説文所無」。按雂字从亼，即今字的省體。今字在偏旁中多省作A，詳釋安。今擇録幾條有關雂字的甲骨文于下，并加以闡述。

一、不㞷，雂。十一月。（乙九五）

二、□征雂。（乙一九四）

三、戊寅□雂不(否)？（乙三五〇）

四、丙辰卜，丁子其雂印，允雂。（乙三〇七）

五、戊戌卜，其雂印〇晵己攺，不見云(雲)。（乙四四五）

六、丁未雂〇戊申卜，己攺，允攺〇戊申卜，己其雨，不雨，攺，少□。（乙四四九）

雂即雃字，説文：「雃，鳥也，从隹今聲。春秋傳有公子苦雃。」甲骨文以雂為天氣陰晴之陰，不作雃鳥字用。前文所引六條的雂字如讀為陰晴之陰，無一不合，而五、六兩條以雂與攺對貞，更是顯明的驗證。説文訓陰為闇，以為陰陽之陰。陰晴之陰説文作霒，并謂：「霒，雲覆日也，从雲今聲。」以甲骨文驗之，則霒為後起字，初文本作雂。總之，甲骨文以从隹今聲之雂為陰晴之陰，猶之乎以从隹冂聲之雈為雲霧之霧(詳釋雈)。造字之初，霧與陰無法形容，故用形聲字的雈、雂以明其音與義。但是，雈與雂之所以从隹(與鳥同用)，是由于某種鳥鳴預示天氣將變的緣故。某種鳥鳴預示天氣將變，乃中外習俗所共知，不煩引述。至于甲骨文以冟為陰蒙之蒙(詳釋冟)，它和雂字的區别是，冟為輕陰，故有時只言「冟日」。但輕陰逐漸加濃，也能降雨。【釋雂　甲骨文字釋林中卷】

◉于豪亮　陰隊取火

《甲編》91、92簡云：

御史大夫吉昧死言：丞相相上大常書言：大史丞定言：元康五年五月二日壬子夏至，宜寢兵，大官抒井，更水火，進鳴鷄。謁以聞，布當用者。·臣謹案比原泉御者、水衡抒大官御井；中二千石、二千石令官各抒别火，官先夏至一日，以陰隊取火，授中二千石、二千石官在長安、雲陽者，其民皆受，以日至易故火；庚戌寢兵，不聽事，盡甲寅五日。臣請布，臣昧死以聞。

此簡勞榦有考釋。惟原泉之泉，勞榦及《甲編》并釋為宗，非是。又陰隊之陰字，勞榦及《甲編》并釋為除，其實此字簡文明明寫作陰，當釋為陰，并不是除字。陰燧取火，古籍無聞，僅見于此簡，本文試圖加以討論。

首先需要肯定的是，古代有時用陽燧取火。⊘

在《周禮》中，除了司烜以陽燧取火供祭祀之用外，《夏官・司爟》則以鑽木取火為專職，取得的火，供改火之用。《司爟》云：「司爟掌行火之政令，四時變國火，以救時疾。」注：「鄭司農説以鄹子曰：『春取榆柳之火，夏取棗杏之火，季夏取桑柘之火，秋取柞楢之火，冬取槐檀之火。』」

原來改火的目的在于「救時疾」。取火并不用陽燧，而是鑽木取火。關于這點，古籍有不少的記載。

《管子・禁藏》：「當春三月，萩室熯造，鑽燧易火，抒井易水，所以去兹毒也。」

《論語・陽貨》：「舊穀既没，新穀既升，鑽燧改火，期可已矣。」集解引馬融曰：「《周書・月令》有更火之文：『春取榆柳之火，夏取棗杏之火，季夏取桑柘之火，秋取柞楢之火，冬取槐檀之火。』一年之中，鑽火各異木，故曰改火也。」

《藝文類聚・火部》引《尸子》云：「燧人上觀辰星，下察五木，以為火。」這是説燧人氏觀察季節的變遷，以五時用木鑽燧改火。

《淮南子・時則訓》：「季春之月，……爨萁燧火。……季夏之月，……爨柘燧火。……季秋之月，……爨柘燧火。……季冬之月，……爨松燧火。」

以上所引古籍表明：改火以鑽木取火的方式得火。

不僅西漢及西漢以前以鑽木取火的方式改火，東漢也是如此。《續漢書・禮儀志中》：「日夏至，禁舉大火，……是日浚井改水。日冬至，鑽燧改火云。」東漢改火在冬至舉行，與簡文不同，但是值得注意的是鑽燧改火，與上面所引古籍完全相同。

簡文先言「更水火」，繼言「官先夏至一日以陰燧取火」，後言「以日至易故火」，所述是改火之事，由于古籍中毫無例外地記載改火以鑽燧取火，則簡文中的「以陰燧取火」必係鑽燧取火無疑。

《周禮・司烜》記司烜以夫遂取火于日，供祭祀之用；《司爟》記司爟以鑽燧取火，供改火之用。《禮記・内則》以「金燧」和「木燧」并舉，鄭注云：「金燧可取火于日。」又云：「木燧，鑽木也。」取火于日的夫燧、金燧又名陽燧，則與此相對的鑽木取火的木燧必定又名陰燧。

在這裏應該指出的是，古代有取水于月之説，《司烜》云「以鑒取水于月」，鄭注：「鑒，鏡屬，取水者，世謂之方諸。」鑒即是鑑，以鑑取水，當即承露盤之類。然而《淮南子・天文訓》云：「方諸見月則津而為水。」高注：「方諸，陰燧，大蛤也。熟摩令熱，月盛時，以向月下，則水生，以銅盤受之，下水數滴，先師説然也。」則又以方諸為大蛤，以大蛤取水。《太平御覽》卷七一七引《魏名臣奏》高堂隆奏事云：「陽符一名陽燧，取火于日，陰符一名陰燧，取水于月，并入銅作鏡，名曰陰陽之鏡。」鄭玄謂鑒為鏡屬，與高堂隆之説同。此説與高誘以大蛤取水之説都不可靠，銅鏡和大蛤怎麽能取水于月呢？

《周禮》和《淮南子·天文訓》都没有説取水于月之物名為陰燧，鄭玄也没有這樣説。《淮南子·覽冥訓》云「方諸取露于月」，則方諸確應是承露盤之類的東西，并没有什麽神秘。高誘自稱其説本于先師，高誘師盧植，盧植師馬融，馬融曾注《淮南子》，是不是高誘關于方諸又名陰燧、即是大蛤之説本于馬融呢？即使此説本于馬融，馬融是東漢時人，比簡文所記的元康五年(公元前六十一年)晚得多，不能據此否定陰燧取火即鑽木取火之説。

《續漢書·禮儀志上》注引《漢舊儀》：「皇帝惟八月酎，車駕夕牲，牛以絳衣之，皇帝暮視牲，以鑒燧取水于月，以火燧取火于日，為明水火。」《太平御覽》卷二十五引「鑒燧」作「陰燧」，「火燧」作「陽燧」。《御覽》引書，與原書或有出入。蓋《漢舊儀》此段實取材于《周禮·司烜》：「司烜氏掌以夫遂取明火于日，以鑒取明水于月，以共祭祀之明齍、明燭，共明水。」將此段與《漢舊儀》對勘，知《漢舊儀》「以鑒燧取水于月」之燧字為衍文，「以火燧取火于日」的火燧為夫燧之誤。因此，也不能據此條否定陰燧取火即鑽木取火。即使《漢舊儀》無誤，或《御覽》也確有所本，《漢舊儀》的作者衛宏係西漢末、東漢初的人，離元康五年已七、八十年了，七、八十年的時間，詞義的變化是不小的，以七、八十年後的詞義否定七、八十年前的詞義是不妥當的。因此，也不能因此否定陰燧取火即鑽木取火。【居延漢簡釋叢　文史第十二輯】

◉夏　渌　楚字「□」从邑，余聲，即郐。經書作陰，《左昭十九年》：「楚工尹赤遷陰于下陰。」又二十二年：「帥師軍于陰。」《前漢書·地理志》：「南陽郡陰縣」注：「即左傳下陰也。」《廣韻》：「管修自齊遷楚為陰大夫，其後氏焉。」

郐(陰)為楚邑、楚地名，作「郐晅」是同音通假。楚字「□」「□」，从木从雀，雀亦聲，即楚方字的「陰」。朱德熙、裘錫圭兩教授分析偏旁不誤，只是搭配時以為从隹在木，人聲，讀為「集」。今從其説，略加改易，釋作从木从雀(甲骨文原有此字)即可。「陰」的含義是：王所居在南，屬陽，后宮在北，屬陰，代表王的陰事、私生活。【楚古文字新釋　楚史論叢(初集)】

◉劉彬徽等　(66)　郐，疑讀如陰。

(84)　陰，地名。《左傳·昭公十九年》：「楚工尹赤遷陰於下陰」，杜預注：「今屬南鄉郡」。在今湖北省光化縣境内。

【包山楚簡】

◉何琳儀　《璽彙》二三一九至二三二三著録五方「姓名私璽」，其中姓氏作「□」，或釋「陰」。其實根據《説文》「磬」之古文作「□」，知「□」乃「石」字異構。然則「□」應釋「硷」，即「崟」(形符「石」和「山」每可互换)。《集韻》「崟，山之岑崟也。或从石。」《補補》九·五曾釋「□」為「崟」，本不誤。璽文「崟」為姓氏，應讀「岑」。「岑」、「崟」音義均近，乃一字之分化。岑姓出周文王異母弟耀之子岑子之後，見《通志·氏族略》。

《璽文》一四·四「陰」作「□」、「□」等形。其實這些字也不是「陰」，而應隸定為「险」或「隂」。不過「险」或「隂」在璽文中的確讀「陰」，或為「陰陽」之「陰」，或為人名，但不是姓氏。

古璽自有「陰」姓。《璽彙》二三二四「□鈍」，首字闕釋。檢「陰晉」布幣文「陰」作「□」、「□」、「□」等形（《貨幣》一四·一九〇），从「阜」从「侌」。然則「□」釋「陰」，殆無疑義。依此類推，《璽彙》三一六一至三一六五「姓名私璽」之中：

□　□　□　□　□

均應隸定為「侌」。下面再從字形方面補充説明：

《説文》「霒，雲覆日也。从雲，今聲。侌，古文或省。□，亦古文霒。」其中二古文均从「今」，从「云」，不過「云」的倒正不同罷了。古璽「□」與第一個古文形體吻合，而「□」與第二個古文所从「□」尤近。晚周文字「云」或作「□」（姑發𦣞反劍），與上揭璽文「□」這一偏旁比較，顯然也有演變的痕跡。如果再參照璽文「陰」作「□」（《補補》一四·四）、「□」（《印徵》一四·九），那麼將上揭「□」、「□」等字釋為「侌」，是没有疑問的。

除上引五方璽外，還有「侌距」（《璽彙》三一三八），亦私名璽。「侌」均讀「陰」。《史記·龜策傳》「陰兢」，索隱「陰姓，兢名也。」

「侌」又見於《璽彙》三晉官璽，亦讀「陰」，乃地名。

一、「侌成君邑大夫俞安」（〇一〇四）。「侌成」讀「陰成」。《戰國策·趙策》四「抱陰成，負葛薜。」程恩澤於「陰」下云「陰地凡有二處，皆在魏境，但不知何指耳。」於「成」下云「據《策》當是魏地，但不知所在。《路史》漢有陰城國，屬趙郡。或以陰成二字連讀作一地，亦可備一説。」《中國歷史地圖集》即以「陰成」為一地，在今河南省盧氏縣和洛寧縣之間。

二、「侌险司寇」（〇〇六七）。「侌险」讀「陰陰」。上「陰」是地名。戰國地名稱「陰」者：「楚陰在光化，周陰在孟津，晉陰在霍州（此與《左傳》晉陰地别）」。據璽文風格，「侌险」可能是周、晉之「陰」。下「陰」是地名後綴，即《説文》所謂「山之南，水之北」之「陰」。璽文「侌」和「陰」形、義均有别，衹不過音同而已。

三、「侌□司寇」（〇〇六八）。第二字疑「坂」之異文。《左傳》襄公九年「濟於陰阪」。「陰阪」，在今河南省新鄭縣。

綜上所述，古璽「侌」或為地名，或為姓氏。「侌」或作「陰」，與表示地名後綴的「险」（陰）有别，與「硷」（岑）更是截然不同的兩個字。【古璽雜識續　古文字研究第十九輯】

◉唐　蘭　□　陰字從金，與貨幣同。平陰，齊地。劉攽引《後漢書·郡國志》濟北國盧縣下有平陰城，有防門，有長城東至海而

陽

云，實今山東之平陰縣，亦是也。【屬羌鐘考釋 唐蘭先生金文論集】

◉戴家祥 異伯子盨 其陰其陽 按金文作阾，从阜今聲，侌亦由今得聲。異伯子盨「其阾其陽」，從辭例看，亦當陰字。山之南，水之北，陽光照射之地，稱陽；山之北，水之南，陽光向背之地，稱陰。周禮大司樂「陰竹之管」注：「陰竹生于山北者」，公羊傳桓公十六年「越在岱陰齊」，齊策「及之睪黍，梁父之陰」，注皆云「山北曰陰」。許氏所釋可从。【金文大字典下】

前五·四二·五【甲骨文編】

前5·42·5【續甲骨文編】

陽 永盂 昜字重見 虢季子白盤 弔姬鼎 異伯盨 蔡侯𬭚殘鐘 宜陽右倉簋 从邑 鄂 君啟舟節 卲陽人名史籍作昭陽 柳鼎 假借為揚 農卣 對陽王休【金文編】

5·13 咸亭陽安吉器 5·16 咸亭㽙陽醜器 5·99 咸㽙陽☐ 5·103 咸陽平乘 5·107 咸阳巨鬲 5·108 咸陽巨卷 5·139 咸陽 5·144 咸陽秸 秦1291 咸成陽石 秦1206 美陽工蒼 秦1218 莒陽工癸 秦1223 莒陽癸 秦1039 獨字 秦1230 宜陽肄 秦1292 咸□陽□ 秦1199 美陽工☐ 秦1257 頻陽工處 秦314 咸陽☐ 秦330 咸陽笴 秦312 咸陽衣 6·21 陽城 6·23 陽城 6·24 同上 6·26 陽城倉器 9·4 𦍒陽坊 中國古代度量衡圖録195【古陶文字徵】

〔一〕〔七九〕〔四〕〔二三〕〔四〕〔二〕〔五八〕〔三六〕〔一九〕〔一二〕〔一九〕〔三六〕〔七〕〔四〕〔一二〕〔三六〕〔三六〕〔一九〕〔七〕〔二〇〕〔三六〕〔四七〕〔二〇〕〔二〇〕〔三八〕〔四二〕〔四二〕〔七四〕

〔三六〕〔一八〕〔四七〕〔一五〕〔四二〕〔七〕〔二〇〕〔一三〕〔三六〕〔四七〕
〔四二〕〔三四〕〔一〕〔三七〕〔三六〕〔一八〕〔三六〕〔一九〕〔三六〕
〔三六〕〔一一〕〔一〕〔一九〕〔一九〕〔二〇〕〔二〇〕〔一九〕〔一八〕〔一一〕
〔一〕〔四七〕〔二〇〕〔三八〕〔一九〕〔五〇〕〔二〇〕〔一八〕〔一一〕
〔四二〕〔四二〕〔一五〕〔四二〕〔四二〕〔一一〕〔四二〕〔三七〕〔七四〕
〔三八〕〔四二〕〔三九〕〔三七〕〔五〇〕〔一一〕〔一一〕〔一〕〔七九〕〔四二〕
〔二八〕〔四七〕〔四二〕〔七四〕〔四七〕〔三八〕〔四二〕〔四七〕〔四二〕
〔二〇〕〔一二〕〔四〕〔四七〕〔三六〕〔四二〕〔三八〕〔二八〕〔三二〕
〔七四〕〔二〇〕〔一八〕〔三六〕〔二〇〕〔一〕〔四二〕〔二〇〕〔三八〕〔一〕
〔三八〕〔五八〕〔一九〕〔一九〕〔五一〕〔三八〕〔一九〕〔三八〕〔三六〕
〔一九〕〔五〇〕〔二〇〕〔一三〕〔一九〕〔四二〕〔二〇〕〔三九〕〔一一〕
〔二〇〕〔四二〕〔二〇〕〔三六〕〔一〕〔一〕〔二〇〕〔一〕〔二〇〕
〔一六〕〔三九〕〔十〕〔三六〕〔五〇〕〔三六〕〔二〇〕〔二〇〕〔二五〕〔三六〕
〔三五〕〔一九〕〔三六〕〔一九〕〔二〇〕〔二〇〕〔二〇〕〔三二〕〔一九〕
〔二八〕〔四二〕〔四二〕〔四二〕〔三二〕〔二〇〕〔四二〕〔四七〕〔四二〕

〔三二〕 〔三二〕 〔三三〕 〔一九〕 〔三六〕 〔四七〕 〔三六〕 〔二〕 〔一八〕 〔七九〕 〔二〕 〔二〕 〔三二〕 〔四七〕 〔三六〕 〔四〇〕 〔三六〕 〔三六〕 〔三八〕 〔二八〕 〔三六〕 〔四〕 〔三三〕 〔四七〕 〔三二〕 〔二二〕 〔二八〕 〔三八〕 〔三九〕 〔三九〕 〔三六〕 〔四七〕 〔一六〕 〔二二〕 〔三六〕 〔四七〕 〔三五〕 〔三六〕 〔五八〕 〔三六〕 〔一九〕 〔五〇〕 〔一九〕 〔三六〕 〔三六〕 〔三六〕 〔一九〕 〔三六〕 〔二〕 〔一九〕 〔一九〕 〔六〇〕 〔三六〕

【先秦貨幣文編】

布方 盧陽 晉襄 仝上 仝上 布方 宅陽 晉襄 仝上 布方 陽邑 晉芮 布方 平陽 晉襄 仝上 布尖 中陽 晉太 布方 平陽 晉朔 布方 安陽 晉朔 布方 宅陽 晉襄 布方 宅陽 晉芮 仝上 晉交 布方 平陽 晉盂 布方 平陽 晉襄 仝上 仝上 布方 平陽 晉襄 仝上 仝上 布方 平陽 晉襄 布方 ㄗ陽 晉祁 仝上 布方 平陽 晉芮 布方 安陽 晉盂 布方 盧陽 晉芮 布方 平陽 晉芮 仝上 仝上 晉襄 布方 平陽 晉襄 仝上 晉洪 仝上 布方 盧陽 晉洪 布方 平陽 晉襄 仝上 布方 平陽 晉洪 仝上 布方 宅陽 晉洪 布方 平陽 晉洪 仝上 布方 宅陽 晉洪 布方 宅陽 晉洪 布方 平陽 晉洪 仝上 布方 宅陽 晉洪 仝上 布方 平陽 晉洪 布方 平陽 晉洪 布方 宅陽 晉洪 仝上 布方 平陽 晉洪 仝上 仝上 晉襄 布方 平陽 晉襄 布方 平陽 晉洪 仝上 布方 盧陽 晉洪 布方 平

陽　晉洪　仝上　布方　宅陽　晉洪　布尖　中陽　晉原　布方　平陽　晉洪　布方　平陽　晉祁　布方

平陽　晉洪　仝上　布方　平陽　晉洪　布方　平陽　晉祁　布尖　晉陽　反書　晉原　布尖　晉陽斗　晉原

布尖　中陽　晉原　布尖　晉陽斗　晉原　布尖　中陽　晉高　仝上　布方　亓陽　晉高　布方　陽亓

晉祁　布尖　文陽　晉高　布方　宅陽　晉高　布方　宅陽　晉高　布尖　中陽　晉太　布方　陽邑　晉高

布方　陽邑　晉高　布方　慮陽　晉高　布方　慮陽　晉高　布方　慮陽　晉高　布方　平陽　晉高　仝

上　布方　平陽　晉高　布方　安陽　晉交　仝上　布方　慮陽　晉祁　仝上　仝上　反書　布方

慮陽　晉祁　布方　平陽　晉高　布方　安陽　晉高　布方　慮陽　晉祁　布尖　中陽　晉原　布尖　文陽

反書　晉原　布方　平陽　晉祁　仝上　仝上　布方　平陽　晉祁　仝上　布方　平陽　晉浮　布

方　平陽　晉浮　布方　平陽　晉祁　仝上　反書　布方　平陽　晉浮　仝上　仝上　晉祁　布方　平陽

晉祁　仝上　反書　晉浮　仝上　布方　平陽　晉祁　仝上　布方　宅陽　晉浮　布方　平陽　晉洪

仝上　晉祁　仝上　布方　宅陽　晉浮　布方　平陽　晉洪　仝上　晉祁　布方　平陽　晉祁　仝

上　仝上　晉洪　布方　平陽　晉洪　仝上　晉祁　仝上　布方　平陽　晉洪　仝上　仝上　晉祁

布方　平陽　晉祁　仝上　晉洪　布方　宅陽　晉洪　布方　宅陽　晉祁　仝上　仝上　晉襄　布

方　宅陽　晉洪　布方　平陽　晉祁　仝上　布方　宅陽　晉洪　布方　平陽　晉祁　布方　宅陽　晉祁

布方　宅陽　晉洪　布方　平陽　晉祁　布方　宅陽　晉洪　布方　宅陽　反書　晉浮　布方　宅陽　晉祁

布方 平陽 晉交 布方 宅陽 晉祁 仝上 布方 安陽 晉左 布方 宅陽 反書 晉交 布方 宅陽 晉陵 布尖 陽ㄑ 京朝 布方 安陽 晉左 布尖 陽ㄈ 京朝 布尖 中陽 晉忻 布尖 晉陽斜 反書 冀靈 布方 宅陽 晉祁 仝上 布方 宅陽 晉祁 仝上 仝上 布方 安陽 晉左 布方 陽山 典四 布方小 陽山 典六 布方 陽Ⅱ 反文 典八 布尖 陽⊘ 典三六三 仝上 典三六五 布尖 中陽 典三七〇 布尖 中陽 典三七一 布尖 晉陽 反書 典四一九 布尖 晉陽斜 典四二三 布方 平陽 典六八 布方 陽平 反書 典七三 布方 ㄗ陽 典六一 布方 安陽 典一一三 布方 安陽背安陽 典一一九 布方 盧陽 典三〇五 布方 盧陽 典三〇四 布方 陽邑 典二七五 仝上 典二七六 布方 平陽 史第九圖1 仝上 史第九圖7 布尖 晉陽斜 反書 亞三・一四 【古幣文編】

一九五：七 宗盟類參盟人名□陽 【侯馬盟書字表】

169 183 【包山楚簡文字編】

陽 日乙一五 十四例 通揚 鬼來—灰毄箕以喿之 日甲三一背 效三八 九例 法五七 三例 編五一 十例 【睡虎地秦簡文字編】

4043 4038 4039 4041 2315 2306 2307 2308 2316 2313 4046 4044 4047 0171 3104 0084 3420 0338 3897 【古璽文編】

淮陽王璽 漁陽右尉 陽周僕印 莊正陽印 陽成終印 費陽 陽嬰齊 沙陽鄉 陽始

昌　陽與成印　郁陽壽　渭閤陽督邸印　馮去陽印　陽成信　涫于陽印　逢陽　宋辟陽

陽成齒　袁陽之印　【漢印文字徵】

袁安碑　王君神道闕　汝南女陽　少室石闕　陽城縣　丞漢陽冀祕俊　泰室石闕額陽識　昌陽刻石

開母廟石闕　陰陽穆清　石碣霝雨　或陰或陽　石經僖公　天王狩于河陽　古文叚崵為陽　陳德碑頟　【石刻篆文編】

古老子　【古文四聲韻】

◉許　慎　陽高明也。从𨸏。昜聲。與章切。【説文解字卷十四】

◉强運開　説文。陽。高明也。从𨸏。昜聲。張德容云。按雲部。霒。雲覆日也。侌古文霒。勿部。昜。開也。从日一勿。後人多以侌昜為陰陽字。據許説。論天地之氣可作侌昜。山水南北必當从𨸏。作陰陽。此古籀製字之本義也。運開按。虢季子白盤于洛之陽作陽。與此微異。【丁鼓　石鼓釋文】

◉馬叙倫　高明也當作高也明也。高也後人加之。明也以聲訓。白虎通。高陽也者。陽猶明也。字見急就篇。虢季子白盤作陽。農卣作□。甲文作□。【説文解字六書疏證卷二十八】

◉劉　節　□宗即陽宗。甲骨文字陽字从□。宓白鼎作□。貉子卣作□。泉幣亦作□。王孫鐘沇兒鐘及宋人所著録之許子鐘。皆有中𩐋虘□語。𩐋字所从之𣪊即煬字。與此同。借為陽。秦策一。陰燕陽魏。高誘注。陽。大也。則陽宗實即大宗。【驫氏編鐘考　古史考存】

◉陳　直　五六六條　漢中郡安陽承□里□

漢書地理志，漢中郡有安陽縣，石門頌亦作守安陽長。本簡陽字左邊已模糊，此為勞氏之誤釋，五三八條正作安陽。可證。

【居延漢簡甲編釋文校正　考古一九六〇年第四期】

◉李學勤　銘中「陽」字从「土」，和「陳」字有時从「土」是一樣的。

陽𠦪當為楚女嫁于陽者，故其子自稱「陽𠦪子揚」。春秋時有陽國，姬姓，地在今山東沂水縣南，早滅于齊，與本器無關。近年在湖北襄陽地區發現有陽氏青銅器，與曾國(即隨國)器物的出土地點相鄰。我們推測陽可能是唐國，據文獻載，唐在隨縣西北八十五里，祁姓，一説姬姓，至魯定公五年(公元前五〇五年)始被楚國吞滅。唐、楚疆土相接，互相婚嫁，是很自然的。【《中日歐美澳紐所見所拓所摹金文彙編》選釋　四川大學學報叢刊(古文字研究論文集)一九八二年第十輯】

◉張占民　擽陽戟

《三代吉金文存》卷二十，第五頁，「吾宜戟」

據拓本觀察，「吾」鑄銘，其餘二字為刻銘。刻銘筆劃十分纖細，第一字釋「宜」是對的。第二字先前未釋，似為「陽」字。應以「宜陽」釋之。「宜陽」，秦地。《史記・秦本記》「(武王)三年，……其秋，使甘茂，庶長封伐宜陽。四年，拔宜陽，斬首六萬。」武王四年宜陽歸秦。刻銘「宜陽」當為戟調撥後加刻的。【秦兵器題銘考釋　古文字研究第十四輯】

◉林清源　238　高陽左戈(邱集8214、嚴集7372)

239　高陽左戈(邱集8215)

240　高陽左戈(邱集8216)

三器銘文皆在內末，悉作「高陽左」形，阮元釋為「高陽左」，云：

陽，暘古通，……此戈云「高陽左」者，或高陽氏之諸侯左右二戈中之一戈與？又考，古戈銘有作右軍者，古行軍左右有局，謂之上、下軍，亦謂之左、右軍，或此戈為左軍所用，故以左字志之，亦未可定。(積古8.13)

吳雲(二百3.13)從其說。柯昌濟則謂高陽為地名，即今河北高陽縣地(金文分域編8.8)。案金文昜字作「昜」(昜鼎)或「昜」(沇兒鐘)或「昜」(嘉子昜伯簠)，上皆从日，其下所从雖難碻識，然多與日形分離，或偶有連屬者，亦僅限於中間長畫而已。戈銘「陽」字，其下三筆悉與日形連屬，舊釋為「陽」，猶待商榷。「高陽左」殆即高陽左庫(府)之省，為鑄造本戈之作坊，類似辭例多見於齊戈(詳例083)，因疑此亦為齊戈也。

241　子陽子戈(邱集8218、嚴集7374)

本戈1956年山東省文物普查時發現，內末銘文三字，作「子陽子」，原報告執筆人釋為「子𣄧(陽)子」，謂乃齊景公之子——公子陽生，亦即齊悼公(公元前488—484)。然陽字金文習見，作「陽」(虢季子白盤)或「陽」(弔姬鼎)或「陽」(異伯盨)，右旁所从之「昜」，皆與戈銘右旁相去頗遠，是以此銘釋為「𣄧(陽)」，待商。然原報告執筆人云：

古文字中人名前冠之以「子」者恒見，在楚、吳、鄀、徐、蔡、曾及秦國人名「子」前多冠之以國名，齊國則不然，不見稱「齊子某」者，而稱「子某子」則是齊人獨特的形式。該文舉1857年山東濰坊出土之「子禾子釜」等器為例，其說蓋是。【兩周青銅句兵銘文彙考】

◉劉彬徽等 (2) 魯昜公，昜通作陽。《淮南子・覽冥訓》：「魯陽公與韓構難，戰酣日暮，援戈而撝之。」高誘注：「魯陽，楚之縣公，……《國語》所稱魯陽文子也。楚僭號稱王，其守縣大夫皆稱公，故曰魯陽公，今南陽魯陽是也。」「魯昜公……之歲」，以事紀年。【包山楚簡】

◉戴家祥 説文十四篇「陽，高明也。从𨸏，昜聲。」按許慎所釋可从。穀梁僖公二十八年傳「山南為陽，水北為陽。」爾雅釋山「山東曰朝陽，山西曰夕陽。」釋名「隨日所照而名之也。」山南、水北水之北涯均日光照射之處，故稱陽。从𨸏，蓋指地理位置。號季子白盤「于洛之陽」，即指洛水之北地。

平陽戈 平⿰阝⿱昜土高馬里戈 ⿰阝⿱昜土，即陽之繁構。金文用作地名，往往加土旁，如陵之作⿰阝⿱夌土，陳之作塦等等。蓋強調該字的特定用法。【金文大字典下】

陸

續3・30・7 徵10・37 【續甲骨文編】

陸 陸冊父乙卣 陸婦簋 陸冊父庚卣 陸父甲角 陸冊父甲鼎 陸父乙角 義伯簋 邾公釛鐘 【金文編】

8・1 安陸市亭 瘦雲5・1 陸新 4・150 獨字 【古陶文字徵】

陸 編二九 編三五 【睡虎地秦簡文字編】

2318 邾公釛鐘陸作⿰阝⿱坴土，與璽文合。【古璽文編】

永陸任之印 陸渾左尉 陸林之印 困陸奴 陸植 陸延國 【漢印文字徵】

陸開元文字 陸 【汗簡】

古老子　開元文　碧落文　古尚書　竝崔希裕纂古【古文四聲韻】

◉許　慎　陸高平地。从𨸏。从坴。坴亦聲。力竹切。籀文陸。【説文解字卷十四】

◉王　襄　古陸字。父乙角陸作，與此相似。【簠室殷契類纂正編第十四】

◉高田忠周　坴下曰。土塊圥圥也。圥圥蓋與云坴坴同。地蕈圥圥。土塊坴坴。其狀相似。又麦从坴。金文作。从圥與麦義不協。又按坴即古文陸字。始先變坴作陸陸陸。皆同。此古土𨸏兩部通用之證也。其後作陸。从𨸏又从土。猶防或作堕。隊或作墜。此例極多。陸下曰高平地。高層積厚。亦坴坴所聚。坴字轉義為陸𨸏。後坴陸分別。甚失古意矣。【古籀篇十】

◉高田忠周　小篆从坴。形聲兼會意。籀文从圥。純然形聲字。坴从圥聲。圥从六聲。故下文或从𠆢。从圥省而亦从六聲也。其實坴陸元同字。陸為正文。陸陸並皆同。其亦作坴。自土兩部。古通用之證。又作陸。从𨸏从土。猶堕同防。墜同隊之類。此例亦不為尟矣。【古籀篇十五】

◉方濬益　此亦陸之渻文。視前器更渻。而从𨺅為異。按説文部首𨺅。兩𨸏之間也。从二𨸏。三字从之。得此可補許君所未備。【陸册父乙卣　綴遺齋彝器款識考釋卷十二】

◉方濬益　説文。圥。菌圥。地蕈。叢生田中。从屮六聲。籀文圥。从三圥。自部陸。高平地。从𨸏从坴。坴亦聲。籀文陸。此从為渻文。亦見陸父甲父乙二角銘。則之傳形也。按彝器銘惟古文尊字偏旁从𨸏作。或渻作。又或作。與此文同。説文部首𨸏下云。大陸。山無石者。今按此字三成側立。與鼎尊諸器之觚稜正同。【陸册父庚卣　綴遺齋彝器款識考釋卷十二】

◉强運開　陸册父乙卣作。邾公釛鐘作。此篆右作。與微有不同。蓋筆迹小異耳。且陸訓高平地。正與上文隮于遵用意一貫。當从潘説。讀作陸為是。【丙鼓　石鼓釋文】

◉馬叙倫　鈕樹玉曰。韻會引作高平曰陸。從𨸏。坴聲。倫按疑本訓地也。高平曰陸字林文或校語。此并省之。陸為坴之後起字。土部。坴。大塊坴坴也。大塊即𨸏。今陸行而坴廢矣。從𨸏。坴聲。邾公釛鐘作。

倫按從籀文圥得聲也。鍇本籀文陸下有如此二字。校者加之。陸角作。【説文解字六書疏證卷二十八】

◉吴榮光　陸父乙角　説文。圥。菌圥。地蕈也。籀文作。象地蕈叢生之形。籀文陸字从之。此自旁从二圥。乃籀文陸字之省。【商父乙爵　筠清館金文卷一】

◉徐中舒 [glyph]續三・三〇・七 從𠂤從[glyph]，王襄釋陸《簠室殷契徵文考釋・游田》，可從。金文陸字作[glyph]父乙角、[glyph]義伯簋，與甲骨文略同。【甲骨文字典卷十四】

◉戴家祥 [glyph]義伯毁 此銘𠂤旁从二幵乃籀文陸字之省。金文用作地名或人名。【金文大字典下】

◉包信芳 五・陆、菑、陸

「陆」字見於包山簡一六三、一七〇、一七一、一七九、一八四，俱用作姓氏。其字作「[glyph]」，或釋作「陏」，非是。「陏」字簡文作「[glyph]」、「[glyph]」、「[glyph]」（二二、三〇、一六三），與「陆」字形絶不相類。

按「陆」讀如「陸」，即陸氏之陸，簡一七〇「陆鐘連囂坷」，即陸終家族之連囂，其名為坷。陸終本楚先祖名，見《史記・楚世家》，後作為姓氏，《廣韻》：「本自天子陸終後。」「陆鐘連囂」之文例如同簡八八「楚斨司敗」，楚斨讀「楚莊」，即楚莊家族之司敗。⊘

惟簡文又有地名之「陸」，六二「安陸」，陸字作「[glyph]」，其字異體作「[glyph]」（簡一八一），从邑作。

綜上可知，姓氏之「陆」與地名之「陸」本是二字，然讀音相同，自《史記》諸典籍將姓氏之「陆」移録為「陸」，「陆」字遂被淘汰。

【包山楚簡近似之字辨析 考古與文物一九九六年第二期】

阿 [glyph]

[glyph] 阿 阿武戈 [glyph] 元阿左戈 【金文編】

[glyph]〔七八〕 [glyph]〔五六〕 【先秦貨幣文編】

[glyph] 0993 [glyph] 0317 [glyph] 0313 或从土 【古璽文編】

[glyph] 阿陽長印 [glyph] 鄴君阿印 【漢印文字徵】

[glyph] 阿 【汗簡】

[glyph] 古老子 [glyph] 義雲章 【古文四聲韻】

◉許慎　阿大陵也。一曰曲自也。从自。可聲。烏何切。【說文解字卷十四】

◉馬叙倫　鈕樹玉曰。韻會作大陵也。從自。可聲。一曰。阿。曲自也。沈濤曰。御覽五十一引作大陵曰阿。一曰。阿。曲自也。錢坫曰。曲阜者。地理志。曲阿。故雲陽。蓋截其直道使之阿也。徐灝曰。此當以曲阿為正義。倫按阿陂聲同歌類。又陂音封紐。阿音影紐。同為破裂清音。蓋轉注字。故次陂上。大陵曰阿此吕忱據爾雅釋地加之。一曰曲自者。蓋亦字林訓。校者據一本注之。此字蓋出字林。阿武戈作。古鉨作。【說文解字六書疏證卷二十八】

王存乂切韻【古文四聲韻】

◉許慎　陂阪也。一曰沱也。从自。皮聲。彼為切。【說文解字卷十四】

◉馬叙倫　鈕樹玉曰。韻會引一曰四字在皮聲下。沱作池。非。沈濤曰。華嚴經音義引。穿地通水曰池。畜水曰陂也。蓋古本一曰以下如此。畜水曰陂見禮月令注。段玉裁曰。沱當依韻會作池。翟云升曰。御覽引沱作池。倫按詩氓釋文引字林。北髮反。阪也。亦所以為隰之限域也。爾雅釋地釋文引字林。陂。或彼義反。然則阪也字林訓。或此字出字林。或陸引字林者。説文字林和合之本。而題為字林者也。一曰沱也者。字林訓。校者據一本注之。據慧苑引。乃禮記月令毋漉陂池鄭注。許安得見鄭注乎。陂坡同字。【說文解字六書疏證卷二十八】

167【包山楚簡文字編】

阪　日甲七五背　二例【睡虎地秦簡文字編】

石碣乍邍　帥皮阪□【石刻篆文編】

◉許慎　阪坡者曰阪。一曰澤障。一曰山脅也。从自。反聲。府遠切。【說文解字卷十四】

◉强運開　薛尚功釋序。趙古則作陓。均誤。楊升庵作阪。是也。說文坡者曰阪。从自反聲。一曰澤障也。一曰山脅也。詩小雅瞻彼阪田。箋云。阪田。崎嶇墝埆之處。【石鼓釋文】

◉馬叙倫　坡者曰阪爾雅釋地文。釋地釋文引字林。父板反。蓋此字出字林。一曰澤障者。詩毛傳。陂。澤障也。蓋澤之畔岸亦曰阪也。一曰山脅也者。阪之俗名。山部。岪。山脅道也。與此為轉注。或山脅為岪字義。古借阪為之。此皆校者所加。陂音封紐。阪音非紐。古讀非入封。陂聲歌類。阪聲元類。歌元對轉轉注字也。石鼓作□。【説文解字六書疏證卷二十八】

陬 陬

陬 黔陬長印 陬 東萊黔陬叔孫□□□ 【漢印文字徵】

陬 禪國山碑 月次陬訾之口 【石刻篆文編】

◉許 慎 陬阪隅也。从𠂤。取聲。子侯切。【説文解字卷十四】

◉馬叙倫 王筠曰。玉篇廣韻皆作陬隅。阪字蓋譌。陬隅疊韻。可單可雙。故隅下曰陬也。倫按阪字或涉上文阪下隸書複舉字而譌衍。或為陬譌。陬則隸書複舉字也。【説文解字六書疏證卷二十八】

隅 隅

隅 日甲四〇背 二例 【睡虎地秦簡文字編】

隅 隅常樂 【漢印文字徵】

隅 開母廟石闕 祀聖母虖山隅 □ 東里漢安禺石 隅不从阜 【石刻篆文編】

隅 道德經 【古文四聲韻】

◉許 慎 隅陬也。从𠂤。禺聲。噳俱切。【説文解字卷十四】

◉徐同柏 □ 䵷。古隅字。从𩫏。城隅之象。隅通作偶。副貳也。【周史頌敦 從古堂款識學卷二】

◉孫詒讓 □字，吴釋為堣，許釋為䵷。徐釋為䵷云：「古隅字从𩫏，城隅之象。」今案考工記匠人有「城隅宮隅」。此䵷專屬城隅，故其字从𩫏，𩫏即城𩫏之正字也。説文𩫏為部首，上部又㠯為墉之古文，疑有誤。説文垣堵城字，籀文皆从𩫏。又𠂤部陴，城上女牆俾倪也。䵷，籀文陴从𩫏。竝可與此互證，然許氏徑釋為䵷，則與𠂤形不合。徐釋得之。而謂隅與偶通為副貳之義，則殊不確。【周史頌敦 古籀拾遺下】

𩦎 險

◉馬叙倫　段玉裁曰。隅與陬為轉注。倫按史頌𣪘作𩦎。文選笙賦注引。隅。曲也。蓋字林訓。【說文解字六書疏證卷二十八】

◉楊樹達　𩦎者。隅之或體。說文十四篇下𨸏部。隩或作𩦎。是其比也。以義求之。字當讀為偶。偶謂曹偶。史記倉公傳云。女子豎曹偶四人。又黥布傳云。率其曹偶亡之江中。為羣盜。索隱云。偶。類也。銘文云帥𩦎。猶黥布傳云率其曹偶矣。【史頌𣪘跋　積微居金文說】

◉高鴻縉　𩦎　𩫖即墉之古文。城垣也。象形。隅。城隅也。故从𩫖為意而以禺為聲。此處通遇。後世亦以晤字代之。【頌器考釋】

險　險　日甲七六背　險　語一二　險　日甲七五背　【睡虎地秦簡文字編】

險　險奴　【漢印文字徵】

◉許　慎　險阻難也。从𨸏。僉聲。虚檢切。【說文解字卷十四】

◉馬叙倫　桂馥曰。五音集韻引字林。險。山形似重甑。任大椿曰。說文。險。阻也。難也。玉篇同。集韻四十九敢兩載險字。一引說文。阻難也。一引字林。山形似重甑。考爾雅釋文隒下亦引字林。山形似重甑。王筠曰。阻字句。險阻一事而二名。倫按阻難也當作阻也難也。本書。阻。險也。爾雅釋詁。阻。難也。難也蓋字林訓。險為阻之轉注字。詳阻字下。【說文解字六書疏證卷二十八】

◉石志廉　陰文四字曰「險官之鉥」，見方清霖《周秦古鉥精華》著録。

“險官之鉥”

《周禮・司險》：「司險，掌九州之圖，以周知其山林川澤之阻而達其道路。」注：周猶徧也，達道路者，山林之阻，則開鑿之。川澤之阻，則橋梁之。孫詒讓《周禮正義》云：「掌九州之圖者，即大司徒職，所謂天下土地之圖。此官掌案圖，以考其險要形勢及道路遠近。云九州者，明司險道路之事，及要服而止，九州以外，不必徧及也。」《説文·𨸏部》云：「阻，險也。國野險阻有守禁者，及道路所通，皆考圖以知之。」《管子·地圖篇》云：「凡兵，主者必先審知地圖轘轅之險，濫車之水，名山、通谷、經川、陵、陸、丘、阜之所在，苴草、林木、蒲葦之所茂，道里之遠近，城郭之大小，名邑、廢邑、困殖之地，必盡知之。地形之出入相錯者，盡藏之，然後可以行軍襲邑，舉錯知先後，不失地利，此地圖之常也。」

根據以上文獻記載的情況，可知此璽之險官即《周禮》所謂的司險，他是專門掌管古代天下土地之圖，以考其險要形勢及道路遠近者，其官職對古代軍事交通佔有重要地位。【戰國古璽考釋十種　中國歷史博物館館刊一九八〇年第二期】

限

限 晉鼎　伯限爵　鬲比盨【金文編】

◉許慎　限阻也。一曰門榍。从𨸏。艮聲。乎簡切。【説文解字卷十四】

◉阮元　限。侃叔云。券也。釋名。券。綣也。相約束繾綣為限。周禮謂之判別。【曶鼎　積古齋鐘鼎彝器款識】

◉柯昌濟　限从𨸏从眔。眔即艮字。亦即古眼字也。【曶鼎　韡華閣集古録跋尾】

◉高田忠周　説文。限阻也。从𨸏艮聲。一曰門榍也。此為一義之轉耳。又用為凡限度義。又按説文土部。垠地垠也。从土艮聲。一曰岸也。又作圻。从斤聲同。古土𨸏通用。限垠亦當同字。地垠其本義。故小爾雅廣詁。限。界也。【古籀篇十五】

◉馬叙倫　一曰門榍者。榍字義。亦梱字義。榍限脂真對轉。限梱聲同真類。古或借限為梱榍也。此校記之詞。蓋字林有此訓。晉鼎作限。【説文解字六書疏證卷二十八】

阻

摭續六五　从𨸏从昪説文所無疑為阻之異文【甲骨文編】

◉許慎　阻險也。从𨸏。且聲。側吕切。【説文解字卷十四】

◉馬叙倫　險音曉紐。限音匣紐。同為舌根摩擦音。險從僉得聲。僉音清紐。阻從且得聲。且音精紐。同為舌尖前破裂摩擦音。故險與限與阻皆為轉注字也。【説文解字六書疏證卷二十八】

◉劉彬徽等　(428)[illegible]，讀如阻，止也。【包山楚簡】

陮

後二・二二・一五 後二・二六・五 乙四〇五七 乙四六三一 乙五〇三四 文管九九 佚八三 八 粹一〇三四 鄴三下・四〇・一〇 【甲骨文編】

乙4057 5034 鄴三40・12 粹1034 新4602 【續甲骨文編】

◉許　慎　陮隗。高也。从𨸏。隹聲。都辠切。【説文解字卷十四】

◉王　襄　古陮字。【簠室殷契類纂正編第十四】

◉馬叙倫　丁福保曰。慧琳音義三及六引説文。陮隗。京也。小徐曰。京。高丘也。蓋古本作京。今作高。乃形近之譌。倫按王筠亦據鍇語謂高當作京。倫謂陮隗為崔嵬之異文。自訓高也。高為樓臺之樓本字。陮隗亦樓之緩言也。説解當無陮隗二字。然此二字蓋出字林。甲文作。【説文解字六書疏證卷二十八】

◉饒宗頤　乙卯卜,穷貞:陮受年。乙卯(卜,穷)貞:𦎫受年。(屯乙四六三一)

按陮疑讀為睢。春秋宋地有「睢上」「睢澨」(左成十五年),在河南舊歸德府。又有「次睢之社」(僖十九年)。睢即睢水,自河南杞縣流經睢縣北。殷陮地殆近宋之睢縣。【殷代貞卜人物通考卷五】

隗

隗長　蘇隗　隗季　隗勝私印　隗春　隗勝　郭隗　【漢印文字徵】

◉許　慎　陮隗也。从𨸏。鬼聲。五辠切。【説文解字卷十四】

◉馬叙倫　朱駿聲曰。隗即嵬之或體。倫按陮隗以聲同脂類連緜為詞。然亦可獨用也。古鉨作。【説文解字六書疏證卷二十八】

阭

◉許　慎　阭高也。一曰石也。从𨸏。允聲。余準切。【説文解字卷十四】

◉馬叙倫　吴穎芳曰。隗聲之轉。俞樾曰。此陵之古文。陵下曰。陗高也。從𨸏。夌聲。夌亦從允聲也。一曰石也者。疑當作磊也。阭篆後即次以陎篆。説解即曰磊也。蓋冢阭之一義而次之。石乃磊之壞字。磊為衆石皃。亦有高義。倫按阭峻陖皆一字。阭聲真類。陮隗聲同脂類。脂真對轉轉注字也。一曰石也者。俞先生説可從。然或是陎下説解譌入也。此字或出

字林。【説文解字六書疏證卷二十八】

𨺅 陗 陖 隥

陲 曾姬無卹壺　鄂君啟舟節　襄陲地名楚世家作襄陵于省吾釋襄陲　鄂君啟車節 【金文編】

◉許　慎　𨺅磊也。从自。厽聲。洛猥切。【説文解字卷十四】

◉馬叙倫　吴穎芳曰。同絫。磊聲之轉。倫按此磊之後起字。故音同洛猥切。字蓋出字林。【説文解字六書疏證卷二十八】

◉楊樹達　陲 曾姬無卹壺　陲假為垂。説文十三篇下土部云。垂。遠邊也。遠邊之義引申為邊。史記司馬相如傳云。千金之子。坐不垂堂。索隱引樂彦云。垂。邊也。文選王仲宣詠史詩云。兄弟哭路垂。路垂謂路邊。故李善注云。垂。邊也。銘云漾陲。謂漾水之旁也。【曾姬無卹壺跋　積微居金文説】

◉許　慎　陗陵也。从自。肖聲。七笑切。【説文解字卷十四】

◉馬叙倫　周雲青曰。唐寫本玉篇陗注引許注淮南。陗法刻刑曰陗陵也。倫按此阬之轉注字。詳陵字下。【説文解字六書疏證卷二十八】

◉許　慎　陖陗高也。从自。夋聲。私閏切。【説文解字卷十四】

◉馬叙倫　吴穎芳曰。同崚峻。倫按陗高也當作陗也高也。山部。峻。高也。陗也者。陗音清紐。陖音心紐。同為舌尖前音轉注字也。然疑此字出字林。【説文解字六書疏證卷二十八】

一五六：二〇　六例　委質類被誅討人名　一五六：二三　三例　八八：一三　一五六：二五　一七九：一三

三：二五　二例　登　三：二〇　二例　一五六：二二　五例　阩　一九四：一一　【侯馬盟書字表】

◉許　慎　隥仰也。从自。登聲。都鄧切。【説文解字卷十四】

◉馬叙倫　吴穎芳曰。仰字可疑。任大椿曰。一切經音義引倉頡。隥。小阪也。桂馥曰。一切經音義引廣雅。隥。履下依之而上者也。䪨案曰呼隥道。穆天子傳。天子南還。升於三道之隥。三蒼。隥。小坂也。倫按仰也非本義。或此訓出字林也。隥蓋陟之轉注字。隥音端紐。陟音知紐。古讀端入知也。書洪範。汝陟帝位。史記夏本紀陟作登。是其例證。【說文解字六書疏證卷二十八】

◉朱德熙 「隥及新君弟子孫」的「隥」字，1號不晰，5號右旁从「𣂑」。3號寫作：[glyph]，右旁从「斗」。古文字中「斗」和「升」形體極相似，盟書此字與「隥」字通用，自應釋「阩」。「阩」當即「陞」字初文。「陞」字見於戰國印文及匋文。

[glyph]《𠷎》13·4　[glyph]《徵》14·3

「升」、「登」皆蒸部字，古音極近，《說文》「抍」字重文作「撜」，所以「隥」、「阩」可以通用。（編按：上引《𠷎》13·4一例，近已有學者指出不應釋作陞。）【關于侯馬盟書的幾點補釋　朱德熙古文字論集】

陋出牧子文　陋【汗簡】

牧子文　古爾雅　竝籀韻【古文四聲韻】

◉許慎 陋，阸陜也。从𨸏。㔷聲。盧候切。【說文解字卷十四】

◉馬叙倫 鈕樹玉曰。阨。廣韻韻會引竝作阸。是。沈濤曰。廣韻五十候引作阸隘也。倫按阸陜也當作阸也陜也。一訓或出字林。或校者所增。陋陜阸隘皆轉注字。隘阸音同影紐。陋從㔷得聲。㔷從丙得聲。丙音封紐。陜從夾得聲。夾音見紐。封見與影同為清破裂音也。今陋陜相次。阸字遠隔。傳寫之譌。或阸字後增也。篆當依鍇本作陋。【說文解字六書疏證卷二十八】

陜縣馬丞印　陜信之印　陜親信印【漢印文字徵】

◉許慎 陜，隘也。从𨸏。夾聲。臣鉉等曰。今俗从山。非是。侯夾切。【說文解字卷十四】

◉馬叙倫 翟云升曰。繫傳作從夾。案夾聲是。倫按此字或出字林。隘字為吕忱所增也。【說文解字六書疏證卷二十八】

陟

[甲骨字形] 鐵一三九·一 [字形] 前五·三〇·六 [字形] 後二·一一·二 [字形] 後二·一一·一三 [字形] 林二·二三·一 [字形] 佚四四八
[字形] 甲七六六 [字形] 摭續二〇 [字形] 寧滬一·五九二 [字形] 掇二·七七 [字形] 粹一六七 [字形] 京津一〇六七 [字形] 明藏四七二
[字形] 明藏五三七 [字形] 燕六九四 【甲骨文編】

[字形] 甲3539 [字形] 3913 [字形] 3936 [字形] 珠459 [字形] 922 [字形] 佚448 [字形] 832 [字形] 録522 [字形] 709 [字形] 天98 [字形] 誠362 [字形] 摭續7 [字形] 20 [字形] 36 [字形] 340 [字形] 粹167 [字形] 新661 【續甲骨文編】

[字形] 陟 沈子簋 [字形] 班簋 [字形] 㝬簋 [字形] [字形] [字形] 散盤 [字形] 蔡侯𪉋盤 [字形] 𤼈鐘 【金文編】

[字形] 3·1291 獨字 說文陟古文作[字形]與此同 [字形] 3·1292 同上 [字形] 香録附30 同上 【古陶文字徵】

[字形] [字形] 石經君奭 故殷禮陟配天[字形]說文古文作[字形]汗簡引尚書同引義雲章作[字形] 【石刻篆文編】

[字形] 陟 [字形] 陟 【汗簡】

[字形] 古尚書 [字形] 義雲章 [字形] 汗簡 [字形] [字形] 並籀韻 [字形] 崔希裕纂古 【古文四聲韻】

◉許 慎 [字形]登也。从𠂤。从步。竹力切。[字形]古文陟。【說文解字卷十四】

◉孫詒讓 「己子貝今[字形]」,當為「陟」字。《說文·𠂤部》:「从𠂤,从步」。此正同。【契文舉例】

◉王 襄 [字形]古陟字。【簠室殷契類纂正編第十四】

◉高田忠周 說文。[字形]登也。从𠂤从步。蓋陟降轉注字也。猶步夅相轉注矣。說文古文作[字形]。[字形]與遠古文作[字形]相涉。登高者猶行遠也。行遠猶登高也。故皆从步。爾雅。陟。陞也。詩卷耳。陟彼崔嵬。傳。升也。皇矣。陟我高岡。箋。登也。並字之本義也。【古籀篇十五】

◉羅振玉 [字形][字形][字形] 从𠂤示山陵形。从歨象二足由下而上。此字之意。但示二足上行。不復別左右足。散盤作[字形]。與此同。【增訂殷虛書契考釋卷中】

◉商承祚 □□□ 金文散盤作□。説文陟「登也。从𨸏从步。□古文陟。」𨸏為山之無石者。从□象人足由下上升之形。【甲骨文字研究下編】

◉馬叙倫 鈕樹玉曰。韻會作從𨸏步。倫按散盤作□。甲文作□□。陟為步之異文。陟與降義反。降。甲文作□。聃敦作□。從𨸏。從兩止自上而下。則陟從𨸏從兩止自下而上。會意。

□ 鈕樹玉曰。繫傳作□。譌。王筠曰。朱筠本繫傳作□。顧本作□。字體特小。乃刓改者。李杲曰。石經作□。古鉨作□。古匋作□。倫按石經偏傍作□。蓋□之譌。若從人作□作□。皆與陟異字。【説文解字六書疏證卷二十八】

◉饒宗頤 「癸酉卜，㱿貞：陟歲于唐。貞：勿陟歲。」(粹編一六七)按爾雅釋詁：「陟，陞也。」周禮太卜，三曰「咸陟。」鄭注：「陟之言得也。讀如『王德翟人』之德。」玉篇：「德，福也。升也。」陟歲與他辭言「升歲」義同。【殷代貞卜人物通考卷五】

◉饒宗頤 「戊戌卜，喜貞：告自丁陟。貞：告自唐降。」(續編一・七・三)此陟與降對言，他辭云：「癸丑卜，㱿貞：章𩵋降，比陟。」(前編五・三〇・六)亦同。詩：「文王陟降，在帝左右」(文王)，又「陟降庭止」(閔予小子)，「陟降厥家」(訪落)，并陟降合言。左昭七年：「叔父陟恪，在先王之左右。」陟恪即陟降也。【殷代貞卜人物通考卷十五】

◉鍾鳳年 二、「克」字下的兩個字，因結體各部分的奇異，尤難認識：下面的其在左方上部者宜為「止」字，在此下者則如人張雙臂向空中上下倒换着抛擲一對彈丸，字類實無此體式；設將右方的「𨸏」字移置左方，則改置在右方的「止」字下，抛球部分只當為「□」而互相結合為「陟」字。在「陟」字下的則分三部組成一個人張雙臂而單腿跳舞；上部是頭而為「□人」字，中部作雙臂伸向前之式，令人不知為何字，下部單腿孤立而為「又」字。試書作今文而改「□」為「亻」，置之左方，合原在最下部的「□」字而置之右下部作「伎」，則全體除為「侵」別無適當之字。就征商説，亦以作侵，才文義切合。

《廣韻》：「陟，進也」，銘文的「陟侵」乃「進侵」之義，如此，連合上文的「戍𣅀，克陟侵有商」一并度之，蓋𣅀其地便于進軍之勢，銘文乃意謂周軍因戍此而能向商進侵。

周勝商乃由商軍倒戈而成，非決戰以滅之。銘文于軍事行動之作「陟侵」，而不言攻得，當職此之故，是寫實的發言。

「陟侵」字形之作戲劇性體式，適由于當時確有此類游戲技術，且各有其公認難能的絶頂工夫，故雕銘文者運用巧思，采入于陶模之内，殊非易易，讀者幸勿忽視此絶妙手法。【關于利簋銘文考釋的討論 文物一九七八年第六期】

◉徐中舒 伍仕謙 (29)𨸏 厘・陟，《説文》：「陟，古文作□」。中山三器，凡从日之字，多譌為田。厂亦□之譌變，當讀為黜陟之陟，謂登用授職也。辭是言辭，禮是禮物；陟是登用，愛是恩惠；作是傜役，斂是賦斂；皆並舉兩兩相關之事。《墨子·辭過》：「必厚作斂于百姓」，與此言作斂同。【中山三器釋文及宫室圖説明 中國史研究一九七九年第四期】

◉何琳儀 [glyph]，从厂从歨。諸家據《説文》古文、《汗簡》等形體隸定[glyph]為步是對的，但讀作从步得聲之魚部字則未當。唯徐中舒、伍仕謙隸㕓為陟可從，其解説則有誤。

古文字偏旁「厂」與「阜」有時互作，如甲骨文降或作[glyph]（《乙》5297），玉戈銘厲作𨺅。《楚辭·九歌·湘君》「隱思君兮陫側」，《説文繫傳》引陫作厞。《説文通訓定聲》「㢀即陝之異體」，厂，《説文》訓「山石之厓巖」，與阜義近。換言之，陟象以「步」登「阜」，㕓象以「步」登「厂」，二者並無本質區别。

陟于本銘讀德。《周禮·春官·太卜》「掌三夢之法，三曰咸陟」，注「陟之言得也，讀若『王德翟人』之德」。沈子簋「陟上公」即「德上公」，均其佐證。

方壺「㕓忎深則孯人新」當讀為「德愛深則賢人親」。「德愛」猶「德惠」。（《説文》：「忎，惠也。」）《淮南子·兵略訓》：「行仁義，布德惠。」本銘「詳豊敬則孯人至，㕓忎深則孯人新」為駢句。「詳豊」謂「言辭禮節」，「㕓忎」謂「德澤惠愛」。兩相比勘，文從字順。

大鼎、方壺、圓壺的[glyph]是德的本字，這並不影響上述讀陟為德的結論。因為中山器銘中本字和借字互見者習見。如大鼎「是」（是克行之）和「氏」（氏以寡人匿賃之邦），大鼎「不」（夙夜不解）和方壺「篚」（夙夜篚解），方壺「與」（將與慮君並立于殜）和大鼎「蒦」（蒦其汋于人也），方壺「詢」（余知其忠詢也）和大鼎「㤅」（非㤅與忠）等。典籍中也有這類現象，俞樾《古書疑義舉例》卷一稱之為「上下文異字同義」。【中山王器考釋拾遺 史學集刊一九八四年第三期】

◉晁福林 伊尹子伊陟（尚書咸有一德正義引紀年），卜辭稱「尹陟」（後下四三·二），又稱「戊陟」（殷圖一三），即伊陟，伊尹的後人是作了巫史的。祖乙時「賢臣」巫賢亦當為巫史一類人物。推測貞人尹為伊尹部族的後人，當不為臆説。融合于商的諸部族首領的後人，入殷後多為貞人。【試論殷代的王權與神權 社會科學戰線一九八四年四期】

◉徐中舒 [glyph]粹一六七 [glyph]摭續二〇 從自從[glyph]步，象雙足循腳窩上升之形，故會登陟之意，與《説文》陟字篆文形同。【甲骨文字典卷十四】

陷 陷 日甲五　陷 雜三五【睡虎地秦簡文字編】

䧟 陷陳募人　䧟 陷陳司馬　䧟 陷陳都尉　䧟 陷陳司馬【漢印文字徵】

䧟 古孝經　□ 同上【古文四聲韻】

◉許　慎　䧟高下也。一曰陊也。从𨸏。从臽。臽亦聲。户猎切。【説文解字卷十四】

◉馬叙倫　鈕樹玉曰。韻會引同。繫傳陊作陟。誤。一切經音義十三引作墮也。玉篇注同。韻會從自從臽臽亦聲作從自臽聲。在一曰上。丁福保曰。慧琳音義四十七及五十七引作從高而下也。倫按陷為坎之轉注字。埳之異文也。陷坎聲同侵類。亦凶之轉注字。同為舌根摩擦音也。從高而下也非本訓。亦非本義。乃臽字義也。一曰陊也非別義。蓋亦字林訓。校者録異本也。此字疑出字林。從自從臽臽亦聲當如鍇本作從自臽聲。臽聲語原然也。餘見凶下。【説文解字六書疏證卷二十八】

◉于省吾　甲骨文□字以及□、□、□、□等字，舊解不盡可據。羅振玉釋□、□、□、□等字為阱，并謂：「卜辭象獸在井上，正是阱字。或从坎有水，與井同意。」(增考中四九)羅氏又釋□、□為貍(埋)，并引周禮大宗伯「以貍沈祭山林川澤」為證(增考中一六)。甲骨文編將□字和其它从獸从凵等字均釋為䴡。胡厚宣同志説貴田：「作□者，當與□同字。□字羅振玉釋阱。今案字象挖地為阬以陷麋鹿之形，疑當為臽之古文。甲骨文另有從井的□和从水的□，則當釋為阱字。」按胡説頗有道理，但言疑並非決定之詞，又不知□與□之本从凵聲。因此，除去甲骨文用作人名的□字，并非从井外，對于以上諸字有重加辨認的必要。

甲骨文从各種獸形从凵的字常見。凵字説文作凵，並謂：「凵，張口也，象形。」朱駿聲説文通訓定聲謂：「一説坎也，塹也，象地穿。」按朱説甚是。古文凵字象坑坎形，小篆譌作凵，下横平，故説文誤訓為張口。凵字典籍通作坎，凵為本字，坎為借字。説文：「坎，陷也，从土欠聲。」坎陷疊韻，以音為訓。章炳麟文始謂「凵又孳乳為坎」，「在本部則變易為臽」，「為陷」。按典籍坎字也通作欿或埳。易坎釋文謂「坎，京、劉本作欿」，爾雅釋言釋文謂「坎本作埳」。一切經音義三謂「埳亦坑也」。典籍以坎代凵，凵坎和陷欿埳等字又由于音近而通用。

甲骨文臽字作□、□(从卩與从人同)、□等形，象陷人于坑坎之中。其字从人凵，凵亦聲，係會意兼形字。甲骨文的「今日□」(乙八七一六)，是指陷人以祭言之。此外，關于田獵陷獸，則陷麑作□，陷鹿作□，陷兕作□；祭祀用牲，則陷牛作□，陷犬作⿶凵犬。至于甲骨文中从各種獸形从凵的字，其中往往加以數點，則象坑坎中塵土之形。

甲骨文⿶凵毘字作⿶凵毘、⿶凵毘、⿶凵毘等形，上从毘，即麋之初文，下从凵，象陷毘于坑坎之中。今將有關田獵的⿶凵毘和⿶凵毘毘的例子，擇其詞句較為完整者，分條録之于下，并畧予説明。

一、戊午卜，爭貞，叀王自往⿶凵毘。十二月（乙五四〇八）。

二、丙戌卜，丁亥王⿶凵毘，毕。允毕三百又卌八（後下四一·一二）。

三、壬申卜，㱿貞，甫毕毘，丙𢦏⿶凵毘，允毕二百㞢九（前四·四·二）。

四、戊午卜，叓（鞭）⿶凵毘，弗其毕（乙七六八〇）。

五、叀子不（「子不」人名）乎⿶凵毘〇弜叀子不乎（乙五四〇三）。

六、貞，于翌己子⿶凵毘毘（續存上七六七）。

七、其⿶凵毘毘于斿（續四·五·五）。

八、貞，王弜獸乂，既⿶凵毘毘，歸。九月（庫一七九九）。

以上八條的⿶凵毘字都作動詞用。⿶凵毘从毘凵，凵亦聲，係會意兼形聲字。⿶凵毘應讀為陷，⿶凵毘毘即陷麋。其只稱⿶凵毘者係省語，也指陷毘言之。第四條叓⿶凵毘之叓即古文鞭字（詳釋叓）。鞭⿶凵毘指用鞭毆毘以陷之，即後世打獵所謂趕圍。

甲骨文田獵還有陷鹿之陷作⿶凵鹿，陷毘（麑）之陷作⿶凵毘，例如：

一、貞，令⿶凵鹿（前六·四一·四）。

二、……王自東⿶凵鹿伐戋，⿶凵鹿（乙二九四八）。

三、我其⿶凵毘，毕（乙二二三五）。

四、戊寅卜，王⿶凵毘（摭續一二五）。

前兩條的⿶凵鹿，指陷鹿言之；後兩條的⿶凵毘，指陷麑言之。

在上述田獵陷獸之外，祭祀有⿶凵牛、⿶凵羊、⿶凵豕等字，均指陷牲言之。例如：

一、朿于河一宰，⿶凵牛二宰〇朿于河一宰，⿶凵牛二宰（前一·三二·五）。

二、⿶凵牛于河二宰（後上二三·一〇）。

三、⿶凵牛于河一宰（粹三八）。

隰 隰

四、貞，帝于東，⿶凵犬 ⿴囗犬，尞三宰，卯黄牢(牛)(續二・一八・八)。

五、辛子卜，𡆥貞，⿶凵犬三犬，尞五犬、五豕，卯四牛。一月(前七・三・三)。

以上所引前三條，于祭河言⿶凵牛一宰或二宰，⿶凵牛作動詞用，即于河陷没二宰或一宰。禮記檀弓下的「毋使陷其首焉」，鄭注訓陷為陷没，是其證。第五條的⿶凵犬犬，謂掘坎陷犬以祭。

基于上述，則甲骨文陷人以祭的⿶凵人字，即臽的初文。从臼的臽乃後起字，从𨸏的陷，又係臽的後起字。後世不僅陷行而臽廢，并且甲骨文从各種獸形从凵的幾個古文陷字，也都廢而不用。【釋⿶凵麋、⿶凵鹿、⿶凵比、⿶凵牛、⿶凵犬　甲骨文字釋林中卷】

◉姚孝遂　卜辭⿶凵麋字象掘地為坎以陷麋之形，而⿱麋井字則象掘井以陷麋之形。這兩種形體的用法，在卜辭中没有區別。説文以「臽」為「小阱」，而以「阱」為「大陷」(據玄應一切經音義引)。然則「臽」與「阱」只是掘地為坎的大小深淺之別，至于其用以陷獸，則是一致的。⊘

卜辭「⿶凵麋」、「⿶凵鹿」、「⿶凵比」諸字的形體結構與「⿶凵人」相同，毫無疑問是篆文「臽」之初形，是卜辭諸字均當釋「臽」，而不得釋「阱」。⊘

⿶凵麋和⿱麋井在卜辭中用法完全相同，均用作動詞，是⿱麋井字當釋作「臽」，不得釋作「阱」。

卜辭武丁時人名有「子⿱麋井」，也作「子⿶凵麋」(前七・四〇・一)，這也是「⿱麋井」、「⿶凵麋」同字的有力佐證。⊘

⿶凵麋或⿱麋井所擒獲者必定是麋，而不是任何其它獸類。據此，則⿶凵鹿、⿶凵比、⿱兕井等也當分別是指擒獲鹿、毘、兕而言。【甲骨刻辭狩獵考　古文字研究第六輯】

隰 隰【汗簡】

隰 義雲章 隰 隰 竝籀韻【古文四聲韻】

◉許　慎　隰阪下溼也。从𨸏。㬎聲。似入切。【説文解字卷十四】

◉馬叙倫　鈕樹玉曰。繫傳溼作溼。譌。阪下當有也字。阪原作溼。據其説正。毛詩傳車鄰云。坡者曰阪。下濕曰隰。是二義。釋地。下溼曰隰。又云。陂者曰坂。下者曰溼。徐灝曰。爾雅。下濕曰隰。詩車鄰疏引李巡曰。下隰謂土地窊下。常沮洳。名為隰也。又可食者曰原。陂者曰阪。下者曰溼。此三句指耕種之地而言。蓋下溼處亦有可耕種者也。燥溼字本作溼。後

䧢 　隤 　隊

人假濟濕之濕為之。此原隰字亦後出。故以濕為溼而用為聲。土部㙉即此別體。倫按此説解非許文。蓋本是吕忱引爾雅坡者曰阪下溼曰隰。而傳寫脱落。或為唐人習明字科者所删并也。公羊昭元年傳。上平曰原。下平曰隰。管子形勢所謂平原者下澤也。雖有小封。不得為高。故曰平原之隰奚有於高。然則上平曰原下平曰隰。隰之本義也。故國語周語書禹貢詩皇皇者華並以原隰連文。今此捝本訓。字亦失次。或字出字林也。【説文解字六書疏證卷二十八】

◉許慎 䧢敧也。从𨸏。區聲。臣鉉等曰。今俗作崎嶇。非是。豈俱切。【説文解字卷十四】

◉馬叙倫 嚴可均曰。韻會六魚引作敧䧢。按危部。敧。敧䧢也。轉相訓。沈乾一曰。唐寫本玉篇引作敧䧢也。今奪䧢字。倫按匸部。區。踦區也。即此字義。踦區即敧䧢。亦可證。此捝䧢字。然非本訓。或此字出字林也。䧢次隰下。而從區得聲。區為匸之轉注字。匸為衺道。見匸字下。則䧢亦山岸之衺側者也。【説文解字六書疏證卷二十八】

◉許慎 隤下隊也。从𨸏。貴聲。杜回切。【説文解字卷十四】

◉馬叙倫 鈕樹玉曰。一切經音義六文選高唐賦李注引皆作墜下也。翟云升曰。文選寡婦賦注長笛賦注引作墜也。王筠曰。當依玉篇作隊下也。沈乾一曰。唐寫本玉篇引作墜下也。倫按下字涉下文隊字説解而譌衍。隤為隊之音同定紐轉注字。字見急就篇。黄庭堅本作匱。今言積廢者當作隤字。广部。庴。屋從上傾下也。語原同也。【説文解字六書疏證卷二十八】

前五・二一・一 从𨸏从㐬象人由𨸏下隊之形隊之初文 金一二四 粹一五八〇 明藏一四六 菁三・一 或从倒人 甲三四七 【甲骨文編】

甲347 古2・8 【續甲骨文編】

隊 不从𨸏 毛公𢉖鼎 㒸字重見 卯簋 【金文編】

文物1964:7 【古陶文字徵】

南嶽碑【古文四聲韻】

◉許　慎　𨽌從高隊也。从𨸏。㒸聲。徒對切。【説文解字卷十四】

◉吳大澂　隊省。説文。隊。從高隊也。今俗作墜。【憙齋集古録第四册】

◉孫海波　前五・二一・一　卯段　甲骨文象人從(𨸏)到隊之形。金文从豕。【甲骨金文研究(中國大學講義内刊)】

◉王國維　隊鼎文作。書君奭乃其隧命。魏三體石經古文作。説文𨕖古文遂。此命即隊命矣。【盂鼎銘考釋　王國維遺書第六册】

◉商承祚　此象人从𨸏到隊之形。乃隊之初字。金文師望鼎作。【甲骨文字研究(下編)】

◉郭沫若　第一五八〇片「(癸□卜□貞)旬亡□。九日㞁辛□㞢有巛,王阤□……」

阤字从倒子自崖頭下墜,當是隕隊之意,或竟釋為隊墜。【殷契粹編考釋】

◉强運開　盂鼎。我聞殷隊命。从辵。魏三體石經尚書君奭乃其隧命。古文乍。今文乍墜。可以為證。【説文古籀三補卷十四】

◉馬叙倫　鈕樹玉曰。韻會隊作隓。嚴可均曰。釋詁疏引作從高隓也。吳穎芳曰。隊隤聲之轉。容庚曰。盂鼎。我聞殷隊命。字作。從辵。魏石經尚書君奭。乃其隧命。古文作。今本作墜。倫按説解本作從高而下也。今與隤下説解互亂。彼衍下字。此挩而下二字。隊字則隸書複舉之譌乙於下者也。盂鼎及石經之皆述字。借為隊。猶借遂為術也。非隊之別體。甲文有。葉玉森釋隊。則初文為會意。此蓋其轉注字也。卯敢作。棩妃敢。棩白萬年敢。疑從自豚聲。

【説文解字六書疏證卷二十八】

◉李孝定　字依毛公鼎銘讀之,釋「墜」於義較洽。卯簋字,頗似从「犮」,然衡之鼎文,仍是「墜」字。【金文詁林讀後記卷十四】

◉周名煇　毛公鼎銘云。女母毋敢墜在乃服。墜字作。即説文㒸字。今字作墜俗文。説文本字作䃍。此文作。即从自从㒸字矣。説文自部云。隊。從高隊也。銘云。錫于隊一田。則隊為地名。【新定説文古籀考卷中】

◉劉彬徽等　(49)橚,讀如隊。《廣雅・釋詁二》:「隊,陳也。」【包山楚簡】

降

甲四七三 甲二三八三 乙五七五 乙六五九四 乙六九六〇 乙七七九三 鐵一九·二 前四·三九·一 前五·三〇·六 前七·三八·一 前八·五·一 後二·一一·一四 林二·二六·一三 佚三六 佚七一三 燕八四七 粹九〇一 掇一·四二九 寧滬一·五九三 【甲骨文編】

甲473 2383 3773 3827 乙575 653 971 1336 1520 2115 2652 3294 4119 4516 5296 5393 5507 6135 6594 6960 7774 7793 珠269 佚36 678 713 764 820 續1·7·3 3·39·5 3·39·6 5·2·1 5·15·7 掇429 徵12·26 京2·22·3 録594 628 天44 續存168 169 1408 六清152 外375 粹901 新3905 粹1113 新1869 3148 【續甲骨文編】

降 从阜从二足迹形陟降二字相對二止前行為陟倒行為降後人但知止為足迹不知皆足迹也自變為變為變為古義亡而等字皆失其解矣 吳大澂説 大保簋 簸且丁卣 天亡簋 䵼盤 痶鐘 散盤 㝬鐘 㝬簋 圅皇父鼎 圅皇父簋 圅皇父盤 弔向簋 禹鼎 斁狄鐘 士父鐘 鄀嫛盤 虢弔鐘 井人妄鐘 从降从止 中山王嚳鼎 天降休命于朕邦 从土 不降矛 【金文編】

7·1 降京 7·2 降亭 【古陶文字徵】

降 日甲一二八 日乙一三四 雜三八 【睡虎地秦簡文字編】

—于亓(四)方(甲2—14)、夔之㠯帥—(甲6—23)、炎帝乃命祝融㠯四神—(乙6—10) 【長沙子彈庫帛書文字編】

降立降右尉 降集降尹中後候 降降良之印 降郭降【漢印文字徵】

開母廟石闕 興雲降雨 皇極正而降休 祀三公山碑 甘雨屢降【石刻篆文編】

夅古老子 夅義雲章【古文四聲韻】

◉許 慎 降下也。从𨸏。夅聲。古巷切。【説文解字卷十四】

◉吴大澂 陟降二字相對。二止前行為陟。到行為降。後人但知止為足迹。不知夂夂皆足迹也。自夂變為夊。夂變為㐄。夂夂變為舛。古義亡而夊㐄舛等字皆失其解矣。【説文古籀補】

◉劉心源 降降从兩足迹左右向下。近人謂夂夂皆足迹。案説文降从夅。夅篆作夅。許云从夊㐄。相承不敢竝也。夊从後至也。象人兩脛後有致之者。㐄跨步也。从反夊。天無敢王祀于天室降。又云王饗太廟王降。互證。知夊㐄即夂夂。亦即夂夂。倒之則為止。本銘征字可證。故止亦是足迹。詳叒癸鼎。古人篆法有空白書者。夂夂是也。有填實書者。夂夂是也。吕此推之。如乙父乙彝作乙。父乙觶作乙。丁父丁彝作●。丁鬲爵作口。丙父丙爵作▲。又一父丙爵作冂。辛亞鼎作辛。考卣作辛。子庚姬彝作子。它器多作子。山癸山敨作山。説文作山。古刻吕才為在。多作十。居彝作中。天盂鼎作大。毛伯彝作天。𢆶𢆶婦鬲作𢆶。帚女鬲作帚。世師遽敨作止。伯鬲敨作子。又如吴从矢。亞吴盤作矢。亞吴觚作夨。尊从阜。古刻多作阜。師𦉶鼎作阜。凡如此類空白填實。讀古文者安可忽諸。【奇觚室吉金文述卷三】

◉孫詒讓 「夊」「㐄」反正重絫則為「夅」，如云：「辛□畁□其阜自」十九之二，「阜」即降之反文。《説文·𨸏部》：「降，从𨸏，夅聲。」《夊部》「夅，服也。从夊㐄，相承不敢竝也。」此从兩夂，亦文之變。金文聃敨降作降、虢叔鐘作降，並與此略同。【栔文舉例】

◉孫海波 降乙五二九六。从广从夅。説文所無。疑降之異文。甫㠯再乎帝降食受祐。【甲骨文編】

◉羅振玉 降降降降降 从𨸏示山陵形。夅象兩足由上而下。此字之意亦但示二足下行。故左右足亦或别或否。虢叔鐘亦作降。【增訂殷虚書契考釋卷中】

◉馬叙倫 下也非本義。此夅之異文。字或出字林。聃敨作降。散盤作降。甲文作降降。字失次。【説文解字六書疏證卷二十八】

◉周名煇　吴氏□□皆足迹形之説是也。而二止前行為陟，倒行為降之説非也。詩云文王降陟，在帝左右。是降陟二字連文同用之證。此簋銘降字作□，乃象兩止（今俗作趾）下山之形。舉趾下自為降，猶舉趾升自為陵（殷虚卜辭陵字，象人梯而升高，一足在地，一足已升之形，詳後卷八不娶之命篇疏），非倒行也。小篆从□，殷虚卜辭、古金文字亦有同者。蓋□象前後兩趾相屬，□象左右兩趾相對，其或由正視，或由側視，並無異義。此字形之當辨者。銘文降字凡兩見：一為祀天降神嚴在上之降，一為祀畢王降自大室之降。【大豐簋銘考釋　學原二卷四期】

◉楊樹達　天壤四四片云：「戊戌，卜，喜貞：告，自丁陟？貞：告，自唐降？」樹達按：降，下也；陟，上也。此貞告祭當由成湯下降乎？抑由丁上溯也。【卜辭求義】

◉高鴻縉　夅即陟降之降之初字，从兩足止向下行，會意。後以陟从兩足登阜，而陟降兩字常相連並用，故亦於夅加阜為降，而為从兩足下阜矣，動詞。甲文有□字見前七・三八・一，金文有□字。見函皇父毁。説文「□，下也。从阜，夅聲。」段氏曰：此下為自上而下，故厠於隊隕之間。釋詁曰：降，落也。徐灝曰：夅與降相承增偏旁，降从阜者，自高而下之意耳。【中國字例四篇】

◉李平心　「不克≡衣王祀」一句也極費解。≡非三字，甲骨文常見此字。于省吾先生釋為乞，比舊釋三前進了一大步，但有些地方讀乞很難通。我從形、聲、義三方考定，≡即降字的别構（説詳專文）。卜辭云≡雨即降雨；云虫≡雨，即虫降雨（二辭均見於卜辭，是同文異字之一例）；云≡令即金文屢見的降令，猶言下令；云≡至即是降至，猶言下至迄至；云≡步猶言朝步（朝讀召，與降同訓命）。降古音在冬部，唐古音在陽部，二部常相通叶；降（≡）從夅聲，唐從庚聲，聲紐亦相通。因此，在銘文中≡（降）實假為唐。晉穆侯遷都於絳，景公遷都新田，仍以絳名邑，稱絳為故絳。絳乃唐的音轉，絳實唐之故虚。又降水亦稱洚水，發源於上黨發鳩山，當亦得名於唐。晉本名為唐，《詩經・唐風》即是晉風。《矢令簋銘》有「公尹白丁父兄於戍，戍冀嗣≡」之語，嗣（治）≡（降、唐）與戍冀為對文，説詳另文。【周伐商唐新證　李平心史論集】

◉徐錫臺　12.降病，見殷墟卜辭云：「丁巳卜，貞：亡（無）降病」（《林》二・二一・一三）。按「降病」，即患肛腫病也，如《爾雅・釋詁》「降，落也」；《爾雅・釋言》：「降，下也。」「降」通膀降。《集韻》：「膀，肛腫也，或作膀病」。【殷墟出土的一些病類卜辭考釋　殷都學刊一九八五年第一期】

◉徐中舒　□乙五二九六從□從□，所會意不明，疑為□降之異體。【甲骨文字典卷九】

◉徐中舒　□佚三六從自從□夅，象雙足沿𨸏下降之形，故會下降之意。與《説文》降字篆文形同。【甲骨文字典卷十四】

隕隕 中山王嚳鼎 恐隕社稷之光 【金文編】

◉許 慎 隕從高下也。从𨸏。員聲。易曰。有隕自天。于敏切。【說文解字卷十四】

◉馬叙倫 沈濤曰。一切經音義二十二引作從高而下也。朱駿聲曰。與碩同字。翟云升曰。爾雅釋詁疏引作從高墜也。倫按本作墜也從高而下也。此字或出字林。隕為隊隤之聲同脂類轉注字。【說文解字六書疏證卷二十八】

◉戴家祥 許慎所釋可从。爾雅釋詁「隕，墜也」。書湯誥「慄慄危懼若將隕于深淵」，亦落下之意。然隕不是單純的落下，而是从極高處下墜，許慎「从高下」訓釋至確。春秋莊公七年「夜中星隕如雨」，隕即為此意。易姤卦「有隕自天」，隕借為碩石之碩。中山王嚳鼎「恐隕社稷之光」，亦从高落下之意。【金文大字典下】

◉許 慎 隉危也。从𨸏。从毀省。徐巡以為。隉。凶也。賈侍中說。隉。法度也。班固說。不安也。周書曰。邦之阢隉。讀若虹蜺之蜺。五結切。【說文解字卷十四】

◉馬叙倫 鈕樹玉曰。韻會班固說下有隉字。阢作扤。段玉裁曰。後漢書杜林傳。沛南徐巡。始師事衛宏。後更受林學。林於西州得桼書古文尚書一卷。以傳衛宏徐巡。於是古文遂行。隉凶也。此巡之說秦誓也。賈侍中說者。蓋賈説古文秦誓也。班固字孟堅。右扶風安陵人。為白虎通義。又為離騷章句。見於劉逵張載所引。此説不安也者。恐亦説尚書語。桂馥曰。賈侍中説隉法度也者。通作臬。廣雅。臬。法也。書康誥多士孔傳皆以法釋臬。班固説不安也者。固有説文字之書曰太甲篇。此即其説也。本書。𡴫。槷𡴫。不安也。讀若虹蜺之蜺者。本書無蜺字。漢書天文志。抱珥蚔蜺。如淳曰。蜺。讀曰齧。臧禮堂曰。此引巡説。即釋秦誓邦之扤隉之義。陳瑑曰。先子曰。易臲卼。説文作槷𡴫。周禮四十一注。槷。古文臬。故賈説法度也。劉秀生曰。當作危高也。從𨸏。毀省聲。毀聲灰部。蜺當作霓。兒聲齊部。灰齊旁轉。故隉從毀聲得讀若霓。隉與𡴯一字。𡴯讀若臬。刀部。劓。從刀。臬聲。或從鼻聲作劓。易困九五。劓刖。釋文。荀王肅作臲卼。鄭云。劓刖當為倪伔。是其證。倫按隉與𡴯非一字。見𡰥字𡴯字下。徐巡以為凶也班固說不安也者。均非別義。引申之義耳。賈侍中說法度也者。臬之引申義。皆呂忱或校讀者據其說經之詞加之。周書以下亦校者所加。本書無蜺字也。本書從毀得聲之字。如毀燬毇毀音皆曉紐。獨隉音入於疑紐。疑曉雖同為舌根音。兒毀聲亦支脂近轉。然倫謂此實從自𡈼聲。水部之涅。從𡈼得聲。音奴結切。可互證也。𡈼為黑土本字。從土。日聲。見𡈼字下。日兒古音同在泥紐。故隉讀若蜺。而與臬聲得通

假。泥疑同為邊音也。字或出字林。失次。【説文解字六書疏證卷二十八】

阤 阤

阤 子虛賦登降阤靡漢書作陀史記作施　䣨簋　陀＝降余多福　中山王䜌壺　以陀及子孫　【金文編】

◉許　慎　阤小崩也。从𨸏。也聲。丈尒切。【説文解字卷十四】

◉馬叙倫　沈濤曰。一切經音義六引。小崩曰阤。又云。阤亦毀也。是古本有一曰毀也。王筠曰。文選長笛賦注引淮南許注。阤。落也。又字林。小崩也。恐今本或以字林改許説也。倫按文選長笛賦注引字林。小陊也。倫謂蓋有崩也小陊也二訓。阤亦毀也似玄應語。或字林有毀也一訓。故玉篇阤注亦有毀也一訓。然此字疑出字林。【説文解字六書疏證卷二十八】

隓 隓

隨出王庶子碑【汗簡】

道德經　説文　崔希裕纂古【古文四聲韻】

◉許　慎　隓敗城𨸏曰隓。从𨸏。㝁聲。臣鉉等曰。説文無㝁字。蓋二左也。衆力左之。故从二左。今俗作隳。非是。許規切。𡐦篆文。【説文解字卷十四】

◉馬叙倫　徐鉉曰。説文無㝁字。蓋二左也。鈕樹玉曰。隓蓋籀文。如𩇯𩈫等字每加重。段玉裁曰。蓋古或有㝁字。王煦曰。左部。𢀩。籀文作𢀩。注云。籀文𢀩從二。檢説文無從𢀩之字。而㝁字則更見迭出。疑籀文𢀩從二左。傳寫脱一左字。遂從二作𢀩也。倫按此蓋倉頡依籀篇而不改者也。敗城𨸏曰隓非本義。亦非本訓。隓從𨸏。本是𨸏壞之義。引申為敗城之偁。且敗城𨸏不可通。蓋本作陊也。敗城曰隓。陊字爛缺為𨸏。敗城曰隓則字林訓。字林詞例每然也。隓陊阤皆聲同歌類轉注字。

𡐦　段玉裁曰。從土。隓聲。倫按唐寫本切韻殘卷五支。隳。説文作此墮。又作此隓。然則陸詞等所見許書亦和合字林本也。而此篆則作墮。似從人隓聲。為惰之異文。隳蓋惰㥲二文之合而書為隳者也。然墮字經傳多見。但字作墮。此言篆文。蓋吕忱據石經加之。則字不得作隳或墮。未能詳也。篆文下當有隓字。【説文解字六書疏證卷二十八】

◉于省吾　菁三。王𡕢逐兕。小臣甾車馬。硪𢦏王車。子央亦𡆥。𡆥字葉玉森釋隊。説契四。董作賓釋隨。斷代研究例三八

𨻃 陊

一。郭沫若云。从𨸏从人。蓋古墮字。通攷一五八。唐蘭云。余謂𠂤即説文歺古文之𣦵字。此作。反書則為阢。當从𨸏匕聲。讀若顛。蓋真亦从匕聲也。考古五期懷鉛隨録一四八。按釋隊釋隨釋墮釋阢義均相仿。而以郭釋墮為允。然郭説亦肊測之詞。不知其何以為墮也。字係反書。正書則應作。栔文書法反正每無別。如𣄴作。汅作。祝作。叙作。偁作。歸作。此例至夥。不勝繁舉。新一一五。曰阤。阤作。从𨸏从𠂇。即阤。與為同字。惟書法有反正之別耳。之正書作。所从之。亦係左字。古文偏旁中又或省作𠂇。左或省作。如祝亦作。受亦作。亦作。是其例。阤即隓之初文。説文。隓。敗城𨸏曰隓。从𨸏𡏳聲。篆文作墮。按𡏳為左之增絫字。説文隓从陸聲。隋从陸省聲。按隋應从阤聲。無庸言隓省聲。是隋之从阤聲。阤即隓字也。朱駿聲云。籀文多絫字複體。故左作𡏳。如誼䜌𩰫䵗之比。䜌非複體。乃古文車形之譌。王氏説文句讀已辨之。按朱説是也。要之。為之反書。即阤字。亦即説文隓字。栔文言子夾亦阤。謂子夾亦墮墜也。【雙劍誃殷栔駢枝三篇】

◉徐中舒　甲三四七字從𨸏從，為倒人，象人於𨸏上隕墜之形。郭沫若釋墮《卜辭通纂考釋》，可從。按隊、隕、墮等字義皆相近（《説文》：「隊，從高隊也。」又：「隕，從高下也。」又：「隓，敗城𨸏曰隓。从𨸏，𡏳聲。墮篆文。」又隓與陊應為一字，陊乃後起之形聲字。《説文》：「陊，落也」），而釋為隓即墮字者，與ナ形近，故譌為，是為籀文所本，重之則為隓矣。又有從𨸏從倒子形作粹一五八〇者，其會意方式與同，亦當釋隓。【甲骨文字典卷十四】

◉許　慎　𨻃仄也。从𨸏。从頃。頃亦聲。去營切。【説文解字卷十四】

◉馬叙倫　當依鍇本作從𨸏頃聲。此字蓋出字林。【説文解字六書疏證卷二十八】

◉許　慎　陊落也。从𨸏。多聲。臣鉉等曰。今俗作墮。非是。徒果切。【説文解字卷十四】

◉馬叙倫　桂馥曰。落也字林同。倫按陊音定紐。阤音澄紐。同為濁破裂音轉注字。字或出字林。【説文解字六書疏證卷二十八】

阬

阬　語二二【睡虎地秦簡文字編】

◉許　慎　阬閬也。从𨸏。亢聲。客庚切。臣鉉等曰。今俗作坑。非是。【説文解字卷十四】

◉馬叙倫　王筠曰。土部。塹。阬也。又云。秦謂阬為埂。𣦵部𣦸下云。阬坎。則知阬祇是阬谷。至今猶言之。漢時可知。字不須解。故以疊韻説之。倫按阬為埂之聲同陽類轉注字。閬也非本義。亦或非本訓。蓋閬為閌字義。本書無閌字耳。後漢書注引倉頡。阬。壑也。【説文解字六書疏證卷二十八】

◉黄錫全　「⿰阝⿱亢土」當是「阬」之異體，如同阿字或作⿰阝⿱可土(平阿左戈)，降字或作⿰阝⿱夅土(不降矛)等。《説文》「阬，閬也。从𨸏，亢聲」。朱駿聲按，「許謂即《詩》『高(皋)門有伉』」。《釋文》：「伉本又作亢。」【湖北出土商周文字輯證】

隫【汗簡】

◉許　慎　隫通溝也。从𨸏。賣聲。讀若瀆。徒谷切。⿰谷賣古文隫从谷。【説文解字卷十四】

◉商承祚　⿰谷賣玉篇不以為古文。云亦作瀆隫。【説文中之古文考　金陵大學學報十卷一、二期】

◉馬叙倫　鈕樹玉曰。繫傳作通溝以防水也。廣韻引同。無也字。繫傳作讀若洞。毛本作讀若瀆。宋本脱。按急就篇。乘風縣鐘華洞樂。皇象本作隫。則隫可讀若洞矣。桂馥曰。徐鍇本作讀若洞。一本作泅。承培元曰。洞隫以同母相諧。倫按隫從𨸏。不得有溝義。水部。瀆。溝也。溝瀆為一義轉注字。亦不得訓通溝也。蓋本作通也以聲訓。溝也字林文。吕忱誤以隫為溝瀆字。故以古文經傳中以⿰谷賣為瀆者為重文也。傳寫通下捝也字。讀者因注通溝以防水。唐人删并成二本。故鉉本無通溝以防水也。鍇本無通溝也。隫蓋竇之異文。竇即今所謂山洞之洞本字也。或在穴曰竇。在𨸏曰隫。語原同也。急就篇皇象本隫字。顔師古本作洞。蓋傳寫者以通用字易之。又疑隫為防之轉注字。防音奉紐。古讀入竝。隫音定紐。竝定同為濁破裂音也。本訓防也。校者讀隫為瀆。故以通溝以防水也釋之。

⿰谷賣　胡玉縉曰。疑即瀆字異文。倫按胡説是也。谷部。谷。泉出通川者。故此從谷也。【説文解字六書疏證卷二十八】

2326　1334 【古璽文編】

防勝　防並私印　防長卿印 【漢印文字徵】

開母廟石闕　鄣防百川 【石刻篆文編】

◉許　慎　𨸏方隄也。从𨸏。方聲。符方切。防或从土。【説文解字卷十四】

◉郭沫若　四七五片　衛疑是防字之異。【卜辭通纂】

◉馬叙倫　段玉裁曰。俗字所由作坊也。倫按坊防一字。以本書或體大例言。及此下文阯或從土作址證之。則此篆當作坊。如此篆當為從土防聲。然從𨸏矣何必復從土邪。蓋俗字合防坊二字而一之者也。古鉩址作[illegible]。其例證也。【説文解字六書疏證卷二十八】

◉高鴻縉　[illegible]　此即防衛之防之初字。从衛省方聲。入轉注。動詞。後世通叚堤防之防(名詞)以代之。日久而[illegible]字廢。【中國字例六篇】

隄　秦一七一　通題　以—效之　秦二二　秦四　二例　效三〇 【睡虎地秦簡文字編】

隄並孫强集字 【汗簡】

孫彊集 【古文四聲韻】

◉許　慎　隄唐也。从𨸏。是聲。都兮切。【説文解字卷十四】

◉馬叙倫　鈕樹玉曰。繫傳唐也作塘也。説文無塘。倫按文選西都賦注引作塘也。埤蒼。長沙謂隄為塘。疑此字出字林。呂忱本埤蒼為訓。傳寫或省土傍。隄從是得聲。是音禪紐。古讀歸定。隄為防隫之轉注字。【説文解字六書疏證卷二十八】

◉黄錫全　隄並孫强集字　《玉篇》[阝定]為隄字古文。《山海經·北山經》「隄山」，郭璞云：「或作[阝定]，古字耳。」《一切經音義》屢云隄，古文[阝定]。鄭珍認為「蓋漢後字書有之，孫氏所本」。《廣韻·齊韻》「[阝定]，纂文云姓也」。鄭珍又云「是晉宋間有以為姓者」。【汗簡注釋卷六】

阯 阯

◉許 慎 阯基也。从𨸏。止聲。諸市切。址阯或从土。【説文解字卷十四】

◉丁佛言 □古鉥。□阯。□古鉥。長阯。【説文古籀補補第十四】

◉馬叙倫 本書止下曰。下基也。象艸木出有止。然止實足之異文。象艸木出有止者。蓋甲文㞢字之象。然㞢從一㞢聲。一為地之初文也。此蓋㞢之異文。古者山居。宅於𨸏上。【説文解字六書疏證卷二十八】

陘 陘

陘 秦532 左司陘瓦 陘 秦535 同上【古陶文字徵】

陘 日甲 七二背【睡虎地秦簡文字編】

陘 袁陘【漢印文字徵】

◉許 慎 陘山絶坎也。从𨸏。巠聲。户經切。【説文解字卷十四】

◉孫詒讓 □字舊釋為陵。攷陵从夌聲。金文如前夌尊(攈古)一之三季娟鼎之夌(攈古)三之一。後散氏盤之陵(攈古)三之三。皆不作此形。惟前陵子盤陵字作□。與此畧近。然亦無形聲可説(攈古)二之二。竊疑此當為陘字。右形蓋重壬字。説文壬部。□从人士。一曰象物出地挺生也。許後一説蓋从土。而上出為□。今攷金文从壬之字唯廷字。常見如師酉敦作□(攈古)三之二。毛公鼎作□。其中塙是从人从土(攈古)三之三。則當兼取許前後二説矣。此从□而重之。與廷字所从偏旁壬字正同。土作丄字。筆畫微有簡省。無專鼎廷字作□。虎敦廷字作□。並(攈古)三之二。其偏旁壬字作□作□。與此尤相似。此當為陘之變體。説文𨸏部。陘。山絶坎也。从𨸏巠聲。川部。巠从壬省聲。古文作巠。不省。故此變巠為兩壬。其聲類同也。【古籀餘論卷三】

◉丁佛言 □古鉥。朱陘。【説文古籀補補第十四】

◉馬叙倫 沈濤曰。初學記御覽三十八並引作山中絶曰陘。無坎字。釋山。山絶陘。郭注。連山中斷絶。亦無坎字。倫按孟子。山徑之蹊間。字作徑。明語同。非僅借經為陘而已。陘者。戴震謂兩山中隔以成隘道。是也。故左襄十五年傳杜注。海陘。魯隘道。倫嘗親諭兩山之間有隘道。然率有水。惟可行涉耳。坎字不知因何而羨。段玉裁謂爾雅脱坎字及説坎字。則徐灝非之矣。然山絶非本訓。或此字出字林。陘𡶶蓋一字。彼訓谷也者。以有水言。古鉩作□。【説文解字六書疏證

卷二十八】

[印] 顯美里附城 [印] 脩光里附城 [印] 正行里附城 [印] 便安里附城 【漢印文字徵】

◉許 慎 [篆]附婁。小土山也。从𠂤。付聲。春秋傳曰。附婁無松柏。符又切。【説文解字卷十四】

◉丁佛言 [篆]古匋。蒦陽匋里人附。許氏説。附婁。小土山也。春秋傳曰。附婁無松柏。案附今作培。【説文古籀補補第十四】

◉馬叙倫 段玉裁曰。左傳作部婁。部。蒲口反。此亦當作蒲口切。陳瑑曰。風俗通山澤。部者。阜之類也。荀子王霸。名聲之部發於天地間也。注。部當為剖。説文部亦當讀蒲口切。蓋阜之重脣。而附亦當重脣讀如阜也。翟云升曰。韻會引無土字。倫按本書。坿。益也。此附加字。經傳借附為之。培陪一字。下文。陪。重土也。此附婁小山之本字。徐鍇謂今左傳附婁作培婁。用本字也。作部者借字也。附者。風俗通所謂阜之類也。彼時已以部為附。故應劭用部字。附音如阜之重脣。陳説是。蓋實𠂤之音同奉紐轉注字。古讀𠂤當在並紐耳。字見急就篇。此挩本訓。存者蓋字林文。【説文解字六書疏證卷二十八】

◉戴家祥 [篆]中山王䛒方壺 隹悳篕民 字从付从臣，説文所無，在古璽文中常用作人名，義無可考。淮南子主術：「所任者得其人，則國家治，上下和，群臣親，百姓附。」从壺銘看，當為附字。附者，从也；臣者，屬也，兩字義近，故合書而表示一個意義。此種例子在古籍中很多。如説文七部「臿，舂去麥皮也。从臼，干所以臿之」。同部「舂，擣粟也」，从廾从臼从[篆]，臿舂形義皆近，玉篇二〇二，集韻洽部臿又作𦦝，合二為一。又如師望鼎「望肇帥井皇考」，井即刑之古文，法也；辟字亦訓法，周書金縢「我之弗辟」，説文九篇辟引作𨐨。又如盓字从皿宁聲，䖒字从豆虍聲，豆皿皆為器，宁虍聲同，因此玉篇一三九盓或作𧇹。又如説文四篇「蒦，一曰度也。彠，蒦或从尋，尋亦度也。」【金文大字典下】

◉許 慎 [篆]秦謂陵阪曰阺。从𠂤。氐聲。丁禮切。【説文解字卷十四】

◉馬叙倫 嚴可均曰。御覽七十一引陵阪作陵𠂤。倫按阺為氐之後起字。從氐得聲。而氐從氐得聲也。廣韻引字統。秦謂陵阪為阺也。則此是字林文。字統本字林。多有其證。或廣韻誤字林為字統也。此字蓋出字林。【説文解字六書疏證卷二

阢　阢　　隒　隒　　阨　阨　　隔　隔

十八】

◉許　慎　阢石山戴土也。从𨸏。从兀。兀亦聲。五忽切。【説文解字卷十四】

◉馬叙倫　鈕樹玉曰。繫傳戴作載。據岨訓石戴土。則阢當是土山戴石。詩卷耳。陟彼崔嵬。毛傳。崔嵬。土山之戴石者。嵬阢古蓋通。釋山。石戴土謂之崔嵬。土戴石為砠。樹玉謂山部岨訓石戴土。與毛傳合。則釋山誤。説文無砠。據此石戴土謂之崔嵬。亦釋山誤。徐灝曰。此當云土戴石也。倫按砠者。岨之異文。其字從石。明石山也。故訓石戴土。此從𨸏。自當訓土戴石。然本部屬字皆無山義。此訓土戴石。則與岨訓石戴土者。一為土山而上有石。一為石山而上有土。皆指山言。與部首之義不合。疑此非本義。阢乃隉之轉注字。從𨸏。兀聲。此字或出字林。【説文解字六書疏證卷二十八】

◉戴家祥　阢鄂君啓節　裁敏阢　説文十四篇「阢，石山戴土也。从𨸏从兀，兀亦聲」。按許慎所釋可从。「石山戴土」則有高義。集韻訓阢「高貌，與隗同」。玉篇、集韻或作峞。集韻「峞，巍山貌」，與阢同義。鄂君啓節作地名，無義可説。【金文大字典下】

◉許　慎　隒崖也。从𨸏。兼聲。讀若儼。魚檢切。【説文解字卷十四】

◉馬叙倫　沈濤曰。文選西京賦注引崖作厓。任大椿曰。爾雅釋山釋文引字林。隒。山形似重甑。王筠曰。此別為一義。倫按隒為嚴之轉注字。崖謂之隒。堂廉似厓。故謂之廉。語原同也。字林謂山形似重甑者。爾雅釋山。重甗。隒。蓋是巖字義。讀若儼者。劉秀生曰。兼儼聲竝添部。故隒從兼聲得讀若儼。犬部。獫。從犬。兼聲。讀若檻。厂部。厱。從厂。僉聲。讀若藍。詩小雅采薇。玁狁之故。釋文。玁。本作獫。是其證。【説文解字六書疏證卷二十八】

◉許　慎　阨塞也。从𨸏。戹聲。於革切。【説文解字卷十四】

◉馬叙倫　此字或出字林。【説文解字六書疏證卷二十八】

隔泰山刻石　昭隔内外　隔祀三公山碑　蝗旱鬲并　隔不从𨸏經典多如此作鬲字重文　【石刻篆文編】

◉許　慎　隔障也。从𨸏。鬲聲。古覈切。【説文解字卷十四】

障　障
隱　隱

◉馬叙倫　沈濤曰。文選西京賦注引作塞也。蓋一曰以下文。倫按一訓蓋字林文也。隔為阬之轉注字。隔音見紐。阬音影紐。同為清破裂音。阬聲脂類。隔聲支類。支脂亦近轉也。【說文解字六書疏證卷二十八】

◉許　慎　障隔也。从𨸏。章聲。之亮切。【說文解字卷十四】

◉馬叙倫　隔障轉注。障音照紐。古讀歸端。隔音見紐。端見同為清破裂音也。文選北征賦陸佐公石闕銘注竝引倉頡。障。小城也。【說文解字六書疏證卷二十八】

5·370　隱成呂氏缶容十斗　5·368　隱成呂氏缶容十斗　5·369　同上【古陶文字徵】

隱　法一二五　二例　秦一五六　二例【睡虎地秦簡文字編】

隱昌祭尊　劉隱祿印　紀隱　夏隱印信【漢印文字徵】

隱　隱　上同【汗簡】

古老子　裴光遠集綴　竝義雲章　竝崔希裕纂古【古文四聲韻】

◉許　慎　隱蔽也。从𨸏。㥯聲。於謹切。【說文解字卷十四】

◉丁佛言　隱古鉨。隱古鉨。馮隱。周秦間文字。【說文古籀補補第十四】

◉馬叙倫　蔽也非本義。亦非本訓。隱阬音同影紐轉注字。隱障隔亦轉注字。隔音見紐。障音照紐。古讀入端。皆清破裂音也。又疑隱為陰之音同影紐轉注字。史記秦始皇本紀。隱宮徒刑者七十萬人。注。宮刑一百日。隱於蔭室養之。故曰隱宮。【說文解字六書疏證卷二十八】

◉張　標　《五十二病方》188行「女子𤵸，煮隱夫木，飲之」。注：「隱夫木，藥名，不詳」。《史記·司馬相如列傳》：「於是乎盧橘夏熟，黄甘橙榛，枇杷橪柿，楟柰厚朴，梬棗楊梅，櫻桃蒲陶，隱夫薁棣，荅遝荔枝，羅乎後宮，列乎北園」。此中之隱夫，殆隱夫木歟？然注家至為嚴謹，不妄言之。集解引郭璞曰「隱夫未詳」；《文選·上林賦》注引張揖曰:「隱夫未詳」,《漢書·司馬相如傳》師古曰「隱夫未詳」。詳此段文字,隱夫上下前後之盧橘、黄甘、橙、楱、枇杷、橪、柿、楟柰、厚朴、梬棗、楊梅、櫻桃、蒲陶、薁、棣、楁欐、荔枝等十七種名目並皆木屬,除厚朴為藥用木外(師古曰,朴,木皮也。此藥以皮為用,而皮厚,故呼厚朴云),其餘並皆今日果木。曾有人釋橪為橪支,香草,師古提出批評,謂「總論樹木,不得雜以香草也」。據此「總論樹木」之文例,可推知隱夫為木屬。今得帛書此條,徑稱隱夫木,則隱夫為木屬庶無疑義。唯為果木、為藥用木亦其它木難以推斷,因17種中已有厚朴為藥木之例在先。然據帛書知其治女子痒,可入藥。【漢簡帛筆記三則 考古與文物一九八七年第五期】

◉黄錫全 隱 夏韻隱韻録此文作是,此寫譌,假㥯為隱。【汗簡注釋卷四】

◉黄錫全 隱 陝西鳳翔秦墓出土陶缶上的文字隱作、(《考古與文物》1981·1),漢印作、、(漢印徵14·10),此乃其譌變形。同,為譌。如甲骨文印字作(乙100),也作(京都314);侯馬盟書人名陰字作,又作。

上同 古璽隱作、(字表14·10),此形蓋其省誤。【汗簡注釋卷六】

隩

古老子【古文四聲韻】

◉許 慎 隩水隈崖也。从𨸏。奥聲。烏到切。【説文解字卷十四】

◉馬叙倫 王筠曰。水隈句。倫按水隈崖也當作水厓也隈也。或作隈也水厓也。隈也字林訓。見廣韻引。水厓也蓋校者加之。此澳之異文。以水言故從水。以厓言故從𨸏。爾雅釋丘釋文引字林。烏到反。文選蕪城賦注引倉頡。隩。藏也。【説文解字六書疏證卷二十八】

隈

王存乂切韻【古文四聲韻】

◉許 慎 隈水曲隩也。从𨸏。畏聲。烏恢切。【説文解字卷十四】

◉馬叙倫 沈濤曰。文選西都賦海賦七發注引皆作隈水曲也。曹子建應詔詩注引。隈。曲也。謝靈運從斤竹澗越嶺溪行詩注引作山曲也。一切經音義引隩作隈。王筠曰。水曲句。桂馥曰。廣韻引字林。隈。隩隈也。倫按文選琴賦注引。曲也。合諸引觀之。本作隈。隩也。水曲也。隈為隸書複舉字。隩也本訓。水曲也或吕忱所釋。或校者所增。隈隩音同影紐轉注字。

𠳋

文選蕪城賦注引倉頡。隈。臧也。玄應一切經音義引倉頡。隩也。謂隱蔽之處也。爾雅釋丘釋文引字林。音一由反。任大椿謂由為回譌。【說文解字六書疏證卷二十八】

乙二八八二 𠳋卜辭从𠂤用為遺貞王㞢𠳋 乙三三一七 鐵二五·一·一 後二·一二·三 中大一九六 【甲骨文編】

乙980 2882 3317 六中196 【續甲骨文編】

𠳋 从𠂤不从自孳乳為遺 小臣謰簋 遺自𡨧自述東 从口 大保簋 大保克𦬇亡𠳋 【金文編】

◉許 慎 𠳋𠳋商。小塊也。从自。从臾。臣鉉等曰。臾。古文蕢字。去衍切。【說文解字卷十四】

◉孫詒讓

說文自部「𠳋,𠳋商,小塊也。从自从臾。」金文大保敢云:「大保克𦬇敬亡𠳋」。此即「𠳋」字,而从𠂤、从臾省、从口,疑即遺之省也。龜甲文有云:「隹唯帝𠳋」。又云:「辛□,㕯□其降𠳋。」此當亦𠳋字之省。金文偏旁从𠳋字,如穿鼎遺作𨔵,季娟鼎作𨔵,遺尗簋作𨔵,遺小子敢作𨔵,上亦皆从𠳋从口。唯宗周鐘作𨔵,城虢敢作𨔵,雖不从口,而从𠳋則同。通校諸文,皆不从自。竊謂「自」大陸,「𠂤」小𠂤也。「𠳋」為小塊,則於義當从𠂤,不當从自。疑金文从𠂤者,為古文本字。因或从口,傳寫誤并𠂤口兩形,連屬書之,因誤成自,而小篆襲之耳。【名原卷下】

◉林義光 𠳋為小塊。無考。古作𠳋穿鼎𨔵字偏旁。作𠳋太保彝遺字偏旁。即遺之古文。从𠂤。𠂤者。師省。諸彝器多以𠂤為師。所遺者也。象兩手遺之。【文源卷八】

◉郭沫若 亡遺乃金文恆語。遺讀為譴,猶言亡尤、亡咎。【大保𣪘 兩周金文辭大系圖録考釋】

◉孫海波 𠳋藏·二五一·一 說文。𠳋商。小塊也。孳乳為遺。【甲骨文編卷十四】

◉馬叙倫 徐鉉曰。臾。古文蕢字。桂馥曰。徐鉉以臾為古文蕢。林罕以為古文㬰。未知所據。段玉裁曰。𠳋商蓋古語。龔橙曰。𠳋見器名。篆誤𠳋。瞿潤緡曰。卜辭有𠳋。從臼。從𠂤。許言從臾非是。周雲青曰。唐寫本玉篇引作遺適小塊也。倫按商當作商。𠳋商者。𠳋是隸書複舉字。商當依玉篇引作適。下脱也字。適也者。以𠳋為遺。然𠳋為遺所從得聲者。

非即遣字。金文之□。孫詒讓釋遣。是也。甲文之□亦遣字。從□猶從辵從□。□為履之初文也。此當為𠂤之轉注字。故□止作𠂤。明𠂤聲也。此從𠂤□聲。金文遣字偏傍作□者與甲文同。亦或作□趞叔卣。作□趞叔敦。□蓋省一□也。□所從之□。與曶鼎□字所從之□同。遺從貴得聲。貴音見紐。𦤶音溪紐。貴即從𦤶省得聲也。□即金文朕字作□者所從之□。金文朕字有從□從□二體。□從収十聲。十音禪紐。𠂤音奉紐。同為次濁摩擦音。故𠂤轉注為𦤶。小塊也者字林文。玄應一切經音義引字林。隖。小城也。垛。小堆也。詞例相同。可證也。然非本義。此字或出字林。【說文解字六書疏證卷二十八】

◉李孝定 □ 說文「𦤶商。小塊也。从𠂤从臾」。古文偏旁从𠂤从𠂤得通。从臾則从臼之譌。釋𦤶是也。參看二卷遣字條。金文作□小臣謎簋。與契文同。【甲骨文字集釋第十四】

◉李孝定 𦤶字小篆从𠂤,金文从𠂤,許訓小塊,則从𠂤為是,字蓋象兩手捧小塊委棄之,引申為遣送。【金文詁林讀後記卷十四】

◉戴家祥 □小臣謎毀 說文十四篇𠂤部「𦤶,𦤶商,小塊也。从𠂤从臾」。隸省作𦥯。徐鉉曰:臾,古文蕢字。唐韻「去衍切」溪母元部,同遣。蕢讀「求位切」郡母脂部。毀銘□為人名,禮記檀弓下「杜蕢自外來」,鄭注「杜蕢,或作屠蒯」。釋文「古怪反」見母之部,又云:「哀公使人弔蕢尚」,釋文蕢「苦怪反」溪母之部。大徐讀𦤶為蕢,謂同母假借字也。【金文大字典下】

□ 𨽶

◉許　慎 □水衡官谷也。从𠂤。解聲。一曰小谿。胡買切。【說文解字卷十四】

◉馬叙倫 段玉裁曰。未詳。水衡官見漢書百官公卿表。又天文志。解谷。晉灼曰。谷名。桂馥曰。玉篇。𨽶。一作澥。本書澥下云。一說澥即澥谷也。通作解。漢書歷律志。黄帝使泠綸取竹之解谷。一曰小谿者。通鑑綱目。黄帝使伶倫取竹於嶰溪之谷。倫按水衡官谷及小谿皆非本義本訓。疑此字出字林。或曰。自𨽶而下諸為地名者。皆隨方音而加𠂤旁。竝無本義。【說文解字六書疏證卷二十八】

□ 隴

□ 174【包山楚簡文字編】

□ 隴前農丞 □ 隴西太守章 【漢印文字徵】

隴 祀三公山碑　隴西馮君【石刻篆文編】

◉許　慎　隴天水大阪也。从𨸏。龍聲。力鍾切。【説文解字卷十四】

◉馬叙倫　沈濤曰。御覽五十引。隴山天水阪也。百六十四引。隴。天水大阪名也。五十六引同今本。合三引互訂。古本當作隴山天水阪大阪也。以下文⿰阝衣陭等字例之。名字當誤衍。倫按或誤衍山字。名字非衍。此字林訓。字林每言名也。⿰阝衣陭下蓋傳寫捝名字也。或唐人删之也。自隬至阮諸文。如為許書固有。疑本訓皆作𨸏也。或阪也。今存者吕忱所加。如山部水部之例也。力鍾切。鈕樹玉謂鍾為⿰山重誤。【説文解字六書疏證卷二十八】

◉許　慎　⿰阝衣酒泉天依阪也。从𨸏。衣聲。於希切。【説文解字卷十四】

◉强運開　⿰阝衣古鉨。王⿰阝衣。按説文。⿰阝衣。酒泉天⿰阝衣阪也。从𨸏。衣聲。此从⿰阝衣。古地字也。从地與从𨸏同意。蓋即古⿰阝衣字。⿰阝衣古鉨。⿰阝衣⿰阝衣。【説文古籀三補第十四】

◉馬叙倫　鈕樹玉曰。宋本天⿰阝衣作天依。譌。古鉨王⿰阝衣。强運開謂從古地字。【説文解字六書疏證卷二十八】

陝 6·54　陝市【古陶文字徵】

◉許　慎　陝弘農陝也。古虢國王季之子所封也。从𨸏。夾聲。失冉切。【説文解字卷十四】

◉强運開　陝趞鼎。小大又陝。【説文古籀三補第十四】

◉馬叙倫　王筠曰。鮑本篆誤從夾。沈濤曰。一切經音義三引。今弘農陝縣。古之虢國。周雲青曰。唐寫本玉篇引。弘農陝。古虢國也。野王案季子所封也。考慧琳音義十引今弘農陝縣古之虢國也。與玉篇合。今本季子以下六字乃後人竄入玉篇語也。倫按邑部。郃。炎帝之後姜姓所封。郊。周文王所封。扈。夏后同姓所封。鄭。周厲王子友所封。邘。周武王子所封。與此詞例正同。然則此非後人竄入玉篇語也。慧琳引作今弘農陝縣古之虢國。檢邑部。郖。弘農縣庾地。不加今字。酄。河東聞喜縣。邯。趙邯鄲縣。郅。北地郁郅縣。亦無今字。惟酈下言今南陽穰縣。倫於彼文證知非許文。亦非字林文。蓋出許氏字指。弘農陝者。漢書地理志後漢書郡國志同。漢書陝下注故虢國。然則此正本之。而玄應顧野王所據本同。蓋皆有注而不與字林和合之本。王季之子所封也則字林文。野王據字林以補之。故加案字耳。【説文解字六書疏證卷二

十八】

⿰阝無

◉許　慎　⿰阝無弘農陝東陬也。从𨸏。無聲。武扶切。【說文解字卷十四】

◉馬叙倫　王筠曰。玉篇⿰阝無陝東縣。此及⿰阝卷下陬字未詳何義。或阪之譌。周雲青曰。唐寫本玉篇引此及⿰阝卷下兩陬字皆作聚。是也。廣韻。⿰阝卷。河東安邑聚名。亦作聚。倫按尋字次似王說為長。阪譌為陬。校者以陬字不可通。改為聚耳。此字蓋出字林。【說文解字六書疏證卷二十八】

⿰阝卷

◉許　慎　⿰阝卷河東安邑陬也。从𨸏。卷聲。居遠切。【說文解字卷十四】

陭

陭　曾伯陭壺【金文編】

◉許　慎　陭上黨陭氏阪也。从𨸏。奇聲。於离切。【說文解字卷十四】

◉馬叙倫　段玉裁曰。當依漢書於義切。倫按字或出字林。【說文解字六書疏證卷二十八】

◉戴家祥　陭曾伯陭壺　唯曾伯陭廼用吉金鐈鋚　說文十四篇「陭，上黨陭氏阪也，从𨸏奇聲。」按前漢書地理志也有「上黨郡陭氏縣」記載。集韻陭或作崎。史記司馬相如傳「陭嶇而不安」，陭正作崎用。金文用作人名，無義可見。【金文大字典下】

隃

隃　秦八一　通逾　其責毋敢一歲【睡虎地秦簡文字編】

隃麋矦相　隃麋集掾田宏【漢印文字徵】

◉許　慎　隃北陵西隃鴈門是也。从𨸏。俞聲。傷遇切。【說文解字卷十四】

◉王國維　爾雅釋地。北陵西隃雁門是也。郭注即雁門山也。穆天子傳。天子西征。乃絶隃之關隥。郭注。隃。雁門山也。以穆傳所紀地望準之。郭說頗合。然雁門既名隃。不得復名西隃。疑爾雅雁門是也四字乃漢人旁注之字誤入正文者。然說

阢 阢

文所引固已然矣。余意說文阜部隃阢諸字皆古代山阜之通名。隃者。踰也。凡山地之須踰越而過者皆可謂之曰隃。亦謂之阢。呂氏春秋古樂篇。伶倫自大夏之西乃至阢隃之陰。阢隃。漢書律歷志作昆侖。說苑修文篇。風俗通音聲篇。左傳成九年正義皆作昆侖。徐鍇本說文阢字注下有讀若昆三字。是昆侖亦名阢隃。又在大夏之西。則阢隃非雁門也。史記趙世家。秦反巠分先俞於趙。集解引爾雅西隃釋之。正義亦云。西先聲相近。然此時秦趙之界不得東至雁門。則先俞非雁門也。秦九原郡之地古稱榆中。見史記秦始皇及項羽本紀。趙世家。服虔徐廣以漢金城郡之榆中縣當之。誤甚。榆亦隃字之假借。其地在秦為九原郡。在漢為五原郡。而廣韻作五阢郡。則原又阢字之假借。說文阢字下云。代郡五阢關漢志作五原關也。則代郡又有五阢。又淮南地形訓。九塞之中有荊阢。高注荊阢在楚。則古時凡山地之當通路者皆名之曰隃曰阢。實公名而非專名。故西北地名之以俞若榆名者不可勝計。泉曰俞泉。竹書紀年後漢書西羌傳引。次曰榆次。史記刺客列傳。溪曰榆谿。史記衛青霍去病傳。山曰俞山。水經渗水篇。谷曰榆谷。後漢書西羌傳及水經注河水篇。實皆以山地得名。古文隃字只借俞字為之。說文隃、逾、踰三字皆後起之字。許君以隃為西隃。阢為五阢。關之專名。其義轉隘。又俞榆同音。故古代亦借用榆字。漢人乃有樹榆為塞之說。漢書韓安國傳。又不免望文之過矣。【不𡢁敦蓋銘考釋　王國維遺書第六冊】

◉馬叙倫　據此。益明阢字以下諸文有出字林者矣。【說文解字六書疏證卷二十八】

阢 3·907　獨字【古陶文字徵】

◉許　慎　阢代郡五阢關也。从𨸏。元聲。虞遠切。【說文解字卷十四】

◉高田忠周　阢陶子盤　銘曰。阢子或錫𠀝□金一𠀝。用作寶尊彝。元釋陵子非。此𠀝即从一人。明哲兀字。从重兀亦籀增恆例。愚謂元兀同字。說見元下。然則阮阢亦同字。猶軏軏髡髨同字也。又或以兀為阢。此銘亦可證矣。又說文阮下云。代郡五阮關也。此後世叚借義。故漢書作五原關。元無其專字。借阮異文阢為之也。又古有借阮為地名者。詩皇矣。侵阮徂共。箋云。三國名。銘云阢子。或是也。【古籀篇十五】

◉馬叙倫　段玉裁曰。地理志代郡有五原關。成帝紀作五阢關。如湻曰。近捲反。徐灝曰。鍇本有讀若昆三字。阢從元聲。與髡音同也。聲轉為虞遠切。倫按元兀一字。兀聲脂類。昆從䖵得聲。見昆字下。䖵虫一字。虫聲亦脂類也。昆䖵當在真類。脂真對轉也。【說文解字六書疏證卷二十八】

䧊 䧊

◉許　慎　䧊大𨸏也。一曰右扶風郿有䧊𨸏。从𨸏。告聲。苦沃切。【説文解字卷十四】

◉馬叙倫　王筠曰。一曰以下乃原文。讀者以䧊是𨸏名。改為𨸏也。率加大耳。倫按本訓𨸏也。校者加大𨸏也。右扶風郿有䧊𨸏。此蓋許氏字指文。傳寫捝失後校者據補。故加一曰。【説文解字六書疏證卷二十八】

䧌 䧌

◉許　慎　䧌丘名。从𨸏。武聲。方遇切。【説文解字卷十四】

◉馬叙倫　丘疑𨸏之譌也。𨸏名字林訓。或此字出字林。下文隕阠二字同。【説文解字六書疏證卷二十八】

隕 隕

◉許　慎　隕丘名。从𨸏。貞聲。陟盈切。【説文解字卷十四】

阠 阠

◉許　慎　阠丘名。从𨸏。丁聲。讀若丁。當經切。【説文解字卷十四】

◉馬叙倫　嚴可均曰。讀若丁疑校者所加。倫按阠蓋隕之重文。不然。亦轉注字。猶禎之與朾矣。朱駿聲以為隕是爾雅釋丘水出其右正丘之正。阠即左澤定丘之定。【説文解字六書疏證卷二十八】

𨹈 𨹈

◉許　慎　𨹈鄭地阪。从𨸏。為聲。春秋傳曰。將會鄭伯于𨹈。許為切。【説文解字卷十四】

◉馬叙倫　鈕樹玉曰。繫傳作鄭地坂也。説文無坂。又于字作於。段玉裁曰。襄七年經。公會晉侯宋公陳侯衛侯曹伯莒子邾子于鄬。左氏傳及將會于鄬句。本無鄭伯字。許以此叙鄭事。故增此二字。王筠曰。鄭地句絶。所引左傳即此坂也。自為句。為從𨸏解也。𨹈本坂名。因以為地名。或人不知。故於邑部增鄬也。承培元曰。今襄七年左傳作鄬。阝旁左右倒置。則似從邑矣。字之誤也。倫按此字或出字林。吕所據左傳字作𨹈也。春秋之鄭。其地無阪。則王説是。【説文解字六書疏證卷二十八】

◉許慎　䧍如渚者䧍丘。水中高者也。从𨸏。者聲。當古切。【說文解字卷十四】

◉馬叙倫　吴穎芳曰。如字可疑。或是在字。鈕樹玉曰。繫傳作如渚者丘。蓋挩䧍字。六書故引作水中丘也。王筠曰。繫傳水中高者也在者聲下。蓋庾注也。句首當有渚字。蓋言中水高者為渚。為説解如字作疏也。倫按此字蓋出字林。説解當依大徐本。吕以爾雅釋丘文為訓。又申以水中高者也。本書。渚。水在常山。倫謂渚蓋即瀦字。爾雅釋水。小州曰渚者。渚當作䧍。䧍即今所謂島也。如渚者䧍丘。爾雅釋名並作如䧍者䧍丘是也。爾雅此文在釋丘。言丘之如島者名䧍丘也。前人率不悟此。惟王筠據釋名言如䧍者䧍丘。形似水中之高地。隆高而廣也。謂小州曰渚。此水中之渚。如渚者䧍丘。地上之䧍也。頗為分明。此亦掍水中之䧍與如䧍之丘為一。其非許文明矣。【說文解字六書疏證卷二十八】

陳　从攴與敶為一字　陳公子甗　敶字重見　九年衛鼎　陳侯鬲　齊陳曼簠　从土金文媯陳作敶齊陳作塦錢大昕曰古讀陳如田説文田陳也齊陳氏後稱田氏陸德明云陳完奔齊以國為氏而史記謂之田氏是古田陳聲同吕覽不二篇陳駢貴齊陳駢即田駢也　陳逆簋

陳猷釜　子禾子釜　陳章壺　陳貯簋　陳旂子戈　陳侯午錞　陳侯因資錞　會志盤

【金文編】

3·1　陳𥂝三立事歲右廩釜　3·44　陳石　3·49　陳平□□　3·31　陳圓右廩亳釜　3·25　□□陳𡬠

3·51　陳截　3·19　陳𡬠三亓昜　3·33　陳□□事歲□釜　3·42　陳蒼立事□☒□　3·431　西酷里陳何

3·52　陳𢨚　3·45　陳石　3·22　平陵陳𡬠不𢀛王釜　3·6　華門陳棱叁左里敀亳豆　3·54　陳逾□□

3·8　□□陳□叁左里敀亳豆　3·26　㾖都陳𡬠再左里敀亳豆　3·48　陳向　3·27　昌櫅陳圓南左里敀亳區

3·53　陳𢘌　【古陶文字徵】

〔二九〕　〔七七〕　〔七九〕　〔七八〕　【先秦貨幣文編】

鉼　陳爰　陜咸　鉼　陳爰　皖臨　鉼　陳爰　陜咸　鉼　陳爰　陜咸　鉼　陳爰　展圖版肆叁6　仝上

【古幣文編】

陳　日甲一三八背　為一　【睡虎地秦簡文字編】

0290　陳字从土，與陳曼簠、陳猷釜合，變體作，與盦肯盤陳字書法同。　1465　1479　1470　1460　1462

1464　1463　1468　1472　1478　1473　1450　1452　1453　1455　1454

0281　1477　1471　1459　1458　1461　1476　1456　【古璽文編】

陷陳募人　陷陳都尉　陳令字印　陳信　陳尊　陳德　陳乡　陳賜信印　陳賀私印

陳得意印　陳子長印　陳嬰齋印　陳痒　【漢印文字徵】

天璽紀功碑　會稽陳治　陳德碑額　開母廟石闕　監掾陳脩　石經僖公　陳人　說文作汗簡引作又引義雲章作隸續同此　君奭　衛惟兹有陳　【石刻篆文編】

陳　陳出陳逸人碑　陳　陳出說文　陳　陳竝出義雲章　【汗簡】

古孝經　古老子　古尚書　華嶽碑　竝說文　義雲章　王存乂切韻　【古文四聲韻】

◉許　慎　陳宛丘。舜後嬀滿之所封。从𨸏。从木。申聲。臣鉉等曰。陳者。大昊之虛。畫八卦之所。木德之始。故从木。直珍切。

古文陳。【說文解字卷十四】

◉吴大澂　古陳字。从陳从攴。陳侯鼎。陳侯因資敦。从土。【說文古籀補第十四】

◉劉心源　陳作敶。與陳矦敢陳孖匜同。說文𨸏部。陳。宛邱也。舜後嬀滿之所封。支部。敶。列也。即陳設及戰陣字。經傳用陳。古刻作敶。惟陣為陳之譌字耳。【陳矦鼎　奇觚室吉金文述卷一】

◉林義光　古作塦陳曼匜。作塦陳侯因資敦。从土敶省聲。變作塦陳猷釜。【文源卷十一】

◉高田忠周　塦陳逆簠　説文。陳宛邱也。舜後嬀汭之所封。从自从木申聲。籀文作𨸏。今依此篆。字从東。與隸無異。未得其詳。但敶字所从。與此稍異。彼殆似从専者。敶字从敷陳省聲可也。或敶字所从諸形。㠯與此从自从東者異邪。朱駿聲云。按。春秋時。陳厲公子完奔齊。以陳字為田氏。史記田敬仲世家索隱。陳田聲近。然陳字。似从田聲者。而下文作塦。明从木日之東者。不合此焉。愚竊謂陳字。古有二形。一从自从東。為會意。元有本義。後世不傳。又叚借託名幖識。遂為國名。又為姓氏。一从自从木申聲。會意兼形聲。用以為國名專字。小篆从之。然木東義相關。云从木。猶云从東耳。左昭十七年傳。陳。大皞之墟也。又阮氏證此銘義云。陳逆見左哀十四年傳。字子行。陳氏宗也。即為通義。而陳字。經傳專叚借為敶。【古籀篇十五】

◉容　庚　塦　史記又云。敬仲之如齊。以陳字為田氏。金文嬀陳作敶。田陳作塦。塦侯午塦侯因資皆不云田侯。意敬仲如齊改敶為塦。讀若田。而後世遂竟書為田敶。【周陳侯午簋　寶蘊樓彝器圖録】

◉商承祚　𨸏　金文陳猷釜作塦。石經古文作塦。與金文同。从東不从申。从申者誤也。汗簡引作𨻰。又此之譌。【説文中之古文考】

◉強運開　敶陳侯乍嘉姬敢。从攴。與敶為一字。軙重中鐘。敕旅襄埜。集韻。敶或乍軙。通乍陳。𨘢石鼓。迪禽□□。又□馬既迪。正字通云。並與陳同。陳古文乍𨸏。𤰈為古申字。籀文乍𨸏。此篆从辵从𨸏。當即籀文陳字。【説文古籀三補第十四】

◉強運開　𨘢　趙古則作迧。誤。楊升庵作迪。鄭云今作徇。張德容云。按此當是籀文巡字。巛古坤字。此作𨸏。蓋从坤省。運開按。古今字詁曰徇巡也。張氏蓋从鄭説。今則徇而古則巡也。正字通云。石鼓迪禽奉雉乘馬既迪。並與陳同。按陳古文作𨸏。𤰈古文申。籀文作𨸏。此篆从辵从𨸏。當即籀文陳字也。【石鼓釋文】

◉顧廷龍　𨛋郪。説文所無。按字从邑从東。疑即陳字。説文自部。陳。宛丘。舜後嬀滿之所封。竊謂封地之字。如。邰。炎帝之後姜姓所封。邳。周文王所封。扈。夏后同姓所封。戰於甘者。鄭。周厲王子友所封。字多在邑部。是則此乃舜後嬀滿所封之本字也。自部之陳。攴部之敶。殆皆軍陣字叚為姓氏字。周郪垛師鈢。【古匋文孴録卷六】

◉馬叙倫　鈕樹玉曰。韻會引同繫傳。惟封下無也字。王煦曰。申部。𤰈音引。陳似當從𤰈省聲。倫按金文陳字。陳公子甗作敶。陳侯鼎作敶。陳子子匜作敶。即本書攴部之敶字。而以為陳字者也。陳肪敢作塦。齊陳曼簠作塦。陳侯午敢作𨻰。陳猷釜作𨻰。實無從申者。敶字似從自漱聲。漱從涑得聲。涑從朿得聲。朿軸為轉注字。則王說可從。然如𨻰字從𨻰。𨻰字從重。𨻰字從𨻰。蓋從重得聲。虘鐘鐘字一體作𨻰。齊侯壺鐘字作𨻰。可相證也。魏三體石經古文作𨻰。與陳猷釜同。亦可證也。重音澄紐。故陳音亦澄紐。今篆誤。爾雅釋水。陳有宛丘。然則宛丘非陳之本義。此字捝本訓。存者蓋字林文。字見急就篇。古鉨作𨻰。從東。東束一字也。

申 嚴可均曰。申乃籀文也。宋本作申。汗簡引作申。李杲曰。石經作𨻰。金文匋鉨皆然。無作申者。此或後人據玉篇增也。倫按蓋呂忱據古文官書增也。疑為坤之異文。或陳亦坤之轉注字。申音審紐三等。與陳音澄紐者同為舌面前音也。【說文解字六書疏證卷二十八】

◉李孝定 陳字金文一作敶，一作陸，容庚氏以為嬀陳、齊陳之别，未聞其詳；按金文从𠂤之字多增土，則陸即陳字；又古文增「攴」、「又」，未必於以見義，高田忠周氏謂敶字「从敷、陳省聲」，蓋以敷陳為陳之本義，割裂字形，實有未安。【金文詁林讀後記卷十四】

◉張政烺 陸即田敬仲完之氏，金文凡陳國之陳作敶，齊田氏之田作陸。例證確鑿，湛然不紊。【平陵陸导立事歲陶攷證 北京大學史學論叢第二期】

◉饒宗頤 「所尚喏敕」者，敕所從的東字作𢽍，敕與陳同。喏即若的繁文，從若加口旁，同於師虎毁之若字及籀文叒之作嗂，以喏(諾)為若。若，順也(《爾雅・釋言》)；書大誥「卜陳惟若兹」和「所尚若陳」語式很相近。若陳謂衆宿均就其列，和歲星没有抵觸。【曾侯乙墓匫器漆書文字初釋 古文字研究第十輯】

◉銀雀山漢墓竹簡整理小組 軙以數必固以疏□□ 宋本作「陳以密則固，鋒以疏則達」。「軙」字簡文屢見，多用作「陳」，字當從「戈」「申」聲，疑為戰陳之專字。《說文・阜部》「陳」字下所收古文作「陣」，亦從「申」聲，與此同。【銀雀山漢墓竹簡(壹)】

◉黄錫全 敶陳 鄭珍云：「《說文》敶，列也。从陳聲。陳从申。此省𠂤，又从俗作東，謬。薛本全書同。」敦、巖、雲、小、觀等本陳作敕。春秋陳國之陳亦作敶(陳公子甗)、敶(陳侯匜)、敶(王仲媯匜)等，並从東。《說文》陳之古文作申，从申聲，乃是因東、申音近通假，猶如鐘字或作鍾。此省阜，形與曾侯乙墓匫器漆書文字陳作敶(古研10・197)類同。是郭見本作敕，以隸作古。鄭説顯誤。【汗簡注釋卷一】

◉黄錫全 敶陳出陳逸人碑 鄭珍云：「攴部已有，出《古尚書》。按陳國字从𠂤从木申聲，後以為姓。敶列字从攴陳聲。碑用敶列字省𠂤以為姓，非也。郭氏以入東部，尤非。」金文陳作𨻰(齊陳曼匜)、𨻰(子禾子釜)等，乃齊陳專用字。春秋陳國之陳與敶同

字作（陳侯匜）、（王仲媯匜）等。此省阜，與曾侯乙墓匫器漆書文字形類同（古研10·197）。參見攴部。【汗簡注釋卷三】

◉黄錫全　陳　鄭珍云：「加土，从古阜『更篆』。」按陳字古亦作（齊陳曼匜）、（陳逆毁）、（陳猷釜）等形，三體石經古文作，此其變形。夏韻真韻録作，碑文原當作或。《説文》正篆作。

陳出説文　今本《説文》陳字古文作，右从申。鄭珍認為「郭氏力求古文，此反改从篆申」。按郭見本或許與今本不同。銀雀山漢墓竹簡陳字或作（篆隸14·23），从戈从申。

陳並出義雲章　金文國名媯姓之陳从攴作（陳公子甗）、（王仲媯匜），此同。郭釋不誤。《説文》敶陳義别，經典皆以陳為敶。

陳　與土部同，説見前。从自與从阝不别，如古璽陳或作（璽文14·5）。【汗簡注釋卷六】

◉戴家祥　陳侯午敦　陳，即陳之繁構。金文用作地名，往往加土旁，如陵之作、陽之作等等。蓋强調該字的特定用法。陳加土旁，為篡齊之田氏之陳，陳國之陳作敶，兩者有嚴格區别，决不混淆。

陳公孫父壺　敶，蓋陳之異文。【金文大字典下】

◉王貴元　「陳」與「陣」在古代漢語和文字學書籍中常被引作古今字例。《漢書·刑法志》：「美師者陳。」顔師古注：

戰陳之義因陳列為名而音變耳，字則作「陳」，更無别體。而末代學者輒改其字旁從車，非經史之本文也。今宜依古，不從流俗也。

顔注以為「陳」與「陣」是改「東」為「車」所致，我們在馬王堆帛書漢字構形系統分析中發現，情況並非如此。帛書字形下部一横和左右兩撇混而不分，或作一横，或作左右兩撇。原為一横者，可寫作左右兩撇。原為左右兩撇者，亦可寫為一横，如「羊」、「丰」、「木」、「東」等字的下部就是這樣。《戰國縱横家書》268行：「因興師言救韓，此必陳軫之謀也。」「陳」從「東」作；《戰國縱横家書》59行：「臣將令陳臣、許翦以韓、粱（梁）問之齊。」「陳」作「陣」，從「車」作。二形在句中皆為姓，其變化也是一横與左右兩撇的混寫。由此可知，「陣」字所從之「車」乃「東」之書寫變體，與「車」字同形完全是偶合，自然「陳」之作「陣」就不是「東」與「車」的改换了。「陳」、「陣」本為一字之異寫形體，後來義有專屬而分化，這就同「小」與「少」、「元」與「兀」甲骨文本同字而後來分化一樣，是漢字構形中形體的功能性獨立規律的反映，是漢語言文字區别詞義的手段之一，即利用異寫形體。嚴格説，「陳」、「陣」不是古今字。《顔氏家訓·書證》：

夫行陳之義，取於陳列耳，此於六書為假借也。《倉》、《雅》及近世字書，皆無别字；惟王羲之《小學章》獨阜旁作車，縱復俗行，不宜追改《六韜》、《論語》、《左傳》也。

《野客叢書》卷第二十一：

古之戰陣字用陳字，如「靈公問陳」之類是也。至王羲之《小學章》，獨阜旁作車為戰陣字。而今魏、漢間書，或書陣字，後人改之耳，非當時之本文也。

可見「陳」與「陣」的形體關係早已湮没無聞了。清顧藹吉《隸辨》收有東漢司農劉夫人碑的「陣」，指出此碑已有「陣」字，非如《顏氏家訓》所言始自王羲之。馬王堆帛書漢字為西漢早期隸書，由此看來，若是追本溯源，「陳」之作「陣」也非始自東漢，西漢即已出現。【漢墓帛書字形辨析三則　中國語文一九九六年第四期】

陶

陶　⿱陶韋或作⿱𨸏韋故知陶陸為一字　不𡢁簋　宕伐厰允于高陶　不𡢁簋二　伯陶鼎　陶子盤　【金文編】

3468　【古璽文編】

館陶家丞　姑陶媿　陶便私印　陶高　陶賢私印　陶王孫印　陶千秋印　陶贊私印　陶根之印　陶建之印　陶毋故印　陶憲　陶勝　【漢印文字徵】

陶出樊先生文　陶竝見尚書　上同出義雲章　【汗簡】

古尚書又樊先生碑　義雲章　【古文四聲韻】

◉許　慎　陶再成丘也。在濟陰。从𨸏。匋聲。夏書曰。東至于陶丘。陶丘有堯城。堯嘗所居。故堯號陶唐氏。徒刀切。【說文解字卷十四】

◉高田忠周　齊鎛　⿱陶韋即⿰韋匋。實亦陶字異文。說文。陶再成邱也。从𨸏匋聲。夏書。東至于陶丘。陶丘有堯城。堯嘗所居。故堯號陶唐氏。蓋亦本義之轉耳。朱駿聲云……考工韗人。為皋陶。字亦作⿰韋匋。皆疊韻連語。此說至詳。愚按。韗人注。鄭司農云。韗或為⿰韋匋。皋陶。鼓木也。康成謂。⿰韋匋者。以皋陶名官也。⿰韋匋即陶字。从革。釋文。⿰韋匋音陶。⿱陶韋即同⿰韋匋。顯然矣。或云。⿱陶韋疑同鞄。古包匋通用。諊詢同字可證。而鞄陶亦當通用。存疑。左定二年傳。殷氏七族。有陶氏陶叔。

亦當同系乎。□。古引。吳大澂説云。此疑即古鞏字。上作□。似巩之變體。下即革字。古地名多从邑旁。亦有从自者。如隴陜皆是。春秋人名。往往以地箸。如郤缺偁冀缺之類。左氏昭二十五傳。尹文公涉于鞏。鞏為縣名。非齊地。晉有鞏朔。亦偁鞏伯。齊之鞏叔不可攷。此説非。吳氏未攷篆形也。【古籀篇十五】

◉顧廷龍　□⿰匋阝。説文所無。自部。陶。再成丘也。在濟陰。從自匋聲。夏書曰。東至于陶丘。陶丘有堯城。堯嘗所居。故堯號陶唐氏。按説文地名字多从邑。疑此从邑之⿰匋阝為陶丘之本字。而自部陶乃再成丘之本字也。周。【古匋文孴録卷六】

◉馬叙倫　嚴可均曰。漢書高紀文選應吉甫華林園集詩注引作丘再成也。又引堯嘗所居作堯嘗居之。高紀注引居之下有後居於唐。沈濤曰。詩緜正義引。陶。瓦竈也。王筠曰。當依漢書高紀注引作丘再成也。倫按説解止作丘再成也。不言陶丘。則在濟陰三字何屬。蓋有捝文也。引經以下皆説陶丘。亦明為校者所加矣。丘再成者垚字義。陶蓋垚之轉注字。垚陶聲同幽類也。放勳號陶唐氏。陶唐音同定紐。實陶氏也。音轉為唐耳。後因譌傳始居於陶後居於唐也。然陶氏實即堯氏。堯非謚也。字當為垚。帝王紀言堯都平陽。蓋放勳為西北高原民族。故偁垚氏。聲轉為陶。又偁陶氏。詩正義引陶瓦竈也者。一切經音義引倉頡。陶。作瓦家也。舜始為陶于河濱。是也。又引三倉。陶作瓦家。舜始為陶。作瓦乃匋字義。本書匋下言史篇讀與缶同。則倉頡自有匋字。而杜林張揖等乃以作瓦説陶。吕忱本之。兼列此訓。亦或校者所加也。【説文解字六書疏證卷二十八】

◉牛濟普　三、「其陶」

此印陶出自新鄉市西南5公里的丁固城戰國墓葬中，據發掘報告，初釋為「陶其」。所釋文字是對的，不過應讀為「其陶」，「其」乃淇之借字，「匋」與陶同，應釋讀為：淇陶。淇，與淇地、淇水、淇山有關。印陶出自墓葬而非窖址，具體産地不詳，估計距發現地不會太遠。「其」字的陶文與金文同，易識，匋字為新發現的字形，與以前所識的古文陶字有異，與山東所出齊魯的印陶文字相近。此陶字(□)，仍可看出上部是房屋(作坊)，字的中部是作陶器的工具，工具下面代表的是陶器皿。【五方印陶新釋　中原文物一九八七年第一期】

◉黄錫全　□陶出樊先生碑文　古作□(能匋尊)、□(麓伯𣪘)、□(脽公劍)、□(邛君壺)，《説文》正篆作□。匋即陶冶正字，金文或假為寶。【汗簡注釋卷二】

◉黄錫全　□陶並見尚書　鄭珍云：「薛本『陶唐』、『鬱陶』作此，『皋陶』則作繇。」敦本作陶，九本作陶。匋即陶冶正字。

□上同出義雲章　鄭珍云：「其中瓦也，諸書所無。」《説文》「匋，瓦器也。」夏韻豪韻録作□。【汗簡注釋卷四】

◉何琳儀　《陶彙》6・216著録一件三晉陶文：

亓

窑

或釋「淇陶」。按，該陶文應自左讀作「窑(陶)亓(其)」。「亓」、「丘」音近可通。「亓」，群紐之部；「丘」，溪紐之部。群溪均屬見系。魏國兵器銘文「丘」作「𠀉」：

戈(甾)𠀉(丘)　《三代》20・22

邨(頓)𠀉(丘)　《考古》73・3

其中「𠀉」所从「亓」是「丘」的疊加聲符。陶文「窑亓」應讀「陶丘」。《書・禹貢》「濟入于海，溢為滎，東至於陶丘。」或簡稱「陶」，《史記・魏世家》「又長驅梁北，東至陶衛之郊，北至平監。」《水經・濟水注》「戰國之世，范蠡既雪會稽之耻，乃變姓名寓之於陶，為陶公。以陶天下之中，諸侯四通貨物之所交易也。」在今山東定陶西南，戰國應屬魏境。陶丘地處「天下之中」，是戰國著名的商業城市。「陶丘」陶文出土河南新鄉，也屬魏境，自是情理中事。

筆者舊釋楚國陶文「鄐邔」為「祝其」，並指出「其」是東夷文化圈習見的地名後綴，諸如「不其」、「魏其」、「贅其」等。本文所考「窑亓」亦恰屬東夷古地。因此，地名後綴「其」很可能是「丘」的方言。【古陶雜識　考古與文物一九九二年第四期】

◉王恩田　二、陶鄉

齊國陶文有習見鄉名，有如下幾種寫法：

1. □ 季41・5
2. □ 季43・11
3. □ 季41・1
4. □ 季81・5
5. □ 季81・2

吴大澂釋紹，丁佛言釋絡。曾憲通謂□「象徵鼬鼠之形」，釋「繇」、「䌛」，均讀為陶。

按此字係齊國陶文中「陶」字的特有寫法。所从偏旁均寫作□，一般不寫作□，而且□與□總是連成一體。釋為从糸的紹、絡、繇等字均與字形不合。《説文・序》：「假借者，本無其字，依聲託事」，即對有音無字的詞，借用同音字來表示。如鳳本作鳥形，借為風。來本為麥之象形，借為來去之來。陶是一個常見字，不會再去找一個冷僻的虛詞「繇」、「䌛」作為假借字。

上揭字形3和字形5的詞例相同，均轄有𠷎里，知……即……，即鄅，也即陶。……即……，……為裝飾符號。諸城臧家莊莒公孫潮子鐘、鎛銘文中的「𨚵」字和齊國官鉢中的「𨚗」字，所从的勹，均寫作……，也加了裝飾符號。勹上加裝飾符號是戰國齊系文字的一個重要特點。字形5从缶，字形1—3从口，系缶之省。字形4連口也省去。

上揭五種字形，都是用作民營製陶作坊印記中的鄉名。官營製陶作坊印記中也有此字，如左圖所示。

季69・1

此印左邊的字，《古陶文舂録》入附録（35頁）。《古陶文字徵》釋繇。按此字所从的……，與上揭字形1—4所从偏旁完全相同，即勹。附加在勹上的裝飾符號，三豎長而彎曲，與系字寫法迥異。此字从缶，从包省聲，即匋。匋為陶正之省。匋正是掌管製陶業的官吏。如《左傳・襄公二十五年》：「昔虞閼父為周陶正。」「右陶」，為右陶正之省。【齊國地名陶文考　考古與文物一九九六年第四期】

⿰𨸏⿱召土　⿰𨸏⿱召土

◉許　慎　⿰𨸏⿱召土耕以臿浚出下壚土也。一曰耕休田也。从𨸏。从土。召聲。之少切。【説文解字卷十四】

◉馬叙倫　孫星衍曰。詩。其鎛斯趙。當作此。倫按此字説解與篆義不相顧。古書無用此字者。廣雅釋宫。⿰阝⿱至土。隄也。字既從𨸏。又從土。疑本是陷垗二字。誤合之也。或從𨸏至聲。則猶陛之於坒矣。詳陛字下。⿰阝⿱至土蓋至之後起字。為隄之轉注字。召音澄紐。是音禪紐。古讀皆入定也。今失至字耳。然則廣雅之訓。乃⿰阝⿱至土之本義。今之説解皆校語矣。耕上蓋挩一曰。耕以臿浚出下壚土也。是字為動詞。然釋名言。鍤。插地起土也。或曰。銷。削也。能有所穿削也。桂馥謂銷即本書之斛。倫謂斛非田器。字當為錢。古或借銚斛為之。錢音從紐。古讀入定。召兆古音亦並在定。則耕以臿浚出下壚土者。蓋錢之引申義。錢亦名詞也。或自有本字。或無本字。古借召聲之字為之。一曰耕休田也者。義亦未見於他書。本書𡣍或體作𡛁。𡣍⿰𨸏⿱召土聲同幽類。或𡛁字義。此文有譌邪。字出字林。【説文解字六書疏證卷二十八】

阽 阽

◉許 慎 阽壁危也。从𨸏。占聲。余廉切。【説文解字卷十四】

◉馬叙倫 王筠曰。見於羣書者。皆但言危。此云壁者。或以其從𨸏也。裴松之注魏志引漢書注。阽。音鹽。倫按羣書所用阽字。義皆為臨。蓋以聲同侵類借為臨。阽古音如鹽。鹽從監得聲。監臨轉注字。可參證也。然壁危亦非本義。或非本訓。循字次可知也。阽蓋隒之轉注字。猶坫之於廉矣。或與坫一字。此訓壁危也者。當作壁也危也。壁當作廦。危當作垝。垝也者。本爾雅釋宮垝謂之坫。廦也者。廦庰轉注字。庰屏一字。土部。坫。屏也。然其本字未詳。或曰。此今所謂店也。然從𨸏不得義。此字或出字林。【説文解字六書疏證卷二十八】

除 除

除 法一四四 十四例　除 秦一五九 十一例　除 秦一五〇 十八例　除 效五八 三例【睡虎地秦簡文字編】

除 楊除憂印　除 石除疾印　除 除凶去央【漢印文字徵】

除 除 袁安碑 以孝廉除郎中 除給事謁者　除 石碣乍遵【石刻篆文編】

除 道德經【古文四聲韻】

◉許 慎 除殿陛也。从𨸏。余聲。直魚切。【説文解字卷十四】

◉强運開 除 説文。殿陛也。从𨸏。余聲。段注云。殿謂宮殿。殿陛謂之除。因之。凡去舊更新皆曰除。取拾級更易之義也。天保。何福不除。傳曰。除。開也。按此上闕三字。【石鼓釋文】

◉馬叙倫 沈濤曰。文選懷舊賦注曹子建贈丁儀詩注陸士衡贈顧榮詩注謝靈運詠牛女詩注引陛皆作階。然月賦注御覽百八十五引同今本。嚴可均曰。御覽百八十五引作殿階也。倫按蓋作陛也殿階也二訓。殿階也字林文或校語。摯虞決疑要。凡大殿乃有陛。除音澄紐。陛音竝紐。同為濁破裂音轉注字。除阼聲同魚類轉注字。階陛竝得聲於比直異文耳。字見急就篇。石鼓作除。【説文解字六書疏證卷二十八】

◉饒宗頤 ⿱余止 ⿱余止字，見集韻，止也。卜辭每以「⿱余止」為除。首讀為道（左成十六年「行首」、襄二十三年「盟首」，兩「首」字并讀為「道」。見經義述聞，史記始皇紀「追首高明。」索隱云「今碑文『首』作『道』」，皆其證。）「⿱余止首」猶言「除道」。左莊四年傳「除道梁溠」，王出行，先除道，其下接言雨小者，蓋指雨師洗道，九歌所謂「使涷雨兮洗塵」是矣。【殷代貞卜人物通考卷三】

階 衞階 階 趙階【漢印文字徵】

雲壹碑 竝王存乂切韻【古文四聲韻】

◉許 慎 階 陛也。从𨸏。皆聲。古諧切。【說文解字卷十四】

◉許 慎 阼 主階也。从𨸏。乍聲。昨誤切。【說文解字卷十四】

◉馬叙倫 主階也當作主也階也。廣雅釋詁。阼。主也。蓋以聲訓。此字林文。或字出字林也。【說文解字六書疏證卷二十八】

陛 陛 為一〇【睡虎地秦簡文字編】

華嶽碑 義雲章【古文四聲韻】

◉許 慎 陛 升高階也。从𨸏。坒聲。旁禮切。【說文解字卷十四】

◉高田忠周 婷父癸卣 吴榮光釋廟。吴式芬釋郭。又云。郭徐問渠釋高。徐籀莊以為古文坵字。古城垣字並从𩫖。按籀莊説稍近而未矣。不知吴大澂疑而未定。然此篆从𩫖从比。甚顯然者。當坒字古文。土𩫖通用。如籀莊所云。夫城墉者。垣也。垣者。牆也。榦字解曰。築牆耑木也。築牆乃先樹楨榦之木。横板于兩邊。榦内以繩束榦。實土築之。一板竣則層絫而上。五版為堵。是為比次之義。故字亦與墉垣或作𩫨𩫏同。从𩫖作𩫟也。然亦為本義之轉。因轉義為字形。非最古正文可知矣。又古土𨸏通用。故坒亦作阰。離騷。朝搴阰之木蘭兮。注。山也。此蓋為假借義。又古土𨸏並从。隊作墜隋作墮之類甚多。即知坒與陛亦元同字無疑。說文。陛。升高階也。从𨸏坒聲。階陛為級。即土之相比次者也。為坒字本義一轉耳。要陛字書詩未見。僅見國策。其初唯當以坒為之。【古籀篇十】

◉馬叙倫 鈕樹玉曰。繫傳階作陛。譌。王筠曰。玄應引同。又引作陛。同小徐。田吴炤曰。玉篇原本引同小徐。倫按蓋本作陛升高階也。陛是隸書複舉字。此本捝陛字。鍇本捝階字而陛字誤乙於下耳。升高二字校者加之。或此字林文。陛為坒之後起字。土部。坒。地相次也。與此下文陔訓階次。詞例略同。坒是階級。一級高於一級。故曰相次。【說文解字六書疏證卷二十八】

◉黄錫全 陛並出華岳碑 古陶陛作(香録13·4)，與此不類。夏韻薺韻釋為「陛」是，「陛」寫誤。此假坒為陛。《漢書·賈誼傳》「人君如堂，羣臣如坒」之坒即同陛。《說文》坒字正篆作，此形鄭珍以為「从裴氏《集綴》體『更篆』」。【汗簡注釋卷六】

陔

◉許　慎　陔　階次也。从𨸏。亥聲。古哀切。【說文解字卷十四】

◉馬叙倫　吴穎芳曰。階之轉語。倫按陔為階之音同見紐轉注字。階次也蓋本作階也地相次也。一訓字林文。或此字出字林。又疑階也即階字義。陔垓一字。【說文解字六書疏證卷二十八】

際

◉許　慎　際　壁會也。从𨸏。祭聲。子例切。【說文解字卷十四】

◉馬叙倫　廣雅釋詁。際。會也。際為會之聲同脂類轉注字。壁會也蓋字林訓。許止訓會也。【說文解字六書疏證卷二十八】

隙

隙出碧落文　隙【汗簡】

義雲章　石經又說文【古文四聲韻】

◉許　慎　隙　壁際孔也。从𨸏。从𡭴。𡭴亦聲。綺戟切。【說文解字卷十四】

◉馬叙倫　鈕樹玉曰。文選沈休文詩注引無孔字。與玉篇合。韻會作從𨸏𡭴聲。沈濤曰。文選江文通雜體詩注引作壁縫也。一切經音義各卷引同今本。則選注誤。桂馥曰。字鑑引作壁際空也。倫按文選雪賦注引字林。隙。壁際孔也。從𨸏旁二小夾日也。倫謂隙字若為許書所固有。則當訓際也。此作壁際孔。言際似不必復言孔矣。蓋本是壁孔也際也二訓。壁孔也或作壁空也。或作壁縫也。皆傳寫之所易也。此字林文。從𨸏旁二小夾日也亦吕忱語。據此則本書所有穿鑿附會之詞。或為吕忱所改。或即出吕忱矣。隙為際之轉注字。際音精紐。隙從𡭴得聲。𡭴從小得聲。見𡭴字下。小音心紐。同為舌尖前音也。從𨸏。𡭴聲。壁空也者。今言壁縫。實即閒字義。故閒訓隙也。門縫與壁縫不必異字。且壁之相合處為隙。固無孔也。閒

隙同為舌根音。故古書多借隙為閒。【說文解字六書疏證卷二十八】

◉黄錫全　隙出碧落文　碑文作，與㴸作(前2・18・3)(虢)作(秦公毁)之偏旁𡭴類同，此變从古文白。𡭴隙字同。參見邑部隙。

隙　鄭珍云：「《說文》『隙，壁際孔也，从𨸏，从𡭴。』。義雲乃从邑，謬。『𡭴，際見之白也，從白上下小』，即隙最初字。此更篆，从古文白作。」夏韻陌韻録「石經又說文」隙作，與此𡭴同。古从𨸏之字或从𨸏作，如陡作(蔡侯盤)，陰作(雲夢秦簡)；又从邑作，如陽作(鄂君啟舟節昭陽)，陷作(漢印徵14・10)。疑此字原當作或，變作。【汗簡注釋卷三】

陪

◉許　慎　重土也。一曰滿也。从𨸏。咅聲。薄回切。【說文解字卷十四】

◉馬叙倫　王筠曰。朱本作。它本竝誤。音在丶部。不可作。鈕樹玉曰。韻會引有一曰陪臣陪備也七字。朱駿聲曰。重土也者。重𨸏也。所謂再成丘也。倫按陪培一字。重土謂土上有土也。一曰滿也即陪之引申義。或即滿字義。古借陪為滿也。莊子盜跖。侅溺於馮氣。王逸離騷注。楚人名滿曰馮。莊子義則當為懣。馮音奉紐。古讀入竝。陪音竝紐。其例證也。一曰陪臣者。陪臣本字當為。字見毛公鼎。即今言配享配偶字。實與僕一字。僕音亦竝紐。故古借陪為之。此字蓋出字林。而一曰陪臣七字又後校者之詞。【說文解字六書疏證卷二十八】

隊

◉許　慎　道邊庳垣也。从𨸏。彖聲。徒玩切。【說文解字卷十四】

◉馬叙倫　朱駿聲曰。謂垣庳才有堳埒如緣也。廣雅釋室。隊。垣也。倫按疑本訓垣也。道邊庳垣也字林文。或字亦出字林也。隊蓋垣之聲同元類轉注字。又疑此即土部地之重文作墬者之初文。地之轉注字也。古書或借為垣字耳。【說文解字六書疏證卷二十八】

陾

◉許　慎　築牆聲也。从𨸏。耎聲。詩云。捄之陾陾。如乘切。【說文解字卷十四】

◉馬叙倫　戴侗曰。此因詩而生義。非本義。倫按戴說是也。或非本訓。或此字出字林。陾從𨸏。安得為築牆聲乎。朱駿聲謂陾陾同字。可通。【說文解字六書疏證卷二十八】

陴

前二·八·三 陴从𩫏與説文籀文同 前二·八·四 【甲骨文編】

陴步迷切 【汗簡】

孫彊集 籀韻 【古文四聲韻】

◉許 慎 陴城上女牆俾倪也。从𨸏。卑聲。符支切。籀文陴从𩫏。【説文解字卷十四】

◉吳大澂 古𩫏字。通俾。从禺从𩫏。借禺為卑。史頌敦。帥𩫏。俾字重文。【説文古籀補第十四】

◉劉心源 陴舊釋為堣。此篆从𩫏从卑。即説文陴之籀文也。用為俾。帥陴即率俾。【史頌鼎 古文審卷一】

◉羅振玉 説文。陴。籀文作。與此同。史頌敢作。借為俾。其所从之亦卑字。乃从即甲从即ㄋ。吳中丞以為變从禺。非也。【增訂殷虛書契考釋卷中】

◉王國維 殷人卜辭有字。殷虛書契卷二弟八葉。【史籀篇疏證 王國維遺書第六册】

◉葉玉森 説文。陴城上女牆俾倪也。从𨸏卑聲。籀文作。史頌敢亦作。契文作。从象城𩫏之重。兩亭相對。从。象手持一物。大若鬼頭。契文鬼作。蓋椎類古兵器。持之以守𩫏者。契文畢一作。為手持形。亦象手持甲形。造字之例正同。後乃沿譌為卑。【説契 學衡第三十一期】

◉孫海波 前二·八·三 陴从𩫏，與説文籀文同。【甲骨文編】

◉馬叙倫 沈濤曰。玉篇引作女垣也。乃括引。非古本如是。翟云升曰。類篇引女牆作女垣。六書故引俾倪作陴院。周雲青曰。唐寫本玉篇引作城上女垣也。蓋古本作城上女牆也。俾倪也。倫按此字蓋出字林。陴埤一字也。

倫按史頌敢帥。吳大澂釋𩫏。謂借禺為卑。倫謂此或隅之異文。不然。𩫏之譌體也。甲文作。從。𩫏𩫏一字也。【説文解字六書疏證卷二十八】

◉李孝定 説文。陴。城上女牆俾倪也。从𨸏。卑聲。籀文陴。从𩫏。契文與籀文同从𩫏。象城垣。从象手持甲。葉説是也。甲與契文毌干諸文形近。疑象執盾之形。沿譌為卑。遂以為聲耳。辭之在陴。步于陴。地名。史頌簋作。與此同。羅氏説字形是也。簋銘讀為俾。為字當釋陴之證。【甲骨文字集釋第十四】

◉黃錫全 陴步迷切 《説文》正篆作，因《説文》謂卑「从𠂇甲」，而甲字古文作，故此形右旁从古甲省∧。夏韻支韻脾作

[glyph]，从古甲不省。《説文》陴字籀文作[glyph]，乃由[glyph]（前2·8·3）、[glyph]（前2·8·4）等形譌變。【汗簡注釋卷六】

[glyph] 隍一作院烏華切義雲章 【汗簡】

◉許　慎　隍城池也。有水曰池。無水曰隍。从𨸏。皇聲。易曰。城復于隍。乎光切。【説文解字卷十四】

◉馬叙倫　鈕樹玉曰。繫傳池作沱。是也。嚴章福曰。説文無池。説解不拘。王筠曰。有水曰沱。大徐沱作池。而城池也句不異。翟云升曰。一切經音義廿二引作城池有水曰隍也。倫按據王説。王所見鉉本城池作城沱乎。倫謂池字是也。江別為沱。城隍豈其比乎。不得以今本許書無池字而謂城池字當作沱也。然城池也非本義。字或出字林。此吕忱之説。據爾雅舍人注耳。玄應一切經音義引三倉。城下阬無水曰隍。倫謂隍即今所謂戰濠之濠。故曰。無水曰隍。【説文解字六書疏證卷二十八】

◉黄錫全　[glyph]隍一作院烏華切義雲章　鄭珍云：「此隔字也，仿隘䁆字正篆从𨺅作。隍乃隔之誤，華又革之誤，夏無。」按古从𨸏从𨺅不別，如上舉金文陸隮等字。郘始鬲鬲字作[glyph]，三體石經古文作[glyph]，此鬲形同。隍當是隍誤。此假隔為隍、院。【汗簡注釋卷六】

[glyph] 阹 為八 【睡虎地秦簡文字編】

◉許　慎　阹依山谷為牛馬圈也。从𨸏。去聲。去魚切。【説文解字卷十四】

◉馬叙倫　依山谷為牛馬圈也不似本訓。此字蓋出字林。【説文解字六書疏證卷二十八】

◉戴家祥　[glyph]貉子卣　𣪘王牢于𠩁　此字衆説紛紜，有人釋㡙，劉心源疑厺，高田忠周釋庬，吴闓生疑射，柯昌濟和陳夢家釋阹……。𠩁字从厂、去、人，疑即阹之異文。説文「阹，依山谷為牛馬圈也。」銘文「𣪘王牢于𠩁」義即將所獵獲之獸牢閑于山谷間也。【金文大字典上】

陲 陲

□ 泰山刻石 陲于後嗣 叚陲為垂 【石刻篆文編】

◉許 慎 陲危也。从𨸏。垂聲。是為切。【説文解字卷十四】

◉郭沫若 □粹・一九二 陲與㞷同例。可知亦用牲之法。殆叚為垂。爾雅釋天所謂「庪縣」也。彼言以祭山。此則以祭大甲。殷人禮制本無定例。【殷契萃編考釋】

◉馬叙倫 危也疑非本義。陲蓋垂之後起字。或與𨺅一字。此字或出字林。【説文解字六書疏證卷二十八】

◉楊樹達 □曾姬無卹壺 聖桓之夫人曾姬無卹望安兹漾陲蒿閒之無匹 陲假為垂。説文十三篇下土部云：「垂，遠邊也。」遠邊之義，引申為邊。史記司馬相如傳云：「千金之子，坐不垂堂。」索隱引樂彥云：「垂，邊也。」文選王仲宣詠史詩云：「兄弟哭路垂」，路垂謂路邊，故李善注云：「垂，邊也」。銘云：「漾陲」，謂漾水之旁也。【曾姬無卹壺跋 積微居金文説】

◉于省吾 襄陵應作襄陲。襄陲也見車節，陲作□，各家誤釋作陵。陲字曾姬無卹壺作□，晚周繒書作□，可以互證。古文字中的陵字作□或□，與陲迥別。【鄂君啟節考釋 考古一九六三年第八期】

◉李孝定 □粹一九二 从𨸏从丰从土。説文所無。契文垂作□。與此異。郭沫若説非是。【甲骨文字集釋第十四】

◉徐中舒 伍仕謙 (15)隱，同陲，从心乃緐文。秦泰山刻石：「陲于後世」，《史記》作「垂于後世」。【中山三器釋文及宮室圖説明 中國史研究一九七九年第四期】

◉高 明 (7)「山陵其𤔲，有淵厥汩，是謂孛散」：「□」乃陲字，《鄂君啟節》：「大司馬昭陽敗晉於襄陲之散」；《史記・楚世家》襄陲作襄陵，陲、陵古音相近，故可通用。【楚繒書研究 古文字研究第十二期】

◉尤仁德 □字舊釋陵；但戰國金文陵字作□(陳猷釜)、作□(長陵盉)，均與陲字形體差別較大。陲字楚曾姬無卹壺作□；湖南長沙出土楚帛書作□；鄂君啟節作□；1973年江蘇無錫出土楚郰陲君鑒及豆三器作□(省𨸏旁)、□(右文下从丘，與从土義同)，這些陲字的結構與戈銘基本相同。丘陲之丘，是以丘為地名的省稱。如《史記・楚世家》：「悼王三年，三晉來伐楚，至乘丘而還。」《正義》引《括地志》：「乘丘故城在兖州瑕丘縣西北三十五里。」乘丘亦是以丘為名。《史記・律書》：「連兵于邊陲。」據知，戈銘之丘陲，即丘城之邊地。由此推知，鄂君啟節銘之「襄陲」，即襄陵城之邊地；郰君鑒、豆三器銘文「郰陲」，即郰城之邊地。

公，職官名。《史記・楚世家》：「惠王二年，子西召故平王太子之建之子勝于吳，以為巢大夫，號曰白公。」服虔曰「白，邑名，楚大夫皆稱公。」《戰國策・楚策一》又有葉公、宛公等人。戈銘丘陲公，必是以丘地命名的邑大夫。古代以陲名官者，如《史記・秦本紀》：「周宣王乃召(秦)莊公……為西陲大夫。」注引《括地志》：「(西陲)秦州上邽縣西南九十里。」【楚伺睘戈考釋　考古與文物一九九六年第四期】

◉許　慎　隖小障也。一曰庳城也。从自。烏聲。安古切。【説文解字卷十四】

◉馬叙倫　沈濤曰。一切經音義十引作小障也亦小城也。倫按小障也非本義。今謂四面皆山而中有隰者曰隖。及人為之而形如此者亦曰隖。玄應一切經音義引通俗文。營居曰隖。又小障也。則小障乃屬人為者而言。後漢書獻帝紀注引通俗文。隖。庳城也。是庳城與小障一義耳。小城與小障亦同也。玄應引字林。隖。小城也。後漢書馬援傳注。隖。小障也。一曰小成。字林或作塢。音一古反。通鑑漢光武紀注引字林。塢。小障也。然則隖字出字林。且有重文作塢。而經傳寫刪之矣。【説文解字六書疏證卷二十八】

院　法一八六　二例【睡虎地秦簡文字編】

院【汗簡】

華嶽碑　籀韻【古文四聲韻】

◉許　慎　院堅也。从自。完聲。臣鉉等案。宀部已有。此重出。王眷切。【説文解字卷十四】

◉馬叙倫　徐鉉曰。宀部已有。此重出。倫按宀部為寏之重文。見宀部院下。【説文解字六書疏證卷二十八】

◉許　慎　陯山自陷也。从自。侖聲。盧昆切。【説文解字卷十四】

◉方濬益　綸伯卣　綸字説文所無。疑即自部之陯字。解曰。山自陷也。按自部有隫字。古文从谷作𧮫。以此相例。應是陯字之古文。部首自下解云。大陸山無石者。谷下解云。泉出通川為谷。从水半見出於口。陯既解為山自陷。是大陸陷為川谷。即詩十月之交山冢崒崩高岸為谷也。此从谷義尤相合。當為淪陷之正字。詩正月鄭箋。地厚而有陷淪也。疏。淪。

⿰阝戔　陙

没也。華嚴經音義引廣雅。淪。沈也。今廣雅釋詁亦曰没也。淪行而陯不復見。⿰谷侖則僅存於此銘矣。與土部城之籀文作。垣之籀文作。堵之籀文作。三字同例。【⿰谷侖伯卣　綴遺齋彝器款識考釋卷十二】

◉高田忠周　⿰谷侖伯卣　从谷从侖。字形明白。然說文谷部無之。元謂為古字逸文。或可為是。但古谷𠂤兩部通用。說文隫字。爾雅作讀。集韻。讀古文隫。然則⿰谷侖亦當為古文陯字。說文。陯山阜陷也。从𠂤侖聲。山阜之陷下者。即為谿谷。字从谷為會意。顯矣。【古籀篇十五】

◉强運開　⿰谷侖伯卣。容庚云。殆陯字。从谷與隫古文从谷乍讀同。【說文古籀三補第十四】

◉馬叙倫　山𠂤陷也似非許訓。或此字出字林。【說文解字六書疏證卷二十八】

◉林潔明　⿰谷侖伯卣　字从谷从侖。說文所無。丁佛言劉心源並釋為論。柯昌濟釋為語。皆不免流於牽附。容庚方濬益並釋陯。方云⿰谷侖即淪陷之正字。引詩正月鄭箋為正。最得其語原訓詁之關係。其說可从。說文「陯。山𠂤陷也。从𠂤侖聲。」【金文詁林卷十四】

◉許　慎　陙水𠂤也。从𠂤。辰聲。食倫切。【說文解字卷十四】

◉馬叙倫　徐鍇曰。若漘岸也。倫按𠂤厂一字。厂為岸之初文。則陙即漘之異文。此字蓋出字林。集韻引作小𠂤也。小蓋水之譌。【說文解字六書疏證卷二十八】

◉朱歧祥　526. 从阜蓐聲，隸作⿰阝蓐。字或省艸，即《說文》陙字：「水阜也。」卜辭為田狩地名。

《外65》弜田。其雨。

《寧1·397》☐鹿其南牧擒。【殷墟甲骨文字通釋稿】

◉許　慎　⿰阝戔水𠂤也。从𠂤。戔聲。慈衍切。【說文解字卷十四】

◉馬叙倫　鈕樹玉曰。玉篇廣韻竝無。承培元曰。水𠂤當作小𠂤。戔。小意也。倫按此字或出字林。然鍇本無此字。或後人增邪。【說文解字六書疏證卷二十八】

◉徐　鉉　阠陵名。从𨸏。卂聲。所臻切。【說文解字卷十四新附】

◉徐　鉉　阡路東西為陌。南北為阡。从𨸏。千聲。倉先切。【說文解字卷十四新附】

◉楊　寬　律文又說：「百畝為頃，一阡道。道廣三步。」這是說，每一百畝田連結成為一頃，有一條「阡道」，成為一頃田邊緣的道路。如果一頃田和另一頃田連結的話，「阡道」就成為間隔頃與頃之間的道路。律文只說阡道廣三步，比畛與陌道寬三倍，沒有說明它的長度，因為長度也可以推算而得。既然每畝田寬八步，長三十步，那末，每百畝連結成一頃，除去畛和陌道所佔土地以外，一頃田的實有面積當為寬八百步、長三十步。作為一頃田的阡道，就該長八百步。

阡陌是田間之道的稱謂。這種田間之道，因為河流有東向和南向，田畝行列有「東畝」和「南畝」，也就有兩種不同的方向。關于這點，古人早就指出了。《漢書·成帝紀》載陽朔四年詔：「其令二千石勉勸農桑，出入阡陌。」顏注：「阡陌，田間道也。南北曰阡，東西曰陌，蓋秦時商鞅開也。」關中地區主要河流東西向，採用「東畝」的行列，因而每畝田的小溝和道路東西向，每頃田的大溝和道路南北向，所以說「南北曰阡，東西曰陌」。《史記·秦本紀》索隱引《風俗通》說：「南北曰阡，東西曰陌。河東以東西為阡，南北為陌。」河東地區主要河流南北向，採用「南畝」的行列和相應的阡陌。

為什麼這些田間之道稱為阡陌呢？程瑤田《溝洫疆理小記》有一篇《阡陌考》，對此曾作探索。他以《周禮·地官·遂人》所講井田制的結構作比較，認為「阡陌之名，从《遂人》百畝、千畝、百夫、千夫生義」，陌道正「當百畝之間，故謂之陌」，阡道正「當千畝之間，故謂之阡」。我們從青川秦牘所載田律來看，程氏此說并不符合事實。陌道該是築在百畝以內，畝與畝之間的道路。「陌」應是百畝田中的主要道路而得名。阡道該是築在千畝以內、百畝之間的道路。「阡」應是千畝田中的主要道路而得名。

【釋青川秦牘的田畝制度　文物一九六二年第七期】

𨺅　𨺅祥歲切【汗簡】

◉許　慎　𨺅兩𨸏之閒也。从二𨸏。凡𨺅之屬皆从𨺅。房九切。【說文解字卷十四】

◉馬敘倫　吳穎芳曰。𨺅異文而仍稱二𨸏。足明反正不拘移置之例也。唐韻似醉切。後人所讀。鈕樹玉曰。宋本房九切與標目合。繫傳音扶救反。玉篇同。廣韻不收。類篇音扶缶切。毛本作扶醉切者。蓋本夢英改。嚴章福曰。段玉裁云。此字不得其音。余謂唐韻似醉切不譌。此即左傳隧而相見之隧。説文無隧。下文⿰𨸏⿱㒸𠂤或作隧。乃烽燧字。義別。倫按周伯琦謂後人掘墜道通以葬有類乎⿰𨸏𠂤。故又名墓道曰⿰𨸏𠂤。蓋以為⿰𨸏𠂤即隧字。桂馥王筠徐灝皆持⿰𨸏𠂤即隧字之説。惟朱駿聲疑之。而從玉篇讀如阜。倫謂此𨸏之茂文。故隘隧皆從𨸏矣。兩自之間依篆為義。蓋非許文。亦疑此部呂忱所加。【説文解字六書疏證卷二十八】

⿲𨸏夬𠂤 ⿲𨸏夬𠂤

◉許慎 ⿲𨸏夬𠂤自突也。从𨸙。決省聲。於決切。【説文解字卷十四】

◉馬叙倫 鈕樹玉曰。繫傳作𨸏突也。突字譌。廣韻訓山自突也。突與突未知孰是。桂馥曰。徐鍇韻譜。⿲𨸏吏𠂤。穿也。玉篇廣韻從吏作⿲𨸏吏𠂤。音所冀疏吏二切。王筠曰。夬聲也。倫按疑本作⿲𨸏夬𠂤突也。⿲𨸏夬𠂤字殘挩其半耳。突也以聲訓。字似從夬得聲。故訓突也。篇韻皆從吏作者。本書臭字。金文亦作㚖。形近而譌。【説文解字六書疏證卷二十八】

⿲𨸏𦬸𠂤 ⿲𨸏𦬸𠂤

開母廟石闕 同心濟隘 汗簡引説文作𦬸今以⿲𨸏𦬸𠂤為篆文隘此从𨸙省【石刻篆文編】

隘出説文【汗簡】

説文 崔希裕纂古【古文四聲韻】

◉許慎 ⿲𨸏𦬸𠂤陋也。从𨸙。𦬸聲。𦬸。籒文嗌字。烏懈切。隘籒文⿲𨸏益𠂤。从自益。【説文解字卷十四】

◉馬叙倫 席世昌曰。鍇本無𦬸籒文嗌字五字。當是鉉注。嚴可均曰。校語。

隘 鈕樹玉曰。繫傳籒作篆。當不譌。沈濤曰。汗簡云。⿲𨸏𦬸𠂤隘見説文。是古本尚有重文。王筠曰。朱筠本繫傳篆作⿲𨸏𦬸𠂤。説曰。篆文⿲𨸏𦬸𠂤從自。案此當是兩重文。當先出⿲𨸏𦬸𠂤篆。説曰。籒文⿲𨸏益𠂤從益。再出隘篆。説曰。篆文⿲𨸏益𠂤從自。倫按王説可為沈説之證。然弟一重文當作𦬸。説解當作古文⿲𨸏𦬸𠂤。弟二重文作隘。説解曰。篆文⿲𨸏𦬸𠂤。從𨸏益。益聲也。猶𦬸之篆文作嗌矣。篆文蓋呂忱據魏石經加也。然則⿲𨸏𦬸𠂤字出籒篇而𨸙部為許書固有邪。隘為阸之音同影紐轉注字。儀禮士喪禮。苴

經大鬲。注。鬲。隘也。釋文。搤。本又作扼。左成六年。墊隘。本書雨部引作墊阸。是其證。【說文解字六書疏證卷二十八】

𤎩 5·16 咸亭𤎩陽醜器 𤎩 5·99 咸陽𤎩☐【古陶文字徵】

隧 𤎩 江𤎩 𤎩 臣𤎩【漢印文字徵】

◉許　慎　𤎩塞上亭。守𤇈火者。从𨸏。从火。遂聲。徐醉切。隧篆文省。【說文解字卷十四】

◉馬叙倫　鈕樹玉曰。廣韻作𨺹。引無火字。李注文選北征賦引塞上守烽火者也。烽即𤇈省。玉篇亦作𨺹。訓延道。王筠曰。玉篇有𨺹字。云。似醉切。延道也。今作燧。此晉文公請隧之隧。吾鄉呼為門延道。說文無云。或許以𨸏為隧邪。似當依玉篇補𨺹字。𤎩從豖得聲。𤎩即從𨺹聲。於理甚順。且烽火不必在𨸏中。當入火部。翟云升曰。繫傳作遂亦聲。非。倫按王說是也。𤎩從火𨺹聲。為燧之轉注字。𤎩音邪紐。𤇈從逢得聲。逢音奉紐。同為次濁摩擦音也。說解當作候表也。此塞上以下七字校者所以釋候表義也。候表義今見𤇈字下。此及重文當入火部。此當補𨺹篆重文作隧。

隧　從火。隊聲。【說文解字六書疏證卷二十八】

◉强運開　𤎩。王以吳𠦪邑𤎩卿𤎩蓝𦣞邦周。按史記周本紀。幽王為熢𤎩大鼓。有寇至。則舉𤎩火。諸侯悉至。是𤎩正以糾師也。會𤎩者。望𤎩而來會也。𤎩必待舉。故其字又从攴。定為𤎩之古文。可以不疑。𤎩趞鼎。命女乍𤎩𠂤。蓋即職司以𤎩糾師也。【說文古籀三補卷十四】

厽　厽力志切【汗簡】

◉許　慎　厽絫坺土為牆壁。象形。凡厽之屬皆从厽。力軌切。【說文解字卷十四】

◉林義光　古作厽壘妊壺壘字偏旁。【文源卷三】

◉余永梁　厽（書契卷六，六十七葉）　疑說文厽字。說文：「厽，坺土為壁牆。象形。」【殷虚文字考　國學論叢一卷一期】

◉馬叙倫　鈕樹玉曰。繫傳及廣韻引坺作坂。譌。王筠曰。朱文藻本篆作𠫭。坺者。一臿土也。然則厽即是吾鄉之莎墼。然莎墼亦方。而字作尖形者。象其不正方也。垒厽一字。殆後人恐其不顯。加土以表之。集韻謂厽垒一字。廣韻謂垒字出字林。吴善述曰。三石為𠁁。變為㕕。又變為厽。徐灝曰。戴侗云。畾省為晶。厽即晶之省。灝按戴説是也。軍壁曰壘。即以坺土為壁。義與垒同。倫按篆本作𠁁。以疑於品而作厽。亦或隸變。如台之作公矣。戴謂厽即晶之省。晶為畾之省。其實晶不必為畾之省。或三或四。固無嫌也。金文田字亦有省作口者。見䣊字彊字下。故字亦可作品品。然則本書從畾得聲之字即從𠁁也。此本象累坺土為牆壁形。即壘之初文。引申為增累之義。説解蓋本作絫也。絫坺土為牆壁者。吕忱或校者之詞。所以釋之也。知者。如是許文。不必有牆字。或此部為吕忱所增也。古匋作厽。【説文解字六書疏證卷二十八】

◉李旦丘　𠁁非品字。口即𠃨予字之所从。亦即厶字。今此字从三厶。是厽字也。説文曰。絫。坺土為牆壁。象形。據此則設厽即築牆之意。【鐵雲藏龜零拾考釋】

絫

公孫絫印【漢印文字徵】

◉許　慎　絫增也。从厽。从糸。絫。十黍之重也。力軌切。【説文解字卷十四】

◉馬叙倫　鈕樹玉曰。韻會作從糸厽厽亦聲。嚴可均曰。此與宁叕二部皆取部首字為聲。與句丩等部同例。段玉裁曰。絫十黍之重也上當增一曰二字。玉篇作又。徐灝曰。糸部。纍。綴得理也。絫蓋纍之異文。倫按增也者。厽之引申義。絫從糸厽聲。與纍一字。當入糸部。為纍或體。一曰絫十黍之重也者。校者所加。字見急就篇。顔師古本作纍。則此字出字林矣。【説文解字六書疏證卷二十八】

垒

◉許　慎　垒絫墼也。从厽。从土。力軌切。【説文解字卷十四】

◉馬叙倫　鈕樹玉曰。繫傳絫作累。非。玉篇。壘也。亦作壘。翟云升曰。宜屬土部。王筠曰。絫。廣韻集韻引作垒。非也。玉篇亦云累也。可證。以絫説厽及垒。所以見絫厽皆厽之分別文耳。厽亦聲。倫按此厽之後起字。與纍絫非一字。但絫之語原同耳。從土。厽聲。象形字之後起字。皆當為形聲。廣韻引字林。垒。垒墼也。垒為隸書複舉字。絫者。或垒傳寫之

譌。或本是絫也墼也二訓。傳寫挩也字。絫也以聲訓。當入土部。或為厽之重文。此字出字林。【說文解字六書疏證卷二十八】

甲三一八 甲五〇四 餘一六·二 前一·七·一 前三·二七·七 前四·二九·五 京都一二六九 四子見合文二一 乙五三三九反 四百見合文一七 鐵二五八·一 四千見合文一七 京津四五八七 四人見合文一八 後一·二三·一三 四牛見合文一九 粹九〇 四羊見合文二〇 粹九〇 四豕見合文二〇 甲九〇二四 四牢見合文二一 乙三二一六 四牡見合文二一 乙九七 四月見合文二七 存一四三〇 四告見合文二六 鄴三下·三五·一四日見合文二九 林一·一四·一八 四旬見合文二九 前一·一七·二 四祖丁見合文八 【甲骨文編】

甲133 乙7156 8670 8671 珠465 1141 佚224 884 續1·51·2 2·20·1 徵8·24 京1·36·3 掇128 六清103 佚801 六束44 外30 【續甲骨文編】

四 說文籀文作亖 保卣 作冊魖卣 矢方彝 盂鼎 王束奠新邑鼎 切卣三 師遽簋 彔伯簋 靜卣 𤔲盤 無𧱚簋 曶鼎 友簋 弔専父盨 癲鐘 克鼎 毛公𢈔鼎 召伯簋 虢季子白盤 秦公簋 國差𦉜 𩇯鎛 晉公𥂕 命瓜君壺 陳侯午錞 中山王譽鼎 中山王譽壺 中山王譽兆域圖 土匀錍 郘王子鐘 郾孝子鼎 邵鐘 大梁鼎 【金文編】

5·384 瓦書「四年周天子使卿大夫……」共一百十八字 5·384 同上 5·489 獨字 秦39 獨字 秦40 獨字 1·88 同上 4·6 十六年四月右匋君 【古陶文字徵】

〔四四〕〔二〇〕〔一〕〔一〕〔三六〕〔一九〕〔一一〕〔三六〕〔三六〕

〔三六〕〔一一〕〔三六〕〔五〇〕〔三六〕〔五四〕〔五〇〕〔一〕〔三六〕〔一九〕

〔三六〕〔二三〕〔四〕〔六七〕【先秦貨幣文編】

刀弧 背 右四 冀靈 刀弧 背 右四 京德 刀弧背 右四上一 冀靈 布尖 武平 背 晉高 布尖 武安 背 晉高 布尖 平州 背 晉盂 布尖 郛背 晉盂 布尖 武安 背 京朝 圜 賹四化 魯濟 圜 賹四化 魯濟 布尖 峕城 背 晉高 圜 賹四化 魯掖 圜 賹四化 魯掖 仝上 仝上 圜 賹四化 魯濟 圜 重一兩十四珠 展版肆貳9 圜 重一兩十四珠 典上二八三頁 刀弧 背 左四 亞五・四三 刀弧 背 右四 亞五・四八 布尖 文陽 背卅四 典三六五 布尖 平州 背 典三八一 圜 明四 展肆貳6 布尖 北茲 釿背 典四二六 布尖 武安 背 亞三・三八 布尖 蘺人 背 亞三・二 布尖 平州 背 典三八三 布尖 晉陽斘背 卅四 亞三・一四 布尖 茲氏斘背 亞三・二一 【古幣文編】

119 140 266 276 【包山楚簡文字編】

四 雜三 八十八例 日甲六三背 二例 法九八 十例 日乙九九 【睡虎地秦簡文字編】

—興失羊(甲9—5)、是生子—☐(乙2—13)、—神相戈(乙3—35)、是隹—寺(乙4—10)、—曰咪墨榦(乙4—26)、—神乃(?)乍(?)至于復(乙5—11)、炎帝乃命祝𩡶吕—神降(乙6—8)、共攻☐步十日—寺(乙7—11)、☐□神則閏—☐(乙7—18) —月(甲4—6)、㠯☐—淺之尚(甲5—32)、—興鼠(甲8—28)、乃命山川—𦣞(乙3—13)、奠—亟(?)(乙6—18)、故不義于—……(丙10:2—7) 殘、帛書日月皆合書，知非日字，巴納德釋四　隹□□一月（甲1—4）[glyph]殘　二曰未—胃（乙4—19）【長沙子彈庫帛書文字編】

[glyph] 袁安碑　四年六月　[glyph] [glyph] 禪國山碑　亖表納貢者四　[glyph] 延光殘碑　延光四年　[glyph] 祀三公山碑　偏雨囚維　[glyph] 石經文公　四月　說文之籀文同　[glyph] [glyph] 僖公　四月　[glyph] 品式石經　咎繇謨　予乘四載　[glyph] 博塞　[glyph] 日晷　[glyph] 四時嘉至磬

【石刻篆文編】

亖 四　[glyph] 四【汗簡】

[glyph] 古孝經　[glyph] 天台經幢　[glyph] 汗簡　[glyph] 雲臺碑　[glyph] 同上　[glyph] 四 竝崔希裕纂古【古文四聲韻】

◉許慎　四陰數也。象四分之形。凡四之屬皆从四。息利切。[glyph]古文四。亖籀文四。【說文解字卷十四】

◉孫詒讓　說文四部「四，陰數也。象四分之形。」古文作[glyph]，籀文作亖。攷金文甲文皆作亖，惟郘鐘作[glyph]，梁司寇鼎作[glyph]，葢小篆之權輿。然許君四分之說，於形義並未切。[glyph]與[glyph]相近，則又似从口从八，例亦難通。要以積畫為最近古，金文甲文未必皆出史籀後。竊疑亖當為古文本字，[glyph]或當為籀文，許書傳寫多誤，容互易耳。【名原卷上】

◉王國維　亖　殷人卜辭及古金文皆如此作。惟郘鐘作[glyph]。與篆文略同。【史籀篇疏證　王國維遺書第六册】

◉林義光　許意謂口象四方。中从八。八者分之。謂分為四方也。然古作[glyph]郘鐘。不象四方。即喙之古文。獸口也。象口鼻相連之形。[glyph]兩鼻腔。口象口腔。喙四古同音。詩昆夷兑矣。維其喙矣。緜。說文引作犬。昆犬古同音。夷呬矣是也。獸蟲口鼻相連。其息以喙。故引伸為息。方言。呬。息也。呬實即四之或體。【文源卷一】

◉高田忠周　四者偶數也。其字从口从八。會意也。許云。象四分之形。當依[glyph]篆偁之。作四。斷非四分之形。又籀文作亖。葢亦从最古文。非籀公始製亖字也。但製字之法。多略不過三。亖即合二二為形也。非合四一也。又說文古文四作[glyph]。此亦四之變形。而四字从八殊明矣。【古籀篇十九】

◉羅振玉　亖　說文解字四之古文作[glyph]。籀文作亖。金文中四字皆作亖。無作[glyph]者。[glyph]亦晚周文字。錢先生所謂古文之別字矣。凡許書所載古文與卜辭及古金文不合者。皆晚周別字也。【增訂殷虛書契考釋卷中】

◉商承祚　亖　金文虢季子盤作[glyph]。國差鑰作[glyph]。盂鼎作[glyph]。其作[glyph][glyph]（郘鐘大梁鼎）者。乃借呬字（丁山先生說。四為呬之本

字）為之。許之古文。又其譌變。石鼓文及魏正始三字石經之篆文同小篆。其古文則同籀文。【甲骨文字研究下編】

◉丁　山　四之見于卜辭金文者大抵與籀文同，惟郘鐘作四，大梁鼎作四；秦碣石頌始作四；許君據秦書說四象四分形，則將謂四象五分，四象六分乎？竊疑積畫為亖者數名之本字；後之作四者皆借呬為之。秦權量刻辭凡云「不一」皆作「丕」，其摹印「三川尉印」亦作「三川」，凡數名之形體簡易者皆代以繁縟之文；許君知一弌殊文，三弎異義，而不知四借為亖者，何也。蓋狃于所習而忘古義耳。四从口，象口形，或作四四者，兼口舌氣象之也；其中之八蓋猶只下从八，象气下引，兮上从八，气象越于；郘鐘八下之一，蓋猶曰舌之从一以象舌形，气蘊舌上而不能出諸口，非呬而何；說文口部「呬，東夷謂息曰呬，从口，四聲。詩曰：犬夷呬矣。」「犬夷呬矣」今左傳引作「喙矣」，廣雅「喙，息也」，國語「余病喙矣」，韋注云：「喙，短氣貌。」以呬義證四形，冥然若合符節，則四呬一字可以斷言。文字孳乳，有因借義習用已久，後人不復知其本義乃妄加偏旁以見之者，若朱加一木中以指其為株榦字，後人習用赤色意而增木其傍以為株；叜本象又持火室內有所捜尋也，後人習用尊老意而增手其傍以為捜：雖無損本義，終病其繁複無理。四本从口，而復从口作呬，繩之六書，不又病衍複乎？自造字原則言之，四即呬之本字，尤信而有徵。蓋自周秦之際借气息之四為數名之亖，別增口四傍以為氣息字，漢儒習而不察，以為四即數名本字；于是正俗別為異字，通叚輥于一文，四之形義既荒而「陰陽四分」之說以起；此古誼失傳後儒皆不得其解者一也。

【數名古誼　歷史語言研究所集刊一本一分】

◉郭沫若　古人本以三為衆，即現存未開化民族其數字觀念猶有僅能數至七者，故表數之文字自三四以上將不免發生變例，蓋造字之時期異也。如羅馬數字之四作Ⅳ，示一掌減一，六作Ⅵ，示一掌加一，七八準此，九作Ⅸ示二掌減一。凡此，當於數理觀念大有進展以後始能規定。中國亦猶是。中國數字之一二三今古無別，四則頗有出入，許書小篆作四，古文作𠫔，以亖為籀文。然卜辭及彝銘均無作𠫔者，郘鐘之「其竈四𩏂」作四，梁司寇鼎作四，轉與小篆形近。石鼓文作四與小篆同。明刀背文始有作四四諸形者，然均晚周文字矣。故數字系統大抵即以四字為界，由四之異體以至于九，則別為一系。【釋五十　甲骨文字研究】

◉郭沫若　此十位數字中，於文字之結構上可判為二系。一至三為一系，五至十又為一系，是也。此與十干文字甲乙丙丁為一系戊至癸又為一系者，若合符契。余意十干乃與基數相應之次數，初民數字觀念僅多至四，與之相應之次數僅由甲至丁，基數觀念進化至十，則次數亦進化至癸。故文字之結構同判為二系也。左氏昭三年傳「齊舊四量：豆、區、釜、鐘。四升為豆，案「四升」乃四勺之誤，說詳金文叢攷丘關釜篇。各自其四以登於釜，釜十則鍾。」此即初民以四進位，後改為十進位之證。數字及十干文字之

結構，說詳甲骨文字研究釋五十釋支干二篇。三之假四為之者乃後起之事。【卜辭通纂】

◉郭沫若　第一三二六片「庚午卜王，在翌山卜。一　庚午卜王，在十二月。二　庚午卜王，在十二月。三　庚午卜王，在十二月。四　庚午卜王。五　庚午卜王，在十二月。六　庚午卜王，在十二月。七　庚午卜王。八」

此一事共八卜。只紀卜者為王，未紀所卜何事。然有可注意者為紀卜數字之一至八。此中五六七八諸字橫刻，則是一二三亖諸字實作丨‖|||||||，與羅馬數字等無殊矣。

第一三二八片「己卯卜王(三)　己卯卜王四　己卯卜王五　己卯卜王六　己卯卜王七　己卯卜王八　己卯卜王九　己卯卜王十」(右行)

此一事十卜。卜次初沿骨右緣由下而上，抵骨之上端，則復沿骨左緣由上而下。紀卜數字五至九均橫書，因之四則作||||，十則作一，最堪注意。【殷契粹編考釋】

◉馬敘倫　曹籀曰。四𠃢皆涕泗字。象鼻中有泗。亖乃數名。林義光曰。邵鐘作㗊。不象四方。即喙之古文。獸口也。象口鼻相連之形。喙四古同音。詩緜。昆夷兑矣。維其喙矣。說文引作犬夷呬矣。是也。郭沫若曰。金甲文無作𠃢者。四乃呬之古文。象張口而呬之形。倫按曹說是也。本書。餕。馬食穀多气流四下也。是其證。從白。即本書此亦自字之白。八聲。八音封紐。讀脣齒音入非紐。分從八得聲。而音入非紐。是八音可入非也。非心同為次清摩擦音。故四音入心紐。八四則聲皆脂類。知從白者。本書叀下曰。叀者。如叀牛之鼻。此雖校語。而於義為得。王筠謂叀中之⊖乃牛鼻。倫謂未開化之民族。有穿鼻之俗。則不必定為牛鼻。而叀從此亦自字之白。固甚明也。邵鐘四字作㗊。其⊖形與叀中之⊖正同。而大梁鼎四字作四。從自。亦甚明也。古文經傳中四字作𠃢。從○亦即白也。見甲文。更可證也。當入白部。陰數也象四分之形。蓋字林文。本訓挩矣。陳矦鼎作四。

𠃢　倫按師𣪕鼎。隹王𠃢年。作此字。明刀背作ㄨ𠃢。古鉨作𠃢𠃢。此字疑呂忱本古文官書加之。

亖　惠棟曰。鄭志。康成云。古亖四積畫。桂馥曰。覲禮疏引書咨亖岳。外薄亖海。皆積畫。段玉裁曰。此筭法之二二如四也。丁福保曰。孫詒讓謂金甲文數名之四皆作亖。要以積畫為近古。未必皆出史籀後。疑亖當為古文本字。𠃢為籀文。許書傳寫多譌。容互易耳。余攷正始石經凡古文四字皆作亖。始信孫說之不誤也。倫按孫誤以本書重文中之古文為古於籀篆之文。故云然耳。亖自為數名之四本字。籀篇不妨自作亖字。倉頡以其積畫難別。而易以四字。然本書古文多據古文經傳。尤本於尚書古文者為多。書之四岳四海皆作亖。而儀禮左傳皆古文。覲禮之四享。左昭十二年傳之四國。

據鄭玄劉炫謂皆由古四字積畫。依文當作亖而誤為四。則知儀禮左傳亦皆作亖也。然則孫說可從。亖象形。當自為部。毛公鼎作亖。盂鼎作亖。甲文作亖亖。【說文解字六書疏證卷二十八】

◉商承祚　甲骨文金文石經古文皆作亖。敦煌尚書禹貢亦作亖。與說文所録籀文同。金文邵鐘又作四四。與篆文大同小異。此當是呬之初字同聲叚借。古文四皆應作積畫。則所云籀文亦古文也。作者。古文之別字也。【說文中之古文考】

◉李孝定　契文金文均作亖。與籀文同。積畫成數。乃指事字。至小篆及許書古文則為假借。自此以上以至於九均為假借矣。郭氏謂初民數字觀念之衍變。殆分為二系統。由一至四為弟一階段。自五至九為又一階段。徵之紀數文字。一至亖為一系統。五以上為又一系統。其說蓋信。至小篆及古文作四諸形。丁氏以呬息字說之。馬氏則說為涕泗字。徵之字形。似以馬說為長。金文四字早期均作亖。如矢簋毛公鼎盂鼎師遽簋克鼎曶鼎虢季子白盤均是。郘孝子鼎作。邵鐘作四。大梁司寇鼎作四。則與小篆相近。為晚周文字矣。【甲骨文字集釋第十四】

◉湖北省文物考古研究所　北京大學中文系　〔九三〕戰國文字「四」或作。簡文「四」字即此種寫法的譌變。《廣雅・釋器》「盞(敦)」與「椀(盌)」同訓為「盂」，疑簡文「四盌，有蓋」指墓內出土的四件銅敦。【二號墓竹簡考釋　望山楚簡】

中

前四・二五・七　前四・三三・六　林一・一四・二　鄴三下・三六・五　明藏四四〇　甲二六九二貞人名　乙一七〇六　乙一七六八【甲骨文編】

甲657　1728　2692　2880　2907　3656　乙657　1045　2022　佚77　140　266　415　929　續1・4・5　2・28・4　5・24・5　6・11・2　掇436　録495　547　鄴三36・5　摭續189　粹237　新4772【續甲骨文編】

宁　鼎文　宁未盉　方彜　剌攺宁鼎　宁父丁觶　攺宁父戊爵【金文編】

宁 布尖大 典四一〇 【古幣文編】

宁 宁竹吕切 【汗簡】

宁 汗簡 【古文四聲韻】

◉許　慎　宁辨積物也。象形。凡宁之屬皆从宁。直吕切。【說文解字卷十四】

◉劉心源　宁即宁。說文作宁。辨積物也。象形。此即貯之最初字。韜戈於櫝。所謂貯也。横卧者。寢兵象也。立之則為宁。父乙盉作宁。故人君視朝所宁立處謂之宁。今作𡨦佇者。俗字也。【父丁斝　奇觚室吉金文述卷七】

◉王　襄　𡧥　古貯字。許說積也。宁象積物之所。四周有蓋覆。積貝于中貯之。誼甚明。𡧥。【簠室殷契類纂正編第六】

◉王　襄　宁　古宁字。許說辨積物也。象形。宁宁。【簠室殷契類纂正編第十四】

◉林義光　與貯略同。古作宁宁形獸形父丁彝。作宁宁中立戈父丁器。作宁宁未父乙器。作宁頌敦貯字偏旁。【文源卷一】

◉羅振玉　宁　象形。上下及兩旁有搘柱。中空。可貯物。【增訂殷虛書契考釋卷中】

◉葉玉森　宁　疑𡧥省。同卷第二葉云「乎貯」。此云「令貯」。辭例相同。貯或官名。【殷虛書契前編集釋卷四】

◉馬叙倫　楊桓曰。宁。門屏也。象樹屏骨格膠轕之形。王筠曰。宁為積貯之古字。借為當宁既久。乃加貝别之耳。其字當平看之。惟盛米之㡭即在部中。未免以虛統實。而宁又非物名。不能列於象形。意者甾是缶。乃瓦器也。巾部。幁。載米㡭也。字從巾。蓋以布為之。又帔下云。蒲席㡭也。則又以蒲席為之。特以與幁一類。牽連從巾矣。則知㡭是今之布袋。去缶太遠。故附宁部邪。倫按宁宁一字。宁正齊之為宁矣。又正齊之。則如金甲文之作宁矣。宁為貯物之器。貯為積物。宁是名詞。貯是動詞。非一字也。特貯聲由宁衍。語原然也。宁之為物。猶見於今北平瓦匠用以貯土或石灰之和土者。以杇牆及屋頂。一人在上。以長繩繫鉤於一耑。垂至地。而一人以宁盛土或石灰之和土者。置於其鉤。挈之而上。其物以布為質。以繩納於四角而可收放。盛物則收之。而繩總於上。為梁形。可手挈也。宁象平布未收之形。宁即袋之初文。亦幐之初文。故㡭訓幁。幁為載米㡭也。此說解當作幁也。或器也。蓋失之矣。抑或本訓貯也。積物為貯字義。吕忱以宁貯為一字。故加此訓。辨字未審何由而衍。宁未盉作宁。甲文作宁。【說文解字六書疏證卷二十八】

◉丁　山　宁入。院・十三次・甲翼。

貯入，廿。㱿。院・十三次・甲翼。

宁與貯，在銅器銘文裏亦有顯别：

鼎・三代・二・7.

鏡・續存上・1.

罕・般存下・31.

盉・般存下・32.

說文：「貯，積也。从貝，宁聲。宁，辨積物也，象形。」宁貯並有積誼，因此，研究文字者皆以為宁貯一字。羅振玉增訂殷虚書契考釋云：「宁，象形，上下及兩旁有搘柱，中空，可以貯物。」簡直是不知所云。據我的淺見：宁，甲骨文作宁，金文作宁宁未盉，都不若宁䚄罕之宁形更為原始。這個宁字作宁，正象「機之持緯者」，當是杼之本字，即今俗名的梭，用以纏紗織布的。詩小雅巷伯：「淒兮斐兮，成是貝錦。」毛傳云：「貝錦，錦文也。」箋云：「錦文者，文如餘泉餘蚳之貝文也。」錦上的貝文，是織成的，所以禹貢有「厥篚織貝」的傳説。然而，禮記郊特牲云：「虎豹之皮，示服猛也。」莊子應帝王云：「虎豹之文，來田。」周易革象傳也說：「大人虎變，其文炳也；君子豹變，其文蔚也。」大概古代大人君子的衣服，都是取象虎豹的花紋以顯示其威武，這種紋飾，仿佛餘蚳的文彩，所以又稱為「貝錦」。嚴格的説，「貝錦」，也即是虎豹文；那末，罕銘上貯字，正是「織貝」合文，可能即是商代服官之名了。「織貝」，省而為：

宁鐵・272・1。　貯前・4・2・3。　貯後・下・18・8。　貯兮甲盤。　貯頌鼎。

直接變為篆文貯字。貯者，織貝也。現在一般人釋為「象納貝于宁中形」，這同羅氏的宁字考釋犯同樣的錯誤。商周古文，由形象上考察，誰都可以猜謎一樣的認識一兩個字，以成甲骨文專家、鐘鼎文專家；實際上，必須貫穿文字源流，驗以文物制度，然後「説文解字」，纔不致墮入猜謎式的胡説。可是，文字學而須牽涉到古代的文物制度，這就非有經學史的深厚根基不可，像羅氏一派的甲骨文鐘鼎文專家，對于古代是永遠的面牆而立，看不出真正的問題。我在此詳析宁貯兩個字，也不過聊發古文研究之大凡，不敢為一般專家道，只代表少數師友的意見而已。知道貯本象徵「織貝」也，則頌鼎所謂「命汝官司成周貯廿家」，可知是周王命頌為服官去管理成周織造的；兮甲盤所謂「其進人其貯，毋敢不即𩁹即市」，也是説「布帛之征」。卜辭有云：

壬寅卜貞，叀[glyph][glyph]多宁。二月。林·一·14·2。

庚申卜，穷貞，令凡曩多宁，入于□。佚·929。

庚申貞，多宁……。鄴·三·下·36·5。

多宁，蓋即衆多的織貝工人。宁人之官，在春秋時代，則演為宋衛諸國的「褚師」。官有世功，則有官族，甲翼所見的「宁」氏，當亦以織貝之官為族的。貯鐃與宁鼎，均宜為武丁時代所作。若宁未盉，蓋即「多宁」之一，或以未名，或為未氏，非所敢知也。

知宁即杼之本字也，則漢書地理志所稱梁國的杼秋縣，可能即商代宁氏的故居。水經獲水注：「獲水又東，逕碭縣故城北，又東，穀水注之。……獲水又東，逕梁國杼秋縣故城南，王莽之予秋也。」清一統志：「杼秋，在今碭山縣東六十里。」杼秋故城，距穀水流域的穀邱甚近，使武丁巡狩至穀，杼氏宜即入夕，甲翼云：「貯入廿，𣪊。」正可證𣪊貯地理相近也。【宁氏 殷商氏族方國志】

◉李學勤　宁義近于亞。卜辭中常見「亞某」，如亞[glyph]、亞[glyph]；銅器題銘中更是多見，如亞獏、亞離。同樣的，卜辭和銅器題銘中也常見「宁某」。文武丁時代的甲右尾署辭記載進納卜用腹甲的人名中有：

宁沓入。　遺1′8[四3]

宁犨入。　南，坊3′19[四3]

宁癸入。　京189(2324)[四3]

「沓」、「犨」等是私名。銅器題銘中有「宁狽」(斝，「殷文存」下31)、「宁未」(盉，「殷文存」下32)等。卜辭中又常見「某宁」，如「[glyph]宁」(金78[二1])，「[glyph]」是宁名。亞和宁的意義還有待于進一步的探究，其大意近于「族」。【殷代地理簡論】

◉李孝定　説文「宁。辨積物也。象形。」又「貯。積也。从貝。宁聲。」以貯字契文作[glyph]證之。象宁中貯貝之形。許説實不誤。丁氏以斝文宁説為杼之本字。似亦可通。然無以解於契文貯字之象中空貯貝之一現象。竊意當仍許説。至斝文作實筆者。蓋沿契文空廓金文多作實筆而譌。金文它宁字作[glyph]宁未盉。[glyph]庚宁父丁觶。仍係中空。可證也。【甲骨文字集釋第十四】

䍺

◉考古所　[illegible]：殆與㞢為一字之異，即宁字。【小屯南地甲骨】

◉于省吾　李學勤同志謂「䝼，即貯，金文宮就是宁字，宁、貯均讀為給予的予。本銘貯受即予授」。按此說甚是，但無佐證，需要加以補充。䝼即貯的繁體字。其左下從貝原作ⓘ，乃貝之變形。戲昭妊簋的寶字從目作Ⓐ，杞伯簋諸器的寶字數見，有的從貝作Ⓐ，是其證。䝼與寶，只是一從宁聲，一從缶聲而已。由於寶的本義為珍寶，䝼的本義為珍藏，故均從玉貝。䝼從宁聲，古讀宁如杼，《史記·夏本紀》的「帝杼」，索隱引「《系（世）本》作宁」，杼從予聲，予與宁古同音，故通用。盂卣的「兮公室（宁）盂鬯束，貝十朋」，𠬝伯鼎的「宦（宁）絲五十寽（鋝）」，宁字均應讀為給予之予。銘文的「䝼受」應讀為「予授」（古文授與受皆作「受」，即「授予」之義）。古代金石銘刻的詞例往往倒正無別，比如：「綰綽」也作「綽綰」，「枼萬」即「萬枼」，石鼓文的「斿𨍭」即「優游」，是其證。【牆盤銘文十二解　古文字研究第五輯】

䍺竹呂切出說文【汗簡】

說文【古文四聲韻】

◉許　慎　䍺㡚也。所以載盛米。从宁。从甾。甾。缶也。陟呂切。【說文解字卷十四】

◉馬叙倫　鈕樹玉曰。繫傳作從甾。據甾訓缶。則本是甶。作甾者或隸體。篆當作䍺。王筠曰。篆當作䍺。各本作䍺。與甾缶之說不合。甾則䎘之重文也。二甾字皆當作甾。沈濤曰。汗簡引說文作䍺。篆法微異。龍龕手鑑作缶。盛米具也。乃隱括節引。廣韻八語引所以盛米也。玉篇亦無載字。手鑑亦引盛米具也。無載字。今誤衍。倫按此字蓋出字林。據諸引知今說解已多刪改。載字即由㡚為載米䍺而誤衍。疑所以載盛米衍盛字。而缶也本作缶盛米具也。今盛字衍於上文。而缶下挩盛米具三字。此字從宁甾聲。非從甾得義。合作從宁甾聲。甾音照紐。古讀入端。端知同為清破裂音。古讀知亦在端也。故䍺音今入知紐。然則從甾得聲。亦可。甾甾音同照紐二等也。疑字本從甾。校者以甾聲不近。以為從甾得義。因改從甾為從甾。而增甾缶也缶盛米具也。【說文解字六書疏證卷二十八】

叕 日乙一四五 通餟 亦席三— [glyph] 日乙一四五 【睡虎地秦簡文字編】

[glyph] 叕竹劣切 【汗簡】

[glyph] 汗簡 【古文四聲韻】

◉許　慎　[glyph]綴聯也。象形。凡叕之屬皆从叕。陟劣切。【説文解字卷十四】

◉馬叙倫　鈕樹玉曰。韻會引無綴字。倫按綴蓋校者以釋叕字之音者也。或綴也以聲訓。今捝也字。聯也乃綴字義。蓋呂忱所加。呂以為叕綴一字也。宁叕一字。見宁字下。【説文解字六書疏證卷二十八】

◉湯餘惠　雲夢睡虎地秦墓出土簡策《日書》，有兩例結體相同的字寫作：

[glyph]（第1040號簡）

[glyph]（同上）

睡虎地秦墓竹簡整理小組釋為「叕」。第1040號簡簡文云：

行祠：東南行祠道左，西北行祠道右。其謞曰大常。行合三土皇耐為四席＝ 叕，其後亦席，三叕，其祝曰：「毋王事唯福，是司勉歆食，多投福。」

「叕」疑當為「餟」，《説文》食部：「餟，祭酹也。」《玉篇》：「餟，張芮切，祭酹也，餽也，亦作醊。」慧琳《一切經音義》引《字林》：「醊，謂以酒澆地祭也。」按之簡文文意，這兩個字釋為「叕」確不可易。

由秦簡叕字的寫法，可以進一步推考它的構形和本義，《説文》：「叕，綴聯也，象形。」從地下出土未經後人改篡的秦簡寫法看，叕字本該是从大的，手足處加[glyph]，疑象有所繫縛之形，字義引申則有連綴之義，小篆作[glyph]，傳世字書《汗簡》作[glyph]（下之二），《六書通》下入聲「屑」引《義雲章》作[glyph]（裰字所从），都是簡文的變體，訛舛的跡象不難尋繹。

叕字的構形和本義考明之後，可以進一步斷定齊國陶文：

紹遷蒦圆南里[glyph]（《舂録》附編11頁）

末尾陶工名應即叕字。戰國陶璽文字還有一個从糸、从叕的字，或增口旁，寫作：

a [glyph]（《陶文編》附録44頁）

b □(《季木》52・2)

□(《璽》1460)

□(《璽》3519)

□(《補補》附録27)

例a釋「綴」,當無問題;例b右下从口,丁佛言釋末例云「疑綴字」,甚是。戰國文字每附加口旁為贅符,前文已有論述。《六書通》下入聲「屑」引《六書統》敪字作□,叕旁之下亦加口旁為贅符,可以證實「綴」也一定是「綴」的繁文。

戰國文字還有兩個从叕的字,寫作:

□(《陶文編》附録32頁)

□(《璽》3144)

前一例从貝,从叕,未見後世字書,應釋何字待考。後一例丁佛言釋「腏」(《補補》4・7),《古璽文編》列入附録,按丁釋可從。

現在我們繼續向前追溯時代更早的「叕」和从叕的字。

《三代》10・11・3和10・12・1著録有交君子簠銘文:

交君子□(蓋銘作□)肇乍(作)寶簠,其眉(眉)壽萬年永寶用。

簠銘第四個字从大而平肩,與金文矩字作□(矩尊)□(伯矩卣)者同,顯然也是叕字。

《三代》11・32・6著録的銅尊銘文云:

□休于乍(?)季,受貝二朋,昜(揚)氒(厥)休用。

首字左从叕,右為欠之繁文,金文懿字从欠每如是作(參看《金文編》),因知當是敪字的古寫,細味尊銘,「敪」是被賞賜者,也是作器者,所以此尊理應名之為「敪尊」,過去由于首字不識而把該器名之為「季受尊」、「叵季受尊」,均應重新考慮。【略論戰國文字形體研究中的幾個問題 古文字研究第十五輯】

◉杜忠誥 《説文解字》十四下叕部:「叕,綴聯也。」篆文作「□」,於六書則云「象形」,所象何形無説。大徐無注,小徐注云:「交絡互綴之象。」交絡,猶言交相纏繞也。清人王筠《説文解字句讀》則以「綴」為叕之分別文,而於「綴」字下斷句,作「叕,綴。聯也。」大抵仍不離絲絮綴連之意。

《甲骨文編》附録中,有三個被當作未識之字的「□」字,應即「叕」之本形。字本从「大」(象正面人形),於手足處加「八八」,象有所綴飾之形，當是「綴」之初文。主説文訓作「綴聯」，乃其引伸義，非本義也。

金文「叕」字未見。雲夢睡虎地秦簡「日書乙種」第一四五簡，有「□」與「□」兩個字例，睡虎地秦簡整理小組釋作「叕」，甚確。惟兩處均已被假借作「醊」(以酒澆地而祭之意)字用，亦非用其本義也。第一例仍存古文之舊，第二例的「叕」字所从之「大」，已與秦、漢簡帛文字之寫法一樣，被分成兩截，寫作「□」。此外，「日書甲種」第十一簡的「□」(腏)字與「為吏之道」第七簡的「掇」字，其所从「叕」旁之寫法大體相同。惟《秦漢魏晉篆隸字形表》將「為吏之道」的「掇」字摹作「□」，蓋不知此字「叕」旁之本从大，又不知「大」字作「□」乃春秋戰國以後簡牘文字特殊的寫法，故摹寫時，意識裡仍以隸變後从四「又」之隸楷構形(叕)，參以己意為之，致大失真。銀雀山「孫臏兵法」簡「□」(掇)字摹寫作「□」，其失同此。

説文篆文「叕」字作「□」，實為已譌之形體，單憑篆文，殆難看出其為从「大」之意。今由甲骨文字，並參考秦漢簡牘、帛書等文字資料，而其譌誤演化之過程可得而推：

揆其致誤之由，主要還是出於「趨急赴速」及「簡便」之文字書寫要求，先將「大」寫成了「□」，既而作為表示兩手上飾物的兩筆，復與兩足上部相繫聯。既分其所當合，又合其所當分，經此一分合變化後，文字之部件重新組合，終至衍化成為各種與初文完全異趣的篆隸形體。

在馬王堆帛書「雜療方」第六十二、六十三兩行，均有从口之「⿱叕口」字，按之上下文意，當即説文二上口部訓作「嘗也」之「啜」字。另帛書「五十二病方」第二〇一行有「⿰叕欠」字，二七〇行及「雜療方」第七十四行有「歠」字。兩字依帛書文意，均當即説文八下歠部訓作「歠(飲)也」之「歠」字。一从「叕」，一从「⿱叕口」，形構不同而文義無殊。故知作為聲旁之「叕」，或可增「口」為繁文。

據此，則「雜療方」第六十四行「服見(疑讀為絸，即今繭字)」，若以緇衣」之「緇」字，無論就古文字用例或依帛書上下文意，均可肯定釋「綴」是正確的。從而《古璽彙編》所收録而未釋出之「陳緇」(一四六〇)及「口緇」(三五一九)兩印的「緇」字(見表十一)，亦可知其即為「綴」之繁文而無疑。其所从之「叕」旁，文字構形與甲文相承之迹至為明顯。

此外，郭忠恕《汗簡》(下之二)，叕字作「[glyph]」。又《六書通》入聲「屑」下所收「義雲章」「裰」字右旁作「[glyph]」，其為由秦漢簡帛文字輾轉譌變而來，也就不難理解。【古文字形體研究五則 國文學報第二十期】

綴 [glyph]

[glyph] 綴竹芮切王存乂切韻 【汗簡】

[glyph] 王存乂切韻 【古文四聲韻】

◉許 慎 [glyph]合箸也。从叕。从糸。陟衛切。【說文解字卷十四】

◉馬叙倫 鈕樹玉曰。一切經音義二引同。二十三引合下有令字。衍。韻會引箸作者。譌。繫傳作從糸從叕叕亦聲。嚴可均曰。小徐韻會作從糸從叕亦聲。倫按合箸也不可通。或本作合也箸也。一訓或出呂忱。或校者加之。箸也者。叕宁一字。禮之當宁。即詩俟我于箸之箸也。合也者。綴之引申義。從叕從糸。當作從糸叕聲。【說文解字六書疏證卷二十八】

亞 [glyph]

甲二四六四 甲二六九五 甲二八一〇 甲二八一三 鐵三七・一 拾五・六 前七・三・一 前七・三九・二 後二・二七・一 戩四六・一四 乙六四〇〇 乙八七一〇 乙八七二三 甲三九四二 明藏四四五 師友一・一八一 河三二二 乙八八五一 亞束見合文二三 【甲骨文編】

甲993 2464 2695 2810 2813 2827 2881 2963 2964 3011 3050 3098 3370 3913 3941 乙1445 1671 3478 4677 6400 8710 8723 8734 8804 8851 8852 8876 8896 8897 珠31 440 零57 佚89 340 775 780 825 續3・37・3 4・33・5 6・15・5 掇22 京4・13・2

凡27·4　録312　577　六中3　鄴三44·1　誠356　續存66　摭續91　167　粹1162　1178　1290　1545　新1615　1616　1617　1619　1621　4144【續甲骨文編】

亞　丙申角　亞耳尊　亞盉　且丁爵　父辛簋　作父辛鼎　辛巳簋　延盨　豚鼎　𩰫簋　臣諫簋　𩰫盤　𤸫鐘　訇簋　南宮乎鐘　伯亞臣鐳　亞又方彝　柩父乙　壺　亞止雨鼎　亞𠬝鼎　亞𠬝卣　傳尊【金文編】

1·60　獨字　1·61　同上　6·102　亞𧆞　秦1395　獨字【古陶文字徵】

188　189　213【包山楚簡文字編】

石碣田車　□出各亞　乍邍　亞箬其𥳑【石刻篆文編】

亞【汗簡】

汗簡　並籀韻【古文四聲韻】

◉許　慎　亞醜也。象人局背之形。賈侍中說。以為次弟也。凡亞之屬皆从亞。衣駕切。【說文解字卷十四】

◉林義光　古作亞南亞彝癸。不象局背形。壺為宮中道。篆作壺。亞亦或作亞。擴古録卷一之二析子鼎亞形。則亞當為庌之古文。廡也。象形。亞庌古同音。【文源卷一】

◉高田忠周　亞字象大室四隅有夾室之區畫也。說詳見室字下注。又室字往往作𡨦。所以亞形即亞字也。然則亞字元屬囗部。而𠂆𠂆其象形也。其義即在于形。室亞之亞與醜亞之亞。元自別字。而兩字形音相近。故古來通用為恆例。說又見亞下。亞屬工部。亦為建首。又按考工記世室解曰。四旁兩夾窗白盛。俞曲園云。按夾字絕句。四旁者堂之四旁也。堂基方二十八步。而中央大室方十四步。則堂之四旁各方七步。此方七步者。在東堂為南。在南堂即為東。在南堂為西。在西堂即為南。在西堂為北。在北堂即為西。在北堂為東。在東堂即為北。是謂四旁兩夾。以其夾於兩堂。不可屬之於堂。故為窗。白盛以隔之。白盛者。以蜃灰堊牆也。然則堊亦亞字轉義耳。後或从白作亞。或从土作堊。以分別之。其初古文唯當以亞兼之也。然則亞字所从口形。與口同意。而亦自小異。愚謂此借二為南北。又立二為東西。即二字象形叚借。亦殆指事也。【古籀篇一】

◉高田忠周　說文。亞。醜也。象人局背之形。是字之本義也。但亞字元當从工作亞為正。變作亞。亦作亞。又省作亞耳。工即象天地人。二者。天地也。丨者。人也。工亦用為人形。壬巠王等字从工。其明證也。以工為人者。蓋尊貴之也。而亞字殊从工者。亦應有意義存焉。夫人之局背佝僂者。其醜成于胎中也。从工猶从壬耳。或云此象人局背之形。人者謂工字也。此工叚借。而亞是指事也。壬亞二字善惡相反。而造字之意自相似矣。蓋亞字元有二。一作亞。為室阿義。其文作亞。冂冂者。四方之象。儿儿者。其處也。合二二為四。今收在于二部。又一作亞。上文是也。然則亞者。佝僂病也。亞以象其意指其事也。亞是醜態之極也。轉義為凡美惡之惡。為好惡之惡。遂亦加心作惡以分別。亞惡元一字也。書洪範五曰惡。傳。醜陋也。正亞字義也。易繫辭傳。荀諝本。言天下之至賾而不可亞也。他本作惡。荀即从古文也。老子。天下皆知美之為美。斯惡已。齊語。惡金以鑄鉏夷斤欘。注。麤也。吕覽簡選。與惡卒無擇。注。怯卒也。又論語。君子亦有惡乎。皇疏謂憎疾也。史記弟子列傳。且王必惡越。索隱。猶畏也。轉轉為義如此。又憎惡之言曰諲。説文。諲。相毀也。从言亞聲。一曰畏亞。漢書張禹傳。數毀惡之。注。謂其過惡。皆是醜亞之轉。一曰畏亞者。以古字釋今字也。亞醜字。經傳有以室亞字為之者。儀禮既夕記。主人乘惡車。古文作堊。堊亦同室亞字。見二部亞下。朱駿聲云。亞叚借為污。左成六傳。有汾澮以流其惡。注。垢穢也。又為瑕。漢書路温傳。瑾瑜匿惡。又為叙。書大傳。王升舟入水。鐘鼓惡。注。當為亞。亞。次也。然此等惡字亦元同亞。可證矣。然則説文引賈侍中説。以為次弟也。賈氏未通古文叚借之恉也。爾雅釋言。亞。次也。書牧誓。亞旅。詩載芟。侯亞侯旅。儀禮士虞禮。魚亞之。覲禮。路下四亞之。特牲禮。亞獻尸。左文六年傳。為亞卿焉。襄十九年傳。亞宋子。論語。亞飯干。此等皆以亞為次者也。一説室阿四隅。皆有次叙次弟義字。以亞室之亞為之。似失於穿。又按亞醜之亞。與室亞之亞。形音皆近。故古人皆兩字互通用。此謂象形叚借也。而古銘中多有亞中有字。又有文章者。其字其文。皆與室亞相關。即所以重事之意也。然下見諸亞字中。亦有包容文字者。與亞醜義甚相乖戾。如此者皆以亞為亞者也。又閒有兩兩形相混者。此古文後出之俗體耳。【古籀篇八】

◉羅振玉　亞　説文解字。亞。醜也。象人局背之形。賈侍中説以為次弟也。此作亞。與古金文同。與許訓象人局背之形不合。許因訓醜乃為局背之説。然醜古亦訓比訓類。與賈侍中次弟之説固無殊。爾雅兩壻相謂曰亞。正謂相類次矣。【增

◉馬叙倫　鈕樹玉曰。叙目作□。繫傳韻會亦作□。繫傳弟作第。俗。韻會引無弟字。玉篇次也就也配也。王筠曰。各本作□。而其前後目録又皆作□。朱筠本顧本同。案作□是。鐘鼎文亦作□。象人局背之形者。醜是事而不可指。借局背之形以指之。非惟駝背。抑且雞胷。可云醜矣。爾雅。亞。次也。賈侍中所本。許君列於後者。於字形不能得此義也。臧禮堂曰。賈説似左傳解詁中釋文六年傳為亞卿之文。林義光曰。亞古作□。不象局背形。壼為宮中道。篆作□。亞亦或作□。則亞當為序之古文。象形。倫按亞為家之初文。見家字下矣。此訓醜也象人局背之形者。疑古有□字。為傴僂之傴初文。傳寫與亞形相似。而捝為一。因之亞有醜訓邪。又疑金器刻識多於亞形中有作□形者。□即毛公鼎之□字。金甲文中以□為□。□即本書㔾部之□字。□字説解中謂此召公名。史篇名醜。醜即□之譌也。然則古金刻中或有於亞下作□者。後人遂誤以醜釋亞邪。或古有借亞為傴而或以醜訓傴者。因以訓亞。故亞有醜訓。要之非本義。此或非本訓。賈侍中以為次弟也者。合依韻會引無弟字。黄公紹所據鍇本無弟字。今鍇本有弟字者。蓋别本。或校者據鉉本加也。次者。於亞形不得其義。臧以為此賈釋亞卿文。則亞卿即管仲受下卿之禮而還之下卿。亞下聲同魚類。得相借也。亞卿即下卿。故賈以次卿釋之。左襄十九年傳。圭嬀之班亞宋子而相親也。杜注。亞。次也。然亦得釋為下也。尚書大傳。鼓鐘惡。觀臺惡。將舟惡。宗廟惡。鄭玄曰。惡讀為亞。亞。次也。經傳亞字自有不可以下字釋之者。朱駿聲以為亞之訓次。借為叙。本書叙訓次弟也。非次弟亦叙之引申義也。見叙字下。可借為叙。亦可借為除。除固有次義。且次為咨之初文。本書次下曰。不精不前也。乃不精也不前也二義。不精者。粗字義。不前者。趑字義。倉頡篇。次。叙也。叙當作除。然則古借亞為除。因訓為次。爾雅釋言。亞。次也。亞壻之亞借為婣。音同影紐。今作婭字矣。堊為涂墍之涂本字。此亞可借為除之證。此蓋出許氏字指。丙申角作□。亞□畝作□。延簋作□。亞觥作□。石鼓作□。古匋作□。【説文解字六書疏證卷二十八】

◉陳獨秀　亞　壼　説文云：□，宮中道，从囗，象宮垣道上之形，按：謂□。詩曰室家之壼。今本詩大雅既醉作室家之壼。爾雅釋宮：宮中衖謂之壼，郭注云：巷閤間道，按説文䢢(隸變作衖)、䢽(隸變作巷)一字，訓里中道；是在里中曰衖，在宮中曰壼，在通衢曰行，皆謂□之空白四達，爾雅四達謂之衢。今語所謂十字路也。□下之□，即金器亞形圖象之田，囗為宮垣，其中空白為宮中通道，四隅則宮中室也，猶甲文□(宮)字之□字。□上之屮，蓋象巷閤間止扉木橛，爾雅云：所以止扉謂之閎，郭注云：閎，長杙，即長橛也；故壼或作閫，見史記馮唐傳。□之从屮，猶閫之从困，説文云：橛，一曰門梱也；荀子井里之厥，晏子作井里之困；困字，囗象牆垣，木即謂止扉之橛。亞即壼之初形，甲文亞字作□或□，延盨作□，傅尊作□，與甲文同為陰文十字形，篆作亞，形稍變矣，隸書作亞，壼字从亞，視篆文近古。亞用為姻亞字者，閫内之事也，詩所謂瑣瑣姻亞，是也。詩曰中冓之言，不可讀也，所可讀也，言之辱也，中冓即閫内，故亞孳乳為惡，滹沱字，禮器作惡池，詛楚文作亞駝，史記盧綰傳之亞谷侯，漢書作惡谷侯；亞惡古通用。亞又孳乳為椏，同丫，謂歧枝如歧路。亞有次第之意者，謂宮壼中諸室相次也。【小學識字教本上篇】

◉徐中舒　文字中的亞字，就象墓穴四面有台階之形。說文：亞，醜也，醜惡義近，惡从亞者，墓穴令人心惡。堊亦从亞，爾雅釋宮云：「牆謂之堊」，釋名釋宮室說云：「堊，亞也；亞，次也。先泥之，次以白灰飾之也」，牆用白灰塗飾為堊，殷墟竇窖和豎穴的牆壁，有泥塗和拍打兩種，亞有四面台階，為貴族所居，其牆壁不能即以拍打為足，必須有白灰的塗飾，故從亞之堊有白塗之義。【中國文化研究彙刊第九卷】

◉朱芳圃　說文亞部：「亞，醜也。象人局背之形。賈侍中說：『以為次第也。』」桉亞，火塘也。象形。原始社會有祀火之俗，於室之中央砌一□形之塘，燃火其中，晝夜不息，視為神聖之所，無敢跨越。現今西南兄弟諸族，遺俗尚存，可資參證。故亞為殷代宗彝中習見之圖銘，蓋所以象徵祖先之神所憑依也。

左傳襄公二十九年鄭裨竈字諶，昭公三年齊公孫竈字子雅。桉諶者煁也。爾雅釋言「煁，烓也」，郭注：「今之三隅竈。」說文火部：「煁，烓也。从火，甚聲。」朱駿聲曰：「行竈之名，如今之風鑪，無釜竈也。」雅者，亞也。雅、亞同音，莊子齊物論「鴟雅耆鼠」，釋文：「雅，本亦作鴉。於加反。」是其證。王引之曰：「雅讀如窹。窹雅古同聲，雅古音伍，說見唐韻正。故窹通作雅。玉篇引倉頡篇曰『楚人呼竈曰窹。』」春秋名字解詁下。桉王說是也。亞為象形，雅為假借，窹為形聲，三者一也。古人名字相應，二子名竈，一字煁，一字亞，取同義也。【殷周文字釋叢卷上】

◉丁　山　殷商王朝「邦畿千里」之内，實分田、亞、任三服，重要的證據，即在殷契粹編一五四五·B片。

田，即酒誥康誥所謂「侯甸」；亞，即酒誥所謂「惟亞惟服」，周頌所謂「侯亞侯旅」，都是無疑問的。尚書的「侯甸男」，白虎通爵篇引作「侯甸任」；嫁娶篇又曰：「男者，任也，任功業也。」蔡邕獨斷也說：「男者，任也，立功業以化民，其地方五十里。」男之與任，不過今古異文爾。因此，甲骨文的「多田亞任」，決可當以尚書金文所謂「侯甸男」。周語上所謂「先生之制，邦内甸服，邦外侯服，侯衛賓服，蠻夷要服，戎狄荒服」，尚書禹貢變「賓服」為「綏服」云：

「五百里甸服：百里賦納總；二百里賦納銍；三百里納秸，服；四百里粟；五百里米。

五百里侯服：百里采；二百里男邦；三百里諸侯。

五百里綏服：三百里揆文教，二百里奮武衛。

五百里要服：三百里夷，二百里蔡。

五百里荒服：三百里蠻，二百里流。」

「二百里男邦」，史記夏本紀引作「任國」，過去經學家總認為是今古異文，——今文本作任，古文本作男。茲驗以甲骨文的「多田亞任」，與令彝銘的「侯田男」異文，我認為任本商制，男乃周名。推此言也，一部五經異義所傳説的今文家與古文家紛歧錯綜的制度，都該自「商周易禮而王」方面重行檢討其是非。

亞，酒誥列于「内服」；周頌次于「侯主侯伯」之次，而云「侯亞侯旅」；在尚書牧誓、立政則又以「亞旅」連文，而以為官名，位次司徒司馬司空之後。唐蘭先生據䵼段云「諸侯大亞」，辛巳彝云「王飲多亞」，鐵雲藏龜亦有「多亞」之稱，五一葉。而謂：「凡此亞旅之文，前人多不得其解，得甲骨金文互證，始可定亞為爵稱。」詳武英殿彝器考釋第二葉引。今按，「亞旅」之名，沿至春秋時代，尚未盡廢，左傳：

文公十五年：「宋華耦來盟曰，請承命于亞旅。」杜注：「亞旅，上大夫也。」

成公二年：「公會晉師于上鄍，賜三帥先路三命之服；司馬，司空，輿帥，侯正，亞旅，皆受一命之服。」杜注：「侯正，主斥候；亞旅，亦大夫也。」

昭公七年：「鄭子産曰，朔于敝邑，亞大夫也，其官馬師也。」

文公六年：「晉趙孟曰，公子雍，先君是以愛其子，而仕諸秦，為亞卿焉。」

魯叔孫氏為司馬，昭公五年傳也稱之為「亞卿」。爾雅釋言：「亞，次也。」由于「亞卿」「亞大夫」的證明，杜預注左傳以為「亞旅，上大夫也」，當然是錯了。「亞旅」一辭，也曾見于卜辭云：

壬戌卜，狄貞，其又來方，亞旅其⿱臤魚，王受又又。

壬戌卜，狄貞，亞旅士⿰鼎并。

壬戌卜，狄貞，亞旅从，受于万。

壬戌卜，狄貞，亞旅其陟[illegible]入。以上均見甲篇3913片

其地位相當于晉國的「侯正亞旅」。然而以甲骨文本身材料及金文互相對照看：

亞	侯與氏
辛巳卜貞，夢亞雀茂余利若。前·8·13·2。	乎侯雀。甲編440片。
貞翌庚申亞先□告。珠·31。	壬戌卜，史貞，乞令受田于先侯。十月。通纂·726。
丁卯卜，桒于㱿，亞𠂤其入十牛。鄴·三·下·44·1。	癸酉，𠂤氏十夕。珥。白·粹·508。
亞犬，父□。鼎·續存上·17。	貞令多子族眔犬侯𡏳周。古王事。通纂·538。
亞槖，父丁。𣪘·頌齋續録26葉。	槖十。林·2·6·9。甲翼。
亞又。𣪘·續存上·36。	乙酉貞，王令𡆥途亞侯又。鄴·三下·43·9。
亞氏、作父己尊彝。觶·三代·14·53。	己未卜，令遘氏侯。新寫·73。

略舉數例，足見亞與侯名異而實相近，我所以説，「多田亞任」即尚書所常見的「侯甸男」，唐氏謂「亞為爵稱」，不如釋以「内服」的諸侯，更為徹底！

亞𠭯彝亞告鼎兩種形式外，尚有：

丙申角　亞觥

甲骨文或作：

前·2·8·5。　前·7·39·2。　後·上·30·5。　前·5·2·5。

頗似而聯其外緣成方陣形，疑商周文獻所見「亞旅」，初象卒伍成行之形；在田，則象尖斜欹側不成方的區田，固象區田一方闕其四角也。不成方的亞田，意本説是斜田，音乃譌畬田、餘田。餘田者，區田之餘也。【説多田亞任　甲骨文所見氏族及其制度】

◉于省吾　甲骨文亞字作或形，金文略同。説文作亞，並謂：「亞，醜也，象人局背之形。賈待中説以為次弟也。」段注：「此亞之本義（指訓醜言之）。亞與惡音義皆同，故詛楚文亞駝禮記作惡池。史記盧綰孫他之封惡谷，漢書作亞谷。宋時玉印曰，周惡夫印，劉原甫以為即條侯亞父。」王筠説文釋例：「醜是事而不可指，借局背之形以指之，非惟局背，抑且雞匈，可云醜矣。」

饒炯說文部首訂：「據亞形全篆觀之，本作工，而變象其局背雞胸之形，例與鼎下說象析木意同。」林義光文源：「壺為宮中道作□，亞亦或作□（原注：據古録一之二析子鼎亞形），則亞當為㢣之古文，廡也，象形。亞㢣古同音。」按許說已屬荒謬，而各家所釋，或傅會許說，或別出異解，無須一一加以駁正。

麼些象形文字字典：「方隅或角落作□。」（二二頁）這對于我們理解亞字有很大啟發。由于古代麼些族（即納西族）和中原部落的文化交流，故麼些象形字和商周古文字每有互相印證之處，商器作父己觶亞中示的亞字作□，又左鉦亞中𠭯的亞字作□，均和麼釋文的□字相仿。

亞與阿雙聲，魚歌通諧。石鼓文的「亞箬其華」，王國維謂：「亞箬與猗儺音義俱近。亞箬其華，猶詩言猗儺其華。」（見羅振玉石鼓文考釋。）按箬从若聲，古讀如諾，故與儺通用。詩隰有萇楚的「猗儺其華」，猗儺謰語也作阿難，詩隰桑分用之作「隰桑有阿，其葉有難。」以上是亞與阿通用之證。章炳麟新方言：「凡亞聲語，後多轉為可聲」，又謂「阿讀若亞」，甚是。

早期古文字無阿字。阿字始見于晚周的阿武戈和古鉨的「趙阿」。說文：「阿，大陵曰阿，从𨸏可聲。一曰，阿，曲𨸏也。」典籍多訓阿為隨為從，均與亞之訓次義相因。典籍又每訓阿為曲隅。楚辭九歌少司命的「晞女髮兮陽之阿」，山鬼的「若有人兮山之阿」，王注並訓阿為曲阿。因此可知，阿之訓曲隅，正與亞為方隅或角落之義相符。

基于上述，亞字的造字本義，說文和說文學家的紆謬訓法無一是處。本文以麼些文字的「方隅或角落作□」為依據，與亞字相印證，則亞字象隅角之形昭然若揭，而且論證了亞和阿音義並相通，故亞為阿字的古文，阿為亞後起的通用字。【釋亞　甲骨文字釋林】

◉馬叙倫　說文。亞。醜也。象人局背之形。倫謂醜謂局背也。此偏字義。偏亞音同影紐。古或借亞為偏。或古有象局背形之□字。其形漸變而與亞篆之或作□者相混。因譌為一字。而亞之本義轉亡矣。亞者家之初文。辛巳彝。王飲多亞。多蓋人名。王飲多亞即王飲於多家也。詩未有家室。毛傳。室内曰家。室當作宀。謂宀内為家也。周召夫鼎等之□即家之次初文。吳其昌據此□字及辛癸鼎等之□。謂□即古代四合院落之平面剖面形。□或作□。□或□即象居室之形。□則加一屋之記號。是也。□即說文之亞字。金文率作□□。亦其變也。【讀金器刻詞卷上】

◉李孝定　說文。亞。醜也。象人局背之形。賈侍中說以為次弟也。契文金文篆體並同小篆。卜辭用為爵名。與侯義相近。至其初誼若何。蓋難言之。丁氏以為象區田之不方整者。果如其說。則字當作□。不作□矣。殷虛發掘所見殷王陵墓其穴多作□形。亞字初誼未知與此有關否。【甲骨文字集釋第十四】

◉白玉崢 亞：孫籀廎氏之契文舉例隸定為亞。見卜事篇。後世學者，自羅振玉氏書契考釋以下，曾無異議，是釋亞已為定論，惟雖論述繽紛，然於其初義之推求，率多拘於許説，未能會通其理，是正其書。然則，亞之初義為何？余疑其為「宮中道」也。此説並見許書，惜許氏立説之當時固未之察也。説文：「壼，宮中道，从囗，象宮垣道上之形。」許氏此説，蓋誤以亞之初義當於壼之説解也。且所為説解窒礙晦澁，索解匪易，其説遂不彰。今以殷虚發掘之墓址作平面之觀察，並與亞之構形比勘，兩者完全相一；是亞之初義，與墓址必有相互之關聯。殷人尚鬼，事死如事生，由是察知生人之居室，自其平面視之，亦若亞形，用知亞之初義為「宮中道」。所謂「宮中道」者，乃於通道之左右，各予設窗或户限，其頂設覆蓋之義也，與居舍無甚軒輊。其所異者，此乃專供通行者也。若以今語説之，「走廊」之義近似。且觀今時大廈内部之甬道，亦與亞形相合。是亞與行之構形略通，且並象四達之形。若就其異者論，行之構形乃為平面之描述，而亞則兼立體，其四向之 ─ 或 ─，乃其頂之覆蓋也；此可從甲文中[字形]戩四〇・一四與[字形]新綴四三八版等之構形證知之。是亞之初義為「宮中道」，象四達之形，當無疑也。【董作賓先生逝世十四周年紀念刊】

◉何金松 亞字甲金文一般作亞、[字形]、[字形]之形。《薛氏鐘鼎款識》、《積古齋鐘鼎彝器款識》、《金文編》等書中收了許多外圍或一部分為上述三種形體的圖形文字。亞中有丅（即「示」字），表示敬祖先；有[字形]（龍形），表示圖騰崇拜；有弓、矢、矛、其（古箕字）、爵、彝器、牀、舟、旂等，表示放着各種用具；有鷄、豕、鹿、虎、鳥、龜等，表示家畜和獵獲的野物；還有[字形]，象用手驅豕進「亞」形；還有[字形]，象一人拄杖掉頭離開「亞」之形；還有[字形]，象二人在「亞」中並肩站立攜手之形（是否表示成婚？）。還有其他類似的圖形文字，大都與日常生活有關。由此看來，亞字不大可能象廟室、隅角，也不是作為裝飾的花邊，更不能象環石或墓穴。它應該是房屋的象形。這樣才可以解釋作外圍的「亞」與其中所包含的文字、圖形之間的有機聯繫，或者作為非外圍之一部分與其他部分之間的密切關係，以及整個圖形文字所表示的意思。

這一解釋并非望圖生義，而是有事實作根據的。1964年第8期《考古》刊載了宋兆麟《雲南永寧納西族的住俗》一文，論證了納西族的住宅還「遺留了一些母權制生活的特點」，附了一幅「永寧納西族典型院落平面圖」。《簡明中國歷史圖册》第1册第2章第4節「母系氏族的村落」也附有「解放前納西族母系家族房屋平面圖」，可能來源于宋文，比較簡單。這兩幅圖反映的同一事物，雖然不是母系家族住宅的地下發掘，但保留了母系家族住宅的歷史特點，對研究亞字的形體很有用處。現將宋文中的附圖轉繪于後。

其房屋平面圖，中間是天井，四邊是房子，其形就像亞。因此，亞字應為母系家族房屋平面圖的象形。至于房屋各部分的用途和如此布局的原因，宋文和《簡明中國歷史圖册》已有説明，這裏不再贅述。

王國維《明堂廟寢通考》詳細考證了我國上古明堂、宗廟、路寢、燕寢的布局、結構和用途。最後附有四幅圖，其形亦皆為亞。不過，這是王氏綜合有關文獻資料所作的推測，不是地下遺址發掘。

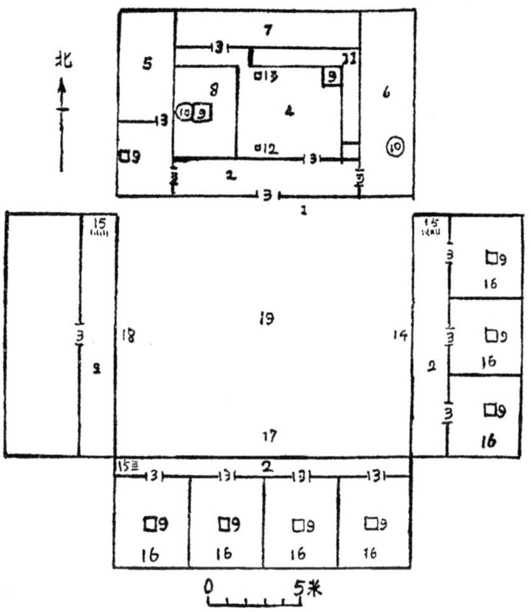

永寧納西族典型院落平面圖

1.正房　2.走廊　3.門　4.主室　5.上室　6.下室　7.倉庫　8.地鋪　9.火塘　10.灶　11.牀　12.女柱　13.男柱　14.東廂房樓上　15.樓梯　16.客房　17.門房樓上　18.經堂　19.天井

過了半個多世紀以後，1976年在陝西周原的岐山鳳雛村，首次發現了西周宮殿建築遺址。《文物》1979年第10期發表了發掘簡報。《文物》1981年第1期刊載了傅熹年《陝西岐山鳳雛西周建築遺址初探》和王恩田《岐山鳳雛村西周建築羣基址的有關問題》兩篇文章，根據上述發掘簡報，探討了我國西周宮殿建築問題。傅文附有八幅圖。圖一是「鳳雛村西周甲組建築基址平面復原圖」，圖七是「復原方案1鳥瞰圖」，圖八是「復原方案2鳥瞰圖」。文章最後說：「這座建築的整體佈置是以堂為中心，前建門塾，後建室、房，左右有廡，用房屋圍成方整的外輪廓，內部形成前後兩進的庭院；堂、室、門、廡各建築相對獨立，用廊連接，很明顯是有計劃一次建造的一座完整的『四合院』式建築」，「從遺址的規整對稱程度看，在此以前應有一段形成、發展的過程，它的雛形出現還應更早。」王文附有「岐山鳳雛村甲組建築羣基址平面圖（據《商周考古》繪制）」，與傅文的「圖一」內容相同。

夏、商、周三代是我國奴隸制社會產生、發展和逐漸瓦解的時期，生產力比原始社會大大向前發展了。表現在房屋建築上，

𩑶 𩑶

可以説就由母系家族時代的亞形逐漸演進到了周代「四合院」的形式。金文亞字有作亞者，篆文壺字所從之亞亦作亞，當是這個時代宮殿式建築平面圖在文字上的反映。

我們再用比較的方法來證明。在甲骨文和金文中，表示房屋的象形字有「宀」，由它作形符的字有「家、宅、宮、室、向、安、宿」等。《金文編》中有兩個圖形文字，一個是[圖形](父乙觶)，另一個與它很相似，象用兩手捉(驅)豕進「宀」形，不是與前文引的用手捉(驅)豕進「亞」形意同嗎？再如「家」，金文家戈爵作[圖形]，圖形文字有[圖形]，意亦同。這説明「宀」與「亞」表示的都是房屋，二者的區別僅在於從不同的角度看房屋，「宀」是房屋側面的正視象形，「亞」是整套住宅的平面圖或俯視圖的象形。

那麼，亞的古文形體是如何演變的？將亞最外邊四劃兩頭拉長就成了亞。再將裏面四個直角變為圓筆就成了亞。而篆文又將中間兩直不出頭，就成了亞。【釋亞 中國語文一九八三年第二期】

◉李白鳳 「亞」實「社」之圖象字，其四出者為阼階，中高平者乃「壝」，乃「主」之所在；是以「社」之圖象與「亞」同，凡職司「亞」(社)者其官恆稱「亞」，世職者乃以此為其族徽，蓋初民本無姓氏，後乃因官而得姓也。【東夷雜考】

◉柯昌濟 亞亞 此二文證亞、亞二字之為一文，按卜辭亞、亞二字結構稍異，故疑其為二字。亞、亞二字皆象太室室屋之形，余初以為亞字或象帳幄之形，為古幄字，而字在其它文義上亦通惡字，如漢周亞夫即惡夫之義，又殷之諸侯受命於五者亦可稱亞，金文中之亞形即記諸侯在太室受命之事，則此文亞侯之稱亦可通解侯證。【殷墟卜辭綜類例考釋 古文字研究第十六輯】

◉許 慎 𩑶闕。衣駕切。【説文解字卷十四】

◉馬叙倫 鈕樹玉曰。玉篇作晋。廣韻亦作晋。按丙讀若晋。則當作[字形]。惠棟曰。晋。古文惡。出石經。王筠曰。此許説捝佚。校者自加闕字也。莊述祖曰。土部。堊。白也。从土。亞聲。金文丁亥尊作[字形]。從白。亞聲。古文從白之字多作日。則晋即古文堊之譌。倫按堊晋非一字。晋蓋春夏之本字。從日。亞聲。此篆傳寫譌耳。本書。丙讀若晋。本書九千餘文中獨丙字難知其形義。倫謂丙蓋亞之譌字。此從亞而亞作[字形]者。又由[字形]而譌耳。汗簡以為出石經者。檢夏之古文作晋。實出石經。疑汗簡作晋者。乃昏之譌。然此字當在日部。而今在亞部。亦或呂忱所加。忱本於石經也。忱以石經借為惡字而亞訓醜。古書多以亞為惡。因內諸亞部。亦不以為夏之重文也。【説文解字六書疏證卷二十八】

林一・一八・一三　林一・一八・二　戩六・一三　鐵二四七・二　餘一五・三　前二・二一・四

後一・二七・八　甲五六一　甲二六九六　寧滬一・二一七　明藏四七七　後一・二六・六　甲二一二三

五十見合文一六　甲二一七七　五月見合文二八　前七・一五・四　五千見合文一七　佚二〇一　五人見合文一八　河

三二一　五牛見合文一九　佚七九　五牢見合文二一　金二一　五十牢見合文二一　【甲骨文編】

甲121　212　1493　乙5397　6669　6729　6740　6929　6945　7095

7311　7312　8510　9091　珠186　佚146　154　224　518　536　872

882　883　897　續1・44・5　1・52・6　2・24・3　3・19・2　掇424　徵1・25　2・

27　3・25　3・117　5・24　8・17　11・61　凡8・3　古2・6　2・8　録521

龜卜7　粹5　12　13　72　1149　【續甲骨文編】

五　宰椃角　臣辰盉　保卣　何尊　小臣遽簋　吕鼎　宅簋　五祀衛鼎　伯晨鼎

揚簋　曶鼎　頌鼎　史頌簋　大鼎　散盤　尹姞鼎　元年師兑簋　伯中父簋　師

克盨　不𡢁簋　兮甲盤　弔五父盤　𩍯鎛　陳昉簋　鄦侯簋　酓章作曾侯乙鎛　中山王譽鼎

中山王譽兆域圖　鄂君啟舟節　【金文編】

1・15　獨字　5・491　同上　1・96　五五　5・403　五升　【古陶文字徵】

〔五二〕　〔六八〕　〔三六〕　〔四〕　〔三二〕　〔一九〕　〔三六〕　〔四〕　〔四〕　〔一九〕

〔五五〕 〔六八〕 〔四六〕 〔一九〕【先秦貨幣文編】

刀弧背 冀滄 仝上 布空大 豫伊 布尖 平州背 晉高 布方大 陸半背 晉高 布尖 盧虒半背

晉高 布方 平陽背 晉祁 布尖 武安背 晉高 布尖 閔半背 晉高 布尖 閔半背 晉原 布方 平陽背

晉祁 刀弧背 左五 冀靈 布圜 藺石背 典四九九 布尖 平州背 横書 典三八五 布圜大 陸背 横書 典四八九 布尖大 玆氏背 典四六九 頌按：《說文》五字古文作ㄨ，古貨幣文五字有時省五為ㄨ，與古文同。【古幣文編】

三〇三：一 卜筮類癸二□五 【侯馬盟書字表】

15 246 246 【包山楚簡文字編】

五 法七一 九十八例 通語 好言一 日乙二四〇 通伍 士一 秦一九〇 日乙一 四十例 編三二 十例 日甲一四五背 二例 日甲六四 五例 日乙四〇 三例 【睡虎地秦簡文字編】

一月(甲4—8)、羣神一正(甲9—3)、一正乃明(甲9—13)【長沙子彈庫帛書文字編】

0343 3083 3082 0353 【古璽文編】

騎五百將 募五百將 五原太守章 五威將焦掾並印 五鹿良印 何常五印 郤五印 第五建

【漢印文字徵】

郎邪刻石 五夫= 少室石闕 五官掾陰林 博塞 日晷 天璽紀功碑 合五十桼字 袁安碑 五年正月

品式石經 咎繇謨 撫于五辰 說文古文亦作ㄨ 禪國山碑 者五 蘭臺令史殘碑 祀三公山碑 五官掾閻祐

五 開母廟石闕　五官掾陰林　[glyph]石碣乍邍　□□五日　五日二字合文　【石刻篆文編】

㐅五【汗簡】

㐅古孝經　㐅汗簡　[glyph]古老子　[glyph]義雲章【古文四聲韻】

◉許　慎　五五行也。从二。陰陽在天地閒交午也。凡五之屬皆从五。臣鉉等曰。二。天地也。疑古切。㐅古文五省。【說文解字卷十四】

◉方濬益　𠄡小臣犧尊　古文五。西清古鑑邢侯尊有酌字。釋為酬。偏旁與此相近。【綴遺齋彝器考釋卷十八】

◉劉心源　𠄡俞尊　金石契釋莽布引元李治測圓海鏡記算有縱橫二體。其縱者五作[glyph]。其橫者五作𠄡。此銘五畫仍五字。【奇觚室吉金文述卷五】

◉孫詒讓　（鮽尊）末𠄡字金文未見，吳引許瀚云：「積五畫，即五字。」「王十祀又五，五日者，十五年正月五日也。」案許謂積畫即五字近是，而云十五年正月五日則不可通。竊謂十祀自是十年，又五，五日者，閏五月五日也。紀日以積畫者，或欲取重五之義，特別異之。五下不箸月字，而又不可作重文，故放三字積畫，以為楬識與。【古籀餘論卷二】

◉孫詒讓　金文龜甲文皆同作五，無作㐅者，唯金文梁司寇鼎「梁廿有五年」五作十，則與篆文十同。許書古文，蓋與彼相類。丁子尊云：「又五𠄡日。」疑是閏五月五日。因重五字，別作𠄡，積畫與𠄡同，亦古文之變也。【名原卷上】

◉王　襄　契文一二三四作一＝三亖，金文亦然，至五，初文作五，許書五古文作㐅。竊意初民所用數字，祇知有五，以人之手指有五，易于數計。𠄡已為極數，其製五字如為橫製五畫，與𠄡字易混，且不便書，乃以𠄡之中二畫為交叉之形，其上下二畫不變，成為五字。其[glyph]與示作[glyph]，正之作[glyph]或[glyph]，可之作[glyph]，平之作[glyph]，不之作[glyph]同例。作五即後世枝梧之本字。燕刀背文作㐅，古陶作㐅，皆象架木枝梧之形，與契文微異，與許書之古文㐅同。燕刀、古陶為晚周時物，知許書所收壁經之古文多晚周時文字。【古文流變臆說】

◉林義光　陰陽交午非五數之義。五本義為交午。假借為數名。二象橫平。㐅象相交。以二之平見㐅之交也。與于同意。見于字條。古作[glyph]揚敦。作⋈效父尊彝。作㐅明刀。【文源卷三】

◉林義光　說文無[glyph]字。古作𠄡小臣俞尊彝。即五之本字。【文源卷八】

◉高田忠周　五　此字實當屬十部也。元唯作㐅。後加二。以為天地之象。或作[glyph]。二即上字。亦為天意。凵為地載之意。後又作□。愈出愈繇。遂遠造字本意矣。蓋五之言午也啎也。其形即交午之意。其音即午屰之義也。五為午屰。故五聲之字有午屰之意。語字。古文即吾也。説文。吾。我自偁也。此我字轉義。叚借為我也。从口。五聲。即與从言吾聲同。説文。語。論也。从言。吾聲。又言下曰。直言為言。論難為語。此語者。言之錯啎難解也。吾字已从口。又从言為複焉。猶合詥同詷周調之類也。又悟字古文作□。凡吾聲字。古文元作五聲。可知可證。因謂忤為屰也。齬為不相值也。敔為御止。皆為五字一轉義而兼會意者也。又五屰者必有時而分解。窮則通之理也。故字有从五聲而其義為分開者。悟為覺也。晤為明也。是也。又寤下曰。覺而有言也。从㝱省。吾聲。此義在分合之間。又嚏字解曰。悟解氣也。从口。疐聲。此悟逆而分解之理也。以上諸字。其音其義。仔細玩之。五聲中有逆意。亦有開意。可知矣。於是乎㐅字分形為八字之理。自顯然也。【古籀篇十八】

◉丁 山 五行之説，説者每託始「禹治洪水，賜洛書，法而陳之，洪範是也」（漢書五行志引劉歆説）。以愚考之，河圖洛書亦不過「聖母臨世，永昌帝業」（資治通鑑紀武承嗣偽造符瑞欺武則天語）「聖人之所以神道設教」（東都事略紀王欽若言符瑞事）者耳。其流蓋出周末陰陽家，遠而徵之，亦不出箕子之口，洛書之名，五行之説，殷以前未聞也（洪範時代，五行源流，載籍所傳，無不可疑，容當另文詳之），則卜辭中婁見「□月」（契殷徵文典禮六十七）、「□牛，□羊」（殷虛書契四，葉五十）、「□㽙」（殷虛書契四，葉五十四）之□，皆不得解以五行矣。説文古籀補引丁子尊五字作亖，猶二三四之以積畫為字，亦不得解以五行矣；而許君乃以五行為□本義，何也？曰此亦本義廢，借義行，學者習以借義為本義而失其本義者也。□之本義為當「收繩器」，引申之則曰「交午」。儀禮大射儀「若丹若墨，度尺而午」，鄭注：「一縱一横曰午，謂畫物也。」史紀項羽本紀「楚蠭起之將」，集解引如湻云「衆蠭飛起，交横若午」，索隱亦曰：「凡物交横曰午。」按午古或作□（殷虛書契五，葉三十八），或作□（殷虛書契三，葉四，效卣同），或作□（農卣），或作□（鬱侯敨），皆象「斷木為杵，所以擣鬱也」之杵，不見一縱一横相交之意；象縱横相交者惟古文五字；然則子華子曰「五居中宮，數之所由生，一從一横，數之所由成」，周禮故書云「壺涿氏若欲殺其神，則以牡橭五貫象齒而沈之」，皆五之舊義矣。交横謂之五，交合亦謂之互。周禮「鱉人以參互考曰成」，釋文引干寶注「互，對也」；漢書劉向傳「宗族磐互」注，「互或作牙，謂若犬牙相交入之意也」，又谷永傳「百官盤互」注，「盤結而交互也」；慧琳一切經音義亦三引考聲切韻曰：「互，交互也。」是五互古義通也。五，古韻隸魚模部，互亦隸魚模韻；若以聲紐言：五屬喉音疑紐，互屬牙音匣紐，古音牙喉常相互轉，——亘聲為桓，我聲為義，午聲為許，則午聲亦可為互；是五互古音全同也。説文以互為笠省，云「象形，中象人手所推握也」，段氏謂「□像人手推之持之」，愚則謂象糾繚形（□象糾繚，參下九字義），文選鵩鳥賦「何異糾纏」注引字林「糾，兩合繩」，長笛賦注亦引張晏漢書注曰「二股謂之糾」；然則互之从ㄣ，蓋取兩繩相交意。兩繩相交謂之互，縱橫相交謂之五；其所以相別者而意終無別，然則謂五互形近音同義通，毋寧謂「⧗古文互」之為近矣。互説文云「可以收繩」，故竝繩與器而象之；⧗則象器之尚未收繩也，故見其交橫之輻；周禮「牛人，凡祭祀共其牛牲之互」，鄭大司農曰，「互謂楅衡之屬」，正⧗之形謂。蓋自借⧗為三，收繩之義失而別造互字，自借㐅為交⧗，交橫之義失而有「五行」之説；此古誼失傳後儒皆不得其解者三也。【數名古誼　歷史語言研究所集刊一本一分】

◉商承祚　⧗⧗　金文頌鼎齊鎛作⧗。伯仲父毁作⧗，皆與此同。𨙸侯毁作⧗。則趨向姿媚矣。説文五。「五行也。从二。陰陽在天地交午也。㐅古文五省」。魏三字石經之古文與説文古文同。案最初之五應作㐅。作⧗者。已變矣。【甲骨文字研究下篇】

◉馬叙倫　承培元曰。陰陽上當補㐅字。王筠曰。繫傳地下有之字。鄧廷楨曰。五午疊韻。林義光曰。數名之五古作三。見小臣俞彝。倫按本訓午也。以聲訓。吕忱加五行以下十五字。五為枑之初文。甲文作⧗⧗。伯仲父敢作⧗。伯睘卣作⋈。皆象形。字見急就篇。

㐅　金甲文皆無如此作者。明刀背文如此。魏石經古文作㐅。然則此為吕忱據石經加也。【説文解字六書疏證卷二十八】

◉楊樹達　㐅象交午之形，不必陰陽也，㐅為交午之午之本字，今作交午者，午㐅同音假借也。字先有㐅而後有五。許説與造字之次不合。交午非物也，故為事形。然確有形可象，故為象形而非指事。以下諸字倣此。【文字形義學】

◉朱芳圃　馬叙倫曰：「五為枑之初文。甲文作⧗⧗，伯仲父敢作⧗，伯睘卣作⋈，皆象形。」六書疏證二八三六。桉馬説非也。㐅象交錯形，二謂在物之間也。當以交錯為本義。自用為數名後，經傳皆借午為之。儀禮大射「若丹若墨，度尺而午」，鄭注：「一縱一横曰午，謂畫物也。」特牲饋食禮「肵俎，心舌皆去本末午割之」，鄭注：「午割，縱横割之。」所謂縱横，正㐅之形象。周禮秋官壺涿氏「若欲殺其神，則以牡橭午貫象齒而沈之」，鄭注：「故書午為五。杜子春云：『五貫當為午貫。』」桉五為本字，午為假借。【殷周文字釋叢卷中】

◉李孝定　説文「五。五行也。从二。陰陽在天地間交午也。㐅。古文五省。」陰陽五行之説盛於東漢。其起源亦不甚早。先民造字之時紀數之字當屬早出。其時必無此等觀念也。丁氏説五為收繩之器與笪互同字。雖未可證其必是。然亦可備一説。契文或亦作三積畫為之。辭云「𡧊于□三牢」可證。或又作⧗。辭云「⧗鹿獲三鹿獲」可證。此均五之異構。前者蓋偶一為之。猶存原始紀數字之遺意。後者多一橫畫。或係筆誤。金文均作𠄡。與契文小篆並同作。横之作⋈仲五父簋⋈戈五甗⋈伯買卣⋈𩰫卣。與契文或作⋈者同。説見四字條下引郭説。又契文作𠄡者一見。當係變例。【甲骨文字集釋第十四】

◉于省吾　㐅為五之初文。商代金文小臣艅尊：「隹王十祀又五彡日。」彡字作𢒆，吴大澂、孫詒讓均誤釋為五。説文五之古文作㐅，與古陶文、古化文合。説文所引古文乃晚周文字，固未可據以為初文也。凡紀數字均可積書為之，但積至四畫已覺其繁，勢不得不化繁為簡，于是五字以㐅為之。山東城子崖所發現之黑陶，屬于夏代末期。城子崖圖版拾陸，有黑陶文之紀數字。其中五字作㐅，與甲骨文第一期骨端常見紀數之五字相同。此外甲骨文五字均作𠄡，偶有作㐅者(粹一一四九)。周初器䆫鼎五朋之合文作㐅，分之則五作㐅，但與黑陶文及骨端文五之横形作㐅者迥别。五字之演變，由㐅而㐅，再由㐅而𠄡，上下均加一横畫，以其與乂字之作㐅形者易混也。【釋一至十之紀數字　甲骨文字釋林】

◉彭静中　㐅　簋銘有題揭之字，容庚：《寶藴樓彝器圖録》五二。諸家未之隸釋。郭沫若先生謂是「族徽」。郭沫若：《奴隸制時代》一九七三年版，246頁。李孝定云：「字不可識。」周法高、李孝定等《金文詁林附録》613頁。

今謂字乃「五」字之變形。知者，金文𡚸字作㐅羅振玉：《三代吉金文存》十六・三一，甲骨文作㐅(甲三六三九)、㐅(京津二，朱字)，所從之㐅，即題揭之字所從出。

東漢順帝永建五年(公元一三〇年)朱提洗，五字作𠄡容庚：《金文續編》十四・十五，東漢安帝元初五年(公元一一八年)堂狼洗之五字作𠄡容庚：《金文續編》十四・十五，然則題揭之字正五字之省文，題作《五簋》可矣。【金文新釋(十則)　四川大學學報一九八〇年第一期】

◉張秉權　在西安半坡的一些陶刻符記中，還有幾個可能也是早期的記數文字，還没有被認識出來，如「㐅」，可能就是三十的合文，甲骨文三十的合文作「㐅」或「㐅」，二者的分别，只在横書與直書而已，既然一二三四等字可以竪寫，那末三十與四十的合文又何嘗不可以竪寫呢？又如「㐅」與「㐅」，也可能就是四十的合文，甲骨文中四十的合文作「㐅」，二者也只有横竪之别。又如「㐅」，可能就是五十的合文。自然它們也有可能是「十三」「十四」「十五」等的合文。甲骨文中的奇零之數，雖乏合文之例，但月份的「十二」「十三」等則常作合文，而「十五」也有並列排行的例子，亦可視同合文。可見作「㐅」的五，也是很早的形體。「㐅」象五指横伸之形，原與一二三四的象手指之形是同樣的道理。又因五指横伸，掌紋可見，而書寫五横，又嫌過于繁複，於是就以象掌紋的「㐅」來表示一掌五指之數的五。後來又在「㐅」的上下，各加一横，而成「𠄡」形，以象掌中有紋。「五」有交午之義，可能是從象掌紋的「㐅」中引申出來的。【甲骨文中所見的「數」　歷史語言研究所集刊第四十六本】

六

◉戴家祥 為五十之合文。金文個位數字一、二、三、亖，至五不採用纍疊方法，寫作五。十位數字、、、山也是至五十而改為合文書寫。【金文大字典上】

鐵一三五・三　拾一・三　拾一二・一四　前一・一八・四　前四・四三・四　前五・三八・二　前六・五一・五　前七・三九・一　後一・五・九　後一・三〇・一〇　菁一・一　菁六・一　戩二四・一一　甲三三七　甲七一二　甲八七二　甲一六五四　林一・一八・一〇　佚五一八背　甲三一一二　六十見合文一六　佚七六　六旬見合文二九　佚四八三　六千見合文一七　後二・四三・九　六人見合文一八　京津七四一　六牛見合文一九　京津八五四　六牢見合文二一　甲三〇六九　六牡見合文二二　甲一一五九　六月見合文二八

【甲骨文編】

甲712　872　2256　2908　3422　乙817　5849　6896　8888　佚233　381　438　518　547　882　991　續1・23・5　1・43・10　續4・31・6　徵2・52　續5・20・11　掇461　徵3・150　3・196　9・41　10・58　凡14・3　古2・6　録497　誠75　龜卜112　【續甲骨文編】

六　宰椃角　𠨘卣　作册睘卣　保卣　遇甗　競簋　靜簋　免卣　師虎簋　師奎父鼎　茍簋　舀鼎　柳鼎　禹鼎　克鐘　㝬鐘　番匊生壺　弔専父盨　幾父壺　禽章作曾侯乙鎛　曾姬無卹壺　陳侯因資錞　中山王嚳兆域圖　鑄客匜　毛昇簋　六月初吉　【金文編】

4·11 十六年十月左匋君 4·6 十六年四月右匋君 5·506 卌六 秦95 獨字 5·386 秦詔版殘存「廿六
年皇帝盡并兼」八字 5·398 秦詔版「廿六年皇帝盡并兼天下諸矦……」共四十字 秦1552 秦詔版殘存「廿六年皇帝」五字
秦1553 秦詔版殘存「廿六年皇」四字 2·35 獨字 4·136 六十年在□坪 5·447 獨字 2·34 獨字
6·206 同上 【古陶文字徵】

〔六七〕〔三六〕〔六七〕〔二〕〔二八〕〔一八〕〔二〕〔三二〕〔二二〕
〔一九〕〔三六〕〔七〕〔三六〕〔一九〕〔一九〕〔三六〕〔三六〕〔四五〕〔三六〕
〔二二〕〔一九〕〔一九〕〔六七〕〔六八〕〔六八〕〔三六〕〔二二〕〔三七〕
〔四六〕〔三六〕〔三六〕〔六七〕【先秦貨幣文編】

布尖 武安背 晉高 布方 茲氏背 晉高 刀弧背 ㄎ六 晉原 刀弧背 左六 京朝 刀弧背 冀滄
仝上 圜賹六化 魯濟 刀弧背 左六 冀靈 仝上 右六 刀剪首 魯招 圜賹六化 魯掖 刀
弧背 ㄎ六 冀靈 布尖 茲氏半背 晉原 布大 大陰背 仝上 布尖 茲氏半背 仝上 布尖 晉易半背 晉原
布方 中都背 晉高 布尖 壽陰背 橫書 晉忻 刀弧背 右六 冀靈 仝上 左六 布尖 壽陰背 晉原
仝上 布尖 膚俿半背 倒書 晉高 刀尖 倒書 典一一四六 布尖 武安背 典四〇五 布圜 閔背卌六
典五一一 【古幣文編】

91 118 130 【包山楚簡文字編】

六　效三　三十五例　編三　四十二例　封七八　七例　秦四一　五例　日甲六三背　三例　【睡虎地秦簡文字編】

六令之印　六安府□　六安內史印　六安相印章　【漢印文字徵】

泰山刻石　廿有六年　袁安碑　八年六月　日晷　宣人殘石　禪國山碑　卅有六　延光殘碑　六月　石經僖公　夏六月　石碣鑾車　六轡驖□　文公　文公第六　博塞　古先右六磬　其刀刻回旋痕跡

【石刻篆文編】

六佗頌切石經　六出王庶子碑　六　【汗簡】

古老子　汗簡　崔希裕纂古　【古文四聲韻】

◉許　慎　易之數。陰變於六。正於八。从入。从八。凡六之屬皆从六。力竹切。【說文解字卷十四】

◉孫詒讓　金文師奎父鼎作，師虎敢作，與許說从入八，義合而形敚異。說文入部∧字不作∩，中部𡴀字从中六聲，籀文作𧆑，皆从。凡从𡴀字並同。則小篆六亦作，不定作也。唯甲文云「□申，卜貝貞今六月」，至六字作，最為簡省。竊謂古文紀數字皆獨體，不宜唯六為駢合文。且依許說，則制字時當先有八字，而後合入以成六，於理亦有難通。甲文字屢見，而絕無字，疑為後定古文。小篆作，尤失其形，甲文或謂出於商代，殆猶太古之故名與？金文大鼎入字亦作，然甲文入字竝作∧，則與迥異。【名原卷上】

◉王　襄　。古六字。卜辭云。十月壬寅六月。六作。可證。【地望　簠室殷契徵文考釋第二編】

◉高田忠周　　說文。。易之數。侌變於六。正於八。从入八。凡六之屬皆从六。此葢入亦當兼聲。入與内同意。亦所以收縮之意也。周語。夫六。中之色也。注。六者。天地之中。中山經。嶽在其中。以六月祭之。注。六月亦歲之中。葢六與八。均皆侌數。而六在八下位。少於八也。所以自八入在于內也。八為正侌。六為變侌。入則出焉。出入所以得變也。【古籀篇十九】

◉丁　山　許君謂六八皆易之數，曰「陰變于六，正于八」，故[古文字形]（今本通作[古文字形]，與四之古文無別，且不應从入之説；兹據秦□六年小權刻辭正）「从入从八」；而其説八曰「別也」，説[古文字形]曰「内也，象從上俱下也」；合内也別也之誼，不知[古文字形]所以象陰變者？惟鄭玄注易乾鑿度「陰得位以六八，六八者四六四八也」曰：「陰静而退，變八之六，象其气消也」；豈以[古文字形]象八之气消而从[古文字形]八乎？夫[古文字形]从八象气之分散，[古文字形][古文字形]从八象气之抑揚，[古文字形][古文字形]从八象气之發舒，皆就人之吐辭詠歎言，非象荒誕不經天地陰陽之气也。莊生曰「易以道陰陽」（莊子天下篇），則前乎周易無所謂陰陽變化也，古之造文者又烏能豫言陰陽變化之妙理以逆合周易微旨？徵諸陰陽學説淵源，而謂[古文字形]象陰變，八象陰正，殆不然矣。考六之見於卜辭者通作[古文字形]，間亦作[古文字形]，與卜辭「[古文字形]于商」（殷虚書契二，葉二）、太鼎「以乃友[古文字形]牧王」之入均無異，然則[古文字形]非從[古文字形]，古皆借入為六而已。六之聲紐今同「來」，入之聲紐今同「日」，釋名釋言語，「入，内也，内使還也」，是入内古音同隸「泥」紐；「泥」「來」同為舌音，依章太炎先生「雙聲旁紐」（新方言十一，音表）解之，六入古雙聲也。大戴記易本命「六主律」，國語周語「夫六中之色也」，韋注云「六者天地之中」，山海中山經「獄在其中，以六月祭之」，郭注亦曰「六月，亦歲之中」；而詩十月之交「聚于内史」箋，「内史，中大夫也」，亦以中訓内，——内即入也，自音訓言：六入之誼既通，則借入為六，不待緐徵而信矣。蓋六之與入，殷以前無別也，自周人尚文，因[古文字形]之下亟而變其形為[古文字形]以別于出入之[古文字形]；于是鼎彝銘識中無由見入借為六之跡。許君知八叚「分別相背」字為之，而不知入借為六，乃以从入从八會六之本義為「陰變于六」，其妄又豈在荆公字説下哉（許君未見殷契，不能確知六之本義，闕之為宜；疑而不闕，故謂之妄）？此古誼失傳後儒皆不得其解者四也。【數名古誼　歷史語言研究所集刊一本一分】

◉商承祚　[古文字形][古文字形][古文字形][古文字形][古文字形][古文字形]　金文克鐘作[古文字形]，陳侯因資毁作[古文字形]。説文六「易之數。陰變于六，正于八，从入从八。」三字石經篆文作[古文字形]，古文作[古文字形]，甲骨文又有作[古文字形]者，當為六之初形。尖足小布幕後紀數字亦如此作。前人不能定其為六為八，今甲骨文有一至十順列諸數，故能確定為六字也。【甲骨文字研究下編】

◉馬叙倫　鈕樹玉曰。韻會引亦作從入八。篆作[古文字形]。與叙目合。王筠曰。繫傳作易之陰數。嚴可均曰。上文四陰數也。亦陰字在數上。孔廣居曰。鐘鼎銘石鼓文六字皆作[古文字形]。此説解云。從入從八。則六當作[古文字形]。又[古文字形]字注云。從中六聲。則六字亦當作[古文字形]。今篆作[古文字形]。疑是季漢之變體。或傳寫之譌。郭沫若曰。金文六作[古文字形]或[古文字形]。與出入字同形。恐即入之假借。倫按孔郭二説是也。篆當依叙目作[古文字形]。此蓋唐人所書。非許書之舊體。説解疑本作入也。易之數以下或非許文。[古文字形]即[古文字形]。亦即[古文字形]字。甲文有[古文字形][古文字形][古文字形][古文字形][古文字形][古文字形][古文字形]諸形。金文師奎父鼎作[古文字形]。克鐘作[古文字形]。餘亦同此二文。均可證也。借以為數名。[古文字形]音明紐。六音來紐。古讀來歸泥。明泥同為邊音也。字見急就篇。【説文解字六書疏證卷二十八】

七

◉李孝定　説文。「六。易之數。陰變於六。正於八。从入。从八。」六字先成。易經晚出。許説之誣至顯。六之古文實假入為之。非从入也。【甲骨文字集釋第十四】

◉于省吾　∧為六之初文。甲骨文六字作∧者，乃早期卜辭兆側之紀數字。此外，六百之六作∧（粹七五七），六旬合文作𠆢（佚七六），六牛合文作𠆢（京津七四〇），不多見。其他應用于卜辭之中者，則作𠆢𠆢介亣等形。其不作∧，以其與入字形同易混（古文入與内同名，内與六雙聲）。周代金文六字作介或亣形。城子崖黑陶文六字作∧，與早期卜辭同。然則古文六字之演化，由∧而𠆢𠆢而介亣，最後説文譌變作𠆢。【釋一至十之紀數字　甲骨文字釋林】

◉張秉權　在甲骨文中，「六」字有時作「∧」，往往與「入」字没有分别。但「入」字則從來不作「𠆢」或「𠆢」形。尤其在「入」與「六」二字同見於一條卜辭中的時候絶不相混。「六」字有時會刻得跟「入」字一樣，恐怕不是由於「入」為「六」之初文的緣故，那是因為二者形近，而「入」字刻起來比較省事，「六」又是常用的字，契刻的人企圖省事，所以往往容易將「六」刻成「入」字，但這也只有在卜兆序數字中有此現象而已，在卜辭文句中則不會將「六」字刻成「入」字的。「六」字的起源，可能也是出於手勢，它大概是象伸拇指與小指而彎曲中間三指之形。這一習慣迄今猶存。【甲骨文中所見的「數」　歷史語言研究所集刊第四十六期】

◉白玉峥　據丁山氏之説云：「古借入為六。蓋六之與入，殷以前無别也；自周人尚文，因𠆢之下垂，而變其形為亣，以别于出入之⋀。于是，鼎彝銘識中，無由見入借為六之跡矣。」（數名古誼）然周人尚文之説，亦未盡然；細案甲文之六，武丁時代即有作𠆢者，如丙編四九，全版皆為成套之紀數字，所書之六即有九文，而其書法體勢大較均作𠆢。借入為六之説，尚有斟酌之處焉。【契文舉例校讀　中國文字八卷三十四册】

◉戴家祥　丁山釋六之説至確。然作為基數字，六乃是算籌最初或以樹枝排成Ｘ入字形以代之。如五之交互排列成Ｘ，八之向背排列成八。故六入古義相通，古音相近。【金文大字典上】

十 前二·二〇·四　十 前五·二八·四　十 後一·五·九　十 後二·九·一　十 林二·二六·二　十 燕三七八　十 佚四四〇　十 乙二二四九　七十見合文一六　十 菁一·一　七十人見合文一八　十 甲二二二四　七月見合文二八　【甲骨文編】

甲244 佚545 866 掇420 徵8·44 8·62 11·50 11·51 11·52 凡 10·4【續甲骨文編】

七 矢簋 錫奠七伯 王鑄觶 七祀 盂鼎二 隻馘百卅七馘 趞曹鼎 隹七年十月 井鼎 隹七月 遹鼎 隹七月初吉 伊簋 隹王廿又七年 弔尃父盨 鼎七 善夫山鼎 唯卅又七年 訇簋 隹王十又七祀 乙簋 七月丁亥 廿七年皿 秦公簋 西元器一斗七升半𣪘 大梁鼎 梁廿又七年【金文編】

1·16 獨字 1·95 同上 1·99 同上 6·229 獨字 秦105 同上 秦109 同上【古陶文字徵】

〔一九〕〔六七〕〔四七〕〔三六〕〔六七〕〔四七〕〔一九〕〔三七〕〔六七〕〔四〕〔三六〕〔三六〕【先秦貨幣文編】

布空大 豫伊 刀折背 [illegible]七 冀靈 布尖 䆣城背 晉原 布尖 平州背 晉原 布尖 平宮背 晉高 刀弧背 冀滄 布尖 茲氏半背 晉高 刀弧背 冀滄 布空大 典五二三 布方大 陰背 典一三 布尖 郛背 典四三四 布尖 晉昜半背 典四一七 布尖 武安背 亞三·三九【古幣文編】

116【包山楚簡文字編】

七 秦八六 八十七例 日甲六〇 九例【睡虎地秦簡文字編】

袁安碑 七年八月 蘭臺令史殘碑 博塞 古先左七磬 古泉幂後七字同 日晷 石經僖公 秋七月 禪國山碑 卅有泰 漢魏閒多叚泰為七【石刻篆文編】

七 七【汗簡】

七 古老子 𢀜 同上 七 汗簡【古文四聲韻】

◉許 慎 七陽之正也。从一。微陰从中衺出也。凡七之屬皆从七。親吉切。【說文解字卷十四】

◉劉心源 八為記數七字。案。王莽布貨十品。其中布六百之六作丅。壯布七百之七作丌。弟布八百之八作丌。次布九百之九作𠀁。【七釿罍 奇觚室吉金文述卷六】

◉林義光 古作十 七䥫氏幣。實即切之古文。丨象所切之物。一其切痕。【文源卷三】

◉羅振玉 十 古文七字皆作十。無同篆文作七者。古金文中七字至罕見。惟尖足小布幕紀數字七皆作十。與卜辭正合。直至漢器銘識尚爾。汾陰鼎有十十枚之文。宋人誤釋為二十。阮相國元釋大官銅壺銘亦同此誤。卜辭中凡十字皆作丨。尖足小布亦然。七字皆作十。判然明白。漢人十字作十。古金文多作丨。七字作十。以橫畫之長短別之。吳中丞大澂說文古籀補載古刀幣中十 十 十 十等字。謂是七字。則又誤以九為七矣。【增訂殷虛書契考釋卷中】

◉丁 山 七之見于卜辭金文者通作十;惟秦會稽刻石始變十「為从中衺出」作七(秦時十通作十,不得不衺七之丨以別之)。九之見于卜辭者或作九(殷虛書契四,葉六),或作九(同上,二,葉二十二),或作九(同上三,葉一)九(同上六,葉四十二);其見于金文者或作九(𢀜伯敢),或作九(宅敢),或作九(曾伯簠)九(善夫克鼎);惟秦雲陽鼎始整齊之為九。許君執會稽刻石而說七曰「陽之正」,執雲陽鼎而說九曰「陽之變」,一秉易乾鑿度「一變而為七,七變而為九,陽變七之九」之說,以為九變于七,豈徒若允倩所譏「紆遠難通」,蓋亦失「不知闕如」之旨。七古作通十者,刌物為二,自中切斷之象也;九古作九或九者,矜糾收繚,交相糾繚之象也;言其本訓,則九與丩同,考其初形,則七即切字。說文刀部「切,刌也,从刀,七聲」;凡說文所載形聲各字,古或但有其聲而無偏傍,—— 刑罰字从刀也,而兮甲盤「敢不用命則即刑𢦏伐」、盂鼎「今我隹即刑啇于玟王」刑竝作井;刑鼻之劓从刀也,而書多方「爾罔不克臬」(釋文引馬本)則作臬;是今之作切者古或可省刀傍為七矣。艸之相丩者謂𦬇,而本艸則作艽(李時珍本艸綱目云:「艽出秦中,根作羅紋交者佳」,是艽即𦬇字矣);究,九聲也,而鼎文則或从丩作𥥈(究鼎,舊以為不可識,愚按九象糾繚,丩象交互,音義俱同,故知𥥈即究字);从九聲者字或从丩,从丩聲者字或从九,是九丩今雖殊體,古亦無別也。廣雅釋詁「切,斷也,割也」;而史記言七月也曰「律中夷則,夷則言陰气之賊萬物也;其于十二月為申,申者言陰气用事申賊萬物」(律書),月令言七月也亦曰「孟秋之月,戮有罪,嚴斷刑,天地始肅,不可以贏」;周禮秋官司寇疏引鄭氏目錄亦曰「象秋所立之官,—— 寇,害也，秋者，遒也，如秋義殺害收聚藏斂于萬物也」；是七月之名，與秋同誼，秋之為言愁也害也；則七自亦有賊害割斷義。說文「ㄐ相糾繚也，𥿍，繩三合也」，而句合、仇匹字則从九聲；九之為言曲屈也，而「輪囷虯蟠」（南都賦語），虯从ㄐ聲。溯文字之初，糾繚虯屈蓋竝作𠃑（此尤象繩三合）或𠃑，自借ㄎ為九數專名，不得不另製ㄐ字以象糾繚意，十本象當中切斷形，自借為七數專名不得不加刀于七以為切斷專字。許君不知自七切九ㄐ之音義考之，而乃歸諸「陽正陰變」；此古誼失傳後儒遂皆不得其解者五也。【數名古誼　歷史語言研究所集刊一本一分】

◉郭沫若　此中有可注意者，即七字作十，金文亦如是。參看金文編十四。十字作丨，金文器之古者多作紡錘形若◆大盂鼎文，漸進則演化而為圓點作♦𨪹鎛文，更進則演化而為橫畫作十者沇鐘文。漢器刻款則七作十，十作十，以橫畫之長短為分。小篆七字作ㄘ，乃後起之字形也。【卜辭通纂】

◉馬叙倫　鈕樹玉曰。繫傳衺作邪。王筠曰。篆佀當作ㄘ。乃與說解相符。繫傳从中作從中。衺作邪。桂馥曰。篆文七與十相佀。惟直畫屈中。書者易誤。故沈存中謂史記律書所言律之長短。凡言七者。皆當作十。誤屈其中畫也。惠棟曰。陽立於七。微陰似當作微陽。王鳴盛曰。微陰當作微陽。羅振玉曰。古文七字皆作十。無同篆文作ㄘ者。古金文中七字罕見。惟尖足小布幕紀數字七皆作十。與卜辭合。直至漢器名尚爾。汾陰鼎有十十枚之文。宋人誤釋為二十。阮元釋大官銅壺銘亦同此誤。卜辭中凡十字皆作丨尖足小布亦然。七字皆作十。判然明白。漢人則十字作十古金文皆作丨。七字作十。以橫畫之長短別之。倫按盂鼎。百丗十馘。即百卌七馘也。伊敦。廿又十年。即廿又七年也。秦公敢。一斗十升。即一斗七升也。然則皆借阡陌之陌初文作十者為之。以十為七者。十之轉注字為千。千音清紐。七音亦清紐也。蓋古音十千相近矣。此作ㄘ者。乃寸字。亦即九字。由九或作𠃑𠃑。變為ㄘ耳。故金甲文皆無其字。知此是寸字者。七寸音同清紐。故刌切為轉注字。然則古借十為七。亦借九為七也。數名六七八九十皆無本字。故亦借九為九。然觀金甲文皆以十為七。則借寸為七。蓋已晚矣。朱駿聲於六七二字說解皆疑之。或皆非許文也。【說文解字六書疏證卷二十八】

◉李孝定　說文「七。陽之正也。从一。微陰从中衺出也。」契文金文均作十。晚期金文作十。均無衺出之象。丁氏說為切之初文是也。惟舉刑剘二字金文或作井臬以證切可作七。其說略有未安。蓋金文之或以井臬為刑剘者純係音假。井臬非刑剘之初文也。至切之作十乃是指事。十乃切之初文。切則七假為紀數專名後之後起形聲字也。丁氏又舉七月一義。以證七有賊害割斷之義亦屬牽附。蓋七月之七僅為序數。與其初誼無關。誠如其言。八月豈當為離別之月乎。金文均作十。較晚之器乃作十。小篆作ㄘ者。以別於小篆之十兼取其字形茂美耳。【甲骨文字集釋第十四】

◉張秉權　「十(七)」字，許氏根據小篆之説，當然不是初文，各家均从丁山之説，以為切之初文，也有問題。甲骨文中，「七」「甲」二字形體相同，均作「十」，如果説「七」本象當中切斷之形，那末作「十」形的「甲」字又當作何解説？七字的發生，時代甚早，在西安半坡出土的陶片上就有這樣形狀的符刻，其後在二里頭的陶片上以及殷虚陶片和甲骨上都有同樣的發現，可見這個字的形體在殷代以前的一段時期中并没有什麼變化。即使在殷代以後也要到秦漢之際才開始發生變化。⊘紀數的「七」字變成象現在的那個樣子，完全是受了「丨(十)」字變化的影響，因為丨漸漸地變成十，就與古代的七字没有分別了，所以七字也不得不跟着變形。七字的起源，大概也是出于手勢，它可能是象兩手各伸一指縱橫相交之形。【甲骨文中所見的「數」　歷史語言研究所集刊第四十六本】

◉于省吾　七字之演變。甲骨文與金文七字均作十，與甲字形同，商周均無若何之變化。七字，晚周秦公毀作十，漢代早期金文同。稍晚則變作七。説文七字譌作七，以前無此形，乃漢篆後期之變體，而許氏因之，誤矣。【釋一至十之紀數字　甲骨文字釋林】

◉陳煒湛　甲骨文十干的甲與數目字的七都寫作十，完全同形。究其造字之初，作為七，十代表從中切斷之意，實即切之初文。七為指事，切為七假作紀數專名後另造的後起形聲字。作為甲，十又象甲坼之形，林義光《文源》曰：「甲者，皮開裂也，十象其裂文。」如是，同一個符號「十」實際上代表着兩個不同的概念，分屬兩個不同的字。或謂「七」之為十，起源于以利器在器物上的刻劃，其音義與甲亦相近，可備一説。

案卜辭之甲多與地支字搭配以紀日，或用作先公先王之名，如上甲、小甲、大甲、戔甲、羌甲、象甲，或見于稱謂，如父甲、祖甲、妣甲、母甲；七則或用為序數，或用為基數，作為名詞的修飾語時，或置于名詞之前，或置于名詞之後。故甲、七二字雖異字同形，但使用範圍不同，用法各異，不致混淆，實際上研習甲骨文者，一般都不會弄錯。【甲骨文異字同形例　古文字研究第六輯】

◉劉宗漢　我們知道使用利器(如鋒利的石刀)在器物上(如陶器或木材)作「十」形刻劃起源很早，在西安半坡出土的陶器上就有這種刻劃。這種「十」形的刻劃應即是「切」的朔義。「十」也就是「切」的初文。根據文字演化規律，「十」後加刀符成「切」，隸定作「切」。

因為「十」(即「切」)的朔義是刻劃，所以由「十」的字形或字音演化而來的字多具有刻劃之義。

「汁」即古「漆」字，由「十」加「氵」符衍化而來。「十」係刻劃，詳後。

「切」為「十」加刀符衍化而來。《詩・衛風・淇澳》有「如切如磋」之句。《爾雅・釋器》：「金謂之鏤，木謂之刻，骨謂之切，象謂之磋，玉謂之琢，石謂之磨。」則「切」就是用刀在骨頭上雕刻，使之成為工藝品。其為刻劃之義甚明。

以上「汁」、「切」都是「从十，十亦聲」之字。除此之外，有些與「十」(即「切」)同音或音近的字也具有刻劃的意義。如：

鍥：與「切」同音，且可通用。《荀子・勸學》：「鍥而不舍，金石可鏤。」「鍥」為刻劃金、石之義。又：《荀子・天論》有「切瑳而不舍也」之句，則「鍥」與「切」實可通用。

刻：古為溪母字，而「十」(即「切」)為清母字。依溪、清通轉之例，刻、十可以通轉。刻為刻劃之義，無庸贅叙。

綜上所述：「十」之朔義為刻劃，決非「刌物為二，自中切斷之象」。至《說文》刌、切互訓及漢人「一切」之常語均係後起義，不足以訓「十」之起源。所以我們說：「七」古為「十」，起源於以利器在器物上的刻劃。

隨着古代生產的發展，人類發現用利器(如石刀，或小羊蹄皮。《說文・羊部》：「羋，蹄皮可以割漆。」據清邵鍈《〈說文解字〉羣經證字》之說，羋即小羊)在漆樹上刻劃「十」形小口可以流出一種汁液，經過煉製可以髹漆器物。因為此種汁液係在漆樹上刻劃「十」形小口而取得，因名之為「十」，後加水符成「汁」(即古漆字。桼是後起字，後又加水符成現代通用的「漆」)。

借「十」為數字「七」本是「依聲托事」的假借。但隨着文字的演化，「十」表示刻劃之義演變成「切」，表示漆液之義演變成「汁」。只有數字「七」反而保持了「十」的原形，存在於甲骨文和金文之中。

「七」雖起源於刻劃，但隨着時間的推移，刻劃已從原始的「十」形變成了極為繁褥的雕刻，與表示數字「七」的「十」已無直觀上的聯繫；而在漆樹上刻劃取漆液的小口卻長期保持着「十」的形狀，與表示數字「七」的同形。這樣，二字互相通用。這就給人造成了一種假象，以為數字「七」起源於割漆時所割之「十」小口。

總之：「七」古作「十」，起源於以利器在器物上作「十」形刻劃。而非「刌物為二，自中切斷之象」。又因其與取漆時在漆樹上所割之「十」小口同形，故「七」、「漆」互相通用，但非起源於取漆。【釋七、甲　古文字研究第四輯】

◉王貽樑　燕國兵器中有自名為「□鋸萃」的戈，銘有：

「郾侯朘作□萃鋸」《小校》10・46、《三代》19・46。

「郾侯載作□萃鋸」中國歷史博物館考古組《燕下都城址調查報告》圖十三，3，《考古》1962年1期。

「郾侯(王)職作□萃鋸」河北省博物館、河北省文物管理處《河北省出土文物選集》74頁、圖版139，文物出版社，1980年版。

「□萃」，目前只見對「萃」字有考。《金文詁林》卷一・0067收丁佛言《古籀補補》卷一、高田忠周《古籀篇》卷七十八、于省吾《雙劍誃吉金圖録》下附《郾王職戟》三家考釋，大致相近，釋「萃」為聚（聚集精壯力量）、為副（即副車）二義。但由于□字没有釋出，「□萃」之義仍未明瞭。□字，或有隸定為「力」的（無考釋），但一直未為學界所接受。余近因整理《穆天子傳》一書，涉及這一問題，經反復思索，始悟燕戈的「□萃」實即《穆傳》「七萃之士」的「七萃」，□即七字。試釋如下：

□字有□、□、□諸形，與戰國貨幣文「七」字作□、□、□、□、□等諸形正合，參商承祚等編《先秦貨幣文編》與張頷編《古幣文編》「七」、「十七」、「二十七」、「三十七」等條。與信陽楚簡「七」字作□亦近，河南省文物研究所《信陽楚墓》圖版一二二・2—012簡，圖版一二三・013、015簡，文物出版社1986年版。是知釋其為「七」字在形體結構上完全可以成立。

《穆傳》的「七萃之士」，郭璞注云：「萃，集也、聚也。亦猶《傳》有七輿大夫，皆聚集有智力者為王之爪牙也。」但七輿大夫一職歷來未説清楚。其見于《左傳》僖公十年、襄公二十三年及《國語・晉語》，語言環境不甚清楚。僖公十年楊伯峻《春秋左傳注》云一切舊説均不甚妥當，「七輿大夫」既然意義不明，用來説明「七萃之士」自然也説不明白。檀萃云：「《周官・車僕》掌戎路之萃、廣車、闕車、苹車、輕車之萃，凡五萃。萃同倅，猶副也。穆王或增二萃，故云七萃也。」檀萃《穆天子傳注疏》，收《碧琳琅館叢書》，光緒十年序，巴陵方氏廣東刊宣統元年印本。顧實認為檀説穆王「增二萃」者不妥，其云：「萃、倅、卒，古字通用。……《國語・晉語》曰『古之為軍也，軍有左右，闕从補之』。宣十二年《左氏傳》曰『楚子為乘廣三十乘，分為左右』。楚僭王，故分左右廣。則五萃中之闕車、廣車各分左右，適合七萃之數。《穆傳》七萃，實仍即《周官》之五萃而變言之，非有增也。」顧實《穆天子傳西征講疏》，初分散發表，後修改而輯為專著，商務印書館一九三四年版。于省吾又進一步補正云：「《周禮・夏官・戎行》『掌馭戎車，掌五倅車之政』，注『倅，副也』。近世易州出土古戎器，有萃鋸、萃鍨鈽者，均萃車所用之兵器也。嘗見古鉩兩枚，一為『王之萃車』四字，一為『萃車馬日庚都』六字，是倅車即副車也。」于省吾《穆天子傳新證》，載《考古社刊》第六期（1937年6月）。這三位雖然都以「萃」為副車，但實際上有很大的不同。依檀、顧之説，「七」就是七輛，「七萃」就是七輛列車。這個説法，單看《穆傳》似乎還講得過去，但用于燕戈則顯然不妥。因為燕戈中象「七萃」這樣與「萃」連稱的「某萃」有好幾處，而且其他都顯然不是數字，「七萃」的「七」就不能單獨解釋為七輛，而只能釋為車名。于省吾正是看到了這一點，所以對「七萃」的「七」字未釋，持謹慎的態度。

與以上三位不同，陳逢衡云：「此『七萃之士』皆親軍以備扈從者。」陳逢衡《穆天子傳注補正》，收《江都陳氏叢書》，清道光二十三年版。岑仲勉云：「按：《傳》文常以『七萃』與『六師』并舉，人似頗多，副車或無需此數。余則疑萃為親軍或禁軍之古稱。」岑仲勉《〈穆天子傳〉西征地理概測》，載《中山大學學報》1957年2期，又收《中外史地考證》，中華書局1962年12月版。

按，審視《穆傳》「七萃」，有三個顯著的特點：其一，即如岑仲勉所言，《穆傳》中常以「七萃」與「六師」并舉對稱。六師，即周六師，是周朝的作戰主力大軍，習見于西周金文與文獻。與之對稱的「七萃」，推測起來當為周王的禁軍衛隊。其二，與「六師」相照，「七萃」明顯是在王的左右，王對七萃也明顯較親。如：七萃隨王而行，六師則總是落在後面；天子有事，多七萃之士上前侍奉；天子之妃盛姬死，七萃之士抗棺即車，并得與諸官哭于喪所，而六師無權參與；天子大饗，參加者有正公、諸侯、王吏與七萃之士，而六師不在其中。這裏，特別是第二點，充分説明「七萃之士」地位特殊，理當解為國王的貼身侍衛較妥。其三，《穆傳》卷五有七萃之士高奔戎「生搏虎而獻天子，天子命為柙，而畜之東虢，是曰虎牢」之事，可知「七萃之士」多勇武有力者，正與金文及文獻習見的「虎臣（虎賁）」相同，尤可證其為周王的禁軍侍衛。總之，《穆傳》中「七萃之士」的身份釋為禁軍衛隊是完全切合的。【燕戈「七萃」及《穆天子傳》成書年代　考古與文物一九九〇年第二期】

◉戴家祥　説文十四「七，陽之正也。从一，微陰从中衺出也。」按許慎以陰陽解釋序數字，不符合字的本義，静安先生謂序數字又各含有特殊的意義。甲骨文金文的「七」，均由兩枝交加而成，「十」字形像樹上劃兩道缺痕，讓膠漆从中滴下，實為「桼」的初字。説文六篇「桼，木汁可以髹物，象形。桼如水滴而下」，「桼」乃古「漆」字。甲骨文金文均作「十」，戰國時期的江陵楚簡才有「桼」字，作桼，象切割樹皮後膠汁下滴狀。我國先民根據「桼」的制作情形，排樹枝成「桼」形。十作為基數字第七位的寫法，因而「漢人多假桼為七。」見説文解字段注六篇。藥名「三七」，本草綱目「言葉左三右四，故名。一説本名『山桼』」。正字通：「七」或通作「柒」、「桼」、「漆」。「七」字加「刀」旁，成「切」，附加取漆割樹皮的手段。「切」與「漆」在意義上也有關聯，禮記祭義「漆漆者容也，自反也」，鄭注「漆漆，讀如朋友切切」。唐韻七、桼俱讀「親吉切」清母至部，切讀「千結切」，不但同部，而且同母。【金文大字典上】

九

鐵二〇・四　前二・六・六　前二・一四・一　前二・二三・二　前三・二二・七　前四・三九・五

前四・四〇・三　後一・二〇・九　後二・一三・九　菁二・一　佚二八　甲二三九五　甲二四一六

師友一・四一　燕一〇二　乙六九七九　九月見合文二八　甲七八五　九牛見合文一九　【甲骨文編】

甲12　392　755　785　2416　2877　3094　3441　乙7889　珠192　391

395 佚46 461 934 續1・2・1 續1・9・10 徵3・39 續1・53・2 徵8・20 續3・16・10 徵10・91 續3・41・1 徵10・125 續4・44・2 掇461 徵2・56 8・30 11・1 京4・35・3 古2・9 録602 摭續201 粹194 【續甲骨文編】

九 戍覀鼎 令簋 盂鼎 䣄伯簋 睘卣 賢簋 㫃方彝 亀方尊 師趛鼎 㝉鼎 無叀鼎 揚簋 利鼎 芇伯簋 師嫠簋 克鐘 善夫克鼎 散盤 不𡢁簋 申簋 陳公子甗 㪤兒鐘 鈴鎛 陳喜壺 曾子𨻰彝匿 東周左師壺 盗壺 簋文 召卣二 唯九月 㠯伯簋 隹九月初吉 曾伯霥匿 隹王九月初吉 者沪鐘 隹戉十有九年 宅簋 伯錫小臣宅畫戈九 鄧公簋 隹𦤶九月初吉 嘉子昜伯匿 隹九月初吉 【金文編】

秦131 獨字 5・507 卌九 秦130 獨字 3・656 杏坤九月 6・231 獨字 9・61 ㇏不自㇏九族子 【古陶文字徵】

〔一九〕 〔一九〕 〔五二〕 〔一九〕 〔五〇〕 〔五〇〕 〔一九〕 〔七九〕 〔三六〕 〔四七〕 〔三六〕 〔二二〕 〔二〕 〔三六〕 〔三六〕 〔六七〕 〔一九〕 【先秦貨幣文編】

布尖 武安背 晉盂 布尖 武安背 晉高 布尖 晉昜背 晉朔 刀弧背 右九 京朝 刀弧背 右九 京德 刀弧背 右九 冀靈 刀弧背 右九 冀靈 刀弧背 冀滄 仝上 布尖 武平背 亞三・三八 刀尖倒書 亞五・九 仝上 亞五・一〇 仝上 正書 布圜 北九門 亞四・七四頁 【古幣文編】

36　185　273【包山楚簡文字編】

九 秦九〇 五十九例　日甲六六背 九例　日甲六七 三例【睡虎地秦簡文字編】

一州不坪(乙5—3)、非一天之大㰿(乙6—22)【長沙子彈庫帛書文字編】

1551　5407【古璽文編】

九真太守　九江太守章　九門丞印　馬九　臣九　李宜九　鄭常九印【漢印文字徵】

開母廟石闕 九山甄旅　品式石經 咎繇謨 予決九川　堯典 九族既睦　博塞　袁敞碑 九月　天璽紀功碑 九江朱□　日晷　禪國山碑 廿有九【石刻篆文編】

九【汗簡】

古老子　汗簡【古文四聲韻】

◉許　慎　陽之變也。象其屈曲究盡之形。凡九之屬皆从九。舉有切。【説文解字卷十四】

◉林義光　古作 守鼎。作 曾伯簠。本義當為曲。九借用為數名。故屈曲之義別以他字為之。詩南有樛木傳。木曲下曰樛。爾雅下句曰朻。釋木。説文云。觓角皃。詩有捄其角。良耜。箋云角皃。角貌亦曲也。有捄棘匕。有捄天畢。並大東。捄亦當為曲。不競不絿。長發。絿與競對。則亦曲之義。樛朻絿觓捄並與九同音。【文源卷三】

◉高田忠周　説文。 昜之變也。象其屈曲究盡之形。朱駿聲云。究盡者聲訓之法。屈曲有形。究盡豈有形乎。古人造字。以紀數起于一極于九。皆指事也。二三四為積畫。餘皆變七。其體無形可象。亦無意可會。於六書。則指事云爾。九者數之究也。易文言傳。乾元用九。乃見天。楚辭九辨序。九者陽之數。道之綱紀也。管子五行。天道以九制。此説未矣。九字最古文作九。九。屈十之横為形。七作七。屈十之縱為形。或亦从乙聲。九字後亦疊屈。作 又作 諸形。即取究盡之意也。要正文七。屈縱不屈横。九。屈横不屈縱。而其變形縱横皆屈。屈之深淺。可知七九之別耳。抑始先有一字。合一一為二。合一二為三。合二二為亖。又變一為十。變十為×。變×為八。而後六从八入。又屈十為九為七。又从乙聲。於是乎一至十紀數之字具矣。又六義之恉備矣。【古籀篇六】

◉丁山 九本肘字，象臂節形，舊作謂即丩字，非是，臂節可屈可伸，故有糾屈意。守紂从肘省製者，字皆九製之誤。【數名古誼 歷史語言研究所集刊一本一分】

◉徐協貞 □古九字。與散氏盤九相似。兆斥紀數九亦有作ㄅ。其為九無疑。亦方名。竹書雍巳六十一年九夷來賓。論語子欲居九夷。九夷必為殷代九方。殷之方周多以夷稱之。書泰誓受有億兆夷人。禮王制東方曰夷。夷有九種。竹書之箋。論語之注。或本於此。均非也。又竹書帝辛元年命九侯周侯邘侯。史記殷本紀命西伯九侯鄂侯為三公。戰國策魯仲連曰。昔者鬼侯鄂侯文王為紂三公。或因一事而傳説異辭也。後人多以九侯即鬼侯。卜辭九鬼二方各不相屬。其説非也。括地志徐廣曰。鄴縣有九侯城。應為九方之故址。又韻會九。渠尤切。音仇。國名。史記殷本紀九侯注。音仇。以辭例言之。仇為九。方从人字。韻會及史記注均存古誼。漢仇覽明仇英應為九方之後裔。【殷契通釋卷四】

◉明義士 □ 説文解字十四下五一〇九部一字「九陽之變也。象其屈曲究盡之形」。按□或作□，金文作□，象手及臂節形，即肘之本字，假為數名。許氏所訓，蓋未確也。九示意即九主，亦即九世。此片為武丁時所卜，似指大乙一、大丁二、大甲三、大庚四、大戊五、中丁六、祖乙七、祖辛八、祖丁九等九示而言。【柏根氏舊藏甲骨文字考釋】

◉馬叙倫 吴穎芳曰。從又。屈曲之象。曹籀曰。九為丩之別體。倫按盂鼎作□。克鐘作□。利鼎作□。齊侯鎛作□。甲文作□ □ □ □ □ □ □ □ □諸形。此肘之初文。從又象形。指事也。與厷之初文作□者一字。説解或非許文。【説文解字六書疏證卷二十八】

◉朱芳圃 于省吾曰：「九字象蟲形之上曲其尾。」殷栔騈枝三・三・二。馬叙倫曰：「此肘之初文。从又，象形，指事也。與厷之初文作□者一字。」六書疏證二八・三八。按于、馬二説非也。字象動物足指踐地之形，蟲類如萬、禹，獸類如禺、𪓊，皆从此作，是其證矣。

説文内部：「内，獸足蹂地也。象形。九聲。蹂，篆文从足，柔聲。」林義光曰：「□象足形，□象身連尾。」文源四・八。按林説是也。九與内同一語源，析為二字。九象動物足指踐地，内則兼象其身與尾。古音讀kiəu miəu。吕氏春秋權勳篇「中山之國有内繇者」，高注：「内繇，國之近晉者。或作仇酋。」仇内字通，可為同一語源之明證。【殷周文字釋叢卷下】

◉李孝定 説文「九。陽之變也。象其屈曲究盡之形。」契文大抵作□。間亦作□。前半與□又同。延長中畫象臂形而屈曲之以示肘之所在。丁氏後説是也。既叚肘之象形字以為數名之九。遂不得不另製形聲之肘以代之。肘字古蓋作肒。以九與又近又與寸通。偏旁中又寸得通。遂為篆文之肘耳。九之作肒。古肘字。亦猶七之作切矣。金文作[illegible]盂鼎[illegible]矢作丁公簋[illegible]善夫克鼎[illegible]𩒨伯簋[illegible]克鐘[illegible]□𠭯伯簋[illegible]宅簋[illegible]曾伯簠。尤肖肘形臂節屈曲。許云象其屈曲究盡之形。夫陰陽虛無之气寧可象類。蓋許君於九字失其朔誼。而口耳相傳。屈曲之義猶存。許君以此義屬之陰陽之气。雖覺不倫。然其存古之功為不可没矣。

【甲骨文字集釋第十四】

◉于省吾　九字之構形。九字甲骨文作[illegible]或[illegible]，周代金文作[illegible]或[illegible]，無何變化。九為錯畫之指事字，與╳ ∧ 十 八相同，並非象形。古化文七字作↓或↑，又横之作→或←，吴大澂説文古籀補誤釋為九。【釋一至十之紀數字　甲骨文字釋林】

◉木霽弘　一、「九」——一個龍形圖騰化的文字

許慎《説文・九部》（十四下）解釋説：「陽之變也。像其屈曲究盡之形。」顯然，這是就字形而言，并没有點明「九」的原始意義。

但是，許多人據許氏之説作了各種不同的闡釋。

于省吾：「九字像蟲形之上曲其尾。」（引自《金文詁林》第15册卷14下7892頁）

馬叙倫：「此肘之初文，从𠃌，象形，指事也，與厷之初文作𠃌者一字。」（同上）

蕭兵《論〈九歌〉篇目和結構》中説：「九字很可能起于以食指勾曲表示『九』字的形狀。」（見《齊魯學刊》1980年第三期）

楊寬在《〈古史辨〉中國上古史導論》中説「九即虯龍之本字」，又説「姜亮夫把『九』的甲骨文金文作『[illegible]』『[illegible]』，并把它斷為虯之本字，疑亦是」。

以上所列幾家基本上可概括衆家之説，而且他們各有發微。但有一點是相同的，就是各家之説都是從字形出發來進行推想的。這也難怪，茫茫洪荒留給我們的只是微不足道的線索，因此，大都只能從這微乎其微的線索出發來推求「九」的本義。楊寬先生的看法説得通，比較合理。

《説文》裏有「虯」字，表示的是「龍子有角者」，這和「九」字的字形完全對得起來。「[illegible]」的「[illegible]」顯示的不就是一個角嗎？「[illegible]」正是一個蛇身。其實在我國神話裏，「九」與「龍（或蛇）」的關係是十分密切的，這裏且舉兩例。「九首蛇身自環，食于九土」（《山海經・大荒北經》），「九首人面蛇身而青」（《山海經・海外北經》）。

另外，「九」與「丩」上古同屬幽部，見母，所以，「九」與「虯」聲音相同，則意也同。

當然，要一口說「九」就是「虯龍」，證據還嫌不足。可是把「九」的本義看作是一種龍形圖騰的文字化這應該是說得通的。

二、從「九歌」之「九」看「九」的神秘性

「九」作為數或字，確乎經常和神話傳説緊密相聯繫，因此，這其中會不會保留了「九」本身較早的意義呢？且看《離騷》：「啟九辯與九歌兮，夏康娛以自縱。」《竹書紀年・帝啟十年》：「帝巡狩，舞九韶于大穆之野。」《天問》：「女歧無合，夫焉取九子？」《山海經》：「夏后陞上賓于天，得九辯與九歌以下。」《國語・魯語上》：「共工氏之伯九有也，能平九土，故祀以為社。」

以上幾例只是衆多上古典籍中的「一毛」，但它足以説明「九」與古時神話傳説有密切的聯繫。既然「九」同這些神話傳説有關，而神話傳説是經遠古人類口口相傳下來的，因而，這與神話傳説有關的「九」會殘存着它較早的意義。下面我們就從「九歌」之「九」出發，來探求它較早的意義。⊘

三、「九」的神秘意義源于對「龍形（或蛇形）」的崇拜

前面我們説過「九」是龍形圖騰的文字化，「九」的神秘神聖的意思是從「龍形」這個本義中來的。

衆所周知，漢族龍形圖騰觀産生于父系部落聯盟時期，是隨華夏族為主幹的原始先民在生産實踐活動中使生産力逐漸發展，并且對現實世界（自然界）的認識不斷提高，抛棄了過去那種以動植物為原始圖騰的觀念，通過對新的神秘力量的探求，用幻想和現實中的一些動物臆造出的更高的圖騰。這種「龍形」是以蛇為其主幹，有角。可見這「龍形」的圖騰實際上就成了一個大的部落聯盟的徽志，它起保護、約束、團結的作用，是各個部落聯合的紐帶，因而，部落聯盟的成員們便賦予自己的徽志以强大的神秘力量。而這個徽志不是別的，正是「龍形」圖騰，那「九」作為圖騰化的文字而具有神秘、神聖的意思，這自然是合乎情理的。

以上正是點明了「九」的神秘神聖意思乃是從「九」字本義發展而來的。

總之，作為「九」來説，最初是字，有其特定的含義，指的就是「龍形（或蛇形）」，進而由此引發出「神秘神聖」的意義，再變就假借為大數，由此就成了虛指的數和實指的數。【「九」字發微　云南社會科學一九八七年第二期】

◉徐中舒　[illegible]合一〇三　[illegible]前四・四〇・三　象曲鉤之形。鉤字古作句。内公鐘句作[illegible]形，羅振玉云其狀正為圓環，下有物如蛇狀，尾上曲為鉤。《貞松堂集古遺文》卷十一。句九古音同，故句得借為九，復於句形上加指示符號而作[illegible][illegible]。【甲骨文字典卷十四】

馗

䢖 說文所無 法一九九 䢖 法一九九【睡虎地秦簡文字編】

䢖 王逵印信【漢印文字徵】

馗出李尚隱集字 馗李守言釋字及王存乂切韻【汗簡】

李商隱字略 李守言釋字【古文四聲韻】

◉許 慎 馗九達道也。似龜背。故謂之馗。馗。高也。从九。从首。渠追切。䢖馗或从辵从坴。【說文解字卷十四】

◉馬叙倫 鈕樹玉曰。韻會無馗高也三字。從九從首作從九首。嚴可均曰。馗高也乃重文逵之説解。惠棟曰。韓詩。施於中馗。辥君曰。馗。中設九交之道也。司馬法曰。兼含環龜。段玉裁曰。龜古音如姬如鳩。馗古音如求。以疊韻為訓也。桂馥曰。初學記。逵。一曰馗。言似龜背。故曰馗。見説文。孔廣居曰。正字通謂即頄字。面頄骨也。非九達道之逵。愚謂馗從九從道省。王煦曰。魏志。遼東殷馗。善天文。裴松之注。馗。古逵字。見三倉。倫按嚴可均謂首聲。見説文聲類。則當為九之轉注字。九首聲同幽類也。然爾雅釋艸。中馗。菌。舍人本馗作鳩。則馗以同從九聲相通借。馗為頯之轉注字。猶踦之讀若逵也。九達道者。爾雅釋宮。九達謂之逵。然則九達道者乃逵字義。逵從辵與道從辵同。逵道聲同幽類。蓋轉注字。馗逵異字。爾雅釋宮。逵。本或作馗。詩周南。施于中逵。文選顏延年釋奠詩李注引韓詩章句逵作馗。蓋九坴聲同幽類。借馗為逵耳。本訓龜也。九達道也以下蓋字林文。爾雅釋宮釋文引字林。隱也。與逵同。蓋吕不知馗為頯之轉注字。而以爾雅九達謂之逵字或作馗。謂馗逵一字。遂以逵為馗之重文。而於馗下增似龜背之説矣。

䢖 嚴可均曰。小徐作從辵坴馗高也從坴。當作從辵從坴坴高也。夊部。麦從尖。尖。高也。自部。陸。高平地。是坴有高義。倫按從辵坴聲。當入辵部。鍇本馗高也從坴五字校語。馗當如嚴説作坴。【説文解字六書疏證卷二十八】

禸

内人几切【汗簡】

汗簡【古文四聲韻】

◉許　慎　禸　獸足蹂地也。象形。九聲。尒疋曰。狐貍貛貉醜。其足蹞。其迹厹。凡厹之屬皆从厹。人九切。蹂篆文从足柔聲。【説文解字卷十四】

◉林義光　古作[glyph]虢叔鐘萬字偏旁。作[glyph]禹敦禹字偏旁。[glyph]象足形。[glyph]象身連尾。又變作[glyph]禽彝禽字偏旁。【文源卷四】

◉馬叙倫　鈕樹玉曰。韻會尒疋作爾雅。迹作跡。嚴可均曰。韻會廿六厚引象形上有厶字。王筠曰。朱文藻本繫傳作禸。貍字繫傳作狸。象形者。謂[glyph]也。嫌於息夷切之厶。故不出。九聲似未然。厹蓋通體象形。然所屬字則為蟲為獸。是以虛字領實字也。為例之大變。然其字皆全體象形字也。即如萬字。稍引長之。則蠍之全形也。且萬禹离説皆曰蟲也。蟲之迹豈如獸足乎。于鬯曰。但云象形。不云厶象形。則此字乃全體象形。非但指厶矣。韻會引象形上有厶字。非也。惟又謂之九聲者。殆所謂象形兼聲。如龍之諧童省聲。能之諧[glyph]聲。其實皆全體象形也。倫按王于竝以為全體象形。固校有識。然禸為獸足蹂也。則[glyph]竝無足形。如許以所屬禽离萬禹⿵鬥禸禼諸文之下體皆從禸。而為此説。則此諸文竟無一字從禸也。且爾雅釋獸言。其迹禸。迹者。步處也。然則謂狐貍貛貉之步處為禸邪。則豈獨為是而造禸字邪。抑且禸之形亦不象狐貍貛貉之迹也。倫以為爾雅之禸當作蹂。禸蹂非一字。而古同聲。故雅或借禸為蹂。蹂者。文選西都賦李注引字林。踐也。然倫謂蹂為蹴之轉注字。本書。⿰酋攵。讀若蹴。矛。酋矛也。詩小戎作厹矛。而此以蹂為禸重文。足部。蹴。躡也。躡。蹈也。莊子秋水。⿰足酋我亦勝我。⿰足酋即蹴之轉注字。猶⿰酋攵讀若蹴矣。以此相證。蹂亦⿰足酋蹴之轉注字。聲同幽類也。雅言狐貍貛貉其迹蹂者。其行如人之蹈蹴。倫嘗於夜間聞人行步聲。迹之則狐貍也。由此證知禸蹂必非一字。禸實寸之異文。寸為肘之初文也。蓋[glyph]九竝為寸之異文。及九為數義所專。變而為[glyph]。寸復為度名所有。乃從[glyph]而加九聲為禸。亦由[glyph]之形疑於弓故也。然於六書當為形聲矣。由音變則轉為肘。九音見紐。肘音知紐。同為清破裂音也。由聲變則九轉為厹。聲皆幽類也。獸足蹂地也蓋字林文。許蓋以聲訓。玄應一切經音義九引倉頡。蹂。踐也。倫謂倉頡本作禸。故許書録之而不録蹂也。傳寫倉頡者以通用字易本文。故玄應所引作蹂。尒疋以下十三字校者所加。

蹂　鈕樹玉曰。釋獸釋文引作古文為蹂。沈濤曰。釋獸釋文云。禸。古文為蹂。是今本篆字誤。桂馥曰。此為篆文。則禸是古文。爾雅釋文。蹂。古文為厹。一切經音義九。蹂。古文作厹。倫按從足柔聲。當入足部。説解蓋止作篆文厹。校者加從足柔聲。陸德明言古文為厹者。玄應一切經音義引古文官書。蹂禸同仁求仁柳二反。而此作篆文者。蓋呂忱據石經增邪。爾雅釋文引字林。蹂。或作𨁲。然則禸下有重文二也。餘見禸下。【説文解字六書疏證卷二十八】

◉商承祚　禸　下出篆文蹂。則此為古文。以禽离等字皆从厹。故先古而後篆。【説文中之古文考】

禽 㒄

[甲骨文] 甲五七九　唐蘭説[甲骨文]象罕形其引申之義為禽即禽之本字後世音讀差異遂加今聲　弜壬射弗罕　[甲骨文] 甲六二〇　今日王罕　[甲骨文] 甲二二八　[甲骨文] 甲二三三〇　[甲骨文] 鐵五・一　[甲骨文] 鐵四二・一　[甲骨文] 鐵一一七・四　[甲骨文] 鐵一三四・三　[甲骨文] 餘七・一　[甲骨文] 拾六・一三　[甲骨文] 拾六・一四　罕虎　[甲骨文] 後一・一四・一一　[甲骨文] 後二・一・四　[甲骨文] 後二・二・一三　[甲骨文] 後二・三六・八　[甲骨文] 後二・四　[甲骨文] 後二・四一・一四　允罕三百又卌八　[甲骨文] 戩一一・四　一・一二　[甲骨文] 明藏七三二　王圭田于東罕　[甲骨文] 掇一・四〇一　亡罕見合文二五　[甲骨文] 京津二五八　[甲骨文] 鄴初下三一・二　[甲骨文] 寧滬一・二三六　[甲骨文] 寧滬一・三六八　【甲骨文編】

[金文] 禽　禽簋　[金文] 大祝禽鼎　[金文] 多友鼎　[金文] 不嬰簋　[金文] 不嬰簋二　【金文編】

[印] 贏禽　[印] 禽武之印　[印] 禽東之印　[印] 禽丹私印　[印] 禽適將軍章　【漢印文字徵】

[篆] 石碣鑾車　迪禽□□　【石刻篆文編】

◉許　慎　㒄走獸總名。从厹。象形。今聲。禽离兕頭相似。巨今切。【説文解字卷十四】

◉劉心源　[金文]井侯尊　禽舊釋作𡗜。攷敔敨云。敔告禽馘百作[金文]。禽彝云。周公謀禽作[金文]。竝與此同。是禽字也。此云龔禽。謂禽牲也。即周禮庖人掌共六禽也。【古文審卷三】

◉孫詒讓　「辛亥卜立貝乎斤獲□[甲骨文]」，五之一，又云「辛亥卜立貝□乎斤[甲骨文]□弗」，立義略同。「丙申□[甲骨文]□允父□」，四十九之四。「丙申卜□舁[甲骨文]」，八十三之一，下有「立」字，別為一事。「丙□[甲骨文]」，百四十六之二。「卜夅[甲骨文]」，二百之一。諸文並从[甲骨文]、从丨。又云：「戊午押其[甲骨文]□鹿□」，四十二之一。「乙丑卜㱿貝蒦□十[甲骨文]从□」，六十之四。「壬戌貝雀[甲骨文]不一月」，百十七之四。「庚□乎斤獲□[甲骨文]」，百廿之一。又百五十三之四亦有此字。「己酉卜貝雀[甲骨文]舁豕弗其[甲骨文]□」，百八十一之三，同版尚有一「[甲骨文]」字，上下文闕。「壬戌卜完貝雀[甲骨文]□□」，百九十四之四。「巨□□[甲骨文]入固曰其网□」，二百四十六之三。「貝弗其[甲骨文]」，二百五十九之一。諸文與前同，惟下从十為異。攷《説文・内部》：「禽，走獸總名。从内，象形，今聲。」金文大祝禽鼎作[金文]，王伐許侯敔作[金文]。此皆似即[金文]之省。【栔文舉例卷下】

◉林義光　古作[金文]不㪉敦。作[金文]禽彝。皆象形今聲。【文源卷一】

◉柯昌濟　卜詞中有[字形]字。案。此字見金文。見文作[字形]。案。說文禽訓走獸總名。从九象形。今聲。此後出誼。禽訓鳥。爾雅。然證以金文尤確。如王伐許侯彝作[字形]。从今从畢。非从九象形明矣。卜詞中[字形]字及見文[字形]。則禽之本字不从形聲。象以畢獲禽形。後乃易禽形。从今聲。至石鼓作[字形]。即小篆所本矣。【殷虛書契補釋】

◉强運開　[字形]　說文。走獸總名。从厹象形。今聲。禽离兕頭相似。段注云。釋鳥曰。二足而羽謂之禽。四足而毛謂之獸。許不同者。其字从厹。厹為獸迹。鳥迹不云厹也。然則倉頡造字之本意謂四足而走者明矣。以名毛屬者名羽屬。此乃偁謂之轉移叚借。及其久也。遂為羽屬之定名。爾雅自其轉移者言之。許指造字之本言之。凡經典禽字有謂毛屬者。有謂羽屬者。有兼舉者。故白虎通曰。禽者鳥獸之總名。運開按。禽字見於金文者。太祝禽鼎作[字形]。禽彝作[字形]。不嬰敢作[字形][字形]。皆筆迹小異之頛耳。此下據正字通云闕奉雉二字【石鼓釋文】

◉孫海波　八七甲叀□王受□右

乙其雨芈右

[字形]字。孫詒讓據金文禽作[字形]。謂似即[字形]之省。舉例下四十一。羅振玉釋畢。謂卜辭諸字正象网形。下有柄。即許書所謂象畢形之芈。後人又加田。於是象形遂為會意。考釋四八。唐蘭从孫說。謂芈即禽之本字。而非省文。蓋後世音讀差異。遂加今聲耳。天壤閣甲骨文存考釋五十八。今按。禽。說文云。走獸總名。从厹象形。今聲。金文禽字作[字形][字形][字形][字形]。皆从今得聲。與說文同。芈字不从今。若讀為禽。無由得聲。玆仍从羅說釋芈。[字形][字形]形相似。古文或即一字。謂禽字从[字形]今聲則可耳。【誠齋甲骨文字考釋】

◉馬叙倫　惠棟曰。白虎通。禽。鳥獸之總名。走獸當作鳥獸。桂馥曰。本書臭下云。禽。走臭而知其迹者犬也。舃下云。母猴也。其為禽好爪。禮曲禮。猩猩能言。不離禽獸。周禮大司馬。小禽私之。詩七月傳作小獸私之。水東日記。於越志云。吳正道東陽人。明六書。許慎說文有不足者補之。臨川吳澄問禽獸二字。曰。禽即獸也。曰。兩翼為禽。四足為獸。何以為說。即曰。禮不云乎。猩猩能言。不離禽獸。鸚鵡能言。不離飛鳥。澄大敬之。馥案禽獸二字。對文則分。然三國志華陀傳。吾有五禽之戲。一曰虎。二曰鹿。三曰熊。四曰猿。五曰鳥。此亦飛走竝謂之禽。善乎閻若璩之言曰。國語。里革曰。登川禽。韋注。川禽。鼈蜃之屬。按鼈介蟲也。是亦可謂之禽。猶考工記天下之大獸五。有鱗者。鱗水蟲也。亦可謂之獸。乃知禽獸所包甚廣。不必二足而羽四足而毛者而後謂之也。翟云升曰。韻會引作凶象頭形。王筠曰。鍇本頭象形者。當作[字形]象頭形。不言鳥獸總名者。[字形]不象鳥頭也。徐灝曰。白虎通。禽者何。鳥獸之總名。明為人所禽制也。蓋田獵所獲。通謂之禽。亦謂之獸。其後以毛蟲為獸。因以羽蟲為禽。久之遂各為專名耳。倫按廣韻引字林。兩足曰禽。四足曰獸。以茻字字林訓草總名。證知此走獸總名亦為字林訓。廣韻所引。即其下文。據廣韻引。或走字本作鳥也。爾雅釋鳥曰。二足而羽謂之禽。四足而毛謂之獸。此後世分別之也。禽實擒之初文。禽獸皆取獲動物之義。特獸或為田犬之名。而借以為田獵之名。若禽則完全為取獲動物之名。故柳下惠姓展名獲字禽也。禽字。金文禽敦作□。大祝禽鼎作□。禽章敢作□。皆從本書田罔也之畢。今聲。畢所以捕取動物。故即從畢而被以當時名捕取動物曰今之聲。而為禽。然甲文有□□□□諸形。羅振玉釋羅。柯昌濟釋禽。倫善柯說。□從隹在畢中。明鳥在畢中為被禽也。後乃省鳥形而加今聲。抑手執于鼎之□其□與□□實同。畢鐃之□。其□。亦即□也。但皆從又以持畢耳。然則禽字亦或由□而譌。甲文有□□。亦□□之例也。王國維釋羅非是。則知禽固不獨為取鳥也。惟初文作□。而獸字又從犬。故有二足為禽四足為獸之別。當立畢為部而禽屬之。禽离六字校語。如金甲文為會意。【說文解字六書疏證卷二十八】

◉陳夢家　卜辭□字應依孫詒讓之説釋為禽字(舉例下41),乃是動詞擒。□象捕鳥之網,所以字亦作𠦪。鳥是生擒的,所以「禽」字引申為鳥類,卜辭「禽」除作為田獵方法以外,尚有獵得之義(亦為動詞),它與「隻」(即獲)的用法相同,但禽指生擒,獲是獲得(生的或死的)。【殷虚卜辭綜述】

◉朱芳圃　馬叙倫説非也。字从□,今聲。□象巨首長身而有足,蓋爬蟲類之動物也。當為离之本形,亦即螭之初文。說文内部:「离,山神,獸形。从禽頭,从厹,从屮。歐陽喬説,离,猛獸也。」又虫部:「螭,若龍而黄。北方謂之地螾。螾,今本作螻,兹依史記封禪書校改。从虫,离聲。或曰,無角曰螭。」离與螭實一字。左傳文公十八年「以禦螭魅」,釋文:「螭,山神,獸形。」宣公三年「螭魅罔兩」,杜注:「螭,山神,獸形。」二字同訓,是其證矣。离上从屮,象火光三出,所以象徵神靈。字之結構,與□相同。吕氏春秋應同篇:「黄帝之時,天先見大螾。」大螾上有大螻二字,蓋校語攔入正文,兹依史記封禪書删。史記封禪書:「黄帝得土德,黄龍地螾見。」所謂大螾、地螾,即离若螭。荀子賦篇「螭龍為蝘蜓」,楊注:「蝘蜓,守宫。」吕氏春秋舉難篇「螭食乎清而游乎濁」,高注:「螭,龍之別也。」离若螭,蓋神化之守宫也。爾雅釋魚:「蠑螈,蜥蜴;蜥蜴,蝘蜓;蝘蜓,守宫也。」郭注:「轉相解,博異語,別四名也。」說文易部:「易,蜥易,蝘蜓,守宫也。象形。」虫部:「蝘,守宫,二字依一切經音義二〇引補。在壁曰蝘蜓,在艸曰蜥易。从虫,匽聲。」又「蚖,榮蚖,蛇醫,以注鳴者。从虫,元聲。」古今注魚蟲篇:「蝘蜓,一曰守宫,一曰龍子。善於樹上捕蟬食之。其五色長大者名為蜥蜴,其短而大者名為蠑螈,一曰蛇醫。大者長三尺,其色玄紺,善魅人。一曰緑螈。」遠古時代,山澤未闢,爬蟲動物族類蕃衍,故造走獸總名之字用為義符。【殷周文字釋叢卷下】

◉馬叙倫　禽鼎[字形]吴式芬曰。許印林説。搨本干上似虎形。筠清脱。倫按孫詒讓謂干似華。上為小鳥張翼。當為手執畢弋形。或當為斁之省。倫謂此説文之禽字也。從又持畢以取鳥。小篆譌[字形]為今。譌[字形]為内。甲文作[字形][字形]。省又耳。禽為裣之初文。亦今作擒者之本字。爾雅。二足而羽謂之禽。説文禽下曰。走獸總名。皆非本義。詳疏證。鼎文作此者。蓋製器者以取鳥為業者也。舊釋亞爵父丁彝之[字形]與此同。【讀金器刻詞卷上】

◉饒宗頤　隼即禽字。他辭云：「貞：勿歐隼。」(前編六·四五·四)猶易比卦之「三驅失前禽」。又言「𡳿斁」，猶易師卦之「田有禽」。隼與罕一字，如「弗其隼」亦作「弗其罕」(續編三·四一·三)是也。【殷代貞卜人物通考卷八】

◉高鴻縉　[字形]。周人所擬走獸之形。象頭足尾也。知為周人擬者。萬字甲文作[字形]。周始加畫其足作[字形]。可參也。[字形]非文字。乃形也。兹加[字形]聲作[字形]。始為走獸總名。名詞。後世借用為羽族之總稱。久而不返矣。經典亦通以代擒。動詞。【中國字例五篇】

◉屈萬里　[字形]。从又持[字形]。殆與[字形]為同字。兹隸定作䍐。[字形]。羅振玉謂與[字形]為一字。釋為畢。殷釋中四八。而稽諸卜辭。實為禽獲之禽。則䍐亦即禽字也。【殷虚文字甲編考釋】

◉李孝定　説文「禽。走獸總名。从厹。象形。今聲。禽离兕頭相似。」契文作[字形]。不从今聲。罕字重文。説詳七卷罕下。禽本動詞。遂名所獲為禽。名詞。反於禽字增之手旁作擒以當本誼。亦猶獸為動詞。因名所獲為獸。於是另製形聲之狩以當本誼。文字孳演多此類也。

[字形]即[字形]字。古文倒正無別。屈説是也。[字形]即[字形]字。增又象手持之而義主於[字形]。古文繁簡隨意。其次要偏旁每从省略也。字从又。篆作[字形]。變之則為[字形]。正小篆作[字形]从[字形]所自昉也。【甲骨文字集釋第十四】

◉周清海　甲骨文裡有[字形]和[字形]二字。唐蘭釋[字形]為罕，讀為禽，是對的。禽字是羣紐，罕字是曉紐，在古音裡常常互相諧聲：奐、旭、獝、脙、吸、忻等是曉紐字，而瓊、仇、喬、求、及、近卻是羣紐字。禽罕的語音關係正如今與含、函與肸。[字形]是[字形]的繁文，增又，象手持罕。本義是「捕捉」，動詞。後世的禽字，就是从[字形]演變而來的，演變的過程應如下圖：

[字形]—[字形]古文字所無 金文禽字從此—[字形]金文增加聲符「今」—[字形]

[字形]和[字形]在卜辭裡用為動詞，意同「擒」。如：

甲一〇一七：「☐戈☐[字形]豕☐。」

南坊三・二：「☐[glyph]六百☐。」

後下四一・一二：「丙戌卜，丁亥王阱[glyph]？允[glyph]三百又四十八。」

甲二〇二〇：「貞：王其田，[glyph]？」

丙七九：「貞：弗其[glyph]？」

[glyph]也有用為地名的，如：

明一四五三：「弗戈[glyph]？」

我們明白了[glyph][glyph]在卜辭裡的用法，也知道了禽字的來源，現在回過頭來看看說文對禽字的解釋。

許慎說：「禽，走獸總名也，从厹，象形，今聲。禽离兕頭相似。」

這個解說大有問題。⊘這個禽字，其實是從𤰈，今聲。說文裡沒有這個「𤰈」字。

⊘「禽」的本義是「捕捉」，動詞，上面所引的卜辭就是這個用法。在經典裡，「禽」字也有訓為「獲」的，左襄廿四年傳「收禽挾囚」，注：「禽，獲也」；易象下傳：「禽，古擒字，禽猶獲也」；史記淮陰侯列傳「何為為我禽」，即「何為為我擒」也。【古文字的考釋與經典的訓讀 中國文字第三十九冊】

[glyph] 离

[glyph]〔二五〕 [glyph]〔二五〕 [glyph]〔四〕 [glyph]〔二六〕 [glyph]〔三九〕 [glyph]〔五〇〕 [glyph]〔二二〕 [glyph]〔二二〕 [glyph]〔三六〕 [glyph]〔二〕 [glyph]〔二二〕 [glyph]〔二五〕 [glyph]〔四四〕 [glyph]〔四四〕 [glyph]〔一九〕 [glyph]〔二五〕 [glyph]〔七九〕 [glyph]〔二〕 [glyph]〔二五〕 [glyph]〔二〇〕 [glyph]〔二五〕 [glyph]〔二五〕 [glyph]〔五二〕 [glyph]〔五八〕 [glyph]〔二三〕 [glyph]〔五二〕 [glyph]〔三七〕 [glyph]〔二〇〕 【先秦貨幣文編】

[glyph] 离丑之切王氏 【汗簡】

[glyph] 王存乂切韻 【古文四聲韻】

◉許　慎　离山神獸也。从禽頭。从厹。从屮。歐陽喬說。离。猛獸也。臣鉉等曰。从屮義無所取。疑象形。呂支切。【說文解字卷十四】

◉林義光　□　象頭上有毛髮形。【文源卷一】

◉馬叙倫　徐鉉曰。從屮義無所取。疑象形。嚴可均曰。文選西京賦注古文苑蜀都賦注引作山神獸形。左宣三年傳注漢書司馬相如傳注後漢書竇憲傳注皆云。獸形。小徐作屮聲。离屮聲相近。有聲字是。沈濤曰。漢書司馬相如傳注引。离。山神也。文選西都賦注引作山神獸形。蓋古本作山神也獸形。此即魑魅之魑本字。左文十八年傳。以禦魑魅。杜注引賈逵曰。螭。山神。獸形。或曰如虎而噉虎。正許所本。惟螭是借字耳。段玉裁曰。西都賦。拕熊螭。李注引歐陽尚書說。螭。猛獸也。漢書儒林傳。歐陽事伏生。世世相傳。至曾孫高。字子陽。傳孫地餘。地餘子政。由是尚書世有歐陽氏學。許云喬者。蓋即高。高喬通用。此蓋說今文搨誓。史記作如豺如離。可證。王煦曰。屮讀若徹。禮記檀弓。奠徹。鄭讀徹為池。實古音通轉之證。离當以屮為聲。鍇本尚有聲字。倫按羅振玉謂甲文□□即羅之初文。离為□之變。倫謂离蓋從四篇田罔也之畢。屮聲。為羅之初文。當入畢部。或為羅之重文。山神獸形者。今見洛陽出土明器中有之。頭有角。蓋古有象形文。傳寫形與离掍。然不從厹也。歐陽喬說离猛獸也者。或即山神獸形者也。此呂忱或校者加之。此字疑出字林。【說文解字六書疏證卷二十八】

◉柯昌濟　卜詞□疑即离字。古离訓麗。象人離畢中。其後訛其字誼。【殷虛書契補釋】

◉朱德熙　裘錫圭　47號簡「鰿离巂一聑」，48號簡「鯉离巂一聑」。「考釋」認為「离字應作『兩』解」，又解釋「巂」字說：「漢時巂雋不分，此即雋字，亦即鐫字，借為簽。」(135頁)其說不可信。

⊘簡文的「巂」(膎)用鰿、鯉製作，應是一種乾魚。

「离」當指將魚肉割開。《禮記·少儀》：「牛羊之肺，离而不提心。」鄭注：「提猶絶也，刲离之不絶中央少者，使易絶以祭耳。」《史記·貨殖傳》「鮿千石」，《正義》：「徐云：鮿，膊魚也。膊，並各反，謂破開中，頭尾不相離為鮑……。」离膎的「离」是相對于膊的「不相离」而言的。【馬王堆一號漢墓遣策考釋補正　文史第十輯】

萬

前三・三〇・五 前五・三一・三 後二・一九・八 林二・二・一三 甲二八六 甲一九九四

乙一四五 乙一二二五 存下四八五 乙四四六一 乙五九五六 寧滬三・九四 明藏一九〇 佚

一〇三 佚三六〇 存下五八二 存六三三 陳六五 陳一二四 【甲骨文編】

乙145 1215 5956 7680 佚103 360 【續甲骨文編】

萬 仲簋 仲卣 𡩜鼎 霍鼎 方彝 番君鬲 辛鼎 宅簋 仲自父簋 𣪘簋

免盤 静簋 比甗 𨟻弔匜 倗尊 封簋 从鼎 甲盉 生簋 召卣二

伯芳簋 仲競簋 史宜父鼎 史𡨦簋 免卣 豆閉簋 伯闢簋 伯田父簋 無㠱簋

縣改簋 師奎父鼎 𨑘簋 㝬弔盨 番仲𠂤匜 白者君盤 白者君匜 番伯𣪘匜 𠂇盤

亘尊 郐諧君鉦 隋子鬲 曾伯文簋 楚嬴匜 匽公匜 中義鐘 陳侯簋 陳

侯壺 陳侯匜 㫚作北子簋 㪤伯簋 豐兮簋 毳簋 追簋 虢季氏簋 弔咢父簋 仲

師父鼎 弔五父盤 戜作且庚簋 師𤸫簋 陳公子甗 伯𠪚父簋二 大師虘簋 伯盂

牧師父簋 㠯壺 延盨 師酉簋 師麻匡 頌鼎 頌簋 史頌簋 弔男父匜 虢

弔匡 虢弔鐘 伯殷父鼎 弔皮父簋 虢季子白盤 魯邍父簋 魯伯匜 邾伯鬲 弔上匜

鑄公匡 秦公鎛 薛侯盤 交君匡 姬鼎 虢仲鬲 齊巫姜簋 穌公簋 陳公

孫𦬇父𠙵 陳公子仲慶匡 樂子敬𧝓匡 王孫鐘 王子午鼎 喬君鉦 恒簋 子仲匜 魯伯大

父簋 伯庶父盨 畢鮮簋 殳季良父壺 鄀公鼎 鑄弔匜 王孫壽甗 鄦伯禽匜 華季盨

伯吉父簋 右盤 般仲束盤 咢侯簋 伯其父匜 厚氏匩 魯大司徒元盂 簷平鐘

其次句鑃 邾公牼鐘 郤王子鐘 鄀子宿車盆 陳侯因資錞 命瓜君壺 祖伯匜 杞伯壺

己侯貉子簋 廣簋 兮吉父簋 从止 孳卣 敚弔簋 弔姞盨 仲叀父簋 仲𫲨父簋 白

大師盨 弔宔簋 杲同簋 伯正父匜 曼𢍰父盨 史頌匜 齊侯匜 齊侯盤 齊侯壺

德克簋 从彳 庚嬴卣 剌鼎 伯梡簋 師訊鼎 同簋 師寰簋 弔妃簋 鬲攸比鼎

伯椃父簋 𦊓簋 趞簋 曾伯霥匜 𪏆媿簋 饕𫚔父鼎 王婦匜 師𤔲簋 从木 伯鼎 量

侯簋 伯孝𦬼盨 从辵 先獸鼎 伯衛父盉 大鼎 伯疑父簋 𤔲簋 陳侯作嘉姬簋 𤔲簋

𤔲匜 𤔲盤 為甫人盨 彔伯簋 𢁃伯簋 弔多父簋 弔碩父鼎 伯頵父鼎

單伯鬲 善夫克鼎 蔡大師鼎 缺名鼎 鄭伯筍父鬲 翏生盨 王孫真鐘 觶省簋 啻簋

伯考父鼎 寰盤 周𡽓壺 曾仲大父蝨簋 王人甗 效卣 函皇父簋 應侯簋

仲鑠盨 姞氏簋 中伯壺 稃作父甲簋 格伯簋 竈乎簋 伯亞臣鐳 秦公簋

欒書缶 萬𧋍是寶 从土 邾公牼鐘 至于萬年 邾公釛鐘 揚君霝君以萬年 从厂 散伯簋 其萬年永用

單䢅䛗戈 三万 【金文編】

〔六七〕 〔六七〕 〔六七〕 〔六七〕 〔三六〕 〔六七〕 〔一九〕 〔三六〕 〔三六〕

〔六七〕〔二二〕〔六七〕〔六七〕〔二二〕〔四二〕〔三六〕〔一三〕〔二〕
〔二二〕〔六七〕〔六七〕〔三六〕〔三七〕〔三六〕〔三六〕〔一九〕〔三六〕〔二
二〕〔二〕〔六七〕【先秦貨幣文編】

刀弧背右万 冀靈 古鉨千萬之字多作ㄎ己 刀弧背 冀滄 仝上 ß万 刀大 齊夳化ㄧ万 魯長 刀弧背
右ㄎ。 冀灵 仝上 右万 刀弧背 左万 冀靈 仝上 背 冀滄 刀弧背 右万 冀靈 【古幣文編】

萬 效二七 九例 秦二一 法一八一 二例 【睡虎地秦簡文字編】

商承祚陳邦懷讀為离 為禹 為— 邑司堵(乙2—28)。【長沙子彈庫帛書文字編】

4815 4736 4737 4799 4809 4811 4810 4793 4794 4801 4797
4798 4739 4920 4466 4471 4484 4485 4491 4490 4488 4493
4478 璽文「千万」万字如此。 4474 4467 4468 4470 4469 4735 【古璽文編】

萬歲單三老 李萬歲印 萬蘭 萬信 萬金 左萬 扈萬 棨萬私 巨樂千萬
萬石 陳萬紀 陳萬歲 萬滿之 任萬歲 任萬歲 萬長孺 萬中公 萬光 張萬
萬霸 萬光 李萬之印 郭萬之印 巨矦万匹 大潘千万 日入千万 【漢印文字徵】

石經無逸 以萬民惟正之供 開母廟石闕 千秋萬祀 天璽紀功碑 一□萬方 詛楚文 曰桒萬子孫毋相為不
利 【石刻篆文編】

□萬出王庶子碑　□萬出華嶽碑　□萬【汗簡】

□華嶽碑　□義雲章　□　□並古孝經　□　□　□並古老子　□王庶子碑【古文四聲韻】

◉許　慎　□蟲也。从厹。象形。無販切。【說文解字卷十四】

◉林義光　說文云。□毒蟲也。从虫。象形。□萬蟲也。蠆屬。从蠆省。从禸。象形。蠆亦聲。按萬蟲他書無考。萬古作□虢叔鐘。作□鄭大內史匜。象蠆尾形。或作□仲尊彝。不从禸。則蠆萬本同字。萬音轉如曼。寒韻與泰對轉。始分為兩字矣。

【文源卷一】

◉高田忠周　□公牼鐘萬年字如此。明从土从萬。但說文土部無𡎺字。此古字逸文也。唯以其與萬通用。萬是字聲可知矣。或云土石通用。𡎺疑礪即厲字異文。蠆萬通用字。故亦以厲為萬也。【古籀篇十】

◉羅振玉　□□　說文解字。萬。蟲也。从厹。象形。不言何蟲。而卜辭及古金文中□□等形均象蝎。不从厹。金文中或作□。石鼓文始作□。失初狀矣。段先生玉裁云。从厹。蓋其蟲四足像獸。依後來字形為說。失之彌遠。【增訂殷虛書契考釋卷中】

◉商承祚　□□□　金文作□□(仲殷倗尊)。皆象蝎形。後緐變為□(田盉)□(殳季良父壺)。許說以為「从厹」。訓蟲而不云蝎者。失形故也。假蝎為千萬字者。意上古穴居多蝎。觸目皆是。故用為極大數目字。【甲骨文字研究下編】

◉郭沫若　萬，今隸作蠆，亦即萬字。即蠍之象形文也。此人余謂當即是契。契說文作偰，「偰，高辛氏之子，堯司徒，殷之先」。漢書古今人表作禼，說文「禼，蟲也，从厹，象形。讀與偰同。□古文禼」。禼蠆形近，而聲同祭部，古蓋一字。又古十二辰，曩由余考知與古巴比侖之十二宮一致，首位之子辰，卜辭作□若□者，當於房心尾之大辰，西方之蠍座。此乃商星，為高辛氏之長子閼伯所主，見左傳·昭元年及史記·鄭世家。閼伯亦即契也。閼字古音烏割切，與契禼同祭部。爾雅「歲在卯曰單閼」，古音讀禪焉，亦祭元陰陽對轉，與萬蠆之為對轉同。是則契之名本當作蠆形，變而為禼，音變而為契若閼也。【卜辭通纂】

◉郭沫若　商之先人為契，則契與閼伯是一非二。契或作偰，說文「偰高辛氏之子，堯司徒，殷之先」。又或作禼，見漢書古今人表。說文云「禼，蟲也，从厹，象形。讀與偰同。□古文禼」。此古文禼字與古文□之字形極相似。案此殆即萬蠆之變形也。說文「□毒蟲也」，此即蝎之象形。古金中千萬之萬字多如是作，靜殷之□，仲殷之□，是也。故蠆與萬實係一字，特其足形之稍長者如邾公牼鐘之□，畢鮮殷之□字乃如从厹作之形，說文於厹部復列萬字云「蟲也，象形」，則犯複矣。故禼與蠆亦當為一字。知离蠆為一，則知契之即是商星即是閼伯，而中國之古商星本即視為蝎形也。契之名本為离為蠆，然以其為毒蟲，故其後世子孫諱之而改為同音之契若偰，其選用此二字者疑商人亦以書契為其先祖之所發明。書多士「惟殷先人有冊有典」。第三，㝃字亦當由离若蠆字之變，蓋亦以毒蟲為可諱，以閼伯若契本為至上神高辛氏之子，故變蠆形而人形也。殷人以子為姓之子字亦當即蠆形之變，蓋古民族之姓即該民族之圖騰，殷人以离為祖先，殆即以蠆為其圖騰耳。【釋支干　甲骨文字研究】

◉葉玉森　據郭氏説謂萬即蠆离亦蠆㝃。若子亦蠆。商之契即离。即蠆。且幻想商人諱契為蠆。乃因某事某事而名為契若偰。毒蟲之蠆乃作人形之㝃。郭氏又謂本辭卜萬受秊之萬為商人自稱。即商人以蠆為圖騰之鐵證。圖騰必先于星象。商人以蠆為姓。即以离為祖。蝎星之觀念輸入。乃以此星為其祖之所顯示。閼伯遂與契併合而為一也。亦見釋支干篇。予思郭氏方治古代社會學。古代天文學。故其腦海中充塞圖騰星象。極其玄想。可入非非。惟考許書子下所出之古文㝃。卜辭中子字無數。固未見此一體。金文中亦未見之。疑譌變矣。卨离契偰之四體。卜辭金文亦並無所見。王國維氏釋卜辭[illegible]為夋。謂象人形。乃契之父嚳。先公先王考。王襄氏則釋离即𤞞玁。謂象猴形。乃商祖之契。徵文考釋帝王。一葉。郭氏復以地名之萬為蠆。謂象蝎形。即商人之圖騰。不知卜辭曰「我受秊」。曰「商受秊」。乃商人之自稱。曰「萬受秊」。即卜萬地受秊。猶他辭云「卜雀受秊」。同卷第一葉之二。「貞雪不其受秊」。卷七第四十三葉之一。「貞雪受秊」。徵文歲時第五版。「貞犬受秊」。殷虛卜辭第四十四版。曰雀。曰雪。曰犬。並地名或國名。不能概謂商人自稱也。萬之為地。當即「[illegible]于萬」甲骨文字二第二葉之十三之萬。[illegible]即吕[illegible]之變。其音與宮近。似繪一建築之圖案。當含建築之意。殆卜建屋于萬地耳。他辭云「[illegible]于多[illegible]俘」。藏龜第二百十葉之三。多俘乃族名。亦云建屋于多俘族之地耳。郭氏釋[illegible]為房。曰房于某猶他辭言俎于某或[illegible]方于某。亦誤。【殷虛書契前編集釋卷三】

◉孫海波　郭沫若甲骨文字研究釋五十云：「萬與蠆古本一字，乃假蝎之象形文為之，金文萬年無彊字様極多。小盂鼎『萬三千八十一人』字雖殘泐，尚存蠆形之二螯。但二萬三萬以上數未見。卜辭雖有蠆形文，然無一例係用千萬之萬者。大抵卜辭中言數，以五千為最多。」按郭氏此説實未盡然，卜辭紀數，用十百千者為多，不過用萬特少耳。如劉晦之所藏一版，今録釋文如左：

□□

□巳卜貞　貞其至

□萬人　十牢又

□□ 二佊匕□ 用牛一

此辭雖有殘泐，而萬人之為紀數字確無可疑，是知卜辭中言數曾有以萬計者，郭氏此言，殊未免失之早斷也。【卜辭文字小記續 考古新第五期】

◉馬叙倫 鈕樹玉曰。韻會作象形從禸。桂馥曰。廣韻引字林。萬。蟲名也。孔廣居曰。通説文諧萬聲之字八。唯無販切之贎是諧萬之本音。其他若力制切之蠇。洛帶切之糲。莫話切之譪與勱。而注亦云萬聲。夫萬是無販切。何以諧力制洛帶莫話之音。又若力制切之厲。莫話切之邁。洛帶切之癘。哥介切之噧。而注皆云蠆省聲。又厲之重文作蠇。邁之重文作𨘩。而山部又有力制切之𡽹。疑萬本作蠆。從萬從虫。虫亦聲。或省作萬。王筠曰。甕牖閒評。萬者。蠍也。筠謂萬即古蠆字。虫部蠆乃其分別文也。萬象形。不從禸。徐灝曰。萬即蠆字。誤從禸。此古文變小篆時所亂也。因為數名所專。俗書又加虫作蠆。倫按中敨作[glyph]。甲文作[glyph]。象蠍形也。萬蠆聲同脂類。明是一字。此蠍之初文。本書無蠍。歇聲亦脂類。則後起之轉注字也。孔以音轉為疑者。孔知形聲字有以雙聲字為聲者。而不知聲有同位之轉耳。惟哥介切之噧獨非同位。蓋兼藍兼廉之例。古讀來歸泥。明微泥同為邊音。無販切之轉為莫話切。古讀微歸明也。轉為力制切洛帶切者。由明微而轉泥也。聲則古皆脂類也。當入虫部為蠆重文。或自為部。虫部之蠆或出字林。字林訓蟲名也。益證凡言名也或名者。皆字林訓。字見急就篇。【説文解字六書疏證卷二十八】

◉馬叙倫 甫人匜 [glyph] 萬字説文在禸部。然禸為肘之異文。從九從乙。乙九皆為肘之初文。及九為數義所專變而為[glyph]。寸復為度名所有。乃從乙而加九聲為禸。萬為蟲名。安得從禸。證以此文及甲文作[glyph]。明是象形。萬為蠍之初文。亦蠆之初文也。借為數名。而音轉為無販切。或蠍蠆之音。乃後轉。而無販切猶古音也。知者。百聲得於鼻之初文作[glyph]者。白音並紐而萬音微紐。竝為雙脣濁破裂音。微古讀歸明。雙脣鼻音次濁音。而千從人得聲。人音古在泥紐。明泥同為鼻音次濁音也。可知數名雖百千萬不同而語原則同十音禪紐。古讀歸定。定竝同為濁破裂音。定泥同為舌尖前音。則亦同原而後變耳。【讀金器刻詞卷下】

◉高鴻縉 説文。[glyph]。蟲也。从禸。象形。無販切。又[glyph]。蟲也。从禸。象形。讀與偰同。[glyph]古文离。私列切。

按萬甲金文均象蝎形。不从禸(禸非文字。説文增禸篆。誤也)。周初始於其形加足字。自商周借為千萬之萬。秦人乃加虫旁為意符作蠆。而[glyph]字古又分化為[glyph]為[glyph]。而後人又造蝎或蠍。於是蝎與蠍通行。而蠆字亦少用。而萬之本意遂亡。古

萬音變為蝎音。亦猶之害音之變為曷音也。【中國字例二篇】

◉李孝定　說文。萬。蟲也。从厹。象形。契文象蝎形。郭氏謂與萬今隸作蠆為一字。是也。蓋萬象蝎形。許訓猶存古義。然以萬假為十千數名行之既久。不得不另製蠆字以代之。亦猶七切九肘之比。第七九諸文假借義專行。而古義遂湮。而萬之古義尚能倖存於許書耳。至郭氏牽附离禼䍃偰契諸文。謂均是萬之一字之形變音假。則未免流于附會。葉氏辨之是也。卜辭萬多為方國之名。【甲骨文字集釋第十四】

◉嚴一萍　28.[glyph]萬　商氏釋离，誤。此字與甲篇第十一行第十七字及乙篇第三行第卅一字「澫」所从之萬完全相同，當是萬字。商氏傅會為商之先公契，不可信。說文：「萬，蟲也。」「為禹為萬」，似言萬物化生之意。【楚繒書新考　中國文字第二十六册】

◉張秉權　說文中的「萬」和「蠆」都是蠍的象形字，它們都是從甲骨文中的那個象蠍形的「萬」字演化而來的，然則何以會分化而成為二個不同形體的字呢？這原因至少可以追溯到甲骨文的時代裏去。在甲骨文中，有一微妙的現象，值得我們加以注意，即作為紀數的「萬」字，與作為人或地名的「萬」字，在形體上似乎有一點小小的分別。作為人或地名的「萬」字，無論在獨體的單文或合體的偏旁中，往往作[glyph]或[glyph]等純粹象蠍的形狀；而作為紀數的「萬」字，則作[glyph]形，在蠍形的尾部，加上一横，「三萬」則作[glyph]，在尾部加三横。數名的「萬」字，雖不多見，但人地名的「萬」字例子卻不算太少。二者的分別，即在字形中有無表示數目的那一横畫。換句話說，紀數的「萬」字，在字體的下半部加了一横；而人地名的「萬」字，則沒有那一横。由此可知甲骨文中紀數的「萬」字實應為「一萬」的合文，所以「三萬」的合文就在下半部加上三横。同時，我們也可以推證甲骨文中的「百」字實應為「一百」的合文；「千」字實應為「一千」的合文。至於說文中的「萬」和「蠆」字，有些文字學者已經認為它們其實就是一個字。說文十四下厹部的「萬」字，也就是十千的萬字，是從甲骨文中紀數的「萬」字，亦即「一萬」的合文演化而來，其中的「一」，到了金文中遞變而為「[glyph]」「[glyph]」「[glyph]」等形，至小篆時則變為「[glyph]」，便與蠍尾相合而成「[glyph]」形，即說文的部首「厹」。十三上虫部的「蠆」字，則由甲骨文中人或地名的「萬」字演化而來，它所从的「虫」，係由蠍尾的譌變。【甲骨文中所見的數　歷史語言研究所集刊四十六本三分】

◉王讚源　說文辵部從萬聲的「邁」，重文作「𨖸」，從蠆得聲，可見萬、蠆的形聲義相同，古代應是一字。可是說文析成二字，分歸二部：禸部：「萬，蟲也。从厹，象形。」虫部：「蠆，毒蟲也，象形。」萬於甲骨文作[glyph]、[glyph]，金文作[glyph]、[glyph]，隸定應作萬，為獨體象形字。因它是昆蟲，故从虫作蠆。萬於甲骨文、金文有方國之名與姓氏之義，而卜辭、金文的方名姓氏有從又的例子，所以萬於金文從又作(魯大司徒匜)、，隸定就作萬。所從的又與其尾相交成，形狀與訓獸足蹂地的内相似，許氏未見金文本字，就誤以為萬字從厹。因此可知，萬是本字，蠆與萬都是萬的重文。細觀甲骨文、金文萬字，象蠍的形狀，蠆、萬、蠍應是一個字。蠍性至毒，所以説文訓「蠆」為毒蟲。拿經傳證明，廣雅釋蟲：「蠆，蠍也。」御覽九四七引毛詩義疏説：「蠆，幽州謂之蠍。」可見蠆與蠍是同物異名。從聲音考查，莊子天運篇釋文：「蠆，許蝎反。」廣韻：「蠍，許謁切。」二字同音。蠆、蠍聲義相同，但蠆是蠆的俗體。而蠍又是蠆的後起字，因前者為形聲字。説文無蠍字(見説文正補釋萬)。【叙論　周金文釋例】

◉王讚源　萬字從土作𡐦，除本器外，也見於邾公釛鐘(三代一卷十九葉)。也有從止作𧀼，從彳作𢔓，從辵作邁等形體。土、止、彳、辵皆為多出的繁文。卜辭、金文方名多有繁文之例。萬字本為蟲名，古借為方國之名，故有從土、止、彳、辵等文而構字。卜辭萬方見於「殷契書契前編」三・三〇・五片：「□寅卜萬受黍？」此卜萬方的禾黍是否受祐有年收。又「殷虛文字乙編」五九五六片：「子商弗其獲𢦏萬？」子商，即商方的子爵。𢦏，害也，引申為一切傷害之義。此卜子商是否加𢦏於萬方。金文有萬卣(三代十二卷三八葉)、萬爵(三代十五卷六葉)、萬戈(三代十九卷三葉)等，是萬方或萬氏的作器。孟子的學生萬章，是戰國齊人。清朝鄞縣人有萬斯同、萬斯大、萬經，都是康熙年間的名儒。蟲名萬，除借為方名姓氏之外，又借為千萬之萬，如兆本義為分，而借為億兆之兆，皆本無其字，依聲託事的例子。【龕公㸔鐘　周金文釋例】

◉曾憲通　為禹為萬　甲二・二八　商先生釋為禼，謂即商之先公，古書或寫作契、偰。但據紅外線照片，此字形體與甲一一・一七及乙三・三七字所从之萬全同，當以釋萬為是。選堂先生謂萬即冥，萬與冥皆明母，故通用。冥為殷先神，故與禹並列。【長沙楚帛書文字編】

◉高　明　　戈(三代19・3)，同一族名的禮器有父己卣、父丁觶、父己尊以及帶此族名的鼎、卣和樂器鉦等。此字甲骨文寫作「」，即萬字之古體，卜辭中以萬為最大的數目字。如「辛巳卜貞登婦好三千，登旅萬乎伐……」(庫310)「萬人……歸」(存2・582)。萬在卜辭中還是方國的名字，如「……寅卜萬受年」(前3・30・5)「……卜賓貞皁其往萬」(前5・31・3)。商代彝銘中有帶萬字氏族的父己卣、父丁觶等不同謚號的禮器，可見萬是一個氏族的名稱，卜辭中「萬受年」、「皁其往萬」，萬亦必是族名，兩方面資料正好脗合。【「圖形文字」即漢字古體説　第二屆國際中國文字學研討會論文集】

◉徐中舒　鐵二五一・一　明五七四　寧三・九四　字形近，疑為萬之省形。【甲骨文字典卷十四】

禹

禹 鼎文 弔向簋 禹鼎 秦公簋 受天命鼏宅禹責 【金文編】

4·92 匋攻禹 5·276 左禹 【古陶文字徵】

禹 日乙一〇四 六例 日甲一三五 日甲二背 【睡虎地秦簡文字編】

陳邦懷釋禹 為—為萬 㠯司堵（乙2—26） 【長沙子彈庫帛書文字編】

5124 與秦公簋禹字合。 5125 0904 【古璽文編】

后禹之印 犖禹之印 鄭禹 變禹 盧禹 陳禹 公孫禹之印 趙禹 芇禹之印

馬禹之印 吕禹印 吕禹 徐禹之印 史禹私印 昔禹之印 路禹 周禹 成禹

郝禹 趙禹印 史禹 臣禹 韓禹 邯鄲禹 張禹光印 楊禹私印 【漢印文字徵】

開母廟石闕 □禹□功 兩體石經 禹貢 禹敷土 品式石經 咎繇謨 禹拜曰都 說文古文同 【石刻篆文編】

禹 禹 【汗簡】

古尚書 同上 雲臺碑 立崔希裕纂古 說文 【古文四聲韻】

◉許 慎 禹蟲也。从厹。象形。王矩切。古文禹。【說文解字卷十四】

◉孫詒讓 禹為蟲名，則亦當象蟲形。金文尗向敢云「尗向父曰」，又云「廣啟身」，以形義攷之，當即禹字，漢書藝文志大禹字作即此，舊釋為肸誤。下从者即厹，金文萬字偏旁多如是作。上从即象蟲形，與甲文字及說文古文字亦相近，可以互證。古者名字義必相應，玉篇虫部「蠁，禹蟲也」。說文虫部「蠁，知聲蟲也」。司馬相如說作蚼，从向」。是禹字尗向，「向」即蚼之省，禹向同取蟲名為義，亦可證其塙為禹字也。【名原卷上】

◉孫詒讓 （叔向敢）此銘字三見，為叔向父之名，舊並無釋。吳大澂疑古肸字，與羊舌肸字叔向名字相應，而文究不類。以字形審之，實當為禹字。說文厹部「禹，蟲也。从厹，象形。重文□，古文禹」。漢書藝文志「大禹」字作「大□」，即从古文禹，以隸古寫之也。此作□，較彼文尤簡，實皆一字。前受鐘「用寓光我家」，寓作□，下从□，與此畧同。攈古二之三。古者名字相應。說文云「蠁，知聲蟲也」。若然禹蠁一蟲，禹字叔向，即取蟲名為義，向即蚼之省。此可證司馬相如顧野王說矣。【古籀餘論卷三】

◉林義光　古作□叔向父敦。作□竊鼎竊字偏旁。皆象頭足尾之形。【文源卷一】

◉高田忠周　□□　說文。□禹。蟲也。从内。象形。古文作□。今徵于此文。□□皆虫省。元从内从虫省。或作□。从它省也。它虫同意。後世俗作蝺。虫形重複矣。【古籀篇六】

◉馬叙倫　桂馥曰。玉篇。蠁。禹蟲也。本書。蠁。知聲蟲也。徐灝曰。禹為蟲名而從厹。義不可通。倫按叔向敢作□。孫詒讓釋。秦公敢作□。蓋亦全體象形。傳寫譌變如今篆也。禹音喻紐三等。古或隸諸匣紐。蠁音曉紐。曉匣同為舌根摩擦音也。禹聲魚類。蠁聲陽類。陽魚對轉。蓋蠁之初文。當入虫部為蠁之重文。或自為部。廣韻引字林。禹。蟲名。字見急就篇。

□　席世昌曰。藝文志大□三十七篇。師古曰。□。古禹字。李杲曰。古鉨作□。與此略近。倫按古鉨有作□者。據知禹不從内矣。此或呂忱據漢書增。或石經亦然。則出尚書矣。【說文解字六書疏證卷二十八】

◉商承祚　□　金文秦公𣪘作□。同篆文。敦煌尚書五子之歌作□。漢書藝文志作□。即由石經古文□而隸變。【說文中之古文考】

◉高鴻縉　林義光曰。古作□□。皆象頭足尾之形。按禹為多足之蟲。如蜈蚣之類。故象蟲有足形。字疑周人始造。由萬字甲文作□。至周始加足形作□。可推知也。列子力命篇。偊偊而步。偊偊。曲皃(偊亦作蝺)。亦由多足意引申。自禹借為人名。後人乃另造蝺字。【中國字例二篇】

◉陳邦懷　「禹」，帛書原作□，《說文解字》：「禹，蟲也。」段玉裁云：「夏王以為名，學者昧其本義。」字象爬蟲之形，□且辛禹卣罍作□，禹鼎省變作□。因禹字用為夏王之名，故古文禹有作人首形者。瘨鐘：「用□(寓)光瘨身」(通録編鐘「用寓光我家」可為參證)，「寓」(讀作宇，訓大)字所从即作人首形之□。《史記·五帝本紀》：「禹者黄帝之玄孫，而帝顓頊之孫也。」「禼」，本義亦為蟲，字亦象爬蟲之形，《說文解字》：「禼，蟲也。□，古文禼。」因禼字用為殷先公之名，故《說文》古文作人首之形。禼又作契。《史記·殷本紀》：「殷契，母曰簡狄，有娀氏之女，為帝嚳次妃。三人行浴，見玄鳥墮其卵，簡狄取吞之，因孕生契。契長而佐禹治水有功。」《史記・五帝本紀》謂帝嚳為帝顓頊族子，是知契為顓頊族孫也。又案：《史記・楚世家》：「楚之先祖，出自帝顓頊高陽。」帛書序述禹及卨者，禹為顓頊之孫，卨為顓頊之族孫，二人皆為楚之先祖也。【戰國楚帛書文字考證　古文字研究第五輯】

◉高　明　「□逿為禹為萬，以司域襄」：過去多釋禹為夏禹，釋萬為卨，謂為商契，商承祚釋逿為逃，引《荀子・非相篇》「禹跳湯偏」為解。案本節所述皆為庖犧、女媧開化天地之事，距夏禹、商契尚遠，突然插入「禹跳湯偏」一事，與全文不合，故所釋不確。禹萬《說文》皆謂「蟲也」，為字當訓如，《經傳釋詞》卷二「為猶如也」。逿字初見，字書無，前一字殘，「□逿為禹為萬」義如驅除如禹、萬等毒蟲。襄當讀作壤，「以司域壤」，猶言治理土地。【楚繒書研究　古文字研究第十二輯】

◉劉彬徽等　人⿱禹心，⿱禹心，讀作禹。據《說文》，禹為蟲。人禹可能指大禹。楚人自以為老僮之後，當來自華夏，與禹有共同的先祖，故得祭祀大禹。【包山楚簡】

◉曾憲通　[glyph]為禹為萬　甲二・二六　錫永先生依陳邦懷釋為禹字，即夏禹。選堂先生發現帛文所記多與禹事相關，進一步證成其說。嚴一萍氏認為釋禹不可信，以字如禺邗王壺之禺字，改釋為禺，並引《說文》以禺為母猴屬佐證。然細察帛文[glyph]字，其主體實作[glyph]，上體之「[glyph]」像蟲首，故《說文》以「蟲」說之。外加[glyph]者，乃突出蟲之頭部，與禺字从鬼頭之[glyph]無涉。[glyph]同禹鼎之[glyph]、秦公𣪘之[glyph]、戰國印文之[glyph]，《說文》古文及三體石經古文之[glyph]皆一脈相承，其形狀雖變化不一，而其主體作[glyph]、[glyph]、[glyph]、[glyph]、[glyph]等，卻是萬變不離的。容庚先生謂「萬」字「甲骨文作[glyph]、金文作[glyph]，後漸變而為[glyph]、為[glyph]，遂若从厹而析為二字」（《善齋吉金圖録》萬父己鐃）。[glyph]演變為禹，與[glyph]演變為[glyph]屬同類現象。【長沙楚帛書文字編】

⿱⿴𦥑囟厹　[glyph]

◉許　慎　[glyph]周成王時州靡國獻⿱⿴𦥑囟厹。人身。反踵。自笑。笑即上脣掩其目。食人。北方謂之土螻。尔疋云。⿱⿴𦥑囟厹⿱⿴𦥑囟厹如人。被髮。一名梟陽。从厹。象形。符未切。【說文解字卷十四】

◉馬叙倫　鈕樹玉曰。韻會引獻⿱⿴𦥑囟厹下重一⿱⿴𦥑囟厹字。掩作揜。梟作梟。初學記引梟亦作梟。釋獸釋文引作一名梟陽。上有讀若費費。嚴可均曰。釋獸釋文引獻⿱⿴𦥑囟厹下重⿱⿴𦥑囟厹字。一名上有讀若費。初學記廿九御覽九百八廣韻韻會引陽作羊。沈濤曰。爾雅釋文引獻下重⿱⿴𦥑囟厹字。笑作咲。即作則。脣作唇。掩作弇。無食人二字。土螻下有讀若費費。無尔疋曰以下九字。梟作梟。初學記二十九引。⿱⿴𦥑囟厹。人身反踵。自笑。則上唇掩其目。一曰梟羊。御覽九百八引同初學記。但無自字。則作即。梟羊下有北方謂之土螻六字。可見古本皆重⿱⿴𦥑囟厹字。據陸引古本有讀若費費。而無引尔疋語。承培元曰。鉉本汪本錢鈔繫傳篆皆作𥜽。顧本作𥜽。疑誤。王筠曰。朱文藻本篆與顧本同。而云似衍田。朱筠本篆亦同。而注中𥜽字六見。皆無田。與汪刻同。繫傳從臼。朱本作從𦥑。梟羊孫鮑二本羊作陽。又從禸象形兩句在此句下。玉篇此字作𥜽。以𥜽從巛推之。似當然。說文之譌久矣。從禸象形。是謂𦥑象形也。其中之囟。以禼字推之。當是其首。兩臼蓋象四角。山海經。昆侖有獸焉。其狀如羊而四角。名曰土螻。是食人。蓋即一物也。翟云升曰。廣韻引𥜽𥜽作狒狒。徐灝曰。周書王會作費費。字亦作狒。見爾雅。又作𥜽。見左思賦。禼即禺字。𦥑蓋象其被髮。繫傳篆作𥜽。從禺複。蓋未知禼即禺也。許以𥜽為禼之古文。倫按篆𦥑當從玉篇作𥜽。二徐本蓋皆譌也。王據山海經以證𦥑是四角。然此篆無羊形。爾雅言𥜽𥜽如人被髮。周書王會不言被髮。檢山海經海內南經。梟羊國在北朐之西。其為人人面長。脣黑。身有毛。反踵。見人笑亦笑。左手操管。然則梟羊人也非獸也。與土螻異物。本草拾遺。𥜽𥜽亦作𧍮𧍮。出西南夷。如猴。宋孝建中。獠子以西波尸地高城郡安西縣主簿韋文禮進雌雄二頭。宋帝曰。吾聞𧍮𧍮能負千鈞。若既有力如此。何能致之。彼土人丁鑾進曰。𧍮𧍮見人喜笑。則上脣掩其目。人以釘釘箸額。俟其死而取之。髮極長。其毛一似獮猴。人面。紅赤色。作人言。鳥聲。然則𥜽之與土螻蓋亦異物。此字如玉篇作則𥜽。可象其為髮長之物。然𦥑象何物邪。倫檢子孫父己卣銘有[glyph]。其形變頗有為𥜽之可能。豈𥜽即卣文之譌形。卣銘曰[glyph]乍父己彝。昔人釋為孫子。徐相柏以為象小兒總角形。蓋不可從。金刻中如父戊卣[glyph]。倫以為即左傳孟子之虞人。則此或亦古有司之名。而此字從大而面有所幕。耳有所飾。於周禮六官之屬及經傳有司之名皆無可附麗。蓋圖語之遺迹也。其形譌變為𥜽。而與狒狒之象形文相亂。故狒之初文乃作𥜽耳。此字自不從禸。當自為部。然疑出字林也。【說文解字六書疏證卷二十八】

禼

[glyph]古尚書　[glyph]同上　禼　𥜽竝籀韻【古文四聲韻】

◉許　慎　禼蟲也。从厹。象形。讀與偰同。私列切。𥜽古文禼。【說文解字卷十四】

◉孫詒讓　「丙申□[glyph]□允父□」，四十九之四。「貝□[glyph]乎氏」，七十一之一。「壬申□殸貝[glyph]其」，百五之二。「□戈貝鼠辛子乎[glyph]酒乎于方□」，百十四之三。「貝㕘乎[glyph]省田」，百十四之四「貝[glyph]弗其侣」，百十九之一。「貝[glyph]弗其[glyph]」，二百四十之四。「戊辰卜韋貝□子[glyph]」，二百四十一之三。此亦作[glyph]而上增ク形，疑當為「禼」。【栔文舉例卷下】

◉王　襄　一貞勿行炆[glyph]左行

□疑古禼字。說文解字。禼。蟲也。段氏云。殷玄王以為名。見漢書。俗改用偰契字。古文作𥜿。說文通訓定聲移𥜿於𥝌下。𥝌。許氏說周成王時州靡國獻𥝌𥝌。人身反踵。爾雅曰。如人被髮。讀若費。朱氏云。鍇本字作狒。按狒狒即猩猩。山海經作猎猎。昔禼一聲之轉。𥝌𥜿禼古本通叚。殷契之□象猴形。殆即禼之古文。史記殷本紀封于商。正義。帝嚳之子。禼所封也。又三代世表漢書古今人表均作禼。又按部首之厹。許說獸足蹂地也。同系各字皆獸類。禹禼二字均應釋獸。方與部首合。蓋蟲無从厹之誼。至於萬古文作□見蠆疊不从厹也。焂□即郊禼之禮。與禮記祭法殷人禘嚳而郊冥之文不同。禮記出于秦漢經生。不能據彼疑此實録也。【帝系　簠室殷契徵文考釋第三編】

◉林義光　□　象頭足尾之形。【文源卷一】

◉唐　蘭　□字孫詒讓釋禼。舉例下四二。甚碻。字或作□，故易誤為□耳。商承祚列□于□下，同釋為羅及離。謂從□者象鳥正視之形。類編七·十五。殊為怪誕。聞宥非之而謂𢍰實畢之緐文。殷虛文字孳乳研究。其所謂畢，亦承羅説之誤。實當是𢍰。葉玉森舉「貞𢍰弗其羅」，當作隻，見後上十二·十一。「貞，𢍰弗其畢」，當作𢍰，見鐵二四〇四。二辭證𢍰非羅，亦非畢，顧無所決定。吳其昌氏謂從□從人為禽，見解詁一八八片，一九四片。則竟不知禽之從今聲，殊可異也。孫氏所見卜辭，只有鐵雲藏龜，材料少而印刷不精。其作契文舉例，前無所承，錯誤自所不免，然頗有精到之説，為羅王以後所不及者。今人治卜辭，惟以羅説為宗，尟有讀孫書者矣。【天壤閣甲骨文存考釋】

◉馬叙倫　桂馥曰。廣韻引字林。蟲名也。讀與偰同者。廣韻。禼。殷先祖也。或作偰。本書偰下云。高辛氏之子。堯司徒。殷之先。史記司馬相如傳。契不能計。漢書作禼。列女傳。簡狄吞燕卵。生禼。北堂書鈔引尚書刑德放。禼為司徒。申鑒政體。禼布五教。王筠曰。本部言象形者。皆在從内上。此變例也。諸字皆一物之全形。厹則物一節之形也。特以字形相似。類集為一部耳。若先言從厹。便非理實。故烏部字概不從烏省。亦同此意。大徐繩以常例而倒置之。非也。讀與偰同。蓋禼為殷祖之名之正字。古人質樸。禹及夔龍虎熊羆以動物名。禼以蟲名。亦其理矣。郭沫若曰。禼殆即萬之變形。萬蠆一字。蠆即蠍也。劉秀生曰。禼蓋象形字。本音即讀如偰。禼古文作𥜿。舛部。舝。從舛。𥜿省聲。辵部。䢋。從辵。舝聲。讀若害。契從㓞得聲。害㓞竝從丰聲。是其證。倫按於甲文中見殷之先祖多以動物為名。則禼即堯司徒契之本字。然疑與𥝌一字。古文作□。與𥝌字玉篇作𩰲者少目耳。如倫疑𥝌即子孫父己卣□之變譌。而契字形如作□。即在此二字之間。蓋以其形與偰類之初文作契者相亂。故古書殷先祖之名遂作契矣。𥝌讀若費。史記魯世家之肸誓。尚書作費誓。費從弗得聲。弗音非紐。非心同為摩擦次清音。肸可作費。肸禼音同心紐。則禼自可通𥝌。且倫疑𥝌或從𥜿弗聲。故字或作䨻

嘼

也。或謂䨲即鬭之譌。則必其由於相傳之音讀如費。故後人疑為從弗而或作䨲也。廣韻引字林訓蟲名。或此字出字林。

桂馥曰。此非离之古文。蓋鬭之古文。後人亂之。巛象鬭之髮。本書古文子作。云。從巛象髮。是也。王筠曰。我初據爾雅釋文以𡿺為鬭之重文。今知非也。釋文曰。狒。字又作䨲。或作𡿺同。引吴都賦䨲䨲笑而被格。案吴都賦即作𡿺。集韻䨲有或體𡿺。知其采自釋文。本非采自說文也。玉篇廣韻离皆有古文𡿺。與說文同。集韻离有或體𡿺。不過字體錯誤。亦不與說文異。舛部舝從𡿺省聲。是离則謂。是狒則乖。其明證也。至於鬭字。廣韻玉篇則作鬭。疑是說文傳寫脱巛也。朱駿聲曰。此鬭之古文。倫按狒有長髮。故字可有巛。若离之為蟲。非狒之類。則不得亦有巛作𡿺也。餘見离下。【說文解字六書疏證卷二十八】

◉商承祚　桂氏云。「此非离之古文。蓋鬭之古文。後人亂之。巛象鬭之髮。」據鬭注。則桂說是也。但汗簡离下出𡿺云。「同上。竝尚書」。是离鬭之錯簡久矣。【說文中之古文考】

嘼　盂鼎二　師寰簋　邵鐘　王母鬲　嘼卣　交鼎　命瓜君壺　柬＝嘼＝　寰[illegible]父鼎　嘼簋　散盤　从辵義如狩　盂鼎　錫乃祖南公旂用遷【金文編】

168【包山楚簡文字編】

巴納德釋單、《古文四聲韻》單字作嘼、《正始石經》戰字从嘼、古器銘嘼字皆為單　二曰未四—(乙4—20)【長沙子彈庫帛書文字編】

嘼火又切　口【汗簡】

竝古老子　汗簡【古文四聲韻】

◉許　慎　嘼犍也。象耳頭足厹地之形。古文嘼下从厹。凡嘼之屬皆从嘼。許救切。【說文解字卷十四】

◉吴式芬　嘼即畜字。匡謬正俗載武成往伐歸獸。獸字作嘼。字林嘼音火救切。人之所養也。陸德明曰。嘼是畜養之名。𠭥其邦之所畜。如下文所俘羊牛是也。或曰嘼即獸省。說文。獸。守備者也。言𠭥其守備也。【師寰敦　攈古録金文卷三之二】

◉劉心源　□交尊　嘼即獸。即狩。書序往伐歸獸。釋文本或作嘼。詩搏獸于敖。後漢書安帝紀注作薄狩。張遷碑帝遊上林問禽狩所有。石門頌惡虫蘼狩。竝可證。公羊桓四年傳注。獸猶狩也。是也。盂鼎錫乃祖南公旂用□。从辵。取循行之義。【交尊　奇觚室吉金文述卷五】

◉林義光　古作□邵鐘。作□交彝。□象耳頭。□□皆象尻著地之形。【文源卷一】

◉馬叙倫　鈕樹玉曰。釋畜釋文引字林云。嘼。産也。説文云。嘼。牲也。蓋誤。嚴可均曰。嘼。小徐部叙篇作嘼。韻會廿六宥引作嘼。以嘼為或體。按内部之後。次之以嘼。嘼之下體即厹省。許云。古文嘼下从厹。此重文之附見于説解中者。如韻會。則説解贅矣。㹌也釋畜釋文引作牲也。別引字林作産也。産即㹌之爛文。沈濤曰。釋畜釋文引字林。嘼。㹌也。説文。嘼。牲也。是古本作牲不作㹌。段先生謂今本以字林改説文。然匡謬正俗亦引作㹌。則當時自有二本。王筠曰。朱文藻本繫傳作□。部叙篇作□。朱筠本同。據古文嘼下禸也。則當有古文作□。篆脱而注存耳。蓋嘼部所以繼禸部者。特以此故。惟部中字從嘼。故以嘼冠部。嘼字不甚象形。古文作□。省之亦當為□。不得徑似害字也。翟云升曰。當有嘼篆。漢相柏淮源廟碑。禽獸碩茂。武氏祠祥瑞圖。比肩獸。獸皆從嘼。徐灝曰。嘼實與獸一字。相承增偏旁。匡謬正俗徐仙民音嘼為始售反。是也。嘼畜一聲之轉。故假嘼為畜。倫按爾雅釋畜釋文引字林。嘼。産也。疏。案字林畜作嘼。説文云。獸也。此引説文與今本異。若然。則許本訓獸不訓牲。陸所據作牲也者。乃一本字林㹌譌為牲。而其書題為説文者也。易中孚釋文。畜。本或作獸。蓋畜本作嘼。故本或作獸也。嘼或作獸者。獸從嘼得聲也。然則嘼獸也者。亦以聲訓之例也。字林訓㹌。則以為六畜之畜字。尋今言畜養者。畜實育之借字。言人畜者。畜當為㹌。畜音曉紐。㹌音審紐。育音喻紐四等。同為次清摩擦音也。㹌牲為轉注字。牲謂獸生子也。猶育謂人生子也。嘼若為獸生子。則是動詞也。且象耳頭足厹地之形。所象又何物邪。況嘼之為字。又不象耳頭足厹地之形也。諸家據説解中古文嘼下從厹。以為當有嘼字。不悟此蓋校者見金文有作□者而言。字見交敦。或古文經傳中亦有作□者也。然邵鐘之□。師寰敢之□。前人皆釋為嘼。邵鐘之文曰。余□□武。此與魯公伐郤鼎之攻□無敵詞義略同。攻□即攻戰。公伐郤鐘作□。本書戰從戈從單。則□□一字。單車一字。見單字下。則嘼亦車之異文。散盤作□□二形。猶可見其為尚未盡失圖畫性之車形。蓋此字須對面視之。若車向我而立者。其□即轅與衡軛軥也。其形由□□而變省。□為車箱。即輿也。一即軸也。□者伏兔。即轐也。□者兩輪。□則其為軛者更簡。而輿後之軸。直者而曲之矣。由□之變。則為交敢之□。□而反之。遂似於口。故盂鼎作□。□而□之。則為此篆。兩輪由□者而□之。□而吅之。譌而為□矣。若王母鬲之□。盂鼎之□。則為連字。從辵之字。金甲文亦或作ㅁ。ㅁ非口舌字。乃履之初文。對面視之之形也。連從車得聲。見連字下。由此益明嘼單車之為一字矣。詳單下車下。車古讀如舍。音在審三。故嘼音轉入曉紐。皆摩擦次清音也。聲則由魚而幽耳。因篆形之譌變。而義不可得。因古借為畜。而音尚幸存。當入車部為重文。匡謬正俗引字林。火又反。【說文解字六書疏證卷二十八】

◉楊樹達　嘼字孫仲容讀為守，以冉奔鈴達為淮人所守城名。拾遺下卷拾貳葉。奔孫釋為茾，不確。郭沫若云：「嘼乃酋首字，見小盂鼎，冉奔鈴達均淮夷之酋長。」考釋中册壹肆陸葉下。吳闓生說同。文録叁卷玖葉下。樹達按郭吳說義良是，孫說非也。惟吳不明言嘼當讀為何字，郭則讀嘼為酋。余謂酋與嘼同屬幽部字，韻固相近，而聲則相遠。余意嘼當讀為首。廣雅釋詁云：「首，君也。」然則銘文之邦嘼猶尚書之邦君也。說文十四篇下嘼部云「獸，守備者也」；廣雅釋詁云「獸，守也」，皆以守釋獸。詩車攻云「搏獸于敖」，後漢書安帝紀注引作「薄狩于敖」，漢張遷碑云「帝遊上林，問禽狩所有」，以狩為獸。蓋獸為初字，狩為後起，實一字也。詳余釋獸篇。嘼為獸之聲符，守首古音同，獸與守狩同音，知嘼可通首矣。【師寰殷跋　積微居金文説】

◉嚴一萍　20. 嘼　酓忎鼎戰作，其左半與繒書同。商氏謂「嘼下从百，則非嘼字」，實誤。【楚繒書新考　中國文字第二十六册】

◉李　零　未四嘼，未，應為朱字之誤，嘼，金文有兩種寫法，一種作，一種作，這裏是用後一寫法。楚王酓鼎和酓忎鼎「戰」字所從單即用此，又《古文四聲韻》的單字和禪字所從的單亦用嘼為單。這裏嘼亦當讀單，巴納德讀單，可從。朱四單，即帛書右下角之赤木，代表南方和夏天，下領四至六月。【長沙子彈庫戰國楚帛書研究】

◉戴家祥　盂鼎　賜乃祖南公旂用還　劉心源曰：還，即嘼，即狩，循行也。或釋邁，非。萬不从内，奇觚室吉金文述卷二第十四頁。盂鼎。按書序「往伐歸獸」，釋文「獸本或作嘼」。唐韻獸讀「舒救切」審母幽部，狩讀「書救切」，不但同部，而且同母，同聲必然同義。小雅車攻「搏獸于敖」，李賢後漢書安帝紀注引作「薄狩于敖」。公羊傳桓公四年「冬曰狩」，何休注「狩猶獸也」。說文十四篇「狩，犬田也。从犬，守聲。」爾雅釋天「火田為狩」，郭璞注「放火燒草獵亦為狩」。還為嘼之更旁字，劉説可據。

阮元曰：嘼，説文云：「犍也，象耳頭足厹地之形，古字同獸。」周書序「武王伐殷往伐歸獸」，釋文本作嘼。獸通狩，詩車攻「搏獸于敖」，後漢安帝紀注作「薄狩」。狩宮，田狩之宮也。積古齋鐘鼎彝器款識卷七・二十二葉王母鬲。按嘼、獸、狩古本一字，嘼从單从口，單為擊獸之器，口為聚衆圍獵所留缺口，獸受追逐由此缺口遁逃，獵者持單守此，伺機擊殺捕獲之，這正是狩的意思。許慎所釋非嘼之本義，嘼當為狩之本字。捕獵必用犬，故从犬為獸。獸後借作野獸之獸，失其本義，故又產生狩字，以還其原。而獸、狩古本一字。此羅振玉論述詳備。左氏襄四年傳「獸臣司原」，注「獸臣，虞人」。周禮獸人之職，所掌皆王田之事。詩車攻「搏獸于敖」，後漢書安帝紀注引作「薄狩于敖」；漢張遷碑「帝游上林，問禽狩所有」；石門頌「惡蟲蔽狩」，皆獸狩通用。殷虛書契考釋中六九。金文又借作酉。酉嘼古音同屬幽部，聲母同屬齒音，為同聲通假。

[glyph]交從鼎即嘼之異文，金文用作人名。【金文大字典下】

◎馬良民　張守林　鑒于泗水尹家城遺址不見春秋前期遺物，故其年代當在西周晚期。

圖二　封泥文字

1、2. 封泥文字　3. 封泥文字上部之「獸」字　4. 封泥文字下部之「虡」字(1.1/1)

該字為二字合書。上字應是「嘼」字(圖二，3)。金文「嘼」字均與此字字形相近。下字象一人上舉兩臂(圖二，4)，當是商觚文「虡」的簡體。此字有的不寫出手指，正與封泥下字相同。⊘

封泥文作「嘼虡」于義無講，依古音推測，「虡」在此應讀為「虞」。因為「虡」、「吳」古音近相通。《周金文存》卷六·十七頁「虡王光趄戈」之「虡王」即「吳王」，是其明證。「虞」又從「吳」聲，二字也是相通的。在這方面且不說文獻中有許多例證，僅舉金文、璽印中的幾例即可說明問題。如：免簠「令(命)免乍(作)𤔲(司)土(徒)，𤔲(司)奠(鄭)還(苑)𢿱(林)眔吳(虞)眔牧」；同𣪕「王命：同，𢀜(左)右吳大父，𡨦昜(埸)林吳(虞)牧」；戰國燕印「左吳」即是「左虞」。皆假「吳」為「虞」。「吳」既與「虞」通，當然也應與「虡」相通。雲夢睡虎地秦墓竹簡《司空律》：「及載縣(懸)鐘虞(虡)用輻(膈)。」這裏將「鐘虡」寫作「鐘虞」，就是「虡」可讀為「虞」的直接證據。故「嘼虡」讀為「獸虞」是可信的。

獸虞是魯國的虞官之一，掌獵鳥獸之禁令。《國語·魯語》曰：「古者大寒降，土蟄發，水虞於是乎講罛罶，取名魚，登川禽，而嘗之寢廟，行諸國，助宣氣也。鳥獸孕，水蟲成，獸虞於是乎禁罝羅，矠魚鱉以為夏犒，助生阜也。鳥獸成，水蟲孕，水虞於是禁罝罜麗，設穽鄂，以實廟庖，畜功用也。且夫山不槎蘖，澤不伐夭，魚禁鯤鮞，獸長麑麌，鳥翼鷇卵，蟲舍蚳蝝，蕃庶物也，古之訓也。」韋昭注曰：「獸虞，掌鳥獸之禁令。」這段文字不僅講水虞、獸虞二官要依時開、禁山林川澤，使捕撈狩獵各有其時，做到繁育有期，捕獲有節，還規定二官要按季節「取名魚，登川禽」、「矠魚鱉」、「獵鳥獸」，以滿足宮廷之需。這裏講的獸虞之職，亦即《周禮》、《左傳·宣公十二年》的「獸人」、《左傳·襄公四年》所引《虞人之箴》的「獸臣」。其稱「獸虞」則僅見于魯國。又據《周禮》記載，獸人除「凡田獸者掌其政令」，向宮廷供給各種生獸死獸外，還要向王府提供動物的皮筋角毛等物。這後一職責，獸虞亦當有之，只是《魯語》意在强調在動物的生育繁殖季節禁止捕獵的必要性而已。由此推測，「獸虞」封泥的施用對象應是獸虞向宮廷、官府供奉的山林之物。它的發現印證了《國語・魯語》關于魯國虞官制度的記載是可靠的。【山東泗水尹家城出土封泥考略　考古一九九七年第三期】

獸

鐵一〇・三　卜辭獸从犬从單用為狩獵之狩　鐵三六・三　鐵三九・一　鐵五〇・三　甲一八一　甲六二〇　甲六四三　甲一二二一　甲一六五六　甲三五九九　乙二一一三　甲二一八六　甲二二九九　乙六三七七　拾六・三　拾六・八　前四・一・一　前六・四九・五　前六・四九・七　林二・一五・七　佚一四九　佚二一三　佚五二三　佚六五六　佚九二六　寧滬一・三六六　寧滬二・一一　摭續一二二　京津四四一〇　京津四四一一　京津四四一六　粹一八九　燕一四二　京都二〇五七【甲骨文編】

甲181　296　620　1112　1221　1656　2045　2186　2299　2317　2433　2772　3369　3599　乙127　143　213　396　764　814　1049　2352　2353　2475　2908　5188　5714　6377　6404　6776　7166　珠106　674　1119　零21　佚115　149　213　656　814　926　934　980　續1・10・4　1・29・4　1・46・3　3・40・1　3・40・2　3・40・3　3・41・1　4・35・4　5・33・4

6·17·7　徵10·121　10·123　10·124　10·125　京2·21·4　凡7·2　天79　81

誠296　六清25　外294　續存732　摭續95　122　粹189　374　922　923　934

996　1009　新4410　4412　【續甲骨文編】

獸　从單與狩通　宰峀簋　史獸鼎　先獸鼎　啟卣　員鼎　獸爵　王子午鼎　闌=獸=

曾侯乙鐘　獸鐘　【金文編】

獸　秦一二〇　五例　日甲三一背　五例　【睡虎地秦簡文字編】

石碣　鑾車　獸鹿如□　石經僖公　天王狩于河陽　獸狩古今字漢淮源廟碑武梁祠畫象祥瑞圖題字獸字亦从嘼作　【石刻篆文編】

汗簡　【古文四聲韻】

◉許慎　獸守備者。从嘼。从犬。舒救切。【說文解字卷十四】

◉吳大澂　古獸字。許氏說守備者。獸狩古通。左氏襄四年傳獸臣司原注。獸臣。虞人。周禮獸人官名。先獸鼎先姓獸名。取守備之義。或以官名為人名。【說文古籀補卷十四】

◉羅振玉　獸鹿。箋曰。獸之義為狩。獸鹿即狩鹿也。商人卜辭中狩獵字皆作諸形。即狩之本字。四足而毛為獸。乃後起之義。【石鼓文考釋】

◉林義光　(獸)即守之或體。从犬嘼聲。犬所以守也。古作獸彝戊。省作善夘彝甲。或借嘼為之。師寰敦即歔厥邦嘼。盂鼎錫乃祖南公旂用嘼。是也。字亦作狩。孟子巡狩者。巡所守也。此以狩為獸之本義。漢張遷碑問禽狩所有。此以狩為獸之借義。【文源卷十一】

◉高田忠周　說文。守備者也。从犬。从嘼。段注。疊韻為訓。能守能備。如虎豹在山是也。一曰兩足曰禽。四足曰獸。注。十字見爾雅音義。與釋鳥云二足而羽謂之禽。四足而毛謂之獸合。許於禽字下曰。長尾禽總名也。與此同。與禽字下異。从嘼从犬注。少儀有守犬。禦宅舍者也。故从之會意。或謂許説非是。嘼下曰獸牲也。象耳頭。足厹地之形。

古文嘼下从厶。其形當作𤉡也。然今依金文嘼作。與此篆合。或作。下从。要並从口从單為形。一說。嘼即嘽字。說文。嘽。喘息也。从口。單聲。一曰喜也。詩四牡。嘽嘽駱馬。傳。喘息之皃。爾雅釋獸釋文。獸毛蟲總名。而製文者依犬為形。為其目熟耳。以犬兼凡毛蟲之屬。故獸字从犬為形。非所以守山野也。又獸犬之類。其勢猛而其氣息嘽嘽然。又其性相喜戲。故从嘽為義。抑犬獸者為野產物。其性可狎者。養之飤之。初得為嘼。周禮庖人注。六獸。麋鹿熊麕野豕兔即豕為三牲之一。而元亦野產者。偁獸可證。嘼者。獸之化者。故省犬作嘼。而尚與獸同音也。此嘼與嘽字同。而義叚借以異。猶𢆶古文玄字从糸。以：為指事。省作𢆶為幺少字。幺糸元同字。其義叚借而更別者也。恐失於穿矣。愚意謂嘼之與口皆為象形叚借。猶豈从豆登从豆為象形叚借。【古籀篇六】

◉羅振玉 說文解字。獸。守備者。从嘼。从犬。又狩。犬田也。从犬。守聲。案古獸狩實一字。左氏襄四年傳獸臣司原注。獸臣。虞人。周禮獸人之職所掌皆王田之事。詩車攻搏獸于敖。後漢書安帝紀注引作薄狩于敖。漢張遷碑帝游上林問禽狩所有。石門頌惡蟲蔽狩。皆獸狩通用。其文先獸鼎作。員鼎作。此从从。并與从同。古者以田狩習戰陳。故字从戰省。以犬助田狩。故字从犬。禽與獸初誼皆訓田獵。此獸狩一字之證。引申之而二足而羽為禽。四足而毛為獸。許君訓獸為守備者非初誼矣。【增訂殷虛書契考釋卷中】

◉葉玉森 之異體作等形。予疑从象捕獸器。其形似叉有幹。象叉上附箸之銛鋒似鏃。在叉下。蓋以繫捕獲之雉兔者。从者乃省變。金文譌作邵鐘師寰敦王母鬲。篆文復譌作。則形誼竝晦矣。殷契鉤沈。【殷墟書契前編集釋卷一】

◉强運開 說文。守備者也。一曰。兩足曰禽。四足曰獸。从嘼。从犬。爾雅釋鳥云。二足而羽謂之禽。四足而毛謂之獸。是獸乃毛族之總名也。羅振玉云。獸之義為狩。獸鹿即狩鹿也。商人卜辭狩獵字作諸形。即狩之本字。四足而毛為獸乃後起之義。運開按。先獸鼎作。宰甶敢作。獸爵作。皆可證。盂鼎錫乃祖南公旂用狩作。从辵。與鼓文獵从辵作同意。邵鐘余狩孔武作。則叚嘼為之。【石鼓釋文】

◉馬叙倫 鈕樹玉曰。釋獸釋文引者作也。廣韻引字林。兩足曰禽。四足曰獸。韻會作從犬嘼亦聲。沈濤曰。爾雅釋獸釋文引獸守備也。一曰。兩足曰禽。四足曰獸。蓋古本尚有一曰以下十字。獸守以同聲為訓。古本當作也不作者。今本者字義不可通。王筠曰。句首似當增任字。穆天子傳。守犬七十。郭注。任守備者。翟云升曰。當入犬部。徐灝曰。獸之言狩也。田獵所獲。故其字從犬。謂獵犬也。詩車攻。搏獸于敖。鄭箋。獸。田獵搏獸也。羅振玉曰。古狩獸一字。左襄四年傳。

獸臣司原。注。獸臣。虞人。周禮獸人之職所掌者。皆王田之事。詩車攻。搏獸于敖。後漢書安帝紀注引作薄狩於敖。漢張遷碑。帝遊上林。問禽狩所有。皆獸狩通用。其文先獸鼎作[glyph]。員鼎作[glyph]。卜辭作[glyph][glyph][glyph]。古者以田獵習戰陳。故字從戰省。以犬助田狩。故字從犬。禽與獸初誼皆訓田獵。許訓為守備者。非初誼矣。倫按依金文及甲文之作[glyph][glyph]者。字皆從單。單車一字。周禮田僕掌馭田路。田路即石鼓文之田車。田為畋之省。文選畋獵賦注引禮記王制馬注。取獸曰畋。然則獸從車不必從戰省也。且戰為兵車。戰爭字本書作戔。見戔字戰字下。益知不從戰省矣。然倫謂亦非從車會意。實從犬車聲。鍇本作從犬嘼亦聲。蓋本作從犬從嘼嘼亦聲。而許書當作從犬嘼聲。校者改之。鉉本無嘼亦聲。則為校者以嘼聲不近而删之耳。車古讀如舍。舍音審紐。故獸音亦審紐。而轉注字作狩。音皆審紐三等也。狩訓田犬。今狩下曰犬田者。田犬之譌。田犬即獵犬。獸狩皆本是犬名。畋獵以犬。故引申為田獵之義。然倫疑獵獸之字。本如甲文之作[glyph][glyph][glyph][glyph][glyph]者。而此諸文。實[glyph][glyph]變譌者也。其丫即畢鐃禽字所從之[glyph]之省。[glyph]亦旗單卣[glyph]中及[glyph]父□壺[glyph]中之[glyph]之省。皆畋具。即畢也。抑或[glyph][glyph]為從犬從丫會畋獵意。要之與[glyph]獸異字。獸之得聲則語原然也。說解蓋作守也。以聲訓。呂忱釋以守備者也。爾雅釋文所引。證以廣韻。則字林文。字當入犬部。如甲文作。當入畢部。【說文解字六書疏證卷二十八】

◉楊樹達　說文十四篇下嘼部云：「獸，守備者也。一曰：兩足曰禽，四足曰獸。从嘼，从犬。」舒救切。按許君以守釋獸，為聲訓，然義旨殊不明。守備屬獸言之乎？不審獸何所備也。徐鍇云：「獸守山。」段氏注亦以虎豹在山為說。然虎豹之在山，意果在守備乎？段氏又以禮記少儀篇之守犬説从犬之義，似矣，然於从嘼又何說也？愚按十篇上犬部云：「狩，犬田也，犬田謂用犬田獵，段氏改為火田，大謬。从犬，守聲。」今以獸字之形與音求之，獸蓋狩之初文也。字从嘼者，說文云：「嘼，犍也，犍下云：畜牲也。象耳頭足内地之形。」嘼犍今言畜牲，此狩獵之所逐也。从犬者，獵必以犬，此狩獵之所用也。蓋獸之从犬，猶狩之从犬也，以犬逐嘼，狩獵之事，包舉無遺義矣。獸為會意字，變為形聲之狩，此余所謂象形指事會意三書之字多變為形聲者也。獸本獵禽之稱，引申為所獵之禽之稱，動字引申為名字，此在文字中為數見不鮮之事矣。

甲文云：「辛亥，卜，王貞△獸，禽？」鐵雲藏龜五葉壹版。金文宰甫毁云「王來獸自豆彔」，此毁周人用獸本字之證也。詩小雅車攻篇云：「建旐設旄，搏獸于敖。」水經注及後漢書安帝紀注并引作「薄狩于敖」，東京賦亦作薄狩，蓋三家詩文如此。今按：毛詩字亦當作薄，薄為語辭，猶魯頌泮宮篇之言「薄采其芹」也。獸狩不同者，毛詩為古文，作獸，用初字；三家為今文，作狩，用後起字也。鄭箋云：「獸，田獵搏獸也。」按毛詩若本作搏字，鄭箋不當復為此言，此因後人以鄭箋有搏獸之文，故妄改經文之薄為搏耳。周禮天官獸人之職所掌，皆田狩之事。左傳襄公四年云「獸臣司原」，杜注云：「獸臣，虞人。」此經傳以獸作狩字用之證也。漢楊君石門頌云：「惡蟲蔽狩。」張遷碑云：「帝遊上林，問禽狩所有。」皆以狩為禽獸之獸，漢人尚知獸狩為一字矣。

近世說文字諸家，徐灝知獸狩之義近矣，然其言曰：「獸防人害，善伺守。」不悟守備之訓，本許君牽附之詞，不必因仍也。羅振玉知獸狩為一字矣，然其言曰：「古者以田獵習戰陳，故獸字从戰省。」殷虛文字類編。不悟獸字必从犬从嘼，獸獵之義乃全，若从戰省，則支離不切矣。徐氏不知許立訓之誤，而依違其義，羅氏不知許說形之審而欲易其形，皆未達一間也。

嘼字經傳以音近多作畜：左傳桓公六年云「名子不以畜牲」，此以畜牲連言者也；後漢書劉寬傳記寬客罵蒼頭之言曰：「畜產！」犍省作產。此以畜犍連言者也。說文以犍訓嘼，與劉寬傳語正合，蓋經傳云畜牲，漢人言畜犍，許慎漢人，用當時之語為釋也。段注乃改訓嘼為獸牲，殆不免於妄下雌黃之病矣！【釋獸　積微居小學述林】

◉楊樹達　說文十四篇下嘼部云：「獸，守備者也。一曰：兩足曰禽，四足曰獸。从嘼，从犬。」舒救切。樹達按許君訓獸為守備者，意義不明，其說非也。余以字形求之，獸乃狩之初文也。十篇上犬部云：「狩，犬田也。从犬，守聲。」書究切。犬田者，用犬田獵也。獸字从嘼者，說文云：「嘼，犍也」，「犍，畜牲也」，知嘼即畜牲之畜初字，此狩獵所求之物也。从犬者，獵必以犬為嚮導，故狩字亦从犬也，此狩獵所用之物也。甲文云：「辛亥，卜，王貞△獸，禽？」鐵雲藏龜伍之壹。禽者，問能有獲否也。宰甫毀云：「王來獸，自豆彔。」此皆用獸為狩字。蓋古文只有會意之獸字，形聲字之狩乃後起字也。今狩獵之義為後起之狩字所獨佔，初形之獸却只具後起禽獸之義矣。【獸狩　積微居小學述林】

◉楊樹達　佚存一一五片乙云：「王自往从獸？九月。」按从獸謂逐獸也。卜辭獸字多作動字用，此云从獸，與孟子梁惠王下篇從獸無厭謂之荒獸字同作名詞禽獸義用。【卜辭求義】

◉郭沫若　獸字古金文从單，亦單為罕之一證。獸本古狩字，从單从犬者，均狩獵時所必用之物。甲骨文獸字亦从單作，有前編六·四九同上前一·廿九前四·八等形。羅振玉說「从戰省」，自較从嘼之說為長。然今知單即古罕字，則羅振玉說亦不免迂迴矣。【壴卣　金文叢考】

◉朱芳圃　羅振玉說是也。獸即狩之初文。从單，皆其省形。从犬，會意。說文犬部：「狩，犬田也。从犬，守聲。」犬田謂用犬田獵。詩秦風駟驖言「從公于狩」，又云「載獫猲獢」，是其證矣。蓋單為獵具，所以捕禽獸，犬知禽獸之跡，故狩必以犬。兩者為田獵必具之條件，故古人造字，會合兩文以見意。

羅振玉謂「古者以田狩習戰陣，故字从戰省」，同上。楊樹達譏其支離不切，其說是已。顧拘泥篆文从嘼之說，謂「嘼犍今言畜牲，此狩獵之所逐也。从犬者，獵必以犬，此狩獵之所用也。蓋獸之从犬，猶狩之从犬也。以犬逐嘼，狩獵之事，包舉無遺義矣。」小學述林二・六五。其支離不切，與羅說同。皆緣不瞭單為獵具，故有此誤。【殷周文字釋叢卷上】

◉馬叙倫　獸爵　說文。獸。守備者。然非本訓。羅振玉以為獸狩一字。古以田獵習戰陳。故從戰省。以犬助田狩。故從犬。禽與獸初誼皆訓田獵。倫謂羅以為獸狩一字是也。謂從戰省非也。金文先獸鼎作□。員鼎作□。甲文作□□□。皆從犬單。單聲也。唯此與說文合。然單嘼皆車之異文。車古讀如舍。舍音審紐。故獸音亦審紐。而轉注字作狩音亦審三。狩為田犬。今說文狩下曰。犬田者。田犬之譌。田犬即獵犬。畋獵以犬。故狩之引申為田獵。以犬獲四足之動物。故因謂四足曰獸。禽本擒之初文。以畢禽二足之動物。因謂二足曰禽。其實皆非本義也。【讀金器刻詞卷中】

◉高鴻縉　說文。□。守備者。从犬。从嘼。嘼亦聲(就繫傳補)。說文。□。火田也。从犬。守聲。易曰。明夷于南狩。書究切。

按爾雅釋天。火田曰狩。孫炎曰。放火燒草。守其下風。王制。昆蟲未蟄。不以火田。釋天又曰。冬獵為狩。詩車攻。搏獸于敖。是獸即狩之初字。原从犬从單會意。單即干即盾。所以狩獵之具也。並列動詞。後世借用獸為名詞。如禽獸。周末乃另造狩字。變會意為形聲。【中國字例四篇】

◉李孝定　契文作上出諸形。从□□□□並即單字。單干古為一字。說詳前單干諸字下。並盾之象形。田狩者以單自蔽。以犬自隨。故字从單从犬會意。亦猶戰字从單从戈會意也。□金文或作□獸爵獸字偏旁。象單下有鐏之形。或作□交鼎嘼字。下从□亦鐏形。其从▽者或譌為○為ㅂ。則為師寰簋之□。若□是為小篆嘼字矣。獸之初誼謂田獵。本為動詞。繼謂獸所獲為獸。其生獲者或加畜養。此許書嘼訓犍也一義之所自來也。金文作□先獸鼎□史獸鼎□宰甫簋□獸爵□父甲鼎略同。入本書十卷犬部。應補狩字作□。以為獸字重文。【甲骨文字集釋第十四】

◉伍仕謙　嘼與獸多作狩字用。蓋獸狩本為一字，甲骨文之□為狩，先秦文獻嘼獸通狩之例甚多。書序「往伐歸獸」，釋文「本或作嘼」。《公羊傳・桓四年傳》「冬曰狩」，何注「狩猶獸也」。《詩・車攻》「搏獸於敖」，《後漢書・安帝紀》注作「薄狩」。至於盂鼎及師寰盤的嘼字，吴闓生、陳夢家、郭沫若諸家皆釋為酋。楊樹達釋為首，是也。即首長也。「執嘼二」即獲首長一人，「邦嘼」即邦之首長也。至於此字字形之演變，最初作□，依次為□、□、□，ㅂ像以干插於地上。以後作□，像干插於墩上之形。以後變成□，像干插於墩，墩置地上之形。篆文□□即由此演變而來。【甲骨文考釋六則　四川大學學報叢刊第十輯】

◉唐　蘭　王獸於昏敲　獸是狩的本字。獸字從單從犬，單是畢一類的東西，和獵犬都是狩獵的工具。後世以獸為禽獸字，就另造從犬守聲的狩字。《三體石經》狩的古文作獸。奴隸主統治者往往借狩獵為名去巡行，或者進行侵掠。《春秋・僖公二十八年》「天王狩於河陽」，《穀梁傳》本作守。《尚書・堯典》：「歲二月東巡守。」《孟子・告子下》和《梁惠王下》都説「天子適諸侯曰巡狩。」古書往往以狩為狩獵字，而以守為巡守字，其實本來都應作獸字。昭王時器常説王獸。《水經・滍水注》在上曲陽縣故城下説：「本岳牧朝宿之邑也。古者天子巡狩，常以歲十一月至于北嶽，侯伯皆有湯沐邑，以自齋潔。周昭王南征不還，巡狩禮廢，邑郭仍存。」其實周王出巡，是穆王以後才停止的，但由此可見所謂獸（狩）是和征伐有關聯的。《周易・明夷・九三》「明夷於南狩」，注「狩者，征伐之類」。此銘説王獸於眂敲，其地待考。【論周昭王時代的青銅器銘刻　唐蘭先生金文論集】

甲

甲八七〇　朱書甲字初形卜辭凡甲子之甲皆作十　鐵一七六一　後一・三・一六　存二七四〇　寧滬一・一四

佚二〇〇　鐵二一八・三　甲二三三八　甲寅　見合文三〇　乙一〇六　乙甲　見合文六　粹二七二　甲

見合文二三　甲六三二　卜辭上甲之甲象石函形小篆字即由此形衍出　甲二六六七　侑歲于甲五牢　乙五四〇八

鐵二一五・二　前一・三八・四　前一・五〇・六　前三・二三・五　後一・二六・一五　後二・三六・四

林一・八・一四　戩一・六　佚一三一　佚一四〇　佚五八五　鄴初下三二・八　鄴三下・四二・五　寧滬一・五四　寧滬一・一四八　明藏四三二　燕二六　【甲骨文編】

甲38　353　2815　乙7040　珠243　零1　佚32　115　266　392　873

891　917　945　續1・6・5　1・9・9　1・10・1　1・10・3　1・10・4　1・10・6

1・10・8　1・13・2　1・19・4　1・23・2　1・23・3　1・23・4　1・27・8　1・27・9

1・28・1　1・50・5　1・51・1　1・51・3　2・8・6　續4・32・5　徵4・111　掇456　徵

3·26　3·37　3·40　3·41　3·85　3·86　3·117　3·176　3·177　3·178

3·180　3·218　8·101　8·103　龜卜91　【續甲骨文編】

甲　簋文　坒角　杠觶　甲𠙶爵　且甲卣　父甲爵　矢方彝　虘簋　向𥎦簋　無

叀鼎　休盤　牆盤　頌鼎　元年師兑簋　利簋　隹甲子朝　與殷虚卜辭上甲之甲同　𥝤作父甲簋

甲盉　甲鼎　寧遹作甲𡚬簋　戜方鼎　兮甲盤　弭弔簋　初吉甲戌　【金文編】

5·377　甲乙己　5·222　宮甲　5·449　獨字　秦475　同上　秦446　甲六　秦402　獨字　【古陶文字徵】

〔二五〕十甲古多不分古幣亦如此　〔二五〕　〔五〇〕　〔六八〕　〔三六〕　〔一一〕　〔一〕　〔四〕

〔三六〕　〔五〇〕　〔一〕　【先秦貨幣文編】

一六：三　宗盟類序篇甲寅　【侯馬盟書字表】

90　218　【包山楚簡文字編】

甲　雜二六　三百零五例　秦一〇二　六例　效五七　【睡虎地秦簡文字編】

左甲僕射　李甲　新成甲　馬甲　韓甲　臣甲　矦甲　【漢印文字徵】

袁敞碑　十月甲申　天璽紀功碑　甲午　石經君奭　在大甲　說文古文作㝁　汗簡引尚書作㝁　【石刻篆文編】

甲　甲出尚書　甲　甲立孫强集字　【汗簡】

□ □竝古老子 □古尚書 □孫彊集 □同上 □ □竝汗簡 【古文四聲韻】

◉許　慎　甲東方之孟。陽气萌動。从木。戴孚甲之象。一曰人頭宐為甲。甲象人頭。凡甲之屬皆从甲。古狎切。□古文甲。始於十。見於千。成於木之象。【說文解字卷十四】

◉吳榮光　商子丁壺　十　甲。古文从木戴孚甲形。或从十从千从木。皆正文。許叔重所收者也。許所未收有从十从●之字。亦正文也。或有竟以●代之。或竟以十代之。則省文假借。說假借之法。以聲為樞則。本朝金壇段氏高郵王氏言之盡矣。善矣。蔑加矣。但古文別有形相似。而假借之法絕不關聲。為近儒所未知。以何為證。以許叔重為證。許氏說文明有古文以為之例。如中部中下云。古文以為艸字。疋部疋下云。古文以為大雅字。囟部巤字云。籀文子相同。古文籀文云者。明指鐘鼎而言。以為云者。明指不關聲而言。中艸不關聲。尚關義。疋雅不關聲。又不關義。子巤聲義俱絕遠。蓋許叔重親見郡國鐘鼎如此也。是故甲可假十為之。可假丁為之。甲丁十又可假才為之。才即在字。才在亦可假甲十與丁為之。明于甲丁十才在五文通假之所以然。而古文之不可通者。以此例通之。發凡于此。且以補本朝儒者說假借之法之闕。【筠清館金石文字卷二】

◉潘祖蔭　□宜為甲之別字。商婦庚卣銘甲政作十。□从十少變。已為說文甲之椎輪矣。彝器用各以次。古人取次多以十干。左傳之夫己氏越謠之甲與乙為友善是也。而器次同之。禮運疏后有六獻八獻。皆于王為亞。亞既非一。其器亦不一。故勒于銘以為識別。其屬于側左。或以為子目。非正文歟。此則商辛尊釋所云主于器者矣。大氏器銘所勒十干義多同此。不宜概以人號為解。凡不著甲乙者。蓋特器非旅器也。故不待明耳。如商父丁彝銘古作父丁寶尊彝。夫古既自明即父為誰氏。理在不言。何乃子名其父乎。玆銘首亞以識其用。次交以識其義。附甲以識其次。文簡而盡矣。【攀古樓彝器款識卷二】

◉劉心源　古刻甲字作十。與十同形。說文作甲。故早卓戎三字作□□□。今攷敔早作□。史伯碩父鼎綽从□。虢季子白盤戎作□。繹山刻石戎作□。皆从古文甲。今皆从古文作早卓戎。知隸書亦有所本也。【父甲爵　奇觚室吉金文述卷七】

◉孫詒讓　「甲」字皆作「十」，一之四。凡文字恒見者唯據始見及文義略完𥳑者，舉證一二，不悉箸也。金文楚公鍾、母甲觶、蘇公子敔甲字正如是作。【栔文舉例卷上】

◉林義光　古作十母甲尊彝。不象人頭。甲者。皮開裂也。十象其裂文。易。百果草木皆甲宅。解卦。鄭注。皮曰甲。根曰宅。史記曆書。甲者言萬物剖符甲而出也。【文源卷三】

◉王國維　兮甲盤有⊕字。其名為⊕。其字為伯吉父。吉有始義。古人謂月朔為吉月。謂月之上旬八日為初吉是也。甲為十日之首。故名甲字吉父。魏三體石經無逸祖甲字古文作[古文]。說文木部柙之古文作[古文]。而汗簡及古文四聲韻皆引說文作[古文]。亦⊕之譌。今說文甲字作𠇗。不从古文甲。然秦新郪陽陵二虎符及三字石經篆文之甲均作𠇗。即此⊕字之變形。隸書甲字尤為近之。【甲骨學文字編卷十四】

◉高田忠周　葢疑古文元作𠇗。或作[古文]。从十省。〇〇以象孚甲。甲長於才也。而省文作✦。十之●出於地上也。✦十形近。古文多通用。又✦省作十。遂與一十字混矣。【古籀篇七十七】

◉葉玉森　貞其之匚于⊕家其下缺。右行。

上甲之甲作⊕。罕見。他辭多作⊕。茲殆移⊕上之一于左角耶。曰上甲家。疑指上甲之廟。猶他辭言太甲室。龜甲獸骨文字卷二第一葉「甲戌王卜太甲室」。室亦指廟。殷虛書契前編卷一第三十葉亦載「于母辛家」一辭。【鐵雲藏龜拾遺考釋】

◉商承祚　古金文作十。說文解字甲古文作[古文]。

祚案。羅師說⊕字即小篆𠇗字所從出。⊕外加〇。固以示別。與[古文][古文][古文]同例。說見殷虛書契帝王篇。然疑亦用以別于數名之十。周人尚用此字。兮伯吉父盤之兮⊕即兮甲也。小篆後改作𠇗者。初以十嫌于數名之十古七字。而加〇作⊕。既又嫌于田疇之田而稍變之，秦陽陵虎符甲兵之甲作𠇗。變〇為[古文]。更譌〇為[古文]譌十為丨作𠇗而初形全失。反不如隸書尚存古文面目也。

又案。漢袁敞殘碑魏石經書無逸篇天發神讖碑甲字皆作[古文]。从十。是漢魏間尚如此作也。【殷虛文字類編第十四】

◉郭沫若　甲亦魚身之物也。魚鱗謂之甲，此義於今猶活。爾雅之舉乙、丙、丁，而不舉甲者，亦正以甲義猶存，無須釋及耳。魚鱗之象形何以作十？此殆示其四鱗合一之處也。骨文魚字作[古文]若[古文]，均以十為魚鱗之象形。現行隸書作魚，亦猶存其遺意。又甲之別義如草木之孚甲、戎器之甲胄，皆得由魚鱗引伸。故知魚鱗為甲，亦必甲之最古義。【釋支干　甲骨文字研究】

◉葉玉森　卜辭以十紋狀物身者。不獨一魚字。如龜作[古文]。能作[古文]。鼂作[古文]。竝以十象其紋。亦不能謂十之形取象于龜甲鼈甲鼂皮也。林氏謂十象裂文。與[古文]象兆形似造字之例同一。郭氏魚鱗之說殊未足憑。【殷虛書契前編集釋卷一】

◉明義士　十　許氏之訓，蒙陰陽五行之說，未確。十乃初民簡單畫押記事之符號。降及近世，不識字者於簽押時，仍畫十字形，為古誼之僅存者。以甲為第一位者，蓋因此乎？又按十今隸作𠇗，𠇗蓋由[古文]口甲字所衍變。晚周銅器刻字多草率，以致

十二〓十等字，不能分晰，二〓字各加丨符號而作上下，十屈其尾作七，十因田字而少變其形作甲也。【柏根氏舊藏甲骨文字考釋】

◉朱　奇　甲。說文曰。東方之孟。陽氣萌動。從木戴孚甲之象。又引大一經曰。人頭空為甲。愚按此皆臆說也。甲字小篆作〓。古文作十。從木戴孚甲云云。可以說小篆。不可說古文。竊謂此字說解。仍在說文之中。特許君未悟爾。戈部戎下曰。兵也。從戈從甲。夫戈。會意字也。木戴孚甲。與戎何涉。可知此甲當為甲冑。被甲持戈。有從戎之意。故甲之初文。宜如亞尊傳尊作〓。上以蔽前。下以蔽後。左右以蔽兩臂。後因其字不便刻畫。乃變雙鉤而為填實。即十字也。小篆作〓者。或於甲上加冑。以別於十七十十十在等字。甲冑為自衛之具。不為人殺者。乃能殺人。故列以為十干之首。大一經人頭空之說尤為誕妄。不復置辯。

愚又疑古文或有二甲字。其一甲冑作十。其一孚甲作〓。許君混為一字。漢人不盡沿誤。故戎字說文作戎。而漢碑作戎也。【十干字考　藝文雜誌一卷五期】

◉陳啟彤　甲　鄦訓曰：東方之孟，陽氣萌動。从木戴孚甲之象。大乙經曰：人顱空為甲，凡甲之屬皆从甲。〓，古文甲。始於一，見於十，歲成於木之象。竊謂當云甲，孚甲也。从木戴孚甲之象。東方之孟，陽氣萌動，因以為甲乙之甲。凡甲之屬皆从甲。〓，古文甲。若大一經與古文甲下所云，乃迂曲之說，因假義字形而附會之語。古偁甲為鬩逢，按鬩訓遮攤，逢訓為遇，逢有出逢之意，出逢而有所遮攤，與孚甲意同。引而申之，甲有開閉之意，故閘从甲聲，訓開閉門也。呷从之，訓吸呷，吸呷者，必開閉其口也。匣从之，訓匱，亦取可開合之意。若窜从之，訓入脉刺穴謂之窜，則取開意也。柙从之，訓檻，則取閉意。狎从之，訓犬為習，則由閉意而轉引為合意也。【釋干支　中大季刊一卷三期】

◉商承祚　〓　段氏改作〓。與篆文小異。甲骨文金文作十。又作田。秦新郪虎符之〓。即由田之變。而為篆文所本。然仍从十。漢袁敞碑吳天璽紀功碑及石經小篆亦皆从十。作〓者失之。石經古文作〓。殆為此誤所从出。【說文中之古文考】

◉馬叙倫　鈕樹玉曰。繫傳韻會戴作載。集韻引宜作空。一曰人頭宜為甲。韻會引作太一經頭玄為甲。嚴可均曰。小徐韻會十七洽引。東方上有位字。王筠曰。丙庚壬下皆有位字。从木。繫傳作以木。承培元曰。宜當作空。空猶腔也。龔橙曰。許說古文象形之本形本義。不當以十日十二辰之名次其中。其說也女陰也可證也。若如此。是爾雅急就之類。非叔重自叙之志也。倫按許說干支字。率非其本義。且十干前義率襍陰陽五行之說。後義則直是太一經文。段玉裁謂許偁大一經。蓋藝文志陰陽家大壹兵法泰一陰陽之類。志又有泰壹二十九卷也。倫謂後義直是吕忱所增。是時其書尚存。而漢晉間太平道盛行。蓋忱亦習其説者也。故增此義。前義亦或非本訓。或許但以聲訓。而呂忱或校者加此文。其詞多支離附會。後之説干支字者。每拘於本書説解。而不更求其本義。説甲字者雖多。惟朱駿聲謂甲鎧也。象戴甲於首之形。周禮夏官司甲次於弁人。知古先有護首之甲。後製護身之甲。因復名甲為胄。易説卦傳。離為甲胄。禮記曲禮。獻甲者執胄。乃兼言護身者。考工記。函人為甲。晉語。殪以為大甲。乃專言護身者。於義為得。而俞先生樾非之。非也。考金文有三形。一作十。甲寅角杠觶頌鼎皆然。一作田。兮甲盤甲鼎是也。一作□。虘敢是也。甲文亦作十田二形。魏石經古文作□。與虘敢同從衣。羅振玉謂甲字卜辭作田者。即小篆甲字之所從出。田外之口。固以示別。與乙丙丁同。卜辭自有此例。然亦疑用以別於數名之十。小篆則以田嫌於田疇之田。而稍變之。秦陽陵虎符之甲作甲。變口為冂。更譌冂為冖。十為丅。而作甲。初形失矣。漢司徒殘石魏石經書無逸天發神讖碑甲字皆作□。從十。是漢魏間尚如此也。則作甲者必為後世傳寫之譌。倫以為本書鬧篆作□。而豆閘敢作□。本書戎篆作□。而虢季子白盤作□。甲文作□。然則鬧當從十也。且十又率為千十之十。而非數名之十。千十之十與行一字。行音匣紐。甲音見紐。同為舌根音。然從甲得聲之匣狎音皆匣紐。禪匣同為次濁摩擦音。十音禪紐。則甲之初音蓋在匣紐。甲盍蓋同語原。而盍音亦在匣紐。可證也。且甲十聲同談類。是甲實得聲於十也。甲文有□字。從女。戎聲。即本書之娀。其戎字所從之十。乃數名之十。盂鼎戎字作□。亦從數名之十。數名之十音亦禪紐也。金甲文甲字作十者。以聲借也。作田者。口即本書之冃。冃冃一字。冃當作□。冃當作□。則甲從冃十聲。朱以為首鎧致碻矣。虘敢從□。則身鎧也。然則甲為介冑之介本字。當入冃部。兜甲音同見紐。兜兜一字。兜為首鎧。則甲兜初實一物。兜之初文當作□。正象首鎧之形。是甲為兜之轉注字。

□　鈕樹玉曰。玉篇廣韻並無。汗簡云。出尚書。宋本作□。倫按此□之變譌。蓋呂忱據石經增之。傳寫又誤也。

【説文解字六書疏證卷二十八】

◉高淞荃　甲為草木種子莩甲之形。戴侗謂象草木戴種而出。是也。説文謂从木戴孚甲之象。不言草者。以甲為東方之陽木。拘牽五行。故單以木言。而謂木戴孚甲。其象亦殊不明也。蓋□象甲殼。一象其仁。丨象其根。甲拆根生。故□下不合。象拆裂也。引申為介蟲背殼之名。如龜鼈之類。或以此為本義。則非也。人遂因介蟲之甲造甲以衛身。甲必作於制衣裳之後。古文作□。蓋从衣省。而非从入。段氏乃改甲為□。而以甲為古文。妄矣。朱氏以鎧甲互訓。謂象戴甲于首之形。且謂古先有護首之甲。後製護身之甲者。亦誤。蓋以革製者為甲。以金製者為鎧。皆謂被身之甲。首鎧別曰冑。或曰兜鍪。兜鍪之合音即近於冑。疑由即古文之冑。蓋从到甲而少變其體。後又加月為形聲字。與从衣之□相妃儷也。金文甲

多作十形。無从𠁧者。【説文別釋　古學叢刊第三期】

◉陳書農　甲，甲骨文作十，惟上甲之名作田。金文作十（令彝班𣪘衛𣪘頌鼎皆同）。小篆作甲。律書，甲者，言萬物剖符甲而出也。説文，東方之孟，陽氣萌動，从木戴孚甲之象。古文甲，羅振玉曰。田即小篆之甲所從出，卜辭于十外加口，所以示別，與乙丙丁之加匚同例。而小篆以甲代十者，蓋因古文甲作十，與數名之十相混也。小篆之甲初作甲，从口从十，觀秦陽陵新郪兩虎符，甲兵之甲字作甲，吴天發神讖刻石作甲，可知許書作甲乃寫失也。然以田代十，周代已然，不始於小篆。兮田盤之兮田，即兮甲也。小篆變田為甲者，蓋作田又與田疇之田相混，故申其直畫出口外，以別於田疇字，蓋小篆變口為口而缺其下口，今隸作甲，尚不失古之初形，惟直畫申長，與古文略異耳。按羅氏釋甲字之流變甚精，惟甲之原義如何，則無隻字道及。甲在甲骨及宗周金文皆作十，且與數名之七同字，从甲作者如吉作古。惟吉之早期文大抵作𠮷，逐漸簡化而為𠮷𠮷𠮷吉，終於作吉。吉亦有僅作𠮷者，不从口，吉之从口𠮷者，𠮷聲也。由甲之初文作𠮷，與甲七之同聲同文，則是甲者即戟也，棘也。周禮棘門，明堂位越棘大弓，左傳子都拔棘以逐之，段氏引以注戟，謂棘皆訓戟，棘者，刺也，戟有刺，故名之曰棘。今按𠮷正象刺狀。周禮考工記，冶氏，戟廣寸有半寸，内三之，胡四之，援五之，倨句中矩，與刺重三鋝。説文，戟有枝兵也，蓋指此言。殷之戟則無枝，有枝為戈，甲骨文作𢦏，許氏所謂平頭戟者是也。

甲之引申而為艸木之孚甲，如易解卦彖辭，雷雨作而百果艸木皆甲坼，疏云，百果艸木皆莩甲開坼，莫不解散也。後漢書章帝紀方春生養，萬物孚甲，註，葉裏白皮也。孚甲今言暴尖，葉裏白皮，即言初出芽尖，如戟之鋒刃，是周漢人用語，於甲之原義猶未盡失也。戟之名後世通謂之槍，周禮秋官職舍，國有大故而用金石，則掌其令。註，用金石者作槍雷椎椁之屬。引申之，則樹木嫩葉亦謂之槍，如楊萬里詩睡鄉未苦怯茶槍，是槍者猶云葉裏白皮之孚甲也。

甲本戟之象形，至小篆一變而不可復識，後之言甲者率多視為甲胄之甲，其聲亦與七相離矣。【釋干支　學原二卷四期】

◉楊樹達　説文十四篇下甲部云：「甲，東方之孟，昜气萌動，从木戴孚甲之象。大一經曰：人頭空為甲。」古狎切。樹達按許説不可信。六篇上木部云：「柙，檻也，所以藏虎兕也。从木，甲聲。」或作𠕻，云：「古文柙。」烏匣切。按魏三字石經無逸篇祖甲，甲字作𠕻，與説文柙字古文同，其字象欄檻中有物之形，知甲即柙之初文，柙乃加形旁字也。今柙檻之義為柙字所專有，甲但為甲乙之稱，人皆不知其有檻柙之義矣。【文字初義不屬初形屬後起字考　積微居小學述林】

◉饒宗頤　……卜，𡆥貞：……在唐土（屯乙四九八）。

此字从甲从丰丰，殆甲之繁形。金文地名多有此例，古國有甲父，左昭十六年傳「賂以甲父之鼎」，杜注：「高平昌邑縣東南有

甲父亭。」莊子庚桑楚有「甲氏」。【殷代貞卜人物通考卷八】

◉郭沫若　甲字作⊞，與卜辭上甲甲字同，字形似田，而中央十字不着邊，蓋以同七字（古即作十）相混，故加口以別之。金文有兮甲盤亦同此作。【弭叔簋及訇簋考釋　文史論集】

◉容　庚　甲子之甲，金文皆作十，此簋獨作⊞，為他器所無。甲骨文上甲之甲作⊞，金文稃作父甲鼎、甲鼎、兮甲盤之甲皆作⊞，盡屬人名，與甲子之甲不同。故知此器乃屬西周晚期，開混合使用之始，甲字是由此轉變而來的。【弭叔簋及訇簋考釋的商榷　文物一九六〇年第八、九合刊】

◉馬叙倫　甲句兵

疑此為說文之甲字也。說文干支字下之說解全非本義。從來說甲字者雖多。唯朱駿聲謂甲。鎧也。象戴甲於首之形。周禮夏官司甲次於弁師。知古先有護首之甲。後製護身之甲。因後名甲為胄。易說卦傳。離為甲胄。禮記曲禮。獻甲者執胄。乃兼言護身者。考工記。函人為甲。晉語。殪以為大甲。乃專言護身者。於義為得。然甲實為形聲字。甲為首鎧。有形可象。當有初文象形者。檢金文甲字有三形。一作十。甲寅角杠觶頌鼎是也。一作⊞。兮甲盤甲鼎是也。一作□。虘敦是也。甲文亦作十⊞二形。魏石經古文作□。與虘敦蓋同。從衣者。被於身者也。其作⊞者。口為□之省變。□為說文冃字之圖畫性本字。從冃者。戴於首者也。而皆從十得聲。十甲聲同談類也。故金文率以十為甲。此上所從者為甲之象形文。今嬉中將兵者所冠。形猶有同於此者。兜兜一字。詳疏證。說文兜字從乚。實後起字。其上之□。則□之譌變。□則象形文也。說文弁字作□。籀文作□。倫以甲文有□。證為□字。其上之□為弁之象形文。說文胄從由得聲。而虘彝作□。小盂鼎作□。則胄實□之譌。□為象形文也。□與此上所從者是一字。形有緐簡耳。兜胄幽侯聲類相近。古蓋一字。胄音今在澄紐。弁音奉紐。古讀歸竝。竝澄同為濁破裂音。亦或本是一字。後以制作之形漸變。方土之音亦殊。遂為二物二字。而甲又其轉注字也。兜音轉為兜。入見紐。甲音今亦在見紐也。兵器作此字者。蓋紀數也。【讀金器刻詞

◉于省吾　甲骨文中甲乙之甲作十，上甲之甲作田。自來文字學家對于這兩個字説解分歧，糾纏不清。説文：「甲，東方之孟，陽氣萌動，从木戴孚甲之象也。大一經曰，人頭空為甲。命古文甲，始于一，見于十，成于木之象。」按許氏以木之孚甲為解，曲戾不通。俞樾兒笘録謂甲之本義為「鱗甲」，郭沫若同志釋干支謂「十為魚鱗之象形」，均不可據。

説文：「鎧，甲也，从金豈聲。」朱駿聲説文通訓定聲：「甲，鎧也，象戴甲于首之形。……周禮夏官司甲次于弁師之下，知古先有護首之甲，後製護身之甲，因復名甲為胄。易説卦傳，離為甲胄，禮記曲禮，獻甲者執胄，乃兼言護身者。考工記函人為甲，晉語殪以為大甲，乃專言護身者。」按朱説甚是。説文：「胄，兜鍪也，从冃由聲。」段注：「漢謂之兜鍪，今謂之盔。」公羊傳閔六年：「桓公使高子將南陽之甲。」何注：「甲革皆鎧胄也。」按分別言之，則首鎧為胄，身鎧為甲，泛言之，則統稱為甲，所謂對文則殊，散文則通。

商器比作伯婦簋（代六·三九）有□字，象武士右手執戈，左手執盾，首戴盔甲形。這是⊕為首甲的有力驗證。商周金文田字屢見，均作⊕或⊕形，無一作方形者。甲骨文田字外廓作方形，是為了利于鍥刻。圓劃作方劃是甲骨文的常例，不煩舉證。近年來的殷虚發掘，曾屢次出現圓形的銅盔，頂上有孔，用以插羽或係纓，即商代武士所戴的首甲。依據上述，則甲之作⊕，象首甲形，昭然若揭。

王國維謂：「田中十字即古甲字。甲在口中，與乙丙丁三字在匚或コ中同意。」（古史新證）自從王氏為此説，研契諸家把口和匚牽混在一起，並進一步紛紛加以展轉傅會，為了避免繁瑣，無須詳引。其實，田字的外廓本應作○形，已詳前文，它和讀匚為報，以為報祭和三報之報者毫不相干。由此可知，研契諸家以口與匚相提並論，是根本不能成立的。

甲骨文先王中稱甲者六人，甲字均作十，唯獨先公中上甲之甲作田，乃居上為首之義。居上為首是由首甲之義所引申。甲骨文中先公先王的大合祭均自上甲開始，但是，田字既有居上為首之義，為什麼又稱為上田呢？這不過是使辭義更加顯明而已。這和他辭的帝也稱上帝，帝本在上，而又加以上字稱為上帝；詩、書中天也稱上天，天本在上，而又加以上字稱為上天，其詞例恰好相同。

總之，以説文為例，則首甲之甲應解作：「⊕，首甲也，从○象首甲之形，十聲，十，古文甲乙之甲。」⊕字外形内聲，與固从古聲，圍从韋聲同例。⊕為首甲的初文，由於得到了古實物、古文字和典籍義訓三方面的佐證，已明確無疑。甲骨文上甲之甲作十者只一見（甲二三三九），屬于例外。又商器稱作父甲簋之甲作⊕，西周師□簋甲戌之甲作⊕，可見⊕和十也偶爾通用。新郪虎符和陽陵虎符甲兵之甲，已由⊕演變作甲，說文譌作甲。秦漢以來則甲行而+廢。這就是甲乙之甲和首甲之甲由分而合的演化源流。【釋甲 甲骨文字釋林】

◉丁 驌 契文甲(+)金文同，甲文⊞：報甲也。許書作甲，實[glyph]之訛。周時⊞即甲，作⊞，以別於田疇之田字，不作+，蓋與數目之十形同而混易也。古文甲作[glyph]。漢簡作⊞。古文實為甲之倒文。漢簡則二體之合。

說者以甲為魚鱗，乙為魚骨或腸，丙為魚尾，丁是魚睛；故郭羅二氏均以甲乙丙丁為初文。猶之一、二、三、四之為|‖|||||||皆添籌為之，至四而止。遂以初民幼稚計數至四而止。又以初民以漁為生，故字皆狀魚之身體部分。此以淺薄之進化論强說古文字，不免荒謬。初民可狀之物，必不止魚一端。又何須製字專指魚身之各部分？以數而言，人手五指，記五甚易。以X為五，修飾之得[glyph]，何得謂初民只知四耳，又何必從午字8形變為[glyph]也。

契文字數目之十，只作|，與甲字無致誤之由。後世甲字作+字形，與甲相同，遂有[glyph][glyph]甲等形。甲字加框乃示專名。契文有口者，多為音符。如韋之讀圍，蓋口，音回。[glyph]當讀「上甲微」，合文也。契文特有之例也。

此上甲⊞之字易與巫字混，契文巫，取其四邊不接，不成口形者。字原是[glyph]，後變為[glyph]，隸得今之巫字。巫字在許書緊接工字，故原从二工交接而成。

甲字原義唯何？多所揣測，謂其象魚鱗，龜甲，不知契文象形之字如馬、如鹿、如魚均狀其全身，甚至牛羊亦示其正面相對之形，謂+為鱗片，實抽象之極。如以此為例，馬字當作[glyph]，鹿字當作[glyph]矣。故知+並非象形字。

+形常見於原始民族之圖案，原無涵義，只隨手所為對稱之裝飾圖案也。其與神秘思想聯繫，與初民之自然崇拜有關，其形亦隨在有變。如希臘之十，[glyph]、卐、[glyph]、X皆其變體。羅馬時代之十字架亦有T X +三種。其後遂成為宗教信仰之符記。許書甲曰「東方之孟，陽氣萌動，从木，戴孚甲之象，乃以象形為說，謂其就植物種子發芽，子葉初出，上猶留有種皮之狀。蓋東方必木之思想作祟，何不云草邪？周世甲字狀頭上戴盔之形，引申為鱗甲之甲，俱非契文+形之本。惟周世既以甲為胄，其他十干亦皆以兵器金器為釋，亦皆可通。牽强附會皆後世以意為之者也。

如必謂凡字皆必有始初之義，則一拾為甲，會意也。字从一从|。|為數，一為計。故一個|為十(甲)，猶[glyph]為一千，[glyph]為三千然。干支原起癸終甲，故契文卜旬恒起癸日，並非所謂先一日卜次旬也。

惟契文+在數為七。周秦七亦皆作+。故上說可喜，却非數字「+」字之真象。說文十字，以東南西北四方中央備矣為說，不知所云。四方中央亦只得五。說文支字下謂从又持十，十為尺也。又云周制八寸為尺，亦不為七。丁山謂+為切之初文。由於許書切字从許書之七，是說周折。十字無切之音，亦無切之義。讀十為七如殷世，音雖近，而義則茫然。故十字由早之丨形變為今之十形，實因周秦之際丨作肥筆丨演變為十，中點演變為短劃，漢世改七字之十形作十，以別於橫劃日漸變長之十字也。此郭氏之説，是也。【讀契記　中國文字新十期】

◉裘錫圭　《殷契粹編》四七七：乙亥卜，又十牢十伐大甲申。

郭先生《考釋》説：「大甲下着一申字未解何義，若為甲申連文，則于大字亦無説。」其實這個「甲」字是兩用的，既用作大甲的「甲」，又用作甲申的「甲」。上引這條卜辭的意思是説，到甲申那天（甲申是乙亥以後的第九天），用十大牢和十個砍頭人牲祭祀大甲好不好。卜辭裏時間詞後置之例頗為常見，例如：

壬申卜，㞢大甲卅牢甲戌。甲綴七

己酉卜，又伐大乙乙卯。後上二一·五

癸亥卜，又𠭰酒伐五牛乙丑。粹八二

郭先生解釋上引末一辭説：「（此辭）當是癸亥卜乙丑又上甲，乙丑日綴系于末，文例稍變。」這是很正確的。【甲骨文字考釋　古文字研究第四輯】

◉湖北省文物考古研究所　北京大學中文系　［六七］簡文「甲」字作ㄓ，當即⊞字省寫。【一號墓竹簡考釋　望山楚簡】

◉莊淑慧　43號簡：「三吴㔯，屯紫滕。」

簡文「甲」字書作「㔯」形，此種寫法之「甲」字尚見於河北易縣燕下都出土之金飾刻銘。金文「甲」字或作「十」形，或作「⊞」形，簡文「甲」字省去「口」旁右側一豎，與簡文中之「圓」、「國」等字情況類似。【曾侯乙墓出土竹簡考　臺灣師範大學國文研究所集刊第四十號】

甲三　甲二三　甲二三一　佚二二　佚六五　佚二五五　佚七〇四　鐵三七·二　鐵六九·一　拾一三·五　前三·六·一　前五·一七·七　後一·九·三　後一·一九·一一　後一·三〇·一一　後一·三一·一　菁五·一　林一·一五·六　燕三　燕六四〇　寧滬一·二一七　明

藏五二五　乙卯　見合文二九　粹六二九　乙巳　見合文二九　乙三九一　乙丑　見合文二九　甲六五二　乙未　見合文二九

粹八二　乙亥　見合文二九　佚九二一　兄乙　見合文二三　【甲骨文編】

甲3　23　261　408　乙7295　7781　9037　珠21　25　524　633

707　879　882　971　1118　⺊163　福7　佚115　131　140　154　214

524　570　581　849　866　873　875　880　883　889　897　911

917　945　981　987　續1・5・1　1・7・7　1・10・4　1・10・8　1・12・9

1・13・1　1・13・2　1・14・2　1・15・5　1・16・3　1・16・5　1・17・1　1・17・5

1・25・8　1・28・4　1・28・5　1・28・6　1・28・7　1・28・8　1・28・9　1・29・1

1・29・2　1・29・3　1・29・4　1・29・5　1・29・7　1・30・4　1・35・7　1・49・6

3・7・4　掇463　549　徵3・26　3・40　3・56　3・57　3・58　3・59　3・60

3・61　3・63　3・64　3・127　3・134　3・181　3・182　3・183　3・184

3・185　3・186　10・124　粹1043　【續甲骨文編】

乙　父乙鼎　父乙鬲　父乙卣　父乙觶　且乙卣　䀠乙斝　小子𣪕簋　缶鼎　父日戈

乙亥鼎　魚父乙卣　父乙觶　我鼎　旂鼎　矢方彝　彔作乙公簋　穸鼎　師酉簋

晉鼎　牆盤　散盤　弔上匜　邾公華鐘　拍敦蓋　曾侯乙鼎　曾侯乙匜　曾侯

乙鐘　禽章作曾侯乙鎛　鄂君啟車節　鄂君啟舟節　禽肯匜　十一年㥁鼎　且日戈　兄日戈

己且乙尊　作父乙簋　㢸作父乙簋　【金文編】

1·77　日乙　3·271　呑蔓圖匋者乙　3·493　子袿子里日乙　4·59　工匋乙　4·60　匋攻乙　4·61

同上　4·122　匋乙二昏正　5·377　甲乙己　【古陶文字徵】

〔六七〕　〔六七〕　〔二〕　〔六七〕　〔六七〕　〔六七〕　〔六七〕　〔六七〕

〔一九〕　〔六七〕　〔六七〕　〔六七〕　〔六七〕　〔三六〕　〔六七〕　〔一九〕　〔六七〕　〔六七〕

〔六七〕　〔六七〕　〔六七〕　〔六七〕　〔六七〕　〔六七〕　〔五〕　〔六七〕　〔三六〕　〔五〇〕

〔二二〕　〔六七〕　〔一九〕　〔六七〕　〔六七〕　〔六七〕　【先秦貨幣文編】

刀弧背　冀滄　仝上　布尖　晉昜背　晉高　刀弧背　左乙　冀靈　刀直　甘丹背　翼靈　刀弧背　㠯乙

冀靈　刀折背　㠯乙　冀靈　刀弧背　左乙　京德　【古幣文編】

三：一九　十五例　宗盟類序篇乙丑　委質類被誅討人名兟痥及其子乙　一五六：二五　一九四：一二　【侯馬盟書字表】

7　49　228　【包山楚簡文字編】

乙　封二七　二十五例　封二〇　十二例　法四　一百一十四例　日乙三一　六例　封二三　二例　日甲

一四九背　【睡虎地秦簡文字編】

同鳦　——則至(丙1:1—3)　【長沙子彈庫帛書文字編】

乙 0886【古璽文編】

傳乙 李乙 李乙印 李乙之印 乙信鉨 佢乙信印 趙乙 臣乙【漢印文字徵】

袁安碑 正月乙□ 石經僖公 乙巳 君奭 在祖乙【石刻篆文編】

郭昭卿字指 汗簡【古文四聲韻】

◉許　慎　乙象春艸木冤曲而出。陰气尚彊。其出乙乙也。與丨同意。乙承甲。象人頸。凡乙之屬皆从乙。於筆切。【說文解字卷十四】

◉方濬益　冊冊乙觶　說文部首。乙。象春艸木冤曲而出。陰气尚彊。其出乙乙也。與丨同意。又部首乚。玄鳥也。段注改為燕燕乙鳥也。云。燕燕見前篇。元鳥二字淺人所增。齊魯謂之乙。取其鳴自呼。象形。段氏改呼為謼。注曰。舊作呼。今依韻會正。謼者。評也。號也。山海經說鳥獸多云其名自號。燕之鳴如云乙。燕乙雙聲。莊子謂之鷾鴯。鷾亦雙聲也。既得其聲而象其形。則為乙。燕篆象其籥口布翄枝尾全體之形。乙篆象其于飛之形。故二篆皆曰象形也。本與甲乙字異。俗人恐與甲乙亂。加鳥旁為鳦。則贅矣。本音烏拔反。十五部入於筆切者非是。濬益按。二字篆形正同。說文分為二部。其義各別。徐楚金則謂其形舉首下垂。與甲乙字少異。今以彝器銘文證之。十干字最為習見。其乙篆皆作乙。并具仰首奮腹翹尾之形。而此文尤與元鳥形似。蓋燕篆為正面之形。象其飛。乙篆為側面之形。象其集。段氏以舊本無別。乃改篆文為乚。謂象于飛之形。翄開首竦。橫看之乃得。不知二字古正以同形相通叚。小篆興。始析為二。亦如戊戌二字。彝器文本一字也。【綴遺齋彝器考釋卷二十三】

◉林義光　乙。抽也。象物蕃屈欲出之狀。白虎通曰。乙者。物蕃屈有節欲出。【文源卷三】

◉高田忠周　說文乙。象春艸木冤曲而出。侌气尚彊。其出乙乙也。與丨同意。段氏云。冤之言鬱。曲之言詘也。乙乙難出之皃。史記曰。乙者。言萬物生軋軋也。漢書曰。奮軋於乙。軋皆乙之叚借。月令鄭注云。乙之言軋也。時萬物皆抽軋而出土。艱屯如車之輾地澀滯也。與丨同意者。謂與自下通上之丨同意也。乙自下出。上礙於陰。其書之也。宜倒行云云。愚謂其出乙乙。亦與屯義近。將出而澀難也。蓋字雖言丨之系。實當从屮之省為意。以何知之。甲乙皆以屮木。借為萬物。兩字作意相同耳。且屯字从之。屯與才形相近。而義與乙相近。此三字形相涉可知矣。疑乙元當作乙。而省略・注

一筆也。【古籀篇七十七】

◉吴其昌 由□□諸形，略一省變則為「乙」字。故「乙」字最初之本義為刀，此為絶無疑問之事實。今可以下列四點證釋之：

其一，如第七字□形，如簡省其下段之刀柄而成□狀，即與第二十七字「且乙」之「乙」字作□者絲毫無異。第八字□形，如簡省其下段之刀柄而成□狀，即與第三十六字「且曰乙」之「乙」字作□者絲毫無異。而如第三十三字、第三十四字之「且乙」之「乙」字作□狀者，如增益以柄，即成為□刀形。又第三十八字「父乙」之「乙」字作□狀者，如增益以柄，即成為□刀形，而與乙丙二類所舉之刀形無異也。故知原始「乙」字乃刀形之省文耳。

其二，第三十二字冊冊乙觶之「乙」字與第二十五字子執刀形所執之刀形絲毫無異。而第二十字「父丁子乙」之「乙」字，則根本直捷繪一刀形，並增省而無之；尤足為刀形即「乙」字，「乙」字即刀形之明證。

其三，第三十一字「且乙」之「乙」字，亦完全繪一鋒柲備具之刀形，而與第二十三字子執刀形所執之刀形相符合。為刀形即「乙」字之又一證。

其四，更以訓詁證之，漢代去古已遠，故已不知刀形為乙，而無「乙」誼為刀之直接明訓，然從間接旁推之，則固甚明白而易見也。禮記月令「其日甲乙」，鄭注：「乙之言軋也。」又廣雅釋言：「乙，軋也。」(後漢書公孫述傳章懷注同。)又釋名釋天亦云：「乙，軋也。」既知「乙」訓為「軋」，然則「軋」字究當作何解耶？按史記匈奴傳、漢書匈奴傳記匈奴之刑典並云：「其法：……有罪小者軋，大者死。」顔籀注引服虔曰：「軋，刀刻其面也。」按服説是也。刀刻其面為「軋」，而「軋」又即為「乙」；以「衣衣」「食食」古代以名詞為動詞之公例律之，則「乙」之為刀，至為顯白。惟「乙」義為刀，故「乙」(即軋)又得為以刀刻面之稱也。

「乙」字之最初本義為刀既已詳疏。然「乙」字之形，又有象于魚類之鰓骨，故魚類之鰓骨亦名「乙」。禮記内則「魚去乙」，鄭注：「……今東海鰫魚，有骨名『乙』，在目旁。狀如篆『乙』。食之，鯁人不可出。」按鄭注是也。然亦何必東海鰫魚始然，凡魚類目旁之骨殆無一不如篆文「乙」也。今考貞松堂集古遺文卷八頁四有乙魚卣，但銘「乙魚」二字，其魚字如下狀：□□目旁之骨，其狀正與篆「乙」相同；此即内則「魚去乙」之「乙」也。鄭注尚能與乙魚卣符合，而爾雅釋魚猥云：「魚腸謂之乙。」知爾雅作者，已不明古義；已受史記律書「乙者，言萬物生軋軋也」之訓之影響矣(因魚腸亦軋軋抽乙出也)。【金文名象疏證 武漢大學文哲季刊五卷三期】

◉明義士 ㄟ 説文解字十四下五一四乙部一字「乚象春艸木冤曲而出，陰氣尚彊，其出乙乙也。與丨同意。乙承甲象人頸。」按許氏訓十日十二辰各字，皆蒙漢代陰陽五行之説，概不可信。郭沫若據爾雅釋魚「魚枕謂之丁，魚腸謂之乙，魚尾謂之丙」之説，謂甲為魚之甲鱗，乙為魚腸，丙為魚尾，丁為魚睛，四字乃各象魚之一部分，為最初象形文字。其説亦未可盡信。蓋爾雅，不過為晚周之作品，成書雖早於説文，然含有晚周時代之思想背景，於文字初義亦不符合也。予意文字之始，為時頗早，降及有商，文字之運用已大備。而文字於進展途中多所衍變，或早失字之初誼，而只用其假意，日辰字多如是也。乚字所可知者，只知其與水巛頗似耳。【柏根氏舊藏甲骨文字考釋】

◉朱　奇　乙　説文曰。象春艸冤曲而出。陰氣尚彊。其出乙乙也。與丨同意。乙承甲。象人頸。愚按此亦曲解。乙之初文。宜如父乙觚作乚。實象刀形。其後填實之而成乙。説文從乙之字有亂。𠬪象亂絲。絲亂則抽刀以斷之也。象人頸云云當亦大一經之説。

又爾雅魚腸謂之乙。魚尾謂之丙。魚枕謂之丁。此亦物形之偶合。決非造字之本誼。不然。彼甲戊等七字。何以又無説耶。【十干字考　藝文雜誌一卷五期】

◉馬叙倫　鈕樹玉曰。韻會彊作强。頸下有也字。沈濤曰。文選文賦注引作其出乙乙然。蓋古本如是。書傳中凡用疊字者。皆狀其形皃。當作然字。倫按以十幹各字説解通例言之。疑此説解本作春時艸木冤曲而出。象形。今有捝譌。吴其昌據釋名乙軋也。及史記匈奴傳注記匈奴之刑典。其法。小罪軋。大罪死。顔師古引服虔曰。軋謂刀刻其面也。謂刀刻其面為軋。而軋又當為乙。乙之為刀至明。惟乙義為刀。故又以為刻面之稱。倫謂匈奴之軋即中國之黥。以刀刺面為文。今北平呼鍼刺為軋鍼。則軋者方言。釋名乙軋也者。亦以聲訓。乙義為刀。既無他證。而形又不佀黥刑之具。且不可通於本部諸文。倫謂乙即十二篇部首之乚。象形。彼部音烏轄切。在喻紐四等。此音影紐。蓋後世音別耳。喻四與影固皆喉音也。甲文有作乚者。明即訓捼也之𠂆。乚𠂆本一字也。見𠂆字下。甲文有作乚者。亦明象水流之形。金文彊字亦多從此作也。金文乙多作乚。正象今畫山水中之瀑流。與丨同意以下皆先後校者之詞。乙承甲象人頸亦大一經文。乃甲字下一見大一經。而乙丙丁戊己庚辛壬癸九字下皆用其説。而不箸大乙經。其為校者籤記之詞尤明。丙丁諸文下放此。父乙鼎作乚。父乙酉作乚。瞿乙斝作乚。散盤作乚。䀠鼎作乚。拍盤作乚。父乙敢作乚。己且乙尊作乚。甲文作乚乚乚乚乚乚。

【説文解字六書疏證卷二十八】

◉陳書農　乙，甲骨文作乚乚，金文作乚（令彝）、乚（君夫𣪘），小篆作乚。律書，乙者言萬物生軋軋也。説文，乙象春艸木冤曲而出，陰氣尚彊，其出乙乙也。按乙者㠯之省，㠯為削或札之初文。在甲骨文中有骨臼刻辭一種，專紀卜骨之數，如云：

壬申龜示四乙，岳。（粹一四九五）

㞢示十乙又一乙，穸。（粹一五〇四）

乂董作賓釋矛，郭沫若釋包，皆誤。乙於此乃假借為札。成對者為札，零畸則為乙，其文作乚或𠃊，即説文讀若移之乚，今通稱葉或頁即此。其讀甲乙之乙如葉者，亦緣此誤也。乙乙象刀形，省之則為乚乚為乚乚，此字形之可窺知者也。从乙作之字如軋杚扎等皆讀如磨軋或駐紮之紮音，其讀如今乙者，緣葉頁而誤，此其聲之可知者，从其聲與形求之，則其器之為削也無疑矣。考工記，築氏為削，長尺博寸，合六而成規。鄭注，今之書刃。賈疏，漢時蔡倫造紙，蒙恬造筆，古者未有紙筆，則小削刻字，至漢雖有紙筆，仍有書刃，是古之遺法也。書序，夫子筆則筆，削則削。史記，蕭相國何於秦時為刀筆吏。漢書司馬相如傳，請為天子游獵之賦，上令尚書給筆札。刀即所謂削，所謂書刃。札義為牒，為木牘，猶卜骨之稱札，皆假借也。自漆簡興而削已退為刮削之用，自紙筆具而札亦成為書簡之通稱。乙之音亦由札而讀如葉，如古詩十九首，客從遠方來，遺我一書札，上有長相思，下有久離別，札別為韻，所謂一書札，殆猶今人云一葉書矣。【釋干支　學原二卷四期】

◉李孝定　説文所收篆體與乙字疑似者。有十二卷之乚解云。「玄鳥也。象形。烏軋切。」同卷乚解云。「流也。从反厂。讀若移。弋支切。」又乁解云。「抴也。明也。象抴引之形。虒字从此。余制切。」十一卷乚。「水小流也。姑泫切。𡿨。古文乚。畎。篆文。」吴氏説乙為刀。乃自乙字訓軋立意。桉軋讀烏轄切。乃从燕乙字得聲。乙字亦讀烏軋切可證。非从甲乙字。段氏注謂「此从甲乙為聲。非燕乙也。」説非。軋既不从甲乙字。則吴説當有可商。郭引尔疋釋魚之説。謂乙象魚腸。桉此説除尔疋外。別無他證。且乙之字形可象者甚多。不可必為魚腸。以備一説可也。竊謂乙之朔誼。當於許書形體與乙疑似諸篆求之。或可得其端倪。按乚訓玄鳥。段氏謂字當横看。象燕飛時自後視之之形。其説是也。然則字當作乚。與乚迥別。且字讀烏軋切。與乙音余筆切亦異。又乁訓抴。讀余制切。與甲乙字形近音似。然他經籍中未見此字。卜辭中亦未見有訓抴之乁字。是不能謂乙乁抴也一字也。此外則有十一卷之乚及十二卷之乚。前者訓水小流。後者訓流。形誼並同。惟音讀各別。其始當為一字。訓水小流者專有畎澮一義。遂別為音讀耳。其訓流者。形體既與甲乙字全同。讀弋支切。亦與乙音略近。且契文从水諸字。類多从乚若乚。亦與甲乙字全同。因疑甲乙字與許書訓流之乚實為一字。以乙假為干名。遂歧為二字。而別隸之乚乚部耳。余之此説。亦無確證。姑録存之。以俟高明。【甲骨文字集釋第十四】

◉張秉權　「乚（乙）」字，許氏以為「象春艸木冤曲而出」「象人頸」。饒炯説文解字部首訂以為「乙即古文芽字，象勾萌之形」。章炳麟文始以為「乙當為履之初文……乁象足迹如槼形」。郭氏釋干支據爾雅以為象魚腸之形。吴其昌金文名象疏證以為象刀形。李氏集釋以為與許書訓流之乙實為一字。這個字在甲骨文中確與訓流之乙形體相同。但它究竟象流水，還是象魚腸，或草木冤曲，那就很難確定了。此外，還有一個鉤乙的乙字，雖則並非干支字甲乙之乙，但因這二個字在後世的書法上完全相同，很容易使人誤會，混而為一，所以也須加以說明一下。陳槃先生漢晉遺簡述偶說：

流沙墜簡考釋二之四十五，敦煌漢簡：隧長常賢√克世√綰√褐等傒庱票郡界中。……

考釋曰：「第四十五簡，隊長四人，前三人名下皆書√以乙之，如後世之施句讀。蓋以四人名相屬，慮人誤讀故也。」今按√，即史記滑稽東方朔傳所謂乙。傳曰：「至公車上書。……人主從上方讀之，止，輒乙其處。」瀧川資言會注考證引通俗編曰：「輒乙其處，謂止絕處乙而記之，如今人讀書，以朱識其所止作√形，非甲乙之乙也」。按翟說是也。句讀以√，止絕處以√，其事其義同也。翟氏未嘗目驗古人乙讀標識，而所論乃冥相契合，可云妙悟。（書字有脱遺，鉤其旁而增之亦曰「乙」。十駕齋養新録十塗改添注條曰：「鄉會試有塗改添注字數之例，洪容齋引貽子録云：燭下試寫，無誤筆，即題其後云：并無揩改塗乙注，如有，即言字數。蓋唐、宋已有之。元史選舉志：塗乙注五十以上者，不考。」）

關於「輒乙其處」的「乙」字，並非甲乙之乙，清代的文字學者，如段玉裁、錢坫、朱駿聲等，都曾有此主張，他們并且認為那個「乙」字，就是說文十二下亅部：「𠄌，鉤識也，从反亅，讀若捕鳥罬」的「𠄌」字。段玉裁說：

褚先生補滑稽傳，東方朔上書，凡用三千奏牘，人主從上方讀之，止，輒乙其處，二月乃盡。此非甲乙字，乃正𠄌字也。今人讀書，有所鉤勒，即此。內則：魚去乙。鄭曰：乙，魚體中害人者名也，今東海鰫魚有骨名乙，在目，狀如篆乙，食之鯁人，不可出。此亦非甲乙字，乃狀如篆𠄌也（說文解字注）。

錢坫也說：

𠄌，鉤識也。……史記輒乙其處，今人皆以甲乙字解之，非，當用此義（說文解字斠詮）。

其他如桂馥、王筠等也都認為鉤乙的「乙」是「𠄌」字。至於說文十二下亅部的「亅」和「𠄌」二字與干支字的甲乙之乙是否為同一來源，則從甲骨、金文以及聲韻方面似無痕蹟可尋。它們的混淆，也許是由於隸變書體相近的緣故。【甲骨文中所見的數 歷史語言研究所集刊第四十六期】

◉戴家祥　乙之詞義多用為天干名。爾雅釋天「太歲在乙曰旃蒙」，「月在乙曰橘」是也。殷人以生日名子，卜辭金文常見父乙、祖乙等詞是也。至其字形何以作乙，爾雅釋魚云：「魚枕謂之丁，魚腸謂之乙，魚尾謂之丙。」郭璞注：「此皆似篆書字，因以名焉。」許氏謂「乙，象春艸木冤曲而出，陰氣尚彊，其出乙乙也」，其義蓋取證于白虎通「乙者，蕃屈有節欲出」，後人對此亦難置信。

方濬益謂即十二篇訓「玄鳥也」之乙，象燕子側飛形。綴遺齋彝器款識卷二十三。然卜辭燕字作[glyph]，乙字作[glyph]，兩字並存用途不同，方説有待證實。【金文大字典上】

乾 封八九 二例　日甲三九背　日甲五一背　【睡虎地秦簡文字編】

王乾己　【漢印文字徵】

開母廟石闕　比性乾坤　【石刻篆文編】

乾王庶子碑　乾見石經　【汗簡】

王庶子碑　石經　王庶子碑　崔希裕纂古　石經　【古文四聲韻】

◉許　慎　乾上出也。从乙。乙。物之達也。倝聲。渠焉切。又古寒切。[glyph]籀文乾。【説文解字卷十四】

◉王國維　[glyph]　倝部倝下曰。日初出光倝倝也。下重[glyph]字云闕。闕者。不知其為古為籀。今案。倝[glyph]皆㫃之異文。古金文从㫃之旅字多作𨏥。又有作[glyph]者。東武劉氏所藏旅父己爵文如此。蓋古之旂皆載于車上。而古車字又多作[glyph]盂鼎父癸卣等。知𨏥字所从之車篆書有作此者。其後兩輪一輿之形譌變而為[glyph]。頌鼎有[glyph]字。即旂之本字。借為祈求之祈。[glyph]又[glyph]之譌變。篆文之倝則[glyph]之譌變也。倝[glyph]二字當重㫃下。乾下當云。从乙。倝聲。倝。古㫃字。許云。倝。日始出光倝也。从旦。㫃聲。蓋不免从譌字立説矣。【史籀篇疏證】

◉馬叙倫　此水涸為乾。即乾溼之乾也。故從乙。上出也者。倝字義。乙物之達也校語。韻會引字林。乾。燥也。

[glyph]　鈕樹玉曰。宋本同此。玉篇廣韻並無。倫按篆當如鍇本作([glyph])。此傳寫省誤。【説文解字六書疏證卷二十八】

亂　不从乙　召伯簋　余弗敢亂　𠮊字重見　【金文編】

192　【包山楚簡文字編】

[glyph] 亂 日甲五 [glyph] 為二七 【睡虎地秦簡文字編】

[glyph] 開母廟石闕 又遭亂秦 [glyph] 詛楚文 淫泆甚亂 [glyph] 石經無逸 無若殷王受之迷亂 [glyph] [glyph] 乃變亂先王之正刑 【石刻篆文編】

[glyph] 亂 [glyph] 上同 [glyph] 亂 [glyph] 亂見說文 【汗簡】

[glyph] 古孝經 [glyph] [glyph] 並古尚書 [glyph] 道德經 [glyph] 古尚書 [glyph] 說文 [glyph] [glyph] [glyph] [glyph] 並籀韻 【古文四聲韻】

◉許　慎　𤔔治也。从乙。乙。治之也。从𤔔。郎段切。【說文解字卷十四】

◉林義光　古作[glyph]番生敦。从工。工即工壬字。滕也。見壬字條。幺糸省在其中。[glyph]兩手治之。从人。轉注。𤔔字从𤔔得聲。與治音近。𤔔當即治之本字。亦變作[glyph]司徒司尊彝。與亂形合。不治之義。古以絲以𢿢為之。兮田盤。毋敢或納亂宄。亂作絲。散氏器余有爽亂。作𢿢。與𤔔音別。秦以後𤔔形譌為亂。音譌為𢿢。亂始兼有治亂兩義。說文云。𤔔治也。幺子相亂。𠬪治之也。讀若亂同。按即亂之偏旁。【文源卷六】

◉馬叙倫　鈕樹玉曰。韻會作從𤔔從乙乙治之也。王筠曰。𤔔聲。倫按治也者。𤔔字義。此從乙𤔔聲。謂水不遵道而亂流也。乙治之也疑本作𤔔治之也。校者注以釋從𤔔之義。字見急就篇。來獸敦[glyph]字。丁佛言釋。謂[glyph]即永字。是也。據此。益明乚即水字。【說文解字六書疏證卷二十八】

◉商承祚　3.「𤔔達𤔔行」(一'23—26):

亂字作𤔔，與金文毛公鼎近，與魏三體石經古文完全相同。此言日月星辰不應達而先達，不應行而先行，故謂之亂。【戰國楚帛書述略　文物一九六四年第九期】

◉于豪亮　「☐等吏秩皆百石，報簿書事，以誤亂為常官。」(《甲編》一五四六)

《甲編》誤字誤釋為誒，亂字誤釋為就，均非是。

亂字簡文書作乳，這是亂字的異體字。在馬王堆帛書中，亂字常常寫作乳。今本《老子》第十八章「國家昏亂有貞臣」，帛書甲種本《老子》作「邦家闆乳，案有貞臣」。帛書《經法》亂字都寫作乳。在帛書《戰國縱橫家書》中亂字都寫作乿，乳字顯然是乿字的簡體。乳字又簡化為乢。帛書《春秋事語》和乙種本《老子》亂字都寫作乢。戰國時六國的字的寫法很多同傳統的寫法不同，亂寫作乿、乳、乢大概就是其中之一例。秦始皇統一六國以後，統一文字，「罷其不與秦文同者」，命令當然生了效，但是有的「不與秦文」同的字還是保留了下來。漢簡把亂寫作乿、乳、乢就屬於這種情況。把亂寫作乳，同「水乳交融」的乳字混淆，這當然會引起誤解。這也許是這種寫法從西漢以後没有繼續流傳的原因。

「誤乳」就是謬亂、迷亂、昏亂。

「常官」的常字讀為當，「常官」即「當官」。《左傳·文公十年》：「當官而行，何强之有。」即為簡文所本。簡文「以誤亂為當官」，意思辦公事愚蠢昏亂。

居延漢簡還有一條簡，文字比較長，只抄録有關的幾句：「……為行邊兵丞相史王卿治卒被兵，以校閲亭隧卒被兵，皆為冒乳不相應。」（《甲編》四五A。勞榦《居延漢簡》圖版第一册，六七頁，釋文一四一九。）兩書釋文錯誤完全相同，「被兵」都誤釋為「被候」，「皆」字都誤釋為「長」，「冒乳」都誤釋為「買錢」。按：「冒」字簡文寫作買，《説文》冒字古文作罝，漢簡作買，實從《説文》古文來，《説文》古文乃是六國文字，故漢簡作買仍從六國文字來，此字並不是買字。

「冒乳」即「冒亂」，冒讀為貿，古冒、勖、懋、貿諸字常相通假。《書·君奭》「迪見冒」，正義謂馬本作勖；《書·盤庚》「懋建大命」、「予其懋簡相爾」，《隸釋·漢石經殘字》懋字並作勖。《書·皋陶謨》「懋遷有無化居」，《文選·永明九年策秀才文》李注引《書》作「貿遷」。既然古冒、勖、懋、貿諸字互相通假，則「冒乳」就是「貿亂」。《漢書·董仲舒傳》：「制曰……廉耻貿亂，賢不肖渾殽，未得其真。」漢簡的冒乳就是《董仲舒傳》的貿亂。

簡文所記乃是巡邊視察士卒所用兵器的丞相史王卿，校閲亭隧士卒兵器的簿籍後，發現簿籍都是錯亂的，彼此並不相合。

【居延漢簡叢釋　于豪亮學術文存】

◉劉　雨　1—034：「以吏嚣牒」。

長沙楚帛書「亂」字作「𤔔」，與簡文「嚣」字形體相近，故釋「亂」可从。《爾雅·釋詁下》：「亂，治也。」《古文尚書·泰誓》「余有亂臣十人」即訓為「余有治臣十人」。

「亂」又可通「辭」。《楚辭》每每言「亂曰」，實即「辭曰」。「辭」又可通「嗣」。「嗣」亦「治也」。將此簡釋為「以吏治牒」，則文从字順，比較妥貼。【信陽楚簡釋文與考釋　信陽楚墓】

◉劉彬徽等　亂，簡文作𤔔。《汗簡》亂字作[illegible]、[illegible]，與簡文形似。長沙子彈庫帛書的亂字與簡文相同。【包山楚簡】

◉陳昭容　陳氏說：「《詛楚文》『淫失(泆)甚亂』，亂作(各本同)，與石經篆文、，開母廟石闕之同構。案先秦古文字有𤔲(司)無亂。𤔲本作𤔲，後彐誤為乚，漢人不識，遂讀為動亂之亂。是擣亂、混亂義之亂，乃漢以後出現的字，今不見於竹簡、帛書、石鼓、銅器、貨幣、璽印等可靠古文字材料，獨獨見於《詛楚文》，豈不怪哉。」(〈獻疑〉頁二〇〇)案：「亂」字見於《說文》，曰：「亂，治也，从乙，乙，治之也，从𤔔。」从乙何以有「治之也」之意，實不易明瞭。《說文》又有「𤔔」字，曰：「𤔔，治也，幺子相亂，受治之也。讀若亂同。一曰理也。，古文𤔔。」徐灝《段注箋》曰：「幺子相亂難通，戴侗曰『𤔔𤔔同』。灝案：䜌之古文作，象手治亂絲。其兩旁省為垂，則成，中加一橫者，系聯之也。」古文字資料中的亂字作，如楚帛書、三體石經古文皆是。召伯簋「余弗敢亂」之「亂」字作，正是小篆「𤔔」字之所自昉。原為以手治絲之形，甲骨文作，金文則从上下兩手，是𤔔有亂義，亦有治義。𤔔字加上「司」旁成「𤔲」是專其治理之義，然「𤔔」之有「治」義，從「䜌，慕也」「孌，女之柔順也」，仍隱約可見。𤔲、𤔔之關係，前人論之已多，然「亂」字所从之「乙」則頗為難解。馬夷初《說文解字六書疏證》曰：「治也者，𤔔字義。此从乙𤔔聲，謂水不遵道而亂流也。……乙即水字。」陳鐵凡曰：「甲骨文从水之字，多省作或，與乙無別。《爾雅·釋水》云『正絕流曰亂』，殆為馬氏所本。《書·禹貢》『亂于河』之亂，正用其本訓。」此可備為一說。認為亂字所从之「乙」係由𤔲字之「司」字簡省為「」而來者，亦頗有其人。「予有亂臣十人」即「予有𤔲臣十人」之誤，即由此而來。然而從「司」簡化為「」，再省為「乚」，約在什麼時候，甚難確定，然其不晚至漢代，則可確知，三體石經之「𤔲」字，古文作，《睡虎地秦簡》「發正亂昭」字作，繹山碑「討伐亂逆」字作，帛書《天文雜占》「亂兵」、《老子》甲後古佚書「□法亂常」字皆作，若說這些字都是「𤔲」字而漢人不識誤讀為「亂」，實難服人。「亂」字从乙，除了《詛楚文》之外，未見秦簡以前之古文字資料，但其不晚於秦則可確知。陳氏之說，有待商榷。【從秦系文字演變的觀點論《詛楚文》的真偽及其相關問題　歷史語言研究所集刊第六十二本】

◉曾憲通　　㠯亂□之行　乙一一·三一　魏三體石經《書·無逸》「無若殷王受之迷亂」，亂字古文作，與帛文同。《古文四聲韻》引石經作，雖與魏石經古文小異，而與《說文》訓「亂也」之䜌字古文作者則同。故有亂、䜌同字之說。陳鐵凡云：「𤔔字本義為以手治絲，引伸為治。治絲而紊則亂，乃反訓為亂。引伸為亂流、為煩亂。𤔔字譌省為⿱爫糸，再譌為𤔔、為䜌、為𤔔。後又增加意符，別造从乙之亂，从攴之敽，以為『正絕流』、『煩亂』之字。許氏著《說文》，乃分廁各部，而繫以異訓，實則言部之䜌、受部之𤔔、攴部之敽，俱一字之衍化，亦王箓友所謂異部同文也。」(陳鐵凡《率與亂》，《中國文字》第二六期)然則帛文左右四口並非从㗊，而是由𢆶譌變而成，從(《說文》䜌之古文)→(三體石經亂之古文)→(帛書)之對比自明。信陽楚簡之，則是帛書的進一步簡化。【長沙楚帛書文字編】

甲二七　甲三二三　甲四七九　甲二四二七　甲二五二二　鐵五〇・一　鐵八一・一　鐵一九〇・三　前一・二・三　前一・三・六　前一・二三・三　前一・三一・二　前四・二〇・五　後一・一・七　後一・二・五　後一・五・三　後二・二五・四　後二・三〇・一　戩三・八　戩一九・一〇　佚三二六　佚三九五　燕五八　燕四〇七　【甲骨文編】

甲17　220　2402　珠35　43　592　651　653　868　872　1070　1074　1076　佚401　890　徵3・35　3・141　續1・22・4　續1・31・7　2・9・3　録20　天28　【續甲骨文編】

尤　𠭊伯簋　亡尤　【金文編】

尤敞私印　王尤私印　[illegible][illegible]尤　史尤　尤明之印　【漢印文字徵】

祀三公山碑　其靈尤神　【石刻篆文編】

尤　尤　【汗簡】

王庶子碑　【古文四聲韻】

◉許　慎　異也。从乙。又聲。徐鍇曰。乙欲出而見閡。見閡則顯其尤異也。羽求切。【説文解字卷十四】

◉林義光　象手形。乙。抽也。見乙字條。尤異之物自手中抽出之也。【文源卷七】

◉丁　山　殷契中言「亡」者不下數百事，孫仲容契文舉例謂即「亡它」，王襄簠室殷契徵文考釋謂即「亡猒」，王静安戩壽堂所藏殷虛文字考釋謂其形「不可識」，其義「猶言亡咎，亡它」。愚嘗徧徵殷契，寀其形義，疑即易傳之「无尤」。⊘廣雅釋言「尤，異也」，説文就從尤云「尤，異于常也」，異尤一聲之轉，其義故相通。春秋繁露必仁且智曰：「有不常之變者謂之異，異者天之威也。」公羊定元年傳：「異，大乎災也。」顏注漢書劉向傳「往者衆臣見異」亦曰：「異，災異也。」然則易傳之言「終无尤」，猶言終無災異，終無灾害焉耳。風雨不時，凶，扎，寇，亂，皆災害也；祲，鐫，闇，瞢，山崩，水涸，皆災異也；君人者將以禳卻之也而有祭，將以辨祭之吉凶也而有卜(俱詳周禮春官)，周禮「大卜以邦事作龜之八命，以八命觀國家之吉凶」是也。殷契言吉凶，或曰「吉」，或曰「大吉」，或曰「亡巛」，或曰「亡𡆥」，或曰「亡囚」，皆吉；或曰「亡來艱」，或曰「有𡆥」，或曰「不羊」，皆凶；換言之：凡言「亡□」者，皆吉語，非凶詞，則卜辭屢見之：

貞亡尤(殷虛書契卷五，十九葉，四版。)

貞亡尤，在九月(戩壽堂所藏殷虛文字八葉，三版。)

皆「亡災異」，「亡不利」之謂；「亡尤」之即「無尤」，此可徵者一。說文「尤，異也，從乙，又聲」，徐鍇申之曰：「乙欲出而見閡，見閡則顯其尤異。夫同焉皆忠，不知其所以殊；靡焉而悅，不知其所以異；故必見閡。見閡而為之不已，然後彰其特出焉。」(繫傳卷二十八)特出也者甚也，如楚金說服虔注左氏襄二十六年傳「而視之尤」云「尤，甚也」，即尤本義；如許君說，特異之誼亦未顯。殷契尤或為㐅(徵文帝系八十一版)，皆象手欲上伸而礙於一，猶巛之從一雝川，𣎵之從木而橫止以一，正楚金所謂「見閡」也。史記律書，「亥者，該也」，正義引孟康曰，「閡，藏塞也」；後漢書虞翻傳，「不令有所拘閡」，李賢注，「閡與礙同」；是尤之為言礙也，亡尤之為言「無所礙」(淮南繆稱「洞同覆載，而無所礙」)而已。礙從疑聲，而易賁傳，周書酆保，秦之罘刻石，漢東觀銘皆以尤疑為韻，是淮南之「無所礙」，即易傳「无尤」之音轉，易傳之「无尤」，又殷契「亡尤」之形誤；「亡尤」之即「无尤」，此可徵者二。「亡尤」連文，亦見鼎彝銘識，周𤼈伯彝曰「𤼈伯于遘王休，亡尤」與易師之「九二，无咎，王錫三命」，比之「九四，有命无咎」其誼正同；然在周大豐敦則曰：「祝𠂤天室，降天，亡尤。」(下太借為泰，禮記明堂位「泰，有虞氏之尊也。」)以㐅為尤，是尤從又聲同許君所說也。易繫辭「易有太極」，虞翻注「太極，太一也」；自漢以來，一皆作乙，東京賦「致高煙於太乙」，道家所稱「太乙帝君」，是也；古之作一者，今或借為乙，尤古從一，今亦可譌而為乙；「亡尤」之即「无尤」，此可徵者三。【殷契亡尤說　歷史語言研究所集刊一本一分】

●胡光煒　卜辭屢言亡尤。余釋亡尤。呂氏春秋。孔子始用于魯。魯人謗之曰。麛裘而韠。投之無戾。韠而麛裘。投之無郵。無戾即亡𡆥。無郵即亡尤。說文尤。从乙。又聲。又尤郵古通。【甲骨文例】

●吳其昌　「亡尤」者，乃卜辭中固定之成語，其字又見於金文中之𤼈伯彝，文曰：「……𤼈白于遘王休，亡尤。……」今人並釋為「亡尤」。(董作賓云從丁山釋亡尤，按丁釋是也。惜其說未見，無從甄採。)說文乙部之「尤」字，篆文作尤，正即从此尤形而來，足徵其禍為「亡尤」，無可易矣。此以形言之也。更以義言之，則卜辭之「亡尤」，即易卦爻辭之「亡咎」也。「尤」猶「咎」也。詩小雅四月「廢為殘賊，莫知其尤」，言「莫知其咎」也。孟子梁惠王下「夫民今而後得反之也，君無尤焉」，言「君無咎焉」。論語憲問「不怨天，不尤人」，言「不怨天，不咎人」也。論語為政「言寡尤，行寡悔」，言「寡咎」「寡悔」也。「寡咎」「寡悔」正猶周易之「亡咎」「亡悔」；而「寡尤」「寡悔」，正猶卜辭之「亡尤」「弗每」矣。此猶「亡尤」「亡咎」實為一詞之證也。以後世之義言之，「尤」訓「過」（詩載馳毛傳，四月鄭箋，淮南俶真訓高誘注），「咎」亦訓「過」（詩伐木毛傳，北山鄭箋，一切經音義六引廣雅），又「尤」「咎」一誼之證也。更以聲音之理言之。今音之喻母字，本从羣、匣、定三母轉來，則「尤」之古音，實亦讀如「咎」聲，不特同韻部而已。是故知契文與金文之「亡尤」，即周易之「亡咎」也。「壬戌卜貞王宓示壬，翌日亾尤」者，于壬戌日卜，王儐于示壬，于癸亥日又舉行「翌」祭，可亡咎也。【殷虚書契解詁】

◉郭沫若　「亡尤」乃古人常語，易傳中頗多見，其見於卜辭者則多至不可勝數，其字作□若□，椃伯彝亦有「□伯于（于乃□伯之名）遘王休亡尤」，字作□。此銘作□，結構全同，特左端斜畫僅餘殘痕，前人多以「又」字釋之，故不得其解。【大豐𣪘韻讀　殷周青銅器銘文研究】

◉葉玉森　其伐□利　□王襄氏釋允。謂許說㣌也。曲脛人也。从大。象偏曲之形。類纂。森嘗為證之。謂尸子紀毋胸深目長肱之民。管子述卑耳雕題黍齒之國。山經所載更繁。以允名國。宜若可信。竹書紀年少康即位。方夷來賓。方夷疑即□夷之誤。殷契鉤沈。鮑鼎氏曰。□。古尤字。左隱元年之夷即尤夷也。左昭二十年傳姑尤以西。杜注。姑水尤水皆在城陽郡東南入海。尤國傍尤水之濱。故曰尤。小篆作□。夷以水得名。猶淮夷之取誼于淮水。非其形體有異。如長肱深目之類也。春秋國名考釋。森按。鮑說較長。惟卜辭亡□之□即尤。與□形異。依古文構造法。□字塙象人形。尚不無懷疑也。【殷虚書契前編集釋卷二】

◉郭沫若　第一二片　尤字作□，乃□字所从象形文□之省。□乃猓然之猓，□即狖（蜼）之象形文也。說詳下一四二八片。狖音餘繡切，故音變而為尤。【殷契粹編考釋】

◉馬叙倫　朱駿聲曰。从乙無義。此字當即猶之古文。犬子也。或說猲之古文。犬張耳皃。孔廣居曰。尤古肬字。倫按朱孔皆致疑於尤字。是也。然倫謂異也者□字義。古言尤物即奇物。奇則□之轉注字也。此或非本訓。□為羞恥之羞本字。從大而以兩手掩其面。指事。當入大部。【說文解字六書疏證卷二十八】

◉陳獨秀　尤　說文有猶無猷，毛公鼎及石鼓文均有猷，其他金文及甲骨文酋旁在左或右，無定形，猶猷一字。尤字說文篆文作

[glyph]，猷字甲文作[glyph]，毛公鼎作[glyph]，均从尤，非犬，从犬乃形近而譌；犬尾向上句曲，金甲文猷字之尾皆下垂，故知其从尤非从犬。甲文之[glyph]，明為从由作蚘，此即鼬字。廣雅云：鼠狼，鼬；今語南方曰黃鼠狼，北方曰黃鼬，字初作尤，朱駿聲謂尤即猶之古文是也，謂為犬字，則非。後作蚘、猷、煪者，謂尤喜竊食油類，故加盛油器之由或酉，酉同酉，盛酒器也。由加水旁為油，酉加水旁為酒。後又作鼬者，謂尤形似鼠，且善竊亦同。龜甲卜辭之「無尤」，麥尊之「亡尤」、「亡迖」皆與「無它」同義；尤(黃鼬)與它(蛇)人之所惡，故尤有罪咎之義。蚩尤，周禮肆師注作蚩蚘，亦惡之也。黃鼬竊食，恆畏掩捕，進退多疑，故用為猶疑、猶豫字，庶幾、還、尚諸義皆由此引伸。黃鼬味惡與狐臭同，故薰蕕字从猶。猷訓圖謀，亦取黃鼬謀竊審慎周詳之義。用為尤異、尤物字者，乃以物性狀人事，與狐媚、虎威同。集韻有犹字，音宥，獸名，今用為猶之簡體，得其義矣。【小學識字教本】

◉柯昌濟　卜詞曰伐[glyph]。其字與辛子敦[glyph]字乙亥方鼎[glyph]相同。疑為古尤字。許君訓尤為異。左傳云。尤物即異物。或以[glyph]字象人戴角形。故為異也。競字即从之。金文父己尊文有[glyph]。即古競字也。所从正象人戴角形。然此字未有確證。未敢定也。【殷虛書契補釋】

◉朱芳圃　[glyph]麻伯毀　説文乙部：「尤，異也。从乙，又聲。」孔廣居曰：「尤，古肬字。从又，乙，象贅肬，又亦聲。」説文疑疑。丁山曰：「尤象手欲上伸而礙于一，猶巛之从一雝川，朩之从木而横止以一也。」殷契亡尤説。馬叙倫曰：「[glyph]為羞恥之羞本字，從大而以兩手掩其面。指事。」六書疏證二八・五三。按丁、馬説非，孔説是也。説文肉部：「肬，贅也。从肉，尤聲。䏔，籀文肬，从黑。」一作疣，莊子大宗師：「彼以生為附贅縣疣。」蓋尤為初文，从又一。又，手也，一，指贅肬。字之結構，與寸相同。説文寸部：「寸，十分也。人手卻一寸動𧖴，謂之寸口。从又一。」二字皆从又一，惟一指贅肬，一識寸口，位置不同而已。詩鄘風載馳「許人尤之」，毛傳：「尤，過也。」左傳昭公二十八年「夫有尤物」，杜注：「尤，異也。」皆引伸之義也。孳乳為痏，説文疒部：「痏，疻痏也。从疒，有聲。一曰，痏，瘢也。」【殷周文字釋叢卷下】

◉高鴻縉　甲文无尤字俱作[glyph]或[glyph]。金文見麻伯彝。尤實从[glyph](手)。而以一横畫表禁止之動象。言手有作為。而有外力以禁止之。其本意應為禁阻。動詞。禾。留止也。加尤為意符作秋。後又加音符旨作稽。均留止意。於此可悟尤之本意。惟手必須禁止。以見不當作而作也。不當作而作者。必有過失。故尤之引申借意為過失。動詞。亦用為名詞。論語言寡尤行寡悔是也。後世尤又借為特別意。副詞。故有尤異尤善尤佳等稱。許僅舉其第二借意而言从乙又聲。又聲猶可。从乙則不可説矣。【中國字例三篇】

◉李孝定　契文作[glyph]。胡師與丁氏並釋尤。桉二文同時。當係不謀而合。是也。孫氏釋它。見丁文引。不贅。契文自有它字。王釋猒。於字形懸遠。其誤均至顯。郭氏雖亦釋尤。然其説則有可商。[glyph]形斷無省作[glyph]形之理。且[glyph]當隸定作猒。見十卷。卜辭假為禍。見一卷。字不讀猶。郭氏謂尤為[glyph]之省文。是一省作[glyph]已為犬字。再省作[glyph]仍當讀犬。更與尤字無涉矣。丁氏説字形謂又欲上出丄礙于一。於説為長。金文作[glyph]𤍠伯簋[glyph]大豐簋。亦云亡尤。與亡巛亡禍同。【甲骨文字集釋第十四】

◉于省吾　説文尤字作[glyph]，並謂：「尤，異也，从乙又聲。」説文繫傳：「乙者欲出而見閡，見閡則顯其尤異也。」徐灝説文段注箋：「尤，過也。从乙，艸木出土也。物過盛則異於常，是曰尤。」林義光文源：「又象手形，乙，抽也，尤異之物自手中抽出之也。」許氏據已譌之小篆，誤認尤字从乙，又誤認為形聲字。至于其他三家之説，也均紆回不通。甲骨文尤字習見，作[glyph]或[glyph]，金文作[glyph]。上部皆从横劃或邪劃，下部右側無从乙者。尤字的造字本義，係于[glyph]字上部附加一個横劃或邪劃，作為指事字的標志，以別于又，而仍因又字以為聲。【釋古文字中附劃因聲指事字的一例　甲骨文字釋林】

◉周策縱　丁山之説固較近理，惟所稱「象手上伸而礙於一」，似亦尚有可商。卜辭[glyph]字所象之手，伸長者非手而為指，並已横過于一，與説文釋丂所云「上礙於一」固不相似；且所謂「礙」，亦無解説，若以一為大一之一，則義殊不相類也。

今按[glyph]字以一横劃截斷手指，可視為七、又連文，又亦聲。象手切傷之意。字于金文作[glyph]（𤍠伯簋：「亡尤」），其形从又（手）無疑。七字在甲骨文及金文皆作十，如丁山「數名古誼」（集刊一本一分）所説，為切之初文，本象當中切斷形，自常用為七數專名，乃不得不加刀旁，以為切斷專字。今以[glyph]為七、又連文，于形聲義皆合。七在此不必為獨立之偏旁，惟以一横劃切斷手指，與切義相合。[glyph]為「切手」，蓋古人認以手得物為吉祥，故占卜恒求「受又」，今語猶稱順意為「得手」；至切傷其手，則為過失，為不利，故卜問「无尤」，而「尤」有怨、悔、災異之義。【説「尤」與蚩尤　中國文字第四十八册】

◉黄盛璋　⿱罒尤簋「无⿱罒尤」戜鼎（乙）「毋有⿱罒尤」與静簋「无[glyph]」、班簋「成⿱罒尤」應為一字。班簋郭沫若同志定為「⿱罒又」，「⿱罒又」為燡之省，敗也，唐蘭先生舊釋為「眷」。今據戜器，皆為从「[glyph]」，應是「尤」字，静簋从「廾」，楊樹達疑静簋「⿱罒廾為羉（⿱罒弄）之省形，當讀為『燡』。《説文》：燡，敗也，無斁猶他器言無尤也。」經傳作「無斁」，从「尤」从「攴」同意，其字即「斁」，有「敗」、「尤」一類意，可以肯定。

【录伯戜銅器及其相關問題　考古與文物一九八三年第五期】

◉戴家祥　在我們所能見到的卜辭中，不知多少次出現「亡[glyph]」一詞。丁山首先釋[glyph]為尤，「象手欲上伸而礙于一，猶巛之从一雝川，[glyph]之从[glyph]而横止以一也」（歷史語言研究所《集刊》一本一分册《殷契亡尤説》）。胡光煒、朱芳圃都從其説。我總覺得他在形、聲、義三方面都還没有解決。因為卜辭的字形有點象戈字，又不完全象戈，到哪裏去找出从「又」的聲源來？1934年我在批評朱芳圃《甲骨學·文字編》時，認為只能作為假定，「冒然信之，有背多聞缺疑之旨」。

後來朱芳圃受到孔廣居的啓發，知道『尤』，古『肬』字，从『又』、『乙』，象贅肬，『又』亦聲（《說文質疑》）。」朱氏肯定「尤為初文，从『又』、『一』。『又』，手也，『一』指贅肬」（《殷周文字釋叢》162頁）。把「一」看作指示性的符號，在六書中隸指事類，這就徹底地解決了形和聲的問題。

《說文・四篇》「肬，贅也，从肉尤聲，䵋，籀文肬从黑」。九篇頁部「頄，顫也，从頁尤聲，疣、頄或从疒」。《一切經音義・十一》「古文𥎋、疚、頄三形，今作疣」。是疣，从又得聲，再也没有什麼疑問了。

亡尤，為古代成語，亦作「無尤」。「匪寇婚媾，終无尤也」（《易・賁六四》）。「以宮人寵，終无尤也」（《易・剥六五》）。「輿説輹，中无尤也」（《易・旅六二》）。「无」亦作「無」，「夫惟不争，故無尤」（《老子・易性》）。「君無尤焉」（《孟子・梁惠王下》）。「尤」應讀為「訧」，《說文三篇・言部》：「訧，罪也，从言，尤聲，《周書》曰『報以庶訧』」。今《書・呂刑》作「報以庶尤」。《邶風・緑衣》「俾無訧兮」，《釋文》：「訧，本或作尤。」《鄘風・載馳》「許人尤之」，《釋文》：「尤，本作訧。」《左傳・襄公二十二年》鄭子産對晉人曰：「敝邑欲从執事，而懼為大尤。」「大尤」，猶言大罪。同聲通假，「尤」或作「郵」，《小雅・四月》「莫知其尤」，《賓之初筵》作「不知其郵」。《漢書・谷永傳》「咎征著郵」，顔師古《集注》「郵字與尤同義」。今人言「動輒得罪」，為「動輒得咎」。《周易》卜辭也以「亡咎」、「亡尤」交錯為用，是「亡尤」為「无咎」之同義語。朱芳圃訓過，訓異，不若訓罪更覺明確易懂。

「亡尤」是1928年10月丁山提出來的，朱芳圃在形聲上把它覈實，我又在訓義方面加以補充，經過半個世紀的時光，三個人的思考，在形、聲、義三個方面才獲得完滿解決。【王静安先生與甲骨文字學的發展　王國維學術研究論集第一輯】

◉姚孝遂　「尤」字作「[古文字形]」，从「又」、从「一」。《說文》誤以為「从乙又聲」，從而導致種種奇談怪論。徐鍇《繫傳》謂：「乙者欲出而見閡，見閡則顯其尤異。」徐灝《段注箋》則以為「从乙，艸木出土也」。林義光《文源》以為「乙，抽也。尤異之物自手中抽出之也」。這些都是根據已經譌變的形體曲為之解。不知道本从「一」，更無從了解這僅僅是為了區別於「又」而加上的區別符號，其本身不具備任何其它的涵義。【說「一」　第二屆國際中國文字學研討會論文集】

◉戴家祥　[古文字形]麥尊　侯見玗宗周亡迖　迖字从辵从尤，説文失收，以聲義推之，字當讀尤。説文十四篇乙部：尤，異也。从乙，又聲。亡尤，古之成語。卜辭周易亡尤、亡咎交錯為用，知亡尤為亡咎之同意語。表義加旁，字亦作訧。周書呂刑「報以庶尤」，説文言部引作「報以庶訧」。鄘風載馳「許人尤之」，釋文「尤，本亦作訧」。古字从言表義者，亦或更旁从辵，説文言部「訝，相迎也。从言。牙聲。或體作迓。从辵。」辵部「遖，過也。从辵，侃聲。」玉篇一二七遖亦作諐，是其證。集韻下平十八尤迖讀「于求切」，喻母幽部；唐韻尤讀「羽求切」，不但同部，而且同母。【金文大字典下】

丙 丙

甲二三二八　甲二三五六　甲二四一八　甲二九〇七　乙九一〇五　鐵七七・一　拾一・一〇

前一・三・七　前一・四・八　前一・五・三　前一・一二・七　前三・四・一　前三・四・三

前三・八・三　前三・一二・四　後一・六・一二　後二・二四・一三　菁七・一　林一・一五・六　林

一・一五・一二　存二七〇〇　存二七一一　存二七四〇　佚二八　乙二二五　佚二六六　佚六〇四

甲四二九　丙寅　見合文二九　【甲骨文編】

甲3　8　31　437　2348　2356　2394　2904　3375　乙1926　6405

6870　6988　7130　7288　7392　7852　8038　8673　8869　9016　佚148

266　續1・40・6　1・41・1　5・9・2　徵3・232　録908　鄴三41・12　新1169

5130　珠898　【續甲骨文編】

丙　丙爵　且丙爵　父丙鼎　父丙卣　父丙觶　兄日戈　父丙觶　爵且丙尊

史父丙觚　犬父丙鼎　父乙鼎　天君鼎　父丙鼎　丙申角　亞丙爵　古伯尊　欽鼎

戍掣鼎　何尊　静卣　遇甗　敔簋　伯晨鼎　窒弔簋　鄘侯簋　子禾子釜　【金文編】

秦466　獨字　9・74　丙鄧　【古陶文字徵】

〔六八〕　〔二〇〕　〔三六〕　〔二〇〕　〔四〕　〔一九〕　〔七四〕　〔六八〕　【先秦貨幣文編】

布空大　典六一一　仝上　典六一二　仝上　亞二・一一五頁　【古幣文編】

九二：一二　宗盟類參盟人名宗丙【侯馬盟書字表】

丙　封三四　九十九例　法一七三　二十四例　日甲一〇一背　二例　日乙三四　五例【睡虎地秦簡文字編】

1164　璽文「病已」病字作㾄，知此為丙字。3066【古璽文編】

湒于丙印　丙泄　臣丙成　尹丙　牟丙印　丙賢之印　徐丙　丙子孟【漢印文字徵】

石碣避水　日隹丙申　羣臣上醻題字　袁安碑　二月丙辰　天璽紀功碑　丙子　袁敬碑　五月丙戌

石經僖公　三月丙午【石刻篆文編】

丙【汗簡】

汗簡【古文四聲韻】

◉許慎　丙位南方。萬物成炳然。陰气初起。陽气將虧。从一入冂。一者。陽也。丙承乙。象人肩。凡丙之屬皆从丙。徐鍇曰。陽功成。入於冂。冂。門也。天地陰陽之門也。兵永切。【說文解字卷十四】

◉吴大澂　丙字象形爵　為丙之古文。兩旁象火形炳炳然也。舊釋鬲。非是。【愙齋集古録卷二十三】

◉劉心源　丙从冂从火。說文𢦔重文作　即此。通訓㠯許為誤而迻灾為丙之古文。今觀此銘。足證朱說之精。然穆公鼎降　喪于上國。已用為𢦔。不得謂許為誤。此蓋如成戌在甲貝鼎之類。古刻同形通用。但當隨文讀之耳。【子禾子釜　奇觚室吉金文述卷六】

◉孫詒讓　丙字皆作　四之一，金文魚父丙爵、父丙爵並略同。【栔文舉例卷上】

◉林義光　一入冂說不可通。古作　禮尊彝丁。四方四旁本字如此。邊際也。丙方旁古同音。或作　寏器丙。【文源卷三】

◉高田忠周　說文。丙。位南方。萬物成炳然。侌气初起。昜气將虧。从一入冂。一者昜也。鼓文篆形略與許解合。靜彝亦然。但他器作　。似丙之省。而其作　諸形者。殆與　篆别形。因謂丙字元有二形。作　者。寓意象形。丁作　或作　皆同意。而丁或作　。故丙亦作　。其所實盈者。是陽之氣。故或从火作㶲。火者。陽也。

[glyph]者最古之文耳。其後變作丙。一象易。即萬物炳然成之意。或云入字以為仌。造字之恆例而亦屬叚借。或用取反義。亦當為陽義也。此冂即冂字。金文冋字作冋可證。但冂冋同字。冋炯通用。炯字訓明也。丙字从冂實从炯省。會意。炯明者。萬物炳然之謂耳。然則炳字訓明也者。亦實丙字異文。説文古文丙作[glyph]。从火。可證。金文或作[glyph]。亦同。後人分別。炳入火部。非是。又古音冂丙相通。从冂疑包形聲。【古籀篇十四】

◉邵履常 今考丙字見于卜辭者作[glyph](殷虛書契卷一，葉五)，作[glyph](同上)，作[glyph](同上)，作[glyph](同上，葉十三)，或作[glyph](殷虛書契卷四，葉一)，作[glyph](殷虛書契後編下，葉二十五)，作[glyph](同上，葉二十六)，作[glyph](同上，葉四十一)，作[glyph](龜甲獸骨文字卷一，葉一)。其所從之∧、×、△、冂……皆為火之變形，證之赫(爽、烼、奭並同，羅振玉説)字作[glyph](殷虛書契卷一，葉十二)，又作[glyph](同上，葉八)，作[glyph](同上)，作[glyph](同上，葉三十三)，作[glyph](同上，葉三十四)，作[glyph](同上，葉三十七)，作[glyph](殷虛書契後編上，葉二)，作[glyph](同上)，則可得而知矣。見于金文者作[glyph](夌且丙解)，作[glyph](天君鼎)，作[glyph](丙申角)，並與卜辭同。或作[glyph](酅侯敦)，作[glyph](子禾子釜)，于字形尤屬顯著。或疑[glyph]形非火字者非也，殷周古文火字通作[glyph]，[glyph]，[glyph]，惟所从則頗多作火，亦有作[glyph]者，證之庚字作[glyph](伯庚父敦)，或作[glyph](齊鎛)，是亦可得而知矣。冂、穴即冂，[glyph]之別體，與[glyph]為一字(家字宅字古文並从冂，守字父乙觚从冂，竈字邵鐘从穴，寮字毛公鼎从冂可證)，皆象穴形。穴中(即今之所謂室内)舉火是為丙，故有顯著明見意。自實其空作[glyph]、[glyph]，或加一其中作[glyph](冂冃冃為一字，商承祚先生説；則冃亦與冂同)，于形已晦，小篆變[glyph]而為丙，其于本形失之彌遠矣。

夫初民之作字也，繪畫以象其本意，本形亡，本誼鮮有不隨之而亡者，丙字豈能例外？幸而代表明意之丙聲，不為形亡而失傳。漢人依聲製字，則造一「从火丙聲」之炳字，以主「明也」之訓，于是丙炳兩立，儼若各有其本誼焉，不知炳字于以為重複也。後世承學之士因推尊許書，遂信其説，全不覺察丙乃炳之前身，明乃丙之本訓，而曰「炳，明也」「丙之言炳也」；語云：「數典忘祖」，其是之謂乎！【釋丙 中山大學語言歷史學研究所周刊十集七期】

◉葉玉森 卜辭丙作[glyph]等形。填實之則成[glyph]。竝象几形。似非取象魚尾。方丙旁音近。古故通叚。不能謂丙為方旁之本字。亦訓為邊際也。【殷虛書契前編集釋卷一】

◉吴其昌 至于「丙」字之義原從[glyph]諸形足部衍化而來，乃象戈矛之屬植立之「柄」，本為「柄」之原始象形字。【殷虛書契解詁】

◉陳 晉 [glyph]為㪅之省。竝疑古㪅字亦作丙。説文「鯁。魚骨也」。爾雅「魚尾謂之丙」。丙蓋即鯁字。此一證。石鼓文鯁字作[glyph]。即从二丙。此霍作靃敗作贁之例。此又一證也。【龜甲文字概論】

◉陳啟彤 （丙）當訓烖也。火炎上，从古文上省，與帝旁同意。从古文灾省。位南方，萬物成炳然，因以為丙丁之丙。凡丙之屬皆从丙。肉，古文丙。从火燒門會意。說文以為烖之或體，誤，採朱氏駿聲說。古稱柔兆，柔訓曲木直也。兆，灼繩坼也。柔乃火炎上之象，其形曲直也。兆則謂火之也。與烖意同。引申之，丙有盛意。故病从之，訓疾加。炳从之，訓明。怲从之，訓憂。皆取盛意。更从之，訓改者，謂燒田也。古者農植培養之術未精，地力易盡，穀植不繁，則菑烈原野，再闢新田。更从攴，取耕治之意。俟舊植之田地力復蘇，艸萊茲茂，則又焚而治之，是謂輮田之制。故菑訓不耕田，瞜訓燒種。焚訓燒田。輮田制詳社會通銓。【釋干支 中大季刊一卷三期】

◉郭沫若 丙字作□从火，與子禾畓同。案此字至關重要。由此字可以推知十干已與五行方位相配，丙屬南方，故从火作。【鄘侯𣪘 兩周金文辭大系考釋】

◉朱 奇 丙字古彝器多作□。或作□。象殺人宰牲之俎。今俗所謂椹版者。故次於刀字下。【十干字考 藝文雜誌一卷五期】

◉馬叙倫 孔廣居俞樾饒炯均以丙為炳之古文。而饒説字形較為成理。蓋謂从・□聲。⊖為古文日字。□即㒳之變體。・引長作一者。如盂鼎彔伯戎敨之□即天。華嶽碑□即二□。頌敨之□即屯也。如其說。即昞之初文。俞先生亦謂丙俗作昞。而朱駿聲則謂與灾一字。義同而聲異。皆泥於丙於五行屬火故也。丙㒳一字。今言權柄者。字實即丙。權所以知輕重。㒳本權器。故言權柄也。餘見㒳下矣。象形。一者陽也。蓋後校者加之。【說文解字六書疏證卷二十八】

◉陳獨秀 丙 㒳 再 丙丁字甲文作□、□、□、□諸形，金文亦作□父乙鼎□亞丙爵□敔簋諸形，或實之作□兄日戈，皆象擊火之石刀形。石鼓作□，說文篆文作□，形稍變矣。更字篆文作□，从丙正謂擊火之石刀，从攴謂鑽木，古者鑽燧取火，初以木，後以石。叓訓改，乃取義於鑽燧改火。硬、梗、骾、埂、稉、綆之从更，均取義於丙之堅。便之从更，謂擊木石取火以便民用也。丙加火為炳，說文訓明，亦丙為擊火刀之一證。㒳字，大簋作□，明為二丙之合，說文㒳訓再，引易曰參天㒳地，兩訓二十四銖為一兩，是兩為一㒳二字之合，猶之百為一百，丙為一丙也。函皇父簋之兩，齊侯壺之兩，義皆為一㒳。甲文金文丙字上皆無一，石鼓文之□，篆文之□，義皆一□二字之合。再字甲文作□、□諸形，金文再簋作□，象手執權以稱之；是再字爪下之權即□字，加一為再，即丙字，擊火石刀之□古又以為權，故再下从□。丙蓋十二銖，當一黃鐘之重，因以為權。兩字為二丙之合，故知丙重十二銖。博雅權謂之錘，說文謂錘八銖，錙六銖。淮南詮言：雖割國之錙銖以事人，注云：六兩曰錙，倍錙曰錘；此六兩當為六銖之譌，倍錙曰錘，則為十二銖，說文錘八銖，當為十二銖之譌。二丙為兩，重二十四銖，當二黃鍾之重，故兩有二義。說文云：㒳，再也；再，一舉而二也；再，并舉也。其義蓋謂，丙即權之自身標準重量，雖為十二銖，而權在衡上，遠近移動，固可輕重并舉也。周秦之雙足布，即肖權形，即□形，錢名半兩，魯陽布亦重十二銖。亦重如權，漢書律曆志所謂「權本起於黃鍾之重也」。或謂□象權形倣於錢布，此實為顛倒見。甲文金文再字均从□，非□，雙足布魯陽布均作□形，亦皆似□非□，權起於黃鐘之重，十二銖亦非兩，是以知權本用□，錢布肖之，非權因錢布之形，且甲文已有再字，是遠在錢布未興之世，已有物以為衡量輕重之權矣。【小學識字教本】

◉于省吾　説文。丙。位南方。萬物成。炳然。陰气初起。陽气將虧。从一入冂。一者陽也。丙承乙。象人肩。爾雅釋魚。魚尾謂之丙。按説文爾雅説丙之義。均不可據。卜辭丙作□□。早期金文作□□□。均象物之安。安亦謂之堤。堤同甚。淮南子詮言。瓶甌有堤。注。堤。瓶甌下安也。泰族作甂甌有甚。按安與堤甚。即今俗所稱物之底座。□之形。上象平面可置物。下象左右足。與古文□□下象足形者同。卜辭習見□字。象兩手奉牲首置於坐上之形。是丙可置物之證。

【釋丙　雙劍誃殷栔駢枝】

◉陳書農　律書，丙者言陽道著明，故曰丙，説文，丙位南方，萬物炳然，陰氣初起，陽氣將虧，从一入冂，一者陽也。於炳，曰明也，从火丙聲。按甲骨文之□，從中析之，適為□□兩字，即石字之或左或右書者。殷金文例作□，尤象石形。周金文之作□，小篆今隸作炳，皆以火示義，則丙者乃原始社會用以發火之火石，其音讀為丙，猶言迸，言碰，火石必待碰擊始能迸出火星也。丙不作方圓形，而作□者，蓋發火之石必碎裂其一部，使易受摩擦而生火，抗戰期中吾於湘南船户習見如此。彼等沿江拾取，略予敲裂，隨時取用，其便如吾人之使用火柴也。甲骨文之火作□，蓋將丙仰置，其中之∧即示石發火狀。金文之□，小篆之炳，皆丙之異體，説文謂从火丙聲，析而為二，誤矣。陰陽家之以丙為火，猶存古義，俗言付丙，即謂以火焚之，亦猶古義之流傳也。【釋干支　學原一九四八年二卷四期】

◉高鴻縉　□原象兵器柄下之鐏。所以卓地者也。矛柄作□。辛柄作□。均見會意篇。可資互證。自古借為天干第三名。而戰國時五行家、陰陽家、曆數家、星相家等又各借用為代名詞。許説丙字雜各家之言。且均出於後世。非造字之本意也。

【中國字例二篇】

◉魯實先　□　此丙之緐文，楊氏釋更非是。【姓氏通釋　幼獅學報二卷一期】

◉李孝定　契文丙字左右竪畫皆平行不詰曲。殊不類魚尾。亦不象肩形。説文爾雅之説並不足據。葉氏象几形之説與于氏象底座之説相類。此説於字形頗覺切適。然於音義無徵。仍不敢信為定論也。【甲骨文字集釋第十四】

◉嚴一萍 □丙 金文丙字多異體，鄦侯敦作□，子禾子釜作□，與汗簡作□同，鄭珍以汗簡為謬文者非也。姑馮句鑃有□字，與繒書此字全同，亦丙字。昔人均讀為「商」。案甲骨文每有增「ㅂ」之字，與不增口者同。此字乃丙字增口，與商之作□異。今以繒書證之，知其誤矣。則所謂「商句鑃」者，當讀作「丙句鑃」矣。商氏釋「商」，讀為「嫡子」，大誤。【楚繒書新考 中國文字第二十六册】

◉楊魯安 《范拓》第十三册第7頁之□字，初見疑為「亦」字，戰國「亦」字作□，形體相差甚遠。今檢古文「丙」字，甲骨作□，西周兄日戈作□，東周静卣作□，春秋鄦侯毁作□，戰國子禾子缶作□，「丙」字中間从「火」，不从「人」。可知□字實是「丙」字，與他範乙、丁等字相匹。【清陳介祺監拓「齊法化」範墨本概述 中國錢幣一九八七年第四期】

◉彭静中 □ 壺銘有題揭之字，諸家未之隸釋。容庚先生置字于「不可識的圖形文字」中。李孝定云：「字不可識。」

今謂該字乃「丙」字是也。知者，甲骨文中，丙字作□（林一·十五·六），金文作□。

題揭之字，與甲、金文之丙字，形雖微異而實無二致，然則器名曰丙壺可矣。

夫丙壺者，名丙者所作之器也。【金文新釋（十則） 四川大學學報一九八〇年第一期】

◉湯餘惠 商代甲骨文中有□字，又寫作□，舊釋為「丙」，向無異説。□字大多數是出現在表示日辰的干支字裏，如「□午」、「□寅」之類，釋「丙」無疑是正確的。但這個字有時還與數字結合，組成數量詞組，用在「車」、「馬」之後，如著名的小臣牆刻辭就有「車二□」（《合集》36481），見于其他卜辭的有「馬二□」（《合集》21777）、「馬二十□」（《合集》1098）、「馬五十□」（《合集》11459）等等，此類作為車馬數量單位的□是否也是「丙」字，究竟應該如何釋讀，就很值得研究。

已故陳夢家先生在《殷虛卜辭綜述》一書第三章《文法》裏，把上引諸辭中的□統釋為「丙」，指出「馬和車的單位是丙」，并作如下闡述：

車馬的單位丙，可能和《詩》的「乘」相同，但幾匹馬構成一乘，尚待考定。金文馬的單位是匹，而金文「兩」字係兩個相并立的「丙」，所以甲骨文的「丙」可能是單數。

衆所周知，古時車馬皆可以乘計，車之一乘是一輛，馬的一乘則是四匹。西周銅器禹鼎銘文「戎車百乘」，百乘即百輛；又克鐘銘文「易克甸車馬乘」，馬乘是馬四匹。引而申之，物四皆可言乘，《儀禮·鄉射禮》注「乘矢，四矢也。」疏云：「凡物四皆曰乘也。」周代如此，商代恐怕也不例外。古書中車馬的單位詞从來没有用「丙」的，陳氏認為丙與乘同，丙為單數，顯然有違于古代語言的實際。不過，陳氏注意到甲骨文的□與金文的「兩」在形體上的關聯，倒是值得重視的。

我認為，甲骨文作車馬單位詞使用的□，形體與「丙」相合，但并非一字，它可能是「兩」，即「輛」字的初文。

周代金文中有「兩」字，寫作□、□形，于省吾先生據商周古文車字的構形及出土古代車輛的實物交相印證，指出兩字所从的丨象單輈（轅），冂象輈前橫木，即所謂「衡」，而□則取象于衡上的兩軛。他的看法是可信的。把甲骨和金文的「兩」字作一對比，不難看出，甲骨文只取一衡一軛，用來代表一輛車，與金文取一輈一衡兩軛代表一輛車，僅僅是繁簡有別，造字原理實無二致。輛字本作「兩」，意謂車一乘，後增義符車旁寫作「輛」。《詩·召南·鵲巢》：「之子于歸，百兩御之。」毛傳：「百兩，百乘也。」孔疏：「車一乘為一兩。」古時車有兩輪，上有兩軛，字義引申遂有一雙一對之義。或以一雙為字之本義，恐非。由此看來，甲骨文的「車二兩」乃用本義，意思是兩輛車；而「馬二兩」、「馬二十兩」、「馬五十兩」，則用引申義，分別是指馬兩對，馬二十對和馬五十對。

《合集》8984（《乙編》4718）片是商王武丁時期的一版大龜腹甲，其中有三條刻辭是記録有關取馬的事的：

(1) 己巳卜：雀取，以馬？

(2) ……矜以馬自薛？十二月。

(3) 允以三兩。

辭(1)雀，武丁手下重要將領之一，經常率兵主持征伐。以，意為致，送致。本辭貞問商王武丁所要的馬匹是由雀去取呢，還是由方國送來呢？辭(2)是殘辭，大意是貞問某人會不會把馬匹從薛地送來。辭(3)是事後補記的驗辭，意思是果然送來了三對馬。

《京都》2987（《合集》20790），從字體看應屬武丁時期𠂤組卜辭。辭云：

(1) 壬午卜：又大乙？

(2) 癸巳卜：往，馬三十兩？

辭(1)占卜侑祭大乙成湯。辭(2)文辭過于簡略，涵義不甚明了，大概是貞卜商王可否用三十對馬，即駕三十輛車出行。日本的兩位學者貝塚茂樹和伊藤道治釋本辭的「馬三十兩」為「馬三十丙」，丙字下加括號注明「丙即二匹之意」，釋字仍從舊説，但對涵意的理解卻是正確的。

商代卜辭中的馬，絕大多數是用「兩」來計算的，尚未發現有「匹」字。《合集》500正（《乙編》3381）有「三十馬」的字樣，是否即指三十匹馬而言，尚不能確定，因為它也可能是「三十兩馬」的省説。一般説來，前種可能應該大些，但這種情況畢竟極為罕見，據我對已有甲骨材料所作不完全的統計，僅此一例而已。馬以兩計，應該跟商代一車駕二馬的事實有關，已往考古發現的商代車馬遺迹都是一車與兩馬相配，如1953年安陽大司空村發掘的一座，1958～1959年在安陽孝民屯發掘的兩座及1972年在孝民屯南地發掘清理的一座殷代車馬坑，都是一車與二馬伴出。《詩·鄭風·大叔于田》「兩服上襄，兩驂雁行」的四馬制，考古發掘實踐證明創始于西周，殷代盛行兩馬制，即僅用兩服而沒有兩驂。西周以後，四馬與兩馬并行。周代金文常常記載賞賜馬匹，除特殊情況，一般多以「馬兩」(如大簋、小臣宅簋)、「馬乘」(如吴方彝、兮甲盤)、「馬四匹」(如噩侯鼎、應侯鐘)為賜，應該就是當時一車所駕的馬數，與考古發掘所見適相一致。殷人卜辭馬以兩計，顯然也是商代一車雙馬的客觀反映。

附帶再說說丙字。甲骨文的「丙」也寫作，葉玉森謂象几形，郭沫若謂象魚尾形，于省吾先生謂象承物的底座，「上象平面可置物，下象左右足。」比較而言，于說更為可信。漢字是主形的，一般說來不同的字在形體上各有差別，不相混淆。但由于各種不同的原因，將不同的字寫成一個樣子的情況也是有的，合體字偏旁的混淆自不待言，獨體字也時有所見，如「母」和「女」、「月」和「夕」、「山」和「火」等等，都是治甲骨的人所熟知的例子。人們通常把這種音義有別而形體相同的情況稱之為「異字同形」。甲骨文的「丙」和「兩」同形，屬于造字上的偶合。異字同形的現象不利于記寫語言，在使用過程中遲早都要改變的，前舉「母」和「女」、「月」和「夕」、「山」和「火」在周代金文裏已經顯示出彼此構形的差別，基本上不存在識讀上的困難。西周金文「兩」字重構出一種較繁的寫法，以區別于「丙」，大概也是基于此種考慮。

甲骨文「丙」與「兩」同形，和車馬相連的單位詞是「兩」而不是「丙」。【商代甲骨文中的「丙」和「兩」　史學集刊一九九一年第二期】

◉曾憲通　丙子　丙一·三　丙下益以口旁，楚國文字習見。江陵楚簡丙丁作，乙丙作乙，丙辰作，皆其例。【長沙楚帛書文字編】

甲六三〇　甲二三二九　甲二九〇四　乙七七九五　乙九〇八三　鐵一一四·一　前一·二·三　前六·八七　後一·四·一七　後一·五·一　後一·二七·七　後二·四·一六　後二·六·二　後二·三七·五　林一·一〇·一五　林二·二三·一四　存二七四八　佚四一四　佚四二七　中大四　丁巳　見合文三〇　【甲骨文編】

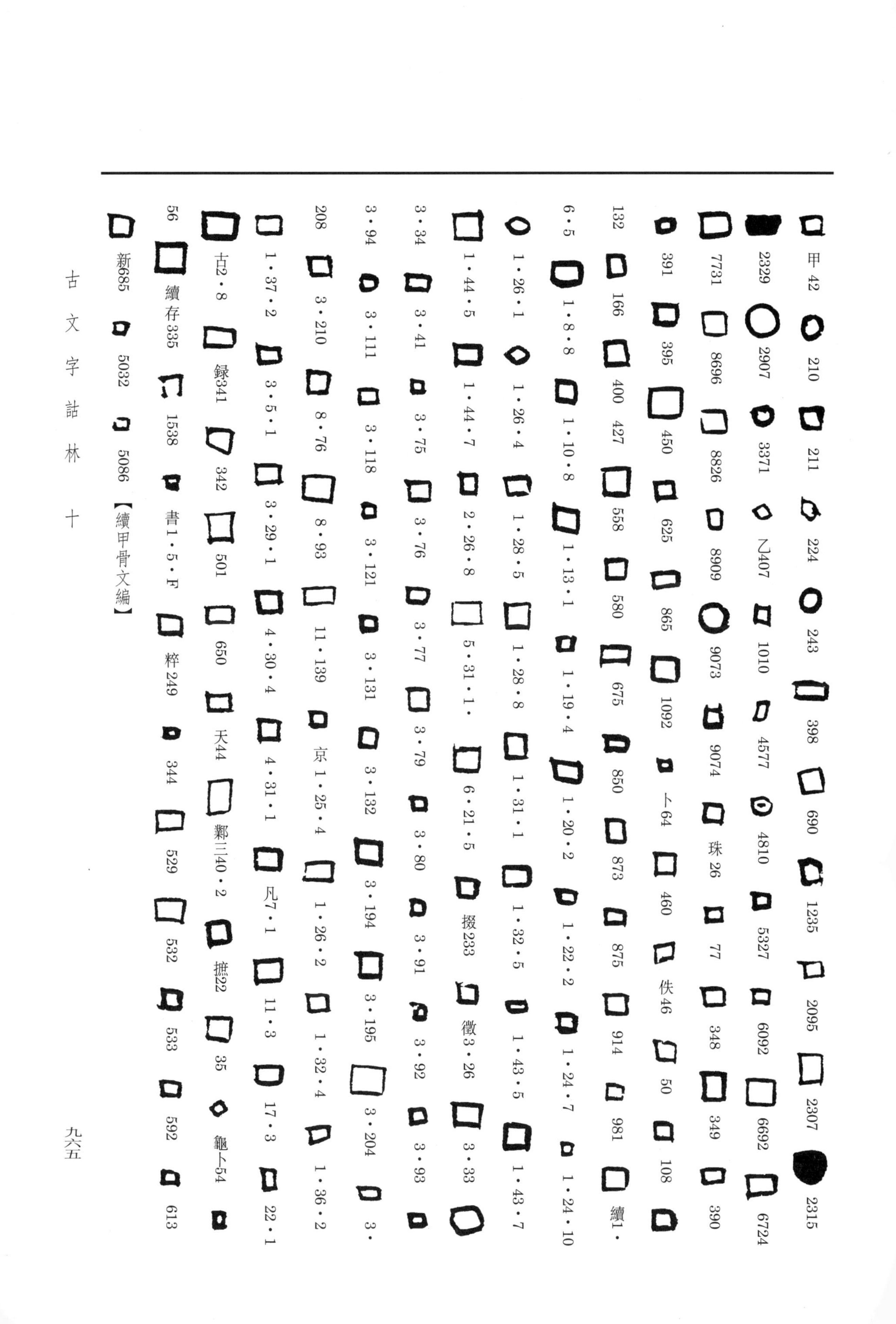

甲42 210 211 224 243 398 690 1235 2095 2307 2315
2329 2907 3371 乙407 1010 4577 4810 5327 6092 6692 6724
7731 8696 8826 8909 9073 9074 珠26 77 348 349 390
391 395 450 625 865 1092 卜64 460 佚46 50 108
132 166 400 427 558 580 675 850 873 875 914 981 續1·
6·5 1·8·8 1·10·8 1·13·1 1·19·4 1·20·2 1·22·2 1·24·7 1·24·10
1·26·1 1·26·4 1·28·5 1·28·8 1·31·1 1·32·5 1·43·5 1·43·7
1·44·5 1·44·7 2·26·8 5·31·1· 6·21·5 掇233 徵3·26 3·33
3·34 3·41 3·75 3·76 3·77 3·79 3·80 3·91 3·92 3·93
3·94 3·111 3·118 3·121 3·131 3·132 3·194 3·195 3·204 3·
208 3·210 8·76 8·93 11·139 京1·25·4 1·26·2 1·32·4 1·36·2
1·37·2 3·5·1 3·29·1 4·30·4 4·31·1 凡7·1 11·3 17·3 22·1
古2·8 録341 342 501 650 天44 鄴三40·2 摭22 35 龜卜54
56 續存335 1538 書1·5·F 粹249 344 529 532 533 592 613
新685 5032 5086 【續甲骨文編】

丁 父丁鼎 戊寅鼎 且丁尊 𥁑婦鼎 我鼎 師旂鼎 作册大鼎 晉壺 善鼎

師嫠簋 史頌簋 虢季子白盤 歸父盤 國差𦉜 鄃鎛 陳肪簋 邵鐘 王孫鐘

邻王義楚耑 王子午鼎 樂子敬豧匠 且丁尊 𥁑卣 王孫壽甗 者減鐘 【金文編】

1·76 戊母丁 秦971 宮丁 秦929 同上 【古陶文字徵】

〔二八〕〔二二〕〔三六〕〔二八〕〔二二〕〔二二〕〔六七〕〔二二〕〔六七〕

〔六七〕〔六七〕〔六七〕〔六七〕〔四二〕〔一二〕〔四二〕〔五〇〕〔三九〕

〔一九〕〔一九〕〔五五〕〔二五〕〔六七〕〔六七〕〔六七〕〔六七〕〔六七〕

〔三七〕【先秦貨幣文編】

4 12 196 267 【包山楚簡文字編】

丁 日乙二一〇 七十八例 秦六一 二十三例 語一 十一例 日乙三三 十二例 日乙二一一 【睡虎地秦簡文字編】

2241 1688 1689 1690 1724 3360 3167 3182 0418 【古璽文編】

丁若延印 丁賔 宋丁 丁閎私印 丁忘生印 丁固私印 丁昭私印 丁臨私印 丁曾之印 丁蒼之印 丁翁伯印 丁衆 丁若咸印 丁長孫印 丁護衆印 丁氏長幸唯印 丁得之印 丁益壽 氾丁 丁叔 丁翁孺印 丁平信印 丁奢 丁少翁 丁長公 丁壽印信

丁福 【漢印文字徵】

袁敞碑 十月丁丑 石經君奭 在大丁 蘭臺令史殘碑 十月丁酉 【石刻篆文編】

丁 【汗簡】

汗簡 【古文四聲韻】

◉許　慎　个夏時萬物皆丁實。象形。丁承丙。象人心。凡丁之屬皆从丁。當經切。【說文解字卷十四】

◉馬　昂　齊貨背文中一字多作丁。形體不一。何也。竊謂丁者正當著實也。刀布識此以見義。為象形之文。即釘之本字。因丁形有異文。亦隨變也。其作个。莊子所謂丁子有尾。或作●。諺所謂棗核丁也。或作●●者。皆象丁頭形。彝器款識多从此。唐書張宏靖謂軍士曰。汝輩挽兩石弓。不如識一丁字。蓋言丁字象釘。顯而易見。諺謂目不識丁。甚言其愚也。此指古文个字而言。如不識隸變之丁字。則未可謂之愚。何也。隸書實不如古文之易識也。【貨布文字考卷一】

◉方濬益　詹諸父丁鼎　●為古文丁。說文作个云。夏時萬物皆丁實。象形。丁承丙。象人心。安邱王菉友大令筠曰。榦支二十二字之作也。初必為一物一事而作。而後借之為榦支用也。周易百果艸木皆甲坼。爾雅魚腸謂之乙。魚尾謂之丙。魚枕謂之丁。案丁即今之釘字。鐘鼎文作●者。自其頂而觀之也。作●者。自其側而觀之也。從而曳長之。即成个矣。濬益按。大令此說深得古人制字之意。古人於象形字寔有正觀側觀之分。其同一字而殊形者。又自有變更之次第。此丁字由●而為●為●。見於款識者非一。前此箸録諸家初無異釋。乃近人仁和曹柳橋金籀引鷃冠子倉頡作法書从甲子謂彝器文之●皆甲字。丁當作●。丁子有尾是也。按丁子有尾乃後人說篆文之形。說古文已不合。而說文丁象人心一語是真古訓。特許君以小篆之个為正文。而此古文●字反漏而未載。轉致此語無著耳。柳橋說字頗有見。而說此字竟欲變易五千年倉史之古文。不亦慎乎。【綴遺齋彝器攷釋卷五】

◉劉心源　●說文作个。亦作个。小徐本云。夏時萬物皆丁壯成實。象形。通訓云。鐕也。象形。段玉裁㠯鐕為釘。禮喪大記君裏棺用朱緑用襍金鐕注。鐕所㠯椓箸裏。疏。鐕。釘也。器刻作●。象釘形。平視之肖。●蓋古文釘字最初者也。小篆个亦象釘形立視之肖。十干丁字乃借用。非本義。許說失之。【亞鼎　奇觚室吉金文述卷一】

◉孫詒讓　「丁」字皆作「●」，一之三。金文父丁爵亦同。【栔文舉例卷上】

◉林義光　朱氏駿聲云。鐕也。象形。今俗以釘為之。按古作●邵鐘。象釘形。或變作●大敦。作▽若癸受丁器。【文源卷二】

◉高田忠周　▼　説文个。夏時萬物皆丁壯成實。象形。然个形未見其義。今見此篆。上豐下殺。而內即填實。此謂丁壯成實形亦可矣。然其外廓▽形。未詳象何物形。竊謂造字之始。近取諸身。遠取諸物。而物者。多借艸木取譬。甲乙皆是也。戊庚亦是也。而丙取于火。己取于气。辛壬取于人。ㄨ取于水土。然則此▽與下文作□▽。皆疑以象木實形。其或作▼者為省略變文也。小篆亦譌作个。出于此耳。若為不然。此以象人首頂顛。即最古頂字也。子字亦有作子者。與此相合。壯人之頂顛。𡿺髓充實。亦當借為丁壯成實之意。存疑備參云。【古籀篇八十八】

◉郭沫若　丁則當係睛之古字。睛字古籍中罕見，許書亦不載，惟淮南主術訓有「達視猶不能見其睛，借明於鑑以照之，則分寸可得而察」，注曰「睛，目瞳子也」。丁之古文既象目瞳子，丁睛古音同在耕部，後世猶有「目不識丁」之成語，則當是「達視不能見睛」之古語。知丁之為睛，為瞳子，則魚枕亦勉强有説，蓋以魚睛大而又在頭之兩旁也。要之乙、丙、丁均為魚身之物，此必為其最初義。蓋字既象形，而義又已廢棄，正其為古字古訓之證。【釋支干　甲骨文字研究】

◉葉玉森　卜辭丁作□○△□○○等形。古鉢文魯丁之丁作↑。有尾象鐕。今言釘也。先哲造丁字。果取象于鐕。似當作↑↑↑形方顯。不應僅象鋪首。予疑實象人顛頂也。故大子等字如是作。丁顛頂並一聲之轉。素問云。是生大丁。叚丁為釘。故後儒多以釘訓丁。

王國維氏曰。丁疑亦祭名。殷虛文字考釋第十四葉。森按。儀禮少牢饋食禮日用丁巳。古人內事用柔日。丁或巳並柔日也。殷人祭祖用牢亦擇丁日。王氏謂丁為祭名。然稽之卜辭均就甲丙癸三日卜。或先丁一日。或先丁三日四日。則丁必為用牢之日。非祭名。卜辭用十干之一紀日亦屢見。如「己丑卜庚雨」卷三第十八葉。「壬王其田雨」殷虛文字第十八葉之二。胥是也。説詳殷契鉤沈。【殷虛書契前編集釋卷一】

◉唐　蘭　□

右丁字，卜辭習見，今畧采殊體釋之。金文多作●▼等形，卜辭大抵鉤其廓作□○等形，與日○即圓之本字等字相混。▼形引而長之，作▼三體石經古文，蓋出六國時，或作↑古鉨魯丁，變而為小篆之个，今説文作个，是个之譌體也。丁為十日之名之一。三代之禮，人卒後，以甲日祭者即號為甲，乙日祭者號為乙，故十日之名，又為祖妣父母兄之稱號矣。十日之名與十二辰之名，其字本各有專義，顧假借為日辰之名已久，夙義弗彰，字形又多變革，故説者多誣。

說文：「丁，夏時萬物皆丁壯成實，象形也。丁承丙，象人心也。」據小徐本。按此凡二說，然皆非也。丁壯聲之轉，乃假借義，丁既無由像果實形，果實亦未有稱丁也。其象人心之說，出於太一經，淺陋可笑，前人固多譏之矣。鄭樵釋為蠆尾，羌無所本，蓋以意推測者。朱駿聲云：「丁，鐕也。象形。今俗以釘為之，其質用金，或竹若木」。學者多從其說。然此第能解釋小篆之作个形，抑猶不甚類，而古文作●，愈不可解。迴護此說者，或謂●象釘頭之平面，个象釘之側面；或謂當作▼象釘形，而變作●或○，此二說俱不可通。蓋自古文字發生歷史言之，●為最原始之形，作○者，其變形，而作▼者實後起也。▼為●形之延長，不可謂先有▼象釘，而後變為●，證之次圖，殊易明也。

个形之起更遲，其形乃演變而來，欲知个形所象，必先知●字方可。若先認定个象釘鐕之側面，而逆推●為其平面，則為丐辭，因僅就●形觀之，無以知其為釘鐕之平面也。章太炎謂：「彝器作●，雖似釘尾，然於伐木之訓不合。古字固多聲借。●象一注之形，或本古文霝字，聲借為丁。」文始。此昧於个即●之演變，其謂●為古文霝，亦無所據。郭沫若據爾雅「魚枕謂之丁，魚腸謂之乙，魚尾謂之丙」以釋乙丙丁三字，不知爾雅此節乃晚周秦漢間人語，取其與篆文相似而為名耳。郭璞云：「枕在魚頭骨中，形似篆書丁字，可作印。」其解至為確切，蓋其形當如▼或▼也。而郭沫若氏則謂以篆文為說為匪夙，又謂「枕或係字之誤，而丁則當係睛之古字」。此說除音相近外，亦無所據。若謂●象瞳子，亦可謂是人目，不必混以魚目。郭又引「目不識丁」之語，謂是「達視不能見其睛」淮南主術訓之古語，尤屬錯誤。「不如識一丁字」，丁當為个之誤，郭氏引此，實疏於檢校也。

余謂丁者釘之本字。說文「釘，鍊鉼黃金也，從金丁聲」，猶存古誼。桂馥說文義證引世說：「帝以金五鉼授陳矯。」又云：「今閩甌湖南皆傾銀作鉼，即鉼之遺也。玉篇釘又都定切，馥案今俗以金為一錠是也。」其說至確，然則丁字古作●形者，實象鍊為鉼之黃金也。爾雅釋器：「鉼金謂之鈑。」周禮職金：「旅於上帝，則共其金版，饗諸侯亦如之。」注「鉼金謂之版，此版所施，未聞」。按鉼為鍊金如鉼形，鈑則如版形也。頃歲壽縣所出楚器羣內有銅方版千餘，余曾見之於安徽圖書館，殆即金版也。此類金版為數既巨，當是冶鍊儲藏，以備製品之用者。其旅於上帝共金版者，鼎古者金與貝玉，俱可以祭。卜辭有[字]字，象持貝以祭，亦作[字]。金文我云「我乍[字][字]且乙匕乙且己匕癸」，貞松堂集古遺文補遺，善齋吉金録。郭沫若釋[字]為禮，今謂非是。[字]字上象∪中盛丁，丁即鉼金也。字雖未可識，要為奉金以祭可知。至饗諸侯亦共之，則其施未明。

釘為丁之孳乳字，而象金鉼之形，尚有可資旁證者。效父𣪘云「休王易效父三」，攈古録二・二・四。舊釋為貝。執尊云「易二，聿二」，舊釋為二。攈古録二・二八一刊宫尊。郭沫若於效父𣪘之字，初釋䝿，兩周金文辭大系。後又釋亼。大系圖録考釋。今按釋貝、䝿均非，字形絶不相類也。釋亼較近，然亦未是。余謂字鉤廓作之，則字也。説文以吕膂為同字，訓為脊骨，乃由小篆作而致誤，金文作，無由象脊骨也。余謂吕作形，其本義當為金名，邾公牼鐘「玄鏐鏞吕」，少民劍「玄鏐鋪吕」，所用皆本義也。其字孳乳為鋁，叔夷鐘「吉金鈇鎬玄鏐鐪鋁」，邵黛鐘「玄鏐鏞鋁」，僑兒鐘「得吉金鏄鋁」，皆是也。鋁從金吕聲，與鑢同。説文缺。金文編逕附吕下，非。即字，本甚易知，而郭釋亼者，以金文陳逆𣪘「冰月」之冰作故也。又郭云：「古金字亦多從此作，如過伯𣪘作，吕鼎作，即其確例。蓋古人以金生於水，故從亼也。」其機已觸，而為釋亼一念所蔽，殊可惜也。金字從者，顯示為金形，古人雖謂金生於水，五行家又謂金生水，水與亼亦不同，作金字而象亼形，決無此理也。余謂冰字作，其所從之亦即吕字而非亼也。蓋冶冰二字本同從，省作＝，後人混之，以為從亼耳。説文：「冶，銷也。從亼台聲。」顧冶當以銷金為正義，王筠説文句讀説。從亼，非所取。前人有鑒於此，故三倉説之曰：「冶，銷鑠也。遭熱即流，遇冷即合，與冰同意，故字從亼。」使前人知冶不從亼而從吕，而吕為金名，固無用是迂廻矣。冶者鎔金使為流質，而冰者鍊金由流質凝合為固體，故作水旁以見意，冰即古凝字，實非亼字也。後人以冰冶二字之偏旁省作＝者，與亼無別，亼本作＝，三體石經冬字篆書可證，變為仌，又變則為亼。因誤混之。而冰字意與亼相近，後人又以冰為亼，而別造凝字，於是冰字與亼之關係密切，莫知其為從吕矣。為金石，象二之形，則為金鉼，無可疑已。【釋丁　殷虚文字記】

◉陳啟彤　丁　當訓鐕也，象形。依朱氏駿聲説。夏時萬物皆丁實，因以為丙丁之丁。凡丁之屬皆从丁。丁，堅實之物也，故引申有丁實意。古偁疆圉，疆訓為界，从土彊聲，有彊大意。圉訓囹，圉所以拘辠人，从㚔从口，口所以防禦之也，有固意焉。彊固之意，與丁實相近，丁，堅實之物也。引申之，有定意。故亭从丁聲，訓民所安定。訂从之，訓平議。汀从之，訓平。釘从之，訓鍊鉼黄金，皆取定意也。若玎从之，訓玉聲，則謂其聲堅實也。成从之，訓就，則取實意。頂从之，訓顛，則取意實大。靪从之，訓補履下，則取鐕之本意。鐕之用可琢箸，故朾從之，轉引訓為撞。町從之，轉引而訓田踐處曰町。町，田區也，有箸分意。【釋干支　中大季刊一卷三期】

◉吴其昌

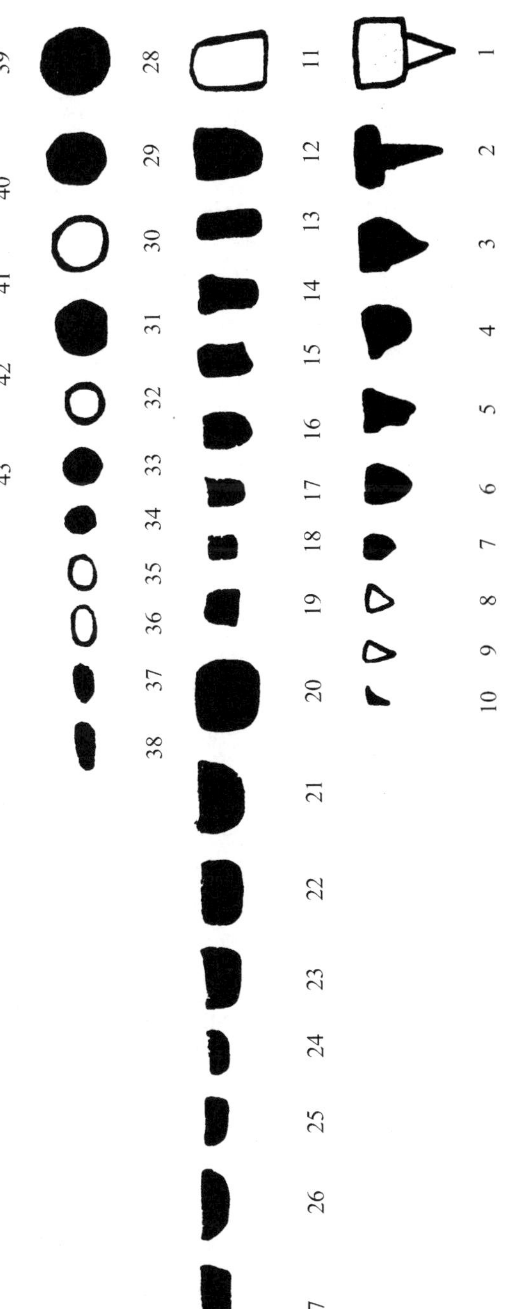

以上皆「丁」字也。「丁」之本義，「釘」也。此觀于上所舉例，可以不一言而決知者也。上所舉例，又略可分為數類：自第一字至于第十字，此一類也。自第十一字至第二十七字，此二類也。自第二十八字至第三十八字，此三類也。自第三十九字至第四十二字，此四類也。第一類字，象釘之側視之形，上横鋪首，下垂杙足，摹繪宛然，而第一第二兩字尤為酷肖。自第三字以下，摹繪簡略，浸成錐狀；而豐首鋭下，猶頗可識。第二第三類字，則象自巔下視，但見鋪首之形，故但渾然黑塊而已。而「釘」之鋪首，或方或圓，故不一致。其鋪首方者，若第二類之所示也。圓者，若第三類之所示也。而于第二類方者之中，有方而狹長者；如第十三字，其最至者也。有方而横廣者，如第二十七字，其最至者也。于第三類圓者之中，亦有渾圓與平圓之别，第二十九字，第三十八字，其最例也。此皆以示「釘」類鋪首之異狀，初無關于宏旨。第四類字亦為「釘」之下視之形，但姿態少别，或即所謂「古文奇字」者歟?「丁」為「釘」之本字，往昔通人亦已有甚明之者，朱駿聲説文通訓定聲曰：「丁，鐕也。象形。今俗以『釘』為之。其質用金或竹若木。」又曰：「以丁入物，亦曰丁。説文作『朾』，『撞也』。俗字亦作『打』。又作『釘』，字林：『釘，設幕。』

按：「從丁，登聲。」徐灝説文解字注箋曰：「許云『夏時萬物皆丁實』，蓋以為象果形。然果實未有稱丁者，疑『丁』即今之『釘』字，象鐵弋形。鐘鼎古作●，象其鋪首；↑，則下垂之形也。丁之垂尾作↑，自其巔渾而視之則為●。」按朱徐二氏之説皆通論也。以錢大昕「古無舌上音，但有舌頭音」定律律之（即古無「知」「澈」「澄」母，但有「端」「透」「定」母。即古無輕顫音，但有笨重音），則「鐕」音古正讀若「釘」。故「鐕」「丁」「朾」「登」實皆一聲，而「丁」字實為古代「釘」與「針」（即鐕）之共稱，▼形實為古代「釘」與「針」之共象；究極而言之，古初實無「釘」與「針」之別異，但僅有▼狀之物而已矣。

以其形而言之，則既知古初「釘」與「針」皆源于此▼狀之物；自其巔而下視之則成●狀。然則此「丁」「丁」之得聲何自而來耶？此蓋由于原始語音學所謂「摹倣動作聲」，即象椓釘之聲也。詩兔罝：「椓之丁丁！」（以古無舌上音只有舌頭音定律律之，則「椓」實讀若「篤」。）毛傳「椓，杙聲也」，「杙」即「釘」之木質者也。故▼●象「丁」之狀，「丁丁」象「丁」之聲；此至自然之事，孔子高所謂「甚易知而實是也」。「丁」又通「釘」。説文：「釘，鍊并黄金也。」鍊并黄金，鍛聲丁丁，故「釘」即「丁」，實無別也。必究竟而別之，則當云：「丁，以木者謂之朾」，「弋，以木者謂之杙」耳。及從木之「朾」既行，始更追造從金之「釘」，以示別異云耳。故在漢魏之際，「丁」「釘」已通用不別；章氏文始曰：「……素問生氣通天論曰：『高梁之變，足生大丁。』南史徐嗣伯治一老姥，黶處拔出寸許，云此名『釘疽』，即素問之『大丁』也。……魚豢魏略：『王凌自知罪重，試索棺釘，以觀大傅意。』（魏志王凌傳注引）則魏時亦已借『釘』為『丁』。……」可為證也。

從名詞而轉為動詞，則「丁」之義又轉為「朾」（説文「朾，撞也。」今俗作「打」，反較説文合于六書之原則）；「丁」之聲又轉為「成」（以古無舌上音，但有舌頭音之定律律之，則「成」正讀若「丁」）。吕覽長攻曰：「反斗而擊之，一成腦塗地。」高誘注：「一成，一下也。」按：謂打一下也。章氏云：「若簫韶九成之屬，亦謂撞鐘擊鼓，一度為一成耳。」章説是也。又禮記月令疏：「丁，成也。」皆其證也。

椓杙撞鐘之聲，為丁丁，亦為當當，故以其聲而言之，則「丁」又通「當」，「丁丁」又通「當當」。爾雅釋詁：「丁，當也。」詩大雅雲漢「寧丁我躬」，毛傳同。楚辭惜賢「丁時逢殃」，又逢尤「思丁文兮聖明哲」，王逸注同。皆其驗矣。

又金文凡人形皆作或或或，（例多，此不枚舉，下同。）其已被斧鉞誅戮者，則作，象已喪其元。至其元首之形之作●或▭狀者，與「丁」字之作●或▭狀者正無二致，此蓋即原始之「頂」字也。古「丁」「釘」同字，已如上述。莊子大宗師「肩高于頂」，釋文：「頂，崔本作釘。」是陸氏所見崔本作「肩高于釘」，甚覺不詞。必古寫本作「肩高于丁」，六朝「丁」「釘」通寫故耳。此「頂」即「丁」字之堅證；亦即等形所從之●○等形，即為「丁」字之堅證也。「頂」又同聲通假為「顛」。易大過「過涉滅頂」，虞翻注：「頂，首也。」而説文及玄應一切經音義卷十三引倉頡篇云「頂，顛也」，尤可為證。其後國家之于民人，授田，徵役，則有「丁口」「人丁」……之稱，人以「丁」計，蓋猶牛之以「頭」計耳。斯亦丁誼為頭之一瞼也。「丁」誼之所以為顛為首為頭，無他，以人形之頭作●，與「丁」字作●無别故耳。此又「丁」字所孳乳旁生之枝義也。【金文名象疏證（續） 武大文史季刊一九三六年六卷一期】

◉朱 奇 丁字即今釘字。小篆作个。象其垂尾。古文作●。象其鋪首。釘亦可以殺人。古當用為兵器也。【十干字考 藝文雜志第一卷第五期】

◉馬叙倫 鈕樹玉曰。繫傳韻會作萬物皆丁壯成實。象形。丁承丙。象人心也。孔廣居曰。周伯琦曰。凡造器者。必以金木為丁。附箸之。俗通用釘。愚按丁本作↑。象形。朱駿聲曰。丁當訓鐕也。象形。今俗以釘為之。劉心源曰。器刻作●。象釘形。平視之。蓋釘之初文也。借為十干字。葉玉森曰。卜辭作□ ▢ △ □ ○ ○諸形。古鉨文魯丁之丁作↑。有尾。象鐕。今言釘也。先哲造字。果取象於鐕。似當作↑ ↑ ↑形方顯。不應象鋪首。疑實象人顛頂也。故等字如是作。丁顛一聲之轉。素問云。是生大丁。叚丁為釘。故後儒多以釘訓丁。倫按父丁鼎作●。且丁父癸卣作○。史頌敦作●。虢季子白盤作●。國差鑰作●。蓋古釘以竹木及金屬為之。其作●●●形。今猶見之竹木所為。若个↑之形。則三十年前雨具所謂釘鞋者。其釘即如↑形。亦有其箸地處形圓而成⊗者。甲文之作○者或亦然。作● ○ □ □ ○者。皆由上視之。其一耑已箸於物中也。其作▢ △者。由下仰視之形也。周朱劉説是。丁為鐕之初文。象形。先之初文蓋為⇦。見先字下。其形即↑字而横之。蓋語原同矣。病以疔名者亦然。即顛之語原蓋亦同也。今借釘為丁。【説文解字六書疏證卷二十八】

◉蕭 璋 章氏曰：「尋詩曰丁丁，椓杙聲也。」又曰：「丁丁，伐木聲也。」然則丁者擊伐之義，字形作个，與丫相似。丫訓啎，釋詁个亦訓當。局就伐擊之器言之，則午亦為杵，个亦為今之釘（詳見文始四陽聲丁下及五陰聲午下）。按章氏以丁有擊伐之義甚是，惟以丁字之形與午字比照，是殊昧於二字之古文形體（卜辭丁作□ ○ ○，金文作● ● ●，午卜辭作，金文作↑ ↑ ↑ ↑，二字形體絶殊），且章氏亦知金文丁作●（文始原段有曰：「彝器作●，雖似釘尾」），以其文似釘尾，於伐木之訓不合。并以●象一注之形，或定為古文霝字，遂棄置不言，反以小篆之个形以附伐擊之義，殊難招信耳。又按爾雅釋器：「斪斸謂之定。」王氏以定為斫物之稱，與丁聲近而義同也。（廣雅釋器：「定謂之耨。」王氏疏證曰：「爾雅：『斪斸謂之定。』李巡注云：『定，鋤别名。』案定者，斫物之稱。今江淮同謂以斧斫物曰釘，音帶定反，是其義也。」）【釋至 浙江大學文學院集刊第三集】

◉陳書農 丁，甲骨文作□ ○ ○，金文作●（令毁）、●（大豐毁）、▢（者減鐘），小篆作个。律書，丁者萬物之老壯也，故曰丁。説文，夏時萬物皆丁實，象形。按呂氏春秋，孟夏之月，其日丙丁，注，丙丁，火日也。以此推之，則丁乃撞擊火石使發火星之鵝卵石，作方者便於刀契，作圓者象形。丁亦訓當，詩大雅，寧丁我躬，爾雅釋詁，丁，當也。今丁當連讀，亦作叮噹，以狀金石叩擊之聲，丁之音讀，蓋由此得之。陰陽家以丙為火，丙丁亦為火，凡祕密書信，末注付丙，或付丙丁，意皆指閱後付火，其語原出於呂氏，其義則本於丙丁之為物本為發火之用者也。【釋干支　學原二卷四期】

◉陳邦福　白虎通五行篇云。「丁者。强也」。史記律書云。「丁者。言萬物之丁壯也」。許云「夏時萬物皆丁實」者。蓋推衍史記。又參小篆為説矣。又案。殷契文幹枝人名丁字作□○○諸形。周金文幹枝人名丁字。如父丁鼎作●。王孫鐘作●。冢桐盂作□。象有虛實也。大一經謂丁象人心。正殷周古籀文丁字之象。蓋小篆之个。于形不效。福因斷大一經出六國人著矣。【十幹形誼箋】

◉李孝定　葉玉森氏引[glyph]諸字説丁為顛。宜若可信。然無以解於篆體作个。唐氏謂●象金鉼。舉呂作●●為證。其説甚辨。然●丁果象金鉼。何以丁有作↑↑形者。豈鉼形固如是乎。唐氏乃謂丁之作↑乃由形變。其所作丁字演變表中間介一◆字未注出處。此與金文盾形之田相似。而金文之丁實未見作此形者。此蓋出於唐氏之想像以證成其演變之説者。且古文點畫每多所象類。視所施而異其義。不能執一以求。唐氏謂●象金鉼。以説●●字固尚可通。然如金文衁字曾姬無衁壺作[glyph]。从一乃象血貯於器之形。寧亦得以金鉼説之乎。唐氏乃謂冰字亦當从呂。其説蓋亦類此。吳氏引朱駿聲徐灝二氏之説説●象釘之鋪首。↑象釘之側視。於字之形音義及其孳乳引申之義莫不切適。其説確不可易也。【甲骨文字集釋第十四】

◉張秉權　我以為如果從甲骨文中的那些象人形的字來看，丁象人頭，亦即顛頂，應該是較早的意義。【甲骨文中所見的數　歷史語言研究所集刊四十六本三分】

◉金祥恒　卜辭中之□，其形與天干之丁無別，故釋為丁，又與殷先公之報甲至報丁皆從□匚與日名合文，匚為盛主匣之形。説文「匚，受物之器也，讀若方」，又「匰，宗廟盛主器也」。以石為之曰祏，説文「祏，宗廟主也，周禮有郊宗石室」，左傳莊公十四年「先君桓公命我先人典司宗祏」，杜注：「宗祏，廟中藏主石室也。」説文「祏，宗廟主也。一曰大夫以石為主」，又「宔，宗廟宔祏也」。宔从宀，説文：「交覆突屋也」，亦藏主之所也。宗：「尊主廟也，從宀示，示謂神主，宀謂屋也，亦藏主之所。」殷王報丁之子孫，史記殷本紀作主壬、主癸，而卜辭作示壬、示癸，蓋主示相通，故宗之與宔，其義一也。叵其報甲至報丁卜辭作田、匚乙、匚丙、叵，報甲从□，象正面之形，報乙、報丙、報丁從匚，象側視之形。説文匚讀若方，金文國或作或（毛公鼎），或作國（國差𦉜），或作國

(彔卣)。說文「國，邦也」，又「或，邦也」。古或、國同用。國之所從口或匚，與報甲、報乙之所從相同。古方、國互用，如詩皇矣「維彼四國」，毛傳：「四國，四方也。」抑「無競維人，四方其訓之……有覺德行，四國順之」，四方與四國對文，知其一也。以是甲骨文之口又釋方，即祊字，故「丁宗」或即「祊宗」。左傳襄公二十四年「若夫保姓受氏，以守宗祊」，杜注「祊，廟門也」，祊宗或即宗祊也。卜辭之口，釋丁釋祊無定說，如以「己丑卜，大貞：于五示告于丁、且乙、且丁、羌甲、且辛」(佚五三六)言之，丁與且乙、且丁、羌甲、且辛并言，且為五示，丁，殷先王名無疑，若釋為祊，則不辭矣！故「口宗」釋為「丁宗」為是。【釋口　中國文字第四十四冊】

◉喬志敏　趙丙㬇　「丅」字陶文一件。鄭韓故城西城東部採集，陰文，刻于陶豆盤內底中部。此種文字多有出土，于省吾先生

把西安半坡出土的仰韶文化時期的此種文字識作示字。陳全方同志把陝西周原遺址出土的此文識作丁字，我們認為鄭韓故城出土的丅文識作丁字較為合適。其作用如同數字文字，是陶工所編順序號，甲乙丙丁之類也。【新鄭館藏東周陶文簡釋　中原文物一九八八年第四期】

◉徐中舒　據半坡遺址古建築復原研究，參照甲骨文宮字作㐭形，㐭所從之宀象圓形圍牆上架設屋頂之形，屋頂斜面上開有通氣窗孔，作宀形，窗下圍牆中又開通出入之門而作㐭形，甲骨文為書寫便利又將窗孔與門户之形大小均等整齊之而作吕形，然而考察宮室建築之實際，口形乃窗孔，因其位於宮室最上部位，故甲骨文以窗孔之口形表示頂巔之頂，即頂之本字，復借用為天干之丁。又據《廣雅·釋詁》「頂，上也」，《說文》「頂，顛也」，段注「凡在最上之稱」，故口字應訓為上。口形窗孔既可通氣，又便排烟，烟氣上升於天，口窗又位於宮室之顛頂，顛、天古音同，故在卜辭中又用如天。口窗又為宮室外露於天之部位，天、田、陳古音同，故卜辭中之口祭亦即陳列祭品之祭。【甲骨文字典卷十四】

戊

甲九〇三 甲一一九四 甲一一九五 甲二九〇七 甲三九一四 甲三九一五 甲三九四〇 鹿頭骨刻辭 乙二一 乙三三 乙八六五一 乙八六五八 鐵九一 鐵二一六・三 鐵二三九・三 鐵二四一・三 前二・二七・五 前三・四・一 前三・四・三 前三・六・二 後一・六・四 後一・二・二 後二・一六・一一 後二・二二・一四 菁三・一 林一・一・七 林一・一五・二 摭續一七四 林一・一五・六 戩二六・一 佚二〇五 佚三〇三 佚四一四 福八 存二七一三 存二七一四 存二七五〇 燕二〇二 燕一六四 乙五四〇五 戊午 見合文二九 乙五二六八 戊申 見合文二九 京都三一四八 戊午 見合文二九 【甲骨文編】

甲60 62 102 264 501 1219 1530 2121 2492 3620 3632 3636 3915 乙298 1123 3521 5397 6690 6881 8566 珠522 575 佚62 掇201 徵3・211 4・91 凡11・4 粹4 新2938 摭續174 【續甲骨文編】

戊 司母戊鼎 且戊卣 父戊尊 父戊簋 作父戊盤 父戊鼎 鈇作父戊卣 作父戊簋 且戊觶 父戊觚 元作父戊卣 戊父爵 父戊爵 山父戊尊 父戊卣 父戊舟爵 戊寅鼎 皸尊 □簋 榮子鼎 榮子盉 且戊鼎 長日戊鼎 且戊簋 且戊簋 且戊尊 父戊爵 戈父戊甗 父戊爵 父戊爵 兄日戊 戊簋 家卣 木工鼎 咢文 叔父戊觶 戈父戊盉 癸罗爵 且戊爵 伯矩鬲 肆簋 史懋壺

趩簋 同卣 攸簋 𤔲盤 吴方彝 傳尊 段簋 豆閉簋 不𡢁簋 不𡢁簋二

弭伯簋 隹八月初吉戊寅 陳猷釜 戊寅 陳章壺 孟冬戊辰 𠫑肯匜 戊寅 告寧父戊觶【金文編】

1·76 戊母丁 5·135 咸邑如戊 5·223 宮戊【古陶文字徵】

〔六八〕 〔七〕 〔六二〕【先秦貨幣文編】

28 30 60 167 175【包山楚簡文字編】

戊 日乙一一九 八十八例 日甲一五〇背 十一例 日乙一八九 八例【睡虎地秦簡文字編】

0703 3253 3821 4134【古璽文編】

石戊 蓋戊 臣戊 史戊【漢印文字徵】

石經君奭 在大戊【石刻篆文編】

戊【汗簡】

汗簡【古文四聲韻】

◉許慎 戊中宮也。象六甲五龍相拘絞也。戊承丁。象人脅。凡戊之屬皆从戊。莫候切。【説文解字卷十四】

◉劉心源 説文。戊。中宮也。象六甲五龍相拘絞也。案六甲五龍之説與篆形不相應。通訓定聲㠯矛下古文作𢦔與六甲五龍之説近。謂戊為𢦔省。是許説六甲五龍當入𢦔下。説文為後人所亂。故説解與篆形不相應。然𢦔亦後出字。戊實非𢦔省。竊㠯戊既从戈。本義當為兵器。㠯𢦔字推之。戊即矛之古文。矛戊一聲之轉。十干戊乃偺字。中宮之説仍與篆形不合。許又云戊承丁。象人脅。此乃太一經坿會語。試思戊篆作[glyph]。有何一筆象人脅哉。【父戊鼎 奇觚室吉金文述卷一】

◉劉心源 [glyph] 戊。或釋庚。非。此即[glyph]之變。庚不得从巾。【祖戊爵 奇觚室吉金文述卷七】

◉孫詒讓 「戊」字多作「[glyph]」，十七之四。或作「[glyph]」，四十二之一。金文子孫父戊觚作[glyph]，父戊舟爵作[glyph]，與此略同。【栔文舉例】

卷上】

◉高田忠周 □ 劉心源有疑于此篆。誠為至篤。而猶未免不察篆形之失。此篆之□。豈夫為□形耶。戈古不作□也。愚謂許氏六甲五龍相拘絞說必當有師承。然元是漢人陰陽家說。斷非古義。今審字元从木為形。亦庚字之類也。釋名釋天。戊。茂也。物皆茂盛也。此得古義。戊為古文茂。木以兼艸。戊即艸木緐茂義也。故从木。□以象其意。後又加艸作茂。許云。艸豐盛也。詩生民傳。美也。皆元戊字轉義耳。字亦變作楙。許云。木盛也。从林。矛聲。此實與戊字本義合。戊即象形。茂亦象形而包形聲。楙即為形聲也。古今文字之變易往往如此矣。【古籀篇八十七】

◉郭沫若 戊象斧鉞之形，蓋即戚之古文。許書「戚，戊也，从戊尗聲」，段注云「大雅曰『干戈戚揚』，案出公劉首章。傳云『戚，斧也，揚鉞也』。依毛傳戚小於戊，揚乃得戊名，左傳『戚鉞秬鬯，文公受之』案在昭十五年。戚鉞亦分二物，許則渾言之耳。」案戚小於戊之說，是也。古音戊戚同在幽部，故知戊即是戚，十二支之戊則戊也，金文骨文均作□，較之戊形，實有大小之別。【釋支干 甲骨文字研究】

◉葉玉森 □亦古兵。繫□弧形外向。變作□□。其鋒乃平。與戊上之□□□形戊上之▷形竝異。依左氏傳戚鉞乃二物。戚為斧形。宜若可信。然□上之□。則非斧象也。【殷虛書契前編集釋卷一】

◉陳啟彤 戊 當訓夷矛也。從古文矛省。朱氏謂戊从古文矛省，此說確是。古文矛作□，戊篆去左旁之拘絞，即六甲五龍也。六甲五龍，乃矛上之飾。六甲，周天之數也。五龍，取四方中央具備之意，兵之用，當法天地也。矛象作□，實由左旁拘絞之形而變省。象去拘絞之形，中宮之位，通達四方，故因以為戊己之戊，凡戊之屬皆从戊，古名箸雍，箸者，明別之也，夬也。雍實邕字，古作雝，今字作雍。邕訓四方有水自邕成池者是也。从川邑，讀若雝，有障蔽之意。曰箸雍，有夬其障蔽之意，與去拘絞之意合。箸亦有居處之意。邕為四面有水之邑，含箸雍而言，與位居中宮之意亦相合。戊訓夷矛，引申之，有此大意，故茂从戊聲，訓艸豐盛。【釋干支 中大季刊一卷三期】

◉明義士 許說未確，□象兵器形。【柏根氏舊藏甲骨文字考釋】

◉吳其昌 由□狀一形其縱貫之統系，則為「工」，為「士」，為「壬」，為「王」，為「告」。其横展之統系，則為「戊」，為「戉」，為「戌」，為「成」，為「咸」。皆由石斧施柯之形為中心所嬗衍而出也。

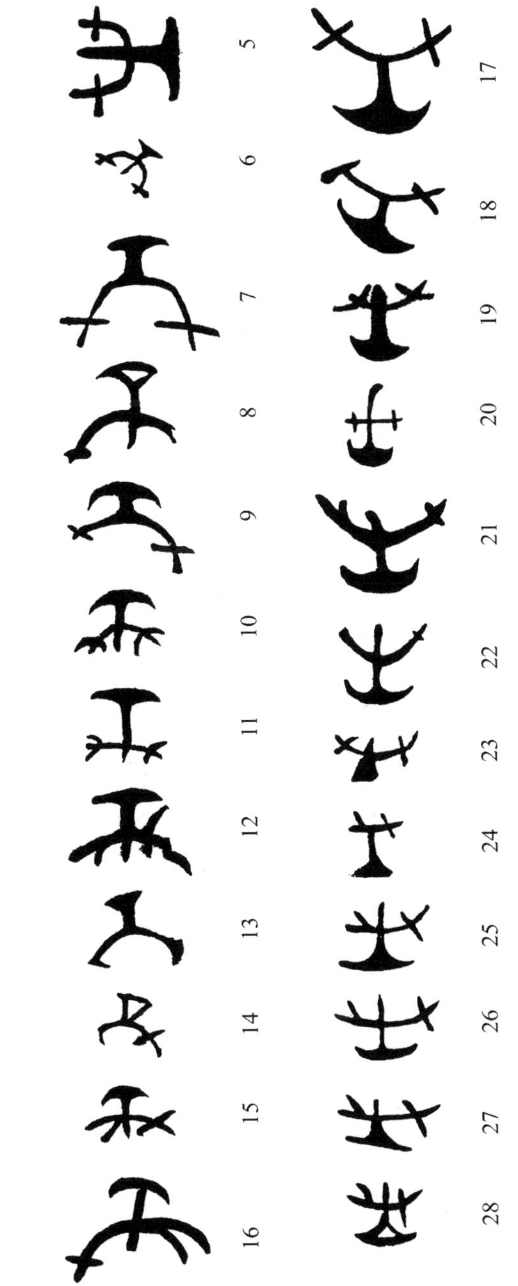

上列諸形，大別可區為甲乙二類；于乙類之中，又可略區為乙上與乙下二類。甲類為長柯手持之斧，乙類為短柯拳握之斧。于乙類之中，乙上類為左刃之形，乙下類為右刃之形。自第一至第四形，為甲類。自第五至第十六形，為乙上類。自第十七至第二十八形，為乙下類。乙類短柯之斧，其握法如上圖（以乙類第五字為例）。甲類修柯之斧，其握法如下圖（以甲類第四字為例）。而其為斧，則固皆顯然而可見也。

乙類第五形

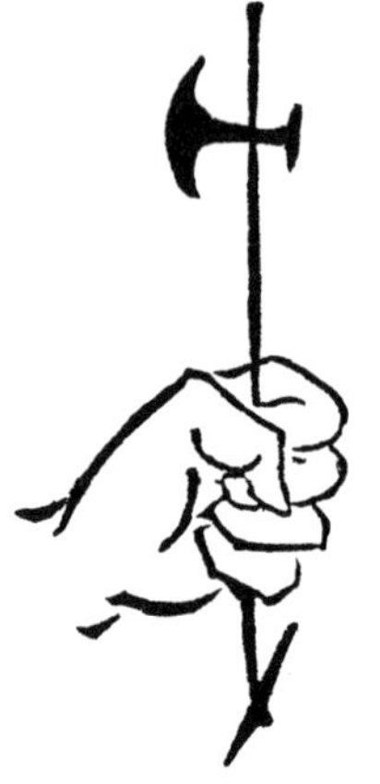

甲類第四形

甲類第二字之[glyph]，忽視似不易認斷為斧形。然其實乃為銅繡所掩泐。今假以虛線補足之作[glyph]，則一望即知為斧形矣。乙類第五字，前人盡釋為「癸」，疏甚。今以第六字第八字合觀其會通，始知[glyph][glyph][glyph]實係一形，一橫一斜一直耳。

是故戊義為斧，觀于上舉之二十八形，既已了然，孩孺共識。一也。甲類第一字即係「工」字；衡則為「工」，立則為「戊」，實為一字。而「工」義亦正為斧。二也。甲類第四字即係「壬」字；衡則為「壬」，立則為「戊」，實係一字。而「壬」義亦正為斧。三也。（工，壬，均詳上。）乙下類第二十六字元卣之「戊」字與虢季子白盤銘之「戉」字完全無別。而元卣云：「元作父戊隩彝。」虢盤云：「錫用戉，用正緣方。」一碻為天干之「戊」，一碻為斧鉞之戉，而二字完全無別，足證古者「戊」「戉」一字。四也。乙下類第二十八字「且戊」之「戊」，與「戉」字完全無別，足證古者「戊」「戉」為一字。而「戉」之意義亦正為斧（詳下）。五也。

然因去古已遠，故自漢以來訓詁之書竟未有顯然訓戊為斧屬之類者。我人今日但可委曲以推見之耳。説文：「茂，草豐。从艸戊聲。」然漢無極山碑「楙林芯青」，其「茂」字已作「楙」。又，詩木瓜毛傳：「木瓜，楙木也。」釋文：「楙，本作茂。」是漢時「楙」「茂」同字。「茂」，從艸，從戊。「楙」，從林，從矛。艸與林為一類，戊與矛為同屬。則「戊」亦兵器，誼昭然矣。恐最初本意謂草木豐盛，可取戊矛之屬，以刈割斬伐之，故引伸之義以草木豐盛為茂為楙也。此蓋從隱以推見顯也。六也。其後引伸之義著而本義反晦；因茂字從戊得聲，故戊字反取茂以為訓：（釋名釋天：「戊，茂也。」白虎通五行：「戊者，茂也。」廣雅釋言「戊，茂也。」月令「其日戊己」，鄭注：「戊之言茂也。」……等皆是。）抑亦可謂本末傎倒之甚矣。（戰國策及史記之「甘茂」，説苑作「甘戊」，疑古者「戊」「茂」為一字。）【金文名象疏證　武大文哲季刊五卷三期】

◉朱　奇　六甲五龍之説。起於秦漢陰陽家。造字之初。安得有是。戊字古彝器作[glyph]。象斧鉞形。固兵器也。【十干字考　藝文雜誌一卷五期】

◉馬叙倫　鈕樹玉曰。韻會脅下有也字。朱駿聲曰。此即古文[glyph]省。故舊説象五龍相絞。取[glyph]字為傅會之詞。徐灝曰。六甲五龍相拘絞。與字形無涉。周伯琦曰。戊古文作[glyph]。即矛字。小篆省作戊。借為戊己字。考鐘鼎文多作[glyph]。蓋從戈而丨象矛形。古音戊讀若茂。與矛同聲也。周説近之。王筠曰。戊寅父丁鼎戊字作[glyph]。字形近斧。蓋兵有作此形名戊者。立戟父戊彝作[glyph]。則與小篆形近。龔橙曰。中宮也象六甲五龍相拘絞。非許氏説文所有也。倫按林義光容庚並謂戊戉一字。檢金文二字實相似。惟甲文作[glyph][glyph][glyph]者。其鋒適與金文作[glyph]父戊爵[glyph]子作父戊觶[glyph]木工鼎[glyph]亯且戊卣者相反。蓋並象半月形也。此篆即由[glyph]而變。以歲月之月本字甲文作[glyph]者證之。則戉月古音殆同。月音疑紐。戊音明紐。皆為邊音。以萌茁為轉注字相證。則戊戉塙一器而以時代或地域之關係而異其音讀。雖古書斧鉞每連文。斧鉞即戊戉。而經記有賜戉無賜戊。則亦可證其别無戊器矣。象形。餘見矛字下矣。陳猷釜作[glyph]。魏石經古文作[glyph]。皆以成為戊。象形。餘見成字下。【説文解字六書疏證卷二十八】

◉陳書農　戊之字形當於歲我一類之字求之。歲作[glyph]，離戈則為[glyph]或[glyph]，豎之則為[glyph]，甲骨文之視作[glyph]，即从此作，目形[glyph]聲，與直省之作[glyph][glyph]同例，皆形聲字也。我作[glyph]，離之則為[glyph]，乃齒外向之耙，亦農具。戊作[glyph]，離之則為[glyph]，豎之則為[glyph]，以其形與聲求之，則杵也。説文，杵，舂杵也。于柚曰檮柚，于檮則曰斷木。易繫辭亦言斷木為杵。按檮柚今言擂槌，擣衣時用之，乃一段粗木，與斷木之義合。舂杵今率用石，或粗木附鐵，純用斷木者殊少，不便撞擊也。戊之形乃象於長木之一端扣以横棍，今農人薅木以此撐手，村户撐門亦用之，若為鬥毆取攜甚便，書武成前徒倒戈攻於後以北，血流漂杵。所謂杵，當指此。若為舂杵，如何能漂？且舂杵何由移用於戰場？故知杵之原義必當於戊，戊午固同音也，檮柚之柚置而不用，代之以杵，於是杵之原義失，而戊之為杵亦莫能明矣。【釋干支　學原二卷四期】

◉楊樹達　金文作[glyph]，象兵器之形。周伯琦徐灝皆以為即矛字。【文字形義學】

◉高鴻縉　戊斧一字。其形如戈。而刃在援端。刃廣。故字形如物形而與戈異。及戊借為天干第五位之名。乃另造从斤父聲之斧。戊斧分行。而人莫知戊為何物。許書中宫及六甲五龍之説非其本意。徐灝曰。詩豳風破斧毛傳隋銎曰斧。按隋銎謂其銎為長圓形。傳云。隋銎。今作橢孔。所以納斧之柯。斧為用具。孟子。斧斤以時入山林。材木不可勝用也。是也。其口更圓曲者曰戉。用為兵器。【中國字例二篇】

◉朱芳圃　林義光曰：「按古作[glyph]，作[glyph]，與戉同形，即戉字，聲轉為戊也。」文源二·一三。容庚曰：「虢季子白盤『錫用戉，用政蠻方』，字形與戊同，與戉為一字。」金文編一二·二八。郭沫若曰：「戊象斧鉞之形，蓋即戚之古文。許書『戚，戉也。从戉，尗聲。』段注云『大雅曰：干戈戚揚，傳云：戚，斧也；揚，鉞也。依毛傳戚小於戉，揚乃得戉名。左傳：戚鉞秬鬯，文公受之。戚鉞亦分二物，許則渾言之耳。」按戚小於戉之説是也。古音戚戉同在幽部，故知戉即是戚，十二支之戌則戉也。金文骨文均作，較之戉形，實有大小之别。甲骨文字研究下九。按林、容、郭三説非也。字象兵器，一望瞭然。從聲類求之，當為劉之初文。書顧命「一人冕執劉」，鄭注：「劉，蓋今鑱斧。」考説文無劉字，而有从劉得聲之藰瀏，蓋偶奪佚。其字从金，从刀，卯聲。卯，古讀複音mâu lâu，故从之得聲諸字分為二系：如茆、昴、貿讀mâu，珋、留、柳、窌、駵、鄮、奅、聊讀lâu。戌與卯同音，是戌之為劉，猶卯之讀lâu矣。

王先生曰：「卜辭屢言卯幾牛，卯義未詳，與尞、瘞、沈等同為用牲之名。以音言之，則古音卯劉同部，柳留等字篆文从丣者古文皆从卯，疑卯即劉之假借字。釋詁：『劉，殺也。』」戩壽堂所藏殷虚文字考釋五。按先生説是也。戌為初文，卯為假借，劉為後起字。劉訓殺者，蓋劉為兵器，用之以殺人即謂之劉，此義之相因者也。【殷周文字釋叢卷下】

●陳邦福　白虎通五行篇「戊者茂也」。古戊茂音誼俱可相假。又聖人篇引禮别名記云「五人曰茂」。又鬼谷子本經陰符篇云「盛神法五龍」。陶注「五龍。五行之龍也」。是戊在六甲五行中。于數為五。故許以説字形。正合五龍拘絞之象也。又案。殷契文幹枝人名戊字作諸形。周金文幹枝人名戊字。如□且戊卣作。父戊鼎作。父戊彝作二形。且戊鼎作。□父戊爵作。⊘形殊誼實同也。大一經謂戊象人脅。正與殷古籀文相合。【十幹形誼箋】

●李孝定　契文金文戊字皆象兵器之形。其形制當與戉戚之屬大同而小異。許説不可據。凡干支字皆叚借也。【甲骨文字集釋第十四】

●張秉權　「(戊)」字，許氏以為「象六龍五甲相拘絞」「象人脅」。吴氏以為象斧形。郭氏以為象斧鉞之形，即戚之古文。葉氏以為古兵，但不像斧形。李氏集釋以為象兵器之形，其形制當與戉戚之屬大同小異。甲骨文中的戊字象兵器之形，諸家均無異議。説它像斧形，當以王筠的説文釋例為最早。周伯琦徐灝饒炯諸家則以為象矛形，是矛的古文。照字形看來，以象斧戉之形為近。【甲骨文中所見的數　歷史語言研究所集刊四十六本三分】

●李學勤　「丞相戊」：即甘茂。吴師道《戰國策補正》論《東周策》甘茂之名云：「茂一作戊，後多有。《説苑》作戊，古字通。」從牘文可知「戊」是本字。《史記·秦本紀》和《甘茂列傳》均記秦武王二年初置丞相，以甘茂為左丞相，同木牘完全符合。【青川郝家坪木牘研究】

●姚孝遂　合集一九九五四辭云：「己卯卜，用豕二母二戊」，當為「戊」字之異構。【甲骨文字詁林第三册】

前五・一〇・五 續六・一三・七 摭續一 甲三〇四八 陳夢家釋成此字从戊从丁與从口之咸字有別成即成湯之廟號 甲三三〇四 乙一九〇四 乙三七九七 告于上甲眔成 乙七五二〇 粹一七三 自成大丁大甲大庚 乙七〇一六 上甲成大丁大甲祖乙 乙五三〇三 桒上甲成大丁大甲下乙 前一・四四・三 後一・九・一 鄴二下・三五・一五 燕一一 陳二〇 【甲骨文編】

乙1904 2307 2327 2539 3797 4639 4718 5313 6043 6389 6719 6839 7016 7201 7267 7511 7520 珠18 23 346 1059 續1・48・4 3・40・4 徵4・25 8・14 8・15 掇412 録360 361 天81 續存223 224 225 1223 粹173 粹427 新624 新626 627 628 629 摭續1 前5・10・6 鄴三1・14 【續甲骨文編】

成 成王鼎 德方鼎 圉甗 䣄卣 臣辰卣 臣辰盉 史獸鼎 作册大鼎 獻侯鼎 矢方彝 盂爵 沈子它簋 虢簋 成周戈 班簋 彔卣 昜鼎 傳卣 趞鼎 𨎖盤 晉壺 史頌簋 頌鼎 頌簋 善夫克鼎 㝬鐘 格伯簋 虢仲盨 師害簋 伯寬父盨 成伯孫父鬲 召伯簋 弔專父盨 成周訇簋 成周走亞 陳侯因資錞 沇兒鐘 㠯成侯鍾 蔡侯𪔛鐘 哀成弔鉶 中山王譽鼎 中山王譽壺 成周鈴 蔡侯𪔛殘鐘 孳乳為盛 弔家父匡 用盛稻粱 伯公父匠 用盛糕稻糯粱 【金文編】

2・1 器𢆶設遣成象王 3・172 蔑圖匋里曰成 3・1178 獨字 3・1179 同上 5・370 隱成呂氏缶容十斗
5・368 同上 5・369 同上 5・110 咸陽成石 5・115 咸陽成☐ 5・116 咸陽成申 5・159 咸
☐成遬 【古陶文字徵】

〔七〕〔三六〕〔四七〕〔九〕〔三七〕〔六八〕〔三五〕〔四〕〔五〇〕〔五三〕〔二二〕〔六六〕〔一九〕〔五〇〕〔三九〕〔六〕〔五一〕〔三三〕【先秦貨幣文編】

布空大 豫伊 刀直 成白 冀平 布方 坙成 晉祁 布方 坙成 晉祁 布方 坙成 晉浮 仝上 晉高 布方 坙成 晉高 仝上 仝上 布方 坙成 晉高 布尖 亲成 通于城字 晉高 仝上 布尖 辛成 通于城 晉平 仝上 仝上 布尖 咅成 通于城 晉平 仝上 晉高 布尖 咅成 晉平 布尖 咅成 晉平 布尖 成 晉朔 布尖 咅成 晉高 布尖 咅成 晉高 仝上 刀直 成白范 冀靈 布空大 典六三〇 仝上 典六三一 仝上 典六三二 布空大 亞二・九九 仝上 布空大 反書 歷博 布空大 反書 歷博 刀直 成白 典一一八四 布空大 典七三八 布尖 咅成 典四四〇 仝上 典四四一 仝上 典四四二 布尖 咅成 典四四四 布尖 成咅 典四四六 布尖大 或為宁字 典四一〇 布尖 咅成 倒書 典四五八 布尖 辛成 典四五九 布尖 坙成 典四七六 刀直 展叁玖 布方 坙成 典三〇九 刀直 成白 典一一八三 刀直 成白 典一一八一 刀弧背 成白十 典一〇六五 刀直 成白 典一一

八二 ㅁ ㅏ刀直　成白　典一一八五　【古幣文編】

91　120　147　【包山楚簡文字編】

成　秦一一　五例　日乙一二　七例　日甲二　十九例　【睡虎地秦簡文字編】

讀為城　可吕攻—（丙11:1—9）【長沙子彈庫帛書文字編】

1990　4051　1311　1316　1314　1313　1312　1308　0179　4049　0894

0374　0375　0376　2333　2574　5292　5504　4056　【古璽文編】

梧成右尉　建成矦相　渭成令印　漢匈奴呼律居訾成羣　成紀閒田宰　新成右祭酒　禾成見平臧矦

道　史宜成印　壽成　强新成印　成親之印　新成日利　趙廣成　田霸成　任樂成　衛

安成　高成　蓋成　衛成　潘成　杜成　任嘉成　牟樂成　逢成　王樂成　苦成

胡�像　莊成　楊成　秋成　成弘私印　臣成　董游成　逢成　新成甲　【漢印文字徵】

詛楚文　及楚成王　石經君奭　成湯既受命　說文古文及汗簡引尚書皆與此同　郎邪刻石　不稱成功盛德　泰

山刻石　不稱成功盛德　【石刻篆文編】

成　成出王庶子碑　成見尚書　【汗簡】

古孝經　古老子　碧落文　王庶子碑　竝唐韻　竝崔希裕纂古　【古文四聲韻】

◉許　慎　成就也。从戊。丁聲。氏征切。古文成从午。徐鍇曰。戊。中宮。成於中也。【說文解字卷十四】

◉馬　昂

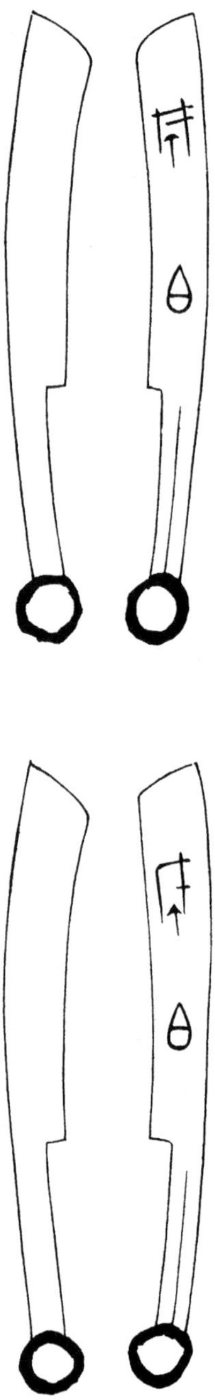

右面文二字曰成白。

成。史記三代表有成侯國。索隱。屬鉅鹿。戰國時為趙地。白者。物色之本質也。成白云者。猶言以此交質貨物自成地所行也。上下二字各有取義。非連屬之文。此類與甘井貨和明貨同時出土。其制形質重並與甘井者相仿。惟鐶與作一直文於拊面為異。【貨布文字考卷二】

◉林義光 从戊非義。古作〼孟尊彝。作〼克彝。作〼格伯敦。从戌丁聲。即朾之古文。撞也。廣雅。楟刺也釋詁一。打擊也釋詁三。本皆成字。从戌猶从戈也。戌字古或从戈或从戊。見戌字條。變作〼師害敦。作〼沇兒鐘。譌从十。【文源卷十一】

◉王襄 〼 古成字。【簠室殷契類纂正編第十四】

◉高田忠周 〼 說文。〼。就也。从戊丁聲。古文作〼。从午。徐鍇云。戊。中宮。成於中也。蓋許說非是。今據此等篆形。成字明从戌。非从戊者也。唯其省文作〼。故漢人謂為从戊者也。說文戊下云。滅也。九月陽氣微。萬物下入地也。五行。土生于戊盛于戌。从戊含一。然成字固當从戌也。戊戌形義相近。故或省从戊耳。因謂丁者壯丁也。此形聲而兼會意者。然〼果丁字否。頗疑矣。凡卜辭金文十皆作〼作〼。與成下多作〼作〼合。十者數之具也。成字从十會意甚為合理。蓋成字古文从戌十會意。後別有从戊丁聲之成。此為異文。下文閒少有為〼形者。稍與丁字近。而與十字遠。此从丁者也。夫成者地道之功果也。轉為凡畢功成就之義也。【古籀篇八十七】

◉羅振玉 〼 說文解字。成。就也。从戊。丁聲。古文作〼。从午。案。成古金文皆从戌从〼師田父尊史頌敦等皆然。與此同。【增訂殷虛書契考釋卷中】

◉郭沫若 成乃成皋。一名虎牢。在古乃軍事重地。與孟津相近。【小臣單觶 兩周金文辭大系圖録考釋】

◉吳其昌

1　2　3　4　5　6

第一字彔㦰卣云：「女其以成周師氏……」第二字矢尊云：「明公朝至于成周。」第三字頌𣪘云：「命女官𤔲成周賈。」三字皆確係「成」字，而其字皆作「戉」與「戌」，故此三字實同一義，乃無可辯者。然古今小學訓詁之書，不特成義為斧絶無明文，即間接旁訓亦無可覓。使無古文地下重見，則成之本義殆將終古長埋。今約略從遠處推測一二，猶隱約微茫可見：如「畢」為兵器之一（詳下），禮記月令疏云：「戌，畢也。」「咸」亦斧碪之形（詳下），而矢彝「咸既」之「咸」義亦猶「畢」。今考儀禮士虞禮「利成」，少牢饋食禮「利成」，鄭于兩處並注云：「成，畢也」。此其消息可見。又武王克殷而稱「武王」；「武」象人荷戈，是武也。成王克殷奄、淮夷……四國，而稱「成王」。「成」之義自與「武」同。此其消息又可見也。【金文名象疏證　武大文哲季刊五卷三期】

◉馬叙倫　龔橙曰。就也。非本形。倫按就也者。本詩樛木毛傳。以聲訓。就從尤得聲。尤音喻紐三等。成音禪紐。同為次濁摩擦音也。此非本義。或謂當作孰也。呂氏春秋明理。五穀萎敗不成。注。成。孰也。莊子。正得秋而萬寶成。寶借為釆。成謂孰也。老子。成之孰之。此成當訓孰之證。然成孰亦以音同禪紐為訓。古借成為孰。非本義也。金文成字。善克夫鼎作□。陳侯因資敦作□。齊侯鎛作□。呂伯孫敢作□。彔卣作□。史頌敦作□。甲文作□。皆從十。旻成医鐘作□。其丨則與本書甲篆所從之丨同。高田忠周以為從十。是也。金甲文中數名之十多作丨十十。可證也。成十音同禪紐。是成得聲於十也。戊戉一字。戉音喻三。禪與喻三同為摩擦次濁音。則成為戉之轉注字。史記趙世家大戊午為相。徐廣曰。戊。一作成。明成戊為轉注字。故成亦可作戊也。字見急就篇。

□　李杲曰。石經同。倫按沇兒鐘成字作□。故譌為從午。其實□為□□古鉨之變體也。【說文解字六書疏證卷二十八】

◉商承祚　□　甲骨文作□，金文作□，从戌从丨。沇兒鐘作□，石經古文作□，與此同。【說文中之古文考】

◉李旦丘　□　毛公鼎銘云：「□□金簟彌，魚葡。」在研究□字之前，我們且先來講一講□字。□舊釋勅，不誤。但今人多不承認舊說。如容庚氏之金文編尚收此字於待問附録中，而郭于兩氏亦寫作□而不加以説明，其不以舊釋為然是很明顯的。

查金文□男(叔男父匜)□嘉(齊鞄革氏鐘)□静(毛公鼎)諸字所从之□,均與□字所从之□近似,惟多一〉形耳。在古人的書法中,本有省去〉的習慣。如萬字姬鼎作□,辛鼎則作□。金文編中收有一百四十五個萬字,其中便有十五個是省去了〉的。又禽字禽章毁作□,而大祝禽鼎則作□,也省去了〉。可見金文時代的書家之省去〉形為普遍的現象。則勅字所从之□,雖無〉形,亦不足為奇了。

□,郭隸化為㦰(兩周,第一百三十五頁),于隸化為㽙(雙,上之二,第十頁)。查金文鑄字作□(芮公鼎),所从之□,與此略同。

劉嶼霞氏云:「最近又從金文編上找到關於鑄字的各種寫法,它們多半都把煉鍋的形式表現出來了……現在隨便把這些字當中的一個拿來做個例子,就説筍伯簋上的鑄字吧——上邊兩旁是兩隻手,拿着□形的煉鍋,把煉鍋裏面火一般的流質金屬傾到皿裏,所以中从火(但有時从金),底下从皿,這皿所代表者,當為銅範。」(安陽發掘報告,第四期,殷代冶銅術之研究)

據劉氏所云,則鑄字所从之□,乃兩手拿着煉鍋之形。但今隸鑄字已不从□,而金文亦有省□者,如王人甗作□,虢叔簋作□。如果我們照樣將㽙的上部省去,就變成了成字。

㽙實成字的繁文。一般的説起來,繁文的附益的部分,並不是完全無意義的。如□字所从的臼,便是繁縟的一部分,它表示着拿鷄毛貼上神主牌上去的兩隻手。但此字就是没有兩隻手也無妨礙;因為,若不用手,則鷄毛斷斷乎不會自己黏到神主牌上去。神主牌上既有鷄毛,必為兩手的活動的結果,故雖省去兩手,字誼亦甚顯明。關於㽙字,也可以作同樣的解釋。㽙字所表示的,乃金屬用具之完成,是由於煉鍋的冶煉。可是,若没有煉鍋的冶煉,試問金屬器皿怎樣能够完成呢?所以,□作雖有規定「成」的過程的性質,但也是可有可無的,縱然省去,亦無關乎字誼的明晦。

勅成二字,我們在傍的銘文中,也可以找得到。陳猷釜銘云:「余命左關丕發敕成左關之釜。」敕成即勅成。此二字殆古習用語。【金文研究】

◉高鴻縉　成之本意應為休兵言和也。故从□。□為戌字。即古戚字。乃兵器斧之屬也。从丨。丨為休止動象。斧鉞休止。故有和好之意。成有和好意。故春秋經傳求和曰求成。至成功完成之成。應是叚借。説解與古形不合。从戊。亦無由得就意。【中國字例三篇】

◉陳夢家　□□　説文戊部成字從戊丁聲,西周金文則從戌丁聲。卜辭口耳之口作「□」,丙丁之丁作「口」,兩者是有分別的。咸戊之「咸」從戌從口,成湯之「成」從戌從丁。有此分別,則我們向來猶疑不定的人名成才得解決。

以上祭成的卜辭，成與先王所處的地位跟大乙、唐所處的完全一致，列表如下：

上甲——唐——大丁——大甲　鐵214・4

上甲——大乙——大丁——大甲　佚986

上甲——成——大丁——大甲　乙5303、7016

由此可知大乙、成、唐並是一人，即湯。大乙是廟號而唐是私名，成則可能是生稱的美名，成唐猶云武湯。【殷虛卜辭綜述】

◉李孝定　□□　説文「成。就也。从戊。丁聲。𢦩古文成。从午。」此从戌从丨。金文亦从戌从丨。丨疑金文丁作●之譌變。篆从戊者。蓋形譌也。契文咸作□。成作□。其別至微。説詳二卷咸字條下。又曩寫定咸字條時嘗引前一・四・三辭。辭云「出于咸出于大丁出于大甲𡆥于且乙」。謂咸之祀典與先王比隆。比諦審是辭弟三文作□。實乃成而非咸。成之地位正與大乙相當。陳氏之説是也。金文作□頌鼎□頌簋□善夫克鼎□格伯簋。並从戌从丨。惟沇兒鐘作□。从戌从丁。而於丁字下垂長畫中着一點。此例古文多有。狀似从午。為許書古文所本。又許敬參殷虛書存真九十葉云「□字从戌从８午與許書成之古文作𢦩从午者正同。當是成之古文。」按契文成均从戌無从戊者。許氏所引未見注明出處。當是戊午二字合文。非成字也。金文成字亦未見从戊作者。【甲骨文字集釋第十四】

◉張光裕　現在再看錢文的□字，古錢大辭典七三八著録空首布錢文有□字，在前舉諸品尖足布中，此字又作□□□□等形，劉心源並釋為「丘」，奇觚室吉金文述卷十二云：

□，説文作□，古文作□。□(見下引「號尖足布」)即古文也，古泉彙釋城非，彼書又有作□□□者，□乃□之横書……意古文作□，小篆破其上體，許氏遂已北字説之耳。

這種以己意作附會的無根推測，自然是難以成立的，其實錢文為「成」字的省變，卻有顯然可尋的痕跡。⊘契文作□，从戌从丁，金文作

□ 成王鼎　□ 獻侯鼎　□ 師害簋　□ 沇兒鐘

「戌」字的筆劃已稍更易，且變「口」(丁)為「丨」，沇兒鐘的「成」字又在丁字下垂長畫中着一點，狀似从午，為許書古文所本。「成」字也見於空首布作

等形，古璽文字亦有

（成）　（盛）　（陸）

等字，它們的字形結構雖間有變易，但仍然是脈絡一貫的。在方足布中又有「陽城」一品，錢文作

城字也和古璽的寫法相當，拿尖足布的[glyph]字來和這些成（城）字比較，它顯然就是「成」字省變下的產物，在尖足布中又有

各品錢文右字即「辛（亲）」，左字的寫法和前舉(1)至(6)號的錢文則如出一轍，其中(7)號的[glyph]字，由上面的金文、空首布「陽城」小布、古璽等「成」字的字形結構對比下，無疑就是「城」字的變體。而這種訛變的書法，在春秋期的空首布上已啟其端了。我們由「辛城」尖足布的佐證，前舉(1)至(6)號錢文釋作「商城」則更無可疑。而「商城」二字訛變、省變的痕跡，既昭然若揭，便不得以「城」字是「丘」字的橫書或破體來解說了。

「商城」地望不可確知，今河南固始縣南有商城一地。但它在春秋時屬吴雩婁邑，在隋代名殷城縣，宋建隆年間始避諱改稱商城。且該地在戰國屬楚境，而楚地卻不曾鑄過布錢，然則「商城」非指今河南商城是可以肯定的。李佐賢曾認為：(商城尖足布)當是宋布，宋為殷商舊墟，城則邑之統名也。空首商字布應與此布為一處所鑄。

固然商宋音近，在春秋年間宋亦往往稱商，如左傳哀公二十四年、僖公二十二年、襄公九年、昭公八年等皆稱宋曰商。王國維亦曾疑宋「初本名商。後人欲以别於有天下之商，故謂之宋耳」。然則宋的城邑稱曰「商城」，不是不可能的。不過在没有找到更好的證明以前，暫時最好還是附諸闕如。

一九六三年山西原平出土的戰國貨幣中有以下兩品：

發掘報告裏不敢確認前者錢文為「商城」，而後者則釋曰「啻平」，今由上述的證明，首品是「商城」無疑，次品亦應改釋「商平」或「平商」。在戰國末期的小直刀中，有一種刀文作

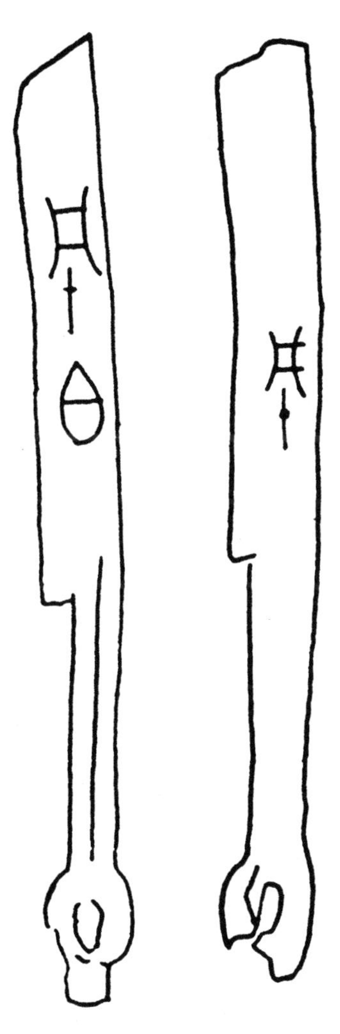

刀文的字和布幣的「成」字結構相同，因此我們可把它們釋作「成」、「成白」(或當讀作「成伯」，未敢確)。刀文「成」字照一般錢幣鑄字的通例來看也是地名，「成」地曾見於桓公六年、莊公三十年、昭公七年及哀公十四年左傳。桓公六年經云：「夏四月公會紀侯于成。」杜注：「成，魯地也，在泰山鉅平縣東南。」箋曰：「成在今兗州府寧陽縣東北九十里。」但就目前所知山東一帶當日是不鑄行小直刀的，而它們的形制卻和「邯鄲」、「柏人」等小直刀相同，且又曾在山西原平出土，故將之列為趙地的鑄幣，大致上是較為可靠的。【從幾個錢文字形的變化説到有關它們的問題　中國文字第三十七册】

◉李孝定　成字許君解為从戊，丁聲，金文成从戊，戊戊形誼並近，惟金文成作「」，戊下从「丨」，似非「丁」字。高田忠周氏以為从「十」，謂十者數之具也，成字取以會意；高鴻縉氏謂「丨」為休止動象，戊為兵器，斧鉞休止，故有和好之意；二説雖並無確證，而「丨」確與金文數名之「十」同，高田氏之説似較優，然从戊从戊，均難以索解，清代小學家於成字亦無佳説。契文「成」字作「」，確係从「丁」，金文沇兒鐘「成」作「」，亦从「丁」，而於「丁」字直畫中加「·」，與「午」字混，為許書古文从「午」所自昉。【金文詁林讀後記卷十四】

◉曾憲通　成隹天□　乙一〇·二九　不成　丙二·四　此字或釋為成而讀為咸、感等，今按成中山譽器作，蔡侯殘鐘作，古璽僕成𡉚作，皆與帛文同。沇兒鐘作，亦與帛書殘文近似。

曰成四淺之尚　乙五·三一　此字上半殘去，似「成」字之下半，从戊丁聲，與《説文》篆文同。此亦帛文一字異寫之例。【長沙楚帛書文字編】

◉徐中舒　(續六·一三·七)從戌從丨，與金文成字作臣辰卣、頌鼎、克鼎形同。春秋金文或作沇兒鐘，譌為從戌從。非午字，乃之斜畫與丨結合譌變而成，豎畫上著點與不著點無別，疑為《説文》成字古文所本。《説文》：「成，就也。從戊、丁聲。古文成，從午。」丁聲或指不著點之形，然而甲骨文更有從戌從口丁之成，用為成湯之成。【甲骨文字典卷十四】

己

甲二二六二　甲二四九〇　燕二　鐵三九·四　餘一六·三　前一·六·一　前三·五·二

後一·三〇·一　後二·二九·一六　後二·四一·一　菁三·一　林一·一五·四　戩四·一五　佚二

一〇 佚五二五 福四 存二六九九 存二七〇六 存二七二六 粹一二三九 貞人名 京都七九

八【甲骨文編】

甲27 28 392 3941 乙5327 8869 佚529 續1·47·4 2·20·4 徵

3·217 3·226 3·227 3·228【續甲骨文編】

己 朿鼎 父己鼎 尸作父己卣 [illegible]父己簋 鼎父己尊 乃孫作且己鼎 且己父辛卣

且日戈 父日戈 棘父己甗 般甗 我鼎 作册大鼎 沈子它簋 大鼎 宴簋

番匊生壺 鐘伯鼎 禾簋 樂書缶 孳乳為紀 國名姜姓侯爵見經傳者有紀侯齊滅之 紀侯鐘

紀侯簋 虘鐘 兮仲鐘 霍鼎【金文編】

陶文編14·97 5·377 甲乙己 存陶1·49 獨字 文存5·34 且己上匋【古陶文字徵】

〔六八〕〔一二〕〔二八〕〔三三〕〔七〕〔三九〕〔六七〕〔六七〕〔六七〕

〔六七〕〔一九〕〔六七〕〔五三〕【先秦貨幣文編】

刀尖 魯海 布空大 豫伊 布空大 晉矦 布空大 典五四七 刀尖 亞五·一七【古幣文編】

79 195 220 230 236【包山楚簡文字編】

己 日乙六七 四十四例 日甲二六 三十二例 日甲一三九 三十例 日乙三九 二例 日乙三二 二例

【睡虎地秦簡文字編】

己 3322 己 1391 【古璽文編】

己 張己私印 【漢印文字徵】

己 天璽紀功碑　己酉朔　己 己 石經僖公　冬己卯　說文古文同　己 袁安碑　六月己卯 【石刻篆文編】

己 己 【汗簡】

己 汗簡　己 崔希裕纂古　己 居以切　己 王存乂切韻 【古文四聲韻】

◉許慎　己中宮也。象萬物辟藏詘形也。己承戊。象人腹。凡己之屬皆从己。居擬切。己古文己。【說文解字卷十四】

◉林義光　廣雅。己。紀也。釋言。釋名。己。紀也。皆有定形可紀識也。古作己兮仲鐘。作己大鼎。作己宴敦。象詰詘成形可記識之形。凡方圓平直。體多相類。惟詰詘易於別識。說文訓紀為別絲。記為疏。訔為別。皆從紀識之義引伸。史記東方朔傳。朔初上書。人主從上方讀之。止輒乙其處。乙當作己。傳寫誤為乙耳。【文源卷三】

◉高田忠周　說文。己。中宮也。象萬物辟藏詘形也。己。古文己。段氏云。辟藏者。盤辟收斂。字像其詰詘之形也。此與巳止字絕不同。古文己。己亥譌三豕者。己與三形似也。按段說自是。又朱駿聲云。按己即紀之本字。古文象別絲之形。三橫二縱。絲相別也。象古文之形。左右誤連。為小篆己。呂覽云。昔子夏之晉過衛。有讀史記者曰。晉師三豕渡河。子夏曰。非也。是己亥也。據此知亥豕同字。己作三橫二縱。轉寫脱去兩直。故譌三。若如小篆詘曲無緣致誤矣。釋名釋天。己紀也。皆有定形。可紀識也。此考有得失。今以金文證之。己作己為正文。以象萬物辟藏而詘曲者。亦以象气之伏藏也。以气象為萬物形。亦造字之恆例。然則己亦气之省。气作气。己以三詘為形也。止三者。亦造字之恆例耳。然古文或作己。筆者取一時之便宜。下文作己己己可證。而己之縱畫損缺。即為三字。故讀史者誤之。豕亥兩字。金文亦有劇似者。而非同字也。又按。古有象形叚借。以甲乙字為乙識之乙。以口○字為槃盂之槃。以艸中字為岦肯之飾。以登豆字為乘石象形。皆其明證也。然則以己為紀古文無疑。亦是與別絲形相似而叚借也。後加糸以分別。所以孳乳益多也。【古籀篇六】

◉郭沫若　己者㚔之繳也，此由第字作𦰡，雉字作䧹，叔字作𠦬若𠂇，可以知之。骨文叔字羅釋云：「字从𠂇象弓形，↑象矢形，己象惟射之繳，其本誼全為惟射之惟，或即惟之本字而借為伯叔。」余案羅説是也。此與「己」可為互證。字蓋从己，己亦聲也。己惟同在之部，之部音與幽部最相近，故假借為叔。己後轉入宵部為繳，故叔又讀為弔，古書不淑與不弔兩通，揆其初字則固同為弔或弔之惟也。【釋支干　甲骨文字研究】

◉葉玉森　羅説己象繳。似矣。先哲造字取約束誼者。以己〜象之。如叔叔亦作弔。則〜與己同。弗亦作弗。則口與己同。弗弗亦作弗弗。則三與己ㄣ同。其物當為綸索類利約束耳。不必定為惟射之繳。亦不能遽斷為惟之本字。【殷虛書契前編集釋卷一】

◉陳啟彤　己　中宮也。象萬物辟藏詘形也。己承戊，象人腹，凡己之屬皆从己。𢀳古文己。按當云古文紀字，紀，别録也。依朱氏説。象詰詘之形，中宮之位，綱紀四方，故因以為戊己之己，凡己之屬皆从己。古名屠維。屠訓為刳。刳，判別也。維訓車蓋維也，有統緒之意。屠維，謂別其統緒也，與別絲意合。引申之，有別異之意，詰詘之意，引長之意。杞从己聲，訓枸杞，則取意詰詘。起从之，訓能立，則意取引長。芑从之，訓白苗嘉穀。記从之，訓疏。屺从之，訓山無艸木。䛐从之，訓別，則均取別異之意。若圮从之訓毀，則由別異之意轉引而意取解圻。忌从之訓憎惡，則由別異之意轉引而意取背韋。【釋干支　中大季刊一卷三期】

◉朱　奇　古文叔弟夷弔等字皆從己。己字當象弓弩矢繳之形。【十干字考　藝文雜志一卷五期】

◉陳獨秀　己　説文云：䛐，疏也；謂一一分别疏記之也。紀，絲別也。皆非初形初義。己字甲文作己或ㄣ，金文作己、ㄣ、己諸形，此為記、紀之初形，篆文始加糸作紀，釋名、廣雅均云：己，紀也。加言作記，其形義起於結繩以記事，金器花紋恆作此形，説文訓鉤識之〜，訓鉤逆之〜，隸作亅、乚，讀若厥者，即由此略變，或誤用燕乙字。今世讀書及算賬，恆作乚以記其止處，即己字之義也。結繩作往復層疊之己形以為識別，識別之大者，莫如人己，言己即以別他人，故用己為人己字。曩跽从己者，皆以己喻疊股也，跽與曩居即箕踞，説文跽訓長跪，曩訓長踞，按長字疑後人誤增之形態雖不同，而疊股則一也。説文己訓象萬物辟藏詘形，按疊股亦辟藏詘形，或謂己象人屈膝長跪側視之形，按人之屈膝長跪側面形，甲文金文均作卩，小篆作卩，隸作卩，非己字。圮从己者，以己喻土岸之層疊逐漸崩毀也。【小學識字教本】

◉馬叙倫　鈕樹玉曰。韻會形上有之字。王筠曰。韻會無己承戊象人腹。詘上侶挩詰字。朱駿聲曰。己即紀之本字。古文象絲別之形。徐灝曰。己之字形詰詘。其義當為般辟收斂。而其取象何物。則未能詳。倫按以本部屬字觀之。己篆當作己。從人屈其脛。而都足著地。實跽之初文。傳寫譌為己耳。指事。然金甲文戊己字無作己者。且己父辛酉作ㄣ己。紀侯鐘作己。大鼎作己。鍾伯鼎作己。宴𣪘作己。甲文作己𢀳〜己。無㠱𣪘㠱字作[glyph]。王婦匜作[glyph]。倫謂己己〜己皆初文鷄之變形。猶鳥之作〜矣。巢字所從。其作己者。猶𠷎之從己。亦鳥之變形也。詩之赤舄几几。蓋由己己〜己而變。亦可證也。金文彝字所從者作[glyph]。甲文作[glyph]。而鎮番縣沙井所出石器時代彩匋。其雞文作[glyph]。衛聚賢謂由此變為[glyph]己。其說是也。雞音亦見紐。故古借為十干之名。然則十干之己乃雞字。而曟則從跽之初文作[glyph]者。蓋己厶為二字也。

𢀳　禾𣪘作己。魏石經古文作[glyph]。蓋由己[glyph]而變。此蓋呂忱據石經加之。【說文解字六書疏證卷二十八】

◉蔣禮鴻　朱豐芑以己為紀之本字。紀。別絲也。予輒謂未當也。許君說己曰。中宮也。象萬物辟藏詘形也。己承戊。象人腹。凡許書干支字說皆迂誕而有可擇取。案鄭注月令其日戊己曰。萬物皆枝葉茂盛。其含秀者抑屈而起。故名戊己。以茂盛釋戊。以抑屈釋己。與許書辟藏詘形義同。予因以知己者跽之初文也。章太炎文始卷八亦嘗引其耑矣。今請以本部所隸二文證之。曟下曰。謹身有所承也。從己丞。史記滑稽列傳。若親有嚴客。髡帣韝鞠䠐。侍酒於前。徐廣曰。鞠曲也。䠐音其紀反。又與跽同。謂小跪也。䠐字字書所無。當即曟之異體。鞠䠐侍酒。正合謹身有所承之義。徐云其紀反又與跽同。其紀反乃為跽作音。曟今音居隱反。蓋曟音在徐時已有居隱其紀之異。故音之也。許君讀固若赤舄己己矣。䠐與跽同。則曟亦即跽字。㠱下云。長踞也。從己。其聲。王菉友依玉篇類篇改長踞為長跪。云。與足部跽同字。是也。段茂堂改作長居也。謂尸部曰居者蹲也。長居謂箕其股而坐。許云㠱居者。即他書之箕踞也。玉篇云㠱即跽字。長跪也。非許意。許於足部跽下云長跪也。與跽別云云。案長居之名載記所未見。又即據今本說文自云㠱長踞也。不云㠱居也。段氏㠱居即箕踞之說自不能合。異部重文之旨。段君偶或見及。未有定識。至王君乃大明。故段云㠱跽有別者非也。王君改字有所本。故當從之。足部跽下曰長跪也。故王君謂㠱跽同字。若夫段君改跽之說解為長跽也。而云係於拜曰跪。不係於拜曰跽。長跽乃古語。長俗作䠆。方言。東齊海岱北燕朝鮮之郊跪謂之䠆蹬。郭曰。今東郡人亦呼長跽為䠆蹬。云云。所分雖細。實亦未必有當。古人跪跽字多不甚分別。戰國魏策唐雎為安陵君使秦章。秦王色撓。長跪而謝之。廣韻上聲四紙跪下曰。䠆跪。五旨跽下曰。䠆跽。下平十陽下曰。䠆跪。去聲十遇蹬下曰。䠆跪。玉篇蹬下曰。長跽也。又跪下有二義。一為拜也。一為跽也。是長跽固古語。長跪豈獨獨非古語。以予論之。跪也跽也曟也㠱也皆一字之異文。己部所隸之字義皆為跽。而謂己為紀。得乎。夫初文衍為他形聲字。更加形旁者。比比是也。王君釋例嘗詳舉之矣。然則己象跽屈之形而為跽初文者。不其信乎。曟下云謹身有所承也。即一身字。而己為屈身為跽屈亦躍然矣。已孳乳有忌字。忌有二義。儆忌一也。忌畏忌惡二也。義皆引自跽屈。釋名釋忌曰。見所敬忌不敢自安也。可以該之。説文忌下云。憎惡也。用後一義耳。己即跽字。跽者敬忌。敬忌有自反之義焉。故借為第一人偁。身者。伸也。釋名。身。伸也。申。身也。有自任之義焉。故六朝人謂己為身。義相反而各有取也。己為身。内其身而外人。故己可以為中宫。知己之為跽也。則説解十可通八九矣。古文作𢀳。變圓為方。此形體之詭異。今所見古鉩字體往往如此。不可以為典要也。即如此形。又未見其為別絲也。紀字自是形聲字。以己為聲者耳。【讀字肊記 説文月刊三卷十二期】

◉陳書農 己，甲骨文作□□。金文同。小篆作□。説文，己，中宫也，象萬物辟藏詘形也。𢀳古文己。郭沫若曰，己者隹之繳也，此由第字作□，雉字作□，叔字作□若□，可以知之。按郭説是也。繳亦作縶，説文，生絲縷也，謂縷系矰矢而㠯隹射也。矢部矰曰隹射矢也，此由□若□可知，無待贅詞矣。【釋干支 學原二卷四期】

◉丁　山 殷本紀：「契母簡狄，有娀氏之女也。」「娀」本作「戎」，是戎為殷商婚姻舊國，故所見戎氏之器特衆。戎在春秋初年與魯隱公會于潛，盟于唐，二年。又伐天王之使凡伯于楚丘，隱七年。其勢甚張。杜預注左傳，以為戎為氏羌別種，此泥守東夷西戎之説而誤也。哀公十七年左傳：「衛侯登城以望，見戎州，曰，我姬姓也，何戎之有焉？剪之。石圃因匠氏攻公（衛侯），公入于戎州己氏。」己氏，漢猶名縣，屬梁國。水經注所謂「獲水又東，逕己氏縣南」，是也。隋開皇間，改置楚邱縣。杜佑通典因謂：「楚邱縣，古之戎州己氏之邑，蓋昆吾之後，別在戎狄中，周襄王時入居中國。」兹以卜辭金文證之，知戎州實殷王子妖苗裔；而己氏出于殷商，卜辭則尤斑斑可考。

尚書有高宗肜日篇，史記殷本紀節録其辭，且述其成書之故曰：

「帝武丁祭成湯，明日，有飛雉登鼎耳而呴。武丁懼。

祖己曰，王勿憂，先脩政事。

祖己乃訓王曰，唯天監下，典厥義，降年，有永有不永。非天夭民，中絶其命；民有不若德，不聽罪。天既附命，正厥德，乃曰，其奈何？嗚呼，王嗣敬民，罔非天，繼常祀，毋禮于棄道。

帝武丁崩，子帝祖庚立。祖己嘉武丁之以祥雉為德，立其廟為高宗，遂作高宗肜日及訓。」

此訓高宗之祖己，見于卜辭云：

己卯，卜，貞，王宾祖己，翌日亡尤。前·1·23·3。

己巳，卜，貞，王宾祖己，嘗，亡尤。前·1·19·1。

庚午，卜，貞，王穷祖庚，𢀛，亡尤。同上版。

祖己赫然與祖庚並祀，決非人臣，亦殷先王廟號矣。王國維先公先王考據祖甲時卜辭有云：

癸酉，卜，行貞，王〔穷〕父丁，歲三牛，衆兄己一牛，兄庚□□，亡尤。後・下・19・14。

謂「考商時諸帝中，凡丁之子無己庚二人相繼在位者，惟武丁之子有孝己，有祖庚，有祖甲，則此條乃祖甲時所卜，父丁即武丁，兄己、兄庚，即孝己、祖庚。」詳觀堂集林九，葉十。祖己既為孝己，是武丁長子也。父可訓子，子不可訓父，高宗肜日稱「祖己乃訓王」，王，果如太史公說，則是以子訓父，有是理乎？金履祥書表注及通鑑前編獨以為「高宗之廟，肜祭之日，有雊雉之異」，詳通鑑五。為最勝義。蓋「高宗」一辭，卜辭尚無所見；而卜辭則有如是之紀載：

丁未，卜，貞，王穷武丁，肜日，亡尤。前・1・18・3。

此為武乙文丁時紀事，使易「武丁」為「高宗」，正得「高宗肜日」聯文，高宗肜日果為商書，必如書表注說而後安，此證諸卜辭而益信者也。

莊子外物：「人親莫不欲其子之孝，而孝未必愛，故孝己憂而曾參悲。」吕覽必己亦云。文選長笛賦注引尸子曰：「殷高宗之子曰孝己，有孝行。高宗惑後妻言，放之而死。」今本紀年因而偽曰：「武丁廿五年，王子孝己卒于野。」孝己既先武丁而卒，不能至祖庚祖甲之世復訓其弟。高宗肜日果成書于祖庚初世也，則訓王之祖己宜為「己氏」傳聞之誤。翼辭既見：

丙寅，二，自己入。前・8・4・6。

卜辭又見：

己亥，卜，己貞，子商妾盉𢍰，不其㚤。粹編・1239。

此貞人己氏，宜即「自己入」之己，亦即「訓于王」之祖己矣。然則武丁祖庚之際，自甲骨文徵之，孝己之外，實有人以己為氏者。且此己氏尚有一卣傳世，如：

[glyph] 卣，殷存上，21。

其後或稱己中，如卜辭云：

甲午，卜，賁貞，己中酒正。在十二月。金璋・3。

酒正者，酒人之長也。己氏，殆世為王朝酒人，故得假雉响之異，以訓于王。然則作高宗肜日之祖己，實涉孝己廟號而衍「祖」字，此又證諸卜辭而不惑者也。

有貞人之己，以證高宗肜日之祖己，吾知衛莊公所入之「戎州己氏」，不特戎州為殷王子妖苗裔，即己氏亦必商之舊族，杜君卿以為昆吾之後，是據左傳國語傳說，又不如考信商代實物矣。【子妖、㛸、盨、己　殷商氏族方國志】

●楊樹達　說文十四篇下己部云：「己，中宮也，象萬物辟藏詘形也，己承戊，象人腹。」居擬切。樹達按許說無理。金文鐘伯鼎己字作己，大鼎作己，皆象人長跪之形，余疑己即跽之初文也。二篇下足部云：「跽，長跽也。从足，忌聲。」渠几切。初文己為象形字，跽則形聲字也。今長跽之義專屬於跽，己字不復有長跽之義矣。【文字初義不屬初形屬後起字考　積微居小學述林】

●王獻唐　過去既把㠱、杞兩國合併，還有人把㠱國和紀國也合併起來，一見于山東金文集存，一見于海外中國銅器圖録。前者并無解釋，商周彝器通考評其書云：「㠱侯恐非紀侯。」後書謂國族分合遷徙，稱名往往先後不同，舉了幾個例，其中一個是㠱國。說紀國最早見于卜辭作㠱，金文第一期作㠱、㠱，第二期作己，第三期作㠱。第一期指的殷和周初，第二期指的西周全期，第三期指的春秋全期。

㠱國是姜姓，紀國也是姜姓（春秋左氏傳隱公元年孔疏：「世族譜：紀，姜姓，侯爵。」桓公九年經杜注略同），氏族正相符合；論其音讀，又同从己聲。最初我也疑為㠱、紀一國，以後从國名書體的系統，結合紀國歷史和黄縣這批㠱器分析，才證明不確。

經傳史籍紀國的紀，金文皆不从糸，只作己。主要證據為己侯鐘出山東壽光紀侯臺下，那是紀國舊都所在，積古齋鐘鼎彝器欵識因把己侯說作紀侯，以後有關于己國的器，也知道就是紀國。

其實己就是紀的初文。方言：「紀，緒也。」卜辭己作己作己，金文作己作己，都象一根彎曲的絲緒，正是紀字。十干中戊己之己，無法為造專字，同音借己為用，久假不歸，別造紀字當絲緒之己。殷代卜辭金文無紀體，西周及春秋金文亦無紀體，只遯庵秦漢印選有「紀釿」一鈢，乃戰國後期物，字殆戰國時造。經傳紀國的紀體，系用戰國後出字，在春秋魯莊公四年紀便滅亡，那時和它以前都没有紀體，器銘只用初文己字。

紀國歷史，在經傳史籍上從西周懿王開始，它的銅器也是从西周前期出現。當為商代舊國、周代重封；但是這一國名，經傳史籍都作紀，金文都作己，从來没有把紀寫作㠱的證據，更没有把己寫作㠱的證據。

這是㠱、紀國名書體一條很分明的界限，如果把它混合起來，用時間排比，說是殷代用㠱，西周又改用己，到了東周復用㠱；就可以問：為甚麽忽然中間改體？為甚麽以後又復古？這都無法解釋。同時己侯鐘為西周後期器，還有幾件紀國或和它有關的銅器，如己侯簋、己侯貉子卣、衛作己中鼎、䨻作己公鼎、大作己白鼎、沈子它簋、叡作己白鐘、兮仲作己白鐘等，有的是西周前期器，有的是西周後期器；但如叡作己白鐘，有些書體，似乎是出了西周。後文引的周代五件㠱器，一般為春秋作品，其中一件曩中作朋生壺蓋，書體又似乎是西周末期。在這些方面，也很難把紀、曩銅器劃清它的絶對時間。

紀國銅器，現雖無法考查出土所在，但非全部出于壽光的紀國，必有大部分出于宗周、洛陽各地，因為沈子它簋是洛陽出土的。紀國統治者并非完全住在國内，有一部分在宗周、洛陽為王朝服務，當地各國這類情況很多。由于不在國内而在宗周、洛陽，死後也就隨地埋葬，有關紀國的銅器，因在所埋葬的墳墓出土。根據春秋經傳及史記諸書，紀國在西周一個比較早的時期和王朝關係頗深，似乎是很得寵，以後就不行了。平王東遷以後，王朝方面已没有它的力量，有也無用。在本國方面，逐漸又受齊國壓迫，直至抬不起頭來，終于滅亡，僅僅佔了春秋初期三十三年。

在這短短的三十三年中，前幾年或者還能鑄造重器，後幾年救死不暇，那能顧到這些？這就知道為甚麽傳世紀器，幾乎全是西周作品，没有春秋時器，因為它入春秋以後，很快的便滅亡了。國滅以後，當然不會再鑄銅器，未滅以前，它的銅器最晚不過鑄到魯隱公或桓公時為止，自然很難見到。

曩國銅器情況便不是這樣，它有幾件春秋時器，主要為黄縣這一批。就盤、匜銘文書體看，已不是春秋前期，更談不到最初期的魯隱公和桓公。既然在隱、桓以後，到第三代的莊公四年，紀便滅亡；如説曩就是紀，難道滅亡以後，還能更改國號書體為曩，再鑄銅器麽？這是紀、曩銅器最主要的時間矛盾。

要解決這個矛盾，就可以順理成章的從國名書體上，把紀、曩分作兩國。紀國的名稱書體作己，先後并没改變。曩國名稱書體作其、作己其、作曩，先後也是一事。它們二者之間由書體的不同，證明截然為兩國，既可以免去時間上的矛盾，也可以將海外中國銅器圖録幾個疑問附帶解決。它并不是最初作己其，中間改己的，也不是以後又復古為己其的；而只是兩個國家、始終各寫各的書體。把它混合排比起來，就有了為甚麽改字和復古的疑問；分成兩個國家，問題便不存在。【曩非杞亦非紀　黄縣曩器】

◉饒宗頤　丁亥卜，己貞：子□妾盂(祟)，冥不其妫。(粹編一二三九)　此片郭氏釋文為己，非「亘」字。

按卜人己為武丁時人。考尚書高宗肜日：「祖己曰：惟先格王正厥事，乃訓于王。」書序云：「祖己訓諸王，作高宗肜日、高宗之訓。」孔傳于祖己云：「賢臣也。」尚書大傳記高宗之訓，桑穀生朝，武丁召問其相，次問祖己；亦以祖己為臣名，與孔説同。漢書古今人表祖己列于智人，與孝己分為二人，毫不相涉。卜辭所祀先公别有祖己，王静安謂「祖己或即雍己、孝己。」又云：「此祖己非書高宗肜日之祖己，……祖己與先王同，而伊尹巫咸皆無此稱，固宜别是一人；且商時云祖某者，皆先王之名，非臣子可襲用，疑尚書誤。」按王説非是，殷卜人以干支名者，有丁卯己等，當是子姓之族。蓋大臣亦以生日為號，不特王者也。白虎通姓名篇云：「殷以生日名子，于臣民亦得以生日名子。以尚書道殷臣有巫咸有祖己也。」證之卜人名己，其說可信。又古禮人臣亦得稱祖，吕氏春秋慎大覽云：「祖伊尹世世享商。」佚周書祭公解：「王若曰：祖祭公。」因大臣配食于廟，故得蒙「祖」之號。高宗肜日一篇當是晚殷人所追作，其稱己曰「祖己」，亦與祖伊之名同例。頗疑武丁時之卜人己，可能即高宗時訓王之祖己，其初名但曰己，後以配食，故稱「祖己」，此與武丁子早卒之孝己自非一人。或疑高宗肜日之祖己即武丁子之孝己，然子安得訓父，此理之不可通者。【殷代貞卜人物通考卷十三】

◉朱芳圃　林義光楊樹達二說非也。余謂己象繩索詰絀之形，弟从己作，是其證矣。孳乳為紀，說文糸部：「紀，別絲也。从糸，己聲。」別絲謂別理絲縷，係之以繩，使不紛亂也。【殷周文字釋叢卷中】

◉戴君仁　說文所解干支字均誤，不可從。朱駿聲說文通訓定聲曰：「己即紀之本字，古文象別絲之形，三横二縱，絲相別也。小篆象古文之形，左右誤連。」朱氏謂己為紀之本字，說是。而謂三横二縱絲相別則非。己之初形當作己，象繭形而垂曳絲縷。古止有己而無紀，金文可證。紀為己之累增字，朱駿聲指為後出是也。紀訓絲別，當即己之本義。絲別段玉裁注本作別絲，注云：「別絲各本作絲別。棫樸正義引紀別絲也。」（案左傳僖二十四年正義引説文云：紀，絲別也。）又云：「紀者別理絲縷；今依以正。別絲者，一絲必有其首，別之，是為紀；衆絲皆得其首，是為統。統與紀義互相足也，故許不析言之。」今案絲別、別絲義均可通。糸部統下云：紀也。段注引淮南泰族訓曰：「繭之性為絲，然非得女工煮以熱湯而抽其統紀則不能成絲。按此其本義也。」是統紀同訓，皆謂絲緒；故方言十云：紀，緒也。紀為絲緒，故可訓為絲別，猶云絲之可得而別者也（此與稗為禾别不同）。而抽繹絲緒之事亦得名紀。穀梁傳莊二十二年范注：「紀，治理也。」棫樸正義：「紀者，別理絲縷。」是故絲別者，名詞性之訓釋；別絲者，動詞性之訓釋。若必較其先後，則名宜先動。紀統緒初為一物之名，皆所以稱絲耑；引申之，則為抽繹絲耑之動作。治絲必不使棼，故再引申乃有條理、法度之意，而且為凡記事條目之稱矣。【釋夏、釋桀、釋己　中國文字第十三期】

◉張與仁　己殷文作己（藏二九・三），金文作己己（紀侯敦），象龍之形。桂馥曰：「龍字從己，龍蛇同類。」（義證）所見甚是。

殷文龍作龍（拾・五五），頭上為辛，下侈口。辛變為立，侈口為月，合為龍之左傍音，許氏說文以為「从肉……童省聲」非也。龍右己。即龍體己也。金文作龍（邵鐘），作龍（頌敦蓋），作龍（周頌壺銘龍共字）。己、己、己即龍體，己上加角，下加脚，即成今之龍形。若逆朔上去，則為龍、龍、龍、己、己各形。【巳己文字與彝器畫紋考釋　中國文字第十九册】

◉陳邦福　白虎通五行篇云「己者抑屈起」。春秋元命苞云「己者抑詘而起」。許云「象萬物辟藏詘形」者。蓋推衍白虎通更參小篆為説矣。又按殷契文幹枝人名己字作己己諸形。周金文幹枝人名己字。如紀侯敦作己。鐘伯鼎作己。禾敦作己。宴敦作ᄅ。形殊誼亦正同。大一經謂己象人腹。正取殷周古籀文己字側面便腹之象。又許引古文作𢀒者。與禾敦略合。是許所謂古文者。實列國之雜體矣。【十幹形誼箋】

◉李孝定　契文作ᄅᄅ。與弗叔諸文所從正同。葉玉森氏謂象綸索之形。説蓋近之。郭沫若謂雉之本字。待考。林義光謂象詰詘可紀識之形。無可徵信。又引東方朔傳「止輒乙其處」。謂乙是己字之誤。尤非。「乙」蓋「ㄥ」形符號之形譌也。今人讀書止輒作「ㄥ」符號於其處以誌之。以形近「乙」字。故傳寫譌為乙。非己字也。契文ᄅ若ᄅ乃刀筆之逸出者。當為許書古文作𢀒之所本。非己本有此形也。【甲骨文字集釋第十四】

◉高鴻縉　己所以別絲縷之數。故為紀綱之紀。象縱橫絲縷有紀之形。名詞。後借為天干第六名。又借為自己之己。習用既久。秦人乃加糸旁為意符作紀。紀行而己之本義廢。己於商周兩代已加□或□亓為聲符作□或□亓。意與己不殊。亦用為紀國之紀。但説文𢀒。長踞也。从己。其聲。暨己切。林義光以為从己。不能得長踞之義。余謂商時有□字。應即跽之初字。𢀒或因有時通叚用以代□。故許書誤採通叚意以為長踞也。附正於此。【中國字例二篇】

◉張日昇　楊樹達謂ᄅ即跽之初文。蔣禮鴻更謂跪跽巹𢀒一字。乃象跽屈形之己字之後起字。然先民造字。於描繪人之體態動靜。皆形似十足。雖屢經簡化。猶可見其踪跡。如尸卩作□□者是也。若謂ᄅ象人長跪之形。則但見人身屈曲而無手足。先民豈能一脱常規。創造如此抽象之象形字乎。許書以長踞訓𢀒。非其朔義。𢀒从其己聲。乃其之繁體。𢀒跽非一。蔣説未可从。張與仁謂象龍之形。龍蛇並為爬蟲。體幹靈活屈曲為其特徵。故殷文龍作□。象形。然□之為龍而不為蛇。蓋龍頭作□。有別於蛇也。若去其頭。則但象屈曲之形而已。豈可斷為龍哉。朱駿聲謂己即紀之本字。古文象別絲之形。高鴻縉从之。謂象縱橫絲縷有紀之形。朱芳圃謂象繩索詰詘之形。朱芳圃説字形可从。孳乳為紀。文獻中之紀國金文但作己。與𢀒杞有別。【金文詁林卷十四】

◉張秉權　己可能就是紀的本字，它也可能就是一種繅絲的工具。廣雅釋言：「己，紀也。」釋名：「己，紀也。」朱駿聲説文通訓定聲：「紀，別絲也，从糸己聲。按此字後出，己為十干借義所專，因又製此加糸傍也。」段注：「別絲，各本作絲別，棫樸正義引：紀，別絲也。又云：紀者別理絲縷。今依以正。別絲者，一絲必有其首，別之是為紀。衆絲皆得其首是為統。統與紀義互相足也，故許書不析言之。禮器曰：衆之紀也，紀散而衆亂。注曰：紀者，絲縷之數有紀也。此紀之本義也。」毛際盛説文解字述誼：「案別絲、絲別，義皆可通。宗涑謹案：繅絲者置絲筝車之上，引其兩頭，交束於中，然後卸解筝車，不至紊亂，是為統紀。統以總束衆絲言；紀以記別衆絲言。統紀一物，説文故以紀訓統，而衆絲皆從統紀之一絲以引伸。統訓始、訓緒，紀訓起，並轉

巹

誼也。」最早的「己即紀」，大概就是宋應星天工開物所説的「溜眼」「掌扇」之類的東西，用來分別絲縷，使其不致紊亂。【甲骨文中所見的「數」 歷史語言研究所集刊四十六本三分】

◉彭静中 鼎銘有題揭之字，諸家未之確識。或謂「以銘有二册推之，疑是《説文》之二字，本是一字，為鈎之初文。若然，則册非書册，乃栅也。栅須以便啟閉，故復增。亦或二册，是父癸之族徽，其業也。或謂為之異文，以編書，故編字从糸，亦可通。然金甲文系字，皆無如是作者也」。李孝定云：「字不可識。」

今謂題揭之，乃二己字，二己猶一己，亦猶二册為一册之意。其二己相背，亦猶二册之相背，此為構成簽署對稱美觀需要作為此形，實則二而一也。

為二己，當釋己，亦即紀之初文。

甲骨文中，己字作（鐵三九四）、（燕二），金文作，由而，从而構成對稱之，變化過程十分清楚。

己為紀之初文，作為名姓，求之載籍，則己即紀氏。紀為姜姓，侯爵，其地在今山東壽張縣南，《春秋左傳》隱公元年「紀人伐夷」之紀是也。

紀為姜姓，但又以曰名，或沿襲商人習俗。册為作册一類史官，題揭之字，釋為「紀册」，即紀姓而職官作册之款識也。

【金文新釋 四川大學學報一九八〇年第一期】

◉戴家祥 朱芳圃釋可从。繩索乃我先民用以紀事算數之工具。易傳集解引九家易云：「古人結繩紀事，事大大其繩，事小小其繩，結之多少，隨物衆寡。」即指此事。故「己」加「糸」，孳乳為紀。而「己」本有「紀」意，二者屬古今字。金文用法有二：一，用作記時；二，用作人名。【金文大字典上】

◉許 慎 謹身有所承也。从己丞。讀若詩云赤舄己己。居隱切。【説文解字卷十四】

◉馬叙倫 鈕樹玉曰。禮記昏禮。合巹而酳。釋文云。巹。説文作[艹巹]。云。蠡也。字林。几敏反。以比巹為警身有所承也。蓋誤以字林為説文。比當是此。士昏禮釋文引字林。[艹巹]。蠡也。則不誤。玉篇注云。敬身有所承也。沈濤曰。禮記昏義釋文引作几几。桂馥曰。禮昏義釋文引字林作警身有所承。六書故引字林作警身有所奉也。錢坫曰。謹應作敬。避宋諱改之。章敢彝曰。此讀若。校者見居隱切與謹同音。臆為己聲。所誤加也。巹從己丞聲。經典巹[艹巹]通用。可證。倫按章説是也。己聲之類。丞聲蒸類。之蒸對轉。是巹為己之轉注字也。身有所承與丮字金甲文作者義合。益明己篆當作。而義

㠱

為跽矣。說解本作敬也。以聲訓。敬身有所承也吕忱所釋也。今捝本訓。【說文解字六書疏證卷二十八】

甲二三九八　甲二七五二　甲二八八七　燕六三四　前二・二・六　前三・一八・四　【甲骨文編】

甲2752　2877　【續甲骨文編】

㠱　與其通　侯或作　侯　引觥　㠱罍　㠱卣　㠱矢父乙簋　㠱侯父乙簋　作父丁尊　㠱侯父戊簋　公貿鼎　師寰簋　無㠱簋　㠱壺　㠱侯鼎　㠱甫人匜　王婦匜　郘大宰匜　㠱伯𨗟　㠱伯匜　【金文編】

甚居豈切王存乂切韻　【汗簡】

◉許　慎　㠱長踞也。从己。其聲。讀若杞。暨己切。【說文解字卷十四】

◉吴式芬　許印林說。㠱即杞字。說文。㠱。讀若杞。類篇。㠱。古國名。衛宏說與杞同。此蓋出衛宏官書。薛書款識有杞公匜。銘文作。薛云。按㠱者。古國名。衛宏云。與杞同。疑宋時官猶有傳本。故人知其義。至博古圖尹卣有字。釋為祀。楊鉤增廣鐘鼎篆韻入祀字下。又引衛宏㠱與祀同。則據官書誤本而又不辨己巳之不同也。【晉姬鬲　攈古録金文卷一之三】

◉方濬益　壽卿釋㠱為杞。蓋以說文㠱字讀若杞。故云。然又薛氏款識有㠱公匜銘曰。㠱公作為子叔姜盥匜。薛氏亦云。㠱者。古國名。衛宏云。與杞同。乃引集韻之文以為說。今以彝器銘杞伯敏父鼎及登盄三敢證之。杞字皆从木作。無作㠱者。而杞為夏禹後。姒姓國。亦安得有子叔姜之偁。此不必深辯而可知薛氏所引衛宏說之謬誤矣。此文亦曰㠱孟姜。以春秋列國攷之。當是紀國孟姜。與叔姜皆紀國姜姓之女。㠱為紀之通叚字。前卷紀侯鐘及紀侯紀姜二敢作己。則古今字也。左氏春秋桓公九年春紀季姜歸于京師。杜注。季姜。桓王后也。季字姜紀姓也。【王婦㠱孟姜匜　綴遺齋彝器攷釋卷

十四】

◉林義光　从己非義。己其皆聲。古作[glyph]子[glyph]。作[glyph]公貿彝。【文源卷十二】

◉王　襄　[glyph]　古[glyph]字。【簠室殷契類纂正編第十四】

◉葉玉森　[glyph]从己从其。即[glyph]乃國名。金文亦屢見。【殷虛書契前編集釋卷二】

◉馬叙倫　鈕樹玉曰。玉篇。長跪也。當本説文。説文跽訓長跪。桂馥曰。類篇引作長跪也。玉篇。[glyph]。長跪也。或作跽。許棟曰。當從宋本作長跪。嚴章福曰。[glyph]與跽義别。[glyph]即箕踞。跽即跪也。朱駿聲曰。伸其股而坐。形如箕。故從其。所謂箕踞也。字或作踑作㔸。倫按此己之音同見紐聲同之類轉注字。豆其字孫子作萁。是其例證。然甲文作[glyph][glyph]。師寰敦作[glyph]。無[glyph]敢作[glyph][glyph]。佀皆從雞之初文。豈[glyph]從其[glyph]聲。為其之轉注字邪。抑[glyph][glyph]形譌已久。故金甲文皆从[glyph]邪。或從[glyph]其聲。為[glyph]之轉注字邪。集韻引衛宏説。[glyph]。國名。金文杞[glyph]互見。皆為國名。詩揚之水。彼其之子。箋。其或作記。或作己。則知己自可轉注為[glyph]。長跽也者字林文。然[glyph]義自為跽。箕踞字金文作[glyph]。從人象形。金文以為夷字。可證也。【説文解字六書疏證卷二十八】

◉丁　山　帝辛初年，比干為父師，箕子為少師，從尚書微子篇的文誼看，殆無疑問。箕子碻是商末的重臣，甲骨文裏也不容不見。

……貞，翌日乙酉，小臣䌛其……又老[glyph]侯，王其……以商，庚‖，王弗每。　前二・二・六

庚子卜，在[glyph]貞，王步于雁，亡巛。　續三・三〇・六

……卜，在□餗貞，畣巫，九畣，王……侯告餗。王其在[glyph]，䨻。正……　甲編二八七七

……厍[glyph]……　燕大六三四

[glyph]，至春秋則書為紀，而其字从其，實即箕之本字。這位「右老[glyph]侯」，非箕子不能當之。……箕子，在甲骨文裏稱「箕侯」，可見，子，也是「王子」「公子」的簡稱，不是爵名，箕子之爵，在商代仍然稱侯。【商周史料考證】

◉郭沫若　此器薛書題作「杞公匜」，云「[glyph]者古國名，衛宏云與杞同。雖形制未傳而字畫奇古」云云。按所引衛宏説乃本集韻，然杞乃姒姓之國，此[glyph]乃姜姓之國，[glyph]與杞非一也。余謂[glyph]亦是紀，同一紀國而作[glyph]若己者，亦猶句吳之作工𫍢若攻吳。【[glyph]公壺　兩周金文辭大系圖録考釋】

◉王獻唐　説文：「[glyph]，長踞也。从己，其聲。讀若杞。」許説未可盡據。它的本字為其，其也是後出字，初只作[glyph]。説文以[glyph]為

箕的古文，卜辭作[字形]、作[字形]，金文作[字形]、作[字形]，都像箕形。箕本侈口，為寫刻便利，上作兩畫，後由[字形]形變𠀠，今寫作𠀠。

殷代㠱字作[字形]、作[字形]，本既為𠀠，為甚麼上又从己，說文及以後各家書中皆未解釋。古文字有一慣例：某一字音在某一時間或空間有了變化，新音和舊音交混，一些讀舊音的要標明本讀，每在字的一方加注一個與舊音相同的字，使人一看知為何音，略等于近代的注音；但是讀新音的也可以如法標注與新音相同的字。㠱字从己，就是一個注音字，凡用這個字的人，一定讀㠱如己，不讀為今音若奇的其。

本來殷代金文㠱亦作𠀠（詳第二部分），初只專用𠀠體，至時有標注己音的㠱字新體出現，必已演為兩音。兩音是由不同空間而分的，一讀己音，一讀奇音，因交流而混合，因混合而注音。但是讀其為己的，又為哪個空間？尚書微子篇：「予顛隮若之何其？」史記宋微子世家集解引鄭注：「其，語助也，齊魯之間聲如姬，記曰何居。」是齊魯之間讀其如姬，姬音與正己應。鄭氏說的「記曰何居」為禮記檀弓篇文，鄭注：「居讀為姬姓之姬，齊、魯之間語助也。」合起來看，語尾問詞的「其」「居」助字，齊魯通讀姬音若己。詩園有桃篇：「子曰何其？」庭燎篇：「夜如何其？」兩個其字，當然也應隨着同讀。

但是這個語助「其」字，用在句尾讀己，若用在句中不為問詞，應如何讀法？詩揚之水篇「彼其之子」，鄭箋：「其或作記，或作己，讀聲相似。」其亦作己，證知音讀如己，作記亦同。羔裘篇「彼其之子」，春秋襄公二十七年左氏傳、晏子春秋雜篇及韓詩外傳均引作「彼己之子」。候人篇「彼其之子」，春秋僖公二十四年傳及國語晉語，引作「彼己之子」，證據甚多。漢代經讀，初本于齊、魯，齊、魯也是由古讀傳來。有些「其」字，古讀若己，無論今古文經傳，作其也好，作記也好，一律讀己，一直傳到現代。這樣看，「其」讀若己，是古代黄河流域東方一種音讀。

就此可以得出㠱字加己的原因。本來黄河流域古代東西兩方音讀時有差別，其混合區域在雙方交衝的河南。卜辭出于河南安陽，殷代㠱器最大部分也出安陽（詳第二部分），它們的㠱字都已標注己音，知在安陽已混合而有兩讀。㠱國本為東方國家，在山東境内，殷代武丁以來，其領主即在王朝服務（詳第二部分）。它們的國名，本只作𠀠，即其，在東方相傳讀己；但到安陽兩音混合區域，要保持本音，因于𠀠上加己，成為一個新的注音字。後代有許多地名、姓氏，本地人和本族人讀法常和一般不同，也是从古相傳保持下來的本讀，其理并無二致。卜辭有若干「其」字，从不以㠱為其。㠱字的應用，在卜辭和殷代金文中，先後只有一個㠱國的國名，正說明了㠱為㠱國新字，更說明了㠱以東方國家讀「其」為己，最晚是殷代東方的古讀。由此便和周漢音讀先後聯繫起來，證明「其」字不必用作助辭才有己音。

㠱字傳到後代，或音假為它義，說文訓㠱為長踞，便是佐證。玉篇：「㠱，長跪也，或作跽也。」是㠱即後出跽字，說文跽訓長跪，又訓㠱為長跪，乃是同音借跽為㠱。在長跪假借字義裏來説㠱形，安能瞭解「从己」本義？無怪許君不對「从己」作説明，也無怪後代小學家不對「从己」作説明。但是㠱字既以同音被借為跽，由跽的音讀更證明㠱為己音。

殷代㠱只作⿱己𠀠，為何以後寫作㠱體？這應兼述「其」體演變，演變也關係黄縣這批㠱器時代的鑒定。

古文字的注音，一字可有數體，這個人注音造字，那個人也可以注音造字，并不拘限。𠀠字作⿱己𠀠，是一個注音字，𠀠字作其，仍是一個注音字。説文訓箕為簸，古文作𠀠，籀文作𠀢，統屬一字。它説其下从丌，為「下其丌也」。又説：「丌，下基也，薦物之丌。象形。……讀若箕同。」丌字誠象薦物器，有許多字為證，如典如奠等等。但是一個簸箕，何須用丌來陳薦？特別製造一個長几形器，專以陳薦簸箕，恐怕任何人都要發笑。丌字許讀如箕，音義本由基出，𠀠下加丌，是標注𠀠的音讀，並不是加薦。

卜辭已經有了⿱𠀠一形，下加一畫，是丌的早期形狀，也該讀丌。卜辭奠字作⿱酉一，商代綦鼎祺字偏旁作⿱𠀠丌（見博古圖諸書），都與此同。以後在一葉近似平版的薦物器下加足，便成了丌。丌為後時演變的新字，商代卜辭、金文未見，只見于周代器銘，且不屬于西周最前期。它的形狀聲讀，可能就是以後再演變的几。

殷代「其」字最少有兩音，一讀為今音若奇，一讀如基。要標明基音，于𠀠下加一為聲，入周一變為丌，又从丌作其。這和「其」上加己的㠱為同一字例，以聲讀印證，基音正與己合。㠱國的新體，是在兩音混合中，特別區分聲讀，初只專用于㠱國國名。還有其它人也要區分聲讀，又造了一個⿱𠀠一的新體使用。由己音證基音，也是東方音讀，因情況不同，用同一字例造了兩個字。

西周初期銅器，从銘文或出土地點，知為宗周及洛陽作品，由盂鼎起，所有的其字一律作𠀠；在山東出土比較早期如𡨦鼎等器，又類作其。西方器銘不加丌字注音，大抵他們讀如今音的其；東方加丌，當讀如基，也就是己。漢石經尚書立政篇「平平其」，今本作基，為齊魯舊讀。前漢書地理志，不其屬琅邪郡，顔注：「其音基。」這類例子很多，通是其基同音的證據，也通是東方讀其為基的證據。

這種分別，在音讀方面，儘管一直傳到漢代，或到現代；而在字形方面，西周初期以後，又互相混用。西方逐漸用其，東方也逐漸用𠀠，由少而多，直至不分，中間並包括了河南的東西交雜地帶。大體殷代没有「其」體，西周初期以後始有，到達西周後期和春秋時期，為最嚴重的𠀠其混用階段。但是到了戰國，又一般用「其」，不見𠀠體，完全為「其」替代，直至現代。

「其」體演變如此，从「其」的㠱字當然也隨着演變。殷代卜辭、金文没有㠱體，只是作⿱己𠀠作𠀠。一到西周，初期金文没見這個字，以後有用作國名的（見第三部分），有用作人名的，如師寰簋、無㠱簋等；更有邾太宰簠，又用作借字。那時已是混用時期，一個「其」體有兩種寫法，另外還有古體、別體，有些人通會寫，把它分別用在㠱字上。單以無㠱簋言，現在知道有三件器，都是對銘，㠱字便有四種寫法。這位書手，通曉先後演變，幾乎把各種「其」體一齊用完。

从師寰簋等幾件器銘裏，也可以推求㠱字本讀。師寰簋銘：「命女汝逹率齊師，㠱、贅、秝、印，左右虎臣，正征淮尸夷。」大抵這位㠱是齊師將領之一，以此為名，當从齊音讀己。邾大宰簠為山東作品。銘文「萬年無㠱」、「無㠱」猶褱鼎等「釁眉壽無期」和齊良壺「壽考無期」的「無期」。詩頌弁篇「實維何期」，釋文「本亦作其」，知「何期」即前引尚書微子篇諸書的「何其」。那些其字讀己，這個期字也當讀己，由期讀為己，知道㠱讀亦為己（兩字皆屬借音，後時通作「無極」）。

當然這次黃縣出土的㠱器，㠱字一定讀東方本音為己。𠀠銘字形作己𠀠作㠱，盤匜通作㠱。這是春秋時器，正在𠀠、其混用時期，因而㠱字也隨着混用。若為殷代或西周初期作品，便不會有㠱體，若是戰國時期作品，就不會有己𠀠體。【器名考釋黃縣㠱器】

◉李孝定　卜辭言㠱侯。乃國名。與金文同。【甲骨文字集釋第十四】

◉王恩田　㠱國，除《類編》「㠱，古國名。衛宏説與杞同」一條極為簡略而又有錯誤的記載外，不見于其他典籍。只能依據考古材料了解其史實的梗概。殷、周兩代各有㠱國，但山東只發現周㠱而不曾發現殷㠱銅器，本文僅討論周㠱。殷㠱有關問題另文討論。

據王獻唐先生《黃縣㠱器》（省稱《㠱器》）一書統計，周㠱銅器計五器。其中「安白㠱杏壺」原釋「器主為安白㠱杏，是一位㠱國長女名杏，嫁于安國或安氏」，實則杏乃生字誤釋。㠱生為安白之名，確切地說是安器而非㠱器，應予剔除，實有四器。㠱公作叔姜匜宋時已不明其形制，薛尚功定名為匜。郭沫若據銘文自稱改名壺。《㠱器》以「金文盥字，類用于盤、匜，不用于壺，此稱盥壺，與例費合」為由，仍從薛説不改。按壺的用途一般作酒器，自銘為「醴壺」、「酓（飲）壺」、「薦壺」，也可用作其他用途，如「弄壺」。還可以作為水器，萊陽新出土的「己侯壺」就是用來汲水的。既可汲水，當然也就可以用于盥洗。傳世「𠈌君壺」（代12'18，3'器在臺北）也正是自銘為「盥壺」的。應從郭説更名為壺。

出土㠱器有如下兩批：1951年黃縣歸城南埠村出土的一批銅器，除已發表的八件以外，尚有甗上的甑和一件穿帶小壺，今藏青島市博物館。其中有銘者六器：四𠀠、盤、匜各一。器主名「㠱白嬀父」，《㠱器》誤釋父字為左，解為「嬀氏女子名左者嫁為㠱婦」，以嬀左為姜無之女，已有「書評」指出其誤。正確的釋讀應是㠱為國名，白為氏稱，嬀父為其名。名前或加子以為美稱。

巳

這批㠱器實為㠱白嬪父為嫁女姜無所作媵器。

1969年烟台上夼村發現一座墓葬，出土有銘銅鼎二件，一件銘作「㠱侯易(錫)弟叟嗣戎，弟叟作寶鼎，其萬年子子孫孫永寶用」。另一件銘作「己華父乍寶鼎，子子孫孫永用」，其他尚有壺、匜、鐘、鈴、戈二、魚鉤等。傳世「王婦㠱孟姜匜」，陳簠齋鈐「山左土物」章，注明係山東出土，而不詳具體出土地點。㠱白嬪父器解為媵器，對于探尋㠱國地望意義不大。「㠱侯鼎」的出土第一次提供了一件出土地點明確的㠱器，為探討㠱國地理提供了重要依據。㠱器與己器共存，對于探討兩者關係也具有重要意義。

關於周㠱銅器年代，《㠱器》認為「大體都是春秋期物，……没有一件為西周中葉或初葉時器」，其説可商。傳世「㠱仲作朋生壺」是一件壺蓋，《雙劍誃吉金圖録》(上27)著録其器形，北京大學歷史系考古教研室收藏。體呈橢圓，喇叭形鈕，飾一周夔紋帶，與西周早期的蓋形制相近。僅就「銘文詞例書體」看，明顯具有西周早期作風。值得提出的過去一直未見著録的壺器今陳列于上海博物館。現北大已將所藏壺蓋撥贈上海博物館收藏，使這件久經失散的器物得以團聚。最近筆者有幸目驗綴合後的原器。器形不大，通高約20釐米。器作卣形，只是没有提梁，故仍可依自銘稱之為壺。壺腹飾一雙相對的大鳥，足飾夔紋帶與蓋相應。銘在器底，與蓋對銘。器與蓋的子母口也密合無間，雖因埋藏或收藏條件不同，色澤略異，但確屬同一器物無疑。從壺的形制、紋飾、銘文看，壺的年代應屬昭王時期。不會晚于穆王，可見㠱器中没有一件周早、中期時器的説法以及㠱器西周寫作「己」、春秋寫作「㠱」的説法都是不能成立的。

根據上述㠱器可以明確如下數事：㠱女名叔姜、孟姜、姜無，知㠱為姜姓；據「㠱仲作倗生壺」知周㠱最晚在昭穆時代已經建國；㠱為山東東部古國，其東境達今烟臺一帶；㠱國君稱「㠱公」、「㠱侯」。使用伯、仲、叔、季稱名方式。㠱女孟姜嫁周王為婦，㠱與周王朝通婚。「㠱甫人匜」銘稱「㠱甫(夫)人余，余王□叡孫」，前余字為㠱夫人名，後余字為徐國之本字，或增邑作郐。據此知㠱也曾與徐通婚。【紀、㠱、萊為一國説　齊魯學刊一九八四年第一期】

◉劉彬徽等　疑為㠱字。【包山楚簡】

乙961　1215　1656　1873　2748　3378　3627　3787　6362　7739　7741

7774　7818　續5·6·9　5·7·10　5·27·6　徵9·29　9·30　10·28　京1·31·4

粹1230　新1266　【續甲骨文編】

巴郡太守章　巴應　巴荆之印　巴利　【漢印文字徵】

樊敏碑頟　【石刻篆文編】

巴　【汗簡】

◉許　慎　蟲也。或曰食象蛇。象形。凡巴之屬皆从巴。徐鍇曰。一所吞也。指事。伯加切。　【說文解字卷十四】

◉林義光　山海經。巴蛇食象。三歲而出其骨。海内南經。　【文源卷一】

◉馬叙倫　鈕樹玉曰。韻會蛇下有也字。王筠曰。朱文藻本繫傳作。祛妄篇作。夢英書部首作。王紹蘭曰。爾雅釋魚說貝云。蚆博而頯。說文無蚆。巴即蚆也。吴善述曰。本作。象形。章炳麟曰。山海經海内經。巴蛇食象。三歲而出其骨。則巴蛇為本義。釋魚。蟒。王蛇。說文無蟒。蓋本作莽。古音莽如姥。借為巴也。郭璞圖讚曰。惟蛇之君。是謂巨蟒。小則數尋。大或百丈。惟百丈故能食象。饒炯曰。蟲也以大名為訓。又云。食象蛇。即申釋蟲也之義。倫按巴篆本作。象其巨首侈口之形。世丈陳先生漢第於清末從事四川總督趙爾巽幕府。曾見一武僚。全身膚如剥蝕者。問之。謂嘗為巴蛇所吞而得救者也。則巴之大可知。食象蛇蓋字林文。　【說文解字六書疏證卷二十八】

◉張秉權　，是巴字，說文十四下，巴部：「巴，蟲也，或曰食象蛇，象形。」是把一個像人形的字誤認為蛇的象形字，巴方與髳相近，下危或亦相去不遠，所以三處的戰事同在這一版上貞卜，雖然貞卜的日子是不同的。　【殷虛文字丙編考釋】

◉李　干　夏　渌　甲骨文有：、、、、等字形，或釋「蜀」，「蜀」作、，兩字不得相混。象「眼鏡蛇」之類的蝮蛇，聯係漢字和古代傳說，疑為「巴」的象形初文。《說文》：「巴，蟲也，或曰食象蛇，象形。」《山海經》：「西南有巴國，有黑蛇，青首，食象。」即所謂「巴蛇吞象」。《潯陽記》：「羿屠巴蛇于洞庭，其骨為陵，世稱巴陵。」

巴、楚相鄰，巴人强悍，被視作山寇，楚人作捍關以防之，時戰時和，以後楚人强大，才免于侵擾。《左桓九年傳》：「巴子使韓服告于楚，……」巴人發祥于湖北長陽縣境的武落鐘離山，沿清江流域發展，擴大到川東、鄂西北和陝西漢中一帶，一度成為川鄂湘黔北鄰殷周的奴隸主强國。《左昭九年傳》周大夫稱：「巴、濮、楚、鄧，吾南土也。」漢中郡的東部，原為巴地，巴人曾參加武王伐殷的戰役，并以「下里巴人」、「巴歌渝舞」聞名于世。近年出土巴人青銅器，皆有其特色。除虎文外，蛇頭的圖形也習見于巴器，歷史傳説既稱巴人為太皡氏之後，以「巴蛇」為其原始氏族圖騰也屬情理中事。巴人有懸棺葬，或稱船棺葬的習俗，為考古學、民族、民俗學者所重視。我們將「巴」的有關卜辭舉例如下：

丁卯卜㱿貞：王敦缶于（與）巴？二月。（後1·9·7）

丁卯卜㱿貞：王敦缶于巴？（粹1175）

……寅卜㱿……𠬝人……巴？（後2·27·7）

……蚩巴……？（乙7194）

巴的土地，在殷代似為殷人所征服侵佔，淪為殷人的統治範圍。

貞：巴不其受年？巴受年？

王固曰：巴其受年。（乙5280）

癸酉卜我貞：母庚示巴，不用？（南明613）

「巴」代表巴人，可能被用作祭祀母庚的人牲和祭品。【卜辭中南方民族史料偶拾　楚史論叢（初集）】

𢀳

◉許　慎　𢀳搥擊也。从巴帚。闕。博下切。【説文解字卷十四】

◉馬叙倫　鈕樹玉曰。繫傳作帚聲。當不誤。其音博下切者。誤認為巴聲也。玉篇音市招切。擊也。廣韻無𢀳。而宵韻有㲫字。訓擊。蓋即𢀳之譌體。錢坫曰。今人擊嘴曰𢀳掌。此字也。王筠曰。巴帚二字皆與擊義不相比附。段玉裁謂當是從帚巴聲。以唐韻博下切推之耳。然搥擊以手。帚固非手也。鈕氏所據小徐本無聲字。倫按此字必為形聲。以巴為蛇而帚為埽之初文。不能會意也。倫謂搥擊也者。搥字蓋校者注以釋𢀳字之音者也。猶琵琶之連緜矣。擊也者。誤以𢀳為搥而加訓也。錢謂今謂搥嘴曰𢀳掌。蓋俗語之𢀳。音正由搥而轉也。然非𢀳字本義。則極明。倫謂此今南北通呼埽具曰埽把之把本字。則從帚巴聲。博下切為不誤矣。玉篇音市招切。則字當如廣韻作㲫。乃今杭縣謂埽具曰苕帚之苕字。然苕帚者。實謂以苕為之者。非埽具有此名也。然召帚古音皆在幽類。或古亦名帚曰㲫。則為帚之轉注字。要之𢀳字不當在巴部。此字蓋出新字林。【説文解字六書疏證卷二十八】

乘

菁四・一 後一・五・一 後二一六・八 甲二四一五 京津三九九四 明藏九四 寧滬一・一七
二 福二〇 鐵一六・四 乙一一二四 佚七六 佚五六〇 佚六七八 甲五六八 甲五七一
甲一二八一 甲一三一四 鐵七六・二 鐵二〇四・一 鐵二七一・三 前一・三五・五 前二・
五・六 佚五九 後二・一〇・一〇 甲二一七四 戩六・一三 存二七〇八 存二七二六 存二
七三七 佚一四四 前一・一五・六 前三・五・二 前三・七・四 前三・七・五 前三・
八・一 前三・一〇・二 前三・一〇・三 前八・七・一 後一・二一・一〇 燕一六五 後
二・三六・五 林一・一五・二 佚五・二三 甲二一八三 明藏九五 寧滬一・四〇 寧滬一・一七四
掇一・三七八 甲六五二 庚子 見合文二九 甲二三八 庚辰 見合文二九 乙四六九二 庚戌 見合文三〇
京都三一三八 庚寅 見合文三〇 京都三〇四四 庚午 見合文三〇 後一・七・九 庚己 見合文一〇 【甲骨文編】

甲32 238 571 1281 1322 1852 2031 2283 2325 2744 2907
乙817 907 944 1428 4603 4692 5453 6298 6397 6664 6752
7030 7815 8936 8950 珠273 274 341 343 351 365 532
622 636 842 福26 28 佚400 474 522 560 573 678 續
1・11・7 1・22・8 1・22・10 1・23・1 1・33・2 1・34・3 1・35・1 1・38・8
1・39・7 1・41・7 1・46・3 4・5・2 4・25・1 6・20・3 掇378 徵3・189 3・190

3·214　3·238　京3·10·1　4·25·2【續甲骨文編】

庚　史父庚鼎　弓父庚卣　作父庚觶　作父庚鼎　庚觥　羊父庚鼎　子父庚爵　庚爵

女庚爵　父庚爵　陸册父庚卣　父庚卣　子父庚觶　父庚尊　家戈父庚卣　豚卣

揚鼎　且日庚簋　且日戈　保侃母簋　庚姬鬲　商尊　賫庚姬貝丗朋　莫鼎　魚作父庚尊　子

卣　史獸鼎　㝬伯簋　賢簋　庚贏卣　師趛鼎　公父宅匜　師奎父鼎　彔伯簋　師虎簋

揚簋　寰盤　兮甲盤　克鐘　伯鼎　吴彭父簋　鄭虢仲簋　曩伯盤　曾伯霥

匜　戈弔鼎　楚嬴匜　楚子匜　沇兒鐘　庚兒鼎　哀成弔鼎　郤䢴尹鉦　鄲孝子鼎

華母壺　王子午鼎　命尹子庚　㠯庚簋　子父庚觚　御鬲　庚寅　鄂君啟舟節　庚芑昜　鄂君啟車

節　庚邡丘【金文編】

3·1104　獨字　陶文編14·97　秦下表72　工庚□□【古陶文字徵】

〔三六〕【先秦貨幣文編】

布空大　典七三二　按金文庚姬鬲及父庚尊庚字皆同此【古幣文編】

7　220　234【包山楚簡文字編】

庚　日甲九九背　三例　日乙七六　六十五例　日乙八一　三十四例　日乙二五〇【睡虎地秦簡文字編】

0293　0059　0117　1999【古璽文編】

庚角霸印　橋庚私印　吳庚【漢印文字徵】

袁安碑 二月庚午　延光殘碑 庚戌【石刻篆文編】

庚【汗簡】

汗簡　説文【古文四聲韻】

◉許　慎　位西方。象秋時萬物庚庚有實也。庚承己。象人齎。凡庚之屬皆从庚。古行切。【説文解字卷十四】

◉薛尚功　庚鼎　説文。庚。位西方。象秋時萬物庚庚有實。此庚乃有垂實之象。【歷代鐘鼎彝器款識法帖卷二】

◉薛尚功　父庚爵　商紀有太庚盤庚祖庚。而此謂父庚。必其子為父而銘之庚之字。説文謂象秋時萬物庚庚有實。而商之庚鼎作。乃有垂實之象。而此庚則字形已變。而與許慎所記不合。【歷代鐘鼎彝器款識法帖卷四】

◉薛尚功　父庚觚　説文云。庚象秋時萬物庚庚有實。今此彷彿。【歷代鐘鼎彝器款識法帖卷五】

◉孫詒讓　「庚」皆作「」，九之三。金文庚熙卣作，且辛父庚鼎作，子父庚爵作，與此微異而大致相類。或作「」，七十六之二。則與小篆同。【栔文舉例卷上】

◉林義光　字形皆不類。古作戈叔鼎。當為横之古文。闌木也。凡器物縱列二木者。多横關之以為固。淮南子筐不可以持屋。齊俗。借筐字為之。又船前横木謂之桄。車後横木謂之軏。筐桄軏横古皆與庚同音。實皆以庚為本字。象器物之柎。二象其横。横木有接續之象。故庚引伸為續。詩西有長庚大東。傳云。日既入謂明星為長庚。庚。續也。【文源卷二】

◉陳啟彤　庚　當訓絡絲柎也。从干，象柎形屮又絡之，會意。古文續字賡从此。依朱氏説。位西方，秋時萬物庚庚實也，故因以為庚辛之庚，凡庚之屬皆从庚。古名上章，章訓樂竟為一章，上章與賡續之意相成。庚形空虛，故引申有空虛意，是以康从庚聲，而訓穀皮。唐从之，訓大言，大與空虛一意相轉引。【釋干支　中大季刊一卷三期】

◉郭沫若　庚字小篆作兩手奉干之形，然於骨文金文均不相類。金文更有作者，如父庚鼎。陶齋續録十四葉，原誤作「父辛鼎」。作者，如豚卣之「豚止父庚宗彝」。此二庚字與殷彝中之一圖形文字極相似，如宰椃角鍪內二銘文之「」，叡作父辛彝尊之「」，又女歸卣、父辛殷均有此文，亦有單以此文銘鼎者。前人釋為「庚丙」二字。吳大澂以為：「从庚、从丙，當係古禮器，象形字，臣受册命時所陳設。」余案此即古庚字也。文既象形，不能言其所从，其下之丙字形蓋器之鐏耳。觀其形制，當是有耳可搖之樂器，以聲類求之，當即是鉦。說文「鉦，鐃也，似鈴，柄中，上下通。从金，正聲」。又「鐃，小鉦也，从金、堯聲。軍瀌卒長執鐃」。周禮地官鼓人「以金鐃止鼓」，鄭注云：「鐃如鈴，無舌有秉，執而鳴之，以止擊鼓。司馬職曰鳴鐃且卻。」合許鄭二家之說以求之，可知鉦鐃一物，特器有大小而已。二家雖未言有耳，然既言無舌，有柄中通，執以鳴之，則有耳自是意中事。故鉦之形制適與此合。其或名鐃者，殆取其搖而鳴之也。形制既合，而鉦從正聲，在耕部，與陽部之庚聲極相近。鉦鐃例當後起，則知庚蓋鉦之初字矣。

庚之本義其失甚古，後行之義如庚，更也，續也，道也，或堅強貌，釋名釋天。橫貌，漢書文帝紀「大橫庚庚」注引服虔說。與鉦義均無涉，蓋出自假借也。从庚之字有康字，小篆作穅，从米，云穅之省。穅曰「穀之皮」。然古文康字不从米，卜辭之康祖丁或康丁即史記漢書等之庚丁作□若□，同見前一卷十二葉。金文亦同，如禁伯壘父𣪘之「康龢屯右」作□，伊𣪘之「王在周康宮」作□。文既不从米，意亦絕無穅義。然羅氏猶沿許書以為說，以庚下之點作為象穀皮碎屑之形，此恐未必然也。康字訓安樂、訓和靜、訓廣大、訓空虛，只空虛之義於穀皮稍可牽及，其它均大相徑庭，無由引伸。余意此康字必以和樂為其本義，故殷周帝王即以其字為名號。穅乃後起字，蓋从禾康聲，古人同音通用，不必康即是穅。大凡和樂字古多借樂器以為表示，如和本小笙，樂本絃樂之象，又如喜字从壴，古鼓字，象形。龢龤字从龠，雅字亦本樂器之名，然則康字蓋从庚，庚亦聲也。庚下之點撇，蓋猶彭之作□若□，言之作□若□。見釋和言篇。是則康庚二字可為互證，此實僅存之一例矣。【釋支干 甲骨文字研究】

◉葉玉森 郭氏謂庚象有耳可搖之樂器。至塙。卜辭亦有□□二體。亦作□。□之偏旁。見殷虛卜辭第百二版。與金文作耳形者同。【殷墟書契前編集釋卷一】

◉朱 奇 庚字古彝器作□。李陽冰曰。庚從干。廾象人兩手把干立。其為兵器。古人已先我言之矣。【十干字考 藝文雜志一卷五期】

◉魏建功 庚字本象兩手収持干形，龜文例見殷虛文字類編第十四十一頁，金文例見金文編第十四十五頁。所以言扞捂之事。午干形似，故左傳襄公十二年注：楚公子午，字子庚。古人名字義多相合，名午，字乃作庚也。是庚辛字，許訓「位西方，象秋時萬物庚庚有實也。庚承己，象人𪗋」，不可信矣。他如唐康賡諸字，按之契文，皆足證為从兩手収持干形。【釋午 輔仁學誌二卷一期】

◉馬叙倫 鈕樹玉曰。繫傳韻會作□。王筠曰。若論字形。直是從廾干。即如嶧山碑所書康字作□。其□亦不必非從廾干也。兵之古文作□。亦可云從人庚聲。而說云從人廾干。則會意字也。故云人廾干。則以人為主。似戰鬥字。不似器械字。亦可疑也。朱駿聲曰。當訓絡絲柎也。易謂之檷。從干。象柎形。手持之。饒炯曰。庚是兵之正文。倫按兵為防備之防本字。古文作使。從人。庚聲。見使字下。干弁一字。形為県大。非兵器也。見干字下。庚蓋秉之轉注字。從𠬞。干聲。故魚尊作。且日句兵作。史獸鼎作。庚嬴卣作。金文幾無不然。甲文亦然。其有作子父庚觶甲文者。蓋變譌從𢆉耳。從干得聲。故音入見紐。秉音封紐。封見皆破裂清音也。秉兼一字。而兼音見紐。兼庚雙聲。當入𠬞部。王筠據鍇本作。繫傳袪妄篇作。【說文解字六書疏證卷二十八】

◉陳書農　律書，庚者言陰氣庚萬物，故曰庚。說文，庚位西方，象秋時萬物庚庚有實也。按庚即根之初文，今言幹，以別於枝者。說文，根，木株也；株，木根也。段注今俗言椿。庚之作，乃从𢆉从𠬞，𠬞即共，拱之初文，拱手指樹之幹，且以注音，其作者，變且省也。【釋干支　學原二卷四期】

◉于省吾　魚鼎匕　⿰庚欠即庚。通羹。爾雅釋草蘡盜庚。釋文庚本又作羹同。【蚰匕　雙劍誃吉金文選】

◉陳夢家　庚宗是魯地。左傳昭四「初穆子去叔孫氏及庚宗」，杜注云「庚宗，魯地」；又哀八「吳師克東陽而進，舍於五梧，明日舍於蠶室，明日舍於庚宗，遂次於泗上」，春秋地名考略云「今山東泗水縣東有庚宗亭」，續山東考古録云「軍行三十里為一舍，東陽在今費縣西南，三邑當在費縣泗水之間」。今泗水東有庚宗亭，與費縣接界。其地在曲阜之東，曲阜東之奄乃殷都之一。【殷虛卜辭綜述】

◉陳邦福　白虎通五行篇云。「庚者。物更也」。史記律書云。「庚者。言陰氣更萬物。」又禮記月令云。「其日庚辛。」鄭注。「庚之言更也。萬物皆肅然更改。秀實新成。」惟鄭與許同說。又殷契文幹枝人名庚字。作諸形。周金文幹枝人名庚字。如史父鼎庚作。羊父庚鼎作。子父庚爵作。陸册父庚卣作。子父庚觶作。家父庚卣作。父庚爵作。庚爵作。父庚尊作。且庚爵作。豚卣作。且日庚敦作。師奎父鼎作。郤□句鑃作。鄭虢仲敦作。大一經謂庚象人齎者。正與殷周古籀文相合。又殷契字蓋殷人刻文未竟。則後世闕筆之肇始矣。【十幹形誼箋】

◉殷滌非　羅長銘字，長銘釋庚讀為更，有經歷之意，滌非讀為亭，因字與古亭形相近。【壽縣出土的「鄂君啟金節」　文物一九五八年】

◉李孝定　說文「庚。位西方。象秋時萬物庚庚有實也。庚承己。象人齎。」庚庚有實當垂垂纍纍。於字形無絲毫相似。於人臍之象則尤懸遠。陳邦福氏乃謂大一經之說正與古文相合。不知何所見而云然也。郭氏謂字象有耳可搖之樂器。父庚鼎豚卣宰椃角觑作父辛彝數文並即庚之古文。其説極是。又引和樂喜康諸字均從樂器取意。以為庚為樂器之旁證。説亦可從。其形制當後世之貨郎鼓。執其柄旋轉搖之以作聲者。上从□乃其飾。篆變作干。干字古作□。不作□。器身及兩耳篆變作収。其朔誼遂不可知矣。後世典籍庚之義訓均其假借。與初誼無涉。訓更乃同音通叚。訓續則讀為賡。(賡。許書以為續字重文。非是。賡从庚聲。與續同義耳。非一字也。咎繇謨「乃賡載歌」。釋文加益皆行二反。賈昌朝云「唐韻以為説文誤」是也。賡从庚聲。得有續義者。亦由叚借為更得之更。迭則有相續之義也。徐鉉曰「賡今俗作古行切」。則賡庚同讀。唐宋以來已然矣。)訓道亦由更經一義引申得之也。而卜辭中均用為幹枝字。無用其本義者。郭氏此説遂無由獲直接之證明。然於字形及庚康二字之關係觀之。蓋不誣也。金文作□史父庚鼎□羊父庚鼎□魚尊□囂伯盤□且日庚簋。餘尚多見。大抵略同。又郭沫若氏謂庚即後世之鉦。二者音雖相近。注家所稱鉦之形制與庚之字形則不甚吻合。二者是否古今字。未由考知矣。【甲骨文字集釋第十四】

◉張秉權　「□(庚)」字，許氏以為「象萬物庚庚有實」「象人齎」。郭氏以為即鉦之初字，象有耳可搖的樂器。李氏集釋對於郭氏庚為鉦之初文的説法，雖未同意，但却贊成象樂器之説。徐鍇繫傳祛妄引李陽冰説「兩手把干立為庚」。徐箋引戴侗説庚是「鐘類」，又引周伯琦説象鐘虡形。孔廣居疑即古「更」字。饒炯受了王筠釋例的啓示，以為即「兵」之正文。朱駿聲通訓定聲以為「絡絲柎也，易謂之檷。從干象柎形。□又手絡之，會意」，他的見解，頗具卓識。那末，庚可能也是一種調絲的工具。即天工開物所謂「手中執籰旋纏」的「籰」，亦即通雅器用所説「似小攬車，中有柄，聽絲旋其外，而中軸自轉，總曰絡子」的「絡子」，蘇俗亦稱「籰頭」，是一種絡絲的小架子。【甲骨文中所見的數　歷史語言研究所集刊四十六本三分】

◉徐中舒　□乙九〇六六　□前一・四一・三　郭沫若謂金文庚字有作□父庚鼎、□豚卣等形者，觀其形制，當是有耳可搖之樂器。《甲骨文字研究・釋干支》。按郭説可從。惟郭又謂以聲類求之，庚當是鉦之初字。然於文獻記載及實物徵驗之，鉦皆無耳，且以椎擊之，故庚鉦非一物。

□掇二・一三七　字形近庚，疑為庚之異體。【甲骨文字典卷十四】

◉戴家祥　庚字初義諸家考釋各異。林義光云：「當為僙之古文，闌木也。」文源。魏建功謂「庚字本象兩手□持干形」。輔仁學誌二卷一期一四至一五葉釋午。此僅就小篆字形揣測，與甲骨金文字形不合。郭沫若謂庚「當是有耳可搖之樂器，以聲類求之，當即是鉦」，甲骨文字研究釋干支。似與庚字形義難合，其初義有待再考。金文用作干支紀日，或用作人名。鄂君啟節「庚彭弫」、「庚松易」，庚假作更，為經歷的意思。【金文大字典下】

辛 辛

鐵一六四·四 餘一·一 前三·七·五 前四·二四·一 前七·三三·一 後一·一八·三 林一·九·一 林二·二七·一四 燕一四一 粹二五 粹一八六 粹二七七 甲二二八二 佚八〇 掇一·三九八 寧滬一·五九 寧滬三·三二 存二七〇八 存二七二 存二七三七 乙六六九〇 乙七六八九 乙九〇七四 簠帝一三 續一·一四·三 甲九〇七 甲一六一八 甲二三二五 甲二三三二 甲二九〇三 朱書 掇二·四〇〇 墨書 佚四二七 佚五六四 戩四·一〇 燕四八 簠帝三五 前二·三六·五 前三·五·二 乙八五一五 辛卯 見合文三〇 後二·三四·六 辛亥貞 見合文三〇 【甲骨文編】

甲30 206 1618 2325 2331 2707 3618 3620 乙5519 佚427 577 徵1·7 3·71 3·72 3·193 3·216 8·117 【續甲骨文編】

辛 司母辛鼎 ?辛鼎 亘尊 責父辛觶 鳶且辛卣 父辛?簋 冊戉父辛卣 ?父辛簋 䣄父辛卣 ?辛爵 㳄㑋尊 辛卿宁觚 父辛?觚 父辛竝觚 令?父辛卣 父辛盉 大父辛卣 ?父辛鼎 ?父辛卣 ?父辛簋 馭八卣 𠨘?簋 且己父辛卣 父日戈 匽侯旨鼎 臣辰卣 趞鼎 趞卣 剌卣 中父辛爵 辛巳簋 父辛鼎 父辛簋 子辛卣 豢妣辛簋 田告作母辛鼎 寵卣 𣪕?簋 索諆爵 無仲卣 考卣 辛爵 揚作父辛簋 甗方彝 仲辛父簋 孟辛父鬲 舍父鼎 𠫑簋 服尊 彔簋 辛鼎

利簋　牆盤　趞鼎　瘨鐘　伯寬父盨　申鼎　蔡侯𩓫尊　酓肯匜　𦵏簋　亲子

即辛巳　寙卣　辛卯二字合文【金文編】

3·621　丘齊辛里公孫逋□　3·622　丘齊辛里王汩㕢□　3·623　丘齊辛里公孫絟　3·613　丘齊辛里王□

3·620　丘齊辛里郑合心　3·482　□南𩫖衢辛匋里或　3·618　丘齊辛里之□　3·619　丘齊辛匋左里敀亳區

5·384　瓦書「四年周天子使卿大夫……」共一百十八字　6·4　辛□【古陶文字徵】

〔六八〕〔三六〕〔三六〕〔一七〕〔二二〕〔四〕〔六五〕〔一九〕〔五〇〕

〔五四〕〔三五〕〔三六〕〔五〇〕〔二〇〕〔二二〕〔五二〕〔七九〕〔三三〕〔二

五〕〔三三〕【先秦貨幣文編】

布空大　豫孟　布尖　辛城　通于新　晉定　仝上　晉高　布尖　辛城　晉原　仝上　布空大　典六六七

仝上　典六六八　布空大　歷博　刀尖　典一一五七　布空大　展拾【古幣文編】

166【包山楚簡文字編】

辛　日乙二一〇　七十例　日甲九九背　二十五例　日甲九二【睡虎地秦簡文字編】

2709　0406　1511　1269　1266　1267　1268　1248【古璽文編】

金國辛干夷槐佰右小長　辛明私印　辛臨私印　辛長舒印　辛延年　辛吸【漢印文字徵】

袁安碑　二月辛巳　袁敞碑　其辛酉葬　開母廟石闕　辛癸之閒　少室石闕　監廟掾辛述　𢻨毁銘笵母　辛丑

【石刻篆文編】

[glyph]辛 [glyph]辛 王存乂切韻 【汗簡】

[glyph]王存乂切韻 [glyph]汗簡 【古文四聲韻】

●許　慎　辛秋時萬物成而孰。金剛味辛。辛痛即泣出。从一。从䇂。䇂。辠也。辛承庚。象人股。凡辛之屬皆从辛。息鄰切。【説文解字卷十四】

●薛尚功　辛爵 [glyph]

右銘一字曰辛字。【歷代鐘鼎彝器款識法帖卷三】

●方濬益　[glyph]父辛爵　古文辛。或書作[glyph]。此下體中空乃似[glyph]。按説文部首言直言曰言。論難曰語。从口。䇂聲。是言字本从䇂得聲。然此文自是書者偶然變體。非通叚也。【綴遺齋彝器攷釋卷二十】

●孫詒讓　「辛」皆作「[glyph]」，三之四。金文父辛鼎正如是作。或作「[glyph]」，百卅之一。則文尤簡。【栔文舉例卷上】

●林義光　一辛非義。[glyph]即屰字。繹山碑逆作辥。凡辛味上撤鼻。故从屰逆上。二。古上字。引伸為罪。與䇂同意。凡从辛之字多此義。古作[glyph]畬彝乙。作[glyph]舍父鼎。作[glyph]祖巳父辛器。説文云。[glyph]辠也。从干二。二。古文上字。按古祖巳父辛器。妣辛器。聿貝父辛器。辛皆作[glyph]。是辛與䇂同字。【文源卷十】

●高田忠周　[glyph]　説文。辛。秋時萬物成而孰。金剛味辛。辛痛即泣出。从一䇂。䇂。辠也。段氏云。一者陽也。陽入於辛。謂之愆陽。又朱駿聲云。干支義為託名幖識者。即叚借也。本義大辠也。从羊上。會意。干上為䇂。辠之小者。羊。擻也。擻。刺也。羊上為辛。辠之大者。辠辥辜辟辡皆从此為意。白虎通五行。辛所以煞傷之也。轉義。周書柔武以匡辛苦注。辛苦。窮也。又周禮瘍醫以辛養筋注。金味。此説似有理。然審篆形。从䇂。下·者指事。此元不从一。又不从二羊。明矣。蓋謂辛義。秋霜寒栗之際。椒菽子熟。其味辣也。其義不可象。故借罪人被刑辛苦痛泣之意以為字義。此為會意之叚借也。亦如令長字矣。倉頡作法書。始于甲子。辛字固古矣。卜辭多以䇂為之。亦省文叚借之恆例也。又按干上曰䇂。犯罪之謂也。犯罪受刑曰辛。辛者。䇂之果也。凡辛者。不能無䇂。辛亦受意于䇂。辛䇂轉注乎。存疑俟來哲之判云。【古籀篇十六】

●羅振玉　[glyph]　此即許書部首之䇂。卜辭中諸字从此者不少。特不可盡識。其見許書者則口部之啻一字耳。予案。許書䇂辛兩部之字義多不別。許君於䇂字注辠也。以童妾二字隸之。辛注从䇂辠也。而以辠辜等五字隸之。兩部首字形相似。但爭一畫。考古金文及卜辭辛字皆作辛。金文中偶有作辛者。什一二而已。古文辛與辛之别但以直畫之曲否别之。若許書辛部之辥之辪金文皆从䇂。部首之辟。卜辭从䇂□。金文从䇂䇂。其文皆與䇂同。又古文言童妾龍鳳諸字。則金文於言童妾三字从辛。卜辭中則妾从▽。言从□。龍鳳从□意均為䇂之或體。蓋因字勢而紬申之耳。凡許書辛辛二部所隸之字及部首之辟口部之啻皆應隸䇂部。庚辛之辛字形與䇂之或體□字雖同。然卜辭與古金文從無一曲其末畫者。其初義既不可知。則字形亦無由可説。次於庚部之後。但立為一部。【增訂殷虛書契考釋卷中】

◉陳啟彤　辛　當訓大辠也，从𢆉上，會意。干為辛，辠之小者，𢆉，撴也，撴，刺也，𢆉為辛，辠之大者，朱氏説。秋時萬物成而大䡟，因以為庚辛之辛，凡辛之屬皆从辛。古名重光，重光有極盛之意，與辛意近。亲从辛聲。亦意取辛盛。是以親从亲而訓至。【釋干支　中大季刊一卷一期】

◉郭沫若　羅王二家均各有所發明，足補許書之缺，而以王氏辛䇂為一之説尤屬創見。然而羅氏辛辛為一之説似亦未可以遽改。據余所見，辛辛䇂實係一字。今在證明此説之前，請先剔出疑似者數字於此範圍之外，其一為言、音二字，其二為龍、鳳二字。

言、音二字古不从辛，其與辛類似之形構古本作▽作丫，或作□，殆象簫管之形，此於釋和言中已詳之矣。因之，可知言、啻實非一字。

龍、鳳於卜辭有从辛作者，如龍作□前四卷五四葉二片、鳳作□鐵五五葉三片是也。案此乃象龍鳳頭上之冠，字當為説文部首丵字之省。説文云：「丵，叢生艸也，象丵嶽相並出也。讀若浞。」卜辭鳳字亦多从丵作者，如□前二卷卅葉六□同上□同上□同上□四卷四二葉六片□後上十四葉八片諸形，即其證矣。

故言、音、龍、鳳均非从辛若辛之字，其義亦判然有别。此於論字之先自當釐而析之，於事方不至混淆。

至辛辛二字，王氏分之，以為「不在横畫之多寡而在縱畫之曲直。」其所引證，於宰、辟、辥、辪、章諸字則特筆書之，於童、妾、言、豪諸字「言」當除外則以為「辛字在上，其左折之跡不可見」，而屏諸例外。此事正宜加以推究。如辛辛果為二字，則童、妾諸字何不準啻字之例以示其重要之曲筆，而必冠於字上使與他字混淆？此其可疑者一。王謂辟、章諸字所从之辛皆作曲筆，然事亦不盡然。卜辭有𢓜字，文曰「其□于之，若」。前五卷，三十葉一片。金文有□毁、□鼎。凡此皆从辟之字也，而作直筆。又如章字，其見於頌毁及史頌毁諸器銘中者，誠如王氏所説中作曲筆。然如乙亥毁之作□，師遽方尊之作□，大毁器蓋六章字，器文作□、作□若作□，蓋文三字與第三形同。凡此則均直筆作，與王氏之説有異。此其可疑者二也。又如僕字，史僕壺器蓋四字，蓋二字作□，此依王説則確係从䇂之字，然而器文二字則作□。静毁亦作□，皆無絲毫曲意。此其可疑者三也。然此三疑正辛、䇂、辛為一之之證。且辛字二氏謂無一曲筆作者，然羅氏所編殷文存中有「[glyph]父辛爵」，下卷十五葉。辛字作[glyph]，正是曲筆。此品未見原器，不能斷言其真偽，然由字體觀之，似非偽器。是則辛字之結構，橫畫固可多可少，而直畫亦可曲可直。更積極而言之，則辛、辛實本一字。

辛辛同字而異音，此亦有說。字乃象形，由其形象以判之，當係古之剞剧。説文云「剞剧，曲刀也」。一作剞劂，王逸注哀時命云「剞劂，刻鏤刀也」。剞剧、剞劂實古之複音字，猶茨為蒺藜，壺為胡盧，為瓠蘆，椎為終葵，筆為不聿之類也。應劭注甘泉賦分為二物，云「剞，曲刀；劂，曲鑿」。蓋同是刻鏤之器，則曲鑿曲刀是一非二。高誘注淮南子則別立異說。其於俶真訓云「剞，巧工鉤刀，剧，規度刺墨邊箋也。所以刻鏤之具」。而於本經訓又云「剞，巧刺畫盡頭墨邊箋也，剧，鍽尺」。一人之説而前後互異，此其出於臆度之明證矣。剞剧為刻鏤之曲刀，然其為用自不限於刻鏤。古之簡篇亦用鍥刻，故剞剧當即考工記「築氏為削」之削。削之制「長尺博寸，合六而成規」，鄭注云「今之書刀」。是所謂曲刀者，其形殆如今之圓鑿而鋒其末，刀身作六十度之弧形。六六三百六十度，故言「合六而成規」。辛字，金文之作[glyph]串父辛毀若[glyph]父辛爵加一乃表示上下意，即其正面之圖形。作[glyph]若[glyph]者則縱斷之側面也。知此則知辛、䇂、辛何以為一字之故，且三字何以字同而音異。辛，許書云「讀若愆」，古音在元部，此殆剞之音轉。剞在歌部，歌元陰陽對轉，故剞可變為愆音。辛或䇂「當如奇讀，讀若櫱」者，則从剧或劂讀。櫱與劂同在祭部，剧在脂部，脂祭二部音最相近。脂真陰陽對轉，則剧劂均可轉為真部之辛音矣。由形而言既如彼，由音而言復如此，則辛辛之為剞剧或剞劂，審矣。因剞剧一名而二音，故辛辛終遂判而為二字，更益之以䇂字之異形，如古生物學中之化石，此不細心以考察之，固難觀其會通矣。

淮南本經「公輸王爾無所錯其剞剧削鋸」，高注剞剧已如上述，其注削云「兩刃句刀」。案此削字與剞剧並舉，與築氏為削之削當有別。削有刀義，在此當係泛指斧斤之類。又高之「刺畫墨邊箋」之説，施之於此，亦覺相宜。

辛辛本為剞剧，其所以轉為愆辠之意者，亦有可説。蓋古人於異族之俘虜或同族中之有罪而不至於死者，每黥其額而奴使之。易睽之六三曰「見輿曳，其牛掣，其人天且劓」，釋文引馬云「剠鑿其額曰天」。此服牛引重之人當即臧獲，而剠其額截其鼻，此古代虐待奴隸之真相也。其留存於文字中者則為从辛之童、妾、僕等字。妾字骨文作[glyph]前四卷廿五葉七一八片，金文作[glyph]伊毀若[glyph]克鼎，辛字均在頭上，此與叔向父毀之女字「婞姒」作[glyph]若[glyph]者有別。童字小篆作[glyph]，業已形變。許書引籀文作[glyph]，云「从廿，廿以為古文疾字」。案廿實象人之頭形，非疾字也。毛公鼎「金踵金豪」之踵字作[glyph]，童旁與籀文同。番生毀之「金踵金豪」，假用童字作[glyph]，从[glyph]，當係頁之省。毛公鼎以童為動字，作[glyph]，从目，當係首之省。此外如从童之鐘字，於金文習見，大抵均从首省或頁省。是知籀文从廿者實係首形之變，而童字所从之辛，與妾字同意，實在人首之上也。【釋支干　甲骨文字研究】

◉葉玉森　卜辭辛作等形。其之一體填實之則成。末銳如鏃。上可受椎。似象一工用之器。與之象迥別。作。下仍象鏃。上或增一作二。乃譌變。非上字。乃䇂之專字。孫氏謂辛有作者。考藏龜第一百卌版乃贗製。下仍作。實非辛字。金文䇂之省體或作辛。與相同。似非庚辛之辛。郭氏謂剞劂即辛辛。尚待商榷。【殷墟書契前編集釋卷一】

◉商承祚　羅王兩先生皆謂辛辛之别于古文中視其直畫之曲直。然亦有不盡然者：如章，頌毁作，史頌毁作，公伐郘鐘作，从。大毁又或作。師遽尊作。从。僕。史僕壺作。从。静毁又或作。从。公伐郘鐘作。从。僻。鬲攸比鼎作。从。僻盨又或作。从。甲骨文作。从。其字誼皆應从辛。曲其末筆如兩先生説，而其不曲者又當何解：謂之為筆誤歟，抑變例歟？藉此，知辛辛一字，筆有緐簡，畫有曲直。其音當讀如愆。䇂字特曲，當讀如孽。二字字形分别甚大，不能相亂也。【甲骨文字研究下編】

◉吴其昌　由石斧一形，縱之則為工為士為壬為王，横之則為戊為戉為戌為成為咸。倒之為辛。

1 2 3 4 5 6 7 8 9 10 11 12 13 14 15 16 17

18 19 20 21 22 23 24 25 26 27 28

29 30 31 32 33 34 35 36 37 38 39 40

觀于上列諸形，則「辛」之本義亦為金質刃屬兵形之器，「辛」之形體亦由石斧□一形化衍而出；甚為淺著明白。蓋由□之一形，其鋒刃下向者，則衍為「工」「士」「壬」「王」諸字。其鋒刃左右旁向者，則衍為「戊」「戉」「戌」「成」「咸」諸字。其鋒刃仰而上向者，則衍為「辛」字也。是故「辛」字即「士」字之倒形。此辛之第四字作□，而士字之第四字作□(見上)。此辛字之第六字□，而士字之五字作□(見上)，其為倒形，抑且分銖不爽，如合符契，尤非口舌所可掩諱也。是故「辛」之本義，亦斧屬也。亦兵刑器也。斯一驗也。

殷文存卷下頁十四有木父辛爵，「木」下有「辛」，其形作□。蓋與上述母己鼎、木工册鼎之「木」下有「工」作□形者(詳工字節)正為同例，皆象木下有斧斤之屬，可以任時取伐。「工」義為斧，前已證明；故「辛」亦「工」類，同為斧屬，斯二驗也。

原始石斧，往往刓有圓空，可容壯指貫握。故如石斧第二十二、第二十三兩形作□狀。其後兵器進步，施有長柯；然刓空之制仍容保留，故如「咸」字之第一第二兩形作□□狀，明其源出于斧。今「辛」字之第七字作□，則其源之亦出于斧明甚，斯三驗也。

□ 甲 □ 乙 □ 丙

貞松堂集古遺文卷九頁十八有宰父乙觶，其「宰」字之文如甲。奇觚室吉金文述卷十八頁九及攈古録卷二之一頁十五有宰德□壺，其「宰」字如乙。宰峀毁(愙齋册十一頁二十六)之「宰」字如丙。以乙丙推甲，始知甲亦為「宰」字。以甲釋乙丙，始知「宰」之義乃為屋下有辛類兵器。惟「辛」為兵刃之器，故「宰」之義為「宰殺」，為「宰割」。漢書宣帝本紀本始四年「損膳省宰」，師古曰：「宰，為屠殺也。」(又引漢儀注云：「太宰令：屠者七十二人，宰二百人。」)又漢書陳平傳(卷四十)「里中社，平為宰，分肉甚均」，師古曰：「宰，主切割肉也。」蓋「宰」本示於屋下操「辛」以屠殺切割牛羊牲牷者，故引之又為「宰夫」職主烹包也。則「辛」為「屠宰」「宰殺」「宰割」之工具，斯四驗也。

又春秋隱公元年公羊傳云「宰，士也。」按「士」亦斧屬兵器，且為「辛」之倒文，斯五驗也。

甲 □ 乙 □

又殷文存卷一頁一有鼎文甲，又殷虚書契後編卷下頁二十片十，有「僕卜」二字，其「僕」字如乙。又「臣妾」之「妾」字，大克鼎作□，伊毁作□。又「僮僕」之本字「童」字(亦得假為「動」，由童僕之義，引伸為勞動之義)，毛公鼎作□，番生毁作□。其字皆從「辛」。□與□為一義，但一為女子，一為男子耳。吾人知□也，妾也，童也，僕也，皆俘擄也(詳拙著中國文化史社會組織篇奴婢節）。故知頭顱所標植之「辛」乃俘擄之記號也。最初先民禽獲俘擄，聚環一隅，中立武器，以示威懾；正猶上「王」字章內所引立𠁁父辛鼎等五器，乃為獼獵獲獸以後中立武器，旁環獸形，其情況相符合也。惟「辛」乃為威懾俘擄之記號，則「辛」為兵刑之器概可想見，斯六驗也。

今更以殷虛契文考之，殷虛契文「王」字作王亦作𡈼，多至不可勝舉，如後編卷一頁一片之「王亥」，又卷一頁十九片一之「王亥」，又卷一頁二十三片五之「王亥」，又卷一頁二十六片五之「王亥」，又卷二頁七片七之「王亙」，皆作太（見「王亥」「王恒」，幾無例外）。他如卷一頁一片十四之「王往省……」，卷一頁十三片六之「王步于溼」，皆作太（此例尤多，此皆信手掇拾）。與上所舉例自第十八至第二十三諸「辛」字作䇂者絕無他異，僅為倒文。又如後編卷下頁三十一片五之「王」字作▲，與上所舉例自第一至第六諸「辛」字亦僅相顛倒，別無不同。（甲骨文字「辛」字亦間作䇂，考後編卷下頁十六片十四，又卷下頁四十二片四等可見。）是知「辛」之與「王」，僅刃柯之易位，非實質之有貳。「王」義已明，「辛」意隨顯，斯七驗也。

今更以經典羣籍訓詁攷之，白虎通五行篇云：「辛，所以煞傷之也。」必兵刑器，始能殺傷。又藝文類聚引五經通義云：「辛，自克辛也。」據爾雅釋詁：「克，殺也。」而「辛」乃與「克」同義。「克辛」連文，蓋正猶「咸劉」連文，「克滅」連文，義皆為殺也。以「衣衣」「食食」之例文推之，則「辛」之為兵刑之器，蓋亦了然。斯八驗也。（由兵刑器之義，一衍則為殺傷。殺傷則苦痛，故再衍則「辛」之義為苦痛。兵刑器之質為金屬，故旁衍則「辛」義為金。西方為肅殺之氣，故「辛」屬金，金屬西方。）

「辛」為長柯仰刃之武器，其植立之法，在其柄足作◆形，故能鐫入土中，得以樹直。如上所舉第二十六、第二十七、第二十八三字所示實例是也。此類實例，正歉太緐，故舉三反以概其餘。然亦有與戈戉……等其他兵器同者。如[illegible]諸形，其柄足皆作巾形。「辛」之一部分柄足亦當有作巾形，而使全字作[illegible]者，故其後遂演為[illegible]字。𦱤𣪘（集古遺文卷六頁二）之「既生霸辛巳」作[illegible]（器蓋並同），𨘏季𣪘（攈古録卷二十二頁七十二）之「父辛」作[illegible]，𤔲白壺（窓齋册十四頁十八）、𤔲白𣪘（西清古鑑卷二十七頁二十三）之「辛姬」作[illegible]。（然集古遺文卷三頁十二之辛𤔲姬鼎之「辛𤔲姬」與𤔲白之女「辛姬」乃為一人；其「辛」作[illegible]。足證[illegible]即[illegible]，為一字也。）其演變之跡，系索甚明。足以推見當時「辛」之為物，其植地之足，原有◆形與巾形不同之兩種也。【金文名象疏證　武大文哲季刊五卷三期】

◉朱　奇　辛字。甲骨文作[illegible]。象今木工所用之鑽。説文從辛之字。若辠若辜若薛若辭若辡若辯。皆有獄訟之意。意者。古有肉刑。黥椓之具。即名為辛。今肉刑廢而辛之本義亦遂晦歟。

又説文辛部所從之字。若童若妾。皆為有罪之奴隸。足證辛字即辛字也。【十干字考　藝文雜誌一卷五期】

◉陳獨秀　辛(䇂)甲文庚辛字作□、□、□諸形，金文作□、□、□、□、□、□諸形，皆平首干也。說文分䇂、辛為二字，䇂訓辠，讀若愆，辜亦訓辠，辛訓味辛，辠、辜均从辛，䇂、辛明為一義一字。廣韻䇂在仙韻，辛在真韻，但古音真韻字亦多讀仙韻(ian)，故古書真韻字往往與清、青韻(iəŋ)字為韻，即如从辛得聲之新，楚辭九辨與清、生、聲、鳴、征、成為韻，从辛得聲之親，莊子養生主亦與名、刑、經、生為韻，管子四稱亦與令、騈為韻，韓非子揚權亦與并為韻，呂覽貴信亦與寧、輕、令、貞為韻；據此，則辛字古亦讀仙韻(ian)也。䇂即金文之□，辛即金文□之變，其下均象柄插土中，◆變為一，如□變□，□變為□，□變為□，□變為□，□變為□，□變為□，□變為□之例。甲文之□，金文之□，當為辛字原始形。此器亦有二用如斧，大者用之推火，故燮字从言，从言猶从辛，金文作□，古鉨文作□，皆象平首器推火。平艸穿木，故叢字从䇂，義為取䇂推叢艸。丵字亦从䇂，孳乳為鑿，鑿訓穿木。辥字从辛(金文从辛)，義為以辛治衆屮，孳乳為⿱辥刀，說文訓斷。變易為鏟，說文云：鏟，一曰平鐵。韻會云：鏟，平木鐵器。為剗，玉篇云：剗，削也，集韻云：剗，平也。且以刑人。故大辟字从辛，孳乳為劈，凌犀亦以辛(金文作□)。小者用之契刻，故辧字从辛，說文訓判，或作辨，隸變作辨，辯从辛，與言从辛同意。古者漆簡未興以前，文字刻於木，是謂楔文，說文栔訓刻，契訓大約，古者契約，刻木為之。易繫辭：上古結繩而治，後世聖人易之以書契。書契即謂刻文字於木，刻於木者謂之文字，宣於口者謂之語言，謂之辯。變易為削，考工記：築氏為削，長尺，博寸。鄭注云：今之書刀。疏云：古者未有紙筆，則以削刻字。說文云：錐刀曰劃，亦即此物。為剞劂，今曰刻字刀。辛、辛(亦即辛)之形孳乳為言。辛之聲孳乳為箋，說文：箋，表識書也。按義為刻識書表，如後世之署簽。為簽，見集韻。為鐫，說文訓穿木鐫，今刻字猶云鐫字。音假用虔，虔為虎文，訓固者，音假為堅也，訓殺者，音假為辛也。孳乳為劇，見唐韻集韻。為⿰牛虔，玉篇云⿰牛虔，本作犍，集韻云：⿰牛虔，犗牛也。或从建作犍。見說文新附。又音假作奄，周禮天官：酒人奄十人，注云：精氣閉藏者，今謂之宦人。續漢書五行志：奄官無陽施，猶婦人也。孳乳為閹，說文云：閹，豎也，宮中奄閽閉門者。近代又有騸。正字通云：騸，割去勢也，或逕作扇。五代史郭崇韜傳：當盡去宦官，至於扇馬亦不可騎。此辛所孳乳字之一族也。辛之形孳乳為戠，二徐本說文戠皆闕義，大徐本云：从戈，从音；後之解者紛紛，惟王筠等引禹貢釋文埴，鄭作戠，謂戠與埴同義；又林義光謂戠即題識字，義漸近之。从音即言，亦即辛，辛戈皆割刻之具，戠字甲文金文雖有多形，而以▽象刻木之辛則略同。後加言作識，說文栞訓槎識；此識之本義。加牛作⿰牛戠。龜甲卜辭有□，隸可作⿰牛戠，義為犍牛，▼即犍牛之辛。後又借同音之寺或直作特及犆。廣韻云：犆，⿰牛虔犆牛也。玉篇云：⿰牛虔本作犍，犆本作特。

又或借用同音之乘作騬。說文騬下云：犗馬也。犗下云：騬牛也。周禮夏官校人注云：攻特謂騬也。此辛所孳乳字之又一族也。栔刻艱難，刑人大苦，故辛用為艱辛、辛苦字。辣字从辛，謂其味之刺舌。【小學識字教本】

◉馬叙倫　鈕樹玉曰。繫傳韻會作從一辛。按當作從一辛。辛辠當是辛辠。桂馥曰。辛辠也集韻類篇竝引作辛辠也。徐灝曰。

此説解殊可疑。萬物成孰。其味不必皆辛。辛痛泣出而從一䇂。義尤迂曲。辥氏鐘鼎款識載商辛鼎作□。辛未父癸尊作□。子孫父辛彝作□。辛父舉卣作□。蓋亦象器物之形。借為庚辛字。又借為苦辛字也。䇂部。䇂。辠也。从干二。二古文上字。讀若愆。䇂與辛形聲相近。義亦通。疑本一字。辠辜辥辭等字竝从辛。而其義皆當為䇂。即其明證。因為庚辛之義所專。而其音又異。遂歧而二之耳。王筠曰。當依集韻引味辛下補也又二字。蓋成孰之義與一䇂之形不相比附。故委曲引申而傅合之。燮下云。辛者。物孰味也。故由成孰而得金剛味辛之義。含辛則泣。辛痛亦泣。引申為辠人辛痛之義耳。王國維曰。羅振玉曰。説文分辛䇂二部。卜辭只有辛字。凡十干之辛皆作辛。古金文始有䇂字。其實本一字。余謂不然。十干之辛自為一字。其字作□作□。或作□。訓辠之䇂又自為一字。其字古作□作□作□□。此二字之分。在直畫之曲直。凡古文宰辟辥辭章諸字。其義與䇂字相關。皆從□或□。其中直畫皆折而向左。無一從□或□作者。卜辭有□□字。即説文之□。是篆文之辛亦或作□。倫按徐羅之説是也。王據侶是。然石鼓文辝字作□。其辛字中畫不左折也。匽矦旨鼎之辛作□。卻右折也。況童妾豙諸文固亦不折也。且即必折。亦䇂辛一字也。蓋折者從□□之県文。金甲文中此類變例固甚多也。䇂辛一字。䇂從県大。辛從県夫耳。故仲辛夫鼎孟辛父鬲皆作□。然且己父辛卣猶作□也。父辛鼎作□。從一從県大。県大即干。県夫即羊屰也。辛或從一或二。皆從地之初文。從□為人之倒於地者。蓋罪人服辜者也。會意。又疑辛䇂皆㚔之省文。㚔篆當作□。□省其上之大字。㚔讀若籋。音在泥紐。從䇂得聲之啻讀若糵。音在疑紐。同為邊音。糵從辥得聲。辥辛音同心紐。蓋猶脂真對轉而讀異耳。金剛以下九字辛辠也皆後之校者所加。餘見干下㚔下。考卣作□。賁父辛觶作□。甲文作□□□。【説文解字六書疏證卷二十八】

◉周名煇　辛部□□叔向父段作⿰女辛、姒尊段。从辛从女。當是古妾字。强氏定為妾字古文。今考定為辛姓之本字。

名煇案。辛䇂古為一字。近人論之允矣。吴子馨釋辛䇂為古兵器。甚精碻。故父辛卣銘辛字作□。宰牲形父辛鼎銘辛字作□。不得讀為父愆也。䇂。説文云。讀若愆。叔向段銘云。作⿰女辛姒尊段。⿰女辛姒為叔向父之母。若從强説讀為妾姒。尤非所宜。是⿰女辛字从䇂即从辛。从女。从辛。乃辛姓之本字無疑也。古姓氏字多从女。以别其本字。如姬姜姒㛟妃嬴好嬶芈姓之本字嬀嬢邾國曹姓之本字説見上卷媿妊經傳多作任嫞經傳多作庸妣經傳多作弋姚諸姓。莫不皆然。辛氏為姒姓。通志氏族略云。辛氏即莘氏也。莘辛聲相近。上文云「莘氏姒姓。夏后啓封支子于莘亦曰有莘氏。後世以國為氏。」遂為辛氏。周太史辛甲。文王封之於長子。有辛俞美。為昭王友。秦有將軍辛騰。家中山苦陘云云。是辛莘⿰女辛同為姒姓。辛為古文。莘為孳乳假借字。而⿰女辛其本字也。蓋叔向父之母出于辛氏。故稱⿰女辛姒也。强氏失之遠矣。此文吴子馨作金文世族譜已知為辛字。今略為疏證之。吴氏有金文氏

族疏證。未見遺稿。未知存否。【新定說文古籀考卷下】

◉陳書農　律書，辛者言萬物之新生，故曰辛。說文，秋時萬物成而熟，金剛味辛，痛即泣出，从一。按辛作□，二即上字，指木之上端，蓋梢之初文。梢，枝梢也。律書言新生，釋名亦云，辛，新也，其義猶未失。庚辛蟬聯，例如丙丁，其意尤顯。从辛之字，如朔，如妾，如童，皆有新生之義。許書謂男有辠曰奴，奴曰童，謂妾為有辠女子給事之得接於君者，立說荒誕，則由其不明辛之本義也。【學原二卷四期】

◉朱芳圃　說文辛部：「辛，秋時萬物成而孰，金剛味辛，辛痛即泣出。从一，䇂；䇂，辠也。」又䇂部：「䇂，辠也。从干二；二，古文上字。讀若愆。張林說。」徐灝曰：「辛與䇂形聲相近，義亦通，疑本一字。辠、辜、辥、辭等字並从辛，而其義皆當為䇂，即其明證。」按徐說是也。古讀複音sen mgen或sân mgân。後世析為二字，讀辛為sen，讀䇂為mgân。古語除單者外，兼具複音。拙著語源學根據諧音系統與聯綿字結合，已經詳細考定。

周伯琦曰：「辛，木柴也。从木干而去其支葉，上則橫疊之。象形。」按周說近是。余謂辛即薪之初文。象形。說文艸部：「薪，蕘也。从艸，堯聲。」史記仲尼弟子傳：「顏辛，今本誤作幸，玆依家語七十二弟子解校改。字子柳。」古人名字相應。史記天官書云「柳為鳥注，主木草」，辛之為薪，此其證矣。考古代所謂薪，分為二類：一，爨薪，所以取熱；二，燭薪，所以取光。急就篇「薪炭萑葦炊孰生」，謂爨薪也；莊子養生主「指窮於為薪，火傳也，不知其盡也」，指為脂之誤或假，脂膏也。朱桂曜說。謂燭薪也。【殷周文字釋叢卷上】

◉陳邦福　白虎通五行篇云「辛者陰始成」。史記律書云「辛者言萬物之新生」。釋名釋天云「辛者新也。物初新者。皆收成也」。又詩十月之交云「朔月辛卯」。鄭箋「辛。金也」。又案殷契文幹枝人名辛字作□□□□□□□□諸形。周金文幹枝人名辛字。如父辛敦作□。簷鼎作□。冈辛爵作□。子壬乙辛爵作□。費父辛觶作□。考作父辛卣作□。大一經謂辛象人股。與殷周古籀文兩筋相比兩股相張之象相合。或厪兩股作□者。誼有繁略也。小篆作辛。蓋從籀文出矣。

【十幹形誼箋】

◉李孝定　說文「辛。秋時萬物成而孰。金剛味辛。辛痛即泣出。从一从䇂。䇂。辠也。辛承庚。象人股。」徐灝說文段注箋云「此說解殊可疑。萬物成孰其味不必皆辛。辛痛泣出。而从一䇂義尤迂曲。考薛氏鐘鼎款識載商辛鼎作□。辛未父癸尊作□。子孫父辛彝作□。辛父舉卣作□。蓋亦象器物之形。借為庚辛字。又借為苦辛字也。辛部曰『䇂。辠也。从干二。二。古文上字。讀若愆。』辛與䇂形聲相近。義亦通。疑本一字。辠辜辥辭等字竝從辛而其義皆當為䇂。即其明證。因為庚辛之義所專而其音又異。遂歧而二之耳。」徐氏生於遜清末葉。所見古器銘文遠不及今日之多。而其立論精闢見解卓越冥與古合有如此者。以視陳氏生於今日而猶抱殘守闕。取大一經五行篇之謬説以相附會者。其相去誠不可以道里計矣。徐説即為羅王郭諸家立説張本。羅王兩氏互有發明。至郭氏遂能融通衆説獨標新解。如云辛辛亐初本一字。象刑具曲刀之形。引伸而為辠愆。引伸而為辛酸。引伸而為辛辣殘刻。其説蓋不可易。惟謂辛即剞劂。剞劂即削。則殊無確證耳。【甲骨文字集釋第十四】

◉詹鄞鑫　甲骨文中的[glyph]或[glyph]是辛字，已屬無疑。甲骨文作偏旁的[glyph]字，比[glyph]少一横畫，即《説文》的辛字。許慎把辛辛分為二字。實際上，在古文字裏，它們是没有區别的。《説文》辛部的妾字，甲文或从辛作[glyph]，或从辛作[glyph]；辛部的童字，甲文从辛作[glyph]（屯南650），金文从辛作[glyph]（沈兒鐘）；此外甲文的言、商、竟等字，都有从辛與从辛兩體。據此可以確定，辛與辛同字。

	辛			辛						
甲骨文	1	2	3	4	5	6	7	8	9	10
金文	11	12	13	14	15	16	17	18	19	20

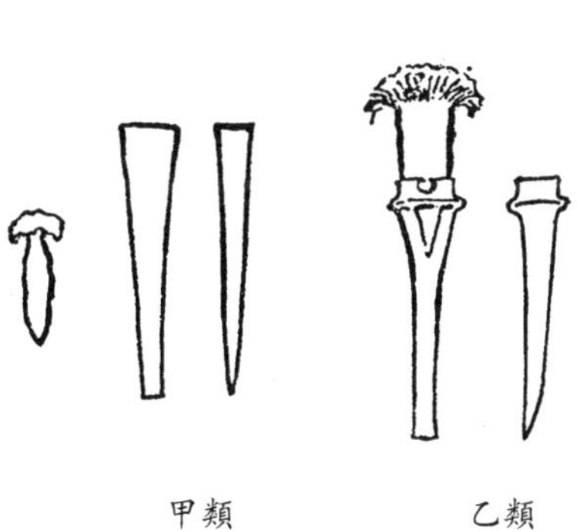

甲類　　乙類

前輩諸家如羅振玉、郭沫若等，雖也都認為辛辛一字，但他們都把古文字裏的亐也當作辛字，所以他們所謂的「辛辛一字」，與本文的結論是有區別的。甲骨文偏旁有𢀖字，作𢀖𢀖等形，與《說文》口部的𠯈字偏旁相同。許氏說𠯈字「从口歫辛」，把𢀖辛混為一談，此誤一直沿續至今。裘錫圭老師在《釋蚄、秄》一文中曾證明𢀖是一種鐮刀類工具，其說可信。

為了便于觀察比較，這裡羅列一些辛字的不同寫法，其中有的只見于偏旁。

表中各種字形，與出土的商周青銅鑿極為相似，參見上圖。通過文字與實物的比較，我們才知道辛字是甲類鑿具的象形，辛字是乙類鑿具的象形。二字的字形區別，反映了實物的不同特徵。

辛辛既然象鑿具，就知道辛辛是鐫字初文。《說文》：「鐫，穿木鐫也，一曰椓(應讀為琢)石也，讀若瀸。」讀若瀸即是鑯字，《說文》：「鑯，鐵器也，一曰鐫也。」今字簡化作釬。鑿岩石的長鑿稱為鋼釬。鑯字俗體作尖。尖又是鑿具的▽新會意字，表示頭大尾小。字又作鏨，《說文》：「鏨，小鑿也。」辛與鐫同為齒頭音而真元通諧，辛鐫同部，辛與鑯釬尖鏨聲韻皆同。所以，鐫鑯釬尖鏨等都是辛辛的後起字，而承擔了辛辛的本義。

明乎此，一些與辛有關的字不僅可以迎刃而解，而且又進一步證明辛辛確是鑿具。【釋辛及與辛有關的幾個字 中國語文一九八三年第五期】

◉夏 渌 于進海 《萮簋》金文：「唯六月既生霸，辛巳」的「辛」作「亲」，甲骨文和金文的「新」字，多作「新」，所以可以推知「辛」、「亲」繁簡異體的關係，「辛」代表植物的新生枝條，其上部的▽形與古文字「不」「帝」等字的上部同，是莩丕、花蒂之屬，《玉篇》：「柎，花萼足也，凡草木房謂之柎。」疑「辛」「不」「帝」的上部▽形為花苞、葉芽、胚株的形象，代表物始生形，《集韻》：「胚胎，未成物之始。」《正字通》：「器物之未成者亦曰胚。」坏、胚、柎皆「不」的孳乳字。「辛」从「屮」上象「不」形，代表植物的新生萌芽之形。

古代農民在房前屋後或所屬的山丘種植燒柴林，每年砍伐枝條，保留樹干樹本，砍伐下來作柴火用的新枝就叫「薪」。古文字「新」(新)从斤(斧斤)砍「亲」(辛)就是柴火、炊薪字的初文，引申假借為新舊的「新」以後，再加草頭作「薪」，代表「新」的本義。「辛」「亲」「新」「薪」音義是有內在聯繫的。《禮·月令》「其日庚辛」注：「辛之言新也。」《史記·律書》：「辛者言萬物之辛生也，故曰辛。」《漢書·律曆志》：「悉新于辛。」《釋名·釋天》：「辛，新也。物初新者皆收成也。」《說文》：「新，取木也。」即砍新枝為柴薪。

「辛」可以代表草木新枝新草，可以代表柴棍的「薪」，當然也可以代表責罪鞭笞的工具榎楚、荆條之類，「朴作教刑」是五刑中使用最廣泛的一種，俗話說「黃荊棍下出好人」「負荊請罪」，因此若甲骨文「辟」象人避辛之形，「辛」可視作荆條、柴棍之類的

鞭打工具，不一定即剠面的刀具、鑿具。【釋「對」及一組與農業有關的字 河南大學學報一九八六年第二期】

[glyph] 辠 中山王嚳鼎 隹有死辠及參殜亡不若 【金文編】

[glyph] 罪 秦一七五 六十八例 [glyph] 效三五 十二例 [glyph] 日甲一四六背 【睡虎地秦簡文字編】

[glyph] 詛楚文 㠯底楚王熊相之多辠 [glyph] [glyph] 石經無逸 亂罰無辠 汗簡引尚書作[glyph] 【石刻篆文編】

◉許 慎 辠犯法也。从辛从自。言辠人蹙鼻苦辛之憂。秦以辠似皇字。改為罪。臣鉉等曰。自古者以為鼻字。故从自。徂賄切。【說文解字卷十四】

◉馬叙倫 鈕樹玉曰。韻會作從自辛。嚴可均曰。說文無蹙。秦以下九字疑是校語。服問釋文釋詁釋文有此語。皆不引說文。廣韻十四賄以為出文字音義。桂馥曰。風俗通。辠。秦皇以為字似皇。故改為罪。嚴章福曰。廣韻引文字音義與說文同者八。如□宋補辠潠洽禿ㄓ是。此皆偶襲許語。廣韻亦未檢說文耳。惟禿下未知其審四字。語例罕見。當是校語。莊有可曰。自亦聲。張文虎曰。言辠以下皆後人所續。龔橙曰。秦郎邪石刻皇字不作皇。漢隸亦無作皇者。不得似皇。此妄也。倫按犯法也亦非許文。蓋皆字林之說。從辛從自。當作從辛自聲。自聲故辠音在從紐也。辛之轉注字。辛音心紐。從心皆舌尖前音也。又自聲脂類。辛聲真類。脂真對轉也。李璧王荆公詩注引無言字。【說文解字六書疏證卷二十八】

◉楊樹達 苦辛之憂語不可解，疑出後人改竄。辛部辜辥二字皆訓辠，其字皆从辛，是辛即辠也。又辡从二辛，其義為辠人相與訟，是辛為罪人也。辠字从辛从自，許云「辠人蹙鼻」，鼻釋自字，辠人即釋辛字也。淺人不知此，疑許君說解釋自而不釋辛，故加竄苦辛之憂四字，遂致文字糾結難通耳。辛主蹙鼻者，為能名。自為見蹙之物，為所名。【文字形義學】

◉劉彬徽等 (14)𣀈，讀如辠，借作致。《周禮·地官·遂人》：「凡治野，以下劑致甿。」鄭注：「致猶會也。」此言會聚。【包山楚簡】

◉戴家祥 說文第十四篇：「辠，犯法也。从辛从自。言罪人蹙鼻苦辛之憂。秦以辠似皇字，改為罪。」朱駿聲謂「此字从辛自聲。爾雅釋詁『辜辟戾，辠也』。經傳皆以罪為之」。按辠為古罪字可信。金文辠亦用作罪，與許慎、朱駿聲所釋相符。【金文大字典下】

辜 辜

辜 說文古文辜从死 𧶂壺 以憂氏民之隹不辜 【金文編】

辜 日甲三六背 日甲五二背 【睡虎地秦簡文字編】

詛楚文 暴虐不辜 【石刻篆文編】

辜見尚書 辜 【汗簡】

古尚書 籀韻 【古文四聲韻】

◉許 慎 辜辠也。从辛。古聲。古乎切。古文辜从死。【說文解字卷十四】

◉馬叙倫 辜亦辛之轉注字。辛辛一字。辛讀若愆。音在溪紐。從辛得聲之言竒音皆疑紐。辜音見紐。皆舌根音也。今人言辛苦。亦言罪過。皆即辛辜辠辜也。字見急就篇。

惠棟曰。見詛楚文。段玉裁曰。從古文死也。宋保曰。古聲。朱駿聲曰。當為殆之古文。倫按古文經傳以殆為辜。【說文解字六書疏證卷二十八】

◉商承祚 从歺者。有辜易罹于歺也。【說文中之古文考】

◉李平心 [女壴]作，當是從女壴聲，壴《廣韻》音中句切，自漢至唐讀入定母，而商周古音當在見母，象鼓形，《集韻》訓陳樂，與原義相去不遠。郭沫若先生確認為鼓之初文，并引《泉屋清賞》所載古銅鼓形制為證，其說極確。鼓字作，當是從殳從壴，壴亦聲，意即以捶擊鼓。彭字作，意即鼓聲逢逢不絕。喜字作，從壴從口，意即亦鼓亦歌。甲骨文有兩則文義相同之辭：

「辛亥卜，出貞其鼓彡，告于唐，牛一。」（《佘》十・二）

「丁酉卜，大，貞告其壴于唐衣，亡□。九月。」（《後》下三九・四）

可知壴即鼓字。他辭云：「☐侯虎允來𦉢㞢史壴。五月」（《前》四・四五・一）。㞢史壴即有事故，故壴同音通假。知壴即鼓之初文，則[女壴]自當讀壴。《粹》一五九三「其來壴」，與他辭言「其來[女壴]」是一樣的，[女壴]壴與辜音義全同。卜辭之「亡[女壴]」與「弗壴」可讀為無辜。辜訓罪，猶咎訓過，乃是後起之義，初義當為不祥。

來婞為古代卜筮習語，在古籍中正相當于「烈假」：《詩・大雅・思齊》：「烈假不叚」。箋：「烈假皆病也。」烈假聲轉而為厲蠱，漢《仙人唐公房碑》：「厲蠱不遐。」來、厲、烈與婞、假、蠱各為一聲之轉。【甲骨文及金石文考釋（初稿）李平心史論集】

◉徐中舒　伍仕謙　辥辜，从死，古聲。《説文》古文辜作𣦸，與此同。不辜，謂不當其罪而受罰也。【中山三器釋文及宮室圖説明　中國史研究一九七九年第四期】

◉戴家祥　辥　𠬝蚉壺　以憂乓民之隹不𣧹　説文「辜，罪也」。古文从死，與此銘正同，不辜即無罪，在句子中用作寃屈之意。長沙馬王堆帛書經法亡論有「三不辜」，義與此同。【金文大字典下】

鐵一一三・四　王國維説即古辥字即説文辛字之初文辠也自者衆也金文或加止蓋謂人有辛自以止之經典用作辥　拾九・一一　前六・四・一　前六・一〇・三　林一・二五・一六　林一・二五・一九　佚三四四　掇二・四七三　誠三三七　粹四八七　或从自　佚四五五　通別二・一二・四【甲骨文編】

乙1881　2139　2874　3129　4071　4523　4604　4970　5253　5342　5347　5395　6273　6719　7016　7509　9074　珠461　515　佚92　344　455　續1・3・1　徵1・24　徵10・31　10・32　11・56　誠337　鄴42・14　新1946【續甲骨文編】

辥　説文解字辥治也虞書曰有能俾辥是壁中古文乂作辥辥與辪形似而譌書君奭之用乂厥辟即毛公鼎之□辪乓辟康王之誥之保艾王家即克鼎之保辪周邦也从𡰪説文辛之初字辠也十干之辛自為一字王國維説　毛公𢅏鼎　辥乓辟　克鼎　保辥周邦　𨛭嬰盤　保辪𨛭國

何尊　自徃辥民　弔𧼈父卣　敬辥乃身　【金文編】

辥　日甲三一背　通孼　是地—居之　為三四　為六　【睡虎地秦簡文字編】

2261　【古璽文編】

薛丞之印　薛爵　薛奉　薛遂　【漢印文字徵】

辥　【汗簡】

◉許　慎　辥辠也。从辛。𡴀聲。私列切。【説文解字卷十四】

◉徐同柏　周毛公鼎　辥。讀如燮。古文燮或作燮。謂燮。和而不同之意。【從古堂款識學卷十六】

◉吳大澂　克辥乃辟。辥字古義久廢。以詞義繹之。當訓治。宗婦鼎云。以降大福。保辥鄁國。晉公盦云。保辥王家。又云。敕辥爾家。與説文辥辠也之訓絶不相類。大澂謂辥辟皆从辛。義亦畧同。書金縢我之弗辟。釋文。辟。治也。許書辟部嬖。治也。嬖。治也。辟嬖嬖三字皆訓治。疑辥字亦當訓治。【毛公鼎釋文】

◉吳大澂　古辥字。許氏説辠也。大澂案。辥辟皆从辛。義亦相同。書金縢我之弗辟。釋文。辟。治也。宗婦方壺以降大福保辥鄁國。辥亦當訓治。許書辟部嬖。治也。引周書我之不嬖。嬖。治也。引虞書有能俾嬖。疑嬖嬖皆辟之異文。故皆訓治。【説文古籀補卷十四】

◉劉心源　克鼎　辥即嬖。説文嬖。治也。从辟。乂聲。虞書曰。有能俾嬖。此即乂之本字。乂乃刈字。古刻作辥。晉姜鼎我萬民。宗婦壺保鄁國。晉公盦保王國爾家。毛公鼎厥辟。皆嬖字。楚詞天問革孼夏民。吕孼為之。詩保艾即書保乂。通叚固不一也。【克鼎　奇觚室吉金文述卷二】

◉王國維　辥古乂字。金文多用此字。此鼎云辥厥辟。又云辥我邦我家。克鼎云。辥王家。又云保辥周邦。宗婦敦云。保辥鄁國。晉邦盦云。保辥王國。或作辪。或作辥。其誼皆同。案説文解字辟部嬖。治也。从辟。乂聲。虞書曰。有能俾嬖。是壁中古文乂作嬖。辟與辥形相似。字本作辥。後譌為辟。後人又因辟讀與辥讀不同。故於辟下加乂以為聲。古讀辥如櫱。説見下。辥乂雙聲字。又省作乂。書君奭之用乂厥辟即此鼎之□辥厥辟。巫咸乂王家即克鼎之辥王家也。康誥之用保乂民。多士君奭之保乂有殷。康王之誥之保乂王家。詩小雅之保艾爾後。保乂保艾即克鼎宗婦敦晉邦盦之保辥也。考説文辛部辥。

辠也。从辛。㠯聲。又𠂤部㠯。危高也。从𠂤。屮聲。讀若臬。余案㠯蓋辥之省。觀危高之訓與臬之讀乃𡿺辥之辥之假借字。雖與辥同聲而辥之聲決非由此得。當从辛得聲。又辥字所从之辛。其誼為辛。其形則非辛非辛。【毛公鼎銘考釋　王國維遺書第六冊】

◉王國維　彝器多見辥字。毛公鼎云𤔲辥厥辟。又云辥我邦我家。克鼎云辥王家。又云保辥周邦。宗婦敦云保辥鄁國。晉邦盦云保辥王國。其字或作辥。或作辥。余謂此經典中乂艾之本字也。釋詁。乂。治也。艾。相也。養也。說文。⿱辟乂。治也。从辟乂聲。虞書曰。有能俾⿱辟乂。是經典乂字。壁中古文作⿱辟乂。此⿱辟乂字蓋辥字之譌。初以形近譌為辟。後人因辟讀與辥讀不同。故又加乂以為聲。經典作乂作艾。亦辥之假借。書君奭之用乂厥辟。即毛公鼎之𤔲辥厥辟也。康誥之用保乂民。多士君奭之保乂有殷。康王之誥之保乂王家。詩小雅之保艾爾後。即克鼎宗婦敦晉邦盦之保辥也。辥厥辟之辥用相義。保辥之辥兼相養二義。皆由治義引申。其本義當訓為治。殷虛卜辭有辥字。殷虛書契前編卷六第四第十一葉。其字从𠂤从㚄。即說文辛字。與辟字从人从㚄同意。古文辟字皆从人从㚄。凡篆文从卩之字古文亦皆从人。𠂤者。衆也。金文或加从止。蓋謂人有辛。𠂤以止之。故訓為治。或變止為中。與小篆同。中者。止之譌。猶奔字盂鼎作𡕝。从三止。克鼎及石鼓文均變而从三中矣。說文不知⿱辟乂為辥之譌字。以辥之本義系於⿱辟乂下。復訓辥為辠。則又誤以辛之本誼為辥之本義矣。

說文辥字在辛部。从辛。然古文皆从㚄或从辛。㚄辛皆說文辛之初字也。說文辛辛分為二部。辛部云。辛。辠也。从干二。二古文上字。又辛部。辛从一辛。辛。辠也。羅參事振玉殷虛書契考釋云。說文分辛辛為二部。卜辭只有辛字。凡十干之辛皆作辛。古金文始有作辛者。其實本一字。許君以童妾二字隸辛部。而辛部諸字。若辠辜以下。無一不含辛誼。不當分為二部。明矣。案參事謂辛部辠辜以下諸字皆當入辛部。其說甚確。惟謂辛辛一字。則頗不然。余謂十干之辛自為一字。其字古文作辛作辛或作辛。訓辠之辛又自為一字。其字古作㚄作㚄作㚄作㚄。此二字之分。不在橫畫多寡。而在縱畫之曲直。何以證之。凡古文宰辟辥辭章諸字。其義與辛字相關者。皆从㚄或㚄。其中直皆折而左。無一从辛若作辛者。惟童妾言褰諸字辛字在上。其左折之跡不可見。又殷虛卜辭有㖕字。殷虛書契前編卷五第二十一葉及卷六第二十九葉。即說文㖕字。說文。㖕。語相訶歫也。从口辛。是篆文之辛亦或作㚄。蓋辛㚄一字。卜辭辥字作辥。亦其一證。兮田盤王命田政⿰𤔔㖕成周四方責即委積之積。⿰𤔔㖕从𤔔㖕。即篆文从𤔔辛之辭。政辭乃政𤔔之假借。知㖕乃㚄之繁文。㚄㖕又一字矣。㚄字當从說文㖕字讀。讀如櫱。即天作孽之孽之本字。故訓為辠辥字。从𠂤止㚄。會意。亦以為聲。凡宰辟辭諸字皆从此字會意。至說文所說辛辥諸字。皆從後起之篆文立說。故動輒齟齬矣。【釋辥　觀堂集林卷六】

◉王國維　□　疑即辭字。□　此辭字。【觀堂書札】

◉高田忠周　說文。辥。辠也。从辛。𡴎聲。此非銘意。徐籀莊說讀如燮。𦉶燮和而不同之意。此謂叚借。詳𦉶字下。然愚謂辥字訓辠也。必當有脫字。疑元作治辠也。故轉為凡治義。又元有辠治之。故亦轉為辠義。為不祥義。或云。此辥叚借為𡨦。寒𡴎古音轉通。而𡨦𦉶為古今通語。存參。【古籀篇十六】

◉吴寶煒　疑辥與協通。猶協輔義。【毛公鼎文正註】

◉郭沫若　𤔲即辥字。三字石經春秋宰周公宰字古文作□，所从辛字亦从肉，與此同。【晉姜鼎　兩周金文辭大系圖録考釋】

◉柯昌濟　薛。古以為乂字。經籍保乂之乂。金文皆作保辥是也。說文嬖。治也。从辟。乂聲。虞書有能俾嬖。今本作乂。知說文之从辟乃从辥之誤也。辥乂古音同在脂部。故得通用。【克鼎　韡華閣集古録跋尾】

◉馬叙倫　錢坫曰。此大辟字。徐灝曰。此蓋即辠孼本字。王國維曰。彝器多見辥字。毛公鼎。□辥厥辟。又云。辥我邦我家。克鼎。辥王家。又云。保辥周邦。宗婦𣪘。保辥鄁國。晉邦𥂴。保辥王國。其字或作辥。或作辥。余謂此經典中乂艾之本字也。釋詁。乂。治也。說文。嬖。治也。從辟。乂聲。虞書曰。有能俾嬖。是經典乂字。壁中古文作嬖。此嬖字蓋辥之譌。初以形近譌辟。後人因辟讀與辥同。故又加乂為聲。經典作乂作艾。皆辥之假借。書君奭之用乂厥辟。即毛公鼎之□辥厥辟也。康誥之用保乂民多士。君奭之保乂有殷。康王之誥之保乂王家。詩小雅之保艾爾後。即克鼎宗婦𣪘晉邦𥂴之保辥也。卜辭有□字。從𠂤。從㚔。即說文辛字。與辟字從人從㚔同意。𠂤者。衆也。金文或加止。蓋謂人有辛𠂤以止之。故訓為治。或變止從中。與小篆同。屮者止之譌。猶奔字盂鼎作𡕝。從三止。克鼎及石鼓文並變而從三中矣。說文不知嬖為辥之譌。以辥之本義系於嬖下。復訓辥為辠。則又誤以辛之本義為辥之本義矣。倫按毛公鼎字作□。正從中。與此同。不從止也。克鼎宗婦𣪘鄁嬰盤竝作□。亦從屮不從止。惟晉公𥂴作□從止耳。𡴎𡴎一字。見𡴎字下。從中不譌。其從㞢者。㞢亦從□。曰謬從㞢。金文類此者多其例證。須由音義以別正譌耳。若從止者。亦中之譌。猶苟之譌為止句矣。金文□字每作□形。故克鼎奔字譌從三止。其實從三□。釋者誤認為三止耳。辥自從辛𡴎聲。為辛之音同心紐轉注字。辛聲真類。脂真對轉。故辥聲入脂類。而𧀼字以為聲。猶辛㚔一字。而從辛得聲之𡖅讀若𧀼也。𠂤為𨸏之異文。止是足之殊體。安得與辛會意。而義為辠為治乎。嬖自為㱾之轉注字。見嬖字下。辥可借為嬖耳。甲文之□。葉玉森釋辥。與王國維同。【說文解字六書疏證卷二十八】

◉張之綱 孫詒讓云。辪字金文常見。皆輔翼正治之意。疑與嬖通。説文辟部嬖。治也。古音與辪同部。綱案。古假辪為嬖。今書皆以乂為之。説文。𠂤。危高也。从𠂤。屮聲。讀若臬。辪从𠂤得聲。乂臬𠂤古音同部。其偏旁字如巀嶭亦作巀嵲。又書盤庚我乃劓殄滅之。左哀十一年傳則劓殄無遺育。皆假劓為刈。刈即乂之或體。劓亦臬之或體。是辪臬乂轉相通假之證也。觀此可知鼎銘作辪即今之乂字焯然矣。【毛公鼎斠釋】

◉中島竦 [illegible][illegible]為一字之異體。即説文訓「語相訶歫也」之[illegible]字。【書契淵源第一帙】

◉丁 山 [illegible] 此即許書辛部訓辠之辥。⊘然則胯之與[辛夸]，[辛夸]之與咵，在甲骨文雖有从月从肯从口之異，而同从夸聲，可能仍是一字。卜辭恆言「作[illegible]」「作胯」「作[辛夸]」，即孟子禮記之「天作孼」也。

詩小雅十月之交「下民之孼，匪降自天」。箋云：「孼，妖孼，謂相為災害也。」相為災害，是[illegible][辛夸]胯諸字本誼。分別言之，則日月之妖為胯，山川之災為辥，謌謡之怪為[illegible]，偏旁不同，其實一字。【[illegible] 殷商氏族方國志】

◉楊樹達 鼎銘有云：「唯天𨑩集氒命，亦唯先正略襄辪氒闢。」孫詒讓云：「辪字金文常見，皆輔翼正治之意，疑與嬖通。説文辟部：嬖，治也，古音與辪同部。」述林柒之壹下。樹達按孫君云辪字有輔翼之意，是矣；惟嬖説文訓治，無輔翼之義。余按爾雅釋詁云：「艾，相也。」郭注云：「未詳。」王引之經義述聞云：「艾與乂同，又有輔相之義。書君奭曰：用乂厥辟，謂用相厥辟也。多方曰：爾曷不夾介乂我周王，享天之命，夾介乂皆輔相之義也。」樹達按王氏申證雅詁，其説至碻。鼎銘襄辪氒辟，與君奭用乂厥辟語意正同。襄字有贊襄之義，實假為輔相之相。辪假為艾，義亦訓相。襄辪二字為同義連文。下文云「辪我邦我家」，謂相我邦我家也。君奭云「巫咸乂王家」，克鼎云「辪王家」，並謂相王家也。書康王之誥曰：「保乂王家。」多士君奭並云：「保乂有殷。」康誥云：「用保乂民。」詩小雅南山有臺云：「保艾爾後。」克鼎云：「保辪周邦。」宗婦𣪘云：「保辪鄁國。」晉邦𥂴云：「保辪王國。」諸云「保乂」「保艾」「保辪」者，皆輔相之義也。古人保傅連言，傅之為言輔也，保傅義近，知保亦有輔義，故禮記文王世子云：「保也者，慎其身以輔翼之而歸諸道也。」是其證也。然則孫君讀辪為嬖，説本未合。至王静安亦依孫説讀辪為嬖，乃復謂嬖之从辟為辪字字形之誤，則愈支離膠葛，無當於文義矣。【毛公鼎三跋 積微居金文説】

◉饒宗頤 □申卜，㱿貞：于南庚钔(禦)𦎫(孽)。(七集柏十一，柏根氏十八重。)

「𦎫」為「孽」。漢書五行志所記有龜孽，蟲豸之孽，鱗蟲之孽。卜辭每言風雨疾病為孽。此祭于南庚以禦禳之。即左傳及東京賦云「禁禦不若」之意。【殷代貞卜人物通考卷三】

◉饒宗頤 𦎫即薛字，金文薛侯盤云：「胯侯作叔妊襄媵盤。」薛字作胯，與卜辭同。左傳定元年：「薛宰曰：薛之皇祖奚仲居薛，以為夏車正。奚仲遷于邳，仲虺居薛，以為湯左相。」春秋隱十一年：「滕侯、薛侯來朝。」薛故國在今山東滕縣南。【殷代貞卜人物通考卷六】

◉饒宗頤　□申〔卜，〕亘貞：告于妣癸，肟王。（京都大學一九六）

肟即薛字，讀為相乂之「乂」。克鼎「諫薛王家」，毛公鼎「亦唯先正𤔲(襄)薛𠦪辟」，諸薛字并讀作「乂」。書君奭「巫咸乂王家」，又云「用乂厥辟」，多方「爾曷不夾介，乂我周王」，乂即輔相之意。爾雅：「艾，相也。」卜辭言肟王，即金文之「薛王」，尚書之「乂王」。知此一語相沿，遠自殷時。【殷代貞卜人物通考卷七】

◉李孝定　粹四八七。一文作[glyph]。與篆文全同。王國維氏作釋辥一文時僅及作[glyph]者一體。故云「金文或加止」。實則金文作[glyph]毛公鼎。[glyph]齊侯鎛。鼎文與篆文全同。固非从止。其作[glyph]克鼎作[glyph]𨛜䵼盤者。左旁𠂤上亦是从之。非止字。王氏以𠂤止辛會意說辥。似有可商。許說或不誤也。丁山與中島竦二氏謂[glyph][glyph]一字。以卜辭辭例按之。說蓋可从。辭云「貞王聽隹辥。貞王聽不隹辥」乙・四六・〇四。「貞王聽隹肟。貞不肟」乙・五三四七。辭例全同而一作「⿰白亏」一作「肟」。又云「囚曰己其㞢有肟」簠徵，游田・三一。「貞隹亡⿰白亏」簠徵，游田三二。有亡相對。雖非對貞而辭例相類。亦一作「肟」一作「⿰白亏」。可證也。它辭或言「貞且乙[glyph]王」乙・五三九五。「貞且乙[glyph]王」乙・六七一九。「其[glyph]王」乙・七〇一六。「勿[glyph]季有雨」續・一・三・一。「貞王夢帚好不隹⿰白亏」佚・九二。凡言⿰白亏或肟均含凶咎之意。蓋與「隹禍」之意同。丁氏謂即孟子「天作孽」之孽。其說是也。【甲骨文字集釋第十四】

◉李孝定　辥字說文訓辠，似與金文訓治不合，實則辠必當治，義本相因；楊樹達氏謂辥字說文訓治，無輔翼之義，按輔翼之期歸於正，則與治義自得相通，且銘云保辥、襄辥，直以治義解之，義亦洽適，讀者勿泥可也。【金文詁林讀後記卷十四】

◉柯昌濟　𡰪、𡰫二字之相通用，或為一字異文，按𡰪字金文辥侯盤以為古辥字。《說文》：「辥，辠也，從辛𠂤聲。」甲骨文似不從辛而從屰，屰《說文》：「辠也，讀若愆，張林說。」又《說文》：「孽，庶子也，從子辥聲」，孽與辠義亦相通。《孟子》引《尚書・太甲》「天作孽猶可違」，是辥、孽二字字義亦相通。如卜辭「貞帝其作我𡰪」，是可讀𡰪為孽，與《尚書》之文相證，其它卜辭之𡰪、𡰫二字皆當訓為罪孽之義。【殷墟卜辭綜類例證考釋　古文字研究第十六輯】

◉睡虎地秦墓竹簡整理小組　辥，讀為乂、治。【睡虎地秦墓竹簡】

◉戴家祥　[glyph]何尊　自之⿰白亏民　⿰白亏，疑即辥字。說文十四篇「辥，辠也，从辛𠂤聲」。唐蘭謂「就是薛字」。說文一篇「薛，艸也。从艸辥聲」。薛、辥字義各異，不宜釋為一字。⿰白亏不从艸，以釋辥為妥。何尊「自之⿰白亏民」，⿰白亏讀為乂。辥、乂古音同屬月部，為同聲

辭 辝

通假。説文十二篇「乂，芟艸也」，假借為𤔔。爾雅釋詁「乂，治也」。何尊「自之辥民」即「自兹乂民」，謂以此來治理百姓。【金文大字典下】

◉徐中舒 前六・四・一 乙一八八一 粹四八七 從辛从从𠂤，或作辛，上或增止，並同。王國維釋辥，按釋辥可從。唯王又謂彝器用辥同乂，乂字《爾雅・釋詁》訓治，《説文》作𤔔，而𤔔字蓋辥字之譌。辥字從辛從止從𠂤，辛者辠也，𠂤者衆也，蓋謂人有辛，𠂤以止之，故為治，而《説文》訓辥為辠，則又誤以辛之本誼為辥之本誼矣。《觀堂集林》卷六釋辥。按王國維以辥為從辛從止從𠂤會意，其説可商。蓋王隱然以止為禁止義，而止為趾之本字，訓為禁止乃晚起之義，且甲骨文辥從止者僅少數，金文作 克鼎、 毛公鼎，𠂤上作之或 ，故謂辥乃「人有辛，𠂤以止之」實不確。彝器用辥為治義者乃借義而非本義。《説文》：「辥，辠也。从辛，㠯聲。」辛辛初為一字，為施黥之刑具，引申之自可表辠義。故《説文》「从辛，㠯聲」之説未為無據。甲骨文又有從辛从从月作 者，丁山亦釋辥，《殷商氏族方國志》。自卜辭辭例觀之，丁説可從。粹一三二五 從歲從月，《説文》所無。自辭例觀之，用例與辥同，疑為辥之異體。【甲骨文字典卷十四】

辝 説文籀文作辝从台 𩐁鎛 枼萬至于辝孫子義如台爾雅釋詁台我也鎛又云是辝可使義如以 邾公牼鐘 鑄辝龢鐘 伯六辝鼎【金文編】

◉許 慎 辭不受也。从辛。从受。受辛宜辤之。似兹切。辝籀文辤从台。【説文解字卷十四】

◉吴大澂 辝即嗣。説文辤籀文作辝。辭籀文作𤔲。凡彝器司寇司馬之司繼嗣之嗣皆作𤔲。辝與𤔲古通。【齊侯鎛 愙齋集古録第二册】

◉方濬益 辝即台。爾雅釋詁。台。我也。又予也。【邾公牼鐘 綴遺齋彝器款識考釋卷二】

◉孫詒讓 「入□似象自□□庚戌至貝□ □受」，一百之二。「 」字从辛、从㠯，古無是字，疑當為「辝」之異文。《説文・辛部》：「辤，籀文作辝。」台、㠯同从㠯聲，故此變台為㠯矣。【契文舉例卷下】

◉王國維 辝 齊子仲姜鎛辝字如此作。石鼓文𩡧字亦从此。【史籀篇疏證】

◉余永梁 (書契卷七二十八葉) (同上卷二二十五葉)

此辝字，从司。説文辤字籀文从台作辝。木部枱籀文作辝。枲籀文作𦸛。台字古金文作 ，台與司通。【殷虚文字考】

◉强運開 □齊侯鎛。枼萬至於辝孫子。按。辝乃古文辤。叚借為嗣。【説文古籀三補】

◉馬叙倫 鈕樹玉曰。繫傳作從受辛宜辤也。廣韻引同。無也字。沈濤曰。易繫辭釋文引。辤。不受也。受辛者辤。左哀六年傳釋文引。辤。不受也。受辛宜辤也。桂馥曰。魏畧。蔡邕題曹娥碑後曰。黄絹幼婦。外孫臼齏。楊修解之曰。齏臼所以受辛。辤字也。徐灝曰。受辛宜辤。義頗迂曲。辤即辭之省。□省為□。又變□為□耳。此非授受字也。倫按金甲文皆無辤字。魏石經篆文作□。魏石經蓋本熹平石經。熹平石經出蔡邕。石經初立。寫者車馬填溢。蓋以為學者準則。楊修以辤字説受辛。蓋由此。然疑邕亦本倉頡作篆。倉頡以此為辭讓字。辭為辭説字。故訓纂不易。而許仍之。然辭讓字借辭為謝。辭固無不受之義。即此從受。亦不得有不受之義也。不受也非本訓。受辛宜辭之或呂忱説。或校語。以字從受辛而訓不受。義不可通。增此釋之。不知其終不可通也。

□ 桂馥曰。本書。枲。籀文從此。宋保曰。台聲。王國維曰。齊子仲姜鎛辝字如此。石鼓文𩕂字從此。倫按齊鎛。枼萬至於□孫子。借辝為嗣。或借為茲。邾公牼鐘。鑄□龢鐘。則借為茲。齊子仲姜鎛。大僕是辝。借為嗣。齊侯鎛鐘。女敬恭辝命。蓋借為茲或詞。以石鼓文𩕂即㚸字證之。辝從辛台聲。故得借為茲或嗣或詞或司也。書堯典。舜讓于德不嗣。史記五帝紀集解引今文尚書作不怡。可證也。辝為辛之轉注字。辛音心紐。台音喻紐四等。同為次清摩擦音也。急就篇有辝字。蓋辝之譌。急就皆倉頡中正字。則倉頡自有辝字。然許書何以不録邪。檢顔師古本急就作辭。豈急就本作辭字。傳寫者易之邪。倫亦疑倉頡本於史籀。且有複字。則倉頡蓋有辤辝。復有辭嗣。楊雄作訓纂篇。順續倉頡。又易倉頡中重複之字。辝嗣因為所去。許本訓纂為説文。故亦無辝嗣。呂忱得見建武亡餘之九篇。相其詞義。知辝即辤嗣即辭。因録為重文耳。从台校者加之。【説文解字六書疏證卷二十八】

◉楊樹達 説文辝為辤之或體，字从辛，台聲，此當讀為台。爾雅釋詁云：「台，我也。」【⿱陳革⿰革令鎛跋 積微居金文説】

◉周法高 郭沫若説辝即予字。辝屬之部。予屬魚部。韻部不近。非是。張日昇从容庚舊説。謂辝讀為其。聲紐不近。亦非。方濬益楊樹達讀辝為爾雅釋詁「台。我也」釋文「台音怡」之台。是也。拙著評高本漢原始中國語為變化語説。中國語文論叢頁七十八。謂「在金文中則毫無例外的，余字不用於領格。⊘在東周的金文中。第一人稱代名詞有台(或辝飼䛐)字。第二人稱代名詞有而字。都衹用於領格。我疑心是余之和汝之的合音」。「辝」為「余之」二字之合音。「而」為「汝之」二字之合音。似無可疑。【金文詁林卷十四】

◉陳全方 「南宮辝」，為人名。齊侯鎛鐘：「公曰：夷，女敬其辝命……余命女嗣辝釐邑。」子仲姜鎛「枼萬至于辝孫子，勿或俞

辭

改」。此皆用「辝」為台為予者也。《金文編》注云「誼與其同」，失之。此卜辭之南宮辝，是南宮括抑是南宮伯達，在疑似之間。

【陝西岐山鳳雛村西周甲骨文概論　古文字研究論文集】

◉陳連慶　辝即《尚書・湯誓》「非台小子」之台，馬融云「我也」，《叔夷鐘》「女敬共辝命」、「女司辝釐(萊)邑」，《䊤鎛》「枼萬至於辝孫子」，皆作辝，从辛台聲，《𩰫(鮑)氏鐘》「於䛐皇且文考」，《王孫遺者鐘》「余恁䛐心」，作䛐。《徐王子旃鐘》「及台父兄庶士」，作台。辝、䛐、台均為領格，等於英語之my(我的)。辝、䛐、台用作領格，多為齊、徐等國器，晉器則祇此一見。這些字均為春秋以來的新字，西周銅器中迄今尚未發現。台字典籍亦作以。《禮記・祭統》「對揚以辟之勤大命」，以辟即台辟。辟，《爾雅・釋詁》云「君也」，辟指晉文侯。《大克鼎》「肆克龏保氒辟龏王」，為臣對君而言。本文稱辝辟(意為我的君主)含有親昵之意。關係不同，辭氣之間亦有區別。吴東發釋「匹辝辟」為所嗣辟，解為昭侯，其説非是。　【《晉姜鼎》銘新釋　古文字研究第十三輯】

◉戴家祥　〔言㠯辛〕中山王嚳方壺　旃諱嚳敬則孯人至　〔言㠯辛〕字从言，从㠯，从辛，字當釋辤。説文十四篇辛部「辤，不受也。从辛从受，受辛則辤之。辝，籀文辤，从台」。二篇口部「台，説也。从口，㠯聲。」此从言，表義更旁字也。台讀「與之切」，喻母之部。許氏又云：「辭，訟也。从𤔔，𤔔猶理辜也。𤔔，理也。嗣，籀文辭从司。」辤辝辭嗣，唐韻俱音「似兹切」，邪母之部，故經典通用，堯典「舜讓于德，弗嗣」，史記五帝本紀嗣作懌。集解同。徐廣曰：「今文尚書作不怡。」史記太史公自序漢書王莽傳并作不台。台聲司聲同部通用，鄭風・子衿「子寧不嗣音」，韓詩作詒音。左氏春秋經莊公八年「甲午治兵」，公羊傳「作甲午祠兵」，即其證。辭，説也。【金文大字典下】

辭　説文籀文辭从司作嗣經典作司　榮有司爯鼎　榮有司爯鬲　諫簋　師虎簋　師酉簋

盠方彝　師奎父鼎　豆閉簋　䢅鼎　䢅壺　南公有司鼎　柞鐘　公臣簋

散盤　毛公厝鼎　善夫山鼎　召伯簋　召弔山父匜　封孫宅盤

虞司寇壺　洹子孟姜壺　司料盆　曩侯鼎　魯司徒仲齊簋　魯左司徒元鼎　子仲匜　厚氏匜

司寇良父壺　司寇良父簋　䣄簋　仲枏父鬲　柳鼎　魯司徒仲齊盤　㝉鼎　司工丁爵

兮甲盤　王命甲政司成周四方責　或从言　𩞁匜　牧牛辭誓又云女既從辭從誓　从彳　大司馬匜　康侯簋

司土司簋　令簋　𩰫簋　盂鼎　免簋　免簋二　免卣　𡨦鼎　靜簋　恒簋　十三年𤼈壺　永盂　此鼎　五祀衛鼎　九年衛鼎　吳方彝　𤼈簋　元年師兌簋

卯簋　番生簋　師𤸫簋　頌鼎　頌壺　頌簋

此簋　師嫠簋　揚簋　無叀鼎　𠭰簋　令鼎　衛盉　【金文編】

2·4　令嗣樂乍太室塤　說文籀文辭从司　【古陶文字徵】

辭　雜三五　三例　封三八　法九五　五例　日甲四〇　二例　封一七　【睡虎地秦簡文字編】

石經多士　罔非有辭于罰　汗簡詞引尚書作詞辭一字　石碣乍邍　衛追我嗣　此用為司辭一字金文同說文之籀文與汗簡引尚書辭皆同此　【石刻篆文編】

辭　辭見尚書　【汗簡】

道德經　汗簡　【古文四聲韻】

◉許　慎　辭訟也。从𤔔。𤔔猶理辜也。𤔔。理也。似茲切。籀文辭从司。【說文解字卷十四】

◉劉心源　嗣。籀文辭字。見說文。古刻用為司。嗣土即司土。曲禮天子之六府曰司土司木司草司器司貨注。司土。土均。案周禮大司徒。㠯土均之法。辨五物九等。制天下之地征。㠯作民職。㠯令地貢。㠯斂財賦。㠯均齊天下之政。是任土之官也。【穴敦　奇觚室吉金文述卷四】

◉王國維　命女嗣公族雩參有嗣

字彝器屢見。未詳。參有嗣即三有事。詩小雅云擇三有事。又云三事大夫。書康誥云陳時臬事。又云陳時臬司。知事𤔲二字古通用矣。三有𤔲謂司徒司馬司空。牧誓云司徒司馬司空。酒誥云。矧惟若疇圻父。薄違農父。若保宏父。皆以此三司並言。蓋古之六卿冢宰總百官。宗伯治禮。司寇治刑。惟司徒司馬司空為治民之官。故雖天子之官。亦云參有𤔲也。

【毛公鼎銘考釋　王國維遺書第六册】

◉王國維　古金文司字多作𤔲。又案古辭辤殆一字。理辜以辭辤。謝亦以辭。故引申為辤受之辤。受辛之辤疑本𤔔辛之譌。齊侯鎛鐘女敬共辝命。辝命即辭命。子仲姜鎛大僕是辝即大僕是𤔲。辭有𤔲義而辤無之。是辝乃辭之異文。非辤之異文。疑古無辤字。兮田盤政成周四方賨。政辭即正辭。亦即政𤔲。𤔔與辛同意。足知辭𤔲辝三字之為一字矣。【史籀篇疏證】

◉林義光　本訓為獄辭。从辛𤔲省聲。古作兮田盤。說文云。不受也。从受辛。受辛宜辤之也。按與形近。隸省也。不當制篆。說文云。籀文辭。从司。按从口𤔲聲。古作召叔山父匜。作師耋父鼎。作司寇良父匜。說文云。司臣司事於外者。从反后。按反后非義。司即𤔲之省文。古作毛公鼎。【文源卷十一】

◉高田忠周　說文。。訟也。从𤔔辛。𤔔辛猶理辜也。籀文作从司。此篆正合。但二文省口耳。蓋訟爭。必有司理之。从司。當兼聲與意也。書呂刑。明清于單辭。民之亂罔不中。聽獄之兩辭。無或私家于獄之兩辭。又禮記大學。無情者。不得盡其辭。皆本義之一轉耳。又經傳多叚借。為辭為詞。詞義專行。廣韻引說文。說也。說者。詞也。記曲禮。安定辭。疏言語也之類即是也。又鐘鼎古文多叚借為司。此銘官𤔲即官司也。因謂論語。舜有臣五人而天下治。武王曰。予有亂臣十人。阮氏校勘記云。唐石經臣字旁注。釋文。出予有亂十人云。本或作亂臣十人非。按困學紀聞云。論語釋文。予有亂十人。左傳叔孫穆子亦曰。武王有亂十人。劉原父謂子無臣母之理。然本無臣字舊說不必改攷。皇疏云。亂。理也。武王曰。我有共理天下者有十人也。似亦無臣字。蓋石經此處及左傳襄廿八年臣字。皆後人據偽泰誓妄增。此說為是。但此亂亦與此銘同。元當作𤔲。即𤔲省文。其義亦叚借為司。司掌理者也。武王有司十人。與舜有臣五人同意。故讀經者𤔲旁注臣字。以便釋解。後人誤竄入司下耳。然此條𤔲譌為亂。猶關雎之𤔲叚借為詞。今本譌作關雎之亂。其誤出于一轍明矣。要亂訓治也。治者理也。𤔔亦同訓。𤔔亂音義皆近。而亡亂之亂。⿰𤔔攴為正字。亂為借字。為亂為⿰𤔔攴。與𤔲無涉矣。

【古籀篇十六】

◉余永梁　(書契卷五四十五葉)　此殆即辭字，从省，从辛。兮甲盤辭字作，與此略同。古金文辭與𤔲為一字。【殷虚文字考】

◉郭沫若　□殆𤔲之異文，讀為治。【貉子卣　兩周金文辭大系圖録考釋】

◉郭沫若　𤔲叚為祠，得福報賽曰祠。戉地得伯丁父之貺，乃虔敬舉行燕享也。【令毁　兩周金文辭大系圖録考釋】

◉强運開　□薛尚功釋作司。楊升庵作辭。趙古則鄭漁仲均釋為治。施云。古文孝經治作𤔲。與此小異。張德容云。鄭施説非也。此籀文辭字从司。見説文。古鐘鼎多借為司字。【石鼓釋文】

◉馬叙倫　鈕樹玉曰。廣韻。訟也。引説文曰。辭。説也。玉篇為辤之重文。嚴可均曰。從𤔔下複沓難通。韻會引作從𤔔辛。猶理辜也。王筠曰。當依小徐本及通論作從𤔔辛。𤔔辛猶理辜也。錢坫曰。此理字唐本所改。應作治。徐灝曰。此吕刑師聽五辭之辭。故訓為訟。辛當為聲。與犀梓等字從辛聲同例。籀文從司亦聲也。倫按此治亂之治本字。從𤔔。辛聲。兮甲盤。政□成周四方責。政辭成周。即政治成周也。其字從𤔔奇聲。奇亦從辛得聲也。可證。當立𤔔為部首而屬之。説解當作治也。以聲訓。從𤔔從辛。當作從𤔔辛聲。鍇本作從𤔔辛。蓋挩聲字。或為校者所删。以不得辛聲之理。故增𤔔治也𤔔辛猶治辜也。今本多挩譌。訟也乃辯字之義。下文。辯。治也。豈傳寫互譌邪。又疑訟為説之爛挩儿字者也。古以辭為詞。説也即詞字義。廣韻引作説也。未譌之本也。鍇本作辭訟也。辭乃隸書複舉字也。字見急就篇皇象本。顔師古本作誠。

□　桂馥曰。石鼓文。我𤔲攸除。周禮大祝。一曰祠。鄭司農云。祠當為辭。馥謂古文從司。故誤為祠。王筠曰。鐘鼎文皆用為司。𡚱父鼎。□馬。即司馬也。又曰。□乃父官。即司乃父官也。倫按辛司音同心紐。聲同之類。故辭轉注為𤔲。嚴可均謂司聲。是也。古書言有司。官名司土司工司馬。皆謂治其事也。司為𤔲省。𤔲為𤔔之轉注字。𤔔得聲於爾。爾司聲同之類也。從司校者加之。毛公鼎作□。□鼎作□。【説文解字六書疏證卷二十八】

◉聞宥　□□　此字諸家闕釋，按即辭之古文。説文「辭，訟也，从𤔔辛；𤔔辛猶理辜也」(依小徐通論)，卜文辛作□，辛作□，兩形相似易譌，故説文辛部辠辜以下諸字皆當改入辛部(參閲觀堂集林卷六釋辪下)。此从𠬪从辛，其正字也；作从辛从午者省文。【殷虚文字孳乳研究　東方雜誌二十五卷三期】

◉郭沫若　第四三〇片　□　䌹殆𤔲省，與卯為對文，亦用牲之法，蓋即讀為磔。狗牲用辜磔，殷周秦漢均然。【殷契粹編考釋】

◉饒宗頤　㓚蓋𤔲字，説文「辭，籀文从司作𤔲」，金文「司工」「司馬」「參有司」諸司字皆同，或省口作𤔲。甲文又有□字(京都大學一四六五)，从司从□，㓚乃其省形。周禮太祝作六辭，一曰祠。鄭司農云「祠當為辭」，此即「辭」「祠」字通之證。契文以辭(㓚)為祠，又省作司，故三㓚即三司無疑。【殷代貞卜人物通考卷十三】

◉李孝定 前二・二五・六从丂从司。説文所無。余氏謂即辤字。如余氏所論辤或作辝第足以為台受二文在偏旁中偶可通作之旁證。既不能證司受可以通作。則無由證此為辝字。余氏又引枱籀作辝。臬籀作𨐨。似亦與余氏所論無涉。又云台金文作。遂謂台與司通。説亦無據。葉氏謂字从辛从又。疑辛之繁文。按此乃从司非从又。葉説非是。字从丂丂辛辛一字从司。疑即許書辛部之辭。許書辭下云「訟也。从𤔔。𤔔猶理辜也。𤔔。理也。籀文辭从司。」辭隸辛部。而籀文不从辛者。蓋緣古文辭或有从司作𤔲之異體而致棍。許訓𤔔為治。一訓理。司訓臣司事於外者。與治理之義亦近。故辭字或从司或从𤔔會意。其義一也。【甲骨文字集釋第十四】

◉王若愚 甲骨文中有「」字，師友一・一八二从丂从𤔔，《説文》所無。在金文裏即𤔔，容庚《金文編》作，象以手理絲于形的收絲具上。的豎形為工，即壬(軠)，也就是繅絲車上的收絲器。，象收絲于軠架之上。

𤔔字訓治。「周有亂臣十人」，這裏的亂臣就是指有治理國家才能者。在金文中屢見訓治理的𤔔旁的𤔲字。其中心結構是

郭沫若同志考證《楚辭》之「亂曰」即「辭曰」，解説精湛。容庚《金文編》兮甲盤：「王命甲政司(𤔲)成周四方責。」又司乙丁爵，司作，又(𤔲)。辭从司，與司為一字。在金文裏辛作(辛)，如年鼎中作，文年簋作。則字乃象以刀形工具理絲織帛。這種刀形的辛不是刑刀，也不是剞劂，而是刀杼之類用以打緯成織的工具。

從紡織技術觀點來説，蠶繭之絲形亂，但經過繅治，除掉絲膠和雜質而得到六百至一千米的長絲，不需再紡即可成織，固然有時需要加捻。

用以加捻的工具，如石、陶、骨製的紡輪和陶質的紡塼等，在我國商周甚至新石器時代遺址中常有發現。【從台西村出土的商代織物和紡織工具談當時的紡織 文物一九七九年第六期】

◉單周堯 銘文中的字，各家釋説紛紜。李仲操隸定作𦃃，無説。唐蘭隸定作䌛。説：「䌛字未詳」。裘錫圭隸定作緐，讀為訊，并且説：「『訊』、『迅』古通。『訊圉』就是迅猛强圉的意思。」徐中舒也隸定作緐，但意見却與裘氏不同，他説：「緐从索，丮以持之，从口，象索環繞形，仍當讀為索。索，繩索，古用以丈量土田疆界。圉，垂也，垂謂邊疆。武王滅殷，奠定周之邊疆，故此即以索圉稱之。」李學勤隸定作𦅫，説：「𦅫，應即緆字，《説文》此字或體作緹，在本銘中讀為挺，《考工記・弓人》注：『直也』。」《逸周書・謚法》：「『威德剛武曰圉』，『剛强理直曰武』，挺圉與武意義呼應。」按索字不見于金文，索字索諆角作，高田忠周《古籀篇》卷七十二頁一八據此説：「索字古文元从糸从，兩手以作繩之意也。」字偏旁顯然跟索字有相當大的差異，因此前

四家的隸定都有待商榷。又訊字金文作[字形](虢季子白盤)、[字形](兮甲盤)、[字形](不嬰𣪘)、[字形](𩁹𣪘)、[字形](揚𣪘)、[字形](師寰𣪘)諸形，跟𤔲字有很大的距離；卂字金文作卂(凡伯𣪘)，亦與𤔲字偏旁不類，因此裘錫圭讀𤔲作訊是有問題的。至于李學勤隸定作縕，讀作縕也需要商榷：(一)素字在金文中曾以偏旁的姿態出現，如䋛作[字形](蔡姞𣪘)，緰作[字形](齊鎛)，都跟𤔲字的偏旁不相似。(二)縕字金文作[字形](沈子𣪘)，跟𤔲在字形上有很大的差別。反過來說，𤔔字的字形和[字形](卯𣪘)、[字形](毛公鼎)卻跟𤔲字有不少相近的地方(𤔔字其他字形，可參考《金文編》五〇七至五〇九頁)。特別是兩字都從𠃊，這是索、素等字所沒有的。楊樹達《積微居小學述林》頁八九解釋𤔔字裏面的𠃊説：「𠃊位幺字之中，蓋象用器收絲之形。《説文》竹部云『笠，可以收繩也』，古文作互，𠃊乃象互形也。絲繩同類之物，互可以收繩，亦可以收絲矣。」由于𤔲字的偏旁有這種收絲之器，我懷疑這偏旁就是象治絲的𤔔字的一種異體，而𤔲字也就是𤔔字的一種異體，在這裏讀作嗣。諫𣪘「今余隹或𤔔(嗣)命女(汝)」，也是假𤔔為嗣。「嗣匡武王」，是承上文而説的；文王既然「匍有上下，迨受萬邦」，武王也就繼續他的威德剛武，「遹征四方」了。大盂鼎説：「在珷嗣玟乍(作)邦，[字形](闢)氒匿，匍有三(四)方。」意思與此大致相同，正好互相印證。【牆盤「𤔲」字試釋　文物一九七九年第十一期】

◉張守中　[字形]　辭字異體。方壺。旆——　豊敬則孯人至。【中山王𰯌器文字編】

◉于豪亮　[⿰牜丰]是辭字

《居延漢簡甲編》七六四：謹驗問守候長就，[⿰牜丰]……

《甲編》三：收責報，會月十日。謹以府書驗問子都名鋌(?)[⿰牜丰]故居延令史，有子男……

前一簡的[⿰牜丰]字，《甲編》誤釋為持。後一簡的[⿰牜丰]字，《甲編》誤釋為拜。

勞榦《居延漢簡》二六二葉(二八二·一四)：[⿰牜丰]具此。

勞榦誤釋為律興作。

勞榦《居延漢簡》二八七(二二〇·一七)：□□復以衛卿檄驗問卒函當等六人[⿰牜丰]皆▨

勞榦誤釋驗問為臨四，卒誤為辛，等誤為可，[⿰牜丰]誤為擇。

以上各簡的[⿰牜丰]都是辭字，左偏旁是草書受字，右偏旁乃是辛字。辭字常常和驗問連在一起使用，有供詞的涵義。上面所引勞榦《居延漢簡》二六二葉「辭具此」，意思是供詞至此完畢。《書·呂刑》：「今天相民，作配在下，明清於單辭，民之亂，罔不中聽獄之兩辭，無或私家於獄辭。」《禮記·大學》：「無情者不得盡其辭。」辭都是供詞之義，與漢簡完全相同。【釋漢簡中的草書　于豪亮學術文存】

◉裘錫圭 (1)3·8(甲3)收責錢令六月十日謹以府書驗問子都名亲拜前居延令史喬子功

「拜」字原作㚔，亦為草體，當釋「辭」。3·25的「辭」字寫法與此相似。漢代人以「辤」為「辭」(漢簡、漢碑習見)。居延簡「受」字草體多作𠬪(參見118條)，所以「辤」字的草體可以這樣寫。133·11(甲764)有「謹驗問守候長就(?)辭」之語，194·17有「謹驗問褒辭」之語，文例都跟這一簡的「謹以府書驗問子都名親辭」相類。「子都」當是「親」的字。上引133·11的「辭」字作㚔，也是草體，勞氏和《甲乙編》都誤釋為「持」。104·29、145·36+145·24+317·4(甲826)、220·17都有草體「辭」字，舊皆誤釋為「拜」或「擇」(于豪亮《釋漢簡中的草書》裏已糾正了「辭」字草書的誤釋)。【《居延漢簡甲乙編》釋文商榷(一) 人文雜誌一九八二年第二期】

◉李孝定 金文「辭」字作「𤔲」，「辤」字作「辝」，分別甚明；至小篆則二字均从「辛」，惟左旁則一从「受」，一从「𤔔」，疑「受」為「𤔔」之譌，「𤔔」字中从「𢆶」，一譌為「𠂤」，再譌為「冂」耳，「受辛宜辤」之解，似涉附會。「辭」、「辤」疑本為一字；誤衍為二，而以前者當「言𤔲」字，後者當「辝讓」字，文字衍變之淆亂，如此者不少。至金文之辝，為領格，讀為爾雅訓予之「台」，說較長。【金文詁林讀後記卷十四】

◉戴家祥 𤔲 㝬壺 說文「𤔔，治也」。从受从系从冂 治絲之具，本義為治絲，引申為治亂。後加聲符司作𤔲，或省作𤔔。免簋「令女足周師𤔲𢿢」，静簋「王令静𤔲射學宮」，𤔲即治理之義。「𤔲寇」「𤔲馬」「𤔲工」「𤔲土」，𤔲的本義也是治理，後作為治理某一部門的官職名稱，即古籍中的「司寇」、「司馬」、「司空」、「司徒」。大梁鼎「司寇」已省作司。齊侯壺「玉一𤔲」，楊樹達認為𤔲假為笥，笥為盛器。詳見積微《洹子孟姜壺跋》。

仲枏父鬲作𤔲，𤔔从工，為治絲之具工之繁形，銘文「有𤔲」𤔲字从用例上看與𤔲字完全相同，當為𤔲字省形。金文都作「有𤔲」，𤔲為𤔲字異體無疑。

𤔲大司馬簠 大司馬孝述自作飤簠 「司馬」金文司作𤔲，此銘从彳，可能因軍旅聯想到征行之義而添加的形旁。

𤔲𤔲工鍪 𤔲工 說文十四篇：「辭，訟也，从𤔔辛，猶理辜也。𤔔，理也。𤔲，籀文从司。」古音辛司皆屬心紐，𤔲工鍪「𤔲工」金文一般作「𤔲工」，辭𤔲當為聲符更換字。倗匜𤔲字作𧬉，古文口言兩部首常通用，如說文嘖或作讀、謨或作暮等等。从言或从口，乃形符更换之例也。【金文大字典下】

辡 辡

辡【汗簡】

◉許　慎　辡辠人相與訟也。从二辛。凡辡之屬皆从辡。方免切。【説文解字卷十四】

◉馬叙倫　辛之義止為辠。即以為辠人從二辛會意。止明二罪人而已。不見相與訟之義也。疑此乃辯下説解中校語。辯本訓訟也。校者加辠人相與訟也以釋從二辛之意。不悟其非也。辡為辛之茂文。辛音心紐。轉非紐為辡。同為次清摩擦音也。猶民音心紐而每音則微紐矣。【説文解字六書疏證卷二十八】

辯 辯

辯　為一五【睡虎地秦簡文字編】

王子辯印　劉辯印信　周辯　賈辯私印【漢印文字徵】

辯出李尚隱字略【汗簡】

並古老子　李商隱字略【古文四聲韻】

◉許　慎　辯治也。从言在辡之閒。符蹇切。【説文解字卷十四】

◉馬叙倫　王筠曰。辯為辡之絫增字。故經傳辯訟辯治字皆作辯。辡字不見於經。朱駿聲曰。辡亦聲。倫按辯當訓訟也。易訟卦。雖小有言。其辯明也。禮記曲禮。分争辯訟。可證也。今訟也之訓。譌入辭下。辠人相與辯也一句。又譌入辡下。皆傳寫之所致也。從言。辡聲。翟云升謂當入言部。是也。今捝從言辡聲。或校者改為從言在辡之閒。莊子天下篇釋文引字林。辯。慧也。【説文解字六書疏證卷二十八】

◉黄錫全　辯出李尚隱字畧　辨𣪘辨作、，作册䰧卣作。此形所從之言、辛同石經。【汗簡注釋卷六】

壬 王

鐵七五・一　餘一七・二　前三・一九・三　後一・二七・四　林一・一五・三　戩一七・一五　佚三七　佚五三二　福一五　甲三九二　甲四三〇　甲二二六〇　甲二七六四　甲二九〇八　前

七・四四・一 前三・五・二 乙二二二 佚四六二 佚五一八 前四・六・六 乙八九二四 壬午 見

合文三〇 【甲骨文編】

甲70 2380 2908 3587 乙9092 佚426 444 522 續5・9・2 徵3・20

京4・24・3 新4490 4536 【續甲骨文編】

壬 父壬爵 木父壬鼎 叔且壬爵 乎壺 兄日戈 宅簋 公貿鼎 鬲比簋 二月初吉壬辰

呂鼎 員尊 趞曹鼎 競簋 縣改簋 弔宿簋 無㠱簋 五年師旋簋 伯中父簋

鬲攸比鼎 湯弔盤 吉日壬午劍 史戍卣 父壬二字合文 母壬爵 母壬二字合文 【金文編】

3・1205 獨字 文字 8・14 北里壬 【古陶文字徵】

〔一九〕 〔一九〕 〔二二〕 【先秦貨幣文編】

刀弧背 冀滄 仝上 布尖 昜背 晉高 刀尖 亞五・二九 仝上 刀尖 亞五・一八 仝上

【古幣文編】

162 187 【包山楚簡文字編】

壬 日甲七〇 九十例 日乙三二 五例 日甲一〇五背 日乙一一一 【睡虎地秦簡文字編】

嚴一萍釋壬 —子酉子凶(丙1:2—3) 【長沙子彈庫帛書文字編】

2291 1393 0679 0491 【古璽文編】

[glyph]趙壬　[glyph]衆利壬　[glyph]康壬之印　【漢印文字徵】

[glyph]壬【汗簡】

◉許　慎　壬位北方也。陰極陽生。故易曰。龍戰于野。戰者。接也。象人裹妊之形。承亥。壬以子生之叙也。與巫同意。壬承辛。象人脛。脛。任體也。凡壬之屬皆从壬。如林切。【説文解字卷十四】

◉方濬益　亞形父壬尊[glyph]　王蓀友大令曰。説文从壬之字多誤。巠有古文巠。而變壬為工。是李斯改古文時業已嚮壁虚造。何怪許説之紕繆乎。濬益按。彝器文壬字多从工。而於中直作♦以為識別。亦有逕作工者。如此銘壬字。是蓀友以為始於李丞相。未然也。【綴遺齋彝器考釋卷十七】

◉孫詒讓　「壬」皆作「[glyph]」三之一・又二。依字當作工見金文叔宿敢。此省中畫。金文父壬尊亦如是作。【栔文舉例卷上】

◉林義光　壬與人懷妊形不類。古作[glyph]叔宿尊彝壬。作[glyph]公貿彝。即滕之古文。機持經者也。象形。滕蒸韻壬侵韻雙聲旁轉。故禮記戴勝。戴勝者。鳥首有文似滕。勝即滕之借字。爾雅釋鳥作戴鵀。亦作戴栠。見釋文。巠為經之古文。古作[glyph]虢季子伯盤經字偏旁。正象滕持絲形。从壬。【文源卷一】

◉高田忠周　[glyph]　説文。壬位北方也。侌極昜生。故易曰。龍戰于野。戰者接也。象人裹妊之形。承亥。壬以子生之叙也。壬與巫同意。段氏云。月令鄭注。壬之言任也。時萬物懷任於下。釋名曰。壬。妊也。陰陽交物。懷妊至子而萌也。易坤上六爻辭。戰者。接也。釋易之戰字引易者。證陰陽生也。文言曰。為其兼於陽。故稱龍。許君以亥壬合德。亥壬包孕陽氣。至子則滋生矣。許意蓋如段説。然許氏未得最初造字之恉。此字即从工。是與巫同例。巫者事神者。女而尊者也。壬者。妊也。婦人之可重者也。故並不从女而从工。工者兼天地人三德之謂也。从工之意至深矣。又巫字。以舞手舞袖為形。[glyph]是也。壬字以・若一為意。亦指事也。此實兩字同意者也。許氏不釋字从工借以為女之尊者之理。可謂粗鬋矣。然則壬即妊古文也。後以壬專用支干字。本義卻加女作妊以分別。亦古今文字變易之恒例也。卜辭壬妊並用。其分別亦久矣。女之妊孕。即天分也。亦所以克任。故轉義。詩賓之初筵有壬有林。箋。壬。任也。又其任也大且重。故爾雅釋詁。壬。大也。【古籀篇八】

◉陳啟彤　壬　當訓物包也。象隱伏之形，故中畫大。位北方，侌極陽生，因以為壬癸之壬，凡壬之屬皆从壬。古名玄黓，玄訓幽遠，黓有黑暗不明之意，與隱伏之義近。妊从壬聲，訓孕，此取本義。衽从之，訓衣衽，則意取隱伏。衽為衣之兩旁掩裳際處。任从

之，訓保，則意取伏育。飪从之，訓大熟，則由物包之意轉引而取意實盛。【釋干支　中大季刊一卷三期】

◉郭沫若　壬字。余以為乃卜辭及銘彝中習見之𢆉若𢆉字之轉變，蓋即鑱之初文。史記扁鵲倉公列傳「鑱石橋引」，索隱云「鑱謂石針也」。壬鑱同在侵部，當是古今字。【釋支干　甲骨文字研究】

◉葉玉森　孫氏以金文斷定卜辭之工乃省中畫。實誤。林氏說近塙。郭氏誤認卜辭銘彝之𢆉𢆉幸即執省。詳予後說為工。故說壬亦未澈。工壬與卜辭工工之變體工丨示之變體工立形同。考楚昭王名壬左昭廿六年傳。又作軫左哀六年傳。知壬軫古通叚。方言軫謂之枕。注。軫。車後橫木也。工固象橫木之枕。或為古象形軫字。姑備一說存參。【殷墟書契前編集釋卷一】

◉吳其昌

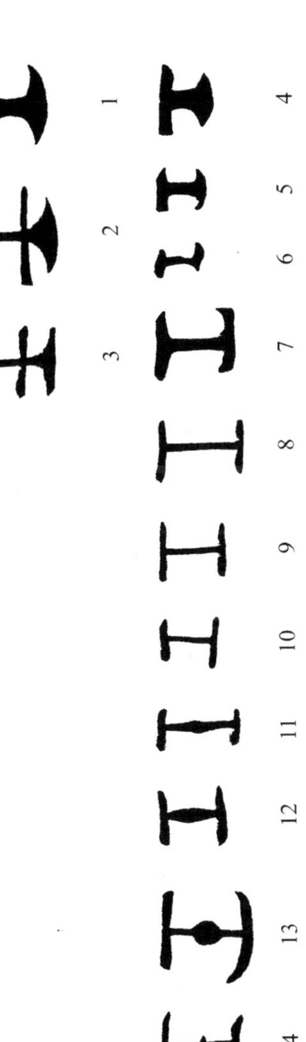

第一字在穆公鼎銘曰「作命臣工」，其為「工」字，不可移易；而其字形與第二字「父壬」之「壬」字全同，但少一畫耳。是「工」「壬」一字之明證一也。第二、第三，又第五至第八，計六字，其銘文皆作「父壬」。第九、第十計二字，其銘文皆作「兄日壬」。第四字，其銘文作「子壬」。皆碻係「壬」字，不可移易。而其字體皆作「工」字，亦不可掩諱。是「工」「壬」一字之明證二也。說文于「工」字下云：「與巫同意」。于「壬」字下又云：「與巫同意」。是「工」「壬」一字之明證三也。

第二字與第三字，銘文皆作「父壬」。然第二字已與「王」字酷類；第三字則直為「王」字；亦明顯不容掩辯。此又「壬」「王」一字之明證也。

「工」「士」「壬」「王」既係一形，則此四字自必同義，又可知也。「工」「士」之義皆為斧，則「壬」之初義自亦為斧。又如第二字

「父壬」之「壬」作[glyph]，乃繪一斧兩端俱有鋒刃，腹貫修柯之狀。殆古時有一時期本有此特制之斧，以便倒仰可用，吾人姑名曰「兩刃斧」。「壬」之地位，殆適介于「斧」與「兩刃斧」之間者歟？

「甲」「乙」「丙」「丁」「戊」「己」「庚」「辛」「壬」「癸」，十者，皆兵器，殺人器，刃屬器也（說絡續詳下疏）。「壬」為兩刃之斧，辛亦斧屬武威刑殺之器（詳下疏），故「壬」與「辛」之義相近相贋。故春秋成公十六年左氏傳記楚公子壬夫字子辛。春秋名字自相詁，是其證也。

遞後[glyph]字之中畫由一漸短而成・。上下之[glyph]形，[glyph]形漸省而為ᐳ形ᐸ形。更省之，則為一。於是一變而為鬲攸从鼎之[glyph]，再變而為湯叔尊之[glyph]。更後小篆又從湯叔尊之[glyph]衍而成壬；而壬之原形毀，本義亦隨之滅矣。（今說文乃云「壬，象人裹妊之形。」釋名乃云：「壬，妊也。陰陽交物，懷妊，至子而萌也。」是皆漢儒陰陽五行之說既行之後之僞言。不知古文「巳」乃作「子」而「子」字乃作「[glyph]」也。【金文名象疏證　武大文哲季刊五卷三期】

◉明義士　工　說文解字十四下五二三壬部一字「壬位北方也」。按許氏訓日辰各字，皆蒙漢代哲學思想，殊非溯誼。而日辰各字均為假借，經若干年之衍進，早已失其本誼矣。所可知者，於商代甲骨文及金文壬均作[glyph]，西周金文則作[glyph]，降及篆文，則引長中間之圓點而作[glyph]形矣。吳其昌氏謂壬工同字，且引子壬乙酉爵證之，然自來子壬乙酉爵之釋即誤，子壬乃子司工之誤釋，而乙酉乃妣辛之誤識也。則壬工自非同字可知。【柏根氏舊藏甲骨文字考釋】

◉朱　奇　壬之初文，宜如甲骨文作[glyph]。其後一譌而為[glyph]，再譌為[glyph]。考甲骨文[glyph]字，今人多不之識，惟由[glyph]執[glyph]圉等字推之，當即說文[glyph]字無疑。說文[glyph]下曰。所以驚人也。一曰大聲也。其實此部所從文字，若睪若執若圉若報若𥶸，殆無一字不涵罪義，故[glyph]當象械手之梏。古者大刑用兵，是刑具亦兵器也。【十干字考　藝文雜誌一卷五期】

◉馬叙倫　嚴可均曰。壬以龍戰為交接。古易說蓋如此。承亥壬今小徐同。必誤。據通釋辛陰氣成就乃能承陽以有生。故曰承辛生子也。則小徐原作承辛壬。王筠曰。韻會不引壬承辛三句。徐灝曰。壬。負任也。假借為壬癸字。久而為借義所專。又增人旁作任。朱駿聲曰。榦枝二十二文。許君曰仍舊說。膠據緯書。類皆穿鑿傅會。然其別附於五百四十部之末。意仍有未安也。榦枝字各有本義。古用以紀旬。取為表識云爾。正如箅家萬意正載溝澗借以紀數。非因紀數而特製其字也。後為借義所專。遂至昧其本訓。即如此字。前說象形。形於何有。至大一經以十榦字聯屬為一大人形。直小兒語矣。愚按壬。儋何也。上下物也。中象人儋之。在六書為象形兼指事。饒炯曰。壬即妊之本字。蓋借工為人。一象陽氣位於其中。即所以裹之。如巫借工為人。左右歧象其舞褎。故云。與巫同意。林義光曰。壬與懷妊形不類。古作[glyph]宿叔尊彝。作[glyph]公貿彝。

即滕之古文。機持經者也。象形。禮記戴勝。爾雅作戴鵀。其例證矣。倫按朱林二説雖校近理。而於字形。終未極成。金文父壬爵木父壬鼎元日句兵壬字皆作工。吕鼎無𢦏敢伯中父敢皆作工。皆似從初文下字之作𠄟者。從數名之十。湯叔尊作工。亦似從𠄞而誤(𠄠為𠄟)。鬲攸比鼎作工。則似從初文上字之作𠄞者。上十音皆禪紐。豈壬為上之轉注字。從𠄞十聲邪。詩生民。藝之任菽。周禮大宰疏引任作戎。戎從十得聲。似可為證也。然倫謂壬為任之初文。乃子荷貝鼎[字形]之變省。由此變省為工。由子荷貝父乙彝[字形]之變省則為工。再變而為壬為工。實篆艸之濫觴也。説解故易以下定非許文。位北方陰極陽生亦或吕忱之説。許蓋訓任也。故有脛任體之説。指事。【説文解字六書疏證卷二十八】

◉陳書農　壬,甲骨文作工,金文作工(小臣宅毁)、工(縣妃毁),小篆作壬。律書,壬之為言任也,言陽氣任養萬物於下也。説文,壬位北方也,陰極陽生,故易曰龍戰於野,戰者接也。按壬在卜辭中與主壬主癸之主通用,主壬作工,主癸作[字形](前編一,二),由此足知壬在殷必與主同音。殷司祀之官曰工典,近人或釋為工典,于義無所取,以主壬主癸例讀之,則主典也。後世言主簿、主事,今言主管,則主典者主管祀典之人也。壬之音讀既明,再窮其字形之變化,則自工演化為工,再變為工,小篆省之為巨,今隸作巨,即規矩之矩也。小篆之壬,顯亦由工歧出,專以紀時,以別於巨。説文,巨,規巨也,从工,象手持之,榘,巨或从木矢,矢者其中正也。段注今字作矩省木。然則工者乃巨之初文,本象矩形,今木工所用之矩不作工形,而省為「,名曰曲尺。周髀算經用矩之道,平矩以正繩,偃矩以望高,覆矩以測深,臥矩以知遠,環矩以為圓,合矩以為方。今之曲尺,正作此用。孟子,梓匠輪輿能與人規矩,蓋指此而言,匠人無此,則無以成其器也。【釋干支　學原二卷四期】

◉陳邦福　白虎通五行篇云「壬者。陰使任。」史記律書云「壬之為言任也。言陽氣任養萬物于下也。」禮記月令云「其目壬癸」。鄭注「壬之言任也。時萬物懷任于下。」又釋名釋天云「壬。妊也。陰陽交接物懷妊也。至子而萌也。」又案説文工部云「工巧飾也。象人有規榘。與巫同意。」巫部云「巫。巫祝也。女能事無形以舞降神者也。象人兩褎舞形。與工同意。」壬部復云「壬與巫同意。」邦福案。許于三部互存其説。蓋就字形言之。考殷契文巫作[字形][字形]。似从示得誼。作人在幄下。兩手示神之象。據殷契示或作工壬可證也。又玉部靈下或从巫作靈。疑初亦从示得誼。許謂以玉事神。或出後起之引伸誼矣。又按。殷契文幹枝人名壬字作工。周金文幹枝人名壬字如父壬爵作工。許𢦏敦作工。大一經謂壬象人脛者。與殷周古文正合。又格伯敦妊字別作[字形]。足證小篆壬字當亦出六國雜體。【十幹形誼箋】

◉李孝定　契文作工。與工之作工者同。吴氏遂謂與工為一字。非也。按工契文亦作[字形]若[字形]。而卜辭干支字之壬纍千百見。然無一作[字形]若[字形]形者。此二者非一字之明證也。充吴氏之説是壬與示示亦有作工者亦一字也。吴氏又謂壬王一字。是壬示一字之類也。考許書壬下工下兩謂「與巫同意」。蓋謂工象人形。巫从工从[字形]。[字形]居兩側。象兩褎舞形。與壬从工从一。一居中。象大腹。乃人懷妊之形之意相同。王筠句讀壬下說「同意」之說是也。非謂壬工同字也。許書壬下說解及白虎通五行篇史記律書月令鄭注釋名釋天諸說均以妊義說壬字。妊从女壬聲。乃孕之後起字。从壬與義無涉。則妊自非壬之初義。篆作壬乃工所衍變。亦非懷妊之象也。郭謂壬象石針。乃謬以[字形]字釋工所導致之誤說。吳氏引楚公子壬夫字子辛以證壬與辛同為兵器。古人名字相應。然亦未必同訓。名壬字辛者。蓋以十干中辛壬相次。故亦相應也。惟林氏謂壬為滕之古字。說蓋近之。然亦苦無確證耳。【甲骨文字集釋第十四】

◉白玉峥　葉氏謂「孫氏以金文斷定卜辭之工乃省中畫，實誤」。余謂不然。蓋甲骨文字發現之初，設無金文為之據，將無法識其字，通其辭；籀廎先生之說，廼據小篆以上朔金文，據金文以上朔甲文，為初期解說甲骨文字之惟一途徑。「省中畫」之說，正為認識文字闢了一條坦途。葉氏之說，乃甲骨文字大明之後，自甲骨文字下視金文之解，殆亦飲水何思其源之說也。然而，識字之難，於此見之矣。【契文舉例校讀　中國文字第三十四册】

◉張秉權　「工(壬)」字，許氏以為「象人懷妊之形」，「象人脛」。朱駿聲說「壬，儋何也，上下物也，中象人儋之」。郭氏以為象石針。葉氏以為象橫木之枕。吳其昌以為工壬一字。林義光文源說：「壬即滕之古文，機持經者也，象形。滕(蒸韻)壬(侵韻)雙聲旁轉，故禮記戴勝(戴勝者鳥首有文似滕，勝即滕借字)爾雅作戴鵀亦作戴紝(見釋文)。巠為經之古文，古作[字形](虢季子白盤經字偏旁)，正象滕持經形，从壬。」(卷一，二十六葉)。滕是織機的工具之一，它的形製，據桂馥說文解字義證說：「滕乃密竹器，吾鄉呼之音如憎。」王筠說文句讀說：「詩大東：杼軸其空。柚即此滕，吾鄉皆呼為柚，三蒼：經所居，機滕也。此器以竹為之，其比為櫛，經貫其中，以木為筐，廣韻所謂筬筐也。」從字形上看來，「工(壬)」字和它的形狀很像，可能就是這種工具的一個象形字。【甲骨文中所見的「數」　歷史語言研究所集刊四十六本三分】

◉何金松　徐灝《說文解字注箋》：「壬，負任也。假借為壬癸字，久而為借義所專，又增人旁作任。」從古今字的角度考察，認為壬字的本義是「任」，即負任，是完全正確的，但是沒有解形，因此沒有引起文字學家的注意。

甲骨文壬字本作「工」，上下兩橫畫一樣長，中一豎畫，是版築牆壁上中下三版連接處線條的象形，本義是「負任」，即承載，是任字的初文。版築是在有一定規格的安裝牢固的夾版中填土築實。築完一版再築一版，築完一層再築一層，一直達到符合設計要求的寬度高度為止。為了防止倒塌，上版不能與下版完全重合，必須壓縫夯築，即上版築在下二版相銜接之正中，各版彼此牽制，牆壁就會堅牢。用磚砌牆亦同此理。下層版築堅土承載上層版築堅土。為了表示「負任」即「承載」這一概念，造字時便用版築的三條線構成。下一横畫表示下層一版壂土的上部一條長邊線，中一豎畫表示中層兩版壂土的銜接線，上一横畫表示上層一版壂土的下部一條長邊線，獨體象形。

周金文中，《宅簋》的壬字與甲文形同。同時，周代「工」字不再用甲骨文中象築牆杵的形體，而用本為壬字的「工」這一筆畫簡單的字取代。為了使字形區別字義，就將豎畫的中部增粗成圓形或橢圓形實體。篆文將豎畫中間增粗處寫成横畫，比上下兩横畫都長，同篆文「王」、「玉」也區別開來了。由于壬字的原始形體被佔用，訛變的金文篆文通行，壬字的形義來源遂晦。【漢字形義考源　華中師範大學學報一九九四年第四期】

鐵一一二・三　鐵一五六・四　鐵二四七・二　鐵二五二・四　菁三一　乙六六九五反　乙六七二二朱書　福一七　佚二八二　佚三七八　燕三〇　寧滬一・五六　甲一一七八　甲二三三七　存二七四二　存二七一二　前一・二〇・一　前三・五・二　林一・一五・三　佚三二五　佚五四五　甲二二五五　癸亥　見合文三〇　【甲骨文編】

甲26　2337　乙6690　徵4・4　【續甲骨文編】

癸　父癸鼎　戊父癸甗　癸山簋　觶文　簋　伯矩盤　保癸爵　向作父癸簋　癸爵　癸卣　父癸簋　兄癸卣　婦闖卣　女嬰鼎　兄日戈　父日戈　趙觚　黃簋　朕尊　矢方彝　仲辛父簋　此簋　格伯簋　散弔簋　穌公簋　五祀衛鼎　郜公鼎　陳侯因資錞　敔作父匕癸觚　匕癸二字合文　【金文編】

4・90　匋攻癸　4・91　同上　5・384　瓦書「四年周天子使卿大夫……」共一百十八字　秦1218　茝陽工癸　秦

1223 莒陽癸 3·63 繇衢杏匋里癸 3·371 楚章衢鬭里癸 【古陶文字徵】

〔三六〕〔二〕【先秦貨幣文編】

三〇三：一 卜筮類癸二□五 【侯馬盟書字表】

131 177 【包山楚簡文字編】

癸 日乙一一一 三十七例 日甲八二背 三十六例 日甲七二 二十例 【睡虎地秦簡文字編】

3988 【古璽文編】

郭癸 柏癸 臣癸 任癸 宣癸 張癸 張癸 【漢印文字徵】

開母廟石闕 辛癸之閒 與說文之籀文同 袁安碑 □月癸丑薨 石經僖公 癸巳 【石刻篆文編】

癸 【汗簡】

汗簡 籀韻 說文 籀韻 崔希裕纂古 【古文四聲韻】

◉許 慎 冬時水土平。可揆度也。象水從四方流入地中之形。癸承壬。象人足。凡癸之屬皆从癸。居誄切。籀文从癶从矢。【說文解字卷十四】

◉薛尚功 癸鼎 說文癸之字。具四屮。而此鼎之癸則一屮三包。蓋癸與丑相次。物至是有紐結而未引達之。象萬物之出也。草昧而已。草者至巽。而齊昧者至離。而明癸正北方而冬也。故一屮。【歷代鐘鼎彝器款識法帖卷二】

◉薛尚功 癸舉 銘一字曰癸。小篆具四屮。癸鼎則一屮三包。此則皆無屮意。豈所謂癸正北方芽蘖未萌者耶。【歷代鐘鼎彝器款識法帖卷五】

◉徐同柏 商父癸爵 古文壬作工。此癸字从兩工相交。癸承壬。故字从之。【從古堂款識學卷八】

◉孫詒讓 「癸」多作「」二之三，亦見金文且癸卣。或作「」四十之二，則微有省變矣。

「癸」字有別作「〓」者，與日名不同。如云：「㕣〓貝立止」七十一之四。「卜完貝□〓」百九十七之二。「〓弗其□」二百十五之四。此字奇古難識，以形考之，實即「癸」之異文。《說文·癸部》：「※籀文从癶从矢。」此下从〓，與矦作〓偏旁矢形同，上从〓即癸上半變體。金文册父己鼎、癸父乙卣癸作〓，可證。蓋本从三个，後傳寫流變，迺作〓相反，遂成癶字，籀文實本于此，然與※形聲俱遠。此文尚可尋其流變之軼跡也。【栔文舉例卷上】

◉林義光　※為水流形不類。朱氏駿聲云。即戣字。書。一人冕執戣顧命。鄭注。蓋今三鋒矛也。古作〓鳥形父癸器。象三鋒矛立土上形。作〓匜形祖癸器。上象三鋒矛。下象其柎。與戈作〓同意。變作〓癸山器。作〓仲辛父敦。作〓咎尊彝癸。隸作癸者。以〓形近癶。〓形近矢。說文以〓為籀文。从癶从矢。恐未足據也。【文源卷二】

◉高田忠周　說文※。冬時水土平。可揆度也。象水從四方流入地中之形。凡※之屬皆从※。〓。籀文从癶从矢。今見卜辭及三代金文有〓無癸。而漢刻石反之。有癸無〓。近出流沙木牘文亦皆作关。癸艸體也。又說文凡癸聲字戣睽鄈侯騤湀闋睽揆九名。而艸部葵字唯作〓。从※聲。因按。※癸元當別字。〓為水系。如許所云。左哀十三年傳。呼曰庚癸乎。注。北方之水。可證矣。又史記律書癸之為言揆也。言萬物可揆度。律歷志。陳揆於癸。此為癸字本義。癶者。步足也。矢與榘同意。蹈步而有榘則。所以揆度。步曰癸。手曰揆。癸揆音義皆近。擬字。古文作〓。象人執榘而立。擬揆癸。可互推證矣。然隸書癸字可為形也。※不可為形。故漢人多借癸兼※。癸專行而※隱矣。禮記月令其曰壬癸。虞書辛壬癸甲。元皆作〓。今作癸者。漢人以隸釋古時所改。顯然可知矣。但依許氏。其通用始於史籀乎。又按說文戣睽字。金文皆从〓聲。戣睽諸字。亦為籀文乎。【古籀篇五】

◉羅振玉　〓乃〓之變形。〓字上象三鋒。下象著物之柄。與鄭誼合。〓乃戣之本字。後人加戈耳。【甲骨文字集釋第十四】

◉葉玉森　〓之異體作〓〓〓〓等形。藏龜第四十葉二版之第一辭癸作〓。第二辭之癸微漫漶。仍應作〓。非省變作〓。卜辭癸字凡百數十見。無作金文〓者。有〓字與〓近。但為別一字。亦無用作壬癸之癸者。羅氏據朱駿聲氏說釋戣。說文通訓定聲。但卜辭癸字立不象三鋒。似不能遽斷為金文〓變。近人饒炯氏謂癸為葵之古文。象四葉對生形。與叕象三葉。竹象二葉同意。說文解字部首訂。以金文敳叔敦之癸作〓證之。饒說近是。

卜辭之〓繁文作〓〓。如云「庚寅卜貞亩〓人令省在南啚。十月」。卷四第十一葉。「乎多〓尹皀于教」。卷五第八葉。「貞王勿去〓」。卷五第四十四葉。「□卯卜貞〓尹亡囚」卷六第三十七葉。曰〓人曰〓尹曰多〓尹曰去〓。似〓乃國名或地名。多[glyph]疑即[glyph]之異稱。[glyph]與金文[glyph]是否一字尚難臆斷。本辭曰大[glyph]。亦未詳其誼。金文之[glyph]似亦不能遽認為癸也。

【殷虚書契前編集釋卷一】

◉陳啟彤　癸　當訓兵也。依朱氏說。象兵鋒芲背之形，因以為壬癸之癸，凡癸之屬皆从癸。[glyph]，籀文，从[glyph]，从矢。古名昭陽，昭陽者，陽所昭也。謂日光所照也。蓋癸有芲背之象，故因有北方之意。北之作背，亦取乎芲背之義也。癸有芲背意，故睽从癸聲而訓目不相視。聧从之，而訓耳不相聽。傒从之，而訓左右兩視。若葵之从癸，則意取向日。揆从之，訓度，則意取比量，乃由背意轉引。闋从之，訓事已閉門，則由背別之轉引。湀从之，訓湀辟深水處，則意取背僻。騤从之，訓馬行威儀，則由兵意引申而意取壯嚴。【釋干支　中大季刊一卷三期】

◉郭沫若　癸乃[glyph]之變形，字於古金中習見。羅振玉曰：「顧命鄭注『戣瞿蓋今三鋒矛』，今[glyph]字上正象三鋒，下象著地之柄，與鄭誼合。[glyph]為戣之本字，後人加戈耳。」見金文編[glyph]字下引。案此說無可移易。知[glyph]之即戣，則知[glyph][glyph]亦必即戣之變矣。

【釋支干　甲骨文字研究】

◉陳兆年　癸。象形字也。其所孳乳。有[glyph] [glyph] 兩字。亦象形字也。舉其形體如左。

癸

甲文　[glyph]前編卷一頁二　[glyph]同卷一頁八　[glyph]同卷六頁十

金文　[glyph]子孫父癸卣　[glyph]鄀公錳　[glyph]格伯敨蓋

小篆　[glyph]

叚借　[glyph]

[glyph]

金文　第一類　[glyph]癸觶　[glyph]朕作父癸觶　[glyph]向敨

第二類　[glyph]癸作父己鼎　[glyph]趠鼎　[glyph]癸□敨

譌體　[glyph]說文癸字籀文

形聲　戣

叚借　[glyph]　台

[glyph]

金文 ⺦陳公子甗字所从 十是𣪕字所从 ⺦陳逆𣪕字所从

譌體 𠂈說文訓獸足蹂地 𠆢

形聲 𤰈 揆

右癸✣二字。歷來之研究金甲文字者。或以為癸字之形體小異。漫不分別。或以為✣字為癸字之初形。✕(癸)字為✣字之變體。至於⺦之一字。更未經人言及。按✣⺦二字皆※字孳乳之字。原雖相同。流則相異也。今先述癸字之字義。再論三字之孳演。

癸字之字義有三。一、十干之末字。二、揆度之義。三、兵器之義。先述十干末字義及揆度義。次述兵器義。

說文癸部。癸。冬時水土平可揆度也。象水從四方流入地中之形。癸。籀文癸。史記律書。癸之為言揆也。白虎通五行。癸者。揆度也。釋名釋天。癸，揆度而生。乃出土也。以上數條。並用聲訓。以揆釋癸之所以為十干之末字義。癸字之揆度義。演為形聲。別作一揆字。演為葵字。亦有揆度之義。說文。葵。菜也。按。許氏以為菜名者。乃用芾芹等字之通叚義也。芾芹稱葵見爾雅釋草。葵字之本義。當訓為蔨。爾雅釋草云。蔨，葵戎。注。今蜀葵也。戎葵蜀葵皆柊揆之語轉。言其狀如椎也。即今之向日也。因葵能向日。故有揆度之義焉。

說文。戣。周制。侍臣執戣。立於東垂兵也。書顧命。一人冕執戣。鄭注。戣瞿蓋今之三鋒矛也。論者謂戣即癸之後製字。是癸字又為儀仗一類之兵器矣。

癸作父己鼎。癸作✣。金文編入癸字下。引羅振玉之說云。顧命鄭注。戣瞿蓋今之三鋒矛也。✣字上正象三鋒。下象箸地之柄。與鄭誼合。✣為戣之本字。加戈字耳。羅說以✣為戣之本字則是。如謂癸即✣字則非也。如進而謂✣為癸之初形。✕(癸)為✣之變體郭氏甲骨研究釋干支篇。則尤非也。申論於次。

一、✕之與✣。必一系相生之字也。因✕為十干癸字。✣字亦用為十干之癸。且二字形體相差不遠。二、✣字必非✕字之或體。因✣字象三鋒矛。而✕字不象三鋒也。又小篆中尚有二字分頭之痕跡。說文癸作※。又舉籀文作癸。小篆癸字即✕字之變形。籀文癸字即✣字譌體也。小篆中演癸聲之字。只一𦳢(葵)字從※。餘皆從籀文癸。三、※字必生於✕。非✕生於✣。如郭氏所說也。十干之癸。甲文習見。其多不了指數。然皆作✕。無作✣者。✣字之形體始見於較甲文為晚之金文中。倘✕出於✣。不應早期之字用其變體。晚期之字反象本形也。觀上二體。得此三斷。再於義中論之。

癸字之義有三。前已論之。説文訓癸為兵器。此泛指之辭。非謂癸為某一種兵器。蓋✕✕字形狀不足為任何兵器之條件也。意者✕✕字當象兵器相交之形。用以表示陳設兵器之影象者也。觀書顧命二人雀弁執惠各節。可以略知其意。蓋陳兵器所以示威儀。此事古今皆然也。及於後世。質變而文。由普通兵器之陳設浸假而為儀仗一類之兵器。三鋒矛之✢字是其類也。前列✢字兩組。亦足以見其變化之程序。第二組作✢字一類之形者。為三鋒矛之本形。第一組之作✢✢✕者。由✕✕變✢之過渡間字也。【釋癸✢ㄐ三字　學術世界一卷六期】

◉吳其昌

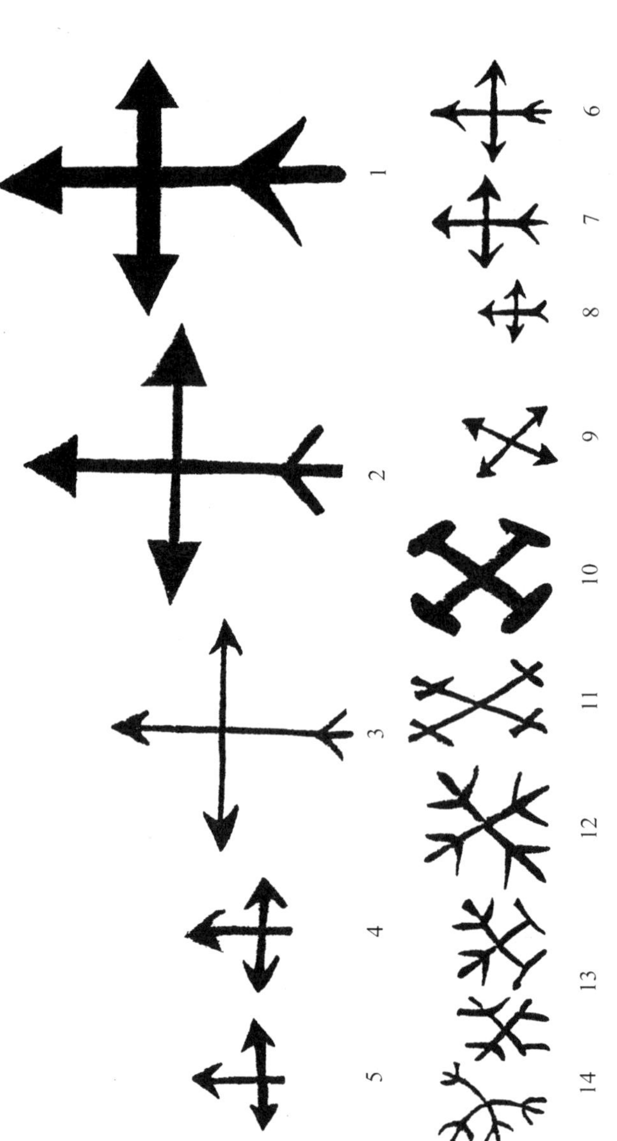

以上皆「癸」字也。例亦可分數類,自第一字至第八字為一類,第九字為一類,第十字為一類,第十一字為一類,⊘第十二字至第十四字為一類。

「癸」字之本義乃「矢」也,乃雙「矢」交揆之形也。此觀于上列證例諸形,婦孺共喻,非曲學頑伯所可口舌争也。第一類字,皆象一矢樹立，又有一矢雙鏑而橫揆之狀。第二類字，則象兩矢並皆雙鏑而交揆之狀。第二類字且正為自第一類字至第三類字中間之過渡字，即由□形，渡□形，而至□形，致底于□形，而落于□形，一往而遂不復也。

自第三類字以後，而雙矢交揆之義遂湮；苟吾人一夷攷其實，則由第二類字消變為第三類字，由鏑形之↑狀消變為丅狀十狀，亦正猶齊医女伯鬲周金卷二頁七十之「医」字所從之「矢」作□，亦適將↑狀消變為丅狀也。亦正猶罳卣愙齋冊十九頁二十二之「室」字所從之「至」作□，亦適將□狀消變為□狀也。合乎金文消變之公律，此其一。又如金文之「射」字皆作□，而殷虛書契後編卷下頁二十三片二有「射」字作□，亦將↑狀消變為⊥狀，可證。

今再於龜甲獸骨文字中以徵其同類，鐵雲藏龜冊二頁七十一片四有文作□，又藏龜冊五頁一九七片二有文作□，又藏龜冊五頁二百十五片四有文作□，其字皆與上列金文例證第一類字毫髮畢同，亦正象一矢直立，而另一雙鏑之矢橫揆之形。此其二。

既知「癸」字從一直立之「矢」□，而又從一雙鏑之矢↔橫揆其上；其後此↔形逐漸循消變公律，由↔而□而□而□。此□形者已與□形相似而卒至誤變為□，下加一直立之□，以是繆篆之□遂產生矣。説文不知其為繆篆也，而顧以為乃籀文。説文云：「□，冬時水土平可揆度也。□，籀文，从□从矢。」從許氏所見繆篆「癸」字之從「矢」，已可追溯其所從來，而知「癸」字最古夙義之本為矢矣。許氏貿然云「象人足」已極曲説，而妄人瞽説謂以足步量地，説文疑疑且大放厥辭云：「步尺如人兩足，以木為之，故從二木，其度地如行步，兩足交互而前……」其智真不可及也。此其三。

「癸」字既為雙矢交揆之形，故因之而「癸」義亦得「揆」訓。釋名釋天云：「癸，揆也。」廣雅釋言同。崔靈恩禮記義宗同。史記律書：「癸之為言揆也。」禮記月令「其日壬癸」，鄭玄注：「癸之言揆也。」此其四。

説文云：「癸，冬時水土平可揆度也，象水從四方流入地中之形。」按許説象水從四方流入地中之形，固為絶謬。而以「癸」為有揆度水土之義，則似遠有所本，但不必在冬時耳。「癸」為矢形，最始先民量度土地疆域之法，惟弓矢耳。故「彊」之為文即從「弓」作□，謂以弓射定之也。故地有一弓之稱矣。又医衛之「医」，郊鄙之「郊」，字皆從「矢」(交即矢，詳上)，謂皆當一矢所射之遠也。𤕌攸從鼎云：「我弗具付𤕌从其祖射分田邑……」尤為古時田邑疆界乃以弓矢射分之鐵證。「癸」義為「矢」，故斯先民以之「射分田邑，」故有「揆度水土」之義也。此其五。

「癸」義為矢，亦已簏明。然而於此有異義突起焉。戴侗六書故曰：「癸，鼎文作□，書云『一人冕執戣』，殆似三岐矛。」羅振玉曰：「顧命鄭注：『戣瞿，蓋今三鋒矛』。今□字上正象三鋒，下象箸地之柄，與鄭誼合。□為戣之本字，後人加戈耳。」金文編引。朱駿聲亹沛然和之。今按此說未盡是也。戣之為物，不能謂為不近似癸，詳下。然貿然即謂□為戣之本字，則斷非也。謂上象三鋒，下象箸地之足乎，以鐵雲藏龜三見之癸字皆作□證之，則明為矢形，羅說無存立餘地矣。且第九字向彝之「癸」作□亦得謂為象三鋒矛乎？亦不思之甚矣。【金文名象疏證　武大文哲季刊六卷一期】

◉明義士　□　說文解字十四下五二四癸部一字。「□冬時水土平可揆度也。象水從四方流入地中之形。癸承壬象人足」。按許說頗蒙漢代陰陽五行思想，固不足信，而羅振玉氏據朱駿聲說文通訓定聲說，謂□乃□見金文□作父己鼎之變形，□字上象三鋒，下象著物之柄，乃戣之本字。吳其昌氏謂□為矢最初象形字，雙矢交揆成□形□形□形而得□字。按卜辭癸字無慮千數百見，無作□□形者。甲骨文字雖有□□字，與金文□作父己鼎之□、趠鼎之□字形近似，然皆為另一文字，似為人名或地名，無作壬癸用者。則□非戣之本字，亦非象雙矢交揆形也。【柏根氏舊藏甲骨文字考釋】

◉朱　奇　癸字古彝器作□。或作□。書顧命一人執戣鄭注。戣。蓋今三鋒矛。與之正合。是戣即癸之繁文也。【十干字考　藝文雜誌一卷五期】

◉馬叙倫　王筠曰。韻會引癸承壬二句在徐鍇曰之下。竊疑此等並是小徐說也。朱駿聲曰。此即戣字。三鋒矛也。因為借義所專。復加戈旁。徐灝曰。□從二木。不從水。鐘鼎文多作□。似非流水之象。戴侗以鼎文作□。謂即顧命一人冕執戣之戣。三鋒矛也。疑此乃器物。偶與字形相似。亦非本義。周伯琦謂交錯二木度地以取平準。其說似通。羅振玉曰。卜辭作□。乃癸作父己鼎作□之變形。上正象三鋒矛。下象箸地之柄。與鄭注書顧命合。葉玉森曰。卜辭癸字無作□者。有□□字。與□近。但為別一字。亦無用作壬癸之癸者。饒炯謂癸為葵之古文。象四葉對生形。以金文敔叔敵之□證之。饒說近是。倫按父癸鼎作□。齊癸姜敦作□。父癸敵作□。□黃敵作□。鄀公鋥作□。魼公敵作□。格伯敵作□。向盦作□。趠鼎作□。癸口敵作□。形變亦至多矣。然實如羅說。由癸作父己鼎之□而變。然羅以為象三鋒矛即書顧命一人冕執戣之戣。則疑未是。蓋三鋒矛之說出鄭玄。即如其說。當如今武器中俗名鋼叉者。則□字之□似之。而□□二形何以傷人。今戲劇中有武器作□形。兩耑有刺。然亦無作□□形者。豈□即二□之交者與。周伯琦之說。徐灝取之。則不悟度地之器。即以木製。可象器為文。無取二木相交為也。葉玉森以饒炯謂癸為葵之古文為近是。然止是四葉而無莖。且□亦不似葵葉也。倫以為□即本書之朿。朿乃今杭縣所謂老虎刺木。而葉皆有刺者也。則字形相似近矣。癸口敵作□。其折枝形也。敔叔敵作□。亦象木之枝葉俯仰。惟刺形易□而為□。蓋由□變為□。癸□敵又變為□。政齊之而為□耳。朿聲支類。本書。嫢。從女。規聲。讀若癸。規聲亦支類也。是可證於音者一也。朿棘一字。見棘字下。本書戟讀若棘。而戟之轉注字作𢧢。師奎父鼎作𢦏。從肉得聲。务亦從肉得聲。音與戣同。是又可證於音者也。然則十榦借朿為壬癸之癸。許當本訓揆也。以聲為義。呂忱或校者加冬時水土平可揆度也以釋之。說解中癸字。皆當依篆作𤼽。

𤼽　鈕樹玉曰。韻會引作矢聲。嚴可均曰。矢聲。林義光曰。以业形近𣥠。𣎳形近𠂆。故變為𤼽。倫按或謂矢為夫譌。從𣥠。夫聲。猶規從夫得聲。而從規得聲之嫢讀若癸也。倫謂甲文之𣎳蓋即涑字。𣎳猶𣎳也。𣎳之下𡭽象木根。木根固不妨異形。作𣎳者猶作𣎳矣。然則𤼽自為𣎳之譌也。王筠以為矢亦有揆度之義。徐灝以為從𣥠即行地揆度之義。皆未悟𣥠矢之本義。均不含有揆度之義。造字不得用引申之義。朱駿聲言之矣。然朱每自畔其說。其有似乎用引申之義者。語原然也。【說文解字六書疏證卷二十八】

◉陳書農　律書，癸之為言揆也，言萬物可揆度，故曰癸。說文，冬時水土平可揆度也。郭沫若曰。癸乃𣎳之變形，於古金中習見，羅振玉曰，顧命鄭注戣瞿蓋今三鋒矛，今𣎳字上正象三鋒，下象著地之柄，與鄭誼合，𣎳為戣之本字，後人加戈耳。此說無可移易。知𣎳之即戣，則知𢆉亦必即戣之變矣。按羅郭兩氏所言之𣎳，在甲骨文為𣎳，羅釋為戣，為三鋒矛，誠無可易，郭謂𢆉即戣之變，則非也。𢆉與𣎳在卜辭中絕不相混，𢆉亦不象三鋒矛，以其形與義求之，則𢆉乃古陶文⊗之省也。⊗為規之象形，周天四分，而契有度數，省之為⊗，再省則為𢆉矣。說文，規有法度也。莊子馬蹄篇，圜者中規，方者正矩。淮南子時則訓，規者所以圜萬物也。規之體圓，故曰圜者中規。規之用有二，一為羅盤，所以定方位、測日晷者，詩鄘風，定之方中，作于楚宮，揆之以日，作于楚室，即詠此，然無指南針則無能為，陶文及甲骨文所繪，似尚不足以語此也。一為繩墨，合土木工人習用之，以齒輪收發墨線，取直，度長短，其制猶與𢆉相彷。新式測量軟尺以圓盤控制尺帶，為用亦同。律書謂癸，揆也，說文，揆，度也，即指此也。規之用重在度，而非圜，算經所謂環矩以為圓，圓方之用皆備於矩。淮南謂規者所以圜萬物，僅就其體圓之作用而言耳。癸之字形既已變易，與原來物象完全脫離，又假窺視之規以代之，與壬之去矩者更遠，惟音讀則歷數千年而未爽，故校以陶文，斟酌於律書說文，而原義自見。壬為矩，癸為規，蓋與庚辛相承，一為木材，一為攻木之工所必需之器具也。

【釋干支　學原二卷四期】

◉陸懋德　戣字亦是後人所改，而古文當作癸。又按此字作為兵器名，不見于其他古書。說文云「戣，侍臣所執兵也」，而未及言其形狀。偽孔傳云「戣，戟屬。」鄭注云，「蓋今三鋒矛」。然戟是考工記所謂「句兵」，矛是考工記所謂「刺兵」，二者本不同類也。余謂鄭氏謂癸為三鋒，甚是；而謂癸為矛，則非。考所謂癸者，自漢以來，無人知其形似，亦無人加以研究。清人張叔未曾得一古銅兵器，首作三角形，遂定為古之癸（其圖載在張氏清儀閣古器物文第一册第一六葉）。但其形式尚不正確，實是古戈頭之異形，而非癸也。余謂癸當作正三角形，而其刃當與其内為直線。羅叔言癸父乙卣跋云，金文「癸✠字上正象三鋒，下象著地之柄，與鄭誼合。癸為戣之本字，後人加戈。」（見羅氏唐風樓金石文字跋尾二一葉）自此說出，而容氏金文编、郭氏甲骨文字研究皆從之，無異辭。余謂✠字本象數癸交插之形，而又變作[glyph]（見向盦），亦變作[glyph]（見穌公簋）。至其變為[glyph]，則與說文之癸字完全相似。前已言凡干支字之古文，多取象于器物，例如寅戊卯等字，皆象兵器之形，已見上文所述。然則癸字之象兵器，又何疑焉。余又考古彝器銘識有作[glyph]形者甚多，其刃向前，作正三角形。凡此類，前人皆誤釋為立戈形，其實此非立戈，而是立癸，亦不可不辨也。余所見地下之古癸，其類甚多，而前刃皆作三角形，後端皆有内，則無不同。癸既有内，則其裝置于柲上，必是橫裝，而非直裝，當與戈無異。如是，則癸為句兵而非刺兵，其事甚明，而鄭氏誤以為矛，非也。余在開封曾得一古癸，與此正同，但其刃已經捲折而未斷，蓋是古戰場之遺物。前見吴氏兩罍軒彝器圖釋卷六第五葉所載之癸及周氏夢坡室獲古叢編兵器門下第一六葉所載之癸，其形式皆甚正確，與余所得者同，皆古之癸也。【書經顧命篇侍臣所執兵器考　燕京學報第三十八期】

◉高鴻縉　✕為桂字初文。原象桂花四蕊形。商周俱借為天干第十名。天干第十名周末復叚三鋒矛癸字為之。秦人另造桂字以代✕。於是桂行而✕廢。戰國初五行學說興。周末人以干支及五方四季分配五行。於是甲乙東方木。又屬春。丙丁南方火。又屬夏。庚辛西方金。又屬秋。壬癸北方水。又屬冬。戊己中央土。又屬四季之末。東漢緯學大盛。許氏囿於時尚。據以說文字之初形。誤也。又[glyph]與[glyph]本非一字。許氏亦承前人習用而誤合。[glyph]者。三鋒矛也。【中國字例二篇】

◉段紹嘉　周柬鼎⊘銘文首一字作[glyph]，似三箭頭形，疑癸字。【介紹陝西省博物館的幾件青銅器　文物一九六三年第三期】

◉陳邦福　白虎通五行篇云「癸者。揆度也」。史記律書云「癸之為言揆也。言萬物可揆度」。釋名釋天云「癸。揆也。揆度而生乃出土也」。許又云「象水从四方流入地中之形」。蓋專就字形為說矣。又按殷契文幹枝人名癸字作[glyph][glyph][glyph][glyph]諸形。周金文幹枝人名癸字如癸山敦作。齊侯姜敦作。父癸敦作。癸□卣作。朕尊作。都公鍼作。格伯敦作。□叔敢作。向盦作。大一經謂癸象人足。正合殷周古籀之象。又案羅振玉金文説云「癸作父己鼎即癸。書顧命云一人冕執戣。鄭注。蓋今三鋒矛。今字正象三鋒矛」。邦福案。謂許于癸下引籀文从矢作癸。與略近。或為戣之初起。癸為晚出也。【十幹形誼箋】

◉李孝定 契文與金文小篆並同。羅氏从朱駿聲説。釋癸為戣之初文即由所演變。其説當是。至郭氏謂十干分為二系。與由一至十分為二系者相合。因謂其文化之發展過程相同。竊疑尚有可商。如前所論甲乙丙丁既不能證其必象魚身之物。則此四字發生於漁獵時代之説其立論之根本已不能成立。與以下六干文字發生時代之先後亦難確指。又紀數之字一二三亖積畫成象。五以上諸字則均假借見義者。蓋緣積畫成象意雖明確。然數愈多則事愈不便。乃不得不叚音同之字以當之。非謂當一二三亖數字發生時代之先民尚無五以上之數字觀念也。郭氏二系之説殊嫌牽附。此不具論。至吳氏謂癸象雙矢交揆形。亦望文之訓。蓋矢主及遠無交揆之理也。【甲骨文字集釋第十四】

菁六・一 此為子丑之專字經典以巳字為之 鐵一〇八・一 鐵一二二・一 佚一三七 佚三八三背 燕二 前四・一三・一 後二・一九・三 甲一四四 甲二九一 鄴初下・三八・九 鄴三下・三五・一〇 鄴三下・三六・六 鄴三下・三八・三 前三・七・五 前一・三八・四 後一・七・五 戩一五・六 戩一七・二 戩三九・一四 佚二三〇 佚二三三 戩二・七 前八・一・五 後二・五・一四 後二・一〇・一〇 後二・二四・五 佚二三三 佚九一一 佚三〇〇 甲二二九九 甲二九〇八 鄴初下・三三・四 乙九〇八四 甲六二二 甲二〇四 甲一六〇七 甲二四一八 甲二九〇七 乙二二二 鐵二五六・一 前一・五・四 前三・四・一 前三・七・二 前三・七・三 前三・一〇・二 林一・一五・六 林一・一七・八 林一・一六・二 佚五九 燕二六一 甲一八六一

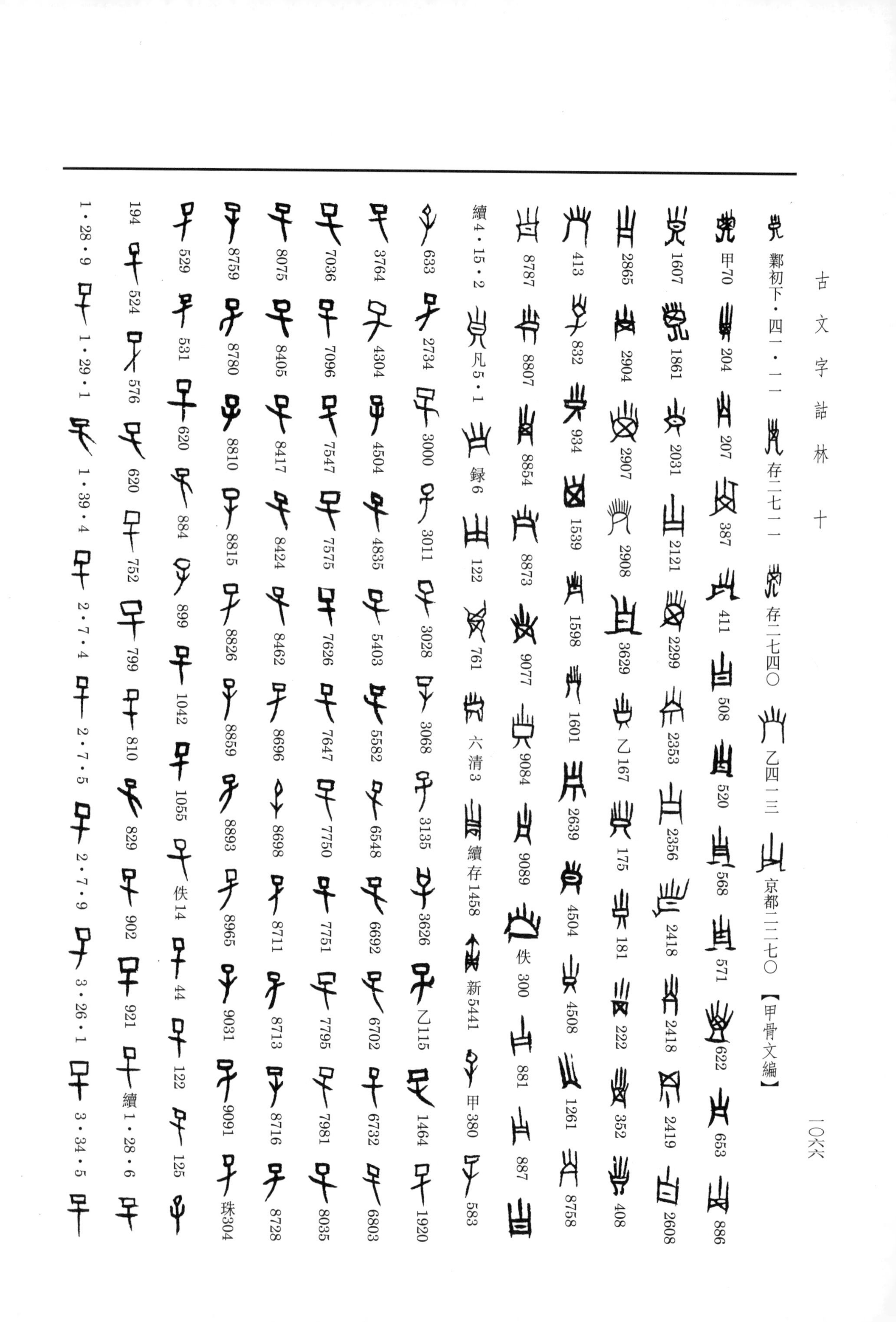

鄴初下・四一・一　存二七一　存二七四〇　乙四一三　京都二二七〇　【甲骨文編】

甲70　204　207　387　411　508　520　568　571　622　653　886

1607　1861　2031　2121　2299　2353　2356　2418　2418　2419　2608

2865　2904　2907　2908　3629　乙167　175　181　222　352　408

413　832　934　1539　1598　1601　2639　4504　4508　1261　8758

8787　8807　8854　8873　9077　9084　9089　佚300　881　887

續4・15・2　凡5・1　録6　122　761　六清3　續存1458　新5441　甲380　583

633　2734　3000　3011　3028　3068　3135　3626　乙115　1464　1920

3764　4304　4504　4835　5403　5582　6548　6692　6702　6732　6803

7036　7096　7547　7575　7626　7647　7750　7751　7795　7981　8035

8075　8405　8417　8424　8462　8696　8698　8711　8713　8716　8728

8759　8780　8810　8815　8826　8859　8893　8965　9031　9091　珠304

529　531　620　884　899　1042　1055　佚14　44　122　125

194　524　576　620　752　799　810　829　902　921　續1・28・6

1・28・9　1・29・1　1・39・4　2・7・4　2・7・5　2・7・9　3・26・1　3・34・5

3·45·5　3·47·4　3·47·5　3·47·7　3·48·1　3·48·4　4·12·5　4·20·11

4·28·3　4·32·1　5·2·2　5·4·4　5·5·6　5·6·6　5·7·1　5·11·6　5·12·5

5·12·7　5·26·8　5·28·7　5·14·12　6·21·4　掇209　432　徵3·184

3·186　3·235　4·9　4·10　4·11　4·12　4·13　4·31　4·53　4·89

4·90　4·94　8·122　10·30　11·49　11·57　11·69　11·111　京1·22·2

1·37·3　2·27·1　3·5·2　3·12·5　古2·8　鄴40·5　誠350　六清2　外241　六清

33　佚752　六清52　92　93　續存226　628　724　1041　1067　1494　1859

外379　摭續56　83　340　粹135　1242　1243　1255　新2296　3013

3024　東方1448　1867　甲2277　乙8649　佚276【續甲骨文編】

子　金文以此為十二支之子　利簋　珷征商隹甲子朝　傳卣　甲子　所觚　戊子　說文籀文作　召伯簋　甲子

金文以此為十二支之巳與卜辭同　㴱沚簋　辛巳　辛巳簋　沓簋　隹十月初吉辛巳　𩛥尊　馭八卣　穸鼎

小臣邑斝　切卣三　鰍尊　萳簋　隹六月既生霸亲巳　三年瘐壺　格伯簋　史頌簋　弔上匜

大作大仲簋　金文子孫之子　戍甬鼎　爵文　子▲爵　子𠙵父己觶　子龏簋　子ㄨ觚　子妥

鼎　子辛卣　子且己卣　子父庚爵　小子射鼎　北子ㄖ甗　女子鼎　貉子卣　者女觥

弔單鼎　北子ㄖ鼎　引觥　坒角　朢作北子簋　令簋　盂鼎　沈子它簋　觓伯簋

師楕鼎 戜鼎 戜簋 趞鼎 子𡕒觥 者婦罍 子之弄鳥 寧簋 𤔲盤 師匌鼎

剌鼎 師奎父鼎 師趛鼎 伯晨鼎 啇簋 無曩簋 善夫克鼎 大鼎 鬲攸比

鼎 曶鼎 頌鼎 追簋 毛公𢈅鼎 函皇父簋 虢季子白盤 杞伯簋 封簋

子仲匜 鄀㜌簋 欒書缶 國差𦉜 𩍂鎛 邾公華鐘 慶孫之子匜 邵鐘 曾伯陭壺

曾子匜 鄦侯簋 申鼎 鄤孝子鼎 沇兒鐘 庚兒鼎 郘𪘲尹鉦 吳季子之子劍 姑□句鑃

子禾子釜 子姳壺 大子鼎 大𠩊鎬 中山王嚳鼎 中山王嚳壺 盗壺 中山王嚳兆域圖

中山侯鉞 上官登 陳𠡦子戈 己侯貉子簋 己侯簋 趞曹鼎 楚公鐘 邾討鼎

白者君盤 王子啟彊尊 □者生鼎 白者君鼎 番君鬲 𠭰子觶 輔師嫠簋 蔡公子果戈

蔡公子加戈 蔡侯𩰫尊 蔡公子從劍 王子午鼎 子䀠戈 王子玧戈 王子匜 【金文編】

3·58 陳子立□ 3·496 祩子里 3·487 祩子里㭊 3·492 子祩子里曰逐乘 3·493 子祩子里曰乙

3·494 子祩子里曰臧 5·384 瓦書「四年周天子使卿大夫……」共一百十八字 6·193 獨字 德九1·47 【古陶文字徵】

〔一九〕 〔二〕 〔五一〕 〔三九〕 〔三〇〕 〔七四〕 〔四七〕 〔三六〕 〔三七〕

〔四〕 〔三六〕 〔二〇〕 〔二〇〕 〔三五〕 〔二五〕 〔四七〕 〔二八〕 〔一九〕 〔一九〕

〔五五〕 〔二〇〕 〔四七〕 【先秦貨幣文編】

布方　郉子　晉洪　布方　莆子　晉祁　布方　郉子　晉洪　布方　郉子　晉洪　仝上　布方　莆子　晉高　仝上　布方　莆子　晉芮　布方　郉子　晉襄　仝上　布方　郉子　晉高　仝上　布方　莆子　晉襄　布方　甫子　晉祁　仝上　布方　莆子　晉祁　仝上　布方　郉子　晉祁　仝上　仝上　仝上　仝上　刀弧背　右子　冀靈　布方　莆子　晉祁　仝上　布方　莆子　晉高　仝上　晉祁　布方　莆子　晉祁　布方　郉子　晉祁　布方　子⿱月乂　晉芮　布方　長子　亞四·三四　布方　子長　反書　亞四·三五　布圓(三孔)　宋子　晉朔　【古幣文編】

一：一　三百八十四例　宗盟類子趙孟子孫　委質類子孫兟痝及其子乙　詛咒類𠦪子　九二：一〇　二例　【侯馬盟書字表】

12　206　248　【包山楚簡文字編】

子　秦六二　三百零四例　日乙八八　八例　封八四　二例　日乙七二　三十八例　日乙二　七例　日乙三七　八例　【睡虎地秦簡文字編】

是於乃取虞☐☐——之子(乙2—4)、是於乃取虞☐☐子之——(乙2—6)、是生——四☐(乙2—12)、壬——酉子凶(丙1:2—4)、壬子酉——凶(丙1:2—6)　【長沙子彈庫帛書文字編】

2489　3302　3348　1651　1249　1303　1305　3782　4843　4732　1773　3472　0233　0233　4877　4512　4734　1304　4731　5325　【古璽文編】

趙大子丞　孝子單祭尊　弘睦子則相　高顯子典祠長　建明德子千億保萬年治無極　宜子孫　祕子

游印　田破石子　駱子功　趙子公　孫子夫　衛子　朱子文　蓋孺子　王公子　朱子賓

印　宜子孫　魏長子　莪子光　王子方　陳女子印　王子卿　郭子康印　房子長印　閔

孺子　江子聖印　字公子　步子山　藩子孺　杜幼子　田子孫　倉石子　闕孔子　露子

賓　陳子長印　王功子　周子張印　宜子　【漢印文字徵】

石碣田車　君子逌樂　霝雨　君子即涉　石經文公　公子遂如宋　孔子廟碑領　袁敞碑　以河南尹子

袁安碑　五月丙子　開母廟石闕　子子孫孫　延光殘碑　【石刻篆文編】

子　子　子　【汗簡】

古孝經　汗簡　古孝經　古老子　古尚書　同上　雲臺碑　【古文四聲韻】

◉許　慎　十一月陽气動。萬物滋。人以為偁。象形。凡子之屬皆从子。李陽冰曰。子在襁緥中足併也。即里切。古文子。从巛。象髮也。籀文子。囟有髮。臂脛在几上也。【説文解字卷十四】

◉薛尚功　父辛爵　上一字當作子。左執田而右執戈。有且耕且戰之義。又疑立戈者子或孫也。大者為子。小者為孫耳。【歷代鐘鼎彝器款識法帖卷二】

◉徐同柏　商祖辛尊　古文子孫同字。對父讀為子。對祖讀為孫。【從古堂款識學卷十三】

◉孫詒讓　十二枝則「子」多作「」一之三，或作「」四之一，皆之變體。金文屰子孫父乙敢作，子立刀形觶作，與此略同。

「子」又有作籀文者，如云：「甲卜八王今十月父□」，二百五十六之一。《説文・子部》：「，籀文子，囟有髮，臂脛在几上也。」此「」即籀文子之省。金文召伯虎敢子作，與此同。【栔文舉例卷上】

◉王國維　殷虛卜辭子丑之子有作者。召伯虎敦作。與籀文同而省几。【史籀篇疏證】

◉林義光　古作叔家父匡。作且子鼎。象頭身臂及足并之形。兒在襁褓中故足并。又作召伯虎敦。象腦上有髮。

象身脛。□象兩手。【文源卷一】

◉王襄 地支之子，契文作□□諸形，簡文作□，省變之形極多，要皆由□衍化而來，無作□者。是□為地支之子專用字，見甲子表；□為子孫之子專用字，卜辭之「貞子漁㞢于祖丁」，「貞御子央于父乙」，「丁酉子效母其（闕）」，「子晉告曰」皆是。召伯虎敦甲子作□，傳卣作□，猶存契文專用之例。自許書以子假為地支之□，篆文作□，籀文作□。□即□之異文，合□□為一字。後□行而□廢，契文中更有□字，與許書古文□同。【古文流變臆說】

◉高田忠周 □即今本經傳及說文巳字也。要三代用子。秦漢以後以巳代子。又龜文甲孳丙孳戊孳庚孳壬孳皆作□。即今本經傳及說文子字也。三代用孳。秦漢以後以子代孳也。然說文□。十一月陽氣動。萬物滋。人以為偁。象形。漢書律歷志。孳。萌於子。皆明謂子為孳字義。此字雖改。其義則不更也。子字本義為人子。故子部字。孕裹子也。挽生子也。其外皆為子義。許氏云。子人以為偁。即本義之轉也。又說文巳字解曰。易氣巳出。侌氣巳臧。萬物見成文章。此實子字轉義。而非巳字義矣。此亦字雖改。其義則不更也。巳字本義為褢妊。象未成形。與子義自別也。但巳子音通。子孳亦音通。故三代與秦漢字殊而其義不異。

子即說文巳字。而□即子字。或省作□。又省作□作□。而無巳字甚為疑問也。先是。羅君叔言著殷商卜貞文字考云。許書載子籀文作□。今卜辭中子字已作□。與□略同。愚竊謂□即孳字。金文甲□甲□。又或作□。孳為孳孳汲汲生也。與子字解云陽氣動萬物滋相同。以子為十一月之名者。孳為正字。子為叚借也。又子下云。人以為偁。即子字本義也。巳下曰。四月陽巳出。陰氣巳臧。萬物見。成彣彰。亦子字轉義耳。抑字先有巳。而後有子。又有孳字。金文巳字作□□□□□□□諸形。子字作□□□□□□□□。又或作□作□。以為子孫天子字。子者人之子也。初褢妊為巳。子之始也。人死而又生。許氏巳下曰。盡也。盡而復生。即不盡也。巳亦始也。故祀字从巳。訓祭無巳。巳之為始生。猶屮木葉落而更復生。故落為成也始也矣。巳具體而生出。此謂之子。子又生子。謂之孳生。故造字者借子字為形意。緐其形。以為增益之意。其後子孳形近通用。易為混亂。故□字加絲以分別。亦是古文初象形。後變為形聲之一例證也。古今文字變易。此例極多矣。說又見巳字下。夫如是三代干支字。有孳子無巳。秦漢以後。經傳及許書干支字。有子巳無孳。且許氏以□即孳合於子為籀文。又孳下收籀文□。遂析一字為兩字。非是。或謂□□皆子字緐文。三代干支字。一為正字。一為叚借。遂以為遺例。古文亦自有此例也。【古籀篇四十】

◉羅振玉 說文解字子古文作□。籀文作□。卜辭中子丑之子皆作□。或變作□。以下諸形從無作子者。□與許書所載籀文□字頗近。但無兩臂及几耳。召伯虎敨作有臂而無几。與卜辭亦略同。惟□□等形則亦不見於古金文。蓋字之省略急就者。秦省篆書繁縟而為隸書。予謂古人書體已有繁簡二者。試觀書契卷三弟四五諸葉。可知其概矣。

□□□□□□□□□□□□　卜辭中凡十二枝之巳皆作子。與古金文同。宋以來說古器中乙子癸子諸文者。異說甚多。殆無一當。今得干支諸表。乃決是疑。然觀卜辭中非無□字。又汜妃祀改諸字並從□。而所書甲子則皆作□。惟母巳作□僅一見。此疑終不能明也。【增訂殷墟書契考釋卷中】

◉陳啟彤　子　當訓人初生也，象形。十一月陽氣動，萬物滋，因以為子丑之子，凡子之屬皆从子。古文之二字略，下放此。子為人初生之通偁，故引以為丈夫之通偁。白虎通號子者，丈夫之通偁也。段氏注謂子本陽氣動萬物滋之偁，萬物莫靈於人，故因以為人之偁，可謂倒果為因矣。如段氏之說，何以解於古文籀文乎。無君本聞疑載疑之例，說解亦時有未當。故又出古文字，訓云，古文子，从巛，象髮也。又出籀文子，訓曰，籀文子，囟有髮，臂脛在几上也。觀於此，可知子非本訓十一月陽氣動萬物滋矣。形不合於義也。子，古名困敦，困有惓曲之意，敦有生發之意。郭訓怒也，詆也，一曰誰何也。惓曲而生發，與子之形義皆合。子須乳，故字从子聲而訓乳。子須劬育而保護之，故孜从子而訓汲汲。秄从之，而訓雝禾本。李多子，故李果之李从子。此皆由本意引申也。仔从子，而訓克，則以子為丈夫之通偁，轉引而意取肩任。孛从之，而訓麻母者，此則由子意反引，猶羍从大而訓小羊，乃相反相成之理。拙著名理微一書專釋此理。【釋干支　中大季刊一卷三期】

◉郭沫若　卜辭第六位之巳作「子」，此第一位之子則作□若□。類編有二十六種異形，然以此二形為最習見。金文辛巳、癸巳、乙巳、丁巳亦均作「子」，而召伯虎𣪘「四月甲子」作□，傳卣之「隹五月既望甲子」作□。羅振玉曰：「□與許書所載籀文子字頗近，但無兩臂及几耳。召伯虎𣪘作有臂而無几，與卜辭亦畧同。惟□□等形則亦不見於古金文，蓋字之省畧急就者。」案傳卣字形與許書籀文極相近，唯下从者非几，仍為兩脛，蓋於臂脛之外有衣形也。疑許之籀文乃由此訛變。

要之，籀文□字與篆文子字在古實判然二字。□限用為十二辰之第一辰，其外尚未見有使用者。宗周鐘有「南國𠬝□」，與此形近，乃人名。此乃卜辭出土後所提出之一新事實，然亦一耐人尋味之新問題。問題為何？曰十二辰中古有二子！【釋支干　甲骨文字研究】

◉郭沫若　干支表中最當注意者為子巳二字。子作□□□□諸形，乃說文「□籀文子」之初文，金文如召伯虎𣪘「四月甲子」作□，傳卣「五月既望甲子」作□，形雖小異，固是一字也。巳則作□□□□諸形，均是子字，羅振玉云：「卜辭中凡十二支之巳皆作子，與古金文同。宋以來說古金中之『乙子』『癸子』諸文者異說甚多，殆無一當，今得干支諸表乃決是疑。然觀卜辭中非無巳字，又汜妃祀改諸字並从□，而所書甲子則無一作□者，此疑終不能明也。」案此羅氏所不能明之疑，由余之説已得冰釋。蓋十二辰者導源于古代巴比侖之十二宮，其朔乃黄道周天之十二星座。爾雅釋天稱「太歲在寅曰攝提格」，史記天官書言大角名攝提格，是知寅實大角之符號，古代星曆家以太歲所在之辰名為歲名也。知寅為大角，更本十二辰逆轉之順序以推求之，則巳當于東井參伐之位，子當於房心尾。即古所謂商星。古時傳説以參商為高辛氏之二子，見左傳昭元年及史記鄭世家。故當於參之巳為子，當於商之子亦為□，古十二辰中有二子也。此説頗長，具詳甲骨文字研究釋支干篇中，茲不贅。【卜辭通纂】

◉郭沫若　殷周古文凡十二辰辰巳之巳均作子，而子丑之子均作□，蓋十二辰本即黄道周天之十二恒星，□當于房心尾之大火商星，巳當于參宿，參商古説為高辛氏之二子，故十二辰中有□與子也。【史頌𣪘　兩周金文辭大系圖録考釋】

◉葉玉森　卜辭子作□。象子戴髮。別體作□□□□□等形。髮形並顯。惟□□□□□疑並許書□字之變態。象小兒頭衣。又變作□□。髮在其下。疑子之到文。或純象小兒頭衣上有角形帶飾。下被髮。或象綫。再變作□□□□□□諸形。則古誼漸晦矣。

□　卜辭十二支之子悉作□□□□等形。巳則作□□□□等形。不相溷也。其云□某者。頗似人名。往者曾从孫詒讓氏説。强讀為子。説見殷契鉤沈。繼思□□並俘省。其所从之□□為孚省。卜辭有若干□字或作□□□□。決其非巳者。應並讀為俘。乃仔之又省也。曰□某或某□者。某字即被俘者之地名或國名。如卜辭云「辰卜貞□俘讎不作亘不因。」卷四第二十九葉之四。即卜問讎之俘不使作亘復不因之。以示寬大也。「貞□俘漁或作魚亡其从」從上第二十七葉之二。即言漁之俘不使作从。猶云不作亘也。「貞乎□俘漁之于祖乙」。卷五第四十四葉之四。即命以漁之俘獻祖乙廟也。

郭氏謂□象人形。考卜辭狀跽形之人。必作垂足。如□□可證。若作□。則象跽而翹足。似與造字通例不合。又卜辭□□它□蚰之尾形均上翹。與□同。則許君謂巳為蛇形。或可信也。【殷虚書契前編集釋卷一】

◉唐　蘭　日辰之名，凡二十二字，其與分殊者，商人以十為甲，□為癸，以□丑矢或作□卯辰子午未申酉戌亥為十二辰。後世因語音之變，以子代□，以巳代子。近人誤謂子是巳，甚欲釋好為妃，非也。此子字作□，殊罕見。【天壤閣甲骨文存考釋】

◉强運開　□　□本古文。金文中凡偁小子小臣小大等字多作合文。即石鼓滿有小魚作□。小大具來作□。亦均係合文。説文謂古文□从巛。象髮。蓋因金文小子二字合文作□而致誤也。又按金文凡子丑之子作□。辰巳之巳作子。如傳卣甲子作□。召伯虎敦四月甲子作□。史頌敦丁巳格伯敦癸巳均作子。是又召伯虎敦子孫寶用則作子。蓋子孫之子同於辰子

之子。而非□丑之□。余說本於容庚金文篇說□子二字。非創論也。【石鼓釋文】

◉明義士　卜辭之子，在武丁時代或少前，皆作□，稍後作□，作□，末期作□，金文作□召伯敦。諸家皆以□為最初子之象形，後乃簡作□形，其說於字形上固似可通，然實倒果為因矣。□之溯誼，當從蓋闕。【柏根氏舊藏甲骨文字考釋】

◉商承祚　□　甲骨文作□，金文宗周鐘作□，與所録籀文近似。上皆有髮。石經古文同篆文。【說文中之古文考】

◉馬叙倫　鈕樹玉曰。韻會偁作稱。桂馥曰。十一月上有闕文。自丑以下皆有聲近之字以為義訓。如丑下云。紐也。是也。此下獨無。蓋傳寫脱漏。淮南天文訓。子者。滋也。入當為人。徐鍇曰。十一月夜半陽氣所起。人承陽。本其初。故以為稱。于鬯曰。大徐引李陽冰說。子在襁褓中足併。鬯謂此蓋象在母腹中之形。子在母腹。兩手掩耳。故中畫左右向上。兩脛屈。膝過於腹。併為一團。故止以一筆了之。倫按于說是也。□子作父丁觶□字校為象形。子□一字。皆即胎之初文。聲同之類可證也。子音精紐。巳音邪紐。亦皆舌尖前音。亦可證也。孕挽從子。又其證也。借為十二支字。十一月上徐灝謂捝滋也二字。是也。十一月以下蓋呂忱或校者所加。以釋滋也之義。子字見急就篇。本書自叙引倉頡。幼子承詔。盂鼎作□。大保敢作□。己侯敢作□。小子師敢作□。齊侯鎛作□。

□　强運開曰。金文無□字。此小子二文合併之譌。李杲曰。□下云。巛象髮。謂之𩑶。𩑶即巛也。此僅云象髮也。蓋亦後人妄加之一證。甲骨金石文字無作□字者。書契棄字作□。許書從倒古文子之□。余疑其移□旁兩注為沾汗之象者。加諸子首。遂致此譌也。石經古文亦但作□。倫按□之重文作□。而流字從之得聲。則不得無此字。特□□一字耳。□非子字。子巳一字。乃人在母腹中形。□□當作□□。乃子出母腹時形。實育之初文。古文書或以為子。此字疑出古文官書。依大例當作古文子。

□　鈕樹玉曰。韻會囟上有從字。桂馥曰。□為臂。人為脛。几當作□。蓋從奇字人也。于鬯曰。篆文□。子在母腹之形。籀文□。乃既出母腹之子矣。羅振玉曰。卜辭子丑字作□□□□□□□□□□□□□□□□□□□□□□諸形。從無作子者。□與許書籀文子字頗近。但無兩臂及几耳。召伯敢作□。有臂而無几。與卜辭亦略同。惟□□等形亦不見於古金文。蓋字之省略急就者。倫按金甲文中十二支之巳皆作子。由巳子本一字也。甲文子丑字則皆作羅所舉列之諸形。金文召伯敢外。傳卣甲子字作□。宗周鐘有□。容庚釋子。然為孳之異文。父巳爵之□。吳式芬釋孫。而實與此同字。諸文與此皆有相似之一部。亦有與甲文之一部相似者。要之不從牀几之几。而實皆由一形之遞變。倫以為甲文之□□□□□□□□□□□皆為本書之兒字。餘亦其變耳。□□二字唐蘭以為倒書。金文傳卣之[古文字]。宗周鐘孳字所從之[古文字]。實亦與此無異。傳卣之[古文字]。蓋[古文字]之變。此及召伯敢作[古文字]者。倫謂本作[古文字]也。父巳爵文可互證。特此經傳寫。更失故形耳。唐寫本切韻殘卷五支。[古文字]。說文作此兒。[古文字]即甲文之[古文字]字。從[古文字]。囟聲。囟巤一字轉注。見巤字下。兒從巤得聲。亦或從古文囟得聲。今字形變譌耳。囟音心紐。子音精紐。同為舌尖前音。干支字本皆假借。故甲文皆作[古文字]。而籀文孳從此也。此為兒之異文。囟有以下校語。【說文解字六書疏證卷二十八】

◉馬叙倫　子爵[古文字]。又有子觚作[古文字]。子爵作[古文字]。[古文字]所從之[古文字]。似即說文之囗。圍之初文。亦亘之初文也。或為亞之異文。[古文字]中箸子。疑是今所謂接生者之圖語。言接生者之家也。此但作[古文字]。則圖語皆適合其時代之習俗。見[古文字]而知其所業也。此接生者之所為器。又疑此即宋人之族徽。宋子姓也。詩。天命玄鳥。降爾生商。而甲文有帚好。即婦好也。好即宋姓之本字。與姬姜嬀嬴。正同其例。好從孔得聲。古書空孔通叚。而爾雅之肉倍好即肉倍孔也。是其證。孔為乳之省文。乳聲矦類。對轉東。聲變為孔。乳則從乙孚聲。為孚卵之本字。本是鳥產子為乳。借為人育子之偁。宋姓乳。蓋其始以接生為業。或以養鳥繁殖起其家。遂有簡狄吞玄鳥子而生契之神話。商頌益神其事矣。乳聲轉為孔。孔好則同舌根音。好聲幽類。矦幽聲類最近也。此但作子者省耳。老好則聲同幽類。且皆舌根音也。孔子言竊比於我老彭。老彭即老聃。言我蓋親之之詞。老子亦宋人。蓋與仲尼同姓。則老亦好之聲借。今北方謂接生者曰姥姥。疑語原即由於乳。然則余前說斠長。然倫又疑商為好姓。史言子姓者好之省。而子巳辰巳之巳一字。故甲文甲子多作甲巳。夏為巳姓。甲文作[古文字]。鄘侯𣪕作[古文字]。陳矦午𣪕作[古文字]。皆即史言夏姒姓之姒。叔向父𣪕作[古文字]。從[古文字]。即說文之[古文字]。[古文字]巳一字也。【讀金器刻詞卷上】

◉陳書農　羅振玉曰，卜辭中子丑之字皆作[古文字]，或變作[古文字]以下諸形，從無作子者。[古文字]與許書所載籀文頗近，但無兩臂及几耳。召伯虎敢作[古文字]，與卜辭亦略同，惟[古文字][古文字]等形則亦不見於古金文，蓋字之省略急就者。[古文字]賓即甲骨文辰子之子。小篆移子於首，而另以巳代之，與甲骨金文皆不合。史記律書，子者，滋也，滋者，言萬物滋於下也。許書因之，相與附會，而又以人體之形釋之，其實皆非也。就甲骨文之[古文字][古文字][古文字]等字形演變與小篆之以子代[古文字]之音讀推之，吾疑[古文字]即今蠵蠵之初文，實乃龜之急就簡略者耳。說文，蠵，大龜也。玉篇，蠵蠵似玳瑁而有紋。爾雅釋魚註。涪陵郡出大龜，甲可以卜，緣文似瑇瑁，俗呼為靈龜，即今蠵蠵龜。是蠵蠵者不過龜之特大者而已。惟龜字古音在第一部，詩大雅緜，龜與飴謀時茲為韻，且與子同屬一部。其音讀或與蠵蠵相同，與子微近，故小篆得逕以子易之也。甲骨文龜字側書者作[古文字]，為今隸龜所本。其自背部正書者作[古文字][古文字]，殷金文尤多作[古文字]（續殷文存附四之一）或[古文字]（續殷文存下之八），與[古文字]之作[古文字][古文字][古文字]者不過繁簡之別，頭足背紋固皆隱約可見。早期之作[古文字]者為特簡，並背紋文亦省去而已。禮記·月令，孟冬之月，命大史釁龜筴占兆，審卦吉凶。鄭注，周禮龜人上春釁龜，謂建寅之月也。秦以歲首使大史釁龜筴，與周異矣。推月令與鄭注所云，則是周秦皆以歲首釁龜，卜辭亦有用龜一月之語（見前編四，五四，六）。殷人龜卜，其來也久，當創製十二支之時，即以龜為紀歲首之月，此從周秦餘習相傳猶可想像者。迨龜字以側寫行，音讀譌變（中華新韻入八微，與規圭等同音），而蠵蠵諸字繼起，終於以子代之，其原文朔義乃渺乎其難追矣。

【釋干支　學原二卷四期】

◉楊樹達　愙齋集古録第拾肆册廿弍葉上載父乙盉，銘文云：「□未父乙册。」□字吴大澂無釋。按方濬益綴遺齋彝器攷釋拾肆卷弍拾叁葉下、劉心源奇觚室吉金文述陸卷叁貳葉下、羅振玉殷文存下卷叁貳葉、劉體智小校經閣金文玖卷肆捌葉下並載此器，皆釋□為宁。清諱宁，故或缺筆作宀。余謂此子字也。子字龜甲文多作□前編柒卷拾伍葉叁版，此銘之□亦子字也，文視甲文增一直畫，古文增損無定形爾。古器銘恒云子父某：子父乙壺云「子父乙」，子父丁鼎云「子父丁」，此皆子為其父作器，但文簡略，不言作耳。子父己卣云「子乍父己寶尊彝」，子作父癸㲃云「子乍父癸彝」，此二器則皆云作矣。□父乙㲃云「□父乙」，銘不云子，然□為子之名，可推而知也。子緐父己鬲云「子緐父己」，銘既云子，又舉子之名為緐，而亦省不云作。子命乍父癸㲃云「子命乍父癸寶隮彝」，則詳具不省矣。此銘云「子未父乙」，與子緐父己鬲云「子緐父己」者為例正同也。【子未父乙盉跋　積微居金文説】

◉饒宗頤　……卜，子〔貞：〕□□（要）（後編下四二·五，又綴合編八六）。同版有卜人㣫。

□即説文古文子之□字，契文與□分而為二。許慎云：「古文子从巛，象髮也。」許書首下云：「巛象髮謂之鬊，鬊即巛也。」則此字乃从子从鬊。卜辭□為人名，所見與□有關之殘碎資料，其見于骨片者，字體較大，如金璋五五六；見于龜甲者，則纖細如髮，即後編此片及拾遺一一·一一，與卜人㠯及㣫同版；又有細畫散漫似習刻者，大抵見于小屯乙編上册。如：「今己貞，□要。」「……亥，□要。」（屯乙一一〇七+八三二——殷綴一一三）「〔丁〕酉卜：又正：卜貞：臣不……□用，弗㞢。」（屯乙八三四+一二五〇——殷綴一一四）「……禰自□……癸卯雨。」（屯乙一五八一）「壬戌貞：商……癸亥貞：□要……」（屯乙一六〇七）即有三種不同字體，□之事蹟，可考如此。【殷代貞卜人物通考卷十一】

◉加藤常賢　□（七）　把□跟□認為或不認為同字，成了以上對本論文標題中圖畫文字的見解可從與否的中心點，這是極為重要的課題。我是認為兩者有別的，我將站在這見解上邁進研究的步子。本來任何字書裏都找不到字（七）的，但擺動左右兩手之形既可認為□（走）字，那麽這裏無疑是「子」字形的小兒在擺動着左右兩手（指從□□合認出□——譯者註）了。小孩的擺手，到底是要表達什麽呢？大概小孩子雖然擺動左右兩手，和大人的情形並不相同，它不在表示跑（即「走」——譯者註）的意思，這由「□」之末加「止」也可瞭然。確當地説來，站都站不穩的小孩擺動着左右手，這形狀整個所表達的，我們認為僅止於複寫乳幼兒擺動左右手的樣子而已。至於含乳幼兒之意的獨立字，當推「孺」字。說文：

「孺，乳子也。」

「兒，孺子也。」

把柔弱的乳子叫成了「孺」。

不過字形(七)即令作孺子解，有字(七)的全部彝器，我們却不能認為都用了孺子這原義，因為孺子為其父母製造祭祀彝器是不可能的。

所以我們有考慮跟「孺」同義的「兒」字的必要。說文「兒」：

「兒，孺子也。从儿，象小兒頭囟未合。汝移切。」

雖然這個說明迄今一直被人所認定，未見有懷疑它的，這個說明我總無法從受。現在看金文此形：

□ □

「儿」體的背上圈了圓點，這是不能認為孺子之形的。正確地寫下它，就是「□」，和這個字的部首「儿」同為蹲踞負任的「仁人」，亦即「負任人」的形狀。於是這個字上半的「臼」，說文的說明我們也無法原封不動地承認它了，我們毋寧以為說文繫傳是正確的：

「□與古文齒相類。」

則「兒」當是从「儿」从「臼」的字。由从「兒」諸字的音讀如「睨」看來，這作齒形的大概是「齧」字。那麼「兒」該就是「从儿(負任人)齧聲」的形聲字，就是「倪」(五鷄切)的本字了。說文「倪」：

「倪，俾也。」

而說文「俾」：

「俾，益也。一曰：俾，門侍人。并弭切。」

連言之，兩字就是「俾倪」。這連語和本論文主題的圖畫文字有關，以後我們將述及，暫擱不表。「門侍人」段注：

「或曰如寢門之内豎，是閽寺之屬。」

「倪」和「俾」都是所謂使令的侍者，概而言之，即所謂「豎」，而我們認為它指身體如「□」的負任物件的小人。

再就「豎」字來看，「豎」乃轉寫之訛，正字作：

豎、豎(均見古璽)。

是個「从臥豆聲」的形聲字。「臥」意為「伏」,豆聲意為「止立」,所以古籍中通指屈伏侍立於主人之側的小童。我們看周禮天官,和宮廷裏用人的豎相關的,有「内小臣」「寺人」「内豎」等。豎,雖然正確地是指童子用人;見於左傳僖公廿四年的「豎頭須」却是守藏的當值者而非童子了。從而可知豎的名稱不僅限於童子,進而可泛指王侯卿大夫身邊所謂用人的小人,或者我們看:

「寺人披。」(左傳僖五年)

「寺人貂。」(左傳僖二年,同十七年)

就可明白它也叫寺人、侍人。

以上的論考不誤的話,我們就能結論道:字(七)有服侍於王侯身邊的短小侍人「豎」的意義,普通也叫他們「邇臣」,取了近臣的意思。而且周初還稱之為「藝人」。我們只要了解「藝」音和「爾」音通轉的現象,就不能不視「屈服的小人」同為這兩音本來的意思了;這只要援用前舉「臲」或又叫「鶃」、「戚施」原該作「鼀鼁」的證據,當就明白了吧!

總之我們以為,字(七)就字形而言,是「孺」的本字,是幼子之意的「兒」的本字。由此引甲,成了「豎」一連串的服侍王侯身邊的屈伏小人的意思。含蘊這個意思的字,最初是「兒」;多數金文的「子」,我們以為是「兒」的代用字。【非子兒　中國文字第十三册】

◉高鴻縉　子為小兒。象頭及兩手及足在襁褓之形。又子為胎兒。象蝌蚪頭尾之形。兇亦為小兒。象小兒頭有髮及二足之形。甲文省作巳。三字俱借用為干支之名。商周習用。與秦漢以後不同。商周甲金文。甲子作十巳。或十兇。乙巳作乙子。或乙子。決不相混。秦漢以後則作甲子乙巳。而巳或兇字並於干支中廢除。十一月陽气動。萬物滋。乃就夏曆十一月建子而言。人以為偁。乃因子亦借為男子尊稱之故。皆非本意。惟象形二字及古文籀文二形述子字本意。【中國字例二篇】

◉唐　蘭　吴王光鑑有兩件,銘文是:

隹王五月,既字白(伯)期,吉日初庚,吴王光睪(擇)其吉金玄銧、白銧,吕(以)乍(作)弔(叔)姬寺吁宗彝薦鑑。用亯用孝,釁(眉)壽無疆。往已(矣)弔姬,虔敬乃後,孫孫勿忘。

「伯期」是吴王光長子的字,《禮記・檀弓》説:「幼名,冠字,五十以伯仲,周道也。」《士冠禮》有字辭:「令月吉日,昭告爾字……曰伯某甫。」可見行冠禮的時候,加上伯某或仲某的字,到了五十以後,就不稱字而只稱伯仲了。吴王光為他兒子舉行了冠禮,字為伯期，以後又為他女兒叔姬做了這兩個鑑。過去都把「字」字釋成「子」，有人把「子白」解釋為生魄，有人疑惑「子白」是王僚的字，說吳王光為王僚服期服的喪禮，都是不對的。【五省出土重要文物展覽圖録序　唐蘭先生金文論集】

◉李孝定　卜辭十二辰之「子」作上出諸形。而「子某」之「子」及十二辰之「巳」則作「」若「」若「」。象幼兒頭上有髮及兩脛之形。餘形均其省變。其遞嬗之迹當如下表：

——————————

則象幼兒在襁褓之中。故下但見一直畫或微曲不見兩脛。兩手舞動。上象其頭之形。實均取象幼兒但表現各異耳。許書以子㜽為今古文。實一字之異體耳。卜辭以㜽為子丑字。而以子為辰巳之「巳」及子某之「子」。是十二辰中有二子字。各據一形而不相亂者。以子巳之音本近而㜽子之形各殊故也。然以子某之子作觀之。知子㜽仍是一字。許君之說不誤。然以篆籀別之則非。但當云「子或作㜽」可矣。【甲骨文字集釋第十四】

◉張秉權　「、(子)和、(巳)」字，甲骨文中十二支的「子」與「巳」二字，其實就是一個字的二種不同的形體，它們都象嬰兒之形，不過繁簡有別，用法不同，尤其在干支字中，從不相混。在甲骨和金文中，干支字子丑的「子」字，只用於干支中的第一位，而不作它用。但辰巳的「巳」字，除了作為干支中的第六位以外，又與子孫的「子」字通用，例如「小子」「多子」「有子」「子某」等等的「子」字，都和辰巳的「巳」字形體相同。這也可以證明辰巳的「巳」也就是子孫的「子」字。自從許氏的說文將甲骨和金文中的辰巳的「巳」字作為小篆的子丑的「子」字，又將甲骨金文中子丑的「子」字作為籀文的子丑之「子」，於是就把甲骨金文中的「子」和「巳」字都歸入了「子」字的名下，這樣一來，小篆的地支字中就缺少了一個「巳」字，於是許氏又將小篆中「祀」字的偏旁作形的「巳」字來代替作形而歸入了「子」字的「巳」字。作形的「巳」字在甲骨文中作或，本來就是祭祀的「祀」字，又因在小篆中「(巳)」與「(虫)」字形近，而當時又流行着五行生肖之說，所以許氏就說巳象蛇(一本作它，它也是蛇)形。其實那個「巳」字原是一個象胎兒之形的字，也是「子」字的另一形體。許氏雖則誤解了小篆中辰巳的「巳」字為象蛇，但在「包」字的解說中卻保存了「巳」字的本義。說文九上，包部：「，象人裹妊，巳在中，象子未成形也。元气起於子，子，人所生也。男左行三十，女右行二十，俱立於巳，為夫婦，裹妊於巳，巳為子，十月而生，男起巳至寅，女起巳至申，故男季始寅，女季始申也。」甲骨文中的身孕字作、，正象人腹中懷着「子或人」的形狀，這可能就是許氏所說的「巳為子」的更早的來源。至於甲骨文中的「祀」字，除了作形的之外，還有更多的加了「示」旁的「(祀)」字，那些可能是後起的形聲字。十二地支字中的「子」和「巳」，從甲骨金文到小篆，經過了這樣複雜的變化，雖則它們的原意都是象幼子之形，但經過了許氏的一番移形換位的功夫，便在後來的古文字學上投下了一道陰影，造成了一度的混亂，譬如金文中的「癸巳」「乙巳」「丁巳」「己巳」「辛巳」等干支中的「巳」字都被認為「子」字，原來自宋代以下的金文學者，都是根據説文去解釋金文的，他們不知道説文中的小篆「子」字就是古代的「巳」字，所以對於「癸子」「丁子」「辛子」等的干支感到迷離困惑，無法解説，甚至在孫詒讓作絜文舉例的時候，都還把「巳」字釋為「子」字。這個疑團一直要等到甲骨文中的「干支表」發現以後纔能解開。在甲骨文中，早期的「子」字比較抽象而簡單，晚期的則比較複雜而更為接近象形，這也許是由於復古風氣所造成的現象，也是文字演化由簡而繁的一個例子。【甲骨文中所見的「數」　歷史語言研究所集刊四十六本三分】

◉周名煇　子部呆番君鬲。子孫永用。古子孫字。蓋讀如巳。强氏定為子字。今考定為保字古文。假借為子孫之子。

名煇案。呆與子古文相通假。則是也。强氏以呆巳為一字。則誤矣。尋説文子部云。孟。長也。从子皿聲。呆。古文孟。案呆當是⿱呆皿之譌敚。金文子仲匜銘陳子子匜銘諸文可證。此古文呆巳二字相假之例證也。説文人部云。保。養也。从人从𤓽省。𤓽。古文孚。呆。古文保。又爪部云。孚。卵孚也。从爪从子。𤓽。古文孚从呆。呆。古文保。此呆本為古文保字之實證也。其與子相通假。不但形近。聲理亦通。保孚二字古音同在幽部。子字古音在之部。幽之近旁轉。【新定説文古籀考卷下】

◉陳煒湛　卜辭子孫之子與十二支之巳雖然同形，但用法各異，後者又限于干支搭配的紀日，大都見于前辭（序辭）中，故尚易分辨，不致引起誤讀或誤解。卜辭中子某之名習見，如子商、子漁、子效、子美、子目、子𠯑、子雝、子凡、子妻、子安（𡧊、㝃、𡪄、宁）、子洋、子㛄、子𡇒、子辟、子宋、子戠、子爵等等，這些名稱究屬封號還是時王之子，目前意見尚未統一，還須進一步研究方能論定。卜辭又有婦某㞢子或婦某子之例，如《遺珠》六二〇片：「辛丑卜，㱿貞：婦好㞢子？三月。辛丑卜亘貞：王固曰：好其㞢子？」《乙》二五一〇片：「壬辰卜，㱿貞：婦良㞢子？貞：婦良亡其子？」《通纂》別録Ⅵ一二片：「貞：妣己害婦好子？」此數例之子即今所謂兒子，自無疑問。卜辭又有以十干為子名者，已發現者有子丁、子己、子庚、子癸四名，多為祭祀對象。除子庚不致誤認為「庚巳」，子己無合文形式外，子丁、子癸的合文□（《乙》八八二六）、□（《乙》八七四八）、□（《乙》九〇四〇）、□（《京津》九三六）及□（《明》二一·《乙》二九六一）、□（《粹》三四〇），如無上下文的關係及其它析書的辭例為證，也難免認作丁巳、癸巳的合文，因為甲骨文中干支合文之例亦屢見，如乙卯、乙巳、乙丑、乙未、乙亥、丙寅、丙午、戊申、庚子、庚辰、庚寅、庚戌、辛卯、辛亥、壬午、甲寅、庚午、癸亥等即均有合文形式（參見《甲骨文編》合文卷，第二九至三〇頁）。而乙巳的合文□（《粹》六二九）如無上下文關係也未嘗不可讀為子乙。但卜辭無子乙之名，故□只能是乙巳合文。【甲骨文異字同形例　古文字研究第六輯】

◉丁　驌　契文中「子」字，用為子孫之子，亦用為十二支第六位，當「巳」。武丁時作□形亦有作□者。此即隸之孑，以二期為多。初則二用不分。至第三期及四期上（武乙時）已漸有別。稱人之子寫法如□□，而作巳字之子則成□形。後期（文武丁及五期）區別最明，甚少例外。惟上方之口形亦多成圓形。

金文與契文同，皆以「子」為十二支之第六支。故「辰巳午」當為「辰子午」，余不知何時代始用「巳」字代替「子」。所見金文中僅記東漢靈帝光和七年洗「歲在甲子」，此子字乃真正之子字□，非契文之⿱山冂，亦非金文甲子之子字也（□）。

契文本有巳字，作□而不用，亦有己字□，古己巳以似通。如王幾祀之祀从□，「我勿己方」則作己（余讀此辭為我勿祀賓），「中丁己降」作「己」借為「以」。契文既有巳字而不用于十二支，可見商殷之世，十二支中本為「辰子午」非「辰巳午」。

今之十二支起子，原來之辰子午則換為辰巳午。今人因契文「巳」位之字為「子」以為殷人以子代巳，又讀契文之⿱山冂為子，故十二支中遂有兩「子」，使先後説者不能自圓。各説中又以李孝定兄之説更為突出，以為「巳」乃「子」之重文。竊以為古人既創十二支，用以代表十二先後一定之次序，斷無重用一文、自生混淆之理。擇一字為十二支之首位，豈不輕而易舉？説⿱山冂為□，皆為「子」字，豈非自找麻煩也。故認為⿱山冂非子。

追尋何以將⿱山冂作「子」字之原由，即知此武丁時代之⿱山冂字，後來訛變成多種形狀，幾至不可相認。如□，□，其作□者變形尚少。今謂之為小兒頭髮蹺足之狀，附會為象形之「子」字，何不云為「兒」字，更為近似？余曾以此字示諸中外學生，或云狀鼠或云狀甲蟲，或以為是龜形，竟無人以為「子」。可見作「子」之説乃出之豐富之想像耳。況⿱山冂為早期正字，後來訛變。此種情形，契文字中亦不乏其例，如貞之變為鼎，辰之變為蜃。契文寅字本來甚簡□，後或加□，及至古文寅字竟成□形，可謂訛變之亟矣。吾人豈能以後期變文認前期為簡字耶？

故余之結論為：

一、商殷之世十二支次序為「⿱山冂丑寅卯辰子午……亥」。

二、⿱山冂非子字。此字不識，亦説文所無。

三、後世廢⿱山冂不用，代之以子。又以巳字為第六支，遂得今日之十二支次序。

按⿱山冂字於古代文字中甚少有類似者。契文金文字□近似。篆書齊字之一部亦類同。惟齊字契文从三厶，金文則於三厶之下加一或二横劃。其二劃者則又有等長、上短、下短之變。故説文曰：「从二。象地有高下也。」契文齊字并横劃亦無之。故求⿱山冂字之源，或當曰：「从⿱山冂省」。此不過揣測耳。無可說。【⿱山冂字説　中國文字新七期】

◉李學勤 卜辭中與多君類似的詞，還有多子，如《甲》七五二有「惠多尹饗」之語，同書一六三四則有「惠多子饗」。武丁時的㞢組卜辭提到多子的尤多。

《尚書·洛誥》和《逸周書·商誓》兩篇都有多子一詞，可資研究，對于多子的意義不難索解。

《洛誥》記周公對成王說：「孺子來相宅，其大惇典殷獻民，亂為四方新辟，作周恭先……予旦以多子越御事，篤前人成烈，答其師，作周孚先。」此節前半係指成王，後半則為周公自稱，願率多子及其御事發揚前人光烈。所謂「多子越御事」，宜與《周書》其他各篇類似的話參看，如：「猷大誥爾多邦越爾御事」、「爾庶邦君越爾御事」（《大誥》）、「王其效邦君越御事」（《梓材》）等等。楊筠如《尚書覈詁》綜述前説，提出「所謂御事，皆謂邦君執政官也」，「御事，謂諸侯執政用事之臣也」。周公所説「予旦以多子越御事」，亦應指率領諸侯及執政用事之臣。

《商誓》是周武王對商人的誥命，篇首云：「王若曰：告爾伊舊何父□□□□幾耿肅執，乃殷之舊官人，序文□□□□及太史比、小史昔及百官里居獻民。」這裡「幾耿肅執」等是商的世家大族，「太史比、小史昔」即太史友、少史友，該句指商的衆官。篇中先以百姓里居君子與冢邦君對舉，云：「爾百姓里居君子其周即命；……爾冢邦君無敢其有不告見于我有周。」又以多子與百姓相對稱，云：「爾多子其人自敬，助天永休于我西土；爾百姓其亦有安處在彼。」可見多子一詞和在《洛誥》文中一樣，是對大臣或諸侯一類人物的稱呼。【釋多君多子 甲骨文與殷商史】

◉曾憲通 □〼子 甲二·四 □〼子之子 甲二·六 是生子四 甲二·一二 帛文「乃取（娶）虘（且）□〼子之子曰女皇」，其中「□〼子之子」云云，殆指女皇所從出。如春秋劍銘「吴季子之子逞」（《周金文存》六·九四），《左昭廿七年傳》有「子仲之子曰重」，皆其例。

壬子 丙一·三 酉子 丙一·三 壬子、丙子屬諏日「五子」之列，見秦簡《日書》簡1124，壬子亦在丙子前。還有「五丑」、「五辰」、「五巳」、「五酉」等。帛文云「壬子、酉子凶」，嚴一萍氏謂如《淮南子》所稱之類。《天文訓》曰：「壬子干丙子，雹」；「丙子干壬子，星墜」。故帛文曰「凶」。【長沙楚帛書文字編】

◉周曉陸 甲骨文地支之子多形，又等，皆為早期圭表形；與（南）在構形上是一致的。但子所代表的北方自不能立表，故由到等可理解為表的投影，亦指事，如《周髀算經》謂「北方日中，南方夜半」，「故冬至從坎，陽在子，日出巽而入坤，見日光少，故曰寒」。《説文》録字，與甲骨文近，在東、西字中亦有之，形在南方神名中亦見之，即北字，非臂脛也；八或為几，置表承影處。由甲骨文及殷金文例，許氏録字自不誤，然于嬰子之義絲毫無涉，亦子之方位

□孕

或地支本字，會意。武丁期甲骨《京大：1》「庚□卜，㱿貞，婦好㞢子」，□、子二字同現一條，顯然殷商時地支字□（子）與子孫字子同時存在，義不融通。至于後來子假借為□，應別有他因。【釋東南西北與中——兼説子午　南京大學學報一九九六年第三期】

◉饒宗頤　所云「子帚某子」，第一個動詞之「子」亦可讀為「字」，言「字」，則名在其中矣。【由《尚書》「余弗子」論殷代為婦子卜命名之禮俗　古文字研究第十六輯】

□佚五八六　象褢妊之形　王曰㞢孕妫□曰妫　□燕六〇一　【甲骨文編】

□乙8504　【續甲骨文編】

□詛楚文　刑戮孕婦　【石刻篆文編】

□孕　【汗簡】

□汗簡　【古文四聲韻】

◉許　慎　□褢子也。从子。从几。徐鍇曰。取象於褢妊也。以證切。【説文解字卷十四】

◉商承祚　□疑包。唐氏謂當孕之本字。□即□字。象人大腹之形。故古者稱孕曰有身。象子在腹中也。【殷契佚存】

◉馬叙倫　鈕樹玉曰。一切經音義十八引作字從子乃聲也。按仍從乃聲。於聲正合。後人疑聲不近。改為會意。易漸釋文引作懷子曰孕。嚴可均曰。當從子乃聲。一切經音義十三引作乃聲。沈濤曰。一切經音義九云。孕從子乃聲。此據當時俗體。非引説文也。桂馥曰。褢子也者。三蒼同。從□者與秀下朵上竝同。象形也。一切經音義九。孕。從子。乃聲。似誤。翟云升曰。易漸釋文左僖十七年傳疏竝引褢作裹。倫按戚學標王煦朱駿聲竝以為當從子乃聲。獨王筠取桂説。然□象何形邪。鍇本篆作□。□與石鼓文盈字所從之乃同。然甲文有□字。唐蘭釋孕。謂□即身之本字。倫謂□□皆□之譌。□從人。象腹大裹子形。指事。亦疑此字出字林。秦詛楚文刑戮□敄從女。強運開釋。倫謂此葢始之異文。從女。□聲。【説文解字六書疏證卷二十八】

[glyph]㝃

◉李孝定　契文[glyph]字唐蘭氏以為孕字。是也。篆文从「乃」乃[glyph]之形譌。非从乃聲也。辭云「乙亥卜𠂤貞王曰㞢有孕㚐[glyph]曰㚐」。卜辭謂生男曰㚐。此蓋云孕當得男也。金氏續文編十四卷十八葉上收[glyph]作孕。按當釋妊義同。與此初當為同字。惟篆文已分衍為二。本書仍从許例。見十二卷女部。又金氏續文編九卷五葉下收此作包。按包之初誼雖與孕近。然所从乃篆文之巳。作[glyph]亦象子在包中之形。从子者仍當釋孕也。【甲骨文字集釋第十四】

◉李先登　[glyph]　䋲，古孕字。《太玄經》：「䋲其膏。」又：「好䋲惡粥。」范望注：「䋲與孕、𦟘同。」【孟廣慧舊藏甲骨選介　古文字研究第八輯】

◉黄錫全　[glyph]孕　鄭珍云：「《尚書》孕字止《泰誓》『孕婦』一見，薛本作𦟘，此形誤也。《管子・五行篇》『𦟘婦不銷棄』，是秦漢閒有此形，别作䋲，《太玄經》『好䋲惡鬻』是。《一切經音義》屢云孕古文𦟘。蓋漢後字書有以𦟘當古孕者，偽《尚書》所自采。」馬王堆漢墓帛書《經法》孕作繩。䋲繩𦟘同从黽聲，例可通假。孕古作[glyph]（佚586），為會意字，䋲為形聲字。甲骨文有字作[glyph]（乙4677），應釋䋲。《説文》黽字正篆作[glyph]，夏韻證韻録此文作[glyph]，此形寫誤。【汗簡注釋卷二】

◉許　慎　[glyph]生子免身也。从子。从免。徐鍇曰。説文無免字。疑此字从䨲省。以免身之義通用為解免之免。晚冕之類皆當从㝃省。芳萬切。臣鉉等曰。今俗作亡辯切。【説文解字卷十四】

◉馬叙倫　鈕樹玉曰。韻會免上無從字。免即兔字。篆當作[glyph]。王筠曰。朱筠本作[glyph]。女部嬔亦從兔。錢大昕謂兔免一字。信有徵邪。徐灝曰。從子。兔聲。倫按徐説是也。娩古音當如脱。古書言免冠。猶今人言脱帽矣。或古言兔如俛。俛音非紐。生音審紐。同為次清摩擦音。故齊人謂生子曰俛。見文選思玄賦注引纂文。俛㝃蓋一字。然此字疑非許書本有。故訓生子免身也。【説文解字六書疏證卷二十八】

◉楊樹達　續編四卷廿五葉之一佚存一八四片合片云：「△△卜，𠬝貞：帚妌[glyph]，㚐？王固曰：其隹庚[glyph]，㚐。旬辛亥，帚妌[glyph]，允㚐。」續編四卷廿九葉之二云：「貞：翊庚寅，帚孜不其[glyph]？」後編下卷三四葉之四云：「帚飲[glyph]，不其㚐？」郭沫若云：[glyph]當為動詞，例云不其[glyph]，可證。而㚐當是形容[glyph]之狀詞，例云允㚐，云不其㚐，可證。此二字專係于帚某之下，此外無所見。前編二卷十一葉之三云：「□辰，王卜，在兮△：娍[glyph]㚐？△王𠯁曰：吉。在三月。」佚存五八六云：「乙亥，卜，𠂤貞：王曰：㞢[glyph]，㚐？[glyph]曰：㚐。」第一例娍下一文左旁从毓，右旁从止衣又，當即毓之緐文，象女人産子，持襁褓以待之。第二例[glyph]即身之緐文，象女人懷娠之形。㚐字係於毓與身之下而加以貞問，必係吉祥之意。前例答曰吉，後例答曰㚐，是㚐亦猶吉矣。準此則㚐當是㛄之省，讀為嘉。放字系於宀下，既與系於毓下身下之例相同，而宀又專為女子所有事，則宀蓋娩之古文，从宀从𠂢，𠂢亦聲也。彙續七。

樹達按：二字形不詳，郭以義推求，近是。諸例宀字與前編例毓字相當，其為生子免身之事必矣。【卜辭求義】

字 字父己觶 □ 僩兒鐘 □ 以為子字 沙其簋 百字千孫 沙其鼎作子 【金文編】

字 封八六 三例 【睡虎地秦簡文字編】

5412 【古璽文編】

字丞之印 陳令字印 字公子 榮成字中孺 【漢印文字徵】

天璽紀功碑 解者十二字 延光殘碑 【石刻篆文編】

字 【汗簡】

天台經幢 □ 古尚書 【古文四聲韻】

◉許 慎 字乳也。从子在宀下。子亦聲。疾置切。【說文解字卷十四】

◉高田忠周 从宀覆育之意也。人曰字。鳥曰孚。獸曰犢。然引伸叚借。獸嘼亦曰字。字亦變作牸。廣雅釋詁。牸雌也。又吳羊其牝一歲曰牸。亦本義之轉。然易屯。女子貞不字。虞注妊娠也。為字本義。【古籀篇四十】

◉馬叙倫 鈕樹玉曰。韻會作從宀子。桂馥曰。廣韻引有愛也二字。翟云升曰。儀禮聘禮疏。鄭注論語云。古者曰名。今世曰字。許氏說文亦云然。倫按從子在宀下為乳。於義不可通。倫謂古書言字者。若易屯之女子貞不字。十年乃字。墨子節用。若純三年而字子。字實皆孕之譌。書堯典。鳥獸孳尾。史記五帝紀作字微。史記平準書。乘字馬者。說苑。臣故畜牸牛。生子而大。牸即字字。以牛故而加牛旁。是諸字字亦當作孕。山海經中山經。苦山有木。服之不字。不字明謂不孕也。故郭璞注曰。生也。此訓乳也。乳為□孚之孚本字。見乳字下。義亦與孕將母不同。然從宀必不能會意。而宀亦非聲。以音言之。似從子得聲。則從宀為何義邪。倫以為孕字本是一字。形誤為字。聲同之類。而轉入從紐為疾置切。古讀從紐多同於定。孕音喻紐四等。古讀喻四亦歸定紐也。字見急就篇。玄應一切經音義引三倉。字。養也。蓋古已譌為二字。故僕兒鐘已有字。倉頡亦著之也。儀禮疏云許氏説文亦云然者。若為鄭語。則出許氏字指。倫疑非此下有古者曰名今世曰字二語也。蓋即指本書自叙文者物象之本字者孳乳而浸多也而言。【説文解字六書疏證卷二十八】

◉孔仲温　於《包山楚簡》207號簡文，有作「」的祭禱字詞，該書隸定作「孖」，並釋為「孨」的異體，以為《周禮・天官・庖人》「備品物曰薦」的「薦」字假借。此字滕壬生亦收録(1995:732)，而隸定作「研」。大抵滕氏的隸定似可再斟酌，《包山楚簡》的隸定可從，但釋讀上或可再商榷。個人以為「孖」疑為「字」的繁體，就先秦古文字，从厂與从宀的偏旁經常相通。例如「安」字作罭卣，又作格伯簋，《古璽彙編》2673；「宅」字作秦公簋，又作《先秦貨幣文編》108，《包山楚簡》2・190，《魏三體石經殘字集證》229；又如「寓」字作寓卣，又作《汗簡箋正》4・19，而从「孖」為从「子」的繁寫，《説文》云「字，乳也，从子在宀下，子亦聲」。「字」的本義指孳乳繁衍的意思，「孖」《廣韻》讀作「子之切」，字義為「雙生子也」。因此，從詞義上來說，不論是从「子」或从「孖」，在「宀」下或「厂」下，都能合於孳乳繁衍的本義。而且就上古音言，从「子」聲或从「孖」聲皆屬精紐 *ts-、之部 *ə-，讀音完全相同，因此，個人以為「孖」為「字」的繁體。

既然如此，「孖」在簡文中應作何解釋呢？則疑為「祠」的假借，而「祠」即是「賽禱」的同義詞。【楚簡中有關祭禱的幾個固定字詞試釋　第三屆國際中國古文字學研討會論文集】

㝅

㝅　㝅作鼎　召卣　㝅方尊　卯簋　虢弔作弔殷㝅匜　虢弔尊　殷㝅盤　陳子=匜　㝅父甗【金文編】

191【包山楚簡文字編】

㝅　日甲一四〇　二例　通穀　乙亥生子—而富　日甲一四一　日甲一四五　四例【睡虎地秦簡文字編】

民則又—（甲12—4）【長沙子彈庫帛書文字編】

◉許　慎　㝅乳也。从子。㱿聲。一曰㝅瞀也。古候切。【説文解字卷十四】

◉馬叙倫　乳也當作乳子也。乳子謂初生之子也。或乳也以聲訓。㝅為孺之轉注字。聲同矦類。亦為孤之音同見紐轉注字。小子曰㝅。小豕曰豰。小犬曰狗。小馬曰駒。語原然也。一曰㝅瞀也者。荀子儒效作溝瞀。皆疊韻連語。即瞀字義。此校語。【説文解字六書疏證卷二十八】

◉饒宗頤　……卜大……甲寅……㽙……⿱爫青……(金璋五九)

按⿱爫青从爪从青，當是青之繁形。即㝅字，義為牲品，故與㽙并列。【殷代貞卜人物通考卷十三】

◉李孝定　金文「㝅」為人名或地名，未見用作乳子之義者；契文「㝅」字皆假「青」為之，其義皆為幼牲，乃乳子之義所引申。馬叙倫氏謂虢弔尊之「[glyph]」為教，説非，「孝」字當作「[glyph]」，上从「老」，與此从「[glyph]」者有別。【金文詁林讀後記卷十四】

◉曹錦炎　㝅，器蓋作[glyph]，肩部作[glyph]，與長沙出土的楚帛書㝅字形體較為相近。《説文》：「㝅，乳也。」《廣雅・釋親》：「㝅，子也。」「㝅子」一詞，亦見于《集古録》所著録的一件盉，銘曰「伯玉㝅子作寶盉」，用作人名。本銘「㝅子」與牆盤「𣪘毓子孫」義同。【紹興坡塘出土徐器銘文及其相關問題　文物一九八四年第一期】

[glyph] □□卷切出林罕集字　【汗簡】

◉許　慎　孿一乳兩子也。从子。䜌聲。生患切。【説文解字卷十四】

◉馬叙倫　當在娩下。玄應一切經音義引倉頡。孿。一生兩子也。又引字林。孿。雙生也。倫疑此説解中乳字乃㝅下説解中字。傳寫誤入。此本作雙生也。謂一生兩子也。皆字林文。許本訓挩矣。孿字蓋重文。【説文解字六書疏證卷二十八】

[glyph] 尹少孺　[glyph] 曹少孺　[glyph] 陳長孺　[glyph] 張中孺　[glyph] 董少孺　[glyph] 王耿孺　[glyph] 女季孺　[glyph] 接孺　[glyph] 陳孺　[glyph] 閔孺子　[glyph] 傅中孺　[glyph] 張弟孺　[glyph] 肥少孺　[glyph] 左次孺　[glyph] 申免孺印　[glyph] 閻張孺印　[glyph] 吴季孺　[glyph] 桀成字中孺　[glyph] 留翁孺　[glyph] 公孫仲孺　[glyph] 君孺信印　[glyph] 肊少孺　【漢印文字徵】

◉許　慎　[glyph]乳子也。一曰輸也。輸尚小也。从子。需聲。而遇切。【説文解字卷十四】

◉馬叙倫　鈕樹玉曰。廣韻引作一曰輸孺尚小也。段玉裁曰。方言十二。儒輸。愚也。輸孺即儒輸。荀子修身。偷儒憚事。

偷儒亦即輸孺。偷按孺乳子謂小子。然疑非本訓。此今杭縣偁小兒曰糯糯之糯上海言小囡之囡本字。一曰輸孺也者。輸孺今言姑且。亦曰苟且。本字當作偷懦。今作偷懦。【說文解字六書疏證卷二十八】

季

甲二二六三 說文从子之字卜辭皆从巳 乙二五九六 前五・四〇・三 前五・四〇・四 前五・四〇・五

前七・四一・二 後一・九・六 燕六〇九 存下六〇〇 京津三〇七一 【甲骨文編】

甲2263 乙3684 掇181 粹74 新3071 【續甲骨文編】

季 季鼎 季保簋 作季簋 嬴季尊 井季卣 咢侯𢼸㞡季簋 季㝨簋 卯簋 季楚簋

吕鼎 𦵯簋 杲同簋 仲師父鼎 善夫克鼎 克鼎 邿季簋 季良父匜 季良父盉

師寏父盤 諫季盨 虢季氏簋 華季盨 虢季子白盤 𢀛弔多父盤 𤔲季鼎 鄭羌伯鬲

無曩簋 皇且釐季 器文誤作年 弔専父盨 夆弔匜 魯邍父簋 義仲鼎

季念鼎 郛季宿車盤 郛季宿車匜 欒書缶 正月季春 吳季子之子劍 【金文編】

3・673 右故𢆶衢尚畢里季䍐 9・89 季蒼 【古陶文字徵】

127 【包山楚簡文字編】

季 日甲一背 五例 日乙一一一 【睡虎地秦簡文字編】

戠—乃☒(甲7—34) 【長沙子彈庫帛書文字編】

許季 徐季 晉季 季倫 季□ 女季孺 武季來 趙季孺 季倫 田稺季印

孟 盂

[seal] 巨神季明 [seal] 季孫武印 【漢印文字徵】

[seal] 季孫强集字 【汗簡】

[seal] 孫彊集 [seal] 崔希裕纂古 【古文四聲韻】

◉許　慎　[seal]少偁也。从子。从稚省。稚亦聲。居悸切。【説文解字卷十四】

◉薛尚功　月季尊。一名月星尊。[seal]蓋季字上从禾而下从子耳。或云是月星。上下為禾稼之形。【歷代鐘鼎彝器款識法帖卷十二】

◉林義光　禾為稚省不顯。説文云稚亦聲。是季與稚同音。當為穉之古文。幼禾也。从子禾。古作[glyph]趙尊彝。引伸為叔季之季。亦與穉通用。詩有齊季女采蘋。季女斯饑候人。季猶穉也。【文源卷十】

◉馬叙倫　嚴可均曰。説文無稚。字當作穉。王煦曰。當從禾聲。本從右曲。篆文誤為左耳。馮振心曰。從禾。子聲。本義為幼禾。引申為幼小之義。倫按馮説是也。當入禾部。少偁也疑非許文。本書無稚。而急就有畢稚季。蓋急就本作穉。傳寫易之。此從稚省稚亦聲。蓋亦校者所改也。【説文解字六書疏證卷二十八】

◉嚴一萍　29.[glyph]= 季季　重文。商釋「孛孛」，讀為「悖」。安釋「季」。案繒書別有季字作[glyph]，與甲骨金文同。此處作[glyph]，或為季之異體。【楚繒書新考　中國文字第二十六册】

◉湖北省文物考古研究所　北京大學中文系　「旮」字从「日」「几」聲。信陽楚墓竹簡二〇八號「一房机(几)」，「机」字寫作[glyph]，右旁所從即「旮」字。又望山二號墓四七號簡「䣊」字所從疑亦「旮」字。「几」、「季」古音極近，「旮」當是季節之「季」的專字。「季中」指一季三個月的時間之内。一説「旮」為「𣅀」之譌體，當釋為「期」。「期中」指卜筮所問的時期之内。【望山楚簡】

[glyph] 孟　父乙孟觚　[glyph] 孟截父壺　[glyph] 孟上父壺　[glyph] 孟辛父鬲　[glyph] 延盨　[glyph] 輔伯鼎　[glyph] 孟簋　[glyph] 番匊生壺　[glyph] 陳伯元匜　[glyph] 孟鄭父簋　[glyph] 不𡢁簋　[glyph] 弔多父簋　[glyph] 鄧孟壺　[glyph] 陳侯匜　[glyph] 孟𡡫父簋　[glyph] 吳彭父簋　[glyph] 孟𢦚　[glyph] 齊侯匜　[glyph] 王婦匜　[glyph] 陳章壺　[glyph] 趙孟壺　[glyph] 卜孟簋　[glyph] 洹子孟姜壺　[glyph] 齊侯盤　[glyph] 無子匜　[glyph] 鑄公匜

陳子〻匜　曾孟嬶諫盆　長子□臣匿　曾子遷彝匿　匹君壺　曹公賸孟姬悆母盤　子仲匜　郜伯鼎　禾簋　蔡侯驪缶　蔡侯驪尊　伯家父作孟姜簋　【金文編】

3·424　孟棠匋里詳　3·425　孟棠匋里賞　3·426　孟棠匋里人☐　3·429　孟棠匋里可　3·435　東酷里孟喜　3·430　孟棠匋里賛　【古陶文字徵】

一：二二　宗盟類從子趙孟之盟　【侯馬盟書字表】

孟　日乙一七　二例　通盟　—詐　日乙一七　【睡虎地秦簡文字編】

1358　1359　1352　1345　1353　1361　1365　1356　1362　1363　1343　1344　1354　1360　1348　1351　1350　1349　【古璽文編】

孟吉私印　孟當　張文孟縑　杜孟　孟奉常印　孟未央印　孟澤之　田子孟印　孟護　孟慶　孟調之印　孟賀印　袁君孟印　車孟　李幼孟印　孟商　黃長孟　孟□之印　孟如　【漢印文字徵】

袁安碑　授易孟氏學　【石刻篆文編】

◉許　慎　孟長也。从子。皿聲。莫更切。古文孟。　【說文解字卷十四】

◉高田忠周　郜伯鼎　說文。孟長也。从子皿聲。古文作。此从皿从禾。與許亦異。書大傳。天子太子年十八曰孟侯。又詩有女同車。彼美孟姜。皆與銘意合。然則孟字本義謂人之年長也。字从子者。義主于太子。或从禾。禾古文保字。保訓養也。亦兼大義。此从禾取于長大之意乎。又說文皿聲疑誤也。此从皿為正形。皿即盟之省。左傳隱十一年。向盟州陘。即禹貢之孟津。朱氏駿聲云。盟孟同音通用可識。孟字从盟省聲無疑。或从皿者亦皿之省。而皿孟亦古音同部。故許謂从

孼 孼

皿聲。亦通。【古籀篇四十】

◉馬叙倫　李杲曰。孟為會意之字。盉敢作[glyph]。伯家父敢作[glyph]。其子旁兩注。皆象初生小兒沾汙之狀。猶棄之作[glyph]。始舉而浴之於皿。謂之孟。舉而不育。以其去之曰棄。[glyph]非獨體之文。而許書一以為保之古文。一以為孟之古文。兩無當也。倫按長也者伯字義。同雙脣音。故或謂伯為孟。假借也。庶長為孟。後乃別之。孟或為孺之轉注字。孺從需得聲。需從而得聲。而音日紐。皿音微紐。古讀日歸泥。微泥同為邊音也。然亦或從皿𥝌聲。為皿之轉注字。金器有錳。蓋其後起字。古文經傳以𥝌為孟。明其為𥝌聲也。李説孟棄二字皆無據。保從𥝌得聲。是有其字也。古文此及保下兩出者。古文經傳多省借。故得兩用。由李誤以古文為古於篆籀之文耳。字見急就篇。

[glyph]　鈕樹玉曰。𥝌為古文保。不應又為孟字。疑後人增。漢隸孟或作𥝌。然非𥝌也。嚴可均曰。此校者所加。承培元曰。古鼎銘孟作[glyph]。是孟或從古文保也。此蓋捝皿耳。倫按陳子子匜作[glyph]。鑄公簠作[glyph]。是承説可成也。然倫謂古文經孟保兩字或皆作𥝌。故八篇保之古文亦作𥝌。不然。如承説。不然。如嚴説。【説文解字六書疏證卷二十八】

◉唐桂馨　从子皿聲。訓長之義不可見。古文[glyph]下作兩筆。象孩提稍長能以兩足自跳躍形。視彼叔季尚在襁褓者較長也。語曰。孟晉孟勉。足為孟字疏證。【説文識小録　古學叢刊第二期】

◉李孝定　「孟」字皆从子从皿，金文間有从「𥝌」、从「血」者，子下皿上增二三小點，古文增繁，往往有之，無義，高田忠周氏謂从「𥝌」為从「保」，保有大義，「血」為「盟」省，説非，盟省之説尤為蛇足，高田氏亦謂「皿孟古音同部」，何煩取盟省聲乎？【金文詁林讀後記卷十四】

[glyph]　薛之重文【續甲骨文編】

◉許　慎　孼庶子也。从子。辥聲。魚列切。【説文解字卷十四】

◉馬叙倫　庶子謂衆子。古書亦作餘子諸子。本書。櫱。伐木餘也。是語原同也。文選洞簫賦注引字林。孼。庶子也。則此乃字林訓。或此字出字林也。【説文解字六書疏證卷二十八】

孳

孳　說文籀文作　𠫑鐘　𠭯孳人名　叨孳簋　【金文編】

◉許　慎　汲汲生也。从子。兹聲。子之切。籀文孳从絲。【說文解字卷十四】

◉孫詒讓　𠫑鐘　此實籀文孳字。說文子部。籀文子。囟有髮。臂脛在几上也。桂馥義證云。巛為臂。𠆢為脛。八當作几。蓋從奇字。人也。兒亦從儿。當又云。籀文孳從絲。此銘上從者。即說文子字。籀文注所謂象囟有髮之。後召伯虎敢。隹六年三月甲子。子作。亦以為。石鼓弟一鼓君子員邋邋作。己為。亦與此同。下從八者。即說文所謂脛在几上也。從者即絲字。惟說文又從巛。象臂形。而此省之耳。服孳者。服子也。服蓋國名之不見于經傳者。孳即子之籀字。【宗周鐘　古籀拾遺】

◉高田忠周　廣雅釋詁。孳。孿也。然則孳者多子之義。艸曰茲。人曰孳。孳从茲兼會意。而茲以丝聲。丝古文絲字。金文多以丝為茲。故孳亦或作孶也。孳義元謂人子多益。轉亦謂物。聲類。孳。蕃也。書堯典鳥獸孳尾傳。乳化曰孳。漢書律歷志。孳萌萬物。是也。【古籀篇四十】

◉馬叙倫　沈濤曰。一切經音義八及十三兩引孳孳汲汲也。蓋古本訓解中有一孳字。淺人疑為複舉字而删之。生字古本亦當有之。玄應乃節取汲汲之義耳。段玉裁曰。篆當從艸木多益之茲。五經文字云。從茲。非也。王筠曰。玉篇引云。孳孳汲汲也。玄應引同。案當云生也。一曰孳孳汲汲也。丁福保曰。汲汲生也即汲汲也生也。倫按王說可從。然此字或出字林。孳從茲得聲。茲為艸木繁益。是語原同。然實子之轉注字。音同精紐。聲同之類也。徐鍇曰。人生在勤。故從子也。是鍇本亦作從子茲聲。顧本偶誤。

從籀文子。絲聲。茲亦從絲得聲也。从絲二字校者加之。【說文解字六書疏證卷二十八】

孤

孤　日乙二三八　二例　為二　為一七　三例　日甲一四六　日甲八〇背　【睡虎地秦簡文字編】

蘭臺令史殘碑　【石刻篆文編】

竝道德經　王存乂切韻　【古文四聲韻】

◉許　慎　孤無父也。从子。瓜聲。古乎切。【說文解字卷十四】

◉馬叙倫　無父也非本義。禮記曲禮。自偁曰孤。倫謂王侯自偁孤寡。即經傳天子自偁小子也。孤實縠之音同見紐轉注字。無父曰孤引申義。疑此非本訓。【說文解字六書疏證卷二十八】

存　存

存 齊魯4·84【古陶文字徵】

存 秦一六一　二例【睡虎地秦簡文字編】

存 存䮕右尉　存 徵存之印　存 王冬存　存 脩躬德以俟賢世興顯令名存【漢印文字徵】

存 蘭臺令史殘碑【石刻篆文編】

存 存竝出華岳碑【汗簡】

存 古老子　存 華嶽碑　存 雲臺碑　存 存 竝王存乂切韻【古文四聲韻】

◉許　慎　存恤問也。从子。才聲。徂尊切。【說文解字卷十四】

◉馬叙倫　鈕樹玉曰。繫傳作從子在聲。誤。韻會引作從子在省。嚴章福曰。小徐作在省。疑當言在省聲。朱士端曰。鍇本在省下脱聲字。朱文藻曰。一本繫傳作在聲。沈濤曰。文選思玄賦注引。存。恤也。乃傳寫奪一問字。長楊賦長門賦注引有之。可證。倫按從土才聲。當入土部。餘見在字下矣。恤問也非本訓。字見急就篇。【說文解字六書疏證卷二十八】

𡥈　𡥈

◉許　慎　𡥈放也。从子。爻聲。古肴切。【說文解字卷十四】

◉馬叙倫　嚴可均曰。小徐韻會三肴引作效也。朱駿聲曰。此疑即學之古文。徐灝曰。疑𡥈為學之省。倫按朱說是也。王筠據鍇本作效也。玉篇亦作效也。效也以聲訓。傳寫譌為放耳。【說文解字六書疏證卷二十八】

疑 𠤕

𠤕之重文【續甲骨文編】

疑　伯疑父簋　疑觶　齊史疑觶【金文編】

5·398　秦詔版「廿六年皇帝盡并兼天下諸矦……」共四十字　5·395　秦詔版殘存「壹歉疑者皆明」六字　秦1598　秦詔版殘存「疑☐皆☐」二字【古陶文字徵】

疑　秦一七二　效三三【睡虎地秦簡文字編】

張不疑　董疑　李開疑印　中不疑印　孫不疑印　賁疑　任不疑　成不疑印　周不疑【漢印文字徵】

詔權　歉疑者【石刻篆文編】

疑出王庶子碑　疑出王庶子碑【汗簡】

王庶子碑又王存乂切韻　郜昭卿字指　王庶子碑　王存乂切韻【古文四聲韻】

◉許　慎　𠤕惑也。从子止匕。矢聲。徐鍇曰。止。不通也。吴。古矢字。反匕之幼子多惑也。語其切。【説文解字卷十四】

◉孫詒讓　説文匕部「𠤕，未定也。从匕，吴聲。吴，古文矢字。」而矢部「矢」無此重文，其从吴為形者，子部「疑，惑也。从『子』『止』『匕』，矢聲」。段謂「當作从子𠤕省，止聲」。不復云从「吴」，則𠤕字注説殆未足馮。金文伯疑父敵疑作，左从牛不从子，未詳。右从亦與吴不同，秦詔版作，則从ㄙ从矢。以此證之，吴上本从ㄙ不从丿，下亦非矢字。後人因其與矢形近，遂并為一字。許説或沿俗書之誤，或為後人所增，皆未可定也。説文色部色古文作𥇧，亦从吴，形義未詳。許書但云「吴，古文矢字」。不箸吴上从何形，其字古書未見，惟爾雅釋詁云「矢，陳也。」陸氏釋文本「矢」作厌。廣雅釋詁亦云厌，陳也。是必後人因許有吴古文矢之説，遂改矢為吴。據彼則上又从尸形，與彐略近，而與許書復舛牾，殆皆魏晉以後俗書之謬與？篆文从吴者又有𥷚字，説文聿部「𥷚，習也。从聿，𢑚聲」。籀文作𦘔，篆文作𥷚。段校改作肄。若然，吴實即古籀之「𢑚」字形小變。盂鼎云：「隹殷邊侯田甸雩殷正百辟，率□于酉酒。」□，舊釋為肆，今案此字右形漫闕，不甚可辨，左則从□甚明，與伯疑父敢「疑」字偏旁正同。此疑肆之異文，篆文𨽸字即沿此而變。其義則借為𢇍，此亦以吴為□，與敢文「疑」从□，篆文變从吴例同。兩文互證，明「吴」本當作□，實「㣇」之異文，古文「疑」从此，與「矢」固絕不相涉也。凡獸性多疑，故疑从㣇，如猶豫狐疑形義並相近是也。【名原卷下】

◉羅振玉　□　許書無此字。殆即疑字。象人仰首旁顧形。疑之象也。伯疑父敢疑字作□。正从此字。許君云疑从子止匕矢聲。語殊難解。【增訂殷虛書契考釋卷中】

◉林義光　吴非聲。古作□伯疑父敢。从□即矢字。从□此之變體。此所止也。牛聲。省作□曶鼎。本義當為定。詩靡所止疑桑柔。傳云。疑。定也。疑為不定之辭。而義通於定者。不定之事每以揣測定之。可謂之定。亦可謂之不定也。矢所止無定處。亦定與不定之閒。揣測或謂之擬。即疑字所引伸矣。秦權量作□。从子者。小兒之性善疑。亦善擬定。故說文嶷小兒有知也。詩曰。克岐克嶷生民。今毛詩以嶷為之。嶷亦疑之引伸義也。說文云□未定也。从匕吴聲。吴古文矢字。按矢非聲。从□即矢止之變。秦權量疑字作□。从𠤕。𠤕即疑省。【文源卷十】

◉高田忠周　說文。□惑也。从子止匕。矢聲。段氏云。从以下六字有誤。匕矢皆非聲。說文匕部有𠤕。未定也。當作从子𠤕省。止聲。以子𠤕會意也。又朱氏駿聲云。按此惑也者。𠤕字之訓。𠤕疑二字義實相反。音亦不同。古多以疑為𠤕。故致詖耳。疑。定也。从矢止會意。子聲。吴古文矢字。與𠤕訓未定从匕矢聲者別。爾雅釋詁。疑。戾也。注。疑者亦止。詩桑柔。靡所止疑。傳。定也。儀禮公食禮。賓立于階西疑立。注。正立也。自定之皃。士昏禮。婦疑立于席西。注。正立自定之皃。又禮記文王世子。有師保有疑丞。正義引尚書大傳。前曰疑。後曰丞。按禦止之意。荀子解蔽。而無所疑止之。注。疑止謂有所不為也。叚借為𠤕。禮記問喪。其反也如疑。注。疑者不知神之來否。秦策。而三人疑之。注。猶惑也。蓋此說似是。因謂秦權量文疑字□□兩體錯見。即知疑字元从𠤕。𠤕字即从匕擬為義。詳于𠤕下。又依此篆。疑元从辵。止者其省也。又从□者屮木滋生之意。猶□□字也。子元人生象。然叚借為萬物滋生義。凡造字之本。以人與屮木為萬物象。此為定則。子□同意。此从□辵。猶𨑒字意。𨑒古文往字。訓之也。之者出也。出者進也。前進也。疑字有前進義。故尚書大傳前曰疑。本有所疑惑而未定。一旦定矣。故前進而正立也。此為疑字本義。轉為止也。惑也。疑承意于𠤕。𠤕亦承意于疑。兩字轉注也。而𠤕字从□字。□古擬字。□元屬大部。又按此篆或以□為𠤕異文。从𠤕止會意。又或謂此作□為牛羊字。牛疑古音同部。此从牛聲也。其為形聲。與小篆同。或云吴即戾字。戾亦矢古文。爾雅釋詁。戻。陳也。廣雅同。是也。兂固當从戻也。然戻字三代古文未見。且从尸與矢義相隔。戻字必有誤。而兂字所从吳形作□或作□。斷不作戻也。又或云□者㲋之省文。古音㲋疑同部。疑字當从㲋省聲。亦為有理。存參。要秦權量文皆作□。周末別有此一文也。【古籀篇四十】

◉商承祚　□□　説文無此字。此象人側首凝思形。殆即許説之疑字也。金文伯疑父㲃疑字作□。从□。與此同。許氏訓疑為「惑也。从子止匕。矢聲」。語殊難解。

□　兂與疑為一字，象人遇岐途而側首凝思也。許君于疑訓「惑」兂訓「未定」。誼固相同。□乃卜形之寫譌。又古文字每喜加行或□祇求達意。不嫌點畫之緐也。【甲骨文字研究下編】

◉郭沫若　□當是古疑字，象人持杖出行而仰望天色。金文伯疑父㲃文作□，从辵與此从彳同意，牛聲也。秦刻詔版文歉疑作□，从辵省省彳存止。子聲也。小篆作□，雖稍譌變，亦从子聲。子聲牛聲與疑同在之部也。説文謂「从子止匕，矢聲」者，未得其解。形聲之字，例當後起，古文疑字自應作俣若逘矣。【卜辭通纂】

◉馬叙倫　嚴可均曰。徐鉉引錯曰。吳古矢字。則大徐原作吳聲。傳寫誤分為𠂇矢二字。桂馥曰。本書兂從匕吳聲。吳古文矢字。此亦從吳。誤分為𠂇矢二字。承培元曰。篆當作□。從子止。□聲。匕部兂篆蓋本作□。從□矢聲耳。王煦曰。此當從子。兂聲。莊有可曰。從子。兂聲。□誤為□。以子之直下便也。倫按莊説是也。子巳一字。巳為胎之初文。男女未知。故為疑也。抑或從□兂聲。□為育之初文。婦人生子。母子之死生皆未可定。故疑及存皆從□。此為書寫之便而作□。又將□之直筆入□字中。因譌為從止矣。唐寫本切韻殘卷七云。疑。説文從㱔聲。蓋本作𠤕聲。長孫訥言所據本猶未譌也。惑也或非本訓。餘見兂下。字見急就篇。【説文解字六書疏證卷二十八】

□了

□　廱了之印【漢印文字徵】

□　了【汗簡】

□　汗簡【古文四聲韻】

◉許　慎　□尥也。从子無臂。象形。凡了之屬皆从了。盧鳥切。【説文解字卷十四】

◉陳獨秀　了𠄎　玉篇：了，力鳥切，掛也；𠄎，丁了切，懸物貌。廣韻亦云：𠄎，懸貌，都了切。方言云：佻，懸也，郭注云：了佻，懸物，丁小反。按了𠄎倒順一字，本象男陰，引伸為懸掛者，謂長柄曲首之物有以鈎之也，説文云ꝭ(了)从子無臂，非也。今語男陰，正讀了或𠄎，了𠄎象男陰下垂時懸狀，故孳乳為吊，後世又作从尸从吊之屌。見字彙。懸物率用鈎環，後用以掩門者亦曰了佻。了佻有止義，故近代語引伸為了結、了當及語已詞，今北方語已詞，了又變為啦，垂下來亦曰搭拉下來，則猶了𠄎之舊義也。明了者，憭瞭之同音假借也。【小學識字教本】

◉馬叙倫　桂馥曰。郭忠恕答夢英書。了字合收在子部。今目録妄有更改。馥案目録者。林罕所作偏傍小説也。本書了為部首。豈林罕改邪。王筠曰。集韻引作了尥也。了尥疊韻字也。猶方言曰佻縣也。郭注。了佻縣物貌。了佻亦疊韻。皆連語也。連語以聲為義。了尥雖是本義。然不必是牛行腳相交也。集韻引無象字。然象形二字並當删。莊述祖曰。金文了從到𠄎。所以縣物也。非子無臂形。徐灝曰。從子無臂。謂無左右曲筆。此釋字形。非謂人有是形也。孑孓二字同意。了尥亦作蹈跳。足部。蹈。跳也。ꝭ象一足。尥訓行脛相交。合二字觀之。可以知了尥之義矣。今粵俗謂行步蹈跳曰了尥。莊子秋水。吾以一足趻踔而行。義亦相近也。章炳麟曰。從子無臂象形者。謂子在腹中。手足奉曲相交。不見臂。饒炯曰。以尥説了。蓋因類為釋。如亢訓頸手訓拳之例。是以朱駿聲説手之攣曰了。脛之繫曰尥。從子無臂。指事。倫按縣物皃者。本書之杓字義。方言借佻為之。粵語了尥者。本書之稦字義。此訓尥也者。蓋以聲訓。而非本義。或謂今北人言屈戌為了𠄎。了即屈戌。象形。倫謂屈戌之形為∽。實即本書之𠄎字。鉤為𠄎之後起字。鉤之形誤為釣。而其音亦轉為多嘯切。音弔。故此俗謂之了𠄎。皆非ꝭ義。甲文有[甲文]字。似即從此。倫謂ꝭ本作[古文]。實為男生殖器之象形文。县之為[古文]。即牡字所從之⊥。甲文牡字從⊥作[甲文]也。今杭縣謂男生殖器音如教。紹興呼為八弔。餘見牡下祖下祏下。【説文解字六書疏證卷二十八】

◉許　慎　ꝭ無右臂也。从了乚。象形。居桀切。【説文解字卷十四】

◉陳獨秀　孑孓　篆文孑孓作ꝭꝭ，説文謂了从子無臂，孑無右臂，孓無左臂，皆非也。淮南説林訓云：孑孓為蟁即蚊；高誘注云：孑孓結蟨，水上倒跂蟲。此蟲頭大尾小，尾末有歧，孑孓即象其歧尾，行則搖掉其尾，翻轉至頭，止則頭在下，尾浮水上，故謂之倒跂蟲，今名跟頭蟲或翻跟頭蟲。據今動物學，蚊產卵水面，孵化為幼蟲，即孑孓，七日後尾生四足成蚊。一切經音義引通俗文云：蜎化為蚊；爾雅釋魚云：蜎，蠉，郭注云：井中小蛣蟨赤蟲，一名孑孓；廣韻亦云：孑孓，蜎也；此皆可證孑孓即蜎。

孒

孨

【小學識字教本】

◉馬叙倫　桂馥曰。一切經音義十二。字林。無右臂曰孑。大荒西經。有人名吴回奇左。是無右臂。注云。即奇肱也。莊四年左傳。授師孑焉。注。楊雄方言。孑者。戟也。正義。方言。戟。楚謂之孑。郭璞云。取名於鉤孑也。王筠曰。乚乃後人所增。當删。乚象形。是以乚象其無右臂之形。孒下言亅象形。是以亅象其無左臂之形也。目眯者東西易位。豈第詞不達意乎。郭忠恕與夢英書言今目録妄改。部分既已妄改。則説解可知。翟云升曰。當從乚聲。俞樾曰。人之無左右臂者甚少。古人必制此二字何與。許即字形為説。而未得製字之本義。孑孒皆兵器也。孒之為兵器。雖無可考。而孑之為兵器。則莊四年左傳。授師孑焉以伐隨。考工記。戈人為戈。鄭注。戈。今句孑戟也。字亦作釨。廣雅釋器。孑釨竝訓為戟。實一字也。其字從了。乃到亅也。亅部。鉤。逆者謂之亅。然則順者謂之孒矣。孑為鉤兵。故從之。倫按奇肱國者。蓋譯名。後人因譯名而造為無右臂之説耳。不然。孒豈又有無左臂之人邪。即或山海經所著。得之目論。亦偶有一人如此。蓋生而無右臂者。乃生理上之畸形。則枝指之類。非盡人而然。豈為此人而造孑字邪。況又何解於孒之為無左臂乎。必不然矣。俞先生以為兵器。雖有取論。然孑可借為戟。釨可為戟之轉注字也。古今兵器。亦未見如孒者也。惟倫實論戟之形為[glyph]。使胡向上。援向下。内向右。則似孒字。反之使内向左。則似孑字。然則孑孒蓋一字。皆由戟之象形文而省變。此左傳之所以以孑為戟也。然則孑為戟之初文。實戈之異文。戈乃連柲之形也。釨其後起字。爾雅釋文引字林。孑無右臂。孒無左臂也。疑此二字出字林。象形。【説文解字六書疏證卷二十八】

◉許　慎　孒無左臂也。从了亅。象形。居月切。【説文解字卷十四】

◉馬叙倫　鈕樹玉曰。繫傳作從了亅聲。則亅當是訓鉤逆之亅。讀若橜。翟云升曰。亅聲是。田吴炤曰。孑從了乚象形。孒亦象形。不得取亅聲。大徐本是。倫按金甲文反正無别。此與孑一字。【説文解字六書疏證卷二十八】

3·192　蔓國匋里孨　3·227　蔓國匋里人孨　考古　1980:1　【古陶文字徵】

孨滓卷切【汗簡】

[illegible] 汗簡 【古文四聲韻】

◉許　慎　[illegible]謹也。从三子。凡孨之屬皆从孨。讀若翦。旨兗切。【說文解字卷十四】

◉劉心源　[illegible]或釋二子。或釋子。皆非。此為孖之省文。古文凡重出字多从二。此从二子。蓋謂二子字也。二子為孖。說文無而孨部孴下籀文作[illegible]。云从二子。一曰古文奇字晉。晉古文作[illegible]。㠯此推之。从孨之字籀文省从孖。則孖即孨也。說文。孨。謹也。讀若翦。晉从翦得聲。益無疑矣。又有陳孖匜作[illegible]。陳公孖叔邍父甗作[illegible]。此二器文義皆不可讀子=。亦是孖。正如[illegible]為妏也。【孖商盤　奇觚室吉金文述卷八】

◉馬叙倫　劉秀生曰。葉德輝曰。翦與戩通。戩從戈晉聲。詩閟宮。實始翦商。戈部戩下引作戩商。下文孴。籀文從二子作孴。即奇字晉。是孴音古同翦。翦音同戩。而孴即奇字晉。展轉同讀。按孨本音蓋即如翦。人部。僝。具也。從人。孨聲。僎。具也。從人。巽聲。書堯典。方鳩僝切。釋文。僝。徐音撰。又。汝能庸命巽朕位。史記五帝本紀作踐朕位。禮記文王世子。不翦其類也。周禮甸師注。翦作踐。是其證。倫按謹也非本義。從三子無謹義。讀若翦。音在照紐。子音精紐。同為清破裂摩擦音。是孨為子之茂文。音轉耳。蓋亦三屮為芔三芔為[illegible]之例也。謹也者蓋慎字義。孴一讀若存。存從才得聲。才子聲同之類。才音從紐。亦舌尖前破裂摩擦音。是孴得聲於孨也。才屯一字。見才字下。屯慎聲同真類。慎從真得聲。真音亦照紐。故慎可借孨為之。孨讀若翦。翦得聲於前。前從歬得聲。歬為先之初文。古音前先蓋同。先聲亦真類。可證也。下文孱亦從孨得聲。大戴禮曾子立事。君子博學而孱守之。借孱為謹或慎。又可證也。【說文解字六書疏證卷二十八】

◉劉彬徽等　(395)孨，為孨字異體，借作薦。《周禮·天官·庖人》注：「備品物曰薦，致滋味乃為羞。」【包山楚簡】

孱 魏孱之印 【漢印文字徵】

◉許　慎　[illegible]迮也。一曰呻吟也。从孨在尸下。臣鉉等曰。尸者。屋也。士連切。【說文解字卷十四】

◉林義光　孱訓為迮。無他證。三子在屋下亦小謹之象。經傳凡孱字皆訓為謹。說文作孨。【文源卷六】

◉馬叙倫　鈕樹玉曰。繫傳作迮也从子在尸下一曰呻吟也一曰孨聲。韻會引無一曰孨聲。餘同。翟云升曰。孨聲。當入尸部。倫按迮也非本義。孱僝一字。僝從人孨聲。孨讀若翦。翦從前得聲。前音從紐。故孱音入牀紐。同為濁破裂摩擦音也。鍇本有一曰孨聲。蓋本作從尸孨聲也。校者改之。後校者又據别本增此四字。一曰呻吟也者。亦校語。蓋借為唸。唸音端紐。孨讀若翦。音在照紐。古讀歸端。當入人部。為孱重文。此字或出字林。【説文解字六書疏證卷二十八】

◉楊樹達 孱 孨从三子。謂三人。猶言多人也。多人在屋下。故義為迮迫。此及下二字並以尸為處名。【文字形義學】

孴 [glyph]

[glyph] 孴 从孖从口 𠭯孖妊簋 【金文編】

[glyph] 孴牛己切説文又牛訖切義雲章以為晉字 【汗簡】

◉許 慎 [glyph] 盛皃。从孨从日。讀若薿薿。一曰若存。魚紀切。[glyph] 籀文孴从二子。一曰孖即奇字晉。【説文解字卷十四】

◉王國維 [glyph] 𠭯孖姙敦有[glyph]字。从口不从日。疑與此一字。【史籀篇疏證】

◉高田忠周 [glyph] 𠭯孖妊簋 説文收晉于日部。收孴于孨部。[glyph]。盛皃。从孨从日。讀若薿薿。一曰若存。[glyph]籀文云云。然孨訓謹也。孨部唯孱孴二字。孱訓迮也。一曰呻吟也。而孴為盛義。為無謂也。但从日有盛意。孴字當收于日部矣。讀若存。此疑从日孨聲也。故與晉通。若果讀如詩甫田黍稷薿薿之薿。此孨蓋子字緐文。卜辭已有代一文以三文若二文者。此亦其類。而子字有盛昜蕃滋意。舌當从日从子。子亦聲。薿从疑聲。疑从子聲。舌字宜讀薿音也。又如下文。从一子从[glyph]。似當證孴即舌緐文矣。又按此篆从口。口與曰通。亦與下文可互證耳。但古文曰日往往通用。晉字亦皆从曰可證。要古文形近者。皆得通用也。今不敢妄斷。姑存于此。【古籀篇四十】

◉馬叙倫 嚴可均曰。韻會四紙引篆體從曰。説解作從孨曰聲。通釋云。曰音越。曰。詞也。今此篆從日。疑依籀文改。鈕樹玉曰。晉書音義引不重薿字。翟云升曰。韻會引作日聲。是。林義光曰。孖即奇字晉。晉古作[glyph]。[glyph]形近二子。故以孖為奇字晉。孴從三子。亦三[glyph]之譌。高田忠周曰。從日有盛意。當收日部。讀若存。疑從孨聲也。故與晉通。劉秀生曰。籀文作孖。從二子。一曰。孖即奇字晉。日部。晉。進也。日出萬物進。從日。臸聲。依鍇本。疑孴亦當從日孨聲。倫按鍇本篆文朱文藻本與此同。王筠謂鍇曰。曰音越。今立女立切。是篆體本從曰作[glyph]。承培以為當從日。與重文相合。倫謂此説解從孨從曰與鍇本同。是篆本從[glyph]作也。使鍇本篆本作[glyph]。鍇本不須有此説矣。是則二徐本篆體實從日作。相同也。據此重文作[glyph]。亦從日。然𠭯孖妊敢作[glyph]。商召夫鼎有[glyph]。蓋即孖字。皆從口。古鉨作[glyph]。從曰。曰亦從口。似從曰為不譌也。豈晉之轉注字邪。晉從臸得聲。臸音精紐。孨音照紐。同為清破裂摩擦音也。孨子一字。則音同精紐也。從曰。孨聲。孨讀若翦。翦從前得聲。前音從紐。存音亦從紐。故此又讀若存。孨為子之茂文。子聲之類。薿從疑得聲。疑從𠤕得聲。𠤕從矣得聲。矣為伏甲之伏本字。伏聲亦之類也。故孴得讀若薿。當入曰部。此字或挩本訓。盛也非本義。或⿱孖曰孴為二字。盛也者孴字義。

[古文] 王筠曰。但言從二子。不言日之異於曰。似挩漏。設⊙為[古文]之譌。則不應為奇字晉矣。⿱孖曰妊敢作[古文]。口曰同意。倫按孖孨猶蚰蟲艸茻。一字也。一曰⿱孖曰即奇字晉。此校者錄一本呂忱說也。忱尚及見建武亡餘之籀篇與王莽時奇字之書也。然奇字抑或是衛恒古文官書。恒書亦偁古文奇字。又或出郭顯卿奇字。則此或忱後校者加之。晉陽器晉字作[古文]。疑⿱孖曰⿱孖曰為二字。孴⿱孖曰皆晉之異文。晉或本不從臸也。依大例止當作籀文孴。【說文解字六書疏證卷二十八】

◉高　明　「恭民本智，⿱孖曰以□則毋童」；⊘⿱孖曰字即孴，《說文・子部》「孴，從孨從曰」，籀文從二子作⿱孖曰，當即此字。段玉裁注引《文選・靈光殿賦》「楚栭欑羅以戢孴」，李注：「戢孴，衆皃。」繒書謂為恭民本知，慎而勿動。童假為動。【楚繒書研究　古文字研究第十二輯】

[古文] 𠫓

[古文] 𠫓他骨切　[古文] 𠫓他骨切　【汗簡】

[古文] 汗簡【古文四聲韻】

◉許　慎　𠫓不順忽出也。从到子。易曰。突如其來如。不孝子突出。不容於內也。凡𠫓之屬皆从𠫓。他骨切。𠫗或从到古文子。即易突字。【說文解字卷十四】

◉徐　灝　戴侗云。𠫓。子生順如脫也。子生必先首下。許氏以順為逆。灝按侗說是也。疏从㐬。疏者。通也。流从㐬。亦取順流。必非謂逆流也。【說文解字注箋】

◉馬叙倫　嚴可均曰。小徐不容於內也下有𠫓即易突字也。蓋㐬字之説解。誤跳在此。王筠曰。此後人因許引易無𠫓字。遂加此注。後又寫入正文。大徐又迻此句於㐬字下。孔廣居曰。𠫓當以生子忽出為義。許訓不順。疑非。蓋子出胎時。以倒下為順生。故𠫓從到子。沙木曰。象子生到出。首向下形。故育字從之。王廷鼎曰。子生。頭必向下而並其足。是𠫓為生子之順。故能忽出。而為突之本字。本訓當云子順忽出也。今誤子為不。若不孝子突出等語為後人妄加。徐灝曰。忽當

㐬

即㐬之譌。倫按此育之初文。其音當如育。育從肉得聲。肉音日紐。此重文作㐬。流字從之得聲。流音來紐。古讀日來並歸於泥。育音今在喻紐四等。古讀喻四入定。定泥二紐多通轉。如男從田得聲其例也。今音如突者。音轉耳。蓋𠫓為娩之初文。甲文有等形。王國維釋育。此從母或從女。從子而県出於尾閭。八則產時之血液也。或從人而子県出於尾閭。皆指事。或從子出於也。子當作𠫓。書寫之便或作子耳。此乃省女及象血液之八八也。娩從兔得聲。俛亦從兔得聲。而音在非紐。育音喻四。同為次清摩擦音也。俛古音如脱。𠫓音如突。聲皆脂類。蓋時空不同。音因之轉耳。説解本作𠫓順也忽出也。𠫓為隸書複舉字。形近誤為不。順也忽出也皆非本義。亦非本訓。忽也者蓋𠫓下本有突字。為校者注以釋音者也。後之校者不悟而加此訓。易曰以下亦即根據此字而增。傳寫失此字。後校者乃注𠫓即易突字也。如王説矣。

㐬　鈕樹玉曰。廣韻引無易突字四字。嚴可均曰。鼂説之古易音訓引京鄭皆作㐬。見周易會通。京受孟氏易。許偁易孟氏。故此云即易突字也。李慈銘曰。易釋文突字下云。舊又湯骨反。湯骨反者。㐬字之音也。所云舊者。陸據王弼本。則舊為荀鄭所傳古文本。是雖不出𠫓及㐬字。而舊本之有作𠫓或㐬者無疑也。玉篇。㐬。古文。今作突。則尤古易作㐬之明證。倫按以甲文證之。此非從到古文子。乃毓之省母者耳。此字如出孟氏易。則呂忱據孟易加之。【説文解字六書疏證卷二十八】

◉商承祚　㐬　甲骨文毓之偏旁作㐬。王國維謂象產子到出及血液。如將點整齊則如髮。作髮形者。非其初也。【説文中之古文考】

甲四一四　王國維釋毓象婦人產子之形即育字初形　卜辭用為后　毓祖乙　甲七一二　甲八一八　甲八四二　甲一七六〇　甲一八三五　前二·二四·八　前二·二五·三　篚游一五　前六·二六·五　林一·二一·六　林一·二一·九　戩三·八　戩三·一一　佚二六六　佚八九三　佚九六七　粹二三七　粹二九四　京津三二七八　京津三八九五　京津三九七三　京津四〇三三　鄴初下·四〇·一〇

存二二七六 珠一〇 佚八七八 毓妣 見合文一三 前一・三〇・五 或从人 後一・二〇・一一 後二・二

二・七 甲二五〇二 或省每 毓祖丁 【甲骨文編】

甲337 414 722 818 842 1760 1835 2025 2502 2674 3588

3790 乙541 2004 7845 7909 8671 8712 8893 8898 9032 珠10

363 521 862 1049 卜43 63 佚266 555 569 893 967

續1・12・7 1・15・7 1・16・2 1・19・4 1・31・3 2・1・3 2・3・1 3・36・7

4・26・6 掇456 徵3・144 3・171 10・15 11・69 凡2・2 28・3 録267 488

鄴33・6 鄴40・10 新3225 天31 續存1804 2276 粹237 294 400 1233

新3895 4994 【續甲骨文編】

育 說文或从每作毓 毓且丁卣 吕仲爵 班簋 毓文王 𤔲盤 褈育子孫 【金文編】

妙如51 【古陶文字徵】

李育私印 蘇育印信 育陽邑丞 矦育 王育印信 陳育 臣育 祠育私印 陳育印信

【漢印文字徵】

古孝經 古老子 【古文四聲韻】

◉許 慎 養子使作善也。从𠫓。肉聲。虞書曰。教育子。徐鍇曰。𠫓。不順子也。不順子亦教之。況順者乎。余六切。 育或从每。【說文解字卷十四】

◉王國維　□　疑亦毓字，□即《説文》也字，古人質樸，或不嫌如此制字。【觀堂書札　中國歷史文獻研究集刊第一集】

◉王國維　□　此字變體甚多。从女从𠫓（到子形。即説文之㐬字）。或从母从𠫓。象産子之形。其从〻□者。則象産子時之有水液也。从人與从母从女意同。以字形言。此字即説文育字之或體毓字。毓从每（即母字）从㐬（即到子）。與此正同。其作□□者。从肉从子。即育之初字。而□所从之□。即説文訓「女陰」之也字。其意當亦為育字也。故産子為此字之本誼。又□□□諸形。皆象到子在人後。故引申為先後之後。又引申為繼體君之后。説文后。「繼體君也。象人之形。施令以告四方。故厂之。从□。」是后字本象人形。厂當即𠂆之譌變□則到子形之譌變也。后字之誼。本从毓引申。其後産子之字專用毓育二形。繼體君之字專用□形。遂成二字。又譌□為后。先後之後又別用一字。説文遂分為三部。其寔毓育后三字本一字。卜辭后祖乙作□（後編二第五頁及戩壽堂第三頁）。后祖乙與父丁連文。考殷諸帝中。父名乙子名丁者。般庚以後。惟小乙武丁及武乙文丁。而小乙卜辭稱小祖乙。則后祖乙必武乙矣。殷諸帝名中。名乙者六。除帝乙未見卜辭外。皆有祖乙之稱。而各加字以別之。是故高祖乙者。謂太乙也；中宗祖乙者。謂河亶甲子祖乙也。小祖乙者。謂小乙也。武祖乙后祖乙者。謂武乙也。武乙在諸名乙者之後。乃稱后祖乙。則用為先後之後者也。卜辭此字又用為繼體君之后。屢云「自上甲至于多□衣」。又云「丁丑之于五□」。案書盤庚云「古我前后」。又云「女曷不念我古后之聞」。又云「子念我先神后之勞爾先」。又云「高后丕乃崇降罪疾」。又云「先后丕降與女罪疾」。詩商頌云「商之先后」。是商人稱其先人為后。是「多后」者。猶書言「多子」「多士」「多方」也。「五后」者。猶書云「三后。成功」。詩云「三后在天」也。二者皆毓育二字引申之誼。故備論之。【增訂殷虚書契考釋卷中】

◉馬叙倫　鈕樹玉曰。一切經音義十三引作養子使從善也。玉篇注亦作從。倫按養子使從善非本義。育為□之轉注字。蓋本訓養也。養育音同喻紐四等。以聲訓也。今南北通言婦人産子為養子。養子使作善校者加之。引虞書亦然。然疑此字出字林。

□　倫按即□字也。金文中母女二字通用。母從女得聲也。見母字下。每母亦通用。每從母得聲也。然毓為指事字。以作□者為正。古作書者不必皆通乎文字之義者。亦不必盡拘於初文之筆畫。故金甲文中亦多譌體。然文不從□而從或體之㐬。於例當曰或從㐬每。【説文解字六書疏證卷二十八】

◉唐　蘭　㞓與毓同字，《説文》育或作毓。甲骨文本作㚰，𠫓為倒寫的子字，像婦女生育形。每像婦女的年歲較大的，𠫓或作㐬，像生産時有水液。从人从女，古多通用。人變為尸，所以甲骨文或作居，此作㞓同。【略論周微史家族窖藏銅器羣的重要意

疏 䟽

義　文物一九七八年第三期】

疏　封九一　【睡虎地秦簡文字編】

智言疏　曹新婦白疏　王疏中印　【漢印文字徵】

開母廟石闕　疏河寫玄　【石刻篆文編】

疏　疏　疏竝義雲章　【汗簡】

◉許　慎　䟽通也。从㐬。从疋。疋亦聲。所葅切。【説文解字卷十四】

◉馬叙倫　朱駿聲曰。㐬者。子生也。疋者。破包足動也。孕則塞。生則通。因轉注為開通之誼。翟云升曰。文選演連珠注引通也下有遠也二字。馮振心曰。從㐬。疋聲。本義為産子之易。引申而為疏通。倫按從㐬。疋聲。此育之轉注字。育音喻紐四等。疏音審紐。同為次清摩擦音也。此今杭縣言體中無苦曰舒服之舒本字。此育之引申義。婦人孕則體痛産則疏也。遠也校語。王筠謂胡刻本文選無遠也句。依大例當立㐬為部首。而疏屬之。文選注引倉頡。疏。曠也。字亦見急就篇。然疑倉頡急就皆本是延或𤴔字。故倉頡訓曠。傳寫易之。【説文解字六書疏證卷二十八】

◉唐健垣　乙篇三行，山陵不𢦏。嚴先生讀為「山陵不茂」。饒師新釋譯為「山陵不疏」，甚是。按説文疏作延，繒書作𢦏，加戈字為繁文。何以加戈？蓋如用為疏通動作之專字，可加攴(古文加又加攴，則表示動作)，而金文从攴者可變从戈，如启又作啓，肇又作肈(見金文編卷三啓、肇及卷十二肇字下)。故知説文之延變成𤴔(古文止乃脚形，疋亦脚形)，再加戈則成繒書之𢦏，仍是疏字。繒書云「山陵不疏」，言陰陽之氣不能蒸發出。【楚繒書文字拾遺　中國文字第三十册】

◉于豪亮　《甲編・永元器物簿》：磑一合，上蓋缺二所，各大如踈。

踈字為章草，《甲編》未釋出，勞榦釋踈，是不錯的。踈字是疏字的俗寫，《廣韻・魚韻》「疏，……俗作踈」，又出踈字，云「稀踈」。踈字雖然是俗寫，起源卻比較早，《隸釋・卷四・桂陽太守周憬功勛銘》：「禹不決江踈河，吾其為魚矣。」字正作踈。不過，更有趣的還是下面的一段記載，《晉書・束皙傳》：

束皙字廣微，陽平元成人，漢太子太傅踈廣之後也。王莽末，廣曾孫孟達避難，自東海徙居沙鹿山南，因去踈之足，遂改姓焉。

踈廣的踈，《漢書》正作疏。《説文·去部》謂疏字「从㐬从疋，疋亦聲」，因此，踈字左偏旁的足字是疋字之誤；右偏旁把㐬字寫成束字，則是由于束字和㐬字形近而束字又比㐬字便于書寫之故，這也是誤字。踈字與六書之義不合，只能算是俗寫。束皙曾經參加晉太康元年魏安釐王墓出土竹書的整理工作，《晉書·束皙傳》記載晉武帝以出土的竹書：「付秘書校綴次第，尋考指歸，而以今文寫之。皙在著作，得觀竹書，隨疑分釋，皆有義證。」看來他是一位對古文字學有相當造詣的學者，不過他關于自己的姓的來源卻根據俗寫的踈字立説，未免荒謬可笑。

從《束皙傳》來看，疏字寫作踈在王莽之前，也就是在西漢之時就已流行了，因此在《永元器物簿》中出現章草的踈字，并不足為奇。

踈字為疏的俗體字，而疏字古與梳字相通假，《漢書·揚雄傳·長楊賦》「頭蓬不暇疏，饑不及餐」，疏讀為梳，《文選·長楊賦》疏正作梳。因此簡文中的踈字當讀為梳。

簡文「磑一合，上蓋缺二所，各大如踈」，意思是，磨子一副，上面的一扇破了兩處，各有梳子那麼大。

需要附帶指出的是，古代的梳子比現在的梳子短得多，漢墓出土的梳子不少，可以為證。磨子的上面一扇破了象木梳那樣大的兩塊，就漢代的木梳來説，不是難以理解的事。【居延漢簡釋叢　文史第十二輯】

◉湯餘惠　仰天湖楚簡「綻」字凡四見，字作[glyph]，其辭例是：

中君之一綻衣（二號簡）

綻布之緇二墨（四號簡）

何馬之綻衣（六號簡）

一綻衣（三三號簡）

以往學者把這個字隸定為「綻」是正確的。商代甲骨文「足」作[glyph]，西周金文與甲骨文略同，字下從止，「止」上作○形，沒有「止」上作口形的。晚周字體訛變，「止」上的○，有的訛變為ㅂ，侯馬盟書、望山楚簡、戰國器距末銘文中都不乏此例，可見這個字的右旁的確是「足」字。可是這個字究竟應釋何字，學者們頗有不同意見，迄無定論。我們認為，此字應釋為「綻」，也就是典籍常用的「疏」字。

古文字中的「足」和「疋」字形相似，字義相同，字音相近，因此時常互用。《説文》解釋「疋」字説：「古文以為大疋字，亦以為足字。」段注本改「疋」為「雅」，固然流於武斷，但段玉裁認為此句裏的「疋」備為「雅」還是對的；值得留意的是後面一句，許慎所說「疋」字古文「亦以為足字」，其說必有所據。從古文字的實際來看，「楚」字甲骨文、金文並從「足」，小篆變為從「疋」，便是「足」、「疋」互用的一個例證。據此，簡文上的「⿰糹疋」應即後世字書上的「⿰糹疋」。《玉篇》「⿰糹疋，亦疏字」，《集韻》：「⿰糹疋，所據切。音揀，義同疏。」⿰糹疋、疏同諧疋聲，典籍通作「疏」。

「疏」字是一個典籍常見的字，《詩·大雅·召旻》「彼疏斯粺」，鄭箋：「粗也，謂糲米也。」《釋名·釋採帛》：「紡粗絲織之曰疏。」可見，「疏」字可訓為「粗」，疏布也就是用較粗的絲縷織成的布。古書上有所謂「疏布裧」，是用疏布製成的車帷；還有「疏布冪」，是用疏布做成的器物的覆冪。由此推知，簡文的「⿰糹疋布」當即疏布，而「⿰糹疋衣」則當是用疏布裁製之衣。【戰國文字考釋　古文字研究第十輯】

◉王貴元　于豪亮先生在《居延漢簡釋叢》（《于豪亮學術文存》，中華書局，1985）一文中，曾對「踈」字作過考釋。

于先生說「疏」、「踈」二字是對的，但說「足」是「疋」之誤寫，「㐬」不便于書寫才改作「束」，「踈」字不合六書之義等則不符合實際情況。我們對馬王堆帛書漢字構形系統分析後發現，「踈」實是「疏」的隸書寫法。首先，「足」、「疋」本一字，甲骨文即是如此；《說文》分「足」、「疋」二形，但字義仍未變，釋「疋」曰「足也」。帛書漢字「足」、「疋」仍不分，皆作「足」。其次，「疏」字右偏旁為帶髮之倒子形，帛書「㐬」作□、□、□等（如《老子》甲本216行、乙本169行「流」字，《老子》甲本39行、乙本212行上，《戰國縱橫家書》233行「疏」字）。由此可見，「疏」作「踈」乃隸變所致，「㐬」所从之「束」為「㐬」的異寫形體，并非从「口」从「木」之「束」。从「口」从「木」之「束」，馬王堆帛書與「㐬」寫法有別，到居延漢簡、武威漢簡時才混同不分。【漢墓帛書字形辨析三則　中國語文一九九六年第四期】

菁三·一　鐵二〇·二　鐵一五六·四　鐵一八一·二　鐵二一五·三　拾一·三　拾二·九

前五·三四·一　後一·九·一〇　林一·一五·三　佚二九　佚六一　燕六八　京津二四四五

京津三〇〇九　庫一〇九　金一二四　戩二九·九　戩二九　一〇　粹一六四　福一三　佚二六六背

甲八八二　甲一九三二　甲二四六三　甲二五〇〇　存二七一一　存二七一三　存二七一

八 存二七二六 乙六六九〇 乙七五七七 粹一八 前三・五・二 甲二二六四 甲二二七七 甲二三二九 燕六九三 掇二・四九 人頭骨刻辭 京都二二五〇【甲骨文編】

甲60 206 211 460 2329 乙409 6373 7577 珠207 新5282【續甲骨文編】

丑 天亡簋 丁丑 貉子卣 隹正月丁丑 令簋 隹九月既死霸丁丑 作册大鼎 競卣 庚嬴卣

㦰方鼎 三年㾓壺 同簋 召伯簋二 拍敦蓋 隹正月吉日乙丑 郘公簋 隹郘正二月初吉乙丑

欒書缶 正月季春元日己丑【金文編】

4・111 右匋攻丑 9・1 丑【古陶文字徵】

〔一九〕〔六八〕【先秦貨幣文編】

布空大 豫宜【古幣文編】

一六：三 宗盟類序篇乙丑【侯馬盟書字表】

131 206【包山楚簡文字編】

丑 日甲四 一百五十四例 日乙三一 十五例【睡虎地秦簡文字編】

2285【古璽文編】

張丑之印 訾丑 張丑印【漢印文字徵】

[字形] 袁安碑 □月癸丑 [字形] 盄毁銘范母 辛丑 [字形] [字形] 石經僖公 己丑 【石刻篆文編】

[字形] 丑【汗簡】

[字形] 汗簡 【古文四聲韻】

◉許 慎 [字形]紐也。十二月。萬物動。用事。象手之形。時加丑。亦舉手時也。凡丑之屬皆从丑。敕九切。【說文解字卷十四】

◉孫詒讓 「丑」多作「[字形]」，十之二。廿八之一有「[字形]」字，似亦丑之異文。或作「[字形]」，二百十五之三。與金文拍盤作[字形]略同。或作「[字形]」，百卅之一。亦[字形]之變。【栔文舉例卷上】

◉郭沫若 骨文作[字形]若[字形]。類編有十四種異形，然均大同小異。金文大抵相同，而鄀公毁作[字形]，庚嬴卣作[字形]。案此實象爪之形，當即古爪字。許書以十二辰配十二月，此當於下推究之。其曰「日加丑，亦舉手時」，則又以十二辰為十二時，於事更非其朔：蓋十二時之分直在前漢之昭宣以後也。

要之十二辰第二位實為爪形。【釋支干 甲骨文字研究卷一】

◉郭沫若 「作爪牙」一詞，此器初見。爪字與丑字形同，足證丑乃爪之轉，古實一字。【師克盨銘考釋 文物一九六二年第六期】

◉葉玉森 丑作[字形][字形][字形][字形][字形][字形]等形。竝象手。其指或屈或伸。似即手之古文。後雖為支名專用。別造手字。然卜辭从手形之字如[字形][字形][字形]等竝从[字形]。亦作屈指形。是[字形][字形]一字。信非又矣。【殷墟書契前編集釋卷一】

◉馬叙倫 段玉裁曰。上言月。加丑言日。每日太陽加丑。亦是人舉手思奮之時。時加丑。當作日加丑。嚴章福曰。上時字必誤。古無子時丑時之偁。但言日加何方。餔下曰。日加申時食也。上文十二月萬物動用事。言月在丑也。此言日。謂日在東北方丑位之時。其時日猶未出。在地球下。加臨地之丑位。故云日加丑。時字涉下手時之時而誤。王筠曰。時加丑者。漢人語也。吳越春秋。時加于己。朱駿聲曰。從又而縶之。其或體作杽。械也。曰丑為借義所專。故製杽字。孔廣居曰。丑即古杽字。徐灝曰。丑象手有所執持之形。假借以為辰名耳。饒炯曰。丑即紐之古文。篆當從汗簡作[字形]為正。倫按金文庚嬴卣作[字形]。同敨作[字形]。鄀公敨作[字形]。競卣作[字形]。拍盤作[字形]。貉子卣作[字形][字形]。甲文作[字形][字形][字形][字形][字形][字形][字形]諸形。此今作扭者之初文。從又象屈指有所扭執。指事。紐也以聲訓。十二月以下蓋字林文。許之解字之詞捝矣。象手之形。蓋本作象舉手之形。魏石經篆文作[glyph]。疑此篆誤。呂忱時篆未誤。故呂不據石經補重文也。【說文解字六書疏證卷二十八】

◉楊樹達 許君說十干十二支之說皆牽强不可信。余謂丑字从又而以丨貫之,乃杽字初文也。六篇上木部云:「杽,械也。从木,从手,手亦聲。」敕九切。桎下云:「足械也。」桎為足械,杽為手械,皆所以制止其動作,杽即梏或櫪撕之類也。丑字象手被繫縛之形,故知即杽之初文矣。【文字初義不屬初形屬後起字考 積微居小學述林】

◉高鴻縉 [glyph]原倚[glyph](手)畫其手甲形。由物形[glyph]生意。故為手叉之初文。及後借用為地支第二名。乃又造叉字以還其原。叉行而丑失其本意。夏曆十二月建丑。又丑時為夜一點至三點之名。於是附會言之矣。紐也為音訓。【中國字例二篇】

◉李、圃 [glyph],丑。甲骨文丑或反書作[glyph],字从[glyph](手)作屈指用力形。說文:「丑,紐也。」當即今字扭之初文。【甲骨文選注】

朒 [glyph]

◉許 慎 [glyph]食肉也。从丑。从肉。女久切。【說文解字卷十四】

◉馬叙倫 鈕樹玉曰。玉篇收肉部為肘之重文。王筠曰。朒字隸丑部不可解。玉篇以為肘之古文。於理可通。翟云升曰。當入肉部。朱駿聲曰。丑聲。隸丑部非是。倫按食肉也而從丑不可通。蓋從丑肉聲。為丑之聲同幽類轉注字。類篇訓肉善也。則為腬之轉注字。從肉。丑聲。腬丑聲同幽類也。【說文解字六書疏證卷二十八】

羞 [glyph]

[glyph] 甲一三九四 从又 [glyph] 甲二〇〇六 [glyph] 甲二〇二七 [glyph] 前二·一一·一 [glyph] 前四·三四·三 [glyph] 前四·三四·四

[glyph] 前四·三四·五 [glyph] 林二·一七·一 [glyph] 簠文八四 方國名羌方羞方庚方 [glyph] 乙五〇二六 [glyph] 明藏四三八 [glyph] 珠八

[glyph] 鄴三下·四六·一 【甲骨文編】

[glyph] 甲1394 [glyph] 2006 [glyph] 乙5026 [glyph] 珠8 [glyph] 續3·13·1 [glyph] 鄴三46·1 【續甲骨文編】

[glyph] 羞 从又从羊 羞罍 [glyph] 羞鼎 [glyph] 鼎文 [glyph] 鉞文 [glyph] 丁羞爵 [glyph] 羞父乙爵 [glyph] 五年師旋簋 令女羞追于齊 [glyph]

不嬰簋　王令我羞追于西　武生鼎　用作其羞鼎　洹子孟姜壺　用鑄爾羞銅　郘𪊲鬲　鑄其羞鬲　仲姞鬲　作羞鬲

伯匕鼎　羞鼎　多友鼎　羞追于京𠂤　師同鼎　王羞于黽　羞鼎　从廾　魯伯愈父鬲　羞鬲　【金文編】

羞　語一一　【睡虎地秦簡文字編】

御羞丞印　【漢印文字徵】

崔希裕纂古　同上　【古文四聲韻】

◉許　慎　羞進獻也。从羊。羊。所進也。从丑。丑亦聲。息流切。　【說文解字卷十四】

◉劉心源　羞从又。古刻多以又為丑。丑原从又也。見貉子卣。拍盤。說文。羞。進獻也。从羊。羊所進也。从丑。丑亦聲。今作膳饈。皆俗字。【中姞鬲　奇觚室吉金文述卷八】

◉羅振玉　从又持羊。進獻之象。或从亦羊字。側視狀也。說文解字云。从丑。丑亦聲。誤又為丑。又誤會意為形聲矣。古金文與卜辭同。【增訂殷虚書契考釋卷中】

◉王國維　我弗作先王。徐明經吳中丞釋為顛。吳閣學孫比部釋為㥁。余疑即古羞字。象以手掩面之形。殆羞恥之本字也。書康王之誥。毋貽鞠子羞。春秋左氏傳。毋作神羞。與此文例正同。【毛公鼎銘考釋　王國維遺書第六册】

◉强運開　毛公鼎。我弗乍先王。吳書釋乍顛字。非是。按說文頄。顫也。从頁九聲。段注云。按元應書兩引說文皆乍頄。是其字从頁又聲。今本說文乍頄九聲。非古也。據此則說文本乍。此篆左乍形。即又之反文。又本訓手。王國維云疑即古羞字。象以手掩面之形。殆羞恥之本字。書康誥毋貽穀子羞。左傳毋作神羞。與此文例正同。運開按。王說甚為精塙。可从。羞本為進獻字。金文羞字从又从羊乍。不从丑。蓋頄羞音近可通叚。今則叚字行而正字轉廢矣。【說文古籀三補卷九】

◉馬叙倫　朱駿聲曰。丑聲。隸丑部非是。王筠曰。進字句。羞進也釋詁文。林義光曰。羊丑非義。武生鼎作。仲姞鬲作。魯伯鬲作。象手持羊形。羅振玉曰。卜辭作。從又持羊。進獻之象。說文誤又為丑。誤會意為形聲。倫按羞羑一字。四篇。羑。進膳也。羑音與九切在喻紐四等。此音息流切在心紐。則是從又羊聲。當入又部。然丑為扭之初文。則從丑亦可。然金器多有作[glyph]對鼎者。吳大澂釋羞。倫謂此為周禮夏官羊人之圖語。羊人掌羊牲。凡祭祀飾羔。又或為小子之圖語。周禮夏官小子。掌祭祀羞羊肆羊肴肉豆。故羞有音息流切及進也之訓。其音實得於羊。獻也蓋字林文。羊所進也丑亦聲皆校者加之。亦疑此字出字林也。或謂此周禮膳夫掌王之食飲膳羞字。鄭注。羞有滋味者。倫謂膳羞字即上文之[月丑]也。【說文解字六書疏證卷二十八】

◉馬叙倫 羖鼎 [glyph] 吳式芬曰。此從辥氏父乙甗釋。案彼作[glyph]。與上文對揚字迥異。釋本未塙。或釋養。[glyph]。古文養。見說文。又或釋敬。倫按孫詒讓釋羞。見手校攈古録。後同。倫謂說文解字中重文為吕忱及校者所增。詳倫所箸說文解字六書疏證。後簡偁疏證。[glyph]字在重文中。羖羑羞實一字也。羖養則非一字。養從食羊聲。為籑之同次清摩擦音轉注字。[glyph]則牧養之養本字也。竝詳疏證。然金甲文皆從又作。甲文或從丑作。蓋猶馭為使馬。義當從攴。而字乃從又也。今說文羞訓進獻也者。當作進食也獻也。其本字為養或為籑。養從羊得聲。籑從算得聲。算音心紐。羊音喻紐四等。後簡偁喻四。同為次清摩擦音。而牧羖二字以攴牛攴羊會意。而聲亦即得於牛羊。羖養同得聲於羊。故古文經傳以羖為養。鼎文止作此字者。蓋此本所謂圖語也。⊘此文從[glyph]從羊。[glyph]即丑字。甲文作[glyph]。羖即今所謂趕羊者。說文牧下曰。養牛人也。則羖當訓養羊人也。⊘此文本為圖語。遞嬗而為今之羞字。異文為羖。譌文為羑。父乙爵之[glyph]與此同。【讀金器刻詞卷上】

◉李孝定 羞字金文从羊从又,篆文从羊从丑,「丑」,手也,與「又」同意,故得通作。舊釋「對」,釋「本」,皆絕遠;或釋養,差近,蓋字形與說文「養」之古文作「羖」者相似,古文从「又」从「攴」亦得通也;惟古文得通者,及後衍為二字,即不得相混,此緣約定俗成故,亦文字孳乳之通例也;古「牧」、「羖」同字,而後衍為「牧」、「養」二字,「羖」、「羞」亦此類也。【金文詁林讀後記卷十四】

寅 寅

菁五・一　後一・三一・一〇　拾一三・一七　戩三六・一五　佚一五九　燕一三五　燕四七八

倒刻　鄴二下・三六・二　鐵一二七・二　乙六三〇〇　粹一六五　粹一八五　珠八　甲七〇九

甲二三二八　甲二四六四　甲二四六七　戩四九・三　林一・一・二　林一・一六・八　存二七一

四　乙二一　林一・一五・三　林一・一五・六　甲二三九四　前三・九・一　燕二四　前一・一

六・三　前二・八・二　前二・一一・二　前三・四・一　林一・二・一七　前三・四・三　前三・五・二　前三・五・三　前三・七・二　前三・八・二　佚一七七　佚三五三　福八　存二七三五　京津五二七七　甲二六〇六　【甲骨文編】

甲29　387　1871　2281　2328　2394　2464　2957　3601　乙481　8816

續1・51・2　續存2285　【續甲骨文編】

寅　戊寅鼎　坒角　𢿱𢿱鼎　小子省卣　辰在寅簋　御鬲　𪊨伯簋　遇甗　静簋　𦬁伯簋　元年師旋簋　寰盤　十三年𤼈壺　元年師兑簋　克盨　克鐘　伯中父簋　趞簋　兮甲盤　作鐘　史懋壺　彔伯簋　師奎父鼎　師趛鼎　宴簋　朐簋　向𥎦簋　無𠭯簋　隹十又三年正月初吉壬寅　弭伯簋　隹八月初吉戊寅　説文古文作𡩟　陳猷釜　省土　豆閉簋　鄲孝子鼎　庚寅之日　禽肯匜　楚王禽章戈　嚴龏寅　或从皿　爾雅釋詁寅敬也　陳侯因𬁒錞　諸侯𡨦薦吉金

【金文編】

5・224　宫寅　4・173　豕寅　3・758　☐寅　【古陶文字徵】

刀大　齊夻化背　十寅　亞六・八　按臣辰盉銘文作𡧍　矦馬盟書作𡧍　刀大　齊夻化背　十寅　典九五八　【古幣文編】

163　【包山楚簡文字編】

寅　日甲五　一百四十例　日乙七三　三例　【睡虎地秦簡文字編】

3841 鄲孝子鼎寅作，與璽文合。【古璽文編】

鄭寅 智寅 耿寅 【漢印文字徵】

羣臣上醻題字 禪國山碑 夙夜惟寅 石經僖公 庚寅 【石刻篆文編】

寅見尚書 【汗簡】

汗簡 竝崔希裕纂古 竝王存乂切韻 【古文四聲韻】

◉許 慎 寅髕也。正月陽气動。去黄泉。欲上出。陰尚彊。象宀不達。髕寅於下也。凡寅之屬皆从寅。徐鍇曰。髕斥之意。人陽气鋭而出。上閡於宀。臼所以擯之也。弋真切。古文寅。【説文解字卷十四】

◉孫詒讓 「寅」皆作「」。五十九之二「丙寅」，劉釋如是。

又有「」字，似亦「寅」之省文。如云：「丁亩隹下半闕隹豐曰□」六十八之四。「□卜丙卜二豕求二牛」七十三之四(十八)。是也。又云：「貝□出」十之三。「丙辰卜㱿立又似大史」八十八之四。「乙丑卜□鼠丁酉自丨之三」百十九之四。「□凡卯□□□囙同」三百六之四。「□卯□酉□父」二百四十二之四。攷金文兮田盤寅作，戊寅父丁鼎作，此疑即之省。但文首日名咸無作此形者。文中錯見則自「丙」外皆非日名，不審其義何取。又有从幺者，則當為「縯」字，亦未詳也。百五之一云：「貝其之囙不其」。與相似而異，不知是一字否，附識以備攷。【栔文舉例卷上】

◉林義光 寅無黄泉上出之象。古作師奎父鼎。又作史楙壺。即胂之古文。夾脊肉也。胂古音如寅。故易列其夤。艮卦。馬注。夾脊肉也。以夤為胂。象肩髆脊膂之形。兩手自約於胂。與要字同意。形變作陳猷釜。作陳逆簠。【文源卷二】

◉郭沫若 説文「寅髕也，正月昜气動，去黄泉欲上出，侌尚强也。象宀不達，髕寅於下也。……古文寅」。此説實最牽强而無理。許氏如曾見殷周之真古文者絶不至作如許之誤説。字於骨文作若類編有三十一種異形，然以此二種為最習見，均象矢若弓矢形。有作者，象二手奉矢，僅一見。林一卷十六葉八片，「戊寅」。古金中其為殷器者則作二手奉矢之形，如戊寅父丁鼎作，甲寅父癸角作，是也。入周以後，字形頓變，如師奎父鼎之「庚寅」作，師趛鼎之「庚寅」作，無异殷之「壬寅」作，蓋燕之象形也。矢形訛變而為燕身，兩手訛變而為燕翼。篆文亦由此而變，蓋將燕首離析而為宀，燕翼訛變而為臼。其古文亦燕形之變，晚周器如陳猷釜之「戊寅」作，形極相近。下从之土字疑當在字中，如𦬝伯毁之寰盤之，蓋象燕之身，疑後人本「去黄泉欲上出」之語而改移於下。

要之，寅字之最古者為矢形，弓矢形或奉矢形，與引射同意。漢書律歷志「引達於寅」，故有急進虔敬義。小雅六月「元戎十乘，以先啓行」，傳云「夏后氏曰鉤車，先正也。殷曰寅車，先疾也。周曰元戎，先良也」。箋云「寅，進也」。爾雅釋詁下亦云「寅，進也」。又「寅，敬也」，尚書寅字史記多引作敬，如帝典「寅賓出日」，五帝紀作「敬道日出」，又「夙夜帷寅」作「夙夜惟敬」；無逸「嚴恭寅畏」，魯周公世家作「嚴恭敬畏」。蓋矢乃急進之物，而䠶則古人以之觀德者也。【釋支干　甲骨文字研究】

●葉玉森　卜辭寅作。从象高屋形。从象一人束帶形。初誼為敬。束帶於廟堂之上。持身以示敬也。書堯典。寅賓出日。舜典。夙夜惟寅。史記五帝紀。寅竝作敬。知寅敬古通叚。卜辭省作。束帶形竝顯。再變作。从兩手。仍象約誓。至變作。再省作。金文復由之一體變作史懋壺師奎父鼎陳猷釜。與許書寅下所出古文近。古意全失矣。【殷虚書契前編集釋卷一】

●徐中舒　(21)寚，從寅從皿，即寅之繁文。吳大澂釋為祼，非是。陳猷釜寅作，與此偏旁寅形既相似；陳逆簠云：「余寅事齊侯」，寅事齊侯與「寅薦吉金」義實相同。【陳侯四器考釋　歷史語言研究所集刊三本四分】

●明義士　許氏之訓，殊非溯誼。蓋象矢形，後期卜辭作作，則象矢引弦上待發之形，作象雙手引矢形，則甲文為象矢形，其音讀為Yin，則與引矢待發之引同音。許氏之訓，恐不然也。【柏根氏舊藏甲骨文字考釋】

●馬叙倫　鈕樹玉曰。韻會强下有也字。段玉裁曰。髕。字之誤也。當作濥。史記淮南王書作螾。釋名。寅。演也。演生物也。廣雅。寅。演也。演當為濥。水部。濥。水脈行地中濥濥也。王筠曰。寅字惟宀是字。𠂎蓋從古文𡑍省而加一耳。朱駿聲曰。寅即𦙍之古文。或曰。即胂之古文。徐灝曰。易艮。裂其夤。虞翻云。夤。夾脊肉。釋文引馬融云。夾脊肉也。蓋寅即古夤字。象脊骨。其中象脊。故為夾脊肉。借為辰名。倫按寅為夤胂之初文。金文師奎父鼎作。師𨐄鼎作。彔伯𢦏敢作。伯中父敢作。甲文亦有作者。皆從夾。夾亦一字也。見亦字下。此作。其變譌也。甲文作者。從夾省。由變。皆肉之異文。字從肉亦聲。故音在喻紐四等。説解象字似當在宀下。然正月以下廿三字蓋字林文。髕或膑之譌。膑即夤也。則此亦字林訓。當入肉部。

徐灝曰。從土乃大之譌。集古録大夫始鼎有字。下從大。其證也。王筠曰。夕部夤之籀文作。則即籀文寅矣。至於古文。則積古齋甲午簋作[glyph]。平安館申鬲作[glyph]。或別有此體。或今説文傳譌。倫按陳猷釜寅字作[glyph]。即[glyph]之變。此所從之[glyph]。即[glyph]之誤斷其中者。從土則金甲文中概未之見。蓋大之譌。由彔伯敢師奎父鼎之文而譌也。【説文解字六書疏證卷二十八】

●唐桂馨　鐘鼎文寅有[glyph][glyph][glyph]。皆象蟲形。是寅即螾之本字。其行濥濥。蜿蜒生動。古人取之以為干支。又龠字[glyph]。説文訓敬惕也。[glyph]象其頭。故籀文[glyph]亦全體象形。又或[glyph]時見螾。人驚畏之。引伸訓為敬惕。【説文識小録　古學叢刊第五期】

●朱芳圃　寅，甲文早期作[glyph]，晚期作[glyph]。口為附加之形符，所以別兵器之矢於干支之寅也。間有作兩手奉矢形者。入周以後，字形頓異，要皆兩手奉矢形之演變也。從音言之，矢與寅，古讀透紐雙聲，脂真對轉。昔人謂音隨義異，此即其一例矣。【殷周文字釋叢卷上】

●彭静中　[glyph]　簋銘有題揭之字，羅振玉：《三代吉金文存》六·四。諸家未之隸釋。容庚先生置字于「不可識的圖形文字」中。李孝定云：「字不可識。」

今謂字乃「寅」字之省文也。知者，金文寅字或作[glyph]。按从「[glyph]」與从「[glyph]」無別，均矢也。而「[glyph]」與「[glyph]」僅繁省文之別，故題揭之字得釋為寅字。【金文新釋　四川大學學報一九八〇年第一期】

●王讚源　其實「寅」乃説文「引」的本字。説文：「引，開弓也。从弓丨。」甲骨、金文並無引字。引為寅的後起字，二字古音同屬喻紐因攝，説文所載螾的或體正作蚓。寅義為開弓，後被借為他用，於是再造引字。引為从弓的合體指事字，説文誤以為會意字。【周金文釋例】

●于豪亮　「悳祗承祀」，悳字的上半部同前一件壺銘「遺忈(訓)」遺字右偏旁貴字的上半部不同，《古文四聲韻·稕韻》瞬字古文作睳，瞬又作瞚，是睳即瞚字，故此字當釋為寅字，《爾雅·釋詁》：「寅，敬也。」【中山三器銘文考釋　于豪亮學術文存】

[glyph] 鐵三九·四　[glyph] 鐵一一〇·四　[glyph] 鐵一四四·一　[glyph] 鐵二五二·四　[glyph] 前七·一八·一　[glyph] 後一·二三·六　[glyph] 後二·二四·四　[glyph] 佚五四　[glyph] 佚五四三　[glyph] 燕五四　[glyph] 甲三九二　[glyph] 甲三三六一　[glyph] 福二二　[glyph] 前三·七·五

鐵一四五·一 鐵一八三·四 前二·一〇·四 佚七九〇 甲三八七 甲二三一五 乙六六六四

乙九〇九二 林一·一·二 前六·二三·五 前八·一二·六 後一·九·三 後一·二四·四

佚四二八 後一·一〇·二 京都一一六四 【甲骨文編】

甲26 210 269 387 392 2315 乙409 412 6408 6469 6546

6664 6691 7008 7259 7348 7645 7750 7782 8421 8585 8660

珠1 355 402 633 683 佚40 153 154 201 387 543 913

續1·53·1 徵3·8 3·70 4·30 8·18 8·21 8·52 京1·22·1 録636

續存241 1516 書1·8·G 摭續65 75 粹47 67 151 190 196

239 363 411 412 504 505 540 591 新2942 粹817 【續甲骨文編】

卯 父乙簋 亞中卯鼎 卯切甗 戍甬鼎 旂鼎 師旂鼎 豐尊 剌鼎 趞尊

免簋二 卯簋 永盂 友簋 召卣 段簋 番匊生壺 散盤 此簋

此鼎 趨鼎 伯寬父盨 【金文編】

3·928 獨字 考古1965:12 古陶17 【古陶文字徵】

〔三六〕 〔二八〕 〔三六〕 〔三六〕 〔六九〕 【先秦貨幣文編】

布空大 典六一四 仝上 典一五 刀尖 倒書 亞五·一八頁 【古幣文編】

九八：一三　三例　宗盟類參盟人名【侯馬盟書字表】

120　135　234【包山楚簡文字編】

卯　日乙六七　五十四例　通昴　—　邋賈市吉　日甲八五　日甲二六　四十八例　日甲七二背　十四例【睡虎地秦簡文字編】

3832　2852【古璽文編】

治卯之印　沈卯　周卯【漢印文字徵】

袁安碑　六月己卯　石經僖公　冬己卯　說文古文同汗簡引石經作非誤【石刻篆文編】

卯見石經。【汗簡】

◉許慎　冒也。二月萬物冒地而出。象開門之形。故二月為天門。凡卯之屬皆从卯。莫飽切。古文卯。【說文解字卷十四】

◉吳式芬　許印林說。卯尹蓋官名。卯疑窌之借字。說文。窌。窖也。窖。地藏也。考工記匠人。囷窌倉城。注云。穿地曰窌。荀子富國篇。垣窌倉廩。注云。窌。窖也。掘地藏穀也。又議兵篇。則必發夫掌窌之粟以食之。其掌窌者當即窌尹矣。窌亦地名。春秋左氏傳有石窌。今山東長清縣東南三十里。史記衛將軍驃騎傳有南窌。建元以來侯者年表及漢書窌作奅。說文。奅。大也。史記索隱引張揖。奅。空也。纂文。奅。虛大也。桂氏未谷說文義證云。木工鑿空曰奅。或借卯字。晉書。古屐皆陰卯。今露卯。據此窌奅卯通用。或古地有名卯者。亦得有卯尹。【彥鼎　攈古録金文卷二之二】

◉孫詒讓　「卯」皆作「」三之四，與金文卯敢同。或作「」百八十三之四，亦之變。【契文舉例卷上】

◉王國維　卜辭屢言卯幾牛，卯義未詳。與尞、瘞、沈等同為用牲之名。以音言之，則古音卯劉同部，柳留等字篆文从丣者，古文皆从卯。疑卯即劉之假借字。釋詁「劉，殺也」。漢時以孟秋行貙劉之禮，亦謂秋至始殺也。【戩壽堂所藏甲骨文字考釋】

◉林義光　古作取彝。不从二户。即兜鍪之鍪本字。首鎧也。卯鍪古同音。象兜鍪形。兩旁與兜从()同意。說文云。

丣古文酉。从丣。丣為春門。萬物已出。丣為秋門。萬物已入。一。閉門象也。按說文丣聲之字。古皆从丣。如柳古作[illegible]散氏器。留古作[illegible]留鐘。是卯丣本一字。【文源卷一】

●胡光煒　卯為劉之原字。說文無劉字。然水部有訓水清之瀏。竹部有訓竹聲之⿱竹劉。皆从劉聲。此固當在逸字之列。爾雅釋詁虔劉皆為殺。丣象斷物之形。殺人殊死。故劉訓殺而丣為初字。卜辭用牲以卯與尞薶同列。蓋斷割之誼。【說文古文考】

●陳　直　漢書律曆志引書武成云。粵五日甲子。咸劉商王紂。應劭注。劉。殺也。是訓劉為殺為殷周人之習語。卜辭省劉為卯。省其大半。猶般庚作舟庚也。【殷契賸義】

●陳邦懷　說文。窌。窖也。从穴卯聲。攷工記。囷窌倉城逆牆六分。鄭注。穿地曰窌。卜辭之卯幾牛卯幾羊卯幾牢。與他辭薶幾牛沈幾牢誼正相若。【殷契拾遺】

●葉玉森　卜辭卯作[illegible]。似不象首鎧及斷物。予疑象門有雙環。雙環外嚮。乃開門形。許君說殆古訓也。【殷虛書契前編集釋卷一】

●明義士　卯蓋象犧牲解體形，義與劉近。卜解云「卯三牢」是也。寖假為日辰字。【柏根氏舊藏甲骨文字考釋】

●吳其昌

卯者其原始之形畧如右列諸狀。綜合而編比之，通觀其前後衍變之程序，从後以追勘其朔，則其原始本誼有可不煩一言而曲得其解矣。蓋「卯」之始義為雙刀對植之形，故由名詞而引伸為動詞，其義得又轉為殺也。从「卯」之字有「劉」。「劉」亦兵器；書顧命「一人冕執劉」，劉即卯也。故廣雅釋器曰「劉，刀也」，可為明證。由名轉動，故「劉」義亦得為殺，春秋成十三年左氏傳「虔劉我邊陲」，杜注「劉，殺也」。方言一「秦晉宋衛之間，謂殺為劉」。按古複輔音「卯劉」本為一聲；「宋」即「商」；「衛」，即「鄣」即「殷」，是固殷商之舊語矣。【殷虚書契解詁　武大文哲季刊五卷一期】

◉馬叙倫　孔廣居曰。門從二户相對。卯從二户相背。門開故相背也。王筠曰。卯之與門。以非從反𠘧例之。則卯下當云從反門矣。而不然者。云從反門。則是開字意也。故第云象開門之形。倫按卯字金文旂鼎作卯。紳敢作卯。趞尊作非。甲文作卯卯卯卯。漢簡中亦作卯)(。皆象門不閉而開之。卯為近視之形。)(為遠視之形耳。甲文之作卯者與甲文別有作𠁁之字蓋一字。與本書酉之古文酉作丣者亦一字。皆并楣圖之。本書桺字從丣。而石鼓文桺字作桺。從卯。可證也。倫謂門象門閉之形。而不即以為閉字。則丣象開門之形。豈即有開門之義邪。門丣音同明紐。則是一字也。史記律書。丣之為言茂也。白虎通。丣者。茂也。嚴可均因謂古讀丣若茂。然茂從戊得聲。戊戉則一字也。而戉聲脂類。門聲真類。脂真對轉。則丣聲之轉為門。猶戉聲之轉為戊矣。本書鬭之重文作鬭。甲文有門字。當為開閉之初文。二月以下十九字蓋字林文。或故二月為天門後校者詞也。指事。

非　鈕樹玉曰。繫傳韻會作非。李杲曰。石經同。古鉩作非。與此同。由卯誤。倫按金甲文不見有如此作者。古鉩之非則由)(變。高田忠周謂此本作非。或然也。魏石經古文與此同。蓋吕忱據加也。【說文解字六書疏證卷二十八】

◉嚴一萍　卯字在卜辭中，常作用牲的動詞，大家以為相當於殺字的意義；自羅、王諸氏以下，還没有説出個究竟。如果真當殺字講，以之解這一版(指乙六四六〇十六六一〇)的「左卯」為左殺，「右卯」為右殺，就顯得不通。由此卯分左右，可以推想其含義決非殺意。卯字應是「窌」的初字。荀子榮辱「有囷窌」，楊倞注：「窌，窖也。地藏曰窖。」富國「垣窌倉稟者，財之末也」，注：「窌，窖也；掘地藏穀也。」吕覽仲秋紀「穿竇窖」，高誘注：「穿水通竇，不欲地泥溼也。穿窌所以藏穀也。」月令作穿竇窖。考工記匠人「囷窌倉城」，注：「穿地曰窌。」説文：「窌，窖也。窖，地藏也。」廣雅釋詁：「窖、窌，藏也。」窌、窖聲近義同，古多通用。掘地而藏謂之窌，正合卜辭用卯的意義；卯牛實與沉牛、埋牛相等。推想造字之初，一定取象於地窖之形狀；如果由於盛穀的需要而發明掘地以藏的窌窖，一定在新石器時代，農業生産發達，收穫豐富的時候；足見二十二個干支字之一的「卯」字來歷，確實有甚悠久的年代。【甲骨文斷代研究新例　歷史語言研究所集刊外編第四種】

辰

◉何琳儀　陳卯戈銘「陳𠨮鋯(造)戟(戈)」(《三代》十九・三三・三)。第二字舊不識，或釋「關」。檢三體石經《僖公》「卯」作「𠨮」形，與上揭戈銘奇字形體密合。顯然是一字。《說文》古文「卯」作「𠨮」形，中間脱筆，稍有譌變。

《戰國策・齊策》三記載「孟嘗君讌坐」，與「三先生」言談。其中一人名「田瞀」，即「陳卯」。衆所周知，「田」、「陳」古為一姓。「瞀」从「矛」得聲，「矛」與「卯」音近可通。《左傳》僖公四年「包茅不入」，《呂覽・音初》注引作「苞茆」。《周禮・天官・醢人》「茆菹麋臡」，注「鄭大夫讀如茅」(《通典・禮門》九亦作「茅」)。⊘

《三代》二十・三八・三著録矛銘：

郾王詈(喑)乍(作)巨攼鈼

最後一字應隸定「鉚」，通「釪」。《玉篇》「釪，古文矛。」【戰國文字通論】

菁五・一　鐵二四二・一　鐵二七二・四　燕一七〇　燕七五六　後一・一三・四　甲二八七八　甲三四七　甲四二四　佚五九　甲八五七　甲一六二九　甲一六六六　甲一九九九　前三・七・五　前三・八・四　前三・一一・七　前三・一三・一　林一・一・二　林一・一・一　林一・七・一〇　林一・一五・三　前三・八・二　林一・一五・四　存二七一三　存二七三七　佚三八三背　佚四一四　佚六〇四　前四・二・六　鐵三八・二　鐵九・三　戩四三・四　甲二三七四　甲二三三〇　甲二三八〇　甲二三二五　乙九〇七八　乙九一〇五　掇二・七三　明藏八〇七　前三・五・二　前三・三・二　前一・二一・四　前一・三五・六　前八・三・七　後一・二九・七　林一・一五七　佚一七七　後一・一八・七　河八　京津三一〇八【甲骨文編】

甲38　60　102　238　353　424　684　781　857　1629　1666

1999 2274 2304 2325 2380 2419 2641 2878 乙1434 4925 7359

8684 珠454 佚414 續2・20・4 4・7・1 録8 續存2216 摭續119 新4667

【續甲骨文編】

辰 𠨘卣 矢方彝 矢尊 父乙臣辰卣 父乙臣辰簋 臣辰先父乙卣 臣辰父乙鼎

臣辰父乙爵 臣辰父乙鼎 臣辰卣 臣辰盉 臣辰父癸鼎 臣辰父癸簋 辰父辛尊 辰父己壺

亘尊 吕鼎 肄簋 宅簋 庚贏卣 盂鼎 彔伯簋 商尊 商卣 段簋

縣改簋 師𩛥鼎 [illegible]鼎 伯晨鼎 善鼎 虢簋 豆閉簋 散盤 寏弔簋 九年衛鼎

从止 觶文 卣文 㫃鼎 辰在乙卯 从又 伯中父簋 唯五月辰在壬寅 从口 江陵出土戰國楚簡作

陳章壺 孟冬戊辰 【金文編】

3・765 ☐辰 5・92 咸郯里辰 5・384 瓦書「四年周天子使卿大夫……」共一百十八字 秦462 獨字 【古陶文字徵】

〔三六〕〔五〇〕〔二〕〔五〇〕【先秦貨幣文編】

辰 日乙一一三 一百四十七例 日甲九 十八例 日乙三五 五例 日甲九四 【睡虎地秦簡文字編】

同辰 胃〃星—（甲1—23）、星—不同（甲7—27）【長沙子彈庫帛書文字編】

李辰之印 臣辰 馬丙辰印 慶辰 李辰之印 臣辰 【漢印文字徵】

[glyph] 袁安碑　二月丙辰　[glyph] 品式石經咎繇謨　撫于五辰　說文古文與小篆僅差一横畫當以此為正　【石刻篆文編】

[glyph] 辰 [glyph] 辰 【汗簡】

[glyph] 古尚書 【古文四聲韻】

◉許　慎　[glyph]震也。三月陽气動。靁電振。民農時也。物皆生。从乙匕。象芒達。厂聲也。辰。房星。天時也。从二。二。古文上字。凡辰之屬皆从辰。徐鍇曰。匕音化。乙。屮木萌初出曲卷也。臣鉉等曰。三月陽气成。屮木生。上徹於土。故从匕。厂非聲。疑亦象物之出。植鄰切。[glyph]古文辰。【說文解字卷十四】

◉方濬益　辰為日時。彝器習見。⊘後讀西清古鑑所載周孫卣銘蓋文。辰作[glyph]。器文傳形作[glyph]。始悟此字為象龍之首足鱗甲形。辰義為震。故震从辰。易說卦傳。震為雷為龍。則辰為龍形。與巳之為蛇形正同意。釋名。辰。伸也。物皆伸舒而出也。今觀盂鼎銘辰作[glyph]。伯晨鼎作[glyph]。畢瑕敢作[glyph]。與此文[glyph]皆象龍之伸體。為[glyph]之㴾文。說文以為从乙匕象芒達厂聲也。與古文無一相合。當是許君自以意解小篆之辭。非古訓也。其曰房星天時者。楚辭遠遊注曰。辰星房星。東方之宿。蒼龍之體也。爾雅釋天孫注曰。龍星明者以為時候。故曰大辰。此引伸之義。故辰又為日時也。【剌鼎　綴遺齋彝器款識考釋卷四】

◉林義光　古作[glyph]大敦侲字偏旁。實脣之古文。象上下脣及齒形。【文源卷二】

◉高田忠周　辰。古文震字也。說文震下曰。辟歷振物者也。从雨辰聲。夫辰下云震也。辰震義同。三月昜气動。靁電振。振即䟢也。此亦辟歷之謂也。辰震同字無疑矣。因謂辰字元从气字。气省作乁。與電字省从乙同。或作乁作[glyph]。涉電字而然已。从一。一亦二省。即天意。从上。與雨同意。[glyph]即象芒達之意。或亦靁電辟歷昜气䟢動之象。即指事也。靁之四田。電之二回。皆同意耳。又从厂聲。厂卜辭从[glyph]。例見石字。此篆亦合。辰變从雨猶晶电字後从雨為靁為電。又辟歷字俗作霹靂之例矣。【古籀篇二】

◉胡小石　卜辭辰之變形甚多。簡者作[glyph]。象人推[glyph]。[glyph]者耒也。說文「耒。耕曲木」。此正象之。案服牛乘馬為殷之先人所發明。自殷迄周。牛馬但以服箱。耕稼之事則專以人力為之。[glyph]本象人耕之形。故農从之。失農有恥。故辱从之。耕者有候。故辰星以此名。【說文古文考】

◉郭沫若　農事之字每多从辰，如農、如辱、如蓐此疑薅之初字，下有説皆是，許氏注意及此，故側重農事以釋辰，此其卓識。字於骨文變形頗多，類編有二十四種，為數尚不止此。然其習見者大抵可以分為二類：其一上呈貝殼形作[glyph]若[glyph]；又其一呈磬折形作[glyph]若[glyph]。金文亦約畧可分為此二種。⊘余以為辰實古之耕器。其作貝殼形者，蓋蜃器也。淮南氾論訓曰：「古者剡耜而耕，摩蜃而耨。」其作磬折形者，則為石器。本草綱目言：「南方藤州墾田，以石為刀。」此事古人習用之，世界各民族之古代均如是，近年於河北北部亦已有石鋤出土矣。於貝殼石片之下附以提手，字蓋象形。其更加以手形若足形者則示操作之意。足形而附有點滴者，蓋象耕腳之拖泥帶水也。故辱字在古實辰之別構，惟字有兩讀。其為耕作之器者則為辰，後變而為耨，字變音亦與之俱變。其為耕作之事則為辱，辱者，蓐與農之初字也。蓐乃象形字，與卜辭農字作[glyph]者全同。由音而言，則辱蓐與農乃侯東侌昜對轉，故辱蓐農古為一字。許釋蓐為「陳艸復生」者，非其朔矣。

要之，辰本耕器，故農、辱、蓐、耨諸字均从辰。星之名辰者，蓋星象於農事大有攸關，古人多以耕器表彰之。西方亦稱北斗為「犂星」。故「大火為大辰，伐為大辰，北極亦為大辰」。公羊昭十七年。更進則舉凡星象皆稱為辰。辰又轉為時日之通稱，於是而耕器之本義遂全晦。

又辰與蜃在古當係一字。蜃字从虫例當後起。蓋制器在造字之前，辰既以蜃為之，故蜃亦即以辰為字。說文「裖，社肉，盛之㠯蜃，故謂之裖」，字於經典通作脤，是雖辰聲之字，實亦从辰即蜃字㠯會意也。裖亦逕或作蜃。如周禮地官掌蜃「祭祀掌供蜃器之蜃」，注「春秋定十四年秋，天王使石尚來歸蜃」，令作脤，許書引作裖。又大雅綿箋「春秋傳曰蜃宜社之肉」。故辰之義，其次於耕器者則當為蜃。十二辰第五位之辰字應於此二義中求之。

辰有釋為龍者。案辰之屬龍，事在十二肖獸輸入以後，此說毫不足辨。【釋干支　甲骨文字研究】

◉吴其昌　至於「辰」之本義，在今日尚不能確知。⊘其字乃為象一古代器物之形。漢武梁祠石刻織女星下刻一布機，大略之形作[glyph]，與此形相似，疑亦古代紡織具也。[glyph]者，其原形也，象立一織架，帛縷之屬，其上端繫於架，其下端颺在外也。[glyph]者，織架之形也，其上端[glyph]所以張縷；其下端[glyph]所以坐織婦也。[glyph][glyph]者，象織婦就架而治織也。[glyph]者，象織婦雙手張鼓帛也。[glyph][glyph]者，又省「人」作「手」也。从「林」从「田」而治織，是「農」家也。从[glyph]，雙手以治織，是清「晨」婦起之所業也。[glyph]者，績具之又一種也。其本意蓋如此。其後以名辰星者，必辰星附近之星，其形有略似此紡織具耳。初民觀察天象之知識，必以其所日常服御器物之形廓以為識別星象系屬之標幟。故畢宿如畢，斗宿如斗，箕宿如箕，軫宿如軫，亢宿如屋亢，牛宿如牛頭，其明證也。「辰星」得名，或當如此。其後心宿亦名辰者，正以心宿三星作▽形，與辰之▽形相同耳。【矢彝考釋　燕京學報第九期】

◉葉玉森　予舊説謂□从□□即厂。許君訓山石之厓巖。□□乃手形。手撼厓石。會意為振動。即古振字。震陙娠踬脣从辰竝取振動之意。卜辭亦變作□。象一人兩手撼厓石形。振意仍顯。【殷墟書契前編集釋卷二】

◉唐桂馨　辰。臥具也。如今胡牀（天津華學涑小己録亦主此説）。籀文□（盂鼎）□（畢仲孫子敲）全文象形。即古文□亦係象形。【説文識小録　古學叢刊第一期】

◉馮式權　吕氏春秋：「耨，柄尺，此其度也。其耨六寸，所以間稼。」是周末乃為短柄，與字形□象器下着手、省略其柄者正相合也。其後世之刃如半月者亦與□合；惟刃向後與字形不符。吕覽不言其柄之曲直，亦不能斷其刃為向前抑為向後也。然段注説文「鉏，立耨斫也」曰，「古薅草坐為之其柄短，若立為之則其器曰鉏，其柄長。」立則後挽為便，坐則前推為便；前推則頸宜直而刃當向前。又農政全書載明季江淮間尚有直頸之钁鋤，則周末之耨更可以為直頸而刃前向矣。而其形制遂與□完全符合矣。【釋辰　中法大學月刊二卷二期】

◉明義士　□从□厂，象磬形，从□，疑人揚二手形。【柏根氏舊藏甲骨文字考釋】

◉商承祚　□　甲骨文作□□。象以手振巖石。乃振之初字。金文伯申父鼎作□即振字也。品式石經古文作□。敦煌尚書胤征作□。用古文。【説文中之古文考】

◉馬叙倫　説字形者。郭沫若少得之。檢甲骨文作□□□□□□□□□□□□□□□□□□諸形。金文輊矦鼎作□。善鼎作□。蓋與甲骨文之□同。此字以甲骨文之作□□□□者最為明白可據。從丮或從又。從蜃之初文作□者。蓋初以手發土薙草。後乃用蜃。因名其事曰辰。而字即從蜃得聲矣。後以辰為十二支之義所專。乃加寸為辱。復以辱為恥辱義所專。乃作晨農諸文。今本書無蜃之象形文作□或作□者。其作□者。蓋由作□者而譌變也。説解三月以下至古文上字皆字林文及校語。王筠謂古文上字校語。其實從二亦校者所加。不然。當先言從二矣。蓋厂聲原作□聲。校者見本書無此字。故改□聲為厂聲。而增從二二古文上字。辰房星天時亦校語。七篇。晨。房星也。解字與説經不同。則此不得作辰也。此校者以經傳通作辰而云然也。辰為耜之轉注字。辰音日紐。耜音來紐。同為邊音也。

□　此即甲文之□也。【説文解字六書疏證卷二十八】

◉裘錫圭　從甲骨文看，辰是農業上用於清除草木的一種工具。

甲骨文裏有一個从「林」从「辰」的字：

□《甲骨文編》107頁

又有一個从「艸」或「林」从「辰」从「又」的字：

辳 辳 同上23—24頁

《説文》「農」字下所收古文或作「辳」，散氏盤「農」字所从的「辰」下有「又」，所以羅振玉等人把上舉二字都釋作「農」（羅説見增訂本《殷虛文字考釋》中71頁上）。《甲骨文編》、《甲骨文字集釋》則都把前一字釋作「農」，後一字釋作「蓐」。近年，常正光同志指出甲骨文「農」字一般都作晨昏之「晨」用，并非「農」字（《「辰為商星」解》，載四川大學學報叢刊第十輯《古文字研究論文集》）。其説可刃。上舉後一字，本象以手持辰除去草木之形，雖然可以隸定為「蓐」，但是跟後世从「艸」「辱」聲的「蓐」字卻不一定有關係。羅振玉把這個字釋作「農」是不錯的。金文「農」字跟甲骨文「農」字不同的是加個「田」字。薛季宣《書古文訓》的「⿱林辱農」字，《盤庚》篇作⿱林辱農，《酒誥》、《洛誥》作⿱林辱農，都从「艸」从「辰」从「又」，與甲骨文合，當有所據。「農」字為什麼象清除草木之形呢？楊樹達解釋説：「……初民之世，森林遍佈，營耕者於播種之先，必先斬伐其樹木，故字从林也。」（《積微居甲文説・釋農》28頁）這種説法是有道理的。不過古代耕擢荒地，也要先清除草木，楊氏説得還不够全面。

「深耕易耨」的「耨」，古音與「農」陰陽對轉。「蓐」的字形所表示的意義也跟「耨」相合。「耨」跟「農」應該是由一字分化的（參看郭沫若《甲骨文字研究・釋干支》，人民出版社1952年綫裝本101頁上）。所以甲骨文的「蓐」也未嘗不可以釋為「耨」。

根據以上所述，可以肯定辰是用來清除草木的一種農具。有人認為「辰」象犁（陸懋德《中國發現之上古銅犁考》，《燕京學報》37期），有人認為「辰」象收割禾穗的蚌刀或石刀（上引《「辰為商星」解》138頁），顯然都是不可信的。

按照辰的功用來看，它應該就是古書中常見的耨等一類農具，大致相當於現在的短柄鋤。鋤跟斤的裝柄方法是相類的。不同之處在於「辰」的鋒刃部分比較寬闊，柄比較短。這正合於耨的特點。這種「辰」字象刃的部分跟甲骨文「石」字同形。這恐怕不是偶然的巧合，有可能是辰這種農具多為石器的反映。但是「辰」字也可以寫作冈等形，這種字形不大好解釋。《淮南子・氾論》有「古者剡耜而耕，摩蜃而耨」之語。因此郭沫若認為這種「辰」字象「貝殼形」，代表「蜃器」（上引《釋干支》100頁下），楊樹達也認為它「象蜃蛤之形」（《積微居甲文説》28頁）。這種解釋跟字形似乎也並不切合。也許這種字形裏為冈形所没有的那些短畫，本象把石質的耨頭捆在柄上的繩索一類東西。考古發掘中屢見的作凸形的「有肩石鏟」應該就是耨頭。唐蘭先生認為故宫博物院所藏的西周初期的「康侯斤」，「實際上是小鋤頭」（《中國古代社會使用青銅農具問題的初步研究》，《故宫博物院院刊》總二期11頁）。康侯斤的外形跟「有肩石鏟」很相似，應該就是一種小型的耨。當然，按較晚的習慣稱之為鋤也未嘗不可。商代遺址裏出土的某些形狀較小的石鏟，以及骨、蚌、銅鏟，可能也是用作耨頭的，或者是既可用作鏟頭也可用作耨頭的。

辱

辰這種耨器大概主要是用來清除草和小灌木之類的東西的。【甲骨文所見之商代農業　殷都學刊一九八五年增刊】

◉徐中舒　前三・八・三　商代以蜃(蛤蚌屬)殼為鐮即蚌鐮，其制於蚌鐮背部穿二孔附繩索縛於拇指，用以掐斷禾穗。甲骨文辰字正象縛蚌鐮於指之形。象蚌鐮，本應為圓弧形，作方折形者乃刀筆契刻之故；象以繩縛於手指之形。故辰之本義為蚌鐮，其得名乃由蜃，後世遂更因辰作蜃字。又古籍中之大辰星(即天蝎座α星)與前後相鄰二星所聯成之弧綫與農具辰之圓弧形刃部相似，故以辰名之。【甲骨文字典卷十四】

21【包山楚簡文字編】

辱　日甲六〇　七例　日乙一九八　六例【睡虎地秦簡文字編】

辱　辱【汗簡】

古孝經　竝古老子　裴光遠集綴　義雲章　崔希裕纂古【古文四聲韻】

◉許　慎　恥也。从寸在辰下。失耕時。於封畺上戮之也。辰者。農之時也。故房星為辰。田候也。而蜀切。【說文解字卷十四】

◉林義光　寸在辰下。非失耕時之義。失耕時亦不謂之辱。辱當與農同字。辱遇韻農東韻雙聲對轉。故厚謂之薅。方言十二。薅。厚也。亦謂之農。書洪範。農用八政。鄭注。讀農為醲。醲。厚也。因農辱分為二音。故省以別於農耳。【文源卷六】

◉馬叙倫　顧炎武曰。辱為失耕時於封畺上戮之也。穿鑿。鈕樹玉曰。韻會之下無也字。朱駿聲曰。說甚紆曲。寸在辰下。亦正是不失耕時。徐灝曰。此字義不可曉。林義光曰。辱當與農同字。辱遇韻。農東韻。雙聲對轉。故厚謂之薅。方言十二。亦謂之農。洪範鄭注。郭沫若曰。辱為辰之別構。亦薅農之初文。倫按辱為辰之後起字。恥也者即恥字義。古借辱為恥。恥從耳得聲。耳辱音同日紐也。本訓失矣。今說解蓋字林文。字見急就篇。【說文解字六書疏證卷二十八】

◉楊樹達　辱者，槈之初字也。說文六篇上木部云：「槈，薅器也，(薅下云：拔去田艸也。)从木，辱聲。」或从金作鎒。經典通作耨。易繫辭下篇云：「耒耨之利以教天下。」釋文引孟氏云：「耨，耘除草。」周禮天官甸師云：「掌帥其屬而耕耨王籍。」注云：「耨，芸芋也。」孟子梁惠王篇云：「深耕易耨。」趙注云：「易耨，芸苗令簡易也。」左傳僖公三十三年云：「見冀缺耨。」韓非子外儲說云：「造父方耨」；耨皆謂芸除田草也。許君訓槈為薅器者，薅為拔去田草，即芸草也。古人名動往往同辭，許君以字从木，或从金，故主以器言，而易禮孟子注則指言其事也。必知辱為槈之初字者，淮南子氾論篇云：「古者剡耜而耕，摩蜃而耨。」高注云：「蜃，大蛤，摩令利，用之耨。耨，除苗穢也。」尋辰字龜甲金文皆作蜃蛤之形，實蜃之初字，辱字从寸从辰，寸謂手，蓋上古之世，尚無金鐵，故手持摩鋭之蜃以芸除穢草，所謂耨也。及後世文物改進，芸艸之具不用蜃蛤而以金屬為之，又以木為其柄，故於初字之辱加金旁或木旁而有鎒槈二文，文字孳乳之次第，大可見社會文物進化之情狀者，此其一事也。

説文一篇下蓐部云：「蓐，陳艸復生也，从艸，辱聲。」余謂此當與辱為一字。人手持蜃，所以除艸，故字又从艸，許君訓陳艸復生，恐為誤説。薅下云：拔去田艸也，从蓐，好省聲。薅字从蓐，義為拔去田艸，知蓐本是除艸之義矣。【釋辱　積微居小學述林】

巳

鐵二六三・四　巳用為祀此為已然之已　甲三九一五　弜巳祝　前四・四・三　前四・四・四　前七・三八・一

後二・一・八　粹三三〇　粹四九八　粹一一一三　粹一一一五　粹一一一七　續六・九・五

簠典三五　誠三一六　京津九四二　京津九四三　王勿祀　後二・四・一二　用為妃霝巳　前一・三一・五

戩二・一・一二　戩三三・一七　甲二三　卜辭辰巳之巳子孫之子並作子與子丑之子有別後世用辰巳之子為子丑之子而子巳二字遂混

甲二八　甲二二六二　乙一二　鐵一四六・四　鐵二三〇・四　鐵二五〇・一

前一・二七・一　前四・二・七　後一・四・一七　後一・一八・三　後一・二七・一〇　後二・八・一〇

後二・二四・八　甲二九〇三　朱書　佚三七八　佚三八三背　佚四〇七　佚四二七　佚六〇

佚二五五　福一三　存二七三四　存二七三五　乙六七〇二　乙六六九五反　甲六八〇　此子孫之子

子癸　甲七八六　子效　乙一二　乙一一〇七　鐵六・一　多子　鐵一八・四　粹一三五　子馬

佚五七六　前四・二五・八　前五・二一・七　前七・一四・二　前七・三九・二　後二・一一・一〇
後二・一八・二　後二・四二・五　菁四・一　林二・二六・四　戩三一・一〇　粹四〇七　西子
粹四一〇　鄴三下・三四・一〇　中子　續五・二一・二　多子族　續五・二一・四　子䪢　簠人九七　子辟　存一
八五九　帝子　掇二・四五四反　乙五二六八　子丁　見合文一一　乙五三九九　子庚　見合文一一　粹三四〇　子癸
見合文一一　【甲骨文編】

甲1951　2468　2674　2695　2896　3915　珠277　佚110　119　908　續
2・5・3　4・34・5　6・24・2　徵8・35　11・98　摭續335　凡12・1　粹330　335
1113　1114　1115　1117　新942　甲23　28　159　179　524　665　755
2315　2464　3013　3045　3634　3648　乙6664　珠19　208　393　福13
佚24　348　369　427　續1・39・7　2・5・7　2・11・2　京2・13・2　3・4・4
粹588　【續甲骨文編】

巳　形與子同　辛巳簋　子字重見　十一年㽙鼎　十一月乙巳朔　語辭書大誥巳余惟小子傳發端歎辭　盂鼎　巳女妹辰又大服
毛公𤼈鼎　巳曰　書洛誥予往巳義如矣　吳王光鑑　往巳弔姬　說文祀祭無巳也金文巳巳為一字　蔡侯𩰫盤　祒受毋巳
欒書缶　巳擇其吉金　【金文編】

秦472　獨字　考古1959:7　棺庚巳　2・14　獨字　2・13　同上　1・11　同上　【古陶文字徵】

〔六七〕〔一九〕〔六七〕〔六七〕〔六七〕〔六七〕〔六七〕〔六七〕〔三七〕【先秦貨幣文編】

刀直甘丹背　反書　或為以之倒書見以字形　冀靈　刀弧背　按通以字　冀滄　仝上　仝上　反書　仝上　反書

仝上　布空大　典六一九　【古幣文編】

4　36　62　【包山楚簡文字編】

巳　日甲二六　三十七例　同已　日甲四九　一百一十八例　日甲一三二背　日甲一四九背　三例　日乙四六

三十六例　秦一五三　六例　法五一　九例　日乙二四七　【睡虎地秦簡文字編】

2039　【古璽文編】

狡胠巳　王乾巳　楊巳根印　張赦巳　巳湛私印　呂黄巳印　臣唐巳　賈連巳　臣巳

王病巳印　王病巳印　巳連　孔巳　李病巳　周傷巳印　巳翕私印　臣病巳　【漢印文字徵】

袁安碑　二月辛巳　石經僖公　癸巳　夏四月己巳　【石刻篆文編】

巳【汗簡】

汗簡　同上　古老子　竝古老子　【古文四聲韻】

◉許　慎　巳也。四月陽气巳出。陰气巳藏。萬物見成文章。故巳為蛇。象形。凡巳之屬皆从巳。詳里切。　【説文解字卷十四】

◉劉心源　此作巳乃辰巳字。今俗已止已矣字作已。辰巳字作巳。篆書巳作㠯。即以之本字。今人以作㠯。蓋本於繹山刻石。㠯開爭理。其實㠯為似之反形。似篆作㠯。李斯借為㠯耳。說文巳作㠯。㠯从反巳作㠯。謂倒巳字也。故巳㠯同形。詩似續妣祖。箋似讀為巳午之巳。巳續妣祖者。謂巳成其宮廟也。是漢人猶用巳為巳也。【盂鼎　奇觚室吉金文述卷二】

◉孫詒讓　唯二百廿八葉四版云「丙辰卜丁ㄋ雨」，以幹枝次弟推之，「ㄋ」疑即「巳」字。《說文・巳部》：「巳，巳也，四月易气巳出，陰氣巳臧，萬物見，成文彰。故巳為它象形。」此字形最簡，然於它形亦不甚相遠也。「㠯□貝固日」，二百六十三之四。「㠯」亦似「巳」字，金文毛公鼎巳作㠯。與此正同。惜上下文闕，是否日名無可考耳。【契文舉例卷上】

◉羅振玉　卜辭中凡十二枝之巳皆作子。與古金文同。宋以來說古器中乙子癸子諸文者異說甚多。殆無一當。今得干支諸表乃決是疑。然觀卜辭中非無㠯字。又汜妃祀改諸字並從㠯。而所書甲子則皆作子。惟母巳作㠯。僅一見。此疑終不能明也。【增訂殷虚書契考釋卷中】

◉郭沫若　此字(巳)乃卜辭出土後之一大驚異，蓋十二辰之第六位骨文均不作巳而作子也。字形為子，為子，或為子，字固子字，而按以支干表則確在辰字之次，午字之前，位當於第六辰之巳。古金中有「辛子」、「癸子」、「乙子」、「丁子」諸支干，自宋以來即異說迷離者，至是始渙然冰釋。羅振玉曰「卜辭中凡十二支之巳皆作子，與古金文同。宋以來說古金中之乙子、癸子諸文者異說甚多，殆無一當。今得干支諸表卷三第一葉至第十二葉乃決是疑。然觀卜辭中非無㠯字，又汜、妃、祀、改諸字並從㠯，而所書甲子則無一作㠯者，此疑終不能明也。」一疑方釋，一疑復起，學問之道正自如斯。然余以為疑難猶有推進者，則古十二辰中有二子也。此乃至重要之關鍵，且於解決十二辰之本質上為不可忽略之關鍵。

巳既作子，則許書之釋全屬子虛。且許以「巳為它蛇象形」，此則於巳之本義亦未把握。骨文巳字實象人形，其可斷言者如祀字作祀若祀，殆象人於神前跪禱；如改字作改若改，殆象樸作教刑之意，子跪而執鞭以懲戒之也。故巳實無象蛇之意，巳之為蛇者其事在十二肖象輸入以後。論衡物勢篇曰「巳，火也，其禽蛇也」。又言毒篇曰「辰為龍，巳為蛇」。此為十二肖象見於文獻之始。其於古器中據余所見則新莽嘉量之「龍在己巳」巳作㠯陶齋四卷五十二葉。酷肖蛇形，則知肖象之輸入至遲當在新莽時代。十二肖象於巴比侖、埃及、印度均有之，然均不甚古，疑中央亞細亞古民族之稍落後者，如月氏康居之類仿十二宮象之意而為之，故向四周傳播也。其入中國當在漢武帝通西域之時，子巳之交替實證明此史實之指路碑，惜自秦漢以後，古器物中干支少見，未能有確切之論斷耳。

要之，古十二辰之第六位為子，與第一位之㜽合而為二子。【釋支干　甲骨文字研究】

◉孫海波　巳，親之後也。孺子初生，頭大於身，象形、假借以為干支字，又借以為自謂字。毛公鼎「巳曰」是。又假以為已然之已。説文別子為子，另立巳部，註云：「巳也，四月陽氣巳出，陽氣巳藏，萬物見成文章，故巳為蛇，象形。」非其朔矣。【甲骨金文研究】

◉馬叙倫　段玉裁曰。故巳為蛇象形一句讀。巳者蛇象也。豕者古文豕也。此近十二屬之説。而與論衡物勢篇義各不同。章炳麟曰。包字説解云。人褢妊巳在中。象子未成形。然則巳者未成之子。非必訓巳然也。其訓巳然者。既造甲子以後。日中加午。呼過去則日巳。呼將來則日未。其後遂為通語。㠯訓用者。與東次對轉相借。亦得言借為异為試也。㠯巳相變。又變易則為胎。胎得聲於㠯。三字無異。㠯巳皆初文。胎後出也。巳對轉蒸。今音變易為孕。胎對轉蒸。古音變易為孕。從乃聲。古音奴登切。孳乳為始。女之初也。羅振玉曰。卜辭辰巳字皆作子。然卜辭中非無巳字。又汜妃祀改諸字並從巳。而甲子則無一作巳者。此疑終不能明也。倫按盂鼎毛公鼎語詞之巳字皆作巳。而此訓巳也。巳㠯不過其形之相反。金甲文則反正每無別也。楊桓謂胚胎中稍成形曰巳。全成曰子。倫證知巳子實一字。巳為始之初文。亦胎之初文。舊説胎在腹中首向上。巳字象之。今醫家實諗。胎在腹中。首亦向下。則㠯字象之。是雖字形正県有殊。而實為一字。至其音讀則自吳棫顧炎武以來。諸家證明古讀巳巳無二音也。四月以下二十字蓋字林文。乃校語。故巳為蛇不承上文。疑猶有捝。此或校者加之。故巳為蛇者。此漢人説易。以巽為蛇。巽位巳。而非巳象蛇形也。卜辭辰巳字作子不作巳者。子巳一字。甲子字作子者。子為子女之子本字也。【説文解字六書疏證卷二十八】

◉嚴一萍　巳巳　鄂君啓節有邔字作邔，其「巳」作巳與此近。或讀為「乙」。以當燕乙。然正月為孟春，禮月令：「仲春之月，玄鳥至。」時令不相當也。【楚繒書新考　中國文字第二十六册】

◉喬志敏　趙丙喚

「巳」字陶文二件（圖10、11）。陰文，刻於陶豆盤内底上，都是在鄭韓故城東城採集。我們隸定為「巳」字。【新鄭館藏東周陶文簡釋　中原文物一九八八年第四期】

㠯

甲三五四 㠯衆猶言用衆 甲三九三 甲四一四 㠯猶已矣止詞 于毓祖乙㠯 甲一二六八 甲一四三九

甲二二六九 拾一·一二 後一·二五·七 後二·三四·三 後二·三六·三 戩七·一一

戩二四·一一 粹八一 粹一二一七 明藏四二九 㠯雨猶言已雨 明藏四四〇 後二·三四·八

㠯為乙之刻誤 㠯亥 【甲骨文編】

甲354 393 555 607 644 806 1189 1206 1266 2024 2269

2464 乙8649 8650 佚223 前6·8·3 佚745 875 892 續1·4·5 1·36·6

2·21·9 5·14·5 掇550 誠292 外109 摭續2 89 143 粹81 227

237 1124 1160 1164 1178 新4560 4573 新4693 【續甲骨文編】

以 者姛尊 者女觥 畬卣 沈子它簋 師旂鼎 靜簋 小臣逋簋

班簋 五祀衛鼎 趞小子簋 應公鼎 師害簋 吕鼎 㝬簋 鬲攸比鼎 散盤

頌簋 頌壺 毛公㕍鼎 召伯簋 不𡢁簋 虢季子白盤 禹鼎 封簋 鄀𩰫盤

曾伯霥匿 衛姒鬲 欒書缶 㠱伯盨 秦公簋 秦公鎛 邵鐘 邾公釛鐘 子璋鐘

沇兒鐘 王子午鼎 姑□句鑃 中山王譽鼎 中山王譽壺 中山王譽兆域圖 酓忎鼎 仲盤

矢方彝 今我隹令女二人亢眔矢奭𠂇右于乃寮以乃友事 義如與 大鼎 大以𠂤友守 克鼎 以𠂤臣妾 孳乳

為姒 司母姒康鼎 【金文編】

5·384 瓦書「四年周天子使卿大夫……」共一百十八字 此即以字説文作㠯此又从人 5·384 同上【古陶文字徵】

〔一九〕〔六七〕〔六七〕〔三六〕〔二二〕〔六七〕〔三六〕〔二八〕〔六七〕〔三六〕〔二二〕〔二二〕〔二〕〔二八〕〔一九〕〔二〇〕〔三七〕【先秦貨幣文編】

一九四：四 二百二十例 内室類自今以往 宗盟類以事其宗 卜筮類卜以吉 一：六五 四例 一五六：二 六十二例 台 一：二九【侯馬盟書字表】

37 232【包山楚簡文字編】

以 日甲二 四百二十例 日甲一二七背 十三例 效四 一百一十六例 法八二 一百一十二例 為三八 十一例【睡虎地秦簡文字編】

—☑四淺之尚(甲5—30)、虁之—帀降(甲6—21)、是月—翏厝為之正(甲6—26)、厝—為則毋童(甲8—16)、羣民—☑(甲8—23)、—夒(?)天尚(甲8—31)、帝禤謠—夒遊(?)之行(甲11—30)、為禹為萬—司堵(乙2—29)、—為亓斌(乙3—20)、—涉山陵瀧汨凼瀵(乙3—24)、乃步—為戢(乙4—5)、炎帝乃命祝融—四神降(乙6—7)、乃鈕冒"—迵相☑思(乙7—33)、不可—政殺(丙1:1—8)、可—出帀箴邑(丙2:1—4)、不可—豢女取臣妾(丙2:2—3)、不可—乍大事(丙4:1—5)、戭衛☑曑—匿(丙5:1—7)、不可—亯祀(丙5:2—8)、不可—亯(丙6:1—9)、不可—川☑(丙7:1—5)、不可—箴室(丙8:1—5)、可—箇室(?)……(丙9:1—4)、可—攻成(丙11:1—7)、可—聚衆(丙11:2—2)、不可—攻……(丙12:1—5)【長沙子彈庫帛書文字編】

脩躬德以俟賢世興顯令名存 魯君以 劉君以 邗君以印【漢印文字徵】

𢀚毁銘范母 吕毁 石碣汧殹 可吕橐之 袁安碑 以孝廉除郎中 漢安殘碑 靁雨 隹舟吕衍 石經殘石 石經無逸 以庚邦惟正之供 開母廟石闕 則文燿以消搖 祀三公山碑 以三公悳廣 【石刻篆文編】

以【汗簡】

古孝經 古老子 雲臺碑 漢書 【古文四聲韻】

◉許 慎 㠯用也。从反巳。賈侍中說。巳。意巳實也。象形。羊止切。【説文解字卷十四】

◉林義光 反巳無用義。㠯古作子璋鐘。作伐郘鼎。亦不象薏苡實。即始之本字。象物上端之形。始從台得聲。台從㠯得聲。故始與㠯同音。始說文云女之初也。女實無所謂初。頌鼎皇母龔始。始即姒之本字。長婦為姒婦。姒。始也。穉婦為娣婦。娣。次第也。古今相承訓為初。乃假為字也。【文源卷三】

◉高田忠周 㠯古矣字也。許氏云。矣語已詞也。从矢㠯聲。而矤下曰。从矢。引省聲。从矢取詞之所之如矢。又知字从矢口。蓋从矢有進義而無止義也。語已詞豈得从矢乎。禮記檀弓。生事畢而鬼事始已。注。辭也。又太史公自序。皆失其本已。索隱語終之辭也。此用古字正文也。實象語气終盡而停止之意。猶雲气之雲作者象气之上升。書寫當自下而至上。者象气之低止。書寫當自上而至下也。與人子之初為巳者不相關也。但矣字从矢㠯聲。當為欸字古文。欸。呰也。从欠矣聲。亦疑與誒同字。誒下云。可惡之詞也。从言矣聲。毁呰可惡之言必當傷人。从矢取于刺𥏫之意也。【古籀篇六】

◉徐中舒 耜，異體甚多。小篆作梠，或作枱，鈶，籀文作辝，或作耛，經傳作耜，廣雅作梩，從耒，從木，從金，即表示三種意義：(1)耜之形式與用途近於耒；(2)木製之耜；(3)金屬製之耜。從㠯即耜之本字。㠯為用具，故古文借為以字，以，用也。銅器以均作㠯，當為耜之象形字。甲骨文㠯作(殷虛書契前編卷六第六十一葉㠯後編上第二十五葉)。【耒耜考 歷史語言研究所集刊二本一分】

◉馬叙倫 鈕樹玉曰。繫傳作巳意以實象形也。玉篇注。用也。意也。實也。則說文當是意也實也。桂馥曰。意當作薏。王筠曰。如桂說則當巳字句絕。薏㠯實也為說解。徐灝曰。戴侗謂賈侍中說意㠯。即今薏苢字。是也。蓋本作。象形。章炳麟曰。薏㠯宜子。其得名由於巳。㠯非即薏苢也。倫按見巳下矣。賈侍中說九字蓋校者加之。文選阮籍詠懷詩注引倉

頡。已。畢也。字見急就篇。【說文解字六書疏證卷二十八】

◉金祥恆　龜甲獸骨文字中常見[illegible]與[illegible]二字，學者多釋[illegible]為氏，[illegible]為㠯。今據粹編一一七八片「丁酉卜，亞𠦪[illegible]衆涉於[illegible]若」與後編上一六・一〇「貞：王勿令𠦪[illegible]衆伐𢀛方」，始知[illegible]與[illegible]為一字而[illegible]乃[illegible]之媘。昔釋為二字，非也。其例甚夥。

今就「以羌」為例：以作[illegible]如：

貞[illegible][illegible]羌。　乙六八八三

辛丑卜宆貞：傰罘殸[illegible]羌。

而以作[illegible]者，如：

且乙衆[illegible]羌。　乙八六五〇

衆[illegible]羌。　乙八六

就「以射」為例，以作[illegible]如：

貞：[illegible]不其[illegible]射。　林二・三一〇

辛未卜貞：令𡨥[illegible]从𨺅人方我。　續三四一五(圖五)

以作[illegible]者如：

☐子卜，令从[illegible][illegible]多射，若。　庫三

就「以衆」為例以作[illegible]者，如：

壬寅卜，宆貞：王往[illegible]衆黍。　前五二〇

丁未卜，争貞：勿令𠦪[illegible]衆伐吕(方)。　粹一〇八二

以作[illegible]者如：

甲辰貞：𠦪[illegible]衆[illegible]伐旨方，受又(祐)。　粹一一二四

己卯貞：令[illegible][illegible]衆伐龍，𢦏。　庫一〇〇一(圖七)　【釋㠯　中國文字第八冊】

◉田倩君　「以」字的初文是「[illegible]」，這樣的以極象一個一切生物的胚胎，關於動物的胚胎手邊没有材料，只就容易看到的植物來說。各種果實或穀種埋在地下，不數日即發出嫩芽，其形狀正如「[illegible]」，其下部所以寫作不方不圓的樣子，是契刻的關係。

【釋以　中國文字第二十一冊】

午

◉喬志敏　趙丙喚

「ㄟ」字陶文一件(圖12)。陰文，刻於陶豆盤内底上，即以字。【新鄭館藏東周陶文簡釋　中原文物一九八八年第四期】

鐵七七·一　鐵二五八·一　餘一·一　菁三·一　佚三八三背　甲一八四　燕七八　掇二·一　前七·二九·三　後一·三一·一四　菁一〇·八　續三·二·一　佚五九　甲二二六〇　粹二二二　林一·一五·七　福二八　後二·三八·八　佚九一　佚一九四　佚四二六　佚五一八背　後一·五·九　後二·三六·三　甲七二一　甲二二七八　乙八九二四　燕二八四　鄴二下·三七·一〇　粹一二　戩一六·一　佚二一三　後一·一五·六　粹一六三　粹一六六　存二七四六　掇二·四一六　前三·九·一　前三·一一·七　佚三八　拾一一　甲一三一四【甲骨文編】

甲191　556　1314　2278　3370　乙8723　佚426　580　續1·23·5【續甲骨文編】

午　戍嗣鼎　丙午　作册魖卣　雩四月既生霸庚午　效卣　隹四月初吉甲午　天君鼎　丙午　卲卣三　丙午　召卣二　伯𦍋鼎　賢簋　公貿鼎　𪓐簋　農卣　縣改簋　五年師旋簋　趞曹鼎　伯晨鼎　幾父壺　睘伯盤　公父宅匜　曾伯霥簠　弔朕簠　楚嬴匜　鄦侯簋　陳侯午錞

子禾子釜 吉日壬午劍 王子午鼎 華母壺 蔡大史鉌 鄧子午鼎 弭弔盨 【金文編】

4·83 匋攻午 5·147 咸陽午 秦548 左午 【古陶文字徵】

〔六八〕〔六七〕〔六七〕〔六七〕〔三六〕〔六七〕〔六七〕〔六七〕〔二一〕

〔六七〕〔六七〕〔六七〕〔六七〕〔四七〕〔六七〕〔六七〕〔三六〕〔一九〕

〔六七〕〔二〕〔五〇〕〔五〇〕〔五〇〕〔五〇〕〔五〇〕〔五〇〕〔四七〕

〔七九〕【先秦貨幣文編】

布空大 豫伊 仝上 刀弧背 冀滄 刀弧背 冀滄 仝上 刀弧背 左午 冀靈 刀弧背 右午

冀靈 刀直 甘丹背 冀靈 布空大 典五七五 刀弧背 右午 盧氏布氏字偶有此形者 典一一一九 【古幣文編】

一：九六 宗盟類參盟人名 【侯馬盟書字表】

95 162 【包山楚簡文字編】

午 日甲六九背 八十四例 日乙四一 五十八例 【睡虎地秦簡文字編】

3949 0666 1716 3059 2395 2600 3851 2796 2794 1201 【古璽文編】

李午 王午 趙午通印 程午之印 華午 【漢印文字徵】

四時嘉至磬 石經僖公 三月丙午 天璽紀功碑 甲午丙日 袁安碑 二月庚午 【石刻篆文編】

午【汗簡】

汗簡【古文四聲韻】

◉許 慎 午啎也。五月陰气午逆陽。冒地而出。此予矢同意。凡午之屬皆从午。疑古切。【説文解字卷十四】

◉林義光 古作宴友辰尊彝乙。作敔尊彝。不从一。則非象地。象杵形。實杵之古文。或作賢彝。春篆作。象兩手持杵形。正杵字。【文源卷一】

◉郭沫若 午於骨文作若。御字从此作前一卷廿五葉一片八卷二葉八片二卷十八葉六片六卷廿二葉六片諸形。羅氏曰：「説文解字『御，使馬也。从彳从卸。古文作馭，从又从馬。』此从彳从，與午字同形，殆象馬策，人持策于道中，是御也。或易人以而增止，或又易彳以人，或省人。人字疑有誤。殆同一字也。」余案御實从午，此由古金文亦可證明。

金文午字大抵作若，小篆即由此訛變。效卣作，與卜辭同，實為僅見。御則作。此頌鼎御字，其他如不娶毀、齊侯壺、簷鼎、子禾子釜諸器。大抵均如是作。適毀作，盂鼎有字與卜辭同，此所从者均係午字也。惟作形者於金文未有見；天君鼎之「丙午」作，頗相近似。此鼎亦殷彝也。

羅氏以為象馬策形。余疑當是索形，殆馭馬之轡也。其作者亦猶系前七卷四葉一片之作後上八葉第十四片。从作者之乃是策形。金文之作者殆誤以為杵形而訛變，知其為杵者，蓋缶舂字古文均从此作。殷周之間，字亦每多訛變。如寅之由矢形變而為燕形，之變而从犬，即其例證矣。午有交橫之義，亦一索形之證。

要之古十二辰第七位之午字乃索形，而御字从之。【釋支干 甲骨文字研究】

◉吴其昌 矢鏃形之，其第一變化，則為「↑」字，已詳上述。而其第二變化，則為「午」字，今請進而言「午」。

所以知「午」字之碻為矢鏃形所變化者，上舉二十三矢鏃形中，其第五字在效尊效卣銘中，文曰「甲午」。其第七字在𣛭妃彝銘中，文曰「壬午」。其第八字在白俗父鼎銘中，文曰「庚午」。其第十字在賁鼎銘中，文曰「壬午」。其第十六字在農卣銘中，第十七字在𪓔毀銘中，並文曰「甲午」。其第十八字在𠷎伯匜銘中，第二十一字在亚叔簋銘中，並文曰「庚午」。此可以堅決碻知「午」字之實為矢鏃形所變化也。此其一。第二十四字衛公叔兕觥「庚午」之「午」字，雖頎長如象一全矢之形，然實際仍為一矢鏃形之變象。至于楚嬴匜「庚午」之「午」字，乃全與「↑」字相同，尤可為證。此其二。由矢鏃形之狀，如第五字，第十字。漸變而成狀，如第七字，第八字。更漸變而成狀，如第十六字，第十七字，第十八字。正合古金文文體變化一定之程例。與此程例絶對相同者，如「辛」字：

從(一)盠中𢦚尊窓齋冊十九頁十六「辛」字之狀，漸變而成(二)父辛彝攈古卷一之一頁二十三「辛」字之狀，更漸變而成(三)中辛父段周金卷三頁五十三「辛」字之狀。可以互證。其後更由↑狀，再度漸變而成𠆢狀，如第二十七字，第二十八字。則已與小篆午字作个者相同矣。此亦正合古金文文體變化一定之程例。與此程例絶對相同者，如「壬」字，從鬲攸从鼎之「壬」字作工，漸變而成湯叔尊之「壬」字作工，更漸變而成父壬爵嘯堂冊一頁四十六之「壬」字作王也。是由矢鏃形而至于小篆之「午」字，其變化皆遵合于定律，此其三。第二十九字之「十」在變段銘中，文曰「庚午」，故決知其為「午」字無疑。「午」字而作十狀者，蓋更由𠆢狀三度變化，汰去人形故成十狀也。此在金文雖無絶對相同之例可徵，而其明證乃在儀禮。儀禮鄉射禮曰「及物，揖」。又曰「左足履物」司射誘射節。此「物」為何物乎？大射禮曰「工人士與梓人，升自北階，兩楹之間，疏數容弓，若丹若墨，度足而午。」此「物」，即工人士、梓人以丹墨塗于兩楹間地上之「午」也。射者履此「午」而射。此「午」果作何形狀耶？鄭玄注曰：「一從一横曰午。言畫物也。」夫一縱一横是十狀也。十狀之物，在儀禮名之曰「午」；斯十狀之字，在變段可以為「午」字矣。其此四。更返而求之於訓詁，説文云：「午，啎也。……象形，從段玉裁本補。此與矢同意。」大徐本誤作「予矢同意」，不通，小徐本作「與矢同意」。韻會引説文同。段玉裁注本、王筠句讀本同。朱駿聲通訓定聲本同。章炳麟文始引同。段玉裁曰：「矢之首與午相似。」章炳麟曰：「説文矢字云『從入』，而云『午矢同意』，則矢上非『入』字，乃純象鏑形：是故个亦為鏑字。」是午為鏃鏑，前人亦已知之甚稔。此其五。

至于第三十字在天君鼎文曰「丙午」，而其字作↓乃矢形之古文奇字；猶戉形之作⺊，刀形之作↓，戈形之作↑者爾。戉、刀、戈皆為兵器，矢亦正為兵器之類也。從兵器而引伸之，則其為捍禦、為禁敔、為抗啎之義；弧矢之利，正為捍禦、歫敵、抗啎……之義也。「午」之聲類，又正與禦、敔、啎……諸聲同，説文「午，啎也」。此「啎」字，即毛公鼎「以乃族干吾王身」，師訇段「以乃友干吾王身」之「吾」。又聲轉為「仵」，廣雅釋言「午，仵也」。為「忤」，淮南天文訓「午者，忤也」。為「迕」，荀子富國「午其軍」，楊倞注：「午，讀為迕。」聲雖屢易其字，而義則終始一貫，為逆，為歫，為扞，為抗，為禁，為禦，皆與弧矢之義相麿。此又以聲類求之而無不合也。此其六。

然則「御」字之从「午」，將又何說耶？甲骨文字之「御」字，不從「午」而從「[glyph]」從「[glyph]」，將又何說耶？「御」之本義，果又何若耶？今按前所舉例，第三、第四、第九、第十二四字碻皆為「御」字所從，亦碻皆為「午」字，亦碻皆為矢形。又如頌鼎作[glyph]，不嬰段作[glyph]，足證「御」字碻曾從「午」。然而山御彝殷文存卷上頁十七之「御」作[glyph]。又甲骨文之「御」字，殷虛書契前編卷八頁二作[glyph]，卷四頁十四作[glyph]，卷一頁十五作[glyph]，卷一頁三十三作[glyph]，後編卷下頁十二作[glyph]，羅振玉曰：「說文解字『御，使馬也。其昌按，以御正衛彝考之，說文此說，得地下銅器之證實矣。从彳从卸。古文作馭，从又从馬。』此从彳从[glyph]。[glyph]與午字同形，殆象馬策。人持策于道中，是御也。」[glyph]，絲縷之形，繩屬也。「午」，矢形，藁稈之屬也。但求其義為馬策耳；馬策之材，固不出麻繩與秫稈之類耳，故「御」之本義為使馬，而其字既得從「午」，亦得從「[glyph]」也。

然則或者以為「午」亦像杵形，果可信否耶？按此說起于宋戴侗、周伯琦，至清而徐灝、朱駿聲……輩附之。周伯琦曰「斷木為午」。戴侗曰「午，象植榦，椄首，腰鍵形」。戴侗著六書故所根據者，為父乙鼎文作[glyph]。按父乙鼎，實為寠䢅鼎，見于嘯堂集古録卷一頁一，其「庚午」之午作[glyph]。此鼎實又見墨本于愙齋集古録册六頁三，文實作[glyph]。與殷文存山御彝「御」字所從之「午」作[glyph]者正相似。皆不甚類矢狀，顧酷肖杵狀。且「杵」字，正從「午」。又貞松堂集古遺文卷四頁一有史秦鬲，其「秦」字作[glyph]，象兩手捧杵以舂稻禾之形。推之以類及「舂」字，下易以「臼」，則當成[glyph]形，其義更顯。以此數端窺之；似周氏戴氏所疑亦不為無見。然毛公鼎「內外㤅于小大政」，其「㤅」字所從作[glyph]，又明作矢形而非杵形。殆古金文矢形之與杵形，根本不甚別了歟？【金文名象疏證（續）　武大文哲季刊六卷一期】

◉馬叙倫　鈕樹玉曰。韻會出下有也字。繫傳與作与。祛妄篇作與。龔橙曰。古文當為[glyph]。此杵古文。倫按周伯琦曰。古杵字象形。缶字從午可證。其說是也。⊘許蓋本訓啎也。或五也。象形。五月以下十一字蓋字林文。陽下傳寫捝气字。象形二字亦捝。校者因加此與矢同意。【說文解字六書疏證卷二十八】

◉楊樹達　說文十四篇下午部云：「午，啎也，五月陰气午逆陽，冒地而出。此與矢同意。」疑古切。今按六篇上木部云：「杵，舂杵也。从木，午聲。」昌與切。按午古文作[glyph]，字象杵形。饒炯說文部首訂及亡友林義光文源並謂是杵之初文，是也。說文詁林六六四零下及六六四一下。七篇上臼部舂字从午，此午為古杵字之確證也，許君不知午為杵之初文，謂舂从杵省，非也。今則午初義之舂杵為杵字所專有，而午字只為午未之午矣。【文字初義不屬初形屬後起字考　積微居小學述林】

◉彭静中　[glyph]　此字見于《三代吉金文存》十三・二十二。吴其昌釋為至字，周法高從之。今謂此字乃午是也。知者，金文寶字省作[glyph]，即宝，其中午字作[glyph]。此而觀之，此字非午字莫屬。

[glyph] 此字見于《三代吉金文存》二·四十二。馬叙倫謂：「字引申為中失之義，借為伯仲字。」李孝定指出：「吴式芬釋束，固無據。柯(昌濟)、馬(叙倫)二氏并釋為盛算之中，亦可商。中字古文多見，均不從↓，若謂盛算之中，與中央之中為二字，則○亦不象器形，為可疑耳。」然究為何字，李氏未明言。今謂此乃午字古文之倒文。《弭叔盨》之「午」字作[glyph]，公認無誤。古文字正倒不別，故此字與[glyph]二而一也。金文午字又作[glyph]、[glyph]諸形。•與○，一與•，按古文字例，均得相通，故知此字即常見之午字。【金文新釋　四川大學學報一九八三年第一期】

啎 啎

[glyph] 乙2137　[glyph] 7377　[glyph] 掇448　[glyph] 外151　【續甲骨文編】

[glyph] 王啎　[glyph] 程啎　[glyph] 張啎　【漢印文字徵】

[glyph] 啎吾故切林罕集綴　【汗簡】

◉許　慎　啎逆也。从午。吾聲。五故切。【説文解字卷十四】

◉强運開　[glyph]　薛尚功、趙古則均釋作我。蓋誤以為與鼓文首一字之䢔相同也。鄭云今作敔。與禁禦之禦同。楊升庵釋作御。運開按。此篆與䢔固屬不同。作敔亦非。弟五鼓其奔其[glyph]。方是敔字。細宷篆文从辵从敔婿。當即遻字。説文無遻字。午部。啎。屰也。與語音義並同。此篆或即啎之籀文。【石鼓釋文】

◉馬叙倫　段玉裁曰。逆當作屰。桂馥曰。字亦作啎。漢印有程啎。林義光曰。午為古文杵字。從午非義。午吾皆聲。倫按林謂從午非義。是也。謂午吾皆聲。則義自何生。倫謂吾午音同疑紐。聲同魚類。蓋午之轉注字。若訓屰也。則是從[glyph]吾聲。為屰之轉注字。音亦同疑紐。聲亦同魚類也。[glyph]譌為午。猶臿當從午。今篆作[glyph]。啎字吕氏春秋明理篇長短頡啎字作啎。從干不譌。石鼓文[glyph]字所從之啎已從午。則其譌由來久矣。或謂啎為吾之轉注字。故石鼓作啎。倫謂依訓則當從干作。當入干部。此字或出字林。【説文解字六書疏證卷二十八】

◉楊樹達　午為杵之初字，已見前。午吾古音同在模部，午啎二字聲義并同，實一字也。啎从吾聲，純形午外加聲旁吾耳。許以為二字，非也。亡友吴承仕説如此。【文字形義學】

鐵一九七・一　鐵二三三・三　餘一・一　佚一七　福一　前七・二〇・三　鐵一二〇・三

前三・七・五　簠貞一九　甲二五九六　甲三三五八反　鄴三下・三六・一　林一・五・一二　燕一六五

前七・一四・一　存二七三四　佚三八三背　佚一五六　存二七三七　存二七四二　佚七〇

佚八六　佚二一七　佚七九八　後一・八・一四　後一・一〇・五　戩二・六　戩二五・一〇　戩四〇・三

甲一八二　燕四九九　掇一・五五〇　粹一三一　燕四九　前三・六・一　佚五三

前五・三八・三　續一・五・一　甲二三九八　粹一三三　福九　後一・一一・八　河八二正　甲二一六二【甲骨文編】

甲3　65　182　243　385　396　408　421　2262　2325　2500　2605

2907　3358　3599　3624　乙69　407　1334　3131　4548　5363　6687

8525　9073　珠169　208　213　349　佚383　續1・7・7　1・31・5　2・7・7

掇427　徵11・45　録82　誠439　龜卜114　東方13　京4・21・4　新3047　5418【續甲骨文編】

未　丁未角　宁未盉　婦未于鼎　小子䚄簋　御尊　利簋　史獸鼎　矢方彝　矢尊

守簋　茾伯簋　鄀公鼎　陳侯因資錞　中山王嚳鼎【金文編】

5・301　安未　秦423　甲未　5・384　瓦書「四年周天子使卿大夫……」共一百十八字　陶文編14・99　秦1045

獨字 秦1085 同上【古陶文字徵】

〔六八〕〔六二〕〔三六〕〔三六〕【先秦貨幣文編】

3　41　192　201【包山楚簡文字編】

未　雜三五　一百二十二例　日甲六　二十一例　秦四九　二例　日乙一一　五十七例【睡虎地秦簡文字編】

恭民—智(甲8—13)、—又肙〃(乙3—32)　朱字之誤　二曰—四曐(乙4—18)【長沙子彈庫帛書文字編】

3910　0367【古璽文編】

未央廐丞　高未央　趙未　上官未央　周未央　樂未央【漢印文字徵】

天璽紀功碑　治復有□未解【石刻篆文編】

未亦作𢒍　未【汗簡】

汗簡　古孝經　古老子　並林罕集　王庶子碑【古文四聲韻】

◉許　慎　未味也。六月滋味也。五行。木老於未。象木重枝葉也。凡未之屬皆从未。無沸切。【説文解字卷十四】

◉林義光　木重枝葉。非滋味之義。古未與枚同音。當即枚之古文。枝幹也。从木。多其枝。為小枝。故附以實。為大枝。故附以榦也。【文源卷二】

◉郭沫若　此字形(未)於小篆古文均無大差異，惟卜辭則作者多於作。未字本誼，説文每以滋味釋之。於本字之外，如刀部之制字，注曰「制裁从刀未，未，物成有滋味，可裁斷」。又攴部之𢻹字，曰「𢻹，坼也，从攴从厂，厂之性坼，果孰有味亦坼，故从未」。各本作「故謂之𢻹，从未聲」，此依段注。然「未」乃象形字，滋味必猶其引伸之義。許謂「象木重枝葉」，然於味則不相屬。余謂未者采穗也，古音未采本同部。此外於古金中則由𢻹字及从𢻹之字之各種異形可證。

如𢻹字，師寰𣪘蓋有之作，而同𣪘器同字則从貝作，字从貝者於辛鼎作，於克鼎作。或从、或从、或从

[oracle form]、[oracle form]者由卜辭按之，亦當係未字，[oracle form]則穗之象形也。

由音而言，未采既同部，由字之旁从而言，未采復通用不別，是未采古實為一字，特未用為十二辰符號之一，故遂分離耳。知未為采，則知未之所以為味矣。

要之，十二辰第八位之未字，其朔實為穗。【釋支干　甲骨文字研究】

◉葉玉森　[oracle form]之異體作[oracle form][oracle form][oracle form][oracle form][oracle form][oracle form]等形，从凵或凵或一繫于木上，並象木之末。未與末為一字，省變作[oracle form][oracle form][oracle form]，乃與木同矣。【殷墟書契前編集釋卷一】

◉馬叙倫　鈕樹玉曰。韻會引作六月之辰也。王筠曰。六月之下蓋有闕文。律書。未者。言萬物皆成有滋味也。葉玉森曰。古未末音同。當為一字。後人以未專紀時。或作語詞。乃別製末字。省變作[oracle form]。[oracle form]乃與木同矣。倫按木未末一字。古音同在明紐。以形而言。木重枝葉仍是木字。不見木老之義也。⊘六月以下十七字蓋字林文及校語。五行木老於未為異義邪。不應羼於六月滋味也及象木重枝葉也之間矣。餘見丵下。字見急就篇。【説文解字六書疏證卷二十八】

◉嚴一萍　13.[oracle form]未　李棪齋先生釋未，餘皆釋本，案釋「本」誤。【楚繒書新考　中國文字第二十六册】

◉李孝定　未之字形與木極近，未、木聲母復同，疑古文木、未同源，後始衍為二字，郭沫若氏甲骨文字研究釋干支謂未、采同字，似可商，甲骨文采字作[oracle form]，與此自別。高田忠周氏謂未象木實，未味同字，故字有或作[oracle form]者，不知其所本，本書所收「未」字，固無一作此形者也。高鴻縉氏謂未為茂、楙之初字，重枝葉之象，凡木皆然，無以見茂盛之意，其説似未安也。【金文詁林讀後記卷十四】

[oracle form]鐵一六三·四　[oracle form]燕一七五　[oracle form]佚五七　[oracle form]福三五　[oracle form]餘一五·三　[oracle form]菁六·一　[oracle form]甲三〇四四　[oracle form]甲三九一

八　[oracle form]乙六六六四　[oracle form]鐵二六三·三　[oracle form]林二·九·三　[oracle form]乙六四一九　[oracle form]掇一·二〇一反　[oracle form]燕五四〇　[oracle form]佚五

七　[oracle form]佚三二　[oracle form]甲二八八一　[oracle form]粹一〇　[oracle form]甲二六三五　[oracle form]前三·七·五　[oracle form]前四·一·一　[oracle form]後一·一三·五

[oracle form]甲二二九三　[oracle form]佚五九　[oracle form]　[oracle form]佚二五六　[oracle form]林一·一五·一三　[oracle form]京津四六七七　[oracle form]鄴三下·四二·五　[oracle form]

林一・一五・一二　佚四二八　燕一六五　甲六四　甲三九二八　甲一三六二　林一・一・八　林一・一五・一〇　後一・一八・六　後一・一・一〇　存二七三二　存二七三二　存二七四八　京都五三

九【甲骨文編】

甲55　64　243　551　2293　2492　乙971　4563　6214　8658　佚986【續甲骨文編】

申　丙申角　子申父己鼎　辛桃角　弔簋　萬鼎　矢方彝　矢尊　命簋　衛簋　競卣　饙匜　即簋　不嬰簋二　不嬰簋　沙其鼎　申簋　杜伯盨　申鼎　戈弔鼎　王子申盞盂　黃韋俞父盤　多友鼎　楚子匿　隹八月初吉庚申　毛㚸簋　隹六月初吉丙申　寡兒鼎　隹正八月初吉壬申　曾仲大父蝱簋　曾子遷彝匿　隹九月初吉庚申　孳乳為神　克鼎　䫉孝于神　此鼎　用亯孝于文神　此簋【金文編】

5・116　咸陽成申　秦389　獨字　秦391　獨字【古陶文字徵】

〔六七〕　〔六七〕　〔六七〕　〔六七〕　〔六七〕　〔六七〕　〔六七〕　〔六七〕　〔六七〕　〔六七〕　〔六七〕　〔六七〕　〔六七〕【先秦貨幣文編】

98　162【包山楚簡文字編】

申　日乙三五　七例　日甲一四六　一百一十二例　日甲三　二十四例　日甲一八　二例　日乙一〇【睡虎地

秦簡文字編】

0876 矢方彝、矢尊申字與此同。1295 1297 1296 2476 1294 3137【古璽文編】

吳申私印 申啐 申賜私印 申徒朗 楊申 申屠昌 申屠親印 申遂 申滦私印 申廣 申世之印 申就私印 陳申 申陽私印 申屠裒印 馬申 隋申生印 【漢印文字徵】

袁安碑 六月丙申 袁敞碑 十月甲申 石碣遊水 日隹丙申 與甲骨文金文同 【石刻篆文編】

申 申出說文。【汗簡】

說文 汗簡 王存乂切韻 竝同上 【古文四聲韻】

◉許 慎 神也。七月陰气成。體自申束。从臼。自持也。吏臣餔時聽事。申旦政也。凡申之屬皆从申。失人切。古文申。籀文申。【說文解字卷十四】

◉劉心源 甲申或云丁巳或云甲巳。案甲字是也。古刻習見之。說文申作。陳从申。古文作从。是為申之古文。申下無。外如伯申鼎作。父辛卣作。王子申盞作。石鼓文作。皆古文也。此為申。何疑。【夜雨雷鑄 奇觚室吉金文述卷十八】

◉林義光 古作南亞彝癸。不象人體。實即伸之古文。象詰詘將伸之形。【文源卷三】

◉高田忠周 許氏大謬。元別字也。亦之變形。余今依三代鐘鼎之文舉證如左。

古文作。則申束之申。漢書韋元成傳。畏忌自申。注言自約束也。是也。蓋丨即象人軀幹。即兩手擁要之意。造字之恉自顯然矣。者非訓神也。申字也。又即與此篆同。則引申之申亦雷電之電。亦神祇之神也。故許書訓神也。實亦以近字釋古字者也。神電一理。最初之文必當同一作也。隸楷並作申。而遂失分別。非。說文。小篆作。非。今從籀文。侌昜激燿也。从雨申聲。蓋从雨者後出文字。詳見畾下。即象電光旋飛之狀。其義既足。亦不須从雨也。⊘但字當屬何部乎。是气字之省略。父癸角作。正作形可證。又同音通用。周時即然。故至小篆遂混為一字。兩字皆均作。李趙輩已暗於古文也。今分為兩字。為十二子名。字即次部云。要即省略也。【古籀篇一】

◉徐中舒　甲骨文申字，其兩端亦象繩兩合之形(銅器申形同，從略)。古申在真部，繩在蒸部，蒸真古可通協。如詩文王末章「躬」與「天」協，是申蓋即繩之本字。【弋射與弩之溯原及關於此類名物之考釋　歷史語言研究所集刊四本四分】

◉周慶雲　石鼓乘馬既迪。迪字作。古籀補載古鉢文迪字作。此器作。皆古迪字也。迪蓋訓舒。當為申之繁文。申中父者。疑宣王時申伯之後。余所見簋皆橢圓。此獨圓。形似敦。無耳。或以為簠之别制。然周禮舍人鄭注。方曰簠。圓曰簋。蓋簋制本圓也。【周迪仲簋　夢坡室獲古叢編】

◉郭沫若　此字(申)小篆變形亦甚劇烈，骨文作若，金文大抵如是，反書者甚少。不嬰段之實為僅見。其特異者如楚子簠之「庚申」作，寬兒鼎(大系稱寬兒鼎)之「壬申」作。許書古籀，形雖變猶畧存其彷彿。古文有作者，則形變至烈。小篆之从臼自持形，於古文中从未有見。古金中有類似字，前人不免有因而誤釋者，羅氏已辨之，曰「吴中丞因篆文作，遂謂子且乙角之、孟鼎之均即申字。今案象兩手持杵形，雖不能知其為何字，其誼與舂字所從之同。字亦然，均非申字也。」説文古籀補又以卣之為申，亦非是。此字骨文中有之，羅釋為爰。

古文既無从臼之申，則小篆之形自是後起。此殆漢人依肖像説所改，蓋「申，猴也」，論衡物勢。从臼从丨，即肖其善攀援之形耳。籀文之从，亦當為漢人所改。形既後起，許氏之釋自非其朔，以餔時釋申乃據漢制。惟申字在古有直用為神者，如克鼎之「顯孝于」，杜伯盨之「亯孝于皇且考」，均係神字，殆假借也。又申有重義，爾雅釋詁。有束義，淮南原道訓「約車申轅」注。有伸義，廣雅釋詁。此於古文字形均未有説。重義尤古，詩書中多用之。臯陶謨之「天其申命用休」，史記夏本紀逕作「重命用休」。此即非申之本義，相去必不甚遠。

要之，古十二辰第九位之申字乃象以一線聯結二物之形，而古有重義。【釋支干　甲骨文字研究】

◉葉玉森　之異體作等形。象電燿屈折。説文虹下出古文蚺。許君曰。申。電也。與訓申神也異。余謂象電形為朔誼。神乃引申誼。卜辭雹作。金文靁甗之竝从申。雹與靁均緣電生也。説詳殷契鉤沈。【殷墟書契前編集釋卷一】

◉明義士　　許訓未確，實象電光閃動之形。古文籀文皆由所衍變。【柏根氏舊藏甲骨文字】

◉商承祚 (申字)其形式左申右曲無定狀，以形言乃電字，以誼乃神字，此字殆兼二説二誼也。説文雨部電：「陰陽激燿也。从雨从𤰈。□，古文電如此。」(以申之古文及陳字古文从□例之，則此應是籀文。)虫部虹：「□，籀文虹，从𤰈，𤰈，電也。」許君皆以申訓電説其形也。初民渾噩，穴居野處，或不能蔽風雨。一旦迅雷風烈，觸電而死，電降自天，見而畏之，乃以為神，遂謂□為神，此原始人之心理也。至後世，借用為十二支字，遂加示作神。電形申屈不定，又引申為申屈之申(即今伸字。説文伸，「屈伸」)。電光飛行迅速，故號令亦借申為之。此𤰈(電)既為十二支所專有，遂增雨為電，增示為神，增人為伸，而本形本誼(失)焉。【字説師大國文學會叢刊一卷二期】

◉馬叙倫 戴侗曰。申古伸字。象脅背之申。鈕樹玉曰。據玉篇廣韻則神當是伸。惠棟曰。潛夫論。百姓廢農桑而趨府廷者。非朝晡不得通。然則吏視事惟朝晡二時也。食部。餔謂日加申時也。孔廣居曰。戴説是也。古文□中之□象脊骨。上下之丨。象引而伸之也。王筠曰。从臼自持之从當作以。朱駿聲曰。或曰申是胂之古文。翟云升曰。韻會引無體字。倫按吴大澂釋孟□鼎之□子□祖乙角之□為申。而羅振玉謂□□均象兩手持杵形。與舂字所從之□同。均非申字。倫謂金甲文中竟尚未見有𤰈字。吴所舉二字。實皆朕字所從得聲之□。自非申字。此籀文作□。與申卣之□似同。則𤰈或□之變。然金甲文十二支之申。楚公鐘作□。黄韋俞父盤作□。丙申角作□。杜伯簋作□。不□敢作□。簷鼎作□。楚子簠作□。甲文作□□□□□□□□□□。率與金文同。王筠謂象電形。當是古文電字。徐灝謂□即從□變也。倫疑𤰈□是屈申之申。从□。丨聲。後起字作□。金甲文中之□乃電之初文。許誤合之。金文楚子簠□字。甲文□□□□□諸文。郭沫若釋虹。倫謂仍是電字。夏季之電每多星狀者是也。虹則無此狀也。餘見電下。字見急就篇。

□ 桂馥曰。本書虹籀文從申作□。陳古文從申作□。王筠曰。積古齋嘉禮尊。□保是盲。從□。甲午簋。吉䌛明□。□鑒是德。一從□。一從□。然則古文有二。許少收□字耳。李杲曰。本書□下云。□。古文申。古鉩作□。與□同。□為玄之古文。此誤重。倫按金甲文中無□字。此由□變譌也。

□ 倫按王筠謂以□而政齊之則作□。再政齊之則作𤰈。尚或然乎。不然。則自為屈申字也。【説文解字六書疏證卷二十八】

𣌭　臾

◉許　慎　𣌭擊小鼓引樂聲也。从申。柬聲。羊晉切。【説文解字卷十四】

◉馬叙倫　王筠曰。集韻引無樂下聲字。翟云升曰。九經字樣引作懸鼓也。當補入擊小鼓上。朱駿聲曰。從柬。申聲。説文無柬部。故坿申部。柬非聲也。説解引樂聲。引申同部。蓋以聲訓。倫按本作引也。擊小鼓引樂也。鍇本周禮以下疑是鍇語。傳寫誤入。或讀若引。非鍇語。則鉉本捝此句。從柬申聲。【説文解字六書疏證卷二十八】

臾　从臼从人説文从申从乙非　師臾鐘　聿臾鼎　聿臾鼎二　【金文編】

臾　日甲一三五　日甲九七背　【睡虎地秦簡文字編】

◉許　慎　臾束縛捽抴為臾。从申。从乙。臣鉉等曰。乙。屈也。羊朱切。【説文解字卷十四】

◉林義光　申古作。非申字。臾从人。臼象兩手捽抴一人之形。【文源卷六】

◉于省吾　説文臾字作臾，并謂：「束縛捽抴為臾，从申从乙。」按許説殊誤。自來説文學家解釋臾字的形義頗多分歧：在構形上説，有的謂「乙象艸木冤曲」，有的謂「从反曳」，有的謂「从反丿之乀」；在義訓上説，有的謂「臾庾（瘐）古字通」，有的謂「凡史稱瘐死獄中，皆當作此字」，有的「以為少休息之偁」。總之，各家説解紆曲難通。其實，今作臾，合乎古文，而學者以為隸變。林義光文源：「臾从人，臼象兩手捽抴一人之形。」林説甚是，惜無佐證。甲骨文臾字作，甲骨文編謂「説文所無」；商器尹臾鼎作（西周器師臾鐘作，形相仿），金文編誤釋為丞。和乃臾字的初文，象兩手捉持人的頭部而曳之。至于古文字偏旁中从、从、从往往無別。又承字甲骨文作，金文作，象兩手奉人之形。臾字兩手在上，承字兩手在下，兩個字判然有別。古文手字多作又，而又字在偏旁中或上或下，有時還是有別的。例如𠬝字作，及字作，是其證。古鉨文趙瘐之瘐从臾作，足徵晚周的臾字也从人。又爾雅釋訓訓瘐瘐為病。因此可見，自來文字學家由于説文没有瘐字，而以臾為「瘐死獄中」（見漢書宣帝紀）之瘐，顯然是錯誤的。【釋臾　甲骨文字釋林】

◉戴家祥　傳尊字从臼从元，師臾鐘作，从兀。字當釋臾，許君隸臾於十四篇申部云「从申从乙」，訓「束縛捽抴」。古字人字近兀，當云从人从臼，臼者叉手也。「臾」、「頌」、「容」古本一字，漢書古今人表及藝文志均有鬼容區，郊祀志云「鬼侯問於鬼臾區」，顔師古注「藝文志鬼容區，而此志作臾區，臾容聲相近，蓋一也」。按唐韻「容」、「頌」俱讀「余封切」，喻母東部，「臾」讀「羊朱切」，喻母侯部，東侯陰陽對轉，顔説是也。説文七篇宀部古文容作𡧓，从宀，公聲。九篇頁部「頌，皃也。从頁，公聲」。籀文作

臾

頌，从頁，容聲。是容頌同頌之證。詩序「頌者，美盛德之形容，以其成功告於神明者也」。釋名釋言語「頌，容也，敘說其成功之形容也」。此言頌之異於風雅二體者，不但有其文，而且再現其狀貌形容，使人見其舞知其德，聞其謚知其行也。臾字从元从臼，象搖頭叉手，在六書為象形。變而為頌，从頁，公聲。頁者，頭也，在六書為形聲。更旁从宀，為「容盛」之本字。古字从宀表義者亦或更旁从穴。容字本為从穴公聲，宂古文容，許謂从宀谷，大誤。同聲通假借為雅頌之頌，在六書為假借，其實本一詞也。漢書儒林傳稱魯徐生善為頌，亦猶近人所謂優秀表演藝術家也。器銘為人名。左傳文公十二年晉有臾駢。【金文大字典下】

◉許慎　臾曳也。从申。丿聲。余制切。【說文解字卷十四】

◉林義光　象兩手曳形。。物之端也。【文源卷六】

◉于省吾　卜辭有字。亦作。為武丁時貞人名。劉鶚釋戠。見藏龜序。孫詒讓釋弋。見舉例上七葉。胡光煒釋爭。見說文古文考。柯昌濟釋爰。見書契補釋七葉。葉玉森釋殺。見鉤沈九葉。唐蘭釋乎。其說云。字當作。見新一五九片。象以手牽牛。當是牽之本字。作者。其變形也。見天壤閣考釋三五葉。按諸家之說。均不可據。即今曳字也。象以手曳物之形。說文。臾曳也。从申丿聲。古璽文字徵九·三有字。即庾。从广从臾。臼形中畫相連作。乃古文常例。如厲羌鐘剌字作。翏生盨作。師兌設寅字作。戊寅鼎作。魯侯設遣字作。趙弔卣作。是其證。楊桓書學正韻有拽字。右从曳作。拾十三·十二有字。亦即曳字。古文从每與从从同。單雙反正均無別也。【釋曳　雙劍誃殷契駢枝】

◉馬敘倫　鈕樹玉曰。一切經音義十九引作申也牽也。蓋誤引他書。沈濤曰。申即臾字之譌。是古本臾下無曳字。蓋束縛捽抴為臾。抴曳聲義相近。許蓋以曳釋臾。以臾釋曳。正合本書互訓之例。古無臾曳之語。牽也蓋一訓。王筠曰。部首乀與申部臾手部捈三字當為一。部首厂與申部曳手部抴三字當為一。乀厂指事。最古。臾曳會意。次之。捈抴形聲。蓋最後作矣。馮振心曰。臾曳同字。一聲之轉。倫按王謂捈抴即臾曳。是也。惟說厂乀非是。見厂字下。曳為臾之譌字。蓋字體或作。即臾之反書耳。臾為捈抴之初文。從兩手捈人。會意。捈抴則轉注字。見捈字下。抴曳則音同喻紐四等也。儀禮士相見禮。舉前曳踵。注。古文曳作抴。此曳抴為古今字之證也。此當為臾之重文。而篆當作。字或出字林。【說文解字六書疏證卷二十八】

酉　酉

鐵二八·四　甲二·九〇七　福七　燕四　乙六七一八　乙六二七七　朱書　乙九〇二二　明藏四七二　明藏四五一　甲一三三六　甲二三六八　甲二三三六　甲二四一八　前六·五·三　拾五·七　後一·二六·一五　佚三　佚二六六　佚三七四　粹二七　掇一·四一五　粹六一　佚二一四　甲五四四　寧滬一·二三七　鄴初下四〇·八　前三·一一·五　前四·三五·五　後一·二一·八　後一·二一·六　前一·四一·六　前二·二·六　前三·七·三　前三·六·三　前三·三·二　前一·三七·一　佚四二七　燕一六一　甲二二〇　簠帝七　存二七一二　存二七四六　寧滬二·五六　掇二·三八六　奠酉之刻誤　辛酉卜　【甲骨文編】

甲35　47　86　219　220　261　462　544　952　1130　1222　1327　1336　2116　2349　2381　2386　2418　2612　2625　2635　2690　2783　2787　2846　2891　2907　3576　3614　3618　3620　3918　乙42　420　4810　4867　6718　9021　佚214　427　續1·18·5　徵4·53　外84　【續甲骨文編】

酉　酉爵　酉卣　亞中酉觚　酉父辛爵　酉父癸尊　酉乙鼎　𠨍卣三　臣辰卣　臣辰盉　矢方彝　師遽方彝　或簋　舀鼎　害鼎　遹簋　師遽簋　師酉簋　永盂　酉命　酉司徒𠧴父　宦桐盂　郗王義楚耑　簷平鐘　以濼其大酉　陳喜壺　㪤月己酉　鄂君啟車節　酉焚　地

名【金文編】

3·409 塙閱豆里人匋者曰酉 5·384 瓦書「四年周天子使卿大夫……」共一百十八字 9·78 王酉 齊魯2·77 獨字【古陶文字徵】

163 204 233【包山楚簡文字編】

酉 日乙一一三 一百六十二例 通酒 得之於— 脯脩節肉 日甲七六 通柳 六月—百事吉 日乙九一 日乙三一 六例 日乙二二五 二例【睡虎地秦簡文字編】

3447 2081 1168 3419【古璽文編】

史酉 杜酉之印 冬酉□印【漢印文字徵】

蘭臺令史殘碑 十月丁酉 石經無逸 說文古文作丣汗簡引作丣 袁敞碑 其辛酉葬 天璽紀功碑 己酉朔【石刻篆文編】

酉 酉說文。【汗簡】

說文 汗簡 崔希裕纂古【古文四聲韻】

◉許 慎 酉就也。八月黍成可為酎酒。象古文酉之形。凡酉之屬皆从酉。與久切。丣古文酉从丣。丣為春門。萬物已出。酉為秋門。萬物已入。一。閉門象也。【說文解字卷十四】

◉劉心源 趞鼎 酉古文酒字。象酒器形。自叚為丣丣字。乃加水㠯別之。說文。酉就也。八月黍成可為酎酒。丣古文酉。據許說。明㠯酉為酒。其云丣為古文者。正為用酉為丣。尚在後耳。毛公鼎毋敢湎于酉。盂鼎在于即事𠭯酉無敢酷。又云率肆于酉。季良父壺用盛旨酉。西亶鐳用實旨酉。皆酒字也。【趞鼎 奇觚室吉金文述卷二】

◉郭沫若　此字(酉)篆形與古文尚無大別，骨文變體頗多。類編有廿九種。然大體作若，乃壺尊之象也。金文作酉父辛爵。師遽尊「丁酉」。師遽毀蓋「辛酉」。更有特長其頸作者。師酉毀之一器。其从卯作丣之古文則迄未有見，小篆从丣作之劉畱桺諸字。古文均从卯作，而卯於骨文有作者，見前。則丣字實古卯字耳。

要之，古十二辰第十位之酉字實象瓶尊之形，古金及卜辭每多假以為酒字。許之釋就，蓋用轉注法以牽就其八月之義(許釋十二辰均用此法)，酉縱為就，自當後起。【釋支干　甲骨文字研究】

◉葉玉森　卜辭酉作、、、、、、等形。均象容酒之器。上有提梁。或作、、、、。提梁之象漸晦。再變作、、、。上無提梁。惟象容酒之器。更變作倒文、。則任意契刻矣。【殷墟書契前編集釋卷一】

◉馬叙倫　莊有可曰。周伯琦謂說文無卣字。酉即其字也。按卣為中尊。為盛酒器。非酒也。惟酉為繹酒。乃是酒字耳。孔廣居曰。周伯琦謂酉是古酒字。小篆加水。其說甚是。鍾鼎酉作。外象貯酒器。中象酒。郭沫若曰。酉象瓶尊之形。古金文及卜辭皆借為酒。倫按酉是器名。金文酉卣作。酉父辛爵作。師遽尊作。師酉敦作。甲文作。皆象器形。而非即酒字也。古借以為酒字。蓋古以此為盛酒之器。即詩秬鬯一卣之卣本字。其底作圓銳形者。疑古之盛器。因解獸角。或見瓠及蠡與匵而發明。故塞蒲拉斯文中瓶字作。亦銳底。甲文中字明象角形而為之者。其或為圓底。如甲文之。盂鼎之。蓋非一時所作。安迪生所搜集之中國石銅時期之陶器中。止有銳底而無圓底。蓋圓底之器較晚出。近時中央研究院在安陽發掘得一器。其形為。底圓而略銳。李濟據吳大澂說。定為尊。倫謂奠尊一字。實非名詞。金文言奠彝或隮彝者。皆為奠器。吳據尊字以釋山左所出圓底之瓦器。實非是也。古名盛酒之器為尊者。借尊為鍾耳。鍾之形為。則與安陽之器異矣。倫以為此實酉也。以此器形與盂鼎字相證。蓋所異者微。文字縱類圖畫。要不能無少異同。況金甲文字又不盡皆原始之形也。杭州舊式酒家用以盛酒之器。有為者。即小說中所謂一角酒之角。蓋其形製實為古酒器之遺範。即今紹興盛酒之罎。其形為者。亦然。故知酉即卣。為盛酒器之象形文。形聲造字之法未發明以前。即借酉為酒。故從酒得義之字。今皆從酉也。亦或本部酒義之字。皆從酒省。許以字皆從酉。故屬酉部。實當別立酒部以統之。八月以下八字蓋字林文。象古文酉之形者。朱駿聲謂酉丣截然兩字。是也。蓋本作象形。呂忱或校者欲其合於酉為秋門之說而增改也。

丣　說文疑曰。酉乃古之酒字。至於卯酉之酉。本別有丣字。附古文丣字於酉下。必非許氏原本。鈕樹玉曰。韻會作丣為秋門。繫傳閉上有卯字。韻會作故一卯閉門象也。沈濤曰。汗簡𨚗酉說文。是古本尚有此重文卯字。古文作丣。則此字古文亦當如是作。嚴可均曰。汗簡作𨚗。從古文丣。是也。類篇引作古文酉從一丣。此脫一字。王筠曰。繫傳從一丣閉門象。當作丣閉門象也。大徐作一閉門象也。乃不悟一丣二字為丣之譌。而疑丣為非字。遂刪從及丣而又不合也。朱駿聲曰。酉丣各字。艸部有茆。𦬊葵字。又有莤。縮酒字。是其證也。王宗涑曰。古文酉與寅卯之丣本一字。說文𣏓從古文酉。而石鼓文貫之以𣏓。右旁從開門之丣。吴志虞翻傳注曰。翻云。古大篆丣字。丣與久切。俗作卯。讀當言𣏓。俗作柳。古𣏓丣同字。竊謂翻言為然。案裴松之意。謂𣏓從古文酉聲。卯說文作丣。故然翻言也。譚焯曰。酉部字類以酒為義。則酉乃古文酒字。象釀酒器形。小篆以酉為丣。遂從酉加水為酒耳。其實丣酉截然兩字。觀艸部有茆又有莤。其證也。丣從丣而闢其上。一所以閉之。於六書為指事。王元穉曰。此當專指干支之酉。古文以丣為酉。李杲曰。此必後人妄增。卯字書契又作卯。可證此亦為卯字也。郭沫若曰。丣即骨文丣字。乃卯之或體。許誤以為古文酉。倫按丣與甲文之門不同。門為閉門。以一在門之中間。指事。此作丣。安有閉門之象乎。諸家以為與丣一字。是也。魏石經酒字古文作丣。豈其酉字古文乃作丣。而呂忱據加乎。抑其干支字之酉獨作此乎。抑或字出衛恒古文官書。而篆體如汗簡作𨚗乎。即然。乃借丣為酉耳。聲同幽類也。【說文解字六書疏證卷二十八】

◉劉信芳　包山簡凡干支之「酉」俱从木作「栖」，如簡四五「己栖」、三七「癸栖」，而「酉」是「酒」字初文。如二〇〇、二〇二、二〇三「酒食」俱作「酉食」。【包山楚簡近似文字辨析　考古與文物一九九六年第二期】

酒

甲二一二一　京都一九三二　地名　在酒盂受年　【甲骨文編】

甲188　376　408　438　460　520　755　849　1259　1265　1321　1336　2123　2356　2419　2616　2930　乙493　2982　4911　5809　6403　6664　6672　6694　7258　7295　7645　7690　7751　7766　8705　8810　8816　8982　珠4　5　6　8　623　625　632　637　642　644

848　佚33　44　76　78　166　260　314　404　407　878　884　887　892　906　續1·2·4　1·28·9　1·39·8　1·42·1　1·46·7　2·1·3　2·2·1　2·3·10　2·6·2　2·6·3　2·7·2　2·7·7　2·8·6　6·11·3　掇420　徵3·40　3·60　3·171　3·183　3·184　3·192　3·217　3·234　3·236　4·12　4·13　4·41　8·4　8·22　8·26　京1·26·2　3·30·4　4·1·4　4·24·2　4·31·2　凡22·1　22·2　録336　352　361　362　516　521　522　525　526　東方1302　書1·5·E　鄴32·4　六中248　續存1433　1467　書1·8·A　摭續6　85　粹79　116　177　313　437　438　440　500　【續甲骨文編】

酒　不从水書無逸酗于酒德哉魏三字石經古文作[illegible]　天君鼎　天君卿[illegible]酒　乙亥鼎　王卿酒　宰甶簋　王卿酒　盂鼎　率肄于酒　毛公厝鼎　毋敢湎于酒　殳季良父壺　用盛旨酒　國差𦉜　用實旨酒　沇兒鐘　飲酒　三年瘐壺　卿逆酒　【金文編】

香録14·3　食是[illegible]酒[illegible]非□　文𦳝3·6　東甫□酒　【古陶文字徵】

酒　日甲一一三　三例　日甲一五七背　【睡虎地秦簡文字編】

新成左祭酒　酒單祭尊　步昌祭酒　韓多酒印　【漢印文字徵】

 酒 石經無逸 酗于酒德才 酒古文不从水金文同酉字重文 【石刻篆文編】

酒 【汗簡】

義雲章 同上 【古文四聲韻】

●許 慎 酒就也。所以就人性之善惡。从水。从酉。酉亦聲。一曰造也。吉凶所造也。古者儀狄作酒醪。禹嘗之而美。遂疏儀狄。杜康作秫酒。子酉切。【説文解字卷十四】

●孫詒讓 月禮合衆飲酒，故又云「衆酉」。行于正月者則云「正酉」。「酒」字並作「酉」。詳《釋禮篇》。金文凡酒字亦如是作，字例正同。然龜文雖借「酉」為「酒」，又别有「酒」字，皆作「[glyph]」，或作「[glyph]」，⊘金文戊寅父丁鼎亦有[glyph]字，酎父乙尊作[glyph]。阮文達謂即古酎字。《積古齋鐘鼎款識》。然龜文此字甚多，尋文究義似即用為「酒」字。彡非彡，實即水之省變。「酒牢」、「酒豊」字屢見，義亦通母也。【契文舉例卷下】

●羅振玉 [glyphs] 从酉从彡。象酒由尊中挹出之狀。即許書之酒字也。卜辭所載諸酒字為祭名。考古者酒熟而薦祖廟。然後天子與羣臣飲之於朝。説文解字酎注。三重醖酒也。从酉。肘省聲。明堂月令曰。孟秋天子飲酎。又案左氏傳見于嘗酎。襄二十二年。意商之酒祭即後世之嘗酎。酒殆酎之本字。説文解字酉與酒訓詈同。本為一字。故古金文酒字皆作酉。惟戊寅父丁鼎有酒字作[glyph]。亦祭名。與卜辭正同。段先生曰。凡从酒之字當别為酒部。解曰从酒省。是未知酒酉之本為一字矣。【增訂殷虛書契考釋卷中】

●吴其昌 「酒」者，與「酉」為一字，「酉」象酒尊，「酒」則兼象尊外有醪瀝之形也。引而申之則亦為祭名。而周禮「槱㸑」之「槱」，則疑即此「酒」字之譌變也。所以知「酒」「酉」為一字者，古金文幾莫不如是，最著如毛公鼎「毋敢湎于酉」，大盂鼎「䣛酉無敢醶」，又云「殷正百辟，率肄于酉」，皆以「酉」為「酒」。殳季良父壺「用盛旨酉」，國差𦉜「用實旨酉」，及天君鼎、宰甫毁之「饗酉」，尤為明顯。魏正始三體石經尚書無逸「酗于酒德哉」，古文亦作「酉」。劉成國釋名亦尚有「酒，酉也」之同聲相訓。卜辭中雖「酉」「酒」分别，然亦有不分别之處。如「[glyph]酒祭上甲」後・一・二〇・一三，「酒[glyph]祭上甲」前・六・五九・三，又後・一・二一・三，亦作「[glyph]酉祭上甲」續・一・五・一，其堅證也。以故知原始「酉」「酒」之一字矣。所以知[glyph]字所从之彡乃象尊旁醪瀝之形者，孫詒讓曰：「龜文[glyph]字，似即用為酒字。彡非彡，實即水之省變。」舉例下・二二。羅振玉曰：「从酉从彡，象酒由尊中挹出之狀。即許書之酒字也。」按孫、羅二説，至碻不易。【殷虛書契解詁 武大文哲季刊三卷四期】

⿰酉甚　⿰酉甚　⿰酉冡　⿰酉冡

◉馬叙倫　鈕樹玉曰。韻會所造下有起字。嚴可均曰。初學記廿六御覽八百四十三引作所起造也。事類酒賦注引作凶吉所起也。倫按酒為酒醴之酒本字。⊘羅振玉據卜辭用為祭名。戊寅父丁鼎彰亦祭名。以為酒即酎之本字。尋阮元已釋彰為酎。蓋酎即酒之轉注字。聲同幽類。酉下曰。八月黍成可為酎酒。蓋釀至三重。則滓淨而若水。始為酒矣。漢舊儀。大祠曰飲酎。漢大樂律。卑者之子不得舞宗廟之酎。此蓋沿自古禮。故金甲文酒為祭名也。今廣州人言酒音同酎。無錫亦然。就也所以就人性之善惡疑本酉下説解。所以就人性之善惡乃吕忱説。以釋就也之訓。一曰造也吉凶所造也。乃本字説解。酉就聲近。酒古音如酎。酎造聲近。凶吉所造也亦吕忱説。傳寫以酉字説解中語誤入酒下。酒字説解中語轉挩。校者據一本記之。從水酉聲。段玉裁謂從酒之字當別為酒部。餘詳酉下。酒字見急就篇。【説文解字六書疏證卷二十八】

◉馬叙倫　父乙尊[古文字]　孫詒讓曰。商龜文酒皆作[古文字]。疑此亦酒之異文。倫按孫説是也。舊釋為酎。非也。酎為酒之轉注字耳。今蘇州廣州猶有謂酒如酎者也。此[古文字]旁甚與今紹興酒之罎似。今紹興酒罎以竹裏為繩縛之。成兩耳以便持舉。金文盂字有作[古文字]者亦有耳。此文之[古文字]。則與竹裏縛形似。豈今製猶古之遺風與。【讀金器刻詞卷下】

◉李學勤　「⿰亻酉」字舊釋「飲」，但壺銘或云「左⿰亻酉」，或云「右内⿰亻酉」，讀「飲」不很通順。查商周「酒」字多作「酉」，此字从「人」「酉」聲，疑即「酒」字。左右酒或左右内（納）酒，是《周禮》酒正、酒人之類酒官，方壺係其貯酒用的器具。【中日歐美澳紐所見所拓所摹金文彙編選釋　川大學報叢刊古文字研究論文集第十輯】

◉許　愼　⿰酉冡䵋生衣也。从酉。冡聲。莫紅切。【説文解字卷十四】

◉馬叙倫　䵋生衣也非本訓。或此字出字林。冡聲者。語原然也。錢坫謂今字作黴。聲相近。【説文解字六書疏證卷二十八】

◉許　愼　⿰酉甚孰䵋也。从酉。甚聲。余箴切。【説文解字卷十四】

◉王國維　[古文字]　⿰酉⿱灭貝从酉。⿱灭貝聲。⿱灭貝即灭字。説文。灭。小爇也。詩曰。憂心如灭。今本誤作灭灭。詩大雅正義所引不誤。以聲類求之。疑即⿰酉甚。經傳通作湛。灭聲在談部。甚聲在侵部。二部最相近。【盂鼎銘考釋　觀堂集林第十二册】

醲 醞 畲 酴 釃

◉許　慎　釀醞也。作酒曰釀。从酉。襄聲。女亮切。【説文解字卷十四】

◉馬叙倫　沈濤曰。一切經音義九引。醞。作酒曰釀也。廿五引。醞。作酒曰釀母也。母字誤衍。也字古本在釀字下。王筠曰。當作醞也。作酒曰釀母也。玄應引此而申之曰。釀頭也。頭者初釀之名。再以此酒釀之。如以母生子。故謂之母。倫按作酒曰釀母也校語。母上尚捝酒字。倉頡篇。醞。酒母也。釀為酒母。故玄應復以時之方語釋之曰。釀頭也。今杭縣上海以糯米為酒釀。即作酒之頭釀。故名酒釀。釀本酒母之名。今借為𨡓。𨡓實作酒之名也。見𨡓字下。醞釀轉注字。釀聲陽類。醞從昷得聲。昷從囚得聲。囚為明之初文。聲亦陽類。明音微紐。釀音娘紐。又同為邊音也。字見急就篇。玄應一切經音義引三倉。米麴所作釀。【説文解字六書疏證卷二十八】

◉許　慎　醞釀也。从酉。昷聲。於問切。【説文解字卷十四】

◉馬叙倫　錢坫曰。倉頡篇。醞。酒母也。【説文解字六書疏證卷二十八】

◉許　慎　畲酒疾孰也。从酉。弁聲。芳萬切。【説文解字卷十四】

◉許　慎　酴酒母也。从酉。余聲。讀若廬。同都切。【説文解字卷十四】

◉馬叙倫　徐鍇曰。此盞酒之初和頭也。段玉裁曰。米部。𥻿。酒母也。此酴亦訓酒母。則今之酵也。劉秀生曰。余盧聲並模部。故酴從余聲得讀若盧。盧從盧聲。盧從虍聲。易萃。君子以除戎器。釋文。除。荀作慮。除從余聲。慮從虍聲。是其證。倫按𥻿為酵之初文。此今俩酒藥者也。酴為釀之同舌尖前音。亦聲為余陽對轉注字也。故徐鍇以為酒之初和頭也。蓋弟一𨡓所成為釀。而酒由此生。故得酒母名。然非即酵也。【説文解字六書疏證卷二十八】

釃出余切竝出林罕集綴【汗簡】

義雲章【古文四聲韻】

◉許　慎　釃下酒也。一曰醇也。从酉。麗聲。所綺切。【説文解字卷十四】

◉馬叙倫　鈕樹玉曰。韻會從西麗聲在一曰上。段玉裁曰。醇當作淳。水部。淳者。渌也。倫按釃簏語原同也。鹿為麗之初文。一曰醇也者。古或借釃為漉。水部。漉。一曰水下皃。玄應一切經音義引三倉。淋漉。水下也。漉之或體作渌。而本書淳訓渌也。然淳為汲之轉注字。訓渌者。字當作录。見淳字下。此蓋校者所加。亦或此字出字林。【説文解字六書疏證卷二十八】

⿰酉肙

◉許　慎　⿰酉肙⿰酉鬲酒也。从酉。肙聲。古玄切。【説文解字卷十四】

◉馬叙倫　朱駿聲曰。玉篇⿰酉肙以孔下酒。按蘇俗所謂盝酒。倫按釃聲歌類。⿰酉肙聲元類。歌元對轉轉注字也。廣韻。瓹。盆底孔。蓋語原同。⿰酉鬲酒也當作⿰酉鬲也下酒也。下酒也校語。或⿰酉鬲字涉下⿰酉鬲篆下隸書複舉字而譌衍。下酒也字林文。此字或出字林。【説文解字六書疏證卷二十八】

⿰酉鬲

◉許　慎　⿰酉鬲⿰酉鬲⿰酉肙也。从酉。鬲聲。郎擊切。【説文解字卷十四】

◉馬叙倫　段玉裁曰。廣韻曰。下酒也。按謂滴瀝而下也。在水部作瀝。在酒部作⿰酉鬲。周禮量人作歷。叚借。倫按⿰酉鬲瀝語原同也。本書。鬲。漢令作歷。⿰酉鬲⿰酉肙轉注字。⿰酉肙音見紐。⿰酉鬲從鬲得聲。鬲音亦見紐也。鬲古音或如鍋。聲在歌類。歷從厤得聲。厤從秝得聲。秝禾一字。禾聲亦歌類。故鬲可轉注為歷。歌元對轉。⿰酉肙聲元類也。【説文解字六書疏證卷二十八】

醴

豊　豊之重文【續甲骨文編】

醴　不从酉　長由盉　穆王卿醴　豊字重見

三年瘐壺　卿醴

伯公父壺　作醴壺

鄭楙弔壺　作醴壺

師遽方彝　卿醴

觴仲多　作醴壺

大鼎　王卿醴

从皿　曾伯陭壺【金文編】

醴　日乙二四〇【睡虎地秦簡文字編】

◉許　慎　醴酒一宿孰也。从酉。豊聲。盧啓切。【説文解字卷十四】

◉馬叙倫　玉篇甜酒也一宿孰也。則此本是酒也一宿孰者也。傳寫捝字耳。一宿孰者也蓋字林文。【説文解字六書疏證卷二十八】

醪

◉許　慎　醪汁滓酒也。从酉。翏聲。魯刀切。【説文解字卷十四】

◉馬叙倫　沈濤曰。後漢書寇恂傳注引。醪。兼汁滓酒也。米部。糟。酒滓也。但有滓者為糟。而兼汁滓者為醪。兼字不可少。一切經音義二二云。説文三倉皆云有滓酒也。又與章懷所據者不同。徐灝曰。醪與醴皆汁滓相將。醴一宿孰。味至薄。醪則醇酒味甘。後漢書樊儵傳注。醪。醇酒。汁滓相將也。倫按醪醴音同來紐。朱駿聲謂醴即今蘇俗之白酒。倫所至皆得此酒。味薄而甜。飲之不醉。此楚元王為穆生所設者與。然濁而無滓。漢書楊惲傳。濁醪夕飲。朱駿聲謂醪亦今蘇俗所謂白酒。則醪醴一物。為轉注字。以其不清。故曰有滓酒。以其皆汁。自異於糟。李賢所引兼汁滓酒也者。本作有滓酒也。有譌為兼。汁滓形音並近。滓譌為汁。校者注滓字。傳寫復誤為正文耳。然許當止訓酒也。有滓酒也蓋字林文。醴為酒一宿孰者。與釀同。則音或即演於釀。字見急就篇。【説文解字六書疏證卷二十八】

醇

醇 醇出尚書。【汗簡】

醇 古尚書　醇 籀韻【古文四聲韻】

◉許　慎　醇不澆酒也。从酉。𦎫聲。常倫切。【説文解字卷十四】

◉馬叙倫　不澆酒也蓋字林文。許當以同聲之字訓。或止訓酒也。桂馥曰。三蒼。醇。醲也。【説文解字六書疏證卷二十八】

醹

◉許　慎　醹厚酒也。从酉。需聲。詩曰。酒醴惟醹。而主切。【説文解字卷十四】

◉馬叙倫　詩行葦釋文引字林。醹。厚酒也。六書故引字林。厚也。然則此乃字林文。或此字出字林。醹疑即今所謂糯米酒。故聲得於需。與糯同也。餘見酎下。【説文解字六書疏證卷二十八】

酎

◉許 慎 酎三重醇酒也。从酉。从時省。明堂月令曰。孟秋天子飲酎。除柳切。【説文解字卷十四】

◉商承祚

从酉从彡。象酒由尊中挹出之狀。其形與許書酒字相似。而甲骨文用為祭名。殆即漢時酎祭之祭。古者酒熟而薦祖廟。然後天子與羣臣飲之于朝。明堂月令曰。「孟秋天子飲酎。」左氏傳襄二十二年。「見于嘗酎。」史記孝文紀。「高廟酎。」意商之彡祭。即後世之嘗酎。而彡殆即酎之本字也。説文酉與酒訓畧同。本為一字之證。故金文酒字皆作酉。段玉裁曰。「凡从酒之字，當別為酒部。解曰从酒省。許合之。疏矣。」(酉注)殆未知酒酉為一字也。金文戊寅鼎作。彡尊作。亦用為祭名。與甲骨文同。【甲骨文字研究下編】

◉馬叙倫 鈕樹玉曰。韻會時上無從字。六書故云。説文蜀本曰。月令孟夏飲酎。从肘省聲。三重醇酒也。嚴可均曰。當依蜀本。沈濤曰。二徐誤肘為時。以為聲不相近。故删聲字。翟云升曰。初學記引醇作之。倫按酎為酒之轉注字。聲同幽類。禮記月令。天子飲酎。注。酎之言醇也。古注凡言某之言某者。皆以聲音相近為釋。酎從肘得聲。聲在幽類。醹從需得聲。在矦類。幽矦近轉。酎音澄紐。醇音禪紐。古讀皆歸於定。醹音日紐。古讀歸泥。定泥同為舌尖前音。然則此三字或為轉注。或語原同也。三重醇酒也。或本訓醇也。三重之酒也。三重之酒也字林文。或校語。從酉寸聲。寸為肘之初文。【説文解字六書疏證卷二十八】

醠

◉許 慎 醠濁酒也。从酉。盎聲。烏浪切。【説文解字卷十四】

醲

【汗簡】

義雲章【古文四聲韻】

◉許 慎 醲厚酒也。从酉。農聲。女容切。【説文解字卷十四】

◉馬叙倫 醲訓厚酒。醇訓不澆酒。醇醲聲同真類。轉注字。醹從需得聲。需從而得聲。而音日紐。古讀歸泥。醲音娘紐。泥娘同為舌尖前邊音。是亦轉注字也。【説文解字六書疏證卷二十八】

⿰酉茸 酤 ⿱⿰知亐酉 ⿰酉監

◉許慎 ⿰酉茸酒也。从酉。茸聲。而容切。【説文解字卷十四】

◉馬叙倫 桂馥曰。玉篇廣韻並無⿰酉茸字。玉篇。⿰酉耳。重釀也。廣韻。⿰酉耳。重釀酒也。集韻平聲。⿰酉茸。如容切。説文。酒也。一曰。酒重釀者。去聲。⿰酉茸⿰酉耳女利切。字林。重釀也。或作⿰酉耳。類篇。⿰酉茸。如容切。説文。酒也。一曰。酒重釀者。⿰酉耳。女利切。字林。重釀也。馥案集韻類篇⿰酉茸下竝引説文。⿰酉耳下並引字林。玉篇廣韻則有⿰酉耳無⿰酉茸。是本書與字林竝從耳。後譌從茸。音隨字變。集韻類篇所引説文非許氏原文。倫按桂説是也。此字出字林。抑或字林有正重二文也。⿰酉茸蓋醲之轉注字。古音皆在泥紐也。亦醹之聲同之類轉注字。【説文解字六書疏證卷二十八】

◉許慎 酤一宿酒也。一曰買酒也。从酉。古聲。古乎切。【説文解字卷十四】

◉馬叙倫 桂馥曰。鄭玄注司市價字。一曰買。一曰賣。賈疏謂順文為義。馥謂此酤亦然。晏子。人有酤酒者。為器甚潔清。置表甚長。而酒酸不售。問之里人其故。里人云。公狗之猛。人挈器而入。且酤公酒。狗迎而噬之。此酒所以酸而不售也。馥案上酤字為賣。下酤字為買。所謂順文為義也。翟云升曰。類篇引無宿字。王筠曰。一曰五字似後人增。伐木釋文。酤。毛音户。一宿酒也。説文同。鄭音顧。又音沽。買也。據此。則隋本説文無此五字。倫按酤買者字當作賈。然一宿酒疑呂忱本詩伐木傳加之。本訓捝矣。字見急就篇。而皇象本作沽。疑顏師古本作酤者。涉下酒字而譌。或傳寫者以字林字易之。此字蓋出字林。【説文解字六書疏證卷二十八】

◉許慎 ⿱⿰知亐酉酒也。从酉。智省。陟离切。【説文解字卷十四】

◉馬叙倫 合依鍇本作斲省聲。玉篇訓酒厚也。斲音知紐。與醇酎為同舌面音轉注字。此字蓋出字林。【説文解字六書疏證卷二十八】

◉許慎 ⿰酉監泛齊。行酒也。从酉。監聲。盧瞰切。【説文解字卷十四】

◉馬叙倫 段玉裁曰。泛齊見周禮酒正。鄭云。泛者。成滓泛泛然。如今宜成醪矣。行酒未聞。疑是貨物行敝之行。謂行用之酒也。行酒上疑當有一曰二字。邵瑛曰。此字各字書耑據説文為泛齊行酒。無他義。其實濫諸之濫當即此字。今經典作濫。内則。飲有漿水醷濫。鄭注。濫。以諸和水也。以周禮六飲校之。則濫涼也。紀莒之閒名諸為濫。蓋假借字也。韻會

醰 𨡔

小補於醯字下云。通作濫。引内則醷濫。是醯為濫之本字。且醷濫一類。醷既從酉。不應濫諸作泛濫之濫。斷宜作醯。似可無疑。錢坫曰。酒正泛齊字。墨子有壺濫。亦同此字。王筠曰。泛齊雖見周禮。而泛齊名醯。則無出典。説文又有氾無泛。疑當云。氾。行酒也。以氾説醯。疊韻為訓。徐灝曰。九章算術。醇酒一斗。直錢五十。行酒一斗。直錢一十。行酒謂酒不醇者也。唐律疏義。諸造器用之物及絹布之屬。有行濫短狹而賣者。杖六十。注。不牢謂之行。不真謂之濫。醯即行濫之義。今人猶謂貨物不精好者為行貨。孫詒讓曰。醯義當為薄酒。九章算術。醇酒一斗。錢五十。行酒一斗。錢一十。醯疑即内則之濫也。倫按墨子壺濫字借為鑑。莊子則陽。衛靈公有妻三人。同濫而浴。亦借濫為鑑。泛字本書水部有之。此説解蓋本作泛也。泛齊也。行酒也。唐人删節如此耳。泛齊也者謂醯即周禮之泛齊。此蓋吕忱之説。行酒也者。或亦忱説。或校者加之。行酒徐説是也。此字疑出字林。則吕忱止訓泛齊也。餘詳醸下。【説文解字六書疏證卷二十八】

◉許　慎　𨡔酒味淫也。从酉。竷省聲。讀若春秋傳曰。美而豔。古禫切。【説文解字卷十四】

◉馬叙倫　錢坫曰。酒味淫也。玉篇作酒味苦也。今關陝以西凡酒味厚而苦謂之豔。王筠曰。下文。醰。酒味苦也。毛本改苦為長。玉篇。醰。酒味苦也。醰。酒味不長也。廣韻醰訓如説文。醰訓如玉篇。案説文兩字當互易其説解。𣅀部。覃。長味也。從覃者。嘾。含深也。瞫。深視也。深乃長義之引申。知玉篇廣韻醰訓不長者非也。然知説文作淫不作長者。嘾與蟫皆余箴切。與淫同音。故知説文作淫。以音説之也。至從竷聲之字。即以玉篇為據矣。此由寫者以二句相似。因互譌耳。朱駿聲曰。淫當作苦。與醰篆説解互易。倫按王煦謂朱文藻本繫傳酉部末注云。酓在十七頁醰字下。則知酓乃醰之重文。王玉樹謂毛刻初印本醰下作酒味苦也。刓改苦作長。又於部末補酓篆。解云。酒味苦也。從酉。今聲。小徐本云。酓。酒味苦也。醰。甜。長味也。玉篇列字次弟略同説文。而云。酓。酒苦也。醰。酒味長也。廣韻亦云。酓。酒味苦也。文選長笛賦注引字林。醰。甜同。味長也。是則改補與古義合。而大徐本脱一篆文。誤以酓篆之解為醰篆之解。倫謂本部末記重八而今止重七。則王煦謂酓為醰之重文是也。酓醰聲同侵類。故得為轉注字。女部嬸下引韓詩澤陂。碩大且嬸。毛詩作儼。今謂酒苦曰釅。則酓醰為轉注字益明。説解中淫字蓋醰下説解中字。傳寫互譌。然酒味苦也蓋字林文。或此字出字林。并有重文作酓也。讀若豔者。劉秀生曰。竷聲在添部。豔聲在帖部。添帖對轉。故醰從竷聲得讀若豔。詩十月之交。豔妻煽方處。漢書五行志注引尚書中侯豔作剡。木部。棪。從水。炎聲。讀若三年導服之導。導服即禫服。禫從覃得聲。覃從鹹聲。鹹從咸聲。頁部。顑。從頁。咸聲。讀若戇。戇從贛聲。贛亦從竷省聲。是其證。【説文解字六書疏證卷二】

十八】

醅 酷

酷 3·432 □酷里曰陰愆 3·441 東酷里公孫𢀵 3·445 東酷里□□ 3·446 東酷里鄭奭 3·450 酷里隻

3·452 酷里人匋者曰童 3·434 東酷里匋□ 3·442 東酷里□□ 3·431 西酷里陳何 3·451 酷里𨛫

3·453 酷里□□ 3·438 東酷里安 3·751 酷霝 【古陶文字徵】

124 【包山楚簡文字編】

崔希裕纂古 【古文四聲韻】

◉許　慎　醅酒厚味也。从酉。告聲。苦沃切。【説文解字卷十四】

◉吳大澂　古酷字。古陶器。亦古陶器文。【説文古籀補卷十四】

◉劉心源　酷。或釋酟。非。酟。説文作酳。此从𡱒。於凶句二形無涉。攷卯敦造字作𨑥。佑惟造余。漢中平洗造字作𨑥。富世造。其所从之告與𡇒同。知此从告。又从火。古文火字也。此蓋合焅字為之。説文。焅。旱气也。乃酷烈本字。酷。酒厚味也。自叚酷為焅烈字而焅無人識。又味酷本義矣。【孟鼎　奇觚室吉金文述卷二】

◉馬叙倫　鈕樹玉曰。廣韻韻會引及玉篇注作酒味厚也。一切經音義四及十引作酷急也。蓋誤以嚳為酷。沈濤曰。一切經音義四引。酷。急也。亦暴虐也。蓋一曰以下之文。此皆酷之引申義。王筠曰。書正義。説文云。酷。酒厚味也。酒味之厚必嚴烈。人之暴虐與酒嚴烈同。故謂之酷。筠案借酷為嚳耳。倫按音義正義所引。蓋皆字林文。或校語也。酷即今謂味厚而苦曰釅之字。知者。酷從告得聲。告從口得聲。苦從古得聲。古亦從口得聲。見古字下。則酷之從告得聲。猶從古得聲。釅從嚴得聲。嚴從敢得聲。敢亦從口得聲。見敢字下。是酷釅苦並得聲於口也。自古借酷為嚳。本義遂晦。久為借義所專。故後世別作釅字。而字隨聲變矣。今言茶酒味厚者皆曰釅。南北通有此語。論之茶酒味厚即苦。故陜以西凡酒味厚而苦謂之醶。醶釅聲同談類也。以此相證。則醰酷相次之故。及其音義皆明白矣。酒厚味也蓋非本訓。或此字出字林也。【説文解字六書疏證卷二十八】

醰

◉許　慎　醰酒味苦也。从酉。覃聲。徒紺切。【說文解字卷十四】

◉丁佛言　□古鉢。王醰信鉢。

醰或从肉。集均。膻。肥貌。又厚味也。【說文古籀補補卷十四】

◉馬叙倫　鈕樹玉曰。玉篇作酒味不長也。不字衍。據文選長笛賦注引字林云。醰。甜同。長味也。則繫傳蓋衍甜字。桂馥曰。集韻引及宋本小字本李燾本並同此。承培元曰。小徐作甜長味也。此作酒味苦也。乃誤以畬注入醰下。此與文選洞簫賦注引字林合。呂忱蓋用許說也。王筠曰。小徐甜長味也。此以字林改說文也。倫按長味者覃字訓。然王筠以從覃之字皆有長義。證此當訓酒味長。可從。蓋說解本作淫也酒味甜也長也三訓。淫也以聲訓。荀子勸學篇之淫魚即鱏。可證也。酒味甜也呂忱文。長也或亦呂忱列異訓。或校者所加。傳寫捝譌耳。選注所引同字疑誤。字林似無此詞例。【說文解字六書疏證卷二十八】

⿰酉朩

◉許　慎　⿰酉朩酒色也。从酉。市聲。普活切。【說文解字卷十四】

◉馬叙倫　朱駿聲曰。疑與配同字。倫按下文。配。酒色也。從弋得聲。配亦訓酒色。從非飛之異文作乁者得聲。詳配字下。酏音喻紐四等。非音非紐。非與喻四同為次清摩擦音。是轉注字也。古讀非歸封。封滂同為雙脣破裂音。是⿰酉朩配亦轉注字也。篆當依鍇本作⿰酉朩。字或出字林。【說文解字六書疏證卷二十八】

配

金五五三　从卩　存二二四四　小配合文　京都　【甲骨文編】

配　从卩　㝬鐘　我隹司配皇天　盠方尊　用𫹉夕配宗　南宮乎鐘　配皇天　毛公𢉩鼎　配我有周　㝬簋　用配皇天　蔡侯𪓰盤　敬配吳王　拍敦蓋　朕配平姬　陳逆笑　【金文編】

韓配印信　屠配印信　【漢印文字徵】

石經君奭　故殷禮陟配天　【石刻篆文編】

配[古文] 古孝經 [古文]古老子 [古文]古尚書 [古文]古文 【古文四聲韻】

◉許　慎　[古文]酒色也。从酉。己聲。臣鉉等曰。己非聲。當从妃省。滂佩切。【說文解字卷十四】

◉吳大澂　[古文]　古配字。从酉。从卩。毛公鼎。配我有周。膺受大命。【說文古籀補卷十四】

◉王　襄　[古文]　古配字。【簠室殷契類纂正編第十四】

◉林義光　配為酒色無考。己亦非聲。古作[古文]毛公鼎。又不从己。配當與肥同字。从人在酒旁。與肥在肉旁同意。肥配古同音。故說文嶏崩也。嶏崩聲。嶏與嶏亦同字。【文源卷六】

◉高田忠周　[古文]　說文。[古文]。酒色也。从酉。己聲。段氏云。己非聲也。當本是妃省聲。故叚借為妃字。又別其音妃平配去。今依金刻文。字皆从卩不从己也。蓋字義為酒色。色有卩也。故从人卩。配。古文从卩。猶从色也。此元會意字。或謂卩配古音同部。卩亦聲。又按依下文作[古文]作[古文]。以隸釋古者。偶誤認[古文]為[古文]。遂為配字。而不知[古文][古文]皆同[古文]。亦卩異文耳。銘意蓋亦叚借為妃。配凡訓對也。匹也。當也。皆是也。【古籀篇七十六】

◉馬叙倫　徐鉉曰。己非聲。當從妃省。鈕樹玉曰。韻會無也字。莊述祖曰。玉篇配訓酒色。而配則訓匹也。不言酒色。說文酉部配字蓋後人羼入。金文配字作[古文]作[古文]。從卩。從尊省。為比配本字。翟云升曰。妃省聲。朱士端曰。己為古文飛字。飛聲也。林義光曰。毛公鼎作[古文]。從人在酒旁。倫按配[古文]是二字。拍盤作[古文]。即此字。從酉。從飛之異文得聲。義為酒色。毛公鼎之[古文]宗周鐘之[古文]。皆訓匹之配。真書相混耳。本書無[古文]。[古文]為僕之初文。即陪臣之陪本字。餘見婠下。字見急就篇皇象本。顏師古本作紀。【說文解字六書疏證卷二十八】

◉高鴻縉　[古文]　王静安曰。配。對也。縉按。說文。配。酒色也（謂酒之顏色）。古原有匹配字作[古文]作[古文]。變形極多。而均象人兩手持相等之物。故有匹配之意。甲文金文均用為配偶。後世以同音通叚酒色之配以代匹[古文]之[古文]。久之而[古文]字廢。而配亦失其本意。此處配自是匹配。但為動詞。【毛公鼎集釋】

◉邱德修　癸卯囚，争貞，帝弗钔。配？（乙六七一八）

庚寅卜，王仐（余）賓于□，其配？（金五五三）

以上卜辭中二「配」字均作動詞用。為「致」、「送」義之引申，作支配解。乙六七一八解云：「帝弗钔，配？」其義為設若不為帝行钔祭，帝是否支配殷王得受天命？金五五三辭云：「王仐（余＝途）賓于□，其配？」其義為王於途對某神行賓祭，將會受到神之支配賜福否？⊘總之，無論自卜辭，或自彝銘觀之，古「配」字均無配享之義在焉。【金文「配」字源流考　故宮學術季刊】

四卷三期】

◉李孝定　配字説文以為从「己」聲，大徐以為「己非聲，當从妃省」，段注亦同此説，錢大昕氏非之，謂「不知妃亦从己聲」，朱士端氏説文校定本則謂所从己為古文飛字，諸説紛紜，蓋以未見真古文之故，金文配字从卩，稍譌為「□」為「□」，小篆遂誤為「己」耳，从卩从酉，象人在酒尊之側，為會意，當與酣、酖、醓、醻諸字義近，酒色之訓，蓋形譌後之臆解。高鴻縉氏謂此與契文「□」為同字，未安，「□」，當釋夷，後世以「仇」、「逑」為之，非配字也。【金文詁林讀後記卷十四】

◉戴家祥　毛公鼎「□我有周」、「先王□命」，吳大澂説文古籀補卷十四第十三葉、孫詒讓籀廎述林卷七第二葉釋□為配。按三體石經君奭殘石「故殷禮陟配天」，隸書配作配，从酉从己，篆文作□，古文作□，並从卩从酉。與鼎銘合。説文十四篇酉部：「配，酒色也。从酉己聲。」配讀滂佩切，妃讀芳非切，不但同部而且同母。故經傳妃、配通用。配字从卩，象人踞形，其義當為配耦之配。古者娶婦必先以酒醴饗焉，儀禮士昏禮：「贊者酌醴，加柶，面枋，出房，席前北面，婦東面，拜受。婦升席，左執觶，右祭脯醢，以柶祭醴三，降席，東面坐，啐醴。」禮記昏義：「婦至，壻揖婦人，共牢而食，合巹而酳，所以合體同尊卑以親之也。」左傳隱公八年「先配而後祖」，賈逵云：「配成夫婦也。」公羊傳宣公三年「王者必以其祖配」，何休注：「配，配食也。」卽字从酉从卩，乃象配食之形，非形聲字。許云「酒色」，恐非本義。【金文大字典下】

酟

◉許　慎　酟酒色也。从酉。弋聲。與職切。【説文解字卷十四】

◉馬叙倫　此字或出字林。【説文解字六書疏證卷二十八】

◉黄錫全　甲骨文有字作□，《甲骨文編》列入正編戈部，隸作酨。云：「从戈从酉。《説文》所無。」

將此字隸定作酨，不誤。其形與金文□(馭八卣)、□(毁文)類同。甲骨文又有一字作□，舊不識。應隸作酘，與酨應是一字。如同甲骨文新字作□，也作□；餗字作□，也作□；[酉束]字作□，也作□等。《甲骨文編》附録上113又列一□字，也應釋為酨，與金文□(父乙觶)、□(馭八卣)形類同。

酨字出現兩讀，一音戈，一音伐。《集韻·戈韻》「[戈酉]，酒之色」。[戈酉]即酨。《篇海》待耐切，音代。《篇海類編》酨同醞，酒色光也。《説文》有酟無酨。酟亦訓「酒色也。从酉，弋聲」。

我們認為，酟酨古當一字，就是見于《説文》的酟。古文字中很多从戈的字往往讀如「弋」。如蔡侯鐘的「不戝」讀為「不貣(忒)」，信陽楚簡的「三伐之子孫」即「三代之子孫」，長沙楚帛書的「四神相戈」、「敬之母戈」，當讀為「四神相代」、「敬之毋忒」，古璽「奴昜君鉨」之「奴昜」即弋陽，趙國奴布之奴即邶等。究其原因，可能是因弋、戈二字形近易混之故。古从弋之字每譌从戈。如國字本作□（保卣）、□（何尊），从弋，變作□（盂鼎）、□（毛公鼎），从戈；戠字本从弋作□（班毀），譌變作□（戠伯鼎），从戈；甲骨文□字从弋，又从戈作□。因此，上舉諸酨字，《甲骨文編》均應列入正編酉部酨字條下，酨、酨古當是一字之分化。

《柏》8「癸亥卜，王貞，弓彭。翌酨于黃尹。戠三月」。

由此條卜辭可以看出，彭與酨（酨）字含義相近，均指酒祭。【甲骨文字釋叢　考古與文物一九九二年第六期】

醆

◉許　慎　醆爵也。一曰酒濁而微清也。从酉。戔聲。阻限切。【說文解字卷十四】

◉丁佛言　□王子申盞。盞亦作琖。本作醆。許氏說爵也。【說文古籀補補卷十四】

酌

□□ 珠272 【續甲骨文編】

□ 酌　伯公父勺　用獻用酌【金文編】

◉許　慎　酌盛酒行觴也。从酉。勺聲。之若切。【說文解字卷十四】

◉王　襄　□疑古酌字。【簠室殷契徵文考釋】

◉馬叙倫　禮記投壺曰。命酌曰。請行觴。然則盛酒行觴也當作盛酒也行觴也。盛酒當作斟酒。聲近通借。或傳寫譌也。二訓非異義。蓋一為字林文。一為校語。本訓捝矣。【說文解字六書疏證卷二十八】

◉楊樹達　全盂鼎銘文𩰫字三見，王靜安釋為紹字，或又以為招字。余按其字形，疑其為酌字之古文也。說文十四篇下酉部云：「酌，盛酒行觴也，从酉，勺聲。」詩大雅泂酌篇云：「泂酌彼行潦。」鄭箋訓酌為酌取。又行葦篇云：「酒醴維醹，酌以大斗。」僖公八年公羊傳云：「蓋酌之也。」何注云：「酌，挹也。」蓋挹取酒醴者，酌之本義也。𩰫字从酉，象酒尊之形；□，所以薦尊；从収，手持之；从臼，以手挹取也，召聲。召聲勺聲字古韻同在豪部，聲亦相近，酌蓋𩰫之後起字矣。【釋𩰫𩰫　積微居小學述林】

◉伍仕謙　「我用召卿事辟王，用召諸考諸兄」。欲明此二句之義，應先釋召字。甲骨文之字，作□（粹五一八）□（前二・二二・二）□（龜一〇）□（續三・二二一）□（前二・二二・一），從例句考察都是地名。在西周金文中，此字與甲文同。如：

醮

□(邵卣) □(召尊) □(召卣) □(召伯簋) □(白害盉) □(害鼎) □(太史友甗)

其意義俱為人名或地名。此字字形上从□，中从酉，像酒尊之形，下从□或□、□等，為承尊之器。不管怎樣變，中部的酒尊和下部承尊之器，一望可知其義。以後省形只取上部召字。意義也變為召請或招評。如《盠尊》「王乎師豦召盠」、《大簋》「王乎吴師召大」等。從辭義審查，召為上對下之辭。《説文》「召，呼也」。臣下無召呼君王，更無招呼父兄之理，故與銘辭不協。吴大澂《字説》謂古文召、紹、招、佋、昭、韶皆為一字。是也。但此諸字之義，放在此銘中，亦不確。此字既以酒尊為主，按其字形，應與飲晏有關。楊樹達先生釋為酌字，近之（《小學述林》）。《公羊傳·僖公八年傳》何注：「酌，挹也。」故挹取酒醴為酌之本義。勺、召同屬古韻豪部，聲類相通。此處釋酌，甚確。《説文》「酌，盛酒行觴也」。「我用召卿士辟王」，謂我用以宴請君王及卿士。【白公父簠銘文考釋　川大學報叢刊古文字研究論文集第十輯】

祀三公山碑　醮祠希罣　【石刻篆文編】

籀韻　【古文四聲韻】

◉許　慎　醮冠娶禮祭。从酉。焦聲。子肖切。𥛗醮或从示。【説文解字卷十四】

◉馬叙倫　王筠曰。此後人妄删之文也。玉篇。冠娶妻也。禮祭也。當據説文原本。所謂冠者。士冠禮。若不醴則醮用酒。三加凡三醮。所謂婚者。士昏禮。父醮子。命之迎婦。所謂禮祭者。廣雅。醮。祭也。文選高唐賦。醮諸神。李注。醮。祭也。承培元曰。當作冠娶禮也。一曰祭也。漢有醮祀之典。或體作𥛗。是其義也。倫按玉篇作冠娶妻也禮祭也。可以見祭也自為一訓。但詞義仍不可通。蓋本作冠取禮也祭也。然皆非許文。此字疑出字林。醮為酌之轉注字。醮音精紐。酌音照紐。同為清破裂摩擦音也。焦勺古亦聲同幽類。儀禮士冠禮注。酌而無酬酢曰醮。此後世分別之耳。祭也重文𥛗字義。

𥛗　王筠曰。此字蓋後作。為祭義之專字。【説文解字六書疏證卷二十八】

◉夏　渌

三代3·12·7：《鑄客鼎》：「鑄客為陰醮為之。」「醮」字右側上部亦不清晰，亦以銘文以及殘餘偏旁推之，當為「醮」字。

《説文》："醮，冠娶禮祭，从酉焦聲。"含義從婚冠禮祭擴大到一般祭祀，《博雅》："醮，祭也。"《正字通》："凡僧道設壇祈禱曰醮。"「陰醮」是楚王後宮為祭祀備膳的職官。其他楚器尚有「陰醻」之名，或為楚宮專管醻酢的職官，因字形不清晰，不能確定與「醮」字是否一字重複，今暫附于此。【楚古文字新釋　楚史論叢初集】

⿰酉朁　⿰酉勻　醻

●許　慎　⿰酉朁 歃酒也。从酉。朁聲。子朕切。【説文解字卷十四】

●馬叙倫　王筠曰。飽本作歃飲也。倫按歃蓋歆之譌。飲酒也非本訓。或字出字林也。⿰酉朁為嚌之轉注字。⿰酉朁音精紐。嚌音從紐。同為舌尖前摩擦音也。【説文解字六書疏證卷二十八】

●許　慎　⿰酉勻 少少歓也。从酉。勻聲。余刃切。【説文解字卷十四】

●馬叙倫　臧禮堂曰。特牲饋食禮。古文酳尸。今文⿰酉勻尸。説文無酳。此許儀禮用今文之證。倫按此字蓋出字林。本書吮從允得聲。允從㠯得聲。㠯音喻紐四等。⿰酉勻音亦在喻四。然則⿰酉勻是吮酒。故字從酉。⿰酉勻為吮之轉注字。【説文解字六書疏證卷二十八】

●許　慎　醻 主人進客也。从酉。𠷎聲。市流切。酬 醻或从州。【説文解字卷十四】

羣臣上醻題字【石刻篆文編】

●吳大澂　𠷎 古文以為醻字。小篆从酉作醻。邵鐘既𠷎鬯爵壽字重文。【説文古籀補卷十四】

●丁佛言　古匋。吳愙齋以為醻之異文。古匋。【説文古籀補補卷十四】

●强運開　古匋。説文所無。丁書有二篆。亦出古匋。釋云。吳愙齋以為醻之異文。是此篆亦為古醻字也。【説文古籀三補卷十四】

●馬叙倫　此姷之轉注字。獻酬主人進客也非本義。校者依詩楚茨箋加之。或字林文。本訓捝矣。

酬　倫按廣韻引倉頡。主答客曰酬。是酬字見倉頡。當為正文。然玄應一切經音義引倉頡解詁。詶亦酬字。報也。又引倉頡。酬作詶。主答客曰酬。倫謂據玄應引。知倉頡有詶無酬。以詶為酬。故解詁謂詶亦酬字。又謂酬作詶也。或謂解詁明言主答客曰酬。而酬字不從言作詶。則非以詶為酬也。倫謂廣韻引倉頡。客報主人曰酢。而本書酢是酢漿。客酌主人乃下文醋字義。蓋注倉頡者以當時通用酬字。故作酬也。非倉頡中本作酬酢二字也。玄應又引古文官書。酬。古文醻同。是由反。然則酬字呂忱依官書加之。本作古文醻。傳寫捝説解後。校者補如今文耳。𠷎音禪紐。州音照三。同為舌面前音。又聲同幽類。故醻或作酬。轉注字也。史記十二諸侯年表晉厲公壽曼。春秋作州滿。是其例證。【説文解字六書疏證卷二十八】

醋

◉許　慎　醋客酌主人也。从酉。昔聲。在各切。臣鉉等曰。今俗作倉故切。【説文解字卷十四】

◉馬叙倫　王筠曰。許説酢醋二字。與今人音義互異。似許亦誤。案有司徹。祝洗酌授尸。尸以醋主婦。注。今文醋曰酢。特牲饋食禮。祝酌授尸。尸以醋主人。注。古文醋作酢。夫今文古文醋酢互用。則是一字兩體也。且有司徹上文。受三獻爵。酌以酢之。其字又從乍也。古者醯不名酢。疑漢人始呼醯為酢。許始分醋為酬醋酢專為醯之名耳。朱駿聲曰。醋酢二字互譌。倫按古書傳寫不能盡據。今文古文於文字本身無關。亦不能據以説字也。醻音禪紐。醋音從紐。古讀並歸於定。則醋為醻之轉注字。主人進客客進主人後世分別之。又疑醋為酢之轉注字。古以醻醋音同定紐。遂為連語。故亦或作酬酢。後世分別。主人進客為醻。客酌主人為醋。因以醋或酢為客酌主人字。本書醻醋二字。或並出字林。【説文解字六書疏證卷二十八】

醓

◉許　慎　醓歃酒俱盡也。从酉。𥁕聲。迷必切。【説文解字卷十四】

◉馬叙倫　鈕樹玉曰。韻會歃作飲。倫按醓釂竝訓飲酒盡。而聲遠隔。古書亦無徵。飲酒俱盡也俱字不可通。此非許文。亦或此字出字林也。疑醓為醳之轉注字。飲酒俱盡也當是二義。或盡字涉釂字説解而誤衍。要以文有捝譌。不可復證。此字或出字林。【説文解字六書疏證卷二十八】

釂

釂 籀韻【古文四聲韻】

◉許　慎　釂歃酒盡也。从酉。嚼省聲。子肖切。【説文解字卷十四】

◉馬叙倫　鈕樹玉曰。韻會歈作飲。嚼省聲作爵聲。嚴可均曰。宋本篆作醮。翟云升曰。繫傳韻會作爵聲。是。不必嚼省。錢坫曰。欠部。歔。盡酒也。即醮也。此字後人加。邵瑛曰。歔醮二字音義俱同。蓋一字也。倫按轉注字也。猶噍嚼矣。此字或出字林。【説文解字六書疏證卷二十八】

酣

酣見尚書【汗簡】

古尚書　籀韻【古文四聲韻】

◉許　慎　酣酒樂也。从酉。从甘。甘亦聲。胡甘切。【説文解字卷十四】

◉馬叙倫　鈕樹玉曰。韻會作從酉甘聲。嚴可均曰。伊訓疏及御覽四百九十七引作樂酒也。按下文。酖。樂酒也。此作酒樂也。非。沈濤曰。酖與酣聲義相近。故同訓為樂酒。淺人疑涉下而誤。遂妄到其文。玉篇亦云。酣。樂酒也。書伊訓偽孔傳亦云。樂酒曰酣。段玉裁曰。酒樂省。因酒而樂。樂酒者。所樂在酒。其義別。嚴章福曰。酒樂是。酒樂者。即左傳飲酒樂。所謂酣也。樂酒者。即尚書湎于酒。所謂酖也。酖與酣義別。倫按吕氏春秋長攻。代君至酒酣。此酣字為飽義。乃借酣為猒也。國策燕策。與代王飲酒酣樂。謂猒樂也。甘猒聲同談類。故得借也。凡古書戰酣睡酣皆同是猒義。若書五子之歌。甘酒嗜音。玉篇引甘作酣。酒誥。在今後嗣王酣身。皆是酖酒之義。酣之本義也。酣聲談類。酖聲侵類。侵談近轉轉注字。從酉。甘聲。疑許本作甘也。以聲訓。今捝。存者字林文。【説文解字六書疏證卷二十八】

◉黄錫全　酣見尚書　《尚書》酣見《伊訓》、《酒誥》。薛本《伊訓》作甘，鄭珍認為「蓋傳寫脱人旁」。《酒誥》作佄。《一切經音義》卷五云：「酣，古文佄。」鄭珍云：「蓋漢後字書有之。」郭見本作佄，雲本作酣。【汗簡注釋卷二】

酖

◉許　慎　酖樂酒也。从酉。冘聲。丁含切。【説文解字卷十四】

◉馬叙倫　玄應一切經音義引字林。嗜酒曰酖。倫謂許當訓沈也。樂酒也嗜酒曰酖皆字林文。或嗜酒曰酖為校語也。【説文解字六書疏證卷二十八】

◉朱芳圃　盂鼎　上揭奇字，从酉，覃聲。覃即甲文之變形，亦即篆文𠧪之異體。盂鼎銘云：「𠭴酒無敢醰。」從聲義求之，當為酖之本字。説文酉部：「酖，樂酒也。从酉，冘聲。」經傳作湛，詩大雅抑「荒湛于酒」，鄭箋：「湛樂于酒。」引伸為歡樂之義，小雅鹿鳴「和樂且湛」，毛傳：「湛，樂之久。」一作耽，衛風氓「無與士耽，」毛傳：「耽，樂也。」醆若酖孳乳為醰，説文酉部：「醰，酒味長也。各本長作苦，玆依段、嚴二家校改。从酉，覃聲。」為甛，説文甘部：「甛，美也。从甘、舌。舌，知甘者。」桉从甘，舌聲。文選洞簫賦「良醰醰而有味」，李注引字林：「醰、甛同，味長也。」吕忱之意，謂甛與醰同。一作膟，廣雅釋詁：「膟，美也。」又作曋，廣雅釋器：「曋，甘也。」【殷周文字釋叢卷上】

醧 [glyph]

◉許　慎　[glyph]醧私宴歓也。从酉。區聲。依據切。【説文解字卷十四】

◉馬叙倫　嚴可均曰。文選魏都賦舊注引作美酒也。今此私宴飲也疑校者以字林改。沈濤曰。酒美也蓋一曰以下之文。鮑明遠翫月城西廨中詩注引字林曰。醧。私宴飲也。字林率本説文。私宴之訓。亦許書所應有。段玉裁曰。當作宴私飲也。詩楚茨書大傳竝言燕私。即宴私也。王筠曰。許以私説醧。以宴飲説私。遞相訓釋。本是二句。段説正合許意。而改易其文。則不得其句讀也。美酒者兼義。不然。則當與醇醹為伍矣。自醑以下十一字皆飲酒之義。倫按私宴飲也字林之訓。本訓亡矣。或此字出字林。此與爾雅釋言飫私也玉篇醧私也同。言私者對酺而言。韻會七虞引漢律。三人已上無故羣飲。罰金。故賜酺。是酺為公宴飲。故醧對之言私也。其實醧醵酺為轉注字。醵音古在見紐。醧音影紐。同為清破裂音。醵酺聲同魚類。醧聲矦類。魚矦亦近轉也。醧從區得聲。區音溪紐。見溪同為舌根破裂音。亦醧醵得為轉注字之證也。公私乃後人別之。本義止如醵下作會飲酒也。【説文解字六書疏證卷二十八】

◉黄錫全　[glyph]醧裴光遠集綴　鄭珍云：「注當作飫。《説文》有饇無醧。此字見《詩·角弓》，漢別出。夏以為裴氏飽字，誤。」《詩·角弓》「如食宜饇」，傳「饇，飽也」。是饇飽義近，故夏直接列入飽字條。《説文》酉部有醧字：「私宴歓也，从酉，區聲。」酉食義近，形符每可互作，如飲字作[glyph]（伯作姬㱃壺）、[glyph]（璽彙2100），也作[glyph]（《説文》古文）、[glyph]（璽彙0808），饇蓋醧之別體。醧與飫、饇通。《説文》引《詩》「歓酒之饇」，今《詩·常棣》作「飲酒之飫」，《文選·左思魏都賦》張載注引《韓詩》作「飲酒之醧」。段玉裁認為醧為正字，饇為借字。【汗簡注釋卷二】

醵 [glyph]

[glyph]　醵其於切又巨略切【汗簡】

[glyph]　義雲章【古文四聲韻】

◉許　慎　[篆]會歓酒也。从酉。豦聲。其虐切。酟醵或从巨。【說文解字卷十四】

◉吴大澂　[古]古醵字。許氏說會歓酒也。盂鼎。無敢醵。【說文古籀補卷十四】

◉徐同柏　[古]盂鼎　釋醵。字从[古]。象豦形。豦。封豕之屬。【從古堂款識學卷十六】

◉方濬益　[古]盂鼎　醵。說文云。會飲酒也。即酒誥所謂羣飲也。翁釋醻。謂酒旁作鳥爵形。殊誤。按。此字偏旁亦見小臣犧尊。即豦字之象形。【綴遺齋彝器款識考釋卷三】

◉劉心源　[古]盂鼎　醵从[古]。象虎舉足。詳俞尊。又从酉為醵。說文。醵。會歓酒也。即朋歓之義。或釋醻。失篆形。【盂鼎　奇觚室吉金文述卷二】

◉高田忠周　[古]盂鼎　釋醵為是。然說文。[篆]。會飲酒也。从酉。豦聲。或从巨聲作酟。又豦字从豕虍。虍為虎省。與此篆不合也。此右作[古]即夔字。古音夔豦同部。故醵古文作[酉夔]。劉說非是。詩良耜箋云。又有祭脯合醵之飲。銘意即是也。【古籀篇七十六】

◉馬叙倫　以音求之。當訓羣飲也。或今訓非許文。或字出字林也。盂鼎無敢[古]。吴大澂釋醵。餘見醧下。

酟　倫按豦巨音同羣紐。聲同魚類。故醵轉注為酟。【說文解字六書疏證卷二十八】

◉黄錫全　[古]醵其於切又巨畧切　《說文》醵字或體作酟，此从古酉、古巨。【汗簡注釋卷六】

[印]朱酺　[印]楊酺信印　【漢印文字徵】

◉許　慎　[篆]王德布。大歓酒也。从酉。甫聲。薄乎切。【說文解字卷十四】

◉馬叙倫　鈕樹玉曰。玉篇引歓作飲。沈濤曰。史記孝文紀索隱引。酺。王者布德大飲酒也。出錢為醵。出食為酺。今本奪者字。到布德二字。又奪二句。倫按皆校語或字林文。本訓捝矣。餘見醧下。【說文解字六書疏證卷二十八】

◉許　慎　[篆]醉飽也。从酉。音聲。匹回切。【說文解字卷十四】

◉馬叙倫　鈕樹玉曰。繫傳有讀若僰三字。恐尚有脱字。徐灝曰。此條説解有譌舛。玉篇云。醉飽也。未霽之酒。廣韻亦曰。酒未漉也。似當以酒未泲為本義。或説文本有二義。而傳寫奪譌。繫傳有讀若僰三字。尤非此字之音也。劉秀生曰。音聲之字。如菩踣脂箁錇棓部髻瓿培陪等字。皆在竝紐。僰聲之字亦在竝紐。故醅從音得聲讀若僰。走部。[走咅]。從走。音聲。

醉

讀若匐。禮記王制。西方曰僰。注。僰之言偪也。呂氏春秋恃君。僰人野人。注。僰讀如匍匐之匐。音聲如匐。僰聲亦如僰。是其證。倫按疑本作醉也酒飽也。蓋食曰飽。酒曰醅。然無他證。此字或出字林。【說文解字六書疏證卷二十八】

◉許　慎　卒也。卒其度量不至於亂也。一曰潰也。从酉。从卒。將遂切。【說文解字卷十四】

◉馬叙倫　鈕樹玉曰。廣韻韻會引卒其上有各字。韻會作一曰酒潰也從酉卒。沈濤曰。御覽四百九十七引作酒卒曰醉。卒其上有各字。桂馥曰。從卒當作卒聲。倫按玉篇。醉。卒也。度也。度其量不至於亂也。蓋此文本作卒也。酒卒曰醉。一曰。度也。各度其量不至於亂也。一曰。酒潰也。酒卒以下皆字林文或校語。度也何字之義未詳。酒潰也者。疑上文醅字之義。此五字或本在上文醅字之下。傳寫譌入此也。亦疑醅字說解中醉字傳寫涉此文譌衍也。段玉裁謂潰為漬誤。若今醉蟹醉蝦之類。疑非是。醉蟹醉蝦之類。於古即醢耳。或曰。酒潰若癰疽之潰。謂酒滿而嘔者也。【說文解字六書疏證卷二十八】

◉高鴻縉　此倚酉畫人醉形。由物形醉人生意。故託以寄醉酒之意。狀詞。醉之初文。見大盂鼎。秦人改為形聲字。从酉。卒聲。【中國字例二篇】

醺

◉許　慎　醉也。从酉。熏聲。詩曰。公尸來燕醺醺。許云切。【說文解字卷十四】

◉馬叙倫　段玉裁曰。聲字當刪。許舉會意包形聲。倫按熏薰一字。不得與酉會意。自止為聲耳。醺聲真類。醉聲脂類。脂真對轉轉注字也。【說文解字六書疏證卷二十八】

醟

◉許　慎　⿰酉句也。从酉。熒省聲。為命切。【說文解字卷十四】

◉馬叙倫　嚴可均曰。書微子釋文引作⿰酉句酒也。倫按醟為醺之轉注字。醟從熒得聲。熒音匣紐。醺音曉紐。同為舌根摩擦音。熏得聲於黑。黑得聲於鹵。熒為燎之初文。見熒字下。燎鹵音同來紐。故醟醺得轉注也。【說文解字六書疏證卷二十八】

⿰酉句

石經無逸　酗于酒德才　說文有⿰酉句無酗漢書趙充國傳注⿰酉句即酗字是⿰酉句酗音義同　【石刻篆文編】

◉許　慎　醉醟也。从酉。句聲。香遇切。【說文解字卷十四】

醒 醒

◉吳大澂 □盂鼎 古醯字。周書曰。淫醯肆虐。小篆作酗。許氏說。醉醟也。盂鼎。無敢醯。【說文古籀補卷十四】

◉吳大澂 □盂鼎 當即酗字。說文。酗。醉醟也。今經典皆从凶。不从句。【愙齋積古録第四册】

◉高田忠周 □盂鼎 說文。□。醉醟也。从酉句聲。朱駿聲云。字亦作醯。凶句一聲之轉。然則作酗作醯者。形聲而包會意也。此篆从酉从舌从火。即有會意而無聲也。舌火即如火爛之意。蓋醯為古文也。【古籀篇七十六】

◉馬叙倫 鈕樹玉曰。書微子釋文引作酒醟。倫按醉醟也當作醉也醟也。書釋文引作酒醟。或本作酒醉也。醟也。酗為醺之音同曉紐轉注字。亦醟之轉注字。醟從熒得聲。熒音匣紐。同為舌根摩擦音也。盂鼎。無敢□。吳大澂釋醯。醯即酗也。倫謂□從酉銛聲。非酗字也。銛音喻紐四等。與曉紐為同次清摩擦音。蓋醺酗之轉注字。【說文解字六書疏證卷二十八】

◉許　慎 醒病酒也。一曰醉而覺也。从酉。呈聲。直貞切。【說文解字卷十四】

◉馬叙倫 鈕樹玉曰。玉篇注。病酒也。醉未覺也。蓋本說文。沈濤曰。詩節南山正義引無一曰二字。王筠曰。正義引并無覺下也字。段玉裁曰。許無醒字。醉中有所覺悟。即是醒也。故醒足以兼之。字林始有醒字。云。酒解也。見衆經音義。倫按醉而覺當依玉篇作醉未覺。晏子。景公飲酒。醒三日而未發。是醒為困於酒而未覺也。漢書禮樂志。泰尊柘漿析朝醒。謂以柘漿解酒病也。是醒為醉而未覺。蓋此捝一未字。玉篇則節去一而字。醉而未覺所以釋病酒之義。蓋校者之詞。然病酒也亦疑為字林文。字見急就篇。【說文解字六書疏證卷二十八】

醫 醫

□ 医之重文【續甲骨文編】

醫 醫 日甲一四八 二例 醫 日乙二四二 二例 醫 封五三【睡虎地秦簡文字編】

醫 琅琊醫長 醫 大醫丞印 醫 許醫【漢印文字徵】

◉許　慎 醫治病工也。殹。惡姿也。醫之性然。得酒而使。从酉。王育說。一曰。殹。病聲。酒所以治病也。周禮有醫酒。古者巫彭初作醫。於其切。【說文解字卷十四】

◉丁佛言 醫 古鉢。醫從。【說文古籀補補卷十四】

◉林義光　殹為惡姿。為病聲。皆未詳。本義當為内則漿水醷濫之醷。梅漿也。从酉殹聲。殹徵韻醫之韻雙聲旁轉。周禮醫酒。司農亦以為醫即醷。【文源卷十一】

◉馬叙倫　鈕樹玉曰。集韻韻會引姿作恣。沈濤曰。一切經音義六引。殹亦病人聲也。古本當作一曰殹病人聲也。酒所以治病者。藥非酒不散也。二十四引。殹。治病工也。殹之性得酒而使。藥非酒不散。故字從酉。殹。病人聲。嚴可均曰。一切經音義六引。從酉下有殹聲。桂馥曰。海内西經。開明東有巫彭巫抵巫陽巫履巫凡巫相。注曰。皆神醫也。世本曰。巫彭初作醫。翟云升曰。韻會引作殹聲。王育說當在從酉殹聲下。王筠曰。醫字當以酒正四飲為正義。而以疾醫為借義。從酉。殹聲。張文虎曰。今本說解殘脱譌亂。遂不可通。玉篇酉部失殹字。類篇醫下有重文毉。廣韻集韻七之醫下竝有毉字。疑許書本有之。此解古者巫彭初作醫。醫當作毉。此七字本在毉下。毉乃疾醫之本字。後世假借行而本字廢。并許書重文而失之。倫按說解非許文。疾醫當作毉。古言巫毉者。蓋醫術原於巫覡以神道治病。故字從巫。醫者。酒名。故從酉。今并二字為一。從而强釋之。傳寫譌亂。遂不可通。許蓋以同聲之字為訓。繼以從酉殹聲。說解中一曰殹病聲酒所以治病也當作殹聲一曰殹病人聲也酒所以治病也。餘亦不易訂矣。字見急就篇。餘詳酏下。【說文解字六書疏證卷二十八】

莤

前6·16·2【續甲骨文編】

255【包山楚簡文字編】

莤況私印【漢印文字徵】

◉許慎　莤禮。祭。束茅加于裸圭。而灌鬯酒。是為莤。象神歆之也。一曰。莤。榼上塞也。从酉。从艸。春秋傳曰。尒貢包茅不入。王祭不供。無以莤酒。所六切。【說文解字卷十四】

◉商承祚　卷六第十六葉　第五十七葉　後編下第二十二葉　第八葉　王徵君說此字从酉从廾束。殆即無以莤酒之莤。文曰貞醻豊即醴字。後編下第八葉。說文解字。莤。禮。祭。束茅加于裸圭而灌鬯酒。是為莤。像神飲之也。从酉艸。此象手奉束于酉即酒旁。殆莤之初字矣。【殷虚文字類編卷十四】

◉商承祚　金文魯侯角有字。疑亦莤字。从乃形之譌變也。【甲骨文字研究下編】

◉郭沫若　𢍰字非祼，乃莤字也。卜辭有𩱺字，王國維云：「即『無以莤酒』之莤。文曰『貞醂豊(醴)』(後下，八葉(第二片))。說文解字：『莤，禮：祭，束茅加于祼圭而灌鬯酒，是為莤。像神歆之也。从酒艸。』此象雙手奉束于酉(即酒)旁，殆莤之初字。」(殷契類編卷十四，十九葉。)案此字卜辭復有𩱺 𩱺 𩱺 諸形，已詳商氏類編，字體雖略有省益，然均於王說無礙也。知此，則𢍰之為莤可以迎刃而解。此從𣎆乃束之繁文，與卜辭或體同，八八象酒滴形，從自，自，鼻也，示神之歆之也。故此於字之構成較殷文尤為完備。【魯侯爵釋文　殷周青銅器銘文研究】

◉馬叙倫　鈕樹玉曰。廣韻引茅作茆。韻會引圭作主。歆作飲。一曰下無莤字。承培元曰。韻會引歆作歆。宋保曰。周禮甸師祭祀共蕭茅。鄭大夫云。蕭字或為莤。讀為縮。按縮宿聲。蕭肅聲。則莤字酉聲也。朱駿聲曰。一曰莤榼上塞者。此莤之譌字。王國維曰。卜辭有𩱺 𩱺 𩱺 諸文。從酉。從収束。殆即無以莤酒之莤。文曰。貞醣豊。倫按此字疑出字林。觀說解無本訓。徒以禮言。祼為灌禮之灌本字。而祼圭灌鬯並出。象神歆之於字形不合。引經乃至四句。皆可證其非許文也。倫謂此是從艸酉聲。為茆之轉注字。正猶古文經傳以丣為酉也。朱士端據金文之𠧪商飲。以為正象艸塞榼上。不悟𠧪即酉字。酉酒則一字也。詳酋字下。莤酒字自以醣為本字。莤乃以音同審紐通假。酉音喻紐四等。故莤音審紐。同為次清摩擦音也。醣當從㬅束聲。㬅即奠字。束音審紐也。當入艸部。【說文解字六書疏證卷二十八】

◉饒宗頤　……爭貞：王于醂。……(前編二·一九·七)　金璋七〇八「往于醂。」

醂即莤，益束為聲符。莤為縮茅沃酒，左僖四年傳「無以莤酒」，本作「縮酒」。醂與縮同，疑讀為宿。春秋隱元年：「及宋人盟于宿。」郡國志：「東平國無鹽，本宿國，任姓。」【殷代貞卜人物通考卷六】

◉李孝定　段氏說文注引周禮甸師「祭祀共蕭茅」。鄭大夫云「蕭或為莤。讀為縮。束茅立之祭前。沃酒其上。酒滲下去若神飲之。故謂之縮。縮。浚也。故齊桓公責楚不貢。苞茅不入。王祭不共。無以縮酒。杜子春讀為蕭。蕭。香蒿也。」以說莤字故。改莤下說解之歆為歆。以應「若神飲之」之意。是段氏謂莤為束茅。立之祭前。沃酒其上之意。與先鄭同。按甸師「祭祀共蕭矛」一語二鄭意異。康成蕭讀如字。謂即詩「取蕭祭脂」郊特牲「蕭合黍稷」之蕭。而以「茅以共祭之苴亦以縮酒。苴以藉祭縮酒沛酒也。醴齊縮酌」說茅字。今按後鄭說是也。許君說莤當與鄭君說茅同意。段氏謂「許說本鄭大夫」似失許意。桂馥說文義證引郊特牲「縮酌用茅明酌也」。鄭注「藉之以茅縮去滓也」。周禮司尊彝「醴齊縮酌」。鄭注「以茅縮去滓也」。說許書莤字較段說為長。契文莤字从酉从収束。王氏謂為莤之本字是也。字乃會意。束亦聲。「縮者古文叚借字。莤者小篆新造字」段注語也。辭云「癸未卜貞醣豊醴叀惟有酒酒用十二月」。後·下·八·二。桉。豊讀為醴。即周禮司尊彝「醴齊縮酌」之醴。

周禮酒正注曰「醴。猶體也。成而汁滓相將。如今恬酒矣」。汁滓相將故須茜以去其滓也。既茜。則為酒。故下文言惟有酒用也。它辭云「丁酉卜争貞來丁來茜王。」後・下・二二・十三。言茜王其義未詳。又云「□亥卜巳彫茜」前・六・五七・二。「乙酉貞來乙未彫茜于且乙」甲・二・十一・一。二辭均彫茜聯文。當與縮酒之意有關。疑它辭但言彫者。乃以醴共祭。此言彫茜。則以既茜之酒共祭也。姑存以俟考。【甲骨文字集釋第十四】

◉周世榮　⿱艹亘為異體字。從艸從亘，今釋為茜。

茜字見于《説文》，但異體⿱艹亘字為歷代著録中所未見，故⿱艹亘字長期被視為不識的奇字。⿱艹亘字為什麼釋茜？這是根據偏旁遞變的關係得知的。其中艸字頭習見。而亘則是酉的異體字，甲骨文有酉字，但酉字類似象形字——「尊」，如武丁時期的酉寫作，武丁以後字形雖有許多變化，但仍接近象形文字，如等。僅個別的酉字上加一横，而與亘形略近，如等（《殷契卜辭》一六五）。金文中的酉字與甲骨文大體相似，仍作尖底尊狀，如（酉乙鼎）、（盂鼎）等，僅個别的酉字上加一横如（郳王義楚耑）等而與亘形近似。秦漢以來，文字的形體逐漸由長變方，象形文字也基本趨向規範化、綫條化；而且這時尊的形制也逐漸由尖底變為平底，或下加三足，如長沙近郊出土的石尊，器形作圓筒形，平底而有三足，器身外壁刻有「尊」字，器蓋也書有「尊蓋」二字。説明漢代不僅器形變了，字形也在變。其中馬王堆漢墓簡牘文字中從酉旁的多寫作亘或亘，僅個别的寫作亘。如鄭字的偏旁酉中，亘與亘並存，其中「鄭舞者四人」鄭寫作「鄭」；「鄭竽瑟各一，炊（吹）鼓者二」，鄭寫作「鄭」，如竹簡「毋尊禪衣二」中的尊字寫作「尊」。鄭樵《通志・六書略》：「酉，即卣也，卣即尊也。」可見，廣義的説酉與尊是一回事。吴錦章《六書纂要》也説：「酉，就也。古者製器盛酒曰酉。隸作卣，又以酒字。」

又：《武威漢代醫簡》中酒也寫作「酒」。如：「治百病膏藥方，蜀椒一斤，付子廿果……有病者取大如羊矢，温酒飲之……。」酒字從「氵」（水）從亘（酉）。進一步證明⿱艹亘字從艸從酉即茜字不誤，茜：束茅灌酒曰茜，可能是一種禮祭。

亘即酉字。故過去從亘旁而不識的異體字均可因此而得以識讀，如趙之謙《六朝别字記》中有「遭」字不識，今則可以補釋為「遭」。【貨幣帛書文字叢考　古文字研究第三輯】

◉黄盛璋　一九五七年長沙西漢墓出土泥金版上有「吴國茜郢」。早經《湖南省文物圖録》著録（圖版八一・5）但一直未能解釋。一、二、四字都很明確。唯一的「攔路虎」就是第三字。最近湖南博物館周世榮同志考釋此字為「茜」，從字形上説無疑是正確的，但此字更關鍵在於字義，如不一同解決，字仍不識。周同志以為「茜，束茅灌酒曰茜，可能是一種禮祭」，但用此解釋，吴國茜都，仍讀不通。吴國是破郢，如何要祭郢，可見這個「茜」字與《説文》所傳的秦漢傳統文字的「茜」不是一字，用此框框，必然格格不入。

長沙和江陵都是楚重要根據地，長沙又最後為秦滅，受楚統治較久，一直到漢代，楚文化影響仍然根深蒂固，甚至超過江陵，出土遺物多有反映，馬王堆帛書中，仍然存在楚文字的影響。此泥金版出土於長沙烈士公園漢初墓，時代下限至少是漢物。但泥金版的制度與文字使用來源可以較久，使用可以較長，上可以推到戰國。長沙西漢墓出土不少件「郢稱」泥金版，還有一種上有「賜上金稱於郢」。從使用的語言文字上看，顯然淵源於楚，其中，「於」字的寫法就是屬於楚文字系統。最近始經周世榮同志釋出，與秦漢傳統文字不是一系，這個「於」字與江陵鳳凰山漢墓的遣册是一致的。這也説明兩地文字一直到漢初仍保存有楚文字的影響，特别是民間更是如此。上述鳳凰山8號漢墓遣册「莤」字和此泥金版的「莤」寫法完全一樣，在「莤府壺」與遣册中用作「糟」，但在泥金版中應用作「遭」，即今語中之蹧踏字，字書中「蹧」字廼屬晚起，最早衹用「遭」。《尚書序》和《史記·周本紀》都有「成王踐奄」。吴國莤(遭)郢，亦即吴國踐郢，使郢破殘之意，按吴國破郢為歷史上一件大事，對楚國影響很大，此事必然流傳很久，民間所熟知。泥金版上「吴國莤郢」衹能是用此故事，這是可以肯定的。

趙之謙《六朝别字記》中曾收録一個「遺」字，未著所出，字亦不識。周世榮同志也引以證明「昔」為「莤」字，認為其字即「⿺辶莤」字。按「⿺辶莤」字亦不見於早期字書，經傳皆無此字。此一民間俗字。字形雖為「遺」，而本字應當是「遭」，這也可以作為「吴國莤郢」為「遭郢」之一旁證。「莤」「⿺辶莤」從皆為「曹」聲。在秦漢流傳下來的文字系統(包括字書與傳統經傳文字)中，雖已無法找到，但在民間俗體字中可能仍有個别保存。除六朝别字的「⿺辶莤」字外可能有他例。附識於此，以待後驗。【試論戰國秦漢銘刻中从「酉」諸奇字及其相關問題　古文字研究第十輯】

◉楊樹達　以艸縮酒，艸為具名。酉古酒字，為賓名。【文字形義學】

◉王　輝　李、宋二同志以為「莤」就是「⿰氵莤」，府是官署，因此「二器似為酒器」。我以為，所謂「莤府」，大約相當於《周禮·天官》提到的酒府。《周禮·天官·酒人》：「酒正掌為五齊三酒，祭祀則共奉之，……凡事共酒而入於酒府，凡祭祀共酒以往。」又《周禮·天官·漿人》：「漿人掌供王之六飲，水、漿、醴、涼、醫、酏，入於酒府。」賈公彦疏：「言入於酒府者，亦入於酒正之府。」酒府的職責在於製造與儲藏各種酒，以供王祭祀及招待賓客之用。

當然，莤府可能不是一般的造酒機構，而是專為祭祀先祖而釀製醇酒佳釀的機構。這是因為：第一，莤的本義是濾酒使清。《説文》：「莤，禮祭，束茅加於祼圭，而灌鬯酒，是為莤，象神歆之也。从酉从艸。《春秋》傳曰『爾貢包茅不入，班祭不供，無以莤酒。』一曰莤，榼上塞也。」(從段注斷句)《周禮·天官·甸師》：「祭祀共蕭茅。」鄭玄注引鄭大夫云：「蕭或為莤，莤讀為縮，束茅立之祭前，沃酒其上，酒滲下去，若神飲之，或謂之縮。縮，浚也。」引伸之，濾酒使清亦曰莤。《詩・小雅・伐木》「有酒湑我」，毛傳：「湑，莤之也。」《經典釋文》：「莤謂以茅泲之而去其糟也。」古時酒本有幾種，《周禮・天官・酒正》：「酒正掌政令，以式法授酒材，辨五齊之名：一曰泛齊，二曰醴齊，三曰盎齊，四曰醍齊，五曰沈齊。辨三酒之物：一曰事酒，二曰昔酒，三曰清酒。」所謂「五齊(劑)」、「三酒」均指酒之成色與質量而言。鄭玄注：「泛者，成而滓浮，泛泛然如今宜成醪矣；醴者，體也，成而滓汁相將，如今甜酒矣；盎猶翁也，成而色蓊蓊然，如今酇白矣；醍者成而紅赤，如今下酒矣；沉者成而滓沉，如今造清矣。」「事酒酌有事者之酒，其酒則今之醳酒也。昔酒今之莤久白酒，所謂舊醳者也。清酒，今中山冬釀接夏而成。」莤府所造為濾滓之酒，也就是清酒。第二，根據文獻記載，秦人祭祀强調要用醇酒。《史記・秦始皇本紀》二世元年：「二世下詔，增始皇寢廟犧牲及山川百祀之禮。令群臣議尊始皇廟。」群臣皆頓首言曰：「……先王廟或在西雍，或在咸陽。天子儀當獨奉酌祠始皇廟，自襄公以下軼毀。所置凡七廟。」日人瀧川資言《史記會注考證》引王念孫曰：「酌當作酎，漢制以八月嘗酎，蓋本於秦。」王説見《讀書雜誌》卷二《秦始皇本紀・奉酌》條，實是王念孫子王引之的説法。引之曰：「《説文》：酌，盛酒行觴也。可言奉觴，不可言奉酌。酌當為酎，字之誤也。《説文》：酎，三重醇酒也。《漢書・景帝紀》高廟酎……至武帝時，因八月嘗酎，會諸侯廟中，出金助祭，所謂酎金也。按漢制以八月嘗酎，蓋本於秦制。祭廟時，天子率群臣奉酎酒以獻，故曰『奉酎』，《漢書・武五子傳》『何面目復奉齊酎見高祖之廟』是也。而《集解》、《索隱》、《正義》酎字皆無音釋，蓋所見本已誤為酌矣。」其説甚是。王氏指出，从秦開始，以酎奉祀先王成為定制。

《説文》：「酎，三重醇酒也，从酉，肘省聲。明堂月令曰，孟秋天子飲酎。」段玉裁注：「《廣韻》作『三重釀酒』，當從之。謂以酒為水釀之，是再重之酒也；次又用再重之酒為水釀之，是三重之酒也。杜預注《左傳》曰，『酒之新孰重者為酎』，鄭注《月令》曰『酎之言醇也，謂重釀之酒也。』醇者其義，釀者其事實。金壇(段氏乃江蘇金壇縣人)于氏明季時以此法造酒。」又《史記・孝文本紀》：「高廟酎。」《集解》引張晏曰：「正月旦作酒，八月成，名曰酎也。」酎，「正月旦作，八月成」，也就是鄭玄所謂「冬釀接夏而成」的清酒。始皇陵園之所以設莤府製造酎酒，是因為始皇陵園内設有寢殿，每年八月進行祭祀，需要嘗酎。這同秦始皇陵園設置飤官是分不開的，在秦陵飤官遺址附近還出土過樂府鐘，莤府、飤官、樂府的器物出土地相距甚近，這是耐人尋味的。

【秦銅器銘文編年集釋】

◉李光軍　宋　蕊　「二年寺工師壺」和「雍工敃壺」的圈足上，均刻銘有「莤府」二字。

《説文》：「莤，禮祭，束茅加于裸圭而灌鬯酒是為莤，象神歆歆也。」可見「莤」是禮祭時束茅于裸圭而灌鬯酒之謂。「莤」字

醨 醶

從艸從酉，《説文》「酉，就也，八月黍成可以酎酒」，説明酉有造酒之義。關于「酒」，《説文》云：「酒，就也，从水从酉，酉亦聲，一曰造也……」；《釋名》亦云：「酒，酉也，釀之米麴酉澤。」可見，「酋」、「酒」均从酉，酋可通假為酒。

關于「酒府」，周代已有。《周禮・天官・酒人》：「酒人掌為五齊，三酒，祭祀則共奉之……凡事共酒而入于酒府，凡祭祀共酒以往。」鄭玄注云：「入于酒正之府者，是王燕飲之酒，酒正當奉之。」《周禮・天官・漿人》：「漿人掌共王之六飲，水、漿、醴、涼、醫、酏，入于酒府。」賈公彦疏：「言入于酒府者，亦入于酒正之府。」《周禮・天官・酒正》：「酒正掌酒之政令，以式法授酒材，辨五齊之名……，辨三酒之物……」。可見，酒正乃是酒府之官長。酒正亦稱「大酋」。《禮記・月令》：「仲冬之日……乃命大酋，秫稻必齊，麴蘖必時，湛饎必詰，水泉必香，陶器必良，火齊必湯，兼用六物，大酋監之，毋有差忒。」《吕氏春秋・仲冬紀》高誘注之：「大酋，主酒官也。酋醖米麴，使之化熟，故謂之酋，于《周禮》為酒正。」

從《周禮》的記載來看，周代酒府官長酒正所主之職事，大概有下列幾點：一、掌酒之政令；二、以式法授酒材；三、辨「五齊」之名和辨「三酒」之物；四、掌王燕飲所需之酒以及祭祀用酒之供奉。由酒正所主之職事可以看出，「酒府」不僅是酒的儲藏官署，而且也是酒之製造官署以及專門供酒為王燕飲和祭祀之用的官署。秦云：「酋府」，其設官是否和周代「酒府」一樣，因資料缺乏，不得而知，但其職能，應當和周代「酒府」一樣，是造酒和儲酒以供王燕飲及祭祀之用的官署。有的同志根據近年來秦始皇陵發現了刻銘有「麗山酋府」的陶盤，便認為「酋府」單純是造酒機構和專門造酒以供祭祀之用的機構，恐非是。二壺銘文只刻「酋府」二字而不刻「某某酋府」，表明了「酋府」乃是秦中央一級的機構，而刻銘「某某酋府」者，則應是某地的「酋府」。「麗山酋府」既是陵園之「酋府」，故其主要職責當是造酒儲酒以供祭祀陵園之用。【二年寺工師壺、雍工敀壺銘文再釋 考古與文物一九九三年第四期】

◉許　慎　醨薄酒也。从酉。离聲。讀若離。吕支切。【説文解字卷十四】

◉許　慎　醶酢也。从酉。韱聲。初減切。【説文解字卷十四】

◉馬叙倫　今杭縣謂尖酸刻薄者。當作此字。【説文解字六書疏證卷二十八】

酸

酸　酸棗右尉　【漢印文字徵】

◉許　慎　酸酢也。从酉。夋聲。關東謂酢曰酸。素官切。䤈籀文酸从畯。【説文解字卷十四】

◉馬叙倫　關東六字校語。字見急就篇。酸為醯之轉注字。醯音曉紐。酸音心紐。同為次清摩擦音也。【説文解字六書疏證卷二十八】

酨

◉許　慎　酨酢𣿖也。从酉。𢦔聲。徒奈切。【説文解字卷十四】

◉高田忠周　酨辛卣　古文戈𢦔通用。戴字或作冀可證。然則此亦酨字無疑。説文。酨。酢漿也。从酉。𢦔聲。儀禮公食禮。漿飲。注。酨。漿也。疏。酨之言載。以其汁滓相載。漢書食貨志。醴酨灰炭。注。酢。醬也。銘意蓋亯獻之物也。【古籀篇七十六】

◉明義士　說文解字所無。从十戈从酉，與金文騣卣字字同。疑即酨字。玉篇酉部「酨，酢漿也」。【柏根氏舊藏甲骨文字考釋】

◉馬叙倫　鈕樹玉曰。韻會𣿖作漿。下亦同。倫按酢𣿖也當作酢也𣿖也。一訓校者加之。或此字出字林也。【説文解字六書疏證卷二十八】

醶

◉許　慎　醶酢𣿖也。从酉。僉聲。臣鉉等曰。今俗作釅。非是。魚窆切。【説文解字卷十四】

◉馬叙倫　徐鉉曰。今俗作釅。徐灝曰。酸。酢也。酢。醶也。則醶亦以味言。非酢漿之名也。廣韻。釅。酒醋味厚。至今俗語猶然。似與醶異。倫按𣿖字蓋涉上酨下説解而誤衍。廣雅。酨。漿也。蓋古或借酨為漿。同為舌尖前破裂摩擦音也。醶之訓𣿖。古無其證。故知是誤。釅為酷之轉注字。非醶之俗。或相借耳。【説文解字六書疏證卷二十八】

酟

酢　假借為作　王子姪鼎　自酢飤鼎　郘王義楚耑　自酢祭鍴　【金文編】

5·384　瓦書「四年周天子使卿大夫……」共一百十八字　【古陶文字徵】

酢 日甲七七 五例 通作 癸— 日乙一八三 通詐 敢為—偽者 雜三二 雜三二 日乙一八三 日乙一八五

三例【睡虎地秦簡文字編】

◉許 慎 酢，醶也。从酉。乍聲。倉故切。臣鉉等曰。今俗作在各切。【說文解字卷十四】

◉强運開 酢[余阝]王義楚耑。睪余吉金。自酢祭耑。叚為乍。【說文古籀三補卷十四】

◉高田忠周 酢[余阝]王義楚耑 自酢祭鍴 文意明為作。而字形正从酉。以酢為作。說文。酢醶也。从酉乍聲。段氏云。酢本截漿之名。引申之。凡味酸者謂之酢。朱氏駿聲云。經傳多借為酬醋字。今酢醋二字互譌。如穜種之比。此說真然。【古籀篇七十六】

◉馬叙倫 徐鉉曰。今俗作在各切。倫按字見急就篇。[余阝]王義楚耑作酢。自醶至酢五字皆轉注字。酢音清紐。醶從僉得聲。僉音亦清紐。酸音心紐。醶從韱得聲。韱音亦心紐。𢦏從𢦒得聲。𢦒從才得聲。才音從紐。同為舌尖前音也。【說文解字六書疏證卷二十八】

◉戴家祥 酢徐王義楚鍴 自酢祭鍴 酢字从酉乍聲。耑銘叚為作字，其本義當為醻酢之酢。爾雅釋詁下「酢，報也。」禮，主人酌酒於賓，曰獻。賓答主人，曰酢。主人又酌賓，曰酬。同聲通叚字或為昨。春官司几筵「祀先王昨席亦如之」，鄭玄「讀昨曰酢，謂祭祀及王受酢之席。」亦通為胙。國語晉語「王饗醴，命公胙侑。」廣韻引蒼頡篇云「客報主人曰酢。」左傳僖公二十八年「晉侯朝王，王享醴，命晉侯宥。」蓋如賓酢主人之禮，以功侑于王也。說文「酢，醶也。」為醋之假字。儀禮士虞禮「尸以醋主人」，釋文「醋，本亦作酢。」齊民要術有作醋法云「酢者，今醋也。」皆同聲叚借。【金字大字典下】

◉許 慎 酏黍酒也。从酉。也聲。一曰甜也。賈侍中說。酏為鬻清。移尒切。【說文解字卷十四】

◉馬叙倫 鈕樹玉曰。韻會作賈侍中以為鬻清。段玉裁曰。周禮四飲。四曰酏。注曰。今之粥也。而許以為黍酒。與鄭不同。賈與鄭合。臧禮堂曰。賈說似周官解詁中釋酒正之文。桂馥曰。一曰甜也者。食經作白醪法。滿五日。酒其如乳。周禮酒正。醴齊。注云。如今恬酒矣。呂氏春秋重己。其為飲食酏醴也。注云。酒正。二曰醴齊。醴者以糵與黍相釀。不以麴也。濁而甘耳。倫按周禮酒正。辨五齊之名。辨三酒之物。辨四飲之物。四飲之物者。一曰清。二曰醫。三曰漿。四曰酏。此中醫漿酏者。與漿人掌六飲中之三同。尋酒人漿人實屬於酒正。而五齊三酒掌於酒人。六飲掌於漿人。明酒漿不同制也。

六飲之水漿無注。醴者。鄭玄以為醴清。正義謂酒正辨四飲。言清不言醴。彼鄭云。清。醴之泲者。此言清。謂醴之不泲。清濁雖殊。本是一物。故云醴清。倫謂醴醪一物。皆一宿酒。滓多者也。清謂醴之清者。蓋以其味甜。故不在三酒之事。而入六飲之類乎。涼者。鄭玄曰。鄭司農云。涼。以水和酒也。玄謂涼今寒粥。若糗飯襍水也。倫謂先鄭說似不近理。欲取味薄乎。然則涼即醨之音同來紐借字乎。然醨者釀時即薄。非從後以水和之。即今之行酒。亦非臨飲始和以水也。然後鄭以為寒粥。漢之寒粥亦不可審。若糗飯襍水者。非可飲之物。故知其說亦非。倫以為六飲之涼。乃今所謂酪。音同來紐。借涼為酪耳。酪與漿類。正可飲也。醫者。鄭玄曰。內則所謂或以酏為醴。然則醫與酏同物而有別。酏者。鄭玄曰。今之粥。內則有黍酏。酏。飲粥稀者之清也。此引賈侍中以為粥清。與鄭說同。粥清者。似今杭縣所粥飲湯。正鄭所謂稀者之清也。倫以此辨知醫即粥衣。乃煮粥成而浮於上者。醫衣音同影紐。蓋語原同也。本部自醒以上皆酒名。或酒事。自醨至酢六字。醨仍是酒事。而䤘酸䣼醶酢五字已非酒矣。尚類於酒也。醫酏非酒類。而醫字乃躍躋於醨上。恐非舊次。黍酒也非許文。疑酏字出字林也。一曰甜也當在賈侍中說酏為粥清上。甜也者。本書雖有甜字。然急就篇。甘麩恬美奏諸君。字止作恬。周禮酒正注。醴猶體也。成而汁滓相將。如今恬酒矣。字亦止作恬也。則甜字當非許書本有。此訓亦非許文明矣。甜從舌得聲。為甘之轉注字。舌之轉注字為舓為䑛。則甜也者。或古借酏為甜也。【說文解字六書疏證卷二十八】

醬

牆 古文作𤖨假借作將 中山王嚳壺 牆與䖒君並立於殅 中山王嚳兆域圖 大牆宮 【金文編】

6·20 此夋綢牆 說文牆古文作𤖨 【古陶文字徵】

142 144 147 253 254 【包山楚簡文字編】

醬 秦一七九 日甲二六背 秦一八一 【睡虎地秦簡文字編】

讀為將 天棓— 乍澫(甲2—11)、帝— 謠𠯑䣊遊(?)之行(甲11—28) 【長沙子彈庫帛書文字編】

0095 0096 璽文借作將軍之將。將行、後將，將字均作此。【古璽文編】

醬 王騎醬印【漢印文字徵】

□□ 醬說文【汗簡】

□ 說文 □ 籀韻 □ 崔希裕纂古【古文四聲韻】

◉許慎 醬醢也。从肉。从酉。酒以和醬也。爿聲。即亮切。□古文。□籀文。【說文解字卷十四】

◉孫詒讓 說文酉部。醬。醢也。从肉酉。酉以龢醬也。爿聲。古文作□。籀文作□。金文亦未見。而有□字甚多。說文亦未見。如立斿鼎作□。王作鼎作□。金文此字恒見。茲不悉箸。依字當从鼎。从醬省聲。史頌鼎又作□。婦姑鼎作□。金文此字亦恆見。則又从㓞。右似从刀。日辛角又省作□。冗簋厤彝又作□。則省爿从□。師湯父鼎作□。又省夕从爿。皆一字也。以諸字偏旁推之。古文醬字疑當从肉从刀。蓋以刀剉肉作醢醬。周禮醢人鄭注說作醢法。先膊乾肉莝之。是其證也。故从刀。小篆省刀。金文㓞字遂不可通矣。【名原卷下】

◉羅振玉 此字不見許書。古金文有之。有□史頌敦。□王作□。□日辛角諸形。从匕肉于鼎。爿殆所以薦肉者也。此或加小。象有湆汁。或省匕。或省□與肉。或省肉與匕。然皆為一字也。【增訂殷虛書契考釋卷中】

◉王國維 □ 考古圖所載無子鐘云。無子□自。假□為將。□自即將師。無子之名也。□从𥁕。爿聲。𥁕。古盦字。晉邦盦盦字如此作。【史籀篇疏證】

◉王國維 古器物銘多云。作□鼎。作□彝。亦有單言□者。如潘祖蔭所藏二器。其一銘曰。斿婦□。一曰。魯內小臣床生作□。其器則皆鼎也。是□為鼎彝之名。今按□字。於金文。或从匕肉。以爿从鼎(克鼎史頌鼎史頌敢及上魯內小臣鼎)。或从肉从□从鼎(王作彝及上斿婦鼎)。或但从匕肉从爿(日辛角)。殷虛卜辭。則或从匕肉从鼎。或从匕从鼎。或从□从鼎。當即詩小雅或肆或將。周頌我將我享之將字。匕肉於鼎有進奉之義。故引伸而為進為奉。應公鼎云。用夙夕□厤鼎。其用夙夕□喜。皆以□喜並言。與周頌同。凡匕肉必於鼎。故鼎亦得□名。非鼎之外別有一種名□者。【甲骨學文字篇引】

◉丁佛言 □古鉢。卑醬匠芻計鉢。□古匋。【說文古籀補補卷十四】

◉陳邦福 □前·六·六〇·二 當釋醬。說文酉部云。「醬。醢也。从肉酉。酒以和醬也。爿聲。古文作□。籀文作□。」今以卜辭爿□證卜辭□字。知□為醬之初字矣。【甲骨文字集釋】

◉吳其昌 □者字當作□。蓋其朔義。謂以匕扱取鼎中之肉而置之于几上也。鼎中烹肉既飪。取置于几而有匕並陳。是即楚茨既醉之詩所云爾殽既將也。鼎匕几肉告具。是可將之以獻亯矣。是即我將之詩所云。我將我亯。金文曆鼎所云。其用夙夕𩱧亯也。古者設鼎。皆匕俎從設。儀禮述之最詳。少牢饋食禮云。雍人概鼎匕俎于雍爨。士昏禮云。鼎入。陳于阼階南。西面。匕俎。從設。士虞禮云。鼎入。設于西階前。東面匕俎。从設。公食大夫禮云。陳鼎于碑南……雍人以俎入。陳于鼎南。旅人南面加匕于鼎。士喪禮云。陳一鼎于寢門外……其實特豚……素俎在鼎西。西順。覆匕東柄。特牲饋食禮云。佐食舉牲鼎……賛者錯俎。加匕。有司徹云。陳鼎……雍府執二匕以從。⊘司士合執二俎以從。鄭玄士昏禮注曰。匕俎从鼎而設。匕所以別出牲體也。俎所以載也。儀禮之俎。蓋即古文𩱧字所从之几也。【殷虛書契解詁】

◉强運開 [glyph] 古鉢。[glyph]宮牆。【說文古籀三補卷十四】

◉郭沫若 第五一八片前四・四四・六 「貞今□□从[glyph]侯虎伐[glyph]方。受㞢又。」

[glyph]字孫詒讓王國維均疑為庸,同以虢季子白盤[glyph]字、毛公鼎[glyph]字為説。王國維更舉召伯虎毁[glyph]字亦説為庸。案乃據吴大澂説。案[glyph]若[glyph]乃牆字之異,盤假為壯,鼎假為將。[glyph]乃祇之古文,均非庸字也。說詳金文韯攷毛公鼎之年代及追記。字與此等字亦不類。攷金文簠字鑄公簠作[glyph],旅虎簠作[glyph],交君簠作[glyph],乃象下器上蓋,而中从五聲。簠亦銘匡,即筐之古文。足證筐簠同器,亦為同字。乃陰陽對轉。則此字蓋匡之古文,亦象下器上蓋而從爿聲也。匡地在春秋時有三:論語子罕「子畏于匡」,乃衛地,在今河北(現屬河南省)長垣縣西南。左傳定六年「公侵鄭,取匡」,乃鄭地,在今河南扶溝縣東北。春秋僖十五年「盟于牡丘,遂次于匡」,乃宋地,在今河南睢縣西三十里。此从江永説。杜注誤為長垣之匡。三匡雖分隸三國,然均相隔不遠,蓋古匡國地,入後被分割者也。[glyph]字别录二桃山獸骨作[glyph],从午聲,魚陽對轉也。【卜辭通纂】

◉郭沫若 胄乃古牆字,从由爿聲,毛公鼎作𥁕,曰「唯天𥁕集氒命」,曰「邦𥁕害吉」,均讀為將。前語為「將,大也」之將,後語為將來之將。本銘讀為訓大之將,可,讀為壯,亦可。【虢季子白盤 兩周金文辭大系圖録考釋】

◉郭沫若 牆古牆字。説文「牆,籀文牆」,與此同意。此从由从曰,由者缶也,曰是古皿字。【趞亥鼎 兩周金文辭大系圖録考釋】

◉郭沫若 𥁕即説文「牆,古文牆」之古字,从由爿聲。由,缶也,从由與从酉同意。本銘二𥁕字均讀為將,「唯天將集氒命」者唯天大集氒命也。商頌烈祖「我受命溥將」,爾雅釋詁「將,大也」。「邦將害吉」者即是未來或推定之語。【毛公鼎 兩周金文辭大系圖録考釋】

◉郭沫若 (毛公鼎)第三行及第六行𥁕字,舊或釋庸。或釋𦎧。均以今隸形近之字任意揣擬,非也。王國維較矜慎,云「未詳」。

余案此乃古文牆今作醬字。説文「𤖀，古文牆」，字乃从酉爿聲。今字作𦉢，乃从由爿聲。由即説文「東楚名缶曰𠙹」之𠙹，亦即今通行之由字。王國維説。見「觀堂集林」卷六「釋由」。酉者甕之象形，从由與从酉同意，而同从爿聲。故知𦉢牆為一字。有走馬亥鼎，曰「宋𤖀公之孫趞亥」，走馬，官名，二字合書。舊釋為一字。公上一字乃牆之籀文𤕬。古文皿字亦有作𠙴形者，卜辭血作𠙴即其例，非口字。宋𤕬公即宋莊公。本銘之「唯天𦉢集氒命」，當讀如商頌烈祖「我受命溥將」之將，將，大也。下文之「邦𦉢害吉」，即常用表示未來之將字。虢季子白盤有「𢦏武于戎工功」語，舊亦釋庸。案彼由上爿下，與此自為一字，特當讀為壯。古牆、將、莊、壯、均同音。同音之字，例可通假。【毛公鼎之年代　金文叢考】

◉馬叙倫　鈕樹玉曰。廣韻韻會引作醢也。韻會作從肉酉。玉篇正作醬醢也。重文作牆。云。見説文。疑説文本作醢也。周禮醢人掌其五齊七菹。凡醢物以供祭祀之齊菹。鄭注。齊菹醬屬醢人者。皆須醢成味。桂馥曰。周禮膳夫。凡王之饋醬用百有二十甕。注云。醬謂醢醢也。惠士奇曰。醬屬醢人名曰醢醬。則醢即醬也。不應分為二。士昏禮。醯醬二豆。二豆者。壻與婦為對。醬則醯醬非二物矣。左傳。醯醢鹽梅以亯魚肉。聘禮。歸饔餼醯醢。皆不言醬。則醢非即醬與。嚴可均曰。此作醢。今小徐本作鹽。皆誤。沈濤曰。廣韻引作醢也。今本作醢。不可通。王筠曰。周禮膳夫鄭注。醬謂醯醢也。鄭以醯人醢人兩職所云六十甕。合為膳夫百二十之數。蓋以醯人云。凡醯醬之物。世子之醬齊菹。醬字凡兩見。故以醯為醬也。案許云。醬。醢也。醢。肉醬也。醯。酸也。作醯以鬻以酒。而不言以肉。則醯即醋矣。與鄭説不可合為一。朱駿聲曰。作鹽者。實醢之誤。故亦誤作醢也。周禮膳夫。醬用百二十甕。注謂醯醢也。論語。不得其醬。皇疏。古者醬齊菹三者通名也。倫按醬醢蓋轉注字。醢從𥁒得聲。𥁒為𥁓之異文。音在喻紐三等。醬從將省聲。將從爿得聲。爿為牀之初文。音在牀紐。古讀歸定。古讀喻三亦在定紐也。故牆訓醢也。或謂經傳言醢。皆謂肉醬。醯醬之醬。即論語不得其醬不食之醬。猶今人之用醬油。亦或如今之豆醬。不必皆以肉為者也。倫檢陶宏景本草注。醬又有魚醬肉醬。皆呼為醢。知醬醢實一義而二名。古之醬蓋通以肉類為之。至禮記內則。濡雞醢醬。濡魚卵醬。濡鼈醢醬。以醢醬連文者。以對卵醬言醢醬。謂肉所為耳。不以詞害義也。今之以豆為醬者。蓋古之藍也。

𤖀　李杲曰。古匋作𤖀。倫按魏石經古文酒字作𤖀。酭字古文偏傍作𠙴。與此同。疑此出石經。

𤕬　王國維曰。考古圖載無子鐘云。無子𤕬𠂤。假𤕬為將。𤕬𠂤即將師。𤕬從𥁕。爿聲。𥁕古盦字。晉邦盦盦字如此作。倫按王謂𤕬𠂤即將師。是也。謂𤕬從𥁕爿聲。𥁕古盦字。則未可從。蓋盦是盈之轉注字。乃温食之器。見盦字下。𤕬若從盦。亦當為器名矣。豈𤕬亦盈之轉注字邪。盈從𡆪得聲。𡆪𡇒一字。𡇒音穿紐。而轉注字作𢗔。音入清紐。𤕬音精紐。

同為舌尖前破裂摩擦音。籀篇借以為⿰爿酉。倉頡用本字。故易𤮪為⿰爿酉邪。倫疑此從皿⿰爿酉聲。為鬻或𩰫之異文。鼎鬲本是一字。而從鬲之字。金甲文或從皿作。證見鬲下。史頌敢用作□彝。即用作鬻器也。𩰫亦從將得聲。明是一字。與鬻則聲同陽類轉注矣。籀篇借以為醬。【說文解字六書疏證卷二十八】

◉商承祚　□　汗簡引作□。从□。是也。【說文中之古文考】

◉嚴一萍　□史頌簋　用乍□彝　說文酉部。⿰爿酉。醢也（當據廣韻韻會引作醢也）。从肉从酉。酒以和⿰爿酉也。爿聲。□古文。□籀文。今案此字實即金文夙夕□享之□所譌變。亦即詩我將我享之將。【釋□□　中國文字第八冊】

◉嚴一萍　□　商氏誤作「酉」。說文⿰爿酉之古文作□，與繒書同。此處用為「將」字，其詳見余釋□□□一文，載中國文字第八期。【楚繒書新考　中國文字第二十六冊】

◉商承祚　第五簡　𪓐醬一墨。　已
　　　　　　　　　　有編組刻口。

醬，古多假為將，楚帛書、中山王䜌方壺銘皆若是。此醬為醬之省，古文作⿰爿酉，爿聲，即亮切。古有多種醬，見於此簡者有𪓐醬及第一二簡的羽醬。墨，即堣，《說文》以為地名的堣夷，在此用為雙數的偶，亦見第一二簡和一三簡，一墨，一對也。暫定此二簡為一組，右司馬送了兩種隨葬品：綻衣一件和𪓐醬一對。【長沙仰天湖二五號楚墓竹簡遺策考釋　戰國楚竹簡彙編】

◉張守中　□　讀為將。方壺二例。——與虞君並立於殜。外之則——使堂勤於天子之廟。□兆域圖。大——宮。【中山王䜌器文字編】

◉黃錫全　□醬說文　古璽作□、□（璽文3・14），天星觀楚簡作□，中山王壺作□，《說文》古文作□，此同。古文字多假⿰爿酉為將。唐陽華巖銘將字古文作□。【汗簡注釋卷六】

◉湖北省文物考古研究所　北京大學中文系　「⿰爿酉」為「醬」字古文，簡文借為將且之「將」。【一號墓竹簡考釋　望山楚簡】

◉戴家祥　□中山王䜌方壺　⿰爿酉與虞君並立於殜　說文十四篇醬古文作□。此字為古文醬，醬从將省聲。銘文讀為將來之將。【金文大字典中】

◉許　慎　醢肉醬也。从酉𥁑。臣鉉等曰。𥁑。甌器也。所以盛醢。呼改切。[籀文]籀文。【説文解字卷十四】

◉王國維　[籀文]　此字疑从鹽省。有聲。从艸。闕。【史籀篇疏證】

◉馬叙倫　鈕樹玉曰。韻會𥁑下有聲字。玉篇注。醬也。沈濤曰。大唐類要一百四十六引作肥乾肉醬。倫按本作䐹也。肥乾肉醬也。肥乾肉醬也肥字或譌。此字林文或校語。𥁑下當依鍇本有聲字。醢為胥之轉注字。

[籀文]　鈕樹玉曰。玉篇廣韻竝無。段玉裁曰。從艸。謂芥醬榆醬之屬也。從鹵謂鹽也。王筠曰。繫傳作籀文醢如此。顧本如此作從鹵。案從艸不可解。從𥁑聲亦小異。王國維曰。疑從鹽省有聲。從艸闕。倫按艸鹵為𨠍之譌文。觀鍇本作從鹵而不及從艸。疑所據本猶未譌也。從𨠍。𥁑聲。【説文解字六書疏證卷二十八】

◉楊樹達　醢酉即酒，為醢以酒也，主名。𥁑為處名。【文字形義學】

◉夏　渌　《三代吉金文存》卷3・12頁：《鑄客鼎》：「鑄客為陰𨡔為之。」「陰𨡔」的「𨡔」从酉，从兎，从甘，疑為「醢」之異構，甲骨文[甲骨文]、[甲骨文]反映了以人為「醢」的古代食人之風，楚字「𨡔」反映了以兎肉為醢，食而甘的含義。《儀禮・聘禮注》：「醢是釀肉為之。」《周禮・醢人》：「掌四豆之實，醓醢、蠃醢、蠯醢、蜃醢、蚳醢、兎醢、魚醢、雁醢。」兎醢為其一種，「陰醢」猶《周官》之「醢人」。【楚古文字新釋　楚史論叢初集】

◉夏　渌　[甲骨文]　从𠥼从人，表示以人體制為食用肉醬之意。《説文》：「醢，肉醬也。」《周禮・醢人》注：「作醢及臡者，必先膊乾其肉，乃後莝之，雜以粱麴及鹽，漬以美酒，塗置瓶中，百日則成矣。」《儀禮・聘禮》注：「醢，是釀肉為之。」《離騷》：「後辛菹醢兮。」《吕覽》：「殺梅伯而遺文王其醢。」甲骨文反映了殷人釀制人肉為醢的習俗。卜辭：「其令卯曰醢？」(寧滬1・502)「王令醢仲？」(粹87)「虜醢，大御于祖乙？」(乙5783)後世刑罰以剁成肉醬為醢，孔子覆醢，以子路被剁成肉醬産生聯想，不忍食之。《禮記・檀弓》：「使者曰：『醢之矣！』」注：「醢之者，示欲啖食以怖衆。」變成了恐怖行為，甲骨文从𠥼从人，反映了以人肉釀制為醢，為了食用，原無怖衆之意。【論古代的食人之風——并附釋寅、禽、醢、齏、烹、將、肴、屠、截、敢有關古文字　武漢大學學報一九八四年第四期】

◉許　慎　[篆文]䤈醶。榆醬也。从酉。敄聲。莫候切。【説文解字卷十四】

◉馬叙倫　本作𨟻也榆𨟻也。榆醬也蓋校者據齊民要術加之。䤈醶聲同矦類連語。此即今杭縣所謂腐乳之本字也。【説文解字六書疏證卷二十八】

⿰酉俞

◉許　慎　⿰酉俞醔⿰酉俞也。从酉。俞聲。田候切。【説文解字卷十四】

◉馬叙倫　段玉裁曰。醔⿰酉俞或音茂逗。或音牟頭。或音模途。皆疊韻也。倫按今杭縣亦謂黴豆腐。【説文解字六書疏證卷二十八】

酹

◉許　慎　酹餟祭也。从酉。寽聲。郎外切。【説文解字卷十四】

◉馬叙倫　段玉裁曰。食部。餟。酹祭也。與此為轉注。餟謂肉。故漢書作腏。酹謂酒。故從酉。字失次。翟云升曰。集韻引作饌祭也。類篇引作酹祭也。倫按見餟下矣。文選潘岳哀永逝文注引字林。以酒沃地曰酹。此字蓋出字林。餟祭也當作餟也祭也。集韻引餟作饌。譌。類篇引酹字蓋隸書複舉者也。【説文解字六書疏證卷二十八】

⿰酉畢

◉許　慎　⿰酉畢擣榆醬也。从酉。畢聲。蒲計切。【説文解字卷十四】

◉馬叙倫　桂馥曰。字或作醯。玉篇。醯。醔⿰酉俞也。或作⿰酉畢。廣雅。醯。醬也。倫按⿰酉畢醯為轉注字。猶珌琕矣。⿰酉畢醔皆雙脣音。故醔⿰酉俞或名⿰酉畢。蓋假借也。亦或⿰酉畢醯同為醔之轉注字。飲酒俱盡非醯之本義。【説文解字六書疏證卷二十八】

⿰酉矞

◉許　慎　⿰酉矞醬也。从酉。矞聲。居律切。【説文解字卷十四】

◉馬叙倫　⿰酉畢⿰酉矞聲同脂類轉注字。⿰酉畢⿰酉矞二字蓋竝出字林。【説文解字六書疏證卷二十八】

⿰酉京

◉許　慎　⿰酉京雜味也。从酉。京聲。力讓切。【説文解字卷十四】

◉楊樹達　説文十四篇下酉部云：「⿰酉京，雜味也。从酉，京聲。」又二篇上牛部云：「⿰牛京，牻牛也。从牛，京聲。引春秋傳曰：牻⿰牛京。」按牻下云：「白黑雜毛牛。」據二文觀之，京聲字蓋有雜義。按京訓人所為絶高丘，與雜義不相會，頗難索解。考三篇下䰜部云：「⿱⿲弓羔弓鬲，五味和羹也。」或作羹。按羹訓五味相和，飲食之事也。八篇上衣部雜訓五采相合，衣服之事也。五采相合為雜，則五味相和亦具雜義矣。古京與羹同音，从京猶从羹也。問者曰：「⿰酉京⿰牛京皆讀入來母，何也？」曰：左傳昭公十一年云：「楚子城陳蔡不羹。」釋文云：「羹舊音郎。」正義云：「古者羹臛之字音亦為郎，故魯頌閟宫及楚辭招魂與史游急就篇羹與房漿糠為韻。但近世以來獨以此地音為郎耳。」然則羹古本有來母之音，據此⿰酉京之為義受之於羹，於義於音皆訢合無間；⿰牛京則又由⿰酉京孳乳耳。

章氏文始謂䣼得義於鹵，按鹵䣼模唐二部陰陽對轉，音理固為可通，惟鹵鹹第為五味之一，不含雜義，似不如謂受義於羹較為脗合矣。【釋䣼 增訂積微居小學金石論叢】

◉馬叙倫 段玉裁曰。周禮漿人六飲。鄭司農云。涼。以水和酒也。玄謂涼今寒粥。若糗飯襍水也。內則有濫無涼。鄭曰。以諸和水也。以周禮六飲校之。則濫涼也。紀莒之間名諸為濫。按評作䣼。即周官內則之涼字也。襍味者。即以諸和水也。乾者為桃諸梅諸。水漬為桃濫。於釋名可得其義也。內則正義曰。諸者。衆襍之辭。又按廣雅云。䣼。醬也。疑襍味下本有醬字。故廁於此。若六飲之涼。則已見水部。岳森曰。段張二說。其實皆非。說文凡部首之字既相聯繫。部中之字亦各以類從。䣼字既次醢醬醶醳醨諸醬名之下。則其義必類於醬。竊謂䣼者。所以作醬也。釀訓作酒。襄京二聲皆在古音第十部。聲同即義通。釀為作酒。故䣼為作醬。許之訓為襍味者。以古醢人作醬之法。皆調和菜肉酒漿而成。其味至襍。故以為訓。亦以襍和諸味。即是作醬。言襍味即不啻言作醬與。倫按禮記內則。飲重醴稻醴清糟。黍醴清糟。粱醴清糟。或以酏為醴。黍酏漿水醷濫。以周禮漿人六飲校之。醷即醫。濫即涼也。鄭玄曰。醷梅漿。濫。以諸和水也。紀莒之間名諸為濫。倫謂如鄭說。醷是梅諸和水。如今北平之酸梅湯與。而其注酒正則曰。醫。內則所謂以酏為醴者。以酏為醴。即非梅漿矣。鄭於漿人之涼。不取先鄭以水和酒之說。而謂今寒粥若糗飯襍水也。於此濫則釋為以諸和水。豈漢之寒粥即以諸和水與。且即然。則醷濫皆以諸和水矣。倫謂內則之桃諸梅諸乃桃藍梅藍。借諸為藍。諸從者得聲。者從𣎵得聲。𣎵即左傳有文在手曰為魯夫人之魯。見魯字者字下。藍魯音同來紐也。藍或作濫。故紀莒之間名諸為濫。藍者。以植物為醬。梅諸桃諸即今之梅醬桃醬。可以伴食而不可為飲。則內則之濫。實借為涼。涼者。倫以為今之所謂酪也。見酏字下。本書水部湪下有涼字。而此䣼字則次醬下。倫以為若涼為漿之轉注字。則此即六飲中涼之本字。不然。涼為酪之轉注字。酪涼音同來紐。聲則魚陽對轉也。而此為醬之聲同陽類轉注字。襍味也非本義。然此字許書外。見於周禮膳夫六清鄭注及廣雅釋器。鄭注水漿醴涼醫酏。則䣼即六飲之涼。廣雅以湪訓䣼。朱駿聲據以為即周禮漿人之涼。禮記內則之濫。但朱仍主鄭玄以糗飯襍水之說耳。是䣼碻為六飲之涼。即酪也。禮記禮運。以為醴酪。醴酪蓋猶醴䣼。廣雅。酪䣼并訓漿。玉篇。酪。漿也。皆可證。然廣雅䣼亦訓醬。疑古或借䣼為醬。此字疑出字林。【說文解字六書疏證卷二十八】

醦

◉許　慎　醦闕。慈冉切。【說文解字卷十四】

◉馬叙倫　段玉裁曰。闕字校者加之。玉篇。醦⿱壬酉。味薄也。蓋顧氏據本未闕也。集韻則曰說文闕。一曰。醬也。一曰。醦⿱壬酉。味薄。字又作⿱斬食⿱漸食。廣韻。⿱漸食。食薄味也。倫按字蓋出字林。【說文解字六書疏證卷二十八】

⿱壬酉

◉許　慎　⿱壬酉闕。而琰切。【說文解字卷十四】

◉馬叙倫　段玉裁曰。依玉篇廣韻。醦下當云。醦⿱壬酉。味薄也。从酉。漸聲。此下當云。醦⿱壬酉也。从酉。任聲。二字疊韻。而今本但注闕字。疑許書本無此二篆。錢坫曰。廣韻⿱壬酉讀同染。倫按字蓋出字林。【說文解字六書疏證卷二十八】

酪

◉徐　鉉　酪乳漿也。从酉。各聲。盧各切。【說文解字卷十四新附】

醐

◉徐　鉉　醐醍醐。酪之精者也。从酉。胡聲。户吴切。【說文解字卷十四新附】

酩

◉徐　鉉　酩酩酊。醉也。从酉。名聲。莫冋切。【說文解字卷十四新附】

酊

◉徐　鉉　酊酩酊也。从酉。丁聲。都挺切。【說文解字卷十四新附】

醒

◉徐　鉉　醒醉解也。从酉。星聲。按。酲字注云。一曰醉而覺也。則古酲亦音醒也。桑經切。【說文解字卷十四新附】

◉徐 鉉 醍清酒也。从酉。是聲。它禮切。【説文解字卷十四新附】

酋 5268【古璽文編】

酋【汗簡】

◉許 慎 酋繹酒也。从酉。水半見於上。禮有大酋。掌酒官也。凡酋之屬皆从酋。字秋切。【説文解字卷十四】

◉羅振玉 酋 象酒盈尊。殆即許書之酋字。【增訂殷墟書契考釋卷中】

◉王 襄 酋酋 古酋字。許説繹酒也,从酉,水半見于上。【簠室殷契類纂正編卷十四】

◉林義光 水半見非義。古作酋毛公鼎猷字偏旁。酋酉音近。古尊奠諸字。或从酉或从酋。當與酉同字。八象酒上溢之形。與益益字同意。【文源卷二】

◉葉玉森 酋 古文酋。禮月令「乃命大酋」。注「酒孰曰酋」。【研契枝譚】

◉商承祚 酋酋 金文作酋酋(毛公鼎陳猷釜猶字偏旁)。説文酋。「繹酒也。从酉水半見于上。禮有大酋。掌酒官也。」甲骨文酋為祭名。【甲骨文字研究下編】

◉商承祚 説文:「酋,繹酒也。」此曰:「受酋年。不受酋年。」殆卜所埶釀酒之黍,豐年不豐年也。【殷契佚存考釋】

◉瞿潤緡 卜辭言「受酋年」者多見。説文「酋,繹酒也。」引申為多。所謂酋年者,多禾之年,豐年也。方言「酋,熟也。久熟曰酋」。廣雅釋詁同,今江南謂豐年曰熟年。【殷墟卜辭考釋】

◉郭沫若 第四四二片後上·三一·一一 「貞弗其受酋年。二月。弗其受黍年。二月。」

酋乃酋字之古文。知者,以卜辭猷字或作猷見下第五六六片,所从酋字同此。酋,就也,熟也。【卜辭通纂】

◉唐 蘭 畁 右畁字自羅振玉氏誤釋為酋。學者靡然從之。葉玉森取月令「乃命大酋」注「酒熟曰酋」以釋卜辭之「畁年」。學者又靡然從之。葉説見研契枝譚。不知此字明明從畁。如何得為酋字。然以天資卓絶之郭沫若氏猶云「畁乃酋之古文。知者以卜辭猷字或作猷」通纂考釋六四。信積習之難返也。釋𤢖為猶。其誤亦自羅氏。可謂一貫。然金文猷字頗多作猷猷等形。決無從畀作者。其誤不亦顯然乎。凡從酉之字多變從酋。如尊作尊。奠作奠。均是。則酋字必從酉可知。與此從畀之字固了無干涉也。⊘𩫖字象米在𣅀中之形。或從米从𣅀。以象意字聲化例推之。當讀𣅀聲。𣅀為被形容者。猶酋讀酉聲。□□讀豆聲。從米𣅀聲當即説文之糟字。𣅀聲既變。後人改之為覃聲耳。説文「糟糜和也」乃後起之義矣。卜辭常云「受𩫖年」。每與「受黍年」同出。則𩫖亦穀名也。昔人惑乎「酋年」之説。以為即「熟年」而不顧「熟年」與「黍年」並列為不倫。亦云疏矣。𩫖是穀名。當讀如䆃。説文「䆃。禾也。」𩫖得與䆃通者。士虞禮記「中月而禫」。注「古文禫或為導」。是其證。朱駿聲疑「䆃實與稻同字」。殊有見地。䆃通導。擇米也。後漢有導官令主春御米。是春而擇之也。而稻字金文每作稻。偏旁或作□。是既春而杼之也。是不僅聲同。義亦相近也。卜辭以𩫖年與黍年同卜。𩫖必為重要穀類可知。𩫖䆃稻蓋三名一實。𩫖象容米於𣅀。稻象杼米於臼。故可引申為同一穀名矣。卜辭之「受𩫖年」當即「受稻年」。故與「受黍年」並重也。【釋𣅀厚𩫖□□　殷墟文字記】

◉馬叙倫　桂馥曰。繹酒也者。本書多下云。夕相繹也。奠下云。酋。酒也。方言。酋。熟也。自河以北趙魏之間久熟曰酋。周禮酒正。二曰昔酒。注。昔酒。今之酋久白酒。所謂舊醳者也。林義光曰。水半見非義。酋酉音近。古尊奠字或從酉。或從酋。當與酉同字。倫按王筠謂酋字之義與酒同。故釋名曰。酒。酉也。禮之大酋。即酒正也。其説是。金文商飲作□。甲文從水之字多異形。蓋水之形固不必定作氵也。甲文尊字作□作□。從酉。金文旁鼎作□。癸□敢作□。召仲鬲作□。陵子盤作□。本書遒或作逎。吕氏春秋仲冬紀。乃命大酋。注。掌酒官。然則酋酒碻是一字也。甲文□□□諸文與□□異形。亦猶酋酒矣。觀鄭注周禮酒正禮記郊特牲及劉熙釋名。實不能使酋酒之義判然明白。所以釋酋者。亦謂久釀澤美而已。由不悟酋酒之本為一字也。説解疑為吕忱所改。非許文。【説文解字六書疏證卷二十八】

◉馬叙倫　酋□　□　吴式芬曰。阮云。不知何器。飲非器名。博古圖有飲爵作酓。從酓省。此丫向上。不同。或釋舉酉。倫按此説文之酋字也。王筠據釋名以酋釋酒。謂酋字之義與酒同。是也。甲文尊字作□。從酉。説文遒之重文作逎。蓋未造酒字時以酉為酒。所謂叚借也。及造酒字。從水為義而仍以酉為聲。故尊可作奠。逎可作遒也。吕氏春秋。乃命大酋。注。掌酒官。則酋實酒之異文。甲文亦有□□二體。此作□説文作□。蓋皆從水。水之形固不必定作八也。器文作此。蓋造器者造酒為業者也。【讀金器刻詞卷上】

◉李孝定　説文「稻。稌也。从禾。舀聲。」契文□字唐氏釋為糟。讀為稻。甚是。金文稻字作□曾伯簠。□陳公子甗。□弔家父匡。□史克匡。□稻媰簠。从米从禾通作。或又从㫃為繁文。从舀。舀亦聲。米字或在臼中。上从爪。所以取之。明是會意。亦與米在𣅀中意同。卜辭𩫖字大抵為穀名。亦或為地名。辭云「□未卜在𩫖貞王步于□不遘⊘」菁九・十是也。它辭均言

「受韋年」與「受黍年」同見。如釋酋訓熟。則熟年應晐諸穀言之。其下不應更出黍年。唐説是也。【甲骨文字集釋第七】

◉黄錫全　酋　猷字古或作（侯盟）、（中山王鼎）、（三體石經）、（王孫誥鐘）等，此酋形與之所从之酋類同。【汗簡注釋卷六】

◉戴家祥　皆古文酋字也。説文十四篇：「酋，繹酒也。从酉，水半見於上，禮有大酋，掌酒官也。」按禮記月令仲冬之月「乃命大酋」，鄭玄注：「酒孰曰酋。大酋者，酒官之長也。」玉篇五三九：「酹，自流切。亦作酋，酒官也。」天官序官「酒人奄十人，女酒三十人，奚三百人」，鄭玄注：「女酒，女奴曉酒者。」吕氏春秋精通篇：「臣之父不幸而殺人，不得生。臣之母得生，而為公家為酒。」蓋古之女奴没入縣官，或為舂，或為酒也。墨子天志下「婦人以為舂酋」，可為鄭注佐證。説文：「酉，就也。八月黍成可為酎酒。象古文酉之形。」酒不可象，蓋以盛酒之器象之。酉，讀與九切。喻母幽部。酒，讀子酉切，精母幽部。酋，讀字秋切，從母幽部。同韻通假，故説文二篇逎或作遒，金文尊或从酉。【金文大字典下】

鐵二七・一　甲三三八九　粹一三二　京津九七八　明藏五二五　佚八一五　燕七五八　續二・七・一〇　前五・四・七　後一・二七・一〇　京都一五五一　京都二二九一　前五・四・四　或从自與金文同　甲八四九　粹五三九　明藏四四五　佚八七〇　前五・四・五　戩二六・三【甲骨文編】

甲849　乙521　4643　6692　佚870　續1・6・7　徵3・27　續2・1・1　2・7・10　徵3202　8・86　六束56　摭續52　112　京4・9・3　粹232　539　541　乙7040　珠393　卜376　佚413　614　續2・19・3　5・14・1　5・19・4　徵11・69　京1・26・2　凡17・4　録917　摭續306　粹518　新379　2302【續甲骨文編】

尊　寇盤卣　作父辛鼎　㚤簋　鳥壬侜鼎　乙卣　父戊𠂤爵　癸𠫑簋　𠂤卣　𢓍尊

旁鼎 方鼎 亳鼎 伯吉父鼎 簋 才僩父鼎 立鼎 斅方尊 乍寶尊彝尊

作尊車簋 三年瘐壺 召仲鬲 嬀嫘簋 命瓜君壺 曾姬無卹壺 或从阜 壽兄癸卣

衛父卣 仲義父鼎 豐兮簋 元作父戊卣 車卣 尸作父己卣 歔尊

王尊 輦卣 妣伯卣 咸數鼎 弔父丁簋 集僭簋 天君鼎 婦闟卣 旋婦

鼎 戔簋 東尊 盉 剌卣 美爵 鈇作父戊卣 者女觥 者婦爵 者婦罍

堇鼎 小臣系卣 小子𠭯簋 黄簋 旂鼎 伯卣 作義妣鬲 父乙鼎

匽方彝 勅𩵦鼎 揚作父辛簋 公史簋 癸𡢁甗 曆盤 靁甗 方鼎 弔德簋 康侯

鼎 康侯簋 伯魚簋 矩尊 成王鼎 獻侯鼎 史獸鼎 鼎甗 般甗 臣辰卣

𨚕卣 𠂤鼎 魯侯爵 小臣逨簋 免簋 師趞甗 師遽簋 弔皮父簋 亞盉 迭盤

麥盉 靳尊 宿父尊 齊巫姜簋 寠姒鬲 𤰈卣 小子射鼎 甚鼎 剌鼎 曾仲

斿父壺 戒弔尊 責引觚 責引觥 卣 卣 婦鼎 田告作母辛鼎 盂爵 伯魚

鼎 伯卣 朕尊 堇伯鼎 子阩簋 魚作父己尊 作寶尊彝尊 幷冀簋 比作伯婦簋

作父丙觶 田農鼎 吕尊 䀠尊 師旂鼎 傳尊 友簋 責尊 彔作乙公簋

辨簋 廣父己簋 趞鼎 趙弔簋 無仲卣 皆壺 同卣 寧遺簋 伯中父簋 或方鼎

或鼎 芮伯壺 滕虎簋 歔𢦏鼎 害鼎 弔𣪊尊 雍叜簋 倗卣 作父丁尊 叀

卣 過伯簋 彧者尊 伯盂 應公鼎 静簋 豚鼎 大作大仲簋 姬簋 彔伯簋

師趛鼎 師虎簋 應侯簋 師酉簋 頌壺 頌簋 仲覰父簋 虢簋 函皇父簋

師寰簋 同姜鬲 殳季良父壺 弔向父簋 弔向簋 無㠱簋 仲師父鼎

追簋 鄧孟壺 毛公㞒鼎 伯夏父鬲 周㚸壺 伯吉父簋 庚姬鬲 弔角

父簋 考弔䛊父匜 休盤 師嫠簋 伯椃父簋 仲覰父簋 善夫吉父鬲 成伯孫父鬲

陾仲孝簋 鄭羌伯鬲 不嬰簋二 姞氏簋 趞簋 奮□伯鼎 湯弔盤 無男鼎

弔宿簋 令簋 斨觥 豐尊 𬤐爵 師𩱕鼎 量侯簋 服尊 寏卣 伯闢簋

弔尃父盨 諭伯卣 師高簋 弔妣簋 封仲簋 伯桃

盧簋 西替匜 伯汾父簋 買簋 楚季苟盤 蔡侯𬤐缶 訇簋 能匋尊 覰尊 豐井弔

簋 白六鼎 仲簋 枚家卣 吕王壺 吕王鬲 畢鮮簋 不嬰簋 𩏂弔匜 弭伯簋

鄀公鼎 鄧公簋 彧者鼎 伯晨鼎 弔狀簋 父丁尊 【金文編】

4·82 匋攻尊 【古陶文字徵】

尊 為二七 通寸 以杜長尺有一而中折 日甲六七背 日甲六七背 【睡虎地秦簡文字編】

1486 與卣尊字形近 1956 【古璽文編】

尊寵里附城 孝子單祭尊 兒尊之印 王尊 華尊 箱尊之印 祕尊私印 解尊 李尊

李尊 李尊私印 【漢印文字徵】

上尊號碑 禪國山碑 玉尊 說文尊或从寸作尊 【石刻篆文編】

尊華岳碑 尊出碧落文 【汗簡】

古孝經 古老子 同上 華嶽碑 碧落文 【古文四聲韻】

◉許 慎 酒器也。从酋。廾以奉之。周禮六尊。犧尊。象尊。著尊。壺尊。太尊。山尊。以待祭祀賓客之禮。祖昆切。尊或从寸。臣鉉等曰。今俗以尊作尊卑之尊。別作罇。非是。【說文解字卷十四】

◉薛尚功 尊癸

銘曰。尊癸。癸者。成湯之父。此商器也。宜以是識之。然又以尊銘之者。王氏解六尊。所謂尊君其所而爵從之也。蓋舉彼則知此焉。【歷代鐘鼎彝器款識法帖卷四】

◉吳大澂 疑古尊字。象兩手奉尊形。且乙父已卣。【說文古籀補附録】

◉徐同柏 尊當讀為宗。宗。尊也。書分器敘云班宗彝。【從古堂款識學卷三】

◉羅振玉 卜辭象兩手奉尊形。或从自。與古金文同。又古金文或从酉。或从酋。从酋者是。許君所本矣。【增訂殷虛書契考釋卷中】

◉王 襄 疑尊字。【簠室殷契類纂存疑】

◉林義光 古作友尊彝癸。作滔媟敦。酒器之尊與尊卑古不同字。从阜作曆尊彝。本尊卑之尊。从阜轉注。多假為尊彝字。【文源卷六】

◉高田忠周 乍祖□隮彝。積古。按此器為鼎。而銘云如此。隮即尊貴之尊。非酒器義明矣。因謂古人皆云。尊為祭祀重器。故轉為尊貴尊高義。無一人懷疑者。然亦未深考也。若果以尊為寶器。故用為尊貴義乎。曰鼎曰彝。皆當為尊貴義。而獨以尊為尊貴字者。抑有故而已。愚謂。尊貴尊高字。以隮為正字。尊為叚借字。而隮即陵字古文也。集韻。尊字或作壿。又有嶟字。訓山高皃。古文山土𠂤三部通用。即知嶟壿隮元同字。又蹲俊為同字。焌燇為同字。朱駿聲說。竣即蹲字。即知隮陵嶟峻亦元同字無疑矣。隮尊通用。故云尊亦或作壿。集韻當有所原。而偶脱隮字耳。然則銘云。寶隮彝。謂有法

度而可隮重之寶器也。彝者。法也。則也。【古籀篇十五】

◉高田忠周　借奠為鄭。金文恆例。亦省作奠作酋。遂又作酉。此即酉之省形。此尊字古文尤顯者也。説文。□酒器也。从酋。廾以奉之。周禮六尊。犧尊。象尊。著尊。壺尊。大尊。山尊。以待祭祀賓客之禮。䔿或从寸作□。段氏玉裁云。此與寺从寸意同。有法度者也。按尊字初象形當如此篆。説文□下云。象古文酉之形也。段説云。古文酉謂丣也。仿佛丣字之形而製酉篆。愚謂不然。酉字即从尊形也。鐘鼎古文酉作□作□亦作□可證。葢酒在尊中之象也。然則文字之初先有象形尊字作□。次之有酉有酋。此乃字乳益多之理也。其後□字變作□作□。象形一變為會意也。古今改變多見此例。若夫作隮作□。愈出愈緐。甚失古義。其後或變作罇。見玉篇廣韻。又作樽。見今本易禮。葢後人所改竄。又見淮南及玉篇。疑淮南亦元作尊。樽為六朝文字也。又或作撙。叚借與剸蹲通。从手从□同意。古文往往通用。撙稍似古而為俗體。可識矣。朱駿聲云。轉義。爾雅釋文引説文。尊或从寸。酒官法度也。今之尊卑從此得名。故尊亦為君父之偁。愚謂此説非是。凡三代金文。尊貴義字皆作隮。从自䔿聲。此為陖字古文。而間少有作䔿者。此借尊為隮即為陖也。陖為絶高。故用為尊卑之尊也。然則廣雅釋詁。尊敬也高也。考工記輪人。部尊一枚。注。高也。左昭五年傳。尊地也。注。重也。易繫辭傳。天尊地卑。又論語。尊五美。皇疏。崇重也。孟子。尊德樂義。注。貴也。又禮記喪服小紀。養尊者必易服。注。謂父兄。此皆經傳亦借尊為陖者也。詳見陖下。又如莊子逍遥游云。何不慮以為大樽。司馬注。樽如酒器。縛之于身。浮于江湖。可以自渡。實酒尊義之一轉也。又按字从寸者。寸又□也。叔字或作村。對封字古文皆从又作□□。可以證也。然則尊亦與作䔿同。□者一手。□者雙手。均皆同意。謂為法度之意。牽强耳。【古籀篇七十六】

◉商承祚　□□　説文。䔿。「酒器也。从酋。廾以奉之。尊。或从寸。」此作兩手奉尊形。金文遵尊作□。□卣作□。旁鼎作□。與此同。又或从酋作□（陵子盤）。□（召仲鬲）。□（稻嫼毀）。為許君所本。

□□□　䔿。金文皆从□作隮。作䔿者。十不及一也。葢象奉尊置架上。架有次第。故引申之為尊卑之尊。【甲骨文字研究下編】

◉馬叙倫　鈕樹玉曰。韻會奉之下有也字。周沐潤曰。酒器也乃奠字義。奠下置祭也乃尊字誼。置祭故從𠬞奉酋。周禮彝尊皆有舟。所以載也。故奠從丌。鐘鼎作隮。正從丌。倫按酒器乃名詞。可象器為形。安得從𠬞奉酋而為酒器之名也。此説解明非許文。倫謂酒器也者。鍾字之義。見鍾字下矣。䔿奠實一字。聲同真類也。金文言䔿彝。謂宗器。借尊為宗。其或作隮者。字從𠂤。尊聲。蓋障之轉注字。叔狀敢作□□。似即障字。亦借為宗也。周禮以下校語。餘見奠下。□卣作

□。衛父卣作□。甲文作□□。

□　鈕樹玉曰。尊當作䔿。沈濤曰。爾雅釋器釋文引。字從酋寸。酒官法度也。今之尊卑從此得名。故尊亦為君父之稱。今説文無此數語。知非全書。桂馥曰。曹憲文字指歸引同。王筠曰。此篆後人加也。士喪禮。幂奠用功布。注。古文奠為尊。特牲饋食禮。舉觶者洗酌于其奠。石經奠作尊。察䔿從収。隸作大。奠從丌。隸作六。形似易誤。故改為寸以別之。是以廣韻二十三魂。尊。説文。酒器也。本又作䔿。則知所據説文有兩本。一本已改從寸。一本未改從廾也。云本又作。則非重文可知矣。是以釋器釋文引説文云。字從酋寸。酒官法度也。竝不及從廾之䔿。知所據者已改之本也。校者掇拾兩本。而目為重文。豈其然乎。倫按金甲文無作尊者。則此字蓋起於秦後。魏石經如此作。則許書自無此字。吕忱加之。急就篇作尊者。傳寫以通用字易之耳。【説文解字六書疏證卷二十八】

◉郭沫若　隮字舊均以實字解之。案其實乃由動詞轉化為形容詞者。古有登薦之義，矢令毁「隮圅于王姜」，又「用隮事于皇宗」，即其例。所謂「寶隮彝」，猶它器言「寶鸞彝」矣。【臣辰盉　器銘考釋　金文叢考】

◉高鴻縉　隮，非酒尊之尊，乃隮卑之隮。隮有高意，故从阜，尊聲。卑有低意，金文作□故从田，□聲（□字反書，反書與正書同也）。易曰：「飛龍在天，見龍在田。」在天言其高也，在田言其低也。」故卑从田。後世常叚酒尊之尊以代隮卑之隮，又另造罇或樽以代酒尊字，久之而隮字廢矣。【毛公鼎集釋】

◉譚戒甫　尊俎，原作隮□。□自宋以來都釋「宜」，羅振玉釋為「俎」，郭君釋為「房」，引證極詳。我認為這三個字音近通轉，三釋都正確，我們可以隨意運用；此處覺得讀「俎」為便。

「説文」：「䔿，酒器也，从酋，廾以奉之。周禮六䔿，……以待祭祀。賓客之禮。尊，或從寸。」按酌酒實尊，必雙手奉上以示敬，引申為凡尊敬之稱。下文説「尊事于皇宗」，當為待祭祀之禮；此尊俎則是待賓客之禮了。

尊俎二字也可以分開來用，如殷器「𠨘其卣銘」云：「乙巳，王□尊文武丁，帝乙俎，在召大廳。」這是待祭祀之禮的。【周初矢器銘文綜合研究　武漢大學學報一九五六年第一期】

◉黄盛璋　奠下从六，尊下从収，或亦从寸，金文皆然。金文中尊下或有从六者，然其左或右必从偏旁阜，以與奠別。【考古通訊一九五八年第一期】

◉唐　蘭　凡稱為尊的器，是指在行禮時放置在一定的位置的器。左傳昭公十二年説：「以文伯宴，樽以魯壺。」士冠禮「側尊一甒醴在服北」，鄭玄注：「置酒曰尊。」胡培翬儀禮正義説：「置酒謂之尊，猶布席謂之筵。皆是陳設之名，非謂酒器。側尊一甒醴，猶言特設一甒醴耳。」這個説法是很正確的。鼎在銘刻裏有時稱為尊鼎，可見即使並非盛酒之器，也可以稱尊。尊鼎等於是陳設用的鼎，飤鼎則是食用的。尊缶、尊匜是陳設用的缶和匜，盥缶、盥匜則是盥洗用的。這正如在鐘裏面有龢鐘、歌鐘、行鐘之别，功用不同，名稱也就不同。【五省出土重要文物展覽圖録序】

◉饒宗頤　「丙戌卜。戊亞其隩其豊。」（南北明四四五）隩字金文亦屢見之，讀為奠。

隩與奠古為一字。士喪禮注云：「古文奠為尊也。」故佚周書嘗麥解「宰坐尊中」，尊為動詞，與奠同。【殷代貞卜人物通考卷十三】

◉金祥恆　王國維考釋：「辛亥卜貞其衣翌日其止尊于室。」徙誤為止，釋隩為尊。王先生誤徙為止，因原片漫漶模糊所致，今得續編，其字跡清晰可辨。至於隩釋為尊，雖無考釋，然殷虚書契考釋尊字下云：

□□□□□，説文解字：「奠，酒器也。从酋，廾以奉之；或从寸，作尊。」卜辭象兩手奉尊形，或从𠂤，與古金文同。又古金文或从酉，或从酋。从酋者是許君所本矣。

因古金文作「某寶尊彝」或作「尊鼎」、「尊壺」、「尊毁」、「尊爵」、「尊觶」等之尊，或書□□，或書□，與甲骨文同。而考釋金文者自宋薛尚功以來，皆釋□□為尊。説文解字：「周禮六尊，犧尊、象尊、著尊、壺尊、大尊、山尊，以待祭祀賓客之禮。」案釋尊為盛酒之器，乃名詞，後起之義。用以待賓客，或供祭祀，當言奠。説文解字：「奠，置祭也，从酋，酋，酒也。丌，其丌也。禮有奠祭者。」○金文之「尊鼎」、「尊壺」、「尊毁」「尊爵」之尊，如以盛酒之器釋之，鼎非盛酒，則不詞，若以尊大釋之，銘文無卑小，名鼎爵毁壺者，亦不詞。如以奠釋之，為祭器，則「奠鼎」、「奠壺」、「奠毁」……無不理達詞順矣。

尊與奠本為一字。儀禮士喪禮：「冪奠用功布。」鄭玄注：「奠，古文尊字。」特牲饋食禮：「舉觶者洗，各酌于其尊。」「其尊」，阮元校勘記云：「唐石經、徐、陳閩葛集解、通解，楊敖同毛本，尊作奠。」

最近新出土之儀禮武威漢簡，其尊奠鄭三字混用。如：

今本特牲禮：「明日卒奠，冪用綌，即位而徹之。」而武威漢簡甲本「奠作尊」。

今本士相見禮：「賓入奠摯」。而武威漢簡甲本「奠作鄭」。

今本特牲禮：「祝洗酌，奠于刑南。」而武威漢簡甲本「奠作鄭」。

今本少牢禮：「乃啓二尊之蓋冪，奠于棜上。」武威漢簡甲本「奠作鄭」。

今本燕禮：「公又舉奠觶」。武威漢簡甲本「奠觶作鄭觗」。

今本燕禮：「司正洗角觶，南面坐，奠于中庭。」武威漢簡「奠作鄭」。其例甚夥，不勝枚舉。武威漢簡奠之作鄭，猶甲骨金文奠之與鄭。將阝隸定為阝，遂與後世鄭字相同。或譌阝為土，如：今本儀禮有司徹「主人退，尸還几，宿之，右手執外廉，北面奠于延上。」而武威漢簡甲本「奠作墺」。又「主婦自東房薦韭醢，坐奠于延前。」武威漢簡甲本「奠作墺」。猶說文土部「隥，仰也，从自登聲。」段注：「仰者舉也，登陟之道曰隥，亦作土，西都賦『陵墱道而超西墉』。西京賦『墱道邐倚以東』。薛曰「墱道也。」甲骨文之登，一作𤼷，一作隥（詳中國文字第十五期釋隥），亦其證。

古書尊奠鄭互用，亦因其本為一字。奠雖从酋从丌，尊雖从酋从丌从廾，截然有別，然甲骨文之典作𠀤或𠁩，象雙手奉册之形。而小篆作典，从册在丌上，蓋小篆始分廾丌。奠亦然。卜辭之𨛫，从阝，阝乃俎也。側視之形，置尊豆之屬。卜辭金文之𨛫，當釋為奠。如戩壽堂殷墟文字：「辛亥卜，貞：其衣，翌日其征，奠于室。」【釋奠隮𨛫 中國文字第二十三册】

◉王讚源 隮，即說文訓酒器的尊字。於甲骨文、金文，尊隮二字通用。惟銘文尊彝的尊字多从自作隮，絕少作尊的。隮，从自是繁文，是取崇高之義，有如崇的从山。凡飲宴時，卑者必奉尊向尊者敬酒，故引申有尊敬貴重之義。是以銘文「隮彝」的隮字，乃取貴重之義，不取酒尊為義。

古人以彝器為寶器，非常尊貴，作器時皆勒刻銘文當紀念，故凡彝器都通稱為「隮」。有統稱諸器為「隮彝」，也有冠稱器名的，如：「隮鼎」、「隮毁」、「隮豆」、「隮盤」、「隮匜」、「隮鬲」等。也有隮外再加一寶字的如「寶隮」（貞松補遺上卷十一葉非余鼎）、「寶隮彝」（三代四卷廿三葉史戰鼎）、「寶隮器」（三代十三卷四十葉睘卣）、「寶隮鼎」（三代四卷卅七葉頌鼎）、「寶隮毁」（三代九卷廿七葉孟辛父鬲）、「隮寶毁」（三代九卷十七葉同毁）。也有省稱為「隮」，如北白鼎「北白乍隮」（貞松一卷廿二葉），作册般甗「用乍父己隮」（三代五卷十一葉）等。【周金文釋例】

◉李孝定 尊字古作𢍜，象兩手捧酉形，金文又或从阜，金文稱尊彝，為宗廟常器之通名，不能以酒器解之。字或从阜者，或說以為尊卑本字，謂从阜有高義也，其說似是；金文隮字多見，未見有用尊卑義者，竊疑尊卑字乃假酒器字為之耳。金祥恆氏釋此為奠，說文奠訓置祭，其下从「六」，與从「廾」者原當有別，而隸變往往相混，金氏之說，不為無見；然金文「隮彝」似仍以舊說釋「尊」為較長。【金文詁林讀後記卷十四】

◉李孝定 酉臼从酉从臼，說文所無。古文䰞召字从此。又疑尊之異構，然辭例不同，姑从隸定收之於此。

契文或與小篆同。或又从自，與多數金文同，象兩手奉酉酉即酒尊之象形之形。酉本即酒尊，以用為攴名及酒字，遂增从𠬞，以為器名字。卜辭尊字所見諸辭義多不明。如云「癸丑▢貞翌▢隮新壴示」前・五・四・四。「弜乙卯羌貞其叀牛尊鼎又𣎵」後・上・二七・十。「甲寅貞來丁巳尊鼎于父丁俎卅牛」同上。言「尊新壴」鼓本字。言「尊鼎」。其義疑與奠同，然金文作隮若奠者均用為彝器之通名，定是尊字。此其形全同而辭例各別異，當依字形定為尊字，其義則不可確知矣。它辭云「癸▢咸叒誖尊征」前五・四・六。「乙巳卜㝉貞翌丁未酌歲▢于丁尊有珏」前・五・四・七。「▢尊羌▢人一卣卯牢又一牛」後・下・七・五。「辛亥卜貞其衣翌日其止尊于室」戩・廿六・三。尊字義均不明。【甲骨文字集釋第十四】

◉楊樹達 収寸為能名，酋為所名。今通用或體从寸之尊。【文字形義學】

◉戴家祥 白虎通封禪「天以高為尊。」廣雅釋詁四「尊，高也。」揚雄甘泉賦「洪臺崛其獨出兮，㩳北極之嶟嶟。」漢書音義引字林曰「嶟嶟，山貌。」卜辭金文从自作隮或作䵣。亦或从阜。說文「自，大陸山無石者。象形。」从山表義與从自同。玉篇三五四嶇或作㰛，陖亦作峻，陗亦作峭，隝亦作島，知从自與从山，中古以來無別異也。字之作隮者，商周古文也。更旁从山者，西漢有焉。隮尊聲同，假為酒器之尊，而隮卑之隮又為酒器之尊所借代。北宋以來，青銅器歲有發現，金石學家多未深考。林義光氏初發其覆，高鴻縉踵其說，毛公鼎集釋零九葉。使兩字之本義與假借之聲義遂釐然大白于世。劉心源謂自聲同缶，从自从尊即玉篇罇字，奇觚室吉金文述卷一康侯鼎。是誤以表義更旁為注音更旁矣。馬叙倫謂借尊為鍾，讀金器刻詞二七葉隮鼎。更非確詁。【金文大字典中】

戌

燕五八〇 佚二八 拾四・一 拾九・一一 福三二 菁四・一 前一・五〇・四 鐵二一・一・四 拾一二・三 粹二 粹四九 甲二三一四 乙三四六 乙四五二〇 戩一五・六 甲二二四三 甲一二六六 甲一二九一 燕一六一 燕一六五 佚二七四 後一・二一・二 林一・一五・六 林一・一五・一〇 林一・一五・一二 拾八・一 甲四六四 京津四一五八 掇一・四一九 寧滬二・一九一 明藏四・一九 燕六〇三 佚三〇〇 林一・一五・二 林一・一六・一四 前

三・四・一　前三・五・三　甲九五五　甲二三五六　甲二六二五　乙八六六〇　京津三〇七一
京津四八六二　存二七三三　佚一八七　後一・二・一　掇二・二八　珠一一五　林二・二六・一二
前一・三・二　前二・一三・三　乙三四六　摭續一七四　【甲骨文編】
甲90　185　206　250　381　464　488　501　955　1243　1266
1291　1787　1832　1980　2070　2314　2335　2356　2599　2625　2764
3378　3913　3918　乙19　64　112　346　766　973　1192　1604
1780　2694　4049　4520　4532　4909　6298　6772　8566　8660　佚300
637　徵8・49　六清69　誠77　續存1445　摭續20　174　粹1546　新4862　【續甲骨文編】

戌　何尊　康鼎　班簋　吕鼎　師虎簋　窒弔簋　癲盨　五祀衛鼎　衛簋　鄭虢仲簋　休盤　頌鼎　頌壺　頌簋　頌簋　又甲戌之戌作成而成周之成作戌　無叀鼎　孫弔師父壺　遹鼎　甲戌形與戊同　【金文編】

5・479　獨字　5・480　同上　秦1121　同上　【古陶文字徵】

〔五五〕【先秦貨幣文編】

戌　语一　九十九例　日乙一八九　八例　日甲一五〇背　日甲二　十七例　【睡虎地秦簡文字編】

戌 2897 0704 0197 1885 【古璽文編】

俟戌 屈戌 【漢印文字徵】

袁敞碑 五月丙戌 誤戌為成 金文亦每如此 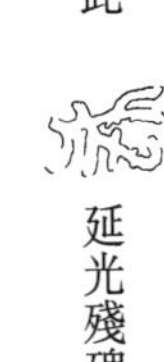 延光殘碑 庚戌 【石刻篆文編】

戌 【汗簡】

汗簡 【古文四聲韻】

◉許 慎 滅也。九月陽气微。萬物畢成。陽下入地也。五行土生於戊。盛於戌。从戊含一。凡戌之屬皆从戌。辛聿切。【説文解字卷十四】

◉吴大澂 頌敦甲。戌或作成。古文叚借字。許氏説。戌。滅也。九月陽气微。萬物畢成。故古文成字从戌得義。小篆从戌。【説文古籀補卷十四】

◉孫詒讓 「戌」多作「」十五之一，或作「」五十五之二，金文頌鼎作，師虎敢作，並與此相近。又或作「」廿二之三，則與戌字略同。

「戌」字有作「」者，如云「□其□車」五十七之一，是也。諸文皆與日名不同，亦不審其義例也。【契文舉例卷上】

◉羅振玉 卜辭中戌字象戉形。與戉殆是一字。古金文戌字亦多作。仍未失戉形。説文解字作。云。从戊含一。於是與戉乃離為二矣。【增訂殷虛書契考釋卷中】

◉林義光 戌从戊一之説不可曉。一亦非聲。古作頌鼎。作頌敦。即人之反文。以戈擊之。戌殺古同音。當即殺之古文。【文源卷六】

◉高田忠周 葢一者指事。然字从戊而緐於戊也。故卜辭或作。金文或作。。盛於戊之之意可見矣。但省略者與戊不分。此為形近通用耳。葢戌字義謂昜功終而又始也。故又為成義。為落義。落者亦始也。爾雅釋天。太歲在戌曰閹茂。九月為玄。淮南天文。戌為成。風俗通祀典。戌者。温氣也。【古籀篇八十七】

◉葉玉森 戊戌竝象古兵。卜辭戉作。上繫形。戌字則上繫形。與戉形迴別。形殊器異。

文自不同。羅氏謂戊戉一字。尚待商榷。予疑戊古戚字。大雅。干戈戚揚。傳云。戚。斧也。卜辭戚字正象斧。鋒耑平直。商氏類編中載一體作[illegible]。形微近弧。仍為斧形。後人或以戊為支名所擅。乃別造戚字。【殷墟書契前編集釋卷一】

◉吳其昌

1　2　3　4　5　6　7　8　9

古者「戊」「戉」「戌」「成」，一字相通；此正猶古者「工」「士」「壬」「王」一字相通也。所以知者，「戊」「戉」之為一字，上已詳述之矣。「成」「戌」之為一字，頌毁：「甲戌」通為「甲成」(濰縣陳氏所藏器，又日本住友氏所藏器，見貞松堂卷六頁二十三，又海豐吳氏所藏器，皆如此)。其證一。頌毁：「成周」通作「戌周」(濰縣陳氏所藏器、海寧鄒氏所藏蓋皆如此。)其證二。彔䛐卣：「成周」亦通作「戌周」(見例)。其證三。「成」為文王子成叔武之後，姬姓之國；而白多父簋「成姬」作「戌姬」(鬱華閣金文册三十二頁十，貞松卷六頁三十八)。其證四。公羊傳成公十五年「宋世子戌」，釋文：「戌，本或作成。」其證五。左氏傳文公二年「宋公子成」，釋文：「成，本或作戌。」其證六。

「戊」「戌」之為一字，證亦凡三。癸旻爵之「考戊」作「考戌」。一也。祖戊鼎之「且戊」亦作「且戌」。二也。祖戊爵之「且戊」亦作「且戌」。三也。又春秋哀公十三年之「許男成卒」，左氏傳釋文既曰「成，本或作戊」矣，而于公羊傳釋文又曰「成，本或作戊」。此又古者「成」「戊」「戌」一字互通之明證也。

且甲骨、金文之例，虛鉤書與填實書任意無別，同一戉形，可以任作[illegible]。同一戈形，可以任作[illegible]。斯同一斧形，固宜任作[illegible]矣。[illegible]，即「戊」字也。[illegible]，即「戉」字也。是「戊」「戉」無別，又非他比。既「戊」「戉」「戌」「成」古為一形一字，「戊」與「戉」誼皆為斧，上已證述；則「戌」「成」之誼亦為斧，所必知矣。

「戊」「戉」皆為拳握短斧，故最宜于削。故「戉」「削」同紐，疑「戉」為本字，「削」為後起同聲假借字也。西漢之時「戉削」一語，猶為人所習稱。故司馬相如子虛賦兩見「戉削」，一云「揚袘戉削」(文選本)，索隱引張揖云「戉削，刻除也」；一云「眇閻易以戉削」，集解引徐廣曰「言如刻畫作之」，蓋言如刻削成也。必刀斧之屬，斯可以戉削物也。本義雖亡而後起引伸之習語固尚存矣。【金文名象疏證　武漢大學文哲季刊五卷三期】

◉唐桂馨　戊。兵器也。一。地平也。置戊於一。有不用義。亦有鎮壓義。因此故戚咸威三字由是而得解。【説文識小録　古學叢刊第二期】

◉馬叙倫　鈕樹玉曰。韻會作陽下入地。戌含一也。五行。土生於戊。盛於戌。從戊。一亦聲。祛妄篇作從戊一聲。嚴可均曰。祛妄篇引李陽冰曰。一固非聲。則舊本有聲字。徐灝曰。干支字戌獨從戊。恐未然。鐘鼎文多作。疑即斧戉之戉。借為辰名。小篆變其體耳。羅振玉曰。卜辭中戌字作。象戉形。殆與戉一字。古金文戌字亦多作。仍未失戉形。葉玉森曰。戉戌竝象古兵。卜辭戉作。上繫○ □ ◗ ○形。戌字則上繫△ □ □形。與戉倫按當作戌。蓋筆譌形迥別。戉戌恐非一字。疑戌為古戚字。大雅。干戈戚揚。傳云。戚。斧也。卜辭戚字正象斧鋒端平直。商氏類編中載一體作。形微近弧。仍為斧形。倫按戉音喻紐三等。戉之轉注字為戚。音在清紐。戌音心紐。同為舌尖前次清音。則徐羅之説是也。戌戉一字。戉為斧戉之斧本字。古之斧戉。今不得見。然戲劇中如程知節所用之斧。實非木工所用斧斤之斧。其形正為半月。是即古戉之遺制。而稱為斧。知戉戌戚碻是一器。戌戉戌亦碻是一字。而傳寫譌變為三。音亦隨時地轉耳。書巫咸今文作巫戊。而咸從戌得聲。見咸字下。頌敢甲戌字作成。而成周或作戌周。皆可證也。戌古音蓋讀如斧。則音入非紐。非心同為摩擦次清音。戌音心紐也。頌鼎作。鄭虢仲敦作。休盤作。無叀鼎作。寰叔敦作。【説文解字六書疏證卷二十八】

◉邵笠農　十二支之戌字。自有本訓。乃為借義所專。遂湮沈而莫可鈎稽。朱駿聲云戌从戊。戊古文矛字。一指事識其殺傷處。人被殺傷。可矜恤也。益以戌之本義為恤。然因傷而恤之。第用恤字可矣。何必特制一字。竊謂戌括實轉注字。同考老之例。戌辛律切。括古活切。是以雙聲而轉其音也。括訓絜。訓引結。訓約束。訓關閉。訓總括。皆謂收括也。説文。戌。滅也。漢書律歷志。畢入於戌。釋名。戌。恤也。物當收斂矜恤之也。皆合收括之義。是注其義也。古無文字。必先有一意而後制一字。以表此言。決無先造一字。而後造此言以施用此字。務炫其繁博也。昏為塞口。則凡塞口之義。可以引伸。然塞囊口必有約束引結之事。昏字於義未盡。故又造括字以表之。而凡束結之義。可引伸矣。然於療傷之戌不甚明憭。故又制此字从戊指其為矛所傷。从一指事。謂以帶束結其傷口。既故加造此。今而亦可引伸為括閉之用。今俗所稱恤衫者。揣其詞意。蓋謂此衫可緊促括之。是當用戌衫字。雖釋名有戌恤也之訓。或謂亦可適用恤字。然尚嫌迂曲。蓋釋名第申明戌意取矜恤。非謂戌義即為矜恤也。古稱金屈戌者。電俗謂之門鉸戌。易云括囊。電俗謂戌緊其帒嘴。我鄉土語可考古義。此即古義之孤存者。又卹字。説文訓憂也。按乃恤之叚借。若尋其本義。則卹戌實同字。卹从血从卩。傷見血須裹束節止之。與矛所傷須以帶束傷口同意。因戉為借義所專。故加造此字耳。顧顧然又為憂恤之借義所混。而衂之本義亦湮。又不得不加辨正。其實憂也之訓。字本从心从血。蓋謂見血出而心憐之也。矛傷須束結。血出須束止。故戉衂意義從同。血出須卩止。見血則心憐。故衂恤形聲相類。此其系聯之迹。所謂共理相貫者也。【説戉　一圓閣字説　文風學報一九四七年創刊號】

◉陳書農　戌，甲骨文作。金文作（班段），（吕齋）。小篆作。律書，戌者言萬物盡滅故曰戌。説文，戌，威矣。九月陽氣微，萬物畢成，陽下入地也。羅振玉、郭沫若皆以為戌象戉形。按戌甲骨文作或，與戉初不相類。戌之作正如丑之作，知丑為犬則知戌之為虎矣。虎，甲骨文作，从虎之字如膚作，虜作，椃作，虎之特點為張牙舞爪而牙為尤甚。膚虜椃之虎部皆作，正與戌之作者無二致，是戌之為虎省可知矣。

戌於子為十一月，於寅為九月。月令，季秋之月，豺乃祭獸戮禽，是月也，天子乃教於田獵，天子乃厲飾，執弓挾矢以獵，命主祠祭禽於四方。蓋此時正野獸出没，大好行獵之時也。【釋干支　學原二卷四期】

◉楊樹達　咸者，王静安跋此器云：齊器多兼紀歲月日。如子禾子釜云：「ΔΔ立事歲，禝月丙午。」陳猷釜云：「陳猷立事歲。酘月戊寅。」此器文例正同，但咸下奪一月字耳。集林拾捌之捌。按：王君以子禾子陳猷二釜證咸之為月名，是矣。顧咸為何字，咸月為何月，王君未言。余謂咸字从日从戌，疑即戌亥之戌也，以表時日，故字从日耳。戌為十二辰之一，古人時用十二辰表月名，如夏正建寅，商正建丑，周正建子，皆是。戌謂夏之九月，周十一月也。【工師俖鎗跋　積微居金文説】

◉陳啟彤　（戌）當訓戚也。从戊一，一亦聲。九月陽氣微，萬物畢成，復歸於一。五行土生於戊，盛於戌，因以為戌亥之戌。凡戌之屬皆从戌。古名閹茂，閹有閉藏之意，茂有畢成之意。與戚意近。故烖从戌聲，訓滅。歲从之，訓木星也。越歷二十八宿，宣徧陰陽，十二月一次，皆取盡終之意也。【釋干支　中大季刊一卷三期】

◉白玉峥　葉玉森氏戌為戚之初文之説甚是；諸家之解説，實皆執一偏之見，故其説亦難透澈。

據彥堂先生所箸干支表，大較前期之戌之作，至文武丁之世演變最繁，有作、者，亦有作、者；第五期時作、等，則近似金文及小篆矣。【契文舉例校讀　中國文字第三十四册】

◉高鴻縉　戌為廣刃之句兵，形似斧，自借為地支之名，習用不返，周人乃另造戚字，初不過就戌字加尗聲耳，後人誤以為从戉，實則戚之為器，與戉之刃兩端向內捲者不同。詩：「干戈戚揚。」傳：「戚，斧也。揚，鉞也。」故戚之刃視戉為斂，一如戌字之古形，其柲應與戈柲同。【中國字例二篇】

◉朱芳圃　葉玉森說是，羅振玉、林義光、郭沫若三說非也。說文戉部：「戚，戉也。从戉，尗聲。」王紹蘭曰：「戚戉也三字連讀，如中和也，稾禾也，威姑也之例。戚戉二物，許謂此戚即戚戉之戚，非解戚作戉為一物也。戚刃蹙縮，異於戉刃開張，古戉大而戚小。大雅公劉篇毛傳『戚，斧也；揚，戉也』，是已。」說文段注訂補。其說是也。古音戉讀siwet，戚讀tsiwek。旁紐雙聲，例可通轉。【殷周文字釋叢卷下】

◉張秉權　甲骨文中的戌字，象一種兵器之形，大概是可信的。【甲骨文中所見的「數」　歷史語言研究所集刊第四十六期】

◉張日昇　戌象廣刃之兵，其特點在器身粗闊，略小於刃，與今之斧最似。戌與戊戉歲等皆為廣刃兵器，形制大同小異，然不可混為一也。戌自借為地干之名後，本誼已失。說文謂从戊含一。含一者，實之下橫變作，而析作，實乃割裂字形，不可信也。【金文詁林卷十四】

◉李孝定　古文戌象兵器形。與戊戉戚之形制並近。戉戚斧本一物。說戉訓大斧。戚訓戉。可證。羅謂字象戉形。當是。【甲骨文字集釋第十四】

◉李孝定　戌、戊、戉皆為兵器象形，蓋其形制相近，故字形亦相類，然商周之際，此三文已各具不同之形音義，不能謂是一字，至於「成」字古作「」，與戌之作「」者有別，吳其昌氏引先秦文獻，成、戌、戊互作，以證數者之為一字，說不可从，後世傳寫譌亂者多矣，不可據以上探文字本原也。【金文詁林讀後記卷十四】

亥

甲二四一四　乙七七九五　鐵八三·三　鐵一二二·三　京津六四八　掇一·三五八　鐵二五八·三　前三·一〇·二　前五·四四·二　前七·四·一　前七·三三·一　前七·四〇·一　後一·二三·一六　林一·二·四　福三　佚三六　佚一八九　甲四四四　甲二三三七　甲二三五六　甲二三七九　甲三九四一　甲二四一九　掇一·四〇九　後一·二三·四　後一·二八·五　佚二八二　佚二〇六　燕三二二　燕六三二　掇一·四〇七　鄴初下·三三·七　鄴初下·三九·四　鄴三下·三六·三　明藏四七八　粹一七　粹一一三　續一·二·一　前二·三·二　前三·九·一

林一・一五・六 林一・一五・七 存二七四八 甲二七 京津四〇三四 珠二六一 後一・一五・一〇

林一・一五・一〇 燕一六一 鄴三下・三五・一一 掇一・四〇九 佚八八八 卜辭用隻為亥見隹部隻字下

【甲骨文編】

甲27 59 1379 2337 2356 3583 3941 乙2183 3225 5808 6776

珠338 掇128 385 407 新497 【續甲骨文編】

亥 乙亥鼎 小子射鼎 天亡簋 免卣 史䢅簋 作冊䰧卣 矢方彝 揚鼎

吳方彝 史族簋 卯簋 君夫簋 我鼎 長由盉 利鼎 㫚鼎 𢿢簋 封簋 𦸗伯

簋 大簋 缺名鼎 師嫠簋 善鼎 楚簋 王錫貝簋 商尊

弔專父盨 王孫鐘 申鼎 从口 邾公牼鐘 虘鐘 大鼎 師兌簋 虢季子白盤 陳侯

鼎 陳侯匜 陳公子甗 邳伯罍 陳子=匜 王中嬀匜 鐘伯鼎 考弔訢父匜 欒子

毁䋶匜 沇兒鐘 庚兒鼎 無子匜 邾公華鐘 歸父盤 夆弔匜 𨚕鎛 邾公孫班鎛

其次句鑃 國差𦉜 姑□句鑃 郘鐘 徵兒鐘 子璋鐘 蔡大師鼎 蔡侯𧊒盤 鄂君啟

舟節 王子午鼎 禾簋 陳肪簋 趠亥鼎 王孫壽甗 【金文編】

陶文編14・101 文字4・66 【古陶文字徵】

〔六七〕【先秦貨幣文編】

[glyph] 一九四：五　宗盟類參盟人名　【侯馬盟書字表】

[glyph]48 [glyph]54 [glyph]55 [glyph]187 [glyph]267　【包山楚簡文字編】

[glyph] 亥　日乙一一五　八十八例 [glyph] 日乙三五　十例 [glyph] 日甲二　六例 [glyph] 日甲一二七背 [glyph] 為二二 [glyph] 日甲一五〇背 [glyph] 日甲二六　十五例 [glyph] 日甲七三背　六例　【睡虎地秦簡文字編】

[glyph] 2192 [glyph] 0597 [glyph] 3564 [glyph] 3468 [glyph] 5398　【古璽文編】

[glyph] 文亥 [glyph] 原亥 [glyph] 臣亥 [glyph] 臣亥 [glyph] 高亥私印　【漢印文字徵】

[glyph] 亥　【汗簡】

[glyph] 丘光庭叙文 [glyph] 汗簡　【古文四聲韻】

◉許　慎　[glyph]荄也。十月微陽起。接盛陰。从二。二。古文上字。一人男一人女也。从乙。象裹子咳咳之形。春秋傳曰。亥有二首六身。凡亥之屬皆从亥。胡改切。[glyph]古文亥為豕。與豕同。亥而生子。復從一起。【說文解字卷十四】

◉孫詒讓　「亥」字多作「[glyph]」二之三，或作「[glyph]」八之三，或作「[glyph]」四十之三，或作「[glyph]」二百五十八之三，或作「[glyph]」八十四之四，或作「[glyph]」百卅一之一，或作「[glyph]」百五十四之一。金文已亥鼎、乙亥方鼎作[glyph]，小子射鼎作[glyph]，聃敢作[glyph]，虘鐘作[glyph]，使族敢作[glyph]，並與此相似。或作「[glyph]」百九十八之一，《說文・亥部》：「亥，古文作[glyph]」，云「亥為豕，與豕同」，即此。【契文舉例卷上】

◉羅振玉　[glyph]　說文解字。亥。古文作[glyph]。與晚周古金文略同。【增訂殷虛書契考釋卷中】

◉王國維　卜辭多記祭王亥事。殷虛書契前編有二事。曰貞尞于王亥。卷一第四十九葉。曰貞之于王亥卌牛辛亥用。卷四第八葉。後編中又有七事。曰貞于王亥求年。卷上第一葉。曰乙巳卜□貞之于王亥十。下闕。同上第十二葉。曰貞尞于王亥。同上第十九葉。曰尞于王亥。同上第二十三葉。曰癸卯□貞□□高祖王亥□□□。同上第二十一葉。曰甲辰卜□貞來辛亥尞于王亥卌牛十二月。同上第二十三葉。曰貞尞王亥羊。同上第二十六葉。曰貞之于王亥□三百牛。同上第二十八葉。龜甲獸骨文字有一事。曰貞尞于王亥五牛。卷一第九葉。觀其祭日用辛亥。其牲用五牛三十牛四十牛乃至三百牛。乃祭禮之最隆者。必為商之先王先公無疑。案史記殷本紀及三代世表。商先祖中無王亥。惟云。冥卒。子振立。振卒。子微立。索隱。振。系本作核。漢書古今人表作垓。然則史記之振。當為核或為垓字之譌也。大荒東經曰。有困民國。句姓而食。有人曰王亥。兩手操鳥。方食其頭。王亥託於有易河伯僕牛。有易殺王亥。取僕牛。郭璞注引竹書曰。殷王子亥。賓於有易而淫焉。有易之君緜臣殺而放之。是故殷主甲微假師於河伯以伐有易。克之。遂殺其君緜臣也。此竹書紀年真本郭氏隱括之如此。今本竹書紀年。帝泄十二年。殷侯子亥賓于有易。有易殺而放之。十六年。殷侯微以河伯之師伐有易。殺其君緜臣。是山海經之王亥。古本紀年作殷王子亥。今本作殷侯子亥。又前於上甲微者一世。則為殷之先祖冥之子微之父無疑。卜辭作王亥。正與山海經同。又祭王亥皆以亥日。則亥乃其正字。世本作核。古今人表作垓。皆其通假字。史記作振。則因與核或垓二字形近而譌。夫山海經一書。其文不雅馴。其中人物。世亦以子虛烏有視之。紀年一書。亦非可盡信者。而王亥之名竟於卜辭見之。其事雖未必盡然。而其人則確非虛構。可知古代傳說存於周秦之間者。非絕無根據也。

王亥之名及其事蹟。非徒見於山海經竹書。周秦間人著書多能道之。吕覽勿躬篇。王氷作服牛。案篆文氷作仌。與亥字相似。王仌亦王亥之譌。世本作篇胲作服牛。初學記卷二十九引。又御覽八百九十九引世本鮌作服牛。鮌亦胲之譌。路史注引世本。胲為黄帝馬醫。常醫龍。疑引宋衷注。御覽引宋注曰。胲。黄帝臣也。能駕牛。又云少昊時人。始駕牛。皆漢人說。不足據。實則作篇之胲即帝繫篇之核也。其證也。服牛者。即大荒東經之僕牛。古服僕同音。楚辭天問。該秉季德。厥父是臧。胡終弊于有扈。牧夫牛羊。又曰。恆秉季德。焉得夫朴牛。該即胲。有扈即有易。說見下。朴牛亦即服牛。是山海經天問吕覽世本。皆以王亥為始作服牛之人。蓋夏初奚仲作車。或尚以人挽之。至相土作乘馬。王亥作服牛。而車之用益廣。管子輕重戊云。殷人之王。立帛牢服牛馬。以為民利。而天下化之。蓋古之有天下者。其先皆有大功德於天下。禹抑鴻水。稷降嘉種。爰啟夏周。商之相土王亥。蓋亦其儔。然則王亥祀典之隆。亦以其為制作之聖人。非徒以其為先祖。周秦間王亥之傳說。胥由是起也。

卜辭言王亥者九。其二有祭日。皆以辛亥。與祭大乙用乙日祭大甲用甲日同例。是王亥確為殷人以辰為名之始。猶上甲微之為以日為名之始也。然觀殷人之名。即不用日辰者。亦取於時為多。自契以下。若昭明。若昌若。若冥。皆含朝莫明晦之意。而王恆之名亦取象於月弦。是以時為名或號者。乃殷俗也。夏后氏之以日為名者。有孔甲。有履癸。要在王亥及上甲之後矣。【王亥　戬壽堂所藏甲骨文字考釋】

◉林義光　說不可曉。亥。荄也。古作[古文]大豊尊彝。作[古文]尣尊彝。一象地。[古文]象根荄在地下形。或作[古文]奉彝庚。[古文]象根自種而出。又變作[古文]陳矦鼎。二亦象地。【文源卷二】

◉高田忠周　段氏注云。左傳襄三十年文。孔氏正義曰。二畫為首。六畫為身。按今篆法。身祇有五畫。蓋周時首二畫。下作六畫。與今篆法不同也。校説文者。蓋皆有此疑也。然今據此篆形。本或作□。作□者為省文乎。但鐘鼎古文作□者。自是一種象形。與二人之爪别。許氏一人男一人女之説。不可信矣。因謂□是盛陰之象。□即象微陽。二者天也。天地之間。微陽與盛陰相接之意耶。微陽初出。與盛陰相接。於是乎萬物得有荄根。故亥荄也。亥荄音義皆近矣。然則□□皆□字之變形耳。或謂此字从元。詳見寅字下注。【古籀篇三十四】

◉郭沫若　此釋亦至離奇。字於骨文作□若□，其形之簡者則為□與□。類編有十五種異形，此其大畧也。金文，其器之古者大抵如骨文，稍晚則字形詭變，如陳侯鼎作□，邾公華鐘作□，此則小篆字形之所本。最奇詭者為陳肪㲃之「丁亥」作□。解釋之，如段注云「左傳襄三十年文，孔氏左傳正義曰『二畫為首，六畫為身』，按今篆法身祇有五畫，蓋周時首二畫下作六畫，與今篆法不同也」。段固疑之而出以蓋然之辭，然今所見之周氏古文，愈古者亥之筆畫愈簡，不僅下無六身，且亦上無二首。用知準上有可通論者數事。一，古文亥不从二，从二者東周以後之文字也。二，「亥有二首六身」之傳説，前人往往欲由字形以二首六身之説，不能依字畫以説明。三，古文亥字與豕雖近似，而非即是豕（骨文則全不相近，骨文豕為圖形文字）。古有豕亥傳訛之逸事，見呂覽慎行論。子夏亦正謂「己與三相近，豕與亥相似」而已，故亥之非豕，猶己之非三。許逕釋「亥為豕」，此亦十二肖獸輸入後之文義也。四，亥於十二辰之外無他用，卜辭有王亥為殷之先公，此與二首六身之傳説似有關係。當於下文詳之。

亥為恠獸形而當於射手座。巴比倫之射手象二首，一人一犬。身則上體為人，下體為馬而有鳥翼。犬陰牛尾蝎尾，恰當於二首六身。天問：「干協時舞，何以懷之？平脅曼膚，何以肥之？」此二韻當係形容王亥。可知王亥之象必持干平脅，即駢脅曼膚，亦當係身體異狀。故亥有二首六身之説，當即屬王亥，而王亥則十二宮中之射手座箕斗也。【釋支干　甲骨文字研究】

◉葉玉森　□之異體作□□□□□□□等形。與金文同。竝為荄象。林義光氏説較明塙。郭沫若氏謂亥為恠獸形。又據天問謂王亥必執干。平脅曼膚即二首六身之證。姑無論春秋傳所謂之亥是否王亥。王亥是否二首六身之恠物。似先哲必見王亥之象。乃造亥字。王亥之前無亥字矣。是説未敢遽信。且卜辭中固無一亥字作二首六身也。【殷虛書契前編集釋卷二】

◉徐協貞　余意勾姓為食人之氏族。故曰困民國。王亥食有易之人。兩手操之如食鳥。然河伯哀念有易人。使潛出於他方以避其食之也。此殷用人為祭之由來。亦即殷人食人之佐證。按諸卜辭亦相符合。又按摇民之説既由舜生戲所自出。則亥似與舜同時。亦殷荒古傳説之祖也。謂為冥之子微之父恐亦未確。更就卜祭之祭辭稱亥為高祖。與契及湯同。而祭典之隆又非契湯所能比也。楚辭天問篇。該秉季德。厥父是臧。胡終弊夫有扈牧夫牛羊。又恆秉季德焉得夫樸牛。該即王亥。有扈即有易。樸牛即僕牛。與山海經同。惟僕牛屬王恆事稍異耳。又郭注引竹書殷王子亥賓於有易而淫焉。有易之綿臣殺而放之。是故殷主甲微假河伯之師以伐有易。滅之。遂殺其君緜臣也。其紀載比他書加詳。但竹書原文賓于有易無而淫焉三字。殷主甲微作殷侯微。郭誤雜以沈約附注也。按王亥食有易之人。有易取王亥之牛。既以此啟釁端。卒因王亥以滅有易而擴大其部落。開創殷代王業之始基。有如周之王季也。宜乎祀典之隆。一人專祭。用牲多至三百通。祭辭內惟王亥一人而已。【殷契通釋卷六】

◉吳其昌　亥字原始之初誼為豕之象形。殷契卜辭第三片「壬辰卜大貞翌三豕」。己亥正作三豕，足證古即借豕為亥。【金文名象疏證　武大文哲季刊五卷三期】

◉明義士　許氏所訓未確。卜辭□或作□作□作□等形，象鏟耒之形。□象鏟與柄，□象引木之形。【柏根氏舊藏甲骨文字考釋】

◉馬叙倫　翟云升曰。九經字樣二引。從二二古文上字。作上從二。陰之數。下有下作二人四字。韻會引無十月二字。微陽上有有字。無咳咳二字。林義光曰。亥。荄也。古作□大豐彝。□先彝。一象地。□□象根荄在地之形。倫按説亥字者多。咸不剴切。倫謂亥為垓之初文。從二。即十二篇部首之二。地之初文也。豕聲。豕音審紐。古讀垓音蓋在曉紐。審曉同為摩擦次清音也。豕聲脂類。垓聲之類。之脂亦通轉也。金文乙亥鼎作□。史族敢作□。大敢作□。曶鼎作□。君夫敢作□。皆從一。一亦地之初文也。若荄為物名。即其初文亦不當從一或二矣。故知林説近理而非也。若左襄卅年傳。史趙曰。亥有二首六身。無惟沇兒鐘之□及此篆文似與相應。許書篆文本於倉頡訓纂。徐鍇繫傳謂今按李斯所書碑。亥字旁人皆作丅字形。則此篆或不與倉頡同與。抑李斯書碑不必與倉頡同形邪。然如鍇説。轉與史趙説彌相應。蓋彼時文字已漸即變譌。故時有以作隱語者本之耳。説解中二古文上字。明是校者後加。一人男一人女從乙象褱子咳咳之形。亦何異兩人交一從中出為水邪。知必非許文矣。許蓋本作從二豕聲。為吕忱或校者所改矣。引經亦以證其説字形也。

□　鈕樹玉曰。繫傳作□。嚴可均曰。祛妄篇引李陽冰説。古文亥本象豕減一畫耳。汗簡□下不云説文。是唐本皆作□。不作□也。吳善述曰。即古荄字。象艸木根荄在地下之形。變為亥。李杲曰。善鼎作□。與此同。倫按徐鍇謂李斯書亥字旁人皆作丅字形。鍇又斥李陽冰之説。則作□者或止鍇本為然。而十當作丅。蓋仿李斯碑文改也。為豕以下校語。凡重文皆吕忱所加。而此説解中有亥而生子復從一起之説。足證一字下及干支字下説解皆非許慎舊文矣。【説文解字

六書疏證卷二十八】

◉商承祚 □ 甲骨文作□。家字所从同。金文善鼎作□。為古亥豕一字之證。故己亥涉河。而誤讀作「三豕涉河」也。小徐本作□是也。【説文中之古文考】

◉陳書農 亥，甲骨文作□□□□□。金文作□（大豐毁），□（令彝），□（善鼎），□（者減鐘）。小篆作□。律書，亥者，該也，言陽氣藏於下，故該也，説文，亥，荄也。十月，微陽起接盛陰，从二，二古上字也。一人男，一人女，从乙，象褢子咳咳之形也。□古文亥，亥為豕，與豕同。按以亥為豕，早見於吕氏春秋。曰，子夏之晉過衛，有讀史記者，曰，晉師三豕涉河。子夏曰，非也，是己亥也。夫己與三相近，豕與亥相似。至於晉而問之，則曰己亥渡河也。誤己亥為三豕，今於殷虚卜辭亦見之，殷絜卜辭所録第三十一片之己亥，即契作三□，蓋遺己之兩直未契，乃適成三矣。殷人豕彘有别。豕作□，示肥豬形，彘作□□□□，示貫矢狀，乃野豬也。亥作□□必為彘之縮寫，□或□乃矢也。

亥於子為十二月，於寅為十月。月令，孟冬之月，天子乃命將帥，講武，習射御，角力。蓋承戌言之，此仍行獵之時，故以彘為紀也。【釋干支 學原二卷四期】

◉陳啟彤 亥，荄也。十月微陽起，接盛会，从二。二，古文上字也。一人男，一人女也。从乙，象褢子咳咳之形也。春秋傳曰，亥有二首六身，凡亥之屬皆从亥。帀，古文亥。亥為豕，與豕同。亥而生子，復从一起，按當訓荄也。从二，古文上。从从，耦合也。从乚，隱匿也。十月微陽起，接盛会，會合荄生，因以為戌亥之亥。凡亥之屬皆从亥。古名大淵獻，大淵有隱匿之意，獻有上達之象，與亥意合。亥有生動之意，故荄从亥聲，訓艸根。咳从之，訓小兒笑。欬从之，訓屰氣，有隱匿斂藏之意。故核从之，訓蠻夷以木皮為篋，狀如斂尊。閡从之，訓外閉，若該从之訓軍中約也。垓从之，訓兼該八極地也。則由斂藏轉引，而取約束與兼備之意。晐从之，訓兼日。痎从之，訓二日一發瘧。則意取乎耦物。荄生則解坼而之分，故刻从之，訓鏤。劾从之，訓法有辠。陔从之，訓階次，皆意取分别也。亥本與豕同，豕象醜而可畏。故頦从之，訓醜。駭从之，訓驚。毅从之，訓毅改大剛卯也，以逐精鬼。若骸从之訓脛骨，晐从之訓足大指毛。則取豎立之意。取譬於荄之象也。【釋干支 中大季刊一卷三期】

◉馬叙倫 父丁卣 □ 舊釋舟方。倫謂□與封敢之□似是一字。彼文曰丁□。甲亥亦作□。則此亦亥字也。亥為荄之初文。從初文地字。下象艸根。故形不一定。而金甲文亥字多異形也。甲文亦有作□者。金文陳肪敢作□。形幾與旁字相似。此舊釋所以誤認為方也。文云舟亥。未詳。倫疑□當讀為服。服為舟之兩服。未造服字時。蓋即以舟之圖畫明之。故此作□。世本言王胲作服。吕氏春秋言王冰作服牛。冰為亥譌。王亥為殷之先王。蓋發明舟車之用服者。或謂服牛謂車。不兼舟也。倫謂殷居河側。或亥兼作舟服。世本但據牛言耳。此言服亥。蓋其子姓以為氏族之偁與。又疑□是盤之初文。盤亥猶盤庚。此器蓋二人共有者也。【讀金器刻詞卷中】

◉楊樹達　□　殷虛書契前編肆卷拾柒之陸云：「丁巳卜，貞帝□。」又云：「貞帝□，三羊，三豕，三犬。」帝下一字，王襄釋雉，類纂肆之拾捌。　胡光煒釋犧。說文古文考。近日胡厚宣著戰後寧滬新獲甲骨集，以一冊見貽，其書壹肆壹片云：「其告于高且王□，三牛？其五牛。」王亥亥字从此字从亥，乃知此為彼文王亥亥字之省形，帝亥帝讀為禘。【□　卜辭瑣記】

◉陳夢家　卜辭之王亥使我們傾向於即殷之主要始祖契。

□　卜辭只以十干(日)為廟名，絶無以十二支(辰)為廟名的。卜辭云：

「辛巳貞王□上甲即于河」　佚八八八

「其告于高且王□三牛——其五牛」　掇一四五五

此可證王亥之「亥」是一種鳥名，而非以辰為名。大荒東經：「有人曰王亥，兩手操鳥方食其頭。王亥託於有易、河伯僕牛，有易殺王亥，取僕牛。」此條説明了王亥與鳥的關係。【殷虛卜辭綜述】

◉高鴻縉　饒林之説是也。説文。荄。艸根也。从艸。亥聲。段氏曰。見釋艸及方言。郭曰。今俗謂韭根為荄。似此則□本為韭根。□象其形。一。則為地之通象。故□為指事字。名詞。後世(殷已然)借為地支之名。秦乃加艸為意符作□。亥荄古今字。【中國字例三篇】

◉金祥恆　董師釋「王□」即「王亥」之説不可易。甲骨卜辭第一、二期皆作「王亥」，至第三、四期有作「王□」者，亥上加隹，因殷民之圖騰為鳥，如詩商頌玄鳥「天命玄鳥，降而生商」，山海經大荒經「有人曰王亥，兩手操鳥」之故。⊘

史記殷本紀作「振」。王國維謂「當為核之譌」，是也。今疑核為胲之譌。世本作篇「胲作服牛」，胲者，王亥也，胲从月，蓋□乃隹之譌，春秋六國文字隹作□，與甲骨文字之□(□)形近而譌。【史記殷本紀之先王「振」與甲骨文之「王□」　中國文字第七冊】

◉李孝定　許説亥字支離滅裂。上文云一人男一人女。下復言亥為豕。實風馬牛不相及。亥豕之説除古文字形略同外。當仍本十二肖獸之説。郭沫若説是也。至从上从二人乚象懷子形則純屬望文生義。不足為訓。契文作上出諸形。其初義未詳。林氏从許氏弟一義亦無確證。且字形亦殊不類。郭氏謂二首六身之説乃於射手座取象。此於字形亦毫無根據。其初義既不可知。亦惟付之闕如耳。牽傅之説無足取也。【甲骨文字集釋第十四】

◉白玉峥　亥，艸之根荄也。為物形□或□等加意象一（地之通象）之指事字。然自借為地支第十二名後，其本意晦；後人不識亥為艸根，遂於其上加艸為意，而為荄字以還其原；荄行，而亥亦為借意所專矣。

據彥堂先生所箸干支表，亥字於五期卜辭中甚少演變。【契文舉例校讀　中國文字第三十四册】

◉周法高　（㬪尊）此字孫海波釋作市，以為即巿字。容庚通考三九八頁㬪尊陳夢家金選一六二頁斷代43㬪尊釋作亥。陳氏以為「不詳其義」。白川氏以為市字乃蔽膝之象。既與弓矢之器有關，兩字與服裝有關。類似師𣪘毀之「叔市」解作居喪之服。金文通釋三四㬪尊。白鶴美術館誌第七輯三七九頁。案白川氏因誤解師𣪘毀。故有此錯誤之推論。亥在此或為表日之詞，或為人名。【金文詁林卷十四】

◉考古所　本片「王亥」作□形，从隹从亥，隶作隻。這種寫法還見于佚八八八、寧一一四一、粹五一、明七三八等片卜辭。大荒東經：「有人曰王亥，兩手操鳥，方食其頭。」亥字的這種寫法，與此傳說是有密切關係的。【小屯南地甲骨】

◉袁國華　「□」字見「包山楚簡」第265簡，《釋文》及《字表》皆以為是「升」字；胡雅麗則認為與金文「豕」字形相近，當釋作「豕」，並舉簡146、162的「豕」字為例證。胡氏將「□」釋作「豕」是對的。然而對於字形的分析卻與拙見有所不同。今試說明於後。

「包山楚簡」「阩」字所从的「升」作□、□、□等形，沒有作□的，因此「□」不是「升」。「包山楚簡」簡267有□字，字形與簡265的□字相同。簡267□字於簡中作「地支」字用，句云「亯月丁Δ之日」。□就是「亥」字，因此簡265的□字也是「亥」字。簡265云「大兆之金器：一牛鐳、一Δ鐳……」，「亥」字《釋文》誤作「升」，故注581云：「升鐳即升鼒，用作盛牲體的大鼎。」既然已知「升」乃「亥」字的誤釋，因此注文亦可商榷。「亥」字字書多作「地支第十二位」的意義，或有他義，亦與本文無關，但「一亥鐳」應如何解釋呢？簡265將「一牛鐳」「一亥鐳」放在一起記録，似乎兩者有同類的關係，《說文》亥字下有這樣的說明：「亥，荄也。……□，古文亥，為豕，與豕同」。《說文》所謂「古文」，大抵指戰國文字，因此許慎云「古文亥，為豕，與豕同」，即是說戰國文字「亥」、「豕」字形開始混同，於是「亥」字始於字的上半部增飾橫劃，以為識別。如石鼓文「豕」作□，鄂君啟節「亥」作□，可以為證。「包山楚簡」亦有「豕」「亥」二字：

「豕」字：a.□146　b.□168　c.□246

「亥」字：a.□48　b.□54　c.□55　d.□267

其中石鼓文的「豕」字與「亥」字a型；「豕」字b型與「亥」字c型；以及「豕」字a型與《說文》「亥」古文，分別全在於「亥」字上半部的「二」筆劃而已，因此疑簡265的「亥」字，實為「豕」字之筆誤。《呂氏春秋・察傳》即有「亥」誤為「豕」的記載：「子夏之晉，過衛，有讀史記者曰：『晉師三豕涉河。』子夏曰：『非也，是己亥也，夫己與三相近，豕與亥相似。』至於晉而問之，則曰晉師己亥涉河也。」將「己」誤讀為「三」，「亥」誤讀為「豕」，就是由於字形相近的緣故，似乎戰國時人即有誤將「豕」「亥」二字混同的情況，這是疑「亥」乃「豕」字的第一個原因。

此外，簡265句作：「一牛鐳、一亥鐳。」「一亥鐳」的「亥」，如照一般的意義解釋，必無法通讀。據「包山楚簡」「遣册」紀録的通則，大抵都將同類的器物抄録在一起，如將「一亥鐳」改讀「一豕鐳」，與「一牛鐳」對比，一為「盛牛牲的大鼎」，一為「盛豕牲的大鼎」。古者牛羊豕之屬皆為祭祀神祇的犧牲，因此疑簡265所記「大兆之金器」皆為墓主「邵𣏌」生前所用的青銅禮器，《儀禮·少牢饋食禮》：「羹定，雍人陳鼎五，三鼎在羊鑊之西，二鼎在豕鑊之西。」《周禮·天官·亨人》：「亨人，掌共鼎鑊。」賈疏：「大夫五鼎，羊、豕、腸、魚、腊各異鑊。」胡雅麗認為『一豕鐳』即一件用作煮豕牲的鑊鼎」，並舉浙川下寺楚墓所出「𩰫」鼎内，亦有分别盛牛骨、羊骨與豕骨的為證，其説可從。這是疑「亥」乃「豕」之誤的第二個原因。【《包山楚簡》文字考釋　第二届國際中國文字學研討會論文集】

◉姚孝遂　卜辭均用作干支字。粹七八四「甲申卜，今日亥，不雨」，較為特異。郭沫若考釋謂「此當是甲申後四日丁亥所追契之辭，故稱今日亥」。實則卜辭於一旬之内均可稱「今」，參見拙著《讀小屯南地甲骨劄記》。【甲骨文字詁林第四册】